新版

中国集邮百科知识（续集）

Encyclopedia Knowledge of Chinese Philately(Sequel)

耿守忠
杨治梅 编著

华夏出版社
HUAXIA PUBLISHING HOUSE

新版《中国集邮百科知识》续集前言

1998年,新版《中国集邮百科知识》历经作者八年修订、补充后出版了,并有幸参加了"中国1999世界集邮展览",荣获文献类大镀金奖;与此同时,人民邮电出版社买断了电子版权五年,出版了电子光盘。一部书得到两家出版社的厚爱,这在集邮著述中,史无前例。

新版《中国集邮百科知识》出版以后,受到广大集邮者的厚爱,有许多集邮者在读后来信,提出对这部书新的希望和要求。作者经过认真考虑,为了满足广大集邮者的要求,开始着手新版《中国集邮百科知识》续集的撰写,又历经十余载艰苦的写作,今日终于同广大集邮者见面了。

这部"续集"内容全部是新版《中国集邮百科知识》中没有论述过的和根据读者需要所补充的新知识,是作者对我国发行的邮资票品进行认真研究和鉴赏所取得的新成果、新发现、新进展,是作者采访相关专家、学者、邮票设计家和专业人员所获得的第一手资料。

为了使"续集"与"新版"在内容上更好地进行衔接,全书仍分两编。第一编"中国集邮百科知识概论",依然按照"新版"的内容和形式编排,但内容均是新补充的,对于"新版"中已论述过的内容,不再重复论述,只注明见"新版";没有新内容补充的某些概论,从"续集"中删除,不再重述,以减轻读者负担。在"续集"中,根据广大集邮者的希望和要求,新增加了纪念邮资封(JF)研究概论和纪念邮资封研究与鉴赏、纪念邮资明信片(JP)研究概论和纪念邮资明信片研究与鉴赏。对于广大集邮者喜爱的JF、JP系列,自发行首套开始,至2005年为止,逐枚配图进行了详细研究和鉴赏。第二编"中华人民共和国邮票上的百科知识",主要撰写了紧接"新版"之后的1996年~2005年中国邮政发行的邮票上的百科知识。为了便于读者鉴赏,均配有每枚邮票的缩小图样;对邮票图案艺术设计和图案所反映的内容,进行了深入研究和鉴赏。

"续集"全书仍保持"新版"原有的既具有辞书内容准确全面、文字简明扼要的特点,又有百科知识内容翔实、语言生动的长处,图文并茂,充分展现了集邮文化的根本所在。这是一部具有开拓性的著述,也是我国第一部系统论述中国集邮百科知识的大型工具书。

在香港、澳门回归祖国以后,"续集"对香港邮政和澳门邮政发行的邮票,在第一编中做了相关论述。

在新版《中国集邮百科知识》续集出版之际,我们要衷心感谢华夏出版社的领导、编辑和出版发行人员对这部书的厚爱,从"初版"、到"新版",再到"续集"的出版,他们始终坚定不移,终于获得"三连冠"!

我们衷心怀念并感谢已故人大常委会副委员长、原中华全国集邮联合会名誉会长朱学范先生为本书题写书名!

我们衷心感谢曾被我们采访和请教过的专家、学者、邮票设计家们,以及所有支持和帮助过我们的朋友们!

作 者

Preface of Sequel

After 8 years of revision, the new version of "The Encyclopedia of Chinese Stamp Collection" was published in 1998 and fortunately, it won the large vermeil in "China 1999 World Stamp Show". The People's Posts and Telecommunications Press also acquired 5 years the copyright of the electronic version of the encyclopedia with discs published. It is unprecedented in the field of stamp collection for a book to win the favor of two publishing houses at the same time.

New requests and hopes were conveyed in the letters from the public readers after reading the new version of "The Encyclopedia of Chinese Stamp Collection". After careful consideration and with the purpose of satisfying the requests from public stamp collectors, the authors started to write the sequel of the encyclopedia. The sequel was born after a decade of continuing efforts.

All the contents of the sequel are not covered by the new version of encyclopedia. Upon the requests of the readers, the sequel provides brand new knowledge. It's a new discovery and new achievement for the authors after industrious studies. It's also the first hand material from the authors who interviewed experts, scholars and stamp designers.

For better consistency between the sequel and the new version of the encyclopedia, the sequel was divided into two parts. The first part is "the general knowledge of Chinese stamp collection". It follows the new version of encyclopedia in terms of patterns and content. But the content is brand new. No repetition. Upon readers' requests, the general knowledge and appreciation of commemorative stamped envelope, as well as the general knowledge and appreciation of commemorative stamped postcards are written into the sequel. As for those favorite commemorative stamped envelope and commemorative stamped postcards from the very first issued till 2005, detailed illustrations are provided to every piece. The second part, "the encyclopedia on Chinese stamps", is mainly focusing on the stamps issued from 1996 – 2005 after the new version. A minimized picture of each stamp is provided as well as deep – in studies and appreciation on the each stamp.

The sequel, like the new version, is comprehensive and accurate in terms of content. It is an explorative work and it is also the first of its kind to systematically illustrate Chinese stamp collection history.

After the return of Hong Kong and Macao back to the mainland, the sequel (the first part) also covers the stamps issued from Hong Kong postal authorities and Macao's.

At this moment of publishing of the sequel of the new version of the encyclopedia, we want to give our appreciation to the leaders and editors and all the publishing stuff in Hua Xia Publishing House. It was you who made continuous efforts for this book from the old version, then the new version and finally the sequel to face the reader.

With deep mourning of the pass away of Mr. Zhu Xuefan, who is the vice chief of the Standing Committee of China National People's Congress and the honorable Ex – chairman of All – China Philatelic Federation, we sincerely thank him for write a calligraphic name of the book for us.

We also sincerely appreciate all the experts, scholars and stamp designers whom we interviewed and with whom we consulted. Our thanks also go to all our friends who once supported us and helped us with the book.

Authors

凡 例

一、本书介绍的是中国集邮百科知识。"续集"仍分为两编：第一编"中国集邮百科知识概论"，在"新版"中翔实而系统地介绍了有关中国各个历史时期发行的邮资票品和集邮、邮展、集邮研究、邮品鉴定等概论，"续集"仅对"新版"论述过的相关内容做必要的补充；已论述过的内容，不再重述，只注明见"新版"。根据广大集邮者的希望和要求，在"续集"中增加了纪念邮资封(JF)概论和纪念邮资封研究与鉴赏、纪念邮资明信片(JP)概论和纪念邮资明信片研究与鉴赏。第二编"中华人民共和国邮票上的百科知识"，"新版"按照志号顺序，介绍了1949年~1995年中国邮政发行的每套邮票的时代背景、每一枚邮票图案内容和所涉及的有关知识，以及对邮票设计的研究和艺术鉴赏等；"续集"依照"新版"的体例，补充其之后1996年~2005年所发行的每套邮票的时代背景、每一枚邮票的图案内容和所涉及的有关知识，以及对邮票设计的研究和艺术鉴赏等。

二、本书在介绍中国集邮百科知识时，均以条目形式全面、系统、翔实地加以综述，并以邮票、封、片、简、戳等分门别类列目录和条目，以便于集邮者查阅。集邮者要想了解哪方面的邮识，只要查找有关目录，找到条目即可。如要了解中国清代邮票情况，要先找到目录中的中国邮票概论，再找"中国清代邮票"条目。"续集"中未涉及的概论，请参见"新版"。

三、本书在介绍每套邮票发行背景时，按照历史唯物主义的观点，尊重历史，根据当时的情况，客观地加以叙述；对每一枚邮票和纪念邮资封、纪念邮资明信片上所涉及的知识，也持同样态度；对每套邮票和每枚邮票的名称，以当时邮票发行公告为准，尽量恢复历史本来面目。

四、本书按照邮票发行种类即纪念邮票、特种邮票、普通邮票……分类编排。原来有志号的邮票，按照志号顺序排列；原来无志号的邮票，均按现行约定俗成的新编号，如普通邮票，普1、普2、普3……；"文"字头邮票，文1、文2、文3……；编号邮票，编1—6、编7、编8—11……；按年份编号纪念、特种邮票和纪念邮资封、纪念邮资明信片等也都是如此。内文中每枚邮资票品均以名称、志号及说明文字的形式排列。为便于读者准确、迅速地查阅到邮资票品中某一种，书中目录则均以邮资票品的志号、名称形式列出，只要记着志号，就可查阅到名称；同样，只要记着名称,也可以查到邮资票品的志号。"续集"未涉及的邮资票品,请参见"新版"。

五、在发行某一套邮票时,如果同时发行小型张、小全张、小全版张或小版张、多种版式,小型张、小全张、小全版张一般用"M"表示;小版张采用多版式中版式二或版式三表示;如果只发行小型张、小全张、小全版张,同样在志号后边加"M"表示,如2000—5M《中华全国集邮联合会第五次代表大会(小型张)(J)》。

六、本书所列邮资票品币值,均为当时流通的币值。中国邮政1955年3月以前发行的邮资票品,其面值均为人民币旧币值;3月以后发行的邮票,从纪31和特13开始使用人民币新币值。新旧人民币的比值是1:10000。香港和澳门回归祖国后,香港邮政和澳门邮政发行的邮票币值,分别为港币和澳门元。

七、本书对邮票图案上出现的个别知识性错误,认真做了注明。

八、本书各个条目中所涉及的某种知识和邮识,如已在某个条目中做了详细介绍,在其他条目中又有涉及时,均不再重复介绍,仅在其后用"详见××"来表示,以方便读者进一步查阅。

目 录

第一编　中国集邮百科知识概论

一、中国邮资票品及其他

中国邮票概论 ·············· 3
  中国香港邮票 ·············· 3
  中国澳门邮票 ·············· 3
  台湾地区邮票 ·············· 4
  中国邮票铭记 ·············· 4
  中国邮票志号 ·············· 4
  中国邮票上的面值币制 ·············· 4
  中国珍邮 ·············· 4
  中华人民共和国邮票中的佼佼者 ·············· 8
中国邮票种类 ·············· 12
  中国特别发行邮票 ·············· 12
  特别邮票 ·············· 13
  中国个性化服务专用邮票 ·············· 13
  中国贺年专用邮票 ·············· 15
  中国金箔邮票 ·············· 16
  中国香味邮票 ·············· 18
  中国不干胶邮票 ·············· 18
  中国绢质邮票 ·············· 19
  中国宣纸邮票 ·············· 20
  中国全息邮票 ·············· 20
  中国自动化邮票 ·············· 21
  中国异形齿孔邮票 ·············· 21
  中国与外国联合发行的同题材邮票 ·············· 24
  中国小版张 ·············· 27
  中国小全版张 ·············· 30
  中国生肖邮票 ·············· 32
  中国小本票 ·············· 33

  国际回信券 ·············· 36
封 ·············· 37
  普通邮资封 ·············· 37
  专用邮资封 ·············· 38
  特种邮资封 ·············· 38
  礼仪邮资封 ·············· 39
信卡 ·············· 40
  邮资信卡 ·············· 40
  贺年有奖邮资信卡 ·············· 42
片 ·············· 42
  普通邮资明信片 ·············· 42
  特种邮资明信片 ·············· 44
  风光邮资明信片 ·············· 46
  贺年（有奖）邮资明信片 ·············· 48
  专用邮资明信片 ·············· 51
简 ·············· 53
  纪念邮资邮简 ·············· 53
戳 ·············· 54
  中国邮资已付日戳 ·············· 54
  中国风景日戳 ·············· 55
  宣传戳 ·············· 55

二、集邮概论

  集邮类别 ·············· 56
  传统集邮 ·············· 56
  邮政历史集邮 ·············· 56
  邮政用品集邮 ·············· 56
  航空集邮 ·············· 57
  航天集邮 ·············· 57
  专题集邮 ·············· 57

极限集邮 …………………………… 57	JF.2 老龄问题世界大会 ………………… 77
印花（税票）集邮 ………………… 57	JF.3 国际民航组织成立四十周年 ……… 78
青少年集邮 ………………………… 58	JF.4 中国南极考察 ……………………… 79
现代集邮沙龙 ……………………… 58	JF.5 第七十一届国际世界语大会 ……… 80
文献集邮 …………………………… 58	JF.6 北京国际图书博览会 ……………… 80
	JF.7 商务印书馆建馆九十周年 ………… 81

三、集邮研究概论

JF.8 新华书店成立五十周年 …………… 82
JF.9 第三世界广告大会 ………………… 82

版式研究 …………………………… 59
JF.0 世界奥林匹克集邮展览 …………… 83

版式 ………………………………… 59
JF.11 中国国际广播电台开播四十周年 … 84

版式研究的主要内容 ……………… 59
JF.12 世界针灸学会联合会成立大会暨第一届

研究版式 …………………………… 59
针灸学术大会 ……………………… 84

版铭研究 …………………………… 61
JF.13 中国共产主义青年团第十二次全国代表

版铭 ………………………………… 61
大会 ………………………………… 85

版铭研究的主要内容 ……………… 61
JF.14 国际农业发展基金会成立十周年 … 86

研究版铭 …………………………… 63
JF.15 世界卫生组织成立四十周年 ……… 87

纸质研究 …………………………… 63
JF.16 中国福利会成立五十周年 ………… 87

纸质 ………………………………… 63
JF.17 人民日报创刊四十周年 …………… 88

纸质研究的主要内容 ……………… 63
JF.18 中国妇女第六次全国代表大会 …… 89

研究纸质 …………………………… 63
JF.19 中国工会第十一次全国代表大会 … 90

齿孔研究 …………………………… 64
JF.20 中国南极中山站建站 ……………… 90

齿孔的种类 ………………………… 64
JF.21 亚洲开发银行理事会第二十二届年会 … 91

研究齿孔 …………………………… 64
JF.22 中国唱片出版四十周年 …………… 92

刷色研究 …………………………… 64
JF.23 全国劳动模范和先进工作者表彰大会 … 92

刷色 ………………………………… 64
JF.24 北京猿人第一个头盖骨发现六十周年 … 93

刷色研究的主要内容 ……………… 65
JF.25 中国科学院建院四十周年 ………… 94

研究刷色 …………………………… 65
JF.26 国际灌溉排水委员会成立四十周年 … 95

背胶研究 …………………………… 66
JF.27 邮政特快专递 ……………………… 95

背胶 ………………………………… 66
JF.28 治理淮河四十周年 ………………… 96

背胶研究的主要内容 ……………… 66
JF.29 人民出版社建社四十周年 ………… 97

研究背胶 …………………………… 66
JF.30 中央人民广播电台建台五十周年 … 97

暗记研究 …………………………… 66
JF.31 中国新兴版画运动六十周年 ……… 98

暗记 ………………………………… 66
JF.32 新华通讯社建社六十周年 ………… 99

暗记的种类和特点 ………………… 66
JF.33 第四届全国少数民族传统体育运动会 … 100

暗记研究 …………………………… 69
JF.34 北京市西厢工程通车 ……………… 101

辨伪研究 …………………………… 70
JF.35 中国银行成立八十周年 …………… 101

辨伪 ………………………………… 70
JF.36 中华苏维埃共和国邮政总局成立六十

辨伪研究的主要内容 ……………… 71
周年 ………………………………… 102

四、纪念邮资封研究概论

JF.37 中国历史博物馆成立八十周年 …… 103

纪念邮资封 ………………………… 73
JF.38 招商局成立一百二十周年 ………… 103

JF 研究 ……………………………… 73
JF.39 中国国境卫生检疫一百二十周年 … 104

五、JF 研究与鉴赏

JF.40 上海杨浦大桥建成 ………………… 105

JF.1 纳米比亚日 ……………………… 76
JF.41 中国人民建设银行成立四十周年 … 106

JF.42 1994中国少年书信比赛 …………… 106

JF.43	荣宝斋建店一百周年	107		

七、JP 研究与鉴赏

JF.43	荣宝斋建店一百周年 ……………	107
JF.44	维护消费者权益运动十周年 ……	108
JF.45	第七届国际反贪污大会 …………	109
JF.46	第62届国际图联大会 ……………	110
JF.47	第二届亚洲太平洋城市首脑会议	111
JF.48	第十五届世界石油大会 …………	112
JF.49	推广普及广播体操 ………………	112
JF.50	第十八届国际遗传学大会 ………	113
JF.51	火炬计划实施十周年 ……………	113
JF.52	国际建筑师协会第20届世界建筑师大会	114
JF.53	中国1999世界集邮展览 …………	115
JF.54	中国——联合国开发计划署成功合作20周年	117
JF.55	北京邮票厂建厂40周年 …………	118
JF.56	孔子诞生2550周年 ………………	119
JF.57	中央档案馆建馆40周年 …………	119
JF.58	中国国际贸易中心成立15周年 …	120
JF.59	邮政报刊发行业务开办50周年 …	121
JF.60	中国人民革命战争时期邮票发行70周年	121
JF.61	中非合作论坛——北京2000年部长级会议	122
JF.62	联合国难民署成立50周年 ………	123
JF.63	世界知识产权日 …………………	124
JF.64	第七届世界印刷大会 ……………	124
JF.65	第20届国际制图大会 ……………	125
JF.66	科技活动周 ………………………	126
JF.67	中国北京国际科技产业博览会 …	126
JF.68	《大公报》创刊100周年 …………	127
JF.69	全民国防教育日 …………………	128
JF.70	中国健康扶贫工程 ………………	129
JF.71	中国自然辩证法研究会成立25周年	129
JF.72	人民邮电出版社建社50周年 ……	130
JF.73	中国工商银行成立二十周年 ……	131
JF.74	第一届世界地质公园大会 ………	132
JF.75	第一次全国经济普查 ……………	133
JF.76	故宫博物院建院八十周年 ………	134
JF.77	2005珠穆朗玛峰高程测量 ………	134
JF.78	人民教育出版社建社55周年 ……	135

六、纪念邮资明信片研究概论

纪念邮资明信片	……………………	137
JF研究	…………………………………	137

JP.1	中国在第23届奥运会获金质奖章纪念	141
JP.2	中英关于香港问题的联合声明正式签署	145
JP.3	中国科学技术协会第三次全国代表大会	145
JP.4	中华医学会成立七十周年 ………	146
JP.5	联合国40周年 ……………………	147
JP.6	中国人民革命战争时期邮票展览	148
JP.7	亚太国际贸易博览会 ……………	148
JP.8	第二次全国工业普查 ……………	149
JP.9	苏州建城二千五百年 ……………	150
JP.10	中葡关于澳门问题的联合声明正式签署	150
JP.11	北京图书馆新馆落成暨开馆七十五周年纪念	151
JP.12	中华全国青少年专题集邮展览 …	152
JP.13	欢迎台胞探亲旅游 ………………	152
JP.14	亚洲和太平洋运输和通信十年（1985—1994）	154
JP.15	中国在第24届奥运会获金质奖章纪念	155
JP.16	首届北京国际博览会 ……………	156
JP.17	第二届全国青少年运动会 ………	157
JP.18	第五届世界杯跳伞冠军赛 ………	158
JP.19	国际食用菌生物技术学术讨论会	158
JP.20	北京第十四届世界法律大会 ……	159
JP.21	中华人民共和国香港特别行政区基本法	160
JP.22	香港中银大厦落成纪念（错体停发）	160
JP.22	第31届国际数学奥林匹克1990·北京	161
JP.23	第十四届世界采矿大会 …………	162
JP.24	第四次全国人口普查 ……………	162
JP.25	国际地理联合会亚太区域会议 …	163
JP.26	第二次联合国最不发达国家会议	164
JP.27	中国引种桉树100周年 …………	164
JP.28	首届全国工业企业技术进步成就展览会	165
JP.29	伽利略发现"惯性质量和引力质量等价"400周年（1591—1991）	166
JP.30	中华人民共和国第二届城市运动会	166
JP.31	第一届世界武术锦标赛 …………	167
JP.32	'92中国友好观光年 ……………	168
JP.33	中华人民共和国第四届大学生运动会	169
JP.34	中华全国集邮联合会成立十周年	169

编号	名称	页码
JP.35	全国沿海开放城市改革开放成就展览会	170
JP.36	中华人民共和国澳门特别行政区基本法	171
JP.37	中国医疗队派出30周年	171
JP.38	中国共产主义青年团第十三次全国代表大会	172
JP.39	'93国际奥林匹克日	172
JP.40	第十一届国际洞穴学大会	173
JP.41	中国妇女第七次全国代表大会	174
JP.42	中国四川成都'93国际熊猫节	174
JP.43	中国工会第十二次全国代表大会	175
JP.44	'93中华全国集邮展览——纪念毛泽东同志诞辰100周年	175
JP.45	实行无偿献血制度	176
JP.46	大亚湾核电站	177
JP.47	布达拉宫维修工程竣工	177
JP.48	第十一届世界技巧(中国邮电杯)锦标赛	178
JP.49	中国'96——第9届亚洲国际集邮展览	179
JP.50	中国集邮笑迎明天	179
JP.51	依法纳税是每个公民应尽的义务	180
JP.52	琉璃河遗址	181
JP.53	国际刑警组织第六十四届全体大会	182
JP.54	国际消除贫困年	182
JP.55	第三十一届国际军事医学大会	183
JP.56	孙中山诞生一百三十周年	184
JP.57	西安事变六十周年	184
JP.58	第二届亚太经合组织国际贸易博览会	185
JP.59	虎门大桥建成通车	186
JP.60	广州地铁通车	186
JP.61	戒烟有益健康	187
JP.62	1997世界华人经济成就展览会	188
JP.63	第22届万国邮政联盟大会·1999北京(一)	188
JP.64	1997年中华全国集邮展览	189
JP.65	国际北方城市会议	190
JP.66	世界卫生组织成立五十周年	190
JP.67	人民日报五十周年	191
JP.68	1998中国沈阳——亚洲体育节	192
JP.69	中国中央电视台建台40周年	192
JP.70	国家推广全国通用的普通话	193
JP.71	中国科学技术协会成立40周年	193
JP.72	第22届万国邮政联盟大会·1999北京(二)	194
JP.73	中国国际航空航天博览会	195
JP.74	毛泽东同志题词"人民邮电"五十周年	196
JP.75	中华人民共和国第九届冬季运动会	196
JP.76	中国人民解放军海军成立五十周年	197
JP.77	"五四"运动八十周年	197
JP.78	中国1999世界集邮展览	198
JP.79	第22届万国邮政联盟大会·1999北京(三)	199
JP.80	大连建市一百周年	200
JP.81	第六届全国少数民族传统体育运动会	200
JP.82	1999年天津世界体操锦标赛	201
JP.83	中国少年先锋队建队五十周年	202
JP.84	中国人民解放军空军成立五十周年	202
JP.85	甲骨文发现一百周年	203
JP.86	1999《财富》全球论坛·上海	204
JP.87	2000年全国劳动模范和先进工作者表彰大会	204
JP.88	中国—瑞士邮票展览	205
JP.89	敦煌莫高窟藏经洞发现100周年	205
JP.90	第20届国际大坝会议	206
JP.91	第六届中国艺术节	207
JP.92	中国国际高新技术成果交易会	207
JP.93	中国杭州西湖博览会	208
JP.94	记者节	209
JP.95	西藏和平解放50周年	209
JP.96	国有企业改革与发展暨技术创新成果展览会	210
JP.97	第六届世界华商大会	210
JP.98	世界空间周	211
JP.99	辛亥革命90周年	212
JP.100	国际农业科学技术大会	212
JP.101	新华通讯社建设70周年	213
JP.102	中国国家足球队获2002年世界杯决赛资格	213
JP.103	中国CDMA国家公众移动通信网开通	214
JP.104	亚洲议会和平协会第三届年会	215
JP.105	中国共青团建团80周年	216
JP.106	2002年汤姆斯杯、尤伯杯世界羽毛球团体锦标赛	216
JP.107	宋庆龄基金会成立20周年	217
JP.108	2002年国际数学家大会	218

JP.109	中国投资贸易洽谈会	218	JP.122	第三届亚洲政党国际会议 226
JP.110	全球环境基金第二届成员国大会	219	JP.123	西藏江孜抗英斗争100周年 227
JP.111	招商局成立130周年	220	JP.124	第七届中国艺术节 227
JP.112	2003中国·吉林首届国际冬季龙舟赛	220	JP.125	天津建城600周年 228
JP.113	中华人民共和国第十届冬季运动会	221	JP.126	中国邮政开办集邮业务50周年 229
JP.114	老一辈无产阶级革命家为雷锋题词40周年	221	JP.127	2005世界物理年 229
JP.115	第三届中国长春国际汽车博览会	222	JP.128	第四次世界妇女大会十周年 230
JP.116	中华人民共和国第六届残疾人运动会	223	JP.129	2005年国际欧洲级帆船世界锦标赛 231
JP.117	中华人民共和国第五届城市运动会	223	JP.130	第22届世界法律大会 231
JP.118	世界经济发展宣言	224	JP.131	2005年第二届中国北京国际美术双年展 232
JP.119	和平共处五项原则创立50周年	225	JP.132	红军第一方面军长征胜利到达陕北70周年 233
JP.120	2004年中国亚洲杯足球赛	225	JP.133	第一届中国诗歌节 233
JP.121	第28届国际心理学大会	226	JP.134	第13届世界拳击锦标赛 234

第二编　中华人民共和国邮票上的百科知识

八、按年份编号纪念、特种邮票

1996—1　丙子年（T） 239
　　1996—1·(2—1)T　万家灯火　光明前景 239
　　1996—1·(2—2)T　鼠咬天开　普天同庆 239
1996—2　第三届亚洲冬季运动会（J） 239
　　1996—2·(4—1)J　速度滑冰 240
　　1996—2·(4—2)J　冰球 240
　　1996—2·(4—3)J　花样滑冰 241
　　1996—2·(4—4)J　高山滑雪 241
1996—3　沈阳故宫（T） 241
　　1996—3·(2—1)T　沈阳故宫——西部建筑 242
　　1996—3·(2—2)T　沈阳故宫——东部建筑 242
1996—4　中国邮政开办一百周年（J） 242
　　1996—4·(4—1)J　清·天津邮政津局旧址 243
　　1996—4·(4—2)J　北京邮务管理局旧址 243
　　1996—4·(4—3)J　中华苏维埃共和国邮政总局旧址 243
　　1996—4·(4—4)J　北京邮政枢纽 244
1996—4M　中国邮政开办一百周年 1896—1996（小型张）（J） 244
　　1996—4M·(1—1)(小型张)J　中国邮政开办一百周年 244
1996—5　黄宾虹作品选（T） 246
　　1996—5·(6—1)T　黄宾虹作品选·书法 246

1996—5·(6—2)T　黄宾虹作品选·山水 247
1996—5·(6—3)T　黄宾虹作品选·青城山中坐雨 247
1996—5·(6—4)T　黄宾虹作品选·西泠远望 247
1996—5·(6—5)T　黄宾虹作品选·设色山水 247
1996—5·(6—6)T　黄宾虹作品选·点染写花 247
1996—6　山水盆景(T) 248
　　1996—6·(6—1)T　漓江翠影 248
　　1996—6·(6—2)T　神峰争晖 248
　　1996—6·(6—3)T　雪融江溢 248
　　1996—6·(6—4)T　鹰嘴奇岩 248
　　1996—6·(6—5)T　岁月峥嵘 248
　　1996—6·(6—6)T　云山叠彩 249
1996—7　苏铁(T) 249
　　1996—7·(4—1)T　苏铁 249
　　1996—7·(4—2)T　攀枝花苏铁 250
　　1996—7·(4—3)T　篦齿苏铁 250
　　1996—7·(4—4)T　多歧苏铁 250
1996—8　古代建筑(中圣联合发行)(T) 250
　　1996—8·(2—1)T　中国长城 251
　　1996—8·(2—2)T　圣马力诺城堡 251
1996—9　中国飞机(T) 252

1996—9·(4—1)T 中国飞机——歼八 ……… 252	1996—19·(4—4)T 湖畔胜景 …………… 268
1996—9·(4—2)T 中国飞机——强五 ……… 252	1996—20 敦煌壁画(第六组)(T) ……… 268
1996—9·(4—3)T 中国飞机——运七 ……… 253	1996—20·(4—1)T 五代·五台山图 …… 268
1996—9·(4—4)T 中国飞机——运十二 …… 253	1996—20·(4—2)T 五代·于阗国王 …… 269
1996—10 河姆渡遗址(T) ………………… 253	1996—20·(4—3)T 宋·观音济难 …… 269
1996—10·(4—1)T 稻作农业 ………… 254	1996—20·(4—4)T 西夏·供养菩萨 … 270
1996—10·(4—2)T 干栏建筑 ………… 254	1996—20M 敦煌壁画(第六组)(小型张)(T) … 270
1996—10·(4—3)T 划桨行舟 ………… 254	1996—20M·(1—1)(小型张)T 元·千手
1996—10·(4—4)T 崇鸟敬日 ………… 254	观音 …………………………………… 270

1996—11M 1996 中国—第九届亚洲国际集邮展览
(小型张)(J) ………………………………… 255
    1996—11M·(1—1)(小型张)J 1996 中国—
    第九届亚洲国际集邮展览 ……………… 255
1996—12 儿童生活(T) …………………… 256
    1996—12·(4—1)T 欢乐心声 ………… 256
    1996—12·(4—2)T 助人为乐 ………… 256
    1996—12·(4—3)T 南极考察 ………… 256
    1996—12·(4—4)T 绿化家园 ………… 257
1996—13 奥运百年暨第二十六届奥运会(J) …… 257
    1996—13·(1—1)T 奥运百年暨第二十六届
    奥运会 ………………………………… 258
1996—14 珍惜土地(T) …………………… 258
    1996—14·(2—1)T 合理利用土地 …… 259
    1996—14·(2—2)T 保护耕地 ………… 259
1996—15 经略台真武阁(T) ……………… 260
    1996—15·(2—1)T 经略台 …………… 260
    1996—15·(2—2)T 真武阁 …………… 260
1996—16 中国汽车(T) …………………… 261
    1996—16·(4—1)T 红旗轿车 ………… 261
    1996—16·(4—2)T 东风中型载货汽车…… 262
    1996—16·(4—3)T 解放轻型载货汽车 … 262
    1996—16·(4—4)T 北京轻型越野车 …… 262
1996—17 震后新唐山(T) ………………… 263
    1996—17·(4—1)T 震后新唐山——农舍 … 264
    1996—17·(4—2)T 震后新唐山——工厂 … 264
    1996—17·(4—3)T 震后新唐山——街景 … 264
    1996—17·(4—4)T 震后新唐山——海港 … 265
1996—18 第三十届国际地质大会(J) ……… 265
    1996—18·(1—1)J 第三十届国际地质
    大会 …………………………………… 266
1996—19 天山天池(T) …………………… 266
    1996—19·(4—1)T 高峡平湖 ………… 267
    1996—19·(4—2)T 悬泉飞瀑 ………… 267
    1996—18·(4—3)T 湖屏雪峰 ………… 267

1996—21 西夏陵(T) ……………………… 270
    1996—21·(4—1)T 陵台 ……………… 271
    1996—21·(4—2)T 神门鸱吻 ………… 271
    1996—21·(4—3)T 碑亭石座 ………… 271
    1996—21·(4—4)T 寿陵残碑 ………… 271
1996—22 铁路建设(T) …………………… 272
    1996—22·(4—1)T 大秦铁路 ………… 272
    1996—22·(4—2)T 兰新铁路复线 …… 272
    1996—22·(4—3)T 京九铁路 ………… 273
    1996—22·(4—4)T 北京西站 ………… 273
1996—23 中国古代档案珍藏(T) ………… 273
    1996—23·(4—1)T 甲骨档案·商代龟甲 … 274
    1996—23·(4—2)T 简牍档案·汉代木牍 … 274
    1996—23·(4—3)T 金石档案·明代铁券 … 275
    1996—23·(4—4)T 纸质档案·清代国书 … 275
1996—24 叶挺同志诞生一百周年(J) ……… 276
    1996—24·(2—1)J 叶挺同志肖像 …… 276
    1996—24·(2—2)J 抗日战争时期的叶挺
    将军 …………………………………… 277
1996—25 各国议会联盟第96届大会(J) …… 277
    1996—25·(1—1)J 各国议会联盟第96届
    大会 …………………………………… 278
1996—26 上海浦东(T) …………………… 278
    1996—26·(6—1)T 上海浦东的通信和
    交通 …………………………………… 279
    1996—26·(6—2)T 上海浦东陆家嘴金融
    贸易区 ………………………………… 279
    1996—26·(6—3)T 上海浦东金桥出口
    加工区 ………………………………… 280
    1996—26·(6—4)T 上海浦东张江高科技
    园区 …………………………………… 280
    1996—26·(6—5)T 上海浦东外高桥
    保税区 ………………………………… 280
    1996—26·(6—6)T 上海浦东的生活社区 … 281
1996—26M 上海浦东(小型张)(T) …………… 281

1996—26M·(1—1)(小型张)T 开发开放中的上海浦东 …… 281	1997—5·(4—4)T 茶会 …… 297
1996—27 国际宇航联大会第四十七届年会(J) …… 282	1997—6 内蒙古自治区成立五十周年(J) …… 298
1996—27·(2—1)J 中国长征运载火箭 …… 282	1997—6·(3—1)J 欢庆 …… 298
1996—27·(2—2)J 中国通信卫星 …… 283	1997—6·(3—2)J 团结 …… 299
1996—28 城市风光(中新联合发行)(T) …… 283	1997—6·(3—3)J 奋进 …… 299
1996—28·(2—1)T 新加坡景色 …… 284	1997—7 珍禽(中瑞联合发行)(T) …… 299
1996—28·(2—2)T 苏州盘门 …… 284	1997—7·(2—1)T 白腹锦鸡 …… 300
1996—29 中国工农红军长征胜利六十周年(J) …… 285	1997—7·(2—2)T 环颈雉 …… 300
1996—29·(2—1)J 红军过草地 …… 285	1997—8 侗族建筑(T) …… 301
1996—29·(2—2)J 三军大会师 …… 285	1997—8·(4—1)T 增冲鼓楼 …… 302
1996—30 天津民间彩塑(T) …… 286	1997—8·(4—2)T 百二鼓楼 …… 302
1996—30·(4—1)T 和合二仙 …… 287	1997—8·(4—3)T 跨河风雨桥 …… 303
1996—30·(4—2)T 吹糖人 …… 287	1997—8·(4—4)T 田间风雨桥 …… 303
1996—30·(4—3)T 渔归 …… 287	1997—9 麦积山石窟(T) …… 303
1996—30·(4—4)T 惜春画作 …… 287	1997—9·(6—1)T 北魏·佛与胁侍菩萨 …… 304
1996—31 香港经济建设(T) …… 288	1997—9·(6—2)T 北魏·胁侍菩萨与弟子 …… 304
1996—31·(4—1)T 香港中银大厦 …… 288	1997—9·(6—3)T 西魏·女侍童 …… 304
1996—31·(4—2)T 香港集装箱码头 …… 289	1997—9·(6—4)T 西魏·佛 …… 304
1996—31·(4—3)T 香港启德机场 …… 289	1997—9·(6—5)T 北周·胁侍菩萨 …… 305
1996—31·(4—4)T 香港联合交易所 …… 289	1997—9·(6—6)T 宋·供养人 …… 305
1997—1 丁丑年(T) …… 290	1997—10 香港回归祖国(J) …… 305
1997—1·(2—1)T 金牛奋蹄 …… 290	1997—10·(2—1)J 中英联合声明 …… 306
1997—1·(2—2)T 牛耕年丰 …… 290	1997—10·(2—2)J 中华人民共和国香港特别行政区基本法 …… 307
1997—2 中国首次农业普查(J) …… 290	1997—10M 香港回归祖国(小型张)(J) …… 307
1997—2·(1—1)J 中国首次农业普查 …… 291	1997—10M·(1—1)(小型张)J 香港回归祖国 …… 307
1997—3 中国旅游年(J) …… 291	1997—10GM 香港回归祖国(金箔小型张)(J) …… 308
1997—3·(1—1)J 中国旅游年 …… 292	1997—10GM·(1—1)(金箔小型张)J 香港回归祖国 …… 308
1997—4 潘天寿作品选(T) …… 292	1997—11 五台古刹(T) …… 309
1997—4·(6—1)T 潘天寿作品选·黄山松图 …… 293	1997—11·(6—1)T 台怀镇寺庙群 …… 309
1997—4·(6—2)T 潘天寿作品选·朝霞图 …… 293	1997—11·(6—2)T 南禅寺大殿 …… 310
1997—4·(6—3)T 潘天寿作品选·梅雨初晴图 …… 293	1997—11·(6—3)T 佛光寺东大殿 …… 310
1997—4·(6—4)T 潘天寿作品选·菊竹图 …… 294	1997—11·(6—4)T 显通寺铜殿 …… 311
1997—4·(6—5)T 潘天寿作品选·睡猫图 …… 294	1997—11·(6—5)T 菩萨顶 …… 311
1997—4·(6—6)T 潘天寿作品选·灵岩涧一角图 …… 294	1997—11·(6—6)T 镇海寺 …… 311
1997—5 茶(T) …… 295	1997—12 中国人民解放军建军七十周年(J) …… 312
1997—5·(4—1)T 茶树 …… 296	1997—12·(5—1)J 陆军 …… 312
1997—5·(4—2)T 茶圣 …… 296	1997—12·(5—2)J 海军 …… 313
1997—5·(4—3)T 茶器 …… 297	1997—12·(5—3)J 空军 …… 314
	1997—12·(5—4)J 战略导弹部队 …… 314
	1997—12·(5—5)J 陆海空联合演习 …… 314

编号	名称	页码
1997—13	寿山石雕（T）	314
1997—13·(4—1)T	田黄秋韵	315
1997—13·(4—2)T	犀牛沐日	315
1997—13·(4—3)T	含香蕴玉	316
1997—13·(4—4)T	醉入童真	316
1997—13M	寿山石雕(小型张)（T）	316
1997—13M·(1—1)(小型张)T	乾隆链章	316
1997—14	中国共产党第十五次全国代表大会（J）	317
1997—14·(1—1)J	中国共产党第十五次全国代表大会	317
1997—15	中华人民共和国第八届运动会（J）	318
1997—15·(2—1)J	会徽·运动员	318
1997—15·(2—2)J	吉祥物·场馆	318
1997—15M	中华人民共和国第八届运动会(小全张)（J）	319
1997—15M·(1—1)(小全张)J	中华人民共和国第八届运动会	319
1997—16	黄山（T）	319
1997—16·(1—1)T	黄山	320
1997—16·(8—1)T	黄山朝晖	320
1997—16·(8—2)T	西海群峰	320
1997—16·(8—3)T	云涌飞石	320
1997—16·(8—4)T	云漫北海	321
1997—16·(8—5)T	秀吞玉屏	321
1997—16·(8—6)T	梦笔生花	321
1997—16·(8—7)T	云上天都	321
1997—16·(8—8)T	蓬莱仙岛	321
1997—17	花卉(中国—新西兰联合发行)（T）	321
1997—17·(2—1)T	中国玫瑰	322
1997—17·(2—2)T	新西兰月季	322
1997—18	天坛（T）	323
1997—18·(4—1)T	天坛·祈年殿	323
1997—18·(4—2)T	天坛·皇穹宇	323
1997—18·(4—3)T	天坛·圜丘	324
1997—18·(4—4)T	天坛·斋宫	324
1997—19	西安城墙（T）	325
1997—19·(4—1)T	西安城墙·瓮城	325
1997—19·(4—2)T	西安城墙·箭楼	325
1997—19·(4—3)T	西安城墙·敌台	326
1997—19·(4—4)T	西安城墙·角台	326
1997—20	澳门古迹（T）	326
1997—20·(4—1)T	澳门妈阁庙	327
1997—20·(4—2)T	澳门莲峰庙	327
1997—20·(4—3)T	澳门大三巴牌坊	327
1997—20·(4—4)T	澳门松山灯塔	328
1997—21	中国古典文学名著——《水浒传》(第五组)（T）	328
1997—21·(4—1)T	呼延灼夜赚关胜	328
1997—21·(4—2)T	卢俊义活捉史文恭	329
1997—21·(4—3)T	燕青智扑擎天柱	329
1997—21·(4—4)T	轰天雷大破官军	329
1997—21M	中国古典文学名著——《水浒传》(第五组)(小型张)（T）	330
1997—21M·(1—1)(小型张)T	梁山英雄排座次	330
1997—22	1996年中国钢产量突破一亿吨（J）	331
1997—22·(2—1)J	中国古代冶金	332
1997—22·(2—2)J	1996年中国钢产量突破一亿吨	333
1997—23	长江三峡工程·截流（T）	333
1997—23·(2—1)T	明渠通航	333
1997—23·(2—2)T	大江截流	334
1997—24	中国电信（T）	334
1997—24·(4—1)T	数字传输	334
1997—24·(4—2)T	程控交换	335
1997—24·(4—3)T	数据通信	335
1997—24·(4—4)T	移动通信	335
1998—1	戊寅年（T）	336
1998—1·(2—1)T	虎虎生威	336
1998—1·(2—2)T	气贯长虹	336
1998—2	岭南庭园（T）	337
1998—2·(4—1)T	岭南庭院·可园	337
1998—2·(4—2)T	岭南庭院·梁园	338
1998—2·(4—3)T	岭南庭院·清晖园	338
1998—2·(4—4)T	岭南庭院·余荫山房	338
1998—3	中国社会主义改革开放和现代化建设的总设计师邓小平同志逝世一周年（J）	339
1998—3·(6—1)J	邓小平同志像	340
1998—3·(6—2)J	解放战争时期的邓小平	340
1998—3·(6—3)J	和毛泽东同志在一起	340
1998—3·(6—4)J	中央军委主席邓小平	341
1998—3·(6—5)J	在建国三十五周年庆典上讲话	341
1998—3·(6—6)J	1992年视察南方发表重要讲话	341
1998—4	中国人民警察（T）	342
1998—4·(6—1)T	金色盾牌	343

1998—4·(6—2)T	快速出击 …… 343	1998—13·(4—1)T	神农架·山峰 …… 357
1998—4·(6—3)T	警民联防 …… 344	1998—13·(4—2)T	神农架·峡谷 …… 358
1998—4·(6—4)T	交通管理 …… 344	1998—13·(4—3)T	神农架·原始森林 …… 358
1998—4·(6—5)T	防火灭火 …… 344	1998—13·(4—4)T	神农架·高原草甸 …… 359
1998—4·(6—6)T	国门卫士 …… 344	1998—14	重庆风貌(T) …… 359

1998—5 周恩来同志诞生一百周年(J) …… 344

1998—5·(4—1)J	军事家 …… 345	1998—14·(2—1)T	重庆市人民大礼堂 …… 360
1998—5·(4—2)J	开国总理 …… 345	1998—14·(2—2)T	重庆港 …… 360
1998—5·(4—3)J	外交家 …… 345	1998—15	何香凝国画作品(T) …… 360
1998—5·(4—4)J	人民公仆 …… 345	1998—15·(3—1)T	虎 …… 361
1998—6	九寨沟(T) …… 346	1998—15·(3—2)T	狮 …… 361
1998—6·(4—1)T	九寨沟·芳草海 …… 347	1998—15·(3—3)T	梅 …… 362
1998—6·(4—2)T	九寨沟·五花海 …… 347	1998—16	锡林郭勒草原(T) …… 362
1998—6·(4—3)T	九寨沟·树正瀑布 …… 347	1998—16·(3—1)T	典型草原 …… 363
1998—6·(4—4)T	九寨沟·诺日朗瀑布 …… 347	1998—16·(3—2)T	草甸草原 …… 363
1998—6M	九寨沟(小型张)(T) …… 347	1998—16·(3—3)T	杨桦混交林 …… 363
1998—6M·(1—1)(小型张)T	九寨沟·长海 …… 347	1998—16M	锡林郭勒草原(小型张)(T) …… 363
		1998—16M·(1—1)(小型张)T	锡林郭勒河曲 …… 363

1998—7 中华人民共和国第九届全国人民代表大会(J) …… 348

1998—7·(1—1)J 中华人民共和国第九届全国人民代表大会 …… 348

		1998—17	镜泊湖(T) …… 364
1998—8	傣族建筑(T) …… 349	1998—17·(4—1)T	镜泊湖·白石砬子 …… 364
1998—8·(4—1)T	傣族建筑·楼 …… 349	1998—17·(4—2)T	镜泊湖·珍珠门 …… 364
1998—8·(4—2)T	傣族建筑·井 …… 349	1998—17·(4—3)T	镜泊湖·小孤山 …… 365
1998—8·(4—3)T	傣族建筑·亭 …… 350	1998—17·(4—4)T	镜泊湖·吊水楼瀑布 …… 365
1998—8·(4—4)T	傣族建筑·塔 …… 350	1998—18	中国古典文学名著——《三国演义》(第五组)(T) …… 365
1998—9	海南特区建设(T) …… 350	1998—18·(4—1)T	白帝托孤 …… 365
1998—9·(4—1)T	海口城市建设 …… 351	1998—18·(4—2)T	孔明班师 …… 366
1998—9·(4—2)T	洋浦经济开发区 …… 351	1998—18·(4—3)T	秋风五丈原 …… 366
1998—9·(4—3)T	三亚凤凰国际机场 …… 351	1998—18·(4—4)T	三分归晋 …… 366
1998—9·(4—4)T	亚龙湾国家旅游度假区 …… 352	1998—18M	中国古典文学名著——《三国演义》(第五组)(小型张)(T) …… 367
1998—10	古代书院(T) …… 352	1998—18M·(1—1)(小型张)T	空城计 …… 367
1998—10·(4—1)T	应天书院 …… 353	1998—19	承德普宁寺和维尔茨堡宫(中国—德国联合发行)(T) …… 367
1998—10·(4—2)T	嵩阳书院 …… 353	1998—19·(2—1)T	维尔茨堡宫 …… 368
1998—10·(4—3)T	岳麓书院 …… 354	1998—19·(2—2)T	承德普宁寺 …… 368
1998—10·(4—4)T	白鹿书院 …… 354	1998—20	故宫和卢浮宫(中国—法国联合发行)(T) …… 369
1998—11	北京大学建校一百年(J) …… 354	1998—20·(2—1)	卢浮宫 …… 369
1998—11·(1—1)J	北京大学建校一百年 …… 355	1998—20·(2—2)	故宫太和殿 …… 370
1998—12	第22届万国邮政联盟大会会徽(J) …… 356	1998—21	贺兰山岩画(T) …… 370
1998—12·(2—1)J	第22届万国邮政联盟大会会徽 …… 356	1998—21·(3—1)T	贺兰山岩画·人面 …… 371
1998—12·(2—2)J	第22届万国邮政联盟大会会徽 …… 357	1998—21·(3—2)T	贺兰山岩画·射猎 …… 371
1998—13	神农架(T) …… 357	1998—21·(3—3)T	贺兰山岩画·公牛 …… 371

1998—22 中国陶瓷——龙泉窑瓷器(T) ……… 371	1998—29·(8—7)T 圆斑拟鳞鱼 ……………… 385
1998—22·(4—1)T 北宋·五管瓶 …………… 372	1998—29·(8—8)T 甲尻鱼 …………………… 385
1998—22·(4—2)T 南宋·凤耳瓶 …………… 372	1998—30 中国共产党十一届三中全会二十
1998—22·(4—3)T 元·葫芦瓶 ……………… 373	周年(J) …………………………………… 385
1998—22·(4—4)T 明·刻花三果执壶 ……… 373	1998—30·(2—1)J 邓小平同志在十一届
1998—23 炎帝陵(T) ……………………………… 373	三中全会上 …………………………… 386
1998—23·(3—1)T 炎帝陵·午门 …………… 374	1998—30·(2—2)J 历史的伟大转折 ……… 386
1998—23·(3—2)T 炎帝陵·行礼亭 ………… 374	1998—31 抗洪赈灾(附捐邮票)(T) ……………… 387
1998—23·(3—3)T 炎帝陵·陵墓 …………… 374	1998—31·(1—1)T 抗洪赈灾 ……………… 387
1998—23M 炎帝陵(小全张)(T) ………………… 374	1999—1 己卯年(T) ………………………………… 387
1998—23M·(1—1)(小全张)T 炎帝陵 …… 374	1999—1·(2—1)T 玉兔为月 ………………… 388
1998—24 解放战争三大战役纪念(J) …………… 375	1999—1·(2—2)T 吉祥如意 ………………… 388
1998—24·(5—1)J 运筹帷幄 ……………… 376	1999—2 汉画像石(T) ……………………………… 388
1998—24·(5—2)J 攻克锦州 ……………… 376	1999—2·(6—1)T 汉画像石·牛耕 ………… 389
1998—24·(5—3)J 决战淮海 ……………… 377	1999—2·(6—2)T 汉画像石·纺织 ………… 389
1998—24·(5—4)J 解放北平 ……………… 377	1999—2·(6—3)T 汉画像石·舞乐 ………… 389
1998—24·(5—5)J 支援前线 ……………… 377	1999—2·(6—4)T 汉画像石·车马出行 …… 390
1998—25 刘少奇同志诞生一百周年(J) ………… 378	1999—2·(6—5)T 汉画像石·荆轲刺秦王 … 390
1998—25·(4—1)J 在天安门城楼上 ……… 378	1999—2·(6—6)T 汉画像石·嫦娥奔月 …… 390
1998—25·(4—2)J 在中共七大会议上 …… 378	1999—3 中国陶瓷——钧窑瓷器(T) ……………… 391
1998—25·(4—3)J 中国人民的使者 ……… 378	1999—3·(4—1)T 北宋·出戟尊 …………… 391
1998—25·(4—4)J 在办公室工作 ………… 379	1999—3·(4—2)T 北宋·尊 ………………… 392
1998—26 瘦西湖和莱芒湖(中国—瑞士联合	1999—3·(4—3)T 元·双耳炉 ……………… 392
发行)(T) …………………………………… 379	1999—3·(4—4)T 元·双耳连座瓶 ………… 392
1998—26·(2—1)T 莱芒湖·汐雍城堡 …… 379	1999—4 1999昆明世界园艺博览会(J) ………… 392
1998—26·(2—2)T 瘦西湖·二十四桥 …… 380	1999—4·(2—1)J 保护大自然 ……………… 393
1998—27 灵渠(T) …………………………………… 380	1999—4·(2—2)J 博览会场馆 ……………… 393
1998—27·(3—1)T 灵渠·铧嘴及天平 …… 381	1999—5 马鹿(中国—俄罗斯联合发行)(T) …… 393
1998—27·(3—2)T 灵渠·秦堤 ……………… 381	1999—5·(2—1)T 马鹿 ……………………… 394
1998—27·(3—3)T 灵渠·陡门 ……………… 381	1999—5·(2—2)T 马鹿 ……………………… 394
1998—28 澳门建筑(T) ……………………………… 382	1999—6 普陀秀色(T) ……………………………… 394
1998—28·(4—1)T 澳门南湾楼群 ………… 382	1999—6·(6—1)T 普济寺 …………………… 395
1998—28·(4—2)T 澳门友谊大桥 ………… 382	1999—6·(6—2)T 南天门 …………………… 395
1998—28·(4—3)T 澳门运动场 …………… 382	1999—6·(6—3)T 百步沙 …………………… 396
1998—28·(4—4)T 澳门国际机场 ………… 383	1999—6·(6—4)T 磐陀石 …………………… 396
1998—29 海底世界·珊瑚礁观赏鱼(T) ………… 383	1999—6·(6—5)T 梵音洞 …………………… 396
1998—29·(1—1)T 海底世界·珊瑚礁	1999—6·(6—6)T 法雨寺 …………………… 396
观赏鱼 ………………………………… 383	1999—7M 中国1999世界集邮展览(小型张)
1998—29·(8—1)T 主刺盖鱼 ……………… 384	(J) ………………………………………… 397
1998—29·(8—2)T 蓝斑鳃棘鲈 …………… 384	1999—7M·(1—1)(小型张)J 中国1999
1998—29·(8—3)T 蓝斑蝴蝶鱼 …………… 384	世界集邮展览 ………………………… 397
1998—29·(8—4)T 桔尾蝴蝶鱼 …………… 384	1999—8 方志敏同志诞生一百周年(J) ………… 398
1998—29·(8—5)T 马夫鱼 ………………… 385	1999—8·(2—1)J 方志敏像 ………………… 398
1998—29·(8—6)T 千年笛鲷 ……………… 385	1999—8·(2—2)J 坚贞不屈 ………………… 398

| 1999—9 第二十二届万国邮政联盟大会(J) …… 399
  1999—9·(2—1)J 第一届万国邮政联盟
    大会会址 …… 399
  1999—9·(2—2)J 第二十二届万国邮政
    联盟大会会址 …… 400
1999—9M 第二十二届万国邮政联盟大会
  (小型张)(J) …… 400
  1999—9M·(1—1)(小型张)J 江泽民主席
    题词 …… 400
1999—10 万国邮政联盟成立一百二十五周年
  (J) …… 401
  1999—10·(1—1)J 万国邮政联盟成立一百
    二十五周年 …… 401
1999—11 中华人民共和国成立五十周年
  ——民族大团结(J) …… 401
  1999—11·(56—1)J 汉族 …… 402
  1999—11·(56—2)J 蒙古族 …… 403
  1999—11·(56—3)J 回族 …… 403
  1999—11·(56—4)J 藏族 …… 404
  1999—11·(56—5)J 维吾尔族 …… 404
  1999—11·(56—6)J 苗族 …… 405
  1999—11·(56—7)J 彝族 …… 405
  1999—11·(56—8)J 壮族 …… 406
  1999—11·(56—9)J 布依族 …… 406
  1999—11·(56—10)J 朝鲜族 …… 406
  1999—11·(56—11)J 满族 …… 407
  1999—11·(56—12)J 侗族 …… 407
  1999—11·(56—13)J 瑶族 …… 408
  1999—11·(56—14)J 白族 …… 408
  1999—11·(56—15)J 土家族 …… 409
  1999—11·(56—16)J 哈尼族 …… 409
  1999—11·(56—17)J 哈萨克族 …… 409
  1999—11·(56—18)J 傣族 …… 410
  1999—11·(56—19)J 黎族 …… 410
  1999—11·(56—20)J 傈僳族 …… 410
  1999—11·(56—21)J 佤族 …… 411
  1999—11·(56—22)J 畲族 …… 411
  1999—11·(56—23)J 高山族 …… 412
  1999—11·(56—24)J 拉祜族 …… 412
  1999—11·(56—25)J 水族 …… 412
  1999—11·(56—26)J 东乡族 …… 413
  1999—11·(56—27)J 纳西族 …… 413
  1999—11·(56—28)J 景颇族 …… 413
  1999—11·(56—29)J 柯尔克孜族 …… 414

  1999—11·(56—30)J 土族 …… 414
  1999—11·(56—31)J 达斡尔族 …… 414
  1999—11·(56—32)J 仫佬族 …… 415
  1999—11·(56—33)J 羌族 …… 415
  1999—11·(56—34)J 布朗族 …… 416
  1999—11·(56—35)J 撒拉族 …… 416
  1999—11·(56—36)J 毛南族 …… 416
  1999—11·(56—37)J 仡佬族 …… 417
  1999—11·(56—38)J 锡伯族 …… 417
  1999—11·(56—39)J 阿昌族 …… 418
  1999—11·(56—40)J 普米族 …… 418
  1999—11·(56—41)J 塔吉克族 …… 418
  1999—11·(56—42)J 怒族 …… 419
  1999—11·(56—43)J 乌孜别克族 …… 419
  1999—11·(56—44)J 俄罗斯族 …… 419
  1999—11·(56—45)J 鄂温克族 …… 420
  1999—11·(56—46)J 德昂族 …… 420
  1999—11·(56—47)J 保安族 …… 420
  1999—11·(56—48)J 裕固族 …… 421
  1999—11·(56—49)J 京族 …… 421
  1999—11·(56—50)J 塔塔尔族 …… 422
  1999—11·(56—51)J 独龙族 …… 422
  1999—11·(56—52)J 鄂伦春族 …… 422
  1999—11·(56—53)J 赫哲族 …… 423
  1999—11·(56—54)J 门巴族 …… 423
  1999—11·(56—55)J 珞巴族 …… 423
  1999—11·(56—56)J 基诺族 …… 424
1999—12 国际老年人年(J) …… 424
  1999—12·(1—1)J 国际老年人年 …… 425
1999—13 中国人民政治协商会议成立五十
  周年(J) …… 425
  1999—13·(2—1)J 政协一届会议在中南海
    举行 …… 425
  1999—13·(2—2)J 政协会议讨论通过国徽
    图案 …… 426
1999—14 庐山和金刚山(中国—朝鲜联合发行)
  (J) …… 426
  1999—14·(2—1)J 金刚山 …… 426
  1999—14·(2—2)J 庐山 …… 427
1999—15 希望工程实施十周年(J) …… 427
  1999—15·(1—1)J 希望工程实施十周年 …… 428
1999—16 科技成果(T) …… 428
  1999—16·(4—1)T 寒武纪早期澄江
    生物群 …… 428

1999—16·(4—2)T　6000米水下机器人…………428
1999—16·(4—3)T　哥德巴赫猜想的
　　最佳结果 ………………………………429
1999—16·(4—4)T　2.16米天文望远镜………429
1999—17　李立三同志诞生一百周年(J) ………430
　　1999—17·(2—1)J　早期工人运动领导人……430
　　1999—17·(2—2)J　建国初期的李立三 ……431
1999—18　澳门回归祖国(J) ……………………431
　　1999—18·(2—1)J　中葡联合声明 ……………431
　　1999—18·(2—2)J　中华人民共和国澳门
　　特别行政区基本法 ……………………432
1999—18M　澳门回归祖国(小型张)(J) ………432
　　1999—18M·(1—1)(小型张)J　澳门回归
　　祖国 ……………………………………432
1999—18GM　澳门回归祖国(金箔小型张)
　　(J) ……………………………………433
　　1999—18GM·(1—1)(金箔小型张)J　澳门
　　回归祖国 ………………………………433
1999—19　聂荣臻同志诞生一百周年(J) ………433
　　1999—19·(2—1)J　聂荣臻元帅 …………434
　　1999—19·(2—2)J　科技事业的卓越
　　领导人 …………………………………434
1999—20　世纪交替 千年更始——20世纪回顾
　　(J) ……………………………………434
　　1999—20·(8—1)J　辛亥革命 ……………435
　　1999—20·(8—2)J　五四运动 ……………435
　　1999—20·(8—3)J　中共诞生 ……………435
　　1999—20·(8—4)J　抗战胜利 ……………435
　　1999—20·(8—5)J　开国大典 ……………435
　　1999—20·(8—6)J　两弹一星 ……………435
　　1999—20·(8—7)J　改革开放 ……………436
　　1999—20·(8—8)J　港澳回归 ……………436
2000—特1GM　港澳回归　世纪盛世
　　(金箔小型张)(J) ……………………436
　　2000—特1GM·(2—1)J　港澳回归　世纪盛事
　　(香港回归祖国金箔小型张加字) ………437
　　2000—特1GM·(2—2)J　港澳回归　世纪盛事
　　(澳门回归祖国金箔小型张加字) ………437
2000—1　庚辰年(T) ……………………………437
　　2000—1·(2—1)T　祥龙腾飞 ……………437
　　2000—1·(2—2)T　旭日东升 ……………437
2000—2　春节(T) ………………………………438
　　2000—2·(3—1)T　迎新春 ………………439
　　2000—2·(3—2)T　辞旧岁 ………………439

2000—2·(3—3)T　闹社火 ………………439
2000—2M　春节(小型张)(T) …………………439
　　2000—2M·(1—1)(小型张)T　合家欢 ……440
2000—3　国家重点保护野生动物(Ⅰ级)(一)
　　(T) ……………………………………441
　　2000—3·(10—1)T　朱鹮 ………………442
　　2000—3·(10—2)T　金斑喙凤蝶 ………442
　　2000—3·(10—3)T　大熊猫 ……………442
　　2000—3·(10—4)T　褐马鸡 ……………442
　　2000—3·(10—5)T　中华鲟 ……………443
　　2000—3·(10—6)T　金丝猴 ……………443
　　2000—3·(10—7)T　白鳖豚 ……………443
　　2000—3·(10—8)T　丹顶鹤 ……………443
　　2000—3·(10—9)T　东北虎 ……………443
　　2000—3·(10—10)T　扬子鳄 ……………444
　　2000—3·(过桥)T　梅花鹿 ………………444
　　2000—3·(过桥)T　亚洲象 ………………444
2000—4　龙(文物)(T) …………………………444
　　2000—4·(6—1)T　新石器时代·玉龙 ……444
　　2000—4·(6—2)T　战国·龙形玉饰 ………445
　　2000—4·(6—3)T　汉·青龙瓦当 …………445
　　2000—4·(6—4)T　唐·盘龙纹饰铜镜 ……445
　　2000—4·(6—5)T　金·坐式铜龙 …………446
　　2000—4·(6—6)T　清·紫檀宝座嵌螺钿
　　云龙 ……………………………………446
2000—5M　中华全国集邮联合会第五次代表
　　大会(小型张)(J) ……………………446
　　2000—5M·(1—1)(小型张)J　中华全国
　　集邮联合会第五次代表大会 …………447
2000—6　木兰从军(T) …………………………447
　　2000—6·(4—1)T　木兰纺织 ……………448
　　2000—6·(4—2)T　木兰从军 ……………449
　　2000—6·(4—3)T　木兰征战 ……………449
　　2000—6·(4—4)T　木兰还乡 ……………449
2000—7　长江公路大桥(T) ……………………450
　　2000—7·(4—1)T　万县长江公路大桥 …450
　　2000—7·(4—2)T　黄石长江公路大桥 …450
　　2000—7·(4—3)T　铜陵长江公路大桥 …451
　　2000—7·(4—4)T　江阴长江公路大桥 …451
2000—8　大理风光(T) …………………………451
　　2000—8·(4—1)T　大理风光——苍山洱海 …452
　　2000—8·(4—2)T　大理风光——崇圣寺
　　三塔 ……………………………………452
　　2000—8·(4—3)T　大理风光——鸡足山 …452

2000—8·(4—4)T 大理风光——石宝山 … 453	2000—15·(5—2)T 小鲤鱼找龙门 … 464
2000—9 塔尔寺(T) … 453	2000—15·(5—3)T 螃蟹大叔的帮助 … 464
2000—9·(4—1)T 如意宝塔 … 453	2000—15·(5—4)T 小鲤鱼跳龙门 … 464
2000—9·(4—2)T 大金瓦殿 … 454	2000—15·(5—5)T 燕子大婶捎信 … 465
2000—9·(4—3)T 大经堂 … 454	2000—16 深圳经济特区建设(T) … 465
2000—9·(4—4)T 班禅行宫 … 455	2000—16·(5—1)T 金融中心区 … 465
2000—10 革命终身伴侣百年诞辰(J) … 455	2000—16·(5—2)T 中国国际高新技术成果
2000—10·(1—1)J 革命终身伴侣百年诞辰 … 456	交易会展览中心 … 466
2000—11 世纪交替 千年更始——21 世纪展望	2000—16·(5—3)T 盐田港区 … 466
(J) … 456	2000—16·(5—4)T 深圳湾旅游区 … 466
2000—11·(8—1)J 21 世纪展望——奔向	2000—16·(5—5)T 蛇口工业区 … 467
新世纪 … 456	2000—17M 第二十七届奥林匹克运动会
2000—11·(8—2)J 21 世纪展望——我造	(小型张)(J) … 467
大桥通台湾 … 456	2000—17M·(1—1)(小型张)J 第二十七届
2000—11·(8—3)J 21 世纪展望——树上	奥林匹克运动会 … 467
宫殿 … 456	2000—18 海滨风光(中国—古巴联合发行)
2000—11·(8—4)J 21 世纪展望——保护	(T) … 468
地球 … 457	2000—18·(2—1)T 海南椰林湾 … 468
2000—11·(8—5)J 21 世纪展望——新世纪	2000—18·(2—2)T 巴拉德罗海滨 … 468
的交通 … 457	2000—19 木偶和面具(中国—巴西联合发行)
2000—11·(8—6)J 21 世纪展望——遨游	(T) … 469
太空 … 457	2000—19·(2—1)T 木偶 … 469
2000—11·(8—7)J 21 世纪展望——地球	2000—19·(2—2)T 面具 … 470
变年轻了 … 457	2000—20 古代思想家(J) … 470
2000—11·(8—8)J 21 世纪展望——世界	2000—20·(6—1)J 古代思想家——孔子 … 471
和平 … 457	2000—20·(6—2)J 古代思想家——孟子 … 471
2000—12 陈云同志诞生九十五周年(J) … 457	2000—20·(6—3)J 古代思想家——老子 … 471
2000—12·(4—1)J 五卅运动中的陈云 … 458	2000—20·(6—4)J 古代思想家——庄子 … 472
2000—12·(4—2)J 陈云在延安 … 459	2000—20·(6—5)J 古代思想家——墨子 … 472
2000—12·(4—3)J 建国初期的陈云 … 459	2000—20·(6—6)J 古代思想家——荀子 … 472
2000—12·(4—4)J 陈云在新的历史时期 … 460	2000—21 中山靖王墓文物(T) … 473
2000—13 盉壶和马奶壶(中国—哈萨克斯坦	2000—21·(4—1)T 长信宫灯 … 474
联合发行)(T) … 460	2000—21·(4—2)T 蟠龙纹铜壶 … 474
2000—13·(2—1)T 盉壶 … 460	2000—21·(4—3)T 错金博山炉 … 474
2000—13·(2—2)T 马奶壶 … 461	2000—21·(4—4)T 朱雀衔环杯 … 474
2000—14 崂山(T) … 461	2000—22 中国"神舟"飞船首飞成功纪念(J) … 474
2000—14·(4—1)T 巨峰 … 462	2000—22·(2—1)J 火箭明腾飞 … 475
2000—14·(4—2)T 仰口湾 … 462	2000—22·(2—2)J 飞船遨游 … 475
2000—14·(4—3)T 北九水 … 462	2000—23 气象成就(T) … 476
2000—14·(4—4)T 太清宫 … 463	2000—23·(4—1)T 气象卫星 … 476
2000—14M 崂山(小全张)(T) … 463	2000—23·(4—2)T 青藏高原气象考察 … 477
2000—14M·(1—1)(小全张)T 崂山 … 463	2000—23·(4—3)T 数值预报 … 477
2000—15 小鲤鱼跳龙门(T) … 463	2000—23·(4—4)T 人工增雨 … 478
2000—15·(5—1)T 鲤鱼奶奶讲故事 … 464	2000—24 君子兰(T) … 478

2000—24·(4—1)T 大花君子兰 …… 479	2001—4·(10—5)T 北山羊 …… 490
2000—24·(4—2)T 垂笑君子兰 …… 479	2001—4·(10—6)T 虎头海雕 …… 490
2000—24·(4—3)T 金丝君子兰 …… 479	2001—4·(10—7)T 野骆驼 …… 490
2000—24·(4—4)T 白花君子兰 …… 479	2001—4·(10—8)T 雪豹 …… 491

2000—24M 君子兰(小全张)(T) …… 479
   2000—24M·(1—1)(小全张)T 君子兰 …… 479
2000—25 中国古钟(T) …… 480
   2000—25·(4—1)T 西周·井叔钟 …… 480
   2000—25·(4—2)T 春秋·黎镈 …… 480
   2000—25·(4—3)T 唐·景云钟 …… 481
   2000—25·(4—4)T 清·乾隆钟 …… 481
特2—2001 北京申办2008年奥运会成功纪念 …… 481
   特2—2001·(1—1) 北京申办2008年奥运会成功纪念 …… 482
特3—2001 中国加入世界贸易组织 …… 483
   特3—2001·(1—1) 中国加入世界贸易组织 …… 483
2001—1 世纪交替 千年更始——迈入21世纪(J) …… 484
   2001—1·(5—1)J 迈入21世纪——世纪交替 …… 484
   2001—1·(5—2)J 迈入21世纪——和平发展 …… 485
   2001—1·(5—3)J 迈入21世纪——保护自然 …… 485
   2001—1·(5—4)J 迈入21世纪——科技之光 …… 486
   2001—1·(5—5)J 迈入21世纪——中华复兴 …… 486
2001—2 辛巳年(T) …… 486
   2001—2·(2—1)T 祥蛇祝福 …… 486
   2001—2·(2—2)T 吉祥普照 …… 487
2001—3 京剧丑角(T) …… 487
   2001—3·(6—1)T 汤勤 …… 487
   2001—3·(6—2)T 刘利华 …… 488
   2001—3·(6—3)T 高力士 …… 488
   2001—3·(6—4)T 蒋干 …… 488
   2001—3·(6—5)T 杨香武 …… 488
   2001—3·(6—6)T 时迁 …… 489
2001—4 国家重点保护野生动物(Ⅰ级)(二)(T) …… 489
   2001—4·(10—1)T 扭角羚 …… 489
   2001—4·(10—2)T 白鱀 …… 490
   2001—4·(10—3)T 麋鹿 …… 490
   2001—4·(10—4)T 达氏鲟 …… 490

   2001—4·(10—9)T 紫貂 …… 491
   2001—4·(10—10)T 高鼻羚羊 …… 491
   2001—4·(附票) 黑颈鹤 …… 491
   2001—4·(附票) 野牦牛 …… 491
2001—5 水乡古镇(T) …… 492
   2001—5·(6—1)T 昆山周庄 …… 492
   2001—5·(6—2)T 吴江同里 …… 493
   2001—5·(6—3)T 桐乡乌镇 …… 493
   2001—5·(6—4)T 湖州南浔 …… 493
   2001—5·(6—5)T 吴县角直 …… 494
   2001—5·(6—6)T 嘉善西塘 …… 494
2001—6 永乐宫壁画(T) …… 494
   2001—6·(4—1)T 西王母 …… 496
   2001—6·(4—2)T 奉宝玉女 …… 496
   2001—6·(4—3)T 东极救苦天尊 …… 496
   2001—6·(4—4)T 金星、水星 …… 496
2001—7 中国古典文学名著——《聊斋志异》(第一组)(T) …… 497
   2001—7·(4—1)T 婴宁 …… 497
   2001—7·(4—2)T 阿宝 …… 498
   2001—7·(4—3)T 画皮 …… 498
   2001—7·(4—4)T 偷桃 …… 498
2001—7M 中国古典文学名著——《聊斋志异》(第一组)(小型张)(T) …… 499
   2001—7M·(1—1)(小型张)T 崂山道士 …… 499
2001—8 武当山(T) …… 499
   2001—8·(3—1)T 南岩秋色 …… 500
   2001—8·(3—2)T 紫霄瑞雪 …… 500
   2001—8·(3—3)T 太子环翠 …… 501
2001—8M 武当山(小型张)(T) …… 501
   2001—8M·(1—1)(小型张)T 金顶春晓 …… 501
2001—9 陶瓷(中国—比利时联合发行)(T) …… 502
   2001—9·(2—1)T 彩陶瓶 …… 502
   2001—9·(2—2)T 粉彩壶 …… 503
2001—10 端午节(T) …… 503
   2001—10·(3—1)T 赛龙舟 …… 504
   2001—10·(3—2)T 包粽子 …… 504
   2001—10·(3—3)T 避五毒 …… 505
2001—11 中国共产党早期领导人(一)(J) …… 505
   2001—11·(5—1)J 王烬美 …… 505

2001—11·(5—2)J 赵世炎 …………… 506	2001—20·(2—2)T 图坦卡蒙金面罩头像 …… 520
2001—11·(5—3)J 邓恩铭 …………… 506	2001—21 亚太经合组织2001年会议 中国(J) … 520
2001—11·(5—4)J 蔡和森 …………… 507	2001—21·(1—1)J 亚太经合组织2001年
2001—11·(5—5)J 何叔衡 …………… 507	会议中国 ……………………………… 521
2001—12 中国共产党成立八十周年(J) … 508	2001—22 昭陵六骏(T) ………………… 521
2001—12·(1—1)J 中国共产党成立八十	2001—22·(6—1)J 什伐赤 …………… 522
周年 ……………………………………… 508	2001—22·(6—2)J 青骓 ……………… 522
2001—13 黄果树瀑布群(T) ……………… 508	2001—22·(6—3)J 特勤骠 …………… 522
2001—13·(3—1)T 银练坠潭瀑布 …… 508	2001—22·(6—4)J 飒露紫 …………… 522
2001—13·(3—2)T 陡坡塘瀑布 ……… 509	2001—22·(6—5)J 拳毛䯄 …………… 523
2001—13·(3—3)T 滴水滩瀑布 ……… 509	2001—22·(6—6)J 白蹄乌 …………… 523
2001—13M 黄果树瀑布群(小型张)(T) … 509	2001—23 古代帆船(中国—葡萄牙联合发行)
2001—13M·(1—1)(小型张)T 黄果树	(T) ……………………………………… 523
瀑布 ……………………………………… 509	2001—23·(2—1)T 中国古代帆船 …… 524
2001—14 北戴河(T) …………………… 510	2001—23·(2—2)T 葡萄牙古代帆船 … 524
2001—14·(4—1)T 北戴河·鸽子窝 … 510	2001—24 中华人民共和国第九届运动会(J) … 525
2001—14·(4—2)T 北戴河·中海滩 … 510	2001—24·(2—1)J 入水 ……………… 525
2001—14·(4—3)T 北戴河·联峰山 … 511	2001—24·(2—2)J 扣球 ……………… 526
2001—14·(4—4)T 北戴河·老虎石 … 511	2001—24M 中华人民共和国第九届运动会
2001—15 第二十一届世界大学生运动会(J) … 511	(小全张)(J) …………………………… 526
2001—15·(3—1)J 重在参与 ………… 512	2001—24M·(1—1)(小全张)J 中华人民共和
2001—15·(3—2)J 锻炼身体 勇攀高峰 … 513	国第九届运动会 ………………………… 526
2001—15·(3—3)J 扩大交往 ………… 513	2001—25 六盘山(T) …………………… 526
2001—16 引大入秦工程(T) ……………… 513	2001—25·(4—1)J 六盘山高峰 ……… 527
2001—16·(4—1)T 渠首引水枢纽 …… 514	2001—25·(4—2)J 凉殿峡林海 ……… 527
2001—16·(4—2)T 先明峡倒虹吸 …… 514	2001—25·(4—3)J 泾河老龙潭 ……… 527
2001—16·(4—3)T 总干渠隧洞 ……… 514	2001—25·(4—4)J 西峡野荷谷 ……… 528
2001—16·(4—4)T 庄浪河渡槽 ……… 514	2001—26 民间传说——许仙与白娘子(T) …… 528
2001—17M 二滩水电站(小型张)(T) …… 515	2001—26·(4—1)T 游湖借伞 ………… 529
2001—17M·(1—1)(小型张)T 二滩	2001—26·(4—2)T 仙山盗草 ………… 529
水电站 …………………………………… 515	2001—26·(4—3)T 水漫金山 ………… 529
2001—18 兜兰(T) ……………………… 515	2001—26·(4—4)T 断桥相会 ………… 530
2001—18·(4—1)T 麻栗坡兜兰 ……… 516	2001—27 郑成功收复台湾三百四十周年(J) … 531
2001—18·(4—2)T 长瓣兜兰 ………… 516	2001—27·(3—1)J 闽海雄风 ………… 532
2001—18·(4—3)T 虎斑兜兰 ………… 516	2001—27·(3—2)J 箪食壶浆 ………… 532
2001—18·(4—4)T 卷萼兜兰 ………… 517	2001—27·(3—3)J 日月重光 ………… 532
2001—18M 兜兰(小全张)(T) …………… 517	2001—28M 青藏铁路开工纪念(小型张)(J) …… 533
2001—18M·(1—1)(小全张)T 兜兰 … 517	2001—28M·(1—1)(小型张)J 青藏铁路开工
2001—19 芜湖长江大桥(T) ……………… 517	纪念 ……………………………………… 533
2001—19·(2—1)T 芜湖长江大桥 …… 518	2002—1 壬午年(T) …………………… 534
2001—19·(2—2)T 芜湖长江大桥 …… 518	2002—1·(2—1)T 马到成功 ………… 534
2001—20 古代金面罩头像(中国—埃及	2002—1·(2—2)T 壬午大吉 ………… 534
联合发行)(T) …………………………… 519	2002—2 八大山人作品选(T) …………… 535
2001—20·(2—1)T 三星堆金面罩头像 …… 519	2002—2·(6—1)T 双鹰图 …………… 536

2002—2·(6—2)T 孤松图 …………… 536	2002—10·(5—5)T 临高灯塔 ………… 552
2002—2·(6—3)T 墨荷图 …………… 536	2002—11 2002年世界杯足球赛(J) …… 552
2002—2·(6—4)T 瓶菊图 …………… 537	2002—11·(2—1)T 新的起点 ………… 553
2002—2·(6—5)T 双鹊大石图 ……… 537	2002—11·(2—2)T 团结拼搏 ………… 553
2002—2·(6—6)T 仿董源山水图 …… 537	2002—12 黄河水利水电工程(T) ……… 554
2002—3 珍稀花卉(中国—马来西亚联合发行)	2002—12·(4—1)T 李家峡水电站 …… 554
(T) ……………………………………… 537	2002—12·(4—2)T 刘家峡水电站 …… 554
2002—3·(2—1)T 金花茶 …………… 538	2002—12·(4—3)T 青铜峡水利枢纽 … 555
2002—3·(2—2)T 炮弹花 …………… 538	2002—12·(4—4)T 三门峡水利枢纽 … 555
2002—4 民族乐器——拉弦乐器(T) …… 539	2002—12M 黄河水利水电工程(小型张)(T) … 555
2002—4·(5—1)T 轧琴 ……………… 539	2002—12M·(1—1)(小型张)T 小浪底水利
2002—4·(5—2)T 二胡 ……………… 539	枢纽 ………………………………… 555
2002—4·(5—3)T 板胡 ……………… 540	2002—13 大足石刻(T) ………………… 556
2002—4·(5—4)T 萨它尔 …………… 540	2002—13·(4—1)T 北山·日月观音(宋) …… 556
2002—4·(5—5)T 马头琴 …………… 540	2002—13·(4—2)T 北山·普贤菩萨(宋) …… 557
2002—5M 步辇图(小型张)(T) ………… 540	2002—13·(4—3)T 宝顶山·华严三圣(宋) … 557
2002—5M·(1—1)(小型张)T 步辇图 … 541	2002—13·(4—4)T 石门山·三皇洞造像
2002—6 中国陶瓷——汝窑瓷器(T) …… 542	(宋) ………………………………… 558
2002—6·(4—1)T 北宋·尊 ………… 543	2002—13M 大足石刻(小型张)(T) …… 558
2002—6·(4—2)T 北宋·三足洗 …… 543	2002—13M·(1—1)(小型张)T 宝顶山·
2002—6·(4—3)T 北宋·碗 ………… 543	千手观音(宋) ……………………… 558
2002—6·(4—4)T 北宋·盘 ………… 543	2002—14 沙漠植物(T) ………………… 558
2002—7 中国古典文学名著——《聊斋志异》	2002—14·(4—1)T 沙冬青 …………… 559
(第二组)(T) …………………………… 544	2002—14·(4—2)T 红皮沙拐枣 ……… 559
2002—7·(4—1)T 席方平 …………… 544	2002—14·(4—3)T 细枝岩黄蓍 ……… 560
2002—7·(4—2)T 翩翩 ……………… 545	2002—14·(4—4)T 细穗柽柳 ………… 560
2002—7·(4—3)T 田七郎 …………… 545	2002—15 南极风光(T) ………………… 560
2002—7·(4—4)T 白秋练 …………… 546	2002—15·(3—1)T 南极冰山 ………… 561
2002—8 千山(T) ………………………… 546	2002—15·(3—2)T 南极极光 ………… 561
2002—8·(4—1)T 无量观 …………… 547	2002—15·(3—3)T 南极格罗夫山 …… 562
2002—8·(4—2)T 弥勒峰 …………… 547	2002—16 青海湖(T) …………………… 562
2002—8·(4—3)T 龙泉寺 …………… 547	2002—16·(3—1)T 青海湖·湖畔 …… 563
2002—8·(4—4)T 仙人台 …………… 548	2002—16·(3—2)T 青海湖·鸟岛 …… 563
2002—9 丽江古城(T) …………………… 548	2002—16·(3—3)T 青海湖·远眺 …… 563
2002—9·(3—1)T 四方街 …………… 549	2002—17 人民军队早期将领(一)(J) … 564
2002—9·(3—2)T 古城清流 ………… 549	2002—17·(5—1)J 黄公略 …………… 564
2002—9·(3—3)T 纳西民居 ………… 549	2002—17·(5—2)J 许继慎 …………… 564
2002—9M 丽江古城(小全张)(T) ……… 549	2002—17·(5—3)J 蔡升熙 …………… 565
2002—9M·(1—1)(小全张)T 丽江古城 …… 550	2002—17·(5—4)J 韦拔群 …………… 565
2002—10 历史文物灯塔(T) …………… 550	2002—17·(5—5)J 刘志丹 …………… 565
2002—10·(5—1)T 泖塔 …………… 551	2002—18 中国古代科学家(第四组)(J) …… 566
2002—10·(5—2)T 江心屿双塔 …… 551	2002—18·(4—1)J 扁鹊 ……………… 566
2002—10·(5—3)T 花鸟山灯塔 …… 551	2002—18·(4—2)J 刘徽 ……………… 567
2002—10·(5—4)T 老铁山灯塔 …… 552	2002—18·(4—3)J 苏颂 ……………… 567

2002—18・(4—4)J 宋应星 …………… 568	2003—1・(2—1)T 癸未大吉 …………… 583
2002—19 雁荡山(T) …………… 568	2003—1・(2—2)T 三阳开泰 …………… 583
2002—19・(4—1)T 雁荡山・显胜门 …… 569	2003—2 杨柳青木版年画(T) …………… 583
2002—19・(4—2)T 雁荡山・大龙湫 …… 569	2003—2・(4—1)T 五子夺莲 …………… 585
2002—19・(4—3)T 雁荡山・北斗洞 …… 570	2003—2・(4—2)T 钟馗 …………… 585
2002—19・(4—4)T 雁荡山・观音峰 …… 570	2003—2・(4—3)T 盗仙草 …………… 586
2002—20 中秋节(T) …………… 570	2003—2・(4—4)T 玉堂富贵 …………… 586
2002—20・(3—1)T 团圆 …………… 571	2003—3 中国古代书法——篆书(T) …… 586
2002—20・(3—2)T 赏月 …………… 572	2003—3・(2—1)T 西周・毛公鼎 …… 587
2002—20・(3—3)T 月为媒 …………… 572	2003—3・(2—2)T 秦・泰山石刻 …… 588
2002—21GM 黄河壶口瀑布(金箔小型张)(T) … 572	2003—4 百合花(T) …………… 589
2002—21GM・(1—1)(金箔小型张)T 黄河壶口瀑布 …………… 573	2003—4・(4—1)T 大理百合 …………… 590
	2003—4・(4—2)T 匍茎百合 …………… 590
2002—22 亭台与城堡(中国—斯洛伐克联合发行)(T) …………… 573	2003—4・(4—3)T 东北百合 …………… 590
2002—22・(2—1)T 博伊尼采城堡 …… 574	2003—4・(4—4)T 尖被百合 …………… 590
2002—22・(2—2)T 邯郸丛台 …………… 574	2003—4M 百合花(小型张)(T) …………… 591
2002—23 民间传说——董永与七仙女(T) … 575	2003—4M・(1—1)(小型张)T 宜昌百合 … 591
2002—23・(5—1)T 孝心感天 …………… 576	2003—5 中国古桥——拱桥(T) …………… 591
2002—23・(5—2)T 下凡结缘 …………… 576	2003—5・(4—1)T 枫桥 …………… 592
2002—23・(5—3)T 织锦赎身 …………… 576	2003—5・(4—2)T 小商桥 …………… 592
2002—23・(5—4)T 满工还家 …………… 576	2003—5・(4—3)T 卢沟桥 …………… 593
2002—23・(5—5)T 天地同心 …………… 576	2003—5・(4—4)T 双龙桥 …………… 593
2002—24 彭真同志诞生一百周年(J) …… 576	2003—6 钟楼与清真寺(中国—伊朗联合发行)(T) …………… 593
2002—24・(2—1)J 改革开放时期的彭真同志 …………… 577	2003—6・(2—1)T 西安钟楼 …………… 594
2002—24・(2—2)J 抗日战争时期的彭真同志 …………… 577	2003—6・(2—2)T 伊斯法罕清真寺 …… 594
	2003—7M 乐山大佛(小型张)(T) …………… 595
2002—25 博物馆建设(T) …………… 577	2003—7M・(1—1)(小型张)T 乐山大佛 … 596
2002—25・(5—1)J 陕西历史博物馆 …… 578	2003—8 鼓浪屿(T) …………… 596
2002—25・(5—2)J 上海博物馆 …………… 578	2003—8・(3—1)T 鼓浪屿・八卦楼 …… 597
2002—25・(5—3)J 河南博物院 …………… 579	2003—8・(3—2)T 鼓浪屿・日光岩 …… 597
2002—25・(5—4)J 西藏博物馆 …………… 579	2003—8・(3—3)T 鼓浪屿・菽庄花园 … 597
2002—25・(5—5)J 天津自然博物馆 …… 579	2003—8M 鼓浪屿(小全张)(T) …………… 598
2002—26 武术与跆拳道(中国—韩国联合发行)(T) …………… 580	2003—8M・(1—1)(小全张)T 鼓浪屿 …… 598
2002—26・(2—1)T 武术 …………… 580	2003—9 中国古典文学名著——《聊斋志异》(第三组)(T) …………… 598
2002—26・(2—2)T 跆拳道 …………… 580	2003—9・(6—1)T 香玉 …………… 599
2002—27 长臂猿(T) …………… 581	2003—9・(6—2)T 赵城虎 …………… 599
2002—27・(4—1)T 白掌长臂猿 …………… 581	2003—9・(6—3)T 宦娘 …………… 599
2002—27・(4—2)T 白颊长臂猿 …………… 582	2003—9・(6—4)T 阿绣 …………… 600
2002—27・(4—3)T 黑长臂猿 …………… 582	2003—9・(6—5)T 王桂庵 …………… 600
2002—27・(4—4)T 白眉长臂猿 …………… 582	2003—9・(6—6)T 神女 …………… 601
2003—1 癸未年(T) …………… 582	2003—9M 中国古典文学名著——《聊斋志异》(第三组)(小型张)(T) …………… 601

2003—9M·(1—1)(小型张)T 西湖主 …… 601	2003—19·(2—1)T 宋刻本《周礼》……… 619
2003—10 吉林陨石雨(T) ………… 602	2003—19·(2—2)T 匈牙利彩图编年史 …… 620
2003—10·(3—1)T 吉林陨石雨·降落 … 603	2003—20 民间传说——梁山伯与祝英台(T) … 621
2003—10·(3—2)T 吉林陨石雨·分布 … 603	2003—20·(5—1)T 草桥结拜 ………… 621
2003—10·(3—3)T 吉林陨石雨·一号陨石 … 603	2003—20·(5—2)T 三载同窗 ………… 622
2003—11 苏州园林——网师园(T) …… 603	2003—20·(5—3)T 十八相送 ………… 622
2003—11·(4—1)T 网师园·殿春簃 …… 604	2003—20·(5—4)T 楼台伤别 ………… 622
2003—11·(4—2)T 网师园·月到风来亭 … 605	2003—20·(5—5)T 化蝶双飞 ………… 622
2003—11·(4—3)T 网师园·竹外一枝轩 … 605	2003—21 长江三峡工程·发电(T) …… 622
2003—11·(4—4)T 网师园·万卷堂 …… 605	2003—21·(3—1)T 水库蓄水 ………… 623
2003—12 藏羚(T) ……………… 605	2003—21·(3—2)T 船闸通航 ………… 623
2003—12·(2—1)T 藏羚 ……………… 606	2003—21·(3—3)T 电站发电 ………… 623
2003—12·(2—2)T 藏羚 ……………… 606	2003—22M 南水北调工程开工纪念(小型张)
2003—13 崆峒山(T) ……………… 606	(J) …………………………………… 623
2003—13·(4—1)T 崆峒山·皇城 …… 607	2003—22M·(1—1)(小型张)J 南水北调
2003—13·(4—2)T 崆峒山·弹筝峡 …… 607	工程开工纪念 ……………………… 624
2003—13·(4—3)T 崆峒山·塔院 …… 608	2003—23 中国2003 第十六届亚洲国际邮票展览
2003—13·(4—4)T 崆峒山·雷声峰 …… 608	(J) …………………………………… 624
2003—14 飞机发明一百周年(J) …… 608	2003—23·(1—1)J 中国2003 第十六届
2003—14·(2—1)J 世界篇 …………… 609	亚洲国际邮票展览 ………………… 625
2003—14·(2—2)J 中国篇 …………… 609	2003—24 世界防治艾滋病日(J) …… 625
2003—15 晋祠彩塑(T) …………… 610	2003—24·(1—1)J 世界防治艾滋病日 … 626
2003—15·(4—1)T 晋祠彩塑·如意侍女 … 611	2003—25 毛泽东同志诞生一百一十周年(J) … 626
2003—15·(4—2)T 晋祠彩塑·持巾侍女 … 611	2003—25·(4—1)J 毛泽东在西柏坡 … 626
2003—15·(4—3)T 晋祠彩塑·奉玺侍女 … 611	2003—25·(4—2)J 毛泽东在北戴河 … 627
2003—15·(4—4)T 晋祠彩塑·歌舞侍女 … 612	2003—25·(4—3)J 毛泽东在庐山 …… 627
2003—16 少数民族传统体育(T) …… 612	2003—25·(4—4)J 毛泽东在广州 …… 628
2003—16·(4—1)T 摔跤(蒙古族) …… 612	2003—26 东周青铜器(T) …………… 628
2003—16·(4—2)T 响箭(藏族) ……… 613	2003—26·(8—1)J 东周青铜器·龟鱼纹
2003—16·(4—3)T 赛马(维吾尔族) … 613	方盘 ………………………………… 629
2003—16·(4—4)T 秋千(朝鲜族) …… 613	2003—26·(8—2)J 东周青铜器·秦公簋 … 629
2003—16M 少数民族传统体育(小全张)(T) … 614	2003—26·(8—3)J 东周青铜器·中山王
2003—16M·(1—1)(小全张)T 少数民族	错铁足鼎 …………………………… 629
传统体育 …………………………… 614	2003—26·(8—4)J 东周青铜器·曾侯乙
2003—17 古代名将——岳飞(J) …… 614	匜 …………………………………… 630
2003—17·(3—1)J 尽忠报国 ………… 615	2003—26·(8—5)J 东周青铜器·神兽尊 … 630
2003—17·(3—2)J 高风亮节 ………… 616	2003—26·(8—6)J 东周青铜器·凤纹尊 … 630
2003—17·(3—3)J 名垂青史 ………… 616	2003—26·(8—7)J 东周青铜器·莲鹤方壶 … 630
2003—18 重阳节(T) ……………… 616	2003—26·(8—8)J 东周青铜器·龙兽
2003—18·(3—1)T 重阳节·登高 …… 617	提梁盉 ……………………………… 630
2003—18·(3—2)T 重阳节·赏菊 …… 617	特4—2003 万众一心 抗击"非典" …… 631
2003—18·(3—3)T 重阳节·饮酒对弈 … 617	特4—2003·(1—1) 万众一心 抗击
2003—19 图书艺术(中国—匈牙利联合发行)	"非典" ……………………………… 631
(T) …………………………………… 618	特5—2003 中国首次载人航天飞行成功 …… 631

特5—2003·(2—1)	英姿	632
特5—2003·(2—2)	凯旋	632

2004—1　甲申年（T） 633
　2004—1·(1—1)T　甲申年(猴) 633

2004—2　桃花坞木版年画（T） 633
　2004—2·(4—1)T　琵琶有情 634
　2004—2·(4—2)T　麒麟送子 634
　2004—2·(4—3)T　刘海戏金蟾 635
　2004—2·(4—4)T　十美踢球图 635

2004—2M　桃花坞木版年画（小全张）（T） 635
　2004—2M·(1—1)(小全张)T　桃花坞木版年画 635

2004—3　邓颖超同志诞生一百周年（J） 636
　2004—3·(2—1)J　中国妇女运动的先驱 637
　2004—3·(2—2)J　老一辈无产阶级革命家 637

2004—4　中国红十字会成立一百周年（J） 637
　2004—4·(1—1)J　中国红十字会成立一百周年 638

2004—5　成语典故（一）（T） 638
　2004—5·(4—1)T　邯郸学步 639
　2004—5·(4—2)T　叶公好龙 639
　2004—5·(4—3)T　滥竽充数 640
　2004—5·(4—4)T　鹬蚌相争 640

2004—6　孔雀（T） 641
　2004—6·(2—1)T　娉婷 641
　2004—6·(2—2)T　婀娜 641

2004—6M　孔雀（小型张）（T） 642
　2004—6M·(1—1)(小型张)T　竞艳 642

2004—7　楠溪江（T） 642
　2004—7·(4—1)T　楠溪江·孤帆远影 643
　2004—7·(4—2)T　楠溪江·奇峰耸立 643
　2004—7·(4—3)T　楠溪江·山水玲珑 643
　2004—7·(4—4)T　楠溪江·滩林叠翠 643

2004—8　丹霞山（T） 644
　2004—8·(4—1)T　丹霞山·僧帽峰 644
　2004—8·(4—2)T　丹霞山·翔龙湖 645
　2004—8·(4—3)T　丹霞山·茶壶峰 645
　2004—8·(4—4)T　丹霞山·锦江 645

2004—9　中国经济技术开发区二十周年（J） 645
　2004—9·(1—1)J　中国经济技术开发区二十周年 646

2004—10　侨乡新貌（T） 646
　2004—10·(4—1)T　侨乡新貌·兴隆华侨农场 647
　2004—10·(4—2)T　侨乡新貌·暨南大学 647
　2004—10·(4—3)T　侨乡新貌·福清融侨开发区 648
　2004—10·(4—4)T　侨乡新貌·开平侨乡 648

2004—11　司马光砸缸（T） 648
　2004—11·(3—1)T　落水 649
　2004—11·(3—2)T　砸缸 650
　2004—11·(3—3)T　获救 650

2004—12　中国新加坡合作——苏州工业园区成立十周年（J） 650
　2004—12·(1—1)J　中国新加坡合作——苏州工业园区成立十周年 651

2004—13　皖南古村落——西递、宏村（T） 651
　2004—13·(4—1)T　牌楼 652
　2004—13·(4—2)T　古建筑群 653
　2004—13·(4—3)T　南湖 653
　2004—13·(4—4)T　月沼 653

2004—14　民间传说——柳毅传书（T） 654
　2004—14·(4—1)T　龙女托书 654
　2004—14·(4—2)T　传书洞庭 655
　2004—14·(4—3)T　骨肉团聚 655
　2004—14·(4—4)T　义重情深 655

2004—15M　神话——八仙过海（小型张）（T） 655
　2004—15M·(1—1)(小型张)T　神话——八仙过海 657

2004—16　奥运会从雅典到北京（中国—希腊联合发行）（J） 658
　2004—16·(2—1)T　雅典帕提农神庙 658
　2004—16·(2—2)T　北京天坛祈年殿 659

2004—17　邓小平同志诞生一百周年（J） 659
　2004—17·(2—1)J　中共中央总书记 659
　2004—17·(2—2)J　中国中央军委主席 660

2004—17M　邓小平同志诞生一百周年（小型张）（J） 660
　2004—17M·(1—1)(小型张)J　改革开放和现代化建设事业的总设计师 660

2004—18　绿绒蒿（T） 661
　2004—18·(4—1)T　长叶绿绒蒿 661
　2004—18·(4—2)T　总状绿绒蒿 662
　2004—18·(4—3)T　红花绿绒蒿 662
　2004—18·(4—4)T　全缘绿绒蒿 662

2004—19　华南虎（T） 662
　2004—19·(2—1)T　华南虎 663
　2004—19·(2—2)T　华南虎 663

2004—20 人民代表大会成立五十周年(J) ……… 663	2004—26·(9—7)T 清明上河图(局部)……… 677
2004—20·(2—1)J 一届全国人大一次会议	2004—26·(9—8)T 清明上河图(局部)……… 677
在中南海怀仁堂举行 ……………………… 664	2004—26·(9—9)T 清明上河图(局部)……… 678
2004—20·(2—2)J 庄严的人民大会堂	2004—27 中国名亭(一)(T) ………………… 678
主席台 ………………………………………… 664	2004—27·(4—1)T 爱晚亭 ……………… 678
2004—21 鸡血石印(T) ……………………… 665	2004—27·(4—2)T 琵琶亭 ……………… 679
2004—21·(2—1)T 乾隆宝玺 ……………… 665	2004—27·(4—3)T 兰亭 ………………… 680
2004—21·(2—2)T 嘉庆宝玺 ……………… 666	2004—27·(4—4)T 醉翁亭 ……………… 680
2004—22 漆器与陶器(中国—罗马尼亚	2004—28 中国古代书法——隶书(T) ……… 681
联合发行)(T) ……………………………… 666	2004—28·(4—1)T 东汉·乙瑛碑 ………… 682
2004—22·(2—1)T 虎座鸟架鼓 …………… 666	2004—28·(4—2)T 东汉·张迁碑 ………… 683
2004—22·(2—2)T 古古丹尼陶罐 ………… 667	2004—28·(4—3)T 东汉·曹全碑 ………… 683
2004—23 中华人民共和国国旗国徽(T) …… 667	2004—28·(4—4)T 东汉·石门颂 ………… 684
2004—23·(2—1)T 国旗 …………………… 667	2005—1 乙酉年(T) ………………………… 685
2004—23·(2—2)T 国徽 …………………… 668	2005—1·(1—1)T 乙酉年(鸡) …………… 685
2004—23 中华人民共和国国旗国徽(不干胶)	2005—2 西气东输工程竣工(J) …………… 686
(T) …………………………………………… 668	2005—2·(2—1)J 气源开发 ……………… 686
2004—24 祖国边陲风光(T) ………………… 668	2005—2·(2—2)J 管道建设 ……………… 686
2004—24·(12—1)T 兴安林海 …………… 669	2005—3 台湾古迹(T) ……………………… 687
2004—24·(12—2)T 鸭绿江流域湖泊 …… 669	2005—3·(5—1)T 台北府城北门 ………… 687
2004—24·(12—3)T 黄海礁岩 …………… 669	2005—3·(5—2)T 台南孔子庙 …………… 687
2004—24·(12—4)T 舟山群岛 …………… 670	2005—3·(5—3)T 鹿港龙山寺 …………… 688
2004—24·(12—5)T 台湾海岸线 ………… 670	2005—3·(5—4)T 台南二鲲身炮台 ……… 688
2004—24·(12—6)T 西沙岛屿 …………… 670	2005—3·(5—5)T 澎湖天后宫 …………… 688
2004—24·(12—7)T 桂南喀斯特地貌 …… 670	2005—4 杨家埠木版年画(T) ……………… 689
2004—24·(12—8)T 滇南雨林 …………… 671	2005—4·(4—1)T 门神 …………………… 690
2004—24·(12—9)T 珠穆朗玛峰 ………… 671	2005—4·(4—2)T 连年有余 ……………… 690
2004—24·(12—10)T 帕米尔高原 ………… 671	2005—4·(4—3)T 喜报三元 ……………… 690
2004—24·(12—11)T 巴丹吉林沙漠 ……… 672	2005—4·(4—4)T 天女散花 ……………… 691
2004—24·(12—12)T 呼伦贝尔草原 ……… 672	2005—4M 杨家埠木版年画(小全张)(T) …… 691
2004—24M 祖国边陲风光(小全张)(T) …… 672	2005—4M·(1—1)(小全张)T 杨家埠木版
2004—24M·(1—1)(小全张)T 祖国边陲	年画 …………………………………………… 691
风光 …………………………………………… 672	2005—5 玉兰花(T) ………………………… 691
2004—25 城市建筑(中国—西班牙联合发行)	2005—5·(4—1)T 玉兰 …………………… 692
(T) …………………………………………… 673	2005—5·(4—2)T 山玉兰 ………………… 692
2004—25·(2—1)T 金茂大厦 ……………… 673	2005—5·(4—3)T 荷花玉兰 ……………… 692
2004—25·(2—2)T 古埃尔公园 …………… 674	2005—5·(4—4)T 紫玉兰 ………………… 692
2004—26 清明上河图(T) …………………… 674	2005—6 世界地球日(J) …………………… 693
2004—26·(9—1)T 清明上河图(局部)…… 676	2005—6·(1—1)J 世界地球日 …………… 693
2004—26·(9—2)T 清明上河图(局部)…… 676	2005—7 鸡公山(T) ………………………… 694
2004—26·(9—3)T 清明上河图(局部)…… 676	2005—7·(4—1)T 鸡公山·报晓雄姿 …… 694
2004—26·(9—4)T 清明上河图(局部)…… 677	2005—7·(4—2)T 鸡公山·云中公园 …… 695
2004—26·(9—5)T 清明上河图(局部)…… 677	2005—7·(4—3)T 鸡公山·月湖映翠 …… 695
2004—26·(9—6)T 清明上河图(局部)…… 677	2005—7·(4—4)T 鸡公山·青龙飞瀑 …… 695

2005—8　中华全国总工会成立八十周年(J) …… 696
　　2005—8·(1—1)J　中华全国总工会成立
　　　八十周年 ………………………………… 696
2005—9　绘画作品(中国—列支敦士登联合
　　发行)(T) ………………………………… 696
　　2005—9·(2—1)J　玉堂柱石图 ………… 696
　　2005—9·(2—2)J　壁龛花束图 ………… 697
2005—10　大连海滨风光(T) ………………… 697
　　2005—10·(4—1)T　大连海滨风光·
　　　老虎滩 …………………………………… 698
　　2005—10·(4—2)T　大连海滨风光·
　　　棒棰岛 …………………………………… 698
　　2005—10·(4—3)T　大连海滨风光·
　　　金石滩 …………………………………… 698
　　2005—10·(4—4)T　大连海滨风光·
　　　旅顺口 …………………………………… 698
2005—11　复旦大学建校一百周年(J) ……… 699
　　2005—11·(1—1)J　复旦大学建校一百
　　　周年 ……………………………………… 700
2005—12　安徒生童话(T) …………………… 700
　　2005—12·(5—1)T　皇帝的新装 ………… 701
　　2005—12·(5—2)T　海的女儿 …………… 702
　　2005—12·(5—3)T　拇指姑娘 …………… 703
　　2005—12·(5—4)T　卖火柴的小女孩 …… 704
　　2005—12·(5—5)T　丑小鸭 ……………… 704
2005—12　安徒生童话(不干胶)(T) ………… 705
2005—13　郑和下西洋600周年(J) ………… 705
　　2005—13·(3—1)J　郑和像 ……………… 706
　　2005—13·(3—2)J　睦邻友好 …………… 706
　　2005—13·(3—3)J　科学航海 …………… 706
2005—13M　郑和下西洋600周年(小型张)
　　(J) ………………………………………… 707
　　2005—13M·(1—1)(小型张)J　郑和下西洋
　　　600周年 ………………………………… 707
2005—14　南通博物苑(T) …………………… 707
　　2005—14·(2—1)T　南通博物苑·南馆 … 708
　　2005—14·(2—2)T　南通博物苑·中馆 … 708
2005—15　向海自然保护区(T) ……………… 709
　　2005—15·(4—1)T　向海自然保护区·珍禽 … 709
　　2005—15·(4—2)T　向海自然保护区·榆林 …… 710
　　2005—15·(4—3)T　向海自然保护区·湖畔 …… 710
　　2005—15·(4—4)T　向海自然保护区·草原 …… 710
2005—16　中国人民抗日战争暨世界反法西斯
　　战争胜利六十周年(J) …………………… 710

2005—16·(4—1)J　全民抗战 ……………… 711
2005—16·(4—2)J　中流砥柱 ……………… 711
2005—16·(4—3)J　诺曼底登陆 …………… 712
2005—16·(4—4)J　攻克柏林 ……………… 712
2005—16M　中国人民抗日战争暨世界反法西斯
　　战争胜利六十周年(小型张)(J) ………… 713
　　2005—16M·(1—1)(小型张)J　和平与
　　　正义 ……………………………………… 713
2005—17　中国电影诞生一百周年(J) ……… 713
　　2005—17·(1—1)J　中国电影诞生一百
　　　周年 ……………………………………… 713
2005—18　水车与风车(中国—荷兰联合发行)
　　(T) ………………………………………… 714
　　2005—18·(2—1)T　水车 ………………… 715
　　2005—18·(2—2)T　风车 ………………… 715
2005—19　梵净山自然保护区(T) …………… 716
　　2005—19·(4—1)T　梵净山自然保护区·
　　　金顶 ……………………………………… 716
　　2005—19·(4—2)T　梵净山自然保护区·
　　　蘑菇石 …………………………………… 716
　　2005—19·(4—3)T　梵净山自然保护区·
　　　阔叶林 …………………………………… 717
　　2005—19·(4—4)T　梵净山自然保护区·
　　　黑湾河 …………………………………… 717
2005—20　中国人民解放军大将(J) ………… 717
　　2005—20·(10—1)T　粟裕 ……………… 718
　　2005—20·(10—2)T　徐海东 …………… 718
　　2005—20·(10—3)T　黄克诚 …………… 719
　　2005—20·(10—4)T　陈赓 ……………… 720
　　2005—20·(10—5)T　谭政 ……………… 720
　　2005—20·(10—6)T　萧劲光 …………… 721
　　2005—20·(10—7)T　张云逸 …………… 721
　　2005—20·(10—8)T　罗瑞卿 …………… 722
　　2005—20·(10—9)T　王树声 …………… 723
　　2005—20·(10—10)T　许光达 …………… 723
2005—21　新疆维吾尔自治区成立五十周年
　　(J) ………………………………………… 724
　　2005—21·(3—1)J　迎新曲 ……………… 724
　　2005—21·(3—2)J　欢庆颂 ……………… 724
　　2005—21·(3—3)J　丰收歌 ……………… 724
2005—22M　中华人民共和国第十届运动会
　　(小型张)(J) ……………………………… 725
　　2005—22M·(1—1)(小型张)J　中华人民
　　　共和国第十届运动会 …………………… 725

2005—23 金钱豹和美洲狮(中国—加拿大联合发行)(T) ……………… 725		
2005—23·(2—1)T　金钱豹 …………… 726		
2005—23·(2—2)T　美洲狮 …………… 726		
2005—24　城头山遗址(T) ……………………… 727		
2005—24·(1—1)T　城头山遗址 ……… 727		
2005—25　洛神赋图(T) ………………………… 728		
2005—25·(10—1)T　洛神赋图(局部) … 730		
2005—25·(10—2)T　洛神赋图(局部) … 730		
2005—25·(10—3)T　洛神赋图(局部) … 731		
2005—25·(10—4)T　洛神赋图(局部) … 731		
2005—25·(10—5)T　洛神赋图(局部) … 731		
2005—25·(10—6)T　洛神赋图(局部) … 731		
2005—25·(10—7)T　洛神赋图(局部) … 731		
2005—25·(10—8)T　洛神赋图(局部) … 731		
2005—25·(10—9)T　洛神赋图(局部) … 732		
2005—25·(10—10)T　洛神赋图(局部) … 732		
2005—26　人民军队早期将领(二)(J) ………… 732		
2005—26·(5—1)J　杨靖宇 …………… 732		
2005—26·(5—2)J　左权 ……………… 733		
2005—26·(5—3)J　彭雪枫 …………… 734		
2005—26·(5—4)J　罗炳辉 …………… 734		
2005—26·(5—5)J　关向应 …………… 735		
2005—27　西藏自治区成立四十周年(J) ……… 735		
2005—27·(1—1)J　西藏自治区成立四十周年 ………………………………………… 735		
2005—28　第29届奥林匹克运动会——会徽和吉祥物(J) ……………………………… 736		
2005—28·(6—1)J　会徽 ……………… 736		
2005—28·(6—2)J　吉祥物福娃贝贝 … 736		
2005—28·(6—3)J　吉祥物福娃晶晶 … 737		
2005—28·(6—4)J　吉祥物福娃欢欢 … 737		
2005—28·(6—5)J　吉祥物福娃迎迎 … 737		
2005—28·(6—6)J　吉祥物福娃妮妮 … 737		
2005—28　第29届奥林匹克运动会——会徽和吉祥物(不干胶)(J) ………………… 737		

九、普通邮票

普29　万里长城(明) ……………………………… 738
　普29·(1)　古北口 ……………………… 738
　普29·(2)　黄崖关 ……………………… 738
　普29·(3)　八达岭 ……………………… 739
　普29·(4)　居庸关 ……………………… 739
　普29·(5)　紫荆关 ……………………… 739
　普29·(6)　九门口 ……………………… 739
　普29·(7)　娘子关 ……………………… 739
　普29·(8)　偏关 ………………………… 740
　普29·(9)　边靖楼 ……………………… 740
　普29·(10)　虎山长城 …………………… 740
　普29·(11)　山海关 ……………………… 740
　普29·(12)　金山岭 ……………………… 740
　普29·(13)　慕田峪 ……………………… 740
　普29·(14)　平型关 ……………………… 741
　普29·(15)　得胜口 ……………………… 741
　普29·(16)　雁门关 ……………………… 741
　普29·(17)　镇北台 ……………………… 741
　普29·(18)　黄花城 ……………………… 742
　普29·(19)　花马池 ……………………… 742
　普29·(20)　三关口 ……………………… 742
　普29·(21)　嘉峪关 ……………………… 743
普30　保护人类共有的家园 ……………………… 743
　普30·(1)　保护森林 …………………… 743
　普30·(2)　防止大气污染 ……………… 744
　普30·(3)　稳定低生育水平 …………… 744
　普30·(4)　珍稀矿产资源 ……………… 744
　普30·(5)　珍惜生命之水 ……………… 744
　普30·(6)　保护海洋资源 ……………… 745
　普30·(7)　防治荒漠化 ………………… 745
　普30·(8)　保护生物多样性 …………… 745
普31　中国鸟 ……………………………………… 746
　普31·(1)　黄腹角雉 …………………… 746
　普31·(2)　白尾地鸦 …………………… 747
　普31·(3)　台湾蓝鹊 …………………… 747
　普31·(4)　贺兰山红尾鸲 ……………… 747
　普31·(5)　藏鹀 ………………………… 748
　普31·(6)　黄腹山雀 …………………… 748
　普31·(7)　滇鳾 ………………………… 748
　普31·(8)　绿尾虹雉 …………………… 748
　普31·(9)　褐头凤鹛 …………………… 749

CONTENTS

Vol. I *An Introduction to Encyclopedia Knowledge of Chinese Philately*

1. China Stamp Items and Others

The Outline of Postage Stamps ··· 3
    Stamp of Hong Kong, China ··· 3
    Stamp of Macau, China ··· 3
    Stamp of Taiwan Province ·· 4
    Inscriptions on Chinese Stamps ·· 4
    Serial Numbers on Chinese Stamps ·· 4
    Currency of Denominations on Chinese Stamps ··· 4
    Rarities of Chinese Stamps ··· 5
    Bests of PRC Stamps ·· 8
Categories of Chinese Postage Stamps ·· 12
    Chinese Special Issue Stamp ··· 12
    Special Stamp ··· 13
    Chinese Special Stamp for Personalized Service ·· 13
    Chinese New Year Special – Use Stamps ·· 15
    Chinese Gold Foil Souvenir Sheet ·· 16
    Chinese Fragrant Stamp ·· 18
    Chinese Self – Sticking Gun Stamp ·· 18
    Chinese Silk Stamp ·· 19
    Chinese Xuan Paper Stamp ·· 20
    Chinese Holographed Stamp ··· 20
    Chinese Frama Stamp ··· 21
    Chinese Irregular Shaped Porforation Stamp ··· 21
    Chinese Joint Issue on the Topic with Foreign Country ··································· 24
    Chinese Sheetlet ·· 27
    Chinese Miniature Sheetlet ··· 30
    Chinese Animal of the Year Stamp ·· 32
    Chinese Stamp Booklet ··· 33
    International Reply – Coupon ··· 36
Cover ··· 37
    Regular Stamped Envelope ··· 37
    Special Stamped Envelope ··· 38

Special Stamped Envelope 38
Etiguette Stamped Envelope 39
Letter Card 40
Stamped Letter Card 40
Lottery New Year Stamped Letter Card 42
Postcard 42
Regular Stamped Postcard 42
Special Stamped Postcard 44
Landscape Stamped Postcard 46
Lottery New Year Stamped Postcard 48
Special Stamped Postcard 51
Letter Sheet 53
Commemorative Stamped Letter Sheet 53
Marks 54
Chinese Postage Paid Datemark 54
Chinese Landscape Datemark 55
Slogan Mark 55

2. The Outline of Philately

Philatelic Category 56
Traditional Philately 56
Postal History Philately 56
Postal Stationery Philately 56
Aerophilately 57
Astrophilately 57
Thematic Philately 57
Maximaphily 57
Revenue Stamp Philately 57
Youth Philately 58
Mophila – Salon 58
Literature Philately 58

3. The Outline of Philatelic Study

Setting Study 59
Setting 59
Key Points in Research on Setting 59
Study Settings 59
Margcription Study 61
Marginal Inscription 61
Key Points in Research on Martial Inscription 61
Study Margcriptions 63
Paper Quality Study 63
Paper Quality 63
Key Point in Research on Paper Quality 63
Study Paper Quality 63
Perforation Study 64

CONTENTS

    Kinds of Perforations 64
    Study Perforations 64
Color Study 64
    Color 64
    Key Points in Research on Color 65
    Study Colors 65
Cum Study 66
    Gum 66
    Key Points in Research on Gum 66
    Study Gum 66
Secret Mark Study 66
    Secret Mark 66
    Kinds and Peculiarities of Secret Marks 66
    Study Secret Marks 69
Discrimination Study 70
    Discrimination 70
    Key Points in Research on Discrimination 71

4. The Outline of Commemorative Stamped Envelope Study

    Commemorative Stampecd Envelope 73
    Commemorative Stampecd Envelope Study 73

5. Commemorative Stamped Envelope Study

JF. 1	Namibia Day	76
JF. 2	World Assembly on Aging	77
JF. 3	The 40th Anniversary of the Founding of ICAO	78
JF. 4	China Antarctic Research Expedition	79
JF. 5	71st World Esperanto Congress	80
JF. 6	Beijing International Book Fair'86	80
JF. 7	The 90th Anniversary of the Founding of the Commercial Press	81
JF. 8	The 50th Anniversary of the Founding of Xinhuashudian	82
JF. 9	The Third World Advertising Congress	82
JF. 10	The World's Olympic Philatelic Exhibition	83
JF. 11	The 40th Anniversary of Radio Beijing	84
JF. 12	The Inaugural Meeting of WFAS and the First World Conference on Acupuncture – Moxibustion	84
JF. 13	Twelfth National Congress of the Chinese Communist Youth League	85
JF. 14	10th Anniversary of the International Fund for Agricultural Development	86
JF. 15	40th Anniversary of the World Health Organization	87
JF. 16	50th Anniversary of the Founding of the China Welfare Institute	87
JF. 17	The 40th Anniversary of the Publication of People's Daily	88
JF. 18	6th National Women's Congress	89
JF. 19	The 11th National Congress of the Chinese Trade Unions	90
JF. 20	The Establishment of the Chinese Zhongshan Station in Antarctica	90
JF. 21	22nd Annual Meeting of the Asian Development Bank	91
JF. 22	40th Anniversary of the Publishing of China's Records	92
JF. 23	Conference to Commend National Model Workers and Advanced Workers	92
JF. 24	60th Anniversary of the Discovery of the First Skull of Peking Man	93

JF.25	40th Anniversary of the Founding of Chinese Academy of Sciences	94
JF.26	40th Anniversary of the International Commission on Irrigation and Drainage	95
JF.27	Express Mail Service	95
JF.28	Forty Years of Harnessing Huaihe River	96
JF.29	40th Anniversary of the Founding of the People's Publishing House	97
JF.30	50th Anniversary of Central People's Broadcasting Station	97
JF.31	The 60th Anniversary of the Nascent Print Movement in China	98
JF.32	60th Anniversary of the Founding of Xinhua News Agency	99
JF.33	The 4th National Traditional Games of Minority Nationalities	100
JF.34	The Completion of the Beijing Xixiang Project	101
JF.35	80th Anniversary of the Founding of the Bank of China	101
JF.36	60th Anniversary of the Founding of Directorate – General of Posts of the Chinese Soviet Republic	102
JF.37	80th Anniversary of the Establishment of the Museum of Chinese History	103
JF.38	The 120th Anniversary of China Merchants	103
JF.39	The 120th Anniversary of China Frontier Health and Quarantine	104
JF.40	The Completion of Shanghai Yangpu Bridge	105
JF.41	The 40th Anniversary of the Establishment of the People's Construction Bank of China	106
JF.42	Marking 1994 China Juvenile Letter Writing Competition	106
JF.43	100th Anniversary of the Founding of Rong Bao Zhai	107
JF.44	The 10th Anniversary of Movement of Protecting Consumer Rights and Interests	108
JF.45	The Seventh International Anti – Corruption Conference	109
JF.46	The 62nd IFLA General Conference	110
JF.47	The 2nd Asia – Pacific City Summit	111
JF.48	The 15th World Petroleum Congress	112
JF.49	Popularizing Gymnastics by Radio	112
JF.50	X VIIIth International Congress of Genetics	113
JF.51	The 10th Anniversary of the Implementation of China Torch Program	113
JF.52	20th UIA Congress of the World Architects	114
JF.53	China 1999 World Philatelic Exhibition	115
JF.54	China – UNDP Successful Cooperation of 20 Years	117
JF.55	40th Anniversary of Beijing Postage Stamp Printing House	118
JF.56	2550th Anniversary of Confucius' Birth	119
JF.57	The 40th Anniversary of the Central Archives	119
JF.58	The 15th Anniversary of China World Trade Center	120
JF.59	The 50th Anniversary of the Postal Distribution Service	121
JF.60	70th Anniversary of the Issue of Stamps in the Chinese People's Revolutionary War Period	121
JF.61	Forum on China – Africa Cooperation: Ministerial Conference, Beijing 2000	122
JF.62	50th Anniversary of the United Nations High Commissioner for Refugees	123
JF.63	World Intellectual Property Day	124
JF.64	The 7th World Print Congress	124
JF.65	The 20th International Cartographic Conference	125
JF.66	National Science Week	126
JF.67	China Beijing International High – Tech Expo	126
JF.68	100th Anniversary of Ta Kung Pao	127
JF.69	National Defense Education Day	128
JF.70	Nationwide Health Project for the Poor	129
JF.71	25th Anniversary of the Founding of China Society for Dialectics of Nature	129

JF.72	50th Anniversary of Founding of Posts and Telecommunications Press	130
JF.73	The 20th Anniversary of Industrial and Commercial Bank of China	131
JF.74	The First International Conference on Geoparks	132
JF.75	The First National Economic Census	133
JF.76	The 80th Anniversary of the Establishment of thePalace Museum	134
JF.77	Elevation Measurement for Mt. Qomolangma in 2005	134
JF.78	The 55th Anniversary of the Founding of People's Education Press	135

6. The Outline of Commemorative Postcard Study

Commemorative Stamped Postcard 137
Research 137

7. Commemorative Postcard Study

JP.1	In Commemoration of Gold Medals Won by China at the 23rd Olympic Games	141
JP.2	Sino – British Joint Declaration on Hong Kong Officially Signed	145
JP.3	The 3rd National Congress of the China Association for Science and Technology	145
JP.4	70th Anniversary of the Founding of China Medical Association	146
JP.5	40th Anniversary of the United Nations	147
JP.6	Exhibition for Stamps Issued During the Period of Chinese People's Revolutionary War	148
JP.7	Asia – Pacific International Trade Fair	148
JP.8	The 2nd National Industrial Census	149
JP.9	The 2500th Anniversary of the Founding of Suzhou City	150
JP.10	Sino – Portuguese Joint Declaration on Macao Officially Signed	150
JP.11	The 75th Anniversary of the Founding of the National Library of China and Inauguration of Its New Building	151
JP.12	China National Juvenile Philatelic Exhibition	152
JP.13	Welcoming Taiwan Compatriots to Mainland	152
JP.14	The Transport and Communications Decade for Asia and the Pacific (1985—1994)	154
JP.15	In Commemoration of Gold Medals Won by China at the 24th Olympic Games	155
JP.16	The First Beijing International Fair	156
JP.17	2nd National Juvenile Games	157
JP.18	5th World Cup Parachuting Championships	158
JP.19	International Symposium on Mushroom Biotechnology	158
JP.20	The 14th Beijing Conference on the Law of the World	159
JP.21	The Basic Law of the Hong Kong Special Administrative Region of the People's Republic of China	160
JP.22	Commemorating Completion of Hong Kong Bank of China Tower (Unissued)	160
JP.22	31st International Mathematical Olympiad, Beijing 1990	161
JP.23	The 14th World Mining Congress	162
JP.24	4th National Census	162
JP.25	IGU Asian Pacific Regional Conference	163
JP.26	2nd United Nations Conference on the Least Developed Countries	164
JP.27	The Centenary of Eucalyptus Introduction into China	164
JP.28	1st National Exposition of Industrial Enterprises' Technological Achievements	165
JP.29	400th Anniversary of the Discovery of the"Equality of Inertial Mass and Gravitational Mass" ($m_i \equiv m_g$) by Galileo Galilei(1591—1991)	166
JP.30	The 2nd City – Games of the People's Republic of China	166
JP.31	The 1st World Wushu Championships	167

JP.32	Visit China '92	168
JP.33	The 4th National Games for University Students of the People's Republic of China	169
JP.34	The 10th Anniversary of the Founding of All China Philatelic Federation	169
JP.35	Exhibition on Reform and Opening Achievements of China's Coastal Cities	170
JP.36	The Basic Law of the Macao Special Administrative Region of the People's Republic of China	171
JP.37	The 30th Anniversary of China's Sending Its 1st Medical Team Abroad	171
JP.38	The Thirteenth National Congress of the Chinese Communist Youth League	172
JP.39	International Olympic Day '93	172
JP.40	11th International Congress of Speleology	173
JP.41	China's Seventh National Women's Congress	174
JP.42	International Panda Festival '93 Chengdu, Sichuan, China	174
JP.43	The 12th National Congress of the Chinese Trade Unions	175
JP.44	CHINPEX '93—Commemorating the 100th Anniversay of Comrade Mao Zedong's Birth	175
JP.45	Implementation of Non–Remunerated Blood Donation System	176
JP.46	Daya Bay Nuclear Power Station	177
JP.47	The Completion of Renovation of Potala Palace	177
JP.48	11th World Championships in Sports Acrobatics (The China Posts &Telecom. Cups)	178
JP.49	CHINA '96—9th Asian International Philatelic Exhibition	179
JP.50	Tomorrow Hails China's Philately	179
JP.51	It is Obligatory upon Every Citizen to Pay Tax in Compliance with the Law	180
JP.52	The Ruins of Liulihe	181
JP.53	The 64th Session of I.C.P.O.—Interpol General Assembly	182
JP.54	International Year for the Eradication of Poverty	182
JP.55	31st International Congress on Military Medicine	183
JP.56	130th Anniversary of the Birth of Dr. Sun Yat–sen	184
JP.57	60th Anniversary of the Xi'an Incident	184
JP.58	The 2nd APEC International Trade Fair	185
JP.59	The Completion and Opening to Traffic of Humen Bridge	186
JP.60	The Opening of Guangzhou's Undergroud Railways	186
JP.61	Giving up Smoking Is Good for Health	187
JP.62	1997 Exposition for Economic Achievements of World Chinese	188
JP.63	22nd Universal Postal Congress · Beijing 1999(1)	188
JP.64	China 1997 National Philatelic Exhibition	189
JP.65	International Northern Intercity Conference	190
JP.66	50th Anniversary of the World Health Organization	190
JP.67	The 50th Anniversary of People's Daily	191
JP.68	Asian Sports Festival 1998 Shenyang, China	192
JP.69	40th Anniversary of CCTV	192
JP.70	The State Promotes the Nationwide Use of Putonghua	193
JP.71	The 40th Anniversary of the China Association for Science and Technology	193
JP.72	22nd Universal Postal Congress · Beijing 1999(2)	194
JP.73	China International Aviation &Aerospace Exhibition	195
JP.74	50th Anniversary of Comrade Mao Zedong's Inscription "The People's Posts and Telecommunications"	196
JP.75	The 9th Winter Games of People's Republic of China	196
JP.76	The 50 Anniversary of the PLA Navy of China	197
JP.77	80th Anniversary of May 4th Movement	197

CONTENTS

JP.78	China 1999 World Philatelic Exhibition	198
JP.79	22nd Universal Postal Congress · Beijing 1999(3)	199
JP.80	Centenary of the Founding of Dalian	200
JP.81	The 6th National Traditional Games of Minority Nationalities	200
JP.82	1999 Tianjin Artistic Gymnastics World Championships	201
JP.83	The 50th Anniversary of the Founding of the Chinese Young Pioneers	202
JP.84	The 50th Anniversary of PLA Air Force of China	202
JP.85	Centenary of the Discovery of the Oracle Bone Inscriptions	203
JP.86	1999 Fortune Global Forum in Shanghai	204
JP.87	Commending Conference for National Model Workers and Advanced Workers of the Year 2000	204
JP.88	China — Switzerland Stamp Exhibition	205
JP.89	The Centenary of the Discovery of the Library Cave at Mogao Grottoes, Dunhuang	205
JP.90	20th Congress of International Commission on Large Dams	206
JP.91	The 6th China Art Festival	207
JP.92	China Hi—Tech Fair	207
JP.93	West Lake Expo Hangzhou, China	208
JP.94	Journalists Day	209
JP.95	50th Anniversary of Peaceful Liberation of Tibet	209
JP.96	Exhibition on Achievements of State—Owned Enterprise Reform, Development and Technological Innovation	210
JP.97	The 6th World Chinese Entrepreneurs Convention	210
JP.98	World Space Week	211
JP.99	90th Anniversary of 1911 Revolution	212
JP.100	International Conference on Agricultural Science and Technology	212
JP.101	70th Anniversary of Xinhua News Agency	213
JP.102	China Team Is Qualified for 2002 FIFA World Cup Korea / Japan	213
JP.103	The Launch of China CDMA State Public Mobile Communication Network	214
JP.104	The 3rd General Assembly of the Association of Asian Parliaments for Peace	215
JP.105	80th Anniversary of the Founding of the Communist Youth League China	216
JP.106	2002 Thomas Cup & Uber Cup World Team Badminton Championships	216
JP.107	The 20th Anniversary of the Founding of the Soong Ching Ling Foundation	217
JP.108	International Congress of Mathematicians 2002	218
JP.109	China International Fair for Investment & Trade	218
JP.110	2nd Global Environment Facility (GEF) Assembly	219
JP.111	130th Anniversary of China Merchants Group	220
JP.112	1st Jilin International Winter Dragon Boat Racing, China 2003	220
JP.113	The 10th National Winter Games of the People's Republic of China	221
JP.114	The 40th Anniversary of the Inscriptions for Lei Feng by the Proletarian Revolutionaries of the Older Generation	221
JP.115	The 3rd China Changchun International Automobile Fair	222
JP.116	The 6th National Games of the Disabled of the People's Republic of China	223
JP.117	The 5th Intercity Games of the People's Republic of China	223
JP.118	World Economic Development Declaration	224
JP.119	The 50th Anniversary of the Proclamation of the Five Principles of Peaceful Co—existence	225
JP.120	AFC Asian Cup China 2004	225
JP.121	The 28th International Congress of Psychology	226
JP.122	3rd International Conference of Asian Political Parties	226

JP. 123　The Centenary of the Anti—British Battle in Gyangze of Xizang ········· 227
JP. 124　The 7th China Arts Festival ········· 227
JP. 125　600th Anniversary of Tianjin as a City ········· 228
JP. 126　The 50th Anniversary of China Post's Opening the Philatelic Services ········· 229
JP. 127　2005 World Year of Physics ········· 229
JP. 128　The Tenth Anniversary of the Fourth World Conference on Women ········· 230
JP. 129　2005 International Europe Class World Championship ········· 231
JP. 130　The 22nd Congress on the Law of the World, Beijing · Shanghai ········· 231
JP. 131　The 2nd Beijing International Art Biennial, China 2005 ········· 232
JP. 132　The 70th Anniversary of Successful Arrival of the Red Army's First Front Army to North Shaanxi during the Long March ········· 233
JP. 133　The 1st China Poetry Festival ········· 233
JP. 134　13th World Senior Boxing Championships ········· 234

Vol. II Encyclopedia Knowledge on the Postage Stamps of the People's Republic of China

8. Commemorative and Special Stamps

1996—1　Bingzi Year (Year of the Mouse) (T) ········· 239
1996—2　The 3rd Asian Winter Games (J) ········· 239
1996—3　Shenyang Imperial Palace(T) ········· 241
1996—4　Centenary Birthday of Post of China(J) ········· 242
1996—4M　Centenary Birthday of Post of China(Souvenir Sheet)(J) ········· 244
1996—5　Selected Works of Huang Binhong(T) ········· 246
1996—6　Potted Landscapes(T) ········· 248
1996—7　Cycas(T) ········· 249
1996—8　Ancient Architecture (Jointly Issued by China and San Marino) (T) ········· 250
1996—9　Chinese Aircraft(T) ········· 252
1996—10　Hemudu Ruins (T) ········· 253
1996—11M　China 1996 —The 9th Asian International Philatelic Exhibition (Souvenir Sheet) (J) ········· 255
1996—12　Children's Life (T) ········· 256
1996—13　The 100th Anniversary of the Olympics and the 26th Olympic Games (J) ········· 257
1996—14　Treasuring Land(T) ········· 258
1996—15　Military Terrace and Pavilion of Genuine Prowess (T) ········· 260
1996—16　Chinese Automobiles(T) ········· 261
1996—17　New Tangshan after Quake(T) ········· 263
1996—18　The 30th International Geological Conference (J) ········· 265
1996—19　Tianchi Lake in Tianshan (T) ········· 266
1996—20　Dunhuang Murals(6th Serise)(T) ········· 268
1996—20M　Dunhuang Murals(6th Serise) (Souvenir Sheet) (T) ········· 270
1996—21　Mausoleum of Western Xia (T) ········· 270
1996—22　Railway Construction (T) ········· 272
1996—23　Precious Chinese Ancient Archives (T) ········· 273
1996—24　Centenary Anniversary of the Birth of Comrade Ye Ting(J) ········· 276
1996—25　The 96th Conference of Inter Parliamentary Union(J) ········· 277
1996—26　Shanghai's Pudong (T) ········· 278

1996—26M	Shanghai's Pudong (Souvenir Sheet) (T)	281
1996—27	The 47th Annual Congress of International Astronautical Federation (J)	282
1996—28	City Scenes (Jointly Issued by China and Singapore) (T)	283
1996—29	The 60th Anniversary of the Victory of the Long March by Chinese Workers' and Peasants' Red Army(J)	285
1996—30	Folk Painted Sculptures of Tianjin(T)	286
1996—31	Economic Construction of Hong Kong (T)	288
1997—1	Dingchou Year(Year of the Ox)(T)	290
1997—2	The First National Agriculture Census (J)	290
1997—3	China's Tourist Year (J)	291
1997—4	Selected Paintings of Pan Tianshou (T)	292
1997—5	Tea (T)	295
1997—6	The 50th Anniversary of the Founding of the Inner Mongolia Autonomous Region(J)	298
1997—7	Rare Birds(Jointly Issued by China and Sweden)(T)	299
1997—8	Architecture of the Dong Nationality (T)	301
1997—9	Maiji Grottoes (T)	303
1997—10	The Return of Hong Kong to Her Motherland(J)	305
1997—10M	The Return of Hong Kong to Her Motherland (Souvenir Sheet) (J)	307
1997—10GM	The Return of Hong Kong to Her Motherland (Gold Foil Souvenir Sheet) (J)	308
1997—11	Ancient Temples in the Wutai Mountain (T)	309
1997—12	The 70th Anniversary of Founding of the Chinese People's Liberation Army (J)	312
1997—13	Stone Carving of Shoushan (T)	314
1997—13M	Stone Carving of Shoushan(Souvenir Sheet)(T)	316
1997—14	The 15th National Congress of the Communist Party of China (J)	317
1997—15	8th National Games of the People's Republic of China(J)	318
1997—15M	8th National Games of the People's Republic of China(Miniature Sheet)(J)	319
1997—16	Huangshan Mountain (T)	319
1997—17	Flowers (Jointly Issued by China and New Zealand) (T)	321
1997—18	Temple of Heaven (T)	323
1997—19	City Wall of Xi'an (T)	325
1997—20	Historic Sites of Macao (T)	326
1997—21	Outlaws of the Marsh:A Literary Masterpiece of Ancient China(5th Series)(T)	328
1997—21M	Outlaws of the Marsh:A Literary Masterpiece of Ancient Cnina(5th Series)(Souvenir Sheet) (T)	330
1997—22	China's Steel Output Exceeds 100 Million Tons in 1996 (J)	331
1997—23	Daumming: Three Gorges Project on the Yangtze River (T)	333
1997—24	China Telecommunications (T)	334
1998—1	Wuyin Year(Year of the Tiger)(T)	336
1998—2	Gardens of Lingnan (T)	337
1998—3	The First Anniversary of Death of Comrade Deng Xiaoping, Chief Architect of China's Socialist Reform and Opening and Modernization Construction (J)	339
1998—4	The People's Police of China (T)	342
1998—5	Centenary of the Birth of Comrade Zhou Enlai (J)	344
1998—6	Jiuzhaigou (T)	346
1998—6M	Jiuzhaigou (Souvenir Sheet) (T)	347
1998—7	The 9th National Peopele's Congress of the People's Republic of China (J)	348
1998—8	Architerture of Dai Nationality	349

1998—9	Construction in Hainan Special Economic Zone (T)	350
1998—10	Ancient Academies (T)	352
1998—11	Peking University Centenary (J)	354
1998—12	Emblem of 22nd Congress of Universal Postal Union (J)	356
1998—13	Shennongjia (T)	357
1998—14	New Look of Chongqing (T)	359
1998—15	He Xiangning's Chinese Paintings (T)	360
1998—16	Xilinguole Grassland (T)	362
1998—16M	Xilinguole Grassland (Souvenir sheet) (T)	363
1998—17	Jingpo Lake (T)	364
1998—18	Romance of the Three Kingdoms: A literary Master Piece of Ancient China (5th Series) (T)	365
1998—18M	Romance of the Three Kingdoms: A literary Master Piece of Ancient China (5th Series) (Souvenir Sheet) (T)	367
1998—19	Puning Temple in Chengde and Würzburg Palace (Jointly Issueed by China and Germany) (T)	367
1998—20	The Imperial Palace and Louvre Palace (Jointly Issued by China and France) (T)	369
1998—21	Cliff Paintings of Helan Mountains (T)	370
1998—22	Chinese Pottery and Porcelain: The Longquan Ware (T)	371
1998—23	Mausoleum of Yandi (T)	373
1998—23M	Mausoleum of Yandi (Miniature Sheet) (T)	374
1998—24	Commemoration Three Major Campigns in the Liberation War (J)	375
1998—25	Centenary of the Birth of Comrade Liu Shaoqi (J)	378
1998—26	The Slender West Lake and the Leman Lake (Jointly Issued by China and Switzerland) (T)	379
1998—27	Lingqu Canal (T)	380
1998—28	Buildings in Macao (T)	382
1998—29	World of the sea, Coral Reef and Pet Fish (T)	383
1998—30	The 20th Anniversary of the Third Session of the 11th National Congress of the Communist Party of China (J)	385
1998—31	Fighting Flood and Relieving Victims (Semi-Postal Stamp) (T)	387
1999—1	Jimao Year (Year of the Rabbit) (T)	387
1999—2	Stone Relief of Han Dynasty (T)	388
1999—3	Chinese Pottery and Porcelain: Teh Junyao Ware (T)	391
1999—4	Kunming World Horticultural Fair 1999 (J)	392
1999—5	Rad Deer (Jointly Issued by China and Russia) (T)	393
1999—6	Beauties of Putuo Mountain (T)	394
1999—7M	China '99, World Philatelic Exhibition (Souvenir Sheet) (J)	397
1999—8	Centenary of Birth of Comrade Fang Zhimin (J)	398
1999—9	22nd Universal Postal Union Congress (J)	399
1999—9M	22nd Universal Postal Union Congress (Souvenir Sheet) (J)	400
1999—10	The 125th Anniversary of the Founding of Universal Postal Union (J)	401
1999—11	The 50th Anniversary of the Founding of the People's Republic of China: Solidarity of All Nationalities (J)	401
1999—12	International Year of Elders (J)	424
1999—13	The 50th Anniversary of the Founding of Chinese People's Political Consultative Conference (J)	425
1999—14	Lushan Mountain and Kumgang Mountain (Jointly Issued by China and D.P.R. of Korea (J)	426
1999—15	The 10th Anniversary of Hope Project (J)	427

CONTENTS

1999—16	Achievement of Science and Technology (T)	428
1999—17	Centenary of the Birth of Comrade Li Lisan (J)	430
1999—18	Macao Returned to the Motherland (J)	431
1999—18M	Macao Returned to the Motherland (Souvenir Sheet) (J)	432
1999—18GM	Macao Returned to the Motherland (Gold Foil Souvenir Sheet)(J)	433
1999—19	Centenary of the Birth of Comrade Nie Rongzhen (J)	433
1999—20	Century Alternating, Millennium Beginning: Reviewing the 20th Century (J)	434
2000—T1GM	Hong Kong and Macao Returned to the Motherland, Great Events of the Century (Gold Foil Souvenir Sheets) (J)	436
2000—1	Gengchen Year (Year of the Dragon) (T)	437
2000—2	Spring Festival (T)	438
2000—2M	Spring Festival (Souvenir Sheet) (T)	439
2000—3	Important Wild Animals under the State Protection (1st series) (T)	441
2000—4	Dragon (Cultural Relics)(T)	444
2000—5M	The Fifth Congress of the All China Philatelic Federation (Souvenir Sheet) (J)	446
2000—6	Mulan Joining the Army (T)	447
2000—7	Highway Bridges Over Yangtze River (T)	450
2000—8	Scenes of Dali (T)	451
2000—9	Ta'er Lamasery (T)	453
2000—10	100th Birthday of a Revolutionary Cuple (J)	455
2000—11	Century Alternating, Millennium Beginning:Prospecting the 21st Century(J)	456
2000—12	The 95th Anniversary of the Brith of Comrade Chen Yun (J)	457
2000—13	Hehu Kettle and Mare's Milk Kettle (Jointly Issued by China and Kazakhstan) (T)	460
2000—14	Laoshan Mountain (T)	461
2000—14M	Laoshan Mountain (Miniature Sheet) (T)	463
2000—15	Small Carp Leap Through Dragon Gate (T)	463
2000—16	Construction of Shenzhen Special Economic Zone(T)	465
2000—17M	27th Olympic Game (Souvenir Sheet) (J)	467
2000—18	Seaside Landscape (Jointly Issued by China and Cuba)(T)	468
2000—19	Puppets and Masks (Jointly Issued by China and Brazil)(T)	469
2000—20	Ancient Thinkers (J)	470
2000—21	Cultural Relics from the Tombs of Prince Jing of Zhongshan (T)	473
2000—22	Commemoration of the First Successful Test Flight of China's "Shenzhou" Spaceship (J)	474
2000—23	Meteorological Achievements (T)	476
2000—24	Clivia (T)	478
2000—24M	Clivia (Miniature Sheet) (T)	479
2000—25	China's Ancient Bells (T)	480
T2—2001	Commemoration of Marking Beijing's Success Bid of 2008 Olympic Games	481
T3—2001	China Entered WTO	483
2001—1	Beginning of New Millennium: Stride into 21st Century (J)	484
2001—2	Xinsi Year (Year of the Snake)(T)	486
2001—3	Clowns in Beijing Opera (T)	487
2001—4	Important Wild Animals under the State Protection (2nd Series) (T)	489
2001—5	Ancient Waterside Towns (T)	492
2001—6	Murals of Yongle Palace (T)	494
2001—7	A Collection of Bizarre Stories: A Literary Masterpiece of Ancient China (Ist Series) (T)	497
2001—7M	A Collection of Bizarre Stories: A Literary Masterpiece of Ancient China (Ist Series)	

	(Souvenir Sheet)(T)	499
2001—8	Wudang Mountain (T)	499
2001—8M	Wudang Mountain (Souvenir Sheet)(T)	501
2001—9	Ceramics (Jointly Issued by China and Belgium)(T)	502
2001—10	Dragon Boat Festival (T)	503
2001—11	Early Leaders of the Communist Party of China (1st Series)(J)	505
2001—12	The 80th Anniversary of the Founding of the Communist Party of China (J)	508
2001—13	Huangguoshu Waterfall Group (T)	508
2001—13M	Huangguoshu Waterfall Group(Souvenir Sheet)(T)	509
2001—14	Beidaihe (T)	510
2001—15	21th World University Games (J)	511
2001—16	Project Diverting Datong River to Qinwangchuan Area (T)	513
2001—17M	Ertan Waterpower Station (Souvenir Sheet)(T)	515
2001—18	Lady's Slipper (T)	515
2001—18M	Lady's Slipper (Miniature Sheet)(T)	517
2001—19	Great Yangtze River Bridge at Wuhu (T)	517
2001—20	Ancient Gold—Visored Heads (Jointly Issued by China and Egypt)(T)	519
2001—21	2001 Conference of Asian—Pacific Economic Organization · China(J)	520
2001—22	Six Steeds of Zhaoling Mausoleum(T)	521
2001—23	Ancient Sailing Boats (Jointly Issued by China and Portugal)(T)	523
2001—24	9th National Games of the People's Republic of China (J)	525
2001—24M	9th National Games of the People's Republic of China (Miniature Sheet)(J)	526
2001—25	Liupan Mountain (T)	526
2001—26	Folk Legend: Xu Xian and Lady Bai (T)	528
2001—27	The 340th Anniversary of Taiwan's Recovery by Zheng Chenggong (J)	531
2001—28M	Commemoration of Marking Construction Beginning of Qinghai—Xizang Railway (Souvenir Sheet)(J)	533
2002—1	Renwu Year (Year of the Horse)(T)	534
2002—2	Selected Paintings of Bada Shanren (T)	535
2002—3	Rare Flowers (Jointly Issued by China and Malaysia)(T)	537
2002—4	Folk Instruments: Pulled Strings (T)	539
2002—5M	Walking Coach (Souvenir Sheet)(T)	540
2002—6	Chinese Pottery and Porcelain: The Ruyao Ware (T)	542
2002—7	A Collection of Bizarre Stories: A Literary Masterpiece of Ancient China (2nd Series)(T)	544
2002—8	Qianshan Mountain (T)	546
2002—9	Ancient City of Lijiang (T)	548
2002—9M	Ancient City of Lijiang (Miniature Sheet)(T)	549
2002—10	Lighthouses of Historical Cultural Relics (T)	550
2002—11	2002 World Cup Foodball Games (J)	552
2002—12	Hydroelectric and Water Conservancy Projects of Yellow River (T)	554
2002—12M	Hydroelectric and Water Conservancy Projects of Yellow River(Souvenir Sheet)(T)	555
2002—13	Dazu Stone Carvings (T)	556
2002—13M	Dazu Stone Carvings(Souvenir Sheet)(T)	558
2002—14	Plants in Desert (T)	558
2002—15	Landscapes of Antarctic (T)	560
2002—16	Qinghai Lake (T)	562
2002—17	Early Generals of the People's Army (1st Series)(J)	564

2002—18	Scientists of Ancient China (4th Series) (J)	566
2002—19	Yandang Mountain (T)	568
2002—20	Mid-Autumn Festival (T)	570
2002—21GM	Hukou Waterfall of Yellow River (Gold Foil Souvenir Sheet) (T)	572
2002—22	Pavilion Terrace and Castle (Jointly Issued by China and Slovakia) (T)	573
2002—23	Folk Legend: Dong Yong and Seventh Fairy Maiden (T)	575
2002—24	Centenary of the Birth of Comrade Peng Zhen (J)	576
2002—25	Construction of Museums (T)	577
2002—26	Wushu and Taekwondo (Jointly Issued by China and the Republic of Korea) (T)	580
2002—27	Gibbons (T)	581
2003—1	Guiwei Year (Year of the Sheep) (T)	582
2003—2	Yangliuqing Wood Engraving New Year Pictures (T)	583
2003—3	Ancient Chinese Calligraphyseal Character (T)	586
2003—4	Lily (T)	589
2003—4M	Lily (Souvenir Sheet) (T)	591
2003—5	Ancient Chinese Bridges—Arch Bridges (T)	591
2003—6	Bell-Tower and Mosque (Jointly Issued by China and Iran) (T)	593
2003—7M	Leshan Grand Buddha (Souvenir Sheet) (T)	595
2003—8	Gulangyu Island (T)	596
2003—8M	Gulangyu Island (Miniature Sheet) (T)	598
2003—9	A Collection of Bizarre Stories: A Literary Masterpiece of Ancient China (3rd Series) (T)	598
2003—9M	A Collection of Bizarre Stories: A Literary Masterpiece of Ancient China (3rd Series) (Souvenir Sheet) (T)	601
2003—10	Jilin Meteorite Shower (T)	602
2003—11	Suzhou Gardens—Master of Nets Garden (T)	603
2003—12	Tibetan Antelope (T)	605
2003—13	Kongtong Mountain (T)	606
2003—14	Centenary of the Invention of Aircraft (J)	608
2003—15	Painted Clay Figures of Jin Ancestral Temple (T)	610
2003—16	Traditional Sports of Minority Nationalities (T)	612
2003—16M	Traditional Sports of Minority Nationalities (Miniature Sheet) (T)	614
2003—17	Famous Ancient Chinese General Yue Fei (J)	614
2003—18	Chongyang Festival (T)	616
2003—19	Art of Books (Jointly Issued by China and Hungary) (T)	618
2003—20	Folk Legend: Liang Shanbo and Zhu Yingtai (T)	621
2003—21	The Three Gorges Project of the Yangtze River—the Genrating of Electric Power (T)	622
2003—22M	Commemoration of the Start of the South to North Water Transfer Project (Souvenir Sheet) (J)	623
2003—23	The 16th Asia International Stamp Exhibition China 2003 (J)	624
2003—24	World AIDS Day (J)	625
2003—25	The 110 th Anniversary of the Birth of Comrade Mao Zedong (J)	626
2003—26	Bronze Wares of the Eastern Zhou Dynasty (T)	628
T4—2003	United as One in Fighting against SARS	631
T5—2003	The Successful Flight of China's First Manned Spacecraft	631
2004—1	Jiashen Year (Year of the Monkey) (T)	633
2004—2	Taohuawu Woodprint New Year Pictures (T)	633
2004—2M	Taohuawu Woodprint New Year Pictures (Miniature Sheet) (T)	635

2004—3	Centenary Anniversary of the Birth of Comrade Deng Yingchao (J)	636
2004—4	Centenary Anniversary of the Founding of the Chinese Red Cross (J)	637
2004—5	Stories of Idioms (1st Series)(T)	638
2004—6	Peafowl(T)	641
2004—6M	Peafowl(Souvenir Sheet)(T)	642
2004—7	The Nanxi River (T)	642
2004—8	The Danxia Mountain(T)	644
2004—9	The 20th Anniversary of China Economic and Technological Devclopment Zones (J)	645
2004—10	New Look of Hometowns of Overseas Chinese(T)	647
2004—11	Sima Guang Breaking the Vat (T)	648
2004—12	China—Singapore Cooperation:10th Anniversary of the Founding of Suzhou Industrial Park (J)	650
2004—13	Ancient Villages in Southern Anhui:Xidi and Hongcun (T)	651
2004—14	Folk Legend:Liu Yi Delivering a Letter (T)	654
2004—15M	A Fairy Tale:Eight Immortals Crossing the Sea (Souvenir Sheet) (T)	655
2004—16	Olympic Games from Athens to Beijing (Jointly Issued by China and Greece) (J)	658
2004—17	Centenary of the Birth of Comrade Deng Xiaoping (J)	659
2004—17M	Centenary of the Birth of Comrade Deng Xiaoping(Souvenir Sheet)(J)	660
2004—18	Meconopsis(T)	661
2004—19	South China Tiger (T)	662
2004—20	The 50th Anniversary of the Founding of the People's Congress (J)	663
2004—21	Bloodstone Seals(T)	665
2004—22	Lacquerware and Pottery (Jointly Issued by China and Romania) (T)	666
2004—23	National Flag and Emblem of the People's Republic of China (T)	667
2004—24	Frontier Scenes of China(T)	668
2004—24M	Frontier Scenes of China(Miniature Sheet)(T)	672
2004—25	Building in Cities(Jointly Issued by China and Spain) (T)	673
2004—26	The Festival of Pure Brightness on the River (T)	674
2004—27	Famous Pavilions of China (1st Servies) (T)	678
2004—28	The Chinese Ancient Calligraphy:Official Script(T)	681
2005—1	Yiyou Year (Year of the Cock)(T)	685
2005—2	Coumpletion of the Project of Transmitting Natural Gas from West to East China (T)	686
2005—3	Historical Sites in Taiwan (T)	687
2005—4	Yangjiabu Woodprint New Year Pictures (T)	689
2005—4M	Yangjiabu Woodprint New Year Pictures(Miniature Sheet)(T)	691
2005—5	Magnolias (T)	691
2005—6	World Earth Day (J)	693
2005—7	The Jigong Mountains (T)	694
2005—8	The 80th Anniversary of the Founding of All China Federation of Trade Unions(J)	696
2005—9	Paintings(Jointly Issued by China and Liechtenstein)(T)	696
2005—10	The Plage Scene of Dalian(T)	697
2005—11	The Centenary of Fudan University (J)	699
2005—12	Andersen's Fairy Tales (T)	700
2005—13	The 600th Anniversary of Zheng He's Voyages to Western Seas(J)	705
2005—13M	The 600th Anniversary of Zheng He's Voyages to Western Seas (Souvenir Sheet) (J)	707
2005—14	Nantong Museum (T)	707
2005—15	Xianghai National Nature Reserve (T)	709

2005—16	The 60th Anniversary of Victory of the Chinese People's War of Resistance against Japanese Aggression and World Anti-Fascist War (J)	710
2005—16M	The 60th Anniversary of Victory of the Chinese People's War of Resistance against Japanese Aggression and the World Anti-Fascist War(Souvenir Sheet)(J)	713
2005—17	The Centenary Anniversary of the Chinese Cinema (J)	713
2005—18	Waterwheel and Windmill (Jointly Issued by China and Netherlands) (T)	714
2005—19	Fanjing Mountain Nature Reserve(T)	716
2005—20	PLA Senior Generals(J)	717
2005—21	The 50th Anniversary of the Founding of Xinjiang Uygur Autonomous Region (J)	724
2005—22M	The 10th National Games of the Poople's Republic of China (Souvenir Sheec) (J)	725
2005—23	Leopard and Cougar (Jointly Issued by China and Canada) (T)	725
2005—24	Chengtoushan Site (T)	727
2005—25	Goddess of the River Luo (T)	728
2005—26	Early Generals of the People's Army (2nd Series) (J)	732
2005—27	The 40th Anniversary of the Founding of Tibet Antonomous Region(J)	735
2005—28	Emblem and Mascots of the Games of the XXIX Olympiad(J)	736

9. Regular Stamps

R29	The Great Wall (Ming Dynasty)	738
R30	Protecting the Common Homeland of the Mankind	743
R31	Chinese Birds	746

第一编

中国集邮百科知识概论

一、中国邮资票品及其他
China Stamp Items and Others

中国邮票概论
The Outline of Postage Stamps

【中国香港邮票】Stamp of Hong Kong, China 1840年鸦片战争之后,英国侵占了香港。1841年开办邮政,初期不用邮票,仅在邮件上加盖邮戳作为邮资凭证。1862年香港首次发行邮票,邮票图案采用维多利亚女王头像。自1862年12月8日香港首次发行邮票,到1997年6月30日止,这期间发行的邮票称为香港邮票。此前,为使香港平稳过渡,回归祖国,香港发行了没有主权象征的"过渡期通用邮票",可在1997年7月1日之前和之后使用。1997年7月1日,香港回归祖国,中国政府对香港恢复行使主权,成立了中华人民共和国香港特别行政区。为此,香港邮政署于1997年7月1日发行了"中华人民共和国香港特别行政区成立纪念"邮票一套,全套共6枚;同日发行小型张1枚。这是中华人民共和国香港特别行政区发行的第一套邮票(见图)。邮票的铭记为"中国香港"和英文"Hong Kong, China"。自此,中国香港特别行政区发行的邮票,均称为"中国香港邮票"。自1997年7月1日中国香港特别行政区发行第一套纪念邮票至今,先后发行的邮票种类有5种:①纪念及特别邮票;②通用邮票;③欠资邮票;④邮资标签;⑤邮票小册。

【中国澳门邮票】Stamp of Macau, China 澳门位于广东省珠江口西侧,包括澳门半岛和凼仔岛、路环岛,是中国领土不可分割的一部分。公元1553年(明嘉靖三十一年),葡萄牙人借口曝晒水渍货物,强行上岸租占,并通过贿赂当地中国官员,正式在澳门定居。1849年,葡萄牙殖民者在英国殖民者支持下,占领了澳门半岛。后来又相继于1851年和1864年侵占了凼仔岛和路环岛。1884年3月成立邮政局,发行第一套邮票,至1999年12月19日止,这期间发行的邮票称为"澳门邮票"。1999年12月20日,中国政府对澳门恢复行使主权,成立中华人民共和国澳门特别行政区。为此,澳门邮电司于1999年12月20日发行了"中华人民共和国澳门特别行政区成立纪念"邮票一套,全套共6枚;同日发行小型张1枚。这是中华人民共和国澳门特别行政区发行的第一套邮票(见图)。邮票的铭记为"中国澳门"和英文"Macau China"。自此,中国澳门特别行政区发行的邮票,均称为"中国澳门邮票"。自1999年12月20

日中国澳门特别行政区发行第一套邮票至今,先后发行的邮票种类有4种:①纪念邮票;②通用邮票;③邮资标签;④邮票小册。

【台湾地区邮票】Stamp of Taiwan Province 1949年10月1日,中华人民共和国成立之后,原国民党政府退至台湾,其在台湾盘踞之后,继续以"中华民国邮政"的名义发行邮票。台湾是中国领土不可分割的一部分,这期间,在中国台湾地区邮政当局发行的邮票,特称为台湾地区邮票。至今发行的邮票种类主要有6种:①常用邮票;②纪念邮票;③专题邮票;④航空邮票;⑤慈善邮票;⑥欠资邮票等。

【中国邮票铭记】Inscriptions on Chinese Stamps 在香港和澳门回归祖国之前,中国各个时期发行的邮票上的铭记,详见新版《中国集邮百科知识》"中国邮票铭记"。

中国香港邮票铭记 1997年7月1日,中国政府对香港恢复行使主权,成立中华人民共和国香港特别行政区。香港回归祖国以后,香港邮政署发行的邮票,其铭记均为"中国香港"和"Hong Kong, China"。

中国澳门邮票铭记 1999年12月20日,中国政府对澳门恢复行使主权,成立中华人民共和国澳门特别行政区。澳门回归祖国以后,澳门邮电司发行的邮票,其铭记均为"中国澳门"和"Macau, China"。

【中国邮票志号】Serial Numbers on Chinese Stamps 关于新中国邮票上的志号,详见新版《中国集邮百科知识》"中国邮票志号"。随着集邮事业的发展,中国发行邮票的种类也在不断增加,因此,中国邮票志号种类也在不断增加,如特别发行邮票、个性化服务专用邮票等。

特别发行邮票志号 简称特发邮票。它是中国邮政在特殊情况下,特别发行的一类未列入发行计划但题材极为重大的邮票。其志号按"特"编列。2000年1月1日,中国邮政发行了《港澳回归 世纪盛事(金箔小型张)》邮票2枚。这2枚金箔小型张,分别是在《香港回归祖国金箔小型张》和《澳门回归祖国金箔小型张》上加字发行。其志号编列为"2000—特1"。这是中国大陆首次发行的"特发邮票"。2001年7月14日,中国邮政发行了《北京申办2008年奥运会成功纪念》特发邮票,志号改为"特2—2001"。之后不久,又于2001年12月11日发行了《中国加入世界贸易组织》特发邮票,志号为"特3—2001"。2003年5月19日和2003年10月16日,分别发行了特4—2003《万众一心 抗击非典》邮票1枚(见图)和特5—2003《中国首

次载人航天飞行成功》邮票2枚。2007年11月26日,中国邮政发行了特6—2007《中国探月首飞成功纪念》邮票1枚。2008年四川汶川发生大地震后,中国邮政立即发行了特7—2008《抗震救灾 众志成城》邮票1枚。由此不难看出特发邮票的特殊性。

中国香港邮票志号 1997年7月1日,香港回归祖国之后,中国香港发行的纪念及特别邮票、通用邮票等,邮票上均无志号,一律按发行日期先后顺序编排。

中国澳门邮票志号 1999年12月20日,澳门回归祖国之后,中国澳门发行的纪念邮票、通用邮票等,邮票上均印有志号。其邮票按S系列以发行日期先后顺序编号,小型张按B系列以发行日期先后顺序编号。志号均印在邮票右下角。

【中国邮票上的面值币制】Currency of Denominations on Chinese Stamps 在香港和澳门回归祖国之前,中国各个时期发行的邮票上的币制,详见新版《中国集邮百科知识》"中国邮票上的面值币制"。

中国香港邮票上的面值币制 1997年7月1日,香港回归祖国之后,中华人民共和国香港特别行政区香港邮政署发行的中国香港邮票,其邮票上的面值币制,均为港币。1元=10毫=100分。邮票上的面值均以港币元为币值。

中国澳门邮票上的面值币制 1999年12月20日,澳门回归祖国之后,中华人民共和国澳门特别行政区澳门邮电司发行的中国澳门邮票,其邮票上的面值币制,均为澳门币。1元=10毫。邮票上的面值均以澳门币元为币值。

【中国珍邮】Rarities of Chinese Stamps 中国各个时期的珍邮,在新版《中国集邮百科知识》中已介绍了一些。随着时间的推移,岁月的流逝,在新中国发行的邮票中又出现了不少的珍邮。

纪54 第五届世界学生代表大会(错体票) 1958年9月4日~15日,国际学联第五届代表大会在中国首都北京召开。为此,中华人民共和国邮电部于1958年9月4日大会开幕时,发行纪念邮票一套2枚。邮票图案

由国际学联会徽和阿拉伯数字"5"以及天安门组成。面值(2—1)8分、(2—2)22分。邮票规格均为27毫米×36毫米。齿孔为14度。无背胶。邮局全张枚数为120(12×10)。雕刻版。刘硕仁设计。北京人民印刷厂印制。邮票印好后,即发往全国各地,准备在会议开幕日发行。就在距会议开幕的前几天,有关部门才发现这次会议是由国际学联召开的"国际学联第五届代表大会",邮票错印为"第五届世界学生代表大会"。这究竟是什么原因造成的呢?原来在筹印这套邮票时,有关部门通知的会议名称就是"第五届世界学生代表大会"。因此,邮票发行局就按照通知的名称设计了邮票图稿,经审查批准后才制版付印。由于有关部门把大会名称弄错了,造成邮票错印为"第五届世界学生代表大会",致使这套已印好的邮票成了错体票。邮票虽然已印好,但只能作废。有关部门又通知邮票发行局将票名改正后,尽快赶印。正票纪54《国际学联第五届代表大会》邮票,仍如期发行。但因错票已发往全国各地,虽令如数收回,但仍有极少数邮局已提前出售,使错体票极少量流出。因是错体票,流出数量又极少,现已成为珍邮(见上页图)。

纪92(8—1)蔡伦"公元前"(错体票) 1962年12月1日,为了反映中国古代科学技术取得的辉煌成就,中华人民共和国邮电部发行一套《中国古代科学家(第二组)》纪念邮票,全套共8枚。邮票票幅均为30毫米×40毫米。齿孔均为11.5度×11度。刷有背胶。邮局全张枚数50(10×5)。孙传哲设计。影写版。北京邮票厂印制。这套邮票第1枚图案为蔡伦像。邮票面值为4分。由于对蔡伦生年难以考证,故在邮票图案左上角标明的蔡伦生卒年份中,在"公元"之后打了一个"?"。但在设计邮票图稿过程中,因设计者一时疏忽,在"公元"之后误加了一个"前"字,形成"(公元前?——二一)"。发现此错误后,修版工人在修改此错误时,又因一时粗心大意,竟然漏掉一个子模上没刮去"前"字,结果造成了这枚"公元前"错体票。这枚邮票印刷全张可裁成2个邮局全张,各为50(10×5)枚。这一错体票均位于邮局全张中第16号票位。邮票印制时,邮票厂虽然经过严格检票,但并没有发现此枚错体票。邮票发行之后,被集邮者发现。邮票发行部门得知后,立即通知各地邮局从全张邮票中撕下这枚错体票,上缴收回。虽然收回了绝大多数,但仍有极少量流入社会。因此,这枚错体票因存世量很少,也就变得很珍贵

(见图)。

纪94M 梅兰芳舞台艺术(小型张) 梅兰芳是我国著名的京剧表演艺术家。他于1961年8月8日逝世。为纪念他逝世一周年,中华人民共和国邮电部于1962年8月8日发行纪94《梅兰芳舞台艺术》纪念邮票一套,全套共8枚。随后,又于1962年9月15日发行小型张1枚。小型张邮票图案为梅兰芳在《贵妃醉酒》中的一幅剧照,即杨贵妃大醉后,叫高力士去请唐明皇,高力士说不敢去,因此触怒了杨贵妃,杨贵妃便用水袖打了高力士一个嘴巴的镜头。小型张面值3元。小型张规格为108毫米×146毫米。小型张邮票规格为52毫米×62毫米。齿孔11.5度。影写版。刷有背胶。发行量2万枚。吴建坤设计。北京邮票厂印制。这枚小型张发行之后,因其面值高达3元,而当时人民的生活水平很低,3元的面值,对广大集邮者来说,难以承受,无力购买。因此从1965年"文化大革命"开始后停售。在"文革"中又被当作"四旧"毁掉了一些,存世量就变得更少。鉴于上述原因,这枚小型张就必然成为珍邮(见图)。

特62 京剧脸谱 原计划于1964年发行的特62《京剧脸谱》邮票,在印制好之后被取消发行。1963年邮票发行部门将《京剧脸谱》特种邮票列入发行计划,由邮票设计家刘硕仁负责设计。经过广泛征求意见,反复研究,确定全套邮票共8枚,邮票上的人物分别为孟良、李逵、黄盖、孙悟空、鲁智深、廉颇、张飞和窦尔敦。邮票

志号为"特62"。邮票规格为30毫米×40毫米。齿孔11.5度×11度。邮局全张枚数为50(10×5)。影写版。北京邮票厂印制。邮票印制完成后,正准备发行时,恰逢当时推行京剧改革,大搞革命现代京剧。于是便有人提出发行这套邮票不符合京剧改革的要求,致使这套特62《京剧脸谱》邮票虽然已印制好,但中途夭折,未能公开发行。"文化大革命"开始以后,被诬为"封资修大杂烩"、"未出笼的大毒草",已印好的特62《京剧脸谱》邮票和设计原稿、资料全部被销毁。邮票在销毁后,仅有极稀少的数枚流向社会,十分珍罕(见图)。

"毛泽东为日本工人题词"邮票 1962年9月18日,毛泽东应日本工人学习积极分子代表团要求而题词:"只要认真做到马克思列宁主义普遍真理与日本革命的具体实践相结合,日本革命的胜利是毫无疑义的。应日本工人学习积极分子代表团各位朋友之命书赠日本工人朋友们 毛泽东 一九六二年九月十八日"。1968年9月18日,为了纪念毛泽东为日本工人朋友题词6周年,有关方面决定发行1枚纪念邮票。邮票图案采用毛泽东为日本工人的题词,左边票边上方印有"中国人民邮政",下方印有"8分"字样。邮票规格为52毫米×31

毫米。影写版。邮票整体设计风格和图案上的铭记、面值布局,与1967年10月1日发行的文7《毛主席诗词》邮票极为相似。由于某种原因这枚邮票被取消发行,只有极少数邮票不知什么原因,仅在河北省地区流入社会,有的并经邮政使用,因此,存世的新票、旧票均有,但存世数量罕少,成为中国邮票中的珍品(见图)。

大"全国山河一片红" 简称"大一片红"。1967年1月22日,《人民日报》发表社论:《无产阶级革命派大联合,夺走资本主义道路当权派的权!》。从此,"文化大革命"进入一个全面夺权的阶段。之后,自1967年1月31日黑龙江省红色造反者革命委员会成立,至1968年9月5日西藏自治区革命委员会和新疆维吾尔自治区革命委员会同时成立,取代了原来的党政领导机构,全国(除台湾省外)29个省、市、自治区都成立了革命委员会。1968年9月7日,《人民日报》、《解放军报》发表了题为"无产阶级文化大革命的全面胜利万岁!——热烈欢呼全国(除台湾省外)各省、市、自治区革命委员会成立"的社论。为此,有关部门于1968年9月~10月间发行一套纪念邮票。这套纪念邮票由万维生设计。全套1枚。面值8分。邮票规格为60毫米×40毫米。影写版。邮票图案为印有"全国山河一片红"字样的红色中国地图,地图下方为高举《毛主席语录》和印有"革命委员会"红旗的工农兵群众队伍,邮票底边大幅框内印有"无产阶级文化大革命的全面胜利万岁!"字样。在邮票左边留有的宽幅白边上印有"中国人民邮政"和"8分"字样。影写版。邮票印好后没有按计划发行,其原因据说是由于有关部门的领导在审查时,认为票幅太大而取消发行。此票呈大红底色,邮票图案中的中国地图上面印有"全国山河一片红"字样,比起后来计划于1968年11月25日发行的《全国山河一片红》邮票票幅大,因此被集邮者称为大'全国山河一片红'"。此票因未正式发行,流入社会很少,存世量十分稀少,是中华人民共和国邮票中的珍罕品(见图)。

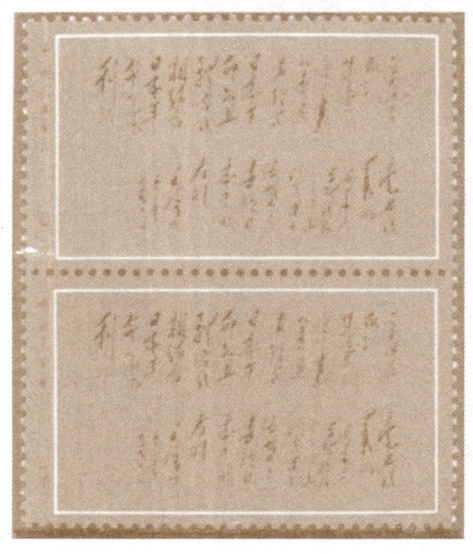

"无产阶级文化大革命全面胜利万岁"邮票 简称"文革全面胜利"邮票。这套邮票据说计划于1968年10月1日为庆祝中华人民共和国国庆19周年发行,为何印好后没有公开发行,至今仍是个谜。这套邮票全套1枚,面值8分。邮票规格为60毫米×40毫米。邮票图案为毛泽东主席身着蓝灰色中山装,林彪紧随其后手持《毛主席语录》,在天安门城楼上挥手向天安门广场上的群众致意;天安门广场上红旗招展,工农兵群众手持《毛主席语录》热烈欢呼的情景。在邮票下部大幅横框里,印有"无产阶级文化大革命全面胜利万岁!"字样;邮票右边宽白纸边上印有"中国人民邮政"和"8 分"字样。影写版。这套邮票虽未发行,但从河北石家庄邮局流出,并有从邮局寄出的实寄封存世。因流出量很少,新票和旧票都很珍贵(见图)。

"全国山河一片红"邮票 又称"小一片红"。与"大一片红"在邮票大小上比较后命名。"大一片红"因票幅大而未能获准发行。于是邮票设计家万维生又重新设计了一幅《全国山河一片红》邮票图案,被有关部门获准后,计划于1968年11月25日发行。全套1枚。面值8分。邮票规格为30毫米×40毫米。邮票图案由工农兵游行队伍和中国地图组成。工农兵游行队伍浩浩荡荡,他们胸前佩戴着毛泽东像章,手中挥舞着《毛主席语录》,振臂欢呼:"革命委员会好!"29面印有"革命委员会"字样的红旗,汇成红色的海洋,象征着全国29个省、市、自治区(除台湾省外)革命委员会的成立。邮票画面上方的中国地图上印有金黄色"全国山河一片红"字样,点明了发行这套邮票的主题。邮票齿孔为11.5度×11度。刷有背胶。邮局全张枚数为50(10×5)。影写版。北京邮票厂印制。这枚邮票之所以成为错体停发邮票而被视为珍邮,有其历史原因。原定于1968年11月25日发行的这套邮票,11月23日中午,中国地图出版社的集邮者陈潮先生,却在北京白纸坊邮亭买到数枚。出于职业的敏感,他发现邮票上的中国地图的轮廓不准确,不完整,没有画出西沙和南沙群岛,便立即通过领导向邮电部领导反映了意见。当时,邮电部军管组便匆匆忙忙下了一道停止发行令。因有提前出售,有少量邮票已流向社会,无法收回。这枚珍邮存世量比较多,不仅有新票单枚、双连、四方连存世,还有整版50枚存在。实寄封存世较少,旧票存世较多(见图)。

"纪念毛主席创建井冈山革命根据地四十周年"邮票 1967年是毛主席创建井冈山革命根据地四十周年,为此,邮电部计划发行邮票一套。1967年6月间,邮票设计人员开始设计。8月上旬完成了设计图稿,报中央文革小组审批。审定之后,邮票图稿交邮票厂制版印刷。这套邮票编号为"文5",发行日期为1967年10月1日。全套邮票共4枚。面值均为8分。第一枚邮票为"我们伟大领袖毛主席和他的亲密战友林彪同志",图案为毛主席和林彪在天安门城楼上;第二枚邮票为"星星之火,可以燎原",图案为毛泽东及其一行在井冈山会师;第三枚邮票为"毛主席语录",图案为"每个共产党员都应该懂得这个道理:'枪杆子里面出政权'";第四枚邮票为"毛主席诗词",图案为《西江月·井冈山》"山下旌旗在望,山头鼓角相闻。敌军围困万千重,我自岿然不动。早已森严壁垒,更加众志成城。黄洋界上炮声隆,报道敌军宵遁。"邮票规格一、二图为54毫米×40毫米,三、四图为60毫米×27毫米。邮局全张枚数一图为28枚,二图为35枚,三图、四图均为50枚。其中二、三、四图均印制了成品,一图未印,只打印了样票。影写版。北京邮票厂印制。这套邮票后来因某种原因,未能发行。全套邮票在销毁过程中,流失到社会上极少几枚,十分珍罕,仅见第一图样票(见图)。

T·46庚申年(版票) 1980年是我国农历庚申年。为此,中华人民共和国邮电部于1980年2月15日,时值春节前夕发行一套《庚申年》特种邮票。志号为"T·46"。全套1枚。面值8分。邮票规格为26毫米×31

毫米。邮票图案采用著名画家黄永玉创作的一只金猴。它用自己的"火眼金睛"观察着世界，神气活现，生动可爱；大红底色衬托了那茸茸的小生灵，也增添了喜庆色彩。再加上雕刻刀法精当，使得方寸之间生辉添彩，妙趣横生，人见人爱。邵柏林设计。姜伟杰雕刻。齿孔11.5度。刷有背胶。邮局全张枚数80（8×10）。影雕套印。发行量为460万枚。这套邮票是我国首次发行的生肖邮票，是十二生肖系列邮票的第一套，是"龙头"票。当时因人民生活水平还很低，集邮者极少有人购买整版《庚申年》邮票。因此，邮政部门还曾出现售票难，让职工进行推销。随着集邮活动的开展，集邮者人数不断增加，人们对生肖邮票也越来越喜欢，许多集邮者为能收集到1枚《庚申年》猴票而自豪。随着集邮事业的不断发展，T·46《庚申年》邮票不仅成为衡量集邮者水平的"标尺"，也成为"邮市"冷暖的"风向标"。这套邮票发行量仅460万枚（此发行量为笔者采访宋兴民先生时获悉，他当时担任邮票发行局局长）。如此的发行量，按整版邮票来计算，仅有五万多版。这五万多版猴票，历经三十余年，绝大部分被撕开零售掉了。真正留存下来的整版猴票，已十分稀少。从拍卖公司近几年来上拍的数量可以清楚地看出，算起来它还没有《全国山河一片红》邮票上拍的数量多（猴版票1整版与《全国山河一片红》1枚比对而言）。由于《庚申年》猴版票稀少，成为中国珍邮是理所当然的（见图）。

普2"天安门图案"4000元邮票　1950年2月10日，中华人民共和国邮电部发行了第一套《天安门图案》普通邮票（第一版）。之后不久，因物价波动，决定从1950年3月11日起，实行新的邮资标准：平信由800元调为1000元，快信由2400元调为3000元，挂号信由3200元调为4000元。为此，邮电部决定发行第二套《天安门图案》普通邮票。全套共4枚。面值分别为1000元、3000元、4000元和1万元。邮票图案均为天安门城楼。邮票规格均为18毫米×20.5毫米。齿孔12.5度。凸版。华东邮政管理局南京印刷厂印制。在邮票印制过程中，邮电部又重新调整了邮资标准，从1950年5月11日起，仍按3月11日以前的标准。这样，普2《天安门图案》中面值4000元邮票已不适用，于是便停止了这枚邮票的印制发行。普2《天安门图案》邮票仅发行了3枚。面值1000元（紫蓝色）、3000元（红紫色）、1万元（赭黄色）。未能发行的面值4000元（蓝色）邮票，由于内部管理不严，有少量样票流出。据说是一位在华东邮政南京印刷厂负责印制普2邮票的职员，私自截留了一版样票。这枚样票虽是普票，因未发行，存世量少，是新中国发行普票中的珍邮（见图）。

【中华人民共和国邮票中的佼佼者】Bests of PRC Stamps　自1980年开始，确定每年都进行一次群众性的最佳邮票评选活动，被评选出的各种最佳邮票，是中华人民共和国每年发行邮票中的佼佼者。关于1995年以前的最佳邮票评选情况，详见新版《中国集邮百科知识》相关条目。

1995年最佳邮票评选　由人民邮电出版社、中国邮电部邮政总局、中国集邮总公司、中华全国集邮联合会、人民日报社、中央电视台、工人日报社、中国青年报社、人民邮电报社、福建省邮电管理局联合主办。这是一年一度举办的评选活动的第16届。国内外集邮爱好者共投有效选票346445张，中选票数283859张。依得票多少选出最佳邮票一套：1995—20《九华胜境（T）》，得票数296929张。优秀邮票两套：1995—17《抗日战争及世界反法西斯战争胜利五十周年（J）》，得票293165张，获优秀一；1995—2《吉林雾凇（J）》，得票287952张，获优秀二。专家奖一套：1995—20《九华胜境（T）》。最佳印刷奖一套：1995—26《孙子兵法（T）》。

发奖大会于1996年4月20日~21日在福建省福

州市举行。参加评选的集邮者，凡中选者均可获得由著名画家韩美林设计的以猪为图案，采用影写版印制的纪念张 1 枚(见图)，评选纪念封 1 个。

1996 年最佳邮票评选 由人民邮电出版社、中国邮电部邮政总局、中国集邮总公司、中华全国集邮联合会、人民日报社、中央电视台、工人日报社、中国青年报社、人民邮电报社、邮电部邮票印制局、海南省邮电管理局联合主办。这是一年一度举办的评选活动的第 17 届。国内外集邮者共投有效票数 793451 张，中选票数 384130 张。选出最佳邮票一套：1996—26《上海浦东(T)》。优秀邮票两套：1996—29《中国工农红军长征胜利六十周年(J)》为优秀一；1996—5《黄宾虹作品选(T)》为优秀二。专家奖一套：1996—29《中国工农红军长征胜利六十周年(J)》；最佳印刷奖一套：1996—20M《敦煌壁画(第六组)(小型张)(T)》。

发奖大会于 1997 年 5 月 24 日～25 日在海南省海口市举行。参加评选的集邮者，凡中选者均可获得由著名画家韩美林设计的以鼠为图案，采用影写版印制的纪念张 1 枚，评选纪念封 1 个。

1997 年最佳邮票评选 由人民邮电出版社、中国邮电部邮政总局、中国集邮总公司、中华全国集邮联合会、人民日报社、中央电视台、工人日报社、中国青年报社、人民邮电报社、邮电部邮票印制局、安徽省邮电管理局联合主办。这是一年一度的评选活动的第 18 届。国内外集邮者共投票 1466267 张，有效票数 1455324 张，中选票数 1275938 张。选出最佳邮票一套：1997—16《黄山(T)》，得票数 1368166 张。优秀邮票两套：1997—10《香港回归祖国(J)》为优秀一；1997—11《五台古刹(T)》为优秀二。专家奖一套：1997—4《潘天寿作品选(T)》。最佳印刷奖一套：1997—13《寿山石雕(T)》。

发奖大会于 1998 年 5 月 23 日在安徽省合肥市举行。参加评选的集邮者，凡中选者均可获得由著名画家韩美林设计的以牛为图案，采用影写版印制的纪念张 1 枚，评选纪念封 1 个。

1998 年最佳邮票评选 由人民邮电出版社牵头，中华全国集邮联合会、中国集邮总公司、国家邮政局邮票印制局、人民日报社、中央电视台、工人日报社、中国青年报社、人民邮电报社联合主办。这是一年一度全国最佳邮票评选活动的第 19 届。国内外集邮爱好者共投有效选票 597625 张，中选票数 368274 张。选出最佳邮票一套：1998—15《何香凝国画作品选(T)》。优秀邮票两套：1998—30《中国共产党十一届三中全会二十周年(J)》为优秀一；1998—17《镜泊湖(T)》为优秀二。

发奖大会于 1999 年 5 月 21 日在广东省广州市举行。参加评选的集邮者，凡中选者均可获得由著名画家韩美林设计的以虎为图案，采用影雕套印的评选纪念张 1 枚和评选纪念封 1 个(见图)。

1999 年最佳邮票评选 由人民邮电出版社牵头，中华全国集邮联合会、中国集邮总公司、国家邮政局邮票印制局、人民日报社、中央电视台、工人日报社、中国青年报社、人民邮电报社联合主办，江西省邮政局、南昌市人民政府承办。这是一年一度全国最佳邮票评选活动的第 20 届。国内外集邮爱好者共投有效选票 319831 张，中选票数 286874 张。选出最佳邮票一套：1999—11《中华人民共和国成立五十周年——民族大团结(J)》。优秀邮票两套：1999—18《澳门回归祖国(J)》为优秀一；1999—14《庐山和金刚山(中国—朝鲜联合发行)(T)》为优秀二。专家奖一套：1999—11《中华人民共和国成立五十周年——民族大团结(J)》。最佳印刷奖一套：1999—3《中国陶瓷——钧窑瓷器(T)》。

发奖大会于 2000 年 5 月 19 日在江西省南昌市举行。参加评选的集邮者，凡中选者均可获得由著名画家韩美林设计的以兔为图案，采用照相凹版电子雕刻版新工艺印制的评选纪念张 1 枚和评选纪念封 1 个。

2000 年最佳邮票评选 由人民邮电出版社牵头，中华全国集邮联合会、中国集邮总公司、国家邮政局邮票印制局、人民日报社、中央电视台、工人日报社、中国青年报社、人民邮电报社联合主办，北京市邮政局承办。

这是最佳邮票评选活动的第21届。国内外集邮爱好者投票选出最佳邮票一套：2000—24《君子兰(T)》。优秀邮票两套：2000—22《中国"神舟"飞船首飞成功纪念(J)》为优秀一；2000—15《小鲤鱼跳龙门(T)》为优秀二。专家奖一套：2000—6《木兰从军(T)》。最佳印刷奖一套：2000—24M《君子兰(小全张)(T)》。

注：这届评选，组委会未公布有效选票数和中选票数。

发奖大会于2001年5月25日在北京举行。凡参加评选的集邮爱好者，无论选中或没有选中，均有机会获奖：1."特等奖"100名，奖品是《全国最佳邮票评选20年》精品书、《全国最佳邮票评选纪念册》和著名邮票设计家亲笔抄写并签名的全国最佳邮票评选实寄纪念封（内含评选纪念张）。此外，还有可能获得其他意外惊喜。2."幸运奖"3000名，奖品是著名邮票设计家亲笔抄写并签名的全国最佳邮票评选实寄纪念封（内含评选纪念张）。此外，还有可能获得其他意外惊喜。评选纪念张由著名画家韩美林设计，以龙为图案，采用影雕套印（见图）。

2001年最佳邮票评选 由人民邮电出版社牵头，中华全国集邮联合会、中国集邮总公司、国家邮政局邮票印制局、人民日报社、中央电视台、工人日报社、中国青年报社、人民邮电报社联合主办，人民邮电出版社、中央电视台承办。这是一年一度全国最佳邮票评选活动的第22届。国内外集邮者共投有效选票268608张，中选票数172819张。选出最佳邮票一套：2001—7《中国古典文学名著——聊斋志异(第一组)(T)》，得票数255274张。优秀邮票两套：特2—2001《北京申办2008年奥运会成功纪念》，得票数249542张，获优秀一；2001—28M《青藏铁路开工纪念(小型张)(J)》，得票数173879张，获优秀二。专家奖一套：特2—2001《北京申办2008年奥运会成功纪念》。最佳印刷奖一套：2001—20《古代金面罩头像(中国—埃及联合发行)(T)》。

发奖大会于2002年6月10日在北京举行。参加评选的集邮爱好者，凡中选者均可获得由著名画家韩美林设计的以蛇为图案，采用影雕套印的评选纪念张1枚和实寄纪念封1个。

2002年最佳邮票评选 由中华全国集邮联合会、人民邮电出版社牵头，中国集邮总公司、国家邮政局邮票印制局、人民日报社、中央电视台、工人日报社、中国青年报社、人民邮电报社联合主办，中共江苏省高邮市委、高邮市人民政府承办。这是一年一度全国最佳邮票评选活动的第23届。自本届起，全国最佳邮票评选活动的牵头单位由人民邮电出版社变更为中华全国集邮联合会和人民邮电出版社；人民邮电出版社仍为"全国最佳邮票评选副主任单位"；评选活动的一切具体操作工作均转由中华全国集邮联合会负责；凡为评选活动制作的各种选票、纪念张、纪念封等均署中华全国集邮联合会和人民邮电出版社双名。本届评选由中华全国集邮联合会统一印制选票、统一定价，会员购买选票价格为3.5元，非会员为3.8元。国内外集邮爱好者共投有效选票143510张，中选票数61427张。选出最佳邮票一套：2002—21GM《黄河壶口瀑布(金箔小型张)(T)》。优秀邮票两套：2002—2《八大山人作品选(T)》为优秀一；2002—23《民间传说——董永与七仙女(T)》为优秀二。专家奖一套：2002—5M《步辇图(小型张)(T)》。最佳印刷奖一套：2002—5M《步辇图(小型张)(T)》。此次评选因全国出现"非典"疫情，投票日期调整为6月20日~7月10日。

发奖大会于2003年8月28日在江苏省高邮市举行。参加评选的集邮爱好者，凡中选者均可获得由著名画家韩美林设计的以马为图案，采用影写版印制的评选纪念张1枚(见图)和实寄纪念封1个。除此之外，还在中选者中抽取10名最佳幸运奖，免费参加2003年10月在泰国举办的世界邮展活动，如中选者本人不能前往还可转让给家属。

2003年最佳邮票评选 由中华全国集邮联合会、人民邮电出版社牵头,中国集邮总公司、国家邮政局邮票印制局、人民日报社、中央电视台、工人日报社、中国青年报社、人民邮电报社联合主办,云南省邮政局、云南省文化厅、云南电视台承办。这是一年一度全国最佳邮票评选活动的第24届。这次评选活动增设了由群众投票产生的"生肖奖"。国内外集邮爱好者共投有效选票148542张,中选票数136615张。选出最佳邮票一套:2003—25《毛泽东同志诞生一百一十周年(J)》。优秀邮票两套:2003—4《百合花(T)》为优秀一;2003—11《苏州园林——网师园(T)》为优秀二。专家奖一套:2003—25《毛泽东同志诞生一百一十周年(J)》。最佳印刷奖一套:2003—19《图书艺术(中国—匈牙利联合发行)(T)》。第二轮生肖邮票奖一套:2000—1《庚辰年(T)》。此外还产生两套特别奖:特4—2003《万众一心 抗击"非典"》、特5—2003《中国首次载人航天飞行成功》。

发奖大会于2004年5月30日在云南省昆明市举行。参加评选的集邮爱好者,凡中选者均可获得由著名画家韩美林设计的以羊为图案,采用影雕套印的评选纪念张1枚和实寄纪念封1个。除此之外,还从中选者当中抽取最佳幸运奖10人,免费参加2004年8月在新加坡举办的世界邮展活动(中选者本人不能参加的,可由亲属代替参加);一等奖50人,每人赠送第24届全国最佳邮票评选纪念册1本;二等奖100人,每人赠送本届评选双联颁奖大会纪念张1枚、双联评选纪念张制作的纪念折1本。自本届评选开始,考虑到最佳邮票评选活动的参与者大多是收藏爱好者,选票本身也是参与这项活动的纪念品,主办单位与承办单位经过协商同意,决定在寄发评选纪念张的同时夹寄退回中选者的选票(见图)。

2004年最佳邮票评选 由中华全国集邮联合会、人民邮电出版社、中国集邮总公司、国家邮政局邮票印制局、人民日报社、中央电视台、工人日报社、中国青年报社、人民邮电报社联合主办,湖北省邮政局、武汉市人民政府承办。这是一年一度的全国最佳邮票评选活动的第25届。国内外的集邮爱好者共投寄选票151726张,其中有效选票149730张,中选票数141005张。选出最佳邮票一套:2004—17《邓小平同志诞生一百周年(J)》。优秀奖两套:2004—21《鸡血石印(T)》为优秀一;2004—26《清明上河图(T)》为优秀二。专家奖两套:2004—1《甲申年(T)》、2004—26《清明上河图(T)》。最佳印刷奖一套:2004—21《鸡血石印(T)》。

发奖大会于2005年6月1日在湖北省武汉市举行。参加评选的集邮爱好者,凡中选者均可获得由著名画家黄永玉设计的以猴为图案,采用影雕套印的评选纪念张1枚和实寄纪念封1个,并夹寄退还本人参选寄出的选票。此外,在中选者中抽取最佳幸运奖10人,免费参加2005年8月在泰国举办的中泰双边邮展活动;一等奖50人,每人赠送第25届全国最佳邮票评选纪念册1本;二等奖100人,每人赠送本届评选双联颁奖大会纪念张1枚、双联评选纪念张制作的纪念折1本。从本届起,最佳邮票评选纪念张和发奖大会纪念张,由原来2张相同图案改为2张不同图案(见图)。

2005年最佳邮票评选 由中华全国集邮联合会、人民邮电出版社、中国集邮总公司、国家邮政局邮票印制局、人民日报社、中央电视台、工人日报社、中国青年报社、人民邮电报联合主办,山西省邮政局、太原市人民政府承办。这是一年一度全国最佳邮票评选活动的第26

届。国内外集邮爱好者共投有效选票154060张,中选票数146966张。选出最佳邮票一套:2005—28《第29届奥林匹克运动会——会徽和吉祥物(J)》。优秀邮票两套:2005—25《洛神赋图(T)》为优秀一;2005—20《中国人民解放军大将(J)》为优秀二。专家奖一套:2005—1《乙酉年(T)》。最佳印刷奖一套:2005—25《洛神赋图(T)》。

发奖大会于2005年6月30日在山西省太原市举行。参加评选的集邮者,凡中选者均可获得由著名画家范曾设计的以鸡为图案,采用影雕套印的评选纪念张1枚和实寄纪念封1个,并夹寄退还本人参选寄出的选票。此外,在中选者中抽取最佳幸运奖10人,免费参加2006年"港澳集邮之旅"活动;一等奖50人,每人赠送第26届全国最佳邮票评选纪念册1本;二等奖100人,每人赠送本届评选双联颁奖大会纪念张1枚、双联评选纪念张制作的纪念折1本。

2006年最佳邮票评选 由中华全国集邮联合会、人民邮电出版社、中国集邮总公司、中国邮政集团公司邮票印制局、人民日报社、中央电视台、工人日报社、中国青年报社、人民邮电报社联合主办,河南省邮政公司、洛阳市人民政府承办。这是一年一度的全国最佳邮票评选活动的第27届。从本届起,国家邮政局于2007年2月1日为最佳邮票评选发行了专用邮资明信片。这种专用邮资明信片的图案:邮资图为"全国最佳邮票评选徽志",片图为发奖大会当年生肖图案(大图)和评选年度生肖图案(小图)。邮资明信片面值为"80分"。每枚售价会员为4.30元,非会员为4.60元(见图)。国内外集邮爱好者共投有效选票186723张,中选票数175625张。选出最佳邮票一套:2006—25《中国工农红军长征胜利七十周年(J)》。优秀邮票两套:2006—19《第29届奥林匹克运动会——运动项目(一)(J)》为优秀一;2006—23《文房四宝(T)》为优秀二。专家奖一套:2006—23《文房四宝(T)》。最佳印刷奖一套:2006—11

《中国现代科学家(四)(J)》。

发奖大会于2007年4月10日在河南省洛阳市举行。参加评选的集邮爱好者,凡中选者均可获得由著名画家贾又福设计的以狗为图案,采用影雕套印的评选纪念张1枚和实寄纪念封1个,并夹寄退还中选者参选寄出的选票——实寄明信片。

中国邮票种类
Categories of Chinese Postage Stamps

【中国特别发行邮票】Chinese Special Issue Stamp
简称特发邮票。中国邮政在遇到重大事件时,因事前未列入邮票发行计划,在此特殊情况下而特别发行的邮票。2000年1月1日,在新世纪来临之际,中国邮政特别发行《港澳回归 世纪盛事(金箔加字小型张)》一套2枚。志号为2000—特1GM。(2—1)面值50元,"港澳回归 世纪盛事"(香港回归祖国金箔小型张加字);(2—2)面值50元,"港澳回归 世纪盛事"(澳门回归祖国金箔小型张加字)。这是中国邮政发行的首套特别发行邮票(见图)。

2001年7月14日,为了庆祝北京申办2008年奥运会成功,中国邮政发行一套"特发邮票"特2—2001《北京申办2008年奥运会成功纪念》,全套1枚。面值80分。邮票附票为牡丹。邮局全张过桥为天坛祈年殿。这是中国邮政发行的第二套特别发行邮票。自这套邮票起,将特别发行邮票的志号进行了修改,由"特1"的纪年在前(2000—特1)"特"字在后,改为"特"字在前,纪年在后。

2001年12月11日,为了庆祝中国加入世界贸易组织,中国邮政发行了第三套"特发邮票"特3—2001《中国加入世界贸易组织》,全套1枚。面值80分。邮局全张16(4×2+4×2),中间有过桥票。

2003年5月19日,中国邮政发行了特4—2003《万

众一心 抗击"非典"》邮票。全套1枚。面值80分。邮局全张为12枚。邮票规格为30毫米×40毫米。整版规格为146毫米×210毫米。发行量1250万枚,按整版计量仅104万版。除正常消耗,所剩整版票很少。因此,"特4—2003"整版票在邮市上售价很贵。

2003年10月16日,中国邮政发行了特5—2003《中国首次载人航天飞行成功》邮票。全套2枚。呈横、竖连印。面值分别为(2—1)80分、(2—2)2元。邮局全张10枚(5套邮票):10(3×2+2×2)。中间为票题"中国首次载人航天飞行成功"中英文字样作为过桥,设计独特。

2007年11月26日,中国邮政发行了特6—2007《中国探月首飞成功纪念》邮票,全套1枚。胶版(采用压凸工艺)。面值1.20元。邮局全张10枚(1+2+3+4),呈倒梯形排列。整张规格为176毫米×176毫米。

2008年5月12日,我国四川省汶川发生大地震,为此,中国邮政于2008年5月20日发行特7—2008《抗震救灾 众志成城》邮票。全套1枚。面值1.20元+附捐1元。邮票面值1.20元,规格为40毫米×30毫米;附票面值1元,规格为20毫米×30毫米。邮局全张12(3×4)。整张规格为236毫米×146毫米。这是中国邮政首次以"特发邮票"形式发行的附捐邮票。

【特别邮票】Special Stamp 中国香港地区发行的具有特种邮票性质邮票的称谓。我国香港地区发行的纪念及特种邮票,邮票上均无编号,一律按发行日期顺序编排。

【中国个性化服务专用邮票】Chinese Special Stamp for Personalized Service 我国专门用于个性化服务业务的邮票。外国也称个性化邮票、照片邮票、肖像邮票、我的祝愿邮票等。中国之所以称"个性化服务专用邮票",强调和倡导的是服务,全心全意面向大众。

个性化邮票的产生,可以说是邮政当局为了激发人们使用邮票的兴趣,顺应个性化潮流的发展,而独出心裁想出的一个招儿。这一招术,无疑是邮政商业化促销创收的一种新业务。这种新业务,巧妙地利用数码照相技术、电子计算机技术和彩色打印技术,开辟出了邮政服务的一片新天地。因个性化邮票初露萌芽时,的确是为了满足用邮客户不同的个性爱好而制作的,故名。1994年1月28日,加拿大邮政发行了一套圆形自贴祝贺邮票小本票。小本票内含有10枚43分的圆环形自贴邮票和7种35枚供用户向圆环形自贴邮票的圆环中间贴用的圆形图案。圆环形自贴邮票带有磷光,便于自动化分拣机识别;圆中间贴用的圆形图案,有玩具、玫瑰花、一颗红心、气球、生日蛋糕、新郎新娘、写信的笔共7种图案。用户在寄信时,可根据需要和喜好,选用某一个图案,贴在圆环形邮票的圆环中间,组成一张完美的邮票图案。假如用户对小本票中提供的7种图案不满意,也可贴自己的照片。1995年9月1日,加拿大邮资调整,又发行了这种面值为45分的圆环形自贴邮票。1996年1月15日,加拿大第三次发行这种邮票时,将邮票规格加大,更为实用。加拿大发行的这种组合式自贴个性化邮票,是世界上第一套个性化邮票。加拿大发行的这种萌芽时期的个性化邮票,当初是在澳大利亚印制的。也许是受到这个创意的启发,1999年3月19日,澳大利亚邮政在发行《澳大利亚'99世界邮展》小版张时,推出了附票式个性化邮票。澳大利亚邮政巧妙地利用附票制作个性化邮票,显然要比加拿大邮政的合成制作个性化邮票简便省事,因此,许多国家开始仿效,成为个性化邮票的主流。

中国邮政于2001年开始试办邮票个性化服务。2001年8月22日,国家邮政局开办了邮票个性化服务业务,并决定由中国集邮总公司试办。邮票个性化服务业务,是利用国家邮政部门专门为此项业务发行的带有空白附票的邮票,借助现代高科技印制手段,赋予空白附票个性化特征,实现向社会提供满足个性化需求的一种服务。此项业务的核心是服务,不是发行邮票。其表现形态为:国家邮政局为此项业务发行带有空白附票的邮票,它是由一枚中国邮票作为主图,与旁边的另一枚空白附票相结合。利用这种产品,为消费者提供个性化服务。在附票上印上消费者要求提供个性化服务的图案,与邮票主图一起共同构成完整的产品。个性化服务与特征仅表现在附票区域上。邮票个性化服务的产品,可以当作邮资凭证使用,但具有个性特征的附票,不可单独作为邮资凭证使用。2001年8月22日,借2001—15《第二十一届世界大学生运动会(J)》邮票发行之机,中国集邮总公司正式推出邮票个性化服务业务(见图)。邮票图案为2001—15《第二十一届世界大学生运动会(J)》邮票第二图带附票,附票上加印了大运会会徽和吉祥物,并委任相声演员牛群为邮票个性化服务的形象大

使。这是中国邮政首次选用J、T邮票中的某1枚（或2枚）作为个性化服务专用邮票。此后还发行过以J、T邮票为个性化服务专用邮票的有：2001—24《中华人民共和国第九届运动会（J）》、2004—9《中国经济技术开发区二十周年（J）》、2006—13《中国航天事业创建五十周年（J）》等。

2002年5月10日，中国邮政为更好地推动邮票的个性化服务业务，正式发行了个性化服务专用邮票《如意》。邮票上未编印志号。集邮者按约定俗成称其为"个1"。邮票图案为如意。面值为80分。邮票规格为30毫米×30毫米。邮票附票规格为20毫米×30毫米。附票上印有"祝福"二字（见图）。邮票齿孔12度。发行

量1350万枚。邮局全张20(4×5)。张磊、余晓亮设计。胶版。北京邮票厂印制。这是中国邮政正式开展邮票个性化服务业务发行的第一套个性化服务专用邮票。为此，将当初试办时采用的J、T票中的某1枚（或2枚），以及之后所采用的J、T票中的某1枚（或2枚）用于个性化服务业务的邮票，称其为"个性化服务业务非专用邮票"。而正式发行的个性化服务专用邮票，其附票上印有某种字样，并非空白，则称其为"个性化服务专用邮票原票"。这种个性化服务专用邮票原票，同国家正式发行的各种邮票一样，被入编中华人民共和国邮票目录，具有收藏和研究价值，集邮者应注意收集、研究。

2002年11月8日，中国邮政发行了"个2"《鲜花》邮票一套。全套1枚。面值80分。邮票规格为30毫米×30毫米。附票规格为20毫米×30毫米。附票上印有"祝福"二字。邮局全张20(4×5)。邮票齿孔12度。发行量1300万枚。王虎鸣设计。胶版。北京邮票厂印制。这枚邮票在印制时，使用了香味油墨，刮擦邮票图案后可散发出百合花的香味。这是中国邮政发行的第二套个性化专用邮票，也是中国邮政发行的第一枚香味邮票。

2003年3月3日，中国邮政发行了"个3"《同心结》邮票一套。全套1枚。面值80分。邮票图案为同心结。邮票规格为30毫米×30毫米。附票规格为20毫米×30毫米。附票上印有"祝福"二字。邮局全张枚数20(4×5)。邮票齿孔12度。发行量1200万枚。原画作者熊大蒂（结艺）、刘凤麟（书法）。王虎鸣、何洁设计。胶版。北京邮票厂印制。

2003年8月5日，中国邮政发行了"个4"《一帆风顺》邮票一套，全套1枚。面值80分。邮票规格为30毫米×30毫米。附票规格为20毫米×30毫米。附票上印有"祝福"二字。邮局全张枚数20(4×5)。邮票齿孔12度。发行量1200万枚。冯小红设计。胶版。北京邮票厂印制（见图）。

2003年9月10日，中国邮政发行了"个5"《天安门》邮票一套，全套1枚。面值80分。邮票图案为天安门。邮票规格为30毫米×30毫米。附票规格为20毫米×30毫米。附票上印有华表图案。邮局全张枚数20(4×5)。邮票齿孔12度。杨秉政摄影。王虎鸣设计。发行量1200万枚。胶版。北京邮票厂印制。

2004年7月31日，中国邮政发行了"个6"《花开富贵》邮票一套，全套1枚。面值80分。邮票图案为牡丹花。邮票规格为30毫米×30毫米。附票规格为25毫米×30毫米。附票上印有"祝福"二字。邮局全张枚数20(4×5)。邮票齿孔12.5度。发行量1200万枚。胶版。呼振源设计。北京邮票厂印制（见图）。

2004年11月1日，中国邮政发行了"个7"《吉祥如意》邮票一套，全套1枚。面值80分。邮票图案为凤凰。邮票规格为30毫米×30毫米。附票规格为25毫米×30毫米。附票上印有"祝福"二字。邮局全张枚数20(4×5)。邮票齿孔12.5度。发行量1200万枚。原画作者庄道静。王虎鸣设计。胶版。北京邮票厂印制。

2005年4月1日，中国邮政发行了"个8"《长城》邮

票一套,全套1枚。邮票图案为长城。面值80分。邮票规格为30毫米×30毫米。附票规格为25毫米×30毫米。附票上印有"长城"二字和景色。邮局全张枚数20(4×5)。邮票齿孔12.5度。发行量1000万枚。王虎鸣设计。胶版。北京邮票厂印制。

2005年9月16日,中国邮政发行了"个9"《五福临门》邮票一套,全套1枚。邮票图案为福字和蝙蝠。面值80分。邮票规格为30毫米×30毫米。附票规格为25毫米×30毫米。附票上印有"祝福"二字。邮局全张枚数20(4×5)。邮票齿孔12.5度。发行量950万枚。王虎鸣设计。胶版。北京邮票厂印制(见图)。

2005年11月6日,中国邮政发行了"个10"《岁岁平安》邮票一套,全套1枚。邮票图案为十二生肖剪纸。面值80分。邮票规格为36毫米×36毫米。附票规格为36毫米×36毫米。附票上印有"岁岁平安"印章字样。邮局全张枚数12(3×4)。邮票齿孔13.5度。发行量800万枚。杨喜仙剪纸。马刚设计。胶版。北京邮票厂印制(见图)。

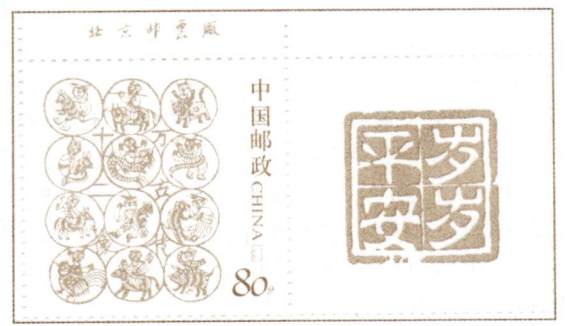

2005年11月11日,中国邮政发行了"个11"《喜上眉梢》邮票一套,全套1枚。邮票图案为喜鹊和梅花。面值80分。邮票规格为30毫米×30毫米。附票规格为25毫米×30毫米。附票上印有"祝福"和"喜"字样。邮局全张枚数20(4×5)。邮票齿孔12.5度。发行量950万枚。段殿生剪纸。王虎鸣设计。胶版。北京邮票厂印制。

国家邮政局自2002年开始发行个性化服务专用邮票,到2005年年底止,共发行了11套。与此同时发行的个性化服务专用邮票原票,也就成为集邮者收集、研究的主要内容。这种个性化服务专用邮票原票,与个性化服务专用邮票的主要区别在于:原票附票上均印有文字或图案,而用于对客户服务业务的个性化服务专用邮票,其附票是空白的。只有在对客户进行服务业务时,才印制上客户要求服务的内容和相关文字或图案。其邮票规格虽与原票相同,但制作出的个性化服务版票,则根据客户需要,有的呈小型(全)张式,有的呈四方连式小版张,有的呈邮局全张(见图),形式多样。

【中国贺年专用邮票】Chinese New Year Special – Use Stamps 专为庆贺新年而发行的邮票。有别生肖邮票。也称新年邮票。发行于新年到来之前,在新年致贺信件上贴用。世界上发行贺年邮票最早的国家是巴拉圭。1932年发行了一套加盖"FEZANO NUEVO 1932"(新年吉利1932)字样邮票,是世界上第一套贺年邮票。我国自2006年11月1日开始,在新的一年到来之前发行新年"贺年专用邮票"。

2006年11月1日发行一套2007年贺年专用邮票,全套2枚。面值分别为:(2—1)80分、(2—2)3元。邮票图案分别为:(2—1)"年年有余"、(2—2)"贺新禧"。邮票规格为36毫米×36毫米。邮局全张枚数20(5×4)。邮票齿孔13度(两竖边中间各打一个椭圆形齿孔)。整版票规格为210毫米×180毫米。影写版。郭成辉设计。北京邮票厂印制。在发行这套邮票的同时,还发行了带有过桥图案大红灯笼的小全张1枚。小全张上的全套2枚邮票的规格为36毫米×36毫米。小全张规格为110毫米×176毫米。这枚小全张专门用于装进"幸运封"贺年邮折中,同幸运封一起出售。这套邮票,是中国邮政发行的第一套贺年专用邮票(见下页图)。

2007年11月11日,中国邮政发行了2008年贺年专用邮票。这是中国邮政一年一度发行的第二套贺年专用邮票。全套邮票2枚。邮票图案和面值分别为:(2—1)"喜临门",1.20元;(2—2)"贺新禧",3元。邮

票规格为 36 毫米×36 毫米。邮局全张邮票枚数 20 (5×4)。邮局全张规格为 210 毫米×180 毫米。仅(2—1)有邮局全张;(2—2)无邮局全张,只在用时发行的小全张上有 1 枚。邮票齿孔 13 度。郭承辉设计。影写版。北京邮票厂印制。这套邮票中的小全张,专门用于装进"幸运封"贺年邮折中,与"幸运封"一起出售。

2008 年 10 月 9 日,中国邮政发行了 2009 年贺年专用邮票一套,全套邮票 2 枚。邮票图案和面值分别为:(2—1)"花开富贵",1.20 元;(2—2)"贺新禧",3 元。邮票规格为 36 毫米×36 毫米。邮局全张枚数 20(5×4)。邮局全张规格为 210 毫米×180 毫米。仅(2—1)有邮局全张;(2—2)无邮局全张,只在用时发行的小全张上有 1 枚。邮票齿孔 11.5 度。郭承辉设计。影写版。北京邮票厂印制。这套邮票中的小全张,专门用于装进"幸运封"贺年邮折中,与"幸运封"一起出售。

2009 年 10 月 9 日,中国邮政发行了 2010 年贺年专用邮票一套。全套 2 枚。邮票图案和面值为:(2—1)"迎春纳福",1.20 元;(2—2)"贺新禧,"3 元。邮票规格为 36 毫米×36 毫米。(2—1)呈菱形,邮票图案上的"福"字呈倒贴;(2—2)呈正方形。只有(2—1)有邮局全张;(2—2)无邮局全张,仅在同时发行的小全张上有 1 枚。邮票齿孔 13 度。北京吉茶文化发展有限公司设计。胶版。北京邮票厂印制。这套邮票中的小全张,专门用于装进"幸运封"贺年邮折中,与"幸运封"一起销售(见图)。

2010 年 10 月 9 日,中国邮政发行了 2011 年贺年专用邮票,全套 2 枚。邮票图案和面值为:(2—1)"新春",1.20 元;(2—2)"贺新禧",3 元。邮票规格为 36 毫米×36 毫米。未发行各枚邮票的邮局全张,仅发行小全版张邮票。小全版张邮票规格为 240 毫米×135 毫米。不干胶。这是中国邮政发行的第一套不干胶贺年专用邮票。这枚小全版张邮票设计新颖、喜庆,带有 1 枚不干胶附票,上面印有"2011 中国邮政贺年有奖"标志字样。北京吉茶文化发展有限公司设计。胶版。北京邮票厂印制。这枚小全版张专门用于装进"幸运封"贺年邮折中,与"幸运封"一起销售。

【中国金箔邮票】Chinese Gold Foil Souvenir Sheet

金箔邮票是以金为材质压延成薄片与纸复合后,用来印制成的邮票,故名。世界上第一枚金箔邮票,是加蓬为纪念医学传教士、神学家和音乐家阿尔贝·施韦泽博士于 1965 年发行的。全套 1 枚。面值 1000 法郎。金箔邮票因制作成本高,其面值和售价也比较高。这种邮票大多作为收藏品,很少实用。

1997 年 7 月 1 日,为庆祝香港回归祖国,中国邮政在发行 1997—10《香港回归祖国(J)》纪念邮票一套和小型张一枚的同时,还发行了金箔小型张 1 枚。小型张规格为 140 毫米×95 毫米。邮票规格为 60 毫米×50 毫米。面值 50 元。带包装邮折售价 120 元。邮票齿孔 12 度。发行量为 2000 万枚。王虎鸣、任宇设计。胶版。法国卡特印刷厂印制。这是中国邮政首次发行金箔邮票。但这枚金箔邮票上的金箔,不是印在小型张邮票上,而是印在小型张边饰图上,这不能不说是一种遗憾。

1999 年 12 月 20 日,为庆祝澳门回归祖国,中国邮政在发行 1999—18《澳门回归祖国(J)》纪念邮票一套和小型张一枚的同时,还发行了 1 枚金箔小型张。小型张规格为 140 毫米×95 毫米。小型张邮票规格为 60 毫米×50 毫米。面值 50 元。邮票齿孔 11.5 度。邮票图

一、中国邮资票品及其他　中国邮票种类　　　　　　　　17

案原作者杨绍明（摄影）。杨文清、张桂林设计。发行量为2109.19万枚。胶版。北京邮票厂、广东南方通信集团公司印制。这是中国邮政发行的第二枚金箔小型张邮票（见图）。

2000年1月1日，在新世纪到来之际，为纪念香港、澳门回归祖国，中国人民洗雪国耻，实现了长期以来收回香港、澳门的共同愿望，中国邮政发行金箔加字小型张一套，全套2枚。志号为2000—特1GM。小型张邮票面值和图案为：（2—1）50元，"港澳回归　世纪盛事（香港回归祖国金箔小型张加字）"（见图）；（2—2）50元，"港澳回归　世纪盛事（澳门回归祖国金箔小型张加字）"。小型张规格均为140毫米×95毫米。邮票规格均为60毫米×50毫米。邮票齿孔（2—1）为12度、（2—2）为11.5度。发行量481.20万枚。带包装邮折售价140元。金箔小型张设计：（2—1）王虎鸣、任宇；（2—2）杨文清、张桂林。原票（2—1）法国卡特印刷厂印制、（2—2）北京邮票厂和广东南方通信集团公司印制。金箔加字由北京邮票厂印制。这是中国邮政首次发行在"金箔小型张"上用金箔加字，发行"金箔加字小型张"。

2002年11月8日，中国邮政发行了2002—21GM《黄河壶口瀑布（T）》小型张1枚。小型张邮票面值和图案为：（1—1）8元，"黄河壶口瀑布"。小型张规格为130毫米×90毫米。邮票规格为60毫米×40毫米。邮票齿孔13度。发行量1150万枚。崔晓红、李信摄影。阎炳武、刘弘设计。影写版（金箔压凸印制"与时俱进一往无前"字样）。北京邮票厂印制。这枚小型张仅用金箔在小型张边饰上压凸印制了八个字，假如称其为金箔邮票小型张的话，也是一种特例。其小型张面值8元，售价也是8元，没有金箔邮票面值和售价的高贵。这是中国邮政发行的最便宜的"金箔小型张"（见图）。

香港和澳门回归祖国之后，中国香港和中国澳门邮政，也都发行过多套金箔邮票。2000年1月1日，中国香港邮政发行了《共庆新纪元》金箔邮票1枚。面值为50港元。平版加22K金箔烫压。邮票规格为36毫米×51毫米。2001年2月1日，中国香港邮政发行了《为纪念香港2001年邮展开幕而发行的邮票小型张》邮票。这枚小型张上的"岁次庚辰"（龙年）和"岁次辛巳"（蛇年）邮票，均采用平版加上24K金箔和99.9％纯银箔压

印。面值均为50港元；小型张总面值100港元（见图）。小型张规格为135毫米×90毫米。邮票规格为37.5毫米×51毫米。自2002年起，中国香港邮政开始发行《十二生肖金银邮票小型张》，小型张上邮票总面值100港元（2枚生肖邮票面值均为50港元）。小型张规格为135毫米×90毫米。邮票规格为37.5毫米×51毫米。平版加上24K金箔和99.9％纯银箔压印"岁次辛巳"（蛇年）和"岁次壬午"（马年），邮票齿孔13度。此后，形成"十二生肖金银邮票小型张"系列（见下页图）。

中国澳门邮政自2008年开始，发行了十二生肖烫

金和全息系列邮票,全套邮票共5枚,小型张1枚。均采用柯式平版加压印及烫金和全息箔片印刷。邮票面值分别为:(1)1.5澳门元,(2)1.5澳门元,(3)1.5澳门元,(4)1.5澳门元,(5)5澳门元。小型张面值10澳门元。邮票规格为35毫米×35毫米。小型张规格为138毫米×90毫米。小型张邮票规格均为35毫米×35毫米(菱形)。邮票齿孔14.28度。

【中国香味邮票】Chinese Fragrant Stamp 能够散发特别香味的邮票,故名。其香味源自印刷邮票的油墨、背胶和纸张。最早的香味邮票是将香料掺入邮票背胶中制作而成。1955年联邦德国为纪念诗人斯齐弗柴尔诞生一百五十周年发行的纪念邮票,是首次使用香味(薄荷香味)背胶印制的。早期的香味邮票都是把香料掺入背胶或邮票纸中,香味邮票留香时间不是很长。如今采用含有香料的微粒胶囊的油墨印制出的香味邮票,则可以保存(留)香味很长时间。这是因为在印好的邮票上覆印了一层涂膜,当邮票票面受到摩擦时,其油墨中的香料微粒胶囊便会破裂而释放出香味。

2002年11月8日,中国邮政发行的个性化服务专用邮票"个2"《鲜花》,采用百合花的香味油墨印制,刮擦票面刷色,便会释放出香味。这是中国邮政首次发行香味邮票(见图)。

2001年9月9日,中国香港邮政发行《香港茗艺》邮票一套。全套4枚。分别为1.30港元"功夫茶"、2.50港元"港式奶茶"、3.10港元"碗茶"、5.00港元"饮茶文化"。这是中国香港邮政发行的第一套香味邮票(见图)。

【中国不干胶邮票】Chinese Self‑Sticking Gun Stamp 不干胶邮票是按邮票背胶来分类的一种名称。不干胶又称自粘胶,因此,不干胶邮票又称自粘邮票、揭贴邮票。使用时只要将邮票从衬纸上揭下,即可贴在信件上。其突出优点是使用方便。1964年2月10日,塞拉利昂为纪念在美国举办的世界博览会,发行了一套邮票的外形以塞拉利昂地图为形状的非几何图形不干胶邮票。这是世界上第一套不干胶邮票。1974年11月15日,美国为庆祝圣诞节,发行了一枚不干胶邮票。此后,发行不干胶邮票的国家不断增加,而且花样也越来越多,有小本票、小版张、小型张、小全张、卷筒票等。采用不干胶工艺印制邮票的国家多达七十多个。

2004年10月28日,北京国际邮票钱币博览会在北京举行。中国邮政首次发行2004—23《中华人民共和国国旗国徽(T)》不干胶邮票。全套邮票2枚。面值(2—1)、(2—2)均为80分。邮票规格(2—1)38毫米×30毫米,(2—2)30毫米×38毫米。邮局全张枚数8枚(4套邮票)。整版规格为180毫米×130毫米。方军设计。发行量50万版。影写版。北京邮票厂印制。这是我国首次试制不干胶邮票,也是中国邮政发行的第一套不干胶小版张邮票。这枚不干胶小版张,除采用防伪能力较强的影写版印制外,还在邮票的背面加印了防伪底纹(见图)。

在此之后,中国邮政于2005年6月1日,发行

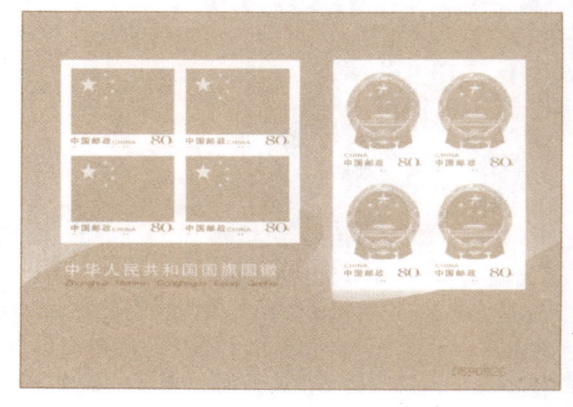

2005—12《安徒生童话(T)》邮票时,同时发行了不干胶邮票小版张,整版枚数为 10 枚(2 套邮票)。整版规格为 240 毫米×160 毫米。发行量 265 万版。影写版印制。2005 年 11 月 12 日,中国邮政发行 2005—28《第 29 届奥林匹克运动会——会徽和吉祥物(J)》邮票时,同时发行了不干胶邮票小版张,整版枚数为 12 枚(2 套邮票)。整版规格为 180 毫米×200 毫米。发行量 550 万版。影写版印制。2006 年 3 月 19 日,中国邮政发行 2006—6《犬(T)》邮票时,同时发行了不干胶邮票小版张,整版枚数 8 枚(2 套邮票)。整版规格为 200 毫米×120 毫米。发行量 150 万版。胶雕套印。这是中国邮政首次采用胶雕套印印制不干胶邮票。印制质量上乘,各种犬活灵活现,十分招人喜爱。2006 年 8 月 18 日,中国邮政发行 2006—19《第 29 届奥林匹克运动会——运动项目(一)(J)》邮票时,同时发行了不干胶邮票小版张,整版邮票枚数 8 枚(2 套邮票)。整版规格为 190 毫米×156 毫米。发行量为 299.98 万版。影写版、丝印。这是中国邮政首次采用影写版、丝印印制的不干胶邮票(见图)。

在此之后,中国邮政还发行了 2007—22《第 29 届奥林匹克运动会——运动项目(二)(J)》邮票不干胶小版张、2007—32《第 29 届奥林匹克运动会——竞赛场馆(J)》邮票不干胶小版张、2008—6《第 29 届奥林匹克运动会——火炬接力(J)》邮票不干胶小版张、2008—20《奥运会从北京到伦敦(中国—英国联合发行)(J)》邮票不干胶小版张等。这些小版张均采用影写版印制。除此之外,中国邮政还于 2010 年 10 月 9 日,发行了贺年专用邮票不干胶小全张。这是中国邮政首次采用胶版印制发行不干胶小全张,也是第一次发行不干胶贺年专用邮票。另外,中国邮政还发行了不干胶小本票。中国邮政发行的不干胶邮票,不仅多姿多彩,而且印制质量都十分精美,深受广大集邮者的喜爱。

【中国绢质邮票】Chinese Silk Stamp 采用丝绸或人造丝作为材质印制成的邮票,故名。也称丝绸邮票。它是按邮票质地来分类的一种邮票名称。1958 年 12 月 12 日,地处东欧的波兰为纪念波兰邮政创办 400 周年,发行了一枚以丝绸为材质印制的小型张,其规格为 36 毫米×76 毫米。邮票图案是古代邮政马车。面值为 50 兹罗提。这是世界上最早用丝绸印制的邮票。1969 年 9 月 30 日,地处喜马拉雅山南麓的不丹,发行了一套人造丝绸邮票,全套邮票 5 枚和小型张 1 枚。邮票图案为藏传佛教卷轴画像"唐卡"。这是世界上最早的人造丝绸邮票。

中国虽是使用丝绸最早的国家,但发行丝绸邮票却较晚。2006 年 10 月 26 日,为配合 2006 年北京国际邮票钱币博览会的举行,中国邮政特发行了以 2006—23《文房四宝(T)》邮票为图案的绢质邮票小版张。小版张规格为 220 毫米×150 毫米。整版邮票枚数 8 枚(2 套邮票)。故宫博物院提供资料。王虎鸣设计。胶版。北京邮票厂印制。发行量 65 万枚。这是我国首次发行绢质邮票,也是中国邮政发行的第一个绢质邮票小版张(见图)。

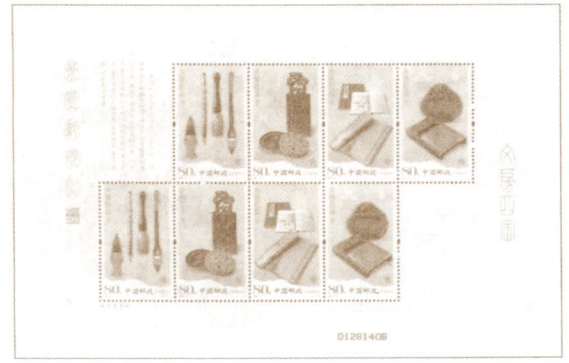

2007 年 3 月 15 日,中国邮政印制了以 2007—4《绵竹木版年画(T)》为邮票图案的绢质小版张,用于奖励 2007 年"幸运封"三等奖的获奖者。绢质小版张的规格为 120 毫米×210 毫米。小版张邮票枚数 8 枚(2 套邮票)。绵竹年画博物馆提供资料。王虎鸣设计。胶版。北京邮票厂印制。这是中国邮政特地印制的第二套绢质邮票小版张,也是"幸运封"三等奖第一个绢质邮票小版张奖品。

2008 年 3 月 1 日,中国邮政印制了 2008—2《朱仙镇木版年画(T)》为邮票图案的绢质小版张,用于奖励 2008 年"幸运封"三等奖的获奖者。绢质小版张的规格为 120 毫米×210 毫米。小版张邮票枚数 8 枚(2 套邮票)。王虎鸣设计。胶版。北京邮票厂印制。

2008 年 8 月 8 日,中国邮政为了配合北京 2008 年奥林匹克博览会活动,特印制发行了2008—19M《北京2008年奥林匹克博览会开幕纪念(J)(绢质小型张)》1枚。小型张规格为140毫米×95毫米。邮票规格直径56毫米(圆形)。面值6元。发行量100万枚。国际奥林匹克委员会提供资料。马刚设计。胶版。北京邮票厂印制。这是中国邮政发行的第一枚绢质邮票小型张,也是第一枚圆形绢质邮票小型张。

2009年3月1日,中国邮政印发了以2009—2《漳州木版年画(T)》为邮票图案的绢质邮票小版张,用于奖励2009年"幸运封"三等奖获得者。绢质小版张规格为120毫米×210毫米。小版张邮票枚数8枚(2套邮票)。颜文华提供资料。王虎鸣设计。胶版。北京邮票厂印制。

2009年4月10日,中国邮政为配合2009年在我国洛阳举行的世界集邮展览,特地印制发行了2009—7M《中国2009世界集邮展览(J)(绢质小型张)》1枚。小型张规格为126毫米×90毫米。邮票规格为40毫米×78毫米。面值6元。王虎鸣(邮票)、卓文彬(邮展展徽)设计。胶版、香味油墨印制(见图)。北京邮票厂印制。

2010年3月5日,中国邮政印发了以2010—4《梁平木版年画(T)》为邮票图案的绢质邮票小版张,用于奖励2010年"幸运封"三等奖获得者。绢质小版张的规格为120毫米×210毫米。小版张邮票枚数8枚(2套邮票)。王虎鸣设计。胶版。北京邮票厂印制。

2011年3月1日,中国邮政印发了以2011—2《凤翔木版年画(T)》为邮票图案的绢质小版张。小版张规格为120毫米×210毫米。小版张邮票枚数8枚(2套邮票)。此小版张专门用于奖励2011年"幸运封"三等奖获得者。王虎鸣设计。胶版。北京邮票厂印制。

这里需要提醒集邮者注意的是,绢质邮票的小版张、小型张,都是采用胶版印制,均由北京邮票厂印制。其版别可能与原邮票印制厂家不相同。

【中国宣纸邮票】Chinese Xuan Paper Stamp 采用

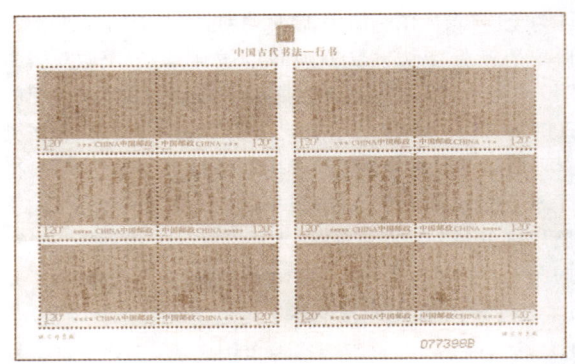

宣纸印制成的邮票,故名。宣纸邮票是按邮票用纸材质不同来分类的一种邮票名称。中国是造纸的发源地,是用纸最早的国家。在印制邮票时,中国也是采用宣纸最早的国家。宣纸原产于唐代宣州泾县(今属安徽省),且宣州又是纸的集中出售地,故把泾县出产的纸称为宣纸。19世纪末,在巴拿马博览会上,宣纸获得金奖。宣纸用檀树皮及稻草为原料,采用传统工艺经漂白后制成,纸质洁白、细软,经久不变,适合长期保存。民国时期,我国就曾采用宣纸来印制各种邮票的样票。

2010年5月15日,中国邮政发行2010—11《中国古代书法——行书(T)》邮票,同时发行了采用宣纸印制的小版张邮票1枚。小版张规格为186毫米×120毫米。整版邮票枚数12(2套邮票)。故宫博物院提供资料。王虎鸣设计。宣纸邮票小版张采用胶版印制。北京邮票厂印制。这是中国邮政发行的第一套宣纸邮票小版张,也是首次正式发行宣纸邮票(见图)。

2011年4月15日,中国邮政发行2010—6《中国古代书法——草书(T)》邮票,同时发行了宣纸邮票小版张1枚。小版张规格为210毫米×190毫米。整版邮票枚数8枚(2套邮票)。王虎鸣设计。宣纸邮票小版张采用胶版印制。北京邮票厂印制。这是中国邮政发行的第二套宣纸邮票小版张。

【中国全息邮票】Chinese Holographed Stamp 全息邮票是运用全息摄影技术印制的邮票。也称激光全息邮票、全息摄影邮票。以全息摄影照片为邮票图案,将三维的物体表现在二维的平面上。1988年10月18日,奥地利为纪念世界贸易大会在本国召开,发行了世界上第一枚激光全息邮票。这枚全息邮票发行后,受到广大集邮者的欢迎。1990年1月19日,芬兰为纪念国家邮政局改制为国家邮政商业公司,发行了一套全息邮票。之后,美国、波兰、澳大利亚、不丹、新西兰、英国等国,也相继发行了全息邮票。

中国发行全息邮票较晚。2008年10月24日,为配合"2008北京国际邮票钱币博览会"举行,中国邮政印发了以 2008—18《第 29 届奥林匹克运动会开幕纪念(J)》为邮票图案的全息邮票小版张。小版张规格为 200 毫米×120 毫米。全息邮票小版张枚数 8 枚(8 套邮票)。小版张设计者王虎鸣。发行量 65 万枚。全息邮票小版张采用胶版印制。北京邮票厂印制(见图)。这是中国邮政正式发行的第一套全息邮票小版张,也是中国邮政首次发行全息邮票。

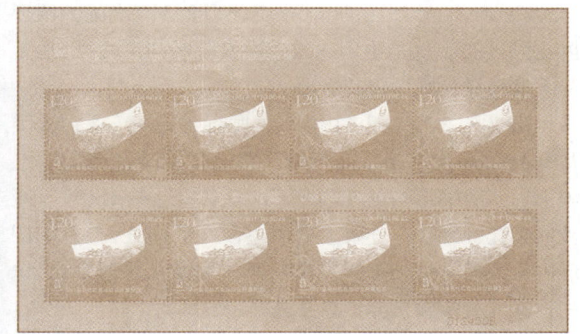

2000 年 12 月 31 日,中国香港邮政为迎接新世纪的到来,发行了《为庆祝二十一世纪而发行的通用邮票小型张(第三号)》,这是中国香港邮政发行的第一枚全息邮票小型张。

2007 年 7 月 1 日,中国香港邮政为纪念香港回归祖国十周年,发行了《香港特别行政区成立十周年(小型张)》全息邮票 1 枚。这是中国香港邮政发行的第二枚全息邮票小型张。

【中国自动化邮票】Chinese Frama Stamp　自动化邮票又称电子邮票。由自动售票机根据客户所需邮资,在邮票上打印面值出售的邮票。邮票无背胶、无齿孔,上下两端各有两个半圆形凹槽,在自动售票机中起固定作用。电子邮票具有邮票图案、铭记、面值三要素,同邮票一样,售出后可以在其有效期内随时使用。广义上自动化邮票,除电子邮票外,还有 ATM 邮票、网络邮票、卷筒邮票等。1969 年,法国邮政最早发行了电子邮票。1976 年,瑞士也发售了电子邮票,至今已有六十多个国家发售了电子邮票。1981 年,联邦德国首次试验发行了上下两端带有两个半圆形凹槽,可自动打印面值的"可变面值邮票"。1984 年,在汉堡召开的万国邮政联盟大会上,电子邮票被确认为正式邮票。从此以后,电子邮票越来越引起集邮者的收集和研究。

我国发行电子邮票较晚,1999 年 12 月 30 日,中国邮政在北京西客站自助邮局设置一台德国产的自动售邮票机,可打印出售 0.10 元~99.90 元之间的各种面值的电子邮票。这是中国邮政首次发行自动化邮票,集邮者按约定俗成称其为"自 1"。"自 1"按当时邮寄信件常用面值:0.60 元、0.80 元、1.50 元、2.00 元、2.50 元、3.70 元、4.20 元、5.40 元、6.40 元,机设面值共 9 枚(见图)。邮票规格为 43 毫米×25.5 毫米。邮票图案主图为绿色的中国邮政徽志和黑色的中文"中国邮政"和英文"CHINA POST"字样。底纹为浅灰绿色和连续白色的中国邮政徽志。权忠敏、赵蓉、顾红、呼振源设计。自动售票机自动实时打印面值数值为黑色。2000 年 2 月中旬,由于邮局工作人员换用蓝黑色带,打印的面值呈蓝黑色,集邮者称其为"蓝电子",是中国自动化邮票中的"珍品"。2001 年 7 月 3 日,该机停止使用。

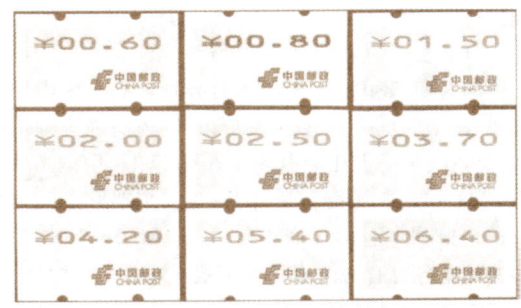

香港和澳门回归祖国后,中国香港邮政和中国澳门邮政均发行过电子邮票。香港称其为邮资标签,澳门也称其为邮资标签。1998 年 2 月 11 日,中国香港邮政发行了《岁次戊寅(虎年)邮资标签》。邮票规格为 40 毫米×33 毫米。无齿孔。1998 年 12 月 7 日,中国香港发行了《洋紫荆花邮资标签》,计算机设计图案,打印面值,二下边各有两个半圆形凹槽。邮票规格为 43 毫米×25 毫米。可打印 8 种常用邮票面值。2002 年 6 月 5 日,中国澳门邮政发行了《环境保护邮资标签》。邮票规格为 43 毫米×25.5 毫米。全套 15 枚。面值为 0.5 元、1.0 元、1.5 元、2.0 元、3.0 元、3.5 元、4.0 元、4.5 元、5.0 元、5.5 元、8.0 元、10.0 元、12.0 元、30.0 元、50.0 元。邮票上下两边各打有两个半圆形凹槽。照相凹版印制(见图)。

【中国异形齿孔邮票】Chinese Irregular Shaped Porforation Stamp　异形齿孔邮票是邮票按孔齿分类的一种称谓。其邮票上的孔洞不是常用的圆形孔径,而是异形齿孔或异径齿孔,故名。异形齿孔是指几何形状非圆形的齿孔;异形齿孔是指孔径与正常孔径大小不一样的圆孔,因其与正常圆形齿孔在直径上有差异,便可将其归入异"形"之列。除此之外,异形齿孔也包括复合异形齿孔,在单枚邮票上具有两种形态的齿孔。邮票上打异形齿孔的目的是为了增强防伪能力。将异形齿孔嵌布于正常圆形齿孔之间,既增加了伪造成本,又增加了伪造的难度,可起到一定的防伪作用。这种防伪齿孔,主要有椭圆形、十字形、菱形、哑铃形、五角星形、六角星形等。

世界上最早的异形齿孔邮票,是昆士兰(今澳大利亚的一个州)1867年发行的1便士、2便士、6便士邮票,上面打有方孔异形齿孔。1884年~1885年,保加利亚发行了打有菱形的异形齿孔的欠资邮票。

民国时期,我国曾发行过复合异形齿孔孙中山像普通邮票,有横为点线齿、直为圆形齿孔,还有横为圆形齿孔、直为点线齿的齿孔。1998年6月27日,中国邮政发行了1998—15《何香凝国画作品(T)》邮票,全套3枚。在(3—1)邮票左右两边居中、(3—2)和(3—3)邮票上下两边居中各打有一个椭圆形齿孔(见图)。这是中国邮政首次发行异形齿孔邮票,也是第一次发行椭圆形齿孔邮票。

1999年12月20日,中国邮政发行了1999—18M《澳门回归祖国(J)(小型张)》2枚,一枚面值为8元,一枚面值为50元的金箔小型张。其中面值为8元的小型张,在邮票四角各打有一个五角星异形齿孔(见图)。这

是中国邮政首次发行五角星异形齿孔邮票,也是首次发行异形齿孔小型张。

2000年11月20日,中国邮政发行了2000—22《中国"神舟"飞船首飞成功纪念(J)》邮票,全套2枚,呈三角形对倒连印。在三角形邮票的三个顶部,各打有一
个直径为2.5毫米的大圆形齿孔(见图)。这是中国邮政首次发行大圆形齿孔,也是首次发行异径圆形齿孔邮票。

2002年2月1日,中国邮政发行了普30《保护人类共有的家园(第一组)》,全套2枚。面值分别为10分、60分。其中面值10分票上下两边齿孔居中处,打有哑铃形齿孔;面值60分票上下两边齿孔居中处,打有椭圆形齿孔。这是中国邮政首次发行异形齿孔普通邮票,也是首次发行哑铃形异形齿孔邮票(见图)。

2002年3月16日,中国邮政发行了2002—5M《步辇图(小型张)(T)》1枚。面值8元。在小型张邮票的四个角,各打有一个四角星异形齿孔。这是中国邮政首次发行打有四角星异形齿孔邮票,也是首次发行打有四角星异形齿孔的小型张(见图)。

2002年4月1日,中国邮政发行了普30《保护人类共有的家园(第二组)》,全套4枚。其中面值5分、30

一、中国邮资票品及其他　中国邮票种类

分邮票上下两边齿孔居中处,各打有一个椭圆形齿孔;面值80分打有菱形齿孔;面值1.5元打有哑铃形齿孔。这是中国邮政第二次发行异形齿孔普通邮票,也是中国邮政首次发行菱形异形齿孔邮票(见图)。

2002年5月16日,中国邮政在发行2002—11《2002年世界杯足球赛(J)》邮票时,同时与中国香港邮政、中国澳门邮政,共同印制了包含中国邮政、中国香港邮政、中国澳门邮政为2002年世界杯足球赛发行的各一套2枚的《中国参加2002年世界杯足球赛纪念》小全张。这种共印的小全张中的3套邮票,其中香港邮政发行的全套2枚邮票为椭圆形异形齿孔邮票;中国澳门邮政发行的全套2枚邮票为正菱形异形齿孔邮票,因正菱形较大,与两个圆形齿孔相连接在一起,形成一种十分特殊的异形齿孔;中国邮政发行的全套2枚邮票虽未打异形齿孔,但把邮票齿孔打成了内圆外正方的双层齿孔,也是一种异形。这是中国邮政、中国香港邮政、中国澳门邮政在中国三地联合共印的第一枚异形齿孔小全张(见图)。

2003年11月20日,中国邮政发行了2003—23《中国2003第十六届亚洲国际邮票展览(J)》邮票,全套1枚。在邮票四个角各打有一个"十"字形异形齿孔。同时另发行200万枚打有这种异形齿孔的小版张,上面加印有中华全国集邮联合会会徽,作为全国集邮协会会员的特供邮票。这是中国邮政首次发行"十"字形异形齿孔邮票,也是首次发行异形齿孔小版张(见图)。

2004年1月5日,中国邮政发行了2004—1《甲申年(T)》邮票,四边齿孔居中各打有一个六角星形异形齿孔(见图)。这是中国邮政首次发行异形齿孔生肖邮票,也是首次发行六角星形异形齿孔邮票和小版张。

2003年9月30日,中国邮政发行了2003—19《图书艺术(中国—匈牙利联合发行)(T)》邮票,在邮票四个角各打有一个大圆形异径齿孔,同时发行小版张1枚,发行量54万枚。这是中国邮政第二次发行大圆形异径齿孔小版张邮票(见图)。

23

2004年4月2日,中国邮政发行了2004—5《成语典故(一)(T)》邮票,邮票左右两边齿孔居中,各打有一个菱形齿孔,同时发行小版张1枚。这是中国邮政首次发行菱形异形齿孔小版张。

2004年7月20日,中国邮政发行了2004—15M《神话——八仙过海(小型张)(T)》1枚。小型张邮票左边齿孔中部打有"耳形"的圆齿孔,右边居中打有两个椭圆形齿孔。这是中国邮政首次发行这种奇异齿孔的小型张,也是首次发行在一枚邮票上打有两种异形齿孔的小型张邮票(见图)。

2006年9月10日,中国邮政发行了2006—23《文房四宝(绢质邮票)(T)》椭圆形异形齿孔邮票,与此同时,为配合2006年北京国际邮票钱币博览会的举行,特地发行了2006—23《文房四宝(绢质邮票)(T)》小版张。绢质邮票左右两边齿孔居中,各打有一个椭圆形齿孔。这是中国邮政首次发行绢质椭圆形异形齿孔小版张。

2007年7月1日,中国邮政发行了2007—17《香港回归祖国十周年(J)》椭圆形异形齿孔邮票一套,全套3枚。与此同时,中国邮政同中国香港邮政共同印制发行了同题材邮票小全张,内含中国邮政发行的全套3枚椭圆形异形齿孔邮票和中国香港邮政发行的全套1枚同题材椭圆形异形齿孔邮票。这是中国邮政与香港邮政共同发行的打有相同椭圆形异形齿孔邮票的小全张。

2007年7月28日,中国邮政发行了2007—20M《中华全国集邮联合会第六次代表大会(小型张)(J)》1枚。与此同时,还印制了小型张双连张1枚,用于供给全国集邮协会会员。发行量150万枚。这枚小型张邮票左右两边居中,各打有一个椭圆形异形齿孔。这是中国邮政首次发行异形齿孔小型张双连张,也是首次发行打有椭圆形异形齿孔的双连小型张。

……

除上述异形齿孔邮票之外,中国邮政还发行了"贺年专用邮票"异形齿孔邮票、"特别发行邮票"异形齿孔邮票、小本票异形齿孔邮票、邮票本册异形齿孔邮票等。为了增强邮票的防伪能力,异形齿孔邮票发行得越来越普遍。因此,集邮者应注意对异形齿孔邮票的收集和研究。

中国香港邮政也发行了大量异形齿孔邮票;中国澳门邮政虽发行过异形齿孔邮票,但数量和种类都很少。

【中国与外国联合发行的同题材邮票】Chinese Joint Issue on the Topic with Foreign Country 中国邮政发行的中国与外国联合发行的同题材邮票,已形成深受集邮者喜爱的系列邮票之一。这个系列邮票,自1988年开始至1996年5月止,中国与外国联合发行的同题材邮票,已在新版《中国集邮百科知识》中做了详细介绍。这里所介绍的是1996年5月之后中国与外国联合发行的同题材邮票。

1996年10月9日,中国与新加坡联合发行同题材《城市风光》特种邮票,全套2枚。邮票图案分别为"新加坡景色"和"苏州盘门"。中新两国使用了同一套邮票的设计方案。中国仅发行了全套2枚邮票,而新加坡在发行邮票的同时,还发行了小全张1枚。

1997年5月9日,中国与瑞典联合发行同题材邮票《珍禽》特种邮票,全套2枚。邮票图案分别为"白腹锦鸡"和"环颈雉"。中瑞两国使用了同一套邮票的设计方案。中国仅发行了全套2枚邮票;瑞典除发行了全套2枚双连盘卷邮票,邮票左右两边无齿孔外,还发行了内装一套邮票的小本票。小本票封皮、封底上分别印有珍禽图案和"瑞中联合发行"两国文字,十分新颖(见图)。

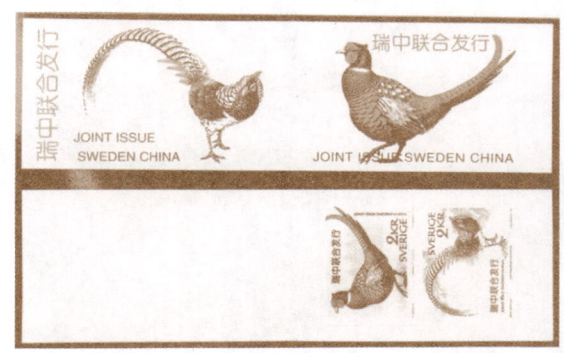

1997年10月9日,中国与新西兰联合发行同题材《花卉》特种邮票,全套2枚。邮票图案分别为"中国玫瑰"和"新西兰月季"。中国和新西兰两国使用了同一套邮票的设计方案。中国仅发行了全套2枚邮票;新西兰在发行邮票的同时,还发行了小全张1枚。

1998年8月20日,中国与德国联合发行了同题材《承德普宁寺和维尔茨堡宫》特种邮票,全套2枚。邮票图案分别为"维尔茨堡宫"和"承德普宁寺"。中国和德国两国使用了同一套邮票的设计方案。德国以整版枚数10(5×2)小版张形式发行。

1998年9月12日,中国与法国联合发行了同题材

《故宫和卢浮宫》特种邮票,全套 2 枚。邮票图案分别为"卢浮宫"和"故宫太和殿"。中国和法国两国使用了同一套邮票的设计方案。

1998 年 11 月 25 日,中国与瑞士联合发行了同题材《瘦西湖和莱芒湖》特种邮票,全套 2 枚。邮票图案分别为"莱芒湖·汐雍城堡"和"瘦西湖·二十四桥"。中国和瑞士两国使用了同一套邮票的设计方案。中国仅发行了全套 2 枚邮票,而瑞士不但发行了含有 4 套连票的小版票,还发行了别具一格的小型(全)张,面值为 0.90 瑞士法郎,与全套邮票等值。有趣的是这枚小型(全)张巧妙地利用湖水倒影形成的对倒景物,虚实结合,将 2 枚邮票的主图合二为一,再现在小型(全)张上,构图奇特,设计精美,令人拍案叫绝!其小版票也设计得十分

别致(见图)。更值得称赞的是瑞士发行的全套 2 枚邮票中,"瘦西湖·二十四桥"这枚邮票,单独采用胶雕套印,雕刻版使"瘦西湖·二十四桥"的美景更加清晰、精美。在同一套连印邮票中,一枚采用胶版,另一枚采用胶雕套印,全套 2 枚邮票采用两种版别印制,实不多见。

1999 年 5 月 18 日,中国与俄罗斯联合发行同题材邮票《马鹿》特种邮票,全套 2 枚。邮票图案均为"马鹿"。中国和俄罗斯两国使用了同一套邮票的设计方案。

1999 年 10 月 5 日,中国与朝鲜联合发行同题材邮票《庐山和金刚山》特种邮票,全套 2 枚。邮票图案分别为"金刚山"和"庐山"。中国和朝鲜两国使用了同一套邮票的设计方案。中国仅发行了全套 2 枚邮票,而朝鲜

不仅以 3 套一版的小版票形式发行了邮票,同时还发行了带有附票的小全张 1 枚,使人耳目一新(见图)。

2000 年 6 月 28 日,中国与哈萨克斯坦联合发行了同题材《盂壶和马奶壶》特种邮票,全套 2 枚。邮票图案分别为"盂壶"和"马奶壶"。中国和哈萨克斯坦使用了同一套邮票的设计方案。两国均发行了全套 2 枚邮票。

2000 年 9 月 26 日,中国与古巴联合发行了同题材《海滨风光》特种邮票,全套 2 枚。邮票图案分别为"海南椰林湾"和"巴拉德罗海滨"。中国和古巴使用了同一套邮票的设计方案。

2000 年 10 月 9 日,中国与巴西联合发行了同题材《木偶和面具》特种邮票,全套 2 枚。邮票图案分别为"木偶"和"面具"。中国和巴西使用了同一套邮票的设计方案。

2001 年 6 月 12 日,中国与比利时联合发行了同题材《陶瓷》特种邮票,全套 2 枚。邮票图案分别为"彩陶瓶"和"粉彩壶"。中国和比利时使用了同一套邮票的设计方案。

2001 年 10 月 12 日,中国与埃及联合发行了同题材《古代金面罩头像》特种邮票,全套 2 枚。邮票图案分别为"三星堆金面罩头像"和"图坦卡蒙金面罩头像"。中国和埃及使用了同一套邮票的设计方案。中国首次打破以往千篇一律的常规,以每个邮局全张带 2 枚附票的形式发行。邮局全张邮票带有边饰图,古色古香。

2001 年 11 月 8 日,中国与葡萄牙联合发行了同题材《古代帆船》特种邮票,全套 2 枚。邮票图案分别为"中国古代帆船"和"葡萄牙古代帆船"。中国和葡萄牙使用了同一套邮票的设计方案。

2002 年 2 月 5 日,中国与马来西亚联合发行了同题材《珍稀花卉》特种邮票,全套 2 枚。邮票图案分别为"金花茶"和"炮弹花"。中国和马来西亚采用了同一套邮票的设计方案,但马来西亚在邮局小版票设计上,不仅有单枚邮票,还有全套的连票;不仅有过桥票,还有附票;即使在窄窄的版票边上,也巧妙地设计上邮政标志、设计者等图案和文字,精美至极。

2002 年 10 月 12 日,中国与斯洛伐克联合发行了同题材《亭台与城堡》特种邮票,全套 2 枚。邮票图案分别为"博伊尼采城堡"和"邯郸丛台"。中国和斯洛伐克使用了同一套邮票的设计方案。两国均采用连票形式发行,中国采用小版票 10(2×5)横 2 枚连印,斯洛伐克则采用中间有过桥方四连形式横 2 枚连印(见下页图)。中国在联合发行同题材邮票时,开始走上创新、改变之路。

2002 年 11 月 20 日,中国与韩国联合发行了同题材

《武术与跆拳道》特种邮票,全套 2 枚。邮票图案分别为"武术"和"跆拳道"。中国与韩国使用了同一套邮票的设计方案,两国均采用连印票的形式。

2003 年 4 月 15 日,中国与伊朗联合发行了同题材《钟楼与清真寺》特种邮票,全套 2 枚。邮票图案分别为"西安钟楼"和"伊斯法罕清真寺"。中国和伊朗使用了同一套邮票的设计方案。中国除发行全套 2 枚邮票外,还发行了该套邮票的小版张,发行量 56 万枚。小版张邮票枚数 8 枚(4 套邮票,呈四方连)。这是中国邮政首次在两国联合发行同题材邮票中,发行小版张(见图)。

2003 年 9 月 30 日,中国与匈牙利联合发行了同题材《图书艺术》特种邮票,全套 2 枚。邮票图案分别为"宋刻本《周礼》"和"匈牙利彩图编年史"。中国和匈牙利采用了同一套邮票的设计方案。中国在发行邮票的同时,还发行了小版张,发行量 54 万枚。小版张邮票枚数 8 枚(4 套邮票)。这是中国在两国联合发行同题材邮票中,发行的第二枚小版张。

2004 年 8 月 13 日,中国与希腊联合发行了同题材《奥运会从雅典到北京》特种邮票,全套 2 枚。邮票图案分别为"雅典帕提农神庙"和"北京天坛祈年殿"。中国和希腊使用了同一套邮票的设计方案。中国在发行邮票的同时,还发行了这套邮票的小版张,发行量 95 万枚;希腊在发行这套邮票的同时,还发行了小全张。

2004 年 9 月 22 日,中国与罗马尼亚联合发行了同题材《漆器与陶器》特种邮票,全套 2 枚。邮票图案分别为"虎座鸟架鼓"和"古古丹尼陶罐"。中国和罗马尼亚使用了同一套邮票的设计方案。中国在发行邮票的同时,还发行了这套邮票的小版张,发行量 80 万枚。小版张邮票枚数 8 枚(4 套邮票);罗马尼亚也采用小版张形式发行,每版 4 套票,全套 2 枚连印 8(4×2)。

2004 年 10 月 8 日,中国与西班牙联合发行了同题材《城市建筑》特种邮票,全套 2 枚。邮票图案分别为"金茂大厦"和"古埃尔公园"。中国和西班牙使用了同一套邮票的设计方案。中国在发行邮票的同时,还发行了这套邮票的小版张,发行量 60 万枚。小版张邮票枚数 10 枚(5 套邮票)。

2005 年 5 月 18 日,中国与列支敦士登联合发行了同题材《绘画作品》特种邮票,全套 2 枚。邮票图案分别为"玉堂柱石图"和"壁龛花束图"。中国和列支敦士登使用了同一套邮票的设计方案。列支敦士登采用大宽边饰邮局全张发行,边饰上印有相关文字和图案。

2005 年 9 月 22 日,中国与荷兰联合发行了同题材《水车与风车》特种邮票,全套 2 枚。邮票图案分别为"水车"和"风车"。中国和荷兰使用了同一套邮票的设计方案。中国和荷兰均采用小版票形式发行。

2005 年 10 月 13 日,中国与加拿大联合发行了同题材《金钱豹和美洲狮》特种邮票,全套 2 枚。邮票图案分别为"金钱豹"和"美洲狮"。中国和加拿大使用了同一套邮票的设计方案。中国以小版票形式发行了全套邮票。加拿大除发行全套邮票外,还发行了一枚小全张,小全张呈异形(见图)。

……

由此不难看出,中国与其他国家联合发行的同题材邮票,基本上是全套 2 枚,两国各占 1 枚,票上大多署有"联合发行"的本国或两国文字字样。邮票所反映的题材,多种多样,丰富多彩,有人物、动物、植物、风景名胜、历史文化、科学技术、古代建筑、珍禽异兽等,都是两国最珍贵、最具有代表性、最值得骄傲和自豪、无愧于国家"名

一、中国邮资票品及其他 中国邮票种类 27

片"的内容。至今,中国已与三十多个国家联合发行了同题材邮票三十多套,汇集起来,就是一部很不错的邮集。其中绝大多数是特种邮票,仅有几套是纪念邮票。

【中国小版张】Chinese Sheetlet 也称小开张。它是邮政部门为满足集邮者的需要而发行的规格小的邮局全张邮票。原来专指在发行大规格邮局全张的同时,另外又发行小规格的邮局全张,与大规格邮局全张比较而言,称其为"小版张"。小版张大多印有边饰图和特定的文字及图案,与大规格的邮局全张相比较,其全张邮票枚数少。但是,随着集邮事业的不断发展,邮政部门根据集邮者的喜好和市场的需要,经常在不发行大规格邮局全张邮票的情况下,直接发行小版张。因此,笔者在专著新版《中国集邮百科知识》中,将这种小规格的邮局全张,视为广义上的小版张,并未将它们分述,而是视为统一。关于1995年以前中国邮政发行的小版张,详见新版《中国集邮百科知识》中"中国小版张"条目。其后发行的邮局全张,为便于区分大版票与小版张的不同,国家邮政特地将小版张写明为版式二、版式三。这样便将广义上的小版票,即事实上的"小版张"划分在界外。实践证明,这样划分并不科学,反而造成小版票与小版张混淆不清,如2005年发行的邮票就是这样。

2000年1月29日,中国邮政发行2000—3《春节(T)》邮票一套,全套3枚。同时发行小型张1枚和全套3枚的小版张。邮票图案和面值分别为:(3—1)80分,"迎新春";(3—2)80分,"辞旧岁";(3—3)2.8元,"闹社火"。全套3枚的小版张邮票枚数均为9枚(每图各自为1个小版张)。发行量50万枚(套)。小版张规格为120毫米×178毫米。影写版。北京邮票厂印制。这是中国邮政自20世纪80年代发行小版张以后,再次恢复发行的第一套小版张(见图)。

2000年11月20日,中国邮政发行2000—22《中国"神舟"飞船首飞成功纪念(J)》邮票一套,全套2枚。同时发行小版张98.85万枚。邮票图案和面值分别为:(2—1)80分,"火箭腾飞";(2—2)80分,"飞船遨游"。小版张邮票枚数12枚(6套邮票)。整版规格为230毫米×130毫米。影写版。北京邮票厂印制。这是中国邮政首次发行异形邮票和异径齿孔小版张。

2001年1月5日,中国邮政发行2001—2《辛巳年(T)》邮票一套,全套2枚。同时发行全套2枚的小版张。小版张邮票图案和面值分别为:(2—1)80分,"祥蛇祝福";(2—2)2.80元,"祥运普照"。发行量166万枚(套)。小版张全套2枚邮票枚数均为6枚(每图各自

为一版）。小版张规格为92毫米×142毫米。影写版。北京邮票厂印制。这是中国邮政专为2001年"贺年（有奖）明信片"三等奖获得者准备的奖品，正式兑奖时间是2001年2月15日，因不对外出售，此兑奖首日可视为此小版张发行首日。这是中国邮政发行的第一枚兑奖小版张，也是中国邮政首次发行生肖小版张（见上页图）。

2001年6月25日，中国邮政发行2001—10《端午节(T)》邮票一套，全套3枚。与此同时发行全套邮票3枚的小版张。小版张邮票图案和面值分别为：(3—1)80分，"赛龙舟"；(3—2)80分，"包粽子"；(3—3)2.80元，"避五毒"。发行量130万枚（套）。小版张全套3枚邮票枚数均为9枚（每图各自为一版）。小版张规格为180毫米×120毫米。影写版。北京邮票厂印制。

2001年7月1日，中国邮政发行2001—12《中国共产党成立八十周年(J)》邮票一套，全套1枚。同时发行小版张1枚。小版张邮票图案和面值为：(1—1)80分，"中国共产党成立八十周年"。小版张邮票枚数8(2×4)。发行量为160万枚。小版张规格为150毫米×180毫米。影写版。北京邮票厂印制。这是中国邮政为纪念中国共产党成立八十周年，首次发行这种纪念邮票小版张（见图）。

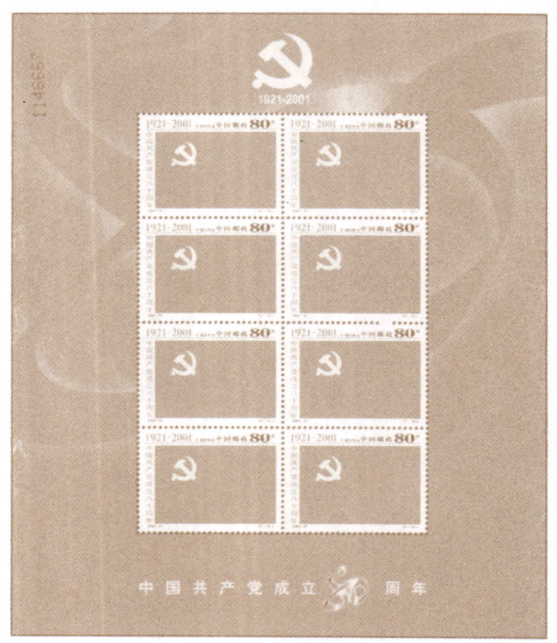

2001年10月28日，中国邮政发行2001—22《昭陵六骏(T)》邮票一套，全套6枚。同时发行全套邮票2枚的小版张。邮票图案和面值分别为：(6—1)60分，"什伐赤"；(6—2)80分，"青骓"；(6—3)80分，"特勤骠"；(6—4)80分，"飒露紫"；(6—5)80分，"拳毛䯄"；(6—6)2.80元，"白蹄乌"。小版张邮票枚数均为6枚(3×2)，第一、二、三图连印为一枚，第四、五、六图连印为一枚。小版张规格为151毫米×87毫米。发行量130万枚。胶版、压凸。北京邮票厂印制。这是中国邮政首次发行压凸小版张，也是第一套小版张版别与邮局全张大版票版别不同的小版张（见图）。

2002年1月5日，中国邮政发行2001—1《壬午年(T)》邮票一套，全套2枚。邮票图案和面值分别为：(2—1)80分，"马到成功"；(2—2)2.80元，"壬午大吉"。在发行这套邮票时，中国邮政特发行小版张一套2枚，作为2002年中国邮政贺年（有奖）明信片三等奖的奖品。兑奖首日为2002年3月1日，可视为发行首日。小版张规格为90毫米×140毫米。小版张邮票枚数均为6枚（每图各自为一枚）。发行量166万枚。影写版。北京邮票厂印制。这是中国邮政第二次发行以生肖为图案的兑奖小版张。因是兑奖的奖品，不对外出售。

2002年9月21日，中国邮政发行2002—20《中秋节(T)》邮票一套，全套3枚。邮票图案和面值分别为：(3—1)80分，"团圆"；(3—2)80分，"赏月"；(3—3)2元，"月为媒"。在发行这套邮票的同时发行小版张1枚。小版张邮票枚数9枚（3套邮票）。规格为108毫米×176毫米。发行量180万枚。影写版。北京邮票厂印制。此后，为配合2002年北京国际邮票钱币博览会的举行，特发行加字小版张1枚。这是中国邮政首次发行加字小版张。

2003年1月5日，中国邮政发行2003—1《癸未年(T)》邮票一套，全套2枚。邮票图案和面值分别为：(2—1)80分，"癸未大吉"；(2—2)2元，"三阳开泰"。在发行这套邮票的同时发行生肖小版张一套2枚。小版张邮票枚数均为8枚（每图各自为一版，居中有一枚过桥票）。规格为120毫米×140毫米。发行量80万枚（套）。影写版。北京邮票厂印制。除此之外，中国邮政特印制兑奖小版张一套2枚，用来奖励中国邮政贺年（有奖）明信片三等奖获得者。小版张邮票枚数均为6枚（每图各自为一枚）。规格为92毫米×142毫米。发行量230万枚（套）。这是中国邮政首次采用同一套邮票图案发行2种规格和邮票枚数不同的小版张。一种为公开出售的小版张（见图），另一种不出售只作为兑奖奖品的"兑奖小版张"。兑奖小版张首发日期为2002年3月1日开始兑奖的首日。

自2003年中国邮政发行2003—1《癸未年（T）》开始，到2003—26《东周青铜器（T）》邮票为止，全年共发行26套邮票中，除去单独发行的2003—7M《乐山大佛（小型张）（T）》外，其余24套邮票均在发行邮局全张大版票的同时，还发行了小版张。其发行量大多为40万~60万枚。鉴于这一年小版张发行的种数太多，这里就不一一细述。

2004年1月5日，中国邮政发行2004—1《甲申年（T）》邮票，全套1枚。邮票图案为"甲申年（猴）"。面值80分。在发行邮局全张大版票的同时，还发行了两种小版张，一种为公开出售的小版张，整版枚数6枚（以

1×1+3×1+2×1格局排列），规格为128毫米×180毫米，发行量180万枚；另一种为用于赠送2004年纪特邮票全额交款预订户的"赠送小版张"，不出售。这两种小版张均采用影写版印制。北京邮票厂印制。2004年中国邮政发行的生肖邮票进入第三轮。这是中国邮政发行的第三轮生肖邮票第一枚小版张，也是中国邮政首次发行生肖邮票"赠送版小版张"（见图）。

2004年除2004—1发行小版张之外，还有2004—2、2004—5、2004—11、2004—16、2004—18、2004—19、2004—20、2004—21、2004—23、2004—25、2004—27、2004—28，这几套邮票在发行时，除发行邮局全张大版票之外，还发行了小版张。发行量在50万~100万枚之间。这里就不一一阐述。在这些小版张中，最有特点并值得一提的是2004—23《中华人民共和国国旗国徽（T）》邮票小版张。这套邮票共发行了两种小版张：一种为在发行首日正常出售的打有椭圆形异形齿孔的小版张（见图）；另一种为配合2004年北京国际邮票钱币博览会举行，特印制的不干胶小版张。这两种小版张整张邮票枚数均为8枚（4套邮票）（2×2+2×2），规格均为

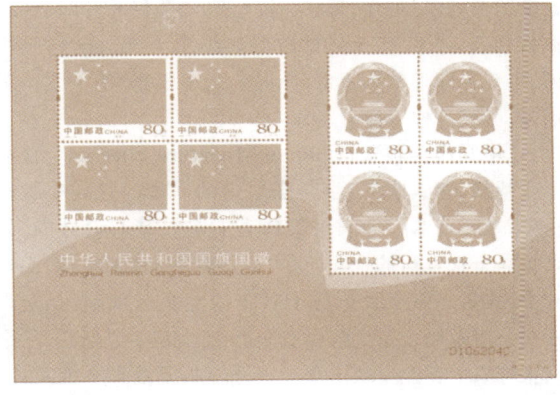

180毫米×130毫米。面值均为80分。前者发行量为70万枚，后者则为50万枚；前者为2004年10月1日发行，后者销售日期为2004年10月28日。均为影写版。北京邮票厂印制。这是中国邮政首次发行不干胶小版张，也是中国邮政发行的第一枚不干胶邮票小版张。除此之外，在2004年发行的邮票中，还有一种虽未发行邮局全张大版票，但发行了事实上是小规格的小版票。这种小版票的规格有的比小版张的规格还要小，在整版邮票上也印有边饰图和相关文字与图案，同小版张毫无区别，许多集邮者也把它称为小版张或小版票，如2004—6《孔雀（T）》、2004—13《皖南古村落——西递、宏村（T）》邮票等，其邮局全张枚数仅为8枚（2×4）或（4×2），版票规格前者为176毫米×146毫米，后者则为200毫米×130毫米。由此可见，集邮者现在已将小版张和小

版票统一在一起了。按版票的规格小，整版枚数少，统称小版张或小版票均可。

事实上，到了 2005 年，除了个别邮票发行有邮局全张大版票之外，如 2005—1《乙酉年（T）》邮票等，其余绝大多数邮票，均以小规格的邮局全张发行，整版邮票枚数仅有 8 枚～10 枚。因此，集邮者都把它们视为小版张或小版票。这是顺应潮流，无可非议。

2006 年发行的邮票中，小版张相对比较少，不足 10 枚。最值得一提的是 2006—23《文房四宝（绢质邮票）（T）》小版张。这是为配合 2006 年北京国际邮票钱币博览会举行，中国邮政特印制《文房四宝（绢质邮票）（T）》小版张。整版邮票枚数 8 枚（2 套邮票）。小版张规格为 220 毫米×150 毫米。邮票面值均为 80 分。胶版。北京邮票厂印制。这是中国邮政发行的第一枚绢质小版张，也是首次采用绢质材质印制邮票。

……

现在，中国邮政在每年计划发行的 30 套左右的"J"、"T"邮票中，总会有 10 套左右同时发行小版张。因此，小版张已形成一个系列品种，收集和研究它的集邮者也越来越多。中国邮政在发行这个系列品种时，也在不断创新，不仅有不同材质的如绢质、宣纸、全息小版张，还有异形邮票小版张、异形齿孔小版张、不干胶小版张等，形式多种多样。

【中国小全版张】Chinese Miniature Sheetlet　也称小全版票、套版票，是小开张票中的一种。它同小版张一样，是邮政部门为满足集邮者的需要精心设计的，是以邮局全张发行的全套（组）或一组的全张邮票，因面积较小，故名。小全版张与小版张的主要区别是：小全版张在一版邮局全张上仅印有全套（组）或一组邮票，一个全张邮票上就能反映出全套或全组邮票的整个面貌；而小版张在同一版邮局全张上却仅印有全套邮票中的同一枚邮票图案，全套邮票有几枚，就出几个小版张，或在同一版邮局全张上印有全套 2 组以上的邮票。由于小全版张同小版张一样，常在版张边纸上印有边饰图案和相关文字，许多集邮者便常将二者混为一谈。既然我国集邮者已将小全张与小型张严格区别开了，那么，也理应将小全版张与小版张严格区别开。

小全版张有两种表现形式：一是以全套或一组邮票形式表现，一个邮局全张中含有全套或一组邮票；二是以全组邮票形式表现，一个邮局全张中含有分几组发行后的全组邮票。前者大多为首发或单一发行，后者则为再发或组合发行。

小全版张是从大全版张"进化"而来的。20 世纪 80 年代～90 年代，美国发行了州旗、州鸟等全套邮票的大邮局全张。之后，日本也发行过与此相似的邮局全张。

1990 年 9 月 22 日，中国人民邮政发行了 J.172《1990 北京第十一届亚洲运动会》邮票，首次将自 1988 年以来先后发行的三组亚运会邮票汇集在一起，发行了 J.172M《1990 北京第十一届亚洲运动会》（小全版张）。小全版张邮票枚数 12 枚（4×3，一、二、三组全套邮票）。其规格为 190 毫米×130 毫米。邮票面值 4.78 元，售价 7 元。影写版。北京邮票厂印制。这是中国邮政首次发行小全版张，也是发行的第一个全组形式的小全版张（见图）。

1997 年 10 月 20 日，为迎接第 22 届万国邮政联盟大会暨中国 1999 世界集邮展览，中国邮政发行 1997—16M《黄山（T）》小全版张。全套邮票 8 枚。小全版张邮票枚数 8 枚连印（中间有一枚过桥票），面值均为 200 分。其规格为 190 毫米×150 毫米。影写版。北京邮票厂印制。这是中国邮政首次发行将全套邮票印在同一个邮局全张上的小全版张，也是第一枚带有过桥票的小全版张（见图）。

1998 年 12 月 22 日，中国邮政发行了 1998—29M《海底世界·珊瑚礁观赏鱼（T）》小全版张。全套邮票 8 枚。小全版张邮票枚数 8 枚连印（中间有一枚过桥票），面值均为200分。其规格为190毫米×150毫米。影写版。北京邮票厂印制。这是中国邮政为迎接第22届万国邮政联盟大会暨中国1999世界集邮展览而发行的第二枚小全版张。

2000年2月25日，中国邮政发行了2000—3M《国家重点保护野生动物（Ⅰ级）（一）（T）》小全版张。全套邮票10枚。小全版张邮票枚数8枚连印（居中上方和下方各有一枚过桥票）。其规格为146毫米×213毫米。影写版。北京邮票厂印制。这是中国邮政首次分组发行国家重点保护野生动物（Ⅰ级）第一枚小全版张，也是首次发行全张邮票上带有2枚过桥票的小全版张（见图）。

2001年3月16日，中国邮政发行了2001—4M《国家重点保护野生动物（Ⅰ级）（二）（T）》小全版张。全套邮票10枚。小全版张邮票枚数10枚连印（在全张邮票右上角和左下角各印有一枚附票）。其规格为146毫米×213毫米。影写版。北京邮票厂印制。这是中国邮政分组发行国家重点保护野生动物（Ⅰ级）的第二组，也是同一个题材的第二枚按组发行的小全版张，同时也是首次发行带有2枚附票的小全版张（见图）。

2002年5月16日，中国邮政发行了2002—11《2002年世界杯足球赛（J）》邮票，全套邮票2枚。为纪念中国参加2002年世界杯足球赛，中国邮政与中国香港邮政、中国澳门邮政，共同印制发行了《中国参加2002年世界杯足球赛纪念》邮票小全版张。小全版张邮票枚数6枚（中国邮政、中国香港邮政、中国澳门邮政所发行的邮票各一套2枚）。其规格为165毫米×227毫米。发行量300万枚。每枚售价20元。影写版。北京邮票厂印制。这是中国三地首次将各自发行的一组（套）邮票共印在一起，也是首次发行有多种异形齿孔邮票的小全版张，同时也是有三种币种（人民币、港币、澳门元）的小全版张（见图）。

2004年10月18日，中国邮政发行了2004—26《清

明上河图(T)》邮票小全版张。全套邮票共9枚。小全版张邮票枚数9枚(全套邮票连印,3×3)。其规格为236毫米×121毫米。发行量1020万枚。胶雕套印。北京邮票厂印制。这是中国邮政首次以小全版张形式发行中国古代名画长卷(见图)。

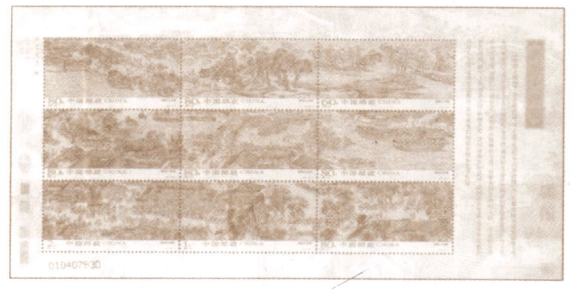

2005年9月27日,中国邮政发行了2005—20《中国人民解放军大将(J)》邮票小全版张。全套邮票共10枚。小全版张邮票枚数10枚(5×2,10枚连印)。其规格为205毫米×125毫米。发行量930万枚。胶雕套印。北京邮票厂印制。这是中国邮政首次发行多位将军肖像小全版张(见图)。

2005年9月28日,中国邮政发行了2005—25《洛神赋图(T)》邮票小全版张。全套邮票共10枚。小全版张邮票枚数10枚(5×2,10枚连印)。其规格为276毫米×110毫米。发行量为890万套。胶雕套印。河南省邮电印刷厂印制。这是中国邮政发行的第二枚中国古代名画长卷小全版张。

……

现在,中国邮政发行的小全版张越来越多,已经形成系列品种。随着邮政部门为满足集邮者和收藏者的需要,邮局全张邮票越来越趋向规格小型化;以全套(组)或全组形式发行的邮局全张邮票,即小全版张票也会越来越多,完全可能超越只能在发行全套邮票枚数少(1枚~4枚邮票为一套)时,才能发行的小全张。小全张的这种局限性,严重地排斥了重点邮票中的大套票(5枚~10枚邮票为一套)发行小全张,于是便被逼出了小全版张的产生。而且,小全张虽是小开张,但它也是事实上的邮局全张。又因它含有全套邮票的版张,将其划归小全版张,更加名副其实!

【中国生肖邮票】Chinese Animal of the Year Stamp 中国邮政发行的生肖邮票,自1992年起已进入第二轮。在此之前的情况,已在新版《中国集邮百科知识》中做了介绍。1992年是中国"壬申年"——猴年。中国邮政开始发行第二轮生肖邮票。第二轮生肖邮票在设计上与第一轮生肖邮票有明显的不同,全套为2枚:(2—1)为当年生肖剪纸图,(2—2)为当年生肖的属相文字。全套2枚的面值也有多种变化,这是因为在新一轮发行期间,中国邮政对邮资进行了多次调整:1992年~1996年,全套2枚邮票的面值分别为:(2—1) 20分、(2—2) 50分;1997年发行的《丁丑年》牛年生肖邮票,又遇邮资调整:(2—1) 150分、(2—2) 50分,一反常态,将高面值列为(2—1),低面值列为(2—2);1998年、1999年又恢复了常态:(2—1) 50分、(2—2) 150分;2000年~2003年,全套2枚邮资均调整为:(2—1) 80分、(2—2) 2.80元;2003年全套2枚面值分别为:(2—1)80分、(2—2)2元。除此之外,自2002年发行《壬午年》马年生肖邮票开始,采用蓝色荧光纤维防伪邮票纸印制;2001年~2003年,生肖邮票均发行了小版张,作为中国邮政贺年(有奖)明信片三等奖奖品。第二轮生肖邮票均未发行小本票。

2004年中国迎来了"甲申年"猴年,中国邮政开始发行第三轮生肖邮票。第三轮生肖邮票全套1枚,同第

一轮生肖票一样,但邮票规格则为36毫米×36毫米,较第一轮、第二轮生肖邮票要大,呈正方形;而第一轮、第二轮则均为26毫米×31毫米,呈矩形。另外同第一轮生肖邮票一样,发行了生肖小本票(第一轮只有《庚申年》猴票未发行小本票,其余11种生肖邮票均发行了小本票)。第三轮生肖邮票与第一轮、第二轮生肖邮票存在实质性不同:一是从第三轮生肖邮票开始,为加强防伪,均采用防伪荧光纸和防伪油墨印制,均打有异形齿孔。二是第三轮生肖邮票仅采用影写版印制,不像第一轮、第二轮生肖邮票采用影雕套印。三是第三轮生肖邮票自2004年发行《甲申年》猴票开始,每年均发行同图案、同面值、同版别、相同邮票规格的三种不同规格的版票,即大版票、版式二(小版张)(见上页图)、版式三(赠送版)。其中赠送版是中国邮政赠送给当年全额交款预订全年邮票、小版张、年册和全年版票册的客户的。2004年~2006年,第三轮所发行的生肖邮票面值均为80分;自2007年起,生肖邮票面值在邮资调整后改为1.20元。自2006年开始,第三轮生肖邮票改用四色彩点荧光防伪纸印制。

【中国小本票】Chinese Stamp Booklet　中国发行的小本票,在新版《中国集邮百科知识》中,只介绍到1991年《辛未年》以前中国发行的所有小本票。自1992年中国邮政发行新一轮生肖邮票时,中止了发行生肖小本票。这使广大集邮者感到十分遗憾。之后,在近十年的时间里,在集邮者强烈要求和呼吁下,中国邮政终于满足了集邮者的要求,于2000年8月8日,在发行2000—15《小鲤鱼跳龙门(T)》邮票的同时,发行了小本票。编号为SB(19)2000。邮票规格为30毫米×40毫米。小本票邮票枚数5枚(全套5枚邮票与2枚附票连印)。小本票规格为137毫米×64毫米。发行量347.33万本。影写版。北京邮票厂印制。这是中国邮政恢复发行小本票后发行的第一枚小本票(见图)。

2001年4月7日,中国邮政发行2001—5《水乡古镇(T)》邮票一套,全套6枚。邮票规格为50毫米×30毫米。与此同时发行了小本票。编号为SB(20)2001。小本票邮票枚数6枚(全套6枚邮票分排两侧各3枚,居中有6枚过桥票,分撕开后各枚均带有1枚附票,上面有对这枚邮票的撰文;小本票中的邮票展开后,呈带有双排过桥票的小全版张)。小本票邮票规格为68毫米×110毫米。发行量550万本。影写版。北京邮票厂印制。这是中国邮政首次发行全套邮票在小本票中既呈双排过桥票,又呈单枚带附票,是两全其美的小本票。

2001年12月5日,中国邮政发行2001—26《民间传说——许仙与白娘子(T)》邮票一套,全套共4枚。邮票规格为30毫米×40毫米。与此同时发行了小本票。其编号为SB(21)2001。小本票邮票枚数4枚(全套4枚邮票均以小型张形式印制,同时另印有4幅与每枚邮票图案内容一样的彩色连环画图案,并有较详细的文字说明,一起装订成册,十分精美。即使将小本票中的4枚

邮票用掉,剩下的 4 幅连环图画,也是一本微型连环画册)。小本票规格为 105 毫米×100 毫米。发行量 500 万本。每本售价 8 元。这个小本票中全套 4 枚邮票的面值为 5.20 元,其售价之所以高出面值 2.80 元,是因为这种小本票的制作成本高,也算合情合理。整个小本票采用两种版别印制,其中邮票采用影写版印制,小本票封面和除去邮票后的内页,均采用胶版印制。北京邮票厂印制。这是中国邮政首次采用连环画形式制作"连环画画册式"小本票。这是小本票制作的创新,值得肯定和赞扬(见上页图)。

此后,中国邮政于 2002 年 10 月 26 日发行的 2002—23《民间传说——董永与七仙女(T)》邮票编号为 SB(23)2002 小本票、2003 年 10 月 18 日发行的 2003—20《民间传说——梁山伯与祝英台(T)》邮票编号为 SB(24)2003 小本票,均是采用这种创新形式印制的。其中 SB(24)2003 小本票,在 2004 年波兰克拉夫召开的第 10 届邮票印制大会上,获得最佳创新奖(见图)。这两种小本票发行量均为 500 万本。售价都高于本票中全套邮票的面值,均为 8 元,而邮票面值都为 5.20 元。

2002 年 12 月 7 日,中国邮政发行了普 31《中国鸟(第一组)》面值 80 分"黄腹角雉"邮票小本票。编号为 SB(22)2002。邮票规格为 27 毫米×38 毫米。小本票中邮票枚数 10 枚(2×6,在连印票右上角和左下角各有 1 枚附票)。小本票规格为 95 毫米×64 毫米。发行量 500 万本。影写版。北京邮票厂印制。这是中国邮政首次发行普通邮票小本票。小本票中的邮票展开后,呈

"小版张"状(见上页图)。

2003年10月16日,中国邮政发行特5—2003《中国首次载人航天飞行成功》邮票一套,全套2枚。邮票规格为40毫米×30毫米。同时发行了编号SB(25)2003小本票。小本票中邮票枚数共6枚(中国邮政、中国香港邮政、中国澳门邮政各自发行的全套邮票均2枚,制作成3枚小全张,装订成册)。小本票规格为148毫米×95毫米。发行量495万本。售价12.80元。影写版。北京邮票厂印制。这是中国邮政与中国香港邮政、中国澳门邮政三地首次共印小本票,也是中国三地邮政采用小全张形式共印的第一枚小本票。小本票设计精美、制作豪华、高贵、别致,受到集邮者的喜爱(见图)。

2004年1月5日,中国邮政发行2004—1《甲申年(T)》邮票,全套1枚。同时发行了编号SB(26)2004小本票。邮票面值80分。邮票规格为36毫米×36毫米。正方形邮票齿孔四边居中各打有一个六角星异形齿孔。小本票邮票枚数10枚(2×2+3×2,中间过桥票上印有十二生肖文字介绍)。小本票的规格为121毫米×88毫米。小本票邮票面值8元,售价8元。发行量500万枚。北京邮票厂印制。这是中国邮政发行的第三轮生肖邮票第一枚小本票,也是首次发行打有异形齿孔的小本票(见图)。自此以后,到2011年,中国邮政发行的第三轮生肖邮票小本票,均采用这种模式印制。

2004年7月17日,中国邮政发行2004—14《民间传

说——柳毅传书(T)》邮票一套,全套共4枚。同时发行了编号SB(27)2004小本票。小本票邮票枚数4枚,以小型张形式印制)。小本票规格为176毫米×116毫米。小本票邮票面值为4.40元,售价6元。发行量500万枚。影写版。北京邮票厂印制。

2005年共发行两种小本票,一为生肖邮票2005—1《乙酉年(T)》鸡年小本票,编号SB(28)2005,按邮票面值出售,发行量550万枚;另一种为2005—12《安徒生童话(T)》邮票小本票,编号SB(29)2005。其中《安徒生童话》小本票制作比较特殊:邮票规格为33毫米×44毫米。在邮票齿孔左右两边居中均打有椭圆形异形齿孔。全套5枚邮票均以小型张形式印制,在小型张边饰上,均印有这枚邮票童话故事的梗概,十分新颖(见图)。小本票邮票枚数5枚(5枚小型张)。小本票规格为148毫

米×95 毫米。小本票邮票面值 380 分（60 分＋80 分×4），售价 6 元。发行量 560 万枚。影写版。北京邮票厂印制。这是中国邮政首次发行打有异形齿孔小型张式的小本票。

2006 年中国邮政仅发行了 2006—1《丙戌年（T）》小本票。编号 SB（30）2006。邮票规格为 36 毫米×36 毫米。小本票邮票枚数 10 枚（2×2＋2×3，中间为过桥票）。小本票规格为 121 毫米×88 毫米。小本票邮票面值为 8 元，售价 8 元。发行量 533.10 万枚。影写版。北京邮票厂印制。

2007 年中国邮政共发行了三种小本票：即编号 SB（31）2007《丁亥年（T）》小本票、SB（32）2007《孔融让梨（T）》小本票、SB（33）2007《中国 2010 年上海世博会会徽和吉祥物（T）》小本票。其中值得一提的是 2007 年 6 月 1 日发行的《孔融让梨（T）》不干胶小本票。邮票规格为 30 毫米×40 毫米（全套 2 枚连印）。小本票枚数 8 枚（2×4）。小本票规格为 130 毫米×60 毫米。小本票面值 9.60 元，售价 9.60 元。发行量 599.90 万枚。影写版。北京邮票厂印制。这是中国邮政发行的第一枚不干胶小本票（见图）。

……

到 2010 年年底，中国邮政已发行了编号 SB（38）2010 小本票，形成一个系列品种。这个系列品种，不仅设计越来越精美，印制越来越豪华、高贵、大气，而且还受到广大集邮者和收藏者的欢迎，以致舍不得将小本票中的邮票用于通信。显然，这与当初邮政发行小本票的本意相违背。这不能不说是一种遗憾，应引起邮政部门的注意。

【国际回信券】International Reply–Coupon 国际回信券也称国际回信邮票券。它是万国邮政联盟会员国相互约定发售可兑换回信邮票的证券。关于 1995 年以前国际回信券的情况，在新版《中国集邮百科知识》中已有详细介绍。这里仅补充 1995 年之后至今国际回信券在我国的发售情况。

中国邮政于 1995 年 11 月 1 日，发售了国际回信券中 1993 年版，全国发售量 5 万枚，北京发售了 5000 枚。每枚售价人民币 10 元。这一版国际回信券的特征是：在国际回信券正面右上角印有"C22"字样，在左下角印有"8—1993"字样。这是中国邮政发售的第一枚国际回信券，也是中华人民共和国于 1972 年恢复在万国邮政联盟会员国合法地位之后，首次发售国际回信券。

之后，中国邮政又发售了 1995 年版国际回信券。这一版国际回信券特征是：在国际回信券的正面右上角印有"CN01"字样，在左下角印有"4—95"字样。1995 年版国际回信券，每枚售价为人民币 10 元，发售量 50 万枚。这是中国邮政发售的第二枚国际回信券（见图）。

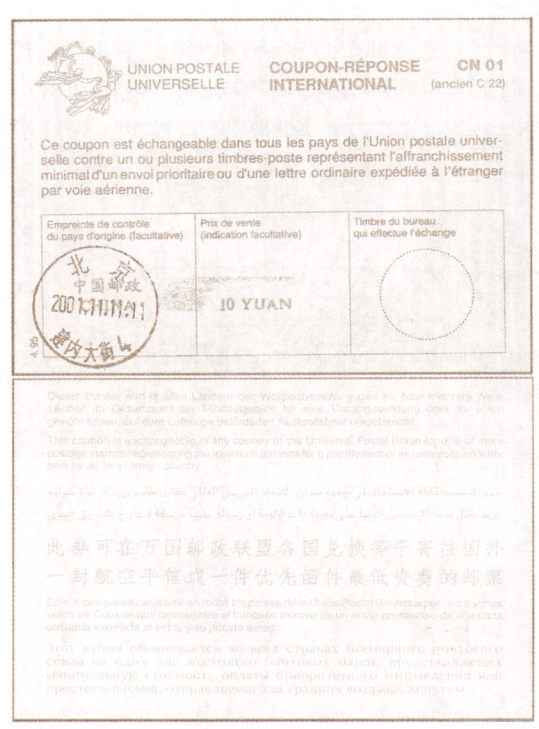

2002 年 1 月 1 日，国际邮政联盟发行新版国际回信券。新版国际回信券增设了有效使用期限，而原来存有的旧版国际回信券，仍可无限期使用。新版国际回信券每枚售价人民币 12 元。中国邮政于 2006 年 7 月 1 日开

始出售新版国际回信券,旧版国际回信券出售的截止日期为2006年8月31日。由于新版国际回信券规定了兑换期限(见上页图),这就大大提升了旧版国际回信券的收藏价值。国际回信券,具有"世界通用邮票"的美誉。当用户将国际回信券寄给他国亲友时,对方可以用收到的回信券,向所在地邮政局兑换寄国际航空信函的邮票用于回信;当出国旅游时,也可用你手中持有的国际回信券,兑换成寄国际航空信函的邮票,不必再用所在国当地货币购买邮票。由于国际回信券具有"硬通货"的特点,也吸引了集邮者对它的收集、研究。

封
Cover

【普通邮资封】Regular Stamped Envelope 我国发行普通邮资封的情况,在新版《中国集邮百科知识》中,已介绍到1996年。这里所介绍的是1996年之后至现在的情况。

1997年5月30日,中国邮政发行《天坛图普通邮资封》1枚。编号为"PF·8"。邮资图规格为31毫米×23毫米。面值50分,售价0.70元。信封规格为176毫米×110毫米。邮资图为天坛祈年殿,图案上采用无色荧光油墨印有邮电徽志。阎炳武设计。胶版。河南省邮电印刷厂印制。这是继1992年中国邮政发行《正阳门箭楼图普通邮资封》时,首次在邮资图上印无色荧光邮电徽志用作防伪以来,第二次采用这种防伪措施印制普通邮资封。

1997年12月15日,中国邮政发行《彩陶图普通邮资封(第二组)》,全套1枚。编号为"PF·9"。邮资图规格为26毫米×31毫米。面值50分,售价1.30元。信封规格为176毫米×110毫米。邮资图案为"双耳圆底彩陶罐"(见图)。阎炳武设计。胶版、压凸。北京鸿纳邮品股份有限公司印制。

1999年3月25日,中国邮政发行《颐和园十七孔桥图普通邮资封》,全套1枚。编号为"PF·10"。邮资图为"颐和园十七孔桥"。面值80分,售价1元。邮资图规格为31毫米×22毫米。信封规格为176毫米×110毫米。邮资图上用无色荧光油墨印有中国邮政徽志。严钟义摄影。王红卫设计。胶版。河南省邮电印刷厂印制。这是中国邮政在普通邮资封的邮资图上,首次采用无色荧光油墨印制中国邮政徽志,用来防伪。

2001年6月26日,中国邮政发行《芙蓉花图普通邮资封》,全套1枚。编号为"PF·11"。邮资图为"芙蓉花"。面值80分,售价1元。邮资图规格为25毫米×35毫米。信封规格为230毫米×120毫米。张桂徵设计。胶版彩印。北京鸿纳邮品股份有限公司印制。这是中国邮政首次采用胶版彩印信封上的邮资图,并且将信封规格变大,按新标准印制(见图)。

2001年7月9日,中国邮政发行《菊花图普通邮资封》,全套1枚。编号为"PF·12"。邮资图为"菊花"。面值60分,售价0.85元。邮资图规格为25毫米×35毫米。信封规格为230毫米×120毫米。张桂徵设计。胶版彩印。河南省邮电印刷厂印制。这是中国邮政首次发行用于本埠通信使用的普通邮资封。

2001年9月28日,中国邮政发行《郴州风光普通邮资封》,全套4枚。编号"PF·13"。邮资图(4—1)"苏仙岭"、(4—2)"五盖山"、(4—3)"东江湖"、(4—4)"莽山"。面值均为80分,售价1元。邮资图规格50毫米×37毫米。信封规格230毫米×120毫米。李德福设计。胶版。北京鸿纳邮品股份有限公司印制。

2001年9月28日,中国邮政发行《成吉思汗陵图普通邮资封》,全套1枚。编号"PF·14"。信封上邮资图为"成吉思汗陵"。面值80分,售价1元。邮资图规格为58毫米×33毫米(异形)。信封规格为230毫米×120毫米。王虎鸣设计。彩色胶版。北京鸿纳邮品股份有限公司印制。这是中国邮政首次发行异形邮资图普通邮资封。

……

自2001年下半年开始,中国邮政发行普通邮资封开始走上"快速多发"通道。仅半年不到,就发行了18套21枚,更有甚者,在一天里竟同时发行2套。真是史无前例！原来，自发行 PF·11《芙蓉花图普通邮资封》采用彩色胶版印制后，中国邮政开始逐步将其走向商业化，只要有地方出钱，便可在普通邮资封上采用有地方特色的邮资图印制。这样既满足了地方扬名的需要，又增加了邮政的收入。这种本意是好的，但由于后来无节制，结果导致一年发行 40 套的纪录，比纪、特邮票发行套数还要多。由于发行过频，这些名为"普通邮资封"，其实早已名存实亡，出现弊端：发行首日从邮政窗口购买不到，造成发行垄断，囤积居奇，市场炒作，市价过高，使这种本来普通的邮资封，变得高贵，不普通了。集邮者对此很有意见。

也许正是商业化运作的需要，中国邮政发行的普通邮资封越来越丰富多彩：邮资封规格不仅有多种，邮资图也出现了异形的；邮资面值不仅有外埠的，也有本埠的，还有国际的；在防伪上也在不断加强，有的邮资图上印有防伪荧光图案，有的印有暗记……这些都受到集邮者一致的好评。但是，希望相关部门千万不要再使普通邮资封变得不普通，让其变成"有害邮品"！

【**专用邮资封**】**Special Stamped Envelope** 邮政主管部门专为某一事件、某一部门或军事单位印制的邮资封。封面上预印了收信人的名址（军用封例外），不能再做他用，只能专用（军用封只供军人专用），故名。广义上的专用邮资封，包括邮政系统的公事封、政府公务封、收件人总付邮费专用封、疫情报告专用封等。

1992 年 7 月 15 日，中国邮政在发行《正阳门箭楼图普通邮资封》之后，利用其第二版普通邮资封图案，于 1996 年 6 月印制一套专用邮资封，全套 1 枚。邮资图规格为 30.5 毫米×25.5 毫米。信封规格为 165 毫米×102 毫米。邮资图为"正阳门箭楼图"，面值 20 分；箭楼图上采用无色荧光油墨印有直径为 10 毫米的邮电徽志（第一版徽志直径为 15 毫米）。信封上预印有收信人的名址。这是中国邮政发行的第一枚专用邮资封（见图）。

之后，中国邮政又分别于 1998 年、1999 年、2000 年、2001 年，采用《天坛图普通邮资封》和《颐和园十七孔桥图普通邮资封》的图案，印制了专用邮资封。《天坛图专用邮资封》邮资图面值为 50 分；《颐和园十七孔桥图专用邮资封》邮资图面值为 80 分（见图）。邮资图规格分别为 31 毫米×23 毫米和 31 毫米×22 毫米。信封规格均为 165 毫米×102 毫米。这种专用邮资封规格要比普通邮资封规格小一些，是因为要将其套装在普通信封内，邮寄给客户，用来回复调查表的回函使用。专用邮资封发行量少，存世量也少，市场价格较贵。因此，出现了伪品。

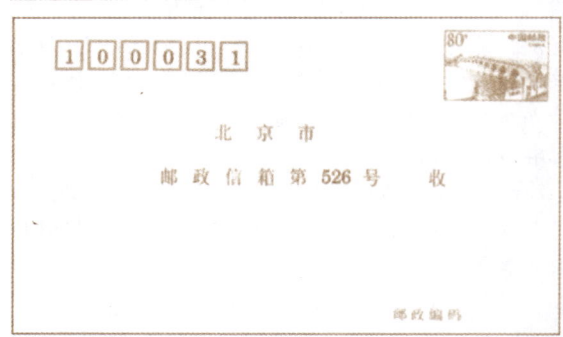

【**特种邮资封**】**Special Stamped Envelope** 也称生肖邮资封、贺年邮资封。关于特种邮资封的情况，在新版《中国集邮百科知识》中，已经介绍到 1996 年。

1997 年 11 月 1 日，中国邮政发行了 1998 年贺年邮资封一套，全套 2 枚。邮资图均为生肖虎：(2—1)"恭贺新春（红）"，50 分；(2—2)"恭贺新春（绿）"，50 分。信封内均装有贺卡和纪念张。信封上生肖邮资图规格为 26.5 毫米×34 毫米。信封规格为 220 毫米×110 毫米。邮资面值 50 分，连同贺卡和纪念张一起售价为 6.30 元。信封、贺卡设计者王志奇。邮资图和纪念张设计者王虎鸣。发行量 300 万枚。胶版彩印。中国集邮总公司印制（见下页图）。

1998 年 11 月 1 日，中国邮政发行 1999 年贺年邮资封，全套 3 组，每组各 4 枚，均装有贺卡，总计贺年邮资封 12 枚，贺卡 12 枚。A 组、B 组信封和贺卡图案各不相同；C 组信封和贺卡图案与 A 组相同，只是采用特种纸

一、中国邮资票品及其他　封

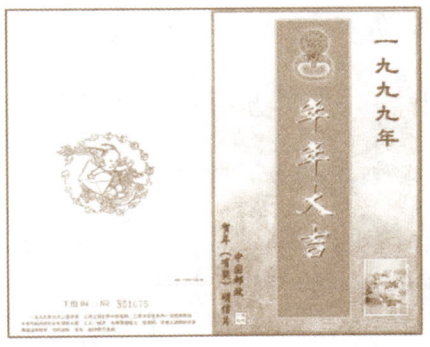

印制。A、B、C组信封邮资图面值均为50分,全套邮资面值200分,连同贺卡一起出售,A组、B组售价均为25.00元;C组售价40元,每枚售价10元。这是中国邮政发行贺年邮资封最多的一年,史无前例,也是首次将信封规格改为230毫米×160毫米,内装贺卡规格为130毫米×251毫米(见图)。

……

2002年11月20日,中国邮政发行2003年贺年邮资封一套,全套4枚。邮资图为生肖羊,邮资面值1.60元。内装贺卡,总计每套售价25.20元。

2003年11月1日,中国邮政发行2004年贺年邮资封一套,全套4枚,均装有贺卡。全套邮资面值6.40元,售价20.00元。2004年中国邮政开始发行第三轮生肖邮票。因此,在发行2004年贺年封的同时,又增发了贺年信卡。直到2008年,贺年邮资封仍在发行。

【礼仪邮资封】Etiguette Stamped Envelope　我国发行的第一套礼仪邮资封,已在新版《中国集邮百科知识》中做了介绍。首套礼仪邮资封,预报全套发行10枚,先发行了5枚,剩下的5枚不知何故没有发行。已发行的5枚发行量分别是:(5—1)编号PF 1995(10—1)为200万枚、(5—2)编号PF 1995(10—2)为200万枚、(5—3)编号PF 1995(10—3)为150万枚、(5—4)编号PF 1995(10—4)为150万枚、(5—5)编号PF 1995(10—5)为100万枚。

1999年2月10日,中国邮政发行《恭贺新禧》礼仪邮资封一套,全套1枚。编号为"LF1"。这是继1995年发行编号为"PF1995"后,再次发行礼仪邮资封。这次发行重新编志号，故采用"LF"。"LF1"邮资图为"恭贺新禧"，邮资面值100分，售价1.50元。邮资图规格为32毫米×41毫米。信封规格为230毫米×160毫米。陈幼林设计。发行量481.04万枚。胶版彩印。北京邮票厂印制。

1999年2月10日，中国邮政发行《福寿延年》礼仪邮资封一套，全套1枚。编号"LF2"。邮资图为"福寿延年"，邮资面值100分，售价1.50元。邮资图规格为31毫米×41毫米。信封规格为230毫米×160毫米。何洁设计。发行量481.04万枚。胶版彩印。北京邮票厂印制。

1999年2月10日，中国邮政发行《喜事连连》礼仪邮资封一套。全套1枚。编号"LF3"。邮资图为"喜事连连"，邮资面值540分+100分，售价6.90元。邮资图规格2幅均为31毫米×28毫米。信封规格为230毫米×160毫米。黄里设计。发行量320.14万枚。胶版彩印。北京邮票厂印制。这是中国邮政首次发行双面值的邮资封，也是首次发行航空礼仪邮资封（见图）。

1999年12月18日，中国邮政发行《恭贺新春》礼仪邮资封一套。全套1枚。编号"LF4"。邮资图为"恭贺新春"，邮资面值80分，售价1.20元。邮资图规格为28毫米×34毫米。信封规格为230毫米×120毫米。陈幼林、刘雨苏设计。发行量300.04万枚。胶版彩印。北京鸿纳邮品股份有限公司印制（见图）。

1999年12月18日，中国邮政发行《四季平安》礼仪邮资封一套。全套1枚。编号"LF5"。邮资图为"四季平安"，邮资面值80分，售价1.20元。邮资图规格为31毫米×31毫米。信封规格为230毫米×120毫米。李昕设计。发行量300.04万枚。胶版彩印。北京邮票厂印制。

1999年12月18日，中国邮政发行《爱心永驻》礼仪邮资封一套。全套1枚。编号"LF6"。邮资图为"爱心永驻"，邮资面值80分，售价1.20元。邮资图规格为31毫米×31毫米。信封规格为230毫米×120毫米。陈幼林、刘雨苏设计。发行量300.04万枚。胶版彩印。北京鸿纳邮品股份有限公司印制。

中国邮政在1999年年初和年末，先后发行了6套共6枚礼仪邮资封。这6枚礼仪邮资封，既有贺新禧，又有贺新春；既有祝福寿，又有献爱心；既有报喜事，又有报平安，人们日常和节假日的礼仪信函邮资封，基本上都有了。

2000年1月20日，中国邮政发行《迎春纳福》礼仪邮资封一套。全套1枚。编号"LF7"。邮资图为"迎春纳福"，邮资面值80分，售价1.30元。邮资图规格为25毫米×35毫米。信封规格为208毫米×110毫米。李德福、吴勇设计。胶版彩印、邮资图压凸。北京鸿纳邮品股份有限公司印制。这是中国邮政首次发行压凸礼仪邮资封。

之后至2008年，中国邮政未再发行礼仪邮资封。

信 卡
Letter Card

【邮资信卡】Stamped Letter Card　邮政部门发行的带有邮资图的通信卡，故名。集明信片和邮简特点于一身，外形似双明信片，使用方法似邮简，在卡上写好信以后，对折后信文在里面，将三边封粘后，信卡正面书写收、寄件人的名址即可投寄。收件人收到信卡后，将三边沿齿孔撕掉边纸，就可阅读信函内容。克服了明信片将信文公开的缺点。1879年，世界上第一枚邮资信卡诞生在法国。之后，1885年丹麦也发行了邮资信卡；1886年摩纳哥等国也发行了邮资信卡。到19世纪末，在欧洲大部分国家已经流行。1893年，在我国上海工部局书信馆发行了邮资信卡，邮资图为上海工部局徽志，面值分别为1分、2分、3分。这是在我国出现最早的邮资信卡。

1918年，中华邮政发行一种竖式邮资信卡，邮资图为椭圆形"嘉禾图"。邮资图置于信卡正面右上角。这是我国国家邮政发行的第一枚邮资信卡。1919年，中华邮政又发行了横式邮资信卡，邮资图置于信卡正面右上角。

中华人民共和国成立后,中国邮政于2000年开始发行邮资信卡。2000年12月1日,中国邮政发行《圣诞快乐》和《新年快乐》邮资信卡各一套。编号为"XK1(1—1)2000"和"XK2(1—1)2000"。邮资图无面值,仅印有"国内邮资已付(平信)"字样。这是中国邮政首次发行邮资信卡(见图)。

香港回归祖国之后,中国香港邮政也发行过邮资信卡。

邮资信卡细分起来,有普通邮资信卡、纪念邮资信卡、贺年邮资信卡、圣诞邮资信卡、航空邮资信卡、公务邮资信卡等。中国邮政在发行邮资信卡时,并未进行细分,均以发行先后,按"XK"系列编号。

2000年12月1日,中国邮政同时发行了编号为"XK1(1—1)2000"《圣诞快乐》邮资信卡和编号为"XK2(1—1)2000"《新年快乐》邮资信卡。这2枚邮资信卡的邮资图均无面值,仅印有"国内邮资已付(平信)"字样,这就表示这种无面值邮资信卡,遇邮资调整,不必补贴邮票,依然可投寄。每枚售价2元。邮资图规格为33毫米×27毫米。信卡规格为186毫米×128毫米。信卡展开规格为186毫米×256毫米。均为范军设计。胶版彩印。"XK1"由中国人民解放军第1206工厂、江苏省邮电印刷厂、浙江省邮电印刷厂、北京邮票厂印刷;"XK2"由广东邮电南方彩色印务有限公司印制。这是中国邮政首次发行无面值邮资信卡。

2001年8月20日,中国邮政发行《尊师重教》邮资信卡一套。全套2枚。编号为"XK3(2—1)2001",邮资图为"老师,您好",邮资面值80分,售价2元;"XK3(2—2)2001",邮资图为"老师,感谢您"。邮资面值80分,售价2元。其中(2—2)邮资图为异形。这是中国邮政首次发行异形邮资图信卡。

2001年11月25日,中国邮政同时发行《圣诞快乐》和《新年快乐》邮资信卡各一套。全套均为4枚。编号分别为"XK4"和"XK5"。面值和售价分别为:(4—1)为80分,售价2元;(4—2)为80分,售价2元;(4—3)为250分,售价3.50元;(4—4)为540分,售价6元。其中(4—3)、(4—4)邮资信卡上均印有"航空"标签。这是中国邮政首次发行航空邮资信卡。

2002年6月1日,中国邮政发行《生日快乐》邮资信卡一套。全套1枚。编号为"XK6(1—1)2002"。信卡邮资面值80分,售价2元。

2006年4月15日,中国邮政发行《婴戏图》邮资信卡一套。全套1枚。编号为"XK7(1—1)2006"。邮资面值80分,售价2元。

"XK3"~"XK7"邮资信卡展开规格均为186毫米×256毫米。信卡规格为186毫米×128毫米。均为彩色胶印。

【贺年有奖邮资信卡】Lottery New Year Stamped Letter Card　贺年有奖邮资信卡是中国邮政在发行信卡型贺年有奖邮品时，误将信卡也视作邮资明信片，错误地发行了"信卡型贺年有奖明信片"。信卡信文不公开；明信片信文公开。用信卡通信，所付邮资是信函资费；用明信片通信，所付邮资是明信片资费。二者存有本质的不同，不能混为一谈。正是这一错误的出现，中国邮政及时纠正后，创造出"信卡型贺年有奖邮资信卡"，笔者将其简称"贺年有奖邮资信卡"。这确实是邮资信卡中的新品种。毫无疑问，这是中国邮政首创，也是及时纠正错误后的一种意外收获。

2003年11月1日，中国邮政发行了2004年贺年有奖邮品。2004年是中国"甲申年"，也是中国邮政发行第三轮生肖邮票的头一年。为此，中国邮政在发行贺年有奖邮品时，特增加了"信卡型"新品种。编号为"HXK2004"。全套1枚。邮资图规格为30毫米×30毫米。邮资图为"猴"。邮资面值80分，售价2.00元。信卡规格为186毫米×128毫米。信卡展开规格为186毫米×256毫米。胶版彩印。凌连伟设计。这枚信卡型贺年有奖邮品发行之后，集邮者发现在展开的信卡中心，印有"中国邮政贺年有奖明信片"的标头，在标头的右上端又印有"信卡"字样。这样便成了"信卡中国邮政贺年有奖明信片"（见图）。很显然，这是一枚"错体邮资信卡"。这枚错体邮资信卡当年还被用于印制大量的各企事业单位的广告信卡。这种"广告信卡"与国家邮政局正式发行的"贺年有奖邮资信卡"的主要区别：一是信卡背面的图案不同，国家邮政局正式发行的信卡背面印的是"新年开心"图案，而广告信卡背面印的均是制作单位提供的各式各样的宣传图案；二是国家邮政局正式发行的信卡背面右下角（信卡展开的左上角）边纸上印有"售价：2元"字样，而广告信卡上均没有。国家邮政局正式发行的这枚"错体邮资信卡"，当年经过大量消耗，存留下来的未经使用的数量已很少，邮市上很难见到，如今已成为中国邮政发行的"信卡"中的珍品。

2004年11月1日，中国邮政在发行2005年中国邮政贺年有奖邮品时，发行了一套"贺年有奖邮资信卡"，全套4枚。编号为"HXK2005"。这次发行的信卡，已将上次发行的"HXK2004"中出现的错误加以改正，成为名副其实的"贺年有奖邮资信卡"（见图）。

自2005年到2009年，"贺年有奖邮资信卡"发行数量越来越多，由全套4枚到全套2组12枚，最多的竟有全套7组27枚，达到了登峰造极的地步。如此毫无节制地大量发行，使集邮者顿生厌烦，不再收集。

片
Postcard

【普通邮资明信片】Regular Stamped Postcard　关于我国发行普通邮资明信片的情况，在新版《中国集邮百科知识》中已介绍到1993年，这里补充的是1993年之后的发行情况。

1997年12月5日，中国邮政发行《良渚玉琮》普通邮资明信片一枚。邮资图为"良渚玉琮"。邮资面值40分，售价0.65元。邮资图规格为24毫米×30毫米。明信片规格为165毫米×102毫米。赵玉华设计。胶版。辽宁省沈阳邮电印刷厂印制。

1998年5月16日，中国邮政发行《玫瑰》普通邮资明信片一枚。邮资图为"玫瑰"。邮资面值40分，售价0.65元。邮资图规格为27毫米×37毫米。明信片规格为165毫米×102毫米。任宇、杨文清设计。胶版。北京邮票厂印制。这是中国邮政首次发行以花卉为邮资图案的普通邮资明信片。

1999年2月8日，中国邮政发行《月季》国际航空普通邮资明信片一枚。邮资图为"月季"。邮资面值4.20元，售价4.50元。邮资图规格为27毫米×37毫米。明信片规格为165毫米×102毫米。任宇、杨文清设计。北京邮票厂印制。这是中国邮政发行的第一枚国际航空普通邮资明信片（见图）。

1999年3月22日，中国邮政发行《牡丹》普通邮资明信片一枚。邮资图为"牡丹"。邮资面值60分，售价0.85元。邮资图规格为25毫米×35毫米。明信片规格为165毫米×102毫米。曾孝濂设计。北京邮票厂印制。这是中国邮政根据邮资调整后的需要而发行的普通邮资明信片。

此后，自1999年7月23日中国邮政发行普通邮资明信片《荷花》开始，加大了发行的频率和力度，到1999年年底，在不到半年的时间里，就发行了《荷花》、《木棉花》、《大盂鼎》等普通邮资明信片5枚，超过了以往几年的发行枚数。

2000年5月28日，中国邮政发行《黄山松》普通邮资明信片，到2000年12月25日发行《中国世界遗产标志》普通邮资明信片为止，这一年共发行了9枚；2001年全年中国邮政发行普通邮资明信片多达24枚；2002年中国邮政发行普通邮资明信片13套14枚，其中《故宫角楼》普通邮资明信片全套2枚，国内、国际邮资明信片各一枚。这一年1月10日发行的《马踏飞燕》普通邮资明信片为小规格的明信片，其规格为125毫米×78毫米。这是中国邮政首次发行小规格邮资明信片，受到集邮者的欢迎，自此，便在广大集邮者中形成了收集、研究《马踏飞燕》片的热潮（见图）。在2002年发行的普通邮资明信片中，还有一枚具有代表性、标志性的邮资普片，它就是2002年5月18日发行的《雪莲》普通邮资明信片。被集邮者称为缩量普通邮资片（简称"缩普片"），就是从它开始的。原来，国家邮政局为了创收，已将普通邮资明信片作为载体，在其背面加印企业或地方宣传信息，开发出"专用邮资图封片"项目来创收。一个专用邮资图，只能是由一个地方单独申请、使用，并且拥有使用专利权。这也就是普通邮资明信片发行越来越多，一

年发行几十枚的原因所在。正是由于"专用邮资图"的这一特征：由一个地方或单位申请发行的专用邮资图所印制的邮资明信片，只能由申请者为发售对象，其他地方或单位不能使用。这就造成集邮者收集这种普通邮资明信片的难度，由于发行数量少，再加上"专用者"囤积居奇，使原本极普通的普通邮资明信片，顿时变得高贵起来，身价百倍！

2003年1月1日，中国邮政发行《九寨沟诺日朗瀑布》普通邮资明信片，此片同《马踏飞燕》普通邮资明信片一样，同是小规格片。2003年总共发行普通邮资片12枚，平均一个月发行一枚。

2004年1月5日，中国邮政发行《生肖猴》普通邮资明信片一枚。邮资图为"生肖猴"。邮资面值60分，售价0.85元。邮资图规格为28毫米×28毫米。明信片规格为148毫米×100毫米。陈绍华设计。胶雕套印。上海鸿吉印刷有限公司印制。这是我国发行的首改生肖图普通邮资明信片，也是我国第一枚采用胶雕套印的生肖图普通邮资明信片（见图），深受广大集邮者的喜爱。中国邮政在2004年共发行普通邮资明信片21枚。

2005年，中国邮政总共发行普通邮资明信片25枚，再创发行数量新高。这一年发行的普通邮资明信片中，有2枚国际航空明信片，一枚是《放风筝》，另一枚是《大地之春》，面值均为4.50元，售价均为4.80元。

……

普通邮资明信片由于发行数量多,题材很广泛,使集邮者又爱又恨;爱它题材广泛,内容丰富多彩;恨它发行数量多,难收集齐全,市价居高不下,增加了经济负担。人们只好放弃收集。

进入21世纪之后,中国邮政发行的普通邮资明信片,其邮资图设计精美,形状多变,有圆形、菱形、正方形、异形,不再是千篇一律为矩形;在印制上更精美,甚至采用胶雕套印;在防伪上更加强了,有的采用缩微暗记和防伪荧光油墨印制;在品种上,不再是只出纸质一种,增加了光栅片;在邮资面值上,不再是只有国内的,而无国际的……这些都是值得肯定的,希望能够继续发扬光大,但在发行数量上,一定要节制。

【特种邮资明信片】Special Stamped Postcard 中国邮政发行的特种邮资明信片,已形成一个系列邮品。在新版《中国集邮百科知识》中已介绍到1996年9月9日发行的TP7《毛泽东故里》。

1998年9月28日,中国邮政发行特种邮资明信片TP8《孔庙、孔府、孔林》,全套4枚。面值分别为:(4—1)40分、(4—2)40分、(4—3)420分、(4—4)420分。全套面值920分,售价10.40元。发行量:(4—1)、(4—2)170万枚,(4—3)、(4—4)120万枚。其中面值40分为国内邮资明信片,面值420分为国际航空邮资明信片。明信片的封套仍为信封式。

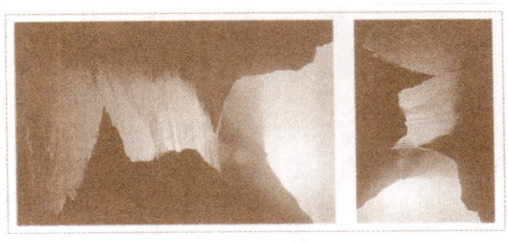

1999年6月22日,中国邮政发行了TP9《高山花卉》特种邮资明信片一套,全套4枚。(4—1)、(4—2)、(4—3)面值均为60分,(4—4)面值为420分。全套面值600分。售价7.20元。发行量426.71万套。封套采用卡纸彩印。

1999年8月16日,中国邮政发行一套TP10《长江三峡》特种邮资明信片,全套10枚;同时发行本册式"TP10"特种邮资明信片一套10枚。这两种特种邮资明信片,其邮资图相同,面值不同,均为国内资费;为便于区分,前者称为"A"型,后者为本册式,称为"B"型。"TP10(A)"全套面值600分,售价9.00元,发行量219.88万套。"TP10(B)"全套面值600分,售价12.00元,发行量79.99万套。这是中国邮政首次增加发行本册式特种邮资明信片(见图)。

1999年9月20日,中国邮政发行TP11《钓鱼台》特种邮资明信片,全套4枚。(4—1)、(4—2)、(4—3)面值均为60分,(4—4)面值420分。全套面值600分,售价7.20元。发行量305万套。

2000年3月1日,中国邮政发行TP12《世纪交替千年更始——中国古代科学技术》特种邮资明信片,全套10枚,面值均为60分。全套面值600分,售价9.00元。发行量120万套。

2000年4月27日,中国邮政发行TP13《妈祖传说》特种邮资明信片,全套6枚。面值分别为:(6—1)、(6—2)、(6—3)、(6—4)、(6—5)均为60分,(6—6)面值1元。全套面值400分,售价5.80元。发行量150万套。这是中国邮政首次发行邮资面值有1元的特种邮资明信片,以便于集邮者向港、澳、台亲友邮寄。

2000年7月29日,中国邮政发行TP14(B)《内蒙古风情》特种邮资明信片,全套10枚。面值均为60分。全套面值600分,售价12元。发行量50万套。这套特种邮资明信片只发行了本册式。

2000年8月18日,中国邮政同时发行了TP15(A)和TP15(B)《平遥古城》特种邮资明信片各一套,全套均为10枚。两套的面值均为60分。TP15(A)全套面值600分,售价9.00元,发行量50万套。TP15(B)全套面值600分,售价12元,发行量50万套。

2000年9月9日,中国邮政同时发行TP16(A)和TP16(B)《上海浦东》特种邮资明信片各一套。TP16(A)全套10枚,面值均为60分。全套面值600分,售价9.00元。发行量80万套。TP16(B)全套4枚,面值均为4.20元。全套面值为16.80元,售价18元。发行量25万套。这是中国邮政首次发行非本册式(B)型特种邮资明信片,此(B)型虽与(A)型一样,散装在封套内,但其邮资面值均为高值,是国际航空特种邮资明信片,而且其邮资图和片图也与(A)型不一样,因此将其划归(B)型,并不为过错。

2000年10月9日,中国邮政发行一套TP17《武汉东湖》特种邮资明信片,全套4枚。面值均为60分。全套面值240分,售价3.60元。发行量100万套。

2001年7月28日,中国邮政同时发行了三套TP18《花园城市深圳》特种邮资明信片,一套为TP18(A);两套为TP18(B),其中一套为本册式,另一套为国际航空特种邮资明信片,为便于区别,前者可称为TP18(B1),后者可称为TP18(B2)。TP18(A)和TP18(B1)全套均为10枚,面值均为60分,全套面值均为600分。TP18(A)售价9.00元,发行量60万套;TP18(B1)售价12.00元,发行量50万套。TP18(B2)全套4枚,面值均为4.20元。全套面值16.80元,售价18元。发行量20万套。TP18(B2)为国际航空邮资明信片,采用封套装。

2001年8月26日,中国邮政发行一套TP19(B)《兴城古城》特种邮资明信片,全套10枚(本册式),发行量60万套。

2001年9月1日,中国邮政发行一套TP20《美丽的鄂伦春》特种邮资明信片,全套4枚,发行量60万套。

2001年10月24日,中国邮政发行一套TP21《李白诗选》特种邮资明信片,全套6枚,发行量80万套。

2002年4月12日,中国邮政发行一套TP22(B)《开平碉楼》特种邮资明信片,全套10枚(本册式),发行量60万套。

2002年5月18日,中国邮政发行一套TP23(B)《中国民居——王家大院》特种邮资明信片,全套10枚(本册式),发行量50万套。

2003年3月6日,中国邮政发行一套TP24《山茶花》特种邮资明信片,全套4枚,发行量50万套。

2003年4月12日,中国邮政发行一套TP25《巫山小三峡》特种邮资明信片,全套8枚,发行量50万套。同时还发行TP25(B)一套,全套8枚,发行量35万套。

2003年9月15日,中国邮政发行一套TP26(B)《二十四节气》特种邮资明信片,全套10枚(本册式),发行量20万套(见图),在名址线上采用"24JIEO"缩微文字防伪。这是中国邮政首次在TP系列本册式邮资明信片上采用这种防伪措施。

2003年9月11日,中国邮政发行一套TP27(B)《丹东风光》特种邮资明信片,全套8枚(本册式),发行量50万套。

2004年10月5日,中国邮政发行一套TP28《傅抱

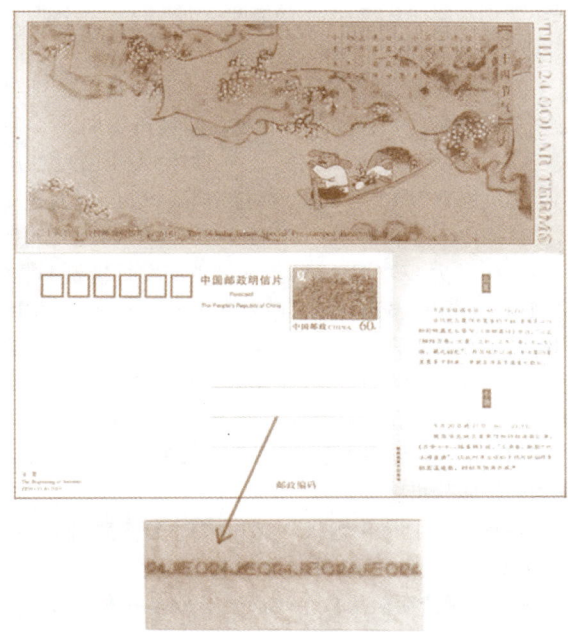

石作品——东山丝竹》特种邮资明信片,全套1枚,发行量380万套。这是特种邮资明信片中全套枚数最少的一套,并采用了防伪油墨、缩微文字防伪措施。

2004年10月17日,中国邮政发行一套TP29《南开学校旧址》特种邮资明信片,全套1枚,发行量300万套。采用防伪油墨、缩微文字防伪措施。

2005年5月4日,中国邮政发行一套TP30《革命烈士诗抄》特种邮资明信片,全套8枚,发行量71.5万套。采用防伪油墨、缩微文字防伪措施。

2005年6月3日,中国邮政发行一套TP31(B)《中国船舶》特种邮资明信片,全套8枚(本册式),发行量74万套。采用防伪油墨、缩微文字防伪措施。

2007年7月25日,中国邮政发行一套TP32(B)《五大连池》特种邮资明信片,全套10枚(本册式),发行量56万套。采用防伪油墨、缩微暗记防伪措施。

2007年9月13日,中国邮政发行一套TP33《迪庆风情》特种邮资明信片,全套4枚,发行量65万套。采用防伪油墨、缩微暗记防伪措施。

2008年6月27日,中国邮政发行一套TP34《武隆喀斯特》特种邮资明信片,全套5枚,发行量30万套。采用防伪油墨、缩微暗记防伪措施。

2008年7月27日,中国邮政发行一套TP35《抗美援朝纪念馆》特种邮资明信片,全套1枚,发行量50万套。采用防伪油墨、缩微暗记防伪措施。

2008年9月28日,中国邮政发行一套TP36《户县农民画》特种邮资明信片,全套4枚,发行量20万套。

采用防伪油墨、缩微暗记防伪措施。
......

特种邮资明信片已发行了三十多种。其中发行套数和枚数最多的一种是"TP18《花园城市深圳》,一种发行了三套,大全套共24枚,其中TP18(A)10枚,TP18(B1)10枚,TP18(B2)4枚;发行全套枚数最少的是1枚,有"TP28"、"TP29"、"TP35"。在TP(A)、TP(B)中,发行量少的大多为TP(B),其中最少的发行量仅11万套,它就是TP1(B)《哈尔滨冰雪风光》,其次是TP18(B2)《花园城市深圳》、TP26(B)《二十四节气》,发行量均为20万套。不分(A)、(B)组,单独一套发行量最少的是TP36《户县农民画》,发行量20万套。为了加强防伪,"TP"片自发行TP26(B)《二十四节气》开始,采用了缩微暗记防伪措施。

特种邮资明信片题材广泛,内容丰富多彩,制作精美,集邮者应注意收集、研究。

【风光邮资明信片】Landscape Stamped Postcard
风光邮资明信片是中国邮政发行的重点系列邮资票品之一。在新版《中国集邮百科知识》中,对中国邮政在1995年之前发行的编号为"YP1"~"YP16"作了介绍。

风光邮资明信片,当初发行时其志号按照"邮资明信片"中"邮"和"片",或"旅游明信片"中"游"和"片"两个字中的汉语拼音首字母"YP"组合而成,由于不够严谨、规范,因此在1994年在发行"YP16"《湖北风光》之后,开始重新以"风光邮资明信片"中的"风"和"片"汉语拼音首字母"FP"编志号。这便形成了两个系列:"YP"和"FP"。

1995年5月18日,中国邮政在发行《河北风光》风光邮资明信片时,未再采用"YP"志号继续编号,而是启用纠正后的"FP"志号另行编号。这个新系列,到2003年止,共计发行了19种。具体发行情况如下:

1995年5月18日,中国邮政发行FP1《河北风光》邮资明信片,全套2组。A组、B组各10枚,A组印有邮政编码框,B组在左上角印有航空标签为国际航空邮资片。A组面值均为15分,全组面值150分,售价4.00元,发行量50.6万套;B组面值均为230分,全组面值2300分,售价25.50元,发行量10.05万套。

1997年2月20日,中国邮政发行FP2《云南风光》邮资明信片,全套2组。A、B两组各10枚,A组为国内邮资明信片,B组为国际航空邮资明信片。A组面值均为40分(邮资调整),全组面值400分,售价7.00元,发行量75万套;B组面值均为420分(邮资调整),全组面值4200分,售价45.00元,发行量10万套(见图)。

1997年5月8日,中国邮政发行FP3《江苏风光》邮

B组封套

资明信片,全套2组。A、B两组各10枚,A组为国内邮资明信片,B组为国际航空邮资明信片。A组面值均为40分,全组面值400分,售价7.00元,发行量95.47万套;B组面值均为420分,全组面值4200分,售价45.00元,发行量15.61万套。

1997年6月8日,中国邮政发行FP4《山西风光》邮资明信片,全套2组。A、B两组各10枚,A组为国内邮资明信片,B组为国际航空邮资明信片。A组面值均为40分,全组面值400分,售价7.00元,发行量92.41万套;B组面值均为420分,全组面值4200分,售价45.00元,发行量12万套。

1997年10月16日,中国邮政发行FP5《新疆风光》邮资明信片,全套2组。A、B两组各10枚,A组为国内邮资明信片,B组为国际航空邮资明信片。A组面值均为40分,全组面值400分,售价7.00元,发行量122.91万套;B组面值均为420分,全组面值4200分,售价45.00元,发行量40.6万套。

1998年5月26日，中国邮政发行FP6《辽宁风光》邮资明信片全套2组。A、B两组各10枚，A组为国内邮资明信片，B组为国际航空邮资明信片。A组面值均为40分，全组面值400分，售价7.00元，发行量122.5万套；B组面值均为420分，全组面值4200分，售价45.00元，发行量40.1万套。

1998年7月30日，中国邮政发行FP7《武陵源风光》邮资明信片，全套2组。A、B两组各10枚，A组为国内邮资明信片，B组为国际航空邮资明信片。A组面值均为40分，全组面值400分，售价7.00元，发行量115万套；B组面值均为420分，全组面值4200分，售价45.00元，发行量42万套。

1998年11月25日，中国邮政原定计划发行FP8《贵州风光》邮资明信片，全套2组。A、B两组各10枚。A组为国内邮资明信片，B组为国际航空邮资明信片。A组面值均为40分，全组面值400分，售价7.00元，发行量93.2万套；B组面值均为420分，全组面值4200分，售价45.00元，发行量25.3万套。这套风光邮资明信片，由于有地方违规提前销售，被细心的集邮者发现其编号不是"FP8"，而是"FP7"，这与1998年7月30日发行的FP7《武陵源风光》竟然是同一个编号。显然，FP7《贵州风光》成了"错片"。于是，中国邮政收回这套"错片"，又印制了正确的FP8《贵州风光》邮资明信片，全套2组（见图）。由于这套"错片"当时提前出售的并不多，如今比较珍罕。

1999年9月4日，中国邮政发行FP9《福建风光》邮资明信片，全套2组。A、B两组各10枚。A组为国内邮资明信片，B组为国际航空邮资明信片。A组面值均为60分，全组面值600分，售价9元，发行量142万套；B组面值均为420分，全组面值4200分，售价45.00元，发行量40万套。

1999年9月23日，中国邮政发行FP10《河南风光》邮资明信片，全套2组。A、B两组各10枚。A组为国内邮资明信片，B组为国际航空邮资明信片。A组面值均为60分，全组面值600分，售价9元，发行量120万套；B组面值均为420分，全组面值4200分，售价45.00元，发行量30万套。

1999年11月28日，中国邮政发行FP11《北京风光》邮资明信片，全套2组。A、B两组各10枚。A组为国内邮资明信片，B组为国际航空邮资明信片。A组面值均为60分，全组面值600分，售价9元，发行量203.3万套；B组面值均为420分，全组面值4200分，售价45.00元，发行量50.3万套。

2000年4月22日，中国邮政发行FP12《安徽风光》邮资明信片，全套2组。A、B两组各10枚。A组为国内邮资明信片，B组为国际航空邮资明信片。A组面值均为60分，全组面值600分，售价9元，发行量95万套；B组面值均为420分，全组面值4200分，售价45.00元，发行量25万套。

2000年7月6日，中国邮政发行FP13《吉林风光》邮资明信片，全套2组。A、B两组各10枚。A组面值均为60分，是国内邮资明信片，全组面值600分，售价9元，发行量65万套；B组面值均为420分，是国际航空邮资明信片，全组面值4200分，售价45.00元，发行量20万套。

2000年10月1日，中国邮政发行FP14《重庆风光》邮资明信片，全套2组。A、B两组各10枚。A组面值均为60分，是国内邮资明信片，全组面值600分，售价9元，发行量80万套；B组面值均为420分，是国际航空邮资明信片，全组面值4200分，售价45.00元，发行量20万套。

2001年7月1日，中国邮政发行FP15《江西风光》邮资明信片，全套2组。A、B两组各10枚。A组面值均为60分，是国内邮资明信片，全组面值600分，售价9元，发行量70万套；B组面值均为420分，是国际航空邮

资明信片,全组面值4200分,售价45.00元,发行量20万套。

2001年10月25日,中国邮政发行FP16《湖南风光》邮资明信片,全套2组。A、B两组各10枚。A组面值均为60分,是国内邮资明信片,全组面值600分,售价9元,发行量60万套;B组面值均为420分,是国际航空邮资明信片,全组面值4200分,售价45.00元,发行量30万套。

2002年1月5日,中国邮政发行FP17《黑龙江风光》邮资明信片,全套2组。A、B两组各10枚。A组面值均为60分,是国内邮资明信片,全组面值600分,售价9元,发行量50万套;B组面值均为420分,是国际航空邮资明信片,全组面值4200分,售价45.00元,发行量15万套。这套风光邮资明信片,采用荧光油墨印制;A、B两组封套,采用烫金、烫银压凸工艺,增强了防伪功能,这是我国首次采用荧光油墨印制风光邮资明信片。

2002年5月26日,中国邮政发行FP18《青海风光》邮资明信片,全套2组。A、B两组各10枚。A组面值均为60分,是国内邮资明信片,全组面值600分,售价9元,发行量50万套;B组面值均为420分,是国际航空邮资明信片,全组面值4200分,售价45.00元,发行量15万套。

2003年5月1日,中国邮政发行FP19《山东风光》邮资明信片,全套3组。A、B1两组各10枚,B2为4枚。A、B1面值均为60分(B1为本册式),均是国内邮资明信片,全组面值均为600分,售价分别为9元和12元(本册式),发行量均为35万套;B2面值均为420分,是国际航空邮资明信片,全组面值1680分,售价18元,发行量15万套。

"FP"系列风光邮资明信片,发行到2003年,至今未再发行,看来这个系列邮品已不再发行了,因为"FP"系列加上之前发行的"YP"系列,共计已达35种("YP"16种、"FP"19种)。但是在"FP"发行的"FP19"中,却出现了在特种邮资明信片("TP"系列邮品)才发行的本册式(B组)邮资明信片。本来"FP"系列,在设计上很有规律和特点,"FP1"~"FP18",均为大全套2组,均为每组各10枚,面值均相同;A组均印有邮政编码方框,为国内邮资明信片,B组在左上角均印有蓝色航空标签,为国际航空邮资明信片。结果在发行"FP19"时,大全套变为3组,其中B组变为2组:一组为B1本册式,全组10枚,面值均为60分;另一组为B2国际航空邮资明信片,全组原本一直是10枚,面值均为420分,却突然变为全组仅为4枚,不知有关部门是出于何种考虑。

"YP"、"FP"系列邮品以精美的画面,真实地展现了我们伟大祖国壮丽、秀美的大好河山。这个系列的邮品发行量并不多,集邮者应注意收集、研究。

【贺年(有奖)邮资明信片】Lottery New Year Stamped Postcard 中国邮政发行的贺年(有奖)邮资明信片,在新版《中国集邮百科知识》中已介绍到1996年。在本书中,仅对1997年~2008年发行的各种贺年(有奖)邮资明信片进行简要的介绍。

普通贺年(有奖)邮资明信片 1997年11月1日,中国邮政发行1998年普通贺年(有奖)邮资明信片一套,编号为"HP1998"。全套两组共12枚:第一组(12—1)~(12—6),明信片图案为"中国民间艺术·苏州刺绣";第二组(12—7)~(12—12),明信片图案为"卡通画"。每枚面值均为40分。全套面值480分,售价12

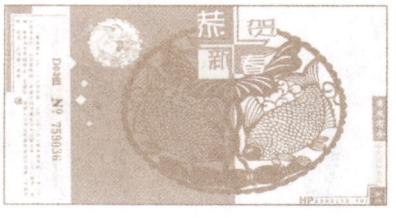

元,发行量 11335 万枚。

1998 年 11 月 1 日,中国邮政发行 1999 年普通贺年(有奖)邮资明信片一套,编号为"HP1999"。全套两组共 12 枚:第一组(12—1)~(12—6),明信片图案为"中国民间艺术·风筝";第二组(12—7)~(12—12),明信片图案为"卡通画"。每枚面值均为 40 分。全套面值 480 分,售价 12 元,发行量 11272 万枚。

1999 年 11 月 1 日,中国邮政发行 2000 年普通贺年(有奖)邮资明信片一套,编号为"HP2000"。全套两组共 12 枚:第一组(12—1)~(12—6),明信片图案为"中国民间艺术·传统龙纹";第二组(12—7)~(12—12),明信片图案为"民间剪纸"。每枚面值均为 60 分。全套面值 720 分,售价 14.40 元,发行量 800 万套(见上页图)。

2000 年 11 月 20 日,中国邮政发行 2001 年普通贺年(有奖)邮资明信片一套,编号为"HP2001"。全套两组共 12 枚:第一组(12—1)~(12—6),明信片图案为"中国民间艺术";第二组(12—7)~(12—12),明信片图案为"民间传统喜庆图案"。每枚面值均为 60 分。全套面值 720 分,售价 14.40 元,发行量为 869.08 万套。

2001 年 11 月 20 日,中国邮政发行 2002 年普通贺年(有奖)邮资明信片一套,编号为"HP2002"。全套三组共 12 枚:A 组(4—1)~(4—4),明信片图案为"吉祥鸟";B 组(4—1)~(4—4),明信片图案为"中国结";C 组(4—1)~(4—4),明信片图案为"杨柳青年画"。每枚面值均为 60 分。每组面值均为 240 分,售价均为 4.80 元。全套面值 720 分,售价 14.40 元,发行量为 800 万套。

2002 年 11 月 20 日,中国邮政发行 2003 年普通贺年(有奖)邮资明信片一套,编号为"HP2003"。全套三组共 12 枚:A 组(4—1)~(4—4),明信片图案为"惠山泥人";B 组(4—1)~(4—4),明信片图案为"卡通画";C 组(4—1)~(4—4),明信片图案为"中国古代花鸟画"。每枚面值均为 60 分。每组面值均为 240 分,售价均为 4.80 元。全套面值 720 分,售价 14.40 元,发行量为 833 万套。

2003 年 11 月 1 日,中国邮政发行 2004 年普通贺年(有奖)邮资明信片一套,编号为"HP2004"。全套 4 枚。每枚面值均为 60 分。全套面值 240 分,售价 4.80 元,发行量为 1404.5 万套。

2004 年 11 月 1 日,中国邮政发行 2005 年普通贺年(有奖)邮资明信片一套,编号为"HP2005"。全套 31 枚。每枚面值均为 60 分。全套面值 1860 分,每套售价 37.20 元,发行量为 168.75 万套。这是中国邮政自发行普通贺年(有奖)邮资明信片以来,全套枚数最多的一套,明信片图案分别为全国 31 个省、直辖市、自治区各 1 枚,因此要收集齐全全套实寄片很不容易,全套新片存世量很少,市价很高。

2005 年 11 月 1 日,中国邮政发行 2006 年普通贺年(有奖)邮资明信片一套,编号为"HP2006"。全套 4 枚。每枚面值均为 60 分。全套面值 240 分,售价 4.80 元。

2006 年 11 月 1 日,中国邮政发行 2007 年普通贺年(有奖)邮资明信片一套,编号为"HP2007"。全套 4 枚。每枚面值均为 60 分。全套面值 240 分,售价 5.60 元,首次将售价调高。

2007 年 10 月 9 日,中国邮政发行 2008 年普通贺年(有奖)邮资明信片一套,编号为"HP2008"。全套 4 枚。每枚面值均为 80 分。全套面值 320 分,售价 6.40 元。这是邮资调整后,再次将售价调高。

……

普通贺年(有奖)邮资明信片,涉及的题材广泛,内容丰富多彩,设计形式多样,受到集邮者的欢迎。但是发行忽冷忽热,全套枚数过多,发行数量不加节制,从而影响集邮者收集的兴趣。

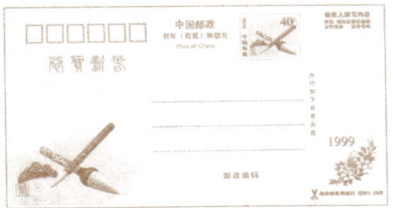

极限型贺年（有奖）邮资明信片 它是贺年（有奖）邮资明信片中的一种。因其邮资图与片图图案相同，故名。志号为"JHP"，取自"极限片"三字的汉语拼音首字母。自1997年始发，至2000年停发。1996年12月1日，中国邮政发行1997年极限型贺年（有奖）邮资明信片一套，编号"JHP1997"。全套4枚。面值均为15分，因邮资调整，加盖改值后发行，加盖面值改为40分，全套面值160分，售价8.80元，发行量90万套，已在新版《中国集邮百科知识》中介绍了。

1997年11月1日，中国邮政发行1998年极限型贺年（有奖）邮资明信片一套，编号"JHP1998"。全套4枚。每枚面值均为40分。全套面值160分，售价8.80元，发行量800万枚。

1998年11月1日，中国邮政发行1999年极限型贺年（有奖）邮资明信片一套，编号"JHP1999"。全套两组共8枚，每组4枚。A、B两组邮资图、明信片图案均相同，但邮资面值不同。A组为国内邮资，每枚面值均为40分，全套面值160分，售价8.80元，发行量2528万枚；B组为国际邮资，每枚面值均为320分，全套面值1280分，售价15.20元，发行量300万枚（见上页图）。

1999年11月1日，中国邮政发行2000年极限型贺年（有奖）邮资明信片一套，编号"JHP2000"。全套4枚，每枚面值均为60分。全套面值240分，售价8.80元，发行量300万套。这是中国邮政在20世纪发行的最后一套极限型贺年（有奖）邮资明信片。此套极限型贺年（有奖）邮资明信片，将片图印在了明信片的背面，实在不应该。

特种型贺年（有奖）邮资明信片 2000年11月20日，中国邮政发行2001年特种型贺年（有奖）邮资明信片一套，编号"THP2001"。这是中国邮政在中止发行极限型贺年（有奖）邮资明信片之后，新开发的一种贺年（有奖）邮资明信片。但这个新品种仅发行了这一套。这套邮品全套4枚，面值均为60分。全套面值240分，售价8.80元，发行量209.385万套。

异形贺年（有奖）邮资明信片 邮政部门发行的矩形之外的非几何形邮资明信片，故名。2004年11月1日，中国邮政在发行2005年贺年（有奖）邮资明信片中，又开发了一个新品种——异形贺年（有奖）邮资明信片，这个新品种全套4枚，编号"HY2005"。全套面值均为60分，总面值240分，售价18元，每枚售价4.50元。之所以售价高，是因为其中包含有特殊寄递保护费用，如在实寄过程中异形邮资片受到损坏，邮局将负责赔偿。因此，邮递员在投寄时也格外小心（见图）。

2005年11月1日，中国邮政发行2006年异形贺

年（有奖）邮资明信片一套，编号"HY2006"。全套4枚，面值均为60分。全套面值240分，售价18元，每枚售价4.50元。

2006年11月1日，中国邮政发行2007年异形贺年（有奖）邮资明信片一套，编号"HY2007"。全套4枚，面值均为60分。全套面值240分，售价18元，每枚售价4.50元。

2007年10月9日，中国邮政在发行2008年贺年（有奖）邮资明信片时，异形贺年（有奖）邮资明信片中止发行。

自创型贺年（有奖）邮资明信片 这是一种可供用户根据自己需要和意愿，在贺年（有奖）邮资明信片的背面，印上自行设计的明信片图案和文字，故名。

2007年10月9日，中国邮政在发行2008年贺年（有奖）邮品时，发行了一套自创型贺年（有奖）邮资明信片，编号"HZ2008"。全套1枚。面值80分，售价2.50元。这种自创型贺年（有奖）邮资明信片，正面印有鼠年邮资图，背面为空白，供用户自行设计打印图文。在正面左下方印有："本明信片的背面为空白可打印区域，消费者可自行设计打印图案，并遵守相关法律规定。"提醒用户在"自创"时，要遵纪守法（见图）。

2008年10月9日，中国邮政发行2009年自创型贺年（有奖）邮资明信片一套，编号"HZ2009"。全套1枚。面值80分，售价2.50元。这是中国邮政发行的第二套

自创型贺年(有奖)邮资明信片。

【专用邮资明信片】Special Stamped Postcard　专用邮资明信片发行情况,在新版《中国集邮百科知识》中已介绍到1997年。

1999年,中国邮政发行了《寻医问药咨询卡》一套,编号"ZP·2"。这是中国邮政对"寻医问药咨询卡"正式编列志号后,发行的第二套《寻医问药咨询卡》,是专用邮资明信片中的一种。这套《寻医问药咨询卡》全套2枚。编号分别为"ZP·2·(2—1)1999"和"ZP·2·(2—2)1999",邮资图均为"牡丹",面值均为60分,每枚售价均为10元。(2—1)在咨询卡正面左部居中的题词为"医患携手,促进医疗信息咨询事业　程思远　1998年8月8日";(2—2)在咨询卡正面左部居中的题词为"国富民康　造福社会　李德生 1998年8月"。咨询卡背面均显著印有"卫生部医院评审委员会监督服务"文字和"寻医问药卡使用说明:一、用户可就某种疾病在全国范围查询权威医院、特色门诊以及医学专家,或就某种所需药品进行查询。二、服务要求请写明寻医范围是全国还是本省市等。三、此卡寄出后,国迅咨询公司医药咨询中心将对咨询内容给予及时回复。四、此卡服务期两年。"这是中国邮政在发行的《寻医问药咨询卡》中,首次规定卡的服务期限(见图)。

全国最佳邮票评选专用邮资明信片　因专供一年一度的全国最佳邮票评选专用,故名。2007年2月1日,中国邮政正式发行《全国最佳邮票评选徽志》邮资明信片一枚,供第27届全国最佳邮票评选专用。邮资

信片邮资面值80分。邮资图规格为23毫米×32毫米。明信片规格为148毫米×100毫米。明信片背面印有评选全年邮票的志号、评选方法、评选要求、投票时间等,并印有"本届系第27届全国最佳邮票评选"字样。这是我国首次发行全国最佳邮票评选专用邮资明信片,也是中国邮政发行的第一枚供全国最佳邮票评选专用的邮资明信片。因是专用邮资明信片,还要为参加评选的选中者发放奖品,因此,其售价远比普通邮资明信片高 每枚售价内外有别:集邮协会会员优惠价4.30元,非集邮协会会员按售价4.60元供给。自此,这种专用邮资明信片便形成了一个系列邮品。

2008年2月1日,中国邮政为第28届全国最佳邮票评选发行专用邮资明信片一枚,邮资图规格为23毫米×32毫米。明信片规格为148毫米×100毫米。邮资面值80分,会员售价4.30元,非会员售价4.60元(见图)。

2009年2月20日,中国邮政发行第29届全国最佳邮票评选专用邮资明信片一枚。

2010年2月20日,中国邮政发行第30届全国最佳邮票评选专用邮资明信片一枚。

……

最佳邮票评选专用邮资明信片是国家邮政正式发行的邮资票品,明信片上印有的两种不同大小的生肖图案,均是组编邮集的有效信息,也是组编生肖邮集的好邮品。

幸运天下专用邮资明信片　因有机会参与"幸运天下"抽奖活动,幸运获得大奖,故名。又称"幸运卡"。这是中国邮政与中央电视台经济频道"购物街"电视节目合作,在2007年6月1日正式推出的一种专用邮资明信片。此专用邮资明信片,既在邮政窗口出售,又由商家向客户赠送,以供希望参加CCTV—2"购物街"活动的观众,用于报名抽奖。"幸运卡"明信片规格为125毫米×78毫米;明信片带副券展开规格为250毫米×78毫米,

副券上通常印有商家广告。上面印有与正片上相同的编号,由报名者留作凭证,以参加抽奖。明信片邮资图规格21毫米×21毫米(异形),面值80分(见图)。

回音卡 是寄件人随邮件或汇款附寄给收件人,回复邮件或汇款是否如数收到的一种专用邮资明信片,故名。当初这样做,是把回音卡视作"回执"和"双明信片"来使用,后因出现弊端,国家邮政局1999年在"关于规范使用回音卡业务的通知"中规定:"回音卡一般应由各局营业窗口提供";"回音卡一般应由用户投入信筒(箱)内";"用户交寄邮件时,将回音卡粘贴于邮件封面或钉在邮件外部要求附寄的,邮局应不予受理"。这个新规定,否定了原来发行回音卡的本意,将回音卡上原本印好的具有"双明信片"效用的寄件人寄发给收件人的邮件内容和收件人收到寄件人的邮件内容,"合二为一",变成只能使收件人或寄件人选其中一项邮寄,成了"单一片"并非"双片"。

1999年8月20日,中国邮政发行《信鸽和地球》(回音卡)专用邮资明信片一枚。明信片邮资图规格为34毫米×30毫米×30毫米(三角形)。明信片规格为148毫米×100毫米。面值60分。售价0.85元。胶版彩印。河南省邮电印刷厂印制。这是中国邮政发行的首枚回音卡专用邮资明信片,也是我国正式发行的第一枚回音卡专用邮资明信片。发行后,由于寄递方式的改变,不能随邮件附寄,这同普通邮资明信片毫无区别,失去了"回音"专用的意义。但它仍是国家邮政正式发行的邮资票品(见图)。

调查问卷回函专用邮资明信片 专门用于某项调查问卷而特制的邮资明信片,故名。大多为广告邮资明信片,采用已发行的普通邮资明信片邮资图,由邮政部门按用户需要设计、印制的专用邮资明信片。常采用套寄方式将专用邮资明信片寄发下去。专用明信片背面已印好调查问卷的具体内容,调查对象只按调查内容选择打"√"即可(见图)。这种调查问卷回函专用邮资明信片,也是国家邮政正式印制的邮品,集邮者应注意收集。

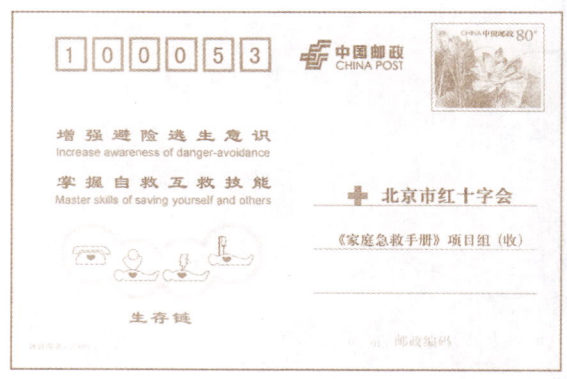

简
Letter Sheet

【纪念邮资邮简】Commemorative Stamped Letter Sheet　为纪念某一重大事件和社会活动、特殊纪念节日由国家邮政发行的邮资邮简。其特点是将信封和信纸合二为一，呈三折式，信封背面可充当信纸，书写信文，折叠后封贴好即可投寄。

1998年11月12日，为迎接"中国1999世界集邮展览"和"第22届万国邮联大会"在中国召开，中国邮政发行《中国1999世界集邮展览》纪念邮资邮简一套，编号为"YJ1"。全套2枚。YJ1（2—1）面值520分（国际航空），售价5.70元，发行量1003.9万枚；YJ1（2—2）面值50分，售价1.00元，发行量1500.2万枚。邮资图规格为30毫米×26毫米。邮简规格为208毫米×110毫米。邮简展开规格为248毫米×337毫米。YJ1（2—1）邮资图为1878年"大龙"邮票1分银，邮简图案为"柳毅传书"；YJ1（2—2）邮资图为1878年"大龙"邮票5分银，邮简图案为"嫦娥奔月"。胶版彩印。邹建军设计。YJ1（2—1）由北京邮票厂印制；YJ1（2—2）由河南省邮电印刷厂印制。这是中国邮政首次发行纪念邮资邮简（见图）。

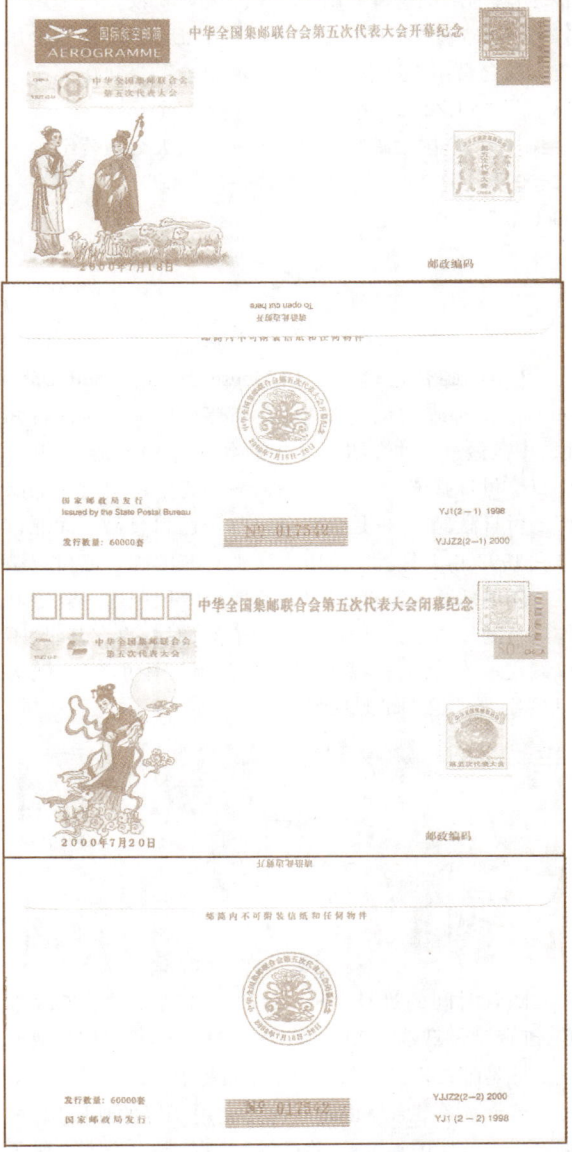

加字纪念邮资邮简　1999年8月21日，经国家邮政局批准，为纪念中国1999世界集邮展览，中华全国集邮联合会发行《中国1999世界集邮展览》开幕、闭幕加字邮资邮简一套，编号"YJJZ1"。全套2枚。均采用"YJ1"全套纪念邮资邮简，在上面分别加印"中国1999世界集邮展览开幕纪念"金字、开幕日期"1999年8月21日"，以及编号"YJJZ1（2—1）1999"、"发行数量200000枚"等文字；"中国1999世界集邮展览闭幕纪念"金字、闭幕日期"1999年8月30日"，以及编号"YJJZ1（2—2）1999"、"发行数量200000枚"等字样。这是我国首次发行加字纪念邮资邮简。

2000年7月18日，为纪念中华全国集邮联合会第五次代表大会召开，经国家邮政局批准，中华全国集邮联合会发行"中华全国集邮联合会第五次代表大会"开幕、闭幕加字纪念邮资邮简一套，全套2枚。均采用原YZ1（2—1）和YZ1（2—2），分别在上面加印"中华全国集邮联合会第五次代表大会开幕纪念"、"2000年7月18日"、"YJJZ2（2—1）2000"、"发行数量：6000套"等文字和"中华全国集邮联合会第五次代表大会闭幕纪念"、"2000年7月20日"、"YJJZ2（2—2）2000"、"发行数量：6000套"等文字（见上页图）。

戳
Marks

【中国邮资已付日戳】Chinese Postage Paid Datemark　这种邮资已付日戳，在新版《中国集邮百科知识》中已做过一些介绍。自1993年6月30日起，将几种邮资已付日戳统一合并为两种，一种为中法文对照的邮资已付日戳，另一种是机要通信邮资已付日戳。而北京早在1992年1月就已使用中法文对照的邮资已付日戳了。邮电部这一通知发出后，有的地方依照这一规定制作出新的邮资已付日戳，有的则依然如故；更有甚者，不仅戳式未改，就连日戳上的"邮资已付"中的"已"错为"巳"字，也依然未改（见图）。

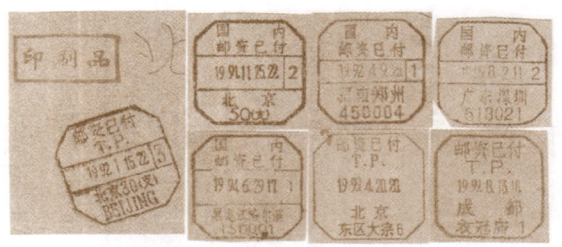

随着时间的推移，进入21世纪以后，国家邮政规定，邮资已付日戳于2002年12月31日停止使用。取而代之的是邮资机盖签条和大宗邮资标签。

邮资机盖签条　由邮政部门使用认定的邮资机，根据寄递邮件性质和重量，将应纳邮资费用和邮戳直接盖印在邮件上，或盖印签条后将签条粘贴在邮件上，以示

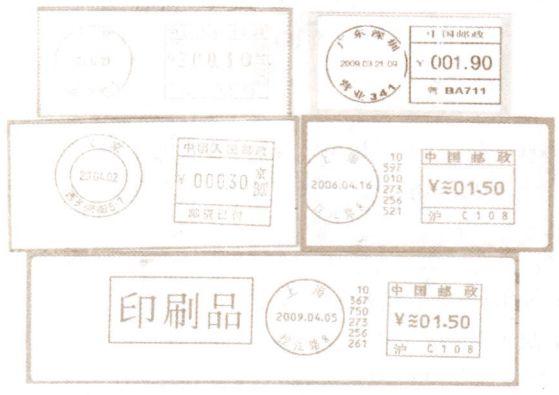

邮资已付。由于邮资机型号不同，在邮件上或签条上加盖出的邮戳和邮资戳记特征也各不相同（见图）。

大宗邮资标签　由邮政部门使用认定的大宗邮资标签制签机，根据寄递邮件性质和重量，将应纳资费和邮戳等打印在标签纸上制成邮资标签，作为邮资凭证粘贴在大宗邮件上，故名。这种制签机由计算机、电子秤、制签机、打印机、串口转换器等组成，所制的邮资标签不仅有邮资金额、日期，还有邮局名称、制签机代号、防伪的"唯一码"或条码，标签背面为自粘不干胶。

1998年11月27日，国家邮政局批准北京市邮局正式使用这种大宗邮资标签制签机，收寄大宗邮件。这种机器每小时最多可处理邮件1.6万件；能处理重量不同，厚度大于12毫米、邮资多样化的大宗邮件，大大提高了工作效率和邮政自动化水平。

自大宗邮资标签使用以来，其邮资标签也在不断地更新换代。第一代邮资标签启用于1998年底，标签上的图案、文字和数字，均由制签机实时打印。标签纸为净白纸。自2000年3月13日开始，第二代邮资标签问世。其所用标签纸上有底纹，事先印有黑色"中国邮政"、"CHINA POST"中英文铭记和绿色中国邮政标志。在紫光灯照射下，绿色中国邮政标志呈红色荧光；铭记中英文文字呈黄色荧光；底纹呈银白色。自2000年12月15日之后，北京邮局开始换用第三代标签纸。这一代标签用纸除事先印有"中国邮政"、"CHINA POST"中英文铭记和绿色中国邮政标志不变外，其纸上底纹采用荧光油墨印制，底纹图案更为复杂；在标签纸背面事先印有带外圆的绿色中国邮政标志；在标签纸左右两边，均模切有花边，更增加了防伪功能（见图）。

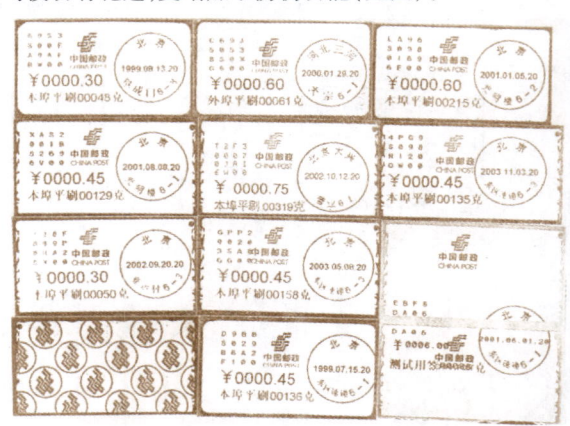

大宗邮资标签是一种集邮戳、邮件性质、重量、应纳资费于一体的邮资凭证。在打印过程中，也会偶尔出现一些移位等变体，这也增加了集邮者收集、研究的兴趣。

邮资机盖印刷品签条　邮资机盖签条中的一种。由邮政部门使用认定的邮资机，根据寄递的印刷品邮件

的重量而应纳资费、收寄时间,一并打印在签条纸上制成签条,粘贴在邮件上。签条背面为自粘不干胶。专用于大宗印刷品和较大、较厚重的印刷品邮件上(见图)。

邮资机盖连体宣传签条 将邮资机盖与宣传、纪念戳组合印制的邮资签条,故名。由邮政部门使用认定的邮资机打印出的由邮资金额、日戳和宣传、纪念戳记组合在一起的邮资签条,粘贴在邮件上,以示邮资已付。签条背面为自粘不干胶(见图)。

【中国风景日戳】Chinese Landscape Datemark 风景日戳均是选用我国最具代表性的风景名胜景点制作成邮戳,供旅游者和集邮者加盖在邮资票品上,以作为到此一游的纪念。在新版《中国集邮百科知识》中已做过一些介绍。这里补充一些新的、具代表性的风景日戳。

我国许多风景名胜在申请世界文化遗产成功之后,将风景名胜制作出有世界遗产标志的风景戳(见图)。

【宣传戳】Slogan Mark 带有宣传图文的戳记,故名。宣传戳依据内容可分为邮政业务宣传戳、社会公益宣传戳、政治事件宣传戳、广告宣传戳。常由邮政部门盖印在邮件上。随着社会的发展,邮政现代化水平的提高,如今出现了邮政日戳与宣传戳组合而成的连体宣传戳,受到广大集邮者的欢迎(见图)。

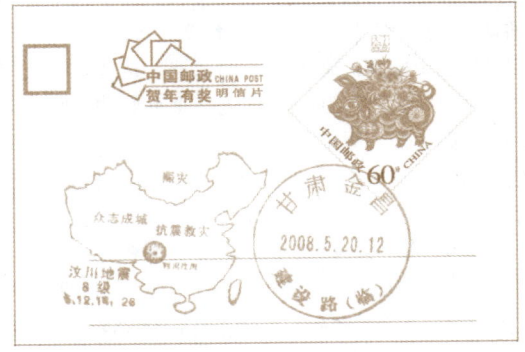

二、集邮概论
The Outline of Philately

【集邮类别】Philatelic Category 按不同的集邮方式,以邮资票品内容不同而区分的集邮种类。根据国际集邮联合会(FIP)集邮展览总规则规定,主要有:传统集邮、邮政历史集邮、邮政用品集邮、航空集邮、航天集邮、专题集邮、极限集邮、税票集邮、青少年集邮、现代集邮沙龙和文献集邮等类别。其中传统集邮、邮政历史集邮、邮政用品集邮、航空集邮、航天集邮这五类均为按邮票发行资料进行收集的传统集邮方式;极限集邮、青少年集邮、现代集邮沙龙等类别,既可按传统集邮方式,又可按专题集邮方式,即按邮票票面图案主题进行收集。

【传统集邮】Traditional Philately 集邮活动一开始就出现的一种集邮方式,以收集某一国家或地区在一定时期内发行的邮票,并研究其印制发行及使用情况的集邮类别。我国自清代发行大龙邮票以来至今,有大清邮政发行的邮票、中华民国邮政发行的邮票、中国人民革命战争时期发行的"区票"、中华人民共和国成立后中国邮政发行的邮票以及香港、澳门回归祖国以后,中国香港邮政、中国澳门邮政发行的邮票。选择这些不同时期中某一个邮政发行的邮票,进行全面收集、研究,均是传统集邮;如果觉得即使选择一个时期某个邮政发行的邮票,仍觉得其面太广、数量太大,还可将收集范围缩小为某一种类或某个阶段的邮票来收集、研究,如新中国成立后至今发行的邮票,按种类分有普票、纪念邮票、特种邮票等,按阶段分有老纪特邮票、"文"字邮票、编号邮票、JT邮票、按年份编号的纪念及特种邮票等,任选其一,进行收集、研究,也是传统集邮。传统集邮的素材核心是邮票,其特征是以收集和研究邮票从计划发行、设计、印制、加盖改值到正式发行和使用的全过程,并对邮票本身的版别、刷色、齿孔、暗记、纸质、背胶、印刷变异等作为主要研究内容。由此而组编邮集称传统集邮。

【邮政历史集邮】Postal History Philately 它是以收集某一国家或地区,在一定时期与邮政发展过程有关的邮品和研究邮政发展历史的集邮类别。按此集邮方式组编成的邮集参展,被称为邮政历史展品。FIP规则规定:"邮政历史展品,由经官方、地方或私人邮政机构传递的以及与这些机构有关的素材组成。此类展品应当着重表现邮路、邮资、戳记、应用及邮政的其他方面、邮政业务、职能和与邮政业务发展史相关的活动。"因此,其主要特征是以收集能显示邮件传递邮路、邮资和邮政业务史料的实寄邮品、邮寄过程中的凭据、邮政单式和信销旧票(见图),以及邮政上使用的公告等。在收集和研究邮政历史时,考虑到邮政历史很长,地域范围广大,内容丰富而繁杂,集邮者可根据自己的实际情况,选择某个时期、某个地区邮政的业务开办、资费演变、邮路开辟、邮戳的沿革等,分时期、分类别或综合地收集、研究。邮政历史集邮,按邮票使用以前和邮票诞生使用之后,可分为两大时期。

【邮政用品集邮】Postal Stationery Philately 以邮政用品为收集对象的集邮类别,故名。其特征主要是以国家邮政部门发行的印有邮资图或印有表明邮政资费字样的邮资信封、邮资邮简、邮资信卡、邮资明信片和带有邮资的电报纸、邮政汇票、邮政资费收据等为收集和研究对象。对其收集与研究方式有两种:一是对某一邮政用品进行"传统形式"的收集与研究,类似传统集邮中对邮票的研究;二是类似"邮政历史形式"的研究。其中对于邮政用品"传统形式"的研究,要比对它们使用的研究更为重要;未使用的和实寄的同样重要(见图)。在收集和研究邮政用品时,集邮者可根据自己的喜好和条

件,选择收集范围,可大可小,可多可少,也可重点收集某个时期发行的邮政用品中的一个品种。值得注意的是,收集的邮政用品应相对比较完整、系统。

【航空集邮】Aerophilately　它是以收集经由飞行器传递的以及与航空有关邮品的收集类别。在飞机未发明之前,热气球和信鸽传递的邮件就已存在了。这些邮件已弥足珍贵。其特征是以国家邮政部门专门发行的航空邮票(见图)、航空邮政用品和确实经过航空邮递的实寄封、新航线首航实寄封,以及飞机失事后找回的邮件等复合邮品为收集和研究对象。用这些复合邮品组编成的航空集邮展品,不仅记录了航空邮政业务发展的历史过程,同时也表现了世界航空技术的发展过程。

【航天集邮】Astrophilately　这是国际集邮联合会在 1985 年 11 月罗马大会上新增加的一个集邮类别。是以收集经由航天器运载的以及与航天有关邮资票品的集邮类别。它是一种把一部航天集邮展品建立在与太空研究和空间计划有关的历史和科技方面的集邮方式。其特征主要是收集和研究由国家邮政部门专门发行的邮资票品;在航天飞机、宇宙飞船、人造卫星、运载火箭等发射当天,经当地邮局实寄或盖销的信封(见图)和明信片;由同温层气球、火箭、回收船、救援直升机等发送或收回的邮政发布公告、邮政通知等;与空间计划有关的空间航行飞行物体的发射、飞行、着陆及相应的跟踪站、测量船舶等所有的邮品、邮政用品、电报等。这些直接记录航天事件并与航天事件直接有关的专门制发的集邮品,上面有与航天事件有关的官方戳记、航天纪念戳记、标记、说明文字和图案等,具有邮政意义。航天集邮涉及的领域广,部门多,时间长,内容丰富,集邮者在收集时应量力而行。

【专题集邮】Thematic Philately　以收集与所选专题密切相关的邮资票品,注重研究其图案内容和发行目的的集邮类别。当初被称为建设性集邮。1950 年 8 月,国际建设性集邮联合会成立,1964 年并入国际集邮联合会,成为国际集邮联合会下属的专题委员会,之后恒使用专题集邮。专题集邮按照不同的集邮方式可"一分为二":一是以邮票特定发行目的或题材为收集和研究内容的专题集邮方式;二是以讲述一个故事、一段历史来表达中心思想的专题集邮方式。前者可称资料性集邮,后者可称叙事性集邮。资料性集邮特征是将同类主题图案或同一发行目的的邮资票品全都收集在一起,以便深化主题;叙事性集邮特征是按拟定的中心思想和主题内容,选择相关的、切题的邮资票品;只要与主题开拓有关的邮品,均可收集,因为拓展这个专题,需要选用各种邮品。

【极限集邮】Maximaphily　以收集和研究极限明信片的集邮方式,收集和制作的集邮类别。其特征是将邮票、图画明信片、相关邮戳和谐地组合在一起,制作或复合邮品极限明信片。极限明信片主要是靠集邮者自己按照规定要求制作和收集。制作的极限明信片必须达到邮票、图画明信片、邮戳三者之间尽可能和谐一致,具体要求:①邮票必须是在有效的使用期内,制作极限明信片时,只能贴在图画明信片的画面的一面。不得使用欠资邮票、预销票、万国邮政联盟公布的有害邮票及公事邮票制作极限明信片。②图画明信片的规格必须符合万国邮政联盟的规定,发行时间应早于邮票;不能使用邮票放大图案制成的明信片,不能使用贴补、裁切过的明信片和手绘画片。③所盖邮戳必须具有邮政效能,邮戳上的图案和地名,应与邮票和图画明信片上的题材和主题有直接或密切的联系,邮戳上的日期越接近邮票的发行日期越好,最迟不能超过邮票使用有效期(见图)。

【印花(税票)集邮】Revenue Stamp Philately　以印花(税票)和相关物品为主要收集对象的集邮类别,是传

统集邮的一个分支。印花(税票)是交纳税费的凭证,其外形与邮票相似,带有面值,有些国家的税票和邮票还曾通用过,故名。其特征是收集和研究税票、费用票、信用票,包括使用或未使用过的压印、盖印或贴用的印花票。税票是为表示缴纳或者为记录与缴纳或豁免税收、征税或其他与关税有关事宜而发行的印花票;费用票是用于记录缴纳或豁免将提供或已提供某项服务费用的印花票;信用票是为了付给购买者本人或其委托人、代理人用以表明某种货币或金融的信用而发行的印花票。主要包括契约、收据、单据、发票、公众服务、关税印花票、通用的印花等,还应注意收集地方加盖、面值加盖等(见图)。

【青少年集邮】Youth Philately　是指适合青少年集邮者所从事的一种集邮方式。青少年集邮者可根据自己的喜好和实际情况,进行选择收集和研究各种邮资票品。其集邮类别与成年人一样,有传统集邮、邮政史集邮、专题集邮、邮政用品集邮、航空集邮、航天集邮、极限集邮等。在国际和国内大型邮展上,均设有这一专门的集邮类别。参加这一类别集邮展览的青少年的年龄仅限于13岁~21岁。分为3个年龄组:A组13岁~15岁;B组16岁~18岁;C组19岁~21岁。

【现代集邮沙龙】Mophila – Salon　以现行邮资票品和戳记等为收集和研究的一种集邮方式。根据国际集邮联合会(FIP)的设想,现代集邮沙龙这种新兴的集邮类别,是国际集邮联合会(FIP)规定的实验类别。它不是集邮史上的一个时期概念,而只是收集、展出集邮展品的一个时间限定。集邮者根据自己所收集的邮资票品在组编邮集时,所使用的邮资票品只限于邮展年之前15年内发行的(1994年汉城第63届国际集邮联大会以前,规定为10年)。组编集邮展品的方式不限,可按年代顺序或按专题组稿,也可选择其他方式。现代集邮沙龙是为了提倡和鼓励集邮者收集和研究现代(近期)邮资票品,充分发挥创造性和改革精神而开创的集邮新天地。

【文献集邮】Literature Philately　以收集、研究、展示、赏评和交流集邮文献为主要内容的一种集邮活动方式和过程。是集邮者和邮学研究者以集邮文献作为收集对象的集邮类别,主要收集、研究与邮资票品、集邮、邮政史有关的所有文献资料,即"集邮者适用的、涉及邮票、邮政历史及其收藏,以及与此有关的任何一个专门领域的所有印刷的传播物"。同时还包括与集邮活动有关的非印刷的传播物和资料,注重收藏、学习、研究、应用、赏评、传播与交换。

三、集邮研究概论
The Outline of Philatelic Study

版式研究
Setting Study

【版式】Setting 在新版《中国集邮百科知识》中，对版式研究的主要内容都已做了详细论述，但随着印刷技术的发展和研究的新发现，在这部"续集"中再加以补充。现如今，我们已进入高科技时代，邮资票品的生产，其科技含量也越来越高。因此，在进行版式研究时，也应该与时俱进，不能墨守成规。笔者在研究中发现，对版式研究除了按常规所进行的各项研究之外，还应特别注意微观研究。许多集邮者不重视微观研究，或者根本不进行微观研究，更有甚者认为，现在利用高科技印制邮资票品，没有必要进行微观研究。事实并非如此。

【版式研究的主要内容】Key Points in Research on Setting 在新版《中国集邮百科知识》中，已详细讲了版式研究的主要内容：母模特征、子模特征。这部"续集"要做必要补充的是微观特征。

微观特征 微观特征是指在版式研究中，难以用眼睛直接观察到，必须借助放大镜、线目测试片（也称网线量规）、特制解读器（见图）、紫光灯等器材，才可以分辨和观察到的细微特征。随着国家邮政在发行邮资票品时，为了提高防伪能力，不断提高印制邮资票品的技术含量，采用暗记、缩微文字暗记、潜形汉字防伪、荧光防伪油墨、防伪荧光纤维纸等，以及印刷版别特征，网纹夹角和网点特征，均需要借用器材，使眼睛能直观出其特征。比如现在印制的邮资封、片，要想能准确地分辨出其版型，不进行微观研究，就无法知道其微观特征；找不出微观特征的不同，就不能准确地分辨版型。因为今天印制邮资封、片所用的印刷设备远比过去要先进得多、精细得多。有的只能从微观特征上才能找出区别。就邮资明信片的标头、名址线而言，早先均采用凸版或胶版单色实印，如今均采用胶版彩印，其各种刷色的网纹夹角和网点特征，以及由缩微暗记组成的名址线，各不相同。这些特征，只有通过微观研究，才能掌握。

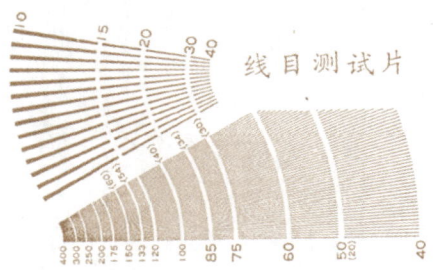

【研究版式】Study Settings 在新版《中国集邮百科知识》中已做了较全面的介绍，这里仅做些必要的补充。

分辨版型 笔者在对T·158《韩熙载夜宴图》版票进行微观研究时，发现其邮局全张的版票有三种版暗记、三种版型。三种版暗记分别为：在版票右上角"北京邮票厂"厂铭中，其"厂"字是繁体字，A版暗记在"厰"字中的"尚"上，其上部中间竖笔断开有一豁口；B版暗记在"厰"字最后一笔的中下部，笔画断开呈断线状；C版暗记其"厰"字呈正常状。三种版型分别为：A版为宽版，其印版版幅长为304.5毫米；B版为中宽版，其印版版幅长为303.5毫米；C版为窄版，其印版版幅长为303毫米。这是笔者在集邮研究中，利用微观特征分版型的一个具体实例。

值得提醒广大集邮者注意的是，中国邮政自2000年1月29日发行2000—2《春节（T）》邮票开始，在发行的纪、特邮票中，出现了版式二。之后，一种邮票发行多种版式的现象逐渐多了起来，从2003年开始，不仅全年发行的邮票均有版式二，有的还发行了版式三，如2003—1《癸未年（T）》邮票。自2004年开始，每年的生肖邮票均发行三种版式：版式一为大版票，版式二为小版票，版式三为赠送版。这些多版式邮票，集邮者从版票规格上大多可直观进行分辨。一种邮票发行多种版式,打破了原先人们按邮局全张规格大小和枚数多少分大版票和小版票的常规。

除此之外,2001年7月14日,为纪念北京申办2008年奥运会成功,中国邮政、中国香港邮政、中国澳门邮政同时联合发行了《北京申办2008年奥运会成功纪念》三方邮票联印的版票,俗称"三连版"。这种版式,在我国邮票发行史上属首次出现(见图)。

对于邮资封、邮资片的分版,应注意的微观特征详见本书"JF研究概论"和"JP研究概论"。

分辨印次 不同的印次,有时会出现原版和再版的不同,如JF·1、JF·2,这两枚纪念邮资封原版发行量为10万枚,后又再版,加印10万枚,总计发行量均为20万枚。但是这两枚纪念邮资封,其原版与再版在微观特征上存有多处不同,掌握了它们的微观特征,便可分辨出原版与再版(详见本书JF·1、JF·2)。

复组全格 广义上的复组,应包括印刷全张邮票的复组。一个印刷全张可分裁成1个或多个邮局全张。被裁成多个邮局全张的版票,可以根据其四周带有的边纸、边纸上所印有的厂铭、色标、规矩线、成品打包张号、齿孔特征等,进行复组印刷全张。如军2《义务兵专用邮票》,其采用胶版印制,梳式打孔,一个印刷全张可裁切成三个邮局全张,这样就形成在三个邮局全张中,有两个邮局全张是左右通齿,仅有一个邮局全张左通齿而右不通齿,这种被集邮者称为"不通齿"的邮局全张,因数量比左右通齿的邮局全张少,再加上在这个邮局全张上,也有多个子模印刷变异,因此其售价要比其他两个邮局全张贵几百元。收集到这三个邮局全张,便可复组成印刷全张。这与早期邮票复组全格,有着同样的研究意义和邮趣。

笔者在研究中发现,T·158《韩熙载夜宴图》也与军2《义务兵专用邮票》一样,同样可将三个邮局全张复组成印刷全张。

在我国发行的邮资票品中,T·51《童话——"咕咚"》小本票[SB(1)],其封皮可复组成四拼图;这四拼图就是小本票的一个印刷全张(见图)。同样,在T·57《白鱀豚》小本票[SB(2)]中,面值60分的小型张,可复组成五拼图;这五拼图就复组成了一格(见图)。

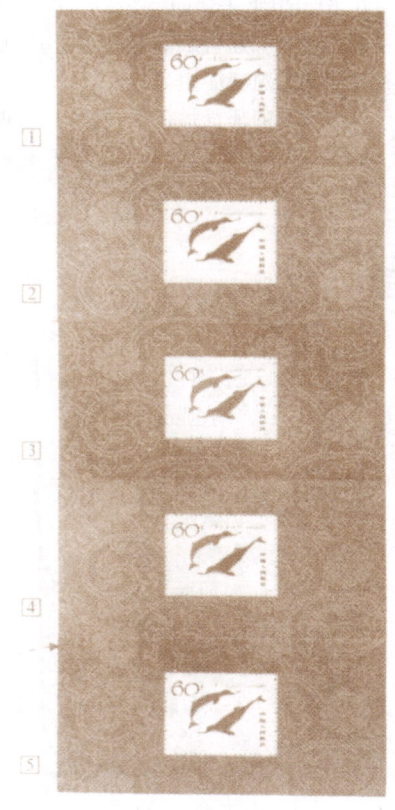

版铭研究
Margcription Study

【版铭】Marginal Inscription 在新版《中国集邮百科知识》中,对版铭研究的主要内容都已做了详细论述,本书再补充一些新内容。

【版铭研究的主要内容】Key Points in Research on Martial Inscription 版铭过去都印在邮局全张的边纸上,因此又称边铭。如今随着印刷技术的发展和集邮者收藏的需要,邮票印制出现多版式和邮局全张小型化,致使版铭更加丰富多彩,版铭已不仅限于印在边纸上,有的印在附票上或过桥票上,甚至邮票上(采用无色荧光油墨喷印数字码)。

文字铭　厂铭:在中国邮政发行的邮资票品中,有的并非邮电印刷厂印制,如各种邮资明信片和各种邮资封。这些邮品其印刷厂家的厂铭,有的在邮资明信片封套上全称署名,如深圳当纳利旭日印刷有限公司等;有的邮资信封背面右下角采用字母代号署厂铭,或者不署厂铭采用封舌胶刷色不同来加以辨别,如在中国邮政发行的"贺卡型"生肖邮资封中,1993年11月15日发行的1994年"贺卡型"生肖(狗年)邮资封,分别由中国人民解放军1206工厂印刷、天津印刷纸制品厂制封和上海人民印刷一厂印刷、上海庙行纸品厂制封。这种由不同厂家印制的同一种"贺卡型"生肖邮资封,为便于区分、辨别,在南方上海印制的邮资封,封舌刷蓝色胶,信封背面右下角不印字母代号;在北方印制的邮资封,封舌刷白胶,信封背面右下角印有汉语拼音花体字母代号 𝓑 (见图)。

同样,1994年11月1日发行的1995年"贺卡型"生肖邮资封,分别由北京鸿纳邮品股份有限公司与北京通县金华彩印厂印制。这种由两家印刷厂共同承担印制的"贺卡型"生肖邮资封,在信封背面右下角印的厂铭分别为"北京鸿纳邮品股份有限公司"和"北京鸿纳邮品股份有限公司J"。为什么会有这样两种厂铭呢?经研究,前者"北京鸿纳邮品股份有限公司"厂铭,表明这是"鸿纳公司"亲自承印的,后者"北京鸿纳邮品股份有限公司J"厂铭,表示这种邮资封由"鸿纳公司"与"金华彩印厂"共同承印,字母代号"J",取自"金华彩印厂"中的"金"字汉语拼音首字母,表明这枚封由"金华彩印厂"印制。这套"贺卡型"生肖邮资封全套共5枚,集邮者在收集时,只要看信封背面右下角的厂铭,便可准确地分辨出这枚封是由哪家印刷厂印制的。笔者研究发现,这套由两家印刷厂印制的邮资封,是两种版型,信封的封舌有宽、窄两种;弧度小者为宽封舌,弧度大者为窄封舌(见图)。

票铭　票铭在过去印制的大规格的邮局全张邮票上,仅偶尔出现在边纸上,如中国邮政发行的普通邮票普23、普25、普26等。自从中国邮政在发行邮票时出现多版式之后,邮票的票铭开始丰富多彩了,有的在邮局全张左上方或居中显著位置;有的在过桥票或附票上;有的在版票左旁或右旁并配以相关图案,与邮票融为一体,并且地位显赫⋯⋯总而言之,它已不是单纯"靠边站"了(见图)。

符号铭　色标:现在中国邮政发行的邮资票品,大多采用防伪荧光油墨印制,因此,邮票边纸上的色标,在紫光灯照射下,就会呈现出那种刷色采用的是防伪荧光油墨(见图)。这对鉴别邮票的真伪具有一定的参考价值。普通邮票使用时间长,在我国同一种普通邮票早期印制的可能没有采用防伪荧光油墨,而到了后期印制时很有可能采用了防伪荧光油墨,因此通过色标在紫光灯照射下是否呈现某种刷色的荧光反应,也可为普通邮票印次提供依据,如《万里长城》普通邮票等。

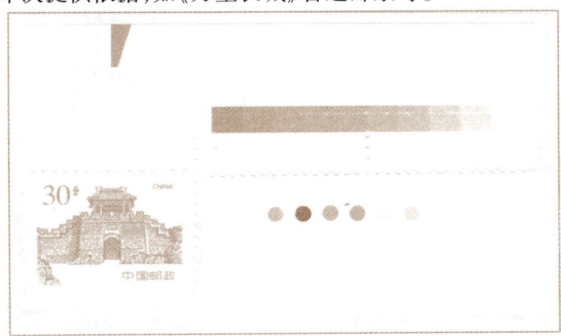

数字铭　油墨喷码：采用喷码技术喷印在邮票边纸上的一种新的数字铭。1998年3月5日，中国邮政发行1998—5《周恩来同志诞生一百周年(J)》邮票时，首次在邮局全张邮票的右上角边纸上，用黑色油墨喷印带A、B、C等字母打头的阿拉伯数码，以字母A、B、C等分别代表全套邮票中第1枚、第2枚、第3枚……之后，还喷印过不带A、B、C等字母打头的阿拉伯数码，如1998年11月14日发行的1998—24《解放战争三大战役纪念(J)》邮票，以01、02……13、14、15……52等两位阿拉伯数字打头的油墨喷码数字铭。经研究发现，以A、B、C等字母打头的喷码数字铭，A常被打印在全套邮票第一枚上，B常被打印在全套邮票第二枚上，依此类推。A、B、C等字母也就成了全套邮票排列的顺序代号；而两位数字打头的阿拉伯数字喷码号，其打头两位数字，并无此规律。因为这两种油墨喷码不是出自同一个厂家，前者为北京邮票厂，后者为辽宁省沈阳邮电印刷厂。这样编排油墨喷码，也便于区分不同厂家（见图）。在其后面喷印的一组阿拉伯数字，即邮局全张的成品流水号。而河南省邮电印刷厂印制的邮票，在邮局全张的右上角只打印成品流水号，与前两家印刷厂喷印的油墨喷码又不相同。

20世纪末，国家邮政局为加大邮票防伪性能和管理力度，开始在邮票上喷印无色荧光监控暗码。这种无色荧光油墨喷印数码，是一种既可记录邮局全张流水号，又可防伪，集防伪与记录功能于一体的新的数字铭。1999年4月8日，中国邮政发行1999—3《中国陶瓷——钧窑瓷器(T)》邮票时，开始采用荧光油墨喷印数码技术。这项新技术的实施，也是为了用来稽查邮政企业在销售邮票时的违规行为，以解决邮票在邮市上长期打折出售的顽疾。这套邮票全套4枚，仅在第一枚邮票的邮局全张右上角那枚邮票票面上喷印"A"字母打头的无色荧光数码，其余3枚邮局全张，仍采用黑墨喷印数码，数码前依次采用B、C、D字母打头。之后，也采用过阿拉伯数字打头的荧光喷印数码；荧光喷印数码或喷印在邮局全张左上角或右上角第一枚邮票票面上，或不规律地喷印在其他票位邮票上。即使这样，也未能制止邮票打折在邮市上出售。为了躲避稽查，在打折出售邮局全张票时，邮局全张上喷印有无色荧光数码的那枚邮票常被从版票上"挖"掉；在邮局全张纸边上喷印有黑色数码的，也常被剪掉后再出售，致使邮局全张票支离破碎（见图）。最后，全改为在邮局全张每一枚邮票上都喷印上无色荧光数码。

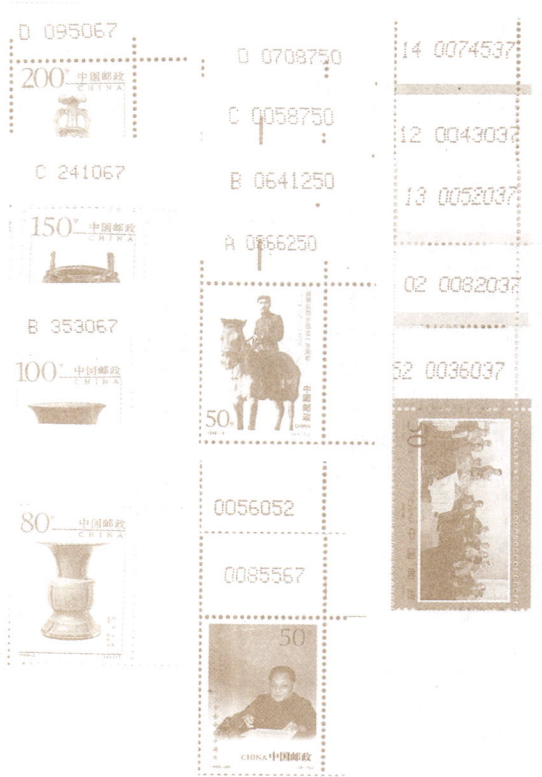

【研究版铭】Study Margcriptions　鉴于现在中国邮政印制的邮资票品大多采用了防伪荧光油墨,其版铭中的厂铭、色标、数字铭等,常采用各色荧光油墨或无色荧光油墨印制或喷印,因此,在进行版铭研究时,必须备有紫光灯。因为各色防伪荧光油墨,只有在紫光灯照射下才呈现荧光反应;要看邮票上喷印的无色荧光数码,也只有在紫光灯照射下,才能看得到,看得清楚。

纸质研究
Paper Quality Study

【纸质】Paper Quality　在新版《中国集邮百科知识》中已做了较全面的介绍,这里仅根据中国邮政在印制邮资票品时,增添新的纸质,做些必要的补充。

【纸质研究的主要内容】Key Point in Research on Paper Quality　现在中国邮政印制的邮资票品,其纸的质量不仅有了很大的提高,在品种上也更加丰富多彩。

荧光纤维纸　在纸内含有红、黄、蓝、绿的细小荧光纤维具有防伪作用的纸。依据纸中含有荧光纤维的特征,在紫光灯照射下,其纸中所含荧光纤维呈细长蓝色的荧光,称为蓝色荧光纤维纸;呈红色的称为红色荧光纤维纸。另一种纸中含有在紫光灯照射下呈现细微的红、黄、蓝、绿荧光彩点,称为四色荧光彩点纸。前者为中国邮政自1999年到2005年,在印制邮票时所采用的防伪纸;后者自2005年年底发行2005—28《第29届奥林匹克运动会——会徽(J)》邮票开始采用四色荧光彩点纸,直至现在。

绢质"纸"　也称丝绸。蚕丝或人造丝织成的纺织品,印制邮票的一种特殊材质,故也称绢质"纸"。中国邮政于2006年9月10日发行2006—23《文房四宝(T)》邮票时,为配合2006年北京国际邮票钱币博览会的举行,特印制了《文房四宝》绢质邮票小版张,销售日期为2006年10月26日。

宣纸　中国传统书画用纸。原产在唐代宣州泾县(今属安徽),故名。采用青檀树皮及稻草为原料,以传统工艺经漂白后制成。能抗蛀不腐,水浸、日晒不变色,具有匀薄、洁白、坚韧、吸墨等优点,非常便于表现中国书法、绘画艺术的特色。因其适于长期保存,过去在用其印制邮票时,多用来打印样票。如今,中国邮政于2010年5月15日发行2010—11《中国古代书法——行书(T)》邮票时,首次用宣纸印制了小版张。

卡纸　也称硬卡纸。介于纸与纸版之间的厚纸,质地坚硬、挺直。常用于印制邮资明信片。纸的厚度因纸质的质量不同而不同,粗松卡纸其厚度在0.5毫米左右,坚密的白卡纸其厚度在0.22毫米~0.32毫米。有普通卡纸、压光卡纸、铜版卡纸、布纹卡纸等区别。现在中国邮政印制邮资明信片、信卡多采用白卡纸。

布纹纸　也称网纹纸。因纸面纹路形如布纹,故名。有粗布纹、细布纹、圆点布纹、方格状布纹之别。中国邮政发行的纪念邮资封,大多采用布纹纸印制。右纹纸纸面纹路不同,可作为分纸的依据。

【研究纸质】Study Paper Quality　在研究纸质时,应注意三点:①纸的厚薄。印制邮资票品所用纸张,有时会有厚薄的差别,即使印同一种邮票,有时也会出现厚纸和薄纸的不同。两种厚薄不同的纸,很可能出自不同的厂家,或同一厂家生产,但批号不同。笔者研究发现,T·158《韩熙载夜宴图》邮票,就有厚纸和薄纸之分。在纪念邮资封和普通邮资封中,也有厚纸和薄纸之分。②纸的颜色。同样是白纸,就其颜色区别,可分为雪白纸和灰白纸;就其纸面光亮度区别,可分为高光纸和亚光纸。印制纪念邮资明信片用的白卡纸,有单面光和两面光之分。③在紫光灯照射下纸面呈现的反应。中国邮政印制的邮资票品,不同时期所用的纸,因填料不同,在紫光灯照射下,有呈现荧光反应和无荧光反应之别。

真

伪

上述三点,对邮资票品的分纸和鉴别其真伪,都具有参考价值,如J·162M《孔子诞生二千五百四十周年(小型张)》,真品采用大圆点布纹纸印制,伪品则采用小圆点布纹纸印制,二者存有明显的纸质差异(见上页图)。

齿孔研究
Perforation Study

【齿孔的种类】Kinds of Perforations　在新版《中国集邮百科知识》中,对齿孔研究已做了较全面的论述,本书仅补充一些新内容。

按齿孔形状和作用分类　中国邮政在1998年6月27日发行1998—15《何香凝国画作品(T)》邮票时,首次采用在全套3枚邮票的上下或左右,在所打圆形齿孔中间,各打有一个大的椭圆形齿孔,以加强防伪作用,故称防伪齿孔。又因其形状与众不同,不是圆形的孔形,集邮者也称其为异形齿孔。至今,中国邮政在所发行的邮票上打有这种异形齿孔的种类有椭圆形、菱形、哑铃形、四角星形、五角星形、六角星形、十字形等。

椭圆形齿孔:孔形呈椭圆状,独立于圆形孔中间,具有防伪作用。

菱形齿孔:防伪齿孔的一种。孔形呈菱形状,故名。

哑铃形齿孔:防伪齿孔的一种。孔形呈中间细,两头圆的哑铃状,故名。

四角星形齿孔:防伪齿孔的一种。孔形呈四角星状,故名。有别于十字形齿孔。

五角星形齿孔:防伪齿孔的一种。孔形呈五角星形状,故名。

六角星形齿孔:防伪齿孔的一种。孔形呈六角星状,故名。第3轮生肖邮票均采用这种异形齿孔。

十字形齿孔:防伪齿孔的一种。孔形呈十字状,故名。与四角星形齿孔有别。

打有防伪齿孔的邮票,其齿孔度依然用圆形齿孔度表示,仅在圆形齿孔度后面加注防伪异形齿孔孔形,如:P13(两边各有一个椭圆形齿孔)、P12.5×13.5(两边各有一个菱形齿孔)、P13(四边各有一个六角星形齿孔)(见图)、P11.5(四个角各有一个五角星形齿孔)等。

【研究齿孔】Study Perforations　防伪齿孔是中国邮政为加强邮票防伪而采取的一项重要措施,已申请了专利。邮票上所打的防伪齿孔,均是异形齿孔。因此,集邮者在研究时,一定要仔细观察和研究这些异形齿孔的打孔特征和孔形状态。防伪齿孔是采用磨合打孔法打出来的,打出的各种异形齿孔其孔形边角有其独有的特征。在观察和研究这些防伪齿孔时,为能够细致入微地观察到齿孔的状态,一定要借助于放大镜。掌握了各种异形齿孔的细微特征,对辨别邮票齿孔的真伪很重要。因为造假者利用高科技,即使有一定防伪效果的异形齿孔,他们也同样能够依葫芦画瓢,模仿着伪造出来,但只是形似,而"神"则不相似。真、假两者的差别就在"神"上,即异形齿孔细微的特征上。

笔者通过鉴定大量邮票发现,现在造假者在伪造赝品邮票齿孔时,可以达到与真品一样的精细。过去伪造的齿孔常有齿孔打得不规范,齿孔度数有差别等情况。现在,他们在伪造圆形齿孔时,足可以以假乱真。但是,在伪造异形齿孔时,却存在一些漏洞:不是伪造的异形齿孔与真的异形齿孔有细微差别,就是伪造的圆形齿孔度与真齿孔有差别。这主要是异形齿孔乱了他们的阵脚,也正是异形齿孔能够成为防伪齿孔的原因所在。

刷色研究
Color Study

【刷色】Color　在新版《中国集邮百科知识》中,对刷色研究已做了较全面和详细的论述。本书主要补充新内容和笔者新的研究成果。

复合色　这里所说的复合色,是根据其刷色特征而命名,包含两方面的内容:既是指在印刷邮票过程中,深浅两种颜色相叠印刷(叠印)形成的复合色,又是指两种以上不同颜色油墨勾兑在一起形成的油墨刷色。这种油墨被称为复合油墨,印刷邮票刷出的颜色自然是复合色,如棕黑色、赭色等。

笔者在研究和鉴定邮资票品刷色变异时发现,这两种复合色在褪色、变色后,最容易造成错色、漏色的假相,

使不明真相的集邮者上当受骗,不惜花高价购买,把它当"宝贝"收藏。如 1992—15《党的好干部——焦裕禄(J)》邮票、1993—8《爱国民主人士(第一组)(J)》邮票、1994—2《爱国民主人士(第二组)(J)》邮票、1994—5《宜兴紫砂陶(T)》邮票等,这些邮票的刷色,由于采用复合油墨印制,在物理或化学条件作用下,造成褪色、变色后,使邮票上的原刷色变成了另一种颜色,造成"错色"的假相(见上页图)。

【刷色研究的主要内容】Key Points in Research on Color 在新版《中国集邮百科知识》中,对刷色研究的主要内容已做了较全面的论述,这里仅补充一些新内容。

鉴别性油墨 鉴别性油墨仅是防伪油墨中的一种,这里主要是指防伪荧光油墨。中国邮政发行的邮资票品中,邮票自 20 世纪 80 年代中期开始试用荧光油墨,如 J·104《中日青年友好联欢·1984》、T·110M《白鹤(小型张)》邮票等,采用黄色荧光油墨;但只是在个别邮票印制中采用。进入 21 世纪后,在中国邮政发行的邮资票品中,采用防伪荧光油墨印制的数量、种类越来越多,不仅印制邮票采用防伪荧光油墨,印制邮资封、邮资片也开始使用防伪荧光油墨。与此同时,防伪荧光油墨的品种也多了起来。

2000 年 1 月 29 日,中国邮政发行的 2000—2《春节(T)》邮票,首次采用核加密黄色荧光油墨印制(见图)。

2001 年 7 月 1 日,中国邮政发行的 2001—12《中国共产党成立八十周年(J)》邮票,首次采用珠光油墨印制,邮票图案党旗上的镰刀、斧头呈亮黄色荧光。

2001 年 8 月 5 日,中国邮政发行的 2001—14《北戴河(T)》邮票,首次采用双波隐形荧光油墨印制,油墨无色,在长波紫光灯照射下油墨呈现红色,在短波紫光灯照射下,油墨呈现绿色;当双波隐形油墨与邮票上的黄底色叠印时,在长波紫光灯照射下,呈现浅红色,在短波紫光灯照射下,呈现嫩绿色。

2001 年 10 月 20 日,中国邮政发行的 2001—21《亚太经济合作组织 2001 年会议(J)》邮票,首次采用红色荧光防伪油墨印制。

为了加强纪念邮资明信片、纪念邮资封等邮品的防伪能力,也开始采用防伪荧光油墨印制。

【研究刷色】Study Colors 研究邮资票品的刷色,一定要对着色材料——油墨有较深入的了解。油墨是由颜料微粒均匀地分散在连结料中而制成。连结料是采用植物油、矿物油、合成树脂和挥发性溶剂等配制而成。除此之外,还要根据印刷品的需要和工艺要求,再加入适量的填充剂、干燥剂、增光剂和稀释剂等。掌握了用于邮资票品刷色的油墨这些基本情况,对正确判断刷色变异十分重要。

正确判断刷色变异 研究刷色根本目的除了分色之外,还有一项很重要的目的,就是判断刷色变异。笔者在研究刷色时发现,为了能正确判断刷色变异,必须对邮资票品的刷色进行微观研究,只有这样,才能看到刷色变异的真相,鉴别出真伪。另外,只有研究并掌握了错色、漏色、刷色差异和褪色、变色产生的原因,才能从本质上将它们区别开来,才能对邮资票品的刷色变异做出正确判断。两者相辅相成,缺一不可。

错色:在印制邮资票品过程中,因印刷工人操作失误,而造成某种刷色与标准刷色有显著的不同,或用错了某种颜色,与原设计要求不相符,属错体票。

漏色:在印制邮资票品过程中,由于印刷机的故障,或印版、纸张上有异物遮挡,造成某种刷色漏印或局部漏印,属于变体票。

刷色差异:邮资票品在印制时,由于油墨稀稠不一样,刷色深浅不一样,或者在叠印时产生刷色移位,造成刷色变异。

变色、褪色:邮资票品图案的刷色,因受周围环境影响,如经日光或灯光长期照射,或在接触了酸、碱、油、有机溶剂之后,所产生的刷色改变现象。这纯粹是由于物理或化学作用所造成的,与错色、漏色有着本质的区别。笔者研究发现,在邮资票品刷色中,红色比较容易褪色。采用红色印制的邮资票品,在红色严重褪掉后,不明真相的集邮者,往往误认为这是漏印红色,其实只要用高倍放大镜对这种"漏色"票进行微观研究,就会发现一些假漏色的蛛丝马迹,如普无号面值 8 分"天安门"邮票。另外由红色、蓝色调制成的复合油墨印制的邮票,在复合油墨中的红色褪掉后,稳定的蓝色便会呈现出来,不明真相者,误认为是"试色样票"或"错色"票,如 1992—15《党的好干部——焦裕禄(J)》邮票等,邮票上的铭记之所以由灰黑色变成了蓝色,既不是"试色样票",也不是"错色"票,而是褪色后变成的"变色票";是褪色变的"魔术"。因此,集邮者在对刷色研究中,一定要重视微观研究,以提高鉴别刷色变异的真伪。

背胶研究
Cum Study

【背胶】Gum　在新版《中国集邮百科知识》中,对背胶研究已做了较全面的论述。本书仅对中国邮政发行的邮资票品中,新采用的不干胶、蓝色背胶等进行补充。

【背胶研究的主要内容】Key Points in Research on Gum　中国邮政发行的邮票,从20世纪50年代末,开始发行刷有糊精胶的背胶邮票;从20世纪60年代中期开始,邮票上的背胶改用化学胶(PVA),直至现今。2004年9月30日,中国邮政发行2004—23《中华人民共和国国旗国徽(T)》邮票时,同时发行了不干胶邮票小版张,这是我国首次发行不干胶邮票。此后,不仅发行不干胶小版张邮票,还发行了不干胶小本票(见图)。在发行的邮品中,中国邮政还曾发行过刷有蓝色背胶封舌的贺卡型生肖邮资封。

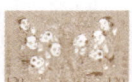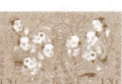

不干胶　又称湿背胶。不用沾水即可粘连的背胶,故名。也称自粘胶。不干胶黏着力强。刷有不干胶的邮票,背面都有衬纸,使用时将邮票从衬纸上揭下,即可贴在信封上。使用方便、卫生。如今已在许多国家邮政得到推广。

蓝色背胶　一种加有蓝色颜料的有色背胶。在背胶中加入某种添加剂,就可以制成具有某种特色的背胶,如在背胶中加入香料,即可制成香味背胶;加薄荷即可制成具有薄荷清凉味的背胶……但所用的添加剂必须是无毒的,对人体无害。

【研究背胶】Study Gum　研究背胶首先应能够正确地区分出各种背胶,在此基础上,经过深入研究后,应能够鉴别出邮票背胶的真伪和有无背胶,以及胶面印等。

正确判断胶面印　胶面印又称胶上印,就是把邮票图案印在刷有背胶的纸面上了。这是在印制邮票时,将涂有背胶的纸面放反了,使邮票图案印在刷有背胶的纸面,属背胶错体票。这种错体票,如不能及时发现,一旦胶面遇水,邮票图案就会随着背胶被洗掉而消失。在中国邮政发行的邮票中,普通邮票、纪特邮票均发现过"胶面印"。如普23《民居》中的1.5分、20分、1元、2元和普24《中国石窟艺术》中面值5元邮票;纪特邮票中如J·173《中国现代科学家(第二组)》中(4—2)、(4—3)、(4—4)等。

那么,应该怎样及时发现"胶面印"邮票使其免遭"清洗"呢?可采用以下几种方法来正确鉴别:一是宏观看整版票的四边(在干燥的天气),如呈现向上翘起或卷曲情况,很可能是胶面印,因为刷有背胶的纸面,在遇干燥天气时,背胶上的水分失掉一部分后,胶面紧缩,致使纸面卷曲。为了进一步确定是否真的"胶面印",可沾点水,涂在版票纸边上印的厂铭或色标上,观察厂铭或色标是否被溶解,其刷色能否轻而易举地被擦拭掉,如能,肯定是"胶面印"。二是用放大镜观察邮票的正面和反面,如果刷胶邮票其正面无胶星,而反面有胶星,这是正常的;反之,则很可能是"胶面印"。为了进一步进行鉴别,可用刚洗过的手,在邮票票面上摁一下,看票面是否有胶性,如有,就是"胶面印"。

在印制的刷有背胶的邮票中,有时候也会出现漏刷背胶错体。笔者研究发现,在普23《民居》中,(11)四川民居有漏背胶邮票(见图)。这种漏背胶邮票与无背胶和洗胶邮票有别。它是因为真正漏刷背胶而造成的。正确的鉴别方法是看邮票新票面是否光洁鲜亮,是否下过水;经水洗后的洗胶邮票,邮票票面纸质和刷色的鲜亮程度会受到破坏。

暗记研究
Secret Mark Study

【暗记】Secret Mark　在新版《中国集邮百科知识》中,对暗记研究已做了较全面的论述,本书仅对中国邮政发行的邮资票品中新增设的暗记做些补充,如缩微暗记、潜形汉字暗记、荧光图案文字暗记等。

【暗记的种类和特点】Kinds and Peculiarities of Secret Marks　为了加强邮资票品的防伪能力,从20世纪末开始,中国邮政在发行的邮资票品中,增设了科技含量更高的新的暗记。

按照邮资票品暗记在印版上的表现特征划分 版暗记：也称印版暗记。在印版某一位置或某一子模上植入的暗记。印制出邮票成品后，在每一印刷全张或邮局全张同一位置或同一票位上都具有的暗记。如笔者研究发现，在T·46《庚申年》邮票的印刷全张上，在同一个位置均具有一个细微的"猴头"暗记（为保密，防伪造，恕不公开暗记的具体位置），这就是《庚申年》猴票上的版暗记，也是对T·46《庚申年》整版邮票鉴别真伪的重要证据之一。再如2000—10《革命终身伴侣百年诞辰（J）》邮票，在邮局全张左、右两边的边纸上，厂铭"河南省邮电印刷厂"的左、右方，均分别印有两个细微字母"B"和"L"暗记，是"伴侣"两字汉语拼音的第一个字母。在厂铭上方的边纸上，同样印有这两个字母暗记。如此做双重版暗记，实属少见，也许是为了双保险。

按照邮资票品暗记的构成特征划分 中国邮政近些年来新增的暗记品种，科技含量都比较高，也很新颖。

缩微暗记：一种新的暗记。是利用计算机技术，使用矢量文字，在特殊技术软件的支持下，将文字缩小到产品要求的规格。然后再传送到高精度光、机、电一体化的输出设备，通过颗粒显影、定影，获得高反差、高清晰、低伸缩率的缩微文字专用胶片用于印刷。中国邮政1997年1月1日发行1997—3《中国旅游年（J）》邮票时，首次在胶版印制的邮票上采用缩微暗记。其缩微暗记为"中国旅游年"汉语拼音缩写字母"ZGLYN"。此暗记分别植于万里长城城楼的顶部和邮票图案中下部"VIS"三个字母的上方（见图）。在一枚邮票上同时采用

一个暗记分别植于两处，笔者认为，这是因首次采用缩微暗记，邮票刷色也较深，怕缩微暗记难显示，故设两处加以比较。

自此以后，中国邮政在发行的许多胶版印制的邮票上开始采用缩微暗记。自2000年4月30日，中国邮政在发行纪念邮资明信片JP·88《中国—瑞士邮票展览》时，首次在名址线上使用"CHINA POST"组合成的缩微暗记后，在发行的纪念邮资明信片上开始普遍使用缩微暗记防伪造。

2001年4月4日发行的PP·31《人文初祖——黄帝》普通邮资明信片，首次在名址线上使用缩微暗记。其名址线采用"研发印文"汉语拼音的第一个字母"YFYW"联合组成。这是中国邮政发行的第一枚带有缩微暗记的普通邮资明信片。

2000年8月8日，中国邮政发行的SB(19)《小鲤鱼跳龙门》小本票，在小本票封三上，使用"小鲤鱼"汉语拼音首字母"XLY"缩微暗记，组成一条横线。这是中国邮政首次在发行的小本票的封皮上采用缩微暗记。之后，2001年4月7日，中国邮政在发行的SB(20)《水乡古镇》小本票的封三上，使用"水乡古镇"汉语拼音首字母"SXGZ"缩微暗记，组合成一条横线，采用红、黄双色印制。2002年12月7日，中国邮政在发行的SB(22)《中国鸟（第一组）——黄腹角雉》普通邮票小本票时，在封二介绍"黄腹角雉"竖排说明文字旁的多条竖线上，采用"BIRDSOFCHINA"英文字母缩微暗记，组合成文字两旁的多条竖线。这是中国邮政发行的第一枚普通邮票小本票，也是首次在普通邮票小本票上采用缩微暗记防伪造（见图）。

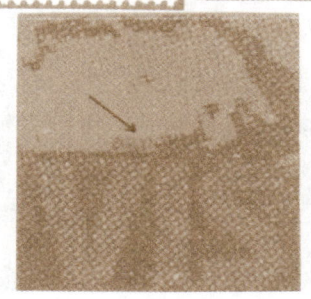
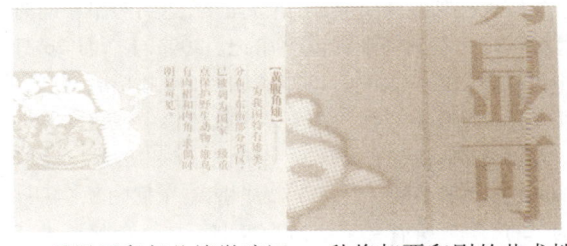

无墨压印起凸缩微暗记：一种将邮票印刷的艺术性与压凸缩微文字防伪性相结合的暗记。2005年9月28日，中国邮政在发行2005—25《洛神赋图（T）》邮票时，首次采用这种暗记，将《洛神赋》全文1200余字，分裁10个自然段落，分置于全套10枚邮票的背景空间，构成似画面的跋文，与画面浑然一体。这是采用无墨雕刻工艺印制技术创造的奇迹。无墨雕刻工艺是采用雕刻制版方法制作缩微文字印版，然后再印制时不对印版施墨，将印版上的缩微文字压印在邮票图案背景的刷色上，形

成压印凸起的缩微文字。因文字很细微，对原图案背景刷色毫无影响，文字呈凸起状，只要利用光线阴影现象和反射现象，用放大镜便可观察出这些缩微文字。在2005—25《洛神赋图（T）》全套10枚邮票上，除了在邮票图案背景上采用无墨压印起凸缩微暗记外，在每枚邮票图案中，还采用了"洛神赋图"汉语拼音首字母"LSFT"缩微暗记（见图）。

潜形汉字暗记：一种被称为超线防伪系统的开销功能新技术。利用这种防伪技术在邮票上植入的文字暗记，用高倍放大镜是观察不到的，看到的只是一条条平行的斜线。其邮票上的潜形汉字暗记，只能用特制的解读器蒙盖在邮票画面上，调整好角度，达到频率相同时，才能清晰地看到潜形的汉字暗记。2003年7月26日，中国邮政在发行2003—13《崆峒山（T）》邮票时，首次采用了这种防伪新技术。在全套4枚邮票中，每枚邮票的天空部位，都植入了潜形汉字暗记：（4—1）为"皇城"、（4—2）为"弹筝峡"、（4—3）为"塔院"（见图）、（4—4）为"雷声峰"，所有文字字体为隶书。在这套邮票中，除了植入潜形汉字暗记之外，还在每枚邮票图案上植入了缩微文字暗记，其缩微暗记分别为各枚邮票票名的汉语拼音首字母，如（4—4）票名"雷声峰"，其缩微暗记为"LSF"。

荧光图案（文字）暗记：一种采用有色或无色荧光油墨印制在邮票上的图案（文字）暗记。这种暗记只有在紫光灯照射下，暗记呈现出荧光后才能清晰地观察到其暗记图案和其图案由何文字组成。有别于使用各种颜色荧光油墨刷色。2003年3月3日，中国邮政在发行个性化服务专用邮票个3《同心结》时，首次采用这种暗记。其暗记采用由"同心结"三个汉字组成的"风车"图形，"风车"呈5×5排列，构成一个正方形图案，隐藏在印有同心结邮票图案的纸面上。由于此暗记采用无色红色荧光油墨印制，因此，只有在紫光灯照射下，才能呈现出红色荧光图形（文字）暗记（见图）。2005年9月16日，中国邮政发行的个性化服务专用邮票个9《五福临门》，也采用了这种暗记。在红斗方"福"字四周，采用各种"福"字组成一个圆形图案暗记。这个由"福"字组成的圆形图案暗记，在紫光灯照射下才可看到。因其采用橘黄色复合油墨印制，所有"福"字笔画都很纤细，刷色浅淡，迎光用眼睛仔细观察也能看出。除此之外，在2005年1月8日，中国邮政在发行2005—2《西气东输工程竣工（J）》邮票时，首次采用缩微暗记使用荧光油墨印制，在（2—1）邮票图案井架上部长立方体上，所印刷的红色由"西气东输工程"汉语拼音的首字母"XQDSGC"组合而成，在紫光灯下呈现红色荧光。因印的是红色缩微文字，用高倍放大镜直观也可以看到。这是中国邮政首次

在邮票上使用红色荧光油墨印制缩微文字暗记，也应是荧光图形（文字）暗记中的一种。

按邮资票品暗记的版别划分 在新版《中国集邮百科知识》中，已做过论述的就不再重述。在这部"续集"中，仅补充新的内容和新的研究成果。

雕刻版缩微暗记：采用雕刻版印制的缩微暗记。2003年12月26日，中国邮政在发行2003—25《毛泽东同志诞生一百一十周年（J）》邮票时，首次采用1版三色雕刻凹版与四色胶版套印新工艺印制。在这套邮票中，采用了雕刻版缩微暗记。如（4—2）"毛泽东在北戴河"，其缩微暗记采用"毛北"二字的汉语拼音首字母"MB"。暗记位于邮票右边竖写"一八九三"的"九三"二字的左侧。

影写版缩微暗记：采用影写版印制的缩微暗记。2001年12月13日，中国邮政在发行2001—27《郑成功收复台湾三百四十周年（J）》邮票时，首次在影写版上采用缩微暗记。这项新技术是在制版初期，图稿分色后，在对图稿进行修正处理时，将缩微文字作为图像信息植入图中。在全套3枚邮票上，均采用"郑成功"汉语拼音的首字母"ZCG"缩微暗记（见图）。之后，在2002年2月1日和2月5日分别发行的普31《中国鸟》普通邮票和2002—3《珍稀花卉（中国—马来西亚联合发行）（T）》时，也都采用了影写版缩微暗记。

胶版缩微暗记：自1997年1月1日，中国邮政在发行1997—3《中国旅游年（T）》邮票时，首次采用胶版缩微暗记至今，胶版缩微暗记已在中国邮政印制发行的邮资票品中，得到了广泛应用，相关文字在"缩微暗记"中已做了详细论述，这里不再重述。值得一提的是，2003年9月30日，中国邮政在发行2003—19《图书艺术（T）》邮票时，首次采用同色多夹角防伪技术，即一种颜色的刷色采用两种不同的网纹夹角，并植入缩微暗记。在这套邮票（2—1）"宋刻本《周礼》"邮票上，植入了"图书艺术"汉语拼音首字母"TSYS"缩微暗记。其底色同一刷色网纹夹角一种呈45°，另一种则呈75°（见图）。这是一种一举两得的防伪技术，既有缩微暗记防伪，又有同色多夹角防伪。

【暗记研究】Study Secret Marks 在暗记研究中，随着印刷水平的提高，对研究暗记要求必备的工具也越来越高。

应具备必要的工具 过去研究暗记，采用10倍以上的放大镜就可看清邮资票品上的暗记，如今随着印刷科技含量的提高，网纹越来越精细，暗记越来越细微，因此，观察暗记所使用的放大镜，应提高在30倍以上。如有条件，还应具备用来观察潜形汉字暗记的解读器和用来观察网线粗细的线目测试片（网线量规）。

掌握不同种类的暗记特点，正确加以识别和判断 中国邮政在发行的邮资票品中，采用各种版别的缩微暗记越来越普遍。由于缩微暗记很细微，又是隐藏在各种刷色中，因此在观察、寻找缩微暗记时，一定要沉下心，不急不躁，借助高倍放大镜，在邮票图案上自左向右，或由上到下，认真仔细地全面观察，如能发现暗记更好，发现不了，再重复几次，仍没发现，有两种可能：一是没有采用缩微暗记，二是缩微暗记隐藏得好。在这种情况下，可先放一放，以后抽时间再冷眼观察，如果仍没发现，就是没有缩微暗记。

缩微暗记大多由汉语拼音文字的首字母组合而成，有的也采用英文缩写字母。缩微暗记制作得很细微，有的印在白纸面上，有的则印在邮票图案刷色上。在寻找缩微暗记时，发现暗记只是第一步，能够正确识别缩微暗记由何字母组合而成,并对这些字母所代表的文字含义做出正确判断,才是真正达到了发现目的。因为在发现的各种版别的缩微暗记中,有的缩微字母印得不清晰,难以断定它究竟是哪个字母,如"O"和"Q"、"E"和"F"。即使对缩微文字字母能够正确判断,但这些字母究竟是哪几个汉字拼音的首字母,又是一个难题。这就需要从这种邮资票品的发行目的、票、封、片题上寻找,如邮票名称,封、片名称等,以确定准确的汉字来对应缩写字母。在此试举两个实例说明。笔者在研究普通邮资明信片 PP · 31《人文初祖——黄帝》时,发现其名址线采用缩微文字"YFYW"组合而成,这是中国邮政首次在普通邮资明信片上采用缩微暗记,而这种缩微暗记组合成的名址线有些与众不同,一是字母连续排列,二是字母较大,组合成的名址线较粗(见图)。当判断"YFYW"是哪几个汉语拼音首字母时,难题出来了。从邮资明信片名称和首发地上,均找不出能与"YFYW"相对应的汉字。如按汉语拼音字头来直对,可以是"邮发邮文",也可以是"印发邮文",还可以是"邮发印文"、"邮发研文"、"研发邮文"、"研发印文"等,根据这种缩微文字与众不同的特征,再加上这是中国邮政首次在普通邮资明信片上采用缩微暗记,综合多种因素,最后确定"YFYW"应是"研发印文"汉字的首字母。这是一种新研发的缩微印刷文字,显然比较准确。

在寻找邮资票品上的缩微暗记时,影写版邮票上的暗记比较难发现,这是因为影写版的各色网点均呈45°夹角,刷色混杂在一起的缘故。因此,在寻找影写版邮票上的暗记时,更需要耐心、细致。不过有时候,有的暗记印在刷色浅淡处,缩微暗记刷色深,字母也比较大,便可轻而易举地被发现。如2004—17M《邓小平同志诞生一百周年(小型张)(J)》上的暗记(见图)。

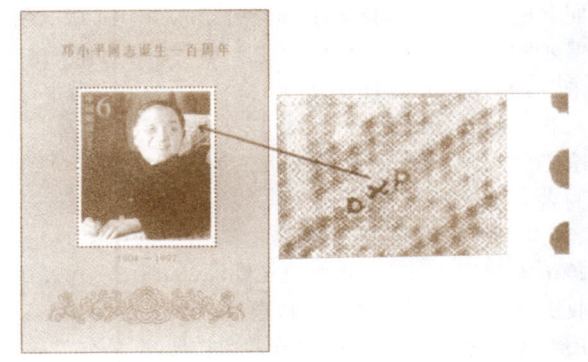

辨伪研究
Discrimination Study

【辨伪】Discrimination 集邮者在学习邮资票品鉴定时,切忌走两个极端。一种认为这是专家干的事儿,自己是一个普通集邮者,没有必要去学这个,殊不知现在造假者利用高科技,足以假乱真,不会辨伪识真,则上当受骗没商量;另一种认为,邮票鉴定好学得很,拿着真票当样本,是真是假一对比就能辨出真伪,殊不知这种对比鉴定虽是鉴定真伪的方法之一,但不是上策,而是下下策。试想,没有真票做样本,怎么办?再者,进行真假对比,大多是公布鉴定结果时使用的鉴别方法,真假明确,一目了然。如果仅停留在拿着真票来对比的水平,又何谈学习邮资票品辨伪呢?笔者测试表明,将足以乱真的 T · 46《庚申年》假猴票与真票放在一起让集邮者鉴别真假(见图),许多集邮者比来比去,辨别不出

另一个实例是缩微版暗记。在 2000—10《革命终身伴侣百年诞辰(J)》邮票邮局全张票上,在版票左右两边边纸上,分别藏有两个缩微字母"B"和"L";"B""L"究竟是哪两个汉字的拼音首字母呢?从票题上可以寻找,"B""L"可能是"伴侣"二字汉语拼音的首字母,也可能是"百""李","百"代表百年诞辰,"李"代表李富春夫妇,但更为确切的应是"伴侣"。

真　　　　伪

真伪,更多的人把假的当成真的了。这正是假作真来真亦假!

集邮者要想能真正学会辨伪识真的本领,必须下功夫刻苦学习邮识,对邮资票品进行微观研究,从中获得辨伪方法和辨伪技巧。

【辨伪研究的主要内容】Key Points in Research on Discrimination　　在新版《中国集邮百科知识》中,已做了较详细的论述,在这部"续集"中,仅就笔者在辨伪研究和鉴定邮资票品中,所取得的新成果和新发现进行必要的补充。

当前,在造假者利用高科技伪造出足以乱真的邮资票品的情况下,集邮者要想不上当受骗,就必须学会辨伪识真;要想能真正学会辨伪识真,一定要学邮识,研究邮资票品,不仅要研究真品,还应该研究伪品,做到知己知彼。这是在当前造假者疯狂,伪品泛滥成灾的情况下,集邮者加强自我保护所必需的。有些集邮者不学邮识,不学辨伪,当购买邮品组集参展或相互交流时,被发现是伪品,这时后悔已经晚矣!

现在的造假者为了获得成功,很舍得投入,不再是粗制滥造。他们利用高科技制版,伪造出的邮资票品图案逼真、刷色逼真,甚至连印刷网点的网纹夹角有的也相同;在市场开放的情况下,他们可以购到各种纸张,采用与真品接近或相同的纸张来伪造邮资票品,伪造的邮票有的就刷有真背胶,采用的是防伪荧光纤维纸或四色彩点荧光纸;他们伪造的邮票齿孔越来越规范,达到与真品一样的齿孔度,即使具有防伪作用的异形齿孔,他们同样伪造得像模像样;他们利用高科技,用胶版制作出影写版、雕刻版的效果,其暗记也仿制得逼真(见图)。他们制作的这些可以乱真的伪品,在邮市上和互联网上公开出售。在这种情况下,作为集邮者必须加强自我保护,学会辨伪识真。

版别辨伪　　在鉴定邮资票品真伪时,只有版别可以采取"一票否决"。伪品只要与真品版别不一样,必假无疑,其他因素如纸张、背胶、刷色、齿孔、暗记等,都不必去鉴定便可下结论;伪品要是采用与真品相同的版别伪造,版别相同,就需要进行全面鉴定。所谓全面鉴定,就是要对邮资票品进行刷色、纸质、齿孔、背胶、水印、暗记等进行逐一鉴别,尤其是各种刷色的网点特征、网纹夹角,更要认真仔细地鉴定,然后综合上述各种因素,做出真伪的判断。

由于采用影写版、雕刻版伪造采用这些版别印制的邮票需要高投入,造假者便利用高科技制版,采用胶版仿影写版、雕刻版,伪造文4面值8分邮票、编8、编9、编81、T·43(8—7)、(8—8)和T·56(4—4)等稀缺票,以及T·46《庚申年》珍贵邮票等。所有这些足可乱真的伪品,使许多集邮者、票品投资者、邮商等上当受骗。因此,在版别辨伪研究中,一定要注意造假者利用版别造假的新动向。

除此之外,还应注意同一种(枚)邮票,由于不是同一个造假者伪造,有可能出现几种伪品。

刷色辨伪　　为了加强邮资票品的防伪功能,进入21世纪以后,中国邮政在发行邮资票品时,普遍采用防伪荧光油墨。因此,集邮者在刷色研究中,一定要注意某种邮资票品采用何种防伪荧光油墨,是有色还是无色;这些油墨的刷色在紫光灯照射下,呈现何种颜色,是红色荧光,还是黄色荧光。另外,中国邮政在印制邮票时,还采用过珠光墨、豪华金属光泽凹印油墨,这种油墨刷色亮丽,有特点,具有一定的防伪功能。上述油墨刷色和在紫光灯下的反应,对刷色辨伪具有一定的参考价值。

纸张辨伪　　过去中国邮政印制邮票,均采用邮票专用纸,目前这种邮票专用纸已不存在,造假者要想为造老纪特、老的普票,无法找到当时的邮票专用纸张,只能利用现今的纸,经做旧处理后来伪造。因此,在纸质上伪品与真品有差别,可作为鉴别真伪的参考依据。另外,自20世纪末,中国邮政在发行邮票时,开始陆续采用荧光邮票纸,先是采用蓝色荧光纤维纸和少量红色荧光纤维纸,后来又改换成四色彩点荧光纸至今。掌握各种纸质的特征,对鉴定邮票的真伪有一定的参考价值。由于市场放开,造假者为了以假乱真,也常采用防伪荧光纸来伪造邮品,因此在纸张辨伪中应提高警惕,不要被这种情况所蒙骗。

齿孔辨伪　　为了加强邮票齿孔防伪,中国邮政自20世纪末开始在邮票上打异形齿孔,这是一种防伪齿孔。异形齿孔形状有十字形、四角星形、五角星形、六角星形、椭圆形、哑铃形、菱形和异径大圆形齿孔等。这些异形齿孔,具有一定的防伪功能。在邮票上打异形齿孔,有一定的难度,但是造假者在造假获暴利的驱动下,也开始采用伪造异形齿孔造假。由于打孔方式不对,伪造的异形齿孔总会与真品存在一些差异,这就为鉴别邮票真伪提供了参考依据。

背胶辨伪 现在造假者在伪造邮票时,大多采用各种荧光纤维纸或四色彩点荧光纸,这些纸均刷有背胶,与真品十分接近或相同。造假者只是在伪造老票时才不刷背胶或刷假背胶(详见本书《背胶研究》)。背胶辨伪仅为邮票鉴定提供参考依据。

暗记辨伪 中国邮政自1997年在用胶版印制邮票时,开始采用缩微暗记后,至今不仅在胶版印制的邮资票品中广泛地采用了这种暗记,而且在影写版、胶雕混合版中也开始采用缩微暗记了(详见本书《暗记研究》),缩微暗记在中国邮政发行的邮资票品防伪上,起到了重要作用。造假者在伪造邮资票品时,为了能以假乱真获得成功,在伪造缩微暗记时,只能依葫芦画瓢,模仿缩微暗记的模样制作,但由于缩微暗记很细致,有的似像,有的则错误百出。受技术条件的限制,造假者也只能采用胶版伪造,与真品影写版版别不一样,即使模仿出缩微暗记,也可一眼就鉴别出是伪品,如普31"中国鸟"普通邮票等(版别不一样,可"一票否决")。值得提醒广大集邮者警惕的是,如今造假者利用高科技制版,用胶版仿影雕套印,伪造出足可乱真的编8—11《纪念巴黎公社一百周年》面值8分票,T·46《庚申年》邮票,将邮票上的雕刻版暗记,都做得逼真,致使集邮者分辨不出这是用胶版伪造的。暗记辨伪可为邮资票品鉴定提供重要依据。

四、纪念邮资封研究概论
The Outline of Commemorative Stamped Envelope Study

【纪念邮资封】Commemorative Stamped Envelope

纪念邮资封简称"JF",是"纪念邮资封"中的"纪"、"封"二字汉语拼音字头的缩写。我国自1982年8月26日发行第一枚纪念邮资封JF.1《纳米比亚日》开始(见图),至2005年12月1日发行JF.78《人民教育出版社建社55周年》,共计发行纪念邮资封78套87枚。其中有77套均为全套1枚,只有JF.53《中国1999世界集邮展览》为全套10枚。

"JF"采用彩色胶印,印刷精美。其正面右上角均印有彩色邮资图,左边或左下方则印有彩色纪念邮资封图案,两种不同的彩色图案,均紧紧围绕着纪念邮资封所反映的主题,内容丰富多彩,信息量大;其背面,均印有发行该纪念邮资封的中、英文说明文字(内容提要),并在左下角印有发行单位,右下角印有志号、全套枚数和发行年代(仅极个别没印)。由此可见,"JF"既有方寸邮票的精美,又有图文并茂的内容,集邮者对其进行收集、研究,很可能比从邮票上能直接获取更多的知识和信息,难怪有许多集邮者对"JF"情有独钟。

【JF研究】Commemorative Stamped Envelope Study 集邮者收集"JF",不应单纯为收集而收集,收集来以后将其束之高阁,而应该将收集与研究相结合,通过研究获得更多的邮识,使自己进入更高的境界。从这个意义上讲,收集"JF",贵在研究。

那么,应该怎样进行"JF"的研究呢?

同研究邮票一样,主要采用微观研究的方法,必要时也采用微观研究与宏观研究并用的方法。谈到微观研究,这里不能不多说几句,以正视听。前一时期,曾有人就微观研究向全国集邮研究者发出"指正"性宏论,认为在现今印制邮资票品已采用高度机械化和电子化技术,并有一套严格的科学管理制度,档案资料齐全,再进行微观研究已没有必要,是"钻牛角尖"。的确,如今印制的邮票,再不需要进行传统研究中的复组全格、全张,但绝不能因此以偏概全,全盘否定微观研究。更何况高度机械化和电子化印制的邮资票品,有个别的也存在复组全张情况,如SB(2)《白鱀豚》复组全格,就是典型的一例;再有,现今印制的邮资票品,尽管采用了电子化,有个别的也同样存在子模特征;更为重要的,对邮资票品的真伪鉴定,尤其是现今伪品泛滥成灾,不进行认真的微观研究,如何辨其真伪?!

笔者通过对现今邮资票品进行大量微观研究后,深刻地感到,如今微观研究较过去传统的微观研究,已提升到高科技层面,需要掌握更多的科学知识,依靠真才实学,才能将此项工作做好。

对"JF"的研究主要从以下几个方面来进行归纳:1.版别;2.纸质;3.刷色与变异;4.规格;5.邮资图与铭记;6.面值;7.名称形式;8.暗记与防伪措施;9.发行单位;10.志号形式;11.邮政编码形式;12.印刷厂家。

JF版别 版别广义上是指邮资票品的印刷方法、印刷地点或厂家、印刷版次的区别。这里主要是指纪念邮资封的印刷方法的类别,如影写版、胶版等。从JF.1~JF.78,只有JF.60《中国人民革命战争时期邮票发行70周年》采用胶版和压凸印刷(见图),其他JF均采用单一的胶版印刷。版别单一,也算是JF的一大特点吧。

JF纸质 JF的纸要比版别有所变化,从JF.1~JF.78,其中仅JF.4《中国南极考察》采用铜版纸印制,其他均采用布纹纸印制。但是,虽然都是布纹纸,其布纹纸质特征却有所不同,因此,有的同一套JF,会出现两种具有不同纸质特征的封,产生组外品。

JF所用的布纹纸,就纸质的洁白度区分,有雪白布纹纸、白布纹纸、乳白布纹纸；这三种纸的洁白度，依次递减。就布纹纸的布纹特征区分，有格式布纹纸、圆点式布纹纸。格式布纹纸中，又有均一格式与不均一格式布纹纸之分，如JF.53《中国1999世界集邮展览》就是采用均一格式布纹纸印制的，其他则大多为不均一格式布纹纸印制。最为稀少的是用圆点式布纹纸印制的邮资封，从JF.20开始用圆点式布纹纸，之后仅在JF.32～JF.34用过这种纸。就布纹纸的薄厚区分，有厚布纹纸和薄布纹纸。

JF刷色变异　所有JF均采用四色以上胶印。有的JF邮资图，看起来刷色较单调，如JF.31《中国新兴版画运动六十周年》、JF.60《中国人民革命战争时期邮票发行70周年》，但就纪念邮资封整体，依然是采用四色以上胶印而成。

谈到刷色，不能不涉及刷色所用的油墨。JF刷色用的油墨，有的很不稳定，如JF.36《中华苏维埃共和国邮政总局成立六十周年》、JF.44《维护消费者权益运动十年》，所印邮资图均可用橡皮擦掉，油墨固着性能很差。这就为变造"漏印"变体封提供了方便。

在印制JF时，因不同班次在调制油墨时出现差异，致使印制出的成品在刷色上出现差异，严重的成为"错色"。如JF.26《国际灌溉排水委员会成立四十周年》、JF.43《荣宝斋建店一百周年》等，均出现这种情况。

JF规格　从JF.1～JF.78，其信封规格大小并不统一，先后共有四种规格。JF.1～JF.19，规格均为180毫米×105毫米；JF.20～JF.40，规格均为185毫米×110毫米；JF.41～JF.74，规格均为208毫米×110毫米；JF.75～JF.78，规格均为220毫米×110毫米。由此可见，四种规格的JF，依次越来越大，这给集邮者保存或邮寄带来不便。如若能统一印制成较小规格的封，当是最为理想的了。由此也反映出邮政部门对各种邮资票品开发和印制，有时缺乏统一规划。

JF邮资图与铭记　从JF.1～JF.78，其邮资图形状多为邮票所惯用的矩形，但也有其他形状的，如JF.6邮资图为菱形、JF.22为圆形、JF.25为多边形、JF.62为近似正方形（看似正方形，实测边差2毫米）等。邮资图四周凡有齿孔的，均为模拟齿孔；也有无齿孔的，外加边框线或不加。

JF邮资图上所印铭记有两种：一为"中国人民邮政"，二为"中国邮政"和"CHINA"。自JF.1～JF.34，其邮资图上铭记均为"中国人民邮政"。自1992年1月24日发行JF.35《中国银行成立八十周年》开始，其邮资图上铭记均为"中国邮政"和"CHINA"中、英文双铭记。

JF面值　JF邮资图的面值也同邮票一样，随着邮资的不断调整，也在不断改变。自JF.1～JF.27，其中除JF·6《北京国际图书博览会》邮资图面值为当时挂号（国内）信函20分和JF.3《国际民航组织成立四十周年》、JF.5《第七十一届国际世界语大会》邮资图面值为当时国内航空信函10分之外，其余均为国内外埠信函面值8分。

1990年7月31日起，我国邮资开始调整，国内外埠信函邮资由8分调整为20分，因此，自1990年10月14日发行JF.28《治理淮河四十周年》开始，至1996年9月27日发行JF.47《第二届亚洲太平洋城市首脑会议》，其面值均为20分。

1996年12月1日，我国国内外埠信函邮资由20分调整为50分，因此，自1997年10月12日发行JF.48《第十五届世界石油大会》开始，至1998年8月6日发行JF.51《火炬计划实施十周年》，其面值均为50分。

自JF.52～JF.78其面值均为80分，到2005年年底，仅发行过一种国内挂号信函封（面值20分），其余均为国内外埠信函面值，实属可贵！

JF名称形式　JF以其得天独厚的条件，在展现其名称时，也是多姿多彩。在JF背面中、英文说明文字中，均印有每套JF的准确名称。除此之外，在JF的正面，有的仅在邮资图上印有JF的名称，如JF.1、JF.4、JF.8、JF.12～JF.16等；有的在邮资图内和信封图案上均印有JF的名称，以双名称的形式展现，如JF.5、JF.6、JF.19、JF.25、JF.71等；有的在邮资图上印有JF的名称，又将名人题字印在信封正面显著位置，也呈双名称形式展现，如JF.18（见图）、JF.37等；有的在邮资图上未印JF的名称，仅在信封图案上印有JF的名称，如JF.26、JF.34等；有的在邮资图上和信封图案上，均未印JF的名称，如JF.20、JF.28等。正面未印JF名称，只看封的正面，难以确定JF的名称，必须翻看封的背面说明文字方能知晓，显然有些不方便。

JF暗记与防伪措施　JF.1～JF.78有的有暗记，不过暗记都比较简单，多为文字断笔画、多点、缺角或缺口等，至今未见采用缩微暗记。JF均采用胶版印制，防伪

能力比较差，虽然有的也采用防伪荧光油墨印制，但数量极少，仅有JF.65、JF.71、JF.73~JF.78共8种。

JF发行单位　JF是中国邮政发行的正宗邮资票品，在封背面左下角，均署有发行单位，但由于体制改革，其发行单位的名称也不尽相同，先后有三种不同署名。JF.1~JF.49（1997年10月28日发行），在JF背面左下角署名为"中华人民共和国邮电部发行"；JF.50（1998年8月10日发行）~JF.51，署名为"中华人民共和国信息产业部发行"；JF.52（1999年6月23日发行）~JF.78，署名为"国家邮政局发行"。

JF发行单位署名的字体、字号，也不完全统一，特别是JF.1~JF.49，更是杂乱无章，其署名"中华人民共和国邮电部发行"，字体、字号有大有小，有宋体、等线体、长体、扁体、黑体等（见图）。自JF.50署名"中华人民共和国信息产业部发行"和自JF.52署名"国家邮政局发行"开始，均采用统一的字号、字体。

中华人民共和国邮电部发行
中华人民共和国邮电部 发行
中华人民共和国邮电部发行
中华人民共和国邮电部发行
中华人民共和国邮电部发行
中华人民共和国邮电部发行

JF志号形式　每套JF背面右下角，均印有该套封志号（也称代号）和发行年代。JF.1~JF.43，其志号大多仿照第一套封"JF.1（1—1）1982"的模式表示，仅有个别的存在差异。如"JF.4（1—1）1984"，其中"JF.4"之间的圆点"·"，不是圆点，而是方点；"JF.12（1—1）.1987"，在（1—1）与年代之间多加圆点"·"；更为特别的是"JF.13.（1—1）"，在志号后面漏了年代"1988"；而"JF.6·（1—1）1986"，将JF与6与（1—1）之间的圆点"·"，不是印在下方，而是与众不同地居中；此外，志号与年号之间，间距不统一，字体、字号也不相同（见图）。

JF.1.(1-1) 1982
JF.5.(1-1)1986
JF·6·（1—1）1986
JF.12.(1-1).1987
JF.13.(1-1)
JF.15.(1-1).1988
JF.16.(1-1)1988
JF.18(1-1)　1988
JF.19（1—1）　1988
JF.23(1-1)　　1989
JF.24.(1-1) 1989
JF.38.(1-1)　　1992

自"JF.44（1—1）1994"开始，在代号、套号、全套枚数号之间，一律取消原有的圆点"·"，并且从JF.50开始，JF志号采用统一的字体、字号。研究并掌握JF志号形式，对鉴定其真伪，具有一定的参考价值。

JF邮政编码形式　开始发行JF时，我国尚未推行邮政编码。因此，JF.1~JF.19，在JF的正面左上角和右下角，均未印有用来书写邮政编码号码的方框；自1989年2月28日发行JF.20至1993年9月25日发行JF.40，在JF正面左上角和右下角，一律印有邮政编码方框；自1994年9月8日发行JF.41开始，在JF的正面左上角仍保留加印用来书写收信人邮政编码的红色方框，而右下角用来书写寄信人邮政编码的方框被取消，改为"邮政编码"字样。从JF邮政编码形式，可反映出邮政的技术与改革的进步。

JF印刷厂家　JF的印刷厂家，主要是北京邮票厂，除此之外，还有河南省邮电印刷厂、北京鸿纳邮品股份有限公司。据统计，JF.1~JF.78，河南省邮电印刷厂仅印制JF.44、JF.54、JF.57、JF.65；北京鸿纳邮品股份有限公司，仅印制了JF.56、JF.59、JF.62、JF.66；其余均由北京邮票厂印制。

五、JF 研究与鉴赏
Commemorative Stamped Envelope Study

【**JF.1 纳米比亚日**】**Namibia Day** "纳米比亚日"是纳米比亚人民武装反抗南非殖民主义和种族主义统治的纪念日。纳米比亚位于非洲西南角,1968 年以前称西南非洲;1968 年联合国大会通过决议,按非洲人民的意愿改为现名。面积为八十二万多平方公里,人口一百二十多万(1988 年统计),绝大多数为黑人,白人仅有八万。首都温得和克。自 15 世纪末期起,纳米比亚先后遭到葡萄牙、荷兰、英国等国的侵占。1890 年沦为德国殖民地。第一次世界大战期间,南非当局以参加协约国对德作战为名,出兵将纳米比亚占领,并于 1949 年将其非法吞并。1966 年 8 月 26 日,西南非洲人民组织领导的游击队,在北部翁库隆巴赫山谷附近的丛林中,伏击和攻克了南非的军事据点,开始武装反抗南非殖民统治。为呼吁国际社会声援纳米比亚人民摆脱南非种族主义政权的统治,争取民族独立和解放而进行的正义斗争,1973 年联合国第二十八届大会通过决议,规定每年 8 月 26 日为"纳米比亚日"。1989 年 4 月 1 日,在经过近二十三年艰苦卓绝的武装斗争后,由南非、古巴和安哥拉签订的停火协议开始生效。纳米比亚迎来了和平,并开始走向一年之内完成独立的进程。

1982 年 8 月 26 日,为了支持和声援纳米比亚人民的正义斗争,中华人民共和国邮电部发行了一套纪念邮资封,全套 1 枚。志号 JF.1。邮资图规格 30 毫米×40 毫米;信封规格 180 毫米×105 毫米。

JF.1(1—1)"纳米比亚日" 邮资图采用了纳米比亚日的徽志。徽志由纳米比亚地图轮廓和红、蓝、绿三色彩带构成的火炬组成,象征纳米比亚人民争取民族独立斗争的熊熊烈火,并预示着纳米比亚人民一定会取得胜利。信封图案为纳米比亚人民示威游行的情景,他们举旗挥拳,愤怒抗议南非种族主义统治的非法占领。邮资面值 8 分,每枚售价 0.18 元。发行量 20 万枚。布纹纸。彩色胶印。黄里设计。北京邮票厂印制。

这是中华人民共和国成立以来,首次发行纪念邮资封,并自此形成系列。邮资封制式均为西式梯形封式。在系列封的背面均印有中英文纪念内容,以及发行部门和志号(编号)。

笔者对 JF.1 收集、研究后发现:

JF.1 的版别 此处的"版别"是指版次,即初版、再版。JF.1 发行之后,国内有的集邮报刊上刊出研究文章,认为 JF.1 有第一版、第二版之分。主要根据是 JF.1 封左边游击队伍中,在妇女像的左肩处,绿色的背带高出肩部约 0.8 毫米;有的则无此特征,应是后来修改过的。据此,前者为第一版,后者为第二版。日本邮趣协会出版的《中国切手图鉴》(1949—1988)中,也将 JF.1 分为初版、再版两种,初版售价远高于再版售价 5 倍。但书中并未示意初版、再版之区别。我国出版的邮资封片目录中,也未言明有一、二版之分。

实际上，JF.1 没有第一版、第二版之分。理由如下：①中国邮票总公司印发的《新邮报导》1982 年 21 期上明确 JF.1 印量 20 万枚（见上页图）。这与当时媒体传闻 JF.1 与 JF.2 均发行 10 万枚，后因供不应求，分别再加印 10 万枚，显然事实不符。而在其后 1982 年 24 期《新邮报导》中，JF.2《老龄问题世界大会》公布其印量确实是 10 万枚。很显然，JF.1 发行在前，JF.2 发行在后，很有可能 JF.2 先印，印量 10 万枚；JF.1 后印，印好即发行，直接印量 20 万枚。这可能就是在《新邮报导》中，两种先后发行的 JF，其公布印量不一样的原因。②暗记无区别。按惯例，如若一版、二版之分，在暗记上应有所区别，如 JF.2 初版 10 万枚与再版 10 万枚在暗记上就有明显区别。JF.1 如若也有初版、再版之分，理应在暗记上也有区别，但是没有。③信封图案中妇女背带高出肩 0.8 毫米，不是版式区别，而是套色移位。笔者用高倍放大镜可以明显地看出，妇女背带之所以高出肩部，是因为黑版向左上方移位，绿版相对下移（其实并未移动），致使绿背带在肩胛白地处露出。这从妇女头部旁边的红旗上也可以看出黑版（红旗周边的黑版）向左上方明显地移动。

JF.1 的印刷变异 JF.1 在印制过程中，存在变异品。最为有意思的变异品是"大头分"。即在邮资图面值"8 分"中，在制版中产生变异，其中有一种"分"字第二笔上头内侧多出一点，呈"大头分"。在"大头分"中，最为珍罕的变异是"8 分"中"8"字缺口（见图）。"大头分"是在制版中产生的变异，而"8"字缺口则是在印刷中产生的变异。这种"双料"变异的产生，极为偶然，很可能独一无二。制版变异在一个印刷全张中有一枚，这种变异在封的背面某个地方，也与众不同。为了防止不法分子变造这种"大头分"变异品，笔者暂不将此"暗记"公布于众，望读者谅解。

另一种变异，就是前面所谈及的，有人把它作为第一版特征的妇女背带高出肩部，这是一种套色移位印刷变异。

JF.1 的暗记 JF.1 上设有多处暗记。限于当时的条件，主要是在文字上设暗记。①在邮资图上面值"8 分"的"8"字中，下半部"0"左上角内侧有一个突出的黑点。②在邮资封背面左下角"中华人民共和国邮电部发行"中的"邮"字，耳旁中段断线；右下角志号"JF.1（1—1）1982"的字体笔画，都不规整，特别是"（1—1）"中后一个"1"字左下角与竖笔齐。③邮资封背面中英文纪念内容文字中，中文内容第一行"规定每年"中的"每"字，其"母"字上横笔断线；英文名称"Namibia Day"中的"N"左边竖线断线，"D"在右边弯处，有一镂空的反阴白点，等等。

【JF.2 老龄问题世界大会】World Assembly on Aging 据联合国统计，1950 年全世界 60 岁以上的老年人大约有两亿，1975 年增加到三点五亿。老龄问题已成为世界各国共同关注的问题。因此，第三十三届联合国大会决定，1982 年召开老龄问题大会。1982 年 7 月 26 日～8 月 6 日，联合国召开了"老龄问题世界大会"，讨论研究保障老年人的各种权利和社会福利；订出一些国际行动纲领，使老人得到经济和社会保障，有机会对本国的经济和社会发展做出贡献。我国党和政府一向关怀和重视老年人，尊老、敬老、养老是中华民族的优良传统。新中国成立三十多年来，很多法令都有保护老年人的规定，为此做了大量工作。1982 年 4 月，经国务院批准，"老龄问题世界大会中国委员会"在北京正式成立，为常设机构。1983 年，改称"中国老龄问题全国委员会"。

1982 年 9 月 20 日，为了祝贺老龄问题世界大会召开，中华人民共和国邮电部发行了一套纪念邮资封，全套 1 枚。志号 JF.2。邮资图规格 56 毫米×29 毫米；信封规格 180 毫米×105 毫米。

JF.2（1—1）"老龄问题世界大会" 邮资图描绘了一位白发苍苍的老年妇女佩戴着红领巾向少年儿童传授经验和知识的情景，寓意老年人历经沧桑，积累了丰富的知识和社会实践的经验，在科学、文化和教育事业中具有重要作用，是社会发展进步的宝贵财富。图案右上角印有国际老人年(1982)徽志。徽志呈圆形，图案为枝干壮实、根深叶茂的榕树，象征精神旺盛，长寿，德高望重。信封图案由一棵巨大的古柏树和一位年过古稀的老人组成：老人在古柏树下舞刀锻炼身体，银须飘胸，四肢灵活，寓意老年人焕发青春，颐养天年。邮资面值8分，每枚售价0.18元。发行量原为10万枚，后因供不应求，又加印10万枚，共计20万枚。布纹白纸，纹理竖向。胶版彩印。孙传哲设计。北京邮票厂印制。

笔者对JF.2收集、研究后发现：

JF.2的版别 JF.2有无原版、再版区别？在1982年中国邮票总公司印制的第24期《新邮报导》上，JF.2《老龄问题世界大会》预报印量为10万枚，后来根据需要，又再加印10万枚。这样，JF.2肯定是有原版、再版两种版。那么，这两种版仅是印刷时间先后的区别，还是在印版上也存有明显的区别？经深入研究证明，JF.2原版和再版，在暗记上存有明显的区别，最为明显的区别是在邮资图上"老龄问题世界大会"文字中的"问"字上，原版10万枚上"问"字的"门"最后一笔带钩，后再版的10万枚"问"字的"门"最后一笔不带钩。因此，原版可称为"问字带钩版"，再版可称为"问字不带钩版"。除此之外，其他暗记也有多处不同。

JF.2的印刷变异 未发现大的印刷变异，仅信封背面文字中，中文倒数第二行最末一个"信"字，有小变异。

JF.2的暗记 JF.2原版上的暗记主要有三处：①邮资图中面值"8分"的"8"字上半部"0"右下方内侧有一个豁口；在右边模拟齿孔右上角第一齿线上有一个豁口；在右边模拟齿孔右下边第一孔的下孔线上有一空心突起。②信封图案舞刀老人右腿内侧裤线呈断线。③信封背面中文标题《老龄问题世界大会》纪念邮资封"中的"《"的第二笔拐角下方有一个豁口；"大"字第一笔的前端下部、第二笔撇的中下部上边有一个豁口等。

JF.2再版上的暗记主要有四处：①除上面所说在邮资图中"问"字不带钩外，还有面值"8分"中"8"字上半部"0"右下方内侧不带豁口；在右边模拟齿孔右上角第一齿孔线上无豁口；在右边模拟齿孔右下边第一孔的下孔线上，已修平整，无空心突起。②信封图案舞刀老人右腿内侧裤线呈连线。③信封背面中文标题《老龄问题世界大会》纪念邮资封"中的第一个"《"第二笔拐角下方无豁口。④信封背面中文倒数第二行"表示老人是社会发展的宝贵财富"中的"富"字，其第三笔"フ"折为小折，而原版则为正常折，较大。

【JF.3 国际民航组织成立四十周年】The 40th Anniversary of the Founding of ICAO 国际民航组织是协调世界各国政府间在民用航空领域内各种经济、技术关系和法律事务的国际组织，是联合国的专门机构之一。1944年12月7日，52个国家代表在美国芝加哥举行的国际民航会议上，制订了《国际民用航空公约》，简称《芝加哥公约》，并于1947年4月4日起生效。这是涉及国际民用航空在政治、经济、技术等领域各方面问题的综合性公约，与此同时，成立的国际民用航空组织，简称国际民航组织。其宗旨是："依赖安全和有秩序的方式，使国际空运业务建立在机会均等的基础上，并予以完善和经济的经营。"总部设在加拿大蒙特利尔。全体成员国会议每三年召开一次。中国是1944年《国际民用航空公约》的签字国和国际民航组织的成员国。中华人民共和国成立后，于1974年2月15日承认了该公约，同时参加了该组织的活动；1974年9月，在国际民航组织第21届大会上，当选为理事国。

1984年12月7日，正值国际民航组织成立四十周年之际，中华人民共和国邮电部发行了一套纪念邮资封，全套1枚。志号JF.3。邮资图规格40毫米×30毫米；信封规格180毫米×105毫米。

JF.3（1—1）"国际民航组织成立四十周年" 邮资图以七色彩带为底衬，犹如七色彩虹，映衬着一组凌空飞行的机群，左下角一架白色客机机身上印有的五星国旗清晰可见，象征着我国民航事业的繁荣和各国民航之间的友谊；图案右上角印有国际民航组织徽志。徽志以飞鹰双翅和五大洲地球图形为主图，左右衬以橄榄枝叶，寓意民航犹如飞鹰翱翔蓝天。信封图案为高空俯视下的北京天坛祈年殿。邮资面值10分，每枚售价0.20元。发行量48.5465万枚。布纹纸。彩色胶印。万维生设计。北京邮票厂印制。

注：JF.3是JF系列发行以来第一枚邮资面值10分的纪念邮资封。

笔者对JF.3收集、研究后发现：

JF.3的版型 这里的版型主要是指印版印刷的图文微观特征的不同、版面格式的不同和封舌形状特征的不同所造成的不同版型，如A型、B型；下同。JF.3较JF.1、JF.2印量多出一倍多，有A、B两种版型印制。这两种版型在某些地方存有明显区别，主要是：①在邮资图上所印标题"国际民航组织成立四十周年"中的"织"字正上方模拟齿孔中，A型右边齿孔边有红网线露出，呈毛刺状；B型则无红网线露出，整齐无毛刺。②在信封背面左下角"中华人民共和国邮电部发行"中的"中"字，A型"中"字第一笔左上边缺角，呈"缺角'中'"；B型则正常，不缺角。③信封背面英文介绍倒数第二行第一个英文字母"t"，其第二笔呈上粗下细状；B型则呈上下一样粗细的正常状。

JF.3的印刷变异 由于不同班次印制时所调油墨浓淡不同，造成邮资图刷色有别：飞机尾翼上国旗的颜色浓为深红，淡为棕红；彩虹中红色浓为紫红，淡为棕红。这是彩色叠印因油墨浓淡不同所造成，不是错色。

JF.3的暗记 JF.3两种版型，除上述所说区别外，其他暗记均相同。暗记主要有三处：①在邮资图上所印"国际民航组织成立四十周年"中的"织"字，其右边"只"上的"口"，右上角缺角，呈圆弧状。②信封背面左下角"中华人民共和国邮电部发行"中的"电"字，第五笔直竖左上角缺角。③信封背面中文内容介绍第一行"一九八四年十二月七日"中的"日"字，第二笔直竖中间，有镂空，呈向右下斜的反阴短直线状；英文标题中两个"of"中的"f"其第二笔下半部，第一个"f"右下角缺一块，第二个"f"右下部则多出一块。

【**JF.4 中国南极考察**】**China Antarctic Research Expedition** 有关南极洲的知识，详见新版《中国集邮百科知识》J·177《南极条约生效三十周年》。南极对人类来说，过去曾是一个神秘的世界。自1768年英国的库克船长开始向南极进军，二百多年来，许多国家的探险家和科学家以大无畏的科学探索精神，对这个神秘的世界进行了一次又一次的探险。之后，相继有十几个国家在南极建立了一百多个夏季考察站和四十多个长年考察站，从事科学考察和研究，神秘的南极，正在被人类揭示。我国从1980年开始对南极进行考察活动，但都是随其他国家考察队一起进行的。由于我国仅是《南极条约》的缔约国而不是协商国，因此对南极事务没有表决权。1984年9月，我国外交部发布新闻公告：中华人民共和国国家南极考察委员会将于1984年11月20日派出中国南极考察队，前往南大洋和南极洲进行科学考察，并准备在南极建立一个夏季考察站。我国在南极建立科学考察站之后，将为我国成为《南极条约》的协商国创造必要条件。这样，我国在南极就有了"户口"，有了发言权，并为了解南极，认识南极，为人类和平利用南极做出自己的贡献。1985年2月20日，中国南极长城站胜利建成，南极长城站邮局也于当日下午正式开始营业。

1984年12月11日，为了纪念我国开始对南极进行考察，中华人民共和国邮电部发行了一套纪念邮资封，全套1枚。志号JF.4。邮资图规格32毫米×42毫米；信封规格180毫米×105毫米。

JF.4（1—1）"中国南极考察" 邮资图以耸立的冰山和中国长城站房屋为背景，描绘了一只阿德雷企鹅和一头威德尔海豹的形象；特别是企鹅翘首张望的神情，仿佛对人类的到来既有惊喜，也有无奈，因为它们往日的宁静生活被打破了。中国长城站房屋很像集装箱，房屋离开地面，用一些柱子支撑。信封图案以冰山和信天翁鸟为背景，展现了中国万吨级科学考察船"向阳红10号"和"J121号"打捞救生船在破浪前进；在"J121"号船尾上空，有直升机在飞行。"J121号"打捞救生船为我国自行设计制造，船长156米，宽20米，排水量1.2万吨，续航能力1.8万海里，可抗12级台风；甲板上设有舰载飞机平台，可供直升机起降。邮资面值8分，每枚售价0.18元。发行量50.6213万枚。铜版纸。彩色胶印。黄里设计。北京邮票厂印制。

笔者对JF.4收集、研究后发现：

JF.4的版型 有A、B两种版型。其主要区别是封舌两边的弧度大小不同：A型为大弧度封舌，B型为小弧度封舌。因此，A型封舌显然没有B型封舌宽；A型为窄舌，B型为宽舌。这说明不是同一版型，不是同一次印制。这从JF.4封的正面邮资图与封舌右边边缘的距离上也可以看出，A型为5.5毫米，B型为3毫米。A型为第一次印制，B型为另一次印制。

JF.4的印刷变异 印刷变异有两种：①A型中邮资图上铭记"中国人民邮政"中的"政"字，第二笔下半部断线。②B型中信封图案套色移位，同时使图案中"向阳红 10 号"船上的五星红旗出现印刷变异,红旗左下方呈椭圆形红点,如出海的"红日"。

JF.4 的暗记　A 型、B 型暗记均相同。暗记主要有两处:①在邮资图边框线上,右上角向外侧、左下角向内侧,各有一个凸点。②封的背面中文标题《中国南极考察纪念邮资封》中的"邮"字的右半边竖笔,中间有豁口;"信"字第二笔右下角缺角。倒数第二行"向阳红 10 号"中的"10"字,其左边"1"起笔处,凸出一圆点。

【JF.5 第七十一届国际世界语大会】71st World Esperanto Congress　国际世界语是一种人造国际辅助语,简称"世界语",国外称之为"希望者"。有关世界语的知识,详见新版《中国集邮百科知识》J·139《世界语诞生一百周年》。世界语传入我国,大约在清代末年。1951 年 3 月,中华全国世界语协会宣告成立,胡愈之任理事长。从 1978 年开始,我国每年都派代表参加一年一度的世界语大会。1980 年,中华全国世界语协会正式作为团体会员参加国际世界语协会。国际世界语大会自 1905 年以来,除两次世界大战期间外,每年轮流在各国举行。1986 年 7 月 26 日～8 月 2 日,第七十一届国际世界语大会在北京举行。大会议题是:相互了解、和平、发展。

1986 年 7 月 26 日,为了祝贺第七十一届国际世界语大会在北京举行,中华人民共和国邮电部特发行了一套纪念邮资封,全套 1 枚。志号 JF.5 。邮资图规格 26 毫米×31 毫米;信封规格 180 毫米×105 毫米。

JF.5（1—1）"第七十一届国际世界语大会"　邮资图是一朵由国际世界语协会徽志"绿色五角星"演变而成的五角形小花,鲜艳,明快;三片由彩色色条构成的花叶,变形呈阿拉伯数字"71";彩色色条象征世界各国五颜六色的国旗,巧妙地寓意世界语之花在众多国家和民族的抚育下得以盛开。五角形花朵的花蕊由国际世界语国际大会的缩写字母"UK"变形组成一只和平鸽,点明了这次大会的主题——和平。信封图案采用了第七十一届国际世界语大会会徽。会徽由地球图形、万里长城和国际世界语协会会徽"绿色五角星"组成;地球上印有词语"ESPERANTO"（希望者）,以及世界语"第七十一届国际世界语大会　北京　1986"。会徽周围环绕飞翔着七只和平鸽,这七只大鸽以一当十,当为"七十",加上右上方邮资图中由"UK"变形组成的一只小白鸽,恰好与本届"七十一"届大会相吻合,寓意大会"相互了解、和平、发展"的主题。邮资面值 10 分,每枚售价 0.25 元。发行量 107.6819 万枚。布纹纸。彩色胶印。任宇设计。北京邮票厂印制。

JF.5 是 JF 系列发行以来第二枚邮资面值为 10 分的纪念邮资封。信封背面除印有中英文介绍外,还增加了世界语,是纪念邮资封中唯一一种印有三种文字的 JF。

笔者对 JF.5 收集、研究后发现:

JF.5 的版型　JF.5 印量为 107 万多枚,至少应有 A、B 两种版型。不同版型主要区别在于:①A 型邮资图上标题"第七十一届国际世界语大会"中的"语"字右边"吾"下部"口"上无豁口,B 型则在"口"的最后一笔的中段有豁口。②在信封图案大会标志右前方从上向下数第二只和平鸽,鸽子嘴和眼的红网线,A 型与 B 型存有差别;鸽子脖子左边黑线,A 型有断线豁口,B 型无断线豁口。此外,在其他鸽子不同处,也存有细微区别。③A 型封舌弧度大,为窄舌;B 型封舌弧度小,为宽舌,二者有明显的区别。

JF.5 的印制变异　A 型中,有裁切大移位,移位长达 5 毫米。正常裁切,糊好的信封,邮资图离封的上边沿为 4 毫米～5 毫米,裁切移位封则为 10 毫米左右。

JF.5 的暗记　暗记主要有两处:①在 JF.5 左下角所印标题"第七十一届国际世界语大会"中的"届"字上,其右下部"由"的第一笔,直竖笔画的左下角缺角;"国"字第二笔的竖直上半部右侧,有一豁口。②在信封图案会标左下方三只和平鸽上,左数第一只和平鸽的右上翅膀边线内侧凹处,有 3 个黑网点。

【JF.6 北京国际图书博览会】Beijing International Book Fair'86　1986 年 9 月 5 日～11 日,由中国图书进出口公司主办的"北京国际图书博览会",在北京展览馆举办。这次博览会展出了几十个国家和地区以及国内各出版社和港台近两年出版的图书,包括自然科学、社会科学、人文科学等方面约五万种左右。这是中华人民共和国成立以来,在北京举办的首届国际图书博览会。

1986 年 9 月 5 日,为了祝贺北京国际图书博览会顺利举行,中华人民共和国邮电部发行了一套纪念邮资封,全套 1 枚。志号 JF.6 。邮资图规格（对角线）41 毫米×41 毫米（菱形）;信封规格 180 毫米×105 毫米。

JF.6（1—1）"北京国际图书博览会"　邮资图呈菱形,中心为地球和北京天坛祈年殿,象征国际图书博览

会在北京举行；五颜六色的色块犹如一本本打开的图书，环绕形成一朵绽放的鲜花，寓意本届图书博览会给北京增添了异彩。信封图案是用一本本厚厚的图书组成一道象征性的长城，书的封面上标有"北京国际图书博览会"名称，寓意这届国际图书博览会犹如构筑起了书的长城，友谊的纽带，必将会加强各国出版界、书业界之间的国际交流与合作。邮资面值20分，每枚售价0.35元。发行量51.4919万枚。布纹纸。彩色胶印。卢天骄设计。北京邮票厂印制。

JF.6是JF系列首次发行邮资面值为20分（当时国内外埠挂号信函邮资）的邮资封；也是JF系列中第一枚异形邮资图（菱形）的纪念邮资封。

笔者对JF.6收集、研究后发现：

JF.6的版型 有A、B两种版型。其区别主要有三处：①A型在信封左下角绿色飘带的右顶端靠近黄色飘带边上，有一个用肉眼可看到的红网点；B型上则没有。②在信封背面英文标题"Beijing International……"中第一个"I"字母左上角，A型正常，B型则多出一黑点；英文说明正数第二行的最后一个英文字母"e"，A型正常，B型则在"e"的顶部缺一块，呈平顶"e"，而不是正常的呈圆顶。③在信封背面左下角，"中华人民共和国邮电部发行"中的"国"字，A型"国"字正常，B型"国"字第二笔横直笔画中段上方有一凸点。

JF.6的印刷变异 A型在印制过程中，邮资图上"中国人民邮政"中的"民"字，其第四笔横直画左部断线，断线呈圆弧状，显然是由于异物遮挡而造成的印刷变异。

JF.6的暗记 暗记主要有两处：①邮资图中心天坛祈年殿上的匾额上有3个红网点。②信封背面中文内容说明文字正数第二行"一九八六年九月五日至十一日在北京……"中的"在"字，其第三笔下部断有豁口；英文标题"Beijing International……"中的"g"字母，其下半部"o"中间断有豁口。

【JF.7 商务印书馆建馆九十周年】The 90th Anniversary of the Founding of the Commercial Press 商务印书馆是中国近代出版事业中历史最久的出版机构，1897年创办于上海。最初主要印制商业簿册报表，后又出版学校教科书、古籍、科学、文艺、工具书、期刊等，成为一家综合性的出版社。1932年淞沪战役中，商务印书馆总务处、编译所及附设的东方图书馆、印刷总厂等，被日军炸毁。后来部分恢复。1954年迁北京。在香港等地区设有分馆。商务印书馆建馆九十年来共出版图书两万五千余种，在积累文化、介绍新知识方面做出了重要贡献；翻译出版各国古今重要学术著作是商务印书馆的传统特色；新中国成立以来共出版各种语文词典、工具书几百种，如《辞海》、《现代汉语词典》、《汉英词典》等，深受读者好评。

1987年2月11日，正值商务印书馆建馆九十周年之际，中华人民共和国邮电部发行了一套纪念邮资封，全套1枚。志号JF.7。邮资图规格30毫米×26.2毫米；信封规格180毫米×105毫米。

JF.7（1—1）"商务印书馆建馆九十周年" 邮资图是以各种彩色书本组成的金钥匙，寓意商务印书馆出版发行的大量珍贵书籍，为人们打开知识宝库提供了金钥匙。信封图案为商务印书馆出版的部分图书，如《辞海》、《大俄汉辞典》、《意汉辞典》、《英华大辞典》、《波斯语汉语辞典》等，累积成山形，寓意攀登科学文化高峰，以书为径；信封左上方为陈云的题字："商务印书馆九十年"。邮资面值8分，每枚售价0.23元。发行量68 35万枚。布纹纸。彩色胶印。潘可明、邓锡清设计。北京邮票厂印制。

笔者对JF.7收集、研究后发现：

JF.7的版型 有两种版型。其主要区别是：①信封正面左上方陈云题字"商务印书馆九十年"中的"务"字，其繁体字"務"第四笔钩部与第十笔撇部，A型不相连，B型则相连；繁体"務"字的"矛"与"务"字之间，靠上半部B型有一个蓝网点，A型则没有；"陈云"的"陈"字，第三笔右下方皱笔处，A型、B型存有区别。②信封背面标题文字"建馆九十周年"中的"馆"字，其第一笔下部顶头,A 型正常,B 型则多出一点。

JF.7 的印刷变异 信封左上"商务印书馆九十年陈云"文字刷色有深浅,深色呈棕色,浅色呈土色。A 型、B 型均有这种情况。

JF.7 的暗记 其暗记主要是在信封背面文字上:①文字标题"《商务印书馆建馆九十周年》纪念邮资信封"中的第一个"馆"字,其右旁"官",竖直线弯曲;"邮"字中的左旁"由",右下角内侧有豁口;"资"字第二笔下边中间有豁口,第七笔下部右边多一点;"信"字中第六笔上边靠右有一豁口。②英文标题中第二个"the"中"e",其左边中上部有一豁口;"pre-stamped"中,最后一个字母"d",其左边中部缺一块。③信封背面左下角铭记"中华人民共和国邮电部发行"中的"中"字,其第三笔靠右边断线;"共"字第四笔中间断线。

【JF.8 新华书店成立五十周年】The 50th Anniversary of the Founding of Xinhuashudian 新华书店是我国图书发行系统规模最大的机构。1937 年 4 月 24 日创建于延安。当时是中国共产党中央委员会领导下的图书出版、印刷、发行机构。之后,在华北、华中、山东等许多抗日民主根据地,也先后设立新华书店。中华人民共和国成立以后,于 1951 年实行图书出版、印刷、发行分工专业化时,改为国家发行图书的专业机构,并有了很大发展,建成遍布全国的图书发行网,五十年来累计发行各种图书 1000 亿册。全国已有新华书店 8500 处,年发行图书量约占全国图书销售总额 90%。

1987 年 4 月 24 日,为纪念新华书店成立五十周年,中华人民共和国邮电部发行了一套纪念邮资封,全套 1 枚。志号 JF.8。邮资图规格 40 毫米×29 毫米(新邮预告上邮资图规格为 40 毫米×30 毫米,实测为 40 毫米×29 毫米);信封规格 180 毫米×105 毫米。

JF.8(1—1)"新华书店成立五十周年" 邮资图由书籍和"书"字的汉语拼音字头"S"为中心的标志组成,寓意书籍的流通、销售过程中,新华书店所起的桥梁和核心作用。信封图案由新华书店徽志、书籍、延安窑洞外景组成,寓意诞生在延安窑洞中的新华书店,现在已成长壮大而遍及全国。新华书店徽志呈圆形,正中中国版图上有毛泽东同志亲笔题写的"新华书店"4 个字,上端缀有一颗红星。邮资面值 8 分,每枚售价 0.23 元。发行量 69.05 万枚。布纹纸。彩色胶印。潘可明设计。北京邮票厂印制。

笔者对 JF.8 收集、研究后发现:

JF.8 的版型 JF.8 有 A、B 两种版型。其主要区别在于:①邮资封的邮资图标题文字"新华书店成立五十周年"中的"年"字,A 型中"年"字第二、第五笔的横直笔画右上角,均多出一个点儿;B 型则正常。②邮资封左下方中国地图上方的五角星,A 型五角星左下角的左边线正常;B 型则不正常,呈弯曲状。③信封背面右下角志号"JF.8(1—1)1987"中"1987"的"8"字顶部,A 型上边有一个豁口,B 型上边则多出一块儿。④背面中文介绍倒数第二行"……所起的核心作用"中的"核"字,A 型笔画正常;B 型上"核"字第八笔的笔画不正常,撇画左下方变粗。英文内容介绍第二行中"biggest"的"s"字母,A 型笔画正常;B 型笔画不正常,从起笔到第一个拐弯处,均变粗,等等。

JF.8 的暗记 暗记主要有两处:①信封左下方红书皮的左下角书角,红网版有一豁口;粉红书皮的右上有的书角,红网版缺一角。②信封背面中文标题"《新华书店成立五十周年》纪念邮资封"中的"邮"字,左旁"由"的右下角内侧有一豁口;"信"字第六笔横直画右边顶端多出一点。倒数第一行"成长壮大"中的"长"字,中间的横直笔画左细右粗,两边粗细明显不一样,等等。

【JF.9 第三世界广告大会】The Third World Advertising Congress 第三世界是指亚、非、拉美及其他地区的被压迫民族和被压迫国家,中国是属于第三世界的社会主义国家。1974 年,毛泽东根据当时世界各种基本矛盾的发展变化,指出世界已划分为三个方面,即三个世界。苏联、美国两个超级大国是第一世界;处于第一世界和第三世界之间的发达国家是第二世界。广告是通过一定的宣传媒介,将有关信息传递给公众的一种宣传方式。考古学家认为,最早的广告是在古希腊底比斯城的废墟中发掘出的一件约有三千年历史的文字广告,该广告以一枚金币悬赏捉拿逃亡奴隶。广告在中国有着悠久的历史,早在两千多年前,《韩非子》就记载有:"宋人有沽酒者……悬帜甚高。"在酒店门口悬挂酒旗,正是酒店做的广告。直到 1041 年,中国毕昇发明了活版印刷术,才有可能廉价地、快速地印刷大量书刊,并开创了广告的新纪元。19 世纪,在许多国家都成立了广告事务所。20 世纪初,广告已充斥报纸、杂志,林立于城市街道两旁。1987 年 6 月 16 日～20 日,第三世界广告大会在北京召开。这是在我国举行的一次大型国际会议,大会将为第三世界广告工作的发展做出重要贡献。

1987年6月16日,为了祝贺第三世界广告大会顺利召开,中华人民共和国邮电部发行了一套纪念邮资封,全套1枚。志号JF.9。邮资图规格31毫米×39毫米;信封规格180毫米×105毫米。

JF.9(1—1)"第三世界广告大会" 邮资图采用了第三世界广告大会标志。标志的中心图案为一颗红色五角星,下端黑色回形线条象征北京的万里长城,交错着的多种颜色曲线,寓意广告信息的传播和交流。信封图案采用了赵紫阳为大会的题词:"第三世界广告会议是一次重要的国际集会。我代表中国政府热烈欢迎各国广告界朋友参加这次盛会,衷心希望这次大会对加强南南合作和促进南北对话作(做)出贡献。"图案饰以淡色调的彩带,犹如一道彩虹,寓意中国对大会表达的热烈欢迎和美好祝愿。邮资面值8分,每枚售价0.23元。发行量64.05万枚。布纹纸。彩色胶印。卢天骄设计。北京邮票厂印制。

笔者对JF.9收集、研究后发现:

JF.9的版型 有A、B两种版型。其主要区别表现在以下三点:①从信封正面看,右上角的邮资图距信封右边边线,A型为6.5毫米左右,B型为4.5毫米左右,二者相差2毫米左右。由于A型较B型的邮资图较靠左,致使装订后的成品在信封背面,A型信封图上的彩虹露出2毫米;B型则没有这种情况。②在信封的背面中文内容说明中,第二行"一九八七年六月十六日"中的"年"字,A型正常,B型的"年"字第四、第五笔交接处右侧有豁口;邮资封右下角志号"JF.9"中的"F"字母,第一笔收尾处,A型向前伸,B型则下垂多出一点儿。③在邮资封背面,A型在右边折叠有2毫米左右的信封图案的彩虹;B型则在封舌上端露出有1毫米多的彩虹。

JF.9的印刷变异 JF.9中有不同刷色变异,主要在于邮资图正品模拟齿和边框为银灰色,图案上的红、绿色较浓重;变异品模拟齿和边框则呈灰绿色,图案中红、绿色呈棕红、淡黄绿。在刷色变异中,有一种邮资图上漏印银色的变异,更为珍罕。这种漏印刷色,因银色较浅淡,只有在高倍放大镜下观察,才可以辨别。

JF.9的暗记 在邮资封背面说明文字中,中文说明文字最后一行第一个"的"字,第一笔与第三笔不相连,有豁口;英文说明文字标题"Advertising"中,A型的"d"左边半圆的上部内侧多出一点儿;"t"的第二笔,中上部右边多出一点儿,B型则无此特征。这也可用作鉴别A、B版型时参考。

【JF.10 世界奥林匹克集邮展览】The World's Olympic Philatelic Exhibition 国际奥林匹克集邮联合会是在国际奥委会主席萨马兰奇倡导下,于1983年组建的。最初采取个人会员制,后来为进一步发扬奥林匹克精神,倡导体育集邮,促进体育运动和体育文化的发展,萨马兰奇提议改组奥林匹克集邮联合会,并以团体会员制取代个人会员制。1984年10月,国际奥委会在洛桑召开各国体育集邮协会代表大会,宣布改建后的国际奥林匹克集邮联合会成立。1986年,中国体育集邮协会成立时,萨马兰奇曾亲赴成立大会表示祝贺。1985年3月18日~24日,由国际奥林匹克委员会和洛桑市政府赞助、国际奥林匹克集邮联合会主办,世界奥林匹克集邮展览首次在瑞士洛桑市举办。共有二百多部邮集参展,中国有6部邮集参展。这届邮展,未评奖级,只给纪念奖牌。1987年8月29日~9月9日,第二次举办的世界奥林匹克集邮展览在意大利首都罗马举行,由国际奥委会赞助,共展出竞赛性邮集116部。这是一次具有世界规模的高水平的邮展。中国是参展国之一,共有10部邮集参展。

1987年8月29日,为了祝贺第二次世界奥林匹克集邮展览顺利举行,中华人民共和国邮电部发行了一套纪念邮资封,全套1枚。志号JF.10。邮资图规格56毫米×25毫米;信封规格180毫米×105毫米。

JF.10(1—1)"世界奥林匹克集邮展览" 邮资图由北京天坛祈年殿和邮展展徽组成。展徽由罗马城徽和奥林匹克五色环组成;罗马城徽为母狼哺婴图案。据传说,在意大利亚平宁半岛西部,有一条台伯河自北向南流淌，注入第勒尼安海。在距河口 27 公里处的台伯河畔，有七座风景秀丽的火山丘。公元前 753 年，人们在山丘上建起了"七丘城"，这便是罗马的诞生地。当时战神马尔斯和里西·西尔维亚结合，生下一对双胞胎罗马鲁斯兄弟。后来国王杀害了西尔维亚，又把罗马鲁斯兄弟放在篮筐中，抛入台伯河里，要把他俩淹死，幸亏篮筐被水冲上岸，一只母狼喂奶救活了罗马鲁斯兄弟。后来狼被猎人捕杀，猎人把罗马鲁斯兄弟抚养成人。战神的后代长大成人后，臂力过人，为妈妈报了仇。由于"七丘城"是母狼抚育罗马鲁斯兄弟的地方，因此便把它称为"罗马"，并选用母狼哺婴图为城徽。信封图案由撑竿跳高运动员的动作姿态与邮票状色块组成，寓意集邮与运动都将百尺竿头更进一步。邮资面值 8 分，每枚售价 0.23 元。潘可明设计。布纹纸。彩色胶印。发行量 66.62 万枚。北京邮票厂印制。

笔者对 JF.10 收集、研究后发现：

JF.10 的暗记　暗记主要有三处：①在信封背面中文内容说明中，第二行"世界奥林匹克集邮展览"中的"展"字，其第四笔与第三笔之间有豁口，不相连；第三行第一个字"展"，其第三笔撇的尾端变粗呈点状。②在信封背面中文说明文字第二行最末一个"邮"字，其右半部"阝"明显较粗；中文最后一行文字"撑竿跳高"中的"竿"字，第八笔左粗右细。③邮资封背面右下角志号"JF.10.（1—1）1987"中，"1987"的"1"字，右边中部不直，向里凹。

【JF.11 中国国际广播电台开播四十周年】The 40th Anniversary of Radio Beijing　广播电台是编制和发送广播节目的宣传机构。其广播节目是将声音变成电信号通过发射台发射出去，通过无线电波播送的，称无线广播；通过导线向广大地区播送的，称有线广播。无线广播通过电台发射出长波、中波、短波、超短波等电磁波，听众就可以用收音机收听到广播。这种无线电技术，首先是在长波波段范围内逐渐发展；最先问世的无线电广播发射机，已利用中波波段。1921 年，业余无线电爱好者发现和开拓了短波波段。超短波波段的研究始于 1930 年，直到 1949 年才开始大显身手。我国的国家广播电台分对国内广播和对国外广播。对国内广播的呼号是"中央人民广播电台"。对国外广播的呼号是"北京广播电台"；1978 年 5 月 1 日起，改名为中华人民共和国国际广播电台，简称中国国际广播电台。中华人民共和国国际广播电台是中国唯一向全世界广播的国家电台。它开播于 1947 年 9 月 11 日。中华人民共和国成立后，于 1950 年 4 月正式开办于北京。目前，它每天用英语、日语、法语、俄语、越南语、阿拉伯语、西班牙语、葡萄牙语、乌尔都语、世界语等 44 种语言对国外广播。每天播音有一百四十多个小时，其播音语种和时数均居世界第三位，是世界上影响较大的国际广播电台之一。

1987 年 9 月 11 日，为了庆祝中华人民共和国国际广播电台开播四十周年，中华人民共和国邮电部发行了一套纪念邮资封，全套 1 枚。志号 JF.11。邮资图规格 57 毫米×26.8 毫米；信封规格 180 毫米×105 毫米。

JF.11（1—1）"中国国际广播电台开播四十周年"

邮资图由五大洲世界地图、无线电波、飞翔的和平鸽和中国国际广播电台台徽组成。台徽由发射塔、电波组成图案，左右标有"RADIO"和"BEIJING"英文字样；五大洲世界地图、无线电波、飞翔的和平鸽，寓意将友谊传遍全世界，以增进中国人民与世界各国人民的友好往来，促进和平与进步事业的发展。信封图案为坐落于北京复兴门内大街 2 号的中央人民广播电台大楼外景，左上方印有李先念为中国国际广播电台的题词："中国之声，友谊之桥　李先念"。邮资面值 8 分，每枚售价 0.23 元。发行量 68.40 万枚。布纹纸。彩色胶印。邹建军设计。北京邮票厂印制。

笔者对 JF.11 收集、研究后发现：

JF.11 的印刷变异　在信封背面封题《中国国际广播电台开播四十周年》的两个"国"字中，有少量封上其中一个"国"字中的"玉"上的"、"不规范，呈大头点。

JF.11 的铭记　在 JF 系列中，信封的背面的左下角，均印有发行单位铭记。JF.11 也许因背面的中、英文说明文字太多了，左下角所余位置太小，未印"中华人民共和国邮电部发行"铭记，这是至今所发行的 JF 中，唯一漏了铭记的一套纪念邮资封。应该说，这是一种失误，尽管信封背面左下角所余位置比较狭窄，但采用小号字，完全可以把铭记印上。

JF.11 的暗记　在信封背面，中文标题文字"《中国国际广播电台开播四十周年》纪念邮资封"中的"》"，在右边拐弯处上边有一豁口；中文说明文字第四行"时数和语种"的"数"字，第八笔撇的下端有一豁口。

【JF.12 世界针灸学会联合会成立大会暨第一届针

灸学术大会】The Inaugural Meeting of WFAS and the First World Conference on Acupuncture – Moxibustion

1987年11月22日,世界针灸学会联合会在北京成立,同时召开第一届学术大会。世界针灸学会的成立,标志着针灸学发展到一个新的里程,不仅对促进具有悠久历史的我国针灸医学的发展具有重要意义,也会使源于中国的针灸学为人类健康做出更大的贡献。

1987年11月22日,为了祝贺世界针灸学会联合会成立大会暨第一届针灸学术大会顺利召开,中华人民共和国邮电部发行了一套纪念邮资封,全套1枚。志号JF.12。邮资图规格30.5毫米×38毫米;信封规格180毫米×105毫米。

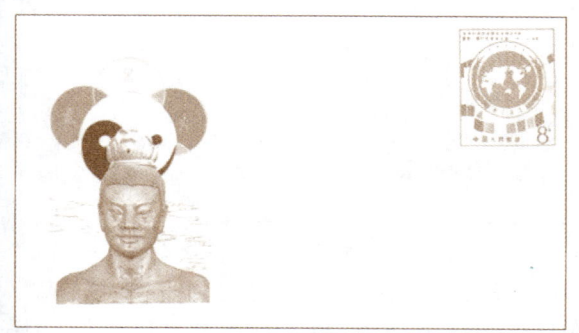

JF.12（1—1）"世界针灸学会联合会成立大会暨第一届针灸学术大会" 邮资图采用了世界针灸学会联合会成立大会暨第一届针灸学术大会会标。会标呈圆形,主图由五大洲世界地图和五根银针组成,左右环以艾叶,下端标有世界针灸学会大会英文缩写"W.F.A.S"字样。会标周围环饰彩带,象征世界针灸学者欢聚一堂,共同进行学术探讨的热烈气氛。信封图案由太极图、五行图、仿宋朝针灸穴位铜人和缥缈的艾烟青烟组成,象征针灸学在中国有着悠久的历史和独特的理论体系及丰富的临床经验。中国古代太极被视为派生万物本源:"心为太极";或借"太极"来说明"气","一物两体,气也"。五行指金、木、水、火、土五种物质。古代流行"五行相生相胜"的原理。"相生",意即相互促进,如"木生火、火生土、土生金、金生水、水生木";"相胜",意即互相排斥、相克,如"水胜火、火胜金、金胜木、木胜土、土胜水"。针灸穴位铜人是古代针灸用人体模型。由宋代针灸学家王惟一设计,于公元1027年铸造,共两具。铜人外壳分为腹背两半,可以开合,体内脏腑齐全,体表刻有穴位名称,穴位有孔。考试时,裹蜡封住小孔,内蓄清水,命学生针刺穴位,中其穴则有水流出,以此考定成绩。铜人躯壳表面刻有354个穴位,是世界上最早的医疗模型,对中国针灸学的发展有较大贡献。明代对针灸学比较重视,曾复制铜人。艾灸青烟代表着灸学。邮资面值8分,每枚售价0.23元。发行量67.12万枚。布纹纸。彩色胶印。陈晓聪设计。北京邮票厂印制。

笔者对JF.12收集、研究后发现:

JF.12的印刷变异　JF.12中有邮资图套色移位印刷变异,即邮资图的黑色专版下移或上移时,出现"8分"与边框呈短距或长距的印刷变异。

JF.12的暗记　暗记主要有三处:①封背面"世界针灸学会联合会成立大会暨第一届针灸学术大会"纪念邮资封,未按以往惯例采用书名号《》,而用引号""；"世界针灸学会"中的"世"字,最上方的一横起笔处有一豁口；"纪念邮资封"中的"邮"字,左边"由"的左右两竖笔下部均露头。②英文说明文字倒数第三行,横数第二个"the"中的"t"字母,左侧居中多出一个圆点儿；在倒数第一行开头"moxibustion"中的"x"字母,右上角有一豁口。③志号"JF.12.（1—1）.1987"中的"."均为方点,并未惯用圆点；（1—1）中左边"("左侧居中多出一点,"（1—1）.1987"中,在（1—1）与"1987"之间,多了一个"·",在JF系列中,绝大多数均无此"."。

【JF.13 中国共产主义青年团第十二次全国代表大会】Twelfth National Congress of the Chinese Communist Youth League　　有关中国共产主义青年团的知识,详见新版《中国集邮百科知识》J·32《中国共产主义青年团第十次全国代表大会》。1988年5月4日~8日,中国共产主义青年团第十二次全国代表大会在北京召开。这次大会以党的十三大精神为指导,总结了自十一大以来的共青团工作,动员和号召全国广大团员青年站在改革的前列,为建设具有中国特色的社会主义而努力奋斗。大会选举产生了新一届团中央;宋德福连任团中央第一书记;会议通过实行团员证制度等决议,将《光荣啊,中国共青团》定为代团歌。

1988年5月4日,为庆祝中国共产主义青年团第十二次全国代表大会的召开,中华人民共和国邮电部发行了一套纪念邮资封,全套1枚。志号JF.13。邮资图规格38毫米×28毫米;信封规格180毫米×105毫米。

JF.13（1—1）"中国共产主义青年团第十二次全国代表大会" 邮资图由彩虹、金星和中国共产主义青年团的英文缩写"CCYL"字母与罗马数字"ⅩⅡ"形象化的海鸥、花环组成，寓意青年是希望和未来。信封图案在和平鸽飞翔的祥和环境中，展现了青年男女载歌载舞的动作姿态，寓意青春的旋律，象征当代团员青年欢庆共青团十二大的召开，意气风发，气氛热烈。邮资面值8分，每枚售价0.23元。发行量59.42万枚。布纹纸。彩色胶印。邹建军设计。北京邮票厂印制。

笔者对JF.13收集、研究后发现：

JF.13的版型　有A、B两种版型。其主要区别有两处：①信封正面邮资图边框，距信封图案上跳舞女青年的距离不一样，A型较B型距离远一点，二者相差0.5毫米。②信封背面封题《中国共产主义青年团第十二次全国代表大会》中的"第"字，上边"⺮"字头中间，多一长方形黑点儿；B型则无这种情况。

JF.13的印刷变异　在JF.13邮资封的信封图案中，左上角飞翔的和平鸽，有局部漏印蓝色的印刷变异。

JF.13的志号　邮资封背面右下角志号"JF.13．（1—1）"后面未印"1988"发行年代，这是一大失误。因为在JF系列中志号后面大都印有发行年代；JF.13漏印年代，这在JF系列中绝无仅有。

JF.13的暗记　其暗记主要在信封背面英文说明中：①英文内容说明正数第三行中"（CCYL）"最后的英文字母"L"，其最上端断笔。②正数第六行第一个英文字母"E"，其中间一横断笔。③倒数第二行"and"中的"d"，竖笔上半部多一圆点儿。④倒数第三行中"CCYL"中的"L"，和"and"中的"a"，均在上端断笔；"Roman"中的"R"，其顶端断笔。

【JF.14 国际农业发展基金会成立十周年】10th Anniversary of the International Fund for Agricultural Development　联合国专门机构是根据各国政府间的协定而设立，并以特别协定同联合国发生关系的专门性国际组织。代表联合国缔结这种协定的是经济及社会理事会。根据协定，联合国和各专门机构之间可相互派遣代表列席对方的会议，互相提出列入会议议程的项目，经常交换情报和文件。各专门机构每年一次向联合国提出工作报告，由经济及社会理事会讨论后，并提出建议。各专门机构的会员国同联合国的会员国不完全相同。到1978年，联合国共有十六个专门机构。国际农业发展基金会是联合国专门机构之一。于1977年11月30日成立，总部设在罗马。该基金会的宗旨是为发展中国家筹集资金，提供优惠贷款或赠予，以支持成员国的农业发展，增加其粮食生产和消除贫困及营养不良。成员国按工业发达、盛产石油、粮食不足等不同情况，分为三类：第一类为美、日、英等19国；第二类为伊朗、沙特阿拉伯、尼日利亚等11国；第三类为埃及、印度、马里等58国。

1988年1月26日，正值国际农业发展基金会第十一届管理大会召开之际，为了纪念国际农业发展基金会成立十周年，中华人民共和国邮电部发行了一套纪念邮资封，全套1枚。志号JF.14。邮资图规格40毫米×27.5毫米；信封规格180毫米×105毫米。

JF.14（1—1）"国际农业发展基金会成立十周年"邮资图由国际农业发展基金会会徽和金黄色的阿拉伯数字"10"组成，鲜明、巧妙地表示该基金会成立十周年。会徽呈圆形，由干裂的土地和麦穗组成图案，周围以该基金会英文全称和"1977—1987"年份环绕。底衬采用草绿色网块，象征着基金会支持发展中国家的粮食生产、消除贫困和营养不良，将干裂的土地变为水网贯通的绿色田野。信封图案由金色的会徽和土壤、草原、骆驼、羊、水中的鱼群组成，表示国际农业发展基金会以优惠贷款的方式，支持我国发展草原牧业、治理盐碱地、农业信贷、淡水综合治理、养鱼等四个项目的发展。邮资面值8分，每枚售价0.23元。发行量60.52万枚。布纹纸。彩色胶印。吴建坤设计。北京邮票厂印制。

笔者对JF.14收集、研究后发现：

JF.14的版型　有A、B两种版型。其主要区别有两处：①信封正面邮资图距背面文字说明的距离不一样，因此导致信封在折叠成成品后，背面封舌距中文说明文字距离也不一样，A型距离长，B型距离短，有的封舌可盖住说明文字；信封正面邮资图距封上边缘的距离，A型较短，B型较长，二者相差2毫米左右。②在邮资封背面左下角"中华人民共和国邮电部发行"中的"国"字上，其第二笔最下端左下角，A型笔画正常，B型则多出一块而变宽；在英文说明倒数第六行"China"中的"h"字母，其右边横笔拐弯处，A型正常，B型则缺一块呈豁状。

JF.14的暗记　暗记主要在信封背面英文内容说明中：①倒数第四行第一个"IFAD"中的"D"，在竖笔直线中部,有一斜断笔豁口;第二个"IFAD"中的"D"字母,其竖笔上方有断线豁口;②正数第三行"United"中的"U"字母,左边起笔有断线豁口;"established"中的"b"字母,其中部右上端有断笔豁口。③正数第六行"IFAD"中的"D",在竖笔直线上端有断线豁口。

【JF.15 世界卫生组织成立四十周年】40th Anniversary of the World Health Organization 世界卫生组织成立于1948年,同年9月成为联合国专门机构之一,总部设在瑞士日内瓦。该组织的宗旨是:"使全世界人民获得最高水平的健康。"其主要任务是:"承担国际卫生工作的指导与协调责任";"协助各国政府加强卫生业务","提供技术援助并在紧急情况下给予必要的医疗卫生救济";"促进流行病、地方病及其他疾病的防治工作";"促进营养、环境卫生及食品、生物制品与药物等国际标准"。该组织机构每年召开一次大会。执委会是大会闭幕期间的执行机构,每年至少召开两次会议,由大会选出的三十个成员国政府所指定的卫生专家组成,任期三年。该组织还设有非洲、美洲、欧洲、东地中海、东南亚、西太平洋等地区办事处。1977年第三十届大会决定世界卫生组织和各国政府的主要目标是:到2000年使世界所有人民都获得在社会和经济方面过富裕生活的健康水平。1979年第三十二届大会提出"2000年人人享受卫生保健"的战略目标和行动计划,并且重点支持会员国通过初级卫生保健来实现这一目标。到1988年已有166个会员国。中国是世界卫生组织创始国之一。1972年5月10日,第二十五届世界卫生组织大会通过了恢复中华人民共和国在该组织的合法席位的决议。之后,中国恢复了该组织的活动。

1988年4月7日,正值世界卫生组织成立四十周年之际,中华人民共和国邮电部发行了一套纪念邮资封,全套1枚。志号JF.15。邮资图规格30毫米×37.5毫米;信封规格180毫米×105毫米。

JF.15(1—1)"世界卫生组织成立四十周年" 邮资图由世界卫生组织的徽志和世界卫生组织的英文"WHO"和法文"OMS"缩写字母名称组成。世界卫生组织的徽志图为联合国徽记上加绘医业标记——蛇盘绕在手杖上,寓意世界卫生组织的宗旨。传说,太阳之子阿斯克雷庇亚,一生从事医学,被当地人尊为"伟大无疵的医神"。一天,他手持拐杖,坐在草地上思索治病的医道,突然,一条毒蛇绕在他的手杖上。他不禁大吃一惊,趁势将毒蛇打死,扔在了一边。不料,过了一会儿,又出现了一条毒蛇,口衔药草,在那条死蛇身上来回翻动,约一个时辰后,那条毒蛇居然又复活了。这件事激发了阿斯克雷庇亚潜心研究医学的事业心。他去世后,希腊人为纪念他,将他塑成神像,一条蛇盘绕在他的手杖上,作为最高象征。至今,蛇和手杖仍被认作医业标记,其中"手杖"表示邀游各地之意,"无害的灵蛇"象征着健康和长寿。实际上,国际性医学标志中的蛇徽是古代图腾崇拜的引申,因为无论是东方还是西方,在古代均将蛇视为健康、长寿和吉祥的象征。信封图案由人、地球、"2000"及卫生保健工作主要项目的画面组成,寓意2000年全世界人人享有卫生保健。邮资面值8分,每枚售价0.23元。卢天骄设计。布纹纸。彩色胶印。发行量45.07万枚。北京邮票厂印制。

笔者对JF.15收集、研究后发现:

JF.15的版型 有A、B两种版型。其主要区别有两处:①在邮资图最外层的右边框的中下部外侧,B型多出一个色点儿,A型则无。②在邮资封图案中,地球图上的卫生保健工作主要项目中红"十"字标志,A型与B型的"十"的红色网点有些许区别,造成红"十"字的形状也不一样。

JF.15的志号 信封背面右下角志号"JF.15(1—1).1988"中,在"(1—1)"与"1988"之间,与众不同地多一个".",与JF.12的情况一样。

JF.15的暗记 暗记主要有三处:①在信封背面英文封题第一行"World"中的"o"字母,其内侧左下多出一点儿。②倒数第五行"fortieth"的"o"字母上,其正下边有一黑点儿;"PRC"中的"R",其竖笔中部右侧有一豁口。③倒数第一行"Year"中的"r"字母,其右上端有断笔豁口。

【JF.16 中国福利会成立五十周年】50th Anniversary of the Founding of the China Welfare Institute 中国福利会前身是保卫中国同盟,1938年6月14日在香港成立。香港沦陷后,1942年迁到重庆。抗日战争胜利后,于1945年11月迁到上海,改名中国福利基金会。1950年8月改称中国福利会至今。新中国成立前,在中国人民争取解放与进步的斗争中,该会帮助解决某些急需的物资,向全世界各国朋友阐述中国人民斗争的意义和目标;新中国成立后,从事妇幼保健、儿童文化教育以及对国外读者报道中国社会主义革命和建设等工作。中国福利会成立五十年来，为新中国的诞生和建设，以及妇幼保健、儿童文化教育等事业，做出了卓越的贡献。中国福利会由孙中山夫人宋庆龄所创办，并担任该会的会长。

1988年6月14日，在中国福利会成立五十周年之际，中华人民共和国邮电部发行了一套纪念邮资封，全套1枚。志号JF.16。邮资图规格26毫米×33毫米；信封规格180毫米×105毫米。

JF.16 "中国福利会成立五十周年" 邮资图采用了中国福利会会徽。会徽呈圆形，主图为一只飞翔的和平鸽，两侧饰有橄榄枝叶，上端正中标有"中国福利会"字样。信封图案为中国福利会前身"保卫中国同盟"在香港诞生的旧址和"中国福利会"在上海的办公大楼外景，两栋大楼建筑上下部分交错重叠，寓意着中国福利会诞生、成长的历程。邮资面值8分，每枚售价0.23元。发行量43.12万枚。布纹纸。彩色胶印。刘硕仁设计。北京邮票厂印制。

笔者对JF.16收集、研究后发现：

JF.16的版型 有A、B两种版型。其主要区别有四处：①信封正面邮资图的右边框线距左边上部信封图左边框线距离不一样，A型封为146毫米，B型封为145.5毫米。②邮资封正面的邮资图上部边框线距信封上边的距离，A型封为7毫米，B型封为8毫米；A型信封图上边框距信封上边的距离为17毫米；B型封则为18毫米。③邮资图上方"中国福利会成立五十周年"中的"国"字，A型封国字中的"玉"上的"、"，呈长方形，B型封则呈三角形；"年"字中的长竖笔，A型封笔画细，在收尾处呈尖状向左撇，B型封笔画粗，呈竖直长方状。④邮资图上的"中国人民邮政"中的"邮政"二字，在笔画形状上，也存在局部差异。

JF.16的纸质 JF.16所用布纹纸有点与众不同，虽然是布纹纸，但它没有其他布纹纸白，用高倍放大镜观看，表层可见纤维细毛；用黑墨印出的文字发泅（用高倍放大镜可观察出）。这在JF系列中，较为少见。

JF.16的印刷变异 JF.16信封图底色有印刷小移位变异。

JF.16的暗记 A型封、B型封相同的暗记是信封图左下图的边框线，在左上角内侧多出一个长方形点儿。A型封、B型封不同的暗记是：A型封在信封图左下图左边框线的下半部，外侧多出一个半圆点儿；B型封则在信封图右上图左边框线的上半部，其外侧多出一长线形点儿。

【JF.17 人民日报创刊四十周年】The 40th Anniversary of the Publication of People's Daily 《人民日报》是中国共产党中央委员会的机关报。追根溯源，《人民日报》前身为晋冀鲁豫《人民日报》。早在1946年4月，晋冀鲁豫中央局要办一份机关报，拟名《晋冀鲁豫报》或《太行日报》，请毛泽东同志题写报头。毛泽东同志建议拟名《人民日报》，并从题写的多幅报头中选出最中意的一幅。1948年6月初，中共中央决定，晋冀鲁豫《人民日报》和《晋察冀日报》合并，从6月15日起，在河北省平山县西柏坡出版《人民日报》，作为华北局的机关报。1949年2月，迁至北京出版。1949年8月，中共中央决定将其改为中共中央机关报。其宗旨是：向全国和全世界传播中国共产党和中国政府的方针、政策和主张，报道中国人民的声音和全国、全世界发生的重要新闻，阐述和讨论思想理论上的问题，宣传党的建设和工、青、妇等群众团体的工作，交流经济、文化、科学、教育等方面的工作经验和建设成就，介绍每日涌现的新鲜事物，刊登读者来信。除在北京印刷发行外，还在上海、武汉、沈阳、成都、拉萨、福州等21个城市和东京、香港两地印刷发行。从1982年1月起，又在美国旧金山印刷发行，发行到122个国家以及香港、澳门两地区。《人民日报》自1985年起开始发行海外版，专为海外读者服务。海外版也为日报，及时刊载国内外的重大新闻和《人民日报》的评论文章，忠实报道中国各地方和各条战线的变化；设有人物专访，国内外通讯；辟有港台天地、今日侨乡等专栏；有副刊和"文萃"版等。海外版除在北京印刷外，还在香港、纽约、旧金山、东京、巴黎等地印刷，向全世界发行。为照顾海外版读者的习惯，使用繁体字印刷。

1988年6月15日，为纪念《人民日报》创刊四十周年，中华人民共和国邮电部发行了一套纪念邮资封，全套1枚。志号JF.17。邮资图规格29毫米×37毫米；信封规格180毫米×105毫米。

JF.17（1—1）"人民日报创刊四十周年" 邮资图为1948年6月15日《人民日报》创刊号首页，毛泽东同志题写的报头"人民日报"四个红色大字十分醒目。创刊号在河北省平山县西柏坡编印，其中刊登有社论《华

北解放区的当前任务——代创刊词》及国内外重要消息。创刊号上系有一条红丝带,上面标有"1948—1988"字样,象征《人民日报》创刊已经走过了四十年历程。信封图案以蓝天白云为背景,选取了张挂着大红灯笼的现在位于北京朝阳区金台西路2号《人民日报》社大门外景,上方印有"人民日报四十周年 邓小平题"的字样,洋溢着《人民日报》创刊四十周年的喜庆气氛。邮资面值8分,每枚售价0.23元。发行量55.02万枚。布纹纸。彩色胶印。卢天骄设计。北京邮票厂印制。

笔者对JF.17收集、研究后发现:

JF.17的版型 有A、B两种版型。其主要区别有两处:①在信封图案上方"人民日报四十周年 邓小平题"字样,其中"四十周年"、"题"等字,A型笔画清晰,无糊笔,"四"字口中的两竖,中间有空白;"十"字右下方细小的两竖点互不相连;"周"字中"土"下面的"口"不糊笔;"题"字中的"是"上的"日"不糊笔。B型上述几个字,笔画均出现糊笔,模糊不清。②在信封图案左下角人民日报社外景围墙左上端边上,A型有一个用肉眼可看到的红色网点,B型则没有。

JF.17的暗记 暗记主要有三处:①在邮资图中,左下角拦腰所系的红色带上下不直,并有细微的缺口。②在信封背面文字介绍中,正数第二行"每天出版对开八版",其中"出版"的"版"字右边"反"中的"又"上头多出一"、";"八版"的"八"字第一笔收笔处加粗,不呈撇状。③在信封背面左下角"中华人民共和国邮电部发行"中的"国"字第二笔竖画的右边中上部,有一豁口;"部"字左半边下部的"口"的右下角外侧,有豁口。

【JF.18 中国妇女第六次全国代表大会】6th National Women's Congress 中华全国妇女联合会简称"全国妇联",是中国各族各界妇女在中国共产党领导下,为争取妇女进一步解放而联合起来的群众性社会团体。有关中华全国妇女联合会的历史知识,详见新版《中国集邮百科知识》J·30《中国妇女第四次全国代表大会》。

1988年9月1日~6日,中国妇女第六次全国代表大会在北京隆重召开。参加大会的代表1200人。赵紫阳、杨尚昆、李鹏、邓颖超出席了开幕式。杨尚昆代表中共中央向大会致词《中国妇女是建设和改革的一支伟大力量》。张帼英受康克清委托,向大会作了题为《自尊、自信、自立、自强,为深化改革、振兴中华建功立业》的报告。大会修订了《中华全国妇女联合会章程》。大会选举了第六届执行委员会,康克清为名誉主席,陈慕华为主席。

1988年9月1日,为了祝贺中国妇女第六次全国代表大会顺利召开,中华人民共和国邮电部发行了一套纪念邮资封,全套1枚。志号JF.18。邮资图规格26毫米×38毫米;信封规格180毫米×105毫米。

JF.18(1—1)"中国妇女第六次全国代表大会"邮资图由麦穗、齿轮、人造卫星作装饰的妇女头像和用花、和平鸽变形而成的阿拉伯数字"6"组成,象征对这次盛会的祝贺和妇女投身祖国工农业建设,争取和平生活的愿望。信封图案的中心为三个变形"女"字,左右为数学等号"=",周围由形似"6"字的彩带环绕,寓意妇女的团结、联合,维护妇女权益,促进男女平等,并祝贺中国妇女第六次全国代表大会成功!图案上方印有"中国妇女第六次全国代表大会 邓颖超 1988.7"字样。邮资面值8分,每枚售价0.23元。发行量68.779万枚。布纹纸。彩色胶印。卢天骄设计。北京邮票厂印制。

注:信封背面中文说明的最后一句话:"予祝这次大会的成功!"其中"预祝"错为"予祝";"予"是错字。

笔者对JF.18收集、研究后发现:

JF.18的版型 有A、B两种版型。其主要区别有两处:①在邮资图边框线上,A型在右边外边框线中下部内侧,有一细三角豁口,B型则无;B型在左边框线内侧靠近面值"8"字之处,有一黑色凸点儿。②在信封图案上方邓颖超题词中,"邓颖超"中的"颖"字,A型的"颖"字左下方糊笔,B型则不糊笔。

JF.18的暗记 暗记主要有三处:①在邮资图左上角"1988.9北京"左边内侧边框线上,有一凹进的细线段。②在信封背面中文说明倒数第二行,"左右为数学等号"中的"学"字,笔画较粗黑,与众不同;在左下角"中华人民共和国邮电部发行"中的"国"字,其第二笔呈竖笔的右边中上部,有一豁口;"部"字左半边下部的"口"的右下角外侧,有一豁口。在右下角"JF.18（1—1）"中"（1—1）"的第一个"1"字,顶部削有豁口,几乎呈平顶"1",而左边的"（"顶部,也呈断线状。③在英文内容说明正数第七行"The stamp"中的字母"m",其上方多出一黑长点儿。

【JF.19 中国工会第十一次全国代表大会】The 11th National Congress of the Chinese Trade Unions　有关中国工会的知识,详见新版《中国集邮百科知识》J·109《中华全国总工会成立六十周年》。1983 年 10 月 18 日～29 日在北京召开的中国工会第十次代表大会,通过了《中国工会章程》,确定它的方针任务是：在中国共产党领导下,加强安定团结,广泛深入地开展增产节约运动,为建设现代化的社会主义强国而奋斗。中华全国总工会的最高权力机关是全国工会代表大会。"全总"的会址设在北京。全国代表大会每五年举行一次。机关报是《工人日报》。1988 年 10 月 22 日～28 日,中国工会第十一次代表大会在北京举行。这次大会讨论了工会自身改革问题;听取了工会第十届委员会的工作报告;选举倪志福同志为工会主席。

1988 年 10 月 22 日,为了祝贺中国工会第十一次全国代表大会的顺利召开,中华人民共和国邮电部发行了一套纪念邮资封,全套 1 枚。志号 JF.19 。邮资图规格 30 毫米×40 毫米;信封规格 180 毫米×105 毫米。

JF.19（1—1）"中国工会第十一次全国代表大会"
邮资图由英文"C"字母和两个并列的箭头构成。"C"是中国的英文名称字头,又表示中国工会是一个开放性的群众组织。"C"字上方是表示万里长城和工业的齿轮,上面饰有表示我国四个现代化建设种种场景的彩纹。双箭头代表中国工会十一大,也寓意中国工人阶级奋发向上的精神面貌。信封图案以华表、城市建筑、升空的火箭和漫天绽放的绚丽礼花为背景,描绘了各民族、各行业中的人民群众,在新时代的使命面前团结奋斗的英姿和精神风貌,象征着中国工人阶级在改革和建设事业中的主力军作用和艰苦创业的精神,也表现了中国工会群众化、民主化的特点。邮资面值 8 分,每枚售价 0.23 元。发行量 46.07 万枚。布纹纸。彩色胶印。蒋明设计。北京邮票厂印制。

笔者对 JF.19 收集、研究后发现：

JF.19 的暗记　暗记主要有两处：①在邮资图上,左边票题"中国工会第十一次全国代表大会"中的"十"字,其第二笔竖笔的中下部,有一条细微的反阴竖白线。②在信封背面左下角"中华人民共和国邮电部"中的"国"字,其第二笔竖直画的右边中上部,有一豁口;"部"字左半边下部的"口",其右下角外沿有一豁口。

【JF.20 中国南极中山站建站】The Establishment of the Chinese Zhongshan Station in Antarctica　有关南极洲的知识,详见新版《中国集邮百科知识》J·177《南极条约生效三十周年》。1980 年,中国第一次有两位科学家登上了南极洲,其中董兆乾撰写的日记体的《初探南极散记》,真实地记录了中国科学家首次南极考察探险的业绩。1985 年 2 月,中国在南极建立了第一个南极科学考察站——长城站。1988 年 11 月 20 日,中国南极考察队乘"极地"号科学考察船赴东南极普里兹湾内的拉斯曼丘陵进行考察,一路闯过浮冰区,冲破陆缘冰,战胜冰崩危险,勇往直前,终于在 1989 年 2 月 26 日,在风与雪的洗礼下,在东南极大陆拉斯曼丘陵上胜利地建成中国在南极第二个科学考察站——中国南极中山站。这次考察总指挥陈德鸿和考察队长郭琨是首次南极考察建立长城站的老搭档。需要说明的是,按原定计划,中山站于 1989 年 2 月 28 日举行落成典礼,但因南极大陆在 2 月底已接近寒季,天气越来越恶劣,原定举行的中山站落成典礼的日期,被迫提前到 2 月 26 日举行,如若不然,将使"极地船"无法驶出南极。

1989 年 2 月 28 日（按原定中山站落成典礼的日期）,为了祝贺中国南极中山站顺利落成,中华人民共和国邮电部发行了一套纪念邮资封,全套 1 枚。志号 JF.20 。邮资图规格 37 毫米×31 毫米;信封规格 180 毫米×110 毫米。

JF.20（1—1）"中国南极中山站建站"　邮资图由中山站集装箱式高架式建筑和极区夜空极光组成。红色的中山站建筑,碧蓝的天空,一道道闪耀的极光,充分展现出了大自然的魅力。信封图案是在白色的冰雪极地上标出了中国南极考察站中山站和长城站的位置,两个红色圆点非常醒目;圆形图案的边缘呈点线齿状,犹如用一块块长城砖构筑而成。邮资面值 8 分,每枚售价 0.28 元。发行量为 82.72 万枚。JF.20 首次采用大圆点布纹纸印制。彩色胶印。黄里设计。北京邮票厂印制。

注：JF.20 邮资封规格变大，首次在纪念邮资封上印有填写邮政编码的方框。

笔者对 JF.20 收集、研究后发现：

JF.20 的版型　有 A、B 两种版型。其主要区别有两处：①A 型邮资图的底边线距邮资封右下角邮政编码黑方框上边框线距离为 63.5 毫米，B 型距离则为 63 毫米。②在邮资封背面的中文内容说明正数第三行"中山站的建立为扩大我国极地科学考察成果"中的"站"字，A 型"站"字正常，B 型"站"字在左半边的"立"字第一笔呈两个点，为双点"站"，用肉眼可见。

JF.20 的纸质　JF.20 采用两种不同的布纹纸印制：一种为过去常用的不均一的布纹纸；另一种是新采用的大圆点布纹纸。

JF.20 的暗记　暗记主要有两处：①在信封背面中文说明最末一行文字"信封左侧图案是……"中的"封"字，其左半边上端左边多出一黑墨点儿，呈双点"封"。②在信封背面英文内容说明正数第四行的"Eastern"中的"E"字母，其第一笔横画中间断线。③在信封背面右下角"JF.20.（1—1） 1989"中，其"1989"的第一个"9"字与最后一个"9"字，上端"O"字形笔画粗细不一，第一个"9"上端"O"形的下边变粗，最后一个"9"字笔画则正常。

【JF.21　亚洲开发银行理事会第二十二届年会】
22nd Annual Meeting of the Asian Development Bank

亚洲开发银行简称亚行，是国际性开发金融机构。根据 1963 年 12 月由联合国亚洲及远东经济委员会（现称联合国亚洲及太平洋经济社会委员会）在菲律宾马尼拉主持召开的第一届亚洲经济合作部长级会议的决议，1966 年 11 月在东京召开了首届理事会，宣告成立，同年 12 月正式开始营业。行址设在马尼拉。其章程规定，凡是联合国亚太经社委员会成员和准成员，以及联合国及其专门机构成员国的本地区其他国家和非本地区的发达国家，均可申请参加。1986 年有成员 47 个，其中有 32 个来自亚太地区，15 个来自北美和西欧。其宗旨是：通过向亚太地区的发展中成员国（地区）提供项目贷款及技术援助，促进和加速本地区的经济发展和合作。最高决策机构是理事会，由每个成员国（地区）委派理事、副理事各一人组成。下设董事会，由理事会选出 12 名董事成员，其中 8 名为本地区成员代表，4 名为非本地区成员代表。总裁由理事会选举产生，任期 5 年，可连任。该行成立之初，中国的席位由台湾当局占据。1986 年 3 月 10 日，中国正式加入该行，并首次派代表团出席了 4 月 30 日～5 月 2 日在马尼拉举行的该行第十九届年会。为加强亚太地区的和平与稳定，促进亚太地区的经济合作与发展，中国愿与亚行其他成员一起做出应有贡献。

1989 年 5 月 4 日，为庆祝亚行理事会第二十二届年会在北京召开，中华人民共和国邮电部发行了一套纪念邮资封，全套 1 枚。志号 JF.21。邮资图规格 35 毫米×28 毫米；信封规格 185 毫米×110 毫米。

JF.21（1—1）"亚洲开发银行理事会第二十二届年会"　邮资图由亚洲开发银行徽志和一只和平鸽组成。徽志呈圆形，由齿轮、麦穗构成图案，正中标有"亚洲开发银行"英文名称字样。和平鸽寓意本届年会和平友好、平等互利的宗旨。信封图案为北京天坛祈年殿外景，周围饰以松叶，点明了本届年会的地址。邮资面值 8 分，每枚售价 0.28 元。发行量 84.32 万枚。布纹纸。彩色胶印。邹建军设计。北京邮票厂印制。

笔者对 JF.21 收集、研究后发现：

JF.21 的版型　有 A、B 两种版型。其主要区别有两处：①信封正面右下角黑色邮政编码方框的网点排列上存在明显的不同，如 A 型左边第一个邮政编码方框的左下角，呈 45°网纹夹角的网点为 3 个；B 型则有 4 个。②在邮资图上，面值"8 分"中的"8"字下半部"0"中，A 型在"0"内侧底部白地上有一个肉眼可见的蓝色方冈点，B 型则没有。③邮资封左上方红色邮政编码方框，最右边方框距邮资图左边边框线距离，A 型为 79.5 毫米，B 型为 80 毫米。

JF.21 的印刷变异　JF.21 有套色移位和邮资图刷不同绿色的变异。

JF.21 的暗记　在信封背面英文标题里"Meeting"

中,"M"字母第二笔"V"形右下部断线。

【JF.22 中国唱片出版四十周年】40th Anniversary of the Publishing of China's Records 唱片是储存声音信息的一种载体。1830年,德国物理学家W.E.韦伯(1804—1891)已开始进行唱机的初步试验;1877年,发明家T.A.爱迪生(1847—1931)在韦伯初步试验的基础上,发明了唱机。唱机的发展,促进了唱片的生产。1877年,德国技师E.贝尔利纳(1851—1929)用刻有螺旋形槽纹的转盘,代替爱迪生的圆柱形辊,发明了唱片。最初的唱片是单面录音,音纹刻在蜡版上,每张蜡版唱片可唱五六次。1903年开始生产双面录音的唱片。当时录音和放音都是通过机械方式进行,不仅操作麻烦,音质也失真。1924年之后,随着无线电技术的兴起,开始出现电声录音法,使唱片质量大大提高。1944年12月,英国戴卡公司开始销售世界上最早的高保真唱片。1945年以后,通过对唱片槽纹的特殊设计,大大减低了唱片的转速,从而延长了每张唱片的播放时间,这给唱片业带来了新的生机。1946年10月,美国无线电公司首先销售世界上最早用乙烯基树脂制成的唱片。这种唱片不宜破碎。两年之后,密纹唱片开始使用这种材料制作。之后,随着唱片技术的不断革新,唱片的种类越来越多。1958年4月,美国音响高保真公司首先销售世界上最早的立体声唱片。20世纪80年代,日本索尼公司和荷兰飞利浦公司共同设计制成激光唱片。它不仅没有槽纹、不用唱针、寿命长、音质好,而且还有遥控装置。唱片的主要种类有粗文唱片、密纹唱片、立体声唱片、激光唱片等。中国唱片总公司是中国规模最大的音像出版单位,专业生产唱片、盒带、激光唱片和各种唱机、遥控设备,为繁荣中国文艺事业,加强与国际文化交流,促进唱片事业的发展做出了贡献。

1989年6月6日,正值中国唱片出版事业创建四十周年之际,中华人民共和国邮电部发行了一套纪念邮资封,全套1枚。志号JF.22。邮资图规格直径36毫米(圆形);信封规格185毫米×110毫米。

JF.22(1—1)"中国唱片出版四十周年" 邮资图呈圆形,象征一张唱片;图案由唱片、盒带、录像带和激光唱片组成。信封图案由歌手和五线谱、老式唱机和摄像机组成,表现出了唱片事业飞速发展的历程。图案上方标有李鹏的题词:"把文化艺术送到千家万户 李鹏"。邮资面值8分,每枚售价0.28元。发行量41.62万枚。布纹纸。彩色胶印。潘可明设计。北京邮票厂印制。

注:JF.22发行日期为1989年6月6日,鉴于北京当时的特殊形势("六四事件"),在发行日当天中国集邮总公司和北京市各邮票公司均没有正式出售。这期间,北京市邮局也被迫停止营业。直到6月12日,中国集邮总公司和北京市各邮票公司开始营业出售JF.22。当时早已刻制好的6月6日的纪念邮戳,未改日期,照旧使用,但不可行使首日销票功能。因此,在北京JF.22的首发日为6月12日,此日邮局开始收寄的JF.22实寄封,为首日实寄封。当时,中国集邮总公司寄发给预订户的JF.22虽然盖了6日的日戳,当天实际上并未交由邮局收寄,而是直到6月12日才寄出。JF.22发行的变故,是一种特例。

笔者对JF.22收集、研究后发现:

JF.22的版型 有A、B两种版型。其主要区别在信封正面右下角黑色邮政编码方框上,两种版型的网点排列存在明显的不同。

JF.22的印刷变异 JF.22有刷色移位变异。

JF.22的暗记 暗记主要有两处:①在信封背面的英文标题文字"Anniversary"中的最后两个字母"ry","r"字母的上部右边右下角多一点儿,"y"字母的第一笔上端多出一点儿。②在信封背面右下角志号"JF.22.(1—1)1989"中的两个"2",前一个笔画"2"较细,后一个"2"较粗;在"1989"中,前一个"9"与后一个"9"在上部"0"形的左下半部,其笔画粗细也不一样,前一个较粗,后一个则较细。

【JF.23 全国劳动模范和先进工作者表彰大会】Conference to Commend National Model Workers and Advanced Workers 劳动模范和先进工作者,都是在中国社会主义建设中成绩卓著和优秀的人物,是经过民主评选和政府审批后被授予的荣誉称号。劳动模范和先进工作者分为全国级,各省、市、自治区级和县级。各级劳动模范和先进工作者都有明确的评选条件,这些条件是根据不同历史时期的政治经济形势和任务提出的。劳动模范和先进工作者必须是群众公认的,由群众反复酝酿,充分讨论,民主评选产生。1950年9月25日~10月2日,第一次全国战斗英雄代表会议和全国工农兵模范代表会议在北京举行。有350名战斗英雄、民兵英雄代表和464名工农兵劳动模范代表出席了会议。毛泽东主席代表中共中央致贺词，政务院副总理兼财政经济委员会主席陈云致开幕词。这是新中国成立后，首次召开的全国劳模大会。之后，又于1959年10月26日~11月8日，在北京召开全国工业、交通运输、基本建设、财贸方面的社会主义先进集体和先进生产者代表大会，即"全国群英会"；1979年9月28日，国务院嘉奖工业、交通、基本建设战线的先进企业和劳动模范会议在北京举行；1979年12月28日，国务院嘉奖农业、财贸、科研战线的全国先进集体、单位和全国劳动模范会议在北京举行。中共中央和人民政府，历来十分重视劳动模范和先进工作者在社会主义革命和建设中的巨大作用。他们中的代表人物有：孟泰、马恒昌、王崇伦、时传祥、王进喜、袁隆平、蒋筑英等。1989年9月28日，在庆祝中华人民共和国成立四十周年之前，为了表彰全国各行各业、各条战线在改革开放和社会主义现代化建设中做出特殊贡献的先进个人，中共中央国务院在北京人民大会堂隆重召开《全国劳动模范和先进工作者表彰大会》。

1989年9月28日，为了祝贺全国劳动模范和先进工作者表彰大会顺利召开，中华人民共和国邮电部发行了一套纪念邮资封，全套1枚。志号JF.23。邮资图规格30毫米×40毫米；信封规格185毫米×110毫米。

JF.23（1—1）"全国劳动模范和先进工作者表彰大会" 邮资图采用了全国劳动模范和先进工作者的金质奖章为主图，在红旗的衬托下，庄严厚重，金光闪闪。上方标有"全国劳动模范和先进工作者表彰大会 1989 北京"字样，犹如在北京人民大会堂悬挂的表彰大会会标，具有隆重的现场感。信封图案以金黄色作底衬，主图采用一束五彩缤纷的鲜花，华表耸立，彩带飞动，彩球腾空，一幅"向全国劳动模范和先进工作者致敬"的标语横列，既渲染了热烈气氛，也表达了真诚敬意。邮资面值8分，每枚售价0.28元。发行量70.43万枚。布纹纸。彩色胶印。周昭坎设计。北京邮票厂印制。

笔者对JF.23收集、研究后发现：

JF.23的版型 有A、B两种版型。其主要区别有两处：①信封正面左上角红色邮编方框与右上角邮资图的距离不一样，A型为85毫米，B型为84毫米。②信封图案上"向全国劳动模范和先进工作者致敬"横幅标语反白文字上所铺网纹夹角不一样，A型为15°，B型为45°。笔者认为，A型为首批产品，制作成成品以后，发现有的信封图案上的"向全国劳动模范和先进工作者致敬"字样，其左边"向"字有的被折向背面，呈现半拉字。为此，又制作B型，将信封左边的信封图案和邮编方框向右移动1毫米，同时也将"向全国劳动模范和先进工作者致敬"文字上的网纹夹角，由原来的15°改为45°。

JF.23的印刷变异 JF.23信封图案上"向全国劳动模范和先进工作者致敬"文字的底色，有刷色变异。

JF.23的暗记 A、B两种版型上的暗记相同，均在邮资封背面左下角"中华人民共和国邮电部发行"中的"国"字、"部"字上："国"字第二笔右边中部，有一个三角形状的缺口；"部"字左边下部的"口"的右下角，有一豁口。

【JF.24 北京猿人第一个头盖骨发现六十周年】60th Anniversary of the Discovery of the First Skull of Peking Man 北京猿人，也称中国猿人，简称北京人。发现于北京市西南房山县周口店龙骨山，距今约69万年，属更新世中期。1921年~1923年，发现两颗牙齿化石。1927年开始正式科学发掘。1929年12月2日，我国古生物学家裴文中在这里首先发现了完整的头盖骨，从而确定了"北京人"的学名为"直立人北京种"。系旧石器时代早期猿人化石。到1937年，在这里共发现五个完整和比较完整的头盖骨。后来，在抗日战争期间，除三颗放在瑞典实验室的牙齿外，其余的全部神秘失踪，至今仍不知下落。1949年，中华人民共和国成立后，又在这里经过多次发掘，收获甚丰。1966年在这里发掘出的北京猿人头盖骨已成为仅存的"北京人"头骨化石。北京猿人平均脑容量1059毫克，头盖骨厚9.7毫米，身高约156厘米。在居住的洞穴内，发现有木炭、烧骨、灰烬等用火的痕迹，还有制作粗糙的打制石器和骨器等。这些发现，证明北京猿人已有了控制火和制造工具的能力，为研究人类起源发展，提供了宝贵的科学依据。北京猿人的发现及其丰富的文化遗产，对研究人类发展史具有重要的意义。我国有关周口店北京猿人的研究和古人类学研究，成果累累，已成为世界公认的发现猿人化石丰富的国家之一。1949年前只有一处遗址，现已发现十处；早期智人化石地点在1949年前为零，现有九处以上。周口店北京猿人遗址，于1988年被联合国列为世界文化遗产之一。首先发现北京猿人第一个头盖骨的科学家裴文中(1904—1982),是我国旧石器考古和第四纪哺乳动物学的奠基人,也是我国古人类学的主要创始人。他不仅从20世纪30年代在北京周口店发现和指挥了北京猿人头盖骨化石的发掘,在新中国成立后,从20世纪50年代以来,还主持了广西巨猿下颌骨和牙齿化石、山西丁村旧石器时代中期的遗址和四川旧石器时代晚期的资阳人化石地点的发掘工作等,1957年被授予英国皇家人类学会名誉会员,1979年被联合国教科文组织所属史前学和原始协会推选为名誉常务理事,1982年被国际第四纪研究联合会推选为荣誉会员。

1989年12月2日,为了纪念北京猿人第一个头盖骨发现六十周年,中华人民共和国邮电部发行了一套纪念邮资封,全套1枚。志号JF.24。邮资图规格37毫米×30毫米;信封规格185毫米×110毫米。

JF.24(1—1)"北京猿人第一个头盖骨发现六十周年" 邮资图为一位北京猿人半身像,赤膊,肩扛一根木棍,行进在绿色的山川之间,也许要去寻找食物,从他身上能够感受到一种生存的勇气和力量;左上角为北京猿人头盖骨标本。信封图案采用了一幅"北京猿人生活图",在绿色的大自然怀抱中,北京猿人有的攀树摘果子,有的生火准备烧烤肉食,有的肩扛猎物胜利归来,有的正在哺乳婴儿……赤身裸体,群居生活,平静和谐。邮资面值8分,每枚售价0.28元。发行量54.92万枚。布纹纸。彩色胶印。李大玮、陈晓聪设计。北京邮票厂印制。

笔者对JF.24收集、研究后发现:

JF.24的版型 有A、B两种版型。其明显的差别有三处:①A型信封正面左上角邮编红色方框,距右边邮资图边框的距离为78.5毫米;B型则为78毫米。②A型信封正面右下角黑色邮编方框的网纹组成与B型存有明显的差别。③信封背面的志号"JF.24"中的字母"J",其上面一横,A型偏左,B型则居中。

JF.24的印刷变异 有套色移位变体。

JF.24的暗记 A、B两种版型上的暗记均相同:在信封背面中文标题《北京猿人第一个头盖骨发现六十周年》纪念邮资封"中的"猿"字上,其第二笔画的收笔处,其钩状上方上下各有一个豁口。

【JF.25 中国科学院建院四十周年】40th Anniversary of the Founding of Chinese Academy of Sciences 中国科学院成立于1949年11月1日,在原中华民国中央研究院和北平研究院基础上建立。第一任院长郭沫若。现有研究、技术和管理人员近九万人;有12个分院、134个研究机构,分属数学、物理、化学、地学、生物学、技术科学等学部,另设有中国科技大学及研究生院,还有科学仪器厂、图书馆、出版社、印刷厂。出版《中国科学》、《科学通报》、《科学报》等报刊。中国科学院是我国自然科学研究的综合中心,其方向任务是:大力加强应用研究,积极而又有选择地参加发展工作,继续重视基础研究。主要从事自然科学的基础科学、新兴技术、国民经济和国防建设重大的综合性课题研究。为了更好地贯彻"科学技术必须面向经济建设"的方针,中国科学院将加强与地方、产业部门、企业、高等院校的横向联系,使科学院的科学成果,更快地转化为直接生产力;使广大科研人员通过技术咨询和技术服务,以及同各方面加强合作研究与开发,对我国的科学事业和国民经济的发展做出积极的贡献。中国科学院院址设在北京三里河。

1989年11月1日,为纪念中国科学院建院四十周年,中华人民共和国邮电部发行了一套纪念邮资封,全套1枚。志号JF.25。邮资图规格边长19毫米(六边形);信封规格185毫米×110毫米。

JF.25(1—1)"中国科学院建院四十周年" 邮资图为中国科学院院徽的中心部分,呈六边形,象征自然科学研究的六个基本方面:数学、物理、化学、天文、地学、生物。信封图案由科学工作者头像和电脑组成,寓意科学界犹如一部电脑,在大至宇宙,小到物质内部结构的所有领域内,进行着孜孜不倦的研究,取得一个又一个成就,为我国社会主义建设做出了不可磨灭的贡献。邮资面值8分,每枚售价0.28元。发行量53.57万枚。布纹纸。彩色胶印。潘可明设计。北京邮票厂印制。

笔者对 JF.25 收集、研究后发现：

JF.25 的版型　有 A、B 两种版型。其明显的区别有两处：①A 型信封图案左上方距左上角红色邮政编码方框的距离为 8 毫米，B 型则为 6 毫米。②信封正面右下角黑色邮政编码方框的网纹组成，A 型与 B 型存有明显区别。

JF.25 的暗记　A、B 两种版型上的暗记各不相同：A 型上的暗记在信封正面信封图案下"中国科学院建院四十周年"中"建院"的"院"字上，其第八笔的起笔处与第七笔交接处，有一豁口；B 型上的暗记在信封背面中文封题《中国科学院建院四十周年》纪念邮资封"中"四十"的"十"字上，其第二笔尾部右边多出一短横。

【JF.26 国际灌溉排水委员会成立四十周年】40th Anniversary of the International Commission on Irrigation and Drainage　国际灌溉排水委员会是一个具有较大国际影响的非政府性的国际科学技术组织。1950 年，由印度等国发起，成员国 82 个，总部设在印度新德里。国际灌溉排水委员会英文简称"ICID"，其宗旨是：为了世界人民丰衣足食，鼓励和促进灌溉、排水、防洪和河流整治科学技术的发展和应用。1983 年，ICID 正式接纳中国为成员国。自此，我国与各成员国和有关国际组织通过交流情况和经验，增进了了解和合作，成为我国在灌溉排水领域进行国际科技交流和合作的重要渠道。我国在灌溉、排水、防洪和治河领域，具有悠久的历史和丰富的经验，现有灌溉面积 4600 万公顷，居世界首位。1990 年是国际灌溉排水委员会成立四十周年。

1990 年 4 月 30 日，为了纪念国际灌溉排水委员会成立四十周年，中华人民共和国邮电部发行了一套纪念邮资封，全套 1 枚。志号 JF.26。邮资图规格 28 毫米×38 毫米；信封规格 185 毫米×110 毫米。

JF.26（1—1）"国际灌溉排水委员会成立四十周年"　邮资图采用了国际灌溉排水委员会会徽。会徽呈圆形，由经纬线地球图形和一片富有生机的绿叶组成，周围以该委员会英文名称环绕。会徽采用蓝色框线，寓意水的流动。图案下部飞扬的水花，强调了水对植物生长的重要作用。信封图案由喷灌和"40"字样组成，下列一幅"国际灌溉排水委员会成立四十周年"横标，采用装饰性画法，既生动地展现出了喷灌为主要灌溉方式的田园化景色，也点明了主题，形象而充满活力。邮资面直 8 分，每枚售价 0.28 元。发行量 80.62 万枚。布纹纸。彩色胶印。吴建坤设计。北京邮票厂印制。

笔者对 JF.26 收集、研究后发现：

JF.26 的版型　有 A、B 两种版型。其明显的区别有三处：①信封正面左上角红色邮政编码方框与信封图案的距离，A 型比 B 型近 1 毫米。②信封正面右下角黑色邮政编码方框网纹的组成，A 型与 B 型存在明显的不同，A 型黑色网纹方框细而色浅，B 型则粗而色深。③信封背面的志号，A 型"JF.26"中的字母"J"完整无缺；B 型中的"J"在收笔处钩的右下侧，有一个明显的豁口。

JF.26 的印刷变异　JF.26 B 型中有刷色明显偏红的变异，乍一看似乎是错色，其实不是。用高倍放大镜观察，就会发现这是在印刷过程中，红色网纹刷色浓重所致。

JF.26 的暗记　A、B 两种版型的暗记，均在信封正面左下角信封图案上的"国际灌溉排水委员会成立四十周年"字样中的"成"字上，其第四笔顶部被削去一块呈尖顶，而非正常的平顶；右上方的"、"呈逗点状，而非这种字体的矩形状。除此之外，在信封背面左下角"中华人民共和国邮电部发行"中的"国"字、"部"字，在"国"字第二笔右边中部，有一个三角形的豁口；在"部"字左半边下部"口"的右下角，有一个豁口。

【JF.27 邮政特快专递】Express Mail Service　邮政特快专递业务在国际上的统一名称"International Express Mail Service"，简称"EMS"。1989 年华盛顿万国邮政大会，将有关国际特快专递业务的基本规定，纳入了万国邮政公约，成为万国邮联的一种正式业务。我国邮政在 1980 年 7 月 15 日开办了这项业务，首先与新加坡在北京、上海、天津、广州、福州、深圳六个城市办理国际特快专递的收寄与投递业务。国际特快专递有统一的标识：橘黄色单翼、蓝色 EMS 字母和三条橘黄色粗横线。"EMS"为业务名称，橘黄色单翼与三条横线构成射箭的形象，寓意迅捷。三条横线下面可加印各国自己对此项业务的名称，我国邮政加印"邮政特快专递"字样。1984 年 11 月 1 日，我国邮政在开办国际特快专递业务之后，首批在北京、上海、天津、广州等 24 个城市开办了国内特快专递业务。这是邮政部门对国内互寄邮件采取最快传递方式、特别处理手段、专人直投的一种保时业务。

国内特快专递按邮件的性质可分为信函、文件资料、物品三类;按邮局承担的责任不同,分为保价国内特快专递和非保价特快专递。邮政特快专递业务,旨在加快邮件传递速度,满足用户寄递紧急文件资料、商品货样和其他物品的需要,服务于社会的进步与发展。

1990年7月15日,正值我国邮政特快专递业务开办十周年之际,中华人民共和国邮电部发行了一套纪念邮资封,全套1枚。志号JF.27。邮资图规格55毫米×20.5毫米;信封规格185毫米×110毫米。

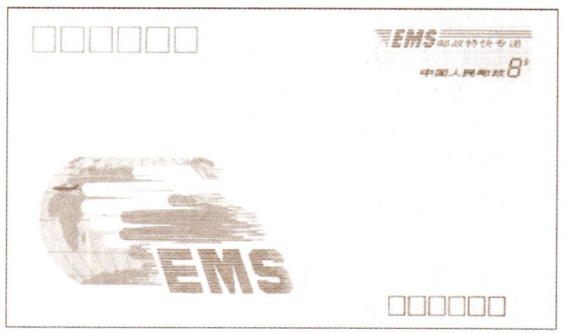

JF.27(1—1)"邮政特快专递" 邮资图采用了国内特快专递标志。标志上部有三条橘黄的横线条,左侧是自上而下渐短的六条橘黄色线条和"邮政特快专递"英文名称缩写"EMS"构成的箭形,寓意"邮政特快专递"的运递速度。底衬为经纬线地球图形、飞机和象征专递路线的白色线条,代表"邮政特快专递"承诺会用最快速度将邮件送达目的地。信封图案为国际邮政特快专递标志。标志由"邮政特快专递"英文名称缩写"EMS"和红、黄色两只手组成。底衬为地球图形,寓意"国际邮政特快专递"承诺会用最快速度将邮件送达世界各地。邮资面值8分,每枚售价0.28元。发行量80.67万枚。布纹纸。彩色胶印。杨文清设计。北京邮票厂印制。

笔者对JF.27收集、研究后发现:

JF.27的版型 有A、B两种版型。其主要区别有三处:①在B型邮资图面值8分的"8"字的右下角,蓝网上有一圆白点儿;A型则没有。②信封正面右下角黑色邮政编码方框,两种版型的网纹组成不一样。③在信封背面中文封题《邮政特快专递》纪念邮资封"中右书名号"》"上,A型在左侧上方呈断线,B型则没有。

JF.27的暗记 A、B两种版型暗记,均在信封背面中文内容说明正数第四行"……(EMS)突破时间空间"中的"突"字上,其第三笔横线中部呈断线;在信封背面左下角"中华人民共和国邮电部发行"中的"国"字上,第二笔竖笔外侧中部有一豁口,"发"字下边"又"的第二笔上边多出一个黑点。

【JF.28 治理淮河四十周年】Forty Years of Harnessing the Huaihe River 淮河是中国大河之一,源出河南省桐柏山,东流经河南、安徽等省到江苏省入洪泽湖。有关淮河和治理淮河的知识,详见新版《中国集邮百科知识》特5《伟大的祖国(第二组) 建设》。

1990年10月14日,适逢《关于治理淮河决定》发布四十周年,中华人民共和国邮电部发行了一套纪念邮资封,全套1枚。志号JF.28。邮资图规格23毫米×37毫米;信封规格185毫米×110毫米。

JF.28(1—1)"治理淮河四十周年" 邮资图采用了1951年5月15日毛泽东主席给中央治淮视察团授予河南治淮总指挥部锦旗上的题词:"一定要把淮河修好 毛泽东"。信封图案是我国第一座钢筋混凝土连拱坝——佛子岭水库大坝,雄伟壮观。佛子岭水库坐落于安徽省霍山县境内,1954年11月6日新华社报道佛子岭水库完工。可蓄水5亿立方米,灌溉农田70万亩,并可减轻淮河的洪水威胁。邮资面值20分,每枚售价0.40元。发行量80.32万枚。布纹纸。彩色胶印。李德福设计。北京邮票厂印制。

注:1990年7月30日,我国邮资进行调整,全国自7月31日起,提高国内邮政资费,其中平信每重20克,国内互寄8分调为20分。JF.28是邮电部调资后发行的首枚邮资面值为20分的纪念邮资封。

笔者对JF.28收集、研究后发现:

JF.28的版型 有A、B两种版型。其明显的区别有四处:①信封正面左上角红色邮政编码方框距右边邮资图的距离,A型为90毫米,B型则为91毫米。②信封正面右下角黑色邮政编码方框纹组成不一样。③在邮资图上,"一定要把淮河修好"的"把"字右下角靠近齿孔处,A型在底色上有一反阴白点儿,B型则无。④在信封背面中文标题《治理淮河四十周年》纪念邮资封"中的"封"字,A型第八笔顶端有一个反阴白圆点儿,B型则无;中文说明文字正数第四行"自一九五〇年十月起至今已四十年,目前淮河全流域已经初步建成……"中的"已"字,A型均错为"己"字,B型则无错;在英文说明文字倒数第四行"irrigating"中第一个"i"字母右上角,A 型多出一个黑圆点儿,B 型则正常。很显然 A 型为"错版",B 型为"修正版"。

JF.28 的暗记　A、B 两种版型的暗记,均在信封背面左下角"中华人民共和国邮电部发行"中的"邮"、"电"、"部"三个字上,均用断笔暗记:"邮"字的右边"阝"旁竖笔中部呈凹断线;"电"字最后一笔靠近收笔处呈断线;"部"字左半部下部的"口",第二笔起笔处呈断线。

【JF.29 人民出版社建社四十周年】40th Anniversary of the Founding of the People's Publishing House 人民出版社是全国性的社会科学书籍出版社,是中央政府属下的国家政治书籍出版社。社号:ISBN7—01。1950 年 12 月 1 日成立,主要出版马列著作、党和国家领导人的著作、党和国家文件和文献、中国共产党党史、党建读物,以及哲学、经济、历史、法学等社会各学科的论著,同时有选择地翻译出版国外政治读物,是新中国成立后最早建立的出版机构之一。建社四十年来,共出版图书、期刊一万多种,总印数达 18 亿册,为我国社会主义建设做出了贡献。社址在北京朝阳门内大街 166 号。

1990 年 12 月 1 日,正值人民出版社建社四十周年之际,中华人民共和国邮电部发行了一套纪念邮资封,全套 1 枚。志号 JF.29。邮资图规格 32 毫米 × 38 毫米;信封规格 185 毫米 × 110 毫米。

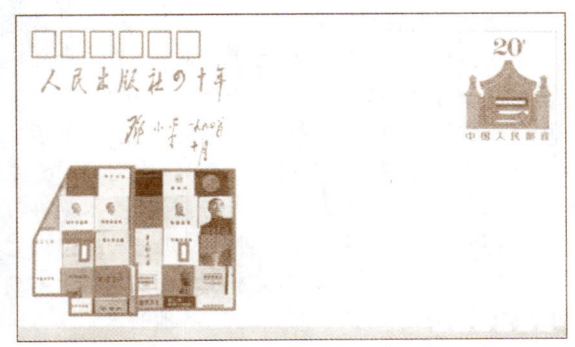

JF.29(1—1)"人民出版社建社四十周年"　邮资图为人民出版社办公楼前的灯座,中间是用笔尖和书籍组成的"人民"二字,其形状又像一座"楼房"。信封图案采用人民出版社出版的重要著作组成的"40"字样,如《资本论》、《毛泽东选集》、《列宁全集》、《希腊哲学史》、《中国通史》、《世界史》等。上方印有邓小平同志的题词:"人民出版社建社四十周年　邓小平　一九九〇年十月"。邮资面值 20 分,每枚售价 0.40 元。发行量 86.12 万枚。布纹纸。彩色胶印。任宇设计。北京邮票厂印制。

注:早在新中国成立之前,中国共产党创始人之一李达于 20 世纪 30 年代曾创办人民出版社。据有关回忆文章说,李达在主编《共产党》月刊时,于 1921 年 9 月创办了党的第一个出版社——人民出版社。社址设在李达的寓所上海成都路辅德里 625 号,为了防止敌人的破坏,把社址写成广州昌兴街 26 号。出版物的封面上,在"人民出版社"前面,也冠以"广州"两字做掩护。在成立后短短的一年时间里,出版了《马克思全书》三种;《共产党宣言》、《工钱劳动与资本》、《资本论入门》;《列宁全书》六种;以及《国家与革命》、《劳农会之建设》、《讨论进行计划书》、《共产党礼拜六》、《劳农政府之成功与困难》、《列宁传》等。出版的付印、校对、发行等工作都由李达一人承担。1923 年并入新青年社。李达早期创办的人民出版社,与新中国成立以后国家所属的人民出版社,尽管社名相同,但没有任何"血缘"关系。

笔者对 JF.29 收集、研究后发现:

JF.29 的印刷变异　有裁切移位和漏刷背胶未粘贴(仅折叠成形)的变异封。尤其是漏刷背胶未粘贴封,极少见,应属"半成品"错体封。另外,信封左上方邓小平题字有复印变体。

JF.29 的暗记　暗记在信封背面左下角"中华人民共和国邮电部发行"中的"国"、"邮"、"发"三字上,"国"字第二笔竖笔外侧中部,有一豁口;"邮"字的偏旁"阝"竖笔中部,呈凹断线状;"发"字最后一笔上端,多出一点儿。

【JF.30 中央人民广播电台建台五十周年】50th Anniversary of Central People's Broadcasting Station　中央人民广播电台是中华人民共和国国家广播电台,其前身是诞生在革命圣地延安的延安新华广播电台。这是中国共产党领导下创办的第一座人民的广播电台。呼号 XNCR。1940 年 12 月 30 日在延安试播,1942 年底中断。1945 年 9 月 5 日正式播音。1947 年 3 月 20 日暂时撤出延安以后,迁至瓦窑堡,易名陕北新华广播电台,后又迁至河北涉县、平山县等地播音。1949 年 3 月 25 日,随党中央迁至北平(今北京)播音,改名北平新华广播电台。1949 年 10 月 1 日,中华人民共和国成立后,同年 12 月 5 日定名中央人民广播电台。中央人民广播电台由初创时每天播音两个小时,发展到目前拥有 6 套节目,每天播音 107 个小时。在全国收听人数覆盖率达 73%;收听率最高的《新闻和报纸摘要》节目,已超过 8 亿人。

1990 年 12 月 30 日,正值中央人民广播电台创建五十周年之际,中华人民共和国邮电部发行了一套纪念邮资封,全套 1 枚。志号 JF.30。邮资图规格 52 毫米 × 31 毫米;信封规格 185 毫米 × 110 毫米。

JF.30（1—1）"中央人民广播电台建台五十周年"

邮资图以红色和电波作底衬，主图为坐落于北京复兴门外大街2号的中央人民广播电台大楼外部平面图形；右上角绘有中央人民广播电台台徽。台徽由发射塔与电波组成图案，下端印有"人民广播电台"英文名称缩写"CPBS"字样。信封图案以霞光和电波为背景，展现了延安宝塔山和延河大桥的雄姿，点明革命圣地延安是中央人民广播电台的诞生地。邮资面值20分，每枚售价0.40元。发行量80.77万枚。布纹纸。彩色胶印。李大玮、李印清、丁寿生设计。北京邮票厂印制。

注：延安宝塔山高9层，图案中只画出6层；延河大桥只有两座桥墩在水中，图案却画出了3座桥墩在水中。

笔者对JF.30收集、研究后发现：

JF.30的版型　有A、B两种版型。其主要区别有三处：①信封正面右下角黑色邮政编码方框的网纹组成，A型与B型存在明显的不同。②在信封背面，中文封题中"纪念邮资封"的"邮"字，其偏旁"阝"的竖笔下端左边，A、B型均多出一个小黑点儿，但A型的靠上，B型靠下。③在信封背面，中文说明文字倒数第三行"三十日发行"中的"十"，A型笔画完整无缺，B型"十"则在第二笔的中上部，有一豁口。

JF.30的印刷变异　主要印刷变异有：①邮资图刷色中的红底色有浅红色变异，主要是油墨浅淡所致。②邮资图上广播电台大楼金墨刷色，有套色移位变异，上移使大楼底部未套上金色，露出红底；下移使大楼上部未套上金色，露出红底，两种套色移位情况均存在。③邮资图上的广播大楼漏印金色，笔者只听说有这种漏色变异封，但未收集到实品。

JF.30的暗记　A、B两种版型上的暗记均相同：①在信封背面中文说明文字倒数第三行"邮电部决定于……"中的"定"字，最后一笔画的下部，多出一点儿。②在信封背面左下角"中华人民共和国邮电部发行"中的"国"、"邮"、"发"三字，"国"字第二笔竖笔外侧中部，有一豁口；"邮"字的偏旁"阝"竖笔中部，呈凹断线状；"发"字最后一笔上端，多出一点儿。

注：JF.30在信封背面英文说明中，正数第三行英语"革命"一词应为"revolution"，却误为"revelution"，将词中左起第四个字母"o"误排成了"e"字母。

【JF.31 中国新兴版画运动六十周年】The 60th Anniversary of the Nascent Print Movement in China　版画是作者运用刀和笔等工具，在不同材质版面上进行刻画，再印刷出来的图画。按刻画所用材质和版面性质来分，有凸版，如木版画、麻胶版画；凹版，如铜版画；平版，如石版画等。木版画即木刻，版画的一种，也是中外版画的最早形式，通常用刀在木版上刻画，然后用纸拓印，使用的木版有黄杨木、梨木、白桃木等。该画分阴刻、阳刻、阴刻与阳刻混用。其中阴刻以凹线为主，拓印的画面黑多于白；阳刻以凸线为主，拓印的画面白多于黑。运用多块木版套印出两种以上颜色的，为套色木刻；在拓印时，因使用颜料性质不同，又分为油印木刻和水印木刻等。在制作木刻时，若由作者自绘、自刻、自印，充分发挥刀木所特具的艺术效果，这种木刻称为创作木刻；还有一种复制木刻，其绘、刻、印并非出自作者本人之手。1930年3月，由中国共产党领导的革命文学组织中国左翼作家联盟，在上海成立，简称"左联"。其主要成员为鲁迅、夏衍、茅盾、周扬和原"创造社"、"太阳社"的成员。开始时五十余人，后来不断地发展。"左联"的成立，标志着革命文学运动的新阶段。它根据"五四"运动以来新文学发展的经验，设立了马克思主义文艺理论研究会等机构，在自己出版的《拓荒者》、《萌芽月刊》、《前哨》、《文学月报》、《北斗》等刊物上批判"新月派"、"民族主义文学"和"第三种人"的反动文艺思想，开展了文艺大众化运动，努力培育新人。1931年8月，作为"左联"领导人之一的鲁迅先生，在上海创办了"木刻讲习所"。这是中国最早研究现代创作木刻艺术的组织之一。为培养新人，曾邀请日本美术家内山嘉吉讲授木刻技法，并自任翻译，为期一周。之后，各地的木刻学习研究组织陆续出现，新兴版画运动在中国兴起。

1991年9月25日，为纪念中国新兴版画运动六十周年，中华人民共和国邮电部发行了一套纪念邮资封，全套1枚。志号JF.31。邮资图规格38毫米×33毫米；信封规格185毫米×110毫米。

JF.31（1—1）："中国新兴版画运动六十周年"　邮资图采用了胡一川创作的版画《到前线去》。信封图案采用了李桦创作的版画《鲁迅先生在木刻讲习会》。邮资面值20分，每枚售价0.40元。发行量105.24万枚。布纹纸。彩色胶印。栾源文设计。北京邮票厂印制。

笔者对JF.31收集、研究后发现：

JF.31 的版型 有 A、B 两种版型。其明显的差别有四处：①A 型邮资图与信封图案均比较靠近信封右边框；B 型则比较远离信封右边框，两者相差 2 毫米。②A 型邮资图粉红边框右下角无小黑细短线；B 型则有一条小黑细短线。③在信封图案右下角坐在椅子上的青年裤腿腿肚部位，A 型正常；B 型则多出一个大墨点儿和两个小墨点儿。④在信封背面中文说明文字中，"作者：李桦。"中的句号"。"，A 型正常；B 型则不完整，右边少一块儿。

JF.31 的暗记 A、B 两种版型上的暗记均相同：在信封背面英文说明文字中，倒数第三行右边"People's"字母正下方，有两个细小墨点儿，呈横向排列；在倒数第一行右边"And"中的"n"字母下部，有一条右斜线，将字母笔画断开。因暗记细微，需用高倍放大镜观看。

【JF.32 新华通讯社建社六十周年】60th Anniversary of the Founding of Xinhua News Agency 新华通讯社简称"新华社"。中华人民共和国国家通讯社，国务院所属事业单位之一。其前身是"红色中华新闻社"，是中国共产党领导下创办的最早的通讯社之一，1931 年 11 月 7 日在江西瑞金成立，呼号 CSR。除电讯业务外，当时还编印出版《红色中华》报。1934 年 10 月长征时暂停；1935 年 1 月在陕北保安恢复；1937 年 1 月 29 日改名"新华通讯社"，社址在延安。1939 年起，逐步建立独立的组织机构，在各主要抗日根据地建有分社。1944 年 9 月开始用英文向国外广播。解放战争时期，在各解放区和解放军野战部队中设有分社和支社。总社先后迁至太行山区、河北平山。1948 年在伦敦、布拉格设立分社。1949 年中华人民共和国成立以后，成为国家通讯社，社址在北京。新华社作为国家通讯社，根据授权代表中国政府发布公告性新闻、外交性新闻，并将国内新闻转发国外。其主要职责是：宣传马克思主义、毛泽东思想和中国共产党的政治路线、方针、政策，及时反映中国社会主义建设和改革开放的新成就、新经验和新情况，及时反映国际重大动向，增进中国人民与全世界人民之间的相互了解和友谊；根据党和国家授权，同外国官方新闻宣传机构和国际组织发展关系，签订相关协议；进行新闻理论和实践的研究；培养高级新闻人才等。到 1991 年，新华社在除台湾以外的全国 30 个省、市、自治区及香港和中国人民解放军部队设有分社，在世界 100 个国家和地区设有国外分社，用 6 种文字向国内外发布新闻和图片；并在香港和国外设有 11 个出稿站和 8 个供稿站，同 57 家外国通讯社在平等互利基础上，达成了无偿互换文字和图片新闻的协议。出版《新华社新闻稿》、《新闻图片》、《参考消息》、《半月谈》、《瞭望》等报刊；每年出版数百种图书。

1991 年 11 月 7 日，正值新华通讯社建社六十周年之际，中华人民共和国邮电部发行了一套纪念邮资封，全套 1 枚。志号 JF.32。邮资图规格 33 毫米×40 毫米；信封规格 185 毫米×110 毫米。

JF.32（1—1）"新华通讯社建社六十周年" 邮资图采用了新华社社徽。社徽呈圆形，背景为五大洲世界地图，中心图案为一个简化汉字"讯"，并巧妙变形而成发射塔，寓意通讯传五洲，信息连四海。信封图案以电波为背景，展现了坐落于北京宣武门西大街 17 号的新华社技术业务大楼"新闻大厦"外景，顶部的发射塔正在向全世界传送着重要新闻；上方居中印有穆青同志的题词"新华社六十年"，点明了主题。邮资面值 20 分，每枚售价 0.40 元。发行量 158.42 万枚。布纹纸。彩色胶印。任宇设计。北京邮票厂印制。

笔者对 JF.32 收集、研究后发现：

JF.32 的版型 有 A、B 两种版型。其主要区别有两处：①在信封正上方"新华社六十年"题词中的"年"字，其最末一笔竖直笔画处，A 型呈左撇状；B 型则呈笔直状。②信封上的圆形电波，A 型有一圈在左上方红色邮政编码最右边方框的右下角上方通过；B 型则从右下角通过。

JF.32 的印刷变异 JF.32 邮资图边框和信封上的电波、信封底部边线呈灰绿色刷色变异。有少量采用大圆点布纹纸印制，黑色油墨印在上面发洇，致使细微的暗记不能显示出来。

JF.32 的暗记　A、B 两种版型的暗记均相同：在信封背面左下角"中华人民共和国邮电部发行"中的"共"字，其第五笔收笔处，多出一点儿；"邮"字第四笔上方，在靠近第二笔上部，多出一细横。这两处暗记需用高倍放大镜观察，才可看得一清二楚。

【JF.33 第四届全国少数民族传统体育运动会】The 4th National Traditional Games of Minority Nationalities　1991 年 11 月 10 日～17 日，由国家民委、国家体委主办，广西壮族自治区人民政府承办的第四届全国少数民族传统体育运动会在南宁市举行。本届运动会设竞赛项目和表演项目两大类。竞赛项目 9 项：龙舟、抢花炮、秋千、射弩、木球、珍珠球、摔跤、赛马、武术。其中赛马项目，于 1991 年 8 月 4 日～7 日在内蒙古呼和浩特市举行。竞赛项目设金奖 34 枚；表演项目共 120 项，设 114 个奖；同时还设有"道德风尚奖"。本届运动会的宗旨是：平等、团结、进步、繁荣。第四届全国少数民族传统体育运动会共有来自全国 30 个省、市、自治区的 55 个少数民族运动员和教练员、工作人员参加，中外记者三千多人。台湾少数民族龙舟队和少数民族传统歌舞艺术团，第一次参加了全国少数民族运动会的比赛和表演。吉祥物为小象。象，威武雄壮，和蔼温顺，是力量和品德的化身。南宁有五象城之称，用小象作为吉祥物，既表示我国少数民族在改革开放中的生机与活力，也表达了对全国民运会的美好祝愿。小象的性别为雄性，名为"宁宁"，取其"南宁"之意。

1991 年 11 月 10 日，为了祝贺第四届全国少数民族传统体育运动会的举行，中华人民共和国邮电部发行了一套纪念邮资封，全套 1 枚。志号 JF.33。邮资图规格 27 毫米×33 毫米；信封规格 185 毫米×110 毫米。

JF.33（1—1）"第四届全国少数民族传统体育运动会"　邮资图采用了本届运动会会徽。会徽为孔雀装饰图：图案是一个形象化的绣球，由"全国"的汉语拼音第一个字母"Q"变形而成；两只孔雀组成"S"形，既寓意吉祥如意，也是汉语拼音"少数民族"及英语"运动"的第一个字母；孔雀外圈的"G"，是壮文"广西"的第一个字母；下部四条形象化的绣球彩带，表示本届运动会为"第四届"。信封图案采用了我国少数民族传统体育运动之一"抢花炮"的场景。抢花炮是侗族传统体育活动，流行于湖南、贵州、广西的侗族聚居地区。每年农历三月三日"花炮节"在广西侗族自治县福禄镇举行。相传抢花炮起源于广东，后传至黔桂湘三省毗邻地区，延续至今，已有三四百年历史。花炮为一铁环，直径约 6 厘米，外缠红绿绸布。赛场为一直径约 100 米的圆形场地。比赛以队为单位，队数不限，每队人数也不固定。比赛时，架一铁炮于场地中央，内装火药，置铁环于炮筒内。点燃铁炮，铁环即被轰至空中，俟其坠下时，按规定待立于赛场四周边缘的各队选手蜂拥入场抢夺。抢获铁环的一队突破各方堵截，将铁环送至指定地点即为胜。争夺时可挤、护、传、拦，以及各种假动作。不准打、踢及用利器伤人。一般放三炮，抢得头、二、三炮的队均可获得不同奖励。图案上在蓝色背景的映衬下，"花炮"从空中迅速下降，一双双张开的手臂用力地向上伸着，淋漓尽致地表现出了运动过程中那种"抢"的激烈，"抢"的欢乐。图案左上角绘有全国少数民族的传统体育运动会标志。标志图案由"全国"、"少数民族"、"传统体育"的汉语拼音第一个字母"Q"、"S"、"C"交叉组成三个圆形，由"运动会"的汉语拼音第一个字母"Y"变形为一只展翅飞翔的雄鹰，既寓意少数民族运动员在运动会上的精彩表现，也祝愿全国少数民族的传统体育运动会圆满成功。邮资面值 20 分，每枚售价 0.40 元。发行量 159.64 万枚。白布纹纸。彩色胶印。李印清设计。北京邮票厂印制。

笔者对 JF.33 收集、研究后发现：

JF.33 的版型　有 A、B 两种版型。其主要区别有两处：①信封正面右下角邮政编码方框黑网线的网点排列不同；在右数第三个黑方框底网线上边沿，A 型有一条极细的长黑线，B 型无。②在信封背面的英文内容说明中，正数第四行的"some"，第一个字母"s"A 型正常，B 型在"s"下部收笔处被断线。

JF.33 的纸质　有两种布纹纸：正常用纸为细布纹纸，但 JF.33 中有少量采用圆点式布纹纸。首日发行时所购 JF.33 均为细布纹纸，后来才见圆点式布纹纸。很可能在加印时，误用了圆点式布纹纸；也可能是原来布纹纸用完了，换用新布纹纸，但这种可能性较小，因为后来印 JF.34 时虽用了圆点式布纹纸，但印 JF.35、JF.36 时，仍在用细布纹纸。

JF.33 的暗记　暗记主要有两处：①在邮资图上"第四届全国少数民族传统体育运动会"中的"国"字，其"口"字下部一横线断线，呈豁口"国"。②在信封背面"中华人民共和国邮电部发行"中的"共"字，其第五笔收笔处,多出一点儿;"邮"字第四笔上方,在靠近第二笔上部,多出一细横。③在信封背面中文正数第三行"120个项目的表演"中的"2"字,起笔处呈粗黑点状。这三处暗记需用高倍放大镜观察,才可以看得一清二楚。

【JF.34 北京市西厢工程通车】The Completion of the Beijing Xixiang Project 西厢工程是我国首都北京自新中国成立以来规模最大、施工难度最大的一项道路工程;是经国务院总理办公会批准的北京市重点工程。西厢工程北起复兴门立交南端,南至菜户营与京开路相连,全长11公里。沿线建有西便门、天宁寺、广安门、菜户营四座交通立交及白纸坊等四座简式立交,共计大小桥梁51座,桥梁建筑面积12万平方米。其中天宁寺立交桥为四层互通式,是我国城市所建最大的立交桥之一。

1991年12月25日,为祝贺西厢工程建成通车,中华人民共和国邮电部发行了一套纪念邮资封,全套1枚。志号JF.34。邮资图规格41毫米×31毫米;信封规格185毫米×110毫米。

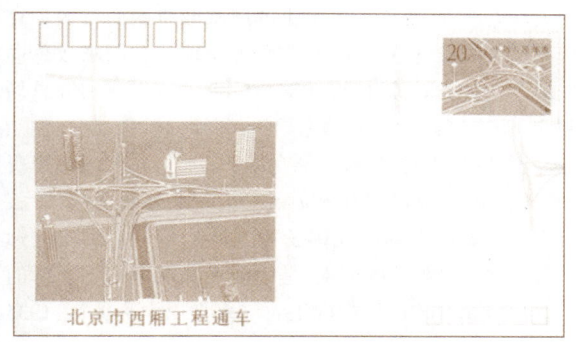

JF.34(1—1)"北京市西厢工程通车" 邮资图以绿色作底衬,采用俯视角度,展现了西厢工程天宁寺立交桥的壮美姿态,相互交叉的桥体,高高耸立的灯柱,既是便利通行的道路,又是一件耐人欣赏的艺术品。信封图案以绿色作底衬,采用俯视角度,展现出了西厢工程中菜户营立交桥的精巧面貌,从周边一座座富有特征的建筑物,可以准确判断出它的地理位置。信封上方还绘有西厢工程的路线图,点明了主题。邮资面值20分,每枚售价0.40元。发行量150.24万枚。白布纹纸。彩色胶印。刘硕仁设计。北京邮票厂印制。

笔者对JF.34收集、研究后发现:

JF.34的版型 有A、B两种版型。其明显的区别有两处:①在信封正面右下角,邮政编码灰网方框上的网点排列秩序与多少,存有明显的不同:从右数第一个方框,可直观看出A型网点多,方框较B型宽些;右数第三、四、五、六方框的底部和底部上方的竖线上,B型均有一条细长线和多条细短线,A型则没有这一特征。②A型、B型信封的封舌宽窄不同:A型为宽封舌,B型为窄封舌(横短),两者相差2毫米。

JF.34的印刷"变体" JF.34印刷"变体"中,有一种刷色浅淡,造成蓝色局部漏印,因蓝色套印在黄色上的色度不够,故使邮资图和信封图案均呈现明显的黄绿色,比正常刷色呈现的绿色要偏黄,造成刷色差异;另一种"变体"与上述"变体"正好相反,由于蓝色刷色浓重,当浓重的蓝色套印在黄色上时,呈现出不是正常的黄绿色,而是蓝绿色,乍看上去好似"错色",其实是刷色变异,应属"变体"。真正的"错色"错体邮资票品,是指专色因人为用错了颜色,而胶印套色所呈现的刷色变异,即使表面上看上去好像是"错色",也不是真正意义上的"错色"错体,理应归属"变体"。在研究邮资票品的"错体"与"变体"时,不要被表面假相所欺骗,要透过现象看本质。

JF.34的暗记 A、B两种版型的暗记相同:在信封背面"中华人民共和国邮电部发行"中的"共"字上,其第五笔收笔处,多出一点儿;"邮"字的左部"由",其第四笔上部多出一细横,这条细横极细,用高倍放大镜才可看出。

【JF.35 中国银行成立八十周年】80th Anniversary of the Founding of the Bank of China 中国银行原为旧中国四大官僚资本银行之一,前身是1905年创立的清代"户部银行",1908年改称"大清银行"。辛亥革命后,1912年1月24日,孙中山临时大总统批准将大清银行改组为中国银行;1912年2月5日,官商合办的中国银行在上海开业,当时总行设在北京。1914年9月,在北京设总管理处。1927年,迁总管理处于上海。1928年,国民党政府利用加入官股和发行金融公债的办法,控制了中国银行,并指定为特许的国际汇兑银行,在国内外各大城市设有分支机构。中华人民共和国成立后,经人民政府接管改组,成为外汇专业银行。其主要业务是:办理外贸和非外贸的国际结算、外汇存款、贷款及与外汇业务有关的人民币存款和贷款、进出口贷款和外汇贷款、华侨汇款和其他国际汇兑;经管外汇和国际黄金买卖;根据国家的授权发行外币债券和其他有价证券。总行设在北京。1979年4月,中国银行成为国务院直属机构。中国银行除在国内各主要城市和口岸设立分支机构,还在港澳及世界各地设有分支机构;在巴黎、东京设有代表处。

1992年1月24日,为纪念中国银行成立八十周年,中华人民共和国邮电部发行了一套纪念邮资封,全套1枚。志号JF.35。邮资图规格30.5毫米×35毫米;信

封规格 185 毫米×110 毫米。

JF.35（1—1）"中国银行成立八十周年" 邮资图采用了中国银行行徽。行徽以方孔古钱构成"中"字，古钱币象征银行业务面向海外、面向全球，圆角的孔表示电脑的联想，"中"字代表中国。最初，这一行徽只是香港中银集团使用在电脑提款机上的标志，系 1980 年由香港著名装潢设计师靳埭强先生设计。设计者运用现代设计最基本的元素，圆和正方的几何形巧妙混叠，简洁、稳重，并容易识别。此标志曾在国际设计年展中获奖。由于该标志简明地表达了中国银行的特征，1986 年被中国银行总行确定为行徽，1987 年 1 月 1 日正式启用。行徽上标有"中国银行成立八十周年"字样，点明了主题。信封图案采用了中国银行在北京的总行大楼外景，镶嵌在门楣上的行徽和行徽两侧"中国银行"的中英文名称，清晰可见。信封中间的五大洲世界地图上标出的红色行徽，为中国银行海外分行及代表所在地。邮资面值 20 分，每枚售价 0.40 元。发行量 164.54 万枚。布纹纸。彩色胶印。任宇设计。北京邮票厂印制。

笔者对 JF.35 收集、研究后发现：

JF.35 的版型　有 A、B 两种版型。其明显的区别有三处：①信封正面右下角邮政编码方框上的网点排列秩序有所不同，尤其是，A 型右数第一个邮政编码方框的网线无断线，很完整；B 型在方框上方横网线上有一明显的豁口，有断线。②A 型在邮资图上"中国邮政"的"国"字，正下方地图与邮资图边框线不相连；B 型则与边框线连接在一起。③信封背面的英文说明文字正数第三行，A 型在单词"on"中，其字母"n"在收笔处上方，笔画断线；B 型则无此特征。

JF.35 的印刷变异　主要有信封左下方信封图案刷色不同的变异，刷色偏红。

JF.35 的暗记　A、B 两种版型的暗记相同：在信封背面左下角"中华人民共和国邮电部发行"中的"共"字，其第五笔收笔处，多出一点儿；"邮"字的左部"由"，其第四笔上部，多出一细横。因细横极细，需用高倍放大镜才能看清楚。

【JF.36 中华苏维埃共和国邮政总局成立六十周年】**60th Anniversary of the Founding of Directorate – General of Posts of the Chinese Soviet Republic**　中华苏维埃共和国临时中央政府，是第二次国内革命战争时期，中国共产党在中央革命根据地领导建立的中央政权机关。也称中国工农民主政府。1931 年 11 月 7 日～20 日，在江西瑞金召开第一次全国工农兵代表大会，宣布成立临时中央工农民主政府，选出毛泽东、周恩来、朱德等 63 人为中央执行委员，毛泽东为主席；通过了宪法大纲以及土地法、劳动法和婚姻法等。这个政权的性质是无产阶级领导的反帝反封建的新民主主义革命的人民民主专政。中央苏区的邮政组织机构，是在中华苏维埃共和国临时政府内务部的领导下建立、发展起来的。为了统一领导中央苏区邮政业务的开展，中央政府在 1932 年 1 月，开始整顿中央苏区邮政工作，筹备印制统一的邮票，建立和完善邮政组织机构。1932 年 4 月 24 日，中央内务部在瑞金召开了闽、赣两省县邮政局以上交通负责人联席会议，确定了对中央苏区邮政机构的整顿和管理办法。1932 年 5 月 1 日，中华苏维埃共和国邮政总局在瑞金正式成立，局址设在瑞金叶坪中石村。邮政总局制定、颁布了邮政暂行章程和一系列的规章制度，建立健全了邮政组织机构和邮路干线，统一了苏区邮政资费和发行苏维埃邮票，为建立集中统一的邮政通信体系，巩固和发展中央苏区发挥了重大的作用。它的建立标志着中国人民邮政的诞生，是中国人民邮电史上光辉的一页。1934 年 10 月，中国工农红军撤出中央苏区；1935 年 1 月，邮政总局撤至于都，宣告解散。

1992 年 5 月 1 日，正值中华苏维埃共和国邮政总局成立六十周年之际，中华人民共和国邮电部发行了一套纪念邮资封，全套 1 枚。志号 JF.36。邮资图规格 25.5 毫米×40.5 毫米；信封规格 185 毫米×110 毫米。

JF.36（1—1）"中华苏维埃共和国邮政总局成立六十周年"　邮资图由 1932 年中央革命根据地地图和"苏维埃邮政"半分邮票组成；地图采用红色，寓意革命根据

地红色政权。信封图案为当时设在瑞金叶坪中石村的中华苏维埃共和国邮政总局外景和红色公章;公章上刻有"中华苏维埃共和国邮政总局"字样,点明了主题。邮资面值20分,每枚售价0.40元。发行量168.64万枚。布纹纸。胶版彩印。卢天骄设计。北京邮票厂印制。

笔者对JF.36收集、研究后发现:

JF.36的版型 有A、B两种版型。其明显的不同有两处:①在信封正面右下角邮政编码的方框上,A型与B型的网点排列秩序与多少,存有较明显的不同;尤其是,B型在邮政编码右数第三至第六方框的竖直线的底部,均有一条横细直线,而A型则无这一特征。②在信封的背面左下角"中华人民共和国邮电部发行"中的"部"字,A型的"部"字第四笔下端为断笔,有一豁口;B型的"部"字最后一笔的顶部,多出一个小点儿。

JF.36的印刷变异 JF.36未发现有印刷变异。但邮市上早就出现了人为变造邮资图中心图案"漏印"变体,那是用高级橡皮将邮资图上"苏维埃邮政"半分邮票擦掉而变造的赝品。

JF.36的暗记 暗记在邮资图"苏维埃邮政"半分邮票上"半"字的左边,即邮票上的右数第二、第三、第四斜直线上,分别在上、中、下部断线,均有明显的豁口。

【JF.37 中国历史博物馆成立八十周年】80th Anniversary of the Establishment of the Museum of Chinese History 中国历史博物馆是我国最早的国立博物馆。1911年辛亥革命成功后,次年,中华民国临时政府成立,经教育总长蔡元培先生倡议,鲁迅先生亲自选址,中国历史博物馆于1912年7月9日在北京原清代国子监旧址成立筹备处。现馆址位于北京天安门广场东侧,是为庆祝中华人民共和国成立十周年而兴建的首都十大建筑之一。馆内展览面积八千平方米,分布在该馆二层和三层楼内。中国历史博物馆是一座收藏文物三十余万件的大型博物馆,是向国内外群众展示我国悠久灿烂的历史的场所;是进行历史学、考古学、博物馆学及其他有关学术研究机构;是对人民进行教育,对外进行文化、学术交流的重要窗口。《中国通史陈列》是该馆的基本陈列。陈列内容从距今一百七十万年前的元谋人起至公元1840年鸦片战争前止,共展出文物资料九千余件。其中绝大多数是新中国成立后的考古发掘品,具有较高的历史价值和艺术价值。通过这些文物,并附以各种图表、模型和文字说明,反映了中国古代历史的发展过程,展示了中国古代各个历史时期的重大事件和杰出人物的辉煌成就。

1992年7月9日,正值中国历史博物馆成立八十周年之际,中华人民共和国邮电部发行了一套纪念邮资封,全套1枚。志号JF.37。邮资图规格30毫米×36毫米;信封规格185毫米×110毫米。

JF.37(1—1)"中国历史博物馆成立八十周年"邮资图以一个篆刻的"史"字为中心,"史"字上部似"中国"的"中"字,下部似一座打开的城门,背景为万里长城敌楼,象征中国、历史、博物馆,古朴大方,具有浓重的民族韵味。信封图案以环状的龙纹玉饰为主,玉饰中间为中国历史博物馆外观平面图形和"80"字样,象征源远流长的中国文化与中国历史博物馆经历了八十个春秋。信封上方印有馆长俞伟超的题词:"中国历史博物馆成立八十周年"。邮资面值20分,每枚售价0.40元。发行量212.79万枚。布纹纸。彩色胶印。任宇设计。北京邮票厂印制。

笔者对JF.37收集、研究后发现:

JF.37的版型 有A、B两种版型。其明显的不同有两处:①信封正面中部上方的题词"中国历史博物馆成立八十周年",A型的题词笔画上的网点构成与B型存有明显差别,特别是"八十"中的"十"字,区别更为明显。②在信封正面右下角邮政编码方框上,A型与B型的网点排列秩序与多少,存有明显的不同;更为明显的不同是,B型在右数第三至第六邮政编码方框的竖直线的底部,均有一条横细直线,A型则无这一特征。

JF.37的暗记 暗记主要有两处:①在信封的背面,左下方"中华人民共和国邮电部发行"中的"部"字,其第九笔的上部外侧,多出一个黑点儿。②在信封背面封题"《中国历史博物馆成立八十周年》纪念邮资封"中的"邮"字,其第二笔中下部,笔画内侧与外侧,均多出一个小黑点儿。此特征需用高倍放大镜才可看得一清二楚。

【JF.38 招商局成立一百二十周年】The 120th Anniversary of China Merchants 招商局是轮船招商局的简称。它是我国近代创办最早、历史最久、规模最大的航运企业;是我国工商企业中的老字号。19世纪中叶,外国轮船逐渐垄断了中国的江海航运,传统的木船航运业日渐没落。1872年12月23日(清同治十一年十一月二十三日),直隶总督兼北洋大臣李鸿章向清廷奏呈《试办招商轮船折》。三天之后，即 26 日获得同治皇帝批准，招商局遂宣告成立。1873 年 1 月 17 日，招商局正式开业，总局地址在上海洋泾浜南永安街。在烟台、汉口、天津、福州、广州、香港、横滨、神户、吕宋等地设有分局。主要承运漕粮，兼揽商货。1877 年（清光绪三年）以高价购进美商旗昌轮船公司一批旧船和设备，扩大了经营，但始终受帝国主义在华航运势力的排挤。1885 年经盛宣怀改为官督商办。1909 年（清宣统元年）归邮传部管辖。中华民国时期，1930 年国民党政府借口整理改为国营，1932 年归属交通部，成为国民党四大家族垄断航运事业的机构。抗日战争时期，总局先迁香港，后迁重庆，战后又迁回上海。尽管历经时世变迁，局址迁徙，但"招商局"这个字号，始终没有改变。它是近代中国最早的民营企业，开创了航运业的先河。新中国成立以后，收归人民所有。在改革开放的大潮中，1985 年 11 月，经国务院批准，成立了招商局集团有限公司。其总部设在香港，业务遍及海内外，为香港著名中资机构之一。公司除航运业务自成体系之外，还开发了蛇口工业区，经营了商业贸易、金融保险、工程建筑、旅游酒店等多种行业，已成为"立足香港，面向世界"的多元化、跨国化的企业集团，为内地的建设和香港的稳定繁荣，发挥着重要作用。

1992 年 12 月 26 日，正值招商局成立一百二十周年之际，中华人民共和国邮电部发行了一套纪念邮资封，全套 1 枚。志号 JF.38。邮资图规格 29 毫米 × 40 毫米；信封规格 185 毫米 × 110 毫米。

JF.38（1—1）"招商局成立一百二十周年" 邮资图由招商局徽志和其部分隶属企业的标志组成。招商局徽志呈圆形，主图为"招商局"英文名称第一个字母"M"；圆形边框右侧留有一个小口，寓意资金出入的顺畅流动。信封图案采用了招商局现在和早期的办公大楼外景及航运货船，寓意招商局走过的一百二十年历史。邮资面值 20 分，每枚售价 0.40 元。发行量 238.29 万枚。布纹纸。彩色胶印。李德福设计。北京邮票厂印制。

注：邮资图右边中间上面的图形为"蛇口工业区"的标志，由"蛇口"英文缩写字母"SK"组成，不慎字母被颠倒了，严格讲应属于一枚"错封"。

笔者对 JF.38 收集、研究后发现：

JF.38 的版型　有 A、B 两种版型。其明显的不同有四处：①在信封的正面右下角邮政编码方框上的网点排列秩序与多少，有较明显的差异。②在信封的背面，左下角"中华人民共和国邮电部发行"中的"发"字，A 型第三笔起笔处断笔，有一豁口；B 型则完整无缺。③在邮资封背面英文说明文字的倒数第二行"the envelope"中，相邻的两个"e"字母间的下部，A 型有一个形似顿号"、"的黑点儿；B 型则无此点儿。④在 A 型中，有封舌宽、窄两种，宽舌（横宽）要比窄舌宽 2 毫米，因此，从分型角度讲，A 型可视作有两型，即 A_1 型、A_2 型；但从印制上来讲，宽舌封应归"错体"，属封舌错体，如同印制邮票打错齿孔度一样。这种错误的出现，多是由于不是一批生产，操作人员未按原制作要求制作所造成。

JF.38 的印刷变异　有邮资图局部漏印蓝色、黑色复印、机叠移位正图倾斜等多种"变体"，在 JF 系列中独自出现这么多的变异，较为少见。

JF.38 的暗记　在邮资封的背面，中文封题《招商局成立一百二十周年》纪念邮资封"中的"商"字，第十笔下部外侧，有一个小豁口；在"信"字第四笔接近收笔处的下侧，有一个小豁口。这两处暗记需用高倍放大镜观看。

【JF.39 中国国境卫生检疫一百二十周年】The 120th Anniversary of China Frontier Health and Quarantine　国境卫生检疫也称"口岸卫生检疫"，是国家在国境口岸，为防止属于检疫范围的传染病借进出国境的人员、交通运输工具等传入、传出所采用的防疫措施。由国境卫生检疫机关在国境实施医学检查、卫生检查和必要的卫生处理。中国国境卫生检疫始于 1873 年。新中国成立后，1957 年 12 月 23 日第一届全国人民代表大会常务委员会第八十八次会议通过《中华人民共和国国境卫生检疫条例》，同日由中华人民共和国主席公布实施。条例第八条规定了国境卫生检疫的目的、国境卫生检疫机关的设置和任务以及对违反本条例及其实施规则的人的处罚。1979 年 6 月 1 日正式承认《国际卫生条例》。国境卫生检疫机构设在国际通航的港口、飞机场、车站。国际规定的检疫传染病为鼠疫、霍乱、天花和黄热病等。1986 年 12 月 2 日，第六届全国人大常委会第十八次会议通过并公布了《中华人民共和国国境卫生检疫法》。本法施行后，1957 年公布的《中华人民共和国国境卫生检疫条例》同时废止。本法共六章二十八条。规定在中国国际通航的港口、机场及陆地边境和国界江河的口岸设立国境卫生检疫机关。全国一百九十多个卫生检疫机关在海、陆、空国境口岸对出入境人员、交通工具、货物等,依法实施检疫、传染病监测、卫生监督和卫生处理,对进口食品进行卫生监督检验。

1993年8月25日,正值中国国境卫生检疫一百二十周年之际,中华人民共和国邮电部发行了一套纪念邮资封,全套1枚。志号JF.39。邮资图规格25毫米×39.5毫米;信封规格185毫米×110毫米。

JF.39(1—1)"中国国境卫生检疫一百二十周年"

邮资图采用了中国国境卫生检疫徽志。徽志采用世界卫生组织蛇杖图与中国国徽为主图,两侧饰以橄榄枝叶。有关世界卫生组织徽志的知识,详见本书JF.15《世界卫生组织成立四十周年》。信封图案描绘了一位中国国境卫生检疫人员依法职守国门的形象,背景为中国陆海空国境繁忙景象,五星国旗和中国国境卫生检疫旗帜迎风飘扬,肃穆而威严。邮资面值20分,每枚售价0.40元。发行量416.79万枚。布纹纸。彩色胶印。黄里设计。北京邮票厂印制。

注:在信封图案的旗杆上飘扬的三面旗帜,其中左数第一面旗上"中国国境卫生检疫徽志"下面的英文缩写字母"CHF"错成"CHFA",是一枚"错封"。

笔者对JF.39收集、研究后发现:

JF.39的版型 有A、B两种版型。其明显的不同有四处:①在信封的正面,其右下角邮政编码方框上的网点秩序和多少,有较明显的不同。②最为直观的区别是,在信封正面右下角左数第一个邮政编码方框的左边直线的上部,A型有一个堆墨的黑点儿,B型则无;在右数第一个邮政编码方框底部横线的左半部,B型有一个堆墨的黑点儿。③邮资图边框距右下方邮政编码方框的距离,A型为54毫米,B型为55毫米。④A型有宽窄两种不同的封舌,二者相差2毫米;B型仅见有窄封舌一种。

JF.39的印刷变异 JF.39有邮资图左右直边框印刷变异。

JF.39的暗记 暗记主要有三处:①在邮资图上,铭记"中国邮政"中的"政"字,第一笔起笔处有一断续豁口。②在信封背面,左下角"中华人民共和国邮电部发行"中的"国"字,其第二笔竖直中上部外侧,有一极细的缺口(需用高倍放大镜观察)。③在信封背面志号JF.39中的"F"字母,其竖直一笔的下部内侧,有一圆弧形豁口。以上暗记在极少量A型窄封舌中并不呈现。

【**JF.40 上海杨浦大桥建成**】The Completion of Shanghai Yangpu Bridge 杨浦大桥位于黄浦江上,是一座跨过江的双塔双索面叠合梁斜拉桥。斜拉桥也叫斜拉吊索桥,主要由桥梁、钢索和桥墩上的塔架三部分组成。桥梁除了有桥墩支撑外,还被钢索拉着。这种钢索预先就给桥梁一定拉力,车轮通过时桥梁的受力就大为减小。因此,经过调整钢索中的预拉力,可使桥梁受力均匀合理;而桥梁的高度减低,可使自重减轻。斜拉桥根据纵向斜缆布置有辐射形、扇形、竖琴形、星形等多种形式。第一座近代斜拉桥是德国人设计的瑞典斯特罗姆海湾桥,其跨度为18.26米。斜拉桥可以避免在深水海湾中建造桥墩的困难,建筑高度小,省工省料,造价低,是现代化大跨度桥梁的重要结构形式。它可以采用悬臂拼装法架梁,不会影响通航,是在河口、深谷急流和海峡上修建的理想桥梁。我国在1975年首次建成了斜拉桥。1993年建成的上海杨浦大桥,总长7658米,是继上海南浦大桥后又一座大型桥梁,主桥长1172米,主孔跨径602米,居世界同类型桥梁之首。桥面宽30.35米,设6条车道,两侧各有2米宽的人行道。主桥塔高220米,呈"钻石"形。它是上海开发浦东、开放浦东的重大基础设施;是上海内环线的一个主要组成部分。它的建成标志着中国桥梁建筑的新水平。

1993年9月25日,为了祝贺上海杨浦大桥建成通车,中华人民共和国邮电部发行了一套纪念邮资封,全套1枚。志号JF.40。邮资图规格34毫米×25毫米;信封规格185毫米×110毫米。

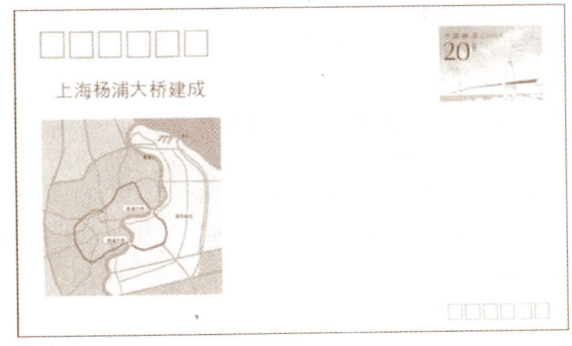

JF.40（1—1）"上海杨浦大桥建成" 邮资图以蓝天为背景，展现出了横跨在黄浦江上的上海杨浦大桥，雄伟壮观。信封图案采用不同色块作底衬，呈现出了一幅上海杨浦大桥的地理位置和交通位置示意图，简明而准确。邮资面值20分，每枚售价0.40元。发行量406.94万枚。布纹纸。彩色胶印。卢天骄设计。北京邮票厂印制。

笔者对JF.40收集、研究后发现：

JF.40的版型 有A、B两种版型。其明显的不同有四处：①在信封的正面，右上方的邮资图与右下方的邮政编码方框的间距，A型为66.7毫米，B型为66毫米。②在信封图案示意图右下角，表示江河的蓝线尽头的右上方边缘外，A型有一细小蓝点儿，B型则无。③A型均为窄封舌，B型则均为宽封舌。④在信封背面左下角"中华人民共和国邮电部发行"中的"部"字右上角，B型多出一个黑墨点儿，A型则无此特征。

JF.40的印刷变异 在邮资封上发现有邮资图和信封图案刷色整个漏印红色，属漏色错体封，数量极少。印刷变体主要有红色套印移位、信封图案刷色差异等。

JF.40的暗记 在信封背面右下角志号"JF.40．（1—1）"中，后边的"1"底部左边细横线呈断线，有一豁口。此暗记需用高倍放大镜观看。

【JF.41 中国人民建设银行成立四十周年】The 40th Anniversary of the Establishment of the People's Construction Bank of China 中国人民建设银行是中国管理基本建设支出预算和财务，办理基本建设拨款、结算和放款，进行财政监督的专业银行。兼有财政和银行的双重领导。它的主要任务是：按照党的方针政策和国家计划，管理基本建设支出预算，合理分配基本建设资金；管理基本建设财务，并对建设单位、施工企业的财务活动和经营成果进行监督和检查；办理基本建设、挖潜改造工程和地质勘探的拨款，根据"按照国家计划、按照基本建设秩序、按照国家预算和按照工程进度"的"四按"原则，及时供应资金并监督资金的合理使用；根据国家规定，发放短期贷款和中、长期贷款；办理基本建设结算业务，集中组织基本建设中的各种支付活动。该行成立于1954年9月9日，受财政部和中国人民银行双重领导。总行设在北京，各省、市、自治区设有分行，地、市、重点县和大中型建设项目所在地设有分支机构。1979年11月改为国务院直属单位，由国家建委、财政部代管，以财政部为主。同时还确定各县建设银行由事业单位改为企业单位。

1994年9月8日，在庆祝中国人民建设银行成立四十周年前一天，中华人民共和国邮电部发行了一套纪念邮资封，全套1枚。志号JF.41。邮资图规格50毫米×32毫米；信封规格208毫米×110毫米。

注：JF.41是首枚采用208毫米×110毫米印制的大规格纪念邮资封，信封右下角邮政编码方框取消，改用"邮政编码"文字。

JF.41（1—1）"中国人民建设银行成立四十周年" 邮资图由中国人民建设银行行徽和该行发行的万事达龙卡图案组成。行徽呈圆形，由"建行"两字汉语拼音的第一个字母"J"、"H"组成主图案。1996年该行改称"中国建设银行"，并采用新行徽。信封图案为中国人民建设银行设在北京的总行办公大楼外景和该行设在深圳分行营业大厅营业的景象。邮资面值20分，每枚售价0.40元。发行量592.29万枚。布纹纸。彩色胶印。潘可明设计。北京邮票厂印制。

笔者对JF.41收集、研究后发现：

JF.41的版型 有A、B两种版型。其明显的不同有三处：①在信封右上方的邮资图与右下方的"邮政编码"字样的间距不同，A型相距65毫米，B型则为64.2毫米。②在邮资图右下方"中国邮政"的"国"字右下角，A型多出肉眼可见的黑色网点，B型则无。③在邮资面值"20分"的"2"字，A型较B型所处位置明显靠下，"2"字下部直横同万事达龙卡上的"行"字第三笔相连，B型则不相连。

JF.41的印刷变异 JF.41有邮资图刷色偏红的变异封存在。

JF.41的暗记 在信封背面的中文封题"中国人民建设银行成立四十周年"中的"民"字，第一笔"⊐"靠近起笔处，有一镂空白圆点儿；在左下角"中华人民共和国邮电部发行"中的"国"字、"部"字，"国"字第二笔直竖笔画的中上部右侧，有一小豁口；"部"字的偏旁"阝"第一笔收笔处多一细线，与第二笔竖直笔画相连。这两处暗记，用高倍放大镜可看得一清二楚。

【JF.42 1994中国少年书信比赛】Marking 1994 China Juvenile Letter Writing Competition 书信是人类情感交流的一种重要形式。自从人类社会诞生至今，

家事、国事、天下事,哪一宗也离不开书信。书信在人类社会活动中,起着十分重要的作用。1969年邮联东京大会通过一项由日本提出的愿望案,建议定期为少年儿童组织书信比赛。为了纪念世界邮政日,培养人们的邮政常识和书信习惯,邮电部邮政总局、《中国少年集邮》杂志和《中国少年报》联合主办了首届《中国少年书信比赛》活动。活动的目的在于培养少年儿童写作的习惯,发展他们的思维和改进他们的文风,增进友谊,为实现邮联的宗旨做出贡献。比赛限15岁以下少年儿童参加,参赛作品为未发表过的新作,字数限定为500字~1000字。比赛时间于1994年10月9日开始,到11月9日结束,历时一个月。这次比赛共收到参赛作品171万件,其中中学组共94.8万件,小学组76.2万件。由著名儿童文学作家叶君健、韩作黎等组成的评委,经过严格评审,共评出获奖作品320件。这些作品分别出自26个省、市、自治区的中小学生之手。北京的康羽、甘肃的耿乃斌、广东的周建平等10名学生,荣获小学组一等奖;江苏的徐玲珠、李晶、江西的关晓欢、陕西的陈睫等10名学生,荣获中学组一等奖。

为了庆祝中国少年书信比赛顺利举行,中华人民共和国邮电部计划在1994年10月9日发行一套纪念邮资封,全套1枚,志号JF.42。邮资图规格29毫米×38毫米;信封规格208毫米×110毫米。

注:这套纪念邮资封无故推迟了发行日期,但为发行JF.42《1994中国少年书信比赛》的纪念邮戳早已在事先制好,其日期为1994年10月9日。事实上JF.42实际发行日期一直推迟到比赛结束后的1994年11月17日。这一天,正值中华全国集邮联合会第四次代表大会召开。

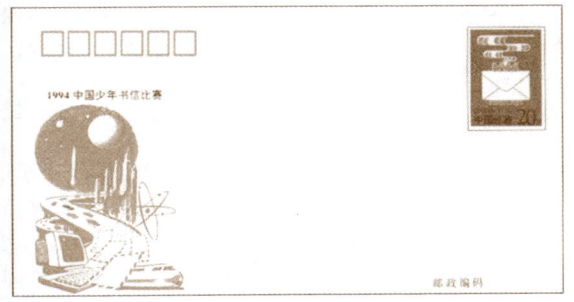

JF.42(1—1)"1994中国少年书信比赛" 邮资图为由传统信封和万里长城烽火台组成的一个汉字"中",寓意中华民族用书信传递信息和交流情感,不仅具有悠久的历史,也蕴含着深刻的文化积淀。信封图案由信封、电脑、原子模型、火箭和通讯卫星组成,展现出了21世纪高科技信息时代的远景。邮资面值20分,每枚售价0.40元。发行量400.09万枚。布纹纸。胶版彩色印刷。刘弘、王凌波设计。北京邮票厂印制。

笔者对JF.42收集、研究后发现:

JF.42的版型 有A、B两种版型。其主要区别在信封的封舌上:A型封舌较窄,封舌弧度呈110°;B型封舌比较宽,封舌弧度呈150°,两种封舌舌尖宽窄相差3毫米多。

JF.42的纸质 JP.42采用两种布纹纸印制:虽然都是布纹纸,但一种纸质较厚,呈灰白色;另一种纸质较薄,纸面光亮,呈雪白色。二者放在一起,白度存有明显差别。

JF.42的印刷变异 JF.42有刷色深浅的差异和黑色复印。

JF.42的暗记 暗记在信封的背面:中文封题"《1994中国少年书信比赛》纪念邮资封"中的"资"字、"信"字、"资"字第九笔起笔处的左上方有一豁口,"信"字第四笔中部有一镂空圆白点儿;在左下角"中华人民共和国邮电部发行"中的"国"字、"部"字,"国"字第二笔直竖笔画的中上部右侧,有一豁口;"部"字的偏旁"阝"第一笔收笔处多一细线,与第二笔竖直笔画相连。

【JF.43 荣宝斋建店一百周年】100th Anniversary of the Founding of Rong Bao Zhai 荣宝斋的前身为"松竹斋",清康熙十一年(公元1672年),由浙江绍兴张氏创办,店址设在现址的西侧。早期只是经营士子、文人用的书画用纸。其纸质上乘,在清朝科举时,考试用纸都由松竹斋承办,当时小有名气。到了清道光年间,由于经营不善,承办科举用纸、刊印试卷的生意被别人抢走,松竹斋陷入困境。为了继续生存,外聘经理庄虎臣经东家同意后,在琉璃厂86号购得一家店铺,用松竹斋的货底,借壳重生。1894年取"以文会友,荣名为宝"之意,更名"荣宝斋",至今时经百年,历久不衰。荣宝斋之所以能长盛不衰,享誉海内外,是因为有自己制胜的法宝。首先,他们有自己的绝活儿、拳头产品——木版水印和装裱。木版水印是以刀代笔刻制印版,并在一张宣纸(或绢)上反复印刷,使水印的神形、笔墨、色调、意趣、风格、题款、印章等,皆酷似原作,几可乱真。用木版水印复制的中国画,其逼真程度,是任何其他印刷技术所无法比的。关于木版水印印制的中国画足可乱真,有许多传奇故事。据说,一次齐白石先生拿一幅虾的画样交荣宝斋水印。印好之后,原作和用木版水印出来的作品放在一起,齐白石先生看了半天,竟分辨不出哪张是他的原作。荣宝斋主要经营古今书画家的真迹、木版水印画、文房四宝和画谱画册,并有字画装裱、加工修复等业务,所有这些经营业务,均可做到货真价实,这也是荣宝斋在经营上的另一个重要法宝。新中国成立后,荣宝斋由私营到合营再到国有，尤其是改革开放以来，在弘扬民族传统文化，建设社会主义精神文明，开发、净化书画市场，增进国际间的文化交流等方面都做出了巨大贡献。

1994年10月19日，为祝贺荣宝斋百岁之庆，中华人民共和国邮电部发行了一套纪念邮资封，全套1枚。志号JF.43。邮资图规格34毫米×34毫米（菱形）；信封规格208毫米×110毫米。

JF.43（1—1）"荣宝斋建店一百周年" 邮资图呈菱形，犹如一幅斗方，图案为荣宝斋的形象标记——郭沫若所题"荣宝斋"三个字。信封图案为现今荣宝斋建筑群在北京琉璃厂街面的场景。邮资面值20分，每枚售价0.40元。发行量524.39万枚。布纹纸。彩色胶印。任宇设计。北京邮票厂印制。

笔者对JF.43收集、研究后发现：

JF.43的版型 有A、B两种版型。其明显的不同有三处：①在信封正面"荣宝斋建店一百周年"中的"年"字，A型第四笔起笔处正常；B型则在起笔处上部出现一个豁口。②在信封正面右下角"邮政编码"中的"码"字，其第六笔，A型在起笔后中间断笔画，呈断线状，在收笔处上部右侧有一小豁口；B型则仅在收笔处上部右侧有一小豁口。③邮资图中的黑色专版所印的"20分"与"中国邮政""CHINA"，距菱形邮资图红底色的上角尖与下角尖的距离均不相同。

JF.43的纸质 JF.43采用两种布纹纸印制，纸的厚度、色泽有差别：一种纸质较厚，呈灰白色；另一种布纹纸较薄，纸面光亮，呈雪白色。

JF.43的印刷变异 JF.43有刷色差异的印刷变异，主要是邮资图和信封图案上的红色刷色浓淡不同所造成；还有套色移位，使邮资图上的"荣宝斋"三字呈双笔画。更让人称奇的是邮资封正面"荣宝斋建店一百周年"文字中"荣"的宝盖印刷变异，由于这个"荣"字的草字头下方多出一墨点儿，原为"冖"变成了"宀"。这个宝盖上的"丶"同下方的"木"和上方的"艹"相连接，浑然成一体。与此同时，这枚邮资封的邮资图的大红底色还出现刷色变异，呈杏黄底色。这是一枚"双料"的变体封，在发行首日从邯郸邮票公司售出，此后未见有第二枚。之所以会这样神奇变异，是在印刷时甩出的油墨点所造成，竟然如此巧妙！

JF.43的暗记 主要暗记在信封背面中文说明文字中：倒数第二行"……发行《荣宝斋建店一百周年》纪念邮资封一枚"中的"周"字，其第一笔画中部右侧，多出一圆点儿；在"邮资图图案为荣宝斋的形象标记"中的"荣"字，其第二笔画的下部左下角，多出一圆点儿；在左下角"中华人民共和国邮电部发行"中的"部"字，其第五笔画中下部有一豁口。

【JF.44 维护消费者权益运动十周年】The 10th Anniversary of Movement of Protecting Consumer Rights and Interests 消费是人们为满足物质文化生活需要而消耗物质资料的行为；消费是社会生产过程的终点，它反作用于生产，影响生产的发展；生产和消费之间的相互促进，成为推动整个社会生产发展的动力。但是，随着社会水准的不断提高，人们日益认识到，由于残次商品和劣等服务经常充斥市场，使消费者的利益大受损害，因此，消费者需要得到更好的和更广泛的保护。这除了消费者加强防范和自我保护意识之外，尚需法律的保障。属于消费者保护法范围的法规，主要有消费用品安全法、食品卫生法、产品责任制法、不正当广告禁止法等。1984年12月26日，经国务院批准，中国消费者协会正式成立，我国消费者保护运动从此进入了有组织保护的阶段。之后，全国二千五百多个县级以上消费者协会，在开展对商品和服务的社会监督、指导消费方面做了大量工作，已成了党和政府联系广大消费者的桥梁。1987年9月，中国消费者协会加入国际消费者联盟组织。1994年1月1日，《中华人民共和国消费者权益保护法》开始实施。这标志着我国消费者保护运动进入了依法保护的新阶段。

1994年12月26日，正值中国消费者协会成立十周年之际，中华人民共和国邮电部发行了一套纪念邮资封，全套1枚。志号JF.44。邮资图规格31毫米×40毫米；信封规格208毫米×110毫米。

JF.44（1—1）"维护消费者权益运动十周年" 邮资图采用了中国消费者协会会徽。会徽呈圆形，主图为人眼睛正中的瞳孔，寓意消费者协会要睁大眼睛识别假冒伪劣商品，保护消费者权益。信封图案描绘了在商品流通过程中，消费者与消费者、消费者与消协之间相互沟通，严格监督审查商品质量的情景。邮资面值20分，每枚售价0.40元。发行量500.09万枚。布纹纸。彩色胶印。黄里设计。河南省邮电印刷厂印制。

笔者对JF.44收集、研究后发现：

JF.44的版型　JF.44有两种版型和两种子模。两种版型主要区别在邮资图和信封图案上：A型邮资图上的"维护消费者权益运动十周年"距上方的黑色网点边框较远，B型则较近，二者相差0.7毫米，用肉眼可直观出差异；在信封图案黑色网点下方边框线的左下角，A型呈圆弧状，B型则呈直角状。两种子模的主要区别：①在信封子模右上角邮资图中的"维护消费者权益运动十周年"，一种子模其中的"消"字第七笔下方缺角；邮资图下方的黑色网点边框线右下角，缺一黑网点，呈现反白"十"状。另一子模则在"维护消费者权益运动十周年"中的"动"字左半边的"云"，从上到下靠左边被划破，而其邮资图下方的黑色网点边框线右下角，网点完美无缺。②在邮资封背面说明文字中，一种子模在封题《维护消费者权益运动十周年》中的"消"字上，从右上到左下有一条细小的黑色斜杠线，断续向下延伸，在其左下方的"4"、"商"字上，均有这种黑色斜杠线。另一种子模在中文说明文字倒数第二行中，从右数第三字"信封图"中的"信"字，第八笔拐弯处有一豁口；英文说明文字倒数第二行第一个字母"T"的第一笔右边收笔处缺一角，与左边起笔处不对称。

JF.44的印刷变异　仅见有小变异，如面值"20分"中的"2"字收笔处有一白圈；邮资图上黑色网纹边框移位等。另外，JF.44刷色油墨很不牢固，用高级绘图橡皮便可将信封上的文字、图案擦掉，谨防有人用此法变造"漏印"变体。

JF.44的暗记　暗记主要在邮资图上：①在邮资图黑色网点上边框线与左边框线交接的空白处，有一个黑网点儿；在邮资图红色右边框线的右下部外侧，有一红色圆点儿。②在邮资图左下方"中国邮政"铭记的"中"字，其第一笔左上方有一豁口。

【JF.45 第七届国际反贪污大会】The Seventh International Anti–Corruption Conference　贪污是指国家工作人员以及受国家机关、企事业单位、人民团体委托从事公务的人员，利用职务上的便利，以侵吞、盗窃、骗取或用其他方法非法占有公共财物的行为。贪污和受贿常相伴，大多构成犯罪，是腐败的具体表现。这和腐败已成为世界性的问题，引起世界各国人民的深恶痛绝。国际反贪大会（英文IACC），系非官方性专业研讨会。1983年在华盛顿召开第一届国际反贪大会，此后每两年举办一次。第二届至第六届大会分别在纽约、香港、悉尼、阿姆斯特丹、坎昆召开。1995年10月6日～10日，第七届国际反贪污大会在北京召开，由中华人民共和国最高人民检察院和监察部共同主办。大会宗旨是：根据当今世界贪污与反贪污的特点和发展趋势，围绕"反贪污与社会的稳定和发展"这一主题，探讨和交流预防、惩治贪污的方法与经验，促进和加强反贪污的国际合作。

1995年10月6日，为祝贺第七届国际反贪污大会的召开，中华人民共和国邮电部发行了一套纪念邮资封，全套1枚。志号JF.45。邮资图规格45毫米×27毫米；信封规格208毫米×110毫米。

JF.45（1—1）"第七届国际反贪污大会"　邮资图由国际反贪污大会徽志和中国万里长城城垛组成。徽志由经纬线地球图形和"国际反贪污大会"英文缩写字母"IACC"构成。万里长城城垛既表明大会在中国召开，也寓意大会像长城城垛一样阻挡贪污行为的发生。信封图案中心为国际反贪污大会徽志，背景为雨后彩虹缤纷的天空，左下角印有"反贪污与社会的稳定和发展"中英文字样，寓意加强反贪污的国际合作，有效地惩治贪污犹如雨过天晴，世界将海阔天空，稳定发展。邮资面值20分，每枚售价0.40元。发行量410.64万枚。布纹纸。彩色胶印。潘可明设计。北京邮票厂印制。

注：在JF.45邮资图的大会徽志地球图形上，国际反贪污大会英文名称缩写"IACC"中的英文字母"A"上面多出一长横笔，显然是一个错字。严格来说，这是一枚"错体封"。

笔者对JF.45收集、研究后发现：

JF.45的版型　有A、B两种版型。其明显的不同有三处：①在信封的正面，右上方的邮资图与右下方的"邮政编码"文字的距离，A型距离为70毫米，为"长距"；B

型距离为67毫米,为"短距"。②在信封正面右下方的"邮政编码"文字中,A型中的"政"字第八笔收尾处上方,有一豁口,"码"字第六笔竖线右边有一豁口;B型则在"政"字中无豁口特征,仅在"码"字中与A型有相同的豁口特征。③在信封背面,中文封题"《第七届国际反贪污大会》"中的"《",A型靠左边的第一根线的拐弯处,有一断线豁口,B型则无此特征。

JF.45的印刷变异　　JF.45有套色移位变异。因套色移位,使邮资图上的"第七届国际反贪污大会"和"CHINA",出现红、黄色双文字,酷似"复印"。由于套色移位,地球图形上半部经线出现变异,靠左上方多出一根白经线,致使上半部经线为8根,下半部为7根。这种的印刷变异,实属少见。

JF.45的暗记　　暗记主要有两处:①在邮资图右下方"'95BEIJING"文字中,"E"左下角缺少一长块,"J"右上角缺少一块,"N"在第一笔中段缺少一块。②在信封背面右下角志号"JF.45"的"5"字中,其下部钩处有一断线豁口。

【JF.46 第62届国际图联大会】The 62nd IFLA General Conference　　国际图联是国际图书馆协会和机构联合会的简称,其英文缩写为"IFLA"。早在1927年9月30日,英国图书馆协会在爱丁堡召开成立五十周年庆祝大会时,会上由英、美、法、中等15个国家的与会代表联合提出倡议,并签署协议,正式成立了国际图书馆和目录学术委员会。1928年在罗马召开了第一次会议,秘书处设在日内瓦。1929年在大会上又将名称改为"国际图书馆协会联合会"。后来随着会员类型的增加和机构的调整,1976年8月23日改为现名。其宗旨是:促进图书馆各项业务的了解、合作、讨论、研究和发展;在国际事务中代表图书馆机构的利益;从事、支持和协调研究工作;收集、整理、出版和传播有关信息;与国际新闻、文献和档案组织合作;促进图书馆各方面目的的实现。图书馆是搜集、整理、保藏和流通书刊资料的机构。公元前三千年以前,图书馆最早出现在巴比伦、埃及和亚述。在古希腊和罗马时代,已经有收藏丰富的图书馆,如亚历山大图书馆。文艺复兴时期,由于商业扩展,人们对古典作品的重视,印刷术的发明,掌握知识者的人数增加,图书收藏者的范围也逐渐扩大,例如,首先在意大利先后建立了许多图书馆。17世纪~18世纪,全欧各国普遍建立了图书馆。当时,G.诺德关于图书馆为"系统地展示所有记录下来的知识,向所有学者开放"的概念已确立,开始向近代图书管理阶段过渡。19世纪中期,图书馆开始由地方政府用公款开办,使其进入重要的发展阶段。20世纪,科学研究和工业研究的发展,世界范围的专业情报出版物大量出现,导致了快捷地检索到广泛期刊文献的要求和对特定题目提供情报及参考书目的要求,于是,专业图书馆应运而生。在中国,图书馆的历史悠久。《易·系辞上》说:"河出图,洛出书。"可见,周代以前就有了图书收藏。《史记》记载,老子曾担任周朝的"守藏室之史";《汉书》也载有老子做过"柱下史"。老子当时担任的正是现在的图书馆馆长职务。不过,当时中国的藏书地方不称"图书馆",而称"府"、"阁"、"台"、"殿"、"院"、"堂"、"斋"、"楼"。如西周的盟府,汉代的天禄阁、石梁阁,隋朝的观文殿,明代的澹生堂等。图书馆是外来语,大约19世纪末从日本传入中国。不管是中国还是外国,最早的图书馆都是私家或皇家图书馆。图书资料收集、整理、收藏都是为少数人服务的。最先想到建立公共图书馆的是古罗马的统治者恺撒,他曾提出一个建立公共图书馆的系统计划。因此,在恺撒之后,公共图书馆便成了罗马常设的设施之一。中国出现现代图书馆大约在清末(公元1904年)以后;1910年,开始筹建京师图书馆;1912年正式开放。这个图书馆就是当今中国最大的图书馆——国家图书馆的前身。1996年8月25日~31日,第62届国际图联大会在北京召开。这是国际图联大会首次在它的创始国之一中国举办大会,也是国际图联历史上规模最大的会议之一,有89个国家和地区的2600名代表出席会议。会议主题是:"变革的挑战;图书馆与经济发展。"大会围绕这一主题,有三百多篇论文在会上交流,内容涉及信息共享、电子技术、受教育权利、版权等多方面的问题。

1996年8月25日,为了祝贺第62届国际图联大会的顺利召开,中华人民共和国邮电部发行了一套纪念邮资封,全套1枚。志号JF.46。邮资图规格40毫米×25毫米;信封规格208毫米×110毫米。

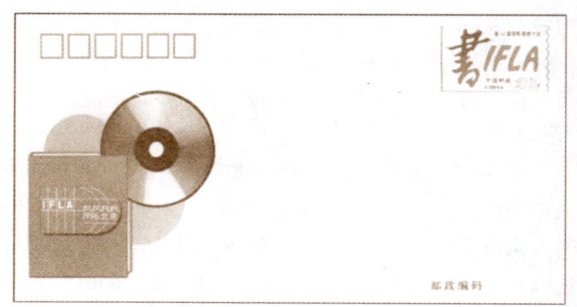

JF.46(1—1)"第62届国际图联大会"　邮资图由"国际图联"英文缩写"IFLA"字母和一个繁体汉字"書(书)"组成,寓意中国传统的书文化源远流长。信封图案由一本书和光盘组成。光盘预示着书的电子化未来。书的红色封面上印有本届大会的徽志。徽志为绿色,左半部印有"国际图联"英文缩写"IFLA"字母，右半部圆弧形代表国际图联的全球形象，内中部万里长城城垛图案则象征源远流长的中国传统文化，"1996北京"字样，点明了本届大会召开的时间与地点。邮资面值20分，每枚售价0.40元。发行量307.24万枚。布纹纸。彩色胶印。潘可明设计。北京邮票厂印制。

笔者对JF.46收集、研究后发现：

JF.46的版型　有A、B两种版型。其主要区别在信封的封舌上：A型信封的封舌为窄舌，封舌夹角呈108°；B型封舌为宽舌，封舌夹角呈100°。

JF.46的印刷变异　有刷色差异变体；据报载，有购得邮资图漏印黄色的变体。因黄色易褪，会不会是褪色？难以确定。

JF.46的暗记　A型、B型具有相同的暗记：①在信封正面的邮资图网纹边框线，其左边边框不是一条直线，在中下部出现一个"弯"。②在信封背面左下角"中华人民共和国邮电部发行"中的"邮"字，其偏旁"阝"的第一笔下部外侧，多出一个细小的墨点儿；上部居中"《第26届国际图联大会》纪念邮资封"中的"《"、"》"均为上面线条粗，下面线条细。

【**JF.47 第二届亚洲太平洋城市首脑会议**】**The 2nd Asia–Pacific City Summit**　1994年9月，第一届亚洲太平洋城市首脑会议在日本福冈市召开，确定下届会议在中国举行。1996年9月28日~30日，第二届亚洲太平洋城市首脑会议在中国广州举行。会议主题为：21世纪的城市发展。会议旨在加深与会城市之间的了解，增进友谊，着眼21世纪，制定和实施符合城市实际的发展战略，实现经济的持续增长和社会的全面进步。这次大会有12个国家和地区的21个城市首脑出席会议。

1996年9月27日，为祝贺第二届亚洲太平洋城市首脑会议的召开，中华人民共和国邮电部发行了一套纪念邮资封，全套1枚。志号JF.47。邮资图规格25毫米×36毫米；信封规格208毫米×110毫米。

JF.47（1—1）"第二届亚洲太平洋城市首脑会议"邮资图由广州越秀公园的五羊雕塑和会议会徽组成。

会徽图案由"亚洲太平洋城市首脑会议"英文缩写字母"A"、"C"变形而成，轮廓呈三角形，与广州五羊雕塑的姿态相似，上方标有"广州"、"'96"字样，点明了会议的时间地点。广州是广东省省会，已有两千八百多年的历史。周朝时称楚庭；秦朝时为南海郡，称任嚣城；汉代称番禺城；三国时开始称广州；清代广州为广东省和广州府治；民国废府留县，仍为省会；1921年正式建市。广州简称"穗"，又叫羊城。现在越秀公园的五羊雕塑，是广州的象征。雕塑正中是一只公羊，它口含金穗，昂首南天，颔下胡须飘洒，生动传神。其余四只羊簇拥在周围，形态逼真。由于五羊石雕造型逼真、含蓄而富有诗意，历来被人们视为市徽。关于广州别名羊城、穗城的来历，还有一段传说。早在周夷王时，广州发生了一次大旱灾，赤地千里，颗粒无收。但官府不管老百姓死活，照旧催租要粮。有一家农民，父子俩相依为命，因交不起租，官吏将父亲抓去，并限尚未成年的儿子三天内交租，否则就将其父杀死。儿子举目无亲，求告无门，唯有终日哀哭。他的哭声惊动了天上的五位神仙。神仙各自手中拿着谷穗，身穿五种不同颜色的衣服，骑着五只不同颜色的羊从天而降。他们将谷穗赠给少年，告诉他说："马上将谷子搓下来，今晚就下种，浇上水施上肥，待天亮就会长出许多许多的粮食。"少年遵嘱照办。第二天一早，果然收获到许多稻谷。少年满怀喜悦，挑着稻谷到官府将父亲赎回。官吏觉得好生奇怪，认为其中必有缘故，于是对少年又吓又哄，迫使他说出真相。官吏听后，喜形于色，决定将父子二人放回家，随后去抓那五位神仙，好大发横财。父子二人看出官吏的阴谋，赶紧跑回家，向五位神仙报信。神仙感谢父子俩的好意，嘱咐他们赶快回家，把剩余的稻谷全部撒在地里。这样，官吏没法抢，百姓也有饭吃了。神仙刚嘱咐完，官府派的衙役就赶到了，但见五位神仙腾空而起，衙役扑了个空。这时忽然传来"咩咩"叫声，原来神仙骑的五只羊仍留在草地上。衙役们心想，没抓到神仙，就抓这五只羊回去交差吧，赶忙将五只羊包围起来。此时，只见五只羊簇拥在一起，化为坚硬无比的石头，任凭衙役们怎么拖也拖不动，成了五羊石雕。信封图案由广州市的市花木棉花和广州城市建筑外景组成。火红的木棉花，预示着广州市的蓬勃发展。邮资面值20分，每枚售价0.40元。发行量396.59万枚。布纹纸。彩色胶印。卢天骄设计。北京邮票厂印制。

笔者对JF.47收集、研究后发现：

JF.47的版型　有A、B两种版型。其主要区别在信封的封舌上：A型封舌比较窄，封舌弧度夹角呈110°；B型封舌比较宽，封舌弧度夹角呈105°。

JF.47 的暗记　A、B 两种版型的暗记均相同：①在信封正面右下角，"邮政编码"中的"邮"字，其左半部的左上方，两竖笔均被削去一角。②在信封的背面左下角"中华人民共和国邮电部发行"中的"部"字，其左半部下方"口"字左上方边上多出一个小墨点儿。

【JF.48 第十五届世界石油大会】The 15th World Petroleum Congress　世界石油大会全称为"世界石油大会——石油科技经济管理论坛"。1933 年在英国伦敦召开第一次世界石油大会时宣告成立，是一个非政府性的国际石油学术组织，旨在推动和促进世界石油科技发展。现已被公认为权威性的世界石油科技论坛。该组织目前共有 47 个成员国，主要由世界上石油生产国和消费国组成。第二次世界大战期间，该组织曾中断活动。从 1951 年起恢复工作。大会每四年举行一次，自成立至 1979 年共召开了十次。总部设在伦敦。中国于 1979 年加入该组织，并于 1997 年 10 月 12 日～16 日，首次在北京承办第十五届世界石油大会。这次大会的主题是："技术和全球化引导石油工业进入 21 世纪"。有 89 个国家和地区四千六百多名代表参加了大会，其中就有二十多位石油和能源部长、近七十位世界石油巨头。这是世界石油大会史上范围最广、规模最大的一次盛会。

1997 年 10 月 12 日，为祝贺第十五届世界石油大会在北京召开，中华人民共和国邮电部发行了一套纪念邮资封，全套 1 枚。志号 JF.48。邮资图规格 27 毫米×37 毫米；信封规格 208 毫米×110 毫米。

JF.48（1—1）"第十五届世界石油大会"　邮资图为大会标志和万里长城。大会标志呈圆形，由燃烧的火焰、"北京"和"第十五届世界石油大会"英文名称构成图案，突出展现了石油所具有的独特的能源属性。下端的万里长城，点明了大会在中国召开。信封图案以显示矿相的地球为背景，由陆地和海上石油钻探开采与石油炼制的设备外景组成主图，表现出了我国石油工业的规模和水平。我国是世界上最早发现和利用石油的国家之一。早在距今近两千年的东汉初期，著名的史学家班固在其所撰的《汉书》中就有记载；到了北宋时代（公元 11 世纪），沈括在他所著的《梦溪笔谈》中明确称之为"石油"。这是我国使用石油名词的开始。邮资面值 50 分，每枚售价 0.75 元。发行量 408.39 万枚。布纹纸。彩色胶印。陈晓聪设计。北京邮票厂印制。

注：1996 年 12 月 1 日，国内平信的邮资由原来的 0.20 元调整为 0.50 元之后，JF.48 是邮电部发行的第一枚邮资面值为 0.50 元的纪念邮资封。

笔者对 JF.48 收集、研究后发现：

JF.48 的版型　虽然未见有其他版型，但根据这个时期所发行的 JF 印量大来推测，应该有两种版型。两种版型的主要区别，也应该是封舌有宽舌、窄舌之分，封舌夹角也不一样。

JF.48 的暗记　暗记在邮资图上方的大会标志中，其英文字母采用缩微暗记，字母虽小，但用放大镜观看，清晰可辨。

【JF.49 推广普及广播体操】Popularizing Gymnastics by Radio　中华人民共和国成立后不久，于 1951 年颁布了第一套广播体操。1951 年 11 月 24 日，全国体育总会筹委会、教育部、卫生部、中央军委总政治部、青年团中央、全国总工会、全国妇联、全国青联和全国学联九个单位，联名发出关于推行广播体操活动的通知。广播体操是基本体操的一种，简称"广播操"。它是将成套徒手动作配上音乐，并通过广播指挥的一种体操，故名。通常在学习、生产劳动前后或休息间隙进行。广播体操有儿童、少年和成人三种。至今，为成人编排的广播体操已推出八套，还有为学生编排的，共有二十多套。每套都包括上肢、下肢、胸部、背部、躯干、全身以及跳跃等动作。广播体操是一项经济简单的运动，组织相对比较容易，对场地、时间要求也不高。因此，广播体操是我国普及面最广，参加人数最多、范围最广，形成民族传统的群众性体育项目。更为可喜的是，我国开展的群众性广播体操运动，还受到国际社会的极大关注。现在，广播体操已是我国全民健身运动的重要组成部分。现已公布和推广的第八套广播体操，具有"科学、简易、基本、普及、通用"的特点，整套动作舒展，简捷自然，易学易做。整套动作分为八节；乐曲分为"四八呼"和"二八呼"两种，做操人可以从实际出发自行选择。动作设计既注意整体平视效果，也注意整体俯视效果，便于会操时整齐规范。

1997 年 10 月 28 日，在第八套广播体操向全国公布和推广之际，中华人民共和国邮电部发行了一套纪念邮资封，全套 1 枚。志号 JF.49。邮资图规格 28 毫米×35 毫米；信封规格 208 毫米×110 毫米。

JF.49（1—1）"推广普及广播体操"　邮资图以绿

色线条作边框,主图为正在播放广播体操乐曲的广播喇叭;上方印有"推广普及广播体操"字样,点明了主题。信封图案为做广播体操的场面:有特写形象,有大众姿态,上肢运动的动作整齐有力,优美和谐,洋溢着一种阳光般的健康活力和健康情态。邮资图上的大喇叭与信封图案上做广播体操的场面,遥相呼应,给人一种身临其境的真实感受。邮资面值50分,每枚售价0.75元。发行量401.29万枚。布纹纸。彩色胶印。黄里设计。北京邮票厂印制。

笔者对JF.49收集、研究后发现:

JF.49的版型　有A、B两种版型。其主要区别有两处:①A型的封舌为窄舌,封舌圆弧夹角呈108°;B型的封舌为宽舌,封舌圆弧夹角呈100°。②在邮资图上,A型邮资图的中心图案明显偏左,不居中;B型邮资图中心图案则居中,无明显偏向。还有,邮资图上方的封题"推广普及广播体操"文字,距邮资图中心图案的距离也有不同,A型较远,可称为"宽距";B型较近,可称为"窄距"。

JF.49的暗记　暗记在邮资图右上方,A型在绿色外边框外侧,在"推广普及广播体操"中的"体操"二字之间的上方,有3个黑墨点儿;B型在相同地方,也有3个相同的黑墨点儿,但这3个黑墨点儿比A型距邮资图绿色边框线较远些。

【JF.50 第十八届国际遗传学大会】ⅩⅧth International Congress of Genetics　遗传学是研究生物遗传与变异的科学,是选择和培养动植物和微生物优良品种以及解决医药实践中有关问题的理论基础。对它进行深入研究,对人类社会的发展有着重要的作用。根据研究的对象,遗传学可分为人类遗传学、动物遗传学、植物遗传学、微生物遗传学等;根据研究的问题和方法,可分为细胞遗传学、生化遗传学、分子遗传学、辐射遗传学、群体遗传学、数量遗传学、医学遗传学、免疫遗传学、行为遗传学等。国际遗传学联合会于1911年在法国巴黎成立,当时称为国际遗传学大会常设委员会。1968年在日本东京召开大会时,改为现名。国际遗传学大会每五年召开一次,1973年在美国伯克利,1978年在苏联莫斯科,1983年在印度新德里……中国于1980年加入该会。该会的宗旨:促进遗传学家相互了解、合作和友谊;计划并支持国际和地区性遗传学大会;鼓励并支持遗传学专门学术讨论会;与其他有关遗传学的国际组织保持联系;鼓励开展遗传学活动和服务的国际协作,向遗传学家和其他人传播有益的信息;在特别委员会的监督下,开展国际合作。主要成员国有美、英、中、日、澳、德、法、意、俄、荷、比、波、罗、智、墨、印度、埃及、伊朗、瑞士、巴西、阿根廷、南非等。1998年8月10日~15日,由国际遗传学联合会、中国遗传学会、中国科学院共同主办的第十八届国际遗传学大会在北京国际会议中心召开。本次大会的主题是"遗传学造福人类"。

1998年8月10日,为了祝贺第十八届国际遗传学大会在中国召开,中华人民共和国信息产业部发行了一套纪念邮资封,全套1枚。志号JF.50。邮资图规格27毫米×37毫米;信封规格208毫米×110毫米。

注:JF.50是信息产业部发行的第一套纪念邮资封。

JF.50(1—1)"第十八届国际遗传学大会"　邮资图为本届大会会标。会标由"遗传学"英文第一个字母"G"和象征遗传基因的图形构成。信封图案为北京国际会议中心外景,点明了大会地点。邮资面值50分,每枚售价0.75元。发行量599.8万枚。布纹纸。彩色胶印。王虎鸣设计。北京邮票厂印制。

笔者对JF.50收集、研究后发现:

JF.50的版型　有A、B两种版型。其主要区别在封舌上:A型为窄舌,封舌所呈夹角为110°;B型为宽舌,封舌所呈夹角则为105°。封舌如同邮票的齿孔,粗齿、细齿是两个版型;封舌所呈现的宽舌、窄舌也是两个不同的版型。

JF.50的暗记　两种版型的暗记都设在邮资图中的英文"CHINA"字母上,其网纹特征都一样,有特点,难伪造。

【JF.51 火炬计划实施十周年】The 10th Anniversary of the Implementation of China Torch Program　中国火炬计划(CTP)是发展高科技、新技术产业的指导性计划。1988年7月国家科委开始组织实施;经党中央、国务院批准于 1988 年 8 月 6 日正式实施。为此，国家科委于 1988 年 8 月 6 日~8 日在北京主持召开了第一次"火炬计划"工作会议，有各地科委主任和工业部门科研局长参加。国家科委主任宋健在会上指出，发展高科技、新技术产业应该遵循四点基本方针：第一，必须坚持两条腿走路的方针；第二，由国家和各级政府拨款实施的各项计划，如"七五"科技攻关项目、高科技研究发展计划，都应坚持阶段成果商品化的方针；第三，发展高科技必须坚持对外开放的方针；第四，高科技新技术产业的建立、"火炬计划"的推行，都要坚持精心指导，发挥优势的方针。火炬计划的宗旨是：实施"科技兴国"战略，贯彻执行改革开放的总方针，发挥我国科技力量的优势和潜力，以市场为导向，促进高新技术产业国际化。其主要任务是：积极创造有利于高科技、新技术产业发展的政策环境和服务系统，创建以高科技、新技术产品开发为主体的试验区。实施计划的目的是：以国内市场为导向，以产品为龙头，以高新技术为依托，以形成规模经济为目标，选择优先发展领域，建立适应商品生产和市场竞争的机制，创办高新技术实体。计划实施以来，五十多个大中城市建立了高新技术产业发展区或技术工业园。1988 年确定国家级计划项目 46 项，1989 年 241 项……十年来已实施火炬计划项目 12599 项。实践证明，火炬计划的组织实施为推动全国高新技术产业的发展开辟了道路。

1998 年 8 月 6 日，正值中国火炬计划实施十周年之际，中华人民共和国信息产业部发行了一套纪念邮资封，全套 1 枚。志号 JF.51。邮资图规格 26 毫米 × 33 毫米；信封规格 208 毫米 × 110 毫米。

JF.51（1—1）"火炬计划实施十周年" 邮资图为火炬计划徽志。徽志由"中国火炬计划"英文缩写字母"CTP"组成火炬形图案，并衬以"七色彩虹"的底图。信封图案中心为船舶的三片桨叶推进器，上面分别置有集装箱船舶、厂房、地球图形，寓意火炬计划促进高新科技成果产业化、产业化和国际化的宗旨；信封图案上部设计为红色阿拉伯数字"10"，数字上面分别印有：北京、武汉、南京、沈阳、天津、西安、成都、威海、中山、长春、哈尔滨、长沙、福州、广州、合肥、重庆、杭州、桂林、郑州、兰州、石家庄、济南、上海、大连、深圳、厦门、海南、苏州、无锡、常州、佛山、惠州、珠海、青岛、潍坊、淄博、昆明、贵阳、南昌、太原、南宁、乌鲁木齐、包头、襄樊、株洲、洛阳、大庆、宝鸡、吉林、绵阳、保定、鞍山、杨凌共计 53 个高新技术产业开发区或技术工业园区，寓意火炬计划实施十年来的业绩；信封图案下部为大海，海浪汹涌澎湃，后浪推前浪，寓意火炬计划充满活力、拼搏和风险。邮资面值 50 分，每枚售价 0.90 元。发行量 453.2 万枚。布纹纸。胶版彩印。任宇设计。北京邮票厂印制。

注：高新技术产业开发区中的"株洲"，在信封图案中错将"洲"字写为"州"，严格来说，JF.51 应为一枚"错封"。

笔者对 JF.51 收集、研究后发现：

JF.51 的版型 有 A、B 两种版型。其主要区别在封舌上：一种为窄封舌，封舌弧度夹角呈 110°；另一种为宽封舌，封舌夹角弧度呈 100°。

JF.51 的暗记 暗记在邮资图上，其所处部位是在由"CTP"组成的火炬后面的绿底色上，在"C""T"之间所呈现的绿底色上部，多出一个绿尖儿；在铭记"中国邮政"的"邮"字右上方，蓝底色也多出一个蓝色尖儿。

【JF.52 国际建筑师协会第 20 届世界建筑师大会】 20th UIA Congress of the World Architects 国际建筑师协会简称"UIA"。1948 年 6 月 28 日在瑞士洛桑成立。它是由国际建筑师常设委员会和国际建筑师大会合并组成。其宗旨是：讨论有关建筑事业的各项问题，组织建筑及城市建设展览会等。主要活动是每三年召开一次大会。中国于 1955 年参加。该协会目前拥有一百多个会员国、一百多万建筑师会员。自成立至今已举办了 19 届世界建筑师大会。每次大会，都伴随着社会的发展而确定不同的主题。因此，大会不仅赢得了世界建筑师的积极响应与参与，而且也吸引了包括建筑业在内的众多行业及世界各国政府的关注，其交流的思想与文化成果融入建筑师的实践活动中，对人类社会生存和发展产生了并将继续产生巨大而深远的影响。20 世纪最后一次建筑师的世界盛会——国际建筑师协会第 20 届世界建筑师大会，于 1999 年 6 月 23 日~26 日在我国北京举行。本届大会时值世纪之交，人类面临着居住环境质量恶化、人口膨胀、能源短缺等问题，世界各国都在努力探求一个可持续发展的途径，因此本届大会主题确定为"21 世纪的建筑学"，它表明了全世界建筑师在为营造人类居住环境方面所做出的不懈努力和坚强决心。在为期四天的会议中，中外建筑师们从"建筑与环境"、"建筑与文化"、"建筑与技术"、"建筑与城市"、"建筑学与职业精神"、"建筑教育与青年建筑师"等六个方面,发表学术报告,进行专题交流。此外,大会还举办了各会员国学会及工作组建筑展、大会主题、中国建筑展、国际建协大学生设计竞赛获奖作品展等十余项展事,并组织了百余场专题学术研讨会和讲座。大会最后通过了描绘21世纪建筑学蓝图的纲领性文献——《北京宪章》。宪章认为,21世纪建筑学必须是广义的建筑学,建筑学的内容和建筑师的使命都必须根据时代和社会的需求,突破传统领域。《北京宪章》还在建立人居环境循环体系、保持建筑文化多样性等方面,以及构建多层次的技术体系等,提出了一系列的原则。国际建筑师协会主席莎拉和本届建筑师大会组委会主席、中国建设部部长俞正声以及中外来宾六千余人出席了大会。

1999年6月23日,为了祝贺国际建筑师协会第20届世界建筑师大会在中国北京召开,中华人民共和国国家邮政局发行了一套纪念邮资封,全套1枚。志号JF.52。邮资图规格27毫米×36毫米;信封规格208毫米×110毫米。

注:JF.52是国家邮政局正式挂牌后发行的第一套纪念邮资封。

JF.52(1—1)"国际建筑师协会第20届世界建筑师大会" 邮资图由建筑模型和本届大会会徽组成。会徽由印有"国际建筑师协会"英文简称"UIA"字母、万里长城城墙和"BEIJING 1999"字样组成图案。信封图案为坐标、建筑模型组成的"20"字样和九龙壁画。下端标有"国际建筑师协会第20届世界建筑师大会"字样,点明了主题。邮资面值80分,每枚售价1.20元。发行量600.19万枚。布纹纸。彩色胶印。陈栋玲设计。北京邮票厂印制。

注:JF.52是邮资面值改为80分的第一套纪念邮资封。

笔者对JF.52收集、研究后发现:

JF.52的版型 有A、B两种版型。其主要区别有两处:①邮资图距封舌上边线的距离不一样,A型为34毫米,B型为31毫米。②信封背面中英文文字排列位置,A型靠近封舌,B型则远离封舌。

JF.52的印刷变异 JF.52因刷色差异,有邮资图和信封图案偏红和套色移位变体。

【JF.53 中国1999世界集邮展览】China 1999 World Philatelic Exhibition 有关世界集邮展览和中国1999世界集邮展览的知识,详见本书1999—7M《中国1999世界集邮展览(小型张)(J)》。1999年正值世纪之交,为了庆祝中华人民共和国成立50周年和祝贺万国邮政联盟第22届大会在我国召开,经我国政府和国际集邮联合会第63届代表大会批准,在国际集邮联合会(FIP)赞助和亚洲集邮联合会(FIAP)誉助下,"中国1999世界集邮展览"于1999年8月21日~30日,在北京中国国际展览中心举办。这是中国首次举办世界集邮展览,也是20世纪举办的最后一次大规模的世界集邮展览。

1999年8月21日~30日,为了庆祝中国1999世界集邮展览顺利举行,中华人民共和国国家邮政局陆续发行了一套纪念邮资封,全套10枚,在邮展期间每天发行一枚。志号JF.53。邮资图规格27毫米×35毫米;信封规格208毫米×110毫米。

JF.53(10—1)"邮展日":1999年8月21日发行。

邮资图为艺术化的"邮筒",点明邮展在中国举行。信封图案描绘了一位小姑娘形象,她手持多彩气球,脚踏一枚绿色邮票,仿佛站在一块神奇的魔毯之上,驾着云朵,兴高采烈地要去参加邮展开幕典礼了。邮资面值80分,每枚售价1.35元。发行量550.04万枚。

JF.53(10—2)"青少年集邮日":1999年8月22日

发行。邮资图为艺术化的"邮筒"。信封图案描绘了青少年集邮园地向集邮专家请教集邮知识的情景。集邮专家将网球拍和网球放在地上，手捧一本集邮册，正在认真地普及集邮知识；那个背着书包的小男生，急匆匆跑来，仿佛也急切地想向专家请教。邮资面值80分，每枚售价1.35元。发行量550.04万枚。

JF.53（10—3）"邮政日"：1999年8月23日发行。邮资图为艺术化的"邮筒"。信封图案描绘了一位小姑娘手里举着一封写着"李红收"的信，她脚踩风火轮，在飞雁的簇拥下，奔跑着，点明了邮政传书的主题。邮资面值80分，每枚售价1.35元。发行量550.04万枚。

JF.53（10—4）"集邮研究日"：1999年8月24日发行。邮资图为艺术化的"邮筒"。信封图案描绘了一位集邮者戴着眼镜，正在聚精会神研究邮品的情景。邮资面值80分，每枚售价1.35元。发行量550.04万枚。

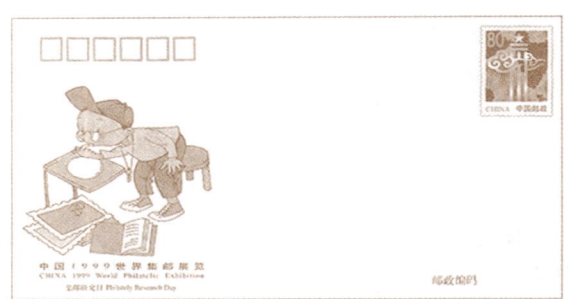

JF.53（10—5）"奥林匹克日"：1999年8月25日发行。邮资图为艺术化的"邮筒"。信封图案采用五只不同颜色的气球组成奥林匹克五环标志，点明了奥林匹克日主题；两个集邮者坐在两只气球上，正在参加奥林匹克集邮委员会的招待会，有气球，有飞雁，气氛十分活跃。邮资面值80分，每枚售价1.35元。发行量550.04万枚。

JF.53（10—6）"ACPF日"：1999年8月26日发行。邮资图为艺术化的"邮筒"。信封图案描绘了集邮爱好者要去参观世界邮展的情景。他们手举标有"A·C·P·F"字样的旗帜，一路唱着歌，充满了欢乐和自信。邮资面值80分，每枚售价1.35元。发行量550.04万枚。

JF.53（10—7）"集邮报告日"：1999年8月27日发行。邮资图为艺术化的"邮筒"。信封图案描绘了集邮专家进行专题报告的情景。在集邮报告日，组织有意大利莫洛里专题报告会和瑞典伏尔伯格青少年集邮报告会。画面中，专家手捧讲稿，大步跨向麦克风前，一群飞雁争先恐后而至，既表现出了集邮专家对报告的态度积极认真，也说明听众的渴求和踊跃。邮资面值80分，每枚售价1.35元。发行量550.04万枚。

JF.53（10—8）"FIP日"：1999年8月28日发行。邮资图为艺术化的"邮筒"。信封图案描绘了两个青少年正在拼贴地球图形的情景，寓意国际集邮联合会理

会议开幕。邮资面值80分,每枚售价1.35元。发行量550.04万枚。

JF.53(10—9)"颁奖日":1999年8月29日发行。邮资图为艺术化的"邮筒"。信封图案描绘了获奖者的喜悦和兴奋心情。他们有的把奖章挂在胸前,有的把奖状抱在胸前,挥手、高喊,富有强烈的感染力量。邮资面值80分,每枚售价1.35元。发行量550.04万枚。

JF.53(10—10)"FIAP日":1999年8月30日发行。邮资图为艺术化的"邮筒"。信封图案描绘了两个青少年亲手制作并放飞风筝的情景。风筝以一个信使为图案,并标有"F·I·A·P"字样,寓意要将世界集邮展览圆满闭幕的消息传向全世界。邮资面值80分,每枚售价1.35元。发行量550.04万枚。

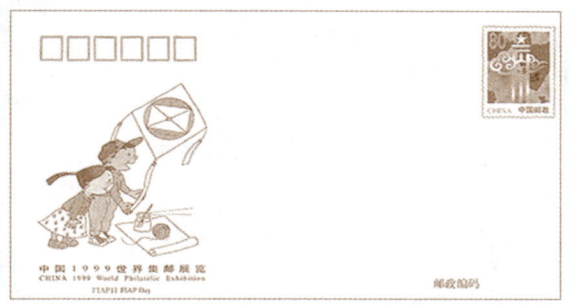

JF.53全套10枚,售价13.5元。采用方格形布纹纸。胶版彩印。冯小红设计。北京邮票厂印制。

笔者对JF.53收集、研究后发现:

JF.53的版型 有A、B两种版型。其主要区别在封舌上:A型为窄舌,B型为宽舌。JF.53已出现制作逼真的伪品,致使被误认为是另一种版型。这种伪品采用白而厚实的圆点状布纹纸印制,印刷网纹线比真品还要细密,刷色同真品一样,信封规格、邮资图规格也均与真品一样,甚至连有的刷色网纹夹角也同真品一样,如红色网纹夹角与真品一样呈45°。但只要仔细鉴别,就会发现这种伪品除了在所用布纹纸特征上与真品不一样,在刷色的蓝色网纹夹角上也不一样,真品为75°,伪品为15°;在邮资图模拟齿孔线上,伪品较真品的齿孔线要细;邮资面值"80分"中的"分"字第一笔,伪品呈斜直线状,

与真品存有明显的不同。除此之外,还有一些不同之处,在此就不一一列举了。一定要警惕用这种伪品制作的"变体"!

JF.53的纸质 JF.53所用的布纹纸很特殊,布纹呈方格形,纸质雪白而厚实,故每枚售价也比以往发行的纪念邮资封要贵0.15元。

JF.53的暗记 暗记主要有两处:①在邮资图模拟齿孔上,其模拟齿孔不是黑色专版实印线,而是网纹线。②面值"80分"红色专版,也是网纹版,其"分"字第一笔,不呈斜直线状,而呈梯形斜线状。

【JF.54 中国——联合国开发计划署成功合作20周年】China – UNDP Successful Cooperation of 20Years

联合国开发计划署简称"UNDP",是联合国主要的多边技术援助机构。1966年1月,由联合国"特别基金"和"扩大的技术援助计划"合并而成;联合国的成员国及其专门机构的成员国和国际原子能机构的成员国都可加入。总部设在纽约。它的任务是"向发展中国家提供经济和社会方面的发展援助"。其宗旨是:通过提供技术援助,协助发展中国家提高其人民的科学技术水平,更有效地发挥其自然资源的作用。开发计划署的领导机构是管理理事会,由48个理事国组成。总部设秘书处和五个地区局(亚太、非洲、拉美、中东、地中海和欧洲部分)。约有116个国家和地区设有常驻代表处。该署的负责人是署长,由联合国秘书长任命,联大认可。开发署资金主要来源是靠各国政府捐款。每年联合国大会期间举行一次认捐会议。开发署向发展中国家提供技术援助是无偿的,一般经开发署协调,由联合国技术合作部、粮农组织、卫生组织、教科文组织等35个机构承办和具体实施,派专家进行考察,担任技术指导或顾问和对受援国人员进行培训。中国于1972年10月开始参加该署活动,为管理理事会的成员。1979年9月,该署同中国签订了技术合作的基本协定,开设了驻华代表处。自此,联合国开发计划署和外经贸部中国国际经济技术交流中心合作,在中国成功地组织实施了近十亿美元共计841个项目的合作方案,涉及工业、农业、能源、交通、通信、环保、教育、卫生、经济体制改革等领域,为我国许多领域培养了大批人才,加强了机构能力建设,引进了新思路、新方法、新技术、新手段,帮助解决了改革开放以及经济和社会发展中遇到的问题,填补了我国某些技术空白,使一些领域达到世界先进水平,产生了巨大的经济效益和社会效益,为我国改革开放和"四化"建设做出了有益的贡献。

1999年9月10日,正值中国——联合国开发计划署成功合作20周年之际,中华人民共和国国家邮政局

特发行了一套纪念邮资封,全套1枚。志号 JF.54。邮资图规格 30 毫米×40 毫米;信封规格 208 毫米×110 毫米。

JF.54(1—1)"中国——联合国开发计划署成功合作20周年" 邮资图由中国五星红旗和阿拉伯数字"20"组成,"20"中的"0"中间印有联合国大会会徽。联合国大会会徽为五大洲球形图,左右衬以两枝橄榄枝叶,象征世界是一个和平大家庭。信封图案由农田、工厂、船舶组成,寓意中国与联合国开发计划署之间在工业、农业、科技、航运等多个领域的广泛合作。邮资面值80分,每枚售价1.20元。发行量600万枚。布纹纸。胶版彩印。郭振山设计。河南省邮电印刷厂印制。

笔者对 JF.54 收集、研究后发现:

JF.54 的纸质　采用雪白布纹纸印制。

JF.54 的暗记　暗记主要有两处:①邮资封背面右下角志号"JF.54"中的"J",其收笔处的钩,呈浅钩状;②在邮资图边框模拟齿孔线上:齿孔线不是实印线,而是采用细小的网纹线,用高倍放大镜可以看出。由于网纹线很细小,能起到一定的防伪效果。除此之外,邮资图上五角星的角尖网点排列的不同特征,也起到了胶版网点暗记的作用。

【JF.55 北京邮票厂建厂40周年】40th Anniversary of Beijing Postage Stamp Printing House　1952年5月6日,中国和捷克斯洛伐克文化、邮政、电信及科学技术合作协定在北京签订。北京邮票厂的技术设计和筹建施工,就是中捷邮电技术合作项目之一。北京邮票厂的厂房工程于1956年11月15日开工兴建,1959年建成投入生产,是我国第一个五年计划的建设项目。中国通过与捷克斯洛伐克邮电技术合作,引进了当时比较先进的技术设备,全部生产过程都是以自动光电管控制管理,在印刷过程中同时进行邮票烘干、打齿孔、编印号码、自动计数并切成全张邮票等工作。特制的邮票印刷机生产量很高,每台机器一小时可以生产普通邮票五十余万枚。当时,北京邮票厂生产的邮票以钢质雕刻版为主要部分,铜质影写版为辅助部分。它不但能印刷单色的普通邮票,还可以生产美丽多色的特种邮票和纪念邮票。

1959年7月1日发行的纪62《"五四"运动四十周年》纪念邮票,是该厂建成后试印成功的第一套影写版邮票。在旧中国,当初发行的邮票要送到日本、英国去印制。新中国成立后,新建投产的北京邮票厂,终于可以自力更生印制各种邮票了。北京邮票厂建厂40年来,一直担负着国家大部分邮资票品的印制任务,是我国邮资票品专业生产企业,累计生产的邮资票品数千亿枚,较好地完成了邮电部下达的指令性的生产任务。1994年以来,北京邮票厂进行了大规模的技术改造,建造了新厂房,引进了比较先进的印刷技术和设备,在较好地完成国内邮资票品的生产任务的同时,不断地扩大对外交流,并承担了对外印制邮票的任务,曾先后为澳大利亚、圣马力诺、哈萨克斯坦、蒙古等国设计和印制了邮票。值得一提的是,该厂1995年为联合国承印的《第四次世界妇女大会》邮票,受到了联合国秘书长和联合国邮政署的好评。与此同时,北京邮票厂还不断进行技术革新,成功研制了水基墨和混合溶剂墨,不断探索邮资票品防伪的新技术、新方法,并在印制邮资票品时加以应用。建厂40年来,该厂为我国邮电事业和集邮事业,做出了有目共睹的贡献。

1999年9月25日,正值北京邮票厂建厂40周年之际,中华人民共和国国家邮政局发行了一套纪念邮资封,全套1枚。志号 JF.55。邮资图规格40毫米×30毫米;信封规格208毫米×110毫米。

JF.55(1—1)"北京邮票厂建厂40周年" 邮资图采用了1959年8月15日中华人民共和国邮电部发行的纪65《中捷邮电技术合作》纪念邮票,邮票图案为当时的北京邮票厂厂房;邮票被幻化成正展翅飞翔在彩云之间,寓意北京邮票厂建厂40年来的突飞猛进。信封图案以红、黄、蓝三原色和黑色作底衬,将北京邮票厂厂房外景和正在运转的现代化戈贝尔印刷机交错在画面中,房上印有"1959—1999"字样,寓意北京邮票厂40年的现代化历程;左下角一片片方形小色块从厂房飞出,象征北京邮票厂建厂40年都在全心全力地生产各种邮资票品。邮资面值80分,每枚售价1.20元。发行量

629.04万枚。布纹纸。胶版彩印。尚予设计。北京邮票厂印制。

笔者对JF.55收集、研究后发现：

JF.55的版型　有A、B两种版型。其主要区别在于封舌的宽窄和弧度均不相同：A型为窄舌，封舌弧度夹角呈105°；B型为宽舌，封舌弧度夹角呈108°。

JF.55的印刷变异　有漏色变异。

JF.55的暗记　暗记主要在邮资图上：其面值"80分"和铭记"中国邮政"、"CHINA"黑色专版不是实线，而是网纹线；图上"北京邮票厂建厂40周年"字样，其文字笔画边缘呈锯齿状。

【JF.56 孔子诞生2550周年】2550th Anniversary of Confucius' Birth　孔子(公元前551—公元前479)是中国春秋末期伟大的思想家、教育家，儒家学说的创始人。有关孔子生平和思想的知识，详见新版《中国集邮百科知识》J.162《孔子诞生二千五百四十周年》。孔子创立的儒家学说，对中国乃至世界文明都产生了重大的影响。现存《论语》一书，是研究其学说的主要文献。1999年适逢孔子诞生2550周年，"纪念孔子诞生2550周年国际学术讨论会"在北京举行，这次国际学术讨论会的主题是："儒学与21世纪人类社会的和平与发展"。与会者围绕儒学与世界和平、儒学与全球多元文化的发展等议题，进行深入研讨。参加这次国际学术讨论会的有联合国教科文组织代表和来自韩国、日本、新加坡、印度尼西亚、泰国、澳大利亚、英国、德国、法国、比利时、荷兰、俄罗斯、美国、以色列等国家，以及中国大陆、香港、台湾的专家学者，国际儒学联合会会员代表等四百多人。

1999年9月28日，为纪念孔子诞生2550周年，中华人民共和国国家邮政局发行了一套纪念邮资封，全套1枚。志号JF.56。邮资图规格30毫米×40毫米；信封规格208毫米×110毫米。

JF.56(1—1)"孔子诞生2550周年"　邮资图采用了一幅孔子像。信封图案为山东省曲阜"尼山书院"外景；建筑周围的树木繁茂挺拔，郁郁葱葱，寓意孔子创建的儒家学说具有深刻的社会历史意义和丰富的中国文化内涵。邮资面值80分，每枚售价1.20元。发行量

600.34万枚。布纹纸。彩色胶印。陈全胜设计。北京鸿纳邮品股份有限公司印制。

笔者对JF.56收集、研究后发现：

JF.56的印刷变异　据报载，JF.56有邮资图漏色变体，但笔者未亲眼见过实品。集邮者在购买这种"变本"封时，应注意鉴别其真伪。

JF.56的暗记　暗记为胶版网点暗记，主要在邮资图孔子像上：其衣纹采用黑色专版印制，但同一块黑色专版印成的"中国邮政"、"CHINA"和面值"80分"又不一样，前者采用网纹印制，后者采用实线印制。

【JF.57 中央档案馆建馆40周年】The 40th Anniversary of the Central Archives　档案馆是永久保存档案的基地和提供档案信息为社会服务的中心，是中国科学文化领域中的一项新兴事业。中国档案事业是中华人民共和国成立后逐步建立和发展起来的，现已成为全国规模和统一领导、分级管理的国家专门事业。它分为专业档案馆和综合档案馆。1956年《国务院关于加强国家档案工作的决定》中明确指出，国家全部档案，包括中华人民共和国成立以来党政机关、部队、团体、企业和事业单位的档案，中华人民共和国成立以前的革命历史档案和旧政权档案，都是国家的历史财富。其中需要永久保存的部分，都应该按照集中统一管理的原则，分别集中到国家的中央档案馆和地方档案馆统一保管，并加以科学管理，以维护档案的完整与安全，便于科学研究工作和其他方面工作的利用。为此，1955年国家开始筹建中央档案馆。从1958年开始，我国档案馆陆续建立起来。中央档案馆1959年10月建馆，馆址在北京海淀区温泉白家疃，馆区占地11.8万平方米，档案库面积2.3万平方米，是中共中央和国务院直属的文化事业单位。主要任务是收集、保管中共中央和中国政府中央机关具有永久保存价值的重要档案和1949年以前中共中央各机关、团体等所形成的革命历史档案，并对馆藏档案进行整理、研究，以供利用，为中共中央、国务院的各项工作服务。它是新中国建立的第一个规模较大的档案馆。自建馆以来，该馆积极开展档案的收集工作，收集保存着一大批党和国家极为珍贵的档案、资料。在馆藏中除了有中国共产党成立以来到新中国成立之前党的中央机关的档案和革命历史书刊，以及各革命根据地的档案和历史资料外，还有毛泽东、周恩来、朱德、刘少奇等老一辈无产阶级革命家的手稿；叶挺、苏兆征、方志敏、恽代英等烈士的狱中著作和遗嘱；还有党的第一个纲领、第一个决议和第一个通告。除此之外，还收藏了马克思1875年《致玛蒂尔达·贝瑟姆-爱德华兹》的亲笔信件等珍贵手迹。中央档案馆在做好收集整理工作的基础

上,为党和国家的各项工作提供了大量档案资料。特别是党的十一届三中全会以来,档案资料更得到了有效的利用。该馆目前收藏档案七十多万卷,资料一百八十万册,编辑出版各种历史选辑、汇编和丛书三十多种五千多万字。装备有全套缩微摄影和复印设备;从1983年起,开始使用计算机自动编目和自动检索。1993年12月,中央档案馆与国家档案局合并,一个机构、两块牌子,履行中央档案保管、利用和全国档案事业行政管理两种职能。国家档案局原是中华人民共和国国务院下设的管理全国档案工作的政府职能部门,其主要职责是:根据国家的法规和政策,提出档案工作的方针、任务,制定和起草档案工作法规性文件和规章制度;负责制定发展全国性档案事业的综合计划和专项计划;对全国各级机关、团体、企业事业单位及其他组织的档案工作和各级各类档案工作实行监督和指导,配合有关部门对机关的文书立卷工作进行指导;组织承办有关档案工作的国际事务等。

1999年10月8日,为了庆祝中央档案馆建馆40周年,中华人民共和国国家邮政局发行了一套纪念邮资封,全套1枚。志号JF.57。邮资图规格44毫米×23毫米;信封规格208毫米×110毫米。

JF.57(1—1)"中央档案馆建馆40周年" 邮资图为中央档案馆外景。信封图案下半部分有《中华人民共和国宪法草案》、《中国人民政治协商会议共同纲领(草案)》的原件,上面有毛泽东同志批示的手迹,代表馆藏档案的历史重要性。上半部有方志敏同志著作《可爱的中国》手稿,手稿上叠印着周恩来题写的"中央档案馆"五个黑色大字,十分醒目。邮资面值80分,每枚售价1.20元。发行量600万枚。布纹纸。胶版彩印。李帆、徐悦设计。河南省邮电印刷厂印制。

笔者对JF.57收集、研究后发现:

JF.57的纸质 其纸质虽然也是布纹纸,但布纹很不明显,如不仔细看,就会误以为是白光纸。而且,该纸质要比别的布纹纸更显白。就笔者所见,JF.57均采用这种与众不同的雪白布纹纸印制,有没有采用其他布纹纸印制的,尚不清楚。

JF.57的印刷变异 据报载,JF.57有刷色变异,笔者未能收集到实品。

JF.57的暗记 在信封背面右下角志号"JF.54"中的"J",其收笔处的钩,呈浅钩状。

【**JF.58 中国国际贸易中心成立15周年**】The 15th Anniversary of China World Trade Center 中国国际贸易中心地处北京长安街向东延长线上,是全球最大的贸易中心之一。它于1985年2月12日成立,顺应了我国改革开放的新潮流。它的成立,对改善北京的外商投资环境,促进对外贸易和国际经济技术合作发挥了积极的作用,成为中国对外开放的窗口。中国国际贸易中心自建成以来,以其先进完善的综合配套设施、高规格高档次的服务接待能力,充分发挥了大型国际活动中心和大型国际会议中心的功能,承办了许多重要的全球和地区性国际政务、商务活动。据统计,中国国际贸易中心已成功举办各种国内和国际性展览、博览会近四百个,平均每年举行各种国际、国内会议及商务活动四千多场,其中部长级以上会议政务、商务活动四百多次。许多重大的国际性会议和国际性展览在这里举行,名副其实地被誉为"中国与世界相会之地"。中国国际贸易中心还成功地接待了许多国家元首、政府首脑、重要国际组织负责人和国际商业巨头以及国际知名人士等几千人次。前联合国秘书长加利、美国前总统布什夫妇、英国首相布莱尔、日本明仁天皇和皇后、新加坡总理吴作栋和国际奥委会主席萨马兰奇等,都曾经是国贸中心的贵宾。

2000年2月11日,为庆祝中国国际贸易中心成立15周年,中华人民共和国国家邮政局特发行了一套纪念邮资封,全套1枚。志号JF.58。邮资图规格35毫米×30毫米;信封规格208毫米×110毫米。

JF.58(1—1)"中国国际贸易中心成立15周年"邮资图采用了中国国际贸易中心建筑群外景,点明了主题。信封图案以明亮的橘红色作为基调,采用俯视角度,展现出了中国国际贸易中心建筑群及其周围现代化城市建筑和四通八达交通设施的壮观景象。邮资面值

80分,每枚售价1.20元。发行量400万枚。布纹纸。胶版彩印。吴勇设计。北京邮票厂印制。

笔者对JF.58收集、研究后发现:

JF.58的印刷变异　据报载,JF.58有刷色变异和漏印红色(邮政编码方框上),笔者均未见过实品。

JF.58的暗记　暗记在邮资图左边高楼上,其右上顶的右边,有一较浓重的红色网点组成的正方形,呈尖角竖立状。信封背面右下角志号JF.58中"J",呈深钩状。

【JF.59 邮政报刊发行业务开办50周年】The 50th Anniversary of the Postal Distribution Service　1949年10月1日,中华人民共和国成立以后,百业待兴。1949年12月30日,召开全国报纸经理会议和全国邮政会议,对新中国的报刊发行工作进行了研究、探讨;1950年2月,中央人民政府邮电部和新闻总署制定了《关于邮电局发行报纸暂行办法》,1950年2月23日经中共中央政务院财经委员会批准,确定了我国"邮发合一"的体制。"邮发合一"是指邮政部门统一办理报刊的发行工作。1949年中华人民共和国成立之前,无论大清邮政还是中华邮政,均不办理报刊发行业务。那时候的报刊发行业务,由报刊社自建发行系统,单独经营,主要依赖代销和雇用报贩零售。但在国内革命战争时期的中央革命根据地和抗日战争、解放战争时期的解放区,实行的是邮政合一,如1940年9月1日,冀太联办交通总局(1941年改为晋冀鲁豫边区交通局)办理报纸业务,将邮件传递和报刊发行合二为一,随后还有山东解放区出版的《大众日报》开始交给山东战地邮局发行等。中华人民共和国成立以后,报刊发行工作进入了新的历史阶段,为了促进新闻出版事业,对报刊发行实行"邮发合一"的体制。这一体制推出后,《人民日报》率先于1950年3月1日起,将全部发行工作交邮电部门办理。此后各地各部门出版的报纸也先后交邮局发行。"邮发合一"充分发挥了邮政网点星罗棋布、网络四通八达、设施齐备、组织严密的特点,能保证报刊广泛而及时地发行到广大读者手中,确保了报刊的时效性,同时也使邮政事业得到迅速的发展。50年来实践证明,"邮发合一"是符合中国国情的体制。中国邮政为我国新闻出版事业的繁荣发展做出了重要贡献。

2000年2月15日,为庆祝中国邮政报刊发行业务开办50周年,中华人民共和国国家邮政局特发行了一套纪念邮资封,全套1枚。志号JF.59。邮资图规格28毫米×33毫米;信封规格208毫米×110毫米。

JF.59(1—1)"邮政报刊发行业务开办50周年"邮资图以中国邮政绿色和蓝天彩虹为背景,由我国发行

的《人民日报》、《光明日报》、《文汇报》、《法制日报》、《北京日报》主要报纸组成的"50"字样为中心图案,下部为邮政报刊亭和飞翔的和平鸽,形象而生动地点明了纪念的主题。信封图案以蓝天彩虹为背景,主图由鲜红的"50"字样、新的中国邮政标志、现代化建筑和由《人民日报》、《光明日报》、《参考消息》、《经济日报》所构成的高速公路,寓意邮政网络四通八达,报刊发行渠道畅通快捷。邮资面值80分,每枚售价1.20元。发行量400万枚。布纹纸。胶版彩印。阎炳武设计。北京鸿纳邮品股份有限公司印制。

笔者对JF.59收集、研究后发现:

JF.59的印刷变异　在集邮报刊上曾见到JF.59有漏印红色和刷色变异的报道。笔者未见过实品,不知真伪。

JF.59的暗记　暗记主要有两处:①在邮资图的边框上,其网纹特征规则而有序,具有一定的防伪功能。这种网纹特征,需用高倍放大镜观看。②在信封左上方标出的"邮政报刊发行业务开办50周年"字样,采用网纹套印而成,一反专版实印的规律。

【JF.60 中国人民革命战争时期邮票发行70周年】70th Anniversary of the Issue of Stamps in the Chinese People's Revolutionary War Period　在中国现代史上,中国人民革命战争时期主要是指:中国共产党领导的土地革命战争(又称第二次国内革命战争)、抗日战争、解放战争(又称第三次国内革命战争),统称为中国革命战争。因此,中国人民革命战争时期发行的邮票,主要是指1930年~1950年中国共产党领导的各革命根据地、解放区邮政和交通部门发行的邮资凭证,故又称"中国解放区邮票",简称"区票"。1929年3月15日,红色革命根据地赣西南苏维埃政府成立。1930年3月,赣西南赤色邮政总局成立,并发行了第一套邮票,根据文字记载:"票系方形,薄纸,盖以朱红,略似图记,四周及中央刻有星形,上有赤色邮政及一分等字样。"这是中国解放区发行的首套邮票,但至今未见有实品存世。之后,赣西南赤色邮政总局于同年发行第二套赤色邮政邮票,全套邮票共计3枚,未见有新票存世;存世的均为实寄封。

赣西南赤色邮政邮票的发行,开创了人民邮政的新纪元。从1930年到1950年,中国人民革命战争时期共发行邮票四百余套一千八百余枚。中国人民革命战争时期所发行的这些邮票,从一个侧面记载了中国革命的战斗历程,不但是邮票中的瑰宝,也是珍贵的历史文物。

2000年8月1日,为庆祝中国人民革命战争时期邮票发行70周年,中华人民共和国国家邮政局发行了一套纪念邮资封,全套1枚。志号JF.60。邮资图规格42毫米×30毫米;信封规格208毫米×110毫米。

JF.60(1—1)"中国人民革命战争时期邮票发行70周年" 邮资图采用了1932年5月1日中华苏维埃邮政总局发行的一枚"苏维埃邮政邮票",面值半分(0.5分),图案由中华苏维埃旗帜和地球组成,呈"票中票"形式。信封图案以阳光般的红色为背景,主图由革命战争雕塑像和中国人民革命战争时期早期部分珍贵的实寄封组成,寓意中国人民革命战争时期邮票的历史意义和文物价值。邮资面值80分,每枚售价1.20元。发行量350万枚。布纹纸。彩色胶印,压凸。呼振源设计。北京邮票厂印制。

笔者对JF.60收集、研究后发现:

JF.60的版型 有A、B两种版型。其主要区别有三处:①信封左上方邮政编码红方框与邮资图之间的距离,A型为91毫米,B型则为90毫米。②邮资图与信封右下角"邮政编码"文字之间的距离,A型为65毫米,B型则为64毫米。③信封右下角"邮政编码"文字与信封图案右下角之间的距离,A型为85毫米,B型则为84毫米。

JF.60的暗记 暗记在邮资图中的"苏维埃邮政邮票"左边框线上,其中下部外侧向内突出一个尖三角。封图上的封题文字采用网纹套印。

【JF.61 中非合作论坛——北京2000年部长级会议】Forum on China – Africa Cooperation:Ministerial Conference, Beijing 2000 中国和非洲国家有着传统的友谊和合作关系。在世纪之交,国际形势发生了重大变化,特别是经济全球化的深入发展,使一些发展中国家的主权和安全面临威胁。如何应对挑战,维护自己的合法权益,是广大发展中国家深刻思考的问题。为了共同维护发展中国家的正当权益,推动建立国际政治经济新秩序;为了进一步加强中非在经济贸易上的合作,根据一些非洲国家的建议,中国政府倡议于2000年10月10日~12日,在北京召开"中非合作论坛——北京2000年部长级会议",这在中非关系史上尚属首次。会议的议题主要有:一、面向21世纪如何推动建立公正合理的国际政治经济新秩序,以维护发展中国家的共同利益;二、在新形势下如何进一步加强中非在经贸等实质性领域的合作。会议的宗旨是:平等磋商、扩大共识、增进了解、加强友谊、促进合作。非洲国家有四位元首和近八十位部长及国际和地区组织的负责人参加了这次会议。中非合作论坛是中国与非洲友好国家建立的集体磋商与对话的平台,是南南合作范畴内发展中国家之间的合作机制。其特点是:一、务实合作。以加强磋商、扩大合作为宗旨,重在合作;二、平等互利。政治对话与经济贸易合作并举,目的是彼此促进,共同发展。

2000年10月10日,为祝贺"中非合作论坛——北京2000年部长级会议"顺利召开,中华人民共和国国家邮政局发行了一套纪念邮资封,全套1枚。志号JF.61。邮资图规格30毫米×40毫米;信封规格208毫米×110毫米。

JF.61(1—1)"中非合作论坛——北京2000年部长级会议" 邮资图采用了"中非合作论坛——北京2000年部长级会议"的会徽"合抱之手"。会徽采用凸现中国、非洲版图的地球为主图,正中印有"论坛"英文"FO-RUM"字样,表示中非合作论坛。左侧红色英文字母"C"代表中国;整个画面组成字母"a",代表非洲,寓意中非团结与合作。会徽上的绿色象征和平与发展,红色表示活力与繁荣。会徽"合抱之手"的创意灵感最初源于非洲传统绘画艺术,在对握手、拥抱等实际的友好行为进行艺术加工提炼后,最终延伸为抽象的标志效果,较好地表现出了中非合作论坛的宗旨。信封图案由北京中华世纪坛外景、中国和非洲轮廓地图和飞翔的和平鸽组成,在绿色背景上印有"和平与发展"五个红色大字,突出鲜明地表达了论坛谋求中非"和平与发展"的美好愿望。邮资面值80分,每枚售价1.20元。发行量350万枚。布纹纸。胶版彩印。呼振源设计。北京邮票厂印制。

笔者对JF.61收集、研究后发现:

JF.61的印刷变异 JF.61仅发现有邮资图上铭记破版变异。

JF.61的暗记 暗记在邮资图下方封题"中非合作论坛——北京2000年部长级会议"上,其文字有的有间隔,有的则无间隔,笔画相连在一起。如封题中最后两个字"会议",其中"会"字的第二笔与"议"字的第二笔相连在一起。因此,对JF.61伪造得足以乱真的伪品,有一种快速的鉴定方法,就是看邮资图上封题字中的"会议"二字,真品在这二字之间无间隔,伪品则有间隔。此外,伪品与真品还有多处细微不同,需用高倍放大镜才能观察出。

【**JF.62 联合国难民署成立50周年**】**50th Anniversary of the United Nations High Commissioner for Refugees** 联合国难民署全称为联合国难民事务高级专员办事处,英文缩写为"UNHCR"。根据联合国大会1950年12月14日第428(V)号决议,联合国难民署于1951年1月1日正式在日内瓦成立。其宗旨是:向难民(不包括由联合国巴勒斯坦难民救济和工程处管理的巴勒斯坦难民)提供国际保护,以解除难民由于没有国籍而遇到的困难,保护他们的合法权益并促进难民的长期安置。难民是指因为正当理由畏惧由于种族、宗教、国籍或具有某种政治见解的原因遭受迫害而离开其原国家,因而不能或不愿受该国保护的人。《联合国难民署章程》确定该署的职责是为难民提供国际保护并寻求永久解决难民问题的方法。其主要活动是:促进各国加入保护难民的国际公约,监督公约的实施;向难民提供物质援助,以改善难民的困难处境并促进难民自力更生;在条件许可时,促成难民自愿遣返或协助难民就地同化或到第三国去重新安置。最高权力机构为执行委员会,每年10月召开一次会议。难民事务高级专员还可根据需要不定期召开成员国非正式会议。总部设在日内瓦。1971年中国恢复联合国合法席位前,中国在执委会的席位一直被台湾当局占据。1972年该办事处主动停止了台湾当局的执委资格。中国于1979年6月开始恢复在该组织的活动。20世纪70年代末以来,难民问题遍及亚、非、拉,难民总数超过千万。为解决难民问题,联合国难民署单独或与其他国际组织会同召开了数次有关印支、非洲等地难民的国际会议,设法和呼吁向他们提供援助……50年来,联合国难民署克服了种种困难,救援人员甚至以自己的生命为代价,救助了约五千万名难民,为世界和平与安定做出了巨大的贡献。多年来,联合国难民署与中国政府保持着密切的友好合作关系。

2000年12月14日,为纪念联合国难民署成立50周年,中华人民共和国国家邮政局发行了一套纪念邮资封,全套1枚。志号JF.62。邮资图规格34毫米×32毫米;信封规格208毫米×110毫米。

JF.62(1—1)"联合国难民署成立50周年" 邮资图由联合国世界难民年(1960年)徽志和象征安居的房屋基本结构图形组成。为使世界各国人民都来关注世界面临的难民问题,联合国确定1959年7月1日～1960年6月30日为"世界难民年"。徽志呈圆形,图案由左右两个人各伸出一只手维护着中间的一个人,仿佛为其搭建起了一座安身的房屋,左右饰以橄榄枝叶,底衬采用联合国标准性蓝色,既寓意世界各国人民都应该向难民伸出援助之手,也象征联合国难民署的职责。信封图案采用特写手法,突出刻画了一位难民姑娘的面部表情,她的眼神中既流露出无家可归的忧郁,也充满着对和平生活的渴望。在周围的难民群像中,有重建家园的热情,有回归家园的喜悦,有亲人团聚的欢乐;左上方印有红色的"联合国难民署成立50周年"中文字样,左下角印有蓝色的"联合国难民署成立50周年"英文字样,世界难民年徽志巧妙地与"5"组成"50",使整个画面讴歌了国际难民署成立50年来所取得的成绩。世界难民年徽志有两个,信封图案采用的这个徽志,主图是一棵被连根拔起的橡树,两侧饰以橄榄枝叶,与邮资图上的徽志不同。相传,英王查理二世在伍斯特战败时就爬上一棵橡树避难,表示逃难流离失所。邮资面值80分,每枚售价1.20元。发行量350万枚。布纹纸。胶版彩印。刘雨苏设计。北京邮票厂印制。

笔者对JF.62经过收集、研究后发现:

JF.62的暗记 暗记主要有两处:①在邮资图上,其铭记"中国邮政"和面值"80分"中的"80"均印有网纹。②信封图案上"联合国难民署成立50周年"文字,采用网纹印制。

【JF.63 世界知识产权日】World Intellectual Property Day 世界知识产权组织（WIPO）前身是保护知识产权联合国际局。1967年7月14日，由"国际保护工业产权联盟"（巴黎联盟）和"国际保护文学艺术作品联盟"（伯尔尼联盟）的51个成员国在斯德哥尔摩签订公约（1970年4月26日生效）而创建。1974年12月成为联合国的一个专门机构。迄1985年5月，共有112个成员国。我国于1980年6月3日加入该组织，并于1985年3月起成为"巴黎联盟"的成员国。该组织的宗旨是：通过国际合作，促进在全世界对知识产权的保护，并受各国际知识产权联盟的委托，管理各联盟的行政事宜或执行有关的公约。知识产权主要分为工业产权（包括发明专利、商标、工业产品外观设计权等）和版权（包括文学艺术、音乐、舞蹈、摄影和电影等作品权）。主要活动是：管理保护有关知识产权的联盟和条约；鼓励缔结新的国际条约和协调各国立法；向发展中国家提供法律、技术援助；搜集和传播技术情报等。组织机构有大会、成员国会议、协调委员会和国际局。国际局是该组织的秘书处，负责日常工作。总部设在日内瓦。2000年9月25日～10月3日，在世界知识产权组织（WIPO）召开的第三十五届成员国大会上确定：从2001年起，每年4月26日为"世界知识产权日"。关于"世界知识产权日"的提案，它是由我国和阿尔及利亚在1999年世界知识产权组织第三十四届成员国大会上共同提出的，受到各成员国的普遍欢迎。"世界知识产权日"的确定，有助于突出知识产权在所有国家的经济、文化和社会发展中的作用，提高公众对人类在这一领域努力的认识。之所以确定每年4月26日为"世界知识产权日"，是因为《建立世界知识产权公约》于1970年4月26日开始生效，为此，纪念日作为"世界知识产权日"是很有意义的。

2001年4月26日，为祝贺"世界知识产权日"第一个纪念日，中华人民共和国国家邮政局发行了一套纪念邮资封，全套1枚。志号JF.63。邮资图规格25毫米×33毫米；信封规格208毫米×110毫米。

JF.63（1—1）"世界知识产权日" 邮资图以蓝天

白云为背景，主图由中国知识产权局的标志、一支钢笔和一本打开的书组成。标志由红五星和英文字母"IP"组成。左半部分由一颗大星和四颗小星构成红五星图案，既代表中国五星国旗，也象征知识产权局的国家性和权威性。右半部分由英文"IP"字母演变而来，"IP"为"知识产权"英文缩写，体现知识产权领域的工作范畴和性质，加强了运用于国际范畴时的可识别性。红、蓝两色相配，红色代表中国，蓝色表示知识和信息。标志呈椭圆形宇宙星际运行轨道，在浩瀚的宇宙空间，寓意知识的无限性。信封图案由标有东南西北方向的地球图形、"世界知识产权日4.26"字样、印刷网点和象征光缆的线条组成，既寓意知识产权是一个全世界应该关注的问题，也指明现代社会已经进入了一个知识数字化时代。邮资面值80分，每枚售价1.20元。发行量350万枚。布纹纸。彩色胶印。门立群设计。北京邮票厂印制。

笔者对JF.63经过收集、研究后发现：

JF.63的暗记 其暗记有两处：①在邮资图面值"80分"上，其中的数字"80"采用网纹套印。②在信封图案上，其数字"4.26"同邮资图上数字"80"一样，也是采用网纹套印。

【JF.64 第七届世界印刷大会】The 7th World Print Congress 世界印刷大会，又称世界印刷论坛，简称"WPC"，由印刷界和印刷相关产业的国家或跨国协会组成的一个国际性专业组织。其主要任务是：推动印刷及相关企业改善经营管理，加快技术进步，促进交流与合作。总部设在比利时的布鲁塞尔。主要成员有欧洲印刷联盟、中国（内地和香港）、美国、日本、新加坡、印度、南非以及拉美等国家和地区印刷社团的代表。其国际秘书处为常务办事机构。中国是印刷术的发源地。雕版印刷术的发明和活字印刷的发明，对推动世界印刷的发展，起到了破天荒的作用。中国的雕版印刷的雏形，可以追溯到殷商时代在龟甲和兽骨上刻写的甲骨文。先秦以来的印章、秦汉时代的刻石，魏晋以来的木刻符箓，特别是晋代反写阳文凸字的砖志，萧梁时反写反刻阴文神通石柱，以及在丝织品上镂版印花和石刻上摹临拓片，更具备了雕版和印刷的技术条件。再加上西汉发明的造纸，东汉发明的松烟墨，致使雕版印刷术应运而生。这种印刷术外传开始于唐代，最先传到近邻朝鲜和日本。在唐代发明雕版印刷术的基础上，宋代平民毕昇创造了活字印刷术。他用一种细胶泥刻成单个反体字，经火烧硬后，制成活字印版。毕昇发明的这种泥活字印刷方法，是一个根本性改革，对后来印刷术的发展产生了重大影响。至元代，农学家王祯创制木活字。中国的活字印刷术,大约在公元14世纪传到朝鲜、日本,这对推动世界印刷术的发展,起到了十分重要的作用。印刷术从中国走向了世界。2001年5月20日~25日,第七届世界印刷大会在北京举行。本届大会的主题是:21世纪知识经济对印刷业的挑战。主要涉及内容为:世界印刷技术发展的新趋势;世界印刷市场的新动向;21世纪对印刷业管理的新需要;区域性印刷技术与贸易合作。这次大会在印刷术发明的故乡召开,对中国印刷业的振兴和加强国际印刷界的友好合作,具有深远的意义。

2001年5月20日,为了祝贺第七届世界印刷大会顺利召开,中华人民共和国国家邮政局特发行了一套纪念邮资封,全套1枚。志号JF.64。邮资图规格24毫米×34毫米;信封规格208毫米×110毫米。

JF.64(1—1)"第七届世界印刷大会" 邮资图以深蓝色作底衬,主图采用了第七届世界印刷大会会徽。会徽由蓝色的世界印刷大会英文名称缩写字母"WPC"与红色的象征万里长城图形和象征印刷网点组合的"7"字组成。信封图案为一正一反、一古一今的两个"印"字,代表了印刷技术从手工雕刻到激光照排的演变过程。左边的反"印"字,是从《梦溪笔谈》中选取的一个古雕版字,代表活字印刷技术,其笔画轮廓上印有《史记集解》活字印版局部内容,具体而生动地表现出了中华民族为人类文明发展所做出的伟大贡献;右边的正"印"字,由网点构成,代表我国的汉字信息处理技术已经位居世界领先地位;背景为《梦溪笔谈》卷十八"技艺"中有关毕昇发明活字印刷的记载:"版印书籍,唐人尚未盛为之⋯⋯庆历中,有布衣毕昇又为活版,其法用胶泥刻字,薄如钱唇,每字为一印,火烧令坚⋯⋯""若只印三、二本,未为简易;若印数十百千本,则极为神速"。邮资面值80分,每枚售价1.20元。发行量350万枚。布纹纸。胶版彩印。王虎鸣设计。北京邮票厂印制。

笔者对JF.64经过收集、研究后发现:

JF.64的暗记 暗记主要在邮资图铭记、封题和面值"80分"中的"80"上,其文字笔画上分别印有黑色和红色网点。

【JF.65 第20届国际制图大会】The 20th International Cartographic Conference 国际制图大会(简称"ICC")是国际制图协会(简称"ICA")主办的国际制图界的学术会议,每两年召开一次。国际制图协会于1959年6月9日在伯尔尼成立。总部设在巴黎。其宗旨是:促进国际间地图制图学的研究;鼓励不同国家之间学术合作;交流思想和文件;推进制图训练。中国于1979年参加该协会。成员国有:中国(大陆和香港)、印度、印度尼西尼、日本、伊朗、菲律宾、美国、德国、法国、英国、苏联、瑞士、瑞典、苏丹、南非、澳大利亚、加拿大、意大利等。协会主要刊物有《国际制图年鉴》、《制图自动化》等。协会主要活动是两年召开一次大会。1999年8月14日~21日,国际制图协会第11届代表大会与第19届国际制图大会在加拿大渥太华召开。在这次大会上,我国申办第20届国际制图大会获得成功。我国代表团团长、国家基础地理信息中心总工程师李莉当选为国际制图协会副主席。2001年8月6日~10日,第20届国际制图大会在北京国际会议中心举行。会议由国际制图协会、中国国家测绘局和中国测绘学会联合举办。这次大会在新世纪首次召开,其主题为"测绘21世纪"。世界各国近千名测绘专家、学者云集北京,共商21世纪世界测绘发展大计。在会议举办期间,还举办了国际测绘技术与仪器展览、国际地图展览和中国古地图展览。

2001年8月6日,为了祝贺第20届国际制图大会顺利召开,中华人民共和国国家邮政局发行了一套纪念邮资封,全套1枚。志号JF.65。邮资图规格(圆形)直径35毫米;信封规格208毫米×110毫米。

JF.65(1—1)"第20届国际制图大会" 邮资图呈圆形,主图采用了第20届国际制图大会会徽。会徽呈圆形,以地球投影椭圆形画面为主图,上下分别印有"国际制图协会"英文、法文名称缩写"ICA"、"ACI"字样。图案上端标出了"第20届国际制图大会"中、英文名称,点明了主题。信封图案由测绘仪器、测绘图模型、航空测绘和卫星测绘组成,下端标有"第20届国际制图大会"的中、英文名称,具体表现出了当今世界制图的先进技术和水平。邮资面值80分,每枚售价1.20元。发行量

350万枚。布纹纸。彩色胶印。王虎鸣设计。河南省邮电印刷厂印制。

笔者对JF.65收集、研究后发现：

JF.65的暗记　在邮资图上面值"80分"中的"80"和信封图案左下角"20"红色数字上，均用网纹夹角呈75°的网点。

JF.65的防伪措施　为了加强防伪，邮资图上的地球采用了无色荧光防伪油墨印制。在紫光灯照射下，白底色呈现粉红色荧光，很灿烂。这是第一枚采用防伪荧光油墨印制的纪念邮资封。

【JF.66 科技活动周】National Science Week　"科技活动周"是我国政府设立并在全国范围内组织实施的群众性科技活动。经国务院批准，自2001年起，每年5月的第三周为"科技活动周"。首届"科技活动周"于2001年5月14日~20日在全国范围内举办，其主题为"科技在你身边"。举办科技活动周的宗旨是：通过一系列群众性科技活动，大力宣传党和国家的科技方针政策，展示科技发展最新成就，在全社会弘扬科学精神，传播科学思想和科学方法，倡导科学文明的生产生活方式，促进社会主义精神文明和物质文明建设。"科技活动周"由科技部、中宣部、中国科协联合有关部门共同实施。科技活动周指导委员会、科技活动周组织委员会共同构成"科技活动周"的组织体系。科技活动周指导委员会由11位中国科学院或中国工程院院士组成，主要职责是指导科技活动周组委会的筹办工作，确立筹办原则及每年科技活动周的主题。科技活动周组织委员会由19个科普工作联席会议成员单位组成，负责设计科技活动周的筹办方案并组织实施。2002年5月18日，第二届"科技活动周"在北京中华世纪坛广场开幕。本届"科技活动周"的主题是"科技创造未来"。围绕这一主题，一系列为群众传播普及科技知识的活动，于一周内在全国范围内全面展开。全国同时推出四百多项内容丰富、形式多样、群众参与性强的大型科普活动。通过活动，充分展现科学技术对人类文明进步的巨大影响，使广大群众深刻体会科技作为中国新世纪发展动力的重要作用，激发公众对科技创造美好生活的畅想与憧憬，促进各界群众努力奋斗、勇攀高峰、不懈地进取，进一步焕发全民族的创新创业的活力。

2002年5月18日，正值"科技活动周"活动开展一周年暨第二届"科技活动周"开展首日，中华人民共和国国家邮政局发行了一套纪念邮资封，全套1枚。志号JF.66。邮资图规格30毫米×40毫米；信封规格208毫米×110毫米。

JF.66（1—1）"科技活动周"　邮资图由绿、蓝、红、

黄四个立体数字组成"2002"，两个"0"中间分别绘有象征数字化的图形和原子结构图形，既点明了"科技周"的年份，也象征科技活动周的内容。信封图案由原子结构图、计算机二进制符号和飞翔的和平鸽组成，寓意发展科学技术的目的是为了推动人类文明的进步，创造和平美好的生活。邮资面值80分，每枚售价1.20元。发行量350万枚。布纹纸。彩色胶印。邵立振、姚克设计。北京鸿纳邮品股份有限公司印制。

笔者对JF.66收集、研究后发现：

JF.66的暗记　暗记主要有两处：①在邮资图右上角边缘处，有一个由网线组成的形似微缩的"中"字。②在信封图案上方的两只和平鸽形象，由计算机二进制符号网点构成。

【JF.67 中国北京国际科技产业博览会】China Beijing International High–Tech Expo　中国北京国际科技产业博览会原称中国北京高新科技产业国际周，创办于1998年，它是国家级高新科技产业国际交流与合作的盛会，每年5月在北京定期举行。自第五届开始，中国北京国际科技产业国际周正式更名为"中国北京国际科技产业博览会"。这使北京科博会在运作上更加国际化、规模化，将北京地方性的活动推向全国、全世界。2002年5月23日~28日，由国家科技部、外经贸部、教育部、信息产业部、中国贸促会、国际知识产权局和北京市人民政府联合主办的第五届中国北京国际科技产业博览会在北京举行，主题为"入世、奥运、创新、发展"。本届科博会的内容很丰富，其中一场重头戏是在"北京市市长国际企业家顾问会议"第四届年会上，美国大都会人寿保险公司董事长兼CEO罗伯特·本墨契、德国蒂森克虏伯公司执行董事会主席埃克哈德·舒尔茨，从北京市市长刘淇手中接过聘书，使担任北京市市长顾问的世界知名企业家增加到21位。其中有20位"洋高参"提交了咨询报告，显示出他们对中国发展的了解和关注。还有"WTO与20世纪中国经济论坛"同时举办，对外经济贸易合作部副部长龙永图和世界贸易组织常务副总干事曼多查先后发表演讲。中国人民的老朋友萨马兰奇通过电视向在人民大会堂开幕的首届世界体育

论坛发来祝词。在军事博物馆举办的首届北京教育周，吸引了成千上万观众前来参观。

2002年5月23日，为了祝贺"中国北京国际科技产业博览会"在北京举行，中华人民共和国国家邮政局特发行了一套纪念邮资封，全套1枚。志号JF.67。邮资图规格30毫米×40毫米；信封规格208毫米×110毫米。

JF.67（1—1）"中国北京国际科技产业博览会"邮资图采用了中国北京国际科技产业博览会标志。标志由红色三角形、蓝色三角形和彩色粗线条组成。红色三角形代表科博会所提供的科技展示和交流平台；蓝色三角形代表高科技的前瞻性和权威性；彩色粗线条由"高新技术"英文名称缩写字母"H"、"T"变形而成，巧妙地将两个三角形联系贯通，产生出一种动态呼应。整个图案主体形成一种不断向前和向上的动势，既代表全球高科技企业之间的全方位交流，也体现了科博会促进高新技术商品化、产业化、国际化的主旨，以及成果转化、市场拓展、信息交流、人才服务的完美平衡，预示科博会的发展必将更高、更广、更深。信封图案由地球图形、北京天坛祈年殿外景和"2002"字样组成；"2002"字样变形为一匹奔腾的骏马，底衬由红、蓝色渐变形成明黄色的中间带，整个画面既点出了科博会举行的地点和年份，也寓意科技产业犹如奔腾的骏马，前途光明无限。邮资面值80分，每枚售价1.20元。发行量350万枚。布纹纸。彩色胶印。阎炳武设计。北京邮票厂印制。

笔者对JF.67收集、研究后发现：

JF.67的版型　有A、B两种版型。其主要区别是：在信封图案左下角"中国北京国际科技产业博览会"中英文文字笔画上，网纹的微观特征不同。JF.67在邮市上出现了足以乱真的伪品，所采用与真品完全相同的布纹纸、刷色和版别印制，只是有的彩色胶版网纹夹角有所不同。关于这种伪品的鉴定方法，笔者在新作彩版《中国邮品辨伪必备》（续集）中有详细介绍，这里不再赘述。

JF.67的防伪措施　在邮资图和信封图案上多采用刷色反阴版印制。

【JF.68《大公报》创刊100周年】100th Anniversary of Ta Kung Pao　《大公报》是著名的商业性日报，于1902年6月17日（清光绪二十八年五月十二日）在天津创刊。创办人为英华（敛之），他是戊戌变法的骨干。其报名由清末著名学者、翻译家严复题写。"大公报"寓意"忘己之为大，无私之谓公"。"公正无私"是英华创办《大公报》的初衷。创办之后，在反对沙俄侵占东三省，谴责英属南非当局虐待华工，参与抵制美货运动和同袁世凯统治作斗争中，都起了很好的作用，成为当时北方报纸的"领袖"。1916年由安福系财阀王郅隆继办，1925年11月停办。1926年9月1日起，由吴鼎昌、胡逸之、张季鸾三人接办。在宣传上标榜"不党、不卖、不私、不盲"的"四不"办报方针；体现"修身、齐家、治国、平天下"的中国文人的传统言行准则和"文人论政"的言论特色。以言论驰名社会，每天必有一篇社论，大多由张季鸾撰写，发表对国内外时事的最新意见。重视有特色的新闻报道和通讯，以及专刊、专栏等。1935年日军侵占东北后进迫华北，国民政府军队奉命采取不抵抗政策，撤出天津，《大公报》发表《勿自促国家之分裂》社评，予以抨击，因此国民党平津卫戍司令宋哲元下令对《大公报》实行禁止邮递处分。后经过抗争，禁邮处分执行了八天后停止。1937年《大公报》上海版因拒绝日军的新闻检查，自动停刊。停刊社论称："我们是中国人办的是中国报，一不投降，二不受辱。"为铭记"九·一八"这个悲惨的日子，《大公报》汉口版于1937年9月18日创刊；为纪念"八·一三"淞沪抗战，香港《大公报》于1938年8月13日创刊。曾先后出版上海、汉口、重庆、桂林、香港等版。"为人民服务"题词，就是毛泽东同志在重庆谈判期间给《大公报》题写的。《大公报》的杰出成绩和大义凛然，也受到当时反法西斯同盟国际新闻界的首肯。美国最负盛名的新闻学府密苏里大学新闻学院，于1941年授予《大公报》"最佳新闻事业服务奖"。1949年2月27日，天津版《大公报》改为《进步日报》出版。1949年5月上海解放后，上海版《大公报》于6月17日发表《大公报新生宣言》，继续在上海发行。1953年元旦，上海版与天津版的《大公报》合并，在天津出版。1956年10月1日迁北京，以报道财政经济为主。1966年9月北京的《大公报》停刊。至今，《大公报》仅存香港版。1983年1月起，在美国旧金山、纽约出版发行该报英文周刊。现在拥有香港版、海外版及菲律宾版，读者遍布一百三十多个国家和地区，曾被联合国推选为最具代表性的中文报纸之一。进入网络时代，已有百年历史的《大公报》依然生机勃勃，在国际互联网上开辟了电子版，紧跟时代的潮流，焕发着青春活力。

2002年6月17日，正值《大公报》创刊100周年之际，中华人民共和国国家邮政局发行了一套纪念邮资封，全套1枚。志号JF.68。邮资图规格25.5毫米×34毫米；信封规格208毫米×110毫米。

JF.68（1—1）"《大公报》创刊100周年" 邮资图为沿用一百年至今的《大公报》报头题字和数字"100"，以及世界地图、彩带、计算机二进制符号，寓意这一全球历史最悠久的华文报纸历经百年，不断求索与发展的历程。信封图案为《大公报》创刊号（第一号），上有出版日期，分别采用农历和公历表明出版年、月、日；在报头上印有法文"L' IMPARTIAL"字样，意为"公正无私"；背景为创刊号报纸所刊内容。邮资面值80分，每枚售价1.20元。发行量350万枚。布纹纸。彩色胶印。李国柱设计。北京邮票厂印制。

笔者对JF.68收集、研究后发现：

JF.68的版型 仅见一种版型，但发现JF.68有伪造逼真的赝品。赝品采用与真品完全一样的布纹纸，用胶版彩色印制，刷色与真品几乎没有差异，只是在网纹粗细和网纹夹角上，有所不同。对这种伪品的鉴别方法，笔者在辨伪新作彩版《中国邮品辨伪必备》（续集）中已作详细介绍，这里不再赘述。

JF.68的防伪措施 邮资图采用相同的红色网纹夹角印，但网点大小和网纹粗细在图案上表现不同；在"大公报"中的报字右半部"艮"，竖直笔画的收笔处，有形似"中"字的浓重红网点。

【JF.69 全民国防教育日】National Defense Education Day 组织开展全民国防教育日活动，有利于增强国防教育的实效；设立"全民国防教育日"，是现今世界许多国家的共同做法。各国的国防教育日尽管名称各异，如美国将其称为"国难日"（即1941年12月7日日本偷袭珍珠港的日子）、法国称为"国防准备日"、越南称为"全国国防日"等，但都是为了加强国防教育，提高民众的国防观念。为此，2001年8月31日中华人民共和国第九届全国人大常委会第二十三次会议决定，每年9月的第三个星期六为"全民国防教育日"。"全民国防教育日"的确定，有利于推动我国《国防教育法》的贯彻落实。我国《国防教育法》规定，普及和加强国防教育是全社会的共同责任。但在实际工作中，一些单位和个人，有的认为国防教育是军队或宣传部门的事，与自己关系不大；有的把国防教育当作软指标，说起来重要，行动跟不上。开展全国国防教育日活动，采取各级党委、政府统一组织，军队和社会各界积极配合，广大干部群众广泛参与的办法，在规定的时间内，加大国防教育的宣传力度，营造浓厚的气氛，促使《国防教育法》的贯彻落实。通过法律的形式确立全民国防教育日，是国防教育工作贯彻"全民参与、长期支持、讲求实效"原则的一种好形式。2002年9月21日是我国首次在全国举办大规模的"全民国防教育日"活动，为此，中共中央宣传部、国家国防动员委员会联合发出《关于组织开展2002年全民国防教育日活动的通知》，要求各地、各部门认真贯彻《国防教育法》，深入扎实地开展国防教育活动。并确定首次"全民国防教育日"活动的主题是：国家安全是全社会的共同责任。确定这样的主题，主要是希望广大干部群众通过参加全民国防教育日活动，充分认识到三点：第一，虽然和平与发展是当今世界的主流，但威胁我国安全的因素依然存在，要增强忧患意识，重视国防；第二，国家安危并不只是政府和军队的事，而是全体公民的共同使命，要增强责任意识，关心国防；第三，我国的宪法和有关国防法规赋予了每个公民相应的权利和义务，要增强依法履行国防义务的意识，以实际行动支持和参加国防建设。这次活动，通过以爱国主义为主要内容的国防精神教育，激发广大民众的爱国热情；通过国防形势教育，增强广大干部群众的忧患意识；通过进行国防法制教育，增强广大干部群众依法履行国防义务的自觉性。

2002年9月21日，正值"全民国防教育日"在全国开展之际，中华人民共和国国家邮政局发行了一套纪念邮资封，全套1枚，志号JF.69。邮资图规格30毫米×40毫米；信封规格208毫米×110毫米。

JF.69（1—1）"全民国防教育日" 邮资图为万里长城、和平鸽和人群构筑的"城墙"，寓意中国人民为了世界和平和国家的安全，众志成城。信封图案为蜿蜒的

万里长城、华表、和平鸽等,象征中华民族热爱和平、不惧外敌的传统精神。邮资面值80分,每枚售价1.20元。发行量350万枚。布纹纸。彩色胶印。姚翔宇设计。北京邮票厂印制。

笔者对JF.69收集、研究后发现:

JF.69的版型　有A、B两种版型。其主要区别是:①在邮资图上部中英文"中国邮政"和"CHINA"中的"政"字与"C"字母之间,正上方模拟齿孔线的内侧,A型有一黑墨点儿,B型则没有。②在邮资图左边中部的城楼门洞里,A型与B型上的黑色网点结构不一样。

JF.69的防伪措施　邮资图刷有灰白底色;邮资图和信封图案上的白色和平鸽,采用反阴印制。

【JF.70 中国健康扶贫工程】Nationwide Health Project for the Poor　中国健康扶贫工程是由中国初级卫生保健基金会于2002年2月发起、创办的。中国初级卫生保健基金会是中国农工民主党和中华人民共和国卫生部共同发起创办,以资助和发展贫困地区初级卫生保健事业为宗旨的,具有独立资格的非营利性社会团体。基金会在江泽民书记和李鹏、朱镕基等中央领导的亲切关怀以及中央和国家有关部门的大力支持下,于1996年12月30日批准成立。基金会由中国农工民主党中央主办,业务由卫生部主管,并接受中国人民银行和民政部的管理和监督。基金会主要任务是:呼吁社会各方面共同关心中国农村,特别是贫困地区的医疗卫生保健事业;广泛联络海内外友好团体和个人,为中国农村实现"2000年人人享有卫生保健"的规划目标及逐步解决因病致贫和因病返贫的问题,争取道义、资金和物质支持;消除疾病困扰,提高人民的健康水平,促进生产力的发展,推动经济发展和社会进步。初级卫生保健是指最基本的,人人都能得到的,人民群众和政府都能负担得起的卫生保健服务。"人人享有卫生保健",是世界卫生组织提出的、各国政府孜孜以求的目标。初级卫生保健是实现这一目标的基本途径和关键。多年来,我国政府为发展初级卫生保健事业投入了相当的财力,并取得了很大的成绩。但是,由于中国尚属发展中国家,国力有限,政府的投入与实际需求之间仍存在很大的差距,初级卫生保健工作仍然面临着严峻的挑战。特别是贫困地区,初级卫生保健工作状况差,疾病是导致贫困的重要因素,是这些地区奔小康的重要障碍。据有关部门统计,在导致贫困的诸多因素中,因病致贫、因病返贫占10%~30%,个别地区高达60%。为了推动中国初级卫生保健事业的发展,实现"人人享有卫生保健"的奋斗目标,中国初级卫生保健基金会发起和创办的中国健康扶贫工程,于2002年2月1日在北京启动,并得到中共中央统战部、卫生部、文化部、国家药品监督管理局等部委的大力支持。这是我国又一项国家级大型社会公益活动。其口号是:健康是根,实施扶贫健康工程,为实现人人享有卫生保健而奋斗! 中国健康扶贫工程为期十年(2001年10月至2010年10月),紧紧围绕初级卫生保健这个主题,树立健康是根这个概念。中国健康扶贫工程主要通过慈善捐赠、公益活动、技术咨询、社会活动、文艺演出、公益广告等形式,呼吁社会各界共同关心农村特别是贫困地区的医疗卫生保健事业;广泛联络海内外友好团体和个人,争取道义、资金和物质上的支持,逐步解决因病致贫和因病返贫的问题,最终实现人人享有初级卫生保健的目标。

2003年5月18日,正值中国健康扶贫工程顺利展开之际,中华人民共和国国家邮政局发行了一套纪念邮资封,全套1枚。志号JF.70。邮资图规格29毫米×35毫米;信封规格208毫米×110毫米。

JF.70(1—1)"中国健康扶贫工程"　邮资图为两个并肩而立的"人"字,背景衬以自内向外由红渐黄的圆形色环,表达了中国健康扶贫工程实现"人人享有卫生保健"的奋斗目标。信封图案为一棵枯树上生长出一枝绿叶,背景衬以自内向外由红变黄的圆形色环,展示了健康是根的理念。邮资面值80分,每枚售价1.20元。发行量200万枚。布纹纸。彩色胶印。李德福、李昕设计。北京邮票厂印制。

笔者对JF.70经过收集、研究后发现:

JF.70的印刷变异　邮资图上面值"80分"中的"80",有复印变体。

JF.70的防伪措施　邮资图和信封图案上的圆形色环和枯树,采用专色套印;邮资图上的面值"80分"中的数字"80",也采用紫红专色版印制。

【JF.71 中国自然辩证法研究会成立25周年】25th Anniversary of the Founding of China Society for Dialectics of Nature　中国自然辩证法研究会又称中国自然辩证法(自然哲学、科学哲学和技术哲学)研究会CSDN(DNST)。它是研究和交流有关自然界发展的辩证法、科学哲学、技术哲学、科学认识方法论以及科学、技术与社会等问题的学术团体,是中国自然辩证法界的最高学术组织机构,为非政府学术组织,是中国科协所属的专门研究机构、团体会员。中国自然辩证法研究会的创建,起源于1978年初,由于光远、周培源、钱三强发起,经中国科协申报,得到邓小平等中央领导同志的批准,遂成立中国自然辩证法研究会筹备委员会,1981年10月28日在北京正式成立中国自然辩证法研究会。自然辩证法作为对自然界的一般规律和自然科学方法论的科学论述,是马克思主义理论体系的重要组成部分。自然辩证法在哲学、数学、自然科学、技术科学、社会科学之间展开横向研究,发挥系统性和综合性强的理论优势,促进科学、技术、经济和社会的协调发展。研究会的宗旨是:促进自然辩证法的学习、研究和应用,从交叉学科的特点出发,加强自然科学工作者和哲学工作者的联盟,为中国的技术、经济和社会发展服务;为中国的物质文明和精神文明的建设,为马克思主义哲学的发展做出贡献。该会有六个工作委员会:学术委员会、组织委员会、编辑出版委员会、教育普及委员会、国际交流委员会、咨询工作委员会,下设科学哲学委员会、技术哲学委员会、数学哲学委员会、物理哲学委员会、化学化工哲学委员会、天文哲学委员会、地学哲学委员会等17个专业委员会。该研究会出版的报刊有:《自然辩证法报》、《自然辩证法研究》杂志、《方法》杂志、《医学与哲学》杂志。中国自然辩证法研究会成立后,在中国28个省、市、自治区(除西藏和台湾外)成立了省级自然辩证法研究会;六百余所大专院校、科研单位和厂矿企业建立了自然辩证法的研究和教学机构。1982年教育部规定《自然辩证法》课程为硕士研究生的必修课、本科生的选修课,先后在十余万名硕士研究生和数千名博士研究生中普及了自然辩证法知识。中国自然辩证法研究会成立25年来,先后多次召开国内、国际学术会议,促进了自然哲学、科学哲学、技术哲学和科学、技术与社会的研究及交流,逐渐形成了具有特色的中国自然辩证法学派。该会于1987年正式加入国际科学哲学联盟委员会,为该组织的团体会员,并于1987年和1991年派团参加了在瑞典和莫斯科召开的第八届、第九届国际逻辑学、方法论、科学哲学大会。

2003年5月24日,为纪念邓小平同志批准成立中国自然辩证法研究会25周年,中华人民共和国国家邮政局发行了一套纪念邮资封,全套1枚。志号JF.71。邮资图规格40毫米×30毫米;信封规格208毫米×110毫米。

JF.71(1—1)"中国自然辩证法研究会成立25周

年" 邮资图采用了现代艺术表现手法,对原子模型和宇宙悬臂结构进行概括提升,寓意中国自然辩证法研究会包容广泛的特质。信封图案的设计吸收了中国传统文化阴阳互补的理念,体现出该研究会综合渗透的特质。画面上标有"中国自然辩证法研究会成立25周年"和"CSDN"中、英文名称,点明了纪念的主题。邮资面值80分,每枚售价1.20元。发行量200万枚。布纹纸。彩色胶印。陈楠设计。北京邮票厂印制。

注:JF.71原定于2003年5月9日发行,因故推迟至2003年5月24日发行。

笔者对JF.71收集、研究后发现:

JF.71的暗记 在邮资图上右下角"中国自然辩证法研究会成立25周年"中的数字"25",采用红色专版印制。

JF.71的防伪措施 JF.71是继JF.65《第20届国际制图大会》纪念邮资封在邮资图上采用无色粉红防伪荧光油墨之后,第二枚采用防伪荧光油墨印制的纪念邮资封。

【JF.72 人民邮电出版社建社50周年】50th Anniversary of Founding of Posts and Telecommunications Press 人民邮电出版社成立于1953年10月1日,是先后隶属原中华人民共和国邮电部和信息产业部主管的中央级科技出版社。人民邮电出版社自成立以来,从当年的立足邮电、服务邮电,到1998年拓展为"立足信息产业、面向现代社会、传播科学知识、服务科技兴国",始终坚持"为人民服务、为社会服务"的出版方针。自建社以来,出版了大量图书、期刊等,如今已成为集图书、期刊、音像电子出版物和网络出版为一体的综合性科技出版社。现每年出版通信、计算机、电子技术、教材、经营管理、集邮、交通、少儿、商务英语等图书两千三百多种,同时出版《通信科学报》、《电信技术》、《通信世界》、《无线电》、《学电脑》、《集邮》、《摩托车》、《高保真音响》、《米老鼠》等12种期刊;每年出版音像电子出版物三百余种,网络出版物四百多种。至2003年,邮电版图书零售市场占有率已连续五年居全国前十位;累计已有三百余种图书、期刊和音像电子出版物获得省、部级以上奖项;出版社连续十年保持中宣部、新闻出版署授予的"全国优秀出版社"称号,连续三年保持新闻出版署授予的全国"讲信誉重服务出版单位"称号,荣获1995年度"优秀印制质量出版社金奖",2000年获得"全国版权贸易先进单位"荣誉称号等。人民邮电出版社出版的大量技术新、实用性强、质量高的图书和期刊,在全国广大读者心目中树立了良好的品牌形象。在未来的发展中,人民邮电出版社实现"四个转变"、"四个经营"、"四个战略"。"四个转变"即从专业出版向专业教育出版的转变;从出版产品提供商向综合信息服务商的转变;从产品经营向资本经营的转变,扩大兼并合作并购;从传统出版向现代出版的转变。"四个经营"即集约化经营、多元化经营、规模化经营、集团化经营。"四个战略"即人才战略、品牌战略、精品战略、国际化战略。

2003年9月19日,为纪念人民邮电出版社建社50周年,中华人民共和国国家邮政局发行了一套纪念邮资封,全套1枚。志号JF.72。邮资图规格25毫米×35毫米;信封规格208毫米×110毫米。

JF.72(1—1)"人民邮电出版社建社50周年" 邮资图采用了图书和期刊组成的装饰图案,创造出了一种想象空间。信封图案既有图书、期刊组成的装饰图案,也有左下角打开的一页页书籍,虚实结合,展现出了人民邮电出版社50年做出的贡献。特别是用光盘作为"人民邮电出版社建社50周年"中的那个"0"数字,巧妙地预示着出版业数字化的未来。邮资面值80分,每枚售价1.20元。发行量200万枚。布纹纸。彩色胶印。阎炳武设计。北京鸿纳邮品股份有限公司印制。

笔者对JF.72收集、研究后发现:

JF.72的防伪措施 邮资图中心图案和下部的铭记、面值,以及信封图案上的"人民邮电出版社建社"和"周年"文字,均采用蓝、红两块专版套印而成,套印后的复合油墨,呈紫黑色;邮资图采用细和细微的双边框线。

【**JF.73 中国工商银行成立二十周年**】The 20th Anniversary of Industrial and Commercial Bank of China

中国工商银行是中国最大的商业银行。它的组建成立,起源于1982年7月,当时的国务院领导姚依林、王纪云、张劲夫联名向中央财经小组建议设立一个有权威的中央银行。正是这项建议促成中国工商银行的诞生。根据建议,中国人民银行很快成立了由刘鸿儒任组长的"银行机构改革小组",在集思广益的基础上,向国务院上报了《关于中国人民银行职能及其与专业银行关系问题的请示》,国务院发文批转了这个文件。文件明确了中国人民银行是我国的中央银行,是国务院领导下的统一管理全国金融的国家机关。1983年9月17日,国务院发布了《关于中国人民银行专门行使中央银行职能的决定》,正式宣布了中央银行制度的确立,并具体规定了人民银行的十项职责,在文件第5条规定:"成立中国工商银行,承担原来由人民银行办理的工商信贷和储蓄业务。"这是"中国工商银行"这个名字,首次正式出现在文件中。1983年12月30日,在北京中国科学院小礼堂召开了成立大会,1984年1月1日,中国工商银行正式成立。由于工商银行办理的工商信贷和储蓄业务是从人民银行分离出来的,干部也是从人民银行抽调的,经国务院决定,由人民银行主管信贷业务的副行长朱田顺担任董事长,由陈立担任行长、党组书记,人民银行的诸蓄局局长尹志海、工商信贷局局长张肖、科技局局长田同五担任副行长;各省(市)、地(市)行的人事安排基本上也采取同样的办法。中国工商银行全国两千多个分支机构在一年内就挂出了牌子,顺利地开展起业务。中国工商银行建行初期,总行办公地在北京三里河。在成立二十年间,已发展成中国最大的商业银行,其资产总额已近五万三千亿人民币、拥有两万四千多家分支机构,成为占中国境内银行业金融机构资产总和近五分之一的"航母级"金融机构;拥有中国最多的客户群,终一亿个人客户和八百一十万法人客户;拥有四十余万名员工。曾连续三次分别被著名财经杂志英国的《银行家》和美国的《环球金融》评为"中国最佳银行";《银行家》按一级资本对全球一千家大银行进行排序,中国工商银行已连续四年入选前十名,连续五年在国内排名第一;美国《财富》杂志,按营业收入对世界500强企业进行排序,中国工商银行已连续四年入选。中国工商银行的成立与发展,为实行央行体制改革并为中国经济发展护航承担了很好的责任。

2004年1月1日,为庆祝中国工商银行成立二十周年,中华人民共和国国家邮政局发行了一套纪念邮资封,全套1枚。志号JF.73。邮资图规格30毫米×30毫米;信封规格208毫米×110毫米。

JF.73(1—1)"中国工商银行成立二十周年" 邮

资图呈菱形，图案由中国工商银行标志和英文名称缩写"ICBC"，以及彩带组成，寓意庆祝中国工商银行成立二十周年。中国工商银行标志由中央工艺美术学院陈汉民教授设计。标志以中国古代圆形方孔钱币和"工"字为图案，象征中国工商银行；"工"字图案四周形成四个面和八个直角，象征工商银行的业务发展；方圆几何图形，象征工商银行与客户之间相互依存的融洽关系。其标志造型严谨、内涵丰富，富有鲜明的民族个性与美感。信封图案由"2"与中国工商银行总部大楼照片外景裁切成的"0"，共同组成阿拉伯数字"20"字样。上方印有红色"中国工商银行成立二十周年"字样，点明了主题。邮资面值 80 分，每枚售价 1.20 元。冯小红设计。冯志摄影。布纹纸。彩色胶印。发行量 150 万枚。北京邮票厂印制。

笔者对 JF.73 收集、研究后发现：

JF.73 的暗记　暗记在邮资图中心中国工商银行标志中的"工"字上，其右下角呈网线印制，但尖角则为实印。

JF.73 的防伪措施　JF.73 邮资图中红色中国工商银行的标志图案，采用红色荧光防伪油墨印制，但信封图案并未采用这一防伪措施。

【JF.74 第一届世界地质公园大会】The First International Conference on Geoparks　地质公园是以地质科学意义、珍奇秀丽和独特的地质景观为主，融合自然景观与人文景观的自然公园。1996 年，联合国教科文组织地学部正式提出建立"世界地质公园"，以有效地保护地质遗迹。1999 年 11 月，中国国土资源部在山东威海市召开会议，通过了十年地质遗迹保护规划，同时决定建立中国国家地质公园。2001 年~2004 年，中国共分三期评审建立了 85 个国家地质公园。2004 年 2 月 13 日，在法国巴黎的联合国教科文组织总部审批了第一批世界地质公园的名单，在首批世界地质公园的名单中，中国占了 8 个，数量最多。此外，德国 3 个、英国 3 个、法国 2 个、希腊 2 个、西班牙 2 个、爱尔兰 1 个等。首批 25 个世界地质公园，都具有各自的特色，如爱尔兰的世界地质公园，是以海蚀地貌为特点，而希腊的世界地质公园，有一家则是以石化的木头为特点。中国 8 个世界地质公园的地质特色，在全球具有代表性：黄山世界地质公园属花岗岩峰林景观，千米以上的高峰有 72 座，在立马桥、天都桥、北海等地段，被认为具有第四纪冰川而闻名；庐山世界地质公园主要地质遗迹类型为地质地貌、地质剖面，地质公园内发育有地垒式断块山及第四纪冰川遗迹，以及第四纪冰川地层剖面和早元古代星子岩群地层剖面；石林世界地质公园主要地质遗迹类型为岩溶地质地貌，石林形态类型主要有剑状、塔状、蘑菇状及不规则柱状等，鬼斧神工，奇妙无比；云台山世界地质公园以构造单面山体地貌和断崖飞瀑、幽谷清泉地貌为特征；丹霞山世界地质公园又称"中国红石公园"，由高达几百米赤壁悬崖峭壁构成的山峰拔起于平川或岸之上，危崖劲露，大多直立或呈反坡，令人望而生畏；张家界世界地质公园主要地质遗迹类型为砂岩峰林地貌、岩溶洞穴，石峰形态各异，优美壮观，是世界上极为罕见的砂岩峰林地貌，有重大科学价值；五大连池世界地质公园主要地质遗迹类型为火山地质地貌，是世界上保存最完整、最典型、时代最新的火山群，被誉为"中国火山博物馆"；嵩山世界地质公园主要地质遗迹类型为地质（含构造）剖面，在公园范围内，连续完整地出露 35 亿年以来五个地质历史时期的地层，构造形迹典型，被地质界称为"五代同堂"，是一部完整的地球历史"石头书"。2004 年 6 月 27 日~29 日，第一届世界地质公园大会在北京举行。这是联合国教科文组织决定在全球推进世界地质公园网络建设后的首次大会。本届大会的主题是"地质遗产保护和可持续发展"。本届大会产生两项重要成果：一是制定、通过《世界地质公园大会》章程；二是发表能保护地质遗迹的《北京宣言》。大会期间，举行学术报告会、地质遗迹和地质公园展览、世界地质公园授牌、地质公园旅游推介等多种活动。大会的目的是交流各国地质遗产保护和地质公园建设的经验，推动世界地质公园的健康发展，更好地保护地质遗产；促进地质遗产为科学普及服务，为地方经济的可持续发展服务；促进人地和谐，更好地保护和珍爱人类生活的地球。这次大会成为全球地质公园发展史上重要的里程碑。

2004 年 6 月 27 日，为庆祝第一届世界地质公园大会在中国北京召开，中华人民共和国国家邮政局特发行了一套纪念邮资封，全套 1 枚。志号 JF.74。邮资图规格 26 毫米×26 毫米（菱形）；信封规格 208 毫米×110 毫米。

JF.74(1—1)"第一届世界地质公园大会"　邮资图采用了第一届世界地质公园大会会徽。会徽呈菱形，

由地球图形和恐龙骨骼组成图案,寓意历史久远的地质世纪。信封图案由第一届世界地质公园大会标志与世界各种地质景观和地球地质层简明剖面示意图组成。大会标志图案中的地球地质层简明剖面示意图,犹如世界地质公园大门,由此徐徐步入,便可尽情观赏大自然创造出的艺术奇观!邮资面值80分,每枚售价1.20元。发行量200万枚。布纹纸。彩色胶印。沈嘉宏、陈楠设计。北京邮票厂印制。

注:信封图案中的英文"GEOPAPK"字样,应为"GE-OPARKS",少写了一个"S"字母,应为"错封"。

笔者对JF.74收集、研究后发现:

JF.74的版型　有A、B两种版型。其主要区别有三处:①A型邮资面值"80分"中的"80"与"分",两者相距很近,B型则较远。②信封图案左边折向背面的部分,A型较多,B型则较少。③观察印刷网点排列组合特征,A型与B型多存有不同。

JF.74的印刷变异　JF.74有裁切移位。

JF.74的防伪措施　JF.74邮资图上面值"80分"中的"80",采用专色网纹版印制;信封图案上封题"第一届世界地质公园大会"采用三专色套印,其中黑版为网纹版。与此同时,还采用了防伪荧光油墨印制。

【JF.75 第一次全国经济普查】The First National Economic Census　经济普查事关国计民生,是一项利国益民的大事。为适应经济和社会发展需要,并与国家编制五年计划更好地衔接,推进国民经济核算与统计调查体系综合配套改革,国务院决定,将原定于2003年进行的第三次全国第三产业普查推迟,与计划在2005年开展的第四次全国工业普查和2006年开展的第三次全国基本单位普查合并,同时将建筑业纳入普查范围,在2004年开展第一次全国经济普查。此后全国经济普查每十年进行两次,分别在逢3、逢8的年份实施。第一次全国经济普查的标准时间点为2004年12月31日,时期资料为2004年度。第一次全国经济普查的目的,是为了全面掌握我国第二产业、第三产业的发展规模、结构和效益等情况,建立健全基本单位名录库及其数据库系统,为研究制定国民经济和社会发展规划,提高决策和管理技术水平奠定基础。这对研究制定国民经济和社会发展规划,优化经济结构,改革宏观调控,开拓新的就业渠道,提高人民生活水平,全面建设小康社会,具有重要意义;对改革统计调查体系,完善国民经济核算制度,健全统计监测和预警、预报系统,将发挥重要作用。第一次全国经济普查的主要内容包括:单位标志、从业人员、财务收支、资产情况,以及企业的主要生产经营活动和生产能力,主要原材料和能源消耗及技术开发的投入状况等。第一次全国经济普查的对象是我国境内从事第二产业和第三产业的全部法人单位、产业活动单位和个体工商户。具体范围涉及了除农业以外的采矿业、制造业,电力、燃气及水的生产和供应业,建筑业,交通运输、仓储和邮政业,信息传播、计算机服务和软件业,批发和零售业,住宿和餐饮业,金融业,房地产业,租赁和商务服务业,科学研究、技术服务和地质勘查业,水利、环境和公共设施管理业,居民服务和其他服务业,教育,卫生、社会保障和社会福利业,文化、体育和娱乐业,以及公共管理和社会组织等19个国民经济行业门类、90个行业大类、378个行业中类、875个行业小类的全部经济活动。

2004年12月31日,为纪念第一次全国经济普查,中华人民共和国国家邮政局特发行了一套纪念邮资封,全套1枚。志号JF.75。邮资图规格25毫米×25毫米(菱形);信封规格220毫米×110毫米。

注:自JF.75开始,国家邮政局发行的纪念邮资封规格由208毫米×110毫米改为220毫米×110毫米。

JF.75(1—1)"第一次全国经济普查"　邮资图采用了第一次全国经济普查徽志。徽志由汉语拼音的两个"C"字母和一个"J"字母组成。第一次全国经济普查的内容是第二产业和第三产业的规模、结构和效益等信息,两个"C"字母是第二产业和第三产业中两个"产"字的汉语拼音字头;"J"字母是"经济普查"汉语拼音字头;"J"字母上标有"2004"年份,点明了全国经济普查时间。信封图案为第一次全国经济普查徽志。邮资面值80分,每枚售价1.20元。发行量200万枚。布纹纸。彩色胶印。郝欧设计。北京邮票厂印制。

笔者对 JF.75 收集、研究后发现：

JF.75 的版型 有 A、B 两种版型。其主要区别为：从宏观上看，A 型信封图案左边折向背面的部分极少（仅与折处对齐），B 型则折向背面的部分较多；从微观上看，邮资图和信封图案各色刷色网点存在有不同，最主要的是邮资图中徽志中的"CCJ"三个变形字母，其收笔处外围顶头处差异很明显。

JF.75 的防伪措施 JF.75 采用红色荧光防伪油墨印制。

【JF.76 故宫博物院建院八十周年】The 80th Anniversary of the Establishment of the Palace Museum 故宫又称紫禁城。有关故宫博物院的建筑和历史知识，详见新版《中国集邮百科知识》J·120《故宫博物院六十周年》。新中国成立之后，人民政府对故宫博物院有计划地大力进行修缮、保养工作，并将收藏文物逐步地重新布置陈列。现藏有文物一百五十万件。1961 年，故宫博物院被列为我国首批全国重点文物保护单位。1987 年，根据联合国教科文组织的文化遗产遴选标准，故宫博物院被列为世界文化遗产。每天到故宫博物院参观的中外游客，最多时达到二十万人。

2005 年 10 月 10 日，为庆祝故宫博物院建院八十周年，中华人民共和国国家邮政局发行了一套纪念邮资封，全套 1 枚。志号 JF.76。邮资图规格 30 毫米×30 毫米；信封规格 220 毫米×110 毫米。

JF.76(1—1)"故宫博物院建院八十周年" 邮资图采用了故宫博物院建院八十周年征集的故宫博物院徽。院徽由著名邮票设计家邵柏林设计。院徽图案为"宫"字形，"宫"字上的一"点"取材于"海水江崖"和玉璧的图形元素，"海水江崖拱玉璧"，寓意吉祥如意、源远流长；璧又象征国之瑰宝，国之尊严，用以寓意故宫博物院如拱璧地庋藏并保护一百五十万件文物；"宫"字的两个"口"，正好符合紫禁城"前朝后寝"的建筑理念；"宫"字下边不封口，寓意过去的皇宫是封闭的，今天的故宫博物院是开放的。院徽图案准确、简约、抽象，既有独创性，又有艺术性，既传统又现代，能和谐融入故宫的环境中。信封图案由故宫太和殿和石狮子组成，"80"字样饰以"海水江崖"和彩云，洋溢着建院八十周年的喜庆气氛。邮资面值 80 分，每枚售价 1.20 元。发行量 88 万枚。布纹纸。彩色胶印，防伪油墨。王虎鸣设计。北京邮票厂印制。

笔者对 JF.76 收集、研究后发现：

JF.76 的版型 有 A、B 两种版型。其主要区别有两处：①在邮资图左下角和右下角上的红色版纹，微观上（网点多少）存有不同。②在信封图案上"故宫博物院建院 80 周年"文字，其笔画上的网点，A 型与 B 型也存有不同。

JF.76 的防伪措施 JF.76 采用红色荧光防伪油墨印制。

JF.76 的暗记 暗记在信封图案的竖写封题"故宫博物院建院"和"周年"文字上，每个文字都有笔画断笔。

【JF.77 2005 珠穆朗玛峰高程测量】Elevation Measurement for Mt. Qomolangma in 2005 珠穆朗玛峰是喜马拉雅山的主峰，是世界第一高峰，位于中国西藏自治区和尼泊尔交界处。珠穆朗玛系藏语后妃女神名的音译。据史料记载，中国早在元朝就有关于珠穆朗玛峰的详细记录。公元 1717 年（清康熙五十六年），清朝康熙皇帝派楚儿沁藏布兰木占巴和胜住两名喇嘛，从青海西宁进入西藏绘制图纸。他俩在其绘制的西藏地图上第一次明确标出珠穆朗玛峰，并记载到清朝《皇舆全览图》上；当时汉文译名为朱母郎马阿林。对于珠穆朗玛峰高程的测量，历来有过多次；1856 年印度测得第一个正式结果，珠峰高 29000 英尺（相当于 8839.2 米），但在正式公布时却为 29002 英尺（相当于 8839.8 米），之所以在公布时随意加了 2 英尺，是因为有关当局为让人们更信服（精确到个位数）。20 世纪 50 年代，印度政府又组织了一次对珠穆朗玛峰高程的测量，结果是 29028 英尺（相当于 8847.7344 米）。1954 年，印度有位名叫古拉提的测量师测得珠穆朗玛峰的高度为 8847.6 米。1953 年 5 月 29 日，新西兰人埃德蒙·希拉里和尼泊尔人登津·诺盖登上了珠峰之后，基于山上的 12 个测量点，测得珠峰高度为 8848 米。这一测量结果被尼泊尔政府所采用。1975 年，中国组织了规模浩大的珠峰科学考察测量行动，经过登顶测量，测得珠峰的高度为 8848.13 米。1992 年，意大利科学家乔治·普瑞迪带队登顶珠峰，测得珠峰的高度为 8846.50 米。1992 年 5 月，以美国登山家、探险家、摄影家布拉德福德·沃什伯恩博士为首的，由美国登山者和尼泊尔登山者组成的登山队，登上珠峰并使用全球卫星定位系统（GPS）测得的珠峰高度为 8846 米。1999 年 5 月，仍由美国登山家、探险家、摄影家布拉德福德·沃什伯恩博士主持,依靠现代化技术再次测量珠峰高度,测量结果于 1999 年 11 月在美国国际地理学会年会上宣布为 8850 米。最近一次对珠穆朗玛峰高程测量是中国在 2005 年进行的。2005 年 3 月 10 日,我国国家测绘局组织的 2005 年珠峰高程测量队从西安出发,于 3 月 15 日到达青海格尔木,开始珠峰高程测量工作。3 月 29 日,珠峰测量仪器设备从北京运发,于 4 月 7 日抵珠峰高程测量队大本营,主要包括置于峰顶的测量标志——觇标,用于测量峰顶冰雪深度的冰雪雷达测量仪,以及 GPS 测量设备等。5 月 22 日 11 时 08 分～12 时 20 分,我国登山测量队携带精密测量设备成功登上珠穆朗玛峰峰顶,在珠峰峰顶架设了三角测量觇标,激光测距反射棱镜;利用冰雪探测雷达对峰顶覆盖的冰雪厚度进行测量;利用 GPS 全球定位技术完成了 36 分钟空间定位测量等,对珠峰峰顶测量进行得很成功。6 月 12 日,全部测量数据送抵西安国际测绘局大地测量数据处理中心,随即开始了各种测量数据的处理和计算工作。为确保测量数据的准确性,国家测绘局同时还邀请中国科学院、总参测绘局、武汉大学等专家,对计算数据进行了全面的检测。2005 年 10 月 9 日上午 10 时,在国务院新闻办公室举行的新闻发布会上,国家测绘局局长陈邦柱正式向全世界郑重宣布,2005 年中国对珠峰高程测量获得的最新数据为:珠穆朗玛峰峰顶岩石面海拔高程 8844.43 米。珠穆朗玛峰峰顶岩石面高程测量精确度 ±0.21 米;峰顶冰雪深度 3.50 米。原 1975 年公布的珠峰高程数据 8848.13 米停止使用。中国这次对珠峰高程测量,综合使用了多种测量手段,并且首次使用冰雪雷达探测仪,还在离珠峰峰顶不远的一块裸露岩石上,安装了一个永久性的 GPS 测量标志,为今后研究珠峰高程的变化提供一个参照。

2005 年 10 月 18 日,为祝贺 2005 珠穆朗玛峰高程测量取得圆满成功,中华人民共和国国家邮政局发行了一套纪念邮资封,全套 1 枚。志号 JF.77。邮资图规格 40 毫米×26 毫米;信封规格 220 毫米×110 毫米。

JF.77(1—1)"2005 珠穆朗玛峰高程测量" 邮资图为珠穆朗玛峰和珠峰大本营矗立的珠峰高程测量纪念碑,背景为深远的蓝天。纪念碑于 2005 年 4 月 24 日立。西藏自治区测绘局扎西多吉设计。纪念碑碑体高 2.4 米,宽 1.2 米,厚 0.2 米,碑座高 0.95 米,碑体总高 3.35 米,由整块花岗岩打造而成,整体形状酷似珠峰外形,上面刻有汉、藏、英三种文字的"珠穆朗玛峰高程测量纪念碑"和"海拔 8844.43 米"字样。碑体背面记载了珠峰的基本情况和我国对其高程测量的情况。纪念碑位于珠峰海拔 5200 米大本营西侧的一个小山坡上,与珠峰的直线距离为 15 公里左右,正对珠峰。纪念碑前面的小山包就是登山遇难者的墓地,后面是珠峰高程起算点。这是中国首次在珠峰大本营矗立珠峰高程测量纪念碑。信封图案以计算机二进制符号为背景,描绘了测绘人员采用现代化测量手段测量珠峰高程的情景。邮资面值 80 分,每枚售价 1.20 元。发行量 67 万枚。布纹纸。防伪油墨,胶版彩印。王虎鸣设计。北京邮票厂印制。

笔者对 JF.77 收集、研究后发现:

JF.77 的版型 有 A、B 两种版型。其主要区别为:从宏观上看,邮资图距信封右边沿距离,A 型较近 B 型较近;信封图案距信封左边沿的距离,A 型较远,B 型较近。从微观上看,邮资图和信封图案上的文字和刷色在网点组成上,存有多处不同。

JF.77 的防伪措施 JF.77 采用红色防伪荧光油墨印制。

【JF.78 人民教育出版社建社 55 周年】The 55th Anniversary of the Founding of People's Education Press

1950 年 12 月 10 日,人民教育出版社正式成立。这是新中国成立后建立的第一个专业出版社。人民教育出版社是教育部直属的从事基础教育教材和教育图书的研究、编写、出版和发行的大型专业出版社。我国著名教育家、文学家、出版家叶圣陶先生自人民教育出版社成立时起,曾长期担任社长兼总编辑。党和国家几代领导人十分关心人民教育出版社的发展,毛泽东同志在该社成立时亲笔题写社名。人民教育出版社自建社以来,认真贯彻党的教育方针和国家出版工作的方针政策,秉承"敬业、严谨、团结、创新"的社训,艰苦奋斗,开拓进取,与时俱进,服务教育,逐步发展成为我国最大的基础教育教材和教育图书建设基地。一代一代优秀学者、教材专家和编辑人员以对祖国、对人民、对子孙后代负责的态度,辛勤耕耘,为我国青少年默默奉献优秀的教科书,每年都能确保"课前到书,人手一册",赢得了全国亿万中小学生的尊敬。人民教育出版社出版的优秀教材,培育了一代又一代青少年学生,使他们茁壮成长,成为祖国的栋梁之材,为发展我国基础教育事业,为提高中华民族素质,做出了重要而特殊的贡献。多年来,人民教育出版社高扬课程教材改革的旗帜,先后编写和出版了十套全国通用中小学教材,累计出版物两万余种,发行量逾五百亿册。在科研方面,该社承担的国家级科研课题和部级科研课题,受到专家的肯定。在全国中小学中有二分之一选用了人民教育出版社出版的教材。该社出版的图书,在有关方面组织的国家图书奖、中国图书奖、国家音像制品奖和国家电子出版物奖的评选活动中,连续榜上有名。该社先后被新闻出版署有关部门授予"讲信誉重服务出版单位"称号,被评为"读者最喜欢的八家出版社"之一,被中央国家机关工委授予"精神文明建设先进单位"。

2005年12月1日,为祝贺人民教育出版社建社55周年,中华人民共和国国家邮政局发行了一套纪念邮资封,全套1枚。志号JF.78。邮资图规格25毫米×30毫米;信封规格220毫米×110毫米。

JF.78(1—1)"人民教育出版社建社55周年" 邮资图为人民教育出版社社徽,背景衬以"55"彩色字样。社徽呈菱形,图案为双手呵护着绿色幼苗。信封图案为该社从建社以来,不同时期出版的教科书和"人民教育出版社建社55周年"字样,其中"人民教育出版社"7个字为毛泽东题写社名的手书。邮资面值80分,每枚售价1.20元。发行量57万枚。布纹纸。彩色胶印。李欣设计。辽宁省沈阳邮电印刷厂印制。

笔者对JF.78收集、研究后发现:

JF.78的版型 有A、B两种版型。其主要区别是:A型与B型印刷网点布局存有较多的不同,这从邮资图上面值"80分"的笔画网纹特征不同,便可加以区别。

JF.78的印刷变异 邮资图上铭记和面值套色移位,造成似复印的双笔画变异。

JF.78的防伪措施 JF.78采用红色荧光防伪油墨印制。

JF.78的暗记 邮资图中铭记和面值"80分",虽均采用黑色专版印制,但铭记为实印,"80分"为网纹版印制。

六、纪念邮资明信片研究概论
The Outline of Commemorative Postcard Study

【纪念邮资明信片】**Commemorative Stamped Postcard** 纪念邮资明信片简称JP，是"纪念邮资明信片"中的"纪"、"片"二字汉语拼音字头的缩写。它是我国邮政部门为纪念重大事件、重要节日或重要人物而发行的邮政用品。自1984年8月1日～19日首次发行JP.1《中国在第23届奥运会获金质奖章纪念》开始，到2007年11月5日发行JP.146《中国艺术节》为止，共计发行纪念邮资明信片146套184枚。其中JP.1全套共计16枚、JP.2全套2枚、JP.10全套2枚、JP.13全套2枚、JP.15全套6枚、JP.49全套2枚、JP.63全套4枚、JP.72全套4枚、JP.78全套2枚、JP.79全套4枚、JP.82全套2枚、JP.91全套2枚、JP.97全套2枚、JP.102全套2枚，其余均为全套1枚。总体看来，全套1枚的共132种，全套2枚的共9种，全套4枚的共3种，全套6枚的1种，全套16枚的1种。

通览JP发行的全貌，自1984年发行以来，其发行主题广泛，涉及国内、国际重大事件，重要纪念日、节日和人物，以及体育、科技、工青妇、医学、经济建设、集邮活动等。每年发行的套数和枚数并不均等，最少的是1986年，全年仅发行了2套共计2枚；最多的是1999年，全年共发行12套17枚；全年发行枚数最多的是首次发行的1984年，在不到半年的时间里，虽然仅发行了2套，但有18枚之多。

在JP发行中，值得注意的是按照它的志号编排，依次为JP.1、JP.2、JP.3……但到了JP.22，因计划1990年5月17日发行的JP.22（1—1）《香港中银大厦落成纪念》英文名称有误，故邮电部在临发行前的5月15日晚，向全国邮电部门发出加急电报，撤销发行。之后，它所占有的JP.22志号，被后来发行的《第31届国际数学奥林匹克1990·北京》纪念邮资明信片所顶替。因此，在纪念邮资明信片发行系列中，曾有过两个JP.22志号，这也使JP同J、T票一样，有了因出现差错而撤销发行的未发行邮资票品。而这种未发行邮资票品，又因地方邮政部门违规提前出售，便有少量从邮政正常渠道流出（错体停发），致使这种邮资票品弥足珍贵。

在JP发行过程中，由于某种原因或临时加发，也出现了其志号并不完全按照发行时间先后依次排列的现象，如JP.5发行首日为1985年10月24日，JP.6则为

1985年10月13日；JP.14发行首日为1988年10月24日，JP.15则于1988年9月21日～10月11日陆续发行；JP.22《第31届国际数学奥林匹克1990·北京》于1990年7月11日首发，JP.23则于1990年5月14日就发行了；JP.141于2007年8月6日发行，而JP.143则于2007年7月28日就发行了。除此之外，还有一些情况也值得注意。像本来按计划发行的纪念邮资明信片，由于纪念主题因故推迟，致使发行首日并不是纪念主题首日，如JP.3《中国科学技术协会第三次代表大会》纪念邮资明信片，大会推迟到1986年6月23日才召开（见图），而JP.3的发行首日则为1985年4月10日。也有因故不能按原计划发行而推迟发行首日，如JP.32《'92中国友好观光年》，原计划1992年3月10日发行，但在印制完成后，发行前发现纪念邮资明信片的英文标头"Postcard China Post"不妥（具体说明见本书JP.32），临时取消发行，推迟到1992年4月17日发行。英文标头不妥的JP.32虽已销毁，但仍有极少量流入邮市，其售价相当不菲。

【JF研究】**Research** 对JP进行全面研究，必须做到既要对它进行宏观研究，又要对它进行艰苦的微观研究，二者缺一不可。从研究辨伪、变异、分型等来说，对其进行微观研究就更显得重要。对JP进行全面研究，主要从以下几个方面进行。

JP版别 从JP.1～JP.146，均采用彩色胶版印制。版别单一，也是JP的一大特点。尽管都是采用彩色胶印，但又存在明显的不同。主要区别在于版纹不同：有的色彩采用专色实印，如JP.1上的明信片标头和名址线、JP.13上的明信片标头、名址线和志号；有的色彩采

用网点套印,依照三原色中和来呈现;有的采用反阴版(反白)来呈现白色;有的网点大小不一样,网纹疏密不同,网纹呈现的夹角也各不相同等。从微观上进行研究,对于辨伪、分型等都是十分必要的。

JP 纸质 JP 的用纸,要比印制它的版别有所变化。从 JP.1～JP.146,尽管都采用白卡纸印制,但由于制作白卡纸的方法和工艺不同,纸质也就有所不同。JP.1 采用布纹白卡纸印制,在全套 16 枚中,所有布纹纸因布纹的粗细不同(正面有布纹、背面无布纹),又有粗布纹纸和细布纹纸两种不同;JP.8 采用电光白卡纸,正面光亮,背面不光亮,在 JP 中,仅此一套一枚采用这种纸印制;其余均采用正反面相同的白卡纸印制。这些白卡纸,从表面色泽看,又有雪白和灰白的区别;有的纸质中有荧光填料,有的则无,因此,在紫光灯照射下,呈现的色泽也不相同。

JP 刷色与变异 所有 JP,均采用四色以上胶印,色彩艳丽、丰富。但由于发行量较大,在印制过程中,因不同班次工人在调制油墨时出现差异,致使有的成品在刷色上出现明显的不同,严重的刷色差异则成为错色,如 JP.21《中华人民共和国香港特别行政区基本法》,其邮资图绿色背景就有两种截然不同的刷色,一种为浅绿色,另一种则为墨绿色。在印制 JP 过程中,偶尔也会出现漏色或局部漏色,如 JP.3 漏印明信片标头、名址线和志号,JP.17、JP.62 局部漏色等。

JP 规格 从 JP.1～JP.153,其明信片规格为统一的标准 148 毫米×100 毫米。明信片上的邮资图,由于大小不一,形式各不相同,其规格也各不相同。

JP 邮资图与铭记 从 JP.1～JP.146,邮资图大多为长方形,也有正方形、菱形、圆形、不规则的异形等。正方形邮资图,如 JP.25、JP.29、JP.93 等;菱形邮资图,如 JP.4、JP.99、JP.122、JP.126 等;不规则的异形邮资图,如 JP.44、JP.50、JP.66、JP.102、JP.105、JP.113、JP.120 等;圆形邮资图,如 JP.109、JP.127 等;还有正三角形和倒三角形邮资图,如 JP.129、JP.138。值得一提的是,在纪念邮资明信片中,其邮资图为"票中票",只有 JP.6(见图)。纪念邮资明信片上的邮资图,四周有齿孔,均为模拟齿孔;无齿孔的,外加边框线或者不加。

JP 邮资图上所印铭记有两种 一种为"中国人民邮政",另一种为"中国邮政"和"CHINA"。自 1984 年发行的 JP.1 到 1991 年 10 月发行的 JP.31,其邮资图上的铭记均为"中国人民邮政";自 1992 年发行 JP.32～JP.146,其邮资图上的铭记均为"中国邮政"和"CHINA"。

JP 面值 JP 邮资图上的面值不是一成不变的,它同邮票一样,随着通信邮资的不断调整,也在不断变化。

具体来说,从 JP.1～JP.24,其面值绝大多数为 4 分,只有在 JP.1 和 JP.2 中,各有 1 枚 70 分;在 JP.10 中,有 1 枚 90 分;在 JP.13 中,有 1 枚 30 分。从 JP.25～JP.57,其面值绝大多数为 15 分,只有 JP.32 面值为 1.60 元,JP.49 中有 1 枚 2.30 元。从 JP.58～JP.75,其面值绝大多数为 40 分,在 JP.63 中有 2 枚面值为 420 分,在 JP.72 中也有 2 枚面值为 420 分。从 JP.76～JP.138,绝大多数面值为 60 分,只有 JP.78 中有 1 枚 420 分;JP.79 中有 2 枚 420 分;JP.97 和 JP.102 中,也各有 1 枚 420 分。从 JP.139～JP.146,其面值均为 80 分。由此可见,JP 发行的邮资面值有 4 分、15 分、30 分、40 分、60 分、70 分、80 分、90 分、1.60 元、2.30 元、420 分,共计有 11 种之多。

JP 片名与标头、名址线形式 JP 片名绝大多数采用中、英文双文字表示;极少数采用中、英、藏三种文字表示,如 JP.47《布达拉宫维修工程竣工》、JP.123《西藏江孜抗英斗争 100 周年》等;也有仅采用中文片名,而无英文片名,如 JP.120《2004 年中国亚洲杯足球赛》;还有中、英文片名皆无的,如 JP.13、JP.118、JP.126 等。有趣的是,有些大套纪念邮资明信片由于发行枚数难在事先确定,因此片上的志号只编了套数顺序号,而未编全套枚数顺序号,为此,在纪念邮资明信片上常标有两个片名,均采用中、英两种文字表示,如 JP.1、JP.15,每枚片上既标有全套片的片名,又标有单枚片所反映主题的片名(获得奥运金牌的项目),这种有着正、副两种片名的做法,也就弥补了全套无枚数顺序号的缺憾。

JP 片名大多印在明信片左边片图的左上方或左下方;也有印在片图上或与片图有机结合在一起来表示,如 JP.12、JP.18、JP.43、JP.59、JP.70、JP.88、JP.97、JP.104、JP.107 等。片名多采用印刷体印制,但也有极个别的,其中文片名采用手书印制,如 JP.50、JP.67 等。另外,JP.35《全国沿海开放城市改革开放成就展览会》,由于其片名中文字数太多,致使其英文片名在明信片左上角排不开,只得排列到明信片标头的下部,这种情况在

JP发行中独一无二。

JP的标头表示方式有三种：①JP.1～JP.31（其中JP.13除外）为"中国人民邮政明信片"和其英文。②仅有"中国人民邮政"中文表示，如JP.13《欢迎台湾同胞探亲旅游》，仅此一种。③从JP.32开始，均为"中国邮政明信片"和其英文，其中中文虽删去"人民"二字，但英文译名仍同"中国人民邮政明信片"一样，为Postcard The People's Republic of China.

JP标头的刷色方式，有的中、英文均采用胶版实印，如JP.1；有的只有中文采用胶版实印，如JP.13；其他均采用黑色网点或网纹印制，但在不同时期，其网点或网纹夹角也不尽相同，网点大小和网纹粗细也有所不同。

JP上的名址线，绝大多数为两条横线，仅有JP.13特殊，印有三条横线和一条黑色左倒"T"字线，并在横线前印有"收信人地址"、"收信人姓名"、"寄信人地址姓名"字样（见图）；还有JP.65则未印名址线，这应是设计或制版出现的差错，也是JP中一个特例。

JP名址线的印制构成大致有三种形式：①线条为实线，如JP.1、JP.13。②线条为网点、网线，从JP.2～JP.87，其中除去JP.13外，均采用这种形式。③线条为缩微文字，从JP.88～JP.146，其中除去JP.94、JP.102共两套3枚采用网线线条外，其余均采用微缩文字组合而成。

JP志号形式　JP的志号形式大致有以下几种：①只有套号而无全套枚数号，"JP"字样与套号和发行年份之间，均无"."相隔开，如JP1 1984；"JP"字样与套号之间有"."相隔开，但与发行年份之间无"."相隔开，如JP.15 1988。②套号、全套枚数号均齐全，"JP"字样与套号、套号与全套枚数号，以及与发行年份之间，均采用"."相隔开，仅有JP.5一套，但在发行年份的后边也加了"."，呈现为"JP.5.（1—1）.1985."形式。在"JP"字样与套号、套号与全套枚数号，以及与发行年份之间，均未加"."相隔开，有JP.2、JP.3、JP.9、JP.46～JP.146。纪念邮资明信片中绝大多数志号，采用这种表现形式，如JP2（2—1）1984、JP2（2—2）1984、JP3（1—1）1985。③套号、全套枚数号均齐全，"JP"字样与套号之间，采用"."相隔开，但套号与全套枚数之间，以及与发行年份之间，均未采用"."相隔开，有JP.17、JP.18、JP.20、JP.28、JP.31、JP.36，均呈现如"JP.17（1—1）1989"形式。④套号、全套枚数号均齐全，"JP"字样与套号之间、套号与全套枚数之间，均用"."相隔开，与发行年份之间未加"."相隔开的，有JP.4、JP.5、JP.10～JP.14、JP.19、JP.21～JP.27、JP.29、JP.30、JP.32～JP.45，均呈现如"JP.4.（1—1）1985"形式。⑤套号、全套枚数号均齐全，"JP"字样与套号之间未用"."相隔开，全套枚数号与发行年份之间无"."相隔开，有JP.7、JP.8、JP.16共3套，均呈现如"JP7.（1-1）1985"形式。除上述情况外，在JP志号表现形式上，还有一套很特殊的形式，这就是JP.6。它在"JP"字样与套号、全套枚数号与发行年份之间加有"."相隔开，但在套号与全套枚数号之间并未加"."相隔开，呈现为"JP.6（1-1）.1985"形式。

JP的志号，绝大多数采用胶版网点、网线印制，网点大小、网纹夹角常有所不同；仅有极个别采用胶版实印，如JP.13、JP.1中的最后一枚"金质奖章"。

JP暗记与防伪措施　早期发行的JP，其暗记和防伪措施均比较简单；自2000年年底发行JP.88开始，JP在暗记和防伪措施上，其技术含量均有了较大的提高。

JP的暗记。自JP.1～JP.87，所设暗记均比较简单，多为文字断画、多点、缺角、缺口、数字、网点等。自JP.88～JP.146（其中JP.94、JP.102除外），均在名址线上设有缩微文字暗记。

JP的防伪措施。在早期主要从制版上采取一些措施，技术含量不高。在印制时，有的也采用荧光油墨印制，如JP.10、JP.66、JP.70、JP.99，在紫光灯下，其邮资图均呈现荧光，但又均不如后来采用的防伪荧光油墨的荧光强烈。自JP.115开始，JP均采用防伪荧光油墨印制，不仅邮资图和片图上采用荧光油墨，有的邮政编码红方框上也采用荧光油墨。

JP邮政编码形式　开始发行JP时，我国尚未推行邮政编码。因此，自1984年8月发行JP.1开始，到1988年9月21日发行JP.15止，JP.1～JP.15上均未设置邮政编码。自1989年7月14日发行JP.16开始，在纪念邮资明信片左上角和右下角，分别印有填写邮政编码的方框。左上角方框用来填写收信人所在地的邮政编码；右下角方框用来填写寄信人所在地的邮政编码，以利于信函进行自动化分拣。自JP.16～JP.49，明信片上的邮政编码均采用这种形式。自1995年1月18日发行

JP.50开始,明信片上右下角的邮政编码方框改为"邮政编码"字样,一直沿用至今。

JP 发行单位 JP 自发行以来至今,因国家体制进行改革,其发行单位的名称也在不断变化。JP 发行单位的名称均在明信片左下角采用中、英两种文字署名。自 JP.1～JP.146,其中仅有三套 JP 未署发行单位,即 JP.1、JP.13、JP.15。JP 发行单位在明信片左下角署名的情况,自 JP.2～JP.65(JP.13、JP.15 除外),均署名为"中华人民共和国邮电部发行";自 JP.66～JP.71,均署名"中华人民共和国信息产业部发行";自 JP.72～JP.146,均署名"国家邮政局发行"。

JP 印刷厂家 JP 的印刷厂家主要是北京邮票厂,其承担了 JP 绝大多数的印制任务。除此之外,辽宁省沈阳邮电印刷厂、北京鸿纳邮品股份有限公司等厂家,也承担了极少量的 JP 印制任务。

七、JP 研究与鉴赏
Commemorative Postcard Study

【JP.1 中国在第 23 届奥运会获金质奖章纪念】In Commemoration of Gold Medals Won by China at the 23rd Olympic Games "奥运会"是奥林匹克运动会的简称。"奥运会"有古代奥运会和现代奥运会之分。有关奥运会的知识,详见新版《中国集邮百科知识》J.62《中国重返国际奥委会一周年纪念》和 J.103《第二十三届奥林匹克运动会》。1984 年 7 月 28 日~8 月 12 日,第 23 届奥运会在美国洛杉矶举行。中国派出了体育代表团参加了第 23 届奥运会,这是国际奥委会正式恢复中国奥委会合法席位以后,中国首次参加的夏季奥运会。这届奥运会有 140 个国家和地区的体育代表团参加,中国运动员参加了 23 个项目中的 16 项比赛。为此,1984 年 7 月 28 日,中华人民共和国邮电部发行了 J.103《第二十三届奥林匹克运动会》纪念邮票一套,由著名邮票设计家卢天骄设计。她在完成这套邮票设计之后,又以高度认真负责的精神,向有关部门提出为中国奥运健儿在这届奥运会上夺得金牌的项目发行纪念封的建议。这个建议受到有关部门的高度重视,经过谨慎研究,为万无一失,决定发行纪念邮资明信片。这样既在制作工艺上简单了,可省去糊制信封、粘贴邮票的工艺,争得了时间,又可为集邮爱好者增添一种新的邮资票品。于是,中华人民共和国成立后,第一套纪念邮资明信片诞生了。为了保证这套纪念邮资明信片具有很强的时效性,卢天骄又请教了国家体委有关人士,对我国参加本届奥运会可能获得金质奖章的项目及运动员做了科学预测,然后运用自己的专业知识,对这套纪念邮资明信片进行了精心设计。设计好以后,先将邮资图和纪念邮资明信片的片图彩色底纹图案和片题"中国在第 23 届奥运会获金质奖章纪念",用四色胶印机印制好备用。对预测有可能在这次奥运会获得金质奖章的运动项目,采用写意剪影的手法,画出运动员姿态造型,并配以运动项目名称,单独制成一块黑版。只要中国运动员在这次奥运会上获得这个项目的金牌,即可开机将黑版上的相应内容印到已制好的彩色底纹图案上,以最快的速度发行。1984 年 7 月 29 日,许海峰在男子自选手枪项目中,夺得这届奥运会上的第一枚金牌。这是中国运动健儿在现代奥运史上夺得的首枚金牌,实现了零的突破!在这届奥运会上,中国体育代表团共获得 15 枚金牌、8 枚银牌和 9 枚铜牌,取得了金牌总数名列第 4 位,奖牌总数名列第 6 位的优异成绩。

1984 年 8 月 1 日~19 日,为纪念中国体育代表团在第 23 届奥运会上所取得的优异成绩,中华人民共和国邮电部发行了一套纪念邮资明信片,全套 16 枚。这是新中国成立后,首次发行纪念邮资明信片。其志号仿照邮票的志号编排方法,采用"纪念邮资明信片"中的"纪"、"片"二字的汉语拼音缩写字头"JP",后面依次加上发行的顺序号。因此,这套纪念邮资明信片的志号为"JP.1"。因发行前尚无法确定全套枚数,所以这套纪念邮资明信片志号中,未能列出全套枚数序号。从中国运动员许海峰获得第一枚金牌之后,于 1984 年 8 月 1 日开始发行,陆续发行了 15 枚金牌纪念邮资明信片,到 8 月 19 日这届奥运会结束之日,发行了一枚总结性的"金质奖章"纪念邮资明信片,背面依次详细列出了 15 枚金质奖章的运动项目和获得者,以及此枚纪念邮资明信片的发行日期等。全套 JP.1 共计 16 枚,是至今为止全套枚数最多、持续发行时间最长的纪念邮资明信片。明信片邮资图规格 28 毫米×26 毫米;明信片规格 148 毫米×100 毫米。

JP.1(16—1)"男子自选手枪" 8 月 1 日发行。金牌获得者许海峰。邮资图为中国奥委会标志。标志由奥运会五环标志和五星红旗组成。有关奥林匹克五环的知识,详见新版《中国集邮百科知识》J.54《第十三届冬季奥林匹克运动会》。片图采用了"男子自选手枪"运动员运动姿态剪影,底纹为奥林匹克五环标志变形构成花朵形飘舞的彩带,点缀了几颗星星,表达了对金牌获得者的祝贺。邮资面值 4 分,每枚售价 0.12 元。发行量 80.86 万枚。

JP.1(16—2)"52公斤级举重" 8月1日发行。金牌获得者曾国强。邮资图为中国奥委会标志。片图采用了"52公斤级举重"运动员运动姿态剪影,底纹为奥林匹克五环标志变形构成花朵形飘舞的彩带,点缀了几颗星星,表达了对金牌获得者的祝贺。邮资面值4分,每枚售价0.12元。发行量80.66万枚。

JP.1(16—3)"56公斤级举重" 8月2日发行。金牌获得者吴数德。邮资图为中国奥委会标志。片图采用了"56公斤级举重"运动员运动姿态剪影,底纹为奥林匹克五环标志变形构成花朵形飘舞的彩带,点缀了几颗星星,表达了对金牌获得者的祝贺。邮资面值4分,每枚售价0.12元。发行量80.36万枚。

JP.1(16—4)"男子50米移动靶" 8月3日发行。金牌获得者李玉伟。邮资图为中国奥委会标志。片图采用了"男子50米移动靶"运动员运动姿态剪影,底纹为奥林匹克五环标志变形构成花朵形飘舞的彩带,点缀了几颗星星,表达了对金牌获得者的祝贺。邮资面值4分,每枚售价0.12元。发行量81.26万枚。

JP.1(16—5)"60公斤级举重" 8月3日发行。金牌获得者陈伟强。邮资图为中国奥委会标志。片图采用了"60公斤级举重"运动员运动姿态剪影,底纹为奥林匹克五环标志变形构成花朵形飘舞的彩带,点缀了几颗星星,表达了对金牌获得者的祝贺。邮资面值4分,每枚售价0.12元。发行量80.06万枚。

JP.1(16—6)"67.5公斤级举重" 8月4日发行。金牌获得者姚景远。邮资图为中国奥委会标志。片图采用了"67.5公斤级举重"运动员运动姿态剪影,底纹为奥林匹克五环标志变形构成花朵形飘舞的彩带,点缀了几颗星星,表达了对金牌获得者的祝贺。邮资面值4分,每枚售价0.12元。发行量79.96万枚。

JP.1(16—7)"女子小口径标准步枪(3毫米×20毫米)" 8月5日发行。金牌获得者吴小旋。邮资图为中国奥委会标志。片图采用了"女子小口径标准步枪(3毫米×20毫米)"运动员运动姿态剪影,底纹为奥林匹克五环标志变形构成花朵形飘舞的彩带,点缀了几颗星星,表达了对金牌获得者的祝贺。邮资面值4分,每枚售价

七、JP 研究与鉴赏　JP.1　　143

0.12 元。发行量 80.56 万枚。

　　JP.1（16—8）"女子花剑个人"　8月6日发行。金牌获得者栾菊杰。邮资图为中国奥委会标志。片图采用了"女子花剑个人"运动员运动姿态剪影，底纹为奥林匹克五环标志变形构成花朵形飘舞的彩带，点缀了几颗星星，表达了对金牌获得者的祝贺。邮资面值 4 分，每枚售价 0.12 元。发行量 80.46 万枚。

　　JP.1（16—9）"男子自由体操"　8月7日发行。金牌获得者李宁。邮资图为中国奥委会标志。片图采用了"男子自由体操"运动员运动姿态剪影，底纹为奥林匹克五环标志变形构成花朵形飘舞的彩带，点缀了几颗星星，表达了对金牌获得者的祝贺。邮资面值 4 分，每枚售价 0.12 元。发行量 80.36 万枚。

　　JP.1（16—10）"男子鞍马"　8月7日发行。金牌获得者李宁。邮资图为中国奥委会标志。片图采用了"男子鞍马"运动员运动姿态剪影，底纹为奥林匹克五环标志变形构成花朵形飘舞的彩带，点缀了几颗星星，表达了对金牌获得者的祝贺。邮资面值 4 分，每枚售价 0.12 元。发行量 83.36 万枚。

　　JP.1（16—11）"男子吊环"　8月7日发行。金牌获得者李宁。邮资图为中国奥委会标志。片图采用了"男子吊环"运动员运动姿态剪影，底纹为奥林匹克五环标志变形构成花朵形飘舞的彩带，点缀了几颗星星，表达了对金牌获得者的祝贺。邮资面值 4 分，每枚售价 0.12 元。发行量 80.66 万枚。

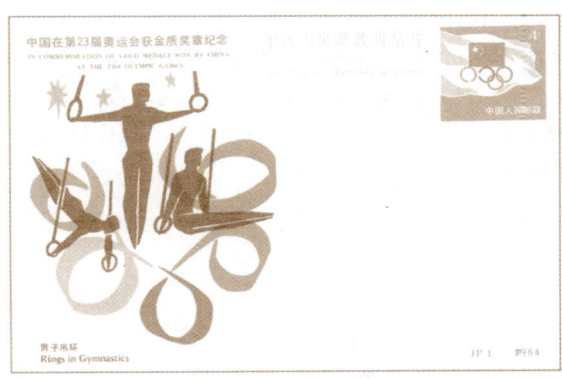

　　JP.1（16—12）"男子跳马"　8月7日发行。金牌获

得者楼云。邮资图为中国奥委会标志。片图采用了"男子跳马"运动员运动姿态剪影,底纹为奥林匹克五环标志变形构成花朵形飘舞的彩带,点缀了几颗星星,表达了对金牌获得者的祝贺。邮资面值4分,每枚售价0.12元。发行量82.96万枚。

JP.1(16—13)"女子高低杠" 8月8日发行。金牌获得者马燕红。邮资图为中国奥委会标志。片图采用了"女子高低杠"运动员运动姿态剪影,底纹为奥林匹克五环标志变形构成花朵形飘舞的彩带,点缀了几颗星星,表达了对金牌获得者的祝贺。邮资面值4分,每枚售价0.12元。发行量86.56万枚。

JP.1(16—14)"女子排球" 8月10日发行。金牌获得者中国女子排球队。邮资图为中国奥委会标志。片图采用了"女子排球"运动员运动姿态剪影,底纹为奥林匹克五环标志变形构成花朵形飘舞的彩带,点缀了几颗星星,表达了对金牌获得者的祝贺。邮资面值70分,每枚售价0.70元。发行量69.86万枚。

JP.1(16—16)"金质奖章" 8月19日发行。邮资图为中国奥委会标志。片图采用了第23届奥运会的金质奖章,底纹为奥林匹克五环标志变形构成花朵形飘舞的彩带,点缀了几颗星星,表达了对中国运动员获得金牌的祝贺。明信片背面采用中、英文两种文字,依次详细列有15枚金质奖章的运动项目、获得者姓名和每枚明信片发行日期、面值等。邮资面值4分,每枚售价0.12元。发行量80.76万枚。

JP.1(16—15)"女子跳台跳水" 8月13日发行。金牌获得者周继红。邮资图为中国奥委会标志。片图采用了"女子跳台跳水"运动员运动姿态剪影,底纹为奥林匹克五环标志变形构成花朵形飘舞的彩带,点缀了几颗星星,表达了对金牌获得者的祝贺。邮资面值4分,每枚售价0.12元。发行量85.46万枚。

JP.1采用布纹纸。彩色胶印。全套16枚,总面值1.30元,售价2.50元。发行量69.86万套。卢天骄设计。北京邮票厂印制。

笔者经过对JP.1收集、研究发现:

JP.1的纸质 JP.1全套采用两种布纹纸印制:一种为粗布纹纸,布纹粗而密;另一种为细布纹纸,布纹较细而稀疏,呈网状。全套16枚,究竟哪一枚采用细布纹纸印制,哪一枚采用粗布纹纸印制,并无规律可循。

JP.1的印刷变异 JP.1有两种变异:一种为裁切移位,另一种为套色移位。

JP.1的暗记 因印制时间仓促,所设暗记比较简单,主要在志号"JP.1 1984"上,其中获得运动项目金牌的15枚,其志号均采用45°夹角黑色网点印制。这15枚志号上所套印的黑色网点,均相同。在全套中,唯独(16—16)"金质奖章"这一枚,仅用铁灰色实印志号。

JP.1 首日实寄片 因发行时间仓促,首日实寄片极少。事后有人倒戳伪造首日实寄片,只要认真鉴别,就会发现其漏洞。

【JP.2 中英关于香港问题的联合声明正式签署】Sino – British Joint Declaration on Hong Kong Officially Signed 有关香港问题和中英关于香港问题正式签署联合声明的知识,详见本书1997—10《香港回归祖国(J)》。1984年12月19日,中英关于香港问题的联合声明正式签署,这是中英两国关系史上的里程碑,也为其他国家和平解决历史遗留的国际问题树立了榜样。

1984年12月25日,为了纪念中英关于香港问题的联合声明正式签署,中华人民共和国邮电部发行了一套纪念邮资明信片,全套2枚。志号JP.2。邮资图规格28毫米×23毫米;明信片规格148毫米×100毫米。

JP.2(2—1)"九龙外景" 邮资图以蓝天和香港建筑为背景,突出描绘了一只和平鸽,它展翅飞翔,口衔一条红色标语"祝贺中英关于香港问题的联合声明正式签署",点明了主题。片图为香港九龙外景,一条红色标语"祝贺中英关于香港问题的联合声明正式签署"十分鲜明。邮资面值4分,每枚售价0.12元。发行量62.9135万枚。

JP.2(2—2)"交换文本" 邮资图以蓝天和香港建筑为背景,突出描绘了一只和平鸽,它展翅飞翔,口衔一条红色标语"祝贺中英关于香港问题的联合声明正式签署",点明了主题。片图采用了中国总理赵紫阳和英国首相撒切尔夫人交换"中英关于香港问题的联合声明"文本时的一张照片,展现出了那个具有历史意义的瞬间情景。邮资面值70分,每枚售价0.70元。发行量56.8135万枚。

JP.2采用白卡纸。彩色胶印。全套2枚,总面值74分,售价0.82元。发行量56.8135万套。万维生、李印清设计。北京邮票厂印制。

笔者经过对JP.2收集、研究发现:

JP.2的暗记 暗记主要有两处:①在全套2枚纪念邮资明信片的标头"中国人民邮政明信片"中的"片"字最后一笔的下部,其由45°网纹夹角构成的笔画中,少了一个圆网点,这是网点暗记。②在全套2枚邮资明信片片图下部"中华人民共和国邮电部发行"中的"中"字第二笔起笔处的下边有一小豁口,这是笔画暗记。

【JP.3 中国科学技术协会第三次全国代表大会】The 3rd National Congress of the China Association for Science and Technology 中国科学技术协会简称"中国科协"。其前身为1950年8月成立的中华全国自然科学专门学会联合会(简称"全国科联")和中华全国科学技术普及协会(简称"全国科普")。1958年9月18日~25日,"全国科联"和"全国科普"全国代表大会在北京召开。会议决定将这两个机构合并组成中国科学技术协会。中国科学技术协会是中国共产党领导下的科学技术工作者的群众团体,是党和政府联系科学技术工作者的纽带,是党和政府发展科学技术事业的助手。其宗旨是团结组织科学技术工作者,促进科学技术的繁荣和发展,促进科学普及和推广,促进科技人才的成长和提高,为提高整个中华民族的科学文化水平,为把我国建设成为高度文明高度民主的社会主义强国做出贡献。协会贯彻"经济建设必须依靠科技进步、科技工作必须面向经济建设"的方针。倡导百家争鸣、学术上的自由讨论。协会的具体任务是:一、开展学术交流,活跃学术思想。二、普及科学知识,推广先进技术。三、对经济建设和社会发展进行政策咨询和技术服务。四、开展继续教育,帮助科技工作者补充新知识,进行技术培训和青少年科技活动。五、协调各科学技术团体之间的关系;加强自然科学和社会科学之间的联系。六、开展国际科技交流活动,发展同国外的科学技术团体和科技工作者的友好联系。七、编辑出版学术刊物和科普读物;从事为学术活动、科技普及和为科技工作者服务的事业。八、向党和政府反映科技工作者的意见和要求,维护科技工作者的合法权益；倡导科学道德和优良学风，表彰奖励在学术交流、科学普及等活动中取得优秀成绩的科技工作者。最高权力机关是全国代表大会。全国代表大会每五年举行一次，由全国委员会召开。全国代表大会闭会期间，全国委员会根据协会章程和代表大会决议负责领导中国科协的工作。全国委员会选举主席一人，副主席和常务委员各若干人，组成常务委员会。1986年6月23日～27日，中国科协第三次全国代表大会在北京召开。两千多名代表出席了大会。开幕式上，中共中央政治局委员、书记处书记胡启立代表党中央和国务院作了重要讲话。大会讨论通过了周培源代表中国科协第二届全国委员会所作的工作报告，通过了《中国科学技术协会章程》，选举产生了以钱学森为主席的中国科协第三届全国委员会。

1985年4月10日，中国科协第三次全国代表大会计划在北京召开，为此，中华人民共和国邮电部发行了一套纪念邮资明信片，全套1枚。志号JP.3。后因故，中国科协第三次全国人民代表大会未能如期召开，但邮电部发行的纪念邮资明信片则仍如期发行。邮资图规格27毫米×46毫米；明信片规格148毫米×100毫米。

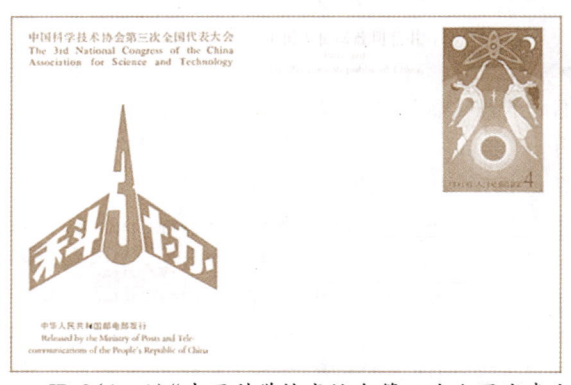

JP.3(1—1)"中国科学技术协会第三次全国代表大会"邮资图为代表宇宙太空的日、月、星辰和地球；两边是一对代表科技人员的男女，他们共同用手高高托起原子模型，犹如"飞天"在太空遨游，象征我国科学技术已发展到探索宇宙太空的时代。片图采用"1985"、"科协"、"3"几个字样，用不同的美术字体，巧妙地组成一个正待发射的火箭，形象地表达了"中国科学技术协会第三次全国代表大会"的主题。邮资面值4分，每枚售价0.12元。发行量50.21万枚。白卡纸。彩色胶印。李大玮设计。北京邮票厂印制。

笔者经过对JP.3收集、研究发现：

JP.3的印刷变异 JP.3有漏印明信片标头和名址线、志号等黑色网纹的印刷变异。

JP.3的暗记 JP.3的主要暗记有：在明信片标头"中国人民邮政明信片"的"片"字上，其最后一笔下部少一个圆网点；在"中华人民共和国邮电部发行"中的"中"字第二笔起笔处下部有一个小豁口。除此之外，纪念邮资明信片右下方的志号"JP.3(1—1) 1985"，其印刷网纹夹角为0°，与明信片上的标头和名址线等印刷网纹45°夹角不同。这是特设的网点暗记。一般说来，邮资明信片上的标头和名址线以及志号等，其黑色印刷网纹夹角大都相同。

【JP.4 中华医学会成立七十周年】70th Anniversary of the Founding of China Medical Association 中华医学会是医学科学技术工作者的学术性群众团体，于1915年2月在上海成立。首任会长为颜福庆。从成立到1949年，共召开过15届会员或会员代表大会，进行各种学术交流，为推动我国的医学事业的发展起到了一定作用。抗日战争期间还曾组织募捐，支援抗战。1950年8月在北京召开了第16届（新中国成立后的第一届）会员代表大会，对学会进行了改组，并决定把新中国成立后第一届全国卫生工作会议所制定的"面向工农兵，预防为主，团结中西医"的三项原则，作为学会工作的总方针。大会还修改了会章，规定本会宗旨是："在新民主主义文化政策下团结医学工作者，研究学术、交流经验，以谋医学之普及与提高。"总会由上海迁到北京。1952年召开了第17届全国会员代表大会；1956年召开第18届全国会员代表大会时，拥有会员一万五千人，在全国43个大、中城市建有分会；从第18届会员代表大会后到"文化大革命"前，学会工作继续发展，会员约达两万四千人。在"文化大革命"中，学会活动一度中断。"文化大革命"以后，学会工作出现了蓬勃发展的新局面，到1983年底，会员人数已达八万两千多人。1984年2月29日～3月6日，中华医学会第19届全国会员代表大会在北京召开，大会通过了新的会章，明确了学会工作在新形势下的发展方向，确定本会宗旨是：团结广大医学科技工作者，为促进我国医学科学技术的发展，提高全国人民的健康水平，把我国建设成为高度文明、高度民主的社会主义强国而努力。确定学会的工作任务主要是：一、开展医学学术交流活动，推广医学科技成果。二、编辑出版学术刊物，及时反映我国基础医学及临床医学的进展，交流推广医学科学技术的成果。三、开展医学科普活动。四、开展医学学术交流工作，发展同各国医学科学工作者和学术团体的友好合作。中华医学会总会设有学术会务部、编辑出版部、对外联络部、办公室等办事机构。总会设有图书馆，为会员和广大医学科学工作者服务。学会出版有《中华医学》杂志及各科学术刊物。

1985年4月15日，为了纪念中华医学会成立七十周年，中华人民共和国邮电部发行了一套纪念邮资明信片，全套1枚。志号JP.4。邮资图规格40毫米×40毫米（菱形）；明信片规格148毫米×100毫米。

JP.4(1—1)"中华医学会成立七十周年" 邮资图呈菱形，中心图案为中华医学会会徽。会徽呈圆形，主图由蛇杖、金针以及"中华医学会"英文名称缩写字母"CMA"变形的横向波形心电图组成，上端标有"中华医学会"字样，下端标有"1915—1985"字样。片图为医学的各种研究项目。邮资面值4分，每枚售价0.12元。发行量52.01万枚。白卡纸。彩色胶印。孙传哲设计。北京邮票厂印制。

笔者经过对JP.4收集、研究发现：

JP.4的暗记 主要暗记有：在明信片标头"中国人民邮政明信片"的"片"字上，其最后一笔下部少一个圆网点；在"中华人民共和国邮电部发行"中的"中"字第二笔起笔处下部有一小豁口。除此之外，在JP.4邮资图菱形右边一角，右数第二条竖线与右上第一条横线交汇处，反白印有一个"4"字。

JP.4的伪品 邮市上有伪得足以乱真的JP.4赝品。有关JP.4伪品的鉴别知识，详见笔者专著彩版《中国邮品辨伪必备》(续集)。

【JP.5 联合国40周年】40th Anniversary of the United Nations 联合国是第二次世界大战后成立的、成员国最多、代表性最广泛的国际组织，也是当今世界最大和最具影响力的国际组织。正式成立于1945年10月24日。有关联合国的知识，详见新版《中国集邮百科知识》1995—23《联合国成立五十周年(J)》。中国是联合国创始国之一。1945年，中国代表团参加了旧金山会议；中国共产党代表董必武是代表团成员，并在联合国宪章上签字。新中国成立后，周恩来外长于1949年11月15日致电联合国，宣布中国中央人民政府为中国的唯一合法政府，要求恢复中华人民共和国在联合国的合法权利。但由于美国政府的阻挠，直到1971年10月25日，才得以恢复中华人民共和国在联合国的合法权利。

1985年10月24日，正值联合国成立40周年之际，中华人民共和国邮电部特发行了一套纪念邮资明信片，全套1枚。志号JP.5。邮资图规格26毫米×36毫米；明信片规格148毫米×100毫米。

JP.5(1—1)"联合国40周年" 邮资图主图由联合国徽志和4个罗马"10"的数字并列组合成"XXXX"，这些相同的数字并列，表示相加，构成"40"，寓意联合国40周年；4个"X"分别被涂成黑、黄、白、棕颜色，表示人类4种肤色，寓意联合国是人类的大家庭，在这个大家庭里，各种族不分肤色，和平相处，携手共进。联合国徽志采用以北极为中心，五大洲投影平面地球图形为主图，左右饰以橄榄枝叶，寓意世界是一个和平大家庭。背景为飞翔的和平鸽、建设中的高楼大厦、象征生命和繁荣的绿色丛林，寓意和平与发展。片图采用钢笔水彩画法，表现了位于纽约曼哈顿岛上的联合国总部4个毗连的主要建筑物：秘书处办公楼，高39层，立面为大片玻璃围护墙，是第二次世界大战后西方"板式"建筑实例之一；会议楼，其中有安理会会议厅，若干会议室；大会厅，除了全会大厅外，还有1个大会议室、4个中型会议室；哈马舍尔德图书馆。邮资面值4分，每枚售价0.12元。白卡纸。彩色胶印。发行量51.91万枚。张克让设计。北京邮票厂印制。

笔者经过对JP.5收集、研究发现：

JP.5的印刷变异 仅见邮资图上"联合国40周年"的文字中，有"国"字破版变异。

JP.5的暗记 其主要暗记同JP.2～JP.4一样，在明信片标头"中国人民邮政明信片"中的"片"字上，最后一笔下部少一个圆网点。与JP.2～JP.4不同的是，在明信片左下角"中华人民共和国邮电部发行"的中、英文字样，不是采用实印，而是均采用45°网纹夹角印制。而"中华人民共和国邮电部发行"中的"中"字，第二笔起笔处下部缺少一个圆网点，呈现豁口状。此外，在明信片片图上方所署片题英文字母中，有多处字母笔画呈豁口、多点暗记。

【JP.6 中国人民革命战争时期邮票展览】Exhibition for Stamps Issued During the Period of Chinese People's Revolutionary War　中国人民革命战争时期邮票是第二次国内革命战争时期开始发行的，是指在国内革命战争时期和抗日战争时期，中国共产党领导下的革命根据地和解放区发行的邮票。据研究，自1930年~1949年，63个革命根据地和解放区，共发行五百多套，两千三百多种邮票。这些邮票从一个侧面反映和记录了中国革命战争时期的邮政史。由于这些邮票诞生在战火纷飞的革命战争年代，目前有的存世量极少，其中有许多是中国邮票的瑰宝。这些邮票不仅对研究我国人民邮政史有着重要作用，同时也是可歌可泣的中国人民革命史的见证，是珍贵文物。1985年10月13日~22日，为纪念遵义会议50周年和抗日战争胜利40周年，中华全国集邮联合会、中国革命博物馆、中国人民革命军事博物馆联合举办的"中国人民革命战争时期邮票展览"，在北京科学技术交流中心举行。展品由中央及27个省、市、自治区的21个团体和123位集邮者提供，共600框展品，145部邮集。香港著名集邮家关卓然、潘鉴良、张金炽送邮集参加展出。通过展出中国革命战争时期邮票和有关邮政史料，向广大集邮爱好者，特别是广大青少年集邮者宣传党的历史，进行革命传统和共产主义思想教育，推进集邮事业的发展，为建设社会主义精神文明做贡献。许多领导同志为这次邮展题词。中央顾问委员会副主席薄一波题词："集中战争年代珍品，传播共产主义理想。"邓颖超题词："开展集邮活动，建设精神文明。"朱学范题词："抓好社会主义精神文明建设，推进集邮事业发展。"

1985年10月13日，为了祝贺中国人民革命战争时期邮票展览顺利举行，中华人民共和国邮电部发行了一套纪念邮资明信片，全套1枚。志号JP.6。邮资图规格22毫米×28毫米；明信片规格148毫米×100毫米。

JP.6(1—1)"中国人民革命战争时期邮票展览"邮资图为中华苏维埃邮政总局1932年发行的"苏维埃邮票"中的面值壹分邮票，采用"票中票"形式。这是中国发行的首枚邮资图为"票中票"的JP。片图为延安宝塔山外景。邮资面值4分，每枚售价0.12元。发行量38.08万枚。白卡纸。彩色胶印。杨文清、李德福设计。北京邮票厂印制。

笔者经过对JP.6收集、研究发现：

JP.6的版型　因JP.6发行量少，未见有其他版型，但有足以乱真的赝品。有关JP.6赝品的鉴定方法，笔者在新作彩版《中国邮品辨伪必备》（续集）中做了详细介绍，在此不再赘述。

JP.6的暗记　其主要暗记同JP.2~JP.5一样，在明信片标头"中国人民邮政明信片"的"片"字上，最后一笔下部少一个圆网点。与JP.5一样，在明信片左下角"中华人民共和国邮电部发行"字样，也采用45°网纹夹角黑色网点印制，其中的"中"字第二笔起笔处下部，缺少一个网点呈豁口状。除此之外，在明信片片图上方，英文片题"……of Chinese……"字母上，有多个字母如o、h、e等呈断笔画状，这是笔画暗记。

【JP.7 亚太国际贸易博览会】Asia-Pacific International Trade Fair　亚太国际贸易博览会是经国务院批准，由联合国亚洲及太平洋经济社会委员会与中国国际贸易促进委员会联合主办。联合国亚洲及太平洋经济社会委员会是联合国经济及社会理事会下设的五个区域性经济委员会之一。其前身是1947年成立的亚洲及远东经济委员会。随着会员的增加和活动区域的扩大，1974年改组后取现名。其任务是：促进本地区的经济发展，加强本地区国家之间以及其他地区的经济关系；协助理事会研究解决与本地区有关的经济和社会问题。中国国际贸易促进委员会是中国为开展国际经济贸易活动而建立的社会团体。1952年5月在北京成立。其主要任务和活动是：促进国内外有关国际贸易组织之间的联系；组织和举办出国经济贸易展览与访问；组织和接待国外民间性经济贸易界人士与团体的访问；接待和协助外国有关机构来华举办展览；代理外国厂商在我国的商标注册及组织有关对外贸易的宣传工作等。1956年和1959年先后在会内设立对外贸易仲裁委员会及海事仲裁委员会，管理对外贸易和海事仲裁案件。1985年11月15日~30日，亚太国际贸易博览会在中国国际展览中心举行。其目的是为了促进亚太经济社会委员会成员、准会员之间，以及其他国家和地区之间的经济合作、贸易扩大和工业技术的发展。这次博览会有二十多个国家和地区参加，展出了各自先进的、有代表性的出口商品。

1985年11月15日，为了祝贺亚太国际贸易博览会在中国顺利举办，中华人民共和国邮电部发行了一套纪念邮资明信片，全套1枚。志号JP.7。邮资图规格27毫米×37毫米；明信片规格148毫米×100毫米。

JP.7(1—1)"亚太国际贸易博览会" 邮资图为本次博览会会徽。会徽由地球、天安门和亚太国际贸易博览会的英文字母"ASPAT"与阿拉伯数字"85"组成。其中英文字母"AS"为"ASIA"（亚洲）的缩写，"PA"为"PACIFIC"（太平洋）的缩写，"T"为"TRADE"（贸易）的缩写；"85"为阿拉伯数字"1985"的缩写，点明博览会的主题和年份。会徽周围饰以花环，表达了祝贺之意。片图为中国国际展览中心外景和邓小平的题字"中国国际展览中心"手迹，点明了会址。邮资面值4分，每枚售价0.12元。发行量40.01万枚。白卡纸。彩色胶印。黄里设计。北京邮票厂印制。

笔者经过对JP.7收集、研究发现：

JP.7的版型 笔者仅见一种版型，但JP.7有足以乱真的赝品，切勿当作另一种版型。有关JP.7赝品的鉴定方法，笔者在彩版《中国邮品辨伪必备》（续集）中做了详细介绍，在此不再赘述。

JP.7的印刷变异 未发现JP.7有印刷变异，但听说有套色大移位变异，未见实品，不知真假。不过JP.7确有足以乱真的伪品在邮市上出售，一定要注意鉴别真伪。

JP.7的暗记 其主要暗记在明信片标头"中国人民邮政明信片"中的"片"字上，最后一笔下部少一个圆网点；在明信片左上角中文片题"亚太国际贸易博览会"中的"国"字上，第二笔竖画中部的外侧有一个豁口，"博"字第一笔起笔处有一豁口等；在明信片左下部"中华人民共和国邮电部发行"中的"中"字，其第二笔处的下部呈现豁口状。

【JP.8 第二次全国工业普查】The 2nd Industrial Census 国务院为摸清全国现有企业基本情况，于1986年第一季度进行了第二次全国工业普查。这次普查的具体内容是：摸清现有企业生产设备的技术情况，产品结构，能源消耗，经济效益，国家、企业、职工三者的分配情况，成本、利税、价格之间的关系，产品比价；摸清工业内部的各种比例关系，产品结构和地区结构以及人、财、物的关系，产、供、销的关系；摸清我国工业的技术情况，经济特区和开发城市的基本状况，中外合资基本情况；摸清职工的文化水平和技术业务状况，年龄结构，政治状况等，共计三百多个指标。这是一次重大的国情、国力调查，是我国社会主义建设的一项重要的基础工作。这次普查，对于从我国实际情况出发，全面提高工业经济管理水平和企业整体素质，加快现代化工业的建设步伐具有重大的意义。

1986年4月30日，为了纪念第二次全国工业普查，中华人民共和国邮电部发行了一套纪念邮资明信片，全套1枚。志号JP.8。邮资图规格38毫米×27毫米；明信片规格148毫米×100毫米。

JP.8(1—1)"第二次全国工业普查" 邮资图为计算机输入卡，象征这次全国工业普查采用了科学方法。片图以红色作底衬，采用了第二次全国工业普查标志。标志以天安门图形为中心，用线条组成一个"工"字，下端标有"86"数字，点明了普查年份。邮资面值4分，每枚售价0.12元。发行量60.3万枚。电光白卡纸。彩色胶印。黄里设计。北京邮票厂印制。

笔者经过对JP.8收集、研究发现：

JP.8的纸质 JP.8所用的白卡纸与众不同，是采用电光白卡纸，仅单面压光。在JP系列中，JP.8是唯一采用这种纸质印制的。

JP.8的暗记 暗记主要有三处：①在明信片标头"中国人民邮政明信片"中的"片"字上，最后一笔下部少一个圆网点。②在明信片左上角中文片题"第二次全国工业普查"中的"第"、"次"、"工"等字，在笔画上存有断线、多点或豁口暗记。③在明信片左下角"中华人民共和国邮电部发行"中的"中"字,第二笔起笔处的下部呈现豁口状。

【JP.9 苏州建城二千五百年】 The 2500th Anniversary of the Founding of Suzhou City　苏州位于江苏省东南部,太湖东侧,长江三角洲冲积平原中部。这里土地肥沃,河网密布,物产丰富,故有"上有天堂,下有苏杭"之美誉。又因其"水陆并行、河街相邻"的"双棋盘"格局,城内有35公里的河道,168座桥梁,呈现小桥、流水、人家特有景色,又有"东方威尼斯"之称。苏州是一座历史悠久的文化古城。约在公元前十一世纪的商代末期,这里是吴国所在地。苏州之称吴,即由此而来。公元前560年,吴王诸樊由无锡梅里迁都苏州;公元前514年,吴王阖闾把原来方圆仅3公里的都城,扩建为周围47公里、有水陆城门各8座的大城,即为苏州城的前身。历史上苏州曾多次易名。秦始皇统一中国,置会稽郡,始设吴县,为郡首邑。秦末项羽起兵于吴。三国东吴的孙权也以此为根据地。楚汉之际分会稽郡置吴郡。南朝梁太清三年(公元549年)置吴州。隋开皇九年(公元589年)废吴郡,并改吴州为苏州(以姑苏山得名),苏州的城名,以此开始。苏州在其漫长的历史发展过程中,逐渐形成了文化古城的独特风貌。这里古典园林众多,集江南园林之精华,宋、元、明、清诸代园林佳作在此都有,全国四大名园中有两个(拙政园、留园)在苏州,有6个国家级的文物保护单位,如砖砌仿木结构的虎丘云岩寺塔、太平天国忠王府等;这里人文荟萃,人才辈出,如春秋的季札、"南方夫子"言偃、唐代书法家草圣张旭,以及"明四家"沈周、文徵明、唐寅、仇英等;这里是锦绣之地,苏州是我国丝绸生产的重要基地,锦绸织工精细,色泽艳丽,图案雅致,别具一格;这里是我国精湛的手工艺品传统产地之一。1981年12月28日,国务院公布苏州为历史文化名城。

1986年11月1日,为庆祝苏州建城二千五百年,中华人民共和国邮电部发行了一套纪念邮资明信片,全套1枚。志号JP.9。邮资图规格22毫米×33毫米;明信片规格148毫米×100毫米。

JP.9(1—1)"苏州建城二千五百年"　邮资图为苏州水巷,表现出了这座"东方威尼斯"古城的河巷四通八达,韵味十足。片图为苏州古都八门之一"盘门"外景。盘门是苏州古城保留下来的水陆两全城门,位于城西南隅,现有建筑为元代重建,又经明、清修缮。初建时曾以木刻蟠龙置于门上,称"蟠门",象征震慑越国。后因水陆盘绕,迂回曲折,改名盘门。邮资面值4分,每枚售价0.12元。发行量80.82万枚。白卡纸。彩色胶印。万维生设计。北京邮票厂印制。

笔者经过对JP.9收集、研究发现:

JP.9的版型　未发现JP.9有其他版型,但有伪品,勿将伪品当另一种版型。

JP.9的暗记　暗记主要有两处:①在明信片标头"中国人民邮政明信片"中的"片"字上,最后一笔下部少一个网点。②在邮资图中下部"中国人民邮政"中的"政"字上,其左边的"正"最后一笔右下部,有一豁口。③在片图下部"中华人民共和国邮电部发行"中的"中"字第二笔起笔处下部有一豁口,"华"字第五笔左边上方有一豁口。

【JP.10 中葡关于澳门问题的联合声明正式签署】 Sino–Portuguese Joint Declaration on Macao Officially Signed　有关澳门的地理历史和中葡关于澳门问题签署联合声明的知识,详见本书1998—18《澳门回归祖国(J)》。中华人民共和国成立后,中国政府多次阐明香港、澳门是中国领土的一贯立场,并强调过去的不平等条约应该废除,被割去的领土要收回,我们准备在适当的时候,通过谈判解决这个问题。1979年2月中葡两国建立外交关系时,双方就澳门地位问题达成谅解,中共关于"一国两制"的战略决策同样适用于澳门问题的解决。1987年4月13日,在北京人民大会堂正式签署了《中华人民共和国和葡萄牙共和国政府关于澳门问题的联合声明》。联合声明宣布,中华人民共和国政府将于

1999年12月20日对澳门行使主权。

1987年4月17日,为了祝贺中葡关于澳门问题的联合声明正式签署,中华人民共和国邮电部发行了一套纪念邮资明信片,全套2枚。志号JP.10。邮资图规格27毫米×23毫米;明信片规格148毫米×100毫米。

JP.10.(2—1)"妈祖阁" 邮资图由一只飞翔的凤凰和澳门街景组成。片图为澳门妈祖阁,象征澳门的历史文化。邮资面值4分,每枚售价0.12元。发行量74.32万枚。

JP.10.(2—2)"交换文本" 邮资图由一只飞翔的凤凰和澳门街景组成。片图采用了中葡关于澳门问题的联合声明正式签署后,中国国务院总理赵紫阳与葡萄牙总理卡瓦科·席尔瓦在北京人民大会堂交换文本时的一幅照片,展现了那个具有历史意义的场景。中顾委主任邓小平、中国国家主席李先念出席了签字仪式。邮资面值90分,每枚售价0.98元。发行量59.92万枚。

JP.10采用白卡纸。彩色胶印。全套2枚,总面值0.94元,售价1.10元。发行量59.92万套。黄里设计。北京邮票厂印制。

笔者经过对JP.10收集、研究发现:

JP.10的版型 未发现JP.10有其他版型,但有多种伪品,其中有足以乱真的伪品,勿将其当另一种版型。

JP.10的暗记 暗记主要有两处:①志号JP.10.(2—1)与JP.10.(2—2)两者胶印所采用的网纹夹角不相同:JP.10.(2—1)采用的网纹夹角为75°,JP.10.(2—2)采用的网纹夹角则是45°。在同一套纪念邮资明信片志号上采用各不相同的网纹夹角印制,显然是特意而为。除此之外,其他部位如标头、名址线等,(2—1)、(2—2)网纹夹角均相同。②在JP.10片图下部"中华人民共和国邮电部发行"中的"中"字上,其第二笔起笔处下部有一豁口。

【JP.11 北京图书馆新馆落成暨开馆七十五周年纪念】The 75th Anniversary of the Founding of the National Library of China and Inauguration of Its New Building 北京图书馆是我国最大的国家图书馆,前身是清朝末年(公元1910年)筹建的京师图书馆,1912年正式开馆,当时在什刹海广化寺,后迁往方家胡同国子监旧南学官舍。1928年又迁到中南海居仁堂,更名国立北平图书馆。1929年与北平北海图书馆合并,仍名国立北平图书馆。1931年在北京文津街7号建新馆址开馆。1951年更名为北京图书馆。始建馆时,以清朝内阁大库、翰林院及国子监南学藏书为基础,并继承了南宋皇家图书馆——缉熙殿和明朝皇家图书馆——文渊阁的部分珍藏,还陆续收进了原存放在承德避暑山庄文津阁的《四库全书》和敦煌石窟写经等珍贵的刻本和手抄本。藏书极为丰富,到1985年,达一千三百多万册,特藏资料六十多万册。该馆还藏有革命导师著作的早期版本和革命文献,以及历史流传下来的写本、刻本、甲骨、金石拓片、地图、图片、著名作家手稿等。馆内除全面入藏中国各民族文字出版物外,还重点入藏一百多个文种的国外出版物。为加强图书馆界的协作,该馆编印发行统一编号卡片,组织编写联合目录,组织编写图书分类法、汉语主题词表、全国古籍善本书总目录等。该馆还十分重视国际图书馆界的交流工作。为适应事业发展的需要,1983年9月,在北京西郊紫竹院公园北侧,开始了新馆的建设工程。新馆面积为14万平方米,藏书可达两千多万册,每天可接待读者八千人,在阅览、外借、照相、复印等多方面进行服务。1987年新馆落成,邓小平同志为北京图书馆题写馆名。1998年12月12日,经国务院批准,北京图书馆更名为国家图书馆,对外称中国国家图书馆。1999年4月16日,江泽民同志为国家图书馆题写馆名。

1987年7月1日,为庆祝北京图书馆新馆落成暨开馆七十五周年,中华人民共和国邮电部发行了一套纪念邮资明信片,全套1枚。志号JP.11。邮资图规格35毫米×22毫米;明信片规格148毫米×100毫米。

JP.11（1—1）"北京图书馆新馆落成暨开馆七十五周年纪念" 邮资图为坐落于北京西郊紫竹院公园北侧的北京图书馆新馆主楼外景。片图为坐落于北京西城文津街7号原馆址的大门楼，红墙红门绿瓦，古色古香。上方印有邓小平亲笔题写的馆名"北京图书馆"五个字。明信片邮资图与片图相互呼应，代表北京图书馆既具有悠久的历史，又在新时代有较大发展。邮资面值4分，每枚售价0.12元。发行量63.72万枚。白卡纸。彩色胶印。程传里、邹建军设计。北京邮票厂印制。

笔者经过对JP.11收集、研究发现：

JP.11的版型　未见JP.11有其他版型，但邮市上有伪品，切忌把伪品误当另一种版型。

JP.11的暗记　暗记主要有三处：①明信片标头"中国人民邮政明信片"中的"片"字，其最末一笔下半部少一个网点，因此使此处网纹呈现出一个反白的"十"字状。②在明信片左上部片名"北京图书馆新馆落成暨开馆七十五周年纪念"中的"念"字，其第一笔与第二笔连接处下部左侧处有一豁口。③在片图下部中文铭记"中华人民共和国邮电部发行"中的"中"字上，其第二笔起笔处下部有一豁口；英文铭记第二行后半部"Republic"词中"b"字母上，其竖笔下部内侧有一豁口。

【JP.12 中华全国青少年专题集邮展览】China National Juvenile Philatelic Exhibition　为了推动全国青少年集邮活动的开展，由中国共产主义青年团中央委员会、中华全国妇女联合会、中国教育学会、中华全国集邮联合会联合举办的"中华全国青少年专题集邮展览"，于1987年7月20日～19日在北京中国革命博物馆举行。这次邮展的主题为"理想、道德、文化、纪律"。这是中华人民共和国成立后首次举办的全国青少年集邮展览。专题集邮是广大青少年集邮者比较容易接受的一种集邮方式，它是从传统集邮发展而来的。传统集邮只能按照邮资票品的发行国家、发行年代去进行收集整理和研究。近半个多世纪以来，随着世界各国、各地区邮资票品发行品种和类别的不断增多，邮资票品的内容和图案不断丰富，于是专题集邮便应运而生。专题集邮是以邮资票品图案、内容和发行目的为研究对象，按既定的主题进行邮资票品选择和科学分类，用来表现对该专题最深刻的认识而组织编成邮集。专题集邮特别注重研究邮资票品的图案和相关内容；凡是图案内容与所选专题密切相关的邮资票品，不论古今中外，也不论是否成套，都是收集的对象。专题集邮根据邮资票品的选择和主题构思可分为三类：一、按同类图案组合编排，如花、鸟、车、船、枪、炮等；二、按同一发行目的组合编排，如生肖、圣诞、奥运会、亚运会等；三、按所定主题，以编述一个有情节的故事或讲述一段历史为基础，选择相关的、切题的邮资票品进行组编。所选用的邮资票品原则是只要与主题开拓有关，均可使用。由于专题集邮具有选择范围广，思想性、知识性、趣味性、艺术性都比较强，现今越来越受到广大集邮者的喜爱。中华全国青少年专题集邮展览，参展者均为28岁以下的青少年集邮者。这次展览共展出邮集450框，评定出金奖7个、银奖25个、铜奖62个，首次实行"百分制"的评比办法。

1987年7月20日，为了祝贺中华全国青少年专题集邮展览的举办，中华人民共和国邮电部发行了一套纪念邮资明信片，全套1枚。志号JP.12。邮资图规格27.5毫米×30毫米；明信片规格148毫米×100毫米。

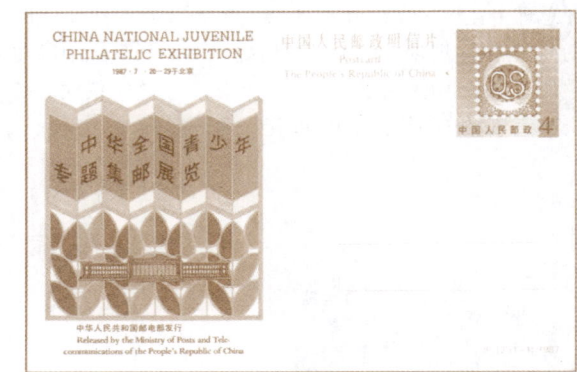

JP.12（1—1）"中华全国青少年专题集邮展览" 邮资图以"青少"两个字汉语拼音的第一个字母"QS"组成，四周辅以邮票齿孔，寓意本次邮展的主题和内容丰富的展品；片图以邮展框架为背景，中心为中国革命博物馆外景图形，四周被绿叶簇拥，展框上部标有"中华全国青少年专题集邮展览"字样，点明了展览的主题和地址。面值4分，每枚售价0.12元。发行量66.12万枚。白卡纸。彩色胶印。吴建坤设计。北京邮票厂印制。

笔者经过对JP.12收集、研究发现：

JP.12的版型　仅见一种版型，但有足以乱真的伪品，切忌把这种伪品当作另一种版型。关于JP.12伪品的鉴定方法，笔者在专著彩版《中国邮品辨伪必备》（续集）中有详细介绍，这里就不赘述。

JP.12的暗记　其暗记主要有两处：①在明信片左上角英文片题的"CHINA"中的"A"字母上，中间一横笔靠右边断线；在"NATIONAL"中的第二个"N"字母，靠左边一竖笔上部右侧有一豁口；在"EXHIBITION"中的"E"字母上方横笔的中下部有一长缺口。②在明信片左下部"中华人民共和国邮电部发行"中的"中"字上，其第二笔靠近起笔处的下部，有一豁口。

【JP.13 欢迎台胞探亲旅游】Welcoming Taiwan

Compatriots to Mainland 台湾是中国领土不可分割的一部分。由于历史原因,使台胞与大陆同胞分割两岸。为了早日实现两岸统一,1978年底,邓小平同志在尊重台湾、香港、澳门的历史和现状的情况下,首先提出"一个国家,两种制度"即"一国两制"的构想,并于1982年载入《中华人民共和国宪法》,这是中国共产党和中华人民共和国政府实现国家统一的总方针。其主要内涵是:在统一的中华人民共和国内,实行两种不同的社会制度和平共处。"一国"就是中华人民共和国,"两制"就是大陆地区实行社会主义制度,台湾、香港、澳门地区实行资本主义制度。为加快实现祖国的统一,1978年12月6日第五届全国人民代表大会常务委员会第五次会议通过了《中华人民共和国全国人民代表大会常务委员会告台湾同胞书》,于1979年1月1日发表。文中明确指出:中华民族具有强大的生命力和凝聚力;近三十年台湾同祖国分离,是人为的,是违反民族的利益和愿望的,绝不能再这样下去了;殷切期望台湾早日回归祖国,共同发展振兴中华大业。明确表示:在实现祖国统一时,一定尊重台湾的现状,采取合情合理的政策和办法,不使台湾人民蒙受损失。建议台湾和大陆之间尽快实现通航通邮,以利两地同胞直接接触,互通讯息,探亲访友,旅游参观,进行学术文化体育工艺观摩。此后,1979年~1987年期间,中共中央还发布多个关于台湾政策的通知、指示等,主要有《关于出国人员同台方人员交往问题的通知》、《关于去台人员在大陆亲属政策的通知》、《关于落实居住在大陆台湾同胞政策指示》等。1987年10月14日,台湾国民党中常会通过台湾居民到大陆探亲的方案。方案规定:除台湾的"现役军人及现任公职人员外,凡在大陆有血亲、姻亲、三亲等以内的亲属者,可赴大陆探亲"。同日,中华人民共和国国务院有关方面负责人发表谈话指出,台湾当局采取这一措施对两岸人民的交往是有利的,热情欢迎台湾同胞到祖国大陆探亲旅游,并保证尽力提供方便,给予照顾;两岸同胞探亲应当有来有往,允许台湾同胞到大陆探亲,也应当允许大陆同胞到台湾探亲;对来往探亲的同胞,不应有不合理的限制,希望台湾当局采取更加积极的态度。1987年10月16日,国务院即发布了《关于台湾同胞来大陆探亲旅游接待办法》,明确提出七条规定,欢迎台湾同胞回大陆探亲旅游并保证其来去自由。

1988年2月10日,为欢迎台湾同胞到大陆探亲旅游,中华人民共和国邮电部发行了一套纪念邮资明信片,全套2枚。志号JP.13。邮资图规格20.5毫米×30毫米;明信片规格148毫米×100毫米。

JP.13(2—1)"龙年大吉" 邮资图由中华民族喜爱的龙灯、水仙花和汤圆组成,寓意海峡两岸同胞亲情、乡谊和喜庆团圆。片图为大陆的万里长城与台湾的玉山风光,中间由龙的瓦当拓片连接起来,寓意海峡两岸山水相连。邮资面值4分,每枚售价0.12元。发行量109.72万枚。

JP.13(2—2)"阖家欢乐" 邮资图由中华民族喜爱的龙灯、水仙花和汤圆组成,寓意海峡两岸同胞亲情、乡谊和喜庆团圆。片图为大陆杭州西湖的三潭印月与台湾的姐妹潭,中间由龙的瓦当拓片连接起来,寓意海峡两岸同胞一脉相承,都是龙的传人,并寄语龙年大吉。邮资面值30分,每枚售价0.38元。发行量108.32万枚。

JP.13采用白卡纸。彩色胶印。全套2枚,总面值34分,售价0.50元。发行量108.32万套。卢天骄、万维生设计。北京邮票厂印制。

笔者经过对JP.13收集、研究发现:

JP.13的片名与标头、名址线形式 JP.13与JP系列存有多处明显的不同:①JP.13的标头仅用"中国人民邮政",而未采用惯用的"中国人民邮政明信片"口英文标头。②JP.13的片图与邮资图不在同一面,而是印在邮资图的背面,(2—1)、(2—2)邮资图相同,但面值不同。③JP.13的书写名址线有三条,并印有"收信人地址"、"收信人姓名"、"寄信人地址姓名"字样,此外,还

在上面印有左倒"T"字线。这种格式,同我国发行的"贺年邮资明信片"(HP)系列完全一致。因此,这是一套既具有纪念邮资明信片的"职能",又具有贺年邮资明信片"职能"的纪念邮资明信片。

JP.13 的暗记 其暗记主要有三处:①在邮资图模拟齿孔上,从邮资图左上角向下数第七孔,孔上方向内凹进一块。②在"寄信人地址姓名"中的"寄"字上,其左下边的"口",左上角呈豁口状。③在"T"字线竖直线的下部左边,有一豁口;在横直线中部、左半边线的上边,有一豁口。

【JP.14 亚洲和太平洋运输和通信十年(1985—1994)】The Transport and Communications Decade for Asia and the Pacific(1985—1994) 联合国亚洲及太平洋经济社会委员会,根据联合国第三个发展十年国际发展战略中提出的运输和通信部门发展目标,于1985年1月宣布,1985年~1994年为"亚洲和太平洋运输和通信十年"。其目的在于帮助亚洲和太平洋区域的国家解决运输和通信方面存在的问题,促进本区域经济和社会的发展。联合国亚洲和太平洋经济社会委员会,简称"亚太经社会",是联合国经社理事会下属的五个区域委员会之一,也是亚太地区唯一的综合性经社组织。1947年3月在中国上海成立。原名亚洲及远东经济委员会。1949年6月迁至泰国曼谷,1970年将会址正式设在曼谷。1974年改为现名。截至1986年,有38个正式会员,6个准会员。其宗旨是:为亚太国家和地区提供讨论经济和社会问题的讲坛,开展区域和次区域合作,进行技术和发展问题的调查研究和经验交流,出版各种刊物和资料,组织考察组、座谈会和讲习班等。近年来确定以能源、粮食、技术转让、国际贸易和农村综合发展等问题为重点领域。"亚太经社会"的最高决策机构是委员会,每年第二季度召开一次部长级届会,审议委员会下属的九个立法委员会以及区域研究和培训机构、区域合作协调机构的各项工作。中国是该组织发起国之一。从1973年起,中国每年都派部长级代表团出席届会。1978年7月中国向该组织派出了常驻代表。为了完成"亚洲和太平洋运输和通信十年"发展目标,中国在1985年成立了"亚洲和太平洋运输和通信十年"全国协调委员会。

1988年10月24日,为了宣传"亚洲和太平洋运输和通信十年"的意义,中华人民共和国邮电部发行了一套纪念邮资明信片,全套1枚。志号JP.14。邮资图规格35毫米×23毫米;明信片规格148毫米×100毫米。

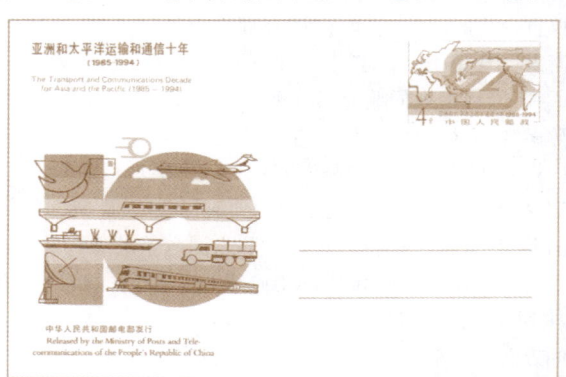

JP.14(1—1)"亚洲和太平洋运输和通信十年(1985—1994)" 邮资图由亚洲与太平洋区域示意图和相互指示的彩色趋向线组成,寓意亚洲和太平洋之间相互往来的运输与通信。片图由陆、海、空运输设备和通讯卫星组成,衬以彩色阿拉伯数字"10",象征亚太运输和通信将要取得的成就,点明了主题。邮资面值4分,每枚售价0.12元。发行量69.92万枚。白卡纸。彩色胶印。卢天骄设计。北京邮票厂印制。

笔者经过对JP.14收集、研究发现:

JP.14 的暗记 其暗记主要有四处:①在明信片标头"中国人民邮政明信片"中的"片"字上,其最末一笔下半部少一个网点,因此使此处网纹呈现出一个反白的"十"字状。②在明信片片图下方的"中华人民共和国邮电部发行"中的"中"字上,其第一笔画与第二笔画连接的起笔处下部,有一个凹进的豁口。③邮资图右上角边框线,不呈直角形而呈圆弧形。④明信片上的名址线不是网点线,而是实印线。

【JP.15 中国在第24届奥运会获金质奖章纪念】In Commemoration of Gold Medals Won by China at the 24th Olympic Games 有关奥运会的知识,详见新版《中国集邮百科知识》J·62《中国重返国际奥委会一周年纪念》和J·103《第二十三届奥林匹克运动会》。1988年9月17日~10月2日,第24届奥运会在韩国汉城举行。参加比赛的有163个国家和地区的运动员9581人。本届奥运会比赛项目有23个大项,237个小项,乒乓球被首次正式列入比赛。中国体育代表团派445人参加,其中运动员298人。参加了除曲棍球、马术外的21项比赛,还有羽毛球、女子柔道两项表演赛。中国队共夺得5枚金牌、11枚银牌、12枚铜牌。两项表演赛得3枚金牌、5枚银牌。夺得金牌的项目是:女子跳台跳水,许艳梅;男子跳马,楼云;女子跳板跳水,高敏;乒乓球男子双打,陈龙灿、韦晴光;乒乓球女子单打,陈静。金牌总数居第11位。

1988年9月21日~10月11日,为了祝贺中国运动员在汉城第24届奥运会上获得金牌,中华人民共和国邮电部先后于获得金牌的第4天发行了一套纪念邮资明信片,全套6枚。志号为JP.15。邮资图规格25毫米×35毫米;明信片规格148毫米×100毫米。

JP.15(6—1)"女子跳台跳水" 获奖日期9月18日。9月21日发行。获得金牌者许艳梅。邮资图由中国五星红旗和金质奖章组成。片图以奥林匹克五环旗为底衬,主图采用了"女子跳台跳水"运动员运动姿态剪影。奥林匹克五环旗是国际奥委会于1913年根据顾拜旦的构思设计制作的。1914年为庆祝现代奥林匹克运动会恢复20周年,在巴黎举行的奥林匹克代表大会上首次使用。1920年第七届奥运会时,比利时国家奥委会绣了同样一面锦旗在当届奥运会升起,后将它赠送给国际奥委会并成为该会正式会旗。此后历届奥运会闭幕式上,由本届奥运会举办城市的代表,将此旗转交给下届奥运会举办城市市长,保存在该市的市政大厅内。四年后再进行同样的交接仪式。邮票面值4分,每枚售价0.12元。发行量61.52万枚。

JP.15(6—2)"男子跳马" 获奖日期9月24日。9月27日发行。获得金牌者楼云。邮资图由中国五星红旗和金质奖章组成。片图主图采用了"男子跳马"运动员运动姿态剪影,底衬为奥林匹克五环旗。邮票面值4分,每枚售价0.12元。发行量61.02万枚。

JP.15(6—3)"女子跳板跳水" 获奖日期9月25日。9月28日发行。获得金牌者高敏。邮资图由中国五星红旗和金质奖章组成。片图主图采用了"女子跳板跳水"运动员运动姿态剪影,底衬为奥林匹克五环旗。邮票面值4分,每枚售价0.12元。发行量62.42万枚。

JP.15(6—4)"乒乓球男子双打" 获奖日期9月30

日。10月3日发行。获得金牌者陈龙灿、韦晴光。邮资图由中国五星红旗和金质奖章组成。片图主图采用了"乒乓球男子双打"运动员运动姿态剪影,底衬为奥林匹克五环旗。邮票面值4分,每枚售价0.12元。发行量61.32万枚。

JP.15(6—5)"乒乓球女子单打" 获奖日期10月1日。10月4日发行。获得金牌者陈静。邮资图由中国五星红旗和金质奖章组成。片图主图采用了"乒乓球女子单打"运动员运动姿态剪影,底衬为奥林匹克五环旗。邮票面值4分,每枚售价0.12元。发行量63.62万枚。

JP.15(6—6)"获奖金牌" 10月11日发行。邮资图由中国五星红旗和金质奖章组成。片图以奥林匹克五环旗作底衬,将邮电部发行的"中国第24届奥运会获金质奖章纪念"全套6枚邮资明信片的图名、邮资面值、发行日期、获奖者、获奖日期,用中、英文全部列出。邮票面值4分,每枚售价0.12元。发行量65.22万枚。

JP.15采用白卡纸。彩色胶印。全套共6枚,总面值24分,每套售价0.72元。发行量61.32万套。潘可明设计。北京邮票厂印制。

笔者经过对JP.15收集、研究发现:

JP.15的印刷变异 JP.15(6—3)"女子跳板跳水"有超长片;JP.15(6—5)"乒乓球女子单打",有裁切移位。

JP.15的暗记 全套邮资明信片上的暗记主要有两处:①在明信片左边上的片名"中国在第24届奥运会获金质奖章纪念"中的"念"字上,在第一笔与第二笔连接处下部左侧,有一豁口。②在明信片标头"中国人民邮政明信片"中的"片"字上,其最末一笔下半部网纹中少一个网点,使此处网纹呈现出一个反白的"十"字状。

【JP.16 首届北京国际博览会】The First Beijing International Fair 国际博览会是各国通过展出和买卖商品,进行经济交流,开展国际贸易的场所。1851年,世界上第一次博览会在英国伦敦举行。以后的博览会逐渐成为商人介绍产品、广告宣传和打开销路的重要场所。到了19世纪末,各国商人纷纷利用参加博览会的机会,通过样品展览和宣传,建立更广泛的商业联系。欧洲各大城市几乎都办有综合性的国际样品博览会。最突出的、最吸引观众的是世界博览会。这是一种经巴黎国际展览局批准,由举办国政府组织的大型博览会,曾经先后在英国、法国、美国、比利时、加拿大等国举行过。其内容无所不包,主要展示人类科学的新发展,以及各国的文化、历史和风土人情。20世纪70年代以来,国际专业分工日趋完善,新产品、新工艺层出不穷,加强了国际市场的竞争,举办博览会的国家也日益广泛起来。1970年,在日本大阪举行的世界博览会,首开由欧美之外国家主办的纪录。目前世界各地博览会有四千多个。其中比较著名的有:德国莱比锡国际博览会、意大利米兰国际贸易博览会、法国巴黎国际博览会等。1989年7月14日~23日,首届北京国际博览会,在中国国际展览中心举办,这是中华人民共和国成立以来首次单独举办的国际博览会。这届国际博览会的主题是:寻求合作,促进国际间经济技术交流。其规模是空前的,有来自美国、加拿大、法国、丹麦、日本、印度、民主德国、马来西亚、泰国、科威特和中国香港、台湾等共24个国家和地区的近三千家厂商参加了展出。在展品中,既有技术先进的各种机械电子仪器设备,也有各具特色的轻工业产品和手工业品。在博览会上,还同时出售我国各地的名特优新产品。这次博览会参观者达六十万人次,商品成交额逾1亿美元。这次博览会的成功举办,充分证明中国的改革开放政策没变,国内投资环境稳定,中国对外商业交流信誉可靠。

1989年7月14日,为祝贺首届北京国际博览会顺利举办,中华人民共和国邮电部发行了一套纪念邮资明信片,全套1枚。志号JP.16。邮资图规格29毫米×37毫米;明信片规格148毫米×100毫米。

JP.16(1—1)"首届北京国际博览会" 邮资图为一个上下对合的图形,图形中间是本届博览会标志。标志

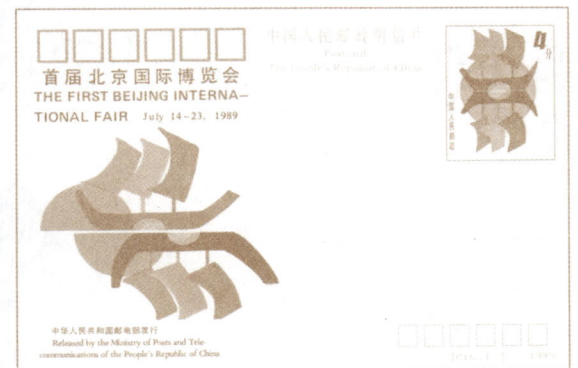

泳、射击、举重、自行车等项目中，共有1人1次打破1项世界纪录，3人5次打破亚洲纪录，5人8次创造5项全国纪录，39人6队59次创造了26项全国少年纪录。在乒乓球、体操、跳水等我国优势项目的比赛中，显示了较高水平，涌现出一批年轻的尖子选手。此后，全国青少年运动会与城市运动会合并举行。

1989年9月6日，为了祝贺第二届全国青少年运动会在沈阳顺利举行，中华人民共和国邮电部发行了一套纪念邮资明信片，全套1枚。志号JP.17。邮资图规格25毫米×32毫米；明信片规格148毫米×100毫米。

呈横椭圆形，上下两组线条在中间相交，犹如两只手自然相握，寓意首届北京国际博览会的主旨：寻求合作，促进国际间经济技术交流。片图则采用一个上下不对合的图形，用反衬的艺术手法进一步深化了博览会主题。邮资面值4分，每枚售价0.18元（比1988年每枚售价上调6分）。发行量62.92万枚。白卡纸。彩色胶印。黄里设计。北京邮票厂印制。

笔者经过对JP.16收集、研究方法：

JP.16的版型　有足以乱真的伪品，切勿把这种伪品当作另一种版型。关于JP.16的真伪鉴定方法，笔者在专著彩版《中国邮品辨伪必备》（续集）中有详细介绍，这里就不赘述。

JP.16的暗记　其暗记主要有四处：①在明信片抬头"中国人民邮政明信片"中的"片"字上，最末一笔下半部的网纹中少一个网点。②在片图下部"中华人民共和国邮电部发行"中的"中"字上，其第一笔与第二笔交接处下部，有一豁口。③在明信片左下部英文"Republic"中的"b"字母上，其直竖的右下部呈豁口状。④在邮资图左下方"中国人民邮政"中的"中"字，其第二笔收笔处不呈直线状，而呈撇状（向右下方）。

【JP.17 第二届全国青少年运动会】2nd National Juvenile Games　全国青少年运动会，是对我国体育运动后备力量的大检阅，旨在促进和推进青少年体育运动的蓬勃发展，促进和加强体育后备人才的培养。1985年10月6日～17日，第一届全国青少年运动会在河南郑州举行，这是中国历史上第一次举办青少年运动会。有来自全国31个省、市、自治区代表团的近八千名青少年运动员参加了比赛。在所设的17个比赛项目中，有1人1次打破一项世界纪录，5人5次打破5项全国纪录，此外还打破了12项全国青年纪录和24项全国少年纪录。1989年9月6日～16日，第二届全国青少年运动会在辽宁沈阳举行。来自全国各地的四千多名青少年体育健儿，在总共26个比赛项目中经过激烈角逐，在田径、游

JP.17（1—1）"第二届全国青少年运动会"　邮资图是本届运动会会徽和沈阳市中心体育场外景，并以蓝天绿草地作底色。第二届全国青少年运动会会徽，由两个交叉的圆环和一只海燕组成。两个交叉的圆环象征青少年联合一体，团结，向上，同时也体现了"第二届'的含义；圆环下方的海燕变形，巧妙地和两个圆环组成两个"Q"，而海燕本身即是"Y"的变形，体现出我国青少年体育运动在腾飞，前进。"Q"、"Q"、"Y"三个字母，是"全国青少年运动会"中的"全"、"青"、"运"三个字汉语拼音的首字母。片图是本届运动会的吉祥物，一只拟人化的"小老虎"，他高举火炬，带着朝气蓬勃的青少年运动员奔跑在紫红色跑道上。吉祥物"小老虎"以其东北虎独有的虎虎生气，既体现了东北和辽宁省的地域特点，又象征着运动健儿势不可挡的虎气；而火炬则象征着第二届全国青少年运动会的烽火将在辽宁熊熊燃起，希望在青年！邮资面值4分，每枚售价0.18元。发行量64.42万枚。白卡纸。彩色胶印。万维生设计。北京邮票厂印制。

笔者经过对JP.17收集、研究发现：

JP.17的印刷变异　JP.17的印刷变异主要是局部漏印，在部分明信片左边片图中，左半部片图上有近一半漏印红色，致使片图中运动会吉祥物"小老虎"有一多半变成了绿老虎；小老虎手举的火炬，红色火焰呈橘

黄色。

JP.17 的暗记 其暗记主要有三处：①在明信片标头"中国人民邮政明信片"中的"片"字上，在最末一笔的下部网纹中少一个网点。②在明信片左下部"中华人民共和国邮电部发行"中的"中"字上，其第一笔与第二笔的交接处下部，有一豁口。③在明信片左下部英文铭记"Republic"中的"b"字母上，其竖笔下部右侧，有一豁口。

【JP.18 第五届世界杯跳伞冠军赛】5th World Cup Parachuting Championships　跳伞是从空中各种飞行器、固定器械或陡峭的山顶、高地上跳下，利用张开的降落伞减缓下降速度，在指定区域安全着陆的一项运动。按载人器具分类，有伞塔跳伞、氢气球跳伞、飞机跳伞等。据文献记载，1513年，意大利画家达·芬奇设计了世界上第一个原始的跳伞草图，并计算出一个人吊在这个帐篷似的降落伞下面，借助空气的阻力，从任何高度跳下去都不会受伤。相传，1628年，意大利的监狱里有一个叫拉文的因犯，他在越狱时，撑开亲人给他送来的一把伞，从监狱高高的围墙上跳下，竟安然无恙。拉文可以称为世界上第一个"跳伞者"。1911年，俄国人杰克尼柯夫发明了世界上第一个能折叠的、固定在人身上的背囊式降落伞。直到20世纪初，飞船、飞机开始被广泛用于民航事业和军事方面，降落伞才被实际作为飞行人员的救生器具，并逐渐发展为一项体育运动。1951年2月，在荷兰海牙举行的国际航空联合会代表大会上，决定举行第一届世界跳伞锦标赛。1951年8月，在南斯拉夫举行了由六个国家17名运动员参加的第一届世界跳伞锦标赛。1954年，在法国举行了第二届跳伞锦标赛，此后每两年举办一次。我国的跳伞运动始于20世纪40年代，1941年重庆建成第一座跳伞塔。新中国成立后，1950年培养了第一批女跳伞员。1955年，在北京建成了跳伞塔。之后，跳伞运动迅速发展，1958年9月举行第一届全国滑翔、跳伞比赛，女运动员郝建华、耿桂芳、崔秀英首次打破女子1000米集体定点跳伞的世界纪录。之后，我国男、女跳伞运动员在参加多场世界和国际比赛中，又多次打破跳伞运动的多项世界纪录，获得多项世界冠军。1989年10月13日，第五届世界杯跳伞冠军赛在我国四川省成都市举行，这是我国首次举办世界性的跳伞比赛。

1989年10月13日，为了祝贺第五届世界杯跳伞冠军赛在我国四川成都举行，中华人民共和国邮电部特发行了一套纪念邮资明信片，全套1枚。志号JP.18。邮资图规格28毫米×38毫米；明信片规格148毫米×100毫米。

JP.18(1—1)"第五届世界杯跳伞冠军赛"　邮资图

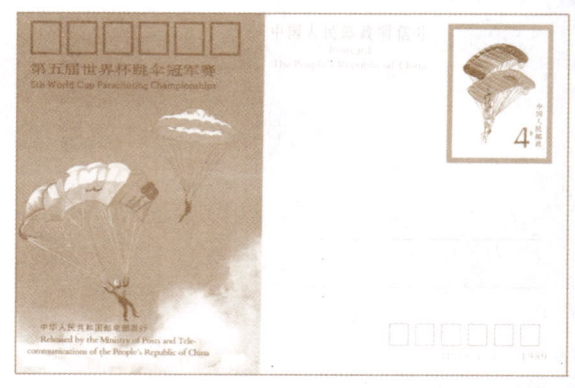

为双人踩伞造型。踩伞造型跳伞，是数名跳伞员在降落伞张开后，调整好高度差，相互靠拢，上面的跳伞员用手抓住或用脚勾住下面跳伞员的伞衣或伞绳，依次连成一串，呈垛型或组成各种图案。片图是以蓝天白云为背景的定点跳伞造型。定点跳伞是跳伞运动员在规定高度跳离飞行器后，操纵降落伞在预定区内着陆。跳伞时，地面设跳伞靶，为着陆的标志。跳伞高度不低于700米。跳伞员在触地时，以身体首先接触的地面的一点至靶心最近边缘的距离来测量，距靶心越近，成绩越好；踩中靶心为0米，成绩为最好。邮资面值4分，每枚售价0.18元。发行量63.127万枚。白卡纸。彩色胶印。邹建军设计。北京邮票厂印制。

笔者经过对JP.18收集、研究发现：

JP.18 的暗记　暗记主要有四处：①在邮资明信片标头"中国人民邮政明信片"中的"片"字上，其最末一笔下部网纹少一个网点。②明信片中下部"中华人民共和国邮电部发行"中的"中"字，其第一笔与第二笔的交接处下部，有一豁口。③在明信片左下部英文铭记"Republic"中的"b"字母上，其竖笔下部右侧，有一凹的豁口。④在邮资明信片右下角的志号"JP.18(1—1)"，其网纹夹角呈75°，而明信片标头、名址线、"1989"等，网纹夹角均呈45°。

【JP.19 国际食用菌生物技术学术讨论会】International Symposium on Mushroom Biotechnology　菌类植物是一大类不含叶绿素的低等异养植物；异养方式主要是寄生和腐生。食用菌是指可供人类食用的真菌；真菌菌体为单细胞或由菌丝组成；菌丝为单细胞或多细胞分枝的丝状体。食用菌大多属担子菌亚门，少数属于囊菌亚门。属担子菌亚门的主要有蘑菇、香菇、草菇、北风菌、牛肝菌、口蘑、银耳、木耳、猴头菌、竹荪、珊瑚菌等；属子囊菌亚门的主要有羊肚菌、马鞍菌、黑包块菌等。食用菌性喜温暖、湿润，多产于温带多雨地区。在我国约有三百多种。一般子实体为食用的主要部分。富含蛋白质,并含有多种人体必需的氨基酸和维生素,为美味蔬菜,有的也作药用或滋补用。对某些疾病有一定疗效的食用菌,被称为药用菌。有些食用菌含有能使人体中产生干扰素的诱发剂(双链核糖核酸),可增强抗病毒的能力。据记载,早在三千多年前,中华民族就开始食用菌菇,香菇、黑木耳和草菇是中国最先开始栽培,并由华侨将中国草菇栽培技术传入东南亚地区。我国野生食用菌资源丰富,目前已发现有三百多种,其中不少品种可以人工栽培。1989年11月6日~10日,为适应世界各国食用菌生产向工业化发展的形势,国际食用菌生物技术学术讨论会在中国南京举行。

1989年11月6日,为了祝贺国际食用菌生物技术学术讨论会在我国江苏南京举行,中华人民共和国邮电部发行了一套纪念邮资明信片,全套1枚。志号JP.19。邮资图规格27毫米×34毫米;明信片规格148毫米×100毫米。

JP.19(1—1)"国际食用菌生物技术学术讨论会" 邮资图为我国最早人工栽培的食用菌草菇。草菇也称"包脚菇"、"兰花菇"。担子菌亚门,层菌纲,伞菌目,伞菌科。菌盖长钟形,伸展后中央稍凸起,直径5厘米~19厘米。幼时呈黑色,后变鼠灰色至灰白色,中部深,周围浅。菌肉白色。孢子椭圆形,成堆时粉红色。性喜高温、高湿。原产我国,以广东、广西最多。片图由多种食用菌组成,居中最突出的为灵芝。也称"木灵芝"、"红芝"。担子菌亚门,层菌纲,多孔菌目,多孔菌科。菌蕈半圆形或肾形,木栓质,红褐、红紫或暗紫色,有漆状光泽。孢子褐色,卵形。多在夏秋两季生于林内阔叶树桩附近或立木、倒木上。可人工培植。广布于我国南北各地。可供药用,性温、味甘,有益精气、强筋骨功能,主治心悸失眠、健忘、神疲乏力等症。邮资面值4分,每枚售价0.18元。发行量62.12万枚。白卡纸。彩色胶印。任宇设计。北京邮票厂印制。

经过笔者对JP.19收集、研究发现:

JP.19的印刷变异 未见JP.19有印刷变异,但有伪品。伪品有的很逼真;有的刷色与真品有差异。

JP.19的暗记 其暗记主要有三处:①在明信片标头"中国人民邮政明信片"中的"片"字上,其最末一竖下半部网纹中少一个网点。②在明信片片图下部"中华人民共和国邮电部发行"中的"中"字上,其第一笔与第二笔连接处下部,有一豁口。③在明信片左下部英文暗记"Republic"中的"b"字母上,其竖笔下部右侧,有一豁口。

【JP.20 北京第十四届世界法律大会】The 14th Beijing Conference on the Law of the World 世界法律大会,是目前世界上最大的非政府性国际法律组织——通过法律维护世界和平中心召开的国际大会。通过法律维护世界和平中心于1963年在希腊首都雅典宣告成立,总部设在美国华盛顿。其主要宗旨是谋求加强和扩大国际社会的法治。通过举行世界法律大会,为各国法律工作者交流信息和探讨如何通过法律维护世界和平的问题提供场所。会员分布于一百五十多个国家和地区,其中包括很多司法、外交部门的高级官员和著名的律师、法学教授。我国于1979年首次出席了在西班牙首都马德里举行的第九届世界法律大会。1990年4月23日~27日,第十四届世界法律大会在中国北京举行。与来自六十多个国家和地区的一千五百多名法律界人士参加了大会。大会主题为"法律为世界和平与发展服务"。27日,大会一致通过了以此为主题的《北京宣言》。与此同时,还通过了二十多个专题讨论的决议,就人权、防止并制止国际恐怖主义、知识产权保护、国际仲裁等问题达成了一致的意见。

1990年4月22日,为纪念第十四届世界法律大会在北京举行,宣传我国法律建设成就,中华人民共和国邮电部发行了一套纪念邮资明信片,全套1枚。志号JP.20。邮资图规格22毫米×26毫米;明信片规格148毫米×100毫米。

JP.20(1—1)"北京第十四届世界法律大会" 邮资

图以绿色地球为背景,主图为和平鸽、红花和象征法律公平的天平,表明本届大会"法律为世界和平与发展服务"的主题。片图为中国的万里长城烘托着本届大会会徽。会徽由地球和天平组成,寓意处理世间任何事情都应该以法律为准绳。邮资面值4分,每枚售价0.18元。发行量82.92万枚。白卡纸。彩色胶印。李印清设计。北京邮票厂印制。

笔者经过对JP.20收集、研究发现:

JP.20的印刷变异　JP.20有超宽片(超2毫米)存在。

JP.20的暗记　其暗记主要有三处:①在明信片标头"中国人民邮政明信片"中的"片"字上,在最末一笔的下部网纹中少一个网点。②在邮票图案中,和平鸽的红色圆眼左下部,有一豁口(需用高倍放大镜观看)。③在明信片左下部"中华人民共和国邮电部发行"中的"中"字上,其第一笔与第二笔交接处下部,有一豁口。

【JP.21 中华人民共和国香港特别行政区基本法】The Basic Law of the Hong Kong Special Administrative Region of the People's Republic of China　香港特别行政区基本法,是一部规定香港特别行政区实行的制度、保障国家对香港基本政策实施的法律。有关香港特别行政区基本法的知识,详见本书1997—10《香港回归祖国(J)》。香港特别行政区基本法是根据《中华人民共和国宪法》,按照香港的具体情况制定的,是符合宪法的。香港特别行政区设立后实行的制度、政策和法律,以香港特别行政区基本法为依据。该法具有划时代的历史意义和国际意义。自1997年7月1日起施行。

1990年4月10日,为纪念中华人民共和国香港特别行政区基本法公布,中华人民共和国邮电部发行了一套纪念邮资明信片,全套1枚。志号JP.21。邮资图规格25毫米×34毫米;明信片规格148毫米×100毫米。

JP.21(1—1)"中华人民共和国香港特别行政区基本法"　邮资图为双手捧着《中华人民共和国香港特别行政区基本法》单行本,寓意人们拥护基本法,坚决执行基本法。片图是香港地区建筑群的近景和远景:近景为中区楼群,远景是九龙地区,寓意贯彻基本法必将给香港带来美好前景。邮资面值4分,每枚售价0.18元。发行量85.12万枚。白卡纸。彩色胶印。李德福设计。北京邮票厂印制。

笔者经过对JP.21收集、研究发现:

JP.21的版型　未见JP.21有其他版型,但有制作逼真的伪品,勿将其当作另一种版型。而且此伪品不止一种,笔者在专著彩版《中国邮品辨伪必备》(续集)中有详细介绍,在此不赘述。

JP.21的印刷变异　JP.21邮资图有两种刷色:一种为豆绿色,另一种为墨绿色。在这两种刷色中,肯定有一种刷色是错误的,这就如同清代日本版蟠龙邮票一样。两种刷色,其暗记是一样的,但豆绿色邮资图中,在"邮"字上所设暗记,已显得模糊不清,仅有痕迹;除此之外,豆绿色邮资图不够居中,则偏向右边框,而墨绿色邮资图则居中。豆绿色是错色片。

JP.21的暗记　其暗记主要有三处:①在明信片标头"中国人民邮政明信片"中的"片"字上,其最末一笔的下部网纹中少一个网点。②在片图下部"中华人民共和国邮电部发行"中的"中"字上,其第一笔与第二笔的交接处下部,有一豁口。③在邮资图中铭记"中国人民邮政"中的"邮"字上,其第四笔下部右侧,多出一横点儿。

【JP.22 香港中银大厦落成纪念(错体停发)】Commemorating Completion of Hong Kong Bank of China Tower(Unissued)　香港中银大厦是中国银行香港分行新大厦的简称,由世界著名的美籍华裔建筑师贝聿铭设计。楼高70层;从地面算起高度315米。大厦底层1楼~19楼由四个三角组成呈正方形,20楼~37楼少一个三角;38楼~50楼又少一个三角,为两个三角组成的大三角;51楼~70楼只剩下一个三角。大厦内均属一流商业办公室,除中国银行自用底层部分外,20楼~66楼共有约50万平方英尺面积,可供香港及国际机构租用。67楼为招待所,68楼为宴会厅,69楼为机器房,70楼为观景房。大厦由四个不同高度的钢架玻璃幕墙建筑物组成,设计的灵感来自中国的一句"竹子节节高"谚语,象征兴旺发达。中银大厦建成后,成为香港最高的建筑。在香港诸多建筑群中,给人"鹤立鸡群"的感觉。

为纪念香港中银大厦落成,中华人民共和国邮电部计划于1990年5月17日发行一套纪念邮资片,全套1枚。志号JP.22。邮资图规格24毫米×40毫米;明信片规格148毫米×100毫米。

JP.22(1—1)"香港中银大厦落成纪念"　邮资图为

中银大厦外景。片图为中银大厦和香港九龙维多利亚湾风光。邮资面值为4分,每枚售价0.18元。印刷81.79万枚。白卡纸。彩色胶印。吴建坤设计。北京邮票厂印制。

"香港中银大厦落成纪念"邮资明信片的成品运到香港之后,有关方面在5月14日发现其片题英文名称有误:"Completion"错印成"Compliltion";还有"Hong Kong Bank"的含义也不准确,容易产生误会,建议收回。因此,邮电部有关领导与相关部门研究后,于5月15日晚向全国邮电部门发出了加急电报,停止发行JP.22《香港中银大厦落成纪念》邮资明信片。但是为时已晚,四川重庆邮票公司,因误会于5月11日就开始出售了。除此之外,山东、湖南、湖北等地也有提前出售的。提前售出共计76399枚。作为纪念邮资明信片,印制好以后发往全国各地准备出售又决定收回,这在中国邮政史上还是第一次。

这枚纪念邮资明信片因错体而停发,其志号被7月11日发行的"第31届国际数学奥林匹克"纪念邮资明信片所替代。但是,由于"中银大厦"片有提前出售的,这就在纪念邮资明信片中存在两个JP.22。JP.22"中银大厦"片因存世量比较少,因此,弥足珍贵。

笔者通过对流出的JP.22"中银大厦"片的收集和研究发现:

JP.22"中银大厦"片的版型 JP.22仅见一种版型,但有多种伪品,其中有伪得足以乱真的赝品,切勿将其误当另一种版型。

JP.22"中银大厦"片的暗记 其暗记主要有三处:①在明信片标头"中国人民邮政明信片"中的"片"字上,其最末一笔的下部,少一个网点。②在明信片片图下部"中华人民共和国邮电部发行"中的"中"字上,其第一笔与第二笔的交接处下部,有一豁口。③在明信片左下部英文铭记"Republic"中的"b"字母上,其竖笔下部右侧,有一豁口。

【JP.22 第31届国际数学奥林匹克1990·北京】
31st International Mathematical Olympiad, Beijing 1990 国际数学奥林匹克简称"IMO"。起源于1894年,至今已有一百多年的历史。1894年,匈牙利数学物理学会通过决议,每年为中学生举办一次数学竞赛。之后,除因战乱等原因中断了七年外,竞赛于每年10月举行。数学竞赛是智力大赛,在发现和培养人才方面收到很好的效果。美籍匈牙利力学家冯·卡门(1881—1963)上中学时,就是匈牙利数学竞赛的优胜者。数学竞赛与体育比赛在所倡导的精神上有相通之处。因此,许多国家把数学竞赛命名为"数学奥林匹克"。然而首创者则是苏联,在1934年和1935年,于列宁格勒和莫斯科国立大学分别组织的地区中学数学竞赛,即被称为中学数学奥林匹克。匈牙利数学竞赛的成功经验,相继在欧洲一些国家推广。1956年经罗马尼亚诺曼教授倡议,于1959年7月在罗马尼亚布拉索夫市举行了首届国际数学奥林匹克。当时只有保加利亚、匈牙利、波兰、罗马尼亚和苏联等东欧一些国家参加,到了20世纪60年代末扩大到西方国家。竞赛每年举办一次,由参赛国各推选1人组成竞赛委员会,东道国代表担任主席。应邀国各派6名学生组成代表队参赛。试题从各国提供的题目中挑选,比赛分两个上午连续进行,每次3道题,规定4小时完成。除运用所学数学知识外,侧重考察对数学问题的洞察力和数学思想的理解力,使参赛者的智力得到开发,能力得到提高。1985年,我国首次派选手参加在赫尔辛基举办的第26届国际数学奥林匹克,因是初次参加,是一次"投石问路",仅派了2名选手。1986年,经过一番准备,按比赛规定,正式派6名选手参加了在华沙举行的第27届国际数学奥林匹克。这次参赛一举夺得3枚金牌、2枚银牌、1枚铜牌及团体总分第4名的成绩。为了更好地组织参加这项国际比赛,1989年成立了中国数学奥林匹克委员会,在有组织地开展选拔选手和集训后,于当年参加第30届国际数学奥林匹克,获得4枚金牌、2枚银牌和团体总分第1名的优异成绩。这是亚洲国家首次获得的世界冠军。1990年7月,第31届国际数学奥林匹克在北京举行,中国参赛的6名选手出奇制胜,获得5枚金牌、1枚银牌和团体总分第一,摘得了"数学奥林匹克"的桂冠。

1990年7月11日,为纪念第31届国际数学奥林匹克在北京举行,中华人民共和国邮电部发行了一套纪念邮资明信片,全套1枚。志号JP.22。邮资图规格30毫米×30.7毫米;明信片规格148毫米×100毫米。

JP.22(1—1)"第31届国际数学奥林匹克1990·北京" 邮资图以五只不同颜色的和平鸽为背景,烘托

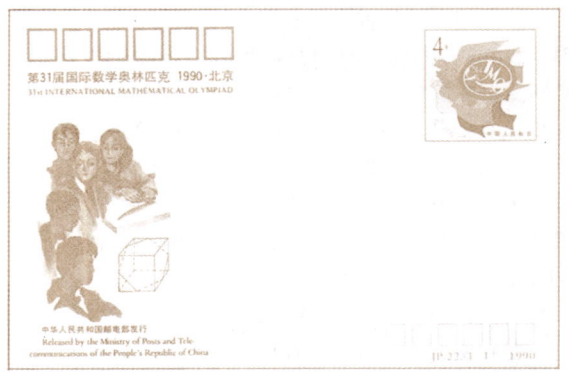

出了本届竞赛的标志。五只和平鸽代表五大洲青年的参与。标志呈椭圆形，由"IMO"字母和中国的万里长城组成，点出了竞赛地址。片图为五位不同肤色青年正在解题，寓意数学奥林匹克已成为世界五大洲青年重要的智力大赛。邮资面值 4 分，每枚售价 0.18 元。发行量 87.72 万枚。白卡纸。彩色胶印。黄里设计。北京邮票厂印制。

笔者经过对 JP.22 收集、研究发现：

JP.22 的暗记　其暗记主要有两处：①在明信片标头"中国人民邮政明信片"中的"片"字上，其最末一笔的下部，少一个网点。②在明信片右下角志号"JP.22.（1—1）1990"上，其网纹与众不同，呈相连状，而非单个网点。

【JP.23 第十四届世界采矿大会】The 14th World Mining Congress　世界采矿大会于 1958 年在波兰华沙召开第一次国际采矿会议时成立，当时称为国际矿业和建筑科学会议，1975 年改为现名。中国是最早的参加国之一。其宗旨是：促进世界各国在开采固体矿物和开发自然矿物资源方面的技术发展，进行国际间的科技合作和技术交流。每三年召开一次大会。现有 39 个成员国。世界采矿大会自 1958 年创建以来，已在 13 个国家举办过 13 次世界采矿大会。1990 年 5 月 14 日，第十四届世界采矿大会在我国北京人民大会堂隆重举行。这是世界采矿大会首次在我国举办。它是我国近年来最大规模的科学技术交流活动，约有五十多个国家和地区的代表共三千七百多人参加。其中外宾近一千人。李鹏总理在开幕式上致词，并为本届大会及所办的展览题词："合理开发、综合利用、促进矿业技术发展。"本届大会国际组委会主席西扎克，副主席菲特怀斯以及苏联煤炭部部长、冶金部部长，美国矿业局局长等各国贵宾出席了开幕式。西扎克主席在致词中说，几个世纪以来，世界采矿业发展很快，已成为一个技术集成度很高的产业，要负责地开采、冶炼矿石，既保证环境安全，又保护人的安全。要完成这个任务需要全世界各个国家和地区的和平合作，世界采矿大会就是为此目的而建立的。

1990 年 5 月 14 日，为纪念第十四届世界采矿大会在我国北京召开，中华人民共和国邮电部发行了一套纪念邮资明信片，全套 1 枚。志号 JP.23。邮资图规格 23 毫米×26.5 毫米；明信片规格 148 毫米×100 毫米。

JP.23（1—1）"第十四届世界采矿大会"　邮资图采用了第十四届世界采矿大会会徽。会徽呈圆形，由地球图中凸显中国的万里长城和两把交叉地质锤组成图案，下端饰有"中国　1990　北京"字样。片图由黑、白、黄三种肤色的矿工剪影和地质图色块，以及大会会徽组成，寓意大会的宗旨：促进采矿的技术发展，进行国际间的科技合作和技术交流。邮资面值 4 分，每枚售价 0.18 元。发行量 83.62 万枚。白卡纸。彩色胶印。李印清设计。北京邮票厂印制。

笔者经过对 JP.23 收集、研究发现：

JP.23 的暗记　JP.23 的暗记主要在明信片标头"中国人民邮政明信片"中的"片"字上，其最后一笔下半部，少一个网点。

【JP.24 第四次全国人口普查】4th National Census

中国是世界上人口最多的国家。控制人口，是我国的一项长期基本国策。我国制定实行的人口政策是：限制人口数量，提高人口素质，坚持提倡晚婚、晚育、少生、优生，大力提倡一对夫妇只生一个子女，大力提高一胎率，严格控制二胎，坚决杜绝多胎生育。为了更好地制定人口政策，掌握人口的现状，中华人民共和国成立后，于 1953 年进行了一次全国人口普查。第一次人口普查以 1953 年 6 月 30 日 24 时为标准时间进行全国人口普查登记，这是中国历史上第一次科学的人口普查，较为准确地查出中国的总人口为 601938035 人。之后，又于 1964 年 6 月 30 日 24 时为标准时间进行全国人口调查登记，进行了第二次人口普查，全国人口总数为 72307 万人。第三次全国人口普查，以 1982 年 7 月 1 日零时为标准时间进行全国人口调查登记，首次使用电子计算机处理数据,从准备到完成全部工作,前后历经五年,普查结果,全国人口为 103188 万人。这次普查,为有计划地进行社会主义现代化建设,统筹安排人民的物质和文化生活,制定人口政策和规划提供了可靠的数据。

1990 年 7 月 1 日零时,我国进行第四次全国人口普查,这是人类历史上规模最大的一次人口普查,约 700 万人作为普查员和普查指导员投入了这项浩大的"系统工程"。这次普查结果,大陆人口为 1133682501 人,加上按台湾 1990 年公布的台湾人口数据,港英政府、澳葡政府公布的 1989 年底香港、澳门的人口数据推算,中国总人口为 1160017381 人,误差率为 0.6%。这次人口普查提供了 1982 年第三次全国人口普查以来中国人口增长、人口迁徙、劳动力转移等方面社会变化的详细资料,从而为宏观决策提供了可靠的依据。

1990 年 6 月 30 日,为宣传人口普查的意义,中华人民共和国邮电部发行了一套纪念邮资明信片,全套 1 枚。志号 JP.24。邮资图规格 27 毫米×29 毫米;明信片规格 148 毫米×100 毫米。

JP.24(1—1)"第四次全国人口普查" 邮资图为第四次全国人口普查徽志。徽志呈椭圆形,由万里长城和"人口"二字组成图案。片图为两种不同颜色的人形,中间以"1990·7·1·0:00"数字相隔开,点明人口普查的标准时间,寓意科学、准确进行人口普查。邮资面值 4 分,每枚售价 0.18 元。发行量 81.62 万枚。白卡纸。彩色胶印。许彦博设计。北京邮票厂印制。

笔者经过对 JP.24 收集、研究发现:

JP.24 的暗记 其暗记主要有三处:①在纪念邮资明信片邮资图的长城台阶上方有一个"E"字。②在明信片的标头"中国人民邮政明信片"的"片"字上,其最末一笔下部少一个网点。③在明信片两条名址线中,其上数第一条名址线在网点线中部断线。

【JP.25 国际地理联合会亚太区域会议】IGU Asian Pacific Regional Conference 国际地理联合会准确称谓是国际地理学联合会,简称"IGU"。于 1922 年 7 月 27 日在布鲁塞尔成立。其宗旨是:促进研究地理问题;介绍和协调研究所需要的国际合作,为科学讨论和出版提供指导;安排国际会议;任命会议间歇期间研究特别事务委员会;促进地理资料和文献的传播。出版刊物《国际地理学联合会公报》。其主要活动每四年举行一次大会。1990 年 8 月 13 日,国际地理联合会、亚太区域会议在我国北京举行,由国际地理学联合会委托中国地理学会主持召开了开幕式。这是继 1984 年中国地理学会恢复了在"IGU"的会籍以后,首次在我国举行的会议。参加这次会议的有来自亚洲、欧洲、北美洲、大洋洲、拉丁美洲、非洲等 40 个国家和地区的代表,共 1017 人。这次大会尽管是区域性会议,但其规模与"IGU"于 1988 年在悉尼召开的第 26 届国际地理学大会相差无几。其中国外代表有 353 人,人数之多出乎意料。这从一个侧面说明我国政治稳定、经济稳定、社会安定,中国地理学界在国际上享有一定的威望和影响。这次大会共收到涉及地理教育;变化中的地理学;环球变化;地貌学;气候学;水文学与冰川学;人口、文化与旅游地理学;土地利用、农村系统和粮食问题;亚太地区的发展等地理学所有研究领域和重大课题的 936 篇论文。这些论文反映了当代地理学研究的最新进展和发展趋势。

1990 年 8 月 13 日,为纪念国际地理联合会亚太区域会议在中国北京召开,中华人民共和国邮电部发行了一套纪念邮资明信片,全套 1 枚。志号 JP.25。邮资图规格 30 毫米×30 毫米;明信片规格 148 毫米×100 毫米。

JP.25(1—1)"国际地理联合会亚太区域会议" 邮资图为地球和地球上显示的亚太区域投影。片图以北京市地图为背景,主图采用了国际地理联合会亚太区域会议会徽,点明了会议地址。会徽为呈现出亚太区域的经纬地球图形,上印"IGU"字样。邮资面值 15 分,每枚售价 0.30 元。发行量 84.42 万枚。白卡纸。彩色胶印。潘可明设计。北京邮票厂印制。

JP.25 是 1990 年邮资调整后,发行的首枚邮资面值

15分的纪念邮资明信片。

笔者经过对JP.25收集、研究发现：

JP.25的暗记 其暗记主要有三处：①在纪念邮资明信片标头"中国人民邮政明信片"中的"片"字上，其最末一笔的下部缺少一个网点。②在邮资图模拟齿孔中，其左上角自上往下数第一、第二齿上，分别有一豁口和齿下部缺一角。③在邮资明信片的片图中，大会标志地球的经纬线上，有几处断线。

【JP.26 第二次联合国最不发达国家会议】2nd United Nations Conference on the Least Developed Countries 最不发达国家是指世界上最贫困的一批国家。最早在1967年七十七国集团通过的《阿尔及尔宪章》中提出这一名词。1971年联合国发展规划委员会拟定了这些国家的标准和名单，经第二十六届联大批准，确定标准有三条：1.按人均计算国内生产总值属于最低者；2.制造业在国内生产总值中所占比重等于或不足10%者；3.有文化的人等于或低于人口总数的10%者。据此，当时联合国确定31个国家为最不发达国家。其中非洲有21个国家，亚洲有8个国家，加勒比海地区和大洋洲各有1个国家。这些国家人口总共2.6亿，农村人口占80%。之后，最不发达国家的数量仍在不断地增加。为此，联合国大会于1981年在巴黎召开了第一次联合国最不发达国家问题会议。在这次会议上，国际社会一致通过《支援最不发达国家的八十年代新的实质性行动纲领》。由于最不发达国家的经济缺乏多样化，完全依靠单一的原材料出口；经济单一，卫生和教育水平低下，他们通常把发达国家政府提供的发展援助作为唯一的发展手段。然而，这一援助的数额也在急剧减少，到了20世纪90年代减少了一半多，只占发达国家国内生产总值的0.05%。富国与穷国之间的差距仍在进一步扩大。最不发达国家已增至48个，其全部人口为6.105亿，占世界总人口的10.5%。1990年9月3日～14日，在巴黎联合国大会召开了第二次联合国最不发达国家问题会议，有150个国家的政府参加，会议审查了十年间最不发达国家取得的社会进展及国际支援措施，制定了有关20世纪90年代加快最不发达国家发展进程的国际政策及措施。发达国家将向贫穷国家提供占国内生产总值0.2%的援助。

1990年9月3日，为纪念第二次联合国最不发达国家会议的召开，中华人民共和国邮电部发行了一套纪念邮资明信片，全套1枚。志号JP.26。邮资图规格30毫米×22毫米；明信片规格148毫米×100毫米。

JP.26(1—1)"第二次联合国最不发达国家会议"邮资图由本次会议会徽和法国巴黎埃菲尔铁塔组成，点

明了会议主题和地址。会徽呈圆形，主图为四只连环相握在一起的手臂，寓意国际社会共同采取支援措施，帮助最不发达国家解决发展问题。片图由红日、商船和海鸥组成，预示着最不发达国家在国际社会的支援下，会像太阳一步步升起那样，逐步发展起来。邮资面值15分，每枚售价0.30元。发行量80.02万枚。白卡纸。彩色胶印。陈晓聪设计。北京邮票厂印制。

注：这枚纪念邮资明信片片题"第二次联合国最不发达国家会议"，在"最不发达国家"后面漏掉"问题"二字，正确片题应为"第二次联合国最不发达国家问题会议"。这是一枚错体邮资明信片。

笔者经过对JP.26收集、研究发现：

JP.26的版型 JP.26仅见一种版型，有足以乱真的伪品，请勿将乱真伪品误当另一种版型。

JP.26的印刷变异 未见JP.26有印刷变异，但有足可乱真的伪品，并非印刷变异。

JP.26上的暗记 其暗记主要有三处：①在纪念邮资明信片标头"中国人民邮政明信片"中的"片"字上，其最末一笔的下半部网纹中缺少一个网点。②在邮资图会徽中的右上与左下两只手所对应的大拇指，均呈方形状。③在志号"JP.26(1—1)"中的"(1—1)"，其横线"—"由一行单个网点构成。

【JP.27 中国引种桉树100周年】The Centenary of Eucalyptus Introduction into China 桉树，桃金娘科，桉树属树种的统称。约有六千多种。原产澳大利亚及马来西亚。据科学考察，早在四五千万年前桉树也曾在我国西部繁衍生息，数百万年前在喜马拉雅造山运动中逐渐消亡，另有部分南移至澳洲生存。1890年，桉树经意大利引入我国。据说意大利人引入的桉树是送给慈禧太后的，因桉树的叶和小枝含有丰富的芳香油，不断向空气中发散萜烯类化合物，有杀菌作用，能净化空气，可"避蚊灭菌，保佑平安"，故取名桉树。桉树被广泛引种于亚洲热带、亚热带各地。我国四川中部及长江以南各地栽培最多的有大叶桉、赤桉、蓝桉、细叶桉、柠檬桉

等。桉树为常绿乔木,适应性很强,大叶桉等能抗40℃高温,也可耐-6℃的冷冻,能抗风和抗病虫害。枝、叶、花有芳香。早春开花,花有红、白或黄色。花多为伞形或头状花序,萼筒常为圆柱形,萼片与花瓣连合成帽状体,开花时脱落。桉树喜肥沃潮湿土壤,生长快,用途广。木材一般坚韧耐久,可供枕木、矿柱、桥梁、建筑等用。有的可产树胶;叶和小枝可提取挥发油,供药用或做香料、矿物浮选剂等。也是理想的绿化树和蜜源树,其经济价值和观赏价值都很高。现在,世界上已有九十多个国家和地区引种桉树。中国引种桉树一百多年来,全国约有一千万亩桉树林,不仅用于栽培经济林,也用于栽培防风林和风景林,已成为世界桉树栽培第二大国。

1990年11月21日,为纪念我国引种桉树100周年,中华人民共和国邮电部发行了一套纪念邮资明信片,全套1枚。志号JP.27。邮资图规格28.5毫米×38毫米;明信片规格148毫米×100毫米。

JP.27(1—1)"中国引种桉树100周年" 邮资图采用了桉树种子,点明了引种主题。片图为高耸挺拔的桉树,寓意引种获得成功。邮资面值15分,每枚售价0.30元。发行量80.52万枚。白卡纸。彩色胶印。任宇设计。北京邮票厂印制。

注:JP.27片图上的片题英文"CENTENTARY"应为"CENTENARY","EUCALYPTS"应为"EUCALYPTUS"。这是一枚错体片。

笔者经过对JP.27收集、研究发现:

JP.27的印刷变异 未见JP.27有印刷变异,但有可乱真的伪品。要提防造假者用这种伪品制造变体。

JP.27的暗记 其暗记主要有四处:①在纪念邮资明信片标头"中国人民邮政明信片"中的"片"字上,其最末一笔的下部网纹中缺一个网点。②在邮资明信片片图上的片题"中国引种桉树100周年"中的"树"字上,其偏旁"木"字的第二笔下部右边,多出一墨点儿。③在邮资图右上方面值"15分"中的"1"字上,其底部左边细横线上有一断口。值得提醒集邮者注意的是,有部分JP.27在此处并无断口。④邮资明信片右下角志号"JP.27.(1—1)1990",其网纹夹角呈75°,而明信片的标头、名址线等,网纹夹角则呈45°,二者不同。

【JP.28 首届全国工业企业技术进步成就展览会】
1st National Exposition of Industrial Enterprises' Technological Achievements 改革开放以来,我国积极引进国外先进技术,自力更生、消化吸收和研制开发,提高了技术进步的起点,取得了举世瞩目的巨大成就,使我国工业技术面貌和经济效益发生了显著的变化。为了充分展示我国工业技术的成就和新水平,由国家计委主办、中国工业经济协会承办的首届全国工业企业技术进步成就展览会,于1991年3月21日~27日在北京展览馆举办。这次大型展览会受到党和国家领导人的关怀和重视,江泽民、杨尚昆、李鹏、李先念、王震、薄一波等同志为展览会题了词。国务院各部、委、局、总公司和首都各界近两千名代表参加了开幕式。国务委员邹家华为展览会剪彩。这次展览会由国务院43个部、委、局、总公司组织的近一千二百家大中型骨干企业和技术进步先进单位参展,设有综合、节能、能源、铁道、交通、邮电、机电、化工、石化、钢铁、有色、轻工、纺织、和平利用军工技术、出口加工等22个馆,展品近万种。其中新设计有一千三百多项、新产品有两千四百多项、新工艺有一千一百多项、新材料有一千多项、尖端技术和产品有五百多项,荟萃了改革开放以来我国工业技术和产品的精华。

1991年3月21日,为了祝贺首届全国工业企业技术进步成就展览会在北京举办,中华人民共和国邮电部发行了一套纪念邮资明信片,全套1枚。志号JP.28。邮资图规格35毫米×23毫米;明信片规格148毫米×100毫米。

JP.28(1—1)"首届全国工业企业技术进步成就展览会" 邮资图由四条上下两半部分各不相同的色带组成,寓意引进、变革、创新、发展,紧扣展览主题。片图由

北京展览会会标和不同的色块组成。会标呈圆形,主图为"工业"二字叠印而成,与邮资图寓意相呼应。邮资面值15分,每枚售价0.30元。发行量80.13万枚。白卡纸。彩色胶印。潘克明设计。北京邮票厂印制。

笔者经过对JP.28收集、研究发现:

JP.28的暗记　其暗记主要有三处:①在邮资明信片标头"中国人民邮政明信片"的"片"字上,其最末一笔的下部网纹中,少一个网点。②在明信片左部上方片题"首届全国工业企业技术进步成就展览会"中的"全"字上,其第四笔横画的右部顶头处,有一豁口。③在展览日期"1991.3.21—27"中,其"一"上有豁口。

【JP.29 伽利略发现"惯性质量和引力质量等价"400周年(1591—1991)】400th Anniversary of the Discovery of the "Equality of Inertial Mass and Gravitational Mass" ($m_i \equiv m_g$) by Galileo Galilei (1591—1991)　伽利略(1564—1642)是意大利物理学家和天文学家。1581年~1585年间学医,后来在佛罗伦萨学院攻读数学和力学。1589年在比萨获数学教授职称。据说他首次研究动力学方面的问题就是这一时期;此前,他已研究过摆式震荡,并设计了液体比重计。1591年,他发现了"惯性质量和引力质量等价",即:$m_i \equiv m_g$。1592年,伽利略以数学教授的身份前往帕多瓦讲授振荡的等时性问题和落体定律的推导法。1610年,他又以教授和宫廷数学家的身份回到佛罗伦萨。在这几年里,他还设计过望远镜,并用它发现了月亮表现凹凸不平、木星的四颗卫星、太阳黑子、月亮环形山、银河由无数恒星组成,以及金星、水星的盈亏现象等,有力地证明了哥白尼的地动说。他主张研究自然界必须进行系统的观察和实验;他通过亲自试验,推翻了向来奉为权威的亚里士多德关于"物体落下的速度和重量成比例"的学说,建立了落体定律。1632年,他发表的《关于两种世界体系对话》,反对托勒密的地心体系,支持和发展了地动说,次年遭到罗马教廷圣职部判罪管制。后来被赶到佛罗伦萨郊外寓所,直到1637年双目失明后才获准暂时回到佛罗伦萨。1638年,他的《两种新科学的对话》在荷兰出版。这部书中记载有落体定律和抛体运动定律、未完成的惯性定律以及材料力学的补充说明,它们成了经典物理学的起点。伽利略是为获得物理学知识而坚持不懈地进行实验并运用数学定理的第一位伟大的实验物理学家。

1991年9月16日,为了纪念伽利略发现"惯性质量和引力质量等价"400周年,中华人民共和国邮电部发行了一套纪念邮资明信片,全套1枚。志号JP.29。邮资图规格30.5毫米×30.5毫米;明信片规格148毫米×

100毫米。

JP.29(1—1)"伽利略发现'惯性质量和引力质量等价'400周年(1591—1991)"　邮资图采用了伽利略肖像。片图为伽利略曾用来进行实验的意大利比萨斜塔外景和著名的"惯性质量和引力质量等价"公式 $m_i \equiv m_g$。邮资面值15分,每枚售价0.30元。发行量100.22万枚。白卡纸。彩色胶印。刘硕仁设计。北京邮票厂印制。

笔者经过对JP.29收集、研究发现:

JP.29的印刷变异　JP.29有漏印面值和刷色差异变体片,收集时应注意鉴别真伪。

JP.29的暗记　其暗记主要有四处:①在纪念邮资明信片标头"中国人民邮政明信片"的"片"字上,其最末一笔的下部网纹中少一个网点。②在邮资图上的铭记"中国人民邮政"中的"邮"字,其偏旁的"阝"右上角笔画中镂空了一个圆点儿。③在纪念邮资明信片的志号"JP.29.(1—1)1991"上,其网纹夹角与明信片上的"标头"、名址线、邮政编码方框线所采用的网纹夹角不相同。④在邮资明信片左下角"中华人民共和国邮电部发行"中的"中"字,其第二笔起笔笔画下边,有一豁口儿。

【JP.30 中华人民共和国第二届城市运动会】The 2nd City-Games of the People's Republic of China
中华人民共和国全国城市运动会的宗旨是:充分发挥城市经济、文化和体育的优势,发现和培养大批体育人才,不断提高运动技术水平,进一步推动体育事业的发展。举办城市运动会,是竞技体育改革的一项战略措施。1988年10月23日~11月2日,首届城市运动会在山东济南举行。来自全国各省会城市、计划单列城市、对外开放城市和经济特区城市的40个代表团2300名运动员参加运动会。比赛项目有田径、游泳、体操、举重、柔道、摔跤、射击、足球、篮球、排球、乒乓球等,共有4人4次刷新4项亚洲纪录,3人4次改写全国纪录,4人2队6次超全国青年纪录。广州名列金牌总数第一。济南、武汉、广州等8个代表团获体育道德风尚奖。1991年9月20日~28日,第二届城市运动会在河北省唐山市举行。这届城市运动会比赛项目在首届城市运动会比赛项目的基础上,又增加了跳水、赛艇、击剑、射箭项目。有来自51个省会城市、计划单列城市、对外开放城市、经济特区城市2707名运动员参加了决赛。本届运动会有12人12次超4项亚洲纪录,有2人2次平2项亚洲纪录,有5人5次创4项全国纪录,14人25次创15项全国青年纪录。这与首届城市运动会相比,超、平和创造新纪录的人数和项次都有较大幅度的增加。在比赛项目中,获前8名的选手,年龄绝大部分在16岁~17岁之间,充分证明城市运动会确实调动了各地的积极性,使体育实力强的城市有了新的进步,原来水平较落后的城市也有了较大的发展,起到了振奋民族精神的作用,达到了检阅后备力量、锻炼队伍、推动城市体育事业发展的目的,为中国体育走向世界打下了坚实的基础。本届城市运动会,沈阳市获金牌24枚,名列金牌总数第一名;南京、沈阳、大连等11个城市代表团获体育道德风尚奖。

1991年9月20日,为了祝贺中华人民共和国第二届城市运动会的举行,中华人民共和国邮电部发行了一套纪念邮资明信片,全套1枚。志号JP.30。邮资图规格23.5毫米×30.5毫米;明信片规格148毫米×100毫米。

JP.30(1—1)"中华人民共和国第二届城市运动会"
邮资图为一位跳远女运动员腾空的动作姿态造型。片图由唐山体育场外景和第二届城市运动会会徽组成。会徽以唐山抗震纪念碑图形为主体,背景为一轮初升的太阳和由阿拉伯数字"2"变形而成的跑道,下端标有"1991"字样,既点明第二届城市运动会在唐山市举行,也象征着工业城市唐山在震后迅速崛起,城市建设和体育运动等各项事业蒸蒸日上。有关唐山抗震纪念碑的知识,详见本书1996—17《震后新唐山(T)》。邮资面值15分,每枚售价0.30元。发行量130.03万枚。白卡纸。彩色胶印。卢天骄设计。北京邮票厂印制。

笔者经过对JP.30收集、研究发现:

JP.30的印刷变异 JP.30有套色移位变异。

JP.30的暗记 其暗记主要有三处:①在邮资明信片标头"中国人民邮政明信片"中的"片"字上,其最末一笔下部网纹中少一个网点儿。②在邮资图上边框线的左半边外侧,有一长豁口。③在邮资明信片左下部"中华人民共和国邮电部"中的"中"字上,其第一笔与第二笔相连部位的右边下部有一豁口。

【JP.31 第一届世界武术锦标赛】The 1st World Wushu Championships 武术也称武艺、国术、国技,是中国传统体育运动项目。1950年之后,武术被正式列为体育竞赛项目。20世纪80年代初,在欧、美多国兴起了"武术热"。武术起源于中国,至今已有五千多年的历史。始于原始社会末期的生产劳动和战争,经历几千年的发展过程,融合了武艺和古代健身的精华。到明、清时期,已形成武术体系,并有多种风格,流派林立。按地域划分,有南派和北派;以山岳划分,有少林、武当、峨眉等门派。其内容把踢、打、摔、拿、跌、击、劈、刺等动作,按照一定规律组成徒手和器械的各种攻防格斗功夫。武术具有攻防技击的实用性和套路表演的观赏性,又有内外合一、神形兼备的锻炼方法,成为人们习武健身的有效手段。现代武术不仅为我国各族人民所喜爱,而且已正在为世界各国人民所接受。1985年8月22日~26日,第一届国际武术锦标赛在我国西安举办时,成立了国际武术联合会筹备委员会。1990年10月3日,国际武术联合会在我国北京成立。国际武术联合会决定每两年举办一次世界武术锦标赛。1991年10月12日~18日,第一届世界武术锦标赛在北京举行。参加本届武术盛会的有来自五大洲的40个国家和地区近500名男女选手。比赛包括武术套路和散手两大项。武术设男女全能(长器、短器、长拳3项);男单项刀、剑、枪、棍、南拳、太极拳、长拳等项目。武术散手对抗赛有8个级别。此外还有传统拳术自选拳、器械、对练等项表演。

1991年10月12日,为了祝贺第一届世界武术锦标赛在我国北京举行,中华人民共和国邮电部发行了一套纪念邮资明信片,全套1枚。志号JP.31。邮资图规格31毫米×24毫米;明信片规格148毫米×100毫米。

JP.31(1—1)"第一届世界武术锦标赛" 邮资图采用了我国汉代武术石刻,人物形象鲜明,动作十分熟练,象征中国武术具有悠久历史。片图由第一届世界武术锦标赛徽志和五大洲武术运动员形象组成。徽志图案由万里长城城垛和阿拉伯数字"1"组成,寓意第一届世界武术锦标赛在中国北京举行。邮资面值15分,每枚售

价 0.30 元。发行量 114.73 万枚。白卡纸。彩色胶印。卢天骄设计。北京邮票厂印制。

笔者经过对 JP.31 收集、研究发现：

JP.31 的暗记　其暗记主要有三处：①在纪念邮资明信片标头"中国人民邮政明信片"中的"片"字上，其最末一笔下部网纹中，少一个网点（JP.31 是在标头"片"字中植入这种暗记的最后一枚片，同时也是在纪念邮资明信片上改用"中国邮政"铭记之前，采用"中国人民邮政"铭记的最后一枚纪念邮资明信片）。②在明信片左下角"中华人民共和国邮电部发行"中的"中"字上，其第一笔与第二笔连接处的右边下部，有一豁口。③在片图上方英文片题的"CHAMPIONSHIPS"中"M"笔画上，有一镂空的白圆点儿。

【JP.32 '92 中国友好观光年】Visit China '92

1992 年 1 月 1 日，由国家旅游局和中国民航局举办的"'92 中国友好观光年"正式拉开序幕。'92 中国友好观光年以"好客的人民，神奇的大地"，"友谊、祥和、欢乐、安全"为主题。观光年的口号为："游中国，交朋友。"为搞好这次史无前例的活动，'92 中国友好观光年在景点建设、路线制定和各项活动等方面，都做了精心的准备。国家旅游局将全国旅游线路和产品划分为国家级和省级旅游景点系列，公布了第一批国家级线路景点 249 处，还推出了 14 条专项旅游线路。'92 中国友好观光年的举办，不仅推动了我国旅游业向更高水平发展，也为世界五大洲的朋友了解中国、熟悉中国敞开了大门。

为了祝贺 '92 中国友好观光年举行，中华人民共和国邮电部原计划 1992 年 3 月 10 日发行纪念邮资明信片 1 枚，志号 JP.32。由于自 1992 年起，我国发行的邮资票品将采用新的铭记，中文由"中国人民邮政"改为"中国邮政"。在所发行的邮票上同时加英文铭记"CHINA"；明信片标头中文铭记"中国人民邮政明信片"改为"中国邮政明信片"，其英文铭记"Postcard The People's Republic of China"改为"Postcard China Post"。这枚纪念邮资明信片在印制完成即将发行之际，有关部门对明信片上的英文标头"Postcard China Post"提出不同意见，认为这与我国台湾邮政局英文称谓"Republic of China"容易混淆，应取消这枚纪念邮资明信片的发行。为此，邮电部于 1992 年 3 月 12 日发出《关于做好邮票票面文字志号调整后有关工作的通知》。通知明确规定：各类邮政业务单式（包括汇款通知单、包裹详情单等），邮袋上的邮政名称不变，仍用"中国人民邮政"字样。风光邮资明信片 A 组（国内邮资）中文为"中国邮政明信片，不加英文；B 组（国际邮资）的中文与 A 组相同，英文仍用原来的全称，即第一行为"Postcard"，第二行为"The People's Republic of China"。据此，已印好的"'92 中国友好观光年"纪念邮资明信片未发行就全部被销毁。后又依照通知要求，重新制版印制，于 1992 年 4 月 17 日正式发行 JP.32。邮资图规格 24 毫米×30 毫米；明信片规格 148 毫米×100 毫米。

JP.32（1—1）"'92 中国友好观光年"　邮资图为 '92 中国友好观光年标志。标志由中国旅游年标志——马踏飞燕和万里长城图形组成。片图采用了 '92 中国友好观光年吉祥物"阿福"形象。泥人"阿福"是无锡惠山民间玩具；吉祥物"阿福"吸收了惠山"阿福"的某些民间趣味，但在形式和色彩构成上，却蕴含了更加丰富的思想内容，更具有时代的风采。其作者是第四代"泥人张"传人张昌（锠）先生。吉祥物"阿福"是一件浅浮雕式的彩塑作品，外廓大致呈圆形，寓意全国各族人民团结与祥和。画面上部的图案，以近似抽象的手法，描绘了蝙蝠、仙桃和金鱼，取福寿有余之意；中间部位是一个可爱的女孩头像；下部是张开翅膀的白、红、黑色的鸽子和万里长城图形，寓意爱好和平的中国人民张开双臂，热情欢迎五大洲的朋友前来中国观光。邮资面值 160 分，每枚售价 1.75 元。发行量 201.63 万枚。白卡纸。彩色胶印。潘可明设计。北京邮票厂印制。

笔者经过对 JP.32 收集、研究发现：

JP.32 的版型　如不连同已销毁的 JP.32，仅见一种版型。已销毁的 JP.32 有极少量流出,这就造成事实上有两种版型的存在;这两种版型的主要区别在于邮资明信片的标头英文不同。

JP.32 的印刷变异　首印好的而后又销毁的 JP.32,有极少量流入邮市,其售价很高。

JP.32 的暗记　其暗记主要有三处:①明信片的标头字体和网点粗细,进行了改变。与 JP.32 之前的相比较,网点变细,汉字变为等线体,其中"邮"字和"明"字的左半边"由"和"日",右下角的竖笔画均不透头。②在邮资图左边模拟齿孔上,由上向下数第八齿上方的齿线向上延伸出一点儿。③在片图白鸽嘴的右下部红色刷色上,有两个露黄色的特殊网点儿。

【JP.33 中华人民共和国第四届大学生运动会】The 4th National Games for University Students of the People's Republic of China　中华人民共和国大学生运动会由教育部、国家体育总局、共青团中央联合主办,分届次由不同省市人民政府承办。比赛按照普通高校组成的甲队与高水平运动队试点校和体育院校组成的乙队分别进行比赛。1982 年 8 月 10 日~19 日,中华人民共和国第一届大学生运动会在北京市举行。1986 年 8 月 3 日~9 日,中华人民共和国第二届大学生运动会在辽宁省大连市举行。1988 年 8 月 25 日~31 日,中华人民共和国第三届大学生运动会在江苏省南京市举行。1992 年 9 月 29 日~10 月 4 日,中华人民共和国第四届大学生运动会在湖北省武汉市举行。此届大运会以"团结、奋斗、文明、育人"为宗旨,有 30 个省、市、自治区的代表队,共五千余人参加。本届运动会设田径、篮球、排球、羽毛球、艺术体操五个正式比赛项目和武术表演项目,并首次启用信息远程网络系统和信息条码查询系统。

1992 年 9 月 29 日,为了祝贺中华人民共和国第四届大学生运动会的举行,中华人民共和国邮电部发行了一套纪念邮资明信片,全套 1 枚。志号 JP.33。邮资图规格 23 毫米×29 毫米;明信片规格 148 毫米×100 毫米。

JP.33(1—1)"中华人民共和国第四届大学生运动会"　邮资图为本届大运会吉祥物白鳍豚,憨态可掬。有关白鳍豚的知识,详见新版《中国集邮百科知识》T·57《白鳍豚》。片图为大运会会徽和五彩缤纷的正在升腾的热气球。会徽以 4 条动态跑道构成"4"字,内形"D"为"大"的汉字拼音第一个字母,加上图形中"'92"阿拉伯数字和底部黄鹤形象,表明第四届大学生运动会 1992 年在武汉举行;组成跑道的 4 条动态线与黄鹤形象和风帆图形,象征着大学生运动健儿飞跃、轻捷、拼搏、奋进的精神面貌。正在蔚蓝天空中升腾的热气球,象征

着大学生运动会蓬勃向上发展,走向未来。邮资面值 15 分,每枚售价 0.30 元。发行量 238.13 万枚。白卡纸。彩色胶印。卢天骄设计。北京邮票厂印制。

笔者经过对 JP.33 收集、研究发现:

JP.33 的印刷变异　JP.33 有套色移位变异。

JP.33 的暗记　其暗记主要有三处:①在明信片标头"中国邮政明信片"的"邮"字和"明"字上,"邮"字左半部"由"和"明"字左半部"日",它们右边的竖笔画均与下边的一横笔画并齐,不透头。②在明信片左下部"中华人民共和国邮电部发行"中的"华"字第一笔画左上部,有一豁口。③在明信片右下部,右数第一个邮政编码方框的左边竖线下部网线上,靠右边上有一个近似"十"字形的黑墨点儿。

【JP.34 中华全国集邮联合会成立十周年】The 10th Anniversary of the Founding of All China Philatelic Federation　中华全国集邮联合会简称全国集邮联,1982 年 1 月 30 日经国务院批准成立。1982 年 8 月 25 日~29 日在北京召开中华全国集邮联合会第一次代表大会。有关中华全国集邮联合会的知识,详见新版《中国集邮百科知识》J·85M《中华全国集邮联合会第一次代表大会(小型张)》。

1992 年 10 月 13 日,为了祝贺中华全国集邮联合会成立十周年,中华人民共和国邮电部发行了一套纪念邮资明信片,全套 1 枚。志号 JP.34。邮资图规格 24 毫米×28.5 毫米;明信片规格 148 毫米×100 毫米。

JP.34(1—1)"中华全国集邮联合会成立十周年"邮资图为中华全国集邮联合会会徽。会徽图案由邮票、放大镜、镊子构成。中心以"A"、"C"字母(All China)组成一个象形"中"字;上边为邮票齿孔状,寓意万里长城,象征"中华";底色为绿色,象征中国集邮文化事业生机勃勃。片图为邮票和白鸽。展翅飞翔的白鸽,口衔一枚邮票,寓意将和平的信息传向世界各地。邮资面值 15 分,每枚售价 0.30 元。发行量 209.73 万枚。白卡纸。

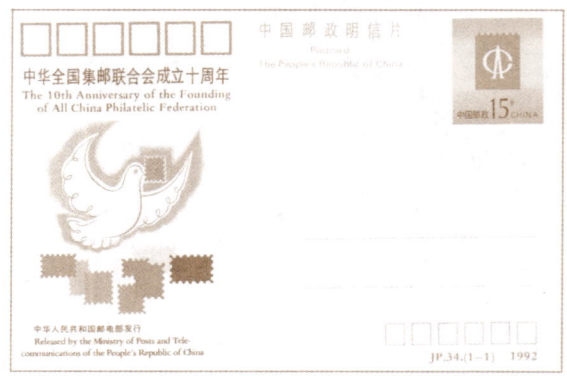

彩色胶印。邓锡清设计。北京邮票厂印制。

笔者经过对 JP.34 收集、研究发现：

JP.34 印刷变异 JP.34 有复印、套色移位变体。

JP.34 上的暗记 其暗记主要有三处：①在邮资明信片左下角铭文"中华人民共和国邮电部发行"中的"华"字上，其第一笔的上部有一细豁口。②在明信片右下部邮政编码方框右数第一个方框上，其左边竖框线下半部内侧，有一个"十"字形的黑墨点儿。③在志号"JP.34"中的"P"字母上，其上部横线在中部断线。

【JP.35 全国沿海开放城市改革开放成就展览会】Exhibition on Reform and Opening Achievements of China's Coastal Cities 1980 年 8 月 26 日，第五届全国人大常委会第十五次会议通过决议，批准建立经济特区。首先在深圳、珠海、汕头、厦门和海南设置 5 个经济特区。1984 年 4 月，中共中央和国务院决定：开放大连、秦皇岛、天津、烟台、青岛、连云港、南通、上海、宁波、温州、福州、广州、湛江、北海 14 个沿海城市及海南岛，也实行经济特区和经济开发区的某些政策。经济特区和经济开发区的创办，卓有成效地吸引外资、引进技术和科学管理经验，扩大出口，开展国际经济技术合作和交流，逐步建立起适应外向型经济发展的经济运行机制，对内地众多地区企业进入国际市场提供了宝贵的借鉴，为全国经济体制改革的深化提供了宝贵经验，发挥着"技术的窗口、管理的窗口、知识的窗口和对外政策的窗口"的作用。为颂扬全国沿海开放城市改革开放取得的丰硕成果，由国家计划委员会主办、中国工业经济协会承办的"全国沿海开放城市改革开放成就展览会"，于 1993 年 3 月 19 日～31 日在北京展览馆举办。这次展览会以影视图片和实物等方式，全面、集中地反映了我国 5 个经济特区和 14 个沿海开放城市在经济建设、技术发展、人民生活水平等方面所取得的巨大成就，讴歌了党的改革开放政策。据统计：我国经济特区和沿海开放城市有 1 亿人口，总面积为全国的 2%，1992 年国民生产总值达 3518 亿元，占全国的 18.1%。这个展览会，也是向八届人大和八届政协一次会议的代表们的汇报展览，用令人信服的事实，充分说明改革开放的重要性和必要性。

1993 年 3 月 19 日，为了祝贺"全国沿海开放城市改革开放成就展览会"在北京举行，中华人民共和国邮电部发行了一套纪念邮资明信片，全套 1 枚。志号 JP.35。邮资图规格 34 毫米×27 毫米；明信片规格 148 毫米×100 毫米。

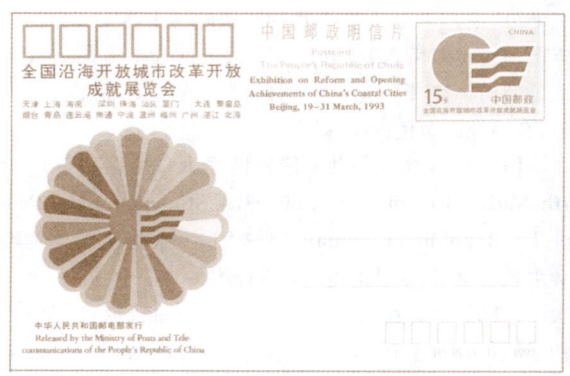

JP.35(1—1)"全国沿海开放城市改革开放成就展览会" 邮资图为全国沿海开放城市改革开放成就展览会会徽。会徽由一轮红日和三条海蓝色波浪纹构成，象征着在改革开放形式推动下，中国沿海地区经济建设朝气蓬勃，蒸蒸日上，充满生机和活力；三条海蓝色波浪纹代表着我国的北海、东海、南海三个地区。片图以会徽为中心，采用 19 种不同颜色向四周呈放射状展开的花瓣，整体呈现为盛开的花朵；19 种鲜艳而和谐的色彩代表 19 个沿海开放的城市，象征 19 个开放城市欣欣向荣、前程似锦。邮资面值 15 分，每枚售价 0.30 元。发行量 351.53 万枚。白卡纸。彩色胶印。任宇设计。北京邮票厂印制。

笔者经过对 JP.35 收集、研究发现：

JP.35 的版型 JP.35 仅见一种版型，但有伪品上市，切勿将伪品误认为是另一种版型。关于 JP.35 伪品的鉴定方法，笔者在专著彩版《中国邮品辨伪必备》（续集）中已详细介绍，这里不再赘述。

JP.35 的暗记 其暗记主要有三处：①在纪念邮资明信片左下角铭记"中华人民共和国邮电部发行"中的"华"字上，其第一笔画的上部有一豁口。②在明信片右下部邮政编码方框右数第一个方框上，其左边竖框线上半部内侧，有 3 个黑网点相连，呈"十"字形的黑墨点状。③在明信片标头"中国邮政明信片"中的"邮"字、"明"字，这二字左半部中的"由"和"日"，右边的竖笔画与下边的横笔画并齐，都不透头。

【JP.36 中华人民共和国澳门特别行政区基本法】The Basic Law of the Macao Special Administrative Region of the People's Republic of China　　有关澳门的地理历史知识和《中华人民共和国澳门特别行政区基本法》的知识，详见本书1999—18《澳门回归祖国（J）》。

1993年4月20日，为了纪念《中华人民共和国澳门特别行政区基本法》经第八届人大第一次会议通过，中华人民共和国邮电部发行了一套纪念邮资明信片，全套1枚。志号JP.36。邮资图规格35毫米×23毫米；明信片规格148毫米×100毫米。

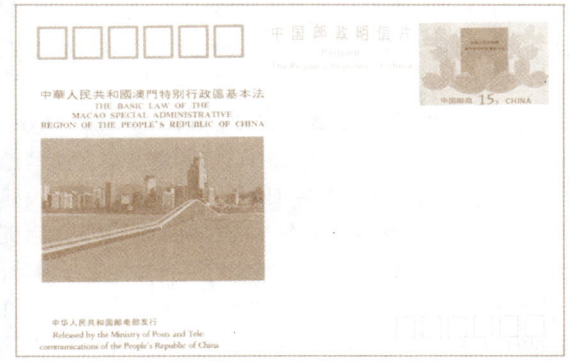

JP.36（1—1）"中华人民共和国澳门特别行政区基本法"　　邮资图为红色的《中华人民共和国澳门特别行政区基本法》单行本封面，背景和周围簇拥着一朵朵绽放的荷花；荷花是澳门特别行政区的区花，主题鲜明。片图为澳门建筑景观和澳凼大桥的雄姿，湛蓝的天空，碧蓝的海水，海天一色，美丽壮观。邮资面值15分，每枚售价0.30元。发行量354.23万枚。白卡纸。胶版彩印。潘可明设计。北京邮票厂印制。

笔者经过对JP.36收集、研究发现：

JP.36的版型　　JP.36仅见一种版型，但有多种伪品。有的伪品制作十分逼真，连邮资图上细微的文字和邮资明信片上的暗记，都伪造了出来。对JP.36的真伪鉴定方法，详见笔者专著彩版《中国邮品辨伪必备》（续集）。

JP.36的印刷变异　　JP.36有漏印黑色印刷变体，但笔者未见实品。因JP.36有足以乱真的伪品，谨防伪制品的各种变体。

JP.36的暗记　　其暗记主要有三处：①在邮资图面值"15分"中的"5"字上，"5"的最后一笔收笔处呈上长下短，不是齐头。②在明信片右下部邮政编码方框中，右数第一个方框，其左边竖框线下半部内侧，有3个黑网点相连，呈现一个"十"字形的黑墨点状；在左数第一个方框，其右边竖框线下部外侧，有3个黑网点相连，呈现一个黑墨点状。③在明信片左下角，英文铭记倒数第一行的"Republic"中"b"字母，其右边"o"的上部有一个小豁口儿。

【JP.37 中国医疗队派出30周年】The 30th Anniversary of China's Sending Its 1st Medical Team Abroad　　中国医疗队也称中国援外医疗队，是中国句第三世界国家和地区派出的为当地人民防治疾病和培养医务人员为目的的工作队。1963年4月，应阿尔及利亚政府的邀请，由湖北省负责派出了中国第一支医疗队。此后三十年来，分别由27个省、自治区和直辖市组队，先后向亚洲、非洲和拉丁美洲六十多个国家或地区派出医务人员一万三千余人次，其中绝大多数是具有实践经验的主治医师、副主任医师、主任医师或副教授、教授；所派出的大部分是综合性的医疗队伍。中国医疗队在这些国家和地区累计诊治各种疾病近两亿人次，受到当地人民的广泛赞扬，对加强中国同第三世界国家的团结与合作做出了贡献。中国医疗队的援外行动，由党中央和国务院统一部署指挥，卫生部具体组织实施。

1993年4月16日，为纪念中国医疗队派出30周年，中华人民共和国邮电部发行了一套纪念邮资明信片，全套1枚。志号JP.37。邮资图规格26毫米×30毫米；明信片规格148毫米×100毫米。

JP.37（1—1）"中国医疗队派出30周年"　　邮资图为红十字药箱与和平鸽，寓意中国医疗队是救死扶伤的和平使者。片图由经纬地球图形、一位中国医疗队女医生和亚、非、拉人民热烈欢迎中国医疗队的情景组成。邮资面值15分，每枚售价0.30元。发行量384.03万枚。白卡纸。彩色胶印。万维生、李印清设计。北京邮票厂印制。

笔者经过对JP.37收集、研究发现：

JP.37的印刷变异　　JP.37有背面"沾印"变异。

JP.37的暗记　　其暗记主要有三处：①志号'JP.37.（1—1）1993"网纹夹角与标头、名址线、右下角的邮政编码方框的网纹夹角大小不相同，前者黑色网点夹角呈0°，后者黑色网点夹角呈45°，此为暗记。②在邮资明信片左上角英文片题中"Abroad"的"d"上,其竖笔中部有一豁口,左半部"o"的左边被"切"去一块。③在邮资明信片右下角的邮政编码方框上,右数第一个方框的左边竖线下半部的内侧和左数第一个方框的右边竖线下半部的外侧,均有几个黑网点相连呈现出"十"字形的黑墨点儿。

【JP.38 中国共产主义青年团第十三次全国代表大会】The Thirteenth National Congress of the Chinese Communist Youth League 有关中国共产主义青年团的知识,详见新版《中国集邮百科知识》J·32《中国共产主义青年团第十次全国代表大会》。1982年12月在青年团第十一次全国代表大会上,修改通过了新的团章。1988年5月,中国共产主义青年团第十二次全国代表大会在北京召开,会议通过实行团员证的决议,确定"光荣啊,中国共青团"为代团歌,修改通过了新的团章。会议选举了新的中央领导机构。1993年5月3日~10日,中国共产主义青年团第十三次全国代表大会在北京举行。参加大会的代表1868人。胡锦涛受中共中央委托向大会致词《肩负起历史的重担》。李克强代表共青团第十三届委员会作《高举建设有中国特色社会主义旗帜,团结带领各族青年为加快改革开放和现代化建设而奋斗》的工作报告。大会修改并通过《中国共产主义青年团章程》。会议选举李克强为共青团中央书记处第一书记。

1993年5月3日,为了祝贺中国共产主义青年团第十三次全国代表大会在北京召开,中华人民共和国邮电部发行了一套纪念邮资明信片,全套1枚。志号JP.38。邮资图规格31.7毫米×23毫米;明信片规格148毫米×100毫米。

JP.38(1—1)"中国共产主义青年团第十三次全国代表大会" 邮资图以绿色作底衬,主图为团徽,左右两侧簇拥着盛开的鲜花,象征着共青团朝气蓬勃。有关团徽的知识,详见新版《中国集邮百科知识》J·32《中国共产主义青年团第十次全国代表大会》。片图由大海和海鸥组成,大海波涛汹涌,翱翔的海鸥搏击风浪,寓意中国青年经受大风大浪的锻炼与考验。邮资面值15分,每枚售价0.30元。发行量375.13万枚。白卡纸。彩色胶印。邹建军、李印清设计。北京邮票厂印制。

笔者经过对JP.38收集、研究发现:

JP.38的暗记 其暗记主要有三处:①在邮资图团徽上的团旗上面五角星外面的黄圆圈上,其右半边半圆圈中部凸出一块。②纪念邮资明信片在片图上方的片题中英文均采用实印,而JP.38一反常规采用的网纹印制。③在邮资明信片邮政编码的方框中,右数第一个方框左边竖线的内侧,有网点相连形成"十"字形的墨点儿。

【JP.39'93 国际奥林匹克日】International Olympic Day '93 1894年6月23日,国际奥委会在法国巴黎正式成立,为了纪念这一具有历史意义的日子,国际奥委会主席于1948年起将每年的6月23日定为国际奥林匹克日。当年6月23日举行了首次奥林匹克日活动,参加的国家有葡萄牙、希腊、奥地利、加拿大、瑞士、英国、乌拉圭、委内瑞拉和比利时。此后,在每年的6月17日~24日之间,各个国家或地区奥委会都要组织各种庆祝活动。从1987年开始,国际奥委会主席号召各国、各地区的奥委会,在这一天前后举行纪念奥林匹克日长跑活动。从1987年开始,中国奥委会都要在每年的6月23日前后举行长跑活动。1993年6月23日,是奥林匹克博物馆开馆典礼暨国际奥委会第一百次大会的日子,国际奥委会在瑞士洛桑举行记者招待会,安排申办2000年奥运会的6个城市介绍情况。按英文字母排序,北京被排在第一位。在记者招待会上,中国奥委会主席何振梁、北京奥申委副主席张百发等人出席记者招待会并回答了记者的提问。北京奥申委代表楼大鹏介绍了北京的详细情况。当时的国家主席江泽民致信国际奥委会委员,在现代国际奥林匹克运动诞生99周年之际向国际奥委会表示热烈祝贺,并重申中国政府和人民将不遗余力地支持北京申办奥运会,如果北京得到举办2000年奥运会的荣誉,我们保证将把该届奥运会办成迎接新世纪、弘扬奥林匹克精神真实含义的盛会,从而对增进奥林匹克运动会的普遍性以及世界人民的友谊、和平与进步,给予有力的推动。

1993年6月23日,为了宣传国际奥林匹克日的意义,中华人民共和国邮电部发行了一套纪念邮资明信片,全套1枚。志号JP.39。邮资图规格25.8毫米×30毫米;明信片规格148毫米×100毫米。

JP.39(1—1)"'93国际奥林匹克日" 邮资图采用

了北京 2000 年申奥会标。会标由奥林匹克五环标志和北京天坛祈年殿图形组成。片图由手举鲜花、气球的中国各界人民群众和书写着奥林匹克五环与"2000"字样的横标组成,生动地展现出了开放的中国盼奥运的热切心情。邮资面值 15 分,每枚售价 0.30 元。发行量 245.23 万枚。白卡纸。彩色胶印。王振华、李印清设计。北京邮票厂印制。

笔者经过对 JP.39 收集、研究发现:

JP.39 的印刷变异　JP.39 有裁切移位和局部漏印变体。

JP.39 的暗记　其暗记主要有三处:①在邮资明信片左下部"中华人民共和国邮电部发行"中的"华"字上,第一笔画的上部有一小豁口。②在明信片右下部邮政编码方框上,其右数第一个方框左边竖线的内侧和左数第一个方框右边竖线的外侧,均有几个黑网点相连在一起,各呈现一个"十"字形的黑墨点儿。③在邮资明信片左上部英文片题"INTERNATIONAL"中的"R"字母上,其竖笔左边中部有一小豁口。

【JP.40 第十一届国际洞穴学大会】11th International Congress of Speleology　洞穴是大自然雕琢的奇妙景观之一,也是人类祖先最早的栖息之地。洞穴大多产生在石灰岩地区。石灰岩的成分是碳酸钙,容易被含有二氧化碳的水溶解。石灰岩被破坏的过程,也不像一般岩石那样由表及里,层层剥落,而是水流到哪里,那里才受到破坏。水往低处流,只要石灰岩有裂缝,水会见缝就钻,逐渐将岩峰溶成空洞;若裂缝呈直立状,空洞就会扩大成漏斗形洼地,空洞与空洞一旦彼此联通,中间只剩下孤立的残柱,便会出现奇峰怪石;若裂缝曲曲折折地深入岩石内部,便会溶解出复杂的洞穴。有时候由于地壳上升使地下水相对下降,于是便形成了深邃曲折大如厅堂的干枯洞穴,也称溶洞。地下水从洞顶裂缝渗滴出来,水滴中含有碳酸钙,水分蒸发后便剩下碳酸钙的沉淀,天长日久,洞顶上的石灰质越积越多,形成石钟乳;当洞顶上的水滴落下来时,同样会在地上造成石灰质沉淀,形成石笋。有时往上"生长"的石笋与往下"生长"的石钟乳会连接在一起,形成石柱。这些石钟乳、石笋、石柱等结晶体,有的因含有不同的矿物质而呈现五颜六色,非常美丽。因此,这些洞穴,不仅具有科研、矿业和古文化方面的价值,而且具有很高的旅游价值。1993 年 8 月 2 日~8 日,由中国科学院、中国自然科学基金委员会、中国地质学会、中国地理学会、中国动物学会、中国土壤学会和中国旅游协会联合举办的"第十一届国际洞穴学大会"在北京召开。国际洞穴学大会每四年召开一次,这次大会是首次在亚洲举行。国际洞穴联合会(UIS)执行局成员和来自世界 35 个国家的 235 名代表,以及其他来宾参加了本届会议。

1993 年 8 月 2 日,为了祝贺第十一届国际洞穴学大会在北京召开,中华人民共和国邮电部发行了一套纪念邮资明信片,全套 1 枚。志号 JP.40。邮资图规格 23.5 毫米×33 毫米;明信片规格 148 毫米×100 毫米。

JP.40(1—1)"第十一届国际洞穴学大会"　邮资图采用了本届大会会徽。会徽主图借四幅标示地质层弧线的动势,创造出一种洞穴状的视觉效果,中部印有"国际洞穴联合会"的英文缩写字母"UIS"、阿拉伯数字"11"和"BEIJING"(北京),点名大会在北京举行。上端饰以四只蝙蝠图形,既借蝙蝠的居住习惯点明了洞穴环境,也表达了对本届洞穴学大会的美好祝福。片图为洞穴、石钟乳、石笋、石柱的自然景观,五光十色,瑰丽异常。邮资面值 15 分,每枚售价 0.30 元。发行量 357.23 万枚。白卡纸。彩色胶印。李印清设计。北京邮票厂印制。

笔者经过对 JP.40 收集、研究发现:

JP.40 的版型　笔者在收集、研究时,仅见一种版型。有足以乱真的伪品,切忌将这种伪品当作另一种版型。

JP.40 的印刷变异　JP.40 有漏黑变体,但笔者未亲眼目睹实品,不知其真伪。因 JP.40 有制作逼真的伪品,集邮者应警惕造假者用这种伪品制作的变体。

JP.40 的暗记 其暗记主要有三处：①在邮资明信片左下部"中华人民共和国邮电部发行"中的"华"字上，其第一笔的上部有一细豁口。②在明信片右下部邮政编码方框上，右数第一个方框左边竖线的内侧和左数第一个方框右边竖线的外侧，均有 3 个~4 个黑网点相连在一起，均呈大的黑墨点儿状。③在志号"JP.40（1—1）1993"中，其网纹与标头、名址线、寄信人邮政编码方框的网纹不同。

【**JP.41 中国妇女第七次全国代表大会**】China's Seventh National Women's Congress　有关中华全国妇女联合会的知识，详见新版《中国集邮百科知识》J·30《中国妇女第四次全国代表大会》。1993 年 9 月 1 日~6 日，中国妇女第七次全国代表大会在北京举行。1180 位代表出席会议。此次代表大会是在我国改革开放和现代化建设进入新的历史时期，国民经济和各项建设事业蓬勃发展的形势下召开的。中央政治局常委、书记处书记胡锦涛代表党中央向大会致词。全国妇联副主席黄启璪作了《全国妇女团结起来，为建设有中国特色的社会主义努力奋斗》的工作报告。会议修改了《中华全国妇女联合会章程》，选举产生了全国妇联第七届领导机构。陈慕华为主席。

　　1993 年 9 月 1 日，为了祝贺中国妇女第七次全国代表大会召开，中华人民共和国邮电部发行了一套纪念邮资明信片，全套 1 枚。志号 JP.41。邮资图规格 23 毫米×35 毫米；明信片规格 148 毫米×100 毫米。

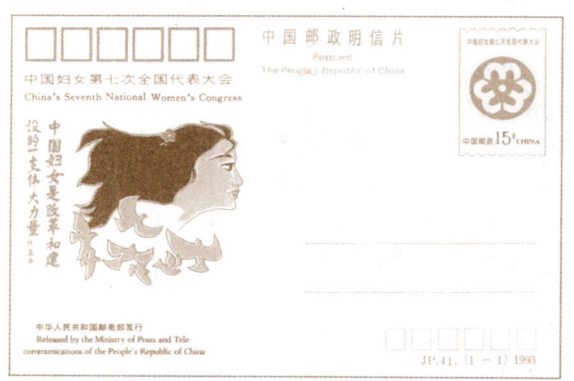

　　JP.41（1—1）"中国妇女第七次全国代表大会"　邮资图采用了中国妇女第七次全国代表大会会徽。会徽呈圆形，主图为一朵绽放的黄色花朵烘托着一个红色汉字"女"，巧妙地点明大会主题。片图由一位妇女的头像、七只和平鸽和陈慕华的题词"中国妇女是改革和建设的一支伟大力量"组成；头像的长发飘动，和平鸽展翅飞翔，和陈慕华的题词相互交融，寓意中国妇女自强自立，朝气蓬勃。邮票面值 15 分，每枚售价 0.30 元。发行量 399.23 万枚。白卡纸。彩色胶印。潘可明设计。北京邮票厂印制。

　　笔者经过对 JP.41 收集、研究发现：

　　JP.41 的版型　JP.41 仅有一种版型，但有可乱真的伪品。伪品志号"JP.41.（1—1）1993"采用胶版实印，与真品采用网纹印制有别。切忌把这种伪品当作另一种版型。

　　JP.41 的暗记　其暗记主要有三处：①在纪念邮资明信片左下角"中华人民共和国邮电部发行"中的"华"字上，其第一笔左上部有一豁口。②邮资图左上方模拟齿孔左数第一个孔上，其黑线断开一个豁口。③在纪念邮资明信片志号"JP.41.（1—1）"中两个"."上，其网纹构成呈斜卧"中"字形；其网纹夹角呈 75°，与明信片标头、名址线、邮政编码方框网纹夹角呈 45°不相同。

【**JP.42 中国四川成都'93 国际熊猫节**】International-al Panda Festival '93 Chengdu, Sichuan, China　有关熊猫的知识，详见新版《中国集邮百科知识》特 59《熊猫》。大熊猫形象独特，性情温顺憨厚，行为温文尔雅，一直为人们所喜爱，被誉为我国的"国宝"，同时也是中国人民与世界人民之间的友好使者，闻名于世界。1961 年世界野生生物基金会成立时，采用大熊猫作为该会的会徽。大熊猫不仅是我国的国宝，也是世界著名的珍稀野生动物。由于生态环境的恶化和自身繁殖能力的降低，野生大熊猫的数量急剧减少，引起了全世界的关注和忧虑。目前全世界只有大熊猫一千只左右，分布在我国川、陕、甘三省的 34 个县，其中 80%栖息在成都边缘的川西北山地、森林之中。自 1962 年国务院把熊猫作为国家保护的稀有珍贵动物之后，我国已先后建立起 13 个以保护大熊猫为主的自然保护区，在四川成都还建起了"中国成都大熊猫繁殖研究基地"。1993 年 9 月 24 日~28 日，由国家林业部、建设部、国务院新闻办公室、国家环境保护局、四川省和成都市人民政府联合举办的"中国四川成都'93 国际熊猫节"在成都举行。本届国际熊猫节的主题是："人——动物——大自然"。通过科普宣传、工程建设、旅游考察、学术交流等形式，推进野生动物保护事业和人类生态环境保护事业的发展。

　　1993 年 9 月 24 日，为了祝贺中国四川成都'93 国际熊猫节的顺利举行，中华人民共和国邮电部发行了一套纪念邮资明信片，全套 1 枚。志号 JP.42。邮资图规格 24 毫米×34 毫米；明信片规格 148 毫米×100 毫米。

　　JP.42（1—1）"中国四川成都'93 国际熊猫节"　邮资图采用了国际熊猫节徽志。徽志呈圆形，图案为一只绿色的大手掌有力地托着一只正在津津有味地啃吃箭竹枝叶的熊猫。片图以茂盛的竹林为背景，描绘了一对

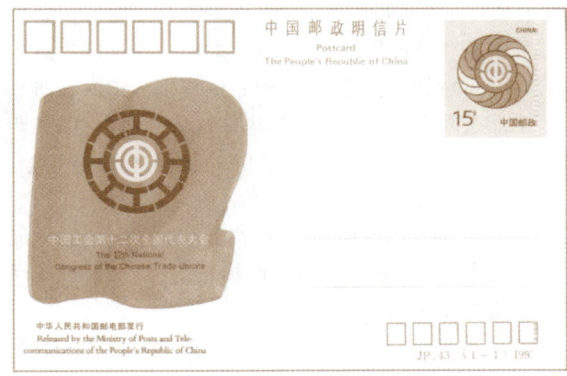

显得十分悠闲自在的熊猫母子形象。邮资面值15分，每枚售价0.30元。白卡纸。彩色胶印。发行量354.93万枚。王振华设计。北京邮票厂印制。

笔者经过对JP.42收集、研究发现：

P.42的版型　JP.42仅见一种版型，但有足以乱真的伪品上市，切忌将伪品当作另一种版型。有关JP.42的真伪鉴定，详见笔者专著彩版《中国邮品辨伪必备》（续集）。

JP.42的印刷变异　JP.42仅闻有超宽片。购买时应注意鉴别真伪。

JP.42的暗记　其暗记主要有三处：①在纪念邮资明信片左下角"中华人民共和国邮电部发行"中的"华"字上，其笔画第一笔左上方有一豁口。②在明信片左上方"中国四川成都'93国际熊猫节"中的"都"字上，其偏旁"阝"右边外侧，多出一个黑墨点儿。③在志号"JP.42.（1—1）"中两个"."上，其网纹构成呈斜卧的"中"字形。

【JP.43 中国工会第十二次全国代表大会】The 12th National Congress of the Chinese Trade Unions　有关中国工会的知识，详见新版《中国集邮百科知识》J·109《中华全国总工会成立六十周年》。1993年10月24日~30日，中国工会第十二次全国代表大会在北京召开。中央领导接见了工会十二大代表，江泽民号召广大职工积极投身改革，指出建设有中国特色社会主义是人类历史上最辉煌的事业，也是中国工人阶级和广大人民自己的事业；当前，中国社会主义现代化建设正处在关键时期；工人阶级要认清自己的历史使命，紧紧团结在党中央周围，艰苦创业，奋发努力，为改革和建设不断做出新贡献。

1993年10月24日，为了祝贺中国工会第十二次全国代表大会的召开，中华人民共和国邮电部发行了一套纪念邮资明信片，全套1枚。志号JP.43。邮资图规格27毫米×32毫米；明信片规格148毫米×100毫米。

JP.43（1—1）"中国工会第十二次全国代表大会"邮资图采用了中国工会第十二次全国代表大会会徽。会徽图案由"中"、"工"两个美术字叠印而成圆形，周围饰以各种颜色的彩带，犹如大会上飘动的一面面彩旗，巧妙地点明了大会主题。片图以红色块构成的阿拉伯数字"12"为背景，中心突出呈现了用一个"工"字环绕着的大会会徽，主题十分鲜明。邮资面值15分，每枚售价0.30元。发行量354.43万枚。白卡纸。彩色胶印。任宇设计。北京邮票厂印制。

笔者经过对JP.43收集、研究发现：

JP.43的印刷变异　JP.43有局部漏印和刷色差异的印刷变异。

JP.43的暗记　其暗记主要有三处：①在明信片左下角"中华人民共和国邮电部发行"中的"华"字上，其第一笔画左上侧有一豁口。②在片图上英文片题中"National"的第一个"a"字母上，其上部笔画断线。③在明信片右下部邮政编码方框与志号上，其黑色网纹与明信片标头和名址线的网纹夹角不一致，"JP.43.（1—1）"中的两个"."，网纹呈斜卧的"中"字状。

【JP.44 '93中华全国集邮展览——纪念毛泽东同志诞辰100周年】CHINPEX '93—Commemorating the 100th Anniversary of Comrade Mao Zedong's Birth
'93中华全国集邮展览，是全国集邮联成立以来主办的全国集邮展览中规模最大、最规范的一次集邮展览。这次展览由邮电部、文化部、解放军总政文化部、北京市政府、国家教委、广播电影电视部、中央党史研究室、新华社、全国总工会、共青团中央、全国妇联、全国文联、中华全国集邮联合会、中国革命博物馆、中国历史博物馆等15个单位联合主办，在北京民族文化宫举行。这次展览分竞赛性展品和非竞赛性展品，共计有246部（1049框）邮集、102部集邮文献参展。其中竞赛类展品有217部邮集、97部集邮文献。非竞赛类展品不仅有我国官方珍藏，还有美国、德国、日本、新加坡及中国香港地区等集邮家传统类、邮政史类、航空类、文献类精品参展。这次对参展的竞赛类展品的评审,首次采用中华全国集邮联合会(ACPF)竞赛类展品的评审专用规则。邮展期间举行了毛泽东同志诞辰100周年集邮报告会、新中国邮票学术研讨会、集邮名词审定会、邮展战略与措施研究会,以及新加坡陈为乐先生的讲学等活动。

1993年11月16日,为了祝贺'93中华全国集邮展览——纪念毛泽东同志诞辰100周年的举行,中华人民共和国邮电部发行了一套纪念邮资明信片,全套1枚。志号JP.44。邮资图规格30毫米×30毫米(菱形);明信片规格148毫米×100毫米。

JP.44(1—1)"'93中华全国集邮展览——纪念毛泽东同志诞辰100周年" 邮资图呈菱形,采用"'93中华全国集邮展览"徽志。徽志由"全国邮展"英文名称缩写字母"C"、"P"、"E"变形组成一只展翅飞翔的鸿雁;鸿雁呈墨绿色,象征人民邮政,喻示集邮事业生机勃勃;它口衔"93"字样,点明了邮展时间。片图选用了6枚新中国发行的毛泽东像邮票,形象地记录了毛泽东同志一生为中华民族谋幸福的足迹。6枚邮票分别为:1950年7月1日发行的纪4《中华人民共和国开国纪念》邮票1枚;1967年10月1日发行的文7《毛主席诗词》(1)"毛主席在工作"1枚;1977年9月9日发行的J·21《伟大的领袖和导师毛泽东主席逝世一周年》(6—2)"毛主席在陕北"和(6—4)"毛主席在雄伟的天安门上向全世界宣告中华人民共和国成立"2枚;1983年12月26日发行的J·97《毛泽东同志诞生九十周年》(4—1)"毛泽东同志一九二五年在广州"和(4—3)"毛泽东同志一九五二年视察黄河"2枚。邮资面值15分,每枚售价0.30元。发行量498.93万枚。白卡纸。彩色胶印。卢天骄设计。北京邮票厂印制。

笔者经过对JP.44收集、研究发现:

JP.44的印刷变异 JP.44有裁切移位、超宽大片(宽4毫米)印刷变异。

JP.44的暗记 其暗记主要有三处:①在明信片左下角"中华人民共和国邮电部发行"中的"华"字上,其第一笔画左上方有一个豁口。②在片图上方片题"'93中华全国集邮展览"中的"邮"字上,其偏旁"阝"中间拐弯处,与"邮"字的最后一笔竖画相连。③在明信片右下角志号"JP.44.(1—1)"上,其两个"."的网纹呈"由"字状,其网纹呈网状,而不是网点状,与明信片的标头、名址线、邮政编码方框有明显的不同。

【JP.45 实行无偿献血制度】Implementation of Non-Remunerated Blood Donation System 生命离不开血液;血液是维持生命的源泉和动力。输血是抢救危重病人的一种特殊医疗措施。在现今,人造血液尚不能代替人体血液的情况下,临床用血只能依靠健康人体捐献。过去,临床用血来自个体卖血,一些人为了卖钱,常会弄虚作假,隐瞒病史,甚至冒名顶替,重复多次卖血,严重地影响了血液质量和供血者的自身健康,以及受血者健康。有的患者通过输血还染上了疾病,造成了经血液途径传播的疾病进一步传播。为了保证医疗临床用血的需要和安全,保障献血者和用血者的身体健康,只有实行无偿献血制度,才能保证医疗用血的质量,才能抑制严重影响人们身体健康和社会安定的艾滋病、肝炎等经血液传播的疾病传播,减少医疗费用支出,最大限度地保护供血者和受血者的身体健康。无偿献血是人间传递真情、团结友爱、无私奉献精神的具体表现;是中华民族团结互助传统美德的具体体现;是救死扶伤、利国利民的公益事业;也是一种互救互助的方式,你今天献血救助他人,以后一旦自己或亲属得病时,就会得到他人的帮助。这充分体现了社会主义人与人之间团结互助、无私奉献的精神,促进了社会主义物质文明和精神文明建设。1997年12月29日,我国颁布了《中华人民共和国献血法》,自1998年10月1日开始实施。按照"献血法",国家提倡18周岁~55周岁的健康公民自愿无偿献血。对献血者发给国务院卫生行政部门制作的无偿献血证书。从个体有偿献血到公民义务献血,又发展为无偿献血,我国的献血制度发生了根本变化,标志着我国血液事业从此走上法制化管理的轨道。

1994年5月18日,为了宣传实行无偿献血制度,中华人民共和国邮电部发行了一套纪念邮资明信片,全套1枚。志号为JP.45。邮资图规格31毫米×21毫米;明信片规格148毫米×100毫米。

JP.45(1—1)"实行无偿献血制度" 邮资图为两颗相互交叉的心形图案,寓意人与人之间不可分割的联系;用两颗心脏之间相互交换的一滴鲜红的血液,和左上角的红十字标志相呼应,点明了无偿献血的主题。片

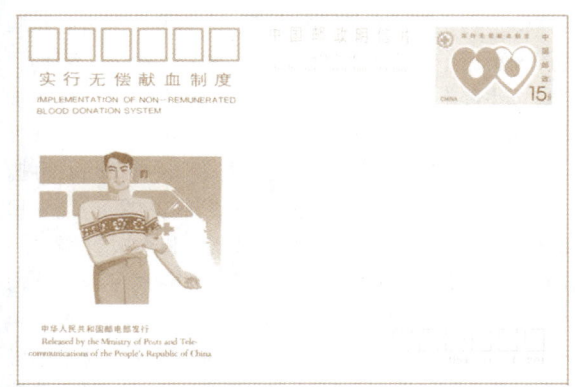

图由一位献血后的青年和一辆印有红十字标志的救护车组成。青年身体健康,神态透着自豪,寓意无偿献血是公民的一种义务;救护车则象征献血在医疗救治过程中的意义。邮资面值15分,每枚售价0.30元。发行量539.23万枚。白卡纸。彩色胶印。李印清设计。北京邮票厂印制。

笔者经过对JP.45收集、研究发现:

JP.45的印刷变异 JP.45有印刷大移位和背面沾印,由于有可乱真的伪品存在,集邮者在购买时应注意鉴别真伪。

JP.45的暗记 其暗记主要有三处:①在明信片左下部"中华人民共和国邮电部发行"的"华"字上,其第一笔画左上部有一豁口。②在明信片左上部英文片题"REMUNERATED"中第一个英文字母"R"上,其中间横笔处上方有一豁口。③在明信片右下方邮政编码方框上,其左数第一个方框下部横线靠近中部的外侧和右数第一个方框左侧竖线靠下部的内侧,均有一个墨点儿。

【JP.46 大亚湾核电站】Daya Bay Nuclear Power Station 大亚湾核电站是中国第一座大型商业核电站,由广州核电投资有限公司和香港核电投资有限公司兴办。它位于深圳市东部大亚湾畔,距深圳直线距离45公里,距香港约50公里。1978年12月4日,改革开放总设计师邓小平在会见法国外贸部长朗索瓦后宣布:"中国决定向法国购买两座核电站设备。"1982年12月13日,经过反复论证,国务院批准按照"借贷建设、售电还钱、合资经营"的工程建设模式,建设大亚湾核电站。1984年4月开始施工;1985年1月26日由中港双方共同负责大亚湾核电站的建设和运营。作为我国改革开放的重要成果,大亚湾核电站是我国引进国际先进设备、技术和管理建设的第一座大型商用核电站。1994年2月1日,大亚湾核电站第一台水堆核电机组开始投产发电。相隔三个月,第二台水堆核电机组也正式投产发电。投产第一年,发电量逾107亿度。大亚湾核电站的

建设,实现了我国百万千瓦级大型商用核电站"零"的突破,在世界民用核电领域有了自己的位置。

1994年7月1日,为纪念大亚湾核电站建成投产发电,中华人民共和国邮电部发行了一套纪念邮资明信片,全套1枚。志号JP.46。邮资图规格33毫米×27毫米;明信片规格148毫米×100毫米。

JP.46(1—1)"大亚湾核电站" 邮资图为李鹏的题字"广东大亚湾核电站奠基",由中、英文两种文字镌刻在一块巨石上。片图以起伏的群山和蓝天为背景,采用俯视角度,展现出了大亚湾核电站的全貌。邮票面值15分,每枚售价0.30元。发行量553.23万枚。白卡纸。彩色胶印。邹建军设计。北京邮票厂印制。

笔者经过对JP.46收集、研究发现:

JP.46的印刷变异 JP.46有漏印红色、裁切大移位和邮资图色污变异。另外,JP.46有伪品存在,应注意辨别真伪。

JP.46的暗记 其暗记主要有三处:①在明信片左下角"中华人民共和国邮电部发行"中的"华"字上,其第一笔画左上方有一豁口。②在邮资图面值"15分"中的"1"字下方边框线上,其上方凸出一个黑墨点儿,下方有一豁口。③在明信片右下角志号"JP.46(1—1)"上,"JP"与"46"、"46"与(1—1)之间无"."; 邮政编码方框中,左数第一个方框的右侧竖线内侧和第六个方框左侧竖线的外侧下部,均有一个网点模糊的大黑墨点儿。

【JP.47 布达拉宫维修工程竣工】The Completion of Renovation of Potala Palace 有关布达拉宫的知识,详见新版《中国集邮百科知识》纪13《和平解放西藏》。1961年,布达拉宫被列为全国重点文物保护单位,已成为著名的游览胜地。1989年10月11日开始进行全面维修。经过五年的紧张施工,1994年8月5日举行了盛大的布达拉宫维修工程竣工庆典活动。1994年12月初,布达拉宫被列入"世界遗产名录"。

1994年8月5日,为了祝贺布达拉宫维修工程竣工,中华人民共和国邮电部发行了一套纪念邮资明信

片,全套 1 枚。志号 JP.47。邮资图规格 25 毫米×30 毫米;明信片规格 148 毫米×100 毫米。

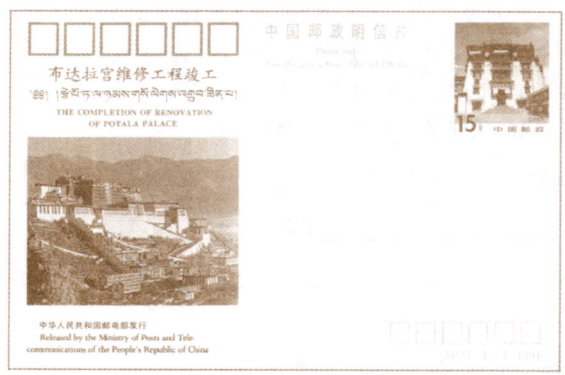

JP.47(1—1)"布达拉宫维修工程竣工" 邮资图以蓝天为背景,展现了布达拉宫外景。片图以蓝天白云和起伏的群山为背景,采用平视角度,展现了雄伟庄严的布达拉宫全貌。邮资面值 15 分,每枚售价 0.30 元。发行量 520.83 万枚。白卡纸。彩色胶印。卢天骄设计。北京邮票厂印制。

笔者经过对 JP.47 收集、研究发现:

JP.47 的版型 JP.47 仅见一种版型,但有伪品,切勿当作另一种版型。

JP.47 的印刷变异 JP.47 有裁切移位变异品。

JP.47 的暗记 其暗记主要有三处:①在明信片左下角"中华人民共和国邮电部发行"中的"华"字上,其第一笔画左上方有一豁口。②在明信片左上方英文片题"RENOVATION"中"R"字母上,其中间横笔处断开,不与左边竖笔相连。③在志号"JP.47(1—1)"中,"JP"与"47"、"47"与(1—1)之间均无".";在明信片右下角邮政编码方框中,左数第一个方框的右侧竖线的外侧下部,有一个网点相连的黑墨点儿。

【JP.48 第十一届世界技巧(中国邮电杯)锦标赛】
11th World Championships in Sports Acrobatics (The China Posts & Telecom. Cups) 技巧运动是以翻腾、平衡、抛接等运动为主,并在此基础上完成一定造型的体育竞赛项目。有男子单人、女子单人、男子双人、女子双人、混合双人、女子三人、男子四人等 7 个项目。世界技巧锦标赛是由国际技巧联合会主办的。国际技巧联合会成立于 1973 年 10 月。其宗旨是:贯彻技巧运动的真正业余性原则,并建立友好的比赛精神;制定并实施能为各会员协会所接受的规则;促进会员协会之间的相互尊重,协调会员之间对技巧运动的不同看法;促进技巧运动在全世界的普及和发展。总部设在保加利亚的索非亚。主办的比赛有世界技巧锦标赛、技巧(世界杯)赛。1974 年在苏联举行第一届世界技巧锦标赛,以后每逢双数年都举办世界技巧锦标赛,每逢单数年举办技巧世界杯赛。中国于 1956 年举行第一次全国技巧表演赛,以后每年都举行全国技巧比赛。1979 年 12 月,中国加入国际技巧联合会;1980 年 9 月,中国技巧队首次参加在波兰举行的第四届世界技巧锦标赛,仅获 11 枚铜牌。此后,中国技巧运动取得了长足发展,到 1992 年底,中国技巧运动员在参加的 7 次世界锦标赛和 6 次"世界杯"比赛中,共获得金牌 67 枚、银牌 74 枚、铜牌 77 枚,从而跻身于世界技巧三强之列(苏联、中国、保加利亚)。1994 年 10 月 25 日~30 日,第十一届世界技巧(中国邮电杯)锦标赛在北京举行。在本次比赛中,中国队共获得 15 枚金牌,是中国队在该项赛事中成绩最好的一次。而且参加比赛的中国选手大部分是新秀,动作难度大,但他们有创新,编排巧妙,发挥出色,取得了好成绩,值得庆祝。

1994 年 10 月 25 日,为了祝贺第十一届世界技巧(中国邮电杯)锦标赛顺利举行,中华人民共和国邮电部特发行了一套纪念邮资明信片,全套 1 枚。志号 JP.48。邮资图规格 24 毫米×30 毫米;明信片规格 148 毫米×100 毫米。

JP.48(1—1)"第十一届世界技巧(中国邮电杯)锦标赛" 邮资图采用了本届锦标赛会徽。会徽主图为中国汉字的狂草书法"技巧"二字;两个狂草汉字又巧妙地构成了两名技巧运动员的技巧姿态造型,主题鲜明。片图为女子三人技巧姿态造型,动作流畅和谐。邮资面值 15 分,每枚售价 0.30 元。发行量 344.13 万枚。白卡纸。彩色胶印。邹建军设计。北京邮票厂印制。

笔者经过对 JP.48 收集、研究发现:

JP.48 的印刷变异 JP.48 有裁切移位和邮资图色污印刷变异品,其色污部位在邮资图中会徽上的狂草"技巧"二字上。

JP.48 的暗记 其暗记有三处:①在明信片左下角"中华人民共和国邮电部发行"中的"华"字上,其第一笔画左上方有一豁口。②在明信片左上方英文片题"CHAMPIONSHIPS"单词的第二个"H"字母,其左边竖笔顶端缺少一角。③在明信片右下角邮政编码右数第一个方框,其左侧竖线内侧下部,有一个网点相连的黑墨点儿。

【JP.49 中国'96——第9届亚洲国际集邮展览】
CHINA'96—9th Asian International Philatelic Exhibition 亚洲国际集邮展览是由亚洲集邮联合会(FIAP)某一会员国(或地区)主办,由 FIAP 赞助、国际集邮联合会(FIP)持助的,全体 FIAP 会员均有资格参加的国际性邮展,简称亚洲国际邮展。有关亚洲国际集邮展览的知识,详见本书 1996—11M《1996 中国——第九届亚洲国际集邮展览(小型张)》。1996 年 5 月 18 日~24 日,第 9 届亚洲国际集邮展览将在中国北京举行,这是中国首次举办的大型国际集邮展览,也是为纪念中国邮政开办 100 周年。届时将展出 21 个国家和地区的 247 部邮集、95 部文献,邮展规模 1500 框。展品将分为非竞赛和竞赛两部分;非竞赛展品有 17 个国家和地区的邮政部门选送的邮品参加"官方类"展出;竞赛展品有 20 个国家和地区选送展品,即 134 框邮品参展。中华全国集邮联合会将选送 73 部邮集、74 部文献参展,约占参展展品总数的 26%。

1994 年 11 月 22 日,为宣传第 9 届亚洲国际集邮展览的意义,中华人民共和国邮电部发行了一套纪念邮资明信片,全套 2 枚。志号 JP.49。邮资图规格 30 毫米×22 毫米;明信片规格 148 毫米×100 毫米。

JP.49(2—1)"展翅飞翔的鸿雁" 邮资图为本届集邮展览的展徽。展徽呈长方形,主图为一只展翅飞翔的鸿雁;鸿雁自古以来被中华民族视为传递书信的吉祥之鸟,也是中国邮政的象征;图案四边呈邮票齿孔状,点明了"集邮"主题。片图以蓝天和飞翔的和平鸽为背景,主图为北京天坛祈年殿外景,点明邮展在北京举办。邮资面值 15 分,每枚售价 0.30 元。发行量 367.23 万枚。

JP.49(2—2)"吉祥物孙悟空" 邮资图为邮展吉祥物孙悟空,他脚踩由"96"字样组成的祥云,手持印有展徽标志的航空信封,象征着高效、迅捷的中国现代化邮政和集邮事业的蓬勃发展。片图为本届邮展的展馆中国国际展览中心外景。邮资面值 230 分,每枚售价 2.45 元。发行量 212.23 万枚。

JP.49 采用白卡纸。彩色胶印。全套 2 枚,面值 2.45 元,售价 2.75 元。发行量 212.23 万套。邓锡清设计。北京邮票厂印制。

笔者经过对 JP.49 收集、研究发现:

JP.49 的印刷变异 JP.49(2—1)有裁切移位变异品。

JP.49 的暗记 其暗记主要有四处:①在明信片左下角"中华人民共和国邮电部发行"中的"华"字上,其第一笔画左上方有一豁口。②在明信片左上方中文片题"展览"的"览"字上,其第二笔画竖笔右上端缺少一块儿。③在(2—1)(2—2)明信片的右下部左数第一个邮政编码方框的下部横线中,均有 3 个黑网点相连,成一条细小的黑线状。④在(2—1)中,其右下角志号"JP.49(2—1)1994"网纹夹角呈 75°,这不仅与邮资明信片标头、名址线和邮政编码方框的网纹夹角呈 45°不同,也与"JP.49(2—2)1994"网纹夹角呈 45°不同。

【JP.50 中国集邮笑迎明天】**Tomorrow Hails China's Philately** 中国集邮的兴盛和发展,与中国集邮公司的开办和《集邮》杂志的创办,有着密不可分的依存关系。1955 年 1 月 10 日,中国集邮公司在北京宣告成立,这是我国第一家国营集邮公司。其业务范围是:经营中华人民共和国发行的邮票、部分外国邮票,开展函购、寄售等业务,制定集邮业务规章,规定集邮品的批发折扣和销售价格,统一办理邮票进出口业务,以及代表国家集邮部门参加国际集邮交流活动。为了加强邮票发行工作,1956 年 7 月 1 日,邮电部决定将邮政总局的邮票处、供应局的邮票库和计划财务司的邮票发行财务合并成立邮电部邮票发行局,其任务是:"保证供应邮政通信需要的各种面值的邮资凭证"，并负责办理邮票的选题、设计、印刷、发行工作。1958年12月，为了精简机构，加强领导，邮电部决定将中国集邮公司与邮票发行局合并，同时担负邮票的设计、发行与集邮业务经营的职能。1966年8月在"文化大革命"中停业，1969年被宣布撤销。1972年1月，"中国邮票出口公司"在北京成立，恢复邮票出口业务，其营业部只对外国人营业，不办理国内集邮业务。1972年12月9日，交通部决定自1973年1月1日起成立交通部邮票发行局；1973年6月，恢复成立邮电部后，交通部邮票发行局改名为邮电部邮票发行局。1974年1月，邮电部决定将中国邮票出口公司并入邮电部邮票发行局。1979年6月，邮电部决定成立"中国邮票总公司"，与邮电部邮票发行局一起实行两块牌子，一套班子。1985年7月1日起，分别设立邮票发行局和中国集邮总公司，均为邮电部的局级单位。中国集邮总公司是负责经营、管理全国集邮业务工作的部直属企业，是自主经营、自负盈亏的经济实体。1990年2月14日，邮电部将邮票发行局与中国集邮总公司合并，组建中国邮票总公司。1993年11月，邮电部决定再次将中国邮票总公司改为中国集邮总公司。《集邮》杂志创刊于1955年1月28日，是由人民邮电出版社出版主办的第一个全国性的集邮刊物。该刊创刊号提出："新中国的集邮要树立新风气，通过集邮增长知识，欣赏艺术，丰富业余生活。"1960年停刊；1961年7月复刊；1966年7月停刊；1980年1月第二次复刊，先为双月刊，同年7月以后改为月刊。

1995年1月18日，为纪念中国集邮总公司成立和《集邮》杂志创刊40周年，中华人民共和国邮电部发行了一套纪念邮资明信片，全套1枚。志号JP.50。邮资图规格31毫米×35毫米；明信片规格148毫米×100毫米。

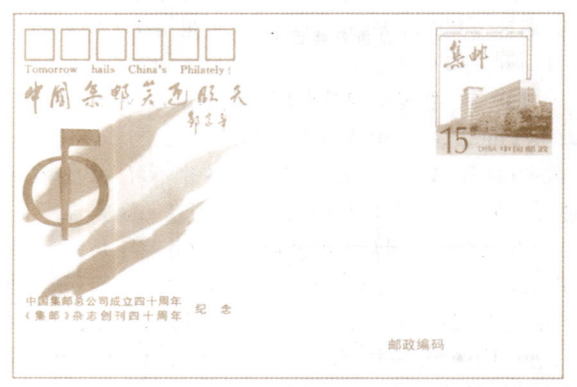

JP.50(1—1)"中国集邮笑迎明天"　邮资图为中国集邮总公司北京和平门大楼外景和郭沫若题写的刊名《集邮》杂志封面。片图为中国集邮总公司徽志。徽志由邮票、镊子和放大镜形象组成一个"中"字，镊子上有邮票作旗帜状，总体上构成"中国集邮总公司"概念；红、黄、绿、蓝四种颜色，寓意40年历程；上方有邹家华的题词："中国集邮笑迎明天"，主题鲜明。邮资面值15分，每枚售价0.30元。发行量312.14万枚。白卡纸。彩色胶印。邹建军设计。北京邮票厂印制。

笔者经过对JP.50收集、研究发现：

JP.50的暗记　其暗记主要有四处：①在明信片左下角的中、英文铭记均改为网纹印刷，其网纹夹角为15°。②在邮资图左上角里边那条框线上的上方有一豁口。③在明信片右下方"邮政编码"中的"编"字上，其第八笔画竖线上端右边，多出一个墨点儿。④明信片的标头网纹夹角呈45°，而名址线和右下角的志号网纹夹角则呈15°。

注：从发行JP.50开始，将明信片右下角邮政编码方框改为用"邮政编码"文字。

【JP.51 依法纳税是每个公民应尽的义务】It is Obligatory upon Every Citizen to Pay Tax in Compliance with the Law　1980年8月30日~9月10日，中华人民共和国第五届全国人民代表大会第三次会议在北京举行，会议批准了《中华人民共和国个人所得税法》等。开征个人所得税，仅适用于外籍个人。这是对居住在中国境内的个人取得的所得和不在中国居住的个人从中国取得的所得征收的一种税。其征税项目包括工资、薪金所得，劳务报酬所得，特许权使用费所得，利息、股息、红利所得，财产租赁所得和其他所得。开征个人所得税可以在国际经济往来中维护国家的权益，便于按照平等互利原则处理对外经济交往和技术交流中的有关税收问题。1986年9月25日，国务院发布了《中华人民共和国个人收入调节税暂行条例》，自1987年1月1日起施行。个人收入调节税是对中国境内有住所的中国公民的个人收入征收的一种税。其征税项目包括工资、薪金收入，承包转包收入，劳务报酬收入，财产租赁收入，专利权的转让、专利实施许可和非专利技术的提供、转让取得收入，投稿、翻译取得的收入，利息、股息、红利收入和其他收入等。缴纳个人收入调节税，按月计征，起征数为400元，超过计税基数三倍的部分，根据收入来源，个人收入调节税分别按照超倍累进税率和比例税率计算征收。投稿、翻译、专利转让等取得的收入，起征数为800元，800元至20000元的部分按14%税率征收。征收个人收入调节税有利于经济体制改革的深入发展，坚持社会主义原则，"对内搞活，对外开放"和增强公民依法纳税的观念。税收是国家财政收入的重要手段，又是宏观调控经济的杠杆，在我国国民经济发展中起着重要的作用。它取之于民，用之于民。因此，依法纳税是每个公民应尽的义务。

1995年4月1日，为了提高全民纳税意识，促进新税制的实施，更好地开展税收工作，中华人民共和国邮电部配合"税收宣传日"发行了一套纪念邮资明信片，全套1枚。志号JP.51。邮资图规格24毫米×32毫米；明信片规格148毫米×100毫米。

JP.51(1—1)"依法纳税是每个公民应尽的义务"邮资图主图采用了中国税务徽志。徽志由金色"中税"二字构成，呈大红灯笼形状，象征税赋是国家的主要收入和经济基础；图案上方醒目地印着周恩来总理亲笔题写的"中国税务"四个字，具体形象地表现出了税务工作的特点。片图采用以社会主义现代化建筑构成的"税"字为背景，衬托着由三个人的头部形象组成的三条彩带，彩带上分别画有飞机、轮船、火车，寓意社会主义现代化的突飞猛进，税收是重要的保证。邮资面值15分，每枚售价0.30元。发行量312.83万枚。白卡纸。胶版彩印。呼振源设计。北京邮票厂印制。

笔者经过对JP.51收集、研究发现：

JP.51的印刷变异　JP.51有裁切移位、黑色文字复印、漏印金色等变异品。

JP.51的暗记　其暗记主要有三处：①在邮资明信片片图下方的"中华人民共和国邮电部发行"中的"华"字上，其第一笔画左上部，有一豁口。②在片图上方英文片题中"OBLIGATORY"的第二个"O"字母上，其左上部外围有一豁口。③明信片的标头、名址线、"邮政编码"、JP.51的志号，它们的网纹夹角虽都呈45°，但特征不一样，标头呈网状，其他均呈网点状。

【JP.52 琉璃河遗址】The Ruins of Liulihe　琉璃河遗址是北京考古工作者1962年首次发现，于20世纪70年代正式发掘的全国重点文物保护单位。遗址位于北京房山区琉璃河镇以北三公里的黄土坡、董家林和刘李店一带。整个遗址东西长3.5公里，南北宽1.5公里。经过钻探和发掘，发现居住地、古城墙、墓葬区等遗址，出土大批造型奇特美观的青铜器，其中大部分铸有铭文。除青铜礼器外，还有玉器、漆器等。玉器造型生动，雕琢精致，种类多样，表现出较高的工艺水平；漆器种类繁多，有杯、俎、瓠、壶等，其中有的采用蚌片镶嵌技术，有的用彩漆绘制成各种图案，色泽鲜艳，十分精美。这批漆器的发现，把我国螺钿漆器的历史，从南北朝开始的说法，提早了一千五百年。琉璃河遗址的发现，对周初燕国历史的研究，有十分重要的价值。通过对出土器物的分析研究，认定该处遗址应是商周二代的古文化遗址，至今已有三千多年的历史；证实周初燕国的封地就在北京，是目前我国所存商周遗址中较重要的一处。考古学家和历史学家根据古籍的记载和出土文物的印证，北京建城始于三千多年前的西周初年，并根据古时对哈雷彗星的客观记载，按76年回归一次的周期推算，最后确定其建城具体的时间为周武王十一年，即公元前1045年。

1995年8月21日，为配合1995年北京建城3040年纪念活动，中华人民共和国邮电部发行了一套纪念邮资明信片，全套1枚。志号JP.52。邮资图规格27毫米×34毫米；明信片规格148毫米×100毫米。

JP.52(1—1)"琉璃河遗址"　邮资图为琉璃河燕国墓地M1193墓葬中出土的铜盉。盉是古代温酒的铜器，形状像壶，有三足或四足。片图为1981年~1983年间清理发掘的M1046的陪葬坑——1100号车马坑，内有5辆车，殉马14匹。邮资面值15分，每枚售价0.30元。发行量426.03万枚。白卡纸。彩色胶印。王虎鸣设计。北京邮票厂印制。

笔者经过对JP.52收集、研究发现：

JP.52的纸质　JP.52采用两种白卡纸印制：一种白卡纸呈灰白，在紫光灯照射下，黑暗中呈暗紫色；另一种白卡纸呈亮白色，在紫光灯照射下，黑暗中呈淡紫色，显然由于纸质不同所致。

JP.52的印刷变异　JP.52有裁切移位变异品。

JP.52 的暗记　其暗记主要有四处：①在邮资明信片邮资图左下方"琉璃河遗址"中的"璃"字上，其第六笔一横呈断线状。②在明信片左上方片题"琉璃河遗址"中的"址"字上，其第二笔一竖的中部右侧，有一个凸出的黑墨点儿。③在邮资明信片右下角志号中的"1995"的"5"字上，其一横靠右端顶头处，两个网点相连呈一大墨点儿。④明信片的标头、名址线、"邮政编码"、JP.52的志号，它们的网纹夹角虽都呈45°，但特征不一样，标头呈网状，其他均呈网点状。

【JP.53 国际刑警组织第六十四届全体大会】The 64th Session of I. C. P. O. —Interpol General Assembly
国际刑警组织全称为国际刑事警察组织（INTERPOL）。1923 年 9 月由奥地利人约翰·休贝尔倡导在维也纳成立，当时称为国际刑事警察委员会。1977 年改为现名。成立时总部设在维也纳，1946 年迁往巴黎。其宗旨是：为了打击刑事犯罪，在各国现行法律的范围内，各国刑事警察相互提供帮助，通力合作，以有效预防及消灭犯罪行为。该组织出版有《国际刑事警察评论》（每年 10 期）和《伪币和伪造物》（技术期刊）。1984 年 9 月，第五十三届国际刑警组织大会上，通过秘密投票接纳中华人民共和国为成员国；中国成为国际刑警组织第 136 个会员国。截止到 1995 年，国际刑警组织有成员国（或地区）176 个，每个成员都设有一个"国家中央局"。1995 年 10 月 4 日～10 日，国际刑警组织第六十四届全体大会在北京举行。江泽民主席出席开幕式并作重要讲话。大会期间，中国刑警进行了擒拿格斗、抢救人质、越野驾驶等项目表演。

1995 年 10 月 4 日，为了祝贺国际刑警组织第六十四届全体大会在北京顺利召开，中华人民共和国邮电部发行了一套纪念邮资明信片，全套 1 枚。志号 JP.53。邮资图规格 30 毫米×25 毫米；明信片规格 148 毫米×100 毫米。

JP.53（1—1）"国际刑警组织第六十四届全体大会"

邮资图采用了本届大会会徽。会徽图案由椭圆形地球和口衔橄榄枝叶的和平鸽组成，正中缀有国际刑警组织徽志。片图由中国长城和国际刑警组织徽志组成。国际刑警组织徽志采用宝剑穿刺地球为主图，下端标有"INTERPOL"国际刑警的英文缩写名称；左右饰以天平、橄榄叶，寓意为维护世界和平，执法严正、公平。邮资面值 15 分，每枚售价 0.30 元。发行量 422.03 万枚。白卡纸。彩色胶印。卢天骄设计。北京邮票厂印制。

笔者经过对 JP.53 收集、研究发现：

JP.53 的版型　JP.53 仅见一种版型，有制作较逼真的赝品，谨防将这种赝品作另一种版型。

JP.53 的印刷变异　JP.53 有在印刷中因异物遮挡，出现局部漏印刷色的变异品，因未亲眼目睹过实品，不知真假。集邮者在购买这种漏色变异品时，应注意辨别。因为利用可乱真的伪品，制造各种印刷变异品高价出售，是当今造假的一种新动向。

JP.53 的暗记　其暗记主要有两处：①纪念邮资明信片右下角的志号"JP.53.（1—1）1995"所采用的印刷网纹夹角呈 15°，而邮资明信片标头"中国邮政明信片"中英文和明信片左下角"中华人民共和国邮电部发行"中英文，以及明信片上名址线所采用的印刷网纹夹角呈 45°，二者存有明显不同。②在邮资明信片右下角"邮政编码"中的"邮"字上，其偏旁"阝"中的竖笔靠上部的顶头处，笔画中间有一黑墨点儿，并呈豁口状。

【JP.54 国际消除贫困年】International Year for the Eradication of Poverty　"国际年"是由联合国或联合国专门机构提议并提出相应决议指定的一项活动，每个"国际年"活动都具有一定的主题和宗旨。有关国际年的知识，详见新版《中国集邮百科知识》J·38《国际儿童年》。贫困即生活困难，生产资料和生活资料缺乏。1993 年 12 月 21 日，联合国第四十八届会议通过了第 48/183 号决议，宣布 1996 年为"国际消除贫困年"。大会强调，联合国系统应提供协助，使各个国家、决策人员和国际舆论进一步认识到事实上消除贫困是一个复杂的多方面问题，也是巩固和平实现可持续发展的基本条件。环境退化同贫苦、浪费性生产、消费、人口增长率及武装冲突等问题有着密切的联系。这些极为明显的事实，促进国际社会在 20 世纪即将结束之际，再次把注意力转到了减轻贫困上面。

1996 年 3 月 29 日，为了纪念和推动 1996 年国际消除贫困年活动的开展，中华人民共和国邮电部发行了一套纪念邮资明信片，全套 1 枚。志号 JP.54。邮资图规格 26 毫米×30 毫米；明信片规格 148 毫米×100 毫米。

JP.54（1—1）"国际消除贫困年"　邮资图采用了国

际消除贫困年徽志。徽志由联合国公共信息部策划处乔斯·卡斯蒂内尔设计。主图由三个交叉在一起的人形构成,喻示着援助与自强。三个人形可以诠释为三个不同的人,也可以解释成一个从贫困状态中解脱出来,达到有安全,有尊严,有力量以及有幸福感的状态。能够使人联想到运动与发展,强调发展最重要的是要以人为中心,消除贫困赋予人的权利。片图由经纬线地球和"衣"、"食"、"住"、"行"四个篆体字组成。衣、食、住、行分别以一件衣服、一只饭碗、一间房屋、一个车轮为底衬,寓意人类生存所必需的最基本条件,表达了要从根本上消除贫困的美好愿望。邮资面值15分,每枚售价0.30元。发行量401.23万枚。白卡纸。彩色胶印。吴建坤设计。北京邮票厂印制。

笔者经过对JP.54收集、研究发现:

JP.54的暗记 其暗记主要有三处:①在片题"国际消除贫困年"文字笔画上,有多处笔画不整齐,或多一块儿,或少一块儿。②在片图地球图上所印"衣、食、住、行"文字中,"衣"字的第二笔左边断线,"食"字的第二笔起笔处断线,"住"字的第三笔左上方有一豁口儿。③在纪念邮资明信片志号"JP.54(1—1)1996"上,其印刷网纹与明信片的标头、名址线、"中华人民共和国邮电部发行"中英文铭记、"邮政编码"的印刷网纹不同,这种与众不同的特征便是一种暗记。

【JP.55 第三十一届国际军事医学大会】31st International Congress on Military Medicine 国际军事医学委员会是由比利时陆军军官朱尔斯·文肯中校倡导,于1921年7月21日在比利时首都布鲁塞尔成立,当时名为国际军用医药大会常设委员会,1938年改为现名,简称"ICMMP"。其宗旨是:根据日内瓦公约的精神,维护和加强军医人员间的经常联系,以增进他们的专业合作,改善他们的状况。它是联合国世界卫生组织确认的军事医学领域国际性的政府间组织,截止到1996年底,已拥有88个成员国和两个通讯成员国。国际军事医学大会是国际军事委员会在每两年召开一次全体委员会的同时,所举办的规模盛大的国际军事医学学术大会,以促进军事医学学术水平的提高,增强各国军事医学界之间的了解和友谊为目的。由于历史的原因,直到1989年11月,国际军事医学委员会才恢复我国在该组织中的合法席位。自1990年开始,我军派代表参加了该组织所组织的会议和活动。由于我军军事医学学术水平的飞速进步和不断提高,我国在这一组织中的作用和地位举世瞩目。在1994年由德国举办的第三十届国际军事医学大会上,我军提交军事医学论文19篇,其数量仅次于东道国德国,而质量则居世界前列。1996年10月14日~18日,由中国人民解放军总后勤部承办的第三十一届国际军事医学大会在北京召开。参加这次大会的有国际军事医学委员会成员国和与我国建交的非成员国,以及有关的国际卫生组织,共计一千多人。这次大会主要针对战时新武器杀伤及防治,从军事角度看人体免疫缺陷、病毒感染和艾滋病,传统医学在军事环境下的应用,军事环境下抗生素治疗的主要原则,军事训练及运动损伤的防治等议题,进行学术交流和探讨。

1996年10月8日,为了祝贺第三十一届国际军事医学大会在北京召开,中华人民共和国邮电部发行了一套纪念邮资明信片,全套1枚。志号JP.55。邮资图规格24毫米×30毫米;明信片规格148毫米×100毫米。

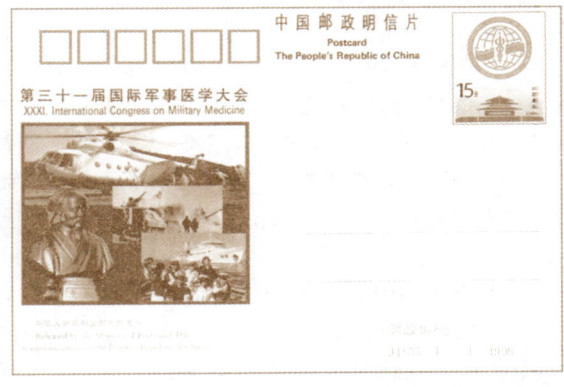

JP.55(1—1)"第三十一届国际军事医学大会" 邮资图采用了本届大会会徽。会徽呈圆形,图案由蛇杖、地球和中国万里长城组成,外圈印有"BEIJING 1996 CHINA"字样;下端为北京天坛祈年殿图形,点明了大会地址。片图由中国古代医学家华佗塑像和中国人民解放军陆、海、空三军医护人员战地救治伤员的图片组成。华佗(?—208),汉末医学家。字元化。沛国谯(今安徽亳县)人。精内、外、妇、儿、针灸各科,外科尤为擅长。施针用药,简而有效。对"肠胃积聚"等病创用麻沸散,给患者麻醉后施行腹部手术。反映了我国医学于公元二世纪时,在麻醉方法和外科手术上已有相当成就。行医各地,名声颇著。他还创五禽戏,强调体育锻炼,以增强体质。后因不从曹操征召,遂为所杀。所著医书已佚,未得流传。图案上的华佗塑像寓意我国医学的悠久传统,坦克、轮船和直升机代表了我国军事医学的现代化水平。邮资面值15分,每枚售价0.30元。发行量400.03万枚。白卡纸。彩色胶印。王振华设计。北京邮票厂印制。

笔者经过对JP.55收集、研究发现:

JP.55的印刷变异　　JP.55有裁切移位和漏色变异品。

JP.55的暗记　　其暗记主要有三处:①在纪念邮资明信片左上方片题"第三十一届国际军事医学大会"中的"三"、"际"、"军"等文字上,其笔画均不够整齐划一,有的多一块儿,有的缺一块儿。②在志号"JP.55（1—1）1996"上,其印刷网纹夹角与明信片的标头、名址线和左下角上的"中华人民共和国邮电部发行"的印刷网纹夹角不相同。③在明信片下数第一条名址线的中部下边,多出一个黑墨网点儿。

【JP.56 孙中山诞生一百三十周年】130th Anniversary of the Birth of Dr. Sun Yat–sen　　孙中山（1866—1925）,广东香山（今中山）县翠亨村人,1866年出生于一个农民家庭。有关孙中山的生平知识,详见新版《中国集邮百科知识》纪38《孙中山诞生九十周年》。1924年11月,为争取全国统一,孙中山应北方军阀段祺瑞等之邀到北京谈判,并发表《北上宣言》,提出反帝反封建的主张。在北京,孙中山得知段祺瑞等无意实行他的主张,忧愤疾发,于1925年3月12日在北京逝世。其遗嘱指出,"革命尚未成功","必须唤起民众,及联合世界上以平等待我之民族,共同奋斗"。

1996年11月12日,为了纪念孙中山诞生一百三十周年,中华人民共和国邮电部发行了一套纪念邮资明信片,全套1枚。志号JP.56。邮资图规格27毫米×39毫米;明信片规格148毫米×100毫米。

JP.56（1—1）"孙中山诞生一百三十周年"　邮资图为孙中山肖像。片图以蓝天白云为背景,寓意历史风云;主图为"广州孙中山纪念堂"外景。邮资面值15分,每枚售价0.30元。发行量406.23万枚。白卡纸。彩色胶印。陈晓聪设计。北京邮票厂印制。

笔者经过对JP.56收集、研究发现:

JP.56的印刷变异　　JP.56有裁切移位和假漏印邮资图、漏印片图印刷变异品。这枚纪念邮资明信片有至少两种足以乱真的伪品,而漏印邮资图、片图的印刷变异品,就是采用其中一种伪品制造的。有关JP.56伪品的鉴别方法,笔者在专著彩版《中国邮品辨伪必备》（续集）中有详细介绍,不再赘述。

JP.56的暗记　　其暗记主要有三处:①在邮资明信片左上角片题"孙中山诞生一百三十周年"中的"三"字上,其第二笔画靠近两头部位变细,中间则粗,多出了一块儿。②在志号"JP.56（1—1）1996"中,其网纹夹角与明信片标头、名址线和"中华人民共和国邮电部发行"中英文铭记所呈现的网纹夹角不相同。③在明信片右下角"邮政编码"中的"邮"字,其第四笔中部有一黑墨点儿。

【JP.57 西安事变六十周年】60th Anniversary of the Xi'an Incident　　"西安事变"也称"双十二事变"。1936年,日本帝国主义不断扩大对中国的侵略,蒋介石坚持不抵抗政策,继续进行内战。以张学良为首的东北军和以杨虎城为首的十七路军,被蒋介石调到陕甘一带进攻中国工农红军。在中国共产党抗日民族统一战线政策的影响和推动下,张学良和杨虎城认识到"剿共没有前途",与红军实现了停战,并要求蒋介石联共抗日。蒋介石拒绝张、杨的要求,而且调集嫡系部队至豫、陕边境,压迫张、杨继续进攻红军。12月上旬,蒋介石到西安督战,并屠杀当地的抗日青年。于是,12月12日,张学良和杨虎城在临潼华清池扣留了蒋介石,逼蒋联共抗日。事变发生后,南京国民党政府中以汪精卫、何应钦为首的亲日派,主张进攻西安,扩大内战,企图乘机夺取蒋介石的统治权力,进一步和日本妥协。中国共产党为粉碎日本帝国主义及国民党亲日派的阴谋,促使抗日民族统一战线迅速建立,派周恩来、秦邦宪等到西安同张学良、杨虎城调停,与蒋介石谈判,迫使蒋介石接受了停止内战、一致抗日的主张。蒋介石被释放回南京。由于事变发生在古都西安,因此被称为"西安事变";又因事变发生的时间为12月12日,故也称"双十二事变"。"西安事变"的和平解决,粉碎了日本帝国主义和国民党亲日派扩大中国内战的罪恶阴谋,为抗日民族统一战线的建

立创立了条件。

1996年12月12日,为了纪念"西安事变"六十周年,中华人民共和国邮电部发行了一套纪念邮资明信片,全套1枚。志号JP.57。邮资图规格25毫米×30毫米;明信片规格148毫米×100毫米。

JP.57(1—1)"西安事变六十周年" 邮资图为西安市金家巷当时的张学良公馆外景,灰褐色的墙体,透着历史沧桑;竖式图案,犹如一座纪念碑。片图由西安市青年路杨虎城办公的地方黄楼和当时"西安事变"及张、杨通电全国发表救国主张的新闻报道组成。报纸上印有张学良、杨虎城头像,其面部表情中透着一种对中华民族生死存亡的忧虑。邮资面值15分,每枚售价0.30元。发行量为404.53万枚。白卡纸。彩色胶印。李庆发设计。北京邮票厂印制。

笔者经过对JP.57收集、研究发现:

JP.57的印刷变异 JP.57有裁切移位和套色移位变异品。

JP.57的暗记 其暗记主要有两处:①在邮资明信片左上方红刷色彩条上,其右边尽头处呈锯齿状,而非直线状。②在邮资明信片志号"JP.57(1—1)1996"中,其刷色网纹夹角与明信片标头、名址线和"中华人民共和国邮电部发行"中英文铭记网纹夹角不相同。

【JP.58 第二届亚太经合组织国际贸易博览会】The 2nd APEC International Trade Fair 亚太经济合作组织简称亚太经合组织,英文缩写"APEC"。该组织是在澳大利亚总理霍克的倡议下,于1989年11月在澳大利亚首都堪培拉召开的亚太地区首届部长会议上正式成立的。它是一个地区性经济论坛和非正式对话组织,下设三个委员会。其宗旨是:维护亚太地区的经济发展,增加经济交流,相互依存,共同受益,坚持开放多边贸易体制,减少区域内贸易壁垒,为世界的经济发展做出贡献。1991年11月,经过亚太经合组织的反复磋商,在"一个中国"和"区别主权国家和地区经济"的原则基础上,中国同"中国台北"和"中国香港"同时加入,成为该组织的成员。该组织由环太平洋的18个国家和地区组成,分别是东亚的韩国、日本、中国、中国台北和中国香港,东南亚的文莱、印度尼西亚、马来西亚、菲律宾、新加坡和泰国,大洋洲的澳大利亚、新西兰和巴布亚新几内亚,北美洲的加拿大和美国,拉丁美洲的墨西哥和智利。亚太经合组织每年举行一次领导人非正式会议。1993年11月~1997年6月,亚太经合组织先后在美国西雅图、印度尼西亚茂物、日本大阪和菲律宾苏比克举行过四次领导人非正式会议。国家主席江泽民参加了历次领导人非正式会议。在领导人非正式会议召开之前,各成员国的高级官员、外交部长和贸易部长将召开例会。亚太经合组织成员的人口共计约22亿,1996年的综合国民生产总值为22万亿美元,约占全球总数的一半;其贸易活动占全球贸易活动总量的40%以上。为了促进亚太经合组织各成员国之间的经济合作和贸易发展,推动工业技术不断进步,国际贸易博览会便是该组织的一项具体行动。1997年6月5日~10日,由亚太经合组织与我国国际贸易促进会共同举办的第二届亚太经合组织国际贸易博览会,在我国山东省烟台市举行。

1997年6月5日,为了祝贺第二届亚太经合组织国际贸易博览会顺利开幕,中华人民共和国邮电部发行了一套纪念邮资明信片,全套1枚。志号JP.58。邮资图规格30毫米×33毫米;明信片规格148毫米×100毫米。

注:JP.58北京首发日为1997年6月5日,与片图上方所印"1997年.6.6—10"不一致。

JP.58(1—1)"第二届亚太经合组织国际贸易博览会" 邮资图由亚太经合组织徽志和飞翔的和平鸽组成。徽志呈椭圆形,图案为显现亚太区域的经纬地球图形,中心印有亚太经合组织英文名称缩写"APEC"字样。片图采用了象征山东烟台市为海滨城市的烟台山风景区画面,碧海、蓝天、宁静而美丽;层层飞涌的海浪,寓意烟台经济的蓬勃发展。邮资面值40分,每枚售价0.65

元。发行量 400.34 万枚。白卡纸。彩色胶印。邹建军设计。北京邮票厂印制。

注：JP.58 是中国邮政将纪念邮资明信片邮资面值由 15 分调为 40 分的第一套纪念邮资明信片。

笔者经过对 JP.58 收集、研究发现：

JP.58 的版型　JP.58 有 A、B 两种版型。其不同主要在明信片标头、名址线、"邮政编码"、"中华人民共和国邮电部发行"中英文铭记中的印刷网纹组合上，在相同部位存有明显的排列组合不同；在邮资图中和平鸽的眼上，也存有这种不同。

JP.58 的印刷变异　未见 JP.58 有印刷变异，但有足可乱真的伪品；应提防造假者利用这种伪品制造变异品。

JP.58 的暗记　其暗记主要有两处：①明信片上所印的名址线采用的网线，呈右上旋特征。②在明信片的标头"中国邮政明信片"中的"邮"、"明"字上，其"邮"字中"由"左右两竖笔均透头；"明"字中"日"也是这样，一反过去仅左边透头，右边齐头的特征。

【JP.59 虎门大桥建成通车】The Completion and Opening to Traffic of Humen Bridge　虎门大桥位于广东省珠江三角洲中部，跨越珠江干流狮子洋出海航道，东起虎门，西至番禺，横跨珠江口，全长 15.76 公里，其中主桥长 4688 米，桥面宽 31 米，双向 6 车道，昼夜通车可达 12 万车次，桥下可通行 10 万吨级的巨轮，是至今我国规模最大的公路桥梁。虎门大桥飞架珠江口，是我国第一座大型悬索桥，其主航道跨度 888 米，居我国前列；副航道跨度 237 米，是世界第一。虎门大桥也是我国第一座加劲钢箱悬索结构桥梁，其悬索桥部分均采用钢箱焊接，共用钢材两万多吨，桥的主缆长 16.4 公里，主缆由一个直径 1.2 米的钢箱焊接而成，每根主缆由 13970 根直径为 5.2 毫米的镀锌高强钢丝组成，如果将两根主缆的钢丝拉成一条钢绳，足可绕地球一圈，故被称为中国第一桥。该桥总投资 30 亿元，防洪能力达 200 年一遇。虎门大桥于 1992 年 10 月 28 日开工兴建，大桥建成通车后，跨海连接了虎门、番禺两地，使东莞成为通穗、港以及珠江两岸和深圳、珠海两特区的交通枢纽。1997 年 7 月 1 日，在香港回归之日虎门大桥正式通车。

1997 年 6 月 9 日，为纪念虎门大桥建成通车，中华人民共和国邮电部发行了一套纪念邮资明信片，全套 1 枚。志号 JP.59。邮资图规格 30 毫米 × 23 毫米；明信片规格 148 毫米 × 100 毫米。

注：虎门大桥建成正式通车日与纪念邮资明信片 JP.59 首发日不一致。据新华社报道，1997 年 5 月 1 日虎门大桥开始试通车，"虎门大桥经过一段运行后，计划于 6 月 9 日正式通车交付使用"。但实际上的正式通车则选在 1997 年 7 月 1 日香港回归之日。

JP.59（1—1）"虎门大桥建成通车"　邮资图为虎门大桥全景。片图为虎门大桥远景和所在位置示意图。邮资面值 40 分，每枚售价 0.65 元。发行量 402.93 万枚。白卡纸。彩色胶印。任宇设计。北京邮票厂印制。

笔者经过对 JP.59 收集、研究发现：

JP.59 的版型　JP.59 仅见一种版型，但有伪造逼真的赝品，其纸质、刷色、网纹夹角均与真品相差无几，完全可乱真，仅在志号"JP.59（1—1）1997"网纹夹角特征上与真品存在区别。

JP.59 的印刷变异　JP.59 有黑色复印和漏印刷色变异品。对漏印刷色变异，要鉴别其真伪。

JP.59 的暗记　暗记主要在明信片标头、志号"JP.59（1—1）1997"上：其印刷网纹夹角与名址线、"中华人民共和国邮电部发行"中英文铭记的印刷网纹夹角不相同。而笔者在鉴定中发现的完全可乱真的伪品，正是在这点上露了马脚。

【JP.60 广州地铁通车】The Opening of Guangzhou's Undergroud Railways　广州地铁属广州市的城市轨道交通系统，由广州市地下铁道总公司负责运营管理。1965 年 5 月广州市进行第一次地铁规划与地质勘测；1992 年 6 月 28 日，广州市地下铁道总公司成立；1993 年 2 月 28 日，广州地铁一号线正式动工。国内 59 家施工单位和英、德、日、美 4 个国家 9 家公司上万人参与了广州地铁建设。广州地铁一号线建设采用国内国际公开招标方式，使其土建费减少 5% 以上，实现了工期、投资、质量三大项的控制。广州地铁一号线首段投资 127.15 亿元，是广州市有史以来最大的市政工程项目，1997 年 6 月 28 日上午 10 时正式开通。首段西起西朗至黄沙，长 5.4 公里。首段的开通，使广州成为全国第四座有地铁的城市。广州地铁一号线全长 18.48 公里，全线设 16 座车站，日客流量 113 万人，可疏导地面客流的 10% ~ 15%。1998 年底全线建成。广东省委书记谢非为通车剪彩。国务院有关部委领导、世界银行代表等中外嘉宾五百多人成为广州地铁的首批乘客。

1997年6月28日，为了祝贺广州地铁一号线首段通车，中华人民共和国邮电部发行了一套纪念邮资明信片，全套1枚。志号JP.60。邮资图规格26毫米×35毫米；明信片规格148毫米×100毫米。

JP.60（1—1）"广州地铁通车" 邮资图为开动的地铁列车和广州市市花木棉花。片图为广州地铁示意地图。邮资面值40分，每枚售价0.65元。发行量402.93万枚。白卡纸。彩色胶印。卢天骄设计。北京邮票厂印制。

笔者通过对JP.60收集、研究发现：

JP.60的印刷变异　JP.60有局部漏印文字的印刷变异品。

JP.60的暗记　其暗记主要有两处：①在志号"JP.60（1—1）1997"上，其印刷网纹夹角与明信片标头、名址线、"中华人民共和国邮电部发行"中英文铭记的印刷网纹夹角不相同。②在明信片最下方的一条名址线中段，有两个网点相连形成的黑墨点儿。

【JP.61 戒烟有益健康】Giving up Smoking Is Good for Health　现代医学早已证实：吸烟不仅有害健康，还污染环境，危及周围不吸烟者，特别是妇女和儿童；烟草中含有上千种成分，吸烟时产生的烟雾里有几千种致癌物质，可导致肺癌、喉癌、食道癌等疾病的发生。在癌症患者中，每四个人中就有一个是由吸烟而引起的肺癌。吸烟容易引起心肌梗死、中风、心肌缺氧等心血管疾病。更为严重的是，吸烟者还严重地妨碍他人健康。世界卫生组织专家指出，吸烟是一种自己招来的缓慢残害自己和他人的疾病。据世界卫生组织1990年统计，每年有三百万人因吸烟死亡。1989年世界卫生组织执委会决定，把每年的5月31日定为"世界无烟日"，以便更有力地宣传吸烟对人类健康的危害。通过宣传，使人们充分认识到"吸烟是20世纪的鼠疫，是人类健康最危险的敌人"。随着戒烟运动的开展，西方烟草公司在国内受到反吸烟运动的压力越来越大，于是便把市场转向中国等亚洲国家，使亚洲人的生命和机能面临的最大威胁来自烟草。1997年8月20日，第十一届世界烟草与健康大会在北京人民大会堂开幕。大会的主题是"烟草：不断蔓延的瘟疫"。来自世界103个国家和地区的一万八千名代表出席了大会。这次大会就吸烟动向、控烟措施、妇女与烟草、戒烟、青年和烟草、被动吸烟等问题，进行了95场学术报告、15场卫星会议，发表807篇论文。

1997年8月20日，为了宣传戒烟有益健康，中华人民共和国邮电部发行了一套纪念邮资明信片，全套1枚。志号JP.61。邮资图规格25毫米×34毫米；明信片规格148毫米×100毫米。

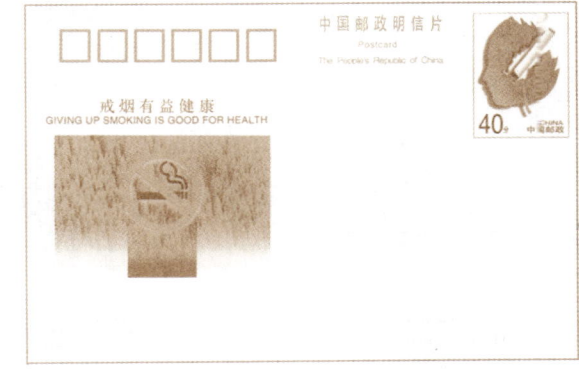

JP.61（1—1）"戒烟有益健康" 邮资图为一片拟人像的绿叶被点燃的香烟烧毁，寓意吸烟的严重危害。片图为一片绿色繁茂的森林，象征生机勃勃的人体健康；正中是红色的禁烟标志，它将燃烧的香烟熄灭，突出表现了戒烟有益健康的主题。邮资面值40分，每枚售价0.65元。发行量400.93万枚。白卡纸。彩色胶印。王虎鸣设计。北京邮票厂印制。

笔者经过对JP.61收集、研究发现：

JP.61的版型　JP.61仅见一种版型，但有伪品，切勿当成另一种版型。

JP.61的印刷变异　JP.61有裁切移位和复印印刷变异品。

JP.61的暗记　其暗记主要有三处：①在志号"JP.61（1—1）1997"上，其文字黑色网纹夹角呈15°，而邮资明信片的标头、名址线和左下角的中英文铭记、"邮政编码"的黑色网纹夹角则呈45°。②在"邮政编码"中的"邮"字上，其第四笔的中上部有两个网点相连，呈浓墨点状。③在明信片最下方一条名址线的中段，有两个网点相连形成的黑墨点儿。

【JP.62 1997世界华人经济成就展览会】1997 Exposition for Economic Achievements of World Chinese

百余年来,龙的传人漂洋过海,以勤劳勇敢、自强不息的精神,在世界各地到处繁衍,艰苦创业,创造了举世瞩目的华人经济奇迹。如今,华人已遍布世界五大洲近140个国家和地区,总人口达三千万之多。1997年9月17日,世界华人经济成就展览会在北京举行。这是一次华夏儿女团聚交流的盛会,也是一次展示世界华人风采的盛会。

1997年9月17日,为了祝贺世界华人经济成就展览会顺利举行,中华人民共和国邮电部发行了一套纪念邮资明信片,全套1枚。志号JP.62。邮资图规格30毫米×39毫米;明信片规格148毫米×100毫米。

JP.62(1—1)"1997世界华人经济成就展览会" 邮资图以世界地图为背景,主图采用了本次展览会会标。会标运用"'97世界华人经济成就展览会"中英文名称环绕构成圆形,中心由"C"、"E"组成的一条金色飞龙,腾跃在由阿拉伯数字"97"组成的祥云之中,遨游在蔚蓝色的地球之上,象征中华民族勤劳、智慧、团结、奋进的精神,寓意华人为国际经济、文化的发展做出的贡献。片图由飞龙戏珠、祥云和北京天坛祈年殿外景组成。飞龙和祥云采用中国传统色彩,寓意和平、富贵、吉祥;天坛祈年殿既点明了本次展览会的举办地点,也表达了中国情、中国根在世界华人心中的地位。邮资面值40分,每枚售价0.65元。发行量458.93万枚。白卡纸。彩色胶印。杨文清、刘咸宜设计。北京邮票厂印制。

笔者经过对JP.62收集、研究发现:

JP.62的印刷变异 JP.62有邮资图和片图刷色差异;有邮资图漏印深蓝色,导致背景中的世界地图消失。JP.62有伪品,造假者利用伪品制造印刷变异,伪品裁切不规范,也应警惕裁切变异。

JP.62的暗记 其暗记主要有三处:①在志号"JP62(1—1)1997"上,其文字黑色网纹夹角呈15°,而邮政信片的标头、名址线和左下角的中英文铭记,以及"邮政编码"的黑色网纹夹角均呈45°。②在"邮政编码"中的"邮"字上,其第四笔的中上部有两个网点相连,呈浓墨点状。③在明信片上数第二条名址线的中段,有两个网点相连形成的黑墨点儿。

【JP.63 第22届万国邮政联盟大会·1999北京(一)】22nd Universal Postal Congress · Beijing 1999(1) 有关邮政联盟的知识,详见新版《中国集邮百科知识》J.1《万国邮政联盟成立一百周年纪念》。有关万国邮政联盟大会和第22届万国邮政联盟大会的知识,详见本书1999—9《第二十二届万国邮政联盟大会(J)》。1999年8月23日~9月15日,第22届邮联大会将在我国北京举行。届时将有189个会员国和二十多个国际组织近两千名代表参加。特别是各国邮政界的领导人将汇聚在这次跨世纪的大会上,共同探讨新世纪邮政发展的方向,使得北京邮联大会在邮联历史上具有里程碑的意义。

1997年10月9日,为了宣传第22届邮联大会的意义,中华人民共和国邮电部发行了一套纪念邮资明信片,全套4枚。志号JP.63。邮资图规格26毫米×36毫米;明信片规格148毫米×100毫米。

JP.63(4—1)"大会会徽" 邮资图采用了第22届邮联大会会徽。有关会徽的知识,详见本书1998—12《第22届万国邮政联盟大会会徽(J)》。片图由第22届邮联大会会徽和万里长城组成,背景为明朗的天空和飞动的彩云,表达了对大会顺利召开的企盼和祝愿之情。邮资面值420分(航空),每枚售价4.5元。发行量300万枚。

JP.63(4—2)"长城情怀" 邮资图由万里长城、地球、和平鸽和会徽组成,表现出我国正在全力以赴筹备大会,以保证第22届邮联大会顺利举行。片图由地球、长城敌楼、和平鸽、彩云和明朗的天空组成,象征我国热烈欢迎参加大会的各国代表。邮资面值420分(航空),每枚售价4.5元。发行量305.2万枚。

JP.63(4—3)"信息烽火" 邮资图由长城敌楼、形如祥云的烽烟和会徽组成。通过烽烟传递紧急信息,表现出了我国悠久的邮政历史和灿烂的古代文明。片图由长城敌楼、形如祥云的烽烟和明朗的天空组成。邮资面值40分,每枚售价0.65元。发行量408.4万枚。

JP.63(4—4)"世纪邮政" 邮资图由长城敌楼、红日、飞机和会徽组成,预示着第22届邮联大会将决定下个世纪世界邮政的发展方向。片图由长城敌楼、红日、飞机、彩云和明朗的天空组成,寓意下个世纪世界邮政蓬勃发展,充满了喜庆吉祥。邮资面值40分,每枚售价0.65元。发行量400.7万枚。

JP.63采用白卡纸。彩色胶印。全套共4枚,邮资面值共计9.20元,售价10.30元。发行量300万套。李德福设计。辽宁省沈阳邮电印刷厂印制。

笔者经过对JP.63收集、研究发现:

JP.63的印刷变异 JP.63未发现印刷变异。值得一提的是,这套纪念邮资明信片还曾以"第22届万国邮政联盟大会组织委员会"为铭记,发行了"金箔"(烫金)纪念邮资明信片,志号为"Z1"。之后,在发行JP.72时,又如法炮制发行了"Z2"。当时均可首日实寄。后被国家邮政局确定为违规,停止发行。不妨将其视为发行"变异"(违规)。

JP.63的暗记 全套主要暗记有两处:①在每枚明信片名址线上,上数第二条名址线,其右半部有两个单个网点相连构成的黑墨点儿。②每枚纪念邮资明信片志号"JP.63"和"邮政编码"文字,其网纹夹角均呈75°,与明信片的标头、名址线以及左下角中英文铭记的网纹夹角呈45°不同。

【JP.64 1997年中华全国集邮展览】China 1997 National Philatelic Exhibition 1983年11月29日~12月8日,中华全国集邮展览在首都北京首次举办。1997年中华全国集邮展览,由中华全国集邮联合会主办,重庆市邮政管理局、重庆市集邮协会承办,四川省邮电管理局、四川省集邮协会协办。这是重庆市成为直辖市后,第一次举办全国邮展;也是中华全国集邮展览第二次在北京之外举办。本届展览共展出竞赛和非竞赛性邮集268部1000个标准展框。展品由全国31个省、市、自治区集邮协会和4个全国行业集邮协会经过层层选拔推荐,并由全国集邮联组织专家认真进行会审后确定的。参展的展品无论是质量和数量,都比历届全国邮展有所提高。邮展期间,组委会将7天的展期分别定为7个主题:"邮展日"、"青少年日"、"集邮联谊日"、"集邮研究日"、"集邮日"、"邮政日"、"颁奖日",并举办邮品拍卖会等12项大型活动。

1997年10月18日,为了祝贺中华全国集邮展览顺利举行,中华人民共和国邮电部发行了一套纪念邮资明信片,全套1枚。志号JP.64。邮资图规格23毫米×31毫米;明信片规格148毫米×100毫米。

JP.64(1—1)"1997年中华全国集邮展览" 邮资图采用了本届集邮展览徽志。徽志呈菱形,以"全国邮展"中、英文两种文字组成,表示中华全国集邮展览的主题。主图由"全国邮展"英文名称缩写字母"C"、"P"、"E"组成一只展翅飞翔的鸿雁;上端标有阿拉伯数字"'97",表明展览时间;下端标有"全国邮展·重庆"字样,点明邮展地点;采用鲜花作底衬,充满了热情和喜庆。片图为重庆市人民大礼堂外景,彩色气球在空中飘动,洋溢着浓浓的欢庆气氛。邮资面值40分,每枚售价0.65元。

发行量404.63万枚。白卡纸。彩色胶印。姜伟杰设计。北京邮票厂印制。

笔者经过对JP.64收集、研究发现：

JP.64的印刷变异　JP.64有漏色和刷色差异。

JP.64的暗记　其暗记主要有三处：①在明信片右下方"邮政编码"中的"邮"字上，其第四笔的中上部有两个网点相连，呈浓墨点状。②在志号"JP.64（1—1）1997"上，其文字黑色网纹夹角呈15°，而邮资明信片的标头、名址线、"邮政编码"和左下角的中、英文铭记的黑色网纹夹角，则均呈45°。③在明信片上数第二条名址线的中段，有两个网点相连形成的黑墨点儿。

【JP.65 国际北方城市会议】International Northern Intercity Conference　国际北方城市会议始创于1982年，由当时日本札幌市市长长板垣武先生发起。其宗旨是通过把位于北方有关相似气候的城市代表们汇聚在一起，相互沟通并利用关于"解决各自冬季寒冷气候有关城市问题"的知识与信息，为促进北方城市发挥作用并有效地发展做出贡献；在"冬季是资源和财富"的口号下，促进"冬季城市运动"的发展；加强北方城市间的团结和合作，并为国际和平与发展做出贡献。参加会议的范围是位于冬季圈内的城市（即划入1月份平均0°C等温线以内的地区）。会议汇集具有类似气候及自然条件的北方城市市长、科技工作者、经贸人士、企业家，共同探讨和解决北方城市在建设、管理和发展中面临的诸多共性问题，相互沟通信息，寻求双边或多边经济合作途径，加强团结合作，共同繁荣发展。会议每两年举办一次。第一届国际北方城市会议于1982年在日本札幌举行；第二届在我国沈阳举行。1998年1月15日，第八届国际北方城市会议在我国哈尔滨举行。有二十多个国家四十多个城市的代表参加会议。这次会议由第八届国际北方城市市长会议、国际北方城市展览会和国际北方城市论坛会三个会议组成，并同时举行。本届会议的主题是"让我们共同创造多姿多彩的北方世界"。

1998年1月15日，为了祝贺国际北方城市会议顺利召开，中华人民共和国邮电部发行了一套纪念邮资明信片，全套1枚。志号JP.65。邮资图规格26毫米×31毫米；明信片规格148毫米×100毫米。

JP.65(1—1)"国际北方城市会议"　邮资图采用了国际北方城市会议会徽。会徽由凸显北极冰雪的地球和哈尔滨人民防洪纪念塔组成，飞翔的和平鸽、跳动的音符和飞卷的浪花环绕周围，既点明了北方城市的地理和气候特征，又寓意共同创造多姿多彩北方世界的会议主题。片图以蓝天白云为背景，主图由哈尔滨人民防洪纪念塔和哈尔滨的城市景观组成，点出了会议地点。邮资面值40分，每枚售价0.65元。发行量407.5万枚。白卡纸。彩色胶印。呼振源设计。北京邮票厂印制。

笔者经过对JP.65收集、研究发现：

JP.65的版型　JP.65仅见一种版型，但这枚纪念邮资明信片漏印了名址线，是至今发行的JP中唯一1枚无名址线的纪念邮资明信片。

JP.65的暗记　其暗记主要有两处：①在志号"JP.65(1—1)1998"上，其文字黑色网纹夹角呈75°，而邮资明信片的标头、"邮政编码"、"中华人民共和国邮电部发行"中英文铭记，其文字黑色网纹夹角均呈45°。②在"邮政编码"中的"邮"字，其第四笔的中上部有两个网点相连，呈浓墨点状。

【JP.66 世界卫生组织成立五十周年】50th Anniversary of the World Health Organization　世界卫生组织是联合国的一个专门机构。早在1946年7月，在纽约举行了一次会议，目的是建立一个国际性的卫生组织。会上通过的世界卫生组织法于1948年4月得到联合国批准，同年6月24日世界卫生组织在日内瓦召开第一届世界卫生大会。世界卫生组织的宗旨是："促使全世界人民获得尽可能高的健康。"该组织给健康下的定义是"身体、精神和社会生活中完美状态"。该组织的任务是指导和协调国际卫生工作；根据各国政府的要求，协助和加强国家的卫生事业，提供技术合作；促进防治地方病、流行病；促进妇幼卫生、计划生育；制定食品卫生、生物制品和药物的国际标准。1979年第32届世界卫生大会,通过了"2000年人人得到卫生保健"的战略目标。世界卫生组织现有191个会员国。组织机构有:大会,每年召开一次;执行委员会,是大会闭幕期间的执行机构,每年至少有两次会议;秘书处,是该组织的常设机构,处理日常事务。总部设在日内瓦。中国是世界卫生组织的创始国之一。1972年5月10日,第25届世界卫生大会通过了恢复中华人民共和国在该组织的合法席位的决议。

1998年4月7日,为了纪念世界卫生组织成立五十周年,中华人民共和国信息产业部发行了一套纪念邮资明信片,全套1枚。志号JP.66。邮资图规格31毫米×31毫米;明信片规格148毫米×100毫米。

注:JP.66是以"中华人民共和国信息产业部"为铭记发行的第一套纪念邮资明信片。

JP.66(1—1)"世界卫生组织成立五十周年" 邮资图由联合国卫生组织标志和阿拉伯数字"50"构成。标志以蛇杖和五大洲地球图形为主图,左右环绕橄榄枝叶。有关世界卫生组织标志的知识,详见本书JF.15《世界卫生组织成立四十周年》。在古希腊时代,人们将蛇看作是知识和智慧的象征,长杖表示邀游各地,蛇徽图寓意"神能"。片图为日内瓦世界卫生组织总部的建筑群外景,背景衬以地球,中英文片题印在背景地球上,寓意联合国卫生组织的世界性和促进全世界人民健康的宗旨。邮资面值40分,每枚售价0.65元。发行量503.4万枚。白卡纸。彩色胶印。卢天骄设计。北京邮票厂印制。

笔者经过对JP.66收集、研究发现:

JP.66的版型 JP.66仅见一种版型。因发行量较大,可能还有另一种版型。

JP.66的印刷变异 据闻JP.66有刷色变异,但未见到实品。

JP.66的暗记 其暗记主要有三处:①在志号"JP.66(1—1)1998"上,其文字黑色网纹夹角呈75°,而邮资明信片的标头、名址线和左下角的中英文铭记、右下角的"邮政编码",文字的黑色网纹夹角均呈45°。②在"邮政编码"中的"邮"字上,其第四笔的中上部有两个网点相连,呈浓墨点状。③在明信片上数第二条名址线的中段,有两个网点相连形成的黑墨点儿。

【JP.67 人民日报五十周年】The 50th Anniversary of People's Daily 有关《人民日报》创刊的历史知识,详见本书JF.17《人民日报创刊四十周年》。

1998年6月15日,为了祝贺《人民日报》创刊五十周年,中华人民共和国信息产业部发行了一套纪念邮资明信片,全套1枚。志号JP.67。邮资图规格24毫米×34毫米;明信片规格148毫米×100毫米。

JP.67(1—1)"人民日报五十周年" 邮资图为长城、地球和毛泽东同志亲笔题写的报头"人民日报"四个字。片图由《人民日报》、《人民日报》海外版、《华东新闻》、《华南新闻》和阿拉伯数字"50"及牡丹花组成,上方为邵华泽题词"人民日报五十年"。邮资面值40分,每枚售价0.65元。发行量514.9万枚。白卡纸。彩色胶印。李庆发设计。北京邮票厂印制。

笔者经过对JP.67收集、研究发现:

JP.67的版型 有A、B、C三种版型。其主要区别:①在"人民日报五十周年"中的"民"字上,其第二笔的一横与最末一笔起笔处,A版不相连,B、C版则呈尖头状与横笔相连。②在邮资明信片标头、志号"JP.67(1—1)1998"、"中华人民共和国信息产业部发行"中英文铭记中,其文字笔画虽由网纹夹角呈15°的网点构成,但在网点组合上存有诸多不同之处。

JP.67的印刷变异 JP.67真品未见有印刷变异;伪品制作较逼真,造假者制造了几种"大变体",如漏印黑灰文字面值、铭记等和二次印刷错体,足可以假乱真。这种假错体有的已经公开拍卖。关于这种伪品的鉴定方法,笔者在专著彩版《中国邮品辨伪必备》(续集)中有介绍,这里不再赘述。

JP.67 的暗记 其暗记主要有两处:①在"邮政编码"中的"政"字上,A、B 版最后一笔笔画从起笔处至中段,笔画由一排单个网点构成,C 版由两排单个网点构成。②明信片上的名址线呈右上旋,一改以往发行的 JP 名址线上的网纹特征。

【JP.68 1998 中国沈阳——亚洲体育节】Asian Sports Festival 1998 Shenyang, China 1998 年 8 月 29 日～9 月 6 日,由亚洲体育联合总会、中华全国体育总会和沈阳黎明服装集团公司主办,沈阳市人民政府承办的黎明服装杯'98 中国沈阳——亚洲体育节在沈阳市举行。这次亚洲体育节,以展示亚洲各国民族体育传统和开展大众体育运动所取得的成就为主题,以大众体育项目竞赛与表演、体育文化交流与博览为主要内容,坚持"娱乐、健身、合作、交流"的宗旨,坚持"快乐参与"的原则,组织台球、门球、木球、保龄球、太极拳、跆拳道、健美、健美操、体育舞蹈、中国式摔跤、国际象棋、桥牌、龙舟、养生健身交流、环城自行车等 18 项体育比赛。除此之外,还安排了"亚洲民俗体育大舞台"、世界体育电影巡礼、国际体育用品展示、文化论坛及辩论赛、文体明星表演等丰富多彩的文化体育交流。本届体育节集娱乐性、综合性、文化性、群众性于一体,是亚洲各国民族民间体育的盛会,也是亚细亚地区人民友好交流的聚会。

1998 年 8 月 29 日,为了祝贺亚洲体育节顺利举行,中华人民共和国信息产业部发行了一套纪念邮资明信片,全套 1 枚。志号 JP.68。邮资图规格 28 毫米×40 毫米;明信片规格 148 毫米×100 毫米。

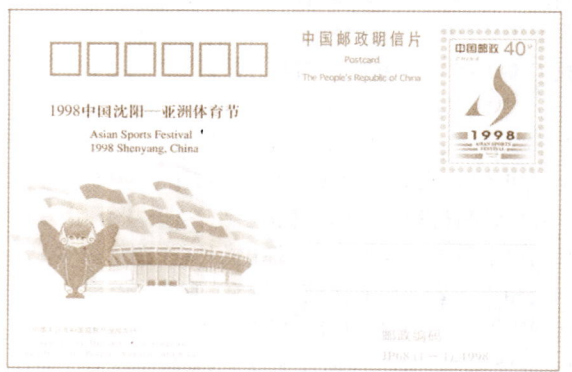

JP.68(1—1)"1998 中国沈阳——亚洲体育节" 邮资图采用了沈阳亚洲体育节标志。标志运用"中国沈阳体育节"英文名称缩写字母"C"、"S"、"S"构成绿、黄、红三条色带的形态变化,既创造出了体育的动感,又张扬了舞蹈的韵律,生动地将健身与娱乐融于一体,寓意体育节丰富多彩。片图由辽宁省沈阳市五里河体育场外景和亚洲体育节吉祥物阳阳组成。阳阳为一只拟人化的太阳鸟,由旭仁夫设计。阳阳面带微笑,伸展双臂,热情欢迎前来参加亚洲体育节的每一个客人。体育场上空彩旗飘扬,气氛热烈。邮资面值 40 分,每枚售价 0.65 元。发行量 520.5 万枚。白卡纸。彩色胶印。李跃义设计。北京邮票厂印制。

笔者经过对 JP.68 收集、研究发现:

JP.68 的版型 仅见一种版型。因这枚 JP 发行量大,它应与 JP.67 一样,至少有两种版型。A、B 版型主要区别应在明信片标头、"邮政编码"、志号和发行铭记上。集邮者不妨认真查看一下,也许会有所发现。

JP.68 的印刷变异 JP.68 有裁切移位变异品。

JP.68 的暗记 其暗记所在部位和特征,均与 JP.67 相同。

【JP.69 中国中央电视台建台 40 周年】40th Anniversary of CCTV 中央电视台是中华人民共和国国家电视台。它的前身是北京电视台。1958 年 5 月 1 日,北京电视台开始创办,于同年 9 月 2 日正式播出,从此新中国有了自己的电视事业。建台之初,每周仅能播出 4 次黑白电视节目,每次播出的时间也只有 23 个小时,而全国电视接收机的总数不过才 50 台。1960 年,我国建成首座电视中心;1968 年又建起电视转播塔;1973 年 5 月 1 日,彩色电视节目开始试播。1978 年 5 月 1 日,为适应新的形势需要,北京电视台改称中央电视台,简称"CCTV"。中央电视台作为国家电视台,已具备了独立的采编、制作、播放和传递节目的功能,再加上有先进电视技术装备的彩电中心和高达 405 米的中央电视塔的相继投入使用,极大地改善了电视观看的条件。中央电视台的主要任务是宣传党和国家的方针政策,介绍新中国取得的伟大成就,同时还担负着国际电视节目交流的任务,成为中国了解世界,世界了解中国的一扇友谊之窗。

1998 年 9 月 2 日,为纪念中国中央电视台成立 40 周年,中华人民共和国信息产业部发行了一套纪念邮资明信片,全套 1 枚。志号 JP.69。邮资图规格 25 毫米×36 毫米;明信片规格 148 毫米×100 毫米。

JP.69(1—1)"中国中央电视台建台 40 周年" 邮资图采用了中央电视台台徽。台徽由中央电视台英文名称缩写"CCTV"中的"CC"两个字母交叉形成的"X"形电波和"TV"两个字母组成;背景为蓝、红、绿彩色条带,蓝色带上标有"1958"字样,红色带上标有"1998"字样,表明中央电视台建台 40 周年。片图由中央电视台台徽、位于北京西长安街上的中央电视台大楼外景和卫星云图,点明了中央电视台台址和传输方式。邮资面值 40 分,每枚售价 0.65 元。发行量 516.6 万枚。白卡纸。彩色胶印。姜宜舒设计。北京邮票厂印制。

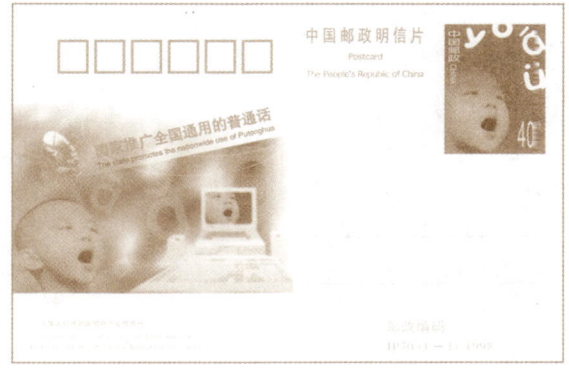

笔者经过对 JP.69 收集、研究发现：

JP.69 的版型　有 A、B、C 三种版型。其主要区别在邮资明信片标头、志号"JP.69（1—1）1998"、"中华人民共和国信息产业部发行"中、英文铭记上，其文字笔画虽均由网纹夹角呈 15°的网点构成，但在网点组合上存有诸多不同之处。

JP.69 的印刷变异　有裁切移位片，但笔者未亲眼目睹实品，难知其真伪。因 JP.69 有制作足以乱真的伪品，集邮者在收集其变异品时，要注意辨别其真伪。

JP.69 的暗记　其暗记特征与 JP.67 相同。

【JP.70 国家推广全国通用的普通话】The State Promotes the Nationwide Use of Putonghua　普通话是现代汉语的标准语。它是以北京语音为标准音，以北方话为基础方言，以典范的现代白话文著作为语法规范的现代汉民族共同语。目前主要通行于政治、社会、文化、教育等正式交际领域，是我国政府提倡和推广的规范化的语言。普通话不等于北方话或北京话，因为它还吸收其他方言中的成分，比任何方言更丰富、更完善。新中国成立以来，由于汉民族的高度统一，社会主义革命和建设的迫切需要，对语言规范化的重视，以及汉语拼音方案的推行，普通话得到迅速的推广和发展。为此，自 1998 年起，每年 9 月份的第三周作为全国推广普通话宣传周。

1998 年 9 月 14 日，为配合我国首次全国推广普通话宣传周的活动，中华人民共和国信息产业部发行了一套纪念邮资明信片，全套 1 枚。志号 JP.70。邮资图规格 27 毫米×36 毫米；明信片规格 148 毫米×100 毫米。

JP.70（1—1）"国家推广全国通用的普通话"　邮资图采用特写镜头，刻画了一名儿童正在学汉语拼音字母发音的情景。他认真地张开小嘴巴，右上方的黄色字母仿佛是从孩子嘴里一个个发出来的，寓意学习普通话要从娃娃抓起。片图为一个儿童正在通过卫星电视学习汉语拼音字母发音，红色的"国家推广全国通用的普通话"汉字片题和黑色的英文字母，仿佛都是从无线电波中传出，寓意推广全国通用的普通话关系着国家和民族的进步和发展。邮资面值 40 分，每枚售价 0.65 元。发行量 500.5 万枚。白卡纸。彩色胶印。杨文清、郝旭东设计。北京邮票厂印制。

笔者经过对 JP.70 收集、研究发现：

JP.70 的版型　仅见 A、B 两种版型。其主要区别是在纪念邮资明信片标头、志号"JP.70（1—1）1998"、"中华人民共和国信息产业部发行"中英文铭记上，其文字笔画虽然均由网纹夹角呈 15°的网点构成，但网点组合上存有多处不同。

JP.70 的印刷变异　JP.70 有刷色差异品，因未亲自鉴别实品，不知真伪。JP.70 有足以乱真的伪品，应注意辨别。

JP.70 的暗记　其暗记主要有两处：①在"邮政编码"中的"政"字上，其最后一笔起笔处至笔画中段，由一排单个网点构成。②名址线网线与 JP.67、JP.68、JP.69 一样，呈右上旋，与 JP.66 之前所发行的纪念邮资明信片有所不同。

【JP.71 中国科学技术协会成立 40 周年】The 40th Anniversary of the China Association for Science and Technology　有关中国科学技术协会的知识，详见本书 JP.3《中国科学技术协会第三次全国代表大会》。1958 年 9 月 18 日~25 日，中华全国科学专门学会联合会和中华全国科学技术普及协会合并组成中国科学技术协会。

1998 年 9 月 23 日，为了纪念中国科学技术协会成立 40 周年，中华人民共和国信息产业部发行了一套纪念邮资明信片，全套 1 枚。志号 JP.71。邮资图规格 30 毫米×29 毫米；明信片规格 148 毫米×100 毫米。

JP.71（1—1）"中国科学技术协会成立 40 周年"邮资图为中国科协徽和"4"组成的阿拉伯数字"40"，寓意中国科学技术协会已经走过了 40 年历程。会徽呈圆形，图案中心为地球图形，周围饰以齿轮、麦穗，象征工农业科技；上端缀一星球，代表宇宙航天科技；下端绘

有蛇杖,代表医药科技;外缘周围标有"中国科学技术协会"中英文字样。片图为中国科技馆外景,是普及科技知识的重要场馆。邮资面值40分,每枚售价0.65元。发行量507.1万枚。白卡纸。彩色胶印。王红卫设计。北京邮票厂印制。

笔者经过对JP.71收集、研究发现:

JP.71的版型 有A、B两种版型。其主要区别在纪念邮资明信片的标头、志号JP71、"中华人民共和国信息产业部"中、英文铭记上,其文字笔画虽然均由网纹夹角呈15°的网点组成,但在网点排列组合上均存在多处明显的微观不同。

JP.71的暗记 其暗记主要有两处:①在"邮政编码"中的"政"字上,其最后一笔从起笔处至笔画中段,由两排单个网点构成。②名址线网线与JP.67~JP.70一样,呈右上旋,与JP.66之前发行的纪念邮资明信片有所区别。

【JP.72 第22届万国邮政联盟大会·1999北京(二)】22nd Universal Postal Congress·Beijing 1999(2) 有关邮联盟的知识,详见新版《中国集邮百科知识》J·1《万国邮政联盟成立一百周年纪念》。有关万国邮政联盟大会和第22届万国邮政联盟大会的知识,详见本书1999—9《第二十二届万国邮政联盟大会(J)》。1994年9月,在韩国首都汉城举行的第21届万国邮政联盟大会,一致同意第22届邮联大会于1999年8月23日~9月15日在中国北京举行。

1998年10月9日,为了宣传第22届万国邮政联盟大会在北京举行的意义,中华人民共和国国家邮政局发行了一套纪念邮资明信片,全套4枚。志号JP.72。邮资图规格25毫米×35毫米;明信片规格148毫米×100毫米。

注:JP.72是体制改革后,以"国家邮政局"为铭记发行的第一套纪念邮资明信片。

JP.72(4—1)"置邮传命" 邮资图与片图相同。背景为中国古代的驿站,主图描绘了中国古代春秋战国乃至秦汉时期,信使乘坐邮驿马车传递国王命令的紧急情景。邮资图左上角印有第22届万国邮政联盟大会会徽。有关会徽的知识,详见本书1998—12《第22届万国邮政联盟大会会徽(J)》。邮资面值40分,每枚售价0.65元。发行量400.8万枚。

JP.72(4—2)"驿骑星流" 邮资图与片图相同。背景为元代驿卒使用的腰牌和明代邮驿通信使用的驿券,主图描绘了中国唐代两位传令兵在马上交换邮件的情景。邮资图左上角印有第22届万国邮政联盟大会会徽。邮资面值40分,每枚售价0.65元。发行量416.6万枚。

JP.72(4—3)"情绿东方" 邮资图与片图相同。背景为中国古代的驿站和万里长城,主图描绘了中国古代

民间传说"青鸟传书"的画面。邮资图左上角印有第22届万国邮政联盟大会会徽。邮资面值420分(航空),每枚售价4.50元。发行量302.3万枚。

JP.72(4—4)"缘系五洲" 邮资图与片图相同。背景为飞翔的信函和飘动的彩带,主图为万国邮政联盟纪念雕塑"五女传书",表达了邮政联盟努力组成世界性的邮政网,促进各国人民交流与合作的宗旨。邮资图左上角印有第22届万国邮政联盟大会会徽。邮资面值420分(航空),每枚售价4.50元。发行量302.2万枚。

JP.72采用白卡纸。彩色胶印。全套共4枚,邮资面值共计9.20元,售价10.30元。发行量302.2万套。阎炳武设计。北京邮票厂印制。

笔者经过对JP.72收集、研究发现:

JP.72的版型 有A、B两种版型。其主要区别在纪念邮资明信片的标头、志号JP.72、"国家邮政局发行"中英文铭记上,其文字笔画虽然均由网纹夹角呈15°的网点组成,但在网点排列组合上均存在多处明显的微观不同。

JP.72的暗记 其暗记主要有两处:①在"邮政编码"中的"政"字上,其最后一笔从起笔处至笔画中段,分别由一排或两排单个网点构成(这也是A、B两种版型的区别)。②名址线网线与JP.67~JP.71一样,呈右上旋。

【JP.73 中国国际航空航天博览会】China International Aviation & Aerospace Exhibition 1998年11月15日~22日,中国国际航空航天博览会在广东省珠海市举行。英国、德国、法国、俄罗斯驻华机构等组团参加了本次博览会,参展商达500家,参展飞机98架。中国航空工业总公司派出20架飞机参展,并展示新中国成立以来七十多种型号的飞机模型,我国自行设计研制的新型战斗机FBCI也首次露面,ZII、YT200A、Z9G等经改进性能更加优良的新机型也同时登场。在航天馆外,中国航天工业总公司开辟了4000平方米的火箭展区,高49米和高54米的"长二捆"、"长三乙"火箭双双展出。已由长征运载火箭发射上天的东方红三号通讯卫星和气象卫星也进入展场,这两颗高约6米、长约16米的实物展览卫星占据了航天馆的重要位置。这次博览会上陈列的卫星达10颗,其中8颗卫星为1:1的实物展览卫星。另外,中国空军"八一"飞行表演队进行了公开表演,使到场的中外观众十分惊叹。这次博览会共签订30项技术合作和经贸协议。共接待国内外观众80万人次,其中专业观众23000人;通过新闻传媒观看或收听到本次博览会内容的全球观众听众约有20亿以上。和1996年的航空航天博览会相比,本次博览会的规格更高,规模更大,展品的竞技性和技术难度更强。

1998年11月5日,为了祝贺中国国际航空航天博览会的顺利举行,中华人民共和国国家邮政局发行了一套纪念邮资明信片,全套1枚。志号JP.73。邮资图规格30毫米×40毫米;明信片规格148毫米×100毫米。

JP.73(1—1)"中国国际航空航天博览会" 邮资图以珠海机场和蓝天白云为背景,描绘了两架正在飞行的战斗机形象,即我国最新研制并在本次博览会上首次亮相的身姿雄伟的新型战斗机FBCI。片图由珠海机场、"长二捆"和"长三捆"火箭及航空表演场景组成,气氛热烈;一面迎风飘扬的五星红旗,点明了中国是本次博览会的主办国。片图左上角印有本届博览会标志。标志主图为万里长城敌台;蓝、红、绿三色组成的环绕线,象征航天器的飞行轨道;长城城墙上印有英文"AIR SHOW"(航空表演)和"CHINA"(中国)字样,点围了主题。邮资面值40分,每枚售价0.65元。发行量504.8万枚。白卡纸。彩色胶印。陈晓聪设计。北京邮票厂印制。

笔者经过对JP.73收集、研究发现:

JP.73的版型 有A、B两种版型。其主要区别在纪念邮资明信片的标头、志号JP73、"国家邮政局发行"中英文铭记上,其文字笔画虽然均由网纹夹角呈15°的网点组成,但在网点排列组合上均存在多处明显的微观不同。

JP.73 的印刷变异　　JP.73 有套色移位,但未亲眼目睹实品,不知真假。

JP.73 的暗记　　其暗记主要有两处:①在"邮政编码"中的"政"字上,其最后一笔从起笔处至笔画中段,由两排单个网点构成。②名址线网线与 JP.67～JP.72 一样,呈右上旋。

【JP.74 毛泽东同志题词"人民邮电"五十周年】
50th Anniversary of Comrade Mao Zedong's Inscription "The People's Posts and Telecommunications"
1948 年 12 月 26 日,在河北省西柏坡,毛泽东同志奋笔写下"人民邮电"四个大字,这是应华北邮电总局的请求,为一份即将创刊的报纸题写的报头。1951 年,邮电部出版了《人民邮电》杂志。1959 年,《人民邮电》杂志与《中国邮电工人》报合并,正式出版了《人民邮电》报。毛泽东同志的题词"人民邮电"指明了新中国邮电的性质、任务和方向。五十年来,《人民邮电》报在"人民邮电为人民"的宗旨指引下,为宣传党在邮电部门的方针政策,教育、组织职工为发展邮电事业而努力工作,反映邮电事业的发展等方面做出了应有的贡献,使我国邮电通信事业取得了辉煌的成就。

1998 年 12 月 26 日,为了纪念毛泽东同志题词"人民邮电"五十周年,中华人民共和国国家邮政局发行了一套纪念邮资明信片,全套 1 枚。志号 JP.74。邮资图规格 30 毫米×26 毫米;明信片规格 148 毫米×100 毫米。

JP.74(1—1)"毛泽东同志题词'人民邮电'五十周年"　邮资图为毛泽东同志 1948 年 12 月 26 日题写的"人民邮电"手书真迹(原件现存邮电文史中心),四个红色大字鲜艳夺目。片图由西柏坡"中共七届二中全会"会址外景、邮电行业的标志邮徽和 5 份以毛泽东同志题词手迹为报头的《人民邮电》报组成。有关邮徽的知识,详见新版《中国集邮百科知识》T·119《邮政储蓄》。邮

资面值 40 分,每枚售价 0.65 元。发行量 606.7 万枚。白卡纸。彩色胶印。李庆发设计。北京邮票厂印制。

笔者经过对 JP.74 收集、研究发现:

JP.74 的版型　　有 A、B 两种版型。其主要区别在纪念邮资明信片的标头、志号 JP.74、"国家邮政局发行"中英文铭记上,其文字笔画虽然均由网纹夹角呈 15°的网点组成,但在网点排列组合上均存在多处明显的微观不同。

JP.74 的印刷变异　　据报载,JP.74 有裁切大移位,志号被裁切在邮资明信片的上方。因 JP.74 有制作逼真的伪品,这种裁切大移位,笔者未亲自鉴别,不知真伪。

JP.74 的暗记　　其暗记主要有两处:①在"邮政编码"中的"政"字上,其最后一笔从起笔处至笔画中段,由一排或两排单个网点构成(这也是 A、B 两种版型的区别)。②名址线网线与 JP.67～JP.73 一样,均呈右上旋。

【JP.75 中华人民共和国第九届冬季运动会】The 9th Winter Games of People's Republic of China　经国务院批准,由国家体育总局主办,由吉林省长春市承办的中华人民共和国第九届冬季运动会,于 1999 年 1 月 10 日～19 日在长春市和吉林北大湖举行。这是我国第一个以城市名义承办的综合性冬季运动会,是为实现第 19 届冬奥会金牌零的突破的重要举措。第九届冬运会开幕式在长春市五环体育馆举行。有全国三十多个省、市、自治区四十多个代表团参加比赛,包括运动员、教练员、裁判员和工作人员四千多人。比赛共设 9 个大项 62 个小项,有速度滑冰、短道速度滑冰、冰球、高山滑雪、越野滑雪、跳台滑雪、冬季两项等。第九届冬季运动会是对我国冬季体育运动发展状况的一次大检阅,也是 20 世纪我国举办的规模最大、水平最高、设施最多的综合性冬季运动会。

1999 年 1 月 10 日,为了祝贺第九届冬季运动会顺利举行,中华人民共和国国家邮政局发行了一套纪念邮资明信片,全套 1 枚。志号 JP.75。邮资图规格 30 毫米×40 毫米;明信片规格 148 毫米×100 毫米。

JP.75(1—1)"中华人民共和国第九届冬季运动会"　邮资图为第九届冬季运动会吉祥物,即拟人化的君子兰小姐"兰兰"的形象。她手持火炬,脚穿冰鞋,洋溢着一种体育运动的激情和力量。片图以长春市新落成的万人综合体育馆"长春五环体育馆"为背景,主图为第九届冬运会会徽。会徽由两个阿拉伯数字"9"合成,"CC"为举办地长春汉语拼音缩写;蓝、橘黄色双"9"巧妙地表明本届运动会举办的届数与年份,整个图案构成了顽强拼搏、奋力向前的滑雪运动员造型,富有动感。邮资面

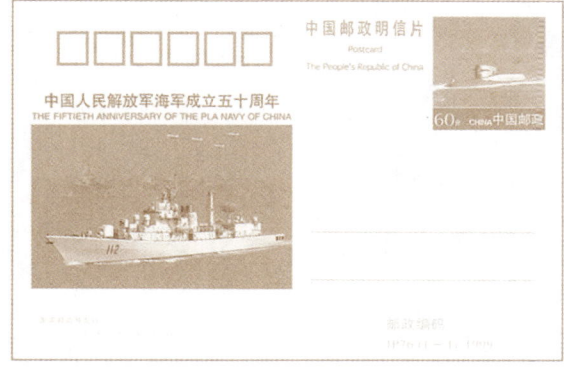

值40分,每枚售价0.65元。发行量600.63万枚。白卡纸。彩色胶印。王虎鸣设计。北京邮票厂印制。

笔者经过对JP.75收集、研究发现:

JP.75的版型 有A、B两种版型。其主要区别在纪念邮资明信片的标头、志号JP.75、"国家邮政局发行"中英文铭记上,其文字笔画虽然均由网纹夹角呈15°的网点组成,但在网点排列组合上均存有多处明显的微观不同。

JP.75的印刷变异 JP.75有套色移位印刷变异,主要是蓝色移位。

JP.75的暗记 其暗记主要有两处:①在明信片右下方的"邮政编码"中的"政"字上,其最后一笔从起笔处至笔画中段,由一排或两排单个网点构成(这也是A、B两种版型的区别)。②名址线网线与JP.67～JP.74一样,均呈右上旋。

【JP.76 中国人民解放军海军成立五十周年】The 50th Anniversary of the PLA Navy of China 海军即海上作战的军队,通常由水面舰艇、潜艇、海军航空兵、海军岸防兵、海军陆战队等兵种和各专业部队组成。1989年2月17日,中央军委正式批复决定:"以1949年4月23日成立华东军区海军的日期为中国人民解放军海军的成立日期。"五十年来,中国人民解放军海军经历了从小变大,由弱变强,由近海到远洋,由单一兵种发展为具有现代化作战能力的多兵种的成长过程,胜利完成了解放东南沿海岛屿和"八六"海战、西沙之战、南沙赤瓜礁等战斗,参加了远程运载火箭飞行试验、潜艇水下发射运载火箭试验、首次南极考察、南沙建立海洋气象观测站和派驻香港部队等任务,维护了祖国统一,支援了国家的社会主义建设事业。

1999年4月23日,为了祝贺中国人民解放军海军成立五十周年,中华人民共和国国家邮政局发行了一套纪念邮资明信片,全套1枚。志号JP.76。邮资图规格30毫米×31毫米;明信片规格148毫米×100毫米。

JP.76(1—1)"中国人民解放军海军成立五十周年"

邮资图以蔚蓝色作底衬,主图为一艘破浪前进的核潜艇,背景为水下运载火箭正在连续发射的景象,雄伟而壮观。片图主图为驱逐舰112舰,背景有驱逐舰和护卫舰组成的海上联合编队,乘风破浪;有一架架海军新型战机,翱翔于碧海与蓝天之间,充分展现出了人民海军的威武雄姿。邮资面值60分,每枚售价0.85元。发行量600.53万枚。白卡纸。彩色胶印。任国恩、龙运河设计。北京邮票厂印制。

注:JP.76是邮资调整后发行的第一套面值60分的纪念邮资明信片。

笔者经过对JP.76收集、研究发现:

JP.76的版型 有A、B两种版型。其主要区别在纪念邮资明信片的标头、志号JP.76、"国家邮政局发行"中英文铭记上,其文字笔画虽然均由网纹夹角呈15°的网点组成,但在网点排列组合上均存有多处明显的微观不同。

JP.76的印刷变异 JP.76有刷色差异品。

JP.76的暗记 其暗记主要有两处:①在明信片右下角"邮政编码"中的"政"字上,其最后一笔从起笔处至笔画中段,由一排或两排单个网点构成(这也是A、B两种版型的不同之处)。②名址线网线与JP.67～JP.75一样,均呈右上旋。

【JP.77 "五四"运动八十周年】80th Anniversary of May 4th Movement 有关"五四"运动的历史知识,详见新版《中国集邮百科知识》纪62《"五四"运动四十周年》。1999年5月4日,"五四"运动已走过了八十年的历程。

1999年5月4日,为了宣扬"五四"运动的历史意义,中华人民共和国国家邮政局发行了一套纪念邮资明信片,全套1枚。志号JP.77。邮资图规格27毫米×33毫米;明信片规格148毫米×100毫米。

JP.77(1—1)"'五四'运动八十周年" 邮资图是一颗由共青团团旗图案中冉冉升起的黄色五角星,呈立

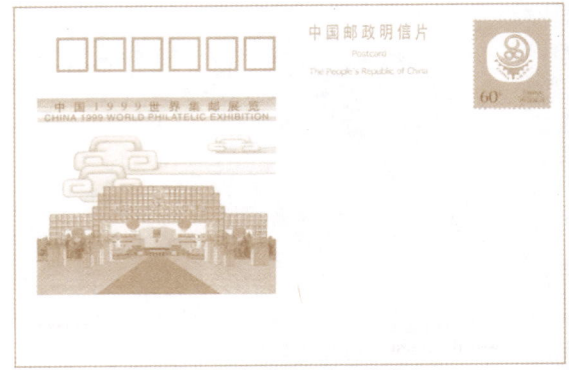

体状,象征中国青年一代的茁壮成长。片图由一面面飘扬的共青团旗帜和人民英雄纪念碑上的"五四"浮雕群像组成。有关共青团团旗的知识,详见新版《中国集邮百科知识》J·32《中国共产主义青年团第十次全国代表大会》。有关"五四"浮雕的知识,详见新版《中国集邮百科知识》纪47《人民英雄纪念碑》。邮资面值60分,每枚售价0.85元。发行量712.23万枚。白卡纸。彩色胶印。李跃义设计。北京邮票厂印制。

笔者经过对JP.77收集、研究发现:

JP.77的版型　有A、B两种版型。其主要区别在纪念邮资明信片的标头、志号JP.77、"国家邮政局发行"中英文铭记上,其文字笔画虽然均由网纹夹角呈15°的网点组成,但在网点排列组合上均存有多处明显的微观不同。

JP.77的印刷变异　JP.77有套色移位印刷变异和裁切移位。

JP.77的暗记　其暗记主要有两处:①在邮资明信片右下角"邮政编码"中的"政"字上,其最后一笔从起笔处至笔画中段,由一排或两排单个网点构成(这也是A、B两种版型的区别)。②名址线网线与JP.67~JP.76一样,均呈右上旋。

【JP.78 中国1999世界集邮展览】China 1999 World Philatelic Exhibition　有关世界集邮展览和中国1999世界集邮展览的知识,详见本书1999—7M《中国1999世界集邮展览(小型张)(J)》。1999年8月21日~30日,中国1999世界集邮展览在北京举行。

1999年5月26日,为了宣传中国1999世界集邮展览,中华人民共和国国家邮政局发行了一套纪念邮资明信片,全套2枚。志号JP.78。邮资图规格21毫米×25毫米;明信片规格148毫米×100毫米。

JP.78(2—1)"中国1999世界集邮展览会徽"　邮资图采用了本次世界集邮展览的会徽。有关会徽的知识,详见本书1999—7M《中国1999世界集邮展览(小型张)(J)》。片图采用了本次世界集邮展览的场馆中国北京国际展览中心外景。邮资面值60分,每枚售价0.85元。发行量610.33万枚。

JP.78(2—2)"中国1999世界集邮展览吉祥物"邮资图采用了本次世界集邮展览的吉祥物,即中国民间神话传说中的玉兔,象征吉祥和友善。片图为北京天坛祈年殿外景,富有悠久而深远的文化内涵。邮资面值420分(航空),每枚售价4.50元。发行量560.13万枚。

JP.78采用白卡纸。彩色胶印。全套2枚,邮资面值共计4.80元,售价5.35元。发行量560.13万套。任宇设计。北京邮票厂印制。

笔者经过对JP.78收集、研究发现:

JP.78的版型　有A、B两种版型。其主要区别在纪念邮资明信片的标头、志号JP.78、"国家邮政局发行"中英文铭记上,其文字笔画虽然均由网纹夹角呈15°的网点组成,但在网点排列组合上均存有多处较明显的微观不同。

JP.78的纸质　有两种不同的纸:一种为灰白卡纸,另一种是雪白卡纸,这两种纸均采用A、B版型印刷。

JP.78的印刷变异　JP.78(2—2)有黑色复印和刷色差异。

JP.78的暗记　其暗记主要有两处:①在"邮政编码"中的"政"字上,其最后一笔从起笔处至笔画中段,分别由一排或两排单个网点构成。②名址线网线与

JP.67～JP.77一样，均呈右上旋。

【JP.79 第22届万国邮政联盟大会·1999北京（三）】22nd Universal Postal Congress · Beijing 1999 (3) 有关邮政联盟的知识，详见新版《中国集邮百科知识》J·1《万国邮政联盟成立一百周年纪念》。有关万国邮政联盟大会和第22届万国邮政联盟大会的知识，详见本书1999—9《第二十二届万国邮政联盟大会（J）》。1994年9月，在韩国首都汉城举行的第21届万国邮政联盟大会，一致同意第22届万国邮政联盟大会1999年8月23日～9月15日在中国首都北京举行。

1999年8月23日，为了祝贺第22届万国邮政联盟大会在北京举行，中华人民共和国国家邮政局发行了一套纪念邮资明信片，全套4枚。志号JP.79。邮资图规格25毫米×35毫米；明信片规格148毫米×100毫米。

JP.79(4—1)"相聚在北京" 邮资图与片图相同。背景为北京天安门，主图描绘了两位男女敲锣打鼓载歌载舞的形象，表达了中国作为东道国欢迎邮联大会代表的热情。邮资图左上角印有第22届邮政联盟大会会徽，点明了主题。有关会徽的知识，详见本书1998—12《第22届万国邮政联盟大会会徽（J）》。邮资面值60分，每枚售价0.85元。发行量610.24万枚。

JP.79(4—2)"天涯若比邻" 邮资图与片图相同。背景由地球、彩虹和现代城市建筑组成，主图塑造了两

个飞舞传递信件的小信使形象，寓意邮政联盟将国家与国家之间的事务如邻里般紧密地联系在一起。邮资图左上角印有第22届邮政联盟大会会徽，点明了主题。邮资面值60分，每枚售价0.85元。发行量610.24万枚。

JP.79(4—3)"邮政里程碑" 邮资图与片图相同。背景由人民大会堂、北京国际展览中心、和平鸽组成，主图由高耸的华表和手举第22届邮联大会会徽的小女孩组成，寓意本次邮联大会对新世纪邮政发展方向的探讨，必将成为邮政联盟历史上一座里程碑。邮资图左上角印有第22届邮政联盟大会会徽，点明了主题。邮资面值420分（航空），每枚售价4.50元。发行量550.03万枚。

JP.79(4—4)"迈向新世纪" 邮资图与片图相同。背景由一轮喷薄升起的太阳和一排电脑组成。主图塑造了一位跑步将信件投入电脑的人物形象，标志着第22届邮政联盟大会是一次迈向21世纪的大会，邮政事业正在向高科技、现代化的方向飞速发展。邮资图左上角印有第22届邮政联盟大会会徽，点明了主题。邮资面值420分（航空），每枚售价4.50元。发行量550.03万枚。

JP.79采用白卡纸。彩色胶印。全套共4枚，邮资面值共计9.60元，售价10.70元。发行量550.03万套。方军设计。(4—1)(4—2)辽宁省沈阳邮电印刷厂印制；(4—3)(4—4)北京邮票厂印制。

笔者经过对 JP.79 收集、研究发现：

JP.79 的版型　有 A、B 两种版型。其主要区别在纪念邮资明信片的标头、志号 JP.79、"国家邮政局发行"中英文铭记上，其文字笔画虽然均由网纹夹角呈 15°的网点组成，但在网点排列组合上均存有多处明显的微观不同。

JP.79 的暗记　其暗记主要有两处：①在邮资明信片右下角"邮政编码"中的"政"字上，其最后一笔从起笔处至笔画中段，由一排或两排单个网点构成（这也是 A、B 两种版型的区别之一）。②在邮资明信片的名址线上，其网线与 JP.67～JP.78 一样，均呈右上旋。

【JP.80 大连建市一百周年】Centenary of the Founding of Dalian　有关大连的历史知识，详见本书 2005—10《大连海滨风光（T）》。1999 年，大连建市已经走过了一百个年头。1999 年 9 月 17 日晚，纪念大连建市一百周年大会在大连市人民体育场隆重举行。中共中央政治局委员李铁映、全国人大常委会副委员长蒋政华、全国政协副主席罗豪才、辽宁省委书记闻世震、国家各部委及兄弟省市领导、前任联合国秘书长加利及来自二十多个国家的驻华使节和数千名国内外贵宾出席了开幕式。俄罗斯红旗歌舞团和巴西国家歌舞团等来自 12 个国家和地区的专业艺术团体、艺术家，在开幕式的晚会上做了精彩演出。最后，当一个巨大充气的生日蛋糕"点燃"了烛光，场上六万多名观众与演员站起，共同为大连百年华诞高唱《生日歌》时，晚会又一次被推向高潮。

1999 年 9 月 19 日，为了纪念大连建市一百周年，中华人民共和国国家邮政局发行了一套纪念邮资明信片，全套 1 枚。志号 JP.80。邮资图规格 26 毫米×32 毫米；明信片规格 148 毫米×100 毫米。

JP.80（1—1）"大连建市一百周年"　邮资图为大连友好广场水晶球。水晶球于 1996 年建成，象征祥和与吉祥。球重 117 吨，直径 15 米，为我国最大的玻璃球体城市雕塑。球面由 3120 块镀膜和透明玻璃围合而成。球内装有红、黄、绿彩色灯 7852 只，由计算机程序控制，夜间可以变幻着各种绚丽的色彩，并产生出一种旋转的效果。球身下方，有一只巨手将水晶球稳稳托起；这只表面呈黄、黑、红、白、棕五种颜色的手，既与世界五大洲不同种族肤色相一致，也和中国传统的五色土相同，寓意五大洲各族人民共同建设一个和谐的地球家园，合力托起大连这颗璀璨的海滨明珠。片图以辽阔的大海和蓝天白云为背景，展现了大连市海滨外景；海天一色，宽阔而洁净的大道上人影徐徐，洋溢着一种宁静和谐的生活气息。邮资面值 60 分，每枚售价 0.85 元。发行量 602.74 万枚。白卡纸。彩色胶印。王虎鸣设计。辽宁省沈阳邮电印刷厂印制。

笔者经过对 JP.80 收集、研究发现：

JP.80 的版型　有 A、B 两种版型。其主要区别在纪念邮资明信片的标头、志号 JP.80、"国家邮政局发行"中英文铭记上，其文字笔画虽然均由网纹夹角呈 45°的网点组成，但在网点排列组合上均存有多处明显的微观不同。

JP.80 的暗记　主要是微观网点暗记：JP.80 与前面已发行的 JP.67～JP.79 不同，其黑色网纹夹角不再是 15°，而改为 45°。其邮资明信片的标头、志号 JP.80 和"国家邮政局发行"中英文铭记以及"邮政编码"等文字笔画，也均改为由网纹夹角呈 45°的网点组合而成；名址线也是由网纹夹角呈 45°的网点组合而成。"邮政编码"中的"编"字，其第四笔由两排单个网点组成。

【JP.81 第六届全国少数民族传统体育运动会】The 6th National Traditional Games of Minority Nationalities　有关我国少数民族的传统体育和少数民族传统体育运动会的知识，详见本书 2003—16《少数民族传统体育（T）》。1999 年 9 月 24 日～30 日，由国家民族委员会和国家体育总局共同主办的第六届全国少数民族传统体育运动会在北京和拉萨举行。1999 年 9 月 24 日晚在北京工人体育场举行开幕式。本届运动会设 13 个比赛项目和一百多个表演项目。其中 3 个比赛项目、部分马上项目和部分表演项目在拉萨分赛场举行。本届运动会的宗旨是："发展民族精神，增强民族体质，加强民族团结，振奋民族精神。"运动会期间，北京和拉萨两地分别举办了民族文化节、民族艺术周、民族大联欢、民族题材摄影展等一系列文化活动，充分展示出了各少数民族迈向新世纪的精神面貌。

1999 年 9 月 24 日，为了祝贺第六届全国少数民族传统体育运动会顺利举行，中华人民共和国国家邮政局发行了一套纪念邮资明信片，全套 1 枚。志号 JP.81。邮资图规格 27 毫米×36 毫米；明信片规格 148 毫米×

100毫米。

JP.81(1—1)"第六届全国少数民族传统体育运动会"邮资图采用了本届运动会会徽。会徽图案分上下两个部分,上部分为红、黄、蓝色三只凤凰,凤凰造型为阿拉伯数字"6",既象征"第六届全国少数民族传统体育运动会",也寓意民族团结、进步、繁荣。下部分由北京天坛祈年殿和西藏拉萨布达拉宫组成。会徽的上下两部分构成少数民族圣火,构思巧妙。片图以蓝天彩云为背景,将北京的天坛祈年殿和拉萨的布达拉宫置于图案中心,左侧是本届运动会吉祥物"燕燕",即一只拟人化的北京雨燕,她笑容可掬,手捧6朵鲜花;右侧是拟人化的西藏牦牛"牛牛",他面带微笑,手捧雪白的哈达,他们共同欢迎来自祖国各地少数民族的运动员,祝福本届运动会圆满成功。邮资面值60分,每枚售价0.85元。发行量601.64万枚。白卡纸。彩色胶印。王虎鸣设计。辽宁省沈阳邮电印刷厂印制。

笔者经过对JP.81收集、研究发现:

JP.81的版型 有A、B两种版型。其主要区别在纪念邮资明信片的标头、志号JP.81、"国家邮政局发行"中英文铭记上,其文字笔画虽然均由网纹夹角呈45°的网点组成,但在网点排列组合上均存有多处明显的微观不同。

JP.81的暗记 JP.81同JP.80一样,采用微观网点暗记:明信片的标头、志号、"国家邮政局发行"中英文铭记,以及明信片上的名址线等,均采用网纹夹角呈45°的网点组合而成,其暗记特征与JP.80相同。邮资图中面值"60分"中的"60",采用黑色网纹印制,而"分"则采用实印,两者存有不同,这正是暗记特征。

【JP.82 1999年天津世界体操锦标赛】1999 Tianjin Artistic Gymnastics World Championships 世界体操锦标赛是国际体操联合会主办的国际体操比赛。1903年在比利时安特卫普举行第1届比赛,仅男子参加。女子自1934年第10届开始参加比赛。现行男子六项(自由体操、鞍马、吊环、纵跳马、双杠、单杠)、女子四项(横跳马、高低杠、平衡木、自由体操)始自1954年第13届锦标赛。第6届以前每两年举行,第7届起改为每四年举行,1978年第19届又恢复为每两年举行。1999年10月8日~16日,第34届世界体操锦标赛在我国天津市的天津体育馆举行。作为2000年奥运会体操选拔赛,使得"1999年天津世界体操锦标赛"成为有史以来规模最大、水平最高的一届比赛。参加本届比赛的有中国、俄罗斯、罗马尼亚、美国等八十多个国家和地区的包括运动员、教练员及官员共一千五百多人。比赛共设14枚金牌:男、女团体2枚;男、女个人全能2枚;男子单杠、双杠、自由体操、鞍马、跳马、吊环6枚;女子高低杠、自由体操、跳马、平衡木4枚。

1999年10月8日,为了祝贺第34届世界体操锦标赛顺利举行,中华人民共和国国家邮政局发行了一套纪念邮资明信片,全套2枚。志号JP.82。邮资图规格24毫米×32毫米;明信片规格148毫米×100毫米。

JP.82(2—1)"男体操运动员" 邮资图由男子运动员双杠动作造型和第34届世界体操锦标赛徽志组成。徽志由红、绿、黄三色块与运动员自由体操形象组成阿拉伯数字"34",表示第34届世界体操锦标赛;下端印有"1999 TIANJIN"字样,表示比赛的时间和地点。片图由重叠的男子鞍马动作造型和吉祥物"小哪吒"组成,背景有天津体育馆、海河畔的高楼和飞翔的海燕,充分展示出了天津海滨城市的元素。邮资面值60分,每枚售价0.85元。发行量610.74万枚。

JP.82(2—2)"女体操运动员" 邮资图由重叠的女子运动员自由体操动作造型和第34届世界体操锦标赛徽志组成。片图由重叠的女子平衡木动作造型和本届锦标赛徽志组成,背景有天津体育馆、天津电视塔夜景和飞翔的海燕,点明了比赛地点。邮资面值60分,每枚售价0.85元。发行量620.74万枚。

JP.82采用白卡纸。彩色胶印。全套2枚,总面值1.20元,售价1.70元。发行量610.74万套。孟祥斌、

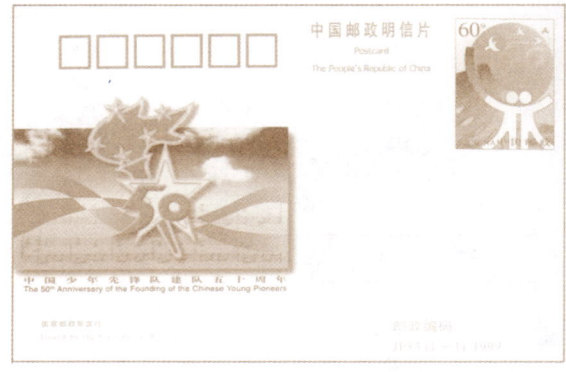

赵伟民设计。辽宁省沈阳邮电印刷厂印制。

笔者经过对JP.82收集、研究发现：

JP.82的版型　有A、B两种版型。其主要区别在纪念邮资明信片的标头、志号JP.82、"国家邮政局发行"中英文铭记上，其文字笔画虽然均由网纹夹角呈45°的网点组成，但在网点排列组合上均存有多处明显的微观不同。

JP.82的暗记　主要暗记有两处：①其明信片上的标头、志号和"国家邮政局发行"中英文铭记，以及明信片上的名址线等，均采用网纹夹角呈45°的网点组合而成。②邮资图中面值"60分"中的"60"，采用网纹夹角呈45°的网点印制，而"分"则采用实印，两者存有不同，这正是暗记特征。

【JP.83 中国少年先锋队建队五十周年】The 50th Anniversary of the Founding of the Chinese Young Pioneers　有关中国少年先锋队的历史知识，详见新版《中国集邮百科知识》纪64《中国少年先锋队建队十周年》。1949年10月13日，全国统一的少年儿童组织"中国少年儿童队"成立。1953年6月，改称为中国少年先锋队，简称"少先队"，是中国少年儿童的群众组织。少年先锋队曾组织各种活动，如课外科学兴趣小组，建立少年图书室和气象站，开展"向雷锋叔叔学习"等，为中国少年儿童的健康成长打下了良好基础。"文化大革命"期间，少先队组织的名字、标志曾被取消。1978年10月，共青团"十大"宣布了党中央关于恢复中国少年先锋队名称的决定，中国少年先锋队重建。1983年邓小平同志为北京景山学校题词："教育要面向现代化，面向世界，面向未来！"确立了少先队组织"面向新世界，造就新主人"的目标，努力使少年儿童具有健康向上的人格素质和初步的生存、发展技能。

1999年10月13日，为了祝贺中国少年先锋队建队50周年，中华人民共和国国家邮政局发行了一套纪念邮资明信片，全套1枚。志号JP.83。邮资图规格26毫米×36毫米；明信片规格148毫米×100毫米。

JP.83（1—1）"中国少年先锋队建队五十周年"　邮资图的背景为绿色大地，主图为一队少年儿童围绕着一轮红太阳载歌载舞，人物形象采用变形手法，动感强烈，充满着蓬勃朝气，寓意少年儿童是祖国的未来和希望；红太阳上叠印着阿拉伯数字"50"和飞翔的和平鸽，点明了画题。片图由中国少年先锋队队徽——星星火炬和阿拉伯数字"50"组成，背景为蓝天白云，底衬采用了中国少年先锋队队歌的一段乐谱，画面洋溢着青春和朝气。有关队徽的知识，详见新版《中国集邮百科知识》纪64《中国少年先锋队建队十周年》。邮资面值60分，每枚售价0.85元。发行量598.13万枚。白卡纸。彩色胶印。高晨阳、杨洁设计。北京邮票厂印制。

笔者经过对JP.83收集、研究发现：

JP.83的版型　有A、B两种版型。其主要区别在纪念邮资明信片的标头、志号JP.83、"国家邮政局发行"中英文铭记上，其文字笔画虽然均由网纹夹角呈15°的网点组成，但在网点排列组合上均存有多处明显的微观不同。

JP.83的暗记　主要有两处微观网点暗记：①在明信片右下角"邮政编码"中的"政"字上，其最后一笔从起笔处至笔画中段，均由两排单个网点构成。②明信片上名址线网纹夹角呈15°右上旋，与JP.80～JP.82有明显不同。

【JP.84 中国人民解放军空军成立五十周年】The 50th Anniversary of the PLA Air Force of China　空军即在空中作战的军队。1949年3月17日，中央军委从东北老航校抽调人员组成军委航空局；4月25日，中央军委任命刘亚楼为空军司令员，肖华为空军政治委员；11月11日，中央军委宣布中国人民解放军空军司令部成立，中国人民解放军空军诞生了！人民空军成立后，在抗美援朝、支援陆海歼敌剿匪、解放祖国沿海岛屿、抗美援越和中越边境自卫还击战等战役中，英勇善战，击落击伤敌机3818架，打破了"美国空军不可战胜"的神话,保卫了国家的安全,为争取世界和平做出了贡献。目前,中国人民解放军空军已陆续装备了我国自行设计的歼击机、轰炸机、空中运输机、侦察机、直升机和特种飞机,既有了歼击、轰炸、强击、预警、运输等航空兵,也有了地空导弹兵、高射炮兵、雷达兵、空降兵和其他专业技术兵种组成的技术兵种,成为人民解放军序列中一支强大的现代化的技术军种。人民空军已经建立了全国范围内的防空体系,完全有能力承担起捍卫祖国安全的重任。

1999年10月13日,为了祝贺中国人民解放军空军成立五十周年,中华人民共和国国家邮政局发行了一套纪念邮资明信片,全套1枚。志号JP.84。邮资图规格30毫米×26毫米;明信片规格148毫米×100毫米。

JP.84(1—1)"中国人民解放军空军成立五十周年" 邮资图为地空导弹发射场,有地空导弹和雷达。片图以初升的太阳和霞光染红的天空为背景,展现了四架歼击机编队飞行的英姿。邮资面值60分,每枚售价0.85元。发行量600.03万枚。白卡纸。彩色胶印。任国恩设计。北京邮票厂印制。

笔者经过对JP.84收集、研究发现:

JP.84的版型 有A、B两种版型。其主要区别在纪念邮资明信片的标头、志号JP.84、"国家邮政局发行"中英文铭记上,其文字笔画虽然均由网纹夹角呈15°的网点组成,但在网点排列组合上均存有多处明显的微观不同。

JP.84的暗记 主要有两处微观网点暗记:①在明信片右下角"邮政编码"中的"政"字上,其最后一笔从起笔处至笔画中段,由一排或两排网点组成(这也是A、B两种版型的不同之处)。②明信片上的名址线网纹夹角呈15°右上旋,与JP.83一样。

【JP.85 甲骨文发现一百周年】Centenary of the Discovery of the Oracle Bone Inscriptions 公元前14世纪,商王盘庚迁都于殷,即今天的河南安阳小屯一带,史称"殷墟"。商代统治者在甲骨文上刻记所占卜的事项或有关记事,其文字称为"甲骨文"。甲骨文是商代(约公元前17世纪—公元前11世纪)的文化产物,距今约有三千六百多年的历史。商灭亡后,殷都成为废墟,甲骨文也被埋入地下三千多年之久。自清末在河南安阳殷墟发现有文字的甲骨,至今已有一百多年。农民最初发现甲骨时,将其当成"龙骨"卖给药店。1899年,金石学家王懿荣偶然发现了甲骨上的文字,遂进行收集,当属我国研究殷墟甲骨文之始。目前甲骨文出土的单字共有四千五百多个,已识两千多字,公认千余字。甲骨文记载了三千多年前中国社会政治、经济、文化等方面的资料,堪称现存最早最珍贵的历史文物。在甲骨文的收集、整理、研究方面,许多专家学者做出了巨大的贡献,其中郭沫若最为卓著。他于1928年开始甲骨文研究,1929年正式完成他的《甲骨文研究》;晚年,他又担任大型甲骨文汇编《甲骨文合集》的主编,使甲骨文研究有了进一步的发展。

1999年11月15日,为了纪念甲骨文发现一百周年,中华人民共和国国家邮政局发行了一套纪念邮资明信片,全套1枚。志号JP.85。邮资图规格25毫米×35毫米;明信片规格148毫米×100毫米。

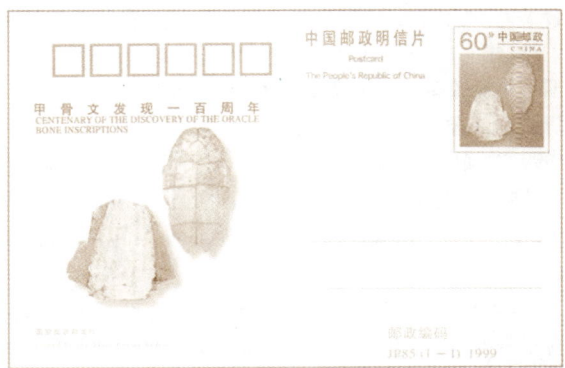

JP.85(1—1)"甲骨文发现一百周年" 邮资图选用了两块刻有甲骨文字的殷墟甲骨。片图也选用了两块刻有甲骨文的殷墟甲骨。有关邮资图和片图左上侧选用的殷墟甲骨的知识,详见本书1996—23《中国古代档案珍藏(T)》。邮资面值60分,每枚售价0.85元。发行量600.03万枚。白卡纸。彩色胶印。郭承辉设计。北京邮票厂印制。

笔者经过对JP.85收集、研究发现:

JP.85的版型 有A、B两种版型。其主要区别在纪念邮资明信片的标头、志号JP.85、"国家邮政局发行"中英文铭记上,其文字笔画虽然均由网纹夹角呈15°的网点组成,但在网点排列组合上均存有多处明显的微观不同。

JP.85的暗记 主要有两处微观网点暗记:①在明

信片右下角"邮政编码"中的"政"字上,其最后一笔从起笔处至笔画中段,由两排单个网点组成。②明信片的名址线同 JP.83、JP.84 一样,网纹夹角呈 15°右上旋。

【JP.86 1999《财富》全球论坛·上海】1999 Fortune Global Forum in Shanghai 《财富》全球论坛系美国时代华纳集团所属的《财富》杂志主办,每年在世界上选择一个具有吸引力的地点举行。1999 年 9 月 27 日~29 日,"1999《财富》全球论坛"在中国上海国际会议中心举行。有 806 名代表参加了大会,其中包括三百多位跨国企业董事长、总裁、首席执行官和二百多家中国大企业负责人以及一些政界和经济界名人。世界 500 强企业中有 60 家参加了本届论坛。国务院有关部委以及一些省、市、自治区四十多位负责人也参加了本届论坛。同时有约六百名中外记者前来报道这一盛会。论坛安排了 11 场大会,专题分组会 29 场,议题多达四十多个。此次大会的主题为"中国:未来五十年"。江泽民主席到会作了专题演讲,美国前国务卿基辛格、新加坡内阁资政李光耀作为贵宾发表了有关中国未来发展的演说。代表们在就一些议题发表自己的见解时,认为 WTO 应当尽快吸收中国参加,这不仅符合中美两国的利益,也符合 WTO 的利益。许多代表还提出中美关系应摆脱冷战思维,建立稳固的基础。同时,大多数代表认为中国的国有企业改革已经取得了很大成就,而出现阶段性的通货紧缩现象,也是中国经济转型过程中很难避免的。1999 年《财富》全球论坛在上海讨论中国未来 50 年的发展战略,使上海成为世界媒体关注的焦点,吸引了世界 500 强的目光,据统计,世界 500 强企业中的 98 家携 80 亿美元巨资落户上海。

1999 年 9 月 27 日,为了宣传《财富》全球论坛在上海举行的意义,中华人民共和国国家邮政局发行了一套纪念邮资明信片,全套 1 枚。志号 JP.86。邮资图规格 23 毫米×35 毫米;明信片规格 148 毫米×100 毫米。

JP.86(1—1)"1999《财富》全球论坛·上海" 邮资

图为 1999《财富》全球论坛·上海年会徽志。徽志呈现五大洲板块的地球,代表全球,上下标有"《财富》全球论坛"英文字样。片图由上海东方明珠电视塔、上海国际会议中心外景和一道凌空彩虹组成,点明了本届论坛的地点。邮资面值 60 分,每枚售价 0.85 元。发行量 415.03 万枚。白卡纸。彩色胶印。阎炳武设计。北京邮票厂印制。

笔者经过对 JP.86 收集、研究发现:

JP.86 的版型 有 A、B 两种版型。其主要区别在纪念邮资明信片的标头、志号 JP.86、"国家邮政局发行"中英文铭记上,其文字笔画虽然均由网纹夹角呈 15°的网点组成,但在网点排列组合上均存有多处明显的微观不同。JP.86 有足可乱真的伪品。切勿把这种伪品当作另一种版型。

JP.86 的暗记 主要有两处微观网点暗记:①在明信片右下方"邮政编码"中的"政"字上,其最后一笔从起笔处至笔画中段,由两排单个网点组成。②在明信片名址线上,其网纹夹角呈 15°右上旋,与 JP.83~JP.85 一样。

【JP.87 2000 年全国劳动模范和先进工作者表彰大会】Commending Conference for National Model Workers and Advanced Workers of the Year 2000 有关全国劳动模范和先进工作者表彰大会的知识,详见本书 JF.23《全国劳动模范和先进工作者表彰大会》。2000 年 4 月 28 日~30 日,2000 年全国劳动模范和先进工作者表彰大会在北京人民大会堂隆重举行。来自全国各行各业的 2950 名劳动模范和先进工作者参加了大会。这次大会推荐评选出的全国劳模和先进工作者,都是继 1995 年全国劳模大会以来在改革开放和社会主义现代化建设事业中取得显著成绩的人物。他们热爱祖国,热爱党,坚持党的基本路线,在本职工作岗位上勇于开拓创新,为经济建设和社会发展做出了突出贡献,有比较广泛的群众基础。本次大会提出的口号是:尊重知识,尊重人才,实施科技兴国战略,抓住机遇,深化改革,扩大开放,促进发展,保持稳定。

2000 年 4 月 29 日,为了宣传全国劳动模范和先进工作者表彰大会的社会意义,中华人民共和国国家邮政局发行了一套纪念邮资明信片,全套 1 枚。志号 JP.87。邮资图规格 26 毫米×36 毫米;明信片规格 148 毫米×100 毫米。

JP.87(1—1)"2000 年全国劳动模范和先进工作者表彰大会" 邮资图以蓝天绿地为背景,主图为红色的"2000"字样和金色劳动模范奖章,主题鲜明。片图以蓝天和人民大会堂外景为背景,在灿烂阳光的照射下,突

出描绘了红色"2000"字样和劳动模范奖章,热烈而隆重;同时也示明了大会召开的地点。邮资面值60分,每枚售价0.85元。发行量400万枚。白卡纸。彩色胶印。阎炳武设计。北京邮票厂印制。

笔者经过对JP.87收集、研究发现:

JP.87的版型 有A、B两种版型。其主要区别在纪念邮资明信片的标头、志号JP.87、"国家邮政局发行"中英文铭记上,其文字笔画虽然均由网纹夹角呈15°的网点组成,但在网点排列组合上均存有多处明显的微观不同。

JP.87的暗记 主要有两处微观网点暗记:①在明信片右下方"邮政编码"中的"政"字上,其最后一笔从起笔处至笔画中段,由两排单个网点组成。②在明信片的名址线上,其网纹夹角呈15°右上旋。

【JP.88 中国—瑞士邮票展览】China — Switzerland Stamp Exhibition 2000年是中国和瑞士建交50周年,经两国外交部和邮政主管部门协商,决定以邮票展览的形式作为纪念活动,从而加强两国文化交流,促进邮政往来。此次邮展由中国集邮总公司和湖北省邮政局联合主办,武汉市邮政局具体承办。2000年4月30日～5月3日,中国—瑞士邮票展览在湖北省武汉市举行。此次邮展为示范性展出,中国邮票博物馆和中国集邮总公司共展出100框展品,瑞士邮政展出72框展品,北京市邮协和广东、湖北、武汉等省市邮协共展出155框展品。邮展主题分别为中瑞友好日、国际劳动节日、集邮学术研究日和青少年集邮活动日。邮展期间,组委会安排了开幕式、邮品拍卖会、集邮学术报告会、青少年观展和集邮知识竞猜、组织部分省市劳模观摩拍卖会和参观邮展等一系列活动。

2000年4月30日,为了祝贺中国和瑞士邮票展览顺利举行,中华人民共和国国家邮政局发行了一套纪念邮资明信片,全套1枚。志号JP.88。邮资图规格30毫米×24毫米;明信片规格148毫米×100毫米。

JP.88(1—1)"中国—瑞士邮票展览" 邮资图采用了1987年10月30日中华人民共和国邮电部发行的T·121《中国历代名楼》特种邮票中(4—1)"黄鹤楼"(8分)邮票图案,背景饰以飞翔的仙鹤,点明此次邮展在武汉市举行。片图由黄鹤楼、武汉长江大桥和1998年11月25日由国家邮政局发行的1998—26《瘦西湖和莱芒湖(中国—瑞士联合发行)(T)》中(2—1)"莱芒湖·汐雍城堡"(50分)邮票图案构成,主题鲜明。邮资面值60分,每枚售价0.85元。发行量350万枚。白卡纸。彩色胶印。尚予设计。北京邮票厂印制。

笔者经过对JP.88收集、研究发现:

JP.88的版型 有A、B两种版型。其主要区别在纪念邮资明信片的标头、志号JP.88、"国家邮政局发行"中英文铭记上,其文字笔画虽然均由网纹夹角呈15°的网点组成,但在网点排列组合上均存有多处明显的微观不同。

JP.88的印刷变异 JP.88有漏印小变体,如志号中"(1—1)"漏印"—"和裁切移位、片图刷色差异。

JP.88的暗记 暗记主要有两处:①在明信片右下方"邮政编码"中的"政"字上,其最后一笔从起笔处至笔画中段,由两排单个网点组成。②明信片上的名址线是由微缩暗记"CHINA POST"(中国邮政)英文字母组合而成,不再采用网点暗记。在"JP"纪念邮资明信片中,JP88是首次采用微缩暗记。

【JP.89 敦煌莫高窟藏经洞发现100周年】The Centenary of the Discovery of the Library Cave at the Mogao Grottoes,Dunhuang 有关敦煌莫高窟的知识,详见新版《中国集邮百科知识》T·116《敦煌壁画(第一组)》。敦煌莫高窟藏经洞即敦煌莫高窟第17洞,是开凿在第16洞甬道壁上的一个小洞,洞门仅高出地面1米,洞内长2.5米,宽2.7米,近似正方形;高3米,顶为覆斗形,空间19立方米。1900年发现敦煌莫高窟藏经洞,至2000年已有一百年的历史。据记载,清光绪二十六年（公元1900年），在清除敦煌莫高窟第16洞的淤泥时，道士王圆箓偶然发现了藏经洞。洞内藏有五万多件魏晋南北朝、隋唐以至宋代的多种文字的古代写本、刻本、绢画、刺绣、法器等文物。其内容涉及宗教、政治、经济、军事、历史、哲学、民俗、民族、语言、文学、历法、邮政、数学、医学、中西交通广泛领域，为研究我国和中亚历史提供了大量珍贵的原始资料。发现藏经洞时，正值中国沦为半殖民地半封建社会，帝国主义列强掠夺走一万多件文物，五千多件文书。新中国成立后，敦煌劫后余生的文物得到了有效的保护、研究和利用。藏经洞因其出土的大量珍贵文物，被誉为"古代学术的海洋"，与殷墟甲骨、居延汉简、明清内府档案并列为中国近代四大考古发现之一。我国已经成为国际上公认的敦煌学研究中心。

2000年6月22日，为了纪念敦煌莫高窟藏经洞发现100周年，中华人民共和国国家邮政局发行了一套纪念邮资明信片，全套1枚。志号JP.89。邮资图规格25毫米×36毫米；明信片规格148毫米×100毫米。

JP.89（1—1）"敦煌莫高窟藏经洞发现100周年" 邮资图采用了敦煌莫高窟藏经洞的一幅壁画《近事女》。系晚唐作品。位于莫高窟第17洞北壁。近事女指受持五戒之在家女子，又名优婆夷、近住女。该近事女梳双髻，右手持杖，左手持巾。片图为敦煌莫高窟外景。邮资面值60分，每枚售价0.85元。发行量400万枚。白卡纸。彩色胶印。王虎鸣设计。任国恩、余利良摄影。北京邮票厂印制。

笔者经过对JP.89收集、研究发现：

JP.89的版型 有A、B两种版型。其主要区别在纪念邮资明信片的标头、志号JP.89、"国家邮政局发行"中英文铭记上，其文字笔画虽然均由网纹夹角呈15°的网点组成，但在网点排列组合上均存有多处明显的微观不同。

JP.89的暗记 暗记主要有两处：①在明信片右下方"邮政编码"中的"政"字上，其最后一笔从起笔处至笔

画中段，笔画由两排单个网点组成。②明信片的名址线用由缩微暗记"CHINA POST"（中国邮政）英文字母组成。

【JP.90 第20届国际大坝会议】20th Congress of International Commission on Large Dams 国际大坝委员会（英文简称ICOLD）是一个国际民间组织，1928年7月7日在法国巴黎成立，目前已有81个国家委员。其宗旨是：通过相互交流信息，包括技术、经济、财务、环境和社会现象等问题的研究，促进大坝及其有关工程的规划、设计、施工、运行和维护等技术进步。大会每三年召开一次，会议上交流的论文具有相当高的权威性，代表国际水平，从中可以掌握这一领域的技术动向。1974年5月，中国大坝委员会加入国际大坝委员会，成为国家委员，曾有三人先后担任国际大坝委员会副主席。1987年，中国在北京成功承办了国际大坝会议第55届执行会议。2000年9月14日~22日，国际大坝委员会第20届大会暨第68届年会在中国北京举行。有中外水利水电建设的知名专家、学者约两千人出席大会。据国际大坝委员会1998年调查，全球已建立大坝四万五千座。

2000年9月14日，为了宣传国际大坝会议的意义，中华人民共和国国家邮政局发行了一套纪念邮资明信片，全套1枚。志号JP.90。邮资图规格25毫米×31毫米；明信片规格148毫米×100毫米。

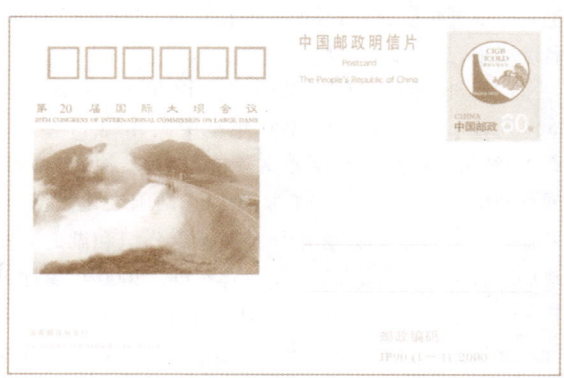

JP.90（1—1）"第20届国际大坝会议" 邮资图为第20届国际大坝会议会徽。会徽由万里长城与水坝断面图组成圆形图案，上面印有"国际大坝会议"中英文和"BEIJING 2000"字样，表示本届大会在中国北京举行。片图采用了我国四川省攀枝花金沙江上二滩水电站雄伟壮观的水利大坝俯视图。邮资面值60分，每枚售价0.85元。发行量350万枚。白卡纸。彩色胶印。李昕设计。北京邮票厂印制。

笔者经过对JP.90收集、研究发现：

JP.90的版型 有A、B、C三种版型。其主要区别在纪念邮资明信片的标头、志号JP.90、"国家邮政局发

行"中英文铭记上,其文字笔画虽然均由网纹夹角呈15°的网点组成,但在网点排列组合上均存有多处明显的微观不同。

　　JP.90 的印刷变异　　JP.90 有可乱真的伪品。另外,据闻 JP.90 有局部漏印变异,因未亲眼鉴别实品,不知真伪。

　　JP.90 的暗记　　暗记主要有两处:①在明信片右下方"邮政编码"中的"政"字上,其最后一笔从起笔处至笔画中段,A、B 版型由两排单个网点组成,而 C 型则由一排单个网点居中和两排半个网点居两旁组成。②明信片的名址线由缩微暗记"CHINA POST"(中国邮政)英文字母组成。

　　【JP.91 第六届中国艺术节】The 6th China Art Festival　　有关中国艺术节的知识,详见新版《中国集邮百科知识》J·142《中国艺术节》。经国务院批准,由文化部主办、江苏省人民政府承办的第六届中国艺术节,于2000年9月28日在江苏省南京市及苏州市、无锡市、常州市、扬州市同时举行。第六届中国艺术节设立了"中国艺术节大奖"、"中国艺术节代表剧目奖"、"中国艺术节剧目奖"。艺术节期间,又从全国各地精选出62台优秀剧目和节目参加了评奖演出,同时也邀请了国外及港澳台地区的10台节目进行展演交流。参演剧目的品种有:话剧、戏曲、歌剧、舞剧、儿童剧、歌舞、音乐、舞蹈、曲艺、木偶、杂技、皮影等。第六届中国艺术节还举办了"金狮奖"全国苏州评弹比赛暨观摩交流大会,以及较大规模的艺术展览展示系列活动,如书法大展、中国画大展、民间工艺博览和交响乐演奏、民乐演奏等。这是一次迈向新世纪、迎接中国文化建设新高潮的艺术盛会。

　　2000年9月28日,为了祝贺第六届中国艺术节顺利举行,中华人民共和国国家邮政局发行了一套纪念邮资明信片,全套2枚。志号 JP.91。邮资图规格26毫米×35毫米;明信片规格148毫米×100毫米。

　　JP.91(2—1)"会徽"　　邮资图采用了第六届中国艺

术节的徽志。徽志主图为南京市花——梅花,比喻为盛开的艺术之花,五片花瓣象征主会场南京与分会场苏州、无锡、常州、扬州;正中"6"字下端"2000·江苏"表示第六届中国艺术节举办的年份和地点;中间是孔雀开屏的中国艺术节徽志,寓意中国艺术的五彩斑斓。2000年是庚辰年,辰龙,也称龙年。片图以一个淡灰色"艺"字作底衬,代表书法艺术;主图为一件以龙为图案的精制的民间工艺品,表现出了本届艺术节为民间艺术盛会的特点。邮资面值60分,每枚售价0.85元。发行量400万枚。

　　JP.91(2—2)"吉祥物"　　邮资图采用了第六届中国艺术节的吉祥物。吉祥物是一个头戴龙帽凤冠,手持艺术节徽志拨浪鼓的童子形象。片图以一只淡灰色雏狮作底衬,代表雕刻工艺;主图为第六届中国艺术节徽志,并装饰上一个工艺品圆环,表达了对本届艺术节的祝愿和企盼。邮资面值60分,每枚售价0.85元。发行量350万枚。

　　JP.91 采用白卡纸,彩色胶印。全套2枚,面值共计1.2元,售价1.7元。发行量350万枚。丁蕾设计。北京邮票厂印制。

　　笔者经过对 JP.91 收集、研究发现:

　　JP.91 的版型　　有 A、B、C 三种版型。其主要区别在纪念邮资明信片的标头、志号 JP.91、"国家邮政局发行"中英文铭记上,其文字笔画虽然均由网纹夹角呈15°的网点组成,但在网点排列组合上均存有多处明显的微观不同。

　　JP.91 的暗记　　暗记主要有两处:①在明信片右下方"邮政编码"中的"政"字上,其最后一笔从起笔处至笔画中段,A、B 版型由两排单个网点组成,而 C 型则由一排单个网点居中,两排半个网点居两旁组成。②明信片的名址线,由缩微暗记"CHINA POST"(中国邮政)英文字母组成。

　　【JP.92 中国国际高新技术成果交易会】China Hi—

Tech Fair 在经济全球化加速发展的形势下,为了推进高新技术产业的发展,促进国际间技术贸易的发展和高新技术成果的交流,进一步推动我国产业结构和出口商品结构的优化升级,调整国民经济结构,提高国民经济增长的质量,迎接知识经济的挑战,1999年,由对外贸易经济合作部与科学技术部、信息产业部、中国科学院和深圳市人民政府在深圳联合举办了首届"中国国际高新技术成果交易会"。每年秋季在深圳市举行。交易会是集高新技术成果交易、技术引进和技术出口、科技研讨与信息交流于一体的综合性交易会,采取高新技术成果交易与风险投资机制相结合、现场交易与网上交易相结合、高新技术转让与高新技术产品的展示和交易相结合的方法进行。2000年10月11日～17日,第2届"中国国际高新技术成果交易会"在深圳举行。交易会广邀台港澳在内的国内外高等院校、科技机构、高科技企业和跨国公司参加,已成为"两岸三地"科技交流、科技产业合作的平台。

2000年10月11日,为了祝贺中国国际高新技术成果交易会顺利举行,中华人民共和国国家邮政局发行了一套纪念邮资明信片,全套1枚。志号JP.92。邮资图规格30毫米×25毫米;明信片规格148毫米×100毫米。

JP.92(1—1)"中国国际高新技术成果交易会" 邮资图为中国国际高新技术成果交易会会徽。会徽采用象征手法,喻示了生物、能源、光电、航天等领域高新技术的发展和水平,有智能,有动力,有速度。片图为本届交易会场馆外景,呈现出一种盛会气氛。邮资面值60分,每枚售价0.85元。发行量350万枚。白卡纸。彩色胶印。王翔设计。北京邮票厂印制。

笔者经过对JP.92收集、研究发现:

JP.92的版型 有A、B两种版型。其主要区别在纪念邮资明信片的标头、志号JP.92、"国家邮政局发行"中英文铭记上,其文字笔画虽然均由网纹夹角呈15°的网点组成,但在网点排列组合上存有多处明显的微观不同。

JP.92的印刷变异 JP.92有裁切移位。

JP.92的暗记 暗记主要有两处:①在明信片右下方"邮政编码"中的"政"字上,其最后一笔从起笔处至笔画中段,均由两排单个网点组成。②明信片的名址线,由缩微暗记"CHINA POST"(中国邮政)英文字母组成。

【JP.93 中国杭州西湖博览会】West Lake Expo Hangzhou, China 1929年,浙江杭州曾首次举办过西湖博览会。71年后,由中华人民共和国建设部、国家旅游局、国家国内贸易局和浙江省人民政府等共同主办的"中国杭州西湖博览会",于2000年10月20日～11月11日在杭州举行。本届博览会的主题是:"千年盛会聚嘉宾,西湖博览汇精品。"西湖博览会由会展、会议和活动三部分组成,共计39个项目。会展是博览会的主体部分,设有国际国内会展25个,其中有体现杭州特色的"第三届国际茶博览交易会"、"中国国际设计与丝绸博览会"、"首届中国工艺美术大师精品博览会"等。会议是博览会的重要组成部分,有7个大型国际国内会议,如"城市环境与住房研讨会"等。活动部分形式多样,主要包括杭州艺术节、首届中国美食节、国际烟花大会等8个项目。通过本届博览会,杭州这座全国重点风景旅游城市和历史文化名城,充分展现出了自己悠久的历史文化内涵和鲜明的时代气息。

2000年10月20日,为了祝贺中国杭州西湖博览会顺利举行,中华人民共和国国家邮政局发行了一套纪念邮资明信片,全套1枚。志号JP.93。邮资图规格25毫米×25毫米;明信片规格148毫米×100毫米。

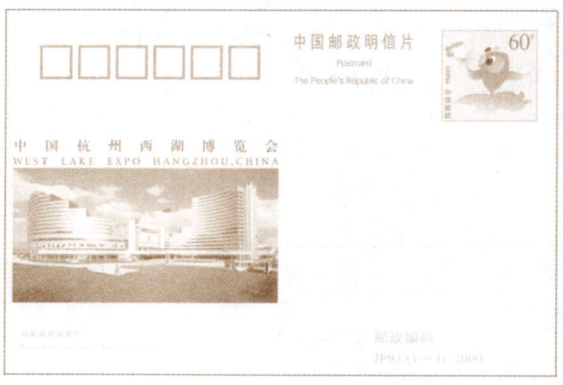

JP.93(1—1)"中国杭州西湖博览会" 邮资图为本届博览会的吉祥物:一条拟人化的金鱼,她手持一束鲜花,面带微笑,仿佛正在欢迎国内外的嘉宾。片图为博览会大楼外景,在蓝天白云和碧湖的映衬下,仿佛将悠久的历史文化和鲜明的时代气息自然交融在了一起。

邮资面值60分,每枚售价0.85元。发行量350万枚。白卡纸。彩色胶印。任国恩设计。北京邮票厂印制。

笔者经过对JP.93收集、研究发现:

JP.93的版型 有A、B两种版型。其主要区别在纪念邮资明信片的标头、志号JP.93、"国家邮政局发行"中英文铭记上,其文字笔画虽然均由网纹夹角呈15°的网点组成,但在网点排列组合上存有多处较明显的微观不同。

JP.93的暗记 暗记主要有两处:①在明信片右下方"邮政编码"中的"政"字上,其最后一笔从起笔处至笔画中段,笔画由两排单个网点组成。②明信片的名址线,由缩微暗记"CHINA POST"(中国邮政)英文字母组成。

【JP.94 记者节】Journalists Day 1937年11月8日,以范长江为首的左翼新闻工作者,在上海成立了中国青年记者协会,这是中国记协的前身。在抗日战争和解放战争时期,中国记协的新闻工作者们,用自己手中的笔,抨击侵略与反动,宣传正义与真理,他们像战士一样,为民族的解放事业勇敢地奔走呼号。新中国成立后,中国记协在宣传党的方针政策,团结广大新闻界朋友等方面,都做出了显著成绩。特别是改革开放以来,为了鼓舞和激励新闻工作者继承优良传统,为正义事业呼吁,全国五十五万名新闻工作者希望将中国记协的成立日确定为"记者节"。1999年9月18日,国务院270号令公布了修订的《全国年节及纪念日放假办法》,提到"记者节"是不放假的全国性节日。后经记协党组研究,并经主席办公室会议讨论拟定"记者节"的具体日期为11月8日并上报。2000年8月11日,国务院正式批复中国记协,确定11月8日为记者节。记者节和护士节、教师节一样,是我国仅有的三个行业性节日之一。

2000年11月8日,为了庆祝第一个记者节,中华人民共和国国家邮政局发行了一套纪念邮资明信片,全套1枚。志号JP.94。邮资图规格25毫米×35毫米;明信片规格148毫米×100毫米。

JP.94(1—1)"记者节" 邮资图由王国伦设计的中国记协会徽和中国记协办公大楼外景组成。会徽由中国记协的英文缩写字母"ACJA"组成。"CJ"组成心形、笔形图案,象征党的新闻事业深入人心,广大新闻工作者与党同心同德,笔耕不止。"AA"组成两个向上的三角形,象征新闻导向正确,积极奋进;图案中心的眼睛,象征新闻工作者是时代的观察者、记录者,是党和人民的耳目喉舌;中国记协是党和政府联系广大新闻工作者的桥梁和纽带。片图由照相机、电脑、笔、笔记本、电视收视器、报纸和太阳、和平鸽及"11·8"字样组成,既点明了记者节的主题,又寓意在党的领导下,我国的新闻事业蓬勃发展。邮资面值60分,每枚售价0.85元。发行量350万枚。白卡纸。彩色胶印。蒙卫旦、门立群设计。辽宁省沈阳邮电印刷厂印制。

笔者经过对JP.94收集、研究发现:

JP.94的版型 有A、B两种版型。其主要区别在纪念邮资明信片的标头、志号JP.94、"国家邮政局发行"中英文铭记上,其文字笔画虽然均由网纹夹角呈75°的网点组成,但在网点排列组合上存有多处较明显的微观不同。

JP.94的暗记 暗记主要有两处:①在明信片右下方"邮政编码"中的"政"字上,其倒数第二笔从起笔处至笔画中段,其笔画居中有一排由单个网点组成。②明信片的名址线由网纹夹角呈75°的网点组成,并呈左上旋。在JP系列中,JP.94是首次采用网纹夹角呈75°和明信片的名址线呈左上旋的纪念邮资明信片。

【JP.95 西藏和平解放50周年】50th Anniversary of Peaceful Liberation of Tibet 有关西藏和平解放的历史知识,详见新版《中国集邮百科知识》纪3《和平解放西藏》。西藏和平解放使西藏社会获得了新生,政治稳定,民族团结,人民安居乐业。走进新世纪的社会主义新西藏,在国家正在实施的西部大开发战略的更大支持下,必将获得进一步的发展和繁荣。

2001年5月23日,正值《关于和平解放西藏办法的协议》正式签字50周年之际,中华人民共和国国家邮政局发行了一套纪念邮资明信片,全套1枚。志号JP.95。邮资图规格25毫米×33毫米;明信片规格148毫米×100毫米。

JP.95(1—1)"西藏和平解放50周年" 邮资图以飞舞的祥云环绕而成的阿拉伯数字"50"为背景,描绘了一位藏族姑娘放飞和平鸽的瞬间情景,寓意社会主义新西藏充满着吉祥和平的景象。片图以红色作底衬,在飘动的祥云和飞翔的和平鸽萦绕下,描绘了西藏阿里地区

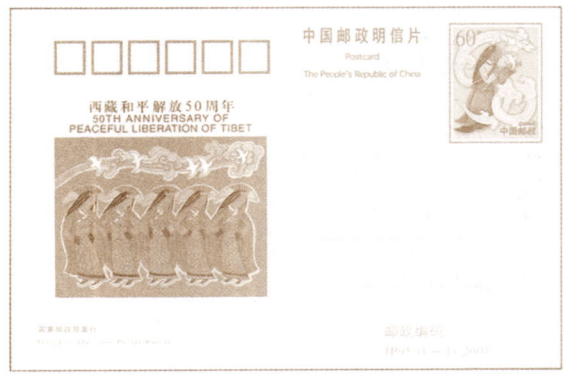

一群姑娘欢乐歌舞的情景,充分表达了藏族人民庆祝西藏和平解放50周年的喜悦和欢欣心情。邮资面值60分,每枚售价0.85元。发行量350万枚。白卡纸。彩色胶印。嘎德设计。北京邮票厂印制。

笔者经过对JP.95收集、研究发现:

JP.95的版型 有A、B两种版型。其主要区别在纪念邮资明信片的标头、志号JP.95、"国家邮政局发行"中英文铭记上,其文字笔画虽然均由网纹夹角呈15°的网点组成,但在网点排列组合上存有多处较明显的微观不同。

JP.95的印刷变异 JP.95没有发现印刷变异。但这套纪念邮资明信片有伪品。

JP.95的暗记 暗记主要有两处:①在明信片右下方"邮政编码"中的"政"字上,其最后一笔从起笔处至笔画中段,笔画由两排单个网点组成。②明信片的名址线,由缩微暗记"CHINA POST"(中国邮政)英文字母组成。

【JP.96 国有企业改革与发展暨技术创新成果展览会】Exhibition on Achievements of State—Owned Enterprise Reform, Development and Technological Innovation 按照国家改革开放的总方针,在1998年、1999年和2000年三年期间,国有企业为了实现三年脱困的目标,进行了积极的探索和艰苦而卓有成效的工作,经过重组、转产和技术创新等艰辛而困苦的历程,取得了显著的成果。2001年6月18日~28日,由国家经贸委、中宣部、财政部、国家统计局和北京市人民政府共同主办的"国有企业改革与发展暨技术创新成果展览会",在北京展览馆举行。展览会的主要目的是:宣传国有企业为实现三年脱困目标进行的积极探索和有效的工作,宣传三年中国有企业改革发展和技术创新的成果,宣传国有企业广大干部职工识大体、顾大局和勇于奉献、艰苦奋斗的精神风貌。

2001年6月18日,为了祝贺国有企业改革与发展暨技术创新成果展览会顺利举行,中华人民共和国国家邮政局发行了一套纪念邮资明信片,全套1枚。志号JP.96。邮资图规格23毫米×32毫米;明信片规格148毫米×100毫米。

JP.96(1—1)"国有企业改革与发展暨技术创新成果展览会" 邮资图采用了"国有企业改革与发展暨技术创新成果展览会"的会徽。会徽由三条彩色线和蓝色圆环线组成:三条彩色线象征国有企业在1998年、1999年和2000年三年中的改革;彩色线的节节升起,象征着国有企业在改革中获得的发展。蓝色圆环线和卫星图形,既代表科技创新,也寓意开放式经济全球一体化。片图将工厂、输油管、立交桥等图片叠加在一起,形象地表现了国有企业三年改革取得的成果。右侧的一组企业图片采用虚实结合的手法进行重叠组合,产生出一种较强的动感,寓意国有企业通过改革和技术创新,已经获得了飞速发展。左上角三只高飞的大雁,既象征着国有企业的进取精神和欣欣向荣的前景,又与邮资图中的三条彩线相呼应,表达了对国有企业美好未来的祝愿。邮资面值60分,每枚售价0.85元。发行量350万枚。白卡纸。彩色胶印。李跃义设计。北京邮票厂印制。

笔者经过对JP.96收集、研究发现:

JP.96的版型 有A、B两种版型。其主要区别在纪念邮资明信片的标头、志号JP.96、"国家邮政局发行"中英文铭记上,其文字笔画虽然均由网纹夹角呈15°的网点组成,但在网点排列组合上存有多处较明显的微观不同。

JP.96的暗记 暗记主要有两处:①在明信片右下方"邮政编码"中的"政"字上,其最后一笔从起笔处至笔画中段,笔画由两排单个网点组成。②明信片的名址线,由缩微暗记"CHINA POST"(中国邮政)英文字母组成。

【JP.97 第六届世界华商大会】The 6th Chinese Entrepreneurs Convention 世界华商大会是香港中华总商会等三团体召集的世界华裔商人联谊会,以促进全球华商从事经贸,开拓投资。世界华商大会肇始于1991年。当时新加坡中华总商会首次倡议,香港中华总商会和泰国中华总商会参与酝酿,三家联合发起,在原先区域性的华商联谊会的基础上,组织了世界华商大会,每两年举行一次。首届大会于1991年在新加坡举行。2001年9月17日~19日,第六届世界华商大会在中国南京国际展览中心举行。大会主题为:"华商携手新世纪,和平发展共繁荣。"来自世界七十多个国家和地区的华商嘉宾约五千人,中央和国家机关有关部门负责人和江苏省、南京市负责人等出席开幕式,大会组委会名誉主席李瑞环出席大会并致辞。多年来,世界华商大会已发展成为全球华商增进相互了解、加强交流合作的平台,在推动举办地、中国以及华商所在国家和地区的经济发展,扩大华侨华人国际影响等方面发挥着重要作用。

2001年9月17日,为了祝贺第六届世界华商大会顺利举行,中华人民共和国国家邮政局发行了一套纪念邮资明信片,全套2枚。志号JP.97。邮资图规格20毫米×25毫米;明信片规格148毫米×100毫米。

JP.97(2—1)"同心团结" 邮资图以大红洒金作底衬,凸显出了第六届世界华商大会会徽。会徽呈圆形,由万里长城敌台与齿形垛口组合成阿拉伯数字"6",正中标有"2001"和"中国南京"中英文字样,寓意第六届世界华商大会在中国南京举行;外环标有"第六届世界华商大会"中英文字样,点明了主题。片图用红色调几何图形构成,在绽放的烟花和累累果实的衬托下,金黄色的"中国结"鲜艳夺目,寓意世界华商同心团结,共同祝愿大会圆满成功。邮资面值60分,每枚售价0.85元。发行量300万枚。

JP.97(2—2)"科技发展" 邮资图以淡紫条杠作底衬,凸显出了第六届世界华商大会会徽。片图采用蓝紫色调,象征科技发展;在科技图像和地球图形的衬托下,采用中国古代货币"铲形币"作主图,既寓意华夏商业深

厚的历史底蕴,也象征着今天的世界华商将走在科技时代的前沿。邮资面值420分(航空),每枚售价4.50元。发行量150万枚。

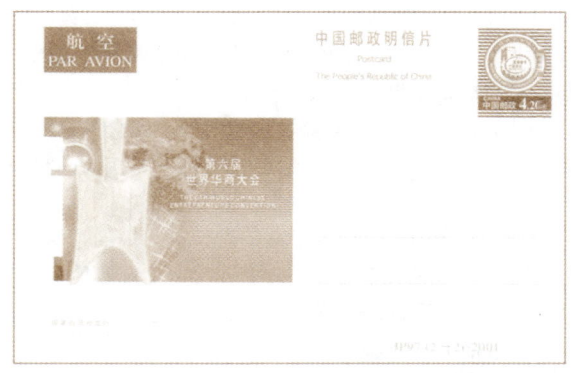

JP.97采用白卡纸,彩色胶印。全套2枚,邮资面值共计4.8元,售价5.35元。发行量150万套。李炜设计。北京邮票厂印制。

笔者经过对JP.97收集、研究发现:

JP.97的版型 有A、B两种版型。其主要区别在纪念邮资明信片的标头,志号JP.97、"国家邮政局发行"中英文铭记上,其文字笔画虽然均由网纹夹角呈15°的网点组成,但在网点排列组合上存有多处较明显的微观不同。

JP.97的印刷变异 JP.97有刷色变异品。

JP.97的暗记 暗记主要有两处:①在(2—1)明信片右下方"邮政编码"中的"政"字上,其最后一笔从起笔处至笔画中段,均由两排单个网点组成。②明信片的名址线,由缩微暗记"HSDH"(华商大会)汉语拼音第一个字母组合而成。

【JP.98 世界空间周】World Space Week 1957年10月4日,苏联成功发射了人类第一颗人造卫星。1967年10月10日,联合国第一个外层空间条约生效。1999年7月30日,联合国外层空间委员会第三次大会(UNISPACE Ⅲ)在维也纳召开,大会提议将每年10月4日~10日定为"世界空间周",以纪念20世纪以来人类在航天事业方面取得的伟大成就。2000年10月4日,第一届世界空间周在联合国总部宣布开始。同时,在空间周期间,世界各国也都要举行庆祝活动。第一届世界空间周全球活动主题为"空间千年开始"。中国在航天领域也取得了卓越的成就。1984年4月8日,用"长征3号"火箭发射的"东方红"2号试验通信卫星,是中国的第一颗通信卫星。1999年11月20日,中国第一艘无人试验飞船"神舟一号"发射成功。2003年10月15日,中国自行研制的"神舟"载人飞船发射成功,这是中国首次进行载人航天飞行。在空间周期间,中国政府也组织了各种各样的庆祝活动，促进公众，特别是青少年对我国空间事业的了解和认识，鼓励公众对我国空间事业的参与和支持，加强各国之间的交流，扩大我国空间事业在国际上的影响。中国庆祝世界空间周的主题为"开发空间造福人类"。2001年的第二届世界空间周期间，我国举办活动的指导思想是："弘扬科学精神，传播科学思想，普及科学知识，提倡科学文化。"特别是面向全国青少年普及航天科技知识，鼓励青少年投身我国的航天高科技事业。

2001年10月4日，为了宣传世界空间周的意义，中华人民共和国国家邮政局发行了一套纪念邮资明信片，全套1枚。志号JP.98。邮资图规格26毫米×35毫米；明信片规格148毫米×100毫米。

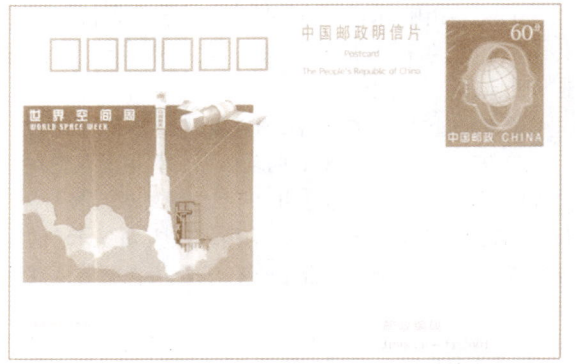

JP.98（1—1）"世界空间周"　邮资图采用了世界空间周徽志。徽志中心为绘有经纬线的地球，人类发射的航天器飞行轨迹围绕在地球周围，左右两侧变幻出的人类面部形态，寓意航天事业的发展，人类已经进入了在太空全方位观察地球的时代。片图以碧蓝的天空为背景，展现出了航天发射架、运行的飞船和点火启动的火箭，火箭体上的五星红旗和"中国航天"字样清晰可见，寓意中国已经步入航天事业大国的行列。邮资面值60分，每枚售价0.85元。发行量350万枚。白卡纸。彩色胶印。齐镇宇设计。北京邮票厂印制。

笔者经过对JP.98收集、研究发现：

JP.98的版型　有A、B两种版型。其主要区别在纪念邮资明信片的标头、志号JP.98、"国家邮政局发行"中英文铭记上，其文字笔画虽然均由网纹夹角呈15°的网点组成，但在网点排列组合上存有多处较明显的微观不同。

JP.98的暗记　暗记主要有两处：①在明信片右下方"邮政编码"中的"政"字上，其最后一笔从起笔处至笔画中段，均由两排单个网点组成。②明信片的名址线均由缩微暗记"SJKJZ"（世界空间周）汉语拼音第一个字母组合而成。

【JP.99 辛亥革命90周年】90th Anniversary of 1911 Revolution　有关辛亥革命的历史知识，详见新版《中国集邮百科知识》纪90《辛亥革命五十周年》。1911年为农历辛亥年，1911年10月10日爆发的中国资产阶级民主主义革命，历史上便称为"辛亥革命"。

2001年10月10日，正值辛亥革命90周年之际，中华人民共和国国家邮政局发行了一套纪念邮资明信片，全套1枚。志号JP.99。邮资图规格33毫米×33毫米（菱形）；明信片规格148毫米×100毫米。

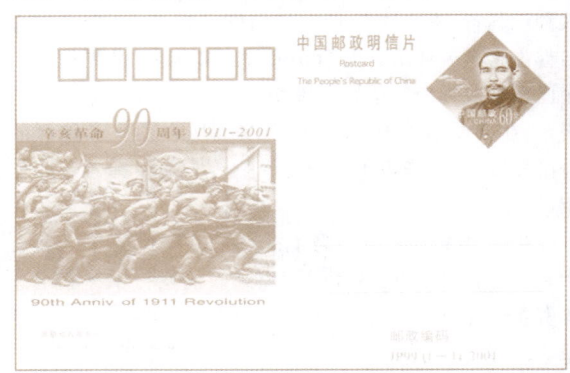

JP.99（1—1）"辛亥革命90周年"　邮资图以象征革命的红色作底衬，选用了孙中山就任临时大总统时的一幅标准像；背景上飘浮的白云，寓意当时政治形势风云变幻。片图采用了人民英雄纪念碑上"武昌起义"浮雕。有关"武昌起义"浮雕的知识，详见新版《中国集邮百科知识》纪47《人民英雄纪念碑》。邮资面值60分，每枚售价0.85元。发行量350万枚。白卡纸。彩色胶印。卢天骄设计。北京邮票厂印制。

笔者经过对JP.99收集、研究发现：

JP.99的版型　有A、B两种版型。其主要区别在纪念邮资明信片的标头、志号JP.99、"国家邮政局发行"中英文铭记上，其文字笔画虽然均由网纹夹角呈15°的网点组成，但在网点排列组合上存有多处较明显的微观不同。

JP.99的暗记　暗记主要有两处：①在明信片右下方"邮政编码"中的"政"字上，其最后一笔从起笔处至笔画中段，均由两排单个网点组成。②明信片的名址线均由缩微暗记"XHGM"（辛亥革命）汉语拼音第一个字母组合而成。

【JP.100 国际农业科学技术大会】International Conference on Agricultural Science and Technology　国际农业科学技术大会英文缩写为"ICAST"。由中华人民共和国政府发起并主办，有关国际组织协办的"国际农业科学技术大会"，2001年11月7日～9日在中国北京召开。这是一次综合性、全球性农业科学技术大会。大会组委会邀请的各国政府和有关国际组织主管农业科技的高级官员、有成就的农业科技专家和企业家及有关人士一千三百人参加了会议。本届大会的主题是："推动全球农业科技创新，促进农业可持续发展。"大会的主要议题有七个：（一）农业科技政府论坛；（二）持续高效农业；（三）农业生物技术；（四）农产品加工；（五）农业信息化；（六）农业资源与环境；（七）农业企业论坛。会议的主要目的为：总结20世纪农业科技发展的成就和经验；交流各国政府发展农业科技的政策和经验；展望21世纪农业科技发展的方向和重点；探讨和推动全球农业科技创新；促进全球农业科技的合作和进步。

2001年11月5日，为了祝贺国际农业科学技术大会顺利召开，中华人民共和国国家邮政局发行了一套纪念邮资明信片，全套1枚。志号JP.100。邮资图规格30毫米×23毫米；明信片规格148毫米×100毫米。

JP.100（1—1）"国际农业科学技术大会" 邮资图由北京天坛祈年殿剪影和国际农业科学技术大会会徽组成。会徽呈椭圆形，由万里长城剪影、一棵麦穗和"国际农业科学技术大会"英文缩写名称"ICAST"构成，点明了主题；飘动的五色彩带，又增添了庆祝之意。片图有地球、原子模型和一枝禾穗，寓意大会推动全球农业科技创新的目的。邮资面值60分，每枚售价0.85元。发行量350万枚。白卡纸。彩色胶印。郭振山设计。北京邮票厂印制。

笔者经过对JP.100收集、研究发现：

JP.100的版型　有A、B两种版型。其主要区别在纪念邮资明信片的标头、志号JP.100、"国家邮政局发行"中英文铭记上，其文字笔画虽然均由网纹夹角呈15°的网点组成，但在网点排列组合上存有多处较明显的微观不同。

JP.100的暗记　暗记主要有两处：①在明信片右下方"邮政编码"中的"政"字上，其最后一笔从起笔处至笔画中段，均由两排单个网点组成。②在明信片的名址线上，其名址线由缩微暗记"NKDH"（农科大会）汉语拼音第一个字母组合而成。

【JP.101 新华通讯社建社70周年】70th Anniversary of Xinhua News Agency　新华通讯社简称"新华社"，为中华人民共和国的国家通讯社。有关新华通讯社的历史知识，详见本书JF.32《新华通讯社建社六十周年》。经历了70年风风雨雨，新华通讯社已成为世界著名四大通讯社（美联社、路透社、俄通塔斯社、新华社）之一。

2001年11月7日，为了庆祝新华通讯社建社70周年，中华人民共和国国家邮政局发行了一套纪念邮资明信片，全套1枚。志号JP.101。邮资图规格28毫米×38毫米；明信片规格148毫米×100毫米。

JP.101（1—1）"新华通讯社建社70周年"　邮资图由坐落于北京宣武门西大街17号的中国新华通讯社技术业务大楼"新华大厦"外景和新华社社徽组成。有关新华通讯社社徽的知识，详见本书JF.32《新华通讯社建社六十周年》。片图由新华社江西瑞金旧址、陕西延安旧址和北京宣武门西大街新楼构成，象征新华社70年经历的辉煌历史。邮资面值60分，每枚售价0.85元。发行量350万枚。白卡纸。彩色胶印。郭振山设计。北京邮票厂印制。

笔者经过对JP.101收集、研究发现：

JP.101的版型　有A、B两种版型。其主要区别在纪念邮资明信片的标头、志号JP.101、"国家邮政局发行"中英文铭记上，其文字笔画虽然均由网纹夹角呈15°的网点组成，但在网点排列组合上存有多处较明显的微观不同。

JP.101的印刷变异　JP.101片图有局部漏印。

JP.101的暗记　暗记主要有两处：①在明信片右下方"邮政编码"中的"政"字上，其最后一笔从起笔处至笔画中段，由两排单个网点组成。②明信片的名址线上由缩微暗记字母"XHTXS"（新华通讯社）汉语拼音第一个字母组合而成。

【JP.102 中国国家足球队获2002年世界杯决赛资

格】**China Team Is Qualified for 2002 FIFA World Cup Korea／Japan** 有关世界杯足球赛和中国国家足球队获2002年世界杯决赛资格的知识，详见本书2002—11《2002年世界杯足球赛(J)》。2001年10月7日，中国足球队经过44年的努力，终于在沈阳五里河体育场以1：0战胜阿曼队，提前两轮进入2002年韩日世界杯决赛圈，圆了国人世界杯之梦。

2001年10月7日，为了祝贺中国国家足球队获2002年世界杯决赛资格，中华人民共和国国家邮政局发行了一套纪念邮资明信片，全套2枚。志号JP.102。邮资图规格(2—1)20毫米×25毫米，(2—2)27毫米×19毫米；明信片规格148毫米×100毫米。

JP.102(2—1)"中国之队" 邮资图以草绿色作底衬，主图采用了中国足球队的标志——队旗"中国之队"。有关"中国之队"标志的知识，详见本书2002—11《2002年世界杯足球赛(J)》。片图为一个在绿茵场上射入球门的足球，寓意中国足球队经过几代人的付出和拼搏，历经44年的风雨岁月，终于实现了踢出国门，进军世界杯赛圈的梦想。邮资面值60分，每枚售价0.85元。发行量350万枚。

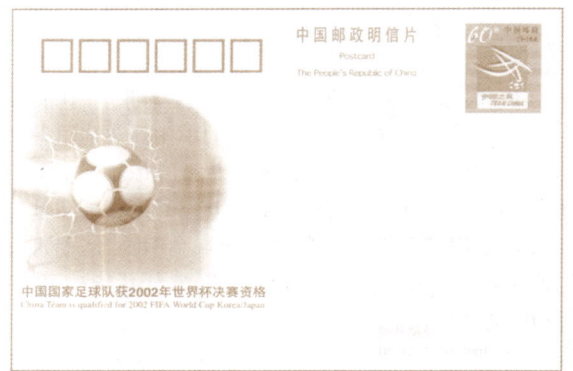

JP.102(2—2)"走向世界" 邮资图为一个在绿茵场上飞跃的足球，风驰电掣，充分表达了国人的惊喜和激动之情。片图由沈阳五里河体育场、一面飘扬的五星红旗和足球比赛的激烈场面组成，将全国亿万球迷收获希望的历史时刻定格在了沈阳五里河体育场。邮资符志首次以足球形状，面值420分(航空)，每枚售价4.50元。发行量100万枚。

JP.102采用白卡纸。彩色胶印。全套2枚，面值共计4.80元，售价5.35元。发行量100万套。尚予设计。北京邮票厂印制。

笔者经过对JP.102收集、研究发现：

JP.102的版型 有A、B两种版型。其主要区别在纪念邮资明信片的标头、志号JP.102、"国家邮政局发行"中英文铭记上，其文字笔画虽然均由网纹夹角呈15°的网点组成，但在网点排列组合上存有多处较明显的微观不同。

JP.102的印刷变异 JP.102(2—1)有漏色变异品。

JP.102的暗记 暗记主要有两处：①在明信片右下方"邮政编码"中的"政"字上，其最后一笔从起笔处至笔画中段，均由两排单个网点组成。②明信片上的名址线由网纹夹角呈15°的网点呈右上旋组成，不是采用微缩暗记。

【**JP.103 中国CDMA国家公众移动通信网开通**】**The Launch of China CDMA State Public Mobile Communication Network** CDMA直译为"码分多址"，是在数字通信技术的分支扩频通信的基础上发展起来的一种技术。所谓扩频，就是把频谱扩展。CDMA技术采用的是直接序列扩频方式，就是用具有噪声特性的载波以及比简单的点到点通信所需宽带宽得多的频带去传输相同的数据。扩频技术起源于第二次世界大战时期，当时这种设想的初衷是防止敌方对己方通信的干扰，后来才逐渐发展成为商用蜂窝电信新技术。1995年，世界上第一个CDMA商用系统投入运营，目前在美国、韩国、日本等国家得到较大规模的运用。1997年底，我国北京、上海、西安、广州四个CDMA商用实验网先后建成开通，并实现了网间的漫游。1999年，国务院批准中国联通建设、运营中国CDMA公众移动通信网络；2002年4月8日，中国CDMA公众移动通信网结束试运营，正式开通。中国国家公众移动通信网是中国联通通信有限公司(联通集团)按照国家公众移动通信网标准，采用最新技术建设的CDMA网络。近年来，中国公众移动通信市场的发展速度令世人瞩目。我国CDMA网已经覆盖全国31个省、市、自治区的330个本地网，重要交通干线、旅游区的覆盖也有了大幅度提高，覆盖的各城市之间均已实现自动漫游。同时又进一步改善了CDMA网与其他电信网的互联互通的主要问题，使互联互通质量得到了进一步提高。

2002年4月8日,为了祝贺中国CDMA国家公众移动通信网开通,中华人民共和国国家邮政局发行了一套纪念邮资明信片,全套1枚。志号JP.103。邮资图规格25毫米×25毫米;明信片规格148毫米×100毫米。

JP.103(1—1)"中国CDMA国家公众移动通信网开通" 邮资图以绿色作底衬,主图为4个大写英文字母"CDMA"。"CDMA"是码分多址的英文缩写,它是在数字技术的分支——扩频通信技术上发展起来的一种崭新而成熟的智能光网络无线通信技术。背景中迸射的光束,象征着CDMA技术采用的具有噪声特性的载波。片图以蓝色作底衬,主图为中国联合通信公司(联通集团)的徽志。徽志为红色中国结;中国结代表中国的企业;红色,代表爱心;闭合的红线,有序地交织成一个网络,代表信息传播的通信行业。中国结始终由一根红线串联,四通八达,象征中国CDMA国家公众移动通信网在世界范围内畅通无阻,完全符合现代移动通信大容量、高质量、综合业务、永久连接等要求。画面中密如蛛网、纵横交错的光纤,代表着中国CDMA的大幅度覆盖,并已实现了自动漫游。邮资面值60分,每枚售价0.85元。发行量350万枚。白卡纸。彩色胶印。刘雨苏设计。北京邮票厂印制。

注:中国联合通信公司(联通集团)的徽志为红色中国结,因图案整体色调的需要,绘成了蓝色。

笔者经过对JP.103收集、研究发现:

JP.103的版型 有A、B两种版型。其主要区别在纪念邮资明信片的标头、志号JP.103、"国家邮政局发行"中英文铭记上,其文字笔画虽然均由网纹夹角呈75°的网点组成,但在网点排列组合上存有多处较明显的微观不同。

JP.103的暗记 暗记主要有两处:①在明信片右下方"邮政编码"中的"政"字上,其第八笔从起笔处至笔画中段,均由两行或单行网点组成(这也是A、B两种版型的区别)。②明信片上的名址线由缩微暗记"CDMA"("码分多址")英文缩写字母排列组成。

【JP.104 亚洲议会和平协会第三届年会】The 3rd General Assembly of the Association of Asian Parliaments for Peace 亚洲议会和平协会英文缩写为"AAPP",是在孟加拉国原总统哈希娜的倡议下,于1999年9月在孟加拉国达卡成立的,是亚洲地区目前最大的主权国家议会间组织,至2003年8月有成员国37个,我国是该组织的创始国之一。在1999年该协会的成立大会上,与会各国一致推选哈希娜为该协会首任主席,同时还决定从第二届年会起,由东道国议长担任协会主席,并主持会议。亚洲议会和平协会第二届年会在柬埔寨金边举行,柬埔寨国会主席拉那烈担任主席。2002年4月16日~19日,亚洲议会和平协会第三届年会在我国北京和重庆举行:会议4月16日在北京举行开幕式之后,17日移至重庆市进行。包括33名正、副议长在内,来自亚洲39个国家的四百多名代表出席本次年会。本届年会的主题为"和平与发展"。会议代表重点讨论了共同关心的议题:多极化与世界和平;全球化与发展中国家;加强国际合作,推动建立国际政治经济新秩序。会议结束时发表了《重庆宣言》。协会的目标是尊重和支持联合国宪章的宗旨和原则,致力于发展亚洲国家之间和各国议会之间的友好合作关系,促进亚洲和世界的和平与稳定。

2002年4月16日,为了祝贺亚洲议会和平协会第三届年会在我国顺利召开,中华人民共和国国家邮政局发行了一套纪念邮资明信片,全套1枚。志号JP.104。邮资图规格27毫米×32毫米;明信片规格148毫米×100毫米。

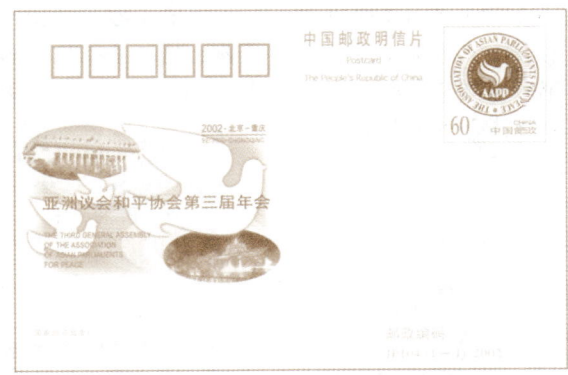

JP.104(1—1)"亚洲议会和平协会第三届年会" 邮资图为亚洲议会和平协会会徽。会徽正中由白、黄、绿色块组成的和平鸽嘴衔橄榄枝,象征亚洲人民热爱和平、追求和平的美好愿望。圆周一颗颗黄色小星代表协会成员,下端印有"亚洲议会和平协会"英文缩写"AAPP"字样,周围则围以"亚洲议会和平协会"英文名称。片图左上角为北京人民大会堂外景,右下角为重庆人民大会堂外景，三只和平鸽飞翔其间，象征亚洲议会和平协会第三届年会在中国北京和重庆举行。邮资面值60分，每枚售价0.85元。发行量350万枚。白卡纸。彩色胶印。卢天骄设计。卢天骄、杨绍全摄影。北京邮票厂印制。

笔者经过对JP.104收集、研究发现：

JP.104的版型　有A、B两种版型。其主要区别在纪念邮资明信片的标头、志号JP.104、"国家邮政局发行"中英文铭记上，其文字笔画虽然均由网纹夹角呈75°的网点组成，但在网点排列组合上存在多处较明显的微观不同。

JP.104的暗记　暗记主要有两处：①在明信片右下方"邮政编码"中的"政"字上，其第八笔从起笔处至笔画中段，均由两排单个网点组成。②明信片上的名址线由缩微暗记"AAPP"（亚洲议会和平协会）英文缩写字母排列组成。

【JP.105 中国共青团建团80周年】80th Anniversary of the Founding of the Communist Youth League China　有关中国共青团的历史知识，详见新版《中国集邮百科知识》J·32《中国共产主义青年团第十次全国代表大会》。1949年4月，中国新民主主义青年团正式成立。1957年5月15日~25日，青年团第三次全国代表大会（即共青团"八大"）在北京举行，大会决议将中国新民主主义青年团的名称改为中国共产主义青年团，简称"中国共青团"，并沿用至今。因1922年5月5日~10日，中国社会主义青年团第一次全国代表大会在广州召开，以此为起点，故2002年中国共青团建团为80周年。

2002年5月4日，正值"五四"青年节之际，中华人民共和国国家邮政局发行了一套纪念邮资明信片，全套1枚。志号JP.105。邮资图规格30毫米×20毫米；明信片规格148毫米×100毫米。

JP.105（1—1）"中国共青团建团80周年"　邮资图以绿色作底衬，主图由团徽和和平鸽、彩带组成，和平鸽展翅飞翔，彩带自然飘舞，动感强烈，洋溢着青年一代的蓬勃朝气。有关团徽的知识，详见新版《中国集邮百科知识》J·32《中国共产主义青年团第十次全国代表大会》。片图由一面面飘扬的团旗、一只只飞翔的和平鸽和一片片郁郁葱葱的绿树组成，寓意青年一代团结、奋进、向上的精神面貌。邮资面值60分，每枚售价0.85元。发行量350万枚。白卡纸。彩色胶印。卢诗阳设计。北京邮票厂印制。

笔者经过对JP.105收集、研究发现：

JP.105的版型　有A、B两种版型。其主要区别在纪念邮资明信片的标头、志号JP.105、"国家邮政局发行"中英文铭记上，其文字笔画虽然均由网纹夹角呈75°的网点组成，但在网点排列组合上存有多处较明显的微观不同。

JP.105的印刷变异　据说JP.105有局部漏印变异，因未见实品，不知真伪。

JP.105的暗记　暗记主要有两处：①在明信片右下方"邮政编码"中的"政"字上，其第八笔从起笔处至笔画中段，均由两排单个网点组成。②明信片上的名址线由缩微暗记"GQT"（共青团）汉语拼音第一个字母排列组合而成。

【JP.106 2002年汤姆斯杯、尤伯杯世界羽毛球团体锦标赛】2002 Thomas Cup & Uber Cup World Team Badminton Championships　汤姆斯杯赛，即国际男子羽毛球团体锦标赛，因奖杯为世界羽联第一任主席乔治·汤姆斯捐赠，故得名。1939年，国际羽联决定设男子团体赛，因第二次世界大战，首次比赛推迟到1948年举行，以后每三年举行一届。1982年起每两年（偶数）举办一次。尤伯杯赛，即世界女子羽毛球团体锦标赛，因奖杯为英国羽毛球运动员尤伯夫人捐赠，故得名。第一届于1956年在英国举行，以后每三年举行一次。1982年起，每两年（偶数）举办一次。汤姆斯杯、尤伯杯世界羽毛球团体锦标赛，是当今国际羽坛历史最久、水平最高的男、女团体比赛。2002年汤姆斯杯、尤伯杯世界羽毛球团体锦标赛原来由马来西亚承办，但因经费不足，马来西亚羽协于2001年9月宣布放弃承办。当时，我国广州市羽协提出了承办申请。2002年1月15日，国际羽联主席科恩·达巴兰西在北京宣布，国际羽联正式批准中国广州市承办"2002年汤姆斯杯、尤伯杯世界羽毛球团体锦标赛"。2002年5月9日~19日，"2002年汤姆斯杯、尤伯杯世界羽毛球团体锦标赛"在广州市举行。共有11个国家和地区的男、女各8支代表队参加比赛，与会人员260人。本届锦标赛首次采用国际羽联试行的"七分制"新赛制。

2002年5月9日，为了祝贺汤姆斯杯、尤伯杯世界羽毛球团体锦标赛顺利举行，中华人民共和国国家邮政局发行了一套纪念邮资明信片，全套1枚。志号JP.106。邮资图规格26毫米×35毫米；明信片规格148毫米×100毫米。

JP.106（1—1）"2002年汤姆斯杯、尤伯杯世界羽毛球团体锦标赛" 邮资图以羽毛球场为背景，突出展现了一只白色羽毛球。片图以本届锦标赛的会徽为背景，采用了一名男羽毛球运动员扣球的动作造型，英姿勃勃。会徽是一个呈螺旋形的羽毛球飞行的轨迹；这个"螺旋形轨迹"代表双重含义：一是代表本届锦标赛的举办时间"2002"年；二是螺旋形轨迹为草书的汉字"广州"二字，点明比赛地点。右下角绘有吉祥物，即拟人化的羽毛球"汤汤"和"尤尤"，他们张开双臂，热情地欢迎各国运动员。邮资面值60分，每枚售价0.85元。发行量350万枚。白卡纸。彩色胶印。门立群设计。北京邮票厂印制。

笔者经过对JP.106收集、研究发现：

JP.106的版型 有A、B两种版型。其主要区别在纪念邮资明信片的标头、志号JP.106、"国家邮政局发行"中英文铭记上，其文字笔画虽然均由网纹夹角呈45°的网点组成，但在网点排列组合上存有多处较明显的微观不同。

JP.106的印刷变异 未发现JP.106有印刷变异，但有可乱真的伪品，集邮者在收集时，注意鉴别真伪。

JP.106的暗记 暗记主要有两处：①明信片的标头、志号、"邮政编码"和"国家邮政局发行"文字，均由网纹夹角呈45°的网点组成。②明信片的名址线由缩微暗记"TMSUB"（汤姆斯尤伯）汉语拼音第一个字母排列组合而成。

【JP.107 宋庆龄基金会成立20周年】The 20th Anniversary of the Founding of the Soong Ching Ling Foundation 中华人民共和国名誉主席宋庆龄，是爱国主义和国际主义的伟大战士，是杰出的国际社会活动家，是保卫世界和平事业久经考验的前驱。她不仅为全国各族人民所爱戴，而且为全世界爱好和平和正义的人民所尊敬，被公认为20世纪最伟大的女性之一。1981年5月19日，宋庆龄因病逝世，享年88岁。为了纪念宋庆龄，在邓小平、廖承志、康克清等老一辈国家领导人的倡议和支持下，1982年5月29日，宋庆龄基金会在北京成立。邓小平担任宋庆龄基金会名誉主席，康克清担任主席，许多著名的领导人和社会活动家担任领导职务，充分体现了这个人民团体的特殊地位和作用。宋庆龄基金会是中国成立最早的基金会，是一个非营利性的社会团体。基金会始终遵循宋庆龄毕生致力的少年儿童的文教、科技和福利事业，世界和平事业和祖国统一大业的三项宗旨，本着"开门办会，依章治会"和"实验性、示范性"的工作方针，充分发挥自己的有利条件，在海内外友好组织和热心人士的支持和帮助下，取得了可喜的成绩。她的足迹遍及祖国的大江南北，并延伸至海外的城市和乡村；工作涉及国际友好、两岸交流、科学普及、扶贫助教、文学艺术、体育卫生等诸多领域，在国内外产生了积极的影响。

2002年5月29日，为了践行宋庆龄"缔造未来"的深情嘱托，为了弘扬宋庆龄毕生致力的神圣事业，值宋庆龄基金会成立20周年之际，中华人民共和国国家邮政局发行了一套纪念邮资明信片，全套1枚。志号JP.107。邮资图规格27毫米×34毫米；明信片规格148毫米×100毫米。

JP.107（1—1）"宋庆龄基金会成立20周年" 邮资图由宋庆龄基金会会徽和北京宋庆龄故居主楼外景组成。宋庆龄基金会会徽中心以半浮雕形式突出的宋庆龄英文缩写签名"S.C.L"为字标。会徽中心由"C.L"两个字母叠压成中文的"中"字，象征中国。环绕"S.C.L"字标的橄榄枝，象征基金会致力于儿童福利事业，为增进国际友好和促进世界和平而努力。会徽呈圆形，象征货币，寓基金之意。会徽采用金色，象征宋庆龄基金会的事业蒸蒸日上，蓬勃发展。片图采用了一幅宋庆龄和少年儿童在一起的照片,并用"2"字和圆形的基金会会徽巧妙组成"20"字样,点明了画题。邮票面值60分,每枚售价0.85元。发行量350万枚。白卡纸。彩色胶印。李国柱设计。胡堂林摄影。北京邮票厂印制。

笔者经过对JP.107收集、研究发现:

JP.107的版型 有A、B两种版型。其主要区别在纪念邮资明信片的标头、志号JP.107、"国家邮政局发行"中英文铭记上,其文字笔画虽然均由网纹夹角呈75°的网点组成,但在网点排列组合上存有多处较明显的微观不同。

JP.107的印刷变异 JP.107有邮资图上的会徽局部漏印红色和裁切大移位。

JP.107的暗记 暗记主要有两处:①在明信片右下方"邮政编码"中的"政"字上,其第八笔从起笔处至笔画中段,均由两排单个网点组成。②明信片上的名址线由缩微暗记"SQL"(宋庆龄)汉语拼音第一个字母排列组合而成。

【JP.108 2002年国际数学家大会】International Congress of Mathematicians 2002 国际数学家大会(ICM)是由国际数学联盟(IMU)主办的,每四年举行一次,有"数学的奥林匹克"之称,至今已有一百多年的历史。1897年,首届国际数学家大会在瑞士苏黎世举行。1900年在法国巴黎召开的第2届大会之后,除两次世界大战期间外,未曾中断。它已成为最高水平的世界性数学科学学术会议。1998年8月举行的国际数学联盟大会上,决定在中国北京召开"ICM 2002"。2002年8月20日~28日,第24届国际数学家大会在北京举行。在"ICM 2002"大会上,由各个数学学科的带头人作1小时大会报告和45分钟学术报告,内容覆盖数学的主要领域,另外还有各个分组内的多种形式的报告。作大会报告和邀请报告的人选是由国际数学家联盟指定的程序委员会选定的。一百多年前的1900年在巴黎召开的第2届国际数学家大会上,希尔伯特以著名的23个问题开辟了20世纪数学的新时代。而"ICM 2002"大会是第一次在发展中国家举行。本次会议的召开,将会推动我国数学科学研究事业的蓬勃发展,也为全世界的数学家提供了一个认识中国的机会。

2002年8月20日,为了祝贺"ICM 2002"在北京顺利召开,中华人民共和国国家邮政局发行了一套纪念邮资明信片,全套1枚。志号JP.108。邮资图规格26毫米×35毫米;明信片规格148毫米×100毫米。

JP.108(1—1)"2002年国际数学家大会" 邮资图以紫色作底衬,主图采用了"ICM 2002"的会徽——弦图。弦图系公元三世纪初,我国三国时期数学家赵爽证

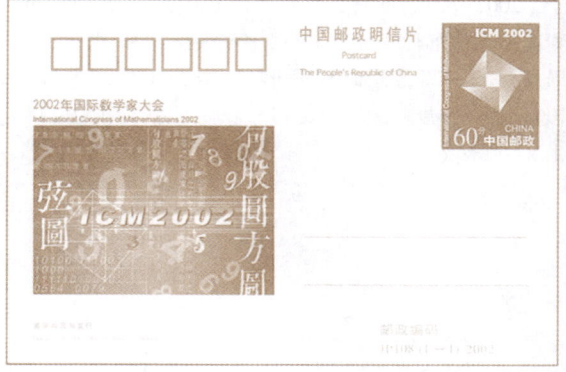

明勾股定理的画图。片图由我国古代数学领域取得的"勾股圆方图"、"弦图"等重要成果和算筹,以及阿拉伯数字组成。本届大会英文缩写"ICM 2002"横排在图案中心,点明了画题。邮票面值60分,每枚售价0.85元。发行量350万枚。白卡纸。彩色胶印。陈宁设计。北京邮票厂印制。

笔者经过对JP.108收集、研究发现:

JP.108的版型 有A、B两种版型。其主要区别在纪念邮资明信片的标头、志号JP.108、"国家邮政局发行"中英文铭记上,其文字笔画虽然均由网纹夹角呈75°的网点组成,但在网点排列组合上存有多处较明显的微观不同。

JP.108的暗记 暗记主要有两处:①在明信片右下方"邮政编码"中的"政"字上,其第八笔从起笔处至笔画中段,均由两排单个网点组成。②明信片上的名址线,由缩微暗记"ICM"(国际数学家大会)英文缩写字母排列组合而成。

【JP.109 中国投资贸易洽谈会】China International Fair for Investment & Trade 中国投资贸易洽谈会简称"投洽会",英文缩写为"CIFIT"。由中华人民共和国外贸部主办,福建省人民政府和厦门市人民政府承办,国内各省市自治区和部分计划单列市以及国家相关部委局办等以成员单位身份参加。它的前身是"福建投资贸易洽谈会"。中国投资贸易洽谈会组织委员会为常设机构。外贸部部长担任委员会名誉主席,福建省省长担任组委会主任。投洽会自1997年开始,每年9月8日~12日在厦门举行。自第六届开始,投洽会将会期由原来五天调整为四天。投洽会是以吸引外商直接投资为主的全国性投资促进活动,以投资洽谈为主题,邀请世界各地的投资商、贸易商、中介机构、金融机构、外商在华设立的投资公司、境外投资企业和境外招商机构的代表出席并设置展位。投洽会是获得中国最新投资政策信息,全面了解中国各地投资环境,考察中国各地招商项

目,广泛接触中国各级经贸官员和投资合作伙伴的最佳时机,也是世界各国尤其是发展中国家开展招商引资的大好商机。2002年9月8日~11日,第六届中国投资贸易洽谈会在福建厦门国际会展中心举行。多个国家和地区,二百四十多个商团、八千多个客商和国内一百六十多个经贸团体参加了洽谈会。

2002年9月8日,为了宣传中国投资贸易洽谈会的意义,中华人民共和国国家邮政局发行了一套纪念邮资明信片,全套1枚。志号JP.109。邮资图规格直径25毫米(圆形);明信片规格148毫米×100毫米。

JP.109(1—1)"中国投资贸易洽谈会" 邮资图为第六届中国投资贸易洽谈会会徽。会徽图案由每年"9月8日"开始举办"投洽会"中的阿拉伯数字"9"、"8"以及英文缩写"CIFIT"组成一把金钥匙,寓意投洽会犹如打开财富宝库的金钥匙;背景为厦门国际会展中心,表明了举办地。片图以蓝天白云为背景,采用了厦门国际会展中心外景摄影照片;上端标有"中国投资贸易洽谈会"中英文名称,点明了主题。邮资面值60分,每枚售价0.85元。发行量350万枚。白卡纸。彩色胶印。李炜设计。北京邮票厂印制。

笔者经过对JP.109收集、研究发现:

JP.109的版型 有A、B两种版型。其主要区别在纪念邮资明信片的标头、志号JP.109、"国家邮政局发行"中英文铭记上,其文字笔画虽然均由网纹夹角呈75°的网点组成,但在网点排列组合上存有多处较明显的微观不同。

JP.109的暗记 暗记主要有两处:①在明信片右下方"邮政编码"中的"政"字上,其倒数第二笔从起笔处至笔画中段,均由两排单个网点组成。②明信片上的名址线,由缩微暗记"CIFIT"(中国投资贸易洽谈会)英文缩写字母排列组合而成。

【JP.110 全球环境基金第二届成员国大会】2nd Global Environment Facility (GEF) Assembly 全球环境基金简称为"GEF"。GEF作为一个国际资金机制,是由世界银行、联合国开发计划署(UNDP)和联合国环境计划署(UNEP)共同管理的,主要是以赠款或其他形式的优惠资助,为受援国(包括发展中国家和部分经济转轨国家)提供关于气候变化、生物多样性、国际水域和臭氧层损耗四个领域以及与这些领域相关的土地退化方面项目的资金支援,以取得全球环境效益,促进受援国有益于环境的可持续发展。它是联合国《生物多样性公约》、《气候变化框架公约》的资金机制和新近签署的《持久性有机污染物公约》的临时资金机制。2002年10月16日~18日,全球环境基金第二届成员国大会在北京国际会议中心召开。国家主席江泽民出席开幕式,发表题为《采取积极行动 共创美好家园》重要讲话。来自135个成员国的政府官员,以及联合国相关组织和非政府组织的一千二百多名代表,就全球环境基金成立十多年来的经验教训、未来的发展方向以及全球环境可持续性发展问题进行了深入探讨,形成的共识写进了《北京宣言》。会议还批准全球环境基金在气候变化、生物多样性、国际水域和臭氧层损耗等业务领域的基础上,将防治土地退化和减少持久性有机污染物作为新的重点领域。

2002年10月13日,为了宣传全球环境基金第二届成员国大会的意义,中华人民共和国国家邮政局发行了一套纪念邮资明信片,全套1枚。志号JP.110。邮资图规格23毫米×31毫米;明信片规格148毫米×100毫米。

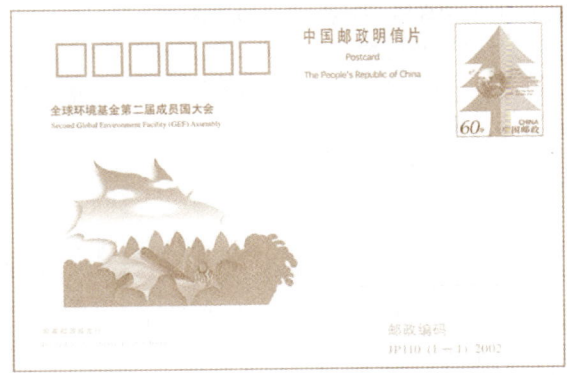

JP.110(1—1)"全球环境基金第二届成员国大会"邮资图采用了全球环境基金第二届成员国大会会徽。会徽图案为中国万里长城城墙环绕地球,右侧标有本届大会名称及"中国·北京"英文字样,背衬一棵硕大的伞冠树,并运用绿色和土黄色的鲜明对比,寓意全球环境已经到了必须关注的严重程度了。片图运用蓝色、土黄色和灰白色,将绿色围困在狭窄的空间,象征天气恶化、水质被污染、土地退化等,正在一步步伤害着全球环境,形象地警告人类:现在已经到了应该积极行动起来,努力保护自己的绿色家园的时候了!邮资面值 60 分,每枚售价 0.85 元。发行量 350 万枚。白卡纸。彩色胶印。阎炳武设计。北京邮票厂印制。

笔者经过对 JP.110 收集、研究发现:

JP.110 的版型 有 A、B 两种版型。其主要区别在纪念邮资明信片的标头、志号 JP.110、"国家邮政局发行"中英文铭记上,其文字笔画虽然均由网纹夹角呈 75°的网点组成,但在网点排列组合上存有多处较明显的微观不同。

JP.110 的暗记 暗记主要有两处:①在明信片右下方"邮政编码"中的"政"字上,其第八笔从起笔处至笔画中段,均由两排单个网点组成。②明信片上的名址线,由缩微暗记"GEF"(全球环境基金)英文缩写字母排列组合而成。

【JP.111 招商局成立 130 周年】130th Anniversary of China Merchants Group 有关招商局的历史知识,详见本书 JF.38《招商局成立一百二十周年》。自从我国实行改革开放以来,招商局的面貌又发生了巨大的变化,其水路运输完整配套,形成体系,同时在工业、商业、金融保险、旅游业、工程建设、房地产等行业得到协调发展,为祖国的社会主义现代化建设,为香港的繁荣稳定做出了新的贡献。

2002 年 12 月 26 日,为了祝贺招商局成立 130 周年,中华人民共和国国家邮政局发行了一套纪念邮资明信片,全套 1 枚。志号 JP.111。邮资图规格 26 毫米×35 毫米;明信片规格 148 毫米×100 毫米。

JP.111(1—1)"招商局成立 130 周年" 邮资图采用了 1872 年 1 月 17 日招商局(全称轮船招商局)正式开业时,设在上海洋泾浜南永安街的总局大楼外景;"招商局"三个字和"1872"与"2002"阿拉伯数字,以及左上端飘扬着的一面旗子,标明招商局已经历了 130 年的沧桑岁月。片图采用了现在招商局集团有限公司设在香港的总部大楼外景,楼顶上竖立着的"招商局"三个字清晰可见;左上隅印有徽志。有关招商局徽志的知识,详见本书 JF.38《招商局成立一百二十周年》。邮资面值 60 分,每枚售价 0.85 元。发行量 350 万枚。白卡纸。彩色胶印。李德福设计。北京邮票厂印制。

笔者经过对 JP.111 收集、研究发现:

JP.111 的版型 有 A、B 两种版型。其主要区别在纪念邮资明信片的标头、志号 JP.111、"国家邮政局发行"中英文铭记上,其文字笔画虽然均由网纹夹角呈 75°的网点组成,但在网点排列组合上存有多处较明显的微观不同。

JP.111 的暗记 暗记主要有两处:①在明信片右下方"邮政编码"中的"政"字上,其第八笔从起笔处至笔画中段,均由两排单个网点组成。②明信片上的名址线,由缩微暗记"ZSJ"(招商局)汉语拼音第一个字母排列组合而成。

【JP.112 2003 中国·吉林首届国际冬季龙舟赛】1st Jilin International Winter Dragon Boat Racing, China 2003 2003 年 1 月 3 日~5 日,中国吉林首届国际冬季龙舟赛在吉林市举行。龙舟赛原本是在江南地区开展的一项运动,吉林市举办龙舟赛,使龙舟运动跨过长江、黄河,越过山海关到达吉林市,实现了地域跨越。而且,吉林市地处北纬 43 度以北,又是在零下二十多摄氏度的隆冬季节举办龙舟赛,实现了季节跨越,也是一个创新。共有来自美国、加拿大、德国、澳大利亚、荷兰、新西兰、新加坡等国家和中国的香港、澳门、天津、广东、山东、湖南、辽宁和吉林市等地的 22 个代表团共 78 支龙舟队七百六十多名运动员,冒着严寒参加了比赛。

2003 年 1 月 3 日,为了祝贺中国吉林首届国际冬季龙舟赛顺利举行,中华人民共和国国家邮政局发行了一套纪念邮资明信片,全套 1 枚。志号 JP.112。邮资图规格 21 毫米×27 毫米;明信片规格 148 毫米×100 毫米。

JP.112(1—1)"2003 中国·吉林首届国际冬季龙舟

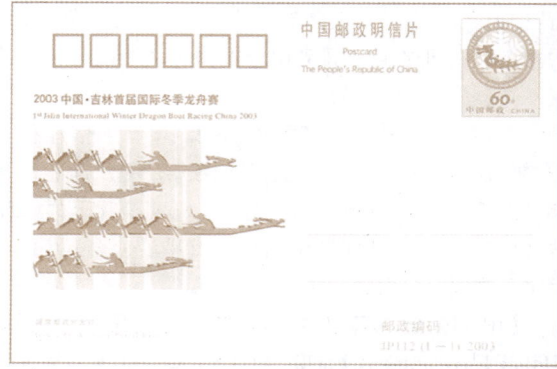

赛"邮资图为中国吉林首届国际冬季龙舟赛的徽志。徽志呈圆形，采用龙舟竞渡为主图，背衬冰凌花和江波，外围饰以"2003中国·吉林首届国际冬季龙舟赛"中英文字样。片图以蓝色的江波纹作底衬，展现了龙舟竞渡的激烈场面。邮资面值60分，每枚售价0.85元。发行量350万枚。白卡纸。彩色胶印。李德福设计。北京邮票厂印制。

笔者经过对JP.112收集、研究发现：

JP.112的版型　有A、B两种版型。其主要区别在纪念邮资明信片的标头、志号JP.112、"国家邮政局发行"中英文铭记上，其文字笔画虽然均由网纹夹角呈15°的网点组成，但在网点排列组合上存有多处较明显的微观不同。

JP.112的暗记　暗记主要有两处：①在明信片右下方"邮政编码"中的"政"字上，其最后一笔从起笔处至笔画中段，均由三排单个网点组成（网线变细）。②明信片上的名址线，由缩微暗记"SLZ"（赛龙舟）汉语拼音第一个字母排列组合而成。

【JP.113 中华人民共和国第十届冬季运动会】The 10th National Winter Games of the People's Republic of China　全国冬季运动会是我国规模最大、级别最高的冰雪项目综合性体育赛会，每四年举办一次。经国务院批准，由国家体育总局主办，黑龙江省哈尔滨市人民政府承办的中华人民共和国第十届冬季运动会，于2003年1月5日～18日在哈尔滨举行。李鹏委员长出席开幕式并观看大型文艺演出。全国共有38个代表团，包括香港、澳门代表团和解放军及其他体协约四千名运动员参加比赛。比赛项目共计10大项74个小项，如高山滑雪、跳台滑雪、速滑、冰球等，是冬运会举办以来竞赛项目最多的一届冬季综合性运动会，既可以更广泛推进全国健身运动，提高我国冬季体育竞技水平，也能够有力地促进我国冬季体育产业的各项建设和发展。

2003年1月16日，为了祝贺中华人民共和国第十届冬季运动会顺利举行，中华人民共和国国家邮政局发行了一套纪念邮资明信片，全套1枚。志号JP.113。邮资图规格33毫米×33毫米（菱形）；明信片规格148毫米×100毫米。

JP.113（1—1）"中华人民共和国第十届冬季运动会"邮资图呈菱形，图案采用了本届冬运会会徽。会徽主图由滑道雪痕组成阿拉伯数字"10"，下端印有"2003中国·哈尔滨"字样，代表第十届冬运会。片图由冰雪花和吉祥物组成。吉祥物是一只拟人化的小梅花鹿，他头戴毛线帽，竖着大拇指，仿佛正在夸赞运动员的精彩表现。邮资面值60分，每枚售价0.85元。发行量

300万枚。白卡纸。彩色胶印。王虎鸣设计。北京邮票厂印制。

笔者经过对JP.113收集、研究发现：

JP.113的版型　有A、B两种版型。其主要区别在纪念邮资明信片的标头、志号JP.113、"国家邮政局发行"中英文铭记上，其文字笔画虽然均由网纹夹角呈15°的网点组成，但在网点排列组合上存有多处较明显的微观不同。

JP.113的暗记　暗记主要有两处：①在明信片右下方"邮政编码"中的"政"字上，其最后一笔从起笔处至笔画中段，均由三排单个网点组成。②明信片上的名址线，由缩微暗记"DYH"（冬运会）汉语拼音第一个字母排列组合而成。

【JP.114 老一辈无产阶级革命家为雷锋题词40周年】The 40th Anniversary of the Inscriptions for Lei Feng by the Proletarian Revolutionaries of the Older Generation　雷锋是中国人民解放军的一名普通战士。1940年12月18日，雷锋生于湖南省望城县（今长沙县）一个贫苦农民家里。有关雷锋的事迹，详见新版《中国集邮百科知识》J·26《向雷锋同志学习》。1962年8月15日，雷锋因公殉职。他22岁的生命虽然短暂，但他公而忘私、爱憎分明、全心全意为人民服务的事迹，却感动了一个时代。1963年3月5日，毛泽东同志的题词"向雷锋同志学习"的手迹，在《人民日报》公开发表。当时，刘少奇、周恩来、朱德、邓小平、陈云、董必武等中央领导同志也分别进行题词。刘少奇同志的题词为："学习雷锋同志平凡而伟大的共产主义精神。"周恩来同志的题词为："向雷锋同志学习：憎爱分明的阶级立场，言行一致的革命精神，公而忘私的共产主义风格，奋不顾身的无产阶级斗志。"朱德同志的题词为："学习雷锋，做毛主席的好战士。"邓小平同志的题词为："谁愿意当一个真正的共产主义者，就应该向雷锋同志的品德和风格学习。"陈云同志的题词为："雷锋同志是中国人民的好儿子，大家向他学习。"董必武同志《歌咏雷锋同志》的题诗

为:"有众读毛选,雷锋特认真。不惟明字句,而且有精神。阶级观清楚,勤劳念朴纯。螺丝钉不锈,历史色长新。只作平凡事,皆成巨丽珍。普通一战士,生活为人民。"自1963年3月5日毛泽东同志的亲笔题词发表后,每年的3月5日便被定为纪念和学习雷锋活动日。40年来,学习雷锋活动在我国的蓬勃发展,对促进社会主义道德风尚的提高,对弘扬和培育民族精神,对促进社会主义物质文明和精神文明的建设,都具有深远的历史意义。

2003年3月5日,为了宣传"向雷锋同志学习"的重要意义,中华人民共和国国家邮政局发行了一套纪念邮资明信片,全套1枚。志号JP.114。邮资图规格32毫米×23毫米;明信片规格148毫米×100毫米。

JP.114(1—1)"老一辈无产阶级革命家为雷锋题词40周年" 邮资图由雷锋同志头像雕塑和毛泽东同志题词"向雷锋同志学习"手迹组成。背景自上而下洒满由深渐浅的红色,寓意向雷锋同志学习的社会意义。片图在百花绽放和彩带飘动的映衬下,采用红色突出展现了毛泽东同志的题词"向雷锋同志学习"手迹,象征学习雷锋同志的活动犹如鲜花开遍中国大地,已经成为亿万人民的生动实践。邮资面值60分,每枚售价0.85元。发行量300万枚。白卡纸。彩色胶印。阎炳武设计。庞乃轩雕塑。北京邮票厂印制。

笔者经过对JP.114收集、研究发现:

JP.114的版型 有A、B两种版型。其主要区别在纪念邮资明信片的标头、志号JP.114、"国家邮政局发行"中英文铭记上,其文字笔画虽然均由网纹夹角为15°的网点组成,但在网点排列组合上存有多处较明显的微观不同。

JP.114的印刷变异 JP.114发现有裁切移位品。

JP.114的暗记 暗记主要有两处:①在明信片右下方"邮政编码"中的"政"字上,其最后一笔起笔处至笔画中段,均由三排单个网点组成。②明信片的名址线由缩微暗记"LEIFENG"(雷锋)汉语拼音字母排列组合而成。

【JP.115 第三届中国长春国际汽车博览会】The 3rd China Changchun International Automobile Fair 中国长春国际汽车博览会是由中国国际贸易促进委员会(中国国际商会)批准举办的国内著名车展,每两年举办一次。2003年7月15日~22日,第三届中国长春国际汽车博览会在中国吉林省长春市国际会展中心举行。有16个国家和地区的企业参展,整车参展企业一百多家,展车四百多辆。有国外六大汽车集团三十多个知名品牌汽车厂家和国内一汽、二汽等78家主流汽车生产厂商及五百多家汽车配件生产企业参展。博览会展场面积十万平方米。博览会期间,举办了中国汽车工业50周年活动、中国汽车工程学会成立40周年纪念大会、中国汽车、汽车模特大赛、长春论坛等三十多项活动。本届博览会以"汽车技术与市场共享"为主题,以"开拓汽车市场、挑战汽车技术、探索汽车未来、推进信息交流、迎接绿色革命"为宗旨。通过展示中外汽车工业新产品、新技术,促进中国汽车工业的全面发展,加速与国际接轨,加快中国长春汽车城的建设步伐。本届博览会围绕着汽车产品、汽车贸易、汽车科技、汽车文化及汽车运动,共设计安排了六大类二十多项活动。

2003年7月15日,为了祝贺第三届中国长春国际汽车博览会的顺利举办,中华人民共和国国家邮政局发行了一套纪念邮资明信片,全套1枚。志号JP.115。邮资图规格35毫米×15毫米;明信片规格148毫米×100毫米。

JP.115(1—1)"第三届中国长春国际汽车博览会" 邮资图采用了本届博览会会徽。会徽由轮胎花纹与道路组成图案,表示汽车飞速行进。片图以长春国际会展中心为背景,展现了本届博览会吉祥物"洋洋"的形象,即一只拟人化的小羊形象。"洋洋"胸前佩戴着本届博览会会徽,脚踏"汽车",举手作"OK"状,面带微笑,向前奔跑着,表达了中国对参展企业的热情欢迎。2003年是农历羊年,吉祥物"洋洋"身上具有中华民族生肖文化的特征。邮资面值60分，每枚售价0.85元。发行量300万枚。白卡纸。彩色胶印。红色荧光防伪油墨。王虎鸣设计。北京邮票厂印制。

注：JP.115是中国邮政首次采用红色荧光防伪油墨印制的纪念邮资明信片。

笔者经过对JP.115收集、研究发现：

JP.115的版型　有A、B两种版型。其主要区别在纪念邮资明信片的标头、志号JP.115、"国家邮政局发行"中英文铭记上，其文字笔画虽然均由网纹夹角呈15°的网点组成，但在网点排列组合上存有多处较明显的微观不同。

JP.115的暗记　暗记主要有两处：①在明信片右下方"邮政编码"中的"政"字上，其最后一笔从起笔处至笔画中段，均由三排单个网点组成。②明信片上的名址线由缩微暗记"CCQC"（长春汽车）汉语拼音第一个字母排列组合而成。

【JP.116 中华人民共和国第六届残疾人运动会】The 6th National Games of the Disabled of the People's Republic of China　2003年9月16日~24日，经国务院批准，由中国残疾人联合会、国家体育总局、中国残疾人体育协会主办，江苏省人民政府承办的中华人民共和国第六届残疾人运动会，以南京市五台山体育中心为主赛场，在南京市、常州市、扬州市和镇江市分赛区举行。全国31个省、市、自治区和新疆建设兵团、香港和澳门特别行政区等35个代表团参赛。运动员包括视力、听力和肢体残疾人，共3500人。本届残疾人运动会共设田径、游泳、举重、射击、射箭、乒乓球、羽毛球、盲人柔道、盲人门球、轮椅篮球、聋人篮球、轮椅网球、坐式排球、轮椅击剑、自行车等15个项目。这是我国在新世纪举办的第一次全国残疾人体育盛会。

2003年9月16日，为了祝贺第六届全国残疾人运动会顺利举行，中华人民共和国国家邮政局发行了一套纪念邮资明信片，全套1枚。志号JP.116。邮资图规格22.5毫米×28毫米；明信片规格148毫米×100毫米。

JP.116（1—1）"中华人民共和国第六届残疾人运动会"　邮资图为柳明、柳百惠父女设计的第六届全国残疾人运动会会徽。会徽采用了绿、蓝、红三种色彩，绿色为"残"字汉语拼音第一个字母"C"，蓝色为"疾"字汉语拼音第一个字母"J"，红色为坐在轮椅上的一个运动员形象，寓意残疾人身残志不残，他们脚踏绿色大地，头顶蓝天，心中充满了阳光，生活自然会快乐幸福。片图为师锐设计的第六届全国残疾人运动会吉祥物"羊羊"形象，即一只拟人化的小绵羊（2003年是农历羊年）。"羊羊"胸前挂着一枚金牌，右手举着变形为阿拉伯数字"6"

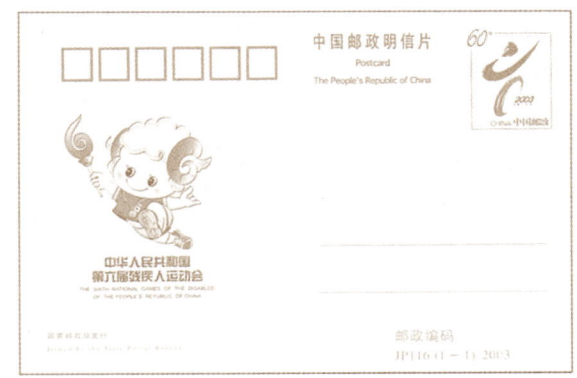

的火炬，就连左侧的角也弯曲成了阿拉伯数字"6"，主题鲜明。邮资面值60分，每枚售价0.85元。发行量390万枚。白卡纸。彩色胶印。防伪方式为防伪油墨、缩微暗记。尚予设计。北京邮票厂印制。

笔者经过对JP.116收集、研究发现：

JP.116的版型　有A、B两种版型。其主要区别在纪念邮资明信片的标头、志号JP.116、"国家邮政局发行"中英文铭记上，其文字笔画虽然均由网纹夹角呈15°的网点组成，但在网点排列组合上存有多处较明显的微观不同。

JP.116的暗记　暗记主要有两处：①在明信片右下方"邮政编码"中的"政"字上，其最后一笔起笔处至笔画中段，均由两排或三排单个网点组成。②明信片的名址线由缩微暗记"CYH"（残运会）汉语拼音第一个字母排列组合而成，并采用红色荧光防伪油墨印制的。

【JP.117 中华人民共和国第五届城市运动会】The 5th Intercity Games of the People's Republic of China

2003年10月18日~27日，中华人民共和国第五届城市运动会在湖南省长沙市举行。18日晚，第五届城市运动会开幕式在长沙市贺龙体育场隆重举行，共有78个代表团参加比赛，首次实现了大陆、香港、澳门、台湾选手同场竞赛的场面。本届城市运动会共设29个大项，289个小项，将产生320枚金牌。经过激烈的竞争，有49个代表队获得了金牌，62个代表队的选手获得了金牌。本届城市运动会共有4人8次超5项世界纪录，6人8次平6项世界纪录，11人13队34次超16项世界青年纪录，9人1队13次平9项世界青年纪录，8人12次超6项亚洲纪录。本届城市运动会是历届城运会规模最大和项目设置、参赛人数最多的一次体育盛会。

2003年10月18日，为了祝贺第五届城市运动会顺利举行，中华人民共和国国家邮政局发行了一套纪念邮资明信片，全套1枚。志号JP.117。邮资图规格19毫米×24毫米；明信片规格148毫米×100毫米。

JP.117(1—1)"中华人民共和国第五届城市运动会" 邮资图采用了由郭日熙设计的第五届城市运动会会徽。会徽为一只写意的手掌印,手掌为湖南区域地形图,手纹则寓意湖南的"三湘四水"。设计者用这只"创世纪的手",生动地表达了"2003——湖南向您招手"的真诚与热情。片图为湖南省长沙市贺龙体育场外景和第五届城市运动会的吉祥物仙鹤,拟人化的仙鹤从体育场展翅飞出,寓意城运会对城市的发展具有重要意义。邮资面值60分,每枚售价0.85元。发行量300万枚。白卡纸。彩色胶印。防伪方式为防伪油墨,缩微文字。王虎鸣设计。北京邮票厂印制。

笔者经过对JP.117收集、研究发现:

JP.117的版型 有A、B两种版型。其主要区别在纪念邮资明信片的标头、志号JP.117、"国家邮政局发行"中英文铭记上,其文字笔画虽然均由网纹夹角呈15°的网点组成,但在网点排列组合上存有多处较明显的微观不同。

JP.117的印刷变异 JP.117有裁切大移位。

JP.117的暗记 暗记主要有两处:①在明信片右下方"邮政编码"中的"政"字上,其最后一笔从起笔处至笔画中段,均由两排或三排单个网点组成。②明信片上的名址线由缩微暗记"CSYDH"(城市运动会)汉语拼音第一个字母排列组合而成。采用了防伪荧光油墨印制。

【JP.118 世界经济发展宣言】World Economic Development Declaration 《世界经济发展宣言》(草案)是由六位诺贝尔经济学奖获得者和六位中国著名经济学家,经过两年多的时间,共同起草、撰写的一份纲领性文件。《世界经济发展宣言》(珠海宣言)由九部分组成,分为相互依存、科技进步、有效利用资源、可持续发展、分配、竞争、资金、经济发展与教育、人的因素。《宣言》旨在贯彻联合国宪章精神、推动建立国际经济新秩序、促进世界和平与发展。《宣言》的重大意义在于这是中国首次以组织、策划、发起者的身份对全球化进程发表自己的观点。2003年11月6日~7日,世界经济发展大会暨中国企业高峰会议在广东省珠海市举行,《世界经济发展宣言》系列活动开始。会议中,来自三十多个国家和地区的政要、国际经济组织的代表及工商界知名人士和专家学者,共同探讨了世界经济发展的新趋势和新问题,以及如何在平等、诚信、合作、发展的基础上,开展国际合作,促进共同发展和繁荣。会议发表了《世界经济发展宣言》,也称《珠海宣言》。中国国务院副总理吴仪出席了会议的开幕式并发表了题为《互利合作 加快发展 共创辉煌》的演讲,阐述了《世界经济发展宣言》的基本原则,即平等、诚信、合作、发展。

2003年11月6日,为了祝贺《世界经济发展宣言》系列活动的顺利举行,中华人民共和国国家邮政局发行了一套纪念邮资明信片,全套1枚。志号JP.118。邮资图规格28毫米×35毫米;明信片规格148毫米×100毫米。

JP.118(1—1)"世界经济发展宣言" 邮资图采用了《世界经济发展宣言》系列活动的徽志。徽志呈圆形,中心为经纬线地球图形,圆环周围标有:"世界经济发展宣言(珠海宣言)"中英文名称,左右两侧饰有橄榄枝,代表该宣言的全球性意义。片图以绿地和蓝天为背景,中心为地球图形,一道彩虹从代表珠海的建筑中射出,上方有展翅飞翔的海燕,下方标有"平等 诚信 合作 发展"字样,形象地表达出了《世界经济发展宣言》(珠海宣言)的深刻含义。邮资面值60分,每枚售价0.85元。发行量250万枚。白卡纸。彩色胶印。陈嘉宏设计。北京邮票厂印制。

笔者经过对JP.118收集、研究发现:

JP.118的版型 有A、B两种版型。其主要区别在纪念邮资明信片的标头、志号JP.118、"国家邮政局发行"中英文铭记上,其文字笔画虽然均由网纹夹角呈15°的网点组成,但在网点排列组合上存有多处较明显的微观不同。

JP.118 的暗记　暗记主要有两处：①在明信片右下方"邮政编码"中的"政"字上，其最后一笔从起笔处至笔画中段，均由两排或三排单个网点组成。②明信片上的名址线，均由缩微暗记"FZXY"（发展宣言）汉语拼音第一个字母排列组合而成。

【JP.119 和平共处五项原则创立50周年】The 50th Anniversary of the Proclamation of the Five Principles of Peaceful Co-existence　"和平共处五项原则"简称"五项原则"。和平共处五项原则是由中国、印度和缅甸三国在1954年共同倡导的。1954年4月，《中华人民共和国和印度共和国关于中国西藏地方和印度之间的通商和交通协定》中首次提出；同年6月，中印、中缅总理的联合声明中重申并确认五项原则作为国际关系的指导原则。其内容是：互相尊重主权和领土完整、互不侵犯、互不干涉内政、平等互利、和平共处。和平共处五项原则作为重要的国际关系准则，在规范国与国之间的关系、处理国与国之间存在的问题以及国际问题方面发挥了重要作用。在50年后的当今时代，和平共处五项原则依然具有重要的现实意义。

2004年6月28日，为了宣传和平共处五项原则的历史和现实意义，中华人民共和国国家邮政局发行了一套纪念邮资明信片，全套1枚。志号JP.119。邮资图规格30毫米×26毫米；明信片规格148毫米×100毫米。

纪念邮资明信片的标头、志号JP.119、"国家邮政局发行"中英文铭记上，其文字笔画虽然均由网纹夹角呈15°的网点组成，但在网点排列组合上存有多处较明显的微观不同。

JP.119 的暗记　暗记主要有两处：①在明信片右下方"邮政编码"中的"政"字上，其最后一笔从起笔处至笔画中段，均由两排或三排单个网点组成。②明信片上的名址线，均由缩微暗记"HPGC"（和平共处）汉语拼音第一个字母排列组合而成。

【JP.120 2004年中国亚洲杯足球赛】AFC Asian Cup China 2004　"亚洲杯"足球赛是亚洲足球联合会为促进亚洲国家和地区足球运动的开展和提高，专门设立的亚洲最高水平的足球比赛。2004年7月17日～8月7日，"2004年中国亚洲杯足球赛"在我国举行，四个赛区为北京、成都、济南、重庆。这是我国首次举办的亚洲最高水平的足球比赛。

2004年7月17日，为了祝贺中国亚洲杯足球赛顺利举行，中华人民共和国国家邮政局发行了一套纪念邮资明信片，全套1枚。志号JP.120。邮资图规格29毫米×22毫米（异形）；明信片规格148毫米×100毫米。

JP.119（1—1）"和平共处五项原则创立50周年" 邮资图由彩虹、和平鸽和"5"与地球组成的"50"构成，寓意和平共处五项原则对维护世界和平的作用。片图采用了新华社提供的图片，记录了周恩来总理与印度和缅甸领导人确认和平共处五项原则的情景。邮资面值60分，每枚售价0.85元。发行量380万枚。白卡纸。彩色胶印。防伪方式为防伪油墨、微缩文字。何洁设计。北京鸿纳邮品股份有限公司印制。

笔者经过对JP.119收集、研究发现：

JP.119 的版型　有A、B两种版型。其主要区别在

JP.120（1—1）"2004年中国亚洲杯足球赛" 邮资图采用了"亚洲杯"足球赛标识，即由飞舞中的龙捕捉火球的形象，寓意只有拼搏才能获得荣誉；配以圆形模拟齿孔形式，象征足球运动；标识上印有亚洲足球联合会英文名称缩写"AFC"（Asian Football Confederation）和"ASIAN CUP CHINA 2004"（亚洲杯 中国 2004）。背景采用绿色，象征绿茵场，虚化处理后产生出了足球运动的速度感。片图以金线勾勒出的龙门和祥云为背景，采用了本届亚洲足球赛的吉祥物小猴"贝贝"形象。他脚踩足球，脸上充满了自信，生动地表达了国人对中国足球体育项目的美好祝愿。2004年是农历猴年，吉祥物小猴"贝贝"身上具有中华民族生肖文化的特征。邮资面值60分，每枚售价0.85元。发行量600万枚。白卡纸。彩色胶印。防伪方式为防伪油墨、缩微文字。刘雨苏设

计。北京邮票厂印制。

笔者经过对JP.120收集、研究发现：

JP.120的版型　有A、B两种版型。其主要区别在纪念邮资明信片的标头、志号JP.120、"国家邮政局发行"中英文铭记上，其文字笔画虽然均由网纹夹角呈15°的网点组成，但在网点排列组合上存有多处较明显的微观不同。

JP.120的印刷变异　JP.120有裁切大移位品。

JP.120的暗记　暗记主要有两处：①在明信片右下方"邮政编码"中的"政"字上，其最后一笔从起笔处至笔画中段，均由两排或三排单个网点组成。②明信片上的名址线，均由缩微暗记"YZB"（亚洲杯）汉语拼音第一个字母排列组合而成。

【JP.121　第28届国际心理学大会】The 28th International Congress of Psychology　心理学是研究心理现象及其发生发展规律的科学。一般包括心理过程和个性心理特征两个方面。国际心理学大会被誉为心理学的奥林匹克大会。第1届大会于1889年在法国巴黎举行。大会每四年举办一次。在两次世界大战期间曾停办。1980年，我国首次参加第22届大会，1984年当选为国际心理学联合会12个执委之一。1995年，经中国科协批准，中国心理学会向国际心理学联合会提出了于2004年在北京举办第28届国际心理学大会的申请。1996年，中国心理学会代表团在加拿大蒙特利尔举办的第26届国际心理学大会上，经过与其他四国的竞争，获得这次大会的举办权。2004年8月8日~13日，第28届国际心理学大会在北京国际会议中心召开。来自85个国家和地区的近六千名专家、学者及政府官员，在会议期间就当代心理科学的25个分支学科中的162个专题进行了三千人次的口语报告和两千人次的展贴报告交流。80位国际著名心理学专家发表了主题演讲，包括一位诺贝尔奖获得者以及二十多位不同国家的科学院院士。数位中国心理学家也在会上宣讲了他们的研究成果。这次大会是到目前为止在中国举办的规模最大的国际科学学术会议。

2004年8月7日，为了宣传第28届国际心理学大会在我国举行的意义，中华人民共和国国家邮政局发行了一套纪念邮资明信片，全套1枚。志号JP.121。邮资图规格22毫米×28毫米；明信片规格148毫米×100毫米。

JP.121（1—1）"第28届国际心理学大会"　邮资图采用了第28届国际心理学大会会徽。会徽以象征北京的天坛祈年殿为背景，主图为由汉字"二十八"组成抽象的华表，又似代表心理学的希腊字母"Ψ"的变形，华表

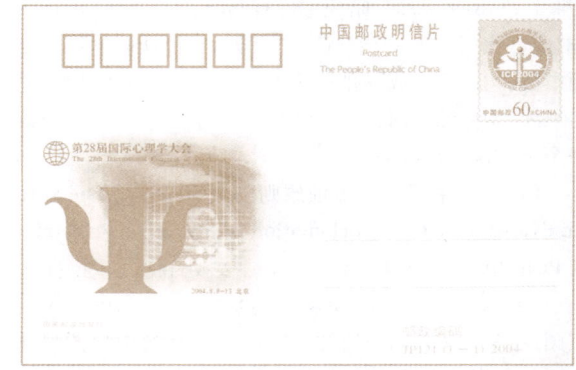

上部的地球象征本届大会的国际性。片图由著名雕塑大卫的眼睛和希腊字母"Ψ"及纵横线条、黄色圆点组成，巧妙地运用"眼睛是心灵的窗户"这一比喻将抽象的主题形象化。左上角印有经纬线地球图形，寓意会议的国际性。邮资面值60分，每枚售价0.85元。发行量380万枚。白卡纸。彩色胶印。防伪方式为防伪油墨、缩微文字。姜伟杰设计。北京邮票厂印制。

笔者经过对JP.121收集、研究发现：

JP.121的版型　有A、B两种版型。其主要区别在纪念邮资明信片的标头、志号JP.121、"国家邮政局发行"中英文铭记上，其文字笔画虽然均由网纹夹角呈15°的网点组成，但在网点排列组合上存有多处较明显的微观不同。

JP.121的暗记　暗记主要有三处：①在明信片右下方"邮政编码"中的"政"字上，其最后一笔从起笔处至笔画中段，均由两排或三排单个网点组成。②明信片上的名址线，均由缩微暗记"XLXDH"（心理学大会）汉语拼音第一个字母排列组合而成。③邮资图中面值"60分"中的"60"，采用专色印制。

【JP.122　第三届亚洲政党国际会议】3rd International Conference of Asian Political Parties　亚洲政党国际会议始于2000年。2000年9月，第一届亚洲政党国际会议在菲律宾马尼拉举行。2002年11月，第二届亚洲政党国际会议在泰国曼谷举行。中国共产党派代表参加了前两届会议。2004年9月3日~5日，第三届亚洲政党国际会议在中国北京举行。本届会议的主题是"交流、合作、发展"，三个议题分别是"地区安全与多边合作、经济增长与社会进步、政党建设与国家发展"。亚洲34个国家的八十多个政党和政治组织的三百多名代表参加了会议。会议宣读并通过了《2004北京宣言》。这次会议的成功，不仅有利于推动亚洲国家政党之间的了解和合作，也有利于推动亚洲国家发展区域合作，还有利于推动中国与亚洲国家关系全方位、多层次地向前发展。

2004年9月2日，为了祝贺第三届亚洲政党国际会议顺利召开，中华人民共和国国家邮政局发行了一套纪念邮资明信片，全套1枚。志号JP.122。邮资图规格边长25毫米×25毫米（菱形）；明信片规格148毫米×100毫米。

JP.122（1—1）"第三届亚洲政党国际会议" 邮资图呈菱形，图案采用了本届会议的会徽。会徽由中国万里长城和第三届亚洲政党国际会议英文名称缩写"ICAPP"字母组成，标有"Beijing"和"2004"字样，点明了会议的时间、地点。片图以地球、和平鸽和橄榄枝为背景，主图采用了本届会议会徽，形象地表达了第三届亚洲政党国际会议的主旨。邮资面值60分，每枚售价0.85元。发行量350万枚。白卡纸。彩色胶印。防伪方式为防伪油墨、缩微文字。王虎鸣设计。北京邮票厂印制。

笔者经过对JP.122收集、研究发现：

JP.122的版型　有A、B两种版型。其主要区别在纪念邮资明信片的标头、志号JP.122、"国家邮政局发行"中英文铭记上，其文字笔画虽然均由网纹夹角呈15°的网点组成，但在网点排列组合上存有多处较明显的微观不同。

JP.122的暗记　暗记主要有三处：①在明信片右下方"邮政编码"中的"政"字上，其最后一笔从起笔处至笔画中段，均由两排或三排单个网点组成。②明信片上的名址线，均由缩微暗记"YZZDHY"（亚洲政党会议）汉语拼音第一个字母排列组合而成。③邮资图中的面值"60分"中的"60"，采用金色专色印制。

【JP.123 西藏江孜抗英斗争100周年】The Centenary of the Anti–British Battle in Gyangze of Xizang

1903年（清光绪二十九年）7月，英国军队从锡金北部悍然入侵中国西藏，沿途遭到西藏人民抵抗。在群情激奋的西藏军民的顽强抗击下，侵藏英军在第二年的4月11日才进抵江孜，并对宗山要塞大举进攻。要塞里的藏族军民用石块垒砌围墙，高58米，宽4米，并于半山前崖筑炮台数十座，依山据险，坚守三个月，用低劣的装备给敌人以沉重的打击，后因弹尽援绝，寡不敌众，才被迫撤出。新中国成立后，为弘扬爱国主义精神，国务院于1961年将江孜宗山抗英遗址公布为首批全国重点文物保护单位。

2004年8月18日，为了纪念西藏江孜抗英斗争100周年，中华人民共和国国家邮政局发行了一套纪念邮资明信片，全套1枚。志号JP.123。邮资图规格25毫米×35毫米；明信片规格148毫米×100毫米。

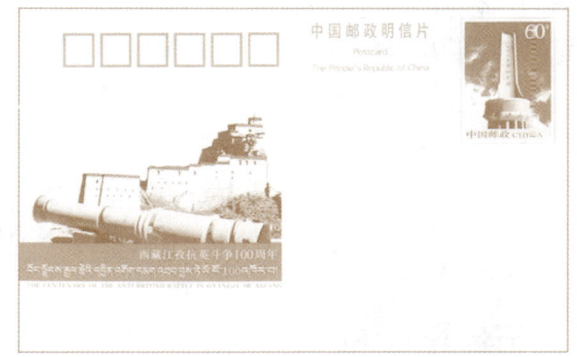

JP.123（1—1）"西藏江孜抗英斗争100周年" 邮资图为西藏江孜宗山英雄纪念碑，在碧蓝天空的衬托下，碑身上"江孜宗山英雄纪念碑"金色字样清晰可见，西藏人民表现出的爱国主义精神令人肃然起敬。片图为江孜宗山抗英遗址：当年藏族军民在宗山要塞压石块垒砌的围墙，巍然屹立；安放在红色底座上的一门火炮，虽然已经锈迹斑斑，却依然彰显着一种不屈的民族性格；红色底座上用汉藏两种文字书写着"西藏江孜抗英斗争100周年"字样，点明了画题。邮资面值60分。每枚售价0.85元。发行量410万枚。白卡纸。彩色胶印。防伪方式为防伪油墨、缩微文字。李庆发设计。车刚、刘学东、刘银岗摄影。北京邮票厂印制。

笔者经过对JP.123收集、研究发现：

JP.123的版型　有A、B两种版型。其主要区别在纪念邮资明信片的标头、志号JP.123、"国家邮政局发行"中英文铭记上，其文字笔画虽然均由网纹夹角呈15°的网点组成，但在网点排列组合上存有多处较明显的微观不同。

JP.123的暗记　暗记主要有两处：①在明信片右下方"邮政编码"中的"政"字上，其最后一笔从起笔处至笔画中段，均由两排或三排单个网点组成。②明信片上的名址线，均由缩微暗记"XZKY"（西藏抗英）汉语拼音第一个字母排列组合而成。

【JP.124 第七届中国艺术节】The 7th China Arts

Festival　有关中国艺术节的知识,详见新版《中国集邮百科知识》J·142《中国艺术节》。经国务院批准,由文化部主办、浙江省承办的第七届中国艺术节,于2004年9月10日～26日在浙江省杭州市、宁波市、温州市、绍兴市、嘉兴市同时举行。第七届中国艺术节开幕式在杭州黄龙体育中心举行,来自全国三十多个省的四十多个文艺团体的八百多名演员表演了大型文艺节目《洒满阳光的天堂》,展示了广大文艺工作者崭新的精神面貌。

2004年9月9日,为了祝贺第七届中国艺术节顺利举行,中华人民共和国国家邮政局发行了一套纪念邮资明信片,全套1枚。志号JP.124。邮资图规格22毫米×30毫米;明信片规格148毫米×100毫米。

JP.124(1—1)"第七届中国艺术节"　邮资图为第七届中国艺术节吉祥物。吉祥物为韩美林设计的一只活泼的木雕彩绘"戏猴",他仿佛正在兴致勃勃地观赏着艺术表演;下方为戏剧脸谱,左右两侧组合了喜与悲,是舞台艺术元素的高度提炼,既点出本届艺术节在农历猴年举办,也象征着中国民间工艺的水平。2004年是农历猴年,吉祥物"戏猴"身上具有中华民族生肖文化的特征。片图由第七届中国艺术节徽志、一个剪纸繁体"藝"字和飘动如龙的祥云组成,表达了对本届艺术节的祝贺。第七届中国艺术节徽志由荷花和孔雀开屏的中国艺术节徽志组成。邮资面值60分,每枚售价0.85元。发行量560万枚。白卡纸。彩色胶印。防伪方式为防伪油墨、缩微文字。刘雨苏设计。北京邮票厂印制。

笔者经过对JP.124收集、研究发现:

JP.124的版型　有A、B两种版型。其主要区别在纪念邮资明信片的标头、志号JP.124、"国家邮政局发行"中英文铭记上,其文字笔触虽然均由网纹夹角呈15°的网点组成,但在网点排列组合上存有多处较明显的微观不同。

JP.124的暗记　暗记主要有两处:①在明信片右下方"邮政编码"中的"政"字上,其最后一笔从起笔处至笔画中段,均由两排或三排单个网点组成。②明信片上的名址线,均由缩微暗记"YSJ"(艺术节)汉语拼音第一个字母排列组合而成。

【JP.125 天津建城600周年】600th Anniversary of Tianjin as a City　天津城的形成始于隋朝大运河的开通。唐中期以后,天津成为南方粮、绸北运的水陆码头。宋金时称"直沽寨",元朝改称"海津镇",是军事重镇和漕粮转运中心。明永乐二年(公元1404年)筑城设卫,称"天津卫"。17世纪以来,天津地区经济、社会有了进一步发展,城市规模不断扩大。1860年被辟为通商口岸,工业生产和口岸贸易额仅次于上海,成为当时中国的第二大工商业城市和北方最大的金融商贸中心。1931年,天津有商号一万七千多家,以现代机修工业为主的工业及手工业四千多家,外贸出口占全国总量的25%。1935年,天津有华资银行10家,分行、支行93家,外资银行16家。新中国成立时,天津城区面积61平方公里,人口179万。后经多次行政区划变更,1973年后形成目前的辖区范围和区县建制。城市建成区面积283平方公里,辖13个区5个县,人口878.5402万(1990年),其中市区非农业人口约425万。处于京哈、京沪铁路交会点,公路、水运、航空条件优越,是华北重要的港口城市。工业发达,以电力、电子、冶金、机械、仪器仪表、纺织、化工为主,是我国新型的工业基地之一,华北重要的经济中心。

2004年12月23日,为了纪念天津建城600周年,中华人民共和国国家邮政局发行了一套纪念邮资明信片,全套1枚。志号JP.125。邮资图规格30毫米×25毫米;明信片规格148毫米×100毫米。

JP.125(1—1)"天津建城600周年"　邮资图以清朝光绪年间著名的杨柳青年画《天津图》为背景,主图采用的是天津鼓楼上的大钟。片图为天津鼓楼建筑摄影。邮资面值60分,每枚售价0.85元。发行量258万枚。白卡纸。彩色胶印。防伪方式为防伪油墨、缩微文字。陈幼林设计。齐振宇摄影。北京鸿纳邮品股份有限公司印制。

笔者经过对JP.125收集、研究发现：

JP.125的版型 有A、B两种版型。其主要区别在纪念邮资明信片的标头、志号JP.125、"国家邮政局发行"中英文铭记上，其文字笔画虽然均由网纹夹角呈45°的网点组成，但在网点排列组合上存有多处较明显的微观不同。

JP.125的暗记 暗记主要有两处：①在明信片的标头、志号、铭记、"邮政编码"上，其文字笔画均由网纹夹角呈45°的网点组成；在"邮政编码"中的"编"字第四笔，由两排单个网点组成。②明信片上的名址线，均由缩微暗记"TJJC"（天津建城）汉语拼音第一个字母排列组合而成。

【JP.126 中国邮政开办集邮业务50周年】The 50th Anniversary of China Post's Opening the Philatelic Services 1955年1月10日，中国集邮公司（现名中国集邮总公司）在北京东安门大街77号正式挂牌开业，这是我国唯一一家设计制作和销售国家级邮品的专业性公司，标志着中国邮政开始正式开办集邮业务。1966年"文化大革命"开始后，我国的集邮活动全面停顿。1971年，我国恢复在联合国的合法席位后，与世界各国的交往日益增多，交流的内容也越来越广泛，许多国家友人要求购买中国邮票。于是，经国务院批准，1972年1月在北京成立"中国邮票出口公司"，恢复邮票出口业务，公司设立营业部，只对外国友人营业，不办理国内集邮业务。1973年1月1日，交通部邮票发行局成立，主要负责邮票的设计、雕刻、组稿、编辑、发行和全国邮政票证的及时调拨、供应、调剂工作，以及出口邮票的管理等。1973年6月1日，邮电部恢复建制，交通部邮票发行局改名为邮电部发行局。这时，邮票发行工作和邮票出口业务已基本恢复，但国内集邮业务仍未恢复。1978年6月，邮电部发布《关于恢复集邮业务问题的通知》，将"中国邮票出口公司"改名为"中国邮票公司"。1979年6月，邮电部又将邮票发行局、中国邮票公司合并成立"中国邮票总公司"。1985年6月18日，邮电部发出《关于改革邮票发行和集邮管理体制的通知》，决定将邮票发行与集邮业务分开，改建中国邮票总公司，自1985年7月1日起，分别设立邮票发行局和中国集邮总公司。之后，又因机构调整将中国集邮总公司改为中国邮票总公司，后又改回"中国集邮总公司"，并沿用至今。目前，该公司仍是我国规模最大、最有影响力的集邮企业。

2005年1月25日，正值中国邮政开办集邮业务历经50周年之际，中华人民共和国国家邮政局发行了一套纪念邮资明信片，全套1枚。志号JP.126。邮资图规格（对角线）32毫米×32毫米（菱形）；明信片规格148毫米×100毫米。

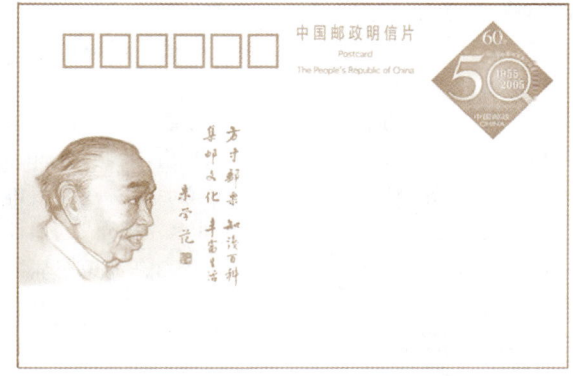

JP.126（1—1）"中国邮政开办集邮业务50周年"邮资图呈菱形，红色衬底，由阿拉伯数字"50"、"中国邮政开办集邮业务50周年"、"1955—2005"字样及放大镜和邮票等组成，其中"50"中的"0"巧妙地设计成放大镜形式，使集邮的基本特征突出鲜明。片图为朱学范同志的素描像和他的题词："方寸邮票，知识百科，集邮文化，丰富生活。"朱学范（1905—1996）是新中国第一任邮电部长，为创建新中国的邮电事业做出了重要贡献。他青年时代开始集邮，邮品曾参加1983年中华全国集邮展览的非竞赛性展出，并为邮票设计题写了"中国人民邮政"六个字。邮资面值60分，每枚售价0.85元。发行量380万枚。白卡纸。彩色胶印。防伪方式为防伪泪墨、缩微文字。张磊、沈嘉宏设计。人物素描像作者蒋建国。北京邮票厂印制。

笔者经过对JP.126收集、研究发现：

JP.126的版型 有A、B两种版型。其主要区别在纪念邮资明信片的标头、志号JP.126、"国家邮政局发行"中英文铭记上，其文字笔画虽然均由网纹夹角呈75°的网点组成，但在网点排列组合上存有多处较明显的微观不同。

JP.126的暗记 暗记主要有两处：①在明信片的标头、志号、铭记和"邮政编码"上，其文字笔画均由网纹夹角呈75°的网点组成；"邮政编码"中的"政"字上，其第八笔从起笔处至笔画中段，均由两排或三排单个网点组成。②明信片上的名址线，均由缩微暗记"JYYW"（集邮业务）汉语拼音第一个字母排列组合而成。

【JP.127 2005世界物理年】2005 World Year of Physics 1905年，爱因斯坦发表了五篇论文，提出了相对论的科学思想。这五篇论文是：（一）《关于光的产生和转化的一个启发性观点》，讨论光量子以及光电效应；（二）《分子大小的新测定》，推导出计算扩散速度的数学公式;(三)《关于热的分子运动论所要求的静止液体中悬浮小粒子的运动》,提供了原子确实存在的证明;(四)《论动体的电动力学》,提出时空关系新理论,被称为"狭义相对论";(五)《物体的惯性是否决定其内能》,建立在狭义相对论基础上,表明质量和能量可互换,后来推出最著名的科学方程式 $E=mc^2$。为纪念相对论诞生100周年以及爱因斯坦逝世50周年,联合国大会将2005年确定为"世界物理年",这是联合国首次为一个学科确定的全球规模的纪念活动。"2005世界物理年"的倡议最初是欧洲物理学会(EPS)在2000年召开的第三届物理学大会上提出的。2002年,国际纯粹与应用物理联合会(IUPAP)第24次全体大会一致通过了该倡议。联合国教科文组织(UNESCO)在2003年召开的第32次全体会议上,表决通过了支持2005年为世界物理年的提议。2004年6月10日,联合国第58次会议通过了2005年为"世界物理年"的决议。"2005世界物理年"的宗旨是:通过展示物理在社会、经济、技术、文化等方面的重要作用,在全球范围内争取公众对物理学的理解与支持,坚定公众对物理学的信念,推动物理教育,培养物理人才,使物理学在21世纪得到全新的发展。

2005年2月26日,为了宣传2005世界物理年的意义,中华人民共和国国家邮政局发行了一套纪念邮资明信片,全套1枚。志号 JP.127。邮资图规格直径30毫米(圆形);明信片规格148毫米×100毫米。

JP.127(1—1)"2005世界物理年" 邮资图为物理年的徽志。徽志呈圆形,图案由四种彩光、焦距和光折射组成的光锥体与"2005"、"世界物理年"英文名称构成。片图采用了爱因斯坦头像、签名及其著名的质能互换定律方程式"$E=mc^2$",代表着爱因斯坦对物理学的伟大贡献。邮资面值60分,每枚售价0.85元。发行量220万枚。白卡纸。彩色胶印。防伪方式为防伪油墨、微缩文字。王虎鸣设计。北京邮票厂印制。

笔者经过对 JP.127 收集、研究发现:

JP.127 的版型 有 A、B 两种版型。其主要区别在纪念邮资明信片的标头、志号 JP.127、"国家邮政局发行"中英文铭记上,其文字笔画虽然均由网纹夹角呈15°的网点组成,但在网点排列组合上存有多处较明显的微观不同。

JP.127 的暗记 暗记主要有两处:①在明信片右下方"邮政编码"中的"政"字上,其最后一笔从起笔处至笔画中段,均由两排或三排单个网点组成。②明信片上的名址线,均由缩微暗记"SJWLN"(世界物理年)汉语拼音第一个字母排列组合而成。

【JP.128 第四次世界妇女大会十周年】The Tenth Anniversary of the Fourth World Conference on Women 有关第四次世界妇女大会的知识,详见新版《中国集邮百科知识》1995—18《联合国第四次世界妇女大会(J)》。2005年8月底至9月初,由国务院妇女儿童工作委员会、全国妇联、外交部和联合国驻华机构等共同举办了纪念第四次世界妇女大会召开十周年活动。2005年8月29日,"再聚北京 共创未来 纪念第四次世界妇女大会"会议在北京隆重召开。会议的主题是"促进性别平等、实现共同发展"。会议期间,围绕妇女参与决策和管理、妇女的经济授权、妇女与消除贫困、妇女人权与消除对妇女的暴力、妇女与艾滋病、妇女与可持续发展等六个议题进行了研讨,并在北京民族文化宫举办了"中国妇女发展成就展"、中国妇女喜爱品牌展示展销。这次会议为全球妇女事业以及人类的可持续发展产生了积极而深远的影响。

2005年8月29日,为了纪念第四次世界妇女大会十周年,中华人民共和国国家邮政局发行了一套纪念邮资明信片,全套1枚。志号 JP.128。邮资图规格30毫米×30毫米;明信片规格148毫米×100毫米。

JP.128(1—1)"第四次世界妇女大会十周年" 邮资图为陈汉民设计的第四次世界妇女大会会徽。会徽由女性性别符号与平等符号构成的和平鸽为主图,饰以由一只凤凰变形而成的阿拉伯数字"10",点明了主题。

片图在绽放的花朵和飘动的祥云衬托下,描绘了黄、白、黑三种不同肤色的妇女形象,既象征着国际性,也表达了纪念第四次世界妇女大会"平等、发展、和平"的宗旨。邮资面值60分,每枚售价0.85元。发行量87万枚。白卡纸。彩色胶印。防伪方式为防伪油墨、微缩文字。陈绍华设计。北京邮票厂印制。

笔者经过对JP.128收集、研究发现:

JP.128的版型 有A、B两种版型。其主要区别在纪念邮资明信片的标头、志号JP.128、"国家邮政局发行"中英文铭记上,其文字笔画虽然均由网纹夹角呈15°的网点组成,但在网点排列组合上存有多处较明显的微观不同。

JP.128的暗记 暗记主要有两处:①在明信片右下方"邮政编码"中的"政"字上,其最后一笔从起笔处至笔画中段,均由两排或三排单个网点组成。②明信片上的名址线,均由缩微暗记"SFH"(世妇会)汉语拼音第一个字母排列组合而成。

【JP.129 2005年国际欧洲级帆船世界锦标赛】2005 International Europe Class World Championship 国际欧洲级帆船是奥运会项目之一,欧洲级帆船由单人操纵,设男子和女子两个项目。奥运会只设女子单人级别比赛。国际欧洲级帆船联合会负责该级别世界锦标赛、欧洲锦标赛、青年锦标赛及其他锦标赛。欧洲级帆船世界锦标赛每年举行一次,是该级别世界最高水平比赛。锦标赛时间、地点由国际欧洲级帆船联合会年度会议在赛前三年对申办计划做正式投票选举确定。2002年8月,中国山东省日照市获得了2005年国际欧洲级帆船世界锦标赛的承办权。中国从1978年开始开展帆船运动,目前已经在全国普及。中国队在帆船项目中曾获得过五次世界冠军,并在奥运会上有过出色表现。2005年8月26日~9月9日,2005年国际欧洲级帆船世界锦标赛在山东省日照市的方平口国际水上运动基地举行,9月2日为开幕式。来自世界近六十个国家和地区的运动员参加了角逐,这也是首次在亚洲举办国际欧洲级帆船世界锦标赛。

2005年9月2日,为了纪念国际欧洲级帆船世界锦标赛在我国山东省日照市举行,中华人民共和国国家邮政局发行了一套纪念邮资明信片,全套1枚。志号JP.129。邮资图规格边长30毫米(等边倒三角形);明信片规格148毫米×100毫米。

JP.129(1—1)"2005年国际欧洲级帆船世界锦标赛" 邮资图呈倒三角形,主图采用了孙鹤勋设计的本届锦标赛会徽。会徽呈圆形,由"E"("欧洲"第一个英文字母)和碧海中帆船组成主图,圆形外沿印有"2005国

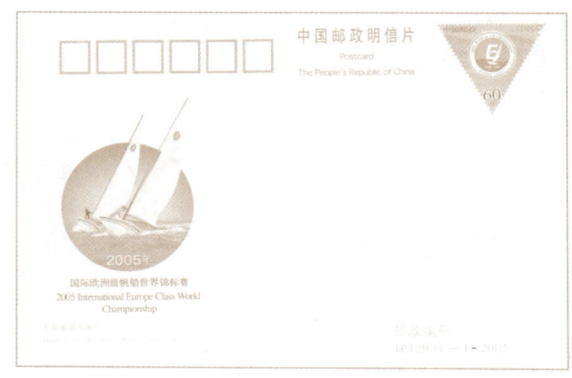

际欧洲级帆船世界锦标赛"和"中国·日照"的英文字样。片图呈圆形,蓝色调,描绘了两只正在进行比赛的帆船,风鼓白帆,破浪前进,并驾齐驱,动感强烈,表现出了比赛的激烈气氛。邮资面值60分,每枚售价0.85元。发行量260万枚。白卡纸。彩色胶印。防伪方式为防伪油墨、微缩文字。余俊鹤设计。北京邮票厂印制。

笔者经过对JP.129收集、研究发现:

JP.129的版型 有A、B两种版型。其主要区别在纪念邮资明信片的标头、志号JP.129、"国家邮政局发行"中英文铭记上,其文字笔画虽然均由网纹夹角呈15°的网点组成,但在网点排列组合上存有多处较明显的微观不同。

JP.129的暗记 暗记主要有两处:①在明信片右下方"邮政编码"中的"政"字上,其最后一笔从起笔处至笔画中段,均由两排或三排单个网点组成。②明信片上的名址线,均由缩微暗记"FCS"(帆船赛)汉语拼音第一个字母排列组合而成。

【JP.130 第22届世界法律大会】The 22nd Congress on the Law of the World, Beijing·Shanghai 世界法学家协会,原名为"通过法律维护世界和平中心",始创于1963年7月6日。世界法学家协会成立以后,每两年召开一次世界法律大会,积极为各国代表及法律界人士提供一个齐聚一堂、相互交流思想和经验的平台。历届大会的决议委员会所起草的大会决议和宣言,已经成为世界法律大会最具体、最有价值的成就之一。同时,协会尽力使各国元首了解历届大会的决议内容。各国国家政府首脑也不断强调世界法学家协会在世界范围内加强法治的重要地位,因此分别通过本国代表转达他们对世界法律大会的贺词。几乎历届世界法律大会都曾邀请到主办国的国家元首致辞。1990年,曾经在中国北京成功举办了第14届世界法律大会。2005年9月4日~10日,中国再次作为东道国,在北京和上海举办了第22届世界法律大会。2005年3月1日,由最高人民法院牵头,中央政法委员会、全国人民代表大会、中国人

民政治协商会议、最高人民检察院、国务院相关部门、社会团体及北京和上海市政府等相关领导人组成的第22届世界法律大会中国组织委员会在北京正式成立,并召开了第一次会议。中国首席大法官、最高人民法院院长、世界法学家协会名誉主席肖扬担任第22届世界法律大会中国组委会主席。本次大会共有54个国家的三百八十多位外国代表参加。9月4日~6日,大会在北京举行了世界法律日庆祝活动、大会开幕式,并分专题讨论了国际恐怖主义等议题以及模拟法庭。9月7日,第二阶段会议在上海举行,主要议题是世界法律大会上海开幕式、中国首席大法官肖扬就"法律、法治与法院"作主题发言、分专题讨论、大会闭幕式。

2005年9月4日,为了祝贺第22届世界法律大会顺利召开,中华人民共和国国家邮政局发行了一套纪念邮资明信片,全套1枚。志号JP.130。邮资图规格30毫米×25毫米;明信片规格148毫米×100毫米。

JP.130(1—1)"第22届世界法律大会" 邮资图以平行秩序排列的赤、橙、黄、绿、蓝彩色条带为底衬,主图采用了本次大会会徽,寓意法律对建立国际和谐社会的重要性。会徽以凸显中国版图的地球为底衬,正中绘有天平仪,表示第22届世界法律大会在中国举行。片图由地球和口衔橄榄枝的和平鸽组成,地球图上印有"法治与国际和谐社会"红色字样,点明了本次大会的主题。邮资面值60分,每枚售价0.85元。发行量86万枚。白卡纸。彩色胶印。防伪方式为防伪油墨、微缩文字。冯小红设计。北京邮票厂印制。

笔者经过对JP.130收集、研究发现:

JP.130的版型 有A、B两种版型。其主要区别在纪念邮资明信片的标头、志号JP.130、"国家邮政局发行"中英文铭记上,其文字笔画虽然均由网纹夹角呈15°的网点组成,但在网点排列组合上存有多处较明显的微观不同。

JP.130的暗记 暗记主要有两处:①在明信片右下方"邮政编码"中的"政"字上,其最后一笔从起笔处至笔画中段,均由两排或三排单个网点组成。②明信片上的名址线,均由缩微暗记"FLDH"(法律大会)汉语拼音第一个字母排列组合而成。

【JP.131 2005年第二届中国北京国际美术双年展】
The 2nd Beijing International Art Biennial, China 2005

"中国北京国际美术双年展"是由中国文学艺术界联合会、北京市人民政府和中国美术家协会主办的中国规模最大、规格最高的国际美术盛会。"中国北京国际美术双年展"坚持以架上艺术——绘画和雕塑为其特色。2003年,首届中国北京国际美术双年展被国内外各界人士誉为"北京金秋最美的风景"。2005年9月20日~10月20日,第二届中国北京国际美术双年展在北京举行。本届双年展进一步强化其国际性和学术性,主题为"当代艺术的人文关怀",即努力使当代艺术为广大公众所理解和接受,体现当代艺术对人类和平理想的追求,促进人类自身以及人与自然的和谐发展。本届双年展在国内外应征的作品达八千多件,其中有173件中国作品和来自61个国家和地区的281位作者的323件作品入选。第二届中国北京国际美术双年展分设为特展和序列展。特展包括:意大利当代艺术暨基亚艺术特展、俄罗斯当代艺术特展、乌兹别克斯坦当代艺术特展等。序列展包括:黄胄师生精品展、中国中青年艺术家精品展、雕塑作品展、第十六届国际造型艺术家协会代表大会美术特展,以及少年儿童作品邀请展等。

2005年9月19日,为了祝贺第二届中国北京国际美术双年展顺利举行,中华人民共和国国家邮政局发行了一套纪念邮资明信片,全套1枚。志号JP.131。邮资图规格28毫米×25毫米;明信片规格148毫米×100毫米。

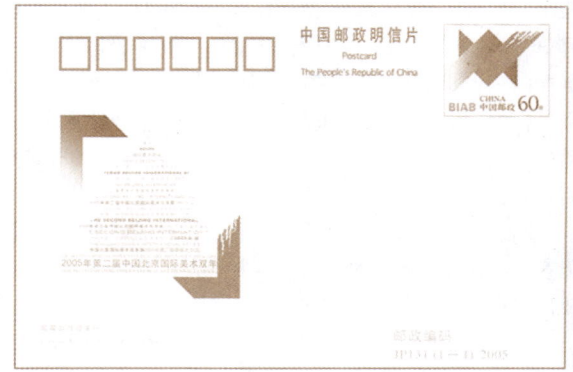

JP.131(1—1)"2005年第二届中国北京国际美术双年展" 邮资图为陈楠设计的本届双年展的徽志。徽志以两个画框或展台之角构成交合形状,位于"西方"(左边)的彩色图形代表国际美术,严谨,写实;位于"东方"

（右边）的有书法飞白笔意的红色图形代表中国美术，浪漫、洒脱，具有独特韵味。两形为90°扣连，呈四面组合，象征参赛者来自全球东西方各国，在北京汇合交流。红色形呈"√"（对号）状，表示以中国文化立场和眼光对国际美术的遴选与评价的主裁权。两条交叉起伏的线条，表示当代艺术呈波浪式发展趋势。徽志的主体颜色为红、黄、蓝三原色，代表着艺术的多姿多彩；采用渐变的手法，寓意中国北京国际美术双年展从无到有、由小到大的良好发展前景。片图为由"2005年中国北京国际美术双年展"的中英文名称巧妙组成的天坛祈年殿图形，左上角和右下角分别饰以两个画框或展台之角，寓意本届双年展所追求的国际性和学术性，既精巧而富有艺术韵味，又深化了主题。邮资面值60分，每枚售价0.85元。发行量220万枚。白卡纸。彩色胶印。防伪方式为防伪油墨、微缩文字。阎炳武设计。北京邮票厂印制。

笔者经过对JP.131收集、研究发现：

JP.131的版型　有A、B两种版型。其主要区别在纪念邮资明信片的标头、志号JP.131、"国家邮政局发行"中英文铭记上，其文字笔画虽然均由网纹夹角呈15°的网点组成，但在网点排列组合上存有多处较明显的微观不同。

JP.131的印刷变异　JP.131有裁切移位品。

JP.131的暗记　暗记主要有两处：①在明信片右下方"邮政编码"中的"政"字上，其最后一笔从起笔处至笔画中段，均由两排或三排单个网点组成。②明信片上的名址线，均由缩微暗记"MSSNZ"（美术双年展）汉语拼音第一个字母排列组合而成。

【JP.132 红军第一方面军长征胜利到达陕北70周年】The 70th Anniversary of Successful Arrival of the Red Army's First Front Army to North Shaanxi during the Long March　有关中国工农红军进行二万五千里长征的历史知识，详见新版《中国集邮百科知识》纪36《中国工农红军胜利完成二万五千里长征二十周年》。1934年10月，中国工农红军第一方面军（中央红军）主力开始长征，经过千辛万苦，于1935年10月19日到达陕北吴起镇，先期结束了长征；11月21日～24日取得了直罗镇战役的胜利，为党中央和红军扎根陕北奠定了基础。

2005年10月19日，为了宣扬中国工农红军二万五千里长征的伟大意义，中华人民共和国国家邮政局发行了一套纪念邮资明信片，全套1枚。志号JP.132。邮资图规格35毫米×20毫米；明信片规格148毫米×100毫米。

JP.132（1—1）"红军第一方面军长征胜利到达陕北

70周年"　邮资图以万水千山为背景，采用了毛泽东同志1935年10月创作的《七律·长征》手稿。有关毛泽东诗词《七律·长征》的知识，详见新版《中国集邮百科知识》文7《毛主席诗词》。片图以万水千山为背景，展示出了红军第一方面军长征路线示意图：采用红色五角星标出了瑞金、遵义、泸定桥、吴起镇，红色箭头蜿蜒前进，表现出了中国工农红军"万水千山只等闲"的革命英雄主义精神。邮资面值60分，每枚售价0.85元。发行量106万枚。白卡纸。彩色胶印。防伪方式为防伪油墨、微缩文字。冯小红设计。北京邮票厂印制。

笔者经过对JP.132收集、研究发现：

JP.132的版型　有A、B两种版型。其主要区别在纪念邮资明信片的标头、志号JP.132、"国家邮政局发行"中英文铭记上，其文字笔画虽然均由网纹夹角呈15°的网点组成，但在网点排列组合上存有多处较明显的微观不同。

JP.132的暗记　暗记主要有两处：①在明信片右下方"邮政编码"中的"政"字上，其最后一笔从起笔处至笔画中段，均由两排或三排单个网点组成。②明信片上的名址线，均由缩微暗记"CZSL"（长征胜利）汉语拼音第一个字母排列组合而成。

【JP.133 第一届中国诗歌节】The 1st China Poetry Festival　诗是文学体裁的一种，通过有节奏、有韵律的语言反映生活，抒发情感。诗歌泛指各种体裁的诗。中国是诗歌的国度，在数千年的历史过程中，不仅涌现出了屈原、陶渊明、李白、杜甫、白居易、苏东坡等一大批闻名世界的诗人，而且在诗歌形式、诗歌创作、诗歌理论等研究领域保持长久繁荣，这在世界诗歌史上也是罕见的。2005年10月25日～31日，由文化部、中国作协、安徽省人民政府主办，马鞍山市政府承办的第一届中国诗歌节，在安徽省马鞍山市举办。马鞍山市是中国古代南齐著名山水派诗人谢朓的为官之处，更是唐朝诗仙李白的终老之地。据考证，李白生前曾多次到马鞍山漫游,并留有《望天门山》等五十多首著名诗篇。马鞍山市的诗歌文化氛围浓厚,群众基础比较广泛,已经连续16年成功举办了中国国际吟诗节。第一届中国诗歌节的主题是"诗歌的海洋,人民的节日",主要活动包括诗歌文化论坛、当代诗歌作品展、李白诗歌研究成果展、安徽省民歌歌会、马鞍山出土文物展、林散之先生作品展等。

2005年10月25日,为了祝贺第一届中国诗歌节顺利举行,中华人民共和国国家邮政局发行了一套纪念邮资明信片,全套1枚。志号JP.133。邮资图规格28毫米×22毫米;明信片规格148毫米×100毫米。

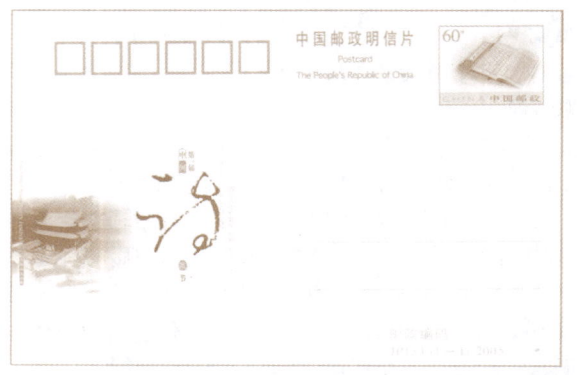

JP.133(1—1)"第一届中国诗歌节" 邮资图由翻开的《唐诗三百首》和一支毛笔组成,背景是各种书体的诗歌变体,展现出了中国诗歌深厚的历史文化底蕴。片图由与一代诗仙李白有关的马鞍山太白楼外景、一个草书"诗"字和别致的"第一届中国诗歌节"印章组成,仿佛能够感觉到一股股浓浓的诗情画意。邮资面值60分,每枚售价0.85元。发行量86万枚。白卡纸。彩色胶印。防伪方式为防伪油墨、微缩文字。史渊、方军设计。邮资图中书法作者刘凤林。片图摄影者谢富乐。北京邮票厂印制。

笔者经过对JP.133收集、研究发现:

JP.133的版型 有A、B两种版型。其主要区别在纪念邮资明信片的标头,志号JP.133、"国家邮政局发行"中英文铭记上,其文字笔画虽然均由网纹夹角呈15°的网点组成,但在网点排列组合上存有多处较明显的微观不同。

JP.133的暗记 暗记主要有两处:①在明信片右下方"邮政编码"中的"政"字上,其最后一笔从起笔处至笔画中段,均由两排或三排单个网点组成。②明信片上的名址线,均由缩微暗记"ZGSG"(中国诗歌)汉语拼音第一个字母排列组合而成。

【JP.134 第13届世界拳击锦标赛】13th Senior Boxing Championships 拳击是一种重竞技运动项目。运动员双手戴皮革制的拳套,一人对一人,按照一定的姿势和拳法、步法,相互打击对方头部自眉、耳以下的面脸和身体正面脐部以上至胸部以下各部位,以击倒对方为目标。被击倒在地的一方,在裁判员呼喊、数至"10"而未能起立时,即为失败;在双方均未被击倒的情况下,则按有效的打击次数或防守技术、积极活动的程度判定得分,决定胜负。2005年11月11日~21日,第13届世界拳击锦标赛在中国四川绵阳市举行。共有近八十个国家和地区八百多名运动员报名参加,美国、古巴、意大利、法国、俄罗斯、哈萨克斯坦、泰国等拳击运动强国,都派出了强手参赛。11月20日晚,本届拳击锦标赛进行了11个级别的决赛,产生了11块金牌。获得金牌的国家和选手是:48公斤级中国邹市明,51公斤级韩国李凯星,54公斤级古巴奥蒂泽夺,57公斤级俄罗斯艾力斯,60公斤级古巴赫尔南德斯,64公斤级哈萨克斯坦塞里克,69公斤级古巴桑托亚,75公斤级俄罗斯马特耶夫,81公斤级哈萨克斯坦耶多斯,91公斤级俄罗斯阿勒瑟夫,91公斤以上级古巴方特。本届锦标赛上,我国派出了30名运动员,首次参加了从48公斤级到91公斤以上级全部11个级别的竞争。中国运动员邹市明在48公斤级决赛时,以31∶13的大比分击败匈牙利选手贝达克,夺得冠军,实现了中国拳击运动在世界大赛中金牌零的突破。

2005年11月11日,为了祝贺第13届世界拳击锦标赛在我国四川绵阳市顺利举行,中华人民共和国国家邮政局发行了一套纪念邮资明信片,全套1枚。志号JP.134。邮资图规格25毫米×25毫米;明信片规格148毫米×100毫米。

JP.134(1—1)"第13届世界拳击锦标赛" 邮资图采用了本届锦标赛徽志。徽志图案呈圆环形,背景是经纬线地球图形,象征世界;主图运用红、蓝两种色彩和变形手法,生动地勾勒出了拳击运动员比赛过程中的姿势和步法。片图由位于绵阳永兴经济技术开发区磨家镇的本届锦标赛主场馆绵阳市新体育馆外景和一副红色拳击手套组成,特征鲜明。邮资面值60分,每枚售价

0.85元。发行量142万枚。白卡纸。彩色胶印。防伪方式为防伪油墨、微缩文字。张群胆设计。北京邮票厂印制。

笔者经过对JP.134收集、研究发现：

JP.134的版型　有A、B两种版型。其主要区别在纪念邮资明信片的标头、志号JP.134、"国家邮政局发行"中英文铭记上，其文字笔画虽然均由网纹夹角呈15°的网点组成，但在网点排列组合上存有多处较明显的微观不同。

JP.134的暗记　暗记主要有两处：①在明信片右下方"邮政编码"中的"政"字上，其最后一笔从起笔处至笔画中段，均由两排或三排单个网点组成。②明信片上的名址线，均由缩微暗记"QJS"（拳击赛）汉语拼音第一个字母排列组合而成。

第二编

中华人民共和国邮票上的百科知识

八、按年份编号纪念、特种邮票
Commemorative and Special Stamps

1996—1 丙子年（T）

【丙子年T】Bingzi Year（Year of the Mouse）（T） 有关干支纪年和十二生肖的知识，详见新版《中国集邮百科知识》T.46《庚申年》。1996年为中国农历丙子年，子鼠，也称鼠年，凡是在这一年出生的人都属鼠。

1996年1月5日，为了庆祝农历春节，中华人民共和国邮电部发行了一套《丙子年（T）》特种邮票，全套2枚，为第二轮十二生肖邮票的第五套。吕胜中设计。影雕套印。李庆发、姜伟杰雕刻。齿孔11.5度。背面刷胶。邮局全张枚数32（8×4）。北京邮票厂印制。

【万家灯火 光明前景】1996—1·（2—1）T 面值20分，票幅规格26毫米×31毫米，发行量9009.7万枚。图案以浅灰色作底衬，运用民间年画手法，根据"老鼠嫁女"的传说和老鼠上灯台偷油吃的典故，塑造了一个鼠新娘的形象。这个鼠新娘亭亭玉立，她披着美丽的云肩，系着

绣有象征富贵的硕大牡丹花朵的兜肚儿，裤子上缀着葡萄纹（取生殖崇拜之意），神态俏皮风趣，活泼聪敏。她左手执着一个点燃的寿字形灯台，火苗被夸张描绘成火炬的形状，象征太阳的光明；右手一侧的斜上方，绘有一枚金黄色的葫芦形图章，上面刻有"丙子"二字，既仿佛是由舒卷有力的长尾巴轻轻托起的一只油葫芦，寓意"火上添油"，暗含了人类对太阳（光明）的向往，又巧妙地点明了"丙子年"主题。在色彩运用上，画面采用鼠灰的冷色为主调，以红、黄、绿点缀其间，冷暖色相配，既表现出鼠年生肖的特定基色，又具有新年的喜庆色彩。

"老鼠嫁女"是一则家喻户晓的民间传说：鼠女长成，该出嫁了。鼠母问鼠女："你想嫁给谁？"鼠女回答："我想找一个有权有势最厉害的丈夫。"于是，鼠家首先去向太阳提亲。太阳说："我虽然能够用自己的光照遍大地，但乌云一来，我就立即失去了光辉。"鼠家转去向乌云提亲。乌云说："我虽然能遮住太阳的光辉，但风一来，我就会被吹得无影无踪了。"鼠家立刻去向风提亲。风说："我虽然能把乌云吹散，但只要碰到墙壁，也就寸步难行了。"鼠家又去向墙壁提亲。墙壁说："我虽然可以阻挡风的脚步，可我特别害怕你们老鼠在我身体上到处打洞呀！"唉，鼠家提亲转了一大圈儿，又转回到自己家了！那么，这世界上究竟谁最厉害呢？鼠家立刻想到了自己的死对头猫，因为老鼠最害怕猫了。当鼠家去向猫提亲时，猫爽快地答应了，并且敲锣打鼓，用花轿热热闹闹地将鼠女娶回了家。按照风俗，婚后三天该回门了，但鼠父鼠母未见鼠女猫婿登门，便匆匆赶去猫家探望。鼠母问猫婿："我们的女儿呢？"猫拍拍自己的肚子回答："为了保护你女儿的安全，我已经把她放进肚子里了！"鼠父鼠母听罢，惊惶失措，转身逃跑了。因各地风俗不同，从阴历腊月至正月间，老鼠嫁女的日子各异。

老鼠上灯台偷油吃的典故：在汉族居住的地区，民间流行着这样一首歌谣："小老鼠，上灯台，偷油吃，下不来。哈哈哈，活该，活该！"

【鼠咬天开 普天同庆】1996—1·（2—2）T 面值50分，票幅规格26毫米×31毫米，发行量7481.7万枚。图案以云纹为背景，根据"鼠咬天开"的传说，围绕着中心的一轮太阳，塑造了六只对称的老鼠，他们努力向上攀升，既宣扬了鼠咬天开，光明普照的立意，又寄寓了人类对太阳

的崇拜和对光明的追求。传说是老鼠咬破了混沌，分出了阴阳，这才有了天地万物。因此，在十二生肖中，鼠与地支之首"子"相配，位居第一。而在古代计时法中，"子时"正处于昨天之阴与今天之阳的中间，是光明与黑暗转换交替的关键时刻。在色彩运用上，画面以红色为主调，散开的彩云中，可见六只小老鼠，初升的红太阳衬托着一个黑体"鼠"字，着色重彩，大红大绿，五彩缤纷，散发着浓郁的民间艺术气息。

1996—2 第三届亚洲冬季运动会（J）

【第三届亚洲冬季运动会】The 3rd Asian Winter Games（J） 亚洲冬季运动会由中国和日本等国发起举办，旨在加强亚洲各国之间的团结、友谊，促进互相交流合作，比赛竞技，使亚洲的冰雪运动尽快赶上世界先进

水平。1986年3月1日,第一届亚洲冬季运动会在日本北海道札幌市举行。第二届亚洲冬季运动会原定在印度举行,举行前一年印度放弃了主办权,1990年3月1日改在日本北海道札幌市举行。1996年2月4日,第三届亚洲冬季运动会在我国哈尔滨市举行。本届亚冬会共设有速度滑冰、短道滑冰、花样滑冰、冰球、高山滑雪、越野滑雪、自由式滑雪、跳台滑雪、冬季两项等9大项,46小项比赛项目,是亚洲有史以来参赛人数最多、规模最大的一次冰雪盛会。

1996年2月4日,为了祝贺第三届亚洲冬季运动会在我国哈尔滨市顺利举行,中华人民共和国邮电部发行了一套《第三届亚洲冬季运动会》纪念邮票,全套4枚。曹戈设计。胶版。齿孔12度。背面刷胶。4枚田字形连印,邮局全张枚数16(4×4)。辽宁省沈阳邮电印刷厂印制。

这套邮票采用的是一种四方连形式,它以纯白色为整套邮票的底衬基调,鲜明地代表着北方那千里冰封、万里雪飘的白茫茫冰雪世界;整个四方连上的白色面积呈椭圆形,这个椭圆似地球状,表示世界性赛会的含义;椭圆外围有三条从内向外由浅至深渐变的蓝色色环围绕,代表冰雪赛场的跑道,突出了冰雪运动所需要的条件;四方连正中是一枚硕大的第三届亚洲冬季运动会会徽,晶莹剔透,犹如水晶一般,强化了冰雪运动的概念,突出了第三届亚洲冬季运动会的主题;4个极具动感、运动着的冰雪运动员造型围绕着会徽,并被齿孔分割在4枚邮票上,项目的内容分别为速度滑冰、冰球、花样滑冰、高山滑雪。按照四周跑道的走向,确定运动员造型的位置,与各个项目本身的竞技特点十分贴切。运动员造型的色彩是从蓝色到红色、从红色到黄色的渲染效果,淋漓尽致地表现出了参赛运动员不畏严寒、奋力拼搏、发挥体能、挑战极限的体育精神。跑道的外围,配以与4个比赛项目相对应的吉祥物"豆豆"的形象,底色运用了橘黄色到黄色的渐变,烘托出了本届亚冬会的热烈气氛。而且,这套四方连票还大胆地采用了票与票连接处留空白的手法,突破了以往四方连设计中票与票之间图案相连的模式。纵观整套邮票,设计者通过动与静、冷与暖的对比与呼应,会徽与运动员造型的搭配,北方的大冰雪与赛场热烈竞技气氛的对比,跑道对主题人物的限制,以及大面积的白色空间渲染,既突出了本届亚冬会是一次比赛精彩纷呈、气氛热烈祥和的国际赛事,又强化了本届冬运会"团结、友谊、发展、进步"的主题。

第三届亚洲冬季运动会会徽,是由汉字"三"和亚奥理事会会徽中的太阳,构成奋力向前的滑雪运动员的造型。

第三届亚洲冬季运动会的吉祥物,为一颗盛产于东北的拟人化的大豆,取名"豆豆"。"豆豆"活泼俏皮。他伸出右手做出"V"的手势,既表示热烈欢迎亚洲冰雪健儿的到来,又衷心祝愿本届亚冬会热烈精彩,圆满成功。

【速度滑冰】1996—2·(4—1)(J) 面值50分,票

幅规格40毫米×30毫米,发行量2202.75万枚。图案以纯白色为底衬,塑造了一位速度滑冰运动员形象:他躬身前倾,左臂后甩,右臂前摆,右脚用力蹬冰后刚刚抬起,左脚正在冰面上迅速向前滑行,风驰电掣,生动地展现出了滑冰运动员速度的美和奋力拼搏的精神。画面左侧和上侧绘有四分之一部分跑道,左上角装饰有头戴红色滑冰帽、正在进行滑冰的吉祥物"豆豆"形象,既具有运动比赛的现场感,又点明了第三届亚洲冬季运动会主题。

速度滑冰为冰上运动之一,指在规定距离内以竞速为目的的滑冰比赛。国际比赛项目男女均分短距离、中距离、长距离和全能四种。男子短距离有500米、1000米,中距离1500米,长距离3000米、5000米、10000米;男子全能有500米、1500米、5000米、10000米。女子短距离有500米、1000米,中距离1500米,长距离3000米;女子全能有500米、1000米、1500米、3000米。

【冰球】1996—2·(4—2)J 面值50分,票幅规格40毫米×30毫米,发行量2202.75万枚。图案以纯白色为底衬,塑造了一位冰球运动员形象:他手执冰球杆,向前快速滑行着,仿佛立刻就会用力击打冰球,将其准确射入球门,展现出了冰球比赛的激烈场面。画面右侧和上侧绘有四分之一部分跑道,右上角装饰有头戴红色滑冰帽、手持冰球杆的吉祥物"豆豆"形象,既具有运动比赛的现场感,又点明了第三届亚洲冬季运动会主题。

冰球运动为冰上运动之一,指运动员手持球杆,脚穿特制冰鞋,身着防护装备,在设有木质界墙的冰场上进行的一种球赛。比赛双方出场队员各六人,其中守门员一人,后卫两人,前锋两人,中锋一人。每场比赛时间

为60分钟,分三局进行。两局之间休息15分钟。以进球多者为胜。如进球相等为平局,根据国际冰联决定,加赛10分钟,如仍未平局则不再加赛。19世纪中期,冰球运动起源于加拿大。原为流行于加拿大金斯顿的一种游戏,当时参加人数和场地大小均无规定,游戏者手持球杆,脚穿冰鞋,在坚实的江河冰面上竖立两根木杆为球门,以圆木片作球,在冰上来回追逐,将球射入门内,以争胜负,后经多次演变发展成现代冰球运动。1890年后,冰球运动开始在加拿大流行。20世纪初,传入美、法、瑞士、比利时等国。1908年,国际冰球联合会成立。1920年,第7届奥运会中被列为比赛项目。1924年,第一届冬季奥运会中列为正式比赛项目。1955年,中国开始举办全国性的冰球比赛。

冰球杆为冰球运动器材,以木材或经国际冰联批准的其他材料制成。由杆柄和杆刃两部分组成。分普通杆和守门员球杆两种。普通杆长140厘米~147厘米,杆刃从根部至端部不得超过32厘米,杆刃的任何部分不得宽于7.5厘米。守门员杆的杆刃除后根部分不得宽于11.5厘米外,其他部分不得宽于9厘米,杆刃长不超过39厘米。杆柄的放宽部分从根部向上不得长于71厘米,不得宽于9厘米。

【花样滑冰】1996—2·(4—3)J 面值50分,票幅规格40毫米×30毫米,发行量2202.75万枚。图案以纯白色为底衬,塑造了一位花样滑冰女运动员形象:她在自选音乐伴奏下,将自由体操和滑冰运动融为一体,正在完成着单人滑比赛所编排的规定动作,充分展现出了花样滑冰所具有的一种特殊艺术魅力。画面左侧和下侧绘有四分之一部分跑道,左下角装饰有头扎蝴蝶结、正在进行花样滑冰比赛的吉祥物"豆豆"形象,既具有运动比赛的现场感,又点明了第三届亚洲冬季运动会主题。

【高山滑雪】1996—2·(4—4)J 面值50分,票幅规格40毫米×30毫米,发行量2202.75万枚。图案以纯白色为底衬,塑造了一位高山滑雪运动员形象。高山滑雪为雪山运动项目之一,因起源于阿尔卑斯山地区,故又称"阿尔卑斯山项目"或"山地滑雪"。分滑降、回转、大回转和全能(两项全能、三项全能)四项,比赛均在海拔1000米以上的高山进行。起点和终点的垂直高度为800米~1000米。其中滑降比赛项目是一种要求运动员从山顶按规定线路穿过用旗插成的门形向下滑行的竞速滑雪比赛。线路长2000米以上,坡呈5度~35度,平均20度,起点至终点高度男子为800米~1000米,女子为500米~700米。线路两旁插一定数量的旗杆作为各种门形。男子比赛插红色旗,女子比赛插红蓝两色旗。旗门间距为4米~8米,上下旗门间距一般为30米左右。以降滑两次的时间计算成绩。技术动作有直滑降、斜滑降、乙形滑降、起伏地滑降、犁式或半犁式滑降等。身体姿势分高、中、低三种。图案中的男滑雪运动员,他手持滑雪杖,脚踏滑雪板,身体蹲屈前倾,正在飞速滑降,展示出了运动员的勇敢和矫健。画面右侧和下侧绘有四分之一部分跑道,右下角装饰有正在进行滑雪的吉祥物"豆豆"的形象,既具有运动比赛的现场感,又点明了第三届亚洲冬季运动会主题。

有关滑冰、花样滑冰、滑雪、滑雪杖的知识,详见新版《中国集邮百科知识》J·54《第十三届冬季奥林匹克运动会》。

1996—3 沈阳故宫(T)

【沈阳故宫(T)】Shenyang Imperial Palace(T) 沈阳故宫创建于17世纪20年代,是清太祖努尔哈赤和清太宗皇太极两代君王的皇宫。努尔哈赤原为建州女真部落首领,曾任明朝建州卫都指挥使。明万历十一年(公元1583年),他起兵统一女真各部落。明万历四十四年(公元1616年),努尔哈赤于郝图阿拉(今辽宁省新宾县境内)称汗,建国号大金,建元天命。天命十年(公元1625年),奠都沈阳,始建宫殿。1626年8月11日,努尔哈赤病逝后,皇太极在其创建的"汗宫"和大政殿、十王亭等建筑的基础上,续建了大清门、崇政殿、凤凰楼以及清宁宫等建筑。1644年,清统治者移都北京后,仍尊沈阳故宫为"陪都宫殿",并派重兵守护。清乾隆八年(公元1743年),乾隆皇帝东巡盛京(今辽宁沈阳)祭祖,又大兴土木,先后增建了东西所(俗称东西宫)作为东巡行宫。建崇谟阁、文溯阁、嘉荫堂等建筑,今日沈阳故宫建筑风貌基本定型。沈阳故宫占地面积六万多平方米,楼、台、亭、阁等各式建筑百余所,五百多间。沈阳故宫的建筑布局分为东、中、西三路。东路为清太祖努尔哈赤时期建造的大政殿、十王亭。建筑以金碧辉煌的大政殿为主体。大政殿原名笃恭殿,为八角重檐攒尖式建筑。正门有金龙蟠柱,两条金龙翘首扬爪共扑火焰珠;殿内顶部有降龙藻井;四周为汉、梵文团字。大政殿前东西两侧各排列五座亭子。东侧五座亭子名为左翼王亭、镶黄旗亭、正白旗亭、镶白旗亭、正蓝旗亭;西侧五座亭子名为右翼王亭、正黄旗亭、正红旗亭、镶红旗亭、镶蓝旗亭。大政殿和十座亭子形成一组院落建筑,十分壮观。这组建筑主要用于大典或皇帝与八旗贝勒、大臣议政。清仁宗有诗曰:"大政据当阳,十亭两翼张。八旗皆世胄,一室汇宗潢。"可见大政殿、十王亭与八旗政体之间的密切关系。中路建筑是沈阳故宫总体建筑布局的中轴。大清门是皇宫的正门,相当于北京故宫的午门,是文武百官候朝之所,建造华丽。进入大清门,中间是一条甬路,称作御道。路北约百米处,皇宫坐落于方形月台之上。正殿崇政殿,俗称"金銮殿",是一座面阔五间的硬山前后廊式建筑,山墙顶端及正脊上镶嵌着五彩琉璃赶珠龙,两端饰虬吻,做工精细,形象栩栩如生。凤凰楼坐落在崇政殿后约四米的高台上,为三层单檐黄琉璃瓦绿剪边式建筑,是昔年盛京最高建筑,曾有"盛京八景"之一"凤凰晓月"之誉。穿过中门,登台即上五宫,为皇帝后妃生活区。清宁宫坐北朝南居中,为中宫。四大配宫分列两侧,东侧有关雎宫、衍宫;西侧有麟趾宫、水福宫。前楼后宫,形成一组城堡式的独特建筑。西路建筑主体为文溯阁,是一座二楼三层建筑,黑琉璃瓦绿剪边。文溯阁仿明代宁波大藏书家范钦的天一阁,专为收藏清代乾隆时期编纂的大型类书《四库全书》而建,是全国存放《四库全书》的著名七阁之一。阁东有碑亭,内立乾隆亲撰的《御制文溯阁》及《宗孝论》。阁前有嘉荫堂、戏台,是清帝东巡驻跸赏戏的地方。阁后有仰熙斋,是清帝东巡读书之所。清朝灭亡后,沈阳故宫一度被军阀部队占据,甚至曾在大政殿中养马。新中国成立后,1953年,沈阳故宫陈列所建立;1954年,改为沈阳故宫博物院;1961年,被国务院公布为全国第一批文物保护单位。几十年来,国家拨出大批经费修缮沈阳故宫,古代建筑焕然一新,藏品丰富,已成为举世闻名的名胜古迹和游览胜地。

1996年3月18日,为了展示中华民族文化遗产的风貌,中华人民共和国邮电部发行了一套《沈阳故宫(T)》特种邮票,全套2枚。王岚、刘文斌设计。胶版。齿孔12度。横2枚连印,邮局全张枚数16(4×4)。辽宁沈阳邮电印刷厂印制。

这套邮票采用横2枚连印形式,展现了沈阳故宫全景,构成一幅雄伟壮观的鸟瞰图画。设计者采用传统中国画的透视方法,用黄色仿古绢作底衬,在方寸大小的邮票上清晰地展示出了沈阳故宫的整体布局。同时,以界画风格和写实手法,忠实沈阳故宫原貌,随类赋彩;从整体出发突出线的运用,化繁为简,力求线和色达到统一和谐,能够给读者一种古典美和历史感。图案左上角和右下角缭绕着翻卷的朵朵白云,给皇家殿宇平添了一种神秘气氛,令人神往。

【沈阳故宫——西部建筑】1996—3·(2—1)T 面值50分,票幅规格50毫米×38毫米,发行量2151.75万枚。图案以黄色仿古绢为底衬,展现了沈阳故宫西部建筑的风貌,具有一种粗犷质朴的美。

【沈阳故宫——东部建筑】1996—3·(2—2)T 面值50分,票幅规格50毫米×38毫米,发行量2151.75万枚。图案以黄色仿古绢为底衬,展现了沈阳故宫东部建筑的风貌,给人一种身临其境之感:仿佛看到了当年清太祖努尔哈赤和清太宗皇太极在此主持朝政,十王亭中大臣们共同临朝、君臣合署办公的情景;仿佛听见了皇帝在此发布圣旨、举行各种仪式的声音;脑际浮现出香烟缭绕、神秘而威严的帝王生活画面。

1996—4 中国邮政开办一百周年(J)

【中国邮政开办一百周年(J)】Centenary Birthday of Post of China(J) 中国的邮驿活动,早在近代邮政出现以前的三千多年便开始了,但它仅限于传递政府公文。明代开始设民信局,收寄私人书信。鸦片战争后,资本主义列强以中国没有公用邮政机构为借口,竞相在中国国土上擅自开设"客邮";1858年,又在《天津条约》中规定,各国使臣可以在中国境内自由往来和收发文件、书信,而且还要求清政府负责保护其安全。清政府害怕承担责任,便委托当时把持着中国海关大权的英籍总税务司赫德,代为管理北京、天津、上海间的邮件传递业务。1878年,北京、天津、烟台、牛庄(营口)、上海五处海关,仿照欧洲方式试办邮政,并发行了中国第一套邮票《大龙邮票》。1880年,又宣布成立带有鲜明半殖民地色彩的邮局——"海关拔马四达局"("拔马四达"系"邮政"的英文音译)。1896年,这种海关邮局已在全国24处设有海关的地方开办。但海关邮政并未奏请清朝皇帝核准,既无邮政章程,也得不到各国承认,无权加入国际邮政联盟,不能算是国家邮政。1896年3月20日,清光绪皇帝才准奏正式开办国家邮政。1897年2月20日,"大清邮政"官局开业,初期仍由海关兼办,赫德兼任总邮政司。1906年,清政府设邮传部主管邮政。但因体制问题和英法为争夺中国邮政从中阻挠,直至1911年5月28日,邮传部才真正从海关接管了邮政,成立了邮政总局。1878年海关试办邮政时,便开办了信函、新闻纸、贸易契、国际信函、挂号等业务。1897年大清邮政营业时，又增加了明信片、书籍、包裹、货样等业务；1898年开办邮政汇兑、国际包裹业务；1899年开始与外国邮政订立互寄邮件章程；1909年正式开办快递业务。1911年，全国共建有各等邮局6201处，使中国的通信方式开始迈向了近代化。民国时期，大清邮政改组为"中华邮政"，驿站于1913年全部裁撤。1912年，邮政局所有9816个，1928年已达12126个。1914年，中国加入了万国邮政联盟。1922年，大部分"客邮"被取消，但外国人依然掌控着中国邮政的重要职务，外国势力依然盘踞着邮政部门。1917年，中华邮政开始利用汽车、自行车传递邮件。1921年，中华邮政开办了航空邮路。1936年，航邮已遍及各通航城市。中国人民革命战争时期，1929年赤色邮政诞生，遍及赣西南、湘鄂西、闽西、湘赣、闽浙赣根据地。1932年5月1日，中华苏维埃共和国邮政总局在江西瑞金成立，下设7个邮务管理局，经办平信、挂号、快信、汇兑、包裹、印刷品、报纸发行等业务，发行了"苏维埃邮票"。抗日战争爆发后，陕甘宁、晋察冀、晋冀鲁豫、山东和苏皖抗日根据地都创办了交通邮政机构。解放战争时期，解放区的邮政逐步走向统一，并普遍组织了军邮局。东北、中原、华中、华东、西南、华北等大区成立的邮政总局和邮电管理机构，为新中国的邮政奠定了基础。中华人民共和国成立后，1949年11月，中央人民政府邮电部成立，并很快组成邮政总局，和二百多个国家或地区建立了直接通邮关系。20世纪70年代以来，开始有计划地分批分期进行邮政枢纽建设，大大提升了中国邮政的业务水平。邮政牵涉国计民生，联系千家万户。自1896年清代总理衙门奏准成立国家邮政以来，历经了百年沧桑的中国邮政，在现代社会，正为人们提供着便捷和多样化的服务。

1996年3月20日，为了庆祝中国邮政百岁诞辰，中华人民共和国邮电部发行了一套《中国邮政开办一百周年(J)》纪念邮票，全套4枚。李庆发、姜伟杰设计。影写版。齿孔11.5度。邮局全张枚数40(5×8)。北京邮票厂印制。

这套邮票的4枚图案，选用不同时期的邮政建筑作主图，以其迥然不同的造型，无言地叙述着邮政百年的沧桑历史，形象而含蓄地表现了主题。由于四座邮政建筑的风格各异，既有民居样式，又有现代化建筑，有土有洋，反差十分强烈，为了求得形式上的统一，设计者根据四座建筑大都具有长方形外观的特点，在横型票幅的基础上，上下各加一条灰边，铭记、票题、面值等文字统一安排在灰边之中，使画面视角开阔，犹如一幅完整的建筑画长卷，既能把读者带进崎岖坎坷的历史隧道，又具有一种韵律美。每枚邮票的右上角都绘有一枚邮电徽志，和左下角的绿色面值相呼应，巧妙地强调了邮资凭证的属性。

【清·天津邮政津局旧址】1996—4·(4—1)J 面值10分，票幅规格40毫米×30毫米，发行量2381.7万枚。图案以蓝色为基调，选用了大清邮政津局旧址外景。天津是中国邮政的发源地，是邮政创办初期的业务领导和邮运组织中心。大清邮政津局旧址位于天津市原紫竹林英租界内的天津海关附近，即现在的解放北路111号。这是一座欧式建筑，是洋人在中国开办邮政的产物。画面的色彩追求古朴，具有时代感。1997年，被天津市人民政府确定为"文物保护单位"。

注：邮票图案上的票题"天津邮政津局旧址"，应为"大清邮政津局旧址"。

【北京邮务管理局旧址】1996—4·(4—2)J 面值20分，票幅规格40毫米×30毫米，发行量3917.7万枚。图案以土红为基调，选用了中华邮政时期的"北京邮务管理局"大楼外景。大楼原坐落于北京户部街(后改称公安街)，其位置在天安门广场东南角，原中国革命历史博物馆南侧。1919年开始动工兴建，1921年落成，1922年启用，20世纪70年代因天安门广场拓展而被拆除。

【中华苏维埃共和国邮政总局旧址】1996—4·(4—3)J 面值50分，票幅规格40毫米×30毫米，发行量2635.7万枚。图案以土黄为基调，选用了中国人民革命战争时期"中华苏维埃共和国邮政总局旧址"外景。

1932年5月1日，中华苏维埃共和国邮政总局在瑞金成立，局址坐落于江西省瑞金县叶坪中石村。建筑为一座黄泥墙、黑瓦、砖木结构二层楼房，纵深10米，宽15米多。房檐下有墨笔书写的"中华苏维埃共和国邮政总局"一行字。现已改为居民住宅。邮政总局除局长、副局长外，设有秘书处、邮务处、通信处、管理科、印刷所等，有员工一百多人，除领导全国苏区红色邮政外，还兼办现业。1934年10月,中国工农红军撤出中央苏区,中央政府指定邮政总局局长和江西省邮政管理局局长等,携带中央苏区邮政有关规章、报表、文件及邮票等随同红军长征。邮政总局机关则随同中央后方办事处转移,1935年1月撤至于都小密,宣告解散。设计者有意夸张了旧址前的水塘,使这座建筑在平滑如镜的水面映衬下,突出显现了20世纪30年代江南民居的特色,黑屋顶、黄土坯墙,具有精巧、雅致之美。

【北京邮政枢纽】1996—4·(4—4)J 面值100分,

票幅规格40毫米×30毫米,发行量2413.7万枚。图案以绿色为基调,选用了"北京邮政枢纽"大楼外景。大楼坐落于北京建国门内大街、北京站口西侧。北京邮政枢纽又称"北京建内大街邮电局"。1993年7月5日正式对外营业。因其营业面积为中国最大,业务功能最为齐全,故有"神州第一局"之称誉。营业面积2000平方米,分东、西两个营业大厅。其中东大厅为现代化多功能营业展示大厅,它以体现时代特色为主基调,集展示与宣传国内邮政最新业务和最先进设备于一体,向人们展示了未来中国邮政企业的新面貌,使用户能够亲身感受现代化邮政的发展方向。该厅设有最新设备,能够INT网上漫游,让用户享受现代化邮政带来的方便与快捷。厅内办理的新业务有:鲜花礼仪业务、商业信函业务、邮购业务、同城速递业务、图书音像业务、集邮业务等。展示的新技术新设备有:INTERNET公共服务网络系统、开筒频次时限管理系统、EMS聚氨酯泡沫散布系统(发泡机)、商业信函信息计算机处理系统、Bryce24K喷墨地址打印机、邮资机专用电子秤、汉字用户显示牌、智能汉化电子秤等。西营业大厅以体现悠远的中华邮驿文化为特色,巨大的壁画向人们讲述着中国邮政发展的历史。该厅办理全方位的邮政业务、电信业务和邮政储蓄业务。北京邮政枢纽在日常管理和业务处理上全部实现微机化,营业大厅内还专门设置了具有国际先进水平的邮政业务查询设备,周到、快捷、方便的服务,既展现出了中国邮政的风采,也让人们体会到邮政对社会发展的贡献。设计者采用从正面侧视的角度构图,给4枚邮票图案增添了一种参差变化。

1996—4M 中国邮政开办一百周年 1896—1996(小型张)(J)

【中国邮政开办一百周年 1896—1996(小型张)(J)】Centenary Birthday of Post of China(Souvenir Sheet)(J) 1996年3月20日,为了庆祝中国邮政开办一百周年诞辰,中华人民共和国邮电部在发行1996—4《中国邮政开办一百周年(J)》纪念邮票的同时,发行了1枚小型张。李庆发、姜伟杰设计。影写版。齿孔11.5度。北京邮票厂印制。

【中国邮政开办一百周年】1996—4M·(1—1)(小型张)(J) 面值500分,小型张尺寸规格154毫米×83

毫米,邮票票幅规格90毫米×60毫米,发行量1848.4万枚。小型张邮票图案采用了分两行排列的全套8枚红印花加盖邮票。清代国家邮政开办后,邮资计费单位由关平银的两、钱、分,改为银元制的圆、角、分,故急需各种新面值邮票,造册处便将所存未使用的3分银海关印花税票六十多万枚,分批加盖充作邮票。因原印花税票刷红色,故称为"红印花"邮票。红印花加盖邮票全套8枚,其中小字"当壹圆"最为珍贵。据考证,小字"当壹圆"仅存世三十多枚,而盖有八卦戳的旧票存世仅一枚。新中国成立后,集邮家马任全先生将这枚孤品献给了国家。红印花加盖邮票既是清代国家邮政开办后发行的第一套邮票,又是世界珍邮,用它作小型张邮票的主图,不仅点明了中国邮政开办百年的主题,而且也给集邮者提供了一个欣赏的机会。小型张底衬采用了1896年3月20日(光绪二十二年二月初七日)清朝总理衙门议办邮政折。1895年冬,清南洋大臣、两江总督张之洞为建立国家邮政上了一份奏章。1896年3月20日(光绪二十二年二月初七日),清总理各国事务衙门根据张之洞奏章,为开办国家邮政向光绪皇帝递交了《恭亲王奕䜣等为总理衙门遵议办理邮政并与各国联会事奏折》和《总理衙门奏折附呈赫德所拟开办邮政章程清单》。光绪皇帝当日朱批:"依议。钦此。"从此,1896年3月20日即为中国国家邮政开办之日。小型张邮票图案右侧的两行文字为:"(臣)等查光绪二年间,赫德因议滇案请设送信官局,为邮政发端之始,经臣衙门函商北洋大臣李(鸿章)",左侧文字为:"(理)合专折具陈。赫德所拟章程条款,另具清单恭呈御览。伏乞皇上圣鉴训示。谨奏。光绪二十二年二月初七日。""依议。钦此。"背景和主图相得益彰,形象地展现出了中国邮政一百年前迈出的关键性的第一步。

附:《恭亲王奕訢等为总理衙门遵议办理邮政并与各国联会事奏折》

1896年3月20日(光绪二十二年二月初七日)总理衙门议办邮政折

为遵旨议办邮政,请由海关现设邮递推广,并与各国联会,以便商民而收利权,恭折仰祈圣鉴事。窃臣衙门准署南洋大臣张之洞咨抄拟请设立邮政饬议章程一片,光绪二十一年十二月初三日钦奉电传谕旨,邮政一节业经总署筹议,粗有头绪矣,钦此。钦遵,仰见圣主周恤商旅通志类情之至意。查原奏内称,泰西各国邮政,重同铁路,特设大臣综理,取资甚微,获利甚巨,权有统一,商民并利。近来英、法、美、德、日本在上海及各口设局,实背万国通例,曾经前南洋大臣曾国荃据道员薛福成、委员李圭、税务司葛显礼等,往复条议,咨由总理衙门饬总务司赫德详议,谓此举裕国便民,为办得到之事。至税关所办邮递,因与国家所设体制不同,故推广每多窒碍,现复与葛显礼面加筹议,知其情形熟悉。各关税务司熟谙办法者,当亦不乏,请饬总理衙门转饬赫德妥议章程开办,即推行沿江、沿海各省及内地水陆各路,务令各国将所设信局全撤,并与各国联会彼此传递文函等语。臣等查光绪二年间,赫德因议滇案请设送信官局,为邮政发端之始,经臣衙门函商北洋大臣李鸿章,于四年间复称,拟开设京城、天津、烟台、牛庄、上海五处,略仿泰西邮政办法,交赫德管理。嗣因各国纷纷在上海暨各口设立邮局,虑占华民生计;九年间值德国使臣巴兰德来请派员赴会;十一年曾国荃咨称州同李圭条陈邮政利益各节,并据宁海关税务司葛显礼申称,香港英监督有愿将上海英局改归华关自办之语。经臣衙门先后饬据江海关道、总税务司筹议,咨行南北洋大臣查核,十六年三月札行赫德,以所拟办法既于民局无损,即就通商各口推广办理,拟俟办有规模,再行请旨定设,此该大臣张之洞所称各税关试办邮政之权舆也。臣等复查宁海、江海各关道来禀,每谓税关邮局未经奏定,外人得以借口,十八年冬赫德亦以数年来创办艰难,若再不奏请设立官邮政局,恐将另生枝节。十九年五月迭接李鸿章、刘坤一咨据江海关道聂缉规禀称,上海英、美工部局现议增设各口信局,异日中国再议推广,必更维艰;各等语。是原奏所称体制不同,推广每多窒碍,诚为洞见微结之论。至各国通行岁收巨帑一节,考泰西邮政自乾隆初年普国始议代民经理,统以大臣,位齐卿贰,各国以为上下交便,仿而效之。光绪十九年,葛显礼呈送万国邮政条例,联约者六十余国,大端以先购图记纸粘贴信面,送局以抵信资,其费每封口信重五钱者取银四分,道远酌加,其取资既微,又有定期,而无遗折;百货腾跌,万里起居,随时径达,至有事时并可查禁敌国私函,诚如原奏所称,权有统一,为利商利民,即以利国之要政也。又查十八年以来,美国一国邮政清单一岁所收银圆至六十四兆二十万九千四百九十元之多。张之洞所举英国收数当中银三四千万两,尚系约略之辞,利侯铁路,诚为不虚。且西国邮政与电局相辅,以火车、轮船为递送,近年法国设立公司轮船十艘,统名曰信船,遇口停泊,信包来到不得开椗,其郑重如此。中国工商旅居旧金山、檀香山、新加坡、槟榔屿、古巴、秘鲁者,不下数百万人,据李圭禀称,该工等有一纸家书十年不达者,缘邮会有扣阻无约国文函之例也。中国邮政若行,即以获资置备轮船出洋,借递信以流通商货,其挽回利权所关尤巨。臣等博访周咨,知为当务之急,爰于十九年札饬赫德详加讨论,是否确于小民生计无碍,上年六月至十二月复与该总税务司面商屡屡,先后据其递到四项章程,计四十四款。臣等详加批阅,大致厘然,自应及时开办。相应请旨敕下臣衙门,转饬总税务司赫德专司其事,仍由臣衙门总其成,略如各口新关规制,即照赫德现拟章程定期开办,应制单纸亦由赫德一手经理,遇有应行酌改增添之处,随时呈由臣衙门核定,期于有利无弊。至赫德原呈内称,万国联约邮政公会,系在瑞士国,应备照会寄由出使大臣转交该国执政大臣为入会之据,自可援万国通例,转告各国将在华所设信局一律撤回。按咸丰八年俄约,光绪十二年法约,本载明两国公文信件互相递送,中国既经入会开局,各国当无从借口。以上所议如蒙俞允,即由臣衙门钦遵分别咨照札饬办理,俟办有头绪,即推行内地水陆各路、克期兴办,一面咨行沿江、沿海及内地各直省将军、督抚知照,届期即将简要办法饬地方州、县谕商民咸知利便,凡有民局仍旧开设,不夺小民之利,并准赴官局报明领单,照章帮同递送,期与各电局相为表里。其江海轮船及将来铁路所通处所,应如何交寄文信,由该总税务司与各该局员会商办理。官邮政局岁入暨开支款目,由总税务司按结申批臣衙门汇核奏报,所有遵议推广海关邮递开设官局,并与各国联会各缘由,理合专折具陈。赫德所拟章程条款,另具清单恭呈御览。伏乞皇上圣鉴训示。谨奏。(奉朱批:依议。钦此。)

1996—5 黄宾虹作品选（T）

【黄宾虹作品选（T）】 Selected Works of Huang Binhong(T)　　黄宾虹（1865—1955），名质，字朴存，号予向、虹庐、虹叟，中年更号宾虹。原籍安徽歙县，生于浙江金华，卒于浙江杭州。黄宾虹六岁时，便在父亲和启蒙老师的影响下，临摹清初画家沈廷瑞的山水册。父亲去世后，他居山乡水村耕耘十载。他赞同康有为发动"公车上书"，与谭嗣同订文字交，对革新派人物十分钦佩。他曾组织反清组织"黄社"，被清廷指为"革命党人"而遭严缉，后化装出逃定居上海。黄宾虹在上海居住的30年中，开始在商务印书馆、神州国光社从事新闻与美术编辑工作，后在新华艺专、上海美专任教授，还参加了"南社"诗会，并发起组织了"金石书画艺观学会"等艺术团体。1937年，黄宾虹赴北平任教不久，平津沦陷，南归无路，不得已只能"伏居燕京将十年，谢绝酬应，惟于故纸堆中与蠹鱼争生活"。黄宾虹80岁那年，日伪要为他祝寿，寿堂已设，他坚决拒绝参加。抗日战争胜利后，黄宾虹自比"无异脱阶下之囚"，兴奋异常，作画很多。新中国成立后，86岁高龄的黄宾虹出任中央美术学院华东分院教授、中国美术家协会华东分会副主席。90岁，华东政协委员会授予他"中国人民优秀的画家"称号。1955年，他当选为第二届全国政协委员。黄宾虹去世后，遵照他的遗愿，家属将其所藏书籍、字画、金石拓本以及自作书画、手稿等一万多件全部捐献给了国家。在黄宾虹浙江杭州栖霞岭故居，国家为之建立了"画家黄宾虹纪念室"。黄宾虹作为一位早学晚熟德大画家，他的艺术道路经历了这样三个时期：50岁之前为早期，致力于学习传统画法；50岁~70岁为中期，为深入山川自然、师法造化时期；70岁以后为晚期，喜以泼墨、积墨、宿墨、破墨互用，笔下山川层层深厚，大气磅礴，是他的艺术创造时期。黄宾虹一生九上黄山，五上九华，四上岱岳，足迹遍及东西南各地，名山大川、烟云盛景，尽收入画，不愧为读万卷书，行万里路的画家。有时候，黄宾虹还带着古代名画入山，在真山真水间潜心探寻画法的来源与奥秘。他认为山水画家从观察自然到挥毫作画应有四个过程：一，"游览山水"；二，"坐望苦不足"；三，山川我所有；四、三思而后行。黄宾虹坚持"师法自然"，"搜妙创真"，博采众长，我师我法，变异合理，来去自然的绘画艺术创造道路，使作品渐脱古人约束，形成了自己的独特风格。黄宾虹认为"中华大地，无山不美，无水不秀"，他作画是以画寄情，以情报国，故90岁高龄仍以作画为"日课"。黄宾虹生前已享有"南黄北齐"的美名，但他从未以画谋取名利，可见绘画对他不仅是一种艺术创造，一种自我价值的实现，而且是一种如同饮食作为人的生活所必需。黄宾虹对画史、画理也有深入研究，著述颇丰，主要有《黄山画家源流考》、《中国画学史大纲》、《虹庐画谈》、《古画微》、《金石书画编》、《画法要旨》、《宾虹诗抄》等。

1996年4月5日，为了展现黄宾虹的绘画艺术成就，中华人民共和国邮电部发行了一套《黄宾虹作品选（T）》特种邮票，全套6枚。王虎鸣、阎炳武设计。影写版。齿孔12度。邮局全张枚数40(10×4)。北京邮票厂印制。

这套邮票精心选取了黄宾虹的6幅绘画、书法作品为6枚邮票图案主图，统一以白色衬底，饰以细线框，"中国邮政"和邮票名称均采用黑色宋体字，面值则为金色，既为黄宾虹的绘画艺术作品营造出了一种雅致而又大气的氛围，也给读者提供了一种清新明快的视觉效果。

【黄宾虹作品选·书法】1996—5·(6—1)T　面值20分，票幅规格30毫米×50毫米，发行量3485.7万枚。图案选用了黄宾虹一幅书法作品——集古籀(zhou)文"陆子成书作新语，许君集字述古文"一联，形象地传达出了他在书法艺术上的参悟。他推崇道咸画学中兴，不单单就是注重其金石学的方法，认为绘画与书法结合，才不单单是用来取悦眼目，而是真正重内美，用来升

华心灵，故而能从钟鼎碑版中"妙语一波三折"。他总结出的"五笔七墨"，"皆由平日研求金石碑帖文词书法而出"。

"陆子成书作新语，许君集字述古文"中的陆子，即楚人陆贾，汉初政治家、辞赋家。曾作为外交官出使诸侯，帮助刘邦平定天下。刘邦夺取天下后，他曾向其建言：(天下)能"居马上(指武力)得之，宁可以马上治之乎？"刘邦死后，皇后吕雉把持朝政，欲让吕氏取而代之。陆贾力劝陈平与太尉周勃合作，诛灭了吕氏集团，立汉文帝，安定了刘氏政权。陆贾撰写《新语》一书，提出"道莫大于无为"，"故不为也，乃无为也"。这种"为"与"不为"的辩证思想，正是黄宾虹艺术的终极追求。其中的许君即许慎，东汉著名的文字学家，《说文解字》的作者。《说文解字》一书中"集"秦代小篆、战国古文字9353个，古代籀文等异体字1163个；依类象形称之为"文"，形声

相应称为"字"。解"述"这些"古文"时,一般先说字义,再述形体构造与读音。"许君集字述古文"一联,既表明黄宾虹对许慎的肯定与推崇,也说明联语中的大篆字体,有的源于金石碑帖,有的则出于《说文解字》之中。

书法是中华民族创造的以汉字书写为载体的一种独特艺术形式。它是一种古老的艺术品种,其发生和发展已有几千年的历史。唯有汉字书写能够发展为艺术,首先是汉字最初是以象形字为基础的文字,特别是最初的象形字本身就是一幅简单的图画,故中国有"书画同源"之说。其次是中国毛笔的使用。从考古材料得知,中国从原始社会就开始使用毛笔,毛笔具有弹性,可大可小,具有十分丰富的表现力,绝非西方鹅毛笔或钢笔可比。最后一个最重要的原因,即中华民族在长期的书写实践中逐渐认识了抽象线条所具有的丰富的表现功能和艺术魅力。譬如"永"字八法,古人认为用"侧、勒、努、趯、策、掠、啄、磔(zhé)"八种笔画可以构成所有中国字,正如七个音节可以演奏各种音乐。中国人民在长期的创作和欣赏过程中,已经形成了一套比较完备的欣赏书法艺术的方法:首先是欣赏其线条、结字和章法;其次是欣赏全书的神采;最后是要透过表面,欣赏书者的精神气质、文化素养和思想品质等等。

籀文也称"籀书"、"大篆"。因著录于《农籀篇》而得名。字体多重迭。春秋战国间秦国整理字体后规定的写法。今存石鼓文即这种字体的代表。

【黄宾虹作品选·山水】1996—5·(6—2)T 面值20分,票幅规格30毫米×50毫米,发行量3541.7万枚。图案选用了黄宾虹的一幅早期山水画。

【黄宾虹作品选·青城山中坐雨】1996—5·(6—3)T 面值40分,票幅规格30毫米×50毫米,发行量2169.7万枚。图案选取了黄宾虹的一幅山水画《青城山中坐雨》。黄宾虹67岁那年,冒寒独自前去四川青城,途中遇雨照样前行,后来索性在滂沱大雨中坐下来,从容观赏雨中山色,全身被雨淋透也毫不在意,甚至得意地吟出:"泼墨山前远近峰,米家难点万千重。青城坐雨乾坤大,入

蜀方知画意浓。"次日,他推说身体不适,上午"蒙被甜眼打腹稿",下午披衣起床,一气画出十多幅画,这幅《青城山中坐雨》便是其中之一。后来,他在给友人的信中曾这样写道:"青城大雨滂沱,坐山中三移时,千条飞泉令我恍悟,若雨淋墙头,干而润,润而见骨。墨不碍色,色不碍墨也。"正是这样对山川景色饱游观察和深刻体验,黄宾虹的山水画才创作出了一种大气磅礴的审美境界。

【黄宾虹作品选·西泠远望】1996—5·(6—4)T

面值50分,票幅规格30毫米×50毫米,发行量2669.7万枚。图案选用了黄宾虹的一幅山水画《西泠远望》。画面左上角题跋"西泠桥上远望对江诸峰写此"。从落款中的"年九十"三字,可知这幅山水画为黄宾虹90岁高龄时的作品。"外师造化,中得心源",完全是主体化、人格化的山水自然,具有一种"无为"的审美境界。

【黄宾虹作品选·设色山水】1996—5·(6—5)T

面值50分,票幅规格30毫米×50毫米,发行量2661.7万枚。图案选用了黄宾虹的一幅《设色山水》。画面上方题跋'前人谓山水画古不如今道咸中特过启祯诸贤倪鸿宝自题所作山水言梅道人若见之当下揖拝其善变耳",表达了画家的艺术观。从落款中的"八十七"三字,可知这幅山水画为黄宾虹87岁高龄时的作品。从笔墨构成和表现力度看,既与西画有共通之处,又具有鲜明的地地道道的中国民族绘画艺术味道。

【黄宾虹作品选·点染写花】1996—5·(6—6)T 面值

230分,票幅规格30毫米×50毫米,发行量2175.7万枚。图案选用了黄宾虹的一幅花卉作品《点染写花》。画面左二角题跋"以点染写花含刚健於婀娜"。一个"含"字,表明了黄宾虹在处理画面物象的虚实关系上,又大胆又高明。画家曾说:"对景作画,要懂得'舍'字;追

写物状,要懂得'取'字;'舍'、'取'不由人,'舍'、'取'可由人。懂得此理,方可染翰挥毫。"正是根据此理,画面中的物象才变化万千,丰富中显出单纯、统一。从落款中的"年九十"三字,可知这幅画为黄宾虹90岁高龄时的作品。真是信手写来,形若草草,不假雕琢,自自在在,看似不经意,实则笔法严谨,精神意趣俱在,别具风味。

1996—6 山水盆景(T)

【山水盆景(T)】 Potted Landscapes(T) 有关盆景艺术的知识,详见新版《中国集邮百科知识》T·61《盆景艺术》。

1996年4月18日,为了展现中华民族传统文化艺术的风采,中华人民共和国邮电部发行了一套《山水盆景》特种邮票,全套6枚。原创作者(6—1)钱东,(6—2)许江,(6—3)朱文博,(6—4)(6—6)钱建港,(6—5)盛定武。朱江设计。胶版。齿孔12度。邮局全张枚数20(5×4)。河南省邮电印刷厂印制。

这套邮票是继1981年发行的T·61《盆景艺术》特种邮票后的第二套盆景邮票,T·61为"树桩盆景",而这套邮票为"山水盆景"。这套《山水盆景》特种邮票为江苏地方选题,6枚邮票图案选材于江苏"靖江山水盆景"。靖江市位于长江之阳,风光秀丽,繁荣富饶。靖江市人民公园的青年艺术家们,锐意创新,在继承传统上,走出了一条融万水千山于盆景之中的艺术创作之路,使"靖江山水盆景"在园艺界脱颖而出,不仅在我国和国际盆景艺术园中成为后起之秀,占有一席之地,而且在国际国内园艺展览中,多次获奖。1979年,在德国波恩市第15届世界园艺展览上,盛定武制作的"斧劈石"山水盆景获得金牌奖;1985年,在中国盆景评比展览会上,靖江人民公园送展的山石盆景《大江东去》获一等奖;1988年和1989年,靖江人民公园的盆景作品在香港花卉展览会上两次荣获冠军奖。这套邮票6枚图案统一用若有若无的淡灰色衬底,既突出了盆景主体,又创造出了一种山水清丽、淡雅、脱俗的艺术境界。6件山水盆景作品都配有红木盆架,体现出了中国传统的古朴美感,满足了人们欣赏盆景艺术时"景、盆、架"三位一体的习惯要求。

【漓江翠影】1996—6·(6—1)T 面值20分,票幅规格40毫米×30毫米,发行量3674.75万枚。图案选用了钱东创作的山水盆景《漓江翠影》。采用"木纹石"制作。盆景长1.2米,宽0.55米,高0.5米。作品将山水甲天下的漓江风光浓缩于小小的盆景中,秀山峻峰耸立,奇草异木葱郁,在雾茫茫、雨濛濛之中,一叶小小的竹排泛游清澈的漓江之上,真让人流连忘返呀!

【神峰争晖】1996—6·(6—2)T 面值20分,票幅规格40毫米×30毫米,发行量3674.75万枚。图案选用了许江创作的山水盆景《神峰争晖》。采用"红斧劈石"制作。长1.3米,高0.65米,宽0.5米。在辽阔的大海岸边,远方礁石隐约,近处浪花飞扬,一座奇峰凌空而立,沐浴着璀璨的霞光,绚丽壮观,熠熠生辉。

【雪融江溢】1996—6·(6—3)T 面值50分,票幅规格40毫米×30毫米,发行量2626.25万枚。图案选用了朱文博创作的山水盆景《雪融江溢》。采用名贵的"雪花石"制作。长2.2米,宽0.72米,高1.48米。银装素裹,阳光普照,青松挺立,雪融江溢,构图恢宏壮观,形象地塑造了"江山如此多娇"的意境。

【鹰嘴奇岩】1996—6·(6—4)T 面值50分,票幅规格40毫米×30毫米,发行量2626.25万枚。图案选用了钱建港创作的山水盆景《鹰嘴奇岩》。采用"灵璧石"创作。长1.1米,宽0.4米,高0.48米。在清池碧波的映衬下,奇石犹如一只收翅的雄鹰,深情地欲吻大地,栩栩如生,耐人寻味。

【岁月峥嵘】1996—6·(6—5)T 面值100分,票幅规格40毫米×30毫米,发行量2120.25万枚。图案选用了盛定武创作的山水盆景《岁月峥嵘》。采用"千层石"制作。长1.2米,宽0.45米,高0.58米。在茫茫沙漠的背景下,仿佛侧耳可闻驼铃声声,举目可见奇峰点绿,清泉淙淙,草木峥嵘,生动地描绘出了一派戈壁胜景。

【云山叠彩】1996—6·(6—6)T 面值100分,票幅规格40毫米×30毫米,发行量2120.25万枚。图案选用了钱建港创作的山水盆景《云山叠彩》。采用"五彩石"制作。长1.2米,宽0.45米,高0.58米。在蓝天碧海,波光岛影的映衬下,海滩风光色彩斑斓,恍若海市蜃楼,美妙迷人。

1996—7 苏铁(T)

【苏铁(T)】Cycas(T) 苏铁亦称"铁树"、"凤凰树"、"凤尾蕉"。有关苏铁的名称,有这样两个传说:其一,很久以前,我国南方有一只美丽的金凤凰,不幸被一个官家抓住,关在笼子里,喂好食儿,千方百计想让她展开羽毛供自己观赏。可金凤凰不展羽毛,不唱也不跳,结果惹恼了这个官家,用一把火将金凤凰烧死了。大火熄灭之后,从灰烬中长出一颗小树苗,树干似铁打一般。百姓们为了赞美金凤凰不屈于官家淫威的性格,取名"铁树",又名"凤尾蕉"。其二,宋代大文学家苏东坡正直刚强,做官清廉,得罪了朝中奸臣,被革去官职,贬到了海南岛,且从朝中传出话来,他"想从海南岛回京,除非铁树开花"。苏东坡在海南颇受百姓尊重,一天,一位老者让两个小伙子给他抬去一棵盆栽小树,并讲述了金凤凰的故事。苏东坡明白老者的心意。自此,他精心给铁树浇水施肥,自己的精神大振。有一天,铁树奇迹般地开花了,它虽不娇艳,却英武庄严。不久,皇帝传旨让苏东坡回京。苏东坡离开海南时,百姓纷纷送上礼物,他都一一谢绝了,只把这棵铁树带回了中原,铁树便开始在北方生息繁衍,故称为"苏铁"。铁树科常绿乔木。树干高约2米,主干粗糙,不分枝。叶集生茎顶,长1米~2米,羽状分裂,裂片条形,革质,边缘向下卷曲。花顶生,雌雄异株。树全形呈伞状,四季常青,是贵重的观赏树种。种子可食;茎髓可采淀粉;种子可入药。著名的"西米"便是从苏铁茎中提炼出的淀粉制成。苏铁植物是现存于地球上最古老的种子植物。远在中生代,现代苏铁植物的祖先就同恐龙并驾称霸地球。主要分布于印度尼西亚至中国南部和日本南部。目前世界现存苏铁植物约200种。中国的苏铁植物虽起源比较早,但至今也只剩下约11种,分布于云南、广西、广东、海南、福建、台湾、四川、贵州等八省区。苏铁多生长于海拔1000米~1600米的石灰岩山地上,土壤较贫瘠;也与耐旱的杂草、灌木混生,或生长在常绿季雨林下。产地具有气温高、年温差小、蒸发量大于降水量、干湿季明显的气候特征。而引以为稀奇的"千年铁树开了花"之说,实际上只适用于我国北方省份,而在中国南部的苏铁原产地,一般生长20年以上的苏铁,年年开花,岁岁吐艳。苏铁类植物不论是化石种类,还是现在生存的种类,都是研究植物系统演化、古植被、古地理、古气候、古生态的关键性植物类群。苏铁树形独特,常用作庭苑观赏植物,具有较高的观赏价值和经济价值。但令人担忧的是,由于人为的干扰和破坏,已经加速了苏铁这类珍稀植物灭绝的进程。因此,野生苏铁类植物成了中国和世界重点保护的濒危植物种类,被《濒危野生动植物物种国际贸易公约》(CIIES)列入附录Ⅱ中,禁止进出口,被誉为"植物界的大熊猫"。世界自然保护联盟(IUCN)专门成立了苏铁专家组,在它的倡议下,每三年举行一次国际苏铁生物学会议。1987年,第一届国际苏铁生物学会议在法国举行;1990年,第二届国际苏铁生物学会议在澳大利亚举行;1993年,第三届国际苏铁生物学会议在南非举行。1996年5月1日~5日,第四届国际苏铁生物学会议在我国四川攀枝花市举行。目前,我国已建有多处苏铁自然保护区,如云南禄劝县普渡河自然保护区,占地面积约11公顷;四川攀枝花市攀枝花苏铁自然保护区,占地面积约651公顷;台湾也建有规模不等的三个苏铁自然保护区。

1996年5月2日,为了宣传保护濒危植物的意义,中华人民共和国邮电部发行了一套《苏铁(T)》特种邮票,全套4枚。曾孝濂设计。胶版。齿孔12度。邮局全张枚数50(10×5)。北京邮票厂印制。

这套邮票图案采用写实手法,主体画得很实,很具体,甚至近处的石头和草木都认真刻画,而远景则简练、概括,甚至逐渐虚掉,这样既反映了植物的外形特征和生长环境,符合它们的生长规律,又通俗、直观,具有雅俗共赏的艺术效果。

【苏铁(*Cycas revoluta*)】1996—7·(4—1)T 面值20分,票幅规格30毫米×40毫米,发行量3719.2万枚。图案以连着沿海石坡的大海为背景,描绘了一种苏铁形象。这种苏铁,又名铁树,广泛栽植于世界各地,原产中国与日本。它的树形古朴美观,羽叶多数,排列紧密;小叶短而窄,呈龙骨状排列,边缘反卷,观赏价值极

高。20世纪70年代,在中国福建沿海山区及岛屿尚有不少野生种群;可惜,由于人为的破坏,现在野生植株几乎已经找不到了。

【攀枝花苏铁(Cycas panzhihuaensis)】1996—7·(4—2)T 面值20分,票幅规格30毫米×40毫米,发行量3711.7万枚。图案以干热的石灰岩山地为背景,描绘了一种特产于四川和云南金沙江干旱河谷地带的苏铁形象。这种苏铁20世纪80年代才发现,常生长于稀树灌丛中低海拔地带。叶蓝绿色,角质层厚,极耐旱。

20世纪70年代初,在四川攀枝花市宝鼎矿区发现的苏铁林多达十多万株,至今仍保留着一片野生攀枝花苏铁林,这是世界上最大的野生苏铁林。

【篦齿苏铁(Cycas pectinata)】1996—7·(4—3)T 面值50分,票幅规格30毫米×40毫米,发行量2681.7万枚。图案以开阔的旱稻放荒地旁为背景,描绘了篦齿苏铁形象。这种苏铁在滇南及东南亚常有栽培,树干高达7米,上部多枝,树形美观。原产于云南南部红河流域、西双版纳地区,分布在常绿季雨林石灰山山脊

或开阔稀树林中,喜马拉雅南坡至东南亚中低海拔地带也有分布。

【多歧苏铁(Cycas multipinnata)】1996—7·(4—4)T 面值230分,票幅规格30毫米×40毫米,发行量2309.2万枚。图案以红河支流岸边的潮湿热带山地雨林为背景,描绘了多歧苏铁形象。这种苏铁俗称独脚铁、独把铁。1994年发现。树干短,常顶生一片高达6米的羽叶,叶柄长3米~4米,羽片3回羽状,末回羽片3

次~5次二歧分枝,小叶倒卵状披针形,先端尾状。外形颇似蕨类植物,对研究苏铁的系统演化具有重要价值。特产于中国云南红河中游河谷热带雨林中。

1996—8 古代建筑
(中圣联合发行)(T)

【古代建筑(中圣联合发行)(T)】Ancient Architecture (Jointly Issued by China and San Marino)(T) 在中国古代文献中,"中国"一词意为"中央之城"或"中央之国"。最早,"中国"一词专指国都。《诗经·大雅·民劳》中有这样几句话:"民亦劳止,汔可小康,惠此中国,以绥四方。……民亦劳止,汔可小息,惠此京师,以绥四国。"汉代研究《诗经》的学者毛苌,特意为"惠此中国,以绥四方"作注:"中国,京师也。"汉末学者刘熙也说:"帝王所都为中,故曰中国。"在古代,中国也指天子直接统治的王国,因其地处万国之中。相传,三千年前,周公在阳城(今河南登封)用土圭测度日影,测得夏至这一天午时,八尺之表与周围景物均无日影,便认为这是大地的中心,因此周朝谓之"中国"。另外,中国一词指古时华夏民族聚居的地域。黄河是中华民族的摇篮,大河南北,古称中土、中原,或称中夏、中华,当然也常被称为中国。《史记·楚世家》中,记录了楚国早期一个国王的一段话:"我蛮夷也,不与中国之号谥!"当时,楚地在长江中下游地区,他所讲的"中国",就是对黄河流域的几个国家的统称。在中国古代,从来没有一个王朝或政权曾以"中国"为它的正式国名。例如,战国以后的统一集权制国家,分别以秦、汉、隋、唐、宋、元、明、清等为国号,而不叫"中国"。虽然汉统一后,"中国"便成为通用的名号,但并非正式国名。到清代,处于清政府管辖下的全部领土,都以"中国"为它的代名称。19世纪中期后,"中国"才专指中国全部领土,不做他用。在外交文献中,"中国"一名始于1842年的《南京条约》。辛亥革命后,1912年成立民国,当时汉、满、蒙、回、藏五大族为一家,定名为中华,全称中华民国,简称"中国",至此,"中国"才真正成为具有近代意义的正式名称。1949年10月1日新中国成立后,定名为中华人民共和国,也简称"中国"。圣马力诺全称圣马力诺共和国,位于亚平宁山脉东北部的蒂塔诺山山坡上,东北距意大利里米尼二十多公里,四周与意大利领土接壤。面积61平方公里。大部分为意大利人,国语为意大利语。首都圣马力诺。圣马力诺的国名是为了纪念3世纪末一个以采石为生的基督教徒马力诺。据说,他在家乡达尔马提亚群岛的阿贝岛(属现克罗地亚)以反抗当地封建地主而出名。他为了逃避迫害,历尽艰辛来到这里。传说,他在这里的蒂塔诺山上开采石块,做了许多善事,劝说异教徒改信基督教。在他的影响和感染下,不少教徒

随之而来，并在蒂塔诺山顶上修建了一座教堂。当时，这座山是里米尼一位贵妇人的领地。一天，她的儿子来这里打猎，看见马力诺站在一边，顿时起了坏心。他弯弓搭箭向马力诺瞄准，要把马力诺射死。可是，剑未射出，这位青年就全身瘫痪，不能动弹了。他母亲闻讯赶来，请求马力诺宽恕。马力诺治好了青年的病，贵妇人为了表示感谢，将蒂塔诺山送给圣徒马力诺。这就是圣马力诺这个名称的由来。起初，这里形成了一个石匠公社，后来逐渐成为一个共和国。公元301年，圣马力诺国成立。公元855年，意大利主教里米尼承认圣马力诺独立。1263年，该共和国制定了法规。15世纪起定现国名，是欧洲最古老的共和国。第二次世界大战期间，遭法西斯德国侵略。全境为海拔700米左右的丘陵。气候温和，风景优美，旅游业和邮票发行是国民收入的重要来源，有"邮票之国"的称呼。1971年5月6日，圣马力诺与我国建立正式外交关系。

1996年5月6日，正值中国和圣马力诺共和国建立外交关系25周年之际，为了促进中国与圣马力诺共和国的文化交流，中华人民共和国邮电部和圣马力诺共和国邮政部门联合发行了一套《古代建筑（中圣联合发行）(T)》特种邮票，全套2枚。田黎明设计。胶版。齿孔12度。横2枚连印。邮局全张枚数20（4×5）。北京邮票厂印制。

这套邮票的2枚图案，分别选取中国的万里长城和圣马力诺的古城堡为主图，准确地找到了表现两国文化交流的一个最佳契合点，因为这两个建筑同样是两国古代为抵御外敌入侵而修筑的防御工事，同样体现了两国人民的聪明才智和坚毅精神，同样是作为两国的标志性建筑而备受世界各地游人的膜拜。画面颜色采用的是一种具有古雅风味的软调子。天空施以蓝色，地面景物则为暗黄色，而又不是同一种暗黄，于是便产生了一种微妙的色彩变化，在同一片蓝天下，使得两座古代建筑犹如两座高高耸立的纪念碑，张扬着各自民族独特的性格和不屈的精神。特别是画家运用阳光手法赋予了古代建筑很强的质感。这种阳光并非毫无遮挡的直射，而是透过云层柔和地挥洒下来，主要是靠古代建筑的暗部和投射的阴影加以表现，既给画面增添了一种神秘色彩，又创造出了一种平和、淡远、朴实的艺术境界，仿佛具有一种"空气感"。2枚邮票采用横连印形式，画家有意拉大两幅画面的纵深，使得两个古代建筑近处的城墙自然对接在一起，而远处的山与山相连，天与天相接，创造出了一种远隔万水千山的异国景物相互交汇的生动境界，寓意十分深刻。

【中国长城】1996—8·（2—1）T　面值100分，票幅

规格40毫米×30毫米，发行量2152.7万枚。图案选用了中国万里长城的金山岭长城形象（有关万里长城的知识，详见新版《中国集邮百科知识》T.38《万里长城》）。金山岭长城也称古北口长城。位于北京密云县东北部。地势险要，自古为重要交通枢纽。春秋战国时燕国曾在燕山之北始筑长城。唐代曾设东军、北口二守提，五代时曾为战场，宋代时为使臣出辽必经之地，金代称留斡岭，贞祐二年（公元1214年）建铁门关，元代为大都至上都的必经之路。明洪武十一年（公元1378年）建古北口镇，名营城。因金山岭长城部分筑于燕山第一峰雾灵山与古北口卧虎岭间的大小金山之上，故得名。金山岭长城构筑复杂，楼台有158座之多。这些楼台形式各异，巧夺天工，楼墩有方、扁、圆形，楼顶有船篷、穹隆、四角和八角攒尖等形状，另外还有多孔眼的瞭望楼和长城中少见的库房楼等。建筑用料就地取材，制作技艺高超，如花楼台的汉白玉券门，上刻花卉浮雕，非常精美别致。在最高处有望京楼，居高远望，晨曦中可远眺北京城廓，夜幕中可见北京灯火。环顾四周，众峰挺秀，林莽森森，景色苍茫寥廓，有第二个八达岭之誉。金山岭长城气势磅礴，雄伟壮观，横跨在潮河之上，下设三道水门，是长城建筑中不多见的胜景。画面采用纵向构图，运用中国山水画的平远法（即散点透视），准确地把握住了高仰的城墙、敌楼和连绵远山的视觉位置，使得近、中、远景层次分明，具有深远的空间感。中国的长城用砖块垒砌，随山脊起舞，势若游龙，更具有一种阴柔之美。画面对长城的每一个细部都进行了深入细致的刻画，斑斑驳驳的笔触创造出了一种饱经沧桑的韵味。画面的尽头画了一条黄河，既象征着千年的历史岁月，又能够激发读者发思古之幽情，情景交融，耐人寻味。

【圣马力诺城堡】1996—8·（2—2）T　面值100分，票幅规格40毫米×30

毫米，发行量2152.7万枚。图案选用了圣马力诺一座古城堡的形象。位于圣马力诺中部的蒂塔诺山，庄严雄伟，它的三个山峰上各建有三座五棱形的城堡。左边的罗卡称第一城堡，建于11世纪；中间的切斯塔称第二城堡，建于14世纪前；右边的蒙塔莱称第三城堡，建于12世纪以前。1320年，在三个城堡

之间建筑一道城墙,使之连成一线,成了古代圣马力诺的坚固屏障。画面以散点透视法截取中间称作第二城堡的切斯塔古城堡,采用大平面的横向造型,通过远山和大海的衬托,既表现出了古城堡的雄伟之势,又与(2—1)"中国长城"图的纵向构图形成了变化。圣马力诺古城堡以方石修筑,敦厚有力,富有刚劲质朴的特色。画面对古城堡的每一个细部都进行了深入细致的刻画,生动地表现出了中西方建筑的不同个性。

1996—9 中国飞机(T)

【**中国飞机(T)**】**Chinese Aircraft(T)** 有关飞机的知识,详见新版《中国集邮百科知识》T.49《邮政运输》。早在20世纪初,建立和发展强大的航空工业,就是中国人民的一个美好愿望,甚至有不少有志之士去海外寻求和学习"航空救国"的本领。但在半封建、半殖民地的旧中国,这种美好的理想只能是一种空想。新中国成立后,从国民党手中接收了113架各种飞机,没有一架是中国自己制造的。在百废待兴的情况下,党中央决定立即组建一支强大的空军,保卫年轻的共和国。1951年4月17日,中央军委和政务院便颁发了《关于航空工业建设的决定》,这标志着中国人民渴望创建和发展的航空工业终于诞生了。纵观中国航空工业的发展道路,经历了一条由修理到仿制再到自己设计的过程。从1954年7月11日新中国自己制造的第一架飞机——初教—5(又名红专501)在江西南昌首飞成功,到1996年,中国航空工业坚持独立自主、自力更生的精神,已经先后自行研制生产歼击机、轰炸机、强击机、教练机、运输机、直升机、无人驾驶飞机等27种60个型号一万四千多架,对国防建设和经济发展做出了重要贡献。1956年10月1日国庆节,有4架歼—5飞过天安门广场上空时,毛泽东主席当时曾对外国友人高兴地说:"我们自己的飞机过去了!"特别是党的十一届三中全会以后,中国的航空工业跨入了一个新的发展阶段。

1996年4月17日,为了宣传新中国航空工业取得的巨大成就,中华人民共和国邮电部发行了一套《中国飞机(T)》特种邮票,全套4枚。王虎鸣、刘立军设计。齿孔12度。邮局全张枚数40(4×10)。辽宁省沈阳邮电印刷厂印制。

这套邮票的4枚图案,(4—1)(4—2)分别表现军用机歼八Ⅱ和强五,(4—3)(4—4)分别表现民用机运七和运十二。这4种飞机是新中国成立以来自行设计制造的,而且性能与国外同类飞机相比尚属先进,代表了中国的科技基础和经济实力,称得上是新中国航空工业发展的一个缩影。画面通过角度的变化,即通过主图飞机的角度与背景所形成的强烈对比来表现位于空中的飞机,再通过增加速度感构成空中飞行的飞机形象,不仅具有写实特征,而且能够给读者一种飞机真的在空中飞行的感觉。

【**中国飞机——歼八**】1996—9·(4—1)T 面值20分,票幅规格50毫米×30毫米,发行量3687.75万枚。图案选用了军用飞机歼八Ⅱ形象。

该机型为高空高速全天候歼击机,中国沈阳飞机制造公司生产。1964年开始研制。1968年6月23日,01架歼八飞机在沈阳飞机厂总装完毕;1969年7月5日,原型机歼八Ⅰ首次试飞成功。1980年,国家批准歼八飞机定型。在歼八Ⅰ的基础上经过改进和发展,1984年6月12日,歼八Ⅱ首飞成功,1985年7月27日设计定型,并投入成批生产。歼八Ⅱ装两台WP—13A发动机,可携带雷达制导的空对空导弹。机长21.59米,翼展9.344米,机高5.41米,机翼面积147.7平方米,空重9870千克,正常起飞总重14300千克。机上载有脉冲多谱雷达和红外、半主动制导的多枚空对空导弹,具备下视下射能力,远距离进攻和低空突防能力,以及超视距全向攻击能力,能在昼间、夜间和复杂气象条件下,拦击和歼灭空中入侵敌机,可执行防空作战、对地攻击、空中拦截、战场遮断、空中格斗、护航作战、空中监视等多种作战任务,1985年荣获国家科技进步奖,是目前我国空军主要机种之一。画面以祖国大地和隐约的万里长城为背景,暗喻歼八犹如空中卫士捍卫着祖国大好河山。

【**中国飞机——强五**】1996—9·(4—2)T 面值50分,票幅规格50毫米×30毫米,发行量2625.75万枚。图案选用了军用飞机强五形象。单座双发超音速攻击机。

中国南昌飞机制造公司研制。1958年8月开始研制,1965年6月4日首次试飞。主要型号有强五基础型、强五Ⅰ、强五Ⅱ、强五Ⅲ、强五C和强五M型。强五M是最新的改进型,装有进口导弹系统,左右翼根处各装一门机炮,机身炸弹舱可挂炸弹或子母弹箱,机翼下挂架可挂多种炸弹、火箭及副油箱等。主要用于低空、超低空突防,攻击兵力集点、坦克群、机场、通讯中心、导弹阵地以及海面航船等各种战区或浅纵深目标,是目前我国空军装备的主要机种之一。机长15.65米,机高4.33米,翼展9.68米,最大起飞重量11300千克。装有两台WP-6型加力式涡轮喷气发动机。1985年荣获国家科技进步特等奖。画面在浩瀚的云海映衬下,一架强五战机穿梭般飞行其中,既描绘出了强五矫健勇猛的英姿,犹如鲲鹏展翅,鹰击长空,又表现出了强五那种气贯长虹的战斗能力。

【中国飞机——运七】1996—9·(4—3)T 面值50分,票幅规格50毫米×30毫米,发行量2643.75万枚。图案选用

了一架支线客运飞机运七—100型形象。一种中短程支线客运机,基本布局为48个~52个座位。中国西安飞机工业公司研制生产。1966年10月,开始研制原型机型,1970年12月首次试飞。1982年7月,批准运七设计定型,并投入批量生产。1983年,第一架运七飞机交付中国民航使用。运七系列包括客机、货机、客货两用机等几种型号。可用于科研、教学、装备部队和民用运输。机型有运七—100、运七—200B、运七—200A、运七—500型等系列型号。运七—100型是在运七基本型基础上改进研制而成。1986年7月,首架运七—100开始试飞;1987年2月,运七—100开始交付使用。运七—100装有两台WJ5A—1涡桨发动机,驾驶舱设3名空勤人员,客舱设13排52个座椅。最大平飞速度为518公里/小时,最大航程2420公里,满载航程910公里。改进后的运七—100完全能够满足在复杂气象条件下起飞、航行和进场着陆的要求。截止1996年1月底,运七已交付109架,其中6架出口到东南亚和非洲国家,在国内和国际的一百八十多条航线上安全飞行。画面以辽阔的海面为背景,映衬了运七—100稳健自如的飞行姿态。

【中国飞机——运十二】1996—9·(4—4)T 面值100分,票幅规格50毫米×30毫米,发行量2103.75万枚。图案选用了一架运输飞机运十二的形象。一种轻型多用途飞机。中国哈尔滨飞机制造公司设计制造。采用双发、上单翼、单垂尾、固定式前三点起落架的总体布局和全金属、长珩隔框式半硬壳结构。1980年,运十二开始设计;1985年12月,获得国家型号合格证。

1990年6月,获取英国CAA型号合格证;1995年3月,获取美国FAA型号合格证。机型有运十二Ⅰ、运十二Ⅱ和运十二Ⅲ等系列型号。运十二翼展17.235米,机长14.86米,机高5.575米,设计起飞重5000千克,最大平飞速度328公里/小时,巡航高度3000米,升限7000米,航程1400公里。运十二除用作客货运输外,经改装后可作空投空降、农林作业、地质勘探、海洋监测、航空摄影、紧急救护、空中游览和行政公务专机等。运十二具有短距离起飞和着陆、良好的机动性和较小的转弯半径等性能,可在简易机场、土跑道甚至草地起落,适宜于偏远地区使用。运十二已向十几个国家出口,为我国民用飞机主要出口机种。画面在朝霞的映衬下,描绘运十二刚刚起飞时的姿态,象征中国航空工业犹如初升的太阳,蒸蒸日上。

1996—10 河姆渡遗址(T)

【河姆渡遗址(T)】Hemudu Ruins(T) 1973年,当时浙江省余姚市罗江公社的农民在兴修水利工程中,发现了一个震惊世界的文化奇迹——河姆渡遗址。因位于浙江省余姚市以东25公里的河姆渡镇,南邻姚江,对岸有一个渡口,故得名"河姆渡遗址"。总面积约4万平方米。1973年~1978年间,经过两次发掘,揭露了约2800平方米的范围,发现了距今5000年~7000年之间的四个文化层,出土文物六千七百多件,而且均保存较好。其中有骨制耕作农具"骨耜",说明河姆渡先民农业生产已经进入了发达的耜耕阶段;有大批带卯榫的木构件,将我国传统木作技术推前三千多年,纠正了只有金属工具产生后的春秋战国时期才有可能出现卯榫技术的论点;有维护井口的木方框,南北两根木料两头各有卯口,东西两根木料两头各有实榫,四木卯榫相接,正好构成"井"字形;有梭形器、经轴、机刀、绕线棒等纺织机件,标志着河姆渡先民的纺织水平;有木桨,证明河姆渡先民已把舟楫作为交通工具;有漆器和许多原始艺术品,既将我国髹漆史上推至距今六千多年前的新石器时代,也为研究河姆渡先民的精神生活提供了宝贵的资料;还有人工栽培的稻堆积层,证明河姆渡是亚洲栽培水稻较早的地区之一。河姆渡遗址是我国长江下游地区一处重要的新石器时代原始村落遗址,也是世界著名

的新石器时代遗址。属国家重点文物保护单位。

1996年5月12日，为了展示中华民族悠久的文化遗产，中华人民共和国邮电部发行了一套《河姆渡遗址（T）》特种邮票，全套4枚。任宇、董祖诒、胡雪咏设计。胶版。齿孔12度。邮局全张枚数40(4×10)。河南省邮电印刷厂印制。

这套邮票4枚图案以文物精品为主图，并与自然景观的背景组合而成。文物精品刻画得"锈"色可餐，主体突出，真实性强，既表现出先民的聪明才智与生产力发展水平，也表现了先民们的图腾崇拜与蒙昧期的原始信仰。在背景处理上，设计者采用淡彩、虚化手法，不仅没有喧宾夺主，而且更好地深化了主题。

【稻作农业】1996—10·(4—1)T

面值20分，票幅规格50毫米×30毫米，发行量3673.75万枚。图案以金黄色描绘的部分出土稻谷堆层为背景，突出刻画了一件距今6500年～7000年稻作农具"骨耜"形象，生动地表现了河姆渡先民较为发达的耜耕稻作农业。在河姆渡遗址的考古过程中，发现了人工栽培稻的堆积层，厚度达40厘米～50厘米，证明这里是亚洲栽培水稻较早的地区之一。出土时，稻谷色泽灿烂，谷芒挺直，隆脉清晰，保存良好。在河姆渡遗址还出土了一百七十多件用大型哺乳动物（水牛、鹿等）的肩胛骨制成的稻作农具"骨耜"。每件约长16厘米～28厘米，宽8厘米～17厘米，上部有横穿方孔，藤条穿过方孔将耜捆绑在木柄的下端，颇似现代的铁锹一类工具，选材巧妙，加工制作精良。大批骨耜的发现，说明河姆渡先民的农业生产已经进入了发达的耜耕阶段。

【干栏建筑】1996—10·(4—2)T

面值50分，票幅规格50毫米×30毫米，发行量2625.75万枚。图案以淡灰紫色描绘的大片干栏建筑遗址为背景，突出刻画了三件距今6500年～7000年的带榫卯的木构件形象，表现了先民的聪明才智和中华民族悠久的建筑历史。据考证，河姆渡时期建筑木屋，先栽桩架板，约离地面1米左右。然后在其上建有梁柱结构的围墙和人字形屋顶，再盖上茅草和树皮。其中最大的一幢木屋，长160米，宽23米，进深7米，带有1.3米宽的前廊，相当壮观。一般木构件的榫长和底部截面的比例为4：1，称为"经验截面"，一直沿用至今。河姆渡"干栏式"建筑既可防沼泽地的潮湿，又可防野兽的侵袭，至今在我国西南少数民族地区仍然可见这种建筑遗风。

【划桨行舟】1996—10·(4—3)T

面值100分，票幅规格50毫米×30毫米，发行量2199.75万枚。图案背景是用蓝灰色调描绘的坐落在姚江边上的建有河姆渡遗址博物馆的河姆渡遗址现貌，主图选用了两把距今6500年～7000年的木桨。其中一把与现代小木船所用的船桨相似，另一把是用整块硬木加工精制而成，圆柄，桨叶呈柳叶状，桨柄下端还有用直线和斜线组成的阴刻图案，十分精致美观。河姆渡遗址出土木桨8件，证明河姆渡先民是后来把船楫作为交通工具的百越民族的祖先。遗址中还发现了小陶舟，似儿童玩具，又推断当时已有木舟存在。不难想象，河姆渡先民划桨行舟，不仅能够捕获水中猎物，而且还会向更广阔的水域或"彼岸"进行搜索和开拓，创造新生活。

【崇鸟敬日】1996—10·(4—4)T

面值230分，票幅规格50毫米×30毫米，发行量2199.75万枚。图案主图选用了一件距今六千多年的"双鸟朝阳纹象牙雕刻蝶形器"形象。国家一级文物。长16.6厘米，残宽5.9厘米，厚1.2厘米，上刻阴线图案，中间是五周圆圈，圆圈上部刻火焰纹，两侧相对称昂首相望的凤鸟，表达了河姆渡先民对太阳的崇拜。背景用淡橘红色描绘了当时发掘河姆渡遗址时原始村落鸟瞰全景，特别是在远处升起的那一轮太阳，既强调了河姆渡先民对太阳的崇拜，也象征着河姆渡文化确实是7000年前在太平洋两岸升起的一缕人类文明的曙光。

1996—11M 1996 中国—第九届亚洲国际集邮展览(小型张)(J)

【1996 中国—第九届亚洲国际集邮展览(小型张)(J)】China 1996 —The 9th Asian International Philatelic Exhibition (Souvenir Sheet) (J) 亚洲国际集邮展览(FIAP)于1974年9月14日成立,为国际集邮展览准会员,有会员22个:澳大利亚、中国、中国台北、中国香港、印度、印度尼西亚、中国澳门、伊朗、日本、韩国、马来西亚、尼泊尔、新西兰、巴基斯坦、菲律宾、巴布亚新几内亚、新加坡、沙特阿拉伯、泰国、阿拉伯联合酋长国、蒙古、越南。1977年10月19日~23日,第一届亚洲国际集邮展览在印度班加罗尔市举行;1986年8月4日~10日,第二届亚洲国际集邮展览在澳大利亚阿德莱德市举行;1987年12月21日~23日,第三届亚洲国际集邮展览在新加坡新大谷举行;1989年8月4日~8日,第四届亚洲国际集邮展览在泰国曼谷市举行;1992年9月1日~7日,第五届亚洲国际集邮展览在马来西亚吉隆坡市举行;1993年5月29日~6月4日,第六届亚洲国际集邮展览在印度尼西亚泗水市举行;1994年8月31日~9月3日,第七届亚洲国际集邮展览在新加坡的新加坡市举行;1995年8月19日~25日,第八届亚洲国际集邮展览在印度尼西亚雅加达市举行。1996年5月18日~24日,适逢中国邮政创办100周年,第九届亚洲国际集邮展览在中国北京举行。有110个国家和地区参加活动,规模达1500框。共评出大金奖12部、金奖8部、大镀金奖34部(其中文献4部)、镀金奖40部(其中文献2部)、大银奖42部(其中文献4部)、银奖70部(其中文献7部)、镀银奖59部(其中文献32部)、铜奖67部(其中文献45部);另有奖状9个、参展证书8个。

1996年5月18日,为了祝贺第九届亚洲国际集邮展览顺利举行,中华人民共和国邮电部发行了1枚《1996中国—第九届亚洲国际集邮展览(小型张)(J)》。阎炳武设计。胶版。齿孔12度。同时发行无齿小型张。北京邮票厂印制。

【1996 中国—第九届亚洲国际集邮展览】1996—11M·(1—1)(小型张)(J) 面值500分,小型张规格77毫米×140毫米,小型张邮票规格50毫米90毫米,发行量1819.6万枚,无齿小型张545.6万枚。图案主图选用了1995年中国向联合国赠送的青铜鼎"世纪宝鼎"。1995年,为纪念联合国成立50周年,国家主席江泽民代表中华人民共和国向联合国赠送了一尊极其珍贵的艺术精品"世纪宝鼎"。有史以来,中国先民就把鼎当做炊具,用以煮食,故人们视鼎如命;后来,鼎成为最重要的礼器,被添上了神圣而华贵的色彩;继而,在中国古代诸侯王国的联合结盟中,鼎又成了联合统一团结友好的象征,进而发展为立国之重器,象征治国的权力。三足鼎立,立鼎结盟,既显示其稳固,也标志着团结。当时联合国秘书长加利曾说:"这尊宝鼎体现了中国文明的伟大品质,鼎在中国历史上代表着稳定、安宁与和平,联合国正是为了这个目的而创立的。"世纪宝鼎高2.1米,象征即将来临的21世纪;鼎口直径1.5米,重1.5吨,双耳高耸,满身为商周饕餮纹饰,寓意辟邪;禁高0.5米,意为联合国成立50周年;2米见方,四周铸有56条夔龙,表示中国有56个民族。宝鼎的铭文:"铸成世纪宝鼎,庆贺联合国五十华诞"和禁(即鼎座)前的鼎名"世纪宝鼎"及禁后的落款"中华人民共和国赠,一九九五年十月"文字,均用金文写成。为防鼎内聚集雨水,在鼎底部做了一个漏水孔,以适应在室外安放。为表现宝鼎的古老沧桑感,特意将青铜配方做了变化,使其能在凹缝处很快生出绿铜锈,总体色调保持为仿商周古青铜色。"世纪宝鼎"鼎圆禁方,造型雄伟,气势宏大,古朴祥和,美观庄重,是中华青铜文化有史以来最大最重的一只

鼎,集历代青铜鼎特色之大成,熔古代技艺与现代科技于一炉,堪称古今青铜鼎之首。小型张以淡灰色作底衬,选取了汉代漆器的古朴大方而又活泼的纹饰,并在电脑上做了浮雕式处理,既保留了中国传统文化的审美意识,又在视觉上增加了一些活泼的气氛。中英文票名放在边饰上方,展徽放在下方,均采用金色印刷,不仅图案保持均衡,而且颜色能够跳出来,增加了喜庆的意味。

展徽主图为展翅飞翔的鸿雁。鸿雁在中国被称为吉祥之鸟,"鸿雁传书"自古以来就是妇孺皆知的美丽的传说(有关"鸿雁传书"的知识,详见新版《中国集邮百科知识》纪52《莫斯科社会主义国家邮政部长会议》)。同时,鸿雁也是中国邮政的象征。图案四周的邮票齿孔表现"集邮"这一主题。

注:小型张在使用展徽时,未印四周的邮票齿孔,属不完整。

1996—12 儿童生活(T)

【儿童生活(T)】Children's Life (T) 1996年6月1日,为了庆祝"六·一"国际儿童节,中华人民共和国邮电部发行了一套《儿童生活(T)》特种邮票,全套4枚。张乐陆设计。胶版。齿孔12度。邮局全张枚数28(7×4)。辽宁省沈阳邮电印刷厂印制。

这套邮票图案的设计,是根据中国少年儿童基金会提出的培养少年儿童的几个方向:心中有祖国,有他人;努力学习,掌握科学技术知识;爱护地球,做环保小卫士;针对独生子女依赖思想重,提出爱劳动,在艰苦条件下锻炼成长。以及团中央提出表现少年儿童参与南极考察的要求,向社会征集图稿,经过专家评审,从六七套应征图稿中选出了上海华山美术学校学生张乐陆(当时15岁)设计的这套具有天真活泼,稚拙童心特征的图稿。

【欢乐心声】1996—12·(4—1)T 面值20分,票幅规格40毫米×27毫米,发行量3776.15万枚。

图案以万里长城的砖块幻化成五线谱为背景,塑造了一个小姑娘在指挥各民族小朋友唱《歌唱祖国》之歌的动人情景。你瞧,小姑娘手执音乐指挥棒,满怀激情地指挥着;你听,"歌唱我们伟大的祖国,从今走向繁荣富强……"维吾尔族小朋友打击着手鼓,苗族小朋友口吹芦笙,佩戴着红领巾的藏族小朋友舞动着双袖……歌声、鼓乐声和优美的舞姿交织在一起,充分表现了少年儿童欢乐而自豪的心声。

音乐指挥棒是一种指挥音乐演奏的工具,一般用金属制成。1820年,德国小提琴演奏家史博在英国伦敦演奏时,首次使用了指挥棒,并得到德国作曲家门德尔松和韦伯等人的响应倡导。1850年,这种指挥棒便逐渐风靡世界乐坛,成为合唱队和乐队必不可少的工具了。在没有使用指挥棒之前,音乐指挥方式五花八门。早在远古的希腊时代,音乐指挥家有的用脚蹬地进行指挥,有的用摇头晃脑进行指挥,有的用挥动手绢或一卷谱纸进行指挥,也有的用敲击一块铁板进行指挥。17世纪,确定用铁杖敲击地板进行指挥。法国音乐家卢利,因用铁杖指挥演奏,不慎击伤了自己的脚背,后因溃烂不治而死。18世纪,由于哈赛、亨德尔及巴赫父子的提倡,创用了大键琴和小提琴弓子指挥乐队,收到了意外效果,也为史博发明音乐指挥棒创造了条件。

有关五线谱的音乐知识,详见新版《中国集邮百科知识》J·94《中华人民共和国第六届全国人民代表大会》。

【助人为乐】1996—12·(4—2)T 面值30分,票幅规格40毫米×27毫米,发行量2201.15万枚。

图案以雨中的城市建筑为背景,描绘了一个身穿雨衣的小学生推着坐在轮椅上佩戴着红领巾的残疾同学上学,另一个同学打着雨伞为残疾同学遮雨,表现了同学之间相互友爱的美好感情。

有关雨衣的知识,详见新版《中国集邮百科知识》编63—65《中国妇女》。

有关轮椅的知识,详见新版《中国集邮百科知识》T·105《中国残疾人(附捐邮票)》。

有关伞的知识,详见新版《中国集邮百科知识》特54《儿童》。

【南极考察】1996—12·(4—3)T 面值50分,票幅规格40毫米×27毫米,发行量2726.15万枚。

图案以南极洲的冰天雪地和最具南极生物特征的企鹅为背景,描绘了新中国少年儿童登上南极时举起五星红旗的瞬间形象。画面远方停泊着一艘科学考察船,左上方有一个少年儿童正在用望远镜进行观察,加上憨态可掬的企鹅成群结队欢迎的场面,既点明了南极考察的主题,也表现了少年儿童参与南极考察时的好奇和激动心情。

有关望远镜的知识,详见新版《中国集邮百科知识》J·126《贺龙同志诞辰九十周年》。

【绿化家园】 1996—12·(4—4)T 面值100分,票幅规格40毫米×27毫米,发行量2201.15万枚。图案以连绵起伏的绿色山峦为背景,描绘了两个中国少年儿童进行植树劳动的情景。在燕子飞舞,鲜花开放的季节里,他们佩戴着鲜艳的红领巾,一个挥动着铁锹给树苗培土,一个手执水壶给树苗浇水,表现出了他们要为绿化祖国做贡献的决心和行动。

1996—13 奥运百年暨第二十六届奥运会(J)

【奥运百年暨第二十六届奥运会(J)】 The 100th Anniversary of the Olympics and the 26th Olympic Games(J) 有关奥运会的知识,详见新版《中国集邮百科知识》J·103《第十三届奥林匹克运动会》。1896年~1996年,一百年间,共组织了26届夏季奥运会:

第1届夏季奥运会,1896年4月6日~15日,在希腊雅典举行。

第2届夏季奥运会,1900年5月20日~10月28日,在法国巴黎举行。

第3届夏季奥运会,1904年7月1日~11月23日,在美国圣路易斯举行。

第4届夏季奥运会,1908年4月27日~10月31日,在英国伦敦举行。

第5届夏季奥运会,1912年5月5日~7月22日,在瑞典斯德哥尔摩举行。

第6届夏季奥运会,因第一次世界大战停办。

第7届夏季奥运会,1920年4月20日~9月12日,在比利时安特卫普举行。

第8届夏季奥运会,1924年5月4日~7月27日,在法国巴黎举行。

第9届夏季奥运会,1928年5月17日~8月12日,在荷兰阿姆斯特丹举行。

第10届夏季奥运会,1932年7月30日~8月14日,在美国洛杉矶举行。

第11届夏季奥运会,1936年8月1日~16日,在德国柏林举行。

第12届夏季奥运会,因第二次世界大战停办。

第13届夏季奥运会,因第二次世界大战停办。

第14届夏季奥运会,1948年7月29日~8月14日,在英国伦敦举行。

第15届夏季奥运会,1952年7月19日~8月3日,在芬兰赫尔辛基举行。

第16届夏季奥运会,1956年11月22日~12月8日,在澳大利亚墨尔本举行。

第17届夏季奥运会,1960年8月25日~9月11日,在意大利罗马举行。

第18届夏季奥运会,1964年10月10日~24日,在日本东京举行。

第19届夏季奥运会,1968年10月12日~27日,在墨西哥墨西哥城举行。

第20届夏季奥运会,1972年8月26日~9月11日,在联邦德国慕尼黑举行。

第21届夏季奥运会,1976年7月17日~8月1日,在加拿大蒙特利尔举行。

第22届夏季奥运会,1980年7月19日~8月3日,在苏联莫斯科举行。

第23届夏季奥运会,1984年7月28日~8月12日,在美国洛杉矶举行。

第24届夏季奥运会,1988年9月17日~10月2日,在韩国汉城举行。

第25届夏季奥运会,1992年7月25日~8月9日,在西班牙巴塞罗那举行。

第26届夏季奥运会,1996年7月19日~8月4日,在美国亚特兰大举行。

从百年的历史看,奥运会经历着一个不断发展、壮大、完善的过程。初期的奥运会,参赛国和参赛运动员少,一般只有一二十个国家和几百至近千名运动员;比赛安排不紧凑,会期有时拖几个月;比赛项目无统一规定;比赛场地不规则,缺乏专用设施等等。但在发展中,现代奥运会不断趋于完善。第1届奥运会沿袭古奥运习惯,禁止女子参加。第2届奥运会便冲破了这一禁令,有11名女运动员参加比赛,而且以后逐渐增多。第5届奥运会第一次采用比较正规的跑道,出现了计时器和终点摄影装置。第7届奥运会,开始实施运动员宣誓仪式。第8届奥运会第一次出现了奥运村。第9届奥运会和第10届奥运会上,正式兴建了正规的奥运村和设置了授奖台,并规范了会期,比赛时间不能超过16天。奥运会比赛项目也有个发展过程。第1届奥运会只有44个单项比赛,第10届和第11届奥运会已达一百多项。而且运动员水平迅速提高,第10届奥运会上破奥运会纪录达90次,破世界纪录18次。第11届奥运会上，美国黑人运动员欧文斯一人夺得100码跑（1码=0.9144米）、220码跑、220码跨栏和跳远的4块金牌，破两项世界纪录。当时中国有69名运动员参赛。第二次世界大战结束后，英国伦敦独家申办了第14届奥运会。荷兰女选手一人夺得4项冠军，为女子体育谱写了辉煌一页。中国有33名运动员参赛。芬兰赫尔辛基在8个申办城市中赢得第15届奥运会主办权。苏联队第一次参加，显示了雄厚实力。现代奥运会开始进入新的发展时期。第16届奥运会在澳大利亚墨尔本举行，第一次走出了欧美。苏联队获金牌数第一，打破了美国独霸的局面。第17届奥运会开始限制参加人数，田径各单项规定了报名标准。第18届和第19届奥运会上，埃塞俄比亚长跑健将贝基拉连续两届获马拉松冠军，被誉为非洲体育的"报春燕"。第19届奥运会第一次在发展中国家墨西哥举办。开幕式上首次列入裁判员宣誓，首次进行性别和兴奋剂检测。参赛国家首次突破100个。非洲选手夺得了中长跑和马拉松全部冠军。第20届至第24届奥运会，主办地都新建和修缮了设备齐全的比赛场馆，采用了先进的检测仪器，有完善的新闻报道设备等。中国参加了第23届和第24届奥运会，分别获得15块和5块金牌。第20届奥运会的流血事件，第21届、第22届和第23届奥运会发生的抵制问题，都为奥运会蒙上了阴影。第25届奥运会摆脱了近20年来抵制奥运会的阴影，出现了空前的繁荣。173个国家和地区的9364名运动员参加25个大项的比赛，创立和打破了19项世界纪录。中国运动员获16块金牌、22块银牌和16块铜牌。第26届奥运会在美国亚特兰大举行，为奥运会最大赞助商可口可乐公司总部所在地。197个国家和地区的10000名运动员参加26项（271个单项）比赛。中国派出200名运动员参赛。百年以来，人类积极参与奥运会，热情关注奥运会的发展变化，表达了一种对古奥运会那崇高的公正竞技精神和古希腊人的身心和谐发展的体育观的向往。

1996年6月23日，为了纪念现代夏季奥林匹克运动会一百周年，中华人民共和国邮电部发行了一套《奥运百年暨第二十六届奥运会（J）》纪念邮票，全套1枚。任宇、黄里设计。胶版。齿孔12度。邮局全张枚数28（4×7）。河南省邮电印刷厂印制。

【奥运百年暨第二十六届奥运会】1996—13·（1—1）T　面值20分，票幅规格27毫米×40毫米，发行量3675.35万枚。图案采用了公元前5世纪古希腊著名雕塑家米隆的杰作《掷铁饼者》雕像。公元前7世纪～前6世纪，希腊正式确定了奴隶制的城邦国家。到公元前5世纪，希腊进入全盛时代。当时的希腊人有强烈的自豪

感和对美的追求。正像希腊杰出的政治家伯里克利斯所说："雅典为希腊的学校；它的市民有把体育和智育连在一起的思想，它的市民不以做工为可耻，并且把个人的自由和为国家的爱国服务结合起来。""我们是美的爱好者，而且我们唯一的嗜好，我们的心，没有丧失刚勇。"古希腊人非常重视体格的健全，他们认为只有健全的身体，才能有健全的精神，自公元前776年起，在古希腊，每四年一次，举办奥林匹克体育竞赛会。在运动会上，运动员都是裸体的。当时，不但以特别的名册来记录优胜者的姓名，而且还请著名雕塑家为他们塑像，安置在神殿里，以志纪念。米隆大约生于公元前492年左右，是伊留特拉依人。他长期生活、工作在古希腊民主政治和文化艺术的中心雅典，创作活动大约在公元前480年～前445年之间。他的作品题材广泛，《掷铁饼者》是最有名的代表作之一。这是流传至今最完美的一座古希腊运动员雕像，可视为古希腊体育竞技精神的化身。这件艺术品的原作已不复存在，邮票图案所采用的是大理石摹品的照片，并在其上加工成金碧辉煌的效果，使得古希腊奥林匹克精神更加灿烂夺目。米隆塑造了一个即将把铁饼掷出的男性运动员形象。铁饼运动起源于古希腊，也是现代奥运会田赛中的重要项目之一。你瞧，这位运动员体型强健，肌肉丰满，正弯腰屈膝，将持铁饼的右手拥向右后上方。雕塑家捕捉住了投掷铁饼运动过程中的这一典型瞬间，并使其在大理石的三度空间之上凝固为永恒的瞬间，优美的造型，均衡的构图，健康的体态，雄伟的动作，不仅表现出了投掷铁饼运动员肌肉奋起，精气勃发的男性雄豪，而且能够让人感受到一种高尚与优雅的气质。在邮票图案中，雕像安置在一个圆形基座上，"100"字样以雕像为中心，构成上宽下窄的半环形状安放在雕像的脚后，点明了奥运会百年的主题。雕像后方绘有美国亚特兰大城市的远景，点明了第26届奥运会的举办城市。图案右上方绘有彩色的奥林匹克五环标志（有关奥林匹克五环标志的知识，详见新版《中国集邮百科知识》J·54《第十三届冬季奥林匹克运动会》）。金色的雕像和淡橘黄色的天空形成了统一的金黄色调，寓意古希腊奥林匹克精神永放光辉。

1996—14 珍惜土地（T）

【珍惜土地（T）】Treasuring Land（T）　土地是一

切生产和生存的源泉。纵观古今中外的历史，一个民族的生存史，实际上就是一部争夺土地的历史；一个社会的发展历史，实际上就是一部开发利用土地的历史；土地对国家的兴衰和民族的发展具有至关重要的作用。然而，中国和世界上的许多国家相比，土地资源严重不足，浪费现象十分严重。我国以占世界7%的耕地养育着占世界22%的人口，我们的土地犹如一条超载的航船。因此，在持续发展的经济建设过程中，为了加强对土地的管理，做到科学合理的利用，给子孙后代留下生存的空间，1986年，党中央、国务院便采取了三项重大改革措施：一、下发了《关于加强土地管理，制止乱占耕地的通知》；二、全国人大常委会审议颁布了《中华人民共和国土地管理法》；三、成立了主管全国土地、城乡地政统一管理工作的国家土地管理局。国家土地管理局的职责是：制定有关土地的方针、政策和法规，并组织贯彻执行和实施监督检查；研究制定全国土地管理事业发展战略，预测中长期各类用地需求，做到土地总需求与供给的大体平衡；统一管理全国土地和城乡地籍、地政工作，查处土地权属纠纷，主管全国土地的调查、统计、定级、登记、发证工作，会同有关部门进行土地估价工作；根据国民经济和社会发展规划、计划，组织编制土地利用规划、计划和土地后备资源开发规划、计划，并按计划管理程序上报下达；主管全国土地的征用、划拨、出让工作。承办由国务院审批的建设用地的审查、报批，组织编制各类建设用地定额指标；管理土地市场，会同有关部门制订土地市场管理的法规和规章。负责土地使用权转让、出租、抵押等的权属管理和监督检查，协助财税部门做好土地税费的征收管理工作等。《土地管理法》颁布10年来，通过广泛深入地开展以土地国情、国策和国法为内容的国土观念教育和全国土地日宣传，使全社会进一步增强了土地意识和保护耕地的自觉性；坚持全国土地、城乡地政统一管理，形成了国家、省、地、县、乡五级土地管理机构网络；土地使用过程中显现了土地价值，建立和培育了土地市场，为改革开放和经济建设提供了土地保障；通过土地详查和地籍调查，摸清了土地资源家底，初步建立了以土地权属和土地估价为主要内容的新的地籍管理制度；出台了一系列适应管理工作需要的配套法律和法规，土地立法滞后的状况得到明显改变；土地科技、教育、对外交流、计划财务、信访、档案、报刊、出版和机关内部建设等工作，也有较大发展。面对未来，我国土地管理工作将继续坚持贯彻"十分珍惜和合理利用每寸土地，切实保护耕地"的基本国策，进一步发扬"惜地如金"的优良传统，逐步实现土地利用方式由粗放型向集约型的转变。

1996年6月25日，正值国务院确定的第6个全国土地日和《中华人民共和国土地管理法》颁布10周年纪念日，中华人民共和国邮电部发行了一套《珍惜土地(T)》特种邮票，全套2枚。黄里设计。影写版。齿孔11度×11.5度。邮局全张枚数50(5×10)。北京邮票厂印制。

这套邮票图案的设计，借鉴了许多民族传统的艺术技法，像书法、图章、金石篆刻等，以白底衬托出用手撕出来的两个深沉的"地"和"耕"字，纸边刀切般的线条，显示出一种很干脆的力度，而手撕的部分则有一种较棱的朴拙感。这种刚劲有力、黑白分明的视觉效果，能够给读者一种惊叹号般的强有力的深刻印象。

【合理利用土地】1996—14·(2—1)T 面值20分，

票幅规格40毫米×30毫米，发行量3816.7万枚。图案以白色衬底，突出一个褐色"地"字。这个"地"字是用一张泥土的照片手撕刀切而成的，它着重表现了土地的资产属性。右下角砖红色色块，象征楼房；浅绿和暗绿色色块，象征草坪和城市绿地；纯净的蓝色色块，则是希望城市卫生、有秩序。一方"准"字朱印，清晰地重重地盖在"地"字上，鲜明地表示允许使用土地，它既是宏观控制，又是微观的每一块土地的审批，表达了法律的主题。

【保护耕地】1996—14·(2—2)T 面值50分，票幅

规格40毫米×30毫米，发行量2119.2万枚。图案以白色衬底，突出了一个用手撕出来的"耕"字。用一张泥土的照片手撕刀切而成的大块褐色色块，象征农田、耕地；黑色的"耕"字，既像一把犁在犁地，也可以理解为植物或篱笆。上方的天蓝色色块，代表天空；那一抹嫩绿色，则显示着植物的生机。一方"護(护字繁体)"字金印，盖在可耕可种的土地上，不仅表达了保护农村耕地的决心，而且也表现了"珍惜和合理利用每寸土地，切实保护耕地"是我国三大基本国策之一的主题，因为目前我国耕地的形势依然严峻。一方面，后备耕地资源不足，人口基数又在不断加大，人多地少的矛盾日益突出；另一方面，由于非农业建设的需要，特别是城市外延、开发区占地和农业内部结构调整，导致耕地面积大量减

少。据统计,仅"八五"期间,我国耕地减少二千多万亩,年均减少达 407 万亩。

1996—15 经略台真武阁(T)

【经略台真武阁(T)】Military Terrace and Pavilion of Genuine Prowess(T) 台是一种平而高的建筑物,便于在上面远望,如瞭望台、塔台、亭台楼阁。经略台真武阁坐落在广西壮族自治区容县县城东人民公园内。前临绣江,树木苍翠,风景清幽。相传,经略台为唐朝诗人元结任容管经略使时建造,取"天子经营天下,略有四海"之意。台长 50 米,宽 15 米,高 4 米。四周砌石,中间夯土,土上堆沙 1 米厚。原为军事操练、朝会习仪和游人览胜之用。台上原有建筑,经历代兴衰现早已无存。明万历元年(公元 1573 年)建起了现在的真武阁。虽经多次重修,仍保持明代的样式。真武阁是一座独具特色的"天平式"全木结构三层楼阁,通高 13.2 米,面宽 13.8 米,进深 11.2 米。全阁用近三千多条大小不同的铁力木构件,以杠杆结构原理,串联吻合,相互制约,彼此扶持,合理协调,科学巧妙地组成了一个优美稳固的统一体。二层楼 4 根内柱,承受着上层楼板、梁架、配柱和屋瓦、脊饰的沉重荷载,柱脚却悬空不落地(距楼板约 2.4 厘米),是全阁构件结构中最奇特、最精巧部分,被我国古建筑学家梁思成称为"杠杆结构"。方法是悬空柱上,分上下两层用 18 根枋子(拱板)穿过檐柱(即底层内柱的上部)组成两组严密的"杠杆式"的斗拱,斗拱托承外面宽阔瓦檐,拱尾托起室内悬空柱本身,以檐柱为支点挑起来。这样,二层楼上的 4 根内柱便悬空了。1962 年 1 月,梁思成曾走访真武阁,7 月在《建筑学报》上发表专题为《广西容县真武阁的"杠杆结构"》论文说:"容县真武阁的杠杆结构在建筑史上是一个罕见的例子。在结构中,乃至在任何现代的金属结构中,主要依靠这种杠杆作用来维持一座建筑物的平衡,是从来没有看见过的。在真武阁中两个相反的推力却都来自结构本身的内部,像一架天平那样,是'活'的而不是死的,是动的而不是静的。从这一意义来说,它是建筑结构中的一个'绝招'。这是我们后代所不得不深为敬佩的。"真武阁依靠杠杆作用,像天平一样维持一座建筑物的平衡,距今已四百多年,虽经历过多次风暴袭击和地震摇撼,安然无恙。建筑布局精巧,技术高超,风格特异,为建筑史上罕见。1982 年 3 月,经国务院批准公布为全国重点文物保护单位。

1996 年 7 月 9 日,为了展现我国古代建筑的风采,中华人民共和国邮电部发行了一套《经略台真武阁(T)》特种邮票,全套 2 枚。何军设计。胶版。齿孔 12 度。邮局全张枚数 50(10×5)。辽宁沈阳邮电印刷厂印制。

这套邮票的 2 枚图案,都采用灰黄色作底衬,加强了古朴的感觉。2 枚图案既表现了经略台真武阁的外观特征,又描绘了它的内部结构,科学性和艺术性获得了统一。

【经略台】1996—15·(2—1)T  面值 20 分,票幅规格 30 毫米×40 毫米,发行量 3979.25 万枚。图案以灰黄色作底衬,采用对称的构图方式,从正面鸟瞰的角度描绘出了经略台的全景,并用概括的装饰性艺术手法处理经略台和真武阁的结构和色彩,表现出了古建筑的韵味。经略台和真武阁两旁绘有几棵粗壮挺拔的松树,寓意建筑物已年代久远。画面上方绘有几座具有广西特色的山峰,巧妙地点出经略台真武阁的地点。

【真武阁】1996—15·(2—2)T  面值 50 分,票幅规格 30 毫米×40 毫米,发行量 2101.75 万枚。图案以灰黄色作底衬,采用对称的构图方式,依据我国著名古建筑学家梁思成画的真武阁内部结构图,具体描绘了真武阁的内部结构骨架,突出表现了这座古建筑奇特而精巧的杠杆结构。

阁是我国传统楼房的一种。《淮南子·主术训》中说:"高台层榭,接屋连阁。"其特点是通常四周设有槅扇或栏杆回廊,供远眺、游憩、藏书和供佛之用。如北京颐和园的佛香阁为佛阁,北京故宫的文渊阁为藏书阁。

杠杆原理又称杠杆定律。杠杆的受力点称"力点",固定点称"支点",克服阻力(如重力)的点称"重点"。支点到力作用线的垂直距离称"力臂",支点到阻力作用线的垂直距离称"重臂"。当力臂大于重臂时可以省力;当支点在力点和重点之间时,可以改变用力方向。当杠杆所受作用力和所克服的阻力在同一平面内时,作用力和力臂的乘积等于阻力和重臂的乘积。因此在利用杠杆克服阻力做一定的功时,如果省力(即作用力小于阻力),力臂就必须比重臂长,力作用点的移动距离要相应增加;若要减少这移动距离,就必须缩短力臂和增加作用力。总之,利用杠杆不能减少做功的数值。真武阁的结构方法是以檐柱为支点,分上、下两层用18根枋子穿过檐柱组成两组"杠杆式"斗拱,拱头承托外面宽阔的瓦檐,拱尾托起悬空柱本身。这种根据杠杆原理,利用构件本身的重力和梁柱之间松动的榫接,像天平一样维持楼阁的平衡,在建筑史上是一个罕见的实例。

1996—16 中国汽车(T)

【中国汽车(T)】Chinese Automobiles(T) 有关汽车的知识,详见新版《中国集邮百科知识》T·49《邮政运输》。据记载,清光绪二十七年(公元1901年),匈牙利人李恩将两辆汽车带入上海,汽车第一次在中国出现。当年,清直隶总督袁世凯用一万两白银购得一辆第二代奔驰牌汽车,作为慈禧太后60岁大寿贡礼,马车夫孙富岭成为清政府第一位汽车司机。1907年以后,少数沿海城市出现了汽车客运和货运。1931年,原沈阳迫击炮厂改建为民生工厂,生产出了第一辆民生牌75型汽车。1936年,中国筹建汽车制造公司;1937年~1939年间,用进口散件组装了约二千多辆柴油汽车。抗日战争期间,中国丧失了建立汽车工业的条件。新中国成立后,1953年7月15日,第一汽车制造厂在长春奠基。1956年7月13日,第一辆"解放"牌汽车诞生,圆了中国人生产国产汽车的梦想。1958年,第一汽车制造厂生产出CA71型东风牌轿车和CA72型红旗牌高级轿车。20世纪60年代,一批汽车制造厂、汽车制配厂和改装车厂形成,其中南京、北京、上海、济南地区的汽车制配厂,成为第一批地方汽车制造厂。这期间,中国汽车改装业和摩托车制造业开始起步。很快,第二汽车制造厂(以生产越野车为主)、四川汽车制造厂和陕西汽车制造厂相继成立,而且第二汽车制造厂完全是国内自行设计、国内提供装备的一家工厂。到1980年,全国生产汽车22.2万辆,为1965年产量的5.48倍;1966年~1980年,累计生产汽车163.9万辆;1980年,全国民用汽车保有量169万辆,其中载货汽车148万辆。1983年5月5日,北京汽车工业控股责任有限公司与戴姆勒·克莱斯勒公司、戴姆勒·克莱斯勒中国投资公司三方的中、美、德签约,成立北京吉普汽车有限公司,1984年1月15日正式营业,这是中国汽车行业中第一家合资企业,也是目前国内最大的轻型越野汽车生产企业。1987年8月,国务院北戴河会议确定一汽、二汽和上海为三个轿车生产基地,正式拉开了大规模生产轿车的序幕。2001年,中国汽车生产超过了意大利、巴西和墨西哥等国,位居世界第8位。2001年12月11日,中国加入世界贸易组织(WTO)后,几乎所有著名的国际汽车公司纷纷携带资金和技术进入中国,出现了大规模重组或并购等行为,中国汽车生产能力迅速提高。这个时期,随着社会经济发展和人民生活水平的提高,消费结构发生了变化,汽车开始进入家庭,市场出现井喷式发展。2003年,中国汽车产量449万辆,比2002年的325万辆增长36.69%,成为列美、日、德之后的全球第四大汽车生产国和列美、日、德之后的全球第三大汽车消费国。据统计,载止2003年年底,全国共有27个省、市、自治区、直辖市拥有汽车项目,共有128家整车生产厂。2003年3月15日,第九届全国人民代表大会第四次会议批准的《国民经济和社会发展十五计划纲要》中,提出"积极发展城乡交通,鼓励轿车进入家庭"。中国的轿车生产已列入五年生产建设计划。

1996年7月15日,为了展现中国汽车的风采,中华人民共和国邮电部发行了一套《中国汽车(T)》特种邮票,全套4枚。陈幼林、陈栋玲、肖畅设计。胶版。齿孔12度。邮局全张枚数40(4×10)。河南省邮电印刷厂印制。

这套邮票的4枚图案,采用写实的表现手法。都以汽车作为被突出的主体,强调汽车造型的准确性、直观性,借助单纯的画面、清新的色彩和风动效果的背景,努力演示着中国汽车过去、现在和将来的动人故事,耐人寻味。为了艺术再现中国汽车的风采,设计者们充分发挥电脑绘图的现代化手段的优势,以其丰富的表现力,对汽车的外形、质感进行了精心的描绘和艺术的夸张,尤其注重了对汽车细节的刻画,使得汽车形象生动真实,形神兼备。

【红旗轿车】1996—16·(4—1)T  面值20分,票幅规格50毫米×30毫米,发行量3675.75万枚。图案刻画了中国第一车——红旗牌轿车形象。1959年,第一汽车制造厂开始研制红旗牌高级轿车。1964年,经过试验和改进,红旗牌CA772型两排座轿车正式生产;1966年,生产出红旗牌CA770型三排座轿车;20世纪70年代,红旗牌CA771型两排座和CA773型三排座轿车成批生产。至1981年,累计生产红旗牌轿车一千五百多辆。红旗牌轿车是新中国成立以来指定的国家礼宾车。1959年10月1日国庆节,6辆红旗牌乘用车参加了首都北京长安街的国庆10周年游行。当时的阅兵总指挥和国防部长分别乘坐着两辆红旗检阅车,检阅了中国人民解放军。1962年岁末，红旗牌轿车首次承担了接待外国高级贵宾的任务；1964年，红旗牌轿车被国务院指定为礼宾用车。礼宾用车为长度近6米的三排八座华贵型轿车，装有5.65升V型八缸发动机，功率220马力，最高时速160公里，具有冷暖空调机构、自动液压变速箱、液压助力转向机，操作灵活轻便，横向双拉臂独立悬架和刚性适度的车架，能适应各种路面。车前后座的距离和角度都可自动调整，可装用电话机、电传机、办公桌及冷藏柜等。1966年，红旗牌CA770型三排座轿车批量生产，当年4月国家领导人换掉了吉斯、吉姆等外国车，改成红旗牌轿车；1972年，毛泽东同志的专用车换成红旗牌CA772型特种车。1981年，因耗油量大，红旗牌轿车停产。1992年，红旗牌轿车再度生产。新红旗牌轿车有CA7560型、CA7221型、CA7221L型。邮票图案以绛红色为背景，重点体现了红旗牌轿车造型的饱满、华贵及庄重、大方的民族风格和民族气派，并夸张突出了车体上的"红旗"标志，作为国产轿车的代表和民族精神的象征，能够让人自然联想到它在新中国历史上及汽车发展史上的特殊身份。

【东风中型载货汽车】1996—16·（4—2）T 面值20分，票幅规格50毫米×30毫米，发行量3675.75万枚。

图案刻画了东风牌中型载货汽车形象。1975年第二汽车制造厂（1992年改名为东风汽车公司）建成。1978年起，我国自行设计的东风EQ140型5吨载货汽车开始批量生产。该车采用顶置气门汽油机、单片离合器、同步式变速器、单级减速后桥等新结构，具有功率大、车速快、耗油低等特点，是一种比较先进的车型。1975年~1985年间，"二汽"相继开发出一系列变型车：柴油车、高原车、长轴距车以及供改装大客车、牵引车、自卸车、各种专用车的二、三类底盘。1986年，以采用双回路制动系统为代表，对东风EQ140型载货汽车进行了28项改进，改型为EQ140-1。后来又经过重要改进，改型为EQ140-2型，整车性能得到较大提高。至1996年，东风牌系列载货汽车已累计生产一百七十多万辆。主导产品EQ140-1整车和EQ6100-1发动机质量稳定，多年保持一等品水平。东风牌汽车不仅畅销全国，而且批量出口。邮票图案以绿色的田园为背景，与车体融为一体，营造了一种生机勃勃的意境，显示出了东风中型载货汽车独有的功用和性能。

【解放轻型载货汽车】1996—16·（4—3）T 面值50分，票幅规格50毫米×30毫米，发行量2603.75万枚。

图案刻画了解放牌轻型载货汽车形象。1956年7月13日，长春第一汽车制造厂生产出第一辆CA10型4吨载货汽车，毛泽东主席亲笔题名"解放"。这是当时我国第一个也是唯一的中型载货汽车品种。1959年，改型为CA10B型，最大功率从90马力提高到95马力。1981年，改型为CA10C型，最大功率为110马力，装载量由4吨提高到4.5吨，百公里油耗由29升降到25.8升。1983年，改型为CA15，最大功率提高到115马力，装载量5吨，百公里油耗26.5升。改革开放以后，长春第一汽车制造厂更名为"中国第一汽车集团公司"，经过换型改造，开发出具有20世纪80年代初国际先进水平的CA141型载货汽车，于1987年1月1日正式投产。该型车最大功率135马力，最低油耗为225克/马力·小时，被评为国家科技进步一等奖。1993年，经过9项重大技术改进措施，又推出CA142新型载货车，年生产能力12万辆。至1996年，解放牌汽车累计生产量约二百万辆，畅销国内，批量出口。邮票图案选用的汽车是中国第一汽车集团公司1993年开发的解放牌轻型货车，被誉为"小解放"，为客货两用车，小巧灵活，主要用于城镇运输及城乡短途运输。这一系列汽车，引进了美国克莱斯勒488型发动机、日本日产公司的车身设计和制造技术、意大利仪表模具制造技术、英国AP公司膜片离合器和国内成熟的技术，全部实现国产化，其主要技术参数和性能指标均达到了20世纪80年代末国际同类车型水平，居国内领先地位。邮票图案选择白色车体，利用车体本身和画面紫色背景在色彩上的反差对比，突出了"小解放"轻便、灵活、平稳的特性。

1956年7月15日，长春第一汽车制造厂举行奠基典礼，毛泽东同志题词"第一汽车制造厂奠基纪念"的汉白玉基石放置在厂区中心广场。1956年7月13日，12辆解放牌CA10型汽车下线。关于"解放"名称的来历，有两种说法：其一，毛泽东同志从工作人员上报的很多名称中选了"解放"2字，并亲笔题写名称；其二，朱德同志提议，我们的军队叫解放军，第一辆汽车也叫"解放"吧，"解放"2字是模仿《解放日报》中的题字制成的。

【北京轻型越野车】1996—16·（4—4）T 面值100分，票幅规格50毫米×30毫米，发行量2099.75万枚。

图案刻画了 BJ212 北京轻型越野汽车形象。该系列越野车是我国自己生产的主要车型之一。1961 年,为了满足部队用车需要,北京汽车制造厂开发出了 BJ210 型汽车。1965 年,根据军方提出的修改意见,设计出 BJ212 轻型越野车,1976 年通过国家鉴定并投入生产。BJ212 型车为双驱动桥,车身是篷顶,可乘坐 5 人或载重 425 公斤。BJ212A 变型车为后开门,可乘坐 8 人或载重 600 公斤。BJ212 系列轻型越野车一直是军队中最普及的乘用、通讯、运输工具。20 世纪 70 年代起,BJ212 系列轻型越野车开始提供民用,并逐渐转变为以民用为主。至 1996 年,该车累计生产 50 万辆。1984 年,北京汽车制造厂与美国克莱斯勒(AMC)合资,组成北京吉普汽车有限公司,生产 BJ/X1213 型吉普车,同时还生产北京牌 BJ2020 系列轻型越野车。邮票图案选择金黄色背景,加以汽车形态的逼真及背景风动的效果,使画面产生出一种特殊的张力,仿佛北京牌轻型越野车穿过历史的硝烟战尘,飞驰向前,继续为我国的国防建设和社会主义建设做着历史性的辉煌贡献。

1996—17 震后新唐山(T)

【震后新唐山(T)】New Tangshan after Quake (T) 唐山市位于河北省东北部,北依燕山,南临渤海,西邻北京天津,是华北工业重镇之一。因市区中部的大成山原名唐山,故得名。唐山矿产资源丰富。远在明朝时代,唐山就出现了挖煤、采矿、制陶等手工业。清光绪年间,唐山开办了开平矿务局(开滦矿务局前身),这是中国第一座具有先进水平的大型煤矿。中国的第一台蒸汽机车、第一袋水泥和第一个卫生瓷厂,都诞生在唐山。新中国成立后,唐山建成了一个工农业生产发达、城市功能齐全的资源型重工业城市,呈现着欣欣向荣的景象。天有不测风云。1976 年 7 月 28 日凌晨 3 时 42 分 54 秒,唐山市突然遭遇了强烈地震的袭击,震中裂度 11 度,震源深度 11 公里。地震造成 242469 人死亡,164851 人重伤,7218 个家庭全震亡,2652 名儿童成为孤儿。市区地面建筑和设施全部成为废墟;铁路扭曲,桥梁断裂;交通、供电、供水、通讯全部中断。震前一千多万平方米的工业建筑,有 80% 倒塌或严重损毁;245 座水库大坝出现塌陷、裂缝;冒沙和积水耕地达一百二十多万亩。地震造成的经济损失达 300 亿元(人民币),灾情之重,震惊世界。当时曾有西方人断言,唐山将从地图上被"抹掉"了。然而,1976 年 ~ 1996 年,震后 20 年来,唐山人民历经 10 年重建和 10 年振兴,使一个崭新的、繁荣的唐山又屹立在世界的东方,创造了人类同地震灾害斗争历史上的伟大奇迹。1976 年 9 月,全国 15 个省市和国家有关部委三千多名学者和专业工程技术人员云集唐山,帮助并参加唐山重建规划和设计。1977 年 5 月,《唐山市城市总体规划》被批准。1979 年,重建新唐山进入大规模施工阶段。1986 年 6 月底,唐山市恢复建设累计竣工面积 1800 万平方米;全市有 23 万居民迁入新居,占当时总户数的 98.5%。1990 年 11 月 13 日,唐山市获得了联合国颁发的"人居荣誉奖",市政府被联合国授予"为人类住区发展做出杰出贡献的组织"。新唐山的城市建设,除开平区原地重建外,其余分为中心区、古冶区和新区三个部分。中心区是唐山市政治、经济、文化、教育和科技事业的中心;古冶区以开滦煤矿为主,依矿定点,分散布局,相对集中,形成紧密相连的矿区城镇;新区是一个新建的区,按照新的城市布局,许多大型工厂都建在这里。三个区三足鼎立,各相距 25 公里,以铁路、公路相连,避免了企业和人口过分密集的弊端。1989 年,唐山进入全国国内生产总值超过百亿元(人民币)的城市行列。1994 年,唐山市国民生产总值达到 386.49 亿元(人民币);1995 年,唐山市国民生产总值达到 485 亿元(人民币)。正像联合国向唐山市颁发"人民荣誉奖"时的嘉奖令所说:"1976 年地震后,唐山规模巨大的建设和卓著的成就,是以科学和热情解决住房基础设施和服务问题的杰出范例。"

1996 年 7 月 28 日,在唐山大地震 20 周年之际,为了展现震后新唐山的面貌,中华人民共和国邮电部发行了一套《震后新唐山(T)》特种邮票,全套 4 枚。李印清设计。影写版。齿孔 11 度。邮局全张枚数 40(4×10)。北京邮票厂印制。

这套邮票 4 枚图案的内容,立足于今天的时代,植根于昨天的废墟,实事求是地选择了从意义上、形式上、具体内容上都比较典型的东西,采用写实手法进行表现,准确地找到了震后新唐山"新"的坐标,既让人信服,又让人精神振奋。在艺术处理方面,首先,设计者把 4 枚图案放在同一地平线同一透视关系之中,用同一色调并按照 4 枚图案内容原型在唐山的大体方位总体构建,使得 4 枚图案并联起来具有一种纵深的宽阔气势,而正是这种大的气势,能够让读者真切地感受到震后新唐山作为一个庞大的实体实实在在地屹立在大地之上。在用色方面,设计者尽量加强画面本身的冷暖和深浅的对比，每枚图案的上方都绘有一抹艳丽的霞光，清新而富于朝气，洋溢着新唐山人民建设新生活的热情。设计者在总体构建4枚邮票图案的同时，也注意了每枚图案本身的完整性，若将各枚邮票分开欣赏时，可以独立成篇，不会使人产生不完整不舒服的感觉，使这套邮票具有可连也可分的总体结构特点。在每枚邮票图案右下角设置的线描"唐山抗震纪念碑"图案，点缀了画面，突出了主题，构思新巧，含义深刻。

【震后新唐山——农舍】1996—17·（4—1）T 面值20分，票幅规格50毫米×30毫米，发行量3557.7万枚。图案描绘了震后新唐山农舍的景象。

原型是被河北省委、省政府命名为"河北第一村"——唐山开平区半壁店村的别墅式农舍。半壁店村坚持走共同富裕之路，相继办起了炼钢厂、机械厂、农场等18个集体企业，到1993年农业生产总值达9.56亿元（人民币），实现利税1.13亿元（人民币）。该村实行了村民公费医疗，子女免费上学，老年人享受退休劳保等福利待遇，成为河北省的首富村。到1995年，半壁店村全村建成两层别墅式住宅楼122栋，三百多户村民迁入新居，占总户数的95%。该村的建设布局曾入选全国小城镇和村庄建设成就展。邮票图案上有绿油油的农田，有繁忙的工厂，有鳞次栉比的别墅式农舍；在金黄色霞光的映照下，生动地展现了半壁店村正在为实现工业、农业、商业一体化的格局，为把该村建设成全国一流的花园式新村而努力奋斗着。

【震后新唐山——工厂】1996—17·（4—2）T 面值50分，票幅规格50毫米×30毫米，发行量2723.7万枚。图案描绘了震后新唐山工厂的景象。

原型是被全国命名为"水泥大王"、具有全国先进设备水平的冀东水泥厂。该厂坐落于唐山市新区，1981年5月正式开始建设，总投资3.9亿元（人民币），1985年1月1日正式投产，是我国改革开放以来第一家成套引进国际20世纪70年代末、80年代初先进技术装备的企业。1987年开始，冀东水泥厂连续5年被评为全国建材行业第一名。水泥窑运转率达到93.03%，超过设计能力8.03个百分点。1995年，生产"盾石"牌水泥150万吨，实现利税2.3亿元。1996年，第二条生产线建成投产，冀东水泥厂成为国内第一的特大型现代化水泥生产基地。邮票图案以一抹金黄色霞光为背景，具体刻画了冀东水泥厂雄姿并立的两座水泥预热塔和利用余热发电的两座晾水池，展现出了震后新唐山工业建设蒸蒸日上的景象。

水泥工业预热塔，最初指四级旋风筒悬浮预热器，简称SP，是Suspension Preheater的缩写。带悬浮预热器的回转窑称为悬浮预热窑，简称SP窑。由原料预均化、粉磨兼烘干的生产制造、生料均化、SP窑和高效收尘设备组成的工艺线，则称为悬浮预热新型干法。现在，水泥工业大量采用的是五级旋风悬浮预热器，并已开始采用六级旋风悬浮预热器。随着技术的进步，悬浮预热新型干法发展成为预分解新型干法，悬浮预热窑发展成为水泥预分解窑。预分解窑简称NSP窑，是New Suspension Preteater的缩写，即新型悬浮预热器。预热器在水泥生产工序中的作用是：充分回收转窑里生料煅烧成熟料过程中产生的高温废气，充分发挥生料预热作用，在生料到水泥窑内煅烧之前，对生料进行加热和分解，从而提高熟料制备效果，提高熟料质量，最大限度地减少能耗。

水泥厂的晒水池即发电厂的冷却塔。在水泥工业发展过程中，产生了利用高温废气进行发电的低温余热发电技术，即利用水泥烧成过程中窑尾、窑头产生的余热废气，加补燃进行发电。晒水池的作用是将挟带废热的冷却水在池内与空气进行热交换，使废热传输给空气并散入大气。到1994年，冀东水泥厂已建成两台1.2万KW带补燃炉的余热发电机组并网发电。

【震后新唐山——街景】1996—17·（4—3）T 面值50分，票幅规格50毫米×30毫米，发行量2053.7万枚。图案描绘了震后新唐山街道的形象。

原型为唐山市的主要街道新华道最繁华的路段。新华道东西长9公里，横贯市中心，两旁高楼林立，绿树成荫，街道两旁有商店、影剧院、学校、宾馆等公共场所，其中有唐山市第一座超百米高的大型建筑"凤凰大厦"，河北省最大的百货商场"唐山百货大楼"，唐山抗震纪念碑和抗震纪念馆等。唐山抗震纪念碑坐落在市中心的广场东部，抗震纪念馆坐落于广场西部。市中心广场东西长320米，南北宽 170 米，占地 5.4 公顷。纪念碑由主碑和附碑组成，主碑突出表现抗震救灾英雄事迹，附碑以废墟形式概括表现了唐山地震的历史事件。碑座高 3 米，碑身高 30 米，由 4 个独立梯形柱组成，既象征着地震造成的房屋建筑开裂，又象征着新建筑纷纷拔地而起，表现了新唐山的兴旺发达。碑的顶部犹如伸向天际的 4 只巨手，象征着"人定胜天"；下部碑身四周由 8 块浮雕组成方形，浮雕分为地震灾害、抗震救灾、恢复生产、建设新唐山 4 个部分，象征着祖国四面八方对唐山灾区的支援。碑体为钢筋混凝土结构，外贴花岗岩面；正面悬挂着胡耀邦同志题写的"唐山抗震纪念碑"匾额。碑座四方踏步均分 4 段，每段 7 步，象征"7·28"那难忘时刻。附碑写有碑文，记录了"7·28"大地震的情况和抗震救灾、恢复生产、建设新唐山的伟大壮举。纪念碑建筑面积 5300 平方米。邮票图案采用侧俯视角度，描绘了震后新唐山的街区景象：笔直的街道上，车流不息，秩序井然；广阔的市中心广场上，唐山抗震纪念牌肃然屹立；广场周围高楼鳞次栉比，"凤凰大厦"和"唐山百货大楼"雄姿勃勃；背景中那一抹和煦的阳光，画面中呈现出的清新淡绿的主色调，和新兴城市的繁华相交融，生动地展现出了从地震废墟上站立起来的唐山人，具有从容不迫的生活态度和勇敢顽强的精神风貌。

唐山抗震纪念碑碑文：

　　唐山乃冀东一工业重镇，不幸于一九七六年七月二十八日凌晨三时四十二分发生强烈地震。震中东经一百一十八度十一分，北纬三十九度三十八分，震级七点八级，震中烈度十一度，震源深度十一公里。是时，人正酣睡万籁俱寂。突然，地光闪射，地声轰鸣，房倒屋塌，地裂山崩，数秒之内，百年城市建设夷为墟土，二十四万城乡居民殁于瓦砾，十六万多人顿成伤残，七千多家庭断月决（绝）烟。此难使京津披创，全国震惊，盖有史以来为害最烈者。然唐山不失为华夏之灵土，民众无愧于幽燕之英杰，虽遭此灭顶之灾，终未渝回天之志。主震方止，余震频仍，幸存者即奋挣扎之力，移伤残之躯，匍匐互救，以沫相濡，谱成一章风雨同舟、生死与共、先人后己，公而忘私之共产主义壮曲悲歌。地震之后，党中央、国务院急电全国火速救援。十余万解放军星夜驰奔，首抵市区，舍死忘生，排险救人，清墟建房，功高盖世。五万名医护人员及干部民工运送物资，解民倒悬，救死扶伤，恩重如山。四面八方捐物赠款，数十万吨物资运达灾区，唐山人民安然度过缺粮断水之绝境。与此同时，中央慰问团亲临视察，省市党政领导现场指挥，诸如外转伤员、清尸防疫、通水供电、发放救济等迅即展开，步步奏捷。震后十天，铁路通车；未及一月，学校相继开学，工厂先后复产，商店次第开业；冬前，百余万间简易住房起于废墟，所有灾民无一冻馁；灾后，疾病减少，瘟疫未萌，堪称救灾史上之奇迹。自一九七九年，唐山重建全面展开。国家拨款五十多亿元，集设计施工队伍达十余万人，中央领导也多次亲临指导。经七年奋战，市区建成一千二百万平方米居民住宅，六百万平方米厂房及公共设施。震后新城，高楼林立，通衢如织，翠荫夹道，春光融融。广大农村也瓦舍清新，五谷丰登，山海辟利，百业俱兴。今日唐山，如劫后再生之凤凰，奋翅于冀东之沃野。抚今追昔，悠忽十年。此间一砖一石一草一木都宣示着如斯真理：中国共产党英明伟大，社会主义制度无比优越，人民解放军忠贞可靠，自主命运之人民不可折服。爰立此碑，以告慰震亡亲人，旌表献身英烈，鼓舞当代人民，教育后世子孙。特制此文，镌以永志。

【震后新唐山——海港】1996—17·(4—4) T

面值 100 分，票幅规格 50 毫米×30 毫米，发行量 2149.75 万枚。图案描绘了震后新唐山海港的形象。原型是位于渤海湾的京唐港（原名唐山港）。该港位于唐山市东南 95 公里的乐亭县王滩镇。1989 年 8 月 10 日正式开工兴建，1992 年 7 月 18 日正式对外通航。1992 年 10 月 16 日，被国务院批准为一类口岸。1993 年 7 月 10 日北京市政府和唐山市政府签订了联合建设、经营港口的协议，并将"唐山港"更名为"京唐港"，7 月 11 日正式对国际通航。1995 年，港口货物吞吐量达 306 万吨。京唐港不仅使唐山市结束了有海无港的历史，而且还被交通部确定为国家重要港口。至 2020 年，京唐港将发展成为年吞吐量 3580 万吨规模的现代化、多功能、综合性、有特色的国际贸易口岸。邮票图案上有停泊在港口的轮船，有装载货物的塔吊，海水碧绿，霞光满天，表现出了震后新唐山海港的一片兴旺繁忙景象。

1996—18 第三十届国际地质大会(J)

【第三十届国际地质大会(J)】The 30th International Geological Conference（J）　　国际地质大会是国

际地质科学联合会(IUGS)赞助的主要会议。19世纪中期,随着现代地质学在欧美等地的兴起和发展,在研究不受疆界和行政区划局限、控制的地质体时,科学家们深刻认识到必须定期聚会,统一图例、色标和术语,交流学术经验。经倡议和组织,1978年,第一届国际地质大会在法国巴黎举行,参加会议的有23个国家310位学者。此后,国际地质大会3年~4年举行一次。一个多世纪以来,每届与会人数逐次增加,从开始的数百人发展到五六千人,成为国际科学界中历史悠久、规模巨大、学术广泛的学术组织,享有科学界"奥林匹克"的盛名。国际地质大会的宗旨是:促进地学基础研究和应用研究的发展;为广大地学工作者提供大型聚会场所,交流学术思想,互通科技信息;提供多种机会作野外地质特征考察,探讨有关地质问题。1984年,中国地质学会正式提出申请主办国际地质大会。1992年,在日本东京举办的第29届国际地质大会决定,第30届国际地质大会1996年在中国北京召开。我国将会期安排在1996年8月4日~14日。第30届国际地质大会将在国际地质科学联合会的合作和赞助下,由中国地质学会、中华人民共和国地质矿产部及中国政府各有关机构、工业部门、地学学术团体共同主办。第30届国际地质大会处于世纪之交,肩负着总结和展示20世纪地学的成就,明确21世纪地学发展方向的任务。当前,世界面临人口、资源、环境三大问题的严峻挑战。在人口方面,1950年~1990年,世界人口由25亿增加到50亿。若以这个增长速度推算,2050年世界人口将达到100亿,而且将会有一半人口居住在城市。这样,不仅会出现水资源匮乏、城市污染、废弃物处理等许多突出问题,而且城市建设和居民的衣食住行也会给地学工作者提出更加繁重的任务。在资源方面,非再生性矿产资源正日益枯竭,浅部矿和易找矿越来越少,而人类对矿产资源和能源的需求却越来越大。21世纪,地质工作将着眼于深部矿和隐伏矿及海区矿藏的勘探。在环境方面,地学工作不仅要重点研究江河湖海的污染、土地盐碱化和沙漠化,以及各种地质灾害如滑坡、崩塌、泥石流、火山、地震的防治,而且还必须努力寻找各种矿产资源,保护地质环境,以提高人类的生活水平,促进社会的更大发展。面对上述挑战,第30届国际地质大会的学术活动将着重讨论大陆地质问题,特别是与大陆地质相关的地质构造演化、能源矿产、矿产资源、地质环境保护、地质灾害防治以及地球科学与人类生存和经济可持续发展的关系等,尤其注意对当前面临的重大问题的综合性、多学科的讨论。

1996年8月4日,为了祝贺第30届国际地质大会在北京召开,中华人民共和国邮电部发行了一套《第三十届国际地质大会(J)》纪念邮票,全套1枚。许彦博设计。胶版。齿孔12度。邮局全张枚数40(4×10)。辽宁省沈阳邮电印刷厂印制。

【第三十届国际地质大会】1996—18·(1—1)J 面值20分,票幅规格50毫米×30毫米,发行量3781.75万枚。

图案以第30届国际地质大会会徽作主图,放置在画面的最前方,点明了主题;会徽后面竖着一把地质锤,象征大会的地质工作性质。画面底部是宽阔的北京天安门广场,有雄伟的天安门城楼,有气派的人民大会堂,有巍然耸立的人民英雄纪念碑,象征国际地质大会在中国北京举办。画面上方是蔚蓝的天空,天空上清晰印着世界五大洲的平面轮廓图,点明了大会的国际性质;画面中间是由地质铁锤挥舞起来的一条彩带,巧妙地绕绘成阿拉伯数字"30"字样,表示第30届国际地质大会,彩带中飘动着的10个五颜六色的气球上,分别印有"第三十届国际地质大会"10个大字;画面右侧印有国际地质大会的英文名称缩写字母"IGC",左上角印有"CHINA"字样,表明国际地质大会在中国举行。整体画面具有一种立体感,读者仿佛就站在中国北京天安门广场上,仰首蓝天,彩带飞舞,气球点点,热情地祝愿第30届国际地质大会顺利召开,圆满成功。

第30届国际地质大会会徽呈圆形,两把交叉的地质锤为主图,上、中、下部分依次标有"BEIJING(北京)"、"1996"和"CHINA(中国)"字样。围绕图案周边镶印有拉丁文"XXX GEOLOGORUM CONVENTUS"(第30届地质大会)和"MENTE ET MALLEO"(精神和铁锤)字样。

有关天安门的知识,详见新版《中国集邮百科知识》纪1《庆祝中国人民政治协商会议第一届全体会议》。

有关人民大会堂的知识,详见新版《中国集邮百科知识》特14《人民大会堂》。

有关人民英雄纪念碑的知识,详见新版《中国集邮百科知识》纪47《人民英雄纪念碑》。

1996—19 天山天池 (T)

【天山天池(T)】Tianchi Lake in Tianshan (T)
天山天池位于新疆昌吉回族自治州阜康市境内的天山北坡江河上游博格达峰山腰,为著名的以高山湖泊为中心的风景名胜区,距乌鲁木齐市110公里,海拔1900米。天池古称瑶池。相传,瑶池是西王母居住过的地方,她曾在这里举办过"蟠桃盛会",以宴请群仙。周穆王西游,与西王母曾在此宴乐,甚至乐而忘返。穆天子在游览山川名胜时,手书"西王母之山",亲自种下一棵槐树,并相约3年后再来,《穆天子传》载有西王母约再会之歌。据清代《新疆图志》记载,清乾隆四十八年(公元1783年),新疆都统明亮到博格达山、天池勘察地形,开石引水,后来在天池渠附近立碑纪念,并题碑文《灵山天池统凿水渠碑记》,"天池"就是由"天镜"、"神池"两个词的头尾两字组合而成。天池为二百多万年前的第四纪大冰川活动中形成的冰碛湖,是一个天然的高山蓄水库。天池湖面南北长约3.3公里,东西宽约1公里,面积4.9平方公里,最深处105米,总蓄水量1.6亿立方米。按照海拔高度,天池风景区一般划分为四个自然景象带:一、海拔3200米～3700米为冰川积雪带,终年白雪皑皑,几乎没有动植物生存,自然景色十分壮观;二、海拔2700米～3200米为高山亚高山带,地形开阔险峻,气候寒湿,山地草甸有垫状植物生长,也有高山动物类群活动;三、海拔1600米～2700米为山地针叶林带,气候温湿,既有山地草甸,也有森林及林间动物类群分布;四、海拔1300米～1600米为低山带,气候干燥,地势平缓,分布有山地草原和植被,动物主要是低山灌丛草原类群。天池处于山地针叶林带中,湖水清澈,绿如碧玉;雪山冰川,地形险峻,森林草坪茂盛,动植物资源丰富,景色十分秀丽。郭沫若的诗句"一潭浓墨沉砚底,万木长毫挺笔端",惟妙惟肖地描绘出了天池独特的天然景观。

1996年8月8日,为了展现中华山河的壮美景象,中华人民共和国邮电部发行了一套《天山天池(T)》特种邮票,全套4枚。王振华、李德福设计。胶版。齿孔12度。邮局全张枚数(4—1)(4—4)为40(4×10),(4—2)(4—3)为(10×4)。辽宁省沈阳邮电印刷厂印制。

这套邮票图案采用水粉画法,画面既带有装饰性,又产生出版画效果,以蓝绿为基调,运用大色块突出表现出了天山天池的地理特征和迷人的风光。

【高峡平湖】1996—19·(4—1)T 面值20分,票幅规格50毫米×30毫米,发行量3781.75万枚。图案呈现了天池的绝妙美景。天池地区处于逆温层,气候相对比较稳定而温和,有利于植被和动物的生存。天池地区森林覆盖率达41.5%,云杉参天,四季常青。密叶杨、桦树也有广泛分布。天池地区还盛产食用植物、药用植物及一些野生花卉。食用植物有珠芽蓼、野葱、悬钩子、

草莓等。药用植物有党参、黄芪、贝母、柴胡、雪莲等。野生花卉有芍药、西伯利亚铁线莲、阿尔泰金莲花、柳兰、石竹等。天池丰富的森林资源,不仅构成了自然风景的主体,而且也为野生动物提供了有利的生存条件。天池地区生存有国家重点保护的马鹿、盘羊、北山羊、雪豹、石貂、猞猁、银鼠、雪鸡等珍贵物种。雪线以下还活动着体重达百余斤的大角绵羊、天山鹿、天山羚羊。天池湖畔的松林中有狍子,天池内有冷水性无鳞鱼。盛夏的天池是一处避暑胜地,凉风习习,清爽宜人;隆冬的天池则是一处天然滑冰场,银装素裹,池结厚冰。邮票图案的中心荡漾着一湖明净的绿水,加上绒毯般的草甸、遮天蔽日的原始森林,以及远处连绵起伏的雪山冰峰,表现出了天山天池为雪峰融化的雪水在高山峡谷汇聚而成平湖的地理特色,犹如一块色彩斑斓的碧玉镶嵌在九天之上;而山坡上浓密的松林成片分布,与银白的群峰、宽阔的草原相交织,又展示出了天山天池雄伟壮阔的气势,令人神往。

【悬泉飞瀑】1996—19·(4—2)T 面值50分,票幅规格30毫米×50毫米,发行量2703.75万枚。图案描绘了天山东小天池的独特景象。天池之水从东北方向下泻时遇到断崖,形成了一条壮观的瀑布。这条瀑布冲蚀而成的跌水潭,便是东小天池。东小天池的水面原来比较宽阔,但日久天长,瀑布不断冲蚀而带来的许多沉积物,渐渐淤塞填平了一部分水面。现在,东小天池掩映在

茂密的原始森林中,池边灌木丛生,峭石罗列;池水墨绿幽暗,常起波澜。东小天池泄水时又形成了一条高大的瀑布,犹如白练悬空,飞流而下,瀑声如雷,声势壮观。

有关瀑布的知识,详见新版《中国集邮百科知识》普21《祖国风光普通邮票》。

【湖屏雪峰】1996—18·(4—3)T 面值50分,票幅规格30毫米×50毫米,发行量2703.75万枚。图案描绘了天山天池冬季的景象。画面的近处为原始森林,远处为连绵起伏的冰峰,群山中云雾环绕,最高的博格达峰银装素裹,巍峨挺拔。博格达峰是天山山脉的延伸,

耸立在阜康市南的群山之上，峰峦峻峭，山体深厚，主峰海拔5445米，是天山第二高峰，也是中国对外开放的10座登山险峰之一。主峰和左右两峰并立，高耸云霄，极为壮观。雪峰北坡1900米处，即为天池。博格达峰上气候严寒，积雪终年不消，分布着54条现代冰川，冰储水量16.4亿立方米。西峰的三个岔冰川，就是天池主要的补给水源。画面运用2/3的大白色块，既真实描绘出了天山天池冬季的自然景观，也渲染了天山天池高洁的品性和雄浑的气势，令人油然起敬。

高山顶峰上的冰雪为什么终年不化？地球表面的热量是随着地面反辐射的强弱而变化的，反辐射越强，气温越高，反之则气温越低。反辐射是指太阳光照射到地球表面后被反射出来的热能。高山地区空气稀薄，水汽量小，太阳光照射到哪里，那里热量散发的速度就快，而且散发的热量比吸收的热量还要多，据计算，每升高100米，气温就会下降0.5℃~0.6℃。故在海拔5000米以上的高山上，在炎热的夏季会出现高寒气候，冰雪终年不化。

【湖畔胜景】1996—19·（4—4）T　面值100分，票幅规格50毫米×30毫米，发行量2201.75万枚。图案主要表现了天山天池的民族风情。夏秋时节，天山天池草

绿树茂，鲜花烂漫，身穿民族服装的哈萨克人在草地上搭起白色的毡房，或在草原放牧，或欢歌笑语迎接远方游客，尽情享受游牧生活的乐趣。画面以雄浑的白色山峰和淡蓝色的天空为背景，着力描绘了天山天池的夏日景象，在高山草甸中的一片平坦草地上，绿草茵茵，鲜花争艳，毡房点点，生动地展示出了天山天池充沛的活力。

1996—20 敦煌壁画（第六组）（T）

【敦煌壁画（第六组）（T）】Dunhuang Murals（6th Series）（T）　有关敦煌壁画的知识，详见新版《中国集邮百科知识》T·116《敦煌壁画（第一组）》。

1996年8月15日，为了宣扬中华民族光辉灿烂的古代文化艺术遗产，中华人民共和国邮电部发行了一套《敦煌壁画（第六组）（T）》特种邮票，全套4枚。摄影者祁铎。吴建坤、任宇设计。影写版。齿孔11度。邮局全张枚数（4—1）（4—2）28（7×4），（4—3）（4—4）28（4×7）。北京邮票厂印制。

《敦煌壁画》大型系列邮票共分6组，计24枚邮票和3枚小型张。T·116《敦煌壁画（第一组）》于1987年5月20日发行，全套4枚，同时发行1枚小型张；T·126《敦煌壁画（第二组）》于1988年5月25日发行，全套4枚；T·150《敦煌壁画（第三组）》于1990年7月10日发行，全套4枚；1992—11《敦煌壁画（第四组）》于1992年9月15日发行，全套4枚，同时发行1枚小型张；1994-8《敦煌壁画（第五组）》于1994年7月16日发行，全套4枚；1996—20《敦煌壁画（第六组）》于1996年8月15日发行，全套4枚，同时发行1枚小型张。

这套4枚邮票和1枚小型张的图案，按照总体规划设计，选取的是莫高窟敦煌壁画晚期的5幅作品，其中包括五代、北宋、回鹘、西夏和元五个时代共四百多年的历史。敦煌壁画艺术经历了唐代辉煌灿烂和高度成熟的阶段之后，虽已开始步入晚年时期，但在此后四个半世纪的发展和演变过程中，仍然保持着生命的活力，呈现出丰富的面貌，甚至在总体上也没有离开唐代的程式。

【五代·五台山图】1996—20·（4—1）T　面值10分，票幅规格40毫米×54毫米，发行量2073.7万枚。图案选用了敦煌莫高窟第61窟西壁巨幅画面的一个局部。五代指唐以后，公元907年~960年，后梁、后唐、后晋、后汉、后周先后在中原建立政权的时期。在五代和北宋的约一百年间，敦煌一直处在归义军节度使地方政权统

治之下，因没有卷入中原等地的战乱，社会长期保持安定，官家出资修造了规模宏大的洞窟，有才能的"知画手"创作出了能够展示时代风貌的新壁画。第61窟是五代时期专为供奉文殊菩萨而开凿的洞窟，宽14.6米，深13.5米。西壁上的《五台山图》，高3.5米，宽13.6米，面积47.6平方米，画出了佛教圣地五台山的全景：即东起河北正定县，经山西五台山而至太原，方圆500公里内外的山河、地形、池沼、景物和社会风貌；图中道

路交错,群山起伏,河流弯曲,高僧、官吏、商人、善男信女栩栩如生;图中描绘的驮运、锄草、推磨、担挑行路和迎来送往的人物等,真实反映了当时社会生产和人民生活的图景;图中记录了当时的桥梁、寺庙、古塔、亭阁、楼台、店铺等各种历史建筑一百七十多处,是十分宝贵的历史地理资料。《五台山图》是敦煌壁画中现存最大的一幅,规模恢宏,气势壮阔,既是引人入胜的山水风景,又是一幅全息的地图,当地的掌故、传说都融入其中,艺术价值和史料价值都很高。中国佛教徒历来认为山西北部五台山是文殊菩萨的道场,怀着无限崇敬进山观礼被视为最高功德。邮票图案选取的是《五台山图》左半部中间下方的局部,为河东道山门西南、忻州定襄县城北面的风光。这里山峦起伏,河流曲折,道路纵横交错。登山朝圣的人群络绎不绝于途。所画的主要情节是:朝廷派遣送供品的"送供天使"队列行进的场面。中间第一座桥前一人骑马引路,桥后人马分三路,左右两侧是持钺仗剑的护卫,中间一路有的肩挑供品担子,有的背负香案,有的手提什物。左侧第二座桥后面,送供天使及其随从们骑马正要过桥。人物建筑、山水草木,和谐地交织在一起,既组成了一幅内容丰富、色彩亮丽的青山绿水画,又洋溢着一种宁静的生活气息。《五台山图》既用鸟瞰的视角反映了方圆几百里的广大地区,又采用特写手法对某些局部作了细致描绘。全图采用基本对称的布局,以淡雅柔和的青绿色调为背景,轻染淡皴,既具有青绿山水的韵味,又显示出写意山水的意趣。

有关五台山的知识,详见本书 1997-11《五台古刹(T)》。

【五代·于阗国王】1996—20·(4—2)T　面值20分,票幅规格40毫米×54毫米,发行量3524.1万枚。图案选用了敦煌莫高窟第98窟东壁南侧"于阗国王供养像"的局部画面。于阗又作于真,古西域国名,在今新疆和田一带。居民从事农牧,多桑麻,产美玉。有文字,西汉时传入佛教,北宋时改信伊斯兰教。西汉通西域后,属

西域都护。东汉初为莎车所并。至广德为王,击灭莎车,势力强大。和帝永元六年(公元94年)班超联合于阗等国,击败焉耆。西晋封其王为"亲晋于阗王"。南北朝时属北魏。唐于其地置毗沙都督府,属安西都护府。

后晋天福三年(公元938年)封其王李圣天为"大宝于阗王"。北宋时为回鹘黑韩王所并。当时的归义军地方政权十分注意同周围少数民族政权的关系,他们想方设法化解纠纷,甚至通婚联姻达到和睦相处。于阗国王李圣天是归义军节度使曹议金的女婿,他的形象在敦煌壁画中和曹氏家族的男女画在一起,是亲如一家的民族友好关系的象征。《于阗国王供养像》高约三米,宽一米多,是敦煌壁画中最大的历史人物画和供养人像。邮票图案选取了画面中描绘于阗国王形象的部分。画面中的于阗国王,气宇轩昂,仪表堂堂,头戴冕旒,上有北斗七星;身着衮服,上有日、月、龙、华虫、黼黻等图案。画家给他穿戴上了中国皇帝的服饰,可见给这个人物相当高度的重视。此像及其南侧的曹氏皇后像,对研究当时瓜沙一代的政治和民族关系具有较高的历史价值。

【宋·观音济难】1996—20·(4—3)T　面值50分,票幅规格54毫米×40毫米,发行量2595.9万枚。图案选用了敦煌莫高窟第55窟南壁宋代"观音经变"中观音济

难的场景。公元960年,自太祖赵匡胤建隆元年起,至公元1127年钦宗赵恒靖康二年止,建都汴京(今河南开封),历史上称为北宋。画面取材于《妙法莲花经·观世音菩萨普门品》。《法华经》是大乘佛教的主要经典之一,共二十四品。按照经文说,无论何时何地遇到任何灾难,只要口中念诵观音菩萨法名,便可得到及时解救。同样都是这个题材,虽然在T·150《敦煌壁画(第三组)》中有过表现,但两个时代的表现手法和艺术风格却迥然不同。比起隋代充满浪漫主义情趣和寄寓美好理想的艺术表现,宋代画家的表现则更贴近现实。根据经文所述,画面对以大船为中心的水中遇难场景作了生动的描绘:在岸上罗刹鬼和水中大恶鱼威胁航船安全的时刻,船上乘客合十礼拜,颂念观音法号,求其保佑,水手齐心奋力划水,于是,在大船周围浮现出象征佛法的宝珠与莲花,使人们转危为安。画面形象地表达了在国家分裂、生活艰难和处处潜藏着社会危机形势下,让人们感到一种灾难迫在眉睫的忧心忡忡及对救星的殷殷企盼。

有关合十的知识,详见新版《中国集邮百科知识》T·74《辽代彩塑》。

【西夏·供养菩萨】1996—20·(4—4)T 面值100分,票幅规格54毫米×40毫米,发行量2051.3万枚。图案选取了敦煌莫高窟第328窟东壁北侧"供养菩萨"。北宋以后,敦煌曾长时期被西夏党项族政权所占领。党项族是一个接受和融汇能力很强的民族,因此,这个时期的敦煌壁画继承并发展了北宋壁画艺术成果,呈现出了更为丰富多彩的面貌。画面中四身菩萨排列有序,虽然形象服饰大同小异,但画家力求于统一中求变化:脸或正、或微侧,手或捧盘、或举莲、或摆手印,尽量避免了雷同。而且真人大小的人物造型十分准确,表现出了画家的纯熟技巧,是西夏壁画的代表作之一。

1996—20M 敦煌壁画（第六组）（小型张）（T）

【敦煌壁画(第六组)(小型张)(T)】Dunhuang Murals(6th Series)(Souvenir Sheet)(T) 1996年8月15日,为了宣扬中华民族光辉灿烂的古代文化艺术遗产,中华人民共和国邮电部发行一套1996－20《敦煌壁画(第六组)(T)》特种邮票的同时,发行了一枚小型张。摄影者祁铎。吴建坤、任宇设计。影写版。齿孔11度。北京邮票厂印制。

【元·千手观音】1996—20M·(1—1)T 面值500分,小型张规格96毫米×135毫米,邮票规格46毫米×102毫米,发行量1625.2万枚。图案选用了敦煌莫高窟第3窟元代绘画的"千手观音"。由于元朝晚期才对敦煌行使有效的统治,修造的窟龛虽然数量不多,但颇有精品。此窟壁画不但是元代壁画的最佳代表,也是敦煌壁画艺术最后的辉煌。画家以浓墨勾勒,淡色敷彩,描绘出以千手千眼普济众生的观音菩萨形象。特别是对中国绘画中传统线描技巧的运用,已经娴熟精工到了炉火纯青的境地,用以表现了肌肤、毛发、服装等各类形象的不同质感,交织成一幅和谐统一的完美画面。

有关观音的知识,详见新版《中国集邮百科知识》T·150《敦煌壁画(第三组)》。

1996—21 西夏陵（T）

【西夏陵(T)】Mausoleum of Western Xia(T) 西夏是11世纪初至13世纪初一个建立在我国西北地区以党项族为主体的封建王朝。党项族属古羌族的一支,隋唐时期日益兴盛,不断壮大,逐渐形成一支强大的地方割据势力。公元1038年,党项族拓跋氏李元昊"筑坛受册,即皇帝位",建国号大夏,建都兴庆府(今宁夏银川市),统治着今宁夏、陕西北部、甘肃西北部、青海东北部和内蒙古西部地区。因地处夏州和黄河以西,故历史上称为西夏。公元1227年,西夏被元灭亡。西夏有其特有的政治、军事、教育和法律制度,自铸货币流通,有自己的文字。西夏创造的辉煌历史和灿烂文化,集中体现在雄伟的帝王陵墓和流散各处的文物典籍之中。西夏陵又称西夏王陵、西夏帝陵,是我国现存最密集的帝王陵区,被世人誉为"东方的金字塔"。西夏陵分布在南至三关口,北至泉齐沟的南北长十多公里,东西宽四公里多的缓坡地带,占地面积约五十平方公里。王陵沿贺兰山东麓分布,由南向北依时代先后构筑。从平面上看,可分为两组:一组为"平原起冢",另一组为"依山起冢",各自成行。陵区有太祖裕陵、太祖嘉陵、景宗泰陵、毅宗安陵、惠宗献陵、崇宗显陵、仁宗寿陵、桓宗庄陵、襄宗康陵等九座西夏帝王的陵园,及一百四十多座王公大臣皇亲国戚们的陪葬墓。在规模和形制上,陪葬墓和帝陵有着显著的差别,反映出西夏墓葬制度有着严格的等级差别。西夏陵园的地面建筑,不仅吸收了秦汉以来,特别是唐、宋以来汉族王陵之所长,而且又受到佛教建筑的影响,使得汉族文化、佛教文化与党项民族文化有

机结合在一起,构成了我国陵园建筑中别具一格的形式,为我国建筑史增添了光辉的一页。西夏陵的每座陵园占地面积都达十多万平方米。每座帝王陵墓皆坐北朝南,从南至北由鹊台、神墙、碑亭、角楼、月城、内城、献殿、陵台等部分,组成一座完整的建筑群体。每座陵园的最南端,都有一对黄土夯筑而成的鹊台(亦称阙台),呈方形,底大顶小,外面包砖;台顶建有阙楼,实际是陵园的大门。鹊台北面为碑亭,各陵所建碑亭数目有两座或三座不等。碑亭台基略呈方形。碑亭的台基上铺有方形砖并立有石碑(现已残碎),碑文用西夏和汉两种文字镌刻。月城位于碑亭之北,呈长方形,南墙正中辟门,东、西两墙与内城南墙相接,北墙与内城南墙合为一墙。月城内御道两侧各置两列或三列文臣武将石像。内城位于陵园北部,平面呈长方形,墙用黄土夯成,外部贴砖,并用灰抹面,涂以朱色。内城四面环内神墙,四面正中均辟门,并建有门阙。内城为陵园的主体建筑,占地面积超过整个陵园的一半。内城之中建有献殿、陵台等建筑。陵台前的墓道为东南走向,墓道填土隆起,高1米~2米,形如鱼脊状。陵台和墓道位于内城西北方,反映出西夏统治阶级受到了北宋时期阴阳家的影响。西夏灭亡后,陵墓遭到了严重破坏。1986年,国家投资对西夏陵区进行了开发,辟为旅游区,现在前往西夏陵参观的中外游客络绎不绝。

1996年8月22日,为了展现中华民族古代文化艺术遗产的历史面貌,中华人民共和国邮电部发行了一套《西夏陵(T)》特种邮票,全套4枚。邹建军设计。影写版。齿孔11.5度。邮局全张枚数40(8×5)。北京邮票厂印制。

这套邮票的4枚图案,设计者采用以文物衬文物的巧妙构思,用极经济的手法,在有限的画面中,不仅提供比较多的文物,而且使主题形象和背景内容优势互补,营造出了一份浓郁古朴的历史文化气息,较好地反映了西夏王朝繁荣的政治、经济、文化和社会意识,展现出了中国古代辉煌灿烂的文明和独特的民族风韵。设计者采用写实手法和装饰性手法的结合,将背景文物置于画面上方,并以灰色相衬,而主图则置于画面下方,均以土黄色为基调,色彩艳丽、明快、丰富,使画面既显得庄重而稳定,又富有历史感。

【陵台】1996—21·(4—1)T 面值20分,票幅规格30毫米×40毫米,发行量4173.7万枚。图案以西夏的红色官印和首领印为背景,描绘了两座陵台的雄姿。陵台是西夏陵园的主体建筑。原为七级八边形砖木结构密檐式实心塔,顶部有瓦当、滴水和屋脊兽,塔身用砖包裹,高大雄伟,故有"东方金字塔"之称。现在,陵台表

面建筑虽已荡然无存,但残部仍有三层楼高,雄姿不减。特别是雄踞画面上的那座陵台被夕阳染得金黄,依然能够让人感受到昔日西夏王朝的鼎盛与辉煌。陵台之间的实际距离比邮票上显示出的要遥远得多,这是设计者为了表现透视距离和空间感而人为拉近的。背景中众多的红色印迹,不仅去除了陵墓的那种阴森感,而且象征着西夏王朝当时政治、经济的繁荣,并隐含着统治者虽然有无上的权利和无比的尊贵,但最终也要进入陵墓,归于历史,十分耐人寻味。

【神门鸱吻】1996—21·(4—2)T 面值20分,票幅规格30毫米×40毫米,发行量3799.7万枚。图案以西夏铜钱和同时期的宋代铜钱为背景,

描绘了一种陵墓屋顶上的装饰品"鸱(chī)吻"的形象。由8号陵神门遗址出土。陶土烧制成,通高1.52米,底阔58厘米,表层施绿色釉,龙头鱼尾,张口露牙,头部有鳍,身披鳞纹。这种造型是鸱吻中的精品,现藏于中国历史博物馆。画面背景中有珍贵的西夏文大安宝钱和西夏汉文天盛元宝,具体表现出了当时各民族间频繁活跃的经济交流。

【碑亭石座】1996—21·(4—3)T 面值50分,票幅规格30毫米×40毫米,发行量2485.7万枚。图案描绘了陵墓

碑亭里立碑的石座——一个跪坐着的女人形石像。由5号陵出土。红砂石质,近似正方体,圆角。顶平面长63厘米,宽59.8厘米,通高57厘米。石座整体造型为圆雕女性人像,造型粗犷、剽悍、独特,象征着西夏人对人文文化的崇尚。背景是一块从陵墓中出土的腰牌,相当于现在的通行证,象征着西夏政权的稳固和森严。

【寿陵残碑】1996—21·(4—4)T 面值100分,票幅规格30毫米×40毫米,发行量2165.7万枚。图案描绘了一块寿陵碑额形象。由5号陵(仁宗寿陵)西碑亭遗址出土。碑额现已残碎,经专家精心拼合后,上面的文字依然可以辨识。两面阴刻西夏文篆书4行,每行4

字,汉译为"大白高国护城神德至懿皇帝寿陵志文"。"大白高国"为西夏国名,"护城神德至懿皇帝"是西夏仁宗李仁孝的谥号,"寿陵"是仁宗的墓号。在长期的语言实践中,党项民族接受汉字偏旁部首创制了西夏文字。由于西夏国被成吉思汗的元朝灭亡后,人民被蒙古军屠戮殆尽,西夏文被后人称为"天书",目前全国只有极少数几个人能够破译。因此,西夏陵石碑便成了研究西夏文化艺术的重要文物。碑额周边有卷草纹边饰。现藏宁夏回族自治区博物馆。背景衬以碑额的拓片,与碑额实物相互补充,产生了一种提醒人们珍惜历史文物的艺术效果。

1996—22 铁路建设(T)

【铁路建设(T)】Railway Construction(T) 有关铁路的知识,详见新版《中国集邮百科知识》T·36《铁路建设》。从1876年我国修建第一条铁路——上海至吴淞长约15公里的窄轨铁路起,到1949年新中国成立,七十多年间,共修筑铁路2.2万公里,而且绝大多数集中在东北和沿海,占国土3/5的西南和西北地区几乎没有铁路。新中国成立后,很快修建了成渝、宝成、贵昆、成昆、襄渝、湘黔、川黔、黔桂、兰新、青藏线北段等十多条铁路干线,使西北和西南地区基本形成了铁路网骨架,并与中南、华东相沟通,改变了这两个地区交通闭塞的状况。1950年~1985年,我国已修建了一百多条新铁路,并建成4196公里的电气化铁路。到1985年底,全国铁路营业里程已达5.21万公里。1985年,铁路货物周转量8126亿吨/公里,比1949年(184亿吨/公里)增长43倍多;铁路旅客周转量2417亿人/公里,比1949年(155亿人/公里)增长14倍多。铁路是国民经济的大动脉,社会发展的基础设施。改革开放以来,铁路建设坚持"科技兴路"的方针,取得了显著成就。特别是1992年10月12日~18日召开的中国共产党第十四届全国代表大会,把加快铁路发展摆在优先的重要位置,路网规模有了较快发展。到1995年底,全国铁路营业里程已达6万公里,许多运输指标和技术设备已达到国际先进水平,为国民经济持续、快速、健康发展做出了积极贡献。

1996年9月1日,为了宣传我国铁路建设的成就,中华人民共和国邮电部发行了一套《铁路建设(T)》特种邮票,全套4枚。李印清设计。影写版。齿孔12度。邮局全张枚数32(4×8)。北京邮票厂印制。

这套邮票的4枚图案,精心选取了4个典型形象,分别反映了四项铁路工程具有的丰富内涵,同时又通过洞、线、桥、站及列车的生动描绘,表现了铁路的总体面貌。在艺术处理方面,画面充分调动色彩的力量,通过蓝、紫、黄、绿等饱和而又强烈的色彩,着力展现出了不同的地域特色和意境。

【大秦铁路】1996—22·(4—1)T 面值15分,票幅规格50毫米×30毫米,发行量2105.7万枚。

图案描绘了大秦铁路三线隧道洞口的景象。大秦铁路由大同至秦皇岛,是我国第一条双线电气化铁路,1985年1月开工。1988年底,一期工程交付运营;1993年1月22日,二期工程开始运煤。大秦铁路全长653公里,途经山西、河北、北京、天津四省市,穿越燕北高原和桑干河谷,沿官厅水库北岸与丰沙、京包、京承铁路交会,紧依燕山山脉南麓向东延伸,直至渤海之滨的秦皇岛。大秦铁路是我国第一条开行重载单元列车的铁路,年运量一亿吨,对加速晋煤外运,缓解东北、华东、华北煤炭供应的紧张局面,都具有重要作用。大秦铁路不仅是我国第一条全线采用光纤数字通讯的铁路,第一条采用国内研制的微机化调度集中系统的铁路,而且是由铁路、港口、矿山、电力综合规划,装、运、卸同步建成,功能齐全的一条运煤大通道。画面选用一个隧道洞口为立足点,举目向外观望,在皑皑白雪的映衬下,一列满载万吨乌金的货车,刚刚从远处的一座山洞中驶出,立刻又要驶进另一个山洞,犹如一条腾越飞驰的煤龙,一派蔚为壮观的景象。

【兰新铁路复线】1996—22·(4—2)T 面值20分,票幅规格50毫米×30毫米,发行量3672.1万枚。

图案以嘉峪关为背景,采用俯视角度,描绘了一列客车和一列油罐车货车往复对开的景象,既点明了兰新铁路复线的地理环境特征,又揭示了运输的繁忙与新疆与内地的通达。1952年,毛泽东同志发出"庆贺兰新铁路通车,继续努力修筑兰新路"的号召。1962年,经过十年苦战,终于把铁路修到了天山脚下,这便是全长 1903 公里兰州至新疆的兰新铁路,昔日张骞出使走过的丝绸之路上,火车的嘹亮汽笛打破了大漠古道的寂寞。为了加强西部的经济发展,1992 年 9 月,东起甘肃武威南,西至新疆乌鲁木齐西,全长 1622 公里的兰新铁路复线开工,1994 年 9 月顺利铺通,1995 年 6 月 30 日胜利开通运营。兰新复线经张掖、嘉峪关、过玉门、柳园、沿尾亚、哈密,穿鄯善、吐鲁番,直至乌鲁木齐西,成为西北与内地沟通的主要通道,构成亚欧大陆桥的重要组成部分,而且和宝(鸡)中(卫)铁路相配套,使运输能力由 1200 万吨提高到 3000 万吨以上,对开发大西北的丰富资源,繁荣西部经济,促进民族团结,加强国防建设,将发挥着日益重要的作用。

有关嘉峪关的知识,详见新版《中国集邮百科知识》T·39M《万里长城(小型张)》。

【京九铁路】1996—22·(4—3)T　面值 50 分,票幅规格 50 毫米×30 毫米,发行量 2707.3 万枚。

图案选取了京九铁路九江大桥的形象。京九铁路位于京沪、京广两大铁路干线之间,以北京西站为起点,经由京、津、冀、鲁、豫、皖、鄂、赣、粤 9 省市,到达深圳,与香港九龙相连。正线长 2381 公里,加上天津至霸州、麻城至武汉的联络线共长 2536 公里。线路为Ⅰ级干线,内燃机车牵引,预留电气化条件。设计年运输能力 1.5 亿吨。1993 年全面开工,1995 年 11 月 16 日铺通,1996 年 9 月全线通车。京九铁路途经海河、黄河、淮河、长江、珠江等 5 大水系,新建桥梁 1045 座,总计约 183 公里。全线共开凿隧道 150 座,长约 56.1 公里,1500 米以上的长大隧道 8 座。其中九江长江大桥全长 7675 米,最大跨度 216 米,是一座双层式公路铁路两用桥,具有"大跨、高强、轻质、美观"的特点;阜阳北、向塘西为设备先进的路网性大型编组站。全线共建不同规模的车站一百八十多个,一站一景,别具一格。通讯系统采用光缆和光同步数字传输系统,复线地段信号采用先进的自动闭塞系统,代表着 20 世纪 90 年代中国铁路的科技水平。京九铁路北接京山、京通、京原、京包、京秦、大秦、丰沙等铁路,中部与石德、新兖、陇海、阜淮、合九、武九等铁路交会,南部与浙赣、广梅汕铁路相交,并通过津霸、麻武联络线与天津、武汉两大城市连通,使全国铁路路网布局呈鱼骨形分布,既可缓解我国南北铁路运输能力的紧张局面,推

进国民经济和社会发展,也能加强内地与港澳联系和促进港澳的繁荣稳定。画面以满天的朝霞为背景,用仰视角度捕捉住了一列客车在九江长江大桥上的瞬间景象,能够给人一种京九铁路贯通中国南北的感知,甚至会情不自禁地追随着列车奔向九龙,奔向北京。

【北京西站】1996—22·(4—4)T

面值 100 分,票幅规格 50 毫米×30 毫米,发行量 2044.9 万枚。图案选用了北京西站外景。北京西站坐落在北京丰台、海淀、宣武三城区交界处的莲花池畔。1993 年 1 月 19 日破土动工,1996 年 1 月 21 日开通运营。西站工程包括主站区、铁路专业工程、市政配套工程和邮件处理中心等 4 大部分。主站区占地 51 公顷,包括主站房综合楼、南站房、高架候车厅及邮件处理中心、商业服务楼等。铁路专业工程包括客运车场、28 公里双线电气化铁路及机车、车辆整备检修和生产、生活配套设施。行政工程包括 4 座道路立交桥、5 条交通干道、预埋地铁车站等。配套工程还有 10 万门电话局、160 万平方米集中供冷、热能力系统、11 万伏变电站及南、北广场周边开发商业服务楼等建筑工程。主站房高 102 米,东西长 740 米,采用上进下出、高架候车、地下大厅出站、南北开口、以北为主的格局,融行车指挥、客运服务和商贸、餐饮、邮电、住宿、娱乐等多功能于一体。画面以蔚蓝的天空为背景,采用侧视角度,展现出了北京西站主站房雄伟、漂亮的外貌,颇具首都大门的风度和气势。

1996—23 中国古代档案珍藏(T)

【中国古代档案珍藏(T)】Precious Chinese Ancient Archives(T)　档案即记载国家机关、社会团体、国民经济企业和个人活动的文件的总和。我国的档案事业起源很早。早在春秋末期至魏晋时代,"档案"一词就已出现。当时的边关文字,多写在木牍上,往来传递,这种"木牍"叫牌子。牌子积累多了,就用皮条贯穿起来挂在壁上,像横木框档,叫"档子"。储存年代久远的档子,便叫"档案"。后来,将文字书写在纸上,也习惯沿用当时的名称,于是"档案"一词便流传使用至今。

1996 年 9 月 2 日,为了保护人类文化遗产,增强社会档案意识,中华人民共和国邮电部发行了一套《中国古代档案珍藏(T)》特种邮票,全套 4 枚。王虎鸣设计。

胶版。齿孔12度。邮局全张50(10×5)。河南省邮电印刷厂印制。

这套邮票的4枚图案,分别选用了商代龟甲、汉代木牍、明代铁券和清代国书,以甲骨、简牍、金石、纸质档案为载体,生动地表现出了档案史上不同发展时期的特征。而且设计者还运用电脑技术,弥补了原始资料的不足。比如原有素材中不够清晰的龟甲裂纹、铁券铸痕及木牍肌理纹路,重新做了准确的勾勒、强调;清代国书上金丝绒线所形成的许多散点高光很不适合画面压缩,也就小心翼翼地一点一点抹去;明代铁券原照的正视角度也被调成斜视角,以适应画面整体布局。在色彩处理上,4枚图案在色调倾向的安排上由红入棕,转灰而黄,具有一种整体的旋律感;放大的背景则以半调处理,用阴影与主图拉开一定的距离,既是对画面主体的补充,也产生了虚实相生的视觉效果。

【甲骨档案·商代龟甲】1996—23·(4—1)T 面

值20分,票幅规格30毫米×40毫米,发行量3674.25万枚。图案选用了一块殷代龟甲。约公元前17世纪初,由汤建立商朝;约公元前14世纪~公元前11世纪,商朝迁都于殷(今河南安阳市西北小屯村)后改称殷朝。甲骨文是我国现存最早的文字,因此当时刻在龟甲上的人类活动记录,便成了最早的档案资料。早在殷商盘庚时代,当时的首都(今河南安阳市西北小屯村)就设有史官掌管的档案库,保存了一些具有史料价值的甲骨卜辞,给统治者处理国家大事作参考之用。清光绪二十五年(公元1899年)在今安阳市西北约二公里的小屯村附近的殷墟遗址,发现了甲骨文。1973年,又在小屯村发掘中出土龟甲四千八百多片,这是我国目前能见到的最古老的历史档案。邮票图案选用的这块龟甲,是1991年10月在河南安阳殷墟出土的一块完整的商代后期(公元前14世纪至公元前11世纪)的刻辞卜甲,编号为"91花东H3·52"。卜甲长19.2厘米,宽12厘米,保存完整,质地较好,表面光泽,自上而下共有9条甲骨文,其释文为:

(1)乙酉卜:子又之陟南小丘,其羃,获?一二三四五
(2)乙酉卜:弗其获?一二三四五
(3)乙酉卜:子于翌日丙求陟南丘豕,冓?一二三四
(4)以人冓豕?一二

(5)乙酉卜:既雩,往啓,冓豕?一二
(6)弜敦?一二
(7)冓鹿?子占曰:其冓。一二
(8)一二
(9)一二

刻辞内容为:一位地位极高的贵族外出打猎,卜问能否遇到野猪、鹿等动物,以及能否将它们猎获,结果是有收获,获得了鹿豕。这块卜甲出土于河南安阳花园村东一个长方形的窖穴中。窖穴长2米,宽1米,共出土甲骨1583片,其中刻辞甲骨579片。而且这批甲骨以大版的卜甲为主,其中完整的有字卜甲就近300版,这是1936年和1973年以来殷墟甲骨文的第三次重大发现,被评为1991年全国考古的十大新发现之一。仔细欣赏画中这块刻辞卜甲,其文字表现于天地山川得玄远流峙之形,于鱼虫禽兽得屈伸飞动之理,很有艺术性。设计者正是通过其自身的形式姿态、情感意兴和气势力量,突出表现了一种狰狞神秘的氛围。背景衬托了另一块殷墟出土的刻辞卜甲,使主图更加醒目,也更具有历史感。

【简牍档案·汉代木牍】1996—23·(4—2)T 面

值20分,票幅规格30毫米×40毫米,发行量3674.25万枚。图案选用了一块汉代木牍。公元前206年~公元25年,自刘邦称汉王起,到刘玄更始三年止,包括王莽称帝时期(公元9年~23年),建都长安(今陕西西安),史称西汉,也叫前汉。公元25年~220年,自光武帝刘秀建武元年起,到献帝刘协延康六年止,建都洛阳,史称东汉,也叫后汉。两汉时期是我国封建社会发展的重要历史阶段。因当时纸张尚未普及,汉代文书档案资料主要书写在竹木简牍之上。晋武帝太康二年(公元281年),首次在河南汲郡出土"汲冢汉简"。20世纪30年代和70年代,在汉居延烽燧遗址(今内蒙古自治区额齐纳河流域黑城附近),中国西北科学考察团出土了大量汉代木牍。1993年,在江苏省连云港市东海县温泉镇尹湾汉墓出土了一批木牍和竹简。其中六号墓出土的"集簿"等十多方木牍和"东海郡属吏行视日记"等七十多支木简,详细记载了东海郡的上级、行政建制、吏员设置、任命、升迁、考勤、巡行视察等情况,是迄今发现的我国最早和比较完整的一份郡级行政单位文书档案。邮票图案选用的这块完整的木牍,出土于六号墓,整方长23厘米,宽7厘米,暂定名为"占取(娶)妇嫁女、问行者、问

鳌者、问病者、问亡者等的术数图局"。图案的衬底是一块木牍局部放大的部分,其长和宽均与主图木牍相同。这块木牍正、反两面用恭谨的隶体墨书竖字,共四千多字,根据内容暂定名为"太守·都尉府暨县、邑、侯国吏员集簿"。设计者充分运用笔力和结构,既表现出了木牍特有的那种和暖的质感,又表现了一种实用的、入世的意趣。

【金石档案·明代铁券】1996—23·(4—3)T 面

值50分,票幅规格30毫米×40毫米,发行量2624.25万枚。图案选用了一块明代铁券。公元1368年~公元1644年,朱元璋所建,先定都南京,永乐年间迁都北京,史称明朝。明王朝建立后,在中央增设了主管档案的管勾人员。全国各地省、府、县大量建立档案机构,可考的约三百多处。目前我国存有的明代档案原件约五千多件,其中以成化时期颁给功臣的免死铁券、海防图等最为珍贵。邮票图案上的这块铁券,系明代英宗皇帝于天顺二年(公元1458年)奖给军功卓著的武将李文的凭证性文件,文中有食禄一千石和免本人死罪一次的待遇。现今在青海省民和县、大通县和西宁市均有李文后裔。现存的民和县、大通县景阳乡两本李氏家谱中,对这件铁券均有记载。用铁打制以示可长期保存。20世纪80年代中期,这块铁券由青海省档案局出资从西宁郊区征集进馆。1991年,这块铁券的复制件曾运往加拿大展览,在国际上引起轰动。邮票图案以放大的铁券平面文字为背景,突出刻画了铁券的整体形象,富有金铁质感。仔细读铁券,既能够感受到由于文化上拟古范古之风盛行,文字上努力脱略繁丽丰腴,尚朴澹,求舒徐的一种追求,也可以体味到铁券的字里行间蕴藏着澄怀味象的沉暮品格和冷峻的统治秩序。

铁券,也称铁契,是封建帝王表彰功臣并赐予某种地位和待遇的凭证,用铁铸成。铁券上的文字称为誓文,誓文有丹色和金色两种,分别称为"丹书铁券"和"金书铁券"。青海省档案馆收藏的这块明代铁券为"金书铁券"。生铁质,呈半弧形,如瓦状,左右长37.5厘米,上下高21.2厘米,厚0.2厘米,重1300克。正面(凸面)镌有明英宗诰命制文,字嵌以金,竖排,分17行,每行12字,共204字。全文如下:

"维天顺二年岁次戊寅三月戊子,朔越十八日乙巳,皇帝制曰:国家于武臣之有劳绩者,必封爵以贵之,此报功功能之圣典也。尔右都督府右都督李

文负资忠义,秉志纯良,将略素闲,战功克著,玄朕复位之初,受(授)以边方之寄,因胡虏之侵犯,遂克敌以成功。顾兹茂勋,宣隆恩典,特封尔为奉天翊卫宣力武臣,特进荣禄大夫,柱国高阳伯,食禄一千石。仍与尔誓,除谋逆不宥外,其余犯死罪,免尔本身一次以酬尔勋。于戏!爵禄有加,用尽报功之义;忠勤不替,方资事上之诚。朕既不忘尔勋,尔亦毋忘朕训,往励尔节,益懋徽猷。钦哉!"(文中标点为青海省档案馆人员加注)铁券背面(凹面)镌有竖排一行字:"若犯死罪,禄米全支给。"铁券右上角还有一"右"字。

整体看,铁色如墨,字迹完整,字大约一平方厘米,字体为颜体楷书,遒劲端庄,金色灿然,实为一件稀世珍品。

【纸质档案·清代国书】1996—23·(4—4)T 面

值100分,票幅规格30毫米×40毫米,发行量2099.25万枚。图案选用了清代一件国书。公元1616年~1911年,满族人爱新觉罗·努尔哈赤所建,初名后金,公元1636年改称清。公元1644年入关,定都北京。清朝末年,对外交往日趋频繁,档案中开始出现了外交档案,成为中国社会半殖民地化的历史真迹。另外,如技术档案、电报档案、照片及影片档案等也在这个时期出现了。国书为各国元首之间为派驻大使或遣使访问,相互往来的一种正式文书。邮票图案上展示的这件清代国书,是清光绪三十一年(公元1905年)八月,光绪皇帝派镇国公载泽、署兵部右侍郎徐世昌、商部右丞绍英赴比利时考察政治,准备向比利时国君递送的一件国书。这件国书为纸质,长220厘米,宽35厘米;折叠式。黄色墨书,满、汉文合璧,外加龙纹彩边。封面、封底系金丝和绒线绣制的飞龙形象。国书置于黄缎函套之内,函封上端用满、汉文字书写《大清国国书》五个大字。函套之外又套以红面黄底锦匣,装饰极为精致。这件国书的内容是:

"大清国致比利时国书 大清国大皇帝敬问大比国大君主好。中国与贵国通好有年,交宜益臻亲密。凤闻贵政府文明久著,政治日新。凡所措施,悉臻美善。朕眷念时局,力图振作。思以亲仁善邻之道,为参观互证之资。兹特派镇国公载泽、署兵部右侍郎徐世昌、商部右丞绍英前赴贵国考究政治。该大臣等究心时务,才职明通,久为朕所信任。

爱命恭赍国书代达朕意,惟望大君主推诚有待。裨将一切良法美意从容考究,用备采酌施行。实感大君主嘉惠友邦之厚谊。大清光绪三十一年八月初九日"并加盖满、汉文合璧的"皇帝之宝"印玺。

该件国书本应由载泽等到达比利时后亲自递送给比利时国君的,不料,光绪三十一年八月二十七日,正当载泽等从北京东车站登车起程之际,忽遭革命党人吴樾投掷炸弹,当场数人受轻伤。载泽等虽然无恙,但去比利时考察遂中止,故而此件国书留下未发,并一直存放宫中。现存中国第一历史档案馆,编号为"宫中档·外事往来478"。邮票图案以展开的国书首页为背景,具体刻画了清代这一国书装潢精美的外观形象。认真研读欣赏这件国书,它不仅具有满汉文化融合中显示出独有的总结前代、开启未来的辉煌之色,而且从它表现出的端重安详、伟岸宽博和正气大度,完全可以代表中国古代档案的一个熟络阶段。

注:"纸质档案·清代国书"应为近代档案。

1996—24 叶挺同志诞生一百周年(J)

【叶挺同志诞生一百周年(J)】Centenary Anniversary of the Birth of Comrade Ye Ting(J) 叶挺原名叶为询,字希夷。1896年9月10日,生于广东惠阳县秋长区周田乡会水楼村。16岁,考入设在黄埔的广东陆军小学。1914年,考入湖北陆军第二学校。1916年,以优等生资格进入保定陆军军官学校工兵科学习。1918年,从保定军校毕业后参加粤军,并加入国民党。1921年下半年,被任命为粤军参谋长邓铿组成的大本营警卫团二营营长。1922年,粤军将领陈炯明叛变,炮轰孙中山总统府时,叶挺率机枪连拼死冲杀,保护宋庆龄撤出总统府,安全登上永丰舰。1924年,叶挺在苏联莫斯科深造时,由聂荣臻等介绍加入中国共产党。1925年,叶挺回国,按照党中央的决定,在肇庆组建了一支以共产党员为骨干的独立团,即国民革命军第四军独立团。1926年5月,广州革命政府决定北伐,叶挺率独立团为先锋,进军湖南。当年6月3日~10月10日,叶挺率部先后在安仁县黄茅铺击溃了六倍于己的敌军;攻克了敌军重兵防守的平江县城;击溃汀泗桥守军,打开了通往武汉的门户;击溃吴佩孚亲自防守的贺胜桥;攻克武汉三镇,直系军阀土崩瓦解。人民群众称独立团所在的第四军为"铁军",称叶挺团长为"北伐名将"。1927年3月,叶挺升任第十一军副军长兼十二师师长,并卫戍武昌;5月17日,叶挺受命出师,一举击溃反动军官夏斗寅叛军,保卫了武汉的安全。1927年7月15日,武汉汪精卫集团公开叛变革命,大肆屠杀共产党员和革命群众。当年8月1日,按照中共中央在南昌发动武装起义的决定,叶挺率部和贺龙一起打响了武装反抗国民党的第一枪。后因起义军在南下途中失败,叶挺乘船去了香港。1927年12月11日,叶挺担任广州起义军事总指挥。起义失败后,叶挺辗转到达莫斯科后,因受到王明的"无情打击",他一气之下脱离了共产党,在法国和德国流亡了十年。1937年7月,抗日战争爆发。在中国共产党的倡导下,第二次国共合作形成,原在南方八省的红军游击队被改编为国民革命军新编第四军,叶挺任军长,项英任政委。新四军成立后,在党中央领导下,开赴敌后,于1938年7月创建了皖南、苏中抗日根据地,粉碎了日军一次又一次的扫荡,成为我国抗日战争时期的主要武装之一。新四军"抗战有功,驰名中外",引起了国民党顽固派的不安。1940年1月,蒋介石下令新四军必须在一个月内撤到黄河以北。党中央考虑到新四军的处境和发展,一再致电叶挺、项英率部队北移。但因掌握实权的项英对国民党抱有幻想,拖延北移时机,致使九千多名新四军陷入国民党的重围,大部分壮烈牺牲,叶挺被扣押。1941年1月~1946年3月,叶挺先后被囚于江西上饶、湖北恩施、四川重庆、广西桂林等地。他不为国民党的高官厚禄所动,坚贞不屈,并作《囚歌》明志:

> 为人进出的门紧锁着,
> 为狗爬出的门敞开着,
> 一个声音高叫着——
> 爬出来吧,给你自由!
> 我渴望自由,
> 但我深深地知道——
> 人的身躯怎能从狗洞子里爬出!
> 我希望有一天,
> 地下的烈火,
> 将我连这活棺材一齐烧掉,
> 我应该在烈火与热血中得到永生!

抗日战争胜利后,1946年3月,叶挺被释放出狱。同年4月8日,叶挺在飞往延安途中,在山西兴县黑茶山因飞机失事遇难,时年50岁。

1996年9月10日,为了表达对叶挺同志的怀念之情,中华人民共和国邮电部发行了一套《叶挺同志诞生一百周年(J)》纪念邮票,全套2枚。刘兴淼设计。胶版。齿孔12度。邮局全张枚数50(10×5)。河南省邮电印刷厂印制。

【叶挺同志肖像】1996—24·(2—1)J 面值20分,票幅规格30毫米×40毫米,发行量3674.25万枚。图案肖像取材于叶挺将军1946年3月在重庆出狱后拍的

【抗日战争时期的叶挺将军】1996—24·(2—2)J

免冠照。画面以淡淡的微黄作衬底,刻画了叶挺同志的侧面特写头像。他天庭明亮,目光深邃;昂首、凝视,英气逼人;脸部线条棱角分明,怒发上冲,既具有一种雕塑感,又准确地展现出了叶挺同志坚贞不屈,刚毅豪爽的性格特征和不向敌人屈服的凛然正气。

面值50分,票幅规格30毫米×40毫米,发行量2099.25万枚。图案选用了1939年3月周恩来同志在皖南云岭村和新四军领导人合影中的一幅上半身形象,展现了叶挺同志在抗日战争时期的英雄气概。1939年2月23日,中国中央军委副主席周恩来在叶挺将军的陪同下,由重庆到皖南新四军军部,传达中共中央六届六中全会精神和关于发展华中的指示,并商定了"向南巩固,向东作战,向北发展"的战略方针。合影中的新四军领导有陈毅、粟裕、傅秋涛、朱克靖、叶挺。叶挺身着草绿色戎装,右手拄着一根长长的手杖,左手握拳,双唇紧闭,目视前方,英姿勃勃,表现出了叶挺将军驰骋疆场,抗日救国的爱国情怀和英雄气概。画面以弥漫的硝烟为背景,点明了人物所处的历史时代。

叶挺将军的手杖,约二尺多长,上面刻有外文。这根手杖是特制的,下端镶嵌有不锈钢尖头,可以插入土中,十分精细。杖的抓柄可张可收,张开是独角凳,收起是柄。平时,叶挺将军不论是穿军装还是便装,不论是行军还是散步,手上总拿着这根手杖。即使在和人谈话时,也常常会随手舞弄着手杖;如果觉得累了,他就会扳开手杖的活柄,往地上一插,用它当板凳坐着休息片刻。关于叶挺将军的这根手杖,在新四军和驻地百姓中,流传着许多猜测和议论。比方说:"手杖里藏着一把宝剑。叶挺将军会武术,舞起剑来水泼不进、子弹近不了身。""手杖是报警器。叶挺将军睡觉时,把它放在枕边,来了刺客,他马上就能发觉。""军长的手杖是法宝,打开后能'刷刷刷'接连射出三把长刀,在30米内取敌人首级。"当这些猜测和议论传到叶挺将军耳朵里时,他只是舞弄着自己的手杖,一笑置之。1941年1月皖南事变中,在危急之时,叶挺将军从峭壁上将手杖扔下了万丈深渊。叶挺将军被俘后,敌人曾用一天时间漫山遍野搜寻他的手杖,结果未见踪影。后来,又有两批国民党兵专门来搜山,也未能发现叶挺将军的这根神秘手杖。

1996—25 各国议会联盟第96届大会(J)

【各国议会联盟第96届大会(J)】The 96th Conference of Inter Parliamentary Union(J)　议会亦称国会。指资本主义国家按照立法、行政、司法三权分立的原则建立起来的最高立法机构。起源于英国封建等级会议。1215年,英国贵族、诸侯联合教士、骑士和市民,争取签署了《自由大宪章》,对国王的特权作了限制,规定国王非经大会议同意,不得征收例外税金等。1258年,英王亨利三世召开大会议,要向贵族、诸侯筹款。贵族、诸侯全副武装出席会议,拒绝国王的要求。这次大会议被称为"疯狂的议会"。议会由此而得名。美国、法国等在资产阶级革命胜利后,相继按照"三权分立"的原则建立以议会制为核心的资产阶级民主制度,使议会成为资本主义国家的最高立法机关。议会的组织形式主要有两院制和一院制两种。两院制的议会由上议院(或称贵族院、参议院等)、下议院(或称平民院、众议院)组成。一院制只设一个议院,称为国会、国民议会、人民议会或众议院,也有的通称为议会。议会的职权通常由宪法规定,主要有立法权、财政权和监督权,其中财政权即有关决定和监督政府财政收支方面的权限,监督权即财政监督以外的监督政府的权力。实际上,资本主义国家的统治权掌握在资产阶级手中,议会只是资产阶级专政的工具之一。各国议会联盟原名"促进国际仲裁的各国议会会议",发起人为英国下院议员威廉·兰德尔·克里默和法国国民议会议员弗雷德里克·帕西。它是当时欧洲和平运动和国际仲裁运动的产物。1889年6月9日,来自法国、英国、比利时、匈牙利、西班牙、丹麦、意大利、美国、利比里亚9个国家的96名议员在法国巴黎举行第一届大会。1899年,第九届大会改称"促进国际仲裁的各国议会同盟"。1922年,改称"各国议会联盟"。1901年~1927年,有8位议联活动家获得了诺贝尔和平奖。第二次世界大战后,议联发生了深刻的变化,从一个由议员个人参加的协会发展成为由各国议会参加的国际组织,成为世界上不同政治制度国家立法机构之间进行对话和开展议会外交的中心。其宗旨是:促进各国议员之间的个人接触,并联合他们共同行动,特别是通过对联合国的目标的支持,来保障和保护各自国家充分参与和稳固地建设和发展代议制机构和促进国际和平与合作的工作。其成员为各国议员组织的议员团。至

1996年，议联拥有133个成员国和3个联系成员（拉美议会、安第斯议会和欧洲委员会议会）。总部设在瑞士日内瓦。主要机构是：议联大会、议联理事会、议联执行委员会和议联秘书处。每年春季和秋季，议联召开两次会议。会议地点由议联理事会根据成员国议员团提出的邀请确定，议题由议联理事会提前确定。1984年4月2日，各国议会联盟理事会接纳中华人民共和国全国人民代表大会代表团为议联成员。1994年3月，议联理事会第154次会议决定，应中华人民共和国全国人民代表大会代表团的邀请，议联第96届会议于1996年9月16日～21日在北京举行。本届大会的主要议题是：关于世界政治、经济和社会形势的一般性辩论；进一步促进尊重和保护普遍人权，特别是妇女和儿童的权利；制定有效的政策和战略，使贸易自由化和经济全球化，能够确保人类享有食物的权利。

1996年9月16日，为了祝贺各国议会联盟第96届大会在北京顺利召开，中华人民共和国邮电部发行了一套《各国议会联盟第96届大会（J）》纪念邮票，全套1枚。陈幼林、周永和、陈栋玲设计。影写版。齿孔11.5度。邮局全张40(5×8)。北京邮票厂印制。

【**各国议会联盟第96届大会**】1996—25·(1—1)J

面值20分，票幅规格40毫米×30毫米，发行量3605.7万枚。图案的主体是国际议会联盟的标志，即一座类似议会大厦的建筑。这座标志性建筑采用银色描绘，厦顶题有"1996·北京"字样，下方大厦的阶梯下题写着"各国议会联盟第96届大会"字样，点明了票题。在这座标志性建筑的映衬下，画面中心突出描绘了以绿色万里长城和橄榄枝所组成"96"字样的本届大会会徽，表示促进和平与合作。图案采用俯视下的故宫为背景，宏伟的建筑在淡淡的黄色笼罩下，特别是创造出的那种黄色滤镜处理的效果，充分显示出故宫既古远又博大的气势，最典型地代表着中国，代表着北京。整个画面成功地运用图形和色彩，准确地表现出了本届议联大会和平与协作的主题以及维护人权，加强交流，共同发展等使命。

有关橄榄枝象征和平的知识，详见新版《中国集邮百科知识》纪5《保卫世界和平（第一组）》。

有关故宫的知识，详见新版《中国集邮百科知识》J·120《故宫博物院建院六十周年》。

1996—26 上海浦东（T）

【**上海浦东（T）**】Shanghai's Pudong（T） 上海市简称沪。我国最大的工商业城市，中央直辖市之一。坐落在全国大陆海岸中部长江口南岸，全境为冲积平原，仅西南境有佘山等火山岩丘。郊区河港密布，黄浦江、吴淞江（亦称苏州河）流贯市内，为太湖主要泄水道和航运要道。唐代属华亭县，宋代开始设上海镇，元至元二十八年（公元1292年）设上海县。鸦片战争后，帝国主义强迫清政府辟为商埠。1928年，设上海特别市。1930年，改为上海市。1921年7月1日，中国共产党在上海诞生。1925年，爆发五卅运动。1926年～1927年，先后三次举行了工人武装起义，以及新中国成立前夕进行反饥饿、反迫害、反内战的革命斗争等。1949年前，工业产品以消费资料为主，原料大部分依赖进口。新中国成立后，上海改建成了重、轻工业各个门类比较齐全的综合性工业基地。上海是我国沿海南北航线的中枢和对外贸易港，长江流域出海的门户，万吨轮可常年通航，并有国际航线通往国外。铁路经沪宁、沪杭等线，联系全国各地。全国科学技术和文化中心之一，有科学研究机构及复旦大学、上海师范大学、同济大学、交通大学等高等院校，以及上海图书馆、上海博物馆等。名胜古迹有豫园、古漪园、龙华塔等。所属各县生产稻、小麦、棉花、油菜籽、蔬菜等。南北流贯上海市内的黄浦江，为长江下游支流。源出淀山湖，至吴淞口入长江。全长114公里，河面宽约400米。下游河宽水深，可航巨轮。黄浦江亦为上海名胜，明、清时代，"黄浦秋涛"为沪城八景之一，农历八月十八日，在陆家嘴可见"银涛壁立如山倒"之景观。黄浦江中游有越江隧道，全长2730米，主道1300米，高4.40米，行车道宽7.07米。1976年，上游松江县车墩、叶榭间修建一座黄浦大桥，公路桥全长1860米，宽12米，铁路桥连引桥长达3048米，桥墩高28米，为黄浦江上第一桥。外滩码头有专船游览。"浦东"即指上海市黄浦江以东，长江口西南的一块三角形地区，占地约522平方公里。1990年4月18日，国务院宣布了开发浦东的决定。中国改革开放的总设计师邓小平视察上海浦东时，曾语重心长地说："抓紧浦东开发，不要动摇，一直到建成。"1990年～1996年的6年间，上海浦东完成了两座黄浦江大桥、两座城市快速干道、4个万吨泊位码头、50万门程控电话、水电煤厂、合流污水排放工程等基础建设项目，改善了投资环境。重点开发小区建设效益显著，陆家嘴金融贸易区开工建造一百多幢高楼大厦，形成重要的金融、商贸和信息中心；金桥出口加工区引进项目301个,吸引投资44.27亿美元,1996年的工业总产值突破了200亿大关;外高桥保税区完成5.5平方公里区域的封关验收,批准项目2478个,总投资达30.84亿美元,保税成交额41.41亿美元;张江高科技园区重点突出生物医药、微电子、光机电一体等高新技术产业的开发,已有29个项目在区内落户。6年来,上海浦东的生产总值从1990年的60亿元上升到1995年的412亿元,年平均增速22.6%,经济综合实力明显增强;生产资料保税市场、物资流通市场、房地产市场和人力、劳动力市场的建设初具规模,特别是金融保险市场加快培育,外资金融机构达38家。6年来,世界上著名的500家跨国公司已有六十多家落户上海浦东,浦东已经成为国际著名跨国公司在中国投资最为集中的区域。6年来,上海浦东每年拨出20%的建设资金发展社会公益事业,促进了新区社会全面进步和精神文明建设。上海浦东将建成具有世界一流水平的外向型、多功能、现代化的新区,并将带动长江流域经济新飞跃,实现共同富裕和繁荣,是一项面向世界、跨越世纪的伟大工程。

1996年9月21日,为了向世界宣传上海浦东开发开放取得的伟大成就,中华人民共和国邮电部发行了一套《上海浦东(T)》特种邮票,全套6枚。李斌、杨顺泰、王安朴设计。胶雕套印。(6—1)(6—3)(6—4)葛国龙、杨渭森、徐文霖雕刻,(6—2)徐永才雕刻,(6—5)赵启明雕刻,(6—6)鲁琴珍雕刻。齿孔11.5度。邮局全张枚数40(4×10)。上海印钞厂印制。

这套邮票的6枚图案具有以点带面、散点透视的特点。"点"是以每个园区的标志性建筑为主图,采用仰视角度,突出重点和主图的高大与写真;"面"是园区的全景和规划的远景,采用鸟瞰形式,展示广阔的场面和对未来的想象。在印刷方面,近景以雕刻版凹印,雕刻版线条感强,能表达质地和力度,起画龙点睛作用,达到主图突出和稳重的效果;远景采用四色彩色胶印,色彩鲜艳明快,加强凹雕的块面,增强气氛,给人以美好未来的憧憬。

【上海浦东的通信和交通】1996—26·(6—1)T

面值10分,票幅规格50毫米×30毫米,发行量2578万枚。图案由罗山路立交桥、浦东邮政大楼和上海信息枢纽大楼等建筑组成,表现了上海浦东通信与交通的万千景象。罗山路立交桥是上海第一座5层双向互通式立交桥,1993年9月竣工,位于浦东罗山路、杨高路交叉口。全长2321米,主干道净宽16米。浦东邮政大楼高99米,28层,占地面积10000平方米,建筑面积3000平方米。上海信息枢纽大楼高200米,45层,位于浦东陆家嘴金融贸易区,是一座5A级智能大楼,集现代化通信、信息处理、信息服务、网络管理及信息技术博览为一体。浦东开发开放6年以来,通信和交通突飞猛进地发展,投资近250亿元的十大基础设施骨干项目提前完成,建成了两座黄浦江大桥、两条城市化快速干道、4个万吨泊位码头、50万门程控电话等。浦东新区累计投资50亿元,相继建成了10条主要标准道路、3座立交桥和张杨路配线"共同沟",构成了联系区内的道路交通骨架。浦东新区邮电通信采用现代化新技术,为浦东开发开放提供了快捷一流的服务,创造出了一种优越的投资环境。画面以上海浦东全景为背景,生动地展示出了一派立体交通和先进通信的景观:地面中心是犹如蛟龙盘缠的立交桥和高架道,大小车辆疾驶在城市快速干道上,左侧的地面卫星接收站探出一个个伞状天线的脑袋;辽阔的天空上,波音747客机从新国际机场起飞;眼前是万舸争流的黄浦江,天际是停泊着一艘艘万吨巨轮的现代化海港……

有关立交桥的知识,详见新版《中国集邮百科知识》1995-10《北京立交桥(T)》。

【上海浦东陆家嘴金融贸易区】1996—26·(6—2)

T 面值20分,票幅规格50毫米×30毫米,发行量3146万枚。图案描绘了上海浦东陆家嘴金融贸易区的繁荣景象。浦东陆家嘴金融贸易区位于黄浦江与内环线浦东段的环抱之中,与上海外滩仅一江之隔。占地15.47平方公里,是我国唯一以"金融贸易"命名的开发区。设计者以浦东大道、浦东南路交会处为立足点,采用同西俯视的角度取景,画面中那幢形似太师椅式的建筑就是银都大厦,即中国人民银行上海分行的办公大楼。由华东建筑设计研究院和同济大学建筑设计研究院联合设计,中国人民银行投资建设。大厦坐落于陆家嘴路18号,高86米,19层,占地6120平方米,总建筑面积约3.2万平方米。带裙房的板式高层,外墙采用淡褐色意大利天然花岗石贴面,主楼立面为蓝色玻璃幕墙,糅合了西方经典建筑的风格和中国传统建筑特征,既体现了中央银行稳健、庄重的特色,又与隔江相望的外滩建筑相呼应,蕴含着新时代金融中心在浦东再度崛起的寓意。银都大厦的右侧为上海招商局大厦。由香港著名建筑家关善明设计。大厦坐落于陆家嘴路66号，高186米，40层，建筑面积7.3万平方米。造型利用圆与方、虚与实的组合，营造出了极富文化内涵的和谐性格。与银都大厦隔路相望的是中国船舶大厦。由美国马丁建筑设计公司和中船第九设计研究院联合设计。大厦坐落于浦东大道1号，高106米，25层，建筑面积达5万平方米。外窗采用美国高强度中空反射玻璃，间以巴西高级花岗石，造型独特，富丽典雅。大厦配备最先进的商务、通讯、安保及消防系统，为商户创造了一种最佳的现代办公环境。银都大厦南侧门式的大楼为上海证券大厦。由加拿大WZMH建筑设计所设计，中国保利集团与上海证交所投资兴建。大厦坐落于浦东南路528号，占地面积1.2万平方米，地面建筑约7.4万平方米，楼高27层，其中2层～9层为上海证券交易所，第7层3600平方米的无柱式交易大厅备有1810个座位，5000门IDD电话，可供三千多位交易员同时进行证券交易。大厦外形独特新颖，门式构架，全钢结构，"米"字形铝合金面板，凌空横跨63米连接南北两座主楼的巨型天桥，充分展现出了中国与世界，东方与西方经济文化交融的新时代气息。如今，正像画面背景中描绘的那样，二百多幢大楼似群山拔地而起，数百家国内外金融、商贸机构以及众多跨国公司总部或分部已经陆续汇聚该区，逐步形成重要的金融、商贸和信息中心，与浦东外滩共同构成上海最富活力的中央商务区。

【上海浦东金桥出口加工区】1996—26·（6—3）T

面值20分，票幅规格50毫米×30毫米，发行量2996万枚。图案以金桥公司为主景，周围和远处展现出了鳞次栉比的出口加工厂、现代化企业，描绘了上海浦东金桥出口加工区一派兴旺发达的景象。上海金桥（集团）有限公司于1995年经上海市人民政府批准由上海市金桥出口加工区开发公司改名而成，公司成立于1990年9月，由上海市浦东新区国资委全额投资，负责实施金桥出口加工区20平方公里土地的规划、市政建设、项目招商、物业管理、住宅配套、厂房建设及金融、高科技产业投资。该公司由浦东新区政府授权统一经营金桥集团内的国有资产，集团的主要成员企业有金桥（集团）公司、金桥股份公司、金桥联发公司、金桥联投公司等26家。金桥出口加工区位于浦东新区中部，是国家批准设立的第一个以"出口加工"命名的开发区，主要发展出口加工业和第三产业，是一座集出口、贸易经营、商业服务、生活居住等功能于一体的外向型、多功能、现代化的园区。该区引进的二百多个项目中，高科技项目占2/3，经济效益好，产品科技含量高，出口比例高。

【上海浦东张江高科技园区】1996—26·（6—4）T

面值50分，票幅规格50毫米×30毫米，发行量3252万枚。图案展现了上海浦东张江高科技园区生机勃勃的景象。1992年7月，批准成立上海浦东新区张江高科技园区。园区位于浦东新区中部川北公路和张江公路的交会点，重点发展生物与医药、微电子信息技术和光机电一体化等高新技术项目的研究、开发和生产，建造一批大学、科研院所和生产基地，逐步建成上海乃至全国一流的集产业、学研、居住功能于一体的综合性现代化高技术城区。规划面积17平方公里。

【上海浦东外高桥保税区】1996—26·（6—5）T

面值60分，票幅规格50毫米×30毫米，发行量2606万枚。图案描绘了上海浦东外高桥保税区与国际交往的热闹气氛。外高桥保税区位于浦东新区北部，濒临长江口，规划面积10平方公里，是经国务院批准设立的以出口加工和自由贸易相结合的综合性对外开发区域，也是目前中国开发面积最大、建筑速度最快、政策最优惠、开放度最大的自由贸易区。在保税区内，进出口的商品可以免征关税、免许可证、自由贸易、实行自由港政策。外高桥港区4个万吨级码头于1993年10月竣工使用，年吞吐量为240万吨。1995年，进区的中外企业已有九百多家，外资企业占70%，总投资30亿美元，完成交易额24.96亿美元。画面以"M"型的海关大门为主图，大门上标有"海关"两个大字，大门两侧均标有英文"CUSTOMS"海关名称；大门里面集装箱排列海岸；背景中的大海轮停泊江边，塔吊、门吊列队迎候吴淞口驶来的万国船队，生动地展现出了上海这座大都市港口在国际贸易中的地位。画面右侧高高飘扬的五星红旗，油然生出一种庄严而神圣的感觉。

【上海浦东的生活社区】1996—26·(6—6) T 面值100分，票幅规格50毫米×30毫米，发行量2298万枚。图案描绘了上海浦东生活社区的风光。在浦东开发

的进程中，为了提高人民的生活水平，新区兴建了一批生活环境一流、商贸服务发达、社会服务功能齐全的生活社区。生活社区位于金桥路和杨高中路交会处的西北角，可居住15000户居民。生活社区布局合理富有特色，环境整洁生态平衡，建有高标准的学校、医院、文化体育、通讯和各类商业、娱乐设施。画面上的小桥流水、公寓式的高层建筑和风格各异的多层住宅相映成趣，还有一群群花园洋房、学校、医院穿插其间，更有片片绿洲，丛丛花草，为居民创造了一种优美、舒适、便利的居住环境，令人向往。

1996—26M 上海浦东（小型张）(T)

【上海浦东（小型张）(T)】Shanghai's Pudong (Souvenir Sheet) (T) 1996年9月21日，为了向世界宣传上海浦东开发开放取得的伟大成就，中华人民共和国邮电部在发行一套1996-26《上海浦东(T)》特种邮票的同日，发行了1枚小型张。李斌、张顺泰、张安朴设计。胶雕套印。李斌雕刻。齿孔11.5度。上海印钞厂印制。

【开发开放中的上海浦东】1996—26M·(1—1)(小型张)T 面值500分，小型张规格160毫米×75毫米，

小型张邮票规格90毫米×45毫米，发行量1953.6万枚。图案由东方明珠广播电视塔、南浦大桥、杨浦大桥组成，描绘了具有经济中心地位和国际型城市功能的大上海的壮观景象。小型张犹如一幅镶嵌在精美镜框中的巨幅画卷，上海的母亲河黄浦江像银河从天而降，贯流南北，江上百舸争流，浦西浦东两岸朝晖尽晖。浦西，号称"万国建筑博物馆"的楼群经过改造又新添了不少广厦，形成新外滩，蔚为壮观；浦东，东方明珠电视塔高耸云霄，与两座浦江大桥构成"双龙戏珠"的景观，陆家嘴金融贸易区逶迤的高楼大厦环抱其间，远处吊塔成群展翅，蔚蓝的天空，碧绿的江水，水天一色，气势雄浑。整个画面既展现出了大上海生机勃勃、欣欣向荣的建设气象，又能够使人感受到中国正在大步迈向世界的激动和自豪。

东方明珠广播电视塔坐落在上海市黄浦江畔陆家嘴，与外滩隔江相望，是上海市标志性建筑之一。1991年7月30日动工，1994年10月1日建成使用。中国工程院院士、华东建筑设计院总工程师江欢成设计。塔高468米，列亚洲第一世界第三（位居加拿大多伦多电视塔、俄罗斯莫斯科电视塔之后）。东方明珠选用了东方民族喜爱的圆曲线体作为基本建筑线条，主体由三根直径7米与地面成58度交角的斜撑，支扶三根直径9米的擎天大柱，连同上下两个直径分别为45米、50米的球体，组成了一个多筒式带斜撑的巨型空间框架。构思巧妙，造型独特新颖，而且具有抗12级台风和超7级地震的稳固性。欣赏东方明珠的外观，11个大小不一、高低错落的球体从蔚蓝天空中串联至如茵的草地上，两颗宝石般夺目的巨大球体被高高托起，既富有雄伟的气势，又创造出了"大珠小珠落玉盘"的诗境。巨型空间有塔座、下球体、上球体、太空舱等。塔座主要由三千多平方米的大厅和一个近2万平方米的商场组成。下球体直径为50米，顶高118米，设有海拔98米的观光环廊和装有先进娱乐设施的梦幻太空城等。上球体直径为45米，顶高295米，其中设在263米高度的观光层，是鸟瞰全市的最佳场所；另设有高度为267米的旋转厅和设在271米高度的20间卡拉OK包房。太空舱设在350米高处，内设高级观光层和豪华会议厅。东方明珠加强综合经营，包括开设观光旋转餐厅，引入上海市历史发展陈列馆、开放黄浦江水上游览等，从而形成了"登亚洲最高塔，游上海母亲河"的特色。塔内设有6部电梯。乘坐电梯，40秒即可登上263米处的观光球上，极目远眺，上海景色尽收眼底，原来的高楼大厦，显得矮小许多。蜿蜒的黄浦江上，巨轮如梭，连绵入海；分列两边的南浦大桥和杨浦大桥，犹如两条巨龙腾飞于黄浦江上，与中间的东方明珠塔一起，巧妙地组合成一幅"二龙戏珠"的巨幅画面。入夜，根据天气变化，球体灯光可以由电脑自动调节出一千多种变化，光彩夺目，群星争辉，更显得晶莹剔透，与浦西外滩的灯光建筑群交相辉映，展现出了上海这座现代化大都市的迷人之夜。

南浦大桥坐落于浦西中山南路与浦东南码头。大桥全长 8346 米,主跨 423 米,主桥高 150 米,通航净高 46 米,是目前国内跨径最大的斜拉桥,在世界同类大桥中名列第三。杨浦大桥是上海市内环线的一个主要组成部分,是开发开放浦东的重大基础设施之一。1993 年 10 月建成。上海市市政工程设计院设计。大桥全长 7658 米,主桥长 1172 米,是一座横跨黄浦江的双塔双索面叠合梁斜拉桥,标志着中国桥梁建筑的新水平。主孔跨径 602 米,居世界同类型桥梁之首。主桥桥塔高 220 米,呈"钻石型"。

1996—27 国际宇航联大会第四十七届年会(J)

【国际宇航联大会第四十七届年会(J)】The 47th Annual Congress of International Astronautical Federation(J) 国际宇航联合会(IAF)是国际宇航界非政府性学术组织。1950 年成立,总部设在法国巴黎。其宗旨是:通过航天科技交流,鼓励对空间技术和外层空间的研究与合作,促进宇航事业及和平利用外层空间活动的发展。至 1996 年,该组织已拥有 45 个国家和地区总计 129 个成员组织,囊括了世界各国和地区几乎全部主要宇航机构、空间团体和航天公司。该组织每年在其成员国举行一次大型学术会议,同时举办世界空间展览。1960 年,国际宇航联创建了两个关系密切但相对独立的国际宇航组织,即国际宇航科学院(IAA)和国际空间法学会(IISL)。这两个组织每年在 IAF 大会期间与其联合或独立开展各专业领域的学术交流活动。1980 年第 31 届国际宇航联大会上,中国宇航学会被该组织接纳为正式成员,并获得了投票权(该组织允许一个国家有多个组织参加,但每个国家只有一个组织拥有投票权)。自 1983 年第 34 届大会至 1995 年第 46 届大会,我国的航天专家杨嘉墀、陆元九、陈芳允、梁思礼先后当选为国际宇航联大会副主席。1994 年第 45 届国际宇航联大会决定,第 47 届国际宇航联大会于 1996 年 10 月 7 日~12 日在北京由中国宇航学会举办。大会主题为"空间技术应用的广阔领域"。参加人数约为 2000 人。开幕式在北京人民大会堂举行。大会期间举办了由联合国和 IAF 联合主办的联合国发展中国家航天科技讨论会;由国际空间法学会主办的国际空间法学术大会;IAF 成员组织大会、执行局会议及各工作委员会、技术委员会会议;国际宇航科学院的活动;IAF 学术大会;国际空间展览会等。同期举行的分组报告,内容涉及宇航动力学、小卫星计划、生命科学、微重力科学和加工、卫星通信等。国际宇航科学院和空间法学会也举行了一系列学术活动,包括空间操作的经济效益、宇航历史、国际空间计划和政策等方面内容。各国航天界领导人物和著名宇航员等也在会期内举行了多场专题报告会,内容涉及空间合作的方针和政策、空间工业、空间研究对人类健康的益处等方面。

1996 年 10 月 7 日,为了祝贺国际宇航联大会第四十七届年会在北京顺利举行,中华人民共和国邮电部发行了一套《国际宇航联大会第四十七届年会(J)》纪念邮票,全套 2 枚。殷会利、甄明舒设计。胶版。齿孔 12 度。邮局全张枚数 40(4×10)。辽宁省沈阳邮电印刷厂印制。

这套邮票的 2 枚图案,采用装帧设计为主导的艺术手法,以宇宙为大背景,通过火箭、卫星、地球这些元素在面积、位置、色彩上的独特处理,构成了内容丰富、充满生气而又主题突出的画面。按照科学专家的说法,天体在无光时呈黑色,但设计者还是选用了人们在视觉和感觉上都比较习惯的蓝色,整套邮票采用蓝调子,以蓝色由浅到深的过渡显示出了宇宙的辽阔,融合的背景色增进了画面的和谐沉稳。2 枚邮票左下角绘上深蓝色的会标,既点明了会议邮票的主题,又与画面统为一体。在画面的大背景上,装饰着颇具中国意味的星座图,为图案增添了一点中国特色。

【中国长征运载火箭】1996—27·(2—1)J 面值 20 分,票幅规格 50 毫米×30 毫米,发行量 3677.75 万枚。图案背景是茫茫的宇宙和部分颇具中国意味的星座图,中间是大半个地球,突出刻画了一枚中国长征运载火箭的雄姿:直立的身躯上绘有鲜艳的五星红旗和"中国航天"字样,它昂首挺胸,下部喷火,上部已经超出地球,给人一种冲出地球、冲向太空的感觉,动感和力感十分强烈。长征系列火箭是我国自行研制的运载火箭,包括"长征 1 号"、"长征 2 号"、"长征 3 号"、"长征 4 号"等。1965 年 10 月,我国开始研制长征运载火箭。1970 年 4 月 24 日,"长征 1 号"运载火箭首发成功。至 1995 年 11 月 28 日"长征 2 号 E"上天,长征系列火箭已进行了 38 次发射,而且次次成功。1970 年 4 月 24 日,"长征 1 号"运载火箭将中国第一颗人造卫星"东方红 1 号"准确送入轨道。在"长征 2 号"的小家族中,有"长征 2 号 E"、"长征 2 号丙"、"长征 2 号丁"。"长征 2 号 E"

捆绑式火箭是在"长征2号"基础上研制而成的两级液体火箭。它的第一级火箭上并联捆绑着4个直径2.25米、长15.4米的液体助推火箭。"长征2号E"火箭全长50米，起飞重量460吨，起飞推力600吨，具有将8.8吨有效载荷送入离地面200公里～400公里近地轨道，将2.5吨～4.5吨大型卫星送入地球同步转移轨道的能力。1990年7月16日，"长征2号E"火箭在西昌卫星发射中心首次发射，成功地将一颗"澳星B"的模拟星送入预定轨道。"长征2号丁"全长38.3米，直径3.35米，起飞重量约230吨，能将3300千克的有效载荷送入近地轨道。我国返回式科学探测与技术试验卫星均由"长征2号丁"等发射。"长征3号"是三级液体火箭，起飞重量202吨，推力280吨，长43.25米，家族成员还有"长征3号甲"、"长征3号B"、"长征3号C"等。1984年4月8日，"长征3号"成功将中国第一颗通信卫星送入太空。"长征3号甲"具有一箭多星的适应多轨道发射要求能力，可将2.6吨重的重型通信卫星送入地球同步转移轨道，在规模、功能、技术性能等方面均位居世界前列。"长征4号"是上海航天局从1979年开始研制的三级火箭，长41.9米，直径3.35米，起飞重量242吨，可将1.5吨重的卫星送入太阳同步轨道。长征系列火箭已成为世界著名的运载火箭之一。画面的左下角绘有一枚国际宇航联大会第四十七届年会会标，点明了邮票主题。

星座是为了便于观察和研究，天文学家把星空划分出许多区域，每个区域叫做一个星座。每一个星座可以由其中亮星的特殊分布而辨认出来，如七颗亮星形成像勺子的叫作"大熊座"（中文名称"北斗"）。星座的名称很多是动物名，或古代巴比伦、希腊神话中的人物名。现今国际通用的星座共有88座，它们的界线大致是平行和垂直于赤道的弧线。中国古代将星空分为三垣和二十八宿。邮票图案背景中的星空图，采用的是北京天文馆出版的《全天星图》和美国《NATIONAL GEOGRAPHIC》（标准星图）。为了达到视觉感受上的和谐，设计者对星座方位作了必要的调整。

国际宇航联大会第四十七届年会会标由火箭发射架和卫星遨游太空的弧形弯道组成地球样圆形图案。图案左下侧标有"47th IAF congress"（国际宇航联大会第四十七届年会）字样；右上侧标有"BEIJING·96·10"字样，点明了大会的时间和地点。

【中国通信卫星】1996—27·（2—2）J　面值100分，票幅规格50毫米×30毫米，发行量2101.75万枚。图案以装饰着部分颇具中国意味的星座图的茫茫宇宙为背景，下部是地球，一颗中国通信卫星斜向而置，两侧

舒展着的太阳能电池帆板，犹如矫健的双翅，仿佛在环绕着地球在太空翱翔，通信卫星的白色圆形天线突破画面边框，显得更加雄姿勃勃。通信卫星是设在太空中的无线电通讯中继站，通过反射或发射无线电讯号，实现卫星通讯地球站之间或地球站与航天器之间的通信。通讯卫星是各类卫星通讯系统或卫星广播系统的空间部分，是人类应用最早、最广泛的人造地球卫星之一，可以传输电视、电话、传真、数据和图像，广泛应用于国际、国内或区域内通讯、军事通讯、海事通讯和电视转播或航天器的跟踪等方面。1958年12月，美国发射的实验通信卫星"斯科尔"号是世界上第一颗通信卫星。1984年4月8日，用"长征3号"火箭发射的"东方红"2号实验通信卫星是中国的第一颗通信卫星。通信卫星直径2.1米，包括天线高约3.1米，在椭圆形轨道上的重量为910公斤，在地球静止轨道上的重量为461公斤。这颗通信卫星的发射，使中国成为了世界上第五个自行发射地球静止轨道卫星的国家。此后，中国又相继发射了多颗实用通信卫星，使我国的卫星通信事业进入到了实用阶段。画面的左下角绘有国际宇航联大会第四十七届年会会标，点明了邮票主题。

有关卫星的知识，详见新版《中国集邮百科知识》T·108《航天》。

1996—28 城市风光（中新联合发行）(T)

【城市风光（中新联合发行）(T)】City Scenes (Jointly Issued by China and Singapore) (T)　有关中国名称的知识，详见本书1996—8《古代建筑（中圣联合发行）(T)》。新加坡全称新加坡共和国。位于东南亚马来半岛南端，包括新加坡岛和附近54个小岛。地处太平洋和印度洋之间航运要道马六甲海峡的出入口。面积587.6平方公里。据1977年统计，人口238.8万，其中华人占76%，马来人占15%，印度人、巴基斯坦人和斯里兰卡人合占7%。马来语为国语，马来语、英语、华语、泰米尔语均为官方用语。地势平坦，气候温和，年平均气温24℃～27℃，年降水量2400毫米。原为马来亚的一部分。1824年，沦为英属海峡殖民地的一部分。1942年～1945年，第二次世界大战中被日本占领。1946

年,被英国从马来亚分开,成为英国直辖殖民地。1959年6月,成立新加坡自治邦,在英联邦内实行自治。1963年9月,参加马来西亚联邦;1965年8月9日,退出马来西亚,成立新加坡共和国。为英联邦成员国。经济以制造工业为主,有炼油、化工、造船、电子、冶金和精密机器制造等工业。所需粮食全靠进口。首都新加坡位于新加坡岛南端,南距赤道136.8公里,面积约98平方公里。人口约200万,其中华人约占3/4。市区港口为世界驰名的天然良港,仅次于荷兰的鹿特丹为世界第二大港,也是名列世界第四的国际金融中心。据新加坡《马来纪年》记载,公元1150年左右,室利佛逝王国的王子圣尼罗优多摩随父出巡宾丹岛,和宾丹岛公主结婚后成为宾丹岛国王。一天,他外出狩猎,发现一处洁白的沙滩,突然有一只怪兽疾驰而过,他问侍从为何兽,侍从信口答称"狮子",他认为这是块吉祥之地,决定在此建国,名称"新加坡",马来语意为"狮子之城"。故新加坡市又称"狮城"。市中心区在新加坡河口南北两岸,总长5公里,东西宽1.5公里。地势和缓,最高点海拔166米,椰雨蕉风,景色宜人。20世纪60年代起,市区进行重建,林荫道路宽阔,高层建筑鳞次栉比,草坪、花坛、小型公园间杂其间,市容整洁,"土不露面",被誉为"美丽的花园城市"。新加坡市是世界海洋交通中心之一,也是亚洲、欧洲、太平洋之间重要的国际航空中心。1990年10月3日,新加坡与我国建立正式外交关系。中国和新加坡有着相近的文化传统和密切交往。

1996年10月9日,为了增进中国和新加坡的友谊,中华人民共和国邮电部和新加坡邮政部门联合发行了一套《城市风光(中新联合发行)(T)》特种邮票,全套2枚。蒋智南设计。影写版。齿孔11度。邮局全张枚数16(4×4)。北京邮票厂印制。

这套邮票的2枚图案,分别选取了两国的两个城市具有典型性的建筑,在变化中求统一,既表现了两个城市风光的特点,也揭示了两国文化的独特风貌。设计者采用水彩技法,画面透明舒畅,生动地展现出了两国城市风光的迷人性格。

【新加坡景色】1996—28·(2—1)T 面值20分,票幅规格50毫米×30毫米,发行量3775.3万枚。图案以鳞次栉比的高楼大厦为背景,精心描绘出了新加坡的

城市标志鱼尾狮雕像及现代化建筑,生动地展现出了一种朝气和活力。鱼尾狮雕像原来立于新加坡市内新加坡河畔安德逊桥旁的鱼尾狮公园,是新加坡的象征与标志。高8.6米,重达70吨。鱼尾狮雕像原本是一个商业标志。1964年,由范克里夫水族馆长布仑纳设计;1966年,新加坡旅游局将其注册为商标;1971年,委托著名雕塑家林浪新塑造。主体采用混凝土制作,表面覆盖着陶瓷鳞片,眼睛是红色小茶杯。雕像的设计构思,狮头依据《马来纪年》中关于狮城来历的传说;鱼尾浮泳于层层海浪间,既代表新加坡从渔村变成商港的经历,也象征着漂洋过海南来谋生的祖祖辈辈,具有一种勇猛雄健的特征和精神。鱼尾狮雕像背面一小块场地上立有4块石碑,碑文讲述了鱼尾狮象征新加坡的那个故事。雕像近旁有一头高2米,重30吨的小鱼尾狮相伴,十分和谐。夜晚登上鱼尾狮雕像向下俯瞰海港,船影朦胧,千万盏灯火闪闪烁烁,一派海国风光。1972年9月15日,新加坡前总理李光耀为鱼尾狮雕像开幕剪彩,在致辞中希望它成为新加坡的象征,如同埃菲尔铁塔是法国巴黎的象征。很快,鱼尾狮雕像在社会生活中提升至无所不在的各个领域或层次,甚至最终被图腾化和神圣化起来。1998年,因抽水机损坏,鱼尾狮雕像停止了喷水,身上的小砖片也开始脱色、剥落,而且风景也被海滨湾桥挡住,即使近距离欣赏也只能见其背部。2002年9月15日,鱼尾狮雕像搬迁至浮尔顿一号隔邻的填海地,新址占地面积2500平方米,为旧址的4倍。经过修饰的鱼尾狮雕像面海矗立在呈海水波浪状的基座上,全身洁白,双眼含笑,毛发丰美,鳞片鲜活,白色水花昼夜不停地从狮口喷洒至8米~15米高空,自然流向河水,奔向大海;夜幕降临,设在基座下的灯光会将鱼尾照亮;不远处小鱼尾狮雕像立于造型独特的水池之中,口中喷射着水柱,和大鱼尾狮雕像相呼应,营造出一种美妙的气氛。

【苏州盘门】1996—28·(2—2)T 面值290分,票

幅规格50毫米×30毫米,发行量2564.1万枚。图案描绘了苏州盘门景色,用中国的传统建筑展现出了中华民族悠久的历史文化特点。盘门坐落在苏州市城西南隅,始建于春秋吴国阖闾元年(公元514年)。伍子胥筑城时,朝向东南,古作"蟠门",门上刻有蟠龙,后因水陆萦回曲折,改称"盘门"。虽经历史改修和重筑,但位置基本未变。现存城门重建于元至正十一年(公元1351年),水陆两门并列。陆门两重,两门之间为瓮城,又称

月城;水门设闸两道。城外大运河绕城而过。盘门的全貌主要在"盘门三景",即盘门水陆两个城门及吴门桥、瑞光塔、无梁殿。盘门水陆两座城门,历时二千五百多年,古老而雄伟。吴门桥横跨在盘门外大运河之上,大型单孔石拱桥,既是古城内外的交通要道,也是古苏州的南大门。瑞光塔坐落在盘门内瑞光寺中,该寺原名普济禅院,三国吴赤乌四年(公元241年)孙权为康居国(在今中亚)僧人性康建造。赤乌十年建十三层宝塔,宋代名天宁万年宝塔,后重建时改为七级,更名瑞光塔。八面,砖木混合结构,仿楼阁式。塔身高43米,轮廓线条优美。1978年,在塔心内发现五代经卷、北宋真珠舍利宝幢等珍贵文物,证实现存的瑞光塔建于北宋祥符二年(公元1009年),仅存孤塔。唐末建造的开元寺,气势雄伟,而无梁殿为寺中藏经楼,建于明万历四十六年(公元1618年),全殿采用拱券式砖结构,无寸木,为两层楼阁式,殿中藻井、拱门、重莲柱、额枋、斗拱、砖雕等精致秀美,堪称全国同类建筑之最。图案以缥缈的棕黄色和淡绿色为底衬,将盘门的全景观——城门、吴门桥、瑞光塔、无梁殿组织在一个画面中,能够让人深切感悟到中华民族悠久历史的文化底蕴。

1996—29 中国工农红军长征胜利六十周年(J)

【中国工农红军长征胜利六十周年(J)】The 60th Anniversary of the Victory of the Long March by Chinese Workers' and Peasants' Red Army(J) 有关中国工农红军和二万五千里长征的知识,详见新版《中国集邮百科知识》纪36《中国工农红军胜利完成二万五千里长征二十周年》。

1996年10月22日,为了宣扬中国工农红军二万五千里长征精神,中华人民共和国邮电部发行了一套《中国工农红军长征胜利六十周年(J)》纪念邮票,全套2枚。原作者(2—1)四川美术学院集体创作(雕塑),(2—2)蔡亮、张自嶷(油画)。阎炳武、陈晓聪设计。胶版。齿孔12度。邮局全张枚数42(6×7)。北京邮票厂印制。

【红军过草地】1996—29·(2—1)J 面值20分,票幅规格50毫米×30毫米,发行量3624.2万枚。图案采用了由中国军事博物馆拍摄的四川美术学院集体创作的群雕《过草地》。中国工农红军在二万五千里长征过程中,1935年6月中旬,中央红军与同年5月退出川陕苏区长征到达川西懋功(今小金)地区的第四方面军会师。两个方面军会合后;共同北上,翻越梦笔山、打鼓山

等大雪山,通过荒芜泥泞的草地,8月到达阿坝、班佑、巴西地区。红军过草地,是二万五千里长征中自然条件相当艰难危险的一段路程。草地充满了泥泞和沼泽,夺去了许多红军战士的生命。这组群雕正是塑造了一组红军战士脚下遍布沼泽、参差不齐的野草,在恶劣自然环境下手挽手、肩并肩、前赴后继的情景,表现了红军战士同自然、困难、艰险进行顽强斗争和自强不息的精神,表现了中国共产党人团结战斗不息的英雄群体。邮票图案以中国工农红军的军旗为背景,一面面猎猎飘扬的火红军旗,烘托了红军战士顽强跋涉在泥泞草地中的英雄群像。

【三军大会师】1996—29·(2—2)T 面值50分,票幅规格50毫

米×30毫米,发行量2061.8万枚。图案选用了浙江美术学院油画系蔡亮教授和他的妻子张自嶷教授共同创作的一幅历史油画《三军大会师》。1935年10月,中共中央和毛泽东对张国焘的分裂行为进行了严肃的斗争后,坚持北上抗日的方针,率领第一方面军主力继续北上,攻占腊子口,突破渭水、西(安)兰(州)大道等封锁线,胜利到达陕甘苏区的吴起镇,和刘志丹领导的陕北红军会合,同年11月,第二方面军突破了敌人的包围,自湘鄂川黔革命根据地的桑植出发,开始长征,于1936年10月到达甘肃的会宁,同第一第四方面军会师。至此,全国主力红军的长征胜利结束。长征的胜利,是中国革命转危为安的关键。这幅油画就是再现了中国工农红军三军将士经过了千辛万苦、流血牺牲,最后胜利会师于甘肃会宁的情景:三面中国工农红军的军旗迎风舞动;红军战士们相互招呼、相互拥抱,有的三个战士抱作一团,小战士甚至被老战士举上了半空中;头戴白羊肚毛巾的当地老乡微笑着站在一旁……画面既准确地捕捉住了中国工农红军长征"三军过后尽开颜"的伟大历史瞬间,也表现出了军民之间的鱼水深情,向全世界宣布:"长征是以我们的胜利、敌人的失败的结果而告结束。"画面的背景是乌云翻滚的天空,寓意当时中国正处在生死存亡的危险历史时刻,中国工农红军抗击

日寇侵略的道路也充满了艰难险阻。

1996—30 天津民间彩塑(T)

【天津民间彩塑(T)】Folk Painted Sculptures of Tianjin(T) 天津简称"津"。中国北部沿海重要经济中心,中央直辖市之一。就"城市"而论,能够稍微称得上天津前身者,是唐代出现的军粮城。这座专为转输军粮的海滨码头,当时隶属于军队系统的范阳(今北京)节度使管辖之下。北宋时,海河是宋、辽间的界河,沿河设有驻军据点。12世纪的金代,开始出现较大规模的居民点,名为"直沽。""天津"初次命名与城池的兴建,发端于明代。据历史记载,明成祖(公元1403年~1424年)"尝由此济度沧州,因赐名天津,筑城凿池。"可见,"天津"的意思为"天子经由之渡津"。因此筑城置戍,设为天津卫。清朝初年,漕粮北上和芦盐南下,进一步促使天津城市迅速发展。清政府因而将天津由卫升州,继而易州为府。鸦片战争后,天津被辟为通商口岸,海上贸易得以发展,成为当时全国第二大港口和华北的最大商埠。"彩塑"亦称"泥塑",是中国民间一种传统的雕塑工艺品。其工艺是在黏土里掺入少许棉花纤维,捣匀后,捏制成各种人物的泥坯,经阴干,先上粉底,再施彩绘。中国著名的彩塑如甘肃敦煌莫高窟的菩萨,山西太原晋祠的宫女,江苏无锡的"惠山泥人"及天津的"泥人张",各具特色。"泥人张"彩塑作品是天津著名的文化特产。"泥人张"彩塑创始人是清末天津民间艺人张明山。他自幼随父学艺,13岁开始以泥塑为生。最初捏的多是戏曲中的历史人物,不仅人物形象、衣饰、仪态惟妙惟肖,而且练就了一种"触手成像"的绝技。后来,他为了更加准确地塑造人物形象,干脆把泥藏在袖筒里,在剧院对着演员边抓取特征边捏,回家后再敷以色彩。经过多年磨砺,张明山练就了敏锐的眼力和超凡的写实功夫,于是,"袖筒藏泥、袖里捏像"故事便广泛流传开来。当时报纸上曾经登载过这样一段有趣的事:"有一名丑角,发现张明山坐在第一排,急忙退下;忽然又上场,并说:'泥人张在台下,我不敢上场,怕他把我捏了。'弄得台下哄然大笑。"此时张明山虽然只有18岁,但已成为民间名艺人了。人们推崇和赞赏他的艺术才华,亲昵地称他为"泥人张"。张明山经常到街巷观察市井人物的面貌、神情、服饰和动态,对民间生活极为熟悉,民俗知识非常丰富。他潜心学习中国古典文学作品,精心研究绘画、戏曲、碑刻、民间版画艺术,而且造诣颇深。因此他的彩塑造型优美,刻画细致入微,特别善于把人物内心的复杂活动,精妙地反映在形态变化上,创作了许多惊世经典之作。在创作题材上,张明山涉猎广泛,上至历代皇帝、将相、英雄、名人雅士,下至黎民百姓,反映当时的社会现实生活及各阶层的人物肖像等,如《蒋门神》、《殡仪》、《和合二仙》等作品,内容无所不包。他一生创作了一万多件彩塑泥人,在日本、法国、德国均有销售。他的一件表现编制女工生活的彩塑曾获得巴拿马赛会一等金奖。张明山以卓越的艺术成就和影响开创了"泥人张"彩塑艺术的门派。张玉亭是"泥人张"的第二代传人。他继承了父亲张明山的技艺,并有所发展、创新。张玉亭善用夸张手法增强艺术效果,善于用刻画人物的动态表现人物的思想感情和精神状态,作品中的人物形象更加生动逼真。他的雕刻线条奔放,衣纹简练、概括,敷色简单,有的甚至不润色,作品富有写意画的艺术特征。他所做的《看手相》、《尝糕者》、《吹糖人》、《渔归》等作品,手法独特,技巧纯熟洗练,每个人物都刻画得准确、生动、真实,充满生活情趣。张景祜是"泥人张"的第三代传人。他吸收了上两代积累的艺术精华,风格接近张玉亭,艺术上也有自己的独到之处。张景祜一生经历了新旧两种社会,新中国成立后,他曾任中央工艺美术学院教授,接受了许多新事物,把解剖学、透视学运用到了彩塑中,创作了许多现实主义和革命题材的作品,如《惜春作画》、《将相和》、《张明山像》等,风格新颖,有时代感。现在"泥人张"已传到第五代。"泥人张"彩塑是在19世纪宗教彩塑艺术难以支撑的情况下,以傲然挺立之势出现在天津的。它不仅以艺术家对人生的观察作为创作的唯一核心,使雕塑远离鬼神而接近人世,也为古老的艺术注入了新的生命,使天津泥人脱离了原有"泥娃娃"的窠臼,成为反映现实生活的艺术品。一百多年来,从张明山到张景祜这三代"泥人张",艺术技法相当完备,有了非常成熟的艺术表现力,"泥人张"的作品不仅赢得了中国人民的喜爱,也有不少国家的博物馆、美术馆珍藏和陈列,在国际上享有盛誉。

1996年11月5日,正值张明山诞辰一百七十周年之际,中华人民共和国邮电部发行了一套《天津民间彩塑(T)》特种邮票,全套4枚。原作者(4—1)张明山,(4—2)(4—3)张玉亭,(4—4)张景祜。孟祥斌设计。影写版。齿孔11.5度。邮局全张枚数40(5×8)。北京邮票厂印制。

这套邮票的4枚图案,设计者给每件彩塑作品都加上一个正面印有"泥人张"3字的红木底座,既维护了原作的本质,又突出了艺术作品的特性。4枚图案分别加绘了4幅反映旧天津海河和古城街景的底衬,统一采用土黄色,不仅体现了天津的地方特色,而且将传统的民间艺术与旧的地理环境相结合,综合地再现了彩塑艺术的历史性、民间性，为读者更加完整地认识和了解天津民间彩塑"泥人张"，提供了一个更加丰富的联想空间，同时也产生了一种活跃画面的艺术效果。4枚图案的主图、背景和面值、铭记、票名等文字，采用统一的构图和版式，使得套票的特点更加突出和有序。

【和合二仙】1996—30·(4—1) T　面值 20 分，票幅规格 40 毫米×30 毫米，发行量 3583.7 万枚。

按照标明的票题，图案应该是选用了"泥人张"彩塑创始人张明山表现民间神话传说题材的代表作《和合二仙》。关于"和合二仙"的来历，有两种传说：其一，"和合"为和谐合好之意，是中国传统神话中象征夫妻相亲相爱的神仙名称。常画二像，蓬头笑面，一持莲花，一持圆盒，取和谐合好之意。旧时民间举行婚礼时，都喜欢陈列和合像，以图吉利。也有在厅堂中常年悬挂者。其二，"和合二仙"取材于中国传统神话。相传，唐代僧人寒山与拾得原是同乡，未出家之前二人亲如手足，共同爱恋着一位姑娘，但双方均不知情。拾得比寒山年长。当寒山得知拾得要与那位姑娘结婚时，心情十分悲伤，便抛弃家庭去江南削发为僧了。拾得获知寒山为僧，便不远千里去寻访，终于找到寒山。见面这天，拾得手持一朵盛开的荷花，寒山手持一个盛斋饭的盒子，二人喜极，持荷捧盒相对而舞，和好如初。于是，拾得也作了和尚。寒山在姑苏城外开山立庙，称"寒山寺"。拾得东渡日本传道，日本建有"拾得寺"。至今，苏州寒山寺仍竖着一块青石碑，上面刻着寒山和拾得他俩的形象及名字。据清代翟灏《通俗编》说："雍正十一年封天台寒山寺大士为和圣，拾得大士为合圣。"自此，"和合二仙"便在民间流传开来。寒山、拾得便成为团结友好的象征，而"荷"与"盒"恰好谐着"和合"二仙的传说。但画面中的人物形象，却是一持蛇，一持牡丹和松，显然与"和合二仙"的形象不符。可以判断是个失误。可是，就"泥人张"第一代艺人张明山创作的这两个人物形象而论，从人物的面目表情、动作形态、道具服饰的欣赏中，会逐步领悟到重细致刻画而不拘谨繁腻；求形似更为传神是"泥人张"彩塑的重要核心，而潇洒飘逸、既不失结构的合理性又不显粗糙无序的雕画技巧则更是"泥人张"彩塑的绝妙之处。

【吹糖人】1996—30·(4—2) T　面值 50 分，票幅规格 40 毫米×30 毫米，发行量 2587.7 万枚。图案选用了"泥人张"第二代艺人张玉亭对现实生活人物写真的代表作品《吹糖人》。从吹糖人者那蹲坐在一个小木矮凳上的姿态，那带有灰尘的脸，那认真、用力的吹态，那朴素的衣着，那带泥的双脚，那烧炭的提篮等，既夸张，又真实；既简练概括，又奔放飘逸，人物形象刻画得准确、生动，充满生活情趣，可以看出"泥人张"彩塑艺术"像里见心"的传神绝技。

【渔归】1996—30·(4—3) T　面值 50 分，票幅规格 40 毫米×30 毫米 发行量 2705.7 万枚。

图案选用了"泥人张"第二代艺人张玉亭的作品《渔归》。创作者捕捉住了母子二人打渔归来途中的一个精彩瞬间，进行了细致的刻画：母亲形象秀丽，体态优美，她左手拄着一根细长的竹杖，右肩背着一个大大的鱼篓，身体向左躬弯，足见鱼篓的沉重；个子矮小的儿子也背着一个小小的鱼篓，他屈着双腿，歪着光光的小脑袋，用左手用力托着母亲肩上的那个大鱼篓，分明想替母亲分担一点生活的艰辛。读着这幅彩塑作品，不禁让人心里一动，仿佛既能够感受到劳动人民生活的艰难，又享受到了人间那种浓浓的亲情与和谐的关系。

【惜春画作】1996—30·(4—4) T　面值 100 分，票幅规格 40 毫米×30 毫米，发行量 2325.7 万枚。

图案选用了"泥人张"第三代传人张景祜的作品《惜春作画》。题材源于中国古典文学名著《红楼梦》。惜春是金陵十二钗之一，贾敬之女，贾珍胞妹，贾母最小的一个孙女，喜欢绘画。当刘姥姥在贾母面前夸赞大观园美如图画时，贾母便让惜春画一幅《大观园图》。彩塑描绘了惜春在大观园住处"蓼风轩"作画的情景。惜春手握画笔，俯身案前，正在精心描画着；围站在案边的仕女们，有的帮着研墨，有的指点着，品评着；贾宝玉站在惜春右侧案边，双手背后，神情专注地观看着。读者欣赏彩塑的时候脑海中会油然浮现出大观园一派层峦叠翠、葱蔚洇润、亭台楼阁掩映其间，铺陈之盛，错落之美，令人惊叹。所谓钟鸣鼎食，诗礼簪缨之家，所谓花柳繁花地，温柔富贵乡，这就是《红楼梦》中人物生活的环境。彩塑刻画的一组仕女形象,她们个个面目清秀,身姿优美,高贵中有朴素,艳丽而又不乏庄重,开朗中蕴含羞涩,既有共同的特点又形态多样,风采各异,传统的东方女性被表现得淋漓尽致。这不仅体现艺术家在对古典文学的研究、理解及再创作上具有深厚的修养和超凡的能力,而且也呈现出了艺术家在表现仕女方面所具有的独特技艺。

有关中国古典文学名著《红楼梦》的知识,详见新版《中国集邮百科知识》T·69《红楼梦——金陵十二钗》。

1996—31 香港经济建设(T)

【香港经济建设(T)】Economic Construction of Hong Kong(T) 有关香港的知识,详见新版《中国集邮百科知识》1995—25《香港风光名胜(T)》。从20世纪70年代开始,受益于得天独厚的地理环境和国际经济大局带来的特殊机遇,以及其自身的经济政策,香港的经济发展突飞猛进,这颗"东方之珠"在世界面前闪耀出令人炫目的光辉。1995年,香港本地生产总值达11113.9亿港元,人均折合23019美元,已超过英国、加拿大、澳大利亚,位居亚洲第二。20世纪70年代~90年代的20年间,香港以市场经济机制为主导,不断进行自我调节,应对多方面的挑战和竞争,其经济结构发生了重大变化,金融业、转口和转运贸易、航空和海运以及房地产业、旅游业都得到了迅速发展,已经成为香港经济的支柱产业。同时,香港经济日益向服务业发展,包括批发、零售及进出口贸易行业,运输、仓储及通讯业,金融、保险、地产及商用服务业,社会、社区及个人服务行业等,第三产业占本地生产总值的比率,从1980年的67%升至1995年的83%,成为全球第二大高度发展的服务型经济。进出口贸易是香港传统的经济行业。香港的对外贸易是当代世界最开放的自由港、自由贸易。香港在全世界的贸易地位,已从1979年的第23位跃升到1995年的第8位。逾700家跨国公司的地区总部、逾10万家贸易公司的采购中心设在香港。强劲的对外贸易带动了香港经济的全面发展。围绕贸易提供服务的航运业、空运业和金融业也蓬勃发展,形成了一个以金融、贸易为主导的、多功能的国际市场型经济模式。目前,香港已成为世界第一货柜港、第三大银行中心、第四大黄金市场、第六大外汇市场和第七大股票市场。被视为经济生活"中枢"的香港金融业,已基本形成了与国际接轨的银行体系、金融市场体系和管理体系。全球最具规模的100家银行中,有85家在香港开业。1995年,香港上市公司已达五百三十多家,总市值约为两千六百五十多亿美元。多年来,香港的成衣、玩具、钟表等在出口方面居世界第一,活跃强劲的进出口贸易为香港经济发展提供了稳固的基础和收入来源。作为国际航运中心之一,香港拥有世界上最繁忙的葵涌货柜码头和启德机场。

1996年12月19日,为了迎接香港回归祖国,中华人民共和国邮电部发行了香港回归祖国系列邮票第二组《香港经济建设(T)》特种邮票,全套4枚。阎炳武、郭承辉、黄里设计。胶版。齿孔12.5度。邮局全张枚数42(6×7)。北京邮票厂印制。

这套邮票的4枚图案,统一采用横向构图形式,用均衡的布局使邮票画面保持平稳和自然。在色彩处理上,4枚图案整体上以暖色为主调,每枚图案又有不同的变化,具有简洁明快的特点。通过运用电脑设计制作工具进行修饰,不仅使得主体景物与背景有所分离,增加了空间感,而且(4—1)"中银大厦"和(4—3)"启德机场"的背景具有了一种沙粒效果,(4—2)"集装箱码头"和(4—4)"联合交易所"具有一种水彩效果。在文字安排上,注意采用适的字形、字体,特别是面值采用花体字,使面值增加了一点跳动感,寓意经济脉搏的跳动为香港带来了安定和繁荣。

【香港中银大厦】1996—31·(4—1)T 面值20分,票幅规格50毫米×30毫米,发行量2532.2万枚。图案采用了香港中银大厦的外景。中银大厦全称中国银行大厦,即中国银行香港分行新址。坐落在香港中环花园道1号,原址为美利军营。1982年美利楼拆卸。1985年4月,开始动工兴建中银大厦,1990年5月建成。由美籍华人建筑设计大师贝聿铭设计。主楼70层,高315米(连通信天线在内为367.4米),总面积13.5万平方米。大厦骨架外露,楼身以铝合金和蓝灰玻璃为幕墙,外形由四组向上伸展的三角形柱体构成,从不同角度观察,既像一根擎天而立的竹子,节节上升,寓意中国银行蓬勃的生命力和事业的繁荣发展,又像一个一个蓝色的水晶叠加在一起,独具匠心。底座用灰色花岗岩做成中国传统式拱砌结构。大厦四周仅靠4根大钢柱支撑,内部没有一根梁柱。整座大厦由递减的三角向上组成,这不仅减轻了结构的载荷,而且更加稳定。中银大厦被誉为现代文化与传统文化巧妙结合的典范。从实景看,中银大厦立于一群密集的楼宇之间,只有上半部和尖顶比较明显,下半部被香港汇丰银行大楼、渣打银行大楼等包围。为了突出中银大厦，设计者运用电脑技术，将旁边的楼适当向远处和边角做了一点调整，并让大厦的尖顶冲出画面，突出显示了它的高大与挺拔之势。

中国银行是中国四大国有商业银行之一。其前身是 1905 年成立的清朝"户部银行"，1908 年改称"大清银行"；1912 年 1 月 24 日，中华民国临时大总统孙中山批准将"大清银行"改名为"中国银行"，并于同年 2 月 5 日在上海开业。新中国成立后，作为国家外汇外资银行，中国银行主要经营国家外汇储备、办理国家对外开支、代表国家对外筹资、经营各种外汇和外币业务。中国银行总行设在北京。

【香港集装箱码头】1996—31·(4—2) T 面值 40 分，票幅规格 50 毫米×30 毫米，发行量 2040.8 万枚。图案描绘了香港集装箱码头的繁忙景象。

集装箱是货物运输过程中一种供重复使用的大型容器。一般按照统一规格用金属制造。分通用型（装运一般货物）和专用型（专供装运液体货物、冷藏货物等）两类。使用集装箱装运货物，可直接在发货单位装货，运到收货单位卸货，中途更换车船时，不用将货物从箱内取出换装，具有节省包装材料和费用、减少装卸工作量、防止货损货差、节省运输时间、加速物资流转等优点。香港以得天独厚的地理、自然环境成为世界三大天然良港之一。集装箱运输是香港水运的重要方式。但尽管香港港口已有百多年历史，1979 年的集装箱处理量仅为 130 万个。20 世纪 90 年代开始，香港港口集装箱吞吐量一直保持高速增长，1990 年~1995 年年平均增长率达 19.8%。1995 年处理的标准货柜单位为 1250 万个。目前，香港的葵涌货运码头是重要的集装箱码头，共有码头泊位 7 个，再加上扩建的 8 号和 9 号码头，它们不仅设备先进，吞吐能力强，而且有严密的科学管理和员工的努力，操作准确、快捷、高效，因此创造了世界一流的集装箱装卸水平。邮票图案采用横向构图，表现了码头大、船只多；特别是将集装箱码头处理成在高大的吊臂之下，让集装箱及运输车辆突破画面下方，巧妙地再现了港口的壮观与繁忙景象。

【香港启德机场】1996—31·(4—3) T 面值 60 分，票幅规格 50 毫米×30 毫米，发行量 2114.3 万枚。图案描绘了香港启德机场繁忙的景象。启德机场位于九龙半岛中部，距市中心约 5000 米。1924 年，华人大律师何启和华裔区德共同组建"启德投资公司"，并斥巨资填海造地，计划建一座花园城市，结果因种种原因未能实现。随后，香港政府在此处建成一座民用机场，并采用二人名字命名为"启德机场"。1936 年，启德机场正式启用，后经多次扩建，成为设备先进、管理高效的现代化国际机场。每日进、出港的飞机超过 420 架次，繁忙时每 2 分钟就有一架飞机升降。仅有一条跑道的启德机场，1989 年，通过旅客数为 1620 万人次，空运货物约为 73 万吨，进出飞机为 94300 班；而到了 1994 年，上述各项数字则分别为 2740 万人次、145 万吨、150118 班。1996 年是启德机场具有里程碑意义的一年，本年度共处理 2950 万名国际旅客和 156 万吨来自世界各地的货物，在国际客运量占全球最繁忙机场中名列第二位，货运吞吐量属全球之冠。但由于启德机场地处市区，不又扩建空间有限，而且还发生过多个惊险镜头，故于 1998 年 7 月 5 日正式关闭，并于 1998 年 7 月 6 日被位于大屿山的新机场"香港国际机场"所取代。邮票图案不仅以长长的跑道为底衬，捕捉住了飞机腾空而起的精彩瞬间，而且将飞机放大，让机身跃出画面上方，增大了机场与飞机间的空间感，能够产生一种身临其境的效果。

注：图案上所绘的飞机为波音 747，但当时中国只有"中国国际航空公司"拥有，而画面上的飞机尾部却印有"中国南方航空公司"航徽——红色木棉花，当时南航尚无此机。

【香港联合交易所】1996—31·(4—4) T 面值 290 分，票幅规格 50 毫米×30 毫米，发行量 2255 万枚。图案描绘了香港联合交易所紧张繁忙的气氛。

交易所是大宗商品和证券的交易市场。1531 年首创于比利时安特卫鲁。以股票、公司债、公债等有价证券为交易对象的，称为证券交易所；以米、麦、杂粮、棉花、纱、布等商品为交易对象的，称为商品交易所。交易所的组织，主要有同业会员组织和股份公司组织。参加交易者限于会员或特许的经纪人。交易所中进行的交易分现货交易和期货交易两种。现货交易有证券、商品等实物的转移；

期货交易绝大部分没有实物转移,只凭先后买卖间的差价,结算盈亏。香港证券业起源于19世纪末。1891年,香港证券经纪联会成立。1914年,香港证券经纪联会更名为香港证券交易所。20世纪50年代,因上市公司急剧增加,交易所也由一家发展为香港证券交易所、远东证券交易所、金银证券交易所和九龙证券交易所4家。1977年,由于证券业务陷于低潮,四会决定成立小组研究合并事宜,开始结束四会分治时期,迈向统一大方向。香港联合交易所由香港证券交易所、远东交易所、金银交易所和九龙交易所4家证券交易所合并组成。1980年7月,香港联合交易所注册成立;1986年4月2日,于香港中环交易市场正式开业。该交易所设备先进,交易大厅宽敞明亮,为投资者提供了一个公开、公平、有序、高效的交易市场,使得所有的投资者具有同等机会和资讯进行交易活动。如果从实景照片上看,交易所室内人头、电脑密集,要是缩到邮票图案上,就只能剩芝麻粒儿大小了。设计者运用电脑技术,把特写和全景照片合在一起,将全景作为背景虚化,将其中一组人物放大置于画面下方显著位置作为前景,既反映出了联合交易所场面大、人物多的全貌,又能给人一种身临其境的感受。

1997—1 丁丑年(T)

【丁丑年(T)】Dingchou Year(Year of the Ox)(T) 有关干支纪年和十二生肖的知识,详见新版《中国集邮百科知识》T·46《庚申年》。1997年为中国农历丁丑年,丑牛,也称牛年,凡是在这一年出生的人都属牛。

1997年1月5日,为了庆祝新春佳节,中华人民共和国邮电部发行了一套《丁丑年(T)》特种邮票,全套2枚,为第二轮十二生肖邮票的第六套。呼振源设计。影雕套印。呼振源雕刻。齿孔11.5度。邮局全张枚数32(8×4)。北京邮票厂印制。

【金牛奋蹄】1997—1·(2—1)T 面值150分,票幅规格26毫米×31毫米,发行量8281.7万枚。图案是根据山东高密县民间艺人齐秀花的剪纸作品《媳妇骑牛》稍加改变而成。这件剪纸的风格粗犷豪放,和牛的性格比较吻合,体现出了牛具有的那种倔强、踏实、勤奋的精神。根据第

二轮生肖票的整体要求,设计者去掉了原剪纸上的缰绳和人,对牛的头部进行了夸张的处理,突出了牛头上扬的姿态,牛的犄角耳朵也作了夸张处理,仰视着的一双大眼睛尤为传神,不仅使得牛那种奋蹄的动感更加强烈,而且展现出了牛勤奋踏实默默奉献的独特个性。牛身以金黄色为主,寓意金牛。一方红色篆刻印"丁丑"钤于画面左下角,与右上角的面值遥相呼应,增添了平衡和谐之美。

有关剪纸艺术的知识,详见新版《中国集邮百科知识》特30《剪纸》。

【牛耕年丰】1997—1·(2—2)T 面值50分,票幅规格26毫米×31毫米,发行量9347.3万枚。图案以一盏点亮的宫灯为中心画面,用象征手法表现了牛用自己辛勤耕耘为人们创造出的幸福生活。画面上的两只喜鹊和一朵梅花,寓意"喜鹊登梅";

宫灯的两侧流苏上加饰了两朵牡丹,象征富贵和幸福;宫灯下塑造了两头牛对顶的形象,中间绘有一颗苗壮的农作物禾苗,代表了牛在辛勤地耕耘和劳作;中间大红闪亮的宫灯灯体上,书写着一个大大的隶书体"牛"字,点明了画题。整个图案采用金黄色作底衬,既代表着金秋丰收,又烘托着高高挂起的宫灯,创造出了一种喜庆、吉祥气氛。

喜鹊为鸟纲,鸦科。体长约46厘米,上体羽毛黑褐,具有紫色光泽,其余部分白色。尾长稍长于体长的一半,中宽端尖,栖止时常上下翘动。杂食性,多营巢于村舍高树间,早春繁殖。为我国分布极广的留鸟,沿海地区尤为常见。在民间,喜鹊习惯被称作吉祥鸟,有"喜鹊喳喳叫,喜事要来到"之说。

有关宫灯的知识,详见新版《中国集邮百科知识》T·60《宫灯》。

1997—2 中国首次农业普查(J)

【中国首次农业普查(J)】The First National Agriculture Census(J) 中国是世界上拥有九亿多农村人口的农业大国,也是亚洲唯一没有搞过农业普查的国家。农业是国民经济的基础,农村经济是国民经济的重要组成部分。为了适应以农为本的基本国情,准确地掌握我国农业生产要素的规模和结构,进一步查清农村经济和社会发展情况,为研究确定国民经济发展战略、制定农村政策提供科学依据,推动农业和农村经济更快更好地发展,中国政府决定:1997年进行第一次全国农业普查。根据国务院决定,全国农业普查将周期性开展,从1997年开始,每10年进行一次,全面调查农业和农村的基本情况。本次农业普查是一项重大的国情国力调查,对全国2.3亿个农村住户、近80万个行政村、5万个

乡镇、二千多万乡镇企业进行了全面查点。1994年~1996年进行准备，1997年1月1日正式查点，上半年提供手工汇总的主要数据，全部调查及数据处理工作于1998年底结束。农村普查的对象是全国范围内的各种类型的农业生产经营单位、农村住户、乡镇企业、行政村和乡镇。农业普查的主要内容是：（一）农村住户调查和非农村住户调查及农业生产经营单位调查。其中包括农村住户家庭人口和非住户农业生产经营单位基本特征；从业人员的自然情况、从业时间、从业地点与从事的行业；农村住户雇主情况；耕地、园地、林地、牧草地和渔业用地结构；农作物种植和科技应用情况；畜牧、家禽饲养情况；农业生产机械、设备和生产用房情况；农村住户的经营类别。（二）行政村调查和乡镇调查。其中包括基本特征；户数和人口；社区环境；农业科技与服务单位和人员；农业生产机械、设备和生产用房；集贸市场；财政状况；镇区情况。（三）非农业乡镇调查。其中包括单位类型、行业类别；合作合资情况；股份制和股份合作制情况；企业所在地；从业人员基本情况；生产经营情况。（四）农业用地调查。其中包括土地详查的农业用地面积；土地详查后农业用地的增加、减少情况；1996年底实有的农业用地面积。本次普查的时点指标的标准时间是1996年12月31日；时期指标的标准时间是1996年1月1日~1996年12月31日。本次农业普查采用普查员直接访问普查对象、当场询问登记的方式进行；1997年1月1日农业普查在全国范围内全面展开。这次中国农业普查是20世纪末世界上规模最大的一次农业统计调查活动，联合国粮农组织和世界各国政府也十分关注，这项"温暖农业的工程"具有重大而深远的意义。

1997年1月1日，为了宣传全国农业普查的意义，中华人民共和国邮电部发行了一套《中国首次农业普查（J）》纪念邮票，全套1枚。卢天骄设计。胶版。齿孔12度。邮局全张枚数50（10×5）。辽宁省沈阳邮电印刷厂印制。

【中国首次农业普查】1997—2·（1—1）J 面值50分，票幅规格30毫米×40毫米，发行量3059.25万枚。图案中心是此起彼伏的绿色田野，点点红色是机械化作业在田间紧张而繁忙地进行，在远近地边点缀有房舍、树木和牛群等。中国首次农业普查徽志安排在天空太阳的位置，邮票名称和按国家标准书写的"1997-01-01 T00:00"分别围绕在徽记的上下，使之形成一体；

而徽志的色调又颇似太阳，能够给人一种温暖感。票面左右两边挺立着颗粒饱满的丰收麦穗，其麦芒和茎秆扩大到齿孔边，形似舞台上的帷幕。面值、中国邮政等文字安排在图案下边，既醒目又有各就各位之感。整个画面突破时空的约束，展现出中国首次农业普查这项温暖农业的系统工程已经在1997年1月1日零点零分拉开帷幕，一派田园风光、欣欣向荣的美好蓝图，也寓意着本次农业普查拉开了中国农业迈向现代化、迈向大丰收和大发展的序幕。

中国首次农业普查徽志呈圆形，图案由破土而出的幼苗和麦穗组成；中间大面积为土黄色，寓意辽阔的黄土地；绿色的边沿和一棵挺立的绿色麦穗，象征农业普查的内涵和意义；上端标有"中国首次农业普查"字样，下端列有"1997-01-01 T00:00"普查启动时间。

1997—3 中国旅游年（J）

【中国旅游年（J）】China's Tourist Year（J） 旅游包括旅行和游览两部分内容。一般指离开家乡到外地进行游览、参观等良好的文化休息活动，能够增长知识、扩大眼界、锻炼身心。可以步行或利用各种交通工具。旅游是人类社会经济和文化发展到一定阶段的产物。它的本质属性是一种以文化为主要特征的综合生社会活动。旅游以一般文化的内在价值为依据，以行、游、住、食、购、娱六大要素为依托，以旅游主体、旅游客体、旅游介体的相互关系为基础，是集物质文明和精神文明为一体的活动工程，也是一个国家文明程度的体现。中国是一个有着五千年悠久历史文明的古国，对人类文明的发展做出了巨大贡献。在辽阔的国土上，有千姿百态的山川名胜，众多的历史文物遗迹，辉煌灿烂的文化艺术，神韵各异的民俗风情，都具有吸引海内外旅游者的魅力。自古以来，中华民族就有旅游的传统。特别是自改革开放以来，中国的旅游业有了长足的发展，已成为国民经济中一项新的重要产业。1992年，国家旅游局与中国民用航空局合作，成功地举办了'92中国友好观光年活动，宣传了我国改革开放的形象，为国家创汇39.46亿美元，取得了很好的社会效益和经济效益。为促进中国旅游业尽快与国际旅游市场接轨，接着又推出了一系列的主题活动，如'93中国山水风光游、'94中国文物古迹游、'95中国民俗风情游、'96中国度假休闲游。1995年，我国的国际旅游入境人数达4638.6万人次，创汇87.3亿美元，成为世界第五旅游目的地，旅游外汇收入上升到世界排名第九；国内旅游人数达6.2亿人次，创收1375.7亿元人民币。为进一步促进我国旅游业的新发展,为实现20世纪末我国旅游业跻身于世界旅游发达国家行列的目的打好基础,经国务院批准,决定举办'97中国旅游年活动,由中华人民共和国国家旅游局与中国民用航空总局主办,财政部、文化部、文物局、铁道部、公安部、国家工商局、海关总署、广电部、国务院港澳办、国务院新闻办、新华社、人民日报社等单位协办。旅游年的主题口号是:十二亿人喜迎'97中国旅游年;游中国——全新的感受。活动标志由马超龙雀、长城和"'97中国旅游年"字样组成。吉祥物为中国国宝大熊猫。在'97中国旅游年中,全国举办了近20项大型旅游活动,如1997年1月1日举办隆重开幕式;举行欢迎1997年第一批抵达中国的外籍游客的活动;4月在北京召开了太平洋亚洲旅游协会第46届年会和举办旅游交易会;6月30日~7月6日,在北京、广州、上海、深圳、珠海等市举办以大团结和共同繁荣为内容的游乐节;9月27日,在上海浦东举办盛大的纪念世界旅游日活动。在'97中国旅游年的主题下,我国向海内外旅游市场推出山水风光、文物古迹、民俗风情、度假休闲及专项旅游等5大类旅游产品。旅游部门向海内外的旅游市场推出了万里长城、布达拉宫、长江三峡、黄山四景、三亚海滨、西子湖畔、儒家曲阜、桂林山水、龙门少林、滇池风情、黄果瀑布等35项中国旅游王牌景点,并精选出长江三峡游、黄河风情游、丝绸之路游、江南水乡游、西南少数民族风情游等16条中国旅游专线。与景点和线路相配合,旅游部门又精心设计了以春夏秋冬四季为特点的48个旅游节庆活动,如春季有海南国际椰子节、云南傣族泼水节,夏季有岳阳国际龙舟节、青岛国际啤酒节,秋季有上海旅游节、国际钱江观潮节,冬季有哈尔滨冰雪节、广州迎春花市等。丰富多彩的'97中国旅游年活动,不仅能够将游客带入一个绝、奇、美、胜的旅游境界,而且也为"九七香港回归"锦上添花,进一步树立了中国稳定繁荣、充满生机、更加开放的总体形象。

1997年1月1日,为了宣传'97中国旅游年活动,中华人民共和国邮电部发行了一套《中国旅游年(J)》纪念邮票,全套1枚。李德福设计。胶版。齿孔12度。邮局全张枚数28(4×7)。河南省邮电印刷厂印制。

【中国旅游年】1997—3·(1—1)J 面值50分,票幅规格27毫米×40毫米,发行量3150.35万枚。图案选取了中国旅游局徽志,也是'97中国旅游年徽志主图的"马超龙雀"形象,另一形象是代表中国的万里长城。简单而又外形明确的"马超龙雀"剪影居画面中央,画面下部为蜿蜒雄伟的万里长城,背景采用"'97VISIT CHINA"阿拉伯数字和英文"'97中国旅游年"铺底,既明确了主题,又丰富了画面整体效果。横向重复排列的

阿拉伯数字和英文字母产生一种横向运动感,既重复排列又错落有致,统一中有变化,使画面产生了一种韵律美。在色彩运用方面,设计者大胆使用鲜亮的蓝、绿、红色,以蓝为底,红、绿搭配,较强的色彩对比使画面显得轻松活泼,但又不失沉稳。整个画面色彩采用渐变方式,背景从深蓝到浅蓝,"马超龙雀"从淡绿到淡黄,万里长城由红到黄,使画面显得丰富而生动。

有关马超龙雀的知识,详见新版《中国集邮百科知识》编66—77《文化大革命期间出土文物》。

有关万里长城的知识,详见新版《中国集邮百科知识》T·38《万里长城》。

1997—4 潘天寿作品选(T)

【潘天寿作品选(T)】Selected Paintings of Pan Tianshou(T) 潘天寿(1897—1971)原名天授,浙江宁海人,生于1897年。字大颐,号阿寿,常署雷婆头峰寿者。他自幼喜爱书画,刻苦自学,后受教于李书同、经亨颐等一代民主教育家。潘天寿一生以弘扬民族美术为己任,淡泊名利,刚正不阿,以其沉雄阔大、苍古高华的艺术风格,在绘画、书法、诗文、史论等多方面的杰出成就,对中国画继承与革新问题上的远见卓识,成为继吴昌硕、齐白石、黄宾虹之后又一位中国画艺术大家。潘天寿的绘画艺术,特别注重意境、气韵格调等中国民族绘画的价值标准。他的作品给人气魄宏大、激动振奋之感。他笔墨苍古、凝练老辣、雄伟奇崛,具有独树一帜的艺术语言和表现风格。他以深厚的传统功力,将中国画以线为主的表现方法发挥到极致;又以他对艺术的深邃的悟性,在中国画的章法结构方面做出了前无古人的探索,使他的作品中充盈着强悍有力的现代结构感。潘天寿的绘画是诗、书、画、印交融的传统中国画的一个总结,又是对旧时代中国画的一种超越。潘天寿是20世纪中国画杰出的艺术大师之一。他的艺术是传统的,又是现代的;是民族的,又是世界的。潘天寿毕生从事艺术教育事业。1923年,他和诸闻韵先生在上海美术专科学校共同创建了全国第一个中国画系,继而先后在国立艺术专科学校、中央美术学院华东分院、浙江美术学院担任过国画系主任、教务长、校长、院长等职务,其中两度任浙江美术学院院长。经过半个世纪的艰苦努力,他在艺术教育上所取得的成果,是无人可以替代的。他一

生发展美术事业拳拳之心，培养了一支有远见卓识、有体系、教学严谨、扎实雄厚的艺术师资队伍，当之无愧地成为中国现代中国画教学的主要奠基人之一。潘天寿精于写意花鸟、山水，擅长指头画，并兼工书法金石，对画史、画论也有精湛研究，在传统中国画的继承与创新两个方面都获得了很大成就，为民族的绘画发展做出了重大贡献。

1997年3月14日，正值中国杰出的画家、艺术教育家潘天寿先生诞辰100周年之际，中华人民共和国邮电部发行了一套《潘天寿作品选（T）》特种邮票，全套6枚。原作者潘天寿。潘公凯、励国仪设计。影写版。齿孔11.5度。邮局全张枚数32（8×4）。北京邮票厂印制。

【潘天寿作品选·黄山松图】1997—4·（6—1）T

面值50分，票幅规格38毫米×50毫米，发行量3080.1万枚。图案选取了潘天寿1960年创作的《黄山松图》。画幅规格153厘米×117厘米。这是潘天寿在黄山始信峰写生得来的一幅"外师造化"的作品。他强健笔力下的这棵老松，躯干苍劲，坚如石凿，犹如殷周之古鼎；枝叶交错如铁铸，积蓄着一股倔强之气。背景是挺拔的山岩，对松树起到了衬托作用。《黄山松图》不仅画出了黄山松的本质特征，表现了它独特的自然美，而且熔铸着一种人格和理想，显得奇伟、峥嵘、崇高，可以说是潘天寿先生胸中浩然之气的写照。画面左上角题款为：

黄山始信峰头之古松，柯铜根石，郁勃鬅鬙，真千年奇物也。偶然忆及，即记写之。一九六〇年庚子岁暮初雪，寿并识。

道出了潘天寿的作画过程和对表现对象的独特理解。画面左上角和左下角、右下角所钤红色印章有：龙为下、潘天寿印、阿寿、止止叟。

有关黄山和黄山松的知识，详见新版《中国集邮百科知识》特57《黄山风景》。

【潘天寿作品选·朝霞图】1997—4·（6—2）T 面值50分，票幅规格38毫米×50毫米，发行量3022.5万枚。图案选取了潘天寿1964年创作的《朝霞图》。画幅规格82厘米×79.5厘米。潘天寿擅画荷花，他所画的大量泼墨荷花，每幅都有不同的神韵和境界。《朝霞图》

表现的是迎朝阳、含晓露，伫立于晨曦之中的荷花。画中的荷叶用多量的浓墨挥泼而成。荷叶边有一圈宽宽的墨晕，加上用笔的轻重、快慢，使泼墨中有许多小变化，显得非常厚重，而整片荷叶又是完整的整体，显得平实。荷叶的一边是用焦墨以铁铸般的线条，参差交叉，支撑着一朵怒放的红荷花；荷叶的另一端有几支挺拔的水草与荷花相呼应。整幅作品精炼而严谨，充分展示出了潘天寿泼墨有"厚、重、平"的特点。红的荷花，墨的荷叶，白色底衬，三种颜色构成鲜明的对比，明快而有装饰感。画面上方的题款为：

朝日朝霞无限好，花光艳映水云酣。一九六四年甲辰初秋雷婆头峰寿

又给画面增添了一种柔美的情调。画面上所钤红色印章有：潘天寿印、龙为下、不雕、阿寿。特别值得关注的是，在《朝霞图》中，潘天寿采用一些近似不等边三角形的浓淡墨色色块和线条构成荷叶和荷花，这是他深入研究和发展了中国传统绘画和构图规律，吸收了西方构成三角形、圆形、S型、斜线、直线等特点，把传统艺术推进到现代，是对几百年来中国画结构这个薄弱环节的突破，是立足于传统和现代审美观点相融合的代表作，堪称是"前无古人的"。

有关荷花的知识，详见新版《中国集邮百科知识》T·54《荷花》。

【潘天寿作品选·梅雨初晴图】1997—4·（6—3）T

面值100分，票幅规格38毫米×50毫米，发行量2697.7万枚。图案选取了潘天寿1955年创作的《梅雨初晴图》。画幅规格107厘米×107.2厘米。20世纪50年代以后，潘天寿曾多次去浙江南雁荡山深入生活，直接从大自然中吸收创作的养料，画了许多雁荡山的幽美景色，为山水画的创新开辟了广阔的天地。《梅雨初晴图》从一个独特的角度，表现了南雁荡山梅雨初晴，千山竞秀，万壑争流的奇异景色。南雁荡山位于浙江平

阳县城西50公里。主峰海拔1237米。北起穹岭，南至施岭，东始鳌江雁门，西迄山门顺溪，面积约100平方公里。奇峰怪石，异洞飞瀑，绚丽多姿。有67峰、28岩、24洞、13潭、8瀑9石等风景点。古建筑现存有会文书院、报国寺、观音洞、新庵、仙姑洞棣萼世辉楼、托云亭、鸣玉亭等。潘天寿生性厚道，倔强，气度宏大，喜画石。他笔下的石头多呈长方，饱满、厚重、坚实。《梅雨初晴》这幅画中的岩石不但呈方形，而且几乎占了整个画面，充分表现出了石所具有的那种扩大沉雄的力量。但此石又不全方，着色轻松、滋润，避免了方形容易造成的过于板实、平稳、闷塞之感。画面下方的古寺院建筑，用笔精致细密，和那块大岩石形成了疏密对比。梅雨也作霉雨。主要指初夏产生在江淮流域雨期较长的连阴雨天气。因时值梅子黄熟，故得名。梅雨初晴，空气湿润清新，树木更显得苍古茂盛；峭岩上，野草、苔藓，勃勃富有生气；静静的古寺院和山间小径，宁静而幽深。《梅雨初晴》所创造出的美的意境，正是潘天寿先生所追求的宁静中蕴藏着强劲的生命。画面左上角的题款为：

雁荡写生之三。五五年初夏，小住灵岩古寺，写梅雨晚晴时情致。大颐寿者草草并写。

画面上钤有的红色印章有：疆（强）其骨、潘天寿印、阿寿。

【潘天寿作品选·菊竹图】1997—4·(6—4)T 面值100分，票幅规格38毫米×50毫米，发行量2598.5万枚。图案选取了潘天寿20世纪60年代创作的《菊竹图》。画幅规格89.5厘米×80.8厘米。潘天寿也喜欢画梅、兰、竹、菊等类的传统题材。但在他的笔下，却不是照搬传统，而是不断进行创新，具有鲜明的个人

风格和时代精神。这幅《菊竹图》中的菊花不是"黄花瘦"，而是娇艳喜人；竹子也挺拔直立，犹如长枪大戟，极有气势。画面以稍稍倾斜的横竖结构为主调，花、茎、叶、草疏密交叉，参差错落，章法井然，颇具匠心。画面的主要部分，即明黄的菊花和石青的竹子均用细墨线勾画，细腻、清秀；而菊叶，则用浓墨没骨画法，厚重活泼。两者在色彩、画法上进行对比，加强了画面的生动性。就连一些小草野花也显得挺拔、强劲、向上，生机盎然。画面右下角题款为：

雷婆头峰寿者制。

画面上所钤红色印章有：潘天寿印、阿寿。

【潘天寿作品选·睡猫图】1997—4·(6—5)T 面值150分，票幅规格38毫米×50毫米，发行量2592.1万枚。图案选取了潘天寿1954年创作的《睡猫图》。猫属哺乳纲，猫科。趾底有脂肪质肉垫，因而行走无声。性驯良。喜捕食鼠类，有时也食蛙、蛇等。品种很多。欧洲家猫起源于非洲的山猫。亚洲家猫一般认

为起源于印度的沙漠猫。画幅规格76.2厘米×87厘米。整个画面由三块大小不同的长方形体块组合而成。岩石是一个大体块，猫是一个小体块，二者紧紧团结在一起；题款也排列成一个细长方形体块，稍稍远离开猫和石一点点距离，使构图产生了一种变化。这三块方形体块，虽然面积和形状有很大差别，但又有方形的共性，使画面既能产生对比效果又具有和谐感。卧伏着的猫，造型简练，用笔老辣，既有虎豹般的强悍，又有石头般的厚重。画面下方点缀几株疏草野卉，又给画面带来了静中之动、安中有险的态势，反映出了画家强烈的现代审美意识。画面右上方的题款为：

日当午，正深藏黠鼠，莫道猫儿太懒睡虎虎。写西邻园中所见，时甲午初夏。寿。

画面上所钤红色印章有：潘天寿、阿寿、动物形章。题款仿佛是脱口吟成之句，却准确地点出了夏日炎炎，家猫欲睡的时间、环境、气候等特征，透着盎然天趣。题款的字体为汉隶，方正沉着，横于画面右上方，于画面中心部位的方形石构成两条主要的横直线，增强了画面的安静感。特别是睡猫视线所属的左下角，钤有一方鸡图形印，小鸡仿佛姗姗漫步向睡猫走来，使画面顿然产生一种家园中的生活情趣。潘天寿凭借自己诗、书、画、印四者的全面修养，不仅在这幅画面上做到了"四全"，而且把这四者巧妙地熔为一炉，在形式上做到了文人画中前所未有的有机统一和极尽完美的程度。

【潘天寿作品选·灵岩涧一角图】1997—4·(6—6)T 面值150分，票幅规格38毫米×50毫米，发行量2572.9万枚。图案选取了潘天寿1955年创作的《灵岩涧一角图》，描绘了南雁荡山一角的奇异景色。画幅规格117厘米×120厘米。这幅画的构图很独特。画家用凝练的线条，苍老古朴的苔点，组成了坚实厚重的岩石，安排在画面的上方；其中一块岩石横跨在画面中间，形

成了画面的险峻下沉之感;然后又用画的题款和下面的斜坡,使这险峻之势趋于平稳,造成了巨大的力量感和特有的结构美,典型地表现出了潘天寿"造险破险"手法的构图特征。在这峻岩奇石中衬有细细密密的野草,参差不齐,又层次分明;星星点点缀饰着的红花、白花,明丽秀美,和坚实厚重的岩石形成强烈的对比。前景中那几棵摇摆的芦草,能够让人感受到一种和谐的节奏和引人入胜的韵味。山花野草,深山峭壁,仿佛都在画家笔下竞争着表现生命的顽强、深沉的力量和繁华丰茂、自由竞争的自然景象。画面左下角的题款为:

画多以积墨为难,兹试写之,仍未得雁山厚重之致。五五年盛暑寿并记。

宣示了画家在艺术上的孜孜探索和追求。画面上所钤红色印章有:疆(强)其骨、潘天寿印、阿寿。

1997—5 茶(T)

【茶(T)】Tea(T) 茶也称茗。山茶科。常绿灌木或乔木。叶革质,长椭圆状披针形或倒卵状披针形,边缘有锯齿。秋末开花,花1朵~3朵腋生,白色,有花梗。蒴果扁球形,有三钝棱。中国的中部至东南部和西南部广泛栽培。性喜湿润气候和微酸性土壤,耐阴性强,用种子、扦插或压条繁殖。叶含茶碱、咖啡碱、鞣酸、挥发油等,有兴奋大脑和心脏作用,除充作饮料外,并为制茶碱、咖啡碱的原料。根供药用。中国是茶叶的原产地,是茶的故乡。唐代陆羽《茶经》中记载:"其巴山峡川,有两人合抱者,伐而掇之。"宋代沈括《梦溪笔谈》中说:"建茶皆乔木。"明代云南《大理府志》称:"点苍山……产茶树高一丈。"《广西通志》记载:"白毛茶……树之大者高二丈,小者七八尺,嫩叶如银针,老叶尖长,如龙眼树叶而薄,背有白色茸毛,故名。概属野生。"这许多关于野生大茶树的历史记载,都是阐述茶叶原产地的重要实证。经过长期调查总结,我国野生大茶树有4个集中分布区:(一)滇南、滇西南;(二)滇、桂、黔毗邻区;(三)滇、川、黔毗邻区;(四)粤、赣、湘毗邻区,少数散见于福建、台湾和海南岛。中国的饮茶历史可以追溯到母系社会后期的神农氏时代,距今已有五六千年的历史。在唐代以前,饮茶风尚已有发展,特别是在南方地区,茶渐渐成为"比屋皆饮"的饮料。三国时期,孙皓在奉宴迋饮时,对不胜酒力的大臣韦曜"密赐茶苑以当酒",始开以茶代酒之风。唐代陆羽专著《茶经》,系统总结了我国茶叶的起源、栽培、采制、品饮等,一直影响着我国乃至世界茶文化的发展,堪称中华茶文化的里程碑。佛教对茶的吸纳和传播,促进了茶文化的发展,并对宫廷饮茶也起到推进作用。由于饮茶可以在清寂宁静的氛围中追寻超凡脱俗的意境,与佛教"修心"、"静虑"和力行戒持有相通之处,故有"茶禅一味"之说;更兼茶有提神醒脑破睡的功能,是僧人坐禅时最宜的饮料,因而寺院中多栽茶、制茶、饮茶。据《名山县志》记载,西汉末年,蒙山寺院普惠禅师就栽种了"高不盈尺,不生不灭"的七棵"仙茶",这应该是人工栽茶的最早文字记述。甚至当日本僧人来华学习佛经后,也将茶叶、茶籽、茶具和饮茶之风带回国,成为我国茶文化向海外传播的重要途径之一。纵观我国茶文化的发展,它源于民间,但与宗教寺院的传播、宫廷皇室的崇尚、墨客骚人的雅赏密切相关。在科技和文化的相互作用下,茶发展了数千年,日趋兴盛。据不完全统计,我国共有七百多个茶品种。根据茶的制作工艺、色泽、外形等差异,茶叶可分为下列七大系列:(一)绿茶。在名优茶中,绿茶占主体的80%。制作工艺有"杀青、揉捻、干燥"三个阶段。保持茶叶原有的绿色,冲泡后色泽翠绿、透明,香气清爽、纯正,入口后滋味浓厚鲜醇,满口芳香,这是绿茶的最大特征。西湖龙井、太湖碧螺春、南京雨花、信阳毛尖、庐山云雾、黄山毛峰等为绿茶佳品。(二)红茶。一种全发酵茶。基本工艺为萎凋、揉捻、发酵、烘干四道工序。冲泡后茶汤红艳鲜亮、清澈见底,香气纯正,滋味甘醇爽口。祁门红茶、宜红、滇红等为红茶名品。(三)乌龙茶。半发酵茶类的一个总称。它综合了绿茶和红茶的工艺特点,茶叶先萎凋、做青,使叶片部分发酵,然后进行杀青、揉捻。正宗乌龙茶的叶片中心呈绿色,边缘呈褐紫色。冲泡后茶汤显棕红色,香气清洌,幽香扑鼻,口感兼有红茶和绿茶的甘醇,浓而不涩。安徽铁观音、武夷岩茶、凤凰水仙、台湾乌龙茶为主要名品。(四)黄茶。轻发酵茶类。加工方法采用湿热作用引起多酚类化合物的非酶性氧化、叶绿素等其他物质的缓慢氧化。冲泡后汤色金黄,口感醇厚,具有色黄、汤黄、叶底黄的品质特征。蒙顶黄茶、温州黄汤、远安鹿苑等为名品。(五)白茶。轻发酵类茶,是我国传统的外销茶。基本工艺是萎凋、烘焙两个阶段。具有白毫显露、芽叶状嫩的特征。白毫银针、白牡丹为名品。(六)花茶。利用茶叶与鲜花熏制而成。冲泡后茶汤清澈、淡黄明亮、香气芬芳、滋味浓厚。我国北方居民喜爱饮用。茉莉花茶、玉兰花茶、桂花茶、玫瑰花茶等为名品。（七）砖茶。我国西北少数民族喜爱煮饮的一类茶的总称。制造工艺是将粗茶再加工,制成各种形状。按照原料、加工方式和形状不同,又有"花砖、黑砖、米砖、青砖"之分。砖茶具有味浓而醇的特点,适合与奶茶和酥油茶调配饮用。茶,当之无愧是中华之国饮;茶文化,是中华优秀文化的一部分,是中国几千年古老文化在茶叶上的浓厚积淀。

1997年4月8日,为了弘扬中华民族悠久的茶文化,中华人民共和国邮电部发行了一套《茶(T)》特种邮票,全套4枚。原作者(4—2)罗珏(雕塑),(4—3)严仲义(摄影),(4—4)明·文徵明(绘画)。任宇设计。胶版。齿孔12度。邮局全张枚数(4—1)(4—2)40(10×4),(4—3)(4—4)40(4×10)。河南省邮电印刷厂印制。

这套邮票采用两横两竖的规格,既能适应茶碾和茶画的细长形,又能够显现出千年茶树的高大和陆羽像的实感。在4枚图案中,设计者采用了统一的印章和文字,又使得两种规格的票形具有了一致性。点题的"茶树、茶圣、茶器、茶会"篆书印章,既具有金石雅韵,又渗入了传统文化气息。从篆书而言,有秦篆,有缪篆(汉印体);从刀工而言,准确地刻出了朱文宜细、白文宜粗的特点;从印形与章法而言,或长方,或椭圆,或异形,都在结构的和谐中。而且能够着眼于邮票画面小的特点,选配的篆刻印章大小适中,落印位置自然,清晰却又不喧宾夺主。

【茶树】1997—5·(4—1)T 面值50分,票幅规格30毫米×50毫米,发行量3149.75万枚。图案选取了云南省澜沧江流域邦崴村的一棵千年古茶树形象,它是中国和世界十分重要的古代茶文化遗址。古茶树有野生型、过渡型和栽培型等类,其中过渡型兼有野生型的原生特征和栽培型的人工利用特征。邮票所选的这棵邦崴大茶树虽然不是最古老的,却是最有典型意义的过

渡型古茶树。树高达11.8米,树围有8.2米~9米,根颈处干径达1.14米,树龄逾千年,是我国现存古茶树的代表之一,也是阐述茶叶原产地的重要实证。画面以云南澜沧邦崴地域的山山水水为背景,突出展现了一棵挺拔而起、沐浴在金红色阳光中、被雨水淋湿后显得格外葱郁的饱经沧桑的大茶树的勃勃英姿,它像一座纪念碑屹立在那里,确确实实是一座不可逾越的人类茶文化发展的历史丰碑！茶树前的草地上,居住在这里的拉祜、布朗、汉族老乡拉起圈子跳着当地具有浓郁少数民族特色的"三跺脚"舞蹈,洋溢着为中国茶业贡献一生的人们的精神和热情。画面右侧钤有一方红色"茶树"2字印章,巧妙地点明了票题。值得注意的一点,这枚邮票图案中的千年古茶树,设计者采用了照片而不是绘画,是想用真实的照片彰告世人:这棵茶树是真实的,现在还活着！

【茶圣】1997—5·(4—2)T 面值50分,票幅规格30毫米×50毫米,发行量3149.75万枚。图案选取了竖立在浙江杭州中国茶叶博物馆前的陆羽铜像。陆羽(733—804),字鸿渐,号季疵,唐复州竟陵(今湖北天门)人。他出身贫寒,遭父母遗弃,后为陆姓僧人收养,长大后一度在寺院中当差。陆羽深受儒、禅、道思想影响,公元760年隐居苕溪(今浙江吴兴)后,粗茶淡饭,潜心学问。他一生事茶,孜孜不倦,乃至终身。公元764年,他撰写了《茶经》的初稿。后又经过十几年的不断修改、补充,公元780年刊出。《茶经》分三卷十目,七千余言。系统总结了唐以前种茶经验和陆羽自己的亲身实践体会,包括茶叶的起源、种类、特性、栽培、采制、烹煎,茶具,水的品第,饮茶风俗,名茶产地以及有关茶的典故,是第一部关于茶叶的专著,一直影响着我国乃至世界茶文化的发展。陆羽因此被后人尊为"茶圣"。邮票图案以郁郁葱葱的茶园和中国茶叶博物馆建筑为背景,主图展示出了一尊陆羽雕像。这尊立式雕像由杭州市城雕室罗珏于1995年春创作,用不锈钢浇制,仿古铜色,高3米,竖立在杭州中国茶叶博物馆的草坪上。雕像表现的陆羽约四十多岁年纪,他面部略带沉思,左手端着茶碗,右手拿着《茶经》,形体清瘦,服饰、头饰采用了当时一般文人的打扮,发束幞巾,身着逸士长服,但脚上却穿着当时山农穿的山靴,非常符合陆羽作为一个躬行实践、对茶学有极高造诣、成熟、精干的学者身份和茶圣形象,生动地体现了国家和人民对茶圣陆羽在总结、推进、弘扬茶学上对人类所做出的巨大贡献的深情纪念。画面右侧钤有一方红色"茶圣"2字印章,巧妙地点明了票题。

中国茶叶博物馆坐落于浙江省杭州市西湖西南龙井路旁双峰村,这里是著名的龙井茶故乡"吉庆山茶园",是我国第一座以茶为主题的专业博物馆。馆的四周为茶园环绕,景色如画,茶香馥郁。1986年由国家旅

游局立项,和浙江省、杭州市共同兴建而成。1991年4月正式对外开放。占地面积约34亩,建筑面积约3500平方米,由陈列大楼、大众茶楼、风俗茶苑楼、多功能楼等四组建筑组成。陈列大楼为主体建筑,其中设有5个展厅;茶史厅介绍我国茶叶生产历史及茶文化发生和发展史;茶萃厅展出了我国各类名茶的351种标本和国外茶叶样品;茶具厅展示了我国各个历史时期茶具的演变和发展,陈列着历代名窑茶具二百多件,其中有唐代刻有"茶碗"字样的茶具、唐三彩杯、宋代莲花盏、墨釉盏、明代茶壶、宜兴紫砂壶、景德镇青花茶具、清乾隆御用茶具及少数民族的各式茶具;茶事厅介绍种、制、品茶的科学知识;茶俗厅介绍云南、四川、西藏、福建、广东以及明清时期的饮茶方法和礼仪,反映我国丰富多彩的茶文化。馆内设有不同风格的茶屋,参观者可以品茗,还设有销售部供应各种名茶。馆内还有加工、炒制茶叶表演,不仅可以参观,还可以亲自动手制作。馆内建筑具有江南园林风格,曲径假山和周围茶园相映衬,将参观者带入丰富多彩的茶文化氛围之中。国际和平茶文化交流馆为二期工程,占地约22亩,建筑面积3400平方米,1998年完工,内设报告厅、接待厅和国际茶文化展示厅等,为国际、国内的茶叶和茶文化研究与交流提供广阔的舞台。2004年,博物馆对环境进行整合后,拆掉了围墙,打破了原来封闭式的展区形式,使馆区与四周郁郁葱葱的茶园、迂回蜿蜒的水系自然融为一体,既形成开放式的大景区效果,也体现了"水为茶之母"的理念。馆内各主干道全部采用天然石料替掉水泥路面。路面上还镶嵌了160个"茶"字,均为历史上一些书法大家及著名茶人的字迹,字体、风格变化多端,令参观者脚下别具情趣。路边放着圭表、日晷等古气象用具,品味茶文化的浓浓雅韵。馆前的茶圣陆羽雕像也进行了新塑。新塑为铜像,高约2.5米。陆羽站在一个低矮的茶桌旁,茶桌上放置着茶炉、茶杯等品茶用具,他衣袂飘飘,左手端一杯清茶,右手握一本《茶经》,目光注视远方,仿佛在回味余留齿间的茶香,又仿佛在冥想着什么。中国茶叶博物馆正好置身于龙井茶园之中。浙江是世界绿茶之都,绿茶中又以杭州西湖龙井茶为最佳。明代,西湖龙井已颇负盛名。清代,被列为贡品。乾隆皇帝6次下江南,曾4次到龙井茶区,品茗作诗,还册封18株"御茶"。西湖龙井以其得天独厚的自然条件,加上独特而精妙的炒制工艺,以"色翠、香郁、味醇、形美"四绝而驰名中外。1995年,我国农业部将西湖乡命名为中国龙井茶之乡。邮票画面既展现了茶圣陆羽的风采,又展现了中国茶叶博物馆和西湖龙井茶园的风貌,集名人、名馆、名茶于一票,艺术构思巧妙,古今贯通,相得益彰。

【茶器】1997—5·(4—3)T 面值150分,票幅规格50毫米×30毫米,发行量2551.75万枚。

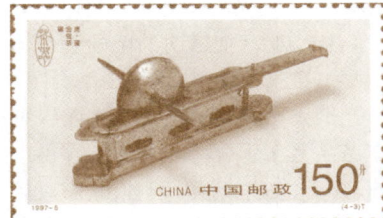

图案选取了严钟义拍摄的法门寺出土的鎏金鸿雁流云纹银茶碾。它通高7.1厘米,横长27.4厘米,槽深3.4厘米,重1168克。底外錾铭文"咸通十年文思院造银金花茶碾子一枚共重廿九两。匠臣邵元审,作官臣李师存,判官高品臣吴弘悫,使臣能顺。"1987年,陕西扶风法门寺地宫出土了一批轰动世界的珍贵文物,其中唐代皇帝僖宗李儇少年时代使用过而后供奉在法门寺的一套十多件金银茶器,包括茶碾、焙灵器、炙茶器、罗茶器、取茶量具、贮茶器、贮盐器、烧水候汤器、点茶器等,材质昂贵,制作精良,这是研究唐代宫廷茶艺、茶道的珍贵实物资料。邮票图案中展示的是用以碾碎茶叶的器具茶碾,它由鎏金银碾槽和银碾轮(中有轴)组成,碾轴由执手和圆轮组成。其形制与中药碾槽相同。茶叶碎法也如同中药的传统碾法一样,待茶叶在槽中被碾碎后,即置于茶罗中过筛,罗下的细微茶粉末便可煎煮或冲注。这正是唐代茶道之所以处在煎茶道向点茶道过渡阶段的原因。画面以柔和高雅的淡灰色作底衬,烘托出了一件茶碾的金色光芒,璀璨夺目,富丽堂皇。无论从它所属的中国茶文化形成、繁荣的唐代,还是从它在政治、宗教、文化活动中所处的地位和工艺制作水平以及在中国茶道流变历程中的位置,这件鎏金银茶碾都是具有典型意义的文物。画面左上角钤有一方红色"茶器"2字印章,点明了票题。

【茶会】1997—5·(4—4)T 面值150分,票幅规格50毫米×30毫米,发行量2551.75万枚。

图案选取了明代吴门画派的代表画家文徵明于明正德十三年(公元1518年)创作的《惠山茶会图》左半部分。茶会是用茶点招待宾客的一种社交聚会,也称茶话会。我国的茶文化一开始便与诗、文、书、画紧密地联系在一起。而其中,绘画作为视觉形象艺术比其他种类的艺术形式更为具体、生动、逼真,而且能含蓄地表达画家的思想感情,体现出作者所推崇的茶道精神实质。文徵明出身官宦家庭,是诗、书、画三绝的文人名士。他由于切身体验到仕途的险恶与吏治的腐败,因此淡泊仕进与名利而致力于诗文书画的创作、鉴赏、切磋。文徵明的茶画集中体现了当时文人所追求的茶道精神境界。《惠山茶会图》描绘了画家清明时节邀朋友蔡羽、汤珍、王宠在无锡惠山"天下第二泉"边煮茶品茗、赋诗唱和的情形。惠山坐落于江苏无锡市西郊。古称华山、历山、西神山,唐以后始称惠山,或作慧山。山有九峰,蜿蜒若龙,又称九龙山。江南名山之一。主峰高328.9米,周约20公里。以泉水著称,有惠山泉、龙眼泉等十多处,故俗称惠泉山。惠山泉即"天下第二泉",也称陆子泉。位于惠山山麓。相传经唐代茶圣陆羽品题而得名。开凿于唐大历元年(公元766年)至十二年(公元778年)。水质甘香重滑,唐人以其宜茶,品为天下第二。宋徽宗时成为宫廷贡品。分为上池、中池和下池,上池水质最好。《惠山茶会图》以"天下第二泉"为典型环境,在绿山环抱、松柏掩映下,一顶茅棚遮着一方清澈的泉池,泉边摆放着红木小方桌,方桌上安放好了茶具,方桌旁的茶炉上正在煮着一壶清茶,清雅而宁静;人物形态各异,有的坐在泉池边,有的拱手迎客,有的疾步赶来,热情而和谐。此景正合陆羽《茶经》"九之略"中所述"若方春禁火之时,于野寺山园丛乎而掇……煮器若松间石上可坐……瞰泉临渊……"的情景,形象地表现了我国古代文人茶道中以茶会友、亲和礼让、清节励志的积极进取精神,以及追求自然清静、返璞归真、天人合一的境界和情趣。原画为21.8厘米×67.5厘米横细长条形,若取全部,至少要用两枚邮票的宽度,篇幅所限,只好取其精华部分,将客人由山上下来等部分舍弃了。画面左上角钤有一方红色"茶会"2字印章,点明了票题。

1997—6 内蒙古自治区成立五十周年(J)

【内蒙古自治区成立五十周年(J)】The 50th Anniversary of the Founding of the Inner Mongolia Autonomous Region(J) 有关内蒙古自治区的知识,详见新版《中国集邮百科知识》J·16《内蒙古自治区成立三十年》。1947年5月1日内蒙古自治区的成立,结束了内蒙古各族人民被压迫、被奴役的历史,实现了民族平等。半个世纪以来,特别是党的十一届三中全会以来,全区的政治、经济、社会面貌发生了巨大的变化,社会主义现代化事业取得了辉煌成就。农牧业是内蒙古国民经济和社会发展的基础。1997年,人均占有粮食461公斤,总量上实现了自给有余。畜牧业综合生产能力大大增强,成为自治区成立以来最好的发展时期。内蒙古各族人民认真保护森林资源,大力开展植树造林,绿色长城初具规模。工业从无到有,1997年已拥有各类工业企业十万多个,其中大中型企业三百多个,形成了一个包括钢铁、电力、煤炭、纺织、机械、电子、化学、石油、食品、制糖等门类比较齐全的工业体系。新中国成立初,全区铁路总里程仅有1557公里,目前已拥有19条国有铁路干线、12条支线和5条地方铁路线,运营里程达五千多公里的铁路运输网。公路已初步形成以城市为依托,国有干线为骨架的四通八达公路交通网,而且还开辟了与蒙古、俄罗斯的6条国际客运班车路线。新中国成立前,内蒙古只有包头、海拉尔两个小机场,现在已开通了呼和浩特至北京、上海、广州、海拉尔等18条国内航线和2条国际航线。1996年,民航旅客吞吐量395741人次,货运吞吐量1313.4万吨。全区乡镇苏木通邮率达98.8%,通话面97%。电话交换机容量达135万门,旗县市全部实现了电话交换程控化和长途传输数字化。昔日封闭的内蒙古,现在已开辟满洲里、二连浩特等18个陆路口岸,已同世界上82个国家和地区建立了贸易往来和经济技术合作关系,有七百多种商品进入了国际市场,并且开放了以呼和浩特和海拉尔为中心的两条国家级旅游线路。1995年,全区城镇居民人均生活费收入2587元,农牧民人均纯收入1870元;城镇居民人均居住面积达7.5平方米,农牧民人均居住面积13平方米,全区各族人民的生活水平有了明显提高。

1997年5月1日,为了纪念内蒙古自治区成立50周年,中华人民共和国邮电部发行了一套《内蒙古自治区成立五十周年(J)》纪念邮票,全套3枚。马莲、丹森设计。影写版。齿孔11.5度。邮局全张枚数(3—1)32(8×4),(3—2)(3—3)32(4×8)。北京邮票厂印制。

这套邮票图案在艺术形式及表现手法上,采用了装饰性画法,抓住了客观事物的主要特征,运用浪漫手法进行提炼和概括夸张,创造出了比较完美的画面。在技术上,运用了丙烯和水彩透明混合使用的渲染手法;在造型上,以流畅、挺拔、整齐的线条进行了艺术夸张变形;在色彩上,具有一种辉煌绚丽的色彩效果;在构图上,强调了庄重、平稳、丰满之感;在整体风格上,不仅吸收了我国传统的装饰绘画长处,而且结合了邮票的艺术特点,装饰性比较强。3枚邮票图案分别采用红、金、绿3个色调,使得这套邮票在色调上既整体统一,又各具风采。

【欢庆】1997—6·(3—1)J 面值50分,票幅规格30毫米×50毫米,发行量3145.7万枚。图案为竖式构图,主图采用蒙古族民间传统的团花图案作造型,团花

图案中央是内蒙古自治区成立时的"五一"大会会址图形,团花与会址重叠相映,寓意民族之花盛开。图案的表现由自然形象转变为归纳、简化的抽象形象,突出了条理、秩序、节奏的变化。色彩的表现技法是以暖色调的红色围绕会址图形由内向外、从浅到深渐变,边纹图案以绿、蓝、紫色及柠檬黄、中黄、橘黄、玫瑰红色强调色彩的独立和对比的强烈,使色彩在视觉效果中互相对立又相互和谐统一。色彩艳丽的鲜花衬托出中心会址;团花下边腾空飞舞的七色彩带,与边纹的七色图案相呼应,既象征内蒙古民族之花的枝繁叶茂,又表现了各民族人民团结一致共同繁荣欢庆祥和的节日气氛。画面以深红色为底衬,色调热烈,绚丽多彩。

据《兴安党史文集》记载,内蒙古自治区成立大会会址在内蒙古自治区兴安盟所在地乌兰浩特市(原名王爷庙)。1945年8月15日,日军投降并撤出乌兰浩特市,随后乌兰浩特市成为解放区。1947年春,中共中央指示东北局召开会议,决定在王爷庙(现乌兰浩特市)召开内蒙古人民代表大会,成立内蒙古自治政府。1947年4月25日~5月1日,召开了内蒙古人民代表大会,成立时的"五一"大会会址现位于乌兰浩特市(和平路)五一街四委五十组。

【团结】1997—6·(3—2)J 面值50分,票幅规格50毫米×30毫米,发行量3067.3万枚。图案为横式构图,主图以草原钢城包头剪影为背景,描绘了在

党的民族政策指引下,内蒙古各民族人民欢聚一堂,团结携手,共同走向繁荣富强的场景。14个人物中有蒙古族、汉族、回族、满族、朝鲜族、达斡尔族、鄂温克族、鄂伦春族等;有手握钢钎的工人,有怀抱金色稻谷的农妇,有手握钢枪的战士,有手托原子模型佩戴着眼镜的科技工作者和各行各业的工作人员;画面前列有一位佩戴着红领巾的小姑娘,她双手高举鲜花,欢乐起舞。一条洁白的哈达高高举过头顶,表达了内蒙古各族人民美好的祝福。画面下方两只活泼、可爱的白色小羊羔,既寓意内蒙古畜牧业的兴旺发展,也给图案增添了一种天然情趣。整个图案着力以线描平涂手法塑造人物形象,按照构图的表现意境和视觉的心理要求,以线条分行勾线填彩,用单色的白、黄、金黄、橙红、金色构成了人物的多姿多彩,表现了内蒙古二千三百多万各族儿女携手并肩,团结、建设、进步、文明、走向繁荣的精神风貌。画面以假金色作底衬,创造出了一种灿烂辉煌的色彩效果,增添了喜庆气氛。

包头是内蒙古自治区最大的城市。蒙古语为"包克图",意为"有鹿的地方"。坐落在内蒙古自治区中部偏西,北依大青山,南临黄河,东接土默川平原,西接后套平原。附近富煤、铁等矿。为我国西北地区牲畜、毛皮和粮食、药材的重要集散地。新中国成立后,包头工业迅速发展,已成为我国重要的钢铁工业基地,并建有煤炭、机械、水泥、炼铝、制糖、皮革、纺织等工业。有"草原钢城"之称。

有关原子模型的知识,详见新版《中国集邮百科知识》纪53《裁军和国际合作大会》。

有关眼镜的知识,详见新版《中国集邮百科知识》J·100《任弼时同志诞生八十周年〈第一组〉》。

有关哈达的知识,详见新版《中国集邮百科知只》编86-90《儿童歌舞》。

【奋进】1997—6·(3—3)J 面值200分,票幅规格50毫米×30毫米,发行量2539.3万枚。图案为横式构图,主图描绘了一匹匹骏马欢乐奔腾在草原上的

动人景象和雄伟气势(有关马的知识,详见新版《中国集邮百科知识》T·28《奔马》)。画面中有太阳,有月亮,有一碧万里的草原,有骁勇的草原人乘着追风的骏马,既喻示着内蒙古大草原充满勃勃生机,又象征着内蒙古各族人民在半个世纪以来取得巨大成就的基础上,正夜以继日、以快速向前的步伐迎接内蒙古的美好前景,再创辉煌。画面将骏马的整体特征加以夸张变形,线条流畅、抒情、优美,给此起彼伏的群马形象增加了动感,具有强烈的感染力。画面背衬采用绿色,既展现出了内蒙古大草原的辽阔雄伟,也象征着内蒙古经济建设和人民生活犹如春天般充满了生机和希望。

1997—7 珍禽
(中瑞联合发行)(T)

【珍禽(中瑞联合发行)(T)】Rare Birds (Jointly

Issued by China and Sweden）（T） 有关中国名称的知识，详见本书1996-8《古代建筑（中圣联合发行）（T）》。

瑞典王国位于北欧斯堪的纳维亚半岛东部。瑞典国名由中世纪在该国南部梅拉伦湖区建立的斯维亚国名称演变而来。在古高德语中，"斯维亚"的意思是"亲属"。瑞典西界挪威，东北同芬兰接壤；东滨波的尼亚湾，东南濒波罗的海，西南隔卡特加特和厄勒两海峡同丹麦相望。面积近45万平方公里。瑞典人占90%以上，其余为芬兰人、拉普人等。居民多信基督教的路德宗。瑞典语为国语。首都斯德哥尔摩。整个地势由西北向东南倾斜，西北是斯堪的纳维亚山脉的东坡，东南沿海为低地。森林面积占全国面积50%。河湖众多。因受北大西洋暖流影响，气候比较温和。木材和水力资源丰富，富铁矿（品位60%~65%），并有钛、铋铜、铅、锌等矿产。14世纪前，瑞典为独立国家。自1397年起，成为受丹麦控制的卡尔玛联盟成员。1523年，脱离该联盟独立。17世纪，瑞典为北欧强国。在第一次和第二次世界大战中，瑞典都宣布中立。国王为国家元首，行使行政和立法权，任命首相组织内阁。议会分上、下两院。工业比较发达，以特种钢、电工器材、造船、飞机、汽车、矿山机械、精密仪器、炼油、化学和制药为主要部门。农业以乳用畜牧业为主。沿海有渔业。海运发达，主要海港有斯德哥尔摩、哥德堡和马尔默等。20世纪初，瑞典开始设有半禁酒的规定并一直延续至今。规定限制各种酒的销售，禁止设立酒吧间；饭馆仅允许在晚饭时间出售极有限量的酒。政府对生产各类酒征收5%的税款；人们在家中饮酒，要凭购酒特许证到指定的酒店配购，而且持购酒证的国民每5年要缴纳一笔相当重的税款。瑞典设有戒酒医院，有"半禁酒国家"之称。1950年5月9日，瑞典和我国建立正式外交关系。

1997年5月9日，为了增进两国的友谊，中华人民共和国邮电部和瑞典王国邮政部门联合发行了一套《珍禽（T）》特种邮票，全套2枚。（2-1）（中国）曾孝濂设计，（2-2）（瑞典）英格·卡琳爱丽逊设计。影雕套印。瑞典著名邮票雕刻大师赛斯罗·斯拉尼亚雕刻。齿孔12度。邮局全张枚数20（5×4）。北京邮票厂印制。

这套邮票2枚图案的主体采用雕刻版，准确、鲜明地表现出了白腹锦鸡和环颈雉的基本特征；背景采用影写版表现两种鸟类的生活环境，虚、实恰到好处。特别值得提出的一点，这套邮票图案的雕刻者是创造吉尼斯世界纪录的瑞典著名邮票雕刻大师赛斯罗·斯拉尼亚，使画面增色不少。

【白腹锦鸡】1997-7·（2-1）T 面值50分，票幅规格40毫米×32毫米，发行量3275.7万枚。图案刻画

了一只我国云南特有和常见的雄白腹锦鸡形象。白腹锦鸡也称铜鸡，中国的特产动物，仅分布于西南地区的云南、四川、贵州和西藏的东南部。白腹锦鸡全长约1.2米，重近1公斤。雄鸡的头顶、颈、胸、背等部羽毛均闪烁着翠绿及蓝色的金属光泽；枕后有一束丝状的紫红色羽冠，衬托在颈后的白色羽状披肩上，红白相映，耀眼夺目；腰部呈金黄色而又转橙红；腹面纯白；尾羽宽而长，白色上具有黑色横纹。雄鸡整体羽毛色搭配协调华丽，故有"淑女雄"的美称。雌鸡除头侧棕红外，通体灰褐，尾比较短。白腹锦鸡栖息于海拔2000米~4000米高的多岩山地，常在多荆棘的灌木丛中单独或成对活动，秋冬季节一般结集成二十只左右的群体。白腹锦鸡善奔走，行动敏捷灵巧；性机警，一旦感到危险便快速在灌木丛中蹿跑；只有遇到惊吓才振翅起飞，飞不远又会落地潜逃。以草籽、坚果、嫩草等植物为主食，各种昆虫为辅；有时也到田里盗食农作物。据说，白腹锦鸡嗜食竹笋，故民间又称其为"笋鸡"。春末夏初发情期间，雄鸡的羽毛色更加艳丽。雄鸡追逐雌鸡时，羽冠竖立，颈后的披肩展开成羽状，斜着伸出两翼，尾羽抖动着倾向雌鸡，并发出低微的叫声。一般情况，雌鸡都会接受雄鸡激烈的求爱。若是成对的鸡遇到了一只雄鸡，两只雄鸡都会丢掉平时文静怯弱的性格，变成勇猛好斗的斗士，认真争斗一番。雌鸡则在一旁观看这场恶战。最终的胜利者可以占有雌鸡。白腹锦鸡的巢窝总是随便筑在地上的隐蔽处，比较简陋。雌鸡每年产卵15枚左右，孵卵期约23天。幼雏出壳后便能跟随母鸡到处捕食昆虫。翌年春，雏鸡可独立生活，11个月龄的白腹锦鸡即可婚配产卵育雏了。野生寿命约在6年~7年，动物园饲养寿命可达8年。白腹锦鸡是驰名世界的珍贵观赏鸟，已被我国列为一级国家重点保护野生动物。这枚邮票图案以白色衬底，刻画了一只站在绿草丛中的雄白腹锦鸡形象：他身躯雄健，服饰华美，双目凝视着斜下方，既像在寻觅食物，又似悠闲自得之神态；特别是他那条漂亮高高举起的长尾巴，犹如长虹凌空，洋溢着一种雄伟和潇洒之气。设计者采用水彩技法，画面清新明快。

【环颈雉】1997-7·（2-2）T 面值540分，票幅规格40毫米×32毫米，发行量2612.7万枚。图案刻画了一只雌环颈雉形象。环颈雉也称雉或雉鸡，俗称山鸡、野鸡、五（七）彩鸡等。主要分布在亚洲，原产我国，除西藏、海南外，几乎遍及全国各地。环颈雉全长1米，重

1.5公斤。雄雉全身羽毛华丽，头顶两侧各具一束耳羽簇，能够耸立而起；眼部无毛，皮肤裸露并垂下，呈绯红色；颈黑色，在光线照射下会炫耀出蓝色的金属光泽；胸腹呈铜红色，腰侧丛生绿黄色的发状羽毛。雌雉体型较小，尾也较短，体羽平淡，呈土褐色。环颈雉最具特色的是雄雉黑颈下方有一白色颈圈，故而得名。其实，生活在中国南方滇、黔、川等地的环颈雉，并没有白环；按照地域越往东往北，其颈上白环从无到有，由窄变宽，而东北地区的雄雉颈上的白环最宽最明显。在高山、平原、荒漠、草原、湖旁草丛、池塘灌丛、森林、农田，都能见到环颈雉的踪迹，栖息地及活动环境非常多样。它们食性杂，以植物为主，又特别喜欢啄食昆虫。脚爪强健，善于奔走，但不能久飞。性怯懦，遇到敌害，一般躲藏在隐蔽处不动，只有当被发现时，才会骤然振翅起飞，飞行有力，速度极快，但仅飞行数十米便又落下潜遁于乱石草丛之中。环颈雉为留鸟，只有在环境变化或食物缺乏时才迁徙。每年3月～7月间为发情期，一般雌雄成对，有时一雄二雌相配共处，偶尔一雄配多雌（4只～8只雌）。拂晓时，雄雉常发出"咯咯"啼鸣声，十分清晰悦耳，而且还要拍打几下双翅，以示发情的姿态。孵卵巢建在地面上，以柔软茅草、羽片垫敷成浅窝状。通常一年孵两窝。每窝产卵6枚～12枚，多时达16枚。孵卵期22天。幼雏出壳后不久，很快便可学会捕食昆虫，约10天后才自食嫩草、种籽等，一个月就可随母雉任意啄食了。早在18世纪，中国的环颈雉被引入英国。19世纪和20世纪初，欧美和澳洲等地都已引进成功，数量迅速增长，成为当地的重要狩猎资源。在瑞典，环颈雉是一种常见的鸟类，并能与人类和谐共处，是瑞典人民喜爱的动物之一。这枚邮票图案以淡绿色为底衬，以若隐若现的矮树丛为背景，刻画了一只站在草丛中的雌环颈雉形象；她身着漂亮的服饰，头高高抬起，尾羽冲天，透出一股公主般的傲然之气；她左脚着地，右脚轻轻抬起，仿佛在闲庭信步，又透着一种悠然自得和自我陶醉的神情。

1997—8 侗族建筑（T）

【侗族建筑（T）】Architecture of the Dong Nationality（T） 侗族是我国少数民族之一。自称"甘"。全国85％的侗族分布在贵州、湖南、广西等地区。侗族是一个古老的民族。据专家研究，侗族的祖先是居住在工浙一带的古越人，历史已有七千年以上。关于侗族名称的由来，古代文献中有不少关于"洞人"（峒人）、"洞蛮"和"洞苗"的记载。隋唐文献中多称湘、黔、桂边境羁縻州所属地区为"峒"或"溪洞"。宋代"峒"或"洞"成为羁縻州辖属的行政单位，经常"州峒"并称。至今侗族地区有不少村寨仍保留着"洞"的名称。历史上对居住在这一带的少数民族称为"峒民"或"洞人"。后来，"峒"或"洞"便演变成对侗族的专称了。语言属汉藏语系壮侗语族侗水语支。多通汉语。主要从事农业，兼营林业。妇女善纺织，侗锦、侗布精致耐用。有优良的建筑技术传统，鼓楼和风雨桥具有独特的民族风格。侗族喜欢聚居，侗寨地区山峦叠嶂，溪流纵横，湿热多雨，森林茂密，地势险要而偏僻，交通不便而闭塞，为便于生活和抵御外侮，一座鼓楼通常代表一大族姓，故大寨中的鼓楼不止一个，如从江高增有父、母、子三楼鼎立；黎平肇兴有仁、义、礼、智、信五楼林立，相互呼应。据20世纪80年代调查，侗族鼓楼尚存有三百多座。侗寨本身因山就势而建，因水临溪而筑，已构成了多层次立体的空间布局。在密集的居民建筑群中，宝塔式的造型拔地高耸，俯视全寨的鼓楼成了侗寨的标志。侗族鼓楼具有特殊的含义和功能。侗族为古越人后裔，习"巢居"，进而居"干栏"式房屋。当地盛产杉木，族民视杉树为"杉仙"，乃吉祥树，故而仿树形建楼。据明《赤雅》记载："以大木一株埋地，形独角楼，高百尺，烧五色瓦覆之，望之若锦鳞矣。男子歌唱饮啖，夜缘宿其上，以此自豪。"现今这种独角楼虽已不复存在，但其民俗尚有遗痕，比如在没有鼓楼的地方踩歌堂时便立一杉树于"鼓楼坪"中，权当鼓楼。侗寨的鼓楼具有多种社会功能。对外是接待贵宾的场所。对内有五大功能：（一）政治活动中心。在鼓楼组织庄严仪式，寨老宣布族规乡约，议事裁决民事纠纷；（二）军事指挥中心。战时在此击鼓报警喊寨聚众，施行号令；（三）文化娱乐中心。节日在鼓楼坪上举行祭祀活动；（四）学习休息场所。青年们在此听长者摆古论今，传播文化知识，接受传统教育。姑娘们在此学习绣花，小伙子在此练习吹芦笙，歌师在此教歌，老人在此聚谈。（五）临时作坊。外来工匠技师在此制作芦笙等工艺品。侗族鼓楼是一个"冬烤火、夏歇凉、聚众议事共商量"的全寨公共活动中心。建筑鼓楼时，通天中柱的选材最严格，既要挺直峻拔，又要粗细一致。其长度决定楼高和层数，木材要organize全寨男劳力上山采伐搬运，小材则由各户捐献或外寨人支援，故鼓楼的建造是侗族团结齐心的象征和吉祥兴旺的标志，是全寨人的荣誉和愿望。鼓楼类型基本有厅堂式、楼阁式、门阙式和密檐式四种，结构均由阁底、塔身、亭顶三段组成,平面为规则的四边、六边、八边等几何图形。鼓楼建筑特点明显,外形呈多边椎柱体,腰檐层叠渐缩,显得稳重而壮丽。相传,侗族所崇拜的图腾是龙,故鼓楼远望如盘龙状,亭顶似龙首高昂。正如赞鼓楼歌的唱词:"鼓楼建在龙窝上,锁住金龙留下万年长,龙公献出鳞甲当瓦盖。"鼓楼顶盖多为攒尖式或歇山、悬山式,挑檐加大,檐下常以如意斗拱层层挑出,并上斜与层檐的下斜形成喇叭口,能使鼓声传得更远。亭顶内立雷公柱,上端固定长铁杆,串以钵罐作宝顶,成糖葫芦状,增加了鼓楼的挺拔之势。楼身一般不封墙,底部多敞开,封窗者极少。中柱周围一圈木凳,内设火塘;层檐间通风防雨性能良好,适宜当地气候条件。侗族古制以单为多、为活、为吉,故鼓楼层檐均为单数,自1层~17层不等。通常鼓楼内部仅为上下两层,上层为鼓亭,下层如侗歌所唱"仰首望掉包头难见顶"的空间高敞。鼓楼构架为筒架,常以1根雷公柱、4根中柱、12根檐柱组成,代表一年四季12个月,寓意"日久天长"。封檐封板上彩画内容多样,有描写生产生活的耕种、打猎、歌舞等;有受汉族文化影响的《三国演义》《西游记》和《杨家将》故事等;有图腾崇拜的宝龙珠;有佛道饰样的宝瓶、如意、八卦等;以及侗锦图纹。角翅泥塑有升龙、立虎、鹤凤等吉祥与辟邪的动物,鼓楼装饰得十分美观。风雨桥,顾名思义是在桥上建筑廊亭以供人遮风避雨,也可保护木质桥身。据20世纪80年代调查,侗乡尚存的风雨桥为数很多。桥多架于田间溪流或大河要道处,俗称"花桥",也是侗寨的标志性建筑。其功能不仅便于交通,特别是位于寨旁的风雨桥还兼作寨门,侗族群众常在此举行芦笙比赛、拦路迎客等活动,是寨内外的重要交往空间;平时则作为休息及青年人谈情说爱之所。桥体由屋顶、桥面、桥身、桥墩四部分组成。屋顶小可叠檐,大可立形似鼓楼式的六重檐楼;顶有攒尖、歇山、悬山等式样。桥面楼廊柱分单排、双排两种,单排者设护栏,双排柱间加设坐凳。桥身跨距大者为悬臂桥,托架上铺设长原木一或二排,形成组合式梁;田间小桥仅用长原木一排支架设。桥墩多为块石砌筑。另外,在河水浅处还有木支架"板凳桥"式或石拱桥式,有的甚至作复廊与层廊式桥。侗寨那如塔如阁高耸的鼓楼和具楼具廊舒展的花桥,与侗乡的淳朴民风谐然一体,既是侗族人民智慧的结晶,又充溢着浓厚的民族性及地方风貌,是我国民族文化及古建筑遗产的瑰宝之一。

1997年6月2日,为了展现我国少数民族灿烂的历史文化风貌,中华人民共和国邮电部发行了一套《侗族建筑(T)》特种邮票,全套4枚。李印清设计。胶版。齿孔12度。邮局全张枚数(4—1)(4—2)20(5×4)横2枚连印,(4—3)(4—4)20(4×5)竖2枚连印。辽宁省沈阳邮电印刷厂印制。

【增冲鼓楼】1997—8·(4—1)T

面值50分,票幅规格30毫米×40毫米,发行量3151.75万枚。图案选用了坐落在贵州省从江县城西北50公里增冲寨的侗族增冲鼓楼。清康熙十一年(公元1672年)修建。1978年和1982年曾两次维修。鼓楼占地94平方米,通高二十多米。穿斗结构,十三重檐八角攒尖顶,双层楼冠葫芦宝顶,楼冠下各置如意斗拱。楼内四金柱呈筒架直贯十一层,高达12米,各柱之间相距3.6米,为正方形。在四金柱周围对角伸展3米处,配对应八檐柱,形成放射形八角架。第一层檐柱高3.5米,往上各层均用八根爪柱依次收刹,双层楼冠置于顶端,八角飞翅,雄伟壮观。楼内分四层走廊,有木梯回旋而上,直至顶层。各层内壁有精致的方格和卍(万)字格栏杆。顶层悬一牛皮长鼓,遇有急事,寨老便登楼击鼓,全寨老少闻声即至。邮票图案采用正面仰视的角度,以大自然旭日东升的早晨、涌动着的冷与暖的光色变幻烘托出增冲鼓楼,显示出一种激动心魄的巍峨高耸和恢弘气势,透着诱人的神秘感,令人向往。

【百二鼓楼】1997—8·(4—2)T

面值50分,票幅规格30毫米×40毫米,发行量3135.75万枚。图案选用了坐落在贵州省从江县城北面约40公里路香镇百二寨的百二鼓楼。清康熙年间建造,现为国家级文物保护单位。侗寨鼓楼是一种很具特色的宝塔形建筑物。以杉木作建筑材料,不施一钉一铆,柱子、枋的横穿、斜挂、直撑,一律采取接榫与悬柱结构,牢固而又谨严。第一层为正方形,与地平相距约2米~3米。以上各层为多角形,且有飞檐。顶部中央多安琉璃葫芦,脊棱缓缓翻卷成翘角。顶楼常悬鼓一面,遇事击鼓集众,决策定夺。底楼多设大厅,楼前有广场,楼侧或联建戏台和厢房。当地侗家历来是同姓聚居。一寨一姓建鼓楼一座;一寨多姓则建多座。因此,鼓楼又是族姓的形象标志。百二鼓楼呈四角九层四坡面攒尖顶,不设楼冠。邮票图案采用侧面仰视的角度,以正午时分的骄阳和蓝天上飞舞的白云为背景,突显出了百二鼓楼雄伟的气概和古朴自然的神采,充分展示出了古代侗族人民的聪明才智和高度的建筑艺术水平,能够让读者感受到侗族古建筑的艺术魅力。

【跨河风雨桥】 1997—8·(4—3)T　面值150分,票幅规格40毫米×30毫米,发行量2551.75万枚。

图案选用了横跨于贵州省黎平县城南109公里地坪上、下寨与甘龙之间南江河上的地坪风雨桥,是黔东南侗族风雨桥中比较典型的一座。清光绪八年(公元1882年)建造。1964年重建,1981年维修。为省级文物保护单位。地坪风雨桥为石墩悬臂梁,上覆桥廊,全长56米,桥廊宽3.85米,距水面10.7米。桥间置一石桥墩,将桥分为二孔,两孔净跨分别为21.42米和18.77米。桥梁由两层各四棵又粗又直又长的杉原木穿榫连成一体铺架。桥廊两侧装直棂栏杆,栏杆下设置披檐,以保护檐下木构件,并美化桥身。廊内设有长凳,供行人小憩。廊壁上绘有侗族风俗画以及山水花鸟等,桥脊正脊上塑有鸳鸯鸾凤和双龙抢宝图。桥上正中及两端分别建有阁楼一座,形似鼓楼。桥的整体造型亦楼亦桥,全部构架不用一根铁钉,是侗族建筑中特有的佳品。邮票图案以午后金黄色的自然光线为背景,采用俯视角度,生动地刻画出了地坪跨河风雨桥的壮美形象,能够激发读者漫步其上的强烈欲望。

有关桥的知识,详见新版《中国集邮百科知识》特50《中国古代建筑——桥》。

【田间风雨桥】 1997—8·(4—4)T　面值150分,票幅规格40毫米×30毫米,发行量2551.75万枚。

图案选用了位于贵州省黎平县距县城25公里高近寨的高近田间风雨桥。清乾隆三十年(公元1765年)建造。清道光二十六年(公元1846年)重建。用长圆木一排简支架设,桥墩多为石块砌筑。邮票图案采用侧面平视角度,以细雨蒙蒙的侗乡为背景,刻画了田间风雨桥的玲珑精巧形象,特别是桥上几位正在小憩中谈笑风生的姑娘和肩扛农具拾级而上风雨桥的农夫,既表现出了田间风雨桥的实用功能,又把侗族花桥建筑艺术造诣表现得淋漓尽致,能够让人感受到一种新奇的诗一样的田园味儿。

1997—9 麦积山石窟(T)

【麦积山石窟(T)】 Maiji Grottoes(T)　麦积山石窟是我国著名的四大石窟之一,国家第一批文物保护单位。石窟群开凿在陇海线甘肃省天水车站东南30公里的西秦岭上小陇山林海中一座奇伟的山崖上,因其山形"如农家麦积之状"而得名。据史籍记载,麦积山石窟始创于东晋十六国的后秦时期,迄今已有一千六百多年的历史。当时的皇帝姚苌、姚兴都是忠实的佛教信徒,热衷大兴佛事。宋《方舆胜览》曾这样记载:"在麦积山后秦姚兴凿山而修,千崖万像,转崖为阁,乃秦州胜境。"西秦时,著名禅师在此聚众讲法,规模宏大。北魏时期,事实上佛教已成为国教,麦积山新开窟龛达一百多所,造像达万尊。北魏中晚期,麦积山已形成了巨大的石窟群,堪称开窟造像的最高峰。北周时期,周太祖及其子孙都非常崇信佛教,对家乡天水地区的佛事活动更加重视,开凿了数十个新石窟。隋代,隋文帝下诏全国兴建12个舍利塔,麦积山顶之塔便是其中之一,而且还建造了东崖15.7米的三尊摩崖大像和大中型窟龛。唐、五代、宋、元、明、清时代,都在麦积山建造过石窟。麦积山建窟后经历了12个朝代,遭受过8次大地震和5次火灾,至今留存了194个洞窟和8座北朝崖阁,大小泥塑造像七千多尊,石刻造像47尊,壁画一千三百多平方米,被中外学者称誉为"东方雕塑陈列馆"。麦积山石窟的雕塑,是中国传统雕塑艺术对外来佛教艺术的升华,变神格化为人格化,生机盎然,神情栩栩灵动。在丝绸之路和蜀道交会点的悬崖峭壁上,佛窟"密如蜂房",栈道凌云穿空,其高险壮观既为世所罕见,也展现出了中华民族石窟艺术的无穷魅力。

1997年6月13日,为了展现中华民族历史文化艺术风貌,中华人民共和国邮电部发行了一套《麦积山石窟(T)》特种邮票,全套6枚。摄影者(6—1)(6—2)(6—3)(6—5)严仲义,(6—4)(6—6)卢援朝。姜伟杰、李庆发设计。胶版。齿孔12度。邮局全张枚数50(10×5)。河南省邮电印刷厂印制。

这套邮票的6枚图案,画面样式变化多姿:票面上既有群像,又有单身,多者两三人,少则一人,人数不一;人物或坐或立,或悄悄耳语,或会心微笑,或手捧宝瓶,或低眉合十,情态各异;表现部位或全身描绘,或面部特写,或正面刻画,或侧面展现,各具意趣。6幅塑像中,(6—1)"北魏·佛与胁侍菩萨"是石雕,其余均是泥塑;而泥塑中多运用彩绘,独有(6—6)"宋·供养人"保留了素泥原貌,从中可以窥见宋、金战乱留下的历史印记。

在色彩运用方面,塑像人物以赭灰为主,或薄施墨色,或淡抹石青,或浅涂紫晕,质朴间透出华彩,简洁中洋溢着丰富;画面底色或灰褐,或石绿,或灰红,映衬着石质泥胎的神和人,宁静中平添了几分活泼泼的神采。设计者运用不同光线,选择不同角度,不仅开发了原作的固有精髓,再现了天国神灵与世俗众生的生动形象,而且最大限度地展示出了麦积山石窟神佛国的沉雄博大,富有强烈的艺术感染力。

【北魏·佛与胁侍菩萨】1997—9·(6—1)T 面值50分,票幅规格30毫米×40毫米,发行量3149.25万枚。图案采用了严仲义拍摄的麦积山石窟第127窟正壁龛主佛"阿弥陀佛"与胁侍菩萨。石雕像侍者为佛教僧职,一般指为寺院住持(方丈)服务的执事者。

据《百丈清规》卷四,有烧香侍者(住持上堂说法、做法事时,为之烧香、记录法语等),书状侍者(代住持书写往复书信),请客侍者(为住持接待宾客),衣钵侍者(掌住持资财并为顾问),汤药侍者(掌住持衣食)等。胁侍,即站在主持两侧的侍者。公元386年~534年,鲜卑人拓跋珪在我国北方建立北魏,南北朝时期北朝之一,后分裂成东魏和西魏。整龛造像可称北魏时期的石刻杰作。全为花岗岩石雕造像。主佛脸型长方而略显圆润,双眉为微扬,两眼含情,通肩袈裟叠压百褶裙,衣纹阴线交互应用,富有层次感。整体造型典雅大方,神情安详自若,表现出了阿弥陀佛"身量无边,凡夫不能比及"的豁达轩昂的心胸。观世音和大势至两菩萨亭亭玉立在莲花台上,形象秀美而端丽,显出身在佛国侍奉并协助阿弥陀佛菩萨作为教化人生助手的喜悦神态。特别是主佛的头光中一圈十二身伎乐飞天独具匠心,大幅度的舞姿,神态各异。众飞天的衣裙飘带向后上方穿插跳动,巧妙地构成火焰纹光环,造成了潇洒和谐的优美气韵。

有关菩萨的知识,详见新版《中国集邮百科知识》T·74《辽代彩塑》。

【北魏·胁侍菩萨与弟子】1997—9·(6—2)T 面值50分,票幅规格30毫米×40毫米,发行量3151.75万枚。图案采用了严仲义拍摄的麦积山石窟第121窟胁侍菩萨和弟子的彩绘泥塑造像。北魏中期以后,麦积山石窟的佛教艺术已发展到了一个非常成熟的阶段。特别是泥塑作品十分活跃,艺术家从现实生活的真实感受出发,运用民族传统的雕塑手法,变神格化为人格化,达到了直接反映现实生活的高度。麦积山石窟第121

窟复斗藻井,三壁开龛,塑三世佛内容。这枚邮票图案所选取的胁侍菩萨与弟子彩绘泥塑,是将右壁弥勒菩萨的胁侍菩萨和正壁释迦佛的弟子组合在了一起。人物形体修长优美,风格秀骨清像,性格生动活泼。他们仿佛正在做佛事,菩萨与弟子身躯微倾,亲密得脸颊几乎要贴在一起,两眼含情脉脉,嘴角挂着会心的微笑,似乎在"窃窃私语":菩萨低声叙说,弟子侧耳聆听得入迷,合十的双手举于胸前,竟情不自禁地指尖分开轻轻鼓掌。雕塑者捕捉住了生活中的一个瞬间细节,把人物神情刻画得惟妙惟肖,情趣妙生。

【西魏·女侍童】1997—9·(6—3)T 面值100分,票幅规格30毫米×40毫米,发行量2521.75万枚。图案采用了严仲义拍摄的麦积山石窟第123窟女侍童彩绘泥塑造像。西魏时期开凿。公元535年~公元556年,文帝元宝炬建立西魏,建都长安,由北魏分裂而出。

窟内塑造了青年维摩居士和文殊菩萨变法的场面。该窟门内两角各塑一供养女童与供养男童,取其"祈福"和"一心供佛成佛"之意。这身供养女童身高114厘米,与菩萨等高。她头扎双丫髻,肩挂粗大项圈,身穿背带长裙,双目微闭下视,小嘴上翘,露出虔诚事佛、向往佛国的甜蜜微笑,刻画出了一个典型的天真可爱、稚气十足、洁净无邪、聪慧俊俏的当地农村小姑娘形象。造型结构简练概括,衣纹压线舒畅,一个现实生活中身边呼之欲应的农村小姑娘活灵活现地跃然纸上。

【西魏·佛】1997—9·(6—4)T 面值150分,票幅规格30毫米×40毫米,发行量2626.75万枚。图案采用了卢援朝拍摄的麦积山石窟第44窟主佛"西方极乐世界"的教主阿弥陀佛彩绘泥塑造像。

佛全称为佛陀,亦译为"佛驮"、"浮陀"、"浮屠"、"浮图"等,意译为"觉者"、"智者"等。特指佛教的创始者释迦牟尼。相传,公元前6世纪至5世纪,古印度的迦毗罗卫国(今尼泊尔境内)王子释迦牟尼创立了佛教,并广泛流传于亚洲许多国家,成为世界上的主要宗教之一。西汉末年传入中国。佛是信仰、崇拜的始祖及最高权威,泛指佛教的最高理想人格,亦为大乘佛教的最终果位。阿弥陀佛是佛教指西方极乐世界中最大的佛,也译作无量寿佛或无量光佛。信佛的人用作口头诵念的佛号,表示祈祷或感谢神灵等意思。这身泥塑佛像塑立在魏后墓(西魏文帝皇后乙弗氏出家麦积山死后埋葬之处)旁边,塑成一位美貌超群的妇人形象,和乙弗氏选美进宫及终年31岁相吻合,具有超度和寓意乙弗氏死后成佛的双层含义。佛像造型结构极其完美,平胸溜肩,身材匀称,眉清目秀,口角含情,鸭蛋形的脸面洋溢着圣洁玉润之神情,旋涡纹发式和自然流畅的波状衣纹层次清晰而丰富,具有强烈的装饰美感。这身既具有母亲慈祥温厚的真善美,又表现出佛家宽容大度的年轻女性泥塑造像,历一千三百多年,经隋唐两次大地震及露天日晒,风吹雨淋,至今仍晶莹如新,表现出肌肤的质感,反映出了古代匠师高超的制泥技能。

【北周·胁侍菩萨】1997—9·(6—5)T 面值150分,票幅规格30毫米×40毫米,发行量2626.75万枚。图案采用了严仲义拍摄的麦积山石窟第12窟正壁主佛左侧的胁侍菩萨彩绘泥塑造像。该窟为北周时期建造。公元557年~581年,鲜卑人宇文觉在我国北方地区建立北周,南北朝时期北朝之一。第12窟为四方攒

尖顶窟。这身菩萨头上塑有独特的花瓣形发式,脸形方中求圆,符合北周时期典型的"珠圆玉润"风格。他肢体略作自然扭动,双手举宝瓶于右胸前,头向左微低,双目下视,和略向前倾侍立的身躯自然谐调,表现了菩萨安详自得、恬静虔诚地倾听佛法的神态。他的璎珞和天衣富丽顾长,肢体丰润,装饰华贵,是一位健美的贵妇人形象,可视为北周皇室显贵在天水故里开窟崇佛时期的珍品。

【宋·供养人】1997—9·(6—6)T 面值200分,票幅规格30毫米×40毫米,发行量2521.75万枚。图案采用了卢援朝拍摄的麦积山石窟第165窟供养人泥塑造像。供是"应共处"或"供施处"之略,指举行布施、供奉、祭祀等的对象,如僧众、佛寺、佛像等,也称"福田"。此窟原系十六国时期开凿的早期洞窟之一,后因

人为和地震的彻底破坏,仅存留少量早期壁画。宋弋在残窟底部重塑了三大菩萨和两身供养人。可惜,这五身略大于真人的泥塑造像未及上彩,又遭宋金战火之灾,所幸素泥原貌能够保持至今。邮票图案选用的这身女供养人造像,艺术风格由隋唐的丰满夸张转向写实,无论形体结构比例和肌肤衣着,都如同活人般逼真,属麦积山石窟泥塑表现自然美的独特佛教艺术佳品。供养人头饰花冠宝珠,蛋形脸上额广颏小,柳叶眉飞扬,丹凤眼竖立,樱桃小口精巧而美,个性鲜明,俨然一位能干的贵妇形象,完全符合宋代对女性美的追求和审美观念。泥塑手法简洁明快,技法娴熟,圆刀滚压铲削自如;衣纹流畅,繁简适度;绸缎衣裙下垂,富有质感,创造出了一种利落洒脱之美。

1997—10 香港回归祖国(J)

【香港回归祖国(J)】The Return of Hong Kong to Her Motherland(J) 有关香港名称的知识,详见新版《中国集邮百科知识》1995—25《香港风光名胜(T)》。1842年,英国通过《南京条约》割占香港岛;1860年,又通过《北京条约》强占九龙半岛南端及昂船洲;1898年,再通过《拓展香港界址专条》强租新安县大片陆地及周围235个岛屿连同广阔水域99年,并将其改称"新界"。这都是清政府屈服于英国的炮舰而签订的割地、赔款的不平等条约。香港自古以来就是中国的领土。辛亥革命之后的历届中国政府都不承认这些不平等条约。1949年中华人民共和国成立后,中国政府曾多次声明对香港问题的基本立场:香港是中国的领土。中国不承认帝国主义强加给中国的三个不平等条约;对于这一历史遗留问题,将在条件成熟时通过和平谈判解决;未解决之前维持现状。1982年4月6日,邓小平会见英国前首相希思,提出解决香港问题的原则:中国对香港恢复行使主权,英国不再管治香港;香港成立特别行政区,由香港当地人自己管理;香港现行的社会经济制度不变,生活方式不变;法律基本不变;中国要维护香港自由港和国际金融中心的地位等。这为后来的中英会谈确立了基础。1982年7月,全国人大通过的宪法修正草案第三十一条规定:"国家在必要时得设立特别行政区。在特别行政区内实行的制度按照具体情况由全国人民代表大会以法律规定。"为祖国的和平统一确立了法律依据。1984年9月26日,中英两国政府在北京草签了《中华人民共和国和大不列颠及北爱尔兰联合王国政府关于香港问题的联合声明》及附件三份。1984年12月19日,英国首相撒切尔夫人与中国总理赵紫阳在北京正式签

署中英关于香港问题的联合声明,宣布中国将于1997年7月1日对香港恢复行使主权;英国政府于同日将香港交还给中华人民共和国。1990年4月4日,第七届全国人大三次会议通过了关于设立香港特别行政区的决定,同日公布了《中华人民共和国香港特别行政区基本法》及附件三份。1996年1月28日,根据中华人民共和国宪法赋予中国人民解放军的使命和《中华人民共和国香港特别行政区基本法》关于中央人民政府负责管理香港特别行政区防务的规定,中华人民共和国中央人民政府派驻香港特别行政区的部队组建完成。驻香港部队由中国人民解放军陆、海、空军组成,隶属于中华人民共和国中央军事委员会领导,具体执行香港特别行政区的防务任务。1996年12月16日,李鹏总理签署国务院第207号令,任命董建华为中华人民共和国香港特别行政区第一任行政长官,于1997年7月1日就职。1997年6月30日午夜至7月1日凌晨,香港会议中心新翼灯火辉煌,举世瞩目的中英两国政府香港政权交接仪式在这里的五楼大会堂隆重举行。交接仪式于6月30日23时42分正式开始。中英仪仗队入场后,双方礼号手吹响礼号。在仪仗队行举枪礼之后,查尔斯王子讲话说,这一重要而特殊的仪式标志着香港在一百五十多年英国统治之后,交还给中华人民共和国。23时59分,英国国旗和香港旗在英国国歌乐曲声中缓缓降落。随着"米字旗"的降下,英国在香港一个半世纪的殖民统治宣告结束。7月1日零点整,中国人民解放军军乐队奏起雄壮的中华人民共和国国歌,中国国旗和香港特别行政区区旗一起徐徐升起。在这激动人心的神圣时刻,全场沸腾了,几千双眼睛噙着泪花,向鲜艳的五星红旗和紫荆花区旗行注目礼,雷鸣般的掌声经久不息。接着,江泽民主席走到镶嵌着中华人民共和国国徽的讲台前,宣布中华人民共和国香港特别行政区正式成立!经历了百年沧桑的香港回归祖国,标志着香港同胞从此成为祖国这块土地上的真正主人,香港的发展从此进入一个崭新的时代。

1997年7月1日,为了庆祝香港回归祖国,中华人民共和国邮电部发行了一套《香港回归祖国(J)》纪念邮票,全套2枚。任宇、王虎鸣设计。胶版。齿孔12度。邮局全张枚数40(4×10)。辽宁省沈阳邮电印刷厂印制。

这套邮票的2枚图案都以解决香港问题的历史性文献为中心,下部饰以环绕的花卉;花卉都采用中国传统的工笔手法描绘,周围边框以中国人视为喜庆和富贵的金色铺陈,使画面充溢着浓郁的民族特色。2枚邮票的面值和铭记布局对称而又均衡,体现了香港平稳过渡的含义。票名"香港回归祖国"布置在洁净明澈的底衬上,犹如一幅舒展在辽阔天空的横标,向世界庄严宣告:经历了百年沧桑的香港回到了祖国的怀抱,中国政府开始对香港恢复行使主权!

【中英联合声明】1997—10·(2—1)J 面值50分,

票幅规格50毫米×30毫米,发行量6219.75万枚。图案以淡绿色作底衬,表现的是中英两国政府在1984年12月签署的《中英联合声明》文本封面。1982年9月至1984年9月,中英两国政府进行了多次关于香港问题的谈判。邓小平同志提出的"一国两制"方针,为解决香港问题奠定了基础。在我国政府代表团提出的十二条基本方针的基础上,1984年9月26日上午10时,中英两国政府在北京人民大会堂西大厅举行了中英联合声明的草签仪式,圆满结束了两国政府历时两年关于香港问题的谈判。1984年12月19日,英国首相撒切尔夫人与中国总理赵紫阳在北京正式签署中英关于香港问题的联合声明。中英两国政府就香港问题达成的协议包括一个主体文件和三个附件。其主体文件就是《中英联合声明》。除序言外,声明正文是八款。规定了中华人民共和国政府于1997年7月1日对香港恢复行使主权,英国政府于同日将香港交还给中华人民共和国。并阐述了中国政府对香港的十二条基本方针政策:设立直辖于中央人民政府的香港特别行政区,除国防和外交事务由中央管理外,特区享有高度自治权;香港现行法律基本不变;特区政府由当地人组成;香港的现行社会、经济制度和生活方式不变;特区将保持自由港、独立关税地区和国际金融中心的地位及财政独立;香港特别行政区可以"中国香港"的名义单独同各国、各地区及有关国际组织保持和发展经济、文化关系;中国政府的上述基本方针50年内不变,概括起来就是:收回主权,成立特区,港人治港,高度自治,制度不变,保持繁荣。1985年5月27日,中英两国政府在北京互换关于香港问题联合声明及三个附件的批准书。中国外交部就此发表新闻公报说,联合声明自即日起宣布生效。这一声明确定中国将恢复对香港行使主权,反映了新中国外交工作的巨大成就。印有中英文两种文字的《中华人民共和国政府和大不列颠及北爱尔兰联合王国政府关于香港问题的联合声明》文本封面作为图案的中心画面,下部环绕着象征和平的月季花,既表达了对《中英联合声明》正式签署的祝贺,也喻义中英两国政府通过谈判圆满解决了香港这一历史遗留问题,回归祖国的香港将更加和平、幸福、繁荣发展。

【中华人民共和国香港特别行政区基本法】1997—10·(2—2)J

面值150分,票幅规格50毫米×30毫米,发行量5795.75万枚。图案以淡黄色作底衬,表现的是中华人民共和国第七届全国人大三次会议在1990年4月通过并颁发的《中华人民共和国香港特别行政区基本法》文本封面。1990年2月13日~17日,香港特别行政区基本法起草委员会第九次全体会议在北京举行,邓小平会见了出席会议的委员并发表了即席讲话。至此,历时4年零8个月的基本法(草案)包括附件及其他有关文件的起草工作全部完成。1990年4月4日,中华人民共和国第七届全国人大三次会议通过了关于设立香港特别行政区的决定。同日,国家主席杨尚昆签署主席令,公布《中华人民共和国香港特别行政区基本法》,包括附件一:《香港特别行政区行政长官的产生办法》;附件二:《香港特别行政区立法会的产生办法和表决程序》;附件三:《在香港特别行政区实施的全国性法律》以及香港特别行政区区旗、区徽图案,自1997年7月1日起实施。其内容包括:序言;第一章总则;第二章中央和香港特别行政区的关系;第三章居民的基本权利和义务;第四章政治体制;第五章经济;第六章教育、科学、文化、体育、宗教、劳工和社会服务;第七章对外事务;第八章基本法的解释和修改;第九章附则,共有条文106条。香港特别行政区基本法规定:香港特别行政区是中华人民共和国不可分割的部分;全国人民代表大会授权香港特别行政区实行高度自治,享有行政管理权、立法权、独立的司法权和终审权;行政机关和立法机关由香港永久性居民组成;依法保障香港特别行政区居民和其他人的权利和自由;不实行社会主义制度和政策,保持原有的资本主义制度和生活方式,50年不变;保护私有财产权;香港原有法律即普通法、衡平法、条例、附属立法和习惯法,除同基本法相抵触或经香港特别行政区的立法机关作出修改外,予以保留。这部基本法标志着"一国两制"已经成为既有理论指导和政策措施,又有法律依据的科学构想,体现了维护国家主权与特别行政区实行高度自治的紧密结合,是香港稳定与繁荣的法律保障。1990年4月5日,英国外交部发表声明,认为《香港特别行政区基本法》基本体现了中英联合声明的精神,是一个可以接受的法律。印有中华人民共和国国徽和《中华人民共和国香港特别行政区基本法》字样的文本封面作为图案的中心画面,下部环绕着有国花之称的牡丹花,既表达了香港回归祖国的喜庆与吉祥,也预示未来香港前程似锦。

有关国徽的知识,详见新版《中国集邮百科知识》特1《国徽》。

1997—10M 香港回归祖国(小型张)(J)

【香港回归祖国(小型张)(J)】The Return of Hong Kong to Her Motherland(Souvenir Sheet)(J) 1997年7月1日,为了庆祝香港回归祖国,中华人民共和国邮电部发行了一套《香港回归祖国(J)》纪念邮票,同日发行了1枚小型张。王虎鸣、任宇设计。胶版。齿孔12度。辽宁省沈阳邮电印刷厂印制。

【香港回归祖国】1997—10M·(1—1)(小型张)J
面值800分,小型张规格140毫米×95毫米,邮票规

格60毫米×50毫米,发行量5770.96万枚。小型张主图以蓝天白云为背景,选用了邓小平同志在解决香港和澳门问题过程中的一幅个人半身照片。他身穿一件灰色中山装,面带微笑注视着前方,既表现出了他面对世界风云变幻沉着冷静的性格特征,又洋溢着他期盼香港和澳门回归祖国的殷切心情。"一国两制"4个大字则采用了邓小平同志的手迹拼连而成,领袖的风采与手书有机统一于一体,既给人一种亲切感,又能够让人对他"一国两制"创造性的构想油然起敬。作为小型张背景的维多利亚湾,被处理成装饰效果,显得格外和平宁静;夜空中五颜六色的礼花烂漫璀璨,点染出了举国同庆香港回归祖国的一派欢乐气氛。"1997"金色字样在红色底衬上闪耀着夺目的光芒,这是中华民族长久期盼的一个年份,它将永载世界史册!

有关邓小平同志生平的知识,详见本书1998—3《中

国社会主义改革开放和现代化建设的总设计师邓小平同志逝世一周年(J)》。

有关中山装的知识,详见新版《中国集邮百科知识》纪 120《孙中山诞生一百周年》。

1997—10GM 香港回归祖国（金箔小型张）(J)

【香港回归祖国（金箔小型张）(J)】The Return of Hong Kong to Her Motherland (Gold Foil Souvenir Sheet) (J) 金箔是将纯金进行分割、锤打,直至扁平的片状薄片。厚度为 0.12 微米,大约为头发丝直径的 1/11,是货真价实的薄如蝉翼。1 盎司足金可拉成 105 公里的细线,可打成大约相当于 1.5 亩地面积的金箔。在中国,"金箔"的历史非常悠久,据考古发现,河南安阳殷墟以及河北藁城商代中期遗址中都有"金箔"出土,在三星堆考古发掘中也发现了商代的"金箔",其中殷墟出土的金箔厚度仅 0.01 毫米左右。湖南长沙马王堆汉墓中,也出土有"金箔"或金粉绘贴服装。古老的打箔工艺全部靠艺人们手工操作。金箔艺人一高一低面向而坐,中间放一石礅,一推一护,配合默契,七斤多重的铁锤抡 2.5 万次,将包有金片的"家生"有规律地移动,方可使之捶打均匀。从"家生"中取出时,金箔飘飘欲飞,由于太薄太轻,不能用手触摸,取金箔只能用嘴"吹"。如此高难度的加工金箔技艺,被世人称为"国之瑰宝"、"古艺奇葩"、"传世绝技"。现代金箔生产是先将金块熔化,浇入铸铁模内,将长条形金锭切成小块,用锤在拍叶砧上锻打,变硬后再烧至 800°C 焠火,拍打至 0.01 毫米厚时裁为小片,分层夹入"乌金纸"内,再用锤来反复锤打之后,将金箔用竹棒挑逐张移入大乌金纸内,用双层牛皮纸裹妥帖,放在石捻子上由两人捶打,击打部位、方法、用力的大小均有严格的规定。"乌金纸"表面极为光滑油亮,将金片夹入锤打,能最大限度地发挥延展性。一张金箔需经过人工三万多次捶打,使每张金箔厚度达到 0.12 微米方能完成,最后将打好的金箔置于绷紧的猫皮上,以竹刀切割成规定的尺寸,再用羽毛将金箔移入毛边纸内包装成品。制箔工序先后要经过"化条"、"压条"、"拍叶"、"装沾"、"丢捻子"、"打开子"、"炕炕"、"打箔"等 12 道特殊加工。其中取出金箔这道工序只能用嘴"吹",金箔艺人"吹"功特别高超,将金箔用"口风"和鹅毛轻轻挑起,使其贴到另一纸基上,使打出的金箔整齐划一。切箔者,即"吹箔者",要练约一年半的"吹功",练就"口风"成线、成点的本领,达到三根点燃的蜡烛,吹灭中间一根,两边纹丝不动的程度才能上岗。"吹箔"艺人还能将金箔"吹"到佛像和各种物体上,使其顿时生辉,金光灿烂。现代金箔可以不受工艺条件的限制,贴于所需的物体表面,用途极为广泛。金箔邮票属于金属邮票的范畴。1955 年,欧洲的匈牙利为了纪念国际轻金属产业会议举行暨本国制铝工业创建 25 周年,发行了一种铝箔航空邮票,这是世界上最早发行的金属邮票。图案为一架正飞行在烟囱林立的冶金工业区上空的飞机。铝箔厚 0.009 毫米,背面裱糊着一层刷有背胶的薄纸,可与普通邮票一样使用。1969 年,亚洲的不丹发行了一套钢箔邮票,钢箔厚度 0.025 毫米。全套 12 枚,图案介绍了世界钢铁生产的历程。金箔邮票的印刷可追溯到 1965 年,当时非洲的加蓬共和国为了悼念林伯依查博士,发行了 5 万枚金箔邮票,图案为林伯依查博士肖像,面值高达 1 千法郎。

1997 年 7 月 1 日,为了体现香港回归祖国的重大意义,中华人民共和国邮电部在发行一套《香港回归祖国(T)》特种邮票和 1 枚小型张的同日,又发行了 1 枚金箔小型张。王虎鸣、任宇设计。胶版。齿孔 12 度。法国卡特印刷厂印制。

【香港回归祖国】1997—10GM·(1—1)(金箔小型张）J 面值 50 元,小型张规格 140 毫米×95 毫米,邮

票规格 60 毫米×50 毫米,发行量 2000.00 万枚。图案与 1997—10M《香港回归祖国（小型张）(J)》的图案画面相同。这是新中国第一枚金箔邮票,第一枚在国外印刷的邮票,而且是在邓小平同志早年勤工俭学的法国,也是他职业革命生涯起点的地方印制的。这也是第一枚出现邓小平同志形象的邮票。望着邓小平同志微笑的面容,自然会想到他生前有一个愿望,就是在香港回归时到祖国的这块土地上去看看;他曾说,就是坐着轮椅也要去,哪怕在香港的土地上站一分钟也好。言犹在耳,伟人长逝。祖国人民对一代伟人的深深怀念被融入那片片鎏金之中,历史将会永远记住用智慧提出"一国两制"创造性构想的邓小平同志!

注:这枚小型张为"金箔小型张",而邮资图部分没

有烫印金箔,却只给部分边饰图案烫印金箔,从学术角度看,它依然是纸质邮票。名实不符,很可惜。

1997—11 五台古刹(T)

【五台古刹(T)】Ancient Temples in the Wutai Mountain(T)　五台山坐落在山西省五台县东北隅,与浙江普陀山、四川峨眉山、安徽九华山并称为我国四大佛教名山。绕周250公里。由东台望海峰、西台挂月峰、南台锦绣峰、北台叶斗峰、中台翠岩峰组成。因峰顶宽阔平坦,形如垒土之台,所以叫五台,山也由此而得名。五个台顶的高度均在海拔3000米左右,其中北台叶斗峰最高,海拔3058米,素称"华北屋脊"。五峰之外称台外,五峰之内称台内,台内以台怀镇为中心。山中气候寒冷,每年四月解冻,九月积雪,台顶坚冰累年,盛夏气候凉爽,平均气温在20摄氏度左右,故又称"清凉山"。天然的高峰峡谷、古松清流、山情野趣,与历代能工巧匠们建造的珈蓝梵利、殿堂楼阁和谐地交织在一起,构成了瑰丽壮观的五台风光。明《清凉山志》记载,东汉永平年间五台山已有寺庙建筑,相传台怀镇西侧山峰,与古印度灵鹫山相似,故将五台山第一座寺庙称作大孚灵鹫寺(今名显通寺)。隋、唐两代,佛教进入极盛时期。自唐太宗李世民至德宗,无不诏敕五台,"倾仰灵山"。帝后崇佛,庶民仰僧,佛教盛况空前,五台山的寺庙达三百六十多所。五台山在我国佛教史上具有重要地位,隋唐时即已名播诸方。中唐时期《五台山图》传到日本,后又传到敦煌,绘入敦煌壁画。清末至民国间,因经济贫困,战火频仍,内外战乱迭起,致使五台佛殿破败,僧尼四散。新中国成立后,特别是改革开放以来,随着文物保护政策和宗教政策的落实和旅游事业的开展,五台上庞大的古建筑群得到了妥善的保护与维修,又放射出了璀璨的光辉。

1997年7月26日,为了展现中华民族古代建筑艺术风貌,中华人民共和国邮电部发行了一套《五台古刹(T)》特种邮票,全套6枚。阎炳武、杨文清设计。胶版。齿孔12度。邮局全张枚数40(4×10)。河南省邮电印刷厂印制。

这套邮票的6枚图案采用中国传统的线描加西洋设色技法,既保持原有自然景观的特点,又在真实的基础上加以夸张和取舍,力图使每幅画面都能给人一种空灵、清静、脱俗之感,创造出一种氛围,使每幅画面都有自己的一个中心,然后在每幅画面的基调上进行加强或减弱。比方,(6—1)"台怀镇寺庙群"的画面,若遵照实际景观,白塔的位置则很小,经过人为地将白塔变高大,将远山推远,设色上把远山和白塔的对比度拉开,便营造出了一个既真实而又充满神秘气氛的画面;(6—2)"南禅寺大殿"的画面,人为地在前补上一棵树,而且同主体建筑物之间有一种空间感,再将整个画面调成棕黄色,使树与庙之间有一种和谐的关系;(6—3)"佛光寺东大殿"画面,有意识将两边的树木减弱,突出了主体建筑;(6—4)"显通寺铜殿"画面,人为地将别处的松柏移至铜殿前,突出了铜殿的高大;(6—5)"菩萨顶"画面,特意选择了雪后初晴的一瞬,加之装饰性的云雾,创造出了一种超凡脱俗的佛国仙境之气氛。设计者精细地勾勒出了古刹建筑物棱角分明、纹路清晰的质感,精致之中突显出了古代建筑的富丽堂皇;在色彩运用方面,采用了一种比较平实冷峻的色调,既使古刹具有厚重的历史沧桑感,又充分表现出了五台山"清凉世界"的意境,创造出了一种神秘悠远、清净脱俗的佛国神韵。

【台怀镇寺庙群】1997—11·(6—1)T　面值40分,票幅规格50毫米×30毫米,发行量2581.75万枚。图案描绘了五台山台怀镇现存完整的古寺庙建筑群。五台山以其腹地台怀镇为中心,面积5.4平方公里。五台山内外现存的完整佛寺约近五十处,台怀镇有显通寺、塔院寺、菩萨顶(真容院)、万佛阁、罗睺寺、广仁寺、圆照寺、广宗寺、殊像寺、又殊寺、善财洞、黛螺顶、寿宁寺、灵应寺、慈福寺、三泉寺、三塔寺等17处,是寺庙最集中的地方。因时代与形制的不同,众多的寺庙有的苍劲古朴,有的雄伟壮观,各有其不同的历史与艺术价值。台怀镇寺院既有雄伟壮观的殿堂,也有高耸挺拔的古塔,还有气势庄重的影壁、牌坊,以及雕刻精细的勾栏、台阶等,均构造奇巧,装饰富丽,从不同角度反映出了中国古代砖石建筑的杰出成就。邮票图案以黛绿色的山峦和一抹明亮的天空为背景,展现出了五台山古怀镇寺庙建筑群的壮观面貌,画面左侧的那座大白舍利塔坐落于塔院寺内。塔院寺为五台山五大禅处之一,位于台怀镇显通寺南侧。原是显通寺的塔院,明代重修舍利塔时独立为寺,改用今名。寺前有牌坊三间,玲珑雅致,为明万历年间所建。寺内主要建筑,大雄宝殿在前,藏经阁在后,舍利塔位居其中,周设廊屋,东列禅院,布局完整。寺内以舍利塔为主,塔基座正方形,藏式,总高约60米,全部用米浆和石灰砌筑而成。塔刹、露盘、宝珠皆为铜铸,塔腰及露盘四周各悬风铎,风来叮当作响,极富古刹风趣。

台怀镇诸寺,群山环峙,塔院寺位居在前,青山绿丛之中高大的白塔格外醒目,人们把它看作五台山的标志。整个画面上的寺院建筑依山势鳞次栉比,佛塔摩天,殿宇巍峨,金碧辉煌,气势磅礴;远山林木葱葱,近处古松挺拔,既有深山藏古寺的幽静氛围,又有生机盎然的自然气息,将山情野趣和古刹丛林和谐交织的五台山风光表现得淋漓尽致,令人神往。

风铎也称风铃,是指一端闭合、一端敞口的中空响声器物,因风吹铃动槌从内部撞击铃体表面发声而得名。文化的产物,文化的载体,承载着丰富的文化内涵。从演奏音乐的乐器,到佛道信众装点佛国净土和道教仙界的神圣法器,从一个侧面反映了中国古代社会的宗教、音乐、民俗以及金属冶炼铸造技术的真实状况。

有关塔的知识,详见新版《中国集邮百科知识》特21《中国古塔建筑艺术》。

【南禅寺大殿】1997—11·(6—2)T 面值50分,票幅规格50毫米×30毫米,发行量3053.75万枚。图案描绘了五台山南禅寺大殿的外观景象。

南禅寺坐落在山西省五台县城西南22公里李家庄西侧。寺庙坐北向南,面积约3078平方米,有山门、龙王殿、菩萨殿和大佛殿等主要建筑,围成一个四合院形式,是中国现存已知最早的唐代木结构建筑。创建年代不详。据大殿平梁下保存的墨书题记,南禅寺大殿重建于唐建中三年(公元782年)。大殿面宽11.62米,进深9.9米,单檐歇山式屋顶,殿身建筑在一米多高的台基上,殿前有宽敞的月台,柱上安有雄健的斗拱,承托屋檐,殿内无柱,四椽栿通达前后檐柱之外,梁架结构简练,屋顶举折平缓,标志着我国唐代建筑技术已有很高水平,而且已普及到了偏僻山村。大殿有佛坛,宽8.4米,高0.7米,坛上满布唐代泥塑。主像释迦,结跏趺坐于束腰须弥座上,手势作禅宗拈花印。两侧及前面有弟子、菩萨、天王、仰望童子以及撩蛮、佛霖等共计17尊。各像面形丰润,神态自若,服饰简洁,衣饰流畅,塑造精巧,与敦煌唐代塑像如出一辙。南禅寺迄今已有一千二百多年,历经五级以上地震八次,幸免被毁。1961年,国务院公布南禅寺为全国重点文物保护单位。邮票图案以棕黄色为底衬,采用近景特写镜头,精细地刻画出了南禅寺大殿的正面外观形象,高大雄奇,屋顶上两只相向的脊兽栩栩如生,殿檐角悬挂的风铃声声可闻;画面左右两侧绘有挺拔舒缓的古藤和低矮的灌木,几片黄叶落地,点缀了南禅寺的环境气氛,清净脱俗中又充满着自然情趣;大殿石阶两侧安置着两个消防用的铜制盛水大缸,表明了古人对木结构建筑的高度防火意识。

脊兽指明清古建筑正脊和垂脊交界处的瓦件,称为"吻兽",其功能是连接正脊和垂脊并装饰屋顶,以形成丰富的建筑天际线(轮廓线)。

【佛光寺东大殿】1997—11·(6—3)T 面值50分,票幅规格50毫米×30毫米,发行量3053.75万枚。图案刻画了五台山佛光寺东大殿的外观景象。

佛光寺坐落在山西五台县城东北32公里佛光山麓。创建于北魏孝文帝时期(公元471年~公元499年),隋唐时代寺况兴盛,远及日本。寺庙依山势起伏而建,坐东朝西,三面环山,唯西向低下而疏豁开朗。寺区松柏苍翠。殿阁巍峨,环境清幽。寺内建筑高低错落,主从有致。唐代建筑的东大殿坐落在佛光寺内东向山腰上,雄伟古朴,居高临下,俯瞰全寺,为寺内主要建筑。根据殿前石幢刻字与殿内梁架上题记核证,于唐大中十一年(公元857年)在弥勒大阁旧址上重建。大殿台基高13米,有片石砌筑。殿身面宽7间,34.08米;进深4间,18.12米;单檐五脊顶,面积677平方米。殿内外柱上有古朴的斗拱承托上部梁架和深远翼出的屋檐。屋檐挑出约四米,以便将雨水吐得更远些。为了避免影响采光,挑出的屋檐略向上翘,并使用了高度为柱高1/2的硕大斗拱,后世罕见。殿顶全用板瓦仰俯铺盖,脊兽全为黄绿色琉璃艺术品,一对高大的琉璃鸱吻矗立在正脊两端,使殿宇更加壮丽劲健。殿内有一个高近一米,宽及五间的大佛坛,满布彩塑35尊,比例适度,躯体自如,面形丰满,线条流畅,均为唐代作品;五百罗汉则为明代补塑。各间皆有主像一尊,分别为释迦佛、弥勒佛、弥陀佛及普贤、文殊二菩萨。主像两侧及前面各有胁侍菩萨和供养菩萨,并有侍者牵引狮象。佛坛两角,由金刚侍立。殿内壁上和佛座背面还保存有十多平方米的唐代壁画,已是中国寺观壁画的仅存之物了。大殿外表朴素,用朱红涂刷,不施彩绘,具有一种稳健广阔、古朴浑厚的美感。东南大殿南侧的那座塔是祖师塔,北魏孝文帝时期创建佛光寺的初祖禅师塔。塔身古朴,用青砖砌筑,高约8米。平面六角形,两层,第一层中空,正西面开门,门上有火焰形券拱,塔檐用砖叠涩垒砌,上层各角砌有束莲式倚柱，正面饰以火焰式券拱假门，侧面雕破子棂窗，顶部置有覆钵、莲瓣及宝珠。祖师塔形制古朴，是佛光寺创建时期保留至今的唯一北魏遗物。邮票图案以空旷的远山为背景，将佛光寺内东大殿和祖师塔置于画面中心，再饰以苍劲参天的古松，创造出了一种精美的古代建筑艺术、厚重的历史沧桑和自然天成的风景交融在一起的奇妙意境，耐人寻味。

【显通寺铜殿】1997—11·(6—4)T 面值150分，票幅规格50毫米×30毫米，发行量2625.75万枚。

图案刻画了五台山显通寺铜殿外观景象。显通寺位于五台山台怀镇营坊村北灵鹫峰下。和菩萨顶、殊像寺、塔院寺、罗睺寺合称五台山五大禅处。据《清凉山志》记载，始建于东汉永平年间，初名大孚灵鹫寺；北魏孝文帝时扩建，因寺侧有一花园，赐名花园寺；唐武则天时曾改名大华严寺；明太祖重修，赐额"大显通寺"；清又重建，形成今日规模。寺宇面积8万平方米，各种建筑四百多间，中轴线殿宇有观音殿、菩萨殿、大佛殿、无量殿（又称无梁殿）、千钵文殊殿、铜殿和藏经殿7座，无一雷同。在五台山诸寺中，显通寺规模最大，历史最古，俗称"祖寺"，朝山礼拜者，必先拜谒显通寺。其中铜殿三间位于显通寺大雄宝殿后，是明代妙峰祖师所建，高五米多，三间见方，由十万斤青铜铸件组成。殿内铸佛像近万尊，故又称万佛殿。殿身比例和谐，铸造精湛。柱额花纹，格扇棂花，全以铜铸勾勒而成。寺内原有明朝铸造的铜塔五座，象征着五个台顶，现存两座，高八米，八面十三层，满铸佛像和各种图案，极为精美。1982年，国务院公布显通寺为全国重点文物保护单位。邮票图案让显通寺铜殿建筑占据绝大部分画面，殿阁巍峨，殿脊两端铸有跃然欲飞的两个"鸱吻"。殿脊中间装有一个葫芦似的宝瓶，金光闪闪，耀眼夺目；苍松翠柏环绕，铜塔坐落其间；底色从外到内由深渐浅，创造出了一派虚无缥缈的佛教圣地风光。

【菩萨顶】1997—11·(6—5)T 面值150分，票幅规格50毫米×30毫米，发行量2625.75万枚。图案刻画了五台山菩萨顶的外观景象。菩萨顶位于五台山中心区台怀镇显通寺北侧灵鹫峰上。和显通寺、殊像寺、塔院寺、罗睺寺合称五台山五大禅处。相传，五台山为文殊菩萨道场，菩萨顶为文殊菩萨居住地，故又名真容院，亦称文殊寺。创建于北魏，历代重修，明永乐年间改建，曾称大文殊寺，后喇嘛住持，始改今名。清康熙、乾隆几次朝拜五台山，在菩萨顶住宿，书匾题铭、撰写碑文，后即兴工重建。现存建筑为清代遗构。寺内文殊殿有著名的滴水檐，以往这个殿的前檐终年滴水不断，故又名滴水殿。寺后有大铜锅三口，直径均在1.67米，可见当年僧众之多。寺居山头，地势较高，门前筑石阶108级，石级上有牌坊三间。山门内有天王殿、钟鼓楼、菩萨殿、大雄宝殿等主要建筑。两侧有配殿，后部有禅院、围廊，规模完整，布局严谨。全部建筑均用三彩琉璃瓦覆盖，历经几百个寒暑，色泽如新，其中尤以孔雀蓝釉色最引人注目。寺内康熙御碑方座螭首，立于前院。乾隆御碑立于东禅院碑亭内，用方形巨石雕成，碑高6米，每面宽及1米，用汉、满、蒙、藏4种文字镌刻。邮票图案以茫茫云海为底衬，采用侧视角度，既描绘出了菩萨顶建筑屋顶琉璃瓦艳丽的色彩，又展现出了那108级石阶，仿佛一道天梯直达山顶，地势高耸，台阶陡峻，云雾缭绕，创造出了一种"僧栖云外楼"的神秘意境。

【镇海寺】1997—11·(6—6)T 面值200分，票幅规格50毫米×30毫米，发行量2581.75万枚。

图案刻画了五台山镇海寺的外观景象。镇海寺位于五台山台怀镇南5公里山腰杨柏峪村。此地两山夹峙，山峰徵缓，古柏苍翠，山花遍野，风景秀美。寺侧有一清泉，名曰"海底泉"。相传，此泉为海眼，龙王九子贪恋民女，横溢成灾，文殊菩萨发觉降大锅镇之，后人于此处建寺，名称"镇海寺"。清代建造，寺内有康熙五十年（公元1711年）御制碑文。寺前坡道崎岖，现存山门、钟鼓楼、天王殿、大佛殿、宣教殿、左右配殿等，各殿佛像俱全，皆为清代塑造。寺南侧为永乐院，清章嘉活佛的居所，院内石雕十五世章嘉佛塔，清乾隆五十一年（公元1786年）造，相传为金顶玉葬。塔外形如藻瓶，造型别致。塔高10米，塔基六角状，每角塑一尊武士；塔基八面浮雕释迦牟尼成佛故事和花鸟山水，极为富丽典雅。周围设有廊屋，画十大明王和十二圆觉菩萨。十五世以后，历代章嘉每年到此避暑，蒙藏教徒朝山礼拜，也多要到此瞻仰活佛。邮票图案以绵延起伏的山峦为背景,采用俯瞰的角度,展现出了镇海寺的全貌,殿堂楼阁层次分明,佛塔巍巍清晰可见;古木参天,云雾缭绕,寺内寺外人流络绎不绝,生动地表现出了五台山千年古刹的独特风采。

1997—12 中国人民解放军建军七十周年(J)

【中国人民解放军建军七十周年(J)】The 70th Anniversary of Founding of the Chinese People's Liberation Army (J) 有关中国人民解放军建军的知识,详见新版《中国集邮百科知识》纪17《中国人民解放军建军二十五周年》。中国人民解放军诞生于1927年8月1日,在土地革命战争时期(1927年~1937年)称中国工农红军。同年9月,毛泽东领导发动湖南、江西边界的秋收起义,随后又建立了井冈山革命根据地,并总结了建军经验,制定了无产阶级新型军队的建军原则。先后发动了近百次武装起义,建立了数十个农村革命根据地,打败了国民党反动军队的多次进攻,发展壮大了红军。第五次"反围剿"失败后,又战胜了错误路线的干扰,胜利完成了二万五千里长征。在抗日战争(1937年~1945年)中,中国工农红军改编为八路军和新四军,在人民群众支持下,建立和发展抗日根据地,开展敌后游击战,同日伪作战十二万五千多次,毙、伤、俘日伪军一百七十一万四千多人,在19个省区形成拥有一百多万平方公里和1.2亿人口的解放区,部队发展到一百三十多万人,为打败日本帝国主义,为世界反法西斯战争的胜利做出了重大贡献。在解放战争时期(1946年~1949年),人民解放军共歼灭国民党军807万人,解放了除西藏(1951年5月和平解放)和台湾、金门、马祖以及南海诸岛等岛屿以外的全部国土,为夺取新民主主义革命的胜利做出了巨大贡献。新中国成立时,人民解放军已发展为拥有步兵、炮兵、装甲兵、工兵、通信兵、铁道兵等兵种初步合成的军队。新中国成立后,人民解放军在任务繁重、装备落后的情况下,参加了支援朝鲜、越南人民的反侵略战争任务,参加了西藏平叛和其他保卫祖国边疆的作战任务,保卫了国家的安定和祖国边疆的安宁。在抢险救灾和支持国家重大工程建设方面,人民解放军也做出了卓越的贡献。同时,人民解放军的正规化、现代化建设也进入新的发展阶段,相继组建了空军、海军和战略导弹部队等,国防科研取得了一批重大成果,武器装备的现代化程度有了很大改进,现代条件下的后勤保障能力不断增强,在维护祖国统一、安全和稳定,支援国家经济建设和建设社会主义精神文明方面,做出了积极贡献。70年艰苦奋斗的历程中,中国人民解放军在中国共产党的领导下,在夺取政权和保护政权的斗争中,从胜利走向胜利,不断发展壮大,成为人民民主专政的坚强柱石,捍卫社会主义祖国的钢铁长城,维护世界和平、建设有中国特色社会主义的重要力量,为中国革命和建设立下了奇勋丰功,并一步步走向现代化建设。

1997年8月1日,为了庆祝中国人民解放军建军七十周年,中华人民共和国邮电部发行了一套《中国人民解放军建军七十周年(J)》纪念邮票,全套5枚。季宏敏、姚斌、骆根兴、李翔设计。胶版。齿孔12度。邮局全张枚数40(4×10)。辽宁省沈阳邮电印刷厂印制。

这套邮票的5枚图案,以陆、海、空、二炮的主战兵器为主图,背景是按兵种按时间有机串联在一条主线上的建军七十年来的重大事件,淡彩的背景与重彩的主图珠联璧合,能够让人自然重温中国人民解放军七十年的成长历程,真切地感受到人民军队的现代化步伐。每幅画面上虽然没有出现一个军人,但那隆隆开进的坦克、劈波斩浪的军舰、呼啸而过的军机和腾空而起的导弹,创造出了一种千军万马奔腾向前的气势,动感突出,表现出了现代化战争操纵着高技术武器与敌人决战千里之外的新特点,收到了此处无人胜有人的艺术效果。

【陆军】1997—12·(5—1)J 面值50分,票幅规格50毫米×30毫米,发行量3001.75万枚。

图案以中国人民解放军陆军装备使用的国产85—Ⅲ型主战坦克为中心画面,背景是从"八一南昌起义"开始,通过中国工农红军二万五千里长征过程中爬雪山过草地、革命圣地延安,以及抗日战争、解放战争、解放军占领国民党南京总统府、中华人民共和国开国大典等图片组成,创造出了一幅从小米加步枪到具有现代化兵器的中国人民解放军陆军发展壮大的历史全景画,它告诉人们:中国人民解放军陆军是1927年8月1日,由周恩来、贺龙、叶挺、朱德、刘伯承等领导北伐军两万多人在南昌举行起义时诞生的;南昌起义打响了武装反对国民党反动派的第一枪;中国人民解放军经历过爬雪山过草地、纵横十一个省的二万五千里长征,受过抗日战争、解放战争的洗礼,为中华人民共和国的诞生立下了不朽功勋。主图选用国产主战坦克,标志着中国人民解放军的陆军已由单一的步兵兵种,发展为装甲兵、炮兵、摩托化步兵等

诸兵种的现代化军种。图案采用棕黄色作底衬,草绿色的主战坦克昂首前进,仿佛清晰可闻隆隆的脚步声;那一面面迎风飘扬的"八一"军旗和一颗颗闪亮的"八一"五星军徽,清晰可见激动人心的鲜艳红色,有声有色,交织成了一支中国人民解放军陆军不断发展壮大的胜利进行曲。

中国人民解放战争指在 1945 年~1949 年时期内,中国共产党对于蒋介石在美帝国主义支持下抢夺抗日战争胜利果实、阴谋发动内战所进行的针锋相对、寸土必争的战争。1945 年 8 月,党中央派毛泽东、周恩来、王若飞等到重庆与蒋介石举行和平谈判,于 10 月 10 日达成协议。但不久,蒋介石就撕毁了协议,并从 1946 年 7 月起,依仗其军事力量的优势和美帝国主义的援助,发动了对解放区的全面进攻。党领导人民以自卫战争来粉碎国民党的进攻。战争的第一年表现为国民党军队的进攻和人民解放军的防御;战争的第二年,人民解放军由防御转入了进攻;战争的第三年,人民解放军取得了辽沈、淮海、平津三大战役的胜利,歼灭了国民党军队的主力。1949 年 4 月,人民解放军渡过长江,解放南京,宣告国民党反动统治的覆灭。

国产 85—Ⅲ 型主战坦克是我国工业部门依据国情独立设计制造的,采用了大量的新技术和新工艺,特别是武器系统有了质的提高,是我军最现代化的陆战武器之一。它装备的主要武器为一门大口径(125 毫米)滑膛炮,可发射尾翼稳定脱壳穿甲弹、聚能装药破甲弹和杀伤爆破榴弹,威力大,精度高,身管寿命长,更换方便。配备的钨合金弹芯脱壳穿甲弹,初速为 1730 米/秒,发射速度 8 发/分,可在常见作战距离上击穿大厚度的均质或复合装甲。其火控系统大大缩短了反应时间,在行进间对运动目标的射击准确,首发命中率高达 80%,被动式微光夜视仪可使坦克在夜间高速行进和精确射击。该坦克辅助武器为一挺 7.62 毫米同轴机枪和一挺 12.7 毫米高射机枪。车载电台功率强,保密性好,可作远距离通信。装备的防核、防化、防生物武器系统和自动灭火抑爆装置,可使坦克在被击中后的 60 毫秒内扑灭车内的火焰,大大提高了坦克及乘员的生存能力。

有关坦克的知识,详见新版《中国集邮百科知识》T·8《批林批孔运动普及、深入、持久地进行下去》。

有关二万五千里长征的知识,详见新版《中国集邮百科知识》纪 36《中国工农红军胜利完成二万五千里长征二十周年》。

有关革命圣地延安的知识,详见新版《中国集邮百科知识》特 65《革命圣地——延安》。

有关抗日战争的知识,详见新版《中国集邮百科知识》纪 16《抗日战争十五周年纪念》。

有关南京解放的知识,详见新版《中国集邮百科知识》纪 41《中国人民解放军建军三十周年》。

有关开国大典的知识,详见新版《中国集邮百科知识》纪 4《中华人民共和国开国纪念》。

【海军】1997—12·(5—2)J

面值 50 分,票幅规格 50 毫米×30 毫米,发行量 3167.75 万枚。图案以中国海军新型 112 号导弹驱逐舰为中心画面。112 号导弹驱逐舰装备中国人民海军之后,曾创下人民海军舰船年度远航时间最长、跨越海域最广、执行任务最多的纪录。图案背景以中国人民海军从建军到现在的水上作战事件为主线,从解放战争中渡江作战的木船,到现代化的远洋战舰,真实地记录了中国人民海军发展壮大的历程,反映了我们的海军保卫祖国万里海疆的能力。图案采用碧绿色作底衬,从正面角度刻画了一艘勇猛的导弹驱逐舰破浪前进的形象,高大的舰身充满画面上下边框,周围白浪滔滔,气势威猛雄壮。

导弹驱逐舰是以导弹、水中武器、舰炮为主要武器,具有多种作战能力的中型水面舰只,是海军舰队编成中突击力较强的舰种之一。用于攻击潜艇、水面舰艇、舰队防空以及护航、侦察、巡逻、警戒、布雷、袭击岸上目标等。1892 年,英国造船技师 A. 亚罗向海军部建议建造一种能对付鱼雷艇的军舰。1893 年,英国建造了"哈沃克"号鱼雷驱逐舰,排水量仅 240 吨。这就是世界上最早的驱逐舰。1953 年,美国建造了世界上第一艘导弹驱逐舰"米切尔"号,排水量已达 5200 吨。从此,导弹驱逐舰就成为各国海军的主力。导弹驱逐舰是中国人民海军最主要的作战船只。初创时期,曾从苏联引进了一批驱逐舰加入人民海军的行列。1971 年 12 月,中国自行设计研制的第一代导弹驱逐舰入列服役,标志着人民海军的现代化建设进入了一个新阶段。它具有高参数大功率的蒸汽动力装置、导弹武器系统、自动舰炮、觐用雷达、搜索攻击声呐、电子对抗系统、反潜直升机,以及电子式指挥仪等新设备,航速高,航程远,对海、对空火力强。服役后,1980 年 5 月,参加了我国首次向南太平洋发射运载火箭的试验任务;1985 年,首次代表中国人民海军出访南亚三国,经受住了太平洋、印度洋惊涛骇浪的考验。邮票图案上展现的就是我国在第一代导弹驱逐舰基础上建造的第二代导弹驱逐舰,它在东南沿海诸军兵种联合军事演习中发挥了重要作用,在出访美洲四国和东南亚三国时,向世人展现了中国人民海军的风采。

【空军】1997—12·(5—3)J 面值50分,票幅规格50毫米×30毫米,发行量3003.75万枚。图案以最新装备中国人民空军的歼八Ⅱ型高空高速歼击机为中心画面。背景是中国人民空军各个时期装备的战机,包括空军创建初期的教练机和各个时期有代表性的歼击机、强击机、轰炸机等,展示出了中国人民空军不断现代化的过程。图案采用蔚蓝色作底衬,从侧面角度刻画了歼八Ⅱ型歼击机飞行的姿态,高空高速,英姿勃勃。

有关歼八Ⅱ型歼击机的知识,详见本书1996—9《中国飞机》。

【战略导弹部队】1997—12·(5—4)J 面值50分,票幅规格50毫米×30毫米,发行量3001.75万枚。图案以中国人民解放军第二炮兵部队装备的新型导弹为中心画面。1966年7月1日,以原人民公安部队领导机构和军委炮兵部分机构为基础,在北京成立了第二炮兵领导机关,属中央军委领导。第二炮兵部队是中国人民解放军序列中最年轻的军种,是我军实施积极防御战略方针的核反击部队,也是我军最现代化的高技术部队。图案背景是中华人民共和国成立35周年阅兵式上第一次向世界公开展示的中程、远程和洲际导弹,以及我导弹试验发射场景,表明我军有防御任何高技术外来侵略的能力。图案采用淡紫色作底衬,捕捉住了导弹发射升空时的瞬间形象,火焰腾腾,导弹挺身向着预定的目标飞去,其势犹如雷霆万钧,令人精神振奋。

导弹是装有弹头、动力装置并能制导的高速飞行武器。依靠控制系统的制导,能使弹头击中预定目标。按照发射点和目标位置,可分为地对地、地对空、空对空、空对地、空对舰、舰对地、舰对舰、岸对舰等导弹;按照推进剂的物理状态,可分为固体、液体导弹;按照飞行原理,可分为弹道式和飞航式导弹;按照在战争中的作用,可分为战略导弹和战术导弹;按照射程,可分为近程、中程、远程、洲际导弹。战略导弹是用于打击战略目标的导弹。进攻性战略导弹通常射程在一千公里以上,携带核弹头,主要用于打击敌方政治经济中心、军事和工业基地、核武器库和交通枢纽等战略目标,具有射程远、威力大、速度快、精确度高等特点。第二次世界大战后,美国和苏联率先在德国V-1、V-2导弹的基础上开始研制发展起来。1956年,为了打破帝国主义的核讹诈,增强自卫能力,我国开始了战略导弹的研制工作。1960年11月,我国仿制苏联的P-2近程导弹发射成功,并于1961年装备部队。1964年6月,我国自行研制的中程导弹试验成功。1966年10月,我国成功地进行了世界上首次导弹核武器试验,极大地增强了我国的国防实力。1971年,第二炮兵部队开始装备中程导弹核武器。20世纪80年代初,远程、洲际导弹开始服役。至此,第二炮兵部队已拥有一定数量、多种型号的近程、中程、远程和洲际导弹,而且既能在固定阵地发射,也可以机动发射,形成了具有一定规模的战略导弹核力量,提高了我军的战斗力和威慑力。

【陆海空联合演习】1997—12·(5—5)J 面值200分,票幅规格50毫米×30毫米,发行量2521.75万枚。图案以中国人民解放军装甲部队装备的85新型水陆两

用坦克为中心画面,背景是中国人民解放军陆、海、空、第二炮兵部队协同作战的场面。图案采用橘红色作底衬,天空有英姿勃勃的战机,海上有劈浪前进的战舰,陆地上有水陆两用坦克滚滚向前,按照预定目标飞行的导弹在空中划出一道白光,较好地描绘出了一幅中国人民解放军现代化建设与建军七十年历程的历史全景画,生动地表现了中国人民解放军为适应世界军事形势的发展,把建设强大的现代化、正规化的革命军队作为军队建设的目标,加速实现由数量规模型向质量效能型,由人力密集型向科技密集型的转变,以具备现代化战争陆、海、空一体化的诸兵种合作作战能力,抵御外来侵略,维护国家独立、安全与稳定,参加和支援祖国社会主义建设事业。

有关陆军、海军、空军的知识,详见新版《中国集邮百科知识》纪17《中国人民解放军建年二十五周年》。

1997—13 寿山石雕(T)

【寿山石雕(T)】Stone Carving of Shoushan (T)

寿山石与青田石、昌化石并称为中国三大名石。寿山石产于福建省福州市北郊的寿山乡，石质脂润，色彩斑斓，柔而易攻，为收藏及雕刻之佳品。按照不同的坑洞、不同的产地及不同的质地与颜色区分，寿山石一般分为田坑、水坑和山坑三大类，细分有一百多个品种，其中以艾绿、田黄、晶冻等上品为代表。从考古挖掘出的雕刻品，可知寿山石的开采和利用至今已达一千五百多年。关于寿山石的来历，有两个美丽的传说：其一，相传古时有五色凤凰落足寿山，所至之处，岩中皆产冻石，滑润如脂，凤凰产蛋，便成寿山石；其二，女娲补天时，将剩余的五彩石藏于寿山，便成寿山石。寿山石天生丽质，寿山石雕艺术又为寿山石增添了无穷韵味。寿山石雕艺术源远流长，可考已有一千多年历史。历代寿山石艺人、工艺师、能工巧匠们雕琢出了许多传世佳作，形成了丰富的雕刻技法，有钮雕、圆雕、浮雕、透雕、镶雕、镂空雕和薄意雕等，其中以圆雕、印章、钮头雕刻、薄意雕刻较多。寿山石雕表现的题材广泛，有人物、动物、古神兽、花果、鱼虫、山水、博古图案等。在风格上，寿山石雕艺术形成了以纯朴、浑厚、超脱见长的东门派和以玲珑、精致、取巧见长的西门派；东门派以印章为主，西门派涉猎广泛，花鸟、谷物、山水、动物皆成石雕。

1997年8月17日，为了展现寿山石雕艺术的风采，中华人民共和国邮电部发行了一套《寿山石雕(T)》特种邮票，全套4枚。石雕创作者(4—1)江依霖、(4—2)周宝庭、(4—3)冯久和、(4—4)林发述。摄影者(4—1)(4—2)(4—4)任国恩。任国恩、柯水生设计。胶版。齿孔12度。邮局全张枚数(4—1)(4—2)50(10×5)，(4—3)(4—4)50(5×10)。河南省邮电印刷厂印制。

这套邮票的4枚图案，除(4—3)"含香蕴玉"因作品经历30多年后已变色，难以恢复原色，只好选用了20世纪60年代的一幅图片，其他3枚图案都是擅长摄影的任国恩精心拍摄的。在拍摄过程中，他注意用光和角度的选择，做到了用光既柔和又主次分明，体现出了石雕的精细、玲珑剔透，突出了石头原色原质。同时选用渐变的协调色、对比色作背景，增加了画面的深度和主图的立体感。并借助电脑技术修整照片，完全保持了石头本身的色彩和质感，使邮票达到在放大镜下能清晰可见石头纹理的效果。

【田黄秋韵】1997—13·(4—1)T　面值50分，票幅规格30毫米×40毫米，发行量3171.75万枚。图案选用了寿山石雕西门派传人江依霖创作的一件珍品《田黄秋韵(情满西厢)》。江依霖1950年生，福州人，一级名艺人、工艺美术师、福州市工艺美术学会会员、福州寿山石研究会会员，擅刻薄意、高浮雕与印钮。作品重153

克，体积4.8厘米×3.5厘米×7.3厘米。石材为寿山石中珍贵的银包金田黄冻。田黄石是数千年前，寿山村坑头溪上的高山矿脉，因地壳运动与大自然的风化、侵袭，部分矿石脱离母体，滚落并埋藏于溪涧砂土层中的一种天然独石。由于该石种长期受到土壤和地下水的侵蚀，在其表面形成了一层白色表皮，肌理隐现细小的皱纹，犹如萝卜丝状，极为罕见，可称得上寿山石中的极品。雕刻师利用田黄石材通灵的白色石皮，采用薄意刻的技法，刻画了中国古典文学名著《红楼梦》第二十三回"西厢记妙词通戏语　牡丹亭艳曲惊芳心"中贾宝玉、林黛玉赏读《西厢记》的情节。雕刻品以大观园沁芳闸桥周围的自然景观为典型的生活环境，描绘了贾宝玉引用书上的语言，向林黛玉倾吐爱情的场景，仿佛可闻贾宝玉说自己是"多愁多痛的身"，黛玉是"倾国倾城的貌"之声，可见林黛玉"带腮连耳的通红了"之色，生动地表现了他俩志同道合的真挚爱情和对封建礼教的叛逆精神。作品中亭台楼阁，小桥流水，桃红柳绿，层次分明，形象生动自如，一片春意盎然的景象。加之白色的表层与黄色的肌理相互映衬，相得益彰。邮票图案以淡淡的棕黄色作底衬，使得这件雕刻品更加突出鲜明，富有立体感。作品现收藏于福州雕刻工艺品总厂。

注：这件寿山石雕原名《情满西厢》，选材于中国古典名著《红楼梦》第二十三回"西厢记妙词通戏语　牡丹亭艳曲惊芳心"中双玉读曲的故事。原著有这样一段描写："那日正当三月中浣，早饭后，宝玉携了一套《会真记》，走到沁芳闸桥那边桃花底下一块石上坐着，展开《会真记》，从头细看。正看到'落红成阵'，只见一阵风过，树上桃花吹下一大斗来，落得满书满地皆是花片。'可见，双玉读曲的时间背景是桃花盛开的春季，而这枚邮票将石雕作品名称改作"田黄秋韵"，出现了季节错误。

有关中国古典文学名著《红楼梦》的知识，详见新版《中国集邮百科知识》T·69《〈红楼梦〉——金陵十二钗》。

【犀牛沐日】1997—13·(4—2)T　面值50分，票幅规格30毫米×40毫米，发行量3171.75万枚。图案选用了中国工艺美术大师周宝庭的遗作《古兽印钮》之一《犀牛沐日》。周宝庭(1906—1989)小名依季，号异臂，福州市后屿村人，中国工艺美术师，擅刻印钮、古兽仕女，以刀法浑厚著称于世。《犀牛沐日》采用寿山石中的老性高山冻彩石雕刻而成。高山石具有质松、晶莹剔

透、色彩丰富的特点。工艺美术大师正是巧妙地利用了高山石红、黄、白丰富的色彩,精心雕刻了一轮红彤彤的骄阳、飘动的云彩和一头回首奋蹄的犀牛,构思奇巧,刀法洗练,传统内涵又结合自然手法,看是情理之中,妙在意想之外,使人感慨天公造物之神妙,不禁为作者的巧思而击节。这件作品是作者于 1985 年在"第五届中国工艺美术百花奖"评比中,荣获国家珍品金杯奖的"28 兽印钮石章"之一。邮票图案以淡淡的绿色作底衬,鲜明地烘托出了一轮喷薄而出的红日和一头回首奋蹄的雄健犀牛,望之若动,充满着勃勃生机。作品现收藏于福州石雕厂。

【含香蕴玉】1997—13·(4—3)T　面值 150 分,票幅规格 40 毫米×30 毫米,发行量 2541.75 万枚。

图案选用了高级工艺美术师冯久和雕刻的一件大中型作品《含香蕴玉(花果累累)》。冯久和 1928 年生,福州市秀岭村人,中国工艺美术大师、中国工艺美术学会会员、福州寿山石研究会会员,擅刻动物、花鸟。《含香蕴玉》采用寿山高山石雕刻而成。在寿山石坑中,高山石是储量最大的石种,具有质地微松却晶莹、色彩异常丰富的特点。这件作品的原石材重达一百多斤。工艺美术大师充分利用石材天生的丽质与温润的色泽,巧妙地镂雕出了冰清玉洁的玉兰花、招手含笑的菊花、俏丽而不争春的腊梅,还有各具形态的石榴、荔枝、蜜桃和一颗颗圆溜溜儿的葡萄,组成一个色彩鲜艳的花果篮,争红斗艳,散发着沁人的芳香,让人垂涎欲滴,大师深厚精湛的技艺使天然的造化更具有灵气。1972 年,该作品参加"全国工艺美术展览会",并作为当时出版的大型画册《中国工艺美术》的封面图。1979 年,选送日本参展"中国工艺美术展览会",获得极高评价。现珍藏于北京中国工艺美术馆。邮票图案以淡淡的蓝色作为底衬,使得这组石雕花卉水果直逼天然,表现出了工艺美术大师刀下深厚的艺术造诣。作品收藏于国家二轻部工艺美术珍品馆。

【醉入童真】1997—13·(4—4)T　面值 150 分,票幅规格 40 毫米×30 毫米,发行量 2541.75 万枚。图案选用了高级工艺师林发述于 1964 年雕刻的作品《三仙醉石》,邮票图案名称改为《醉入童真》,塑造了古代神话

传说八位神仙(汉钟离、张果老、吕洞宾、铁拐李、韩湘子、曹国舅、蓝采和、何仙姑)中的铁拐李、汉钟离、吕洞宾三仙聚会畅饮,不拘礼节、醉态滑稽可掬的形象。林发述 1928 年生,福州市后屿乡人,中国工艺美术学会会员、福州寿山石研究会会员,以擅刻人物、花鸟闻名。《醉入童真》石材采用的是寿山李红旗降石。旧时八仙常作为绘画的题材和美术装饰的主题。为了能够把"三仙滚破天(福州方言)"这一传统题材表现得更具特点,作者曾遍临了黄慎、郭梁、李霞、李耕等人有关八仙的绘画,在领会了这些名画家画意的基础上,又巧妙地利用了石材的天然俏色,从而把三仙的醉态表现得淋漓尽致,形神兼备,耐人玩味。作品收藏于福建省工艺美术实验厂。

有关古代神话传说八仙的知识,详见本书 2004—15M《神话——八仙过海(小型张)(T)》。

1997—13M 寿山石雕(小型张)(T)

【寿山石雕(小型张)(T)】Stone Carving of Shoushan(Souvenir Sheet)(T)　1997 年 8 月 17 日,为了展现寿山石雕艺术的风采,中华人民共和国邮电部在发行了一套《寿山石雕(T)》特种邮票的同日,发行了 1 枚小型张。任国恩、柯水生设计。胶版。齿孔 12 度。河南省邮电印刷厂印制。

【乾隆链章】1997—13M·(1—1)(小型张)T　小

型张面值800分,小型张规格97毫米×97毫米,邮票规格60毫米×60毫米,发行量2120.56万枚。图案选用了清朝乾隆皇帝使用过的玉玺"乾隆链章"(田黄三链章)。雕刻大师利用一整块纯黄湿润的田黄石雕刻成两枚方形章与一枚椭圆形章,并用三条活动的链环连在一起,两枚方形印章篆刻有"乾隆宸翰"、"惟精惟一",一枚椭圆形印章篆刻有"乐天"的印文,雕工精美,堪称国宝。"乾隆链章"经历了乾隆、嘉庆、道光、咸丰、同治、光绪、宣统七代帝王。清朝末代皇帝溥仪在他的《我的前半生》一书中做过这样的记叙:1942年11月,他被驱逐出皇宫时,把"乾隆链章"这件珍宝藏匿在了随身携带的一只提箱夹层之中,带往东北。溥仪曾变卖过诸多的珍宝;被苏联红军俘虏后,又带往苏联,在此期间,他也曾以"献宝"的形式还陆续上缴了一大批金银珠宝,但"乾隆链章"一直不忍出手。直至从苏联回国后,经过接受教育改造,溥仪才下决心将"乾隆链章"献出。这件"乾隆链章"历经辗转,终于又重新回到了故宫博物院。邮票图案自上而下由灰黑至白色作衬底,仿佛将"乾隆链章"和三枚印文置于明亮的聚光灯下,印章取两个背面一个正面,石材质感可触,篆刻印文清晰可见。小型张以深棕色作底衬,四周钤有20枚"乾隆宸翰"方印,并镶有窄窄的金色边框,既具有历史感,又显得珍奇华贵,古朴典雅;采用罕见的正方票形,颇为别致。

有关印章的知识,详见本书2004—21《鸡血石印(T)》。

1997—14 中国共产党第十五次全国代表大会(J)

【中国共产党第十五次全国代表大会(J)】The 15th National Congress of the Communist Party of China (J) 有关中国共产党的知识,详见新版《中国集邮百科知识》纪9《中国共产党三十周年纪念》。有关中国共产党全国代表大会的知识,详见新版《中国集邮百科知识》J·143《中国共产党第十三次全国代表大会》。1997年9月12日~18日,中国共产党第十五次全国代表大会在北京举行。出席大会的正式代表2074人,代表五千九百多万党员。大会议程为:(一)听取和审查中国共产党第十四届中央委员会的报告;(二)审议通过《中国共产党章程修正案》;(三)选举中国共产党第十五届中央委员会;(四)选举新一届中央纪律检查委员会。江泽民代表中国共产党十四届委员会作了《高举邓小平理论伟大旗帜,把建设有中国特色社会主义事业全面推向21世纪》报告。报告共分十个部分:(一)世纪之交的回顾和展望;(二)过去五年的工作;(三)邓小平理论的历史地位和指导意义;(四)社会主义初级阶段的基本路线和纲领;(五)经济体制改革和经济发展战略;(六)政治体制改革和民主法制建设;(七)有中国特色社会主义的文化建设;(八)推进祖国和平统一;(九)国际形势和对外政策;(十)面向新世纪的中国共产党。大会通过了中国共产党第十四届中央委员会报告;通过了关于《中国共产党章程修正案》的决议,把邓小平理论确立为中国共产党的指导思想并载入党章;还通过了中纪委的工作报告。大会采用无记名投票方式,选举出了第十五届中央委员193名,候补中央委员151名和中央纪律检查委员会委员115名。中国共产党第十五次全国代表大会高举邓小平理论旗帜,总结了我国改革和建设的新经验,把邓小平理论确立为党的指导思想,把依法治国确定为治国的基本方略,把坚持公有制为主、多种所有制经济共同发展,坚持按劳分配为主体、多种分配方式并存,确定为我国在社会主义初级阶段的基本经济制度和分配制度。党的十五大对建设有中国特色的社会主义事业的跨世纪发展做出了全面部署。

1997年9月12日,为了祝贺中国共产党第十五次全国代表大会胜利召开,中华人民共和国邮电部发行了一套《中国共产党第十五次全国代表大会(J)》纪念邮票,全套1枚。于万新、陈晓聪设计。胶版。齿孔12度。邮局全张枚数50(5×10)。辽宁省沈阳邮电印刷厂印制。

【中国共产党第十五次全国代表大会】1997—14·(1—1)J 面值50分,票幅规格40毫米×30毫米,发行量3621.75万枚。

图案以专色的中国共产党党徽为中心,15面鲜艳的、飘动的党旗组成一个花环,围绕在党徽周围,并以党徽为中心,向四周放射出绚丽的光芒。金色党徽代表以党中央为核心的中国共产党;15面党旗组成的花环紧紧围绕着党徽,既点明了"十五大"的主题,展示了党代会的历程,又代表全国各族人民将更加紧密地团结在党中央周围,在"十五大"的光辉照耀下,对未来充满信心,齐心协力奔向灿烂美好的21世纪,为创造一个和平、稳定、繁荣、进步、统一的新时代而努力奋斗;图案以红色的光芒作底衬,更加突出了金灿灿的党徽。整个画面内涵丰富,寓意深远。

有关党徽的知识,详见新版《中国集邮百科知识》J·86《中国共产党第十二次全国代表大会》。

有关党旗的知识,详见新版《中国集邮百科知识》

J·21《伟大的领袖和导师毛泽东主席逝世一周年》。

1997—15 中华人民共和国第八届运动会(J)

【中华人民共和国第八届运动会】8th National Games of the People's Republic of China(J) 有关中华人民共和国名称的知识，详见新版《中国集邮百科知识》纪4《中华人民共和国开国纪念》。中华人民共和国成立后，党和国家十分重视广大人民身体素质的提高和群众体育运动的开展。1959年9月13日~10月3日，正值中华人民共和国成立10周年之际，第一届全国运动会在北京举行。1965年9月11日~28日，第二届全国运动会在北京举行。1975年9月12日~28日，第三届全国运动会在北京举行。1979年9月15日~30日，第四届全国运动会在北京举行。1983年9月18日~10月1日，第五届全国运动会在上海举行。1987年11月20日~12月5日，第六届全国运动会在广州举行。1993年9月4日~15日，第七届全国运动会在成都、秦皇岛和北京三个赛区举行。1997年10月12日~24日，第八届全国运动会在上海举行，这是上海第二次举办全运会，也是为香港回归和党的十五大召开两件举世瞩目的大事增光添彩的体育盛会。其宗旨为：团结、进步、文明、参与，其精神概括为：爱祖国、重参与、讲文明、创佳绩。本届运动会共设比赛项目大项28个，小项319个，共计327枚金牌，除武术外均为奥运会项目。和第七届全运会一样，也设了速滑和短道速滑两项冬季项目，这都是为适应奥运会发展和我国国情而确定的。来自全国各省、市、自治区、解放军和12个行业体协共46个体育代表团一万八千多名运动员、教练员和领导参加了预赛，其中香港和重庆都是第一次单独组团参加全运会。参加决赛的运动员达七千七百多人，是历届全运会中参赛单位最全、参赛人数最多的一次。开幕式上，上海人民推出了一台具有时代气息、构思新颖、有一万三千多人表演的大型团体操《祖国万岁》。在运动会期间，还举行了体育美术展览、体育摄影展览、体育集邮展览及体育用品博览会，促进了体育与文化、体育与经贸的相结合。第八届全运会是20世纪我国最大和最后一次综合性运动会，它不仅是对全国体育运动的一次大练兵、大检验，为中国运动健儿参加1998年亚运会和2000年奥运会打好基础，而且也展示了我国改革开放和社会主义现代化建设事业的大好形势，显示全国各族人民以高昂姿态奔向21世纪的精神风貌。

1997年10月12日，为了祝贺中华人民共和国第八届全国运动会顺利举行，中华人民共和国邮电部发行了一套《中华人民共和国第八届运动会(J)》纪念邮票，全套2枚。郭振山、张立设计。胶版。齿孔12度。邮局全张枚数50(5×10)。河南省邮电印刷厂印制。

【会徽·运动员】1997—15·(2—1)J 面值50

分，票幅规格40毫米×30毫米，发行量3201.75万枚。图案以一个掷铁饼运动员形象为中心画面。这个掷铁饼运动员形象借鉴了古希腊著名雕塑大师米隆的《掷铁饼者》，既表现出了现代运动会对古代奥运精神的继承性和延续性，也表现出了不断地向着更快、更高、更强的目标迈进。动作选择了运动员挥臂后蓄积力量，即将发力投掷的瞬间。从视觉上看，它仿佛是静止的，实际上是一个动作向相反方向的转换，是爆发力的起点，代表了运动的最强音，此时运动员的肌肉、表情与内心情绪均处于高度紧张状态，是动的开始，是以静取动，静中有动，以静衬动，以静胜动，是静与动的对立统一，预示着我国体育运动及社会主义建设事业向21世纪蓬勃发展的前景。图案背景采用不同颜色的足球、田径、游泳、体操运动员的剪影，代表了球类、田径、游泳、体操四大项目，既表现出了本届全运会是一次大型综合性运动会，也反映了比赛项目的丰富多彩和各民族各地区运动员的多样性。本届全运会的会徽放置在图案的左下角。

第八届全运会的会徽图案，上半部分由代表八运会的阿拉伯数字"8"和代表上海的汉语拼音第一个字母"S"重叠组合而成。图形外围是红色的"8"，中心形成一个白色的"S"，视觉上像一把熊熊燃烧的火炬，又像一朵含苞待放的上海市花白玉兰；下半部分以"8"字为基础，其造型像上海八万人体育场外形，上下两部分有机结合，一环套一环，象征着全国人民大团结。

有关掷铁饼运动的知识，详见新版《中国集邮百科知识》纪100《第一届新兴力量运动会》。

有关古希腊雕塑《掷铁饼者》的知识，详见本书1996—13《奥运百年暨第二十六届奥运会》。

【吉祥物·场馆】1997—15·(2—2)J 面值150分，票幅规格40毫米×30毫米，发行量2571.75万枚。图案以第八届全运会的主体育场——上海体育场为中心画面。上海体育场是上海人民为第八届全运会举办而新建的一座大型综合性体育场，在造型设计、综合配套设施等方面都具有国际先进水平，堪称亚洲第一。图案右下角那头满脸微笑、手舞足蹈的拟人化小牛，是第

八届全运会的吉祥物,它热情活泼,健康可爱,体现出了上海人民热情好客,热烈欢迎祖国各地区、各民族运动员参加第八届全运会的心情,并祝贺各地区各民族运动员在本届运动会上取得优异成绩。图案以蔚蓝色衬底,使得上海体育场这座建筑犹如行驶在黄浦江上的一艘巨轮,建筑物正面幕墙上方悬挂着两组第八届全运会会徽和吉祥物,不仅巧妙地表现出了上海既临大海又有黄浦江穿流的地理特征,也点明了画面主题。

上海体育场(也称八万人体育场)坐落在上海天钥桥路666号。占地面积19万平方米,建筑面积17万平方米。整个建筑呈直径300米圆形,总标高七十多米。建筑外形采用具有国际先进水平的马鞍形、大悬挑钢管空间层盖结构,覆以赛福隆涂面玻璃纤维成型膜。层盖最长悬挑梁达73.5米,巨型的马鞍形气贯长虹。场内设有符合国际标准的、四季常绿的足球场和塑胶田径比赛场地,并配置了多功能草坪保护板供举办大型文艺演出活动使用。设有容纳八万名观众的三层环型全天候看台、五百多个座位的主席台、三百多个座位的记者席、一百套豪华包厢和巨型彩色显示屏,摄影摄像监控及安全保卫、药检、新闻中心等设施,是集体育比赛、文体表演、健身娱乐、住宿、商务办公和购物展览为一体的大型综合体育设施。上海体育场被点缀在绿草如茵、繁花似锦的宽阔广场中,犹如绿叶烘托着一朵巨型的白玉兰花,为上海增添了新的风采。

1997—15M 中华人民共和国第八届运动会(小全张)(J)

【中华人民共和国第八届运动会(小全张)(J)】8th National Games of the People's Republic of China (Miniature Sheet)(J) 1997年10月12日,为了祝贺中华人民共和国第八届运动会顺利召开,中华人民共和国邮电部发行了一套《中华人民共和国第八届运动会(J)》纪念邮票,同日发行1枚小全张。郭振山、张立设计。胶版。齿孔12度。河南省邮电印刷厂印制。

【中华人民共和国第八届运动会】1997—15M·(1—1)(小全张)J 面值200分,小全张规格140毫米×90毫米,邮票规格40毫米×30毫米,发行量2165.56万枚。小全张图案将1997—15《中华人民共和国第八届运动会(J)》一套2枚邮票并排安放在票面的右下角,而票名"中华人民共和国第八届运动会"以黑色字体放在票面的左上角,构图上达到了平衡效果。小全张的背景采用红色,体现出了运动员为国拼搏的热情和精神。背景上采用白色与金色线条相互勾勒出的若干运动员剪影,富有一种浮雕般的立体感。整个背景不仅给人一种红色大理石式的纪念碑感觉,而且朱红色背景与邮票的白色底衬又形成了强烈对比,黑色的文字与红色的背景又产生了红、黑的和谐。整个小全张既渲染了运动会的紧张热烈气氛和运动员的顽强拼搏精神,又显得精巧而大气。本届全运会的会徽放置在小全张的左上角,金黄色十分醒目。

1997—16 黄山(T)

【黄山(T)】Huangshan Mountain (T) 有关黄山的知识,详见新版《中国集邮百科知识》特57《黄山风景》。

1997年10月20日,为了迎接第22届万国邮政联盟大会暨中国1999世界集邮展览,为了展现中华山河的壮美风貌,中华人民共和国邮电部发行了一套《黄山(T)》特种邮票,全套8枚呈小全版张,中间有1枚过桥票。师松龄设计。影印版。齿孔11.5度。北京邮票厂印制。

黄山素称"云雾之乡"。据气象部门统计,在一年四季中,黄山竟有二百多天云雾天!黄山云雾时而为风平浪静的一片汪洋,时而成波涛汹涌、雪浪排空的大海;时而像奔泻千里的急流;时而似倾注山谷的瀑布;时而轻柔如绢、袅袅婷婷;时而怒冲云霄、闪电雷鸣,脾气真称得上喜怒无常。正是这千变万化的烟云,天天不同,时时有异,把黄山点缀得恰似"灵霄蟾宫",令人神往。师松龄早自1960年起,便深入黄山写生,收集素材,在多看、细想、勤写生中去掌握黄山山水的自然规律和艺术特点,黄山以它奇特的自然风貌和诗情画意升华了画家的艺术境界;同时,他多年潜心研究我国古代"徽派版画"艺术,并在长期的创作实践中得其精神,发扬明末徽派版画精雕细镂的线刻,保持其婉约秀丽的风格,又与现代木刻的技巧相融合,赋予其时代精神,来反映现代生活,形成了版画艺苑中独树一帜的"新徽派"版画艺术,从而为这次《黄山(小全版张)(T)》的设计打下了雄厚的创作基础和艺术功力。他抓住了"黄山自古云成海"这个特点,选择了 8 个有代表性的景点,运用既有民族风格又富地方色彩的"新徽派"版画艺术语言,把层出不穷的群山处理在瞬息万变的云海之中,精雕细镂的线刻,将黄山雄、奇、险、秀的风姿作了淋漓尽致、各具特色的发挥,富有婉约秀丽的风格。

【黄山】1997—16·(1—1)T 小全版张面值全套 8 枚共计 16 元,尺寸规格 190 毫米×150 毫米,发行量

2621.1 万枚。设计者将第 22 届万国邮政联盟大会会徽安排在小全版张的中心位置,两侧"黄山"2 字点明了画题。会徽上方由左至右排列了(8—1)(8—2)(8—3)3 枚邮票,会徽左右两侧排列了(8—4)(8—5)2 枚邮票,会徽下方由左至右排列了(8—6)(8—7)(8—8)3 枚邮票,依次欣赏这 8 枚邮票,仿佛置身于黄山一个个云雾缭绕的景点之中,会陶醉、会流连忘返。小全版张采用棕黑色衬底,并饰以云纹图形,和 8 枚邮票描绘的"云雾之乡"黄山的风景相交融,既极大限度地渲染了画题,也创造出了一种和谐之美。

有关万国邮政联盟的知识,详见新版《中国集邮百科知识》J.1《万国邮政联盟成立一百周年纪念》。

有关万国邮政联盟大会的知识,详见本书 1999—9《第二十二届万国邮政联盟大会》。

有关万国邮政联盟大会会徽的知识,详见本书 1998—12《第 22 届万国邮政联盟大会会徽》。

【黄山朝晖】1997—16·(8—1)T 面值 200 分,票幅规格 50 毫米×30 毫米,发行量 2621.1 万枚。图案描绘了晨曦中黄山迎客松的勃勃英姿。黄山素有"无峰非

石,无石不松"之称。黄山松作为黄山奇景之一,或立,或俯,或仰,形状多种多样,青翠挺秀,千姿百态,引人入胜。迎客松挺立于玉屏楼东、文殊洞顶上,破石而长,生长千年,枝干苍劲,形态高大而优美;一枝长丫斜逸而出,恰似好客的主人向光临的客人伸出热情欢迎的手臂,它既是黄山松的代表,也是黄山的一种精神象征。画面摄取了黎明前的一瞬间,朝晖透过薄薄的云层,把天都峰染得金黄耀眼,使得苍翠奇特的黄山迎客松雄劲挺拔,直上云霄,达到了突出主题的艺术效果。线条雄奇,柔中含刚,加以适当的淡彩渲染云海,呈现出一派欣欣向荣的景象。

【西海群峰】1997—16·(8—2)T 面值 200 分,票幅规格 50 毫米×30 毫米,发行量 2621.1 万枚。图案描绘了黄山西海群峰的秀丽景色。西海群峰位于黄山西

部,是黄山风景中最秀丽、深邃之处。挺立的山峰如无数利剑直插云霄,知名者有双笋峰、石床峰、尖刀峰、飞来峰,不知名者无法数计。大峰磅礴,小峰重叠,每当云雾缭绕,层层叠叠的峰峦时隐时现,犹如浩瀚大海中的无数岛屿。悬崖峭壁间建有排云亭,扶栏凭眺:仙人晒鞋、仙人晒靴、仙人踩高跷、仙女绣花、老僧打钟、武松打虎等奇观,历历可数。画家以极度概括、凝练,甚至是夸张的手法,充分描绘出了黄山西海峰峦叠嶂、千峰竞秀的神韵及烟云变幻之妙,把层出不穷的群峰隐于瞬息万变的云海翻腾之中,既展现出了黄山绿宝石般玉润晶泽的风采,又创造出了一种清新、灵秀、淡雅、超逸的艺术境界。

【云涌飞石】1997—16·(8—3)T 面值 200 分,票幅规格 50 毫米×30 毫米,发行量 2621.1 万枚。图案描绘了黄山飞来石的雄姿。在黄山波澜壮阔的峰海中,

争相崛起的巧石,犹如出自能工巧匠之手的无数颗明珠

撒落其间,似人、似物、似兽,千姿百态,逼真逗趣,惟妙惟肖。黄山的每一块巧石,几乎都与其所处的特定环境相融合,构成了一幅幅绝妙的天然图画,让人心驰神往。画面中的这块飞来石,位于黄山西部飞来峰上。石高十多米,孤耸峰顶,根部和山峰截然分离,似天外飞来,故得名。相传,飞来石是女娲补天时剩下的,它为了寻找一块净土便飞到了神奇的黄山。画面采用紫灰色为基调,与披上斜晖的飞来石形成色彩对比,构图错落有致,前景的怪石与远峰虚实结合,云海浪飞潮涌,创造出了飞来石仿佛真的刚刚从天外飞来的一刹那感觉。

【云漫北海】1997—16·(8—4)T　面值 200 分,票幅规格 40 毫米×50 毫米,发行量 2621.1 万枚。

图案描绘了黄山北海峰峦中关于仙人举棋、丞相观棋和仙女背包这一迷人传说的美妙意境。黄山北海峰奇峦异,满目灵秀。画面以翻腾浮沉的云海为背景,生动地刻画出了仙人举棋不定的绝妙神态,使主题景物呈现出剪影的立体效果,给人留下无限遐想,又在霞光辉映下,产生了一种玲珑剔透之感,令人神往。

【秀吞玉屏】1997—16·(8—5)T　面值 200 分,票幅规格 40 毫米×50 毫

米,发行量 2621.1 万枚。图案描绘了黄山玉屏峰的神奇姿态。画家借鉴水墨山水画之皴、擦、点、染的技法,融合西洋画法的明暗调子,画面上仿佛风吹云涌,云雾悄然遮掩了群峰;刹那间,玉屏峰上那千年古松"迎客松",那峰石错落的"蓬莱三岛",酷似在轻烟缥缈中时聚时散,使玉屏峰在柔美和谐的色调中显得更加空灵,充满神奇色彩,又因色彩上讲究浓淡相宜,优雅深邃,整个画面便具有一种浓浓的抒情意味。

【梦笔生花】1997—16·(8—6)T　面值 200 分,票幅规格 50 毫米×30 毫米,发行量 2621.1 万枚。图案描绘了黄山笔锋中"梦笔生花"的奇异景致。画家摄取了晨雾中朦朦胧胧的散花坞景象,淡淡的彩霞尽染群峰,

一支神笔犹如平地腾起,仿佛正在淋漓酣畅地描写绘画大自然的翠秀景色,使画面具有一种浪漫主义的诗情画意,耐人寻味。

【云上天都】1997—16·(8—7)T　面值 200 分,票幅规格 50 毫米×30 毫米,发行量 2621.1 万枚。图案描绘了

黄山天都峰的雄险风姿。天都峰古称"群仙所都",是黄山三大主峰(莲花、天都、光明顶)中最为险峻的奇峰。画家在构图时将天都峰安排在画面中心位置,周围用强有力的笔触描绘出了滚滚的云涛和飞溅的"浪花",动感强烈,突出表现了天都峰"横空出世"的雄伟气势和险峻风采。

【蓬莱仙岛】1997—16·(8—8)T　面值 200 分,票幅规格 50 毫米×30 毫米,发行量 2621.1 万枚。图案描绘了黄山蓬莱三岛的动人风韵。黄山的蓬莱三岛峰石

错落,松石巧布,千姿百态,令人陶醉。画家捕捉住了雨后初晴、云雾缭绕时,峰石间透溢出灵秀、苍浑、深沉的细腻风韵,进行精描细画,既展现出了黄山烟云雨气、云遮雾罩中蓬莱三岛的昂首挺立之姿,也创造出了蓬莱三峰恰似三座仙岛那种空秀、苍浑、深沉的美妙风韵。

有关黄山迎客松、天都峰、玉屏峰、梦笔生花、蓬莱三岛的知识,详见新版《中国集邮百科知识》特57《黄山风景》。

1997—17 花卉
(中国—新西兰联合发行)(T)

【花卉(中国—新西兰联合发行)(T)】Flowers (Jointly Issued by China and New Zealand)(T)　有关中国名称的知识,详见本书 1996—8《古代建筑(中圣

联合发行)(T)》。新西兰是太平洋西南部的一个岛国,介于赤道和南极洲之间,由南岛、北岛及附近一些小岛组成。面积26.86平方公里。首都惠灵顿。新西兰亦称"毛利人群岛"。在当地语言中,"毛利"一词的意思是"平凡的"。10世纪时,在波利尼亚人中,毛利人首先发现新西兰。在他们看来,这些岛屿长短不一,但很明亮,就像朵朵白云,因此称新西兰为奥蒂罗。"奥蒂罗"的意思是"白云绵绵的土地"。但由于波利尼西亚语言不精确,这个词还可以解释为"连续的透明的光"、"不夜之乡"或"长白世界"。另外一种解释说,有个叫库普的毛利人撑着独木舟远航到此,在即将靠岸时,发现天空有一块独特的云,便称它"白云绵绵的土地"。1642年,荷兰殖民者东印度总督派艾贝尔·塔斯曼去航海,塔斯曼最后到达塔斯马尼亚和新西兰海岸。塔斯曼将新西兰称为斯达特恩兰特,意思为"我国之地"。但荷兰东印度总督要仿效荷兰一个省份的名字为其命名。斯塔曼认为这里与荷兰的由海中岛屿组成的泽兰省相似,在"泽兰"前冠一个"新"字,改称为"新泽兰"。在荷兰文中,"新泽兰"的意思是"新的海中陆地"。后来,英国向新泽兰大批移民,并将地名英语化为"新西兰"。1769年~1777年,英国航海家库克曾5次到这里。之后,英国便向这里大量移民并占领。1840年,英国全权代表和毛利人族长签订《威坦哲条约》,规定新西兰为英国殖民地。1907年,成为英国的自治领地。1947年,获得完全自主,但仍为英联邦成员。1972年12月22日,新西兰和我国建立正式外交关系。

1997年10月9日,为了增进中国和新西兰之间的友好关系,中华人民共和国邮电部和新西兰邮政部门联合发行了一套《花卉(中国——新西兰联合发行)(T)》特种邮票,全套2枚。张桂征(中国)、保罗·马汀森(新西兰)设计。影写版。齿孔11.5度。邮局全张枚数40(8×5),横2枚连印。北京邮票厂印制。

这套邮票的2枚图案,分别选用有悠久栽培历史和浓郁文化特色的中国玫瑰与代表新西兰国家荣誉的最新品种新西兰月季,玫瑰花芳香浓烈,月季花四季常开,以象征中新两国的友谊之花盛开,万古长存。玫瑰和月季统称蔷薇,均为蔷薇科蔷薇属植物,但分属不同的群(组)。全世界野生的蔷薇约有200种,我国约有90种,是世界蔷薇类植物的主要分布中心,也是蔷薇花卉种质资源的主要发源地。玫瑰花和月季花的共同点是:落叶灌木,枝具皮刺,羽状复叶,叶托与叶柄连生,叶缘具锯齿。不同点是:玫瑰花叶呈椭圆形,叶缘锯齿钝,叶网脉明显;而月季花叶呈宽卵形,叶缘锯齿粗,叶面光亮。2枚邮票采用连票形式,两种花的叶子相交叉,以象征中新两国的友谊。按照中国画的平衡构图法,两朵盛开的花朵各占画面左右的主要位置;枝干的穿插,花蕾的取态,花叶的动势都根据两朵花展开布局;同时兼顾了票面的版式、文字处理及孔线左右画面的完整性。在色彩处理上,玫瑰花是紫红色,月季花是褚黄色,叶子是绿色,基本以对象的自然色为主。为了突出月季花的色彩和避免红、黄、绿几种色相在一起容易产生的艳俗感,将底色处理成为暗灰色。画面采用了中国传统工笔花鸟画技法,先勾勒,后填色,它的特点是高度概括,结构完整、准确,线条遒劲,设色不腻,层次丰富,具有一种典雅的装饰美。

【中国玫瑰】1997—17·(2—1)T 面值150分,票幅规格30毫米×40毫米,发行量3103.7万枚。图案选用了中国妙峰山玫瑰。

玫瑰属蔷薇属的玫瑰群(组),直立灌木,高可达2米,枝干粗壮,小枝有直立或稍弯曲的皮刺、刺毛与绒毛。花单生或3朵~6朵聚成伞房状,直径6厘米~8厘米,重瓣,花紫红或白色,有芳香气味;花柱离生,稍伸出萼筒外。果扁球形,砖红色,具宿存萼片。花期约5月~7月。玫瑰原产我国东北、朝鲜、俄罗斯、日本也有栽培。玫瑰早在我国古代就广为栽培,而且以花大、重瓣、香气浓郁而著称。远在公元前551年~前479年的春秋时代,孔子就记载过帝王园林中的玫瑰。1708年汪灏的《广群芳谱》中引《西京杂记》的记载,认为"玫瑰叶形尚处梅槐之间……见枚瑰之义也……便为玫瑰字"。解释了玫瑰名称的来历。《广群芳谱》还说"玫瑰一名徘徊花",可能是因玫瑰香浓、气味长久回荡于空间,引人徘徊流连而得名。我国栽培玫瑰花历史悠久,栽培范围也极为广泛,北京妙峰山、甘肃苦水川、山东平阴等地的玫瑰一向誉满中外。尤其是山东平阴玫瑰,被国际权威人士鉴定与保加利亚玫瑰并列世界第一。图案采用暖灰色作底衬,描绘了一枝中国北京妙峰山玫瑰,有舒展绽放的花朵,有待放的含苞花蕾,枝叶扶疏,紫红色浓艳,不愧为表达爱情和美好愿望的象征。妙峰山位于北京市西北门头沟境内,西山高峰之一。林木葱郁,多古寺,为京郊游览胜地。妙峰山的玫瑰自宋代至今已有千余年的栽培历史,已繁衍数千亩,年产数万公斤,是玫瑰的上品,珍贵的香料。其以品种纯正而驰名,玫瑰花大、瓣厚、色艳、香浓、味甜,品质优异。妙峰山也因此被誉为"中国的玫瑰之乡"。

【新西兰月季】1997—17·(2—2)T 面值150分,

票幅规格 30 毫米×40 毫米,发行量 3103.7 万枚。图案选用了新西兰"白云之乡"月季花。新西兰虽然没有原产的蔷薇属植物,但人民酷爱在公园、街旁、住宅种植月季花,而且种植月季的历史几乎与新西兰国家的历史同龄,故月季花被选为新西兰国花。1990 年,为纪念新西兰建国 150 周年,新西兰政府约请新西兰著名蔷薇育种专家萨姆·麦格雷迪培育出一种新的多花月季品种,并命名为"白云之乡"。这种月季属矮灌木型,体态丰腴,枝叶繁茂,常有弯曲皮刺;花比较大,花朵聚生枝顶,四季常开,颜色由粉红色过渡至白色,有香味,不仅赢得了新西兰人民的喜爱,而且还以此引为骄傲和自豪。这种双色瓣品种的月季,可能是用传统的小型蔷薇与现代的多花月季杂交长期选育而成。图案采用暖灰色作底衬,描绘了一枝新西兰"白云之乡"月季花。淡褚黄色绽放的花朵和含苞待放的花蕾挺立枝头,既给人一种自然美的艺术享受,又包含着悠久的文化和深奥的科学内涵,能够让人领悟到保护物种多样性和保留老种种质资源基因库的重要性。

1997—18 天坛(T)

【天坛(T)】Temple of Heaven (T) 有关北京天坛的知识,详见新版《中国集邮百科知识》特 15《首都名胜》。据《说文》讲:"坛,祭场也。"据《说文句读》讲:"土基三尺,土阶三等,日坛。""坛"的原意是没有房屋的台基。随着社会生产水平发展和皇权日益崇荣,坛不再是一个坛台,而是以一个建筑群体存在了,北京天坛就是典型的代表。北京天坛虽然只有五百七十多年的建筑历史,但中国的祭天历史与中国文化同源同步,源远流长,在我国历代皇帝及亿万人民心目中,天坛是净化心灵、祈祷太平、醒悟朝拜、祷佑国泰民安与上苍对话的神圣殿堂。北京天坛文化涉及哲学、历史、建筑、伦理、社会、政治、天文、园林、美学、音乐等诸多学科,积淀了中国传统文化丰富的内涵,是传统文化宝库中一颗璀璨明珠。天坛是中国独一无二的,也是世界独一无二的古典建筑杰作。

1997 年 10 月 16 日,为了宣扬中国传统文化,中华人民共和国邮电部发行了一套《天坛(T)》特种邮票,全套 4 枚。马刚、王虎鸣设计。胶版。齿孔 12 度。邮局全张规格较小:(4—1)(4—2)横 2 枚连印 16(4×4),(4—3)(4—4)横 2 枚连印 16(4×4)。辽宁省沈阳邮电印刷厂印制。

这套邮票的 4 枚图案在设计理念上,重点强调和突出了一个"寂静与祥和"的主题思想,从画面处理上则着重突出了天坛建筑物的中轴建造结构特色。在绘制技术上,这套邮票既遵照了天坛建筑物原貌设计的原则,又以新颖的纯净写意等笔法结合电脑软件处理技术,不仅完整地在每一枚图案上表达出了设计者对天坛建筑物的深邃理解,而且也表达出了设计者以古代纯朴、祥和、寂静而富有哲理的思想,在每一枚画面上寄寓整个人类在进入 21 世纪对于和平、自由、文明、太平盛世、幸福生活的祈愿与向往。在平面布局处理上,4 枚图案都将一多半面积绘成了蓝天,这不仅点明了天坛作为世界上最大的祭天建筑群的功能,也表现了我国传统哲学中"天人合一"、"阴阳谐和"、"天地人"三位一体的思想。

【天坛·祈年殿】1997—18·(4—1)T 面值 50

分,票幅规格 50 毫米×30 毫米,发行量 3429.35 万枚。图案以洁净恢宏的天空和几簇设计者心目中的祥云为背景,采用正面仰视角度,突出展现了天坛主体建筑"祈年殿"的雄伟姿态;在设有汉白玉护栏的三层圆形基座上,三重檐纯青琉璃瓦的祈年殿轩昂雄踞,上层檐下悬挂飞龙华带匾,正书镏金大字"祈年殿"清晰可见,攒尖顶欲接苍穹,既庄严肃穆,又辉煌巍峨,寓意着这座坛殿的寂静祥和与神圣不可亵渎的一种理念。

有关天坛祈年殿的知识,详见新版《中国集邮百科知识》特 15《首都名胜》。

【天坛·皇穹宇】1997—18·(4—2)T 面值 50

分,票幅规格 50 毫米×30 毫米,发行量 3429.25 万枚。图案表现了天坛皇穹宇的外观景象。皇穹宇位于天坛圜丘坛以北。是存放圜丘祭祀神牌位的处所。正殿圆形以像天。明嘉靖九年(公元 1530 年)建,初名泰神殿;明嘉靖十七年(公元 1538 年)十一月改称皇穹宇。明代为重檐圆攒尖建筑。清乾隆十七年(公元 1752 年)重建,改为鎏金宝顶单檐蓝瓦圆攒尖顶,汉白玉台基,周围有石护栏,东西南三面有台阶各14级,正面(南面)台阶中有浮雕二龙戏珠的丹陛石。有东西配庑各五间,存放圜丘配祀神牌。其正殿及东西配庑,共围于一圆墙之内,由于内侧墙身磨砖对缝,墙面平整光洁,声音可沿内弧传递,故俗称回音壁。图案采用正面近景角度,突出坛殿主体,以一片近乎神秘的空间色彩萦绕殿顶,渲染出了一种纯朴的古代宗教思想气氛;画面上回音壁外郁郁葱葱的松柏古树表达这处皇家园林的宏大盛景;左下角一枝九龙柏,既寓意一条巨龙直对殿顶腾空而跃,融入苍天,也寄寓着设计者对中华巨龙腾飞的殷殷祈愿。

天坛回音壁指围括皇穹宇和东西配庑的高大的圆形围墙而言。围墙周长193.2米,直径61.5米,墙高3.72米,厚0.9米,如果两个人分别站在院内东西配庑后的墙下,均面部朝北对墙低声说话,可以像打电话一样互相对话,极其奇妙有趣,故得名"回音壁"。为什么会有这种奇妙的现象呢?原来,这是声学原理在建筑上的巧妙应用。因为围墙是圆的,而且又磨砖对缝,墙面十分光洁,再加上围墙顶部盖有檐瓦,声波不易散失,便可沿着围墙连续反射传递而产生回音的。

【天坛·圜丘】1997—18·(4—3)T　面值150分,票幅规格50毫米×30毫米,发行量2648.55万枚。图案表现了天坛圜丘坛的外观景象。圜丘即天坛,位于天坛

南部。是皇帝冬至日祭天的地方,故又称祭天台、拜天台、祭台等。明嘉靖九年(公元1530年)建,原坛面及护栏都是蓝色琉璃砖砌成;清乾隆十四年(公元1749年)扩建,栏板望柱改用汉白玉,坛面改用艾叶青石。圜丘坛分三层,每层四面各有台阶九级。每层周围都设有精雕细刻的汉白玉石栏杆。栏杆的数字均为九或九的倍数,即上层72根,中层108根,下层180根。同时,各层铺设的扇面形石板,也是九或九的倍数。如最上层中心是一块圆形大理石(称"关心石"或"太极石"),从中心石向外,第一环为9块,第二环为18块,到第九环为81块;中层从第10环的90块至第18环的162块;下层从第19环的171块至第27环的243块;三层共378个"九",总共为3402块。同时,上层直径为9丈(取一九),中层直径为15丈(取三五),下层直径为21丈(取三七),合起来45丈,不但是九的倍数,而且还有"九五"之尊的含义。为什么要用九或九的倍数设计建筑祭坛呢?原因有二:其一,据神话传说,皇天上帝是住在九重天里,用九或九的倍数来象征九重天,以表示天体的至高与至大。其二,在我国古代,把单数(奇数)看作阳数,而将双数(偶数)视为阴数。天为阳,地为阴。天坛是用来祭天的,只能用阳数进行建筑。而"九"又被视为"极阳数",这是最吉祥的数字。若除去迷信因素,这种设计规制反映出了当时工匠们高超的数学知识和计算才能。坛外有墙墙(矮围墙)两重,内墙圆形,外墙方形,四面各有汉白玉、四柱三门棂星门一座。西南角有望灯台三座(南北两座只余遗迹),坛南有燔柴炉、瘗坎、具服台等。圜丘坛的附属建筑有皇穹宇及其配庑、神库、神厨、宰牲亭、三库(祭器库、乐器库、棕荐库)等。图案以浩瀚无垠的蔚蓝天空为背景,采用正面近景角度,突出展现了独具特色的白棂门与圜丘坛主体,创造出了一种凡人在圜丘坛上与上苍对话的意境,并以竖直、密布的汉白玉栏杆,表达了古人用九的倍数建造这座祭坛台阶、地板与栏杆而对天空阳数之极的理解。

圜丘坛的最上层中心是一块圆形大理石,也称"天心石"或"太极石"。当你站在这块圆心石上轻声说话时,自己听起来会觉得声音很宏大,而且有共鸣回音之感。但站在第二、三环以外的人,则没有这种感觉。为什么会出现如此奇妙的现象呢?原来,这是一种声学现象:由于坛面十分光洁平滑,声波传到周围等距离的石栏围板后,能够被迅速反射回来。据声学专家测验,从发音到声波再回到圆心石的时间,总共仅有0.07秒钟。说话者根本无法分清自己的原音和回音,故站在圆心石上的人听起来,其共鸣性回音就显得格外响亮。封建统治者则把这种声学现象说成是"上天垂象",是天下万民对于朝廷的无限归心与一致响应,并赋予它"亿兆景从石"的美名。

【天坛·斋宫】1997—18·(4—4)T　面值150分,票幅规格50毫米×30毫米,发行量2648.55万枚。图案表现了天坛斋宫的外观景象。斋宫位于天坛西天门以

南。是皇帝行祭礼时的斋戒处。皇帝到天坛祭天,需斋戒三天。其中两天在故宫斋戒,最后一天在天坛斋宫斋戒。斋宫外围有两重御沟,外沟内岸四周有回廊163间,形成戒备森严的安全防御体系。斋宫坐西向东,正殿5间,红墙绿瓦,为拱券形砖石结构,俗称"无梁殿"。斋宫是皇帝居住的地方,其建筑朝向之所以不是坐北朝南,也不是黄瓦,是因为古代有"天子居青宫"之说,在天

坛,皇帝是"皇天上帝"之子,是"天子",故不用黄瓦用绿瓦,不坐北朝南而坐西向东。斋宫正殿月台上有斋戒铜人亭和时辰牌位亭,殿后有寝殿5间,东北隅有钟楼一座,内悬永乐年制太和钟一口。图案以碧澈洁净的蓝天为背景,采用正面近景角度,运用写意手法刻画了斋宫建筑,画面上除了斋宫建筑和蓝天,没有其他任何景物,即使是斋宫建筑,也像水洗过似的清爽,表达出了历代帝王在这处斋宫圣地进行净身斋戒的寂静氛围,而建筑物顶筒瓦上泛出的白色光晕,又给斋宫增添了一层神秘色彩。

1997—19 西安城墙(T)

【西安城墙(T)】City Wall of Xi'an (T) 西安坐落在陕西省渭河平原中部、渭河之南、秦岭以北、陇海铁路线上,是西北地区最大城市和交通枢纽之一。西安为我国古都之一,秦、西汉、隋、唐等朝代均在此建都。古名长安,明、清为西安府治。1928年设西安市,1930年改西京市,1943年复改西安市。现存的西安城墙是明代初年在唐长安城的皇城基础上建筑,为我国中世纪后期著名的城垣建筑之一,是我国乃至世界上唯一保存完整的大型城垣,系国家重点文物保护单位。西安城墙的建筑历史,可以上溯至一千四百多年前隋开皇二年(公元582年)兴建的都城大兴城,以及后来唐代的长安城时期。后历经五代、宋、金、元各朝代屡加修缮,一直保持了隋唐奠定的城垣形制和基础。明洪武二年(公元1369年),朱元璋派徐达攻克元奉之城,改名为西安;洪武三年四月,朱元璋封次子朱爽为秦王,七月诏令修建秦王府(王城,即今新城)。因原城墙已惨败不堪,在修筑王府时,便在隋唐皇城的基础上扩建,历经七八年时间,于明洪武十一年(公元1378年)竣工。城墙用黄土分层夯筑,最底层用石灰、土和糯米混合夯打。据实测,西安城墙的东城墙长2886米,西城墙长2708米,南城墙长4256米,北城墙长4262米,周长为13912米,约14公里。城墙顶宽12米~14米,底宽15米~18米,高12米。城墙建有四门:东名永乐门、西名安定门、南名永宁门、北名安远门。这四座城门中,每个门都设有三重门楼,即城楼、箭楼、闸楼。城墙的墙顶层称为"海墁",是城墙上调兵遣将的通道。海墁宽12米~14米,当时可并行12辆马车。墙顶内侧建有高0.75米、厚0.45米的宇墙,称为内女墙;外侧建有高1.75米、厚0.51米的垛墙,称外女墙。外女墙有垛口5894个,内女墙无垛口。城四角各有角楼一座,近南门东侧有一座魁星楼。城墙的构筑、布局,全为便于防守。明清两代曾多次修葺。西安城墙为研究古代城市建筑技术和城市防御战争提供了实物资料。城墙不仅是一个文物,而且寄托着古城人民的情感,具有独特的都城文化风韵。城墙作为西安的标志,它代表着西安的过去和现在,已成为西安市市徽的基本内容。特别是自1979年开始,西安市人民政府组织各界力量,对城墙进行了大规模维修,补上了缺失残损的城砖,翻修加固了城楼、箭楼,恢复了城墙上的魁星楼和几十座敌楼,疏通了护城河,建为环城公园,使西安古城墙重新焕发出独特的风姿,以其雄伟、浑厚、壮观的气势吸引着无数中外游客,为今日西安平添了一道风景线。

1997年10月24日,为了展现中华民族古代文化遗产的风貌,中华人民共和国邮电部发行了一套《西安城墙(T)》特种邮票,全套4枚。郭线庐设计。胶版。齿孔12度。邮局全张枚数40(4×10)。河南省邮电印刷厂印制。

这套邮票的4枚图案,选择了瓮城、敌台、箭楼、角台具有鲜明特征的建筑形象,精心刻画了墙、楼和域,因为西安城墙的宏伟、丰富和神秘正是这三者结合的表现。在构图与内容安排上,遵循了明确、简洁、有力和醒目的设计原则,选用比较真实的形象展示出了西安城墙固有的风貌。在色彩处理上,强调协调中求变化。在朴实、庄重、浑厚的基调中,运用色相和明度的对比补充丰富了主题的完美。

【西安城墙·瓮城】1997—19·(4—1)T 面值50分,票幅规格50毫米×30毫米,发行量3151.75万枚。图案展现了西安城墙中瓮城的外观景象。

在城楼与箭楼之间,有一座小城,称作"瓮城"。瓮城呈长方形,长71米,宽55.3米,总面积3652平方米。其作用在于,一旦来犯之敌攻破第一、第二道城门进入瓮城,就会遭到守城将士从四面居高临下的弓箭等武器的攻击,形成一种"瓮中捉鳖"之势。画面选用深秋的月色为基调,表现出了瓮城雄厚、威严、严谨、神秘的特征;在角度选择上,采用大广角的视点,将瓮城的主体处理在同一画面之中,既展示出了这座建筑的全貌,又表现出了它军事作用的重要性及其功能上的完整统一性。

【西安城墙·箭楼】1997—19·(4—2)T 面值50分,票幅规格50毫米×30毫米,发行量3151.75万枚。图案展现了西安城墙中箭楼的雄姿。箭楼坐落于瓮城

城墙外侧之上，为二层的砖木结构，长52.62米，宽13米，高31米，面阔11间，进深2米。箭楼正面有箭窗四层，每层12个孔，共48孔；两侧三层，每层3孔，供打仗时瞭望、射击之用。箭楼是对外作战的主要建筑，也是四座城门的门户。画面不仅采用了仰视与突出主体形象的处理手法，而且运用了暖色调的协调性，既表现出了箭楼这座建筑挺拔、巍峨的英姿，又渲染了阳光照耀下显示出的一种威慑气势。

【西安城墙·敌台】1997—19·（4—3）T 面值150分，票幅规格50毫米×30毫米，发行量2521.75万枚。

图案展现了西安城墙中敌台的威武姿态。沿西安城墙的外侧，每隔120米便有一个向外突出的实心台，称为"敌台"，俗称"马面"。敌台向外突出7米，宽15米~24米不等，敌台与敌台之间相距110米~120米。四周城墙原有敌台98座，现存93座。敌台上建有敌楼，它既是供守城将士休息的场所，又能够观察攻城敌人的动静，有利于集中兵力歼灭之。两座敌台之间的中心点（约60米处），正好是弓箭、飞钩、弩矢等武器的有效射程，足见敌台在军事防御上的精心设计。敌台与城墙四角的角台、角楼组合在一起，使全城的防御功能更加立体化。城墙外有宽18米、深达19米的护城河环绕，严密的防御体系可称得上"固若金汤"。画面设计手法采用以仰视的城墙为主，将敌台的建筑半遮在城墙之内，配以冬季雪后的冷色调，使敌台笼罩在冷峻、严肃的气氛之中，鲜明地表现出了它在军事上坚固、严密的特征。

【西安城墙·角台】1997—19·（4—4）T 面值150分，票幅规格50毫米×30毫米，发行量2521.75万枚。

图案展现了西安城墙中独一无二的西南角城角上角台的建筑形象。角台坐落在西安城墙的四个城角上。西安城墙四个城角中的东南角、东北角、西北角呈直角形，而西南角却一反常态呈圆形。西安城墙为什么出现这种奇怪现象，概括起来有四种解释：（一）朱元璋御笔钦定。朱元璋认为"非深沟高垒、内储外备不能为安"，他在审批矩形城池图样时，认为矩形墨守成规，提笔将矩形图案的一角抹去，并颁行天下，故明代城墙大多呈这种形式。（二）利用唐代城墙的地基。据考古工作者发现，隋唐皇城的西墙和南墙完整地包含于明代城墙之内，并发现了唐"皇城西北角的圆形台基"，明代修建城墙时在西南角沿用了原地基，保留了原来的圆形城角形状。（三）躲避地层裂缝。地质工作者发现，紧贴西安城墙西南角外侧有一条与城墙平行的地层裂缝。由此可见，当时在施工过程中，为了躲避开这条地层裂缝，只得对原设计为矩形的方案进行局部调整，将城墙的西南角改成了半圆形。（四）修葺改动。自明洪武三年（公元1370年）开始筑城至清光绪三十一年（公元1895年），西安城墙经历了四次地震，前后进行了十多次修葺。在这漫长的过程中，可能发生了地层裂缝活动，故在修葺时不得已而将城墙的西南角改成了半圆形。设计者不仅将角台安排在画面的突出位置，而且还强调和表现了与角台相连接的城墙、墙体建筑中的敌台造型及西门城楼的剪影，加之绚丽的夕阳带来的丰富和温暖的色彩，既展现出了角台活泼泼的建筑形象特征，又清晰地传达出了一种热情、活力和生机勃勃的视觉信息，令人神往。

有关台的知识，详见本书1996—15《经略台真武阁（T）》。

1997—20 澳门古迹（T）

【澳门古迹（T）】Historic Sites of Macao（T） 有关澳门历史的知识，详见本书1999—18《澳门回归祖国（J）》。澳门自然风景优美，文化古迹众多，气候宜人，富有南国海岛的风韵，是一个著名的国际旅游胜地。妈阁庙、普济禅院（观音堂）和莲峰庙是澳门三大古庙。其他胜景有大三巴牌坊、松山灯塔、西望洋山教堂、白鸽巢公园和半岛南端的西湾风景区等。根据1987年4月13日签署的中葡联合声明的规定，中华人民共和国政府于1999年12月20日起对澳门恢复行使主权，成立澳门特别行政区。

为了纪念澳门回归祖国这一举世瞩目的重要大事件，中华人民共和国邮电部计划从1997年起发行系列邮票，每年推出一套。1997年11月11日，中华人民共和国邮电部发行了该系列邮票的第一套邮票《澳门古迹（T）》，全套4枚。任国恩设计。胶版。齿孔12.5度。

邮局全张枚数42(6×7)。北京邮票厂印制。

这套邮票的4枚图案,选取的都是澳门名胜,其中(4—1)(4—2)2枚表现的是中国传统建筑,(4—3)(4—4)2枚表现的是具有当地特色的景点。设计者通过背景、色彩的处理,使两种不同风格的建筑统一起来,并体现出了一种古迹的古韵。设计者运用电脑技术,对拍摄这些景物的照片背景进行重新处理,去掉了影响主题的无关物,选用了明亮的黄灰色调,既表现出了中国传统色彩,又具有西方油画效果,体现出了中西方建筑的差异,同时还赋予了画面古旧的历史感。

【澳门妈阁庙】1997—20·(4—1)T 面值50分,

票幅规格50毫米×30毫米,发行量3581.1万枚。图案展现了澳门妈阁庙的外观景象。妈阁庙原称妈祖阁,又名正觉禅林,昔名海觉寺,是澳门史册上记载的第一座庙宇。建于明弘治元年(公元1488年),已有五百多年历史。俗话说:"先有妈阁,后有澳门。"据传,当年葡萄牙人抵达澳门时,于妈阁庙对面的海岬登岸,向当地居民询问本埠名称,居民误认为是问庙宇的名称,便答称"妈阁";葡萄牙人音译成"MACAU",这便是"澳门"葡文名称的来历。妈阁庙坐落于澳门半岛南端、妈阁山西南海拔73米处,背山面海,沿崖而筑。庙内古木繁茂,风光幽雅。妈阁庙的主要建筑有大殿、石殿、弘仁殿、观音阁等,其中弘仁殿历史最为悠久,而且殿内供奉着源自福建莆田湄洲岛的海上女神"妈祖"。殿内四壁雕刻着辅助妈祖天后的天兵神将,中央供奉着天后妈祖,还有一只色彩缤纷的中国帆船石刻浮雕。传说,妈祖就是坐此船从福建莆田湄洲岛出海,历经海上狂风暴雨巨浪而安然无恙,最后平安到达澳门,又步上山,并在山顶升天返回天庭。在渔民和航海者的心目中,妈祖是护航海神,平日香火不绝;每逢妈祖诞辰之日或农历除夕,香火更旺;妈祖庙终年缭绕的烟雾和蒸腾的祥和紫气聚集在山林庙宇之间,让人自然遐想起天上人间。图案采用近景平视角度,将妈祖阁的庙门放在醒目位置,山门石坊横刻"妈祖阁"三字,两边刻门联"德周化雨;泽润生民"。山门顶上有定海针、鲤鱼咀等瓷饰物,门前一对石狮,飞檐凌空,极富中国民族特色。

有关妈祖的知识,详见新版《中国集邮百科知识》1992—12《妈祖(T)》。

【澳门莲峰庙】1997—20·(4—2)T 面值100分,

票幅规格50毫米×30毫米,发行量2767.4万枚。图案展现了澳门莲峰庙的外观景象。莲峰庙与妈祖阁、善济禅院并称为澳门的三大禅院,初名天妃庙,又名关闸庙,继称慈护宫,已有四百多年历史。莲峰庙得名,有两种解释:其一,明代称澳门为莲岛;其二,莲峰突兀拔起,宛如花球,远远望去像一位观音立在莲花瓣上,故以此命名。该庙坐落于澳门北部,背枕莲峰山,前临濠江水,遥望青洲岛,风景幽雅。莲峰庙始建于明代,是由当时的中国官府和澳门本地商人共同出资修建。该庙建成后几经扩修,现存的莲峰庙宇是清光绪二年(公元1875年)重修而成,包括天后殿、观音殿、武帝殿、仁寿殿等建筑。寺庙主体建筑都是雕梁画栋的宫殿式建筑,金碧辉煌的大殿给人以庄严肃穆的感觉,廊柱和栏杆上的雕绘则巧夺天工,令人目不暇接。该庙是澳门重要的历史景点,也曾是中国官吏到澳门办案的驻节地。1839年7月27日,民族英雄林则徐任钦差大臣在广东查禁鸦片过程中,曾到澳门巡视,并在莲峰庙内传见过葡萄牙官员。林则徐昔日办公的木案至今仍存放在正殿。后人为了表示永远的追思,还特制了一块巨匾,上书"恩光浩大"金光闪耀四字,高挂正殿正中,供人们瞻仰。图案采用正面近景角度,让莲峰庙的庙门建筑几乎占据了画面的全部面积,庙门红色匾额上金色"莲峰庙"三字清晰可见,门两侧书写着一副对联:"莲花涵海镜,峰景接蓬瀛。"石狮子雄踞庙门两侧,在明亮的黄灰色映衬下,既突出了莲峰庙的建筑风格,又仿佛将读者带回了林则徐查禁鸦片的那段历史岁月。

有关石狮子的知识,详见新版《中国集邮百科知识》普6《不同图案普通邮票》。

【澳门大三巴牌坊】1997—20·(4—3)T 面值150分,票幅规格50毫米×30毫米,发行量2767.4万枚。

图案表现了澳门标志性建筑——大三巴牌坊的外观景象。牌坊又称牌楼。"坊"原是人口居住的单位名称。历史记载,春秋战国时代,各国都城已有闾里为单位的居住方式。西汉时的长安(今西安市),城里有160

个间里。隋唐时代，居住区的基本单位开始称"里坊"。里坊的门以木柱上搭梁构成，这是牌坊的最早建筑形式。以后又出现了砖石结构，形式也不断变化，特别是帝王墓神道上的牌坊高大巍峨，精雕细刻，发展成了一种艺术品。继而，牌坊又发展成了纪念性建筑。澳门的大三巴牌坊是圣保禄（sapaulo）教堂的前壁。"三"是葡文"san"的译音，"巴"是"Paulo"的合并译音；为了有别于当时另一座叫"三巴仔"的教堂，故而改称之为"大三巴牌坊"。圣保禄教堂建筑坐落于大炮台山岗，恢宏高峻，造型雄奇，装饰有大量的充满宗教色彩的精美雕刻和塑像，是澳门最古老的艺术性建筑之一。1594年~1602年间开始动工兴建，1637年竣工，造价达3万两白银。据记载，当年曾有一批日本工匠参与建造，故教堂的装饰融合了欧洲文艺复兴时期与东方建筑的不同风格。教堂曾经历过了3次大火灾，并于1835年1月26日毁于一场大火，仅存前壁。大三巴牌坊集中西方文化，有"立体圣经"之誉。它立于68级台阶上，与苍天绿树为伴，主体是古希腊式，上下分五层，呈谷仓形。高27米，宽23.5米，壁厚2.7米。下面两层有左、中、右三个门洞，石雕壁柱突出，柱间嵌有宗教主题的雕塑；第四层有耶稣铜像；第三层左、右雕塑中有两行汉字："念死者无罪"和"鬼诱人为恶"，属中国式对联；第三层和第四层左右，有中国式石狮。图案以风云涌动的天空为背景，采用中景平视角度，突出展现出了这座教堂前壁历经风雨大火侵蚀而不倒的身姿，堪称奇迹；画面左侧一条石阶上络绎行进的游人，表现出了今人已将这面教堂前壁当做牌坊进行凭吊，发思古之幽情呢！

【澳门松山灯塔】1997—20·（4—4）T　面值200分，票幅规格50毫米×30毫米，发行量3013.1万枚。图案表现了澳门松山灯塔的外观景象。

松山灯塔是指建在澳门东望洋山松林中的一座灯塔。东望洋山古称琴山，海拔93米，是澳门半岛的最高峰。1865年，东望洋山的顶上建立了远东地区第一座灯塔；当年9月24日，灯塔开始向澳门四周25海里范围内放射光芒，通宵达旦地为航行的船只指示方向。灯塔高13米，最初使用煤油灯发光，并利用木轮绳锤的摆动使灯光循环旋转。1874年9月，灯塔遭遇强台风而被毁坏。1910年6月29日晚，经过修理的灯塔开始重放光芒，它不仅改用了新式机器，而且用电灯取代了煤油灯。东望洋山上原本光秃无树，后来在山上遍植马尾松，经过百多年的培植，现已是满山郁郁葱葱，因此改称松山，人们也便习惯称灯塔为"松山灯塔"了。图案以茫茫的大海夜色为背景，在松山山顶繁茂的马尾松林中，光芒四射的灯塔矫健屹立，它既像一位饱经沧桑的智者，不知疲倦地在给航行者指示着正确的方向，又像一位悠闲的游人，在海风掀起的阵阵松涛声中，心旷神怡地环视着澳门美丽的景色。

有关灯塔的知识，详见本书2002—10《历史文物灯塔（T）》。

1997—21 中国古典文学名著——《水浒传》（第五组）（T）

【中国古典文学名著—《水浒传》（第五组）（T）】Outlaws of the Marsh：A Literary Masterpiece of Ancient China（5th Series）（T）　有关中国古典文学名著《水浒传》的知识，详见新版《中国集邮百科知识》T·123《中国古典文学名著——〈水浒传〉（第一组）（T）》。

1997年12月22日，为了宣传中国古典文学宝贵遗产，继1987年12月20日发行T·123《中国古典文学名著——〈水浒传〉（第一组）（T）》4枚邮票和1枚小型张，1989年7月25日发行T·138《中国古典文学名著——〈水浒传〉（第二组）（T）》4枚邮票，1991年11月19日发行T·167《中国古典文学名著——〈水浒传〉（第三组）（T）》4枚邮票和1枚小型张，1993年8月20日发行了1993—10《中国古典文学名著——〈水浒传〉（第四组）（T）》4枚邮票，又发行了一套《中国古典文学名著——〈水浒传〉（第五组）（T）》特种邮票，全套4枚邮票和1枚小型张。周峰设计。影写版。齿孔11度。邮局全张枚数28（4×7）。北京邮票厂印制。

中国古典文学名著——《水浒传》系列邮票，前后发行了五组，总共20枚邮票和3枚小型张。这套系列邮票采用统一的传统绘画表现手法，以英雄传奇的笔法，不仅绘声绘色、生动传神地展示了小说中的主要人物和精彩章节，而且以真实、鲜活的生活内容，显示出了对压迫者进行的反抗、对剥夺者（贪官污吏）进行劫掠式的反剥夺的合理性、正义性，集中体现出了一个"官逼民反"的主题。

【呼延灼月夜赚关胜】1997—21·（4—1）T　面值40分，票幅规格54毫米×40毫米，发行量2674.3万枚。图案内容选自《水浒传》七十回本第六十三回"呼延灼月夜赚关胜　宋公明雪天擒索超"，描绘了呼延灼月夜赚关胜的情节。呼延灼原为汝宁郡都统制，使两条铜鞭，武艺精熟，有万夫不当之勇，人称双鞭将。他受高太尉

举荐,受朝廷之命,曾摆布连环马军征剿梁山水泊,结果战败归降了梁山泊。当宋江为解救卢俊义和石秀而率兵攻打北京城时,浦东巡检大刀关胜受命救援,他企图采用围魏救赵之计,领15000官兵杀奔梁山泊。按照军师吴用之计,双鞭呼延灼没衣甲军器,匹马单鞭夜投关胜营寨,假意重又归降朝廷,诱骗关胜。双鞭呼延灼以自己当时受命征剿梁山泊的心理揣摩关胜此时的心理,告诉关胜宋江素有归顺之心,只是林冲等人不从;若明日夜间偷袭贼寨,生擒林冲等,驱众归顺,必立功勋,很容易便骗取了关胜的信任。第二天夜间,呼延灼便把关胜引到了梁山好汉的包围圈,将其活捉;于是,呼延灼更进一步现身说法,劝服关胜上了梁山。画面右上角一轮圆月,月色满天,霜华遍地;在偷营的路上,呼延灼把枪尖一指,远远地一碗红灯。关胜手提一口偃月刀问道:"有红灯处是哪里?"呼延灼道:"那里便是宋公明中军。"从表情看,关胜对呼延灼并无疑心,而呼延灼却是充满了自信和几分得意。两马奋蹄齐驱,极富动感。

【卢俊义活捉史文恭】1997—21·(4—2)T 面值50分,票幅规格54毫米×40毫米,发行量3252.5万枚。图案内容选自《水浒传》七十回本第六十七回"宋公明夜打

曾头市 卢俊义活捉史文恭",描绘了卢俊义活捉史文恭的场景。卢俊义原是大名府的一个富豪,武艺高强,绰号玉麒麟。梁山好汉曾多次请卢俊义上山,由于他对梁山起义军原本十分反感,不愿与他们为伍。后来卢俊义被奸人所害,被打入死牢,宋江等人将他救出,上了梁山。当梁山好汉段景住、杨林、石勇购得好马200匹解送梁山,途经青州被险道神郝保四劫往曾头市,宋江为报晁盖落难曾头市和劫马之恨,派五路军马攻打曾头市时,卢俊义不负众望,他活捉了曾指挥用毒箭射天王晁盖的教头史文恭,为晁盖报了仇。画面正是捕捉住了玉麒麟卢俊义在马上大喝一声:"强贼待走哪里去!"腿股上只一朴刀,便将史文恭搠下千里龙驹马下的瞬间景象,十分精彩。

【燕青智扑擎天柱】1997—21·(4—3)T 面值50

分,票幅规格54毫米×40毫米,发行量3043.9万枚。图案内容选自《水浒传》一百回本第七十四回"燕青智扑擎天柱 李逵寿张乔坐衙",描绘了燕青智扑擎天柱的场面。扑手好汉任原是太原府人,身长一丈,貌若金刚,约有千百斤力气,自号擎天柱,口出大言:"相扑世间无对手,争跤天下我为魁。"燕青是梁山好汉三十六星之末,虽身材瘦小,但技巧心灵,多见识广,了身达命,自幼跟随卢俊义学得一身相扑,江湖上不曾逢着对手。当燕青得知任原三月二十八日又要在岱岳庙中争跤时,便执意说服宋江,假扮山东货郎,前去对阵。常言道:相扑的有力使力,无力斗智。宿雾尽收,旭日初起之时,燕青和任原在献台上开始争跤。任原却待奔燕青,被燕青从任原左肋下穿将过去;任原性起,急转身又来拿燕青,被燕青虚跃一跃,又在右肋下钻过去。大汉转身终是不便,三换换得脚步乱了。燕青却抢将入去,用右手扭住任原,探左手插入任原交裆,用肩胛顶住他胸脯,把任原直托将起来,头重脚轻,借力便旋,五旋旋到献台边,叫一声:"下去!"把任原头在下,脚在上,直撺下献台来。画面正是捕捉住了名唤"鹁鸽旋"的那个瞬间:燕青赤脚赤膊,一身花绣,正将貌似金刚的庞然大物任原举过头顶,进行旋转,既惊险,又精彩!画面左上角悬挂着"张"字牌,右下角悬挂着"任"字牌,点明了争跤双方的姓氏。

【轰天雷大破官军】1997—21·(4—4)T 面值150分,票幅规格54毫米×40毫米,发行量2814.3万枚。图案描绘了梁山好汉轰天雷凌振用火炮击败官军的情

景;内容选自一百回本《水浒传》,但并非取自特定章节。

梁山泊英雄排座次后,声威大振,朝廷派太尉陈宗善前往梁山招安,李逵将诏书扯得粉碎。枢密使童贯和太尉高俅先后领八州官军和十节度使军马讨伐梁山。梁山英雄先后以九宫八卦阵、十面埋伏计和水军迎敌,二赢童贯,三败高俅。轰天雷凌振是归降梁山的一位火炮专家,他对中国四大发明之一的火药甚有研究。在梁山好汉和官军的多次战斗中,他以先进的火炮轰击官军,"炮似轰雷山石裂,绿林深处显戈矛"。官军灰飞烟灭,几乎全军覆没,大败而归,高俅也成了阶下囚。因此,轰天雷凌振可称得上中国最早的"炮兵司令"。画面以茫茫梁山水泊为背景,捕捉住了身穿标有"梁山"字样服装的火炮手们,正在轰天雷凌振的指挥下,即将用手中火炬点燃火炮的瞬间景象:火炮昂首冲天,火炬的火苗活泼泼地跳动,轰天雷凌振赤膊挥臂张口大吼着指令,气势雄伟,斗志昂扬,充满着胜利的信心。

1997—21M 中国古典文学名著——《水浒传》(第五组)(小型张)(T)

【中国古典文学名著——《水浒传》(第五组)(小型张)(T)】Outlaws of the Marsh:A Literary Masterpiece of Ancient China(5th Series)(Souvenir Sheet)(T) 1997年12月22日,为了宣传中国古典文学宝贵遗产,中华人民共和国邮电部在发行《中国古典文学名著——〈水浒传〉(第五组)(T)》特种邮票的同日,发行了1枚小型张。周峰设计。影写版。齿孔11度。北京邮票厂印制。

【梁山英雄排座次】1997—21M·(1—1)(小型张)T 小型张面值800分,小型张规格120毫米×135毫米,邮票规格60毫米×90毫米,发行量2224.2万枚。图案内容选自《水浒传》一百回本第七十一回"忠义堂石碣受天文 梁山泊英雄排座次"的欢乐场面。梁山英雄攻打东平、东昌得胜回寨后,宋江计点头领共一百零八员,特建"罗天大醮"以求"报应"。做醮至七日,掘出石碣天书,上刻"替天行道"、"忠义双全",前有天书三十六行,皆是天罡星,后有天书七十二行,皆为地煞星。

石碣前面书梁山泊天罡星三十六员:

天魁星呼保义宋江	天罡星玉麒麟卢俊义
天机星智多星吴用	天闲星入云龙公孙胜
天勇星大刀关胜	天雄星豹子头林冲
天猛星霹雳火秦明	天威星双鞭呼延灼
天英星小李广花荣	天贵星小旋风柴进
天富星扑天雕李应	天满星美髯公朱仝
天孤星花和尚鲁智深	天伤星行者武松
天立星双枪将董平	天捷星没羽箭张清
天暗星青面兽杨志	天佑星金枪手徐宁
天空星急先锋索超	天速星神行太保戴宗
天异星赤发鬼刘唐	天杀星黑旋风李逵
天微星九纹龙史进	天究星没遮拦穆弘
天退星插翅虎雷横	天寿星混江龙李俊
天剑星立地太岁阮小二	天竟星船火儿张横
天罪星短命二郎阮小五	天损星浪里白跳张顺
天败星活阎罗阮小七	天牢星病关索杨雄
天慧星拼命三郎石秀	天暴星两头蛇解珍
天哭星双尾蝎解宝	天巧星浪子燕青

石碣背面书地煞星七十二员:

地魁星神机军师朱武	地煞星镇三山黄信
地勇星病尉迟孙立	地杰星丑郡马宣赞
地雄星井木犴郝思文	地威星百胜将韩滔
地英星天目将彭玘	地奇星圣水将单廷珪
地猛星神火将魏定国	地文星圣手书生萧让
地正星铁面孔目裴宣	地阔星摩云金翅欧鹏
地阖星火眼狻猊邓飞	地强星锦毛虎燕顺
地暗星锦豹子杨林	地轴星轰天雷凌振
地会星神算子蒋敬	地佐星小温侯吕方
地佑星赛仁贵郭盛	地灵星神医安道全
地兽星紫髯伯皇甫端	地微星矮脚虎王英
地慧星一丈青扈三娘	地暴星丧门神鲍旭
地然星混世魔王樊瑞	地猖星毛头星孔明
地狂星独火星孔亮	地飞星八臂哪吒项充
地走星飞天大圣李衮	地巧星玉臂匠金大坚

地明星铁笛仙马麟	地进星出洞蛟童威
地退星翻江蜃童猛	地满星玉幡竿孟康
地遂星通臂猿侯健	地周星跳涧虎陈达
地隐星白花蛇杨春	地异星白面郎君郑天寿
地理星九尾龟陶宗旺	地俊星铁扇子宋清
地乐星铁叫子乐和	地捷星花项虎龚旺
地速星中箭虎丁得孙	地镇星小遮拦穆春
地稽星操刀鬼曹正	地魔星云里金刚宋万
地妖星摸着天杜迁	地幽星病大虫薛永
地伏星金眼彪施恩	地僻星打虎将李忠
地空星小霸王周通	地孤星金钱豹子汤隆
地全星鬼脸儿杜兴	地短星出林龙邹渊
地角星独角龙邹润	地囚星旱地忽律朱贵
地藏星笑面虎朱富	地平星铁臂膊蔡福
地损星一枝花蔡庆	地奴星催命判官李立
地察星青眼虎李云	地恶星没面目焦挺
地丑星石将军石勇	地数星小尉迟孙新
地阴星母大虫顾大嫂	地刑星菜园子张青
地壮星母夜叉孙二娘	地劣星霍闪婆王定六
地健星险道神郁保四	地耗星白日鼠白胜
地贼星鼓上蚤时迁	地狗星金毛犬段景住

于是，梁山好汉择定吉日，杀牛宰马，祭献天地神明，挂上"忠义堂"、"断金亭"牌额，立起"替天行道"杏黄旗，宋江亲自捧兵符印信颁布号令，一百零八条好汉排定座次；梁山泊总兵都头领两员、掌管机密军师两员、同参赞军务头领一员、掌管钱粮二令两员、马军五虎将五员、马军八虎骑兼先锋使八员、马军小彪将兼远探出哨头领十六员、步兵头领十员、步军将校十七员、四寨水军头领八员、四店打听声息及邀接来宾头领八员、总探声息头领一员、军中走报机密步军头领四员、守护中军马军骁将两员、守护中军步军骁将两员、专管行刑刽子两员、专管三军内探事马军头领两员、一同参赞军务头领一员、掌管监造诸事头领十六员。宣和二年四月初一日，梁山泊大聚会，分调人员告示。画面上的水泊梁山忠义堂巍峨结彩，"忠义堂"三字牌额庄严醒目；山顶上立一面"替天行道"杏黄旗，哗哗啦啦迎风飞舞；忠义堂前悬挂着两面绣字红旗：右面书写"山东呼保义"，左面书写"河北玉麒麟"；一百零八将聚集在忠义堂上，他们相互招呼着，谈论着胜利，有的甚至还穿着印有"梁山"二字的征衣。"八方共域，异姓一家。天地显罡煞之精，人境合杰灵之美。""相貌语言，南北东西虽各别；心情肝胆，忠诚信义并无差。"这种宏大热情的场面，既渲染了梁山好汉欢庆胜利的喜悦之情，也展现出了梁山英雄的鼎盛之势。设计者采用散点透视方法，以忠义堂前为视角中心，全方位地展现出了一百零八将齐聚水泊梁山的宏伟场景，能够给读者一种身临其境之感。在人物塑造方面，像宋江、吴用、林冲、李逵、鲁智深等人，按照一定程式揣绘，使熟悉《水浒传》小说的读者一眼便能认出；其他人物则采用同胞手足、捉对夫妻、叔侄郎舅、跟随主仆等人伦关系加以组合，如高挑秀丽的女将旁边站着一位面目狰狞的矮汉子定是一丈青王矮虎夫妻；另外，利用武器、道具的配置对人物进行区别；此外，还以在梁山聚义前形成的小团体，如少华山、黄门山众好汉及登州英雄群体等，对人物进行刻画；对那些出场不多、性格特征不明显的单个好汉，则依据他们独特的体貌特征来刻画，如碧眼重瞳、虬髯过腹的皇甫端。仔细欣赏这枚小型张，每个人物形神各异，栩栩如生，一百零八位梁山好汉的音容笑貌仿佛就在眼前。

梁山好汉一百零八将，三十六天罡，七十二地煞。三十六和七十二是我国古代传统历法的两个基本计算数字，由于历法是古代人们社会生活的重要知识之一，故深深印在人们的心中。水浒故事在民间流传和形成过程中，广泛吸收了中国文化传统，采用这两个吉利数字，表明了作者的爱憎之情。

梁山古名良山。汉文帝子梁孝王曾围猎于此，死后葬山麓，遂改称梁山。位于山东省梁山县南，黄河蜿蜒于西，京杭运河流经其东，北濒东平湖，南为平原。除主峰虎头峰、雪山峰、青龙山、郝山头外，有七支脉，最高处海拔197米。山势险峻，峡谷深邃，唐宋时黄河溃决，周成大泽，广800里，即古"梁山泊"。相传，北宋末年宋江领导农民起义曾在此扎寨，抗拒官军。因《水浒传》一书行世，遂驰名遐迩。山上及附近地区遍布水浒故事遗迹。虎头峰有"宋江寨"，巨石垒成寨墙两层，断续可见。寨中央有"聚义厅"遗址，厅旁巨石突起，上有石窠，传为起义军竖立"替天行道"杏黄旗的旗杆石。迤西有盆底式石坑，名"蓄水池"。寨北虎头峰与雪山峰之间山口名"黑风口"，两侧悬崖峭壁，深谷绝涧，乃通"宋江寨"咽喉，传为李逵在此把关，循盘陀马道下山，至杏花村王林酒店饮酒。近年新雕李逵手持大斧塑像于此。宋江寨东北有小平山，山顶平坦宽敞，为起义军演武场。山阴有后集镇，为起义军内眷居住的"后寨"；寨西一带有一平坦石坡，为起义军的"晒粉场"。

1997—22 1996年中国钢产量突破一亿吨(J)

【1996年中国钢产量突破一亿吨(J)】China's Steel Output Exceeds 100 Million Tons in 1996(J) 钢

是含碳量0.025%～2%的铁基合金的总称。中国的钢铁工业始于1890年张之洞开办的汉阳铁厂，但由于半殖民地半封建社会制度束缚了生产力的发展，到1948年的半个多世纪中，中国总共生产了760万吨钢。新中国成立后，变革了生产关系，解放了生产力，1957年全国钢产量就达到535万吨。1978年党的十一届三中全会以后，钢铁工业走上了持续、快速、健康发展的轨道，以1978年到"六五"末期，钢产量从3178万吨提高到4679万吨。改革开放以来，中国钢铁工业得到了迅猛发展。1989年，全国钢产量超过6000万吨；1991年，全国钢产量超过7000万吨；1992年，全国钢产量超过8000万吨；1994年，全国钢产量超过9000万吨；1996年，中国钢产量1.01亿吨，居世界首位。这是中国钢铁工业发展进程中的一个新的里程碑。中国钢铁工业不仅在数量上快速增长，结构也发生了巨大的变化。1996年，工艺技术落后的平炉钢比重为12%，比建国初期下降了67个百分点，比1978年下降了23个百分点；而1996年的转炉钢比重为70%，比建国初期上升了69个百分点，比1978年上升了27个百分点。标志着炼钢工艺技术水平的连铸坯产量，1996年比1978年增加近47倍，达到5300万吨；1978年，我国连铸比只有3.5%，1996年达到了53%。特别是在坚持以鞍钢、武钢、首钢为代表的一大批现有企业进行技术改造的同时，以宝钢、天津钢管公司为代表，又建成了一大批大型高炉、氧气顶吹转炉、大型超高功率电炉、连铸机、连轧机、无缝钢管轧机、高速线材轧机等现代化生产线和冶炼、轧钢设备，大大推进了我国钢铁工业工艺技术结构的改善。从整体上看，到1996年，我国钢材自给率已达到88%。除轿车、家电、石油、采运、电站等行业所需少数品种外，国民经济各部门所需钢材基本上可以达到国内自给。国防工业和尖端技术，包括原子弹、氢弹、导弹、核潜艇、火箭通信卫星等所需关键金属材料，全部由国内研制成功并满足需要。市场需求量最大的建筑用钢材，从数量、品种、质量上都可满足国内需要。据1996年资料，全国除西藏外，都已建立了钢铁厂；全国年产钢超过100万吨以上的钢铁企业已达到24家，其钢产量约占全国的70%。与钢铁企业相配套的铁合金、碳素等辅助材料工厂也都有了相应的发展，全国已形成了以大型企业为骨干、大中小结合的、工序配套的钢铁工业体系。中国的钢铁工业今后将在保持数量适度增长的基础上，重点提高技术装备水平，改善企业结构和品种结构，降低能源消耗，提高劳动生产率，更好地满足国民经济持续、快速、健康发展的需要。

1997年11月25日，为了祝贺1996年中国钢铁产量突破一亿吨，中华人民共和国邮电部发行了一套《1996年中国钢产量突破一亿吨（J）》纪念邮票，全套2枚。王虎鸣设计。胶版。齿孔12度。邮局全张枚数50（5×10）。辽宁省沈阳邮电印刷厂印制。

这套邮票的2枚图案，通过我国古代冶炼场面与当今现代钢铁工业的先进技术和宏大的生产规模，形象生动地表现了我国钢铁生产的悠久历史和目前取得的巨大成就，点明了"1996年中国钢铁产量突破一亿吨"的邮票主题，画面美观，富有新意。2枚邮票图案均采用一虚（背景）一实（主图）构图，虚实结合，内涵丰富，富有韵味。设计者采用电脑技术，使画面有机地组合在一起，不仅构图和谐自然，色彩明快，并将面值和国名统一安排在票面上部，在白底映衬下，土红的面值数字和英文国名与主图色彩相呼应，使票面显得活泼有生气。

【中国古代冶金】1997—22·（2—1）T　面值50分，票幅规格40毫米×30毫米，发行量3234.25万枚。图案主图为我国出土的一件铸造农具的模具，称为"铁范"。我国在战国时期已用铁范铸造生产工具。河北兴隆燕国和磁县赵国冶铁遗址出土的锄、镰、斧等铁范，是目前发现最早的战国金属范。兴隆出土的铁范，是用高温液体还原法浇灌而成。邮票图案上的铁范是出土的战国半片斧范。这说明我国早在古代就有了冶炼技术，并生产出了农耕的铁质工具。根据科学分析，在江苏六合程桥出土的一件春秋晚期的白口生铁块，是迄今发现的世界上最早的生铁实物，说明我国最迟在春秋中期已经掌握了生铁冶炼技术，是发明生铁——铸铁冶炼最早的国家。炼铁技术发明后，春秋战国时期又先后出现了生铁冶铸技术、利用熟铁块渗碳制钢、铸铁柔化术三项重大的冶铸技术，在冶金史上都具有划时代意义。为了增强炼铁能力，提高炼铁质量，我国在战国时期发明了最早的鼓风炼铁技术，这是世界冶炼史上的奇迹。现代工业离不开钢铁。我国古代炼钢一直处于世界领先地位。1976年在湖南长沙出土的一口春秋末期的钢剑，经科学分析，它所用的钢是含碳量0.5%～0.6%的中碳钢，剑身断面可见反复煅打的层次，说明我国最迟在公元前4世纪就已开始炼钢，是世界上炼钢最早的国家。西汉时发明了炒钢技术，即将生铁在高温下炒炼，使之氧化脱碳，成为中碳钢，这在炼钢史上是一项重大的技术突破。在此基础上，进而产生了一种百炼钢技术，可以生产中碳、高碳钢。南北朝时期，制钢技术有了新的突破，出现了灌钢技术，即先把含碳高的生铁熔化，浇灌到熟铁上，使碳渗入熟铁，增加熟铁的含碳量，然后分别用牲畜尿和脂肪淬火成钢，提高了钢的韧性。在坩埚炼钢法发明前，灌钢法是手工业制钢的一种先进的炼钢技术。我国的冶金历史十分悠久，冶炼业最初使用的燃料是木炭，后来又使用原煤作冶炼能源，宋代开始使用焦炭冶炼矿石，效果很好。邮票图案背景采用了明朝宋应星编著的《天工开物》中记载的古代冶炼的生熟炼铁炉图。图中从右至左：活塞式木风箱正在向炉中鼓风，炉火熊熊→此管流出成生铁（堕子钢、板生铁）→流入方塘→撒潮泥灰，具体示意出了生熟铁冶炼的全过程。随着炼铁技术的出现，中华民族文明史步入了铁器时代。据考古资料，我国最早的人工冶炼铁器均出现于公元前6世纪，即春秋后期。江苏六合程桥东周墓出土的铁丸和洛阳出土的铁锈、铁铲是迄今发现的最早的生铁器物。铸铁柔化术的出现，使生铁广泛用作生产工具和军事设备。

有关《天工开物》的知识，详见本书2002—18《中国古代科学家（四）》。

【1996年中国钢产量突破一亿吨】1997—22·（2—2）T 面值150分，票幅规格40毫米×30毫米，发行量2631.75万枚。图案以现代化钢铁厂厂房和炼钢设备为背景，主图为出钢水的钢包。画面气势恢宏，反映了我国钢铁工业的快速发展。

有关钢铁工业的知识，详见新版《中国集邮百科知识》T·26《钢铁工业》。

1997—23 长江三峡工程·截流（T）

【长江三峡工程·截流（T）】Daumming: Three Gorges Project on the Yangtze River（T） 有关长江三峡的知识，详见新版《中国集邮百科知识》1994—18《长江三峡》。由瞿塘峡、巫峡和西陵峡组成的长江三峡是中国著名的峡谷，以峡长壁陡、谷窄滩险、水急浪大和峰奇洞多为特征。早在1924年，孙中山就首次提出了三峡水利工程。新中国成立后，为了提高长江中下游的防洪标准，充分利用长江三峡的水力资源，经过长达40年的论证，1992年4月3日全国人大七届五次会议批准建设三峡水利枢纽工程，并于1994年12月14日正式开工。三峡水利枢纽位于长江西陵峡中段，坝址在湖北宜昌三斗坪，由拦河大坝及泄水建筑物、水电厂房、通航建筑物等组成，是一个具有防洪、发电、航运、供水等巨大综合利用效益的特大型工程。计划发电的总装机容量为270万千瓦，单机容量将达到70万千瓦，年平均发电量达840亿度～1000亿度。这座世界上最大的水电站建成后，将为华中、华东、川东等地区提供大量的电力，对长江沿岸的经济繁荣产生巨大的推动作用，并将极大地改善长江的航运条件，万吨船队可从武汉直达重庆。建筑总工期为17年，分三期施工：一期工程5年，以大江截流为标志；二期工程6年，实现首批机组发电，永久性船闸通航；三期工程6年，全部工程完成。长江三峡水利枢纽正常蓄水位175米，坝顶高程185米，最高坝高175米，坝轴线长度2335米，淹没面积38.8万亩 淹没区人口84.46万，坝型为混凝土重力坝，总投资2000亿元人民币。经过认真筹划，三峡的名胜古迹将得到最大限度的保护，而且可以形成新的景观。建成后的长江三峡水利枢纽，将是世界上防洪效益最大、水电站最大、航运效益最显著的水利枢纽。

1997年11月8日，为了祝贺长江三峡工程顺利进行大江截流，中华人民共和国邮电部发行了一套《长江三峡工程·截流（T）》特种邮票，全套2枚。徐勇民、王涌、刘寿祥、宋志静设计。影写版。齿孔11.5度。邮局全张枚数32（4×8），横2枚连印。北京邮票厂印制。

这套邮票的2枚图案采用连票形式，横向拉长的画面给特定内容的表现提供了多重选择的可能，较好地表现出了导流明渠、大江截流的宏大场景所显示出的峻拔的力度与三峡优美的自然生态环境的和谐统一。

【明渠通航】1997—23·（2—1）T 面值50分，票幅规格50毫米×30毫米，发行量2922.5万枚。图案描绘了金秋季节长江三峡水利枢纽工程中明渠通航的景象。

三峡进行截流后，为了保证长江航运不会中断，1997年5月1日，承担截流后长江过流和通航任务的导流明渠已破堰进水，7月1日施工船队试航成功，10月正式通航。明渠长达3公里，被称作"人造长江"。画面上江水碧蓝，两岸峰奇壁陡，一艘艘航船破浪而行；江中心部分大江截流的土石大坝上，塔吊耸立，人影幢幢，既展现出了明渠通航的壮观景象，又表现出了长江三峡水利枢纽工程大江截流热火朝天的施工场景，动静结合，能够给人一种身临其境之感。

【大江截流】1997—23·（2—2）T 面值50分，票幅规格50毫米×30毫米，发行量2922.5万枚。图案描绘了金秋季节长江三峡水利枢纽工程中大江截流的壮观景象。长江三峡工程中进行的大江截流，实际上就是在长江主河道上筑起两道土石大坝，将两道土石坝包围形成的63万平方米江面抽干积水，清除淤泥，然后在干枯的河床上修建三峡大坝和电站厂房。这两道土石大坝被称为"二期围堰"，堰高76米，总土石方量达1130万立方米。长江三峡工程大江截流设计流量为每秒1.4万立方米～1.9万立方米，围堰施工最大水深达60米。截流流量和施工水深都大大超过了世界上所有的水电工厂。另外，截流围堰水下地质条件十分复杂，故三峡截流的综合难度位居世界水电工程之首。设计者将长江三峡工程的"二期围堰"置于画面中心，围堰上机器轰鸣，人影憧憧，红色标语点点，一派施工的繁忙景象；望着围堰中间那一片蔚蓝的江水，可以想象到节流后将被抽干，雄伟壮观的三峡大坝和电站厂房，将在河床上拔地而起，真让人心驰神往。

1997—24 中国电信（T）

【中国电信（T）】China Telecommunications（T） 电信是利用电信号的传输以传送信息的通信方式的通称。一般指通信业务中所常用的电报、电话等通信方式。广义则还包括其他利用电信号的通信，如广播、电视、雷达、遥控、遥测、资料传输等。1882年，中国出现了外商办的第一个磁石电话交换所。1909年，在北京开办了第一个官办的电话局，安装了一台容量为100门的磁石电话交换机。1911年辛亥革命时，中国电话交换机容量为8872门，电话用户数8369户。国民党统治时期，中国电信发展十分缓慢，1949年新中国成立前夕，全国局用交换机容量仅为31万门。新中国成立后，中国电信事业发展迅速。1960年在上海吴淞局开通了中国第一个纵横制自动电话局。到1978年，全国共有局用电话交换机405.9万门，是1949年的13倍。特别是改革开放以来，中国电信事业的发展充满着勃勃生机。1982年，福州引进开通了我国第五套数字程控电话交换机系统，标志着中国电话交换网从模拟交换步入了数字交换的崭新发展阶段。到1996年底，中国局用交换机总容量已达到9319万门。1997年8月26日，随着四川省普格县开通2000门程控电话交换机，中国所有县以上城市全部实现交换机程控化。中国电信坚持"引进、消化吸收、自主开发"三步走的发展战略，积极跟踪世界先进水平，大胆采用世界电信先进技术成果装备网络，使中国电信迈入数字通信时代，完成了从人工向自动、从模拟向数字的过渡，电信网从传统的电话、电报网走向可传输图像、数据等综合业务的智能化网络。到1996年底，全国长途电话电路总数达117万路，数字化比重已达到95.3%；局用电话交换机程控化比重提高到99.5%。1997年8月，全国移动电话用户突破1000万，无线寻呼用户数已超过3000万户。电信的发展，使中国百姓圆了电话梦。到1996年底，住宅电话用户已占电话用户总数的75.1%，电话普及率达到了6.33%，其中城市电话普及率已达到22%。截至1997年4月，中国已有上海、北京、广州、天津、重庆5个城市的电话号码升为8位。纵横交织的光缆干线网，使中国公用信息通道成为一条八方通衢。其中，东起我国上海，西至德国的法兰克福，途径西欧9国，全长21000公里的亚欧通信光缆，是世界陆地光缆线路长度之最。1997年5月12日，我国成功发射了东方红3号通信卫星，上面装有24个转发器，连通了五洲。模拟移动电话网和数字移动电话网均已实现了全国联网，其中GSM数字移动电话网还实现了与部分国家和地区的自动漫游。分组交换网已通达全国绝大部分县城和经济发达地区乡镇；数字数据网基本覆盖全国地级市和光缆已通达的县城；中国公用计算机互联网（CHINANET）也已建成连接全部省市的骨干网并延伸到全国大部分地市。1996年分组交换网用户、数字数据网用户比1995年增长近1倍。1996年7月，中央电视台亚特兰大奥运会报道首次使用了ISDN电视会议系统，实现了双向直播，收到了良好的效果。电信超前国民经济发展的战略已经确立。中国将保持电信事业持续、健康、快速发展的态势，使中国公用通信网的规模容量、技术层次和服务水平进入世界先进行列。

1997年12月10日，为了宣传我国电信事业飞速发展的新面貌，中华人民共和国邮电部发行了一套《中国电信（T）》特种邮票，全套4枚。王虎鸣、阎炳武、郭承辉设计。胶版。齿孔12度。邮局全张枚数50（10×5）。河南省邮电印刷厂印制。

【数字传输】1997—24·（4—1）T 面值50分，票幅规格30毫米×40毫米，发行量3151.75万枚。图案表现了用数字信号作为载体传输消息，或用数字信号对载波进行数字调节后再传输的通信方式，反映了中国的

通信技术正在实现由模拟技术向数字技术的迅速过渡。数字化是时代的潮流,在电信领域也不例外。改革开放以来,中国电信已初步建成了一个覆盖全国的、以光缆为主,以数字微波和卫星为辅的大容量、高速率传输网络。数字化就是这个网络的一个重要特征,它不仅能传电话,还能传送数据和图像。数字化传输已深入通信的各个领域,无论是光缆通信、卫星通信,还是微波通信,都毫无例外地在实现由模拟向数字的过渡。到1997年,中国电信长途传输的数字化比重已达到98.5%,这是一个很了不起的成绩。这枚邮票图案正是反映了这么一个伟大的历史进程。设计者在画面中以几行富有动感的由二进制数"0"和"1"组成的数据流,将数字传输比喻为高速公路,形象地表达出了"数据传输"的内涵;并以集成电路装点"大地",含蓄地表现出了集成电路、大规模集成电路是实现数字化的基础,使"数字"和"模拟"都比较抽象的概念得到了形象化的表现。画面左上方描绘了一枚运行宇宙的通信卫星,右下角绘有一台地面接收器(雷达),标志着中国电信已经连通了五洲四海,可以实现全球漫游。

有关通信卫星的知识,详见本书1996—27《国际宇航联大会第四十七届年会》。

有关雷达的知识,详见新版《中国集邮百科知识》T·108《航天》。

【程控交换】1997—24·(4—2)T 面值50分,票

幅规格30毫米×40毫米,发行量3151.75万枚。图案反映了中国电信中电话交换实现程控化的历史性转变。截至1997年8月,中国公用电话网的交换机总容量已突破1亿门,成为世界上第二大电话网;在公用交换机中,程控化的比重已达到99.7%,县以上城市已全部实现电话交换机的程控化。邮票图案以大地为背景,用写实的手法表现了程控机房、话机按键以及微机操作台等富有程控化特色的典型事物,表现了以计算机作为控制设备,对数字语音信号进行控制交换的技术,渲染了"程控化已遍及中国"这一主题。特别是在画面的最显要位置,设计者采用了一个国际电话交换通用的标记"X"形符号,全称"exchange",意为交换、交换机、交换局,对于

强化"电话交换"这一主题起到了很好的视觉效果。

【数据通信】1997—24·(4—3)T 面值150分,票

幅规格30毫米×40毫米,发行量2521.75万枚。图案反映了中国电信中数据通信蓬勃发展的面貌。数据通信是指依据通信协议,在计算机与计算机、计算机与终端及终端与终端之间的数据信息传递。数据通信早已悄悄地进入了我们的生活。几年前,数据通信在全国人口普查中崭露头角;近年来,在银行窗口、民航售票处等场所,人们都会感到数据通信所带来的种种方便和好处。设计者抓住了"通信与计算机融合"这一数据通信的主要特征,画面以蓝色为基调,以红、黄、蓝等颜色所表现的光磁带,传输于以天坛为象征的北京和各地之间,数据通信犹如一条七彩虹,七彩虹上自左向右分别连接印有英文字母"CHINADDN"(中国公用数字数据网)、"CHINAPAC"(中国公用分组交换网)、"CHINANET"(中国公用互联网)、"CHINAFRN"(中国公用帧中继网)、"CHINAEDI"(中国公用电子数据交换网)、"CHINAMAIL"(中国公用电子信箱业务网),装点了信息时代的万里晴空,辉映着中国的山川和大地,充分反映了数据通信业务的多样性。背景上绘有北京天坛图形,寓意古老的中国在信息时代焕发出了勃勃青春。

有关天坛的知识,详见新版《中国集邮百科知识》特15《首都名胜》。

【移动通信】1997—24·(4—4)T 面值150分,票

幅规格30毫米×40毫米,发行量2521.75万枚。图案以手机和蜂窝式通信系统为中心画面,表现无线电波穿越天空连接用户的清晰画面。我国的移动通信采用的是"小区制"。就是把整个覆盖区分成许多个六边形的小区,一个个鳞次栉比,形成蜂窝状结构,故得名"蜂窝移动电话"。由于实现了全国移动电话和无线寻呼的联网漫游,使得"一机在手,走遍神州"已成为现实。而且数字移动电话用户还能与世界许多国家和地区实现自动漫游,全球个人通信的时代正在通过移动电话逐步实现。邮票图案右方的移动通信"基站",是移动通言系统的一个重要组成部分,也是移动通信系统富有特征的标志之一;画面选取了"移动通信"这个大"家族"里人们

最熟悉的两个成员——手提式移动电话（简称手机）和无线电寻呼机（英文名称"Beep Pager"，故俗称BP机），给人一种"移动通信就在我们身边"的亲切感；左下角是人的头像叠影，寓意全球个人通信的时代已经到来；茫茫天空和辽阔大地上都印成蜂窝状的六边形图案，地平线上一轮红日喷薄而出，以艺术的形式反映了中国电信中移动通信业务的蓬勃发展。

1998—1 戊寅年（T）

【戊寅年（T）】Wuyin Year（Year of the Tiger）（T）

有关干支纪年和十二生肖的知识，详见新版《中国集邮百科知识》T·46《庚申年》。1998年为中国农历戊寅年，寅虎，也称虎年，凡是在这一年出生的人都属虎。

1998年1月5日，为了庆祝农历春节，中华人民共和国邮电部发行了一套《戊寅年（T）》特种邮票，全套2枚，这是第二轮十二生肖系列邮票的第七套。原作者（2—1）高秋英（布老虎制作）、王虎鸣（摄影）。王虎鸣、马刚设计。影雕套印。姜伟杰、李庆发雕刻。齿孔11.5度。邮局全张枚数32（8×4）。北京邮票厂印制。

【虎虎生威】1998—1·（2—1）T　面值50分，票幅规格26毫米×31毫米，发行量10028.7万枚。

图案采用了山西省黎城县城关谷驼村一位五十多岁普通农妇高秋英缝制的布老虎"黎侯虎"。关于黎城布老虎的来历，有这样一个传说：很久以前，黎城县土地肥沃，物产丰富，森林茂密，人们安居乐业。在黎城县的一座大山上，居住着一对年轻夫妻，男的叫张哥，女的叫李妹。张哥身强体健，李妹如花似玉。夫妻二人男耕女织，丰衣足食，过着恩爱而富足的生活。不到两年，李妹生了一个男孩，取名小宝，夫妻整天高兴得合不拢嘴。天有不测风云，人有旦夕祸福。不料，一个山妖相中了张哥李妹居住的这座山，带着一群毒虫蛇蝎驻扎了下来。由于山妖作怪，山民们养鸡鸡瘟，养猪猪死，生活相当艰难。一天，山妖巡山，遇上了李妹，便心生歹念，变成人形，想引诱李妹为妻。李妹断然回绝后，山妖恼羞成怒，威胁说，要让小宝半死不活，要让张哥活不如死，说完化成一股黑风去了。李妹知是山妖所为，便把此事告诉了张哥。张哥安慰说："不用怕，咱有长矛、弓箭，如果打不过它，咱们就跑。"第二天，山妖调集漫山遍野的毒虫蛇蝎向李妹家进攻，小宝被毒虫咬得浑身是毒疮，张哥也被咬得遍体鳞伤。张哥的长矛、弓箭顶不上用，镰刀、锄头也无济于事。毒虫蛇蝎铺天盖地，蜂拥而至。张哥打不过遍地毒虫，跑也跑不了，身上的毒伤又在扩散，他看着气息奄奄的小宝，心急如焚。就在此时，一位云游神仙路过此地，发现山妖作怪，他立刻化作一位游方道士，手持拂尘，来到张哥家，从随身葫芦里倒出两颗仙丹，给张哥和小宝服下，二人顿觉神清气爽，身上毒患全消。张哥一家人连忙拜谢救命恩人。道人开口："山妖所为，我已知晓，所谓邪不压正，我送你们神物一只，可保你家人宅平安。"说话间取出金虎一只递给张哥，然后化作一阵清风而去。从此，张哥家人宅平安，日子又渐兴旺。八方四邻的百姓得知消息后，为求人宅平安，纷纷制作各种老虎。因为金、银、铜、铁材质不便制作，代价又高，百姓们就用布缝制。除布老虎外，还有幼儿穿的虎鞋、戴的虎帽。流传至今，已演变成一种习俗。至今，孩子过满月时，亲戚朋友还要送一只布老虎，保佑孩子健康成长。老虎为兽中之王，象征着坚强和勇敢。在古代，老虎的造型甚至被当作辟邪之物，镇宅之宝。黎城的布老虎造型生动，色彩鲜艳，是一种极具特色的民间工艺品。邮票图案采用的高秋英缝制的布老虎，其制作方法是：取对称的两块棉布裁剪、缝合成袋状，以充填、缠绕、扎系等手段结体构形，再以粘贴、控补、缝缀、刺绣、绘画等手段进行装饰。她缝制的布老虎，多数是矮胖之体，既放置平稳，又敦厚可爱，质朴纯真，包含着深刻的艺术哲理。图案中的这只布老虎是黎城布老虎的正面肖像，它的造型虚实合理，夸张适度，变形得法，将虎的身躯大大收缩，四肢也极度简化，但虎的主要特征却丝毫没有丢掉，头部给予有意的刻画，眼睛、嘴巴都突出地加以夸张，把现实和幻想中的虎形象交融在一起，并赋予人的性格和情感，洋溢着一种古拙、豪放的秦汉之风。画面用孔雀蓝作底衬，产生出一种强烈、明快、鲜艳的对比色调，创造出了饱和、跳跃的视觉效果。布老虎那高高翘起的尾巴和呈扑前状的姿态，特别是正面的虎头，着意突出了制作上那种酣畅的线条和浪漫而神奇的纹饰，既具有雄浑厚重的气质和活泼旺盛的生机，又展现出了"虎虎生威"的盎然气势。画面上标有"戊寅年"3字和钤有一枚红色"戊寅"印章，点明了票题。

【气贯长虹】1998—1·（2—2）T　面值150分，票幅规格26毫米×31毫米。发行量8556.7万枚。

图案采用了唐代大书法家颜真卿所书《裴将军诗》中的草书"一笔虎"字为主图。颜真卿（709—785），字清臣，唐代书法家，初学褚遂良，后从张旭得笔法，正楷端庄雄伟，气势开张；行书

遒劲郁勃,古法为之一变,开创了新风格,对后来影响很大,人称"颜体",与柳公权并称"颜柳"。画面中的这个"虎"字,点画之间随意天成,转折行笔在自然中显示出高度的艺术修养,真可谓落纸云烟,游云惊电。这种写法民间称为"一笔虎",古代常用于中堂悬挂,据说有镇灾驱邪之效。图案之所以选用这个"虎"字,正是取其一笔连贯的神韵,寄寓一生通达顺畅的美好祝愿。整个画面以简取胜,"虎"字采用喜庆而又沉稳的大红色,衬以古代信笺的暖灰色细线框,碎金散铺装饰,既突出了书法的气贯长虹之势,又洋溢着浓浓的传统文化气息。画面上标有"戊寅年"3字和钤有一枚红色"戊寅"印章,点明了票题。

1998—2 岭南庭园(T)

【岭南庭园(T)】Gardens of Lingnan(T)　岭南指五岭(越城、都庞、萌渚、骑田、大庚五岭总称)以南地区。岭南庭院指广东省中部、东部的清代古典园林。岭南庭园既具有中国古典园林的传统风格,又受地理环境、自然气候和乡土文化的影响,具有鲜明的地方特色。岭南庭园既不像北方园林场景开阔,重在气势,也不像江南园林千回百转,重在意境,它一般占地面积并不太大,但依然将大自然中的春华秋实、山高水长浓缩在一园之中,具有"缩龙成寸"的意趣。岭南庭园有厅有房,有楼有廊,配置齐全,主次分明,但亭、台体型简练,很少有复杂的轮廓组合,房屋屋面常有挑出的一角,而且每个庭园必有水池或水塘环绕房前屋后,园内各种植物茂盛异常,侧重营造出了一种家庭的气氛。所以,岭南庭园不单单是怡情养性、流连休息的场所,还是一个家庭居住和生活的空间,置身其间,既能享受园林的幽致,又可感受家庭的温馨。

1998年1月18日,为了展现中华民族古典园林的风貌,中华人民共和国邮电部发行了一套《岭南庭园》特种邮票,全套4枚。郭承辉、阎炳武、潘可明设计。胶版。齿孔12度。邮局全张枚数40(4×10)。辽宁省沈阳邮电印刷厂印制。

这套邮票的4枚图案,选用了岭南4个具有代表性的庭园。为了能够表现出岭南庭园布局风格的精髓,设计者注意把握了三个原则:其一,艺术原则。在构图上,借鉴了宋代界画手法,将远处建筑的距离拉近,尽可能让建筑的各个角度获得展示。在色彩上,以传统工笔重彩为主,结合西洋水彩画法,绿树、窗花、砖色皆有变化,渲染出了岭南庭园鲜艳的色彩。整个图案通过色彩和线条的组合,把诸多人工物和自然物艺术地糅合在一起,营造出鸟语花香、清幽宁静的画面气氛,生动地展现出了岭南庭园静中有趣、幽而有芳的特点,能够给人一种美的享受。其二,科学原则。岭南庭园都有水池或水塘,这是因为广东地区气候炎热,庭园格局一般都面向夏季主导风向,前部为花园水池,后部集中建筑和庭院,使夏季的海风能通过前部绿地和水池吹到后部的每一个角落;而后部建筑密集,单位居处受阳光照射的面积减少,可以尽量贮存阴凉。另外,广东人以水喻财,庭园前部开辟水池,有迎风聚财之意。设计者采用以水池为立足点的透视角度,由前往后,以水带景;而画面上又不出现水,水的部分留空,创造出了一种水天一色的意境,表现出了岭南庭园的重要特色。其三,神韵原则。设计者运用主体的思维和眼光,在建筑比例、色彩运用及客体配置上,都做了适当的调整和变形,把实物化为活物,以有衬无,以虚写实,以近观远,以静寓动,产生了强烈的艺术视觉效果。4枚图案分别按照春、夏、秋、冬四个季节的景色进行处理,四季色调既区别又统一,生动地展现出了岭南庭园的独特神韵。

【岭南庭园·可园】1998—2·(4—1)T　面值50

分,票幅规格50毫米×30毫米。发行量4225.9万枚。图案描绘了岭南庭园可园春天的风貌。可园坐落在广东省东莞县城西博厦村,与顺德清晖园、佛山梁园、番禺余荫山房合称清代广东四大名园。清咸丰八年(公元1858年)由清末曾任广西按察使的张敬修建成。面积2204平方米,人称三亩三分地,绕以青砖围墙。园北临村中大池塘。园中一楼、五亭、六阁、十五房、十九厅,把住宅、客厅、别墅、庭院、花圃、书斋艺术地组合在一起,使得可园面积虽小,亭台楼阁、山水桥榭、厅堂轩院一应俱全。建筑物分西南、东北两组,中隔庭园,左回右折,互相沟通,大小门户多达一百四十多个。主体建筑名可楼,楼高十五米多,底层大厅名可轩,楼前有曲尺形水池。其侧有石梯级,盘曲可上绿绮楼,复又能通可楼第二、三层。第四层是邀山阁,四面明窗,由10根置于石墩上的格木柱支撑瓦面,不用一钉一铁,历百年风雨而无恙,俗称定风楼,登阁可俯览园中景色。楼阁为水磨青砖结构,地铺褐红砖阶,缀以花台、花径、假山,由环碧廊贯穿起来,构成整体。可园主要景点有:草草草堂、擘红小榭、可轩、曲池、问花小院、可堂等。可堂是可园的主体建筑之一,是可园举办喜庆宴会的地方,由弄风、门栏、檐楣、壁楣装饰得金碧辉煌。可园的建筑布局基调是空处有景,疏处不虚;小中见大,密而不迫;静中有趣,幽而有芳,是广东园林之奇葩。可园曾一度荒废,新中国成立后辟为公园。邮票图案上部留出近二分之一的空白,创造出了一种山水一色的意境;设计者让可楼高高耸立在画面上,那四面明窗,仿佛在召唤着游客登临其上,去观赏全园的秀美景色。

【岭南庭园·梁园】1998—2·(4—2)T 面值50分,票幅规格50毫米×30毫米,发行量4069.9万枚。图案描绘了岭南庭园梁园夏天的风貌。梁

园是广东佛山梁代宅园的总称。坐落在广东省佛山市旧区先锋古道。清道光元年(公元1821年),由清代曾任内阁中书的岭南书画家梁蔼如及其侄梁九华、梁九章、梁九图建造而成。与东莞可园、顺德清晖园、番禺余荫山房合称清代广东四大名园。全园由十二石斋、群星草堂、汾江草庐、寒香馆等多个群体组成,规模宏大。群星草堂是梁园中保存较为完整的一个园林群体,有头门"部曹第"、刺史家庙及荷香水榭、群星草堂主体、秋爽轩、船厅、小榭楼、书斋等建筑。梁园布局小巧玲珑、轻盈通透、步移景换,颇具岭南风韵。水池设置一反岭南园林之常规,采用不规则的自然土岸,独具特色。营造者用书画家的眼光精心挑选奇峰异石,巧妙构思布局,采用书画的写意手法,创造出了山岩丘峦、拟人拟物、园路穿插变化的多重意境,与外围的回廊组合成一种和谐的园林景观,称为庭园空间组织中最具特色的典范。尤其是庭园中"石庭"的组织设置,更是岭南古园林中难得一见的成功典型。至民国初年,梁园已是一片凋零。1984年,经重修并扩建后,梁园又焕然一新。设计者不仅精心描绘了梁园的建筑和野趣盎然、树木苍郁的环境,而且将园中的奇峰异石置于画面的中心,或立或卧,形状各异,突出表现了梁园以石取胜的园林特色。

【岭南庭园·清晖园】1998—2·(4—3)T 面值100分,票幅规格50毫米×30毫米,发行量3767.9万枚。图案描绘了岭南庭园清晖园秋天的风貌。清晖园坐

落在广东省顺德市大良镇华盖里,与东莞可园、佛山梁园、番禺余荫山房合称清代广东四大名园。建于清嘉庆五年(公元1800年),原为仿照苏州园林风格建造的明末状元黄士俊的私宅,后为清代乾隆年间进士、翰林编修龙庭槐告老归乡后购买,并经历了五代人的苦心经营,逐渐形成了格局完整的岭南园林风貌,取名"清晖",意以和煦普照之光,喻父母之恩。全园占地面积五亩,分为三个部分。南部为水池,是庭园的主要景区;澄漪亭、碧溪草堂等主要建筑分布水池四周,开敞而明朗。中部是船厅、惜荫书屋、华亭等,南临水池,又有假山,为全园之精华所在。北部由竹苑、归寄庐等小院组成,堪称幽闭的园中园景区。全园建有亭、台、楼、阁、厅、堂、榭等十多座。清晖园的设计吸收了岭南建筑的地方特色。从门外看,平庸无奇;进门后,别有天地。经笔生花馆、内庭、书楼、船厅、惜荫书屋、碧溪草堂到水榭,辅以书画、雕刻、工艺美术设置,使层层景色,优雅含蓄。精巧的建筑有池塘假山衬托,更缀以蓝素馨、玉兰、木棉、银杏、紫藤、米兰与龙眼、葡萄等花、果、树木,更加清华光彩。其中船厅,是舫屋与楼厅建筑的综合体。平面像舫,立体像楼,走道侧装饰着木栏杆,往下望是碧波荡漾的池塘,使人犹如置身船上。设计者精心描绘了清晖园的走廊、曲桥、池塘、假山,或相连或相隔,展现出了这座私家园林山水相间、幽深清空的超脱布局;特别是那座模仿珠江上"紫洞艇"的船厅,仿佛正在以无穷的魅力,吸引着八方游客登临厅内,去亲身体验蕉林丛荫的珠江三角洲水乡之中的独特风韵。

【岭南庭园·余荫山房】1998—2·(4—4)T 面值200分,票幅规格50毫米×30毫米,发行量3153.9万枚。图案描绘了岭南庭园余荫山房冬天的风貌。余荫

山房又称余荫园。坐落在番禺市南村镇,与东莞可园、顺德清晖园、佛山梁园合称清代广东四大名园。清同治三年(公元1864年),举人邬燕天聘名工巧匠,吸收苏杭庭园建筑艺术所建。由于清朝官吏邬燕天于咸丰五年(公元1856年)中举,后签分刑部堂主事,为七品员外郎。其长子和次子亦先后中举,故有"一门三举人,父兄弟登科"之说,名以"余荫",意思是承祖先之余荫,乃有今日及子孙后世的荣耀。占地约1598平方米。园内建筑以散点式自由布局,以游廊式拱桥将园内空间分隔成东西两半:西半部有石砌河池,池北有深柳堂,池南有临

池别馆,建筑细部装饰玲珑精致。东半部则有八角池、玲珑水榭,掩映在绿荫池水之中;还有孔雀亭、来熏亭。园内亭、台、池、馆的分布,借助游廊、拱桥、花径、假山、围墙与绿荫如盖的高树穿插配置,虚实呼应,构成起伏曲折、回环幽深、隐小若大的庭苑结构。门联所题"余地三弓红雨足,荫天一角绿云深",正是余荫山房的点题之句。邮票图案以郁郁葱葱的绿树为背景,精心刻画了余荫山房的亭、台、池、馆,仿佛可以沿着游廊、踏过拱桥,留恋于花径、假山之间,驻足于河池之畔,充分展现出了该园幽深广阔的园林特色。

1998—3 中国社会主义改革开放和现代化建设的总设计师邓小平同志逝世一周年(J)

【中国社会主义改革开放和现代化建设的总设计师邓小平同志逝世一周年(J)】The First Anniversary of Death of Comrade Deng Xiaoping, Chief Architect of China's Socialist Reform and Opening and Modernization Construction (J) 邓小平(1904—1997),1904年出生于四川广安。1920年8月27日,刚刚年满16岁的邓小平离开家乡,开始赴法勤工俭学。1926年1月,前往苏联莫斯科,进入中山大学学习。1927年8月7日,邓小平以中央秘书身份列席了中共中央召开的紧急会议,即"八七会议"。1929年12月11日,中共中央代表邓小平和张云逸、雷经天、韦拔群等举行百色起义,建立了中国红军第七军。1931年夏,邓小平从上海到达江西中央革命根据地,先后担任中央苏区瑞金县委书记、会昌中心县委书记、江西省委宣传部长。因为坚持执行以毛泽东为代表的正确路线,而被撤销职务,这是他在政治生活中受到的第一次错误处分。1935年1月,在长征途中,邓小平参加了遵义会议;同年10月,邓小平和中央红军一起胜利到达陕北,宣告长征结束。1938年1月,邓小平担任129师政治委员;同年8月下旬,邓小平赴延安参加中共六届六中全会。在这次会议上,王明受到批评,毛泽东的抗日游击战略和在抗日民族统一战线中坚持独立自主的方针取得了完全胜利。1940年8月20日,在彭德怀指挥下,邓小平和刘伯承129师参加了"百团大战"。1943年10月~1945年6月,邓小平主持中共北方局工作。1945年8月25日,抗日战争胜利之际,刘伯承、邓小平等领导的129师,已由出师时的近万人发展成近三十万人的晋冀鲁豫野战军和地方部队,共取得歼灭日、伪军四十二万余人的伟大胜利。解放战争中,刘伯承和邓小平领导的军队,号称刘邓大军,他们千里跃进大别山、决战淮海、百万雄师过大江、进军大西南等等,创造出了一部部震惊中外、气壮山河的宏伟史诗。新中国成立后,根据党中央、毛泽东指示,刘伯承、邓小平、贺龙等组织二野第十八军进军西藏。1953年底,与高岗、饶漱石反党集团进行了坚决斗争。20世纪50年代末到60年代初,中苏两党论战,邓小平作为中方主帅之一,多次去苏联参加两党间谈判。1962年7月2日在中央书记处主持讨论农业问题和7月7日接见中央三届七中全会全体同志时,都讲到了"不管黄猫、黑猫,只要抓住老鼠就是好猫"的"猫论"。十年"文化大革命"期间,邓小平从1967年开始被监管。1973年3月,邓小平恢复了组织生活和国务院副总理职务。1974年4月6日,邓小平率领中国代表团出席联合国大会第六届特别会议,并代表中国政府作大会发言。1975年1月5日,邓小平被任命为中央军委副主席兼中国人民解放军总参谋部长;1月10日,中共十届二中全会选举邓小平为中共中央副主席、政治局常委;1月17日,全国四届人大一次会议任命邓小平为国务院第一副总理,开始发起了全面整顿工作;1月25日,在总参谋部机关团以上干部会议上邓小平发出了"军队要整顿"的动员令。1976年4月7日,因天安门事件,中共中央做出了撤销邓小平党内外一切职务的错误决议。1978年12月,邓小平主持召开的中共十一届三中全会,做出了实行改革开放的战略决策,开创了社会主义事业发展新时期,形成了以他为核心的中国共产党第二代中央领导集体。1980年,邓小平力主为共和国历史上最大的冤案刘少奇平反;在主持起草《关于建国以来党的若干历史问题的决议》过程中,对毛泽东同志和毛泽东思想给予了科学评价。1981年,邓小平出任中央军委主席,成为人民解放军的最高统帅。1985年6月4日,在军委扩大会议上,邓小平正式宣布:我国政府决定,中国人民解放军减少员额100万。20世纪80年代,邓小平高瞻远瞩,提出"一国两制"思想,顺利解决了香港和澳门回归祖国问题。1939年6月23日~24日在北京召开的中共十三届四中全会,选举江泽民同志为中央委员会总书记,增选了中央政治局常委,标志着第三代中央领导集体的建立,全面体现了邓小平关于建立第三代中央领导集体的思想观点。1989年11月9日,中共十三届五中全会经过认真讨论,接受了邓小平同志的辞职请求,建立了国家领导退休制度。1992年1月~2月,邓小平视察南方时所作的重要谈话,总结了中共十一届三中全会以来实行改革开放的基本实践和基本经验,明确回答了经常困扰和束缚人们思想的许多重大认识问题,并在广州为深圳题词:"深圳的发展和经验证明,我们建立经济特区的政策是正确的。"1997年2月19日,邓小平在北京逝世,享年93岁。

1998年2月19日,为了表达中国人民对邓小平同志的深切怀念之情,中华人民共和国邮电部发行了一套《中国社会主义改革开放和现代化建设的总设计师邓小平同志逝世一周年(J)》纪念邮票,全套6枚。邹建军设计。影写版。齿孔11.5度。邮局全张枚数40(10×4)。北京邮票厂印制。

这套邮票的6枚图案,主图采用了由中共中央办公厅审批后提供的邓小平同志不同时期的照片。6张原始照片中,两张黑白照,4张彩照,背景有的很素净,也有的比较杂乱。在对照片的使用方式上,设计者除了对背景做了稍许修饰,如(6—4)虚化了主席台上邓小平身后的人,(6—6)尽量减淡了画面上的阴影,都采用了原照片,保持了历史的原貌。设计者在照片和金色边框之间加上一道白线,在视觉上造成一种把照片放在镜框里托着的感觉。在底部花纹的选择上,(6—1)采用常青的松枝,(6—2)(6—3)(6—4)(6—5)(6—6)采用圣洁的玉兰花,既表示邓小平永垂不朽,也表现了他是一个热爱生活的人。6枚图案的总体风格和色调是:前3枚追求黑白感,后3枚用彩色。(6—1)原来背景是淡蓝色天空,为了保证缩小到邮票上的效果,设计者干脆去掉背景色,在色彩效果上像是黑白照,与(6—2)(6—3)相靠拢;(6—4)(6—5)(6—6)无论邓小平同志身着绿色军装、藏蓝色中山装、灰色夹克衫,都将色彩调得重一些,再以帽徽领章、大红灯笼、黄色沙发靠垫突出了色彩效果。

【邓小平同志像】1998—3·(6—1)J 面值50分,

票幅规格30毫米×50毫米,发行量4644.7万枚。图案选用了邓小平同志的一幅标准像,摄于1979年,中共十一届三中全会开过不久。以党的十一届三中全会为标志,中国跨入了新的历史时期。邓小平作为第二代中央领导集体的核心,作为中国社会主义改革开放和现代化建设的总设计师,同中央领导集体一起,做出了关系党和国家前途命运的重大历史性贡献:领导全党总结建国以来的历史经验,纠正"文化大革命"的错误,果断地停止使用"以阶级斗争为纲"的错误口号,把党和国家工作重点坚决地转移到社会主义现代化建设上来,并做出实行改革开放的战略决策;坚持科学评价毛泽东同志的历史地位和毛泽东思想的科学体系;创立了建设有中国特色社会主义理论,制定了党在社会主义初级阶段"一个中心、两个基本点"的基本路线,成功地开辟了在改革开放中实现社会主义现代化的崭新道路,使社会主义的中国焕发出了新的生机和活力。此时的邓小平同志已年逾七旬,但从照片上看,他俨然是一位精力充沛的中年人。他那沉稳、刚毅的神情、炯炯有神的目光,洋溢着睿智、深邃、果敢、坦荡和饱满精神,生动地表现出了进入新时期之初的邓小平同志所特有的远见卓识、非凡的胆略和高超的领导艺术,令人肃然起敬。

【解放战争时期的邓小平】1998—3·(6—2)J 面值50分,票幅规格30毫米×50

毫米,发行量4071.9万枚。图案选用了邓小平同志1948年在解放战争的战场上的一幅照片。1945年9月~10月,刘伯承、邓小平指挥所部发起上党战役,坚持收复阎锡山部队抢占的上党地区,加强了中共在重庆谈判中的地位,促进了"双十协定"的签署。1946年8月~1947年2月,刘邓率部相继发起了陇海战役、定陶战役、巨野战役、鄄城战役、滑县战役、巨金鱼战役、豫皖边战役,七战七捷。接着,刘邓大军又以排山倒海之势,千里跃进大别山,决战淮海,胜利完成百万雄师渡大江战役,进军大西南等等,都记录着邓小平的赫赫战功。画面捕捉住了邓小平同志在解放战争的战场上的一个瞬间:他身着灰色戎装,注视着黎明即将来临的祖国大地,既表现出了邓小平在戎马倥偬的军旅生活中铸造出的不畏艰险、勇挑重担的性格,也揭示出了他对人民革命战争运筹帷幄、成竹在胸的胜利信心。

有关解放战争的知识,详见本书1998—24《解放战争三大战役纪念(J)》。

【和毛泽东同志在一起】1998—3·(6—3)J 面值50分,票幅规格30毫米×50毫米,发行量4279.9万枚。图

案选用了1959年2月27日~3月5日毛泽东同志南下视察,中共中央政治局在郑州召开扩大会议(即第二次郑州会议),继续解决人民公社的所有制、积累和分配的关系,纠正一平、二调、三收款的"共产风"问题期间,邓小平同志和毛泽东同志在一起的一幅照片。3月3

日上午10时~下午1时,毛泽东专列停在郑州东明路附近的铁路专用线上,毛泽东同志在火车上接见了拉丁美洲12个兄弟党代表,然后下火车送走了客人后,毛泽东同志和邓小平、王稼祥一起看文件讨论问题时,侯波拍摄了这幅照片。毛泽东对邓小平非常欣赏和信任。1956年党的八大前夕,毛泽东力荐邓小平担任中共中央总书记,说他比较顾全大局,比较有才干,比较周到和公道,是个厚道人。1956年~1966年,邓小平当了10年的中共中央总书记。1962年,在讨论调整农村生产关系过程中,他提出了"黄猫,黑猫,捉住老鼠就是好猫"的观点,这句话也是体现他一贯坚持实事求是的思想格言。在画面中,毛泽东和邓小平都穿着厚厚的呢子大衣,时间应该是一个寒冷的冬季。从神态看,好像是邓小平拿着一份材料在给毛泽东看,并且还在讲说着什么,而毛泽东则在专心地看着听着。也许,邓小平作为以毛泽东为核心的第一代中央领导集体的重要成员,为全面进行社会主义建设,探索适合中国国情的社会主义道路,他又在某个方面提出了重要的主张。

有关毛泽东的生平知识,详见新版《中国集邮百科知识》J·21《伟大的领袖和导师毛泽东主席逝世一周年》。

【中央军委主席邓小平】1998—3·(6—4)J 面值100分,票幅规格30毫米×50毫米,发行量4316.7万枚。

图案选用了1981年9月19日邓小平在华北某地观看北京部队和空军部队大演习、检阅陆海空部队时的照片。1981年6月召开的中共十一届六中全会上,邓小平当选为中央军委委员会主席。这次大演习是中华人民共和国建国史上、中国人民解放军建军史上规模空前的一次,也是邓小平作为中央军委主席第一次检阅部队。在演习结束后的阅兵式上,邓小平发表讲话,明确地向全军发出号召:"把我军建设成为一支强大的现代化、正规化的革命军队。"为新时期军队建设指明了方向。画面上的邓小平,身穿绿色军装,红色的帽徽领章熠熠生辉;他面带微笑,举手行军礼向受检阅的陆海空部队致意;从神情和腰板看,他哪里像是一位77岁的老人啊!

【在建国三十五周年庆典上讲话】1998—3·(6—5)J 面值150分,票幅规格30毫米×50毫米,发行量3617.5万枚。图案选用了1984年10月1日邓小平在首都各界人民庆祝中华人民共和国成立35周年庆典

时,在天安门城楼上发表讲话的历史性镜头。这次庆典是中华人民共和国建国以来最盛大的一次国庆庆典,是对建国35年来建设成就的一次大检阅,特别是对1978年中共十一届三中全会以来,成功地实行邓小平提出的改革开放政策所取得的巨大成就的大检阅。庆典上,天安门广场是一片欢乐的海洋,由各界代表组成的游行队伍兴高采烈,神采飞扬。当学生队伍行进到天安门前时,北京大学的一群学生突然向着天安门城楼上的邓小平,亮出了"小平你好"的一幅横标。这4个朴实无华的大字,浓缩了全国人民的真情,表达了全国人民的心声。画面上,邓小平同志站在雄伟的天安门城楼上,他昂首挺胸,正在自豪地向世界宣告:"我们的经济获得了空前的蓬勃发展,其他的工作也都得到了公认的成就。"天安门城楼上悬挂着大红灯笼,洋溢着欢乐喜庆的节日气氛。

有关天安门的知识,详见新版《中国集邮百科知识》纪1《庆祝中国人民政治协商会议第一届全体会议》。

【1992年视察南方发表重要讲话】1998—3·(6—6)J 面值200分,票幅规格30毫米×50毫米,发行量3454.3万枚。

图案选用了1992年初邓小平视察南方发表重要讲话时的一个特写镜头。1989年,邓小平着眼于国家和民族的前途和利益,他身体力行,主动退出中央领导岗位,废除了领导干部终身制。然而,退休以后,邓小平仍然以高度的历史责任感关注着改革开放和现代化建设。1992年1月~2月,已是88岁高龄的邓小平,亲临南方视察,并发表了重要谈话,总结了中共十一届三中全会以来实行改革开放的基本实践和基本经验,明确回答了经常困扰和束缚人们思想的许多重大认识问题。这个谈话对于中国的改革和建设具有重要指导意义,为开好党的十四大做了思想上和理论上的准备。1992年2月,党中央将邓小平视察南方的重要谈话以中央2号文件向全党作了传达。画面上,已是耄耋之年的邓小平,坐在沙发上,仿佛正在从理论上回答着长期束缚人们思想的许多重大认识问题,他身体微向前倾,右手自

然举在胸前,情真意切,语重心长,话语惊世骇俗,眼神中满含着焦虑和期盼,使人荡气回肠。

1998—4 中国人民警察(T)

【中国人民警察(T)】The People's Police of China (T) 警察是统治阶级的重要工具,是维护国家安全和社会秩序的武装性质的行政力量。警察是随着国家的产生而产生的。在古代奴隶社会和封建社会,统治阶级已设立了执行警察职能的机关和官吏,用以镇压被统治阶级的反抗,但当时尚不称为警察。18 世纪以后,随着资本主义社会和资产阶级专政国家的产生,才建立了近代警察制度,有了专职的警察。在英文和法文中,警察称作"Police"。清朝末年,中国近代警察制度开始建立。1905 年 9 月,清政府设立了"巡警部",后又改为民政部属下的警政司,各省统一设立巡警道。1911 年辛亥革命后,巡警改称警察,由内务部掌管全国警察机关。1927 年蒋介石发动反革命政变后,为了镇压人民革命,对付中国共产党和进步人士,扩充了警察机构和强化了特务组织。新中国成立前,国民党政权中的警察、特务机构已形成庞大的维护反动统治的工具。中国人民警察队伍是在中国共产党领导下的人民革命斗争中和社会主义建设过程中成长壮大起来的。1927 年 11 月,为对付国民党反动派的白色恐怖,中共中央决定成立特别委员会,并在特别委员会下设立中央特科,由周恩来主持领导,这是中国共产党最早建立的保卫组织。第二次国内革命战争时期,中国共产党领导的各路武装起义队伍,都建立了公安保卫组织或人民肃反委员会;江西苏区政府先后成立政治保卫处、国家政治保卫局,担负保卫革命成果和镇压反革命的任务。抗日战争时期,各抗日根据地先后建立了人民公安机关和保卫组织,配合人民军队作战,恢复失地,建立政权,镇压汉奸,打击反动势力,保卫人民安全,为夺取抗日战争的胜利做出了重大贡献。解放战争时期,人民公安和情报机关的工作重点由农村转入城市,彻底粉碎国民党的反动统治工具,肃清特务,取缔反动党团组织,接管并改造国民党的旧警察局,建立人民公安机关。到中华人民共和国成立时,在全国普遍建立了人民公安机关,以和平方式代替流血方式,在大陆范围内完成了打碎旧体制、建立新体制的任务,这在世界警察史上是一个创举。中华人民共和国成立初期,公安机关就是人民警察机关,公安人员就是人民警察。后因执法需要,在人民法院、人民检察院系统先后设立了司法警察。1983 年 6 月,国家安全部成立。从此,中国人民警察分为 5 类,即公安机关、国家安全机关、监狱、劳动教养管理机关的人民警察和人民法院、人民检察院的司法警察。中国人民警察是人民民主专政的重要工具,是武装性质的国家治安行政力量和刑事执法力量。其任务是维护国家安全,维护社会治安秩序,保护公民的人身安全、人身自由和合法财产,保护公共财产,预防、制止和惩治违法犯罪活动。公安机关的人民警察是中国人民警察的主力,其职责是:预防、制止和侦查违法犯罪活动,维护社会治安秩序,制止危害社会治安秩序的行为;管理交通、消防、危险物品和特种行业;管理户政、国籍、入境出境事物和外国人在中国境内居留、旅行的相关事务;维护国(边)境地区治安秩序;警卫国家规定的特定人员,守卫重要场所和设施;管理集会、游行、示威活动;监督管理计算机信息系统的安全保卫工作;指导和监督国家机关、社会团体、企事业组织和重点建设工程的治安保卫工作,指导治安保卫委员会等群众组织的治安防范工作。为了适应中国的改革开放,加强国际联系与合作,以有效地对付日益复杂的国际犯罪的新课题,1984 年国际刑警中国国家中心局在北京成立。1995 年 10 月,中国在北京成功举行了国际刑警组织第 64 届大会,中国警方日益受到国际同行的重视,公安机关的工作得到了国际社会的广泛支持和配合,国际地位日益提高。党和国家重视人民警察队伍的建设。1992 年 7 月 1 日,第七届全国人大常委会第 26 次会议通过了《中华人民共和国人民警察警衔条例》。随着社会主义建设不断发展和社会主义民主与法制不断健全,人民警察队伍也在不断发展壮大,截止 1996 年底,公安机关领导的人民警察共有 140 万人。为了保卫人民的利益和社会安定,1994 年~1996 年间,有 1149 名人民警察献出了自己宝贵的生命,27324 名民警光荣负伤。1995 年 2 月 28 日,第八届全国人大常委会第 12 次会议审议通过了《中华人民共和国人民警察法》,这是中国人民警察建设史上的一件大事,是人民警察法制建设的新的里程碑,对于加强人民警察队伍建设、提高人民警察的素质、依法保障人民警察履行职责,具有重要意义。

1998 年 2 月 28 日,正值《人民警察法》颁布三周年之际,中华人民共和国邮电部发行了一套《中国人民警察(T)》特种邮票,全套 6 枚。阎炳武、罗洪设计。胶版。齿孔 12 度。邮局全张枚数 40(10×4)。辽宁省沈阳邮电印刷厂印制。

这套邮票的 6 枚图案,第 1 枚"金色盾牌"起着点明邮票主题的纲领性作用,而其余 5 枚图案分别着重反映人民警察队伍中治安、刑事、交通、消防和边防等 5 个警种的风貌,具体而多侧面地深化了主题。这套邮票的 6 枚图案,主导设计思想是以人民警察全心全意为人民服务的根本宗旨为主线,以《人民警察法》为依据,以主要警种为表现对象,反映公安机关的性质、任务和主要职能,让人民群众了解和支持公安工作;集中展示20世纪90年代人民警察为经济建设服务、为改革开放服务、为社会稳定服务的良好形象;生动表现中国公安机关走向开放、走向现代化、走向世界的风采。6枚图案以表现人物为中心,画面内容既做到了概括、典型、生动,具有强烈的时代感,又做到了具体与抽象和谐的统一。在人物造型和设色上,设计者采用了较强的装饰画法,精心选择细节,进行匠心独运的艺术处理和具体刻画,使人物形态生动,特征鲜明,设色精致,造型富有美感;对不重要的细节则果断删除,如每枚邮票图案上的建筑物,只对其外形及主要结构做了处理。特别是设计者打破了画面上的时空概念,采用多角透视,线条同色块相结合,主体人物与背景形和色穿插交错,强调画面的量块感觉,使整个画面既增加了力度感,又有强烈的时代特色。

【金色盾牌】1998—4·(6—1)T 面值40分,票幅规格50毫米×30毫米,发行量3257.9万枚。图案以飘动的红旗和特写的警徽为背景,塑造了男警、女警和交通

警三位中国人民警察的威武形象,概括出了整个公安队伍的风貌,既突出了威慑的氛围,又体现了中国人民警察忠于党、忠于人民、忠于法律的政治本色。警徽是警察的标识之一。各国对其使用有严格规定。一般以限于警察佩戴缀饰为原则。在训练、检阅、展览、会议等活动中可饰用。警察机关的办公处所及警用车辆须标示警察象征时也可饰用。其他因推动警察业务,完成警察任务时,也可饰用。中国的警徽是人民警察的标志和象征,由国徽、盾牌、长城、松枝组成。国徽是国家的标志和象征,表明人民警察是国家法律的捍卫者;盾牌是古代作战时抵御刀箭等的武器,是人民警察的象征,表明人民警察保卫人民的神圣职责;长城象征人民警察是维护社会秩序和国家安全的钢铁长城;松枝象征人民警察的品质和战斗意志。画面上的人民警察并肩而立,仿佛正在向祖国和人民庄严宣誓:"我宣誓:我志愿成为一名人民警察。我保证忠于中国共产党,忠于祖国,忠于人民,忠于法律;服从命令,听从指挥;严守纪律,保守秘密;秉公执法,清正廉洁,恪尽职守,不怕牺牲;全心全意为人民服务。我愿献身于崇高的人民公安事业,为实现自己的誓言而努力奋斗!"

画面中女警察戴的新式贝雷帽,是目前世界各国通用的一种无檐军帽。贝雷帽是法国的特产,它的历史可以追溯到15世纪。法国西南部比利牛斯地区(旧时称加斯科尼省)有许多牧羊人,他们最早用棕色羊毛纺织出圆形的无檐软帽,用来遮阳挡雨。由于帽子四面浑圆,没有帽檐,戴在头上风刮不下来。贝雷帽的不同戴法,传达出的信息不同,如若将贝雷帽方方正正地戴在头上,则告诉人们:"嗨,严肃点,别小看了我!"若将帽子压低到眉毛的位置,那就表示疑神疑鬼,对别人不大信任;若歪戴着帽子,则表示满不在乎,有好汉做事好汉当的气概。加斯科尼人发明的贝雷帽,首先被邻近的巴斯克人接受,并被旅行者称之为"巴斯克贝雷帽",逐渐成为全法国的时尚。在很长一段时间里,法国的牧羊人、农民、工人乃至男女学生都喜欢戴贝雷帽。不久,法国士兵也戴上了贝雷帽。于是,贝雷帽与长面包、葡萄酒、香水一样成了法国人的象征。在二战德国占领时期,许多法国人特意戴上贝雷帽,以表示不屈不挠的民族气节。

注:画面中的警徽图案,不慎将正面和背面印反了。

有关国徽的知识,详见新版《中国集邮百科知识》特1《国徽》。

有关长城的知识,详见新版《中国集邮百科知识》T·38《万里长城》。

【快速出击】1998—4·(6—2)T 面值50分,票幅规格50毫米×30毫米,发行量4377.9万枚。图案以宏伟的建筑群为背景,表现了刑警快速出

击,准确打击犯罪,保卫国家和人民生命财产安全的精神风貌。背景中有卫星天线塔和地面接收雷达,有红灯闪烁随时都可以启动飞驰的警车,有的警察在利用电脑捕捉信息,一位女警察正在利用显微镜研究犯罪证据……既营造出了一种刑事侦探工作紧张、激烈的气氛,又表现出中国刑警队伍已经用高科技设备布下了天罗地网,时刻保持着高度警惕,无论什么时候发现敌情,都能够随时快速出击,狠狠打击犯罪。

注:画面中左侧的那位警察用右手指向出击目标。按照人的习惯动作,一般伸出的应是食指,而画面上的手,为四指弯曲一指伸出,这样,人物便成了六指。

有关雷达的知识,详见新版《中国集邮百科知识》T·108《航天》。

有关显微镜的知识,详见新版《中国集邮百科知识》特35《人民公社》。

【警民联防】1998—4·(6—3)T

面值50分,票幅规格50毫米×30毫米,发行量4377.9万枚。图案以一座和平宁静的社区建筑为背景,描绘了一位民警正在向一位佩戴着红色袖章的居民治安员老大妈了解情况的情景,体现出了公安机关的基本工作方针,即以群防群治为主,警民共同维护社会治安。画面右侧一块"平安派出所"牌子和一盏红色警灯,形象地点明了主题。

注:画面右侧的"平安派出所"标牌,设计意图是想表达一种警民联防保平安的意义,但不符合实际,规范的应是"某某公安(分)局某某派出所"。

【交通管理】1998—4·(6—4)T

面值100分,票幅规格50毫米×30毫米,发行量3837.9万枚。图案描绘了一位交通民警正在指挥交通的情景。交通民警担负着在道路上执行指挥交通,维护交通秩序,纠正和处罚交通违章行为,处理交通事故,保证交通畅通,维护治安秩序的任务。画面上的这位交通警察,身穿白色警服,左手侧平举,右手臂弯曲向左侧平举,指示车辆向前通行,生动地体现了公安机关的主要职能以及人民警察恪尽职守、无私奉献的高尚品质。图案以人物和红绿标志灯为主体,画面以纯净的蓝色为主,背景衬以现代化的建筑和川流不息的车辆,在宁静的蓝色背景下,涌动着时代的潮流。

有关交通信号灯的知识,详见新版《中国集邮百科知识》J·65《全国安全月》。

【防火灭火】1998—4·(6—5)T

面值150分,票幅规格50毫米×30毫米,发行量3797.9万枚。图案描绘了消防警察正在火灾现场奋勇灭火的情景。公安消防部队是一支同火灾作斗争的军事化、专业化队伍,是实施抢险救援的重要力量,必须昼夜执勤,常备不懈,接到报警迅速出动,保护社会财富和人民生命安全,保卫社会主义现代化建设。画面以两名消防队员形象为主体,他们身穿防火服,头戴钢盔,手持喷水枪,正在紧张地进行灭火工作;背景衬以熊熊燃烧的火海,有的消防队员正在顺着云梯爬上着火的楼房,有的正站在红色消防车上进行着灭火指挥,既表现出了火灾现场的紧张气氛,又展现出了消防警察为保护人民生命财产安全奋不顾身、不怕牺牲的精神风貌。

有关钢盔的知识,详见新版《中国集邮百科知识》纪17《中国人民解放军建军二十五周年》。

有关消防车的知识,详见新版《中国集邮百科知识》T·76《消防》。

【国门卫士】1998—4·(6—6)T

面值200分,票幅规格50毫米×30毫米,发行量3251.9万枚。图案描绘了中国边防警察的精神风貌。画面以两名并肩而立的边防战士形象和高高飘扬的五星红旗为主体,战士身穿绿色军装,手握自动步枪,精神抖擞地注视着前方;背景上有辽阔的土地,有悬挂着国徽的中华人民共和国边防站,竖立着绘有国徽的白色界碑,有带着警犬进行巡逻的边防战士,既生动地表现出了祖国领土神圣不可侵犯的庄严气氛,也展现出了边防战士为保卫祖国和人民幸福安宁的献身精神。

有关国旗的知识,详见新版《中国集邮百科知识》纪6《中华人民共和国开国一周年纪念》。

有关绿色军装的知识,详见新版《中国集邮百科知识》纪17《中国人民解放军建军二十五周年》。

有关枪的知识,详见新版《中国集邮百科知识》特13《努力完成第一个五年建设计划》。

1998—5 周恩来同志诞生一百周年(J)

【周恩来同志诞生一百周年(J)】Centenary of the Birth of Comrade Zhou Enlai(J) 有关周恩来同志生平的知识,详见新版《中国集邮百科知识》J·13《中国人民伟大的无产阶级革命家、杰出的共产主义战士周恩来同志逝世一周年》。

1998年3月5日，正值周恩来同志诞生100周年纪念日，为了表达人民的深深怀念之情，中华人民共和国邮电部发行了一套《周恩来同志诞生一百周年(J)》纪念邮票，全套4枚。原摄影者(4—1)埃德加·斯诺(美国)。范扬、时卫平设计。影写版。齿孔11.5度。邮局全张枚数40(8×5)。北京邮票厂印制。

这套邮票的4枚图案，精心选择了周恩来同志在各个历史时期具有代表性的4张照片，从"军事家"、"开国总理"、"外交家"、"人民公仆"的不同视角，并头像、胸像、全身像皆有，不仅高度概括了周恩来同志为祖国和人民建功立业的伟大一生，而且画面也比较丰富。设计者运用电脑技术，对4张照片进行了细致加工，采取虚化背景的手法，突出了主体形象，并在空白背景上印了极淡的米色，给人一种温文儒雅、温暖亲切的感觉。整套邮票风格庄重典雅、朴实无华，集凝重的历史感与独特的艺术创意于一体，既展现出了伟人周恩来的风采，又表达了人民对敬爱的周恩来总理无限缅怀和不尽思念的深情。

【军事家】1998—5·(4—1)J 面值50分，票幅规格30毫米×40毫米，发行量4015.9万枚。

图案选用了著名美国记者埃德加·斯诺于1935年红军长征胜利到达陕北后为周恩来拍摄的一张珍贵历史照片。1928年，为挽救中国革命，周恩来领导南昌起义，打响了武装反抗国民党反动派的第一枪，成为中国人民解放军的创建人之一。1931年12月，周恩来在中央苏区，同朱德等领导第四次"反围剿"取得胜利。1934年10月，周恩来参加了举世闻名的二万五千里长征。在遵义会议上，他为确立毛泽东同志在党和红军的领导地位发挥了重要作用，他协助毛泽东指挥红军冲破几十万敌人的围追堵截，历尽千辛万苦，胜利到达陕北，保存了革命实力。画面上的周恩来，戎装跨马，英气勃勃，洋溢着一位伟大军事家的风采。而那憔容长髯，身躯挺拔，目光如炬，精神坚毅的形象，又展现出了当年周恩来和红军一起长征中跋山涉水的艰辛，清晰地感受到他铁流万里不畏艰险的豪迈气概，勇赴国难的不屈精神，淋漓尽致地表现了一代伟人的革命风骨。

周恩来为什么蓄着长长的胡须？1927年，蒋介石发动了血腥的"四·一二"反革命政变，公开叛变革命，与共产党为敌。在一次国共谈判时，蒋介石气势汹汹地对着周恩来说："我蒋介石不消灭共产党，死不瞑目。"周恩来当即站起身，义正词严地回敬蒋介石："革命不胜利，我周某从此不刮胡子！"十年内战期间，周恩来的胡子一直没有刮过。直到1936年12月，张学良、杨虎城在西安发动了举世闻名的"兵谏"，为了和平解决"西安事变"，周恩来来到西安，在和蒋介石谈判的那天早晨，他用剪刀剪掉了多年来蓄着的胡须，实现了他十年蓄须明志的誓言。据说，当时周恩来要刮胡子，没有刮胡子刀，差人跑遍了西安东、西大街，最后才从王铁匠铺子里买到。这套刮胡子刀，周恩来一直用了5年之久。

【开国总理】1998—5·(4—2)J 面值50分，票幅规格30毫米×40毫米，发行量4109.9万枚。

图案选用了一张周恩来同志从容款步的照片，极富动感。新中国成立后，周恩来担任总理工作26年。他不仅和毛泽东、刘少奇、朱德等第一代开国元勋，共同决策党和国家的重大方针，而且还要处理党和国家繁重的日常工作，日理万机，呕心沥血，为谋求祖国的繁荣富强，贡献了毕生的精力。望着画面上向我们走来的周恩来同志，那从容的脚步，那矫健的身影，那亲切的笑容，那安详的神态，仿佛他仍然活在我们中间，心中不禁油然升起一种永久的赞叹："人民的总理人民爱，人民的总理爱人民！"

【外交家】1998—5·(4—3)J 面值150分，票幅规格30毫米×40毫米，发行量3259.9万枚。

图案选用了周恩来同志出访友好国家时胸前挂着精美花环的一张特写照片，用满面春风的形象表现了周总理的迷人风采。他坚持独立自主的和平外交政策，倡导和平共处五项原则；为建立和发展我国同世界各国的友好关系，寻求友谊和进步，曾多次出访亚、非、欧国家。周恩来是20世纪中国和世界最有影响的外交家，他精湛娴熟的外交艺术同博大精深的外交思想相辉映，受到各国政治家和舆论界的普遍钦佩和赞扬。他在外交活动中交友以诚、肝胆相照的高尚品格，赢得了世界上不同肤色的人们的爱戴。画面上的道具虽然不多，但从总理出访时颈戴花环的形象，生动地表现了总理出访途中受到的崇高礼遇，体现了总理在全世界人民心中的威望。

【人民公仆】1998—5·(4—4)J 面值150分，票

幅规格30毫米×40毫米，发行量3271.9万枚。图案选用了周恩来同志在"文化大革命"时期留下的一张鼓掌致意的宝贵照片。在"文化大革命"的特殊年代里，周恩来虽然处境异常困难，但他苦撑危局，力挽狂澜。为减少"文革"所造成的损失，他在力所能及的范围内，继续维系党和国家工作的运转，保护大批党内外领导干部，审时度势地开拓外交新格局。正像陈云同志的评价："没有周恩来，'文化大革命'后果不堪设想。"看着画面上周恩来胸前佩戴着的那枚令人熟悉的"为人民服务"毛主席像章，面向听众，脸带笑容，关注未来，心忧天下，心中不禁对周总理只讲奉献、从不索取，把个人有限的生命完全融入到人民事业中的伟大人格和高尚情操油然起敬。周恩来在长达半个世纪的革命生涯中，"为我们的国家，为我们的民族，为我们美好的将来，为全人类光明的前途"，他无私地奉献了自己全部的精力和智慧，永远把自己看作人民的公仆，真正做到了全心全意为人民服务，鞠躬尽瘁，死而后已。

1944年9月5日，中央警备团战士张思德在陕北安塞县石峡峪烧木炭时，不幸牺牲。9月8日，毛泽东在张思德追悼会上发表重要讲话。9月21日，延安《解放日报》以"警备团追忆张思德同志，毛主席亲致哀悼"为题，全文发表了毛泽东的讲话。9月22日，新华社播发了这篇新闻，各根据地的一些报纸先后作了转载。于是，张思德的名字与"为人民利益服务"联系在一起，传遍全国。1953年，这篇讲话以《为人民服务》为题，收入《毛泽东选集》。1945年9月20日，毛泽东为《大公报》题词"为人民服务"；不幸，这幅题词在后来的战乱中遗失。1966年11月19日，毛泽东再次为《解放军报》题词"为人民服务"。"文化大革命"期间，"为人民服务"又被制作成毛主席像章佩戴。

1998—6 九寨沟（T）

【九寨沟（T）】Jiuzhaigou（T） 九寨沟位于四川省阿坝藏族自治州南坪县境内，是岷山山脉万山丛中一条纵深四十多公里的山沟谷地，距省会成都市四百多公里。因沟内原有则查洼、荷叶、树正、黑角、盘亚、亚拉、尖盘、热西、国都九个藏族村寨，故得名九寨沟。据南坪县志记载："羊峒番内，海峡长数里，水光浮翠，倒影林岚。"故九寨沟又名中羊峒、翠海。因地处我国北亚热带秦巴湿润区与青藏高原波密至川西湿润区的过渡带，九寨沟年平均降水量仅为761.8毫米，景区中心诺日朗附近年平均气温7.3℃。九寨沟地处南北交替地带，从雪峰下至湖滨又呈垂直分布，植物种类繁多，如资源植物、药用植物、芳香植物等，尤其是珍稀濒危植物丰富，堪称"植物宝库"。九寨沟有原始森林达二百多平方公里，优越的生态系统和自然环境，为各种野生动物提供了繁殖的适宜环境，拥有珍稀动物数十种，大熊猫、金丝猴、牛羚、白唇鹿等均属国家一级保护动物。九寨沟处于青藏高原在南斜面向四川盆地过渡的地带，即我国第一大地形台阶之坎前部位，四周群山耸立，有雪峰数十座，高插云霄，终年白雪皑皑，故地貌类型多，形态变化大，组合复杂，属山水型风景区，自然、原始是其主要特色。湖泊、钙华бан坎、梯海、跌水，是九寨沟谷地主要而独特的地貌类型。河谷地带有大小湖泊一百多个，当地人称"海子"。相传，九寨沟两座海拔三千多米的达戈山和色嫫山，原是一对神仙情侣。他们在"万山之王"扎依扎嘎帮助下，战胜了恶魔，结为夫妻。他们将身躯化作山峰，永远守护自己的家园。沟谷内茂密的原始森林，就是色嫫女神的衣裙，而那108个海子，则是达戈送给色嫫的宝镜，她接镜时失手跌在地上，便有了这些晶莹的碎片，有了这些奇幻的海子。据专家考察，这种高山湖泊是在地球新构造运动中，地壳发生急剧变化，山体不平衡隆起强烈和河流侵蚀作用形成的，分为冰川剥蚀湖、岩溶洼地阻塞湖、泥石流堰塞湖、滑坡与崩塌堰塞湖四大类。小者数平方米，最大者为"长海"，长达7公里。那水色、黛蓝、翠绿、靛青、清澈若镜。湖底为沉积石，彩色斑斓，水藻繁生，在阳光照耀下，碧波荡漾的水面仿佛被点燃，蓝、黄、橙、绿等色彩闪闪烁烁，光芒四射，呈现出千种风韵，万般色调，令人眼花缭乱。每当天气晴朗之时，蓝天、白云、雪山、森林倒映湖中，水光浮翠，美丽如画，"五花海"便是这样一个彩色湖。九寨沟的水姿态万千，有的从灌木丛中悄悄流出，有的沿小溪曲折漫淌，有的一往无前冲越乱石长滩，有的翻越岩顶激湍直下。由于河谷地形呈台阶式，湖与湖间又出现了17个瀑布群、11段激流和5处钙华泉滩，落差最大的达二十多米；白练腾空，银花四溅，山谷轰鸣，颇为壮观。"黄山归来不看山，九寨沟归来不看水。"九寨沟的水最美，这便是九寨沟美景的灵魂，美景的精髓。九寨沟自然景观融彩林、翠海、叠瀑、雪峰为一体，景观世所罕见，有"童话世界"、"神奇的绿宝石"、"世外桃源"、"人间仙境"之誉。1978年，九寨沟被列为国家自然保护区。1982年，成为国家首批重点风景名胜区。1990年，被评为中国旅游胜地40佳之一。1992年，被联合国教科文组织列入《世界自然遗产名录》，成为全人类共同拥有的财富。

1998年3月26日，为了展现中华山川的壮美景色，中华人民共和国邮电部发行了一套《九寨沟(T)》特种邮票，全套4枚。原摄影作者(4—1)傅方琪、(4—2)李荣卿、(4—3)张德重、(4—4)于宁。李荣卿、黎长青、张幼矩设计。胶版。齿孔12度。邮局全张枚数32(4×8)。河南省邮电印刷厂印制。

【九寨沟·芳草海】1998—6·(4—1)T 面值50分，票幅规格50毫米×38毫米，发行量4199.9万枚。

图案采用了傅方琪的摄影作品，展现出了九寨沟"芳草海"的自然景观。芳草海的碧水中芳草萋萋，故得名。设计者将芳草海置于画面中心，周围有苍劲挺拔的古树，有郁郁葱葱的森林，红黄蓝绿色彩斑斓，湖光山色层次分明，不仅描绘出了美丽的自然景色，而且还洋溢着一种悠远丰富的深厚韵味。特别是对湖边两位藏族同胞形象的描绘，他们一立一蹲，似汲水，似戏水，既给画面注入了生命的活力，又展现出了人与自然和谐相处的生动景象。

【九寨沟·五花海】1998—6·(4—2)T 面值50分，票幅规格50毫米×38毫米，发行量4199.9万枚。

图案采用了李荣卿的摄影作品，展现出了九寨沟"五花海"的自然景观。五花海有"九寨沟一绝"和"九寨精粹"之誉。位于日则沟孔雀河上游尽头，形似孔雀开屏：栈桥北的河湾，状如孔雀头颈；三株古树，似孔雀的顶戴花翎；桥南湖面五光十色，犹如孔雀彩翅。因水底的各种矿物质、沉淀物以及各种藻类植物的相互作用，以及春夏秋冬、风霜雨雪之变幻，使湖水在不断变化。特别是在阳光照射下，湖水呈现出鹅黄、赤褐、黛绿、绛红、翠绿、靛蓝，斑斓驳杂，交相辉映；蓝天、白云、雪山、森林倒映湖中，水光浮翠，美丽如画，故得名"五花海"。欣赏邮票画面，仿佛立足于栈桥之上，倒映清晰，全神贯注地领略着阳光下湖水色彩的千变万化，也许会产生一种置身奇幻世界的美妙感觉。

【九寨沟·树正瀑布】1998—6·(4—3)T 面值

150分，票幅规格50毫米×38毫米，发行量3195.2万枚。图案采用了张德重的摄影作品，展现出了九寨沟"树正瀑布"的自然景观。树正瀑布位于九寨沟日则沟与南日沟交界处。此处蜿蜒数里，几十个大小海子梯级相连，碧水穿流在树丛之间，环环紧扣。瀑布宽近二百米，最大落差40米，流瀑沿峭壁倾泻而下，瀑面时宽时窄，时而缓缓流淌；海子似粒粒珍珠镶嵌，瀑布如缕缕轻纱。细苔岸边栈道蜿蜒，景致极佳。欣赏邮票画面，瀑布倒悬在彩林之下，倾泻奔腾，如崩山堆雪，银珠飞落，恍若身临瑶池仙境。

有关瀑布的知识，详见新版《中国集邮百科知识》普21《祖国风光普通邮票》。

【九寨沟·诺日朗瀑布】1998—6·(4—4)T 面值150分，票幅规格50毫米×38毫米，发行量3195.2万枚。

图案采用了于宁的摄影作品，展现出了九寨沟"诺日朗瀑布"的自然景观。诺日朗瀑布位于海拔二千四百多米的九寨沟日则沟与则查洼沟分岔处。瀑布宽140米，是九寨沟最宽的瀑布，是中国大型钙华瀑布之一。由于河谷地形呈台阶式，形成湖间梯瀑，落差最大达二十多米。瀑布顶端平坦如台，四季水量不均：春天水细如丝，夏秋飞瀑流湍，冬日壁垂银幕，景色各异。欣赏邮票画面，瀑水舒坦下落，白练腾空，银花四溅，山谷轰鸣，在阳光照射下幻化出道道彩虹，颇为壮观。

1998—6M 九寨沟(小型张)(T)

【九寨沟(小型张)】Jiuzhaigou(Souvenir Sheet)(T) 1998年3月26日，为了展现中华山川的壮美景色，中华人民共和国邮电部在发行一套《九寨沟(T)》特种邮票的同日，发行了1枚小型张。原摄影作者王建军。李荣卿、黎长青、张幼矩设计。胶版。齿孔12度。河南省邮电印刷厂印制。

【九寨沟·长海】1998—6M·(1—1)(小型张)T

面值800分,小型张规格150毫米×85毫米,邮票规格93毫米×52毫米,发行量3198.8万枚。图案采用了王建军的摄影作品,描绘了九寨沟"长海"的自然景观。长海位于则查洼沟的尽头,南北长约7.5公里,宽处近2公里,海拔三千一百多米,湖水平均深八十多米,最深处可达100米,是九寨沟最大、最高的湖泊。周围山峰终年积雪,沿岸树木繁茂幽深,湖水碧蓝,清澈如镜。长海的四季有别:春夏水中憧憧倒映如琉璃世界,秋天雪山红枫相衬分外妖娆,若驾独木小舟戏水,定然心旷神怡。严冬来临,万顷碧波消失在皑皑冰雪之下,莽莽苍苍的原始森林银装素裹,琼花玉树一色;覆盖了湖面的坚冰晶莹如镜,一尘不染,既可以漫步其上,也可以跑马溜冰,别有情趣。因长海原为冰川峡谷,四周无出水口,任凭夏秋暴雨,不见湖水外溢,冬春天旱,不见湖水干涸,四季恒满,当地人称之为"装不满、漏不干的宝葫芦"。这是九寨沟的一大胜景,一大奇迹,令人叹为观止。欣赏小型张画面,巍巍雪峰,横亘天际;郁郁茂林,绵延水边;风平浪静,水波不兴;水天一色,一碧万顷……长海显得那样深邃、幽远、秀美、宁静,犹如一颗被森林环绕保护着的硕大绿色宝石。特别是画面近景中湖边的那棵独臂老人松,它虽然失去了另一侧的枝丫,却忍受着伤残之苦,历经寒暑磨难,依然傲立挺拔,见证着九寨沟的沧桑历史。

1998—7 中华人民共和国第九届全国人民代表大会(J)

【中华人民共和国第九届全国人民代表大会(J)】
The 9th National People's Congress of the People's Republic of China(J)　有关人民代表大会制度的知识,详见新版《中国集邮百科知识》纪29《中华人民共和国第一届全国人民代表大会》。1998年3月5日~19日,中华人民共和国第九届全国人民代表大会在北京召开。出席代表人数2944名。大会听取、审议并批准了国务院总理李鹏《关于政府工作报告》。报告分为三个部分:一、关于过去五年的政府工作;二、关于1998年政府工作的建议;三、关于国际形势和外交工作。报告回顾了过去五年里我国社会主义现代化建设取得的伟大成就,总结了五年政府工作的体会,提出了对1998年各项工作的总体要求。报告就积极推进政府机构改革,推进祖国和平统一大业,坚持独立自主的和平外交政策等问题进行了阐述。大会还听取、审查、批准了国家计划委员会主任陈锦华《关于1997年国民经济和社会发展计划执行情况与1998年国民经济和社会发展计划草案的报告》;听取、审查了财政部部长刘仲藜《关于1997年中央和地方预算执行情况及1998年中央和地方预算的报告》,批准了1997年中央预算执行情况的报告及1998年中央预算;审议了国务院关于提请审议国务院机构改革方案的议案;听取和审议了《关于全国人民代表大会常务委员会工作的报告》;审议了《第九届全国人民代表大会第一次会议关于设立第九届全国人民代表大会专门委员会的决定(草案)》;听取和审议了《关于最高人民法院工作的报告》;听取和审议了《关于最高人民检察院工作的报告》。大会选举江泽民为中华人民共和国主席和中央军委主席,胡锦涛为中华人民共和国副主席,朱镕基为国务院总理,李鹏为全国人大常务委员会委员长。会议号召全国各族人民在以江泽民同志为核心的党中央领导下,高举邓小平理论旗帜,团结一致,艰苦奋斗,开拓前进,把我国的社会主义现代化事业全面推向21世纪。

1998年3月5日,为了祝贺中华人民共和国第九届全国人民代表大会顺利召开,中华人民共和国邮电部发行了一套《中华人民共和国第九届全国人民代表大会(J)》纪念邮票,全套1枚。卢天骄设计。胶版。齿孔12度。邮局全张枚数50(10×5)。河南省邮电印刷厂印制。

【中华人民共和国第九届全国人民代表大会】
1998—7·(1—1)J　面值50分,票幅规格30毫米×40毫米,发行量4199.9万枚。图案将庄严的国徽置于票面正中,象征国家最高权力;国徽周围环绕着朵朵盛开的牡丹花,而且采用对称的装饰性画法,红花金叶,既寓意英雄辈出,繁荣富强,又彰显出一种热烈和辉煌的气氛。设计者匠心独运,将国徽周围留空,使之形成

一个反白的阿拉伯数字"9"的形状,表示"第九届",巧妙地点明了主题。

有关国徽的知识,详见新版《中国集邮百科知识》特1《国徽》。

1998—8 傣族建筑(T)

【傣族建筑(T)】Architerture of Dai Nationality (T)　有关傣族的知识,详见新版《中国集邮百科知识》特55《中国民间舞蹈(第三组)》。傣族主要分布在云南省西双版纳傣族自治州和德宏傣族景颇族自治州的河谷坪坝地区。据1990年统计,人口约一百多万,以农业为主。西双版纳位于云南省南部,东与老挝、西南与缅甸相邻,傣语称作"勐巴拉纳西",意思是一块"美丽神奇的乐土"。西双版纳有大片生态系统保持完整的热带原始森林,覆盖率达88%,许多热带植物如油棕、贝叶棕、大青树、槟榔等,四季常青,被誉为"植物王国"和热带风光的典型。德宏傣族景颇族自治州位于云南省西南部,与缅甸接壤,其气候、自然景观与西双版纳相似,四季常青的各种油棕、大青树等热带植物随处可见。在傣族众多的人文景观中,傣族建筑最具民族特色,反映了傣族人民的聪明才智。傣族建筑与热带植物始终和"傣族"这个名称紧密联系在一起,每当缅寺塔、竹楼一出现,人们就会想起傣族;一出现贝叶棕、凤尾竹之类的热带植物,自然会想起身披红色袈裟的天真无邪的小和尚,想起美丽纯洁的傣族少女(小卜哨)。傣族文化以及文化孕育出的人文景观蕴涵丰富,独具特色,令人神往。

1998年4月12日,为了展现傣族建筑的独特风貌,中华人民共和国信息产业部发行了一套《傣族建筑(T)》特种邮票,全套4枚。肖溶、杨建昆设计。影写版。齿孔11.5度。邮局全张枚数32(4×8)。北京邮票厂印制。

这套邮票的4枚图案,在设计上具有三个特点:(一)每枚画面都把傣族地区的人文景观与自然风光融为一体。如(4—3)"亭"以西双版纳勐海县景真八角亭为主图,以绿荫遮天的大青树为背景,突出了傣族小乘教博大精深的宗教内涵。(二)画面将傣族的物质生活与精神生活融为一体。如(4—1)"楼"和(4—2)"井"从吃、住两个方面表现了傣族物质生活的内容;(4—4)"塔"和(4—3)"亭"则从佛寺、经堂两个方面表现了傣族精神生活。傣族精神生活的主要内容是对小乘佛教的信奉。傣族男孩到了学龄时,一般都要出家当和尚,在佛寺里读经书,学习文化,这对他们还俗后立业、成家至关重要。(三)在色彩上,4幅画面均用中国画的淡彩画为主体,用西画的水彩、水粉画衬景,以虚衬实,把中国画的淡彩与西画的水彩、水粉融为一体,中西合璧,使画面色彩亮丽,富有层次感,既再现了傣族建筑的特色,又拓开了建筑主体周围的广阔视野。

【傣族建筑·楼】1998—8·(4—1)T　面值50分,

票幅规格50毫米×30毫米,发行量4159.9万枚。图案描绘了傣家竹楼形象。傣家竹楼是傣族民居的典型代表。傣族居住地林木葱郁,盛产竹子,而气候又湿热多雨,故傣族人用竹、木筑成有长脚柱支撑的"干栏"式房屋。傣语称这种房屋为"根松",意即"竹楼"。过去的竹楼就是用竹子搭成的楼房。现今一般是木架式竹楼。整个楼一般用20根~24根粗大木柱支撑,木柱支在石墩上,屋内横梁穿柱,结构简单,下层高约七尺至八尺,四周无围栏,可用来堆放杂物和饲养家禽。顺木梯而上先达凉台,转进屋为一长形的大客厅,中间有一个火塘,这里既是接待客人的场所,又是做饭用餐的地方。侧旁用篱分隔出两个至三个房间,这是主人的卧室,外人不得入内。竹楼上层既凉爽干燥,又外观美丽,很适宜居住。邮票图案上展现的傣族竹楼,是从遍布德宏、西双版纳的多处竹楼中选择了西双版纳小勐仑傣族村寨的干栏建筑为原型,进行了典型化的艺术处理。画面将视点下移,让竹楼的下部更多地裸露出来,形象地展现出了傣家竹楼的建筑特点;屋顶则参照原始竹楼的格局,将缅瓦顶和草顶巧妙地组合在一起,使竹楼建筑显得更美;竹楼四周装点着当地特有的槟榔、番木瓜、芭蕉等热带植物,竹楼凉台上还站着一位正在劳作的傣族妇女,在蓝天白云的映衬下,傣家风光洋溢着浓浓的诗情画意。

【傣族建筑·井】1998—8·(4—2)T　面值50分,

票幅规格50毫米×30毫米,发行量4033.5万枚。图案描绘了傣族地区最原始也最具典型性的石雕立式水井形象。作为人类的饮用水源之一,傣族地区的水井不仅分布普遍,而且形制较多,有些水井上面甚至直接建成佛塔,或类似佛塔的立式石雕。在傣族的村寨里几乎都有一口具有浓郁民族风格的石砌水井,傣语称之为"南磨广母",意即"塔井"。井罩的造型基本上就是缩小了的小乘佛塔样式。塔井一般高两米左右,一米见方,外观呈方形，三面用石块封砌，留一面汲水，中间为宝塔式尖顶，四角为飞檐结构，巧妙地形成井帽，将水井罩住，成为傣族生活中别具情趣的一种人文景观。邮票图案以傣族地区生长最为繁茂的大榕树为背景，营造出了一种滋润、恬静而神秘的气氛；设计者将"塔井"置于画面中心，井栏旁装点着一只长柄的汲水瓢，弯弯的小路上行走着一位傣族小卜哨（傣族少女），画面色彩淡雅，环境宁静，犹如身临其境。

有关榕树的知识，详见新版《中国集邮百科知识》T·53《桂林山水》。

【**傣族建筑·亭**】1998—8·(4—3)T 面值150分，票幅规格50毫米×30毫米，发行量3198.3万枚。

图案描绘了位于西双版纳勐海县城西14公里景真山上的景真八角亭外观景象。景真寺的经堂，俗称"景真八角亭"，典型的傣式佛殿建筑。据考证，该亭建于傣历1063年（公元1701年），已有近三百年历史。砖木结构，呈八角形，亭身31个面，32个角，每个角都覆盖着缅瓦，每层屋脊上都有着各种形状大小不一的陶制品，墙壁刷有金粉，印有各种图案和动物，还镶嵌着各种形状的玻璃镜。经堂高12.42米，宽8.6米，由座、身、顶三部分组成，座为折角亚字形砖砌须弥座。八个亭角偏厦，自下而上，层层收缩，重叠美观。亭顶边沿挂着铜铃。相传，景真八角亭是佛教徒们为纪念佛祖释迦牟尼，而仿照他戴的金丝台帽"卡钟罕"建筑而成。在古代，它是个议事亭，傣历每月十五和三十两日，这一带的佛爷集中亭内，听高僧授经和商定宗教重大活动，也是处理日常重大事物的场所，同时也是和尚晋升为佛爷的场所。1978年重修。邮票图案细致入微地刻画了景真八角亭玲珑华丽、造型美观的特点，艺术地再现了傣族佛教建筑精华风采。设计者特意在经堂畔画上了迎风飘动的白色祭幡和自然行走的一个小和尚，深入表现出了经堂的宗教内涵。在清净的草坪、浓密的大青树和湛蓝的天空环绕映衬下，整个画面显得格外静谧、肃静，发人幽思，令人神往。

【**傣族建筑·塔**】1998—8·(4—4)T 面值150分，票幅规格50毫米×30毫米，发行量3239.9万枚。图案描绘了云南德宏州盈江县允燕佛塔的景观。傣族信奉上座部小乘佛教。作为小乘佛教的象征，傣族地区随处可见与泰国、缅甸风格相似的奘房（佛寺）和佛塔。

傣式佛塔有单塔、群塔之分，但都具有锥状塔身和尖细塔刹的共同特点。因塔的形状颇似竹笋，故傣语称之为"诺"，意即"竹笋"。允燕塔又称曼勐丁塔，建于民国年间。塔高20米，底面占地400平方米，为多层次砖混结构型。基部由四层大小不等的正方体依次叠合。中心母塔下部，以缀有精工浮雕的多种几何形体组成，上部造型恰似带柄的吊钟状，由大至小渐次收来，构成挺拔雄奇的主塔体，自高层正方体塔基上直矗云天，四层塔基的各边角，共立有与母塔相类似的子塔计40座，犹如众星捧月，拱卫于母塔四周。子、母塔均置有金属顶冠，冠上悬吊响铃。邮票图案以允燕塔为原型进行艺术加工，压低和缩小了子塔的比例，对背景作了简化，删除了零星散于周围的塔和多余的杂物，代之以具有佛教文化意味的贝叶棕，既保持了允燕塔造型严谨、玲珑雅致的傣族佛塔的奇异风貌，又生动地展现出了傣式佛塔的恢宏气势。

有关塔的知识，详见新版《中国集邮百科知识》特21《中国古塔建筑艺术》。

1998—9 海南特区建设(T)

【**海南特区建设(T)**】Construction in Hainan Special Economic Zone(T) 有关海南省的知识，详见新版《中国集邮百科知识》J·148《海南建省》。有关海南特区的知识，详见新版《中国集邮百科知识》1994-20《经济特区(J)》。海南建省以前，由于有琼州海峡与大陆相隔，经济发展比较缓慢。但在1988年~1998年，海南省办经济特区的短短十年间，国民经济和各项社会事业都走上了高速发展的轨道。电力从严重缺电省变为富余省；公路里程密度居全国省市之首；通信设施和人均电话拥有量跨入全国先进行列；航空运输原来只有一个军民两用小机场，已发展成拥有南北两大民用机场，使得全省设施的投资环境有了根本性改变。同时，旅游设施不断完善；港口吞吐能力、工业生产能力也有了大幅度增长。经过全省700万人民的共同努力，海南经济特区已经形成了以旅游业、新型工业、市郊农业基地为发展龙头的三足鼎立的良好局面，使社会、经济、文化各方面都发生了巨大的变化。

1998年4月13日，为了庆祝海南建省十周年及办经济特区十年来取得的辉煌成就,中华人民共和国信息产业部发行了一套《海南特区建设(T)》特种邮票,全套4枚。杨文清、阎炳武设计。胶版。齿孔12度。邮局全张枚数16(4×4),(4—1)(4—2)横2枚连印,(4—3)(4—4)横2枚连印。辽宁省沈阳邮电印刷厂印制。

　　这套邮票的4枚图案,中心画面描绘的高楼大厦、立交桥、港口、机场、图腾柱等主要建筑物,都是海南经济特区各个方面的代表性、标志性建筑,既形象地点明了画题,又具有极强的真实感。设计者采用钢笔勾画主画面,淡金敷面,突出了主建筑的特色;远景用蓝色描绘南海和天空,有着极强的纵深感;近景以绿色为主精绘热带树木、花草果实,尤其是一些植物和水果微微探出框线,既描绘出了南方城市所特有的热带风光,又充满着勃勃生机。整个图案层次清晰,色彩艳而不俗,颇具"经济特区"氛围。画面外以金色镶边,金碧辉煌,渲染了喜庆的气氛。

【海口城市建设】1998—9·(4—1)T　面值50分,

票幅规格30毫米×50毫米,发行量4175.9万枚。图案描绘了海南省省会海口市现代化建设的新面貌。海口市位于海南岛的北端,三面环海,自然景观优美。别致而浪漫的椰风海韵情调,使这座生态环境保持良好的海滨城市,有"椰城"和"宝岛明珠"之誉。建省十年来,海口市着力于投资环境和基础设施建设。改建、扩建市区主干道68条,新建道路26条,并建成了全国市区最大的立交桥,四通八达,成为一道绚丽的街景。现代化的邮电通信网络已经连通世界各地,电话普及率、移动电话普及率和主线普及率居全国各省会城市之首。新开发区和旧开发区改造相结合,是海口市城市建设的一大特色,先后开发建设12个区域,开发面积四十多万平方公里,投入资金四十多亿元,使得市区面貌日新月异,焕然一新。城市绿化也是海口的一大人文景观,特别是填海而成的海口万绿园,成了高楼林立中的一块"绿宝石"。邮票图案上两幢高楼大厦拔地而起;一片片别墅群造型独特,风格各异;规模宏大的南大立交桥横跨市区;生机盎然的"万绿园"把高楼与蓝天、大海、绿地等自然生态环境融为一体,生动地展现出了今日海口的市政建设成就,它已成为中国南部又一个集外向型工业、现代化农业、国际商贸、国际旅游、国际金融于一体的重要现代化海滨城市。

【洋浦经济开发区】1998—9·(4—2)T　面值50

分,票幅规格30毫米×50毫米,发行量4175.9万枚。图案描绘了海南省洋浦经济开发区的风貌。洋浦经济开发区位于海南岛的西北部,洋浦半岛的前端,面积30平方公里。这里地势平缓,风平浪静,港湾深阔,不聚泥沙,被誉为"中国少有,世界难得"的天然深水避风良港。加之有储量丰富的石油和天然气,具备开发建设的得天独厚的条件。1992年3月9日,国务院正式批准海南吸收外资开发洋浦。按照规划,洋浦经济开发区约用15年时间建成新型的国际港口城市。洋浦经济开发区是利用外资搞成片土地开发的方法发展起来的,是中国第一个实行封闭式管理、实施保税区政策措施的外商投资区。1998年,海口至杨浦八十多公里的高速公路已开通;一个3000吨级和一个2万吨级的集装箱及杂货多用途码头已建成;33.55万千瓦电厂已并入省网发电;2万门程控电话已开通,能够直接与全国一百多个城市和世界上十多个国家(地区)通话并使用移动电话。邮票图案上有蔚蓝的海水;有一艘艘货轮和高高的吊塔;有白烟袅袅的发电厂;有卫星通信的地面接收站雷达;有繁茂的热带植物和鲜灵的热带水果;特别是画面中耸立的海港指挥塔和标有"洋浦经济开发区"字样的入口大门,既点明了画题,又展现出了洋浦经济开发区环境优美、交通便利、设备完善、布局合理,已具备大规模投资的条件。

　　有关雷达的知识,详见新版《中国集邮百科知识》T·108《航天》。

【三亚凤凰国际机场】1998—9·(4—3)T　面值150分,

票幅规格30毫米×50毫米,发行量3237.2万枚。图案描绘了海南省三亚凤凰国际机场的外观景象。三亚凤凰国际机场位于海南岛最南端的滨海旅游城市三亚市的羊栏镇凤凰村,机场因此而得名。占地7200亩。1994年7月1日第一期工程建成通航,开辟了琼南与国内外的"空中走廊",称为海南主要的现代化航空港,标志着海南经济特区现代化交通史又揭开了新的篇章。

机场东距三亚市中心11公里，距天涯海角5公里，北依凤凰山，南濒南中国海，环境十分清新。机场候机大楼以法国尼斯机场候机楼为原型，外露式的金属桅杆呈现出风格独特的艺术造型。登上候机楼北的高架桥，停机坪、机场交通道路、塔台、场道和蔚蓝色的大海尽收眼帘，已成为三亚市区的景观之一。设计者将机场候机大楼置于邮票图案中心，乳白色的顶面十分醒目；塔台高高耸立；在碧海蓝天的映衬下，一架飞机在空中翱翔，既点明了画题，也使画面产生了动感，富有勃勃生机。

有关飞机的知识，详见新版《中国集邮百科知识》T·49《邮政运输》。

【亚龙湾国家旅游度假区】1998—9·（4—4）T 面值150分，票幅规格30毫米×50毫米，发行量3237.2万枚。图案描绘了海南省亚龙湾国家旅游度假区的景象。亚龙湾位于三亚市城区以东28公里处，是个半月形海湾；海湾和沙滩总面积18.6平方千米，海湾绵长7000米，浅海区宽达50米～60米，水下透明度深达10米～15米。亚龙湾的沙滩平坦，沙子是珊瑚和贝壳风化而成，软如绵、细如面、白如雪；地处亚热带地区，阳光充沛，四季如春，年平均气温25.4℃，冬季最低水温也在20℃以上，水温宜人；海水湛蓝透明，"沙平浪白海湛蓝"是亚龙湾的迷人特色，有"不是夏威夷胜似夏威夷"之誉。亚龙湾原为海军陆战队训练基地，1992年10月，国务院批准开辟了亚龙湾国际旅游度假区，修建了亚龙湾大道及滨海大道，并在沙滩上兴建了亚龙湾中心广场。广场占地面积7.1万平方米，设有接待中心、餐饮店、旅游商店、地下商场和车库。广场中央建有亚龙湾国家旅游度假区的标志性建筑物"图腾柱"，造型别致，极具文化意蕴。围绕"图腾柱"布置了三圈展现古代文化传统的各种雕刻石阵，与"图腾柱"构成了浑然一体的艺术群体。广场内还设有四个18米见方、高14.1米象征风帆的大帐篷和两组喷泉。设计者将"图腾柱"置于邮票图案中心，把远古与现代、古朴与时髦、神秘与真实巧妙地结合在一起，醒目而壮观；画面上有建筑群，有宛如风帆的大帐篷，有湛蓝的海水，有白色的沙滩，有婆娑的椰树，甚至仿佛领略到了习习的海风，形成了一幅美妙绝伦的自然画卷，令人神往。

图腾柱高26.8米，造型为内圆外方，所雕刻图像呈四面八方绕柱而起，外围基地面为三圈图腾石阵和一圈二十四节气雕塑，浑然一体，体现了中华民族的原始自然崇拜和对王政兴旺、吉祥太平、丰收富足的美好追求。第一圈石阵分别为东西南北4组，每组分别雕刻代表四个方位的远古图形。第二圈8组石阵分别为具有经典意义的8个远古神话。第三圈石阵分别为12组，雕刻有中华民族的自然图腾崇拜。二十四节气雕塑以该节气的时令和物候特征，用意象和象征手法，表现周而复始的宇宙规律和天文意识。柱面浮雕计16个图腾纹样，有五龙、三凤、一太阳神、一麒麟、两鱼神和风、雨、雷、电。龙是中华民族最崇拜的神物。柱上有龙类图形五个，除一个标准形态之外，尚有原始形态之龙、鱼身龙、衔物状龙头等。凤是中华民族视为象征富贵吉祥的神物。柱上有凤凰图形三个，翔飞之凤两个，凤首一个。太阳神被称为天神。柱上有太阳神图形一个，燃烧着熊熊火焰的太阳中心站立着一只三足鸟。麒麟是祥瑞神兽。柱上东北面下角有麒麟图形一个。风神、雨神、雷神、电神为自然天神，因其与民生休戚相关，对其崇拜和敬畏盛行于上古和后世民间。以上四个图形分别用象征手法雕刻为四尊面具。

1998—10 古代书院（T）

【古代书院（T）】Ancient Academies（T） 书院是封建社会特有的一种教育组织和学术机构。"书院"之名始于唐代。唐开元六年（公元718年）创办丽正修书院，开元十三年（公元725年）改称集贤殿书院，原为校刊经籍、征集遗书、辨明典章，以备顾问应对之所。唐贞元中，李渤隐居庐山白鹿洞读书，至南唐时就遗址建学馆，以授生徒，号称庐山国学；宋改称白鹿洞书院。宋代书院尤盛，白鹿、石鼓（一说嵩阳）、睢阳、岳麓号为四大书院。创办者或为私人，或为官府。一般选山林名胜之地为院址。不少有名学者到书院讲学，采用个别钻研、相互问答、集众讲解相结合的教学方法，以研习儒家经籍为主，有时也议论时政，对学术思想发展有一定影响。元代因官府提倡，江南各地新建书院增至二百多所，仍以民办自由讲学为主，教育以程朱理学为纲。明代初期大力兴办官学，书院得到发展，流派多样。如东林书院提倡气节，讲求实学，开"讽刺朝政，裁量人物"之风。明嘉靖、天启年间，皇帝曾多次下诏禁毁书院，但并未成功。清初为防书院广聚生徒，进行反清复明活动，不许增建书院；直至清雍正年间，才开始拨款建省城书院，至清末已达数千所。至此，书院已基本官化，成为准备科举的场所。两次鸦片战争后，近代科学也曾在某些书院传授。清末实行"新政"，光绪二十七年（公元1901年）

下诏改书院为学堂。随着学制改革和科举废除,书院告终。中国古代书院在一千多年的发展过程中,为了适应教育的需要,形成了下列各具特色的书院类型:(一)修书院。唐代最早的书院,专为修书、核书、藏书之所。(二)宣讲式书院。也称讲堂。不定期聘请学者或地方官吏讲学,无固定学生,如明万历湖口大观阁讲堂。(三)讲会式书院。也称"会馆",多位学者交流学术的场所,如明代青原会馆。(四)考课式书院。历代相沿的一种书院主体类型。考课是一种学业成绩考核制度。明代实行月课月考;清代规定书院一月考课两次以上。(五)祭祀式书院。以祭祀文化名人为主而无教学或教学较少的书院,如山东多处祀孔子的孔府书院。(六)聚徒式书院。始于唐代后期,至宋朝形成制度,定期定额招收学生。另外,还有一些由名家主持执教的书院,专攻武学、医学、经史辞赋,开展学术交流、图书篆刻等活动,成为培养人才、发展学派的地方文化教育中心。

1998年4月29日,为了展现中国文化教育的悠久历史,中华人民共和国信息产业部发行了一套《古代书院(T)》特种邮票,全套4枚。杨文清、李德福设计。胶版。齿孔12度。邮局全张枚数40(4×10)。河南省邮电印刷厂印制。

这套邮票的4枚图案,选取宋初四大书院,都采用正面平视取景,给人平实、古朴的感觉,利用敞开着的大门,延伸进幽深的院子,层次细腻清晰,营造出了一种书院特有的幽静安详、古朴典雅的"书香"味道。画面统一安排像一本古代的线装书,把"中国邮政"等标志安排在"书签"上,充满了书卷气息。在4枚图案的编排上,借鉴了电影镜头的推进方法,第1枚取全景,第2枚取特写,第3枚取中景,第4枚取近景,远近距离产生了一种节奏感。画法上不仅采用了水彩和水粉技术,还用彩色铅笔描绘建筑物的细部,获得了远景与建筑物互相呼应、颜色相互衬托的艺术表现效果。

【应天书院】1998—10·(4—1)T　面值50分,票幅规格50毫米×30毫米,发行量4199.9万枚。

图案描绘了宋代四大书院应天书院的外观景象。因原址在应天府(今河南省商丘县),亦称"应天府书院";因商丘古称睢阳,故又称"睢阳书院"。始建于五代后晋时期,由乐为教育的杨悫创办。之后,杨悫的弟子戚同文继承师业,成为一代经师,他培养的学生中科举者达五六十人。戚同文去世后,宋大中祥符二年(公元1009年),商丘富户曹诚出资建造书舍150间,聚书一千五百多卷,广招生徒,盛况空前,朝廷赐匾额"应天府书院",取得官学地位。公元1017年,23岁的范仲淹慕名来书院求学5年,考中进士,成为北宋时期著名的政治家、文学家。不久,书院改为南京国子监(宋时商丘称为南京),成为国家的最高学府之一。公元1027年,晏殊知应天府,聘范仲淹主管学府,培养了大批人才,使应天书院达到了鼎盛时期。范仲淹在《南京书院题名记》中,记述了书院的沿革和办学经验。因应天书院建于平原闹市,不断遭受兵灾战乱之祸,历尽黄河水患灾害,虽几经修整,但终难保全,现仅存月牙池、大成殿、明伦堂等建筑。由于书院已基本无存,设计者便依据当地有关部门的复原规划图进行再创造,以全景构图,包括牌坊、大门,形成了一种院落的感觉。为了表现环境气氛,设计者又从宋代古画《清明上河图》中"移植"了两棵树到书院大门外,营造出了春天树木朦胧发芽、中原大地万物复苏的情景。整个图案突出表现了应天书院闹中取静,古朴沧桑,有浓重的历史感。

【嵩阳书院】1998—10·(4—2)T　面值50分,票幅规格50毫米×30毫米,发行量4199.9万枚。

图案描绘了宋代四大书院之一嵩阳书院的外观景象。原址在河南登封县太室山(嵩山东峰)。北魏孝文帝太和八年(公元484年)创建,原名嵩阳寺。隋唐时名嵩阳观,五代后周时改名太乙书院,宋初又名太室书院,宋仁宗景祐二年(公元1035年)始更名嵩阳书院。理学奠基人程颢、程颐,政治家范仲淹、司马光等都曾在书院讲学。据说,司马光的历史巨著《资治通鉴》,就是在嵩阳书院和附近的嵩福宫写成的。清康熙十六年(公元1677年),又增建了书院别墅、藏书楼、讲堂、道统祠等,规模相当宏大。耿介、汤斌等儒学大师先后在书院讲学。书院门前有唐天宝三年(公元744年)"圣德感应颂碑",高8米,宽2米,隶书端庄工整,笔法俊逸遒劲,为唐隶书之佳品。书者徐浩为著名书法家。撰文者为唐宰相李林甫,以"口蜜腹剑"著称。院内有汉武帝游嵩岳时所封的"三将军柏",今存两株,大将军柏周长6米,二将军柏周长15米,已历两千多年岁月。设计者只选取了嵩阳书院大门的局部,采用特写手法,突出展现出了门楣上的"嵩阳书院"匾额。从大门向里望去,隐约可见傲然挺立的汉柏和一层白白的积雪，既表现出了北方书院的特色，也能够让人联想起程门立雪、十年寒窗的苦读故事，使书院显得古色古香，隐秘幽深，富有一种力度和英武之气。

【岳麓书院】1998—10·(4—3)T　面值150分，票幅规格50毫米×30毫米，发行量3149.9万枚。图案描绘了宋代四大书院之一岳麓书院的外观景象。

原址在湖南长沙岳麓山。唐末五代僧人智睿最早在此办学。北宋开宝九年(公元976年)，潭州太守朱洞创办。北宋咸平二年(公元999年)，太守李允增建书楼、礼殿，请得国子监赐书。公元1018年，宋真宗天禧二年赐"岳麓书院"门额及内府书籍，由此名闻天下。南宋时著名理学家张栻、朱熹曾在此讲学，从学者千人，时有"潇湘洙泗"之说。宋代及明末，书院曾两度毁于战火。清恢复办学，雍正十一年(公元1733年)列为省城书院，藏书达万卷以上。清光绪二十九年(公元1903年)改为湖南高等学堂。辛亥革命后，相继改为湖南高等师范学校、湖南公立工业专门学校。1926年改为湖南大学。1984年，湖南大学设岳麓书院文化研究所。书院前厅左右两壁石刻"忠孝廉节"4个大字，为朱熹所写。附属建筑有文昌阁、御书楼、六君子堂、十彝器堂、濂溪祠、湘水校经堂、赫曦台、自卑亭等。千年以来，书院经历兵火，屡毁屡修，现存建筑为清代所建。1988年1月，岳麓书院被列为国家重点文物保护单位。设计者采用中景手法，以岳麓山为背景，突出展现了书院大门，画面中带上了书院精巧的屋檐、花窗，那白墙灰瓦、绿竹远山，既表现出了岳麓书院风景秀丽的特色，又富有一种兴盛之感。

【白鹿书院】1998—10·(4—4)T　面值150分，票幅规格50毫米×30毫米，发行量3149.9万枚。图案描绘了宋代四大书院之一白鹿书院的外观景象。亦称白

鹿洞书院。原址在江西庐山五老峰下山峪中。唐贞元元年(公元785年)，洛阳人李渤、李涉兄弟隐居庐山，李渤养鹿自娱，人称白鹿先生。唐宝历元年(公元825年)，李渤为江州(今九江市)刺史时，在隐居旧址建台，引流植花，号为白鹿洞。唐末兵乱，高雅之士来洞读书。颜真卿之孙颜翠曾率弟子三十多人在洞中授经。南唐时在此建庐山国学，宋初扩为书院。南宋淳熙六年(公元1179年)，朱熹重建院宇，在此讲学，院名大振。南宋教育家陆九渊曾在书院讲学，撰有《白鹿洞书堂讲义》。明代思想家、教育家王阳明也曾在此讲学。清末改为江西林业学堂。后院宇屡经兴衰，现存为清道光年间所修。白鹿洞四山回合，一水中流，泉清石秀，古木参天，环境优美。院内现仅存圣殿、御书阁、彝化堂。后山洞中有石鹿，系明正德年间复制。圣殿西原为启圣祠，今余碑廊存碑百多块，刻有朱熹手制书院学规。最为珍贵的系《白鹿洞歌》，为明万历九年(公元1581年)紫霞道人所作，诗意清新，书法雄劲，后人刻石传世，堪称艺术珍品。碑廊前庭中立有"紫阳手植丹桂"碑石(紫阳即朱熹)。院门外有独对亭、枕流桥、华盖松、钓台等景及古人石刻书法多处。设计者采用近景手法，围绕着"白鹿书院"的大门，有松树，有南方的芭蕉，有庐山的杉树，既点明了南方的地理环境，又具有幽静秀丽之美。透过敞开的大门望去，有碑石，有紫藤，院子里幽深、安宁，仿佛能够感受到那种施教活泼的氛围，真是个读书的好地方啊!

1998—11 北京大学建校一百年(J)

【北京大学建校一百年(J)】Peking University Centenary(J)　北京大学创立于1898年，其前身是京师大学堂，是中国近代第一所由中央政府创办的国立综合性大学。京师大学堂一开始就是改革维新、兴学图强的产物。1895年中国在甲午战争中遭到惨败后，为了救亡图存，康有为、梁启超等维新志士发起变法改良运动，提出废科举、兴学校。1898年6月，清光绪皇帝下《明定国是诏》，诏书说："京师大学堂为各行省之倡，尤应首先举办。"据《申报》光绪二十四年(公元1898年)十一月初六日的《学堂纪事》中京师大学堂总办的告示："……仰该生等于十八日到堂，十九日开学……"清光绪二十四年十一月十九日为公元1898年12月31日，即1898年北京大学诞生，初名"京师大学堂"，这标志着中国现代高等教育全面兴起。1900年八国联军侵入北京，使京师大学堂遭到了严重破坏，被迫停办。1902年恢复后，只设有速成和预科两科。辛亥革命后的第二年，即1912年，京师大学堂更名为"北京大学校"，第一任校长就是翻译《天演论》，将西方先进思想介绍到中国的严复。1916年，著名学者、教育家和思想家蔡元培任校长。他提出"循思想自由原则，取兼容并包主义"的办学主张，促进了北大的思想解放和学术繁荣。1917年，新文化运动的倡导者陈独秀出任北大文科学长，将《新青年》杂志

由上海迁至北京,李大钊、鲁迅、钱玄同、沈尹默、刘半农等一大批具有革新精神和学识丰富的教授以《新青年》为阵地,对封建思想进行猛烈抨击;1919年5月4日,北大和其他学校学生三千多人举行的示威游行,引发了震惊中外的"五四"运动;北大教授李大钊是中国第一个接受并传播马克思主义的人,他率先将马克思主义理论引入中国大学课堂,在北大形成了一个学习、研究、传播马克思主义思想的特殊群体。这便使北大成为中国新文化运动的中心、"五四"爱国运动的策源地和传播马克思主义思想的最初基地,为中国共产党的成立和建设培养了一大批人才。1937年抗日战争爆发后,北京大学师生辗转南下到湖南长沙,与清华大学、南开大学两校共同组建了长沙临时大学。1938年4月迁至云南昆明,改称国立西南联合大学。抗战胜利后,1946年5月,北京大学在北平(今北京)复校。1949年新中国成立,北京大学获得了新生。1951年6月,著名经济学家马寅初教授任北大校长。1952年,经过全国高等学校院系调整,北京大学迁入西郊原燕京大学校址,清华大学、燕京大学的部分文科、理科和外语科并入北大,北大成为师资力量雄厚、文理外语科齐全的综合性大学。为了继承和发扬"五四"运动的光荣传统,北大将校庆日由过去的12月17日改为5月4日。作为中国最早的教育中心和科学研究中心,北京大学聚集了中国优秀的专家学者,以培养出的高质量人才和做出的高水平科技成果,深刻影响和推动着中国高等教育的进程。早在1903年,京师大学堂便派出首批46名学生出国留学,此为中国高校派遣留学生之始。1909年3月,京师大学堂经科、文科、法政科、医科、格致科、农科、工科、商科等7个分科大学开学,开中国大学开设学院之先河。1917年,北大设立了数学、物理、化学、国学等科的研究所,成为中国最早建立科研机构的高等学校。1920年,北大招收3名女学生入学,开创了中国高校男女生同校之风气。另外,北大首开马克思主义理论课,首倡美育,首先介绍爱因斯坦相对论等,也在中国高校中产生了深远影响。新中国成立后,北大师生继续发扬首创精神,1958年建立了中国第一个原子能系(其前身为1955年建立的物理研究室),下设核物理专业和放射化学专业,为国防科技战线培养了一批领导和技术骨干。1958年北大就开始研究计算机,到1973年,成功研制出中国第一台每秒运算百万次的电子计算机。20世纪60年代,北大与兄弟单位合作,研制成功人工合成牛胰岛素,这是世界上首次用人工手段合成的具有生物活性的蛋白质,对生命科学研究具有重大理论意义和实际意义。20世纪80年代,北大研制出计算机——激光汉字编辑排版系统,使中国印刷业结束了铅与火的历史而步入光与电的时代,以之为主导产品的北大方正集团公司已成为中国最大的校办产业和世界最大的中文出版系统开发和供应基地。北大文科同样取得了不凡的科学成果。20世纪50年代,校长马寅初提出的新人口论,具有何等巨大的意义。改革开放以来,北大对邓小平理论、中国传统文化、社会主义市场经济、社会主义民主与法制以及"一国两制"的理论与实践的研究等,都取得了重大建树。一百年来,北大培养了一批又一批高素质的人才,取得了一项又一项高水平的科研成果。北大百年来培养的众多毕业生中,许多人成为卓有建树的政治家、经济学家、科学家、教育家、外交家、文学家以及各方面的管理专家和骨干人才。在中国科学院和中国工程院院士中,就有三百多位曾在北大学习或工作过的师生;中国哲学界有影响的4位大师级学者,都出自北京大学。改革开放以来,北大在系科专业调整、学科建设和教学改革、开展科学研究和创办高新技术产业、师资队伍建设和高级人才培养、对外交流与合作,以及学校基本设施建设和精神文明建设、党的建设等方面都取得了前所未有的发展,一个具有世界一流水平的社会主义大学将屹立在世界的东方。一所学校与一个国家的命运如此息息相关,一部百年校史几乎浓缩了一个民族思想、文化、教育的振兴史,这是北京大学的光荣,也是中华民族的骄傲。

1998年5月4日,为了纪念北京大学创立一百周年,中华人民共和国信息产业部发行了一套《北京大学建校一百年(J)》纪念邮票,全套1枚。余璐设计。胶版。齿孔12度。邮局全张枚数50(5×10)。辽宁省沈阳邮电印刷厂印制。

【北京大学建校一百年】1998—11·(1—1)J

面值50分,票幅规格40毫米×30毫米,发行量4199.9万枚。图案以《京师大学堂章程》部分影印内容为背景,中景选取了沙滩红楼建筑,近景采用特写手法描绘了燕园西校门的外观景象,由远及近,由淡黄至棕黄至大红,三种具有典型北京大学特征的物象,分别代表了北大所经历的封建主义、民主主义、社会主义三个历史阶段,全面反映了北京大学一百年来的风雨历程和辉煌成就。京师大学堂是北京大学的前身,《京师大学堂章程》由梁启超草拟,规定了"中学为体,西学为用,口西并重,观其会通"的办学方针,还规定"各省学堂皆归大学堂统辖",是中国近代历史上由中央政府颁发的第一个大学章程,充分表明了北京大学作为中国最高学府的历史地位及划时代的深远的影响力。沙滩红楼坐落在北京市东城区五四大街29号,1918年秋建成,四层楼房巍峨高耸,显得十分壮观。因用红砖建造,故称为"红楼"。红楼被称为北大一院,是校总部和文科所在地。校长蔡元培的办公室在二层。图书馆馆长李大钊的办公室在一层。毛泽东曾工作过的报刊阅览室在一层西头。1919年反帝反封建的"五四"爱国运动就爆发在这里,红楼被作为"五四"爱国运动发祥地的见证,被载入我国新民主主义革命的史册,它是北大爱国主义和科学民主精神的象征。燕园西校门是新中国成立后北京大学校园的正门,是北京大学发展教育、繁荣学术研究,为祖国社会主义现代化事业培养优秀人才的见证。新的北大校址,北依圆明园遗址,西邻颐和园,东靠清华大学。燕园内湖光塔影,林木葱茏,景色秀美,四季宜人,是个读书研究学问的好地方。设计者将燕园西校门作为主图,彩檐雕梁、朱门红柱;门额上悬挂的匾额红框蓝底,托着1950年3月毛泽东亲自题写的"北京大学"4个金色大字,显得那样庄重,那样博大,那样灿烂,既强调了今日的北大,点明了画题,又从某种意义上预示着北大美好的未来;门楣上悬挂着的花灯,火红色的大门,洋溢着一派百年华诞的喜庆气氛。

《京师大学堂章程》共八章八十四节,第一章大学纲领,十一节;第二章功课,二十二节;第三章学生入学,五节;第四章学生出身,十一节;第五章设官,十一节;第六章聘用教习,九节;第七章常规,十一节;第八章建置,四节。邮票图案底衬采用了第一章的一至三节,具体内容由右向左是:

钦定大学堂章程京师大学堂章程

第一章全学纲领

第一节京师大学堂之设,所以激发忠爱,开通智慧,振兴实业,谨遵此次谕旨,端正趋向,造就通才为全学之纲领。

第二节中国圣经垂训,以伦常道德为先,外国学堂于知育体育之外,尤重德育。中外立教,本有相同之理,今无论京外大小学堂,于修身伦理一门,视他学科更宜注意为培植人才之始基。

第三节欧美日所以立国,国各不同。中国政教风俗亦自有所以立国之本。所有学堂人等,自教习、总办、提调、学生诸人,有明倡异说干犯国宪及与名教纲常显相违背者,查有实据,轻则斥退,重则究办。

邮票图案底衬只采用到"第三节欧美日所以立国,国各不……"

1998—12 第22届万国邮政联盟大会会徽(J)

【第22届万国邮政联盟大会会徽(J)】Emblem of 22nd Congress of Universal Postal Union(J) 有关万国邮政联盟大会的知识,详见新版《中国集邮百科知识》J·1《万国邮政联盟成立一百周年纪念》。有关第22届万国邮政联盟大会的知识,详见本书1999-9《第二十二届万国邮政联盟大会(J)》。

1998年5月15日,为了迎接第22届万国邮政联盟大会于1999年8月23日在我国北京举行,中华人民共和国信息产业部发行了一套《第22届万国邮政联盟大会会徽(J)》纪念邮票,全套2枚。会徽设计者方军。王虎鸣、黄里设计。胶版。齿孔12度。邮局全张枚数(2—1)50(5×10),(2—2)50(10×5)。河南省邮电印刷厂印制。

【第22届万国邮政联盟大会会徽】1998—12·

(2—1)J 面值50分,票幅规格40毫米×30毫米,发行量4199.9万枚。图案以白色作底衬,采用了方军设计的第22届万国邮政联盟大会会徽。会徽由长城烽火台和烽火,以及法文"22e CONGRES UPU—BEIJING 1999"所组成。长城烽火台是举世闻名的中国古代的通信设施,烽火是中华民族祖先举火为号,利用光进行信息传递的一种古老的通信方式。长城烽火台和利用烽火传递信息不仅极富中国特色,而且还充分反映出中国悠久的历史和灿烂的文明,以及中华民族祖先的聪明与智慧。长城烽火台是信封的变形,它反映出第22届万国邮政联盟大会"邮政"这一主题;烽火是"22e"的变形,它代表着第22届邮联大会。设计者将二者有机地结合在一起,向全世界传达了这样的视觉信息,即第22届邮联大会是在中国这样一个有着悠久的历史和灿烂的文明的国度里举办的。长城烽火台和法文的颜色采用绿色,绿色一方面是中国邮政的标志色,同时也代表着和平与进步;烽火的颜色采用红色,红色象征着生命力和成功,既喻示着邮政事业的兴旺发达,也预示着第22届邮联大会举办成功。

烽火台是古代边疆戍兵用烽燧报警而建筑的一种高土台。隔一定距离即筑一座。发现敌人入侵时,一台点燃起烽烟,邻台见后也立即举火,就可以很快传告全线成兵,做好准备。烽火也称烽燧,就是古代边防报警的信号。《后汉书·光武帝纪下》:"修烽火燧。"李贤注:"前书音义曰:边方备警急,作高土台,台上作桔皋,桔皋头有兜零,以薪草置其中,常低之,有寇即燃火,举之以相告,曰烽。又多积薪,寇至即燔之,望其烟,曰燧。昼则燔燧,夜乃举烽。"桔皋,可以牵引上下的木制机具;兜零,笼。引申为边警。烽火台也称墩堠;因狼粪烟直上,烧烟常用狼粪,又名狼烟台。

【第22届万国邮政联盟大会会徽】1998—12·(2—2)J 面值540分,票幅规格30毫米×40毫米,发行量3199.9万枚。图案采用了方军设计的第22届万国邮政联盟大会会徽。画面上方涂以淡淡的蓝色,使得会徽仿佛置于辽阔深远的蓝天之下,创造出了一种邮政将全世界联系在一起的意境。

1998—13 神农架(T)

【神农架(T)】Shennongjia(T) 神农架横卧于湖北省西部长江和汉水之间,秦岭和巴山东端的交汇地段。地理位置为东经109°56'～110°58',北纬31°15'～31°37'。属大巴山山脉褶皱带,为燕山运动所形成,面积约3250平方公里。海拔1000米以上,超过3000米的高峰达6座,被称为中华屋脊,是我国原始森林之一。相传,远古时代神农氏曾在这里遍尝百草,由于千峰陡峭,万壑深切,乃打架上下采药,故得名"神农架"。神农架的气候类型为亚热带季风气候,以立体气候显著为主要特点,即随海拔高度增加,气温和降水量不断变化,表现出由亚热带、暖温带乃至寒温带等多种气候特征,正所谓"山脚盛夏山岭春,山麓艳秋山顶冰,风霜雨雪同时辰,春夏秋冬最难分"。神农架有得天独厚的地理条件,有山川交错的奇丽景色,有优美动人的神话传说,有数不胜数的诱人宝藏,素以"千里林海"、"绿色宝库"和森林公园著称于世。神农架的植物资源十分丰富,林区有古老、珍稀、濒危和我国特有的树种一千多种,有成片分布的箭竹林和腊梅林,有珙桐、秃杉等国家一级保护树木。草本植物更是不计其数,可入药的植物就有192科800属1800种,以数字命名的就有一枝香、二郎箭、三棵草、四时春、五朵云、六月雪、七时胆、八角莲、九死还阳草、十大功劳等。封闭茂密的原始森林为各种野生动物提供了一处良好的天然栖息地和取之不尽的食物资源,

神农架又是野生动物的乐园,有7目21科70多种兽类,14目37科190多种鸟类,9科35种鱼类,属国家一级保护的至少有5种,二级保护的有26种之多。白化动物是神农架动物的独特之处,这里有白蛇、白熊、白獐、白鹿、白猫头鹰、白龟等。而且,还盛传神农架有类似人形的奇异动物——"野人"出没其间,又为神农架披上一层神秘的面纱。远眺神农架,云山茫茫,烟树苍苍,起伏幽远,一望无际。近看神农架,无数古树,参天覆地,各种花草,争艳竞芳;遍览瀑布挂彩,岩洞献奇,珍禽飞鸣,异兽出没,真不愧为"万宝之山"的美称。为了更好地保护神农架的自然环境和自然资源,1980年,湖北省人民政府将大、小神农架主峰周围和老君山一带辟为面积达800平方公里的森林和野生动物类型的自然保护区,1982年改为国家级自然保护区。1991年5月,神农架又加入了联合国教科文组织的"人与生物圈"自然保护区,成为湖北省境内的一处以科学考察和探索大自然为主的著名风景旅游区。

1998年6月6日,为了展现中华山川神秘诱人的自然风貌,中华人民共和国信息产业部发行了一套《神农架(T)》特种邮票,全套4枚。徐勇民、王涌、刘寿祥、宋克静设计。胶版。齿孔12.5度。邮局全张枚数20(5×4)。北京邮票厂印制。

这套邮票的4枚图案,选取了神农架春、夏、秋、冬四季典型的景物,以饱满的横直线的展现作为构图的基本框架,进行细密勾画,逶迤千里,纵横百川,尽收方寸之间,达到了窥一斑而知全豹的艺术效果,生动地展现了神农架这座"万宝之山"的神秘之景,突出了神农架原始的自然神韵。

【神农架·山峰】1998—13·(4—1)T 面值50分,票幅规格50毫米×30毫米,发行量3999.9万枚。图案描绘了神农架古老山峰的自然景观。

神农架的神秘之处,首先在于它独特的山峰。神农架主峰神农顶,也称大神农架,海拔3105米,号称华中第一峰。终年被漫天飞雪、滂沱暴雨、啸啸狂风和沉沉云雾所笼罩。唯夏秋季节,晴朗之日,方可一睹神农架的风姿。峰顶岩石裸露,石林耸天,不生树木,只有苔藓、蕨类铺在地上,一片原始洪荒景象。相传为古神农氏搭梯上天的地方。自下而上,山腰鲜明地分布着葱绿的箭竹林带、墨绿的冷杉林带、艳丽的杜鹃林带三个层次。其中冷杉林尤宽广

深远,遮天蔽日,树干健壮笔直,高达40米,粗的四人方能合抱,上附绿绒般的苔藓和银须样的松萝曼,苍幽粹古,呈现出一派原始森林奇异的景色。位于神农架林区松柏镇之后的送郎山是神农架另一座有代表性的山峰。山上有三处古迹:一是"张公院",相传是汉相留侯张良退隐闲居之处;二是"神农菜坛",是一个隐于密林深处的坛状石柱,柱高数丈,紧口、内空、大肚、圆底,相传是神农氏所凿,坛沿上剑凿绳磨的痕迹至今依稀可辨。据传说,若将坛周围的残枝败叶丢进石柱之中,捞起来就变成了可口的腌菜。三是"黄芪仙翁",即崖壁上一尊醒目的石雕形象,酷似一独脚老翁,金色肌体、银色须眉,颈缠细藤,悬吊在半山腰。据传说,这不是一尊人工石雕,而是黄芪仙翁的尸身仙化而成;送郎山上遍生黄芪,就是黄芪仙翁辛勤耕作的结果。邮票图案以银灰为基调,但见雪飘四野,一片银装素裹的冰雪世界;林立的"山峰"如柱,高耸入云,仿佛要刺破青天;在冰雪的覆盖下,原始森林依然挺拔屹立,生动地展现出了地球上的一块净土——神农架山垭入冬时的自然景象,气韵轩昂。

【神农架·峡谷】1998—13·(4—2)T 面值50分,票幅规格50毫米×30毫米,发行量3999.9万枚。

图案以蓝绿为基调,描绘了神农架古老峡谷初春的自然景观。神农架峡谷有长狭型、水域型、盆地型等多种。千百条峡谷纵横,沟谷交错,而且皆彩屏高挂,碧水中流,形成一幅幅天然山水画。其中著名的有红坪峡、千家坪、潮水河、大九湖等。千家坪突兀奇伟,险峻万状,海拔1700米,系罕见树种所在地之一。有驰名中外列入国家一级保护植物,雅称"中国鸽子树"的大珙桐,它是距今约1000万年~6700万年,被称为"活化石"的珍贵树种。树围一抱多,高二十多米,其花序下两块手掌大的苞片,宛如白鸽,阳光照射,闪闪耀眼,山风吹来,翩翩欲飞,蔚为奇观。相传,古时一皇帝,有独生女儿名白鸽,美若天仙,才华过人,视若掌上明珠。一日,皇帝携小女游经一村小憩,恰遇农家小伙名珙桐,眉清目秀,仪表非凡,公主一见钟情,乘父皇不察,将所戴碧玉簪折为二,赠小伙一半,作终身密约。皇帝发觉后大怒,即择吉日为公主选招驸马,并派人将珙桐抓往深山杀死。噩耗传来,公主连夜逃出深宫,寻至珙桐受害处,抚尸痛哭,泪飞如雨,尸身忽地化为一棵小树,形同半截碧玉簪,葱茏上长不已,公主随伸展双臂扑向树冠,顷刻变成洁白花朵,欢居枝头。如今这里人工培植的数以千计的珙桐树,繁茂茁壮,似亿万只白鸽展翅纷飞,点缀得千家坪更加秀美。红坪峡海拔二千五百多米,蜿蜒曲折,长达15公里。其底溪流,清澈晶莹。两旁七岭、十八峰、四寨、八岩、九石、六洞、三瀑、七河、五潭、四桥,错综衔接,交相辉映,宛如两轴彩色画卷展挂左右,称作一奇、二怪、三险、四秀。一奇,如"乌龟石",椭圆形、凸背、垂裙、昂首、蜷足、扭尾,俨若巨大卧龟;二怪,如"青蛙洞",口广约四米,幽深难测,内皆青蛙,群鸣如鼓,声达数里,行人至此无立足之地,但逾洞数步却一只不见;三险,如"黑水河"上架高大的石拱桥,桥下无光,不知其深,唯闻隆隆之声,不见水流,两岸飞峰几将倾碰,遮日蔽月,人多望而却步;四秀,如"映伞潭",一瀑布泻入其内,飞珠溅玉,击波环涌,潭内左右各一海螺石,上各一劲松,树冠如伞,影卧波中,奇景异趣,耐人欣赏。故红坪峡又称作"红坪画廊"。邮票图案中心是从纵横交错的峡谷中泻出的一道瀑布,在阳光照射下溢光流彩;画面左下角一枝茁壮的大珙桐树干,绽放着的一朵朵白花儿,犹如一只只白鸽栖息枝头;两只红腹角雉并立在鲜花盛开的"中国鸽子树"枝头,翘首、凝思,既像在忘情地领略神农架峡谷秀美的自然景色,又仿佛在聚精会神地聆听着关于神农架古老的传说。

珙桐又称鸽子花,是新生代(6700万年前至今)第三纪古热带植物区系的孑遗种。一般分布在海拔1600米~2000米气候温暖湿润、土壤肥沃的高山林地中。盛产于四川、湖北、湖南西部、贵州北部和云南东北部,广东北部也有分布。珙桐属双子叶植物纲蔷薇亚纲珙桐科,落叶乔木,高达二十多米。叶互生密集于嫩枝顶端,呈纸质,阔卵形或近圆形,边缘有粗锯齿,顶端尖状,基部为心形。一般由多数的雄花和一朵雌花或两性花组成头状花序,直径约2厘米,雌花或两性花位于花序顶端,雄花环绕周围。花序基部有长卵形花瓣2枚~3枚,虽较窄但几乎与叶等大。初放时为淡绿色,继而变为乳白色,最后转成淡黄色时脱落,因远望犹如落满枝头振翅欲飞的白鸽,故有"中国鸽子树"之美称。我国特产的珍贵植物,为国家一级重点保护植物。1903年传入欧美,现已被许多国家引种栽培。

有关瀑布的知识,详见新版《中国集邮百科知识》普21《祖国风光普通邮票》。

【农神架·原始森林】1998—13·(4—3)T 面值150分,票幅规格50毫米×30毫米,发行量3199.9万枚。图案以嫩绿色为基调,描绘了神农架原始森林仲夏的自然景观。神农架的原始森林是一个五彩缤纷又层

次分明的植物世界。第一个层次是由挺拔的冷杉构成的高大乔木。第二个层次的乔木有桦树和栎树等阔叶树种,而且树身上多有藤本植物缠绕,有的从根到梢都缠裹得严严实实;每逢开花季节,树上树下皆是花。第三个层次由名目繁多的灌木所构成。灌木丛中躺着一些自然倒伏的大树,大树身上结满了绿苔,绿苔上又生出五颜六色、形状各异的菌类。最低一层是地衣类,它们紧匍在林地上,犹如一条条绿茸茸的地毯。林中的地表最为独特,它被一层厚达数十厘米的腐殖质覆盖着,像海绵一样松软。若剖开地表的纵断面,可分为三层,呈三种颜色:表层为橙黄色,主要是干枝枯叶,像绣在地毯上的朵朵暗花;中间层为褐色,多为嫩草的根须,犹如缀在绣袍上的花纹;底层呈黑色,能感到热气缓缓上升,幽香阵阵扑鼻。邮票图案描绘出的神农架"原始森林"中的一棵棵树干,既参天挺拔,又像满脸皱纹的老人,历尽自然沧桑;两只金丝猴攀援其间,无忧无虑,尽情嬉戏,享受着神农架独特的奇景异趣。

有关金丝猴的知识,详见新版《中国集邮百科知识》特6《金丝猴》。

【神农架·高原草甸】1998—13·(4—4)T 面值150分,票幅规格50毫米×30毫米,发行量3199.9万枚。图案以棕黄色为基调,描绘了神农架高原草甸深

秋的自然景观。位于大神农架西约38公里的大九湖,平均海拔1780米,南北长15公里,东西宽3.5公里。除70%为水草覆盖外,均匀地分布着大小不等的九个小湖泊,和隔山小九湖对称,故得名大九湖。大九湖高山平原是一块面积达三万多亩的峡谷盆地,四周群山环抱,中间平坦开阔,海拔一千七百多米。平原四周九座山头形状酷似九条扎在湖中饮水的龙头,而且龙头之后的龙颈、龙身、龙尾也十分逼真,堪称一绝。平原最低处名叫"落水孔",整个大九湖平原的水都由此排出,水的出口竟远在竹山县境内,其地下河之长又是一绝。大九湖平原牧草和药材十分繁茂,牛羊成群,两千多亩的梅花鹿圈养场蔚为壮观。邮票图案以起伏的群山和纵横的峡

谷为背景,展现了神农架高原草甸的自然面貌,地域开阔,土壤肥沃,孕育出多种如织似锦的珍奇植物;一群梅花鹿在秋天的草地上觅食,舒适,安全,生动地表现出了神农架是野生动物的乐园。

有关梅花鹿的知识,详见新版《中国集邮百科知识》T·52《梅花鹿》。

1998—14 重庆风貌(T)

【重庆风貌】New Look of Chongqing(T) 重庆坐落于四川省长江、嘉陵江汇合处,为成渝、川黔、襄渝三铁路交点。具有三千多年的悠久历史,古名"巴";因嘉陵江古称"渝水",隋朝时又名"渝州",简称"渝"。1190年,宋光宗赵淳即位,他因先在此被封为恭王,后又受父禅当了皇帝,认为这是"双重喜庆",故将此地命名为"重庆"。古代,重庆既是区域军政中心,又凭借着长江、嘉陵江两江交汇舟楫便利的水运优势和丰富的资源,成为水陆交通中心和商业繁荣的区域经济中心。明清时代,重庆成为"商货出入输汇"、"四方商贾辐辏"之地,为西南地区最大的商品物资集散地。1891年,重庆辟为通商口岸,设立海关,航运、商贸、金融和加工业等日趋兴盛,沟通了中国大西南、长江上游地区与外界的联系。1927年设市。市中心区三面环江,形如半岛,依山建城,有"山城"之称。新中国成立后,重庆逐步发展成为重、轻工业多种部门的综合性工业城市。20世纪60年代中期,重庆是我国三线建设的重点投资区,成为全国重点工业基地。1983年2月,中共中央、国务院决定将重庆作为首批经济体制改革的试点城市和计划单列城市,赋予省级经济管理权限,并辟为外贸口岸。20世纪90年代,国家实施长江开发战略,重庆和万县、涪陵承担了三峡库区建设的繁重移民任务。1997年3月14日,八届全国人大五次会议通过了关于批准设立重庆直辖市的决定;同年6月18日,重庆直辖市正式挂牌成立。这标志继北京、上海、天津之后,重庆成为我国第四个中央直辖市。重庆直辖市由原四川省东部的重庆市、万县市、涪陵市和黔江地区组成,下辖40个区(市)、县,东西长470公里,南北宽450公里,四周与湖北、湖南、贵州、四川、陕西五省毗邻。总面积8.2万平方公里,总人口3002万人,其中农村人口和少数民族人口分别为二千四百四十多万和一百七十多万,占总人口的81.37%和5.72%。重庆有重庆大学、西南师范学院等高等学校。革命纪念地有红岩村、曾家岩等。

1998年6月18日,正值重庆直辖市成立一周年之际,中华人民共和国信息产业部发行了一套《重庆风貌

(T)》特种邮票,全套2枚。摄影作者(2—1)田捷民,(2—2)秦仁伟。王虎鸣、秦仁伟设计。胶版。齿孔12度。邮局全张枚数40(4×10)。河南省邮电印刷厂印制。

【重庆市人民大礼堂】1998—14·(2—1)T 面值50分,票幅规格50毫米×30毫米,发行量4199.9万枚。

图案采用了重庆市摄影家协会副会长田捷民的一幅摄影作品,展现了重庆市的标志性建筑物——人民大礼堂的外观景象。人民大礼堂坐落在重庆市渝中区人民路学田湾。1951年6月动工,1954年4月10日落成并投入使用,这是刘伯承、邓小平、贺龙等在重庆主持工作时亲自倡导修建的。原名"中苏大楼",后改称"西南行政委员会大礼堂",1955年西南大区撤销后改为现名。人民大礼堂是一座仿古民族建筑群。整座建筑由大礼堂和东、南、北楼四大部分组成。占地面积为6.6万平方米,其中礼堂占地1.85万平方米。礼堂建筑高65米,大厅净空高55米,内径46.33米,圆形大厅四周环绕五层挑楼,可容纳四千二百多人。张家德设计,采用中轴线对称的传统建筑形式,以柱廊和双翼相配,塔楼收尾,立面比例匀称。入口部分仿北京天安门,钢结构圆顶外部仿北京天坛,使整座建筑外观如放大的北京天坛,有祷祝"国泰民安"之意。宝顶和三个层次屋面都是附加的木结构,在木柱林立之上装起橡板铺设琉璃瓦,礼堂大厅半球形钢架,跨度46.33米,碧绿的琉璃瓦大屋顶,大红廊柱,白色栏杆,重檐斗拱,画栋雕梁,色彩金碧辉煌,气势雄伟壮观。南北两翼四层楼房配置了协调的亭阁,并且充分利用山坡地形分台,共砌筑128级石梯进入大厅,气派雄伟庄严。重庆人民大礼堂以其独特的民族风格,雄伟的造型而闻名于世。20世纪50年代被称为"亚洲第一"。1987年,英国出版的世界建筑经典著作《比较建筑史》收录我国当代43项建筑工程,将重庆人民大礼堂排列为东方式建筑第二位。作为重庆市标志性建筑物的人民大礼堂,巧妙地利用了山城的地势,建筑在一座小山上,显得宏伟壮观,至今风韵犹存。邮票图案在原作品的基础上,适当地剪裁左右的南、北楼部分,放大突出了中间的主体建筑礼堂部分,在蓝天白云的映衬下,红色的大门和迎风飘扬的五星红旗,与地面斑斓摇曳的树木、花草相映照,色彩鲜亮而宁静,既展示了人民大礼堂那华丽典雅、具有民族风格的建筑魅力,又使画面洋溢着勃勃生机。

有关国旗的知识,详见新版《中国集邮百科知识》纪6《中华人民共和国开国一周年纪念》。

【重庆港】1998—14·(2—2)T 面值150分,票幅规格50毫米×30毫米,发行量3149.9万枚。

图案采用了秦仁伟1997年7月乘船赴宜昌时在江渝14号轮顶部拍摄的一幅照片,展现了重庆港的繁忙景象。重庆因水而兴,早在西周即有舟楫之便;秦汉以来更是得长江水运之利;明洪武初年兴建了朝天门、东水门、储奇门等17座城门和水码头,形成了城港相依的内河港口城。重庆港即朝天门码头。重庆水上门户,襟带二江,壁垒三面,气势雄壮。石壁上,藤萝垂青,绿树穿岩抱石,苍翠欲滴。崖边石亭,飞阁临江。两排石阶,直抵水下。据说,无论江水怎样枯竭,石阶逐阶而下,无有穷尽,可通神秘的金竹宫。每当初夏仲秋之时,嘉陵江水绿,扬子江水黄,两水相交朝天门,翻卷交流,势如野马奔腾,向称"夹马水"。江心有石矶沉浮,相传大禹在古渝州娶涂山氏女,而后治水13年不入家门。涂山氏女伫立石矶上,望夫归来,因此而得名"夫归石"。朝天门地扼黄金水道要冲,为重庆主要交通枢纽之一。新中国成立后,特别是从20世纪80年代起,国务院决定将重庆开辟为内河贸易口岸后,陆续设立和加强了海关、商检、动植物检疫、卫生检疫、外轮代理以及口岸外汇管理银行等执行机构。到1998年,重庆港拥有客货运码头27座,机械化作业线17条,泊位81个,各类装卸机械五百多台(艘),年货运吞吐能力达811万吨,年客运吞吐能力1000万人次,水路可达长江沿线6省1市25个港口及水系交流港站,是长江上与南京、武汉齐名的三大港口之一。重庆港位于重庆城区东北角,是重庆客货水运的枢纽。画面中,在蔚蓝色天空的映衬下,高122.8米的重庆港大厦在朝天门拔地而起,宛如一艘巨大的轮船屹立在长江和嘉陵江的交汇处,镶嵌在大厦墙体上的"重庆港大厦"5个红色大字和"重庆港"3个红色标志性大字清晰醒目,使得"古渝雄关"朝天门的形象焕然一新;江边码头停泊着长江轮及其他船只,江面上客船货轮,铁驳木舟,鳞次栉比,来来往往,此静彼动,一派繁忙兴旺的景象。

1998—15 何香凝国画作品(T)

【何香凝国画作品(T)】He Xiangning's Chinese

Paintings(T)　何香凝(1878—1972)，广东南海人，生于香港，国民党元老廖仲恺夫人。她是中国最早的革命团体同盟会的女会员，一位杰出的革命家和政治活动家；又是一位具有资深经历和造诣的艺术家，在中国近代革命史和中国近代美术史上都占有重要的地位。早在20世纪初期，何香凝便和廖仲恺在孙中山的领导下，从事辛亥革命和反对南北军阀的斗争。1924年后，他们协助孙中山制定新三民主义纲领；改组国民党，促成同中国共产党的合作。1927年大革命失败后，何香凝坚持孙中山"联俄、联共、扶助农工"的三大政策。抗日战争时期，她极力反对国民党政府卖国、独裁、内战的反动政策，致力于抗日救亡运动和爱国民主运动。解放战争期间，何香凝团结国民党内的民主力量，组建国民党革命委员会，积极响应中国共产党召开新政治协商会议的号召。新中国成立后，何香凝历任中央人民政府委员、华侨事务委员会主任、中国国民党革命委员会主席、全国妇联名誉主席、全国政协主席、全国人大常委会副委员长等职，同时还被选为中国美术家协会主席。1902年，何香凝追随丈夫廖仲恺东渡日本，1904年加入同盟会。最初到日本，何香凝在女子师范预科学习；1906年，考入东京目白女子大学攻读博物科。由于繁重的革命工作和学习任务，使她半年后因病休学。正是在这期间，孙中山要在国内组织武装起义，急需要设计起义军军旗、安民布告、告示的花样及军用票图案等的人才。于是，在廖仲恺的鼓励下，为了适应革命需要，何香凝决定改学美术。1908年，她进入东京本乡美术专科学校专攻山水、花卉，同时还在日本皇室画师田中赖章的门下学习动物画。自此，何香凝的绘画活动便和她的革命生涯紧密相连，交相辉映。召唤意识是何香凝早期绘画作品响亮的主题。唤醒沉睡的中国，这是她主动积极承担起的历史重任。在日本期间，何香凝的绘画作品有一个突出的艺术现象，就是狮子、老虎等具有威慑力的动物题材占了相当大的比重，而且着重刻画狮、虎昂首欲跃的动态，突出的是它们特有的勇猛斗争的气质，以及震慑大地、叱咤风云的咆哮风姿，作为唤醒民众的英雄形象，作为中华民族正在崛起的象征，宣扬了一种振兴中华的自强精神。而何香凝绘画作品中的松、竹、梅，则象征着她高尚坚毅的品格，她真正像一棵伟岸的苍松，像一株硬挺的梅枝，像一枝富有韧性的竹子。何香凝一生绘画作品丰富，除了画狮、虎、梅、松、竹、菊之外，还绘有大量山水作品。她的绘画作品不仅是中国现代史的缩影，记录着20世纪初期以来的风云变幻，而且也是她革命生涯和高尚品格的生动写照，是中华民族画苑中的瑰宝。1997年4月18日，经中央批准，何香凝美术馆在深圳华侨城落成，江泽民总书记亲笔题写了馆名。这是中国第一个以个人名字命名的国家级美术馆，也是继中国美术馆之后的第二个国家现代博物馆，以收藏、陈列、研究何香凝书画作品为主。

1998年6月27日，正值何香凝诞辰120周年纪念日，中华人民共和国信息产业部发行了一套《何香凝国画作品(T)》特种邮票，全套3枚。王虎鸣、阎炳武设计。影写版。齿孔(3—1)12.5度×13度(左右两边各有一个椭圆形齿孔)，(3—2)(3—3)13度×12.5度(上下两边各一个椭圆形齿孔)。邮局全张枚数(3—1)24(4×6)，(3—2)(3—3)24(4×6)。北京邮票厂印制。

【虎】1998—15·(3—1)T　面值50分，票幅规格50毫米×38毫米，发行量4031.9万枚。图案选用了何香凝1910年在日本创作的一幅国画作品《虎》，原画尺寸规格26厘米×30厘米。

这是已知的何香凝最早的作品。画面右上方题款"克强先生正　香凝"，并钤有一方"香凝"红色印章。克强先生指的就是辛亥革命的重要人物——黄兴先生，克强是他的字。何香凝创作这幅画时，正值辛亥革命前后时期，革命斗争风起云涌，她在唤醒民众这种宏大抱负所产生的创作意识主导下，捕捉住了一只猛虎昂首长啸，立刻就要纵身跃出高山草丛的瞬间形态，既赞美了革命者勇猛斗争的气质，也预示了中华民族正在崛起的历史必然趋势。

有关虎的知识，详见新版《中国集邮百科知识》T·107《丙寅年》。

【狮】1998—15·(3—2)T　面值100分，票幅规格38毫米×50毫米，发行量3255.5万枚。图案选用了何香凝1914年创作的一幅国画作品《狮》，原画尺寸规格63厘米×49厘米。画面右下角有一方朱文"香凝"钤印，左下角有一方白文"双清楼"红色钤印。狮子属哺乳纲，猫科。雄狮体魄健壮，体长约三米。头大脸阔，从头到颈有鬣。雌体无鬣。毛通常黄褐

色或暗褐色，尾端有长的毛丛。栖息树林稀少的沙地平原。通常夜间活动，主食有蹄类动物，如羚羊、斑马、长颈鹿等。产于非洲和亚洲西部。何香凝创作《狮》这幅画，也是在唤醒民众这种宏大抱负下产生的创作意识。当时国内革命政权被袁世凯窃取，孙中山、何香凝等革命党人被迫流亡日本，并于1914年在日本建立中华革命党，重举资产阶级革命旗帜。《狮》的构图，以巨大的特写，直取狮子的头部，用精微的笔法和细致的渲染，描绘出了狮子轩昂的动态和威猛的神情，富有质感和立体感。正像她的挚友柳亚子所昭示的那样："国魂招得睡狮醒，绝技金闺妙铸形。"这幅画既从设色及用笔上表现出她的严谨画风，又与她所从事的革命事业联系在一起，对振兴中华民族的自强精神，有着不可磨灭的历史功绩。

【梅】1998—15·（3—3）T　面值150分，票幅规格38毫米×50毫米，发行量3659.9万枚。图案选用了何香凝1943年于桂林创作的一幅国画作品《绿梅》。原画尺寸规格57厘米×36厘米。左下角有一方白文"何香凝印"红色钤印。松、竹、梅是何香凝画作的主体，而梅花是她最钟爱的题材。

她的梅品，赋予了画家高尚坚毅的品格。何香凝爱梅，爱得热烈，爱得深沉。她曾在一幅《梅花》上自题："一枝梅花伴水仙，北风强烈态依然；冰霜雪压心犹壮，战胜寒冬骨更坚。"何香凝画得较多的是黑梅、红梅，邮票图案选用的绿梅比较少见。她创作这幅画时，正值太平洋战争爆发，1941年12月19日香港沦陷，在东江纵队的帮助下，包括何香凝在内的一大批居留在香港的文化界名人，经过七天七夜偷渡过海到达广东海丰，途中险象环生。几个月后，才辗转迁居桂林郊区。在桂林，何香凝带着儿媳和两个孙子，于观音山麓开辟一块地养鸡种菜，更主要是靠卖画维持生活，备尝艰辛。蒋介石曾派人到桂林给何香凝送去一张一百万元的支票和邀请她去重庆居住的信函，被她拒绝，并在信封背面写上"闲来写画营生活，不用人间造孽钱"的批语，可见她的情操之高尚和政治立场之坚定。《绿梅》中的梅枝笔力苍劲，犹如铁笔一般挺直，既如她的爱子廖承志所说："标志着她一生的硬朗！"标志着她一生风骨凌峥的品性，又宣扬了"以祖国利益、民族大义为重，坚决反对日本帝国主义侵略"的中华民族之气节。

1998—16 锡林郭勒草原（T）

【锡林郭勒草原（T）】Xilinguole Grassland（T）
锡林郭勒草原位于内蒙古自治区中部锡林郭勒盟境内，是我国典型的温带生态系统草原，也是亚欧大陆草原区的重要组成部分。面积为19.65万平方公里，占全盟总面积的90%。我国勤劳勇猛的北方游牧民族，曾经世代生息在这片广袤无垠的土地上。元世祖忽必烈称帝前在此即大汗。自13世纪起，蒙古族成为这里的主体民族。锡林郭勒草原是我国四大草原之一内蒙古草原的主要天然牧场，草地是这里的主要地上资源。经过千百年的利用，这片草地依然保持着原始古朴风貌，被誉为"地球上至今基本上保留着天然原始面貌的唯一绿色瑰宝"。从荒漠草原、典型草原到草甸草原，这片亚欧草原东部的温带草原生态系统完整，具有生态、物种、遗传等多样性分布的鲜明特点。草原上生长着1248种野生种子植物，74种引种栽培植物；据不完全统计，现有各种禽类一百六十多种。锡林郭勒草原盛产品种优良的乌珠穆沁肥尾羊、内蒙古细毛羊、草原红牛、花白奶牛、锡林郭勒马、苏尼特双峰驼等，是中外闻名的肉食生产基地。这里的地下资源也极为丰富，已探明的重要矿物有五十多种，石油、煤炭、天然碱的开发规模较大。绿色能源——风能也得到了成功开发，而且发展前景十分可观。每年的7月～8月是锡林郭勒草原最为迷人的季节。坦荡无垠的草原像硕大无比的绿色地毯，一泻千里；苍翠欲滴的绿色原野上，五彩缤纷的野花点缀其间；羊群犹如天上的片片白云；天空湛蓝高远，大小湖泊明镜般镶嵌在草原上，潺潺的河水银带似地伸向远方，与天空融为一体，蔚为壮观。旷古高远的草原牧歌，马头琴声伴着悠扬婉转的蒙古长调，使草原充满了勃勃生机和独特韵味。高耸的风力发电机和停在蒙古包前的摩托车，又给这片古朴浑厚的草原注入了现代化的气息。为了保护这片绿色原野，1985年8月5日，内蒙古自治区人民政府批准成立了我国第一个草地类自然保护区——锡林郭勒草原自然保护区，控制面积为107.9万公顷。1987年9月7日，锡林郭勒草原保护区被联合国教科文组织接纳为国际生物圈保护网成员，并于1993年7月首批加入了"人与生物圈"保护区网络。1995年9月，该保护区又与澳大利亚普克马克生物圈保护区结为姐妹保护区。1997年12月8日，国务院正式批准该保护区为国家级保护区。近年来，锡林郭勒草原以其壮丽妩媚的草原风光，古朴凝重的历史名胜，独特的少数民族风情，推动了草原旅游业的蓬勃发展，给这片静谧绿色生命摇篮注入了蓬勃活力。

1998年7月24日，为了宣传锡林郭勒草原这片绿地和净土的美丽风光，中华人民共和国信息产业部发行了一套《锡林郭勒草原（T）》特种邮票，全套3枚。同日发行了1枚小型张。马莲、丹森设计。胶版。齿孔12度。邮局全张枚数40（4×10）。辽宁省沈阳邮电印刷厂印制。

这套邮票的3枚图案和1枚小型张图案，以绿色为基调，采用丙烯加透明水彩混染手法，形式简洁凝练，造型在原物基础上稍加变形，准确地捕捉住了锡林郭勒草原独特的节奏感和韵律美。

【典型草原】1998—16·（3—1）T 面值50分，票幅规格50毫米×30毫米，发行量4189.9万枚。图案描绘了锡林郭勒草原中典型草原的壮观景象。

典型草原也叫干草原或真草原，是构成锡林郭勒草原的主体。面积13400亩，占全盟植被的63.11%。主要分布在锡林郭勒盟的南部、西部和中东部地区，这里的地形以高平原为主，低山丘陵和盆地错落其间；旱生丛生禾草是这里的主要植物，还有不同数量的中旱生杂草类以及旱生根茎苔草。邮票图案以和谐的蓝绿色为基调，描绘了曙光初照的锡林郭勒草原中典型草原的地理景观。远远望去，峰平如桌的玄武熔岩拔地而起，两百多万年前火山喷发的遗迹留下了气势宏伟的壮观景致；近景是如珍珠般撒落在清新恬静的蓝色原野上的羊群；中景动感强烈，人欢马叫之声隐约可闻。

【草甸草原】1998—16·（3—2）T 面值50分，票幅规格50毫米×30毫米，发行量4199.9万枚。图案描绘了锡林郭勒草原中巴彦库伦牧场北部低山丘陵草甸草原的美丽景观。

草甸草原是草原向原始森林过渡地段，以低山丘陵、波状高原与宽谷平原地形为主。主要分布于锡林郭勒盟的东北部和东部地区。面积3590万亩。以禾本科、豆科、菊科牧草为主。由于气候湿润，土质肥沃，这里的草高而密。邮票画面以纯正的草绿色为基调，错落有致、此起彼伏的丘陵绵延，直向茫茫天际。蓝天白云覆盖，两只雄鹰展翅翱翔，百花怒放，草丛茂盛。锦簇花团中牛群怡然自得，展现出了"风吹草低见牛羊"的动人景象。

【杨桦混交林】1998—16·（3—3）T 面值150分，

票幅规格50毫米×30毫米，发行量3115.9万枚。图案描绘了锡林郭勒草原中杨桦混交林的景致。杨桦混交林是浑善达克沙区沙地植被的重要组成部分，分布于锡林浩特市东南方向约73公里的复沙丘陵阴坡，呈分散的片状，共有三百多处，总面积近八千三百亩，均为火灾后重新生长起来的次生林。邮票图案展现的是巴彦锡勒牧场阿布都尔图山杨、白桦混交林核心区以草原和森林共存为特征的真实面貌，也是锡林郭勒草原生态网的重要景致。画面以金黄绿为基调，点染初秋的草原原林带，有"绿色长城"、"绿色屏障"意蕴。一对红黄色的正在觅食的马鹿，既给杨桦混交林注入了生机，也是锡林郭勒草原生物多样性的点睛之笔。

1998—16M 锡林郭勒草原（小型张）（T）

【锡林郭勒草原（小型张）（T）】Xilinguole Grassland（Souvenir sheet）（T） 1998年7月24日，为了宣传锡林郭勒草原这片绿地和净土的美丽风光，中华人民共和国信息产业部在发行了一套1998—16《锡林郭勒草原（T）》特种邮票的同日，发行了1枚小型张。马莲、丹森设计。胶版。齿孔12度。辽宁省沈阳邮电印刷厂印制。

【锡林郭勒河曲】1998—16M·（1—1）（小型张）T 面值800分，小型张尺寸规格140毫米×80毫米，邮票图案规格60毫米×40毫米，发行量3017.8万枚。图

案展示出了距锡林浩特市南 11 公里处的锡林郭勒河曲奇特的风光。锡林郭勒河是锡林郭勒盟境内乌拉盖水系的一条主要内陆河,发源于内蒙古赤峰市克什克腾旗的白音察干诺尔滩地,全长 175 公里。锡林郭勒盟的名称就取于锡林河。在小型张图案上,锡林郭勒河流经之处,自下而上以深绿、翠绿、绿中泛白的色调渐变,突出勾勒出了蜿蜒曲折的河曲,宛如一条奶油色的哈达,时宽时窄,或隐或现,忽远忽近,仿佛这条锡林郭勒人民的母亲河正在以自己水曲回荡的河势,尽情地吟唱着锡林郭勒草原的美丽富饶和欣欣向荣。画面中欢腾奔跑着的红、黑、白色马群,既给画面增添了动感,也象征着锡林郭勒草原犹如万马奔腾、一日千里的发展变化。设计者将邮票图案放大、淡化后作为小型张底衬,构思十分巧妙。

1998—17 镜泊湖(T)

【镜泊湖(T)】Jingpo Lake(T)　镜泊湖位于黑龙江省宁安县境内牡丹江上游,距牡丹江市区 110 公里。古称"湄沱湖",唐代称"忽汗湖",明代开始称"镜泊湖",清代称"毕尔腾湖"(意为平亮如镜)。现今通称镜泊湖。据民间传说,天宫"红罗仙女"梳妆时,不慎将宝镜掉进了天河,流落人间化为此湖,故称之为"镜泊湖"。实际上,据地理学家考证,镜泊湖是在远古断陷湖盆的基础上,距今大约一万年前,历经 5 次火山爆发,熔岩阻塞了河床,在高山上形成的火山熔岩堰塞湖。镜泊湖是我国最大的山地堰塞湖。湖面海拔 351 米,平均水深 40 米,最深达 62 米。由西南至东北蜿蜒曲折,长约 45 公里,呈"S"状,称为百里长湖。最宽处 6 公里,最窄处仅 300 米,面积 95 平方公里,总蓄水量达 16 亿立方米。全湖分为北湖、中湖、南湖和上湖 4 个湖区。湖水碧绿,南浅北深。湖东岸为老爷岭,西岸为张广才余脉,峰峦叠嶂,林木丛生;港湾众多,湖平如镜,湖中大小岛屿星罗棋布。湖区有吊水楼瀑布、白石砬子、大孤山、小孤山、城墙砬子、珍珠门、道士山、老鸹砬子等八景区。湖区多名贵山珍,野生动物和鸟类达二百多种。以镜泊湖为中心,连同火山口原始森林、地下熔岩洞、渤海上京龙泉府遗址,总面积达 1200 平方公里的风景区内,峰峦叠嶂,悬崖陡峭;茂密的原始森林,古国的断壁残垣,稀奇的山珍水鲜、飞禽走兽,以它天然无饰的独特风姿、俊奇幽秀的景观而驰名中外。镜泊湖是世界上少有的高山湖泊之一,它四季分明,各具特色,尤以"春花、夏水、秋叶、冬雪"而闻名于世。1982 年,镜泊湖被国务院第一批审定

为国家重点风景名胜区,辟为科研、旅游、避暑的圣地。

1988 年 8 月 15 日,为了展现中华山川的壮美风景,中华人民共和国信息产业部发行了一套《镜泊湖(T)》特种邮票,全套 4 枚。林彦设计。胶版。齿孔 12 度。邮局全张枚数 16(4×4),横 4 枚连印。辽宁省沈阳邮电印刷厂印制。

【镜泊湖·白石砬子】1998—17·(4—1)T　面值 50 分,票幅规格 50 毫米×30 毫米,发行量 3329.9 万枚。

图案描绘了镜泊湖景区白石砬子的自然风光。白石砬子是一座白石层叠、错落有致的白崖岛,似一面银雕玉砌的高墙立于镜泊湖的左岸。高约二十米,由 3 座白石峰组成,左右两座低矮,中间一座格外高峻,面临湖水,傲然屹立。因岛上常年堆积着白色的鸟类粪便,层层叠叠,奇形怪状,犹如白石砬子,故而得名。平时,白石砬子和邻近的湖岸相接,每当湖水溢满,石峰与临岸便被浩淼的湖水相隔,故又被称为"白崖岛"。远远望去,它形似身披白色盔甲的卫士屹立于万山丛中,守卫着镜泊湖。设计者将镜泊湖的白石砬子置于画面中心,在万绿丛山的映衬中,精心勾勒,形象鲜明,质感清晰;湖中一艘游船悠然行驶,船后扬起层层波纹,给清澈平静的镜泊湖注入了勃勃生机。

【镜泊湖·珍珠门】1998—17·(4—2)T　面值 50 分,票幅规格 50 毫米×30 毫米,发行量 3329.9 万枚。

图案描绘了镜泊湖中珍珠门的美丽景观。珍珠门位于中湖南部最狭窄处,两个高出水面 15 米的小岛分立左右,远望犹如两扇大门,故称"珍珠门"。相传,天宫"红罗仙女"拒绝富商的求婚,并将其两颗求婚的珍珠抛于湖中,结果衍化成了这样两座精巧的小礁山。两岛间的航道只有十多米,历来是湖中交通要道。枯水期,湖中沙滩裸露,两个小岛便与湖西岸相连接。珍珠门风景如画,景色迷人。欣赏邮票图案,在远山和近水的衬托下,矗立于湖中的两座小礁山,宛若荷叶上浮动的晶莹露珠,熠熠生辉;它们又像双双并游、形影不离的一对鸳鸯在戏水,故又有"鸳鸯戏水"之称。湖面上游船如织,既给

画面增添了活泼泼的动感,又让人不禁油然心驰神往。

【镜泊湖·小孤山】1998—17·(4—3)T 面值50分,票幅规格50毫米×30毫米,发行量3329.9万枚。图案描绘了镜泊湖中小孤山的天然风光。

小孤山坐落在镜泊湖中湖,距北湖湖头六十多华里。相传,小孤山是当年天宫"红罗仙女"晒渔网的地方。高出水面十多米,面积约两千平方米,长约五十米。岛上各种树木葱郁,幽曲小径密布。岸上布满瓦松、卷柏等耐旱树木,还有崩松、栎树等。岛上以山杨、白桦等阔叶林居多,也有山梨、李子、山丁子、元枣等果树。设计者将小孤山置于画面中心,湖水中的倒影清晰可见,它既像一头雄狮,斜卧湖心,崖岸陡峭,孤悬湖面,气势昂然,又似大自然精雕细琢出的一件盆景,静静地点缀在湖心,令人神往。

【镜泊湖·吊水楼瀑布】1998—17·(4—4)T 面值50分,票幅规格50毫米×30毫米,发行量3329.9万枚。图案描绘了镜泊湖中吊水楼瀑布的壮丽景观。

吊水楼瀑布位于镜泊湖出口处,名列镜泊湖八景之首。每当丰水季节,湖水大量流溢,在玄武岩构成的峭壁上奔腾飞泻。瀑布幅宽一百多米,落差18米,犹如一条白练,直扑圆形的深潭之中。据科学家考察证实,瀑布形成的原因,是镜泊湖火山群爆发时,喷出的熔岩在流动过程中,接触空气的部分首先冷却成硬壳,而硬壳内流动的熔岩中尚有部分气体存在;待熔岩全部硬结后,这些没有逸散的气体逐渐从硬壳中排出,形成许多大小不一的熔岩洞。当湖水从熔岩洞的断面跌落时,便形成了气势壮观的瀑布。设计者采用平视角度,将吊水楼瀑布置于读者面前:晴天丽日,光照瀑布,有色彩斑斓的彩虹出现,难怪诗人们留下了"飞落千堆雪,雷鸣百里秋"、"深潭霞飞雾漫,更有露漫岸秀"的优美诗句,赞美镜泊湖吊水楼瀑布撼人心魄的壮丽景观。

有关瀑布的知识,详见新版《中国集邮百科知识》普21《祖国风光普通邮票》。

1998—18 中国古典文学名著 ——《三国演义》(第五组)(T)

【中国古典文学名著——《三国演义》(第五组)(T)】 Romance of the Three Kingdoms: A Literary Master Piece of Ancient China (5th Series)(T) 有关中国古典文学名著——《三国演义》的知识,详见新版《中国集邮百科知识》T·131《中国古典文学名著——〈三国演义〉(第一组)(T)》。

1998年8月26日,为了反映中国古典文学的辉煌遗产,继1988年11月25日发行的T·131《中国古典文学名著——〈三国演义〉(第一组)》4枚邮票和1枚小型张、1990年12月10日发行的T·157《中国古典文学名著——〈三国演义〉(第二组)》4枚邮票、1992年8月25日发行的1992—9《中国古典文学名著——〈三国演义〉(第三组)》4枚邮票、1994年11月24日发行的1994—17《中国古典文学名著——〈三国演义〉(第四组)》4枚邮票和1枚小型张,中华人民共和国信息产业部又发行了一套《中国古典文学名著——<三国演义>(第五组)(T)》特种邮票,全套4枚。同日发行了1枚小型张。戴宏海设计。影写版。齿孔11度。邮局全张枚数(4—1)(4—3)20(4×5),(4—2)(4—4)20(5×4)。北京邮票厂印制。至此,中国古典文学名著——《三国演义》系列共五组,计邮票20枚,小型张3枚,全部出齐。其中一、二组由画家陈全胜设计,三、四、五组由画家戴宏海设计。在画风上,前两组近于夸张变形,后三组近于写实,但这五组邮票均采用中国传统工笔重彩画形式、在仿古绢上绘制而成,大效果完全统一。这套系列邮票所选用的故事都是原著中的情节,每一枚、每一组既有相对的独立性,又具有承上启下的联系;对在邮票中反复出现的人物,基本上做到了人物形象和服饰保持一致。

【白帝托孤】1998—18·(4—1)T 面值50分,票幅规格54毫米×40毫米,发行量2232.9万枚。图案选自罗贯中著《三国演义》第八十五回"刘先主遗诏托孤儿

诸葛亮安居平五路",描绘了刘备在白帝城托孤的情景。

刘备为"义"驱使,发兵讨吴,被吴一把大火烧垮了七十多万大军。猇亭彝陵之战兵败后,刘备奔回白帝城,国力大衰,使蜀陷于危境。刘备被这种严重后果压垮了,他染病不起,夜梦关羽、张飞二弟,知自己不久于人世,便派人将诸葛亮、次子鲁王刘永和梁王刘理请到白帝城永安宫。诸葛亮到永安宫,刘备请他坐于床边,说道:"嗣子孱弱,不得不以大事相托。"并告知马谡其人言过其实,不可大用。刘备又说:"嗣子可辅之,则辅之;如其不才,君可自为成都之主。"孔明立刻泣拜于地:"臣安敢不竭股肱之力。"刘备请孔明坐于床边,唤刘永、刘理近前,吩咐曰:"尔等皆记朕言:朕亡之后,尔兄弟三人,皆以父事丞相,不可怠慢。"二人拜毕,孔明说:"臣虽肝脑涂地,安能报知遇之恩也!"刘备病故后,后主刘禅即位,封诸葛亮为武乡侯,朝廷一应事物均由诸葛亮裁处。邮票图案上刘备卧于永安宫的龙榻之上,身后衬以绣飞龙,点明了刘备为蜀国之君的身份;诸葛亮跪在刘备的床前,为报刘备的"知遇之恩"、"知其不可为而为之",承诺尽心竭力辅佐一个昏庸无能的阿斗登上皇帝宝座,这是蜀汉的悲剧,也是诸葛亮的悲剧。画面中刘备的二子和宫女的表情与动态,也渲染了这种悲剧气氛。

有关龙的知识,详见新版《中国集邮百科知识》T·124《戊辰年》。

【孔明班师】1998—18·(4—2)T　面值 50 分,票幅规格 40 毫米×54 毫米,发行量 4132.9 万枚。图案选自罗贯中著《三国演义》第九十一回"祭泸水汉相班师　伐中原武侯上表",描绘了诸葛亮七擒孟获、平定南方取得大胜利后班师回朝的情景。刘备病故之后,诸葛亮南征北战。为使南方安定,他七擒七纵南蛮王孟获,终于

让他口服心服。班师回朝时,前军到达泸水岸边,时值九月秋天,忽然阴云密布,狂风骤起,兵不能渡。孟获告诉孔明,泸水原有猖神作祸,往来者必用七七四十九颗人头和黑牛白羊祭之,方可风恬浪静。孔明不忍再杀无辜之人,便命行厨宰杀牛羊,和面为剂,塑成人头,内以牛羊之肉代之,名曰"馒头"。当夜在泸水岸上祭之,这就是馒头的来历。蜀兵安然尽渡泸水,孔明引大军返回成都。此后,诸葛亮上前、后《出师表》,六出祁山,北伐中原,"鞠躬尽瘁,死而后已"。邮票图案抓住班师中孟获率兄弟妻子宗党等人为孔明大军送行的情节,突出"涕泣拜别",表现出受诸葛亮宽容仁爱精神感化的孟获一班人对孔明的崇敬之情,使诸葛亮的形象更加高大。画面中的孟获"肉袒"匍匐跪于帐下,孔明躬身相扶,既表现出了孟获的坦诚,也展现出了孔明的仁爱谦恭。画面上方一条缓缓流淌的河水,交代了时间、地点,表示孔明大军已安然渡过了泸水。

【秋风五丈原】1998—18·(4—3)T　面值 100 分,

票幅规格 54 毫米×40 毫米,发行量 3588.9 万枚。图案选自罗贯中著《三国演义》第一百零四回"陨大星汉丞相归天　见木像魏都督丧胆",描绘了诸葛亮病逝后那悲壮的一幕。诸葛亮六出祁山,意欲挺进关中,与魏将司马懿多次交锋,一直没有进展。不久,诸葛亮旧病复发,命在旦夕。在生命最后一夕,孔明办了两件事:其一,他将兵法传给姜维,授给马岱密计,并向后主表奏身后的人事安排。其二,他强支病体,令左右扶上小车,出寨遍观各营;自觉秋风吹面,彻骨生寒,乃长叹曰:"再不能临阵讨贼矣!悠悠苍天,曷此其极!"只有短短的 49 个字,道出了浓郁的悲剧色彩。三国后期诸葛亮以独木支撑蜀汉这座将倾的大厦,安居平五路、七擒孟获、六出祁山,耗尽了他所有心血。为了汉军能够平安入蜀,他临终前还设计以自己的木像吓退司马懿和魏军。诸葛亮怀着无限的伤感,结束了他"鞠躬尽瘁,死而后已"的戎马生涯。邮票图案上秋风吹落叶,重病中的诸葛亮崇高的形象像一座雕像,全军将士肃立,都怀着沉痛的心情向敬爱的丞相敬礼,多么悲壮的一幕啊!画面左下角大营门口一个大大的"汉"字,点名了地点。

【三分归晋】1998—18·(4—4)T　面值 150 分,票幅规格 40 毫米×54 毫米,发行量 3221.9 万枚。图案选自罗贯中著《三国演义》第一百二十回"荐杜预老将献新谋　降孙皓三分归一统",描绘了魏、蜀、吴三国结束,天下重归统一的历史情景。蜀汉虽有姜维九伐中原,但每次都以失败告终,于公元 263 年被魏将邓艾攻破成都,后主刘禅率众人出北门十里而降。公元 265 年,司马炎篡位于魏主曹奂,立国号为大晋。公元 280 年,晋国大将王濬攻克石头城,吴主孙皓自缚出城归降。至此三国归于晋帝司马炎。正所谓"天下大势,合久必分,分久必

合"。设计者打破时空界限,用象征性手法处理邮票画面:魏、蜀、吴三国的三个白身失败皇帝,向头戴冠冕、身穿衮服的晋朝开国皇帝司马炎伏地称臣。司马炎占据画面中心位置,魏、蜀、吴三国的皇帝被置于画面的上方,在简洁背景的衬托下,既使主体形象更加突出,又留下了广阔的想象空间;以汉城遗址出土的青龙瓦当纹样衬托司马炎的形象,使胜败皇帝形成更加鲜明强烈的对比,清楚地表明:三国已经结束了。

瓦当即筒瓦之头,西周时期已用于屋面,为半圆形,又称半瓦当,纹饰较简单,有的为素面。战国至秦汉时期,瓦当多呈圆形,纹饰瓦当贯穿于秦汉两个时期,汉代以文字瓦当为多。我国各地出土的瓦当,大体分三大体系,即陕西的关中瓦当,山东临淄、曲阜的齐故城瓦当和河北易县的燕下都瓦当。其中从西周至汉末的关中瓦当极具艺术内涵,而齐故城瓦当和燕下都瓦当都是战国时期的半瓦当。齐瓦当小巧精致,图案多为树木、家畜等写实内容,生活气息浓郁。燕瓦当图案多为抽象变形,既怪诞神秘,又大气磅礴,有较强的商周青铜风味。汉代瓦当中被称为四灵的青龙、白虎、朱雀、玄武图像最为出色,以致影响到三国两晋。

1998—18M 中国古典文学名著——《三国演义》（第五组）（小型张）(T)

【中国古典文学名著——《三国演义》(第五组)(小型张)(T)】Romance of the Three Kingdoms:A Literary Master Piece of Ancient China（5th Series）(Souvenir Sheet)(T) 1998年8月26日,为了反映中国古典文学的辉煌遗产,中华人民共和国信息产业部在发行1998—18《中国古典文学名著——＜三国演义＞(第五组)(T)》特种邮票的同日,发行了1枚小型张。戴宏海设计。影写版。齿孔11度。北京邮票厂印制。

【空城计】1998—18M·(1—1)(小型张)T 面值800分,小型张尺寸规格182毫米×65毫米,邮票规格162毫米×40毫米,发行量3180.7万枚。图案选自罗贯中著《三国演义》第九十五回"马谡拒谏失街亭 武侯弹琴退仲达",描绘了诸葛亮以超人的胆识才智,使用"空城计",挽狂澜于既倒的典型历史场景。"空城计"是《三十六计》中的第三十二计:虚者虚之,疑中生疑;刚柔之际,奇而复奇。意思是在力量虚弱的紧急关头,故意暴露城里的空虚,以引起敌人的怀疑,使其怕中埋伏而撤走,从而达到解除危险的目的。按照《三国演义》中的描写,马谡失掉街亭后,司马懿引军15万,望西城县蜂拥而来。当时孔明身边别无大将,只有一班文官及2500名军士在城中。孔明遂命四门大开,每门安排20名军士,扮作百姓,洒扫街道。他自己身披鹤氅,头戴纶巾,只带着两个小童,在城上敌楼前焚香抚琴。司马懿率军抵达城下时,举目观望,见孔明坐于城楼之上,镇定自若,笑容可掬,左一个童子捧剑,右一个童子执尘尾,城门内外有二十多名百姓在低头洒扫。疑心颇重的司马懿恐有埋伏,不敢攻城,遂带兵速退。"瑶琴三尺胜雄师,诸葛西城退敌时"。孔明退回汉中后,司马懿才从山民口中得知真相,不禁仰天叹道:"吾不如孔明也!""空城计"的成功,是敌我双方主帅"棋逢对手",诸葛亮知己知彼,偶然弄险,导致司马懿上当。邮票图案一边是司马懿率大军兵临城下;一边是城门大开,吊桥放下,几个"百姓"在洒扫街道;诸葛亮披鹤氅、戴纶巾,带着两个小童,坐在城楼上悠闲地焚香操琴。设计者采用夸张的手法,缩小场景,有意让场景(建筑物)和人物不成比例,使人物形象显得更加突出。城门上"西城县"三字,点明了地点。

1998—19 承德普宁寺和维尔茨堡宫（中国—德国联合发行）(T)

【承德普宁寺和维尔茨堡宫(中国—德国联合发行)(T)】Puning Temple in Chengde and Würzburg Palace（Jointly Issued by China and Germany）(T) 有关"中国"名称的知识,详见本书1996—8《古代建筑(中圣联合发行)(T)》。德国是德意志国的通称,位于欧洲东部。在1870年~1871年普法战争以前,境内分为许多小邦。普法战争后,以普鲁士为中心各邦联合成立德意志帝国,并走上军国主义道路。1914年发动第一次世界大战,遭到失败,战后改为共和国。1933年希特勒上台,实行法西斯独裁。1939年发动第二次世界大战,使许多国家人民遭受重大灾害,德国人民也深受其害。1945年德国投降,苏、美、英、法四国根据《克里米亚声明》和《波茨坦协定》把德国分区占领,首都柏林也由四国分区管制。1949年5月,在美、英、法合并的占领区通过根本法,宣布成立德意志联邦共和国(通称西德);同年10月,苏联占领区内成立德意志民主共和国(通称东德)。1990年10月3日,德意志联邦共和国和德意志民主共和国统一,通称德国。

1998年8月20日,为了增进两国之间的友谊,中华人民共和国信息产业部和德国邮政部门联合发行了一套《承德普宁寺和维尔茨堡宫(中国—德国联合发行)(T)》特种邮票,全套2枚。肖玉田设计。胶版。齿孔12.5度。邮局全张枚数20(4×5)。北京邮票厂印制。

【维尔茨堡宫】1998—19·(2—1)T　面值50分,

票幅规格30毫米×50毫米,发行量4129.9万枚。图案描绘了德国维尔茨堡宫的外观景象。维尔茨堡宫坐落在德国中南部巴伐利亚州美茵河畔的历史名城维尔茨堡市内,1720年动工,1744年建成。当时,维尔茨堡城属于一个小国,该国之君约翰尼·菲利浦兼为这座城市的主教。巴洛克式建筑专家、宫廷建筑师巴塔萨尔·纽曼和马克西密里安·冯·维尔什二人受命于菲利浦,负责维尔茨堡宫的设计与施工。宫廷样式以法国巴黎的凡尔赛宫为蓝本。整个建筑平面呈马蹄形,面积约1.6万平方米。主楼三层,左右两侧配殿为两层,围合成一个院子,面对开阔的广场,后面是一个漂亮的大花园。花园内用喷泉、瀑布、台阶、观赏植物和林荫小道组成了多变而又和谐的景致。主楼的宫廷教堂是巴洛克风格的代表作,建筑师将几何学中椭圆形与三角形巧妙地结合应用于建筑中,使其富有活跃的动态。教堂的楼梯与天花板上的天顶巨画《奥林比斯》的配合设计最为精彩:参观者从窄小的门厅入口拾阶而上时,开始只能看到画作的局部,每上一个台阶,画面视野便开阔一点,直到登上楼顶,才能见到长32.6米、宽18米的巨画全貌。画中描绘的太阳神阿波罗,俨然是凌驾于世间万物之上的宇宙统治者。主楼的皇帝寝宫的装饰令人炫目:建筑师充分利用宫中大楼梯的形体变化和空间穿插,配合绘画雕刻和精制的栏杆,显现出富丽堂皇的气派。其中由当时威尼斯画派的吉奥瓦尼、巴蒂斯塔、提坡埃罗创作的巨幅群像天顶画,描绘了法兰克人的梦想、弗雷得里希一

世授予主教海洛德公爵称号的盛大场面,可谓妙笔生花,最具有艺术价值。第二次世界大战中,维尔茨堡宫被焚坏,战后进行了重修。维尔茨堡宫是德国最大、最宏伟的宫殿建筑群,有"德国的故宫"和"万宫之宫"之称。1981年,维尔茨堡宫被列入世界文化遗产名录。

【承德普宁寺】1998—19·(2—2)T　面值540分,

票幅规格30毫米×50毫米,发行量3161.9万枚。图案描绘了承德普宁寺的外观景象。普宁寺坐落在河北省承德市避暑山庄之北,是避暑山庄外八庙(溥仁寺、溥善寺、普宁寺、普佑寺、安远庙、普陀宗乘之庙、须弥福寿之庙、广缘寺、殊像寺。其中普佑寺附属普宁寺)中最著名的一座寺庙建筑群。因寺内有巨大的木雕佛像,故又称大佛寺。清乾隆二十年(公元1755年)动工,1758年竣工。据清乾隆御制《普宁寺碑记》记载,1755年春,清乾隆皇帝平定厄鲁特蒙古准噶尔头目达瓦奇发动的武装叛乱,冬十月,在避暑山庄宴赉和封赏厄鲁特蒙古四部(准噶尔、郝尔伯特、挥特、和硕特)的上层首领,并谓"昔我皇祖之定喀尔喀也,建汇宗寺于多伦诺尔,以一众志",乃循旧制建此寺。又因"蒙古向敬佛,兴黄教,故寺之式,即依西藏三摩耶庙之式为之"。普宁寺规模宏大,占地约二万三千平方米。普宁寺建在山坡上,坐北朝南,其平面布局以中轴线贯穿,主体建筑以位于中间的主殿大雄宝殿为界,前半部分是汉族佛教寺庙样式,而后半部分则具有强烈的喇嘛教色彩。寺庙的正门是一座五间的门殿,中间三间有石刻拱门,东西二间有石刻拱窗,黄琉璃瓦绿剪边歇山顶。佛教建筑凡设三座门的都象征"三解脱门"(空门、无相门、无作门),也称山门。进入山门,迎面是一正方形的碑亭,亭内矗立《普宁寺碑记》、《平定准噶尔勒铭伊犁之碑》、《平定准噶尔后勒铭伊犁之碑》三通,记述了建庙的目的及平定达瓦齐和阿睦尔撒纳叛乱的经过。碑亭东侧是钟楼。内有清雍正年间铸造的铜钟一口,每日凌晨鸣108下;碑亭西侧是鼓楼,内有高250厘米、直径160厘米的大鼓一面,每日傍晚击鼓。碑亭以北是天王殿,过天王殿就是大雄宝殿。大雄宝殿高居于石砌须弥座台基上,重檐歇山顶,覆以绿剪边黄琉璃瓦,正脊中央有鎏金宝塔。殿中供奉着金漆木雕三世佛祖:释迦牟尼、迦叶和弥勒,也称过去、现在、未来三世佛。大雄宝殿后面是一道石砌陡壁金刚墙,高达9米。登42级台阶进三角殿,便进入了寺

庙的后半部。大乘之阁居于这部分的中间,东西两侧各建有一个长方形台殿,东为日殿,西为月殿。大乘之阁高36.75米,外观正面六层重檐,阁内1.22米高的汉白玉须弥座上,矗立着一尊千手观音菩萨贴金全像,高22.23米,用松、柏、榆、杉、椴五种木材雕成,重约一百一十吨。大佛比例匀称,造型雄伟,衣纹潇洒流畅,雕饰细腻,是当今世界上最大、最重的一尊木雕佛像。普宁寺俗称大佛寺即源于此。佛冠上有一尊身高1.53米的无量寿佛,两侧有善财、龙女侍立。阁四周有塔、台等小型藏式建筑,阁之东西有妙严室和讲经堂,是清帝听经和休憩之所。普宁寺内崇阁入云,塔台罗列,松柏参天,景色绮丽。邮票图案以塞北冰雪覆盖的山峦为背景,突出展现了普宁寺大乘阁的雄伟身姿,特别是建筑物上和松柏枝头那层厚厚的白雪,既点明了季节特征,又透着一种寺庙所特有的宁静而神圣的气氛。

1998—20 故宫和卢浮宫(中国—法国联合发行)(T)

【故宫和卢浮宫(中国—法国联合发行)(T)】The Imperial Palace and Louvre Palace (Jointly Issued by China and France)(T) 有关"中国"名称的知识,详见本书1996—8《古代建筑(中圣联合发行)(T)》。法国位于欧洲西部,包括科西嘉等岛屿。面积55.1万平方公里。居民中90%是法兰西人,多信天主教。首都巴黎。法国国名来源于古代部落名称。公元前5世纪,今法国境内大部分地区为高卢人(凯尔特人的自称)所居住,故学者将这一地区称为高卢。3世纪末,散居在莱茵河下游一带的日耳曼族法兰克部落入侵。在日耳曼语中,法兰克即"勇敢的"、"自由的"。法兰克人最早占有巴黎一带,称之为"法兰西岛",实际上是一个独立的邦国。几个世纪后,所谓法兰克国王们才得以开拓疆土,把王室的领域扩大到与现在的法国约略相当的地区规模,这样,他们便用自己的部落名称命名了国家。法兰西就是由原来部落法兰克的拉丁文"Francia"演变而来。公元5世纪,法兰克人建立法兰克王国。公元843年,成为独立国家。15世纪末至16世纪初,形成中央集权国家。1789年,爆发资产阶级革命,推翻了封建制度,1792年建立法兰西共和国。1871年3月18日,法国工人阶级起义,建立世界上第一个无产阶级政权——巴黎公社,但不久被国内外反动派所扼杀。19世纪末,成为世界主要的殖民帝国,侵占了许多殖民地。第二次世界大战中,曾被法西斯德国占领,1944年恢复主权。总统为国家元首。议会由国民会议和参议院组成,政府为内阁。工业发达,重要部门有机械、钢铁、有色冶金、炼油、纺织、食品加工等。葡萄酒产量居世界首位。欧盟成员国。中国和法国都是具有悠久文化传统的国度,两国的历史、文化有很多相似之处。1964年1月27日,法国和我国建立正式外交关系。法国是最早承认新中国的西方国家之一,两国长久以来都对对方的文化、艺术相互仰慕,并多有交流。

1998年9月12日,为了促进中国和法国的文化交流,中华人民共和国信息产业部和法国邮政部门联合发行了一套《故宫和卢浮宫(中国—法国联合发行)(T)》特种邮票,全套2枚。克劳德·安德烈奥托(法国)设计。影写版。齿孔(2—1)13度,(2—2)11度×11.5度。邮局全张枚数20(5×4)。北京邮票厂印制。

克劳德·安德烈奥托是法国著名的造型艺术家,1949年生于巴黎,毕业于埃蒂安纳书画刻印艺术学校。他曾参与了近300枚邮票的设计和刻印,其中约40枚为法国邮票。这套邮票的2枚图案,设计者采用具有水粉画风格的电脑技术,细致刻画了北京故宫太和殿和巴黎卢浮宫和外观形象,画面上除了建筑物,空无一人,显得建筑古朴宏大、端庄静谧。特别是画面右下方以特写手法分别表现了卢浮宫的藏石狮子和故宫太和殿门前的石狮子,这两个同样雄壮威猛的石狮子表现出了东西方文化的不同:东方的含蓄内敛,西方的张扬外露,构思巧妙,称得上点睛之笔。

【卢浮宫】1998—20·(2—1)T 面值50分,票幅规格40毫米×30毫米。发行量4009.9万枚。图案展现了法国巴黎卢浮宫的外观景象。卢浮宫坐落在法国巴黎市中心塞纳河右岸,是法国最大的王宫建筑之一,

现为世界上最大的美术博物馆。早在1204年,法王菲利普·奥古斯塔二世开始在这里兴建,最初只是一座存放王室档案和珍宝的碉堡。经查理五世到路易十四历时5个世纪的多次改建扩建,才完成气势雄伟的宫殿建筑群。到1789年资产阶级大革命后,拿破仑委托建筑师拜尔西耶和枫丹增建其西翼,至1857年拿破仑三世在位时期全部工程才告完成。卢浮宫正殿平面呈类似北京四合院布局的"口"字形,建筑方面装饰非常细致,由下而上逐渐丰富。檐壁上饰有浮雕,最上面是具有法国特色的方底穹顶。1667年~1674年,卢浮宫的东立面重新改建,改建后的东廊(东立面)以作为法国绝对君权的纪念碑而闻名。东廊全长约172米,高28米,上下

按照柱式比例分为三部分：底层为基座，高9.9米；中间是两层高的双柱柱廊，高13.3米；最上层是檐部和女儿墙。沿水平方向，东廊分为5段，中央和两端各有凸出部分；两端凸出部分用壁柱装饰，而中央部分用倚柱，上有山花。故东立面简洁洗练，层次丰富。正殿两侧有两个侧厅，中间空地形成卡鲁赛广场；其东面是建于1662年的阿波罗长廊。1768年，法国贵族马利尼鉴于卢浮宫中有许多波旁王朝的珍宝，便建议将其改为美术博物馆开放。1793年，法国国民议会决定把卢浮宫正式辟为国立美术博物馆向公众开放。它共设有希腊和罗马艺术馆、东方艺术馆、埃及艺术馆、欧洲中世纪及文艺复兴时期和现代雕塑馆、艺术馆和绘画馆等6部分。卢浮宫内收藏着近40万件艺术珍品。其中包括米开朗基罗的《胜利女神》、达·芬奇的《蒙娜丽莎》、米勒的《维纳斯女神》雕像，它们都是名扬世界的稀世之宝，被称为"宫中三宝"。1985年2月~1988年10月，卢浮宫进行扩建。当时的法国总统密特朗邀著名美籍华人建筑师贝聿铭主持设计。贝聿铭采用一大三小玻璃金字塔的方案，不仅解决了地下展厅的出入口和天然采光问题，而且又不破坏原有的建筑风貌。大玻璃金字塔高21.64米，底边长35.4米，是卢浮宫新的出入口。另外3个小玻璃金字塔是地下展厅的采光天井。扩建、改建工程的完成，为卢浮宫的展览空间和设施增添了现代气息。邮票图案采用正面角度，描绘出了法国巴黎卢浮宫的最初风貌。画面中略去了宫廷院中的喷水池和贝聿铭设计的金字塔，而且除建筑物外空无一人，突出展现了卢浮宫的古朴宏大，端庄静谧。画面右下角采用特写手法绘有卢浮宫的一件藏品石狮子，狮子是王权的象征，既表明其皇宫建筑的地位，也可从石狮子的形态中看出西方文化张扬外露的特征。

【故宫太和殿】1998—20·（2—2）T 面值200分，票幅规格40毫米×30毫米，发行量3031.9万枚。图案展现了北京故宫太和殿的外观景象（有关故宫和太和殿的知识，详见新版《中国集邮百科知识》J·120《故宫博物院建院六十周年》）。邮票图案采用侧面角度，描绘出了北京故宫太和殿的雄伟姿态。画面中略去了太和殿近景中的石雕栏杆，将太和殿双层屋檐中间的匾额处理得更加清晰，而且除建筑物外空无一人，突出展现了故宫太和殿的古朴宏大，端庄静谧。画面右下角采用特写手法绘有故宫太和殿门前的石狮子，狮子是王权的

象征，既表明其皇宫建筑的地位，也可从石狮子的形态中看出东方文化含蓄内敛的特征。

有关石狮子的知识，详见新版《中国集邮百科知识》普6《不同图案普通邮票》。

1998—21 贺兰山岩画（T）

【贺兰山岩画（T）】Cliff Paintings of Helan Mountains（T） 贺兰山位于宁夏回族自治区西北部，绵延二百五十多公里，北抵黄河，南接胜金关，山势险峻，连峦峭耸，紫塞极天。据唐代《元和郡县图志》记载：山有树木青白，远望碧如驳马（神兽），北人呼"驳白"为"贺兰"，故得名"贺兰山"。南北走向，长约150公里，宽约30公里，海拔2000米～2500米。贺兰山由震旦纪花岗岩至第三纪砂岩组成。岩壁峭峭，怪石奇特；谷中树木苍翠，绿草如茵，气候宜人，构成了巍峨壮丽、雄伟浑厚的塞外自然景观，是我国52个自然保护区之一。贺兰山有丰富的煤、石灰石、石英砂等矿藏，当地人称之为"宝圪塔（宝山）"。贺兰山这座天然屏障，阻挡了腾格里沙漠的东移，减弱了西伯利亚寒流的侵袭，使银川平原成了黄河中上游的"鱼米之乡"。西戎、匈奴、鲜卑、敕勒、突厥、回鹘、党项、蒙古等许多民族，世世代代在贺兰山繁衍生息，并且在山石上创作了流传千古的历史画卷——岩画。这部用绘画形式描述游牧风情的"石头书"，凝结了北方各民族先民们的智慧和艺术的灵光，成为后人了解历史文化最珍贵的形象资料。1983年11月，兰州军区某舟桥部队组建了一个临时侦察分队，驻在青铜峡上游的渠口国营农场，普查兰州至银川段黄河要塞渡口的河幅、水深、流速等情况。11月19日下午休息时，老兵刘高明带领几个新兵观赏古长城遗址过程中，偶然在山野深处发现了贺兰山岩画。贺兰山岩画大部分是春秋战国以来北方游牧民族所创作，一般分布在贺兰山东麓山坡地带的山口悬崖峭壁和贺兰山腹地的山石之上。北自石嘴山市的麦汝井、树林沟、黑石峁、悲菜沟、归德沟、大小西峰沟、白虎沟、插旗口、贺兰口、白芨沟、苏峪口、回回沟、广武口、四眼井、芦沟湖、石马湾、黄羊湾、大麦地，南至中卫县北山的大通沟、老虎嘴沟等，约有二十多个主要岩画点。据初步统计，岩画总数约为万幅(组)以上。贺兰山岩画的内容和题材十分丰富，有游牧狩猎，有天神地祇，有多种多样的森林草原动物，有变化多端的人面像、神像，以及刀、斧、石索、陷阱、车辆等工具图形。其内容上至天文，下至人文地理，包罗万象。其中尤以神话传说、生殖崇拜的岩画引人注目。按照内容、制作方法及分布状况，贺兰山岩画可分

为北区、中区、南区三个部分。北区岩画多分布于贺兰山东麓的冲积扇上，分布零散，满山遍野，基本上在向阳一侧的黑色岩石上。岩画以个体动物为主，有犀牛和大象的形象。中区岩画主要分布在贺兰山口、苏峪口一带，岩画以人面像、类人首为代表。南区岩画主要分布在中宁县黄羊湾、中卫县北山大麦地和大通沟一带，有战争搏斗场面，有射猎的惊险场景，有如诗牧歌式的牧场生活画面，生活气氛浓郁。岩画是语言，是古代先民表情达意的符号，是放牧人在休息时信手以石、木、骨、角粗糙金属等一类雕刻器，随意而刻的一种情绪的自然表露，是游牧者日常生活的再现。岩画表现了先民多姿多彩的生活、世界观、审美观、丰富的想象力和高超的艺术表现力，可称为古代游牧民族的百科全书，从历史的广度和深度忠实地再现了当时的社会风貌，成为留在岩石上的历史记录，反映了中华民族文化圈的丰富内涵和博大胸怀。贺兰山岩画虽然经历了历史风雨的侵蚀和战乱的践踏，但依然倔强地耸立在贺兰山岩石之上，永存生命之光，昭示现在，启迪未来。

1998年9月23日，为了宣扬中华民族悠久的历史文化，中华人民共和国信息产业部发行了一套《贺兰山岩画(T)》特种邮票，全套3枚。阎炳武、郭承辉设计。胶版。齿孔12度。邮局全张枚数40(4×10)。河南省邮电印刷厂印制。

这套邮票的3枚图案，为了表现出岩画自身所具有的少数民族的地域特色，没有只取岩画本身，而是有意识地将岩画的石质、环境在画面上有所显露。画面的主色调采用棕黄色，既突出了岩画的质感，又象征着岩画深远的历史，富有原始感。

【贺兰山岩画·人面】1998—21·(3—1)T 面值50分，票幅规格50毫米×30毫米，发行量4179.9万枚。图案选取了贺兰山中区岩画中的一幅《人面像》。

贺兰山中区岩画呈立体分布，从山脚到山顶，一幅幅气势非凡、绚丽多彩的人面像罗列于山石之上，形成了蔚为壮观的脸谱长廊和多种符号系统，再现了古代游牧人的生活情趣，反映了他们的情感和愿望。邮票图案上的《人面像》(太阳神)，是一幅古代游牧民族创作的艺术珍品，它采用磨制法，线条清晰，轮廓分明，当阳光照耀时，有一种神秘之感。特别是设计者利用电脑技术进行重修后，清除了因大量拓印而染上的墨汁，调整了明暗关系和石头的肌理质感，朴实粗犷的线条形象历历可辨。

【贺兰山岩画·射猎】1998—21·(3—2)T 面值100分，票幅规格50毫米×30毫米，发行量3149.9万枚。图案选取了贺兰山南区岩画中的一幅《狩猎》作品。

这幅《狩猎》的画幅很小，仅有一尺见方。设计者截取了画面的主要部分，将猎人拉弓射箭和虎奔跑逃生的动感形象突出显示出来，既展现出了游牧民族狩猎的紧张激烈过程和壮阔场面，也反映了中华民族早期的狩猎文化和畜牧文化。

【贺兰山岩画·公牛】1998—21·(3—3)T 面值150分，票幅规格50毫米×30毫米，发行量3639.9万枚。图案选取了贺兰山北区岩画中的一幅《公牛图》。

《公牛图》位于北端的西峰沟内，画面高34厘米，宽48厘米，下距地表2米，为通体阴刻，即把牛的整体都刻成麻面。画面上，一头雄壮的公牛竖立着两只硬角，刚健有力，传神逼真，表明了那个时代游牧民族对动物的喜爱之情和赖以生存的物质生活来源。设计者在画面左上方留有一块蓝色的天空，借以表现出了周围的环境。可惜，这幅《公牛图》的实物已不存在，被当地农民为盖房子而开山采石炸掉了。

1998—22 中国陶瓷
——龙泉窑瓷器(T)

【中国陶瓷——龙泉窑瓷器(T)】Chinese Pottery and Porcelain：The Longquan Ware(T)　有关中国陶瓷的知识，详见新版《中国集邮百科知识》T·62《中国陶瓷——磁州窑系》。龙泉位于浙江省西南部、瓯江上游，邻接福建省唐置县。盛产杉、松等木材及竹。农产以稻、甘薯、玉米为主，并产笋干、松脂等。手工艺品以"龙泉青瓷"、"龙泉宝剑"著名。龙泉窑开创于三国两晋，结束于清代末年，制瓷历史长达一千六百年，是中国千万个瓷窑中制瓷历史最长的一个。在龙泉窑漫长的历史中,大致分为开创、发展、鼎盛、衰落四个时期。(一)魏晋至五代十国是龙泉窑的开创时期。瓷窑少,生产时断时续,就地销售,生产规模很小。(二)北宋至南宋前期是发展时期。北宋早期的淡青釉瓷器,器型有碗、盘、盏托、盒、执壶、梅瓶和多管瓶等。器型细巧,样式优美,表面施一层淡青色釉,故称作"淡青釉瓷器"。此时瓷器制作精细,普遍装饰刻划花,花纹有梅花、牡丹、莲瓣、龙、云、水波纹和八卦等,线条纤细,生动有趣。北宋中晚期的瓷器,胎比青釉瓷器厚,呈灰色,施青黄色釉,釉层薄而透明,并用刻划花装饰瓷器,花纹有团花、牡丹、莲花、荷叶、莲瓣、鱼、鸳鸯、浪涛、水波纹、云纹和折扇纹等,而且多数碗、盘在内外壁刻划花纹,即两面刻花。到南宋前期,瓷器的胎更厚,尤其是碗、盘的底部胎厚达一厘米左右。青釉釉层薄而透明,犹如在胎外罩上一层薄薄的玻璃。因装烧方法与北宋中晚期相同,故瓷器的外底无釉,呈灰色或火石红。在产品的种类和纹饰上,多管瓶、盘口壶的产量减少了,新出现了胆瓶、长颈瓶等花瓶和仿铜器式样的香炉,供官僚和士大夫使用。随着瓷器的档次提高,加之刻划线条简练,刀笔刚劲有力,使得这个时期的产品具有较高的艺术价值。(三)南宋后期和元代是龙泉窑的鼎盛时期。公元1200年前后,龙泉窑采用先进的制瓷工艺,由原来用瓷石一种原料做坯,改用瓷石和紫金土两种原料做坯,生产出白胎厚釉和黑胎厚釉两类高档瓷器,供皇室和官僚使用。瓷石属高硅低铝的原料,用它做胎,胎壁厚重。紫金土中含有较高的氧化铝和氧化铁,胎内铝含量增加,能提高胎的抗弯强度,可做薄胎瓷器。黑胎厚釉青瓷掺紫金土较多,多数胎厚在一毫米左右,真是壁薄如纸。胎内含铁量达3.5%~5%,在还原焰中烧成时,瓷胎灰黑如铁,通称"铁骨";圈足底端无釉处呈黑褐色,俗称"铁足"。白胎厚釉青瓷中掺的紫金土较少,故胎较厚,呈白色,圈足底端无釉处是朱红色。为增加釉的厚度,提高青釉的玉质感,龙泉窑改用钙钾釉,使青瓷厚而不流,釉面光泽柔和,这是釉料配方上的一个重大成就。釉色因胎的颜色不同而有区别。白胎青瓷的釉色有粉青、梅子青、豆青、芝麻酱、炒米黄和蜜蜡等;黑胎青瓷的釉色以粉青色为主,还有翠青、青灰、紫红和乌金等,釉层一般都有开片。这个时期的瓷器都是通体施釉,只是圈足的底部和三足器的足部无釉,瓷器的质量有了很大提高。另外,瓷器的花式品种十分丰富,有餐具、酒器、茶具、文具、灯具、卫生用瓷和陈设瓷、祭器等等,而且器型优美,制作精细,青瓷的生产技术达到了一个前所未有的水平。到了元代,为适应蒙古贵族和西亚伊斯兰地区的需要,龙泉窑生产了许多盘、碗等大件瓷器。当时伊斯兰的饮食习惯是:将食

物放置大盘内,大家围桌或席地而食,故龙泉窑生产的盘,口径在30厘米以上,最大的达六十多厘米。龙泉安仁口岭脚窑生产的大碗,口径达42.2厘米;插花瓶高达72.2厘米。同时还采用刻、划、印、贴和镂雕等多种装饰手法美化瓷器,纹饰有牡丹、莲花、菊花、梅花、灵芝、桃、石榴、龙凤、八仙、八宝等,内容十分丰富。这些高大雄伟的瓷器,既表明龙泉窑的制瓷技术已达到很高水准,也具有很高的艺术价值。(四)明清时代是龙泉窑的衰落期,但在明代早期,瓷器的质量还很高。举世闻名的龙泉青瓷,历来以其色泽澄青,晶莹如玉,造型古朴,工艺精湛,在瓷器领域独领风骚,被誉为"瓷海明珠"。

1998年10月13日,为了展现中华民族瓷器艺术的风采,中华人民共和国国家邮政局发行了一套《中国陶瓷——龙泉窑瓷器(T)》特种邮票,全套4枚。王虎鸣、任宇设计。胶版。齿孔12度。邮局全张枚数50(10×5)。辽宁省沈阳邮电印刷厂印制。

这套邮票的4枚图案,采用统一背景,自下而上由灰白到灰蓝,淡淡的,浅浅的,过渡自然,成功地衬托出了瓷器如珍如玉如翡翠如宝石的高雅质地,彰显出了瓷器圣洁、柔润、滋润、温馨的品格,具有较高的审美价值。

【北宋·五管瓶】1998—22·(4—1)T 面值50

分,票幅规格30毫米×40毫米,发行量4144.9万枚。图案选用了北宋时期龙泉窑生产的一件瓷器"五管瓶"。北宋时龙泉窑以烧制民间用瓷为主,特点是胎骨较薄,底足带釉,内部圈足托烧。器身上刻各种花纹,线条粗放,构图简洁。常见花纹有圆形花朵、重瓣复莲及鱼纹、蕉纹等,釉底较薄,釉色以淡青为主,釉面光泽度强,透明度高。这件五管瓶系国家一级文物,浙江龙泉市查田镇墩头村出土,现为龙泉市博物馆藏品。瓶高39.5厘米,口径8.2厘米,足径9.5厘米。釉色呈淡青色,晶莹光洁,直口、圆肩、深腹、肩缘安装荷茎状的五管,寓意风调雨顺,五谷丰登。瓶盖为三层结构:上层为出水荷叶状,荷叶中央为花蕾形盖纽;中层为复莲,蒂部成莲池,池四周布四只小鸭戏水,其中两只嘴衔小鱼,另两只作觅食之态;下层为双重浮雕莲瓣,瓣面下垂,瓣脊凸起。五管瓶整体结构造型生动,雕刻精细,妙趣横生,标志着北宋中晚期龙泉窑青瓷造型已经比较精美,烧制技术也已达到较高水平。

【南宋·凤耳瓶】1998—22·(4—2)T 面值50分,票幅规格30毫米×40毫米,发行量4199.9万枚。

图案选用了南宋时期龙泉窑生产的一件瓷器"凤耳瓶"。南宋时期,龙泉窑已逐渐成为全国最大的瓷业中心。在博采五代越窑、杭州官窑及北方汝、定名窑丰富经验的基础上,龙泉窑又以釉色取胜,烧制出的梅子青、粉青釉等釉色瓷器,更加青翠晶润。特别是将原来的薄釉改为厚釉,充分显示出了"青"、"润"釉色的美感。再加之造型端巧工整,优雅精致,大方挺秀,使器型与厚釉达到了完美结合,相互辉映。这件南宋凤耳瓶系国家级文物,1983年于浙江省松阳县出土,现藏松阳县博物馆。瓶高26.5厘米,口径10.3厘米,足径10厘米。浅盘口,筒形长颈,颈两侧装凤耳,施豆青色釉,造型典雅大方。凤耳瓶的最大特点是釉色青翠如玉,光泽柔和,为龙泉窑瓷器中的稀有珍品。

【元·葫芦瓶】1998—22·(4—3)T　面值50分,票幅规格30毫米×40毫米,发行量4199.9万枚。图案选用了元代龙泉窑生产的一件瓷器"葫芦瓶"。到了元代,随着出口数量的增加,龙泉窑青瓷已成为世界性商品。元代龙泉青瓷在制瓷工艺上,除继承北宋时期常用的刻、划、贴、堆等技术外,还创造了点彩和镂雕法。

釉的透明度比北宋青瓷弱,比南宋青瓷强。这件葫芦瓶为国家一级文物,1984年3月在浙江省青田县百货公司窖藏出土,现为青田县文物管理委员会藏品。瓶高30厘米,口径4.4厘米,足径7.5厘米。该瓶由两截黏合而成,其形为上小下大的束腰式葫芦,造型新颖别致,既端庄又滋润,下腹部釉面有开片,外底有两层装饰,圈足无釉,呈朱红色。

【明·刻花三果执壶】1998—22·(4—4)T　面值150分,票幅规格30毫米×40毫米,发行量3059.9万枚。图案选用了明代龙泉窑生产的一件瓷器"刻花三果执壶"。随着手工业的迅速发展,明代龙泉青瓷一度又有新的起色。特别是成功烧制出高达三尺的大花瓶和口径达二尺的大盘,在烧制大型器具工艺方面有了重大

突破。这件"刻花三果执壶"为盛酒用具,系国家一级文物,现收藏在北京故宫博物院。壶高33厘米,口径8.3厘米。瓯江流域农家历来有冬季酿酒榨糖的习作。冬季天寒,冷酒难以入口,便将加热后的黄酒置入壶中斟酌,可起保温作用。"刻花三果执壶"施豆青釉,造型匀称美观,秀丽的长流(弯曲的壶嘴)配以圆润的曲柄,既有对称的美感,又富有动态变化。流与壶颈以云形横片相连,壶身刻花装饰,颈部刻蕉叶纹,腹部两面刻枇杷果。枇杷果为明永乐、宣德时期龙泉青瓷常用的装饰图案,寓意多子多福,吉祥太平。

1998—23 炎帝陵(T)

【炎帝陵(T)】**Mausoleum of Yandi(T)**　炎帝陵又称天子坟。坐落在湖南省炎陵县西南15公里的鹿原镇炎陵村白鹿原。炎陵县地处湖南省东南边陲,湘赣边界的罗霄山脉中段万洋山西麓。总面积2030平方公里。古属长沙郡衡州府,宋前为茶陵县所辖,宋嘉定四年(公元1211年)分茶陵之康乐、霞阳、常平三乡设酃县。先后隶属衡州府及衡阳、郴州、湘潭专署,现属株洲市。为纪念开创华夏文明的伟大祖先炎帝,1994年酃县更名为炎陵县。相传,炎帝姓姜,号神农氏,其母任姒"游华阳感神龙而生帝",人身牛首。炎帝是上古时中国南部部落联盟的首领,在位期间教民农耕,聚货交市,遍尝百草,发明医药,为中华民族的发展做出了杰出贡献。据史书记载,炎帝神农氏生于湖北随州,游于陕西宝鸡,后沿渭河南下至黄河中游地带,再去江汉平原及湖南,因在湘东一带采药时误尝"断肠草"而中毒身亡。古籍对炎帝崩葬的记载比较翔实,最早见于司马迁著《史记》:"帝崩长沙之茶乡。"晋皇甫谧著《帝王世纪》载,炎帝"在位一百二十年而崩葬长沙"。宋罗泌《路史·后记》云:"炎帝神农氏崩葬长沙茶乡之尾,是曰茶陵,所谓天子墓者。"南宋王象之著《舆地记胜》云:"炎帝墓在茶陵县南一百里康乐乡白鹿原。"明万历四十八年(公元1620年)吴道南所撰碑记曰,宋太祖登极,遍访古陵不得,忽梦一神指点,才于茶乡觅见帝陵。自古以来,百姓又称白鹿原为"皇山"、"炎陵山"。据历史记载,炎帝墓在汉代就立有铜碑,唐代于陵前建寺。宋乾德五年(公元967年)赵匡胤诏书"立庙陵前,肖像而祀",并设置守陵户,禁樵牧。自此,历代对炎帝陵不失修葺,不辍祭祀,官朝民拜络绎不绝。据记载,自宋以来,炎帝陵先后经过19次较大规模的修葺、扩建。现今古朴典雅、蔚为壮观的殿宇,为1988年整修一新的。陵殿坐北朝南,占地面积3999平方米,共分为五进:一进为午门,左右分戟门、掖

门；二进为行礼亭，西廊设碑房；三进为主殿，高 19.99 米，阔 20.4 米，进深 15 米，重檐飞阁，精绘彩龙 9999 条，殿中供炎帝坐像；四进为墓碑亭；五进为陵墓。陵前原建有规模宏大的祠、坊、"天使行馆"等。陵侧有明清御祭碑数方，"洗药池"传为炎帝采洗草药之处。四周古木掩翳，洣水环流，岸畔有石若龙首、龙爪，称"龙脑石"。炎帝神农氏是中华民族始祖之一和农耕文化的开创者。据史书记载："炎帝始作耒耜，教民耕种，尝尽百草，发明医药；治麻为布，制作衣裳；日中为市，首辟市场；削桐为琴，结丝为弦；剡木为矢，以威天下。"为中华民族的繁衍昌盛做出了伟大贡献，为民敬仰。1996 年 12 月，炎帝陵被列为国家重点文物保护单位。

1998 年 10 月 28 日，为了弘扬民族精神，中华人民共和国国家邮政局发行了一套《炎帝陵（T）》特种邮票，全套 3 枚。李德福设计。胶版。齿孔 12 度。邮局全张枚数 50(10×5)。河南省邮电印刷厂印制。

根据邮票发行主管单位的要求，这套《炎帝陵（T）》邮票与 1983 年 4 月 5 日发行的 T·84《黄帝陵》邮票形成系列，两套邮票枚数相同、设计风格基本统一。因《黄帝陵》邮票是以古建筑为主，分别表现黄帝陵、人文初祖殿、轩辕柏，没有选用黄帝像，故《炎帝陵》邮票也是以古建筑为主，只好将炎帝像忍痛割爱了。在艺术表现手法上，3 枚邮票图案采用了以线描为主、颜色为辅，基本写实的工笔淡彩的方法，略加渲染，烘托气氛，集中展现出了炎帝陵的风貌。在(3—2)(3—3)图中，设计者画上一缕缕缭绕的香烟，暗示出人的活动，表现出了炎黄子孙对先祖的深深怀念之情，在庄严、肃穆的气氛中显出一种生机。

【炎帝陵·午门】1998—23·（3—1）T　面值 50 分，票幅规格 40 毫米×30 毫米，发行量 4199.9 万枚。图案展现了炎帝陵午门的雄伟姿态。午门是炎帝陵园大门，门前有一宽阔广场，靠山面水，为祭祀活动的集散场所。

门形式为随墙五道，当中三道正门，为拱券门，两旁侧门为长方框门。正中大门上竖书"午门"2 字。陵墙随门的高低错落起伏，大方壮观。设计者将炎帝陵午门置于画面中心，左右戟门、掖门对称，门额上"午门"2 字清晰可见，门前两尊石狮子姿态雄伟，门内"炎帝陵"石碑扑面相迎；位于午门之后坐落在古木丛中的炎帝陵大殿等古建筑群映现而出，使得红墙黄瓦的清代建筑在古木绿荫的衬托下，显得古朴典雅、雄伟壮观，独具风貌。

有关石狮子的知识，详见新版《中国集邮百科知识》普 6《不同图案普通邮票》。

【炎帝陵·行礼亭】1998—23·（3—2）T　面值 100 分，票幅规格 40 毫米×30 毫米，发行量 3149.9 万枚。图案展现了炎帝陵行礼亭的外观风貌。行礼亭为祀奉者礼拜之处。该亭由 8 根立柱支撑，四面护栏，

雕梁画栋，属庑殿式结构的清代建筑。亭内设有香案，亭前竖立着一座 1993 年 9 月江泽民主席亲笔题写的"炎帝陵"汉白玉碑。画面以隐约起伏的山峦和繁茂苗壮的古树为背景，渲染了炎帝陵古朴、肃穆的神圣氛围；亭内悠悠飘动的那一缕缕缭绕的香烟，寓意炎黄子孙对先祖的缅怀活动，给画面注入了蓬勃生机。

有关亭的知识，详见本书 2004－27《中国名亭（一）》。

【炎帝陵·陵墓】1998—23·（3—3）T　面值 150 分，票幅规格 40 毫米×30 毫米，发行量 3674.9 万枚。图案展现了炎帝神农氏陵墓的外观面貌。炎帝陵墓是一座有着几千年历史的古墓葬。陵墓背依古朴苍莽

的山峦，仿佛在欣赏着中华民族文明发展的脚步；陵前建有一座碑亭，亭内竖立着一块胡耀邦手书的"炎帝神农氏之墓"汉白玉碑。在长青松柏相映下，古冢、碑亭显得格外庄严，肃穆。陵墓前那一缕缕缭绕的香烟，充分表达了炎黄子孙对民族始祖的崇拜和敬仰之情。

1998—23M 炎帝陵（小全张）（T）

【炎帝陵（小全张）（T）】Mausoleum of Yandi (Miniature Sheet) (T)　1998 年 10 月 28 日，为了弘扬民族精神，中华人民共和国邮政局在发行 1998—23《炎帝陵（T）》特种邮票的同时，发行了 1 枚小全张。李德福设计。胶版。齿孔 12 度。河南省邮电印刷厂印制。

【炎帝陵】1998—23M·（1—1）（小全张）T　面值 300 分，小全张尺寸规格 150 毫米×80 毫米，邮票规格 40 毫米×30 毫米，发行量 3098.8 万枚。小全张图案上的 1998—23《炎帝陵（T）》3 枚邮票，从左至右，将(3—

1)"午门"、(3—2)"行礼亭"、(3—3)"陵墓"依次排列，3枚邮票展现出了炎帝陵3处景观，单枚各自具有独立性；并列在一起组成小全张，又具有相互呼应、紧密相连的整体感。小全张的边饰采用浅棕色为底衬，加重了古朴感和深远的历史气氛；上方边饰中采用单色线描双龙会珠图纹，象征着中华民族祖先的化身，内涵丰富；下方边饰上用隶体书就"炎帝陵"3字，既点明了画题，又使小全张在肃穆、古朴中透出典雅之气。

1998—24 解放战争三大战役纪念(J)

【解放战争三大战役纪念(J)】Commemoration of Three Major Campigns in the Liberation War(J) 解放战争全称"中国人民解放战争"，也叫"第三次国内革命战争"。1945年~1949年，中国人民在中国共产党领导下，为推翻美帝国主义直接支持的国民党反动派的统治而进行的伟大革命战争。抗日战争胜利后，全国人民要求和平，要求建立一个独立、自由、民主、统一、富强的新中国。但国民党反动派在美帝国主义支持下妄图依靠暂时的军事优势，夺取抗战胜利果实，使中国仍旧成为大地主、大资产阶级专政的半殖民地半封建国家，内战危机十分严重。中国共产党对国民党的内战阴谋做了充分准备，但为最后挽救和平并教育人民，仍然寻求避免内战、实现和平团结的道路，于1945年8月25日，发表《对于目前时局的宣言》，表示了对于和平民主团结的愿望，受到了全国人民的热烈拥护。蒋介石由于立即发动全国内战还有许多困难，便一面伪装和平，三次电邀毛泽东到重庆谈判，一面在美帝积极帮助下加紧内战部署。毛泽东深刻分析了当时的政治形势，提出了针锋相对的方针，为了揭穿蒋介石假和平、真内战的面目，于8月28日，与周恩来等赴重庆，和蒋介石举行谈判。10月10日公布《国共双方代表会议纪要》(即《双十协定》)。但国民党并没有停止对解放区的军事进攻。解放区军民经过艰苦斗争，消灭了进犯解放区的国民党军队。国民党反动派被迫接收中国共产党的建议，于1946年1月10日达成了停战协定。中国共产党严格地履行这些协定和决议，国民党反动派在完成其军事部署后，悍然撕毁停战协定，于1946年6月底、7月初向解放区发动全面进攻。这时，中国共产党已在政治上孤立了国民党反动派，领导解放区军民以自卫战争粉碎蒋介石的进攻。毛泽东制定了以歼灭国民党有生力量为主，而不是以保守地方为主的方针，经过8个月的作战，人民解放军终于迫使国民党放弃全面进攻的计划，而于1947年上半年将进攻的重点放在南线两翼，即山东和陕北。随着人民解放战争的胜利发展，在党的领导下，国民党统治区人民反饥饿、反内战、反迫害的民主爱国运动也趋高涨，形成了反对蒋介石反动统治的第二条战线，使蒋介石处于全民包围之中。解放战争的第一年，人民解放军歼灭了国民党112万人。1947年7月，中国人民解放军由战略防御转入战略进攻，并以主力一部强渡黄河，向大别山进军，粉碎了敌人的重点进攻，揭开了人民解放军战略进攻的序幕。当解放战争进入第三个年头时，中国共产党领导的人民革命力量与国民党反动派的力量对比发生了很大变化，国内形势出现了重大转机。中共中央军委和毛泽东主席及时抓住这一有利时机，运用高超的军事艺术，组织中国人民解放军的主要力量，发动了震惊中外的辽沈、淮海、平津三大战役，向国民党反动派展开了战略大决战。三大战役从1948年9月12日开始，历时4个月零19天，到1949年1月，歼灭国民党正规军144个师，非正规军29个师，共计一百五十四万多人，基本上歼灭了国民党军主力，解放了长江中、下游以北的地区。1949年4月21日，中国人民解放军遵照毛泽东和朱德《向全国进军的命令》，横渡长江，23日解放南京，宣告了国民党反动统治的覆灭。1946年7月~1950年6月，中国人民解放军歼灭了国民党军八百多万人，取得了解放战争的伟大胜利。

1998年11月14日，正值中国人民解放军三大战役胜利50周年，毛泽东发表《中国军事形势的重大变化》一文50周年，中华人民共和国国家邮政局发行了一套《解放战争三大战役(J)》纪念邮票，全套5枚。原作者(5—1)尹戎生，(5—2)任梦璋、张洪赞、李树基、广廷渤，(5—3)陈其、赵光涛、陈坚、魏楚予，(5—4)张汝为、邓家驹、吴长江、沈尧伊，(5—5)崔开玺。陈晓聪、魏楚予、季宏敏设计。胶版。齿孔12度。邮局全张枚数40(4×10)。辽宁省沈阳邮电印刷厂印制。

这套邮票的5枚图案，精心选用了5幅以中国人民解放战争为题材的油画作品，高度概括表现了辽沈、淮海、平津三大战役各个侧面，体现了三大战役的精神实质。为了提高原作的清晰度，设计者在电脑上将油画的反光和网纹去掉，强调了色彩的明快、饱和。特别是设计者大胆地提高了边饰色彩的饱和度,造成了一种后现代主义色彩构成,给老画找到了一个得体的画框,旧貌变新颜,显得十分精美。

【运筹帷幄】1998—24·(5—1)J 面值50分,票幅规格50毫米×30毫米,发行量4199.9万枚。图案采用了尹戎生创作的一幅油画,展现出

了解放战争时期中共中央军委和毛泽东主席运筹三大战役的情景。1948年下半年,当中国人民解放战争进入第三个年头时,中国共产党领导的人民革命力量与国民党反动派的力量对比发生了变化,国内的形势出现了重大转机。中共中央军委和毛泽东主席及时抓住这一有利时机,运用高超的军事艺术,组织中国人民解放军的主要力量,发动了震惊中外的辽沈、淮海、平津三大战役,向国民党反动派展开了战略大决战。这幅油画原名《夺取全国胜利——毛泽东和老帅们在一起》。1977年,为了纪念周恩来及"文革"中遭受迫害的老帅们,中央美术学院的教师尹戎生创作了这幅作品,1977年12月在纪念毛泽东逝世一周年全国油画展上展出,当时画上没有刘少奇、彭德怀(因尚未平反)。1979年军事博物馆筹办一个纪念五大元帅的大型油画展,尹戎生重新构图绘制,增加了刘少奇、彭德怀。画幅4.5米×2.7米,1980年完成,现藏于中国人民革命军事博物馆。后来,尹戎生曾应邀为淮海战役纪念馆临摹了一幅。画面为尹戎生根据历史情况虚构的一个场景:在1948年9月~1949年1月三大战役期间,毛泽东、周恩来、刘少奇、朱德、任弼时、叶剑英、彭德怀、陈毅、罗荣桓、刘伯承、贺龙、徐向前、聂荣臻、邓小平等同志在一起议论全国作战形势。画面中,毛泽东坐在椅子上,衣襟敞开,挥动着左手正在准确、精辟地分析着当时的国内形势;周恩来站在一边,手里拿着一支笔,正在专注地听着毛泽东发言;从在场老帅们的身姿和面部表情看,大家的目光和注意力全部集中在了毛泽东身上,既表现出了一种赞同和支持,又洋溢着充沛的革命激情,辽沈、淮海、平津三大战役就是这样谋划决策和组织指挥的,向国民党反动派展开战略大决战的号令就是从这里发出的!

有关毛泽东生平的知识,详见新版《中国集邮百科知识》J·21《伟大的领袖和导师毛泽东主席逝世一周年》。

有关周恩来的知识,详见新版《中国集邮百科知识》J·13《中国人民伟大的无产阶级革命家、杰出的共产主义战士周恩来同志逝世一周年》。

【攻克锦州】1998—24·(5—2)J 面值50分,票幅规格50毫米×30毫米,发行量4173.9万枚。图案采用了任梦璋、张洪赞、李树基、广廷渤创作的一幅油

画,展现出了辽沈战役中攻克锦州的场景。辽沈战役是第三次国内革命战争时期,中国人民解放军东北野战军在辽宁西部和沈阳、长春地区对国民党军队进行的一次巨大的战役。分析当时的国内形势,如果把决战方向首先指向华北战场,则会使解放军受到北平傅作义、沈阳卫立煌两大集团的夹击而陷于被动;如果把决战方向首先指向中原、华东战场,则会使一直撤守犹豫不定的东北国民党军南逃,促使国民党军实行其战略收缩的企图。而东北战场的形势对解放军又特别有利。国民党处境孤立分散,解放军已成长壮大,装备也比较好,总兵力达到七十多万人,地方兵团33万人,合计103万人。当时国民党在东北战场有正规军48万人,非正规军7万人,共55万人。在全国战场上,东北战场是解放军在数量上超过国民党军队的唯一战场。因此,以毛泽东、周恩来、朱德为领导核心的中共中央军委,果断地选择了沈阳卫立煌集团为决战方向,于1948年9月12日开始,在辽宁西部和长春、沈阳地区进行了著名的辽沈战役。辽沈战役分三个阶段:第一个阶段是攻克锦州,和平解放长春;第二个阶段是围剿廖耀湘兵团;第三个阶段是攻克沈阳、营口。在辽沈战役中,东北野战军经过52天的连续作战,歼敌四十七万两千多人,解放了东北全境。敌军的总兵力下降到290万人,我军总兵力增长到三百多万人,敌我力量对比发生了根本变化。1948年11月14日,毛泽东在《中国军事形势的重大变化》一文中宣告:"中国的军事形势现已进入一个新的转折点,即战争双方力量对比已经发生了根本的变化。人民解放军不但在质量上早已占有优势,而且在数量上现在也已经占有优势。这是中国革命的成功和中国和平的实现已经迫近的标志。"并指出:"这样,就使我们原来预计的战争进程,大为缩短。原来预计,从1946年7月起,大约需要五年左右时间,便可能从根本上打倒国民党政府。现在看来,只需从现在起,再有一年左右的时间,就可能将国民党反动政府从根本上打倒了。"这幅油画所表现的就是辽沈战役中第一阶段攻克锦州的激烈战争场面。

锦州位于辽宁省西南部,小凌河下游,京沈、锦承两铁路交点。一向是著名的军事、交通要冲。解放战争中为辽沈战役首战之地。名胜有辽代锦州塔。市北有辽沈战役纪念碑。这幅油画画幅7.5米×2.5米,是为建军50周年而作,入选1977年北京庆祝中国人民解放军建军50周年全国美展,现存哈尔滨烈士馆。画面表现了攻克锦州、突破城墙口的一个瞬间。远景为锦州城城楼,近景为战斗场面:在炮火轰击后,战火弥漫,硝烟滚滚,解放军战士们高举红旗,手握钢枪,从炸开的锦州城墙口涌入,奋勇冲锋,动感强烈,再现了攻克锦州的激烈战争场景和中国人民解放军的英勇形象。

有关钢枪的知识,详见新版《中国集邮百科知识》特13《努力完成第一个五年建设计划》。

【决战淮海】1998—24·(5—3)J 面值50分,票幅规格50毫米×30毫米,发行量4199.9万枚。图案采用了陈其、赵光涛、陈坚、魏楚予创作的一幅油画,展

现出了淮海战役的战斗场景。淮海战役是在第三次国内革命战争时期,1948年11月6日~1949年1月10日,中国人民解放军在以徐州为中心,东起海州,南迄商丘,北起临城(今薛城),南达淮河的广大地区,对国民党军进行的一次巨大的战役。在这次战役中,蒋介石投入7个兵团34个军,是他倾家荡产所作的孤注一掷。聚集在徐州、海州、蚌埠地区的敌方南线主力刘峙、杜聿明集团,连同以后从华中增援的黄维兵团,共达80万人,其中大部分属蒋介石的嫡系精锐。解放军参战部队有华东、中原两大野战军,以及华北军区所属冀鲁豫军区,共60万人。在战略决战的三大战役中,这是我军参战兵力略少于敌军的一次。淮海战役分为三个阶段:第一个阶段从1948年11月6日~22日歼灭黄伯韬兵团,攻占宿县,孤立徐州;第二个阶段从1948年11月23日~12月15日歼灭黄维兵团,合围杜聿明集团;第三个阶段从1948年12月16日~1949年1月10日全歼杜聿明集团。这是战略决战中历时最长、规模最大、歼敌数量最多的一次战役。全战役历时66天,歼灭国民党军五十五万五千多人。至此,基本上解放了长江以北的华东、中原地区,使国民党反动统治中心南京处在中国人民解放军的威胁之下。国民党反动统治集团从此陷入土崩瓦解的状态。这幅油画画幅四米多长,于1977年完成,现存中国人民革命军事博物馆。画面表现的是1948年冬天在徐海平原进行的一次战役决战的场面:国民党拼上老本,调动了所有部队,拿出所有美式装备准备决一死战,结果溃不成军;解放军战士挥舞着红旗,英勇奋战,洋溢着革命激情;整个画面战火纷飞,硝烟弥漫,表现出了战斗的惨烈和解放军战士的英雄气概。

【解放北平】1998—24·(5—4)J 面值50分,票幅规格50毫米×30毫米,发行量4199.9万枚。图案采用了张汝为、邓家驹、吴长江、沈尧伊创作的一幅油

画,展现了平津战役中解放北平的场面。平津战役是在第三次国内革命时期,1948年11月29日~1949年1月31日,中国人民解放军东北、华北野战军在北平(今北京)、天津、张家口地区对国民党军进行的一次巨大的战役,是战略决战的最后一个大战役。平津战役分为三个阶段:第一个阶段从1948年11月29日~12月20日,对傅作义集团采取"围而不打"、"隔而不围"的战略方针;第二个阶段从1948年12月21日~1949年1月15日,歼灭新保安、张家口、天津之敌;第三个阶段从1949年1月16日~31日,和平解放北平。平津战役历时64天,歼灭与改编国民党军五十二万多人,使华北、东北两大解放区完全连成了一片,为解放军后来向全国进军创造了更巩固、更广阔的战略后方。在这次战役中,北平和平解放的实现,是中国人民革命中最重要的军事发展和政治发展之一,是我党军事斗争与政治斗争,原则性与灵活性相结合的范例。这幅油画原名《北平解放》,画幅4米×2米,于1977年完成,参加了建军50周年全国美展,原画藏于天津,后为中国人民革命军事博物馆临摹。画面表现了北平阅兵式。背景是北京正阳门(俗称前门),中国人民解放军部队高举着毛泽东主席画像,正在从正阳门前经过,旁边是欢迎和慰问部队的各阶层人民,长长的横幅标语和一面面迎风招展的红旗。场面宏大,有声有色,气氛热烈。

有关正阳门的知识,详见新版《中国集邮百科知识》普16《革命圣地图案<第四版>普通邮票》。

【支援前线】1998—24·(5—5)J 面值150分,票幅规格50毫米×30毫米,发行量3111.9万枚。图案采用了崔开玺创作的一幅油画,展现了中国人民群众支援中国人民解放军解放全中国的动人场面。战争的伟力之最深厚的根源,存在于民众之中。在三大战役中,中国共产党在广大人民群众中进行了广泛的动员和组织

工作，调动各方面的力量支援空前规模的大决战。在辽沈战役中，支援前线的有160万民工，其中随军民工达10万人，车3.6万辆。在淮海战役中，130个民兵团配合正规军作战；在后方，鲁、苏、豫、皖、冀五省直接服务于前线的民工达三百多万人。在平津战役中，为了保证攻打天津的后勤补给，冀中地区组成四万四千多人的破冰队，每天在大清河破冰数次，以保证水路运输的畅通。广大人民群众主动热情地以肩挑、车推、驴驮、船运等方法，从千里之外将大量的粮食、弹药等军需物资源源不断地运到前线。据统计，在三大战役中，各地共出动民兵、民工近600万人，运送粮食九亿五千万多斤，其中相当大的一部分粮食是用四十三万多辆小车远道推往前线的。当时解放军在交通运输条件十分落后的情况下，就是这样靠人力和原始运输工具保证了前方庞大军队的给养。目睹这种情形，当时的外国记者惊叹这是"奇迹"。这种奇迹，只有人民战争才能创造出来。当时任华北野战军司令的陈毅深情地说："淮海战役的胜利，是人民群众用小车推出来的。"这幅以革命历史为题材的油画，初稿绘于20世纪70年代，画幅不到1米；该画稿后画成正式大稿，构图有改变，现藏于山东博物馆。画面表现的是解放大军南下推进时，在战火纷飞、硝烟弥漫的环境中，翻身农民推着装满物品的小车，挑着沉甸甸的担子跟随部队开往前线，车轮滚滚，红旗飘飘，浩浩荡荡，表现了从后方到前沿，从农村到城镇，亿万人民群众家家户户齐动员，男女老幼忙支前，"解放军打到那里，就支援到哪里"的人民战争动人场面。

1998—25 刘少奇同志诞生一百周年(J)

【刘少奇同志诞生一百周年(J)】Centenary of the Birth of Comrade Liu Shaoqi(J)　有关刘少奇同志生平的知识，详见新版《中国集邮百科知识》J·96《刘少奇同志诞生八十五周年》。

1998年11月24日，为了表达中国人民对刘少奇同志的深深怀念之情，中华人民共和国国家邮政局发行了一套《刘少奇同志诞生一百周年》纪念邮票，全套4枚。原摄影者(4—1)袁苓，(4—2)吴印咸，(4—4)王光美。姜伟杰、李庆发设计。影写版。齿孔11.5度。邮局全张枚数(4—1)(4—2)40(8×5)，(4—3)(4—4)40(5×8)。北京邮票厂印制。

这套邮票的4枚图案，精心选取了刘少奇同志的4张照片，表现了他在不同历史时期的风采。设计者将照片的复杂背景清除掉，以融融的暖黄色作底衬，既突出了人物形象特征，又寓意他是一位品德高尚的共产党员，他的党性修养为全党树立了光辉的榜样。

【在天安门城楼上】1998—25·(4—1)J　面值50分，票幅规格30毫米×40毫米，发行量4199.9万枚。图案选用了1965年10月1日刘少奇在天安门城楼上的一张照片。由袁苓拍摄。当时，毛泽东与刘少奇陪同柬埔寨王国西哈努克亲王登上天安门城楼，参加国庆典礼。实际上，自1949年新中国成立后，天安门

广场就成为党和国家举行庆祝活动的主要场所。几乎每年的国庆日，刘少奇都要登上天安门城楼，直至1966年10月1日他最后一次登上天安门城楼。画面上的刘少奇同志，身穿中山装，手扶天安门城楼上的汉白玉护栏，望着从天安门城楼前经过的人民群众队伍，精神是那样的专注，表现出了刘少奇作为国家主席对人民的热爱和关切之情。

有关中山装的知识，详见新版《中国集邮百科知识》纪120《孙中山诞生一百周年》。

【在中共七大会议上】1998—25·(4—2)J　面值50分，票幅规格30毫米×40毫米，发行量4079.9万枚。图案选用了1945年5月刘少奇同志在中国共产党第七届全国代表大会上作《关于修改党章的报告》时的一张照片。由吴印咸拍摄。刘少奇在中共"七大"上作《关于修改党章的报告》，第一次对毛泽东思想作了全

面、系统、科学的概括和论述。在中共七届一中全会上，刘少奇当选中央政治局委员、中央书记处书记，成为中国共产党第一代领导集体的主要成员之一。画面上的刘少奇同志站在中央七大的讲台上，双手自然背后，面对着台下的全体代表们，正在作《关于修改党章的报告》，气氛显得既庄严又和谐。

【中国人民的使者】1998—25·(4—3)J　面值50分，票幅规格40毫米×30毫米，发行量4079.9万枚。

图案选用了刘少奇同志1963年访问柬埔寨时的一张照片。1959年4月,在第二届全国人民代表大会上,刘少奇当选为中华人民共和国主席。1965年1月,在第三届全国人民代表大会上,刘少奇又再次当选为中华人民共和国主席。在担任中华人民共和国主席期间,刘少奇同志主持国内日常工作,进行繁忙的国际活动,出访了一些国家,促进了中国同这些国家经济、政治、文化的交流。画面以一架客机为背景,捕捉住了刘少奇同志刚刚走下飞机,柬埔寨的小姑娘便兴高采烈地给他戴上鲜艳的花环,生动地表现出了柬埔寨王国政府和人民热烈欢迎中华人民共和国主席的情景。

有关飞机的知识,详见新版《中国集邮百科知识》T·49《邮政运输》。

【在办公室工作】1998—25·(4—4)J 面值150分,票幅规格40毫米×30毫米,发行量2999.9万枚。图案选用了刘少奇同志在办公室工作时的一张照片。这张照片

是刘少奇同志的夫人王光美亲自拍摄的,至今仍然挂在家中的客厅里。王光美说:"我挂这幅照片,隐隐约约感觉到他还在那里办公。"画面上,刘少奇同志佩戴着一副眼镜,正在伏案疾书,正在绘制国家社会主义建设的壮丽蓝图。望着这张照片,敬意之情油然而生,刘少奇同志不仅仅活在他的家人心中,而且永远活在中国人民的心中。

有关眼镜的知识,详见新版《中国集邮百科知识》J·100《任弼时同志诞生八十周年〈第一组〉》。

1998—26 瘦西湖和莱芒湖(中国—瑞士联合发行)(T)

【瘦西湖和莱芒湖(中国—瑞士联合发行)(T)】The Slender West Lake and the Leman Lake(Jointly issued by China and Switzerland)(T) 有关"中国"名称的知识,详见本书1996—8《古代建筑(中圣联合发行)(T)》。瑞士是欧洲中部的一个内陆国家。面积4.13万平方公里。首都伯尔尼。居民多数信仰基督教或天主教。莱茵河、罗纳河等发源于此。关于瑞士国名的来源,有两种解释:其一,瑞士联邦来源于境内一个州"施维茨"的名称。施维茨一词与古高德语中的"焚烧"有关。这一地区原为一片森林,放火烧荒后才适宜人类居住,最早的居民点建在被焚烧过的林间空地上。1291年8月1日,卢塞恩湖周围的三个谷地共同体(即今施维茨、乌里和翁特瓦尔登三个州),为反对奥地利哈布斯堡王朝的侵略,结成永久性同盟,历史上称之为"玉特里誓约"。他们自称为邦联成员或邦联,这便是瑞士联邦的萌芽。哈布斯堡王朝一开始,就以反对自己最坚决的成员施维茨来称呼这个邦联。18世纪中期,瑞士人将这一个州的名称作为国名确定了下来。其二,瑞士来源于古高德语"Schweizerei",即"奶酪场"的意思,现今瑞士的奶制品业仍然很著名。11世纪起,瑞士为神圣罗马帝国一部分。1648年,瑞士联邦宣布独立。自16世纪起,即执行中立政策。1815年,维也纳会议承认瑞士为永久中立国,此后在历次国际战争和两次世界大战中都保持中立。1945年联合国成立,其欧洲办事处就设在瑞士的日内瓦。行联邦制,由22个自治州组成。议会由国民议会和联邦议会组成。联邦委员会为最高行政机构,委员会主席为国家元首及行政首长。工业在国民经济中占重要地位,钟表制造业发达,一提起瑞士,总会想到精确的钟表。1950年9月14日,瑞士和我国建立正式外交关系。

1998年11月25日,为了增进中国和瑞士的文化交流,中华人民共和国国家邮政局和瑞士邮政部门联合发行了一套《瘦西湖和莱芒湖(中国—瑞士联合发行)(T)》特种邮票,全套2枚。许彦博(中国)、贝尔娜黛特·巴尔蒂丝(瑞士)设计。影写版。齿孔11度×11.5度。邮局全张枚数20(5×4)。北京邮票厂印制。

【莱芒湖·汐雍城堡】1998—26·(2—1)T 面值

50分,票幅规格40毫米×30毫米,发行量4046.9万枚。图案表现了瑞士莱芒湖畔的著名建筑——汐雍城堡外观景象。莱芒湖位于瑞士西南部,法国东部,犹如一弯明月横在两国边界。因日内瓦位于其西南端,故又名"日内瓦湖"。长72公里,宽13公里,面积531平方公里,湖面海拔375米,湖水最深达310米。环湖山峰终年积雪,湖光山色,极为秀美。从日内瓦建有长堤直达湖心,还有高达150米的人工喷泉。汐雍城堡坐落于莱芒湖畔。古堡的围墙始建于中世纪,最初为锡永主教的财产,几经易主,公元12世纪授封给一位伯爵。地下室曾关押重要囚犯。1536年被瑞士人占领,1798年又称

为沃州的财产。城堡有四座院落:一号院原为军事机构和大门;二号院为主人的住宅、仓库和监狱;三号院为房间和小教堂;四号院又称"护墙院"。城堡内教堂、桥、塔、地道等建筑齐全,当时都是为了防卫和控制道路。萨瓦公爵的小教堂始建于13世纪初,拱顶和窗户约在1255年~1257年大修时建造。博尼瓦地道是13世纪前所建,13世纪时彻底改建成拱形,地面和墙壁上留有不同时期的痕迹。此处13世纪是仓库,16世纪改为监狱,即著名的博尼瓦监狱。日内瓦的圣·维克多修道院院长因主张日内瓦独立,曾被拴在进门的第5根柱子上达4年之久,于1536年3月29日被瑞士解放。地道的墙和柱子上有许多古今题名,南墙上有15世纪中期绘画的耶稣和圣徒的受难像。城堡的主塔建于11世纪初,原为避难塔,14世纪加高成现在的高度。20世纪重新修建时,楼梯可直通塔的顶部。登上塔顶,城堡四周的美景尽收眼底。画面上的莱芒湖湖水碧绿如蓝;湖畔的汐雍城堡,白墙红顶十分鲜明;城堡周围的绿树,繁茂葱郁;背景上的环湖山峰,白雪皑皑……生动地展现出了一种安静、祥和的自然与人文环境,令人心驰神往。

【瘦西湖·二十四桥】1998—26·(2—2)T 面值540分,票幅规格40毫米×30毫米,发行量3159.9万枚。图案描绘了中国江苏省扬州市瘦西湖"二十四桥"的风景。瘦西湖是扬州市城西北近郊的风景区。六

朝以来,即为风景胜地。原名炮山河,一名保障河。清乾隆时,因绕长春岭(即小金山)而北,又称长春湖。因此湖与浙江杭州西湖相比,杭州西湖犹如雍容华贵、韵味浓郁、丰满妩媚的少妇,而此湖则像清秀纯情、婀娜雅致、纤柔羞涩的少女,另有一种清瘦秀丽的特色,故得名"瘦西湖"。清钱塘(今杭州)诗人汪沆有诗云:"垂杨不断接残芜,雁齿虹桥俨画图。也是销金一锅子,故应唤作瘦西湖。"瘦西湖之名遂著。它原是纵横交错的河流,历次经营沟通,运用我国造园艺术的特点,因地制宜地建造了很多风景建筑,或依山傍水,或半架波面,或突入湖心,如同在玉色飘带上镶嵌的珠宝。湖内小园,姿态各异,或栖岛屿,或卧湖滨,或踞土岗。既有曲径通幽、清逸深邃的绝地佳境,又有登高远眺、尽收眼底的高阜山巅,更有豁然开朗、荡人心魄的大幅画面。诸园组合巧妙,互为因借,形成一个风格协调的艺术整体。这些小园又都以湖面作为共同的空间,以水相连,因水相通,给人一种相依相偎的亲切感,构成了一组令人眷恋的集

锦式的滨水园林群落。瘦西湖内景点不胜枚举,有"虹桥览胜"、"长堤春柳"、"四桥烟雨"、"湖心凫屿"、"白塔晴云"、"春石洞天"、"西园曲水"、"梅岭春深"、"静香书屋"……处处美景,景景如画,让人流连忘返。瘦西湖最精彩的景点为"二十四桥"。唐代诗人杜牧有诗:"青山隐隐水迢迢,秋尽江南草木凋。二十四桥明月夜,玉人何处教吹箫"。惟妙惟肖地勾画出了二十四桥的风采,把人们带到了一个"可言不可言之间,可解不可解之会"的神奇朦胧的仙境之中。关于二十四桥名称的由来,有三种解释:(一)清人《扬州鼓吹词》云:"是桥因古之二十四美人吹箫于此,故名。"(二)二十四桥即吴家砖桥,现称"念泗桥"(廿四桥)。(三)北宋沈括在《梦溪笔谈·补笔谈》中,考证了扬州二十四桥桥名,一一列出。邮票图案中心的那座拱桥,就是瘦西湖的"二十四桥"。由汉白玉砌成,单孔,东西向飞跨湖面。桥长24米,宽2.4米,两端各24层台阶,上围24根栏柱,处处暗合二十四之意。画面以瘦西湖的十里湖光为底衬,亭、台、栈道环绕桥边,倒映清晰可见;垂柳依依,塔影憧憧;湖光山色,展现出了瘦西湖风韵独具、楚楚动人的魅力,令人神往。

有关桥的知识,详见新版《中国集邮百科知识》特50《中国古代建筑——桥》。

1998—27 灵渠(T)

【灵渠(T)】Lingqu Canal(T) 灵渠位于广西壮族自治区兴安县境内。又名湘桂运河、兴安运河。灵渠是我国也是世界上最古老的运河之一,它与四川的都江堰、陕西的郑国渠并称为秦代三大水利工程。据史书记载,秦始皇统一中国北方六国之后,又雄心勃勃地对浙江、福建、广东、广西地区的百越发动了大规模军事进攻,史称"秦戍五岭"。在广西,秦军遭遇了越人利用山高林密复杂地形的顽强抵抗,苦战三年而无建树。特别是当地交通难以胜任秦军大量兵力、军需的运输,成为战争胜败的关键。秦始皇为统一岭南,果断地命史禄于公元前223年~前214年凿渠运粮。秦军和当地群众历尽艰辛,几经寒暑,奇迹般地把长江水系的湘江和珠江水系的漓江沟通起来,开辟了一条穿越五岭山脉的水路通道。初名秦凿渠,或称陡河;后因漓水上游为零水,亦称零渠、澪渠;唐以后改称灵渠。秦军援兵和补给从长江流域经湘江源源不断地通过灵渠直达漓江、珠江流域,战争迅速结束,岭南广大地区正式归入中原王朝的版图,完成了统一中国的大业。灵渠全长34公里,分南北两段:北渠通湘江,长约4公里;南渠通漓江水系的大溶江,长约30公里。主要设施是在湘江中以长方形料

石叠砌成铧嘴状分水工程,后接左右延伸的人字形大小天平,把湘江水分成南北二渠分别注入漓江和湘江,因有"三分漓江七分湘"之说。在渠道水浅流急处筑斗门,提高水位,使船只通行。唐有斗门十八,宋为三十六,清为三十二。灵渠的斗门为船闸的先导,是世界上最早的运河通航措施。渠上有石桥多座。堤上的四贤祠、飞来石有许多唐宋以来题词碑刻。新中国成立前,灵渠年久失修,堤坝崩塌,渠道淤塞。新中国成立后,经多次修建,灵渠成为兴安县重要的农田灌溉河道。渠中可泛舟,两岸桃红柳绿,风景美丽。在二千二百多年漫长的历史中,灵渠一直是我国南北交往的重要通道,承担了中原腹地和南疆边陲军需民食的繁重运输任务,对我国各民族的统一、南北经济联系和文化交流起着重要的作用,而且至今仍以滔滔流水灌溉着两岸四万多亩农田。

1998年12月1日,为了配合广西壮族自治区成立40周年纪念活动,中华人民共和国国家邮政局发行了一套《灵渠(T)》特种邮票,全套3枚。刘绍荟设计。胶版。齿孔12度。邮局全张枚数(3—1)40(4×10),(3—2)(3—3)40(10×4)。辽宁省沈阳邮电印刷厂印制。

【灵渠·铧嘴及天平】1998—27·(3—1)T 面值50分,票幅规格50毫米×30毫米,发行量4199.9万枚。图案展现了灵渠铧嘴及天平的景观。湘江上游的

海洋河,流到兴安县城东1.5公里的分水塘,河面开阔,水流趋缓。在此建筑拦江滚水坝,既能提高湘江水位,又可排洪,起到了平衡南北二渠水量的作用,故称作"天平"。北侧一段坝长344米,称为"大天平";南侧一段坝长130米,称为"小天平"。大小天平呈"人"字形相交,顶部用巨石平铺,每块巨石之间凿有石槽,中间用铁水灌注,使一排排青石成为一个整体,是灵渠最重要的主干设施。灵渠经历过无数次洪水侵袭,至今大小天平依然保持着完整面貌。铧嘴是建筑在大小天平"人"字形坝体顶端的分水石堤。外围用大条石砌成,中间填充泥石,由于前锐后钝,形似犁铧,故得名"铧嘴"。铧嘴长73米,宽23米,高约6米。它像一座小山矗立在分水塘中,正对着湘江主流方向,把上游一泻而下的滔滔江水按照"三分漓江七分湘"的比例分流出来,即七成水经大天平导入北渠流向湘江,三成水顺小天平导入南渠流向漓江。邮票图案采用俯瞰角度,清晰地展现出了一江分成两个海,而湘漓两江的航船又都是"逆水而来顺水而去,张帆应是扬帆时"的雄伟奇观,展现出了灵渠大小天平和铧嘴的功能及组合布局;灵渠中行进的5条船只,表现了古代从湘江通过北渠来的船,经过大天平水域,绕过铧嘴,从小天平导入南渠驶向漓江的全过程。

【灵渠·秦堤】1998—27·(3—2)T 面值50分,票幅规格30毫米×50毫米,发行量4079.9万枚。图案描绘了灵渠秦堤的景观。秦堤是砌筑在南渠和湘江之间的一道石堤,因筑于秦代而得名。秦堤全长3.15公里。其作用是阻挡南渠之水流入湘江,并防止湘江洪水冲击南渠。秦堤穿过县城一段在渠上架有多款小桥,其中建于唐敬宗宝历六年

(公元825年)的万里桥最为著名。相传,因唐代都城长安到达此桥的水路恰好万里,故而得名"万里桥"。在距南渠进水口约一公里的秦堤上,建有一座溢洪堰,长42米,宽18米。因其具有排泄洪水、保持南渠正常水位的作用,结构又与大小天平相同,故俗称泄水天平。邮票图案的远景是泄水天平附近飞来石、夜月潭等景观,倩影依依;中景是泄水天平,江水飞流如瀑;近景是万里桥,古朴优雅;堤上绿树成荫,花草葱茏;渠中水流若带,小船如梭,一幅人与自然相依存相交融的和谐画面。

【灵渠·陡门】1998—27·(3—3)T 面值150分,票幅规格30毫米×50毫米,发行量3059.9万枚。图案描绘了灵渠陡门的景观。灵渠的特点是浅、狭、曲、急。船只航行,通过浅水段是关键。陡门就是

灵渠浅水段蓄水的船闸。陡门的构造是在水浅流急的渠段,两岸相对用石块砌两个半圆形导水墙突出渠中,导水墙凸面留有石槽,便于阻水。当船只上行时,先把陡门关上,等水满了,把船提升起来,再把船只驶入另一个陡门,像人们上楼梯一样,一级一级地爬上去。陡门是现代梯级船闸的雏形,它既可通船,又能够灌溉农田,两全其美。灵渠上共有陡门36座,其中北渠4座,南渠32座。邮票图案采用俯瞰角度,勾勒出了古代灵渠灵山陡门通航撼人心魄的景象;陡门中的水位已经提升到了规定的高度,瞬间闸门打开,船只便会顺畅通过,充分体现了中华民族祖

1998—28 澳门建筑（T）

【澳门建筑(T)】 Buildings in Macao (T)　有关澳门的历史知识，详见本书 1999—18《澳门回归祖国(J)》。20 世纪 80 年代～90 年代，随着祖国内地的改革开放，澳门经济也得到了迅速增长，被称为澳门四大经济支柱之一的建筑业更是蓬勃发展，一幢幢设计新颖、建造精美的住宅楼和商业楼拔地而起，机场、港口及桥梁等多项大型基建设施相继投入运营，这既为澳门经济注入了新的活力，也为古老的澳门增添了新的生机。

1998 年 12 月 12 日，为了迎接 1999 年 12 月 20 日澳门回归祖国，中华人民共和国国家邮政局发行了系列邮票之一《澳门建筑(T)》特种邮票，全套 4 枚。李庆发、姜伟杰设计。胶版。齿孔 12.5 度。邮局全张枚数 42（6×7）。北京邮票厂印制。

【澳门南湾楼群】 1998—28·（4—1）T　面值 50 分，票幅规格 50 毫米×30 毫米，发行量 4073.9 万枚。图案展现了澳门南湾楼群的景观。

澳门南湾区位于澳门半岛南部临海地。六十多年前，这里还是汪洋一片。1932 年起，这里开始陆续填海造地，而大规模的建设则是从 20 世纪 60 年代～70 年代开始的。如今的南湾，已是大厦林立，商店毗连，街道纵横，人车熙攘，成为澳门繁盛的新市区。这里有著名的"葡京酒店"、澳门目前最高的建筑物——中银大厦。"葡京酒店"第一期工程 1970 年初竣工，并于当年春节局部启用；1985 年扩建工程完成，整体建筑宏伟，澳门最大的博彩娱乐场即设在其中。中国银行澳门分行大厦是目前澳门最高的建筑物，占地面积 2172 平方米，建筑面积 5 万平方米，楼高 163 米，共 38 层，屹立于南湾楼群间，是中国银行实力的象征。整栋建筑以几何图形组成，包括三角形、八角形、梯形和长方形。大厦外墙均用花岗石和玻璃幕墙铺砌。登临大厦，既可远眺珠海山水，又可俯瞰全澳门市容。1995 年 10 月 16 日，中国银行开始发行澳门货币。1992 年 7 月，"南湾湖"建筑工程动工，1999 年完成。该项工程进行了超过 600 万吨的挖泥填海工程，使澳门总面积增加 20%，在由此得来的 321 亩土地上，兴建了住宅、酒店、商店、办公楼、博物馆等，并有与之配套的各种设施，为 6 万人创造了理想的居住及工作环境，并成为澳门 21 世纪的新标志。邮票设计者将澳门南湾楼群置于图案中心，高耸的中银大厦和造型别致的"葡京酒店"屹立于楼群之中，很难想象这里原来竟是一片汪洋；画面前景是一片宁静的水面，有船，有高架桥，巧妙地点出了澳门南湾楼群特殊的地理环境。

【澳门友谊大桥】 1998—28·（4—2）T　面值 100 分，票幅规格 50 毫米×30 毫米，发行量 3057.5 万枚。图案展现了澳门友谊大桥的雄姿。

友谊大桥又称"新澳凼大桥"或"第二澳凼大桥"，它连接澳门半岛的新口岸水塘角与凼仔岛的北安，直接为澳门国际机场和位于路环的九澳深水港货运码头服务。1989 年 10 月，选定该桥设计方案；1990 年 8 月动工兴建；1994 年 10 月建成通车。葡籍工程师马丁士负责设计。全长 4700 米，其中桥面长 4414 米，宽 15 米，设有双向四车道，采用吊索钢桥式结构，是亚洲最长的跨海大桥。邮票设计者采用侧视角度，以澳门建筑为背景，以平静的海面为底衬，将友谊大桥置于画面中心，犹如一条巨龙腾跃大海之上，气势雄伟，蔚为壮观。

【澳门运动场】 1998—28·（4—3）T　面值 150 分，票幅规格 50 毫米×30 毫米，发行量 3477.5 万枚。图案展现了澳门运动场的外观景象。

澳门运动场坐落在凼仔岛。其设计方案在 1991 年举行的公开竞赛中确定，随后即开始施工。运动场设有 15000 个座位，并拥有带空调设备、环境舒适的贵宾房。整个运动场包括一个真草坪足球场（105 米×68 米）、达到国际 A 级水平的全天候跑道、跳远区、投掷区、训练场、人造草足球场（沙底）以及高度为 9 米的多用途体育馆（45 米×25 米）和健身室等设施。运动场的停车场可同时停泊 800 辆车。澳门运动场既可以进行各类体育比赛和活动，又可以举办文艺演出等活动。图案以澳门建筑为背景，采用俯瞰的角度，展现出了澳门运动场的宏伟规模；布满运动场的那片绿色草坪，虽然静静的，空无一人，但可以激发人们联想那紧张而热烈的体育比赛。

【澳门国际机场】1998—28·(4—4)T

面值200分,票幅规格50毫米×30毫米,发行量3057.5万枚。图案展现了澳门国际机场的壮观景象。澳门国际机场位于凼仔岛东侧鸡颈山畔填海区。1989年12月8日动工兴建,主要工程内容包括填海兴建人工岛作为机场跑道,在鸡颈山开山建造客运大楼。1995年11月9日机场开始投入服务,当年12月8日举行开幕式正式启用。机场跑道全长3350米,可起降波音747和CAT11等大型飞机,停机坪可同时停靠16架飞机,每年可容纳600万人次的客流量及运送12万吨货物。机场的客运大楼占地4.5万平方米,出入境各占一层,另有一层阁楼为商业区。澳门国际机场是澳门有史以来最大的建筑工程,总耗资89亿元澳门币(约合10亿美元),它的建成和使用,为澳门经济腾飞插上了翅膀。邮票图案采用俯瞰角度,将高高的机场塔台和客运大楼置于画面中心,一架标有"澳门航空"字样的客机停在停机坪上,机场跑道静静地躺在那里,虽然一切都是静静的,但可以清晰地感觉到,飞机即将滑动起飞,将乘客平安送往世界各地;画面中那"半亩"方塘的蓝色水面,巧妙地点出了澳门国际机场的地理环境特征。

有关飞机的知识,详见新版《中国集邮百科知识》T·49《邮政运输》。

1998—29 海底世界·珊瑚礁观赏鱼(T)

【海底世界·珊瑚礁观赏鱼(T)】World of the sea, Coral Reef and Pet Fish(T) 海洋是由作为海洋主体的海水水体、生活于其中的海洋生物、临近海面上空的大气和围绕海洋周缘及海底等几部分组成的统一体。通常所称海洋,仅指作为海洋主体的广大连续水体,面积约为3.6亿平方公里,约占地球表面积的71%。一般海洋中心部分叫"洋",边缘部分叫"海",但也有处于大陆之间(如地中海)、伸入大陆内部(如黑海)或被包围于海水之中(如马尾藻海)的海。海可分为陆间海、内陆海和边缘海三种类型。如地中海、红海为陆间海;我国的渤海为内陆海,东海、南海为边缘海。海的面积较小,约占海洋总面积的11%,水深一般都不超过3000米。温度受大陆影响较大,有显著的季节变化。在没有淡水流入而蒸发强烈的内陆海(深入大陆内部)盐度较高;边缘海(位于大陆边缘)由于与大洋相通,又有大量河水流入,盐度较低。海的水色低,透明度小,多呈黄、绿色。没有独立的潮汐和海流系统。沉积物多为沙、泥沙等陆相沉积。中国有渤海、黄海、东海、南海辽阔的海域。海底世界不仅蕴藏着大量的海洋资源和极为丰富的地下宝藏,而且还有姿态各异的珊瑚礁和珊瑚岛。如我国南海的西沙群岛等都是珊瑚岛;在澳大利亚东北的浅海中,有绵延约两千多公里的世界闻名的大堡礁。有人认为美丽的珊瑚是植物,其实,它是一种动物。珊瑚体态玲珑,有的像花,有的像树枝,有的像鹿角。它的色泽鲜艳,红、绿、黄、蓝、五光十色。按其生活环境划分,有造礁珊瑚和非造礁珊瑚两种。生活在热带和亚热带浅海中的珊瑚多为造礁珊瑚,或称浅水珊瑚;另有一种生活在深海中的是非造礁珊瑚。浅水珊瑚虫的生活条件十分讲究,一般只能生活在水温不低于20℃、深度不超过80米、海底是石质的、海水含盐度正常、又不太浑浊的浅海里。因此在南北纬30度之间,是它们居住的好地方。它们在这些地带代代相传,生生不息,每个珊瑚虫以自己分泌出的石灰质构成外壳,并且一个个都连接在一起,在石质的海底开始,建起高大的公寓,这就是人们常看见的珊瑚树。大量的珊瑚树又形成巨大的珊瑚礁和珊瑚岛。但是,在有些深海里也有珊瑚礁,如马尔代夫群岛,就是由一万二千多个珊瑚礁和珊瑚岛组成的。珊瑚礁海域为各类鱼、虾、蟹、贝等提供了良好的生态环竟。

1998年12月22日,为庆祝"第22届万国邮政联盟大会暨中国1999世界集邮展览"在中国举办,中华人民共和国国家邮政局继1997年10月20日发行1997—16《黄山(T)》特种邮票,又发行了这套《海底世界·珊瑚礁观赏鱼(T)》特种邮票,全套8枚。黄里设计。影写版。齿孔11.5度。北京邮票厂印制。

【海底世界·珊瑚礁观赏鱼】1998—29·(1—1)

(T) 全套8枚。邮局全张中心是1枚过桥票,尺寸规格190毫米×150毫米,发行量3099.9万枚。邮局全张的中心部位图案是位于我国南海的西沙群岛,图上用银色印有"海底世界·珊瑚礁观赏鱼"、"第22届万国邮政联盟大会暨中国1999世界集邮展览"字样和第22届万国邮政联盟大会会徽,明确地点明了画题。南海又叫南中国海,是中国最大的外海。南海的面积约为350万平方公里,约等于我国的渤海、黄海和东海总面积的三倍。平均深度1212米,最深处有5567米。南海地处热带,海中分布着许许多多的珊瑚礁和珊瑚岛,它们像一颗颗明珠镶嵌在湛蓝的海面上。这些岛礁总称南海诸岛,分为东沙群岛、西沙群岛、中沙群岛、南沙群岛和黄岩岛。其中西沙群岛由四十多座岛、洲、礁、滩组成。它位于我国南海诸岛的西部,故得名西沙群岛。西沙群岛以永兴岛为中心分为两群:东部为宣德群岛,又称东侧群岛,由7个小岛组成;西部为永乐群岛,又称西侧群岛,由8个小岛组成。因此,当地居民习惯称西沙群岛为"东七西八十五岛"。永兴岛位于西沙群岛中部,东西长1950米,南北宽1350米,面积1.85平方公里。西沙海域属于热带季风气候,年平均温度为26.5℃,表层海水温度为24℃～29℃。由于造礁珊瑚多发育在南海海台上,形成了永乐环礁、宣德环礁、东岛环礁和华光礁等珊瑚礁海域,为众多鱼类提供了良好的生存环境。设计者以碧绿的海底世界作小全版张的底衬,在美丽的珊瑚丛和活泼泼的鱼群等映衬下,将(8—1)主刺盖鱼、(8—2)蓝斑鳃棘鲈、(8—3)蓝斑蝴蝶鱼、(8—4)桔尾蝴蝶鱼、(8—5)马夫鱼、(8—6)千年笛鲷、(8—7)圆斑拟鳞鱼、(8—8)甲尻鱼8枚邮票画面分别安排在小全版张中心部位图案的四周,呈现出了海底世界美妙的自然奇观:在辽阔的南海,珊瑚礁群衬托着游动的8种观赏鱼儿,有的长须飘飘,像悠闲的神仙;有的形态矫健,似礁群威武的战士;有的婀娜多姿,犹如身穿花衣的少女;有的花纹美丽,好比翩翩起舞的蝴蝶……色彩斑斓,体态花纹各异,动静相宜,极富美感,令人心驰神往。

有关万国邮联的知识,详见新版《中国集邮百科知识》J·1《万国邮政联盟成立一百周年纪念》。

有关万国邮政联盟大会会徽的知识,详见本书1998—12《第22届万国邮政联盟大会会徽》。

【主刺盖鱼】1998—29·(8—1)T 面值200分,票幅规格50毫米×30毫米,发行量3099.9万枚。图案选用了珊瑚礁观赏鱼中的主刺盖鱼的幼鱼形象。刺盖鱼属,蝴蝶鱼科,俗称皇帝仙。分布在我国南海诸岛和台湾附近海域的珊瑚礁中。太平洋中部、印度洋非洲东岸和红海也有分布。幼鱼体为紫蓝色,全身为蓝白色相间

的环形条纹。成鱼体长约100毫米～130毫米。成鱼体侧而高,呈长圆形至圆形;尾柄甚短高;头较小,吻较长;前段钝圆;眼较小;前鳃盖骨后缘具细锯齿,后下角向后伸出一强棘。成鱼的眼间隔周边下与鳃盖骨后缘、颊部,有一蓝边黑色块斑。身体也有由黑蓝色变成数十条深黄色的纵斑,尾柄为黄色,故又有"条纹刺盖鱼"之称。

【蓝斑鳃棘鲈】1998—29·(8—2)T 面值200分,票幅规格50毫米×30毫米,发行量3099.9万枚。图案选用了珊瑚礁观赏鱼中的蓝斑鳃棘鲈形象。鳃棘鲈属,

鮨科,又称斑鳃棘鲈,俗称斑刺鳃鳍。广泛分布于我国南海诸岛珊瑚礁海区,在其他大洋的热带海域也有分布。成鱼体长350毫米～400毫米。鱼身体呈橙红色,头、体和臀鳍部均散布着许多蓝色斑点,头部点较大,尾部点较细小。该鱼上颌骨一直伸达眼后的下方,两颌的前端有一对犬齿,下颌侧有3对～4对犬齿。

【蓝斑蝴蝶鱼】1998—29·(8—3)T 面值200分,票幅规格50毫米×30毫米,发行量3099.9万枚。图案选用了珊瑚礁观赏鱼中的蓝斑蝴蝶鱼形

象。又称四刺蝴蝶鱼,俗称蓝印蝶。蝴蝶鱼属,蝴蝶鱼科。分布于我国南海诸岛、台湾海域,在热带印度洋和太平洋也有分布。成鱼体长约120毫米,身体呈黄色,头部有一经眼部的黑色条带。尾柄部有一蓝黑斑。体侧有二十多条棕色纵纹,在侧线附近的纵纹之间有一蓝色斑块。幼鱼蓝斑不明显,随着成长,蓝斑逐渐显现出来。蝴蝶鱼长成后,生有四刺,故得名"四刺蝴蝶鱼"。

【桔尾蝴蝶鱼】1998—29·(8—4)T 面值200分,票幅规格40毫米×50毫米,发行量3099.9万枚,图案选用了珊瑚礁观赏鱼中的桔尾蝴蝶鱼形象。俗称橙尾蝶。蝴蝶鱼属,蝴蝶鱼科。分布于我国南海西沙、东沙

八、按年份编号纪念、特种邮票　1998—29・1998—30　　　　　　　　　　　　　　　　385

及南沙群岛海域和台湾附近海域,在热带印度洋、红海也有分布。成鱼体长 70 毫米～120 毫米,是蝴蝶鱼中较小的一种。鱼体侧鳞片边缘有一棕红色线纹相连,互相连成网状;臀部鳍条后部和尾部,有月形桔红色大斑。尾鳍的中部,有一新月形桔红色横带;而头的侧部,有一条经过眼部的黑色横带,颈部有一鞍斑,故得名"桔尾蝴蝶鱼"。早在19世纪,欧洲学者在马达加斯加附近首次发现这种鱼,便起名为"马达加斯加蝴蝶鱼"。这种鱼具有较高的观赏性。

【马夫鱼】1998—29・(8—5)T　面值 200 分,票幅规格 40 毫米×50 毫米,发行量 3099.9 万枚。图案选用了珊瑚礁观赏鱼中的马夫鱼形象。俗称关刀蝶。马夫鱼属,蝴蝶鱼科。分布于我国南海西沙和南沙、台湾海峡等海区,在东非至夏威夷海域也有分布,是暖水性中小型珊瑚礁鱼。成鱼一般体长 100

毫米～200 毫米。体侧扁而高,背缘凸度大于腹缘,尾柄短而高,头部颇小,吻较长,鱼体为中等大弱栉鳞。背鳍第四鳍棘及鳍膜呈长鞭状,鱼体为淡黄色,体侧有两条略斜向后方的黑色横带;头部呈灰黑色,两眼之间有黑色横带相连。

【千年笛鲷】1998—29・(8—6)T　面值 200 分,票幅规格 50 毫米×30 毫米,发行量 3099.9 万枚。图案选用了珊瑚礁观赏鱼中的千年笛鲷形象。俗称川纹笛

鲷、千年鲷、儋州红。笛鲷属,笛鲷科。分布于我国南海珊瑚礁海区,在红海、热带印度洋和西太平洋均有分布。成鱼体长可达一米,通体呈赤红色,背部深,腹部浅。幼鱼头、体及尾部,各有一条红色纵向条带,鱼身呈粉白色,嘴部呈红色,与成鱼有较大区别。幼鱼常栖息在热带海洋的岸边或珊瑚礁水域,有较高的观赏性。

【圆斑拟鳞鱼】1998—29・(8—7)T　面值 200 分,票幅规格 50 毫米×30 毫米,发行量 3099.9 万枚。图案选用了珊瑚礁观赏鱼中的圆斑拟鳞鱼形象。俗称小丑炮

弹。拟属,鳞科。为暖水性鱼类。分布于我国南海西沙、南沙群岛海域和台湾附近海域及太平洋热带礁海域。成鱼体长有 500 毫米。鱼体呈黑褐色,长椭圆形,眼前方有一纵凹沟。吻端与眼之间的背缘处有黄色斑带,伸至眼前缘的下方。吻端黄色,唇外有白色翳纹。尾柄有 2 行～3 行逆行小刺,每行 6 个～7 个。在第一背鳍后方机背鳍处,有一长方形黄色大斑,并散布有褐色斑点;在鱼体下半部有 3 行～4 行白色圆斑。

【甲尻鱼】1998—29・(8—8)T　面值 200 分,票幅规格 50 毫米×30 毫米,发行量 3099.9 万枚。图案选用了珊瑚礁观赏鱼中的甲尻鱼形象。俗称金毛巾。甲尻鱼

属,蝴蝶鱼科。分布于我国南海诸岛、台湾附近海域及红海、热带印度洋和西太平洋。成鱼体长 140 毫米。鱼体侧扁,略呈卵圆形。尾柄短而高。头颇小,背缘向下倾斜,吻较长,口小,齿细长而呈矛状。成鱼体呈土黄色,体侧有 8 条黑边的蓝紫色横条带,从背鳍基部向下方至腹侧。前鳃盖骨后缘有细小锯齿,下方有一对强棘,故又称"双棘甲尻鱼"。

1998—30 中国共产党十一届三中全会二十周年(J)

【中国共产党十一届三中全会二十周年(J)】The 20th Anniversary of the Third Session of the 11th National Congress of the Communist Party of China(J) 1977 年 4 月,邓小平同志在给中央的一封信中,明确提出了必须世世代代用准确的、完整的毛泽东思想指导全党、全军和全国人民,把社会主义事业胜利推向前进。中央肯定了邓小平同志的意见,这实际上为广大党员批

判"两个凡是"提供了有力武器,并成为关于真理标准问题的讨论和思想解放的先导。1978年5月11日,《光明日报》发表了特约评论员文章《实践是检验真理的唯一标准》,打破了个人崇拜和教条主义的束缚,恢复了党的实事求是,一切从实际出发,理论和实践相统一的根本原则,为党的十一届三中全会做了重要的思想准备。1978年11月10日~12月15日,党中央召开了历时36天的中央工作会议,为十一届三中全会做了精心而充分的准备。1978年12月18日~22日,中国共产党十一届三中全会在北京举行,出席大会的中央委员169人,候补中央委员112人。十一届三中全会充分肯定了准确的、完整的毛泽东思想科学体系,高度评价了关于真理标准问题的讨论;决定把"解放思想,开动脑筋,实事求是,团结一致向前看"作为党的指导方针,重新确立了党的辩证唯物主义思想路线,全面纠正了党过去在政治、经济、文化和组织等方面的"左"倾错误,并果断地停止使用"以阶级斗争为纲"的口号,将全党和全国人民的工作重点转移到建设社会主义现代化强国的伟大目标上来。在十一届三中全会上,党中央实事求是地审查和解决了一批重大冤假错案和一些重要领导干部的功过是非问题。全会还决定健全党的民主集中制,反对个人崇拜,加强集体领导,增选陈云同志为中央副主席,并选举产生了以陈云为第一书记的中央纪律检查委员会。党的十一届三中全会的胜利召开,标志着党开始从根本上纠正过去的"左"倾错误,重新确立了马克思主义的思想路线、政治路线和组织路线,解决了工作重点转移问题,明确提出了党在新时期的历史任务,实现了建国以来我党历史上的一次伟大转折,具有揭开历史新篇章的里程碑意义。1978年~1998年的二十年间,按照十一届三中全会拨乱反正提出的改革开放的路线方针,使中国经济开始腾飞,人民生活走向富裕,在社会主义现代化建设事业中取得了举世瞩目的成就,以及邓小平同志在这次全会上所做出的丰功伟绩,都值得世人永远称颂,也是党和人民都难以忘怀的。

1998年12月18日,为了纪念党的十一届三中全会二十周年,中华人民共和国国家邮政局发行了一套《中国共产党十一届三中全会二十周年(J)》纪念邮票,全套2枚。苏海一设计。胶版。齿孔12度。邮局全张枚数50(10×5)。河南省邮电印刷厂印制。

这套邮票的2枚图案,画面采用电脑制作。在设计上,采用夸张的造型手法,既将景物有机结合,又将形式和内容协调统一,营造出了一种庄重、鲜明、生机勃勃的视觉氛围。2枚邮票图案中(2—1)自下而上、(2—2)自上而下以渐变的深红色作底衬,每幅画面背景色调里都透着光晕,色调统一,造型各具特色,既给人以开拓、创造、奋进的观感,又喻示十一届三中全会是我党历史上光辉灿烂的一页。

【邓小平同志在十一届三中全会上】1998—30·

(2—1)J 面值50分,票幅规格30毫米×40毫米,发行量4199.9万枚。图案选用了一幅邓小平同志在党的十一届三中全会上作重要讲话的历史照片。设计者将邓小平同志的形象作为主体突出在画面中央,既体现出了邓小平同志在十一届三中全会中所起的重要历史作用,又激起了人们对他的深情怀念。画面用红色浪潮作背景,不仅衬托出了一代伟人的磅礴气势和博大胸怀,而且寓意着以邓小平为首的党中央力挽狂澜扭转历史航向,掀起了改革开放大潮,更象征着十一届三中全会是我党伟大历史转折的深远意义。整个画面气势宏伟,三角构图使整体形象十分稳重,能够给人以较强的震撼力。

【历史的伟大转折】1998—30·(2—2)J 面值150

分,票幅规格30毫米×40毫米,发行量3149.9万枚。图案选用了1978年12月22日刊登在《人民日报》上的《中国共产党第十一届中央委员会第三次全体会议公报》为主体画面,犹如一座历史的丰碑,庄严屹立。画面背景采用一组由一轮喷薄欲出的太阳映红了的现代化城市建筑群,象征着党的工作重点已经转移到了社会主义现代化建设上了,祖国正走向繁荣昌盛,精神文明和物质文明建设也都有着光明的前景。画面整体蕴含着升腾、向上的气氛,表达了党和人民对未来的坚定信心,既是团结、稳定、和平、繁荣、进步、统一的象征,又是十一届三中全会精神得以实现的概括。设计者用一根木轴将用红色印刷报头的《人民日报》平平整整地高高托起,"中国共产党第十一届中央委员会第三次全体会议公报"红色字样清晰可见,具有庄重喜庆的气势,构思十分巧妙。自1982年1月起,《人民日报》在美国旧金山印刷发行,发行到122个国家以及香港、澳门两地区。1985年7月1日,《人民日报》开始发行海外版,专为海外读者服务。海外版也是日报,及时刊载国内外的重大新闻和《人民日报》的评论文章,忠实报道中国各地方和各条战线的变化；设有人物专访，国内外通讯；辟有港台天地、今日侨乡等专栏；有副刊和"文萃"版等。海外版除在北京印刷外，还在香港、纽约、旧金山、东京、巴黎等地印刷，向世界发行。为照顾海外读者的习惯，使用繁体字印刷。

有关《人民日报》创办的知识，详见新版《中国集邮百科知识》J·1《万国邮政联盟成立一百周年纪念》。

1998—31 抗洪赈灾（附捐邮票）（T）

【抗洪赈灾（附捐邮票）（T）】Fighting Flood and Relieving Victims（Semi-Postal Stamp）（T） 有关附捐邮票的知识，详见新版《中国集邮百科知识》第一编"附捐邮票"。1998年，我国遭遇了一次历史上罕见的特大洪涝灾害。从6月中旬开始，我国江南、华南大部分地区暴雨频繁，北方局部地区也降了大到暴雨。长江干流及鄱阳湖、洞庭湖水系、珠江、闽江和松花江等江河相继发生了大洪水。其中洞庭湖水系的澧水，鄱阳湖水系的信江、抚河、昌江，珠江流域西江、福建闽江、东北的松花江、嫩江流域，都发生了超历史最高水位或最大流量的洪水灾害。长江发生了继1954年以来第二次全流域性洪水。1998年8月7日，长江南岸九江市防洪墙出现决口。经过五千多名解放军和武警官兵五天五夜的殊死搏斗，胜利地实现了堵口合龙。在此期间，中共中央、国务院、中央军委发出了致全国抗洪军民慰问电。中共中央政治局常委会召开扩大会议，做出了关于长江抗洪抢险工作的决定。随即，中央领导同志分赴抗洪抢险第一线，看望、慰问、鼓励奋战在抗洪第一线的广大军民。据统计，全国共有29个省（区）遭受不同程度的洪涝灾害。受灾面积1.96亿亩；受灾人口2.23亿人，死亡3004人；倒塌房屋497万间。各地估报的直接经济损失达1666亿元人民币。其中江西、湖南、湖北、黑龙江、内蒙古和吉林等省（区）受灾情况最为严重。面对这次特大洪涝灾害，在党中央、国务院的坚强领导下，几百万军民奋勇抢险，努力救助灾民，严防死守，顽强拼搏，谱写了一曲英雄凯歌。洪水无情人有情，灾情牵动着亿万人的心。全国各地人民群众积极响应党中央、国务院的号召，发扬"一方有难，八方支援"的中华民族传统美德，踊跃捐款捐物，以实际行动支援抗洪赈灾第一线。

1998年9月10日，为纪念迎战历史上罕见的特大洪水这场气吞山河的伟大斗争，进一步向灾区提供全社会的援助，中华人民共和国国家邮政局发行了一套《抗洪赈灾》附捐邮票，全套1枚。邮票印制局图稿创作部集体创作，李德福执笔。影写版。齿孔13度。邮局全张枚数27(3×9)。邮票与附票连印，附捐资费50分印在附票上。北京邮票厂印制。

邮票发行的周期较长，一般要两年以上的时间。这套《抗洪赈灾》附捐邮票，按照"特事特办"的原则，从1998年8月12日国家邮政局决定增加发行，到8月24日邮票全部印制完成，整个过程仅用了12天；到9月10日发行，时间也不足一个月。邮票设计者及印制人员以抗洪赈灾前线的军民为榜样，全力以赴，加班加点，昼夜奋战，保证了这套邮票按时发行，创下了一套邮票从设计、印制到发行全过程历时最短的历史记录。这套附捐邮票的销售收入，包括邮资面值50分和附捐金额50分，全部交给有关部门，用于抗洪赈灾和重建家园。《抗洪赈灾》附捐邮票的印版于1998年9月8日销毁，印量为3000万套，不再加印。

【抗洪赈灾】1998—31·(1—1)T 面值50分+50

分，票幅规格40毫米×30毫米+20毫米×30毫米，发行量3000万枚。图案以简体汉字"众"为主图，将"众"字变形，显现出众多的"人"手挽手，组成一道道人墙，像山，像长城，有力地抵御着滔滔洪水，充分体现和刻画了抗洪赈灾第一线军民齐心携手，众志成城，夺取抗洪抢险决战最后胜利的伟大壮举；由"众"字变形出来的一个个"人"，又组成了一颗颗心形，活泼泼体现了中华民族在自然灾害面前不屈不挠、坚如磐石的强大凝聚力，万众一心，爱心永存，昭示了中华民族浩气凌天的民族之魂。画面中的"众"字采用大红色，象征着全国军民抗洪赈灾的热情和爱心，具有强烈的感染力量。

1999—1 己卯年（T）

【己卯年（T）】Jimao Year（Year of the Rabbit）（T） 有关干支纪年法和十二生肖知识，详见新版《中国集邮百科知识》T·46《庚申年》。1999年为中国农历己卯年，卯兔，也称兔年，凡是在这一年出生的人都属兔。

1999年1月5日，为了庆祝新春佳节，中华人民共和国国家邮政局发行了一套《己卯年（T）》特种邮票，全套2枚，这是第二轮十二生肖系列邮票的第八套。（2—

1）原作者张锠。王虎鸣、呼振源、杨文清设计。影雕套印。呼振源雕刻。齿孔11.5度。邮局全张枚数32（8×4）。北京邮票厂印制。

根据生肖、民俗、艺术等方面权威人士的意见，十二生肖系列邮票在整体创作设计过程中要有其独特的连续性，确定了"两年平面、两年立体，篆隶草行、三年一换，一明一暗"的总体原则，即第1枚邮票的主图，两年以剪纸或中国传统装饰画为标准（平面），而两年则以中国民间玩具为标准（立体），以此循环；第2枚的生肖文字是每3年一种字体；一套邮票内的2枚图案若第1枚图案无底色，则第2枚图案有底色，次年则第1枚图案有底色，第2枚图案无底色，依此循环。按照生肖邮票的总体计划，今年《己卯年（T）》邮票第1枚图案为无底色，主图以中国民间玩具为标准（立体）；第2枚图案为有底色，主图生肖文字为草书。

【玉兔为月】1999—1·(2—1) T　面值50分，票幅规格26毫米×31毫米，发行量10212.9万枚。图案采用了泥人张第四代传人、清华大学美术学院张锠教授捏的泥兔。张锠教授捏

的泥兔，是一只以黑色为主的彩兔，它匍匐在地，双耳向后拢去，显得温顺而善良。但是，因为这枚生肖邮票图案适逢白底色，人们印象中的兔子多是白色的，民间传说又有"玉兔"之说，于是，设计者运用电脑技术对墨兔进行了"植皮手术"，由黑花兔至灰花兔再至白花兔，既给兔增添了一层"玉衡星散而为兔"的祥瑞色彩，又具有中国传统文化以兔为明月之精的吉祥、幸福的象征。画面左上角题有"己卯年"字样，钤有"己卯"红色印章，巧妙地点明了主题。

有关兔的知识，详见新版《中国集邮百科知识》T·112《丁卯年》。

【吉祥如意】1999—1·(2—2) T　面值150分，票幅规格26毫米×31毫米，发行量8369.7万枚。图案以选自《五体字典》中的一个草书"兔"字为主图，字形灵秀，特别是倒数第2笔

的那一钩，颇富动感，和第1枚图案中的彩兔形态相匹配，能够让人品出"静若处女，动若脱兔"的意味。衬底采用清代山西"月亮图"剪纸，恰好解释了第1枚图案"玉兔为月"之名。在中国传统的节日风俗中，传说明月广寒宫中有桂树，桂树下有白兔捣药，故兔以明月之精，作为八月十五中秋节拜月风俗中象征明月的瑞兽而受到崇拜。整个图案采用红色铺底，既达到了红黄相衬的和谐效果，又透着一种迎春的喜庆气氛。

1999—2 汉画像石（T）

【汉画像石（T）】Stone Relief of Han Dynasty（T）

汉朝，公元前206年~公元220年，刘邦所建。公元前206年~公元25年，称西汉；公元25年~公元220年，称东汉。汉画是中国汉代时期众多艺术作品中最有代表性的一种艺术，它所涵盖的内容主要是两部分：一为画绘，如壁画、帛画、漆画、色油画、各种器绘等；二为浮雕，如画像石、画像砖、画像镜、瓦当等及其拓片。在中国文化发展史上，汉代文化是一个非常重要的分界。汉代文化是佛教全面影响中国之前的文化，是集中华固有文化之大成者，即汉代文化是比较纯净的中国本土文化；而汉代文化中所记载的东西，既是汉代的，也有大量的先秦和远古的东西。汉画反映的正是中国前期的这段历史，其时间跨度从远古直至汉代，地域覆盖从华夏故土放射到周边域外各国。汉画内容丰富，其中的神话传说、历史故事、生产活动、仕宦家居、社会风俗等，形象繁多而生动，被视为一部形象的先秦文化和汉代社会的百科全书。因此，为了寻找中华固有文化之根，汉画不仅吸引了文物考古界、艺术界，也吸引了包括历史、哲学、宗教、民俗、民族、天文、冶金、建筑、酿造、纺织等学科和专业的注意，汉画研究已向多学科的综合研究发展。汉画艺术是汉代社会的那种开拓性、进取心在艺术上的反映，是强盛的汉帝国文化财产的一部分。汉画艺术深沉雄大，画面中充满了力量，充满了运动感，而且表现手法多样，形态各异。在汉画中，既有许多写实性强的作品，更有许多夸张变形、生动洗练的作品。汉画继承了前代艺术的传统，使之发扬光大，以其成熟、丰富的形式影响着后代。从汉画中，可以看到中国艺术传统的来龙去脉。如石、砖、铜镜、瓦当等雕塑作品，既能看到原始人在石、玉、陶、泥上雕镂塑作的影子，也能看到商周青铜器纹饰块面的制作手段。可以说，汉以后一些盛极一时的雕塑形式中，许多地方就直接沿用了汉代画像石、砖、镜中的技法。汉画是具有中国风貌和泱泱大国气派的美术作品，能使人精神振奋，能给人一种对博大精深的中华文化的自豪感。从保存的现状看，无论从数量上或是保留得完整性上，汉画里雕刻类作品整体上超过了画绘类作品，故在汉画研究和使用中总是以画像石、画像砖为主，而且今天所说的汉画，在相当大的范围内是指画像石、画像砖及其拓片。其中画像石因数量大、手法多、题材广泛、形象丰富而最受重视。画像石的

分布,有山东、河南、四川、重庆、江苏、陕西、山西、安徽、湖北、浙江、云南、北京、天津、甘肃、青海、河北、内蒙古等十多个省市区。其中以山东、江苏、徐州、河南、川渝(四川及重庆)、陕西榆林(陕北)等区域密度最大,数量最多。

1999年3月16日,为了弘扬中华民族悠久的历史文化,中华人民共和国国家邮政局发行了一套《汉画像石(T)》特种邮票,全套6枚。呼振源设计。胶版。齿孔12度。邮局全张枚数50(5×10)。河南省邮电印刷厂印制。

这套邮票的6枚图案,均采用原石拓片,画面十分清晰,既显得古色古香,又清楚地体现出了不同的雕刻技法。在装帧设计上吸取了国画的装裱形式,图与边框同色,分别是墨绿、橄榄绿、深蓝、深棕、土黄、蓝紫,主图底色统一采用淡黄色,沉稳而凝重。

【汉画像石·牛耕】1999—2·(6—1)T 面值50

分,票幅规格40毫米×30毫米,发行量2603.35万枚。图案选用了汉画像石《牛耕图》。1962年陕西绥德境内出土,现藏西安碑林博物馆。原石高116厘米,宽52厘米。画面分为两格:上格是执戟卫士站在楹柱旁,下格是牛耕图。邮票图案为突出主题,选取的是下格画面。早在春秋末期,中国出现了牛耕,但真正使用并推广则是在汉代。汉代使用牛耕,除以中原为主的北方地区外,西北边陲因屯田的需要,是汉王朝重点推行牛耕的地区。今天能够见到的汉画像石中,牛耕形象主要出现在陕北、山东、徐州等地,基本上反映了汉代牛耕的分布情况。据记载,汉武帝时,搜粟都尉赵过发明了二牛三人的耦犁,进一步提高了耕作速度。西汉晚期,耦犁构造的改进和驶牛技术的娴熟,出现了一人扶犁并驱二牛的方法,即所谓二牛抬杠式。这种方法不仅能保证耕作效率,还节约了人力。《牛耕图》就是以陕北的农作放牧为题材,表现了这种先进耕作法。画中二牛并列前行,犁衡搭于两牛颈部,衡引一长辕犁;一农夫扶犁举鞭驱牛;一童子手提口袋,好像在点播下种。这件作品雕刻手法简洁、概括,横线的牛与竖线的人组合、搭配得协调而平稳,整个画面洋溢着一种劳作热情,富有动感。

有关牛的知识,详见新版《中国集邮百科知识》T·102《乙丑年》。

【汉画像石·纺织】1999—2·(6—2)T 面值50

分,票幅规格40毫米×30毫米,发行量2603.35万枚。图案选用了汉画像石《纺织图》。1957年江苏徐州市铜山洪楼村出土,现藏南京博物馆。原石高99厘米,宽216厘米。东汉时期,纺织品主要产地是今天的四川、山东等地。汉代时,今天的徐州与山东地域相互交错,故东汉画像石中的纺织图像,除主要出现在山东、四川两地外,徐州也有发现。邮票图案选用的这幅纺织图,是一块祠堂画像石的一个局部。原画面分为两层:上层是人物故事;下层是一座地主庄园,左边正在进行乐舞百戏表演,一间大厅内坐满观赏者。纺织图位于下层左边的纺织室。室内有三个妇人,其中一人调丝,即把几个茧的丝头合绕起来形成丝线;一人络丝、并丝,即把丝线绕在梭杼内;一人坐在斜织机上踏机织作。画面牛清晰地呈现了汉代纺织的三道工序,是研究纺织史的珍贵资料。特别是脚踩躡(踏板)提综这一技术,即织女坐在织机上踏动脚板,通过杠杆原理,把底经拉上落下,然后投梭加纬,织成布匹。这一技艺公元6世纪才在欧洲出现,13世纪才广泛应用。而在汉画像石的多幅纺织图中,都清楚确切地雕刻出了"脚踩躡提综"这种装置,说明我国早在公元1世纪~2世纪时就已经普及这种技术了。纺织图的雕刻技法以弧面浮雕为主,即剔除物象轮廓线外的地方,在轮廓线内的物象则刻成略凸的弧面,使物象有凸起感,再用阴线刻细部,物象显得十分丰富。

【汉画像石·舞乐】1999—2·(6—3)T 面值50

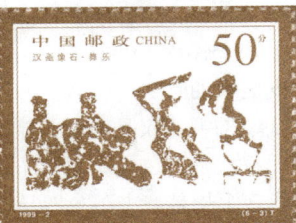

分,票幅规格40毫米×30毫米,发行量2603.35万枚。图案选用了汉画像石《舞乐百戏图》。20世纪30年代在江苏徐州沛县泗水出土,1944年被日本人盗运到连云港准备偷运出境,后被追回,现藏徐州汉画像石艺术馆。原石高108厘米,宽58厘米。画分三层:上层是舞乐图,中层是六博对饮,下层是车马图。邮票图案选取的是上层画面舞乐图。在汉代人的生活中,舞乐犹如不可或缺的食物和水。据汉代的许多文献材料记载,从宫廷到民间,几乎时时都在举行舞乐活动。在绝大多数情况下,汉代的乐和舞是不可分的,实际上汉代乐舞就是音乐、舞蹈、体育、杂技、幻术、舞剧等多种文艺形式的综合汇演。邮票图案选用的这幅舞乐图作品,属于汉画像石舞乐图中最简略的一类:画面左边二人一组的调瑟伴奏代表乐队,中间一人舒长袖舞代表歌舞,右边一人倒立代表杂技。长袖舞是汉代的宫廷舞蹈,它翘袖折腰,优美迷人,成为代表汉代特征的舞蹈样式。原画面上方,画师雕刻了一条有力度的曲线,犹如一缕云气,既将三种在画面上平列的艺术形式串连成一个整体,也以生动的形式填补了画面上方的空白,使画面显得紧凑而有活力,并以其强烈的动感和张力而具有一种动人心魄的艺术魅力。

【汉画像石·车马出行】1999—2·(6—4)T

面值150分,票幅规格40毫米×30毫米,发行量2438.35万枚。图案选用了汉画像石《车马出行图》。1953年四川成都羊子山一号墓出土,现藏重庆市博物馆。原石高47厘米,全长11米,由墓室的左、右壁连接而成,画面是一组非常雄伟壮观的车骑出行队列。在汉代,车骑出行既是汉代人爱马嗜好的体现,也是地位和财富的象征。例如,皇帝大驾出行,"备千乘万骑";太守一类人出门,"车骑满道";富实之家驰行于市,也是"鲜车怒马"。这些内容,在汉画像砖、画像石中有大量的表现。画师在具体描绘时,追求马的美的规范,如小头、细腿、大蹄和饱满壮实的颈、胸、臀,展现出健壮、精干、充满了力量的良马形象。羊子山一号墓出土的这幅《车马出行图》镌刻在墓中室左、右两石壁上,以浅浮雕为主,犹如一件大幅长卷,气势磅礴。画幅总长8米,刻有主车1辆;主车前有导车8辆,后有从车2辆;车的前后分布有步卒18人、骑吏34人、鼓吹6人。整个画面上共有83人、12辆辎车、56匹马,形成了一支庞大的官吏出行队伍。这幅《车马出行图》雕刻技法细腻传神,不仅是四川成都地区汉石刻艺术的代表作,也是汉代最出色的石刻作品之一。邮票图案选取了"主车"这个局部。主车为四马所驾的"施耳辎车",两位持戟骑士导前,后有一骑吏断后,主人高冠博带坐在四马相拉的辎车上,威风凛凛。在导骑和主车之间的空白处,画师刻了一只撒腿疾奔的兔子,既使画面显得充实而均衡,又寓意车骑奔跑的快速,构思巧妙,十分传神。

有关兔的知识,详见新版《中国集邮百科知识》T·112《丁卯年》。

【汉画像石·荆轲刺秦王】1999—2·(6—5)T 面值150分,票幅规格40毫米×30毫米,发行量2450.85

万枚。图案选用了汉画像石《荆轲刺秦王图》。现存山东省嘉祥县武氏祠左石室。原石高97厘米,宽70厘米,画面分三层:第一层刻齐相管仲射小白的故事,第二层刻荆轲刺秦王,第三层刻伏羲、女娲的故事。邮票图案选用的是第二层画面。《荆轲刺秦王》故事原载《史记·刺客列传》。荆轲(?—前227年)战国末年的一名刺客,喜欢读书和击剑。卫国人,卫人叫他庆卿。游历燕国,燕人叫他荆卿,也称荆叔。后被燕太子丹尊为上卿。燕太子丹曾被质于秦,后逃回燕国。他为了阻止秦王朝的统一步伐,决定派荆轲去刺秦王政(即秦始皇)。燕王喜二十八年(公元前227年),荆轲带着秦逃亡将军樊於期的头和夹有匕首的督亢(今河北易县、涿县、固安一带)地图,作为进献秦王的礼物出发。至易水之上时,太子及宾客皆白衣冠以送之,高渐离击筑,歌曰:"风萧萧兮易水寒,壮士一去兮不复还!"荆轲和秦舞阳到达秦国,在咸阳宫向秦王献地图时,图穷而匕首见,荆轲刺秦王不中,被杀死。汉画像石《荆轲刺秦王图》表现的正是刺秦王时的突发性场景:荆轲刚刚把地图献给秦王时,咸阳宫显得那样庄严肃穆。当图穷匕首见后,顷刻间陷入一片混乱。荆轲左手揪秦王之袖,右手持匕首刺之,不中。秦王惊起,袖绝,环柱而走。群臣皆愕,惊恐万状。荆轲在被秦王断左股后,便将匕首掷向秦王,不中,中铜柱。画师正是捕捉住了匕首击中铜柱的那个瞬间,以铜柱底部为中心,人物呈放射状向四方运动,活泼泼地展现出了在生与死、追与逃、止与行矛盾中最激烈的一刹那。特别是画师采用艺术夸张,让匕首穿透铜柱,让掌握着强权的秦王和官员乱作一团,让秦舞阳惊慌伏地战栗畏缩,既衬托出了荆轲的勇敢无畏,也是这一历史事件的形象总结,独具匠心,十分精彩。画面采用平面浮雕的手法,突出人物形态,用阴刻线刻画衣纹和五官,用刀简洁明快,造型粗犷古拙,气势炽烈,体现了力和气质的美。

【汉画像石·嫦娥奔月】1999—2·(6—6)T

面值150分,票幅规格40毫米×30毫米,发行量2450.85万枚。图案选用了汉画像石《嫦娥奔月图》。1964年河南南阳西关汉墓出土,现藏南阳汉画馆。原石高68

厘米，长137厘米。有关《嫦娥奔月》的神话传说，详见新版《中国集邮百科知识》T·120《中国古代神话》。这幅汉画像石《嫦娥奔月图》，采用剔底浮雕技法，即在平整的画面上用线勾勒图像轮廓，剔去图像以外的空间，使画面高出底面，形成浅浮雕，然后用阴线勾勒细部。《嫦娥奔月》画面上，左方刻有一圆轮为月亮，内有蟾蜍；右方刻有一位人首蛇躯的女子，头梳高髻，身穿宽袖长襦，后拖屈曲长尾，臀部有双爪，双手前拱，面向月轮，做升腾状；画面散布有九个星宿及云气相簇拥，加强了嫦娥奔月飞翔于天际的气氛。画面构图丰满，人物造型优美，主题鲜明，是汉代南阳画像石之佳品。值得说明的一点是，有的学者指出，这幅石刻作品中的人首蛇躯、月中已有嫦娥化现的蟾蜍等，名称"嫦娥奔月"有些牵强，应为"女娲"。在汉代，嫦娥只是附着在西王母长生不死药的主题下的一个传说人物，故事没有过多铺陈，而且嫦娥奔月后变成了蟾蜍。到志怪小说发达的魏晋以后及道教开始出现并传播后，嫦娥奔月才发展成一个美丽的故事，嫦娥才被描绘成一位楚楚动人的美女形象。这幅汉画像石中那明亮的星宿和缭绕的云气，极富浪漫与奇幻色彩，将其看作嫦娥奔月，仿佛不仅更具有遐想，也更符合审美的需求。

1999—3 中国陶瓷——钧窑瓷器（T）

【中国陶瓷——钧窑瓷器（T）】Chinese Pottery and Porcelain: Teh Junyao Ware（T） 有关中国陶瓷的知识，详见新版《中国集邮百科知识》T·62《中国陶瓷——磁州窑系》。钧窑瓷器是中国广为传说的"五大名窑"——"官、哥、汝、定、钧"之一。钧瓷产于河南省禹州市。早在四千多年前，河南禹州是大禹的封地。根据《左传·昭公四年》记载，夏禹之子夏启即昭公建都于阳城（今河南登封），并在钧州（今河南禹州）建钧台宴会天下诸侯，举行开国大典，建立了中国第一个奴隶制王国"夏"，钧台因此而为历代传颂。宋徽宗建都汴京，离禹州较近，当时便将官窑设在了钧台附近，钧瓷由此得名。钧瓷始于唐，盛于宋。北宋徽宗时，将钧瓷定为皇宫专用的贡瓷，使其获得了"黄金有价钧无价"、"雅堂无钧瓷，不可自夸富"之盛誉。钧瓷造型端庄古雅，胎质细腻坚实，雕工严谨。尤其是宋代钧官窑的产品，由于是宫廷御用，原料和工艺更加讲究。其胎骨和釉药全用禹州特产的孔雀石、玛瑙石、虎皮玉、阴阳土、豆腐石等名贵矿物，经夏日曝晒，秋雨浸润，寒风冰冻，春暖软化，然后再用洁净的颍河水，经艺人揉搓泥胚，精雕细刻，浸蘸点涂，最后成型入窑，高温烧炼。钧窑独特的"窑变"最为

神奇，举世无双。别的瓷器釉色花纹可以预先设计，钧窑釉色全靠"窑变"，故有"入窑一色，出窑万彩"、"钧瓷无对，窑变无双"的艺术效果。其中著名的釉色为天青、月白、玫瑰红、海棠红、鹧血红、宝石蓝等。在同一件瓷器上，会出现红里透紫、紫里藏青、青中寓白、白中泛红、五彩渗透、相映生辉的景象。釉中还经常会出现蚯蚓走泥纹、珍珠点、蟹爪痕、鱼子纹、冰片纹等纵横交融的色带，釉面往往构成一幅幅神奇的图画，浑然天成，像天上流动的云霞一般，变幻多彩，莹润透活。对于瓷器"窑变"釉色的绝妙，古人曾用"雨过天晴泛红霞，夕阳紫翠忽呈岚"、"高山云雾霞一朵，烟光凌空是满天"等诗句进行描绘。这种"窑变"釉色，是中国钧瓷的一大创举。钧瓷造型主要有盆、瓶、尊、炉、洗等。由于宋代钧瓷开始被宫廷垄断，不许民间烧造使用，加上钧瓷制作烧制工艺十分复杂，向有"十窑九不成"之说，历代钧瓷真品极难见到，故有"纵有家产万贯，不如钧瓷一件"之说。金元时期，各地窑口竞相仿制，但都不及禹州钧窑。新中国成立后，钧瓷的传统技艺推陈出新，创造出了应香港回归礼品《豫象送宝》特大钧瓷花瓶等艺术珍品，使这一千古绝技进入一个新的发展阶段，成为全人类的宝贵的文化财富。

1999年4月8日，为了弘扬中国陶瓷悠久的历史文化遗产，中华人民共和国国家邮政局发行了一套《中国陶瓷——钧窑瓷器（T）》特种邮票，全套4枚。王虎鸣设计。影写版。齿孔11.5度。邮局全张枚数40（8×5）。北京邮票厂印制。

这套邮票是继T·62《中国陶瓷——磁州窑系》、1998—22《中国陶瓷——龙泉窑瓷器》之后，第三组冠以"中国陶瓷"名义发行的邮票，所选瓷器以"盛于宋"的官窑最高艺术成就时期的钧瓷名品为主，兼及宋以后金元民窑精品；所选器物均为经专家鉴定过的国家一级文物，器物造型与釉彩具有代表性，体现了钧瓷的发展脉络和艺术成就。4枚图案均采用摄影作品，浅灰的底色协调而舒展，与主图相得益彰；横粗竖细的古式信笺框线具有传统文化韵味，并特意将框线断开一点，安排成面值，形成了一种突破感；图案铭文采用香灰色，就是钧瓷断面常见的颜色，寓意存焉。

【北宋·出戟尊】1999—3·（4—1）T 面值80分，票幅规格30毫米×40毫米，发行量3746.3万枚。图案选用了北宋（公元960年~公元1127年）时期钧瓷的一件宫廷御用瓷器

"出戟尊"。尊是古代酒器，鼓腹侈口，高圈足，呈圆形或方形，形制比较多，用于盛酒。"出戟尊"尊高31.6厘米，口径26厘米，釉色月白。现藏北京故宫博物院。在造型线条的处理上，曲直、张阖极具特点，从图中既可以领略到宋代艺人所追求的古朴浑厚、纹饰洗练的风格，也可以感受到一种端庄威严、高雅匀净的皇家气魄。

【北宋·尊】1999—3·（4—2）T　面值100分，票幅规格30毫米×40毫米，发行量2722.7万枚。图案选用了北宋（公元960年～公元1127年）时期钧瓷的一件宫廷御用瓷器"尊"。尊高18.5厘米，口径20.1厘米。现藏北京故宫博物院。器物釉色青里透彩，紫中泛红，具有凝厚深沉、含蓄耐看的艺术效果，真所谓"钧瓷无对，窑变无双"。

【元·双耳炉】1999—3·（4—3）T　面值150分，票幅规格30毫米×40毫米，发行量2415.5万枚。图案选取了元代（公元1206年～公元1368年）钧窑一件"凸雕龙纹双耳炉"。炉高42.7厘米，口径25.5厘米。器颈部堆贴龙纹及一块方形题记，刻有"己酉年九月十五小宋自造香炉一个"楷书铭文。己酉年为公元1309年，即元至大二年。腹部饰有凸起的兽面和铺首衔环纹，体施天青色釉，为元代钧窑的产品。此器有制作的确切年代及工匠姓氏，在钧窑系中不多见，是钧窑断代研究的重要标准器物，且形体高大，浑厚凝重，造型美观，装饰纹样新颖别致，釉质肥厚，色泽艳丽，为元代钧窑的真品，故定位国宝。1970年在内蒙古自治区呼和浩特出土。现藏内蒙古自治区博物馆。"双耳炉"荷口镂空，紫斑浓重，堪称元代钧瓷的精品。

【元·双耳连座瓶】1999—3·（4—4）T　面值200分，票幅规格30毫米×40毫米，发行量2574.3万枚。图案选取了元代（公元1206年～公元1368年）钧窑一件"双耳连座瓶"。瓶高63.2厘米，口径23.5厘米。荷口双耳，瓶底相连，并有镂孔，青釉匀净，紫斑

浓重，是元代钧瓷的代表作品。现藏首都博物馆。"双耳连座瓶"不仅装饰考究，图案恢宏，而且纹路奇妙多变，自然天成，引人联想，为钧瓷增添了浓郁的神秘色彩。

1999—4　1999昆明世界园艺博览会（J）

【1999昆明世界园艺博览会（J）】Kunming World Horticultural Fair 1999（J）　世界博览会是一项由国家主办、多个国家参展的大型国际博览会。其宗旨是促进世界各国经济、文化、科学技术交流与发展，使每个参展国家能够利用这个机会向全世界宣传、展示在各个领域里取得的成就。由于规模大、层次高、代表性强，世博会又有世界经济、科技界"奥林匹克"盛会之誉。1851年，首届世界博览会在英国伦敦举办。1928年，35个国家在法国巴黎缔约，对世界博览会的举办方法做出若干规定。1938年，国际展览局成立，负责管理世博会的有关事务。世博会分综合性博览会和专业性博览会，专业性博览会又分A1、A2、B1、B2四个级别。至1999年，世界园艺博览会已在世界各地举办过19届。1993年5月27日，国际展览局接纳中国为国际展览局（BIE）的第46个正式成员国；同年12月5日，在法国巴黎BIE总部召开的国际展览局第114届代表大会上，中国被增选为国际展览局信息委员会的成员国。1994年12月，国际展览局第116次大会上，批准了中国于1999年在北京举办世界园艺博览会的申请，并列入了该局的展览计划。因中国申办的'99世界园艺博览会是专业性的园林园艺博览会，北京在筹办工作中遇到了场地、气候等困难，而云南有着优越的自然条件、丰富的生物资源和旅游资源，有寒带、温带、热带的多种气候，一年四季都有花，素有"植物王国"和"世界花园"之称，加上云南省将生物资源和旅游业作为支柱产业进行开发的实际情况，1995年12月12日国务院正式批准由云南省昆明市举办'99国际园艺博览会。1996年6月5日，国际展览局在法国巴黎召开第119届大会，审定了昆明举办'99世界园艺博览会的办展程序，同意1999年由中国政府主办的世界园艺博览会移址云南昆明举行，并注册为"中国'99昆明世界园艺博览会"。本届博览会属专业性国际博览会的最高级别A1级；主题为"人与自然——迈向二十一世纪"；会期184天，1999年5月1日～10月31日。1996年9月16日，国际园艺生产者协会在匈牙利布达佩斯举行第48届年会，与会代表一致通过在中国云南省昆明市举办'99世界园艺博览会。"中国'99世界园艺博

览会"会址位于昆明北郊,距市区4公里处植被茂盛的金殿风景名胜区,占地218公顷。世博园主要是由场馆和展区构成的:包括有中国馆、国际馆、人与自然馆、大温室和科技馆五大室内展馆;树木园、药草园、盆景园、竹园、茶园和蔬菜瓜果园六个专题展园。室外展区主要由国际展区、中国展区和企业展区构成。其展览内容为园林、花卉、庭院、绿地及与此相关的先进技术和成果;水果、蔬菜和部分农作物的栽培、种植、品种改良及与此相关的技术、设备、科研成果;环境保护方面的先进产品及科学技术。有九十多个国家和国际组织参展,国内有三十多个省、自治区、直辖市及特区园艺精品参展,约一千万人次参观,成为历史上参展国最多、规模最大的一届园艺博览会。此次世博会举办了丰富多彩的活动,包括隆重的开幕式、各国馆日活动、中国馆日系列活动、省周活动以及若干围绕"人与自然"为主题的国际国内学术交流会议。世博园内还举办了各类专题展示活动,主要有"花卉展"、"中国艺术博览会优秀作品展"、"国际服装展"、"民族民间服饰展"、"全国人与自然摄影大赛作品展"等。

1999年5月1日,为了祝贺"中国'99昆明世界园艺博览会"顺利举行,中华人民共和国国家邮政局发行了一套《1999昆明世界园艺博览会(J)》纪念邮票,全套2枚。刘巨德设计。胶版。齿孔12度。邮局全张枚数40(10×4)。河南省邮电印刷厂印制。

【保护大自然】1999—4·(2—1)J 面值80分,票幅规格30毫米×50毫米,发行量3634.15万枚。

图案为一朵环抱地球的茶花由人类彩虹之手托起。运用茶花最富有生命力的线条、韵律和色彩,把自然事实幻化为灵魂形态,生动地展现出了茶花笑口迎天、乐仁乐静的天性和美丽。其中环绕叶茎的S形曲线,巧妙地与手相接,表现了一个特定的目标——人与自然,充满着一种力量和感召。从整个图案看,设计者借用一花一世界、君掌盛无边的诗意,既述说了地球灿烂吉祥的园艺之花,出自善良人们的美好愿望和勤劳的双手,也表达了中国人民迎接园艺博览会召开的喜悦心情,以及园艺博览会供五洲为安、利四海为悦的精神和情怀,突出了人保护自然的美善与力量,意味深长,耐人寻味。图案左下角绘有"1999昆明世界园艺博览会"吉祥物——滇金丝猴"灵灵"形象,它手举一束鲜花,欢快地奔跑着,热情地迎接八方来客,憨态可掬。

有关地球的知识,详见新版《中国集邮百科知识》纪3《世界工联亚洲澳洲工会会议纪念》。

有关茶花的知识,详见新版《中国集邮百科知识》T·37《云南山茶花》。

【博览会场馆】1999—4·(2—2)J 面值200分,

票幅规格30毫米×50毫米,发行量2438.15万枚。图案的主体形象是一棵绿树,树冠由层层叠叠覆盖在山峦上的森林组合而成。设计者将树的夕形画成花蕾状,突出了场馆富有活力的自然环境。世界馆、中国馆、人与自然馆作为博览会场馆的建筑代表,自由坐落于绿色山林之中。树干由五色彩带构成,象征五大洲人民共同努力创造了人类绿色和平之树,表现了人类保护自然,美化环境的美好愿望和成果。图案右上角绘有"中国'99昆明世界园艺博览会"会徽"人与自然"。会徽图案由一只飞翔的海鸥和一朵鲜花组成。海鸥每年冬季飞临春城,成为昆明一大景观,展示了人与自然的和谐关系,点明了画题。

1999—5 马鹿
(中国—俄罗斯联合发行)(T)

【马鹿(中国—俄罗斯联合发行)(T)】Red Deer (Jointly Issued by China and Russia)(T) 有关"中国"名称的知识,详见本书1996—8《古代建筑(中圣联合发行)(T)》。15世纪末,形成以莫斯科为中心的俄罗斯中央集权国家。1547年,伊凡四世改称"沙皇"。1721年,宣布俄罗斯为帝国。1917年十月革命后,成立俄罗斯苏维埃联邦社会主义共和国。1922年12月,同乌克兰等组成苏维埃社会主义共和国联盟,简称"苏联"。1949年10月2日,苏联和我国建立正式外交关系。1989年,苏联解体,俄罗斯独立。面积1707.5万平方公里,俄罗斯人占总人口的4/5。首都莫斯科。马鹿(Cerrus elaphus)为兽纲,偶蹄目,鹿科动物,别称"赤鹿"、"黄臀赤鹿"、"八叉鹿"。马鹿平均体长约2米,体重约200公斤,最大可达300公斤,故有鹿类中的"大个子"之称。雄体形较大,体长2米~2.3米;雌体形较小。夏季毛短,毛呈赤褐色;冬季毛灰棕色。栖息于高山森林中,有迁徙现象,夏上山,冬下山,常结成小群在山谷林间活动,主要以各种植物的嫩叶等为食,并喜欢在盐碱较多的低湿地舔食。马鹿毛皮可做褥垫或制革,鹿角具有活血、散瘀、消肿等作用,茸、胎、骨、血、筋等都可入药,均是宝贝。马鹿是一种耐寒的动物,分布于欧、亚、北美洲和非洲北部,在我国主要产于东北、西北和青藏高原北部与南部地区。邮票图案上选用的是分布在中国和俄罗斯交界地带的东北马鹿(马鹿亚种)。据专家介绍,成年的东北马鹿身长2.2米~2.5米,肩高1.45米~1.65米,体重170公斤~250公斤;雄鹿长有美丽的鹿角,长85厘米,两边共10个~12叉,夏天呈鲜亮的红色,冬天则变成黄灰色,尾巴周围有一块黄红色,并且两边都有黑色条纹。长期以来,由于森林环境的人为破坏及乱捕滥猎,马鹿数量越来越少,以渐成为濒危物种。为科学保护和持续利用马鹿这项珍贵的动物资源,我国政府将马鹿划为国家Ⅱ级重点保护动物,禁止肆意捕杀。《濒危动植物种国际贸易公约》将产于中亚地区的马鹿列入严格控制贸易的公约附录Ⅱ;产于克什米尔的马鹿列于严格禁止贸易的附录Ⅰ中。为了更好地满足人们对鹿茸和鹿肉的需求,在20世纪,已有中国、苏联、英国、澳大利亚和新西兰等国家兴起了养鹿业,其中马鹿均作为重点养殖对象之一。

1999年5月18日,为了增强人类保护生态环境的意识,中华人民共和国国家邮政局和俄罗斯邮政部门联合发行了一套《马鹿(中国—俄罗斯联合发行)(T)》特种邮票,全套2枚。殷会利(中国)、符拉基米尔·D.柯尔加诺夫(俄罗斯)设计。影写版。齿孔11.5度。邮局全张枚数16(4×4)、横2枚连印。北京邮票厂印制。

这套中国和俄罗斯联合发行的邮票,2枚图稿由中俄双方设计家共同完成,充分体现了"联合"的主题。在制作期间,中俄双方的设计者相互予以充分的理解和尊重,多次交换设计意图,互相学习对方的设计优点,共同采用一种看似非常轻松的手法,自然流畅,将两只马鹿刻画得生动自然,很有人文色彩。整幅画面非常集中,整体感强,很有灵性。

【马鹿】1999—5·(2—1)T 面值80分,票幅规格40毫米×30毫米,发行量2449.8万枚。图案刻画了一只雄马鹿的威武形象。雄性马鹿长着一对漂亮的大犄角,而母鹿没有。雄鹿刚出生时也没有角,到第二年才开始长出不分叉的角,第三年角才开始长叉。一般情况下,每年春季旧角脱落,5月~6月间茸角长势最旺,8月~9月间角已骨质化而形成新角。鹿的年龄不同,角的叉数有异,9岁左右雄鹿犄角的叉数最多,一般每角为8个叉,故也称"八叉鹿"。有少数马鹿的角可长到10个叉;9岁以后角的叉数不再增加。壮年公鹿的犄角最大,其主干长可达1.7米,加上许多分叉,显得又大又长,十分威武。每到秋末交配季节,为了争得配偶权,公鹿常常互相格斗,犄角便是双方有力的武器。邮票图案以广袤的山川草地和马鹿群为背景,突出刻画了一只雄性马鹿的形象:它几乎占满整个画面,修长,高大,头上角叉刚健锐利,直指长空,显得粗犷、威风、雄壮;昂首高举漂亮而有力的犄角,瞪眼、竖耳、蹬足、吼叫,正在向同性宣示自己的勇猛和力量,有如见其行,如闻其声之感。

【马鹿】1999—5·(2—2)T 面值80分,票幅规格40毫米×30毫米,发行量2449.8万枚。图案刻画了雌性马鹿的形象。怀胎8个月的母鹿在夏季产仔,每胎多为1仔。初生的幼鹿身上有几行白色斑点,约3个月后开始换掉胎毛,斑纹也随之消失。在哺乳阶段,母鹿与仔鹿终日形影不离,并时刻警惕天敌的袭击;幼鹿28日龄时已能吃草,可以跟随母鹿外出活动。这个时期,母鹿、仔鹿及头年出生的幼鹿常常集合在一起,有时甚至会形成上百头的大群。邮票图案以绵延的山川为背景,突出刻画了一只母鹿携仔鹿外出活动的瞬间情景:两只仔鹿紧紧跟随着母鹿,而母鹿突然站住,它回首,竖耳,张望,其敏锐的听觉和嗅觉仿佛发现了什么危险的动静,既表现出了高度的警觉性,也展现出母鹿作为一个母亲随时都保护儿女安全的责任心和勇敢精神,十分感人。

1999—6 普陀秀色(T)

【普陀秀色(T)】Beauties of Putuo Mountain(T)
普陀山坐落在浙江省东北部杭州湾外莲花洋上碧波万顷的东海之中,是舟山群岛中的一个小岛。岛呈狭长形,南北纵长8.6公里,东西宽3.5公里,面积12.5平方公里。最高峰佛顶山,海拔291.3米。是中国四大佛教名山(峨眉山、五台山、九华山、普陀山)之一。普陀山之名源自佛教《华严经》,全称为"普陀洛迦"、"补怛罗迦",梵语原意为"美丽的小白花"。既是佛教圣地,又有山、海之胜景,人称"神仙境界"。据《普陀山志》记载,五代后梁贞明二年(公元916年),日僧慧锷自五台山请观音像归国,途经普陀山为大风所阻,避入一个岙口。第二天,风平浪静,起航后,海面升起一团烟雾,船绕一圈又回普陀。第三天,刚出岙口,巨浪又起,并漂来朵朵铁莲,将船围在其中,僧人大惊,心想观音不愿离开中国,于是跪在观音像前,合掌祷告:"若我国众生无缘见佛,当从所向建立精舍。"顿时,海底出一铁牛,吃掉铁莲,海面现出一条通道,潮音洞下,居民张氏舍宅为院于双峰山下,号"不肯去观音院"。故有传说,普陀山是观音菩萨显灵说法的道场,素以"海天佛国"闻名于世。南宋绍兴元年(公元1131年),普陀山佛教各宗统一归于禅宗;嘉定七年(公元1217年),又规定普陀山以供奉观音为主。历朝相继兴建寺院,新中国成立前一度有寺院、庵堂和茅棚228个,有僧民四千一百多人。其中普济、法雨、慧济三大寺,规模宏大,建筑考究,是我国清代建筑群的典型。岛上有千步沙、潮音洞、梵音洞、南天门、西天门等风景点二十多处,幽洞奇岩,海景变幻,幽中有静,幽中有奇,幽中有雄,神韵特异,历来为游览避暑圣地。初唐神童王勃曾赞普陀"南海海深幽绝处,碧绀嵯峨连水府"。普陀山历史人文景观也很丰富,秦朝安其胜、汉朝梅福、晋朝葛洪都在普陀山修炼;唐代天竺僧人燃指礼佛,感应观音现身。普陀古木苍翠,岩壑奇秀,古刹雄伟,宝塔映辉,金沙绵亘,白浪环绕,渔舟竞发,洪波浩荡,景象壮阔,确实叫人心仪神往,流连忘返。

1999年6月3日,为了展现中国佛教名山的风貌,与T·100《峨眉风光》、1995—20《九华胜境》、1997—11《五台古刹》邮票相呼应,中华人民共和国国家邮政局发行了一套《普陀秀色(T)》特种邮票,全套6枚。范扬设计。胶版。齿孔12度。邮局全张枚数(6—1)(6—3)(6—4)(6—6)40(4×10),(6—2)(6—5)40(10×4)。辽宁省沈阳邮电印刷厂印制。

这套邮票的6枚图案,设计者运用线描、水彩等综合手法,画面丰富多彩,准确而充分地表现出了普陀山瑰丽奇幻的特点,生动而具体地展现出了中国特色、民族气派、景区大观。

【普济寺】1999—6·(6—1)T 面值30分,票幅规格50毫米×30毫米,发行量3507.15万枚。图案描绘了普陀山普济寺的风貌。普济寺亦名"前寺",坐落在

普陀山白华顶南,灵鹫峰下。普陀三大寺(普济寺、法雨寺、慧济寺)之一,初建于北宋元丰三年(公元1080年),称宝陀观音寺,后几经兴废。清康熙三十八年(公元1699年)三月,重建大殿,并赐寺额"普济群灵",故得名普济寺。现存大殿为清雍正九年(公元1731年)奉敕重建,有殿阁堂庑二百多间,为山中供奉观音大士之主刹,建筑面积达15288平方米。中轴线上有天王殿、圆通宝殿、藏经楼、方丈殿等。两侧有藏经楼、方丈殿、伽蓝殿、罗汉殿、禅堂、承德堂、梅曙堂等。寺前有钟鼓楼、海印池(亦称莲花池)。池中正对山门有八角亭、御碑亭。寺东南有多宝塔,西南有石碑坊。其中圆通宝殿是全寺之主殿,初建于宋嘉定七年(公元1214年),明万历、清康熙年间两次重建,1987年重修。大殿琉璃黄瓦,重檐歇山顶,疏朗博大,巍峨宏伟,保持了典型的明清建筑风格。殿内供奉着8.8米高的毗卢观音像。两侧分列观音三十二应身像,展现了观音在"十方世界"随类逐行、寻声救苦、有感即应、无愿不从之迹和法力。邮票图案以圆通宝殿为中心画面,生动地展现出了普济寺古木参天,殿宇恢弘,莲池映碧,卧桥横波的壮阔景象,画面色彩灿然。设计者采用普陀山现存最古的建筑多宝塔作为图案背景,据塔上题记云,该塔建于元元统二年(公元1334年),全用白石砌成,四面五基座平台的四面和转角处都有螭首。第二层的柱子雕刻蟠龙,体态雄健,形象极其生动。栏杆望柱柱头饰莲花,栏板两侧雕刻天王立像。每层每面有壶门式壁龛,龛内雕佛像。顶层四角饰山花蕉叶。塔刹为仰莲宝瓶。画面上纵向的塔影使得以横为主的寺、桥、水在构图上有所变化。

【南天门】1999—6·(6—2)T 面值60分,票幅规格30毫米×50毫米,发行量3553.15万枚。图案描绘了普陀山南天门的景观。南天门位于普陀山的南山上,弧悬入海,与本岛一水相隔,潮落始通,俗称"杨梅跳"。后架石桥,桥身似龙,名环龙桥。此地三石森立,巉岩高耸,中有两石如门,故得名。阙门飞檐起角,中间书有"南天门"3字,旁有龙眼井,崖上有鼓石,阙左上方有狮

子石。其地多摩崖石刻,清康熙年间武将蓝理所题"海山大观"4字,苍劲有力,引人注目。邮票图案采用竖式构图,以环龙桥为近景;过环龙桥,沿山路曲折而上,临海处有两石对峙如门,上横一条石,题写"南天门"3字。远处有"南海观音"铜立像,高33米,佛像庄严慈祥,是普陀山的特色景点。整个画面极目远望,海天茫茫,山岛耸峙,具有引人入胜、渐入佳境的艺术效果。

【百步沙】1999—6·(6—3)T 面值60分,票幅规格50毫米×30毫米,发行量3527.15万枚。图案描绘了普陀山百步沙的景观。百步沙位于普济寺以东的海

滩,沙泽如金,宽阔平坦。登朝阳阁观之,滚滚白浪漫上金色沙岸,镶成一条蜿蜒的银白色花边,犹如一幅美妙的图画。百步沙以其雄浑的气势,优良的质地,优美的风貌享有盛名。百步沙不仅是海水浴、日光浴的佳境,而且也是皈依自然、忘却荣辱、陶冶性情的绝妙之处。邮票图案以普陀山朝阳阁为立足点,举目南望,普陀山东南蔚蓝色莲花洋中的洛迦山隐隐可见。洛迦山与普陀山合称普陀洛迦山,或翻补怛罗迦,布怛落迦,都是梵语音译名称。环岛一周约2公里,面积只有0.34平方公里。岛上原有四座庵堂,现存一座。登山远眺,海天相接,一望无际。每逢春夏季节,岛上海雾弥漫,幻变多端,景色奇丽。岛上建有国际航标。画面右下角为金黄色的沙滩,正如明代屠龙的诗句:"黄如金屑软如苔。"波涛拍岸,有亭翼然,生动地展现出了一种平滩远湾、碧海金沙的景致和韵味。

【磐陀石】1999—6·(6—4)T 面值80分,票幅规格50毫米×30毫米,发行量3603.15万枚。图案描绘了普陀山西天景区的磐陀石景观。上石如同一巨台,高

约2.7米,体积四十多立方米;下石顶部稍尖,紧紧托着上石。两石相着处约有70厘米,中间似有罅隙,可引线而过。磐陀石上丰下锐,顶部平坦可坐三十多人。数百吨重的一块巨石,全由总面积不过0.4平方米的三足立于岩石之上,危若累卵,有推之欲动、撼之欲坠之感,却任凭狂风骤雨,巍然屹立。石上斗大的"磐陀石"3个字,系明代抗倭名将侯继高题书,遒劲有力,十分醒目。磐陀石背面有"金刚宝石"、"天下第一石"、"大士说法处"、"西天"等题刻。下侧石上刻有"说法台"3字,相传为观音说法佛地。磐陀石为普陀山一绝,久负盛名。邮票图案采用仰视角度,表现出了磐陀大石突兀、险若欲坠的自然状态,令人称奇。

【梵音洞】1999—6·(6—5)T 面值80分,票幅规

格30毫米×50毫米,发行量3605.15万枚。图案描绘了普陀山梵音洞的景观。梵音洞坐落在普陀山最东端青鼓垒下。两壁陡峭,下劈如门,高70米;中间嵌有一巨石,望之欲坠,如巨蚌衔珠;峡下有洞,深约百米,屈曲通海,海潮冲入,撞击有声,如虎啸龙吟。洞腰间架有石凳台,可从山顶沿石阶下行至石凳台上观赏海景。在佛教的传说中,梵音洞是观音大士显灵现身的地方,故成为海内外信徒香客必去朝拜的圣迹之一。洞顶原梵音庵是明崇祯二年(公元1629年)镇海寺住持僧寂住建。清康熙三十八年(公元1699年),康熙皇帝南巡杭州时闻此"灵迹",题书"梵音洞"匾额赐挂。康熙五十五年(公元1716年),云南巡抚甘国璧派人携金在石凳台上筑二层楼阁,与洞口正面相对,供游人瞻仰圣迹。后因年久失修而塌毁。1979年后,海内外佛教徒捐款修梵音洞庵和楼阁、石级、石台,使其成为普陀山景色奇幻洞景之一。邮票图案设计者自海上取景,以下视上。洞口两壁陡峭,中间有天然石桥,石桥上有瞻圣阁,观海潮入洞,听洪波雷音,耳边仿佛响起清代孙谓游梵音洞后所写的诗句:"水石搏击无昼夜,不断轰雷成古今。何年斧劈两壁分,日暮风雨蛟龙吟。"邮票画面采用竖式构图,以拉长图式,既展现出了梵音洞磅礴的气势和倏忽变幻的奇景,也创造出了一种身临其境,仰之弥高的境界。

【法雨寺】1999—6·(6—6)T 面值280分,票幅规格50毫米×30毫米,发行量2409.15万枚。图案描绘了普陀

山法雨寺的景观。法雨寺也称后寺,坐落在普陀山白华顶左,光熙峰下,为普陀三大寺(普济寺、法雨寺、慧济寺)之一。创建于明万历八年(公元1580年)。初名海潮庵,万历二十二年(公元1594年)改名海潮寺,万历三十四年(公元1606年)又称护国镇海禅寺。后毁于火。清康熙三十八年(公元1699年)重建大殿,并赐"天花法雨"匾额,故得名"法雨寺"。法雨寺建筑面积13845平方米,依山就势,叠起七层台基,殿宇逐级升高,结构宏伟庄严,庭院开阔,气势非凡,自下而上仰望,恍若空中宫阙一般。中轴线上前有天王殿,后有玉佛殿,

两殿之间有钟鼓楼,又后依次为观音殿、玉牌殿、大雄宝殿、藏经楼、方丈殿。观音殿又称九龙殿,是法雨寺的主殿,其中九龙藻井及部分琉璃瓦从南京明代宫殿拆迁而来。殿内供奉6.6米毗卢观音像,后壁为大型海岛观音及善财五十三参群像。邮票图案设计者从法雨寺正面取景,寺前古木参天,宝炉紫烟;寺后山谷幽居,绿荫蔽日,彰显了佛法之庄严。经幢古朴,寺宇恢弘,仿佛可以清晰感受到那种退隐山林,静心修炼之佛意。

1999—7M 中国 1999 世界集邮展览(小型张)(J)

【中国 1999 世界集邮展览(小型张)(J)】China '99, World Philatelic Exhibition(Souvenir Sheet)(J) 世界邮展是在国际集邮联合会赞助下,所有 FIP 会员均可选送展品参加展出的集邮展览,其级别最高,规模最大。世界邮展按内容可分为综合和专门两大类。综合性邮展要求展品类别齐全,包括竞赛性和非竞赛性展品;专门性邮展的展品限于某一类别或某几个类别。世界邮展在规模上有具体要求。综合性世界邮展的竞赛性展品总框数最少为 2500 框。专门性世界邮展中的竞赛性展品总框数为 1000 框~2500 框,最多为 4500 框。每部竞赛性展品至少 5 框,最多不超过 10 框。分配给青少年集邮展品的框数至少占总框数的 5%。首次参加竞赛性展出的展品应占 20%。1926 年 FIP 成立。世界邮展每年举办 3 次~4 次。1984 年,中华人民共和国开始参加世界邮展。1999 年 8 月 21 日~30 日,中国 1999 世界集邮展览(简称"中国'99")在北京中国国际展览中心举办。这是中国首次举办世界邮展。邮展组委会由江泽民总书记任名誉主席,吴邦国副总理任主席、信息产业部吴基传部长任副主席。本届邮展的宗旨是:庆祝中华人民共和国成立 50 周年;祝贺万国邮政联盟第 22 届大会的召开;促进中国邮政和集邮事业的全面发展;增进中国与国际集邮联合会成员组织和集邮者之间的了解与合作,促进世界邮政和集邮活动的全面发展。中国 1999 世界集邮展览的规模为 3500 框。作为综合性世界邮展,按照国际集邮联合会(FIP)规定,包括非竞赛和竞赛两部分。其中非竞赛部分包括:荣誉类、官方类、评审委员类等;竞赛部分包括:FIP 锦标赛、传统集邮、邮政历史、邮政用品、航空集邮、航天集邮、专题集邮、极限集邮、青少年集邮、集邮文献、收费(税)票、现代集邮等 12 个类别。有来自 80 个国家和地区的 3322 框珍品参展。邮展参照 FIP 的规定,对参展展品颁发了以下奖项:一、对非竞赛类的展品,发给了相当价值的纪念奖和

证书;二、对竞赛类的展品,设立了大金奖、金奖、大镀金奖、大银奖、银奖、镀银奖、铜奖和证书;三、对竞赛类的展品还设立了三个大奖和两个最佳奖,即荣誉大奖、国家大奖、国际大奖、青少年最佳奖、现代集邮最佳奖等。邮展期间,还组织了青少年集邮活动、国际学术研讨会和宣传展示我国集邮特色的活动等。邮展依照国际惯例开辟销售厅,在展场设立临时邮局,刻制纪念邮戳,为广大集邮爱好者提供服务。邮展共评出大金奖 23 枚,金奖 69 枚,大镀金奖 142 枚,镀金奖 141 枚,大银奖 105 枚,银奖 82 枚,铜奖 43 枚。中国 1999 世界集邮展览不仅是 20 世纪末在中国举行的大规模国际性文化活动,也是我国政府承担的一项国际义务。

1999 年 8 月 21 日,为了庆祝中国 1999 世界集邮展览顺利召开,中华人民共和国国家邮政局发行了 1 枚《中国 1999 世界集邮展览(小型张)(J)》。杨文清、高书贤设计。影写版。齿孔 12 度。北京邮票厂印制。

【中国 1999 世界集邮展览】1999—7M·(1—1)(小型张)J 面值 800 分,小型张尺寸规格 175 毫米×

68 毫米,邮票规格 50 毫米×30 毫米,发行量 2597.35 万枚。图案采用了中国北京北海公园九龙壁为主图。九龙壁坐落在北京北海北岸天王殿的北侧。它原是大圆镜智宝殿真谛门前的一个照壁。1900 年,大圆镜智宝殿遭到焚烧,唯九龙壁劫后犹存。现在的北海体育场即原大圆镜智宝殿的遗址。在中国古代建筑中,龙具有一种独特的造型美,给人以腾飞壮观之感。北海九龙壁建于清乾隆二十一年(公元 1756 年),面阔 25.86 米,高 6.65 米,厚 1.42 米。底座为青白石,台基上砌绿色琉璃须弥座,壁顶是单檐庑殿式黄琉璃瓦。大脊上雕云龙图案,檐下青绿色斗拱,显得出檐深远。壁面上有浅浮雕蛟龙在云雾波涛之中,体态矫健,龙爪雄劲。壁面下部是浮雕的富有起伏层次感的海水江崖,整幅画面十分完整。九龙壁的东西两个侧面,由于是窄而长的竖向画面,故东面上半部为旭日东升流云纹饰图案,西面上半部则是明月高照流云图案,两幅画的下部均为海水江崖 形成条幅式画面。九龙壁两面各有九条蟠龙,姿态各异,栩栩如生,飞腾出没于波涛云际。正中一条蟠龙云浮于沧海波涛之间,其余八条龙两相对称,左右分成两对,每对以山石相隔,呈二龙戏珠状。九龙壁除两面壁上各有九

条大龙,壁的正脊、垂脊、筒瓦、滴水、陇垂等地方还有大大小小龙的形象635条之多。九龙壁由424块预先烧制的七色琉璃砖砌筑而成,色彩绚丽,古朴大方,是清代琉璃结构建筑中的杰作。邮票图案采用正面角度,以纯净的淡青色作底衬,展示出了九龙壁壁面上九条浮雕彩龙的雄姿和气势。特别是运用琉璃材质光泽的特性,雕刻出的不同形体的蛟龙,不仅具有很强的立体感,龙的形象活灵活现,而且通过精湛技艺的塑造和各种纹样组合的烘托,显示着一种皇家的尊荣和华贵。邮票设计者将中国1999世界集邮展览展徽置于九龙壁图案上方,与铭记和面值均采用金色,既点明了小型张主题,又显得十分隆重。

中国'99世界集邮展览展徽上方为三个"9"组成的祥云,下方为象征中国邮政和集邮的邮票齿孔和万里长城的图案,两侧为"CHINA"(中国)和"1999"字样。整个图案寓意:充满友谊与祥和的中国1999世界集邮展览将在北京举办。三个玫瑰色的"9"字在绿色底衬上,又像一朵含苞待放的花蕾,盛开的集邮之花带着中国人民的友谊传遍世界,迈向21世纪。

有关龙的知识,详见新版《中国集邮百科知识》T·124《戊辰年》。

1999—8 方志敏同志诞生一百周年(J)

【方志敏同志诞生一百周年(J)】Centenary of Birth of Comrade Fang Zhimin(J) 方志敏(1899—1935)1899年8月21日出生在江西省弋阳县漆工镇湖塘村的一个农民家庭。1919年,在"五四"运动的影响下,他开始投入爱国运动。1920年在南昌伟烈学校开始接触马列主义。1922年夏,只身去上海寻求救国救民的道路,同年加入中国社会主义青年团。1923年3月,在南昌经赵醒侬介绍加入中国共产党。1926年,当选为江西省农民协会常委兼秘书长,并领导江西省农民协会以有声有色的英勇斗争有力地支援了北伐军的行动。蒋介石发动"四一二"反革命政变后,方志敏回到家乡,传达党的"八七"会议精神,贯彻党的土地革命和武装起义方针,积极准备武装暴动。1928年1月,领导了弋阳、横峰两县的农民武装暴动,并成立了赣东北地区第一支工农革命军。1928年6月底,依托当地有利地势和良好的群众条件,开展反"围剿"斗争。1929年初,赣东北根据地初步形成。1931年和1934年,方志敏两次当选为中华苏维埃共和国中央执行委员;在中共六届五中全会上当选为中央委员。1934年10月,中央红军被迫开始进行战略转移的二万五千里长征;11月,方志敏于危难之际担任了红十军团军政委员会主席。为打破敌人围攻,他率军北上,于赣东北和皖南地区辗转奋战两个月,终因敌强我弱,于怀玉山地区作战失利。1935年1月下旬,方志敏在江西德兴陇首村被俘,2月2日被押往南昌,8月6日英勇就义。在南昌狱中,方志敏英勇不屈,大义凛然与国民党反动派进行了坚决的斗争,表现出了共产党人的高贵品质和无畏精神。特别是在被捕后和在狱中被关押的短暂时间里,他把自己对共产主义事业的坚定信念化作巨大的动力,以顽强的毅力奋笔疾书,写下了《方志敏自述》、《可爱的中国》、《死——共产主义殉道者的自述》、《清贫》、《狱中纪实》、《赣东北苏维埃创立的历史的序言》等十三万多字的文稿。这些文稿,饱含着革命者对灾难深重的祖国母亲的无比眷恋与挚爱;渗透着对自己所从事的正义事业的自豪感、必胜信念和视死如归精神;表达了他对处在黑暗统治下的劳动人民的无限同情及为他们的解放奋斗的深深责任感;寄托了他对革命战友的关怀与勉励;揭露了国民党反动派统治的黑暗腐朽和残暴贪婪无耻。方志敏为中华民族的解放事业贡献了自己的生命,他永远巨人般地活在人们的心中。

1999年8月21日,为了表达对方志敏烈士的深切怀念之情,中华人民共和国国家邮政局发行了一套《方志敏同志诞生一百周年(J)》纪念邮票,全套2枚。季宏敏、阎炳武设计。影写版。齿孔11.5度×11度。邮局全张枚数50(10×5)。北京邮票厂印制。

【方志敏像】1999—8·(2—1)J 面值80分,票幅规格30毫米×40毫米,发行量2320.8万枚。图案采用了方志敏同志一幅铅笔素描正面头像。原照片资料是一张黑白没有层次的老照片,没有衣领,头发、脸部只有黑白两个层次。设计者加上了衣领,明确了受光面、背光面、中间层次及高光、反光素描的五个调子,特别是在人物眼神表情的刻画上充分发挥了铅笔素描的优势,强调了五官的层次。他的面部棱角分明,仿佛是一尊庄严的塑像;他双目凝望,注视着前方,既流露出一种忧国忧民的赤子情怀,又表现出一个革命战士救国救民的坚定信念和奋斗决心。设计者用深棕色描绘人物肖像,寓意方志敏同志历尽硝烟战火的一生。图案采用明黄色作底衬,象征着在方志敏同志的心中,革命一定会取得胜利,祖国的未来一片光明。

【坚贞不屈】1999—8·(2—2)J 面值80分,票幅

规格30毫米×40毫米,发行量2373.3万枚。图案采用了方志敏同志一幅铅笔素描全身像。原照片资料没有脚,设计者加上一双脚。他身穿一套褪了色的棉军服,双脚自然站立,双手随意背后,表现出了一个革命者面对敌人的杀害所具有的那种坚贞不屈、从容不迫和大义凛然。图案采用了大红色作底衬,并复印了方志敏同志《可爱的中国》开头一段手迹:

可爱的中国

这是一间囚室。这间囚室,四壁都用白纸裱糊过,虽过时已久,裱纸变了暗黄色,有几处漏雨的地方,并起了大块的黑色斑点;但有日光照射进来,或是强光的电灯亮了,这室内仍显得洁白耀目。对天空开了两道玻璃窗,光线空气都不算坏。对准窗子,在室中靠石壁放着一张漆黑长方书桌,桌上摆了几本厚书和墨盒茶盅。桌边放着一把锯断了脚的矮竹椅;接着竹椅背后,就是一张铁床;床上铺着灰色军毯……

读着,读着,耳边清晰地响起了方志敏同志在《可爱的中国》一书中充满自信的预言:

中国一定有个可赞美的光明前途……中国在战争之中一旦斩去了帝国主义的铁锁,肃清自己阵线内的汉奸卖国贼,得到了自由与解放……中国的面貌将会被我们改造一新……到那时,到处都是活跃的创造,到处都是日新月异的进步,欢歌将代替了悲哀,笑脸将代替了哭脸,富裕将代替了贫穷,康健将代替了疾苦,智慧将代替了愚昧,友爱将代替了仇杀,生之快乐将代替了死之悲哀,明媚的花园,将代替了凄凉的荒地!这时,我们民族就可以无愧色的立在人类的面前,而生育我们的母亲,也会最美丽的装饰起来,与世界上各位母亲平等的携手了。

今天,方志敏烈士的预言早已实现,我们生活在千千万万烈士用鲜血换来的幸福之中,怎能不深切地怀念英灵,怎么不奋起创造更加美好的生活呢?!

《可爱的中国》原稿用的是劣等毛边纸、红丝栏、每面10行的原稿纸。1935年5月2日方志敏写于囚室。1935年临末或1936年初送至上海鲁迅手中。由谢澹如先生保存,并以《方志敏自传》在上海铅印一次。1951年9月6日冯雪峰这样评价:"这是一个伟大的共产党员的、非常朴素的一段自述;同时也是一篇非常真实、优美和有力量的文学作品。自述了一个共产党员如何拿自己整个的生命为国为民而战斗的爱国主义的思想和热情的作品。"

1999—9 第二十二届万国邮政联盟大会(J)

【第二十二届万国邮政联盟大会(J)】 22nd Universal Postal Union Congress(J) 有关邮政联盟的知识,详见新版《中国集邮百科知识》J·1《万国邮政联盟成立一百周年纪念》。万国邮政联盟大会(简称"邮联大会")是万国邮政联盟的最高权力机构,每5年在世界不同的国家召开一次。1994年1月,经国务院批准,我国向万国邮政联盟正式提出申办1999年第二十二届邮联大会。1994年9月,在韩国首都汉城举行的第二十一届邮联大会,一致同意第二十二届邮联大会1999年8月23日~9月15日在中国首都北京举行。第二十二届邮联大会是20世纪最后一次邮联大会,有万国邮政联盟的189个会员国和二十多个国际组织的代表约2000人参加,共同研究解决世界邮政所面临的各种紧迫问题,探讨新世纪世界邮政的发展方向。我国政府对办好本届邮联大会非常重视,成立了第二十二届邮联大会中国组委会,国家主席江泽民为名誉主席,国务院副总理吴邦国为主席。江泽民主席为第二十二届邮联大会题词:"发展现代化邮政,满足社会需要。"这既为中国邮政的发展指明了方向,也给了全国邮政职工一个极大的鼓舞。

1999年8月23日,为了祝贺第二十二届万国邮政联盟大会在我国顺利召开,中华人民共和国国家邮政局发行了一套《第二十二届万国邮政联盟大会(J)》纪念邮票,全套2枚。赵茂生设计。胶版。齿孔12度。邮局全张枚数40(4×10)。河南省邮电印刷厂印制。

这套邮票的2枚图案,设计者采用水彩纸,先用水彩作底,再用黑色签字笔进行塑造,皴出小点,最后用彩色铅笔丰富色彩与肌理效果,仿佛产生出一种铜版画的韵味。另外,把主图和背景的底边错位,明白地告诉读者这是两个景点,避免了让人产生主图建筑是在背景山脚下的错觉。

【第一届万国邮政联盟大会会址】 1999—9·(2—1)J 面值80分,票幅规格50毫米×30毫米,发行量3491.15万枚。图案展现了第一届邮联大会会址——坐落在伯尔尼的当时的瑞士联邦议会大厦外观景象。伯尔尼1339年从德国统治下获得独立,1353年参加瑞士联邦,1848年成为瑞士首都。据说12世纪伯尔尼建城

时,这里一片荒凉,只有野熊经常出没,故定名为伯尔尼,德语即"熊"的意思,故又称"熊城"。伯尔尼具有中世纪风貌,旧城建筑古朴。瑞士联邦议会大厦即1852年~1857年建造的"联邦宫",其带有文艺复兴时代建筑特色的绿色圆顶,在伯尔尼几乎一色的红瓦顶之上显得格外明丽夺目。图案背景是屹立在伯尔尼东南方的著名的阿尔卑斯山高峰——少女峰,洁白的雪峰晶莹闪烁,有伯尔尼的"王冠"之称。设计者将瑞士联邦议会大厦处理成红褐色屋顶灰白色墙,再以白色雪山相衬,色调偏冷,富有历史感。

注：瑞士联邦议会大厦建筑为绿色圆顶,这在伯尔尼几乎一色的红瓦屋顶之上十分突出,而设计者将其处理成红褐色屋顶,有失真实。

有关瑞士的知识,详见本书1998—26《瘦西湖和莱芒湖(中国—瑞士联合发行)(T)》。

【第二十二届万国邮政联盟大会会址】1999—9·(2—2)J 面值540分,票幅规格50毫米×30毫米,发行量2503.15万枚。图案展现了第二十二届邮联大会

会址——中国首都北京国际会议中心外观景象。建筑的外形简练概括,结构层次丰富。背景采用了司马台长城,气势很大。中国的万里长城,不仅具有防御功能,而且有烽火传递信息的古老历史。由于国际会议中心大楼本身呈暖黄色,背景也采用秋天的暖黄色相配,即使图案色调和谐,又表达了中国人民欢迎第二十二届邮联大会在北京召开的热情。

北京国际会议中心坐落在北京朝阳区北辰东路8号,1988年8月为第11届亚运会提供新闻中心服务而筹建,现隶属北京北辰实业股份有限公司。主体建筑会议大厦东起东配楼、邮联楼,西至北辰东路,南邻国家奥体中心,北靠汇宾大厦。占地约2公顷,现有建筑面积68802.54平方米,是目前中国为接待各种会议展览而设计建造的大型综合设施之一。主体建筑会议大厦分为地上8层、地下2层,设有从容纳十多人到两千五百人的五十多个不同规格的会议厅室,可搭建三百多个国际标准展位的展览厅和五千多平方米的写字间,内设商务中心、影视中心、注册大厅、邮局、咨询服务台、公共休息厅、餐厅和酒吧等配套服务设施。1990年8月正式营业。北京国际会议中心于1992年7月5日加入了国际会议中心(AIPC),1996年4月15日加入国际会议与集体协会(ICCA)两个著名的国际组织。1994年底,北京国际会议中心被北京市旅游局命名为"最佳国际会议接待场所",并以五星级资格加入了北京市旅游行业协会。

司马台长城位于北京市密云县东北部的古北口镇内。明万历年间由著名将领戚继光亲自督建时所独创,集万里长城的各种特点于一身,著名长城专家罗哲文教授赞誉:"中国长城是世界之最,而司马台长城又堪称中国长城之最。"这段唯一保留明代原貌的长城,已被联合国教科文组织列为世界文化遗产之一。司马台长城全长19千米,有敌楼35座,以峡谷为中心分为东西两段,跨谷索桥似长虹横贯东西。西段山势平缓,长城如金龙盘踞,蜿蜒起伏,气势磅礴;20座敌楼至今保存尚好,"将军楼"上玉麒麟浮雕匠心独运,栩栩如生。东段长城更显其妙,在千米山峰之巅密布15座敌楼。汉白玉拱门上刻有并蒂莲花浮雕的"仙女楼",建筑精美,且有美丽的传说。只有一砖之宽的"天桥",长不逾百米,两侧断崖绝壁;位于陡峭峰巅危崖之上的一道通天石梯——"天梯",直达素有北京文物制高点之称的"望京楼",此楼海拔986米,登上望京楼,西望长城雄姿,南望京城灯火,令人眼开胸阔。

1999—9M 第二十二届万国邮政联盟大会(小型张)(J)

【第二十二届万国邮政联盟大会(小型张)(J)】22nd Universal Postal Union Congress (Souvenir Sheet)(J) 1999年8月23日,为了祝贺第二十二届万国邮政联盟大会在中国北京举行,中华人民共和国国家邮政局发行了一套《第二十二届万国邮政联盟大会(J)》纪念邮票,同日发行了1枚小型张。赵茂生设计。胶版。齿孔12度。河南省邮电印刷厂印制。

【江泽民主席题词】1999—9M·(1—1)(小型张)J 面值800分,小型张尺寸规格85毫米×150毫米,邮票规格52毫米×93毫米,发行量2495.76万枚。图案采用了1996年1月12日江泽民主席为中国邮政开办一百周年的题词手迹:"发展现代化邮政 满足社会需要"。其含意为:既要求邮政部门努力按照社会主义现代化建设的目标,在邮政技术装备、网络组织、企业管理的水平和人员素质等方面都要有新的提高,要不断吸收国际上

八、按年份编号纪念、特种邮票 1999—10·1999—11   401

品、包裹,以及近 100 亿件国际邮件。自 1874 年创建万国邮政联盟开始,125 年间,尽管技术方面取得了巨大成就,邮政业务和作为通信手段的邮件不仅显示出了非凡的应变能力,甚至在不断变化的环境中得以蓬勃发展,邮件的实际数量持续增加,邮政网成为当今世界上最大最密集的投递网。万国邮政联盟是一个具有令人骄傲的历史和传统的现代组织。

1999 年 9 月 7 日,为了纪念万国邮政联盟成立一百二十五周年,中华人民共和国国家邮政局发行了一套《万国邮政联盟成立一百二十五周年(J)》纪念邮票,全套 1 枚。方军、文元设计。胶版。齿孔 12 度。邮局全张枚数 50(10×5)。辽宁省沈阳邮电印刷厂印制。

【万国邮政联盟成立一百二十五周年】1999—10·

(1—1)J 面值 80 分,票幅规格 30 毫米×40 毫米,发行量 3205.85 万枚。图案由蓝天、世界地图、万国邮政联盟徽志——环宇传书和中国万里长城组成。图案采用冷色调的蓝天为背景,给人一种辽阔和神圣的感觉。万国邮政联盟的徽志——环宇传书重叠在世界地图上,表示作为商定邮政事务的政府间国际组织——万国邮政联盟成立 125 周年来,其 189 个会员国的邮政业务部门构成世界上最大的实物投递网,为世界各国人民提供普遍服务。设计者采用暖色调的中国万里长城作为图案的写实部分,刻画逼真,有力度,既给人一种壮丽辉煌的感觉,也喻示世人,在万国邮政联盟成立一百二十五周年之际,第二十二届万国邮政联盟大会在中国召开,中国在世界邮政事业中将发挥越来越大的作用。在艺术表现手法上,设计者力求具象与抽象相结合,既把握住了总体布局的平衡,也在平衡中追求出了一种动感。在色彩构成上,图案形成了冷暖色调的对比,不仅产生了视觉冲击力,而且在对比中可以享受一种美感。

有关万国邮政联盟徽志"环宇传书"的知识,详见新版《中国集邮百科知识》1994—16M《万国邮政联盟成立一百二十周年(小型张)(J)》。

有关万里长城的知识,详见新版《中国集邮百科知识》T·38《万里长城》。

的先进科学技术,特别是先进的管理经验,又要求邮政职工努力提高服务水平,为国家经济建设和人民生活提供更加全面更加优良的服务。设计者采用棕土色的岩纹纸作衬托边饰,内边饰用灰色岩纹纸,使中间用毛笔书写的题词白底黑字突出醒目,更富有中国特色。图案上端绘有第二十二届万国邮政联盟大会会徽,点明了画题。

有关第二十二届万国邮政联盟大会会徽的知识,详见本书 1998—12《第 22 届万国邮政联盟大会会徽(J)》。

1999—10 万国邮政联盟成立一百二十五周年(J)

【万国邮政联盟成立一百二十五周年(J)】The 125th Anniversary of the Founding of Universal Postal Union(J) 有关万国邮政联盟的知识,详见新版《中国集邮百科知识》J·1《万国邮政联盟成立一百周年纪念》。邮联 189 个会员国的邮政业务部门构成世界最大的实物投递网。大约 610 万邮政职工分别在世界七十多万个邮局工作,每年处理 4300 亿件国内信函、印刷

1999—11 中华人民共和国成立五十周年——民族大团结(J)

【中华人民共和国成立五十周年——民族大团结

【J】The 50th Anniversary of the Founding of the People's Republic of China:Solidarity of All Nationalities 【J】 有关"中华人民共和国"名称和新中国开国典礼的知识，详见新版《中国集邮百科知识》纪4《中华人民共和国开国纪念》。中华民族有四千多年的文明历史。在很长的历史时期内，56个民族居住在960万平方公里辽阔富饶的国土上，以自己辛勤的劳动，开拓了祖国的疆土，发展了祖国的经济，创造了祖国的历史和文化，共同缔造了我们伟大的祖国，他们勤劳、勇敢、智慧和富有革命传统。今天空前统一的多民族的中华人民共和国，是经过长久的历史发展而形成的。从很远的古代以来，我国就是一个多民族国家。远在传说时代，各民族的祖先就劳动、生息、繁衍在祖国的广大土地上。从商周到春秋战国（公元前16世纪～公元前221年），各民族之间的联系和交往更加密切，促进了相互影响和相互同化，以黄河流域的夏族、周族和商族为主，吸收了羌、戎、狄、苗、蛮等族的成分，演化成为华夏族。春秋战国时，中原各国的奴隶制纷纷向封建制度过渡，社会生产力的发展，要求结束长期以来的割据状态，实现国家的统一成为历史发展的主要潮流。相传周时有一千八百多个国，春秋时就剩下一百多个国，战国时就只有七个大国了。秦朝时期（公元前221年～公元前206年），秦始皇统一了中国，建立了专制主义的中央集权的封建国家。我国开始成为统一的多民族的国家。汉朝时期（公元前206年～公元220年），统治民族是以华夏族为主吸收其他民族成分而形成的一个人口众多、分布广阔的民族，后来称之为"汉族"。魏晋南北朝时期（公元220年～公元589年），除两晋的短暂统一外，国内一些主要民族经历了约300年的割据状态，这是民族大迁徙和大同化的时期。隋唐时期（公元581年～公元907年），中国各民族结束了三百多年的大动乱，重新走向了统一，各民族之间的政治、经济、文化的联系比历史上任何时期都有了加强和发展。五代十国时期（公元907年～公元960年），我国经历了一段约70年的割据状态。宋辽金时期（公元960年～公元1234年），结束了五代十国的多元割据状态，形成了宋先后同契丹族的辽朝、女真族的金朝长期南北对峙的新局面。宋的周围还有一些分散的小国，这种分裂割据局面延续了三百多年。元明清时期（公元1206年～公元1911年），祖国的统一有了新的发展，中央王朝同各民族地区的领导关系更加紧密。特别是清朝时期，全国各民族的统一进一步巩固和发展。在北方，先后统一了蒙古族的漠南蒙古、漠北喀尔喀蒙古和漠西厄鲁特蒙古三部。在新疆和西藏地区，先后平定了准噶尔部和旧称"回部"即维吾尔族反动上层的叛乱，以及藏族反动上层勾结准噶尔部的叛乱，维护和巩固了对东北地区尤其是黑龙江流域少数民族地区的统一。同时，为了反抗沙俄的侵略，清朝加强了对东北地区尤其是黑龙江流域少数民族地区的管理，并先后在台湾设府县，建立省治。这样，从东北、蒙古、新疆、西藏至我国南部、东部的整个地区，各民族都统一在祖国版图之内。几千年来的历史说明，祖国的统一是由各民族共同完成的。1949年10月1日中华人民共和国成立后，我国各族人民的共同理想实现了，各民族平等团结、友爱合作地生活在祖国大家庭中。据1978年统计，在56个民族中，人口在100万以上的有14个民族；人口在10万以上100万以下的有15个民族；人口在1万以上10万以下的有18个民族；人口在1万以下的有9个民族。新中国成立后，在我国这样一个幅员辽阔的多民族国家里，实现了全国各地区、各民族的大统一和大团结，56个兄弟民族，在根本利益一致的基础上，形成了团结友爱，平等互助的新型的社会主义民族关系，发展了各民族的经济和文化，取得了社会主义革命和社会主义建设的巨大胜利。

1999年10月1日，正值国庆节之际，中华人民共和国国家邮政局发行了一套《中华人民共和国成立五十周年——民族大团结（J）》纪念邮票，全套56枚。周秀青、金向设计。影写版。齿孔13度。邮局全张枚数56（8×7），56枚连印。整张规格243毫米×300毫米。发行量（56全）2827.5万版。北京邮票厂印制。

这套邮票是第一次把中国56个民族的形象集中放在一个邮局全张上，而且是中国自有邮票以来枚数最多的一套邮票，故当之无愧地被称为"中华民族第一票"。整版统一采用白色作底衬，使人物形象显得突出。版票边饰上端是票题，两侧腾龙昂首，以长城为龙身对称环绕全版，既加深了欢庆和吉祥氛围，表示中华民族是龙的传人，中华儿女自古统一，也预示着中华民族将更加辉煌和共同前进。

【汉族】1999—11·（56—1）J 面值80分，票幅规格27毫米×38毫米，发行量2827.5万枚。图案描绘了汉族红绸舞的精彩瞬间。汉族是我国人口最多的民族，约占全国总人口的94%，也是世界上人口最多的民族。汉族是我国古代的华夏族同许多其他民族逐渐同化、融合形成的。汉代开始，称为汉族。汉语属汉藏语系汉语族。汉族的分布，从黄河流域逐渐遍布全国，主要聚居在黄河、长江、珠江三大流域和松辽平原。

曾经历原始公社、奴隶社会和封建社会。有近四千年的有文字可考的历史。农业和手工业素称发达；青铜器、丝织、陶瓷、建筑、绘画早有盛名；有许多伟大的思想家、科学家、发明家、政治家、军事家、文学家和艺术家；有丰富的文化典籍；指南针、造纸法、印刷术、火药发明最早。在长期的历史发展过程中，汉族和各兄弟民族之间有着广泛的政治、经济联系和文化交流，许多方面比其他兄弟民族较为发达，并在国家生活中起着主导作用。汉民族遍布全国，红绸舞也确实是各地都有的舞蹈，如在陕北的大秧歌、东北的二人转中，都能看到它的影子。歌舞时，男女喜穿大红大绿衣服，以示喜庆和欢乐。画面上，青年男女正在表演红绸舞。他们身穿文艺演出服饰：男穿绿色高领对襟衫和长裤，束红布腰带。女穿高领右衽大襟衫和长裤，围腰兜。男右手握一端系 6 米长红绸的短木棍作单手绸舞；女双手各持一根短木棍，分别系 4 米多长的红绸带作双手绸舞，配合各种步伐和舞姿，可舞出小 8 字、大 8 字、对花、波浪花等数十种花样的基本绸花。舞者踏着锣鼓节奏，挥臂、跳跃，红绸犹如龙蛇在空中翻动，飘逸奔放，洋溢着欢快气氛。

【蒙古族】 1999—11·（56—2）J　面值 80 分，票幅规格 27 毫米 × 38 毫米，发行量 2827.5 万枚。图案描绘了我国少数民族之一蒙古族安代舞的动作造型。据 1978 年统计，蒙古族约有二百二十六万多人，分布在内蒙古自治区和辽宁、吉林、新疆、黑龙江、青海、河北、河南、甘肃等省（区）。

语言属阿尔泰语系蒙古语族，有文字。多信喇嘛教。主要从事农业和牧业。新中国成立前，牧区主要是牧主经济，部分残存着封建领主制度；农区主要是地主经济，此外还具有一定程度的资本主义经济成分。1947 年 5 月 1 日成立的内蒙古自治区，是我国成立最早的一个自治地方。新中国成立后，又相继成立了 12 个自治州，一个联合自治州，7 个自治县，实现了民族平等。画面上，一对牧区蒙古族男女青年正在表演流行于内蒙古东部科尔沁草原的安代舞。男身穿传统的细长袖筒的宽身蒙古长袍，深蓝色绸缎面料，衣襟、袖口和下摆用绒布镶宽边；头戴黑色皮帽，顶缀红缨；长裤，足穿绣花镶云靴，长及膝盖，靴底平直，骑马伸蹬方便；红色绸缎作腰带，两端自然飘着，十分美观。女身穿绿色长袖衫和长裤，外罩红色连衣裙；两根粗黑的发辫下垂，并装饰有玛瑙、珊瑚、碧玉等，显然是未婚少女特征。安代舞是一种源于萨满教巫术活动的民间歌舞，原是借用歌舞进行"驱鬼"治病的形式。后经整理加工，赋予了新的内容。基本动作为原地摆绸巾踏步、绕绸巾移动踏步、挥绸巾奔跃跳步、甩绸巾吸腿踏跺等，舞步轻捷，节奏欢快，展现出了草原牧民纯朴、热情、粗犷豪放的健康气质。

有关蒙古族的知识，详见新版《中国集邮百科知识》特49《中国民间舞蹈（第一组）》。

【回族】 1999—11·（56—3）J　面值 80 分，票幅规格 27 毫米 × 38 毫米，发行量 2827.5 万枚。图案描绘了我国少数民族之一回族青年男女演奏竹制乐器"口簧"的情景。据 1978 年统计，回族约 649 万人，是中国少数民族中人口较多、分布最广的一个民族，又称回回。7 世纪以来，

少数波斯人和阿拉伯人久居中国；13 世纪以来，一部分中亚细亚人、波斯人和阿拉伯人迁入中国，他们在与汉、维吾尔、蒙古等族长期相处的过程中，逐步形成了回回民族。全国大多数的县、市都有回族居住，而在宁夏、甘肃、青海以及河南、河北、山东、云南、新疆等省（区）分布较多。回族是回回民族的简称。"回回"这一名称，最早出现在北宋沈括的《梦溪笔谈》里，它所指的是唐代以来居住在安西（今新疆南部及葱岭以西部分地区）一带的"回纥"人（"回鹘"人）。"回回"和"回纥"、"回鹘"音近，可能是后者的音转或俗写。明代，回回开始形成一个民族。回族信仰伊斯兰教，使用汉语文。在我国历史上，回民族不论在政治、经济、文化上，都出现过不少杰出的代表人物。如明代著名的航海家郑和，曾在 29 年里率领庞大船队进行了七次"下西洋"活动，访问了亚洲、非洲三十多个国家，促进了我国和这些国家之间的友谊和国际之间经济文化的交流。抗日战争时期，由马本斋率领的回民支队，学习、运用毛泽东同志的战略思想和八路军的战术原则，对团结冀中地区广大回、汉族人民，坚持开展敌后抗日游击战争，做出了积极的贡献。新中国成立后，建立了宁夏回族自治区，甘肃临夏、新疆昌吉两个回族自治州，以及甘肃张家川，青海门源、化隆、焉耆，河北大厂、孟村等回族自治县，还有回族同其他民族联合建立的贵州威宁彝族回族苗族自治县、云南巍山彝族回族自治县和寻甸回族彝族自治县，实现了回族的民族平等权利和自治权利。回族主要从事农业，部分经商，与汉族经济文化联系紧密。邮票图案上的人物服饰，以宁夏回族自治区服饰为主。男身穿高领对襟白上衣，外套短坎肩，腰系围兜；白色长裤；足穿白鞋；头戴白色圆形无檐小帽（号帽），民族特征鲜明。女头戴盖头，盖一条浅绿色头巾；身穿大襟长袖

衫,胸前绣花,外套红色长坎肩;长裤;戴耳环、手镯。女青年正在演奏竹质乐器"口簧",这是一种民间弹拨乐器,有金属和竹质两种。回族称竹质口簧为"口弦子",称金属口簧为"口口"、"口儿"。竹质口簧有"拉线鼓簧"和"手指弹击"两种演奏方法。竹质口簧为回族常用乐器,而且女性习奏者居多。邮票上为"拉线鼓簧",长十多厘米,中间刻一舌簧,将舌簧一端衔在嘴边,双手拉线吹奏,男青年随着口簧节奏演唱山歌漫"花儿"。"花儿"流行于甘肃临夏和青海一带,曲调称作"令"。演唱形式分为一人即兴编词的"漫";两人以上问答形式的"对";一人领唱、众人应和的"合";将几个"合"连接在一起的"联"。

耳环是一种戴在耳垂上的装饰品,多用金、银、玉石等制成。相传,古时有一位姑娘双目失明。一位名医征得其家长同意,在姑娘左右耳垂上各刺一针,果然复明了。为感激名医,姑娘请银匠打制一对银环戴在耳垂上,结果她的双目更加明亮了。奇迹传开后,戴耳环便开始流传起来。

【藏族】1999—11·(56—4)J 面值80分,票幅规格27毫米×38毫米,发行量2827.5万枚。图案描绘了我国少数民族之一藏族铜铃舞的动作造型。

藏族是汉语称谓,藏族自称为"博[bod]",都是以藏族主要聚居区汉语称为西藏和藏语称为"博"而得名。据1978年统计,藏族约345万人,分布在我国西藏自治区和青海、甘肃、四川、云南等地。语言属汉藏语系藏缅语族藏语支,使用藏文。主要从事农业和畜牧业。多信喇嘛教。新中国成立前,西藏地区大部分保持着封建农奴制度,部分地区出现了地主经济。僧侣领主和地主残酷地剥削和压迫劳动人民。近百年来,资本帝国主义势力侵入,藏族社会经济更受到严重的摧残和破坏。藏族人民在同帝国主义侵略者和反动统治者的长期斗争中,与汉族和其他兄弟民族结成了不可分割的团结互助关系。新中国成立后,川、青、甘、滇等省的藏族人民先后实现了民族区域自治,共建立了九个自治州和两个自治县,并与蒙古族、哈萨克族联合建立了一个自治州。1959年,西藏上层反动集团发动的叛乱被平息后,进行了民主改革,废除了封建农奴制度。1965年9月9日,西藏自治区正式成立,各项事业都有了很大发展。邮票图案上的人物服饰,以西藏地区服饰为主。男身穿高领有扣的衬衣和长裤,外套宽大、右边开襟系带的藏袍;足穿氆氇长靴;头戴金花细皮帽(霞冒加赛),帽顶覆金丝缎,帽上绣有美观的花纹图案。女身穿翻领无扣衬衣和长裙,外加坎肩,腰系彩色横条纹氆氇围裙(邦丹);发辫中夹彩带盘在头上,成为彩辫头箍。男手执铜铃(桑涅),一种流行于西藏、青海、四川、云南、甘肃等地的打击乐器,形若茶盘,铜制,直径13厘米,内系一山羊角铃槌,铃把穿以牛皮,下接红绸,以作装饰。女手执带把手鼓(那额),一种藏族传统打击乐器,鼓面蒙羊皮或牛皮,直径34厘米,大多绘有彩色图案,并涂以棕红色漆,边框绘有民族图案花纹;鼓槌用弯曲成半圆形的藤条,下端插入木把中,槌头蒙若干皮布,外包羊皮,既使鼓声柔和,也有保护鼓的作用。铜铃声与"那额"鼓点配合,男女作"铜铃舞"(热巴卓)。这是一种融歌舞、说唱、杂技为一体的综合表演艺术。男左手甩袖、右手摇铃作技巧表演,动作有躺身蹦子、躺身平转、单腿跨转等;女表演动作有击鼓翻转、甩鼓平转、缠头击鼓等。画面上男快速激烈的翻腾跳跃,与女子柔美婀娜的扭腰作左上击鼓动作,既对比强烈,又和谐优美。

有关藏族的知识,详见新版《中国集邮百科知识》特49《中国民间舞蹈(第一组)》。

【维吾尔族】1999—11·(56—5)J 面值80分,票幅规格27毫米×38毫米,发行量2827.5万枚。图案描绘了我国少数民族之一维吾尔族手鼓舞的动作造型。

维吾尔族古称"袁纥"、"韦纥"、"回纥"、"回鹘"、"畏兀儿"等。据1978年统计,维吾尔族约548万人,大部分聚居在新疆维吾尔自治区天山以南,伊犁地区和北疆各地区也分布有维吾尔族。语言属阿尔泰语系突厥语族。原有以阿拉伯字母为基础的文字,1959年设计了以拉丁字母为基础的新字方案。1976年8月1日起,已停止使用维吾尔老文字,全面使用新文字。维吾尔族多信伊斯兰教。新中国成立前,社会经济结构中封建制度占优势,资本主义商品经济有一定程度的发展,由游牧逐渐转变为农业。文化艺术有相当发展水平,尤以歌舞较为发达,至今仍为民族文化特点,深受祖国各族人民的赞赏和喜爱。新中国成立后,1955年10月1日,新疆维吾尔自治区正式成立,经过社会民主改革,维吾尔族人民获得了民族平等和当家做主权利。邮票图案上的人物服饰,以新疆维吾尔自治区服饰为主。男身穿传统长袍(袷袢),左衽斜领,无扣,无旁衩,腰扎三角形彩巾,长裤,高筒皮靴;头戴四楞小花帽(尕巴),由四块帽片组成,帽顶中间呈"X"拼接。帽上缀有编织或刺绣精美的花纹图案。女身穿明黄色宽袖连衣裙,外套黑色短背心,足穿高筒花色皮靴;花帽上插孔雀毛,十多条发辫自然飘逸,展现出了未婚少女的风采。男手执手鼓(达甫、达卜),一种用手指敲击的羊皮鼓,鼓边木框镶有许多活动的小铁环,随着鼓声铿锵作响,多用于舞蹈伴奏。公元4世纪~6世纪已有手鼓,清代列入回部乐。画面中男两手执鼓边,左右手指交替击鼓面,铿锵之声可闻;女用高难度的旋转与腰部技巧以及移颈、翻腕等装饰动作进行手鼓舞表演。

有关维吾尔族和手鼓的知识,详见新版《中国集邮百科知识》特49《中国民间舞蹈(第一组)》。

【苗族】1999—11·(56—6)J 面值80分,票幅规格27毫米×38毫米,发行量2827.5万枚。图案描绘了我国少数民族之一苗族芦笙舞的动作造型。据1978年统计,苗族约392万人,主要居住在贵州、云南、湖南,其余分布在广西、四川等地,少数在广东海南岛及湖北西南角,与其他兄弟民族大杂居、小聚居。语言属汉藏语系苗瑶语族苗语支,多通用双语汉文。1956年设计了拉丁字母形式的文字方案。主要从事农业生产。妇女擅长刺绣、蜡染。新中国成立前,基本上处于封建地主经济发展阶段,并有一定程度的资本主义经济因素,也有些地区内部发展比较迟缓。新中国成立后,先后同土家、侗、布依、壮、黎等族分别建立了5个联合自治州,同布依、彝、回、瑶等族分别建立了8个联合自治县和4个苗族单一的自治县,实现了民族平等权利。苗族人民喜爱歌舞,具有民族特色的芦笙舞普遍流行于贵州、四川、云南等苗族地区。邮票图案上的人物服饰,以贵州黔东南西江地区为主,苗族妇女以多银为美。男身穿对襟短上衣和长裤,束宽腰带;头上缠裹大包头巾。画面上是一位黔东南地区盛装妇女形象,花衣上钉有银泡、银线、银片、银铃等饰品,两袖和裙摆上都绣有五彩斑斓的花纹图案;颈上佩戴着银质大项圈和大银锁;头上戴的银冠是用金属丝作支架,上缀银花蝴蝶、鸟等银片、银链,熠熠生辉。男吹奏一种流行于贵州、广西、湖南、云南、四川等省区的吹管乐器——芦笙。由笙斗、笙管、簧片和共鸣器等部件组成。笙斗呈纺锤形,笙管由6支竹管制成。大的长至1尺~2尺,小的只有8寸~9寸。构造和音调各地区差别显著。演奏时,双手捧笙斗下部,拇指、食指、中指分别按左右两排管孔,口含吹嘴,吹、吸均能发音。高音和中音芦笙既能边走边吹,也可边吹边舞。画面上的男子正在边吹边舞,用蹲跳、蹲踢、旋转、矮步、翻滚等动作表演芦笙舞。双人舞和独舞

技巧性很强,起舞时或进或退,或碎步旋转,悠扬的芦笙曲从从不间断。

有关苗族和芦笙的知识,详见新版《中国集邮百科知识》特53《中国民间舞蹈(第二组)》。

【彝族】1999—11·(56—7)J 面值80分,票幅规格27毫米×38毫米,发行量2827.5万枚。图案描绘了我国少数民族之一彝族打跳舞的动作造型。不同地区自称"诺苏"、"撒尼"、"阿西"等。与隋唐时乌蛮有渊源关系,元、明以来史籍称"罗罗"、"倮罗"。据1978年统计,彝族约485万人,其中70%居住在四川省凉山彝族自治州,其余大分散、小聚居于四川各地及滇、黔、桂等地。语言属汉藏语系藏缅语族彝语支。原有一种音节文字,即"爨(cuàn)"文,在四川等彝族地区使用。生产以农业为主,部分地区兼事畜牧。新中国成立前,基本上处于封建地主经济发展阶段。新中国成立后,彝族地区先后建立了2个自治州、4个自治县,与哈尼族联合建立了一个自治州,与哈尼、回、苗等族分别联合建立了5个自治县,实现了民族平等权利。邮票图案上的人物服饰,以四川大凉山地区彝族服饰为主。男穿蓝色窄袖右衽大襟短褂和肥大的宽脚管长裤,披一种用染黑的羊毛织成的围裙状披毡(察尔瓦);头上缠着长达丈余的青布包头,右前方扎一个拇指粗的长锥形结,直指天空,俗称"英雄结"。女穿窄袖右衽大襟长衣和用三种不同颜色布料缝缀的百褶长裙;衣领、袖口、襟边均饰有花边;佩戴耳坠儿、手镯;头上戴布花帕。男弹奏一种弹拨乐器"月琴",彝语称为"巴布"、"班匹"、"和巴"。其形状为长颈圆腹。四川凉山地区的月琴,琴颈较短,音箱稍大,有圆形、六角形、八角形等多种。张二根、三根、四根弦不等。画面中男弹奏八角形月琴,女高举红穗笠帽踏节表演自娱性舞蹈"打跳",也称打歌、跳乐,以下肢动作为主,用不同速度的走步、跺步、旋转、跳跃等步伐组成,边歌边舞,尽兴方休。

耳坠儿,亦称耳坠子,多指带着坠儿的耳环。相传,很早以前,有一对夫妇,40岁时生了一个宝贝女儿。不幸,这个女孩儿身上有一种毛病,即走路东张西望,疯疯癫癫。古时候,这些毛病绝对不允许,故找不到婆家。夫妇如何教训,女儿还是改不掉毛病,最后父母想出一个办法:在姑娘的两耳下各系一根短线绳,绳下端又系一枚贝壳。姑娘只要一摆头,系在绳下端的贝壳便刮她脸,刮脸又是表示"羞"之意,女儿下意识觉得别人在瞅她、羞她,于是改掉了摇头晃脑的毛病。不少有这类毛

病的女孩相继学之，原始耳坠儿便普及了。后来，耳坠儿慢慢改制成各种形状，作为首饰流行了。

有关彝族的知识，详见新版《中国集邮百科知识》特49《中国民间舞蹈（第一组）》。

【壮族】1999—11·（56—8）J 面值80分，票幅规格27毫米×38毫米，发行量2827.5万枚。图案描绘了我国少数民族之一壮族绣球舞的动作造型。

据1978年统计，壮族约1209万人，是中国人口最多的少数民族，90%以上分布在广西壮族自治区。语言属汉藏语系壮侗语族壮傣语支，主要使用汉文。1955年创制了以拉丁字母为基础的拼音文字。主要从事农业生产。壮锦是壮族妇女独创的工艺品，它以棉纱为经、丝绒为纬；经线为原色，纬线则各种颜色，织成各种美丽花纹图案，用作被面、台布、背带、围裙、手提袋等工艺品。民间文学丰富多彩，有传统的歌舞和壮戏。传说唐代有个著名的女歌手刘三姐，创造了声调悠扬、动人心弦、寓意深远的歌谣，歌颂人们从事劳动和爱情的幸福，揭露反动统治者的残暴，至今仍为各族人民传颂。新中国成立后，建立了广西壮族自治区、云南文山壮族苗族自治州和广东连山壮族瑶族自治县，实现了民族平等权利。邮票图案上的人物服饰，以广西壮族自治区的服饰为主。男身穿无领对襟短上衣和长裤，系腰带，外套坎肩，脚穿布鞋。女身穿高领右衽绣花镶边上衣和滚边宽脚管长裤；胸腰间系刺绣花的围裙；脚穿绣花鞋；肩背红穗笠帽。男吹奏一种壮族传统的吹管乐器"筚多喝"，亦称"喃多喝"、"墩嘟喔"，即喇叭。竹制管身，长约40厘米，根部连于竹节的簧舌；尾部开两个按孔，尾端设竹叶卷成的喇叭，音乐清脆明亮，有较强的穿透力。女手执一种内贮香料、下垂彩带的壮家绣球，作绣球舞，一种男女青年在歌圩节日表达爱情的习俗性舞蹈。绣球用花布或绸缎缝制，绣有花鸟图案，有圆形、方形、多角形，大小如拳。内装豆粟、棉籽和植物香料，上缀绸带，下垂丝穗。舞步雄健，诙谐活泼，情感逼真，时而激昂慷慨，时而缠绵悱恻，展现出了壮族倔强和爱憎分明的性格。

有关壮族的知识，详见新版《中国集邮百科知识》特49《中国民间舞蹈（第一组）》。

【布依族】1999—11·（56—9）J 面值80分，票幅规格27毫米×38毫米，发行量2827.5万枚。图案描绘了我国少数民族之一布依族织布舞的动作造型。据1978年统计，布依族约172万人，主要聚居在贵州省黔南布依族自治州和兴义、安顺地区的几个布依族、苗族

自治县。语言属汉藏系壮侗语族壮傣语支，多通汉语。1956年设计了以拉丁字母为基础的文字方案。生产以农业为主。妇女善纺织、蜡染。新中国成立前，处在封建地主经济发展阶段，并有一定程度的资本主义经济因素。新中国成立后，建立了一个自治县，并与苗族联合建立了一个自治州和六个自治县，实现了社会改革，获得了民族平等和当家做主的权利。邮票图案上的人物服饰，以贵州地区布依族服饰为主。男身穿对襟短褂和宽脚管长裤，包头巾，系宽腰带。女身穿无领斜襟镶花边上衣和蜡染蓝花百褶长裙，佩戴耳环、手镯等银质首饰。织布舞全舞分纺纱、晾纱、织布、裹布4段。画面中表现的是织布内容：男舞者二人面对面蹲地，分别各握两根长150厘米的木棍（竹竿）的一端，一开一合撞击木棍；女舞者一人跳跃其间。随后二男子起立，将两根木棍呈水平一起一落，交替进行。女舞者双脚踏在木棍上，双腿随木棍上下屈伸，同时弯腰用手在木棍间穿梭，做织布动作，边舞边唱，轻盈活泼。设计者省去了一端的男舞者，既保持了全套图案的统一风格，也给读者留有了想象空间。

有关布依族的知识，详见新版《中国集邮百科知识》特53《中国民间舞蹈（第二组）》。

【朝鲜族】1999—11·（56—10）J 面值80分，票幅规格27毫米×38毫米，发行量2827.5万枚。图案描绘了我国少数民族之一朝鲜族长鼓舞的动作造型。

据1978年统计，朝鲜族约168万人，主要聚居在吉林省延边朝鲜族自治州。有本民族的语言文字。主要从事农业生产，擅长种水稻，对东北水田开发有贡献。有优美的民族文化艺术传统，能歌善舞。新中国成立前，处在封建地主经济发展阶段，并有了一些资本主义经济成分。1931年以后，在日本帝国主义的殖民统治和强迫同化政策下，人民生活十分悲惨。新中国成立后，1952年和1958年先后建立了延边朝鲜族自治州和长白朝鲜族自治县，实现了社会改革，获得了民族平等和当家做主权利。邮票图案上的人物服饰，以延边地区朝鲜族服饰为主。男身穿黄色上衣和天蓝色长裤，包白色头巾。女身穿深蓝色斜襟短衣（则羔利），以长布带打结；腰间系红色皱褶缠裙（契玛），长及脚面。男子坐地，敲击扁鼓。女身挂长鼓起舞。长鼓又称"杖鼓"，一种最具特色

的打击乐器。鼓身木制，呈圆筒形，两端粗空、中段细实；两端鼓身大小不同，两端各有8个拉绳铁钩，以系绳绷羊皮、马皮或牛皮；中段有8个活动皮套，松紧皮套可调节音高。女右手用竹槌击鼓发出高音鼓点，左手拍打另一端发出低音鼓点，鼓点花样复杂，以灵巧的舞步和柔和的手臂动作表演长鼓舞，时而旋转如飞，时而戛然止步，舞姿矫健奔放。

有关朝鲜族的知识，详见新版《中国集邮百科知识》特53《中国民间舞蹈（第二组）》。

【满族】1999—11·（56—11）J 面值80分，票幅规格27毫米×38毫米，发行量2827.5万枚。图案描绘了我国少数民族之一满族宫廷舞的动作造型。满族是我国东北的一个历史悠久、勤劳、勇敢的民族。来源于女真人。据1978年统计，满族约265万人，散居辽宁、黑龙江、吉林、河北等省，以及北京、成都、西安、呼和浩特等大中城市。语言属阿尔泰语系满—通古斯语族满语支，曾有文字，现在普遍使用汉语文。1616年，努尔哈赤统一女真各部建立"后金"政权。皇太极继位后，1635年改女真为满洲，1636年改后金为清。1644年，清定都北京后，大批满人入关，形成了满汉杂居局面。在长期相处、互相学习、共同斗争中，满汉两族人民的共同性愈来愈多。满族80%以上从事农业。在中国革命历史中，满族人民做出了巨大贡献。1840年鸦片战争后，中国沦为半殖民地半封建社会，满族人民和广大汉族人民一起，为了保卫祖国独立，维护民族尊严，英勇杀敌，献出了鲜血和生命。1931年"九一八"事变后，东北沦为日本帝国主义的殖民地，大批满族人参加东北抗日联军，在抗日战争中建立了功勋。新中国成立后，东北是我国重工业建设的重要基地，也是满族人口最多的聚居区。广大满族工人主要分布在钢铁、机械、煤炭、纺织和交通运输等部门，他们积极投入社会主义建设。满族爱国作家、人民艺术家老舍，受到广大各族群众的深深喜爱。邮票图案上的人物服饰，男身穿高领大襟饰有镶边的束袖长袍，束腰带；脚穿长筒靴，头戴缀有红缨的皮帽。女穿直筒式旗袍，右侧挂一条手帕；脚穿花盆高底旗鞋（花盆鞋）；头发梳在头顶分成两绺，用横簪衬在下面，在头顶上梳成一个横长盘髻，戴一顶扇形冠，俗称旗头或头钿，分风钿、满钿、半钿。旗头用青素缎、青直经纱或青绒制作，上面绣有图案，镶有珠宝或插以大花。旗头两侧或一侧缀有珠结。佩戴耳环。

旗袍原为清代满族妇女的一种服装，辛亥革命后，汉族妇女也普遍穿用。其早期样式是圆领、右开大襟，袖口平而较宽，衣身极为宽大，直筒式，下摆较大，不开衩，衣边有宽窄两道镶滚，衣长一般及脚面。马蹄袖是游牧生活时防冻用的，满人入关后已无实用价值。只是在官服或礼服中还保留它。清代后期，旗袍样式发生了变化，立领取代了圆领，领有高低之分，最高的达2.5寸；袖口变大，衣身多为直筒式，比早期瘦长，一般长至没脚；下摆两侧开衩，衩及膝上；绸缎袍面上镶滚施绣重叠，甚至一度时尚"十八镶"和镂空绣花等。清末的旗袍样式为高领、喇叭袖口，下摆不开衩，衣边仅一道襄滚。这种汉式袍服就是汉族妇女最初穿的旗袍。20世纪20年代中期，因受外来文化影响，旗袍首先收缩了腰身，使女性体型的自然美显露出来，接着又对领、袖、摆、衩、纽襻及衣襟进行改进，形成了一种"改良旗袍"。其一般样式为直领（立领），右开大襟，紧腰身，衣长及膝下 两侧开衩，并有长短袖之分。约1926年，出现了高立领、半袖、高衩、长旗袍。约1935年，出现了低立领、短袖、中长旗袍。20世纪40年代，旗袍样式更趋简化，夏季旗袍干脆去掉袖子、领子，省去一切繁琐装饰，衣身也缩短到刚过膝盖。旗袍是中国对世界服饰文化的一大贡献。

【侗族】1999—11·（56—12）J 面值80分，票幅规格27毫米×38毫米，发行量2827.5万枚。图案描绘了我国少数民族之一侗族青年男女表演"牛腿琴歌"的情景。据1978年统计，侗族约111万人，分布在湘、黔、桂三省（区）毗邻的广大地带。语言属汉藏语系壮侗语族侗水语支。多通汉语。1958年设计了拉丁字母形式的文字方案。主要从事农业，兼营林业。妇女善纺织，侗锦、侗布精致耐用。有优良的建筑技术传统，鼓楼和风雨楼具有独特的民族风格。善歌，以侗族大歌著称。新中国成立前，处在封建地主经济发展阶段，并有一定的资本主义经济因素。新中国成立后，1951年8月19日，广西龙胜县侗族人民和壮、苗、瑶等兄弟民族建立了龙胜各族自治县。1952年12月3日，广西三江侗族自治县成立。1954年5月7日，湖南通道侗族自治县成立。1956年7月23日，黔东南苗族侗族自治州成立；同年12月5日，湖南新晃侗族自治县成立。民族区域自治政策的贯彻，实现了侗族人民当家做主的愿望。邮票图案上的人物服饰，选用的是贵州丛江一带侗族服饰。男身穿紫色家织"亮布"制作的对襟短上衣和长裤 头上缠大头巾。"亮布"是自种自织自染，用民间蓝靛染几次后，再用鸡蛋清漂，最后用木棒在石板上锤打而成。女

身穿紫色无领、无扣、窄袖、对襟上衣,襟边和袖口镶花边;胸前戴绣花肚兜,背后缀有银制圆圈或银方绶,吊住胸兜。穿百褶裙,系围腰,小腿上扎双层布裹腿,佩戴耳环、项圈、手镯等银饰。男弹奏一种拉弦拨弦乐器"牛腿琴",侗语称"勾各侬斯",又称"牛巴腿",因琴体似牛大腿而得名,又因两根空弦发音的"各给"声而取名。用整段木料挖空制成。琴颈不设指板与品位,腹部挖空,正面粘薄铜板为面板,背部似船底形,琴弓用木竹烤弯,系棕丝即成,张钢丝为弦。音量较小,音色秀丽清脆,与人声和语言的结合十分紧密。常用于"牛腿琴歌"伴奏及情侣"行歌坐妹"时演奏情歌。画面中男拉牛腿琴,女唱小歌(多为情歌和叙事歌),共同表演"牛腿琴歌"(嘎给),琴声音色柔美,女声唱腔软甜。

有关侗族的知识,详见本书1997—8《侗族建筑(T)》。

【瑶族】1999—11·(56-13)J　面值80分,票幅规格27毫米×38毫米,发行量2827.5万枚。图案描绘了我国少数民族之一瑶族长鼓舞的动作造型。

据1978年统计,我国瑶族有124万人,分布在六个省(区)的一百三十多个县,其中以广西为最多,约占瑶族总数的67%。大分散、小聚居和主要居住在山区是瑶族分布的特点。瑶族名称比较复杂,有的称为"勉"("人"的意思),也有自称为"布努"、"金门"、"瑙格劳"、"拉珈"、"炳多优"等。过去又因其起源传说、生产方式、居住和服饰等方面特点,而有"盘古瑶"、"过山瑶"、"茶山瑶"、"红头瑶"、"蓝靛瑶"、"背篓瑶"、"平地瑶"、"白裤瑶"等三十多种不同的称呼。新中国成立后,统称为瑶族。经过民主改革后,1951年8月,首先成立了包括瑶族在内的龙胜各族自治县。1952年~1963年,先后在广西成立金秀瑶族自治县、都安瑶族自治县、巴马瑶族自治县和防城各族自治县;在湖南成立江华瑶族自治县;在广东成立连南瑶族自治县、乳源瑶族自治县和连山壮族瑶族自治县;在云南成立了河口瑶族自治县。另外,瑶族聚居的各个小块地区分别建立二百多个民族乡。自此,瑶族人民结束了民族分裂和民族歧视的历史,充分享受到了当家做主的权利。邮票图案上的人物服饰,采用了广西大瑶山地区盘瑶的装束。男身穿白色对襟无领长袖短上衣和黑色短裤,小腿缠裹腿,彩带束发,英俊潇洒。女身穿深色无领短上衣和长裤,衣领、衣袖和裤脚绣有彩色图案,外罩大红绣花披肩,胸襟和腰带上饰有彩色斑斓的几何形挑花刺绣,脚穿绣花鞋。头上用白色布缠一个大些的包头,并用彩色花带及丝穗缠住包头。男胸前挂一种瑶族打击乐器长鼓(尼王瓮),因演奏时鼓面须涂黄泥以求最佳音响,故又称"黄泥鼓"。现今用整段苦楝或桐木挖成,鼓面用山羊或黄牛皮固定于鼓圈上,盖上鼓壳两端,以若干铁钩和绳子将两端皮圈绷紧。形体硕大,分大(低音)、小(高音)两种。低音鼓造型独特,似两只长杯杯底相接状。画面上为低音鼓,男女作表演性的长鼓舞。表演时,一面高音鼓配四面低音鼓,以高音鼓手为中心,低音鼓手在外围以顺时针方向跳转,女歌手们穿插其中舞蹈。长鼓舞打法有36套之多,各地有别,其共同特点讲究矮(腿部下蹲)、稳(舞步平衡有力)、颤(膝部上下颤动有弹性),节奏慢而平衡,逐步加快形成高潮而结束。

有关瑶族的知识,详见新版《中国集邮百科知识》特55《中国民间舞蹈(第三组)》。

【白族】1999—11·(56-14)J　面值80分,票幅规格27毫米×38毫米,发行量2827.5万枚。图案描绘了我国少数民族之一白族花棍舞的动作造型。

据1978年统计,白族约有105万人,其中80%以上聚居在云南省大理白族自治州。1956年,根据白族人民的意愿,正式定名为白族。白族自治州地处云贵高原。西部有澜沧江、怒江纵贯南北,构成纵深的河谷地带,林木繁茂,景色秀丽;东部有金沙江横贯东西,地势开阔,宜于禾稼。金沙江西南的洱海之滨,庄稼一年两熟,号称粮棉之区。下关的沱茶,更是著名特产。特别是雄峙于洱海之滨的点苍山,盛产大理石,质地洁白,间以粉红、松青、淡蓝、翠绿、乳黄等色,纹如云烟山水,是宝贵的建筑材料。1956年11月,大理白族自治州成立,白族人民实现了当家做主的愿望。邮票图案上的人物服饰,选用了云南大理中心地区的白族服饰。白族崇尚白色,自称"白子",服饰以白色为主。男身穿白色对襟短上衣和蓝色长裤,外罩坎肩,束腰带,绑裹腿,脚穿用麻皮和丝线编织的凉鞋,头缠白色包头,腰带和白布包头两端缀有五彩花球,十分英俊。女身穿白色大襟上衣和大脚管长裤,袖口裤脚镶有淡蓝色宽细横条纹,外套红背心,用飘带将围裙系在腰间,飘带在腰后搭口,三角形飘带头垂于身后,脚穿一双绣花百节鞋,佩戴耳环和手镯饰品。白族女头饰分已婚和未婚,地区不同头饰也有区别。姑娘头饰多以白色毛巾为帕,上缀有很长的白色丝线穗飘在左侧胸前后,头帕用双辫缠绕住。男手执一种打击乐器"八角鼓"。因鼓身呈八角形而得名,又因鼓框单面蒙皮,又称"单鼓"。白族的八角鼓又称金钱鼓,有八角和六角之分。女手执"霸王鞭",也称金钱棍、连厢棍、花棍,既是舞蹈道具,又是乐器。用竹或木制成,长约1米,棍上相距5厘米~10厘米即挖一长方形槽,内置若干铁片或铜钱,表演时可单手执单棍,也可双手执双棍,摇击或敲击自身的四肢、肩、背、腰部,发出有节奏的响声。画面上男伴奏,女手持竹质单棍表演花棍舞,八角鼓上的红缨穗和棍上的红绸带自然舞动,气氛热烈。

有关白族的知识,详见新版《中国集邮百科知识》特55《中国民间舞蹈(第三组)》。

【土家族】1999—11·(56—15)J 面值80分,票幅规格27毫米×38毫米,发行量2827.5万枚。图案描绘了我国少数民族之一土家族摆手舞的动作造型。

据1978年统计,土家族约有77万人,主要聚居在湘西、鄂西一带。土家族语言属汉藏语系藏缅语族,接近彝语支。没有本民族文字,长期以来使用汉文。土家族自称"毕兹卡"("本地人"的意思),称汉人为"客家"。土家族中人数最多的为向、彭、田等姓。关于土家族的族源,有几种说法:其一说是古代巴人的后裔;其二说是古代由贵州迁入湘西的乌蛮的一部;其三说是唐末至五代初年(公元910年前后)的彭瑊率领的从江西迁居湘西的百艺工匠的后裔。这些说法都有待进一步研究,但可以断定,大约自五代以后,湘鄂西地区土家已开始逐渐形成为单一民族。新中国成立后,1957年,原湘西苗族自治州(1952年成立)改为湘西土家族苗族自治州;1980年5月,来凤、鹤峰两个自治县建立,实现了土家族人民当家做主的愿望。邮票图案上的人物服饰,选自湖南省湘西地区土家族服饰。男身穿白色对襟上衣,外套红色坎肩,下穿青布"统口裤",裤脚镶边,头缠青布头巾。女身穿绯色高领左襟衫,领口襟边袖口镶有2道~3道花边,下穿大红色八幅罗裙,腰系饰有花图案的长围裙,花布缠头。男女表演一种土家族古老舞蹈"摆手舞"。包括狩猎、军事、农事、宴会等七十多个动作,节奏鲜明,动作优美,舞姿朴素,有显著的民族特点和浓厚的生活气息。按规模为大摆手和小摆手。小摆手常以村寨为单位活动,男女围成环形,里外数圈,舞蹈动作有单摆、双摆、回旋摆,以锣鼓伴奏,用以庆贺丰收,祈求村寨兴旺。每3年~5年举行上万人大摆手舞,每年春节期间举行摆手舞会,舞时围成一圈,手和脚同时伸向一方,扭腰旋转,踢踏摆手,气氛热烈,深受土家人民喜爱。

【哈尼族】1999—11·(56—16)J 面值80分,票幅规格27毫米×38毫米,发行量2827.5万枚。图案描绘了我国少数民族之一哈尼族竹筒舞的动作造型。

哈尼族有不同的自称,如"哈尼"、"雅尼(即僾尼)"、"碧约"、"卡多"、"豪尼"、"峨努"等。与唐代史籍所称的"和蛮"有渊源关系。新中国成立后,按照本民族人民意愿,统一称为哈尼族。据1978年统计,哈尼族约有96万人,主要分布在云南南部元江和澜沧江之间,即哀牢山和蒙乐山之间的广大地区。哈尼语属汉藏语系藏缅语族彝语支。1957年设计了拉丁字母形式的文字方案。哈尼族居住的地区自然条件优厚,地下蕴藏着锡、铜、铁、镍等各种丰富矿产,自治州首府个旧市就是闻名全国的"锡都"。西双版纳格朗和的南糯山,是驰名全国的"普洱茶"重要产区。哈尼族主要从事农业。新中国成立前,绝大部分土地为封建领主、地主所占有。1953年,西双版纳格朗和哈尼族自治区成立;1954年,红河哈尼族自治区成立,哈尼族人民充分享受到了民族平等和当家做主的权利。邮票图案上的人物服饰,选用了西双版纳地区哈尼族僾尼支服饰。男身穿黑布右衽大襟上衣和长裤,沿大襟镶两行大银片作装饰;青布裹头上也镶有银片,垂彩色丝线编成的缨穗;腰挎彩线编织的挂包;脚穿凉鞋。女身穿对襟无领上衣和短裙,胸前佩挂大银片、银螺和银环扣等成串银饰;头戴姑娘帽,即镶有大小银泡粉色珠串垂缨穗的高顶圆帽;裹彩布护腿,脚穿拖鞋,佩戴银项圈和手镯。女装上衣背后下方,绣有很长一段各种几何纹样的挑绣。男演奏一种吹管乐器"插管其箓"。演奏时将管举起,口含吹管,竖吹,手指按孔,气流从插管入发音管经音孔发音,青年多用于表达男女爱慕之情。女手执一种打击乐器"竹筒"作竹筒舞(厄薄蹉)。"竹筒"由约1米长粗竹筒制成,从背水的竹筒演变而来。将筒底有节奏地磕击地面,并踩脚移步,做出踏步转身、弓箭步和半蹲等姿态。一般选用12个不同音高、发音洪亮的"竹筒"做伴奏乐器,边舞边歌。逢红白喜事,哈尼族皆喜跳竹筒舞。

【哈萨克族】1999—11·(56—17)J 面值80分,票幅规格27毫米×38毫米,发行量2827.5万枚。图案描绘了我国少数民族之一哈萨克族表演冬不拉弹唱的情景。哈萨克族语言属阿尔泰语系突厥语族,原有以阿拉伯字母为基础的文字,1959年设计了以拉丁字母为基础的新文字方案,1964年经国务院批准推行。1976年8月1日起,已停止使用哈萨克老文字,全面使用新文字。

多信伊斯兰教。哈萨克族一直从事畜牧业,除少数经营农业已经定居之外,绝大多数牧民都是按季节转移牧场,过着逐水草而居的游牧生活,是我国西北地区驰骋草原、经营畜牧业的少数民族之一。据1978年统计,哈萨克族约80万人,主要分布在新疆维吾尔自治区伊犁哈萨克自治州、木垒哈萨克自治县和巴里坤哈萨克自治县。新中国成立后,废除了封建特权和压迫剥削制度,逐渐转向定居游牧,生活有了明显提高。邮票图案上的人物服饰,选用了新疆伊犁地区哈萨克服饰。哈萨克男性喜穿黑色条绒上下衣,在上衣袖及裤侧方喜欢绣有草原的雄鹰、羊角纹等图案花纹。内穿圆领花边白衬衣,外穿袷袢,长裤,腰束金黄色花纹皮带,脚穿毡袜马靴;头戴"四片瓦"毡帽,因用四块白色毡片缝制而成,故得名。毡布组合处用黑绒布压边,帽里镶黑绒布,帽边向上卷起,帽顶呈方形。女身穿袖口、下摆多褶的明黄色连衣裙,外加一件背心,背心前缀有白色扣子、银泡、银片等饰品。梳长辫垂于背,戴下檐大、上檐小的硬壳小花帽,帽顶插猫头鹰羽毛制作的帽缨,迎风摇曳,十分美观。哈萨克族俗语:"当你降生的时候,歌声为你打开世界的门户;当你死亡的时候,歌声伴着你进入坟墓。"特别是夏天在水草丰美的牧场上,牧民劳动之余,经常一唱一呼,欢歌达旦。男演奏传统的"冬不拉",表达对美好生活的赞美。冬不拉全长80厘米~90厘米,琴杆及背板用一块完整的红柳木或松木挖制,面板另用同类木料砍制。音响有圆底、平底和尖底等几种,面板上有若干音孔。演奏时多用坐姿,琴体斜抱怀中,左手按弦,右手手指拨弹,音色十分明快响亮。画面表现的是冬不拉弹唱,在浑厚和谐的乐声伴奏下,女歌手边歌边舞,气氛热烈。

有关哈萨克族的知识,详见新版《中国集邮百科知识》特53《中国民间舞蹈(第三组)》。

【傣族】1999—11·(56—18)J　面值80分,票幅规格27毫米×38毫米,发行量2827.5万枚。图案描绘了我国少数民族之一傣族戛光舞的动作造型。据1978年统计,傣族约有76万人,主要聚居在云南省西双版纳傣族自治州、德宏傣族景颇族自治州以及耿马和孟连两个自治县。傣历年——泼水节是傣族人民的传统节日,约在农历清明后十天举行,它象征着"最美好

的日子"。傣族多信小乘佛教。主要从事农业,善种水稻。邮票图案上的人物服饰,以云南西双版纳地区傣族服饰为主。男身穿对襟短袖衫和宽脚管长裤,长布带束发,挎彩色线编织的挂包。女身穿短袖绯色紧身短衣,下着细腰身宽下摆筒裙,束小围裙,系银腰带。银腰带是傣族妇女必备的一种饰品,少女时就系上,结婚时作为陪嫁品带到婆家。挽髻于头顶,形成孔雀结,头上插鲜花、梳子、银链等饰品。佩戴金耳环、手镯饰品。男演奏一种打击乐器"象脚鼓"(光亚),用曼应树制作,头大尾细,尾端呈喇叭形,两头挖空,上端蒙黄牛皮或鹿皮,框下套一铁圈,鼓面边缘与铁圈间绷细牛皮条,可调节鼓面松紧,控制声音高低。鼓尾细而长,绘有彩色花纹图案。画面上,在象脚鼓伴奏下,女随鼓点双膝微屈蹲踏,手臂作"三道弯"的翻腕、内屈等动作,表演戛光舞,即大家围着象脚鼓转圈跳舞。集体舞的步伐以起伏步、点步、蹉步为主,舞姿活泼欢快。

有关傣族的知识,详见新版《中国集邮百科知识》特55《中国民间舞蹈(第三组)》。

【黎族】1999—11·(56—19)J　面值80分,票幅规格27毫米×38毫米,发行量2827.5万枚。图案描绘了我国少数民族之一黎族平安舞的动作造型。据1978年统计,黎族有68万人,主要分布在海南省黎族苗族自治州首府通什镇以及保亭、乐东、

东云、琼中、白沙、陵水、昌江、崖县等县。黎族语言属汉藏语系壮侗语族黎语支,1957年创制了一种以拉丁字母为基础的黎文。主要从事农业。邮票图案上的人物服饰,男身穿无领对襟长衫,束腰带,下穿前后两幅布的吊幨,包鬃缠头,贯以发簪或小木梳,外缠头巾,头顶缠成尖帽状,戴大银圈,扎护腿。女身穿对襟无扣上衣和织绣几何形图案的短筒裙,佩戴大项圈、耳环、手镯,胸前挂银牌、银铃,脚踝也戴银镯。男手执可吹奏的木叶(常青树叶子),准备吹奏;女手持戴在头上的笠帽,身躯保持平直,两脚缓步向前,双手摆动于腰的左右前后,每走三步双足并立,双膝向左右两侧时弯时直,反复循环,表演每年正月初二举行的习俗性舞蹈"平安舞"(年舞)。

有关黎族的知识,详见新版《中国集邮百科知识》特55《中国民间舞蹈(第三组)》。

【傈僳族】1999—11·(56—20)J　面值80分,票幅规格27毫米×38毫米。发行量2827.5万枚。图案描绘了我国少数民族之一傈僳族三弦舞的动作造型。据1978年统计,傈僳族约有47万人,主要聚居在云南省

西北部怒江傈僳族自治州的碧江、福贡、贡山、泸水四县。唐代史籍称"傈蛮"或"栗傈两姓蛮",明清称"栗傈"。语言属汉藏语系藏缅语族彝语支。原有拉丁大写字母及变体形式文字,结构不完善,不通行。1957年设计了拉丁字母形式的文字方案。主要从事农业。邮票图案上的人物服饰,选用了云南怒江傈僳族自治州的白傈僳族服饰。男身穿细条纹长衫,束腰带,右肩部斜挂一串饰带(拉伯里底)于胸前,扎护腿,用青布缠头。女身穿翻领衬衣和长至脚踝、下摆宽大的百褶裙,外套短背心,挎彩线编织的挂包。头戴"奥勒"珠帽。这种珠帽起初是一种贝币的收藏形式,现用较小的红、白珊瑚和料珠等编连而成。颈脖戴料珠项链,肩部斜挂一串饰带(拉伯里底)于胸前;饰带狭长,是将白色砗磲片磨圆打孔眼,光面朝外串连而成。男演奏一种弹拨乐器"其伯",又称"其白"、"起奔"等,汉族称为"傈僳琵琶"。有三角形、梨形、长方形、葫芦形等多种。琴头、琴颈、指板用整木凿制,面板用松木。最早用羊肠、马尾或棕丝为弦,现今用尼龙弦或金属丝。女吹"笛朽箓",金竹为管,有凹形吹口,有三孔、四孔两种,此笛为儿童和姑娘所爱,节日时,男弹其伯,女吹"笛朽箓",边奏边跳,兴尽方休。画面中,男背带挎于肩,琴身横置腰间,左手按弦,右手弹奏;女随着音乐节奏,模拟生产和生活中的动作,摇动腰胯、摆动长裙表演三弦舞,有靠步、撇步、踏步、跺步等组合变化,边舞边唱,热情优美。

【佤族】1999—11·(56—21)J 面值80分,票幅规格27毫米×38毫米,发行量2827.5万枚。图案描绘了我国少数民族之一佤族木鼓舞的动作造型。

据1978年统计,佤族约有26万人,居住在云南省西南部的西盟、沧源、孟连、耿马、澜沧、双江、镇康、永德等县,一部分散居在西双版纳傣族自治州和德宏傣族景颇族自治州境内。佤语属南亚语系孟高棉语族。新中国成立前,佤族没有通用文字,人们用实物传递消息。如甘蔗、芭蕉、盐巴表示友好,辣椒表示气愤,鸡毛表示紧急,火药、子弹表示要械斗等等。1957年,创制了以拉丁字母形式的文字方案。西盟、沧源、孟连和澜沧处于澜沧江与怒江之间,山岭连绵,海拔2000米左右,也有部分峡谷地区低于1000米,这一片山区习惯上称为阿佤山区。阿佤山区不仅物资丰富,尤以银的储藏量最多,

质量也高。而且土地肥沃,气候温和,雨量充沛,适合于旱稻、水稻、玉米、小米等农作物生长。1949年12月,佤族人民和云南各族人民一起获得了解放。1954年和1955年,先后成立了孟连傣族拉祜族佤族自治县和耿马傣族佤族自治县。1964年和1965年,又成立了西盟佤族自治县和沧源佤族自治县,佤族人民获得了当家做主的权利。邮票图案上的人物服饰,以云南西盟地区佤族服饰为主。男身穿黑色无领上衣,肥大宽脚管长裤,腰佩长砍刀,青布缠头。女身穿无领紧身短衣和红黑色横条纹片裙;留长发,彩带束发,自然飘逸背后,佩饰项圈、大耳环、臂钏、腰箍;手腕上套宽10厘米的银质或铝质手镯,上面镂刻花纹;腰间和小腿上端装饰有涂色的竹藤圈,紧密平行十多圈,并加银链缠在腰部。妇女头上要有银、铝质头圈护发,上面雕有花纹,前胸佩戴红、白色串珠几串,在腰间戴粉珠骨雕腰带,及很多白色珠串几十圈。佤族群众无论遇到喜事、丧事,都要围绕火塘跳舞。画面中,男女表演木鼓舞。他们双膝弯曲,借助双臂屈伸带动全身弹动,动作以走步、踏步、跺步、踢腿、转身为主。设计者虽然省去了一种祭器兼乐器的木鼓(库洛)形象,但铿锵之声仿佛清晰萦绕耳边。

有关佤族的知识,详见新版《中国集邮百科知识》特55《中国民间舞蹈(第三组)》。

【畲族】1999—11·(56—22)J 面值80分,票幅规格27毫米×38毫米,发行量2827.5万枚。图案描绘了我国少数民族之一畲族婚嫁对歌的情景。

据1978年统计,畲族约有33万人,主要分布在福建宁德地区,浙江温州、丽水、金华地区,江西铅山、贵溪、兴国地区,广东潮州、海丰等县。畲族居住的地区属于东南丘陵地带,山岭重叠,海拔为500米～1500米,溪流回绕,气候温和湿润,雨量充沛,土壤肥沃,物产丰富,特别是福建、浙江的茶叶在国内外市场上享有盛誉。畲族自己的语言属汉藏语系。畲族每一宗族都有一个祖坟,祖坟雕刻有龙头,这是畲族图腾信仰的主要标志。按照各地畲族中广为流传的"盘瓠"传说,畲族的祖先叫盘瓠,因为帮助皇帝平息了外患而娶得了公主,婚后携带公主迁居深山,生下三男一女,长子姓盘,次子姓兰,三子姓雷,女婿姓钟,繁衍下来就形成了后来的畲族。畲族把盘瓠传说绘成画像(称祖像),每三年举族大祭一次,彩旗纷飞,鼓乐喧天,祀奉虔诚。畲族主要从事农业生产。邮票图案上的人物服饰,选用了福建宁德地区畲族服饰。男身穿高领对襟上衣和宽脚管长裤,布鞋,包青布

头巾。女穿黑色大襟上衣和长裤,用水红、黄、绿各色丝线绣成宽襟边花纹;腰束红绸带;发髻盘在头顶,戴竹冠,也称布冠、筒冠、凤冠。竹冠呈圆筒状,裹缠花布,将五色石珠串成珠链状及银链、银花缠挂在冠的周围。脚穿绣花鞋。按照畲族习俗,男婚女嫁时,新郎要带着歌手、厨师(赤郎),挑着彩礼和酒菜去女家迎亲。女家人在门口唱拦门歌,男要唱开门歌才能进门。接着双方对歌,称为"调新郎"。继而,盛装的新娘随新郎步行到夫家,途中新郎新娘以歌对话。婚宴后,还要进行各种形式的对歌、敬茶舞等。画面中,设计者选取了新郎肩挑彩礼和新娘盛装步行的形象,展现出了婚嫁对歌的场景,洋溢着喜庆与和谐。

有关畲族的知识,详见新版《中国集邮百科知识》特55《中国民间舞蹈(第三组)》。

【高山族】1999—11·(56—23)J 面值80分,票幅规格27毫米×38毫米,发行量2827.5万枚。图案描绘了我国少数民族之一高山族拉手舞的动作造型。高山族这个名称是1945年抗日战争胜利后,祖国人民对台湾少数民族的统称。据1978年统

计,高山族约30万人,主要分布在台湾本岛的山区和东部沿海纵谷平原及兰屿上。高山族语言属南岛语系印度尼西亚语族。主要从事农业。高山族人民能歌善舞,每逢节日,群集歌唱舞蹈。邮票图案上的人物服饰,选用了台湾地区高山族阿美一支的服饰。男身穿短袖衬衣和竖条纹长裤,外套一件贝衣(贝珠衣)。贝衣是在对襟无领无袖的麻布上衣上加红色刺绣,用贝壳雕琢制作成数以万计带孔的红、白小珠粒,用麻线穿连成珠串,横一排、竖一排组合成方块,并拼接缝制在麻布衬里上而成。女身穿短袖上衣和内外裙,束阔腰带和围裙,外套自肩向腋下斜披的偏衫,上有纤巧精美的刺绣。扎护腿。佩戴贝壳、兽骨等磨制而成的饰品。头戴用竹、藤编成的帽子(达拉玛)。"达拉玛"用竹做成方架,四周用红雨缨织成,中有黄花纹,缠绕竹上,远望如锦,质坚形美。画面为拉手舞表演,男女手拉手,队形为环状,有向两侧横移、前后进退、踏足、跳跃等动作,也有双臂摆动、甩腕等动作。不用乐器伴奏,一人领唱,众人相和或同声齐唱。

有关高山族的知识,详见新版《中国集邮百科知识》特53《中国民间舞蹈(第二组)》。

【拉祜族】1999—11·(56—24)J 面值80分,票幅规格27毫米×38毫米,发行量2827.5万枚。图案描绘了我国少数民族之一拉祜族象脚鼓舞的动作造型。

据1978年统计,拉祜族约有27万人,主要分布在云南省澜沧拉祜族自治县和孟连傣族拉祜族佤族自治县,其余散居在双江、耿马等县。相传,拉祜族祖先原来过着狩猎的生活,为了追逐窜入南方密林中的一匹马鹿,发现了水草茂盛的草原,而开始从北向南迁徙。早在两千多年前的西汉时期,游牧于滇西洱海地区的"昆明"或"昆明之属",可能就包括有拉祜族的先民。语言属汉藏语系藏缅语族彝语支,原有拉丁字母形式的文字,1957年在原有基础上进行了改革。主要从事农业生产。新中国成立前,部分地区已进入封建地主经济发展阶段,还有将近一半人口的地区,在傣族封建领主经济的支配下,仍保持着一些原始公社制残余。新中国成立后,实行了民族区域自治,实现了社会改革,各项事业都得到了发展。拉祜族服饰分长袍、中袍、短袍拉祜。邮票图案上的人物服饰,选用了短袍拉祜服饰。男身穿无领大襟衫和宽脚管长裤,裹青布头巾,身挎长砍刀及筒帕(挂包)。女身穿黑色圆领窄袖短衫和黑色宽大褶裙,褶裙下部以红色为基调,用挑数经纬线的方法编织成有几十种不同图案的彩色横条纹。脚穿拖鞋。头裹一丈多长的头巾,末端从背后下垂至腰际。佩戴耳环和手镯。女胸前挂中型象脚鼓,拉祜族称"身尚",表演象脚鼓舞。该舞无论手的击鼓,还是脚的踢踏、胸部挺缩、肩部耸动、身体俯仰等动作,节奏性都很强。画面上,女作原地左右摆动、走步、转身等舞蹈动作,轻盈活泼。

【水族】1999—11·(56—25)J 面值80分,票幅规格27毫米×38毫米,发行量2827.5万枚。图案描绘了我国少数民族之一水族铜鼓舞的动作造型。据1978年统计,水族约有23

万人,主要聚居在贵州省都柳江和龙江上游,苗岭山脉以南。语言属汉藏语系壮侗语族侗水语支,通用汉文。原有"水书",其中有的是象形字,有的仿汉字倒写或反写,故又称"反书",仅巫师使用。主要从事农业生产。新中国成立前,处于封建地主经济发展阶段。新中国成立后,1957年1月2日,以三都县为基础,包括附近的荔波、都匀、独山、榕江等四县的37个水族聚居乡,成立了三都水族自治县,水族人民实现了当家做主的愿望。邮票图案上的人物服饰,选用了贵州三都地区水族服饰。男身穿对襟衫和宽大长裤,青布包头,猫头鞋。女身穿蓝、绿色低领大襟长衫和

长裤,系围腰是水族妇女的一种别致装饰。围腰(朵)上缝有一块胸牌,胸牌以布壳夹心,用彩色丝线刺绣出美丽的图案,以飘带束腰,胸前佩戴成串银饰。长发梳成一条发辫斜绾在头顶,罩以银质头饰。佩戴耳环、项圈、手镯等银饰。脚穿翘尖马尾绣花鞋。画面上,女侧身面对悬吊着的一面铜鼓,右手执槌点击鼓面的太阳芒纹,左手持鞭敲打鼓边作伴奏。铜鼓为打击乐器,全部以铜铸成,犹如倒立的圆桶形,由面、胸、腰、足、耳五部分组成,大小形制和敲击方法有差异。水族将铜鼓悬挂起来,一人用鼓槌击鼓面,一人手持木桶对准鼓底,以增加共鸣。画面上一根棕色直线,恰好给人以铜鼓高悬的联想。画面上男子双手抱一平口木桶,随着鼓点起落对准鼓底抽动,通过控制气流的大小调节共鸣声,以达到高低起伏、抑扬顿挫的音乐效果。每逢节日,水族男子常作铜鼓舞,随着鼓点屈肘蹲跳,旋转穿插,动作粗犷,壮观热烈。

【东乡族】1999—11·(56—26)J 面值80分,票幅规格27毫米×38毫米,发行量2827.5万枚。图案描绘了我国少数民族之一东乡族劳动生活的情景。据1978年统计,东乡族约19万人,

主要聚居在甘肃省临夏回族自治州境内洮河以西、大夏河以东和黄河以南的山麓地带。以13世纪进入今甘肃省临夏东乡地区的蒙古人为主,与周围回、汉等族长期相处,发展而成。语言属阿尔泰语系蒙古语族,通汉语,用汉文。多信伊斯兰教。以农业为主,兼营畜牧业。新中国成立前,处于封建地主经济发展阶段。新中国成立后,1956年9月25日,东乡族自治区成立;1953年~1954年,又相继在和政县的梁家寺、阿里麻土、甘沟和临夏的安家坡、付家、胡林家等地成立了民族乡,东乡族人民实现了当家做主的权利。邮票图案上的人物服饰,选用了甘肃东乡地区东乡族服饰。男身穿对襟上衣和长裤,外套黑色坎肩,腰系短围裙,头戴平顶圆形无檐白色小帽(号帽),穿布鞋。女身穿对襟上衣和长裤,外套黑色坎肩,罩绿色盖头,穿花布鞋。男双手捧青草簸箩,女手执装满青草的提篮,正在用鲜嫩草料精心饲养三只小羊羔。

【纳西族】1999—11·(56—27)J 面值80分,票幅规格27毫米×38毫米,发行量2827.5万枚。图案描绘了我国少数民族之一纳西族笛子舞的动作造型。纳西族有多种自称,如"纳西"、"纳"、"纳恒"、"纳汝"、"阮可"、"马里马沙"、"邦西"等。新中国成立后,按照本民族多数人的意愿,通称"纳西族"。据1978年统计,纳西

族约23万人,主要聚居在云南省丽江纳西族自治县。语言属汉藏语系藏缅语族彝语支。原有东巴文及哥巴文,仅巫师使用。通用汉文。以农业为主,畜牧业、手工业及商业较发达。新中国成立前,大部分地区为封建地主经济,丽江地区已出现商业资本家,宁蒗、维西、中甸等部分地区还停留在封建领主制阶段。新中国成立后,经过民主改革,纳西族人民获得了政治上的平等和当家做主的权利。1961年4月,丽江纳西族自治县成立。邮票图案上的人物服饰,选用了云南丽江地区纳西族服饰。男大体与汉族相同,身穿对襟长袖上衣和长裤,脚穿布鞋。女身穿宽腰大袖上衣和长裤,系百褶裙,外加羊皮坎肩(永袄葩缪)。羊皮坎肩又称"披星戴月"、"七星披肩",披肩上部呈长方形,横镶一段黑色呢绒布,下部为半圆形,左右两侧结两条白色布带套在肩上,十字交叉系于胸前,背部并列缀有刺绣精美的七个直径约7厘米的圆盘(七星),象征北斗七星,七星下各有一对皮条垂穗,肩部缀有两个直径约12厘米的圆盘,代表太阳和月亮,都是用七彩丝线和金银丝线扶绣而成,华丽绚烂。穿布鞋。佩戴耳环、手镯饰品。昇演奏"列直筸篥",纳西语"列直"意为直吹,"筸篥"是笛子,即直吹的笛子。竹制,管长约30厘米,设6个圆形按孔,相邻两孔距离相等。音色高亢明亮,能吹两个八度的音域,为纳西族山区牧羊人喜爱的一种吹奏乐器。男女随着乐曲声跳起"筸篥蹉"(笛子舞),蹉是跳舞之意,有止步、双脚踩地、对脚靠背等动作,浑厚刚劲。

【景颇族】1999—11·(56—28)J 面值80分,票幅规格27毫米×38毫米,发行量2827.5万枚。图案描绘了我国少数民族之一景颇族木瑙纵歌集体舞的动作造型。景颇族有"景颇"、"载佤"、"喇期"、"浪莪"等自

称,由于居住在较高的山上,过去汉藏又称他们为"山头"。新中国成立后,按照本民族意愿,通称景颇族。据1978年统计,景颇族约8.3万人,主要聚居在云南省德宏傣族景颇族自治州,和崩龙、傈僳、阿昌、汉等民族交错杂居于山区,少数居住在怒江傈僳族自治州的片马、古浪、岗房及耿马、澜沧等县。语言属汉藏语系藏缅语族景颇语支。有拉丁字母形式的文字。主要从事农业。新中国成立前,已进入阶级社会,各地区还保留着不同程度的原始公社制残余。新中国成立后,1953

年 7 月 24 日，德宏傣族景颇族自治区成立（1956 年改为自治州），景颇族人民实现了当家做主的愿望。邮票图案上的人物服饰，选用了云南德宏地区景颇族服饰。男身穿白色对襟短上衣和褐色长裤，头扎白布巾，上饰彩花。女身穿黑色短袖衫和枣红色编织有艳丽花色的片裙，银泡、银须钉在黑色上衣上，腰围藤箍，裹毛织护腿，斜背一个满缀银泡、银片、银牌、银穗的挂包（筒帕）。脚穿拖鞋。画面上表演的是一种回旋式集体舞蹈"木瑙纵歌"，一般在元宵节举行，参加者成千上万。基本动作有双膝自然弯曲，颤动踏步向前等，舞蹈有"庆丰收"、"庆胜利"等多种。男肩挂 1.6 米长的大型象脚鼓，鼓尾上翘，鼓面向下，动感强烈。在木鼓、象脚鼓、铓锣、铜镲伴奏下，盛装女双手扯起大红手巾边歌边舞，全身的银饰品随舞步摇摆叮当作响，在阳光下闪闪发光。

【柯尔克孜族】 1999—11·（56—29）J　面值 80

分，票幅规格 27 毫米×38 毫米，发行量 2827.5 万枚。图案描绘了我国少数民族之一柯尔克孜族考姆兹弹唱的情景。"柯尔克孜"是民族自称，其含义有几种不同解释：其一，"柯尔克孜"是四十的复数，可解释为"四十'百户'"，也就是 40 个部落；其二，"柯尔"是四十，"克孜"是姑娘，"柯尔克孜"就是四十个姑娘；其三，"柯尔克孜"之意为"草原人"。据 1978 年统计，柯尔克孜族约 9.7 万人，其中 80% 聚居在新疆维吾尔自治区西南部克孜勒苏柯尔克孜自治州，少数散居于新疆各地和黑龙江省富裕县。语言属阿尔泰语系突厥语族，有以阿拉伯字母为基础的文字。居北疆的多兼用哈萨克文，居南疆的多兼用维吾尔文。多信伊斯兰教，极少数地区信喇嘛教。主要从事畜牧业，部分经营农业。新中国成立前，基本上属于封建社会，有部落制残余。新中国成立后，1954 年，在柯尔克孜族聚居的南疆阿图什、乌恰、阿合奇、阿克陶县成立了克孜勒苏柯尔克孜自治州。"克孜勒苏"是河名"红水"之意，"红"象征解放，"水"象征人民的团结，故得名。邮票图案上的人物服饰，选用了新疆克孜勒苏地区柯尔克孜族服饰。男内穿圆领花边白衬衣，外穿黑条绒或平绒衣裤，有时加绣花边，系皮带，毡袜皮鞋；头戴高顶方形卷檐皮帽（卡尔巴克），帽檐左右各开口。女身穿玫瑰红连衣多褶裙和长裤，外套色彩绚丽的小背心，背心前胸配上白色扣子、银片、银币等饰物组成美丽图形；绣花鞋；头戴红色丝绒圆顶花帽，帽檐下垂璎珞珠饰；披白色长头巾。男坐地演奏三弦琴"考姆兹"，弹拨乐器，木制，长约 88 厘米，音箱宽约 20 厘米，琴杆细长，无品，张三根丝弦，民间常用杏木挖制。声调和谐丰富，既可描绘山川的景象，又能表现万马奔腾的场面。女随着琴声边舞边唱，这种融音乐舞蹈为一体的"考姆兹弹唱"是柯尔克孜族独具特色的一种艺术形式。

【土族】 1999—11·（56—30）J　面值 80 分，票幅

规格 27 毫米×38 毫米，发行量 2827.5 万枚。图案描绘了我国少数民族之一土族"纳东"盛会的场面。土族自称"蒙古勒"或"蒙古尔孔"（意为蒙古人），旧称"青海土人"，藏族称之"霍尔"。在互助县土族中，广泛流传着祖先来自蒙古人，以及成吉思汗大将格日利特（格热台）率部留驻今互助县一带，后与当地霍尔人通婚，逐渐繁衍而成土族。在民族形成过程中，主要与吐谷浑、蒙古诸族有渊源关系，也有人认为可上溯到匈奴的遗族。据 1978 年统计，土族约 12 万人，主要聚居在青海互助土族自治县，民和、大通两县也较集中，其余散居在乐都、门源和甘肃天祝藏族自治县等地。语言属阿尔泰语系蒙古语族。通汉语，用汉文。多信喇嘛教。主要从事农业生产。新中国成立前，处于封建地主经济发展阶段。新中国成立后，1954 年 2 月 17 日，互助土族自治县成立；其他地区的土族，也都分别建立了民族乡，实现了民族平等和当家做主的权利。邮票图案上的人物服饰，选用了青海互助地区土族服饰。男身穿绣花白衬衫和大裆裤，外加黑坎肩，布鞋；头戴翻檐镶边白毡帽。女身穿花袖衫，袖筒由五节蓝、红、白、黑、黄色宽布圈缝制，其中蓝色象征青天，红色象征太阳，白色象征乳汁，黑色象征土地和矿藏，黄色象征五谷；着深色百褶长裙，束大型绣花长腰带，穿绣花鞋；梳两条长辫，戴织锦镶边绒毡帽，帽身浅，卷檐大；佩戴长穗耳环、项链饰品。腰下前、左右配有几条几何形纹样绣片。男演奏打击乐器"双面鼓"，鼓体形较大，以带系之，背于肩上。演奏时可悬空，也可着地。鼓呈圆柱形，木制，两面蒙皮，可双槌击奏双面，也可单槌击奏。女随鼓点起舞。每年农历七月十二日至九月十六日，土族常举行"纳东"盛会，也称"庄稼会"，敲锣打鼓庆丰收，场面极其热烈壮观。

【达斡尔族】 1999—11·（56—31）J　面值 80 分，票幅规格 27 毫米×38 毫米，发行量 2827.5 万枚。图案描绘了我国少数民族之一达斡尔族罕伯舞（鲁日格勒）的动作造型。据 1978 年统计，达斡尔族约 7.8 万人，主要分布在内蒙古自治区和黑龙江省。新疆维吾尔自治区塔城地区的达斡尔族人，为清乾隆年间迁去。达斡尔

族与鄂温克、鄂伦春、蒙古、汉、哈萨克等族长期杂居,关系密切。语言属阿尔泰语系蒙古语族,无文字,除少数人会蒙文外,大多数人使用汉文。主要从事农业,兼事牧、猎业。新中国成立前,在日本帝国主义殖民统治和封建地主的压榨下,人民生活悲惨。新中国成立后,1958年8月15日,莫力达瓦达斡尔族自治旗宣告成立,达斡尔族人民实现了民族平等和当家做主的权利。邮票图案上的人物服饰,选用了内蒙古莫力达瓦地区达斡尔族服饰。男身穿高领镶边大襟皮袍和长裤,束腰带,挂绣花荷包,脚穿皮靴(奇卡米),头戴平顶镶边皮帽。男行猎时也戴狍头皮帽,按不同季节猎获的兽皮作为不同用途的皮衣用料。女身穿绣花长袍,下摆裁制成裙状;束彩色腰带,挂绣花荷包;宽裤管长裤,绣花鞋;长长的发辫自然垂于胸前,佩戴耳环、手镯饰品。男左手叉腰,右手挥拳作罕伯舞(鲁日格勒)。罕伯舞分为赛歌、对舞、赛舞三个阶段。在此起彼伏的各种呼号声中,舞者左手叉腰,右手挥拳,互相追逐,形成"对打"和"对挡"的态势,你退我进,各不相让,载歌载舞,热烈而欢快。

【仫佬族】1999—11·(56—32)J 面值80分,票幅规格27毫米×38毫米,发行量2827.5万枚。图案描绘了我国少数民族之一仫佬族坡会赛歌的场景。仫佬族史称"姆佬"。据1978年统计,仫佬族约7.3万人,90%聚居在广西壮族自治区罗城县,少数散居宜山、柳城等县。语言属汉

藏语系壮侗语族侗水语支,多通汉语和壮语,使用汉文。主要从事农业,有少数从事采煤和硫磺业,制陶业也较发达。妇女精织围裙、背带。新中国成立前,社会经济、文化发展水平和当地壮、汉等族大体相同,处在封建地主经济发展阶段。新中国成立后,经过各项社会改革和发展经济建设,仫佬族人民获得了当家做主的权利,生活水平有了明显提高。邮票图案上的人物服饰,选用了广西罗城地区仫佬族服饰。男身穿白色对襟衫和长裤,束红色腰带,青布包头。女身穿高领镶边深紫红色大襟上衣和镶边长裤,佩戴耳环、手镯饰品,梳辫插花,标致俊美。男女平时都穿布鞋,外出时穿竹麻草鞋,用竹丝麻丝编织而成的鞋适合于崎岖山路、苔藓石板路上行走,轻便防滑。画面表现的是坡会赛歌(走坡)场面。多在春节期间和中秋之夜举行,是一种对歌谈情的习俗。青年男女在野外聚会赛歌,由二男或二女同声二重唱。男吹奏的乐器为"木叶"(常青树的叶子),主要流行于云南、四川、贵州、湖南、湖北、广西等省区。唐诗人白居易有"卷叶吹为玉笛声"诗句,可见历史悠久。选择的木叶不老不嫩、光滑平整、结构均匀、无毛无齿、柔坚适度。演奏木叶靠吹气振动叶片发音,音的高低靠食指与中指绷紧或放松木叶,结合气急、嘴劲的集中与分散加之控制与调节。音色清脆嘹亮 悠扬婉转。女随着木叶的悦耳曲调,放声高歌。

【羌族】1999—11·(56—33)J 面值80分 票幅规格27毫米×38毫米,发行量2827.5万枚。图案描绘了我国少数民族之一羌族演奏羌族歌舞曲的情景。羌族自称"尔玛"或"尔咩",意为本地人。"羌"原是古代汉人对居住在我国西北部的游牧民族的一个泛称。古代羌人并不

是单一民族。据历史记载,从秦汉以来,就有古代羌人居住在今川西北一带。隋唐时代,一部分羌人同化于藏族,另一部分羌人同化于汉族。其中也有一小部分羌人得以单独保存并发展下来,形成了今天的羌族。因此,今天的羌族是古代一小部分羌人的后裔,而不同于全部古代羌人。据1978年统计,羌族约8.5万人,大多数聚居于高山或半山地带,少数分布在公路沿线各城镇附近,与藏、汉、回族人民杂居。语言属藏汉语系藏缅语族,无文字。主要从事农业,兼事畜牧。擅长掘井和石砌建筑技术。妇女善挑花。1935年,中国工农红军长征经过羌族地区时,曾建立革命政权。新中国成立前,羌族人民在三座大山的压迫下,过着"糠菜半年粮"的苦难生活。新中国成立后,1958年8月了日,茂汶羌族自治县成立,羌族人民实现了民族平等和当家做主的权利。邮票图案上的人物服饰,选用了四川阿坝地区羌族服饰。男身穿麻布短衫和长裤,外套羊皮背心(皮褂),雨天毛向外防雨,晴天毛向内,肩部、前襟、下摆等处都露出长长羊毛,前襟不系扣。缠包头巾,在前面裹成众多相叠的人字形。缠裹腿。女身穿形似旗袍的麻布开襟长衫,襟边、袖口饰色彩鲜艳花纹图案的宽镶边,长裤,束腰带,脚穿鞋尖微翘的"云云鞋"。佩戴耳环、手镯饰品。羌族处处舞"锅庄",人人吹"羌笛"。羌族的羌笛,牧羊时带着它,出征时吹它,谈情时吹它……关于羌笛的来历,有一个美丽的传说:远古时,一位羌族青年在睡梦中,有位美丽的少女送来一支笛子,告诉他:"它会帮你渡过难关和劫难。"一觉醒来,果见一支金笛,吹起它,笛声好似清泉流水。从此,羌笛作为一种神灵

象征流传至今。男演奏的是"羌笛",羌藏族喜用的一种民间吹管乐器"双管竖笛",羌族称"其篥"、"土布里"、"帮",藏语为"吕渣"、"肖列"。管身竹制或骨制,竖吹,单簧双管,管上设五或六个按孔,音色响亮。女演奏"竹质口簧"(口弦),分金属与竹质两种,竹质口簧流行普遍。按形状,口簧分为凸头形、网针形、锥形、平头形等多种。画面上女吹奏"口弦",男吹奏双管竖笛,演奏羌族歌舞乐曲,婉转动听的乐声仿佛萦绕耳际。

【布朗族】1999—11·(56—34)J 面值80分,票幅规格27毫米×38毫米,发行量2827.5万枚。图案描绘了我国少数民族之一布朗族青年男女跳"圆圈舞"、"板典舞"的动作造型。布朗族是唐"朴子蛮"后裔的一部分,元以后史称"蒲人"。居住在西双版纳的布朗族自称"布朗",镇康的自称"乌",澜沧的自称"翁拱",双江、云县、耿马、墨江等地的自称"阿瓦"或"瓦"。新中国成立后,按照本民族人民的意愿,统一称为布朗族。据1978年统计,布朗族约5.2万人,主要聚居于云南省西南部西双版纳傣族自治州勐海县的布朗山、西定、巴达,其余分散聚居在临沧地区的双江、镇康、云县、耿马和思茅地区的澜沧、景东、景谷、墨江、普洱等县。语言属南亚语系。主要从事农业,兼种茶,是驰名中外的"普洱茶"的产地。新中国成立前,居住在临沧、景东、墨江等县的已进入封建地主经济发展阶段,居住在西双版纳等地区的还保留着不同程度的原始公社制残余。布朗族多信小乘佛教,通傣语。新中国成立后,经过各项社会和经济改革,布朗族人民获得了民族平等和当家做主的权利。邮票图案上的人物服饰,选用了云南布朗山、西定地区布朗族服饰。男身穿黑色无领对襟短上衣和宽裤裆长裤,黑布包头,布鞋。女身穿紧身无领斜襟短衣和筒状腰裙(尹甲),内裙多为白色,外裙黑色,上半部织彩色宽纹花;挽发髻并缠大包头,戴大耳环,耳垂上插银塞,塞上配彩线下垂,在两鬓角和发髻包头上插大朵鲜花。男弹小三弦琴(赛丁),又称"得丁","得"为弹,"丁"为琴,即弹的琴,汉族称为"布朗丁"。一般音箱呈冬瓜形,琴杆上设有若干个品位,张三根弦,每两根一组定同一音高。琴身漆有各色图案,颇为美观。声音清脆悠扬,节奏强烈,女跪地边舞边唱,歌声清脆激越,称为布朗弹唱,旋律委婉动听,节奏轻快活泼。青年男女喜跳"圆圈舞"、"板典舞"。

【撒拉族】1999—11·(56—35)J 面值80分,票幅规格27毫米×38毫米,发行量2827.5万枚。图案描

绘了我国少数民族之一撒拉族唱山歌的情景。自称"撒拉尔",简称"撒拉"。汉文史书中曾有"沙剌簇"、"萨拉"、"撒喇"、"撒拉回"等称呼。根据撒拉族的传说和语言特点,以及有关我国新疆和中亚地区的历史文献,关于撒拉族的民族起源,比较一致的意见是:撒拉族的先民在元代由中亚细亚的撒马尔罕地方经过长途跋涉辗转迁徙到青海东部,定居在循化地区,在长期的历史发展中,同周围的藏、回、汉各族相互融合,逐渐形成了一个民族。据1978年统计,撒拉族约5.6万人,90%居住在青海省东部的循化撒拉族自治县,其余分布在与循化相毗连的化隆县甘都和甘肃省临夏的大河家,也有少数散居在青海、甘肃以及新疆的其他地方。语言属阿尔泰语系突厥语族,通汉语,用汉文。多信伊斯兰教。从事农业,园艺业较发达。苹果、花椒、药材等种植业发展较快。新中国成立前,处于封建地主经济发展阶段。新中国成立后,1954年3月1日,循化撒拉族自治县成立,实现了社会改革,废除了宗教封建特权和压迫剥削制度,撒拉族人民获得了当家做主的权利。邮票图案上的人物服饰,选用了青海循化和甘肃等地撒拉族服饰。男身穿白色翻领衬衣,外套黑色坎肩,长裤,布鞋,头戴白色无檐小圆帽(号帽),腰系绣花荷包。女身穿色泽艳丽的衣裤,细腰身式样,外套黑色坎肩,佩戴长串耳饰、手镯,头上罩绿色盖头,只露脸部。地面上放着满筐刚摘下的苹果,男女欢声唱山歌(花儿)。"花儿"是一种用汉语唱的山歌,演唱者即景生情,触景编词,歌唱丰收和幸福生活。不用乐器伴奏。画面上男将手掌朝前搭在耳后,正在清唱"干花儿",高亢嘹亮,自由奔放。

【毛南族】1999—11·(56—36)J 面值80分,票幅规格27毫米×38毫米,发行量2827.5万枚。图案描绘了我国少数民族之一毛南族花竹帽舞的动作造型。自称"阿难",意思是这个地方的人。自宋代开始,在汉文史书中,把毛难族居住的广西环江县上南、中南、下南地区泛称为"茆滩"、"茅滩"、"冒南"和"毛难"等。

毛难族的族名可能由地名而得。新中国成立后,按照本民族的意见,定名为毛南族。据1978年统计,毛南族约3.1万人,分布在广西壮族自治区北部的环江、河池、南丹、宜山、都安等县,其中70%以上聚居在环江县下南地区,故有"毛南之乡"的称号。语言属汉藏语系壮侗语族侗水语支,多通汉语和壮语,用汉文。主要从事农业。手工业以制作精致竹笠著名。新中国成立前,经济、文化发展水平和当地汉族、壮族相近,处在封建地主经济发展阶段。新中国成立后,经过社会改革,毛南族实现了民族平等和当家做主的愿望。邮票图案上的人物服饰,选用了广西环江等地毛南族服饰。男身穿高领对襟衫和长裤,披彩条坎肩,布鞋。女身穿高领白色大襟衫和长裤,袖口、裤脚上镶有蓝、黑色边条,布鞋,佩戴手镯等饰物。男胸前横置蜂鼓(横鼓),一种打击乐器,毛南族称长鼓,近代因其形似蜂而称蜂鼓。蜂鼓以黄泥煅烧而成,两头大,一端呈球状,另一端为喇叭形,中间细如蜂腰,周围刻以花纹图案,以牛皮或羊皮固定于两个铁环上,分别盖在两端腔口为面,用铁钩、绳子收拢绷紧皮膜。演奏时用鼓绳挂在颈上,鼓横置胸前,也可置于长架或凳上,立奏、坐奏或边奏边舞。画面上男以坐姿演奏蜂鼓,他一手执细长竹槌击奏,发高音"梆";一手拍击另一面,发低音"崩"。女手持一顶竹帽(顶卡花),表演花竹帽舞。毛南族妇女喜欢的"花竹帽",不是女人自己编的,而是情人用心编织的花帽,婚后的女人也会把定情花帽吊挂在蚊帐前的。情人间会花竹帽起舞。花竹帽用当地特产金竹和黑竹剖成细竹篾编织而成,花纹十分美观,是毛南族最著名的工艺品。花竹帽舞以模拟砍竹、破篾、编织等动作,表现妇女巧编花竹帽的劳动过程和欢乐情景。

【仡佬族】1999—11·(56—37)J　面值80分,票幅规格27毫米×38毫米,发行量2827.5万枚。图案描绘了我国少数民族之一仡佬族酒礼舞的动作造型。与古代僚(音老)人有渊源关系。据1978年统计,仡佬族约2.6万人,散居在贵州西部的织金、黔西、六枝、关岭、普定、大方、清镇、仁怀、水城、安顺、遵义、平坝、金沙、兴仁等二十多个县。居住分散,多与其他兄弟民族交错杂居。语言属汉藏语系,通用汉语和当地人数较多的少数民族语言。主要从事农业。新中国成立前,处于封建地主经济发展阶段。新中国成立后,1953年成立的广西隆林各族自治县,就包括一部分仡佬族;1956年,在遵义市平正乡和仁怀县安良乡建立了两个仡佬族民族乡。经过社会改革,仡佬族人民实现了民族平等和当家做主的愿望。邮票图案上的人物服饰,选用了贵州务川、道真、水城等地仡佬族服饰。男身穿高领对襟上衣和宽脚管长裤,布鞋,长帕包头。女身穿滚边长袖上衣,外罩前短后长的无袖长袍,绣有花纹,穿时从头上套

下;下穿镶黑边红筒裙,勾尖鞋;佩戴耳环、手镯等饰品。按照仡佬族习俗,婚礼中,当男方迎亲队伍进入女方家门后,新娘的长辈要向迎亲人敬酒。人们围着盛满水酒的大龙坛跳起酒礼舞。舞蹈动作简单,边唱边舞。画面上表现的就是仡佬族酒礼舞(吭客透)。男演奏一种吹管乐器"玛呜哇",汉族称为"泡木桐",以泡桐木挖空为管,上端插发音簧哨,哨用一节水竹剖开竹皮为簧。演奏时,口含簧哨,竖吹,并常用打指装饰旋律,乐曲节奏单一,自由。女双手捧出插有数根吸管的酒坛,佐众人畅饮,跳起酒礼舞,仿佛身临喜庆场景之中。

【锡伯族】1999—11·(56—38)J　面值80分,票幅规格27毫米×38毫米,发行量2827.5万枚。图案描绘了我国少数民族之一锡伯族准备参加射箭比赛的情景。史称"席伯"、"西伯"、"席北"。据1978年统计,锡伯族约4.4万人,分布在新疆维吾尔自治区伊犁哈萨克自治州和辽宁省沈阳、义县、凤城、吉林省扶余等地。17世纪以前,原居今内蒙古自治区呼伦贝尔和东北松花江、嫩江一带。自17世纪末起,陆续被清政府编入八旗,披甲为兵,派驻东北三省及关内各地。清乾隆二十九年(公元1764年),清政府由盛京(今沈阳)征调锡伯官兵及家属三千多人,前往新疆伊犁河南岸驻防,统称"锡伯营"。语言属阿尔泰语系满—通古斯语族满语支。相传锡伯族曾有过自己的文字,但早已失传。大部分通晓满语文、汉语文,新疆的锡伯族有的兼通维吾尔语、哈萨克语。主要从事农业。新中国成立前,处于封建社会。新中国成立后,1954年3月,在锡伯族聚居的原新疆宁西县,建立了察布查尔锡伯自治县,锡伯族人民实现了民族平等和当家做主的愿望。"察布查尔"是一条长达200里的大渠名字,于1802年(清嘉庆七年)~1808年间,锡伯族人民用勤劳的双手开凿而成,锡伯语的意思为"粮仓",以喻其引来伊犁河水灌溉的肥田沃土丰产丰收,取用不竭。邮票图案上的人物服饰,选用了新疆、辽宁、内蒙古、甘肃等地区锡伯族服饰。男身穿对襟短衫和扎紧裤脚的长裤,外套大襟开衩长袍,腰间佩绣花荷包,长筒软底尖尖的皮靴,头戴圆顶宽檐帽。女身穿绯色花袖上衣,外罩无袖对襟长衫,长裤,绣花鞋;头戴传统的"坤秋帽",帽用青蓝等色绸缎呢绒缝制,里衬毛皮,帽面上绣有各种花样和吉祥图案。佩戴耳环、手镯等饰品。女人身后方放置的圆筒为奶筒。男手持弓箭,斜挂箭囊,浑身洋溢着一股即将参加射箭比赛的气势。锡伯族喜欢跳"即兴舞"、"蝴蝶舞"。

【阿昌族】1999—11·(56—39)J 面值80分，票幅规格27毫米×38毫米，发行量2827.5万枚。图案描绘了我国少数民族之一阿昌族跳"蹬哦罗"舞的动作造型。由唐代"寻传"部落的一部分发展而来，元、明以后史籍称为"峨昌"或"俄昌"。据1978年统计，阿昌族约1.8万人，分布于云南省德宏傣族景颇族自治州

的陇川、盈江、梁河等县。语言属汉藏语系藏缅语族，兼通汉语或傣语，使用汉文。主要从事农业；手工业比较发达，擅制长短刀和铁质农具，"户撒刀"著称于世。有专业商人。多信小乘佛教。新中国成立前，大部分地区都保持着傣族土司统治下的半封建领主经济。新中国成立后，1952年，在阿昌族聚居的陇川县户撒地区成立了阿昌族自治区；1953年和1954年，又先后在潞西县江东区高梗田乡、梁河县遮岛区的丙介乡和关璋乡建立了三个阿昌族民族乡，阿昌族实现了民族平等和当家做主的愿望。邮票图案上的人物服饰，选用了云南陇川、梁河、潞西等地阿昌族服饰。男身穿黑褐色大襟上衣和长裤，白布包头，布鞋；肩挂户撒长刀（阿昌刀），长1尺~3尺，产于云南陇川户撒一带，阿昌族特产，工艺精巧，锋利无比。女身穿短袖对襟衫和长裤，腰下有一黑色围腰，布鞋；辫子盘于头顶，青布包头，婚后妇女包头高达一尺，姑娘头上有珠花，胸前有塑料花等饰品；佩戴耳环、项圈、手镯等银饰品。画面上表现的是阿昌族在赶山路、赶摆（群众性集会）、歌舞及"串姑娘"活动中演奏的葫芦丝调。男演奏一种吹管乐器"葫芦箫"。阿昌族称为"泼勒翁"，"泼勒"为箫，"翁"为葫芦，故译作"葫芦箫"。由葫芦和带簧的竹管构成。簧片用黄铜制作，有单管、双管、三管、四管几种。画面上为单管，体积较小，声音低沉浑厚，长于表现优美抒情的音乐，曲调轻柔、纤细、和谐。女单腿跪地，随着葫芦箫的美妙节奏，跳"蹬哦罗"，边歌边舞。

【普米族】1999—11·(56—40)J 面值80分，票幅规格27毫米×38毫米，发行量2827.5万枚。图案描绘了我国少数民族之一普米族甲蹉舞的动作造型。普米族史称"西蕃"、"巴苴"。自称"普英米"、"普日米"或"培米"，都是"白人"的意思。据1978年统计，普米族约2.2万人，主要分布在云南省的兰坪、丽江、维西、永胜等县和宁蒗彝族自治县，也有不少居住在四

川省木里藏族自治县和盐源县。据本民族传说和历史记载，普米族原来聚居在青藏高原，是青海和甘肃、四川边沿一带的游牧部落，随后从高寒地带沿横断山脉逐渐向温暖和水草丰茂的地区迁徙。约在公元7世纪以前，他们已分布在今四川越西、冕宁、汉源、九龙及石棉等地，是当时西昌地区的主要民族之一。语言属汉藏语系藏缅语族。主要从事农业，兼营畜牧。新中国成立前，处于封建地主经济发展阶段；宁蒗地区还有领主制残余。新中国成立后，1952年~1956年，完成了社会民主改革，普米族人民实现了民族平等和当家做主的权利。邮票图案上的人物服饰，选用了云南兰坪、宁蒗、丽江等地普米族服饰。男身穿麻布上衣和宽大长裤，腰束红绸带，长筒靴，头戴宽檐呢帽。女身穿窄袖高领大襟上衣和百褶长裙，用宽大而染有红、绿、蓝、黄彩氆氇带束腰，用双层黑纱布包头，编发羼扎牦牛尾和丝绒盘于头顶，以粗大为美观；花布鞋；佩戴耳环、手镯等银饰品。男吹奏竹笛（赫哈），在优美生动的乐曲伴奏下，女跳起一种习俗性舞蹈甲蹉舞，舞步刚健明快。有边唱边舞的"舞蹈歌"和用乐器伴奏的舞蹈两种。通常先用竹笛在集体舞蹈之前吹奏邀请曲，然后周围或成队作舞。

【塔吉克族】1999—11·(56—41)J 面值80分，票幅规格27毫米×38毫米，发行量2827.5万枚。图案描绘了我国少数民族之一塔吉克族拉拨意舞的动作造型。据1978年统计，塔吉克族约2.2万人，分布在新疆塔什库尔干塔吉克自治县及莎车、泽普、叶城和皮山等县。塔什库尔干

塔吉克自治县位于世界屋脊帕米尔高原东部，屹立在祖国西大门，是一座新中国成立后新兴城镇。"塔什库尔干"在塔吉克语中是"石头城堡"之意，它是古老的塔吉克族世代居住的地方。语言属印欧语系伊朗语族，无文字。部分人通维吾尔语。多信伊斯兰教。分布在山区的主要从事牧业，兼营农业；在平原的从事农业。新中国成立前，基本上处在封建社会发展阶段。新中国成立后，1954年，塔吉克族聚居的原蒲犁县成立了塔什库尔干塔吉克自治县，塔吉克族人民实现了民族平等和当家做主的愿望。邮票图案上的人物服饰，选用了新疆塔什库尔干、莎车、泽普等地塔吉克族服饰。男身穿对襟白色上衣和黑色长裤，外加黑色坎肩，系花腰带，用彩色布裹腿，脚穿尖头上翘的长筒软底皮靴；头戴羔羊圆高筒帽，黑绒为面，上绣数道花边，帽檐下翻时，可掩住双耳和面颊，有抵御风寒的功能。女身穿红色连衣裙，外套黄色无袖袷袢，系三角形绣花腰

带,彩色布裹腿,脚穿尖头上翘的长筒软底皮靴;头戴圆形平顶绣花帽,帽前垂挂一排细短银链,帽后缀有后帘,帽上系白色方形头巾,具有保暖和防风沙的功能。男演奏一种吹奏乐器鹰骨笛("哪艺"),又称"淖尔"、"鹰笛"、"骨笛",因用鹰骨做成而得名。根据翘骨粗细不同,有短而粗者,也有细而长者,但因其多成对使用,故每对笛的粗细、长短和管上孔距均一致。长20厘米,直径1.5厘米,三个孔合开吹出各种曲调。女随着鹰笛的节奏,跳起拉拨意舞,舞步稳健,转身时动作迅速敏捷,清澈激越的笛声远及数里。

作造型。据1978年统计,乌孜别克族共7500人,散居在新疆维吾尔自治区全区许多县、市,其中大部分居住在城镇,少数在农村。主要分布在伊宁、塔城、喀什、乌鲁木齐、莎车、叶城等地。乌孜别克族的名称,最早来源于14世纪蒙古帝国的组成部分、四大汗国之一的金帐(铁察)汗国的乌兹别克汗,在元史上称为"日即别"、"月祖伯"等。语言属阿尔泰语系突厥语族。曾用过以阿拉伯字母为基础的文字,现一般通用维吾尔文或哈萨克文。多信伊斯兰教。多从事商业和手工业,部分经营农牧业。乌孜别克妇女的手工刺绣,如小花帽、花边、床单、枕套等,是特种工艺品。新中国成立后,经过社会改革,乌孜别克族人民实现了民族平等和当家做主的权利。邮票图案上的人物服饰,选用了新疆南北部地区乌孜别克族服饰。男身穿套头绣花白色衬衫和黑色长裤,外套长及膝盖的竖条纹敞襟无纽扣长袍(托尼),腰束三角形绣花巾,脚穿皮靴。女身穿宽大多褶的绿色连衣裙(魁纳克),外加坎肩,脚穿花皮靴,手腕和足腕套有铃圈。男女均喜戴一种小花帽(朵皮),分花、素两种。花帽用上好丝绒为底,五彩丝线绣出精致图案;素帽以墨绿色金丝绒为底,用小珠、亮片绣出朴素大方的图案。女花帽后系白色纱巾,与金黄色长发自然飘垂身后,十分飘逸。佩戴耳环等饰品。在委婉动听的乐曲声中,男张臂跳跃,动作矫健优美;女双手连续摇动,作铃铛舞,手腕互相撞击发出一片有节奏的铃声碎响,悠扬而热烈。

【怒族】1999—11·(56—42)J 面值80分,票幅规格27毫米×38毫米,发行量2827.5万枚。图案描绘了我国少数民族之一怒族达比亚舞的动作造型。

怒族自称"怒苏"(碧江)、"阿怒"(福贡)和"阿龙"(贡山),自认为是怒江和澜沧江两岸的古老居民。元代史籍称"路蛮",明、清史籍称"怒人"。据1978年统计,怒族约1.9万人,主要分布在云南省怒江傈僳族自治州碧江、福贡、贡山、兰坪等县。语言属汉藏语系藏缅语族。生产以农业为主,狩猎为辅。新中国成立前,已进入封建社会,而在碧江、福贡等地还保留着一些原始公社制残余。新中国成立后,1954年8月,怒江傈僳族自治区成立,1957年1月改为自治州,州内傈僳族、怒族、独龙族、藏族、白族、纳西族、普米族等民族实现了当家做主的愿望;1956年10月1日,贡山独龙族怒族自治县成立,怒族人民获得了更广泛地参加各种政治活动的权利。邮票图案上的人物服饰,选用了云南碧江、福贡、贡山等地区怒族服饰。男青布包头,身穿敞襟宽胸的竖条纹麻布长袍和长裤,腰系布带,扎护腿,布鞋。女为阿龙、柔若支系服饰,青布包头,头上有金属管束头发,红色缨穗下垂,用珊瑚、玛瑙、料珠、贝壳、银币串成的装饰品缠在头上,挂在胸前;身穿敞襟长袍,外套红色背心,腰间系宽三寸的彩色条纹氆氇布带,两端下垂,十分醒目;布鞋;佩戴耳环、手镯等饰品。男演奏琵琶("达比亚")。音箱呈长方形或三角形。琴头、琴杆、音箱用整木制成,多用楠木或黄桑木凿制,琴杆为指板,不设品位,有四个弦轴,张四根弦,音色清脆明亮。女手持一朵鲜花,随着琵琶节奏作达比亚舞,表演内容有反映日常生活、描述生产劳动、模仿动物生态等。

【乌孜别克族】1999—11·(56—43)J 面值80分,票幅规格27毫米×38毫米,发行量2827.5万枚。图案描绘了我国少数民族之一乌孜别克族铃铛舞的动

【俄罗斯族】1999—11·(56—44)J 面值80分,票幅规格27毫米×38毫米,发行量2827.5万枚。图案描绘了我国少数民族之一俄罗斯族民间舞蹈的动作造型。俄罗斯族最初是在18世纪以后从沙皇俄国迁来的,在19世纪以至俄国十月革命前后,有更多的俄罗斯人陆续进入新疆一带。据1978年统计,俄罗斯

族约六百多人,散居在新疆伊犁、塔城、阿勒泰、乌鲁木齐,其中以伊犁地区较多,也有些人居住在内蒙古自治区等地。语言属印欧语系斯拉夫语族,使用俄文。多信东正教。主要从事商业、农业(园艺和养蜂为主)和手工业。新中国成立后,经过一系列社会改革,俄罗斯族人民获得了民族平等和当家做主的权利。邮票图案上的人物服饰,选用了新疆伊犁、塔城、阿勒泰等地区俄罗斯

族服饰。男身穿灯笼袖套头绣花白色衬衫和蓝色长裤，脚穿长筒皮靴。女身穿玫瑰红绣花边的连衣裙（布拉吉），皮靴；头饰敞开，头发露在头巾外，十分自然。每逢佳节，朋友们相聚都唱歌跳舞。男大幅度跳跃动作是一种竞演性舞蹈的特写，形式自由而热烈，用节奏复杂的踏点、蹲跳、旋转、拍打、吹口哨，情绪欢快即兴表演动作。女手执彩巾，用手、臂和腰部动作表演，翩翩起舞，跳着民间舞蹈，热情而优雅。

【鄂温克族】1999—11·（56—45）J　面值80分，票幅规格27毫米×38毫米，发行量2827.5万枚。图案描绘了我国少数民族之一鄂温克族天鹅舞的动作造型。鄂温克族曾分别被称为"索伦"、"通古斯"、"雅库特"等。1957年，根据本民族意愿，统一民族名称为鄂温克。"鄂温克"是民族自称，通古斯语，意思是"住在大山林中的人们"。据1978年统计，鄂温克族约1.3万人，主要分布在内蒙古自治区的七个旗和黑龙江省的讷河县，多与蒙古、达斡尔、汉、鄂伦春等民族交错杂居。语言属阿尔泰语系满—通古斯语族通古斯语支，无文字。牧区兼用蒙语，农区兼用汉语和达斡尔语。多信萨满教。主要从事畜牧业和农业，多数从事狩猎业。新中国成立前，已进入封建社会，在大兴安岭北部游猎区还保留着原始公社制残余。新中国成立后，游猎区和牧区开始定居，1958年建立了鄂温克族自治区，鄂温克族人民实现了民族平等和当家做主的权利。邮票图案上的人物服饰，选用了内蒙古呼伦贝尔草原及黑龙江大兴安岭山区鄂温克族服饰。男身穿大襟长袍，襟边、袖口、下摆镶线绣和补绣相结合的花边，束宽红绸腰带；头戴阔边尖顶衬皮毛的毡帽；扎护腿，脚穿翘尖高筒皮靴。女身穿紧身大襟袍，长袍的下部宽大如褶裙；头戴皮帽，帽顶结红缨；长裤；高筒皮靴。佩戴耳环、手镯等饰品。男女腰间均挂荷包。民间舞蹈"天鹅舞"主要表现牧区、半牧半农区的生活，动作以模仿天鹅的飞翔姿态为主，或双臂平伸飞翔，或前后飞翔，或侧身飞翔，一足脚跟着地，脚掌拍地移动，另一足踏地紧随，习称"跟靠步"，舞步单纯，豪放朴实，节奏明快，动作刚健有力，展示出了鄂温克族豪爽、勇敢的性格和乐观向上的气质。

【德昂族】1999—11·（56—46）J　面值80分，票幅规格27毫米×38毫米，发行量2827.5万枚。图案描绘了我国少数民族之一德昂族水鼓舞的动作造型。德昂族是唐"朴子蛮"后裔的一部分。原称崩龙族。自称和他称"崩龙"、"昂"、"冷"、"梁"、"布雷"、"纳安诺买"等。根据崩龙族妇女裙子上所织线条的不同色调特征，当地汉族人分别称他们为"红崩龙"、"花崩龙"、"黑崩龙"等。新中国成立后，统称为崩龙。据1978年统计，崩龙族约一万人，主要聚居在云南省德宏傣族景颇族自治州潞西市和临沧镇康县境内。语言属南亚语系孟高棉语族，无文字，通傣语、汉语和景颇语。多信小乘佛教。主要从事农业，擅长种茶。新中国成立前，长期受傣族土司、部分受景颇族山官的统治与剥削；还保留着一些原始公社制残余。新中国成立后，经过社会改革，崩龙族人民实现了民族平等和当家做主的权利，各项事业都有较快发展。1985年9月，国务院根据本民族意愿，崩龙族更名为"德昂族"。邮票图案上的人物服饰，选用了云南潞西、陇川、瑞丽、保山等地区德昂族服饰。男身穿大襟上衣和肥大短裤，胸前挂绒球，扎布绑腿，脚穿拖鞋。女身穿长袖对襟短上衣，襟边镶二道红布，大方块银牌作纽扣；下着织有红色宽横条纹的长裙，腰部有十来圈竹藤腰箍，漆成红色，有的腰箍前半截是竹篾或藤制，后半截是螺旋形的银丝，行走时随着脚步移动而伸缩弹动。脚穿拖鞋。佩戴耳环、项圈、手镯等饰品。男女均裹布包头，包头布两端及耳坠上都钉有一些红绒球。德昂族男女上身喜欢配上各种颜色的绒球束；妇女的藤圈必须要有，一般是男人送的礼物。男演奏一种打击乐器"格楞当"，德昂语"格楞"为鼓，"当"为大，即大鼓。汉语称"抬鼓"，因体积大的格楞当由两人用长竹竿抬着，一人持槌边敲边舞。据说，过去演奏前，要从小孔灌入一些水或酒润湿鼓身，以获得较好的音响效果，故又得名"水鼓"。长约60厘米，两头用牛皮蒙面，经水湿润后的内部鼓心和鼓皮，共鸣声更好。画面上的水鼓体积较小，一人背鼓，男女边击边作水鼓舞，动作有单步跟脚绕圆圈前进，或原地跨步转圈、对跳等，气氛热烈。

【保安族】1999—11·（56—47）J　面值80分，票幅规格27毫米×38毫米，发行量2827.5万枚。图案描绘了我国少数民族之一保安族打造保安刀的场景。据1978年统计，保安族约6800人，主要聚居在甘肃省临夏县大河家。语言属阿尔泰语系蒙古语族，通用汉文。根据保安族的传说、语言特点和类似蒙古族的某些生活习俗，可以认为保安族是元朝时期一批信仰伊斯兰教的蒙古人，在青海同仁一带驻军垦牧，同周围的回、汉、藏、土各族长期交往，逐渐形成的一个民族。他们原住同仁境内隆务河两岸的保安三庄；清同治初年被迫迁徙，在循化住了几年，又转入甘肃，在积石山边临夏大河家、刘集一带定居下来，因居住的大墩、甘梅、高李等村庄仍被习惯称作"保安三庄"，保安也就成了民族的名称。多信伊斯兰教。以农业经济为主，兼营手工业，所制腰刀号称"保安刀"，锋利耐用，精致美观，工艺高超，闻名甘肃、青海一带。著名的"双刀"和"双垒刀"的刀把，用黄铜、红铜、牛骨等垒叠而成，图案美丽，有"十样锦"的美名。新中国成立前，处于封建地主经济发展阶段。新中国成立后，建立了民族乡，实现了社会改革，废除了宗教封建特权和压迫剥削制度，保安族人民真正当家做了主人。邮票图案上的人物服饰，选用了甘肃积石山、临夏和青海循化等地区保安族服饰。男身穿白色高领对襟衫和蓝色长裤，外套青布坎肩，布鞋，头戴白布无檐小圆帽。女身穿长袖高领对襟衫，外罩红色无袖敞领短裙，长裤，衣服色彩鲜艳；留长辫戴绒帽，帽上插花缀缨，十分美观大方。画面上，男席地而坐，手持保安刀，前面摆放着一把铁锤和旧时铁匠铺用的铁砧，后面木架上陈列着二十多把不同款式的保安刀，气息古朴。保安刀也称保安腰刀，规格有五寸、七寸两种，保安族传统的工艺品，品种有三十多种，其中"双刀"、"十样锦"等十分有名，其美观造型主要体现在刀鞘和刀柄的装饰上，瑰丽奇巧。女站在男身旁，手拿水果，大概是慰劳勤劳质朴的恋人吧！

【裕固族】1999—11·（56—48）J　面值80分，票幅规格27毫米×38毫米，发行量2827.5万枚。

图案描绘了我国少数民族之一裕固族转转舞的动作造型。裕固族自称"尧乎尔"、"西拉玉固尔"。元代称"萨里畏吾"，明代称"撒里畏兀儿"。是古代河西回鹘后裔与蒙古、汉等民族长期相处，逐渐发展形成的一个民族。1953年，按照本民族的意愿，取与"尧乎尔"音相近的"裕固"作为民族名称，兼有汉语富裕巩固之意。据1978年统计，裕固族约8800人，近90%聚居在甘肃省肃南裕固族自治县，其余居住在酒泉黄泥堡地区。分别使用阿尔泰语系突厥语族和蒙古语族的语言。通汉语，用汉文。多信喇嘛教。主要从事畜牧业，兼营农业。新中国成立前，存在着封建部落统治形式。新中国成立后，1954年2月和4月，肃南裕固族自治县和酒泉黄泥堡民族乡先后成立，实现了社会改革，发展了以畜牧业为主的多种经济，积极推广定居放牧，大力开展养鹿业，裕固族人民的生活水平不断提高。邮票图案上的人物服饰，选用了甘肃肃南、黄泥堡等地区裕固族服饰。男身穿高领大襟镶边长袍和长裤，束宽长红布腰带，脚穿高筒皮靴。女身穿高领大襟镶刺绣花边长袍，束布腰带，头戴喇叭形尖顶红缨帽，帽檐上缝有两道黑色丝绦边，帽顶缀一束线穗子（为纪念裕固族历史上一位英雄），挂戴大红长带形头面（萨达尔格）。头面长约三尺，宽约五寸。先将头发梳成三条大辫，一条垂背后，两条垂胸前；头面也分三条，分别系在发辫上；每条头面又分三段，用金属环连接。红色头面上镶缀银牌、珊瑚、玛瑙、彩珠、贝壳，排列组合成美丽的图案花纹；头面下端垂大红缨穗。这样，走路、起舞时，便会伴随着清脆悦耳的银饰、珠贝撞击声。擀毡是裕固族的重要副业，在劳动中产生了号子，织福字集体劳动中创造了各种劳动舞。画面上男女表演转转舞。有集体舞和男女双人舞两种。集体舞时，男女围绕着篝火，按照逆时针方向顿足挥臂起舞。双人舞时，男女以不同速度进行左右旋转、腾跃，上下挥臂，动作豪放自然。

【京族】1999—11·（56—49）J　面值80分，票幅规格27毫米×38毫米，发行量2827.5万枚。

图案描绘了我国少数民族之一京族渔民丰收舞的动作造型。约公元16世纪初，京族的祖先陆续由越南涂山等地迁徙而来，过去曾称为"越族"，1958年春正式改称为京族。据1978年统计，京族约5400人，80%聚居于广西壮族自治区防城各族自治县江平地区的氵万尾、巫头、山心三个小岛上，素有"京族三岛"之称。有本民族语言，绝大部分京族人通用汉语（广州方言）、汉文。历史上曾使用过"字喃"。"字喃"意为南方之字，即喃字，系公元13世纪末京族在利用汉字的基础上创造出的本民族文字。主要从事渔业，兼营农业和盐业。新中国成立后，1952年成立了氵万尾、巫头、山心三个民族乡，并在江龙乡筹建民族民主联合政府，京族人民实现了民族平等和当家做主的愿望。邮票图案上的人物服饰，选用了广西防城等四地区京族服饰。男身穿高领长袖对襟衫和长裤，布鞋。女垂辫戴尖顶小笠帽，内挂一件菱形胸兜，外穿窄袖紧身对襟衫和宽脚管裤，佩戴耳环、手镯等饰品。京族民间流行"唱哈"，喜跳"天灯舞"、"跳乐"、"花棍舞"、"对花履"等形式歌舞。图案中男演奏一种弹拨乐器"独弦琴"（"旦匏"），有竹制和木制两种。木制者面板和底板用桐木，面板呈拱形，尾端底板有一方形缺口以便系弦。竹制者以大半边毛竹做音箱。竹或牛角制摇杆，竖插于头部，杆上装喇叭状葫芦，一根金属弦两端分别系于摇杆和音箱上，用挑棒演奏。独弦琴身长80厘米，演奏时，置琴于两腿之上或琴头置于腿、琴尾用其他东西支撑，还可置琴于架上。右手握棒挑弹，左手握摇杆推、拉，改变琴弦张力以奏出不同的音高和音色。用推拉摇杆产生的各种滑音、倚音、波音、回音、颤音，具有鲜明特色。画面上男席地而坐，独弦琴置于腿上，左手扶杆，右手用小竹片拨弹弦演奏，琴声轻柔雅丽。女手提刚捕获的几条大鱼，作渔民丰收舞，表达了对丰收的喜悦和对生活的热爱之情。

【塔塔尔族】1999—11·（56—50）J 面值80分，票幅规格27毫米×38毫米，发行量2827.5万枚。图案描绘了我国少数民族之一塔塔尔族跳舞演奏和唱歌的场景。"塔塔尔"、"达旦"、"达达"、"达靼"都是"鞑靼"的不同译音。"鞑靼"一名最早见于唐代，是我国北方游牧的突厥汗国统治下的一个部落。15世纪

时，喀山汗国统治了自称为蒙古人的后代塔塔尔人，此后"塔塔尔"逐渐成为喀山汗国及其附近部落居民的名称。据1978年统计，塔塔尔族约2900人，散居新疆维吾尔自治区各地，主要在伊宁、塔城、乌鲁木齐等县市。语言属阿尔泰语系突厥语族，曾用过阿拉伯字母为基础的文字，现一般通用维吾尔文或哈萨克文。多信伊斯兰教。多从事商业、畜牧业和教育事业。新中国成立后，经过社会改革，塔塔尔族人民实现了民族平等和当家做主的权利。邮票图案上的人物服饰，选用了新疆伊宁、塔城等地区塔塔尔族服饰。男身穿绣花白衬衫和黑布长裤，高筒皮靴，头戴四方小花帽。女头戴镶有珠子的四方小花帽，长长的白纱巾自然飘垂后背，身穿紫红色连衫带绉边的长裙，外套黑色坎肩。佩戴耳环、手镯等饰品。每逢佳节，塔塔尔族喜欢拉"卡尔木"（类似手风琴）、"曼陀林"、"吉他"，朋友们聚集在一起跳舞演奏和唱歌。画面上，男身背手风琴进行演奏；女席地而坐，弹拨古典吉他曼陀林（又称西班牙吉他），音色幽雅而和谐。

【独龙族】1999—11·（56—51）J 面值80分，票幅规格27毫米×38毫米，发行量2827.5万枚。图案描绘了我国少数民族之一独龙族剽牛舞的动作造型。清代史籍称为"俅人"。据1978年统计，独龙族约4100人，分布于云南省贡山独龙族怒族自治县。语言属汉藏语系藏缅语族。主要从事农业，兼事采集、渔猎。新中

国成立前，铁、木、石器并用，社会经济发展水平很低，还保留着原始公社制残余，但基本生产资料已经私有。新中国成立后，1956年10月1日，贡山独龙族怒族自治县成立，不仅实现了民族平等，而且发放新式农具，传授先进生产技术，固定耕地，开辟水田，人民生活得到了明显提高。邮票图案上的人物服饰，选用了云南贡山、独龙河谷等地区独龙族服饰。独龙族以自织的"独龙毯"为衣装，只是男女在披毯的方法和形状上不同而已。画面上男女均蓄散发，发式前齐眉后齐肩，左右盖耳；身穿条纹麻布衣，穿着时自左肩腋下抄向胸前，露右臂，用草绳或竹针拴结，白天为衣，夜间为被。女佩戴红色料珠串成的项链和耳环，下系麻布围裙。男女共同演奏一种打击乐器"锃"，因其中间部位凸起如乳，故又得名"乳锣"。铜制，形如锣，边比锣稍高，发音清越柔和。画面上表现的是在独龙族唯一传统节日"卡雀哇"期间，青年男女在广场上表演歌舞，举行剽牛祭天活动，男女敲起大小锃锣，即兴跳起剽牛舞，动作粗犷简朴。

【鄂伦春族】1999—11·（56—52）J 面值80分，票幅规格27毫米×38毫米，发行量2827.5万枚。图案描绘了我国少数民族之一鄂伦春族依哈嫩舞的动作造型。"鄂伦春"是民族自称，有两种解释：其一是"使用驯鹿的人"；其二多数人认为是"山岭上的人"。据1978年统计，鄂伦春族约3200人，主要分布在内蒙古

自治区呼伦贝尔盟鄂伦春自治旗、布特哈旗、莫力达瓦达斡尔族自治旗以及黑龙江省呼玛、逊克、爱辉、嘉阴等县。语言属阿尔泰语系满—通古斯语族通古斯语支，无文字，使用汉文。多信萨满教。新中国成立前，主要从事游猎，部分从事农业；私有制已经确立，但还保留着一些原始公社制残余。新中国成立后，1951年10月1日建立了鄂伦春自治旗，鄂伦春族既实现了民族平等和当家做主的权利，也逐步实现了定居，在做好护林防火前提下，由主要从事狩猎生产逐步向护（保护珍贵动物）养（捕养鹿、驼鹿等野兽）猎（狩猎）并举，并开展多种经营的方向发展，坚持不懈地守卫着祖国的林海。邮票图案上的人物服饰，选用了内蒙古呼伦贝尔和黑龙江北部等地区鄂伦春族服饰。男女均身穿御寒性强的狍皮服装，男袍（尼罗苏恩）和女袍（阿西苏恩）都很美观。女袍腰部的开衩一般用黑色皮板剪挖出各种图案，镂空部位下

面衬以彩色布,绣彩色丝线,开衩会合处用铜扣或彩色纽扣作装饰,显得更加精致优美。男女袍式在下方的开衩处不同,男袍在正前方和两侧均有开衩,女袍正前方则没有开衩。男女均穿长皮裤,束腰带,长筒靴(奥路奇),头戴狍皮帽。其男猎手戴的狍皮帽(密塔哈),顶部有着挺立的双角和双耳。这种帽子采用一副完整的狍子头颅,剔其骨肉鞣制而成。猎手持枪趴伏在树丛中,微露狍头皮帽以引诱猛兽前来,出其不意开枪射击。女佩戴耳环、手镯饰品,腰挂皮制荷包。男肩挂皮制挂包和猎枪。鄂伦春族能歌善舞,特别是模仿动物和飞禽的舞蹈,节奏明朗悠扬。画面上表演的是"依哈嫩舞"。有双人舞和集体舞两种。集体舞时,在歌声中,按照逆时针方向进行侧步动作。双人舞时,动作为模拟拉马、扬鞭、瞭望、下马、打猎、驮猎物、返回等打猎过程,富有生活气息。

【赫哲族】1999—11·(56—53)J　面值80分,票幅规格27毫米×38毫米,发行量2827.5万枚。图案描绘了我国少数民族之一赫哲族男渔女织的生产生活场景。

历史上曾因穿鱼皮为衣和使犬,被称为"鱼皮部"和"使犬部",是我国北方唯一以捕鱼为主要生产和使用狗拉雪橇的民族。据1978年统计,赫哲族约八百多人,主要分布在黑龙江省同江、抚远和饶河等县的沿江地区,少数居住在抚远镇、勤得利、苏苏屯、佳木斯和富锦、集贤、桦川、依兰等县境内,和汉族杂居。语言属阿尔泰语系满—通古斯语族满语支,无文字,通用汉文。主要从事捕鱼和狩猎。赫哲族捕鱼技术相当熟练。传说,江边住着一对年轻夫妇,男是叉鱼能手,女是缝衣巧匠。尽管男的经常叉获大鱼回来,但女的总嫌叉鱼戳有窟窿,用这种鱼皮做出的衣服不好看。男人根据女人的意见,布点改进叉鱼技术,不仅叉出必中,而且都能插在鱼鳍上。经过反复实践,男的叉鱼技术十分精湛,女的做出的衣服十分美观。新中国成立前,处于军阀、地主特别是日本帝国主义殖民统治的压榨下,濒于民族灭亡的边缘。新中国成立后,赫哲族重建家园,获得了民族平等权利,生活水平不断提高,人口也迅速增加。邮票图案上的人物服饰,选用了黑龙江同江、饶河、抚远等地区赫哲族服饰。赫哲族以渔猎为生,过去男女服装均用鹿皮、狍皮、鱼皮制作,近百年来,逐渐转变为以棉花为主,兽皮鱼皮为辅。画面上男身穿高领大襟式去毛光皮板长袍和长裤,长袍袖口、衣襟染为黑色花纹,束腰带,朴素美观。头戴皮帽,脚穿兽皮缝制的靰鞡,鞋帮和底连在一起,内絮靰鞡草,轻便保暖,在冰雪地上行走防滑。女身穿高领大襟皮袍和长裤,襟边、袖口、下摆都绣云纹花样,束腰带,戴红色头巾。佩戴耳环、手镯等饰品。男手捧刚捕获到的一条大马哈鱼,脚下堆放有渔网、网泡子。女席地而坐,手持竹针正在穿针引线,织补渔网,表现了男渔女织的生活图景。

【门巴族】1999—11·(56—54)J　面值80分,票幅规格27毫米×38毫米,发行量2827.5万枚。图案描绘了我国少数民族之一门巴族旺久钦涎舞的动作造型。

"门巴"原是藏族对他们的称呼,现在也成了门巴族的自称,意思是居住在门隅的人。据1978年统计,门巴族约4万人,主要分布在西藏自治区南部墨脱、林芝、错那等县和门隅地区。语言属汉藏语系藏缅语族,多通晓藏文,通用藏文。多信喇嘛教。主要从事农业,兼营林业、牧业和狩猎,有小量手工业。门巴人多才多艺,他们使用竹篾等编织的竹方盒、竹斗笠、藤背篓、竹筐等,大方耐用,图案精美。其中有一种特殊传统的手工制品——木碗,制作精细,式样和色彩美观,在西藏享有很高声誉。门巴族人民喜歌善舞。新中国成立前,门巴族处于封建农奴制阶段。新中国成立后,门巴族挣脱了身上的枷锁,获得了新生,特别是经过民主改革,实现了民族平等权利。邮票图案上的人物服饰,选用了西藏门隅、墨脱、错那、林芝等地区门巴族服饰。男内穿无领无扣内衣,外套比藏袍略小的氆氇袍,长裤,系红色腰带,脚穿红黑氆氇呢缝制的软底筒靴。女身穿镶深色底边的长裙,外罩无领长袖短衫,系红色腰带,软底筒靴。女袍外围一白色呢毡在腰间,男女皆喜穿毡靴,靴帮有红色装饰纹样。男女均戴黑色圆顶氆氇呢帽(八鲁加),帽围翻檐部分为红氆氇,前面留有楔形缺口。女佩戴用彩线串缀绿松石、红玛瑙的耳坠,项链用细女串缀珍珠、玛瑙、珊瑚、翡翠而成。男席地而坐,吹奏一种吹管乐器"里令",门巴语"里"为"二","令"为"笛子",即双管竹笛或双音竹笛,也称双音笛。由两支粗细相同的小竹管合并而成,管身正面开六个孔,上下端及其他适宜处缠以丝线,两管夹缝间填以蜂蜡,并用红绿珠子镶嵌其间作装饰。女随着双管竖笛的节奏,作"旺久钦波"舞。舞步舒缓,动作流畅。地面上放着他们随身携带的刻花涂漆的大小木碗,充满生活气息。

【珞巴族】1999—11·(56—55)J　面值80分,票幅规格27毫米×38毫米,发行量2827.5万枚。图案描绘了我国少数民族之一珞巴族色昂舞的动作造型。珞

巴族自称"博嘎尔"、"宁波"、"邦波"、"德根"等。"珞巴"是藏族对他们的称呼,意为南方人。据1978年统计,珞巴族约20万人,主要分散在西藏自治区东南部洛渝地区。语言属汉藏语系藏缅语族,无文字,刻木、结绳记事计数。主要从事农业,兼营狩猎。擅长射箭。西藏解放前,仍存在家庭奴隶制。多信巫教。新中国成立后,1951年西藏和平解放,经过社会改革,珞巴族实现了民族平等权利,人民生活有了显著提高。邮票图案上的人物服饰,选用了西藏洛渝、米林、墨脱、隆子、朗县等地区珞巴族服饰。男身穿麻布对襟无领上衣和藏式氆氇长袍,外罩羊毛纺织的黑色套头大坎肩;头戴传统的熊皮盔帽,用黑熊皮压制成坚硬的帽盔,也有用藤盔的,帽檐套一个宽一寸带毛的熊皮圈,长毛呈放射状向四周伸展。女身穿对襟无领短衫,外罩坎肩,下穿紧身筒裙,颈项上佩戴用蓝色石料磨制串起的串珠。男女都赤足、蓄发;皮革腰带上满缀螺壳、海贝或铜扣,腰带上横系六七根细小的金属长链和各种小饰物。画面上,男席地而坐,演奏一种吹管乐器"达崩"。管身竹制,正面有六个按孔;一个发音孔,上端为吹口。演奏者口含上端,竖吹,音色清丽,音量较小。女合着"达崩"的节奏,作色昂舞,模拟麋猫动作,神态机警,不时向前后左右窥视,幽默诙谐,妙趣横生。男右臂挟持竹筒(麦洞),管内装点燃的谷壳,用以驱赶蚊虫、吸烟和起灶生火。

【基诺族】1999—11·(56—56)J 面值80分,票幅规格27毫米×38毫米,发行量2827.5万枚。图案描绘了我国少数民族之一基诺族大鼓舞的动作造型。他们自称"基诺",汉文译作"攸乐"。基诺族尊奉诸葛孔明。传说,基诺族的祖先是孔明南征部队的一部分,因途中贪睡而被"丢落",进而以"丢落"附会为"攸乐",这便是"攸乐"一名的来源。据1978年统计,基诺族约一万人,聚居在云南省西双版纳景洪县基诺洛克地区。语言属汉藏语系藏缅语族。主要从事农业,擅长种茶。所居境内基诺山为普洱茶六大茶山之一。新中国成立前,处于原始社会末期农村公社阶段。新中国成立后,经过社会改革,基诺族跨越了几个历史阶段,进入了社会主义制度,享受到了民族平等和当家做主的权利。邮票图案上的人物服饰,选用了云南基诺山地区基诺族服饰。男包青色头巾,身穿无领无扣对襟镶边短褂,衣

背缝有一块六寸见方绣彩色太阳花的布料,下穿长裤,束红色腰带,绑裹腿。女身穿无领对襟镶绣杂色小褂,下半部和衣袖用土色布缝制,胸前围有缀银饰的三角形围兜,下系镶红边黑色前开合短裙,绑裹腿;头戴披风式尖顶帽,其样式类似少缝一条边的口袋;佩戴耳环、手镯饰品。男赤足。男女表演"大鼓舞"。大鼓也称牛皮鼓(塞吐),基诺族最神圣的一种祭器和乐器,长一米多,直径50厘米~80厘米。用红毛树挖空为鼓框,两端鞔牛皮,两端周围钉有18根~22根竹钉,露在外面的钉长约20厘米,从正面看犹如光芒四射的太阳。有的鼓身绘有红、白、黑色图案,两侧设有两个方形音孔。演奏时将鼓置于特制的鼓架上,架高1.3米左右。过去,基诺族每个寨子都有两只鼓,一为公鼓(卓色),一为母鼓(卓巴)。公鼓较大,母鼓较小。母鼓比公鼓尊贵,放在寨中年长者家里,任何人不可随意敲击,更不能抬走。只有重大节日或寨中人盖新房时方可击奏。一般是男击鼓,现在也有女击鼓。画面上,男女两人在前轮流击鼓对舞,歌舞并重。

1999—12 国际老年人年(J)

【国际老年人年(J)】International Year of Elders (J) 有关国际年的知识,详见新版《中国集邮百科知识》J·38《国际儿童年》。1992年,第47届联合国大会举行老龄问题特别全会,通过了《1992年至2001年解决人口老龄化问题的全球目标》和《世界老龄问题宣言》,确定1999年为国际老年人年。1997年9月8日,第52届联合国大会通过的《1999年国际老年人年的行动框架》,确定国际老年人年于1998年10月1日国际老年人节开始。联合国确定的国际老年人年的主题是"建立不分年龄人人共享的社会"。中国是联合国常任理事国,几乎全部参与提出了国际社会有关老龄问题的重要决议和文件。中国是世界老年人口大国,1999年60岁以上人口已达到1.2亿人,占总人口的9.7%,并以年均3.2%的速度增长,到2000年达到1.32亿,占总人口的10%以上,进入人口老龄化国家。老龄问题事关国家稳定大局,特别是进入21世纪以后,我国人口老龄化问题将变得更加突出,并将进一步对我国经济和社会发展带来重大影响,因此,我国党和政府非常重视老年人问题。党的十五大再次强调:"控制人口增长,提高人口素质,重视人口老龄化问题。"我国确定的面向21世纪解决老龄问题的基本思路是:从中国国情出发,按照可持续的方针,从思想理论、政策法规、物质环境等方面做好迎接人口老龄化的各项准备工作,努力营造一个适应人口健

康老龄化社会的条件和环境。工作重点是：强化两个意识，即老龄意识和养老意识；建立三个体系，即逐步建立符合中国国情的国家、社区、家庭、个人相结合的养老保障体系，围绕"老有所养、老有所医、老有所为、老有所学、老有所乐"的目标，建立起以社区为中心的老年照料服务体系，加强老龄问题的战略研究和对策研究，逐步完善老龄政策法规体系；建设两支队伍，即具有较高水平的老龄干部队伍和老龄科学研究队伍。我国是老年人口大国，在几千年的文化传统中，敬老、养老已成为规范人们思想行为的道德准则。随着我国国民经济的发展，人民生活水平的提高，这一传统美德更加发扬光大，老龄事业得到了全面发展。

1999年9月9日，为了宣传国际老年人年的意义，中华人民共和国国家邮政局发行了一套《国际老年人年(J)》纪念邮票，全套1枚。郭振山设计。胶版。齿孔12度。邮局全张枚数50(10×5)。辽宁省沈阳邮电印刷厂印制。

【国际老年人年】1999—12·(1—1)J　面值80分，票幅规格30毫米×40毫米，发行量3210.8万枚。图案

主图采用了国际老年人年徽志。该徽志于1997年2月联合国经济及社会理事会社会发展委员会第35届会议提出，由联合国秘书处新闻部制订。徽志图案形似燃烧的火焰，它以在同一圆心但大小不一的几组圆弧组成，寓意活力、多样化、互相依赖、运动和进步。"活力"指老年人因健康的生活方式而不断增强的智力与情操；"多样化"指各国老年人在一生中积累的各种不同的经验。这种"活力"和"多样化"相互作用造就了"老年人的新时代"和"新时代的老年人"。图案中类似花瓣的几组弧线表现了老年人与年轻人之间既相互依赖，又相互关心的代际关系，而这种关系正是国际老年人年的主题——建立不分年龄人人共享的社会。交叉的橄榄枝和"1999"字样，点明了由联合国举办的国际老年人年的主题。图案下方设计了一个篆体"寿"字，既表达了愿老年人长寿的美好祝福，又具有鲜明的中华民族文化的传统特征。

有关橄榄枝象征和平的知识，详见新版《中国集邮百科知识》纪5《保卫世界和平(第一组)》。

1999—13 中国人民政治协商会议成立五十周年(J)

【中国人民政治协商会议成立五十周年(J)】The 50th Anniversary of the Founding of Chinese People's Political Consultative Conference (J)　有关中国人民政治协商会议的知识，详见新版《中国集邮百科知识》纪1《庆祝中国人民政治协商会议第一届全体会议》。1966~1976年"文化大革命"期间，人民政协被迫停止了活动。1978年2月，全国政协召开五届一次会议，选举邓小平为全国政协主席，通过了人民政协新章程，恢复了人民政协的工作。到1993年底，全国政协已同38个国家的45个友好组织建立了联系。1995年3月，第八届全国政协常委会第十二次会议决定，将原有的祖国统一联谊委员会、华侨委员会、妇女青年委员会、宗教委员会、民族委员会、法制委员会、医药卫生体育委员会、科学技术委员会、教育文化委员会、经济委员会、文史资料委员会、学习委员会、提案委员会、外事委员会等14个专门委员会，调整为提案委员会、经济委员会、科教文卫体委员会、妇青和法制委员会、民族和宗教委员会、文史和学习委员会、台港澳侨联络委员会、外事委员会等8个专门委员会。到1996年底，各级(省、地、县)地方政协委员会已达3046个，各级地方政协委员五十多万人。1998年3月，第七届全国政协大会在北京召开，标志着人民政协担负起了跨世纪的历史使命。

1999年9月21日，正值中国人民政治协商会议成立五十周年之际，中华人民共和国国家邮政局发行了一套《中国人民政治协商会议成立五十周年(J)》纪念邮票，全套2枚。摄影者(2—1)陈正青，(2—2)侯波。马泉设计。胶版。齿孔12度。邮局全张枚数(2-1)50(5×10)，(2-2)50(10×5)。辽宁省沈阳邮电印刷厂印制。

这套邮票的2枚图案，统一采用棕色色调，既使画面更具有历史感，也使画面呈现暖色效果，避免了画面色彩过于单调和生冷，使画面显得更加柔和。

【政协一届会议在中南海举行】1999—13·(2—1)

J　面值60分，票幅规格40毫米×30毫米，发行量3413.35万枚。图案采用了北京中南海南门新华门外观景象。1949年9月21日~30

日,中国人民政治协商会议第一届全体会议在北京中南海怀仁堂举行。新华门的门楼上悬挂着中国人民政治协商会议会徽和"中国人民政治协商会议第一届全体会议"横幅标语,红旗招展,宫灯放彩,洋溢着欢乐喜庆的气氛,就连蹲守在新华门前的石狮,仿佛也受到了强烈的感染,兴奋激动不已。

有关北京中南海新华门和中国人民政治协商会议会徽的知识,详见新版《中国集邮百科知识》纪2《中国人民政治协商会议纪念》。

有关石狮的知识,详见新版《中国集邮百科知识》普6《不同图案普通邮票》。

【政协会议讨论通过国徽图案】1999—13·(2—2)J 面值80分,票幅规格30毫米×40毫米,发行量2473.35万枚。图案描绘了1949年9月毛泽东主席在中国人民政治协商会议第一届全体会议上与政协委员一起讨论中华人民共和国国徽图案的生动情景。画面以中国人民政治协商会议会徽为背景,身穿中山装的毛泽东

同志站在麦克风前,面带满意的微笑,右手举着一幅国徽图案,正在讨论国徽图案的政协会议上,认真地发表着自己的意见。

有关中山装的知识,详见新版《中国集邮百科知识》纪120《孙中山诞生一百周年》。

有关毛泽东的生平知识,详见新版《中国集邮百科知识》J·21《伟大的领袖和导师毛泽东同志逝世一周年》。

有关国徽的知识,详见新版《中国集邮百科知识》特1《国徽》。

1999—14 庐山和金刚山（中国—朝鲜联合发行）(J)

【庐山和金刚山（中国—朝鲜联合发行）(J)】Lushan Mountain and Kumgang Mountain（Jointly Issued by China and D. P. R. of Korea）(J)　有关"中国"名称的知识,详见本书1996-8《古代建筑（中圣联合发行）(T)》。朝鲜是朝鲜民主主义人民共和国的简称,位于亚洲东部朝鲜半岛上,包括近三千三百多个岛屿。北同中国相邻,西临黄海,东滨日本海,东北与俄罗斯接壤,东南隔朝鲜海峡与日本相望。首都平壤。历史和文化悠久。从古代起,就同中国有友好往来。公元7世纪新罗统一朝鲜。10世纪建立高丽王朝。14世纪末李氏王朝代替了高丽王朝,改称朝鲜。1910年日本侵吞朝鲜,朝鲜人民展开抗日游击战争。1945年8月北部获得解放,1948年9月9日成立朝鲜民主主义人民共和国。1950年美国发动侵朝战争,朝鲜人民在朝鲜劳动党领导下,经过三年艰苦卓绝的战斗,迫使美国于1953年签订了停战协定,取得了朝鲜祖国解放战争的胜利。1972年朝鲜通过社会主义宪法。共和国主席是国家元首。最高人民会议是国家最高权力机关,中央人民委员会是国家权力的最高领导机关,政务院是国家最高权力执行机关。工业主要有机器制造、钢铁、煤炭、电力、纺织、化工等部门。农作物以水稻为主;人参是著名特产。1949年10月6日,朝鲜和我国建立正式外交关系。

1999年10月5日,正值中朝建交50周年之际,中华人民共和国国家邮政局和朝鲜邮政部门联合发行了一套《庐山和金刚山（中国—朝鲜联合发行）(J)》纪念邮票,全套2枚。李德福（中国）、安哲（朝鲜）设计。影写版。齿孔11.5度。邮局全张枚数16(4×4)。北京邮票厂印制。

【金刚山】1999—14·(2—1)J　面值80分,票幅规格50毫米×30毫米,发行量3426.62万枚。图案描绘了朝鲜金刚山的景观。金刚山是朝鲜四大名山之一,素有"朝鲜第一山"之称。位于江原道东部,为沿着东海岸由北往南伸展的太白山脉北段。南北长60公里,东西宽40公里,面积两千多平方公里。以奇峰怪岩、飞瀑流泉、密林奇洞、松林云海而闻名,据传中国唐代一位诗人曾有"愿生高丽国,一见金刚山"之句。随着四季气候的变幻,金刚山有着不同的名称:春天,明媚的阳光照射着山上的奇特山岩,似闪闪发光的金刚石,故名称"金刚山";夏季,松树满山,绿荫遮日,赛似蓬莱仙境,故名"蓬莱山";秋日,枫叶泛红,层林尽染,又叫"枫岳山";冬天,落叶萧萧,枝柯秀立,奇岩怪石,瘦骨嶙峋,故称"皆骨山"。金刚山号称有1.2万个山峰。奇岩怪石,形状各异,似用金刚石雕塑而成。主峰昆卢峰海拔1633米,是太白山的最高峰。以主峰为界,金刚山共分三个部分:其西为内金刚,东为外金刚,沿海为海金刚。内金刚奇峰峥嵘,怪石嶙峋,以山势雄伟壮观著称;外金刚多飞瀑玉潭、苍松翠柏,以景色清雅秀丽闻名;海金刚以湖海美景著称,在碧波万顷的海面上,海涛拥抱石林,石林拔海

屹立。金刚山诸景中，有奇岩怪石，峰峦变幻，充分显示了大自然雕刻之美的万物相；高达70米的九龙瀑布；使人流连忘返的朝鲜八景之一的三日浦；海拔936米，石峰林立，云雾缭绕的天仙台；由能工巧匠雕塑的巨大石佛妙吉和三佛岩等。金刚山还有多种禽鱼和奇花异草，其中金刚串花、金刚绒线菊等是朝鲜珍贵的植物。金刚山的古迹，以寺院为主，共有八万多座大小寺院，其中最大的有榆帖寺、麦训寺、长安寺、神溪寺等。1950年~1953年朝鲜祖国解放战争时期，多数寺院遭到破坏，战后，许多古迹和文物得到了修复。1953年，郭沫若曾写下这样的诗句："白石乱溪流，银河下九州。观音新出浴，玉女罢梳头。树影偕心灵，泉声仰耳幽。浮桥铁索缆，仿佛梦中游。"形容金刚山之美。画面以峥嵘的奇峰、嶙峋的怪石、缭绕的云海、直泻的飞瀑、苍翠的松柏，生动地展现出了金刚山既雄伟壮观，又清雅秀丽的独特景致；特别是山峰在明媚阳光照耀下，既平和又自然，令人神往。

【庐山】1999—14·（2—2）J 面值80分，票幅规格50毫米×30毫米，发行量2509.82万枚。图案描绘了中国江西庐山含鄱口的自然景观。画面以五老峰为背

景，可远望鄱阳湖。淡淡的蓝天，涌动的云海，郁郁苍苍的山体，用较多的蓝色调精心描绘出了庐山森林荫郁，云雾缭绕气象万千的美姿，视野丰富，具有水天一体的壮阔之感。

有关庐山和含鄱口、五老峰的知识，详见新版《中国集邮百科知识》T·67《庐山风景》。

1999—15 希望工程实施十周年（J）

【希望工程实施十周年（J）】The 10th Anniversary of Hope Project（J） 新中国成立以来，特别是1978年~1998年改革开放20年以来，新中国教育事业取得了令世界瞩目的显著成就。但是，中国是一个发展中国家，人口多，底子薄。由于自然、历史等多种条件的差异，区域之间的发展很不平衡。在贫困地区，基础教育落后，教育经费短缺，许多小学适龄儿童因家庭贫困而失学。截止到1998年底，中国还有5000万人尚未解决温饱问题，中小学危房面积达五百多万平方米，每年有上百万小学生失学，大部分集中在贫困地区农村。1989年3月，经中共中央同意，中国人民银行、民政部等有关部门批准，共青团中央、全国青联、全国少工委联合发起创办了中国青少年发展基金会。为动员社会力量协助政府改变贫困地区落后的教育状况，1989年10月，中国少年发展基金会开始实施希望工程。希望工程的宗旨是：根据中国政府关于多渠道筹集教育经费的方针，广泛动员海内外财力物力资源，建立希望工程资金，资助中国贫困地区因家庭贫困而失学的儿童继续学业，改变贫困地区的办学条件，促进贫困地区基础教育事业的发展。希望工程的基本任务是：资助贫困地区失学儿童完成小学学业；资助援建希望小学，为贫困地区乡村小学改造危旧校舍，改善办学条件；同时资助建成的希望小学开发校园经济和进行师资培训、教学交流；捐赠希望书库，为贫困地区农村少年儿童提供优秀书籍；资助、奖励希望小学和希望工程实施地区农村小学的优秀教师；资助、奖励优秀的希望工程受助生。希望工程得到了党和政府的高度重视和大力支持。1990年，邓小平同志亲自为希望工程题名，并两次向希望工程捐款；江泽民主席不但向希望工程捐款，而且为希望工程题词："支持希望工程，关心孩子成长。"希望工程的实施，赢得了海内外各界人士的广泛理解和积极参与，国内外一些知名企业，均斥巨资持续捐助希望工程。1990年5月19日，新中国的第一所"希望小学"在革命老区大别山腹地安徽省金寨县南溪镇开学，徐向前元帅亲自题写了校名"金寨县希望小学"。到1998年底，希望工程累计接受捐款逾16亿元人民币，救助失学儿童二百多万名，资助建设希望小学七千多所，并为一万多所乡村小学捐赠大型丛书"希望书库"，为两千多所希望小学捐赠了"三辰影库"。正是由于希望工程的实施，1994年~1997年，全国小学在校生从1.24亿人增至1.36亿人，同期辍学儿童从230万人降至137万人；全国小学校舍面积从4.67亿平方米增长到5.49亿平方米。由于政府扶贫、普及九年义务教育方针的加强以及社会各界的大力支持，失学儿童的绝对数和失学儿童的比例都在逐年下降，贫困地区适龄儿童对社会的资助需求发生了很大变化。因此，希望工程实施工作重点开始了转移，即由对贫困地区失学儿童的普遍救助转移到对希望工程优秀受助生的跟踪培养和对希望小学的后续扶持上来了。1989年~1999年十年来，希望工程已成为20世纪90年代中国最具规模和影响的社会公益事业。希望工程弘扬的是中华民族患难与共、奋发向上的可贵精神。

1999年10月30日，为了宣传希望工程的精神和意义，中华人民共和国国家邮政局发行了一套《希望工程实施十周年（J）》纪念邮票，全套1枚。卢天骄设计。影

写版。齿孔11.5度。邮局全张枚数40（8×5）。北京邮票厂印制。

【希望工程实施十周年】1999—15·（1—1）J 面值80分，票幅规格30毫米×40毫米，发行量3123.1万枚。图案以一朵朵盛开的鲜花作底衬，描绘了二女一男三个复学少年儿童正在小学校的课堂上读书的情景，反映出了在失学儿童中女孩所占的比例。他们双手捧着展开的书本，神情专注地盯着书本，小嘴儿张开着，

仿佛朗朗的读书声清脆可闻。小花的两片叶子犹如展开的课本，盛开的花朵就像孩子们幸福的笑脸，花叶和书本都采用绿色，既寓意少年儿童是祖国的花朵，又象征着希望工程具有春天般的美好意义。画面右上角印有1990年邓小平同志为希望工程亲笔题名"希望工程"四个字及英文"PROJECT HOPE"字样，左上角印有希望工程的标志，点明了邮票的主题。

希望工程徽志图案以心形的海浪托起一轮初升太阳，寓意全社会以大海般的深情，涌起爱心浪潮，推动着中国青少年事业的发展，也寓意着中国青少年基金事业生机勃勃，蒸蒸日上。

1999—16 科技成果（T）

【科技成果（T）】Achievement of Science and Technology（T） 1949年11月1日，就在中华人民共和国诞生的一个月之后，中国科学院成立了。1949年～1999年，50年来，中国科学院一直承担着我国基础性、战略性、综合性、前瞻性的科技研究与发展的重任。所取得的重大科技成果解决了国民经济建设和社会发展中的重大关键问题，产生了很好的效益，在国际上也居领先地位，极大地提高了我国的综合国力和国际地位。中国科学院已成为学科比较齐全的国家在科学技术方面的最高学术机构和全国自然科学与高新技术的综合研究与发展中心。1955年6月，中国科学院学部成立，它将全国的优秀科学家紧密地团结在一起，确立了中国科学院学术中心的地位。

1999年11月1日，为了庆祝中国科学院建院50周年，中华人民共和国国家邮政局发行了一套《科技成果（T）》特种邮票，全套4枚。呼振源、郝旭东设计。胶版。齿孔12度。邮局全张枚数（4—1）（4—2）20（5×4），竖2枚连印；（4—3）（4—4）20（4×5），横2枚连印。辽宁省沈阳邮电印刷厂印制。

这套邮票的4枚图案，撷取了科学院数千个优秀成果中的4个片段，窥一斑而见全豹，具体展现了中国科学院50年的科技成果水平。4枚图案的底衬统一采用蔚蓝色，蓝色象征浩瀚和神秘，正符合科技发展的特点，喻示着人类不断探索科学空间的不屈力量，极具震撼力，既鲜明地衬托了每项科技成果的具象，使得那久远的史前遗存、缜密的思维成果、静谧的海底世界、神秘的太空宇宙给人以高深、神秘的感觉，也象征着科技成果涉及了整个自然领域，具有重大的国际意义。

【寒武纪早期澄江生物群】1999—16·（4—1）T

面值80分，票幅规格40毫米×30毫米，发行量2393.05万枚。图案采用了寒武纪早期澄江生物群化石图片。寒武纪早期澄江生物群1984年发现于云南省澄江县，距今约5.3亿年。澄江生物群化石门类之丰富、保存之完整，在世界上可称为独一无二。1984年7月，中国科学院南京地质古生物研究所的侯光先生发现了这一化石群。到1999年，经过十多年的系统采集和研究，已发现二十多个门类、八十多个属级单元的生物化石类群。从低等的海绵动物到高等的脊索动物，包括有节肢、腔肠、海绵、腕足、蠕形等动物，几乎所有现在动物门类都可在澄江生物群化石中找到它们的祖先类型。澄江生物群的发现，证实了生命突变事件和寒武纪大爆发的存在，对达尔文生命演化的渐变性和均变性传统进化理论提出了严峻的挑战，导致了生命本质及其演化认识领域的深刻变化，为生命进化理论的重大突破和创新提供了坚实和极其珍贵的资料。澄江生物群的发现和研究，在国际上引起强烈的反应，被誉为"20世纪最惊人的科学发现之一"。澄江生物群中的奇虾化石图片，曾被1991年5月16日出版的《自然》杂志作为封面，赢得了国际学术界的赞誉。邮票图案把澄江生物群中的奇虾化石设计为卵圆形，仿佛是置于放大镜下，边缘加上光环与背景环境分隔开，不仅像猫眼宝石一样吸引人的注意力，而且能够看清楚奇虾的形状，就连奇虾的足须都历历可数。

【6000米水下机器人】1999—16·（4—2）T 面值80分，票幅规格40毫米×30毫米，发行量2393.05万枚。图案展现了由中国科学院沈阳自动化研究所研制成功的863高科技项目——CR—6000米水下机器人的形象。水下6000米的工作深度可以到达全世界海洋面积的97%的海域，为勘探太平洋上划给我国的15平方

公里的海底锰结核直接提供了一种实用的探测设备。由载体系统、控制系统、水声系统和收放系统四大部分组成。在自动化方面和深潜技术方面,成功地采用了国内外先进的关键技术,能等效垂直下潜和上浮、按预定航线航行、自动回避障碍,可进行6000米水深摄像、拍照、海底地势与剖面测量、水文物理测量和海底多金属结核丰度测定,并能自动记录各种数据及相应坐标值。1995年8月,6000米水下机器人通过深海功能试验后,又经过工程化改进,于1997年5月26日在太平洋上圆满完成了历时39天的各项洋底调查任务。通过6000米深水录像、拍照和海底地势与剖面测量、水文测量、海底多金属结核丰度测定,获取了大批宝贵数据和资料。目前,它的独特功能其他设备无法取代,因此它和多波速、深拖一起成为完成我国锰结核探测任务的三大重要手段之一。邮票图案用较深的蓝色表现海水,把画面上方的蓝色加了一些具有流动感的黑色,创造出了6000米水下机器人仿佛正在下潜,要去执行海底锰结核探测任务的感觉;在蔚蓝色海水的映衬下,身穿棕红、棕黄、浅黄色工作服呈流线体的6000米水下机器人,英姿勃勃,既洋溢着自己跻身世界深海机器人先进行列的自豪,也展示了我国作为海洋大国在世界上应有的形象。

【哥德巴赫猜想的最佳结果】1999—16·(4—3)T

面值80分,票幅规格30毫米×40毫米,发行量2393.05万枚。图案表现了陈景润最光辉的成就——哥德巴赫猜想的研究成果。陈景润是我国现代数学家、中科院数学物理学部委员(院士),世界著名的解析数论学家之一。1933年5月生于福州,1953年毕业于厦门大学数学系。哥德巴赫猜想是1742年哥德巴赫写信给当时最伟大的数学家欧拉时提出的:①每个大于4的偶数都是两个奇数之和,如$6=3+3,14=3+11=7+7=11+3$;②每个大于7的奇数是三个奇素数之和,如$9=3+3+3,15=3+5+7=3+7+5=……=7+3+5=5+5+5$。由于$2n=(2n-2)+3$,所以从①成立可以推出②成立。在以后的很长一段时间里,哥德巴赫猜想都没有得到证实,直到20世纪20年代,研究才有了突破。在这个漫长的过程中,陈景润在极其困难的条件下,用非常原始的

工具纸和笔,于1966年摘取了数学王冠上的明珠,证明了"每个大偶数都是一个素数及一个不超过两个素数的乘积之和",国际上称这一定理为"陈氏定理",使他在哥德巴赫猜想的研究上居于世界领先地位。邮票图案以陈景润的侧面头像剪影为中心画面,他佩戴着一副眼镜,呈聚精会神思考状;头像剪影上面采用反阴字体叠印有陈景润关于哥德巴赫猜想研究的论文《表大偶数为一个素数及一个不超过二个素数的乘积之和》开头部分:

表大偶数为一个素数及一个不超过二个素数的乘积之和

陈景润

(中国科学院数学研究所)

1 引 言

把命题"当一个充分大的偶数都能够表示为一个素数及一个不超过a个素数的乘积之和"简记之为$(1,a)$。

不少数学工作者改进了Selberg方法及Dirichlet L—函数的某些结果并用之改善$(1,a)$。现在我们将$(1,a)$发展历史简述如下:

(1,5)(潘承洞[1]、Барбан[2])

(1,4)(王元[3]、潘承洞[4]、Барбан[5])

(1,3)(Бухштаб[6]、Виноград'ов[7])

本简报的目的是要给出$(1,2)$的证明的提要。详细的证明将另文发表。

头像剪影外做了一圈光环,由头顶向上发散开,正好突出了画面上方在蔚蓝色底衬上用反阴字体印出了陈景润证明哥德巴赫猜想的数学公式:

$$P_x(1,2) \geq \frac{0.67xC_x}{(\log x)^2}$$

整个图案创造出了这样一种意境:哥德巴赫猜想的公式正由陈景润的脑海中浮现出来,把抽象的概念具体化了,既点明了画题,又具体展示出了陈景润研究哥德巴赫猜想所取得的最佳效果。设计者用白色虚光将陈景润的侧面像与蓝色背景分开,突出定理和人物,虚实相间,富于形象和想象。

注:1966年6月15日中国科学院出版的第17卷第9期《科学通报》上,刊出的陈景润证明哥德巴赫猜想的数学公式为:$P_x(1,2) \geq \frac{0.098xC_x}{\log^2 x}$。论文在杂志上发表时,个别字词略有修改。

有关眼镜的知识,详见新版《中国集邮百科知识》J·100《任弼时同志诞生八十周年(第一组)》。

【2.16米天文望远镜】1999—16·(4—4)T   面值

80分,票幅规格30毫米×40毫米,发行量2393.05万枚。图案描绘了安装在中国科学院天文台兴隆观测基地的2.16米天文望远镜外观形象。2.16米光学天文望远镜及圆顶等附属设施全部由我国科技工作者自行研制。这台望远镜主镜口径2.16米,高10.6米,可以观测90亿颗星体,其中距离地球最远的星体可达10亿光年。光学系统为f/9卡塞格林和f/45折轴双重系统,可以进行照相、光电和光谱观测,是光学天文联合开放实验室的主力仪器,是中国乃至远东最大的光学天文望远镜。该项目获1998年度国家科技进步一等奖,现已对全中国和全世界的天文学家开放。2.16米望远镜具有创新的光学和机械设计,转动部分重达90吨,但只需3瓦驱动功率即可实现对天体的精确跟踪。由于采用了中继镜,改变了传统的卡塞格林焦点与折轴焦点之间的转换方法,使得转换更加方便快捷。另外,赤纬轴、副镜室、控制系统等都采用了极具特色的先进设计。作为终端控测器,2.16米望远镜配备了高灵敏度、高效率、积分时间可达数小时的液氮制冷CCD系统。我国的天文工作者通过2.16米天文望远镜,已经发现恒星大规模爆发、多频脉动和新的脉动白矮星,认证和发现了四百多个活动星系核,获得了一批超新星和其他天体的低色散和高色散光谱,在相互作用星系和星系形态等方面也有发现。目前,2.16米天文望远镜已成为我国的恒星物理、星系物理和宇宙学研究的重大实验设备,为天体物理学的发展做出了贡献。邮票图案以2.16米天文望远镜为中心画面,背景是人类生存的地球;2.16米天文望远镜站在地球上,昂首挺胸,遥望着蔚蓝色的宇宙,正在进行着对天体的精确跟踪。

1999—17 李立三同志诞生一百周年(J)

【李立三同志诞生一百周年(J)】Centenary of the Birth of Comrade Li Lisan(J)　李立三(1899~1967)湖南醴陵人,原名李隆郅。1919年去法国勤工俭学,1921年回国,同年加入中国共产党。1922年任中共安源煤矿支部书记、安源路矿工人俱乐部主任,参加领导了安源路矿工人大罢工。1923年任武汉区委书记。1924年后任中共上海区委职工委员会书记。1925年五卅运动时任上海总工会委员长,同年冬去苏联参加赤色职工国际和共产国际扩大会议。1926年回国后,在武汉领导工人运动。1927年参加八一南昌起义,同年任广东省委书记。1930年在任中共中央政治局委员、宣传部部长期间,犯了"左"倾机会主义路线错误,历史上称为"立三路线"。按照"立三路线",红军奉命进攻大城市,上海、武汉、南京准备武装起义,各地党团组织成立"行动委员会"等。结果,战斗多数失利,起义纷纷流产,党团组织惨遭破坏,革命同志锒铛入狱。在周恩来、瞿秋白同志的帮助下,1930年9月李立三在中共六届三中全会上痛作自我批评,得到党中央和党内同志的谅解。1931年~1946年,在苏联莫斯科学习,后参加赤色职工国际和外国文出版局工作,任中文部主任,组织译过不少马列主义经典著作。1938年,担任中共驻共产国际代表的负责人王明、康生,借助苏联"肃反"高潮,把李立三打成"托派"、"日本特务",投入监狱。1939年,周恩来同志赴苏联养伤,为李立三的冤案作了交涉,他才重获自由。1947年任中共中央东北局委员、职工委员会书记。新中国成立后,历任中华全国总工会副主席、中央人民政府劳动部部长、中共中央书记处第三办公室副主任、中共中央工业交通工作部副部长、中共中央华北局书记处书记等职。曾当选为中共第四届至第八届中央委员,第六届中央政治局委员。1959年当选为政协第三届全国委员会常务委员。李立三同志是中国第一代无产阶级革命家、杰出的工人运动领导人,为中国革命和建设事业奉献了自己毕生的精力。

1999年11月18日,为了表达党和人民对李立三同志的深切怀念之情,中华人民共和国国家邮政局发行了一套《李立三同志诞生一百周年(J)》纪念邮票,全套2枚。王红卫、殷会利设计。影写版。齿孔11.5度×11度。邮局全张枚数50(10×5)。北京邮票厂印制。

这套邮票的2枚图案,设计者删除了原素材的背景,充分利用灰绿、橘红的色彩渐变,从左至右,人物面部颜色由浓而淡,如同光照从右向左射来,使画面明暗分明,富有立体感。从下至上,背景色则由淡而浓,如同将人物置身于光线集中的光区里,造成一种升腾感,使人物显得伟大、崇高,突出了邮票的纪念意义。

【早期工人运动领导人】1999—17·(2—1)J　面值80分,票幅规格30毫米×40毫米。发行量3265.8万枚。图案刻画了李立三同志早期领导工人运动时的形象。他刚刚留学归来,身着西装,英姿勃勃,血气方刚,风华正茂,坚毅的神态,炯炯的目光,生动地显示出了李立三同志刚强的性格和大无畏的胆量。望着这张照片,李立三同志青年时期的革命脚印,仿佛清晰可见:12岁的李隆郅(李立三原名)获得辛亥革命的消息,立

即拿起一把剪刀,在学校带头剪下拖在脑后的那条长辫子;1919年11月,为了寻求革命真理,他便乘坐法国客轮的底舱,从上海漂洋过海,踏上了赴法勤工俭学的道路;1921年,李立三回上海后,便被批准加入了成立不久的中国共产党;在领导工人运动过程中,为了方便工作,李立三把自己笔画较多的名字"李隆郅"改为简明通俗的"李立三",让工人好认、好记……画面以绿色作底衬,寓意李立三同志的青年时代,表示希望。

【建国初期的李立三】1999—17·(2—2)J 面值80分,票幅规格30毫米×40毫米,发行量2505.8万枚。图案刻画了新中国成立初期的李立三形象。此时的李立三虽已年过半百,两鬓挂霜,佩戴着一副眼镜,但却在新中国灿烂阳光的照耀下,他恢复了青春,显得精神饱满,透着一种蓬勃的朝气。望着这幅照片,耳边仿

佛响起了陈云同志对李立三同志的评价——像一辆"坦克车",不知疲惫地向前闯,在工会和劳动体制等领域中大刀阔斧地推进一系列民主改革,主持起草了许多法案、条例等重要文件,为确立新中国工会的地位、改善工人生活、恢复和发展经济做出了自己的贡献。画面以红色作底衬,代表成熟,表示成功。

有关眼镜的知识,详见新版《中国集邮百科知识》J·100《任弼时同志诞生八十周年(第一组)》。

1999—18 澳门回归祖国(J)

【澳门回归祖国(J)】Macao Returned to the Motherland(J) 澳门位于珠江三角洲最南端,珠江口西侧,毗邻珠海市,距香港仅40海里。现在所指的澳门地区包括澳门半岛、凼仔岛和路环岛,总面积约16.92平方公里,其中澳门半岛6.05平方公里,凼仔岛3.78平方公里,路环岛7.09平方公里。自古以来,澳门就是中国的神圣领土,原属于广东省香山县(今珠海市)管辖。明代澳门称为"濠镜",后又别称"濠江"、"海江"、"镜湖"等。明嘉靖三十二年(公元1553年),葡萄牙人以晾晒被水浸湿的货物为借口,贿赂地方官吏,取得了停靠澳门码头并登上澳门陆地借居和进行贸易之便。1557年,葡萄牙人进入澳门,并将借地改为租地,开始长期在此居留。1840年鸦片战争后,葡萄牙人乘清政府战败之机,相继侵占了澳门南面的凼仔岛和路环岛。1887年,葡萄牙政府迫使清政府先后签订了《中葡会议草约》和《中葡北京条约》,规定"葡国永驻管理澳门以及属澳之地与葡国治理它处无异"。此后,葡竟把澳门划为葡国领土。澳门是华洋贸易最早的港埠,是东西方文化从海道上最初接触的地方。因地理环境和历史背景特殊,澳门开埠四百多年以来,几经沧桑。它曾是天主教最早的远东传教中心,后来蜕变为东方"蒙地卡洛"赌城,到20世纪60年代又成为一个小型国际城市。1976年葡萄牙宪法规定澳门是葡萄牙管辖下的特殊地区。1979年,中葡两国建立正式外交关系,双方达成的协议指出:澳门是中国领土,目前由葡萄牙政府管理,归还的时间和细节将在适当的时候由两国政府谈判解决。1982年葡萄牙修改宪法,规定澳门为葡萄牙治理下的中国领土。1987年4月13日,中葡两国政府关于澳门问题的《联合声明》在北京签署。《联合声明》规定中华人民共和国政府将于1999年12月20日起对澳门恢复行使主权。

1999年12月20日,为了庆祝澳门回归祖国,中华人民共和国国家邮政局发行了一套《澳门回归祖国(J)》纪念邮票,全套2枚。杨文清、张桂林设计。影写版。齿孔11.5度。邮局全张枚数32(4×8)。北京邮票厂印制。

【中葡联合声明】1999—18·(2—1)J 面值80

分,票幅规格50毫米×30毫米,发行量3412.86万枚。图案的中心画面选用了《中华人民共和国政府和葡萄牙共和国政府关于澳门问题的联合声明》文本封面。1979年2月8日,葡萄牙政府代表和中国政府代表在法国巴黎签署联合公报,决定自即日起建立大使级外交关系。葡萄牙政府承认澳门是中国领土,为目前葡国管理的地区。这个历史遗留的问题在适当时候,由中葡两国通过友好协商解决。1986年6月30日~7月1日,中葡有关澳门问题的第一轮会谈在北京举行。双方商定了会谈的全部议程,并就一些实质性问题交换了意见。7月1日发表了会谈新闻公报。1986年12月8日,中葡澳门问题工作小组在北京开始工作。1987年3月26日,中华人民共和国政府和葡萄牙共和国政府关于澳门问题的联合声明在北京人民大会堂草签。联合声明有两个附件。声明宣布,中国政府将于1999年12月20日对澳

门恢复行使主权。1987年4月13日,中葡关于澳门问题的联合声明在北京正式签署。1988年1月15日,中葡两国政府在北京互换了关于澳门问题的联合声明的批准书。中国外交部就此发表新闻公告,中葡联合声明即日起生效。画面以大红色作底衬,右侧标有"澳门回归祖国""1999"字样,左下角绘有一枝盛开的澳门特区区花——荷花,既表达了对《中葡联合声明》正式签署的祝贺,也寓意中葡两国政府通过谈判圆满解决了澳门这一历史遗留问题,回归祖国的澳门将更加和平幸福,繁荣发展,画题鲜明突出。

澳门特别行政区区旗和区徽上为什么都绘有莲花(荷花)？原来,澳门有一座突兀拔起,天地生育的形似盛开的莲花的莲花山,而澳门的地形、地貌又陪衬莲花山,构成一带有地下茎的莲花。澳门地区是由广东珠海市南端的澳门半岛和凼仔、路环二岛组成的。二百多年前,澳门半岛未填海造陆时,地形、地貌似一朵莲花。公元1751年版《澳门纪略》记载:"出南北不数里为莲花即所谓一沙可达者。前山,澳门对峙于海南北。茎似一沙堤亘其间,径十里广五六丈。茎尽处山拔起,附萼连蜷,曰:'莲花山'。茎从山而名也。"后不断填海扩大陆地,半岛与二岛各成不规则的长形,且排列直线延伸至海,整个地形似莲花的地下茎(藕)。1968年凼仔岛至路环岛填海修建了一条连贯水路。1974年~1994年,又相继在澳门半岛至凼仔岛架起两座跨海大桥。澳门半岛与组成澳门的其他岛屿连成了一体。从飞机上俯瞰,澳门地形像是藕的三"节间",而连接半岛与二岛的桥、路又似"藕节"。岛屿、桥、路、海水构成的"莲茎",就成为澳门区旗、区徽上的莲花、大桥、海水独特的澳门自然风光,故澳门又别称"莲岛"。

有关葡萄牙的知识,详见本书2001-23《古代帆船(中国—葡萄牙联合发行)(T)》。

【中华人民共和国澳门特别行政区基本法】1999—18·(2—2)J

面值150分,票幅规格50毫米×30毫米,发行量2580.86万枚。图案的中心画面选用了印有中华人民共和国国徽的《中华人民共和国澳门特别行政区基本法》文本封面。1988年4月13日,第七届人大第一次会议决定成立中华人民共和国澳门特别行政区基本法起草委员会,负责澳门特别行政区基本法的起草工作。1992年3月16日,第七届全国人大常委会第25次会议通过了《关于公布澳门特别行政区基本法草案的决议》。《决议》决定公布《中华人民共和国澳门特别行政区基本法(草案)》和三个附件,在澳门和全国其他地区征求意见。1993年3月31日,第八届全国人大第一次会议通过了《关于设立中华人民共和国澳门特别行政区的决定》,决定自1999年12月20日设立澳门特别行政区;通过了《中华人民共和国澳门特别行政区基本法》,包括附件一:《澳门特别行政区行政长官的产生办法》;附件二:《澳门特别行政区立法会的产生办法》;附件三:《在澳门特别行政区实施的全国性法律》,以及澳门特别行政区区旗和区徽图案。《基本法》自1999年12月20日起实施。作为以国家法律形式制定的澳门基本法,其内容包括总则、中央与澳门特别行政区的关系、政治体制、经济、教育、文化、对外事务、基本法的解释和修改以及附则等内容。它是"一国两制"方针的法律体现和澳门繁荣、稳定的保证。画面以大红色作底衬,左上侧标有"澳门回归祖国""1999"字样,下方绘有雄伟起伏的万里长城,既表达了澳门回归祖国的喜庆和吉祥,也预示未来澳门前程似锦,画题鲜明突出。

有关国徽的知识,详见新版《中国集邮百科知识》特1《国徽》。

有关万里长城的知识,详见新版《中国集邮百科知识》T·38《万里长城》。

1999—18M 澳门回归祖国(小型张)(J)

【澳门回归祖国(小型张)(J)】Macao Returned to the Motherland(Souvenir Sheet)(J) 1999年12月20日,为了庆祝澳门回归祖国,中华人民共和国国家邮政局发行了一套《澳门回归祖国(J)》纪念邮票,同日发行了1枚小型张。摄影作者杨绍明。杨文清、张桂林设计。影写版。齿孔11.5度(四个角各有一个五角星齿孔)。北京邮票厂印制。

【澳门回归祖国】1999—18M·(1—1)(小型张)J 小型张面值800分,小型张规格140毫米×95毫米,邮票规格60毫米×50毫米,发行量2541.55万枚。小型张的主图以红色作底衬,选用了邓小平同志在解决香港和澳门问题过程中的一幅个人半身照片:他身穿一件灰色的中山装,面带微笑注视着前方,既表现出了他面对世界风云变幻沉着冷静的性格特征,又洋溢着他期盼香港和澳门回归祖国的激动心情。"一国两制"四个大字则采用了邓小平同志的手迹拼连而成,领袖的风采与手书有机统一于一体,既给人一种亲切感,又能够让人

对他"一国两制"创造性的构想油然起敬。小型张中加入了澳门舞醉龙的画面,既体现了澳门的地方文化特色,也渲染了一种祝贺澳门回归祖国的欢庆热闹气氛;并以澳门的标志性建筑作衬托,使画面达到了虚实结合的艺术效果。小型张邮票的四个角打有4个五角星异形齿孔,这是继1998—15《何香凝国画作品(T)》邮票后,第二次使用异型齿孔,也是首次在小型张上使用异形齿孔。异型齿孔不仅增强了防伪功能,而且五角星形的齿孔也巧妙地衬托出澳门回归祖国怀抱的主题。

有关邓小平同志生平的知识,详见本书1998—3《中国社会主义改革开放和现代化建设的总设计师邓小平同志逝世一周年(J)》。

有关中山装的知识,详见新版《中国集邮百科知识》纪120《孙中山诞生一百周年》。

有关"一国两制"的知识,详见本书1997—10《香港回归祖国(J)》。

1999—18GM 澳门回归祖国 (金箔小型张)(J)

【澳门回归祖国(金箔小型张)(J)】Macao Returned to the Motherland (Gold Foil Souvenir Sheet)(J) 1999年12月20日,为了庆祝澳门回归祖国,中华人民共和国国家邮政局在发行了一套《澳门回归祖国(J)》纪念邮票和1枚《澳门回归祖国(小型张)(J)》的同日,又发行了1枚《澳门回归祖国(金箔小型张)(J)》。摄影作者杨绍明。杨文清、张桂林设计。影写版。齿孔11.5度。北京邮票厂、广东南方通信集团印制。

【澳门回归祖国】1999—18GM·(1—1)(金箔小型张)J 小型张面值50元,小型张规格140毫米×95毫米,邮票规格60毫米×50毫米,发行量2109.19万枚。小型张图案与1999—18M《澳门回归祖国(小型张)(J)》的图案画面相同。这枚金箔小型张是香港回归祖国金箔小型张的姊妹篇。香港回归金箔小型张是在法国印制,而这枚澳门回归金箔小型张是由我国邮票印制局和广东南方通信集团共同开发印制,由北京邮票厂具体承印的。这是我国第一次印制金箔邮票。

注:这枚小型张名为"金箔小型张",而邮资图部分没有烫印金箔,却只给部分边饰图烫印了金箔,从学术角度看,它依然是纸质邮票,名实不符,很可惜。

有关金箔的知识,详见本书1997—10GM《香港回归祖国(金箔小型张)(J)》。

1999—19 聂荣臻同志 诞生一百周年(J)

【聂荣臻同志诞生一百周年(J)】Centenary of the Birth of Comrade Nie Rongzhen (J) 聂荣臻(1899—1992),中国人民解放军创建人和领导人之一,中华人民共和国元帅。四川江津人。1919年底赴法国勤工俭学;1922年8月,参加旅欧中国少年共产党(后改称"中国社会主义青年团旅欧支部");1923年春,转入中国共产党。1924年10月,到苏联学习。1925年8月回国后,历任黄埔军校政治部秘书兼政治教官,中共广东区委军委成员、军委特派员,中共湖北省委军委书记。1927年7月中旬,任中共前敌军委书记,参加了南昌起义。同年12月,参与领导广州起义。1928年,任中共广东省委军委书记。1930年5月以后,在中共中央特科和中央军委工作,先后在香港、天津、上海等地坚持秘密斗争。1931年12月进入中央苏区,先后任中国工农红军总政治部副主任、第一军团政治委员,曾当选为中华苏维埃共和国中央执行委员。1932年冬以后,与军团长林彪率部参加了第四次、第五次反"围剿"。1935年,在遵义会议上支持毛泽东的主张。抗日战争爆发后,任八路军第115师副师长、政治委员,参与指挥平型关战斗,取得了全国抗战开始后的第一个大胜利。1937年11月,任晋察冀军区司令员兼政治委员,在晋察冀三省边界地区创建了敌后第一个抗日根据地。1939年冬,指挥雁宿崖、黄土岭战斗,击毙被日军称为"名将之花"的阿部规秀中将旅团长。1940年8月,在"百团大战"中,组织指挥部队在正太、津浦、平汉、北宁等铁路线进行破击战。1943年秋,回延安参加整风运动。1945年,部署晋察冀军区部队对日反攻作战。解放战争时期,任华北军区司令员、中共中央华北局第二书记、中国人民解放军军事委员会副参谋长、天津卫戍区司令、北平(今北京)市长等职,先后参与指挥正太、清风店、石家庄、天津等战役。1950年初,任解放军代总参谋长,协助中央军委领导人部署人民解放军继续解放西南地区和东南沿海岛屿,以肃清国民党残余武装和土匪。抗美援朝战争中,参与组织中国人民志愿军出国训练、运输、供应、轮换等工作。1954年,任中央人民政府人民革命军事委员会副主席。1955年,被授予共和国元帅军衔和一级八一勋章、一级独立自由勋章、一级解放勋章。1956年11月,任国务院副总理。1958年,兼任国务院科学技术委员会主任。"文化大革命"期间,同林彪、江青反革命集团进行了斗争。1983年~1987年,任军事委员会副主席;是中共第七届至第十二届中央委员,第八、十一和十二届中央政治局委员,第四、五届全国人大常委会副委员长。1988年7月,被授予中国人民解放军一级红星功勋荣誉章。1992年5月14日,病逝于北京。

1999年12月29日,为了表达人民对聂荣臻同志的深深怀念之情,中华人民共和国国家邮政局发行了一套《聂荣臻同志诞生一百周年(J)》纪念邮票,全套2枚。魏楚予、殷会利设计。胶版。齿孔12度。邮局全张枚数50(10×5)。辽宁省沈阳邮电印刷厂印制。

【聂荣臻元帅】1999—19·(2—1)J　面值80分,票幅规格30毫米×40毫米,发行量3260.85万枚。图案选用了聂荣臻身着元帅服的肖像,形象沉着英武,气宇轩昂。画面以淡淡的橘黄色作底衬,形成一种暖色调,让人感受到聂荣臻同志不仅是勇敢的战将,更有着宽厚的柔情。抗日战争期间,在井陉煤矿的战斗中,他

以革命人道主义的博大胸怀,把从战火中救出的两个日本女孩妥善地交给日军,并就此写信给日军官兵,进行政治思想工作。40年后,被救的美穗子专程来中国看望聂荣臻元帅,成为中日人民友好史中的佳话。毛泽东同志曾概括地说:"聂荣臻是个厚道人。"著名作家魏巍在祝聂帅86高寿诗中借用此意:"一生厚道人钦敬,千秋风流说元戎。"

【科技事业的卓越领导人】1999—19·(2—2)J

面值80分,票幅规格30毫米×40毫米,发行量2353.35万枚。图案选用了聂荣臻元帅晚年的一幅安详、稳重、指挥若定的坐像,背景为火箭腾飞的场景,表现出了聂帅为我国国防现代化所做出的巨大贡献。1988年,聂帅曾作诗回顾国防科技事业:"三十年前,白手起家,诸多非议,幸中央两弹定局,尖端科技。唯在队伍好,事半而功倍。三十年来,自力拼搏,协同攻关,终赢得弹箭腾飞,星游长天。光焜夺人目,军国威空前!而今而后,任务益重,道路越艰,因更须目标突出,集智一盘。奋力出人才,高技迎挑战!为祖国,为人类,再绘织一幅科技美景——人间天上,星光灿烂!"他身穿中山装,戴着一副眼镜,坐在一把藤椅上,神情悠闲,仿佛正在回味自己一生丰富的经历,沉浸在浩然壮气的诗境之中。

有关火箭的知识,详见新版《中国集邮百科知识》T·143《国防建设——火箭腾飞》。

有关中山装的知识,详见新版《中国集邮百科知识》纪120《孙中山诞生一百周年》。

有关眼镜的知识,详见新版《中国集邮百科知识》J·100《任弼时同志诞生八十周年(第一组)》。

1999—20 世纪交替 千年更始——20 世纪回顾(J)

【世纪交替 千年更始——20 世纪回顾(J)】Century Alternating, Millennium Beginning: Reviewing the 20th Century(J)　"世纪"一词源于西文,是历史上的计年单位。其内涵一是指100年的时间间隔;二是特指公元纪年的第几个百年。百年为一世纪,特别指耶稣基督纪元(公元纪元)之百年分期。每世纪又以10年为一"年代",如20世纪90年代,通常指1990年~1999年,即习惯上以出现"90"为90年代之始。也有另外一种主张,公元纪年不存在"公元零年",公元元年之后为公元2年,之前是公元前1年,而不是"公元零年",故在各个年代或世纪,末尾带"0"的年份应是上个年代或世纪的结束,末尾带"1"的年份是下一个年代或世纪的开始,如21世纪应始于2001年,1991年~2000年为20世纪90年代。20世纪是中国历史上最伟大的世纪,中国从一个任世界列强宰割的被奴役被压迫的半封建半殖民地的贫穷

落后之国,发展成为一个屹立于世界民族之林的社会主义强国,这是无数爱国的仁人志士抛头颅洒热血为之奋斗为之拼搏换来的。在20世纪,中国人民创造了波澜壮阔的伟大历史,描绘出了人民共和国灿烂美好的明天。

1999年12月31日,在20世纪即将过去、21世纪即将来临的世纪交替之际,为了回顾中华民族在20世纪走过的革命历程,中华人民共和国国家邮政局发行了一套《世纪交替 千年更始——20世纪回顾(J)》纪念邮票,全套8枚。黄里、郭承辉设计。胶版。齿孔12度。邮局全张枚数50(5×10)。河南省邮电印刷厂印制。

这套邮票的8枚图案,内容按照历史顺序层层推进,再现了中国波澜壮阔的百年风云,富有浓重的历史感,引人自豪,发人深省。该套邮票采用票中票的形式,用曾经发行过的邮票作主图,经过精心处理,米黄色衬底,主图和面值、铭记统一为茶色,边框统一为浅棕色,仿佛是一幅幅镶嵌在精美镜框中的历史画卷,既有一种统一和整体美感,显得端庄典雅,又创造出了严谨、肃穆、凝重的历史气势。

【辛亥革命】1999—20·(8—1)J　面值80分,票幅规格40毫米×30毫米,发行量3260.85万枚。图案采用了孙中山的一副标准像,背景为1961年10月10日发行的纪90《辛亥革命五十周年》中(294)"武昌起义(浮雕)"图案,揭示出了辛亥革命在中国人民革命历史中的地位。

有关孙中山的生平知识,详见新版《中国集邮百科知识》纪120《孙中山诞生一百周年》。

【五四运动】1999—20·(8—2)J　面值60分,票幅规格40毫米×30毫米,发行量3260.85万枚。图案采用了1989年5月4日发行的J·158《"五四"运动七十周年 1919—1989》纪念邮票图案,即人民英雄纪念碑上滑田友创作的"五四"运动浮雕画面,揭示了"五四"运动在中国人民革命历史中的地位。

有关"五四"运动的知识,详见新版《中国集邮百科知识》纪62《"五四"运动四十周年》。

【中共诞生】1999—20·(8—3)J　面值80分,票幅规格40毫米×30毫米,发行量3580.85万枚。图案

选用了1991年7月1日发行的J·178《中国共产党成立七十周年》中面值20分的(2—1)"中共'一大'南湖会议会址"一枚邮票图案,揭示了中国共产党诞生在中国人民革命历史中的意义和地位。

有关中共"一大"的知识,详见新版《中国集邮百科知识》纪88《中国共产党成立四十周年》。

【抗战胜利】1999—20·(8—4)J　面值80分,票幅规格40毫米×30毫米,发行量3580.85万枚。图案采用了1995年9月3日发行的1995—17《抗日战争及世界反法西斯战争胜利五十周年(J)》中(8—3)"百团大战"一枚邮票图案,揭示了抗日战争胜利在中国人民革命历史中的意义和地位。

有关抗日战争的知识,详见新版《中国集邮百科知识》纪16《抗日战争十五周年纪念》。

【开国大典】1999—20·(8—5)J　面值80分,票幅规格40毫米×30毫米,发行量3590.85万枚。图案采用了毛泽东同志的一幅标准像,背景为1959年10月1日发行的纪71《中华人民共和国成立十周年(第五组)》纪念邮票图案"开国大典",即中国著名画家董希文创作的油画《开国大典》,揭示了中华人民共和国成立在中国人民革命历史中的地位。

有关毛泽东的生平知识,详见新版《中国集邮百科知识》J·21《伟大的领袖和导师毛泽东主席逝世一周年》。

有关油画《开国大典》的知识,详见新版《中国集邮百科知识》纪71《中华人民共和国成立十周年(第五组)》。

【两弹一星】1999—20·(8—6)J　面值200分,票幅规格40毫米×30毫米,发行量2950.85万枚。图案采用了1989年11月15日发行的T·143《国防建设——火箭腾飞》中面值20分的(4—4)"飞行"邮票图案,揭示了中国成功爆炸两弹——原子弹和氢弹、成功发射一

星——地球卫星在中国人民革命和社会主义建设中的意义和地位。1964年10月16日，中国第一颗原子弹在中国西部地区爆炸成功，标志着中国国防现代化进入一个新阶段，打破了帝国主义、霸权主义的核讹诈、核垄断。就在原子弹爆炸的同日，中国政府发表声明：中国在任何时候、任何情况下，都不会首先使用核武器；并建议召开世界各国首脑会议，讨论全面禁止和彻底销毁核武器问题。1967年6月17日，中国第一颗氢弹在中国西部上空爆炸成功，标志着中国核武器的发展进入了一个新阶段。在氢弹爆炸成功的同时，中国政府重申："中国进行必要而有限制的核试验，发展核武器，完全是为了防御，其最终目的是为了消灭核武器。"并表明"在任何时候、任何情况下，中国都不会首先使用核武器"。1970年4月24日，中国成功发射了第一颗人造地球卫星——"东方红一号"，这是中国发展空间科技的良好开端。1984年4月8日，中国成功发射了一颗实验通信卫星，标志着中国成为世界上少数几个能够独立研制、发射地球同步通信卫星的国家。两弹一星的成功，是中国人民在攀登现代科技高峰的征途中创造的奇迹。邓小平同志指出："如果(20世纪)60年代以来中国没有原子弹、氢弹，没有发射卫星，中国就不能叫有重要影响的大国，就没有现在这样的国际地位。这些东西反映一个民族的能力，也是一个民族、一个国家兴旺发达的标志。"

【改革开放】1999—20·(8—7)J 面值260分，票幅规格40毫米×30毫米，发行量2570.85万枚。图案采用了1996年9月21日发行的1996—26M《上海浦东(小型张)(T)》中的邮票图案，即由东方明珠

广播电视塔为标志性建筑的具有经济中心地位和国际型城市功能的大上海的壮观景象，以上海浦东的开发开放成果为代表，揭示了改革开放在中国人民革命历史和社会主义建设历程中的意义和地位。1978年11月10日~12月15日，党的十一届三中全会的胜利召开，做出了把全党工作的重点转移到社会主义现代化建设上来的重大决策，使我国进入了改革开放的社会主义建设新时期。改革开放是中共十一届三中全会以来的路线的两个基本点之一，是中国社会主义初级阶段理论的重要组成部分。改革是社会主义生产关系和上层建筑的自我完善；对外开放是社会主义发展的一个基本条件。坚持改革开放的总方针，是十一届三中全会以来中国共产党的路线的新发展，它赋予四项基本原则以新的时代内容。坚持四项基本原则和坚持改革开放两个基本点，相互贯通，相互依存，统一于建设有中国特色的社会主义的实践。1989年6月9日，邓小平在接见首都戒严部队军以上干部时的讲话中，进一步将其表述为"坚持改革、开放、搞活"的方针。该方针的提出对中国社会主义现代化建设和政治经济体制改革具有重大的指导意义，它必将把我国的社会主义建设引向健康、快速发展的道路。

【港澳回归】1999—20·(8—8)J 面值280分，票幅规格40毫米×30毫米，发行量2570.85万

枚。图案采用了邓小平同志的一幅标准像，背景为1997年7月1日发行的1997—10M《香港回归祖国(小型张)(J)》图案，揭示了香港和澳门回归祖国在中国人民革命历史中的意义和地位。

有关邓小平同志的生平知识，详见本书1998—3《中国社会主义改革开放和现代化建设的总设计师邓小平同志逝世一周年》。

2000—特1GM 港澳回归 世纪盛世(金箔小型张)(J)

【港澳回归 世纪盛世(金箔小型张)(J)】Hong Kong and Macao Returned to the Motherland, Great Events of the Century(Gold Foil Souvenir Sheets)(J)

有关香港回归的知识，详见本书1997—10《香港回归祖国(J)》。有关澳门回归的知识，详见1999—18《澳门回归祖国(J)》。有关"世纪"的知识，详见本书1999—20《世纪交替 千年更始——20世纪回顾(J)》。有关金箔邮票的知识，详见本书1997—10GM《香港回归祖国(金箔小型张)(J)》。

2000年1月1日，为了迎接21世纪的开始，中华人民共和国国家邮政局发行了一套金箔小型张，全套2枚。(2—1)王虎鸣、任宇设计，(2—2)杨文清、张桂林设计。胶版。齿孔(2—1)12度，(2—2)11.5度。原票(2—1)卡特印刷厂(法国)印制，(2—2)北京邮票厂、广东南方通信集团印制。北京邮票厂加盖。

这套小型张采用在1997—10GM《香港回归祖国（金箔小型张）(J)》和1999—18GM《澳门回归祖国（金箔小型张）(J)》上加字的方式，志号为2000—特1。对金箔小型张重新加字发行，是开了一个新序列。"特"为简称，是指特殊情况下采取的发行措施或题材极为重大。从20世纪看，港澳回归是世纪盛事，是雪洗耻辱，令中华民族振奋的大喜事，值得热烈庆祝和大书特书。这套金箔小型张与中国集邮总公司的加字小型张的最主要区别在于：总公司的加字张是经过国家邮政主管部门批准发行的集邮品；而这套金箔加字张是国家正式发行的，并非集邮品。

【港澳回归　世纪盛事（香港回归祖国金箔小型张加字）】2000—特1GM·(2—1)J　面值50元，小型张

规格140毫米×95毫米，邮票规格60毫米×50毫米，发行量481.20万枚。小型张图案采用了1997—10GM《香港回归祖国（金箔小型张）(J)》，并在"1997"下方加印了"港澳回归　世纪盛事"字样，表达了中华民族的精神振奋和喜悦之情。

【港澳回归　世纪盛事（澳门回归祖国金箔小型张加字）】2000—特1GM·(2—2)J　面值50元，小型张规格140毫米×95毫米，邮票规格60毫米×50毫米，发行量481.20万枚。小型张图案采用了1999—18GM《澳门回归祖国（金箔小型张）(J)》，并在"1999"下方加印了"港澳回归　世纪盛事"字样，表达了中华民族的精神振奋和喜悦之情。

2000—1　庚辰年(T)

【庚辰年(T)】Gengchen Year (Year of the Dragon)(T)　有关干支纪年和十二生肖的知识，详见新版《中国集邮百科知识》T·46《庚申年》。2000年为中国农历庚辰年，辰龙，也称龙年，凡是在这一年出生的人都属龙。

2000年1月5日，为了庆祝中华民族传统的新春佳节，中华人民共和国国家邮政局发行了一套《庚辰年(T)》特种邮票，全套2枚，这是第二轮十二生肖系列邮票的第九套。黄里、郭承辉设计。影雕版。李庆发、姜伟杰雕刻。齿孔11.5度。邮局全张枚数32(8×4)。北京邮票厂印制。

【祥龙腾飞】2000—1·(2—1)T　面值80分 票幅

规格26毫米×31毫米，发行量9527.52万枚。图案展现了一条龙的形象。原型取自陕西省西安汉城遗址出土的汉代青龙瓦当上刻绘的龙。现藏陕西省博物馆。瓦当，又称"勾头"，是覆于屋顶檐际的一种瓦件，一般为泥质烧制，与筒瓦连制在一起，具有蔽护屋檐的作用。瓦当上雕刻的各种艺术纹样，又使瓦当有了装饰功能。我国传统建筑中，瓦当与滴水相间排列在檐口，一阴一阳配合使用，统称为"勾头滴水"。据记载，我国发现最早的瓦当，是陕西省岐山县凤雏遗址出土的西周晚期的半圆瓦当（简称"半瓦当"）。到了秦汉时期，瓦当逐步演变成圆形，既改进了瓦当的束水功能，又为瓦当装饰纹样的进一步丰富提供了条件。这个时期的瓦当图案种类极多，有几何形、动植物、四神、文字等。自南北朝直至唐代，因受佛教影响，多采用莲花及兽头。宋、辽以后，又增加了龙凤、花草等式样。早期瓦当无釉，后出现彩色琉璃制品，饰纹为单层次的浅浮雕，浮雕面与边廓高度相近。汉代瓦当边廓较宽，装饰纹以青龙、白虎、朱雀、玄武"四神"最为出色。画面上采用的是一块黄色琉璃龙纹瓦当，龙的造型深厚简洁。设计者用黄、黑、红三种基本色，突出了历史感和古拙的效果；用金底色衬托了汉代瓦当上的青龙纹饰的主图，并绘有海水江崖纹样，既创造出了巨龙飞腾于滚滚波涛之上的艺术效果，又显得十分华贵。图案右上角钤有一方"庚辰"二字红色印章，点明了画题。

【旭日东升】2000—1·(2—2)T　面值2.80元，票幅规格26毫米×31毫米，发行量7380.32万枚。图案采用了我国清代著名书法家的墨宝——一个繁体"龙"

字。设计者采用白底色,并绘有一轮旭日跃出大海的瞬间景象,衬托得那个一笔而就的草书"龙"字,仿佛就是一条游龙,寓意中华龙犹如旭日东升,朝气蓬勃,气象万千。图案右上角钤有一方"庚辰"二字红色印章,点明了画题。

2000—2 春节(T)

【春节(T)】Spring Festival

(T) 春节为中国民间一年中最隆重的传统节日和人们团聚、娱乐的重要节日,指农历正月初一。过春节,在中国有着悠久的历史。早在原始社会末期,每当冰雪封山的冬季,野兽由于觅食困难跑到平原上来,人们便开始利用石矛、竹刀、木棒、弓箭等武器捕杀群兽。然后,他们群聚在一起,擂鼓击石,载歌载舞,庆贺围猎的胜利。到商代,便有了一年中要搞春、夏、秋、冬四次大祀的规定,借此维持和巩固商王朝的统治地位。在这四次大祀中,冬祀常常设置在城郊,人们在观看祭祀的同时,还有一些杂耍和其他娱乐活动,其规模很盛大隆重。就这样,春节的习俗在中国民间逐渐形成。古时候,春节称为"元旦"。元者,始也;旦者,晨也;"元旦"即一年的第一个早晨。在中国的不同历史时期,春节的日期有着不同的规定。自殷商起,计月亮圆缺一次为一月,初一为朔,十五为望,每年的开始从正月朔日子夜算起,称"元旦"或"元日"。到汉代,人们把二十四节气中的"立春"这一天定为春节。南北朝时,将整个春季称为春节。春节在我国有着悠久的历史,在《史记》、《汉书》等古代文献中均有记载,称春节为"四始"和"三朝"。"四始"是指春节为岁之始、时之始、日之始、月之始;"三朝"指春节为岁之朝、日之朝、月之朝。而"朝"也为"始"也,可见春节在我国传统文化中的重要地位。1911年,辛亥革命推翻了清王朝统治,1912年开始使用公历,将公元新年第一天定为"元旦",为避免和古时称春节为"元旦"相混淆,便将农历正月初一定为春节,并沿用至今。从春节的发展历史上看,进入腊月二十三直到正月十五这一段时间都叫过年。人们为什么又把春节称为"年"呢?相传,很久以前,有一个以打猎为生的青年,名叫"万年"。他聪明,爱动脑筋,想把当时混淆的节令定准。一天,他上山打柴,休息时,两眼望着树影苦思苦想。突然,他从移动的树影中受到启发,回到家设计了一个专门测日影计天时长短的"日晷仪"。可是,当天气出现云阴雾雨时,"日晷仪"就无法使用了。后来,他打柴时去泉边喝水,看见崖上的泉水很有节奏地"嘀嗒嘀嗒"往下滴,引起了他的兴趣,动手做出了五层漏壶,用滴水的方法计时。通过测日影、用漏壶计时的方法,"万年"逐渐发现了节令的规律:每隔三百六十多天,天时的长短就要重复一次,最短的一天在冬至。当时,由于节令失常,影响了农业生产,百姓叫苦连天。天子祖乙很忧虑,召集百官寻找节令失常的原因。节令官阿衡说,要想节令正常,就得祭拜天神。天子信以为真,带领百官去天坛祭祀天神。"万年"带着自制的"日晷仪"和"漏壶"去见天子,讲明由于节令没有定准而使节令失常的道理,并根据自己多年测定的结果,说明了冬至点,讲清日月运行的周期。天子觉得"万年"的话有道理,便把"万年"留下,并在天坛前筑起日晷台、漏壶亭,又派12个童子当助手,让他们进行节令的研究。过了一段时间,天子派阿衡向"万年"了解研究情况。"万年"拿出自己研究的草历说:"日出日落三百天,周而复始从头来。草木荣枯分四时,一岁月有十二圆。"阿衡嫉妒"万年"的成就,以重金收买一个刺客,一天中午趁"万年"到日晷台观日影时,用箭射中了他的胳膊。卫士闻讯赶来,捉住刺客,扭送去见天子。天子将阿衡处以刑法,并亲自登上日月阁看望"万年"。"万年"指着申星说:"现在申星追上了蚕百星,星象复原,子时夜交,旧岁已完,时又始春,希望天子定个节。""春为岁首,就叫春节吧。"天子说,"你到这里三年多了,呕心沥血,制出太阳历,劳苦功高,今天反遭暗算,负了重伤,现在随我到宫中去疗养吧,和我共度春节。""万年"答道:"承蒙天子厚爱,只是太阳历还是草历,尚不准确,还要把岁末尾时润进去,否则,久而久之,又会造成节令失常。为了不负众望,我必须留在这里,继续把太阳历定准。""万年"经过长期观察,终于定准了太阳历。当"万年"把太阳历献给天子时,天子见他已经满头白发,深受感动,便将太阳历命名为"万年历",封"万年"为日月寿星。至今,人们把春节称为"年",据说寄托了对"万年"功德的怀念。我国地域辽阔,文化习俗各有不同,过年的活动也有差异,但在汉族地区过年的内容却大致相同,由过小年、除夕、贴门神和春联、放爆竹、拜年和闹元宵等活动组成。

2000年1月29日,为了欢度中华民族传统的新春佳节,中华人民共和国国家邮政局发行了一套《春节(T)》特种邮票,全套3枚。郝旭东设计。影写版。齿孔11.5度。邮局全张枚数40(8×5)。同日发行3枚小版张,每版邮票枚数9(3×3),发行量50万版,售价50元。北京邮票厂印制。

这套邮票以春节的迎、过、庆三个阶段为主线,配以"合家欢乐"小型张,以贴春联、放鞭炮、闹社火和除夕大团圆等年年做、家家做、人人做的事情为内容,借助独特的民间艺术中"农民画"的形式设计,充分表达了广大人民的热情、纯朴、真挚的思想和感情,既富有浪漫主义色彩,又注重装饰风格。在人物造型上,突出了头、眼,合情合理地夸张了人体比例和动作,有夸张,有变形,有省略,达到了大朴大拙的艺术境界。在色彩运用上,注重使用原色,对比强烈,大红大绿,返璞归真,雅俗共赏。

【迎新春】2000—2·(3—1)T　面值80分,票幅规格30毫米×40毫米,发行量3422.80万枚。图案描绘了中华民族迎接新春佳节的准备活动。

人们为了过好年,一般腊月二十三小年过后,便开始在欢喜气氛中奔忙着:贴春联、换门神、贴窗花、挂年画,正所谓"千门万户瞳瞳日,总把新桃换旧符",千家万户到处都是鲜红的春联和窗花,凝聚了人们辞旧迎新和对来年幸福的祈盼。迎春的活动丰富多彩,设计者采用以点代面的方法,在画面上只刻画了一个巧媳妇和一个姑娘的形象,她们一个手握剪刀,在聚精会神地剪窗花;一个高举双臂,在认真仔细地贴窗花,红红的窗花和鲜艳的新衣都融在喜气洋洋的暖色中,生动地展现出了人们迎新年的欢乐气氛。在色彩上,明亮的黄底色和人物衣服的红色构成大色块的暖色,淋漓尽致地表现出了迎春的明快感和喜气,富有强烈的艺术感染力。

剪刀是一种能够使布、纸、绳等东西断开的铁制器具,两刃交错,可以开合。公元8世纪,有位手艺人脑中产生了一个想法:将两把切割用的刀片,用一根铁芯连接起来,于是剪刀诞生了。其实,约在公元前1500年,就已经发明了一种弹簧剪刀,称为"绵羊"剪,专用于剪羊毛。这种剪刀有两片刀刃,形似医用弹簧剪,由富有弹性的弧形薄片相连,两刃并不依靠中轴的支撑转动,而只是靠手的握力张合。剪刀很早就有了专业分工,如皮革剪、分切熟鸡蛋剪、理发剪等。今天人们使用的形形色色剪切工具,都是从古代演变而来的,如修草坪剪、羽毛剪、羊毛剪、裁缝剪、开纽洞剪、蛋糕夹剪等。剪刀的制作材料主要有铁、铜、银、钢等,还有一种用陶瓷制作的剪刀,它的硬度和耐磨度胜过金属剪三倍,而且使用更为灵巧。目前,剪刀家族中已涌现出了一代新秀,按电子计算机指令操作的"激光剪刀",不仅能按照裁剪图样剪下布料,大大减少边角料的损耗,并同时"烫"合织物的边缘,胜似包缝。

有关窗花的剪纸艺术知识,详见新版《中国集邮百科知识》特30《剪纸》。

【辞旧岁】2000—2·(3—2)T　面值80分,票幅规格30毫米×40毫米,发行量2970.80万枚。图案描绘了中华民族春节辞旧岁的习俗景象。

农历腊月三十日,称为"除夕",合家团聚,吃团圆饭、饭后团坐待旦,开始守岁,晚辈则要拜谒尊长,俗称辞岁。贴门神,贴春联,放爆竹,张灯结彩,也是辞旧岁的活动内容。设计者选取了花灯和两个放花炮的儿童为画面主体。儿童是节日的焦点,而且儿童的天真烂漫也与节日的欢快气氛吻合。画面中的小女孩双手捂着耳朵,小男孩探身伸手正要点燃花炮,多么传神而又激动人心的瞬间呀! 在绿底色的映衬下,花灯上的那个"福"字显得十分醒目,整个画面既洋溢着一种浓浓的幸福感,又具有丰富的民俗内涵。

【闹社火】2000—2·(3—3)T　面值2.80元,票幅规格30毫米×40毫米,发行量2120.80万枚。图案以红色作底衬,描绘了中华民族过春节闹社火的热烈情景。

社火是民间在节日期间举行的一种传统的集体游艺活动,如舞狮、龙灯等。社火也是春节活动的高潮。社火的范围、形式丰富多彩,而其中的舞龙是最具有代表性的项目。中华民族崇尚龙,把龙作为吉祥的象征。在人们的心目中,龙能够呼风唤雨,消灾除疫。而节日舞龙则寄托了人们的一种祈盼和心愿。设计者选取舞龙及跳扇舞和打手鼓的双人为画面主体,以飞舞的红绸表现动感和欢庆的气氛。手法上把现实和想象相结合,龙并没有人在舞,但又让人感到龙在活泼泼的舞动。在人物造型和色彩运用上,质朴的人物造型与强烈的色彩运用达到了极点,富有鲜明的民俗特征。

2000—2M 春节(小型张)(T)

【春节(小型张)(T)】Spring Festival (Souvenir Sheet)(T)　2000年1月29日,为了欢度新春佳节,中华人民共和国国家邮政局发行了一套《春节(T)》特种邮票,同日发行了1枚小型张。郝旭东设计。影写版。齿孔11.5度或11.5度×11度。北京邮票厂印制。

【合家欢】2000—2M·（1—1）（小型张）T　面值8元，小型张规格124毫米×84毫米，邮票规格90毫米×

60毫米，发行量2145.60万枚。图案以明黄色衬底，描绘了中华民族春节除夕大团圆的场景。春节是团圆的节日，就是远在他乡的游子，也归心似箭地赶回家。这就是中华民族独具特色的文化心理，并在民族文化底蕴深处已经根深蒂固。小型张图案就表现了这种一家春节团圆的情景：老少三代喜气洋洋，围坐在一起包饺子共度除夕。老奶奶给小孙子换上新衣服；小孩子头戴虎头帽，高兴得手舞足蹈；老爷爷抽着旱烟袋，喜上眉梢；儿子儿媳熟练地包着饺子。"福"字灯笼高高挂起，斗方春联端端正正地贴在两侧门框上。全家一派祥和的气氛，就连那只小猫咪的眼睛里，也放射出欢乐喜庆的光芒，这就是中国家庭春节团聚的缩影。设计者在画面周围加上了剪纸图案，表达了吉祥如意、年年有余、富贵平安的寓意。

饺子，古代称为馄饨，但它与现在的馄饨又不同。早在三国时期，魏人张揖在《广雅》中，就提到了馄饨这种食物。北齐时的颜之推，讲得更为具体："今之馄饨，形如偃月，天下之通食也。"偃月就是半月形，这正是饺子的形状。到唐代，又被称为"牢丸"。唐人段成式在《酉阳杂俎》中，就有"汤中牢丸"的记载。明朝末年，张自烈考证了饺子名称的来源："水饺饵，即段成式食品汤中牢丸，或谓粉角，北人读角为矫，因呼饺饵，伪为饺儿。"可见，饺子至今已有一千几百年的历史了。1968年，在新疆吐鲁番的塔那北区，考古工作者发掘了一座唐代墓葬，出土了一个木碗，碗里盛着饺子，仍很完好，其形状与今天的饺子完全相同。这说明早在唐代，饺子已经传到中国西域的少数民族地区。饺子成为北方春节的传统食品，已有数百年历史。明代沈榜著的《碗署杂记》中，谈到当时元旦有吃扁食的风俗。清初，河北肃宁县志记载更为具体："元旦子时盛馔同享，各食扁食，名角子，取更岁交子之意。"人们春节吃饺子，不仅因为它好吃，还取其辞旧迎新之"吉利"。

春联亦称"对联"、"门联"等。过春节，千家万户都习惯贴大红春联，给节日增添了欢乐气氛。据说，春联由"桃符"发展而来。相传，远古时代，有座风景秀丽的度朔山，山上有一大片桃林。桃林里有两间石屋，住着两兄弟：哥哥名神荼，弟弟名郁垒。兄弟俩和桃林建立了深厚的感情。他们挑泉水浇灌桃林，细心捕捉害虫，培土整枝，辛勤劳作，不辞辛苦。桃树终于结下累累硕果，又大又甜，人们都说是仙桃，吃了能延年益寿，成为神仙。度朔山东北面有一座野牛岭，岭上有个野牛王子。他力大心毒，经常祸害百姓。野牛王子听说度朔山上有仙桃，便派人喝令神荼、郁垒献贡。兄弟俩冷笑着说："俺这仙桃，只送穷人不贡王！"野牛王子恼羞成怒，带领三百人马上度朔山。神荼兄弟率守林虎出桃林迎战，经过一场恶战，野牛王子狼狈逃窜。一个漆黑的深夜，风声呼呼，神荼兄弟在睡梦中忽听有动静，急忙起身开门观看，只见东北方向扑来几十个鬼怪，个个青面獠牙，红发绿眼，奇形怪状。兄弟俩毫无畏惧，神荼提了条棍子迎上去，郁垒拿了把草绳跟在后面。哥哥在前面抓，弟弟在后面捆，不一会儿，几十个鬼怪全被捆住，一个一个喂了老虎。原来，这些鬼怪是野牛王子和他的爪牙们装扮的，本想把神荼、郁垒吓跑，谁知诡计不成反倒丢了性命。次日，百姓们纷纷传颂两兄弟的英勇行为。两兄弟去世后，人们传说他俩上了天堂，被玉帝封为专管惩治万鬼的神仙，桃林也能驱鬼辟邪。实际上，当时人们因缺乏科学知识，将某些自然灾害或现象，误认为是鬼神作怪。于是，春节时用桃木削制成一寸多宽、7寸~8寸长的木条，画上神荼、郁垒和虎的形象，钉在门的两侧，以作为"更新除旧"的象征。这种桃木制作的木条称为"桃符"，即最初的春联。据《宋史·五行志》记载，公元934年~938年间，后蜀国君孟昶每年春节前夕都要令翰林学士作词书写桃符。一次，他觉得翰林学士辛寅逊题写桃符的词句欠佳，便亲笔在桃符上题写一副联语："新年纳余庆，嘉节号长春。"这是中国第一副春联。后来，人们用红纸代替桃木板，发展成为今天的春联。春联的正式命名，始于明太祖。陈云瞻《簪云楼杂话》记载："帝都金陵，除夕前忽传旨，公卿士庶之家，门口须加春联一副，帝（明太祖）微行出观。"此后，春联得以推广。清朝时春联已经十分盛行。《燕京岁时记·春联》中有"春联者，即桃符也。自入腊以后，即有文人墨客，在市肆檐下，书写春联，以图润笔。祭灶之后，则渐次粘挂，千门万户，焕然一新。"

贴"福"字是中华民族的一种民间习俗。关于这种习俗的来历，有一段故事：相传，明朝时期，有一年的农历正月十五,明太祖朱元璋去民间查访,在一个小集镇,看见许多人在围观一幅漫画。他好奇地挤进人群一瞧,见画上画着一个赤脚女怀抱大西瓜,意思是取笑淮西女人脚大。朱元璋看后心中大为不悦,认为乡民在取笑他的大脚马皇后,因为马皇后是淮西人氏。回宫之后,他密旨军士前去调查:漫画由何人所作,哪些人前去围观,对这些人要进行惩处;对没去参与嬉笑者,就在他家门上贴一个"福"字。几天之后,军士便到没贴"福"字的百姓家中捉人。从此以后,人们便在除夕之时,在自己家门上贴一个"福"字,表示是皇上的安分顺民。这个传说是否真实,无从考证。但"福"字在当时确是表示顺从、安分的意思。《说文解字》注释:"福,遂也。"可理解为顺从的意思。贴"福"字经若干年流传,其含义发生变化,贴的位置也扩大了范围。民间一般在大红纸上写"福"字,因红色是中华民族认为的喜庆色彩。过去,贴"福"字表示福气、福运,故有人将"福"字倒贴,以求福气、福运到来(取"倒"与"到"谐音)。现在贴"福"字,则表示幸福和祝福的意思。

注:笔者研究发现春节(小型张)有齿孔11.5度×11度。

2000—3 国家重点保护野生动物(Ⅰ级)(一)(T)

【国家重点保护野生动物(Ⅰ级)(一)(T)】Important Wild Animals under the State Protection (lst series)(T) 野生动物是指生存于大自然状态下,非人工驯养的各种哺乳动物、鸟类、爬行动物、两栖动物、鱼类、软体动物、昆虫及其他动物。其分类有:(一)濒危野生动物,如大熊猫、虎等;(二)有益野生动物,指那些有益于农、林、牧业及卫生、保健事业的野生动物,如肉食鸟类、蛙类、益虫等;(三)经济野生动物,指那些经济价值较高,可作为渔业、狩猎业的动物;(四)有害野生动物,如害鼠及各种带菌动物等。在茫茫的历史长河中,地球上人类起源与动物起源的时间相隔不算太长。人类形成后,便依赖林果渔猎为生存和进化的条件,出现了人类和动物在地球食物链中互争口粮又互相依存的状态,关系非常密切也非常复杂。人类和野生动物应该和谐生存在地球上。但随着人类经济生活的迅速发展,甚至是无节制的发展,使得地球生态环境日益恶化,野生动物的生存面临着空前的危机。由于缺少应有的环境保护意识和措施,全世界有七百九十多种野生动物,其中已经有76科三百多种野生动物濒临灭绝。在我国,由

于存在巨大的市场需求和高额的回报,猎杀、贩卖、走私野生动物的问题十分严重。为保护、拯救珍贵、濒危野生动物,保护、发展和合理利用野生动物资源,维护生态平衡,1988年11月8日第七届全国人民代表大会常务委员会第四次会议,通过了《中华人民共和国野生动物保护法》,本法自1989年3月1日起施行。2004年8月28日,中华人民共和国第十届全国人民代表大会常务委员会第十一次会议又通过了《关于修改<中华人民共和国野生动物保护法>的决定》,并于公布之日起施行。《保护法》规定,野生动物资源属于国家所有。国家对野生动物实行加强资源保护、积极驯养繁殖、合理开发利用的方针,鼓励开展野生动物科学研究,并对在这方面取得显著成就的单位和个人,由政府给予奖励。中华人民共和国公民有保护野生动物资源的义务,对侵占或者破坏野生动物资源的行为有权检举和控告。国家保护野生动物及其生存环境,禁止任何单位和个人非法猎捕或者破坏。国家对珍贵、濒危的野生动物实行了重点保护。国家重点保护的野生动物分为Ⅰ级保护野生动物和Ⅱ级保护野生动物。禁止猎捕、杀害国家重点保护野生动物。因科学研究、驯养繁殖、展览或者其他特殊情况,需要捕捉、捕捞国家Ⅰ级保护野生动物的,必须向国

务院野生动物行政主管部门申请猎捕证;猎捕国家Ⅱ级保护野生动物的,必须向省、自治区、直辖市政府野生动物行政主管部门申请特许猎捕证。禁猎区和禁猎期以及禁止使用的猎捕工具和方法,由省级以上政府或者其野生动物行政主管部门规定。涉及科学技术保密的野生动物物种的出口,按照国务院有关规定办理。非法捕杀国家重点保护野生动物的,依照关于惩治捕杀国家重点保护的珍贵、濒危野生动物犯罪的补充规定追究刑事责任。伪造、倒卖特许猎捕证或者允许进口证明书,情节严重、构成犯罪的,依照刑法有关规定追究刑事责任。

2000年2月25日,为了宣传保护野生动物的重要意义,中华人民共和国国家邮政局发行了一套《国家重点保护野生动物(Ⅰ级)(一)(T)》特种邮票,全套10枚。10枚连印,呈局部小全版张;在小全版张上下两行中间各有1枚过桥票。黄华强设计。影写版。齿孔13度。小全版张规格146毫米×213毫米。10全发行量1950.40万枚。售价21元。北京邮票厂印制。

这套邮票的10枚图案,选取了10种国家重点保护野生动物(Ⅰ级)形象,票型统一采用竖式(30毫米×40毫米),用比较写实的表现手法,在造型上尽可能选择过去没用过的角度、动态,注重每种动物的生理特点和神情特征,注重展现每种动物的生存环境及季节变化,它们或栖息或遨游,或悠闲或警觉,或游戏或扑食,动静相宜,既刻画出了"典型环境中的典型动物"形象,又比较明确地传达出一种"环保意识"。在全张的形式设计上,不论是每一种动物的动势、神态、造型、色彩、构图,也不论每种动物是采用全身形象还是特写镜头,设计者巧妙地运用过桥票,将10枚票都放在"一大枚"之中去考虑,去调整,用2枚不同规格的过桥,将上下及两旁邮票隔开,使得整个画面有分有合,很好地处理了局部和整体的关系,达到了和谐统一,并产生了一种活气。全张采用蓝灰作底色,右下角绘有冰雪覆盖的山峰,左上角印有"Wild life"英文"野生动物"一词(也泛指"野兽"),生动地衬托出中心图案描绘的12种国家重点保护的野生动物形象,它们仿佛在天空飞翔,在水中遨游,在地上奔跑,生机勃勃,自由自在,永远在地球上与人类和谐共处。

有关高山终年积雪的知识,详见本书1996—19《天山天池(T)》。

【朱鹮】2000—3·(10—1)T 面值30分,票幅规格30毫米×40毫米,发行量1950.40万枚。图案刻画了一只展翅起飞的朱鹮形象。它全身羽毛洁白,清晰可见双翅后部和尾羽下侧淡雅的橘红色;裸露的面颊像涂满胭脂,艳丽夺目;一双金黄的眼睛,瞳孔乌亮;小黑镐

般的长喙,端头点着橘红;枕部有数十根柳叶状的长羽,形成羽冠;腿与爪也是朱红色。画面以茫茫的绿色水草和溪滩水面上溅起的浪花为背景,展现出了朱鹮秀雅的体态和起飞时翩翩如舞的轻盈姿势,那么端庄,那么飘逸,那么悠闲,展现出了"秦岭仙女"的高雅风度,创造出了一种"朱鹮戏萍藻,徘徊流间曲"的美妙艺术境界。画面下方印有朱鹮的拉丁文名称"Nipponia nippon",增加了科学性。

有关朱鹮的知识,详见新版《中国集邮百科知识》T·94《朱鹮》。

【金斑喙凤蝶】2000—3·(10—2)T 面值60分,票幅规格30毫米×40毫米,发行量1950.40万枚。图案描绘了蝴蝶中的珍品"金斑喙凤蝶"飞舞的形象。手掌般大小的金斑喙凤蝶,翼上的粉鳞闪烁着幽幽的绿光,黄橙色的脉纹交错其

间;前翅略呈正三角形,中部斜贯有缘边黑带一条,基部密披细小翠绿鳞;后翅中域缀有两块金黄色斑,尾突上还拖着两条细细的飘带。画面中的一对金斑喙凤蝶,它们停留在一枝盛开的花朵上觅食,雌蝶四翅竖立,雄蝶上下缓慢地摆动四翅,淋漓尽致地展现出了人称"金斑喙凤仙子"的翩翩风姿。画面下方印有金斑喙凤蝶的拉丁文名称"Teinopalpus aureus",增加了科学性。

有关蝴蝶和金斑喙凤蝶的知识,详见新版《中国集邮百科知识》特56《蝴蝶》。

【大熊猫】2000—3·(10—3)T 面值80分,票幅规格30毫米×40毫米,发行量1950.40万枚。图案描绘了中国特有物种大熊猫的可爱形象。大熊猫虽然受到我国特殊的重点保护,但其种群数量仍

增长缓慢。在人工饲养繁殖方面取得了可喜成果。目前正对大熊猫进行克隆技术的研究。画面以高山密林为背景,刻画了一只攀缘在一棵粗壮杉树上的大熊猫瞬间姿态,它四肢并用,紧紧抓住树干和树枝,探头向树下张望着,从目光判断,仿佛是在躲避什么敌害或意外,既有几分紧张,又有转危为安后的镇定与从容。画面下方印有大熊猫的拉丁文名称"Ailuropda melanoleuca",增加了科学性。

有关大熊猫的知识,详见新版《中国集邮百科知识》特59《熊猫》。

【褐马鸡】2000—3·(10—4)T 面值1元,票幅规

格30毫米×40毫米,发行量1950.40万枚。图案描绘了我国著名特有珍禽褐马鸡的形象。我国古代称褐马鸡为"鹖"、"鹖鸡",战国时期就以鹖的尾羽饰在武将的帽盔上,以激励将士"直往赴斗,虽死不置"。清朝官员帽后的花翎也是褐马鸡的尾羽。画面上的这只褐马鸡,体羽呈浓褐色,头、颈部为鲜亮的黑色,自颈下直到头后,左右各有一束白色的角状耳羽;脸面裸露无羽,呈鲜艳的赤红色;它站在一片针阔混交林的山坡草地上,大而蓬松的尾羽高高竖起,犹如马尾状,且闪着光,雄伟健壮,侧头凝视,英姿勃勃。画面下方印有褐马鸡的拉丁文名称"Crossoptilon munichuricum",增加了科学性。

有关褐马鸡的知识,详见新版《中国集邮百科知识》T·134《褐马鸡》。

【中华鲟】2000—3·(10—5)T　面值1.50元,票幅规格30毫米×40毫米,发行量1950.40万枚。图案描绘了古老鱼种中华鲟的形象。中华鲟分布于太平洋西北及中国海南岛以东到黄海、渤海等区域,并进入长江、黄河、珠江等水域,它不仅具有较高的经济价值,而且

在学术研究上也有一定意义。画面以碧绿的水域为背景,一对雌雄中华鲟结伴而游,其中体大的为雌性,体小的为雄性。雌性采用背部角度,体面上的五条纵列骨板状的硬鳞,特别是背脊中央那行棱角最大的硬鳞清晰可见;雄性采用腹部角度,吻部下方的口仿佛在一张一合;它们既显得脚步匆匆,仿佛正在逆江而游去上游浅滩产卵,又好像在跳双人舞,风度翩翩,悠然自得。画面下方印有"中华鲟"的拉丁文名称"Acipenser sinensis",增加了科学性。

有关中华鲟的知识,详见新版《中国集邮百科知识》1994—3《鲟(T)》。

【金丝猴】2000—3·(10—6)T　面值2元,票幅规格30毫米×40毫米,发行量1950.40万枚。图案描绘了我国特有珍贵动物金丝猴的形象。金丝猴,别称"仰鼻猴"。

设计者采用写实手法,画面以一片绿色混交林为背景,展现出了金丝猴一家三口和谐相聚的幸福情景:它们背部黄色发亮的长毛,天蓝色的廓面,肥厚的双唇,显得与众不同;雌猴怀抱着一只小猴,小猴依偎在妈妈胸前,享受着幸福和温暖;细看那只大雄猴,其强大的犬齿,还拱出一对唇疣,鼻孔向上翘起,显得既雄健又帅气;它们共同朝着

一个方向张望,目光中有欣赏也有警觉,充满了真实而自然的生活情趣。画面下方印有"金丝猴"的拉丁文名称"Rhinopithecus roxellanae",增加了科学性。

有关金丝猴的知识,详见新版《中国集邮百科知识》特60《金丝猴》。

【白鳍豚】2000—3·(10—7)T　面值2.60元,票

幅规格30毫米×40毫米,发行量1950.40万枚。图案描绘了中国特产动物白鳍豚的形象。画面以波纹荡漾的湖水为背景,采用特写镜头,展现出了三只白鳍豚结队游动的情景:那纺锤形的身躯,长长的吻,既显得聪慧而温驯,又富有动感。画面下方印有"白鳍豚"的拉丁文名称"Lipotes vexillifer",增加了科学性。

有关白鳍豚的知识,详见新版《中国集邮百科知识》T·57《白鳍豚》。

【丹顶鹤】2000—3·(10—8)T　面值2.80元,票

幅规格30毫米×40毫米,发行量1950.40万枚。图案描绘了亚洲特产丹顶鹤展翅飞翔的形象。画面以蔚蓝的天空为背景,采用仰视角度,展现出了三只丹顶鹤结伴飞行的情景:头顶部那一大块朱红色的绒瘤状皮肤,鲜艳耀目;在全身洁白羽毛的衬托下,看似黑色的尾部格外分明;它们直伸长颈和双足,平展双翅,鼓满了风,奋力向前,英姿勃勃,也许是正赶往我国长江下游越冬,也许要回西伯利亚及我国东北进行繁殖。画面下方印有丹顶鹤的拉丁文名称"Grus japonensis",增加了科学性。

有关丹顶鹤的知识,详见新版《中国集邮百科知识》特48《丹顶鹤》。

有关鸟飞行时将双足缩于腹下的知识,详见新版《中国集邮百科知识》纪24《保卫世界和平(第三组)》。

【东北虎】2000—3·(10—9)T　面值3.70元,票

幅规格30毫米×40毫米,发行量1950.40万枚。图案描绘了东北虎的形象。东北虎在国际上又称为"西伯利亚虎"。由于食物的缺乏、环境受到人为的影响,东北虎的生存受到严重威胁。画面采用特写镜头,突出展现了东北虎的面部神情,它圆瞪着眼睛,表情深沉而威严,根根虎毛纹路清晰,富有王者风范。画面下方印有东北虎的拉丁文名称"Panthera tigris altaica",增加了科学性。

有关东北虎的知识,详见新版《中国集邮百科知识》T·40《东北虎》。

【扬子鳄】2000—3·(10—10)T　面值5.40元,票幅规格30毫米×40毫米,发行量1950.40万枚。图案描绘了扬子鳄的形象。画面以野草丛生的河滩为背景,采用近视角度,展现出了扬子鳄的生存情态:扁圆的头,长在头顶上方的两眼,长吻大嘴巴,外表给人一种狰狞可

怕的感觉,实际上它却是见人便躲藏起来,从不伤人;它们从水中抢上河滩草地,仿佛曝晒在阳光下,享受着大自然赋予的温暖生活,悠然而舒服。画面下方印有扬子鳄的拉丁文名称"*Alligator sinensis*",增加了科学性。

有关扬子鳄的知识,详见新版《中国集邮百科知识》T·85《扬子鳄》。

【梅花鹿】2000—3·(过桥)T　票幅规格60毫米×40毫米。图案采用了我国珍稀动物梅花鹿的形象。画面以秋季辽阔的大草原为背景,展现出了一对雌雄梅花鹿的生

活景象:它们毛呈棕黄色,全身遍布梅花形的白色斑点,十分美丽;雄鹿头顶高举一对坚而硬的有四个支叉的角,特别是设计者让鹿角突破了邮票的上方边框,显得勇猛而帅气;它们站在草地上,竖耳,张望,生动地表现出了梅花鹿胆怯、机警的性格特征。画面下方印有梅花鹿的拉丁文名称"*Cervus nippon*",增加了科学性。

有关梅花鹿的知识,详见新版《中国集邮百科知识》T·53《梅花鹿》。

【亚洲象】2000—3·(过桥)T　票幅规格60毫米×80毫米。图案采用了亚洲象的形象。亚洲象比非洲象还要珍贵,我国约有二百多头。画面以宽阔的林间河谷地带为背景,描绘了亚洲象一家三口的生活情态:它们仿佛是要到什么地方去,或者就是一次饭后的悠闲散步,小象紧紧跟随

在妈妈身边,母象不时用自己的长鼻子护着小象,提醒孩子注意安全;设计者运用特写镜头,突出表现了走在后边的那头雄象的头部,它一对长牙外露,粗壮的长鼻高高卷起,厚厚皮肤上的多重褶皱清晰可见,它的整个身体虽然省略在画面之外,但完全可以想象出它那雄健的体魄,一旦碰上什么危险,它会用自己强壮有力的武器捍卫母象和小象,洋溢着一种令人肃然起敬的男子汉具有的气概。画面下方印有亚洲象的拉丁文名称"*Elephas maximus*",增加了科学性。

有关亚洲象的知识,详见新版《中国集邮百科知识》1995—11《中泰建交20周年(J)》。

2000—4 龙(文物)(T)

【龙(文物)(T)】Dragon(Cultural Relics)(T)　有关龙的知识,详见新版《中国集邮百科知识》T·124《戊辰年》。中国是龙的国度,中华民族是龙的传人。这在七八千年前,龙的形象就已经在古老的中华大地上孕育、萌生了。龙的形象是一种带有传说性质的"宗教信仰的表记",它具有多种动物形象组合的特征。中国龙的形象与龙的观念的起源是多元的,我们并不能确指它是一种动物。在漫长的历史长河中,龙的形象吸取时代风云的营养,随着历史的演变而发展。龙这个深受中国人民所喜爱的神物,作为一种共同的观念和意识形态,体现了祖先们对美的追求,是中华民族发祥和文化肇端的象征。龙的艺术形象也经历了一个由低级到高级,由简单到复杂,由朴素到华丽,由不足到充实的过程。龙在各个历史时期的不同特征和气息,成为反映各个时代经济、文化面貌的佐证。

2000年3月7日,恰逢农历二月初二龙抬头的传统日子,为了庆祝中国传统的农历庚辰年,中华人民共和国国家邮政局发行了一套《龙(文物)(T)》特种邮票,全套6枚。王虎鸣设计。胶版。齿孔12度。邮局全张枚数50(10×5)。河南省邮电印刷厂印制。

这套邮票的6枚图案,选取了玉龙两件,铜龙两件,瓦当龙和工艺嵌螺钿龙各一件,在选材上既注重了不同时代龙的不同形象,又注意到了创制龙形象的不同材质,充分体现了龙在中国历史长河中的地位,以及龙文化伴随中华民族发展历史的不可分割的关系。全套邮票统一采用以白色为主的底色,下部施以淡淡的蓝灰色,强烈的反差对比突出了"龙"的鲜亮和神采。图案以装裱画的形式为边框,边框上绘有相互缠绕的巨龙纹饰,渲染了文物龙的环境和内涵。每枚画面上钤有的"龙"篆字印章,形象地点明了文物龙邮票主题。

【新石器时代·玉龙】2000—4·(6—1)T　面值60分,票幅规格30毫米×40毫米,发行量3470.50万枚。图案选用了1971年内蒙古翁牛特旗出土的新石器时代红山文化大型玉龙,现由中国国家博物馆收藏。新

石器时代是考古学分期中"石器时代"的最后一个阶段,开始于约七八千年以前。已发明农业和畜牧,生活资料有较可靠的来源,开始定居生活。广泛使用磨制石器,已能制陶和纺织。我国各地普遍发现不同类型的新石器时代文化,重要的有仰韶文化、马家窑文化、龙山文化等。这件玉龙由一位农民造林时挖掘发现,呈墨绿色,长五十多厘米,高26厘米,体蜷曲为C形,吻部前冲,略向上弯曲,嘴紧闭,鼻端截平,端面近椭圆形,有对称的双圆洞鼻孔,眼尾细长上翘,颈脊起长鬣,长达21厘米,占龙体的1/3以上。龙的背部有对穿的单孔用以悬挂,整条龙无足无爪,无角无耳,有眼无睛。龙的头部与猪首相近,长鬣也是当时猪体形象的标志。在当时,猪也是得到崇拜的动物,可以认为玉龙的原型可能是在蛇的躯体上加入了猪的形象。这件玉龙是距今约五千年以前的物品,是截至目前所发掘的最早的龙的形象,既显示出了玉龙原始的文化性质和较早的时代气息,也体现出了中华古国五千年文明的灿烂曙光。画面左下角钤有一枚"龙"字印章,点明了文物龙邮票主题。

【战国·龙形玉饰】2000—4·(6—2)T 面值80

分,票幅规格30毫米×40毫米,发行量3160.50万枚。图案选用了1978年出土于湖北随州曾侯乙墓战国时期(公元前300年左右)的一件龙形玉饰,现藏湖北省博物馆。龙形玉饰出土了一对,一长11.3厘米,宽7.7厘米;一长11.5厘米,宽8厘米。春秋战国时代工艺美术兴旺发达,各诸侯国的玉器碾制工艺精湛,这件龙形玉饰为战国时期龙纹图案的代表作之一。呈青玉色,造型奇特,璧缘阴刻斜线纹,龙身遍饰谷纹,作飘举攀升状,轮廓线条流畅优美,身前有镂空孔供佩挂,璧面雕有云纹。这种呈S形龙形,承传商周纹饰,具有古拙之美。云纹的出现,既是一种纯正的装饰,展现了龙的飞动之感,也包含了人们希望生前腾达死后升天的美好意愿,而且还吹开了商周时期古拙严谨的龙纹面貌,为后来的云纹(龙和云纹的结合)开辟了思路。画面左上角钤有一枚"龙"字印章,点明了文物龙邮票主题。

【汉·青龙瓦当】2000—4·(6—3)T 面值80分,票幅规格30毫米×40毫米,发行量3210.50万枚。图

案选用了出土于陕西省西安汉城遗址的一块汉代(公元25年~220年)青龙瓦当。汉代龙纹大量施用于墓室壁画、画像砖石、帛画和各种器物上。汉代龙的造型分为蛇身和兽身两大类:蛇身的龙长角、尖耳、蛇躯、兽足,多呈蜷曲盘绕作腾云状的"云龙";兽身的龙似虎似马,躯体雄壮,肢爪强健,多为龙形虎步的"走龙"(行龙)。由于汉初有汉高祖刘邦为母遇神龙而孕生的传说,故汉以后龙和帝王的关系日趋紧密起来。汉代以青龙、白虎、朱雀、玄武四神代表东、西、南、北四宫,迷信它们有吉祥和辟邪的作用,故汉代建筑瓦当和铜镜常以四神为饰纹。圆瓦当是由半瓦当发展而来的。青龙瓦当是四神瓦当中的杰出代表作,青龙为东,代表春季。画面中青龙瓦当上的青龙,躯体强健呈S形蟠曲飞舞,颈、腹下有鳞甲,肋间生翅,背部下方还有表示东方的新升的太阳,形象极为勇武,既给人一种向上的力量和宏浑的气势,又具有一种古拙之美,充分体现了汉代深沉雄大的时代风貌。画面左下角钤有一方"龙"字印章,点明了文物龙邮票主题。

有关瓦当的知识,详见本书2000-1《庚辰年(T)》。

【唐·盘龙纹饰铜镜】2000—4·(6—4)T 面值

80分,票幅规格30毫米×40毫米,发行量3210.50万枚。图案选用了出土于陕西省西安唐代(公元518年~618年)的一件盘龙纹铜镜,现藏中国国家博物馆。隋唐龙纹造型多施用于建筑构件、壁画和金、银、铜、玉、瓷的实用器皿上。唐代龙的造型躯体劲健,角似鹿,嘴角和腿部特长,有背鬣肘毛,身上鳞甲细密,尾部似蛇蜷曲。铜镜是我国古代妇女梳妆用的生活用品,其使用年代可追溯至殷商时期。镜中央设钮,便于穿带悬挂和把握。唐代铜镜铸造进入极盛时期。画面上的盘龙纹铜镜又称"盘龙镜",呈葵花形,直径19.5厘米;镜中的龙奔腾飞跃,头部曲颈回顾,张口吐舌,四爪往各方伸展;龙身婉转自如,纵横往复;尾部向上往后卷曲;身躯通饰鳞片,工整而细密;龙体四周衬有四朵流云,疏密得体,显得生机勃勃,雍容华贵;铜镜造型完美,工艺复杂精湛,反映了唐代富有创造性的时代风貌。画面左下角钤有一方"龙"字印章,点明了文物龙邮票主题。

【金·坐式铜龙】2000—4·(6—5)T 面值80分，票幅规格30毫米×40毫米，发行量3180.50万枚。图案选用了出土于黑龙江省阿城上京会宁府遗址一件金代（公元1115年~1234年）坐式铜龙，高19.6厘米，现藏黑龙江省博物馆。宋元时期，中国传统绘画中总结出了画龙"九似"，即"角似鹿，头似驼，眼似兔，项似蛇，腹似蜃，鳞似鱼，爪似鹰，掌似虎，耳似牛"，进入了艺术化和程式化的发展时期。这个时期的龙纹造型飘逸奇巧，注重形体的和谐和整体的美观。一般头偏长，须、发、肘毛飘扬潇洒，四肢遒劲，露筋露骨，多为三爪，有一种神采飞扬之美。画面中的坐式铜龙便具有这样的特征：它昂首张口弓身尾上卷，左前足踏地，右前爪抓着一朵祥云，后退坐地，平稳中显示出一种内在力量，鬣向后飘扬，与肩部长起的蔓状祥云相接，犹如腾云驾雾，造型生动威严，别有意境。画面右上角钤有一方"龙"字印章，点明了文物龙邮票主题。

【清·紫檀宝座嵌螺钿云龙】2000—4·(6—6)T 面值2.80元，票幅规格30毫米×40毫米，发行量2050.50万枚。图案选用了一件清代（公元1616年~1911年）紫檀宝座嵌螺钿云龙。宝座长148厘米，宽90厘米，高66厘米，现藏北京故宫博物院。清代龙的造型多有锯齿形腮，尾部有秋叶形装饰等，自成一格。由于明清时期民间流行的龙尾图案多次遭禁止，龙被垄断为皇家的标徽，龙的艺术变成了表现九五之尊的宫廷艺术，龙的造型大多表现皇家的神圣不可侵犯，其形式除传统的"云龙"、"走龙"（行龙）外，还有"团龙"、"正龙"、"坐龙"、"开龙"、"降龙"等名目。据说，还有以龙爪数目区别贵族等级的规定，"五爪为龙，四爪为蟒"。画面中的紫檀宝座嵌螺钿云龙，是在清朝皇帝专用的龙椅宝座的靠背上，用螺钿、玳瑁、寿山石等镶嵌而成的云龙图案，是皇帝的象征，故为五爪。龙形蟠曲飞舞，龙纹显得精细工整，甚至鳞片的细部都刻画得清晰可数。这件艺术品造型隽雅优美、宏丽辉煌，既是宫廷龙纹造型的典型代表，又是我国数千年来龙的演变中美的结晶，是"东方巨龙"的典型形象，体现了一种艺术上的美、精神上的力。画面右上角钤有一方"龙"字印章，点明了文物龙邮票主题。

2000—5M 中华全国集邮联合会第五次代表大会（小型张）(J)

【中华全国集邮联合会第五次代表大会（小型张）(J)】The Fifth Congress of the All China Philatelic Federation (Souvenir Sheet)(J) 有关中华全国集邮联合会的知识，详见新版《中国集邮百科知识》J·85M《中华全国集邮联合会第一次代表大会（小型张）》。2000年7月18日~20日，中华全国集邮联合会第五次代表大会在北京举行。来自全国各地的三百五十多名代表，代表全国1800万集邮者、420万会员出席了会议。"五大"代表是在广泛征求各基层集邮协会意见的基础上产生的，充分体现了"五大"代表的群众性、广泛性和代表性。其中年龄最大的代表85岁，最小的代表30岁。开幕式在北京人民大会堂隆重举行。中华全国集邮联合会会长罗淑珍在"五大"开幕式上代表全国集邮联第四届理事会作题为《积极进取，扎实工作，为21世纪中国集邮事业的蓬勃发展而努力奋斗》的工作报告。报告共分三个部分：一、五年工作回顾；二、主要经验和体会；三、关于今后四年主要工作的建议。截至1999年底，全国集邮组织达44959个，集邮协会会员420万，集邮爱好者1800万。全国各级集邮组织广泛深入地开展了丰富多彩的群众性集邮活动，充分发挥了集邮在精神文明建设中的作用；相继举办了中国'96亚洲国际邮展和中国'99世界邮展，提高了中国集邮的整体水平，进一步推进集邮学术研究活动，不断取得丰硕成果，大力加强集邮协会组织建设，为促进社会主义精神文明建设和邮政事业发展做出了积极的贡献，为我国集邮事业在21世纪的蓬勃发展打下了良好的基础。7月20日，"五大"在北京21世纪饭店胜利闭幕。大会产生了新一届常务理事和会长、副会长、秘书长。蔡文波、赵连荣、周家奎等57名代表当选为全国集邮联第五届代表大会常务理事；全国政协委员、原邮电部副部长刘平源当选为会长；常延廷、李源潮、吉佩定、许孔让、盛名环、常增书、王新中当选为副会长；国家邮政局党组成员、纪检组长盛名环兼秘书长。大会听取并通过了罗淑珍同志代表第四届理事会作的工作报告；讨论、修改了《中华全国集邮联合会章程》；对在我国集邮事业发展中做出贡献的丁云馨、王孝槐、边平楚等55位同志授予了荣誉会员称号。"五大"是20世纪召开的最后一次集邮联大会，对我国的集邮事业在新世纪的发展，具有十分重大的意义。

2000年7月18日，为了庆祝中华全国集邮联合会第五次代表大会顺利召开,中华人民共和国国家邮政局发行了1枚小型张。王虎鸣设计。胶版。齿孔12度。辽宁省沈阳邮电印刷厂印制。

【中华全国集邮联合会第五次代表大会】2000—5M·(1—1)(小型张)J 面值8元,小型张规格130毫

米×80毫米,邮票规格60毫米×40毫米,发行量1827.77万枚。小型张主图为清代邮政用品——排单,表现了我国早期通信的状况和水平。排单又称滚单,为清代驿递公文所使用的单据。清朝规定,凡是驿递公文,都需要在封套贴上排单,随公文传递,经各沿途驿站依次登注接到的日期和时刻,以便于迟误后稽查。排单的规格为纵一尺多,横二尺,其上印的字为蓝色。清朝时各衙门都有专印的排单,发用时,要于年月日上用正印并依规定注明每昼夜限行里数。小型张图案中采用的排单,为清光绪十年(公元1884年)浙江布政使司发温处兵备道时所用,现藏于中国邮票博物馆。布政使为古代官名。明洪武九年(公元1376年)改行中书省为承宣布政使司。宣德以后,全国的府、州、县等分统于两京和十三布政使司,每司设左、右布政使各一人,为一省最高行政长官,负责全省的钱谷出纳,品级仅次于巡抚。布政使司就是布政使的衙署。温处道,驻温州,为浙江布政使派属。排单原规格285毫米×486毫米。排单由两部分组成,前半部分是正文,内容为:

钦命浙江等处承宣布政使司布政使德　　为紧急公务事,照得温处兵备道温衙门公文壹件事关紧要,仰沿途驿站、州县官吏查,照单内所开公文件数,递到时刻逐一注明,即选差的役昼夜星驰,日夜限行×百里,定限×时投递。若上站递到公文数目,与单开不符及时刻迟延擦损等项情事,该站一面将节注明粘单,仍即驰送,一面呈报查考。倘有违误,定行提究,断不姑贷。须至排单者,火速!火速!

右仰经过地方驿站官吏准此

光绪十年七月十八日子时自省城发

布政使司　　限×日缴

并用红笔标有日夜限行"五"百里和"飞速"字样。排单上盖有一方"浙江等处承宣布政使司之印"红色印章。排单后半部分是驿递时刻表,犹如现代的登记表,依次登注出这件公文从浙江省城杭州钱塘驿(在钱塘县,今杭州市境内)、浙江驿(在钱塘县,今杭州市境内)、会江驿(在富阳)、桐江驿(在桐庐)、富春驿(在建德)、漱水驿(在兰溪)、双溪驿(在金华府,今金华市)、华溪驿(在永康)、丹峰驿(在缙云)、括苍驿(在处州,缙云间,今丽水市境内)、芝田驿(青田境内),于七月二十四日申时到达象浦驿(在永嘉,今温州市境内)。登记表中注明了公文到达的日期和时刻。小型张图案以清朝画家唐岱创作的《山水图》作背景,清晰完整地展现出了排单内容。一个是随马翻山越岭从一个地方到另一个地方的排单,一个是广阔的大地上山峦连绵起伏的山水画卷,它们同出自清代,二者之间有着天然的内在联系,既完善了画面,托出了排单的形象,又突出了"千山万水送达"的邮政意义。小型张使用深棕色边框,既突出了作为主图的排单,又使色彩十分近似的主图与背景区分开来。浅棕的主图和背景、深棕的票题和票框、棕红的面值数字,加上同样是棕色的细外线框,整个画面古朴雅致,工整而又活泼。

唐岱(1673—1752)清代画家、诗人。字毓东、静岩,号爱庐、默庄,满洲正白旗人,乾隆时供奉内廷,后得到乾隆宠遇,作品多为御笔品题。圣祖玄烨御赐"画状元"。宫廷中山水画的代表性画家。他虽提倡"不用古人之丘壑蹊径",但却主张笔墨"用古规矩格法"。其山水画作特点为:用笔沉厚,布置深隐,工致谨严,繁复细腻,富有清代宫廷画的装饰意趣。著有画理《绘事发微》和诗集《载乐堂集》。

注:中华全国集邮联合会第五次代表大会一度定在2000年初召开,为使会议召开时能够及时发行小型张,这枚小型张早在1999年就已经设计印刷完成了,故这枚小型张的志号为2000—5M。后来会议召开的具体时间因故推迟,一直未能确定,故小型张上没有像已发行的J·85M、J·135M、J·174M、1994—19M 4枚小型张那样注明会议召开时间。

2000—6 木兰从军(T)

【木兰从军(T)】Mulan Joining the Army(T)　木兰从军的故事妇孺皆知,千古传颂。但由于木兰的事迹未见正史,不少人认为木兰不过是个虚构的文学形象,未必实有其人。然而,自唐代以来,更多的学者则认为

历史上是有"木兰"其人的。有关"木兰"的姓氏和乡里，虽众说纷纭，但历史名人著作和各地《志书》的记载都与虞城元代石碑记载略同。清刘彭年的《三十二兰诗抄》云："木兰姓魏，亳州人。"《大清一统志》卷一二九载："木兰，魏氏女，谯郡城东魏村人。"近300年前的《河南通志》载："木兰，宋州人，姓魏氏。"这样，虽有学术之争，对木兰姓魏，河南虞城为故里已形成共识。《木兰从军》取材于《乐府诗集》中的《木兰诗》。《木兰诗》也称《木兰辞》、《木兰歌》，是我国古代最优秀的叙事诗之一。一般认为《木兰诗》是南北朝时期的北魏民歌。北魏时期战争频繁，人民的兵役负担沉重。《木兰诗》生动地叙述了木兰代父从军的故事，成功地塑造了勤劳善良、机智勇敢和爱国爱家的"花木兰"形象。她女扮男装，代父从军，建立赫赫战功，却不爱功名富贵，不愿接受封赏，仍然要求回乡过普通劳动者的生活，最后荣归故里。木兰的形象，在一定程度上概括了劳动人民的优秀品质和崇高理想，故千百年来一直为人民群众喜闻乐见，传颂不衰。这首诗起初是在民间口头流传，后来经过文人的加工润色，成诗已有一千四五百年的历史了。据记载，《木兰诗》最初由盛唐人浙江西道观察使兼御史中丞韦元甫传出。最早记载《木兰诗》的书籍，一是北宋的《文苑英华》，其次是《古文苑》，再就是宋代郭茂倩所编的《乐府诗集》。全诗有336个字，62句，属于五言叙事诗，只是句尾由于歌唱押韵间有七、九句，形成民间杂言诗。诗中采用重叠排比、连锁句式，以及问答、比兴、夸张、换韵等多种方法，使全诗抑扬跌宕，流畅自然。按照故事情节的发展，全诗内容包括三个部分：一、交代木兰代父从军的缘由；二、叙述代父从军的过程；三、描写木兰回到家中的情景。《木兰诗》的全文是：

　　唧唧复唧唧，木兰当户织。不闻机杼声，惟闻女叹息。问女何所思，问女何所忆。女亦无所思，女亦无所忆。昨夜见军帖，可汗大点兵。军书十二卷，卷卷有爷名。阿爷无大儿，木兰无长兄。愿为市鞍马，从此替爷征。

　　东市买骏马，西市买鞍鞯。南市买辔头，北市买长鞭。旦辞爷娘去，暮宿黄河边。不闻爷娘唤女声，但闻黄河流水鸣溅溅。旦辞黄河去，暮至黑山头。不闻爷娘唤女声，但闻燕山胡骑鸣啾啾。

　　万里赴戎机，关山度若飞。朔气传金柝，寒光照铁衣。将军百战死，壮士十年归。归来见天子，天子坐明堂。策勋十二转，赏赐百千强。可汗问所欲，"木兰不用尚书郎。愿驰千里足，送儿还故乡。"

　　爷娘闻女来，出郭相扶将。阿姊闻妹来，当户理红妆。小弟闻姊来，磨刀霍霍向猪羊。开我东门，坐我西阁床。脱我战时袍，着我旧时裳。当窗理云鬓，对镜贴花黄。出门看伙伴，伙伴皆惊忙。"同行十二年，不知木兰是女郎。"

　　雄兔脚扑朔，雌兔眼迷离。双兔傍地走，安能辨我是雄雌。

《木兰诗》成功塑造了一个女扮男装、抗击外侮的女英雄形象。明清以来，以木兰事迹为题材的剧作、曲艺、小说、弹唱、绘画等各种形式的文学艺术作品层出不穷。1928年，诞生了一部《木兰从军》的国产影片。抗日战争期间，1939年，中国新影业公司摄制了著名戏剧家欧阳予倩根据明清两代笔记中的记载改编的《木兰从军》，连映85天，票房不凡；京剧大师梅兰芳为配合抗日救国运动，将剧本改编为京剧《木兰从军》进行演出。抗美援朝战争时期，著名表演艺术家常香玉又把京剧移植为豫剧《花木兰》，赴朝慰问志愿军后，又拍成电影《花木兰》。20世纪50年代，毛泽东主席曾用长达8页41行篇幅，亲笔手书《木兰诗》全文，成为毛泽东手书古诗中罕见的长篇墨宝。20世纪90年代末，音乐界又以《木兰诗》为基础，创作出了一部富有浓郁中原地方特色的大型民族交响乐《木兰颂》。在我国进入改革开放和现代化建设新时期的今天，木兰精神与木兰文化仍然有着强大的生命力和感染力。

2000年4月30日，为了宣扬中华民族悠久的古代文化，中华人民共和国国家邮政局发行了一套《木兰从军(T)》特种邮票，全套4枚。郭承辉、黄里设计。胶版。齿孔12.5度。邮局全张枚数16(4×4)，横4枚连印。北京邮票厂印制。

这套邮票采用横4枚图案连印，版式是宋、明代的格式。自左向右看构图，人物有疏有密，有左有右有中间，有立有坐，有全景有特写；文字有白底黑字，有黑底白字，合理穿插搭配，犹如一幅起伏跌宕的画卷，最后一幅又像一方押角的图章，具有浓烈的民族味民间味。在塑造人物形象上，设计者借助了民间剪纸和皮影的形式，多强调意会，而不十分写实，并且完全虚化了年代，以画面说话，以形象说话，和原诗浑然一体，相映成趣。这套邮票4枚图案上书有《木兰诗》全文，颜色比较素，底色发点儿黄，像古书的纸一样，同时也更有绘画的感觉，里面的黑色块有一种冷抽象的东西，黑白本身就有阴阳的区别，而且不是一个版，是几个版放在一起，成为一个不可分割的整体，很完整，也很和谐，具有一种现代绘画上的视觉美感。

【木兰纺织】2000—6·(4—1)T　面值80分，票幅规格50毫米×38毫米，发行量1875.20万枚。图案描绘了木兰纺织的情景。画面左侧绘有一部老式织布机，

木兰坐在织布机上，目光凝视，双臂停滞在空间，若有所思。画面右侧印有《木兰诗》中开头有关木兰纺织的文字："唧唧复唧唧，木兰当户织。不闻机杼声，唯闻女叹息。问女何所思，问女何所忆。女亦无所思，女亦无所忆。"文字与画面相辉映，凸显出了一个勤劳、纯朴、贤惠的农家女孩子形象。

织机是织造生产中的主要机器。作用是将经纱和纬纱按一定规律交织成织物。通常包括开口、引纬、打纬、送经、卷取和纬纱补给机构。按使用梭子与否，可分有梭织机与无梭织机两类。按开口机构的形式，可分为踏盘织机、多臂织机和提花织机三种，主要区别在于所织花纹繁简不同。中国古代使用的织机，多采用踏盘和木梭使经纬相互交织成织物。

【木兰从军】2000—6·（4—2）T　面值80分，票幅规格50毫米×38毫米，发行量1875.20万枚。图案描绘了木兰女扮男装，代父从军，奔赴战场英姿飒爽的"壮士"形象。画面左右两

侧采用黑底白字印有《木兰诗》中有关木兰代父从军的文字："昨夜见军帖，可汗大点兵。军书十二卷，卷卷有爷名。阿爷无大儿，木兰无长兄。愿为市鞍马，从此替爷征。东市买骏马，西市买鞍鞯。南市买辔头，北市买长鞭。旦辞爷娘去，暮宿黄河边。不闻爷娘唤女声，但闻黄河流水鸣溅溅。旦辞黄河去，暮至黑山头。不闻爷娘唤女声，但闻燕山胡骑鸣啾啾。"生动地描写了木兰代父从军的过程。设计者将木兰形象置于两段诗文中间，采用竖式构图，既让她身穿战袍，腰佩战刀，显得英武高大，威风凛凛，又特意不让她戴头盔，马尾式发辫高扬，巧妙地保留了农家少女纯朴天真的形象，将"愿为市鞍马，从此替爷征"的豪气和些许少女秀气融于一身，令人爱怜，令人起敬。

【木兰征战】2000—6·（4—3）T　面值80分，票幅规格50毫米×38毫米，发行量1875.20万枚。图案描绘的是木兰十二年的征战生活，展示了她英勇善战的大无畏气概。画面上的木兰形象，秀眉倒立，横枪跃马，英姿

勃勃，所向披靡；设计者特意在木兰身上装饰了一种背靠旗，其实这种背靠旗在真正打仗时是没有的，因为很不方便，只有在戏台上才有，目的是张扬她那种"将军百战死，壮士十年归"的英勇无畏精神。画面左侧采用黑底白字印有《木兰诗》中有关木兰十年浴血征战的文字："万里赴戎机，关山度若飞。朔风传金柝，寒光照铁衣。将军百战死，壮士十年归。"与富有动感的驰骋战马和持枪斯杀的英勇形象相辉映，仿佛战马嘶鸣之声可闻，战士勇猛之姿可见，创造出了一个拼搏厮杀、敌溃我追的激烈战斗场面。

【木兰还乡】2000—6·（4—4）T　面值80分，票幅规格50毫米×38毫米，发行量1875.20万枚。图案表现了木兰不愿受封赏，重归故里，还我女儿身的复杂心情。木兰

经过十二年的征战后，放弃功名回归故里，当她真的"当窗理云鬓，对镜贴花黄"时，那将会是一种什么样的心情呢？此时的木兰虽然恢复了女儿身，但毕竟与从军前那个普通农家少女已大不一样了。设计者借鉴了"踏花归来马蹄香"典故中那种弦外之音、回味无穷的表现手法，采用特写镜头，只画了一只女孩子的纤手，手里拿着一面铜镜，铜镜中是一只顾盼生辉的女孩子的美目，生动而巧妙地将木兰经过沙场考验的成熟女性韵味以及恢复女儿身的喜悦心情表现得淋漓尽致，为读者提供了一种丰富联想的艺术空间。画面左侧印有《木兰诗》中有关木兰还乡的文字："归来见天子，天子坐明堂。策勋十二转，赏赐百千强。可汗问所欲，'木兰不用尚书郎。愿驰千里足，送儿还故乡。'爷娘闻女来，出郭相扶将。阿姊闻妹来，当户理红妆。小弟闻姊来，磨刀霍霍向猪羊。开我东阁门，坐我西阁床。脱我战时袍，着我旧时裳。当窗理云鬓，对镜贴花黄。出门看伙伴，伙伴皆惊忙。同行十二年，不知木兰是女郎。雄兔脚扑朔，雌兔眼迷离。双兔傍地走，安能辨我是雄雌。"文字和形象相映成趣，精彩之笔，耐人寻味。

镜子是一种光滑的平面，能照见形象的器具。在远

古时代和古希腊、罗马时代，镜子是一种稍微凸出的磨光的金属盘，例如，古埃及人用铜镜，古罗马人用青铜镜。最早的镜子是有柄的手镜。公元1世纪，才出现可以照见全身的大镜子。中世纪末期，手镜在全欧洲已很普遍。这种手镜通常为银镜，有时则为磨光的青铜镜。玻璃镜子已有三百多年的历史。16世纪，玻璃镜子在"玻璃王国"——意大利的威尼斯第一次出现。威尼斯人制造镜子的方法，是把锡和水银的混合液倾在玻璃板上，溶液紧贴着玻璃。当时，这种制造镜子的方法，确是一个伟大的发明。明亮轻便的玻璃镜，远比形象模糊的青铜镜受欢迎，曾经风靡欧洲。威尼斯人把做镜子的方法非常秘密地保守着。二百年来，欧洲的王公贵族不惜出大价钱到威尼斯订购镜子。威尼斯国王送人一面和书本差不多大的镜子为贺礼，在当时，它价值15万法郎。法国宰相克尔勒决心要把制造镜子的秘密揭穿，他密令法国驻威尼斯大使收买了三名威尼斯镜子制造厂的技师，暗中获取了有关制造工艺的情报，不久，法国第一个镜子厂建成。自此，镜子制造技术开始外传，大约在晚清时传入中国。

注：《木兰诗》"对镜贴花黄"一句中的"贴"字，图案中误写成了"帖"。

2000—7 长江公路大桥（T）

【**长江公路大桥（T）**】Highway Bridges Over Yangtze River（T） 有关长江的知识，详见新版《中国集邮百科知识》1994—18《长江三峡（T）》。有关公路的知识，详见新版《中国集邮百科知识》T·31《公路拱桥》。有关桥的知识，详见新版《中国集邮百科知识》特50《中国古代建筑——桥》。

2000年3月26日，为了展现贯通长江南北公路大桥的英姿，中华人民共和国国家邮政局发行了一套《长江公路大桥（T）》特种邮票，全套4枚。邹建军设计。胶版。齿孔12度。邮局全张枚数40（4×10）。辽宁省沈阳邮电印刷厂印制。

这套邮票的4枚图案，统一采用比较淡而柔和的蓝绿色彩，既突出了大桥不同造型的壮美姿态，也表现了长江沿岸的绿色自然环境，具有开阔、爽朗、清新的艺术效果。设计者从侧面截取大桥的主桥部分，将桥首尾置于画面之外，营造出了一种无限延伸的气势，显示出了大桥的长度和桥体的雄伟。4枚邮票面值的位置，分别位于票面的右下、左下、右上、左上，使得4枚邮票摆在一起富有变化。

【**万县长江公路大桥**】2000—7·（4—1）T 面值

80分，票幅规格50毫米×30毫米，发行量3276.00万枚。图案展现了四川省万县长江公路大桥雄姿。万县市位于四川东部，长江北岸。为川东重要河港。1950年由万县析出设市。万县长江公路大桥连接国家公路主干线"两横"之一的318国道和万县市南北岸两个区，是长江上的一座特大型桥梁，为四川省、重庆市重点工程项目。1994年5月28日正式开工，1997年6月20日通车。大桥全长856.12米，桥宽24米，全封闭。桥下净空高140米，可通行万吨巨轮。结构为上承式钢筋混凝土箱型拱桥，主跨420米，引桥13孔，每孔跨径30米。引道全长8.3公里，南岸引道按高速公路标准施工；北岸设互通式立交，分别通往万县市区等处。画面上的万县长江公路大桥，钢筋混凝土箱型拱桥像一道彩虹横跨长江，两岸川西高原苍山叠翠，梯田流金，表现了大桥宏大的气势；设计者去掉了山上实有的高压电线铁塔，使得巍巍青山之间的大桥具有一种宁静而又平稳的性格。

【**黄石长江公路大桥**】2000—7·（4—2）T 面值

80分，票幅规格50毫米×30毫米，发行量3276.00万枚。图案展现了湖北省黄石长江公路大桥的姿态。黄石市位于湖北省东部，长江南岸，辖大冶县。1950年以原属大冶县的黄石港、石灰窑两镇及附近地区合并设市，是长江南岸重要河港。黄石长江公路大桥坐落在黄石市区西北。大桥南岸为黄石市，北岸为浠水县散花镇；南岸直接与武汉至黄石一级公路终点相接，北岸与106国道和318国道连接，为国家和交通部"八五"期间重点工程项目。该桥上游距武汉长江大桥约140公里，下游距江西九江大桥约120公里。1992年7月正式开工，1996年竣工通车。大桥为五跨预应力混凝土连续钢构桥型。全长2580米，其中主桥1060米。该桥有较高的抵御船舶撞击的能力，大桥通航净空为220米×24米，桥下可满足5000吨单体轮船和3.2万吨大型船队通航要求。桥面总宽20米，设计机动车辆通行能力为每天2.5万辆。大桥主体桥具有桥面接缝少、刚度大、整体性强、经久耐震、便于养护等优点，造型简洁流畅，刚劲雄伟。该桥两岸优美的小区规划及桥头配套工程,使大桥更加绚丽多彩,它的建成不仅增强了国家公路网结构的功能,而且对巩固国防和加快黄石市及鄂东南地区经济的发展也具有十分重要的作用。设计者采用侧面角度,既真实地描绘出了黄石长江公路大桥比较平直、没有高耸桥塔的基本风貌,又描绘出了江面上缓缓东流的江水,几只船舶正在通过大桥,富有动感,充满生机。画面的左上角添了一枝春天的树枝,不仅展现了大地的勃勃生机,也具有平衡画面的作用。特别是采用紫红色调,不仅使桥梁具有了坚实感,更使桥梁灿然生辉,仿佛有了"生命",这一笔饰色十分精彩。

【铜陵长江公路大桥】2000—7·(4—3)T 面值80分,票幅规格50毫米×30毫米,发行量3276.00万枚。图案描绘了安徽省铜陵长江公路大桥的风貌。铜

陵市坐落在安徽省南部,濒临长江。辖铜陵县。1957年析铜陵县铜官山矿区设铜官山市,1958年改称铜陵市。铜陵长江公路大桥位于铜陵市羊山矶下游600米处,上游距九江长江大桥约230公里,下游距南京长江大桥约220公里,是徐州——合肥——铜陵——黄山南北贯通线上跨越长江天堑的特大型桥梁。该桥为预应力钢筋混凝土双塔双索面斜拉桥,全桥总长2592米,其中主桥八墩七孔,长1152米;各孔跨径为80米、90米、190米、432米、190米、90米、80米,主跨跨径432米。主桥上部为梁板式结构,索塔高153.03米。引桥长1440米,其中合肥岸730米,铜陵岸710米。桥面宽23米,其中主桥布索区2米×1.5米,人行道宽2米×2.5米;机动车上下行共四车道,宽15米。桥下通航净空高24米。1991年12月15日举行主墩钢围堰就位下沉典礼,1992年5月2日主墩桩基正式开钻,1995年12月26日建成通车。铜陵长江公路大桥对贯通淮北、江淮和皖南之间的交通联系,缓解大江南北交通运输的紧张状况,开发皖中南资源,都具有重要意义。设计者用铅笔画大桥钢索,用钢笔画其他部分,将一根根钢索处理得浅了一些,深浅的对比,突出展现了铜陵长江公路大桥这座斜拉桥的雄伟姿态。

【江阴长江公路大桥】2000—7·(4—4)T 面值2.80元,票幅规格50毫米×30毫米,发行量1912.00万枚。图案展现了江苏省江阴长江公路大桥的形象。江阴市坐落在江苏省南部,北滨长江。江阴长江公路大桥位于江阴市西山与靖江市十圩村之间,是国家"九五"重点基础建设项目。该桥采用一跨过江、大跨径钢悬索桥型,全长3071米,其中主跨1385米,为中国第一、世界第四大跨径悬索桥梁。南北桥塔高196米,桥面宽33.8米,按六车道高速公路标准建造,设计行车时速为100公里。桥下通航净空高50米,可满足5万吨级巴拿马型散装货船通航。主桥上部梁体采用扁平箱钢梁;主缆采用两根各两万多丝直径5.35毫米的镀锌高强钢丝组建。1994年11月22日开工,1999年9月28日建国50周年前夕建成通车。该桥是国家规划的2000年前建成的"两横两纵"公路主骨架中同江至三亚国道三干线以及北京至上海国道主干线的跨江"咽喉"工程,它北通华北、东北,南接闽粤,东进沪浙,西出皖赣,完善了我国公路运输网的总体布局。设计者站在靖江地势较低的河滩处,从宽阔的江面上往江阴看,南北两座体型伟岸的桥塔浴江而出,高耸入云,宛如两个巨人隔着浩渺的江涛相互守望;全长1518米的北引桥似一条玉带向北纵深处延伸;两根主缆绕过桥塔顶部的鞍座,每根主缆两端由南北锚碇固定,呈"M"形蜿蜒过江,气势十分雄伟。画面以起伏的山峦和涌动的白云为背景,桥下江面上有一艘正在通过大桥的船舶,既描绘出了江阴长江公路大桥的自然环境,也使画面具有勃勃生机的动感。

2000—8 大理风光(T)

【大理风光(T)】Scenes of Dali(T) 大理县位于云南省大理白族自治州中部、洱海沿岸。汉置叶榆县,南朝梁废。元设太和县,为大理路治,明清为大理府治;1913年改大理县。湖滨平原为滇西主要农业地区之一,产稻、小麦、蚕豆等。特产大理石、茶花。洱海盛产鱼类,以弓鱼著名。名胜古迹有三塔寺(即崇圣寺)、蝴蝶泉等。大理风光秀丽,气候宜人,年平均温度15.3摄氏度,年平均日照时数2474小时,无霜期305天,年平均降水量1100毫米。大理是国务院首批公布的全国24个历史文化名城之一和中国优秀旅游城市之一。以苍山洱海为中心的大理风景名胜区,是国务院首批公布的全国44处国家级风景名胜区和全国26个国家级自然保护区之一。它坐落在大理白族自治州境内,含苍山、洱海以及周边的佛教圣地鸡足山、著名的剑川石宝山石窟群、

道教圣地巍宝山、洱源茈碧湘景区等。大理这片神奇美丽的土地，以它巍峨雄伟的苍山、碧波荡漾的洱海和星罗棋布的风景名胜，以及浓郁淳朴的民族风情，吸引着众多的国内外游客，争相感悟大理这片天地钟毓的灵山秀水。

2000年4月19日，为了展现中华山川的壮美风采，中华人民共和国国家邮政局发行了一套《大理风光（T）》特种邮票，全套4枚。许彦博设计。影写版。齿孔12度。邮局全张枚数40(4×10)。北京邮票厂印制。

这套邮票的4枚图案，虽然表现的是大理风光，但设计者在每一枚邮票中都选择了一种典型的建筑物作为视觉中心，或塔或寺，让人文建筑成为自然景观的点睛之笔，使读者能够清晰地感受到大理风光之魂。

【大理风光——苍山洱海】2000—8·(4—1)T

面值80分，票幅规格50毫米×30毫米，发行量3148.00万枚。图案描绘了大理苍山洱海的美丽景色。苍山又名点苍山、灵鹫山，传说因其山色苍翠而得名。位于云南大理市西北，洱海与漾濞江之间。属云岭横断山脉，南北骈列，北起洱源县，南止大理市下关的天生桥。南北长42公里，东西宽20公里，海拔一般都在3000米以上，主峰马龙峰海拔4212米。山势雄伟，横列如屏，十九峰嵯峨壁立，挺拔峻峭，犹如十九条青龙横亘在天水一色的洱海之滨，其间十八条溪水飞瀑流泉注入洱海，雷霆砰轰，四季不绝。山顶白雪皑皑，终年不化，飞云变幻多姿，有时如玉带横束山腰，有时又浓如泼墨；而玉局峰上升起的望夫云，宛如一位白族少女探身眺望洱海。传说在南诏时，美丽的阿凤公主与勇敢的青年猎人阿龙相爱，遭到国王的迫害，阿龙死在洱海，阿凤化作一朵望夫云，永世飘浮在苍山之顶，盼夫归来。苍山仍保留着古代冰川地貌，云、雪、峰、溪为四大奇观，与明媚秀丽的洱海组成绮丽的大理风光，是旅游探险和科学考察的理想之地。洱海古称叶榆泽、洱河、昆弥川。位于云南省大理市北。它因两头窄，中间宽，略弯曲，形似人耳，风浪大如海，故得名。西汉时，武帝遣使从西南通西域，为该地区的民族所阻，故凿昆明池于长安，以习水战。唐宋时，此地为云南地方政权南诏、大理国政治、经济、文化中心，至今仍保存有很多文物古迹，如湖中金梭岛上的南诏避暑宫遗址、西岸的太和遗址、崇圣寺三塔、阳苴咩城遗址等。洱海北起洱源，南至下关，长40公里，东西平均宽7公里~8公里，面积246平方公里，海拔1980米。水产以弓鱼最著。湖水澄澈荡漾，一碧万顷，白帆点点，渔舟唱晚，内有三岛、四洲、五湖、九曲之胜。邮票主图是洱海东岸的小普陀，这是一个石灰岩小岛，高出水面约30米，面积约800平方米，玲珑剔透，石崖错落，窍穴贯通，始建于明崇祯年间的观音阁立于巨岩之上，远望酷似天然盆景。画面上，明镜般的洱海和终年积雪的苍山相辉映，"玉洱银苍"名副其实，油然与古人的赞美产生强烈共鸣："苍山不墨千秋画，洱海无弦万古琴。"

【大理风光——崇圣寺三塔】2000—8·(4—2)T

面值80分，票幅规格50毫米×30毫米，发行量3148.00万枚。图案展现了大理崇圣寺三塔的雄伟气势。崇圣寺三塔是我国享誉世界的古塔群之一，1961年被列为首批国家级重点文物保护单位，是大理白族的标志。画面上，苍山之麓，洱海之滨，三座塔鼎足而峙，水中倒影清晰可见，浑然一体，像三支雪白的巨笔直插南天，故又有"三文笔"之称。崇圣寺三塔虽然经历了一千多年的风雨侵蚀和几次强烈的地震，依旧巍然屹立，充分反映了白族人民高超的审美能力和建筑才能，既是白族文化的象征，也是大理最著名的景观。

有关崇圣三塔的知识，详见新版《中国集邮百科知识》特21《中国古塔建筑艺术》。

【大理风光——鸡足山】2000—8·(4—3)T

面值80分，票幅规格50毫米×30毫米，发行量3148.00万枚。图案描绘了大理鸡足山的自然风貌。鸡足山又名九重岩，位于云南宾川县城西北40公里处洱海东北角的群山之中。因山势背西北面东南，前列三峰犹如三指，后拖一岭酷似一趾，形似鸡足而得名。鸡足山与峨眉山、九华山、普陀山、五台山齐名，是一座在东南亚享有盛誉的佛教圣地和自然风景区。全山南北长7.5公里，东西宽15公里，以天柱峰为最高，海拔3220米。登临其上，可东看日出，南观祥云，西望苍山洱海，北眺玉龙雪山，被徐霞客赞为"一顶而萃天下之四观"。鸡足山的佛教历史已有一千多年，相传是迦叶尊者道场。山上的佛教建筑始于唐,继于宋元,盛于明清。鼎盛时期发展到以祝圣寺为中心的36大寺、72庵,共108寺庵,山上僧尼达五千多人。现存祝圣寺、金顶寺、铜瓦殿、太子阁和楞严塔等。楞严塔始建于明代,原名"光明塔",1927年重建,改名为楞严塔,坐落在天柱峰顶,是我国海拔位置最高的大塔,高44米,为十三层方形密檐式空心砖塔。山上奇峰突起,气势磅礴,百涧争鸣,每年春节前后,旅游者和香客川流不息,登塔四望,极目千里,东观日出,南看群山,西望苍山洱海,北眺玉龙雪山。设计者借用鸟瞰式角度,以苍山洱海为背景,将鸡足山主峰上的楞严塔置于画面中心,左下角绘以郁郁葱葱的林木,生动地展现出了鸡足山这座山、泉、岩、壁、寺庙、森林兼备以佛教文化和森林公园为特色的风景名胜区的自然风貌,令人神往。

【大理风光——石宝山】2000—8·(4—4)T 面值2.80元,票幅规格50毫米×30毫米,发行量1848.00万枚。图案描绘了大理石宝山的壮美姿态。石宝山位于

云南省剑川县。白族地区有句歌谣:"大理有名三塔寺,剑川有名石宝山。"石宝山能够与崇圣寺三塔相提并论,是因为石宝山上有古老的艺术珍品——石窟,是南诏时代留下来的名胜古迹,属国家首批公布的全国重点文物保护单位。石宝山绝壁上凿于唐代的石窟群石刻造像,是我国著名的14个石窟群之一,被誉为"南天瑰宝"。剑川石宝山石窟也称石钟山石窟,位于云南剑川县城西南25公里处。石钟山系石宝山的支峰,因山上有石如钟而得名。石窟群依山开凿,宏伟壮观,共有石钟寺区、狮子关区和沙登村区,计17窟,造像139躯。石钟寺区共有8窟,第一、第二窟雕有南诏王造像,是研究南诏史的重要实物资料,为全窟的重点;第三至第七窟是佛像,雕刻细腻,造型优美,是石窟群中艺术性较高的几处。狮子关区有石窟3处,其一为南诏王全家造像,俗称"全家福";另一为俗称"酒醉鬼"的雕像;第三处在巨石上刻一位深目高鼻的人,旁镌"波斯国人"4字,实为天竺(今印度)僧人。沙登村区有石窟6处,在甲子寺悬崖的缝隙中雕刻的多闻天王和增长天王像,高达2米,威武雄壮。石窟布局紧凑匀称,石刻造型生动,形象逼真,雕刻技巧纯熟,线条细腻,具有非常浓厚的地方民族特色,是云南白族先民创造的石刻艺术宝库。石宝山风景区包括海云居、宝相寺与石窟群3个景区。邮票主图为石宝山支峰石钟山石窟的石钟寺区,画面采用鸟瞰角度,以苍山洱海为背景,生动地展现出了石宝山以石窟寺、寺观、紫红色球状风化龟背岩为特色的景观。

2000—9 塔尔寺(T)

【塔尔寺(T)】Ta'er Lamasery(T) 塔尔寺坐落在青海省湟中县湟水之滨莲花山下,四周由八座平缓的状似八瓣莲花的山峰环抱着。1357年,藏传佛教格鲁派(黄教)创始人宗喀巴大师诞生于此,得名于大金瓦寺内纪念宗喀巴的大银塔。藏历土羊年(公元1379年)建圣塔,藏历金猴年(公元1560年)建寺。先有塔,后有寺,始有"塔尔寺"之称。塔尔寺是格鲁派六大寺院之一(其余五寺为西藏的甘丹寺、色拉寺、哲蚌寺、扎什伦布寺和甘肃省的拉卜楞寺)。整个寺院依山势起伏,高低错落,由大金瓦寺、小金瓦寺、小花寺、大经堂、大厨房、九间殿、大拉浪、如意宝塔、太平塔、菩提塔、过门塔等大小建筑群组成。经历了六百多年的风风雨雨,塔尔寺以其独有的光彩,日渐繁盛,日显辉煌,形成了如今一座占地四十多万平方米,拥有各类殿宇37座、规模宏大的建筑群落。1961年被国务院公布为全国重点文物保护单位。塔尔寺藏语称"衮本",意为十万佛像。整个寺院建筑以宫廷式建筑与平顶式建筑相结合,融藏汉两族艺术风格于一体。以供奉菩提塔的大金瓦殿为中心,以显宗、密宗、医明、时轮四大学院经堂为重点,依山起势,巧妙布局,结构严谨,错落有致,红墙碧瓦,金顶绿树,金碧辉煌,气势雄伟壮观。特别是塔尔寺独具风格的梵宇佛殿,浩如烟海的藏文古籍藏书,琳琅满目的珍贵文物,以及被誉为"塔尔寺艺术三绝"的壁画(唐卡)、堆绣和酥油花等,吸引着数以万计的藏、蒙、土、汉等各族群众,来寺瞻仰朝拜,使之成为荟萃藏族文化的艺术宝库和中外闻名的旅游胜地。

2000年5月5日,为了宣扬中华民族珍贵的文化瑰宝,中华人民共和国国家邮政局发行了一套《塔尔寺(T)》特种邮票,全套4枚。摄影者王虎鸣。王虎鸣设计。胶版。齿孔12度。邮局全张枚数50(5×10)。河南省邮电印刷厂印制。

这套邮票的4枚图案,统一采用斜视微仰的视角,将塔尔寺的四座代表性建筑都表现得颇为雄伟壮观;统一采用鲜艳而浓重的色彩,绘出了塔尔寺处处的金碧辉煌;统一采用湛蓝色的天空为背景,营造出了青藏高原特有的豪迈。

【如意宝塔】2000—9·(4—1)T 面值80分,票幅规格40毫米×30毫米,发行量2854.00万枚。图案

展现了塔尔寺如意宝塔的雄伟形象。这是为纪念佛祖释迦牟尼从诞生到涅槃八件大事,于清乾隆四十一年(公元1776年)精心修建的。

八座塔的造型风格迥异,或圆形,或方形,或六角形。塔座由青砖砌成,四面砖雕花卉和云纹角。第二层四面雕有四尊雪山狮高擎塔体;其上是洁白的瓶形塔身。塔体上部竖立圆锥形的刹杆,分十三层,代表佛教所说的十三天。刹杆顶部装有铜制仰盘、覆盘和日月宝珠组成的顶饰,表示与日月同晖。八座塔由东向西,依次排列为:一"莲聚塔",藏语称八邦,纪念释迦牟尼出生时,步行七步,步步生莲花之意。二"菩提塔",藏语称香趣,纪念释迦牟尼悟道成正觉。三"转法轮塔",也称"四谛塔",藏语称扎西果莽,纪念释迦牟尼初转法轮,宣讲四谛要义。四"降魔塔",也称"神变塔",藏语称穷处,纪念释迦牟尼降伏外道魔怪的种种奇迹。五"天降塔",也称"降凡塔",藏语称拉播,纪念释迦牟尼重返人间超度众生。六"息诤塔",也称"和平塔",藏语称彦敦,纪念释迦牟尼平息僧众争论。七"祝寿塔",也称"胜利塔",藏语称南结,纪念释迦牟尼战胜魔军。八"涅槃塔",藏语称娘德,纪念释迦牟尼圆寂。画面以湛蓝色的天空为背景,采用侧视角度,如意八塔犹如八位高大雄健的勇士,日夜守护着塔尔寺这座莲花山间的宝刹,给平静的梵宇古刹平添了几分生气。

【大金瓦殿】2000—9·(4—2)T 面值80分,票幅规格40毫米×30毫米,发行量2854.00万枚。图案展现了塔尔寺大金瓦殿的雄伟姿态。

大金瓦殿藏语称"赛尔顿",面积近450平方米,是塔尔寺的主殿,也是最早的建筑物。汉式宫殿三檐歇山式建筑,雄伟壮观。相传,西藏佛教格鲁派(黄教)创始人宗喀巴出生时,其母将胞衣埋在大金瓦寺正中即现在的大银塔地下,后来这里生长出一株菩提树,长有十万片叶子,每片叶子上出现狮子吼佛像一尊,其母本着敬爱之心,在此建造一座小塔,后人在小塔的基础上建起了高11米的大银塔,并将以后形成的寺院命名为塔尔寺。该殿后经多次扩建,清康熙五十年(公元1711年),青海蒙古郡王额尔德尼布施黄金1300两,白银1万两,将屋顶改为镏金铜瓦。清乾隆五年(公元1740年),藏王颇罗鼐布施巨款安装了殿脊饰品。殿内塔前陈设金灯、银灯、铜灯、象牙、古瓶等饰品和法器。莲台上有塑、铸、绘画、堆绣的佛像,墙壁、天花板上绘有佛教故事,生动活泼,惟妙惟肖。殿内有清乾隆帝所赐"梵教法幢"匾额一块。殿内珍藏经卷数百卷,其中有大藏经一部。大金瓦殿高三层,下层的碧琉璃砖墙,二层的绿色釉瓦与三层殿顶的铜瓦镏金形成鲜明的色彩对比。设计者采用仰视角度,描绘出了巍然高耸的大金瓦殿,飞檐四展,金顶熠熠,金光四射,灿烂夺目,在蓝天白云的烘托下,瑰丽宏伟,气宇轩昂。

【大经堂】2000—9·(4—3)T 面值80分,票幅规格40毫米×30毫米,发行量2854.00万枚。图案展现了塔尔寺大经堂的外观景象。

大经堂藏语称"从灵多活",位于大金瓦殿正前方,是塔尔寺僧人诵经和进行其他佛事活动的重要场所,兼有经堂和显宗学院的双重功能。藏式平顶建筑,面积1981平方米,面宽13间,进深11间。初建于明万历三十四年(公元1606年),后经几次扩建。原为36根柱子的小经堂,后改建成80根柱子的中型经堂,最后扩建为168根柱子(其中60根在四壁墙内)的大经堂。1913年遭火焚毁,1917年重建。大经堂内矗立的108根大柱子的上部,都雕有优美的图案花饰,外裹彩色毛毯,并缀以各色刺绣飘带、幢、幡等。经堂内悬挂用各种绸缎剪堆、堆绣的多种佛像、佛教故事图与宗教生活图,并悬挂各种壁画(卷轴画),做工精细,生动别致,达到了高度的艺术水平。经堂内设长条禅坐,上铺五彩条毯,可供两千多喇嘛集体诵经之用。数以百计的经卷存放在四壁的经架上;上千尊小巧精制的铜质镏金佛像置于四壁的神龛中。二楼系四合院建筑。屋顶安放各式高大的镏金经幢、刹式宝瓶、倒钟、宝塔、法轮、金鹿等,把大经堂装饰得金碧辉煌,光彩夺目,与大金瓦殿交相辉映。大经堂前面的欠拉院,系二层藏式建筑,壁画庄严、细腻、优美、大方。大经堂下设四大扎仓(学院):一参尼扎仓(显宗学院),明万历四十年(公元1612年)成立,成立最早,规模最大,既是研究显宗教义的学经部门,也研究内明(阐明佛教自身之学);二居巴扎仓(密宗学院),清顺治六年(1649年)成立,既是研究密宗教义的部门,也研究因明(相当于逻辑学);三丁科扎仓(时轮学院),清嘉庆二十二年(1817年)成立,既是研究天文、历算、占卜的学经部门,也研究工巧明（工艺历算之学）；四曼巴扎仓（医学院），清康熙五十年（1711年）成立，既是研究医药治病的部门，也研究医方明（药石、针灸、禁咒等治疗之学）。大经堂是参尼扎仓的经堂，也是四个扎仓全体喇嘛聚会念经的大礼堂。画面以蓝天白云为背景，采用侧视角度，展现出了大经堂这座塔尔寺中最亮丽的景观。

【班禅行宫】2000—9·(4—4) T　面值2.80元，票幅规格40毫米×30毫米，发行量1804.00万枚。图案展现了班禅行宫的外观景象。班禅行宫是塔尔寺的护法神殿，又称"大拉浪"，"拉浪"即活佛居住的地方。

藏语也称"扎喜抗赛"，是一座由上中下左右五所院落和五华门、牌坊等组成的藏汉结合的建筑群。清顺治七年（公元1650年）建成。建筑面积近两千平方米。达赖、班禅都曾在此居住过。这组建筑群体布局因地制宜，高低错落有致，房舍大小各异，轮廓极为鲜明，空间构成非常丰富。特别是屋顶形式和各种装饰，多姿多彩，给人提供了充分的遐想空间和美的艺术享受。班禅行宫坐落于西山的半山腰处，驻足宫前远眺，塔尔寺全景尽收眼底。画面以蓝天白云为背景，采用正面平视角度，生动地描绘出了班禅行宫的丰富色彩和壮美气势，令人神往。

2000—10 革命终身伴侣百年诞辰（J）

【革命终身伴侣百年诞辰（J）】100th Birthday of a Revolutionary Cuple（J）　已故的党和国家领导人李富春与蔡畅，是我们党内一对令人敬佩的模范夫妻，生前大家都亲切地称呼他们为"大哥"、"大姐"。李富春和蔡畅夫妻的一生中有许多令人惊奇的相同经历：他们都出生于1900年5月，都是湖南人，青年时代都于1911年赴法国勤工俭学，1913年同在法国参加了中国共产党。共同的理想和追求，使他们相恋相爱，并于1923年结为终身伴侣。李富春性格开朗，胸襟坦荡，谈吐幽默。蔡畅正直刚毅，热情豪放，举止高雅。他们可谓珠联璧合，姻缘美满。新中国成立后，李富春任中央政治局委员、常委和国务院副总理兼国家计委主任；蔡畅连任几届全国妇联主任。在事业上，他们始终相互支持，相互尊重，配合默契。有几年，李富春分工主管全国妇联工作，他经常与蔡畅切磋研究妇女儿童问题，在一些重大问题上提建议，出主意。他们夫妇之间虽然亲密无间，但他们严格遵守党的纪律，保守党的机密，互不插手对方工作，干预彼此行动。如国务院几位副总理和计委的领导同志经常到他们家商讨工作，这些领导和蔡畅也都是老相识，见面时总是无拘无束地交谈，开玩笑，但到开会时，蔡畅便自觉回避了。他们经常结伴到各地，深入工厂、农村、街道、重点项目基地，进行深入细致的调查研究，以便向中央反映新情况。李富春和蔡畅这对伉俪始终相伴相亲相爱，相濡以沫，生活十分和谐幸福。在长期的革命战争环境中，李富春养成了夜间工作的习惯，几乎每天都要忙到凌晨两三点才能休息。蔡畅的工作和生活比较有规律，早起早睡，白天办公。因此，夫妇俩每天见面交谈的时间很有限，但他们都习以为常，互不干扰。后来，李富春怕妨碍蔡畅夜间休息，就睡在办公室里，互不影响。李富春工作繁忙，家务事从来不厌操心，全由蔡畅"包办"。但他工作再忙，每逢"三八"节和蔡畅的生日，总忘不了买把鲜花送给她，和她拥抱亲吻表示祝贺，这是他们在法国养成的习惯，几十年一直保持下来。李富春晚年患有牙病，身体又弱，蔡畅为他的起居饮食十分操心，常常亲自和厨师商量菜谱，给他调剂适合胃口又富有营养的饭菜。每当饭桌上摆着一盘烧得烂烂的香喷喷的红烧肉或红烧猪蹄时，李富春就像孩子般眉开眼笑，吃得有滋有味。"文化大革命"期间，他们被剥夺了工作的权利，只能在家苦度岁月。李富春为了排除郁闷和病痛，每天埋头抽烟。蔡畅和医生多次劝他不听，只好"查抄"他所有的香烟，每天只发他几支。进入老年后，他们常常结伴到户外散步，活动筋骨，这是他们平生少有的一段清闲日子，难得如此终日厮守在一起，苦中寻乐。蔡畅70岁以后患了眼疾，视力锐减，影响了她读书看报。李富春不仅温言宽慰，劝她安心治疗，而且亲自给她念文件，选读报刊文章，陪她收听电视新闻，议论当前大事。当蔡畅上床休息时，他总要坐在床边和她聊天，直到蔡畅再三催他休息，他才和她吻过，回到自己的书房去。李富春逝世前曾恳切地对蔡畅身边的工作人员说："希望你们帮我好生照顾大姐，我会永远感激你们的。"这是李富春生前给工作人员留下的唯一遗愿。半个多世纪以来，李富春和蔡畅始终为中国革命和社会主义建设并肩奋斗，患难与共，而他们之间的情爱，也磨炼得更加深沉真挚，永葆着青春光彩。他们的高尚品质，美好情操，永远珍藏在后人的记忆中，使人无限钦慕、怀念。

2000年5月22日，为了表达人民对李富春和蔡畅夫妇的深切怀念，中华人民共和国国家邮政局发行了一套《革命终身伴侣百年诞辰（J）》纪念邮票，全套1枚。摄影者佚名。袁元、云舟设计。胶版。齿孔12度。邮

【革命终身伴侣百年诞辰】2000—10·(1—1)J

面值80分,票幅规格40毫米×30毫米,发行量3148.50万枚。图案以漫天的霞光为背景,展现了李富春和蔡畅夫妇的半身合影形象。李富春身穿灰色中山装,口袋里插着一支钢笔;蔡畅身穿一件白色绒花毛线衣,他们面带微笑,注视着同一个方向,既表现了他们为了共同理想而奋斗的一生经历,也寓意他们之间情爱生活的美满和谐。

有关中山装的知识,详见新版《中国集邮百科知识》纪120《孙中山诞生一百周年》。

有关钢笔的知识,详见新版《中国集邮百科知识》J·87《郭沫若诞生九十周年》。

2000—11 世纪交替 千年更始——21世纪展望(J)

【世纪交替 千年更始——21世纪展望(J)】Century Alternating, Millennium Beginning: Prospecting the 21st Century(J) 有关世纪的知识,详见本书1999—20《世纪交替 千年更始——20世纪回顾(J)》。自1999年开始,中华人民共和国国家邮政局同世界上许多国家邮政部门一样,陆续发行了以"世纪交替 千年更始"为主题的系列邮票。1999年12月31日发行的1999—20《世纪交替 千年更始——20世纪回顾(J)》纪念邮票,是这一系列邮票中的第一套;2000年6月1日发行的2000—11《世纪交替 千年更始——21世纪展望(J)》纪念邮票,是这一系列邮票中的第二套。迎接新世纪系列邮资凭证的内容,基本确定表现三个时间阶段,即对百年历史、千年历史乃至更长阶段历史的回顾,对世纪交替转折瞬间的纪念,对未来的展望。其中表现对未来的展望比较困难。因为从确保"国家名片"的声誉出发,邮票上只能出现已存在的、已实现的事物,不准表现未知的、未实现的事物,这是邮票选题的基本原则。而用儿童的视角去看未来,以儿童的画笔描绘未来,借鉴儿童的丰富想象力展望未来,则能巧妙地绕过这一矛盾,体现邮票的主题。为此,1998年6月~1999年6月,国家邮政局在全国范围征集作品,以展望新世纪为主题组织6岁~12岁的儿童进行邮票设计竞赛活动。《世纪交替 千年更始——21世纪展望》这套邮票的8枚图案,就是从成千上万幅参赛少年儿童的作品中产生的,它们经过了竞赛活动作品评选委员会和国家邮政局邮票图稿评议委员会等专家组的层层筛选,最终脱颖而出。为发行这套邮票,国家邮政局组织了一次历时一年涉及30个省、自治区、直辖市的大规模全国性竞赛活动,在中国邮票发展史上尚属首创。它不但从根本上突破了邮票图案设计的习惯做法,提高了邮票组稿、设计工作的透明度,也给邮票发行注入了改革理念与社会参与意识。

2000年6月1日,正值国际儿童节之际,中华人民共和国国家邮政局发行了一套《世纪交替 千年更始——21世纪展望(J)》纪念邮票,全套8枚。(8—1)凌俐斐、(8—2)王雨檬、(8—3)李照、(8—4)陈苗、(8—5)秦添、(8—6)王奕人、(8—7)田圆、(8—8)宋志立设计。影写版。齿孔12度。邮局全张枚数16(4×2+4×2)。北京邮票厂印制。

【21世纪展望——奔向新世纪】2000—11·(8—1)J

面值30分,票幅规格50毫米×30毫米,发行量2230.40万枚。图案描绘了少年儿童迎接21世纪的欢乐场面和兴奋心情。画面以明黄色作底衬,巧妙地将跳跃舞动的龙变形成为"2000"字样,寓意2000年为龙年;身穿印有"21"字样的小男孩骑在一条变形为"2"的龙上,身穿花裙子的小女孩站在一条变形为"0"的龙上,他们放声歌唱,奔向21世纪,画面上彩云飘动,一派喜气洋洋的景象。

【21世纪展望——我造大桥通台湾】2000—11·(8—2)J

面值60分,票幅规格50毫米×30毫米,发行量3232.00万枚。图案以淡蓝色作底衬,描绘了一个小女孩坐在电脑前,左手按键,右手移动鼠标,正在聚精会神地建造一座大陆通向台湾的跨海大桥,生动地表达了少年儿童盼望祖国和平统一的美好心愿。

有关电脑的知识,详见新版《中国集邮百科知识》T·18《工农兵上大学》。

【21世纪展望——树上宫殿】2000—11·(8—3)J

面值60分,票幅规格50毫米×30毫米,发行量

3232.00万枚。图案以淡淡的灰色作底衬,描绘了一座建筑在大树上的宫殿。宫殿是一种泛指帝王居住的高大华丽的房屋。画面上的这座宫殿,雄踞于一棵粗壮挺拔的大树上,雄伟、华丽、壮观;宫殿周围是大树扶疏的枝叶,绿油油的。整个画面想象力奇妙,展现出了人类未来美好的居住环境,令人惊叹、令人神往。

【21世纪展望——保护地球】2000—11·(8—4)J

面值80分,票幅规格50毫米×30毫米,发行量3232.00万枚。图案以茫茫宇宙为背景,描绘了一群少年儿童积极宣传保护地球的情景。画面上的地球被打扮成一个头戴花头巾、身穿花裙子的可爱形象,在少年儿童的簇拥下翩翩起舞;少年儿童手举"保护地球"竖标,载歌载舞;宇宙之中的月亮、星星,它们仿佛也被少年儿童的热情所感染,也加入进保护地球的志愿者行列中来了。

【21世纪展望——新世纪的交通】2000—11·(8—5)J

面值80分,票幅规格50毫米×30毫米,发行量3232.00万枚。图案描绘了21世纪交通的壮观景象。画面上公路四通八达,纵横交错;路上奔跑着各种汽车和许多先进的交通工具;既有"通往世界各地的"列车,也有"海下列车站口",生动地展现出了一幅海陆空立体交通的崭新面貌。

【21世纪展望——遨游太空】2000—11·(8—6)J

面值80分,票幅规格50毫米×30毫米,发行量3232.00万枚。图案描绘了少年儿童遨游太空的激动情景。一群黄皮肤、白皮肤、黑皮肤的少年儿童,他们乘坐着一只宇宙飞船,大家聚集在甲板上,观赏着奥妙无穷的宇宙。从表情看,他们有的新奇,有的惊讶,有的兴奋……有的目瞪口呆,有的指指点点,有的欣喜若狂……既体现了世界人民大团结,也说明儿童对未知世界的探索欲望。画面右上角有一颗太阳露出了笑脸,仿佛在热情欢迎从地球上来的小客人,既显示出了太空,也使飞船有了动感,堪称精彩之笔;飞船只在画面上露出半个身躯,仿佛正在向着太阳初升的方向前进,富有想象空间。

有关人类肤色的知识,详见新版《中国集邮百科知识》纪76《"三八"国际劳动妇女节五十周年》。

【21世纪展望——地球变年轻了】2000—11·(8—7)J

面值2.60元,票幅规格50毫米×30毫米,发行量2230.40万枚。图案以蔚蓝色作底衬,描绘出了一幅地球变年轻了的理想景象。在少年儿童的理想中,如果人人都能保护地球,地球上会是一片浓浓的绿色,鸟儿在天上飞,鱼儿在水中游,各种动物自然生存,人与自然和谐相处,地球会像一个活力旺盛的少年,生机勃勃,充满朝气。

【21世纪展望——世界和平】2000—11·(8—8)J

面值2.80元,票幅规格50毫米×30毫米,发行量2230.40万枚。图案以茫茫宇宙为背景,描绘了一群和平鸽展翅飞掠地球的情景,和平鸽的翅羽和尾羽均采用橄榄叶绘制,表达了少年儿童对世界和平的渴望、追求和祝愿。

有关鸽子和橄榄叶象征和平的知识,详见新版《中国集邮百科知识》纪5《保卫世界和平(第一组)》。

2000—12 陈云同志诞生九十五周年(J)

【陈云同志诞生九十五周年(J)】The 95th Anniversary of the Birh of Comrade Chen Yun(J) 陈云于1905年6月13日出生在上海青浦县章练塘镇一个贫苦

农民家庭,自幼失去父母,由从事裁缝的舅父抚养长大。1918 年"五四"运动爆发后,正在家乡读小学的陈云,在进步教师的带领下,参加了罢课游行及演剧宣传等活动;同年 10 月,他小学毕业,因家贫无力继续求学,到上海商务印书馆做学徒,后成为店员,在此有机会接触到许多新事物、新思想。1921 年中国共产党成立,陈云接受共产主义思想,积极投身工人运动。1925 年 8 月,在上海"五卅"运动中,陈云担任商务印书馆发行所职工工会委员长,组织和领导全馆职工举行反帝大罢工,并取得胜利;随后他加入中国共产党,开始了职业革命家生涯。北伐战争时期,陈云参加了上海工人三次武装起义。大革命失败后,他留在上海坚持斗争。1930 年 9 月,陈云被补为中共中央候补委员。1931 年 1 月,他又被补选为中央委员;5 月,任中央特科书记。1932 年 3 月,任中共临时中央常委,全国总工会党团书记。1933 年 1 月,陈云到达江西中央苏区。1934 年 1 月,在中央六届五中全会上被选为中共中央政治局委员、常委,兼任白区工作部部长。1934 年夏,负责领导中央革命根据地的军需生产。红军长征时,陈云任红五军团中央代表,后改任军委纵队政治委员。1935 年 1 月,陈云在遵义会议上积极支持毛泽东的正确主张;6 月,他奉命离开长征队伍,作为中央代表到上海恢复和开展党的秘密工作;9 月,赴莫斯科中共驻共产国际代表团工作。1936 年 12 月,陈云从苏联回国。1937 年 10 月到达延安,开始担任中共中央组织部长达七年之久。1942 年,在延安参加了整风运动。抗战胜利后,陈云受中央派遣赴东北工作,先后担任中共中央东北局委员、北满分局书记、东北局副书记兼东北民主联军政委等职,积极领导了我党与国民党争夺东北的斗争。1949 年 5 月,陈云调入北平(今北京)。中华人民共和国成立后,任中央人民政府委员、政务院副总理兼中央财政经济委员会主任、重工业部部长,成为新中国经济建设的主要领导人之一。"文化大革命"期间,陈云受到错误的批判,一度被下放到江西。粉碎"四人帮"后,陈云郑重提出和坚决支持让邓小平同志重新参加党中央领导工作;积极支持关于真理标准问题的讨论;率先提出平反历史上的冤、假、错案,对于纠正当时党内存在的"左"的错误起到了非常重要的作用。1978 年 12 月,在党的十届三中全会上,陈云重新当选为中共中央政治局委员、中央委员会副主席,并被选为中央纪律检查委员会第一书记。1987 年中共十三大以后,陈云因年事已高,退出了领导第一线,担任中央顾问委员会主任,仍不断就重大的政治、经济问题提出中肯的意见。党的十四大以后,陈云开始过着离休生活,但仍时刻关心国内外大事。1995 年 4 月 11 日,陈云因病在北京逝世。陈云的一生是伟大的一生,他在七十多年的革命生涯中,为中国新民主主义革命和社会主义革命的胜利,为中国社会主义建设事业的发展建立了不可磨灭的功勋。他的光辉业绩和崇高风范永远值得人们景仰和怀念。

2000 年 6 月 13 日,为了表达对陈云同志的深切怀念之情,中华人民共和国国家邮政局发行了一套《陈云同志诞生九十五周年(J)》纪念邮票,全套 4 枚。原作者陈逸飞。王虎鸣设计。影写版。齿孔 13 度。邮局全张枚数(4—1)(4—4)40(5×8),(4—2)(4—3)40(8×5)。北京邮票厂印制。

【五卅运动中的陈云】2000—12·(4—1)J 面值 80 分,票幅规格 40 毫米×30 毫米,发行量 2677.60 万枚。图案选用了陈云在五卅运动中的一幅画像。

1921 年中国共产党成立,党领导下的工人运动在各地蓬勃发展。1925 年 1 月中国共产党第四次全国代表大会后,群众运动蓬勃发展,上海、青岛等地的日本纱厂工人先后举行大规模罢工,遭到日本帝国主义和北洋军阀的镇压。5 月 15 日,上海日本纱厂资本家枪杀工人顾正红(共产党员),打伤工人十多人,激起全市工人、学生和市民的愤怒。5 月 28 日,中共中央决定进一步动员群众开展反对帝国主义的政治斗争。5 月 30 日,上海学生两千多人在租界内宣传声援工人,号召收回租界,却被英国帝国主义逮捕一百多人;随后,群众万余人,集中在公共租界南京路巡捕房门首,要求释放被捕者,高呼"打倒帝国主义"等口号,英国巡捕开枪屠杀,群众死十多人,伤无数,造成"五卅"惨案。中共中央立即号召全上海人民罢工、罢课、罢市,抗议英帝国主义的大屠杀。1925 年 6 月 1 日,在共产党人蔡和森、李立三、刘少奇等的领导下,上海总工会宣告成立,同时举行了二十多万工人的总同盟罢工、五万多学生的罢课,绝大部分商人也在工人、学生的影响推动下举行了罢市。6 月 7 日,由上海总工会、全国学生联合会、上海学生联合会和各马路商界总联合会推代表组成"工商学联合委员会",提出了惩凶、取消领事裁判权、撤退英、日驻军等 17 项交涉条件。北京、南京、汉口、广州、长沙、青岛、天津、重庆、海丰、陆丰等近五百个城镇人民,纷纷起来举行游行示威、罢工、罢课、罢市以及通电、捐款等表示坚决支持,形成全国规模的反帝怒潮,并得到国际工人阶级的支援。在帝国主义和买办资产阶级的威胁利诱下,民族资产阶级动摇妥协,6月26日,上海总商会和各马路商界总联合会单独宣布停止罢市,破坏了反帝统一战线,工人罢工坚持了三个多月,最后为了保存力量和巩固已得到的胜利,8月中旬开始复工。"五卅"运动严重打击了帝国主义,大大提高了中国人民的觉悟,揭开了大革命高潮的序幕。1919年10月,陈云小学毕业后,因家贫无力继续求学,到上海商务印书馆做学徒,后成为店员,并有机会接触到许多新事物,特别是接受了共产主义思想。在"五卅"运动中,陈云积极投身工人运动,1925年8月,他担任商务印书馆发行所职工工会委员长,组织和领导全馆职工举行反帝大罢工,并取得胜利。随后,他加入了中国共产党,开始了职业革命家生涯。画面上青年时期的陈云形象,身穿当时工农群众穿的白布大褂,风华正茂,意气风发,眉宇间洋溢着一种忧国忧民、血气方刚的豪气。

【陈云在延安】2000—12·(4—2)J　面值80分,

票幅规格30毫米×40毫米,发行量2745.60万枚。图案选用了陈云在延安时期的一幅画像。1936年12月,陈云从苏联回国。1937年10月到达延安,自此担任中共中央组织部长长达七年。当时,大批革命青年奔赴陕甘宁边区和其他革命根据地,党的力量处于发展阶段。陈云用了很大精力从事党的建设,先后发表了许多篇重要著作,总结出一系列有关党的组织建设、干部政策、领导方法、党员教育、群众工作以及秘密工作等方面的原则,从理论到实践均有重大建树。选拔干部"德才兼备、以德为主"的标准,就是陈云在这一时期首先提出来的。在1942年开始的延安整风运动期间,陈云是以毛泽东为主任的中央总学习委员会成员之一。他总结过去成功与失败的经验教训,提出领导者指导工作应采取"不唯上、不唯书、只唯实"的科学态度,为提高全党的马列主义水平做出了贡献。1944年3月,陈云任中共中央西北局委员、西北财经办事处副主任兼政治部主任,主持陕甘宁边区的财政经济工作。在当时十分困难的情况下,他卓有成效地执行了毛泽东提出的"发展经济,保障供给"的总方针。1945年4月~6月,陈云出席了在延安召开的中共七大,在七届一中全会上当选为中央政治局委员;同年8月,任中央书记处候补书记。画面以延安窑洞为背景,陈云身穿当时延安特定的土布灰色干部服,双臂自然背后,虽然面部消瘦,但目光锐利,充满了自信和干练,表现出了一个中国共产党人所具有的革命智慧和性格魅力。

【建国初期的陈云】2000—12·(4—3)J　面值80

分,票幅规格30毫米×40毫米,发行量1745.60万枚。图案选用了陈云在建国初期的一幅画像。1949年5月,陈云调入北平(今北京)。中华人民共和国成立后,任中央人民政府委员、政务院副总理兼中央财政经济委员会主任、重工业部部长,成为新中国经济建设的主要领导人之一。旧中国留下一个千疮百孔的烂摊子,当时全国各地经济秩序混乱,通货膨胀如脱缰的野马。为了医治战争创伤,尽快恢复正常秩序,在中共中央的正确领导和人民群众的大力支持下,陈云和有关同志一起,呕心沥血,夜以继日地辛勤工作,创造了许多切实有力的办法,克服了无数困难和障碍。特别是1949年4月~1950年2月,陈云巧妙地根据不同情况,分别运用政治和经济的方法,一举击垮了上海不法资本家掀起的四次哄抬物价的风潮,迅速稳定了全国市场,仅用了三年时间,我国国民经济就走上了正轨,因此,他不仅受到毛泽东主席的高度赞赏,也被全党公认为我党最出色的经济专家。陈云主持制定了我国发展国民经济的第一个五年计划,并为它的组织实施倾注了大量心血。"一五"计划初步奠定了我国社会主义工业化的基础,是我国编制和执行得非常成功、效率很高的经济建设计划。1956年,我国工农业生产分别达到或超过历史最好水平。1956年9月,在中央八届一中全会上,陈云当选为中共中央副主席。1957年1月,任中央经济工作五人小组组长,主持领导全国经济工作。从1958年开始,党在经济工作的指导方针发生了以"大跃进"和人民公社化运动为主要标志的"左"的错误,随之而来的是三年经济困难时期。陈云是较早发现问题并提出不同意见的人之一。1962年4月,陈云重新出任中央财经小组组长,在毛泽东支持下,同刘少奇、周恩来、邓小平等人一起,为克服"大跃进"和人民公社化运动带来的消极后果,采取了一系列正确的政策和果断的措施,扭转了当时极为困难的经济局面,不到三年时间,我国国民经济就有效地得到恢复并重新出现欣欣向荣的景象。陈云在这一历史阶段的突出贡献,得到了全党和全国人民的公认。画面上的陈云身穿深黑色干部服,习惯地双臂后背,面部表情显得深沉厚重,老练成熟,仿佛正在思考着新中国成立初期严重的经济形势,既流露出了几分忧虑,又充满了坚定的自信,展现出了高层领导人特有的气质和风度,令人起敬。

【陈云在新的历史时期】2000—12·(4—4)J

面值2.80元,票幅规格40毫米×30毫米,发行量1745.60万枚。图案选用了陈云在新的历史时期的一幅画像。1978年12月,在党的十一届三中全会上,陈云重新当选为中共中央政治局常委、中央委员会副主席,并被选为中央纪律检查委员会第一书记。陈云重新工作后,作为以邓小平同志为核心的第二代中央领导集体成员、党和国家的主要决策人之一,同中央领导集团的其他同志一道,为带领全党同志进行思想路线、政治路线和组织路线的拨乱反正,为制定和执行以经济建设为中心、坚持四项基本原则、坚持改革开放的基本路线,为正确解决新中国成立以来的许多历史遗留问题和现实生活中出现的新问题,成功开创我国社会主义事业发展的新时期,做出了重大贡献。陈云一贯坚持经济建设规模必须与国力相适应,人民生活和国家建设必须兼顾,制订经济计划必须做好财政支出、银行信贷、物资供需和外汇收支的综合平衡,以保证国民经济按比例发展的主张。他非常关心农业生产,经常提醒大家:"无农不稳"、"无粮则乱";高度重视党风建设,严肃提出执政党的党风问题是有关党的生死存亡的问题;十分重视青年干部的选拔和培养,认为这是一项决定党和国家前途的战略任务;他还认为新时期的干部应具有较高的文化修养、专业知识和管理经验。这些,后来都成为全党的共识。画面上的陈云形象,原照拍摄于1985年9月23日在北京人民大会堂举行的中国共产党全国代表会议上,他身穿灰色中山装,仿佛是坐在自己的办公室里,正在阐述对我国社会主义事业发展新时期出现的新问题的见解。他面带微笑,精神焕发,既表现出了一种老骥伏枥的革命激情,也有对我国社会主义建设事业实行改革开放所取得的成绩的喜悦和欣慰。

有关中山装的知识,详见新版《中国集邮百科知识》纪120《孙中山诞生一百周年》。

2000—13 盉壶和马奶壶（中国—哈萨克斯坦联合发行）(T)

【盉壶和马奶壶(中国—哈萨克斯坦联合发行)(T)】Hehu Kettle and Mare's Milk Kettle (Jointly Issued by China and Kazakhstan)(T)　有关中国名称的知识,详见本书1996—8《古代建筑(中圣联合发行)(T)》。哈萨克斯坦共和国地处中亚,是中国的友好邻邦。主要民族为哈萨克人,信仰伊斯兰教逊尼派。1465年始建哈萨克汗国,1822年被沙俄吞并,受殖民统治。1917年苏联十月社会主义革命后,1918年初哈境内建立了苏维埃政权,1930年作为同盟共和国成为苏联15个加盟共和国之一。1991年苏联解体后,1991年12月12日改称哈萨克斯坦共和国,同年12月16日宣布独立。国民经济以农业为主。1992年1月3日,哈萨克斯坦共和国和我国建立正式外交关系。

2000年6月28日,为了增进中国和哈萨克斯坦共和国的友谊,中华人民共和国国家邮政局和哈萨克斯坦共和国邮政部门联合发行了一套《盉壶和马奶壶(中国—哈萨克斯坦联合发行)(T)》特种邮票,全套2枚。王虎鸣(中国)、拉·斯柳萨列娃(哈萨克斯坦)设计。胶版。齿孔12.5度。邮局全张枚数20(5×4)。北京邮票厂印制。

这套邮票采用2枚连印,寓意中国和哈萨克斯坦共和国之间的亲密友谊。(2—1)以我国宋代名画《碾茶图》为底衬,(2—2)以哈萨克斯坦的一幅"马匹奔走"的古老岩画为背景,这种虚实结合,将物体器皿与地域环境、场景融为一体,互为补充和照应,设计巧妙,具有较好的观赏效果和艺术感染力,不仅深化了主题,同时也丰富了画面。

【盉壶】2000—13·(2—1)T

面值80分,票幅规格40毫米×30毫米,发行量2798.00万枚。图案选用了中国的一件青花瓷盉(hé)壶。盉是盉壶的简称,是我国古代一种常用的酒器,也用于裸祭的灌器,故又称"灌尊"。其形状颇像今天的茶壶,圆口深腹,敞口有盖,有喙从口下出,三足或四足,有鋬。盉一般用于和水于酒,然后倾入爵、觚、觯中以饮,也可用于温酒,在商代后期和西周前期盛行。壶形的盉最早出土于山东龙山文化(公元前3000年~前2100年),商代已出现壶形的铜盉和陶盉,西周更为盛行,至东周时盉又演变成有提梁的铜盉。商代和战国时出现了仿铜盉,作为随葬的冥器使用。邮票图案上的这件盉壶,为清朝乾隆时期的青花折枝莲八吉祥盉,属国家一级保护文物。青花瓷是白地青花瓷器的专称,江西景德镇是青花瓷的代表。清乾隆时期的青花瓷颜色以蓝色为主。此壶高21.3厘米,重1370克。敞口,圆腹,直流,曲柄,腹下呈四柱状足;腹部饰有法轮、法螺、宝伞、宝幢、莲花、宝瓶、金鱼、盘长结等佛家常用的象征吉祥的八件宝物图案,即八吉祥纹;盖、颈、流、把及足上饰折枝莲纹样,通体似祥云覆盖,瑞气无限;底部有大清乾隆年制青花篆书图章款。盉壶来源于西藏自治区拉萨市的罗布林卡库藏,现藏于西藏博物馆。画面中的盉壶以正蓝色为主,明快清晰,层次细腻,瓷器的质感很强,立体感也很强,完全符合中国清乾隆时期青花瓷的特点,主题形象极为生动地跃然纸上;底衬采用宋代名画《碾茶图》,使其与我国古代茶、酒(饮食)文化密切联系起来,既与主图青花瓷盉壶相得益彰,也表现出了我国茶文化的悠久历史。

《碾茶图》为南宋画家刘松年的作品,现藏中国台北故宫博物院。唐宋人饮用的茶多为饼茶,而饼茶饮用十分复杂,饮用前需要将茶饼碾成粉末再行烹煮,这幅作品形象生动地再现了唐宋时饼茶饮用前碾茶的工序。画面是横向展开,分为左右两个部分。左边画有二人,右边画有三人。画面左边右上角是几枝高大的芭蕉树,树下置一高脚方桌,方桌旁边站一仆役,他一手执"茶瓶"正注汤于"茶瓯"之中,茶瓯边放着点茶用的"茶筅",另一只手持"茶盏",桌上离仆役较远的一边放着高高摞起的茶盏及其他茶具。方桌的正前方是用方凳支起的茶炉,与方桌齐高。茶炉上是一椭圆形的茶壶。仆役的身后是贮茶的"茶瓮",与仆役身高齐平,圆肚,上覆一防潮箬叶。画面的左下角为一坐于矮几上的仆役,正在转动碾磨。画面的右侧部分有三个人,他们皆围绕一案而坐。其中位于画面最右侧的是一僧人,他伏案执笔,有一人坐其旁,另一人与僧相对而坐,似在观赏等待僧人的大作。画面上两仆役与文人高僧平分秋色,各居一半,可见碾茶煮茶的茶事活动与文人的笔墨生活已融为一体,成为文人生活中不可或缺的一个部分。

【马奶壶】2000—13·(2—2)T 面值80分,票幅规格40毫米×30毫米,发行量1808.00万枚。图案选用了哈萨克人在旅行时使用的、用于存放马奶的皮制民间实用工艺品马奶壶。哈萨克斯坦共和国44%为哈萨克族。哈萨克族过着传统的逐草而居的游牧生活,饮食习惯以肉食和奶食为主。奶制品多种多样,如酥油、奶皮子、奶酪等。马奶子是著名的传统饮料。制作方法:将鲜马奶贮于革器内搅撞数日,待微酸而膻时便可饮用。马奶子具有滋补强身、舒筋活血、补胃消食、治疗腹泻和水肿等功效,加之久存不坏,是牧民外出放牧时必备的食物,故有"圣洁的饮料"之称。若有贵宾来访,主人都要献出马奶子,以表诚意。马奶壶是不可或缺的盛器。通常用皮革、金属或陶瓷制成。皮制马奶壶为船锚形,由两片皮子缝制而成;窄长颈,颈上有两个用于系提绳的三角形耳子,软木壶塞。器皿表面有压出的装饰花纹,具有兽形图案,瓶口处可见几何图形。马奶壶侧面中心处装饰有一种对称的具有久远历史渊源的传说的哈萨克图案,象征世界四个方向的羊角形花纹。皮制品的制作工艺非常复杂,要从反面压制,才能在湿皮革表面压出深刻的痕迹。皮制马奶壶拴在马鞍上,打不破,摔不坏,对哈萨克人的游牧生活方式非常方便适用。画面上的马奶壶皮革质感和立体感很好;底衬采用了一幅哈萨克斯坦古老的以马为图案的"马匹奔走"岩画,岩画上的群马形象栩栩如生,既点明了马奶壶的实际用途,也昭示了哈萨克人传统的生活特征。

2000—14 崂山(T)

【崂山(T)】Laoshan Mountain(T) 崂山古称劳山、牢山,亦名辅唐山、鳌山。据《山海经》记载:"泰邪在今泊州府,其东北有山,盖劳山也。劳山在海间,一曰'劳山'。""崂"字最早见于《南史》,明末黄宗昌编《崂山志》后,崂山一名便沿袭至今。坐落在山东半岛西南,青岛市区东北部,绵亘于崂山县境内,面积446平方公里,其中风景区面积161平方公里,绕山海岸线87.3公里,主峰"巨峰"海拔1133米。成山于太古代,山体为灰黑色花岗岩,山势东峻西坦。主峰巨峰俗称崂顶,居崂山中部。东临崂山湾,南濒黄海,海山相连,水气返光,变幻无穷。《齐记》有这样的赞语:"泰山虽云高,不如东海崂。"自古称"神仙之宅,灵异之府"。据史书记载,秦皇汉武为寻求仙药,曾先后登临崂山,唐玄宗也派王旻、李华周进山炼药,并将崂山易名辅唐山。宋元以来,寺观次第兴建,遂成道教名山,现存上清宫、下清宫、太平宫、华楼宫等,皆石壁瓦舍,简朴无华,具有道家渊冲恬淡的色彩。道士邱处机、刘志坚、张三丰等均曾在崂山修道。文徵明、顾炎武、王士禛、高凤翰、康有为等明清文士亦慕名而至,多有吟咏题刻。唐代大诗人李白留下了"我昔东海上,崂山餐紫霞"的千古名句。大文学家蒲松龄《聊斋志异》中的《香玉》、《崂山道士》等篇,对崂山景物的生动描写,使崂山盛名远播。崂山奇峰凌云,峭壁倚天,山中竹树繁茂,浓郁蔽日,且多清泉、古洞、危岩、怪石,有狮子峰、老僧峰、骆驼头、梳洗台、锦屏岩、翠屏岩、碧落岩、飞来石、明霞洞、犹龙洞、神水泉等胜迹。源出巨峰之阴的白沙河流经岩壑峡谷,形成九曲连环、幽深清邃的九水风光。其中龙潭瀑、潮音瀑、靛缸湾尤为壮观。崂山花岗岩石坚固美丽,适于建筑;矿泉水质优良,驰名中外。崂山地处暖温带,由于受海洋气候影响,温暖湿润,突出表现为"春凉回暖晚,夏温热雨多,秋爽降温迟,冬暖少雨雪"的气候特征。苏轼有"快意雄风海上来"的诗句,崂山实为避暑、游览之胜地。1979年7月30日,邓小平去崂山时,发现刚对游客开放的崂山,设施和条件尚不完善,甚至连当地人都难以畅游,他面对那里的参天古树,十分感慨地说:"这个地方很好,就凭这几棵大的古树,就可招引很多人,有条件安排开放,发展旅游事业。现在崂山这个状况,搞旅游显然不够条件,尤其是连道路都没有修好。"自此,崂山开始全面发展,旅游资源得到了充分的开发利用。1982年,面积446平方公里的崂山景区被国务院公布为首批全国44个风景名胜区之一,以"海上名山第一"著称。1992年,国家林业部又批准崂山为国家森林公园。

2000年7月15日,为了展现中华山川的壮美风光,中华人民共和国国家邮政局发行了一套《崂山(T)》特种邮票,全套4枚。杨文清设计。影写版。齿孔12度。邮局全张枚数40(4×10)。北京邮票厂印制。

【巨峰】2000—14·(4—1)T 面值80分,票幅规格50毫米×30毫米,发行量3297.90万枚。

图案描绘了崂山主峰巨峰的壮观景象。巨峰又称崂顶,在崂山中部,海拔1133米,是我国沿海诸山中最高的一座,面积7.4平方公里。周围有灵旗峰、美人峰、小巨峰、柱后高等,百怪嵯峨,形如剑戟。极顶小石坪,方约数尺,仅容2人~3人,周围有铁栏防护。登临其上远眺,晴日碧波万顷的黄海,如珠似玉的海岛,繁华的青岛市区,以及胶州湾、薛家岛等数百里河曲田绿的景象尽收眼底。此处可观日出,谓之"巨峰旭照"。"崂山胜景上万千,巨峰旭日称甲观。"邮票图案采用远眺的大视角,将巨峰置于票面主要位置,以群山衬之,近、中、远景层次分明,展现出了崂山巨峰群峰竞秀,山峦起伏,山林茂密,壮观盎然的春季景象,令人向往。

【仰口湾】2000—14·(4—2)T 面值80分,票幅规格50毫米×30毫米,发行量3297.90万枚。图案描绘了崂山仰口湾的美丽景色。因位于崂山东麓,面临大海,故谓之"湾"。仰口湾位于崂山东部,面积22.5平方公里。主要游览区有太平宫、犹龙洞、白云洞、关帝庙等道教人文景观和上苑山、狮子峰、觅天洞、仰口雕龙矶、

峰山岬角等自然风光。仰口海滩宽阔平展,沙质优良,海水澄碧,是理想的海水浴场。半月形宽阔的沙滩上,有一种花纹龟裂,质坚细腻,具有翠绿或黛绿色彩的"崂山绿石",故这一带沙滩得名"绿石滩"。这里还是观日出的好地方,站在狮子峰巅,可以欣赏到"狮峰宾日"奇观。邮票图案采用俯视角度,将嶙峋的山石、平缓的沙滩和宽阔的大海尽收眼帘;黄色的山岩,绿滩碧海及点点白帆,展现出了崂山仰口湾的夏日景象,得天独厚,仿佛透出一丝清凉之气,沁人心脾。

【北九水】2000—14·(4—3)T

面值80分,票幅规格50毫米×30毫米,发行量3297.90万枚。图案描绘了崂山北九水的自然景色。"水"是指由泉水形成的涧溪,因峭壁挡路在一转弯处就汇成一个水潭,也就是"水","九水"就是九折九潭。九水在崂山白沙河上游。白沙河源出崂顶北麓,河水经山脚而折流,凡九折;人行河畔小路,转折处须涉水而过,亦九涉;每涉一次为一水,古称九水。九水又分内九水、外九水和南九水三路。内九水和外九水合称北九水,位于崂山中部,面积20.7平方公里。自北九水疗养院到鱼鳞瀑为内九水,全长3公里,鱼鳞瀑因河水遇断崖跌落,浪花状如鱼鳞而得名;又因其声如潮,亦名潮音瀑。瀑布三折而下,注入二潭。上潭较小,深约4米~7米,口缘若缸,水靛蓝色,称靛缸湾。下潭较大,周围约三十多米,旁有石柱亭,崖上刻叶恭绰题"潮音瀑"三个大字。瀑布西岩顶有观瀑亭。靛缸湾下里许有石门峡,亦名鱼鳞口,俗称"衙门",两岩对峙,中断成门,岩高数十丈,门宽仅3米,水自门中出,人从洞底过,仰视巨岩悬空,摇摇欲坠,惊险万状。大劳东菊湾到北九水疗养院为外九水,全长6.5公里。《胶澳志》云:"两山相夹,下有深潭,沿途山峡奇秀,清流迂回,水作龙吟,石同虎踞,峭壁危岩,触目皆是,音乐图画,兼而有之。"有老僧峰、骆驼峰、鸡爪潭及仙人髻、飞来石、锦屏岩等胜迹。故有俗语云:"不游北九水,不算游崂山。"邮票图案的近景有奇松怪石,流泉淙淙,远处隐约可见飞瀑如练,小亭翼然,刻画细致,层次丰富,展现出

了崂山北九水奇峰怪石、悬崖幽谷、深潭激流、飞泉瀑布融为一体的秋季大自然山水画廊。

【太清宫】2000—14·（4—4）T

面值2.80元，票幅规格50毫米×30毫米，发行量1996.20万枚。图案描绘了崂山太清宫外部景观。太清宫又名下清宫、下宫。坐落在崂山东南蟠桃峰下、崂山湾畔。创建于西汉建元六年（公元前140年）。明万历年间倾圮，憨山和尚于宫前建海印寺，寺旋毁，复建此宫并有所扩展。现存三官殿、三清殿、三皇殿三院。宫中奇花异草，四时不绝。耐冬花开，红艳如火，蒲松龄《聊斋志异·香玉》篇所写红衣降雪，幻为宫中耐冬化身。汉柏、唐榆、宋银杏均历经风霜，至今仍柯干嵯峨，翕郁葱翠。凌霄花盘绕汉柏而上，蜿蜒如龙蛇，名曰"古柏盘龙"。三清殿前碧水一泓，宫中道士名之为神水泉，大旱之年也不涸竭。三皇殿内壁嵌元世祖忽必烈护教文碑及成吉思汗所颁金虎符文。宫后巨石有康有为题刻。宫东道旁有一巨石，高达丈余，上刻"波海参天"四个字，下有"始皇帝二十八年游于此山"小字一行。每当月夜，天风海涛，空明一片，崂山胜景"太清水月"即现于此。太清宫冬无严寒，夏无酷暑，并且遍植古树名花，绿荫环绕，有崂山"小江南"之美誉。邮票图案采用近景角度，刻画出了宫的屋檐、宫旁的柏树和宫前挺拔的汉柏，富有层次和立体感；一层皑皑的白雪，一片深蓝色的海水，生动地展现出了崂山这座海上名山的冬季景观。

2000—14M 崂山（小全张）(T)

【崂山（小全张）(T)】Laoshan Mountain（Miniature Sheet）(T) 2000年7月15日，为了展现中华山川的壮美风光，中华人民共和国国家邮政局发行了一套《崂山(T)》特种邮票，同日发行了1枚小全张。杨文清设计。影写版。齿孔12度。北京邮票厂印制。

【崂山】2000—14M·(1—1)(小全张)T 小全张面值5.20元，售价8元，小全张规格153毫米×82毫米，邮票规格50毫米×30毫米，发行量1803.79万枚。图案按照左上、右上、左下、右下的顺序，将2000—14《崂山(T)》4枚邮票组合在一起，4枚邮票的面值和中文铭记集中在中心的4个内角，英文铭记分散在4个外角，富有一种韵律之美。小全张采用灰黑色的花岗岩作底衬，既揭示了崂山的山体特质，又有一种悠远的沧桑感，相得益彰，耐人寻味。

2000—15 小鲤鱼跳龙门(T)

【小鲤鱼跳龙门(T)】Small Carp Leap Through Dragon Gate(T) 《小鲤鱼跳龙门》是一篇童话作品，由我国著名儿童文学作家金近根据流传于民间的传说加工创作而成。在1957年9月号《人民文学》杂志发表后，相继编入各种儿童读物里，深受小读者们喜爱。1958年，上海美术电影制片厂将其拍摄成动画片，在莫斯科举行的国际影展中获"动画片大奖"，更扩大了作品的影响。《小鲤鱼跳龙门》向人们讲述了一个美丽的故事：山脚下的一座小村庄旁边，有一条淙淙流淌的小河，河边垂柳依依，桃花艳红，蜜蜂飞舞于花丛，燕子在麦田上空掠过，一群小鲤鱼在河里嬉戏，他们不时跃出水面，有条特别勇敢的小鲤鱼还跳过了小桥。鲤鱼奶奶游了过来，说跳桥多危险呀！她叫小鲤鱼们围在她的身边，给他们讲古老的故事。她说："听老一辈的鲤鱼说，在很远很远的大河与大海交界的地方，有座龙门，挺高挺高的……咱们鲤鱼要是能够跳过龙门，就会变成一条大龙，能像云彩一样游到天上去啦！"她叹了一口气，又说，"可是，唉，你们的爷爷，爷爷的爷爷，谁也没有能跳过去……"听了奶奶讲的故事，那条勇敢的小鲤鱼下决心要去跳龙门，他一带头，小伙伴们也都争着要去。他们在一边悄悄商量好以后，就顺着河流游去，一起去寻找龙门。小鲤鱼们拐过河湾，穿过激流，又钻进了芦苇丛，耐着性子不停地向前游着。有条小鲤鱼的尾巴被水草缠住了，螃蟹大叔听说小鲤鱼们要去跳龙门，夸赞他们是好样儿的，便张开大钳子剪掉拦路的水草，替他们开辟航道。小鲤鱼们游过大铁桥，看见了喷着白烟的火车轰隆隆地从桥上开过。这儿的河面更宽，水深流急，有条大鱼领着一群鱼娃娃在靠边游动，大鱼担心小鲤鱼们会被大水冲跑，劝他们快往回游。但小鲤鱼们继续前进，最后来到一座大坝跟前。这儿大概就是龙门了吧？

勇敢的金色小鲤鱼试跳几次,都没有成功。有一次他从空中落下来时被一个大浪头弹得很高,这使他受到启发,有了办法:一条鲤鱼先冲上去,当他要往下落时,另一条鲤鱼立即起跳,把在半空中的鲤鱼往上一顶,将他弹到龙门的那边去。他们用这种"接力跳"的办法,一条顶一条地跳着,终于全部跃过了龙门。啊,龙门的这边,水面宽阔而平静,小鲤鱼们自由自在地游着,互相吐水泡泡玩儿。这里,大坝上红旗迎风飘舞,一排排房屋整齐漂亮,夜晚灯光通明,映照得水面上也像落下了一片亮亮的星星。有只燕子飞过这儿,小鲤鱼们请燕子姐姐捎信给奶奶:"我们跳过龙门啦……"燕子姐姐告诉他们,这儿不叫"龙门",叫"龙门水库"。小鲤鱼们唧唧喳喳地说:"这都一样!反正这儿是好极了!请您转告我们的奶奶,告诉我们的妈妈、爸爸,让他们也都到这儿来吧!""小鲤鱼跳龙门"的传说在我国民间早有流传,金近推陈出新,重新结构故事,用丰富的想象这个古老的传说赋予了新的生命。人格化了的小鲤鱼们,一个个生气勃勃,有理想,有志气,以"龙门"为目标,不屈不挠地奋勇前进。这群鲜明的小鲤鱼艺术形象,实际上就是新中国少年儿童的生动写照,他们对远方美好的世界热切向往和为实现理想而勇往直前的奋斗精神,是一种多么可贵的品质!同时,童话还反映出祖国突飞猛进的建设成就,赞美劳动创造新生活的英雄气概。这篇童话情节生动有趣,语言清新朴实,既有民族特色,又有时代气息,达到了思想性与艺术性的完美统一。

2000年8月8日,为了宣扬中华民族悠久的儿童文学传统,中华人民共和国国家邮政局发行了一套《小鲤鱼跳龙门(T)》特种邮票,全套5枚。宫林、栾伟莉设计。影写版。齿孔12度×12.5度。邮局全张枚数25(5×5),横5枚连印。北京邮票厂印制。

这套邮票的5枚图案,从第1枚到第5枚,设计者让小鲤鱼在画面上的动势有起有伏,形成流动的曲线,小鲤鱼们像是随着水中的波浪不断向前游动,既使整个故事有连贯性,表现了小鲤鱼们对美好理想的向往与追求,也使画面充满了活力。在画面虚实的处理上,以饱满的造型,突出表现了小鲤鱼们可爱的形象;画面没有着意去表现水,而是采用了中国传统艺术中"以虚代实"的手法,以空白代替水,给人留下想象的空间。在形象塑造上,不是对小鲤鱼进行真实的描绘,而是运用拟人化手法,着重表现出了小鲤鱼的活泼与进取精神。线条简练,刚柔相济,特别是夸张了小鲤鱼又圆又亮的眼睛,使它充满了好奇以及对美好未来的憧憬与希望。在色彩运用上,画面以红、黄、紫、青、绿等为基本主色,产生了对比强烈、明快的色彩基调,富有浓郁的民间乡土气息和孩子们的天真童趣。

【鲤鱼奶奶讲故事】2000—15·(5—1)T 面值80分,票幅规格30毫米×40毫米,发行量1875.20万枚。图案描绘了鲤鱼奶奶给小鲤鱼讲故事的情景。她说:"听说在大海和大河交界的地方有一座龙门。那龙门可高啦,要是鲤鱼能跳过那个龙门,就能变成一条大龙,像云彩一样游到天上去。"画面左上角绘有一座耸立在波涛汹涌的大海之上的龙门,在一朵荷花盛开的小河上,有一群小鲤鱼围在鲤鱼奶奶身边,津津有味地听着她讲故事,从小鲤鱼惊奇而兴奋的目光中可以看出,它们对新的世界充满了憧憬和向往,跳龙门已经成了它们的理想,瞧,有的小鲤鱼已经开始行动了。

【小鲤鱼找龙门】2000—15·(5—2)T 面值80分,票幅规格30毫米×40毫米,发行量1875.20万枚。图案描绘了小鲤鱼找龙门的情景。画面上,一条领头的小鲤鱼,带着一群小兄弟,顺着大河游着,一心想要寻找奶奶告诉给它们的那座龙门。游呀,游呀,它们拐过河湾,穿过激流,不知游了多少路,已经累得气喘吁吁,但它们不怕辛苦,依然向前游着,因为它们心中有一个美好的愿望,那就是一定要找到龙门,跳过去!

【螃蟹大叔的帮助】2000—15·(5—3)T 面值80分,票幅规格30毫米×40毫米,发行量1875.20万枚。图案描绘了小鲤鱼们得到螃蟹大叔帮助的情景。小鲤鱼们在寻找龙门的路上,当它们钻进了一片芦苇丛时,有一条小鲤鱼的尾巴不慎被水草缠住了。一位螃蟹大叔听说小鲤鱼们要去跳龙门,不仅夸赞它们有理想,是勇敢的好孩子,而且立即举起自己的大钳子,剪掉拦着的水草,替它们开辟出了一条航道。于是,小鲤鱼们又开始向前游着,继续去寻找龙门了。

【小鲤鱼跳龙门】2000—15·(5—4)T 面值80分,票幅规格30毫米×40毫米,发行量1875.20万枚。图案描绘了小鲤鱼跳龙门的壮观景象。传说中鲤鱼跳

龙门的地方在山西省河津西北和陕西省韩城市东北。传说，很久很久以前，韩城、河津原为一体，龙门山坐落其间。肆虐的洪水淹没了周围大片农田。大禹带领万民疏川浚河，凿开龙门，黄河之水像被驯服的猛兽，冲出龙门，浩荡南去。从此，韩城与河津一水相隔。龙门山黄河古道两侧石崖就像两扇石门，夏商周时称"龙门"，后人为纪念大禹治水的功绩，称它为"禹门"。滔滔河水只能从仅有的120米宽的山缝中流出。在此，黄河之水疯狂咆哮，声震山野，掀起冲天巨浪，卷起万千漩涡，极为壮观，故有"龙门三激浪，平地一声雷"之说。每年三月冰化雪融时，总有数千尾金色鲤鱼从百川诸河游来，汇集龙门之下，鲤鱼群逆流勇上，竞相跳跃，期望能够跃过龙门，成龙升天。但龙门高高在上，无数鲤鱼拼尽全力却都一次次摔伤而退。可有一条小鲤鱼并不气馁，经过无数次的练习跳跃，在一个春暖花开的季节，他终于魔术般地跳过了龙门并化为一条金龙，腾云驾雾，直上九霄。《三秦记》记载："龙门水悬船而行，两旁有山，水路不通，龟鱼集龙门下，数千，不得上，上则为龙。故云'暴鲤点额龙门下'。"北魏郦道元的《水经注》中也说："鳣鲔也，出孔穴，三月则上渡龙门，得渡为龙也。否则，点额而返。"唐代诗人李白也有诗云："黄河三尺鲤，本在孟津居；点额不成龙，归来伴凡鱼。"画面中的小鲤鱼们，经过长途跋涉，历尽千辛万苦，真的看到龙门了！于是，小鲤鱼们开始跳龙门了！你瞧，一条小鲤鱼跳到半空中，另一条小鲤鱼又跳上去，把那条快要落下来的小鲤鱼弹到龙门那边去了。就这样，聪明的小鲤鱼们一条顶一条地都跳过了龙门。画面捕捉住了小鲤鱼们一条顶一条跳过龙门的瞬间形象，既壮观又激动人心，就连天空中的彩云和水中的浪花，仿佛也都在为它们欢呼叫好，庆祝它们跳龙门的胜利。在这套邮票的5枚图案中，只有这幅画面的下方出现了水波纹，上方出现了彩云，有力地衬托出了小鲤鱼跳跃的高度，给读者创造出了广阔的想象空间。

门外边水面宽阔而平静，风景美丽极了！小鲤鱼们自由自在地游着，享受着实现理想后的喜悦。这时，一位燕子大婶来了，小鲤鱼们便请燕子大婶给奶奶捎信儿："我们跳过龙门啦！"

2000—16 深圳经济特区建设(T)

【深圳经济特区建设(T)】Construction of Shenzhen Special Economic Zone(T) 有关深圳经济特区的知识，详见新版《中国集邮百科知识》1994—20《经济特区(J)》。

2000年8月26日，为了展现深圳经济特区20年取得的建设成果，中华人民共和国国家邮政局发行了一套《深圳经济特区建设(T)》特种邮票，全套5枚。于万新、张雪峰设计。胶版。齿孔12度。邮局全张枚数20(5×4)，横5枚连印。辽宁省沈阳邮电印刷厂印制。

这套邮票的5枚图案，最大特点是写实。整套票采用天、海蓝色作基调，用海天一色将5枚邮票自然连成一体，使深圳经济特区建设场景显得更加辉煌壮观。这种鲜见的海天一色的蓝色调子，既代表了深圳临海的地理特征和优良的自然环境，对应了国务院要求深圳建设成现代化的滨海城市这一城市形象，也表现出在国家大力提倡蓝天工程的背景下，深圳经济特区的天更蓝，水更清，树更绿，花更艳，无际的蓝色象征着深圳有着无限广阔的发展前景。在冷色调的蓝色中，图案右下角用深圳经济特区标志雕塑"拓荒牛"剪影及下方长形条代表了深圳这个"拓荒牛"已走过20年的路程，这两个元素采用暖色调的专色金或橘黄色点缀，使画面更加活泼生动。蓝色反白的铭记"中国邮政"和面值"80分"字样，十分醒目，突出了国家名片的基本特征。

有关深圳经济特区标志雕塑"拓荒牛"的知识，详见新版《中国集邮百科知识》1994—20《经济特区(J)》。

【金融中心区】2000—16·(5—1)T 面值80分，

票幅规格 50 毫米×30毫米，发行量1840.23万枚。图案展现出了深圳金融中心区的外观景象。以地王大厦为标志性建筑的蔡屋围地区，是深圳市"含金量"最高的特区。这里地处市区中心，不仅地价高昂，更重要的是在方圆一公里的狭小范围内，竟然集中了深圳市几乎所有的重要金融机构总部：中国人民银行深圳市中心支行，

【燕子大婶捎信】2000—15·(5—5)T 面值80分，票幅规格30毫米×40毫米，发行量1875.20万枚。图案描绘了燕子大婶替小鲤鱼捎喜讯的情景。小鲤鱼跳过了龙门！龙

深圳证券交易所,工、农、中、建四家国有商业银行的驻深总部,还有三家总部设在深圳的商业银行总部,即招商银行、深圳发展银行、深圳市商业银行。深圳经济特区成立20年来,深圳金融业已经形成相对完善的市场机制,成为全国金融品种最齐全、金融服务质量相对较高、金融电子化水平最领先的地区。1999年底,深圳全市金融机构人民币存款余额达2520亿元,贷款余额1850亿元,人均金融资产、人均拥有金融机构网点均居全国第一。作为全国第二个允许外资银行开办人民币业务的试点地区,1999年底,全市外资银行的人民币存贷款余额分别达到7.4亿元和9.7亿元;到2000年4月,深圳已有8家外资银行获准经营此项业务。设计者正是采用了人们最为熟悉的深圳新的标志性建筑地王大厦及周围的人民银行、发展银行、深交所、工商行、建行、农行等建筑群为邮票主图,突出表现了深圳经济特区金融业的兴旺发达。

【中国国际高新技术成果交易会展览中心】2000—16·(5—2)T

面值80分,票幅规格50毫米×30毫米,发行量1840.23万枚。图案展现了深圳中国国际高新技术成果交易会展览中心场馆外观景象。经中华人民共和国国务院批准,由国家对外贸易经济合作部、科学技术部、信息产业部、中国科学院、深圳市人民政府联合主办的中国国际高新技术成果交易会(简称"高交会"),于每年秋季在中国广东省深圳市举办。首届"高交会"于1999年10月5日~10日举行;第二届"高交会"于2000年10月11日~17日举行。这是继中国出口商品交易会(广州)、中国投资贸易洽谈会(厦门)之后,又一个国家级交易盛会。中国国际高新技术成果交易会展览中心是一座大型现代化展览馆,由"高交会"主办者之一深圳市投资兴建。占地54000平方米,总建筑面积32000平方米,分A、B、C、D四馆,是集展览、会议、商务、餐饮、娱乐为一体的多功能展览中心。"高交会"展览中心拥有高科技的计算机网络系统、交易系统、参观人员登记系统、消防系统、广告发布系统等。"高交会"展览中心对网络、通信、消防、广播、监控、报警等方面的设计充分考虑了先进性和实用性,还借鉴了国外一些展览馆的经验,并结合本展馆的结构特点,构成了以综合分布线为依托,以通信控制中心、网络控制中心、多媒体演播中心和消防广播监控中心为核心的智能化展馆。由于几个中心在设计时紧密结合了展览经营和运作的特点,使得这座展馆具有极其鲜明的特点。设计者采用"高交会"展览中心场馆为邮票主图,象征了深圳经济特区高新技术的发展速度和水平。

【盐田港区】2000—16·(5—3)T

面值80分,票幅规格50毫米×30毫米,发行量1840.23万枚。图案描绘了深圳盐田港区的外观景象。盐田港位于深圳市东部,东与大、小海沙毗邻,西接沙头角,南与香港九龙半岛隔海相望,北靠横岗、龙岗工业区。以盐田港为中心,近百公里的半径范围涵盖了香港、澳门、广州和珠江三角洲所有的新兴城市和最发达地区。盐田港交通便捷,陆路至深圳市中心10公里,至香港粉岭13公里;疏港铁路连接港区和京广、京九铁路干线;水路至香港维多利亚港53海里。港区海面宽阔,水深浪小,淤积少,大型船舶可以自由进出及锚泊,是一座超大型集装箱深水码头,吞吐量在全国港口排名前列,是我国少有的天然良港。画面采用俯视角度,展现出了深圳盐田港区集装箱堆积如山,一座座大吊车正在紧张有序地装卸;一艘艘轮船有的停泊在码头,有的正在进出码头,一派欣欣向荣的繁忙景象。海天一色,既象征着中国货物正在从这里走向海洋,走向世界,也代表着我国国际交往口岸的风范。

有关集装箱的知识,详见本书1996—31《香港经济建设(T)》。

【深圳湾旅游区】2000—16·(5—4)T 面值80分,票幅规格50毫米×30毫米,发行量1840.23万枚。图案展现了深圳湾的美丽景观。深圳市是最早实行改革开

放的经济特区,旅游业发展比较迅速。1980年~1984年,深圳就建成了以"五湖四海"为主体的旅游体系,其中"五湖"即西丽湖、香蜜湖、石岩湖、东湖、银湖,"四海"即海上世界、深圳湾、小梅沙、大亚湾。特别是"锦绣中华"微缩景区、中国民俗文化村、世界之窗及野生动物园等陆续建成开放,使深圳的旅游观光景点得到了进一步完善。深圳湾旅游区位于深圳特区风景秀丽的中西部

海滨,总面积6平方公里,除"未来时代"以外所有景区均由华侨集团投资建设,是目前在海内外有较大影响的大型文化旅游度假区。这里有"锦绣中华"、"中国民俗文化村"、"世界之窗"、"欢乐谷"、"未来时代"5大主题公园,其中"锦绣中华"是中国第一个主题公园。此外,华侨城还投资建设了包括深圳湾大酒店、深圳海景酒店、深圳威尼斯酒店、华夏艺术中心、何香凝美术馆、华侨欢乐干线高架轻轨列车以及保龄球馆、高尔夫俱乐部等在内的旅游配套设施和艺术项目。1999年,深圳湾旅游区被授予"全国文明旅游景区"称号。画面选取了深圳湾旅游景区内最早建成的"锦绣中华"及深圳湾新一代主题公园"欢乐谷"的主要场景,建筑造型别致,色彩绚丽,令人神往。

【蛇口工业区】2000—16·(5—5)T 面值2.80元,票幅规格50毫米×30毫米,发行量1840.23万枚。图案描绘了深圳蛇口工业区的外观景象。

1979年1月31日经国务院批准,由香港拓商局在深圳蛇口全资独立开发工业区,诞生了中国第一个对外开放的工业区"蛇口工业区"。蛇口工业区位于深圳经济特区西部、南头半岛的最南端,依山靠海,东临深圳湾,西依珠江口,与香港新界的元朗和流浮山、珠海经济特区隔海相望。1987年,蛇口工业区实行公司制,成为蛇口工业区有限公司。经过20年的开发建设,蛇口工业区已经成为投资环境完备、服务功能齐全、生活环境优美的海滨城区和出口加工区。蛇口工业区以改革促进经济发展,创造出了中国改革和经济建设的一个又一个奇迹和"第一",成为中国改革的"试管",对外开放的"窗口",并以经济建设的"蛇口模式"为世人关注。画面选取了深圳蛇口六湾的主要建筑群及有特色的别墅和海滨,此景一直是蛇口的标志性象征;远景选取了蛇口工业区的部分厂房,生动地展现出了昔日一个偏僻荒芜的小渔村,经过20年的开发建设,发展成为今日环境优美、经济发达、社会繁荣稳定、投资环境和基础设施完善、社区功能齐全的新型海滨城区,令世人惊叹。

2000—17M 第二十七届奥林匹克运动会(小型张)(J)

【第二十七届奥林匹克运动会(小型张)(J)】27th Olympic Game(Souvenir Sheet)(J) 有关奥林匹克运动会的知识,详见新版《中国集邮百科知识》J·103《第二十三届奥林匹克运动会》。2000年9月15日~10月1日,第二十七届奥林匹克运动会在澳大利亚第一大城市悉尼举行。1993年9月23日,在蒙特卡罗召开的国际奥委会第101届大会上,国际奥委会通过投票决定,举行第二十七届奥运会的城市为澳大利亚新南威尔士州的首府悉尼。此届悉尼奥运会共有3个吉祥物,这不仅有别于往昔的国际性运动会,而且还舍弃了人所共知的袋鼠或树熊,选择了另外3种罕有的澳洲原产动物:大鱼狗、鸭嘴兽、针鼹,并为它们设计出了可爱的造型和鲜明的性格。悉尼奥运会设有28个比赛项目:田径、射箭、羽毛球、棒球、篮球、拳击、皮划艇、赛艇、自行车、马术、击剑、足球、体操、手球、曲棍球、柔道、现代五项、帆船、射击、垒球、游泳、乒乓球、网球、排球、举重、摔跤、跆拳道和铁人三项。由于一些项目增加了女子项目,金牌数从上届的271枚增加到300枚。有10321名运动员为夺取这些金牌展开激烈竞争。由于国际奥委会的有意控制,本届参赛人数比上届少423人。其中田径参赛人数最多,为2000人;现代五项参赛人数最少,仅32人。我国参加悉尼奥运会的运动员夺得金牌28枚,银牌16枚,铜牌15枚。本届奥运会场馆主要集中在两个地区,一个是奥林匹克公园地区,另一个是达令港地区。奥运村就位于奥林匹克公园附近,所有的比赛场地距离奥运村都在30分钟车程以内。悉尼奥运会创造了奥运会历史的一个纪录,即所有参赛的运动员都同住在一个奥运村里。悉尼奥运会高举"绿色奥运"的大旗,提出了明确的保护环境的理念,主要体现为:一、利用废地建设奥运场馆。据悉,悉尼奥林匹克公园所在地的一部分以前是工业废地。二、水源和能源的保护,主要措施是再生水和自然采光、自然风的利用。三、垃圾的再生利用,主要用来铺路。

2000年9月15日,为了宣传奥林匹克精神,中华人民共和国国家邮政局发行了一套《第二十七届奥林匹克运动会(小型张)(J)》,全套1枚。2000年10月31日发售一种双连小型张。陈幼林设计。影写版。齿孔12度。北京邮票厂印制。

【第二十七届奥林匹克运动会】2000—17M·(1—1)(小型张)J 小型张面值8.00元,小型张规格122毫米×82毫米,邮票规格90毫米×60毫米,发行量1834.00万枚。双连小型张规格170毫米×222毫米,售价24元,发行量98.05万枚。小型张采用象征手法,在朱红的底色上,一抹灰色,形似闪电;表现"2000"主题的三个白色圆环上,叠加了黄、黑两个环,组成了奥运五

环,造型优美的"2"寓意了新千年的起始。红、白、黑、黄一组反差强烈的色彩的大胆运用,充分展现了速度与力量完美的融合;中国画技法中枯笔技法的巧妙运用,运笔洒脱无羁,浑厚凝重,其内在的肌理和透视的力度蕴含了中国文化的广博和深邃,成功地使"运动"、"奥运精神"、"中国的"、"世纪的"几个概念形象化、视觉化了。奥运五环的形象集中体现了奥运的基本精神,而奥运五环标志与世纪之交这一特定时代相吻合的只有这一届。设计者利用奥运五环的形象特征与"2000"三个圆环的同质现象,达到了奥运会五环标志与2000年这一特定时代的融合。画面的背景上只用了一个颇具动感的灰色轮廓,集中表现了速度与跃动,概括了奥运会所有的运动项目和动感的形象,体现了更快、更高、更强的奥运精神。图案底色采用中国的吉利色红色,既衬托了奥运盛会的辉煌与隆重,体现了奥运竞技的激烈角逐和运动员内心状态的兴奋高昂,也传达了人类挑战自我的信心和勇气。与"2000"年相叠加构成奥运五环的两个黄、黑圆圈,采用中国传统书法的笔触表现,而不是用一种毫无特点与色彩的中性圆圈,生动地突出了中国概念。

有关奥运五环的知识,详见新版《中国集邮百科知识》J·54《第十三届冬季奥林匹克运动会》。

2000—18 海滨风光（中国—古巴联合发行）(T)

【海滨风光（中国—古巴联合发行）(T)】Seaside Landscape (Jointly Issued by China and Cuba)(T) 有关"中国"名称的知识,详见本书1996—8《古代建筑（中圣联合发行）(T)》。有关古巴的知识,详见新版《中国集邮百科知识》纪97《革命的社会主义的古巴万岁》。

2000年9月26日,为了增进中国和古巴之间的友谊,中华人民共和国国家邮政局和古巴邮电部门联合发行了一套《海滨风光（中国—古巴联合发行）(T)》特种邮票,全套2枚。李德福设计。影写版。齿孔12.5度,邮局全张枚数16（4×4）,横2枚连印。北京邮票厂印制。

这套邮票的2枚图案,选用了中国的"海南椰林湾"和古巴的"巴拉德罗海滨"风光。这两个著名景点纬度相同,自然环境相似,都是热带岛屿,都有美丽的海滨风光。设计者将"海南椰林湾"的椰林置于画面左侧,海滩置于右侧;将"巴拉德罗海滨"的椰林置于画面右侧,海滩置于左侧;2枚图案横连印后,两个弧形海湾组成了一个整体,仿佛就是天然形成的一个海滨,寓意中古两国人民悠久而深厚的友谊。

【海南椰林湾】2000—18·(2—1)T 面值80分,票幅规格50毫米×30毫米,发行量1815.80万枚。图案描绘了中国海南省文昌市椰林湾的美丽风光。文昌市位

于海南省东北部,三面临海,具有两千年的悠久历史。文昌是宋庆龄的故乡,历史上人才辈出,近代曾诞生过上百名将军,走出了120万侨胞和港澳同胞,故有"文化之乡"、"将军之乡"、"华侨之乡"的美称。文昌不仅山清水秀,还有如海的椰林,椰子的种植面积和产量占全省近一半。椰林湾位于文昌市东郊椰林风景名胜区内,为椰林最多的地方。画面上弧形的海湾风光旖旎,海水清澈,沙滩洁净,一座精巧别致的木亭点缀其间,红瓦金柱映衬着绿色的椰林和蓝色的大海,庄重挺拔,十分醒目,展现出了南国椰风海韵与人文景观完美结合的自然风景,富有民族特点,令人神往。

有关椰子树的知识,详见新版《中国集邮百科知识》普21《祖国风光普通邮票》。

【巴拉德罗海滨】2000—18·(2—2)T 面值80分,票幅规格50毫米×30毫米,发行量1815.80万枚。图案描绘了古巴巴拉德罗海滨的自然风光。巴拉德罗海

滨旅游区是古巴最重要的海滨游览胜地,位于马坦萨斯省北端,距首都哈瓦那130公里。巴拉德罗虽然是个只有1.8万人口的小城市,但具有世界著名的海滩。海滩

长达21公里,宽50米~100米。这里毫无污染的纯粹的自然风光令人陶醉。巴拉德罗海滨的沙滩柔软细腻,洁白如雪;岸上,常常有三三两两的游人在草棚和椰树下乘凉,在沙滩躺椅上享受日光浴;大海中,拖曳降落伞的快艇和承载游泳者的橡皮筏点缀着大自然的宁静与和谐。巴拉德罗海滨的海水尤其美丽,清澈的海水一望无际,色彩从近处的浅蓝色变为蔚蓝,在天际处又变为深蓝,层次渐变而分明,蓝得神奇,蓝得令人惊叹。古巴巴拉德罗海滨的椰树,虽然没有我国海南岛的椰树那么高,也没有那么密,但形状很美。画面上弧形巴拉德罗海湾背靠繁茂的椰树林,一座座精巧别致的草棚点缀其间,表现出了拉丁美洲人民的豪放与粗犷;海水碧蓝,海天一色,大自然在这里创造出了一种具有深深震撼力的美。

有关海水呈蓝色的知识,详见新版《中国集邮百科知识》J·8《胜利完成第四个五年计划》。

2000—19 木偶和面具 (中国—巴西联合发行)(T)

【木偶与面具(中国—巴西联合发行)(T)】Puppets and Masks(Jointly Issued by China and Brazil)(T) 有关"中国"名称的知识,详见本书1996—8《古代建筑(中圣联合发行)(T)》。巴西全称巴西联邦共和国,位于南美洲大陆的东部和中部,东临大西洋。面积851.19万平方公里。白种人占60%。葡萄牙语为国语,多信天主教。首都巴西利亚。绝大部分领土位于赤道与南回归线之间。北部是亚马孙平原,终年高温多雨,为世界最大的热带雨林区;中部和南部是巴西高原,平均海拔400米~800米。分属热带草原和亚热带森林气候。重要河流有亚马孙河、圣弗兰西斯科河等。森林面积约占领土面积40%。1500年3月,葡萄牙人佩德雷·阿尔瓦雷·卡布拉尔奉王室之命,率领一支船队东行去印度,但由于赤道海流和狂风的影响,船队偏离了非洲海岸而驶向遥远的西方;4月22日,在南美发现了一块无名的大陆。当时,卡布拉尔上岸竖立一块刻有葡萄牙王室徽章的十字架,给这块大陆取名为"圣十字架地"。这块大陆就是巴西。巴西海岸附近生长着一种树木,纹路细密,色彩鲜艳,坚固耐用,可做精巧的家具,而且还可以提取十分宝贵的红色染料。这种不知名的树木和东方红木相似,故而得名"巴西"。在葡萄牙语中,"巴西"的意思就是"红木",是从葡萄牙语"火热的"一词演化而来。因殖民者掠夺这块陆地是从砍伐巴西木开始的,故巴西一词逐渐替代了"圣十字架地",并沿用为国名。中文巴西一名,来自英语"Brazil"。16世纪初巴西沦为葡萄牙殖民地。1822年9月7日独立,成立巴西帝国。1889年推翻君主制,成立巴西联邦共和国,1891年改为巴西合众国。1968年又改为巴西联邦共和国。总统是国家元首和政府首脑。议会由联邦参议院和众议院组成。经济在拉丁美洲国家中较发达。经济作物栽培甚盛,咖啡产量世界第一。工业主要有钢铁、石油加工、汽车制造、造船、纺织、制糖、采矿等。1974年8月15日,巴西与我国建立正式外交关系。

2000年10月9日,为了增进中国和巴西人民之间的友谊,中华人民共和国国家邮政局和巴西联邦共和国邮政主管部门联合发行了一套《木偶和面具(中国—巴西联合发行)(T)》特种邮票,全套2枚。阎炳武(中国)、卢西亚·娜伊塔拉(巴西)设计。影写版。齿孔13度。邮局全张枚数20(4×5)。北京邮票厂印制。

【木偶】2000—19·(2—1)T

面值80分,票幅规格40毫米×30毫米,发行量2835.20万枚。图案选用了中国泉州提线木偶以孙悟空为主角的《火焰山》等剧目中孙悟空的典型形象。因为由人操纵的傀儡脑袋都是用木头刻制出来的,故称"木偶"。木偶是幕后演员用来操纵表演木偶戏的,作为一种戏剧形式,有"手的技艺"之美誉。在古代,木偶戏亦称傀儡戏、魁礧子、窟礧子。传说,周穆王到昆仑打猎返回时,有一名偃师的工匠,亲自制作木偶人表演歌舞,颇得周穆王的赏识。木偶真正作为戏剧进行表演,大约始于汉。《通典》记载:"窟礧子作偶人以戏,善歌舞,本丧家乐也,汉末始用于嘉会。"三国时,马钧制作的木偶纤巧细腻,玲珑剔透,能表演多种技艺,因而马钧也获得"天下之名巧"的美称。唐、宋时期,木偶的制作更加完美。唐大历年间,由人"刻木为尉迟鄂公、突厥斗将之戏,机关动作,不异于生"。两宋时期,木偶种类逐渐繁多,有杖头傀儡、悬丝傀儡、药发傀儡、水傀儡等。元、明、清以后,木偶遍及全国。旧时北京就有挑担的民间艺人走街串巷演木偶戏,人们称之为要"鸟啾啾"的。只用一根扁担将一方箱式的小舞台支撑起来,四周用幔布围住,艺人独自在里边敲锣打鼓,又演又唱,颇见功夫。根据木偶形体和操纵技艺,木偶戏可分为四类:(一)提线木偶。亦称悬丝木偶,民间简称线戏或线偶。这种木偶是在其重要关节部位各缀以丝线,由幕后演员拉动丝线操纵木偶动作。以福建泉州、龙岩等地较为著名。(二)杖头木偶。也称托棍木偶,民间称为托戏或肘偶。木偶装有三根操纵杆，由舞台下的演员左手持主杆右手握侧杆托举操纵，如北京的托偶戏、四川的木脑袋壳戏等。（三）布袋木偶。亦称掌中木偶、手套木偶，民间称为布袋戏。操纵者将手插入木偶的布套内进行表演，如北京的耍苟利子、福建的布袋戏等。（四）铁线木偶。由广东潮州的纸影戏传入福建诏安一带发展而成。提线木偶是木偶艺术中最古老、传统形象保持最好的木偶艺术形式。提线木偶由头、躯干、四肢三个主要部分组成，基本符合人体的生理结构，其中木偶头像的雕刻和彩绘仍保留着唐代人物绘画的造型风格，最具传统和民族特色。泉州提线木偶已有八百多年历史，古称"悬丝傀儡"，闽南语称"嘉礼"，流传于包括台湾在内的闽南语系地区，属"活化石"级的艺术。数百年来，泉州提线木偶已形成了自己一套表演技艺和称为"嘉礼调"的音乐，至今整理的完整曲牌近三百支，整理的传统剧目达七百多种。提线木偶"悬丝"繁复，一个木偶造型一般系有十六条以上的"悬丝"（线），有的木偶形象达三十多条线，甚至要两个人配合表演木偶方可"活"起来。画面突出展现了提线木偶的面部，无论是孙悟空的面部较平直的轮廓，还是其唇部的半圆形构件，都给人以木质偶像的暗示，而其身后背景，灰黄的"幕布"内晃动着表演各类剧目的"人影"；根根线条，牵动着它们的头部、躯干与四肢，有着极强的民族色彩和传统精神，既揭示出了木偶艺术的基本特征，又使画面静中有动，动中有静。

有关《西游记》和孙悟空的知识，详见新版《中国集邮百科知识》T·43《中国古典小说——西游记》。

【面具】2000—19·（2—2）T　面值 80 分，票幅规格 40 毫米×30 毫米，发行量 1833.60 万枚。图案选用了巴西狂欢节时人们所戴的一副面具。面具是演员用来覆盖其颜面以起装扮作用的化妆用具和戏剧演出中的重要手法。早在公元前 5 世纪，希腊戏剧中就开始大量使用面具。中世纪在欧洲流行的宗教剧中，魔鬼都是依靠面具装扮出的兽头怪物。面具在东方国家的歌舞和戏剧中也同样使用。我国古代的傩舞和傩戏，演员也是戴着面具进行表演的。自 18 世纪末起，巴西的大牧场主和桑巴舞者经常在街头饮酒狂欢，逐渐演变成今天的狂欢节。现在每年从年初至 4 月，巴西都要举行盛大的狂欢节，其中 2 月 23 日为高潮。狂欢节期间，人们走上街头，载歌载舞，饮酒欢歌，表达喜庆、欢悦的情感。人

们穿着表现圣者、魔鬼或小丑的戏装，许多人头戴面具，化装成神话人物、古代人物，或者牛鬼蛇神，在广场、街道上游行，以或欢快，或幽默，或恐怖的形象博得观赏者的欢呼和惊叫。女性常化装成蝴蝶、园丁和芭蕾舞女，男性常化装成梅菲斯特（有学问的魔鬼）、滑稽角色、中世纪人物或海盗。人们将平日的刻板、正规和压抑全抛在脑后，尽情欢乐。这是一种集体的庆祝，情感的宣泄。年轻人是狂欢节中最具活力的一群。狂欢节时人们所戴的面具，有的严肃，有的幽默。面具选材十分丰富，一般由蜡或普通的硬纸做成。画面表现的是一件狂欢节中比较典型的"CLOVIS"面具。一般认为，"CLOVIS"（克劳维斯）指的是坏小丑。事实上，克劳维斯有一些与小丑相似的东西：红色的腮帮、弓形的眉毛、用绒线做成的竖立的头发、艳丽的衣服。他装扮成一个彩绣的毛茸茸的大猴子，披着一件披风，手中拿着一个系着绳子的牛膀胱，这种牛膀胱打在地上会发出巨大的响声。狂欢节中，克劳维斯（CLOVIS）们总是成群结队地用手中的球用力敲打地面，故又被称为"击球小丑"。"CLOVIS"面具是一种缝在黑色头罩上的面具，除了能露出两只眼外，在嘴的位置开有一个口，以便于戴面具的人喝饮料。面具上的色彩五颜六色，贴有绒毛；制作面具的材料上涂有清漆，但并不发光。"CLOVIS"面具的面部，红唇红颜红绒毛，黑眉黑眼黑胡须，诙谐滑稽中带有野性与粗犷。设计者采用狂欢节载歌载舞的情节作背景，既创造了一种欢乐气氛，也点明了面具的用途和意义。

2000—20 古代思想家（J）

【古代思想家（J）】Ancient Thinkers（J）　有关古代的历史知识，详见新版《中国集邮百科知识》特 7《伟大的祖国（第四组）　古代发明》。思想家是对客观现实的认识有独创见解并能自成体系的人。在中国悠久历史发展的过程中，思想家的政治思想和主张，对中国的社会思想、文化、历史都产生过深远的影响，他们的学说甚至会在相当长的历史时期内成为社会传统文化的主流。

2000 年 11 月 11 日，为了向今人展示中国春秋战国时代思想家的风范，中华人民共和国国家邮政局发行了一套《古代思想家（J）》纪念邮票，全套 6 枚。袁熙坤设计。影雕套印。姜伟杰、呼振源、李庆发、阎炳武、郝欧雕刻。齿孔 12 度×11.5 度。邮局全张枚数 20（4×5）。

这套邮票的 6 枚图案，展示了春秋战国时代 6 位对中国的历史和文化产生过深远影响的思想家的风采，选材精当。设计者运用以形写神的手法，既重视刻画人物

的形象特征,更注重表现人物博大精深的内心世界。画面中的人物或微笑、或沉思、或端庄、或睿智,形神兼备,栩栩如生。邮票采用影写版与雕刻版套印的方法,两种印制方法的优点发挥得淋漓尽致。特别是雕刻版的技巧产生了非凡的艺术效果。人物线条的勾勒,或粗或细,或横或竖,或曲或直,纵横捭阖,疏密有间。雕刀刻出光线的明暗,用光线的对比效果,神化出面部表情和微妙的眼神特征,展现出了各人的个性特点和思想内涵。图案统一未加边框装饰,显得开阔而深远;底衬采用古朴的棕黄色,能够使读者油然而生一种炎黄子孙的骄傲之情。

【古代思想家——孔子】2000—20·(6—1)J　面

值60分,票幅规格30毫米×40毫米,发行量3180.90万枚。图案刻画了一幅孔子肖像。孔子的思想贡献是多方面的,包括文学、美学、历史、伦理、政治、经济、教育等各个领域,其中最突出的为哲学思想、政治思想和教育思想。自汉以后,孔子学说成为两千多年传统文化的主流,影响极大,封建统治者一直把他奉为圣人。他是最早把古代存在的各种学术观点发展为理论体系的开创人。他所开启的私人讲学风气,对中国文化的普及和发展有着重要意义。画面集中描绘了孔子的面部神态,他五官端庄,双目凝视,门牙略凸,生动地揭示了这位思想家运用自己智慧进行思考的精神境界,使抽象的思维过程形象化,突出了他兼容并蓄的气度和东方哲人的典型之美,具有一种强烈的感染力量。孔子不仅为人师表,而且做过官,故戴冠,表现了人物的另一个侧面。

有关孔子生平的知识,详见新版《中国集邮百科知识》J·162《孔子诞生二千五百四十周年》。

【古代思想家——孟子】2000—20·(6—2)J　面

值80分,票幅规格30毫米×40毫米,发行量2880.90万枚。图案刻画了一幅孟子肖像。孟子(约公元前372～前289),战国时期思想家、教育家、政治家。名轲,字子舆,邹(今山东邹城东南)人,曾受业于子思的弟子。孟子为实现其政治主张,游说诸侯,先后到过齐、宋、滕、鲁、梁等国。但在当时大国企图通过富国强兵和用暴力实现统一的形势下,孟子仁义和行仁政的主张不可能实行。晚年,他与弟子万章等著述立说,其著作《孟子》与《论语》、《大学》、《中庸》合称为"四书",名气很大。孟子对孔子学说作了系统的发挥,特别是继承了孔子的仁说和德治理论,进一步发展为"仁政说"和"贵民论"。孟子学说的核心是行仁政。用政治语言表达,仁与不仁就是"王道"和"霸道"。他认为霸道是以力服人,虽可能成为大国,但难以持久;王道是以德服人,行王道会国泰民安,政平人和。孟子还提出"民贵君轻"说,劝告统治者重视人民,阐述了儒家重民思想。孟子的仁政说来自性善论,他既肯定人之初性本善,人都具有仁、义、礼、智、信等天赋道德意识,也重视后天环境和教育对人的影响。他提出养心寡欲的思想,要求排除感官物累,"善养吾浩然之气",并进而断言:学问之道无他,求其放心而已。他又提出"天人合一"说,把治学和认识归结为找回散失本心的心性修养问题,强调认识论和伦理学相统一。孟子还指出"劳心者治人,劳力者治于人。治于人者食人,治人者食于人"这一历史事实。孟子的思想对后世影响很大,被封建统治者尊为"亚圣",享有仅次于孔子的荣誉。画面采用侧视角度,展现出了孟子凝神沉思的情态,也许,他正在思考怎样使"行仁政"的主张得以实施,脸上甚至还留有奔走各国,游说诸侯的往尘和汗水。

【古代思想家——老子】2000—20·(6—3)J　面

值80分,票幅规格30毫米×40毫米,发行量2801.90万枚。图案刻画了一幅老子肖像。老子(生卒年不详),春秋时思想家,道家的创始人。关于老子生存的年代和经历,有两种说法:其一,老子即东周后期的老聃,姓李名耳,字伯阳,楚国苦县(今河南鹿邑东)厉乡曲仁里人(或说为今安徽涡阳人),做过周朝"守藏室之史",孔子曾向他问礼,后退隐著《老子》;其二,老子即太史儋(或老莱子)。《老子》一书是否为老子所作,历来虽有争论,但一般认为书中所述基本反映了他的思想。《老子》用"道"来说明宇宙万物的演变,提出"道生一、一生二、二生三、三生万物"和"天下万物生于有"、"有生于无"的观点。"道"既可以解释为客观自然规律,又具有"独立不改,周行而不殆"的永恒绝对的本体的意义。老子明确地看到了事物的对立与统一,比较系统地揭示出了事物的存在都是相互对立而又相互依存的,提出"祸兮福之所倚,福兮祸之所伏"的见解。但是,老子却忽视了对立面转化的条件,也没有把事物向反面的转化看作上升的发展,只看成循环往复。老子还主张贵柔守雌,反对进取,否定刚强。在认识论上,老子认为"道"不可道,不可名,不可视、闻、搏。他主张减少思虑和欲望,减少感觉经验的知识,通过虚静冥想直觉万物,甚至提出应当抛掉知识,泯灭智慧。在政治思想方面,老子对当时社会很不满,想要退回到小国寡民的原始时代。在美学方面,他提出大音希声、大象无形等观点。在中国哲学的发展史上,老子学说影响很大,他的思想后来被庄子所发挥,也被法家所吸收、儒家所汲取,对社会政治和人们的精神生活都具有重大影响。道教奉老子为教主,称为"太上老君"。画面采用侧视角度,集中描绘了老子的面部神态,他紧闭嘴唇,凝视沉思,仿佛已经明确地看到了事物的对立与统一规律,正在酝酿"祸兮福之所倚,福兮祸之所伏"见解的准确表述。

【古代思想家——庄子】2000—20·(6—4)J 面值80分,票幅规格30毫米×40毫米,发行量2801.90万枚。图案刻画了一幅庄子肖像。庄子(约公元前369~前286),战国时哲学家,名周,宋国蒙(今河南商丘东北)人。做过蒙的漆园吏。庄子继承并丰富了老子的思想,二人在后来的道家学派中并称"老庄"。著作名《庄子》。

庄子与老子一样,也以"道"为天地万物的本源,但他对老子"道"的非物质性作了进一步发挥和夸张,认为"道"是无限的,自本自根,无所不在的,认为"道"是"先天地生"的,从"道未始有封",达到"万物皆一也"。在认识论上,庄子涉及领域之广泛,问题之深度,都超过了前人和同时代的哲学家。庄子看到认识主体和认识对象之间有限与无限的矛盾,"吾生也有涯,而知也无涯",故追求知识、明辨是非既不必要也不可能;因为万物齐一,在性质上难以区分,因而无法认识,结果走向了虚无主义。庄子主张通过"坐忘",做到齐物我,齐是非,齐大小,齐生死,齐贵贱,达到"天地与我并生,万物与我为一"的主观精神境界。安时处顺,逍遥自得,倒向了相对主义和宿命论。在美学方面,庄子提出"天地有大美而不言"、"美者自美"、"至乐无乐"等见解,阐释美的起源、本质及美感等问题。在政治思想方面,庄子发展了老子的消极方面,更趋于颓废没落。庄子对现存的社会秩序极为不满,他愤世嫉俗,揭露了统治阶级的残暴、道德的虚伪和民众的苦难。庄子的思想是先秦唯心主义的高峰,标志着人类思维发展的一个新高度,对后来的魏晋玄学、宋明理学,直到王夫之的哲学思想,都有着重大影响。画面采用侧视角度,集中刻画了庄子的面部神态,他额头舒展,面带微笑,目光闪亮,虽貌似一介村夫,但思想很深邃;他寄情山水,性情随意,故戴巾,仿佛正在享受"天地与我并生,万物与我为一"的主观精神境界的逍遥自得。

【古代思想家——墨子】2000—20·(6—5)J 面值80分,票幅规格30毫米×40毫米,发行量2880.90万枚。图案刻画了一幅墨子肖像。墨子(约公元前468~前376),春秋战国时期的思想家、政治家,墨家的创始人。名翟,相传原为宋国人,后长期居住在鲁国。

墨子一生为实现其政治主张而奔波于各诸侯国,曾受到楚、赵等国的礼遇。墨子曾受业于儒者,后因思想观点不同,转而自成一家,成为儒家的主要反对派。有著作《墨子》。墨子的政治思想主要有"兼爱"、"非攻"、"尚贤"、"尚同",内容十分丰富。他认为当时社会的动乱、国家间的征战、人与人之间的纷争,根源在于人与人之间的不相爱。墨子主张"兼相爱,交相利",不应有亲疏贵贱之别。墨子的"非攻"思想体现了当时人民反对掠夺战争的意向。在用人方面,墨子主张选用人才应不拘出身,反对贵族世袭制和儒家的亲亲尊尊。"尚同"是墨子最重要的政治主张,认为天下没有统一的是非标准,一切是非要统一于最高的"正长",即天子,实际上是主张权利即真理。墨子还探究了关于认识论和逻辑等问题,他注重经验、实践和效果,在中国哲学史上首先提出了认识标准问题。他还提出"非以其名也,以其取也"的取实予名的认识论命题,提出"类"与"故"两个逻辑概念,主张察类明故。墨子的学说对当时思想界影响很大,与儒家并称"显学"。画面采用侧视角度,集中描绘了墨子的面部神态,他双唇紧闭,目光直视前方,仿佛正在努力思索,积极探究哲学上的认识标准。

【古代思想家——荀子】2000—20·(6—6)J 面值2.80元,票幅规格30毫米×40毫米,发行量1879.20万枚。图案刻画了一幅荀子肖像。荀子(约公元前313~前238),战国末期思想家、教育家。名况,时人尊称为"卿"。汉人避宣帝讳,称"孙卿"。赵国(今山西南部)人。曾游学于齐,在齐稷下学宫中,曾三为"祭酒"。继赴

楚国,被春申君用为兰陵(今山东苍山兰陵镇)令,后著述终老其地。荀子一生主要从事讲学和著述活动,他的学生中韩非和李斯成就最大。有著作《荀子》。荀子批判和总结了先秦诸子的学术思想,对古代唯物主义有所发展。他反对天命、鬼神迷信之说,肯定"天行有常,不为尧存,不为桀亡",即自然运动法则是不以人的意志为转移的客观存在;认为人定胜天,承认人能通过天官(感官)和天君(心)的知觉作用认识客观世界,并强调思维对于感觉的辨别和验证。荀子认定人之初性本恶,要有"师法之化,礼义之道"才能够为善,重视环境和教育对人的影响。在政治上,荀子主张礼法兼治,王霸并用,坚持"正名"之说,强调封建等级制,反对世袭制。在经济方面,荀子提出强本节用,开源节流和"省工贾、众农夫"等主张。荀子的政治思想在先秦诸子各家中是具有高瞻远瞩、较为完备的理论,他兼采众家之长,其哲学思想先后得到韩非、王充、王夫之等人不同程度的继承和发展。荀子是秦统一中国前最杰出的思想家,他的哲学思想是先秦唯物主义的最高成就。荀子的政治思想实际上是他为封建统治阶级设计的长治久安的治国之道,在整个封建社会的过程中都起着重要影响。荀子笔下的散文,说理透辟,结构谨严。画面采用侧视角度,集中描绘了荀子的面部神态,他双唇自然微闭,目光凝视,仿佛正在聚精会神地为封建统治阶级设计长治久安的治国之道。

2000—21 中山靖王墓文物(T)

【中山靖王墓文物(T)】Cultural Relics from the Tombs of Prince Jing of Zhongshan(T) 历史上,汉高祖刘邦剪除异姓诸侯王之后,曾分封了9个同姓诸侯王,后因其封地很大,权力过重,与中央矛盾日渐加大,故到了汉文帝时期,便将一些王国分小,以削弱诸侯王的势力。陵山所在地满城当时就属于这些小诸侯国之一的中山国。中山靖王刘胜是汉高祖刘邦的四代孙,汉景帝刘启的第8个儿子,汉武帝刘彻的庶兄,也是汉昭烈帝刘备的先人。公元前154年,刘胜被封为中山国第一代国王。他死于公元前113年,统治中山国达42年之久。中山靖王刘胜墓坐落在河北省满城县城西约1.5公里的陵山上。1968年5月,当地驻军在陵山主峰的东坡上开凿隧道,当深达24米时,出现了一个直径约1.5米的洞口,经派人下去观察,发现这个洞穴为人工凿成,规模巨大,洞里还放置着许多铜器和陶器。经周恩来总理亲自指示,当年8月,中国科学院考古研究所和河北省文物工作队进行发掘后,由我国著名考古学家郭沫若亲临现场考证,认定墓主人是西汉第一代中山王——靖王刘胜。汉代盛行夫妻合葬的习俗,但西汉前期,合葬往往是同墓地而不同墓穴,故在刘胜墓北面一百多米处又发掘出了同样规模的刘胜妻的墓穴。中山靖王夫妇墓的发掘,证实了古文献中有关陵山为古帝王陵墓的记载。中山靖王夫妇墓系穿岩而建,地面不起坟。墓室布局完全模仿地上的宫殿建筑,规模宏大,建筑考究,陈设华丽,堪称豪华的地下宫殿。刘胜墓南北宽37.5米,东西长51.7米,容积约2700立方米;其妻窦绾墓东西长49.7米,南北宽65米,容积达3000立方米。两墓形制和结构大致相同。墓室由墓道、甬道、南耳室、北耳室、中室和后室六部分组成。墓的南耳室为车马房,放置着出行和狩猎用的车马;北耳室为库房,几百件陶器内盛放着酒和各类食物;中室为日常起居的厅堂,陈设着帷帐、漆案及各式各样的青铜器皿;后室为卧室,放置着棺椁和墓主人的日常生活用品。墓室内筑有瓦顶木屋式建筑,放置棺椁的后室还遍涂红漆,显得富丽堂皇。刘胜夫妇都身穿金缕玉衣入葬,其本意是希望尸骨永远不朽,事实上,出土时玉衣内的尸骨早已腐朽成灰。中山靖王夫妇墓共出土铜、铁、金、银、陶、玉、石、玻璃、漆等各类质地的文物一万多件,其种类之丰富,制作之精美,令人赞叹不已。其中以铜器制作得最为精美,不少铜器采用了鎏金银、错金银、镶嵌等工艺,装饰华美绚丽,如这套邮票图案选用的"长信宫灯"、"蟠龙纹铜壶"、"错金博山炉"、"朱雀衔环杯"等。另外,玉器雕刻精细,纹饰优美;陶器中出现了一批彩绘器,在画法上突破了图案化格局;铁器种类繁多,出现了一批汉代冶铁最高工艺水平的器具。出土器物中还有一些与古代科技有关的文物,从不同侧面反映了古代数学、力学、天文学、医学、建筑学等方面的成就。中山靖王墓文物的风采,让人们感受到了中华民族传统文化的博大精深,源远流长。

2000年10月20日,为了展现中华民族悠久的文化艺术,中华人民共和国国家邮政局发行了一套《中山靖王墓文物(T)》特种邮票,全套4枚。李海晨、张慧设计。影写版。齿孔13度。邮局全张枚数24(4×6)。北京邮票厂印制。

这套邮票的4枚图案,选用了4件国宝级或国家一级文物,堪称稀世珍宝。设计者在拍摄文物影像时,就进行了整体的审美构思,精心选择拍摄的角度和用光,力求以美的构图、光线、色彩、影调和意境表现文物的造型和艺术结构,充分展示其美的特征,使文物显得更生动、更富有神韵。在构图上,完全突出主体,即将文物图形尽可能放大,尽可能占有票面空间,只采用其本身图形,去掉了底衬部分,既突出了原文物材质考究、做工细致精美的特点,也充分发挥出了采用鎏金鎏银或错金等技术的器物所具有的一种盘金错银的视觉效果。在色彩处理上,主图四周的外框采用淡雅的暖灰色,衬托了文物的金碧辉煌,突出了其金质感强的特点。设计者采用中山靖王墓出土文物中艺术价值极高的鸟篆文吉祥语作底纹,淡雅、舒透的暖灰色背景中隐隐约约透出精美流畅的鸟篆文,既使文物更显得古朴典雅,雍容华贵,也使邮票包含了更深的文化内涵,传达了更多的历史文明信息。

【长信宫灯】2000—21·(4—1)T 面值80分,票幅规格27毫米×38毫米,发行量2694.86万枚。图案展现了中山靖王墓文物"长信宫灯"的艺术造型。设计者采用正面微侧、向下微俯的角度,并以逆光勾勒轮廓,让灯罩和宫女的额头产生高光效果。由于器物通体鎏金,在光的照耀下更显得灿烂夺目,象征着光明。

有关长信宫灯的知识,详见新版《中国集邮百科知识》编66-77《文化大革命期间出土文物》。

【蟠龙纹铜壶】2000—21·(4—2)T 面值80分,票幅规格27毫米×38毫米,发行量2694.86万枚。图案展现了中山靖王墓文物"蟠龙纹铜壶"的艺术造型。该壶通高59.5厘米,腹径37厘米,重16.25千克。铜壶通体的纹饰鎏金鎏银,壶身腹部有4条独首双身的金龙盘绕,好似龙在云间飞舞腾跃。壶盖上的3只

鎏金凤,光彩夺目。此物原为楚元王刘交家的器物,他的孙子参与"七国之乱"败死后,被朝廷没收转赐刘胜。设计者采用正面角度,着重表现出了文物的均衡、对称、古拙、庄重、华丽的特色。在光线的照射下,器物上的纹饰显得清晰而优美,寓意着财富。

【错金博山炉】2000—21·(4—3)T 面值80分,票幅规格27毫米×38毫米,发行量2694.86万枚。图案展现了中山靖王墓文物"错金博山炉"的艺术造型。炉盖铸成山峦起伏的形状,象征海中的仙山"博山",故得名"博山炉"。它是一种焚香的熏炉,属于豪门贵族的专用品。通高26厘米,腹径15.5厘米,炉的坐把

透雕成3条蛟龙腾出水面状,龙首擎托炉盘,炉盘上部和炉盖铸出峻峭起伏的山峦,然后用金丝刻画细部。整体上看,山峦林木葱葱,神兽出没,虎豹奔腾跳跃,猎人巡猎于山石间,一幅山景狩猎图跃然于尺寸之间。设计者精心运用角度和光线,着重刻画了器物的考究、华丽和纹饰线形的舒展、流畅。特别是炉盖上部和炉盖上铸出的山野狩猎图,在光的烘托下,不仅动感十足,而且呈现出一派浓郁的贵族生活气息,代表着吉祥。

【朱雀衔环杯】2000—21·(4—4)T 面值2.80

元,票幅规格27毫米×38毫米,发行量1785.96万枚。图案展现了中山靖王墓文物"朱雀衔环杯"的艺术造型。该杯通高11.2厘米,重275克。因出土时杯内尚存有朱红色痕迹,故被认为可能是放置化妆品的一种器皿,小巧玲珑,制作精美。造型为一只口衔玉环的朱雀立于两高足杯之间的兽背上,朱雀展翅翘尾,神采飞扬;器物通体用金丝镶错出纹饰,其间还点缀色彩斑斓的绿松石,十分华丽美观。设计者采用正面略侧、角度微仰的位置,展现出了一只活泼的朱雀形象,它昂首展翅,嘴衔玉环,翩然而立于两只高足杯之间的兽盖上。特别是斜侧光的运用,使器物的纹饰及镶嵌的绿松石色泽相映,质感倍增,昭示着美好。

2000—22 中国"神舟"飞船首飞成功纪念(J)

【中国"神舟"飞船首飞成功纪念(J)】Commemoration of the First Successful Test Flight of China's "Shenzhou" Spaceship(J) 飞船是一种载人航天的飞行器。1961年4月12日,前苏联宇航员加加林乘"东方1号"飞船升空,是人类首次进入太空。1969年7月21日,美国宇航员阿姆斯特朗走出"阿波罗11号"飞船,成为踏上月球的第一人。载人航天技术的发展,开创了人类进入太空的新时代。载人航天一直是国际航天界十分关注,也是难度最大的一个高科技领域。我国要在世界航天领域中占有一席之地,进一步发展空间技术,开发空间资源,实施和发展载人航天工程就是必由之路。1992年1月,我国启动了载人航天工程,即"921工程"。这是继三峡工程和大京九工程之后又一项巨大的系统工程,也是我国航天史上规模最大、安全性和可靠性要求最高、系统组成最复杂的跨世纪工程。1993年,我国载人航天工程办公室在参加研制单位为飞船征集名称,

"神州"二字脱颖而出。华夏大地是孕育浪漫梦幻的沃土,在中国人眼里,飞船就像一叶神舟,载人载物,行空于天地之间,成为人类远征太空的云海航班,于是,中国第一艘太空试验飞船也就有了一个飘逸灵秀的名字——神舟。1998年,江泽民主席为"神舟"飞船亲笔题名。1999年11月20日6时30分,随着发射中心"0"号指挥员一声令下,我国第一艘太空试验飞船"神舟"号在酒泉卫星发射中心由"长征"2号F(CZ—2F)运载火箭发射升空,踏上了中华民族探索太空奥秘的飞天旅程。在经过二十多个小时的在轨运行,试验飞船在完成空间飞行试验,绕地球飞行14圈后,于次日3时41分在内蒙古中部预定区域四子王旗红格尔地区安然着陆,标志着我国载人航天工程第一艘试验飞船"神舟"号首飞成功。"神舟"号试验飞船净重8.4吨,由我国航天科技集团所属的中国空间技术研究院、上海航天技术研究院等单位独立自主研制。"神舟"试验飞船由轨道舱、返回舱和推进舱组成。轨道舱是航天员生活和工作的地方;返回舱是飞船的指挥中心,航天员乘坐其升空和返回地面;推进舱也称动力舱,为飞船在轨道飞行和返回时提供能源和动力。"神舟"试验飞船的成功发射与回收,是我国航天史上又一个里程碑,标志着我国继美国和俄罗斯之后,已成为世界上第三个掌握了这一高技术的国家。和平开发利用空间、造福全人类,是我国发展航天事业的一贯立场,进行飞船发射试验的目的为:一、突破载人航天的基本技术,如飞船应用技术、载人飞船环境技术、发射保障技术、运载火箭技术、测控与通信技术、着陆系统等;二、进行空间对地观测、空间科学及技术试验;三、提供初期的天地往返运输器;四、为建立载人空间站大系统积累经验。第一艘试验飞船"神舟"号首飞成功,对于促进科学进步与技术发展、增强综合国力和国防实力、增强和振奋民族自豪感和凝聚力具有重大的作用。

2000年11月20日,为了纪念我国载人航天工程第一艘试验飞船"神舟"号首飞成功一周年,中华人民共和国国家邮政局发行了一套《中国"神舟"飞船首飞成功纪念(J)》纪念邮票,全套2枚。摄影者张桐胜。王虎鸣、任国恩设计。影写版。齿孔11.5度(三个角各有一个大圆形齿孔)。邮局全张枚数42(7×6),2枚连印。北京邮票厂印制。

这套邮票的票型设计为等边三角形,这是新中国成立五十多年来发行的第二套三角形邮票,也是北京邮票厂自1959年成立以来首次印制的等边三角形邮票。1951年8月15日发行的纪10《保卫世界和平(第二组)》是我国发行的第一套三角形邮票,由上海人民印刷厂印制。2枚邮票一正一倒,浑然天成。票名中"神舟"2字采用了1998年江泽民主席题名的手迹。这套邮票采用两种版式印刷,均为连体形式,但相连的形式却有多种:其一是小版张,整版6套12枚,排列成两个正六边形,每个六边形里包含了套票,边饰是从飞船上俯瞰的地球和外太空;其二是大版印刷,每版21套42枚(每行7枚,共6行),邮票排列方式是1、3、5行为1212121,2、4、6行为2121212,可以撕出3种形式的连票。这套邮票的色彩语言十分丰富:长征火箭腾飞瞬间爆发出的火红、炽黄的火焰;那露出的地球球面,碧蓝、浅蓝、淡蓝,浓妆淡抹,准确地描绘出了在飞船上所见到的地球,既神秘又亲切;两幅等边三角形画面互补成平行四边形或菱形,构成了冷与暖、明与暗的色调对比和亮度互补关系。版张的边饰设计也颇具特色,银灰色的天幕上星云点缀,恰似浩瀚无垠的太空,引人产生无尽的遐思和联想。

注:神舟号飞船于1999年11月20日首飞成功,票名不如改为《中国"神舟"飞船首飞成功一周年纪念》较为准确。

【火箭腾飞】2000—22·(2—1)J　面值80分,票幅规格为45毫米的等边三角形,发行量1856.26万枚。图案描绘了用于"神舟"飞船首次试飞发射的长征2F

(CZ—2F)运载火箭脱离发射架直冲云天的瞬间雄姿。长征2F(CZ—2F)运载火箭是中国运载火箭研究院自行研制的新型大推力捆绑式运载火箭,由4个助推器、一级火箭、二级火箭、整流罩和逃逸塔组成。整流罩位于火箭顶部,包裹在飞船外,起到保护飞船的作用。火箭尖部是逃逸塔装置,用于在特殊情况下救助宇航员脱离险境。画面表现地面火箭发射的瞬间,以暖色调为主,利用蓝紫的补色关系进一步丰富,既协调又有对比。票型采用正三角形,生动地表现出了"神舟"飞船由长征2F运载火箭点火发射升飞的真实景象,构思合理而巧妙。

有关运载火箭的知识,详见新版《中国集邮百科知识》T·143《国防建设——火箭腾飞》。

【飞船遨游】2000—22·(2—2)J　面值80分,票

幅规格为45毫米的等边三角形，发行量1856.26万枚。图案上方是"神舟"号飞船在广袤无际的太空遨游，下方是人类生存的地球。"神舟"飞船在陆地与天宇中飞来飞去，充当舟楫之用，名副其实。"神舟"飞船由轨道舱、返回舱和推进舱组成。轨道舱位于飞船顶部，内部安装了各种仪器，用于科学实验及对地观测。返回舱位于飞船中部，是飞船控制中心和通信中心，宇航员乘坐它升空和返回地面，它也是宇航员生活、工作的座舱。推进舱又称"动力舱"，位于飞船底部，为飞船在轨飞行和返回时提供动力。画面表现飞船在空中运行的瞬间。邮票图案采用蓝色调，天空颜色处理得很深，显示其神秘、深奥，衬托出了飞船的立体形象。票型采用倒三角形，使太空显得无边无际，生动地描绘出了"神舟"飞船遨游太空的壮观景象，令人神往。

2000—23 气象成就（T）

【气象成就（T）】 Meteorological Achievements（T）

气象是我们所能看到或者感受到的大气自然现象的总和。由于气象与经济建设、社会生活息息相关，气象情报的重要性已经被许多国家所重视。特别是随着工业的不断发展，国际贸易和随之而来的商船运输需要世界各海域的可靠和定时的天气情报，这为开展国际气象合作提供了必要条件。1873年，一个非政府间的气象机构——国际气象组织在奥地利成立。为了更广泛地开展世界范围内的合作，加速气象情报的交换和观测，推动气象学在航空、航海、农业和其他人类活动方面的应用，1947年国际气象组织举行了华盛顿会议，决定建立一个取代国际气象组织的新机构。1950年3月23日《世界气象组织公约》生效，世界气象组织正式成立。1972年2月，该组织通过决议承认中华人民共和国的代表为中国的唯一合法代表，此后中国参加了该组织。在1987年世界气象组织的第十次大会上，我国的邹竞蒙先生当选为该组织主席。我国党和政府一贯重视气象工作，我国气象事业取得的成就举世共睹。特别是在改革开放以后，气象科技水平得到明显提高，气象工作为防灾减灾、国民经济建设和社会服务的能力迅速增强。至2000年，我国气象现代化的总体规模、技术装备水平、业务技术手段、气象科技水平等方面，在发展中国家已处于领先地位，与发达国家的差距也已缩短了20年～30年。我国已建成由气象综合探测、气象信息网络、基本气象信息分析加工预测和气象信息技术服务四大功能系统组成的比较现代化的气象业务体系。气象卫星云图、新一代气象雷达、高性能的巨型电子计算机都广泛应用于气象业务。我国是自然灾害频发的国家，每年因气象原因造成的灾害约占各种自然灾害总数的70%以上，损失约占国内生产总值的3%～6%。由于气象监测、预测现代化手段的增强，使气象工作在防御和减轻气象灾害方面发挥了重要作用。我国已经逐步建立了天气预报警报、气候分析应用、农业气象、城市环境气象、森林火警气象和人工影响局部天气等多种手段构成的气象服务系统，开展了决策服务、公众服务、专业专项服务等多种形式的气象服务。每当重大气象灾害来临之前，气象部门都要做出长期气候预测和中、短期天气预报，为党中央、国务院以及各级地方党政部门指挥防灾减灾提供重要的技术参考资料。我国气象部门已与一百六十多个国家和地区的气象部门进行合作与交流，与21个国家和地区的气象部门签订了气象科技合作和资料交换协议。我国气象工作在世界气象组织中发挥着重要作用，得到了国际气象同行的高度评价。

2000年11月22日，为了展现中国气象科技的进步，纪念世界气象组织成立50周年，中华人民共和国国家邮政局发行了一套《气象成就（T）》特种邮票，全套4枚。张磊设计。胶版。齿孔12度。邮局全张枚数50（10×5）。河南省邮电印刷厂印制。

这套邮票的4枚图案，设计者将每幅票的大布局都分割成方和圆两块对比，既使画面有了现代构图美感，又以方圆寓意天地，表示气象是探究天地宇宙规律的学问。在方圆冷抽象的格局中，为了增添中国情愫和人文气息，背景采用了4幅传统云水纹，同时也寓意了中国古代气象学的源远流长。

【气象卫星】 2000—23·（4—1）T　面值80分，票幅规格40毫米×30毫米，发行量2801.35万枚。图案主要由气象卫星和卫星接收天线组成，背景是茫茫宇宙和地球。气象卫星是一种人造地球卫星，是当今

人类探测大气的高科技手段,它专门用于从外空对地球及其大气层进行气象观测。它长期遨游在成千上万米的高空,全球风云一览无遗。许多地面上难以发现的天气现象,气象卫星都可以观测到。它能够获得海洋、高原、沙漠、极地等地区的气象信息,为人类填补了资料上的空白。1960年,美国发射了世界上第一颗气象卫星"泰罗斯"号,开辟了从宇宙观测大气的新时代。早在1953年8月1日,毛泽东主席和周恩来总理联合发布命令,要求"今后,气象部门在为国防建设服务的同时,又要为经济建设服务"。20世纪80年代初,我国开始研制自己的气象卫星。到2000年,我国先后建设了由国家卫星中心和北京、广州、乌鲁木齐3个地面站组成的卫星资料接收处理系统,在全国建设了一百五十多个气象卫星云图接收站,成功发射了极轨和静止两个"风云"系列共5颗气象卫星,已成为世界上能够发射和运行气象卫星的少数国家之一。气象卫星资料使我国的天气预报更加准确可靠,特别是检测台风、暴雨、洪涝、干旱等大面积气象灾害,以及在监测森林火灾、地震、粮食估产等方面发挥着重要作用。画面以灰蓝为底色,气象卫星张开长长的双翼,轻灵地正在绕地球运行,卫星地面接收站正在紧张有序地处理卫星资料,标志着我国气象业务的现代化已上升到一个新高度。

有关人造卫星的知识,详见新版《中国集邮百科知识》特25《苏联人造地球卫星》。

【青藏高原气象考察】2000—23·(4—2)T　面值

80分,票幅规格40毫米×30毫米,发行量2801.35万枚。图案表现了我国在青藏高原进行气象科学试验的景象。青藏高原旧称青康藏高原。位于我国西部及西南部。世界最高的高原,号称"世界屋脊"。喜马拉雅山、昆仑山、祁连山及横断山脉环绕。包括西藏自治区、青海省、四川省西部、甘肃省西南部。为东亚、东南亚和南亚各大河流源地。山岭海拔超过6000米。高峰终年积雪,湖泊众多,有纳木错、青海湖等。按地形差别分藏北高原、藏南谷地、柴达木盆地、祁连山地、青海高原及川藏高山峡谷等。青藏高原是世界上面积最大、海拔最高的高原,位于大气层对流层中部,号称地球的"第三级",属天气系统上游地带。青藏高原不仅有独特的天气、气候和环流,而且由于大尺度的地形障碍作用,对气候的强迫绕流、爬升和摩擦作用,以及高原在对流层高空的冷热作用,对东亚、北半球甚至整个地球的大气

环流及中国区域灾害性天气存在着关键性的重大影响效应。自20世纪60年代以来,青藏高原的气象问题在我国已成为一个专门的研究领域,气象工作者对它的基本天气特征、高原的动力作用、高原的热力作用、高原大气边界层、高原季风和高原天气系统等课题进行了一系列的不间断的综合科学考察,获取了大量温、压、湿、风、云、降水、辐射等珍贵资料。特别是1979年5月~8月和1998年5月~8月,我国分别两次进行了青藏高原大气科学试验,取得了一批十分宝贵的研究成果。试验以西藏的改则、当雄、昌都为边界层观测基地,投入一大批气象科学专家和先进的仪器设备。经过气象科研人员的艰苦努力,取得了丰富和宝贵的高原腹地边界层资料,以及大量的探空、地面和辐射加密观测资料,并很快完成了对这批资料的加工处理和资料库的建立,已提交研究应用,为提高我国灾害性天气预报的准确率,深化高物理过程对亚洲季风环流和全球气候变化影响的认识,做出了重要的贡献。画面以碧蓝为底色,红色探测气球正在挽起各式器具,冉冉升空,稳重地驻足在灰白的雪域高空,为气象考察研究收集着丰富的资料。

【数值预报】2000—23·(4—3)T　面值80分,票

幅规格40毫米×30毫米,发行量2801.35万枚。图案表现了数值天气预报的设备和计算演化过程。由于气象科学的不断发展,在天气预报方面,除了广泛应用

大范围天气图和经验来预测未来的天气以外,还利用电子计算机这一现代化工具来进行天气预报。气象工作者称它为数值预报,即数值天气预报和数理统计预报。数值天气预报是应用流体力学、热力学、高等数学等来研究大气变化的物理规律;根据大气运动的特点,可以得出一套反映这些物理规律的数学方程式(即天气预报方程组),然后依据一些已知条件(如某日某时的气压、温度、湿度、风力等等)来解这一方程组,得出天气的未来变化情况,达到天气预报的目的。数理统计预报是应用数理统计学的一些理论和方法,并根据历史上大量的气象资料,找出一些描述天气、气候变化的统计规律的数理统计方程式,用以预报长期天气趋势,也可用作预测几天后的天气要素。这两种方法都涉及大量的数据和算术运算,若仅仅依靠普通计算机进行计算,很难实现。随着电子计算机的发展,气象工作者应用计算数学的一些方法,把数学方程式化为加、减、乘、除的四则运算方案,并把它译成机器语言(即计算命令),连同各地

气象要素的观测资料(大量数据)一起输入电子计算机;就好像让未来的天气变化,事前在实验室(电子计算机)里预演一样,让计算机既迅速又可靠地完成庞大而复杂的天气预报计算任务,作出天气预报。20世纪初,英国科学家首先进行了数值天气预报的尝试。作为定量和客观的预报,它具有较高的准确性。1959年底,我国用电子计算机作出欧亚大陆范围和北半球范围的正压、斜压过滤模式的高度场数值预报。20世纪80年代初,我国国家气象中心开始应用这项业务,从接收资料到填图、分析和输出预报图实现了自动化,先后开展了短期、中期数值天气预报。我国国产高性能计算机"神威1号"在国家气象中心安装使用后,8小时内能完成32个样本、10天全球预报。数值天气预报改变了过去预报程序多为手工操作的落后状况,预报的准确性、预报速度和预报时效都大为提高,为国家的经济、国防建设以及人们的日常生活提供了迅速准确的中长期天气预报,最大限度地避免了灾害性天气造成的破坏。画面以蔚蓝为底色,"神威1号"运用神奇的技术,破解一个个气象秘密,那流动在空中的"1、2、3、4、5……"阿拉伯数字,仿佛可以感觉到大型计算机正在进行着紧张而准确的运算。

【人工增雨】2000—23·(4—4)T　面值2.80元,

票幅规格40毫米×30毫米,发行量1749.63万枚。图案表现了人工增雨的景象。人工增雨是人工影响天气的一种方式。人工影响天气是指在适当的天气条件下,通过对局部大气云的微物理过程施加人工催化影响,从而实现增雨、防雹等目的的一项科学技术手段。作为用人为方法促使云层降水的措施又被称为人工降水。它主要是根据不同云层的物理特性,向云中播撒水滴、盐粉或溶液滴、碘化银或固体二氧化碳(干冰)等催化剂,使水滴或冰晶增大到一定程度,降到地面形成降水的过程。目前,全世界有二十多个国家开展了这项工作。我国的人工影响天气工作,已成为防灾减灾、资源开发利用和保障重要社会活动的一种重要手段。据1999年统计,全国有1377个县(市)开展了高炮、火箭人工增雨(雪)防雹作业,拥有高炮6270多门,新型火箭发射装置近300台;17个省(区、市)开展了飞机人工增雨,飞行作业五百多架次,作业规模居世界第一位。其中黄河上游龙羊峡水库增雨作业、上海八运会人工消雨试验、云南世博会消雨作业等,都取得了明显效果。随着我国西部大开发宏伟规划的实施,在开发空中水资源方面,人工影响天气的技术将具有更加广阔的前景。画面以淡绿为底色,一架国产飞机正在穿过层层乌云,巧妙地催落甘霖。

2000—24 君子兰(T)

【君子兰(T)】Clivia(T)　君子兰并不属于兰花一类,而与水仙、文殊兰、朱顶红、晚香玉、石蒜、龙舌兰等属同一个家族。君子兰为石蒜科(Amaryy llidaceac)君子兰属(Clivia)。1928年,英国植物学家林德利根据采自南非喜望峰的植物命名君子兰属名"Clivia"。该名是为纪念英国离家出走的诺森伯兰公爵夫人莱芙而取。"君子兰"的中文名称,是日本园艺家大久保三郎在20世纪初以垂笑君子兰(更早时称"君子兰")命的名。"Clivianobilis"中的种加词"nobilis"之意是"高贵的"。君子兰为多年生草本植物,根肉质。茎不明显,常被宿存的叶基所抱,呈鳞茎状。基生叶多数,革质,常绿,带状,自基部向两边扩大排成两列。花葶扁平、肉质;花多数,自花葶顶端排成伞形花序,其基部的佛焰苞状总苞膜质,数枚;花被片6枚,外形呈漏斗状,自基部合生成短管,内轮裂片较外轮的长而宽;雄蕊生成被管喉部,与花被片近等长;花药长圆形,丁字着生。浆果红色,每室有种子5枚~6枚。君子兰叶片终年翠绿,挺拔舒展,排列整齐,端庄肃雅,花大美丽,姿态妩媚多样,色泽鲜艳,清香宜人。花期,花集生于叶丛中,格外夺目;果期,聚生于花葶上的众多鲜红果实,犹如挂在绿叶丛中的红宝石,分外显眼。君子兰的叶、花、果兼美,适应室内散射光环境,是布置会场、厅堂,美化家居、庭院的名贵花卉。19世纪20年代,原产南非温带山区的野生君子兰引种到欧洲,不久成为英国、德国、法国、丹麦、比利时等国常见的室内花卉,接着又传到亚洲、美洲和澳洲。19世纪中期,君子兰可能由德国首先传入中国。20世纪初,君子兰还从日本、新加坡等较多地传入我国东北、华北、台湾等地。君子兰的习性是喜冷不喜热,常年温度要求为15℃~25℃,半阴湿润的环境。土壤要求肥沃疏松、排水良好、富含腐殖质的微酸性沙壤土。经过长期栽培,我国已培育出很多优良品种,最早的品种有"大胜利"、"和尚"、"染厂"等。近几十年来,优良品种更是层出不穷。有些优良品种的园艺欣赏价值已超过君子兰的原产地南非,深得世界园艺家、花农青睐。中国已成为君子兰的第二故乡,吉林省省会长春市的市花就是君子兰。

2000年12月12日,为了展现我国培育的君子兰精品,中华人民共和国国家邮政局发行了一套《君子兰(T)》特种邮票,全套4枚。曾孝濂设计。影写版。齿孔

12 度。邮局全张枚数 20(5×4)。北京邮票厂印制。

　　这套邮票的 4 枚图案,设计者遵循如实反映植物特征的原则,采用写实手法,力求表现出红者烂漫、白者淡雅、有条纹者醒目、低垂者含蓄等各自特点,又用绿色叶片和绿灰色的背景,把 4 枚图案统一起来,达到了既不雷同又相互谐调的效果。正像曾孝濂先生特意为这套邮票所写的一首打油诗表达的那样:"南非丛林一野花,几经辗转到中华。华夏沃土细滋润,年复一年发新芽。君子呈祥逢盛世,垂笑问雪兆丰年。金丝献珠放异彩,碧玉迎春更妖娆。群芳争艳添新秀,集邮园地又一花。方寸虽小乾坤大,花中君子乐万家。"

　　【大花君子兰】2000—24·(4—1)T　　面值 80 分,票幅规格 30 毫米×40 毫米,发行量 2249.30 万枚。图案描绘了我国培育的君子兰精品大花君子兰的自然风采。大花君子兰又名"君子兰",日本、韩国常称之为"红花君子兰"(*Cliviaminiata*)。叶片宽 8 厘米～12

厘米,较宽大,表面深绿,有光泽;花丹红,直立向上,花被宽漏斗状。花期 12 月至翌年 3 月,单株花序,开放可持续 30 天,有的在 8 月～9 月可第二次开花。画面上的一株大花君子兰,寥寥几片宽大的绿叶,烘托着盛开的花蕊呈球状的红花,雍容华贵,天然烂漫。

　　【垂笑君子兰】2000—24·(4—2)T　　面值 80 分,票幅规格 30 毫米×40 毫米,发行量 2245.30 万枚。图案描绘了我国栽培的君子兰精品垂笑君子兰的天然风貌。日本、朝鲜称之为"君子兰"(*Clivianobilis*)。它与大花君子兰的主要区别在于叶较狭长,叶宽为 4 厘米～8 厘米;花橘红色,花被狭漏斗状,花蕊初开时即弯弯下垂,故得名垂笑。花期 7 月～8 月。画面上的一株垂笑君子兰,叶片扶疏,盛开的橘红色花朵低垂,洋溢着一种含蓄之美。

　　【金丝君子兰】2000—24·(4—3)T　　面值 80 分,票幅规格 30 毫米×40 毫米,发行量 2245.30 万枚。图案描绘了我国栽培的君子兰精品金丝君

子兰的独特形象。金丝君子兰又称"斑叶君子兰"、"缟叶红君"(*Cliviaminiatavar·striata*)。这是大花君子兰的一个变种,主要特征为叶在中央或两边缘有黄色带纹。画面上的一株盛开的金丝君子兰,叶片上的黄色带纹清晰醒目,异彩妖娆,令人爱怜。

　　【白花君子兰】2000—24·(4—4)T　　面值 2.80

元,票幅规格 30 毫米×40 毫米,发行量 1873.60 万枚。图案描绘了我国培育的君子兰精品白花君子兰的美丽风姿。白花君子兰是长春君子兰栽培与育种中心培育出的一个优良品种。它与大花君子兰的主要区别在于花为白色。这种君子兰应是从黄花君子兰(*Clivic miniata var·aurea* 或 *var·citrina*)中选育出的园艺品种。画面上的一株盛开的白花君子兰,亭亭玉立,素洁淡雅,富有艺术感染力。

2000—24M 君子兰(小全张)(T)

　　【君子兰(小全张)(T)】**Clivia (Miniature Sheet)** (T)　　2000 年 12 月 12 日,为了展现我国培育的君子兰精品,中华人民共和国国家邮政局发行了一套《君子兰(T)》特种邮票,同日发行了 1 枚小全张。王虎鸣设计。影写版。齿孔 12 度。北京邮票厂印制。

　　【君子兰】2000—24M·(1—1)(小全张)T　　小全张面值 5.20 元,售价 8 元,小全张规格 145 毫米×115 毫

米,邮票规格 30 毫米×40 毫米,发行量 1719.80 万枚。图案将 2000—24·(4－1)、2000—24·(4－2)和 2000—24·(4－3)、2000—24·(4－4)分别排列在左下角和右上角,右下角印有文字:【君子兰】"石蒜科,多年

生草本。叶宽厚亮绿,带状。顶生伞形花序,花期长。浆果紫红色。原产非洲南部。我国栽培历史悠久,培育品种繁多。观赏价值高,为人们喜爱的花卉植物"。小全张的边饰采用一片淡淡的、清清的银灰色,不仅调和着4枚邮票画面的深绿与鲜红,更鲜明地映衬着左上角凌空探身而出的红色君子兰花朵。这枝君子兰花鲜艳、硕大,犹如一束熊熊燃烧的烈火,给充满冷意的底色带来了一片春意与生机,并用汉语拼音"junzilan"标出君子兰名称,点明画题,将科学之美和艺术之美结合在一起,既有知识性,又富有欣赏价值。

注:君子兰原产于非洲,20世纪30年代才由日本传入我国长春伪皇宫,并于20世纪40年代从东北流向民间。君子兰在我国的栽培历史,充其量不过数十年时间,小全张说明文字称"我国栽培历史悠久",实属虚夸之词。

2000—25 中国古钟(T)

【中国古钟(T)】China's Ancient Bells(T) 钟是一种在我国广泛流传的古老的击奏体鸣乐器,大致可分为两类:其一是演奏音乐用的乐钟;其二是佛寺、道观所用的大型寺钟。钟是一种中空的、由外部发力撞击发出声响的容器。乐钟用木槌、寺钟用撞木激发其外壁发声。有用角、竹、木、陶、瓷制成,最常见的是铜质和铁质。远在原始社会,中国就出现了最早的钟,即陶钟。如在陕西长安龙山文化遗址出土了距今四五千年的陶钟。这口陶钟的大小似香烟盒,形似新石器时代的一把石方铲,中间掏空,击之有声。钟最早是古代人民在生产劳动之余用以娱乐的一种器具。随着生产力的发展和金属的出现,商代开始有了铜铙。铙形似铃,却比铃大,体短宽,上侈下敛,月牙形,口朝上,底部置有一中空圆管状短柄,又称"执"。把铙倒置,悬挂起来演奏,以得到更为清晰的音响,这就变成了钟。钟的各部位名称为:钟的平顶称为"舞",舞上的柄称为"甬",甬顶端称为"衡",甬中部突起的圆箍称为"旋",旋上可以悬挂钟钩的环称为"干",中部称为"钲",钲两侧突出的乳钉称为"枚",枚间花纹斜带称为"篆",枚和钲以下的部分称为"鼓",鼓的中部称为"遂",弧形口称为"于",钟口两侧的尖端称为"铣"。中国是一个有着悠久历史的文明古国,中华民族曾经创造了光辉灿烂的古代文明,古钟文化就是中国古代文明中的一颗璀璨明珠。古钟文化历史悠久,博大精深,内涵丰富,是中华民族灿烂历史文化的一个重要组成部分。我国古钟经历了数千年的漫长历程,随着社会的进步,逐渐由简单粗糙发展到复杂

多样、种类繁多、功能齐全、技艺精湛。钟在辽阔的中国大地无所不在,悠扬的钟声从远古一直响到今天。如旧时的城市中设置大钟楼,楼内悬挂大钟,按时敲钟报告时辰;而今天,每逢除夕之夜,人们都要敲响大钟,宣告新春的来临。钟还是古人祭祀祖先、宴享盟会、庆功大典时使用的乐器,是青铜礼器中不可缺少的一部分。古文献中既有"礼非乐不履"之说,也有"钟鸣鼎食"、"钟鼓乐之"的记载,说明古人在宴享祭祀时,不仅吃着美味佳肴,还要欣赏着悦耳的音乐。这种生活习俗,至今还广为流传。古钟文化不仅是中国人民勤劳智慧的象征,而且在古代礼乐制度、音乐史、政治、经济、文化、宗教、科学技术等方面都具有重要的研究价值。

2000年12月31日,为了展现中华民族古钟文化的风采,中华人民共和国国家邮政局发行了一套《中国古钟(T)》特种邮票,全套4枚。黄里、郭承辉设计。影写版。齿孔12度。邮局全张枚数40(5×8)。北京邮票厂印制。

【西周·井叔钟】2000—25·(4—1)T 面值80分,票幅规格30毫米×40毫米,发行量2421.21万枚。图案选用了我国西周(约前11世纪—前771)中期的井叔钟。1984年秋,于陕西长安张家坡井叔墓出土。铜钟。现藏中国社会科学院考古研究所。钟通高37.5厘米,铣间20厘米,鼓间15.3厘米。它是一件由青

铜铸成的扁圆体合瓦形击奏鸣乐器。甬为管状,上端微细而下端粗,甬上有旋,旋上有环耳状的干;钲部两侧各有三排二叠圆台状长枚,每排3枚,前后共36枚。甬上、篆间饰波状纹,鼓部饰交叠多雷纹,右鼓有鸾鸟饰纹。左右栾、钲间及鼓部铸铭文7行39字,记载井叔铸钟,用以祭祀祖先文祖穆公,祈求福禄寿昌。此钟保存完好,书体清丽,虽为一套钟中的一件,但本身铭文内容自成完整体系,特别是"井叔"铭的出现,为西周铜器的断代研究提供了重要资料。画面上的井叔钟,造型精巧,绿锈斑斑,既象征着中国古钟的历史悠久,也表现出了古代铸造技艺的精湛。

【春秋·龢鎛】2000—25·(4—2)T 面值80分,票幅规格30毫米×40毫米,发行量2421.21万枚。图案选用了我国春秋晚期齐国名臣鲍叔的孙子龢铸造的乐器鎛。春秋是我国历史上的一个时代(公元前722—公元前481),因鲁国编年史《春秋》包括这一段时期而得名。现在一般把公元前770年—公元前476年划为春

八、按年份编号纪念、特种邮票 2000—25·特2—2001 481

秋时代。清同治九年（公元1870年），于山西荣河后土祠出土。它是一件形如深腔的平口钮钟，高66厘米，宽34.8厘米，口长44厘米。扁钮作双龙对峙，昂首卷尾，矫健有力。龙间又有双凤。镈身枚微突起，形如覆帽。每区3层9枚，正背面4区共36枚。钲部铸铭文18行，174字，重文二，合文一。记载龢的祖先鲍叔有功于齐，曾推荐管仲给齐桓公，使齐国首霸中原。龢的鲍叔曾接受齐侯赏赐，封邑299邑，及在鄀地的民人、采地和命祠。龢为了勉励自己，铸此乐器，用来祈求家族福泽万年。镈体虽重达65.5公斤，可胜悬挂，击之鸣声洪亮。现藏于中国国家博物馆。画面上的龢镈体态雄壮，绿锈荧荧，仿佛隐约可闻从远古传来的洪亮而悠扬的钟声。

【唐·景云钟】2000—25·（4—3）T 面值80分，票幅规格30毫米×40毫米，发行量2421.21万枚。图案选用了我国唐代（公元618—公元907）的景云钟。中国古代名钟。现藏陕西省博物馆。唐景云二年（公元711年）铸造，原悬挂于唐长安城内的道教庙宇景龙观钟楼上，故又称"景龙观钟"。明洪武十七年（公元1384

年）在唐代钟楼旧址上建了一座钟楼，以保存这口富有神话色彩的"景云钟"。明神宗万历十年（公元1587年）扩建西安城，将钟楼迁往西安市中心。清乾隆五年（公元1740年）重修一次。这是一座巍峨壮丽的古代建筑，登临其上可以观看全城景物。"景云钟"悬挂楼上，作为击钟报时用。钟高247厘米，腹围486厘米，钟钮高21厘米，口径165厘米，厚15厘米，重约6吨。钟形上锐下侈，口为六角弧形，顶端有兽钮。钟身周围铸有纹饰。钟身正面铸有唐睿宗李旦自撰自写的骈体铭文，18行292字。内容是宣扬道教教义，阐述景龙观的来历、钟的制造过程，以及对钟的赞语。楷体而杂有篆隶。唐睿宗的书迹不多见，对研究书法史具有价值。景云钟用青铜铸成，铸造时分5段，共26块铸模，为泥范法铸造，至今仍可见铸造痕迹。铸工技巧娴熟，雕工精细，钟声清晰洪亮，音质优美，表现出了唐代冶铸技术的高超水平。画面上的景云钟钟身修长，绿锈斑驳，钟身正面的铭文清晰可认，仿佛触手可击，优美洪亮的声音令人陶醉。

【清·乾隆钟】2000—25·（4—4）T 面值2.80

元，票幅规格30毫米×40毫米，发行量1820.52万枚。图案选用了清代（公元1616—公元1911）的乾隆朝钟。这也是一尊寺钟。钟身内外整齐地铸有汉、梵文的佛教经咒铭文和纹饰，成为不可多得的艺术珍品。钟钮铸成双龙，肩部铸有一周外凸莲花纹。钟壁上布满一个个由精美的云纹组成的方阵，每个方阵里又铸着一条立体的动态蛟龙。钟身上共铸有22条神态各异的飞龙：有龙爪攀云直冲天际者，亦有冲破云霄追逐红日者；有俯身直下欲踏海浪者，亦有龙尾轻摆翩翩起舞者，其须眉细若发丝，双目炯炯有神，张牙舞爪，栩栩如生，各自为阵，忠诚地护卫着整个铜钟。钟体通高2.54米，口径1.57米，重3108公斤。乾隆钟的奇特之处是既没有铸款识，也没有按照道钟的规制，在钟裙部位雕刻8个不同的基本八卦符号，而是在钟唇上铸有8个一模一样的符号"☰"，这是八卦中的"乾"卦，与钟体上的龙合起来，"龙"与"隆"同音，"乾"卦加"蛟龙"之意即为"乾（卦）隆（龙）"钟，"乾隆"2字不铸自明，构思精巧。该钟原为清乾隆皇帝下令铸造的朝钟，曾悬挂在故宫午门之上，现在已移入北京大钟寺古钟博物馆收藏。画面上的乾隆钟，凝重高大，绿锈荧荧的躯体中仿佛发出了清晰威严的声音，萦绕在故宫的上空，召唤着群臣们上朝议事。

特2—2001 北京申办 2008年奥运会成功纪念

【北京申办2008年奥运会成功纪念】Commemoration of Marking Beijing's Success Bid of 2008 Olympic Games 有关奥林匹克运动会的知识，详见新版《中国集邮百科知识》J·103《第二十三届奥林匹克运动会》。今天，奥林匹克运动会已经成为全世界人民普天同庆的节日。它将和平、友谊、进步的奥运精神不断传播到世界各地，同时，它也在博采各国之长，不断丰富自己。奥林匹克运动会能够有如此大的规模、如此深刻的影响、如此吸引人的魅力，正是一届届奥林匹克运动会的主办城市和所有参与者智慧的结晶。2001年7月13日，国际奥委会第112次全会在俄罗斯的莫斯科投票表决：中国北京为2008年奥林匹克运动会主办城市。

2001年7月14日，为了祝贺北京申办2008年奥运会成功,中华人民共和国国家邮政局特别发行了一套《北京申办2008年奥运会成功纪念》邮票,全套1枚。徽志设计者陈绍华、韩美林、靳埭强。王虎鸣设计。影写版。齿孔13度。邮局全张枚数12(2×3+2×3)。北京邮票厂印制。

这套邮票以12枚一版的小版张形式印制,并与香港、澳门邮政共同发行三方邮票连印的版张。国家邮政局所发行邮票的主图为北京申办奥运会标志,附票为牡丹花,过桥(连票的特殊形式之一,即相邻两枚邮票之间隔有格与格之间的边纸)为天坛祈年殿和排球运动员高高跃起扣球的矫健身影,既点明了申办地为中国北京,也标志着未来新北京、新奥运的完美结合,象征着奥运精神"更快、更高、更强",深刻揭示了邮票主题;香港邮政署所发行邮票的主图为北京申办奥运会标志,附票为紫荆花,面值1.3港币,过桥为香港中银大厦;澳门邮政局所发行邮票的主图为北京申办奥运会标志,附票为荷花,面值一元澳币,过桥为大三巴牌坊。其中每小版规格为160毫米×270毫米,三连版规格为480毫米×270毫米,发行量150万版,售价80元。

注:2000年1月1日,中国邮政在发行第一套特别发行邮票《港澳回归世纪盛事》时,采用的志号为"2000—特1",笔者曾撰文,认为这样编列志号欠妥,提出应将"特1"放在前面,年份放在后边,之后,在发行"特2"时志号改为"特2—2001"。

【北京申办2008年奥运会成功纪念】特2—2001·(1—1) 面值80分,票幅规格40毫米×30毫米,发行

量2880万枚。图案主图选用了专为北京申办2008年奥运会设计的徽志——"中国结"。由陈绍华、韩美林、靳埭强设计。徽志由奥运五环的五种颜色构成,形似中国传统民间工艺品的"中国结",又似一个打太极拳的人形。徽志图案中,太极拳这一中国传统的体育健身运动十分生动自然;用一支秃毛笔而营造出的流畅坚实的线条,巧妙合理的飞白,给画面注入了中国书法艺术的精髓;"盘长"这种中国结中特有的图案形式与五环的结合,赋予了申奥会徽更加深厚的中国文化内涵;围绕五角星的阿拉伯数字"56"包含着中国56个民族大团结的寓意,也表达出全国56个民族紧密团结在党中央周围,

对申奥成功充满信心。图案如行云流水,和谐生动,充满运动感,象征世界人民团结、协作、交流、发展、携手共创新世纪;表达奥林匹克更快、更高、更强的体育精神。设计者将北京申奥徽志放在票中央,纯白色的背景下,五色徽志显得特别醒目,动感极强,涵盖了北京申奥成功,人民喜庆热烈的气氛,也表达了13亿中华儿女申奥的必胜决心。邮票面值与五环徽志的色彩相辉映,具有统揽全局的视觉效果。"中国邮政"下面的红色短线为精彩之笔,它既强化了邮政的严肃性,也为面值色彩向五环五种颜色的过渡,起到了极其微妙的作用。除面值外,票面文字统一用黑色;申奥标志下面的汉语拼音"BEIJING"(北京)及阿拉伯数字"2008"字形加大,笔墨加重,这既与五环图文并茂,又使整个票面简洁大方、主题鲜明,具有庄重、沉稳、喜庆的特色。每一枚邮票都联印一枚附票,规格为20毫米×30毫米。所谓附票,即与邮票联印,形似邮票但不能作邮资凭证的附属纸片,其图文内容常与相连的邮票有关。这枚邮票的附票选用一朵盛开的红色牡丹花为图案。牡丹誉为国色天香,它雍容华贵,透着喜庆,透着吉祥,透着欢乐和祝福。无论正票还是附票,都没有过多的点缀和装饰,显得庄重、朴实、大方,喜庆气氛浓郁。

"中国结"是中国传统装饰结的简称,也称"盘长结",中国特有的民间手工编结装饰品。中国结源于古代的结绳记事。据《易·系辞》载:"上古结绳而治,后世圣人易之以书目契。"东汉郑玄在《周易注》中写道:"结绳为约,事大,大结其绳,事小,小结其绳。"可见,在远古"结"被中华先民们赋予了"契"和"约"的法律表意功能,同时还有记载历史事件的作用,"结"因此备受人们的尊重。在汉语中,许多具有向心性聚体的要事几乎都用"结"字作喻。就连男女之间的婚姻大事,也以"结"表达,如"结婚"、"结发"等。"结"是事物的开始,有始就有终,于是便有了"结果"、"结局"、"结束"之词。而"同心结"自古以来就成为男女间表示海誓山盟的爱情信物。中国结始于上古,作为一种精美华贵的装饰艺术兴于唐、宋,盛于明、清,历久不衰。中国结的特点是:每一个结从头至尾都是用一根绳编结而成,每一个基本结又根据其形、意命名。把不同的结饰相互结合在一起,或用其他具有吉祥图案的饰物搭配组合,就形成了造型独特、绚丽多彩、寓意深刻、内涵丰富的中国传统吉祥装饰物品。由于年代久远,中国结的历史贯穿于人类史始终,漫长的文化沉淀使得中国结渗透着中华民族特有的、纯粹的文化精髓,富含丰富的文化底蕴。"结"字也是一个表示力量、和谐、充满情感的字眼。无论是结合、结交、结缘、团结、结果,还是结发夫妻、永结同心,

"结"给人的都是一种团圆、亲密、温馨的美感。"绳结"这种具有生命力的民间技艺也就自然作为中华民族传统文化的精髓,兴盛长远,流传至今。中国结不仅具有造型、色彩之美,而且皆因其形、意而得名,如盘长结、藻井结、双线结等,既体现了我国古代的文化信仰及浓郁的宗教色彩,也表达了人们追求真、善、美的良好愿望。《诗经》中有"亲结其缡,九十其仪",描写女儿出嫁时,母亲一面给其扎结,一面叮嘱女儿注意许多礼节的情景。宋代词人张先的"心似双丝网,中有千千结"诗句,形容失恋后的女孩思念故人、心事纠结的状态。纵观中国古代诗词歌赋,绳结已超过了原有的实用功能,并伴随着中华民族的繁衍壮大,生活空间的扩展,生命意义的增加和社会文化体系的发展世代相传。编中国结最主要的材料是绳线,线的种类有丝、棉、麻、尼龙、混纺等多种。选线时,要注意纹路、质地、粗细、色彩等。

特3—2001 中国加入世界贸易组织

【中国加入世界贸易组织】China Entered WTO

世界贸易组织简称世贸组织,英文缩写为WTO。这是一个有着148个成员国(据2005年统计)、总部设在日内瓦的独立于联合国的永久性国际组织,其前身是第二次世界大战后在1948年由23个国家签署成立的关税及贸易总协定(关贸总协定),中国为原始缔约国之一。根据"乌拉圭回合"谈判达成的《建立世界贸易组织协议》,WTO于1995年1月1日正式开始运作,经过一年过渡,1996年1月1日正式生效。其宗旨是:在提高生活水平和保证充分就业的前提下,扩大货物和服务的生产与贸易;按照可持续发展的原则,实现全球贸易资源的最佳配置;努力确保发展中国家尤其是最不发达国家在国际贸易增长中的份额及其经济需求相称;保护和维护环境。出版刊物为《国际贸易年刊》。部长级会议是世界贸易组织最高决策机构,负责制定及决议所有有关多边贸易的协议。十一届三中全会后,我国的社会主义建设事业进入了一个崭新的阶段。到1980年,我国已经在世界三大经济组织中的世界银行和国际货币基金组织取得合法席位,只剩关贸总协定尚未加入,而它的各种规则对我国却有着直接或间接的约束力。为了使我国尽快融入世界经济发展的潮流中,在当时外贸部的建议下,中国驻日内瓦代表团大使代表中国政府于1986年7月10日向关贸总协定递交申请,要求恢复中国的缔约国地位,从此拉开了中国复关入世谈判的序幕。直到1992年,经过6年时间围绕着4万个问题的解决,才终于完成了复关谈判的第一步。1994年4月关贸总协定乌拉圭回合谈判结束后,与会各方签署了《建立世界贸易组织协议》,开始向WTO过渡。由于谈判立场差距过大,WTO成立之前我国未能完成复关谈判。1995年1月1日WTO正式成立。党中央审时度势,提出了积极参与、趋利避害的方针,把加入WTO作为中国积极参与经济全球化的必要准备。因此,自1995年7月开始,我国又将复关谈判转为入世谈判,它既是复关谈判的延续,又有了许多新内容。在漫长的复关入世谈判过程中,我国的经济实力迅速增长,同时对外开放的深入使加入经济全球化进程成为更多人的共识,加入WTO也得到了国内外更多的理解与支持。2001年9月17日,世贸组织中国工作组第18次会议,终于通过了中国入世议定书及附件和中国工作组报告书,这标志着跨越两个世纪历时15年之久的中国复关与入世谈判的全部结束,2001年11月10日,我国在卡塔尔首都多哈召开的第四届世界贸易组织部长级会议上被接纳为世贸组织成员,12月11日我国正式入世。它不仅记录了中国社会主义市场经济体制逐步建立和完善的过程,也是中国融入经济全球化的真实写照。

2001年12月11日,为了庆祝中国加入世界贸易组织,中华人民共和国国家邮政局特别发行了一套《中国加入世界贸易组织》邮票,全套1枚。卢天骄设计。影写版。齿孔13度。邮局全张枚数16(4×2+4×2),中间有一枚过桥票。北京邮票厂印制。

【中国加入世界贸易组织】特3—2001·(1—1)

面值80分,票幅规格30毫米×40毫米,发行量2000万枚。图案的突出位置是巍然矗立的华表和WTO的标志;画面右下部分是中国国际贸易中心外景,世界经济五百强中一部分派驻中国的机构就设在这些楼群中;缭绕的祥云富有中国韵味;阳光般的色彩,浓淡适宜。整个画面既体现了有着悠久历史的中国改革开放后的积极发展,也体现了融入世界经济的勃勃生机,将中国与世界、历史与现代恰如其分地融为了一体,生动地表达了中国人民对"入世"的喜悦之情。

WTO的标志,1996年世界贸易组织成立时,图案为三色彩带环绕地球,底部标有世界贸易组织英文缩写字母"WTO"。1997年10月世贸组织启用新的标识。该标识将原来的地球图形去掉,只是由6道向上弯曲的弧线组成,上3道和下3道分别为红、蓝、绿3种颜色。标识意味着充满活力的世贸组织在持久和有序地扩大世界贸易方面将发挥关键作用。6 道弧线组成的球形表示世贸组织是不同成员组织的国际机构。标识久看有动感,象征世贸组织充满活力和经济全球化。设计者是新加坡的华裔杨淑女士,她采用了中国传统书法的笔势,6 道弧线带有毛笔书法起笔和收笔的韵味。

中国国际贸易中心坐落于北京市朝阳区建国门外大街 1 号,简称国贸中心。占地 12 公顷,总建筑面积 56 万平方米,集办公、住宿、会议、展览、购物和娱乐等多功能于一身,是跨国公司和商社进驻北京的首选之地。1984 年 7 月 26 日,中国对外贸易经济合作部属下的对外经济贸易咨询公司和马来西亚郭氏兄弟公司签订《合资经营中国国际贸易中心协议书》。1985 年 1 月 7 日,外经贸部(84)外经贸资 207 号文批准中国国际贸易中心有限公司成立。1985 年 2 月 12 日,国家工商行政管理局向中国国际贸易中心颁发"营业证书"(工商企证字第 01028 号)。1985 年 9 月 1 日,中国国际贸易中心在现址举行奠基典礼。1988 年 11 月 10 日,中国国际贸易中心参加世界贸易中心协会第 19 次年会,这是国贸中心被世贸中心协会接纳为正式会员后第一次参加该协会年会。1990 年 8 月 30 日,国贸中心全面开业。1999 年 3 月 12 日,国贸中心 A 种股票在上海证券交易所挂牌上市。国贸中心建筑群主要由五大部分组成:其一是国贸写字楼。包括两幢外观相同的 38 层写字楼,即国贸大厦 1 座和国贸大厦 2 座及 6 层的国贸西楼和 2 层的国贸东楼,总出租面积约 11.3 万平方米。其二是国贸公寓和国贸世纪公寓。国贸公寓由国贸南公寓和北公寓组成,楼高 30 层,共有 448 套房间,主要服务于驻京外交官及跨国公司的高级管理人员。国贸世纪公寓由东西两幢楼组成,共有 420 套房间,是外资、合资企业中高级管理人员的理想选择。其三是中国大饭店和国贸饭店。两饭店均由国贸中心委托香格里拉酒店管理集团管理。五星级的中国大饭店地上 21 层,地下 2 层,建筑面积 11 万平方米,客房 738 间,是众多国家元首、政府首脑、重要国际组织和常设机构负责人和各国商业巨头、知名人士的下榻之地,有"第二国宾馆"之称。四星级的国贸饭店,建筑面积 3.9 万平方米,地上 8 层,地下 1 层,共有客房 552 间,是各类商务客人理想住处。其四是国贸商城,总营业面积 3 万平方米,地上 2 层,地下 2 层,荟萃中外名优产品,餐饮娱乐设备齐全。其五是国贸展览大厅。展厅总面积 1 万平方米,由序厅和 3 个展厅构成,主要举办中小型和档次较高的展览会和博览会。

有关华表的知识,详见新版《中国集邮百科知识》纪 1《庆祝中国人民政治协商会议第一届全体会议》。

2001—1 世纪交替 千年更始
——迈入 21 世纪(J)

【世纪交替 千年更始——迈入 21 世纪(J)】Beginning of New Millennium;Stride into 21st Century(J) 有关"世纪"的知识,详见 1999—20《世纪交替 千年更始——20 世纪回顾(J)》。2001 年~2100 年,一般被称为 21 世纪。21 世纪是一个承载着人类更多希望与梦想的新世纪。

2001 年 1 月 1 日,在 21 世纪开始之际,中华人民共和国国家邮政局发行了一套《世纪交替 千年更始——迈入 21 世纪(J)》纪念邮票,全套 5 枚。张磊设计。胶版。齿孔 12 度。邮局全张枚数 20(4×5)。辽宁省沈阳邮电印刷厂印制。

【迈入 21 世纪——世纪交替】2001—1·(5—1)J

面值 60 分,票幅规格 30 毫米×40 毫米,发行量 2500 万枚。图案以蔚蓝色的茫茫宇宙为背景,表现了 2001-01-01"00:00:00"世纪交替的瞬间,即第一缕阳光撒在我国大地上的动人景象。根据天文学通用标准,利用国际通用计算方法,经过对我国众多候选点计算结果比较,确定中国领土 21 世纪第一缕阳光首照经纬点为南沙群岛海马滩,即北纬 10°43′,东经 117°40′,日出时刻为北京时间 2001 年 1 月 1 日 6 时 27 分。中国大陆 21 世纪第一缕阳光地理经纬点为浙江温岭石塘,即北纬 28°16′,东经 121°36′,日出时间为北京时间 2001 年 1 月 1 日 6 时 46 分。这一结果,由中国 2000 年委员会与中国科学院国家天文观测中心成立的以天文学研究人员为主的研究论证小组经过大量科学计算及反复论证确定,并得到了国际天文界权威机构英国格林尼治天文台和曾宣布 21 世纪世界第一缕阳光地点的美国海军天文台的证实。世界陆地 21 世纪的第一缕阳光射点为南极的维克托湾。中国 20 世纪最后一缕阳光的消失点,位于最西部的新疆维吾尔自治区的斯姆哈纳。画面下方是中国为迎接千年之交在北京动工兴建的中华世纪坛,新千年到来的庆典就在此举行。世纪坛坐落于北京西长安街延长线上中国革命军事博物馆和中央电视台之间,北倚玉渊潭公园,南与西客站相望。占地 4.5 公顷,总建筑面积 3.5 万平方米,由主体结构、青铜甬道、圣火广场、过街桥、世纪大厅、艺术大厅等组成。坐北朝

南。最南面入口处,伫立着一块长9米、高1.05米、重34.6吨的汉白玉题字碑,上面镌刻着江泽民同志的题字"中华世纪坛"。碑的北侧,是一个低于地面1米、半径17.5米的下沉式圆形广场,引发人们从现实进入对历史的回眸。广场中心是一方形圣火台,这里所点燃的永不灭的"圣火",寓意中华文明起源于火,中华文明的创造永不停息。广场东西两侧,有两道流水缓缓而下,它们象征着中华民族的母亲河——长江和黄河。圣火台向北,是一条长270米、宽15米的甬道。甬道正中是一条3米宽的青铜甬道,上面镌刻着从3000万年前到公元2000年的时间纪年,象征中华民族经历的历史沧桑。浮雕之上有涓涓清流,寓意中华民族的历史绵延不断,历久常新。中华世纪坛主体建筑,地下两层,地上三层,高39米,直径85米,由静止的回廊和旋转的坛面组成,向正面呈19度坡型。旋转的主体重3200吨。坛旋转钢结构的中央,是一个直径达14米的水平圆台,可作为文艺、歌舞、交响乐等大型露天演出活动中心表演台。斜面上方的台阶,可容纳观众上千人。主体结构一层中央是世纪大厅,它采用主题分类和编年体相结合的形式,展示了中华民族的过去、现在和将来发展的脉络与沿革。二层的环形艺术大厅,装备有当今国际最先进的展览技术和设备,为世界各国和全国各地的艺术精品展出的理想场所。中华世纪坛的旋转坛体,可每4小时~12小时转一周。它被称作"乾",寓"天行健,君子以自强不息"之意,再现了中华民族万千年来生生不息的追求和任何环境下不屈不挠、勇于进取的精神。两侧静止的回廊寓意为"坤",表现出"有容乃大"、"厚德载物"的博大胸襟,也体现了中华民族能够吸收一切先进的科技来发展自己。旋转坛体上方,耸立着一根高达27.6米的时空探针,造型如一枚飞向太空的火箭,是时空永恒延展的象征,体现了中华民族勇于探索的创新精神。探针的顶端与内部旋转体的中心在一条垂直线上,从理论上讲,这个点是静止不动的,做到了主体建筑动静呼应,气势雄浑。中华世纪坛工程具有重要的审美原则,它以"中和"、"和谐"之美,体现了"人类与大自然的协调发展"、"科学精神与道德相结合的理想光辉"及东西方文化互相交流、和谐融合的思想。在总体设计上,中华世纪坛以"水"为脉,以"石"为魂,并以诗意化凝练的语言和中国艺术大写意的手法深化意境,昭示了中华民族特有的宇宙观和美学精神。根据其周边环境特点和主题精神,中华世纪坛的主色调为黄、绿两色。所有人工建筑为黄色调,突出中华民族的人文精神;以树木作为分割空间的手段,加之精心栽种的草坪绿化带,构成绿色的环境,营造出了"天人合一"的意境。1999年12月31日24时与2000年1月1日0时之间,新世纪钟声敲响时,中华世纪坛揭幕。中华世纪坛是一座规模不大但具有历史意义的标志性纪念建筑,它既含有弘扬中华五千年文明的意义,也富有现代化的内涵、风格与韵味,具有强烈的时代感。

【迈入21世纪——和平发展】2001—1·(5—2)J

面值80分,票幅规格30毫米×40毫米,发行量2500万枚。图案以蔚蓝色的茫茫宇宙为背景,精心刻画了一只飞翔于地球之上的和平鸽,生动地表达了人们祈求和平,反对战争,企望发展,消除贫困的美好向往。20世纪上半期,两次世界大战给人类带来了无穷的灾难。20世纪下半期,冷战又时刻都在孕育着第三次世界大战的危险。在20世纪与21世纪之交,冷战虽然结束,但各种矛盾冲突依然存在,但和平与发展已成为21世纪人类的主旋律,世界大战将可以避免,这是不可抗拒的历史潮流。

有关地球的知识,详见新版《中国集邮百科知识》纪3《世界工联亚洲澳洲工会会议纪念》。

有关鸽子象征和平的知识,详见新版《中国集邮百科知识》纪5《保卫世界和平(第一组)》。

【迈入21世纪——保护自然】2001—1·(5—3)J

面值80分,票幅规格40毫米×30毫米,发行量2500万枚。图案以绿色为底衬的世界平面地图为背景,刻画了由一双稚嫩的手托护着一片绿叶,表达了一种保护自然的主题。在20世纪,人类社会经济的超常发展,造成了自然生态环境的严重破坏,已经遭受到了大自然毫不留情的报复。21世纪,环境问题已成为威胁人类发展与生存的一个可怕问题,人类必须保护大自然,与大自然保持和谐、平衡和统一,才有可能获得持续的发展。

地图以图形表示地球表面某些现象空间分布的一部分或全部分,故得名。公元前23世纪,巴比伦人就曾在陶土片上和兽皮、树皮上画过地图。据史籍记载,中国早在西周初年,地图就已应用于城市规划和建设了。到春秋时期,各诸侯国都有自己详细土地图籍,供管理土地时使用,同时也用于战争。目前,我国已发现的最早的平面地图,是在中山国都城遗址附近出土的距今二千二百多年的铜版地图。这块地图中,古代制图的某些要素,如分率、准望(即比例、方位)等,都有所反映,说明当时的制图技术已经达到一定的科学水平。1973年12月,湖南长沙马王堆三号汉墓出土了3幅绘制在帛上的地图,内容相当丰富,现代地图上的某些基本要素,如地貌、水系、居民点、道路等都具备了。由此表明,早在二千一百多年以前,中国地图科学和测绘技术水平,无论是内容方面还是实用性方面,都远远超过公元2世纪罗马帝国时代的埃及人托勒密的《地理学》一书及其所附地形、地物和军事标号了,如湖泊、河流着蓝色;军队的配置地域和军事工程建筑物用黑底套红勾框;居民点标以黑色圆圈。这是中国也是世界目前收藏的最早的彩色地图。南朝时期,宋人谢庄吸取前人的地图绘制经验,制成了《木方丈图》。这是一种木刻地形模型,可分可合。唐贞元十七年(公元801年),贾耽继承西晋裴秀的制图原则,设计、监制了巨幅的《海内华夷图》,图长3.3丈、宽3丈。在绘图技术上,采用了"古郡国题以墨,今州国题以朱"的方法,以颜色分注古、今地域的先河。明代,中国地图的发展已臻成熟;明末清初,西方测绘技术传入中国,地图又进一步发展。1718年,官方监制的《康熙皇舆全览图》编成,它标志着中国古代地图的进步。不久,《乾隆内府舆图》、《大清一统舆图》相继问世,使中国近代地图测绘技术接近于当时西方的先进水平。

【迈入21世纪——科技之光】2001—1·(5—4)J

面值80分,票幅规格40毫米×30毫米,发行量2500万枚。图案以电子集成线路板为背景,形象地描绘出了人类大脑神经元的闪光,象征着21世纪最耀眼的智慧光环。21世纪的时代特点,已经是知识成为最主要的社会财富,具体表现为智力超过了体力,软件超过了硬件。在这个人类进入"知识经济"的时代,人脑成为急待开发的宝贵资源,人才成为争夺的对象。我国13亿人口的13亿大脑,只要科学发展教育事业,13亿大脑将成为全世界富有的智力资源。

【迈入21世纪——中华复兴】2001—1·(5—5)J

面值2.80元,票幅规格30毫米×40毫米,发行量1700万枚。图案由日晷、旭日和五星国旗组成,寓意中华复兴。五星国旗在旭日的照耀下,红色的国旗与太阳的光辉交融在一起,洒满中华大地,那么温暖,那么灿烂,表达出了人们对中华复兴的憧憬和豪情。日晷是一种利用日影位置变化计量时间的仪器,由圭表演变而来。我国传统的日晷是赤道式的,晷面一般为石质,晷

面和地球面平行。晷面中心竖立一根垂直于晷面的铜制指针,这根指针与地球自转轴方向平行。晷面边缘刻有子、丑、寅、卯等十二时辰,每年春分后看盘上面的针影,秋分后看盘下面的针影。在太阳光的照射下,针影投射到晷面,晷面上指示的地方时刻就是当地真正的太阳时刻。据考证,在汉代以前,我国就已经使用日晷计时,现存放在北京故宫太和殿前。中国自15世纪实行闭关锁国政策后,就逐渐失去了在世界上的强国地位。到19世纪中期,中国已沦为半封建半殖民地社会,任列强瓜分。经过20世纪百年的奋斗,随着中华人民共和国的诞生,中国人民站起来了!特别是1978年党的十一届三中全会后,确立了以邓小平理论为指导,中华民族开始走上伟大复兴的道路。党的十五大指出,21世纪将是"实现中华民族伟大复兴的历史阶段"。到21世纪中期,中国将达到中等发达国家水平,继而将建成"富强、民主、文明的社会主义现代化国家"。

2001—2 辛巳年(T)

【辛巳年(T)】Xinsi Year(Year of the Snake)(T)

有关干支纪年法和十二生肖知识,详见新版《中国集邮百科知识》T·46《庚申年》。2001年为中国农历辛巳年,巳蛇,也称蛇年,凡是在这一年出生的人都属蛇。

2001年1月5日,为了庆祝新春佳节,中华人民共和国国家邮政局发行了一套《辛巳年(T)》特种邮票,全套2枚,这是第二轮十二生肖系列邮票的第10套。呼振源设计。影雕套印。呼振源雕刻。齿孔12度。邮局全张枚数32(8×4)。北京邮票厂印制。

【祥蛇祝福】2001—2·(2—1)T

面值80分,票幅规格26毫米×31毫米,发行量8000万枚。图案采用了陕西民间剪纸艺人白秀娥刻画蛇形象的一幅剪纸作品。从外形看,原作中蛇的曲线非常柔美,像一朵水仙花,蛇头微微低下,含羞带怯,身上还有两朵梅花,这种拟人化的表现手法,一下子冲淡了人们对蛇的畏惧和厌恶心理,使之变得可爱起来。设计者对原图进行了艺术再创作,把蛇头加大、抬高,脖子加长,从轮廓上看颇像水仙花头,而春节正是水仙花盛开的季节;对蛇身的粗细节奏做了进一

步调整,身上的花纹进行重新组织,并去掉了一朵梅花,使蛇的形象变得更加秀美了。在设色上,采用素净的白底和粉、黄、蓝、红的花纹衬托绿色的蛇身,赋予了蛇生命与绿草的灵气,表达了"花开富贵"、"祥蛇祝福"的寓意。图案右上角钤有一枚"辛巳年"3字红色椭圆形印章,点明了画题。

有关剪纸艺术的知识,详见新版《中国集邮百科知识》特30《剪纸》。

【吉祥普照】2001—2·(2—2)T 面值2.80元,票幅规格26毫米×31毫米,发行量6500万枚。图案采用了陕西民间剪纸艺人贾四贵刻画蛇形象的一幅剪纸作品为背景,托出了一个红色楷体"蛇"字。原作是一幅相

向虬曲的双蛇,造型十分别致。双蛇簇拥着一轮旭日,周围缀以灵芝、白莲、石榴、蝙蝠等吉祥物,其中"旭日"在民间寓意"大吉祥","石榴"寓意"六六大顺","蝙蝠"同"福",蛇两侧绕以祥云,意为"祥运"。绿色的底衬,与剪纸的土黄色和"蛇"字的大红色相互辉映,既创造出了一种喜庆、吉祥的气氛,又突出了浓浓的民族艺术特色。双蛇吐芯,对衔的一朵花上有"辛巳年"3字,点明了画题。

蝙蝠是一种相貌丑陋、似鼠非鼠的夜行哺乳动物。民间传说中,蝙蝠的"蝠"字与"福"字谐音,故使其形象在人们的心目中平步青云,成为"福运"的象征。人们将蝙蝠的形象应用于各种艺术形式中,运用丰富的想象和大胆的变形移情手法,将原本不美丽的蝙蝠变得翅卷祥云,风度翩翩;蝠身和蝠翅都盘曲自如,惹人喜爱。除用于吉祥图案上,人们常用红色或糖色的和田玉雕制成红色蝙蝠,寓意"洪福齐天"或"洪福无量"。

2001—3 京剧丑角(T)

【京剧丑角(T)】Clowns in Beijing Opera(T) 有关京剧的知识,详见新版《中国集邮百科知识》T·87《京剧旦角》。丑角即戏曲角色行当中的丑。京剧的行当分为生、旦、净、丑四大类。生行是京剧里扮演男性角色的一个行当,其中包括老生(又叫"须生"、"胡子生")、小生、武生、红生、娃娃生等几个门类。旦行是扮演不同年龄、不同性格、不同身份的女性角色的行当。旦行又分为青衣、花旦、花衫、武旦、老旦、彩旦等门类。净行俗称"花脸",因为其脸上勾画着一些彩色的脸谱;一般扮演的都是男性角色,分为正净、副净和武净三大类;从前还有红净,现已与红生合并。因丑角化妆时在鼻梁上抹

一小块白粉,故又称"小花脸";又同净角的大花脸、二花脸并列而俗称"三花脸"。按照所扮人物的性格和身份,京剧丑角又可分为"文丑"和"武丑"两类。京剧中的文丑,除扮演武夫以外的各类诙谐人物,又包含"方巾丑"、"苏丑"、"袍带丑"、"茶衣丑"、"鞋皮丑"和"老丑"类型人物。"武丑"主要扮演擅长武艺,性格机警,正直善良,语言幽默的男性人物,也扮演阴险狡猾的角色,因其讲究口齿伶俐,翻跳腾跃,故又称为"开口跳"。丑角鼻梁上为什么抹一小块白粉?据说,唐玄宗李隆基为了讨好杨贵妃,下了一道圣旨,把在朝的左丞右相、王公大臣、嫔妃们都找来扮戏。其中一个叫"老郎爷"的角色没有人扮演,李隆基脱下龙袍,自告奋勇说:"这个角色我来扮演。"当他走下金銮殿,刚走到二墀时,正好有燕雀从屋檐前飞过,并拉了一堆白底带黑的屎,不偏不斜落在李隆基鼻梁两旁。李隆基随手一抹,抹成一个小花脸,引起大臣们哄堂大笑。李隆基误认为大臣们在赞赏他的表演。从此,丑角便抹成了小白脸。

2001年2月15日,为了宣扬中华民族的京剧艺术,中华人民共和国国家邮政局发行了一套《京剧丑角(T)》特种邮票,全套6枚。原图摄影者甄雷。姜伟杰、李庆发设计。影写版。齿孔12度×11.5度。邮局全张枚数20(5×4)。北京邮票厂印制。

这套邮票的6枚图案,选用了人物的全身进行表现,运用中国传统的工笔重彩画法,捕捉住了6个丑角的精彩瞬间动作,三位文丑的长袍水袖,三位武丑的短衣裹腿,加之各自手中的道具衬托,使画面富有深刻的内涵,生动地刻画出了丑角的性格特征,精细地展现了京剧的艺术魅力。6枚图案统一采用淡雅的灰色底衬,犹如一道宽大的幕布,既突出了人物造型,也具有舞台感。6枚图案上都钤有一方长形红色篆刻图章,巧妙而醒目地点明了人物姓名,更具民族特色。

【汤勤】2001—3·(6—1)T 面值80分,票幅规格30毫米×40毫米,发行量2500万枚。图案选用了京剧《审头刺汤》中的"袍带丑(文丑)"人物汤勤形象。该剧又名《一捧雪》,讲述了一个近似《农夫与蛇》的故事:明朝嘉靖年间,太仆寺卿莫怀古曾于风尘中提拔裱褙匠汤勤,并将他推荐给当时权势鼎盛的严世蕃。

汤勤不仅不报莫怀古的荐举之恩,反而企图谋占其妾雪艳,撺掇严世蕃向莫怀古索取家藏祖传珍宝古玉杯"一捧雪"。莫怀古以赝品献给严世蕃。严世蕃得到玉杯

后，不识是假，非常高兴，并升莫怀古为太常。而汤勤认得古玉杯的真假，并将真相告知严世蕃。严世蕃非常愤怒，命人去莫家搜取真杯。莫家仆人莫成机警地将真杯藏起来，严世蕃未能将真杯搜走。莫怀古害怕严世蕃再次逼迫交出古玉杯，便弃官而逃。严世蕃向朝廷奏本，要求弹劾莫怀古，派人在蓟州将其抓获，并命蓟州总镇戚继光将莫怀古就地斩首。戚继光想救莫怀古，但苦于无计。莫家仆人莫成与主人莫怀古长相极似，自愿舍身救主，莫怀古才有机会逃往古北口。戚继光将莫成斩首后，将人头送到京城时，又被汤勤识破。锦衣卫陆炳奉旨调查，并将戚继光拘捕。严世蕃特令汤勤会审，陆炳本打算断戚继光斩首的就是莫怀古，汤勤却坚持为假。陆炳经莫怀古之妾暗示，看破了汤勤之意在得到雪艳，他又想开脱戚继光，便假意将雪艳断给汤勤为妾，汤勤便不再追究了。洞房花烛之夜，雪艳刺死了汤勤，替莫怀古报仇后刚烈自刎。画面上的汤勤，身穿大红色朝服，头戴两边插圆翅的官帽，挂三绺须髯口，手持折扇，仿佛正在步入洞房途中，得意忘形之情洋溢在举手投足之间。

有关扇子的知识，详见新版《中国集邮百科知识》T·77《明、清扇画面》。

【刘利华】2001—3·（6—2）T　面值80分，票幅规格30毫米×40毫米，发行量2500万枚。图案选用了京剧《三岔口》中的武丑刘利华形象。该剧讲述的故事是：宋朝时期，三关上将焦赞打死了奸臣王钦若的女婿谢金吾，被发配沙门岛。元帅杨延昭担心途中有险，命任堂惠暗中保护焦赞。

一天，焦赞同解差夜宿三岔口店中，任堂惠跟踪前来，同住店中。店主刘利华正直侠义，他怀疑任堂惠要暗杀焦赞。为了保护焦赞，刘利华于深夜潜入任堂惠房间，准备将其杀死；黑暗中，二人展开了一场激烈格斗，焦赞闻声赶来参战。当刘利华之妻取来灯火，大家说明原委，方知实为误会。画面上的刘利华，头戴软胎短花罗帽，唇饰短八字胡，身穿绣有纹饰的"豹衣豹裤"，手持单刀，轻手轻脚，仿佛正在小心翼翼地摸进任堂惠的房间，目光机警，一身浩然正气。

【高力士】2001—3·（6—3）T　面值80分，票幅规格30毫米×40毫米，发行量2500万枚。图案选用了京剧《贵妃醉酒》中的"袍带丑"（文丑）高力士形象。该剧是一出梅派名剧。画面上的太监高力士，头戴红绒球绿盔，身穿绿色蟒袍；不戴髯口，手持拂尘，点出了这个

权倾朝野的太监身份；低眉顺目，哈腰，则勾画出其察言观色，屈迎奉承的奴才相，仿佛正在小心翼翼地向杨贵妃报告，唐玄宗李隆基散朝后，已转驾到梅妃宫中去了，媚态毕现。不难想象，贵妃杨玉环听到这个消息后，自然是大为愠怒，倍感失落了。

有关京剧《贵妃醉酒》剧情和太监高力士的知识，详见新版《中国集邮百科知识》纪94《梅兰芳舞台艺术（小型张）》。

【蒋干】2001—3·（6—4）T　面值80分，票幅规格30毫米×40毫米，发行量2500万枚。图案选用了京剧《群英会》中"方巾丑"（文丑）人物蒋干形象。该剧讲述的故事是：三国时期，曹操平定中原之后，统军八十多万，沿江而下，意在扫灭夏口的刘备和东吴的孙权。为了共同抗击曹操大军，孙权与刘备两军暂时联

合。诸葛亮奉命来吴，与周瑜参赞军务，协助办理破曹事宜。周瑜嫉妒诸葛亮，数次谋杀均未得逞。周瑜的旧友蒋干自曹操军中过江来访，周瑜测知其来意在说降之后，筵饮间，立下禁谈军事之约，并作伪书，使蒋干中计。蒋干盗书后回去见曹操，曹操怒杀水军头领，正中周瑜计策。画面上的蒋干嘴悬"吊搭"，即唇饰两撇八字须，颏下悬可以晃动的一撮须，头戴方巾，左手紧握刚刚盗得的周瑜设计制造的伪书，右手抓耳，哈腰，弯腿，一脸得意之色，显然相信了伪书中的内容，塑造出了一个不自量力，妄自尊大，企图游说周瑜降曹的颟顸可笑的形象。

【杨香武】2001—3·（6—5）T　面值80分，票幅规格30毫米×40毫米，发行量2500万枚。图案选用了京剧《三盗九龙杯》中武丑人物杨香武形象。该剧讲述的故事是：

一次，清圣祖玄晔出猎时碰到一只老虎，镖客黄三太镖打猛虎救驾，圣祖赐以黄马褂。绿林好汉杨香武不服，入宫盗出了九龙玉杯。圣祖命黄三太查访缉拿盗贼。黄三太借祝寿为名，邀请各路江湖好汉至黄府饮宴，席间问问玉杯下落。杨香武自己挺身承认盗

杯事实。谁知,九龙玉杯又被人盗去,并辗转于金翅大鹏周应龙之手。杨香武去周家讨杯,周应龙大怒,赌约盗杯,届期周应龙亲自守护九龙玉杯。杨香武实在无计,使用熏香将周应龙之妻迷倒,并缚之,以迷惑周应龙。周应龙果然中计,闻声率众跑了过来,杨香武乘机盗走了九龙玉杯。周应龙立即追赶,被黄三太击退。画面上的杨香武,头戴侠士盗贼所戴的胎花罗帽,唇饰武丑常饰的两撇胡须向上挑起的"黪二挑",身穿"豹衣豹裤",左手紧紧抓着失而复得的九龙玉杯,右手指指点点,自言自语,得意之情溢于言表。

【时迁】2001—3·(6—6)T　面值2.80元,票幅规格30毫米×40毫米,发行量1700万枚。图案选用了京剧《时迁盗甲》中武丑人物时迁形象。该剧讲述的故事是:北宋时期,权臣高俅因其弟高濂被梁山好汉所杀,他为了报仇,便力保呼延灼、韩滔、彭玘率军合力攻打水泊梁山。呼延灼采用连环马,大败梁山好汉。

为破连环马,汤隆向宋江推荐徐宁,因其善用的钩镰枪能够破呼延灼的连环马。宋江采纳了汤隆的建议,由军师吴用向时迁授计,派他去东京盗取徐宁祖传的雁翎甲,赚徐宁上梁山。在梁山好汉的劝导下,徐宁加入了水泊梁山。徐宁教梁山兵丁使用钩镰枪,宋江因而大破连环马,打败了呼延灼。画面上的时迁,头戴尖角毡帽,身穿圆领、大襟、束袖、镶有纽扣的"夸衣",又名"英雄结"。他躬背探头,双手举至胸前,左脚抬起停在半空中,蹑手蹑脚,仔细倾听着周围的动静,正准备潜入徐宁府中,盗取雁翎甲。

2001—4 国家重点保护野生动物(Ⅰ级)(二)(T)

【国家重点保护野生动物(Ⅰ级)(二)(T)】Important Wild Animals under the State Protection(2nd Series)(T)　有关野生动物和保护野生动物的知识,详见本书2000—3《国家重点保护野生动物(Ⅰ级)(一)(T)》。

2001年3月16日,为了宣传保护野生动物的重要意义,中华人民共和国国家邮政局继2000年2月25日发行2000—3《国家重点保护野生动物(Ⅰ级)(一)(T)》之后,又发行了一套《国家重点保护野生动物(Ⅰ级)(二)(T)》特种邮票,全套10枚。冯小红、殷会利设

计。影写版。齿孔13度。邮局小全版张呈10枚连印,右上角和左下角各有1枚附票。北京邮票厂印制。

这套邮票的10枚图案,选取了10种国家重点保护野生动物(Ⅰ级)形象,票型统一采用竖式(30毫米×40毫米),用比较写实的表现手法,在造型上尽可能选择过去没用过的角度、动态,注意展现每种动物的生存环境及季节变化,它们或栖息或遨游,或悠闲或警觉,或游戏或扑食,动静相宜,既刻画出了"典型环境中的典型动物"形象,又比较明确地传达出了一种"环保意识"。在全张的形式设计上,不论是每种动物的动势、神态、造型、色彩、构图,每种动物均采用全身形象,并巧妙地运用附票,将10枚票都放在全张邮票之中去考虑,去调整,使得整个画面有分有合,达到了和谐统一,并产生了一种活气。全张采用色彩斑斓的大自然景象为底衬,生动地衬托出了中心图案描绘的12种国家重点保护的野生动物形象,它们仿佛在水中遨游,在陆地上奔跑,生机勃勃,自由自在,永远在地球上与人类和谐共处。每枚图案的右下角都标有每种野生动物的拉丁文名称,为画面增加了科学性和知识性。

【扭角羚】2001—4·(10—1)T　面值30分,票幅规格30毫米×40毫米,发行量1700万枚。图案选用了国家重点保护野生动物扭角羚形象。画面上,一对雌雄扭角羚站在高高的山坡上,挺胸昂首,向后转曲的角显

得既英武又充满着力量;从表情看,虽然像在欣赏大自然的美丽景色,但眼睛里又流露出一种警觉,仿佛时刻都在关注着周围环境的变化。图案右下角印有扭角羚的拉丁文名称"*Budorcas taxicolor*",既点明了画题,又富有科学性和知识性。

【白鲟】2001—4·(10—2)T 面值60分,票幅规格30毫米×40毫米,发行量1700万枚。图案选用了国家重点保护野生动物白鲟形象。有关白鲟的知识,详见新版《中国集邮百科知识》1994—3《鲟(T)》。画面上,一条白鲟挺身跃出水面,似剑的长吻直指天空,充分展现出了一种凶猛气势,"剑鲟"

之称真是名副其实!图案右下角印有白鲟的拉丁文名称"*Psephurus gladius*",既点明了画题,又富有科学性和知识性。

【麋鹿】2001—4·(10—3)T 面值60分,票幅规格30毫米×40毫米,发行量1700万枚。图案选用了国家重点保护野生动物麋鹿形象。有关麋鹿的知识,详见新版《中国集邮百科知识》T·132《麋鹿》。画面上,一只体格健壮的雄麋鹿站在一片嫩绿的草地上,昂首高举美丽多叉的双角,目光中流露出一种雄性特有的骄傲

和力量。图案右下角印有麋鹿的拉丁文名称"*Elaphurus davidianus*",既点明了画题,又富有科学性和知识性。

【达氏鲟】2001—4·(10—4)T 面值80分,票幅规格30毫米×40毫米,发行量1700万枚。图案选用了国家重点保护野生动物达氏鲟形象。有关达氏鲟的知识,详见新版《中国集邮百科知识》1994—3《鲟(T)》。画面上,一条达氏鲟敏捷地游动在水中,它虽然身披"盔甲"貌似"武士",其性格却十分温顺;从表情看,它仿

佛正在全神贯注地从江湖底层泥沙中捕食水生植物、硅藻、底栖无脊椎动物及腐殖质。图案右下角印有达氏鲟的拉丁文名称"*Acipenser dabryanus*",既点明了画题,又富有科学性和知识性。

【北山羊】2001—4·(10—5)T 面值80分,票幅规格30毫米×40毫米,发行量1700万枚。图案选用了国家重点保护野生动物北山羊形象。画面上,一只雄羊行进在险峰中,形似两把弯刀的粗长双角高高举起,威武而雄壮;从眼神看,它既像在欣赏周围的风景,又像发现了什么动静,微微显出有几分警觉。图案右下角印

有北山羊的拉丁文名称"*Capra ibex*",既点明了画题,又富有科学性和知识性。

【虎头海雕】2001—4·(10—6)T 面值80分,票幅规格30毫米×40毫米,发行量1700万枚。图案选用了国家重点保护野生动物虎头海雕形象。有关虎头海雕的知识,详见新版《中国集邮百科知识》T·114《猛禽》。画面上,一只身体硕大的虎头海雕伫立于一枝树干上,体羽以黑色为主,强硬的嘴、爪呈黄色,展现出一种

雄伟和力量;从姿态和神情看,它仿佛刚刚完成从空中迅速俯冲下来,用利爪准确嵌入游在水面上的鱼体内,牢牢地抓向天空,然后在大树上慢慢啄食缓咽的捕食过程,此时也许还在回味鱼儿的鲜美,也许酒足饭饱之后正在欣赏大自然的景致了。图案右下角印有虎头海雕的拉丁文名称"*Haliaeetus pelagicus*",既点明了画题,又富有科学性和知识性。

【野骆驼】2001—4·(10—7)T 面值80分,票幅规格30毫米×40毫米,发行量1700万枚。图案选用了国家重点保护野生动物野骆驼形象。有关野骆驼的知识,详见新版《中国集邮百科知识》1993—3《野骆驼(T)》。画面上,一头高头雄健的野骆驼行进在茫茫的沙漠中,它背部具有前后两个突立的尖锥状肉峰,昂首挺

胸,宽阔扁平的厚脚掌不仅适宜在沙漠中行走,还具有隔热及御寒的作用,真不愧为"沙漠之舟";特别是它那

一身细密的褐色绒毛，和沙漠之色融为一体，显得格外自然而和谐。图案右下角印有野骆驼的拉丁文名称"*Camelus bactrianus ferus*"，既点明了画题，又富有科学性和知识性。

【雪豹】2001—4·（10—8）T　面值1元，票幅规格30毫米×40毫米，发行量1700万枚。图案选用了国家重点保护野生动物雪豹形象。画

面上，一只凶悍的雪豹利用自身的毛色和花斑，正静静地潜伏在山地的乱石中，侧耳观察着动静，两只前脚扶地，犹如一位跑步运动员已经蹲伏在起跑线上，待猎物临近时，便会突然跳跃而起，扑在猎物背上咬断其喉咙。图案右下角印有雪豹的拉丁文名称"*Uncia uncia*"，既点明了画题，又富有科学性和知识性。

有关雪豹的知识，详见新版《中国集邮百科知识》T·153《雪豹》。

【紫貂】2001—4·（10—9）T　面值2.60元，票幅规格30毫米×40毫米，发行量1700万枚。图案选用了国家重点保护野生动物紫貂形象。画

面上，一只紫貂单独站在原始森林中的一枝树干上，拖着短粗的尾巴，昂着小脑袋，浑身透着一种敏捷；它微微张着嘴巴，不知是经过爬树嬉戏后的喘息，还是在自言自语诉说着对生活的感受，洋溢着一种健康而乐观的情趣。图案右下角印有紫貂的拉丁文名称"*Martes zibellina*"，既点明了画题，又富有科学性和知识性。

有关紫貂的知识，详见新版《中国集邮百科知识》T·68《紫貂》。

【高鼻羚羊】2001—4·（10—10）T　面值5.40元，票幅规格30毫米×40毫米，发行量1700万枚。图案选

用了国家重点保护野生动物高鼻羚羊形象。画面上，一只雄高鼻羚羊带领一只小高鼻羚羊站在一片干旱的草原地带，它们相互依存，从神情看，小高鼻羚羊把嘴凑在爸爸的耳边，仿佛在说什么悄悄话；而雄高鼻羚羊侧耳倾听，神情专注，充分表现出了一种亲密的父子之情。图案右下角印有高鼻羚羊的拉丁文名称"*Saiga tatarica*"，既点明了画题，又富有科学性和知识性。

有关扭角羚、北山羊、高鼻羚羊的知识，详见新版《中国集邮百科知识》T·161《野羊》。

【黑颈鹤】2001—4·（附票）T　票幅规格50毫

米×40毫米，发行量1700万枚。图案选用了国家重点保护野生动物黑颈鹤形象。画面上，一家四口黑颈鹤站在一片湖泊岸边，它们除颈、翅和尾羽黑色外，全身呈灰白色，特点是头顶那一点赤红色，透出一种美丽而优雅的气质；它们有的引颈长鸣，有的低头觅食，有的悠闲信步，充满了一种和谐美满的气氛。图案右下角印有黑颈鹤的拉丁文名称"*Grus nigricollis*"，既点明了画题，又富有科学性和知识性。

有关黑颈鹤的知识，详见新版《中国集邮百科知识》1994—15《鹤（中国和美国联合发行）（T）》。

【野牦牛】2001—4·（附票）T　票幅规格60毫米×80毫米，发行量1700万枚。图

案选用了国家重点保护野生动物野牦牛形象。画面上，3只野牦牛站在海拔3500米～5000米的高山之上，全身披挂着长长的黑毛，四肢较短而粗健，尾毛蓬松粗长，完全可以相信它们耐受高原寒冷与风雪的能力；它们有的抬头观望，有的低头思索，从表面上看性情温顺，可一旦被惹怒，野牦牛便会毫不犹豫地主动出击，而且力大无穷，甚至可以将行驶的越野汽车用角挑翻呢！图案右下角印有野牦牛的拉丁文名称"*Bos grunniens*"，既点明了画题，又富有科学性和知识性。

有关牦牛的知识，详见新版《中国集邮百科知识》T·68《畜牧业——牛》。

2001—5 水乡古镇(T)

【水乡古镇(T)】Ancient Waterside Towns(T) 镇是一种行政区划单位，一般由县一级领导。在中国，水乡指长江以南河流、湖泊多的区域，如江苏太湖流域。作为江南水乡命脉的水，是水乡古镇之魂，是它们孕育了水乡古镇的文化底蕴。

2001年4月7日，为了展现中国水乡古镇的风貌，中华人民共和国国家邮政局发行了一套2001—5《水乡古镇(T)》特种邮票，全套6枚。黄里设计。影写版。齿孔12度。邮局全张枚数16(4×4)。北京邮票厂印制。同时发行了(小本票)SB(20)2001。小本票发行量550万本，规格68毫米×110毫米，售价6.80元。北京邮票厂印制。

这套邮票的6枚图案，设计者为了表现江南水乡粉墙黛瓦的总特征，采用中国画水墨写意技法，不仅借助传统中国画技法特有的笔情墨趣，还巧妙合理地将中西画法融汇在一起，甚至有些笔触是用油画笔而非毛笔画出来的，使得整套邮票图案既包含了传统的平和沉静、温文儒雅的情趣，也具有现代审美观念中的讲冲击、求变化、张扬个性的视觉效果。从色彩上看，慷慨的白、深沉的黑，用色简洁单纯，注重了单幅图案的意境感和节奏感，轻重虚实有致，笔墨率真自然，淋漓尽致地表现出了水乡古镇特有的恬静、清新、典雅之韵味。6枚图案采用统一版式，左侧上端一抹黑（浓黑），下端一抹灰（淡墨），中间留白；黑、白、灰三色高度概括了江南水乡古镇特有色彩。特别是画面中的那一块鲜艳醒目的红色，与笔走龙蛇的"水乡"草书2字相互映衬，使画面亮出一种喜庆和吉祥气氛，能够给读者亲切的身临其境之感。《水乡古镇》小本票封底和过桥票上设计了6种款式的船缆石。船缆石是水乡古镇的一大特色，林林总总的造型各异的船缆石静卧在古镇的驳岸间，证明着历史上的古镇为商贾云集、商贸发达的集镇。船缆石是过去商贾为使摇船上镇赶集的农民能光顾本店，特意请人精心雕造后镶嵌在商店附近石驳岸中的。它带有穿孔的石钉，为船家提供了泊船系缆的方便，属于商业竞争中的一种服务性策略和手段。船缆石均为一尺见方，散散落落分布于漫长而曲折的石驳岸间。船缆石的雕刻手法有阴刻、阳刻、浮雕、立雕；画面与缆孔的布局有横式、竖式、平面、凸面；图案内容多采用民间流行的群众喜闻乐见的吉祥符号和寓意题材，其中有如意、定胜、双钱、猫眼、牛睛、象鼻、双桔、双榴、芝草、蕉叶、立鹤、卧虎、双蝠、狮子滚绣球及民间传说中的"刘海戏金蟾"等，表达了人们的美好祝愿和祈望。船缆石虽雕刻得简单，却表现出了民间艺术的质朴美，是具有鲜明中国传统的东方石刻艺术。小本票所绘的6种船缆石图形，均选自吴江市各镇河港的石驳岸，其中有如意两种，取"事事如意"之意；笔锭两种，谐意"必定"，寓意"必定高中"；瓶笙三载一种，谐音"平升三级"；单犀角一种。可见，船缆石生动地体现出了水乡特有的一种韵味。

【昆山周庄】2001—5·(6—1)T  面值80分，票幅规格50毫米×30毫米，发行量2500万枚。图案采用平视角度，描绘了水乡古镇昆山周庄的自然风貌。周庄古镇面积为0.47平方公里，位于江苏省苏州市东南38公里，昆山市西南33公里，青浦、吴江、吴县、昆山四市县交界处。隶属昆山市。周庄历史悠久，早在春秋战国时期，周庄境内为吴王少子摇的封地，称作"摇城"，后又改称为"贞丰里"。北宋元祐元年（公元1086年），周迪功郎信奉佛教，将庄田13顷捐给全福寺作庙产，百姓感其恩德，改名为"周庄"。宋高宗南渡后，人烟渐密。元末期，当地商人沈万三利用周庄镇白蚬江水运之便，西接京杭大运河，东北走浏河出海通番贸易，遂成江南巨富，周庄成为其粮食、丝绸、陶瓷、手工艺品的集散地，发展为苏州地区的巨镇。周庄四面环水，犹如浮在水面上的一朵睡莲。镇内4条河道形成"井"字形，因河成街，傍水筑屋。有河有街必有桥，河是路的一种，桥是路的延续，小桥、流水、人家，优美和谐。历经900年沧桑，周庄依然保存着原有的江南水乡古镇风貌和格局。庄内60%以上民居仍为明清建筑，有近百座古典宅院和六十多个砖雕门楼，如沈万三后裔建的沈厅，明初中山王徐达后裔建的张厅，均为典型的明清住宅。庄内有14座各具特色的小古桥。以河成街，桥街相连，依河筑屋，深宅大院，重脊高檐，河埠廊坊，过街骑楼，穿竹石栏，临河水阁，古香古色，水镇一体，一派古朴、明洁之幽静。正像著名画家吴冠中所誉："周庄集中国水乡之美。"周庄与名人雅士联系在一起。西晋文学家张翰（字季鹰），唐代诗人刘禹锡、陆龟蒙曾寓居于此；近代柳亚子等南社发起人，曾聚会迷楼饮酒作诗；现代画家陈逸飞，1984年以双桥（世得桥，永安桥）为素材的油画《故乡的回忆》，连同他创作的37幅作品一起在美国西方石油公司董事长阿曼德·哈默的画廊展出，使世界认识了周庄。画面上，鳞次栉比的老屋深院，依河傍水，风姿古朴；桥下河水波光粼粼，桥旁人家静谧安逸；楼在桥上，影在水中，既生动地展现出了水乡古镇过街骑楼、临河水阁、水墙门、旱踏渡、河埠廊坊、穿竹石栏,又仿佛清晰地倾听到了水乡古镇深情地诉说着自己的美妙故事。

【吴江同里】2001—5·(6—2)T 面值80分,票幅规格50毫米×30毫米,发行量2500万枚。图案采用仰视角度,描绘了水乡古镇吴江同里的自然风貌。

同里位于江苏省东南部吴江市北部,距苏州城18公里,距吴江仅6公里。旧称"富土"。唐初,因名太侈,改称"铜里"。至宋代,将旧名"富土"两字相叠,上去点"、",中横断,拆字为"同里"。同里风景优美,镇外四面环水,镇区被"川"字形的15条小河分隔成7个小岛,而49座古桥又将小岛串连成一个整体。同里是江苏保存最完整的水乡古镇之一,素有"东方威尼斯"之称。因水成街,因水成路,因水成市,因水成园,家家临水,户户揖舟。房屋傍水而建,以明清建筑为主,多是深宅大院格局,有"明清建筑博物馆"之誉。其中一座"退思园"更让同里人无比骄傲。它集清代园林之长,小巧精致,清淡雅宜,亭台掩映,趣味横生,堪称江南古典园林的经典之作。同里的古桥最有名的是"三桥",即太平桥、吉利桥和长庆桥,它们坐落在镇中的三河交汇处,呈"品"字形,自然形成街道。"三桥"为解难消灾的象征,"人逢喜事走三桥",同里青年男女结婚时,新郎新娘要在鼓乐声中抬着花轿过"三桥",以保佑夫妻白头偕老。出自同里的名人名士举不胜举,自宋至清末,出状元一名,进士42名,文武举人九十多名。同里被列为联合国教科文组织"世界文化遗产"预备名单。画面上,小桥流水之中,水巷曲折幽深;粉墙黛瓦之内,老屋深藏不露;任自由拾级上下的石梯,仿佛悠然置身于世外之境。

【桐乡乌镇】2001—5·(6—3)T 面值80分,票幅规格50毫米×30毫米,发行量2500万枚。图案采用仰视角度,描绘了江南水乡古镇桐乡乌镇的自然风貌。

乌镇位于浙江省北部嘉兴市下辖的县级市桐乡市境内,桐乡与嘉兴、湖州和江苏吴江市两省四市的交汇点。有六千多年历史。春秋时期,乌镇为吴疆越界,战事频繁,吴国曾驻兵于此以防御越国,故得名"乌戍",并纳入国家的政治建制。唐咸通十三年(公元872年)始建镇。宋嘉定年间,以车溪(今市河)为界分为两镇,河西为乌镇,属吴兴县(今湖州市);河东称青镇,属桐乡市。1960年,两镇合并,通称乌镇。古民居墙上常涂有类似于黑色的油漆,据说这种涂料可以保护墙面,而黑色在江南桐乡一带被称为"乌",乌镇之名可能由此而得。乌镇东、西、南、北四条老街呈"十"字交叉,构成双棋盘式河街平行、水陆相邻的古镇格局。以水稻和养蚕为主业,保留着江南农村的风情。清代民居依河而建,和河上石桥共同构成小桥、流水、古宅的江南古镇风韵。古建筑的梁、柱、门、窗上的木雕和石雕工艺精湛,依河道而建的廊棚极富水乡韵味。乌镇文人荟萃,历史上出进士64名,举人161名。乌镇因清光绪之师夏同善而著名,更因近代文学巨匠茅盾而誉满天下。画面的主景是乌镇的水阁景色,那是位于乌镇东市河应家桥(邮票图案上看不到的一座古老的小石拱桥)至新华桥之间的景色。所谓"水阁",即建在河边上,并占据了少量河面的典型乌镇民居。画面的左侧,最远处是民居、立志书院、茅盾故居管委会,能看清的是从新华桥、新华路起,临河建造的房屋依次为古戏台、天韵楼、近景的几间商行,以及装卸货、洗涮用的河埠(乌镇人称为桥埠);画面的右侧为帮岸上的民居、廊棚。所谓"帮岸",即石砌的垂直的河岸。一座座依河而建的古宅老屋,布满青苔的墙,黝黑色的门板,栅栏型的窗;长长的古桥,一条条石板小路,民居在水中的倒影,仿佛都在诉说着乌镇几百年来的沧桑故事,让人感受到一种秀丽之美,宁静之美。

【湖州南浔】2001—5·(6—4)T 面值80分,票幅规格50毫米×30毫米,发行量2500万枚。图案描绘了水乡古镇湖州南浔的自然风貌。

南浔位于浙江湖州市东北角,距湖州30公里,镇区面积3.2平方公里。南浔历史悠久,宋代已建镇。浔溪河穿越古镇,故原名"浔溪"。浔溪之南商贾云集,屋宇林立,名称"南林"。建镇时,两地合并,改称为"南浔"。明万历年至清中叶为南浔经济最繁荣鼎盛时期。《江南园林志》记载:"以一镇之地,且拥有五园,且皆为巨构,实江南所仅见。"南浔花园古迹甚多,如颖园可与苏州狮子林媲美,园内假山错落有致,古木葱郁;小莲庄则是一座私家园林,别具特色。最能体现江南水乡风貌的建筑是坐落在镇东的百间楼,始建于明代,清时增修,依河立楼,木柱廊檐,楼屋倒影河水之中,渔歌隐约,构成一幅江南水乡的诗情画卷。中国近代史上,南浔是一个罕见的巨富之镇,河道纵横,多种桑树,被称为"四象八牛七十二条金黄狗"的百余家丝商巨富所产的"辑里湖丝"驰名中外,有"耕桑之富,甲于浙右"之美誉。南浔名胜古迹与自然风光和谐融洽,既充满着浓郁的历史文化底蕴和灵气,又洋溢着江南水乡古镇诗画般的神韵。南浔已被联合国教科文组织正式列入"世界文化遗产"预备清单。画面上,依河而建的古楼屋,青瓦粉墙,水乡风貌依旧。

【吴县甪直】 2001—5·(6—5)T

面值80分,票幅规格50毫米×30毫米,发行量2500万枚。图案描绘了江南水乡古镇吴县甪直的自然风貌。甪直坐落在江苏省苏州市吴中区,距苏州26公里,距上海58公里。据《甫里志》记载,原名"甫里",因唐代诗人陆龟蒙(号甫里先生)隐居于此而得名。清代,因镇东有直港,铜像六处,水流形成"甪"字状,故改名为"甪直"。俯视全镇呈"上"字形,占地面积约1.1平方公里。甪直桥多,原有宋、元、明、清时代的石拱桥72座半,现仅存41座;桥形各异,造型独特,有多孔和独孔石桥,有拱桥和平顶桥,故有"桥都"之称,被誉为"桥梁博物馆"。镇内桥街相连,河水相通,名胜古迹星罗棋布,遍布每个角落。其中最出名的为保圣寺的罗汉,它出自唐代著名雕塑家杨惠之之手,历经千年,人物形象依然栩栩如生,盛唐气势依存。古银杏也是甪直一大特色,目前有树7棵,其中保圣寺四周有4棵,最大一棵树龄为1300年之久。著名教育家、文学家叶圣陶因爱银杏,故后即葬于保圣寺4棵银杏树旁,并建有叶圣陶纪念馆。古镇有58条巷子,最深为150米。镇内河上来往小船络绎不绝,驳岸的船缆石独具特色,它采用阴刻、浮雕、立体等手法,刻有如意、寿桃、蝙蝠等吉祥图案,至今保存有五十余件,在《水乡古镇》小本票上可以见到其民间雕刻艺术之风采。画面上,街巷沿河,贴水成街,以卵石及花岗石铺成的街道犹存;平屋或两层楼房的民居,粉墙黛瓦,木门木窗,宽梁翘脊,极其古朴;古桥横卧河上,水陆融成一体,让人实在难忘这座江南名副其实的鱼米之乡。

注:甪直古镇原位于江苏吴县东部。2001年3月1日,苏州市区的行政区划作了重大调整,撤销吴县,在原吴县区域分别成立苏州市吴中区和相城区,甪直古镇划归吴中区管辖。吴县的撤销,使这枚邮票成为一枚地名有误的邮票,正确票名应为"吴中甪直"。

【嘉善西塘】 2001—5·(6—6)T

面值2.80元,票幅规格50毫米×30毫米,发行量1700万枚。图案描绘了江南水乡古镇嘉善西塘的自然风貌。西塘位于浙江省嘉兴市嘉善县境内,距县城11公里。面积9.9平方公里,是我国最大的水乡古镇。西塘历史悠久,早在春秋战国时期,为吴越相争的交界地。古称胥塘、斜塘,又名平川,有"吴根越角"之称。唐开元年间就有了村落,明代正式建镇。西塘地势平坦,河流纵横,自然环境幽静。老镇区内依然保存有25万平方米的明清古建筑群,而且规模大,保存好。在一平方公里的老镇区内,有明清古桥27座,古弄122条,廊棚千余米。其中廊棚和古弄堪称"双绝"。廊棚即带屋顶的街,有的濒河,有的居中,沿河一侧有的设有靠背长椅,供人歇息。廊棚以砖木结构为主,一色墨瓦盖顶,沿河而建,连为一体,俗称"一落水",既可遮蔽风雨,又可驻足观景。西塘的廊棚是一条长达千米的风景线,沿途设有别致的小摊贩卖各种物品,漫步其中,思古之情油然而生。西塘有着浓郁的文化氛围。从明万历年间至清末年间,出进士19名,举人31名,历史上许多文人雅士在此留下足迹。画面上,街衢依河而建,民居临水而筑,鳞次栉比的明清建筑与纵横交错的市河相映成趣;桨声四起的流水,青瓦灰墙的人家,处处碧波荡漾,家家临水入影,既展现出了西塘闻名于世的"桥多、弄多、廊棚多"的古朴特征,也宣扬了西塘小桥流水,渔舟点点,如诗如画的自然景色。

2001—6 永乐宫壁画(T)

【永乐宫壁画(T)】Murals of Yongle Palace(T)
永乐宫原名大纯阳万寿宫,现坐落在山西省芮城县城北3公里龙泉村东侧的古魏国遗址内,北枕中条山岭,南临黄河古道。宫址原在芮城西向20公里的永乐镇上。据道藏中有关典籍和宫内碑文记载,永乐镇为道教八仙之一的吕洞宾诞生地。吕氏死后,乡人将其故居改为吕公祠。金末,随着吕洞宾神话故事的流传,奉祀者逐渐增多,祠堂遂增修门庑,扩充为道观。蒙古太宗三年(公元1231年)毁于火,其时新道教全真派首领丘处机等人,受朝廷宠信,祖师吕洞宾备受尊崇,次年敕令升观为宫,封真人号曰"天尊",并派河东南北两道教提点潘德冲主持,营建此宫。历时15年,至中统三年(公元1262年)建成主体建筑,至元三十一年(公元1294年)又建成龙虎殿,泰定二年(公元1325年)绘完三清殿壁画,至正十八年(公元1358年)纯阳殿壁画竣工。前后一百一十多年,几乎与元朝共始终。明、清两代,曾作小规模维修和补绘,较完整地保存了元代艺术宝藏。元代时改称"大纯阳万寿宫";因地处永乐镇,故又名"永乐宫"。元代的大纯阳万寿宫,占地面积很大,附属建筑很多,今日的永乐宫只是原来建筑的主要部分。但它仍然是我国现存规模最大、保存最为完整的一组元代道观建筑群。宫内主体建筑现存二门三殿,即山门、无极门、三清殿、纯阳殿、重阳殿五进建筑。除山门为清代重建外,其余一门三殿均为元代建筑。五座建筑从南到北,排列在一条约有500米长的中轴线上,中轴线为一米多高、约90米宽的甬道,各殿前后相连,布局疏朗,结构严谨。主殿三清殿最大,位置在前,与一般寺庙主殿在后截然不同,而与皇宫设置相似。无极殿以后,殿宇规模与其间距逐渐缩小。据明崇祯九年(公元1636年)《纯阳万寿永乐宫重修墙垣碑记》记载:"殿阁巍巍,按天上之九星而罗列,道院森森,照地下之八卦而排成。"永乐宫各殿精美的元代壁画(包括栱眼壁画)总面积达1000平方米,题材丰富,笔法高超,为我国绘画史上的杰作。三清殿(又称无极殿)面阔七间深四间,八架椽,单檐五脊顶。台基高大,月台宽阔,前檐中央一间和后檐中间均装隔扇门,其余为墙,殿内减去前槽金柱,空间敞朗,北中三间设神坛,神坛前三间其上各有一藻井,井底盘龙。神坛扇面墙(背壁)上方置悬塑送客仙人。殿顶黄绿蓝三色琉璃剪边,两只琉璃大鸱吻均为一龙绕成,着孔雀蓝釉,光彩夺目。斗心扇面墙外面和殿周四壁绘《朝元图》。《朝元图》完成于公元1325年,由河南府洛京勾山马七等11位民间画师绘制。它描绘了中国民间诸神朝拜元始天尊,即玉清元始天尊、上清灵宝天尊和太清道德天尊三位主神的情景。画面全长94.68米,高4.26米,总计403.3平方米。画上共绘有八位着帝王装束的主神,统领着众神仙朝拜。朝拜队伍分四层排列,众神仙神情肃穆,场面壮观。画中主神高达3米以上,最矮的玉女也约2米。《朝元图》所绘诸神面貌各异,神情生动,有肃穆庄严的帝君、威武彪悍的天将、优雅美丽的玉女、翩翩欲仙的真人,有的似对语、有的若凝神、有的如倾听、有的像顾盼,神韵仪容各异,风情姿态栩栩如生,整体布局严谨,场面开阔,主次分明,远近疏密相宜,繁简得体。纯阳殿(又名混成殿或吕神殿)内壁画名为《纯阳帝君神游显化图》,面积约200平方米,画幅高约3.5米,题材

描绘了吕洞宾一生经历。全图由52幅连环故事画组成,从吕祖诞生起,至所谓"得道成仙"和"普度众生,游戏人间"止。52幅画之间并无一定界限,而是山树相连,房路相接,远景近景可以相互借用,仿佛整个画面就是一幅画,构图十分巧妙。52幅画的每幅画角处都有一段原始题记,介绍该幅画的内容。该壁画内容丰富,反映出的社会活动可以看作是13世纪~14世纪中国社会生活的缩影,是研究历史和古典文艺的珍贵形象资料。纯阳殿神坛扇面墙背壁上,绘有一幅《二仙谈道图》(钟离汉与吕洞宾),面积约16平方米,背景为松石清流,环境幽美,人物线条洗练,神态自若。与之相对的北门上方绘有《八仙过海图》。重阳殿(也称七真殿或袭明殿)壁画面积约160平方米,画高3.2米,内容为王重阳传记故事49组,有榜题,其布局与画风和纯阳殿近似。另外,永乐宫各殿中还有一些栱眼壁画,绘有仙女、飞天、伎乐童子、花卉、动物等,皆生动有趣,为神殿庄严肃穆的气氛增添了欢乐。1959年,三门峡水库修建时期,位于黄河北岸的永乐宫正处在水库的蓄水区。为了保存好这一文化遗产,国务院决定将永乐宫连同壁画整体搬迁。历经5年的迁建,永乐宫又神奇地在新址复原,不仅建筑保持着原来的风貌,而且连壁画也完好如初。也正是这些鬼斧神工的搬迁技术和智慧的壁画修复技术,为永乐宫增添了神秘色彩和艺术魅力。

2001年5月5日,为了宣扬中华民族灿烂辉煌的文化艺术,中华人民共和国国家邮政局发行了一套《永乐宫壁画(T)》特种邮票,全套4枚。摄影作者薛超、李瑞芝。阎炳武设计。胶版。齿孔12度。邮局全张改数16(4×4),横4枚连印。北京邮票厂印制。

这套邮票的4枚图案,均选自永乐宫三清殿壁画《朝元图》。由于壁画历经数百年风雨,即使保存再完好,修复技术再高超,现存的画面也不可能清晰如初;如果将高约4米的壁画的色彩关系简单地照搬到方寸之间,因大小比例关系上存在的很大差距,势必会损失许多层次,从邮票图案上便很难欣赏到壁画原有的风采。在设计过程中,设计者以注重保留原壁画精神为基础,对邮票图案所选用的壁画进行了精心的整理和加工,主要包括线条的调整、色彩的加强和减弱、边饰花边的运用、边饰花纹的选择以及充分考虑整个画面及4枚票连印在一起的艺术效果等,成功地利用邮票这一载体将永乐宫壁画所具有的玄妙意象、灵秀技艺、写实技法、宏伟气势、奇特构思等艺术特征展现给了全世界。全张版式设计颇具匠心,四角及左右安排的红色方形和椭圆形"永乐宫壁画"、"朝元图"印章,既点缀了版面,又标出了画题。上下边以四横连仿附票样式,展现壁画的线描

图,两端钤以红色方形和椭圆形"永乐宫壁画"、"朝元图"印章,犹如一幅精心装裱的古画,风貌别致,发挥了烘托和补充主图的艺术作用。

【西王母】2001—6·(4—1)T 面值60分,票幅规格38毫米×50毫米,发行量1600万枚。图案选取了永乐宫三清殿西壁中部壁画《朝元图》中的西王母形象。西王母为神话人物。亦称金母、王母或西姥。在《山海经》中,她是一个豹尾虎齿而善啸的怪物。在《穆天子传》里,她则是一位雍容平和、能唱歌谣的妇

人。到《汉武内传》里,她却成为一位年约三十、容貌绝世的女神,并把三千年结一次果的蟠桃赐给武帝。在《神异记》中,更为她塑造了一个配偶东王公,一年一相会。在后代小说、戏曲里,她又被称为"瑶池金母",每逢蟠桃熟时,便大开寿宴,诸仙都来为她上寿,故旧时民间将西王母作为长生不老的象征。画面上的西王母特写形象,盛装华贵,在玉女簇拥下,款款行进在朝拜的队伍行列中。

【奉宝玉女】2001—6·(4—2)T 面值80分,票幅规格38毫米×50毫米,发行量1600万枚。图案选取了永乐宫三清殿西壁中部壁画《朝元图》中的奉宝玉女形象。玉女为道教名词。修炼得道的童男童女被称为"金童玉女",亦称"灵童玉女"。道经称,太上道君有金童玉女各30万人侍卫,元始天尊则有灵童

玉女9000万人。玉女亦称仙女。《神异经·东荒经》:"东王公……恒与一玉女投壶。"刘良注:"玉女,太华神女。"画面上,玉女双手捧着宝物,缓缓前行,优雅而美丽。

【东极救苦天尊】2001—6·(4—3)T 面值80分,票幅规格38毫米×50毫米,发行量1600万枚。图案选取了永乐宫三清殿西壁外侧壁画《朝元图》中的东极救苦天尊形象。天尊是道教对最高天神的尊称。《真灵位业图》排列神仙位次,最高神称为"元始天尊"。《云笈七籤》卷三"道教三洞宗元"称天尊有十种名号,

依次为:一曰自然,二曰无极,三曰大道,四曰至真,五曰太上,六曰道君,七曰高皇,八曰天尊,九曰玉帝,十曰陛下。道经所称的天尊主要有:三清,即元始天尊、灵宝天尊、道德天尊;三代天尊,即过去元始天尊、现在玉皇天尊、未来金阙玉晨天尊。此外,还有九天应元雷声普化天尊、太乙救苦天尊等。据道教说,救苦天尊是天界专门拯救不幸堕入地狱之人的大神,受苦难者只要持书有天尊名号的符咒,祈祷或念诵天尊之名,就能得到救助。东极源于古代星辰崇拜。画面上的东极救苦天尊,在众灵童玉女的侍护下,盛装,慈颜,稳步前行,仿佛随时都准备救助苦难者,让人肃然起敬。

【金星、水星】2001—6·(4—4)T 面值2.80元,票幅规格38毫米×50毫米,发行量1600万枚。图案选取了永乐宫三清殿北壁东段壁画《朝元图》中的金星、水星形象。其源于古代星辰崇拜。道经称,水、木、金、火、土五大行星各有一方神掌管,称"五曜星君",即东方岁星(木星)、南方荧惑(火星)、中央镇星(土

星)、西方太白(金星)、北方辰星(水星)。金星是太阳系中接近太阳的第二颗星。《诗经·小雅·元东》:"东有启明,西有长庚。"乃言金星早晨出现于东方称"启明星",黄昏出现于西方称"长庚星",又称"太白星"。按照中国古代之"五行"说,西方属金,金色白,故《天官占》云:"太白者,西方金之精。白帝之子,上公、大将军之象也。"后金星被神格化,称作"太白金星"。最初之太白金星神为女性,"着黄衣,头戴鸡冠,手弹琵琶"。《上清十一大曜灯仪》称金星"常御四德之乐(琵琶),旁观五德之禽(鸡)"。明代以后,太白金星之形象衍变成一老态龙钟、慈祥白发之老神仙,常奉玉皇大帝之命往各处招安,乃天庭之钦派使者。水星仅受玉皇大帝支配,统帅三界星神和山川诸神,乃一切现象之宗主,能呼风唤雨,役使雷电鬼神。画面上的金星和水星,身材魁伟,神情自然,目视前方,仿佛随时都在关注着三界的变化与安危。

2001—7 中国古典文学名著
——《聊斋志异》（第一组）（T）

【中国古典文学名著——《聊斋志异》（第一组）（T）】A Collection of Bizarre Stories: A Literary Masterpiece of Ancient China(lst Series)(T) 《聊斋志异》是中国古代最优秀的一部文言短篇小说集。清代蒲松龄著。清人张希杰的《铸雪斋钞本聊斋志异》，分为十二卷，有目488篇。现存最早刻本为乾隆三十一年（公元1766年）青柯亭本，则分为16卷，四百多篇，但篇目并不完全。新中国成立后，还发现了作者的半部手稿定稿本，曾影印出版；又有会校会注会评本，所收篇目较为完备。在中国古代小说中，《聊斋志异》属于志怪传奇类小说。这类小说发端于六朝时代的志怪书。志怪书叙述简单，仅是"粗systems梗概"，只能算是小说的萌芽。到唐代，传奇开始记载委婉，人物也生动起来，不仅小说文体的基本要素都已具备，而且还创作出了一批优秀的成熟作品。可惜，此后数百年间，这类小说虽然不断有人创作，但作品却未能达到更高的文学境界。正是在这个时候，山东淄川的一位穷秀才蒲松龄创作出了《聊斋志异》，登上了志怪传奇小说的艺术最高峰。蒲松龄（1640—1715），字留仙，号流泉居士，也称聊斋先生。山东省淄川县蒲家庄人。他自幼热衷于科举功名。19岁时应试，在县、府、道三次考试中均考中第一名秀才，以后再试却一直未中。31岁时曾去江苏宝应县当文牍师爷，他在县衙一年中耳闻目睹了官场的污浊黑暗，第二年便辞职回乡，并长期在家乡当家塾教师。他长年生活在农村，了解群众的疾苦，从而对封建社会有清醒的认识，加之他喜欢阅读东晋人干宝的《搜神记》和苏东坡与人谈鬼的故事，更引起他对神仙鬼怪的兴趣，激发他不消极对待人生。他曾在自家门上贴一副对联："有志者，事竟成，破釜沉舟，百二秦关终属楚；苦心人，天不负，卧薪尝胆，三千越甲可吞吴。"他以破釜沉舟的毅力和卧薪尝胆的精神，搜求奇闻逸事，深入民间，广闻博采，以民间流传的故事为基础，通过他自己的丰富想象，创造出不少优秀作品。经过二十多个春秋的日积月累，耗尽毕生精力，在他41岁时，终于写成了闻名世界的《聊斋志异》。作品构思巧妙，语言生动。以谈狐说鬼的表现形式，对当时现实的黑暗和官吏的罪恶颇多暴露，于科举制度和礼教都有所批判，并以同情笔调描绘了青年男女真诚相爱的故事。但书中也存在着封建说教和迷信色彩。《聊斋志异》自问世以来三百多年间，一直深受广大读者所喜爱，究其艺术魅力之大，传播之广的原因，就在于全书近500篇作品，虽然在思想性、艺术性上极不平衡，但其中有许多篇章，特别是一些狐鬼故事，既富有瑰丽的幻想色彩，引人入胜，又蕴含着真实的人情事理，耐人寻味，发人深省。

2001年4月21日，为了宣扬中国古典文学的辉煌成就，中华人民共和国国家邮政局发行了一套《中国古典文学名著——＜聊斋志异＞（第一组）（T）》特种邮票，全套4枚。陈全胜设计。影写版。齿孔12度。邮局全张枚数24(6×4)。北京邮票厂印制。

这套邮票的4枚图案，设计者借鉴了明清书籍木刻插图中格调清雅明快、手法简洁古拙的艺术手法，工笔重彩，深浅搭配，既注重对各种不同人物微妙的刻画和神态的描绘，也注重对景观的表现，以景托情，将一个个既可爱又可恨的"牛鬼蛇神"刻画得栩栩如生，"比正人君子更可爱"；同时也吸收了其造型上的某些特点，营造出了与原著所处时代相同的社会世俗风情，达到了情景交融的艺术境界，将《聊斋志异》固有的真真假假、虚虚实实、亦真亦幻、亦人亦仙的风格展现得淋漓尽致。

【婴宁】2001—7·(4—1)T

面值60分，票幅规格38毫米×50毫米，发行量2500万枚。图案描绘了《聊斋志异·卷二》中"婴宁"的一个精彩情节。"婴宁"描写的故事情节是：莒县罗店人王子服，在元宵节那天，他与表兄吴生出游时，偶遇一位美丽女子，归后因相思而病。吴生怕其因痴情而亡，谎称女子为姨家女，家住30里外山中。王子服相信并欣然寻找，果然在谷底树丛的一座小村庄里撞见，知其为婴宁。婴宁母为狐，寄养鬼母家，"少教训"，见王子服嗤笑、狂笑、憨笑，甚至"咭咭叱叱"，攀爬树上，"狂笑欲坠"。养母鬼妈妈说王子服与婴宁还是表亲。原来婴宁为王子服姨父与狐所生。王将其带回家中，举行婚礼，婴宁却"笑极不能俯仰"，连婚礼亦不能正常举行。婚后的王子服和婴宁，种花嬉笑，十分和谐甜美。王子服和婴宁为答谢婴宁生母及养母的养育之恩，将她们迁坟合葬。之后，王子服与婴宁生一子，其与婴宁一样爱笑，十分聪明可爱。邮票图案选取了王子服与婴宁在屋后小花园相会的情景：春光明媚，鲜花盛开，婴宁俏皮地攀援在一棵大树的枝间，见王子服走来，以袖掩口，嗤笑着差点儿要掉下来；王子服见状急忙喊道："不要笑了，小心掉下来！"自然环境优美,人物神态逼真,刻画出了一个蔑视封建礼教、敢说敢笑、敢按自己意志行事的少女形象。

【阿宝】2001—7·(4—2)T　面值80分,票幅规格38毫米×50毫米,发行量2500万枚。图案描绘了《聊斋志异·卷二》中"阿宝"的一个情节。"阿宝"描写的故事情节是:粤西有一位贫穷书生,名孙子楚,老实少话,生有枝指(六指)。当地一富翁有一女,名阿宝,天生艳色。有人取笑孙子楚,让他向阿宝求婚。

孙子楚竟然不识别人的用意,真的请媒婆去富翁家提亲。富翁嫌其贫。阿宝在媒婆面前揶揄孙子楚,说孙子楚如果能够去掉自己的枝指,自己便嫁给他。孙子楚毫不犹豫地将自己的枝指断掉,但阿宝并未兑现自己的承诺。清明节,孙子楚偶然与阿宝相遇,被她的美丽感动,失魂落魄,常常在梦中与阿宝同玩同栖,甚至能够准确说出阿宝房内的摆设。阿宝被感动了,她也做同样的梦。不久,孙子楚变为一只鹦鹉飞进了阿宝的住处,而且只有阿宝喂食他才吃。阿宝感动不已,对着孙子楚变成的那只鹦鹉说,你已经变成了鸟,如果能够再变回成人,我便嫁给你。当即,鹦鹉衔起阿宝的绣鞋回家,孙子楚的病顿时痊愈,有情人终成眷属。大比之年,有人又以七道怪题揶揄孙子楚,说是科举考题。孙子楚又信以为真,用心揣摩。恰巧主考官为了防止熟题舞弊,所考之题居然与那七道怪题完全符合,孙子楚因而得中进士及第,授予翰林。作品形象地赞美了人世间一种如痴般的至诚品格。邮票图案上,阿宝端坐在深宅闺房之中,面对孙子楚变成的鹦鹉,仿佛正在深情地说,这只鹦鹉若能再变回成孙子楚,她便嫁给他;图案右侧一枝红杏出墙,寓意阿宝的艳美闻名遐迩。

【画皮】2001—7·(4—3)T　面值80分,票幅规格38毫米×50毫米,发行量2500万枚。图案描绘了《聊斋志异·卷一》中"画皮"的一个精彩情节。"画皮"描写的故事情节是:一位名叫王生的秀才,在路上遇见一位美貌女子,便带回家中同居。道士指点王生,他领回家中的女子是一个狰狞恶鬼,美丽的外表只是一张画皮。王生迷恋女子美色,不相信道士之言。某日,王生回家后,见大门从里面插着,便顿生疑虑,他立即翻过一道破墙进入院中,并蹑手蹑脚走到窗前偷看,果见一翠色狰鬼铺人皮于榻,执彩笔而绘;然后振衣披身,化为女

子。王生惧怕,求道士帮助,获一蝇拂悬于寝门警鬼。深夜狩鬼回来,撕碎蝇拂,入室剖腹掏王生心吃掉。王生之妻陈氏经道士指点,向一个肮脏的疯子求救,疯子羞辱陈氏,并让其吞下他所咳出的浓痰。陈氏吞而复吐,所吐出的竟是丈夫王生的心脏。王生因而得以复生。邮票图案上,房间里,恶鬼正在绘制一张美女的皮;王生站在门外,踮着脚往屋子里窥探,亲眼看到自己领回家的真是一个狰狞恶鬼,他万分恐慌,也许已有几分没听道士指点的悔意,形象地揭示出了一个贪色而又执迷不悟的人只能自食其果的道理,耐人寻味。

【偷桃】2001—7·(4—4)T　面值2.80元,票幅规格38毫米×50毫米,发行量1700万枚。图案描绘了《聊斋志异·卷一》中"偷桃"的一个情节。"偷桃"描写的故事情节是:作者少年时,在去赶考途中恰遇"演春"之日(立春前一天),一术人挑担带披发童到布政使衙前表演魔术。四位身穿红袍的官员坐于公

堂之上观看。有父子俩挑担上堂说是变戏法的。官员让他俩表演"取桃子"。其父便脱衣覆笥(笥为盛饭或盛衣物的方形竹器),并故意抱怨天寒无桃,无奈只好到王母娘娘的园内去偷。于是,他们便拿出一条长绳抛向空中,只见绳子竖立在空中,渺入云中。父亲说自己身老手脚不灵敏了,只能让儿子上去;儿子担心地说,万一绳断,便会粉身碎骨呀!父亲说,如果能够取得桃子,可得百金重赏,就可以给儿子买个媳妇了。儿子便顺绳而上,如蛛趁丝,人渐入云霄。许久,空中终于掉一碗大桃子。忽然,绳子坠落,观者皆惊;紧接着,儿子的头颅、腿脚一件件从空中掉了下来。其父一边悲泣:我儿没命了!一边将儿子的肢体一一拾置笥中盖好。官员吓得目瞪口呆,立刻赐其不少银两。其父敲击着笥说:我儿出来谢赏!顿时,只见儿子头顶笥盖而出,并向官员磕头道谢。邮票图案上,一条细细的长绳直竖空中,身穿红衫的儿子就像蜘蛛在丝上爬行一样,正在敏捷地攀缘

而上,他回首向下,仿佛正在聆听父亲的指点;父亲站在绳下,仰首,仿佛正在嘱咐着儿子什么;观众中有男有女,有老有少,有官有民,各行各业……人人引颈翘首,个个兴趣盎然,屏息观看;父亲手中的锣没敲,旁边的大鼓不响,设计者捕捉住了"演春"锣鼓喧天过程中的瞬间静态,精彩而富有丰富的想象空间。

2001—7M 中国古典文学名著——《聊斋志异》(第一组)(小型张)(T)

【中国古典文学名著—《聊斋志异》(第一组)(小型张)(T)】A Collection of Bizarre Stories: A Literary Masterpiece of Ancient China (1st Series) (Souvenir Sheet) (T)　2001年4月21日,为了宣扬中国古典文学的辉煌成就,中华人民共和国国家邮政局发行了一套《中国古典文学名著—〈聊斋志异〉(第一组)(T)》特种邮票,同日发行了1枚小型张。陈全胜设计。影写版。齿孔12度。北京邮票厂印制。

【崂山道士】2001—7M·(1—1)(小型张)T　小型张面值8元,小型张规格144毫米×85毫米,邮票规

格90毫米×60毫米,发行量1500万枚。图案描绘了《聊斋志异·卷一》中"崂山道士"的一个情节。"崂山道士"描写的故事情节是:淄川有个世家子弟姓王排行第七。王七自幼好逸恶劳,梦想得道成仙。他听说崂山多神仙,便特意前往寻访。王七到达崂山之中,拜一位气度非凡的白发道士为师。老道命其砍樵。王七在山上砍柴一个多月,不堪其苦,又不见师傅传授道艺,便想回家。一天晚上,王七砍柴回来时,见师父正在陪客饮酒,并剪一白纸如镜贴在墙壁上,顷刻间,镜如明月当空;壶中也有倒不完的美酒;师父又将手中之筷扔于月中,竟变为嫦娥翩翩"霓裳舞"助兴。接着,道士又邀客于广寒宫饮酒。宴毕,依然纸圆如镜。王七因此打消了回家的念头。又过了一个月,王七实在难熬了,便求道士授艺。道士传授给他一种穿壁过墙之术,并告诫他一

定要洁心自持,否则不灵。王七回家后,向妻子夸耀自己已经遇仙得道,坚壁无阻。其妻不信,王七立即表演,谁知头竟因碰墙而肿。画面上,白发白衣道士手持拂尘,端坐在厅堂之上;王七身穿红衣,肩背行囊,双膝跪地,拱手拜道士为师。王七身边放着一把雨伞,点出了他是风尘仆仆远道而来求仙。厅前厅后奇石耸立,石松郁郁葱葱,松间云气紫绕,创造出了一种神秘仙境。小型张采用缭绕的一缕白烟作底衬,右侧露出一角《聊斋》书屋和"聊斋"2字,巧妙地点明了画题和"崂山道士"的创作地点,颇有创意。

注:小型张图案题名标作"劳山道士",其中"劳"字应为"崂"。

有关崂山的知识,详见本书2000—14《崂山(T)》。

有关伞的知识,详见新版《中国集邮百科知识》特54《儿童》。

2001—8 武当山(T)

【武当山(T)】Wudang Mountain (T)　武当山又名太和山,坐落在湖北省西北部、汉江南岸十堰市丹江口境内。西北——东南走向,大巴山脉东段分支。起自湖北、陕西两省边境,止于襄樊市南。隔汉江和大洪山遥对。自古被誉为"亘古无双胜境,天下第一仙山",长二百六十多公里,古称"方圆八百里"(经实测为312平方公里)。平均海拔一千米左右。主峰天柱峰海拔1612米。武当山峰奇谷险,洞室幽邃,涧水长流,树密林深,这大自然的神奇造化正是道士们绝俗修炼所追求的理想环境。历代道教名流如汉阴长生,晋谢允,唐吕纯阳,五代陈抟,宋寂然子,元张守清,明张三丰等,均在此修炼。自春秋以来,武当山就是重要的宗教活动场所。武当道教既是中国道教的一个重要组成部分,又有着自己的鲜明特征。在武当道教所崇奉的众多神灵中,最高天神"三清"、最高天帝"四御"都排在了次要位置,而玄天真武大帝却被供奉在显赫位置。相传,真武大帝就在武当山问道成仙,剑河、磨针井、太子坡、梳妆台等都是与之有关的景观。真武大帝民间也称"祖师爷"、"上帝公"等,是由中国原始宗教中的北方之神"玄武"演变而成的一位道教大神。传说,真武是先天始气、太极别体,托胎于净乐国善胜皇后。15岁时,他辞别父母,入武当山修真,经历42个春秋,终于功成果满,五龙捧至,白日飞升。到宋代,武当山本山的和传入的许多教派经过长期共处,相互交参,逐渐融合成了以崇奉真武为主要特征的武当道教。宋、元、明三代都把真武视为皇室的保护神,屡加圣号。特别是明成祖朱棣夺取皇位后,更是

把武当道教从兴隆推向了鼎盛。据《神仙传》记载，周朝尹轨"入太和山领杜阳宫太和真人"，可见，早在周朝，武当山就有了宫的建筑规制。自唐代开始，武当山地区的道教建筑就有了大的兴建。据记载，唐太宗贞观年间即在灵应峰创建五龙祠。宋代，武当山建筑进一步发展，宫的规制已建有九个，以五龙宫、紫霄宫、南岩真庆宫为代表。元代，武当山"山列九宫八观"，大小建筑群落多达上百处。不幸，武当山建筑于元末大部分毁于兵火。武当山道教建筑最大规模修建的时代在明朝永乐年间。据记载，明成祖于永乐十年（公元 1412 年）命工部侍郎郭琎、隆平侯张信、驸马都尉沐昕等督军夫三十多万人在武当山大兴土木，建成了拥有八宫二观、三十六庵堂、七十二岩庙、三十九桥、十二亭的庞大道教建筑群，明嘉靖三十一年（公元 1552 年）又维修扩建，"五里一庵十里宫，丹墙翠瓦望玲珑"概括了当时武当山建筑规模的宏伟。到清代，武当山不仅没有增加新的建筑，有的只是维修工程，而且因战乱频繁，古代建筑不断遭到损毁而日趋减少。现在武当山道教建筑基本上保持着明代初年建筑体系，主要宫观尚存金殿和太和、南岩、紫霄、五龙、遇真、玉虚等六宫，复真、元和二观以及磨针井、玄岳门等，各类神像、法器、经籍，亦具有较高的艺术和历史价值。据传，北宋徽宗时，武当丹士张三丰在武当修炼时，曾看到喜鹊和蛇的一场争斗。"喜鹊上下飞击，而蛇蜿蜒轻身摇首闪击"的姿势，给了张三丰极大启示，就此悟通太极妙理，创造了风格独特的武当拳术，成为武当内家拳的祖师。后经历代宗师不断充实和发展，武当拳术又派生出众多的门派和种类，其中包括"太极"、"形意"、"八卦"等拳术套路；太极枪、太极剑等各种刀剑械术；轻功、硬功、绝技及各种强身健体的气功等。武当武术以其松沉自然、外柔内刚，行功走架如浮云流水连绵不绝的独特风格在武林中独树一帜，成为中华武术的主要流派之一，素有"南尊武当，北宗少林"之说。1982 年，国务院公布武当山为全国重点风景名胜区时，称武当山古建筑工程浩大，工艺精湛，成功地体现了"仙山琼阁"的意境。

2001 年 5 月 26 日，为了展现中华山河的壮美风貌，中华人民共和国国家邮政局发行了一套《武当山（T）》特种邮票，全套 3 枚。阎炳武、刘弘设计。影写版。齿孔 12 度。邮局全张枚数 20（4×5）。北京邮票厂印制。

这套邮票的 3 枚图案，在构图与线条组织上，设计者运用了中国画的散点透视原理，没有简单地采用写实技法，只是单纯地描摹实景，而是在尊重实景的前提下，又人为地去追求、营造了一种超世、空灵的氛围，既表现出了武当山自然景观中的道教神秘色彩，也将自己的理解诠释到邮票图案上了。在色彩上，设计者采用了西洋画丰富的色彩语言。3 枚邮票图案因主题而设色，没有大红大绿，而是走中间调子，并在灰调中加强明暗、冷暖的对比，注意画面周围色调的渲染，有意识地以色彩强调画面，生动地表现出了武当山四季的环境、自然景观及对道教文化的理解，既直观，又富有神韵。

【南岩秋色】2001—8·（3—1）T 面值 60 分，票幅规格 30 毫米×50 毫米，发行量 2500 万枚。图案描绘了武当山南岩的秋天景色。南岩位于武当山紫霄宫西约 2.5 公里处。又名"紫霄岩"，因其朝向南方，故称"南岩"。南岩山岭奇峭，林木森翠，上接碧霄，下临绝涧，是武当山 36 岩中风景最美的一岩。唐宋以来，即有道人在此修炼，元代在此建有道观，至大元年赐号"天乙真庄

万寿宫"，后大部毁废。明永乐十一年（公元 1413 年）在此营建殿宇六百四十多间，清末被毁。现仅存元建石殿，明建南天门、碑亭、两仪殿等建筑及元君殿、南熏亭等遗址。元君殿基址上，尚存玉皇塑像，峨冠华衮，形态逼真；其借景范围包括迭字峰、金鼎峰、健人峰、滴水岩、欻火崖、白龙潭等，景致各具特色，处处引人入胜，古有"路入南崖景更幽"之誉。岩北有老虎口，悬崖蹬道，幽深曲折，岩南深壑之中，孤峰斜峙，状如巨鸟展翼，上有梳妆台、飞昇台等遗址，相传为"真武"舍身飞升之处，下临深渊，上绕流云，大有楼阁飞空之势。设计者采用仰视角度，展现出了武当山南岩的壮美姿态。坐落在南岩前侧紫霄岩悬崖绝壁上的建筑即南岩石殿，也称天乙真庆宫。建于元延祐元年（公元 1314 年），为石砌仿木结构，其梁柱檐檩、斗拱、门窗，均用石材雕琢，拼砌而成。立殿前廊道，抬头仰望，危崖摩天，高不见顶；凭栏俯视，绝涧千丈，深不可测。殿内三清塑像，庄严肃穆，气韵生动；壁间环列五百铁铸灵官，形态各不相同。左侧殿内"太子卧龙床"组雕，形象极为生动。石雕崖前，有浮雕云龙石梁，长约两米，宽仅三十余厘米，悬空伸出栏外，前端龙头之上置一小香炉，俗称龙头香。过去不少朝山香客，为了表示虔诚，多膝行其上，敬烧龙头香，偶一失足，即坠涧丧命。至今于此扶栏俯视，仍令人毛骨悚然。画面上金色阳光普照，秋色浓浓；云雾缭绕，或隐或现；岩上松杉挺拔，凝绿滴翠，颇具仙山楼阁意境。

【紫霄瑞雪】2001—8·（3—2）T 面值 80 分，票幅规格 30 毫米×50 毫米，发行量 2500 万枚。图案描绘

了武当山紫霄宫的冬季景色。紫霄宫坐落在武当山天柱峰东北展旗峰下，距复真观 7.5 公里。建于明永乐十一年（公元 1413 年），是武当山保存较完整的宫观之一。1931 年，贺龙率领的红三军司令部曾设在这里。经东天门入龙虎殿，循碑亭、十方堂、紫霄宫至父母殿。层层崇台，依石迭砌，殿堂楼宇，鳞次栉比，两侧为东宫、西宫，自成院落，亦颇幽静。紫霄宫面阔五间，重檐九脊，翠瓦丹墙，其额枋、斗拱、天花，遍施彩画，藻井浮雕二龙戏珠，形态生动，整个装修，飞金流碧，富丽辉煌。殿前平台宽阔，雕栏重绕，甚为雄伟壮观。殿内供玉皇、真武、灵官诸神，或垂拱端坐，或勇武庄严，雕塑手法细腻，形象逼真。殿后父母殿，崇楼高举，秀雅俏丽。紫霄宫背依展旗峰，如幢幢巨旗，迎风招展，面对照壁、五老、三公诸峰，连崎入云，近旁并有赐剑台、禹迹池、禹迹桥等遗址。遍山松杉挺秀，修竹丛丛，名花异草，相互掩映，使道院愈益庄严静谧。画面上瑞雪皑皑，峰岭环绕，松林翠柏幽深之处的紫霄宫，红墙格外醒目，透出一派"紫霄福地"的磅礴气势。

【太子环翠】2001—8·(3—3)T　面值 80 分，票幅规格 30 毫米×50 毫米，发行量 1700 万枚。图案描绘了武当山复真观的景色。复真观通称太子坡，坐落于武当山天柱峰东北，距玄岳门约 15 公里处。为登金顶之孔道，当襄（阳）郧（阳）之要冲，背依陡岩，面临深谷，形势险峻。相传，净乐国太子（即后来的玄武大帝）入山修道之初，曾在此居住，故得名"太子坡"。建于明永乐十

二年（公元 1414 年），清康熙年间三度重修，现基本保留当年规模。建筑布局严谨，起伏曲折，富于变化，红门建于第一层坡上，额书"太子坡"3 字，四周丹墙环绕，复道曲折，中轴线上有龙虎殿、正殿、后殿、左右配殿等，青瓦朱檐，彩画鲜艳，右侧另辟院落，为接待客堂，其前依岩建造五层高楼，其间有梁枋十二，交叉迭搁，下以一柱支撑，结构奇特，为古代木构建筑中所谓"一柱十二梁"之杰作。上有藏经楼，临岩独立于崇台之上，左循曲径石磴上攀，有小巧玲珑的高阁，内供太子童年塑像。画面上，青瓦红墙的复真观，仿佛正在静静地俯视深壑，曲涧流碧，纵览群山，千峰竞秀，远眺金顶，烟云迷离，既具有宏伟壮观之气势，又洋溢着宁静求真的意韵。

2001—8M 武当山（小型张）(T)

【武当山（小型张）(T)】Wudang Mountain (Souvenir Sheet)(T)　2001 年 5 月 26 日，为了展现中华山河的壮美景象，中华人民共和国国家邮政局发行了一套《武当山(T)》特种邮票，同日发行了 1 枚小型张。涂建明原作，汪传树摄影。王虎鸣设计。影写版。齿孔 12 度。北京邮票厂印制。

【金顶春晓】2001—8M·(1—1)（小型张）T　小型张面值 8 元，小型张规格 150 毫米×90 毫米，邮票规

格 47 毫米×72 毫米，发行量 1500 万枚。图案描绘了武当山太和宫和金殿的景观。太和宫坐落于武当山天柱峰山腰紫金城南天门外，建于明永乐十四年（公元 1416 年）。正殿额题"大岳太和宫"，前有朝拜殿，左右为钟鼓楼，其内悬永乐十四年铸造的所所铜钟。紧对正殿为小莲峰，其上建转展殿，内存永乐十四年从天柱峰顶移此的元大德十一年（公元 1307 年）铸造的铜殿一座。右下为皇经堂，清代改建，额书"白玉京中"4 字，画栋雕梁，色彩绚丽，阑额、槅扇、浮雕道家人物故事，内容生动，技艺精湛。附近尚有朝圣门及天乙楼、天鹤楼、天云楼、天池楼等建筑及遗迹。这组瑰丽精巧的建筑，处于孤峰峻岭之下，殿宇楼堂依山傍岩，布局巧妙，层峦叠峰，起伏连绵，烟树云海，气象万千。明孙应鳌有《太和殿》诗："天柱开金阙，虹梁缀玉墀；势雄中汉表，气浑太初时。日月抵双璧，神灵肃万仪；名山游历遍，谁似此山奇？"略述景物之妙。金殿俗称金顶，坐落于武当山天柱峰顶端。建于明永乐十四年（公元 1416 年），面阔进深各三间，高 5.54 米，宽 4.4 米，深 3.15 米，全为铜铸鎏金，仿木构建筑，重檐迭脊，翼角飞举，脊饰仙人禽兽，形象生动逼真。下设圆柱 12 根，作宝装莲花柱础；斗拱檐椽，

结构精巧,额枋及天花板上,雕铸流云、旋子等装饰图案,线条柔和流畅。殿基为花岗岩砌石台,周绕石雕栏杆,益显庄严凝重。殿内神像、几案、供器均为铜铸,中供真武帝君,着袍衬铠,披发跣足,丰姿魁伟;侧侍金童、玉女,拘谨恭顺,娴雅俊逸;水火二将,列立两厢,勇猛威严,为全山铜铸造像艺术中之精华。殿体为分件铸造,结构严谨,连接精密,毫无铸凿之痕。虽历经五百多年风霜雨雪侵袭,至今仍金碧绚烂,宏丽如初,实为我国古代建筑和铸造工艺中的一颗灿烂明珠。殿下峰腰绕石城一周,名紫金城,长达1.5公里,临峰负险,悬空蟠峙,四门石阙巍然,状极险峻。登上金顶,远眺群峰环峙,苍翠如屏,丹江水库碧平如镜。俯瞰太和、南岩、五龙诸宫,尽收眼底。凌晨观日出,傍晚看云海,游人至此,俨如身居瑶台金阙,大有凌空出世之感。小型张图案采用一帧经过淡化处理的武当山主峰天柱峰远景照片为底衬,隐约中云雾缭绕。右侧设计为文字:"武当山"和"武当山,古称太和山,位于湖北省西北部。有七十二峰、三十六岩、二十四涧等胜景。主峰天柱峰海拔一千六百一十二米,峰顶有明代所建金殿,以铜铸鎏金著称。山中恢弘错落的古建筑群与奇峰幽谷融为一体,相映生辉,被联合国教科文组织列入《世界遗产名录》。"介绍了武当山的自然地理特征和人文景观。左侧设计为一枚邮票,邮票图案采用了徐建明创作的一幅中国山水画。画面上,金色的阳光照耀着武当山的顶峰和坐落在顶峰之上的铜铸鎏金金殿,红光闪亮;红墙绿瓦的太和宫坐落于武当山天柱峰山腰处,与连绵起伏的山峰和烟树云海融为一体,透出一种既宁静又神秘的气氛。特别是"武当山"3字的设计,"武当"2字用线框括住,犹如一本古装书,蕴藏着丰富的"武当"道教和武术文化;一个大大独立的"山"字,将人引领进了连绵起伏的群峰之中和无限风光的主峰之上,巧妙地点明了小型张图案表现武当山自然风光和人文景观的主题。

2001—9 陶瓷(中国—比利时联合发行)(T)

【陶瓷(中国—比利时联合发行)(T)】Ceramics (Jointly Issued by China and Belgium)(T) 有关陶瓷的知识,详见新版《中国集邮百科知识》T·62《中国陶瓷——磁州窑系》。有关"中国"名称的知识,详见本书1996—8《古代建筑(中圣联合发行)(T)》。比利时位于西欧。同荷兰、德国、卢森堡和法国接壤,西北临北海。面积3.05万平方公里。居民90%信天主教。首都布鲁塞尔。3/4地区是平原,东南部为波状起伏的阿登高地。斯凯尔特河和马斯河分别流经西部和东部。海洋性温带阔叶林气候,冬温夏凉,常年有雨。主要矿藏有煤、铁等。1830年脱离荷兰独立为比利时王国。1831年伦敦条约确定比利时王国为中立国。第一次世界大战时,比利时为德国侵入;战后不再为中立国。第二次世界大战时,比利时又被德国法西斯占领,战后恢复独立。政体是君主立宪制。议会有参、众两院。行政权由内阁执行。工业较发达,以钢铁、有色冶金(铜、铅、锌)、机械、汽车、炼油、化学、纺织为主。欧洲经济共同体成员国。1971年10月25日,比利时王国与我国建立正式外交关系。

2001年6月12日,为了增进中国和比利时两国的友谊,中华人民共和国国家邮政局和比利时王国邮政部门联合发行了一套《陶瓷(中国—比利时联合发行)(T)》特种邮票,全套2枚。任国恩设计。影写版。齿孔12度。邮局全张枚数20(4×5)。北京邮票厂印制。

这套邮票的2枚图案,选取了一陶一瓷,"彩陶瓶"产生于新石器时代,造型古朴端庄,纹饰简洁生动,质地粗糙疏松,画面色调棕黄煦暖;"粉彩壶"成熟于清代,造型奇巧,五彩斑斓,质地精致坚硬,画面色调灰蓝冷峻,鲜明地对比出了"陶"与"瓷"的不同个性和风格,概括了由"陶"到"瓷"(粉彩瓷)的发展历史,表现了我国古代劳动人民精湛的烧制技术和高度发达的文学艺术。在画面布局上,背景采用淡底色渐变,色彩左浓右淡,而且从左向右过渡,陶瓷器具安排在左侧约2/3的票幅中,右侧1/3票幅中安排了票题和面值,主次分明,轻重适宜,使得陶瓷器具有侧角度立体感,颇像一幅静物写生,主图十分突出。

【彩陶瓶】2001—9·(2—1)T 面值80分,票幅规格30毫米×40毫米,发行量2500万枚。图案选取了现藏于甘肃省博物馆的国家级文物人面鲵鱼纹彩陶瓶。

人面鲵鱼瓶属马家窑文化庙底沟类型晚期的器物,距今五千多年,于1957年在甘肃省甘谷县西坪乡石坪村出土。1996年9月,国家文物局馆藏一级品鉴定确认组将其定为国宝级文物。瓶体高38.4厘米,口径7厘米,底径12厘米,为泥质红陶黑彩,圆腹平底,腹部有对耳,瓶颈凸起的绳纹整齐地环绕。腹上黑彩人面鲵鱼(俗称娃娃鱼)图案为远古先民绘画的一个族徽——部族的"人面鲵鱼"图腾。人面头部画成一个圆圈,横分额部,又以鼻梁为中垂线,作十字相交;瞪着两只圆圆的大眼睛,有炯炯发光之意;张嘴龇牙;身部作折屈状,上身向右屈,下体向上折,尾尖向上挑起,尾梢与头顶联在一起;颈部画蛇腹纹,通体作网格状;上身两侧支出两条小胳膊,作举手布指式。图案以自左向右由深渐淡的土棕色为底衬,和泥棕色瓶体相融合,既使彩陶瓶凸现出它朴素的质地和历史的沧桑,又能够使人感受到一种仿佛刚刚出土的兴奋和亲切,耐人寻味。

【粉彩壶】2001—9·(2—2)T 面值80分,票幅规格30毫米×40毫米,发行量1700万枚。图案选取了中国清代景德镇定烧瓷彩壶,它是一种用粉质感的玻璃白颜料将彩料"粉化"成不同深浅浓淡的色调,配合纤秀线条装饰的釉上彩瓷器;包括有陈设瓷、艺术瓷、礼品瓷和日用瓷,是景德镇釉上彩瓷中声誉最高的产品。

该壶现藏于比利时布鲁塞尔皇家艺术历史博物馆,为馆藏定烧瓷中的珍品。粉彩瓷始于清康熙年间,是在康熙五彩的基础上和珐琅彩制作工艺的影响下由宫廷御用工匠创制生产出的釉上彩新品。清雍正年间,粉彩瓷一反过去器型刚硬、挺秀的风格,而以淳厚、灵巧见长,产量也跃居釉上彩瓷器之首位。清乾隆年间,由于对粉彩瓷的倡导,又体现了雍容博大、华贵端庄的时代风尚。粉彩瓷的色彩丰富、粉润柔和,线条纤细,画面工整突起,形象生动逼真,其画填、彩、洗、扒、吹等描绘技术令粉彩瓷颇具中国画的风格。传统的人物、山水、动植物及吉祥图案又给人一种高贵华丽、艳而不俗、细而不繁的美感。早在18世纪,随着中国外销瓷进入欧洲平常百姓家,许多人开始对中国瓷器外形、纹样有了一定要求,1729年~1794年,给欧洲人提供中国日用瓷器的主要供应商荷兰东印度公司,经常派人到中国采购专门设计的瓷器,订单上都写有明确的数量、价钱及种类,运抵欧洲后也有瓷器品种及数量的记录,这种瓷器便得名"订(定)烧瓷"。随着订单,对定烧瓷的外形及花纹的画稿也同船运来,以确保所购瓷器迎合欧人的品位。一般情况下,商船在8月~9月间抵达广州后,便开始从商人手中购买存货,或者把订单送往景德镇。当时有专门从事外销瓷生产的瓷工及画师,他们能够依照商人所提供的绘画或实物,准确熟练地模仿所需要的形制和图案,在数月之内完成"订烧瓷"的任务。次年早春运往广州,当下一批商船到达时,上批船的订烧瓷作为茶叶的底垫就可装入舱内运回欧洲。荷兰人在中国主要选购青花瓷、伊万里瓷(中国仿日本瓷)及珐琅彩瓷。除荷、英、葡、西等国进行瓷器贸易外,瑞典也于1731年~1813年成立东印度公司,在1766年~1786年间有超过一千一百多万件中国瓷器运往瑞典。邮票图案上选取的这件粉彩壶,是典型的欧洲造型,壶体上装饰了中国传统的喜鹊登梅、牡丹盛开等吉祥纹饰,中西交融,珠联璧合,堪称"订(定)烧瓷"中的珍品。图案以自左向右由深渐淡的铁灰色为底衬,既突出了粉彩壶别致的形体特征,又透着一种雍容华贵的气质。

2001—10 端午节(T)

【端午节(T)】Dragon Boat Festival(T) 农历五月初五,是我国民间最大的传统节日之一"端午节"。端午本名端五。到唐代,因唐玄宗的生日为八月初五,宰相宋璟为讨好皇帝,避"五"字之讳,而"午"与"五"同音,便将"端五"改称"端午"。"端"的意思和"初"相同,为开始之意。农历的正月是"建寅"月,按地支顺序推算,五月正是"午月",古人常把五日写成"午日",五月初五也就可以写成"端午"了。因为"午月"和"午日"两个"午"字重复,故又称"重午"。古人常把"午时"当作"阳辰",于是端午可谓"端阳",重午又谓"重阳"。关于端午节的起源,有多种解释:其一,端午节来自人们对伟大诗人屈原的崇敬和怀念。相传,楚国的大夫屈原,不满当权者的昏聩,痛恨秦国的扩张政策,忧国忧民,悲世愤俗,于公元前278年农历五月初五抱石投汨罗江。人们闻讯,从四面八方赶到江边,有的划渔舟飞驰江上,以救诗人;有的用粽子投江,以祭屈原。可见,端午节的民间活动多少与纪念屈原有关。其二,据近代学者闻一多考证,端午节是祭祀传说中"龙"的节日,它的历史比有文字记载的华夏历史更为远古。华夏族的先人以龙为部族标志,即以龙为图腾的民族,伏羲、女娲、颛顼、禹都是龙族著名领袖,龙是法力最大的神灵,后人也把这些著名祖先视为龙。古代经典说:"伏羲人面龙身。""鲧(禹之父)死,三岁尸不腐,剖以吴刀,化为黄龙,是用禹出……"华夏族的后人,也就有了祭祀龙的盛典,端午节便是其中最隆重的节日。古人认为龙是主宰一切的神灵,天地的金、木、水、火、土分由五龙主管。《史记·匈奴传》有"五月大会龙城"的记载,以五月五日最为隆重。将舟雕成龙形,原是居住江南的越人古老的习俗,其原因是希望在航行时得到祖先龙的庇佑。其三,恶月、恶日说。这是我国较早出现的岁时禁忌习俗。据记载,早在战国时代,就已经存在了视五月及五月的五日为恶月、恶日的俗信。在对端午节起源的众多解释中,当属纪念屈原说流传和影响最为深广了。

2001年6月25日，为了宣扬中华民族的传统文化，中华人民共和国国家邮政局发行了一套《端午节（T）》特种邮票，全套3枚。尚予、黄里设计。影写版。齿孔13度。邮局全张枚数40（5×8）。北京邮票厂印制。

这套邮票的3枚图案，采用了民间木版年画的艺术手法，造型夸张而拙朴，颜色基调为红、绿、黄、紫，鲜艳而明快，跳跃而和谐，且装饰性极强，形象而生动地表现和诠释了端午节的主题，烘托和渲染了端午节的节日气氛。

【赛龙舟】2001—10·（3—1）T　　面值80分，票幅规格40毫米×30毫米，发行量2700万枚。图案描绘了端午节民间赛龙舟的动人场景。赛龙舟（划龙船）是端午节的重要活动之一。北周时宗懔《荆楚岁时记》中记

载："五月五日竞渡，俗谓屈原投汨罗日，伤其死，故命舟楫以拯之。"并描绘端午节竞渡的场景："舸舟取其轻利，谓之飞凫。一自为水军，一自为水马，州将及土人悉临水而观之。"南朝梁代吴均《续齐谐记》中也写道："楚大夫屈原遭谗不用，是日投汨罗江死，楚人哀之，乃以舟楫拯救。端阳竞渡，乃遗俗也。"原来，屈原投江之后，附近的渔民立即驾着渔船前来抢救。为了尽快找到诗人的遗体，大家用木板、扁担当桨片，几个人划着一条船，争先恐后，沿江而下。他们直到洞庭湖，什么也没找到。当年渔民驾舟抢救屈原的情景，后来演变为"龙舟竞渡"。用"龙"形之舟进行竞赛，汨罗江畔流传着这样两种传说：一是民间认为船上画"龙"可以驱邪气，避水鬼。二是说屈原的尸体顺流而下，直达洞庭龙宫。洞庭龙君为屈原以身殉国的精神所感动，立即从长江调入西水，使洞庭水涨，汨罗江水倒流，将屈原的遗体送回玉笥山。船作"龙"形，含有感念洞庭龙君之意，代代相传。"龙舟竞渡"除了纪念屈原外，也成了民间的一项体育竞赛活动了。其实，早在屈原含愤投江之前，就已有端午节龙舟竞渡活动。《记纂渊海》记载，龙舟竞渡开始于越王勾践。《物原》考据，在吴王夫差挖成由邗城经射阳至淮安入淮的运河时，就进行了龙舟竞渡活动。吴王夫差、越王勾践是同时代人，勾践最后灭吴为公元前473年，比屈原投江早二百多年。端午龙舟竞渡的场面非常壮观。龙舟有黄、红、乌、白等色，每只龙舟上的划手、指挥者和掌舵者，都穿戴和各自龙舟一样颜色的服饰。邮票画面上虽然只绘有两只正在争相竞渡的龙舟，但每只船身上刻画着龙头和龙尾，充分彰显出一种怒奋之势；每只船

两侧都坐着数名壮汉，手持木桨，洋溢着一种勇悍和力量；船上前部罗列旗幢、绣伞，绚丽多彩；敲锣击鼓，节奏欢快热烈，龙头上一人手持彩旗，随船颠动，给人一种惊险和刺激；两只龙舟绣旗上分别写有"风调雨顺"和"国泰民安"字样，表达了人们的美好愿望……具体生动的描绘，把读者带回到了唐代诗人张建封在《竞渡歌》中描绘的端午节赛龙舟的情景之中了："鼓声三下红旗开，两龙跃出浮水来。棹影斡波飞万剑，鼓声劈浪鸣千雷。"气氛和场面热烈，富有动感，令人向往和陶醉。

【包粽子】2001—10·（3—2）T　　面值80分，票幅规格40毫米×30毫米，发行量1700万枚。图案描绘了端午节包粽子的习俗。粽子是一种用苇叶或竹叶等包糯米，经蒸煮后供食用的食品。端午节吃粽子，是

中国古老的民间风俗。据传说，楚三闾大夫屈原，由于受同僚上官大夫等所谗，被楚怀王疏远，更因令尹子兰之嫉，被流放江南。在公元前278年农历五月初五，当屈原闻讯秦国攻陷楚国郢都时，便怀着极度的悲伤，写了最后一篇诗歌《怀沙》，跳进汨罗江自尽。屈原投江后，众百姓纷纷拥向汨罗江，不约而同地呼喊着屈原，妇女们将白米撒进江里，让鱼鳖虾蟹吃饱，以免它们去伤害屈原的尸体。南朝梁代吴均《续齐谐记》中说："屈原以五月五日投汨罗江而死，楚人哀之，每于此日以竹筒贮米投水祭之。"故粽子最初称为"筒粽"。可米常常被急流漂走，沉不到江底，于是老人摘下江边苇叶，把糯米包成坨，然后丢进江中。自此，农历五月初五端午节，就有了包粽子的习俗。其实，粽子的起源要比传说早得多。粽子，古时叫角黍，是用芦苇叶裹以黍米而成。《吕氏春秋》上说："仲夏之月……农乃登黍，是月也，天子以雏尝黍，羞以含桃，先荐寝庙。"《孔子家语》记载："夫黍，五谷之长也，郊社宗庙以为上盛。"《岳阳风土记》云："俗以菰叶裹黍米，以醇浓灰汁煮之，合烂熟，于五月五日至夏至啖之，一名粽，一名角黍。"《荆梦岁时记》称："夏至节食粽。"《集韵》上对粽的解释是："粽，芦叶裹米，角黍也。"可见，早在春秋战国时，就有黍米祭祖宗的习俗。黍米是中国古代农作物中最主要的品种，故孔子说它是"五谷之长"。每年夏至节前，早黍登场，农民取它祭祖，象征一年丰收之始。唐、宋年代，粽子已成为城乡端午节必备食品。唐明皇有"四时花竞巧，九子粽争新"的诗句，足以证明唐朝中期的宫廷，对粽子已相当重视；唐诗人姚合的"渚闹渔歌响，风和角粽香"，又表明这

时粽子已普及民间。到宋代,粽子的品种越来越全,名目也越来越多。祝穆的《事文类聚》记载:"角粽、锥粽、秤锤粽、九子粽等。"这是以形状而分。宋人吴氏《中馈录》记载粽子的做法时说:"用糯米淘净,大枣、栗、柿子、银杏、赤豆,以茭叶或箬叶裹之。"这就是说,早在一千多年以前,粽子的花色品种已相当多了。由于中国各地口味和饮食习惯不同,粽子的取料、制作、风味、形状,也各具特色。南方粽子多以鲜肉、枣泥、豆沙、火腿、蛋黄、冬菇做馅;北方粽子则多以红枣、豆沙为馅,少数也有用果脯的。例如,久负盛名的嘉兴"火腿粽",采用上等糯米用酱油拌和,再把鲜肉切成小块,用糖、料酒、盐等调配成馅,裹扎时用两块瘦肉夹一块肥肉,粽子一经煮熟,肥肉的油渗入米内,入口鲜美,肥而不腻。苏州的"猪肉夹沙粽",是选用上等红小豆,煮熟去皮,加入成倍砂糖,用适量油脂熬制成馅,裹扎时在馅里夹一块肥膘肉,煮成之后,粽子像水晶般透明,口味甜香,别具一格。而广东粽子则采用鲜肉、鸡鸭肉丁、叉烧肉、蛋黄、冬菇、绿豆蓉等原料,调配成什锦馅的粽子,用荷叶包裹,大的每只重达1斤左右。北方的粽子个头小,一般为斜四角形或三角形,是以江米裹大枣,韧而清香,淡雅独特,蘸白糖吃,清甜可口。邮票图案描绘了倒挂的蝙蝠上悬挂着粽子、香包、长命锁和如意结。端午节在孩子身上佩戴五颜六色的香包,是为了防止邪祟的侵犯;挂长命锁是对儿童的福佑;挂如意结,意味着吉祥如意。画面左侧的花瓶中所插的艾叶和菖蒲,是因为这两种植物有消毒杀菌、驱除虫害、清洁空气的功效。画面右下角所绘的是荷花及荷叶,因为端午节正值夏季荷花盛开之时,而荷花在民间也寓意祥瑞。特别值得一提的是,设计者运用民间十字挑花绣品的语言,使两个粽子成为整个装饰画面中的有机组成部分。

有关如意结的知识,详见特2—2001《北京申办2008年奥运会成功纪念》。

有关蝙蝠的知识,详见本书2001—2《辛巳年(T)》。

【避五毒】2001—10·(3—3)T　面值2.80元,票幅规格40毫米×30毫米,发行量1700万枚。图案描绘了中国民间端午节避五毒的传统风俗。"避五毒"是指在端午节这天,按照传统习俗人们用彩纸将"五毒"

(指蛇、蝎子、壁虎、蜈蚣、癞蛤蟆)剪成剪纸,贴于门窗、墙、炕,或系在小孩臂上。要用线穿住"五毒"的头,并在每种毒虫的头上刺一根针,以示毒虫皆已被刺死、吊死。

另外,按照传统习俗,在端午节早晨,各家各户要将菖蒲、艾叶插在门上、屋檐下,以辟邪、防病、保安康。因为农历五月初五,时值初夏,天气开始炎热,尤其在南方,多雨潮湿,细菌繁殖快,疾病较多,故民间习俗认为五月为"恶月"。插菖蒲、艾叶,意在借助它们发出的芳香气味,驱逐蚊蝇,清洁空气,保持居室卫生,清除疾病。系五色丝,约有两千多年的历史了。五色丝是用五种颜色的丝线搓成一条细索,按阴阳五行说,五色丝中的青丝属木,代表东方;赤属火,代表南方;白属金,代表西方;黑属水,代表北方;黄属土,代表中央。无论将五色丝系于何处,都可镇妖辟邪;若佩戴在人身上,可用它系住性命。人们观看赛龙舟后,还要喝雄黄酒。有的长辈还把雄黄酒洒抹在孩子的额头、胸前、耳朵等处,洒在门窗和屋内各角,驱瘟辟邪,因为"雄黄酒性味辛温,有毒,具有解虫蛇毒燥湿、杀虫祛疾功效"。邮票图案表现的是葫芦符驱五毒。葫芦符是民间传统驱毒的吉祥图案,上绘有虎头装饰,既可爱也取其辟邪之意,形象而生动地解析诠释了民间端午节避五毒的内容和形式,表达了人们祈求安康的美好心愿。

2001—11 中国共产党早期领导人(一)(J)

【中国共产党早期领导人(一)(J)】Early Leaders of the Communist Party of China(1st Series)(J)　有关中国共产党的知识,详见新版《中国集邮百科知识》纪9《中国共产党成立三十周年纪念》。

2001年6月28日,为了深切缅怀革命先驱者的光辉业绩,学习继承和发扬他们的崇高精神和革命风范,中华人民共和国国家邮政局发行了一套《中国共产党早期领导人(一)(J)》纪念邮票,全套5枚。王虎鸣设计。影写版。齿孔12度×11.5度。邮局全张枚数20(4×5)。北京邮票厂印制。

这套邮票的5枚图案,统一采用纸白色为底衬,将五位中国共产党早期领导人的黑白照片镶嵌在浅棕色椭圆形镜框之中,既庄严神圣,又具有真实的历史感,令人肃然起敬。

【王烬美】2001—11·(5—1)J　面值80分,票幅规格30毫米×40毫米,发行量2300万枚。图案选取了中国共产党早期领导人之一王烬美(1898—1925)的一幅肖像。王烬美原名瑞俊,字灼斋。中共"一大"代表,中共山东党组织创始人之一。1898年6月出生于山东省莒县北杏村一个佃农家庭。1918年,考入山东省立第一师范学校。"五四"运动期间,被推荐为山东大专中学

学生联合会负责人之一。1920年3月,被北京大学马克思学说研究会发展为外埠会员。1920年冬,与邓恩铭等人以研究新文化、新思想为号召,发起成立励新学会,并出版《励新》半月刊。1921年初,发起创建济南共产主义小组。1921年7月,与邓恩铭一起代表山东地区出席中国共产党第一次全国代表大会。山东党组织最早的组织者和领导者,曾任中共山东区支部书记。曾任中国劳动组合书记部山东分部主任,创办《山东劳动周刊》,致力于领导山东工人运动。1922年1月,参加在莫斯科召开的远东各国共产党和民族革命团体第一次代表大会。从莫斯科回国后,出席中共"二大"。"二大"后,被留在中央负责领导工人运动。他参与制订的《劳动法大纲》,成为指导工人运动的斗争纲领。在中国第一次工人运动高潮中,先后领导了山海关、秦皇岛等地工人的罢工斗争,并为开滦五矿总同盟罢工指挥部的成员之一。1922年11月,在山海关领导建立党组织。1923年2月,被反动当局逮捕,经工人营救获释,重回山东主持山东党的全面工作。1924年,参加在广州举行的中国国民党第一次全国代表大会,会后积极从事国共合作的革命统一战线工作;11月,任山东地方执委会书记;年底,被孙中山委任为国民党会议宣传员和特派员,在青岛开展国民会议运动。1925年1月,出席中共"四大";2月,抱病组织青岛国民会议促成会,与邓恩铭等领导胶济铁路工人大罢工。1925年8月19日,由于长期积劳成疾,不幸在青岛病逝,英年惜逝,年仅27岁。画面上的王烬美,身穿一件中式上衣,年轻、英俊,双唇微闭,目光中透出一种坚定的气质,生动地展现出了他为革命理想积极奋斗和不惜献身的精神风貌。

注:"王烬美"应是"王尽美"。据其子王乃征回忆,"尽美"的名字是王瑞俊走上革命道路后自己改的。王瑞俊1921年参加中共"一大"后,进一步坚定了自己的革命信心,决心为实现一个"尽善尽美"的社会而奋斗,为此他还写了一首诗《肇在造化——赠友人》:"贫富阶级见疆场,尽善尽美唯解放。潍水泥沙统入海,乔有麓下看沧桑。"这应当是"尽美"名字的明确出典。而"烬美"名字的广泛应用,与董必武同志的一首诗有关。董必武与王在中共"一大"期间结下很深的革命友情。1961年8月下旬的一天,董必武去武汉视察途经济南时,再次想起王和邓恩铭两位山东代表,提笔写诗一首《忆王烬美同志》:"四十年前会上逢,南湖舟泛语从容。济南名士知多少,君与恩铭不老松。"故有的研究人员把"王尽美"写成了"王烬美"。若尊重本人意愿,应为"王尽美"。

【赵世炎】2001—11·(5—2)J 面值80分,票幅规格30毫米×40毫米,发行量1700万枚。图案选取了中国共产党早期领导人之一赵世炎(1901—1927)的一幅肖像。

1901年4月13日,赵世炎生于四川省酉阳县。1915年,年仅14岁时到北京求学,结识了革命先驱李大钊,深受新思想的启迪和教育。1919年,积极投身"五四"运动;当年7月,由李大钊介绍加入少年中国学会,曾主办《少年》、《工读》半月刊和《平民周刊》等进步刊物。1920年5月,赴法国勤工俭学。1921年,与张申府、周恩来等人组成旅法共产主义小组;9月,与李立三、蔡和森等发动和领导了勤工俭学学生争回里昂中法大学的求学运动。1922年6月,与周恩来等在法国巴黎发起成立旅欧中国少年共产党(后改名为"中国社会主义青年团旅欧支部"),任中央执行委员会书记。1922年中国共产党旅欧总支部成立,他为主要领导人之一。1923年,被派往莫斯科东方劳动者共产主义大学学习。1924年回国后,先后任中共北京地委书记、北方区委宣传部长兼职工运动委员会书记,与李大钊一起,领导了国民会议运动、北方地区对"五卅"运动的声援、关税自主运动和反奉倒段运动等反帝反封建斗争,并赴天津、唐山等地,与当地组织一起,领导了天津海员大罢工和开滦五矿工人大罢工。1926年5月,任中共江浙区委兼上海区委组织部长和上海总工会党委书记。在不到一年的时间里,发动和组织各行业工人进行了一百多次罢工斗争,并在《向导》上连续发表7篇论述上海罢工潮的文章,及时指导工人的罢工斗争。1926年10月~1927年3月,参与领导了震惊中外的上海工人三次武装起义。1927年蒋介石发动"四·一二"反革命政变后,临危不惧,继续坚持和领导革命斗争。在中共"五大"上,当选为中央委员。1927年6月,任中共江苏省委代理书记;7月2日,由于叛徒的出卖,赵世炎不幸被捕。1927年7月19日,赵世炎高呼"中国共产党万岁"的口号英勇就义,年仅26岁。画面上的赵世炎,身穿西装,年轻、英俊,目光凝视前方,英气勃勃。

【邓恩铭】2001—11·(5—3)J 面值80分,票幅规格30毫米×40毫米,发行量1700万枚。图案选取了中国共产党早期领导人之一邓恩铭(1901—1931)的一

幅肖像。1901年1月5日,邓恩铭出生于贵州省荔波县一个水族劳动人民家庭。又名"恩明",中共"一大"唯一的一名少数民族代表,中共山东党组织创建者之一。1918年,考入济南省立第一中学。"五四"运动时,任一中学生自治会领导人兼出版部部长,主编校报,组织学生参加济南学界举行的罢课运动。1920年11月,与王烬美等成立励新学会,创办《励新》半月刊。1921年初,参与发起建立济南共产主义小组;7月,与王烬美代表山东地区出席党的"一大",会后回山东建立中共山东区支部,任支部委员。1921年,参加发起济南马克思学说研究会。1922年1月,赴莫斯科参加远东各国共产党和民族革命团体第一次代表大会;7月,出席党的"二大";年底赴青岛,创建党组织,先后任中共直属青岛支部书记、中共青岛市委书记。1925年,领导胶济铁路工人大罢工和青岛日商纱厂工人大罢工;8月,任中共山东地方执行委员会书记,领导全省的工人运动、农民运动和统一战线工作。1925年曾两次被捕入狱。1927年4月,在武汉出席中共"五大",会上同陈独秀右倾机会主义错误进行了斗争,会后应邀到毛泽东主持的中央农民运动讲习所讲课。1927年回山东后,任中共山东省执行委员会书记。1928年春,任中共青岛市委书记。后调回省委,被派到淄博矿区负责党的工作。1928年12月,因叛徒告密,在济南被捕。在狱中,曾两次组织和领导越狱斗争,不幸未成。1931年4月5日,年仅30岁的邓恩铭英勇就义。画面上的邓恩铭,身穿一件中式上衣,浓眉,目光沉思,展现出了一种自信、坚定和英勇无畏的气质。

【蔡和森】2001—11·(5—4)J 面值80分,票幅规格30毫米×40毫米,发行量1700万枚。图案选取了中国共产党早期领导人之一蔡和森(1895—1931)的一幅肖像。1895年,蔡和森出生于湖南省双峰县永丰镇(原属湘乡县)。

早年在湖南第一师范学校和湖南高等教育学校学习,从事进步学生运动。1918年4月,和毛泽东等组织新民学会,并参加发起和组织湖南省的赴法勤工俭学筹备活动。1920年初,与母亲葛健豪、妹妹蔡畅和后来成为他妻子的向警予同船抵法。在法勤工俭学期间,收集和研究了关于马克思主义和各国革命运动的小册子百余种,通过"对各种主义综合审谛,觉社会主义真为改造世界对症之方,中国也不能外此",从而坚定地选择了社会主义。1920年8月和9月,蔡和森两次给国内的毛泽东写信,明确提出要在中国建立一个"主义明确、方向得当、和俄一致"的共产党,并提出了比较系统的建党原则、方法和步骤。1921年,在法国参与组织和领导了留法勤工俭学争取生存权、求学权的斗争。1921年10月,被法国政府强行遣送回国;年底参加中国共产党,并在党中央从事党的理论宣传工作。1922年5月,在中国社会主义青年团第一次全国代表大会上,当选为团中央执行委员;7月,出席中共"二大",当选为中央委员。1922年~1925年,长期负责主编中共中央机关报《向导》周报,并先后发表大量文章,宣传马克思列宁主义和党的方针政策,总结中国革命的实践经验。在中共第三、四次全国代表大会上,继续当选为中央委员。1925年5月,参与组织和领导"五卅"运动;10月,赴莫斯科参加共产国际第五届执委会第六次扩大会议,会后作为中国共产党驻共产国际代表留驻苏联。1927年4月回国后,参加中共"五大",并当选为中央政治局委员,任中央宣传部部长、代理中央秘书长。1927年第一次大革命失败后,于8月参加中共"八七"会议,会后被指定为中央特派员,赴天津协助建立中共中央北方局领导机关。1928年6月,到莫斯科参加中共"六大",并被选为中央政治局常务委员会委员,继任中央宣传部部长;7月,被当时中央的"左"倾领导者撤销一切职务;年底,因患严重疾病,被党指派为中共驻共产国际代表团成员,赴莫斯科治病。1931年初,回到上海不久,奉命去香港指导中共广东省委工作。1931年6月,因叛徒出卖被捕,随即被港英当局引渡与广东国民党特务机关;8月,被国民党反动派杀害,年仅36岁。画面上的蔡和森,身穿西服和呢子大衣,年轻、健壮,凝神而视的目光,仿佛正在思考着中国革命的前途和命运。

【何叔衡】2001—11·(5—5)J 面值80分,票幅规格30毫米×40毫米,发行量1700万枚。图案选取了中国共产党早期领导人之一何叔衡(1876—1935)的一幅肖像。

1876年,何叔衡出生于湖南省宁乡。中共湖南党组织创始人之一,中共"一大"最年长的代表。1918年4月,与毛泽东、蔡和森等共同创立新民学会,曾任执行委员长,主持会务工作。1919年"五四"运动后,和毛泽东一起开展声势浩大的驱逐湖南督军张敬尧的运动。1920年，协助毛泽东发起筹办文化书社，传播马克思主义；参与组织湖南俄罗斯研究会；任湖南通俗教育馆馆长，主办《湖南通俗报》，传播新文化、新思想；与毛泽东等共同筹建长沙共产主义小组。1921年7月，和毛泽东一起，作为湖南地区代表参加中共"一大"。1922年，任中共湘区委员会组织委员。1923年，协办湘江学校，任校长，为党培养了一批优秀干部。1927年，长沙"马日事变"后，秘密去上海，与谢觉哉、徐特立等共同筹办党的印刷机构，任"聚成印刷公司"经理，负责印刷党的文件和刊物，并兼任上海互济会书记，坚持党的地下工作。1928年6月赴苏联，出席中共"六大"；9月，入莫斯科中山大学特别班学习。1930年回国后，在上海负责共产国际救济总会和全国互济会工作。1931年，奉命进入江西中央革命根据地，历任中华苏维埃共和国临时中央政府执行委员、工农检察部部长、内务人民委员部代部长、临时最高法庭主席等职。1934年，中央红军长征北上后，留在革命根据地坚持斗争。1935年2月，在转移途中遭敌人包围，突围时，在福建长汀县水口镇附近壮烈牺牲，时年59岁。画面上的何叔衡，身穿中式上衣，佩戴一副眼镜，透过眼镜凝视的目光，既流露出一种对人民疾苦的关切，又表现出对中国革命前途的坚强信念。

有关眼镜的知识，详见新版《中国集邮百科知识》J·100《任弼时同志诞生八十周年（第一组）》。

2001—12 中国共产党成立八十周年（J）

【中国共产党成立八十周年（J）】The 80th Anniversary of the Founding of the Communist Party of China（J） 2001年7月1日，为了纪念中国共产党成立八十周年，怀着对中国共产党的崇敬与热爱，中华人民共和国国家邮政局发行了一套《中国共产党成立八十周年（J）》纪念邮票，全套1枚。季宏敏设计。影写版。齿孔13度。版式一邮局全张枚数40（5×8）。版式二小版张枚数8（2×4），发行量160万枚。北京邮票厂印制。

【中国共产党成立八十周年】2001—12·（1—1）J

面值80分，票幅规格40毫米×30毫米，发行量2580万枚。图案主图为中国共产党党旗，鲜艳的红色是太阳的色彩，是为中国革命事业的胜利而牺牲的无数先烈们的鲜血，也是蒸蒸日上的社会主义事业的标志；左上角缀有黄色交叉着的铁锤和镰刀，象征着中国共产党是工人阶级的先锋队。上方以一条红色的细线，将党旗与上方的铭记等文字分开。党旗内没有任何随意添加的文字或图形，保证了中国共产党党旗的严肃性，文字也只有"中国共产党成立八十周年"及"1921—2001"简单的说明。邮票票面简练，主题突出。

在小版张的设计上，设计者采用了传统的"喜鹊登枝"图案为底衬，祝愿在中国共产党的领导下，中国的改革开放事业取得更大的成绩；同时象征中国共产党是植根于中国的土地上，为中国人民的利益而奋斗的人民政党。一条由飘扬的彩带形成的阿拉伯数字"80"点明了主题。

2001—13 黄果树瀑布群（T）

【黄果树瀑布群（T）】Huangguoshu Waterfall Group（T） 有关瀑布的知识，详见新版《中国集邮百科知识》普21《祖国风光普通邮票》。黄果树瀑布群位于贵州省镇宁与关岭两个布依族苗族自治县交界处打邦河上游的白水河上，方圆百余平方公里，呈树状分布，距贵阳市区150公里，距安顺市45公里。以黄果树大瀑布为中心20公里直径范围内，分布着由18个大小不同、姿态各异的瀑布组成的瀑布群，即"九级十八瀑"。在这个瀑布群中，有雄伟壮观名扬天下的黄果树瀑布、奇物洒脱的滴水潭瀑布、跌泻十八级的关脚瀑布、半壁涌出的大树岩瀑布，还有透迤横亘的陡坡塘瀑布、三环如圈的银练坠潭瀑布和奇巧生趣的地下瀑布等，而小型瀑布则如星罗棋布，随处可见。按照成因，黄果树瀑布群中的瀑布大体可分为四种类型：一、以黄果树瀑布为代表的落水洞型；二、以滴水潭瀑布为代表的河流袭夺型；三、以关脚瀑布为代表的断裂切割型；四、以陡坡塘瀑布为代表的钙华堆积型。黄果树瀑布群区内河流纵横交错，瀑布成群，洞穴成串，峰峦叠翠，植被奇特，呈现出层次丰富的喀斯特山水旖旎风光。伏流、溶洞、石林、石壁、峡谷比比皆是，资源丰富，生态完整，具有重要的科学价值和美学价值，被誉为"中国岩溶瀑布博物馆"。

2001年7月22日，为了展现中华山川的壮美风光，中华人民共和国国家邮政局发行了一套《黄果树瀑布群（T）》特种邮票，全套3枚。许彦博设计。胶印。齿孔12度。邮局全张枚数16（4×4）。北京邮票厂印制。

【银练坠潭瀑布】2001—13·（3—1）T 面值80分，票幅规格38毫米×50毫米，发行量2500万枚。图案描绘了黄果树瀑布群中银练坠潭瀑布的奇特景观。

银练坠潭瀑布位于黄果树瀑布下游七公里处的三岔河下面的伏流出口处。由许多小瀑布组成，总高四十多米。水流至该瀑布上部，被一处水上石林阻隔，部分水流渗入石林间的岩缝孔洞，而另一部分水流向东岸，在岩石下汇聚，而后跌入瀑布下端一个直径为100米的深潭。跌入深潭的水进入洞穴潜入地下，销声匿迹而去。画面上的水流围圆石而下，宛如一条条银练坠入深潭，奇特而绚丽。

【陡坡塘瀑布】2001—13·（3—2）T　面值80分，票幅规格50毫米×38毫米，发行量1700万枚。图案描绘了黄果树瀑布群中陡坡塘瀑布的壮观景色。

陡坡塘瀑布位于黄果树瀑布上游一公里处，高20.8米，宽达105米，为天然坝型瀑布，也是黄果树瀑布群中最宽的瀑布。瀑顶有一个面积约1.5万平方米的巨大深潭，整座瀑布形成在旖旎的钙华滩坝上。瀑脚的石灰岩形成大小数十个潭，似一片片梯田；左岸有顺河发育的一座洞穴，洞顶一泉直泻，倾入碧潭。平时，瀑水都是薄水轻流；洪水时节，瀑布会发出深沉的汽笛般叫声，故俗称"吼瀑"。当年徐霞客游此瀑后，曾有这样精妙的描述："遥闻水声轰轰，从陇隙北望，忽见水自东北山腋泻崖而下，捣入重渊。但见其上横白阔数丈，翻空涌雪。而不见其下截，盖为对崖所隔也。"设计者对此枚邮票采用横幅票型，生动地展现出了陡坡塘瀑布"横白阔数丈，翻空涌雪"那种逶迤横亘的气势，令人神往。

【滴水滩瀑布】2001—13·（3—3）T　面值80分，票幅规格38毫米×50毫米，发行量1700万枚。图案描绘了黄果树瀑布群中滴水滩

瀑布的优美景致。该瀑布位于黄果树瀑布西一公里处的坝陵河上游，距关岭城东约五公里，故又称"关岭大瀑布"。它是坝陵河上的一个支流突然坠落而成，由七级组成，总高达410米；最后一级为高滩瀑布，宽63米，高130米，是黄果树瀑布群中最高的瀑布，也是世界上落差较大的瀑布之一。设计者对此枚邮票采用竖幅票型，生动地展现出了滴水滩瀑布层跌飘浮的万千姿态，令人流连忘返。

2001—13M 黄果树瀑布群（小型张）（T）

【黄果树瀑布群（小型张）（T）】Huangguoshu Waterfall Group（Souvenir Sheet）（T）　2001年7月22日，为了展现中华山川的壮美风光，中华人民共和国国家邮政局发行了一套2001—13《黄果树瀑布群（T）》特种邮票，同日发行了1枚小型张。许彦博设计。胶版。齿孔12度。北京邮票厂印制。

【黄果树瀑布】2001—13M·（1—1）（小型张）T　小型张面值8元，小型张规格124毫米×84毫米，邮票

规格40毫米×60毫米，发行量1500万枚。图案描绘了黄果树瀑布群中黄果树瀑布的壮美景致。黄果树瀑布是中国第一大瀑布，也是世界著名的大瀑布之一。夏季，暴涨的瀑水从七十多米高的悬崖绝壁直泻入犀牛潭中，十里之外即闻其震天巨响，如千人击鼓，万马奔腾，瀑布激起的水雾飞溅一百多米高，令人惊心动魄。水雾飘洒在黄果树街上，又有"银雨洒金街"之美称。冬春季节，瀑布水比较小，铺展在整个崖壁上，仍不失其"阔而大"的气势，故游人赞美它"如银丝飘洒，豪放不失秀美"。瀑布半腰处有一个水帘洞，内有三个"天窗"，透窗可见青山绿树。明、清两朝曾在对岸建"望水亭（观瀑亭）"。依栏纵目，可正面观赏飞流奔腾喷薄之状，可俯瞰下游玉龙飞渡、峡谷回流、银滩轻泻诸景。画面采用

正面平视角度,捕捉住了黄果树瀑布倾入犀牛潭中的瞬间景色:绿树环抱中,云垂烟接,万练倒悬,细似珠帘,粗若冰柱,连贯络绎,发出轰然巨响,掀起轩然大波,浪花四溅,水珠轻扬,如蒙蒙细雨,忽明忽暗,幻景憧憧,有声有色,雄伟壮观。

2001—14 北戴河(T)

【北戴河(T)】Beidaihe(T) 位于河北省秦皇岛市西南15公里处,是一座国内外驰名的风景旅游胜地,因戴河流经其西而得名。由于地形优越,远在两千年前的汉代,就已成为舟楫聚泊之所。史书所载汉武帝东巡,至碣石;唐太宗东征时"刻石纪功"传即此地。明代在此设金山卫驻兵把守。清光绪十九年(公元1893年),英国一名工程师在勘测津榆(天津—山海关)铁路时,途经北戴河,看到这里沙软潮平,气候温和湿润,凉爽宜人,回到天津后,逢人便说北戴河适宜海水浴,又是避暑的好地方。于是,一些外国人及中国资本家便蜂拥而至,大兴土木,修建别墅。清光绪二十四年(公元1898年)正式辟为避暑区,1917年还修建了由北戴河车站至海滨的铁路支线。1932年成立海滨自治区,1936年改为北戴河海滨风景管理局。当时外国人来此避暑的多达64个不同的国籍。"英国府"、"美国府"、"吴(佩孚)家楼"、"段(祺瑞)家墙"等均为当时所筑。海滨南临渤海,背依联峰山,西起戴河口,东至鹰角石,长约10公里,南北宽约2公里,海岸漫长曲折,滩面平缓,沙软潮平,海水清澈,是一处天然海水浴场。更因有海陆风影响,春无风沙,冬无严寒,夏无酷暑,盛夏时日平均温度仅23℃,温和湿润,凉爽宜人,适宜避暑。海滨风景秀丽,联峰山上,岗岭相连,松柏葱郁,奇石异峰,或高耸云际,或孤峰入海,自然景色千姿百态。楼房别墅或临海岸,门外碧涛汹涌;或掩映于树丛,擅林壑泉石之胜。名胜古迹共有24景,如南天门、通天洞、骆驼石、老虎石、观音寺、莲花石公园等都各有情趣,引人入胜。新中国成立后,修建了市区及环海公路,疗养场所扩建16万平方米,恢复了五个海滨公园,每年都有大批人来这里疗养。北戴河这颗渤海之滨的明珠,正以其独特的魅力,更加吸引着中外游客。

2001年8月5日,为了展现中华山川的壮美风采,中华人民共和国国家邮政局发行了一套《北戴河(T)》特种邮票,全套4枚。甄明舒、殷会利设计。胶版。齿孔12度。邮局全张枚数16(4×4)。河南省邮电印刷厂印制。

这套邮票的4枚图案,设计者选取了北戴河最具代表性的4个景点,运用写实手法,精心描绘出了一幅幅动人的画面,展现出了北戴河海滨区的迷人风光。在色彩运用上,画面以蓝、绿色调为主,以红、黄、棕色为辅,加上一片白云的衬托,色调浓重、厚实,视觉反差强烈,将北戴河的胜景表现得丰富多彩。

【北戴河·鸽子窝】2001—14·(4—1)T 面值60分,票幅规格50毫米×30毫米,发行量2500万枚。

图案描绘了北戴河海滨区名胜鸽子窝的自然景色。位于北戴河海滨东北端。有一巨型礁石从海中突起,兀立于岸边,色泽斑黄,石骨嶙峋,峭壁如削,形似雄鹰屹立,故得名鹰角石。该石高二十多米,因年久风化,石缝很多,常有成群鸽子飞集石上,夜晚栖息于石隙之中,因又称"鸽子窝"。1937年,在海边石崖顶端修建一凉亭,名称"鹰角亭"。雕梁画栋,气势雄伟,登临其上,海天一色,亭下白浪翻腾,几疑身在海波之上,是观海、看日出的好地方。1954年毛泽东同志到北戴河避暑时,曾在鹰角亭构思了一首脍炙人口的《浪淘沙·北戴河》。画面上,设计者用浓浓的蓝绿色调绘山、绘天、绘海,海天一色;海面上,雪白的浪花奔跑嬉笑,海鸥展翅飞翔,生机勃勃;海天交界处一抹淡淡的金色霞光,仿佛置身于鹰角亭上,等待着那喷薄日出的动人时刻,耳边清晰响起毛泽东同志的诗句:"大雨落幽燕,白浪滔天。秦皇岛外打鱼船,一片汪洋都不见,知向谁边?往事越千年,魏武挥鞭,东临碣石有遗篇。萧瑟秋风今又是,换了人间。"

【北戴河·中海滩】2001—14·(4—2)T 面值80分,票幅规格50毫米×30毫米,发行量2500万枚。

图案描绘了北戴河海滨区名胜中海滩的自然景色,它是海滨风景的中心部分。西起戴河口,东至鹰角石,长约十公里,南北宽约二公里。依山傍海,有宽阔的浅海和明净的沙滩。在海岸沙滩的中部,有一排巨型礁石伏卧,每当潮落时,礁石便挺露海面,远望好似一群老虎正在海中沐浴,这便是北戴河海滨区著名的"老虎石"。这里春无风沙,夏无酷暑,冬无严寒,气候温和。沿海海岸漫长曲折,滩面平缓,沙软潮平,海水清澈,水温适宜,是优良的海水浴场。游人多在清晨迎着朝霞来海滩拾贝螺、采海菜,傍晚则踏着退潮,漫步海滩,观赏落日风采。画面上,设计者采用浓浓的蓝色绘天,绘海,海天一色;采用彩色绘沙滩,绘游人,沙滩上一把把撑起的彩条遮阳伞,海水中人影幢幢,生动地展现出了一幅人与自然和谐相处的美妙景象。

有关伞的知识,详见新版《中国集邮百科知识》特54《儿童》。

【北戴河·联峰山】2001—14·(4—3)T　面值80分,票幅规格50毫米×30毫米,发行量1700万枚。图案描绘了北戴河海滨区名胜联峰山的自然景色。

坐落在北戴河海滨区中部,是北戴河海滨区二十四景之一。因山峦起伏,群峰连贯,故得名联峰山;又因形似莲蓬,也称"莲蓬山"。分东西两峰。1898年被清政府正式辟为避暑胜地,是北戴河海滨区一座小型森林公园。东联峰顶筑有"望海亭",登临可俯瞰海滨,令人心旷神怡。西联峰山三峰并峙,山石峭立,石骨峥嵘,风景优美。山南大海前横,极目无际;西有昌黎诸山,起伏绵延;幢幢西式别墅,座座古典式楼阁,或傍山倚崖而筑,或隐于林木之中,凭临溪涧,极擅林壑泉石之胜。传说,此处常见海市蜃楼奇景,地方志称之为"联峰海市"。画面上,设计者以蓝绿为主色调,青山碧水,平静的海面上白帆点点,郁郁葱葱的松柏林中五色缤纷的楼宇幢幢,展现出了原有地形地貌和植被的自然特点,别有情趣,令人神往。

【北戴河·老虎石】2001—14·(4—4)T　面值2.80元,票幅规格50毫米×30毫米,发行量1700万枚。图案描绘了北戴河海滨区二十四景之一老虎石的自然风

光。坐落在北戴河海滨中部海滩,由几块形态不一的礁石组成。因这组形态各异的礁石延伸入海,形如群虎盘踞,故得名"老虎石"。关于老虎石有一个美丽的传说:秦始皇统一天下后,为寻找长生不老之药,前往据说有仙山的渤海。一天,他正在行进时,忽然眼前出现一座大山挡住去路。秦始皇恼怒之极,他立刻取出山鞭朝大山猛力抽了三鞭,顿时,碎石腾空,山峰拔起,让出一条大道,并向东北方向飞去。秦始皇持鞭策马紧追不舍,一直追到海边,忽然巨石不见了,只见一群斑斓猛虎在海边嬉戏,有的还张牙舞爪地向他扑来。秦始皇惊恐万状,赶忙扭头逃跑了。秦始皇走后,这群猛虎便就地恢复成了各种姿态的石头,故得名"老虎石",这一带海滩便被称为"老虎石海滩"。每当潮水上涨,石与岸隔,孤悬海上,搏击海涛,颇显弄潮之勇。站立石上,可观赏近海风帆,回首北望,山峰林立,绿荫中楼宇五色缤纷,山海相映,令人陶醉。画面上,蓝色的海水微波荡漾,中左部有一组深入海中的群礁,据说这便是当年秦始皇挥鞭驱赶群山入海变成立在海中的礁石,瞧,真的恍似群虎盘踞嬉戏呢!宽阔的海面上彩帆点点,静中有动,生机勃勃;近景的黄色海滩上屹立着一块巨型礁石,上刻3个大字:"老虎石",十分醒目,它与远处的群礁遥相呼应,生动地彰显出了这个景点的独特韵味。今日的游人们漫步平软的沙滩上,欣赏着富有传奇色彩的'老虎石',若想到当年秦始皇曾被这几块礁石吓得落荒而逃时,一定会仰天哈哈大笑吧?!

2001—15 第二十一届世界大学生运动会(J)

【第二十一届世界大学生运动会(J)】21th World University Games(J)　世界大学生运动会是由国际大学生体育联合会主办的,只限在校大学生参加的世界综合性运动会,素有小奥林匹克之称。世界大学生夏季运动会自1959年第一届至今已举办了20届:

第一届大学生夏季运动会于1959年8月26日~9月7日在意大利都灵举行,有45个国家和地区参加,运动员总数为985人,我国参加了部分田径项目比赛。

第二届世界大学生夏季运动会于1961年3月25日~9月3日在保加利亚索菲亚举行,有32个国家和地区参加,运动员总数为1270人,我国没有参加比赛。

第三届世界大学生夏季运动会于1963年8月30日~9月8日在巴西阿雷格里港举行,有27个国家和地区参加,运动员总数为713人,我国没有参加比赛。

第四届世界大学生夏季运动会于1965年8月20日~30日在匈牙利布达佩斯举行,有32个国家和地区参加,运动员总数为1729人,我国没有参加比赛。

第五届世界大学生夏季运动会于1967年8月27日~9月4日在日本东京举行,有30个国家和地区参加,运动员总数为983人,我国没有参加比赛。

第六届世界大学生夏季运动会原计划于1969年在葡萄牙里斯本举行,但因葡萄牙大学生体育运动协会却

在运动会举行前六个月提出不能承办,后按照意大利大学生运动协会建议,于1970年8月26日~9月6日再次在意大利都灵举行,有58个国家和地区参加,运动员总数为2084人,我国没有参加比赛。

第七届世界大学生夏季运动会于1973年8月15日~25日在前苏联莫斯科举行,有70个国家和地区参加,运动员总数为2718人,我国没有参加比赛。

第八届世界大学生夏季运动会原计划1975年在南斯拉夫贝尔格莱德举行,但南斯拉夫大学生运动协会在运动会开始九个月前提出不能承办,改于1975年9月18日~21日在意大利罗马举行,有30个国家和地区参加,运动员总数为468人,我国没有参加比赛。

第九届世界大学生夏季运动会于1977年8月17日~28日再次在保加利亚索菲亚举行,有78个国家和地区参加,运动员总数为2939人。1975年第十四届国际大体联通过了接纳中国大学生运动协会为其正式会员,中国从第九届世界大学生夏季运动会开始参加了世界大运会。

第十届世界大学生夏季运动会于1979年9月2日~13日在墨西哥墨西哥城举行,有94个国家和地区参加,运动员总数为2974人。

第十一届世界大学生夏季运动会于1981年7月19日~30日在罗马尼亚布加勒斯特举行,有86个国家和地区参加,运动员总数为2912人。

第十二届世界大学生夏季运动会于1983年7月1日~12日在加拿大埃德蒙顿举行,有73个国家和地区参加,运动员总数为2400人。

第十三届世界大学生夏季运动会于1985年8月24日~9月4日在日本神户举行,有106个国家和地区参加,运动员总数为2783人。

第十四届世界大学生夏季运动会于1987年7月8日~19日在南斯拉夫萨格勒布举行,有121个国家和地区参加,运动员总数为3904人。

第十五届世界大学生夏季运动会原计划于1989年在巴西圣保罗市举行,但在开赛前几个月,巴西大学生运动协会提出不能承办,故改为1989年8月22日~30日在前联邦德国杜伊斯堡举行,有79个国家和地区参加,运动员总数为1785人。

第十六届世界大学生夏季运动会于1991年7月14日~25日在英国谢菲尔德举行,有101个国家和地区参加,运动员总数为3346人。

第十七届世界大学生夏季运动会于1993年7月8日~18日在美国布法罗举行,有118个国家和地区参加,运动员总数为3582人。

第十八届世界大学生夏季运动会于1995年8月23日~9月3日在日本福冈举行,有162个国家和地区参加,运动员总数为3949人。

第十九届世界大学生夏季运动会于1997年8月19日~31日在意大利西西里举行,有175个国家和地区参加,运动员总数为5286人。

第二十届世界大学生夏季运动会于1999年7月3日~13日在西班牙帕尔玛举行,运动员总数为6009人。

1998年11月19日,国际大体联宣布第二十一届世界大学生夏季运动会由中国北京承办,并将于2001年8月22日~9月1日举行。这是一次全球性的大规模体育盛会,也是中国历史上首次承办的大型国际型综合性运动会。本届大运会有165个国家和地区参加,运动员总数为七千多人。运动会开幕式在首都工人体育场举行。大会设有田径、体操、游泳、跳水、击剑、柔道、足球、乒乓球、网球、篮球、水球、排球12个比赛项目,分别在国家奥林匹克中心体育馆、首都体育馆、北京大学体育场、清华大学体育馆等52个比赛和训练场进行,其中25个安排在大学。

2001年8月22日,正值第二十一届世界大学生运动会开幕之日,为了祝贺大运会顺利举行,中华人民共和国国家邮政局发行了一套《第二十一届世界大学生运动会(J)》纪念邮票,全套3枚。时向东设计。胶版。齿孔12度。邮局全张枚数20(5×4)。辽宁省沈阳邮电印刷厂印制。

这套邮票的3枚图案,设计者巧妙地运用"2001"这一组阿拉伯数字,尤其是利用了"2"和"1"之间的两个"0"所形成的空间,分别绘制五环相连、运动剪影、地域相接等不同图案,既标明了本届大运会举行的年份,又分别形象地表达了"重在参与"、"勇攀高峰"、"扩大交往"的主题。每枚图案的上方统一绘有第二十一届世界大学生运动会的会徽,既深刻了画面主题,也突出了中国特色。第二十一届世界大学生运动会会徽由上海轻工业高等专科学校学生陆淑芬设计。图案由阿拉伯数字"21"和"BEIJING2001"(北京2001)组成。"21"字母变形组成"U"字样,是"大学生运动会"的英文首字母;下边有五颗彩色五角星,代表第21届世界大学生运动会在北京举行。会徽极具动感,笔触刚劲有力,象征着充满青春活力的大运精神。会徽又似飘动的彩带,寓意中国人民热烈欢迎来自世界各国的体育健儿和嘉宾。会徽设计饱含着中国的书法墨韵,体现了中国五千年的文化底蕴,突出了中国传统特色。

【重在参与】2001—15·(3—1)J 面值60分,票幅规格40毫米×30毫米,发行量2500万枚。图案采用

白色作底衬,巧妙地运用"2001"这一组阿拉伯数字中"2"和"1"之间两个"0"所形成的自然空间,幻化成了五道彩色相连的圆环,代表赛场的跑道,交织在一起的跑道表达了重在参与的体育竞赛精神。图案上方点缀有第二十一届世界大学生运动会会徽,鲜明地突出了中国特色。

【锻炼身体　勇攀高峰】2001—15·(3—2)J　面值80分,票幅规格40毫米×30毫米,发行量2500万枚。图案采用橘黄色作底衬,巧妙运用"2001"这一组阿拉伯数字中"2"和"1"之间两个"0"所形成的自然空间,交叉成红黄蓝三个色块,寓意青年人的青春活力与朝气蓬勃。三个运动员动感强烈的运动造型剪影,表达了"锻炼身体　勇攀高峰"的主题。图案上方点缀有第二十一届世界大学生运动会会徽,鲜明地突出了中国特色。

【扩大交往】2001—15·(3—3)J　面值2.80元,票幅规格40毫米×30毫米,发行量1700万枚。图案采用了白色作底衬,巧妙运用"2001"这一组阿拉伯数字中"2"和"1"之间两个"0"所形成的自然空间,幻化为世界区域地图,象征东西两半球,表达了世界各国"扩大交往",增进友谊的主题。图案上方点缀有第二十一届世界大学生运动会会徽,鲜明地突出了中国特色。

有关地图的知识,详见新版《中国集邮百科知识》纪7《第一届全国邮政会议纪念》。

2001—16 引大入秦工程(T)

【引大入秦工程(T)】Project Diverting Datong River to Qinwangchuan Area(T)　引大入秦工程,即甘肃省水利部门1976年~1995年,勘测设计并建造的引大通河水入秦王川地区的工程,这是新中国水利史上规模最大的一项跨流域引水的大型自流灌溉工程。该工程西起青海省天祝县天堂寺东侧的大通河旁,西至甘肃省永登县秦王川地区,地跨甘青两省的四地市、五县区。大通河亦称"浩门河",湟水支流,在青海省东北部。源出祁连山脉东段托来南山和大通山之间,东南流经甘、青边境,在民和县享唐入湟水。长508公里。河谷深窄,水流湍急,水量丰沛而稳定,水质良好。秦王川是甘肃省中部干旱地区之一,地形平坦且土地连片集中,适宜发展灌溉农业、林业和牧业。但由于长年干旱少雨,土地得不到有效开发和利用,使当地经济发展和人民生活处于落后状态。为解决秦王川地区干旱缺水问题,1976年引大入秦工程批准立项,该工程包括引水枢纽总干渠、东一干和东二干两条干渠、支渠和田间配套工程。1987年全面开工建设;1994年6月总干渠33座隧洞全线贯通,9月总干渠一次试水成功,10月10日正式通水;东一干渠于1993年全部建成;东二干渠于1995年10月建成通水,标志着主体工程基本建成,历时20个春秋。引大入秦工程全长884.3公里,相当于京杭大运河的49.29%,被称为"中国的地下运河",俗称"人造银河",可谓古今奇观。由于工程地处甘肃省西部祁连山的崇山峻岭之中,地质条件复杂,工程艰巨,线长点多,沿途以隧洞群为主要特点。干渠总长206.7公里,其中有隧洞77座(总长达110公里),渡槽38座,倒虹吸3座。支渠45条,总长度675公里,支渠以上有各类建筑物四千五百多座。天祝县境内的天堂寺渠首至永登县庄浪河西岸香炉山总分水闸段为总干渠,然后将水分至东一干渠和东二干渠,以及45条支渠输往秦王川灌区。总干渠全长87公里,其中隧洞33座,年引水量4.43亿立方米。工程建成可灌溉86万亩农田,使昔日荒漠变为万顷良田,既能解决三十多万农民的温饱问题,又可安置甘肃省中部干旱贫困地区8万移民。引大入秦工程将与景泰川电力提灌工程、皋兰西岔电力提灌工程连成一片,在黄河上游地区建成一个稳产高产的粮食基地,对实现甘肃省粮食自给自足和中央提出的开发、建设黄河上游多民族经济地区和西部大开发具有重大意义。

2001年8月26日,为了宣传引大入秦工程的伟大意义,中华人民共和国国家邮政局发行了一套《引大入秦工程(T)》特种邮票,全套4枚。宋有德、陈永观摄影。姜伟杰、李庆发设计。胶版。齿孔12度。邮局全张枚数16(4×4)。河南省邮电印刷厂印制。

这套邮票的4枚图案,设计者选用了引大入秦工程4个重要部分,使用单色(蓝色)突出主要内容,采取了远景衬托近景的表现手法。从表现内容来看,远景表现的是工程的大场面,近景表现的是工程的特写。近景特写置于一个圆形之中,圆内深色的画面,犹如舞台上的一束追光,采用特写镜头的手法,有比较强的视觉冲击力,既清晰而突出地表达了主题,又符合工程的水渠、管道、渡槽为圆形的自然特征。就色彩而言,远景处理成淡灰色,近景为鲜艳的蓝色,远近搭配,主次分明,较好地表现出了工程大场面的完整效果。每枚邮票下部均为蓝色,其上统一绘有一条蓝色条杠,仿佛一道流动着的渠水,清澈,奔涌向前,充分表现了"引大入秦"的主题,耐人寻味。邮票全张的边饰为银灰色水波纹,边饰左右两边中间都绘有一个麦穗图案和一个丰收的"丰"字,揭示了引大入秦工程服务于农业的伟大意义。

【渠首引水枢纽】2001—16·(4—1)T　面值80分,票幅规格50毫米×30毫米,发行量2300万枚。图案展现出了位于甘肃省天祝县境内唐代天堂寺东侧的引

入秦工程渠首引水枢纽外景。枢纽,指事物的关键;事物互相联系的中心环节。大通河水经唐代天堂寺渠首引入总干渠,先经过一段明渠然后进入地下隧洞群。画面上,渠首引水枢纽建筑设备傍山屹立,一条宽阔的明渠通向远方,大通河水就从这里起步,肩负着人民的期盼,急匆匆地赶往秦王川地区,好使昔日荒漠变为万顷良田。

【先明峡倒虹吸】2001—16·(4—2)T　面值80分,票幅规格50毫米×30毫米,发行量1700万枚。图案展现出了引大入秦工程先明峡倒虹吸工程奇妙的景观。

依靠大气压强、利用曲管将液体经过高出液面的地方引向低处的现象,称为"虹吸现象"。在灌溉渠首利用虹吸作用取水的一种建筑物,即虹吸工程。当河流水位高于两岸农田而有堤防阻隔时,可修建越过堤顶的曲管取水,以免切开堤岸或修建涵闸。顾名思义,倒虹吸是利用曲管将液体由低处引向高处的现象,自然要加一定的压力。引大入秦工程中,大通河水在先明峡经长481米的倒虹吸导入东岸的隧洞群,流至民乐乡经长569米的倒虹吸,跨越水磨沟进入长11.65公里的30A隧洞。先明峡倒虹吸位于总干渠上,桥式,水流落差107米,是亚洲最大的同类工程之一;全长565米、直径2.65米的水

磨沟倒虹吸,是目前国内最大的钢制倒虹吸管。虹吸管是一种利用大气压强来输运液体的曲管或曲管形的装置。画面上,两排直径2.65米的倒虹吸巨型管道,倒悬于两岸之间,它们仿佛是不畏艰险的英雄,引导着大通河水翻山越岭,去完成为人民造福的使命,其形象既显得神奇,又令人油然起敬。

【总干渠隧洞】2001—16·(4—3)T　面值80分,票幅规格50毫米×30毫米,发行量1700万枚。图案展现了引大入秦工程总干渠

盘道岭隧洞的外部景观。隧洞亦称隧道,建造在山岭、河道、海峡及城市地面以下,供车辆、行人、水流、管线等通过,或供采掘矿藏、军事工程等使用的地下建筑物和构筑物。用以穿越障碍,缩短路线,并有防空和不占用地面空间等优点。其平面布置、埋设深度及横断面形状和尺寸均按照使用要求确定,并与地质、水文情况及施工方法等有关。邮票画面近景是引大入秦工程30A隧洞,全长11.649公里。开挖直径5.53米,补砌后直径4.8米;远景是引大入秦工程总干渠上的盘道岭隧洞,长15.723公里,是目前我国最长的引水隧洞,为世界第七、亚洲第一。设计者采用隧洞的一个横切面镜头,清澈的河水仿佛是邀请而来的嘉宾贵客,大山热情地让出一条通道,是那样的自然、朴实,表现了人类改造自然,无往而不胜的决心和精神。

【庄浪河渡槽】2001—16·(4—4)T　面值2.80元,票幅规格50毫米×30毫米,发行量1700万枚。图案展现出了引大入秦工程中庄浪河渡槽的外观景象。渡槽

是一种灌溉、通航或排泄山洪用的过水桥梁。修建于渠道与河流、沟谷或道路在不同高程上相交的地方。常用木料、砖、石、混凝土或钢筋混凝土等做成。庄浪河渡槽坐落于甘肃省永登县中堡镇境内,在引大入秦工程东二干渠上,长2194.8米,最大高度43米,跨越庄浪河、兰新铁路、兰新公路、汉长城和明长城,是全国最长的引水渡槽。画面上,庄浪河渡槽犹如一条活泼泼的蛟龙,飞奔腾跃,既新颖生动,又宏伟壮观,洋溢着一种人类改造自然的豪情和气魄。

2001—17M 二滩水电站（小型张）(T)

【二滩水电站（小型张）(T)】Ertan Waterpower Station (Souvenir Sheet)(T)　二滩位于四川省攀枝花市境内金沙江一级支流雅砻江下游，因从霸王山至凉风坳一段接连出现的几个滩头中它排行第二，故得名。水电站全称为"水力发电站"。水电站是为水力发电而建成的水利工程中各类建筑物，并装配各项机电设备的综合体。因当地自然条件、水能开放方式和在电力系统中的作用等情况，大体上可分为四种类型：一、径流式电站。特点是依靠径流发电无调节径流的水库，水电站出力大小随建站处的天然径流而变化；二、蓄水式电站。特点是具有调节径流用的水库，水电站出力大小，在一定程度上，视电力负荷需要，利用库容进行调节；三、潮汐电站。利用潮汐水能发电，特点是电站出力随涨潮与落潮而有周期性变异；四、抽水蓄能电站。负担电力系统中调峰、调频及事故备用的特种水电站。径流式与蓄水式电站，又因水能开发方式，可分为拦河坝式、引水式与混合式三种。因雅砻江两岸山势陡峻，水深流急，水量充足，河段落差大，在第二阶梯350公里的河段内，落差达900米，有4处具有兴建大型水电站的条件。二滩水电站坐落在四川省攀枝花市米易县境内雅砻江下游河段上，距攀枝花市46公里，它虽然只是雅砻江流域水电资源梯级滚动开发的起步工程，但已是20世纪建成的中国最大的水电站。二滩水利工程于1985年完成初步设计。1986年～1987年又对初步设计进行优化，并编制国际招标文件。工程于1987年9月开始筹建，1991年9月14日正式开工，1993年11月实现大江截流。主体工程从1993年12月开始施工，1999年12月4日最后一台机组并网发电，标志着二滩水电站全部建成投产。二滩水电站水库水位1200米，发电时最低水位1155米，总库容58亿立方米，共设有55万千瓦的水轮发电机组6台，总装机容量330万千瓦，年平均发电量170亿千瓦时。二滩水电站采用抛物线形双曲拱坝，高240米，拱冠顶部宽11米，拱冠深底部宽55.74米，拱端宽58.51米，拱圈最大中心角91.5度，坝顶弧长744.69米。二滩水电站双曲拱坝高度位居亚洲第一，世界第二。承受总荷载980万吨；左右岸两条导流洞，其衬砌后断面高23米、宽17.5米，皆为世界第一。进水口高度80米；调压室高度70米；泄洪洞断面高13.5米～14.9米，宽13米；最大流速达每秒45米，均为全国第一。总泄水量每秒2.248万立方米。由厂房、变压器室、尾水调压室三大洞室等组成的庞大地下厂房洞室群，开挖量370万立方米，其中厂房长280米，宽25.5米，高65米，在亚洲首屈一指。

2001年10月20日，为了宣传我国水利电力建设的成果，中华人民共和国国家邮政局发行了一套《二滩水电站（小型张）(T)》，全套1枚。郭振山设计。胶版。齿孔12.5度。辽宁省沈阳邮电印刷厂印制。

【二滩水电站】2001—17M·(1—1)（小型张）T
小型张面值8元，小型张规格150毫米×85毫米，邮票

规格93毫米×52毫米，发行量1500万枚。图案描绘了二滩水电站开闸放水的壮观场面。设计者采用横幅构图，全景场面安排票面，避开正面直观，采用侧面俯视，将大坝壮丽、雄伟的景色及磅礴、宏大的气势完整而充分地表现了出来。特别是运用水彩画的表现手法，通过水彩的"水味"，更好地渲染出大坝出水那一刹那间的壮观、浩瀚。票面前景是浓重的绿色，背景远山则为青绿色，浓绿与淡绿恰和坝身的暖色构成了强烈的对比，立体感很强，把大坝衬托得越发雄伟、壮观。边饰采用大坝图案变化而成的灰蓝色水泥状底纹，既突出了邮票主题，又与主图构成了和谐的色调，清新脱俗。画面上，陡峻的山势，湍急的江水，从双曲抛物形拱坝的闸门汹涌而泄，犹如从天而降的瀑布，迸发出一种巨大的热情和能量，不禁让人在大自然面前油然而生敬畏之情。

2001—18 兜兰(T)

【兜兰(T)】Lady's Slipper(T)　兰花类(Orchids)是高等植物中最大而又最进化的一科。世界约有七百多属二万多野生种，主要分布在全球热带与亚热带地区。我国有171属近1300种。兰科植物多数都具有观赏价值，但常用兰花花卉仅约30属数百种。从实用分类，兰花有"国兰"和"洋兰"两大类。"国兰"主要指产于中国的兰属的地生兰，如春兰、建兰、寒兰、墨兰等。国兰的叶片坚韧、质朴，花多群集成多样的花枝，花姿百态，花色素雅，香气宜人，花期持久。"洋兰"通常指来自

国外的兰花，如卡特兰、文心兰、万带兰等。洋兰多为附生，喜附生于通风透气的其他植物的枝干上。洋兰叶片宽厚，花大，形奇特，色彩斑斓，无香味。"国兰"和"洋兰"的分类并非绝对，国兰也分布于亚洲其他国家及澳洲，有些洋兰如兜兰、石斛等也盛产于中国。兜兰为地生兰，因花大奇特，早已被欧美各国引种栽培为观赏植物，并且人工培育出了许多优良品种，按习惯兜兰被归入"洋兰"类，为最受欢迎的热带兰之一。兜兰属（*Paphiopedilum*），因花唇瓣特化成兜状或拖鞋状，故又名"拖鞋兰"。该属为多年草本生，地生；茎短，包藏于二列的叶基内。叶为带形或长圆形，两面绿色，或上面具深浅绿相间的网格斑、下面有时带紫红色。花葶自叶丛中伸出，单花或多花；花大，色多种而艳丽。萼片花瓣状，中萼片比较大，常直立；两枚侧萼片小，合生，位于唇瓣之下。花瓣比较狭长，常平展，唇瓣大，呈兜状。蕊柱粗短，具有两枚侧生能育的雌蕊和一枚中央退化的雄蕊。兜兰属约有70种，只分布于亚洲热带与亚热带地区。我国约有20种，产于云南、贵州、广西、广东、海南、台湾和香港等地，其中云南多达16种。我国特有种为5种。我国的杏黄兰、硬叶兜兰、麻栗坡兜兰等，曾多次在国际兰花展览会上获金奖。

2001年9月28日，为了宣扬中华大地上丰富的植物资源，中华人民共和国国家邮政局发行了一套《兜兰（T）》特种邮票，全套4枚。郎楷永、吉占和摄影。王虎鸣设计。影写版。齿孔12度。邮局全张枚数22枚。北京邮票厂印制。

这套邮票的4枚图案，选用了我国产兜兰单花与多花两大品系、宽瓣与窄瓣及绿叶与斑叶等不同类型的代表。设计者采用写实的手法，精心细致地刻画了4种兜兰的自然形态，逼真传神。票型采用菱形，新颖别致。色彩丰富，浓淡相宜，特别是将4种兜兰的精彩部分置于一个个涂有浅淡底色的圆形中，犹如一个个特写镜头，充分表现出了一种"空谷幽兰"的独特意境和韵味。邮局全张左上角和右下角的边纸上，各点缀着一只蝴蝶，既弥补了边纸的空白，又与兜兰构成有机一体，展翅飞翔的蝴蝶，仿佛是闻到了兜兰的芳香，正在急匆匆飞向绽放的花丛之中呢！

【麻栗坡兜兰】2001—18·(4—1)T 面值80分，票幅规格（对角线）45毫米×45毫米（菱形），发行量3000万枚。图案展现了麻栗坡兜兰的美妙姿态。麻栗坡兜兰（*Paphiopedilum malipoense*）属"国兰"类。叶7枚~8枚，长10厘米~20厘米，宽2.5厘米~4厘米，上面有深浅绿色相间的网格斑，下面紫色或有紫色斑。花葶高约30厘米；花一朵，萼片与花瓣绿黄色并带紫色脉

纹；花瓣倒卵形，稍长于中萼片；唇瓣暗黄绿色，球状兜形。花略有香味。花期在冬春季。产于我国云南省东南部的麻栗坡、文山、马关和贵州省兴义与广西那坡，越南北部也有栽培。常生在中海拔山坡石灰岩山林下的石缝。1984年和1987年，麻栗坡兜兰分别在美国兰花协会及英国皇家园艺学会主办的国际兰展上获金奖。画面上，花葶将绿黄色的球状兜形花朵高高举起，在深浅绿色相间的网格斑叶片衬托下，亭亭玉立，洋溢着一种朴实、淡雅之气。

【长瓣兜兰】2001—18·(4—2)T 面值80分，票幅规格（对角线）45毫米×45毫米（菱形），发行量1750万枚。图案展现了长瓣兜兰的美丽形象。长瓣兜兰（*Paphiopedilum dianthum*）叶2枚~5枚，长25厘米~30厘米，宽3.5厘米~5厘米，两面

绿色。花葶高30厘米~80厘米；花2朵~4朵，中萼片白色而脉纹及基部呈绿色；花瓣带状，长8厘米~12厘米，宽约7厘米，扭曲下垂，黄绿色并有褐红色带；唇瓣为倒盔状，边缘不内弯，有耳，褐黄色或淡褐红色。花无香味，花期7月~9月。特产于我国云南蒙自、麻栗坡和贵州的兴义及广西的靖西。常生在中海拔石灰岩坡、附生树上或岩石上。画面上，细细的花葶高高挑起绽放着的花朵，犹如一个个倒挂着的头盔，隐隐透出一种娇美的英气。

【虎斑兜兰】2001—18·(4—3)T 面值80分，票幅规格（对角线）45毫米×45毫米（菱形），发行量1750万枚。图案展现了虎斑兜兰的艳丽形象。虎斑兜兰（*Paphiopedilum markiainum*）叶2枚~3枚，长15厘米~25厘米，宽2.5厘米~3.5厘米，两面绿色。花葶高约23厘米；花一朵；中萼片为宽倒卵形，绿色，中央有3条紫褐色虎斑纹，故得名。花瓣为匙状，长约6厘米，宽约2厘米，下部变狭成柄状，边缘为波状，黄绿色或粉红色，中央常有2条紫褐色条纹；唇瓣呈倒盔状，淡黄色稍带

紫褐色。无香味,花期6月~8月。产于我国云南泸水,缅甸也可能有。生长在中海拔林下阴湿多石处或山谷灌木丛中。画面上,花葶立足于绿叶丛中,用力将花朵托起,花瓣犹如轻歌曼舞中舒展的双臂,张扬出一种和谐娇柔之美。

【卷萼兜兰】2001—18·(4—4)T 面值2.80元,票幅规格(对角线)45毫米×45毫米(菱形),发行量1750万枚。图案展现了卷萼兜兰的独特形象。卷萼兜兰 (*Paphiopedilum appletonianum*) 叶4枚~8枚,长20厘米~25厘米,宽2

厘米~4厘米,上面有网格斑,下面为淡绿并在基部带紫色。花葶高20厘米~50厘米;花一般一朵;中萼片淡绿白色,基部带紫红色,宽卵形,上部边缘内卷,故得名。花瓣呈倒卵状匙形,长4厘米~6厘米,宽1.5厘米~2厘米,淡紫红色,下部有深紫色条纹;唇瓣呈倒盔状,边缘不内弯,有耳,紫红色。花无香味,花期在春季。产于我国海南省东方、感恩、陵水、定安等县及广西的十万大山;越南、老挝、柬埔寨、泰国也有分布。生于低海拔林下阴湿多腐殖质处。画面上,一朵绽放的卷萼兜兰,唇瓣低垂,仿佛要亲吻绿叶,报答养育和扶持之恩。

2001—18M 兜兰(小全张)(T)

【兜兰(小全张)(T)】Lady's Slipper(Miniature Sheet)(T) 2001年9月28日,为了宣扬中华大地上丰富的植物资源,中华人民共和国国家邮政局发行了一套《兜兰(T)》特种邮票,同日发行了1枚小全张。郎楷永、吉占和摄影。王虎鸣设计。影写版。齿孔12度。北京邮票厂印制。

【兜兰】2001—18M·(1—1)(小全张)T 小全张面值5.20元,售价8元,小全张规格145毫米×95毫米,邮票规格(对角线)45毫米×45毫米(菱形)×4。发

行量1630万枚。小全张背景采用淡棕色,设计成一幅古画效果,上面暗印着用线描勾勒的淡淡的兜兰形象;4枚菱形邮票居中排列;右上角竖排"兜兰"两个深棕底白色大字,点明了画题;左下角钤有一方"兜兰"二字的椭圆形印章,并印有一段说明文字:"兜兰属(*Paphiopedilum*)隶属于兰科(*Orchidaceae*),全世界约有66种,分布于亚洲热带地区至太平洋岛屿。我国产18种,产于西南至华南。各种兜兰均花大艳丽,可供观赏。"使得小全张布局富有变化,图文并茂,巧妙地将知识性和艺术性融为一体。小全张上的4枚邮票的排列也呈一个菱形,邮票所占位置与整个小全张十分协调。

2001—19 芜湖长江大桥(T)

【芜湖长江大桥(T)】Great Yangtze River Bridge at Wuhu(T) 芜湖位于安徽省东南部,青弋江同长江汇合处。1949年由芜湖县析置市,长江沿岸重要港口之一。工业有钢铁、机械、电力、造船、化学及纺织、造纸等,以"三刀"(菜刀、剪刀、刺刀)、"三画"(铁画、堆漆画、通草画)著名,并产羽毛制品。芜湖襟三江,带吴越,自古就有皖中巨埠之美誉。可是,在20世纪交通飞速发展的时代,有奔腾的大江成为阻碍人流、物流的天堑,宁芜、芜铜、皖赣、淮南4条铁路到这里骤然中止,出现了东西南北都有路,唯独江中没有桥的局面。芜湖长江大桥的建成通车,标志着芜湖有路无桥的历史结束,对安徽及华东地区经济发展有着重要意义。芜湖长江大桥于1997年开工兴建,2000年9月建成通车,仅用了三年半的时间,顺利完成了相当于南京长江大桥和武汉长江大桥总和的工程量,在中国建桥史上创造了工程量最大、投资最省、施工期最短、科技含量最高、工程质量最优的五项"三最",被称为中国建桥史上的第四个里程碑。芜湖长江大桥是20世纪我国建造的公路铁路两用特大桥。该桥采用低塔斜拉结构,主跨312米。铁路桥

和公路桥分上下两层。铁路桥长10624.4米；公路桥为4车道，宽18米，两侧人行道分别宽1.5米，全长6078.4米，跨江正桥长2193米。芜湖长江大桥建成通车后，在万里长江的下游，一道钢铁的彩虹跨越辽阔的江面，飞机在天空飞翔，汽车在大桥上奔驰，火车在桥上穿行，万吨巨轮在桥下破浪前进，创造了一派朝气蓬勃的现代化立体交通景象。

2001年9月20日，为了宣扬中国建桥史上的伟大创造，中华人民共和国国家邮政局发行了一套《芜湖长江大桥(T)》特种邮票，全套2枚。郝欧设计。影雕套印。郝欧雕刻。齿孔12度。邮局全张枚数16(4×4)。北京邮票厂印制。

这套邮票的2枚图案，采用单色影雕版印制，展示出了芜湖长江大桥的雄伟壮观，既显得古朴、大气，又具有浓郁的民族特色。设计者采用西洋画中的透视手法，或选取大桥的整体侧面，或选取大桥的特定路段，既表现了大桥的优美造型，又张扬了大桥的宏伟气势。画面采用白云、江面为背景，生动地衬托出了大桥的雄姿，不仅直观，而且富有动感。

【芜湖长江大桥】2001—19·(2—1)T

面值80分，票幅规格50毫米×30毫米，发行量2500万枚。图案展现了芜湖长江大桥铁路桥雄伟姿态。画面采用侧仰视角度，描绘了斜拉桥的整体侧面，由近及远，表现桥身；桥下有宽阔流动的江水，桥上有片片白云，斜拉桥的一根根钢缆，犹如一条条大力士的手臂，将桥梁稳稳地固定在一个个锚固点上，创造出了"一桥飞架"的宏伟气势和壮观景象。

斜拉桥又名斜张桥。因是一种用斜缆将梁身吊于桥墩塔上的桥，故得名。斜缆用高强度的钢丝制成。其特点是梁身高度小，用料省，桥下净空大，便于悬臂拼装，适用于大跨度。斜拉桥的构思，可追溯到17世纪。意大利人最早建造了一座斜拉链桥。随后，德国人和英国人建造了一些木制和铁制斜拉桥。19世纪初，斜拉桥在欧洲曾风行一时。但是，当时人们对斜拉桥这种复杂的结构缺乏必要的认识。1820年前后，曾先后倒塌了几座斜拉桥，因而使斜拉桥这种新结构体系，几乎被遗忘了一个世纪之久。直到1938年，这种结构才由德国工程师迪辛格尔重新提出。迪辛格尔经过长期的研究，发现斜拉桥在力学性能上有突出的优点。第二次世界大战后的德国，莱茵河上许多桥梁都需要重建。他大声疾呼，多次提出斜拉桥方案，均遭到冷遇。直到20世纪50年代，才有机会与承包商合作，在瑞典建造了世界上第一座现代化斜拉桥，它一经出现，就放射出奇异光彩。首先在西欧各国，后来在日本和美国等国家蓬勃发展。目前，斜拉桥已遍及世界五大洲。国际桥梁界出现了一股兴建斜拉桥的热潮。现代斜拉桥按材质可以分钢和混凝土(包括钢筋混凝土和预应力混凝土)两大类。从发展过程来，钢斜拉桥早于混凝土斜拉桥。目前，钢斜拉桥的数量也是遥遥领先的，占斜拉桥总数的70%。钢与混凝土相比，钢的强度高，因而用材少些，相对自重就轻些，跨越能力也就大些；施工比较简便，工期比较短；同时也没有像混凝土斜拉桥那样令人头痛的收缩和徐变等问题。在100米以上的大跨度范围，钢斜拉桥可以与悬索桥一争雌雄。不过，混凝土(主要是预应力混凝土)斜拉桥也有它的独到之处。它能节约钢材，改善养护条件和降低噪音。斜拉桥这种结构形式，能充分发挥预应力混凝土的特性，斜缆是受拉杆件，采用高强度钢材。主梁和塔是偏心受压杆件，采用预应力混凝土，这样就可以使不同的材料各自施展它们的"才能"。斜缆的水平分力作用于主梁，对主梁施加一个不花代价的预应力，可以降低梁高，增强主梁钢度，节约钢材，改善主梁的工作状态。恰恰相反，这一分力在钢斜拉桥中却成为额外负担，往往控制主梁的设计尺寸。此外，在结构稳定和抗风性能上，混凝土斜拉桥也具有钢度大，而优于钢斜拉桥。德国是现代斜拉桥的故乡。宽阔的莱茵河，主河槽宽度达到数万米。在这里架桥，主河槽不宜设桥墩，以便在正常水位期间保证必要的通航高度和净孔；在洪水期间，保证洪水自由宣泄。因而莱茵河是相当适宜建筑这种形式的桥梁。世界上有1/4的斜拉桥修建在德国。

【芜湖长江大桥】2001—19·(2—2)T

面值2.80元，票幅规格50毫米×30毫米，发行量1700万枚。图案展现了芜湖长江大桥公路桥的壮美姿态。画面采用近平视角度，描绘了大桥的局部路面近景图，划线的特定路段，由宽到窄，表现桥面，充分显示了大桥的宽阔平直，仿佛给人一种就坐在一辆汽车上，正在桥面上奔驰向前，创造出了身临其境的感觉。

2001—20 古代金面罩头像
(中国—埃及联合发行)(T)

【古代金面罩头像(中国—埃及联合发行)(T)】
Ancient Gold—Visored Heads(Jointly Issued by China and Egypt)(T) 有关"中国"名称的知识,详见本书1996—8《古代建筑(中圣联合发行)(T)》。埃及全称阿拉伯埃及共和国。地跨亚、非两洲,在非洲东北部,包括苏伊士运河以东、亚洲西南端的西奈半岛。北临地中海,东濒红海,陆疆邻苏丹、利比亚和巴勒斯坦。面积100.2平方公里。人口中9/10为阿拉伯人,信仰伊斯兰教。国语是阿拉伯语。首都开罗。在英文中,"埃及"一词为"Egypt"。亚历山大大学中世纪史教授何梯雅博士认为,古希腊称罗马河为"Aegypttus",后来就以这个词称呼埃及,演变的结果,只剩下"Egypt"。关于埃及一词的来源,有两种解释:其一,在古代,埃及的居民曾被称为科普特人,至今埃及的一些信奉基督教的人仍被称为科普特人,后因读音的讹传,就成了埃及。其二,早在公元前1000年左右,希腊就已经开始使用埃及这个名称了。据记载,古代埃及人并不把自己居住的地方叫埃及,而称"Kemet(黑色之国)"。古代希腊人把这个地方称为"Aigyptos",传到罗马,就变成了"Aegyptos",现在的埃及则是这个罗马词的变音。埃及境内除尼罗河谷地和三角洲(共四万多平方公里)外,沙漠、半沙漠广布,间有哈里杰、锡瓦等绿洲;红海沿岸和西奈半岛有些丘陵山地,最高峰是西奈半岛的凯瑟林山,海拔2637米。气候干热,大部分地区终年雨量极少。尼罗河纵贯全境,两岸为肥沃的河谷绿洲带。矿藏有石油、天然气、磷灰石、铁、锰等。历史和文化悠久。远在旧石器时代,埃及即有居民。公元前3000年就形成统一的奴隶制国家。公元前7世纪~1世纪,曾先后被亚述、波斯、马其顿和罗马帝国征服。公元4世纪~7世纪初叶,被并入拜占庭帝国。7世纪,阿拉伯人迁入后,建立阿拉伯国家。1517年,成为奥斯曼帝国的一个行省。1882年被英国侵占,1914年沦为英国"保护国"。埃及人民长期进行斗争,1922年2月28日英国被迫承认埃及为独立王国。1952年7月23日,革命军人推翻法鲁克王朝;1953年6月18日,废除君主制,建立埃及共和国。1956年7月,将苏伊士运河收归国有;同年10月,英、法和以色列发动侵埃战争,侵略者失败。1958年同叙利亚组成阿拉伯联合共和国,简称阿联。1961年,叙利亚退出阿联。1971年,改国名为阿拉伯埃及共和国。一半人口从事农业。主产棉花(居亚洲首位)和稻米。大部分矿业由国家资本掌握。尼罗河和沿海盛产鱼类。苏伊士运河是国际最重要的通航运河。中国和埃及同居世界"四大文明古国"之列,两国都有着悠久的历史和灿烂的文化。1956年5月30日,埃及和我国建立正式外交关系。

2001年10月12日,为了增进中国和埃及之间的友谊,中华人民共和国国家邮政局和埃及邮政部门联合发行了一套《古代金面罩头像(中国—埃及联合发行)(T)》特种邮票,全套2枚。江聪摄影。王虎鸣(中国)、塞义德·白德拉维(埃及)设计。影写版。齿孔12度。邮局全张枚数18枚(中间有2枚附票)。北京邮票厂印制。

【三星堆金面罩头像】2001—20·(2—1)T  面值80分,票幅规格50毫米×30毫米,发行量2500万枚。图案选用了中国古代三星堆金面罩头像。三星堆位于四川省广汉市南兴镇三星村附近。因当地有起伏相连的三个黄土堆,即三段古城墙遗址,其顶部高于四周农田约十多米,犹如三颗金星分布在三星村的地境内,故得名。三星堆是目前四川境内发现的面积最大、时间最早、文化遗存极其丰富的古蜀文化遗址。据记载,1929年,当地一个农民在自家门前挖水沟时,发现了一批数千年前的石器等文物。1986年,当地一个农民在取土制砖时,又发现了一节青铜手臂,闻讯而来的考古学家随即展开了大规模的发掘工作。当年7月~9月,在12平方公里的范围内,挖掘出了大量的文物,并发现了两座大型商代祭祀坑,出土了包括金面罩头像在内的大量珍贵文物,其中以青铜人头像、立像、跪像和面具最富有古蜀文化特点。在三星堆出土的立像中,最大的一件"青铜立人像",通高2.6米,人像高1.7米,重一百八十多公斤。人像头戴高冠,身穿华衣,赤脚站在象鼻形(亦称"龙形")支架的夔龙纹平台上,神态自然庄重。三星堆青铜雕塑是在写实的基础上经过了提炼和变形,特别是在众多的青铜面具上,这种艺术手法表现得更加明显。这些青铜面具大小不一,最大者宽1.38米,高0.65米;最小者一件高仅9.2厘米。青铜面具都不是用于真人佩戴,而是用于悬挂或固定在某一偶像或器具上,故没有留下观看和呼吸的孔洞,这有利于面具铸塑时能够保证它的完整性。面具由于不受真人佩戴的约束,铸塑时可以充分发挥艺术创造性。邮票上选用的这尊"金面罩铜质平顶人头像",于1986年7月在一号坑发掘出土,距今约有三千多年历史,为三星堆雕像中最为珍贵的一件,现存三星堆博物馆。头像高42.5厘米,其头发向后梳理,发辫上端扎束,垂于脑后。金面罩用金箔制成,双眼双眉部位镂空;以土漆和石灰作粘合剂,将金面罩粘贴于铜头像上。邮票图案背景为三星堆金面罩头像出土遗址的局部及同时出土的青铜器纹饰图案,色调呈深棕色,富有历史沧桑感,令人沉思遐想。

有关金箔的知识,详见本书1997—10GM《香港回归祖国(金箔小型张)(J)》。

【图坦卡蒙金面罩头像】2001—20·(2—2)T

面值80分,票幅规格50毫米×30毫米,发行量1700万枚。图案选用了距今约有三千五百年历史的埃及法老图坦卡蒙金面罩头像。图坦卡蒙原名图坦卡顿,是埃及第18王朝的法老。在大祭司与大贵族的压力下,他终止了前王的宗教改革,并改名为图坦卡蒙。公元前1338年,年轻的图坦卡蒙逝世,被埋葬在尼罗河西岸的"国王谷"墓地。陵墓建筑物呈方锥形,因形似汉字"金"字,故译称"金字塔"。"国王谷"作为法老们选择的墓地,其入口处设置有重重暗道机关和暗室,以防被盗。但陪葬的宝物还是吸引了盗墓者,有不少墓穴被盗。图坦卡蒙的墓葬历经千年被完整地保存,因为在公元前1140年时,有人在挖掘拉美西斯六世的大墓穴时,将挖出的土石不经意堆放在了图坦卡蒙陵墓的入口处,结果盖住了墓葬。据记载,20世纪初,一个英国贵族在埃及"国王谷"整整挖掘了10年,竟一无所获,正当他灰心时,1922年11月4日,工人意外地清理出一道通往地下的石梯,石梯通向一个以一堵墙封住的门,并发现墙上盖有守墓者的印章和图坦卡蒙的印章。当打开神秘门后,在烛光照射下,他惊喜地发现墓穴内的一切竟完好无损。当时,从这座"国王谷"里最小的墓穴内出土了最完整的宝藏,有镶满宝石和彩色玻璃的纯金木乃伊内棺、贴金的扮成鱼叉手的法老木制小雕像、包金的镜盒和匕首,等等。邮票上选用的图坦卡蒙金面罩头像就是这次挖掘出土的,现陈列在埃及博物馆。邮票图案背景为图坦卡蒙金面罩头像出土的遗址及相关文物图案,色调呈浅棕色,创造出一种现场感,仿佛图坦卡蒙的墓穴就在眼前打开,能够感受古代埃及伟大的艺术创造,令人肃然起敬。

金字塔为古代埃及、美洲的一种方锥形建筑物,因形似汉字"金"字,故译称"金字塔"。世界七大奇观之一。古埃及金字塔是国王的陵墓,其中埃及第四王朝法老胡夫的金字塔最大,至今依然矗立于开罗附近的吉萨。该金字塔约建于公元前27世纪,高达146米多,底部每边长二百三十多米,由二百三十多万块巨石建成,每块巨石约重2.5吨。塔内有石阶、甬道和墓室等。传说,建造这座金字塔时,每天有10万人劳动,历时三十多年。关于金字塔的修建,有这样一个传说:上古埃及,有一个国王,名叫奥西里斯,他有一个兄弟名叫塞特。塞特居心叵测,为夺取王位,谋害了哥哥,还把尸体切成14块,扔到各处。后来,奥西里斯的遗腹子荷拉斯长大成人,打败了塞特,为父报了仇。荷拉斯和母亲一起,把分散各地的父亲尸体找回,拼凑起来,做成干尸,然后借助神灵,使奥西里斯复活了。但是,奥西里斯没有能够回到人间,而是做了阴间的主宰。荷拉斯继承了人间的王位,便修建了金字塔,安葬了父亲。古美洲金字塔为宗教建筑,塔身为阶梯形,塔顶有庙宇,以墨西哥特奥帝瓦坎城的太阳金字塔最为著名。

2001—21 亚太经合组织 2001年会议 中国(J)

【亚太经合组织2001年会议 中国(J)】2001 Conference of Asian—Pacific Economic Organization·China(J) "亚太经合组织"全称"亚洲太平洋经济合作组织",英文"Asia—Pacific Eecnomic Cooperation"的缩写为"APEC"。1989年1月,澳大利亚总理霍克访问韩国时提出了著名的"汉城倡议",建议召开亚洲及太平洋国家部长级会议,讨论加强经济合作问题。1989年11月5日~7日,澳大利亚、美国、日本、韩国、新西兰、加拿大以及东南亚联盟六国,在澳大利亚首都堪培拉举行了亚太经济合作会议首届部长级会议,标志着这一新型的区域性经济合作组织的诞生。1991年11月,在韩国首都汉城举行了亚太经济合作会议第三届部长级会议,通过了《汉城宣言》,正式确定了会议的宗旨和目标:相互依存,共同受益,坚持开放性多边贸易体制和减少区域内贸易壁垒。在这次会议期间,中国作为主权国家正式加入,中国香港和中国台北作为地区经济体也同时加入。1993年6月,亚太经济合作会议改名为"亚洲太平洋经济合作组织"。截止到2000年,APEC共有澳大利亚、文莱、加拿大、智利、中国、中国香港、印度尼西亚、日本、韩国、墨西哥、马来西亚、新西兰、巴布亚新几内亚、秘鲁、菲律宾、新加坡、中国台北、泰国、美国、俄罗斯、越南等21个成员,覆盖人口达25亿,约占全球人口总数的

40%。APEC 组织的徽志是类似地球的椭圆形,内有各成员国的绿色地图和环绕着的绿色海洋。APEC 的组织机构可分为工作会议和工作机构两部分。工作会议包括非正式领导人会议、部长会议和高级官员会议。工作机构包括秘书处、专题工作组和委员会等。1993 年 1 月,在新加坡成立的秘书处,是 APEC 的服务性执行机构,负责该组织的日常事务性工作,秘书处执行主任由每年部长级会议的东道主派人担任。领导人非正式会议是 APEC 级别最高的决策机构。1993 年 11 月 19 日,第一次领导人非正式会议在美国西雅图布莱克岛举行,它使高官——部长级——首脑会议三个层次的决策机制得以形成,成为 APEC 发展过程中的一个里程碑。会议发表《经济展望声明》,揭开了亚太贸易自由化和经济技术合作的序幕。此后,领导人非正式会议每年召开一次,在各成员国间轮流举行。1994 年 11 月 15 日,第二次领导人非正式会议在印度尼西亚茂物举行。1995 年 11 月 16 日,第三次领导人非正式会议在日本大阪举行。1996 年 11 月 25 日,第四次领导人非正式会议在菲律宾苏比克举行。1997 年 11 月 25 日,第五次领导人非正式会议在加拿大温哥华举行。1998 年 11 月 17 日,第六次领导人非正式会议在马来西亚吉隆坡举行。1999 年 9 月 13 日,第七次领导人非正式会议在新西兰奥克兰举行。2000 年 11 月 15 日,第八次领导人非正式会议在文莱斯里巴加湾举行。中国国家主席江泽民出席了历次 APEC 领导人非正式会议,并在第八次领导人非正式会议上郑重宣布:APEC 第九次领导人非正式会议将于 2001 年 10 月 20 日~21 日在中国上海浦东举行,其主题是新世纪、新挑战;参与、合作、促进共同繁荣。新世纪亚太经合组织的首次领导人非正式会议选在中国上海举行,不仅应视作国际社会对中国改革开放成果的肯定,也预示着中国将扮演起刺激整体区域内的经济互动以及促进区域经贸自由化的独特角色。

2001 年 10 月 20 日,为了祝贺亚太经合组织 2001 年会议在中国顺利举行,中华人民共和国国家邮政局发行了一套《亚太经合组织 2001 年会议 中国(J)》纪念邮票,全套 1 枚。郭振山设计。胶版。齿孔 12.5 度。邮局全张枚数 20(5×4)。北京邮票厂印制。

【亚太经合组织 2001 年会议 中国】2001—21·(1—1)J 面值 80 分,票幅规格 40 毫米×30 毫米,发行量 1800 万枚。图案主体是"华表"和"彩带",彩带环绕华表,配以"APEC"会议的标志。蓝、绿、紫三色彩带采用了 APEC 组织的代表色,既突出 APEC 组织,也含有 APEC 组织三个支柱的意义,即贸易自由化投资、经济技术合作自由化和便利化措施。彩带交错不仅表现了成

员国之间的互动、合作、交流,也能使人联想到会议内外飘飘的彩旗,反映和渲染了大会热烈的气氛。由下向上的"S"形及渐变的颜色,既表明成员国间的共同发展、壮大,也表明 APEC 组织的发展、壮大。动感强烈的流动线条,说明亚太地区经济十分活跃,发展迅速。高高耸立的汉白玉华表是中国的象征,在新的世纪,中国的经济、综合国力会有新的发展。彩带环绕华表,表现了 APEC 与中国的互动,也是亚太组织发展、腾飞的象征。天蓝色的背景能够使人想到蓝天。在新世纪里,共享蓝天是人们的美好愿望。设计者正是用这美好的愿望祝福 2001 年 APEC 年会,祝福它顺利、成功,希望它给人们带来更多的美好的幸福。右上角以白底色衬托出红色的 APEC2001 年会议徽志。徽志呈椭圆形,图案由"亚太经合组织"英文缩写"APEC"与"中国"、"CHINA 2001"字样组成,不仅明确标出了主办国的身份,又因其圆圆的造型而如旭日东升,显示亚太地区的经济发展前景光明,大有希望。整个图案线条流畅,动感强烈,突出而鲜明地表现了这次盛会"新世纪、新挑战,参与、合作,促进共同繁荣"的主题,预示着亚太地区的经济在互动,在发展。

有关华表的知识,详见新版《中国集邮百科知识》纪 1《庆祝中国人民政治协商会议第一届全体会议》。

2001—22 昭陵六骏(T)

【昭陵六骏(T)】Six Steeds of Zhaoling Mausoleum (T) 昭陵为唐太宗李世民陵墓。坐落在陕西省醴泉东北 50 里九峻山。利用山峰凿成。中国重点文物保护单位之一。昭陵六骏即唐太宗昭陵祭坛两庑安置的六块青石浮雕,是李世民在建立唐王朝的战争中所骑的六匹骏马的雕像。刻于贞观十年(公元 636 年)。据传,昭陵六骏由唐代著名画家阎立本所绘,并在他的主持下,由当时的优秀雕刻者精心雕刻而成。其雕法是先琢石如屏风,每方高约 176 厘米,宽约 207 厘米。浮雕所刻的骏马体型比真马略小,姿态各异,个性鲜明,有的穿行于箭雨中,有的跨越河沟,或直立或细步或飞奔,再现了金戈铁马的战斗场面。"六骏"石雕当时都外施有色,"飒露紫"为紫色,"拳毛䯄"为黑色,"特勤骠"为通体银白,"白蹄乌"为白蹄身乌,"什伐赤"为赤色。唐太宗李世民还亲自撰写了一篇题为《六马图赞》的赞文,与文德皇

后的神道碑一起安置在昭陵后山之上。由于昭陵六骏是唐太宗李世民南征北战中骑过的战马形象，加上雕刻艺术的传神魅力，它们在唐玄宗天宝末年曾被神化。天宝十四年（公元755年）十一月九日，安禄山在范阳起兵叛乱，直扑长安。天宝十五年（公元756年）六月八日，唐朝大将哥舒翰与叛军将领崔乾祐在潼关以东的灵宝、西原会战，唐军大败。相传，当时战场上曾有一支黄旗军掠阵，与叛军几番大战，未能取胜，忽然不见了。当日昭陵官员上奏说，潼关大战时刻，曾看到昭陵的石人石马大汗淋漓。当时，唐朝大诗人杜甫回乡探亲路经昭陵，作《行次昭陵》一诗："旧俗疲庸主，群雄问独夫。谶归龙凤质，威定虎狼都。天属尊尧典，神功协禹谟。风云随绝足，日月继高衢。文物多师古，朝廷佐介儒。直词宁戮辱，贤路不崎岖。往者灾犹降，苍生喘未苏。指麾安率土，荡涤抚洪炉。壮士悲陵邑，幽人拜鼎湖。玉衣晨自举，铁（一作石）马汗常趋。松柏瞻虚殿，尘沙立暝途。寂寥开国日，流恨满山隅。"其中"铁马汗常趋"一句便是引用了这一传说。昭陵六骏是中华民族的艺术瑰宝。但可惜的是，在1914年，其中"飒露紫"和"拳毛䯄"二骏石雕，被美国一个文物走私商勾结我国一个姓黄的奸商，打碎后盗运到美国，现存于美国宾夕法尼亚大学博物馆。1918年，其余四骏（"什伐赤"、"青骓"、"特勒骠"、"白蹄乌"）也因遭盗运而被损坏，幸被西安的爱国人士追回，现复原陈列于西安碑林博物馆。

2001年10月28日，为了展现中华民族石雕艺术风采，中华人民共和国国家邮政局发行了一套《昭陵六骏（T）》特种邮票，全套6枚。王虎鸣设计。影写版。齿孔12度。邮局全张枚数24（6×4），横6枚连印。北京邮票厂印制。同时发行胶版、压凸小版张130万版。

这套邮票的6枚图案，忠于原物，客观真实地展现了现存昭陵六骏的面貌，被人为损坏的伤痕也未加修饰，不仅表现出了这组石雕艺术古朴、厚重的艺术特征，而且也能让人感受到因历史久远所包蕴的沧桑历程。全张采用横6枚连印，其中三骏首向左，三骏首向右，有的纵身奔跑，有的站立观望……有动有静，创造出了一种六骏驰骋沙场，奋勇征战的生动景象。过桥票图案为同图六骏，底饰为墨绿色大理石纹样，全张票四角为红色篆书"昭陵六骏"4个字样。在色彩的运用上，着重表现六骏的本色，很好地显现了古代文物的独特韵味。

【什伐赤】2001—22·（6—1）J　面值60分，票幅规格40毫米×30毫米，发行量1700万枚。图案展现了昭陵六骏中的什伐赤形象。什伐赤是李世民与窦建德在虎牢关大战时所骑的一匹战马。应是以突厥高级官

衔"设发"命名的坐骑。纯赤色。这匹马享有"瀍涧未静，斧钺生威。朱汗骋足，青旌凯归"之赞语。画面上，什伐赤四蹄腾空，纵身前跃，动感强烈，表现出了一种驰骋战场的勇猛气势。

【青骓】2001—22·（6—2）J　面值80分，票幅规格40毫米×30毫米，发行量1700万枚。图案展现了昭陵六骏中的青骓形象。名称应是来自某个西方大国。青骓是李世民与窦建德在虎牢

关大战时所骑的一匹战马。苍白色杂毛。这匹马有"足轻电影，神发天机。策兹飞练，定我戎衣"的美誉。画面上，青骓昂首，奋蹄，腾空的四蹄几乎与胸腹齐平，背鬃飘拂，马尾高翘，犹如一道闪电，飞掠叛军阵营，动势激烈，表现出了一种冲锋陷阵的浩然正气。

【特勒骠】2001—22·（6—3）J　面值80分，票幅规格40毫米×30毫米，发行量1700万枚。图案展现了昭陵六骏中的特勒骠形象。"特勒"是突厥族一官衔，此马是突厥族某特勒所举荐

的，故得名。据记载，唐武德二年（公元619年）冬至次年春，李世民率领大军与刘武周部将宋金刚作战时，就是骑着这匹马沿汾水北上，廓清河东失地，一举收复太原。该马毛色黄里泛有白斑，享有"应策腾空，承声牛汉。入险摧敌，乘危济难"之赞语。为纪念"特勒骠"的赫赫战功，李世民诏令把它入"六骏"，"刊石为镌真形，置之左右，以伸惟盖之意"。画面上，特勒骠呈休息状，它鞍辔未卸，两蹄立地，两蹄轻抬，环视四周，仿佛刚刚冲进太原，正在享受胜利的喜悦。

【飒露紫】2001—22·（6—4）J　面值80分，票幅规格40毫米×30毫米，发行量1700万枚。图案展现了昭陵六骏中的飒露紫形象。名称应是突厥语"勇健者"译音。据记载，唐武德四年（公元621年），李世民与王世充大战于洛阳城外，骑的就是这匹"飒露紫"。当时，激战中，李世民直杀敌阵，深入敌后，身陷重围，不料坐骑"飒露紫"又被敌箭射中前胸。就在追兵四至的危急

关头,大将军丘行恭杀退敌兵,并将自己的战马让给李世民,他一手牵着受伤的马,一手持长刀,"巨跃大呼,斩数人,突阵而出,得入大军"。据唐史记载,丘行恭为稷州(今陕西眉县)郿县人,善骑射,勇敢绝伦。因其战功卓越,"授左一府骠骑,赏赐甚厚",死后恩赐陪葬在昭陵。李世民为表彰这次战功,"有诏刻石为人马,以象丘行恭拔箭之状立于昭陵阙下",同时给这匹战马题赞诗四句:"紫燕超跃,骨腾神骏;气馨三川,威凌八阵。"雕刻中丘行恭为侧立状,面容苍劲,头上裹巾,身着戎服,脚穿长靴,腰间佩剑,挂箭筒,全副实战装束。他左手牵马缰,右手着力拔马胸前的箭,表现出丘行恭忠勇刚烈的性格和临危之际人马相依为命的情景。马的造型十分逼真:马头下垂贴近丘行恭,身躯高大雄健,三腿直立,后左腿微屈,双目沉沉,似在忍受着拔箭的剧烈疼痛。马的装饰,如鬃毛剪成"三花"形式,马尾结成团束,以及鞍鞯、缰绳都刻得十分精细,完全可以看到唐代马饰制度。邮票画面再现了丘行恭给"飒露紫"拔箭的瞬间情景。从"飒露紫"紧紧夹起的尾巴看,它在忍受着拔箭之痛,但依然表现出了一种英雄气质。

【拳毛䯄】2001—22·(6—5)J　面值80分,票幅规格40毫米×30毫米,发行量1700万枚。图案展现了昭陵六骏中的拳毛䯄形象。它应是突厥汗国控制下的西域"权于麾"国的名马。据

记载,唐武德五年(公元622年),李世民与刘黑闼在洛阳作战时,骑的就是这匹拳毛䯄。激战中,不幸马中箭身亡。该马有"日精按辔,天驷横空。孤矢载戢,氛埃廓清"之誉。画面上,拳毛䯄两足立地,两足轻抬,昂首,鬃毛竖起,既显得英雄气概尚存,也流露出对战斗生活的惜别之情。

【白蹄乌】2001—22·(6—6)J　面值2.80元,票幅规格40毫米×30毫米,发行量1700万枚。图案展现了昭陵六骏中的白蹄乌形象。其名称应是突厥语"少汗"的音译,"少汗"是一种荣誉称号。据记载,唐武德

元年(公元618年),李世民与薛仁杲大战时,骑的就是白蹄乌这匹战马。它毛色纯黑,四蹄皆白,故得名。该马有"倚天长剑,追风骏足。耸辔平陇,回鞍定蜀"之赞语。画面上,白蹄乌四蹄腾空,呈疾驰状,生动地再现了它驰骋沙场的雄壮英姿。

2001—23 古代帆船(中国—葡萄牙联合发行)(T)

【古代帆船(中国—葡萄牙联合发行)(T)】Ancient Sailing Boats (Jointly Issued by China and Portugal) (T)　有关"中国"名称的知识,详见本书1996—8《中国古代建筑(中圣联合发行)(T)》。葡萄牙位于欧洲西南伊比利亚半岛西部,东、北两面接壤西班牙,西、南两面临太平洋。面积9.2万平方公里。99%以上为葡萄牙人。讲葡萄牙语,多信天主教。首都里斯本。在古希腊和罗马时代,地理学家把今葡萄牙中部和西班牙中部称为卢济塔尼亚,因古代卢济坦人居住该地而得名。关于葡萄牙国名的来源,有两种解释:其一,11世纪,杜罗河两岸地区被称作葡萄卡莱地区,得名于葡萄卡莱镇(今波尔图)。后来,北非摩尔人入侵,该地区逐渐形成今葡萄牙疆域,其名称也沿袭下来,称为"Portugal"。其二,葡萄牙国名来源于该国的第二大城市波尔图的名称。在拉丁语中,波尔图的意思是"温暖的港口"。开始,这个名称又指波尔图周围地区,后来逐渐指葡萄牙全境。1143年,这里建立独立的王国时,开始采用葡萄牙国名。葡萄牙沿海多平原,内陆多高地。北部属温带阔叶林气候,南部属地中海式气候。原属西班牙,1143年成为独立王国。15世纪~16世纪,在海外占有许多殖民地。1581年~1640年,复受西班牙统治。1910年,成立葡萄牙共和国。农产品有葡萄、油橄榄等,橄榄油产量居世界前列。盛产沙丁鱼和欧洲栓皮栎。旅游业颇盛。葡萄牙90%以上的土地被森林、葡萄园、百花园占去,被誉为"欧洲海滨花园"。葡萄牙由于温暖的地中海气候和土壤适宜,每年生产世界半数以上高质量的软木,故有"软木之国"的称呼。1979年2月8日,葡萄牙和我国建立正式外交关系。帆亦称"篷",是船桅上的布篷,由帆布或其他纺织品缝制而成。用时张挂在桅上,能承受风力推船前进。船是船舶的通称。一种水上运载工具,用于交通、运输、捕鱼、港湾服务和作战等。船有系泊不航的,如趸船等,航行的可利用人力、风力或机械推进。有的船也可在水下航行。早期船多用木材建造,19世纪后半期才开始有钢船。第一次世界大战时出现了钢筋水泥船,近代有采用铝合金和玻璃钢等建造的船。所谓帆

船,是一种古老的利用风力张帆行驶的水上运载工具,至今已有五千多年历史。因帆的布置和桅的数量不同有很多类型,如横帆船、纵帆船、单桅船和多桅船等。装有辅助动力推进设备的叫"机帆船"。历史上,中国和葡萄牙都是发达的航海大国,有着无与伦比的帆船制造业。

2001年11月8日,为了增进中国和葡萄牙两国之间的友谊,中华人民共和国国家邮政局和葡萄牙共和国邮政部门联合发行了一套《古代帆船(中国—葡萄牙联合发行)(T)》特种邮票,全套2枚。维克多·桑多斯(葡萄牙)、卡罗斯·雷塔欧(葡萄牙)设计。影写版。齿孔13度。邮局全张枚数20(4×5),横2枚连印。北京邮票厂印制。

这套邮票的2枚图案,设计者采用横2枚连印,统一在图案下方依次绘有一道蓝色带和一道土黄色带,蓝色带代表辽阔的海洋,土黄色带代表宽广的陆地,创造出了一种山连着山,海连着海的意境,象征中葡两国之间友好的关系,画面简洁,主题鲜明。

【中国古代帆船】2001—23·(2—1)T

面值80分,票幅规格40毫米×30毫米,发行量1700万枚。图案选用了一艘距今七百多年的宋代古船。1974年夏,在福建泉州后渚港(刺桐港)西南海滩4米深处出土。它是一艘13世纪福建所制造的木帆船。出土时,船体上部的船帮、甲板、桅杆、风帆都没有了,只是船身的下半部仍完好。船体残长24.2米,残宽9.15米;复原后,船长达34米,宽11米,型深4米。船身扁阔,平面近椭圆形,尖底。船底和船侧均用两三层厚的木板叠合钉在一起。船板之间涂塞麻丝、竹菇和桐油灰加固,经得起巨浪冲击,有利于运航。船材大多是柳杉,少部分使用樟、松,木质的纤维纹理依稀可辨。船底有一根用参天古木所制成的龙骨,约18米长,40厘米见方。整个船舱用12道隔舱板隔成13个水密隔舱,除了一个小小的"水眼"外,所有的舱壁都极严密,这是我国造船技术上的伟大发明之一。正是有了水密舱的设置,我国船只在触礁出现漏洞时可继续航行,而别国的船只则很快进水沉没,没有自救办法。直到18世纪,欧洲人才从中国学会这一技术。第一舱和第六舱保存有桅杆座,故推断这是一艘三桅或多桅的帆船。船尾有舵座,舵杆孔直径38厘米。据专家考证推算,该船载重量约为200吨左右。船舱里残留有当年船上装载的各种货物,其中有檀香、降真香、乳香、胡椒、玳瑁、唐宋铜铁钱、木牌木签、斧头、棕绳、陶瓷器、贝壳、椰子、桃、李、荔枝等水果核及船员娱乐用的象棋子等。从帆船的载重量和货物看,它是一艘宋代中型远洋货船。据历史记载,宋代时,泉州的海外交通,畅达东、西洋,东至日本,南通南洋诸国,西达波斯、阿拉伯和东非、北非等地,同一百多个国家和地区进行通商贸易。画面上,一艘中国古船在蔚蓝色的大海上鼓帆而行,它线条优美,两头高翘,底部削尖,船体扁阔,展现出了福建船的最大特点;背景是辽阔的黄土地和一座耸立的古塔,表达了中国是海洋文化发祥地之一的主题。

在福建省泉州市西街的开元寺紫云大殿前,两座古塔东西对峙,相距约200米,习称双塔。东塔名镇国塔,唐咸通六年(公元865年)始建木塔,南宋宝庆年间易为砖塔,嘉熙二年至淳祐十年(1238—1250)改为现存的八角五层楼阁式仿木构的花岗石塔。高48.24米,占地约50平方米,巍峨壮伟。每层开四门,设四龛,位置逐层互换。外有回廊,护以石栏,可环塔而行。每层皆辟一方洞,以架梯上下。塔心为八角形实心体,塔基为须弥座。塔上每一门龛皆翼以浮雕佛像,共80尊。塔基砌以青石浮雕的释迦牟尼故事39幅,均甚精致。西塔名仁寿塔,五代梁贞明二年(公元916年)王审知建木塔,号无量寿塔。北宋政和间易为砖塔,南宋绍定元年至嘉熙元年(公元1228年~1237年)改为现存石塔,先东塔10年而成,高44.06米。除须弥座石刻系花鸟浮雕,石斗拱作法稍异外,规格与东塔完全相同。东西双塔经历长期风雨侵袭,地震摇撼,仍未倾斜变形,表现了宋代泉州石构建筑和石雕艺术的高度成就,是我国古代石构建筑的瑰宝。

【葡萄牙古代帆船】2001—23·(2—2)T

面值80分,票幅规格40毫米×30毫米,发行量1700万枚。图案选用了一艘葡萄牙古代三桅三角帆帆船。葡萄牙有关这种船的最早记录,是在加伊亚(GAIA)城的租船契约中,可以追溯到13世纪中叶。所记载的这种船只,船体很小,只有一根桅杆,一张斜挂的大三角帆(三角形状的),可容纳6人,也曾用于打鱼。多桅帆船最先出现于地中海地区海岸的穆斯林地区。多桅帆船与大西洋沿岸欧洲国家所使用的其他种类的船只相比,除了它与众不同的斜挂大三角帆,其建造技巧也是典型的地中海式的。它的船身由一层厚木板拼成,没有其他的加固措施,船身铺在一个事先建好的龙骨架上。而北欧建造的船,船身是由好几层木板组成,船的龙骨是后加上的。到15世纪,前后出现了二桅、三桅的帆船。二桅帆船约出现于1433年~1441年,广泛使用于非洲的航海。这种帆船是从早期的帆船演变而来的,它不仅船体较大,运送的货物更多,速度更快,而且船体坚固,吃水浅,更重要的是能够对抗逆风,具有在未知水域航行的能力。三桅三角帆船约出现于15世纪后半叶,是从二桅帆船演变而来的。它不仅体积又大了一些,运送的货物更多了,而且汇集了以前多桅帆船的航海特性(主要是体积的平衡),新添的航海帆提供了更大的帆面积,具有多方面的用途。因此,与其他地中海地区的船只相比,葡萄牙的三桅帆船不仅具有优势,而且具有优越的航海性能。葡萄牙君主将三桅帆船的设计和建造技术作为国家机密,禁止在没有授权的情况下向国外出口这种船只,以防止非葡萄牙种族的人登上三桅帆船。自15世纪末期起,三桅三角帆船又增加了一些新的功能,特别是保卫船只舰队的功能,至少在18世纪初,三桅三角帆船仍被广泛使用。画面上,一艘葡萄牙古代三桅三角帆船在蔚蓝色的大海上航行,背景是辽阔的黄土地和一座耸立的古城堡,表达了葡萄牙是海洋文化主要发祥地之一的主题。

2001—24 中华人民共和国第九届运动会(J)

【中华人民共和国第九届运动会(J)】9th National Games of the People's Republic of China(J) 有关"中华人民共和国"名称的知识,详见新版《中国集邮百科知识》纪4《中华人民共和国开国纪念》。新中国成立后,党和政府十分重视广大人民身体素质的提高和群众性体育运动的开展,从1959年到1997年,我国先后举办了第一届至第八届规模宏大的体育运动会,简称全运会:

第一届全运会于1959年9月~10月在北京举行。
第二届全运会于1965年9月在北京举行。
第三届全运会于1955年9月在北京举行。
第四届全运会于1979年9月在北京举行。
第五届全运会于1983年9月~10月在上海举行。
第六届全运会于1987年11月~12月在广州举行。
第七届全运会于1993年9月在北京举行。
第八届全运会于1997年10月在上海举行。

经国务院批准,由国家体育总局主办、广东省人民政府承办的中华人民共和国第九届运动会,于2001年11月11日在广州广东奥林匹克中心体育场隆重开幕,11月25日在广州新体育馆闭幕。九届全运会是新千年我国举办的第一个规模盛大的全国综合性体育盛会,也是迄今我国历届全运会中规模最大的一届。九届全运会竞赛设置30个大项,共38个项目345个小项,258块金牌。全部竞赛项目为:射箭、田径、羽毛球、棒垒球、篮球、拳击、皮划艇、自行车、马术(速度赛马)、击剑、足球、体操(艺术体操、蹦床)、手球、曲棍球、柔道、现代五项、赛艇、射击、游泳[跳水、水球(男)、花样游泳]、乒乓球、跆拳道、网球、排球(沙滩排球)、举重、国际式摔跤、帆船(板)、速度滑冰、短道速度滑冰、花样滑冰、武术。九届全运会的比赛安排是以广州为中心赛区,向广东全省辐射,共有15个赛区,纵横数百公里。具体赛区在广州、深圳及12个地级市,以及广东省率先基本实现社会主义现代化的试点县级市顺德。3个冬季项目安排在北京(短道速度滑冰、花样滑冰)和哈尔滨(速度滑冰)举行。

2001年11月11日,为了祝贺第九届全运会顺利召开,中华人民共和国国家邮政局发行了一套《中华人民共和国第九届运动会(J)》纪念邮票,全套2枚。冼敏贤、于东旭设计。胶版。齿孔12度。邮局全张枚数20(4×5),横2枚连印。河南省邮电印刷厂印制。

【入水】2001—24·(2—1)J 面值80分,票幅规格30毫米×40毫米,发行量1700万枚。图案描绘了跳水运动员入水动作。"入水"为跳水运动技术名词,指从手指或脚趾触水到浮出水面为止的过程。分头先入水和脚先入水两种。前者两臂伸直在头前并拢;后者两臂紧贴身旁。入水时身体伸直,与水面垂直成90°。过早改变姿势会溅起水花。转体动作的转体总和超过或不足90°,或不是转体动作入水时转体90°,均判为失败。画面以普蓝色作底衬,用明黄色描绘出了跳水运动员形象,十分夺目;运动员采用头先入水,两臂伸直在头前并拢,身体伸直,身姿优美;设计者采用五彩波纹线表现运动员入水过程,动感强烈,巧妙而独特;左下角绘有九届全运会会徽,并标有"2001"和"中国 广东"字样,点明了时间、地点和画题。

九届全运会会徽的造型洒脱地勾勒出一个阿拉伯数字"9",既直接传达了九届全运会的信息,又宛如一位矫健、充满活力、奋发向上的运动员,豪迈地跨入新世纪。中间丰满、两端渐细的曲线给人无限的延伸感,配合倾斜的线条,更显奔腾飞跃之意。对比鲜明的红、黄、蓝三色,对视觉有强烈的冲击力。

【扣球】2001—24·（2—2）J　面值2.80元，票幅规格30毫米×40毫米，发行量1700万枚。图案描绘了排球运动员扣球动作。扣球为排球运动技术名词，由运动员跳起在空中用手奋力击球而完成，是进攻中最积极有效的方法和夺取发球权及得分的主要手段，故也是衡量一个队的进攻实力和比赛中夺取胜利的重要因素

之一。当代排球比赛中，它的攻击性与威力表现在：高度、力量、速度、变化、突然性以及各种假动作和佯攻上。基本动作包括：判断、助跑、起跳、击球和落地5个部分。有正面扣球、转体扣球、转腕扣球、打手出界扣球、超手扣球、勾手扣球等。画面上描绘的是排球运动员进行正面扣球的形象。正面扣球是扣球中最主要的方法，其特点是面对球网，便于观察，准确性大，可根据对方的拦网情况而变化各种路线。能适应扣近网、远网、集中和拉开各种不同的球，并能演变出快球、平快球等扣球技术。根据动作的特点，又有屈体扣球、小抡臂扣球以及转体、转腕等各种变化的扣球。正面屈体扣球动作比较简单，容易掌握，能充分利用收腹和挥臂动作来加大扣球力量。动作为：起跳后，先挺胸抬头，手臂上举，利用展腹收胸的动作带动前臂上甩，挥球要有提肩抬肘动作，前臂成弧形快速向前上方抽甩，在肩上方最高点击球，手触球时，用全掌包住球的后上部，使球急速离手落入对区。设计者准确地捕捉住了运动员跳起后，已经完成了挺胸抬头，手臂上举，已经利用展腹收胸的动作将前臂带动上甩到了肩前上方的最高点，手即将触球的瞬间，生动地展现出了运动员矫健优美的形象。特别是采用五彩波纹线表现运动员扣球过程，动感强烈，巧妙而独特。画面右下角绘有九届全运会会徽，并标有"2001"和"中国　广东"字样，点明了时间、地点和画题。

2001—24M 中华人民共和国第九届运动会（小全张）（J）

【中华人民共和国第九届运动会（小全张）（J）】9th National Games of the People's Republic of China (Miniature Sheet) (J)　2001年11月11日，为了祝贺第九届全运会顺利举行，中华人民共和国国家邮政局发行了一套《中华人民共和国第九届运动会（J）》纪念邮票，同日发行了1枚小全张。冼敏贤、于东旭设计。胶版。齿孔12度。河南省邮电印刷厂印刷。

【中华人民共和国第九届运动会】2001—24M·（1—1）（小全张）J　小全张面值3.60元，售价5元。

小全张规格140毫米×90毫米，邮票规格（30毫米×40毫米）×2，发行量1500万枚。小全张图案采用印有五彩波纹线跳水运动员和排球运动员动作形象的普蓝色作底衬，2枚邮票横连印在画面右下部，明黄色的运动员形象显得十分鲜明、突出；画面左下角绘有第九届全运会会徽，并标有"2001"和"中国　广东"字样，点明了时间、地点和画题。

2001—25 六盘山（T）

【六盘山（T）】Liupan Mountain（T）　坐落在宁夏回族自治区南部和甘肃省东部。南段又称"陇山"。南北走向。长约240公里。为陕北和陇中两高原界山。多地震。高峰有米缸山（2942米）、六盘山（2928米）等。关于六盘山名称的由来，有这样一个传说：相传，古时六盘山原本无路可攀。这里山高岩险，重峦绝壁，荆棘丛生，野兽成群，毒蛇横行，人们只能望山兴叹。据说当时有些血气方刚的年轻人也曾逞一时之勇攀登过几次，试图登临山巅，结果大多被摔得鼻青脸肿，残肢断臂，重者甚至连尸体也找不到了。当时六盘山下有一座寺院，即现在的和尚铺。庙里的当家和尚也十分想登临山顶，但也只能叹惜而已。一天，老和尚去寺外溪边提水，恰巧一只梅花鹿也在溪边饮水。也许是出于对老和尚礼让的感觉，梅花鹿饮水完后向老和尚点了点头，便转身向山上走去。老和尚感悟到了梅花鹿的示意，立刻一路跟随着梅花鹿的足迹，径路萦回，竟然攀上了顶峰。从此，梅花鹿经过的小路，就逐渐出现了一条弯弯曲曲的羊肠小道，也就成为宁夏平原通往八百里秦川的交通要道。于是，人们就把这座山称为"鹿攀山"。由于当地人"鹿""六"不分，再加上山岭透迤盘曲，后来"鹿攀山"便被称作"六盘山"了。实际上，"六盘山"中的"六"只是一个概数而已，并非通过六重盘道就能够到达山巅。据

史书记载，秦始皇曾在六盘山建筑行宫，祭拜山岳；汉武帝六临六盘山，在此观览和眺望过苍茫悲壮的固原河山；西夏宝义二年（公元1227年），蒙古成吉思汗率军进攻西夏时，曾被六盘山的青山秀水所吸引，在此避暑；元安西王曾在山上建清暑楼。1935年10月7日，毛泽东率领中央红军从固原县的张易堡驻地出发，沿小水河，越牛头山口，登上了六盘山，并留下了气壮山河的诗篇《清平乐·六盘山》："天高云淡，望断南飞雁。不到长城非好汉，屈指行程二万。六盘山上高峰，红旗漫卷西风。今日长缨在手，何时缚住苍龙？"六盘山是古丝绸之路东段北道必经之地，是历代兵家屯兵用武的要塞重镇，也是北方游牧文化与中原文化的交合部。早在两千二百年前，秦昭襄王修筑长城时，就从北段跨过，将南段包入长城之内。唐代，曾沿东麓设置"原州七关"。宋代，曾在此设寨镇关，是当时对西夏作战的重要战场。六盘山沟壑纵横，堡垒重重。据说，旧时山头上还立有一石坊，上刻"峰高太华三千丈，险据秦关二百重"的诗句，可见六盘山的屏障地位。六盘山国家级自然保护区是西北地区重要的水源涵养林基地和自治区风景名胜区，总面积六万七各多公顷，森林覆盖率达到70%以上。区内年降水量600毫米~800毫米，有四季流水的大小河流65条，森林总调蓄能力为2840万吨，为泾河、清水河、葫芦河提供了充足的水源，使六盘山成为生物资源丰富多样的一座巨型"基因库"。区内有高等植物123科382属788种，其中经济价值较高的资源植物达150种；脊椎动物25目62科213种，其中有158种鸟类和国家一级保护动物金钱豹等；昆虫资源17目123科905种，其中有珍贵稀有的金蝠蛾、丝粉蝶、黑凤蝶、波纹水蜡蛾等。六盘山国家级自然保护区内，有老龙潭、二龙river、鬼门关、凉殿峡、荷花苑、白云山六大自然景区，其景观汇集了北国风光之雄浑，兼备了江南水乡之灵秀，具有雄、奇、峻、秀之特征，蕴含着一种独特的神韵。

2001年11月24日，为了展现中华山川的壮美风采，中华人民共和国国家邮政局发行了一套《六盘山(T)》特种邮票，全套4枚。杨文清、阎炳武设计。影雕套印。郝欧、阎炳武、呼振源、李庆发、姜伟杰雕刻。齿孔12度。邮局全张枚数16(4×4)。北京邮票厂印制。

这套邮票的4枚图案，为了表现六盘山地区的自然风光和自然保护区的特点，设计者有意识地强化空间感，突出主要景点，大量笔墨着重放在近景——山上的树、石、水，而远景——松树等则刻画得较虚；虚实结合，近景与远景造成了视觉上的空间感。

【六盘山高峰】2001—25·（4—1）J　　面值80分，票幅规格30毫米×50毫米，发行量2500万枚。图案描

绘了六盘山高峰的壮美风景。设计者采用俯瞰的角度　远景为霞光尽染的群峰，连绵起伏，隐约可见；中景山峰耸立，峡谷中河水奔涌，淙淙有声，环绕在山腰上的羊肠小道，犹如一条白色玉带；近景山峰葱绿，山坡上鲜花盛开，五彩缤纷，整个画面创造出了一种天高云淡，绿茵滚滚，独具神韵的纯自然境界，令人心旷神怡。

【凉殿峡林海】2001—25·（4—2）J　　面值80分，票幅规格30毫米×50毫米，发行量1700万枚。图案描

绘了六盘山"凉殿峡林海"的自然景观。凉殿峡为群山挟持下的一道长约二十公里的峡谷。谷岸奇峰绝石千姿百态，谷内林木葱郁，泾河水穿峡而出。峡谷东侧有一块2000平方米的平台。据史料记载，元太祖成吉思汗围攻西夏时，于1227年曾在此避暑；1258年，元世祖忽必烈出兵云南时，也曾在此屯兵。至今，当年建筑物的基石、桥墩、喂马石槽等依然保留。画面以若隐若现的远山为背景，突出描绘了郁郁葱葱的林海，绿得新鲜，绿得青翠欲滴，既能让人感觉到一股清新凉爽之气，又仿佛幻化出了一代天骄成吉思汗所指挥的千军万马的雄姿。

【泾河老龙潭】2001—25·（4—3）J　　面值80分，票幅规格30毫米×50毫米，发行量1700万枚。图案描绘了

六盘山"泾河老龙潭"的自然景观。泾河为渭河支流。在陕西省中部。源出宁夏回族自治区南部六盘山东麓，东南流经甘肃省，到陕西省高陵县境入渭河。长451公里。支流众多，以马莲河为最大。上中游流经黄土高原，挟带大量泥沙，水流变化大，下游有泾惠渠灌溉工程。新中国成立后，在上中游修筑水库，下游扩建渠道，增加灌溉面积。老龙潭位于泾源县以南20公里处，是泾河的发源地。所谓"潭"，就是大水坑。老龙潭的得

名，与魏徵梦斩泾河老龙有关。据中国古典小说《西游记》描述，泾河老龙在行云布雨时，不按玉皇大帝旨意办事，擅改时辰和数量，违反天条，玉帝下旨让唐朝宰相魏徵第二天午时将其斩首。泾河老龙托梦给唐太宗，求太宗救其一命。第二天，唐太宗将魏徵召进宫中下棋，想拖住魏徵，使他到时不能去斩老龙王。到中午时刻，魏徵打盹睡了，不一会儿满头大汗，唐太宗见状，立刻拿起一把扇子给他扇凉，好让他睡得踏实，拖过正午时分，救下老龙。不料，正扇着，只听魏徵大叫："杀！杀！杀！"没喊完便醒了过来。太宗问魏徵喊什么，魏徵说："我刚才喊着要杀的是泾河老龙。正当我干得满头大汗，怎么也无法下手时，不知从哪儿来了一股清风，吹得我飘然而起，我像长了翅膀一般轻松地斩掉了老龙。"唐太宗一拍大腿说："糟了！我帮倒忙了！"泾河龙王就这样被魏徵斩于老龙潭的三潭。从山崖上向对面望去，峭壁上有个土红色的洞，洞里渗出一线红水，据说那就是泾河龙王的血。潭水聚集在不足一米宽的罐里，水急而涛声四起；潭内花木林立于峭壁之上，鸟雀啼鸣于灌木丛中。设计者采用平视角度，清晰地描绘出了老龙潭流水、峭壁、花木……仿佛涛声阵阵入耳，峭壁纹理可见，花木丛中鸟雀啼鸣悦耳，给人一种飘逸空濛的感觉。

【西峡野荷谷】2001—25·(4—4)J 面值2.80

元，票幅规格30毫米×50毫米，发行量1700万枚。图案描绘了六盘山"西峡野荷谷"的自然景观。该峡谷位于泾源县城西8公里处，是一条南北走向的一线天峡谷，谷地野荷遍布河床，叶片如盖，名曰"野荷苑"，因野荷而得名。清澈的河水掩映于荷叶之中，颇有江南水乡之神韵。北岸峭壁参天，山松布满石崖；南岸天然树种丰富，有原始森林的韵味。画面以隐约可见的连绵山峰为背景，细致地描绘了生长茂盛的野荷和岸边挺立的山松，河水清澈见底，绿色浓浓，仿佛置身于江南水乡之中，让人心醉。

有关荷花的知识，详见新版《中国集邮百科知识》T·54《荷花》。

2001—26 民间传说
——许仙与白娘子(T)

【民间传说——许仙与白娘子(T)】Folk Legend: Xu Xian and Lady Bai(T) 民间传说，指经过人民群众集体口头创作、口头流传，并不断地集体修改、加工的，长期流传下来的对过去事迹的记述和评价，有的以特定历史事件为基础，有的纯属幻想的产物，在一定程度上直接反映了人民群众的愿望、要求和理想，表达了人民群众的思想、感情和意志。许仙与白娘子是著名的中国民间五大传说(《白蛇传》、《天仙配》、《梁山伯与祝英台》、《孟姜女哭长城》、《牛郎织女》)之一《白蛇传》中的男女主人公。《白蛇传》叙述的是一个具有浓郁神话色彩的爱情故事，源于宋代话本《西湖三塔记》；明代时，被文学家冯梦龙选辑在《警世通言》中，见第二十八回《白娘子永镇雷峰塔》，并逐渐在民间广泛流传。清代，方成培据此创作了《雷峰塔》一剧，随着该剧在我国民间的广泛上演，《白蛇传》渐渐家喻户晓，并成为"中国十大古典悲剧"(《窦娥冤》元·关汉卿、《汉宫秋》元·马致远、《赵氏孤儿》元·纪君祥、《琵琶记》元·高则成、《精忠旗》明·冯梦龙、《娇红记》明·孟称舜、《清忠谱》清·李玉、《长生殿》清·洪升、《桃花扇》清·孔尚任、《雷峰塔》清·方成培)之一。《白蛇传》的故事梗概为：传说，八仙之一的吕洞宾，在杭州西湖的断桥边卖汤圆时，尚在幼年的许仙买了一个汤圆吃了。因这个汤圆实为仙丸，结果，他吃后三天三夜不想吃东西，便急忙跑去找吕洞宾询问。吕洞宾将许仙抱上断桥，双脚倒提，汤圆吐出来掉进西湖，恰巧被正在湖中修炼的一条白蛇吞下，这不仅使白蛇长了五百年的功力，而且就此与许仙结下了情缘。而同在湖中修炼的一只乌龟，即日后的法海和尚，因自己未能吃到汤圆，便对白蛇怀恨在心，种下了仇。一天，在西湖苏堤六桥(映波、锁澜、望山、压堤、东浦、跨虹)之一的映波桥边，白蛇看到一个乞丐手中抓着一条青蛇，要挖蛇胆卖钱，便化身为人买下了这条青蛇(小青)，从此青蛇认白娘子为姐姐。十八年后的清明时节，白蛇思凡下山，化身为白娘子。她与小青结伴到杭州，在断桥边游湖时逢雨，因借伞与许仙结识并定情。不久后，许仙和白娘子成亲，迁往镇江经营药店。法海和尚多次想破坏许仙和白娘子的婚姻，便以白娘子和小青为妖之言告知许仙。许仙听罢，于端午节之际，用雄黄酒灌醉白娘子，使之显出原形，而许仙也因此被惊吓致死。白娘子为救自己挚爱的夫君，不惜冒生命危险去昆仑山盗仙草。得救重生后的许仙，被法海囚禁在镇江金山寺，不许他们夫妇团聚。白娘子为了救回许仙，和小青一道，跟法海斗法，不惜引西湖之水漫淹金山寺；结果，因为她身怀六甲，无法救出许仙。后许仙逃回杭州，在断桥边再次与白娘子相会。法海借佛法将白娘子镇于雷峰塔下，拆散了许仙和白娘子。小青有幸逃脱，她修炼有成后,再次回到金山,最终斗赢法海,打破雷峰塔,救出了白娘子。法海败后无处可逃,只能身穿黄色的僧衣遁入蟹腹。后来,许仙和白娘子终于团圆,而法海却只能留在蟹腹中,故现在螃蟹腹中的蟹膏呈和尚僧衣般黄色。这个故事表现了反封建的主题思想。

2001年12月5日,为了宣传中华民族民间文学成就,中华人民共和国国家邮政局发行了一套《民间传说——许仙和白娘子(T)》特种邮票,全套4枚。戴敦邦设计。影写版。齿孔12度。邮局全张枚数20(4×5)。北京邮票厂印制。

【游湖借伞】2001—26·(4—1)T　面值80分,票幅规格30毫米×40毫米,发行量3000万枚。图案描绘了《白蛇传》中游湖借伞的情节。白蛇吞下那颗仙丸汤圆之后,不仅长了五百年功力,也与许仙结了缘。18年后的一个清明时节,白蛇思凡下山,化身白娘子,与小青结伴到杭州游西湖,在断桥边逢雨,因借伞与许仙相识并定情。

画面以水平如镜、游船点点的杭州西湖为背景,描绘了许仙将伞借给白娘子的瞬间情景:白娘子和小青站在西湖断桥上,许仙手举一把雨伞,躬身大步跨上断桥,生动地表现出了许仙的积极主动和对白娘子的爱慕与追求之情;白娘子站在小青身后,微微地低着头,既表现出一种女孩特有的羞涩,也流露出了她对许仙的一见钟情;而小青站在白娘子身前,既有扶持之情,仿佛也有保护之意,人物形象栩栩如生。画面右上角钤有一方椭圆形"借伞"2字红色印章,进一步点明了因借伞而定情的画题。

有关西湖和断桥的知识,详见新版《中国集邮百科知识》T·144《杭州西湖》。

有关伞的知识,详见新版《中国集邮百科知识》特54《儿童》。

【仙山盗草】2001—26·(4—2)T　面值80分,票幅规格30毫米×40毫米,发行量1700万枚。图案描绘了《白蛇传》中仙山盗草的情节。法海和尚以白娘子和小青为妖,多次想破坏许仙和白娘子的婚姻。许仙听信法海之言,于端午节之际,用雄黄酒灌醉白娘子,使之显出原形,而许仙也因此被惊吓致死。白娘子为了救

活自己深爱的夫君,不惜冒生命危险去昆仑山找南极仙翁求灵芝仙草,不料仙翁外出,情急之下,欲盗仙草,却被守山的鹿、鹤二仙童发现,追杀白娘子。危急关头,仙翁归山,怜白娘子一片痴情,赠以仙草,救活了许仙。画面以耸立的昆仑山为背景,描绘了白娘子拼死盗仙草的情景:她手持利剑,舍出浑身功力,与守山仙童进行殊死搏斗,看得出,即使牺牲掉生命,她也要把灵芝仙草弄到手,生动地表现出了白娘子对爱情的执著与忠诚;仙翁被白娘子的真情感动,将灵芝仙草赠给了她。画面左下角钤有一方椭圆形"盗草"2字红色印章,进一步点明了画题。

注:《白蛇传》中的白娘子究竟是去何处"仙山"盗草,传说中有诸多说法:明代弹词《白蛇传》中,白娘子是潜入昆仑山盗仙草;清代乾隆年间,方成培著《雷峰塔传奇》中,白娘子是去嵩山盗草;清代咸丰年间,杭州宝善堂刻《白蛇传》中,白娘子是去瑶池盗长生草;清光绪年间,子弟书《雷峰塔》中,白娘子是到蓬莱岛求仙草;新中国成立后,《镇江民间故事》中,白娘子是飞上峨眉山盗仙草。在其他众多版本中,白娘子以"上昆仑山盗草"者为多。昆仑山西起帕米尔高原东部,横贯新疆、西藏之间,东延入青海境内。长约2500公里。古老皱褶山。西段为塔里木盆地、藏北高原的界山,西北——东南走向,北坡较陡。高峰有慕士塔格山(7546米)、公格尔山(7719米)。东段成东西走向,分三支:北支为祁漫塔格山;中支为阿尔格山;南支为可可西里山。海拔6000米左右,多雪峰、冰川。在神话传说中,昆仑山是虚无缥缈的仙境和神山。白娘子到昆仑山盗仙草,符合民间传说的传承性,群众有认同感。另一说是,昆仑山是南极仙翁洞府所在地,上昆仑山盗仙草,南极仙翁怜而赠草,更符合神话传说的合理性。

【水漫金山】2001—26·(4—3)T　面值80分,票幅规格30毫米×40毫米,发行量1700万枚。图案描绘了《白蛇传》中水漫金山的情节。金山坐落在江苏省镇江市西北。原名氏父山,又名金鳌岭、泽心山、伏牛山、龙游山、获苻山,也叫浮玉山。高43.7米,周约520米。原屹立长江中,唐张祜咏金山诗云:"树影中流见,钟声两岸闻。"由于长江水流变迁,清光绪年间金山开始与南岸相接,现已成陆山。金山的建筑,傍山而造,富有独特风格,亭台楼阁,层层相接,殿宇厅堂,幢幢相衔,构成丹碧辉映,绚丽精巧的古建筑群,故有金山"寺裹山"之

称。朝阳、白龙、法海、罗汉等洞隐于山的上下左右,都有迷人的神话故事。还有妙高台、七峰亭、留玉阁、楞伽台、慈寿塔等古迹,流传着佛印与苏轼、道悦与岳飞、梁红玉擂鼓等动人的传说。金山寺坐落在金山之上。始建于东晋。原名泽心寺,唐时通称金山寺。宋天禧年间,因梦游金山寺,赐名龙游寺,清康熙南巡时赐名江天禅寺。庙宇依山势而造,使山和寺混为一体,独具风格。王安石游金山寺诗:"数重楼枕层层石,四壁窗开面面风。忽见鸟飞平地起,始惊身在半空中。"慈寿塔、江天一览亭矗立山巅。留玉阁、大小观音阁围绕山顶,七峰亭、妙高台、楞伽台等建筑连缀山腰。天王殿、大雄宝殿旧址、藏经楼、念佛楼、留宿处、方丈室、紫竹林等庞大建筑傍依山根,通过曲廊、回檐、石级有机串连,形成楼上有楼、楼外有阁、阁中有亭的精巧建筑,各组既自成体系,又相互通连,精巧壮丽,颇具特色。金山寺向为国内佛教禅宗名寺。《白蛇传》中的水漫金山寺,即指此。许仙服用灵芝仙草得救后,受法海蛊惑,到金山寺进香,被法海囚禁在金山寺中,不许他们夫妇团聚。白娘子为了救回许仙,和小青一道,跟法海斗法,不惜引西湖之水漫淹金山寺。画面以金山和金山寺慈寿塔为背景,展现出了水漫金山的瞬间景象:白娘子和小青指挥着西湖之水,气势汹涌地向金山奔腾,从身姿看,白娘子身躯前倾,小青弯腰躬背,表现出了她们的积极主动、竭尽全力;而法海泰然打坐,手持钵盂,口中念念有词,他将自己的黄色袈裟甩起,仿佛筑成了一道大堤,挡住了滚滚而来的西湖水;从表情看,白娘子因身怀六甲显得急躁,力不从心,而法海则显得很从容、镇定,故水漫金山并没有将许仙救出。人物形神兼备,栩栩如生,能够给人一种身临其境之感。画面左上角钤有一方椭圆形"水漫"2字红色印章,进一步点明了画题。

慈寿塔坐落于金山之巅。原为双塔,南北相对,都称荐慈塔。相传创建于南朝萧梁时,但据文字记载,金山双塔最早建于唐代,宋代元符年间重修。现塔为清光绪二十六年(公元 1900 年)建成。此塔砖木檐,仿楼阁式,七级八面,每级四面开门,楼梯盘旋而上,外有平座依栏,可眺望塔周景物。

钵盂是一种陶制的器具,古代和尚用的饭碗,平底,口略小,形稍扁。

袈裟为梵文"Kasaya"的音译,意译"坏色"。佛教僧民的法衣。因僧衣避免用青、黄、赤、白、黑等"正色",而用似黑之色,故一称缁衣。法衣的种类,依佛教定制只有三种,总称为"支伐罗"(Civara):(1)僧伽梨(Sangbāti,大衣),用九至二十五条布片缝成;(2)郁多罗僧(Uttaravāsa,七条衣,又名上衣),用七条布片缝成;(3)安陀会(Antaravāsa,五条衣,又名内衣),用五条布片缝成。合称三衣。

和尚是一种佛学称谓。梵文"Upādhyāya"的不确切的音译。亦称为"和上"、"和社";确切的音译为"邬波驮耶";意译为"亲教师"、"力生"、"近诵"、"依学"。在印度原为师父的俗称。在中国佛教典籍中,一般为对佛教师长的尊称,后来成为信奉佛教的出家僧人的通称。佛教认为,人的生、老、病、死都是苦的,而苦的根源在各种欲望。必须消灭一切欲望,进行修行,与世无争,忍受人世间的一切痛苦,死后灵魂才可升入"天堂"。佛教的人生处世哲学是主张一切调和,反对斗争。"和",即"忍耐"、"顺从",是佛教徒所崇尚并遵守的修行的根本方法。一切以和为尚,并把"和尚"挂在嘴边。这样,渐渐地人们便把这些出家僧人称为"和尚"了。

和尚为什么剃光头?凡是正式出家的和尚,都要剃去头发。据说,佛祖释迦牟尼最初对陈如、迦叶等 5 人说法时,曾亲自为他们剃去头发,表示接受他们为弟子。和尚剃头包含 3 种意义:(1)象征剪除烦恼,消除旧习。按照佛教的说法,头发是人世烦恼和错误习气的象征,剃去头发就是剪除烦恼,消除旧习。唐代诗人王维在《为舜阇黎谢题大通大照和尚塔额表》一文中说:"覆其惭愧之衣,落其烦恼之发。"意思是说,穿上袈裟,时之有惭愧谦虚之心;剃去头发,希望排除人世一切烦恼。(2)表示去掉骄傲怠慢之心。《智度论》第四十九说:"剃头著染衣,持钵乞食,此是破憍(同骄)慢法。"意思是说,剃去头发,穿上黑衣,拿着钵盂讨饭,这是破除骄傲怠慢的方法。(3)为区别于其他教派。据《行事钞》记载:"佛制半月剃发。"即半个月剃一次头发。当时印度的教派很多,人们一见剃光头的,就知道是佛教徒了。佛教初入中国时,和尚出家没有别的传戒仪式,只要剃去头发,披上类似袈裟的粗布衣就可以了。

【断桥相会】2001—26·(4—4)T 面值 2.80 元,票幅规格 30 毫米×40 毫米,发行量 1700 万枚。图案描绘了《白蛇传》中断桥相会的情景。水漫金山后,许仙逃回杭州,在西湖断桥与白娘子再次相会。小青怒责许仙轻信法海言语而忘恩负义,欲拔剑杀许;白娘子仍怜惜许仙,她一面劝阻小青,一面向许仙倾吐眷恋之意和思

念之情;许仙再三赔礼道歉,痛诉离别之苦。小青被他们悲痛不已的场面感动,终于尽释前嫌,夫妻重归于好。画面以西湖和苏堤为背景,捕捉住了许仙与白娘子相会

的瞬间情景:许仙双膝跪地,举手拉着白娘子的衣袖,仿佛在苦苦求情,忏悔自己不该听信法海的挑拨之言;小青对许仙的表现十分愤怒,欲拔剑惩罚之;而白娘子立刻用自己的身躯挡住小青,表情中对许仙有责备,但更多的还是怜惜,充分表现出了她对许仙真挚的爱情。人物形象栩栩如生,情景交融。画面右上角钤有一方椭圆形"相会"2字红色印章,进一步点明了画题。

2001—27 郑成功收复台湾三百四十周年(J)

【郑成功收复台湾三百四十周年(J)】The 340th Anniversary of Taiwan's Recovery by Zheng Chenggong(J) 有关台湾的知识,详见新版《中国集邮百科知识》T·42《台湾风光》。郑成功(1624—1662)为明清之际收复台湾的名将。本名森,字大木,福建南安人。郑之龙子。弘光时监生。隆武帝赐姓朱,号"国姓爷"。永历帝封为延平郡王。隆武二年(公元1646年),反对其父降清,曾在南澳(今属广东)起兵,从事抗清活动。后以金门、厦门为根据地,连年出击粤江浙等地。永历十三年(公元1659年)与张皇言合兵,进入长江围攻南京。误信清总督郎廷佐的诈降奸计,在南京城外战败,被迫撤退,在东南沿海坚持抗清斗争。当时台湾为荷兰殖民者所侵占,台湾人民不断起义反抗殖民者的残暴统治。就是在这种背景下,为了驱逐荷兰殖民者,建立稳固的抗清基地,郑成功决意收复台湾。永乐十五年(公元1661年)正月,大陆各省基本被清军占领,郑成功感到形势紧迫,只有收复台湾,连接金门、厦门,然后才能够进则可战而复中原,退则可守而无内顾之忧,于是他作出了进军收复台湾的决策,并进行了充分、周密的准备。永乐十五年(公元1661年)二月,郑成功在基本完成战前准备工作后,遂从厦门移师金门,命其子郑经及部分将领留守厦门、金门,以防清军乘虚袭击;自率大军进军台湾。进攻台湾的舰队分为两个梯队:郑成功亲率第一梯队先期出发,共有战舰数百艘,士兵二万人;第二梯队由黄安等指挥,共有战舰二十多艘,士兵六千人。台湾本岛地形东高西低,人口汇聚西部,以"澎湖为门户,鹿角为咽喉"。郑成功根据侦察到的荷军兵力配备、设防等情况和台湾地形,确定的作战方针为:首先收复澎湖,以之作为前进基地,然后乘涨潮之机,通过鹿耳门港,实施登陆,切断台湾城、赤嵌楼两地荷军联系,分别予以围歼,然后收复台湾全岛。永乐十五年(公元1661年)三月初一,郑成功在金门举行了隆重的誓师仪式。二十三日中午,郑成功亲率第一梯队自金门料罗湾出发,浩浩荡荡向东南挺进。二十四日清晨,舟师抵达澎湖,因荷军兵力薄弱,很快予以占领。二十七日,郑成功继续东征,进至柑桔屿海面时,因风雨所阻,被迫斥回。三十日,郑成功命部下三千兵力驻守澎湖,率领舰队。冒着暴风雨横渡海峡,于四月初一日拂晓抵鹿耳门港夕。由鹿耳门外海进港有两条航路:一条是南航道,口宽水深,但有敌舰防守,陆上台湾城又置重炮瞰制航道,不易通过。另一条是北航道(即鹿耳门航道),水中沙石淤浅,航船触之立碎,仅一线可容三舟并进,水路长数十里,横渡可至赤嵌楼。由于北航道水浅,荷兰侵略者又用破船堵塞,故只有涨潮时才能通过。郑成功果断地决定由北航道突入。四月初一中午,海潮大涨时,郑成功乘机率队进发,战舰顺利通过鹿耳门,避开了敌人的火力,进入内海,分布在台江之中。荷兰军队对郑成功这种出乎意料的行动惊慌失措,只能仓促迎战。郑成功的水师冲过荷军防线,先在赤嵌楼以北的禾寮港登陆,接着在鹿耳门方向登陆成功。台湾人民争先恐后前来迎接,捏水送饭,协助运输,使得郑成功部队很快站稳脚跟,士气非常高涨。郑成功登陆后,立即通令荷兰侵略军投降。荷兰殖民者表示愿意献出十万两银子犒赏郑成功的军队,请求退兵。郑成功严词拒绝荷兰殖民者的卑鄙收买。荷兰侵略军妄图凭借船坚炮利和城堡坚固,乘郑成功立足未稳,实施反击。他们在海面上以四艘舰船进行阻击,郑成功以六十艘战舰将其包围起来,双方展开激烈炮战。郑成功的战舰装备虽不如荷军,但水兵们莫勇顽强,击沉敌主力舰一艘,炸毁甲板船一艘,其余落荒逃掉。在陆上,荷兰舰长贝德尔率领二百四十名士兵向郑成功反击。郑军将领陈泽率四千人,以大部兵力王面迎击,以七八百人迂回到敌军侧后,前后夹击。结果,贝德尔毙命,荷军被歼一百八十多人。海路两战失败后,荷兰侵略者仍企图固守赤嵌楼、台湾城两座孤立的城堡。郑成功一面派兵切断荷军的水陆交通,一面乘胜进攻赤嵌楼。四月初四,赤嵌楼的水源被自动武装起来的台湾人民切断,荷兰守军被迫投降。四月初七,郑成功亲自督师围攻台湾城。荷兰侵台总督倚仗粮草充足和城高墙厚,妄图固守台湾城,等待海外援助。郑成功获得这一情况后,抓紧进行围城和打援部署。荷兰侵略者企图利用增援的舰船和士兵,把郑成功逐出台湾城市区,力求改变被围的困难处境,并击毁停泊在赤嵌楼附近航道上郑成功的船只。双方在海上交战,郑成功亲率战舰将敌舰包围,经过一个小时的激战,击毁、烧毁荷舰两艘,俘小艇三艘,毙敌一百多人。被围荷军粮饷匮乏、士气低落,而且还有不少士兵因吃发霉的食物中毒,战死饿死者众多。郑成功则率军进行休整,加筑工事,架设巨炮,准备继续攻城。台湾民众还协助郑成功断绝了荷军的水源。在围困台湾城八个月之后,郑成功发起总攻,给了荷兰侵略者以毁灭性打击。1662年2月,荷兰殖民者被迫在投降书上签字。被荷兰殖民者侵占了八年的台湾,终于回到了祖国的怀抱。郑成功驱逐荷兰侵略者的伟大斗争,终于取得了胜利。郑成功收复台湾后,将赤嵌城改名为平安城,将赤嵌楼改名为承天府,并建立了与祖国大陆一样的郡县制度,设置行政机构,招徕大陆移民。为发展农业生产,郑成功实行了"屯田法"。士兵边生产边练兵。几年后,做到了"野无旷土,军有余粮"。郑成功在台湾推广了先进的农业生产技术,将大陆上汉族地区的先进生产方法介绍给台湾人民,使得高山族人民也开始使用牛耕和铁犁种田。郑成功还铸造了"永历通宝"钱币,促进了台湾地区经济发展,稳定了市场,安定并提高了人民生活。郑成功在收复台湾五个月后病死,其子郑经嗣位。郑成功收复台湾,结束了荷兰侵略者对台湾人民的殖民统治,维护了祖国神圣领土的完整统一,故成为受人景仰的伟大民族英雄,他的事迹将永垂史册。

2001年12月31日,为了表达人民对民族英雄郑成功的敬仰和怀念之情,中华人民共和国国家邮政局发行了一套《郑成功收复台湾三百四十周年(J)》纪念邮票,全套3枚。戴宏海设计。影写版。齿孔12度。邮局全张枚数20(4×5)。北京邮票厂印制。

这套邮票的3枚图案,在暖灰底色上采用中国画线描艺术技巧,充分运用线的疏密虚实的变化,精心组织画面的黑白灰转折关系,成功地表现了杰出的民族英雄郑成功的英雄气概和浩然正气。

【闽海雄风】2001—27·(3—1)J 面值80分,票幅规格50毫米×30毫米,发行量2500万枚。图案描绘了郑成功率军在海上与荷兰侵略者交战时的英雄风采。

闽是福建的简称,因秦设闽中郡而得名。郑成功收复台湾的过程中,与荷兰侵略者的主要战斗是在台湾海峡进行的。他亲率战舰数百艘,自金门料罗湾出发,浩浩荡荡直达澎湖;接着继续东征,冒着暴风雨横渡海峡,抵达鹿耳门港外;特别是在荷兰侵略者以为中国舰队一定会从正面进攻,只在南航道上配备了大炮时,郑成功出其不意,偏偏从鹿耳门开进台江,避开了敌人的火力,先在赤嵌楼以北的禾寮港登陆,接着在鹿耳门方向登陆成功。画面以桅帆林立的战舰为背景,采用特写镜头,表现了郑成功在厦门海域操训水师,准备收复台湾的英雄气概和旺盛的士气,全军同仇敌忾,对收复台湾有必胜的信心。你瞧,郑成功挺立在战舰的甲板上,高大、威武;他昂首振臂高呼,正在挥剑向士兵们发布冲锋登陆的号令,正气,英气,豪气,永远震荡在历史长河中。

【箪食壶浆】2001—27·(3—2)J 面值80分,票幅规格50毫米×30毫米,发行量1700万枚。图案描绘了台湾人民欢迎郑成功的热烈场面。箪(dān)古代盛饭的圆形竹器。浆,汤水。古时候老百姓用箪盛了饭,用壶盛了汤,来欢迎他们所拥护的军队。郑成功的水师冲破荷兰侵略军的防线,先在赤嵌楼以北的禾寮港登陆,接着在鹿耳门方向登陆成功。台湾人民争先恐后前来迎接,提水送饭,协助运输。画面描绘了郑成功收复台湾取得胜利,率大军进驻台湾城,受到当地百姓的热烈欢迎,表现出了军民共庆宝岛回到祖国怀抱的欢乐气氛:台湾的老百姓从四面八方汇聚在一起,有的手捧箪食,有的手提壶浆,有的振臂欢呼,热情迎接郑成功登岛;郑成功见状,立刻滚鞍下马,拱手致谢。画面有声有色有情,生动地表达了台湾人民对回归祖国的渴望,也证明了郑成功收复台湾的及时和正义。

【日月重光】2001—27·(3—3)J 面值2.80元,票幅规格50毫米×30毫米,发行量1700万枚。图案描绘了郑成功在台湾推广先进农业技术的情景。台湾的高山族人民在荷兰殖民者奴役下,生活十分贫困,生产极端落后,过着暗无天日的日子。郑成功收复台湾后,为了发展农业生产,不仅实行了"屯田法",还积极推广先进的农业技术,将大陆上汉族地区的先进生产方法介绍给高山族人民,使他们开始使用牛耕和铁犁种田,安定和改善了人民生活,犹如重见天日一般。画面描绘了郑成功亲临台湾穷困地区指导开荒,突出表现他开发台湾,振兴经济,尤其重视团结高山族同胞,教他们先进的农耕技术,使他们摆脱原始形态。你瞧,郑成功站在山坡之上,他挥手指点着前方,仿佛正在讲解着发展农业的

规划；围在他身边的几位台湾高山族老百姓，手捧一张规划图，神情专注地倾听着，仰首望着远方，从激动的神情看，他们仿佛已经憧憬到了自己未来生活的美好情景。

2001—28M 青藏铁路开工纪念（小型张）(J)

【青藏铁路开工纪念（小型张）(J)】Commemoration of Marking Construction Beginning of Qinghai—Xizang Railway（Souvenir Sheet）(J)　青藏铁路由青海省西宁至西藏自治区拉萨，全长1956公里。早在20世纪50年代，新中国成立伊始，中央便决策：要把火车修到拉萨。自1956年开始，铁道部第一勘测设计院即对从兰州到拉萨的两千多公里线路进行了全面的勘测设计工作。1973年，毛泽东主席与尼泊尔国王比兰德拉会谈时指出，要加紧修建青藏铁路。同年11月26日，原国家建委在北京召开了青藏铁路协作会议。党中央、国务院领导多次作重要指示，要求加快工作进度，争取提前完成。青藏铁路西宁至格尔木段846公里，已于1979年铺通，1984年投入运营。1994年7月，中共中央、国务院召开第三次西藏工作座谈会，会上再次提出修建进藏铁路。1995年，铁道部开始组织进藏铁路的讨论工作。八届全国人大四次会议通过的《关于国民经济和社会发展"九五"计划和2010年远景目标纲要》提出：下个世纪前十年进行进藏铁路的论证工作。2000年3月7日，国家计委有关人士在九届全国人大三次会议记者招待会上提出：要加快"进藏铁路"、"西气东输"等重大工程的前期工作。同年12月，国家计委在京召开青藏铁路汇报论证会，正式向国务院上报青藏铁路项目建议书。2001年2月8日，国务院总理办公会议听取了国家计委关于建设青藏铁路有关情况的汇报，对青藏铁路建设方案进行了研究，同意批准立项。2001年6月29日，青藏铁路开工建设。2001年开工修建的青藏铁路格尔木至拉萨段，北起青海省格尔木市，经纳赤台、五道梁、沱沱河、雁石坪、翻越唐古拉山，再经西藏自治区安多、那曲、当雄、羊八井，南至西藏自治区首府拉萨，全长1142公里，其中新建线路1110公里。2001年6月29日，青藏铁路开工典礼在青海省格尔木市和西藏拉萨市同时举行。青藏铁路二期工程的起点和终点分别是青海省格尔木市南山口和西藏拉萨市堆龙德庆县柳梧乡，工程从两地同时开工。青藏铁路是世界上海拔最高、线路最长的高原铁路，也是世界铁路建设史上难度最大的工程。修建青藏铁路是党中央和国务院作出的重大决策，是西部大开发的一项标志性工程，对于加快西藏经济社会发展，促进西藏自治区同全国其他地区的经济文化交流，增强民族团结，都具有重要意义。

2001年12月29日，为了祝贺青藏铁路开工，中华人民共和国国家邮政局发行了1枚《青藏铁路开工纪念（小型张）(J)》小型张。原瑞伦摄影。阎炳武、杨文清设计。影写版。齿孔13.5度。北京邮票厂印制。

注：青藏铁路北起青海省西宁市，南至西藏自治区拉萨市，全长1956公里，小型张图案右下和左上分别为塔尔寺和布达拉宫外景，即西宁和拉萨的标忄生建筑物。这条铁路于1958年分段开工建设，1984年5月从西宁已修至格尔木，全长约846公里，即青藏铁路一期工程。2001年6月29日为青藏铁路二期工程（格尔木至拉萨段）开工。小型张若为纪念青藏铁路一期二程开工，时隔43年，应该是失时。若为纪念青藏铁路二期工程开工，名称也不够准确；比较确切的名称，应为"青藏铁路二期工程开工纪念"。

【青藏铁路开工纪念】2001—28M·(1—1)（小型张）J　小型张面值8元，小型张规格135毫米×114毫

米，邮票规格81毫米×38毫米，发行量1450万枚。图案描绘了青藏铁路开工的现场情景。邮票画面以连绵起伏的雪山为背景，用一条弯弯曲曲的鲜黄色的青藏铁路线示意图，犹如一条巨龙，腾跃在青藏高原的群山峻岭之中，标示出从青海格尔木至西藏拉萨，既显示出它是一条世界上海拔最高的铁路，又似一条彩虹，鲜艳无比，光彩夺目。画面左下角刻画了一组铁路建设工程人员进行铁路勘测的情景：他们有的站在测量支架旁，有的手捧铁路施工图，指指点点，仿佛正在进行着认真研究；勘测人员汉、藏两族的服饰，具体表现了民族团结。画面右下角排列着一辆辆挖掘机和推土机，隆隆的机器轰鸣声隐约可闻，能够给人一种身临开工现场的感觉。

画面明暗对比强烈，既强调了高原铁路的冷峻，也呈现出了青藏高原的自然风光。小型张背景采用蓝绿色为底衬，左上角绘有雄伟壮观的布达拉宫，右下角绘有塔尔寺如意宝塔，这都是青藏铁路全段自拉萨至西宁的标志性建筑。蓝天白云、辽阔草原和白色羊群，既表现出了西藏独特的宗教文化特色，展现出了西藏这块古老土地所蕴含着的勃勃生机，也代表了这是一条环保铁路，即不破坏生态环境。小型张的四周边框，采用蓝、红、绿、黄四种颜色的相互变化构图，使得画面活跃，富有新意。特别值得一提的是，在小型张背景右侧与邮票画面相接的地方，设计者让一列现代化火车，按照邮票画面上标示的箭头，它应该是沿着青藏铁路线，由西藏拉萨开出，经由青海西宁，风驰电掣般进入内地，形象地表现了修建青藏铁路在西部大开发和建设新西藏中的重要意义，可谓精彩一笔。

注：青藏铁路是由青海西宁至西藏拉萨，西宁位于拉萨北方，线路应是南北斜直走向才对，画面上设计为东西平行的走向应是失误。另外，布达拉宫位于塔尔寺的西南，画面上却将布达拉宫安排在左上角，将塔尔寺安排在右下角，二者的方位颠倒了。

有关布达拉宫的知识，详见新版《中国集邮百科知识》纪13《和平解放西藏》。

有关如意宝塔的知识，详见本书2000—9《塔尔寺》。

2002—1 壬午年（T）

【壬午年（T）】Renwu Year（Year of the Horse）(T)　有关干支纪年法和十二生肖的知识，详见新版《中国集邮百科知识》T·46《庚申年》。2002年为中国农历壬午年，午马，也称马年，凡是在这一年出生的人都属马。

2002年1月5日，为了庆祝新春佳节，中华人民共和国国家邮政局发行了一套《壬午年（T）》特种邮票，全套2枚，这是第二轮十二生肖系列邮票的第十一套。王虎鸣设计。影雕套印。李庆发、姜伟杰、郝欧雕刻。齿孔12度。邮局全张枚数32（8×4）。北京邮票厂印制。

这套邮票的2枚图案，采用纯色，底色一红一白，既充满红火热闹的节日喜庆气氛，又显得干净利落，不仅符合中国人民的传统欣赏习惯，而且达到了和谐、统一、自然的艺术效果。

【马到成功】2002—1·（2—1）T　面值80分，票幅规格26毫米×31毫米，发行量5500万枚。图案选用了陕西省凤翔县纸坊镇六营村二组泥塑艺人胡深的工艺作品——凤翔泥塑马。这件作品是中央美术学院老师在20世纪80年代去陕西采风时买到的，现为中央美术学院民间美术系陈列室的陈列品。凤翔县位于被称为"西府"的陕西省宝鸡市东北部，是著名的工艺美术之乡，布艺、泥塑、面塑等民间工艺品在这里随处可见，已经形成了造型优美、古拙质朴、苍劲雄浑的独特艺术风格。凤翔泥塑工艺品起源于明朝初年。相传，当年明太祖朱元璋派兵驻扎在凤翔一带，兵士中有一部分是江西陶瓷艺人，他们在屯垦之余，用当地的"板板土"制作工艺品，既能够寄托对家乡的思念，又可以出售换取一些零用钱。这种工艺逐渐得到当地老百姓的认可，并不断发扬光大，流传至今，成为陕西乃至全国民间工艺品中的一枝奇葩。邮票图案以满铺的喜庆红色作底衬，采用黑色线描手法，依仗素描关系和线条的明暗，展现出了一匹小马驹的形象。马头微偏，通体浑圆饱满，既威武健壮，又活泼可爱；特别是双目用墨传神，造型独具匠心，个性明显；白与黑的线条应用十分到位，流畅有序；马背上绘制的马鞍十分精致，带有三个串铃；马项上画有四块马鬃，造型憨态可掬，朴素中透出非凡的个性，艺术风格鲜明独特。这匹黑白马，不仅黑、白、红三色搭配在一起非常和谐，而且品味更加独特，有一种更纯朴的味道，既富有个性特征，又显得英气潇洒。"马到成功"是一句成语，常与"旗开得胜"连用。古时打仗，将领骑马冲杀在前，故以"旗开得胜，马到成功"祝愿迅速取得战事的胜利。现代形容工作刚开始就取得成功。这枚邮票图案正是在新年伊始，表达了对祖国的社会主义建设事业和人民生活的美好祝愿。画面左下角印有"壬午年"3字和一方圆形"马"字印章，点明了主题。

有关泥塑的知识，详见本书1996—30《天津民间彩塑》。

【壬午大吉】2002—1·（2—2）T

面值2.80元，票幅规格26毫米×31毫米，发行量4800万枚。图案采用了在一张斗方上书写的一个楷书马字，端庄方正，雕刻力透纸背。所谓斗方，即一二尺见方的诗幅或诗画页。逢年过节或遇喜庆的日子，老百姓常将写有"福"、"禧"等字的斗方，张贴在粮仓、门楣或居室墙壁处，借以表达祝福和渲染喜庆气氛。邮票主图红色斗方上绘有朵朵盛开的色彩艳丽的四季花卉，白色背景中印有各种字体的"马"字，艺术语言既突出了画题，又充满了新春贴"福"和贺岁祝

福的喜庆气氛。画面左下角印有"壬午年"3字和一方圆形"马"字印章,点明了主题。

2002—2 八大山人作品选(T)

【八大山人作品选(T)】Selected Paintings of Bada Shanren(T) "八大山人"(1626—1705)是明末清初画家朱耷的别号。江西南昌人。生于明天启六年(公元1626年)。他与原济(石涛)、弘仁、髡残合称"清初四高僧",为四僧之冠。他是明太祖朱元璋第16子朱权的九世孙,世居南昌。其别号有雪个、个山、人屋、八大山人等,其中以"八大山人"为最著。朱耷自小天赋很高,8岁能作诗作画,可以悬腕写蝇头小楷;11岁时,居然能独自画青绿山水;16岁,考中秀才;19岁时(公元1644年),清兵入关,明朝灭亡,结束了他早年的贵胄生活,曾一度削发为僧,后又当道士,在南昌建青云谱道院。他为了躲避灾祸,隐姓埋名,59岁时别号"八大山人",僧名传綮。朱耷心怀国破家亡之隐痛,他同弟弟各自用最多的别号是"八大山人"和"牛石慧",寓意深刻:他的"八"字和其弟"牛"字合并起来,便是"朱"字,是他们的姓,寄意亡国隐痛及对清廷的蔑视。八大山人年过花甲时,到南昌西埠门过着到处漂泊的凄苦生活,79岁病故于南昌的寤歌草堂,结束了他饱经沧桑、颠沛流离、清高凄苦的一生。八大山人集遗民、禅师、画家为一身,以那奇情逸韵、拔立尘表的手笔,屹立于艺术之林,成为一位继往开来的艺术大师。八大山人擅画水墨、花卉、禽鸟、山水,他的作品幽深玄远,宁静纯洁,超凡脱俗,浑然天成,其冷峭的风格和高度简括的笔墨在明清写意花鸟画中达到了空前未有的高度。他的笔墨清脱,那是一种含蓄蕴芨,丰富多彩,淋漓痛快的艺术语言。八大山人缜密的构图,意境空阔,余味无穷,画外有画,画中有情,是所有写意画家应该追求和探索的。空白处补以意,无墨处似有画,虚实之间,相生相发,这已成为八大山人的构图妙语。他的画在疏密安排上,做到了大疏之中有小密,大密之中有小疏。八大山人的取物造型,在写意画史上有独特的建树,他既不杜撰非目所知的抽象,也不甘极目所知的"具象",他只倾心于以意为之的"意象",因此,他笔下之鱼多为无名之鱼,鸟常为无名之鸟,最终达到了形神兼备,言简意赅的艺术境界。八大山人作品特有的艺术魅力,三百年为人们所关注,他的人品、画品、书品堪称"神逸",为人们推崇备至。清代中期的"扬州八怪",晚期的"海派",现代的齐白石、张大千、潘天寿、李苦禅等巨匠,莫不受其熏陶。清"四僧"之一石涛大师对八大山人艺术这样赞誉:"眼高百代古无比,书法画法前人前。"近代齐白石对八大山人更是崇拜:"青藤、雪个、大涤子之画,能纵横涂抹,余心极服之,恨不生前三百年,或为诸君磨墨理纸;诸君不纳,余于门外,饿而不生,亦快事也……"八大山人在中国绘画史上具有极高的地位,是中华民族的骄傲。毕加索曾说:"中国有八大山人,了不起。"1967年以来,国际天文学联合会陆续以我国历史文化名人命名的外星环行山脉,有一座就被命名为"八大山人山脉"。

2002年1月20日,为了宣扬中华民族悠久灿烂的绘画艺术,中华人民共和国国家邮政局发行了一套《八大山人作品选(T)》特种邮票,全套6枚。原画作者明·八大山人。王虎鸣设计。影写版。齿孔12度。邮局全张枚数15(4×4右下方1枚位置为边饰图)。北京邮票厂印制。

这套邮票的6枚图案,是从八大山人数百件传世作品中精选出来的,不仅突出了他水墨大写意花卉翎毛方面的成就,而且兼顾了他的山水画及书法,并注意选用了中国画中最常见的立轴形式,使每枚邮票都能更好地反映八大山人的艺术个性,充分呈现了他艺术鼎盛时期的风貌。全张邮票版式为4×4,应有16枚邮票,为增加新意和观赏性,设计者将右下角的一枚设计成边饰图,图案采用《个山小像》为底衬,这是现存八大山人唯一的写真像,一副俗家打扮:穿着一件俗家的袯襫薄袍子,脚上是一双细麻做的草鞋,头上戴着一顶青纱的斗笠;面容消瘦,精神不振,给人以疲惫不堪的感觉。画面上有题跋9处,不仅是研究八大山人生年、艺术思想的重要资料,而且能使集邮者观其画、见其人、知其事,增加了邮票的收藏价值。原画上"八大山人"的自题款为直写一笔书,字形类似变形的"哭之、笑之",隐喻他哭笑不得的心境,这是八大山人画的标记,很有特色。原作中的署名,经缩小后,显得太小,很难看得清楚了。设计者为保持原作的原汁原味,将画家署名予以放大,安排在作品之外的邮票右上方位置,十分醒目。

《个山小像》画于清康熙十三年(公元1674年)。纸本水墨画。纵97厘米,横60.5厘米。画面上有题跋9处,按照时间顺序为:(一)画像右上方采用篆书自题"个山小像"画题;左边采用董其昌行书字体自题"甲寅蒲节后二日,遇老友黄安平,为余写此,时年四十九"。钤有"释传綮(榮)印"(白文方形印)、"刃庵"(朱文方形印)、"法堀"(朱文椭圆形印 起首印)。(二)1674年自题"个,个。无多,独大。美事抛,名理唾。白刃颜酓,红尘粉剉。清胜辋川王,韵过鉴湖贺。人在北斗藏身,手挽南箕作簸。"后加了一段小字的附题注脚:"此图系高安刘恸城贻余者,客安老人复书于新吴元狮山,屈指丁甲八年耳。两公皆已去世,独余凉笠老僧逍遥林下,临流写照,为之慨然。个山之庵传綮又识。"钤有"雪个"(白文长方形印)、"个山"(朱文长方形印)。(三)1677年饶宇朴题跋:"个山綮公,豫章王孙贞吉先生四世("四世"二字被圈去)孙也。少为进士业,动辄冠其侪偶,里中耆硕,莫不噪然称之。戊子现比丘身。癸巳遂得正法于吾师耕庵老人,诸方藉藉,又以为博山有□矣。间以其绪余,为书□画若诗,奇情逸韵,拔立尘表。予尝谓个山子每事取法古人,而事事不为古人所缚,海内诸鉴家亦既异喙同声矣。丁巳秋,携小影重访菊庄,语予曰:兄此后直以贯休、齐己,目我矣!咦!栽田博饭,火种刀耕,有先德钁头边事,在瓮里何曾失却□?予且喜圜悟老汉脚跟点地矣。鹿同法弟饶宇朴题并书。"肖像的正堂上压住跋文盖有一颗大型朱文扁方形印"西江弋阳王孙",并钤有"宇朴蔚宗 鹿同"印。(四)1677年用"湖西彭文亮"的名义,采用行书题写了一首七言绝句《个翁大师像赞》:"瀑泉流远故侯家,九叶风高耐岁华。草圣诗禅随散逸,何须戴笠老烟霞。"钤有"文亮之印"、"白生父"、"近思斋"。(五)1677年~1678年采用隶书自题:"雪峰从来,疑个布衲。当生不生,是杀不杀。至今道绝韶阳,何异石头路滑。这梢郎子,汝未遇人时,没倒僵!"钤有"灯社綮衲"(白文方形印)。(六)1677年~1678年,自题一段似诗非诗,似偈非偈的文字:"生在曹洞、临济有,穿过临济、曹洞有。曹洞、临济两俱非,赢赢然若丧家之狗。还识得此人么?罗汉道:底?"(七)1678年自题:"没毛驴,初生兔。勠破面门,手足无措。莫是悲他世上人,到头不识来时路。今朝且喜当行,穿过葛藤露布。咄!戊午中秋自题。"钤有"个山"(朱文长方形印)、"耕香"(朱文长方形印 起首印)。(八)1678年蔡受题写了一段怪话:"欓,⊙,咦!个有个,而立于一二三四五之间也;个无个,而超于五四三二一之外也。个山个山,形上形下,圜中一点。减余居士蔡受以供,个师已而为世人说法如是。"钤有"减余园者"、"成山受之□处硕果。"(九)1678年自题:"黄檗慈悲且带嗔,云居恶辣翻成喜。李公天上石麒麟,何曾邈得到你?若不得个破笠头遮却丛林,一时嗔喜何能已。中秋后二日又题。"钤有"掣颠"(白文长方形印)、鉴藏印"□轩"、"丹者不知老将至"。

【双鹰图】2002—2·(6—1)T 面值60分,票幅规格30毫米×50毫米,发行量1360万枚。图案选用了八大山人晚年画鹰的代表作《双鹰图》。原画纸本墨笔,尺寸规格126厘米×66.5厘米,题款"八大山人写",钤有白文方形印"八大山人"和朱文方形印"何园"。现为江西南昌"八大山人纪念馆"收藏。八大山人画鹰,取法

于明代画家林良,但他用笔之简洁,用墨之洒脱,无不显出青出于蓝胜于蓝的艺术造诣。画面上,两只鹰于枯木顽石间相互顾盼,情趣天然。俯仰高低之间,鹰的英武之姿跃然纸上。鹰眼呈方形,又大又黑,仿佛从画框里投出一股蔑视的冷光,表现出画家的高傲、冷漠和仇视现实的精神情态。画面纸墨虽因三百多年风尘而变色,但双鹰形象依然活泼泼的,妙不可言。

【孤松图】2002—2·(6—2)T 面值80分,票幅规格30毫米×50毫米,发行量1430万枚。图案选用了八大山人一幅描绘古松的作品《孤松图》。原画纸本墨笔,尺寸规格113厘米×58厘米,题款"兰皋先生"、"八大山人",钤有白文方形印"可得神仙"、"八大山人"。现为江西南昌"八大山人纪念馆"收藏。八大山人以极简之笔表现出松针极繁之形,又不使人感觉松散,表现出了

苍劲古松的伟岸风骨。正如李苦禅所言:"以神取形,以意舍形,最后终能达到神形兼备,言简意赅。"八大山人的笔墨取舍已经达到极自由的境界。画面笔墨遒劲,深浅相宜,曲直疏密,另有一番风韵。画幅左侧有吴昌硕题跋:"八大山人画,世多赝本,不堪入目。此帧高古超逸,无溢笔,无赘笔,方是庐山真面。尝从迟鸿轩借读,因题其后。乙未仲秋佳日吴俊卿。"钤有"吴昌硕 俊卿"印,赞八大山人的画"高古超逸,无溢笔,无赘笔"。画面上还钤有鉴藏印"梁俊青 吴曼青夫妇珍藏"、"荆门王氏珍藏"、"蒙泉书屋书画审定印"、"南海陈仙洲藏"、"文心审定"。

【墨荷图】2002—2·(6—3)T 面值80分,票幅规格30毫米×50毫米,发行量1430万枚。图案选用了八大山人一幅描绘荷花的作品《墨荷图》。原画纸本墨笔,尺寸规格178厘米×92厘米,题款"八大山人写",钤有白文方形印"可得神

仙"、"八大山人",朱文方形印"何园"。现为江西南昌"八大山人纪念馆"收藏。画面中的荷花约有二平方米,构图奇特,意境空阔。画家利用浓淡变化的墨色和抑扬顿挫的笔触,生动地勾勒出了圆转花劲的荷茎;大笔重捺的荷叶,轻柔婉转的荷花,组成了墨、白、灰层次丰富的块面,不仅产生了一种节奏和韵律,而且展示出满地风动,创造了"接天莲叶无穷碧"的意境。特别是那数杆足有1.5米之高的挺立的荷梗,使画面产生出了一种从下而上仰看荷花荷叶的效果,能够油然而生对那种"出淤泥而不染"精神的敬意。

【瓶菊图】2002—2·(6—4)T 面值80分,票幅规格30毫米×50毫米,发行量1430万枚。图案选用了八大山人描绘花鸟画中的一幅作品《瓶菊图》。原画纸本设色,尺寸规格90.5厘米×46.5厘米,题款"甲戌之重阳画 八大山人",钤有白文方形印"可得神仙"、"黄竹园",朱文长方形印"芍艾",鉴藏印"唐方审定"。

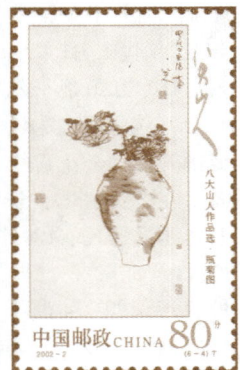

现为著名画家唐云收藏。在画家多为平整简括的花鸟画中,这幅画显得比较奇突。画面上,几朵似乎随意勾勒的菊花,不仅小巧精细,艳而不俗,颇有韵致,而且从苍劲挺健之中,流露出一种豪迈倔强、磊落不羁的个性。

【双鹊大石图】2002—2·(6—5)T 面值2.60元,票幅规格30毫米×50毫米,发行量1350万枚。图案选用了八大山人一幅作品《双鹊大石图》。原画纸本墨笔,尺寸规格120厘米×49厘米,题款"庚秋涉事 八大山人",钤有朱文有框屐形印"八大山人"。

现为江西南昌"八大山人纪念馆"收藏。画面上,一块顽石居中,一对鹊鸟上下顾盼嬉戏,活泼有趣。画家用寥寥数笔将石头勾勒出来,质感很强。两只鹊鸟相互呼应,仿佛它们对话啼鸣之声可闻,使整个画面充满勃勃生机,充分表现出了中国画讲究物象在似与不似之间的审美意境和情趣。

【仿董源山水图】2002—2·(6—6)T 面值2.80元,票幅规格30毫米×50毫米,发行量1350万枚。图案选用了八大山人一幅临摹作品《仿董源山水图》。原

画纸本墨笔,尺寸规格114厘米×51.5厘米,题款"仿壹北苑画法 八大山人",钤有朱文方形印"何园",鉴藏印"诒晋斋印"、"永宝(余略)"。现为北京荣宝斋收藏。董源为五代江西进贤籍画家。现代著名学者王朝闻评论八大山人的临摹作品时说:"八大山人那些临摹前人书画的作品,也多富有自己的个性特征。他在《仿董北苑(即董源)山水》画上,借董其昌'盖临摹最易,袒气难传,师其意而不师其迹,乃真临摹也'的论点,表达了他自己对艺术独创性的高度尊重。"这幅画表现了八大山人山水画的高超技艺。

董源(?—约962)五代南唐画家。源一作元,字叔达,钟陵(今江西进贤西北)人,亦作江南人。中主时任北苑副使,人称"董北苑"。工画龙水、牛、虎、人物。最擅山水,其水墨及着色轻淡者,不为奇峭之笔,山石用麻布皴,上多矾头、苔点,作峰峦出没,云雾显晦,溪桥渔浦,洲渚掩映的江南景色,评者以为平淡天真,唐无此品。其着色浓重者,山石皴纹甚少,景物富丽,宛然李思训风格。董源的水墨山水,影响甚大,经南唐画家巨然加以发展,并称"董巨",为五代北宋间南北山水画的主要流派。存世作品有《潇湘》、《夏山》、《夏景山口待渡》、《半幅溪山行旅》、《龙宿郊民》等图。

2002—3 珍稀花卉
(中国—马来西亚联合发行)(T)

【珍稀花卉(中国—马来西亚联合发行)(T)】Rare Flowers(Jointly Issued by China and Malaysia)(T) 有关"中国"名称的知识,详见本书1996—8《古代建筑(中圣联合发行)(T)》。马来西亚为东南亚国家。由马来半岛南部的西马来西亚(马来亚)和婆罗洲北部的东马来西亚(沙捞越、沙巴)两部分组成。面积32.95万平方公里。人口主要是马来人、中国血统马来西亚籍人和华侨、印度人、巴基斯坦人等。伊斯兰教为国教。马来语为国语,英语为官方用语。首都吉隆坡。马来半岛盛产黄金,因此称为黄金半岛。在马来语中,"马来"2字即"黄金"的意思。也有人说,马来西亚的意思是"黑暗的土地"。沙捞越是马来语小海湾的讹传,其确切的意思是"荒凉而险阻的小海湾"。沙巴在当地语中意为"下风之地",该地纬度低,太平洋及南海的海风不易刮到,

往来船只常去避风,故而得名。马来西亚各地区自古代起就与中国有友好关系和经济、文化往来。16世纪开始,相继被葡萄牙、荷兰、英国等国侵略。18世纪80年代,逐步为英国侵占,沦为英国殖民地。第二次世界大战中被日本占领,日本投降后,英国恢复殖民统治。1957年8月31日,马来西亚联合邦宣告独立。1963年9月16日,马来西亚同新加坡、沙捞越、沙巴组成马来西亚(1965年新加坡退出),是英联邦成员国。经济以农业和采矿业为主,橡胶、锡和棕油产量均占世界第一位。出口橡胶、棕油、锡、木材、石油等,进口粮食、机械、运输设备、日用品等。1974年5月31日,马来西亚和我国建立正式外交关系。

2002年2月5日,为了增进中国和马来西亚之间的传统友谊,中华人民共和国国家邮政局和马来西亚邮政部门联合发行了一套《珍稀花卉(中国—马来西亚联合发行)(T)》特种邮票,全套2枚。张桂徵(中国)、榛子设计室(马来西亚)设计。影写版。齿孔13度。邮局全张枚数20(4×5),横2枚连印。北京邮票厂印制。

这套邮票的2枚图案,设计者采用中国工笔花鸟的表现手法绘制,在构图和色彩的处理上,运用传统的出枝方法和设色方法,既强调了对象的真实性,又讲究简洁、概括、传神,力求完美。在印制这套邮票的过程中,北京邮票厂使用了从国外引进的先进制版设备,增添了新的防伪技术手段——缩微技术,即在制版初期,图稿分色后,对图稿进行修正处理时,在"金花茶"和"炮弹花"的枝干上分别采用缩微暗记——CHINA 和 MALAYSIA,用放大镜可清晰辨认。

【金花茶】2002—3·(2—1)T 面值80分,票幅规格30毫米×40毫米,发行量1340万枚。图案选用了中国的金花茶。金花茶(Camellia nitidissima),山茶科,山茶属。山茶属全世界约有250种,主要分布在亚洲东部热带与亚热带地区,我国约有二百多种。长期以来,人们只知道山茶花有红、白两个品系;经自然、人工

杂交后,繁衍出数千个品种,有红色、白色、桃红色、紫红色、玫瑰色及其他种种杂色,但从未见过开黄色花朵的山茶。1933年,中国植物学家左景烈在广西防城大菉阿池隘首次发现并采集了黄色山茶花标本;1948年,植物学家戚经文将其命名为"光亮山茶";直到1965年,植物学家胡先骕在《植物分类学报》上,才将其命名为"金花茶",在世界上引起了震惊和关注。金花茶产于我国广西的防城、宁明、扶绥、南宁、邕宁、隆安等地;越南北部也有分布。常绿灌木或小乔木,一般树高2米~6米,胸径7米~12米;枝条瘦长,光滑,分枝少;叶革质,长圆状披针形,长11厘米~16厘米,羽状脉,边缘有细锯齿;花1朵~2朵,花大,直径达6.5厘米,花瓣肥厚,金黄色有蜡质光泽;蒴果为三角状球形,内产籽2粒~4粒。籽实榨油可食,叶可入药及制保健饮品,具消滞、祛湿热、抗衰老等功效。木质致密,可雕刻工艺品。花期11月~翌年3月,为很好的观赏树种。金花茶是山茶花中的精品,每当冬春开花季节,满树金灿灿的,光彩夺目,富丽堂皇,故有"茶族皇后"之美誉。金花茶是山茶花中最具有培育多彩优良品种潜力的种质资源。国外山茶花专家从我国广西引种金花茶后,20世纪80年代末,日本专家山口湛夫利用温室条件,将金花茶与日本红山茶花杂交,得到日本第一代杂交品种,花朵开始显露黄色,定名为"初黄"。自20世纪70年代初,我国开始对金花茶的杂交育种研究。1980年以后,我国首次在广西建立了金花茶种质基因库,该成果获国家科技进步二等奖。1991年,经南宁市园林局与北京林业大学合作研究,在世界上培育出第一例金花茶杂交新品种,并于1994年获得另外一个新品种。1994年,在南宁建立金花茶公园,保存有金花茶28种并5个变种。同时,防城亦建立了目前国内最大的金花茶自然保护区。金花茶是世界上十分珍贵的野生花卉植物,为我国重点保护的野生珍稀濒危花卉植物。邮票图案以淡黄色作底衬,描绘出了两枝金花茶,在片片绿叶的护扶下,两朵盛开,两朵花蕾含苞待放;硕大的花朵微微下垂,金灿灿的,既生机勃勃,又雍容华贵,尽显"茶族皇后"的气质风采。画面左上角标出中文名称和拉丁文学名"金花茶 Camellia nitidissima",不仅点明了画题,而且将科学性与艺术性融为一体。

【炮弹花】2002—3·(2—2)T 面值80分,票幅规格30毫米×40毫米,发行量1340万枚。图案选用了马来西亚的炮弹花。炮弹花(Couroupita guianensis),玉蕊科,炮弹花属。该属约20种,原产美洲热带地区。炮弹花的种名"guianensis"是"圭亚那产"之意,即炮弹花(树)的模式产地是圭亚那。所谓模式产地,是

指描述一个科学名称的物种所根据那一份模式标本的产地。实际上,一种植物的野生产地往往大大超过模式产地的范围,它的全部野生分布地区叫原产地,这是该物种以后引种栽培到另一些地方相对而言的叫法。就

炮弹花（树）而言，"圭亚那"既是它的模式产地（广义的），也是它的原产地。由于炮弹花花序很长下垂生老树干上，花大艳丽美观，果实草质，大如炮弹球，故而得名。炮弹花（树）兼有观赏、绿荫、食用及优质木材的功能，是一种经济花卉园林树种。早在19世纪末，炮弹花（树）便被引入马来西亚，成为该国人民喜爱的园林树种。炮弹花为高大乔木，高可达50米。叶圆形或倒卵形，长10厘米～30厘米，侧脉16对～22对。花生老树干上称"老茎生花"，这是热带植物常有的现象。因热带森林茂密，尤其是中层树木最多，树冠密集，通风透光欠佳，影响昆虫传粉，像炮弹花生老树干的茎花生物学现象，就是植物长期适应环境自然选择的结果。炮弹花多朵组成很长下垂的总状花序，景象独特；花大，径达12厘米；萼筒陀螺状，上部6裂，花瓣6片，组成钟形，内面蔷薇色，外面橘黄色，有蜡质光泽；雄蕊多数，组成2轮。果实草质，酷似炮弹，径15厘米～20厘米，胚乳可食，常作饮料。邮票画面以淡蓝色作底衬，生动地描绘出了两束蔷薇色的炮弹花昂首绽放的精彩瞬间，褐色的枝纵横交错，洋溢着一种阳刚之美和浓郁的热带风情。设计者细致入微地刻画了炮弹花优美的花形，花萼花瓣花丝花药纤毫毕现，质感很强，自然动人。画面左上角标出中文名称和拉丁文学名"炮弹花 Couroupita guianensis"，既点明了画题，又将科学性与艺术性融为一体。

2002—4 民族乐器——拉弦乐器（T）

【民族乐器——拉弦乐器（T）】Folk Instruments: Pulled Strings（T） 乐器是可以发出乐音，供演奏音乐使用的器具，是通过音乐表达、交流思想感情的工具，为人类最早拥有的文化财富之一。在中华民族悠久的历史文化背景下，不同时代由于审美需要的不同，乐器也相应地打上了时代的烙印，不同种类的乐器是整个中国音乐史的物化代表。在中国乐器发展史中，打击乐器最先出现并完备定型。它萌芽于夏商，成型于西周，当时的"八音"中，打击乐器就占一半，为金、石、革、木，其中最重要并具有音乐性的有鼓、编钟和磬三种，它是表现商周精神的先秦音乐的灵魂。吹管乐器几乎和打击乐器同时产生，在周代"八音"中，匏和竹属此类，但当时由于音律比较简陋，直至汉代一管多音后才成为主体，其缘于乐器从五声音阶跨入七声音阶，从而由低级向高级转化，在音色上，箫、笛更接近人声；在旋律方面大发声威，而且声音和婉，韵律悠长，更具有个性与情感特征。拨弦乐器出现较晚，春秋战国时处于陪衬地位，至

隋唐由于琵琶引入中原，恰如其分地表现了音乐色彩的繁复和铺饰，使音乐更具魅力，成为唐代的主奏特色乐器。拉弦乐器最早在唐代才出现，是对吹管乐器的发展，提高了音乐在抒情、描写、叙述等诸多方面的表现力，其形成和确立，标志着中国音乐体系的最后完备。按照各种乐器不同的发音方式和声音原理，现代乐器学者将乐器总分为体鸣、气鸣、膜鸣、弦鸣和电鸣五大类。拉弦乐器中的轧琴、二胡、板胡、萨它尔、马头琴5种乐器，属于弦鸣乐器类中的擦弦乐器。

2002年2月23日，为了宣扬中华民族悠久的历史文化，中华人民共和国国家邮政局发行了一套《民族乐器——拉弦乐器（T）》特种邮票，全套5枚。这是继T·81《民族乐器——拨弦乐器》之后发行的"民族乐器"系列邮票的第二套。殷会利设计。胶版。齿孔12度。邮局全张枚数20（4×5）。辽宁省沈阳邮电印刷厂印制。

这套邮票的5枚图案，设计者根据票幅的限制及乐器本身的特点，采用表现乐器静止时的状态，并不是表现演奏时的状态，5种拉弦乐器的弦和乐器本身是分开的，画面没有加演奏的背景，既突出了乐器本身，显得简洁大方，又避免了与T·81《民族乐器——拨弦乐器》的雷同。

【轧琴】2002—4·（5—1）T 面值60分，票幅规格30毫米×40毫米，发行量1360万枚。图案展现了民族乐器轧琴的形象。

轧琴又名轧筝，形制与筝相似而小。我国最初的拉弦乐器，历史相当悠久，早在《旧唐书·音乐志》中就有"轧筝，以竹片润其端而轧之"的记载。长方形音箱，面板和底板均用桐木制，面板中间拱起，略有弧度，近两端处有弦枕。其音色细腻柔和，演奏方法独特。唐代著名诗人杜牧有诗云："好鸟如敲磬，风蝉认轧筝。"在唐代，轧琴是以竹片或棒擦其弦发声。到清代，轧筝张十弦，不仅奠定了它的体制，并改用木杆轧弦。到了近代，轧琴演进为持弓轧弦了。现今流行在河北、河南、福建、广西、吉林等省区，其中尤以河北用以地方戏曲武安平调伴奏的轧琴最具代表性。

【二胡】2002—4·（5—2）T 面值80分，票幅规格30毫米×40毫米，发行量1460万枚。图案展现了民族乐器二胡的形象。二胡属胡琴的一种。原称胡琴、南胡、嗡子等，只是在近几十年因其具有两条弦才定名为二胡，它是中国拉弦乐器向前发展的一个里程碑，也是沪、越、婺、黄梅、花鼓等十几种戏曲及民间歌舞与曲艺

的伴奏乐器,是在我国流传最广的一种弓弦乐器。早在宋代,沈括在《凯歌》中就有"马尾胡琴随汉车"的诗句。《元史·私乐志》中"卷颈龙首,二弦用弓捩之,弓之弦以马尾"的描写,指的就是二胡。它以竹、木作琴筒;琴筒一端蒙蛇皮或蟒皮;筒上装琴杆;杆端设二轴,轴到筒底张二弦;筒面置琴码。二胡乐音轻快柔转,浑厚而略带忧伤,引人遐想。二胡有高胡、中胡、大胡、低胡等多种形制,流行于全国各地。特别是由于著名的民族乐器演奏家刘天华改进了二胡的制造规格和记谱法,把曾被人们轻视的二胡纳入到专业的音乐教学之中,使其成为音乐会上经常独奏的乐器。二胡在中国民族乐队和民族丝竹乐队中的地位,相当于西洋交响乐团中的小提琴,故有中国乐器中的"王子"之称。民间音乐家华彦钧(阿炳)在江苏无锡创作的《二泉映月》《听松》等二胡曲,是中国民族音乐宝库中的珍贵遗产。

【板胡】2002—4·(5—3)T 面值80分,票幅规格30毫米×40毫米,发行量1430万枚。图案展现了民族乐器板胡的形象。板胡因其音箱不蒙皮革而是覆以薄木板而得名。也叫呼胡,是明清时期随着戏曲、曲艺音乐的兴起,以及小型器乐演奏在民间的流行而出现的。与二胡大同小异,琴筒多用椰壳、木料制成;面板为

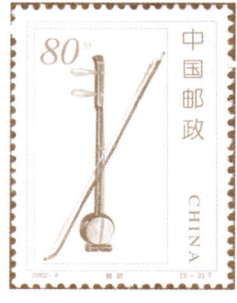

桐木;弓张马尾,纳二弦间;按五度或四度关系定弦。板胡发音高亢清亮,具有穿透力,为梆子戏的主要伴奏乐器,故又名"梆胡"。亦用作独奏或合奏,现流行于东北、华北和西北。板胡有独奏板胡和地方剧种伴奏板胡多种,擅长演奏高亢、热烈、欢快的曲调,在民族乐队中为高音乐器,担任弦乐的最高音部,常作各种伴奏乐器的领弦。

【萨它尔】2002—4·(5—4)T 面值80分,票幅规格30毫米×40毫米,发行量1420万枚。图案展现了民族乐器萨它尔的形象。萨它尔又名萨塔尔,维吾尔族拉弦乐器。在清代回部乐中被译为"赛他尔",现流传于我国新疆维吾尔族聚

居区内。相传,14世纪~15世纪已流传在南疆喀什一带,后传至北疆和东疆。琴箱木制,箱形如瓢,琴杆较长。左侧第一条钢丝为主奏弦,其余钢丝为共鸣弦,发音清脆刚健。演奏时,琴置于左腿上,左手持琴,食指中指按主奏弦,右手执马尾弓擦弦,共鸣弦起共鸣和美化音色的作用。20世纪50年代改革制成中音萨它尔,全长120厘米,琴杆稍短,指板上设塑料制品位;高音萨它尔全长87厘米,音箱相应缩小,均在乐队合奏中使用。

【马头琴】2002—4·(5—5)T 面值2.80元,票

幅规格30毫米×40毫米,发行量1350万枚。图案展现了民族乐器马头琴的形象。据传,早在成吉思汗时期(公元1155年~公元1227年)已在蒙古族地区流传。现今在内蒙古、新疆、青海等省区的蒙古族群众中非常普及,但其叫法却有所不同,东部蒙语称之为"潮尔",

西部蒙语称之为"莫林胡尔"。演奏时为坐姿,音箱夹于两腿中间,琴杆偏向左侧;左手持琴按弦,右手执马尾弓在弦外拉奏。马头琴多为演奏者自制自用,演奏手法丰富,可以用快弓、跳弓、顿弓等技巧描绘骏马在草原纵横奔驰的情景,发音柔和浑厚,音色低沉,富有草原风味。

有关马头琴名称来历的知识,详见新版《中国集邮百科知识》编86—90《儿童歌舞》。

2002—5M 步辇图(小型张)(T)

【步辇图(小型张)(T)】Walking Coach(Souvenir Sheet)(T) 《步辇图》是一幅最早反映我国古代汉、藏民族友好往来的历史画卷,它真实地记录了一千三百多年前,西藏藏族与中原地区亲密交往的重要历史事件,即文成公主和松赞干布的联姻。据历史记载,初唐,正是人民经历了连年兵祸,需要"偃武修文""以儒治国"的时期,唐太宗李世民(599—649)顺应民意,对内实行均田制、租庸(田租和纳绢或布代役)调制,推行"抚民以静"的恢复发展农业生产的措施,缓和阶级矛盾,制定一系列政策法令,促进社会经济体系的复苏;对外实行羁縻州政策和和亲政策,并先后将衡阳公主和弘化公主外嫁突厥可汗都布和吐谷浑可汗诺曷钵,不战而屈人之兵,实现了民族和解,使人民免遭战乱劳苦,社会呈现出一派繁荣景象,史称"贞观之治"。公元633年前后,吐蕃弃苏农迁都逻些(今拉萨),请尼婆罗(今尼泊尔)等地工匠在布达拉山修建了雄伟壮丽的宫殿,铺设道路,

筑起宫墙。同时,弃苏农南征北战,统一了青藏高原,结束了邦国对立、互不统属的时代,奠定了吐蕃王朝的基业。贞观八年(公元634年),年方18岁的弃苏农即位吐蕃赞普。弃苏农(616—650)又作弃宗弄赞,号弗夜氏,尊号松赞干布(意为深沉有计谋),藏史称其为吐蕃第一代名王。松赞干布即位后,遣使入唐通贡,唐太宗派行人冯德遐赴藏抚慰祝贺,以示回报。松赞干布听说突厥和吐谷浑列唐朝驸马之位,于是派使者随冯德遐一起带着珠宝,也来长安请婚,被唐太宗拒绝。吐蕃使者将其归咎于吐谷浑,以为与唐结亲的吐谷浑从中挑拨,松赞干布便派兵灭了吐谷浑,并攻击松州。松州都督韩威轻骑夜袭被打败。唐太宗认为事关重大,遣吏部尚书侯君集率兵5万破吐蕃营地,松赞干布畏惧了,引兵撤退,并派使者谢罪。贞观十四年(公元640年)十月,松赞干布遣大相葛尔禄东赞到长安再次请婚。唐太宗为了民族大义,决心化干戈为玉帛,将养宗室女文成公主(?—680)许嫁之。史书中记录了唐太宗当时所说的这样一段话:"蛮族都重视妻子的力量,何况我也。等她嫁过去生了孩子,就是给我生了孙子,这样的话,吐蕃就不会向大唐发起进攻了。为此,我怎么能舍不得自己的一个女儿呢?"公元641年,文成公主与松赞干布联姻。在文成公主的影响下,汉族制碾磨、陶器、纸、酒等工艺及历算、医药等陆续传入吐蕃,对吐蕃经济、文化的发展,汉藏两族人民友好关系的加强,做出了重要贡献。自文成公主与松赞干布联姻后,唐与西藏建立了"和同一家"、"代为舅甥"的亲密关系,唐蕃双方相安无事,保持了30年的和平局面。《步辇图》即捕捉住了禄东赞长安请婚,受到唐太宗接见时的瞬间史实情景,细致入微地刻画了各个人物的形态表情、民族、身份及性格特征,忠实地记录了当时汉藏民族友好往来的盛举。《步辇图》作者阎立本(?—673),京兆万年(今陕西西安)人。初唐具有代表性的著名画家。他有着杰出的绘画才能和技艺,并且有政治才干。曾做将作大匠、工部尚书,总章元年(公元668年)做了宰相。他有应务之才,《旧唐书》本传称其"尤擅图画,工于写真"。所画的题材相当广泛,除宗教画外,人物、车马、山水、台阁都画得很好。唐代评论家张彦远说:"阎则六法该备,万象不失。"他最擅长的还是肖像画和政治题材的历史画。最初在李世民的秦王府任"库直",曾画《秦府十八学士图》,贞观时又画《凌烟阁二十四功臣图》。此外,他还画过《西域图》、《永徽朝臣图》、《昭陵列像图》等,这些作品成为唐代政治事件的颂歌,历史上称阎立本"兼能书画,朝廷号为丹青神化"。

"和亲"是古代社会因为政治斗争而引发的一种特殊的社会现象,具有悠久的渊源,早在汉代就有"昭君出塞"的记载。到唐代,"和亲"已成为一种稳定边疆、发展经济、促进文化交流的基本国策。当然啦,皇帝不会轻易将宗室女子远嫁边疆,求亲使者要靠智慧方可完成使命。相传,松赞干布的求亲使者禄东赞闯过了"四关",才将文成公主迎娶入藏。第一关是分辨一百匹马驹和一百匹母马的母子关系。禄东赞先命随从将母马与马驹分开关了一天,而后将母马和马驹同时赶到一座广场上,饥渴的小马驹们很快便找到了自己的母亲。第二关是辨认一百根两头同样粗细的檀香木的根和梢。禄东赞命随从把一百根檀香木全部放入水中,因为根部木质紧密沉重,必然会慢慢下沉,故凭此断定沉入水中的一端为根,浮在水面上的一端为梢。第三关是将一根丝线穿过一颗宝珠上的九曲小孔。禄东赞将丝线拴在一只蚂蚁的腰间,将其放入九曲小孔的一端,于是,蚂蚁带着丝线从九曲小孔的另一端爬出来了。第四关是从众多宫女中辨认出文成公主。禄东赞按照从文成公主奶娘处获得的情报,准确地从众多宫女中辨认出了面带羞怯但不失皇家丰仪的文成公主。就这样,禄东赞经过"四关"的考验,才完成了迎娶文成公主入藏的使命。

2002年3月16日,为了展现中华民族绘画艺术的悠久历史,中华人民共和国国家邮政局发行了一枚《步辇图(小型张)(T)》小型张,全套1枚。原画作者唐·阎立本。王虎鸣设计。影写版。齿孔12度。北京邮票厂印制。

【步辇图】2002—5M·(1—1)(小型张)T 小型张面值8元,小型张规格160毫米×82毫米,邮票规格

142毫米×50毫米,发行量1290万枚。图案选用了唐代著名画家阎立本的绘画作品《步辇图》。《步辇图》是一幅肖像性的纪实画卷,绢本,设色,纵38.5厘米,横129厘米。现藏北京故宫博物院。作品描绘了唐太宗李世民接见禄东赞时的情景。画面的右侧,唐太宗坐于辇(古读Lian,今读Nian,指王室乘坐的人拉车)上。宫女9人前后左右分列,有的抬辇,有的持扇、打伞,各执其事,各具姿态。画面的左侧站立3人,面向唐太宗之前者,虬髯,执笏,是唐相引班的朱衣礼官;其后拱手肃立者,

是吐蕃使者禄东赞,其服饰具有鲜明的民族特色;最后一身着素淡者是朝中的翻译官。在左右两组人物中,主要是唐太宗和禄东赞。唐太宗是历史上享有盛名的皇帝,是一位治国安邦颇有建树的政治家。画家以赞誉的笔调加以刻画:他端坐于步辇之上,体型较其他人物为大,面貌恬静,带有欢迎、嘉许的表情,接受使臣的参谒,特别是他那舒朗的眉宇、睿智的目光和飘动的髭须,表现出了一代明君的威武气概。画家笔下的禄东赞,身穿西域流行的联珠纹袍,仪态朴实,脸颊丰满,高鼻、络腮胡,体现了藏族人矫健中略带粗犷的性格特征。特别是他那宽阔的额头上几条长长的皱纹,与他质朴的颜面组合在一起,表现了他的才智和丰富的经历。他正向唐太宗拱手行礼,目不斜视,举止谦虚,敬畏中显得精干,憨厚中使人可信,既表现出了藏族人特有的气质,又描述出了一位使者的身份。整个画卷庄重和谐,线条流畅浑健坚实,笔势圆转,设色浓丽,注重形体的整体塑造,画中人物传神达到了"窃眸欲语"的境界,很好地表达了民族团结的美好主题,代表了盛唐绘画的高度水平。此图无款,画卷左端有宋初章友直(伯盖)的小篆题记:"太子洗马武都公李道志 中书侍郎平章事李德裕 大和七年(833年)十一月十四日重装褾 贞观十五年(641年)春正月甲戌,以吐蕃使者禄东赞为右卫大将军,禄东赞是吐蕃之相也。太宗既许降文成公主于吐蕃。其赞普遣禄东赞来迎,召见顾问,进对皆合。旨诏以琅琊长公主外孙女妻之,禄东赞辞曰:'臣本国有妇,少小夫妻,虽至尊殊恩,奴不愿弃旧妇,且赞普未谒公主,陪臣安敢辄取。'太宗嘉之,欲抚以厚恩,虽奇其答,而不遂其请。唐相阎立本笔 章伯益篆"。记载了这段历史,反映了唐王朝和蕃的民族政策,也表达了各族人民要求统一团结的愿望。画卷尾纸上有北宋至明代米芾等22家的观款。本幅及前后隔水共钤有金章宗"秘府"(朱文葫芦)、明代郭衢阶"郭氏敦"(白方)、吴新宇"吴新宇珍藏印"(朱长方)、清代梁清标"焦林秘玩"(朱方)、纳兰成德"成德容若"(白方)和乾隆、嘉庆、宣统诸帝等人121方收藏印。小型张主图左右部分采用灰色横纹图案映衬,显得古朴,雅致;上下部分用黑白相间的花纹图案映衬,显得圆润,和谐;天地部分用大面积的深蓝色斜纹图案映衬,显得庄重,大气。篆体票名略加装饰,既醒目突出,又体现出了中国传统艺术的独特韵味。

2002—6 中国陶瓷——汝窑瓷器(T)

【中国陶瓷——汝窑瓷器(T)】Chinese Pottery and Porcelain: The Ruyao Ware(T) 有关陶瓷的知识,详见新版《中国集邮百科知识》T·62《中国陶瓷——磁州窑系》。汝窑因地处河南汝州而得名,它位于我国宋代汝、官、哥、钧、定五大名窑之首。宋代记载有"汝窑为魁"之说。汝窑分汝官窑与汝民窑,我们通常所说的汝窑主要是指汝官窑。所谓"官窑"有两个概念:一为官府经营的窑场,二为曾为宫廷生产过贡瓷的民营窑。历史上,河南瓷业兴旺。对汝窑地区的划分历代都不一样,汝窑窑址长期以来一直是一个悬案。从20世纪50年代开始,为寻找汝官窑窑址,国家和省市文物单位组织了多次考古调查,先后在汝州发掘了四十多处宋代古窑址,均未能证实汝窑窑址。1989年秋,河南省文物研究所对宝丰清凉寺汝窑窑址进行考古发掘,出土了二十多件较完整的汝瓷,包括一对天青釉盘口白肩瓶、天青釉刻花鹅颈瓶、天青釉小口细颈瓶、天青釉汝窑盘和粉青釉刻莲花茶盏托等稀世珍品,与传世汝窑瓷完全一致。1999年进一步试掘,发现了汝官瓷的地层,出土了大量汝瓷标本、窑具和大型建筑构件。至2000年10月中旬,清理出汝官窑窑炉15座,出土了一大批形制较完整、品种丰富的汝官窑瓷器及残片,还有烧制汝官窑瓷器的各类匣钵、垫饼、支钉、试烧片及插座等。2000年10月17日,宝丰清凉寺汝官窑烧造区的考古发现与发掘正式公布,宝丰清凉寺为汝官窑所在地,并得到了全国著名考古学家、古陶瓷专家和学者的高度赞赏与认可。汝瓷作为一种文化,历史悠久,但真正的汝官窑烧制时间却较短。北宋晚期,朝廷将原为民间生产印花青瓷的汝窑垄断为官窑,专为宫廷烧造用器,朝廷派职官监督窑务,不计成本,多选用珍贵原料,挑选优秀匠师,采用先进的铁还原工艺,氧化焰火候恰到好处,产品非常精致,将青瓷工艺推到了前所未有的高度。据文献记载,汝官窑烧制的时间大约为宋哲宗元祐元年(公元1086年)至宋徽宗崇宁五年(公元1106年)的20年间;产品不多,且烧造的瓷品为宫廷专用,民间禁用,故流传至今的传世品只有65件,历来被视为稀世珍宝,南宋时已有"汝窑为魁"、"近尤难得"之说。汝官窑瓷器造型秀美、古朴典雅,胎骨坯坚质腻。种类多为宫廷艺术观赏瓷、文房四宝及生活日用瓷,其碗、盘器皿多为外裹足,满釉支烧,底部留有钉痕。汝瓷釉色继承了唐、五代时越窑的青瓷釉色。因御品釉中掺入了玛瑙粉末,釉质细腻,釉色纯正,光泽晶莹;颜色以天青为主,并有天蓝、月白、粉骨、豆青、卯青、虾青及葱绿、天蓝等,尤以"天青为贵,天蓝弥足珍贵",有"雨过天晴云破处"之美称,又有"似玉、非玉,而胜似玉"的赞语。汝窑装饰发挥了隋唐釉下刻、划、堆、贴等传统工艺,并吸收了定窑的印花技术,独创印花青瓷的特殊风韵。金元时期汝窑技术失传,元末已至尾声,明代则全部停烧。汝窑烧制历史长达三百多年,分为北宋早、中、晚期和金元、元代五个时期,各时期窑口自成特有风格。现存汝窑可分为三类:一是北京、台北故宫博物院和上海博物馆的传世品,为当时宫廷使用的正宗汝官瓷上品;二是散落于民间的汝瓷;三是从宝丰清凉寺汝官窑遗址考古发掘出来的珍品,但尚存见仁见智。汝窑既是陈设品又是使用品,具有观赏与实用双重价值。

2002 年 3 月 30 日,为了宣扬中华民族悠久灿烂的文化艺术,中华人民共和国国家邮政局发行了一套《中国陶瓷——汝窑瓷器(T)》特种邮票,全套 4 枚。王虎鸣设计。胶版。齿孔 12 度。邮局全张枚数 19(5×4 第一行中间位置为边饰图)。河南省邮电印刷厂印制。

这套邮票的 4 枚图案,集中选取了北京故宫博物院收藏的北宋晚期汝窑鼎盛时期生产的御用传世珍品,都是宫中流传下来的,无可争议,展现了汝窑瓷器玉般的光彩。在色彩上,用常规红、黄、蓝、黑四色印刷后,又加印了一层珠光油墨,使汝窑瓷器显得珠光宝气,玉润珠圆。设计者采用渐变的淡蓝色作底,以纯白色表现汝窑瓷器,以底色烘托古韵,描绘出了汝窑瓷器经过窑变后的各种润泽细腻的色调,晶莹剔透,真切感人。底色由右至左,由下至上,产生深浅浓淡的渐变,在统一中有变化,使画面产生一种深沉庄重,匀净和谐的艺术效果。

【北宋·尊】2002—6·(4—1)T　面值 60 分,票幅规格 40 毫米×30 毫米,发行量 1360 万枚。图案展现了北宋(公元 960 年～1127 年)汝窑烧制的一件天青色釉瓷器尊的形象。该尊又称三足尊,仿汉代铜尊造

型,古时当梳妆盒用。高 12.9 厘米,口径 18 厘米,底径 12.8 厘米。圆筒腹,直口,平底,下承三足;外壁从口到底凸有三组弦纹,底部有五个小支钉痕迹;里外施满釉,釉面开细碎纹片;釉色青中发蓝,瓷艺精良。现收藏于北京故宫博物院。画面采用正面平视角度,突出展出了尊的弦纹和尊足的造型。

【北宋·三足洗】2002—6·(4—2)T　面值 80 分,票幅规格 40 毫米×30 毫米,发行量 1390 万枚。图案展现了北宋(公元 960 年～1127 年)汝窑烧制的一件天青色釉瓷器三足洗的形象。其高 3.6 厘米,口径 18.3 厘米,足距 16.7 厘米。下承三足,里外施天青釉,釉面满开细纹碎片。下有圈足外撇。底部施釉,有五个托烧的小支钉痕,为外裹足支钉托烧。三足洗造型简洁古朴,线条圆润流畅,三足似翘首的鸟头,又如书法家妙笔挥洒出的那一个"点儿",韵味横生,能够激发欣赏者无穷的想象。器物制作精巧规整,釉色滋润,为宋瓷上品。在清宫收藏时,乾隆皇帝于乾隆四十三年(公元 1779 年)为其赋诗一首刻于器底,诗曰:"紫土陶成铁足三,寓言得一此中函;易辞木契退正理,宋诏胡夸切事谈。"更为此器锦上添花,增加了它的科学和艺术价值,成为一件型、釉、题诗三绝的佳品。现收藏于北京故宫博物院。画面既显示了三足洗的圆润平滑的器身,也表现出了其内壁与洗底的平整。

【北宋·碗】2002—6·(4—3)T　面值 80 分,票幅规格 40 毫米×30 毫

米,发行量 1390 万枚。图案展现了北宋(公元 960 年～1127 年)汝窑烧制的一件天青色釉瓷器碗的形象。该碗高 6.7 厘米,口径 17.1 厘米,足径 7.7 厘米。撇口、弧壁、丰腹、圈足微外撇;通体施满天青釉,莹润纯净,釉面开细小纹片;胎体轻薄,胎质细腻,造型端庄,圈足切割整齐,是一件稀世珍品。足内有五个支钉烧痕,并刻有清乾隆御题诗一首:

　　密器仍传古陆详,只今陶六杳无存。
　　却思历久因兹朴,岂不争华效波繁。
　　口自中规非土膇,足犹钉痕异匏樽。
　　盂圆切已近君道,玩物敢忘太保言。

后署:乾隆丁酉仲春御题八,并钤"古香"、"汰朴"二印。现收藏于北京故宫博物院。画面真实细致地描绘出了"碗"壁的裂纹、碗壁的亮点、碗身的纹饰,再现了汝瓷精湛的工艺。

【北宋·盘】2002—6·(4—4)T　面值 2.80 元,票幅规格 40 毫米×30

毫米,发行量 1350 万枚。图案展现了北宋(公元 960 年～1127 年)汝窑烧制的一件天青色釉瓷器盘的形象。盘高 1.5 厘米,口径 19.3 厘米,足径 12.6 厘米。盘唇与圈足外撇,折沿,浅腹;盘身满釉,开冰裂纹片;胎薄质细,釉层匀净,制作精细,

为宋代汝窑瓷器中的上品。底有五个支钉烧痕,并刻有"秦成酸皇后阁"六字,表明此器为当时供奉宫廷的器物。现收藏于北京故宫博物院。画面真实细致地描绘出了"盘"内壁底的过渡和外圈的内敛,再现了汝瓷精湛的工艺。

2002—7 中国古典文学名著——《聊斋志异》(第二组)(T)

【中国古典文学名著——《聊斋志异》(第二组)(T)】A Collection of Bizarre Stories:A Literary Masterpiece of Ancient China (2nd Series)(T) 有关中国古典文学名著——《聊斋志异》和蒲松龄生平的知识,详见本书 2001—7 中国古典文学名著——《聊斋志异》(第一组)(T)。

2002 年 4 月 21 日,为了宣扬中华民族悠久的文化艺术,中华人民共和国国家邮政局发行了一套《中国古典文学名著——〈聊斋志异〉(第二组)(T)》特种邮票,全套 4 枚。这是《聊斋志异》系列邮票的第二组。陈全胜设计。影写版。齿孔 11.5 度。邮局全张枚数 22(6×4 右下 2 枚位置为边饰图);(4—1)(4—2)竖 2 枚连印,(4—3)(4—4)横 2 枚连印。北京邮票厂印制。

这套邮票的 4 枚图案,从内容上看,好像是把 4 个不相干的故事放在了一起,但仔细体味,鬼蜮的奸佞与人间的忠义,仙界的爱心与人世的薄情,却是贯穿于 4 个故事之间,对比映衬,不仅体现了人鬼神之间的辩证关系,也从一个侧面表达了《聊斋志异》的真谛,即虽寄情于鬼神,其实要颂扬或鞭挞的还是人类本身。尤其是全张票采用 2 枚一组的形式排列,一边席方平据理力争,周围众鬼狰狞,另一边翩翩目含秋水,恰似人间仙境;一边田七郎怒杀奸佞,豪气冲天,另一边白秋练一尘不染,似为天人,一刚一柔,一张一弛,在内容上产生了抑扬顿挫的艺术效果,可谓匠心独运。该套邮票邮局全张邮票枚数为 22(6×4)右下角 2 枚用于绘边饰图;共分两个全张:(4—1)(4—2)为一个全张,边饰右下角为蒲松龄先生像;(4—3)(4—4)为一个全张,边饰右下角描绘了蒲松龄先生当年设茶棚、搜集创作故事的情景,这既能对聊斋的故事和作者有一个比较整体的认识,也使边饰与邮票浑然一体,增加了文化感和信息量。

【席方平】2002—7·(4—1)T 面值 60 分,票幅规格 38 毫米×50 毫米,发行量 1390 万枚。图案描绘了《聊斋志异·卷十》中"席方平"的一个精彩情节。"席方平"讲述的是一个虽然经历苦难但终于战胜阴阳二界黑暗现实,并使正义得到伸张的故事。席方平,东安人,父亲席廉性情刚直拙朴,因与同乡富翁羊某结仇,羊某死后,贿赂阴间官吏拷打席廉致死。席方平见父亲被鬼差凌辱,悲愤难抑,决心到阴府替父亲伸冤。谁料,阎罗殿上阴云密布,有铜钱发威;枉死城中不见日月,能买通神仙。席方平到阴间县城监狱告状,因狱吏受贿,席父反被日夜拷打摧残;席方平到城隍告状,却因羊某行贿,城隍不受理席方平的诉状;席方平远走百里到郡司告状,郡府长官也被买通,拖了很长时间才审理,而且一上堂便把席方平毒打一顿,然后仍批回城隍处理此案;城隍让席方平受尽刑枷折磨,怕他继续上告,便派鬼差将其押回阳间;席方平趁鬼差离去后,又到阎王府告状,郡司、城隍想给席方平两千两银子让他不再告状,席断然回绝,而阎王却收了郡司、城隍的贿赂,一升堂便打了席方平 20 大板,席方平高喊:"打得好,打得好!谁让我没钱了!"阎王更加恼怒,便设下"火床"将席方平烫得骨肉焦黑。席方平仍然不屈服,大叫着要上天告状,阎王更怒,令鬼差用锯将席方平锯开。席方平在阴间受尽刑罚,他觉得阴间和阳间一样黑暗无道,但告状的决心不改。阎王念席方平的孝心,将其投胎于一户富贵之家,出生三日便死。席方平的魂魄飘荡至华盖车辆之前,发现车上正是天上玉帝皇子九王,便立刻诉说其所受的残酷迫害。九王命二郎神前去查办,终于查清实据,将在阴府施威作恶的官吏剔除骨髓,判处死刑,投胎为兽;又多赐席方平父亲 36 年寿命,发还席方平和父亲返还阳间享受天年。从此,席家财产越来越多,羊某后代却日渐衰落。席方平父亲九十多岁才去世。小说结尾处,蒲松龄赞颂誓死为父报仇,孝心坚定的席方平为:"异哉席生。何其伟也。"小说中有一个细节描写:当阎王让两个鬼差用锯将席方平锯成两半时,两个鬼差觉得席方平冤枉,商量好要锯到席方平心脏时,让锯偏向一边,给席方平保留下了一颗完整的心脏。正因为这样,当席方平在二郎神处打赢官司时,才能够复活重回阳间。这个细节生动地反映了一些小人物对社会中丑恶的愤怒和力所能及的反抗,很精彩。邮票图案描绘了席方平到阎罗殿告状时的瞬间情景:阎王端坐在大殿之上,其形象一改狰狞面目而为一副眉清目秀道貌岸然的君王之相,更衬其"其面逢迎"的虚伪;席方平正在被鬼差拖拉着去用"火床"之刑;席方平虽然双膝跪地,身不由己，但他挺胸扭身向后，挥手怒指着阎王，仿佛在高叫着发誓要上天告状；画面左下角是熊熊燃烧的火焰和已经烧得通红通红的铁床，阴森恐怖的环境，衬托了席方平不屈的性格和精神，令人肃然起敬。

【翩翩】2002—7·（4—2）T 面值80分，票幅规格38毫米×50毫米，发行量1390万枚。图案描绘了《聊斋志异·卷三》中"翩翩"的一个精彩情节。小说"翩翩"讲述的是一个凡人罗子浮与仙女翩翩相恋的故事。罗子浮为陕西邠州人，父母早亡，其叔无子将他收养。罗子浮14岁时，因受坏人唆使贪恋女色，随一风尘女子去南京后，银钱花光，贫病交加，只得流落街头行乞。罗子浮肮脏不堪，市民躲之不及，他自己也害怕身死他乡，于是每日以三四十里的路程往回赶。快到邠州境内时，感觉一身污秽无脸见人，晚上想到山庙安歇。路上遇到一位名曰翩翩的美貌女子，自称为出嫁之人住在山洞，可以留罗子浮住宿，罗便跟随前往。翩翩让罗子浮在小溪洗澡，身上的疮病便结痂不痛。翩翩用树叶裁衣，便锦缎般平滑光亮；用树叶剪饼、剪鸡鱼，便会香味扑鼻；用洞口白云缝制棉衣，轻软暖和。二人日久生情，遂在山洞结为夫妻。一日，山中花城娘子来翩翩家中做客，席间，罗子浮见其美色，不禁心生妄想，但他只要对花城娘子动手动脚，身上的衣服便会立刻变成树叶，罗子浮羞愧难当，只好死心。一年后，罗子浮与翩翩生一男孩。罗子浮思念家乡，想请翩翩一道回家。翩翩说叔叔虽老但还健在，等儿子成人后再回家去。罗子浮的儿子14岁时，与花城娘子的女儿成婚，儿媳美貌孝顺，一家人共享天伦。罗子浮又想回家。翩翩无奈地说：你骨子里庸俗，缺仙人气质，儿子生来却是富贵之人，你带走吧，以后他还可以回来。翩翩剪树叶为驴，含泪送别罗子浮和儿子、儿媳，三人骑驴回家。老叔父以为侄儿罗子浮已死，忽见三人到来如获至宝。老叔父见三人穿蕉叶棉絮如云，便让他们换上衣服。后来，罗子浮思念翩翩，与儿子一同进山寻访，只有满地黄叶，洞口迷失无影，只得含泪回家。小说表达了"洁身自好，才得幸福"的主题。邮票图案描绘的正是翩翩、花城娘子与罗子浮在山洞中宴乐的一个瞬间场景：罗子浮与花城娘子相对而坐，他见花城娘子美貌，心生邪念；翩翩站在桌旁，手持酒壶，她虽然表面上不露声色，但暗中却让罗子

浮身上的衣服顿时又变成树叶，使其羞愧难当。

【田七郎】2002—7·（4—3）T 面值80分，票幅规格38毫米×50毫米，发行量1350万枚。图案描绘了《聊斋志异·卷四》中"田七郎"的一个精彩情节。小说"田七郎"讲述的是一个仗义交友、知恩必报、敢作敢为的故事。读书人武承休为辽阳人，家境富裕，喜交朋友，所交朋友均为有声望的文人学士。一日梦中

有人对武承休说，你的朋友虽多皆为酒肉，只有田七郎可与你共患难，为何不交？醒后，武承休打听到田七郎为东村猎户，便前往拜访。武以借宿为由，与田七郎聊天。见其家境贫寒，要送钱给田七郎，七郎之母执意不收，她认为：得人赏识必与人分忧，受人恩赐必与人患难，富人以钱报恩，而贫者必以命报德，无故受人重礼是不吉利的，恐要用生命报答。武设宴邀请七郎被拒绝，便去七郎家讨酒喝，七郎只好以酒相待。武又想送七郎银钱，七郎不受，便说让七郎代买虎皮，田七郎只好收下。七郎妻子病逝，武又送去新衣银两。七郎家虎皮虫蛀腐烂，值不了武所给之钱，七郎心中觉得十分亏欠。一次，田七郎因与人争夺猎豹入狱，武承休用重金将其赎出。七郎母亲说：我儿的生命已经是武公子的了。后来，武承休的仆人林儿调戏武的儿媳，被发现后逃到御史的弟弟家中为仆，后被武家捉住，并送至县衙。但林儿因与御史弟弟的关系，很快被放出，并在大庭广众之下诬武承休叔叔与儿媳通奸，企图败坏武家名声。没过几天，仆人林儿便被零刀碎剐于野外。御史弟弟状告武家害其仆人，县官不由分说，将武承休和其叔叔抓进县衙拷打。武承休的叔叔被活活打死，被放出来的武承休只能忍气吞声地安葬了叔叔。一日，御史弟弟正在县衙为陷害武承休打通关节，一个送柴人突然走进院子，抽出快刀将御史弟弟杀死。在衙役们的围攻下，送柴人受伤后自杀，有人认出他是田七郎。县衙惊魂未定，当他出来验尸时，只见田七郎一跃而起，一刀砍下了县官的脑袋。七郎之母逃往他乡。小说最后写道：一钱不轻受，一饭不敢忘，七郎怨恨虽未昭雪，死后也要伸张正义，这样的人可以补救国法之疏漏，可惜世上田七郎太少了。邮票图案描绘的正是田七郎冲进县衙院中抽刀杀御史弟弟和县官的一个瞬间场景：嫉恶如仇的田七郎已经将柴担扔在地上，他身背斗笠，手持快刀，大步猛扑

向前，顷刻之间就要砍下御史弟弟的脑袋了；县官和御史弟弟惊魂落魄，不知所措，展现出了田七郎的正义和勇气，震撼人心，大快人心。

【白秋练】2002—7·（4—4）T 面值2.80元，票幅规格38毫米×50毫米，发行量1350万枚。

图案描绘了《聊斋志异·卷十》中"白秋练"的一个精彩情节。"白秋练"讲述的是一个凡人慕生与鱼姑娘白秋练相恋的故事。白秋练是洞庭湖中一条修炼成人形的鱼姑娘，她喜好诗词。慕生为直隶一个商人之子，聪明好学，16岁随父南下楚地经商，每当船上无事，他便吟诵诗文。一天夜里，白秋练听到慕生吟诗而心生倾慕之情。这天，一位老妪前来对慕生说：我的女儿白秋练颇懂诗文，听见你吟诵诗词，便苦苦思念你，寝食不能，我想让你们结成婚姻，如何？慕生怕父亲责怪，一时不敢应允。果然，慕生父亲认为相距太远，而且又鄙视姑娘轻薄，不同意结亲。因沙石涌起不能行船，慕生尊父命留守船上，其父自己返回家乡。夜幕降临之后，老妪和丫环扶着白秋练走来，责备慕生说：我的姑娘已病成这样，你却装作若无其事。当即，白秋练请慕生吟诗，慕生吟后，姑娘果然神志飘然。几日后，慕生与白秋练便信誓旦旦地相互爱恋了。慕生父亲回来后，大骂儿子结识了一个不贞之女。白秋练与慕生无奈，他们只能把吟诵之声作见面信号。慕生回到家乡后，相思成疾，告诉母亲说，只有白秋练才能治好他的病。慕生父亲害怕儿子死去，便带慕生急匆匆行船南下楚地。遇到那位老妪，求其女儿救慕生一命。白秋练上船后，哭诉思念之意，吟诗抒情，慕生重病消失。白秋练对慕生说：你父亲是一个生意人，目的是要赚钱，你居积其物获利三倍十倍，到时候你父亲自然会求我了。慕生按照白秋练所说去做，其父果然赚得一大笔利钱。当慕生父亲得知这都是白秋练教慕生的，便同意二人完婚。后来，在楚地见一钓者钓起一条白鳖，白秋练求慕生买来放生，慕生才知道白秋练原来是水中白鳖之女所变，难怪要经常用湖水浸身。白秋练冒着被干渴而死的危险回到了慕生家乡。一次，因湖水未能及时运到，白秋练对慕生说：我死后不要埋葬，用湖水倾注盆中吟诗便会复生，随即喘息死去。慕生听从白秋练的话，每日为其吟杜甫的《梦李白》，使白秋练的尸体保持不腐。半个月后，慕生父亲从南方带来湖水，果然救活了白秋练。白秋练常常想念南方，慕生父亲去世后，慕生顺从白秋练的意愿，夫妻二人将家搬回了洞庭湖，日子过得十分快活。邮票图案以宽阔宁静的洞庭湖水为背景，慕生站在小船头，手持一盏明灯；白秋练一身洁白素装，衣裙飘起，依依回首，不忍离去，描绘了二人月夜泊船相见的情景，表达了二人相恋之情。画面上方一轮圆月，左上角几枝绽放的花朵，创造出了一种"花好月圆"的艺术境界，赞美了白秋练和慕生的纯真爱情。

有关月亮的知识，详见特39《苏联月球火箭及行星际站》。

2002—8 千山（T）

【千山（T）】Qianshan Mountain（T） 千山原名千华山，又称积翠山、千朵莲花山。坐落在辽宁省鞍山市东20公里，辽阳东南30公里处。为东北地区三大名山之一。占地面积约300平方公里，海拔708米。山中奇峰迭起，塔寺棋布，共有峰峦999座，因其近千，故得名"千山"。最高峰为仙人台，第二峰为五佛顶。自古为辽东名胜，有"无峰不奇、无石不峭、无寺不古"之誉。千座奇峰，或如狮虎雄踞，或如卧象盘龙。故昔人有诗赞曰："一石一泉皆化育，千华千顶孰雕锼？"山中除以峰峦奇秀著称外，尚有辽金以来的名胜古迹多处，其中最负盛名者，为相传建于唐代，而在明代驰名的祖越、龙泉、大安、中会、香岩等五大禅林。其他如无量观、九宫、八庵、十二观皆掩映在重峦茂林之中。几经毁建，现存庙宇20座。绝大部分庙宇修复原貌。千山素以峰秀、石峭、谷幽、庙古、佛高、松奇、花盛而闻名于世，构成山石寺庙园林风格的自然风景区。历代游人多有题咏，现已刻石山上。唐太宗、清康熙和乾隆等皆游于山中，而且曾豪兴诗发。在众多的诗书画境中，明人韩承训的《千山列屏》诗最为精当，其诗云："层叠千山五寺藏，石门南面俨成行。银屏冬去雪山阔，锦帐春回金谷长。岚暗虎龙深隐伏，气蒸云雨结微茫。无人拈出生花笔，辜负当年五色祥。"

2002年4月26日，为了宣扬中华山川的壮美，中华人民共和国国家邮政局发行了一套《千山（T）》特种邮票，全套4枚。徐建民、阎炳武设计。影写版。齿孔12度。邮局全张枚数16(4×4)，横4枚连印。北京邮票厂印制。

这套邮票的4枚图案，采用横连票形式，打破时空界限，在尊重自然的前提下进行了重新组合，精心选取了4个最有代表性的景点，以云雾穿针引线，把不同时间、景点有机地结合在一起,将云山的空灵与树林的繁密,山石的赭色与树林的青绿完美地融合,疏与密、浓与淡,鲜明的对比让整个画面充满了律动的美感,生动地表现了春夏两季千山整体的群峰面貌。设计者还巧妙地调动了满山的松林、缭绕的云气和苍茫的远山,将千山四处不同方位的景点有机地连成一片,使整套邮票成为可分可合、分合皆美的连票。设计者运用新派的青绿山水国画技法,不仅在整体上更具中国画的特点,而且在造型上比纯粹的中国画更收放自如。全张邮票边饰以云和千山的远景为淡淡的图案,为邮票做了一个宽银幕似的背景;边饰上还特意加盖了一个"千山"2字的红色印章,十分醒目,可谓画龙点睛之笔。

【无量观】2002—8·(4—1)T

面值80分,票幅规格50毫米×30毫米,发行量1330万枚。图案描绘了千山的无量观景色。无量观亦称无梁观,为一著名道观。坐落在千山北沟。清康熙六年(公元1667年),道士刘太琳开始营建。观内主要建筑有观音殿、老君殿、三官庙、大仙堂等。观前有玲珑塔、葛公塔及聚仙台等,塔影山色,素称千山名胜。著名的西阁在观右,依岩筑屋,夹护于层林之中,以幽静见称。正殿为硬山式建筑,颇轩敞。柱上悬有清人所撰对联:"潮月空山蒉芙落,露风灵响海天高。"再上西有罗汉洞,北有玉皇阁、振衣岗,东北有观音阁、八步紧、三十三天等名胜。无量观建筑皆依山势而筑,或锯山,或伏山腰,或藏谷地,与古塔、古碑、古松、怪石相映衬,使自然景物与人文景观和谐一体,各尽其妙。其中依山砌筑的三十三级石阶,石阶宽近5米,由下而上,每登一级,极目远眺,皆有一番新的景象,可谓一步一层天,故名"三十三天"。观门前的悬崖上有一棵古松从石缝中钻出,据传树龄已有三百多年。设计者删去了实景中无量观对面大片的乱石和丛林,在千山北沟景色的衬托下,展现了无量观规模宏大、气势磅礴的特点:山峦起伏,层林夹护,云雾缭绕,既巍峨雄浑,又静穆幽雅,令人神往。

【弥勒峰】2002—8·(4—2)T 面值80分,票幅规格50毫米×30毫米,发行量1330万枚。图案描绘了千山的弥勒峰雄姿。弥勒峰因闻名于世的千山弥勒大佛而得名。千山弥勒大佛是自然造化的石佛,峰头呈椭圆状,由南向北望去,整个山峰犹如一尊巨大的弥勒佛石像,敞襟露腹,头、身轮廓俱全,十分清晰,被誉为一大

奇观。它位于千山古庙南泉庵对面的山峰之上,佛高70米,肩宽46米,头高9.9米,头宽11.8米,耳长4.8米。大佛坐东面西,神态安详,鼻、嘴、耳位置恰到好处,胸口隐约可见挂有佛珠,腹部中央还有天然山洞形成的椭圆形肚脐。整个大佛形象生动自然,只是周围杂草丛生,鲜为人知,直到1993年才被发现。设计者大胆删去了遮挡大佛脸部的几株杂树,移掉了靠在大佛左臂弯的一块山石,采用平视角度,在千山连绵起伏的山景衬托下,突出了大佛的完美造型,弥勒大佛昂首挺胸,栩栩如生,仿佛在观赏人间春色,可谓形神兼备。

【龙泉寺】2002—8·(4—3)T

面值80分,票幅规格50毫米×30毫米,发行量1330万枚。图案描绘了千山的龙泉寺景观。龙泉寺坐落于千山北沟中部龙泉谷内,是千山最早创建的古刹之一。东距无量观、西距南泉庵各约1.5公里,为千山五大禅林中现存最大的佛寺。半依削壁,半筑短垣,坐落在幽壑丛林之中。寺中有山泉,常年流水潺潺,有如传说中的"龙涎吐水",故谷名龙泉。佛教人士最早进入龙泉谷大约在南北朝时期;大约在唐朝初期,僧众修建了罗汉洞和小佛堂;明代万历年间,修建了大雄宝殿、法王殿及配殿。据寺内碑记,龙泉寺后堂建于明嘉靖三十七年(公元1558年)。寺中明嘉靖以前的建筑尚有金刚殿、禅堂等。龙泉古寺经清代历次重修,现存主要建筑有大雄宝殿、天王殿、韦驮殿、毗卢殿、龙王庙和藏经阁等。其中大雄宝殿为寺内最大建筑,殿内原立有泥塑佛像。寺周围的"松门塔影"、"瓶峰晨翠"、"讲经松风"、"螺风夜月"、"吐符应声"、"龟石朝日"、"蟠石龙松"、"象山晴雪"、"狮吼钟声"、"石门弥勒"、"龙象演梵"、"石径梨花"、"悟公塔院"、"西阁宫灯"、"鼓亭落日"、"万松王照"十六景,在千山景区中亦素负盛名。清人王尔烈曾有诗云:"一千峰里烟霞胜,十六景中图画存。"可谓识美之语。清代康熙皇帝巡游至此,曾写诗赞曰:"狭径才容骑,香台欲起龙。悬崖千仞落,断碣百年封。泉细为幽壑,庭深暗古松。临高一骋望,积翠霭重重。"邮票图案采用俯瞰角度,展现了深藏

于幽壑丛林中的龙泉古寺,悬崖积翠,充满诗意;侧耳倾听,仿佛隐约可闻"龙涎吐水"般的山泉之声,顿觉气定心静。

【仙人台】2002—8·(4—4)T

面值2.80元,票幅规格50毫米×30毫米,发行量1330万枚。图案描绘了千山的仙人台景观。仙人台又名仙弈棋台。坐落在千山南沟,为千山第一高峰,海拔708米。当地有民谣曰:"仙人台,仙人台,不是仙人上不来;不登仙人台,千山算白来。"由千山南麓香岩寺东北盘旋登数里,即可抵达峰顶。绝顶有峭石,向北伸出,高约20米,状如鹅头,三面深涧。只有东壁原有石栏木梯可攀登至鹅头石上。峭石之下系一平麓,长三十多米,宽约四米,周围设有铁栏。凭栏远眺,千山奇秀,尽收眼底。南望重峦叠嶂,北顾鞍山钢都。两侧皆深涧,俯视令人心悸。东壁正面有浮雕菩萨像一尊,北面篆刻清光绪时涂景涛题"仙人台"三字。仙人台又名观景台,登临仙人台,可以观渤海、观日出、观云飞、观松涛。邮票画面突出描绘了千山仙人台的神奇与峻峭,青翠中云遮山脚,不仅让人一望而叹其高,而且大有出世寻仙的冲动和向往。

2002—9 丽江古城(T)

【丽江古城(T)】Ancient City of Lijiang(T) 丽江位于云南省西北部,金沙江中段,地处青藏高原和云贵高原连接部位,因"美丽的金沙江"而得名。丽江古城又名"大研镇",是一个以纳西族为主的古老城镇,坐落在丽江坝子中部,海拔2416米,面积56平方公里;始建于宋末元初,至今已有800年的历史。南宋末年,丽江木氏先祖将其统治中心从白沙移至狮子山麓,开始兴建大研古城,时名"大叶场",明代称"大研厢",清代叫"大研里",民国时期改为"大研镇"。明末,徐霞客游历至此,曾云:丽江古城"民房群落、瓦屋栉比",其豪华的民族统领房屋"宫室之丽,拟于王者"。古城依山而建,中心为四方街,五条主街向四周延伸,每条街面又派生出十多条小巷,状如蛛网,四通八达。街道依山势修筑,不求平直,多有曲折,引人入胜。街面以称为"五花石"的厚厚的丽江红角砾岩石板铺就,不积灰,不飞尘。街道两侧有一高一低两条明渠,流水涓涓,高水冲街,流水自入低渠,故街道四季清洁,人称"高原姑苏"。丽江古城主街傍河,小巷临渠,其水系由龙潭、泉眼、沟渠、水井等组成。源于城北象山脚下的玉泉河水分三股进入城区,而后又分成无数条支流,穿街走巷,入墙绕户,流遍全城。流水之上的354座石桥、木桥,将纳西人家串连于碧水之间,"家家泉水绕诗咏,户户垂杨入画图",展现出了一种"城依水存、水随城在"的优美意境。丽江民居建筑风格多样化,古建筑延续了东巴文化的传统风格,吸纳了汉、白等民族的民居特点,自成一体,别具风格。以院落为单位,一家一户独立格局,房屋样式和布置保存着古老的原貌。建筑多为土木结构、砖石墙体的瓦屋楼房,因多建在地下纵横交错的水网上,故而地基较高,并铺有厚厚的地板以防潮。由于房屋密度较大,且丽江又是地震高发区,故楼房亦不超过三层。其房架结构采用强化穿斗式木结构,有"墙倒屋不塌"的特点,具有较强的抗震功能。房屋内部结构布局形式多样,有三坊一照壁、四合五天井、走马串角楼、一进两院、两坊拐角、多进套院、多院组合等式样。其中比较典型的是三坊一照壁和四合五天井。三坊一照壁由正房、左右厢房及一照壁合围成一个三合院;一般照壁平行对正房,若受条件限制,也有照壁与正房垂直的形式。四合五天井由四坊房屋组成的四合院,除中间的院子外,四角还有四个"一线天"的小天井,以利采光、通风、排雨水及排放炊烟。一般屋面都用筒板瓦覆盖,前后出檐,人字面坡交接处装饰"垂鱼",以避火灾侵害。照壁飞檐出角,外廊(厦子)宽敞明亮,门窗槅扇都雕饰各种精美图案,整个庭院独具地方民族特色。古宅中人们养花、种草蔚然成风,"三家一眼井,一户几盆花",院落或引水流过或砌有水塘,盆景有致,绿荫婆娑,花香袭人,灵活生动,意趣盎然。古城幽雅宁静、舒适优美的居住环境体现出了人与自然的和谐统一,被中外建筑学家誉为"东方威尼斯"。夜幕降临,在照壁前的木茶座品茗休憩,清风吹过,传来一阵阵悦耳的清音乐,似行云流水徐徐飘来,舒缓节奏的丝竹之韵伴随着淙淙流水之声,交相辉映,此起彼伏,将整个古城笼罩在这仙乐梵音之中。纳西古乐亦称"丽江洞经音乐",原是中原汉族道教的洞经音乐,15世纪中期被丽江土司引进流传至今。纳西古乐中保留了唐、宋、元曲的音乐成分,音色典雅,空灵清纯,是世界上独一无二的神奇乐种,被音乐界称为"音乐活化石"、"中华民族音乐瑰宝"。丽江古城历经800年风雨沧桑而古朴宛然。近千年来一直是滇西北政治、军事和文化重镇。现为丽江行政公署和丽江纳西族自治县人民政府所在地,是国家历史文化名城。1997年12月4日被联合国教科文组织历史遗产委员会第21次会议批准,正式列入世界文化遗产名录。

2002年5月1日，为了展现中华民族悠久的历史文化，中华人民共和国国家邮政局发行了一套《丽江古城(T)》特种邮票，全套3枚。郭承辉设计。影写版。齿孔11.5度。邮局全张枚数(3—1)(3—3)24(4×6)，(3—2)24(6×4)。北京邮票厂印制。

这套邮票的3枚图案，分别采用棕、绿、蓝专色印刷，每枚邮票又都衬了一个浅灰色的底色，既古色古香，富有沧桑感，又幽雅神秘，令人向往。每枚图案下方配以与图案相吻合的纳西族古老的东巴文字。纳西族是个只有30万人口的民族，勤劳智慧，至今仍保持着世界上最古老的文化——东巴文化。所谓东巴文化，是一种原始形态的文化，包括东巴舞、东巴画、东巴音乐、占卜、医学和东巴文字。其中最具影响的是东巴文，这是一种象形文字，其产生的年代据说比甲骨文还要早。设计者采用线条素描的手绘形式，疏密相间，局部敷彩，整体色调古色古香，文图对照，文化内涵比较高。

【四方街】2002—9·(3—1)T　面值80分，票幅规格50毫米×38毫米，发行量1380万枚。图案展现了丽江古城四方街的黄昏景象。四方街为丽江古城的中心，大街小巷排列有序，向四

方延伸，密如蛛网。四方街曾是滇西最著名的商贸中心之一，是历史上茶马古道上的重要枢纽，也曾是滇西北的政治、经济重镇。画面采用棕色为主色调，以四方街南面科贡坊等建筑为主体图案，圆圆的太阳西沉将落，晚霞满天，既突出了四方街是大研古镇中心，是古丝绸路上滇西北地区的集贸和商业中心这一重要位置，又表达了古城的辉煌过往和深处的繁华。图案下方点缀的古老的东巴文，注释是"有花四季乐，无事一身轻"，表现出了昔日古城人闲适的生活状态和恬淡安然的生活价值观。

【古城清流】2002—9·(3—2)T　面值80分，票幅规格38毫米×50毫米，发行量1380万枚。图案展现了丽江古城月色夜晚的自然环境。丽江古城建筑在地下纵横交错的水网之上，"城随水存，水随城在"，"家家泉水绕诗咏，户户垂杨入画图"，"三家一眼井，一户几盆花"，院落盆景有致，绿荫婆娑，花香袭人，而且无论哪家门口都有一座小小的石板桥，354座造型各异的石桥、木桥连接起大街小巷，形成跨水建楼的南国水乡之韵，生动地展现出了人与自然和谐统一的古城美景。画面采

用绿色为主色调，河水涟漪，石桥纵横，"茶"、"石桥客栈"的幌子(即"望子"，古时店铺用来招引顾客的布招)十分醒目，一弯新月挂在高空仿佛隐约可闻茶座传出的一阵阵清音古乐，画面下方点缀的古老的东巴文，注释是"天雨流芳"，按汉译的字面，符合古城的美好意境，突出了丽江古城幽雅宁静、舒适优美的居住环境。据说"天雨流芳"，这4个东巴文字，原意为"读书去吧"，恰好又表达了古城的文化传统及另一种优雅。

有关茶的知识，详见本书1997—5《茶(T)》。

【纳西民居】2002—9·(3—3)T　面值2.80元，票幅规格50毫米×38毫米，发行量1340万枚。图

案描绘了丽江古城纳西民居的风貌。纳西民居的特点是以院子为中心，内向的庭院组合，厦子(外廊)是纳西民居的重要组成部分。土木结构的瓦房，"三坊一照壁"、"四合五天井、走马串角楼"的古城民居模式，建筑风格独特，古色古香，让许多中外建筑学家赞叹不已，这是我国至今保存最完整、最具民族风格的古代城镇，也是中国古建筑的一笔宝贵财富。画面采用蓝色为主色调，悠闲的朵朵白云飘动，小桥下流水淙淙，下方点缀的古老的东巴文，注释是"白云生处有人家"(唐朝诗人杜牧《山行》："远上寒山石径斜，白云生处有人家。停车坐爱枫林晚，霜叶红于二月花。")，集中表现了纳西族独特的建筑艺术和建筑风格，衬托了古城生活远离尘嚣的宁静，犹如仙境一般，令人神往。

2002—9M 丽江古城(小全张)(T)

【丽江古城(小全张)(T)】Ancient City of Lijiang (Miniature Sheet)(T)　2002年5月1日，为了展现中华民族悠久的历史文化，中华人民共和国国家邮政局发行了一套2002—9《丽江古城(T)》特种邮票，同日发行了1枚小全张。郭承辉设计。影写版。齿孔11.5度。北京邮票厂印制。

【丽江古城】2002—9M·(1—1)(小全张)T 小全张面值4.40元,售价6.60元,小全张规格145毫米×

100毫米,发行量1290万枚。图案采用蓝色为主色调,以丽江古城和玉龙雪山为主要背景,将3枚邮票按照票幅规格依次排列。丽江古城之所以闻名,也正是因为有"南滇第一峰"之称的玉龙雪山。玉龙雪山坐落在云南丽江纳西族自治县城西北约10公里处。横断山脉南段的著名山地,南北绵延35公里。全山12峰,如擎天玉柱,并排耸立在金沙江东侧。主峰扇子陡海拔5596米,它酷似一把打开的巨扇,倚天耸立,直插云霄。峰峰素裹,山顶终年积雪,宛如晶莹的玉龙横卧山巅,故而得名。植物依不同海拔和气候分布,是经济林木、药用植物和观赏花卉的著名产地,有植物宝库之称。清代纳西族学者木正源曾形象地归纳出玉龙十二景:三春烟月、六月云带、晓前曙光、暝后夕阳、晴霞五色、夜色双辉、绿雪奇峰、银灯炫焰、玉湖倒影、龙甲生云、金沙碧流、白泉玉液,展现出了一年四季各个不同时节的玉龙奇景。整个图案采用蓝色为主色调,既展现了玉龙雪山"现代冰川博物馆"的自然风貌,又仿佛漫步在古城的大街小巷,石桥,流水,古乐,东巴舞,面对苍茫的玉龙雪山忘情高歌,油然而生一种身临其境,酣畅淋漓的感受。

2002—10 历史文物灯塔(T)

【历史文物灯塔(T)】Lighthouses of Historical Cultural Relics(T) 广义的历史,泛指一切事物的发展过程,包括自然史和社会史。通常仅指人类社会的发展过程,它是史学研究的对象。文物指遗存在社会上或埋藏在地下的历史文化遗物,一般包括:(1)与重大历史事件、革命运动和重要人物有关的、具有纪念意义和历史价值的建筑物、遗址、纪念物等;(2)具有历史、艺术、科学价值的古老文化遗址、古墓葬、古建筑、石窟寺、石刻等;(3)各时代有价值的艺术品、工艺美术品;(4)革命文献资料以及具有历史、艺术和科学价值的古旧图书资料;(5)反映各时代社会制度、社会生产、社会生活的代表性实物;(6)反革命的历史罪证。灯塔是一种大型的助航标志。通常设在沿海重要岬角,较大港口外方及主要航道附近的岛屿、礁石上,供来往航船测定船位、确定航向,或标示危险区域、航行障碍物用。用柴禾、煤油放在海岸边燃烧,借以给船只导航,可能是最原始的灯塔。因其有强力的发光设备,又通常建成塔形,故得名灯塔。古代最著名的灯塔是埃及法罗斯灯塔。公元前280年,勤劳的埃及人民在亚历山大港外的法罗斯岛上建起了一座大型灯塔,高约110米。灯塔顶端有一个可供燃烧柴禾的火盆。为了增大灯塔视距,火盆四周采用磨光花岗石来折射火光。这座雄伟的灯塔,充分显示了古代埃及人民的聪明才智。据说,在希腊语中,"灯塔"就是法罗斯(Pha-ros)。14世纪中期,法罗斯灯塔毁于大地震。由于古代灯塔为数甚少,如能在黑暗或风浪中看到灯塔的光芒,确实是很幸运了。因此,在许多国家都流传着有关灯塔的动人传说。希腊神话希罗灯塔就是一个流传很广的故事。相传,希腊女神的侍女希罗同利安德相爱后,每晚举着火炬为利安德横渡赫勒庞兹海峡指航。在一个暴风雨的夜晚,希罗的火炬被大雨熄灭,利安德因而迷失方向,溺死在海中。希罗闻讯后悲痛万分,投海自尽。后来,希腊人民为了纪念希罗的高尚情操,建造了一座名为希罗的灯塔。国际海上信标会议会徽也是根据希罗灯塔这个神话设计的。1584年,路易斯·德·福克斯为法国加龙河河口的柯杜安岛设计了一座灯塔,高30.5米。经过27年的施工和福克斯的巧妙安排,1611年,灯塔已高耸在加龙河河水中,成为世界上第一座建筑在水中的灯塔。18世纪后,航海事业蓬勃发展。1784年,瑞士物理学家阿冈德发明了无烟油灯,灯塔受烟雾污染影响亮度的问题得以基本解决。1791年,法国的陶雷乐发明了装有抛物面反射镜的灯塔。1823年,法国工程师福雷西纳尔首创设计了透镜灯塔。这些成果,使灯塔的光学技术提高到一个新的水平。1858年,著名物理学家法拉第开亮了世界上第一座电力灯塔。1885年,在维泽河河口,德国工程师第一次用沉箱法在松软的地基上建起了水中灯塔。20世纪初,瑞士物理学家古斯塔夫·达林研究成功了以压缩乙炔气体作为光源的灯塔。为了改变灯塔看守人寂寞枯燥的生活,达林又设计了用控制灯塔燃烧器开关的太阳阀,把灯塔管理的自动化同太阳能的利用完美地结合为一体。1906年,由达林主持设计的第一座气体闪光灯塔,在瑞典加斯菲斯腾岛落成。6年后,古斯塔夫·达林因发明气体闪光灯塔和太阳阀荣获1912年度诺贝尔物理奖。

1967年，瑞典政府新建了一座以达林命名的灯塔，以表彰他为灯塔技术的发展所做的杰出的贡献。中国灯塔（航标）的历史最早可追溯到四千多年前的夏王朝，据《尚书·禹贡》中记载，当时就利用"碣石"作为指引航船行进的安全信号。可以说，"碣石"就是中国远古的"天然灯塔"。1760年，建于台湾海峡澎湖列岛渔翁岛西端的灯塔，就是中国最早的灯塔。它用石块砌成，塔身高9米，上置油灯一盏，用蚌壳制成灯壳，灯光射程为1海里。1997年10月，国际灯塔（航标）协会在法国召开会议，审查通过了各国上报的具有重要导航作用的历史文物灯塔106座，其中包括中国的上海青浦泖塔、温州江心屿双塔、大连老铁山灯塔、浙江花鸟山灯塔、海南临高灯塔这5座灯塔。灯塔是海员的指路明灯，是船舶航行安全的保护神。"燃烧自己，照亮人间"，这种无私奉献的精神被国际航海界称颂为"灯塔精神"。

2002年5月18日，为了宣扬我国悠久的航海文化，中华人民共和国国家邮政局发行了一套《历史文物灯塔（T）》特种邮票，全套5枚。樊景南设计。影雕套印。呼振源、阎炳武、姜伟杰、李庆发、郝欧雕刻。齿孔11.5度。邮局全张枚数20(4×5)。北京邮票厂印制。

这套邮票的5枚图案，采用近景、中景、远景的变化，生动地反映了我国古代各个灯塔（航标）的风貌。设计者运用钢笔画的手法，既准确地刻画出了各个灯塔（航标）的风貌和个性，也较好地适应了雕刻版印刷的要求。每枚邮票主图以淡淡的海图为背景，更好地衬托了邮票主图，增加了信息量。

海图是根据航海和开发海洋需要编制的地图。包括海岸图、港湾图、航行图、总图、专用图等。它着重表明海岸性质、海底地貌、底质、海洋水文、航海要素（例如沿岸显著目标、助航设备、航行障碍物、地磁偏差）等。

【泖塔】2002—10·(5—1)T　面值80分，票幅规格30毫米×40毫米，发行量1385万枚。图案展现了历史文物灯塔——泖塔的风貌。泖塔坐落在上海市青浦县的太阳岛（原名泖岛）上，它是中国古老的灯塔之一。古代当地曾是通海的湖泊，后历经变迁成了泖河。唐宋时为江南水乡胜地，泛舟游湖者甚多。明代以后，淤涨成田。唐乾符年间（公元874年~879年），福田寺高僧如海在泖岛上筑两亩许之台基，建泖塔于上，并凿井建亭，后增建殿阁，即"澄照塔院"。泖塔砖木结构，五层方形，造型工整简明，具有唐代风格。据《青浦县志》记载："其时泖河广阔，来往船只都以泖塔为标志，夜间塔顶燃灯，指示航道。"1982年，一渔民曾打捞起一青石质石碑，碑上刻录的碑文清楚地记载了泖塔为来往船舶指引方向。该石碑现藏于青浦县博物馆内。该塔至今已有1200年的历史，被列为上海市重点文物保护的历史文化遗产。画面采用浅绿色衬底，以淡淡的航海图为背景，运用远景角度，描绘出了古意盎然的千年泖塔的全景风貌。不难想象，在当年广袤的泖河上，波光掩映，古塔玲珑，塔顶悬灯，为过往船舶导航，景色颇佳。

【江心屿双塔】2002—10·(5—2)T　面值80分，票幅规格30毫米×40毫米，发行量1350万枚。图案展现了历史文物灯塔——江心屿双塔的风貌。江心屿双塔耸立于浙江省温州瓯江上的江心屿东西两屿山巅之上。江心屿是瓯江上的一个孤屿。屿上原有两峰对峙，中贯川流，南朝宋谢灵运诗云："乱流趋正绝，孤屿媚中川。"宋时蜀僧清了以土填塞中川，联两山为一，遂成今状。屿上两小山头各有一塔，东西对峙，东塔初建于唐咸通十年（公元869年），塔高28米；西塔初建于北宋开宝二年（公元969年），塔高32米。明洪武、万历和清乾隆年间历经修建。屿上有江心寺、文天祥祠、浩然楼、谢公亭、澄鲜阁、革命烈士纪念馆、博物馆等。孤屿面积原为60亩，现扩为107亩，并在西北边构筑亭榭、水池、小桥、假山等，林木蓊郁，幽雅绝俗，为旅游胜地。据《温州府志》《孤屿志》记载，自宋代开始，直至清光绪年间，双塔塔顶夜灯高照不熄，成为引导船只安全来往温州港的重要"灯塔"。宋代有诗云："孤屿今才见，元来却两峰。塔灯相对影，夜夜照蛟龙。"生动地描写了双塔为支航船只导向功能。双塔虽历经千年沧桑，至今仍然屹立，继续发挥着为船舶导航的标志作用。江心屿双塔已被列为温州市重点文物保护单位。画面采用浅紫作底衬，以淡淡的航海图为背景，运用远景角度，描绘出了江心屿双塔结伴峙立的全景身影，令人向往。

【花鸟山灯塔】2002—10·(5—3)T　面值80分，票幅规格30毫米×40毫米，发行量1375万枚。图案展现了历史文物灯塔——花鸟山灯塔的风貌。它坐落在浙江嵊泗县嵊泗列岛最北侧花鸟山岛西北角山嘴上。灯塔以岛得名。清同治九年（公元1870年）建，太平洋四大灯塔之一，居世界第二，被誉为远东第一大灯塔。该塔对于由日本、韩国及经太平洋、东南亚来往于上海和宁波等地的远洋舰船具有重要的导航作用，也是我国

沿海南北海运的导航标志。1916年，花鸟山灯塔换装了当时世界上最先进的灯具——直径达1.9米的超大型光学透镜和水银缸旋转机，迄今仍在正常运转。1929年，该灯塔又安装了我国第一台无线电导航设备——无线电指向标。现塔区建筑面积一万平方米。设灯塔、电台、放话室等，山嘴上还有雾天导航炮，左下方有海轮码头。灯塔占地12.56平方米。灯夜晚每15秒闪光一次，射程55.6公里。另设无线电指向标为远距离导航用，功率3000瓦，射程199.8海里，每分钟发呼号2次，每次15秒。雾警为喇叭发声音，在雾天作近距导航，每80秒鸣笛2次，每次1.5秒。1988年被列为国家重点文物保护单位。画面采用灰白色作底衬，以淡淡的航海图为背景，运用近景角度，描绘出了花鸟山灯塔顶部雄姿，令人油然起敬。

【老铁山灯塔】2002—10·（5—4）T　面值80分，票幅规格30毫米×40毫米，发行量1375万枚。图案展现了历史文物灯塔——老铁山灯塔的风貌。它坐落于辽宁省大连市旅顺口南端的老铁山西南的岬角坡地上，海拔86.7米。

老铁山在辽东半岛最南端，因山石黑，色泽似铁而得名。老铁山岬角素有中国的"好望角"之称，岬角三面临海，一面靠山，凡过往船只无不绕道而行。老铁山面积6.2平方公里，主峰大崖顶海拔466.5米，是旅顺口最高峰。老铁山灯塔由清政府于1893年请英国人修筑，装备有大型光学透镜，灯光射程达48公里。高约14米，尖顶，圆锥形，白色。灯塔下方为陡峭险峻伸入海的岬角处，即黄海、渤海分界线的北端，黄渤两海的浪潮，由海角两边涌来，交汇在这里。1997年，老铁山灯塔增设了全球卫星高精度定位设施。至今，每天入夜，老铁山灯塔就会旋转着两条交错的光柱，划破海空，仍然在为南来北往的船舶指引着航向。老铁山灯塔为大连市重点文物保护单位。画面采用土黄色作底衬，以淡淡的航海图为背景，以近景角度，描绘出了老铁山灯塔的上半部身姿，它犹如一位百岁老人，正在品味人间沧桑日新月异的变化。

【临高灯塔】2002—10·（5—5）T　面值80分，票幅规格30毫米×40毫米，发行量1370万枚。图案展现了历史文物灯塔——临高灯塔的风貌。它坐落在海南岛西北部的临高县北端临高岬角上。岬角凸出于琼州海峡，距县城10公里。该岬三面临海，岬角顶端有一块250米长的天然拦潮礁石伸入大海，古有仙人指路之说。临高灯塔建于清光绪十九年（公元1893年），塔高22米，宽1.88米，灯光可照数十里，指引船只夜间安全来往琼州海峡及通往北部湾、东南亚，是著名的国际航标。塔身为锻铁铸造，圆筒形，虽历经百年风雨，由于几代灯塔看守人的精心维护，迄今仍完整如新。1950年4月17日，中国人民解放军为解放海南利用木帆船横渡琼州海峡，首先在此登陆。临高灯塔被列为海南省重点文物保护单位。画面采用棕黄色作底衬，以淡淡的航海图为背景，以近景角度，描绘出了临高灯塔独特的上半部身影，它犹如一位船舶航行的安全员，坚守着自己的岗位。

2002—11　2002年世界杯足球赛（J）

【2002年世界杯足球赛（J）】2002 World Cup Football Games（J）　世界杯足球赛全称"国际足球联合会国际杯比赛"。1900年足球列为奥运会项目后，只限业余运动员参加。1928年第9届奥运会后，国际足联会议决定：国际足联于1930年始另行组织此国际足球比赛，不限运动员的业余和职业资格。每四年举行一届，由各会员协会派出一支最强队参加。1930年7月13日~30日，第一届世界杯赛在乌拉圭首都蒙得维的亚举行，东道主如愿以偿地获得了冠军。至1998年，先后举行了16届（1942年和1946年第二次世界大战停办两届），共有7个国家摘取了世界杯足球赛的桂冠。奖杯为冠军获得者的流动杯，一个队若先后3次夺得冠军，可永久占有奖杯。第一只奖杯用纯金制造，重1800克，高30厘米，加大理石底座，整重4公斤。图像为伸展双翅，双手捧杯的希腊神话中的胜利女神。1970年第9届世界杯足球赛上，巴西队第3次夺得冠军而永久占有雷米特奖杯。1971年另用18K黄金铸造新杯，高36厘米，整重5公斤，图像为两个大力士双手高举地球。至今世界杯足球赛已发展成为国际体坛规模最大、水平最高的职业球大赛，各国各地区无一不全力以赴地参加这最为激烈的角逐，特别是在决赛阶段的比赛更是四年一度的世界足坛的巨大节日，其盛况绝不亚于奥运会。19世纪20年代初，现代足球开始进入中国，1931年我国参加了国

际足球联合会。新中国成立后,中国足球协会于1955年成立,会址设在北京。1957年,中国足球队第一次参加世界杯足球赛,因在预赛中就失利了,从此便开始了漫漫征程。中国足球队经过44年的努力,终于在南斯拉夫籍主教练米卢的率领下,于2001年10月7日21时23分在沈阳五里河体育场以1:0战胜阿曼队,提前两轮进入2002年韩日世界杯决赛圈,圆了国人世界杯之梦。2002年第17届世界杯足球赛,于2002年5月31日~6月30日在韩国和日本举行,这是世界杯足球赛第一次在亚洲国家举行,第一次由两个国家共同举办。中国男子足球队第一次冲出亚洲,走向世界,第一场热身赛即是2002年5月16日在沈阳与乌拉圭的比赛,同时5月16日中国足球博览会在上海举行。

2002年5月16日,为了祝贺中国男子足球队第一次冲出亚洲,走向世界,中华人民共和国国家邮政局发行了一套《2002年世界杯足球赛(J)》纪念邮票,全套2枚。郭振山设计。影写版。齿孔12.5度。邮局全张枚数16(4×2+4×2),横2枚连印,整版中间带过桥。北京邮票厂印制。

注:国家邮政局、香港邮政署、澳门邮政局共同印制《中国参加2002年世界杯足球赛纪念》邮票小全张,其中包含中国邮政、香港邮政、澳门邮政邮票各一套2枚。小全张设计者为覃自强(香港)。小全张售价20元,发行量300万枚。

这套邮票票型为圆形并连印。为了用邮方便,邮票采用双齿孔,呈"内圆外方"的新颖票型,既可撕成圆形又可撕成方形。圆形排列的齿孔与邮票画面背景的圆足球相得益彰;过桥的绿荫与朦胧的缤纷色彩寓意热闹喜庆的足球赛场,与邮票上队员拼抢的画面相呼应。过桥票上的足球为由阿迪达斯生产的本届世界杯指定用球"飞火流星",具有特别意义。邮票背景的银灰色足球、银灰色的线条,从形式上与人物构成了点、线、面的呼应,增强了图案的变幻、动感与活力。同时,圆形也象征着宇宙、太阳、地球,突出了世界杯的世界性。圆邮票齿孔上绘有一面小红旗——中国足球队的队旗,展现了"中国之队"的标志。队旗为红色,中心图案由一位男足运动员和一个足球组成,图案下方标有中英文名称"中国之队""TEAM CHINA"。设计者采用拟人化的线条,简练地勾勒出运动员形象,动感强烈,他仿佛已经将自己的全部精神和力量汇聚在了脚上,瞬间就会将球准确地踢出去!队旗由淡而亮的过渡渐变,象征着中国足球充满着光明和希望。邮票背景和过桥上均配以富有节奏和律动感的红、黄、蓝、绿、黑五色彩带,既象征来自世界各国的代表队,传达世界性寓意,又烘托喜庆

气氛。

【新的起点】2002—11·(2—1)T

面值80分,票幅规格半径15毫米(圆形),发行量1600万枚。图案描绘了足球比赛中开球的精彩瞬间。开球是一场比赛的起点,对于首次冲入世界杯决赛圈的中国男子足球队来说,在世界杯赛场上的开球,标志着中国足球历史的一个新纪元。画面上是一位中国男足球运动员进行踢球动作的造型。踢球是足球运动技术名词。指用脚的某一部位将球踢向预定目标,主要用于传球和射门。是比赛中运用最多并最重要的一种技术。按脚的部位可分脚内侧(即脚弓)踢球、正脚背踢球、内脚背踢球、外脚背踢球、脚尖和脚跟踢球等多种方法。动作要领虽各有不同,但均由助跑、支持脚站位、踢球腿的摆动、脚触球和踢球后随前动作等五个环节组成。随着足球技术的发展,踢球的内容日趋丰富,运动员利用踢出球的运行弧线和旋转来控制球速和落点,以达到传递配合上的准确性。很显然,进入比赛状态的这位运动员,他脚穿足球鞋和足球袜,已经完成了助跑、支持脚站位两个动作环节,而踢球腿正在摆动过程中,不难想象,只要他的脚一触到绿茵场上的那个足球,球就会立即向预定的目标飞去。运动员活力四射,神采飞扬,主动地展现出了中国足球运动员几代人的精神风貌。

有关足球、足球鞋和足球袜的知识,详见新版《中国集邮百科知识》纪39《全国第一届工人运动大会》。

【团结拼搏】2002—11·(2—2)T

面值2元,票幅规格半径15毫米(圆形),发行量1600万枚。图案描绘了足球比赛中运动员争抢的精彩瞬间。在足球比赛中,双方运动员争抢的目的,是要将对方控制或传出的球占为己有,或破坏对方对球的控制,也是比赛中由守转攻的主要手段。有正面抢、侧面抢和铲球等不同动作方法。争抢时应不怕冲撞,要求动作凶猛果断。正确的判断和时机的选择是成功与否的关键。画面上,两个运动员争抢动作的造型,特别是将对方阻挡队员的形象以动感的虚影表现,生动地反映了速度与力量的完美结合,既渲染了足球比赛激烈竞争的特点,又突出表现了中国足球队第一次跻身世界足球盛

会，队员们所表现出的顽强拼搏精神和激昂斗志。背影是虚实结合的绿色，仿佛使人嗅到了绿茵芳馨，也反衬出赛场上激烈的拼抢，通过动静对比，产生了强烈的视觉动感。

2002—12 黄河水利水电工程(T)

【黄河水利水电工程(T)】Hydroelectric and Water Conservancy Projects of Yellow River(T) "黄河之水天上来，奔流到海不复回。"黄河哺育了中华儿女，创造了华夏文化，黄河是中华民族的母亲河。历史上，黄河曾多次给沿黄地区造成深重的洪涝灾害。新中国成立后，在毛泽东主席"一定要把黄河的事情办好"的伟大号召下，治黄工作开始了全河统一管理的新阶段。1954年2月~6月，中国和苏联专家联合组成黄河勘察团，了解和收集了大量第一手资料。1954年10月，黄河规划委员会完成《黄河综合利用规划技术经济报告》，规划在黄河干支流上修建多座控河大坝和水库，目的是既要从根本上治理黄河的水害，又要制止黄河流域的水土流失和消除沿黄地区的旱灾，并充分利用黄河的水力资源进行灌溉、发电和通航，促进沿黄地区农业、工业和运输业的发展。20世纪80年代和90年代，针对50年代规划中出现的一些问题，黄河水利委员会同沿黄流域内的有关省区，对治理开发做了大量的修订工作。在新的《黄河治理开发规划报告》指导下，黄河干流工程布局，采用峡谷高坝水库与径流电站或灌溉枢纽相间，形成了全河以龙羊峡、李家峡、刘家峡、青铜峡、三门峡和小浪底等七座大型骨干工程为主体的比较完整的综合利用工程体系，全河统一调度，以较好适应黄河水沙特征和满足治理要求。

2002年6月8日，为了展现新中国治理黄河的伟大成就，中华人民共和国国家邮政局发行了一套《黄河水利水电工程(T)》特种邮票，全套4枚。姜伟杰、李庆发设计。影写版。齿孔13度×12.5度。邮局全张枚数12（4×4中间4枚邮票的位置为过桥）。北京邮票厂印制。

这套邮票的4枚图案，主图都以水波形为背景，无论是4枚邮票摆在一起，还是全张票，水波形都是波波相连，犹如连绵不绝的黄河水，衬托出各个水电站的不同造型，重点表现每个水电站的主要建筑，对周围的环境给予淡化处理，使每个水利水电工程造型各异的特点更加突出。在色彩搭配上，整套邮票是黄河水的颜色，以土黄色为基调，底色为浅黄色，面值票铭为深棕色，波纹设为浅棕色。每枚邮票的全张票，都将4×4的版式中间4枚邮票的位置挖空，换成一副貌似小型张的大过

桥票，过桥票背景为黄河最为壮观的壶口瀑布，主图为不同角度拍摄的同一景观。设计者采用虚实结合的手法，实处清晰，真实地反映了各个具体的黄河水利水电工程；虚处像滚滚的黄河泥沙，凸显了黄河水利水电工程的宏伟壮观。

有关黄河综合利用规划的知识，详见新版《中国集邮百科知识》特19《治理黄河》。

有关黄河壶口瀑布的知识，详见本书2002—21M《黄河壶口瀑布<金箔小型张>(T)》。

【李家峡水电站】2002—12·(4—1)T 面值80分，票幅规格50毫米×30毫米，发行量1385万枚。图案展现了黄河水利水电工程中李家峡水电站的宏伟面貌。

李家峡是黄河上游的峡谷之一，水力资源丰富。李家峡水电站坐落在黄河上游青海省尖扎县与化隆县交界处，是黄河上游规划的第三座大型水电站，其功能以发电为主，兼顾灌溉。1988年4月1日开工，1996年12月26日实现下闸蓄水，1999年全部竣工。拦河坝为三圆心混凝土重力双曲拱坝，坝高165米，坝顶海拔高度2185米，坝顶弧度长414.39米，水库总容量16.5亿立方米。电站总装机容量为2000万千瓦，灌溉面积133平方公里，并可承担西北电力系统的调峰、调频、调相和应付紧急事故的任务。画面以黄河之水为背景，采用俯视角度，展现出了李家峡水电站厂房的外观景象，气势宏伟。

【刘家峡水电站】2002—12·(4—2)T 面值80分，票幅规格50毫米×30毫米，发行量1360万枚。图案展现了黄河水利水电工程中刘家峡水电站的外观景象。

刘家峡是黄河上游的峡谷之一，水力资源丰富。刘家峡水电站坐落在甘肃省永靖县西南一公里处，海拔1700米，由拦河大坝、水库、泄水建筑和发电机组组成。刘家峡长12公里，落差18米，两岸崇山峻岭，悬崖峭壁，河谷狭窄，最窄处只有30米~60米，峡谷上下口均为宽平的河谷盆地，是理想的坝址。刘家峡水电站1968年动工兴建，1969年4月第一台机组发电，1974年底5台机组全部竣工投产。大坝为整体混凝土重力坝，高147米，

长840米，坝基宽120米，水库面积130平方公里，水库总蓄水量57亿立方米，装机容量122.5万千瓦，年发电量57亿千瓦/时，其中5号机是中国第一台30万千瓦双水内冷水轮发电机组。水库全长65公里，有溢洪道、泄洪洞、泄水道、排沙洞四大泄水建筑物，其标准按照千年一遇洪水设计、万年一遇洪水校核，最大总泄量为8000立方米。该水电站可调节枯水季节黄河水量，使下游农田灌溉率由65%提高到85%。刘家峡水电站整个工程从勘测、设计、设备制造、施工和安装，全部都是依靠我国自己的力量独立完成。画面以黄河之水为背景，采用平视角度，展现出了刘家峡水电站水闸的外观景象，肃然、庄重。

【青铜峡水利枢纽】2002—12·(4—3)T 面值80分，票幅规格50毫米×30毫米，发行量1360万枚。图案展现了黄河水利水电工程中青铜峡水利枢纽的外观景

象。青铜峡是黄河上游峡谷之一，水力资源丰富。青铜峡水利枢纽位于宁夏回族自治区青铜峡市境内，距银川约80公里。1958年8月26日动工，1960年发挥灌溉效能，1978年全部投产。主坝坝型为混凝土重力坝，坝高42.7米，坝顶长697米，控制流域面积28.5万平方公里，设计总库容量7.35亿立方米。枢纽中心是一座带泄水管闸墩式电站，共装有8台转桨式水轮发电机组，总装机容量27.2万千瓦，为我国西北电网的重要组成部分。枢纽彻底解决了宁夏长期无坝引水的局面，已建成的3条主干渠总灌溉面积已达3667平方公里，为枢纽组成前的4.2倍。库区沿岸有牛首山寺塔群，全国最大舍利塔群——一百零八塔。画面以黄河之水为背景，采用远景角度，展现出了青铜峡水利枢纽挡水大堤的外观景象，雄伟，气派。

【三门峡水利枢纽】2002—12·(4—4)T 面值80分，票幅规格50毫米×30毫米，发行量1455万枚。图案展现了黄河水利水电工程中三门峡水利枢纽的外观景

象。峡是两山之间有水的地方。三门峡是黄河上游著名的峡谷之一。位于河南省三门峡市和山西省平陆县之间。以旧时河床中坚硬的闪长玢岩岩岛将水道分成三股急流：北为"人门"，中为"神门"，南为"鬼门"，故得名三门峡。水力资源丰富。三门峡水利枢纽坐落于河南省三门峡市东北20公里处，在此可观看黄河天险、水利枢纽工程、中流砥柱、黄河古栈道等，有"万里黄河第一坝"之誉。1957年4月动工，1960年9月竣工。主坝坝型为混凝土重力坝，最大坝高106米，坝顶长713米，主要泄洪方式为隧洞和坝内孔口，可为下游2667平方公里农田灌溉提供水源。三门峡水利枢纽是新中国成立后在黄河上兴建的第一座以防洪为主、综合利用的大型水利枢纽工程。1964年和1969年，为了进一步减缓水库及渭河下游的泥沙淤积，保留有效库容，曾先后对枢纽进行改建，使泄水能力增加了约两倍，年发电为12亿千瓦/时～14亿千瓦/时。1973年底，水库开始采用"蓄清排浑、调水调沙"的方式，有效地保存了三门峡水利枢纽的库容，发挥出了防洪、防凌、发电、灌溉、拦泥、航运和城市工业供水的综合效益。画面以黄河水为背景，采用近景角度，展现出了三门峡水利枢纽大坝的外观景象，犹如巨人般巍然屹立。

2002—12M 黄河水利水电工程(小型张)(T)

【黄河水利水电工程(小型张)(T)】Hydroelectric and Water Conservancy Projects of Yellow River(Souvenir Sheet)(T) 2002年6月8日，为了展现新中国治理黄河的伟大成就，中华人民共和国国家邮政局发行了一套《黄河水利水电工程(T)》特种邮票，同日发行了1枚小型张。姜伟杰、李庆发设计。影写版。齿孔13度×12.5度。北京邮票厂印制。

【小浪底水利枢纽】2002—12M·(1—1)(小型张)T 小型张面值8元，小型张规格115毫米×96毫米，邮票规格40毫米×60毫米，发行量1290万枚。图案展现了黄河水利水电工程中小浪底水利枢纽的外观景象。小浪底水利枢纽工程坐落于河南省洛阳市北40公里黄河中游最后一段峡谷的出口处，上距三门峡130公里，下距郑州115公里，当黄河冲积扇的顶端。1994年9月12日动工，2001年12月主体工程完成。小浪底水利枢纽是以防洪为主，兼顾防凌、减淤、灌溉和发电综合利用的一座大型工程。控制黄河流域面积69.4万平方公里。水库面积为272平方公里，总库容126.5亿立方米。电站装机6台各30万千瓦混流式水轮发电机组，年平均发电量51亿千瓦/时。小浪底水利枢纽自2000年开始投入运行起，使黄河下游防洪标准从60年一遇提高

到千年一遇；曾先后3次关闭发电机组向下游累计供水305亿立方米，为下游抗旱、引黄济津和黄河不再断流做出了巨大贡献。小浪底水利枢纽工程由大坝、泄洪排沙系统和引水发电系统三部分组成。壤土斜心墙堆石坝是中国填筑量最大的土石坝；主坝基础防渗墙是中国最深最厚的；10座水塔集中布置，是世界上最大、最复杂的进水塔群；泄洪洞为世界上最大的孔板消能泄洪洞；消力塘是世界上最大、最集中的消力塘。在左岸的一平方公里的单薄山体中共开挖了大小洞室一百多条（个），是世界水利史上罕见的密集洞室群。小浪底水利枢纽以地质条件复杂、水沙条件特殊、运用要求严格和工程规模宏大，被中外水利专家称为世界上最复杂最具挑战性的水利工程之一。小型张图案在奔腾不息、汹涌澎湃的黄河上既展现出了一座雄伟壮观、气势恢宏的小浪底水利枢纽工程的全貌，又突出了邮票位置内大坝的壮观，使画面丰富而又统一。小型张除了采用与邮票一致的水波纹作主图背景外，上、下边饰也皆为波涛翻滚、奔腾咆哮的黄河水，但它不再令人生畏，而是古老的母亲河正日夜不停地在造福子孙。票铭与面值采用了同色系的红棕色，使票铭与面值从黄河水中跳出来，十分醒目。

2002—13 大足石刻（T）

【大足石刻（T）】Dazu Stone Carvings（T） "大足石刻"位于重庆市西面120公里处大足县境内，始建于唐景福元年（公元892年），历经晚唐、五代，盛于两宋，绵延明清，是大足县内石刻造像的通称，分布于北山、宝顶山、南山、石篆山、石门山等全县八十多处，有唐朝至南宋时期的雕塑共5万尊，其中全国重点文物保护单位有5处，即北山（包括北塔）、宝顶山、南山、石门山、石篆山石刻，也称"五山石刻"；重庆市文物保护单位有4处，即尖山子、舒成岩、妙高山、千佛岩石刻；大足县文物保护单位有66处，如西山、圣寿寺、三教寺、青山院、老君庙、半边庙、七拱桥、普和寺、陈家岩石刻等。大足石刻以佛教造像为主，兼有儒教、道教造像。它集中国石窟艺术之大成，把中国石窟艺术推上了一个新的高峰，是一件伟大的艺术杰作，是石窟艺术生活化的典范，为中国佛教密宗史增添了新的一页，并且生动地反映了中国民间宗教信仰的重大发展变化。在大足石刻中，北山、宝顶山、南山、石门山、石篆山是最具规模、最具价值、艺术最精美的石刻造像代表。1999年12月1日，大足石刻被联合国教科文组织作为文化遗产列入《世界遗产名录》。

2002年6月18日，为了宣扬中华民族悠久灿烂的文化艺术，中华人民共和国国家邮政局发行了一套《大足石刻（T）》特种邮票，全套4枚。任国恩、袁学军摄影。任国恩设计。胶版。齿孔12度。邮局全张枚数20（4×5）。辽宁省沈阳邮电印刷厂印制。

这套邮票的4枚图案，采用在摄影图片的基础上，用电脑调整层次、影调、色彩，使石刻造型更逼真、自然。

【北山·日月观音（宋）】2002—13·（4—1）T 面值80分，票幅规格30毫米×40毫米，发行量1395万枚。图案选用了大足北山石刻中的日月观音造像。北山即古龙岗山，位于四川省大足县西北2公里处。唐末昌州刺史，昌、普、渝、合四州都指挥韦君靖于此建永昌寨。后于唐景福元年（公元892年）在此造像，经五代至南

宋绍兴年间，历时二百五十多年建成。石刻分布在佛湾、白塔寺、营盘坡、观音坡、佛耳岩等处，以佛湾为最集中。共290龛窟，岩高7米，长500米。南段多晚唐和五代雕刻，北段多宋代雕刻。著名龛窟，如心神车窟，窟正中之蟠龙"心神车"，尤为奇伟。正壁为佛，左为净宝瓶观音，右为多罗。左壁为文殊、玉印观音、如意珠观音。右壁为普贤、日月观音、数珠手观音。雕刻对称，严谨有条，浑然一体。八躯菩萨像，丰腴圆润，典雅大方，为此间石刻之精华。数珠手观音，高不及1米，上身微微向后侧转，装饰华丽，眉梢嘴角流露出微妙的喜悦，神情潇洒，妩媚多姿。石刻中尚保留有古代匠师姓名。保存的《韦君靖碑》，是研究此石刻的重要资料。宋刻《古文孝经碑》、《赵懿简公神道碑》等，对研究我国历史和书法均有重要价值。佛湾对山白塔寺前有多宝塔，与此石刻有密切关系。画面中的日月观音造像，也称"六臂观音"，位于大足北山佛湾第136号"转轮经藏窟"内右壁第二

组。此窟建于南宋绍兴十二年至十五年（公元1142年～公元1146年）。造像通高2.37米，坐身高1.54米，宽0.5米。头戴高花冠，面庞丰腴慈祥，体态丰健。跏趺于金刚座之上，胸部璎珞密布，周身彩带飘绕。身有六臂，其上两手分托日、月，左后手持长柄龙头斧，右后手握长剑，左前手捧球，右前手持杨柳枝。六臂裸露，肌肉质感极强。首及身后有圆形佛光，左右两侧立有男女侍者，皆高1.33米。石雕从整体到细部，雕凿者苦心经营，人物造型严谨，嘴角、唇边、眉宇的神情刻画入微。观音面庞丰腴适度，挺鼻小口，秀美凤目，显得慈祥端庄。衣褶的疏密、繁简变化丰富。从石刻中使人感受到优美的旋律和鲜明的节奏，以及尽善尽美的艺术追求，它代表了宋代石窟造像水平。

有关观音的知识，详见新版《中国集邮百科知识》T•150《敦煌壁画（第三组）》。

【北山•普贤菩萨（宋）】2002—13•(4—2) T

面值80分，票幅规格30毫米×40毫米，发行量1395万枚。图案选用了大足北山石刻中的普贤菩萨造像。普贤，梵文"Sama—ntabhadra"（三曼多跋捺罗）的意译，也译作"遍吉"。佛教大乘菩萨之一，以"行愿"著称。他和文殊并称，作为释迦的胁侍，侍右方。佛经中说："普贤之学得于行，行之谨审静重莫若象，故好象。"所以，在佛寺内看到普贤的塑像和画像，大多以白象为坐骑。画面中的普贤菩萨造像，位于大足北山佛湾136号"转轮经藏窟"（也称"心神车窟"）右壁第一组。坐像高1.10米，宽0.36米。莲座高0.33米。他头戴方形高花冠，身着褒衣博带，胸部佩戴双环型璎珞，右手持如意，端庄地高坐于大象背负的莲花座上。身后有圆形火焰身光。背负莲座的白象高0.97米，长1.57米，头略回顾。象左侧立一象奴，身高1.09米，着武士装束，双手握缰绳，圆眼竖眉，犷悍剽武。普贤菩萨表情隽逸超尘，清秀文雅；那俯视的目光，轻合的双唇，微收的嘴角，呈现出一种欲笑又忍，慈祥和蔼，感情内含的神态，显得温柔亲切又不失尊贵，与身前那尊怒目环视，强悍威武的象奴形成对比，静穆中显豪放之度。

有关菩萨的知识，详见新版《中国集邮百科知识》T•74《辽代彩塑》。

【宝顶山•华严三圣（宋）】2002—13•(4—3) T
面值80分，票幅规格30毫米×40毫米，发行量1395万枚。图案选用了大足宝顶山石刻中的华严三圣造像。宝顶山坐落于四川省大足县城东北15公里处。佛徒朝山进香，有"上朝峨眉，下朝宝顶"之说，山上多佛像石刻，风景幽丽。石刻共13处，造像以万计。以大佛湾和小佛湾规模最大。大佛湾为幽深的马蹄形山湾，长500米，岩高约15米～30米。雕刻分布在东、南、北三面，先以小佛湾为蓝图，后在此雕造。巨型雕刻三十多幅，最著者有六道轮回、广大宝楼阁、华严三圣像、千手观音像、释迦涅槃圣迹图、九龙浴太子、孔雀明王经变、毗卢道场、父母恩重经变像、大方便佛报恩经变像、观无量寿佛经变像、六耗图、地狱变像、柳本尊行化图、十大明王像、圆觉洞、牧牛道场等。宝顶石刻中以宋代雕刻最有特色，保存完整，趣味性和故事性强。石刻创始人为宋蜀中名僧赵智凤（赵奉行唐柳本尊密教）。始建于南宋淳熙六年至淳祐九年（公元1179年～1249年），历七十多年始成。造像规模宏大，数量众多，在艺术上也有重大价值。画面上的华严三圣造像，位于宝顶山大佛湾第五号龛内，是大佛湾唯一顶天立地的一龛坐像，刻建于宋代。中为密宗始祖毗卢舍那佛（释迦牟尼的法身佛），左为文殊（观者方向），右为普贤。文殊，梵文"Mañjusri"（"文殊师利"或"曼殊宝利"）音译的略称，意译"妙吉祥"、"妙德"等。佛教大乘菩萨之一，以"智慧"知名。他和普贤并称，作为释迦的胁侍，侍左方。塑像多骑狮子。普贤与文殊在佛门中有着很高的地位，是协助释迦牟尼教化的一对好帮手。佛经中说：普贤有"大行"，专司理和德；文殊有"大智"，专司智慧。普贤以他伟大的"行"告诉世人，学佛要有"信"；文殊以他卓越的"智"告诉世人，学佛要有"解"。"信"与"解"是密切相连，不可分离的。《华严经》把普贤和文殊同作为佛的胁侍菩萨，佛和两胁侍合称"华严三圣"。三像身高7米，镂空到近似圆雕，立体感强。密宗始祖毗卢遮那佛螺髻褊衣，头顶上两道毫光绕龛顶，左手横于胸前，右手平伸。文殊左手掌中托七重宝塔，右手扶塔身。普贤头戴五佛宝冠，手捧舍利宝塔。三像均头戴天冠，天冠上卷草花饰。在16米宽的龛壁上，又添刻了千佛，既庄严肃穆，又把主像衬托得高大奇特。特别引人注目的是，普贤的左手向前伸出1米～2米，手托高1.8米的七重宝塔有近千斤，历经千年而不坠，是雕刻家运用力学原理，巧妙地配刻了接地袈裟的缘故。华严三圣身体微前倾，眼向下凝望，满含着无限悲悯的眷情，静穆之中充满了慈善。

【石门山·三皇洞造像(宋)】2002—13·(4—4)T 面值80分，票幅规格30毫米×40毫米，发行量1350万枚。图案选用了大足石门山石刻中的三皇洞造像。石门山石刻位于四川省大足县东约21公里处。石刻所在名圣府洞。共十多龛窟，造像千余躯，为儒、释、道三教石刻。最著名为五显大帝、炳灵太子、三皇像等。尤以第6号观音窟最为奇伟，窟正壁镌无量寿佛，左为如意观音，右为正法明王观音；左右壁各有观音立像5躯，手中所持器物及姿势各不相同，每像均有署名，为国内所罕见。据窟内造像记载为南宋绍兴六年(公元1136年)和八年(公元1138年)刻造。其他龛窟中，还有北宋绍圣二年(公元1095年)和三年(公元1096年)的题记，并留有"工匠文居道"等文字。画面上的三皇洞造像，位于大足石门山第10号三皇洞内。该洞高3.01米，宽3.9米，深7.8米。主像天皇居中，左是地皇，右是人皇。右壁已毁。左壁上层刻二十八位天人。下层刻七尊立像，由里至外第一像为三头六臂神王；第二、三、四像皆头戴进贤冠，身着袍服，足登云头靴；第五像戴双翅折上幞头，双手持圭；第六像足踏龟蛇者是真武大帝；第七像头戴展脚幞头为天曹判官。这七尊立像皆身高1.94米，头戴幞头，手持笏板，类似人间帝王金殿坐朝，文武列班，雕刻精湛如泥塑，有"宋代道教造像的绝顶"之誉。根据邮票图案所绘立像的装束，应是以上七尊立像中的第三位，头戴进贤冠，身着袍服，足登云头靴，双手持笏板，文质彬彬，毕恭毕敬者。

2002—13M 大足石刻(小型张)(T)

【大足石刻(小型张)(T)】Dazu Stone Carvings (Souvenir Sheet)(T) 2002年6月18日，为了宣扬中华民族悠久灿烂的文化艺术，中华人民共和国国家邮政局发行了一套《大足石刻(T)》特种邮票，同日发行了1枚小型张。任国恩、袁学军摄影。任国恩设计。影写版。齿孔12度。北京邮票厂印制。

【宝顶山·千手观音(宋)】2002—13M·(1—1) (小型张)T 面值8元，小型张规格130毫米×95毫米，邮票规格40毫米×60毫米，发行量1290万枚。图案选用了大足宝顶山石刻中的千手观音造像。千手观音在宝顶山大佛湾南崖东头第8号龛。镌刻于88平方米的岩壁上。身高不及三米，结跏趺坐莲台，头戴宝冠，面部端庄，两手合十。另一千多只手呈圆形布满于岩石上，每手各持法物，统一对称，样式各异，千变万化，无一雷同，是目前国内石窟寺中最大的、名副其实的"千手观音"摩崖造像。千手观音身后像孔雀开屏似的伸出1007只手，每只手手心中还有一只眼睛；千手各执器物，或托宝塔，或握工具，或持乐器，或拿文房四宝，或捧瓜果禾黍等；其姿势或伸，或屈，或正，或侧，千变万化，瑰丽多姿，恍若天生。匠师们在艺术处理上十分巧妙，观音刻于正中，千手呈放射状分布，并饰以金箔，若兀立像下，视其金碧辉煌的千手，目眩神昏，给人一种数不清究竟有多少只手的感觉，使整龛造像谲奇绚丽，气氛热烈，这是一种特殊的创造。设计者根据需要将小型张的背景适当虚化，分出层次、背景，有力地衬托了观音像和小型张边饰上的观音手，石刻造像更加逼真、自然。

合十是佛教徒的一种普通礼节。两手当胸前，十指相合，表示敬意，故名。原为印度的一般礼节，佛教沿用。

2002—14 沙漠植物(T)

【沙漠植物(T)】Plants in Desert(T) 沙漠是荒漠的一种。荒漠是气候干燥、降水稀少、蒸发量大、植被贫乏的地区。气温变化很快。多盐碱土。一般只能生长根深叶小或无叶的植物。动物具有穴居、夏眠、善疾走等特性。沙漠分布于大陆内部或低纬度的大陆西岸。按地表组成物质，分沙漠、岩漠、砾漠、泥漠、盐漠等。另外，在高山上部和高纬度亚极地带，因低温所引起的生理干燥而形成的植被贫乏地区，为荒漠的特殊类型，另称寒漠。沙漠指沙质荒漠。地表覆盖大片流沙，广泛分布各种沙丘，在风力的推动下，沙丘不时移动，往往造成严重危害，如我国新疆的塔克拉玛干沙漠。目前，我国国土沙漠化面积约为192万平方公里，这严重影响着我国人民的生存环境和制约着经济建设的发展。治理沙漠和防止沙漠化已是当今刻不容缓的任务,保护沙漠植物及沙漠植被是治理沙漠的一种基本措施。我国的沙漠植物以藜科、蒺藜科、柽柳、菊科、豆科、蓼科、麻黄科等为主,种类贫乏,大约有700种。在长期的大自然发展过程中,沙漠植物以各种不同的生理与生态方式适应了沙漠地区的高温、严寒、干旱、盐碱等恶劣的生态环境,如植物的叶极度退化成小的鳞片状,以减少水分蒸腾;茎枝变绿色,代替叶进行光合作用;有的植物茎叶肉质化,用于贮藏水分;有的植物根系发达,如生长在沙漠中的骆驼刺,一种小灌木,根深达15米,以便从深层土壤汲取水分等。人类在治理沙漠的过程中,对现存的沙漠植物,应当作为重要武器进行重点保护。新疆吐鲁番恰特喀勒乡建有沙漠植物园,占地40公顷,栽种柽柳类、沙拐枣类、梭梭等各种沙漠植物。内蒙古伊克昭盟杭锦旗设立了保护内蒙古沙冬青的鄂尔多斯自然保护区。宁夏中卫县沙坡头自然保护区是我国干旱半干旱地区第一个沙漠生态系统保护区,1984年成立,面积20万亩。它将科学院沙漠研究站、铁路固沙林场集于一体,成为沙生植物保护圈。

2002年6月29日,为了宣传治理沙漠的重大意义,中华人民共和国国家邮政局发行了一套《沙漠植物(T)》特种邮票,全套4枚。潘伯荣、刘家琼摄影。郭振山设计。影写版。齿孔13度×13.5度。邮局全张枚数20(5×4),竖4枚连印。北京邮票厂印制。

这套邮票的4枚图案,是采用丙烯画法结合电脑绘制完成的。丙烯画法是水彩画的一种,就是以丙烯为颜料作画。丙烯画的颜料比水粉画的干湿变化相对较小,在厚薄上比油画更易灵活掌握,它不仅细致入微地描绘出了沙漠植物的每一个细节,而且表达出了作者自己的感情。设计者在几种沙漠植物的背景中加了些淡淡的蓝色,使人能够联想到天空与白云,水和生命;植物的颜色也在自然的基础上稍微加艳了些,以此适度地表达了对生命的赞美。从造型上看,4枚图案表现的4种沙漠植物形态各异,缺乏共同因素(如圆形、长形、异形等),花朵和果实的大小不等,设计者为每种植物精心选择了一簇簇的团状,巧妙地达到了票面的统一;背景为淡淡的沙漠,而且采用了淡淡的浅网,以此衬托出植物生长的环境,给人以清新、自然、生命的感觉;再加上银灰色的边框,更增强了各枚邮票之间的共同点,使其系列统一。从构图上看,无论在视觉上还是面积上,设计者都将沙漠植物放在画面的焦点,沙漠居其后,作为远景,提示着它们的生活背景。全张邮票的边饰采用淡淡的流沙,既与邮票图案中的沙漠相呼应,也会把人们的思绪引向生长着如此美丽生命的远方。整套邮票真实、生动、自然地描绘了沙漠植物的形象,它们生长在生存条件最恶劣的自然环境中,顽强地生活着,还开出了艳丽的花;它们看似平凡渺小,却显示了生命的伟大,正因为它们,沙漠才不是荒芜和恐惧,沙漠中才有绿洲,才使人们愈发感到珍惜环境的重要。

【沙冬青】2002—14·(4—1)T　面值80分,票幅规格40毫米×30毫米,发行量1315万枚。图案描绘了沙漠植物沙冬青的形象。沙冬青(Ammopiptanthus mongolicus)属豆科,常绿灌木。别名蒙古黄花木,

蒙语名称"萌合——哈嘎纳"。最早由俄罗斯植物学家定名,因其属种分类错误,国际植物学家现在审定采用的是由我国植物学家的命名。沙冬青高1米~2米,茎一般为叉状分枝;叶一般为掌状3小叶、菱状椭圆形或披针形,两面密披银白色绒毛。花黄色,蕊状花序顶生枝端,花密集互生,8朵~12朵;花为萼钟形,具5齿;花冠金黄色,旗瓣倒卵形,翼瓣比龙骨瓣短;雄蕊10枚,花丝分离。荚果扁平,长圆形,长5厘米~8厘米,无毛;种子阔肾形,径约6毫米。花期4月~5月,果期5月~6月。沙冬青是我国旱生荒漠地区唯一的一种常绿灌木植物,约六千万年前残留下来的濒危植物,国家二级保护濒危物种。它分布于内蒙古、宁夏、甘肃等地,生长在1000米~1200米低山带的山前冲积、淤积平原及山间盆地或干谷中,根系发达,为优良的固沙植物。沙冬青在内蒙古一些地方和科技界有很高的知名度,《内蒙古珍稀濒危植物图谱》指出,"沙冬青不仅具有重要的资源价值,而且对于研究亚洲中部荒漠植被的起源和形成,具有重要的科学意义","它的存在为亚洲中部的荒漠区系的热带起源学说找到了有力的证据"。画面以茫茫的沙漠和淡淡的蓝天为背景,描绘了一簇沙冬青形象,那挺立的枝,那金黄色的花,给人一种生命的激动,富有强烈的艺术感染力。图案右侧边框上标出中文名称和拉丁文学名"沙冬青 Ammopiptanthus mongolicus",不仅点明了画题,而且将科学性和艺术性融为一体。

【红皮沙拐枣】2002—14·(4—2)T　面值80分,票幅规格40毫米×30毫米,发行量1315万枚。图案描绘了沙漠植物红皮沙拐枣的形象。红皮沙拐枣(Calligonum rubicundum)又名红果沙拐枣,属蓼科,灌木,高达1.5米,因老枝呈"之"字形拐曲,常为红褐色,其果实似枣,熟时鲜红色,故得名。一年生枝,绿色,有关节,叶条

形,长2毫米~4毫米,花粉红或红色,2朵~3朵簇生叶腋;瘦果宽椭圆形,连刺毛直径10毫米,有不明显的肋状突起,每一肋状突起有3行刺毛,刺毛有分枝,细弱而脆,易折断。果皮木质,有4条翅,翅边缘有齿,便于借风力传播。花期5月~6月,果期6月~7月。分布于新疆维吾尔自治区,在俄罗斯西伯利亚和哈萨克斯坦共和国也有分布。红皮沙拐枣抗风力强,耐干旱,是流动沙地固定沙丘和观赏的优良植物。画面以茫茫沙漠和淡淡的蓝天为背景,描绘了一簇红皮沙拐枣的形象,那一颗颗鲜红色的熟果,给人一种振奋和希望,富有强烈的艺术感染力。图案右侧边框上标出中文名称和拉丁文学名"红皮沙拐枣 Calligonum ruhicundum",不仅点明了画题,而且将科学性和艺术性融为一体。

【细枝岩黄蓍(shī)】2002—14·(4—3)T 面值80分,票幅规格40毫米×30毫米,发行量1315万枚。图案描绘了沙漠植物细枝岩黄蓍的形象。细枝岩黄蓍(Hedysarum scoparium)属豆科,半灌木,高1

米~3米。又名双棒,在一些地方也叫花柴、花帽、花秧、牛尾梢等。细枝岩黄蓍是豆科灌木花棒的中文植物学名称。茎多纤细分枝,疏披长柔毛。羽状复叶,叶小披针形,长15毫米~25毫米,背面密披长柔毛。总状花序,腋生。花为蝶形,紫红色。果实为荚果,密披白色毡毛。花期6月~9月,果期8月~10月。根系发达,扎入地下深而长,根基牢固,不怕狂风吹打。分蘖功能性强,断枝可以发条,就是埋入沙土5寸~6寸,新梢也能穿透沙层吐露新芽。它的原产地在新疆腾格里沙漠,甘肃、宁夏、内蒙古等省区也有分布。不仅是良好的固沙植物,幼嫩枝叶还为骆驼、马、羊所喜食,种子油可食用。画面以茫茫沙漠和淡淡的蓝天为背景,描绘了一簇细枝岩黄蓍的形象,那犹如群蝶飞舞的紫红色花朵,给人一种生活的喜悦,富有较强的艺术感染力。图案左侧边框上标出中文名称和拉丁文学名"细枝岩黄蓍 Hedysarum Scoparium",不仅点明了画题,而且将科学性和艺术性融为一体。

【细穗柽(chēng)柳】2002—14·(4—4)T 面值2元,票幅规格40毫米×30毫米,发行量1315万枚。图

案名称标为"细穗柽柳"(Tamarit leptostachys)是错误的,正确名称应该为"长穗柽柳"(Tamarit elangata)。"柽柳"的俗名为"红柳",在荒漠及半荒漠地带广为分布。红柳因具有耐干旱、耐盐碱、耐贫瘠和不怕风沙的特点,是一种十分理想的治沙植物。"长穗柽柳"与"细穗柽柳"同属柽柳科,但是不同种。从花序上看,"长穗柽柳"为总状花序,而"细穗柽柳"则为圆锥花序;从花瓣上看,"长穗柽柳"的花瓣数有4个,"细穗柽柳"有5个;两种植物的开花期也不同,"长穗柽柳"的开花期在4月~5月,"细穗柽柳"在6月~7月。画面以茫茫沙漠和淡淡的蓝天为背景,描绘了一簇"长穗柽柳"的形象,那细长的大型总状花序,那似柏的枝叶,仿佛挺立于严酷的风沙之中,充满浩然勇气,具有强烈的艺术感染力。图案左侧边框上标出中文名称和拉丁文学名"细穗柽柳 Tamarit leptostachys",不仅点明了画题,而且将科学性和艺术性融为一体。

2002—15 南极风光(T)

【南极风光(T)】Landscapes of Antarctic(T) 有关南极洲的知识,详见J·177《南极条约生效三十周年》。1959年12月,由12个国家签订了《南极条约》。其主要内容是:南极洲仅用于和平目的,保证在南极地区进行科学考察的自由,促进科学考察中的国际合作,禁止在南极地区进行一切具有军事性质的活动及核爆炸和处理放射废物,冻结对南极的领土要求等。1983年5月9日,第五届全国人大常委会第27次会议通过了中国加入《南极条约》的决议。1983年6月8日,中国驻美国大使章文晋向条约保存国美国政府递交了加入书。从此,中国正式成为《南极条约》的缔约国之一。1985年2月20日,中国在南极半岛的乔治王岛上建立了第一个南极考察基地"长城站"。1989年2月26日,中国在东南极大陆的拉斯曼丘陵上建立了第二个南极考察基地"中山站"。2002年7月15日~26日,第二十七届南极研究科学委员会大会暨第十四届国家南极局局长理事会会议在中国上海举行,有近四十个国家的代表参加,共商南极科学考察计划。南极研究科学委员会(SCAR,以下简称"南科委")系国际科学联合会理事会下属的南极科学组织,是负责发起、促进和协调南极科学活动、制定和审查相关的科学规划的国际学术机构。

1958年8月成立,总部设在英国剑桥,南科委由主席、副主席和秘书组成的执行委员会领导。除设有财政委员会外,下设若干工作组,如生物学、大地测量与制图学、地质学、冰川学、人体生理医学、后勤学、气象学、海洋学、固体大地地球物理学、高空大气物理学等工作组,以及若干专家组,如海豹、南大洋生态学与生物资源、南极矿源勘探和开发的可能环境影响、南极气候研究、环境保护、国际地圈——生物圈等。南科委每两年举行一次大会。大会期间,一些工作组、专家组分别召开会议。南科委第一届大会在荷兰海牙召开。中国由于开展南极科学研究比较晚,前十六届会议都没有出席。第十七届南科委会议于1982年7月5日～9日在苏联列宁格勒举行。中国派出了以高钦泉为团长的4人代表团,以观察员身份出席了会议。这是中国第一次派团参加南科委会议,此后历届会议皆参加。

2002年7月15日,为了祝贺南极研究科学委员会大会暨第十四届国家南极局局长理事会会议在中国上海举行,中华人民共和国国家邮政局发行了一套《南极风光(T)》特种邮票,全套3枚。夏立民、薛冠超、刘小汉摄影。王虎鸣设计。胶版。齿孔12度。邮局全张枚数17(3×6左下方一枚位置为边饰图)。河南省邮电印刷厂印制。

这套邮票的3枚图案,以摄影照片为素材,采用"宽银幕"的形式,运用远近景搭配、动静结合的创作手段,科学、准确、客观地表现了南极美丽的自然风光和奇特的现象。全张票的设计也借鉴了这种风格,边饰为南极冰川,左下角一枚票的位置被换成了南极特有动物——企鹅的形象。

【南极冰山】2002—15·(3—1)T　面值80分,票幅规格40毫米×30毫米,发行量1375万枚。图案展现出了南极冰山的奇特景象。冰山即漂浮在海中的巨大冰块。极地大陆冰川或山谷冰川的末端,因海水浮力

和波浪冲击,发生崩裂、滑落海中而成。大部分沉于水下,露出水面部分约当总体积的1/7～1/5。冰山与浮冰有别,浮冰是海水冻成的海冰,冰山是从南极冰盖分离出来的。每年都有数以万计的冰山从陆缘冰的边缘分裂出来,漂浮在海上,形成瑰丽多姿的冰山,有的像白色的帆船,有的似古城堡,成为南极海域独具特色的象征。据统计,南大洋的冰山约有218300座,平均每个冰山重十万吨。一般长几百米,高出海面几十米。大的冰山长度达到170公里。其中最普遍的是平顶台状冰山,高出水面达到450米,它起源于陆缘冰和冰舌。另外还有圆顶型、倾斜型和破碎型冰山。冰山在海上看起来似乎是静止的,实际上它在移动,随着海流向低纬方向漂流,沿途不断融解碎裂,危害航海安全。由于南大洋的冰山体积大,海面温度低,一般寿命可维持十年左右才会慢慢消融。画面以蔚蓝的天空为背景,突出展现了南极冰山的巍巍雄姿,高大的犹如巨轮,小的颇似一只只小船,洋面上千帆竞发,百舸争流;画面左下角伫立着大小两只憨态可掬的企鹅,仿佛正在欣赏南极的美丽风光;画面右下角的一座冰山上,聚集着一群企鹅,从悠闲安详的神态看,那里应该就是它们自由的家园。整个画面既显得天然洁净,又涌动着一种生命的灵气,令人向往。

有关企鹅能够在南极生存的知识,详见新版《中国集邮百科知识》J·177《南极条约生效三十周年》。

【南极极光】2002—15·(3—2)T　面值80分,票幅规格40毫米×30毫米,发行量1335万枚。图案展现出了南极极光的美妙景色。极光,在西方被称为"Aurao",这一名称来源于罗马神话中"黎明女神"阿若娜。

南极每年分寒(冬)暖(夏)两季,在南极圈寒季(4月～11月)则有连续的极夜。当冬季降临南极大陆时,虽然天空中不见太阳的踪影,但却经常会出现色彩绚丽、漫天飞舞的光华,它们多呈带状、弧状、垂幕状、圆拱状和放射状等,那一条条、一团团、一簇簇的银白、火红、橙黄、翠黄、湛蓝、嫩粉的色彩,如大海扬波,似天马行空,从地平线上辐射出来,在漆黑的天穹上交相辉映,仿佛是天上的仙女舞动长袖,翩翩起舞,形态千变万化,五彩缤纷。其中最艳丽动人的当数皇冠状的极光,这种极光多发生在人们头顶上方,它出现针状流光,闪烁异彩,向上散射,其状酷似一顶光芒四射的金冠。科学家们对极光的成因进行了有意义的探索,发现极光的出现与太阳活动、地球磁场有着密切关联。太阳这个大火球的内部及表面无时无刻不在进行着剧烈的核裂变,其间产生的强大的带电微粒流以高速向周围的空间喷射。太阳的带电粒子,如银河落九天般进入地球外稀薄的高层大气时,与气体中的分子发生激烈碰撞,产生的发光现象就是极光。空气是由氧、氮、氢、氦、氖等多种气体组成的,在带电粒子流的作用下,不同气体发出不同的光,故人们见到的极光呈多姿多彩,变化万千。极光不仅出现在南极,在北极也很活跃。由于有地球磁场的吸引,太阳

喷射的带电粒子流冲向地球的磁极,故极光总是发生在地球两极。极光也会产生一些让人头疼的问题,如它封锁雷达,干扰军事通讯和报警系统,甚至会改变越过地球上空的导弹弹道,以及导致石油管道腐蚀等。画面以碧蓝的天穹为背景,生动地展现出了南极极光的神奇面貌,它那一道道橙黄色彩,犹如探照灯光,汇聚成彩色的光柱或艳丽的绸带,悬挂在灯火通明的南极科学考察站建筑的上空,既是在为科学考察工作者驱散冬夜的寒冷,又仿佛在为科学考察工作喝彩。整个画面静中有动,情趣奇特,宛如仙境,令人神往。

【南极格罗夫山】2002—15·(3—3)T 面值2

元,票幅规格40毫米×30毫米,发行量1290万枚。图案展现了南极格罗夫山的旖旎风光。关于南极格罗夫山名称的来历,有两种解释:其一,澳大利亚国家南极委员会以空军少校 I. L. 格罗夫的姓氏命名。格罗夫是澳大利亚国家南极考察探险队澳大利亚皇家空军飞行员,曾于1958年11月驾机在该地着陆;其二,美国海军南极"高跳行动"队的飞机从空中首次摄影,观察到刺穿冰盖的冰原角峰群如同一片小树林,就用英文"Grove"("小树林"之意)称呼这一大群散布在海里的山峰和冰原岛峰。格罗夫山属南极冰盖内的冰原角峰群,即64座角峰——由冰川作用形成的形状很尖的山峰,面积约3200平方公里。直到20世纪末,由于格罗夫山低温、暴风雪,以及众多的深不见底的冰裂缝,自然环境复杂,使得那些对南极大陆充满热情的西方探险家和科学家都望而却步。1998年~2000年,中国南极考察队队长刘小汉教授曾两次考察格罗夫山,在这一区域发现了古土壤、融冰水潭、金字塔形堆积物和南极特有的风凌石。画面上碧蓝的天空,碧蓝的海水,海天一色;两名科学考察队员站在格罗夫山上,红色的上衣犹如热情的火焰,十分醒目;一只海鸟(信天翁)从画面右上角展翅飞来,给画面增添了一种勃勃生机。南极鸟类有企鹅、信天翁、海鸥、海燕等。整个画面动静和谐,使得南极格罗夫山这颗古老的星球上为数不多的处女地之一更富有神奇的魅力,激发起科学家们探险和考察的热情和勇气。

2002—16 青海湖(T)

【青海湖(T)】Qinghai Lake(T) 青海湖古称西海、鲜水湖,北魏时开始更名为青海。蒙古语称"库库诺尔",藏语叫"错温布",意为"青蓝色的湖"。青海湖坐落在青藏高原东北部,距西宁市150公里。青海湖的四周由四座巍巍的高山环抱,北为宏伟壮丽的大通山,东是巍峨雄伟的日月山,南面是逶迤绵延的青海南山,西面是峥嵘巍峨的橡皮山。四座山的海拔在3600米~5000米之间,举目环顾,犹如天然屏障,将青海湖环抱其中。青海湖面积4583平方公里,湖面海拔3195米,环湖周长三百六十多公里。湖面东西长,南北窄,略呈椭圆形。平均水深19米,最深达32.8米,蓄水量达854.45亿立方米。布哈河、甘子河等四十多条河流注入其中。青海湖没有外流出口,湖水含盐量12.49克/升,故成为我国最大的内陆咸水湖。约在距今200万年至20万年前,由于地壳运动而形成一个断陷湖盆,湖盆积水开始流入黄河,后因周围山地升高,阻塞了湖水流出,便形成今日的内陆湖泊青海湖了。青海湖有丰富的矿产资源,湖中盛产湟鱼,是我国西北地区最大的天然鱼库。青海湖是青海的象征,青海省由此湖而得名。由于这里地势高,气候凉爽,是理想的避暑消夏胜地。1992年,青海湖被列入国际重要湿地名录。湖中矗立着鸟岛、沙岛、海心山和三块石岛等岛屿,栖息着15目35科164种鸟类,总数达12万只以上,素有"鸟类王国"之称。湖周围另有53种兽类,443种生物,生态功能巨大,具有生物多样性的重要意义。湖畔地势平坦,水草肥美,是青海省著名的风景旅游区,1997年被列为国家级自然保护区。但是,近百年来,青藏高原的气候变得更加干燥寒冷,青海湖区降雨量日趋减少,不少河流开始干枯,每年河水的补给量约40亿立方米,而蒸发量却高达70亿立方米,造成了湖面逐年下降的趋势,故保护青海湖已成为青海省环境保护的重要课题。

1992年,青海湖被列入国际重要湿地名录。湿地指天然或人工的、长久或暂时性的沼泽、湿原、泥炭地或水域地带,带有或静止或流动的淡水或半咸水,包括低潮时不超过6米的水域。所有湿地有一个共同特点,即它们至少偶尔被水覆盖或充满了水。这些"水资源"通常来自海洋、降水及河流。湿地是重要的自然系统之一,有着很高的生态价值和经济价值,是自然保护的主要对象,被誉为"自然之肾"。1960年,世界自然保护联盟(IUCN)为湿地的保护立项,"制定有关湿地保护与管理的国际性计划"。1971年,在伊朗由18个国家制定与通过了《国际湿地公约》。1980年,第一届《国际湿地公约》缔约国大会在意大利召开。1992年,我国正式签署了《国际湿地公约》并成为该公约的缔约国。每年的2月2日是世界湿地日。到2000年11月,全世界已有1038块湿地被列入《国际重要湿地名录》,面积为7820

公顷。其中我国已有 7 个自然保护区被列入《国际重要湿地名录》：(1) 扎龙湿地，位于黑龙江松嫩平原的北部，面积达 21 万公顷；(2) 向海湿地，位于吉林松嫩平原的南部，面积达十多万公顷；(3) 东寨港湿地，位于海南省东部琼山，面积 5400 公顷；(4) 青海鸟岛及周围湿地，位于青藏高原的东北部，面积 5.4 万公顷；(5) 东洞庭湖湿地，位于湖南省，面积 19 万公顷；(6) 鄱阳湖湿地，位于江西省，面积 2.24 万公顷；(7) 米埔和后海湾湿地，位于香港，存在鱼/虾池塘、潮间带滩涂、红树林潮间带滩涂三种湿地类型。我国湿地面积 6594 万公顷，居世界第四位、亚洲第一位。到 2001 年 11 月，我国湿地自然保护区的数量已经增加到 260 处，总面积达一千六百多万公顷。

2002 年 7 月 20 日，为了开发大西北，宣传青海省，中华人民共和国国家邮政局发行了一套《青海湖(T)》特种邮票，全套 3 枚。原画作者朱乃正。朱乃正设计。胶版。齿孔 12 度。邮局全张枚数 16(4×4)。北京邮票厂印制。

这套邮票的 3 枚图案，选自我国著名书画艺术家朱乃正的 3 幅油画作品，画家以粗犷大气的笔触，宽广辽阔的画面，错落有致的景观，丰富感人的色彩，生动地描绘出了中国最大的内陆咸水湖青海湖的旖旎风光，清晰、立体感强，富有层次，能够给人一种身临其境的感觉。

【青海湖·湖畔】2002—16·(3—1)T 面值 80 分，票幅规格 50 毫米×38 毫米，发行量 1375 万枚。

图案展现了青海湖湖畔的自然风貌。青海湖一年四季的景色迥然不同。夏秋季节，青海湖湖畔山清水秀，天高气爽，辽阔的千里草原犹如一块厚厚的绿色绒毯，点缀其中的野花五彩缤纷，一群群肥美的牛羊和撒欢的骏马悠闲自得；湖畔的农田麦浪翻滚，菜花泛金、芳香四溢；青海湖碧波万顷，水天一色，好似一泓玉液琼浆。寒冷的冬季又是一番景象，青海湖从 11 月份起便开始结冰，浩瀚碧澄的湖面银装素裹，在阳光照射下，就像一面巨大的宝镜熠熠闪亮，终日放射着夺目的光辉。画面景色取自青海湖南岸的青海湖帐房宾馆附近，该地是青海湖著名的旅游景点之一。设计者采用近景角度，描绘了开阔的湖面，大面积的草地，层层叠叠金黄色的油菜花，洁白的羊群，牧人的帐篷飘出袅袅的炊烟，还有蓝天白云和展翅飞翔的水鸟，绿、白、黄、蓝几种色调的运用，充分而生动地展现出了青海湖湖畔夏秋季节水草丰美、菜花飘香、牛羊肥壮、牧人安居乐业的独特美好的景象，令人向往。

【青海湖·鸟岛】2002—16·(3—2)T 面值 80 分，票幅规格 50 毫米×38 毫米，发行量 1355 万枚。

图案展现了青海湖鸟岛的自然风貌。鸟岛是中国 8 个鸟类重点保护区之一，位于青海湖西部，在注入青海湖第一大河布哈河附近，面积 0.5 平方公里，春夏季节栖息着十万多只候鸟。每年春天，斑头雁、鱼鸥、棕颈鸥和国家一类保护动物黑颈鹤等飞临鸟岛，在岛上筑巢安家，全岛布满鸟窝。产卵季节一到，岛上的鸟蛋一窝连一窝，密密麻麻数不清。鸟岛地势平坦，气候温和，三面环水，环境幽静，水草茂盛，鱼类繁多，有着独特的地理环境和自然环境，是鸟类繁衍生息的天然场所，故成为鸟类的理想家园。鸟岛的鸟大多是候鸟。每年春天，当印度洋的暖流开始吹拂时，这些鸟就从南亚的栖息地起飞，越过冰雪皑皑的喜马拉雅山向北迁徙。4 月～5 月间，雌鸟开始产卵，经过二十多个昼夜的孵化，幼鸟相继破壳出生。到 9 月～10 月间，西伯利亚的寒流又渐渐南侵，这时幼鸟已经长大，翅膀也练硬了，它们便纷纷南飞，到印度、尼泊尔、孟加拉、泰国、新加坡等国过冬。画面表现的是青海湖最著名的旅游景点鸟岛、鸬鹚岛 20 世纪 70 年代的景观：岛上奇石林立，褐色的岩石与碧蓝的湖水形成巨大的反差；成群结队的白色鸥鸟在湖面上自由翱翔，气氛欢快，充满了活力，是一幅大自然的天然画卷，具有较强的艺术感染力。

【青海湖·远眺】2002—16·(3—3)T 面值 2.80 元，票幅规格 50 毫米×38 毫米，发行量 1300 万枚。

图案采用远景角度，以和谐的蓝色调，表现了画家记忆中青海湖的博大、清澈和蔚蓝，远处大面积的白云和群山及几只飞翔的海鸟，海心山横卧湖中，三块石岛隐约可见，海天一色，云水相融，自然和谐，映出一个平和宁静的水上景色，充分表达了画家对青海湖的深情回忆。

2002—17 人民军队早期将领（一）(J)

【人民军队早期将领（一）(J)】Early Generals of the People's Army (1st Series) (J)　　在不同的国家和各个国家的不同的历史时期，"人民"有着不同的内容。如我国在抗日战争时期，一切抗日的阶级、阶层和社会集团，都属于人民的范围；在解放战争时期，一切反对美帝国主义和官僚资产阶级、地主阶级以及代表这些阶级的国民党反动派的阶级、阶层和社会集团，都属于人民的范围；在社会主义时期，一切赞成、拥护和参加社会主义建设事业的阶级、阶层和社会集团，都属于人民的范围。人民军队是来自人民，为人民的利益，为全民族的利益而战斗的军队。中国人民解放军是中国共产党缔造和领导的，用马克思主义、列宁主义、毛泽东思想武装起来的，全心全意为人民服务的人民军队。

2002年8月1日，正值纪念建军节之际，中华人民共和国国家邮政局发行了一套《人民军队早期将领（一）(J)》纪念邮票，全套5枚。王宏剑设计。影写版。齿孔12度。邮局全张枚数20（4×5）。北京邮票厂印制。

这套邮票的5枚图案，采用铅笔素描的艺术手法，以黑与白的色彩和简洁的线条作为画面的基本要素，有一种中国绘画的水墨韵味。简洁的画面、以少胜多的刻画给人以联想的空间，富有历史感和沧桑感。5位人民军队的早期将领的出生地域和献身革命的经历各有不同，有的就义在敌人的炮火下，有的牺牲在党内斗争和错误路线下，在人物刻画上首先将他们作为普通中国人的形象进行刻画，形象力求真实可信，在真实质朴的形象之中透露出作为革命将领的英雄气质。为追求整套邮票的整体感和节奏感，设计者将5个画面作为一个画面进行构思和处理，使得5个画面的人物大小虽不一致，但画面的色调有亮有暗，使其并置在一起时有一种跳跃感和节奏之美，增强了视觉上的冲击力。

【黄公略】2002—17·(5—1) J　　面值80分，票幅规格30毫米×40毫米，发行量1164万枚。图案刻画了人民军队早期将领黄公略的形象。黄公略（1898—1931），生于湖南省湘乡桂花乡高木冲。原名汉魂，曾用名石、田文。少年时好读史书，因仰慕汉代张良受兵书于黄石公而精通韬略的故

事，故改名为公略。1916年参加湘军，1926年参加北伐战争，同年底进黄埔军校高级班学习。1927年参加广州起义，同年加入中国共产党。1928年7月同彭德怀、滕代远一起领导平江起义。曾任红五军十三师副师长兼四团党代表、红五军二纵队纵队长。1929年任湘鄂赣红军游击支队长、中共湘鄂赣特委党委和军委书记、红五军副军长，领导发展扩大湘鄂赣根据地的斗争。1930年后，任红军六军军长，中共红四、红五、红六军共同前委候补常委，红一方面军总前委委员，江西省苏维埃政府执行委员。曾参加中央革命根据地的一、二、三次反"围剿"作战。1931年9月，黄公略奉命率领红三军向瑞金转移，9月15日到达江西省吉安东固六渡坳时，遭国民党空军飞机袭击，不幸中弹牺牲，年仅33岁。毛泽东同志亲自主持了黄公略的追悼大会，并亲撰挽联。毛泽东同志曾于1930年7月创作《蝶恋花·从汀州到长沙》一诗："六月天兵征腐恶，万丈长缨要把鲲鹏缚。赣水那边红一角，偏师借重黄公略。"赞赏黄公略英勇善战，屡建奇功。画面以微微右侧的角度，刻画了黄公略的半身肖像：他身穿西服上衣，打着领带，头发浓密，目光炯炯，年轻英俊，既洋溢着一种为民族解放事业勇敢奋斗的英雄气魄，眉宇间又隐隐流露出一丝书生之气，让人肃然起敬。

有关西服和领带的知识，详见新版《中国集邮百科知识》J·145《蔡元培诞生一百二十周年》。

【许继慎】2002—17·(5—2) J　　面值80分，票幅规格30毫米×40毫米，发行量1260万枚。图案刻画了人民军队早期将领许继慎的形象。许继慎（1901—1931），生于安徽省六安石堰乡土门店。原名许绍周，字旦如，号谨生。少时豪爽，口才出众，胸怀壮志，常以"天下兴亡，匹夫有责"自勉。1920年入省立第一师范学习。

1921年4月加入中国社会主义青年团，同年6月参与领导爱国学生运动。1922年当选为安徽省学联常务委员兼联络部长，积极投身学生运动。因遭反动派通缉，1923年秋到上海，入上海大学旁听。1924年5月考入黄埔军校第一期，同年冬加入中国共产党。1925年参加讨伐军阀陈炯明的两次东征。1926年任国民革命军第四军叶挺独立团二营营长，后任第二十五师七十三团参谋长、第十一军二十四师七十二团团长。1928年8月到上海后，在中共中央军委机关工作。1930年被派往鄂豫皖苏区，任中国工农红军第一军军长、中共鄂豫皖特委

员、中共第一军前委委员。在粉碎敌人对鄂豫皖根据地的第一、二次"围剿"中，许继慎屡出奇兵，克敌制胜，为巩固和扩大鄂豫皖苏区做出了杰出贡献。1931年5月任鄂豫皖革命军事委员会皖西分会主席兼红四军十二师师长。在军事行动方针问题上，坚决反对张国焘提出的错误意见。1931年11月在"肃反"中遭受诬陷，被张国焘秘密杀害于河南省光山县白雀园（今新县县城），年仅30岁。1945年，在中共第七次全国代表大会上，许继慎冤案得以平反昭雪，恢复党籍，追认为革命烈士。画面以微微右侧的角度，刻画了许继慎的半身像：他身穿军服，头戴军帽，双唇紧闭，目光中有沉思也有质疑，生动地展现出了一位年轻英烈的浩然正气，富有强烈的感染力量。

面采用正面角度，刻画了蔡升熙的半身肖像：他头戴军帽，身穿戎装，英气勃勃，从他右肩挎枪袋，右臂衣袖松弛，准确地表现出了蔡升熙的外貌特征和精神气质。

【蔡升熙】2002—17·（5—3）J 面值80分，票幅规格30毫米×40毫米，发行量

1160万枚。图案刻画了人民军队早期将领蔡升熙的形象。蔡升熙（1906—1932），生于湖南省醴陵东乡花麦冲。字旭初。"蔡申熙"为他做地下工作时的化名，流传比较广泛。1920年入县立中学读书，曾参加进步学生运动。1924年春考入黄埔军校，为第一期学员，同年秋加入中国共产党。1926年参加北伐战争，在国民革命军第四军任营长，后在第二十军任团长。1927年8月参加南昌起义，同年12月参加广州起义。1928年任中共江西省军委书记，开展工农武装割据斗争。1929年任江西吉安、东固地区游击队第一路总指挥。1930年初调任中共中央长江局军委书记，同年10月调至鄂豫皖根据地任红十五军军长，于12月参加第一次反"围剿"。1931年1月所部与第一军合编为第四军后，率部参加磨角楼、新集、双桥镇等战斗，指挥机智，作战英勇，身先士卒，右臂负伤致残。同年5月任中共鄂豫皖特委委员、军委副主席、中共鄂豫皖分局委员、监委会主席、澎（湃）杨（毅）军政学校校长。在军政学校期间，重视政治教育，严谨治学，理论联系实际，言传身教，贯彻教育训练与实践要求相结合的教学方针，为鄂豫皖苏区培养了大批军政干部。1932年7月正值国民党军对鄂豫皖苏区发动第四次"围剿"时，被调任第二十五军军长，率部在英山、麻埠地区与各路进犯敌军展开激战；同年10月9日，在湖北黄安（今红安）河口镇战斗中，腹部中弹，躺在担架上坚持指挥战斗，直至壮烈牺牲，年仅28岁。蔡升熙是红十五军的主要创始人之一，对鄂豫皖红军的建设和发展做出了重大贡献。画

【韦拔群】2002—17·（5—4）J 面值80分，票幅规格30毫米×40毫米，发行量

1178万枚。图案刻画了人民军队早期将领韦拔群的形象。韦拔群（1894—1932），生于广西东兰县，壮族。曾用名秉吉、秉乾、韦萃。右江农民运动和百色起义领导者之一。早年就读于广西政法学堂。1916年在贵州加入讨伐袁世凯的护国军。受"五四"运动影响，1921年回广西东兰从事农民运动，并将农民运动与武装斗争逐步结合起来。1925年初入广州农民运动讲习所学习，毕业后任广西农运特派员，东兰农民运动讲习所主任，培养骨干，发展右江地区的农民运动。1926年加入中国共产党。1927年大革命失败后，仍在当地坚持武装斗争。1929年12月参与领导百色起义，建立右江苏区。1930年任红军二十一师师长。红七军主力长征后，韦拔群率一部分部队回右江地区，扩建部队，坚持根据地斗争。1931年11月当选为中华苏维埃共和国临时中央政府第一届中央执行委员，随后率领独立师和根据地人民与敌人开展了两次反"围剿"的斗争。1931年10月19日凌晨，在东兰县西山赏茶洞（双茶洞）被叛徒杀害，年仅38岁。画面以微微左侧的角度，刻画了韦拔群的半身肖像：他头戴红军八角帽，五角星帽徽十分醒目；挺胸，双唇紧闭，目光炯炯，生动地展现出了人民军队早期将领的勇敢精神和坚毅气质，令人肃然起敬。

有关红星呈五角的知识，详见新版《中国集邮百科知识》纪6《中华人民共和国开国一周年纪念》。

【刘志丹】2002—17·（5—5）J 面值80分，票幅规格30毫米×40毫米，发行量

1170万枚。图案刻画了人民军队早期将领刘志丹的形象。刘志丹（1903—1936），生于陕西省保安（今志丹县）金汤镇。原名景桂，字子丹。1921年考入陕北联合县立榆林中学，曾任学生会主席，组织领导学生运动。1924年加入中国社会主义青年团。1925年春转入中国共产党，同年考入黄埔军校第四期学习。1926年毕业后参加北伐战争，任国民革命

军第二集团军总政治部组织科科长、西安中山军事政治学校教官。1927年转入地下活动，秘密动员西北军一部于1928年5月在渭（南）华（县）发动起义，建立工农革命军，任起义的军事委员会主席。起义失败后，任中共陕北特委军委书记。1929年入国民党军队从事兵运工作，后任民团团总、骑兵师副团长、补充团团长和旅长等职。1931年在南梁一带建立了最初的根据地。1932年初又将所部改编为红军陕甘游击队，领导了陕甘苏区的历次反"围剿"斗争。1934年5月任中共陕甘边军事委员会主席，后兼军政干校校长。1935年8月，徐海东等率红二十五军到达陕甘，与当地红二十六、红二十七军合编为红十五军团，刘志丹任副军团长兼参谋长；同年10月初，在"左"倾路线统治时期的"肃反"中受到诬陷，在监禁中备受折磨。中央红军长征到达陕北后，刘志丹获释，被任命为新成立的红二十八军军长。1936年2月参加东征，4月14日在攻占山西省中阳县三交镇战斗中，亲临前线指挥，不幸中弹牺牲，年仅33岁。经中共中央和陕甘宁边区政府决定，将保安县改名为志丹县，以示纪念。毛泽东同志的题词"群众领袖，民族英雄"，充分概括了刘志丹这位西北地区革命代表人物的光辉一生。画面以微微左侧的角度，刻画了刘志丹的半身肖像：他身穿一件中式上衣，头发蓬松，面部棱角分明，双目微笑，既透着一股英俊豪气，又蕴含着一种谋略智慧。

2002—18 中国古代科学家（第四组）(J)

【中国古代科学家（第四组）(J)】Scientists of Ancient China (4th Series) (J) 有关"科学家"这一名称的知识，详见新版《中国集邮百科知识》纪33《中国古代科学家（第一组）》。

2002年8月20日，为了反映中国古代科学技术的辉煌历史，以及古代科学家的卓越成就，也为了激发现代人赶超世界先进科学水平的信心，继1955年8月25日发行的纪33《中国古代科学家（第一组）》、1962年12月1日发行的纪92《中国古代科学家（第二组）》、1980年11月20日发行的J·58《中国古代科学家（第三组）》，中华人民共和国国家邮政局又发行了一套《中国古代科学家（第四组）(J)》纪念邮票，全套4枚。樊景南设计。影雕套印。呼振源、阎炳武、姜伟杰、李庆发、郝欧雕刻。齿孔11.5度×11度。邮局全张枚数18（4×5中间2枚邮票位置为过桥）。北京邮票厂印制。

这套邮票的4枚图案，设计者吸取中国古代线刻木版插图的手法，简洁地刻画了4位中国古代科学家的肖像，达到了古色古香的艺术效果。首次采用白色油墨印制雕刻版线条，使全套中2枚邮票的雕刻线条为白色，底色为深色；另2枚邮票的雕刻线条为黑色，底色为浅色，形成两深两浅，避免了画面的单调。

【扁鹊】2002—18·(4—1) J 面值80分，票幅规格30毫米×40毫米，发行量1160万枚。图案刻画了我国战国时期医学家扁鹊的形象。扁鹊（公元前401年—前310年），原名秦越人，战国初年渤海郡鄚州（今河北省任丘县北）人。我国春秋战国时期著名的医学家。扁鹊经常周游列国行医，足迹遍及今河北、河南、山东、陕西一带，是一位医术高明的民间医生。据说，当时秦越人在赵国行医过程中，劳动人民送给他"扁鹊"这一称号，赞扬他就像传说中黄帝时代的名医一样，能使人"起死回生"。后来这一称号到处流传，逐渐代替了他的真名。早在两千多年前，扁鹊擅长于望诊和切诊，在诊断上就全面运用了望色、闻声、问病、切脉四大诊法，作为检查人体疾病的重要手段，以后成为中医最基本的诊断方法，至今在中医学上仍然沿用。扁鹊尤其擅长望诊和切诊，他对疾病的认识已经具有由表及里、由浅入深、不断发展的病理观念，并且注意到了早期发现和早期治疗的意义。扁鹊长于用砭石（用于放血疗法的工具）、针灸、按摩、汤液、熨贴（热敷）、手术、导引（呼吸运动和躯体运动相结合的医疗体育）等方法治疗疾病，并经常采用多种方法综合治疗，取得了良好的医疗效果。当时传说他"能生死人（能让死人复活）"，史书上也记载了他起死回生的神奇医疗案例，可见他医疗技术之高超。在医疗实践中，扁鹊提出了"病有六不治"的原则。其中有一条是"信巫不信医"者不治，反映了他提倡医学、反对巫术迷信的科学精神，这在当时巫术盛行的时代是非常难能可贵的。传说，扁鹊搜集了很多"禁方书"（保密、不公开丹方的医书）。他根据各地老百姓的需要行医，在邯郸做"带下医"，在洛阳做"耳目痹医"，在咸阳做"小儿医"，不仅长于内科，而且对小儿科、妇科、五官科等病症均可治疗。在药物制剂方面，扁鹊也有许多创造，现在通用的丸、散、膏、丹、汤剂等就是他的创造。扁鹊医术高明，关心民众的疾苦，享有很高的声誉，但却遭到专为统治阶级服务的官医和巫医的嫉恨。后来，扁鹊在秦国行医时，遭到秦武王的太医令（管理医疗医药的官员）李醯的嫉恨，暗下毒手，派人将扁鹊刺死了。后人为了纪念扁鹊，尊他为"医学祖师"。直到现在，山东、河南、河北等地还存有一些古时纪念他的遗迹,如鹊王山、扁鹊庙等。扁鹊生前曾著有《扁鹊内经》等书,可惜已失传。画面以深色衬底,采用简洁的白色雕刻线条,描绘出了扁鹊的半身肖像:他身穿布衣,头戴方巾,长髯及胸;他那沉思的双目,仿佛时刻都在关注着老百姓的疾苦病痛,形象生动传神,让人肃然起敬。

【刘徽】2002—18·(4—2)J

面值80分,票幅规格30毫米×40毫米,发行量1160万枚。图案刻画出了我国魏晋时期数学家刘徽的形象。刘徽生于公元250年左右,卒年不详。中国古典数学理论的奠基者之一。他著有《九章算术注》九卷、《重差》一卷、《九章重差图》一卷。唐朝初年,《九章算术注》和《九章重差图》已失传。《重差》一卷流传至今,被称为《海岛算经》。《九章算术注》和《海岛算经》是我国最宝贵的数学遗产。《九章算术》是我国现存最古老的一部数学专著,成书于东汉之初。"九章"指九大类型的数学问题:第一章"方田",讲各种形状的田亩面积计算;第二章"粟米",讲各种谷物交换比例的计算;第三章"衰分",讲按等级分配物资或摊派税收的比例计算;第四章"少广",讲由已知面积或体积求其一边的边长;第五章"商功",讲各种工程体积的计算方法;第六章"均输",讲按人口多少、路程远近、物价高低摊派税收或分派民工的比例;第七章"盈不足",讲用两次假设来解决某些难题的算法;第八章"方程",讲联立一次方程组的解法;第九章"勾股",讲利用勾股定理测量,计算高、深、广、远诸问题。《九章算术》的问世,标志着注重解决实际问题的中国传统数学已经形成。《九章算术》中共有246个问题的解法,但因解法比较原始,缺乏必要的证明。魏陈留王景元四年(公元263年),刘徽完成了《九章算术注》,对《九章算术》中的大部分算法都进行了理论的论证。他以给《九章算术》作注解的形式,引入新的数学概念和方法,把极限的概念运用到解决实际问题上,是世界数学史上的一项重要成就。刘徽创立了用"割圆术"的方法来求取圆周率近似值的科学方法,奠定了此后千余年我国圆周率计算在世界上的领先地位。所谓"割圆术",是指圆内接正多边形边数不断增加时,它的周长就越来越接近于圆的周长,"割之又割,以至于不可割,则与圆周合体而无所失矣"。当圆内接正多边形边数无限大时,其周长就是圆周的周长。用这个方法,只需用圆内接正多边形的面积就可求取圆周率,而不必再计算圆外切正多边形的面积。这就大大简化了计算的过程。汉以前,中国一般用"3"作为圆周率的数值,即"周三径一",这在计算圆的周长和面积时有很大误差。在汉代,曾有不少数学家和天文学家都提出了各自的圆周率数值,但都没有能够提出严谨的科学计算方法。直到刘徽运用"割圆术"的方法,从圆内接正多边形算起,逐步使边数加倍,一直算到圆内接正192边形的面积,得出圆周率的近似值为3.14,才把圆周率的计算推上了一个新的高度。南北朝时的祖冲之,在刘徽计算的基础上,运用"割圆术"求出了精确到第七位有效数字的圆周率,即 $3.1415926 < \pi < 3.1415927$,把圆周率的计算推进到古代世界的最高峰。今天,《九章算术注》已经成为世界科学名著,被译成多种文字出版,为世界数学界所推崇。《海岛算经》一书中,刘徽精心选编了九个测量问题,这些题目的创造性、复杂性和代表性,都在当时为西方科学界所瞩目。刘徽对我国古代数学体系的形成和发展影响很大,在世界数学史上占有突出的地位。画面以浅色为底衬,采用简洁的黑色雕刻线条,描绘出了刘徽的半身肖像:他前额方阔,长髯飘胸,面带微笑,生动地展现出了一位数学领域中圆周率举旗人的喜悦和自豪之情,富有强烈的艺术感染力。

【苏颂】2002—18·(4—3)J

面值80分,票幅规格30毫米×40毫米,发行量1155万枚。图案刻画了我国宋代天文学家、药学家苏颂的形象。苏颂(1020—1101),字子容,宋代泉州南宁(今福建省厦门同安)人,后迁居润州丹阳(今江苏省镇江一带)。宋仁宗庆历二年(1042年),23岁的苏颂考中进士,开始进入仕途,历任地方官员、刑部尚书、吏部尚书,晚年官至宰相。他熟读经、史、诸子,对阴阳五行、星占数术、内经本草等都有精到的研究,在药物学、天文学、机械制造学方面取得了杰出的成就。在医药学方面,他曾经组织一批医官和当时优秀的学者校订《神农本草》、《灵枢》、《素问》、《外台秘要》等医书,从文理与医理两方面增补唐本草,使文献记载与实物标本互相验证,编著了图文并茂的药物百科全书《图经本草》。明代医药学家李时珍曾对此书给予"考正详细、颇有发挥"的高度评价。在天文学方面,宋哲宗元祐三年(公元1088年),苏颂组织韩公廉等人做了水运仪象台。水运仪象台高达12米,宽约7米,是一个上狭下广、呈正方形的木结构建筑。全台共分成三层:底层是报时装置和动力结构;中层是一间密室,放置浑象;上层是个板屋,置放浑仪。这个由浑仪、浑象和报时系统构成的小型天文台,以水力为动力,三个部分共用一套传动装置和漏壶组,通过负载的齿轮系统带动运转,与天球的昼夜旋转运动相吻合。令人叫绝的是,仪象台的报时系统,不但逢辰打钟、遇刻击鼓,还有一个木人在夜间按更击钲,报告更筹的消长。其中类似近代机械钟表里的锚状擒纵器的装置,可以说是近代天文钟的鼻祖。台顶可活动的屋面板,开近代天文台可开启屋顶之先河,也是世界天文台史上的一个重要创造。水运仪象台建成后,苏颂著《新仪象法要》一书,附有三种天文仪器的全图、分图、详图六十多种,图中绘有机械零件一百五十多种,详细记述了仪象台各部件的形制、尺寸、材料及其整体构联方式,是一套我国现存最早的十分珍贵的机械设计图纸。据宋代王应麟的《玉海》记载,除水运仪象台,苏颂和韩公廉还制造过一架可在内部观看的浑象。这个浑象是一个中空的球壳,球面上用洞穿的小孔代表恒星;观看的人坐在球壳里的吊椅上,随着球壳自左向右旋转,透过小孔点点亮光来认识天体的恒星,就如同夜间观看星空,景象十分逼真。这已和现代天文馆里的天象仪十分相似了。画面以深色为衬底,采用简洁的白色雕刻线条,描绘出了苏颂的半身肖像:他身穿官服,头戴官帽,手捧朝笏,目光微微低垂,仿佛正在朝廷之上向皇帝陈述自己的发明创造,神情中充满了自信和骄傲。

朝笏也称手板,古时大臣朝见时手中所执的狭长板子,用玉、象牙或竹片制成,以为指画及记事所用。

【宋应星】2002—18·(4—4)J　面值 80 分,票幅规格 30 毫米×40 毫米,发行量 1150 万枚。图案刻画了我国明代科学家宋应星的形象。宋应星(1587—约1665),字长庚,明代江西奉新县人。万历年间,宋应星 28 岁时考中举人。曾任江西分宜教谕、福建汀州府推官、安徽亳州知州等职,后曾仕事南明。公元 1644 年,宋应星辞官回乡,从此不再外出做官。他平生注重实学,对封建士大夫轻视生产十分不满,于是在崇祯七年(公元 1634 年),宋应星着手编著《天工开物》一书,详细记录各地尤其是江西地区的农工生产技术。《天工开物》全书 18 卷,122 幅插图,分上、中、下三编:上编包括作物栽培、养蚕、纺织、染色、粮食加工、熬盐、制糖、酿酒等;中编包括制砖、烧瓷、冶铸、锤锻、舟车制造、石灰烧制、榨油、造纸等;下编包括采矿、兵器、颜料、珠玉采集等。书中对原料的品种、用量、产地、工具构造、加工过程等进行了详细描述,具有重要的科学价值。《天工开物》以记载传统的农、工科学技术为主,也记载了当时一些新的科技成就。如书中记载的利用人工杂交培育新蚕种的发明,就是当时生物学上的重要成就;而关于用砒霜做农药的记载,则是当时世界上最早的记载;书中记载的用炉甘石提炼金属锌的技术工艺,在世界文献记载中也是第一次。书中附有炼锌生产示意图,表明中国是世界上最先提炼出金属锌的国家。在宋应星看来,有用之物和财富不会自然而生,必待人工通过生产实践作用于自然界,才能产生,从而体现人的技巧和能力。他用《天工开物》作书名,也正是这种思想的集中表现。"天工"与"开物"分别出于《易·系辞》中"天工人其代之"和"开物成务"二语。前者指"天人合一",人顺应于天;后者意为揭露事物真相,使人各得其宜。宋应星用"天工开物"为书名,蕴含着顺应自然,开发自然的深刻而丰富的内涵。因为《天工开物》记载的内容非常丰富,故国外不少学者认为它是一部百科全书式的著作,李约瑟博士称宋应星为"中国的狄德罗"。由于宋应星的反清思想,《四库全书》未收入《天工开物》,但它却在日本、欧洲广泛流传,被译为日、法、英、德、意、俄文,成为研究中国科技史的学者案头必备的参考书。画面以浅色为底衬,采用简洁的黑色雕刻线条,描绘出了宋应星的半身侧面肖像:他面目清秀,长髯及胸,目光炯炯,充满着智慧和自信。

2002—19 雁荡山(T)

【雁荡山(T)】Yandang Mountain(T)　雁荡山位于浙江省温州乐清市东北,北依莽莽的括苍山,面对浩瀚的东海乐清湾,距杭州 300 公里,距温州 70 公里,总面积 186 平方公里,分八大景区,有五百多处景点,是一个大型滨海山岳风景名胜区。因"岗顶有湖,芦苇丛生,结草为荡,秋雁宿之"而得名,素有"海上名山"、"寰中绝胜"之美誉,史称"东南第一山"。雁荡开山始于南北朝,兴于唐,盛于宋。据记载,梁武帝大通元年(公元 527 年),昭明太子在芙蓉峰下建寺造塔,实为雁荡开山之始。自古以来,雁荡山就是世人向往的地方,多少文人墨客为之倾倒。早在南北朝刘宋初年(公元 422~423 年),爱好山水的诗人谢灵运为永嘉(今温州)太守,曾到雁荡筋竹涧游览,写有《从筋竹涧越岭溪行》诗一首:"猿鸣诚知曙,谷幽光未显。岩下云方合,花上露犹泫。逶迤傍隈隩,迢递陟陉岘。过涧既厉急,登栈亦陵缅。川渚屡径复,乘流玩回转。苹萍泛沉深,菰蒲冒清浅。企石挹飞泉,攀林摘叶卷。想见山阿人,薜萝若在眼。握兰勤徒结,折麻心莫展。情用赏为美,事昧竟谁辨。

观此遗物虑,一悟得所遗。"既描绘了雁荡山的云海、山花、飞瀑、流泉,也表达了身处自然美景之中对人生的感悟,情景交融,令人神往。西域高僧诺讵那(十六罗汉中的第五尊者)因慕雁荡"花村鸟山"之美名,亲率弟子三百到雁荡山兴建寺院,弘扬佛教,最后在大龙湫观瀑坐化,世传为雁荡开山祖师。唐代天文学家高僧一行画山川之两戒,就有"南戒尽于雁荡"之语,此前未有雁荡就有十八古刹、十六寺、十院之称,香客、游客因之大盛。宋室南迁建都临安(今杭州)后,雁荡被辟为温(温州)台(台州)驿路必经之地,遂达到全盛阶段,相传当时的能仁寺就已"日供食客千余人"。明代,著名地理学家、旅行家徐霞客曾三游雁荡,先后写下游记两篇,其中有"锐峰叠嶂,左右环向,奇巧百出,真天下奇观"之句。那时,雁荡"百二奇峰"的名称已全部形成;雁荡"五珍":雁茗、观音竹、香鱼、山乐宫、金星草,在明朝朱谏的《雁山志》中已有记载。清朝时,游客旺盛,雁荡山的声誉就更加显著了。袁枚的《大龙湫》长诗,被誉为古今绝唱;江湜的"欲写龙湫难着笔,不游雁荡是虚生"的名句,更激发了人们对雁荡山的无限向往。正如沈括在《梦溪笔谈》中所记载:"温州雁荡山,天下奇秀也。"1982年,雁荡山被列为国家首批重点风景名胜区。雁荡山形成于一亿两千万年前,是环太平洋亚洲大陆边缘火山带中一座最具典型性、完整性的白垩纪流纹质古火山,主峰百岗尖海拔1056.6米。自白垩纪火山爆发以来,雁荡山一直处在地层抬升的过程中,断裂发育、流水深切,形成许多峡谷、峰、嶂,相对高差多在200米以上,景观奇特,造型丰富。雁荡奇在流纹岩特有的造型上,奇在峰、嶂、洞、瀑、门的特殊形态以及有机结合,构成变化无穷、气势逼人的景观形象,给人以强烈的美感和灵感。雁荡山不只是奇,还有雁湖岗、龙湫背之雄伟,方洞栈道之险,白溪山之秀,初月谷、鸣玉溪、灵岩及诸多洞穴景之幽奥。雁荡山的水体景观也非常丰富,溪、泉、洞、潭、瀑、江、河、湖、沼、海等无所不有。其自然景点见于山志记载者,约三百六十多处,有一百零二峰、六十一岩、二十六石、四十六洞、十四嶂、十三瀑、十七潭、十三溪、十岭八谷、八桥七门、六坑四泉、四水二湖等。因悠久的历史、文化,积淀了千年的佛教历史和山水文化,雁荡山的人文景观也十分丰富多彩。雁荡山风景区属于中亚热带海洋性季风气候区,具有热量丰富、光能充足、雨量充沛、水热同步的特点。雁荡山冬暖夏凉,气候清新。春夏游雁荡,是看云海的好时机,也是观赏山花和飞瀑流泉的最佳季节。秋游雁荡,天高气爽,层峦叠嶂,一览无余,满山红叶,美不胜收。冬游雁荡,更是别有一番意境。真是"不游雁荡是虚生"。

2002年9月7日,为了展现中华山川的壮美风貌,中华人民共和国国家邮政局发行了一套《雁荡山(T)》特种邮票,全套4枚。许彦博设计。影写版。齿孔(4—1)(4—2)12.5度×13度,(4—3)(4—4)13度×12.5度。邮局全张枚数(4—1)(4—2)12(4×4中间4枚邮票位置为过桥),(4—3)(4—4)12(4×4中间4枚邮票位置为过桥)。北京邮票厂印制。

这套邮票的4枚图案,基本以雁荡山四大景区为中心,每枚表现一个景区的一个景观,海上名山及其诡形特殊状的峰、嶂、洞、瀑和历史文化已全部融入4改邮票图案中。表现手法为钢笔水彩画,对山石、树木、水流、云岚等予以细致入微的刻画,又采用影写版印制而成,线条流畅多变,质感很强。在票形安排上,设计者根据景观的不同特点,以竖式票形表现高峻雄奇的"显胜门"和飞流千尺的"大龙湫",票面显得气势非凡,有很强的空间感;"观音峰"和"北斗洞"则用横式票形表现或远或近,绵延起伏的山峰,画面虚实相映,意境幽深。色彩上,4枚图案均以青绿色为基调,林木葱郁,潭水凝碧,远山如黛,近峰葱茏,色调和谐,看上去极为赏心悦目。

【雁荡山·显胜门】2002—19·(4—1)T 面值80

分,票幅规格30毫米×50毫米,发行量1120万枚。图案展现了雁荡山显胜门的自然风貌。显胜门也称显圣门、仙门。位于雁荡山仙人坦村南3公里处,有两峭壁垂天相对而立,各高200米许,下广上敛。中豁为门,门上峰顶复合,"非亭午夜分,不见日曦月"。门间有溪流入深潭,溪中有巨石,上刻"天下第一门"。入门可达礼佛坛,绝壁四合,清幽奇险,回首石门右侧,峭壁间有石佛洞,洞中有三石佛,钟乳天成。佛坛旁石隙间深藏一瀑布,名飞湫瀑。显胜门景区内,还有仙姑洞、仙游洞、北石梁、散水岩、仙人桥、龙虎门、新郎新妇岩、双峰诸胜景。画面采用竖幅平视角度,既表现了雁荡山显胜门雄伟峭拔、直上云霄的气势,也创造出了一种抬头仰望,令人头晕目眩,不能久待的近距离对峙所产生的强烈视觉效果,更加激发人们步入险门探幽的心动神往。

【雁荡山·大龙湫】2002—19·(4—2)T 面值80分,票幅规格30毫米×50毫米,发行量1200万枚。图案展现了雁荡山大龙湫的自然风貌。雁荡山飞瀑之多,知名者三十多处,形态之奇绝无仅有。大龙湫即大龙湫瀑布,在马鞍岭与东岭之间,古称西内谷。水从连云嶂

凌空飞腾而下，白练飞泻，落差197米，十分壮观，为中国瀑布之最，有"天下第一瀑"之誉。大龙湫与灵峰、灵岩合称雁荡山"三绝"。大龙湫在半空、潭中成两条龙，腾飞翻卷，仪态万千，变化无穷。清袁枚有诗云："龙湫山高势绝天，一线瀑走兜罗绵。五丈以上尚是水，十丈以下全是烟。况复百丈至千丈，水云烟雾难分焉。"大龙湫的景色，随着季节、风力、晴雨的变化而不同。相传，唐初有高僧诺讵那率弟子三百，从四川东来雁荡山兴建寺院，弘扬佛教，最后见龙湫景色叹为观止，遂于此观瀑坐化。附近有一帆峰、芙蓉峰、常云峰、飞来罗汉、龙湫背、道松洞、燕尾瀑、筋竹涧诸景。画面采用竖幅平视角度，准确而生动地描绘出了大龙湫瀑布从卷壁中凌空腾飞而下，跌入潭中的瞬间景象，有水、有烟、有雾，既表现出了"天下第一瀑"的山高绝天之势，又有日光透过水汽氤氲的感觉，创造出了一种"雁荡自奇，不附五岳；龙湫所注，别为一川"的天然意境，令人惊叹。

有关瀑布的知识，详见新版《中国集邮百科知识》普21《祖国风光普通邮票》。

【雁荡山·北斗洞】2002—19·(4—3)T　面值80分，票幅规格50毫米×30毫米，发行量1162万枚。图案展现了雁荡山北斗洞的自然风貌。雁荡山洞穴66处，以

观音洞最高，北石梁洞最大，仙姑洞最奇，天窗洞最险。洞状之怪，洞之幽奥，堪称一绝。北斗洞位于灵峰之侧，面对伏虎峰，古称伏虎洞，为雁荡山最大道教洞天。洞口高大宽敞，著名的海会楼、集贤阁坐落其中，内有南宋理学家朱熹、明书法家董其昌等人的对联。洞内光线充足，冬暖夏凉，为雁荡山诸洞所不及。北斗洞内的天浆泉和石髓泉，洁净甘甜，可与杭州虎跑泉相媲美，最宜泡茶，与雁荡山茶相配，茶香汤清，堪称珍味，故游雁荡多要去北斗洞品雁荡毛峰。邮票图案表现的是灵峰及北斗洞的奇观。灵峰在雁荡山灵峰寺后，高约270米，与右边的倚天峰相合如掌，称合掌峰。夜间观望犹如男女两人相依，故又称夫妻峰。画面采用横幅平视角度，生动地描绘出了雁荡山灵峰那奇峰异洞的独特自然景观，

奇峰环绕，怪石林立，云遮雾盖，给人一种身临其境的感觉，令人陶醉。

【雁荡山·观音峰】2002—19·(4—4)T　面值80分，票幅规格50毫米×30毫米，发行量1162万枚。图案展现了雁荡山观音峰的自然风貌。观音

峰又名玉霄(箫)峰，位于马鞍岭东北的重岩之上，西与大龙湫景区的常云峰并峙，峰高300米，其峰亭亭玉立，直插云霄。峰体攒青簇碧，宛如观音大士的花冠璎珞，向东南方向作拱手之状，被称为"山中诸峰最高大而秀丽者"。观音峰灵光透天，登临绝顶，气势浩瀚，晴日可远眺温州市。画面没有采用当地认为"像观音"的角度，而是采用从百岗尖俯瞰的角度，既描绘出了观音峰在晨曦初照中的流光溢彩，又透过观音峰看到远处的乐清湾，表现了它与海的联系，从而以独特的视角欣赏到被称为海上名山的雁荡山的整体风貌，可称为构思巧妙。

2002—20 中秋节(T)

【中秋节(T)】Mid-Autumn Festival(T)　中秋，原来的意思是"秋天中间"，又称仲秋。按照中国历法，农历七、八、九这三个月为秋季，八月正处在秋季中间，古人便称八月为中秋。"中秋"一词始见于《周礼》："中春昼，击土鼓，吹豳诗，以逆暑；中秋夜迎寒，亦如之。"仲，也是中间、居中的意思。农历八月为秋季的第二个月，故称为"仲秋"；而八月十五日又在"仲秋"之中，所以称"中秋"，又称"八月节"、"八月半"。中秋节的主要活动都是围绕"月"进行的，故又俗称"月节"、"月夕"。农历每月的十五日，月亮为满月，而秋分时节，太阳直射月亮朝地球的一面，月亮看起来又圆又大，加之秋高气爽，月光如水，月夜就显得格外澄澈明媚，故有"月到中秋分外明"之说。是夜，明月高挂太空，清辉洒满大地，家家户户全家围坐在一起，一边吃月饼，一边观赏月色，共享天伦之乐。独在异乡旅居之人，也期望借助明月寄托自己对故乡和亲人的思念之情，人们把月圆当作团圆的象征，把这一天当作亲人团聚的日子，故中秋节又称"团圆节"。我国古代的节俗有很多与月亮有关，很早就有祭月的风俗，这是一种来源非常古老的日月崇拜的宗教礼俗。《礼记·祭法》："夜明，祭月也。"《礼记·祭义》："祭月于坛，祭月于坎，以别幽明，以制上下。祭日

于东，祭月于西，以别外内，以端位。日出于东，月生于西，阴阳长短，终始相巡，以致天下之和。"这些记载反映了先秦、秦汉时期统治阶级官方的宗教礼俗。唐代中晚期以后，有关士庶百姓"拜新月"的记载逐渐多了起来。当时拜月的目的是为了祈求月神保佑自己幸福长寿、家庭团圆，这自然属于日月崇拜的遗习。到唐代晚期，由于社会的思想开放和精神浪漫，不仅形成了"拜新月"的风气，而且也出现了中秋赏月、玩月的新风尚。相传，开赏月、玩月之先的居然是唐玄宗李隆基。他在位时，例于每年八月十五日在宫中赏月，举办乐舞宴席，吃"玩月羹"。后来，这种活动传入民间，逐渐形成了中秋玩月的风气，尤其成为当时文人的一种时尚。而且，在这一时期由古代传承下来的有关月宫的神话又增添了新的内容，除了偷吃不死之药奔月的嫦娥、蟾蜍、玉兔，又增添了一位因学仙有过被贬到广寒宫不停地砍桂树的吴刚，这无疑使得中秋赏月、玩月更富于浪漫色彩，更具有艺术美感。中秋赏月最盛的是宋代。宋代，由于当时都市生活和市井文化的发展，以赏月、玩月为主要内容的中秋节已成为民间的民俗节日。《梦梁录》、《东京梦华录》等书记载："八月十五日中秋节，此日三秋恰半，故谓之中秋。""中秋夜，贵家结饰台榭，民间争占酒楼玩月。""王孙公子，富家巨室，莫不登危楼，临轩玩月……至如铺席之家，亦登小小月台，安排家宴，团圆子女，以酬佳节。虽陋巷贫窭之人，解衣市酒，勉强迎欢，不肯虚度。此夜天街买卖，直至五鼓，玩月游人，婆娑于市，至晓不绝。"而且当时月饼已成为受欢迎的节令食品。明清以来，中秋"拜月"的成分开始增多和追求"团圆"的意识逐步加强，说明赏月、玩月的性质在减弱，而追求功利、寄托情感的世俗性逐渐加强。《明宫史》记载："至十五日，家家供月饼、瓜果。"供，是用于拜月的供品。《帝京景物略》记载："八月十五日祭月，其祭果饼必圆……家设月光位于月所出方，向月供而拜，则焚月光纸，撤所供，散family之人必遍。月饼月果，戚属馈相报，饼有径二尺者。女归宁，是日必返夫家，曰'团圆节'也。"《燕京岁时记》等记载："京师之曰八月节者……府第朱门，皆以月饼相馈赠。至十五月圆时，陈瓜果于庭，以供月，并祀以毛豆鸡冠花。是时也，皓魄当空，彩云初散，传杯洗盏，子女喧哗，真所谓佳节也。"明清北方中秋拜月还有"拜兔爷"的风俗："月中之兔，尊之为'兔爷儿'，逐利者肖像人状，有泥塑者，布扎者，纸绘者……家人携小儿女购归，陈瓜果拜之。"南方拜月称"斋月宫"，"瓶花香蜡，望空顶礼，小儿膜拜月下，嬉戏灯前。"实际上，明清拜月已经脱离了神灵迷信的性质，更多反映的是人们对幸福的向往和追求。我国古代诗人留下了很多咏吟中秋明月的诗篇，其中脍炙人口的应属宋苏轼的《水调歌头》："明月几时有？把酒问青天。不知天上宫阙，今夕是何年。我欲乘风归去，又恐琼楼玉宇，高处不胜寒。起舞弄清影，何似在人间！转朱阁，低绮户，照无眠。不应有恨，何事长向别时圆？人有悲欢离合，月有阴晴圆缺，此事古难全。但愿人长久，千里共婵娟。"这首词虽为感悟伤怀之作，但作者并没有沉陷在消极悲观的情绪之中，而是把"但愿人长久，千里共婵娟"作为对天意人事"圆满"的追求和对家人、亲友的祝慰，寄意高远，豁达开阔，成为千古传诵的佳作。"四时俱可喜，最好新秋时。"当时新秋，天气不冷不热，温和适中。一年辛苦耕耘已获丰收，人们感到无比轻松、舒服，尤其到了中秋，"暮云收尽溢清寒，银汉无声转玉盘"，皎洁的月亮冉冉而出，晶莹夺目，清爽明澈，正是花好月圆时，月融融，情浓浓，也许那完美无缺的圆月正迎合了人们的心理意愿，也许万物那一切的初始本就是一个圆。

2002年9月21日，为了欢度中华民族的传统节日中秋节，中华人民共和国国家邮政局发行了一套《中秋节(T)》特种邮票，全套3枚。于新生设计。影写版。齿孔11.5度。邮局全张枚数20(4×5)。版式二全张枚数9枚(3套邮票)，发行量180万版，规格108毫米×176毫米。北京邮票厂印制。

这套邮票的3枚图案，采用传统民间木版年画艺术形式为表现手法，以具有木版年画味道的铁线描造型，构图简洁完整，用色单纯，除底色和墨线外，每幅画面限制在三种颜色之内，采用跳跃对比，整体以暖黄色调为主，而每幅又有不同色彩变化，生动地体现出了中秋节月光融融、欢乐吉祥的气氛。

【团圆】2002—20·(3—1)T  面值80分，票幅规格30毫米×40毫米，发行量1290万枚。图案描绘了中秋节一家老少品尝月饼、饮酒元乐、喜庆团圆的情景。忙碌的爹娘回来了，远方的游子回来了，上学的儿郎回来了，都拥进了那温馨的家，为了欢聚，为了祝福，为了团圆……喜盈盈 情浓浓，气氛热烈而和谐。构图上采用圆圆相对的形式：天上的明月是圆的，圆桌上的月饼也是圆的；老人、大人和孩子围坐成一圈，又是圆的；整个画面形成了一个向心的圆形结构，形象地体现出了团聚、团圆的中秋节气氛，表达了人们心目中共享天伦的期盼，富有强烈的艺术感染力。

月饼是中秋节的一种节令食品。相传，月饼起源于唐朝,流行于宋朝。北宋苏东坡的一首诗中有这样两句:"小饼如嚼月,中有酥与饴。"直到清朝,人们才把"小饼"正式取名为"月饼"。传说,清代乾隆皇帝下江南,游到杭州正值中秋,一些学士奉献甜饼请乾隆品尝。乾隆皇帝一边赏月一边吃甜饼,并连声称赞道:"好月好饼,中秋良辰也。"从此,人们便把甜饼改称为"月饼"。中秋节吃月饼,有这样一个民间传说:六朝末年,黎民百姓为了推翻元朝的残暴统治,定于农历八月十五日起义。在互相传递起义时间这个重大机密时,为防止被元朝统治阶级发现,便以互赠馅内夹有号召起义纸条的饼子,以达到输送情报的目的。从此,中秋节吃月饼的习惯就在民间形成了。直至明代的《西湖游览志余》才有记载:"八月十五日谓之中秋,民间以月饼相遗,取团圆之义。"到清代,关于月饼的记载就多了起来,《燕京岁时记》中说:"中秋月饼,以前门致美斋者为京都第一,他处不足食也。至供月,月饼到处皆有,大者尺余,上绘月宫蟾兔之形。有祭毕而食者,有留至除夕而食者,谓之团圆饼。"中秋月饼种类繁多,名称各异。有以馅心的主要成分命名,如桂花月饼、椒盐月饼、枣泥月饼、百合月饼、火腿月饼、豆沙月饼等;有以制作工艺取名,如北京的提浆月饼,是在熬制饼皮糖浆时,用蛋白液提出糖浆中的杂质而得名;有以饼面装饰或印模图案而定名,如苏州的黑芝麻月饼,就是在酥皮外层敷贴上密密麻麻的炒熟的黑芝麻而得名;有以地方传统色彩或想象取名,如潮式老婆月饼、宁式苔菜月饼、绍式酒香月饼等;有以比喻月景而取名,如广式月饼中的"银河夜月"、"三潭印月"等。

有关月亮的知识,详见新版《中国集邮百科知识》T·41《从小爱科学》。

【赏月】2002—20·(3—2)T 面值80分,票幅规格30毫米×40毫米,发行量1280万枚。图案描绘了中秋赏月的情景。

赏月是欢度中秋节的重要活动内容。中秋赏月,最盛行的是宋代。《东京梦华录》记载:"中秋夜,贵家结饰台榭,民间争占酒楼玩月。"显官豪门,都在自己的楼台亭榭中赏月,琴瑟铿锵,至晓不绝。一般市民则争先占住酒楼,以先睹月色为快,且"安排家宴,团圆子女"。赏,既有对悬挂碧空的一轮圆月的欣赏和称扬之意,也包含着一种对神奇的大自然敬畏和尊重之情。"天涯共此时"、"千里共婵娟"。画面上,一轮皓月圆圆,一家三口沐浴在月光下,菊花飘来了清香,瓜果摆满了庭堂,仰望清澈如镜的明月,表达了普天下人们对丰收的祝贺,对风调雨顺的祈望,对亲人的祝福……设计者运用物象之间的承接关系,使画面内容上下呼应,月融融,情浓浓,将月情人意融为一体,引人进入一种人与自然相互交融的和谐境之中,给人一种独特的精神享受。

【月为媒】2002—20·(3—3)T 面值2元,票幅规格30毫米×40毫米,发行量1180万枚。图案描绘了男女恋人在月光下表达爱情的景象。

月为媒,天作证。要问我对你的爱有多深,月亮知道我的心。在中国人的心目中,"月下老人"就是爱神。清朝光绪年间(公元1876年~1909年),著名藏书家丁松生在杭州西湖白云庵建造了一个祠堂,塑造了一位"月下老人"像。祠堂里有一副对联,说出了这位"月老"的心愿:"愿天下有情人,都成了眷属;是前生注定事,莫错过姻缘。"像这样的神祠在中国绝无仅有,所以特别有名。如叶圣陶先生在谈到旧式婚姻的危险性时,就曾说过这样的话:"我与妻能够爱好也只是偶然,迷信一点说全凭西湖白云庵那月下老人。"在这以前,刘鹗写《老残游记》,在第十七回里也提到过它。丁松生为月下老人建祠塑像,根据出在唐人小说《续幽怪录》。据说,韦固赴长安途中路过宋城,住在客店里。晚上,看见一个老人倚着布袋,借着月光翻检书籍。韦固问老人布袋中的红绳是做什么用的?老人说:"用来联系男女双方的脚,即使相隔千里,或是彼此有过仇怨,只要一被上,就无不成为夫妻。"韦固便问自己的婚姻,老人说,他将与一个菜农的女儿结婚,但必须在十多年后。后来果然如此。因此,人们便称媒人为"月下老人",简称"月老"。邮票图案上一条潺潺小溪把天和地连在一起,是海誓山盟地老天荒,是甜情蜜意地久天长……月亮、小溪和一对互赠香袋的情人,构成了一幅情意绵绵的画面;而那头部变成心形的一对鱼儿和一对桃儿,正是他们爱情的象征:心是桃儿般的甜蜜,爱是鱼儿般的柔情……

2002—21GM 黄河壶口瀑布(金箔小型张)(T)

【黄河壶口瀑布(金箔小型张)(T)】Hukou Waterfall of Yellow River (Gold Foil Souvenir Sheet) (T)

有关黄河的知识,详见新版《中国集邮百科知识》特19

《治理黄河》。有关金箔的知识,详见本书1997—10GM《香港回归祖国(金箔小型张)(J)》。壶口瀑布位于山西省吉县城西南25公里南村坡下黄河之中。黄河发源于青藏高原巴颜喀拉山北麓,经青海、四川、甘肃、宁夏,一路浩浩荡荡,携泥卷沙,波涛滚滚,曲折东流,在内蒙古河口镇急转南下,在偏关老牛湾冲开山西的崖壁,犹如巨人手中的一把利剑,把黄土高原劈成两半,在崇山峻岭、山川沟壑之中,豁开一道蜿蜒曲折的峡谷——秦晋大峡谷。在这道大峡谷的陕西宜川和山西吉县之间,滔滔黄河之河床由三百多米宽,骤然收缩至四十多米;汹涌奔腾的浪涛轰然直下,跌入落差达五十多米的深槽里,形成万里黄河上的一处雄伟自然奇观——壶口瀑布。它好似一把巨壶在倾倒滚滚沸水,波浪翻滚,惊涛怒吼,声震数里可闻,其形又如巨壶沸腾,故得名。春夏秋冬四季,壶口瀑布神态各异,春天的壶口,冰河渐解,成群结队的冰块从上游涌来,如千军布阵,似万马奔腾,沿瀑布直冲壶口,皑皑河槽如银龙飞舞;当阳光直射,彩虹随波涛飞舞,景色绮丽。明陈维藩《壶口秋风》诗中有"秋风卷起千层浪,晚日迎来万丈红"句,可谓真实写照。盛夏的壶口,气候炎热,水位下降,落差加大,飞瀑如注,壶口如沸,怒涛奔泻,骇浪凌空,十分壮观。金秋的壶口,正逢雨季,流量剧增,东西两岸的主副瀑布紧紧相连。初冬的壶口,流量甚小,河水枯瘦,寒风四起,冰封河面,两岸涓涓细流成冰柱,但龙槽里依然是汹涌澎湃,一往无前;如遇瑞雪纷飞,更是引人入胜。从千古洪荒的历史深处奔涌而来的黄河,哺育了中华民族的成长。一泻千里的咆哮,在壶口吼出九曲十八弯的艰难历程,感动了无数英雄豪杰为之献身的勇气,激励了多少志士仁人为之奋斗的斗志!今天,中华儿女在改革开放的潮流中,以黄河一往无前、所向披靡的大无畏精神,为民族的崛起,为祖国的复兴,与时俱进,奋勇向前!

2002年11月8日,为了祝贺中国共产党第十六次代表大会的胜利召开,中华人民共和国国家邮政局发行了一套《黄河壶口瀑布(金箔小型张)(T)》小型张,全套1枚。崔晓红、李信摄影。阎炳武、刘弘设计。影写版(压凸印制)。齿孔13度。北京邮票厂印制。

【黄河壶口瀑布】2002—21GM·(1—1)(金箔小型张)T 小型张面值8元,小型张规格130毫米×90毫米,邮票规格60毫米×40毫米,发行量1150万枚。小型张图案采用了崔晓红、李信1989年12月中旬拍摄的冬季黄河壶口瀑布照片。由于摄影者是站在陕西一侧拍摄的,近景属陕西一侧景观,对岸则是山西一侧景观。冬季的壶口,是一幅真切美丽的画卷,轻雾袅袅,冰柱条条,波涛滚滚,浩浩荡荡,似雄狮怒吼,又如猛虎长啸,气

势磅礴,气贯长虹。邮票图案上下边饰采用水波纹,给人一种身临黄河之滨的感觉:滔滔黄河,波涌浪翻,湍急怒啸,悬泻深渊,"听之若雷霆之鸣,望之若虹霓之射",和群山一起摇动,与大地一起震颤。只见神秘的浊浪,翻滚成一团一团,像互相纠缠撕扯不开的火焰,飞流直下地升腾,幻化成云蒸霞蔚,景色瑰丽,极为壮观,大有"黄河之水天上来"的雄姿。小型张的上边框线,设计者独具匠心地采用了"曲线",与画面相谐,与上下边纸上的水波纹相一致,增强了画面的动感。画面右侧那8个金灿灿的金箔大字:"与时俱进 一往无前",准确地点明了画题。党的十六大是迈向新世纪以来,我们党的第一次盛会。在改革开放的新时期,我们党以"三个代表"的重要思想为指针,在带领全国人民建设社会主义现代化强国的伟大征程中,与时俱进、不畏艰险的豪迈气概,如黄河之水,汹涌澎湃,波澜壮阔,体现了中华民族勇于拼搏、一往无前、不断进取的民族精神。

注:这枚小型张名为"金箔小型张",但在邮票上没有烫印金箔,却只给"与时俱进 一往无前"八个字烫印了金箔,从学术角度看,它依然是纸质邮票,名实不符,很可惜。

有关瀑布的知识,详见新版《中国集邮百科知识》普21《祖国风光普通邮票》。

2002—22 亭台与城堡（中国—斯洛伐克联合发行）(T)

【亭台与城堡(中国—斯洛伐克联合发行)(T)】Pavilion Terrace and Castle(Jointly Issued by China and Slovakia)(T) 有关"中国"名称的知识,详见本书1996—8《古代建筑(中圣联合发行)(T)》。斯洛伐克共和国位于欧洲中部,国土面积49035平方公里,人口540万。斯洛伐克一名源自斯拉夫。"斯拉夫"一词含义为"光荣"。公元5世纪~6世纪,斯拉夫人西迁来此,公

元830年成立大摩拉维亚帝国。公元895年,住在本国中部的捷克人,以强固的布拉格城堡为中心据点,建立了捷克王国。17世纪起,受德意志民族奴役。1781年,废除农奴制。1918年10月28日独立,成立资产阶级共和国。根据1920年2月29日颁布的宪法,正式命名为捷克斯洛伐克共和国。1939年,被法西斯德国占领。1945年获得解放。1960年7月,改国名为捷克斯洛伐克社会主义共和国。捷克是世界上最早酿造和饮用啤酒的民族之一,该国有"啤酒之国"的称号。1993年1月1日,捷克斯洛伐克社会主义共和国解体,斯洛伐克成为独立国家。1993年1月1日,斯洛伐克和我国建立正式外交关系。

2002年10月12日,为了弘扬中国和斯洛伐克两国传统文化,增进两国的伟大友谊,中华人民共和国国家邮政局和斯洛伐克共和国邮政部门联合发行了一套《亭台与城堡(中国—斯洛伐克联合发行)(T)》特种邮票,全套2枚。鲁尔道夫·茨冈尼克(斯洛伐克)设计。影雕套印。李庆发、姜伟杰雕刻。齿孔11.5度×11度。邮局全张枚数10(2×5),横2枚连印。北京邮票厂印制。

这套邮票的2枚图案,选取了中国和斯洛伐克两国历史悠久的具有典型代表意义的古代建筑,用以弘扬两国的传统文化,传达两国人民的伟大友谊。图案结构规整,用笔工细,表现出了古代建筑的华丽宏伟,厚实坚固,错落有致的特色。雕刻细腻,线条流畅,纹路清晰,深浅适度,层次分明,粗看线条纵横交错,细看则是有机整体,密不可分。边饰采用较大面积背景图案,达到了互相依存,互为烘托的艺术效果。2枚邮票连接处用几棵松树相连,齿孔打在"树"上,既保持了亭台与城堡的整体效果,也象征中斯两国人民之间的友谊像松柏一样万古长青,独具匠心。

【博伊尼采城堡】2002—22·(2—1)T 面值80分,票幅规格30毫米×40毫米,发行量1320万枚。图案选用了斯洛伐克的博伊尼采城堡外观景象。城堡即堡垒式的小城,欧洲的一种传统建筑,大都集宫殿、要塞、仓库、监狱于一体。博伊尼采城堡坐落于斯洛伐克西部小镇博伊尼采,故得名。有关该城堡的原始文字记载可追溯到公元1113年,当时它只是一个由坚固而厚厚的城墙及其陡深的护城河构成的哥特式城堡。到16世纪初,它已成为文艺复兴时期贵族的活动中心。最初为13世纪初斯洛伐克境内的一个著名征服者所拥有,

后又几易其主。自公元1644年起,该城堡归帕尔菲家族所有,并将该城堡改建成环形巴洛克风格建筑。该城堡最后一个贵族所有者扬·帕尔菲伯爵(1829—1908)又按照19世纪的浪漫主义风格对该城堡进行了改造。而且这个庞大工程也借鉴了法国卢瓦尔城堡、威尼斯文艺复兴时期宫殿以及哥特式等建筑风格。城堡里的房间和厅落曾是宫廷女士们和贴身卫士们住过的地方。具有珍贵教坊的五角塔,于14世纪佛罗伦萨长老时期建成,塔中有大理石厅、盾厅和骑士厅。夜间游览城堡时,传说中的幽灵出现在游客面前,它们有黑衣女士、白衣女士、残酷狡诈的城堡管家等。每年夏季,作为旅游胜地音乐节的一部分,城堡都要举办严肃的古典音乐会。世界各地的独奏家和小型管弦乐队都来此参加演出。现在的博伊尼采城堡,四周环绕着树木茂密的公园,公园里有动物园、植物园以及一个洞窟。城堡内有许多后哥特式风格建筑,房间里有历史悠久的家具、陶瓷以及油画等。城堡内还保有1662年建造的有着漂亮穹顶和壁画的小礼拜堂。城堡内经常举办各类活动和特别节目,如"骑士日"和"国际幽灵和稻草人节"等。画面采用正面平视角度,生动地刻画出了博伊尼采城堡那哥特式的建筑风格,既浪漫,又具有历经风雨的历史味道。

【邯郸丛台】2002—22·(2—2)T 面值80分,票幅规格30毫米×40毫米,发行量1320万枚。图案选用了中国的邯郸丛台外观景象。台是一种高而平的建筑物,一般供眺望或游观之用,如亭台楼阁。邯郸市位于河北省南部,京广铁路线上,是两千三百多年前诸侯国赵国的都城。邯郸之名最早见于《春秋·谷梁传》,卫

献公弟姬专逃到晋国"织绚邯郸,终身不言卫"。原邯郸市1945年10月10日在邯郸县基础上成立。1946年4月1日邯郸市、县分治。1949年9月邯郸市改为邯郸镇。1953年1月邯郸镇复改为邯郸市。1956年峰峰市并入。1984年1月邯郸县划归邯郸市。1986年6月武安县划归邯郸市。1993年7月邯郸市与邯郸地区合并组成邯郸市。现为国务院公布的99座国家历史文化名城之一。市南有晋冀鲁豫烈士陵园。名胜古迹有赵武灵王丛台(现辟为人民公园)、赵邯郸故城、廉颇蔺相回车巷、响堂山石窟等。丛台坐落在邯郸市东北部。相传是战国时期赵武灵王(公元前325年~前299年)为阅兵与歌舞所建。当时台上有天桥、雪洞、花苑、妆阁诸景,设计奇特。台名最早见于《汉书·高后记》,高后元

年(公元前187年)"夏五月丙申,赵王宫丛台灾"。另据《汉书》颜师古释文:"连聚非一,故名丛台,盖本六国时赵王故台也,在邯郸城中。"台前翠柏夹道,有阶石可登台上。进门壁上嵌有"滏水东渐,紫气西来"8个大字。台高7米,东西长59米,西北宽22米,向南突出一段长50米,宽10米。北有赵王宫,又名武灵馆,馆东原有如意轩,馆前有回澜亭,东有门楼,进门沿阶往南盘旋而上,可达台顶。台顶平坦呈圆形,直径19米,高13米,原名武灵台。明嘉靖十三年(公元1534年)建亭于台上,名据胜亭。纵览古城,楼阁园林,湖光山色,尽收眼帘。台西有小湖,湖心有亭名望诸榭,以战国燕将乐毅号望诸君命名。台北有七贤祠,内有燕赵名人韩厥、程婴、公孙杵臼、蔺相如、廉颇、赵奢、李牧的塑像。现在的丛台是明清以来的修复建筑,虽已非原貌,但仍不失古典亭榭的独特风格。它是赵都历史的见证,成为古城邯郸的象征。画面采用正面仰视角度,生动地刻画出了丛台这座中华民族古典亭阁的独特风格,能够激发人们登上据胜亭,远眺太行山,近观赵都邯郸风光的冲动和向往。

2002—23 民间传说
——董永与七仙女(T)

【民间传说——董永与七仙女(T)】Folk Legend: Dong Yong and Seventh Fairy Maiden(T) 董永与七仙女为中国五大民间传说(《白蛇传》、《天仙配》、《梁山伯与祝英台》、《孟姜女哭长城》、《牛郎织女》)之一《天仙配》中的男女主人公,起源于"董永行孝"的故事。董永行孝的故事,最早见于东晋干宝(?—336)编撰的中国古代志怪小说集《搜神记》和东汉末年武梁祠石刻画像。明代青阳腔《织锦记》又丰富了变文和话本的描写,对后世戏曲有很大影响。黄梅戏经典剧目《天仙配》,又名《七仙女下凡》,其故事基本内容是:七仙女是天宫玉帝的第七个女儿,她因厌烦天宫孤独寂寞而向往人间生活。一天,七仙女随六位姐姐去凌虚台游玩,偶见人间卖身葬父的青年农民董永,被他的忠厚老实所打动,不禁萌生了爱慕之情。大姐看穿了七妹的心事,不顾天宫戒律森严,帮助她下凡。临行之时,大姐又赠给小妹一支"难香",嘱咐她危急时焚香求助。七仙女飘然来到人间,经土地爷爷说合,槐荫树做媒,如愿与董永结为夫妻。为了帮助丈夫赎身,七仙女去傅员外家做工。傅员外故意刁难七仙女,限她一夜之间织成锦绢10匹。如成,便将董永的长工期限由3年改为百日;不成,则将3年改为6年。七仙女在织机旁点燃"难香"求救,于是,她的六位姐姐立刻下凡相助,一夜间织出了10匹锦绢。傅员外只得履行诺言。董永做工期满后,夫妻双双愉快返家。途中,董永发现妻子已经怀孕在身,赶忙去讨水为她解渴。不料,此时狂风骤起,空中出现天兵天将,传下玉帝圣旨,限七仙女午时三刻返回天宫,违命则将董永碎尸万段。七仙女不忍丈夫无辜受害,只得将自己的来历向董永说明,并在槐荫树上刻下"天上人间心一条"的誓言,怀着悲愤的心情,返回天宫。这个千古流芳的爱情传奇故事对封建伦理进行了揭露和鞭笞,赞美了一种淳朴、善良、美好的感情。《天仙配》是五个经典民间传说中唯一一个以儒家伦理道德的核心"孝"所引发的爱情故事。我国古代社会提倡以"孝治天下",把孝道作为立身教民之本、建国治邦之基,这是中国文化的独特形态。以孝行感动了仙女下凡,产生了天赐良缘的千古佳话,这既是儒教世俗化的需要,也是下层百姓的理想和愿望。因此,这一故事的诞生和流传,客观推动了孝悌观念成为维系中华民族的精神象征之一。当然啦,七仙女不顾地位悬殊,不计贫寒卑贱,主动以身相许,缔结美好姻缘的爱情传奇逐渐成为了故事的中心。于是,一位活生生的、美丽善良聪慧的七仙女便成为故事的主角了。董永与七仙女的故事已经在中华大地传说了两千多年。两千多年来,无数艺人用戏曲、话本、鼓书、弹词等多种形式去延续着、演化着、诠释着这一美好的爱情传说,使之成为人类社会中的一种精神财富。

2002年10月26日,为了宣扬中华民族悠久灿烂的历史文化,中华人民共和国国家邮政局发行了一套《民间传说——董永与七仙女(T)》特种邮票,全套5枚。俞宏理设计。影写版。齿孔13度×13.5度。邮局全张枚数20(5×4),横5枚连印。北京邮票厂印制。

这套邮票的5枚图案,在内容方面,以"织锦赎身"为中心,以"下凡结缘"、"满工还家"为重要铺垫,并以首枚和最后一枚形成首尾相顾之势,一环扣一环,环环相扣,完整地表现出了天上人间的爱情悲歌。在表现手法上,设计者运用明清徽雕艺术语言,将写实手法和装饰化手法巧妙结合,即人物刻画用写实化手法,不做夸张变形处理,使作品具有生活化和平民化的艺术特征;而场景描绘则用装饰化手法,如组成画面的树木、山石、建筑等的艺术处理,都运用了民间雕刻图式符号中大胆夸张、富于装饰味的造型语言,不仅赋予了作品浪漫的情调和艺术想象的空间,而且达到了一种追求唯美的理想化境界,使作品既具有通俗性,在视觉效果上也具有生动性和冲击力。在色调处理上,设计者避免了大红大绿的强烈对比,而是选择了既和谐统一而又不失对比的丰富色调。在线条运用上,设计者吸收了晋唐时期中国人物画盛行的"行云流水描"、"铁线游丝描",这种线条如春蚕吐丝,柔韧挺拔,自由舒展,富于弹性,具有隽逸的力度,准确而有力地表现出了中国气派、风尚和民族精神。

【孝心感天】 2002—23·(5—1)T　面值80分,票幅规格30毫米×40毫米,发行量1180万枚。图案描绘了董永卖身葬父的情景。董永家贫,父亲死后,他只得卖身佣工贷钱殡葬其父。画面上,董永身背行囊,手握一把雨伞,独自走在去偿工还债的路上,表情中有丧父的悲痛,也有生活的艰辛,心情显得十分沉重;七仙女云衣霓裳,站在云端之上,低头望着董永,表情中有惊异,也有爱慕,她被这位人间青年的孝心感动了。天上人间,被真爱联系在一起了。

有关伞的知识,详见新版《中国集邮百科知识》特54《儿童》。

【下凡结缘】 2002—23·(5—2)T　面值80分,票幅规格30毫米×40毫米,发行量1180万枚。图案描绘了七仙女下凡与董永结为夫妻的情景。七仙女同情董永的遭遇,怜惜他的孝心,爱慕他的诚实,她在大姐的帮助下,不顾天宫的戒律,毅然下凡,请老槐树为媒,在路上与董永结为夫妻。画面上,七仙女一身民间女子服饰,在老槐树下与董永邂逅,她右手托腮,面对着"上无片瓦遮身体,下无寸土立足基"的一位穷汉,仿佛刚刚表白:"只要大哥不嫌弃,我愿与你配成婚。"表情中充满了少女的羞涩;董永直立,拱手彬彬有礼,神情中既显得老实憨厚,也流露出了无限惊喜。

【织锦赎身】 2002—23·(5—3)T　面值80分,票幅规格30毫米×40毫米,发行量1180万枚。图案描绘了七仙女和董永在傅员外家佣工赎身的情景。七仙女和董永结为夫妻后,便一起到债主傅员外家做工,帮助丈夫尽快赎身。傅员外故意刁难七仙女,要让她一夜之间织出10匹锦绢,如果能够按期完成,便可以将董永的佣工3年改为百日;否则,董永的佣工时间将被延长为6年。七仙女在机房点燃了"难香",六位姐姐下凡

相助,她们借来了天梭,一夜织成了10匹锦绢。画面上,七仙女坐在织机上,在专心织锦,董永在磨房推磨,进行着辛勤的劳动,忍受着奴役之苦。

【满工还家】 2002—23·(5—4)T　面值80分,票幅规格30毫米×40毫米,发行量1180万枚。图案描绘了七仙女与董永满工后回家的情景。按照傅员外的期限,七仙女在一个月内织出了300匹彩锦,债主只得履行诺言,将董永的佣工3年改为3个月。3个月满工后,七仙女与董永双双把家还。画面上,山清水秀,鸟儿结伴飞翔,七仙女与董永相依相偎走在回家的路上,他们面带微笑,高高兴兴地欣赏着大自然的美好景色,正如黄梅戏《天仙配》中的一段唱词描写的那样:"树上的鸟儿成双对,绿水青山带笑颜。再不受那奴役苦,夫妻双双把家还。你耕田来我织布,你挑水来我浇园。寒窑虽破能遮风雨,夫妻恩爱苦亦甜。你我好比鸳鸯鸟,比翼双飞在人间。"七仙女和董永完全沉浸在获得解放的喜悦和爱情的幸福之中。

【天地同心】 2002—23·(5—5)T　面值2元,票幅规格30毫米×40毫米,发行量1180万枚。图案描绘了七仙女被玉帝强行召回天庭的情景。七仙女与董永在回家途中,董永发现妻子怀孕在身,赶忙去讨水为她解渴。不料就在此刻,狂风骤起,空中出现天兵天将,传下玉帝圣旨,限七仙女午时三刻返回天宫,违命则将

董永碎尸万段。在老槐树下,七仙女只得告诉董永自己的真实身份,如今百日之期已到,必须回返天庭,并在老槐树上刻下"天上人间心一条"的誓言。画面上七仙女恢复了原来的装扮,足生祥云,冉冉而起,流露出无限的依依不舍之情;董永欲留无计,仰天大哭,有愤怒,也有无奈。

2002—24 彭真同志
诞生一百周年(J)

【彭真同志诞生一百周年(T)】 Centenary of the Birth of Comrade Peng Zhen(J)　彭真(1902—1997)于1902年10月12日出生在山西省曲沃县一个贫苦农

民家里。原名傅懋恭。1923年加入中国社会主义青年团,同年加入中国共产党,是山西省共产党组织的创建人之一。1924年~1929年,他先后在太原、石家庄、天津、唐山等地从事革命活动,曾任中共太原支部书记、中共天津地委组织部部长、中共天津市委书记、中共顺直省委组织部部长、代理书记,是中国共产党在北方地区的主要领导人之一,领导了北方地区的工人运动、学生运动。1929年,因叛徒出卖,他在天津被捕,遭受酷刑摧残,但坚贞不屈,在狱中秘密组织党支部,组织被捕同志同敌人展开各种形式的斗争。1935年刑满出狱后,任中共北方局代表、组织部部长,支持刘少奇同志提出的白区基本工作方针和策略原则,为推动抗日民族统一战线的建立、开创白区工作的新局面,发挥了重要作用。抗日战争时期,任中共中央晋察冀分局书记,同聂荣臻同志一起创建晋察冀边区抗日根据地,被党中央誉为"敌后模范的抗日根据地及统一战线的模范区"。1941年到延安,任中央党校副校长、中共中央组织部部长。1945年,在党的七大和七届一中全会上,当选为中央委员和中央政治局委员,同年8月被增补为中央书记处候补书记。解放战争时期,任中共中央东北局书记、东北民主联军政治委员。1947年回到中央,先后任中共中央工作委员会常委、中央组织部部长、中央政策研究室主任。1948年12月,兼任中共北平市委书记。中华人民共和国成立后,曾任中央政法小组组长、中央政法委员会书记。自1954年起,任第一届、第二届、第三届全国人大常委会副委员长和第二届、第三届、第四届全国政协副主席。1956年在党的八大和八届一中全会上,当选为中央委员、中央政治局委员、中央书记处书记,兼任中共北京市委第一书记。1951年~1956年5月,任北京市市长,为首都的建设和发展,呕心沥血,做出了重大贡献。"文化大革命"中,受"四人帮"的残酷迫害,被关进监狱。1979年2月中共中央正式为他平反。1979年9月被选为中央委员、中央政治局委员。1980年任中央政法委员会书记。1983年6月在六届全国人大一次会议上当选为全国人大常委会委员长。1980年他任宪法修改委员会副主任委员,直接主持了宪法修改工作。1979年以来,他领导制定了一系列关于国家机构、民事、刑事、诉讼程序、经济、涉外等方面的重要法律,为我国的社会主义法制建设奠定了坚实的基础。1988年退休后,仍然关心着我国的改革开放和社会主义现代化建设事业的发展,并不顾年事已高,仍然外出调查研究,认真地向中央提出多方面的建议。其主要著作收入《彭真文选》。1997年4月26日,他因病医治无效,在北京逝世,享年95岁。

2002年10月12日,为了纪念彭真同志诞生一百周年,中华人民共和国国家邮政局发行了一套《彭真同志诞生一百周年(J)》纪念邮票,全套2枚。钱忠平、朱振庚设计。影写版。齿孔11.5度。邮局全张枚数20(4×5)。北京邮票厂印制。

【改革开放时期的彭真同志】2002—24·(2—1)J

面值80分,票幅规格30毫米×40毫米,发行量1100万枚。图案刻画了改革开放时期的彭真肖像。在新的历史时期,彭真同志作为以邓小平同志为核心的党和国家领导集体的重要成员,参与了党和国家一系列重大决策的制定,为拨乱反正,确立和贯彻党的以经济建设为中心,坚持四项基本原则,坚持改革开放的基本路线,建设有中国特色的社会主义,为祖国的统一和民族的团结,做出了重大贡献。画面以浅色作底衬,突出刻画了彭真同志的正面头像:他面带微笑,生动地揭示了经历过6年的国民党监狱生活和9年的"文革"铁窗生涯的彭真,在生机勃勃的改革开放事业中所迸发出的那种激情和喜悦,音容笑貌丰富自然,刻画细腻,具有强烈的感染力。

【抗日战争时期的彭真同志】2002—24·(2—2)J

面值80分,票幅规格30毫米×40毫米,发行量1090万枚。图案刻画了抗日战争时期的彭真全身像。画面以浅色作底衬,生动地描绘了一幅彭真同志青年时期的戎装全身像:他身躯笔挺,双手背后,直视前方,飒爽英姿,浑身都洋溢着一种为祖国革命事业英勇奋斗的精神和气质,令人肃然起敬。

2002—25 博物馆建设(T)

【博物馆建设(T)】Construction of Museums(T)

博物馆亦称"博物院",是陈列、研究、保藏物质文化和精神文化的实物以及自然标本的一种文化教育事业机构。"博物院"一词,源于希腊文"缪斯神庙"(Museion),原意为"祭祀缪斯的地方。缪斯是希腊神话中掌管科学与艺术的9位女神的通称,她们分别掌管着历史、天文、史诗、情诗、抒情诗、悲剧、喜剧、圣歌和舞蹈,代表着当时希腊人文活动的全部。公元前4世纪，马其顿的亚历山大大帝在建立地跨欧亚非的大帝国的军事行动中，把搜集和掠夺来的许多珍贵的艺术品和稀有古物，交给了他的教师亚里士多德整理研究。亚里士多德曾利用这些文化遗产进行教学，传播知识。亚历山大去世后，他的部下托勒密·索托建立了新王朝后，继续南征北战，收集了更多的艺术品。公元前3世纪，托勒密·索托在埃及的亚历山大城创建了一座专门收藏文化珍品的缪斯神庙，它被公认为人类历史上最早的"博物馆"。其实，缪斯神庙与现代的博物馆不同，它只是一个专门的研究机构，馆内大厅设研究室，陈列天文、医学和文化艺术藏品，供学者们研究。在相当长的时间里，博物馆只是供皇室或少数富人观赏奇珍异宝的收藏室。17世纪后期，现代意义的博物馆出现。18世纪，西欧一些国家相继建立博物馆，并向公众开放，发展了博物馆的功能，使之不仅成为专家学者从事研究的场所，而且成为教育机构的补充设施、校外教学园地。1946年11月，国际博物馆协会在法国巴黎成立。1974年6月，国际博物馆协会在哥本哈根召开的第11届会议上，将博物馆定义为："是一个不追求营利，为社会和社会发展服务的公开的永久机构。它把收集、保存、研究有关人类及其环境见证物当做自己的基本职责，以便展出，公之于世，提供学习、教育、欣赏的机会。"1971年国际博物馆协会在法国召开大会，针对当今世界的发展，探讨了博物馆的文化教育功能与人类未来的关系。1977年，国际博物馆协会为促进全球博物馆事业的健康发展，吸引全社会公众对博物馆事业的了解、参与和关注，将1977年5月18日定为第一个"国际博物馆日"(International Museum Day)，并每年为国际博物馆日确定活动主题。法国的卢浮宫、英国的不列颠博物馆（大英博物馆）、俄国的埃尔米塔什博物馆、美国的大都会博物馆、中国的北京故宫博物院是世界五大博物馆。从文物、展品的规模看，外国的四大博物馆的收藏品都是世界性的，并不局限于某一个民族或某一个国家。而我国的北京故宫博物院的收藏品则基本上是中国文物。博物馆的类型，主要可分为革命、军事、民族、历史、地志、自然、艺术、医学、科技等。我国各种类型博物馆根据其不同的性质、方针、任务，有系统地陈列文物、模型、标本等展品，向广大人民进行辩证唯物主义和历史唯物主义教育、爱国主义教育和革命传统教育，丰富人民的科学知识和文化生活，并为促进工农业生产、科学研究以及艺术创作提供资料和借鉴。

2002年11月9日，为了展示博大精深的中华文明史，中华人民共和国国家邮政局发行了一套《博物馆建设（T）》特种邮票，全套5枚。娄玮设计。影写版。齿孔13度×12.5度。邮局全张枚数16(4×4)。北京邮票厂印制。

这套邮票的5枚图案，设计者描绘了我国5个著名博物馆的外观景象，背景利用每个博物馆自身的建筑平面图来映衬她那具有强大体量感的风炫之美，用含蓄的灰色调和平面建筑图的局部图形来营造画面适切的空间氛围，以此引导人们对祖国建设规划的认识。设计者采用写实的方法表现博物馆不同的建筑风格，特别是在建筑物的表现上注入了水粉、钢笔、彩色水笔和喷笔的混合手法，最后用电脑合成。

【陕西历史博物馆】2002—25·(5—1)T  面值80分，票幅规格50毫米×30毫米，发行量1145万枚。图案展现了陕西历史博物馆的外观景象。陕西历史博物馆坐落在西安市南郊小寨东路91号，大雁塔的西北侧，是中国第一座拥有现代化设施的大型国家级博物馆，有"古都明珠，华夏宝库"之誉。该馆1991年6月20日建成，馆区占地65000平方米，馆舍建筑造型继承唐代博大雄浑、典雅凝重的风格，借鉴我国传统宫殿"轴线对称、主从有序、中央殿堂、四隅崇楼"的布局形式，同时运用现代化先进技术，把我国盛唐时期古典建筑风格与现代博物馆功能有机结合为一体，既保持了古老风貌，又有现代化的特点。馆内珍藏了陕西出土文物精品37万件，游客可欣赏到自115万年前到公元1840年间史前、周、秦、汉、魏、晋、南北朝、隋、唐、宋、元、明、清的陕西历史文物。其中有四百五十多块一千多平方米的唐墓壁画珍品是首次与观众见面，壁画构图精美，色彩绚丽，实为难得的艺术瑰宝。画面采用正面角度，描绘出了陕西历史博物馆的建筑风格，博大雄浑，典雅凝重，能够激发人们走进去，耐心地感受中华民族的历史脚步和文明创造。

【上海博物馆】2002—25·(5—2)T  面值80分，票幅规格50毫米×30毫米，发行量1145万枚。图案展现了上海博物馆的外观景象。上海博物馆始建于1952年，原址在南京路325号旧跑马总会，当时的陈毅市长亲题

馆名。1959年10月，迁入河南南路16号旧中汇大楼。1992年，上海市政府决定拨出市中心人民大道201号建新馆，新馆于1996年10月12日建成开放。新馆占地33亩(2.2公顷)，建筑面积4万平方米，地下一层半，地面四层半。整幢建筑呈上圆下方的造型，寓意中国"天圆地方"的传统说法。现在上海博物馆开放12个专馆，陈列面积12000平方米，拥有21个门类的99.7万件藏品，其中有珍贵文物12.1万件。青铜器、陶瓷器和书画是上海博物馆馆藏的三大特色，体现出了我国传统艺术的辉煌历史，是了解中国数千年灿烂文化文明的极好场所。画面采用近景角度，描绘出了上海博物馆的独特形象，那圆形屋顶加拱门的上部弧线，那青灰的色调，整座建筑酷似一尊中国的青铜器，建筑体表装饰着青铜纹饰，达到了馆内藏品内容与外部建筑造型的完美统一，让人欣赏赞叹不已。

【河南博物院】2002—25·(5—3)T 面值80分，

票幅规格50毫米×30毫米，发行量1230万枚。图案展现了河南博物院的外观景象。河南博物院的前身是1927年7月，在爱国将领冯玉祥将军的关心倡导下，由河南省政府委派成立河南博物院筹委会，指定开封法院西街前法政学校校舍为馆址(即今开封市三圣庙街)建立的，1928年改名为"民族博物院"，后又恢复为"河南博物院"。新中国成立后，该馆定名为河南省博物馆，1961年由开封迁至郑州。历经抗日战争、解放战争和"文化大革命"，博物馆基本上陷于瘫痪。党的十一届三中全会以后，河南省博物馆进入了一个新的历史发展时期。1991年秋，国务院决定由国家和河南省共同投资筹建新馆舍。新馆坐落于郑州市农业路8号，1996年5月1日落成开放。1997年7月，河南省政府决定，将中原石刻艺术馆与河南省博物馆合并，成立河南博物院。该院占地156亩，建筑面积7.8万平方米。主体建筑呈金字塔状，是以我国现存最早的天文台遗址——登封元代观星台为原型修建的，上置仰斗以承"甘露"，下接覆斗以纳"地气"。展馆周围8座附属建筑呈对称状环绕中央的主体建筑，取"九鼎定中原"之意。整体建筑气势宏伟，造型古朴典雅。主展馆有序厅，后面有空中通道和文物库相连，共有4层19个不同规格的展厅。左右两翼分别建有宽敞的院落，花木葱茏，园林拥簇。这组建筑充分体现了源远流长、博大精深的中原文化特征。馆内藏

品达13万件之多，以史前文物、商周青铜器、历代陶瓷器和玉器最为著名。画面采用近景角度，描绘出了河南博物院古朴典雅的造型：那长金字塔形的主体展馆，那主体展馆上置承"甘露"的仰斗，下接吸"地气"的覆斗，设计精巧，结构严谨，气势宏伟，具有独特的艺术风格，既生动地体现了中原文化的特征，也蕴藏着一种神秘气息，耐人深思。

【西藏博物馆】2002—25·(5—4)T 面值80分，

票幅规格50毫米×30毫米，发行量1145万枚。图案展现了西藏博物馆的外观景象。西藏博物馆坐落于拉萨市罗布林卡路21号，是西藏第一座具有现代化功能的博物馆。1994年7月列入西藏自治区成立30周年大夫援藏62项工程之一。1997年10月1日，举行主体工程竣工暨江泽民主席题写馆名揭牌仪式。1999年10月5日正式开馆向社会开放。该馆占地面积5万平方米，整座建筑宏伟壮丽，布局结构严谨。该馆有丰富的馆藏珍品，它以史前文化、不可分割的历史、文化与艺术、民俗文化四个部分向观众展现。其中诸如各种类型的史前文化遗物，多种质地和造型的佛、菩萨人物造像，历代蘸金粉、银粉、珊瑚粉等手写的藏文典籍，五彩纷呈的唐卡画，各种乐器、法器，具有鲜明的民族特色的手工艺品，别具风格的陶器等等，凸显出藏民族鲜明的、独具魅力的灿烂文化。画面采用正面角度，描绘出了西藏博物馆的建筑风格，飞檐"金"顶，三"殿"并列；飞阁廊道，将三殿联成一体，既融汇了西藏寺庙的传统建筑艺术特点，又深刻体现了现代建筑的实用特点和艺术神韵，个性突出，令人叹为观止。

【天津自然博物馆】2002—25·(5—5)T 面值80

分，票幅规格50毫米×30毫米，发行量1130万枚。图案展现了天津自然博物馆的外观景象。天津自然博物馆是我国最大的自然博物馆之一。其前身是1914年法国传教士桑志华创办的、1927年开放的北疆博物院。新中国成立后，1952年该院改建成天津市人民科学馆，1957年正式定名为天津自然博物馆。1997年中共天津市委、市

人民政府投资建设新馆,1998年10月1日新馆舍又在马场道206号落成开放。新馆占地面积2万平方米,主体建筑面积1.2万平方米,以历史悠久、馆藏丰富和科研成果卓著而享誉中外。馆藏动植物标本及古生物、古人类化石约38万件,数量雄居全国同类博物馆之首,其中有国家一、二级藏品一千多件,而且多数为我国乃至世界瑰宝中的珍品"模式标本"。馆藏的生物、地质、化石标本,以其来源广泛、门类齐全和珍品荟萃形成三大特色,为天津自然博物馆的收藏、研究、展示及世界性学术交流合作奠定了坚实的物质基础。画面采用近景角度,描绘出了天津自然博物馆独特的建筑特征:主体建筑呈穹窿形,基座壁上雕刻着生物化石图形;那球状的屋顶犹如苍茫的宇宙天空,它仿佛与辽阔坚实的大地融为一体,能够让人感受到一种人与自然和谐相处之美。

2002—26 武术与跆拳道(中国—韩国联合发行)(T)

【武术与跆拳道(中国—韩国联合发行)(T)】Wushu and Taekwondo (Jointly Issued by China and the Republic of Korea) (T)　有关"中国"名称的知识,详见本书1996—8《古代建筑(中圣联合发行)(T)》。韩国,位于朝鲜半岛南部,在北纬38°附近军事分界线以南。朝鲜半岛位于亚洲东半部。半岛上有巍峨险峻的山岭和肥沃坦荡的原野,有水源丰富的河流和葱郁茂密的森林,有宜人的气候和秀丽的景色,东西直线距离360公里(900朝鲜里),南北最长841公里(2100朝鲜里),两值之和恰为3000朝鲜里,故素有"三千里锦绣江山"之称。7世纪中期,新罗建立朝鲜半岛统一的民族国家。10世纪初,高丽王朝取代了新罗。"高丽"即"高山丽水"之意。500年后,李氏王朝取代高丽,改国名为朝鲜,意思为"朝日鲜明",即朝鲜又为沐浴在初升太阳下的"晨曦之国"。1897年,李氏朝鲜国王高宗李熙(1852—1919)改国名为"大韩",建元光武。1910年为日本吞并。第二次世界大战结束后,朝鲜半岛分裂为两个不同国家,南部为大韩民国,北部仍称朝鲜。大韩民国简称韩国,1948年8月15日成立,国土面积9.96万平方公里,首都汉城。1993年~1998年,韩国政府实施"新经济五年计划"与经济国际化战略,国民经济迅速发展,曾与香港、台湾、新加坡并称亚洲"四小龙"。

2002年11月20日,为了增进中国和韩国之间的友好关系,中华人民共和国国家邮政局和韩国邮政部门联合发行了一套《武术与跆拳道(中国—韩国联合发行)(T)》特种邮票,全套2枚。金东成(韩国)、娄玮(中国)设计。影写版。齿孔11.5度。邮局全张枚数12(3×4),竖2枚连印。北京邮票厂印制。

这套邮票的2枚图案,设计者精心选取了武术和跆拳道的典型对练场面,并统一采用暖黄色作底衬,用淡淡的不同运动项目的灰色"环线"带幻化出动势线路,衬托了主体人物动作,虚实结合,使画面产生了韵律和动感效果,富有比赛现场的气氛。设计者采用国画的写意手法做背景设计和版面设计,运用了点击式触发的手法,到了"舞"画同存,"舞"成则画退,画成则"舞"退的意境,最终"舞"出了两个民族的体育精神。

【武术】2002—26·(2—1)T　面值80分,票幅规格40毫米×30毫米,发行量1120万枚。图案展现了中国武术中"剑术对抗"的精彩场面。武术作为中国人民在长期的社会实践中不断积累和丰富起来的宝贵文

化遗产,不但得到我国人民的喜爱,也受到了世界人民的欢迎。在1990年第11届亚运会上,武术开始成为正式比赛项目。2002年,武术又获得国际奥委会的正式承认。应该相信,在不久的将来,武术一定能够成为奥运会的正式比赛项目。画面捕捉住了两个女武术运动员进行剑术对练的精彩瞬间:她们手持短穗剑,动作刚柔相济,吞吐自如,轻快飘洒,气势连贯,具有"剑如飞凤"、"剑走美式"的特色。

有关武术的知识,详见新版《中国集邮百科知识》T·7《武术》。

【跆拳道】2002—26·(2—2)T　面值80分,票幅规格40毫米×30毫米,发行量1120万枚。图案展现了韩国跆拳道的精彩场面。现代跆拳道起源于古代朝鲜武艺,旧称跆跟、花郎道、唐手道。在韩语中,"跆"是

使用脚踢、撞摔的意思;"拳"是用拳头击打;"道"则是一种技艺的方法和道理。在技术上,跆拳道以腿技为主,约占技法的七分,再加上并用的手脚,其套路多达20种以上,而且擒拿、格斗、自卫术等也融合进来,成为跆拳道的基本功。跆拳道运动不分男女,对阵的双方只是依体重的不同而划分成不同的级别;它的比赛场地只是一块8平方米的平地。跆拳道虽然对抗性极强,却不受场地与器械的限制,易学好练,故深受普通大众的喜爱,

并逐渐发展成一种既是具有较高攻击能力的体育运动项目,又是精巧的艺术和简易的锻炼方式。20 世纪 60 年代,韩国成立了跆拳道协会,使跆拳道成为了国家的正式运动项目。只经过短短的十多年时间,刚刚成立的世界跆拳道联合会就走进了国际体育联合会的大家庭。1980 年,韩国又以汉城奥运会为契机,巧妙地利用了天时、地利、人和等条件,成功地将跆拳道送入了奥运会,当时虽然还只是表演项目,但却起到了让世界真正认识跆拳道的作用。目前,跆拳道已在世界上一百五十多个国家得到了广泛的普及和迅速的发展,参与者达近亿人。2000 年,跆拳道终于被列为第 27 届悉尼奥运会正式比赛项目,使韩国人实现了让民族体育进军世界的梦想。画面捕捉住了两个男跆拳道运动员进行格斗的精彩瞬间:他们一人抬腿用脚猛力踢去,一人伸臂用手就势击打,气势勇猛,动作激烈而潇洒,能够给人一种艺术的美感。

2002—27 长臂猿(T)

【长臂猿(T)】Gibbons(T)　　长臂猿俗称撩猴、吼猴,属灵长目、长臂猿科,计有 9 种,都是东南亚的特产动物。它们没有尾巴和颊囊,是小型的类人猿。一般体重在 5 公斤~10 公斤,体长 0.5 米。前肢特别长,双臂平展可达 2 米,雌雄两性毛色不同,雄性为黑色或深褐色,雌性为灰黄色。出生不久的婴猿毛色是白或淡黄。长臂猿是典型的树栖动物,常年栖息在热带、亚热带的雨林中,在树上觅食、戏耍、睡觉、交配和产仔,很少到地面上活动。长臂猿行动敏捷,用其双臂相互交错移动,像荡秋千似的,从一棵树悠向另一棵树,几米甚至十几米的距离可以一荡而过,蹿跳如飞,极其神速。长臂猿一旦落到地面上,因其前肢过长,只能站立行走,便会显得笨拙不堪;有时为了找平衡,它们不得不将双臂高高举起,呈"投降"之状。长臂猿结成五六只或八九只的小群一起生活,群中由一只雄性成年猿率领,其它为雌猿或幼猿。每个长臂猿群体都有一定的领地范围,它们以浆果、果实等植物性食物为主,也兼食鸟卵、小鸟及昆虫等。长臂猿的繁殖期不大固定,每两年繁殖一次,每胎一仔,孕期在八九个月。除母猿外,其它雌猿也都爱护幼猿,幼猿五六岁后即成年。长臂猿的寿命一般在 30 年~40 年。长臂猿是著名的"歌唱家",每天清晨,朝阳透进雾海幽谷,万物复苏,百鸟齐鸣,长臂猿群中便由一只声音高亢的猿领唱,其它的猿呼应合唱,吼声响彻山谷,报晓一天晨曦的到来,在数里外的山林中也可以听到。二百多万年前更新世时期的长臂猿化石在我国四川、广西、贵州和湘西开始被发现。据古书记载,两千年前我国长臂猿分布在长江三峡、华南、华东和秦岭、大巴山的广大林区。南朝盛弘之的《荆州记》(432—439)曾记有三峡地区的渔歌"巴东三峡巫峡长,猿鸣三声泪沾裳"。唐朝著名诗人李白在流放期间,经过三峡时曾写下这样的诗句:"朝辞白帝彩云间,千里江陵一日还。两岸猿声啼不住,轻舟已过万重山。"但由于近代人口的增加,森林被大规模砍伐和对长臂猿的过度猎取,使长臂猿的生存环境恶化,数量减少,分布区缩小,海南岛的长臂猿从三百多年前的两千多只,减少到现今的不足 20 只,成为世界上最濒危的物种;华南大陆的长臂猿分布区已退缩到云南南部和西部的极小区域,成为濒危物种。长臂猿是东南亚热带森林的代表动物,均属濒危物种,在《濒危动植物种国际贸易公约》(CITES)中被列为附录-Ⅰ;我国将其列为国家Ⅰ级重点保护野生动物。

　　2002 年 12 月 7 日,为了宣传保护野生动物的意义,中华人民共和国国家邮政局发行了一套《长臂猿(T)》特种邮票,全套 4 枚。殷会利设计。影雕套印。阎炳武、呼振源、姜伟杰、李庆发、郝欧雕刻。齿孔 11.5 度×11 度。邮局全张枚数 20(4×5)。北京邮票厂印制。

　　这套邮票的 4 枚图案,设计者采用写实手法,准确而生动地刻画出了 4 种长臂猿的真实形态和生态环境。画面上所表现的长臂猿都是比较静态的,采用静态是为了表现出它的基本特征,给人以直观的感受,至于动感则是从部分色彩和整体构图等其他方面做了考虑。每枚图案的背景都客观地表现出了每种长臂猿在野外生存的原生态,以达到一种和谐的境界。构图上采用 2 枚画面集中在上半部,另 2 枚集中在下半部的设计形式,从而造成一种上下灵动的动感,以体现出长臂猿灵活的生活特征。图稿是采用水彩加丙烯画出来的,水彩画出来的图案轻松、不拖泥带水,而丙烯则把事物表现得比较厚重。整套邮票创造出了一种如实、准确之美,将艺术与科学完美地结合在了一起。

【白掌长臂猿】2002—27·(4—1)T　　面值 80 分,票幅规格 30 毫米×40 毫米,发行量 1160 万枚。图案刻画了长臂猿中白掌长臂猿的形象。白掌长臂猿的特征是手、足呈白色或淡白色,颜面周围常形成明显的白色面环。两性非异色,两性都有暗、淡两种色型:一种是暗色型,即除手、足、眉毛和面环呈白色外,体躯呈黑褐色;另一种是淡色型,即除面环和手足呈白色外,体躯

呈淡黄或奶油黄色。白掌长臂猿是长臂猿中典型的一夫一妻配偶制群，群小，一般为1只~3只家庭群。白掌长臂猿主要分布在东南亚，我国1983年报道在云南西南部孟连发现有分布，孟连白掌长臂猿1986年被定为新亚种。另外，在西盟、沧源也有分布。现仅见于沧源南滚河自然保护区，约三十多只。画面以郁郁葱葱的浓密丛林为背景，一只淡色型的白掌长臂猿蹲坐在一根树干上，身体矫健；他那白色的手足和面环，又透着几分英俊和潇洒；他左前臂紧紧抓着上方的树枝，右前臂自然下垂，显得十分放松；他注视着前方，既像是在观察，又像是在倾听，悠闲之中有机警，真不愧为森林中的精灵。画面右上角标出了中文名称"白掌长臂猿"和拉丁文学名"*Hylobates lar*"，既点明了画题，又将科学性与艺术性结合在了一起。

【白颊长臂猿】2002—27·（4—2）T　面值80分，票幅规格30毫米×40毫米，发行量1160万枚。图案刻画了长臂猿中白颊长臂猿的形象。

在长臂猿中，白颊长臂猿的躯体显得更加纤细，而四肢也显得更长。雄性躯体呈黑色，头顶簇毛冠斑显得尖长而明显，但两颊有斜狭长的白斑色，故得名。雌性躯体为污黄色，头顶暗褐色冠斑呈多角形。主要栖息于海拔800米以下的热带雨林和季雨林。3只~5只群居，一夫一妻或一夫两妻配偶制。印度支那北部的特有种，而我国只分布于云南勐腊县和红河州绿春县黄连山自然保护区，野外数量不超过100只。另外，越南北部和老挝北部也有分布，估计数量不超过250只，为高度濒危物种。画面以浓密的热带雨林为背景，拍摄了一对白颊长臂猿夫妻的合影照，丈夫一身黑色服装，衬托出那两颊斜狭长的白斑色，透出一股帅气；妻子一身污黄色，显得十分温柔。他们相依相偎而坐，洋溢着浓浓的相亲相爱之情；他们一起欣赏大自然的优美，生活得和谐轻松、无忧无虑。画面左下角标出中文名称"白颊长臂猿"和拉丁文学名"*Hylobates leucogenys*"，既点明了画题，又将科学性与艺术性结合在了一起。

【黑长臂猿】2002—27·（4—3）T　面值80分，票幅规格30毫米×40毫米，发行量1175万枚。图案刻画了长臂猿中黑长臂猿的形象。黑长臂猿两性异色，雄性全身亮黑色，头顶有短而直立的尖形簇毛；成年雌性全身黄褐色，头顶有棱形黑褐色冠斑，故又称黑冠长臂猿。20世纪50年代，在广西西南部尚有残存，现今只在云南

南部、中部和西南部发现有分布。80%的种群分布于我国，约有七百多只，而越南北部仅有少量分布。黑长臂猿是长臂猿中最原始的类群之一，4只~7只群居，或带1仔~4仔，主要栖息在海边1000米~2300米的东南亚热带季风常绿阔叶林中。画面以浓密的热带雨林为背景，一只雄性的黑长臂猿仰坐在一根树干上，他的右前肢放在膝盖上，左前肢自然下垂，口张得大大的，仿佛正在放声歌唱，尽情享受着悠闲宁静的幸福生活，其声音之嘹亮，真是名副其实的吼猴啊！画面左上角标出了中文名称"黑长臂猿"和拉丁文学名"*Hylobates Concolor*"，既点明了画题，又将科学性与艺术性结合在了一起。

【白眉长臂猿】2002—27·（4—4）T　面值2元，票幅规格30毫米×40毫米，发行量1120万枚。图案刻画了长臂猿中白眉长臂猿的形象。白眉长臂猿毛长密而蓬松，两性均在眉额处有两道粗的白色眉纹，故得名。两性异色，雄性

通体黑色或黑褐色，头顶的毛较长而披向后方，故扁平而无簇状毛冠。雌性躯体毛色金黄，颜面宽阔，面周趋淡，近似白色。幼猿出生时全身灰白色，半年后雌雄幼猿褪为黑色体毛，在青春期时雌猿才呈艳丽的金黄色。白眉长臂猿主要栖息于海拔2000米~2500米的南亚热带季风常绿阔叶林中。我国主要分布于澜沧江以西云南西部，缅甸北部和印度阿萨姆也有分布。20世纪50年代~60年代，我国云南西部腾冲山区较多，现已很稀少，估计不超过300只。画面以南亚热带季风常绿阔叶林为背景，捕捉住了一对母子白眉长臂猿相处的生动瞬间：幼猿依偎在妈妈的怀抱中，抱着妈妈的长臂，觉得既幸福又安全；雌猿用自己的长臂将幼猿揽在怀中，嘴里仿佛还在唱着儿歌，充满了慈爱和呵护之情。画面左下角标出了中文名称"白眉长臂猿"和拉丁文学名"*Hylobates hoolock*"，既点明了画题，又将科学性与艺术性结合在了一起。

2003—1 癸未年（T）

【癸未年（T）】Guiwei Year（Year of the Sheep）（T）　有关干支纪年法和十二生肖的知识，详见新版

《中国集邮百科知识》T·46《庚申年》。2003年为中国农历癸未年，未羊，也称羊年，凡是在这一年出生的人都属羊。

2003年1月5日，为了庆祝新春佳节，中华人民共和国国家邮政局发行了一套《癸未年(T)》特种邮票，全套2枚，这是第二轮十二生肖系列邮票的第十二套。原作者(2—1)胡新明、胡深（泥塑）、(2—2)刘静兰（剪纸）。王虎鸣设计。影雕套印。李庆发、姜伟杰雕刻。齿孔11.5度。邮局全张枚数32(8×4)。版式二：邮局全张枚数8枚（每图各自为一版）；发行量80万版；尺寸规格120毫米×140毫米；刘静兰（过桥剪纸），王虎鸣（边饰）。北京邮票厂印制。

这套邮票的2枚图案，(2—1)采用了陕西省凤翔县原汁原味的民间工艺品——泥塑彩羊，(2—2)采用了刘静兰的两只剪纸羊，既体现出了节日的喜庆气氛，也充分显示出了雕刻版邮票的魅力。面值文字做了形象符号的设计处理，突破了以往简单的字体。小版张的边饰，是各种不同字体的"羊"字，因为汉字本身就是一种艺术，它进一步阐释了生肖文化，给集邮者提供了更多的信息。

【癸未大吉】2003—1·(2—1) T　面值80分，票幅规格26毫米×31毫米，发行量4620万枚。图案选用了陕西省凤翔县纸坊镇六营村泥塑艺人胡新明（胡深之孙）、胡深的工艺作品——凤翔泥塑花羊。这是陕西凤翔县民间传统的一种泥玩具。

画面上的泥塑花羊，白底黄角，黑线勾勒，红绿相间，身背粉红色海棠花，寓意四季平安；羊犄角向后弯曲成蜗牛状，形似"佛八宝"中的"法螺"，是一种吉祥图纹。整体造型寓意吉祥富贵之意，不失为新年祝福的吉祥之物。整只小羊挺胸，扭头，造型活泼可爱，色彩饱满艳丽，喜庆吉祥，惹人喜欢。

有关泥塑艺术的知识，详见本书1996—30《天津民间彩塑(T)》。

【三阳开泰】2003—1·(2—2) T　面值2元，票幅规格26毫米×31毫米，发行量3800万枚。图案采用了刘静兰的剪纸作品。剪纸羊仰头，抬腿，翘尾，瞪眼，尽显灵巧之趣。设计者将两只剪纸羊与汉字楷体"羊"组合为一体，构成"三羊"的图形，寓意"三阳开泰"，点出喜庆内涵，颇具画龙点睛之妙。三阳，《易经》以十一月为复卦，一阳生于下；十二月为临卦，二阳生于下；正月为泰卦，三阳

生于下。三阳开泰指冬去春来，阴消阳长，是吉利的象征，常作新年开始的颂语。图案采用绿色衬底，洋溢着一派生机勃勃的盎然春意。

2003—2 杨柳青木版年画(T)

【杨柳青木版年画(T)】Yangliuqing Wood Engraving New Year Pictures(T)　木版即木版画，版画的一种。用刀在木板上刻画，再用纸拓印出来的一种图画。是中外版画的最早形式。使用的木板有梨木、黄杨木、白桃木等。以凸线为主构成白多于黑的画面者，叫阳刻；以凹线为主构成黑多于白的画面者，叫阴刻；也有阴刻、阳刻混用者。运用多块木板套印出两种以上颜色的作品，称为套色木刻。又因拓印使用的颜料性质不同，分为油印木刻和水印木刻等。过去木刻多用以复制绘画作品，绘、刻、印三者分工，称为复制木刻。现代木刻由作者自画、自刻、自印，充分发挥刀木所特有的艺术效果，称为创作木刻。年画是中国的一种绘画体裁，新年（春节）时张贴，故得名。年画最早始于秦汉时期，当时逢除夕（农历腊月三十）人们便在门户上画神荼、郁垒及老虎，以驱除鬼魅等不祥之物。宋代已有记载，当时汴京（今河南开封）、临安（今浙江杭州）的岁末市场上有门神、钟馗等神像售，供年节贴挂。明中期以后，雕版印刷中的彩色套印技术已趋成熟，促进了木版年画的绘制与行销，全国各地陆续出现了许多年画产地。传统的年画，多为木刻水印，线条单纯，色彩鲜明，画面热闹；题材主要有五谷丰登、春牛、传统戏曲小说中的人物故事、仕女、婴儿、风景、花鸟、吉祥图案，以及封建迷信等。清代中期，以直隶天津杨柳青、山东潍县、江苏苏州桃花坞等地出品流行最广。其他如河南朱仙镇、河北武强、山西临汾、陕西汉中和凤翔、四川绵竹和梁平、湖南邵阳、广东佛山、福建漳州和泉州、台湾台南等地的年画，也比较有名。20世纪初，上海开始有胶版印刷的"月份牌"年画，兼用作商业广告。杨柳青木版年画是流行于中国北方的年画品种。杨柳青位于天津市的西郊区，古称柳口，这里地处大运河、子牙河和大清河沿岸，交通便利的条件使其从明朝起就是北方著名的市镇之一，后因其广植杨柳才易名为杨柳青，地名极富诗意，景色优美，有"小苏杭"之誉，并以流行于北方广大地区的杨柳青木版年画而著称于世。杨柳青木版年画大约始于明朝末年，其发祥地包括杨柳青以及附近的三十多个村庄。清朝中期，杨柳青木版年画达到鼎盛，原为画工的戴廉增、齐建隆二人在镇上分别开设画店，他们的后人又将画店逐渐分化。每逢农历冬至，各地客商云集杨柳青。一派车

水马龙景象。此外，杨柳青地区还有各大画铺，迄今可考的有惠隆、爱竹斋、万顾恒、盛兴、增顾等号，共12家。每家作坊有十几个印年画的案子，戴廉增一家每年印刷年画约数百万张，行销各省、县。杨柳青真正成了绘画之村，不仅诞生了许多优秀的画师和雕版师，就连目不识丁的农村妇女儿童对这种民间美术也极为娴熟，不愧为"家家会点染，人人善丹青"的艺术之乡。据统计，直至清光绪年间，杨柳青木版年画的名画师有高桐轩（名荫章）、张俊庭、王润柏、周于贞、戴立山、张祖三、张耀林、王本意、陈玉舫、赵景贵、韩竹樵、成三槲、王葆真、徐荣轩、阎玉桐、杨续、韩月波、王绍田、徐少轩、徐思汉等人。其中的高桐轩名声最著，清末，他曾在清宫如意馆供过职，为慈禧画过像，足见其艺术功力之高深。杨柳青木版年画的制作工艺采用线刻单色印版，然后经人工刷色而成，造型生动真实，线条工细挺健，设色鲜艳雅致，适合百姓大众的审美观。早期的仕女、娃娃画，多摹写宋代画院苏汉臣等人的本子，人物皆体态丰腴，天真活泼，美丽可爱。清乾隆后，逐渐表现真实生活中的妇女儿童形象，画理想中的美女，"鼻如胆，瓜子脸，樱桃小口蚂蚱眼；漫步走，要笑千万莫张口"。画娃娃则是"要肥胖"。至晚清，杨柳青木版年画更注重画面的对称和平衡感，色彩鲜艳和谐，而且增加了山水、亭台、室内用具等补景方法，画面更加丰富。杨柳青木版年画的艺术风格及其制作方法，具有鲜明而强烈的民间绘画特点，早期的色彩典雅细致，晚期则追求红火强烈的效果。杨柳青木版年画的题材多种多样，仕女儿童、历史故事、神话传说、民俗生活、风景名胜、花鸟鱼虫等应有尽有。杨柳青木版年画的体裁更是多种多样，整张纸的叫"贡尖"、"中堂"，还有裁成的"八条屏"、"四条屏"、"六条屏"、"窗旁画"、"缸鱼"等形式。杨柳青木版年画作为北方木版年画的典型代表，曾对河北武强年画、山东潍坊年画产生过程度不同的影响。但到清朝末年，由于帝国主义的入侵和国内反动统治集团的压迫，造成了农村的贫困，严重阻碍了杨柳青木版年画的销路，画店相继倒闭，几近艺绝人亡。新中国成立后，成立了杨柳青木版年画社，并随着人们思想观念和生活习俗的变化，对年画在传统的基础上进行了改造和创新，才使之重放光彩，丰富了人民群众的精神生活。

2003年1月25日，正值农历腊月二十三，俗称"小年"，为了庆祝新春佳节，中华人民共和国国家邮政局发行了一套《杨柳青木版年画（T）》特种邮票，全套4枚。王虎鸣设计。影写版。齿孔12度。邮局全张枚数（4—1）(4—3)20(5×4)，(4—2)(4—4)20(4×5)。版式二：8枚（2套邮票）；发行量94万版；规格150毫米×240毫米。北京邮票厂印制。

这套邮票的4枚图案，设计者舍弃了繁琐的装饰，注重让原作品本身"说话"，利用素白底色，烘托出了原画的特有风格和特色。小版张则侧重营造出了喜庆欢乐的年画氛围，以传统的设计语言，为原画"画眉张目"，仿旧洒金衬底，篆书、宋体、仿宋、楷书等文字点缀，都散发出浓郁的"古典"气息。值得一提的是，这套邮票原计划发行1枚小型张，图案是杨柳青木版年画具有标志性的作品《连年有余》，但后来因故小型张未发行。设计者为了弥补邮票上没有这幅标志性著名传统年画的缺憾，将其安排在了小版张的边饰上。这是一幅杨柳青年画最有代表性的作品，画面上一个体态丰腴、神采奕奕的胖娃娃，手持莲花，紧抱着一条通红的大鲤鱼。"莲"寓意连续不断。鱼在传统吉祥文化中占有重要地位。由于"鱼"与"余"同音，人们常将"鱼"比作财富，即"多余"。而鱼生活在水中，水在民间也是财富的象征，很早就有"财水"之说，故"水中有鱼"是非常吉利的象征。鲤鱼在民间被视为富裕丰足的象征，不仅因其形象肥硕饱满，神气活现，更因其谐音"利余"，即"有利有余"。整个画面象征着人丁兴旺，丰盛有余，生活永远（连年）富裕幸福。仔细欣赏这幅年画，莲花粉生生，荷叶绿葱葱，大胖小子精灵灵，鲤鱼直打挺，简直就要活了！据说，这幅年画还真的"鼓"过呢！所谓"鼓"，就是"活"的意思。相传，清乾隆年间，河北胜芳镇有个财主薛富贵，他从卫里（天津市里）回来，船过杨柳青时，听岸上有人操琴唱地方小调《画扇面》："天津城西杨柳青，有一个美女白俊英，她妙手丹青绘画面……"便下船上岸。薛富贵不懂画，但却被一幅年画迷住了，竟然买了白俊英亲笔画的《连年有余》带回了家。薛家老两口对这幅画十分喜爱，白天借着阳光看，晚上举着油灯瞧，看着看着不禁打起盹来。刚一合眼，发现画上的那个大胖小子，眉一挑，眼一动，腿一伸，腰一挺，从画上跳了下来，奶声奶气地说："老爷爷，老奶奶，想吃鱼，我会逮，您老拿个木盆来。"薛富贵梦醒过来，他心里一亮，想起杨柳青年画年年鼓，一年鼓一张的传说，如《金驹送宝》、《黑驴拉磨》、《美人就亲》、《春牛耕作》等关于杨柳青年画的故事，便赶忙叫老伴找来一个大木盆，让画上的胖娃娃给逮鱼吃。果然，第二天早上，木盆里有一条活蹦乱跳的大鲤鱼。从这天开始，薛富贵天天要求胖娃娃给他们逮鱼，而且把鱼都卖成了钱，钱越赚越多，他便暗暗盘算着，赵家的庄院、钱家的船、孙家的苇塘、李家的滩，甚至整个胜芳镇很快就都要姓薛了。谁知，就在他打着如意算盘时，抬头一看，那幅画变成了一张白纸，原来胖娃娃怕被薛富贵的钱臭玷污了自己的灵性，张起荷叶帆，架起莲花船，抱着大鲤鱼,沿着大清河,又回杨柳青去了。另外,小版张边饰上还印有这样一段文字:"杨柳青版年画是中国著名的传统年画,因产于天津杨柳青镇而得名。始创于明崇祯年间,至今已有三百余年,清雍正、乾隆至光绪初为鼎盛时期。杨柳青木版年画印绘结合,风格独特,构图丰满,线刻精工细腻,手工染色艳丽。题材多为戏曲和神话故事以及表现世俗风情的仕女、胖娃娃等。民间过年用以布置居室环境,营造热闹吉祥的年节气氛。其作品以晚清时期最为典型。"并钤有一方红色椭圆形繁体"畫"(画)字印章。设计者的精心构思,使得小版张不仅增加了邮票的文化内涵,而且有利于读者对邮票的理解和欣赏。

【五子夺莲】2003—2·(4—1)T　面值80分,票幅规格40毫米×30毫米,发行量1110万枚。图案选用了杨柳青木版年画《五子夺莲》。杨柳青木版年画中,胖娃娃的题材最丰富,作品甚多。《五子夺莲》为清雍

正年间(公元1723年~1736年)的作品,属娃娃题材的经典之作。画面上的5个娃娃形象,没有姓名,姿态各异,只能用他们各自不同的发型为其定名了,左起依次为:总角、半瓜、婆焦、金箍、三搭。所谓"总角"发型,即头上拢着的两股头发像兽的两只角;所谓"半瓜"发型,也称"半拉瓜",据说是父母怕儿子夭折,才剃成这种发型,故也称"鬼见愁";所谓"婆焦"发型,即将头顶心一圈和脑后风池部位的头发剃去,剪短前额上方的头发,再将左右鬓上边的头发结成两髻,垂于双耳之上;所谓"金箍"发型,即理发时,在头上留一圈头发,形如《西游记》中孙悟空的紧箍;所谓"三搭"发型,即由左右鬓上不扎髻的垂发和额上的垂发三部分构成,也称"垂髫"。画面上描绘的场景仿佛是总角、半瓜、金箍、三搭4个矮个儿娃娃结伴去采莲,不料在回家的路上,碰到了人高马大的婆焦。婆焦想夺走他们几颗莲。4个小娃娃不甘心,他们由一个小娃娃三搭保护采的莲,由于紧张吧,有3个莲掉落在了地上。其他3个娃和高个儿娃娃婆焦展开了争夺:他们把高个儿娃娃团团围住,金箍抱腰,半瓜抱腿,总角伸手夺高个儿手里的莲;婆焦仗着自己个儿高、体壮,他虽然已成金鸡独立之状,但仍然挺立,左手将夺来的莲高高举过头顶,右手用力揪着半瓜的头发,争夺得相当激烈。画家捕捉住了5个娃娃夺莲过程中的相持瞬间,动感强烈,既表现出了娃娃们保护自己劳动收获的认真态度和勇敢智慧,从形体对比的悬殊中又

透出几分游戏情趣,令人忍俊不禁。在古代书面语言中"五"意含"多数"之意,如"五福和合、五福临门、三福捧寿、五子登科"等祝颂词语。何谓"五福"?《书经·洪范》记述为"一曰寿,二曰富,三曰康宁,四曰好德,五曰考终命";民间则称"五福"为"福、禄、寿、喜、财"。人们在祈求"五福"的同时,还期盼"五子登科"。"五子夺莲"中的"莲"与"连"属同音双关,故"五子夺莲"中的"莲",除有"连生贵子"之义外,也有"连中三元"之蕴。由此可见,"五子夺莲"图,图中有图,画外有画,是对"五福临门"、"五子登科"与"连生贵子"、"连中三元"四句祝颂语的高度浓缩和艺术表现,当之无愧被誉为杨柳青木版年画的代表作。画面右上角钤有一方"五子夺莲"4字椭圆形红色印章,点明了画题。

【钟馗】2003—2·(4—2)T　面值80分,票幅规格30毫米×40毫米,发行量1090万枚。图案选用了杨柳青木版年画《钟馗》。传统年画题材丰富,但最早是从"厂神"的"门画"开始产生的,现今有些地区仍有贴"门神"的习俗。钟馗是"终葵"的谐音。终葵者,乃古代举行驱疫逐鬼仪式时挥舞的一种"棒槌",后人以此转

借为"辟邪驱妖食鬼"的神人。民间传说,钟馗是唐初终南山人,生得豹头环眼,铁面虬须,相貌奇丑,然而却饱读诗书,才华横溢,平素为人刚直,不惧任何邪恶。唐玄宗登基那年,他赴长安赶考,由于学识渊博,谈吐不凡,被主考官誉为"奇才",并取为贡士之首。但在殿试见皇帝时,因奸相卢杞以貌取人,迭进谗言,使唐玄宗取消了钟馗录取资格,并取笑其丑陋,恐怕连鬼都会怕他三分。钟馗一怒之下,头撞殿柱而死,震惊朝野。后来皇帝下诏封钟馗为"驱魔大神",并按照状元的官职殡葬。民间又传说钟馗死后,受到阎王的青睐,授命他为阴间鬼王,并赐宝剑一口,让他专门捉拿流窜到人间作乱的孤魂野鬼。从此,钟馗以堂堂正正鬼王的身份,出现在各种民间传说与文学作品中。钟馗为民间门神,有这样一个故事:相传,唐玄宗生了一场大病,在睡梦中见一小鬼盗走了自己心爱的玉笛以及杨贵妃的绣香囊,还在宫殿中乱跑乱叫。玄宗大惊,却见一蓬发虬须,面目可怖,头系角带,身穿蓝袍,皮革裹足的大鬼从天而降,一但手抓住那个小鬼,将其撕扯几下后便吞了下去。玄宗吓得魂不附体,忙问大鬼是谁。大鬼向玄宗施礼,自称是终南山钟馗,曾赴长安应试,因殿下嫌弃貌丑而不用,故一怒之下触殿柱而死。幸蒙陛下厚爱,以状元身份厚葬,铭感

在心，誓替大唐除尽妖魅。唐玄宗醒后，大病自然痊愈。于是玄宗令画家吴道子按其梦中所见的形象画一幅钟馗图。玄宗在画上批注道："灵衹应梦，厥疾全瘳，烈士降妖，实须称奖；因图异状，颁显有司，岁暮驱除，可宜遍识，以驱邪魅，益静妖氛。乃告天下，悉令知委。"又一道诏书，将吴道子《钟馗捉鬼图》镂版印刷，广颁天下，让世人皆知钟馗的神威。自此，钟馗成为一位颇有影响力的门神。钟馗不仅捉鬼，而且吃鬼。除夕之后是新一年开始，端午节在传统中又是五毒降灾之日，故此时在门上贴钟馗像，目的是阻挡住并消灭一切象征着不吉利的事物。这幅年画为清乾隆年间（公元1736年～1796年）的作品，其绘画艺术在"门神"类作品中属上乘。画面描绘出的钟馗形象：高举一把利剑，服装上的朱砂红色十分夺目，寓意他一身正气，降伏邪恶。在钟馗的身前绘有一只蝙蝠，寓意福在眼前。画面左侧钤有一方"钟馗"2字椭圆形红色印章，点明了画题。

有关门神和贴门神习俗的知识，详见本书2005—4《杨家埠木版年画（T）》。

有关蝙蝠寓福的知识，详见本书2001—2《辛巳年（T）》。

【盗仙草】2003—2·(4—3)T　面值80分，票幅规格40毫米×30毫米，发行量1090万枚。图案选用了杨柳青木版年画《盗仙草》。这幅年画为清乾隆年间（公元1736年～公元1796年）的作品取材于民间传说《白蛇传》，人物清丽，线条优雅，人大于景，疏朗有风致，艺术风格鲜明。画面上，仙童的愤怒横暴，小青的沉着勇敢，以及白娘子唯恐仙草被夺去的恐慌心情，都表现得十分传神生动，富有强烈的艺术感染力。画面左下角钤有一方"盗仙草"3字椭圆形红色印章，点明了画题。

有关白娘子盗仙草的故事，详见本书2001—26《民间传说——许仙与白娘子（T）》。

【玉堂富贵】2003—2·(4—4)T　面值2元，票幅规格30毫米×40毫米，发行量920万枚。图案选用了杨柳青木版年画《玉堂富贵》。杨柳青木版年画中仕女类题材占据主要位置。这幅年画为清代早期的作品，较全面地反映了仕女类年画的面貌。画面上，一位身着清代服饰的女子怀抱一子、手携一子，她（他）们手中各执牡丹花（象征富贵）、玉兰花、海棠花。画名取谐音"玉（玉兰花）堂（海棠花）富贵（牡丹花）"，以示吉祥富贵之意。画面左上角钤有一方"玉堂富贵"4字椭圆形红色印章，点明了画题。

2003—3 中国古代书法——篆书（T）

【中国古代书法——篆书（T）】Ancient Chinese Calligraphyseal Character（T）　有关古代的历史分期知识，详见新版《中国集邮百科知识》特7《伟大的祖国（第四组）　古代发明》。书法是中国传统艺术之一，指毛笔字书写的方法。它以汉字为表现对象，以毛笔为表现工具，属线条造型艺术，主要讲执笔、用笔、点画、结构、分布（行次、章法）等方法。如执笔要指实掌虚，五指齐力；用笔要中锋铺毫；点画要圆满周到；结构要横直相安，意思呼应；分布要错综变化，疏密得宜，全章贯气等。篆是汉字的一种书体，如大篆、小篆、篆书、篆刻。关于篆书之"篆"的含义，历代有多种解说。唐代书法家张怀瑾在《书断》中说："篆者，传也，传其物理，施之无穷。"现代学者郭沫若在《古代文字之辩证的发展》中认为："篆者掾也，掾者官也。汉代官制，大抵沿袭秦制，内官有佐治之吏曰掾属，外官有诸曹掾史，都是职司文书的下吏。故所谓篆书，其实就是掾书，就是官书。"篆书有广义和狭义之分，广义的篆书包括隶书以前的所有书体以及变化形式，如甲骨文、金文、石鼓文、六国古文、小篆、缪篆、叠篆等；狭义的篆书主要指大篆和小篆。据文献记载，早在上古时代并没有文字，人们通过简单的绳子打结的方式记录生活，即"结绳而治"。原始社会晚期，部落公社解体，私有制产生，有了阶级，有了政治对复杂的书面记录形式的需要，因而中华民族的先民们经过观察和总结，逐渐发明了自成体系的既表音又表意的中国汉语言文字。相传，伏羲"仰观象于天，俯察法于地"，"画八卦以治下"；又说皇帝的史官仓颉"见鸟兽之迹"，"象形而制字"，这便是历史上的"仓颉造字"之说。"仓颉造字"是个神话传说。实际上是广大劳动人民为满足劳动和生活需要而创造了语言，也创造了文字；仓颉作为皇帝的史官，只是古代整理文字的一个代表人物。从"仓颉造字"到汉字基本笔画构成定型，这一过程实际上经历了几千年的时间。从现在可以看到的古文字材料显示，中华民族的先人在创造文字的过程中，是以"象形"为基础，即描绘其形的全部或局部，同时使用"指事"、"形声"、"会意"、"假借"等6种方法创造出来的。如商朝流行的文字"甲骨文"，其中很多实际上就是一幅幅抽象的形体画。到了西周,图画字的象形色彩逐渐淡化减弱,汉字的符号感愈来愈强。秦始皇统一六国后,命丞相李斯删定文字为天下范式,"书同文字",这样中国的文字才有了统一的格式,书法史上称之为"小篆",是相对于西周时代较古繁的"大篆"而言。"小篆"和大篆、甲骨文都属于"古文字"。到秦汉之际,以"小篆"为基础,通过变形简化而形成的隶书,则被称为"近代文字"或"今文字"。

2003年2月22日,为了宣扬中华民族悠久的文化艺术,中华人民共和国国家邮政局发行了一套《中国古代书法——篆书(T)》特种邮票,全套2枚。王虎鸣设计。胶版。齿孔12度。邮局全张枚数20(4×5)。版式二:8枚(4套邮票);发行量46万份;规格135毫米×200毫米。北京邮票厂印制。

这套邮票的2枚图案,即根据拓片临摹而成的两幅古代书法作品,画面采用阴字,即灰色底白字,比较符合拓片特征。拓片是指以湿纸紧裹在碑碣或金石文物上,用墨打拓其文字或图形的印刷品。广泛流传民间的字帖,多为从石碑上拓下来的"拓片",经过装饰而成为"拓本"。古代的拓版、拓本,本身就是一件珍贵的文物。"中国邮政"、"80分"等邮票面值、铭记等都被移到了邮票图案外的票边上,书法作品展示得更加纯粹。其中毛公鼎铭刻在鼎内,故拓片形状是不规则的,邮票图案上展示的是书法作品,小版张边饰则以拓片的形式反映,边饰右首可以看到呈弯曲状的毛公鼎铭文拓片原貌,拉近了欣赏者与书法作品之间的距离。小版张边饰上票名《中国古代书法——篆书》中突出了"篆"字,该字不仅较其他字大,字体也采用篆书表现,巧妙地突出了主题。

【西周·毛公鼎】2003—3·(2—1)T 面值80

分,票幅规格30毫米×40毫米,发行量950万枚。图案展示了一幅西周时期"毛公鼎"铭文。鼎是古代炊具,相当于现在的锅,用于煮或盛鱼肉。圆形,三足两耳;也有长方四足的。鼎既是三公的代称,又有显赫和盛大的象征。"毛公鼎"是一件中国古代的青铜器,铸造于西周宣王时期(公元前827年~公元前782年),出土时完好无损。"毛公"(又称毛叔郑、毛伯郑,周文王第八子)是作器者,"毛公鼎"是青铜器名称。"毛公鼎"器形作大口,半球状深腹,兽蹄形足,口檐上竖立形制高大的双耳,口檐下饰弦纹,中间有重环纹,浑厚而凝重,整个器表装饰整洁,显得朴素典雅,洋溢着一股清新庄重的气息,富有西周晚期的文化思想特征。"毛公鼎"通高53.8厘米,腹深27.8厘米,口径47.9厘米,腹围145厘米;重34.7公斤;鼎腹内壁铸有长篇铭文(阴文),计32行,分两幅左右各16行,中间空3行,计497个字,既是金文的经典名作,也是现存青铜器铭文中最长的一篇。"毛公鼎铭"全文可分为五段:一、追述周代文武二王开国时政治清平的盛况,对比作鼎时时局不靖;二、宣王册命毛公治理邦家内外;三、给予毛公以宣王命的专权;四、告诫鼓励毛公以善从政;五、赏赐毛公车、兵、命服。铭文首先追述周代国君文王武王的丰功伟绩,感叹现时的不安宁,接着叙述宣王册命毛公,委任他管理内外事务,拥有宣布王命的大权。宣王一再教导毛公要勤政爱民,修身养德,并赐给一些器物以示鼓励。毛公特铸此鼎,以表示世世代代永远不忘。全铭文辞精妙而完整,古奥艰深,是西周散文的代表作。"毛公鼎铭"的书法是成熟的西周金文风格,结构匀称准确,线条遒劲稳健,笔画圆润,布局妥帖,行气流畅磅礴,充满了理性色彩,显示出金文已发展到极其成熟的境地,历来被视为金文的瑰宝。"毛公鼎"于清道光末年(公元1850年)在陕西岐山出土,于咸丰二年(公元1852年)被陕西古董商苏亿年运到北京,由翰林院编修、国史馆协修、著名金石学家陈介祺用重金买下来。陈氏收藏"毛公鼎"30年,陈氏后人又收藏20年。20世纪初,两江总督端方依仗权势,强行从陈家将"毛公鼎"买走。几年后,端方在四川被保路运动中的新军刺死。后来,端方的女儿出嫁河南项城袁家时,端府本想以"毛公鼎"作为陪嫁,但袁家不敢接受,端氏后代遂将鼎抵押在天津的华俄道胜银行。1919年~1920年间,有个美国商人欲出资5万美元购买"毛公鼎"。民国间曾任财政总长、交通总长的大收藏家叶恭绰得到消息后,变卖了一些文物购买下来。"毛公鼎"在叶家十几年,先是放在其天津家中,后又移至上海叶氏寓所懿园。抗日战争期间,叶氏在香港,其在上海的一个姨太太,因闹财产纠纷,将"毛公鼎"藏于懿园的消息泄露给日本人,闹得日寇三番五次前去搜查。叶氏焦急万分,托其在昆明的侄子叶公超(西南联大教授)去上海护宝。叶公超刚把"毛公鼎"安顿好,便被日寇拘捕入狱,受刑七次,苦不堪言,差点丧命,曾嘱家人设法请人仿造一鼎交出去了事。后经叶恭绰多方托人设法营救,叶公超才保住性命,"毛公鼎"遂得以转移香港。其时抗日战争即将胜利,上海一个大奸商陈咏仁为给自己留条后路,表示愿买此鼎,并约法三章,胜利后一定捐献给国家。1946年,陈氏如约将宝鼎捐献给当时的"南京政府",归原中央博物院筹备处收藏,新中国成立前夕被带去台湾,现存我国台湾省"故宫博物院"。"毛公鼎"不仅在内容上是一篇重要的史料,对研究西周晚期政治历史具有参考价值,也是一篇金文(钟鼎文)书法的典范,在艺术上极具美学价值。邮票图案展示的"毛公鼎铭"第三行后9个字和第四行15个字共24个大篆字,采撷于铭文第一段中,虽然只是一个很小的局部,但完全可以从中体味到字体整齐,古朴厚重,不驰不急,行止得当的西周金文风格和气韵。实际上,从"毛公鼎"中凹部拓出的铭文应是弯曲排列的,邮票图案上的24个字虽横竖排列整齐,但因修饰过度已失去文物风采,真的有些遗憾。

《毛公鼎铭》释文:

王若曰:"父歆,丕显文武,皇天引厌厥德,配我有周。膺受大命,率裹(怀)不廷方,亡不閈(觐)于文武耿光。唯天畣(将)集厥命,亦唯先正襄辥厥辟,恪董(谨)大命,肆皇天亡昊(懆),临保我有周,不(丕)共(巩)先王配命。啟(旻)天疾畏(威),司(嗣)余小子弗彶(及),邦将害吉?翩翩四方,大從(纵)不静。乌呼!耀(憼)余小子圂湛于囏(艰),永共(巩)先王。"

王曰:"父歆。余唯肇坙(经)先王命,命汝辥我邦我家内外,惷(擁)于小大政,夔(粤)朕立(位)虢许(赫戏)上下若否雩(越)四方。死毋童(动)余一人在立(位),引唯乃知余非,庸又闻(昏)。汝毋敢妄宁,虔夙夕,惠我一人雍我邦小大猷,毋折緘,告余先王若德,用卬(仰)邵(昭)皇天,踵恪大命,康能四国,俗(欲)我弗作先王忧。"

王曰:"父歆,𩁹之庶出入事于外,専(敷)命専政,藜小大楚赋。无唯正(政)闻(昏),引其唯王智(知),遒唯丧我国。厤(历)自今,出入専(敷)命于外,厥非先告父歆,父歆舍命,毋有感惷,専命于外。"

王曰:"父歆,今余唯鍾先王命,命汝亟一方,回(宏)我邦我家。毋顀(推)于政,勿雍建(㨗)庶人貯(贾)。毋敢龏(拱)橐(苞),龏橐遒敚(侮)鰥寡。善效乃友正,勿敢湎于酒。汝毋敢彖(坠)在乃服,恪夙夕,敬念王畏(威)不睗(易)。汝毋弗帥用先王作明井(型),俗(欲)汝弗以乃辟函(陷)于囏(艰)。"

王曰:"父歆,已曰汲(及)兹卿事寮、大史寮、于父即尹。命汝𩁹(摄)司公族、𩁹参有嗣、小子、师氏、虎臣𩁹朕褻(执)事,以乃族干(扞)吾王身,取黼卅乎,易汝鬯卣一卤,祼(裸)圭瓒宝、朱市、悤黄、玉环、玉瑑、金车、𦯧𦈅较(较)朱鞹䩹靳、虎冟熏(幂)熏

裹、右厄(軛)、画鞞、画鞗、金甬、造(错)衡、金踵(踵)、金豙、勒毳、金簟弼(第)、鱼葡(箙)、马四匹,攸勒、金钩、金雁(膺)、朱旂二铃。易汝兹关(腾),用岁用政(征)。"毛公歆对扬天子皇休,用作尊鼎,子子孙孙永宝用。

注:"毛公鼎"为青铜器名称,邮票展示的是铭文书法风采,票名取"毛公鼎铭"较为准确。

【秦·泰山石刻】2003—3·(2—2)T　面值80分,票幅规格30毫米×40毫米,发行量880万枚。图案展示了一幅秦代"泰山石刻"。石刻是指刻有文字、图画的石制品或以石为材质的雕刻制品,内容丰富,种类繁多,包括碑志、画像石、造像、经幢、摩崖等。其中的碑志是石碑和墓志的总称,为石刻的一种。石碑

秦代称"刻石",汉代称"碑",是对古代有刻字的石头的习惯通称。"泰山石刻"又称"封泰山碑",是秦始皇二十八年(公元前219年)东巡泰山,行封禅之礼,丞相李斯等臣子为歌颂他统一中国的丰功而刻的石碑,是泰山现存最早石刻,被列为国家一级文物。刻石四面刻字,其中三面为始皇诏,一面为秦二世在二世皇帝元年(公元前209年)东巡时加刻的诏书与从臣姓名。原石立于泰岳之顶玉女池。后历经变迁,现藏山东泰安岱庙。"泰山刻石"的书法,历代被奉为小篆"碑祖",相传为丞相李斯(?—公元前208年)手书。李斯可称得上我国书法史上第一个有记载的书法家。他的小篆书风韵曼妙,由石鼓文的字体偏方,转而变化为纵向取势略带修长的姿态,古人称为"冠冕垂裳"。分行布白,大致是纵有列而横有序,看上去安排得非常整齐妥帖,神情肃穆,显示了一种庙堂的静穆和大气。笔法求新,所书线条较石鼓文显示了更多的宛转与流通,犹如天上的行云与地上的流水。南朝梁朝袁昂《古今书评》中评李斯书法为:"世为冠盖,不易施平(评)。"唐朝李嗣真《书后品》中说:"小篆之精,古今绝妙。"李斯在书法史上真正的功绩,在于他在小篆书上开作祖,从无到有的创造性贡献。李斯在世时曾说:"吾死后九百四十三年间,当有一人替(替代)吾迹(书法)焉。"有意思的是,唐代李阳冰果然继承李斯传统,写得一手极好的小篆书。《史记·秦本纪第六》中有这样的记载:

二十八年,始皇东行郡县,上邹峄山。立石,与鲁诸儒生议,刻石颂秦德,议封禅望祭山川之事。乃遂上泰山,立石,封,祠祀。下,风雨暴至,休于树

下，因封其树为五大夫。禅梁父。刻所立石，其辞曰：

　　皇帝临位，作制明法，臣下修饬。二十有六年，初并天下，罔不宾服。亲巡远方黎民，登兹泰山，周览东极。从臣思迹，本原事业，祇诵功德。治道运行，诸产得宜，皆为法式。大义休明，垂于后世，顺承勿革。皇帝躬圣，既平天下，不懈于治。夙兴夜寐，建设长利，专隆教诲。训经宣达，远近毕理，咸承圣志。贵贱分明，男女礼顺，慎遵职事。昭隔内外，靡不清净，施于后嗣。化及无穷，遵奉遗诏，永承重戒。

　　于是乃并渤海以东，过黄、腄（陲），穷成山，登之罘，立石颂秦德焉而去。

"泰山刻石"属于小篆最经典的作品之一，历代被奉为小篆圭臬。从文字学角度讲，它已经完全摆脱了象形文字的原始象形意味，在字形形式上达到了彻底的成熟和完美的符号化，代表了汉字在文字形式构造(指笔画构成及组合方式)上的划时代性的飞跃。从书法角度讲，它的字形长方，方格占满；笔画圆转流畅，用力匀和；空间分布均匀，字形飘逸，笔势生动；通篇排列整齐，气势磅礴，显示出一种"画如铁石，字若飞动"的韵律美。"泰山刻石"历经两千多年风雨剥蚀，又因其在历史上名声太大，历代椎拓者不计其数，故早在宋代，原石已致残。后又遭火劫，残石散落，今仅存残石数块而已。邮票图案上展示的12个小篆字，选自秦二世胡亥追加在始皇刻石上的诏书。《史记·秦本纪第六》中有这样的记载：

　　二世皇帝元年(公元前209年)春……二世东行郡县，李斯从。到碣石，并海，南至会稽，而尽刻始皇所立刻石，石旁著大臣从者名，以章先帝成功盛德焉。

　　皇帝曰："金石刻尽始皇帝所为也。今袭号而金石刻辞不称始皇帝，其于久远也如后嗣为之者，不称成功盛德。"丞相臣斯、臣去疾、御史大夫臣德昧死言："臣请具刻诏书刻石，因明白矣。臣昧死请。"制曰："可。"

尽管传说"泰山刻石"上的小篆均为李斯所书，但如果设计者选用"泰山刻石"遗留残片上的小篆字，会更加妥当些。

2003—4 百合花(T)

【百合花(T)】Lily(T)　在植物学上，广义的百合还包括百合科的大百合属、豹子花属、假百合属等。狭义的百合仅指百合属(*Lilium*)。该属全世界约有115种，分布在北半球温带和亚寒带地区；我国有55种，其中35种是我国特有品种。据记载，百合花原产我国云南、四川等地，1903年传入欧洲，后又传到美国，现世界各地广为栽培。我国百合的种质资源丰富，分布遍及全国，尤以云南、四川的中高山区最为丰富。百合的共同特征是地下茎为鳞茎，鳞片无皮，像覆瓦重叠，数十片团团相摞，状似白莲花，犹如百片合成，故得名"百合"。百合的鳞茎如蒜，故别名"百合蒜"。百合属的基本特征是：多年生草本植物，鳞茎由多数肉质鳞片摞叠成莲花状球体；茎直立，从上年形成的鳞茎中央长出；叶散生，稀轮生，线形或披针形；花数朵排成总状或单花生于茎顶端；花大，姿态多样，呈喇叭形、钟形和花瓣反卷或不反卷三种类型；花被片6枚，彼此靠合，上端常反卷，蜜腺生于被内面的基部；雄蕊6枚，花药常为黄色，背着生，丁字形；雌蕊带绿色，柱头3裂；蒴果长圆形，种子多数，有翅。按照花型、雄蕊伸出方向、叶序等形态特征，百合可分为百合组、钟花组、卷瓣组和轮叶组4个类群。百合花花期长，造型美观，花色多，色彩鲜艳，花的颜色有白色、黄色、橙红色、橙黄色、粉红色、淡紫色等，有的还具有香味，既可盆栽，又可植于庭院、花坛，还可切花做鲜花出售，具有较高的观赏价值。百合的鳞茎(为地下茎的一种)具有很高的营养价值，富含蛋白质、维生素B_1等多种营养成分，是中国传统食谱中的一种常用配料。在中医学中，百合具有补中益气、养阴润肺、止咳平喘等功效。汉代张仲景的《金匮要略》和明代李时珍的《本草纲目》都详述了百合的药用价值。百合是一种集观赏、食用、药用于一身的花卉。中国的百合不仅种类众多，而且生态各异，分布广泛，遍及南北，全国有27个省区市有不同种的百合分布。在我国民间，百合花象征百事合心，百年好合，象征事业的兴旺发达，称心如意，爱情的幸福和永恒的忠贞。

2003年3月5日，为了介绍我国丰富的自然资源，中华人民共和国国家邮政局发行了一套《百合花(T)》特种邮票，全套4枚。曾孝濂、杨建昆设计。影写版。齿孔13度×13.5度。邮局全张枚数20(5×4)。版式二：10枚(每图各自为一版)，发行量48万版，规格232厘米×132厘米。北京邮票厂印制。

在这套邮票的设计过程中，设计者首先确立了遵循自然规律、忠实反映物种自然面貌的原则，在此前提下，进行适度的简化处理，画面醒目地展示出了百合花的特点，重点突出，达到了科学性和艺术性的统一。4枚图案都以花头为主，陪衬以少量的叶片，构图简约又避免了单调；色彩以固有色为主，显得十分自然。4枚图案以白纸作底色，分别呈现出红、黄、粉、白不同颜色，并用绿色叶片和冷灰色加以局部渲染、烘托气氛，使4枚邮票成为和谐统一的整体。为了表现花朵的生命力，设计者除了准确勾勒其形态外，同时十分注重明暗对比，受光面常有高光，花心适当提亮，尤其是宜昌百合、大理百合和尖被百合，花心亮而微暖，似有光线透入，不仅表现出了花瓣的嫩薄，而且达到了朵朵百合鲜活生动的艺术效果。

【大理百合】2003—4·(4—1) T　面值60分，票幅规格40毫米×30毫米，发行量1130万枚。图案展现了大理百合（*Lilium taliense*）的风采。鳞茎卵状，径约2.5厘米，乳白色。茎高70厘米~150厘米，有的有

紫色斑点与小乳头状突起，基部常有短距离匍匐茎。叶散生，有线形或线状披针形，长8厘米~10厘米；有不明显3脉，但中脉明显，两面无毛，边缘具小乳突。花2朵~5朵，下垂，喇叭形，花被片强烈反卷，长约5厘米，白色，内面有紫色斑点，蜜腺两边无流苏状或乳突突起；花丝上端向外伸，花药带紫色。大理百合单株着花量多达三四十朵，在百合中堪称出类拔萃。花期7月~8月。大理百合为我国特有品种，产于云南、四川与西藏东南部，生长在海拔2600米~3600米的山坡草地。画面上，两朵盛开的大理百合花，洁白，有紫色斑点，花反卷犹如一朵倒垂的白莲花，花心亮而微暖，仿佛有光线透入，清爽、淡雅，鲜活生动。图案左下角标有中文和拉丁文名称"大理百合""*Lilium taliense*"，既点明了画题，又将科学性和艺术性融为一体。

【匍茎百合】2003—4·(4—2) T　面值80分，票幅规格40毫米×30毫米，发行量1280万枚。图案展现了匍茎百合的风貌。匍茎百合（*Lilium lankongense*）鳞茎卵状球形，径2.5厘米~4厘米，常具2个鳞茎以上

的长匍匐茎。茎高40厘米~150厘米，紫褐色，具乳突。叶散生，长圆状披针形，长3厘米~10厘米，背面与边缘具不明显的乳突，叶脉3条~7条。花单生或几朵顶生，下垂，芳香，喇叭形，花被片粉红色，具深红色斑点，强烈反卷，长5厘米~5.5厘米，蜜腺在两面都具乳突；花丝上端向外张开，花药带紫色。花期6月~7月。匍茎百合为我国特有品种，产于云南西北部与西藏东南部，生

长在海拔1800米~3200米的山坡草地或灌木丛中。画面上，两朵盛开的匍茎百合花，粉红色，花被强烈反卷，仿佛在努力张扬自己的美丽和生命力，富有较强的艺术感染力。图案右下角标有中文和拉丁文名称"匍茎百合""*Lilium lankongense*"，既点明了画题，又将科学性和艺术性融为一体。

【东北百合】2003—4·(4—3) T　面值80分，票幅规格40毫米×30毫米，发行量1260万枚。图案展现了东北百合的风采。东北百合（*Lilium distichum*）鳞茎卵状，径3.5厘米~4厘米，鳞片上部有节，与其他百合

种不同。茎高60厘米~120厘米，具乳突。叶轮生于茎中部，常7片~9片。茎上下部还有散生叶，常为倒卵状披针形，长8厘米~15厘米，无毛。花2朵~12朵，下垂或平展，花被片反卷，淡橘红色，具紫红色斑点，长3.5厘米~4.5厘米，蜜腺无乳突；雄蕊较花被短，无毛。花期7月~8月。产于辽宁、吉林、黑龙江、朝鲜和俄罗斯远东地区也有分布，生长在海拔200米~1800米的山坡林缘、路边及溪旁草地。画面上，3朵盛开的东北百合花，淡橘红色，反卷的一片片花被犹如燃烧的火焰，洋溢着一种生命的热情，令人怦然心动。图案左下角标有中文和拉丁文名称"东北百合""*Lilium distichum*"，既点明了画题，又将科学性和艺术性融为一体。

【尖被百合】2003—4·(4—4) T　面值2元，票幅规格40毫米×30毫米，发行量960万枚。图案展现了尖被百合的独特风貌。尖被百合（*Lilium lophophorum*）鳞茎近状，径1.5厘米~3.5厘米，鳞片排列较松散。

茎高10厘米~45厘米。叶散生至聚生，披针形或长圆状披针形，长5厘米~12厘米，边缘具乳突，3脉~5脉。花常单生，2朵~3朵少见，钟形，下垂；花被片黄色或黄绿色，疏生紫红色斑点或无斑点，披针形，长4.5厘米~5.7厘米，上端反卷。蜜腺在两面有流苏状突起；雄蕊上端向中心靠拢，花丝无毛。花期6月~7月。尖被百合为我国特有品种，产于四川西部、云南西北部和西藏东南部，四川理塘附近为模式产地，生长于海拔2500米~4500米的山坡灌木丛草地。画面上，2朵盛开的尖被百合花，钟形，下垂、黄绿色，在绿叶扶托下，展现出了一种

高雅气质和勃勃生机。图案右下角有中文和拉丁文名称"尖被百合""*Lilium lophophorum*",既点明了画题,又将科学性和艺术性融为一体。

百合",既点明了画题,又将科学性和艺术性融为一体。小型张的左下角有经艺术处理的"百合花"汉字及拉丁文,显示出了百合花的曼妙花姿。

2003—4M 百合花(小型张)(T)

【百合花(小型张)(T)】Lily(Souvenir Sheet)(T)　2003年3月5日,为了介绍我国丰富的自然资源,中华人民共和国国家邮政局发行了一套《百合花(T)》特种邮票,同日发行了1枚小型张。原画作者曾孝濂。王虎鸣设计。影写版。齿孔13度×13.5度。北京邮票厂印制。

【宜昌百合】2003—4M·(1—1)(小型张)T　小型张面值8元,小型张规格140毫米×95毫米,邮票规

格76毫米×54毫米,发行量920万枚。邮票图案展现了宜昌百合花的风采。宜昌百合(*Lilium leucanthum*)鳞茎近球状,径3.5厘米～4厘米。茎高60厘米～150厘米,具小乳突。叶散生,披针形,长8厘米～17厘米。花单生或2朵～4朵。横生于茎顶,喇叭形,微芳香,花被片白色,里面淡黄色,背脊黄绿色,长12厘米～15厘米,先端外弯,蜜腺无乳突状隆起;雄蕊上部向上弯,花丝被毛,花药淡黄色,是百合属的典型类群。花期6月～7月。宜昌百合为我国特有品种,产于湖北、四川,因最早在湖北宜昌被发现,故得名。野生宜昌百合生于宜昌、神农架、恩施等地区海拔400米～1500米的山坡或溪旁灌木丛中;人工栽培宜昌百合也很普遍,既是花盆或庭园中赏心悦目的花卉,其鳞茎又是美味的食品,治病的良药,有润肺止咳、清心安神、清热镇痛、消炎解毒之功效,因而备受人们喜爱。小型张边饰采用了大理百合,那犹如倒垂的白莲花的花朵,与邮票图案中的白色喇叭形的宜昌百合相呼应,仿佛在和谐的氛围中争奇斗艳,既展现了百合的雅洁,又洋溢着勃勃生机。邮票图案右下角标有中文和拉丁文名称"*Lilium leucanthum*""宜

2003—5 中国古桥——拱桥(T)

【中国古桥——拱桥(T)】Ancient Chinese Bridges—Arch Bridges(T)　有关中国古桥的知识,详见新版《中国集邮百科知识》特50《中国古代建筑——桥》。有关拱桥的知识,详见新版《中国集邮百科知识》T·13《公路拱桥》。我国是世界上的一个桥梁大国,古代营造的桥梁数目多,种类多,构筑精,造型美,在世界上处于举足轻重的地位。我国的古桥,并不是一条单一的空中道路。桥的两侧,建有护栏。桥面上,有的建有桥亭、桥屋或牌坊。桥的两端,有的建有桥头堡、碑亭,立有华表、石柱,安有石狮、石象等。在护栏的望柱和栏板上,多采用浮雕、圆雕和镂雕等手法,刻有狮子、大象、龙、凤、猴等瑞兽和莲花、翠竹、如意(云朵)等吉祥图案。在拱券等部位,人们还经常雕有龙头、河神或吸水兽等,以表达祈求安澜平波、梁桥永固的美好意愿。我国的古桥既是一组构思精妙的古代建筑群,也是一件将美学和力学、建筑和艺术融为一体的杰出艺术品。我国古代修建的桥梁成千上万,它们历经沧桑,虽然有的早已毁坏,有的已被淹没,有的经多次修建已面目全非,但保存到今天的古桥数目依然不少,而且风韵犹存。

2003年3月29日,为了展现中华民族古桥建筑的风采,中华人民共和国国家邮政局发行了一套《中国古桥——拱桥(T)》特种邮票,全套4枚。张鸿斌设计。影雕套印。(4—1)(4—3)姜伟杰雕刻,(4—2)(4—4)李庆发雕刻。邮局全张枚数16(4×4)。版式二:8枚(每图各自为一版),发行量45万版,尺寸规格246毫米×145毫米,边饰设计刘继鸿。北京邮票厂印制。

这套邮票的4枚图案,截取了每座古桥最具代表性、最典型的精华部分进行精微描绘,不仅注重形的提炼、线的处理,打破对称,斜线布局,构成动势,而且强调透视效果,突出了古桥的造型特征和延伸的空间感。特别是富有力度的直线,使得拱桥之"拱"的弧线犹如长虹卧波,既充满磅礴的气势,又显得柔美舒展。设计者采用英式水彩画的风格,并运用电脑技术进行画面处理以及效果的加工,既保留了古桥古色古香的韵味,又使之呈现出一种现代感。设计者除着力于拱桥本身造型的刻画外,还十分讲究与周围环境中水波、流云及背景的关、楼等融合,拱桥处理得重而实,环境处理得轻而虚,为画面增添了动感,蕴含着无限生机。主体色彩以暗

灰、暗黄、暗红造势,在光线明暗的对比中,突出了"拱韵",画面不仅产生了丰富的层次感和结构感,而且出现了古朴淳厚的历史感和沧桑感。

【枫桥】 2003—5·(4—1)T 面值80分,票幅规格50毫米×30毫米,发行量940万枚。图案展现了枫桥的风貌。枫桥又称"封桥",坐落于江苏省苏州市阊门外的枫桥镇,横跨于古运河的枫桥湾上。据《苏州市志》记载,这里是古代的水陆交通要道,曾设护粮卡。每当漕粮北运至此处时,就封锁河道,禁止别的船只通行,故得名"封桥"。始建于唐代。唐代诗人张继曾泊船桥边的古运河上,写下千古绝唱《枫桥夜泊》:"月落乌啼霜满天,江枫渔火对愁眠;姑苏城外寒山寺,夜半钟声到客船。"自此,在苏州的数百座石桥中,这座桥独享盛名,"枫"也代替了"封","封桥"改称"枫桥"了。南宋范成大编纂的《吴郡志》中说,枫桥"自古有名,南北客经由未有不憩此桥而题咏者"。自张继以后,题咏枫桥的诗篇不胜枚举,明代诗人高启有"画桥三百映江城,诗里枫桥独有名"的赞誉。历经一千一百多年的历史沧桑,枫桥曾多次重建。清咸丰十年(公元1860年)被毁,清同治六年(公元1867年)重建。新中国成立后,1985年再次重建了枫桥。枫桥为单孔石拱桥。石桥全长38.7米,高7米,桥面宽3米,桥底宽3.5米,跨度为10.5米。桥面两侧的望柱之间以青砖封砌,中间写着"枫桥"两个大字。桥的两端各修石阶20级。枫桥跨运河枫桥湾,铁岭关雄踞桥东,南面不远就是名闻中外的寒山寺,寺前的江村桥与枫桥遥遥相望,一派江南水乡风光。邮票画面采用绿色为基调,优美的弧线与柔美的江面相映生辉,背景色彩为浅墨绿色,于水天之间再现了江南秀丽的特色和枫桥轻盈飘逸的美感。画面右端的建筑便是铁岭关。明嘉靖三十三年至三十四年(公元1554年~公元1555年),倭寇(古代称日本为"倭")。14世纪~16世纪劫掠我国和朝鲜沿海地区的日本海盗集团被称为"倭寇")曾先后三次大规模劫掠苏州。当时苏州名将任环、俞大猷、曹邦辅率领军民,给了入侵的倭寇以沉重打击。明嘉靖三十六年(公元1557年),为防备倭寇再次侵扰苏州,由吴县县官安谦督建了铁岭关,即枫桥敌楼,成为苏州城西的一道屏障。清道光九年(公元1829年),在原来关体上重造关楼,后又遭毁。新中国成立后,1986年对铁岭关进行整修加固,在关上重建关楼,恢

复了抗倭寇遗址的原貌。画面采用绿色调,衬托得枫桥飘逸轻盈,更具"杏花春雨江南"的诗情画意。

【小商桥】 2003—5·(4—2)T 面值80分,票幅规格50毫米×30毫米,发行量1000万枚。图案展现了小商桥的风采。小商桥坐落于河南省临颍县以南12公里的皇帝庙乡小商河(颍河故道)上。据地方志记载,小商桥建于隋文帝开皇四年(公元584年)。原名"小溵桥",北宋初年改小溵河为小商河,桥亦更名为小商桥。小商桥是一座红石拱桥,敞肩,有3个桥洞。全长21.3米,桥面宽6.45米,高6.55米,通体用红色石英砂岩建造。主孔净跨12.14米。主拱和小拱均由20道拱石并列砌筑而成,主孔每块拱石间均由咬铁连接。主孔两端砌出宽大的土墩台,桥墩坐落在两岸河堤之上。为增加地基承载力,采用硬木桩打入河底做成桩基基础,桩基上横铺两层石板,石板之上做桥墩,共用6层条石,桥墩下宽上窄,收分明显,展现出我国古代建造技术和桥梁结构的科学性。小商桥的桥墩最上一层石条两端,分别浮雕一位承重力士,其面孔狰狞,双目怒视,双手按膝,两腿下蹲,两臂间飘带环绕,呈负重状。主拱第10道券正中顶部的龙门石上刻有题记。桥身两侧外券石上,通体饰以精美雕刻,有吸水兽(传说是龙的九子之一),用以吞吐洪水,祈保四方平安。龙门石左右两侧券石上雕有祥云、飞鸟、如意等图案,南北两侧的券脸上刻有龙凤图案,龙身通雕鳞片,周围刻有3朵流云,凤凰则昂首展翅,后拖张开的美丽凤尾,呈展翅翱翔之姿态,雕工精美,造型古朴,体现了宋代的艺术风格。桥上的栏杆、栏板、望柱、柱头、龙头石等构件上,也刻有文字、覆莲、莲叶、莲花、莲花狮子、龟龙、花瓶云拱、童子戏花等花纹图案,浑厚朴实的风格中透着玲珑秀丽的色调。据《宋史·杨再兴传》记载,南宋绍兴十年(公元1140年),金毁约攻宋,岳飞手下大将杨再兴率兵三百多骑与金兵12万对阵;杨再兴不畏强敌,在民众配合下,率兵斩杀金兵两千多人后,在小商河中被金兵用乱箭射死。自此,小商桥名闻天下。位于小商桥东面不远处的杨再兴墓,至今仍受到当地人民政府的保护。现在的小商桥主体结构属北宋建筑风格,元、明、清历代均有修葺。元大德年间(公元1297年~1307年)进行了一次最大修筑。1982年9月,我国桥梁界、文物界许多专家学者曾对小商桥进行了实地考察。我国著名的桥梁专家茅以升得出的

结论是:"据考察后初步推算,小商桥始建年代,早于隋朝大业年间(公元605年~616年)的赵州桥",因此定为"天下第一桥"。邮票画面以灰白色调为背景,并进行了淡化处理,采用最接近自然的色调,使得这座经历了一千四百多年风风雨雨的隋代石拱桥,仿佛沐浴在阳光之下,既突出了桥的独特质感,又保留了它原汁原味的古朴风致。

【卢沟桥】2003—5·(4—3)T 面值80分,票幅规格50毫米×30毫米,发行量910万枚。图案展现了卢沟桥的风貌。卢沟桥自修建以来,一直受到人们的称

颂。马可·波罗在他的游记中称卢沟桥"这是世界上最好的、独一无二的桥"。明代画家王绂绘有《卢沟晓月图》。卢沟桥东头御碑亭中的石碑上的"卢沟晓月"4字,是清乾隆皇帝亲笔题写的。1937年7月7日,侵华日军在这里炮轰桥东头的宛平城,当地守军奋起抵抗,这就是震惊中外的"七七事变",也称"卢沟桥事变",它揭开了我国抗日战争的序幕。现在,我国政府在卢沟桥修建了中国人民抗日战争纪念馆。邮票画面以几笔殷红的晚霞为映衬,刻意加深透视感,表现出了桥的连拱特征和历史延伸感;设计者采用浓重的红色调,仿佛桥身上依稀还有抗日烽火的痕迹,准确地描绘出了这座古桥的身世地位,具有凝重的历史感。

有关卢沟桥的知识,详见新版《中国集邮百科知识》纪16《抗日战争十五周年纪念》。

【双龙桥】2003—5·(4—4)T 面值80分,票幅规格50毫米×30毫米,发行量890万枚。图案展现了双龙桥的风采。双龙桥坐落在云南省建水县城西5公里,

横跨泸江、塌冲两河交汇处。因两河犹如双龙蜿蜒衔接,故得名"双龙桥"。双龙桥为南北走向,桥身用巨石砌成,全长147.8米,除中间之外的桥面宽2.4米,高5米。中间建三层楼阁一座,方形,边长16米,高20米,上两层覆以歇山式屋顶,雕梁画栋,飞檐交错,巍峨壮丽;底层为桥身通道,中间设有佛龛,有梯可登楼眺望,素有"滇南大观楼"之称。桥两端各有桥亭一座(北端亭已

毁),高13米,为八角形二层楼,与阁楼相互辉映,为我国古代石拱桥中的佳作。据史料记载,双龙桥建于清乾隆年间,当时只有3孔,仅跨于泸江上。清道光九年(公元1839年)又增建了14孔相连,故俗称"十七孔桥"。由于这座桥的修建时间不同,故桥洞的大小和跨圣也不一样,其中最大一孔的跨径为6.5米,有3孔的净跨径为5.8米,其余13孔的净跨径为4.63米。双龙乔自全桥建成后,曾进行过多次维修。现在的双龙桥是清光绪二十二年(公元1896年)重修而成。1965年,双龙桥被列为云南省文物保护单位。邮票画面描绘了双龙桥中间的那座三层楼阁,飞檐交错,生动地表现出了这座古代石拱桥的独特风韵,气势十足;构图强调透视效果,表现出了双龙桥若长龙苏醒,正欲腾飞的造型;画面整体色彩运用亮色,天纯净明朗,水透明清澈。

2003—6 钟楼与清真寺
(中国—伊朗联合发行)(T)

【钟楼与清真寺(中国—伊朗联合发行)(T)】Bell-Tower and Mosque(Jointly Issued by China and Iran)(T) 有关"中国"名称的知识,详见本书1996—8《古代建筑(中圣联合发行)(T)》。伊朗全称"伊朗伊斯兰共和国",位于西南亚伊朗高原,南临波斯湾和阿曼湾。面积164.5万平方公里。居民大多信伊斯兰教。波斯语为国语。首都德黑兰。伊朗是一个具有四五千年历史的文明古国,史称波斯。源出波斯发祥地帕尔斯。希腊文名称为"波西斯"。在古波斯语中,伊朗是"光明"的意思。关于伊朗国名的来历,有两种解释:其一,古代波斯人自称为伊兰,伊朗就是伊兰的音译。其二,伊朗各部落是当地居民和远古时期从中亚草原来的一支部落混合而成,这样形成的居民称为雅利安人,国家也叫雅利安人的国家。据推测,现代的伊朗国名就是由此名演化而来。古代波斯曾盛极一时,版图曾从希腊、埃及和高加索一直到印度河流域。公元前330年古波斯帝国被马其顿所灭。后建立安息、萨珊王朝。公元8世纪~18世纪,阿拉伯人、突厥人、蒙古人先后入侵。18世纪后期,伊朗东北部的土库曼人恺加部落统一了伊朗,建立了恺加王朝。1907年8月,英国和俄国签订了《英俄协定》,两国划分了各自在波斯的势力范围,英占领其南部,俄占领其北部,伊朗逐步沦为英俄的半殖民地。1925年,恺加王朝被推翻,礼萨·汗为波斯国王。1935年3月21日,波斯更名为伊朗。第二次世界大战爆发后,因礼萨·汗明显倾向纳粹德国,1941年被盟军驱逐出境,由其子穆罕默德·礼萨·巴列维继位。1978年伊

朗爆发了反对国王的群众运动，巴列维王朝被推翻。1979年2月，宗教领袖霍梅尼结束14年流亡生活从巴黎返回伊朗接管政权，同年4月1日宣布成立伊朗伊斯兰共和国。1979年2月11日为伊斯兰革命胜利日。中国和伊朗是两个文明古国。中伊两国人民之间的关系源远流长，具有多年的友好交往史。在"丝绸之路"的繁荣达到顶峰的时期，伊朗的商队来到中国，商人们不仅带来了伊朗的特产和文化，也加强了两国之间的联系。1989年5月6日，位于"丝绸之路"上的中国西安和伊朗伊斯法罕结为友好城市，更加增进了两国人民的友好往来。1971年8月16日，伊朗和我国建立正式外交关系。

2003年4月15日，为了增进中伊两国人民的友谊，中华人民共和国国家邮政局和伊朗伊斯兰共和国邮政公司联合发行了一套《钟楼与清真寺（中国—伊朗联合发行）(T)》特种邮票，全套2枚。李群（中国）摄影。殷会利、甄明舒（中国）与希尔德（伊朗）设计。影写版。齿孔13度×13.5度。邮局全张枚数20（4×5）。版式二：8枚（4套邮票），发行量56万版，尺寸规格190毫米×136毫米。北京邮票厂印制。

这套邮票的2枚图案，从中国和伊朗两个建筑的整体形象中选取了最能代表它们建筑特色的局部，并将其置于椭圆形外框之中，犹如镶嵌在精制的镜框里，使邮票画面达到了协调统一。在构图上，2枚邮票的椭圆形外框色彩和祥云纹饰均采用绿、紫两色，表现了很强的统一性；但其位置稍有改变，又增添了动感。特别值得一提的是，设计者采用电脑技术，使得两座古建筑中的小装饰等细节表现得更加精加。小版张采用粗犷优美的大漠景色作边饰，沙漠中的骆驼，特别是那条曲折写意的线条不是古丝绸之路的准确线路图，而是构图上的一种艺术需要，它就像联结西安与伊斯法罕的一条纽带，勾画出了中伊两国世代交往的久远历史，是中国和伊朗人民之间团结与友谊的象征。

【西安钟楼】2003—6·(2—1)T 面值80分，票幅规格40毫米×30毫米，发行量890万枚。

图案展现了中国西安钟楼的外观景象。西安坐落在陕西省渭河平原中部、渭河之南、秦岭以北，陇海铁路线上，是一座享誉中外的历史文化名城。钟楼位于西安市内东、西、南、北四条大街的交会处。初建于明洪武十七年（公元1384年）。原址在今西安市西大街广济街口，明万历十年（公元1582年）重修。楼上原悬大钟一口，作为击钟报时用，故得名钟楼。钟楼为砖木结构，由地面至楼顶高36米。基座呈正方形，高8.6米，宽35.5米，用青砖砌筑。四面各有高、宽均为6米的券形门洞。整个钟楼占地面积1377.4平方米。楼设二层，整体为重檐复屋四角攒尖顶的木质结构，翘檐临风，楼顶覆以碧色琉璃瓦。顶端为高5米的刹顶和顶座，刹顶为木质内芯，外面包裹黄金锤锻而成的金箔，金光灿灿高耸入云。从基座北面阶梯而上，环楼为月台。月台西北隅有一巨大的钟架，悬挂着复制的"景云钟"。两层楼四周均有明柱回廊，凭栏远眺，四周风光尽收眼底。邮票图案采用黄棕色调，体现了中华民族悠久的历史文化沉积和厚重感。

有关西安的知识，详见本书1997—19《西安城墙(T)》。

有关景云钟的知识，详见本书2000—25《中国古钟(T)》。

【伊斯法罕清真寺】2003—6·(2—2)T 面值80分，票幅规格40毫米×30毫米，发行量850万枚。

图案展现了伊朗伊斯法罕清真寺的外观景象。伊斯法罕是伊朗第三大城市，也是伊朗最古老的城市之一，位于伊朗中部。公元11世纪至12世纪，该城始为波斯塞柱尔王朝的都城。16世纪末至18世纪初，再次成为沙法维王朝的都城。在鼎盛时期，该城作为东西方贸易集散地，成为"丝绸之路"南路途经的要站，又名"美丹纳奇贾汗"的王侯广场，意为"世界之写照"。那时，这里云集了来自东西方许多国家的商人和游客，再加上二百多座金碧辉煌的清真寺，便产生了在伊朗颇为流行的一句谚语——"伊斯法罕半天下"，足见该城当时的繁荣景象。伊斯法罕不仅商业繁荣，而且也是伊朗的一个旅游胜地。伊斯法罕市内有很多名胜古迹。市中心长方形的伊玛姆广场（原名皇家广场），是当年沙法维王朝阿巴斯大帝检阅军队和观看马球比赛的场所。广场周围屹立着古建筑群：东面是卢图福拉教长清真寺；西面是阿里·卡普宫；南面是穹形波斯建筑风格的伊玛姆霍梅尼清真寺；北面是保留着历史风貌的巴扎传统市场。著名的40柱宫坐落在广场不远处。事实上，这座宫殿只有20根柱子，因为宫殿前面有一个大清水池，无风时平静如镜，宫殿前门廊上20根高擎的柱子倒映在水中，水中又出现了20根柱子，故得名"四十柱宫"。据说，这座宫殿是阿巴斯大帝接见和宴请各国使节的场所，宫内保存有两幅表现当年波斯同奥斯曼帝国和印度作战的大型壁画。扎延德赫河穿流市区,河上有著名的23孔桥和卡珠塔,是古代桥梁建筑的杰作。以旅游者为主要销售对象的伊斯法罕传统手工艺品,如骨器、铜器及各种镶嵌、雕刻工艺品,每年在春秋两季都很热销。清真寺的阿拉伯文原名为"麦斯吉德",意为"礼拜安拉处所",也有称其为"白屯拉",意为"安拉的宅第"。清真寺是伊斯兰教徒做礼拜的场所,亦称"礼拜寺"。实际上,"清真"二字来源于古代汉语。中国南北朝时期,"清真"一词开始使用。但直至宋朝大约800年间,在文人墨客的笔下,"清真"一词只是用以赞美人物的品格高尚或描写优美清雅的环境。宋代之后,"清真"一词开始与宗教事务相联系。明、清时,中国伊斯兰教学者介绍该教教义,曾用"清静无染"、"真乃独一"、"至清至真"和"真主原有独尊,谓之清真"等语,称颂该教所崇拜的真主,故称伊斯兰教为清真教,寺为清真寺。清真寺不仅是伊斯兰教进行宗教活动的中心,也是一个地区伊斯兰教的政治、经济、文化和相关活动的中心,其主要职能有:一、供穆斯林沐浴、礼拜和举行宗教仪式;二、举办宗教教育,传播宗教常识和宗教学问;三、每逢主麻日、斋月、大小开斋节日或圣诞、圣忌纪念日,阿訇要在寺内向穆斯林宣传《古兰经》、教义、圣史和宗教传说故事;四、穆斯林群众进行婚、丧、嫁、娶和纪念亡故先贤集会的地方。世界上著名的清真寺有麦加的克尔白圣寺、麦地那的先知寺、耶路撒冷的阿克萨清真寺、伊斯坦布尔的苏里曼大寺和巴基斯坦的拉合尔大寺等。画面采用蓝、紫色为主色调,充分表现出了伊斯兰清真寺的神秘和清净。邮票图案是从伊斯法罕市二百多个清真寺中选出的卢图福拉教长清真寺,它坐落在市中心皇家广场东面。这座清真寺是一座艺术与建筑相结合的辉煌之作,由阿巴斯下令修建。卢图福拉教长是一位深得阿巴斯沙阿一世尊敬的宗教领袖,故这座风格独特的寺院被命名为"卢图福拉教长清真寺"。该寺只有一个拱形顶的诵经堂,没有庭院和尖塔。入口处的门廊建于公元1603年,其他部分于1621年完成。该寺内部和外部均用最精美的马赛克瓷砖装饰,并配以奶油色背景,使它与其他清真寺有着明显的区别。

2003—7M 乐山大佛(小型张)(T)

【乐山大佛(小型张)(T)】Leshan Grand Buddha (Souvenir Sheet)(T) 乐山市位于四川省中部,古称嘉州,成昆铁路经过境内,岷江、大渡河及青衣江在境内汇合。乐山大佛位于四川省乐山市东南凌云山前,面临岷江与大渡河、青衣江汇流处。大佛为依凌云山西鸾峰断崖凿成的一尊弥勒坐像,故又名凌云大佛。乐山大佛依山凿成,坐东向西,头顶苍穹,脚踏三江,远眺峨眉,近瞰乐山。佛像通高71米,头高14.7米,头宽10米,肩宽28米,眼长3.3米,眉长5.6米,嘴长3.3米,颈高3米,耳长7米,指长8.3米,脚背宽8.5米,脚背至膝高28米,头顶有发髻1021个。耳朵中间可并立两个人,头顶上可置一圆桌,赤脚上可围坐百余人,是世界上最大的石刻佛像。据唐代剑南道西川节度使韦皋所著《嘉州凌云寺大弥勒石像记》和明代彭如实所著《重修凌云寺记》等记载,佛像于唐玄宗开元初年(公元713年)于凿,于唐德宗贞元十九年(公元803年)竣工,历时90年,历经4个皇帝三代人。海通和尚是佛像建造的发起人。他是贵州人,结茅于凌云山中。每当汛期,海通便目睹汹涌澎湃的三江之水汇聚凌云山麓,常倾覆舟楫,造成船毁人亡的悲剧。海通决心凭崖开凿弥勒佛像,欲仰仗无边法力,永镇风涛。于是,他遍行大江南北,四处募化,筹集人力财力开凿佛像。不料,佛像开凿后,有郡吏向海通勒索钱财,海通严词拒绝道:"自目可剜,佛财难得!"郡吏蛮横无理地要他试试,海通大义凛然,从容不迫地挖出了自己的眼珠;贪吏大惊失色,奔走祈悔。海通专诚忘身之行,更加激励众心,克诚其志。但由于凿刻佛像工程浩大,工期漫长,海通没有见到完工便圆寂了。后由剑南道西川节度使章仇兼琼和韦皋先后主持,到唐德宗贞元十九年大功告成。乐山大佛的建造,充分反映了盛唐时期文化经济繁荣的景象。佛像属典型的唐代塑像艺术风格:面型圆润丰腴,发际高耸,细眼薄唇,衣褶流畅,庄严肃穆,雍容镇定。整座佛像与自然山体有机结合,构成"山是一尊佛,佛是一座山。带领群山来,挺立大江边"的宏伟气势。一年四季中,大佛也气象万千,春季凌云江畔万物复苏,大佛绿意环绕;夏季三江水流湍急,江面上烟波浩渺,惊涛拍岸,大佛如浮水上;秋季蓝天碧水,大佛挺立于寥廓江天之中,更显伟岸;冬天白雪飘飘,大佛银装素裹;若给镜头加上滤色片后,乐山大佛就成了金碧辉煌的"金佛"。一千多年前,在没有现代科学技术手段和建筑设施的情况下,乐山大佛这座巨大完美的石刻艺术品,既是我国古代劳动人民智慧的结晶,也是技术和艺术、自然与人文巧妙结合的产物,堪称世界自然与文化遗产中的一大奇迹。佛像右侧的石壁上,有一条与大佛同时开凿的栈道,自上而下盘旋九曲;沿崖而下,可到大佛脚底,十分险峻。佛像南北两壁,有唐代石刻遗像数十龛。"净土变"、"三佛窟"雕刻精细,两尊身高十多米,手持戈戟、身着战袍的护法武士左右分立,神态威严,这是研究唐代建筑石刻艺术的宝贵资料。大佛凿成后，曾建有跨度约 60 米的十三重檐楼阁覆盖，名"大像阁"，宋代称"天宁阁"。唐薛能《凌云寺》咏道："像阁与山齐，何人置石梯？万烟生聚落，一崦露招提。"可惜元末明初毁于兵燹。乐山大佛历经一千二百多年，仍保存完好，除历代进行维修保护外，与佛像选择的地貌部位有着很大关系。佛像位于凌云山阴坡，周围林木稠密，佛像躯体隐蔽于临江山崖湾内地段，大大减少了风雨的侵蚀。据有关部门考察，乐山大佛不仅完全符合人体比例，而且在造像工艺上有着独到之处：头顶上的一千多个发髻，髻髻相通，和佛颈后肩左右相连，与肩下衣纹巧妙地构成排水系统，既可避免雨水冲刷，又使人不易看出排水的沟迹，保持了它的雄伟外观。1956 年，乐山大佛被列入四川省文物保护单位；1982 年，国务院公布为国家重点文物保护单位；1996 年 12 月，被联合国教科文组织列入《世界自然与文化遗产名录》。当联合国教科文组织世界遗产专家桑赛尔博士、席尔瓦教授走近乐山大佛时，留下了绝妙的赞誉："乐山大佛堪与世界其他石刻如斯芬克司和尼罗河的帝王谷媲美。"乐山大佛将以其雄伟的气势和无穷魅力，与天地长存，光耀千秋万代。

  2003 年 4 月 28 日，为了展现中华民族光辉灿烂的古代文化艺术遗产，中华人民共和国国家邮政局发行了 1 枚《乐山大佛（小型张）(T)》小型张。河川摄影。王虎鸣设计。影雕套印。阎炳武雕刻。齿孔 11.5 度。北京邮票厂印制。

【乐山大佛】2003—7M·(1—1)（小型张）T　小型张面值 8 元，小型张规格 145 毫米×90 毫米，邮票规

格 50 毫米×65 毫米，发行量 820 万枚。图案展现了乐山大佛端庄、雄伟的"俨然圣容"。设计者对影写部分只点到为止，把大佛周围的绿树、褐石有意减淡，用雕刻手段突出强调大佛的主体部分，主次、虚实分明，营造出了一种空灵的气氛。小型张边饰采用乐山大佛的侧面头部特写，设计者深入观察，把岁月沧桑、雨剥风蚀留下的细微痕迹"显微"出来，大大增加了画面的内涵。先印

金墨，后印色彩，佛身上斑驳的岁月痕迹，真实地再现了乐山大佛饱经风雨沧桑和沉积了千年的厚重历史。小型张边饰上印有这样一段文字："乐山大佛位于中国四川省乐山市岷江、青衣江、大渡河三江汇流处的凌云山栖鸾峰，是一尊依山开凿的石刻弥勒佛坐像。大佛开凿于唐代开元元年（公元 713 年）至贞元十九年（公元 803 年），由海通和尚始建，章仇兼琼续建，韦皋完成，历时九十年。大佛通高 71 米，是当今世界上最大的古代石刻弥勒佛造像。乐山大佛佛像两侧壁上有唐代石刻造像九十余龛，右侧壁凿有栈道，盘旋九曲至佛脚。乐山大佛 1982 年被国务院公布为全国重点文物保护单位，1996 年被联合国教科文组织列为世界文化与自然遗产名录。"整个图案的层次、轮廓用雕刻版为主要表现形式，影写版为淡彩渲染，起到烘托、补充主图的作用，突出了大佛雕刻版的主体形象：大佛之头不偏不倚，不俯不仰，挺胸直腰，双手扶膝，两脚平置，伟岸的身躯随山体直落自然舒展，稳固中透着庄重，雍容大度，气魄雄伟。

2003—8　鼓浪屿（T）

【鼓浪屿(T)】Gulangyu Island(T)　鼓浪屿位于福建省东南部厦门市的西南，中隔七百多米的厦鼓海峡。原名"圆沙洲"，当时岛上只有白鹭、海鸥栖息。宋末元初，嵩屿有一个姓李的渔民出海遇到风暴，把船停泊在鼓浪屿西部暂避，他发现岛上西南隅有一块高过人头、中间有一个大洞的岩石，受到风浪冲击时，会发出"轰隆隆……"的巨响，犹如高昂的鼓声，便把这个小岛称作"鼓浪屿"。明万历元年（公元 1573 年），江苏省丹阳人、泉州同知丁一中在日光岩上题"鼓浪洞天"4 个大字，鼓浪屿正式得名。根据专家考证，鼓浪石系一亿八百万年前中粒花岗岩在漫长岁月中受海水冲蚀逐渐形成的。这块礁石因屡遭强风暴雨剥蚀，虽现已浑身伤痕累累，但它是鼓浪屿的历史见证者。全岛面积 1.78 平方公里，岛长约一千八百米，宽约一千米，呈椭圆形，与厦门岛隔海相望。岛上海岸线蜿蜒曲折，坡缓沙细的天然海滨浴场环布四周，礁石奇趣天成。岛上树木繁茂，各种建筑物保存完好，绿树、红瓦、金沙交辉，素有"东海明珠"、"海上花园"、"万国建筑博览"之称。鼓浪屿常住居民二万三千多人。20 世纪 50 年代~60 年代，岛上人家就拥有钢琴五百多台，许多闻名中外的音乐家在这里诞生成长；该岛的轮渡码头，其外形犹如一架打开盖的钢琴，洋溢着一种独有的情韵，故素有"音乐之乡"、"钢琴之岛"的美誉。有莲花庵，明万历、清乾隆年间重修，庵旁巨石上的明人题刻"鼓浪洞天"4 字，为厦门八景之

一。有日光岩、菽庄花园、海滨浴场等游览胜地。鼓浪屿的房屋、街道依山而筑，忽高忽低，曲折盘旋。岛上有四千多种植物、八十多个科属，绿化覆盖率达40%，人均占有绿化面积5.1平方米。街巷里花影绰约，墙头上藤蔓攀缘，树木繁茂，一年四季鲜花竞开，空气十分清新。

2003年5月2日，为了展现中华山川的秀美景色，中华人民共和国国家邮政局发行了一套《鼓浪屿(T)》特种邮票，全套3枚。杨文清设计。影写版。齿孔12度。邮局全张枚数24(3×8)，横3枚连印。北京邮票厂印制。

这套邮票的3枚图案，采用横3枚连印形式，在构图上运用了浪漫与写实相结合的手法，经过大胆夸张、大胆取舍，甚至进行适当的移花接木，既展现出了鼓浪屿四面环海的海岛特点，又张扬了设计者对景物的个人理解。在绘画形式上，设计者以西洋水彩画为主，主导色彩为绿色，生动地描绘出了鼓浪屿岛上的红房绿树、蓝天碧海、岩石沙滩……仿佛谱写成一曲美妙的交响乐，创造出了鼓浪屿作为一个花园城市的那种舒坦飘逸、恍然如梦的意境。

【鼓浪屿·八卦楼】2003—8·(3—1)T　面值80

分，票幅规格50毫米×30毫米，发行量880万枚。图案展现了鼓浪屿的标志性建筑八卦楼的风貌。鸦片战争后，厦门被辟为"五口通商"口岸，西方列强纷至沓来。1902年，鼓浪屿被定为"公共租界"，英、美、法、德、日、西班牙、葡萄牙、荷兰、奥地利、挪威、瑞典等国都曾在岛上设领事馆，开办洋行、医院、学校和教堂，一些华侨富商也相继到岛上建造住宅和别墅，投资房地产业，使得鼓浪屿的建筑千姿百态，被称为"小白宫"的八卦楼就是在那段特殊历史时期建成的。八卦楼坐落于鼓浪屿中部笔架山北坡。该楼建于1907年(清光绪三十三年)。因其红色圆顶有八道棱线，顶窗呈八方十二向，并置于八边形的八角平台上，故得名"八卦楼"。楼高26.6米，总建筑面积4623平方米，另有10米高的圆顶，是厦门近代建筑的代表，是海轮出入港的标志。八卦楼的原主人林鹤寿，是菽庄花园主人林尔嘉的堂弟。当时林鹤寿继承祖业，在厦门水仙宫开设"建祥钱庄"。他自认为财力充盈，立志要在鼓浪屿建造一座风格独特、新颖别致的别墅，站在其天台上能够看到整个鼓浪屿和厦门市区。于是，林鹤寿向英国和记洋行购得这块坡地。他的美国朋友郁约翰当时任鼓浪屿救世医院院长，因其原来是学土木建筑设计专业，便自告奋勇为林鹤寿设计。郁约翰的设计采用了美国总统府白宫和玫瑰园的格式，故有"小白宫"之称。八卦楼的建设过程中，因资金问题时断时续。13年后林鹤寿破产，八卦楼工地一片荒凉，成了废宅，并一度抵押给日本台湾银行。1924年，日本人在此开办了旭瀛书院。1938年厦门沦陷后，八卦楼成了难民收容所。抗战胜利后，国民党政府以"敌伪财产"没收了八卦楼。新中国成立后，1982年2月23日，八卦楼被辟为厦门博物院，市政府拨巨资进行了全面翻建。1988年5月正式对外展出。如今的八卦楼，庭院里花木茂盛，四季常青，大榕树飘拂着长髯，仿佛在诉说着八卦楼的沧桑；站在三楼的平台上，鼓浪屿和厦门市的风光尽收眼底，令人目不暇接。邮票图案采用俯瞰角度，蓝色的海面上船帆点点，岛上绿树葱郁，红房幢幢，高大的八卦楼身姿格外醒目，他仿佛是一位阅尽历史沧桑的老人，正在欣赏和享受生机勃勃的人间春色。

【鼓浪屿·日光岩】2003—8·(3—2)T　面值80

分，票幅规格50毫米×30毫米，发行量880万枚。图案展现了鼓浪屿著名风景名胜日光岩的景象。日光岩俗称晃岩、龙头山。关于日光岩名称的来历，有两种解释：其一，相传，公元1647年，郑成功来到鼓浪屿的晃岩，看到这里的景色胜过日本的日光山，便将"晃"字拆开，称之为"日光岩"。其二，虎头山是鼓浪屿的最高峰，每当太阳初升，阳光正射到山石和寺内，故得名。日光岩位于鼓浪屿中部偏南的龙头山顶部，海拔92.68米，为鼓浪屿最高峰。日光岩是一块直径四十多米的巨石，凌空独立。岩顶筑有圆台，站立峰巅，天风浩浩，极目远眺，浩瀚大海，波浪滔滔，厦门、鼓浪屿及大担、二担、圭屿、青屿诸岛，尽收眼底。明末清初，民族英雄郑成功曾在此屯兵，操练水师，至今尚存山寨遗址。1962年2月，在岩麓建立郑成功纪念馆。山上有"日月俱悬"、"与日争光"、"光复台"、"闽海雄风"等石刻和蔡元培、蔡廷锴等人的题诗以及"鹭江龙窟"、"古避暑洞"诸胜景。邮票图案以绿色为主色调，在碧蓝色海水的环抱中，在繁茂绿树的簇拥下，日光岩独立山顶，沐浴着温暖的霞光，仿佛在以热情的微笑欢迎来自五洲四海的游客。

【鼓浪屿·菽庄花园】2003—8·(3—3)T　面值2元，票幅规格50毫米×30毫米，发行量880万枚。图案

展现了鼓浪屿园林名胜菽庄花园的景色。坐落于日光岩南部，面向大海。园主林尔嘉，1874年生于厦门，1905年任厦门保商局总办、厦门总商会总理，发起建设厦门的电话、电灯、自来水等公共事业，对厦门的城市建设多有贡献。抗日战争胜利后定居台湾，1951年去世。菽庄花园是林尔嘉于1913年秋建设的一座私家别墅，并以他的字"叔臧"谐音命名花园。"菽庄"园匾为徐世昌题写。全园利用天然地形，借山藏海，巧为布局，分藏海、补山两部分。园门内有一道短墙，挡住游人视线，故名藏海。藏海即将大海一隅藏入园中，隐含把山河揽入祖国怀抱，切莫再任人宰割的意思。右侧为谈瀛轩，其旁即海滨浴场，凭栏远眺，海上风光，一览无遗。向左经花圃，有壬秋阁，沿曲栏再行，有四十四曲桥，横跨海上，蜿蜒可抵山麓，是全园游览主线。桥上有观钓台、渡月亭、千波亭及海阔天空等叠石。风晨月夕，在此游憩，令人心旷神怡。自山麓招凉亭拾级而上，为补山园，补山园即补山之胜，以人工建筑补缀天然景色之不足，隐含山河破碎，亟待修补之意。园中有顽石山房、十二洞天、亦爱吾庐、听潮楼、小兰亭五景。倚山而建的十二洞天假山，洞室十二，形状各异而曲折互通，上下盘旋，俗称猴洞。尚有小板桥、亦爱吾庐等错落其间。新中国成立后，1955年园主将花园献作公园，经修葺，遍植花卉，四季如春，游人络绎不绝。近年园内新建国内唯一的钢琴博物馆，馆内展出华侨从海外搜集来的世界古钢琴30台，最名贵的是1810年的出品，它们是鼓浪屿华侨收藏家胡友义的稀世珍藏。邮票图案以绿色为主色调，在碧蓝色海水的环抱中，菽庄花园的幢幢红房掩映于绿树之间，宁静、舒坦，犹如世外桃源，令人向往。海面上白帆点点，给画面增添了动感。

版式二的边饰采用了设计者在鼓浪屿的一幅速写作品，流畅的线条富有一种韵律感；而用流动的线条勾勒出的小巷，从细节上弥补了邮票图案只从整体表现鼓浪屿的不足，使人能够领会些许鼓浪屿所具有的"小巷深深深几许"的特色。

【鼓浪屿】2003—8M·(1—1)(小全张)T 小全张面值360分，售价5.40元。小全张规格180毫米×80

毫米，邮票规格(50毫米×30毫米)×3，发行量820万枚。小全张采用渐变的淡蓝色海水作底衬，3枚横连印邮票置于图案中心。设计者在小全张边饰左上部绘有跃出海面的海豚，巧妙地表现出了鼓浪屿的独特热情和勃勃生机；右下部绘有钢琴剪影和流动的五线音符，使人能够感受到鼓浪屿为"钢琴之岛"的音乐韵味。巧妙的边饰设计不仅没有喧宾夺主，反而丰富了小全张的画面，增添了邮票图案本身的信息量，十分耐读。

海豚(*Delphinus delphis*)哺乳纲，海豚科。体型似鱼，长2米~2.4米，有背鳍。嘴尖，上下颌各有尖细的齿94枚~100枚。体侧通常有1条~2条暗纹，鳍肢基部有一暗纹延伸至下颌。常群游海面，以小鱼、乌贼、虾、蟹等为食。分布各海洋中。肉可食，皮可制革，脂肪可制油。

有关钢琴的知识，详见新版《中国集邮百科知识》文16《钢琴伴唱〈红灯记〉》。

有关五线谱的知识，详见新版《中国集邮百科知识》J·94《中华人民共和国第六届全国代表大会》。

2003—8M 鼓浪屿(小全张)(T)

【鼓浪屿(小全张)(T)】Gulangyu Island (Miniature Sheet)(T) 2003年5月2日，为了展现中华山川的壮美景象，中华人民共和国国家邮政局发行了一套《鼓浪屿(T)》特种邮票，同日发行了1枚小全张。杨文清设计。影写版。齿孔12度。版式二：9枚(3套邮票)，发行量42万版，尺寸规格236毫米×146毫米。北京邮票厂印制。

2003—9 中国古典文学名著
——《聊斋志异》(第三组)(T)

【中国古典文学名著——《聊斋志异》(第三组)(T)】A Collection of Bizarre Stories: A Literary Masterpiece of Ancient China (3rd Series)(T) 有关中国古典文学名著——《聊斋志异》和蒲松龄的知识，详见本书2001—7《中国古典文学名著——〈聊斋志异〉(第一组)(T)》。

2003年5月16日，为了宣扬中国古典文学的辉煌成就，中华人民共和国国家邮政局继2001—7《中国古典文学名著——〈聊斋志异〉(第一组)(T)》和2002—7《中国古典文学名著——〈聊斋志异〉(第二组)(T)》,又发行了一套《中国古典文学名著——〈聊斋志异〉(第三组)(T)》特种邮票,全套6枚。陈全胜设计。影写版。齿孔12度。邮局全张枚数20(5×4)。版式二:8枚(第1、2图各4枚连印为一版;第3、4图各4枚连印为一版;第5、6枚4枚连印为一版),发行量45万版,尺寸规格210毫米×160毫米。北京邮票厂印制。

这套邮票的6枚图案,选材多为爱情故事,生动地描绘了男女主人公的忠贞痴情、善良纯洁和聪慧美丽,各有其貌,各传其神,音容笑貌栩栩如生。设计者借鉴了明清书籍木刻插图中格调清雅明快、手法简洁古拙的艺术手法,工笔重彩,深浅搭配,既注重对各种不同人物动作、神态的细微刻画,又注重对景物的表现,树木多曲虬苍劲,山石多怪异嶙峋,白墙青瓦,浮云青烟,亦实亦虚,亦真亦幻,充满"仙气",活脱脱一个鬼狐世界的写照,以景托情,将一个个既可爱又可恨的"牛鬼蛇神"刻画得"比正人君子更可爱"。

【香玉】2003—9·(6—1)T　面值10分,票幅规格38毫米×50毫米,发行量880万枚。图案描绘了《聊斋志异·卷十一》中"香玉"的一个故事情节。胶州人黄生在崂山下清宫读书时,经常见到一个美丽的女子香玉,并结识了香玉的好友绛雪。黄生与香玉相互爱慕题诗。香玉说自己被道士关在山中,实属不

愿。一天夜里,香玉告诉黄生要长久别离了。黄生问其原因,香玉却哭而不答。次日,下清宫的白牡丹被一位来自墨县的游人蓝某挖走,黄生才知香玉是白牡丹花精。白牡丹移到蓝家就凋谢了,黄生写了50首《哭花》诗,每天在坑边哭泣。一天,香玉的好友耐冬精绛雪在坑边哀伤,黄生询问绛雪是院中第几棵,表示要将其移回家中种植,免得也被人抢去。绛雪告诉黄生故土难移,妻子尚且不能相守一生,何况她这个朋友呢!黄生和绛雪都很思念香玉。花神被黄生的至情感动,让香玉再降下清宫中。黄生灌溉筑栏精心保护,并给道士赠送银两,嘱咐他每日培养。白牡丹花精香玉终于复活。黄生说,自己死后要寄魂在这里,生在香玉左右。多年后,黄生寿终,化作一株牡丹,生于白牡丹香玉身旁。不幸,后来的道士砍了那棵黄生化作的牡丹,白牡丹与耐冬树

也相继枯死。故事赞美了一种可以通达鬼神的真情。邮票图案以崂山下清宫为环境,描绘了黄生与香玉、绛雪友好相处,进行精神交流的美好瞬间,自然而和谐。

【赵城虎】2003—9·(6—2)T　面值30分,票幅规格38毫米×50毫米,发行量880万枚。图案描绘了《聊斋志异·卷五》中"赵城虎"的一个故事情节。赵城县一位老婆婆的独生儿子,上山打柴时被老虎吃掉了。老婆婆到县衙告状,定要县衙派出差役拘捕凶犯老虎。县官怜老婆婆年迈,便顺口答应了她的要求。差役李能喝醉了酒,说他能捉住老虎,老婆婆才肯离去了。李能酒醒后十分后悔,又无法抗拒命令,请求县官下令与猎户合作捕捉老虎。一个月过去了,李能不仅没有捕住老虎,还挨了几百板子。又过了几天,李能在一庙内碰见了老虎,吓得要死。老虎并不理他。李能见状,便对老虎说:"如果你是吃掉了老婆婆的儿子,就低头让我捆了。"老虎低下头,服服帖帖地让李能捆住了。李能将老虎押到县衙,县官问老虎:"是你吃了老婆婆的儿子?"老虎点点头。县官说:"杀人要处死,你若能做老婆婆的儿子,就可以赦免你。"老虎又点了点头。于是,老虎被判代子照顾老婆婆。从此,老婆婆的家门口经常放有死鹿、金银、布匹等物,供老婆婆度日,且颇有盈余。老婆婆与老虎相安无事,甚至逐渐喜欢这只老虎了。老婆婆寿终埋葬时,老虎也跑来仰首哀号,声如雷动。村人感其义,在东郊为虎修立"义虎祠"。邮票图案以县衙为环境,描绘了县官宣判老虎代子赡养老婆婆的瞬间情景:县官离案站立在大堂之上,白发苍苍的老婆婆拄杖站在县官身旁,老虎面对老婆婆跪在堂下,众差役的目光全都集中在老虎身上,有期待,也有担心,生动而形象地表现出了这堂特殊审判的情与理。

【宦娘】2003—9·(6—3)T　面值60分,票幅规格38毫米×50毫米,发行量920万枚。图案描绘了《聊斋志异·卷七》中"宦娘"的一个故事情节。陕西世家子弟温如春喜好弹琴,游山西时经一道士指点,琴技世间无双。回陕西途中遇一屋,屋中有一老妇和侄女居住。侄女名叫宦娘,酷爱琴筝,虽琴技已颇熟谙,但未得嫡传。当她偶然听到温如春的雅奏,又得其眷顾时,便产生了爱慕之情。当温如春向老妇求婚时,宦娘自知鬼身,无奈只得拒绝。县里的葛姓人家也有一女子,名叫

良工，善辞赋。一日，良工在花园拾得一诗笺《惜余春》，十分喜欢，不慎被风吹跑了。葛父拾得诗笺，误认为小女不庄重之词，想把良工嫁出去。葛父有绿菊种子从不外传，温如春的院中却突然生出两株绿菊，花坛边也有一首《惜余春》诗笺。葛父怀疑是小女良工所赠，盘问小女，小女否认。葛夫人怕事传出不雅，便欲将良工许配温如春。一天夜间，琴不抚自鸣，温如春以为狐仙学琴，便每夜交弹一曲，六七夜后，琴自弹成曲，值得一听。温如春与良工婚后谈起《惜余春》诗笺，便觉怪异。良工家有一照妖古镜，琴不抚自鸣时，镜中却照出宦娘弹琴。原来宦娘是死去百年的太守女儿，她爱慕温如春，但因人鬼两隔，不能结为夫妻，便暗中撮合了良工和温如春的婚姻。邮票图案以宦娘居住的宅屋为环境，描绘了温如春向宦娘求婚被拒绝的情景：温如春木然站在宅门外，似乎不知所措；老妇拒婚后，转身就要推门进院；宦娘独自坐在屋内，因自知鬼身不能与相爱的人亲近，内心自然十分痛苦，但又十分平静，情景交融，栩栩如生。

【阿绣】2003—9·(6—4) T　面值80分，票幅规格38毫米×50毫米，发行量920万枚。图案描绘了《聊斋志异·卷七》中"阿绣"的一个故事情节。刘子固15岁那年，到盖平探望舅舅时，发现杂货铺中有一位姚姑娘十分可爱，他便借买扇相识往来。不料被仆人识破，舅舅逼刘子固回家了。次年，刘子固又到盖

平探亲，发现杂货铺已关门，姚家因生意不好回了广宁。刘子固精神恍惚，寝食不安。刘母只得前去请舅舅提亲，才知姚姑娘叫阿绣，并已许配。刘子固垂头丧气，希望能找一个和阿绣同样貌的姑娘。媒人说复州有个黄姑娘十分漂亮，刘子固探访时不禁惊讶，心想世上果真有如此相像的两个阿绣？战事突发，刘子固在逃难途中遇见一个女子，女子询问他是不是刘子固？刘子固仔细辨认，原来是阿绣。原来姚家姑娘是假阿绣狐仙，真阿绣是她前世转生的一个妹妹。假阿绣在战乱中救出刘子固和阿绣，两人骑马回家择日成婚。假阿绣狐女还常来帮助他们料理家务。邮票图案以刘子固家为环境，捕捉住了新郎新娘拜堂成亲时的精彩场景：大红灯笼高挂门首，墙上贴着"囍"字，一派喜庆气氛，真假阿绣并排站立，仿佛假阿绣狐仙正在笑着说："你们应该谢我这个媒人呀！"刘子固披红拱立，左手拂颈，仰首，仿佛若有所悟。

关于"囍"字的来历：传说，宋朝的王安石23岁时去赶考，在马家镇，他遇见马员外家的走马灯上闪出"走马灯，灯走马，灯熄马停步"的对子，不由拍手连称："好对！"管家马上禀报员外，出来时已不见王安石。翌日，王安石在考场上一挥而就，主考官见他聪明，便指着厅前飞虎旗试目："飞虎旗，旗飞虎，旗卷虎藏身。"王安石听后，信口对曰："走马灯，灯走马，灯熄马停步。"主考官赞叹不已。王安石考毕回到马家镇，想起走马灯对他的帮助，便信步来到马员外家。马员外请他对走马灯上的对子。王安石信手写道："飞虎旗，旗飞虎，旗卷虎藏身。"员外见对得又巧又工整，便将自己的女儿许给他，择吉日在马府完婚。正当新郎新娘拜天地时，报子来报："王大人金榜题名，明日请赴琼林宴。"王安石喜上加喜，带着三分酒意，挥笔写下个大"囍"字贴在门上，并吟道："巧对联成双喜歌，马灯飞虎结丝罗。"从此，"囍"字便被传开了。

【王桂庵】2003—9·(6—5) T　面值1.50元，票幅规格38毫米×50毫米，发行量880万枚。图案描绘了《聊斋志异·卷十二》中"王桂庵"的一个故事情节。王桂庵为河北大名府一世家之子，名樨，字桂庵。其妻已死。一次，他去江南游历时，遇到邻船上一位正在绣鞋的美丽姑娘，心生爱慕之情，便扔去一金钏，

不料恰巧姑娘之父回来，姑娘立刻用脚掩盖住金钏，船划开了。第二年，王桂庵又到江南打探，却不见那位船家姑娘的踪迹。夜间睡梦中，王桂庵梦见在一座江村中有一间小屋，那位绣鞋姑娘竟居住其中，自然喜出望外，无奈只是梦而已。又过了一年，王桂庵到镇江时，进入一江村，竟然与梦中景象一样，真的见到了那位船家姑娘。王桂庵激动地问姑娘："你还记得投金钏之人吗？"姑娘大大方方地回答："料想钟情之人会有消息，你请媒说情，有望成功；如果企图无理结合，只能是痴心妄想。"姑

娘名叫芸娘。王桂庵带聘礼去见姑娘之父孟江篱，又请太仆前往说亲，终于打动孟家，迎亲成婚，有情人终成眷属。婚后，王桂庵对芸娘开玩笑说，自己家中有妻，芸娘信以为真，悲愤交加，竟然投入江中。王桂庵追悔莫及，悲痛不已，却找不见妻子遗骨。不料，一年之后，在回乡途中，王桂庵见一院落，有一位老妇人逗小孩玩儿，他离开时，小孩竟然说："爹爹要走了。"这时，从屋中走出的少妇竟是芸娘。芸娘见王桂庵，忍不住痛骂负心之人。原来，芸娘投江后，有幸被一划船老人救起，十月怀胎后生下一个孩子。王桂庵向芸娘发誓表白当年那只是一句玩笑，一家人才得团聚。邮票图案以江上船只为环境，描绘了王桂庵和芸娘一见钟情的瞬间：王桂庵本来在船上看书，当他发现了邻船上美丽的芸娘，便抬头伸颈痴痴地张望；芸娘坐在船上，虽依然低头绣鞋，但实际上也发现了王桂庵，只是表现得比较含蓄而已。

【神女】2003—9·（6—6）T　面值2元，票幅规格38毫米×50毫米，发行量880万枚。图案描绘了《聊斋志异·卷十》中"神女"的一个故事情节。福建人米生到了郡城，酒后给一傅姓老头祝寿。回家后，他在一店中喝酒，一名鲍姓同乡暴卒，米生先被怀疑为凶手，并被判了刑，最终获释。因此官司，米生不仅家中田

产耗尽，而且秀才资格也被剥夺，便想进郡城恢复。在去郡城途中，偶然碰到一辆小车，车中一位美丽女子对米生说："你蒙受意外灾祸，确实让人同情，但衙门不是空着手可以进出的。"于是，这位女子便送给米生一朵珠花，价值百金，米生十分珍惜。清明时，游人众多，几个女子骑马而来，其中一女郎为赠珠花之人，她又给米生金二百。米生终于考了第一，功成名就，成为通宦之家。一天，女子的父亲傅老头遭祸，其儿子姑娘先后两次前来求米生。米生性格耿直，不愿行贿攀附抚台大人。姑娘直言告诉米生自己是神女，父亲在天庭蒙罪，要米生到抚台大人处求一盖印。米生只得用珍爱的珠花买通抚台宠妾，换得印章，却感到自己的名节已经受损。神女欣赏米生的耿直，嫁给了米生。可惜，神女几年都没有生育，哥哥便为米生在江淮找了一个名叫博士的小妾，而且她也竟有一朵珠花。原来抚台小妾死后，丫环将珠花偷走卖给了博士。就这样，十年前失去的珍爱之物又回到了米生家中。神女将另一朵珠花赠给了博士，一家欢喜。后来，博士生了一对双胞胎。米生80岁死去，神女与他一起合葬。邮票图案以平坦的大道为环境，捕捉住了神女在清明节向米生赠金相助的精彩瞬间：米生站在大道边，手捧价值百金的一朵珠花，仰首望着神女，流露出一种感激之情；神女骑在马上，侧身望着米生，表情中仿佛有同情，有豪爽，也有爱慕。

2003—9M 中国古典文学名著——《聊斋志异》（第三组）（小型张）（T）

【中国古典文学名著——《聊斋志异》（第三组）（小型张）（T）】A Collection of Bizarre Stories：A Literary Masterpieces of Ancient China（3rd Series）（Souvenir Sheet）（T）　2003年5月16日，为了宣扬中国古典文学的辉煌成就，中华人民共和国国家邮政局继2001—7《中国古典文学名著——〈聊斋志异〉（第一组）（T）》和2002—7《中国古典文学名著——〈聊斋志异〉（第二组）（T）》，又发行了一套《中国古典文学名著——〈聊斋志异〉（第三组）（T）》特种邮票，同日发行了1枚小型张。陈全胜设计。影写版。齿孔12度。北京邮票厂印制。

【西湖主】2003—9M·（1—1）（小型张）T　小型

张面值8元，小型张规格144毫米×85毫米，邮票规格90毫米×60毫米，发行量820万枚。图案描绘了《聊斋志异·卷五》中"西湖主"的一个故事情节。河北大名书生陈弼教，表字明允，在贾将军旗下做文书。一次，贾将军在洞庭湖上射得一条猪婆龙，一条小鱼咬着龙的尾巴不肯离去，而且龙的嘴巴一张一合，也似向人求救。陈弼教见状，请贾将军放了猪婆龙。一年后，陈弼教经过洞庭湖时遇风翻船，所幸抓住竹筐爬上了岸。岸边柳绿草青，被淹死的书童竟然也复活了。两人正寻找食物，突然发现了几个骑马围猎的漂亮女子。他们走进丛林，亭台楼阁，鸟鸣花香，绝非人间景致。秋千低悬绳索入空，公主荡起秋千，腕白鞋艳，轻如飞燕。女子云后，陈

弼教拾得一块红巾，并题诗朗诵。有一女子来寻，说题污了公主心爱之物，罪在不赦。陈弼教认为自己必死无疑，很是害怕。不料公主见诗后却心生爱意。但此事又被王妃得知，命人捉拿。王妃见到陈弼教后，却发现他是自己的救命恩人。原来王妃就是一年前被陈弼教所救的猪婆龙所化，小鱼则是其侍女。王妃不仅设宴盛情款待陈弼教，而且将公主许配给他。陈弼教衣锦还乡。一次，陈弼教的一位朋友路过洞庭，见陈家富妻美，还受到了陈的款待。谁知这位朋友回到家乡后，却又见陈弼教在老家生活，并称未去洞庭。陈弼教一人而得两处享受，且长生不老。邮票图案捕捉住了西湖主荡秋千的精彩瞬间：公主随着秋千荡在半空中，肩上淡红色的霞帔，臂上粉红色的纱巾，腰间雪白色的长裙，胸际妙曼的丝带，盘绕飘曳在天际；而浮空舒卷的云霓，烘托着公主，以致彩霞和少女幻化为一体，饱含着美妙与动感。公主及秋千架下那群青春靓亮的女孩子们，在周围赭岩、青峰、金花、绿树的映衬下，显得更加容光焕发，充满朝气，生动活泼。设计者采用粼粼波涛、阵阵云雾、丛丛古树和半影小屋作小型张边饰，使得整个画面充满了"聊斋"所独有的那种仙风灵气，富有艺术感染力。

"秋千"，从前称作"鞦韆"，意思是"揪着皮绳而迁移"。古代，清明节前后，中国许多地区有"荡秋千"的习俗。早在原始社会，人们为取得食物，经常需要攀藤上树，在劳动中创造了荡秋千的活动。民间最早的秋千活动，人们称为"千秋"。据说，春秋时期，"千秋"为北方的山戎民族所创。开始只有一根绳子，以手抓绳而荡。后来，齐桓公北征山戎族，把"千秋"带入中原。直到汉武帝在后庭祈祷千秋之寿，令宫女们玩绳戏为乐，为避忌讳，将"千秋"二字倒转为"秋千"。后来，逐步发展为用两根绳索加上踏板的"秋千"。唐、宋时代，荡秋千极为盛行。五代王仁裕《开元天宝遗事》中记载："天宝宫中至寒食节（清明前一天），竞竖秋千，令宫嫔辈笑以为宴乐，帝呼为半仙之戏，都中士民相与仿之。"再现了清明节前后清宫荡秋千的欢乐景象。据说，清明节期间荡秋千，为的是预防寒食日冷食伤身，这是有一定科学道理的。所以，荡秋千也是一项很有趣的体育活动。

2003—10 吉林陨石雨（T）

【吉林陨石雨(T)】Jilin Meteorite Shower(T) 吉林省简称吉。位于我国东北地区中部。吉林市旧称船厂，因明、清时代均在当地设立船厂。原名"吉林乌拉"，满语"吉林"意为"沿江"、"靠近"，"乌拉"为"江"，吉林乌拉即"沿江之城"，后来按照汉语习惯，去掉"乌拉"，称为"吉林"。吉林市位于吉林省中部偏东、松花江中游。"陨"字意为坠落。陨石又称"陨星"，指从宇宙空间穿过地球大气层落到地面的天然固态物体（流星体）。陨石在大气层中高速下降时，因受高温高压气流的冲击，有的陨石会发生爆裂，陨石碎块犹如雨点散落地面，这种现象称之为"陨石雨"。陨石作为天体运动的一种客观现象，对于人类来说并不陌生。据有关资料介绍，估计每年有数以千计、累计重达几十万吨的陨石落到地球上。但大多数陨石落到沙漠、海洋或崇山峻岭之中，人们极不容易发现；而落到人口稠密的地区并有详细记载的陨石，则极为罕见。1976年3月8日15时2分36秒，一颗重约4吨的陨石以每秒15公里～18公里的相对速度，从地球公转轨道的后方追上地球，霎时间火光熠熠，响声隆隆。当这位从天而降的不速之客飞临吉林省吉林市北郊19公里高空时，发生了一场蔚为壮观的中外闻名的陨石雨。陨石常常以降落地或发现地命名，故这次陨石雨被命名为"吉林陨石雨"。这场陨石雨数量之多（共收集到138块标本）、重量之大（总重量超过2700公斤）、分布之广（东西长72公里，南北宽8公里，面积近500平方公里），世界罕见。其中最大的"吉林一号"陨石重达1770公斤，是目前已知的世界上最大的单块石陨石。吉林陨石是一颗有近47亿年年龄、直径约440公里的小行星的一部分。大约800万年前，在一次剧烈的天体撞击事件中，吉林陨石从距母体表面约20公里深处被撞击出来，改变了运行轨道，形成了一个新的椭圆形轨道，近日点1.4亿公里，远日点4.1亿公里，同地球轨道有了交叉，使其同地球相撞成为必然。吉林陨石属石质陨石，学名橄榄石——古铜辉石球粒陨石，或高平衡铁（H）球粒陨石。它蕴藏着极为丰富的有关太阳系起源、太阳星云的分馏与凝聚、行星的形成过程、小行星的演化、行星际空间的辐照历史和陨石降落过程的物理化学环境等科学信息，是研究天体演化、生命起源、元素起源、空间技术以及其他多种学科不可多得的实物资料。通过对吉林陨石的研究，使我国在这一领域走在了世界的最前列，吉林陨石的研究成果已被公认为地外物质研究的范例。

2003年6月21日，为了展现我国天文学领域科学研究的成果，中华人民共和国国家邮政局发行了一套《吉林陨石雨（T）》特种邮票，全套3枚。原画作者徐琳（分布图）、邹永廖（分布图）、欧阳自远（分布图）。摄影者（3—1）邹起程、姜兴国，（3—3）佚名。于卫华设计。胶版。齿孔12度。邮局全张枚数20（5×4）。版式二：9枚（3套邮票），尺寸规格225毫米×117毫米，发行量42万版。辽宁省沈阳邮电印刷厂印制。

这套邮票的3枚图案,设计原则为艺术性与科学性相统一,突出纪念主题与传达知识信息相结合,让读者在欣赏时,既能享受到艺术欣赏的乐趣,又寓教于乐,获得有关吉林陨石雨的科学知识。在色彩上,以蓝色为主色调,因为蓝色是天空的颜色,也是宇宙的颜色,蓝色最能体现宇宙的深奥和神秘;通过蓝色的渐变,表现出了画面的多层次性,使3枚邮票在视觉上显得均衡,达成了统一风格。整套邮票通过对陨石雨降落过程的形象再现,生动地表达出了吉林陨石雨对我国天文研究方面的特殊意义。

【吉林陨石雨·降落】2003—10·（3—1）T

面值80分,票幅规格40毫米×30毫米,发行量960万枚。图案展现了吉林陨石雨降落的景象。画面以呈现亚欧大陆轮廓的地球、三个划破大气层飞向地球的陨石为主图,以松花江和吉林大桥为背景,通过对陨石穿破大气层降落瞬间火球的颜色、光影、光环的处理,表现出了陨石降落时蔚为壮观的场景;通过对地球、松花江以及吉林大桥四色图形的叠加及颜色质感的变化,将整幅图的第二视点凝聚在陨石雨的降落地,并通过这一背景使读者对吉林市有了大体的了解,真实地再现了吉林陨石雨降落的奇妙景观。

松花江是满语"松阿里乌拉"的转译,意思是"天河",黑龙江的最大支流。上游段称第二松花江,源出吉林省东南中朝边界的白头山天池。西北流到扶余县汇嫩江后称松花江。折向东北经黑龙江省南部,到同江县入黑龙江,注入鄂霍次克海峡。全长1840公里,流域面积54.56平方公里。沿途汇集九百二十多条江河,主要支流有嫩江、呼兰河、牡丹江、汤旺河等。水力资源丰富,建有丰满、白山等水电站,吉林市以下可通航。冰期约5个月。盛产鲤、鲫、鳇、白、大马哈等鱼类。沿江重要城市有吉林、哈尔滨、佳木斯等。

有关地球的知识,详见新版《中国集邮百科知识》纪3《世界工联亚洲澳洲工会会议纪念》。

【吉林陨石雨·分布】2003—10·（3—2）T　面值80分,票幅规格40毫米×30毫米,发行量860万枚。图案展现了吉林陨石雨的分布情况。画面主图以浅蓝色勾画出椭圆形的区域,对爆炸点、散落区及陨石排列情况作了精确的绘制;背景为吉林市地区的地形图、陨石降落的精确时间;远景为陨石的来源地——广袤的太阳系。设计者以一幅多层次、多角度、观赏性较强的图案,

全面翔实地表现出吉林陨石雨降落的一个主要特点:散落面积最大,分布最具规律性。画面运用冷暖对比的手法,更加明确地表现了"分布"这一主题,达到了艺术性和史实性的高度统一。

太阳系即太阳和以太阳为中心、受它的引力支配而环绕它运动的天体所构成的系统。太阳系的成员包括太阳和9颗大行星（水星、金星、地球、火星、木星、土星、天王星、海王星和冥王星）、两千多颗轨道已确定的小行星、34颗卫星以及为数很多的彗星与流星体。

注:关于吉林陨石雨降落的时间,邮票图案上标出的是"吉林 1976.3.8　5:02"。实际上,据吉林和丰满的地震台记录,"吉林一号"陨石落地,撞击地面,造成的震动相当于1.7级地震,其准确时间记录为"1976年3月8日15时2分36秒"。

【吉林陨石雨·一号陨石】2003—10·（3—3）T

面值2元,票幅规格40毫米×30毫米,发行量850万枚。图案展现了吉林陨石雨一号陨石的整体形状。1976年3月8日15时2分36秒,随着吉林陨石雨"一号陨石"落地,落点附近翻滚着升起一股黄色的蘑菇状烟云,高约50米。浓烟散尽,地面现出一个陨石坑,直径2米,深6.5米。陨石撞击地面溅起的碎石,最远达150米,造成的震动相当于1.7级地震,这震波被吉林和丰满的地震台准确地记录了下来。一号陨石重1770公斤,体积为117×93×84立方厘米,成为"世界陨石之最"。吉林陨石雨熔壳呈深褐色,上面布满手指窝状的手印。画面以吉林陨石雨"一号陨石"为主图,以陨石降落时冲撞地表所形成的陨石坑为背景,设计者通过侧逆光,使点、线强度发生变化,表现出了"一号陨石"的整个形状,突出了画面的立体感,使读者对这位天外不速之客产生无尽的遐想。采用"一号陨石"降落时形成的巨大陨石坑作背景,突出表现了这一世界最大的陨石单体的特点。

2003—11 苏州园林——网师园（T）

【苏州园林——网师园（T）】Suzhou Gardens – Master of Nets Garden（T）　有关苏州和苏州园林的知

识,详见新版《中国集邮百科知识》T·56《苏州园林——留园》。网师园坐落于苏州古城东南隅葑门十全街阔家头巷,为苏州著名园林之一。南宋淳熙初年(公元1147年),吏部侍郎史正志故籍扬州,归隐吴门后意欲泛舟太湖,渔隐终老,遂购地在此兴建了一座府宅园林,因府中藏书万卷,主人学问博大精深,故名"万卷堂"。堂侧筑有花圃,名"渔隐",植牡丹500株。史正志去世后,万卷堂数易其主,逐渐荒废。关于"网师园"名称的来历,有两种解释:其一,清乾隆年间(公元1765年前后),光禄寺少卿宋宗元在万卷堂故址重建,营造退隐、奉母养亲之所,借"渔隐"原意,自比"渔夫",号"网师","网师"为"渔翁"之别称,有隐居自晦之志,并以此为花园命名;其二,因园旁有巷名王思,取其谐音,名"网师小筑",意为渔人隐居之园,故得名"网师园"。清乾隆末年(公元1795年),瞿远春叠石种树,添筑梅花铁石山房、小山丛桂轩、濯缨水阁、蹈和馆、月到风来亭、云岗、竹外一枝轩、集虚斋等建筑,至今网师园仍基本保持着瞿氏当年造园的结构与风格。网师园占地面积仅八亩多,其中建筑约占园地三分之一,保持着旧时世家一组完整的住宅群。建筑的木结构与门窗槅扇都精雕细刻;各厅堂均设明瓦漏窗,窗外叠砌假山,散种花卉。园林位于住宅西侧。南面的小山丛桂轩与蹈和馆、琴室一组建筑为园主宴聚场所。北面五峰书屋、集虚斋、看松读画轩、殿春簃等一组建筑是读书作画之地。中部以水池为中心,配以花木、山石、建筑,形成主要景区。水池面积,虽仅半亩,但治理得当。全池略呈方形,聚而不分,池岸低矮;濒水而建的射鸭廊、濯缨水阁及小石桥皆低临水面,使一池清水更加开阔。水池东南和西北有一条曲折延伸的水湾,池岸叠成洞穴状,使池面有水广波延、源头不尽之意。月到风来亭突出于水面之上,每当夏夜,纳凉其中,月明水秀,凉风习习。此园布局,亭台轩榭与池水相衬托,园内路径处处贯通,曲折自然,精巧幽深。名士钱大昕在为网师园所作《网师园记》中赞道:"地只数亩,而有纡回不尽之致;居虽近廛,而有云水相忘之乐。"辛亥革命后,张作霖购得此园,赠予遗老张锡銮,改名为"逸园",苏州人俗称"张家花园"。国画大师张大千、张善孖兄弟与金石书画家叶恭绰曾一度分居宅园。1940年,该园为文物鉴赏家何亚农购买,进行全面修缮,保持旧观,并复"网师园"旧名。1950年,何氏后人将园献给人民政府。1958年10月,网师园经整修后对游人开放。1982年,网师园被国务院列为国家重点保护单位。1997年12月4日,作为苏州古典园林的典型例证之一,网师园被联合国教科文组织世界遗产委员会第21届会议列入《世界文化与自然遗产名录》。网师园历经八百多年

的兴废沧桑和修建完善,形成了一座中型宅第园林,通体氤氲着浓郁的隐逸之气,处处透露出吴地文化的品格和美学趣味,令人向往。

2003年6月29日,为了展现中华民族悠久的古典建筑艺术,中华人民共和国国家邮政局发行了一套《苏州园林——网师园(T)》特种邮票,全套4枚。劳思设计。影写版。齿孔12.5度×13度。邮局全张枚数16(4×4),横4枚连印。版式二:8枚(2套邮票),尺寸规格223毫米×128毫米,发行量65万版,边饰设计史渊。北京邮票厂印制。

这套邮票的4枚图案,采用横连印的形式,不仅注重科学性、真实性原则,而且根据画面构图需要进行了艺术再创造和巧妙的"移植",在不失园林整体风貌的前提下,对园内景物作了些取舍和改动,恰到好处地展示了网师园深巷高墙之内的全景:俯瞰全园,假山奇石与小池清水相映衬,花木绿荫与楼台亭榭交融,楹联牌匾精制典雅。4枚邮票合起来欣赏,网师园曲折幽深,轻巧灵动,跃然纸上;单票分开欣赏,又是网师园的4个著名景点,具有各自鲜明的主题。这种有分有合的表现手法,既方便从整体上把握欣赏网师园,又巧妙地避免了与以往发行的苏州园林邮票的雷同。小版张边饰集中左侧,上半部印有一段说明文字:"网师园位于苏州古城东南隅,初建于南宋,布局精妙,构筑典雅,是中国园林'以少胜多'的典范。一九九七年作为苏州古典园林的典型,被联合国教科文组织列入《世界遗产名录》。"票名"网师园"十分醒目;下半部绘有网师园的池水和小亭,隐约、淡雅,对鲜亮的邮票起到了烘托作用。

【网师园·殿春簃】2003—11·(4—1)T 面值80分,票幅规格30毫米×50毫米,发行量930万枚。

图案描绘了苏州园林网师园中"殿春簃"的景色。殿春簃是网师园西部的一个独立小院,占地不足一亩,但书房、假山、花坛、清泉、半亭俱全。"殿"有殿后之意,"春"指春天,"殿春"指春末,也有留住春天春色的含义;"簃",原意指高大屋宇边用竹子搭成的小屋。殿春簃是网师园的园中之园,为从前园主的芍药圃,曾盛极一时。春季芍药开花最晚,宋代苏东坡有"多谢花工怜寂寞,尚留芍药殿春风"的诗句。殿春簃以诗立景,以景会意,是古典园林小院建筑的精品。殿春簃小轩三间,西侧带一复室,窗明几净,为仿明式结构,是园主小孩子读书的地

方,精致而幽静。室内正中悬匾额"殿春簃"。20 世纪 30 年代,国画大师张大千、张善孖兄弟寓居于网师园,相传殿春簃是他们的画室。邮票图案以三主一副、明式结构的殿春簃小屋为主景,左侧往下依次为冷泉亭、涵碧泉;右下方是芍药圃,为点题之景。红墙绿瓦,假山古柏,流云碧水,殿春簃真是一个读书的好地方。

【网师园·月到风来亭】2003—11·(4—2)T 面

值 80 分,票幅规格 30 毫米×50 毫米,发行量 930 万枚。图案描绘了苏州园林网师园中"月到风来亭"的景色。月到风来亭坐落于彩霞池西,三面环水。亭为六角攒尖顶,亭内设"鹅项靠"供人坐憩。亭东二柱上,挂有"园林到日酒初熟,庭户开时月正圆"的对联。置身亭中,面对半亩池水,凭栏而眺,但见碧波盈盈,鱼跃莲动,曲桥渡溪,

石矶浮水,池周楼、台、轩、阁倒影水中,美不胜收。特别是月白风清之秋夜,天上明月高悬,池中皓月相映,水面微风轻拂,天清、水清、月清,赏月者更是身清、心清。此情此景,正合宋代邵雍《清夜吟》诗中"月到天心处,风来水面时"之意境,这便是"月到风来亭"美名的来历。邮票画面上,设计者将网师园的主景"月到风来亭"置于中部显著部位,下方是濯缨水阁,上方面南的屋子为看松读画轩,轩前 800 年前的宋柏老干遒劲,新枝苍翠;亭、阁、轩三者以回廊、曲桥相连,展现出了一种情景交融的艺术境界。

【网师园·竹外一枝轩】2003—11·(4—3)T 面

值 80 分,票幅规格 30 毫米×50 毫米,发行量 930 万枚。图案描绘了苏州园林网师园中"竹外一枝轩"的景色。竹外一枝轩坐落于彩霞池东北岸,南面临水处设"吴王靠",神似船舫,可凭栏或倚坐此处,撷取满园景色。"竹外一枝轩"名称意出宋代苏轼《和秦太虚梅花》中"江头千树春欲暗,竹外一枝斜更好"的诗句。"一枝"指梅花,

轩北小庭有翠竹两丛,轩南一枝红梅斜依水面。此轩呈敞开式,左侧矮墙砌成镂空状,既使建筑显得轻巧活泼,而且也便于采光受暖。轩后有一座二层的楼房,楼下称集虚斋,楼上是俗称小姐楼的女眷闺房。轩的右侧建筑

分别是射鸭廊、半山亭,是古人春季玩射鸭(投壶)游戏的地方。沿右侧高墙向南,与竹外一枝轩隔水相望的就是苏州园林中最小的桥"引静桥",桥的左侧建筑名小山丛桂轩,是秋冬赏桂宴娱的佳处。画面上的竹外一枝轩空间通透开敞,前后竹影婆娑,松梅盘曲;图案的近一半面积被池水占据,与第 2 枚的"月到风来亭"的水面合成,呈湖泊型特征,突出了"网师"、"渔隐"的主题,池水荡漾,景色开朗,云水相隔,变化丰富,配以石矶、钓台、石板牵桥及花木、山石等,相互衬托,使园中景致更显曲折有致。

【网师园·万卷堂】2003—11·(4—4)T 面值 2

元,票幅规格 30 毫米×50 毫米,发行量 930 万枚。图案描绘了苏州园林网师园中"万卷堂"的景色。从网师园大门入园,穿过门厅和桥厅,便是大厅万卷堂。万卷堂屋宇高敞,三明两暗,原为南宋园主史正志的书房。据元人陆友仁《吴中旧事》记载:"万卷堂内列书四十二橱,写本居多。"万卷堂

旁有彩霞池和渔隐花圃,史正志退隐姑苏后在此过着垂钓风月、艺竹种花、读书著述的隐逸生活,并著有《菊谱》传世。因大厅内有万卷藏书,故得名。画面上"万卷堂"等庭院建筑层次排列,窗明几净,古树相伴,幽静清雅,充满了一种书卷气息。

2003—12 藏羚(T)

【藏羚(T)】Tibetan Antelope(T) 藏羚是国家 I 级重点保护野生动物,也是《濒危野生动植物种国际贸易公约》(CITES)附录 I 的保护动物。别名藏羚羊、羚羊、长角羊,俗称独角羊,藏语发音为"最"。藏羚属偶蹄目,牛科,山羊亚科,藏羚属。体长 1.5 米,肩高 0.8 米,体重 50 公斤~60 公斤。藏羚性情怯懦而机警,具有十分优美的体态。雄性藏羚毛色呈黄褐色到灰色,腹部白色,额面和四条腿有醒目黑斑记。成年藏羚角长 50 厘米~60 厘米,角长笔直,乌黑发亮,角尖微内弯,远处望去好似只有一角,故又称"一角兽"。雌性藏羚毛色呈纯黄褐色,腹部白色,无角。藏羚身上所包含的动物基因,囊括了陆生哺乳动物的精华。它耐高寒、抗缺氧、食物要求简单、四肢有力,在平缓的草滩、山坡上奔跑如飞,时速高达 80 公里,具有优良的器官功能和高强抵抗力。藏羚平时雌雄分群活动,一般 2 只~6 只或十多只结成

小群,或数百只以上大群。食物以莎草科、禾本科和蒿类等植物为主,也食苔藓和地衣类。发情期为冬末春初,雄性间有激烈的争雌现象。雌羚孕期约 6 个月,临产前选择较隐蔽的环境去生活。每胎一仔。幼羚出生后不久便能站立行走,一天后便可以随母羚自由跑跳。幼羚生长发育很快,两个月后,就与母羚差不多大小,但它体态轻盈,灵活善动,奔跑速度甚至超过母羚。藏羚的寿命一般不超过 8 岁。藏羚生活在海拔 4300 米~5000 米的高山草原、草甸和高寒荒漠上,尤以 4000 米~5000 米的高原无人区比较常见。主要分布在我国的西藏、新疆和青海三省区。印度和尼泊尔也有分布。在漫长的自然进化过程中,藏羚种群曾达到相对稳定状态,且数量巨大。但进入 20 世纪 80 年代,因世界时尚界对沙图什披肩需求的激增,使藏羚陷入了灭顶之灾。沙图什(shahtoosh)一词来源于波斯语的"shah"(意为"国王"、"王者")和"toosh"(意为"羊毛"或"毛制品")。这种由"羊绒之王"藏羚绒制成的披肩,自诞生于克什米尔之后,便受到贵族和富人们的青睐与推崇,这种状态延续好几个世纪了。藏羚绒做成的"沙图什"是一种美丽华贵的披肩的名称。一条长 1 米~2 米、宽 1 米~1.5 米的沙图什,其重量仅有 100 克左右,若轻柔地将它攥在一起可以穿过戒指,故又称为"指环披肩"。这种披肩已成为欧美等地贵妇、小姐显示身份和追求时尚的一种标志。因藏羚奔跑迅速,很难活捉,盗猎者采用简单的屠杀方法,从被打死的藏羚身上摘取羊绒。每只藏羚身上只能取绒 125 克~150 克。据印度野生动物保护协会提供的资料,一条长 2 米、宽 1 米、重 100 克的"沙图什",则需要以 3 只藏羚的生命为代价。据初步统计,藏羚种群已从 20 世纪初的 100 万只左右下降至目前的 75000 只左右,这个古老的物种已到了灭绝的边缘。为充分、有效地保护藏羚,自 1981 年起,先后建立了四个保护区,保护区的总面积累计有五十五万四千多平方公里。在世纪之交,国家林业局启动的"全国野生动物保护及自然保护区建设工程",已将藏羚列入十五大重点保护物种之一。

2003 年 7 月 20 日,为了宣传保护野生动植物的意义,中华人民共和国国家邮政局发行了一套《藏羚(T)》特种邮票,全套 2 枚。黄华强、呼振源设计。影雕套印。呼振源雕刻。齿孔 11 度×11.5 度。邮局全张枚数 20 (5×4)。北京邮票厂印制。

这套邮票的 2 枚图案,采用了雕刻线条为主加丙烯画的手法,达到了雕刻技术与绘画技术的自然结合。画面以雕刻版为主,尽力用雕刻黑白线条塑造藏羚特有的绒毛质感,因为正是这种被称为"软黄金"的"羊绒之王",才使藏羚濒临灭绝;以影写版为辅,用丙烯颜料单纯朴素的色彩,不仅渲染了藏羚的不同色调,还营造了真实而朴素的高原艰苦的环境及藏羚生存前景的险恶;突出描绘出幼羚的可爱、母羚的温情及公羚的矫健,既生动地表现出了藏羚的"动物之美",使人们喜爱这种世界级濒危野生动物,也表达了画家发自内心的环保焦虑,更加关注藏羚这一高原的精灵,从而积极参与到保护藏羚的行动之中。小版张附图分别刻画了一只俯卧的幼羚和几只奔跑的公羚,与邮票主图相得益彰,不仅达到了动静结合的艺术效果,也进一步多角度地展现了藏羚的生活情态,丰富了邮票的信息,增添了读者对藏羚的认识。

【藏羚】2003—12·(2—1)T

面值 80 分,票幅规格 40 毫米×30 毫米,发行量 960 万枚。图案以高耸的雪山和运动着的雄藏羚群为背景,描绘了一个雄藏羚群的形象:它们身体健壮,一对对细而直的长角高高举起,美观而帅气;在黄昏时分的暮色中,它们脚步匆匆,仿佛正在快步奔向栖息地;行进中,它们不时地环顾四周,侧耳倾听,保持着高度警觉的神情。图案右下角标有中文"藏羚"和拉丁文学名"*Pantolops hodgsoni*",既点明了画题,又将科学性和艺术性融为一体。

【藏羚】2003—12·(2—2)T

面值 2 元,票幅规格 40 毫米×30 毫米,发行量 870 万枚。图案以绵延起伏的山峦和活动着的雌幼藏羚群为背景,描绘了幼藏羚和雌藏羚的形象:清晨,在广阔的草原上,雌藏羚带领着幼藏羚正在吃早餐;幼藏羚正在吮吸着雌藏羚的乳汁,享受着幸福的童年生活;一个雌藏羚的特写头像,不仅它的绒毛仿佛根根可数,质感极强,而且目光中有慈爱也有警觉,充分展现出了一种伟大的母爱。图案左下角标有中文"藏羚"和拉丁文学名"*Pantolops hodgsoni*",既点明了画题,又将科学性和艺术性融为一体。

2003—13 崆峒山(T)

【崆峒山(T)】Kongtong Mountain(T) 崆峒山坐落于甘肃省平凉市西郊 12 公里,古籍中名"空桐",俗称

"崆峒"。《尔雅》中记载:"北戴斗极为空桐。"意思是北斗星下方为空桐,崆峒山由此得名。另据《汲冢周书》释:"正北的大夏、莎车、戎翟、月氏、空同、姑藏"等十族统空同,部族融合发展并消亡后,中心区域的名山加以山字偏旁专用指山。也有认为,崆峒山名与道教无为思想有关,取其空空同同之意。崆峒山是六盘山支脉,背靠笄(jī)头山,东望泾河川,南与关山相对峙,北和马头山相接。泾河、胭脂川南北环抱,在山前交汇。其主峰马鬃山海拔2123.5米,游览面积89.8平方公里。相传,道教仙人广成子曾修炼得道于此山。据《庄子·在宥》和《史记·五帝本纪》记载,黄帝曾两次登临崆峒山,问道于广成子,人称崆峒山为"天下道教第一山"。秦、汉时,崆峒山上有庙宇建筑。后南北朝、宋、元、明各代,都有修建,铸铜钟、铜佛三十多件,立碑刻四十多通,将山下问道宫辟为道教十方常柱。山上道院极为兴盛,并有月石峡、羽仙峰、定心峰、千丈崖、插香台、棋盘岭、绣球峰、莲花台、归云洞、黄龙泉、丹梯崖等名胜。崆峒山有"八台"(东、西、南、北、中"五台"和合天台、插香台、灵龟台)、"四岭"(凤凰岭、狮子岭、苍松岭和棋盘岭)、"二峰"(蜡烛峰、雷声峰)。依山先后建有"九院"、"十二宫"等寺观42处,大多集中分布在"五台"区,形成规模宏伟的建筑群。崆峒山琳宫梵刹遍于诸峰,最高峰有香山寺。崆峒山林木茂盛,山色秀丽,风景优美。上天梯为登山顶孔道,石峡壁立,中砌石如梯,长八十多米,宽2.5米,共有378级。峡山径险处有铁柱铁链,游人可攀登山顶。崆峒山由上三叠系紫红色坚硬砾岩构成,是年代久远的丹霞地貌,自古就有"崆峒山水甲于关塞",有"北方山之雄,又兼南方山色之秀"之说。在西北黄土高原上有如此之奇景,堪称大自然鬼斧神工创造的一个奇迹。山上佛道并存,互让互尊,古来就有"西镇奇观"的美誉;因崆峒山是古代著名君王巡幸出游的西极,又被誉为"西来第一山"。崆峒山主要由山、水、林自然景色及人文景观组成,山势雄伟,林海浩瀚,环境深幽,令人陶醉;奇峰、怪石、云海是其奇景,苍翠、清秀是其特点。自古以来,崆峒山的山光水色就以其旷达、秀美兼而有之的独特魅力,吸引着众多的明君贤臣、文人墨客、平头布衣登临。另外,崆峒山还是我国五大武术流派崆峒派的发祥地。《尔雅》中就记载着"空同之人武",唐代诗人李白也有"世传崆峒武"的诗句。1994年,崆峒山被国务院列为"国家重点风景名胜区";2001年1月被国家旅游局授予中国首批"AAAA级旅游区"称号。

2003年7月26日,为了展现中华大地的山川之美,中华人民共和国国家邮政局发行了一套《崆峒山(T)》特种邮票,全套4枚。阎炳武设计。胶版。齿孔12度。

邮局全张枚数16(4×4),4枚呈田字连印。版式二:8枚(两套邮票),发行量40万版,尺寸规格236毫米×146毫米。河南省邮电印刷厂印制。

这套邮票的4枚图案,设计者选取了崆峒山最具代表性的4个景点,以四方连的形式连在一起,既能体现出崆峒山各景,又能烘托出全景,凸显出山的开阔和深远。四方连周围都做了背景,生动地衬托了崆峒山这颗西北高原上的明珠,群山中的这一抹绿。画面采用素描淡墨的绘画手法,以一种简约的构图和单纯素净的色彩,突出描绘出了崆峒山的道教意味,创造出了一种清新、旷达、宁静致远的艺术效果。小版张形式是两套邮票即两个四方连交错对角排列,边饰中有云雾缭绕,突出了崆峒山这座道教名山的特色。

【崆峒山·皇城】2003—13·(4—1)T 面值80

分,票幅规格50毫米×30毫米,发行量850万枚。图案采用仰视角度展现出了崆峒山"皇城"的外观景象。皇城即太和宫,又称绝顶、大顶、小马鬃,民间俗称"皇城"。坐落于崆峒山主峰马鬃山之巅,海拔2035米,突兀高耸,摩云插天,形势险峻。唐代已有建筑。北宋乾德年间,在崆峒山主峰马鬃山创建真武殿,元代改为崇佛阁。明嘉靖二十年(公元1542年)开始,平凉韩藩王室将马鬃山巅劈山建墙,修建宫观道院,成为一座宏伟的建筑群落;明嘉宗亲笔书写"敕敕崆峒"4字,镶于皇城正门楣首,并在皇城内重建真武殿,顶覆铁瓦,远望如金台玉阙。皇城老君殿内供奉有天上老君坐像,左右两侧是迎喜和白骨化身神像,两侧墙壁上是明嘉靖年间彩绘太上老君八十一代图,共计82帖。这是一组关于老子的精美的连环画卷,色彩艳丽,故事生动,人物形象栩栩如生。至今修复保留的有太和宫、真武殿、玉皇殿、黄篆殿、药王殿、老君殿、太白楼、灵宫洞、"峻极于天"木枋门。皇城面东石阶通道谓"上天梯",为门径。西依笄头香山,如画屏映衬。北有舍身崖,如垂出之左臂。南连雷声峰,如舒出之右臂。画面上,皇城置身于峰台交错之中,诸台环绕,似莲叶托花,更显峻秀;若登临皇城之上,则犹如置身霄汉,崆峒山的山川美景尽收眼底。

【崆峒山·弹筝峡】2003—13·(4—2)T 面值80分,票幅规格50毫米×30毫米,发行量850万枚。图案采用平视角度,展现了崆峒山"弹筝峡"的外观景象。弹筝峡又称前峡、轩辕谷。位于崆峒山主峰马鬃山与望驾

山、西山之间,绵延数十里,四周危峰耸峙,岩壁如削,中间谷地潺潺流水,是泾河主流。这座大峡谷所处的地段,地势陡,坡度大,水流湍急,与岸边的石头相撞,因石块大小不一,方向角度差异不齐,这样就形成了许多不同的声音,再加上两岸岩洞涵蓄,回声相演,就形成一种如筝之声;每当静夜顺风倾听,这筝声节奏分明,悦耳、悠扬,故得名。画面上山峰耸立,峡谷间流水潺潺,侧耳倾听,仿佛大自然这位伟大的艺术家创造的美妙音乐作品,声声令人陶醉。

【崆峒山·塔院】2003—13·(4—3)T　面值80分,票幅规格50毫米×30毫米,发行量850万枚。图案采用远距离俯视角度,展现了崆峒山"塔院"的外观

景象。塔院坐落于崆峒山中台的上台,是以凌空塔为中心的一组建筑。中台由下台和上台两部分组成:下台为中心地带,面积较大,平坦宽阔,有三皇楼等建筑;上台即为塔院,院内有舒华寺和大雄宝殿等建筑。北宋建靖国元年(公元1101年)建造的石经幢,为八棱柱形,通高131厘米,基座高18厘米,周身刻有陀罗尼经文,约九百多字,被列为省级文物保护单位。凌空塔建于明万历十三年(公元1585年),是一座空心楼阁式砖塔,塔身共分七层,呈平面八角形,通高31.2米,底边周长32米,每个层面都辟有一个小门,每个塔角有雕刻精美的佛像及浮雕。最为神奇的是,塔顶上挺立着几株数百年树龄的松树,这些松树扎根于砖石缝中,姿态婆娑,四季常青,既向世人展示出了它们顽强的生命力,也为宝塔增添了一种勃勃生机。画面上,塔院隐身于绵绵山峦和葱葱绿树环抱之中,透着几分宁静和神秘;玲珑俊秀的凌空塔,正如明人罗潮在《中台宝塔》诗中所云:"浮屠高七级,中虚外壁立。绝顶八窗开,晴山树历历。"人文与自然相互交融,十分和谐。

【崆峒山·雷声峰】2003—13·(4—4)T　面值2元,票幅规格50毫米×30毫米,发行量850万枚。图案采用远距离俯视角度,描绘了崆峒山"雷声峰"的外观景象。雷声峰是崆峒山主峰马鬃山向南延伸的一条支脉,宛若主峰的一条右臂,舒展而下,指向涛涛的前峡河水。山脊全长200米,最高处不过5米。整个山体均为丹色石质,其东西两侧下临绝涧,南面的绝壁上有人工开凿的石级通向棋盘岭。雷声峰岩壁耸立,古人有"峰若鱼脊、鳌背、鹤膝、蜂腰"的形容。雷声峰三面下临深渊,山上苍松挺拔,谷底风声激荡,峰顶云雾倏忽。宋代始于峰巅凿石建殿。明代在各险要处,依山就势,建造亭台、楼阁、画廊。危崖处设铁柱长索,供游人攀援。由于雷声峰由北向南,山势逐渐变化,因此,峰顶的道观建筑在宽不足10米的峰脊上顺势而建,错落有致,布局奇特。每当盛夏阵雨时节,因雷声峰岩壁陡峭,下临深渊,雷声在峡谷中交相轰鸣,震撼空谷,此响彼应,山崩地裂,夺人心魄,故而得名。望着画面上的雷声峰,脑海中油然忆起了清人韩荣祜《雷声峰》的诗句:"一峰突出众峰巅,复道行空势若连。铁索牢攀幽蹬转,板桥危度断崖悬。探奇只在青萝外,览胜惟依碧岫边。谷底云腾雷送雨,依栏红日艳中天。"能够给人一种身临其境之感。

2003—14 飞机发明一百周年(J)

【飞机发明一百周年(J)】Centenary of the Invention of Aircraft(J)　有关飞机发明的知识,详见新版《中国集邮百科知识》T·49《邮政运输》。飞机百年,是人类以自己的聪明才智征服天空的历史。飞机是高科技的产物,它的发展水平标志着一个国家的综合实力。新中国的飞机航空业是从无到有,走过了一条由修理到仿制,再到自己设计制造的发展道路,并跨入了世界的先进行列。飞机是作为一种运载工具而发明的,其一百年的历史给人类社会生活带来的变化,远远大于比飞机历史悠久得多的船舶和车辆。它改变了人们的战争观、时空观,成为技术发展的带头羊,成为国际政治、经济活动舞台上的重要筹码。这些作用是许多发明无法比拟的。

2003年8月9日,为了纪念飞机发明一百周年,中华人民共和国国家邮政局发行了一套《飞机发明一百周年(J)》纪念邮票,全套2枚。聂崇文、黄华强设计。影写版。齿孔13度×12.5度。邮局全张枚数16(4×4),横2枚连印。小版张枚数为12枚(6套邮票),发行量44万版,尺寸规格230毫米×140毫米。北京邮票厂印

制。

　　这套邮票的2枚图案,分别为《世界篇》和《中国篇》,各枚均选用了3种不同年代的机型,生动地将世界和中国纷繁复杂的飞机发展史浓缩在了方寸之间。设计者采用写实的表现手法,科学而充分地展现了飞机的精密与现代感。2枚图案分别突出"协和"和"飞豹",另两种飞机适当缩小,表现出了不同的时空感。画面将莱特兄弟及冯如的飞机采取飞机三面视图中的俯视图,让它们处于一种静止的状态,属于"过去时",同时又能显示古旧飞机木结构加蒙布及大量张线;色彩采用单一的棕色,具有一种深厚的历史感,既体现它们在历史上的地位,又说明随着时代的进步,古老的飞机只能在博物馆里出现了。每枚图案上的3种飞机中,古老飞机采用具有历史感的手法表现,"协和"与"飞豹"用非常现代感的手法表现,而X-1与K-8则用既有写实手法又不完全写实的手法表现,充分体现了一百年来的时空感、沧桑感。面值字体采用液晶电脑所用的专用字体,富有时代感。小版张采用浅灰绿色为底色,上方安排标题字,下方将6种机型的剪影图像放置成一排。两种老飞机因为票面上采用的是俯视图,故剪影采用正侧视图;X-1在票面上为侧视图,剪影则采用了俯视图,K-8采用了俯视图,既使小版张边纸与票面上的图像有了区别,也能够使读者多角度地感受这些飞机的整体印象。

【世界篇】2003—14·(2—1)J

面值80分,票幅规格50毫米×30毫米,发行量940万枚。图案由莱特兄弟的"飞行者"I号飞机、贝尔X-1飞机和"协和"式超音速飞机3种飞机组合而成。1903年2月17日,"飞行者"I号飞机由奥维尔·莱特驾驶,完成了人类首次有动力、可操纵、能持续的飞行,它是世界公认的、最早的、在空中持续飞行的飞机。这次飞行标志着人类进入了飞行新纪元,是20世纪最伟大的技术成就之一。"飞行者"I号技术数据:翼展12.32米,机长6.43米,机高2.81米,空重275千克,总重340千克,速度48千米/小时,动力1台4缸活塞式液冷发动机,功率8.8千瓦(12马力),驾驶员一名。贝尔X-1飞机是美国贝尔飞机公司研制而成。1947年10月14日,X-1火箭实验机在12800米的高空达到1078千米/小时的速度(马赫数为1.015),首次突破音障。这是世界第一种超音速飞机,标志着人类航空进入了超音速飞行时代,是飞机发展史上的重要里程碑。X-1技术数据:翼展8.53米,机长9.42米,机高3.31米,空重3178千克,最大速度M1.45,驾驶员一名。"协和"式超音速飞机是英、法两国于1969年共同研究而成。它是一种超音速客机,可以两倍音速高速飞行,达到了当今旅客机的最高技术水平,是现代民用航空的旗舰,也是人类民用航空史上的重要里程碑。"协和"技术数据:翼展25.56米,机长62.10米,机高11.4米,最大起飞重量186065千克,最大商载重量27000千克,最大速度M2.04,驾驶员两名。画面突出描绘了一架翱翔蓝天的飞鹰——"协和"式超音速飞机昂首展翅,腾空翱翔于蓝天,气势磅礴的雄姿,而那流线型的造型,非常优美,动感十足,生动地表现出了百年来人类航空科技的迅猛发展。

【中国篇】2003—14·(2—2)J

面值2元,票幅规格50毫米×30毫米,发行量870万枚。图案由"冯如"2号飞机、"飞豹"战斗轰炸机和K-8喷气教练机3种飞机组合而成。1909年9月21日,中国旅美华侨冯如在美国奥克兰市派得蒙特山附近的平坦空地上,驾驶着自制的有动力飞机试飞成功。冯如是中国第一位飞机制造家、飞行家。1883年12月15日生于广东恩平县。12岁时,随亲戚赴美国旧金山谋生。1903年12月,美国莱特兄弟发明世界上第一架飞机,引起了冯如极大兴趣。1904年,日俄两国为争夺中国东北三省的战争,使冯如得知祖国主权遭践踏,认识到飞机在国防上的重要性,从此致力于祖国的航空事业。1906年,冯如以"壮国体,挽利权"为宗旨,向华侨筹资,于1907年在旧金山以东的奥克兰设立飞机制造厂,1909年正式成立广东飞行器公司,冯如任总工程师。在冯如进行第一次试飞中,当飞机起飞后飞行了0.8公里,离地面4.57米准备做一次转弯时,因螺旋桨停转,飞机摔在地面,冯如被摔出机外,幸没受伤。1910年7月,冯如根据寇蒂斯"金箭"和莱特兄弟的"飞行者I号",又制作了第二架飞机;10月,冯如驾驶它参加国际比赛,他以时速104.6公里,飞高213.2米,航程32.1公里,获得冠军,受到孙中山先生和旅美华侨的赞许,获得美国国防航空学会颁发的甲等飞行员证书。1911年2月,冯如拒绝欧美各国重金聘请,带着助手及两架飞机回到中国。清政府害怕冯如暗通革命党,对他严加监视。10月10日,武昌起义爆发

11月9日，广东光复，冯如立刻参加革命党，被任命为陆军飞机长。1912年8月25日，冯如在广州燕塘飞行表演中不幸失事牺牲，年仅29岁，被安葬在黄花岗，并立碑纪念，被尊为"中国首创飞机大家"。冯如制造的飞机，不仅在中国航空史上占有重要地位，而且在当时代表了国际水平，在世界航空史上也具有重大影响。"冯如"2号技术数据：翼展10.93米，机长9.45米，机高2.30米，总重476千克，速度105千米/小时，动力1台仿寇蒂斯V形8缸活塞式液冷发动机，功率75马力，驾驶员一名。"飞豹"战斗轰炸机是中国西安飞机设计所和西安飞机工业公司共同研制、生产的。新一代国产战斗轰炸机，标志着中国航空工业又向世界航空先进领域跨进了一步。1998年，"飞豹"首次在第二届珠海国际航展上亮相，受到国际航空界的高度评价，是中国航空史上新的里程碑。FBC-1"飞豹"技术数据：翼展12.7米，机长22.3米，机高6.57米，最大起飞重量28475千克，最大外挂重量6500千克，最大速度M1.7，实用升限15200米，转场航程3650米，驾驶员两名。K-8喷气教练机是中国成都航空工业集团自行研制生产的。这是一种先进喷气中级教练机，它的研制成功标志着中国航空工业制造的喷气机达到了国际先进水平。该机目前已出口国外，在国际航空界树立了新形象，是中国航空史上新的里程碑。K-8技术数据：翼展9.63米，机长11.60米，机高4.21米，最大起飞重量4330千克，最大外挂重量950千克，最大速度800千米/小时，驾驶员两名。画面突出描绘了一架呼之欲出的"飞豹"迎面飞来，清晰明快、威武雄壮的正面形象，而那流线型的造型，非常美，动感十足，生动地表现出了战机勇猛震撼的气势。

2003—15 晋祠彩塑(T)

【晋祠彩塑(T)】Painted Clay Figures of Jin Ancestral Temple(T) 祠，即祠堂，旧时祭祀祖宗或先贤的庙堂。晋祠坐落于山西省太原市西南25公里处的悬瓮山下，是一座俸祀西周初晋国开国侯唐叔虞的祠堂，曾名唐叔虞祠、晋王祠。太原，古称晋阳，简称"并"。太原以晋阳为名，始见于《左传·定公十三年》："晋赵鞅入晋阳以叛。"可见，在鲁定公十三年(公元497年)以前，晋阳城已建成。《史记·晋世家》记载："成王立，唐有乱，周公诛灭唐。""遂封唐叔虞于唐。"叔虞子燮父因境内有晋水，遂改国号为晋，因其都城在晋水之阳，故称晋阳。秦始皇统一天下置太原郡，以晋阳为治，至汉代称之为并州。唐高祖李渊父子踞此起兵灭隋建唐，封太原为"北都"，与当时的洛阳、长安并称为"三京"。延至五代、后唐、后晋、北汉诸王朝，均以晋阳为都，故被称之为"龙城"。宋灭北汉，火烧水淹晋阳城，移治所于唐明镇(今太原城内)。这座地处黄河中游，三面环山，汾水中流，"控山河，踞天下之肩背"，"襟四塞之要冲，控五原之都邑"的历史名城，先后在宋、金、元、明、清等朝锦绣繁华，至今已有两千五百年的历史。晋祠始建年代不详，最早见于北魏郦道元(公元466或477？—527年)的《水经注》记载："沼西际山枕水，有唐叔虞祠，水侧有凉堂，结飞梁于水上。"可知晋祠至今已有一千五百多年历史。晋祠虽处黄土高原，但水草繁茂，泉流环绕，溪水潺潺，四季如春，颇有江南情调，是一处具有江南风格的北方园林。建筑学家林徽因曾这样描述："晋祠布置既像庙观的院落，又像华丽的宫苑；全部兼有开敞堂皇的局面和曲折深邃的雅趣。大殿楼阁在古树婆娑池流映带之间。实像个放大的私家园林。"晋祠内著名的周柏、隋槐，与长流不息的难老泉和精美的宋塑侍女像，被誉为"晋祠三绝"。晋祠的圣母殿、鱼沼飞梁、献殿，有"三大国宝建筑"之称，其中尤以圣母殿为最。圣母殿创建于北宋天圣年间(公元1023年~1032年)，殿高19米，重檐歇山顶，面阔7间，进深6间，四周围廊，是宋《营造法式》"副阶周匝"之规定形制的现存最早木构实物，是宋代建筑的代表，对于研究宋代建筑和我国建筑发展史都很有价值。圣母殿前8根廊柱上缠绕有木雕蟠龙，殿内陈列有宋代彩塑侍女群像。殿内共有43尊彩塑人像，除龛内两尊小型塑像外，其余多为宋代原塑。大殿正中神龛内的主像圣母，即叔虞和周成王的母亲，周武王的妻子，姜子牙的女儿邑姜，她屈膝盘坐在饰凤头的木靠椅上，头戴凤冠，身穿蟒袍，霞帔珠缨，面目端庄，神态安详，显得富贵、优雅。两侧侍从群像42尊，左右分列于主像两旁，分别负责圣母的饮食起居、音乐歌舞、文印翰墨等。1959年夏，郭沫若曾写过一首《游晋祠》诗："圣母原来是邑姜，分封桐叶渊源长。隋槐周柏矜高古，宋殿唐碑竞炜煌。悬瓮山泉流玉磬，飞梁荇沼布葱珩。倾城四十宫娥像，笑语嘤嘤立满堂。"圣母殿内侍女塑像是"晋祠三绝"之一，塑造得更为精美绝伦。这些侍女像的肢体身材比较适度，服饰大方，衣纹明快流畅。头戴元宝冠、莲花冠以及把头发梳成高髻、条形髻、朝天髻、双仰髻、双环髻等发饰的宫娥侍女，她们的年龄或长或少，身段或丰满或俊俏，面庞或圆润或清秀，神态或天真或成熟或沉思，表情或喜悦或悲伤或烦闷或愤怒或忧伤，各具不同神态，无不眉目传神，透发着耐人寻味的神情。晋祠圣母殿内的彩塑不同于其他以菩萨神仙为主的宗教彩塑，它体现了宋代的世俗生活习俗，在艺术效果和历史文化上有独特的个性，加之高度与真人相仿，更显得栩栩如生。正如雕塑大师刘开渠所评："各有各的特殊形象，身体的丰满与俊俏，脸型的清秀与圆润，各因性格和年龄大小而异；口有情，目有神，姿势自然，各呈现出极不相同的思想感情。全身比例适度，服装鲜艳，衣纹随身体动作而转动。我们站在这些像中间，不但看见她们轻巧的动作，好像听见了她们清脆的笑声、快乐的言谈或不愿意地小小的讽言讽语，清楚地了解她们彼此间的思想感情关系；这是人的社会，令人难忘的抒情的美的境界。"它们是我国古代雕塑艺术中的珍宝，在美术史上占有重要的地位。晋祠内还有周柏、隋槐和银杏树等古树名木；难老泉清流急湍，汇聚成池，声景俱全。殿、堂、楼阁、亭、桥、榭、塔等点缀在苍松翠柏、泉流映带之间，自然景色与文物古建筑荟萃一起，交相辉映，诗情画意，使人流连忘返。1961年国务院公布为全国重点文物保护单位。

　　2003年8月16日，为了展现中华民族辉煌灿烂的文化艺术成就，中华人民共和国国家邮政局发行了一套《晋祠彩塑（T）》特种邮票，全套4枚。张华斌摄影。图案背景的壁画摄影柴泽俊。凌连伟设计。影写版。齿孔12度。邮局全张枚数24（8×3）。小版张8枚（第1、2图连印为一版；第3、4图连印为一版），发行量48万版，尺寸规格166毫米×106毫米，边饰设计郝旭东。北京邮票厂印制。

　　这套邮票的4枚图案，采用了侍女全身的整体形象，展示彩塑侍女像的全部，能够让读者从她们各异的体貌和微妙的表情中判断其年龄、性格、思想和命运；设计者选用了晋祠圣母殿内前槽门额上隅迎风壁上的4块壁画作背景图，其画题为"十二溪仙赴蟠桃会图"，经考证系宋代彩画，元、明曾分别补绘。4块壁画尽管画题相同，但仙人布列各异，细观十二溪仙像，有3尊为贵妇人装束，她们凤冠簪花高竖，霞帔及地，色泽、花饰较帝后素雅，造型丰满，神情自若，双手或捧、或奉、或拱于袖内，尽显贵夫人风采，其余诸神像的冠戴装束较为简略。设计者将背景中的壁画进行了淡彩处理，时隐时现，衬托了晋祠彩塑的经典，突出了邮票的主题；特别是壁画的淡彩自然肌理与色彩丰富的侍女彩塑形成和谐的统一，既生动传神地展现出了这些侍女彩塑的姿态，彰显出了晋祠侍女彩塑的悠久历史和中华文明的灿烂辉煌，也使整个设计还原了当时的典型环境，增强了历史的真实与美感。从每枚邮票图案中可以看出彩塑表面的漆色有所斑驳，但这些丝毫不损其生动形貌和所营造的美的抒情意境，反倒凸显了一种岁月留痕的珍贵与厚重。

【晋祠彩塑·如意侍女】2003—15·（4—1）T　面

值80分，票幅规格27毫米×40毫米，发行量900万枚。图案展现了晋祠彩塑中一位如意侍女的形象。如意是一种用竹、玉、骨等制成，头作灵芝或云叶形，柄微曲，供指画或赏玩之用的器物。如意是圣洁与吉祥的象征，在宫中也是祈福呈祥之物。这位手执如意的侍女，服饰艳丽，身材丰满，年龄虽小，但伶俐乖巧，特别是那天真无邪的目光，配以端庄的姿态，更加惹人怜爱。她手捧珍贵如意，脸上不仅没有喜悦之情，相反却显示出一种悲哀辛酸的神情；她身体微微左倾，嘴角略向上翘着，似乎有些委屈，很明显，她已经厌倦了宫廷生活，平静的面容上实在难掩内心深处思念亲人的抑郁伤感。图案采用淡彩化的圣母殿壁画为背景，不仅还原了当时的典型环境，而且增加了画面的信息量和艺术感染力。

【晋祠彩塑·持巾侍女】2003—15·（4—2）T　面

值80分，票幅规格27毫米×40毫米，发行量900万枚。图案展现了晋祠彩塑中一位持巾侍女的形象。这位持巾侍女不过年仅十六七岁，她身体纤弱，发饰和衣裙妥帖柔顺，说明这是一个心思细腻的姑娘。她口有情，目有神，姿态自然，神情落寞，好像有满腹心事，稚气的脸上写着唯恐出错的惊慌。她小心翼翼地捧着绢巾，正准备递给主人，同时又在默默察言观色判断主人的喜怒心情，稚气的脸上难掩内心生怕出差错的忐忑和担忧。这是一幅现实生活中失去自由、禁锢终身的活生生的侍女典型形象，图案以淡彩化的圣母殿壁画为背景，既还原了当时的典型环境，又增加了画面的信息量和艺术感染力。

【晋祠彩塑·奉玺侍女】2003—15·（4—3）T　面

值80分，票幅规格27毫米×40毫米，发行量900万枚。图案展现了晋祠彩塑中一位奉玺侍女的形象。玺，本为印之统称。《独断》中说："秦以前，民皆以金玉为印，龙虎纽，唯其所好。秦以来，天下独以印称玺，又独以玉，群臣莫敢用之。"这位给圣母捧玉玺的侍女，脸颊丰腴，充满了凝重与严肃。她左手托玺，右手轻护的动作，尤其是那只护持玉玺的手,将怕磕怕碰怕摔的心情表现得十分贴切,这既是尽职尽责、全神贯注的生动写照,又显示出了深得人信任的欣慰与荣耀。她正襟肃立的形体,没有隐藏任何表情的面容,双眼微微下垂,神态内紧外松,除了透露出一种忠诚和一丝不苟的性情,也表现出了一种稳健老练和办事果断的能力;那一身纯色的衣裙,使人不禁油然生出一种尊敬与信任。图案采用淡彩化的圣母殿壁画为背景,既还原了当时的典型环境,又增加了画面的信息量和艺术感染力。

【晋祠彩塑·歌舞侍女】2003—15·(4—4)T 面值2元,票幅规格27毫米×40毫米,发行量870万枚。图案展现了晋祠彩塑中一位歌舞侍女的形象。这是一位扮演小旦的侍女。红绢扎成的大花头饰,表明她是在宫中为圣母唱戏的女子。从她窈窕的身姿和鲜艳的扮饰来看,这位侍女年龄比较小。她手握绣巾,优美而文静,仪态含蓄大方;

头微微低垂,娇而不羞。从正面看,她含羞带笑,眉目传神,仿佛刚刚为圣母唱完一曲受到夸赞,既是一副感激和满足的神情,又好像仍然沉浸在所扮的某个角色中。从侧面看,她眼睛红肿,眼角含泪,紧握绣巾的双手似乎在力图按捺心中的哀伤,可以想象她的青春年华被埋没在深宫中的悲苦。歌舞侍女丰富的面部表情,似嗔怨,又似在甜蜜的回忆,正如我国戏剧艺术大师梅兰芳先生游晋祠时对这尊歌舞侍女的评价:"一颦一笑,似诉平生。"图案以淡彩化的圣母殿壁画为背景,既还原了当时的典型环境,又增加了画面的信息量和艺术感染力。

2003—16 少数民族传统体育(T)

【少数民族传统体育(T)】Traditional Sports of Minority Nationalities(T) 我国的少数民族传统体育有着悠久的历史和传统,人们在运动中强健其身,净化其心,其绚丽多姿的运动形式经久不衰。传统体育已成为少数民族生活中不可缺少的一项生活内容,同时它也成为我国体育事业的一个重要组成部分。少数民族传统体育最主要的特征,就是各类运动项目几乎都直接产生于生产劳动之中,甚至很多运动项目都是现实生活的真实反映。我国政府对这种极具民族特色的社会文化现象十分关怀,并高度重视民族传统体育的发掘和发展。全国少数民族传统体育运动会,是我国每四年举办一次的高规模的全国性民族体育盛会,是国家级大型综合性运动会,在国内外具有广泛的影响,已成为贯彻党的民族政策、体现民族平等的重要标志。1953年11月8日~12日,第一届全国少数民族传统体育运动会在天津市举办;1982年9月2日~8日,第二届全国少数民族传统运动会在呼和浩特市举办;1986年8月10日~17日,第三届全国少数民族传统运动会在乌鲁木齐市举办;1991年11月10日~17日,第四届全国少数民族传统运动会在南宁市举办;1995年9月5日~12日,第五届全国少数民族传统运动会在昆明市举办;1999年9月24日~30日,第六届全国少数民族传统运动会在北京举办。2003年9月6日~13日,由国家民族委员会、国家体育总局举办,宁夏回族自治区筹办的中华人民共和国第七届全国少数民族传统运动会在银川市和石嘴山市举行,共设竞赛项目14项,表演项目124项。来自全国各省、市、自治区和解放军、新疆建设兵团的33个代表团的运动员、教练员、工作人员、裁判员共五千八百多人,参加人数达九千多人。14个竞赛项目为:1.武术;2.摔跤;3.马术;4.秋千;5.龙舟;6.花炮;7.珍珠球;8.毽球;9.蹴球;10.木球;11.射弩;12.陀螺;13.押加;14.高脚竞速。竞赛项目取前8名,表演项目设一、二、三等奖。其中马术和龙舟两项在全国著名旅游区"沙湖"进行。

2003年9月5日,为了祝贺第七届全国少数民族传统运动会顺利举行,中华人民共和国国家邮政局发行了一套《少数民族传统体育(T)》特种邮票,全套4枚。殷会利设计。影写版。齿孔13度×13.5度。邮局全张枚数20(5×4)。小版张8枚(第1、2图各4枚连印为一版;第3、4图各4枚连印为一版),发行量60万版,尺寸规格180毫米×80毫米。北京邮票厂印制。

这套邮票的4枚图案,采用水粉画法,前景突出运动项目的局部,在主题人物的刻画上从形象到服饰都追求准确性和代表性,色彩艳丽;后景尽量突出运动的完整性和生动性,色彩清淡,使画面构成虚实相生的艺术效果。设计者力图用服饰贯穿主题形象的刻画,不仅使色彩既跳跃鲜明又符合实际,而且达到了单幅相对独立,整套和谐一致的整体关系。

【摔跤(蒙古族)】2003—16·(4—1)T 面值80分,票幅规格40毫米×30毫米,发行量920万枚。图案描绘了蒙古族传统体育运动"摔跤"项目的激烈场面。摔跤是蒙古族的传统体育活动之一,历史悠久,早在公元13世纪就很盛行。在草原上,射箭、赛马、摔跤俗称"男子三艺",个个男子汉都会三项运动。相传,成吉思汗小时候,曾与一个牧童摔跤,连胜三次,牧童由衷地佩

服他,于是帮他报了父仇。成吉思汗即位后,便将摔跤定为考核将士的主要科目。元、明时,"三艺"就被列为那达慕大会的固定项目。参加比赛的人数需成偶数,最多可达1024人。不受地区、体重的限制。比赛采用单淘汰制,无时间限制,一跤定胜负,败者不许再上场。每次比赛前,按蒙古族习俗,先推一族中长者对参加比赛者进行编排和配对。比赛时,摔跤手要穿上传统的摔跤服:上身穿牛皮或帆布制成的紧身半袖背心,缀有闪亮的银钉或铜钉,裸背,腰系"希力布格"(即围巾);下着三色短裙,绣花马裤和长靴;颈套五色彩带"景嘎"(为名次的标志,"景嘎"越多,表示历次比赛中优胜越多)。运动员跳着粗犷奔放的摔跤舞(狮舞步或鹰舞步)出场,口中唱着摔跤歌:"布和干塔尔见,布和干塔尔见(放出你的勇士)。"裁判员发令后,双方握手致敬,然后相互抱摔。这些膀宽腰圆的彪形大汉,开始只是低头瞪着对手,接着就像猛虎扑食一样冲向对方,使出浑身的力气和智慧,力求摔倒对手。规则规定只允许抓住对手的上衣、腰带,不能抓裤子或抱腿;以膝盖以上任何部位着地者为负。摔跤手们每获得一次冠军,就在胸前挂上一条五色彩带"景嘎";获胜的前三名为重奖者;力冠全旗的大力士被称为"纳钦(雄鹰)"。画面上,两个摔跤手颈套五色彩带"景嘎",可见都是历次比赛中的高手;他们已经抱在一起,正在摔的过程之中;从表情看,那位正面的摔跤手咬紧牙关,右手抓着对手的上衣,仿佛正在使出浑身力量,顷刻之间便会将对手摔倒,获得比赛胜利。这是一个力和智慧的精彩瞬间,这是一支溢发着青春活力的赞歌!

【响箭(藏族)】 2003—16·(4—2)T　面值80分,票幅规格40毫米×30毫米,发行量920万枚。图案描绘了藏族传统体育运动"响箭"选手引弓立射的英姿。响箭又称"碧秀",是藏族的传统体育活动,流行于西藏

自治区,相传已有四百多年历史。每当谷物成熟季节,藏族人民都要举行一种叫"望果节"的活动庆祝丰收。在"望果节"上要举行响箭比赛。"碧秀"长80厘米,箭杆竹制,尾部插天鹅羽毛,头部有木制椭圆形装置,四侧有小孔,射出后,因空气进入小孔而发出声响,故得名。比赛时,射程30米,靶场空中悬吊20厘米见方的靶子,靶心是活动的,可以脱落。参加比赛的选手,每人射两箭;中一箭献哈达一条,中两箭献哈达两条;两箭都未中者,罚喝酒一杯。画面上,一位响箭选手,颈上搭着一条雪白的哈达,说明他的第一箭已经射中靶心,他现在正准备射第二箭,左手执弓,右手扶箭拉弦,顷刻间,箭便会离弦飞出,鸣着响亮的笛声,直射靶心,自然,他的颈上又会增加一条哈达!背景展示了跪射的运动员形象,丰富了画面的内涵。

有关哈达的知识,详见新版《中国集邮百科知识》编86—90《儿童歌舞》。

【赛马(维吾尔族)】 2003—16·(4—3)T　面值80分,票幅规格40毫米×30毫米,发行量920万枚。图案描绘了维吾尔族传统的运动"赛马"项目的激烈场面。赛马是中国民间传统体育活

动,在新疆、内蒙古、西藏、云南、贵州各少数民族地区尤为盛行。每逢喜庆节日举行。历史悠久,春秋战国时代即已出现,《史记·孙子吴起列传》中已有记载,后历代相传日渐普遍。赛马是维吾尔族最喜欢的运动。每年七八月间,是天山南北高原最美好的日子,牧民们身着民族盛装,骑着用羽毛及铜铃打扮起来的骏马,喜气洋洋地进行赛马比赛。赛马的项目很多,有长跑、短跑、快马斩腰、挥刀斩旌杆、马上打靶等。比赛过程中,人们纷纷围拢在赛马道旁,为自己的亲朋好友呐喊加油,骑手们则挥鞭催马,力争夺冠。赛马结束后,给优胜的马儿戴上大红花。画面上,两位维吾尔族赛马选手正在进行着激烈的比赛,他们身躯前倾,策马飞奔;一匹红马和一匹白马四蹄腾跃,几乎是并驾齐驱,但仔细观察,仿佛可以看出那匹红马略微领先那么一点点!设计者捕捉住了赛马运动中争夺毫厘的那个胜负瞬间,激烈而惊心动魄,生动地展现出了赛马比赛的速度和耐力之美。

【秋千(朝鲜族)】 2003—16·(4—4)T　面值80分,票幅规格40毫米×30毫米,发行量870万枚。图案描绘了朝鲜族传统的体育运动"秋千"单人荡的精彩场面。秋

千是朝鲜族传统体育项目,深受朝鲜族妇女喜爱,并在喜庆节日常进行比赛。评定优胜者有几种方

法：其一，以秋千架前方高树上的树叶或花朵为目标，用脚碰着或用嘴咬掉树叶或花朵者为胜；其二，在踏板底下拴一根长绳，测量秋千荡起的高度，高者为胜；其三，在秋千架前方竖两根杆子，杆横拉一根系着铃铛的绳子，以碰铃次数多为胜。画面上，一位身穿民族服装的朝鲜族妇女，她双手紧握秋千的绳索，双脚站在踏板上，双膝呈蹲跪状，紧闭双唇，顷刻之间，她就会将全身的力量聚集在双腿上，秋千会悠悠然凌空荡起。这项运动不仅表现出了力量和技巧的和谐结合，也能够给人一种飘飘欲仙的享受。背景细致地描绘了双人荡的场景，以虚衬实，比较完整、全面地表现了"秋千"这项运动的魅力。

有关蒙古族、藏族、维吾尔族和朝鲜族的知识，详见本书1999—11S《中华人民共和国成立五十周年——民族大团结（小全张）(J)》。

有关秋千的知识，详见本书2003—9M《中国古典文学名著——＜聊斋志异＞（第三组）（小型张）(T)》。

2003—16M 少数民族传统体育（小全张）(T)

【少数民族传统体育（小全张）(T)】Traditional Sports of Minority Nationalities (Miniature Sheet)(T)　2003年9月5日，为了祝贺第七届全国少数民族传统运动会的顺利举行，中华人民共和国国家邮政局发行了一套《少数民族传统体育(T)》特种邮票，同日发行了1枚小全张。殷会利设计。影写版。齿孔13度×13.5度。北京邮票厂印制。

【少数民族传统体育】2003—16M·(1—1)（小全张）T　小全张面值320分，售价5元，小全张规格120

毫米×80毫米，发行量820万枚。图案将4枚邮票设计在中心位置，呈田字形四方连连印，第1、2枚邮票并列置上，第3、4枚邮票并列置下。底衬采用少数民族传统体育项目的瞬间造型，淡蓝色，既增加了小全张所表现主题的信息量，又创造出了一种体育运动激烈竞争的氛围，不仅富有身临其境的现场感，而且洋溢着一种浓浓的热情、力量和坚强之美。

2003—17 古代名将——岳飞(J)

【古代名将——岳飞(J)】Famous Ancient Chinese General Yue Fei(J)　岳飞（公元1103年—1142年）字鹏举，古相州（今河南安阳）汤阴县永和孝悌里村（明初改名为"程岗村"）人。生于北宋徽宗崇宁二年（公元1103年）春，卒于南宋高宗绍兴十一年（公元1142年）冬。据《内黄县志》记载，岳飞出生后不久，黄河决口，洪水泛滥，岳母带着岳飞坐在水缸中漂到内黄县麒麟村。岳飞17岁时，又迁回汤阴县居住。少时家贫，好读《春秋左氏传》、《孙吴兵法》等书，从周同习武，善骑射。岳飞19岁时，投军抗辽，不久因父丧，退伍还乡守孝。公元1126年，金军大举入侵中原，岳飞再次投军，开始了他抗击金军的戎马生涯。传说，岳飞临走时，其母姚氏在他背上刺了"尽忠报国"4个大字，这成为岳飞终生遵奉的信条。岳飞在军中作战勇敢，很快被升为秉义郎。岳飞随东京留守副元帅宗泽救援开封时，多次打败金军，受到宗泽的赏识，称赞他"智勇才艺，古良将不能过"。靖康三年（公元1126年）五月，康王赵构建立南宋，是为高宗，迁都临安（今杭州）。岳飞上书反对宋室迁南，力请赵构北渡亲征，恢复中原，却遭革职。后转投河北招抚使张所，任中军统领，随都统制王彦北渡黄河，在太行山一带抗击金军。建炎三年（公元1129年），岳飞随军南撤建康（今南京），隶属江淮宣抚使杜充，任右军统制。同年秋，金兀术渡江南下，杜充弃城投金。岳飞招收散兵游勇，自成一军，在广德、宜兴一带坚持抵抗。他先后在广德攻击金军后卫，六战六捷。又在金军进攻常州时，率部驰援，四战四胜。次年，岳飞在牛头山设伏，大破金兀术，收复建康，金军被迫北撤。自此，岳飞威名传遍大江南北，声震河朔。公元1130年7月，岳飞升任通州镇抚使兼知泰州，拥有人马万余，建立起一支纪律严明、作战骁勇的抗金劲旅"岳家军"。据《宋史·岳飞传》记载：岳家军以"冻死不拆屋，饿死不掳掠"著称。绍兴三年（公元1133年），岳飞因剿灭李成、张用等"军贼游寇"，得高宗赏赐手书"精忠岳飞"的锦旗。公元1134年4月，岳飞挥师北上，收复襄阳、信阳等六郡，升任清远军节度使。同年12月，岳飞又败金兵于庐州（今安徽合肥），金兵被迫北还。绍兴五年（公元1135年），岳飞率兵镇压了杨幺起义军，从中收编了五六万精兵，使"岳家军"实力大增。绍兴六年（公元1136年），岳飞任湖北、京西路宣抚副使,一举收复今豫西、陕南大片失地。但岳飞很快发现自己是孤军深入,既无援兵,又无粮草,不得不撤回鄂州(今湖北武昌)。此次北伐,岳飞壮志未酬,写下了千古绝唱的名词《满江红》。绍兴九年(公元1139年),高宗和秦桧与金议和,南宋称臣纳贡。次年,金兀术撕毁和约,再次大举南侵。岳飞奉命出兵反击,大破金军精锐铁骑兵"铁浮图"和"拐子马",乘胜进占朱仙镇。金兀术被迫退守开封,金军士气沮丧,发出"撼山易,撼岳家军难"的哀叹,不敢出战。正当岳飞以"将军在外,君命有所不受",拒绝高宗班师诏,将挥师渡过黄河收复失地,直捣黄龙府之际,高宗和秦桧一心向金乞和,连发十二道金字牌班师诏,命令岳飞退兵,大好形势毁于一旦。岳飞被召回临安,罢宣抚使,改授枢密副使,解除兵权。绍兴十一年(公元1142年)十二月二十九日,秦桧以"莫须有"的罪名将岳飞毒死于临安风波亭,岳飞年仅39岁。其子岳云及部将张宪也同时遇害。孝宗时,追谥岳飞为"武穆"。宁宗时,追封岳飞为"鄂王"。后人将岳飞的文章、诗词编成《岳武穆遗文》,又名《岳忠武王文集》。南宋抗金名将岳飞的英雄事迹深深扎根于人们的心中,他的高风亮节更令人崇敬。

宋高宗给岳飞连下的十二道金牌,宋朝时的正式名称为"金字牌",系皇帝调兵遣将的信符。关于"金字牌"的形制,有这样几种说法:其一,《梦溪笔谈》记载:熙宁中又有"金字牌 急脚递",如古之羽檄也。金字牌以木牌朱漆黄金字,日行五百余里,有军前机密处理,则自御前发下。金牌约长六寸,阔三寸,朱漆底板,上写金字,字周围有飞凤和麒麟图案。其二,《中国历史大辞典·宋史》称,宋神宗时置金字牌,专以递发御前急件。牌长尺余,朱漆,金字,上书"御前文字,不得入铺",以马力接力传递,日行五百余里。北宋末,因金军拦截,改为黄漆朱红字牌。南宋时,复用朱漆金字牌。其三,据《中国邮驿发展史》按照《宋志·舆服志·符卷》称,金字牌者,日行四百里,邮置之最速遽也。凡敕书及军机要事则用之,由内侍省发遣。

2003年9月25日,正值岳飞诞生900周年之际,中华人民共和国国家邮政局发行了一套《古代名将——岳飞(J)》纪念邮票,全套3枚。原画作者孟繁聪。孟繁聪设计。胶版。齿孔12度。邮局全张枚数20(4×5)。小版张9枚(3套邮票),尺寸规格170毫米×150毫米,发行量62万版,边饰设计郝旭东。辽宁省沈阳邮电印刷厂印制。

这套邮票的3枚图案,采用具有悠久传统的工笔重彩画法,借鉴了南宋刘松年《中兴四将图》中的岳飞形象和画法,通过造型、构图、色彩等方面的艺术表现技巧,对岳飞的一生作了大跨度的扫描,不仅生动地刻画出了古代名将的精神气质和性格特征,也准确地把握和描绘出了当时的历史氛围,将形象的探索与历史的思考相统一,将历史人物的肖像置于了当今时代的认识之中。3枚图案分别取人物的跪姿、立姿和坐姿,又是人物背、侧、正三个侧面,多角度构图,变化之中有统一,内涵深刻,古朴典雅,具有阳刚之气。背景采用土黄色,视觉上有历史沧桑感。小版张边纸部分采用线条勾画了岳飞形象,并饰以海浪波纹;"古代名将"4字以印章形式出现,"岳飞"2字则用书法形式,不仅增添了文化氛围,也进一步突出了兀立潮头的岳将军的伟岸形象。

【尽忠报国】2003—17·(3—1)J

面值80分,票幅规格30毫米×40毫米,发行量950万枚。图案描绘了岳飞母亲姚氏观看儿子后背上所刺"尽忠报国"四个字的情景。画面上,岳飞跪在母亲面前,裸背,俯首;姚氏站在岳飞身后,身躯前倾,右手轻轻抚摸着儿子背上所刺的"尽忠报国"四个字,既表达了一个母亲对儿子的殷切期望,也表现了岳飞遵从母亲的教诲,立志"尽忠报国"的决心。岳飞是我国家喻户晓、人人崇敬的一位民族英雄,歌颂他的英雄事迹在民间广为流传,其中极为流行的应属"岳母刺字"的故事了。但岳母刺字的故事,历史上却查无依据。宋人的笔记和野史,甚至岳飞的曾孙岳珂所著的《金陀革编》中,均无记载"岳母刺字"的故事。岳母刺字始见于元人所编的《宋史本传》:"初命何铸鞠之,飞裂裳,以背示铸,有'尽忠报国'四个字,深入肤理。"但书中并未说明为岳母所刺。明代,岳飞的故事开始广泛流传。成化年间创作的《精忠记》,也只提及岳飞脊背上有"赤心救国"字样,未注明出自谁手。嘉靖十三年(公元1552年),熊大本在《武穆精忠传》中有这样的记载:岳飞见汤阴家乡有人因生活所迫,聚啸山林,为自勉和勉人,乃去钱请工匠在背上深刺"尽忠报国"四个字,以铭心志。明末,李梅草创,冯梦龙改定的《精忠旗传奇》中说:"史言飞背有'精忠报国'四个大字,系飞令张宪所刺。"若据此说,"精忠报国"四个字是岳飞成为大将后,命部将张宪所刺。"岳母刺字"最早见于清乾隆年间,杭州钱彩评《精忠说岳》第22回"结义盟王佐假名 刺精忠岳母训子"中说,岳飞不受杨幺的使者王佐之聘,其母恐日后还有不肖之徒企图勾引岳飞,担心一时失察胡涂,做出不忠之事,将英名毁于一旦,便祷告上苍神灵和祖宗,在岳飞背上刺了"尽忠报国"四个字。书中还详细叙述了岳母刺字的情景:她是在岳飞背上用毛笔书写,再用绣花针刺就,然后用醋墨涂,使字永不褪色。但有学者认为,文身刺字是一门特技,有严格的操作程序和技巧,岳母作为一位家庭妇女,不可能具有这种技艺,显然作者是按照元、明有些传记中的记叙岳飞背上刺字,经过想象加工而成。因此,岳飞脊背上有无刺字?所刺何字?是谁所刺?至今仍然是个难解之谜。但很长时间以来,"岳母刺字"不仅在民间流传广泛,也已被大众所共认。故这枚邮票图案表现"岳母观字",不如约定俗成表现"岳母刺字"更好。

【高风亮节】2003—17·(3—2)J 面值80分,票幅规格30毫米×40毫米,发行量950万枚。图案描绘了岳飞率儿子岳云和部将张宪在黄河边巡视的情景。岳飞身穿战袍,头戴盔甲,左手按着腰间的利剑,挺立在黄河岸边,仔细观察着敌情;脚下是滚滚黄河之水,身后是迎风飘扬的岳家军的"岳"字帅旗,整幅画面既刻

画出了岳飞威风凛凛、一身正气的民族英雄形象,也渲染了岳飞准备渡过黄河,直捣黄龙府的艰险复杂的历史氛围,演绎出了一曲浩然的正气之歌。若静心倾听,岳飞写下的千古绝唱《满江红》在耳边清晰响起:"怒发冲冠,凭阑处,潇潇雨歇。抬望眼,仰天长啸,壮怀激烈。三十功名尘与土,八千里路云和月。莫等闲,白了少年头,空悲切。靖康耻,犹未雪;臣子恨,何时灭。驾长车,踏破贺兰山缺。壮志饥餐胡虏肉,笑谈渴饮匈奴血。待从头,收拾旧山河,朝天阙。"

【名垂青史】2003—17·(3—3)J 面值2元,票幅规格30毫米×40毫米,发行量900万枚。图案描绘了一幅岳飞坐像。设计者参考京剧武生的化妆法,将岳飞的眉梢高高抬起,斜插两鬓,并加了短须,展现出了一种武将的勃勃英气。岳飞手持书册,身旁土黄色背景上写着岳飞的名言:"文

臣不爱钱,武将不惜命,则天下太平矣。"既刻画出了岳飞这位民族英雄的精神气质和性格特征,也点明了岳飞名垂青史的历史地位。

2003—18 重阳节(T)

【重阳节(T)】Chongyang Festival(T) 重阳节是我国民间的一个传统节日。在我国古代,将夏至后的81天和冬至后的81天各分为9个段落,每段落为9天,分别称为夏九九和冬九九。我们现在所说的"九九",指的是冬九九。"九九"的起源,可追溯到春秋齐桓公时期。至于"重阳"之说,应该始于战国末期楚国诗人屈原《楚辞·远游》中:"集重阳入帝宫兮,造旬始而观清都。"意思是来到九重天进入太微宫,访问旬始星游历天帝府。宋人洪兴祖《楚辞补注》中,将诗中的"重阳"2字解释为"积阳为天,天有九重,故曰重阳。"宋人吴自牧《梦粱录》中解释:"日月梭飞,转瞬重九,盖九为阳数,其日与月并应,故曰'重阳'。"也就是说,中华民族的先人们将天地万物归为阴阳两类,阴代表黑暗,阳代表光明、活力。奇数为阳,偶数为阴。九是奇数,因此属阳,农历九月初九,日月逢九,成为"重九";又因二阳相重,故称"重阳"。不过,这个时期所谓的"重阳",只是泛指天或天宫,并非现代意义上的重阳节。关于重阳节的起源有两种解释:其一,重阳节主要是根据南朝时期吴均所作的《续齐谐记》而来。《续齐谐记》是根据刘宋年间东阳无疑所著的《齐谐记》改编而来,其中记载了一个神话故事。相传,古时汝南县有个叫桓景的人,一家大小守着几亩薄地,过着宁静的日子。不料,有一年,汝南地区流行瘟疫,死人很多,桓景的父母不幸亡故。桓景决心访仙求道,战胜瘟魔,为民除害。他听说东南山中住着一位名叫费长房的大仙,便收拾行装,起程进山。桓景日行夜宿,翻山越岭,在一只白鸽的引导下,终于在苍松翠柏深处见到一座古庙,庙门横匾上写着"费长房仙居"5个金字,黑漆的大门紧闭着。他在门外虔诚地跪了两天两夜,到了第3天,庙门忽然开了,一位白须飘胸的老人出来,微笑着对桓景说:"弟子为民除害心诚意切,快随我进院吧。"这位老人便是费长房大仙。他给了桓景一把降妖青龙剑,并教他武艺。桓景早起晚睡,披星戴月,刻苦练武。到了第二年九月的一天,费长房大仙对桓景说:"九月九日,汝河瘟魔又要出来,你赶紧回去为民除害,普度众生。我给你茱萸叶子一包,菊花酒一瓶,让你家乡父老登高避祸。"说罢,命仙鹤送桓景回汝南。农历九月初九那天,桓景领着妻子儿女和众乡亲,登上了附近的一座山。他把茱萸叶子分给每人一片,说把茱萸戴上瘟魔不敢近身;还把菊花酒让每人呷了一口,说喝了菊花酒就不染瘟疫了。桓景安置好乡亲们,自己带着青龙剑返回家中,等待瘟魔降临。不一会儿,瘟魔果然冲

出河面，奔入村庄，不见人影；窜到山下，只觉得酒气刺鼻，茱萸异香醉腑，不敢近前；又转身回村，只见村东一间屋里有一人端坐不动，就吼叫着向前扑去。桓景持剑相迎，只几个回合，瘟魔就被射倒在地。从此，汝南再也不受瘟魔的害了。自此，每逢农历九月初九，人们就带上菊花酒，臂插茱萸，纷纷外出登高，年复一年，便成为以登高为风俗的重阳节了，故重阳节又称"登高节"。其二，据说，汉初，每年农历九月初九，皇宫中都要佩茱萸、食蓬饵、饮菊花酒，以求长寿。汉高祖刘邦的爱妃戚夫人被吕后残害后，宫女贾某也被逐出宫墙，她将这一习俗传入了民间。一千多年来，重阳节已成为中华民族最重要和独具魅力的一个节日。自古至今，重阳节都保留着登高饮酒、臂系茱萸的习俗。《西京杂记》记载："九月九日佩茱萸，食饵（即重阳糕），饮菊花酒，云令人长寿。"故重阳节又有"老人节"之称。1989年，重阳节被定为"老人节"。每当农历九月初九，各地都要组织老年人登山秋游，开阔视野，交流感情，锻炼身体，培养人们回归自然、热爱祖国大好山河的品德。

2003年10月4日，正值农历九月初九重阳节之际，中华人民共和国国家邮政局发行了一套《重阳节（T）》特种邮票，全套3枚。刘赦设计。影写版。齿孔11.5度。邮局全张枚数20（4×5）。小版张9枚（3套邮票连印），尺寸规格116毫米×186毫米，发行量100万版，边饰设计史渊。北京邮票厂印制。

这套邮票的3枚图案，选择了"登高"、"赏菊"和"饮酒对弈"3种最具典型的活动方式，采用中国传统的工笔画形式，生动形象地表现出了重阳节的丰富内涵和风格特征。在构图方面，每枚图案在天高云淡的背景上，设计了一个"圆"置于"方"形邮票的中心，寓意年长者方方面面都圆圆满满，心想事成。在色彩运用上，设计者施以浅绛，提以青绿，并点缀以"红"、"白"；古装人物以朱磦染之，悠闲大度；草亭、树木、山石皆古香古色，一切都蕴含着传统而又古老的民俗风韵。整个画面色调偏暖，营造出了重阳节秋高气爽、黄花遍地、丰收喜悦的季节氛围。

【重阳节·登高】2003—18·（3—1）T 面值80分，票幅规格30毫米×40毫米，发行量1080万枚。图案描绘了重阳节登高活动的情景。实际上，登高原是中国古代的一项体育活动。据西汉时的《长安志》记载，汉京城长安的近郊有一个小高台，每年重九等节日，就有许多人登上高台去游玩赏景，简称登高。三国时期，登高活动更为普遍，定于每年九月初九举行。到唐、宋时，登高活动仍然很流行。刘歆《西京杂记》中记载："三月上已，九月重阳，士女游戏，就此祓禊登高。'指出了登高驱邪免祸的祈愿。唐人写的登高诗很多，大多数是写重阳节的习俗，杜甫的七律《登高》当属重阳登高的名篇："风急天高猿啸哀，渚清沙白鸟飞回。无边落木萧萧下，不尽长江滚滚来。万里悲秋常作客，百年多病独登台。艰难苦恨繁霜鬓，潦倒新停浊酒杯。"登高之处，没有统一的规定，一般是登高山或高塔。九九艳阳天。云淡山清，秋高气爽，遍野盛开黄花，满山丰硕果实，人们头插茱萸，手提菊花酒，登高览胜，心旷神怡。仔细阅读这枚邮票图案，脑际油然响起唐代诗人王维《九月九日忆山东兄弟》的诗句："独在异乡为异客，每逢佳节倍思亲。遥知兄弟登高处，遍插茱萸少一人。"情景交融，能够唤起人们一种独特的心理体验。

【重阳节·赏菊】2003—18·（3—2）T 面值80分，票幅规格30毫米×40毫米，发行量1070万枚。图案描绘了重阳节赏菊活动的情景。重阳节时赏菊，饮菊花酒的习俗，据说起源于陶渊明。陶渊明不仅以隐居出名，以诗出名，以酒出名，也以爱菊出名。世人效之，遂形成重阳赏菊之习俗。北宋的京师开封，重阳赏菊很盛行，当时的菊花已有很多种。清代以后，重阳赏菊之俗更为昌盛，而且不限于九月九日。九月秋高气爽，风霜高洁，正是菊花盛开的季节，故古有"菊月"之称。窗前篱下，菊花竞艳吐芳，赏菊吟诗，自然别有情趣。欣赏这枚邮票图案，仿佛身临陶渊明"采菊东篱下，悠然见南山"的诗句意境之中，令人陶醉。

【重阳节·饮酒对弈】2003—18·（3—3）T 面值2元，票幅规格30毫米×40毫米，发行量970万枚。图案描绘了重阳节人们在高台亭间饮酒对弈活动的情景。重阳佳节，亲朋好友相约，登高游乐，野宴饮酒，特别是饮菊花酒，既含有传说中避瘟邪的意愿，也逐渐注入了真诚舒畅的情感交流。孟浩然有诗《秋登兰山寄张五》："天边树若荠，江畔舟如月。何当载酒来，共醉重阳节。"李白有诗《九日登巴陵置酒望洞庭水师》："九日天气清,登高无秋云。造化辟川岳,了然楚汉分。"可见重阳节饮酒,酒后对弈(即下棋),更是文人们的一种雅兴。从邮票图案上的棋盘看,美女雅士应该是在一座高山草亭里下中国象棋。画面形象生动,品味高雅,既闪烁着一种中国古文化精神,也别具情趣。

中国象棋约起源于战国时代,那时盛行着一种六博象棋,每方有棋子6枚。刘向《说苑》中有"斗象棋而舞郑女"的记载。南北朝时,北周武帝创制了《象经》。唐代象棋有了一些变革,象棋只有"将、马、车、卒"4个兵种,棋盘由黑白相间的64个方格组成。早期,中国象棋棋子用黄铜制作,因铸制不易,价格昂贵,故起初只限于皇亲国戚之间。1973年,在福建泉州海湾的宋代沉船中,发现了20颗木质棋子,这是当代收藏的最早的木制棋子。因此,一般认为,宋代时中国象棋已基本定型,除了因火药的发明增加了"炮"之外,还增加了"士"和"象"。宋陈元靓的《事林广记》中记载,中国目前所能看到的最早的象棋谱,比西方15世纪出现的国际象棋谱早二百多年。这就对长期以来流行的"中国象棋起源于印度"的说法,提出了异议。到明代,可能为了着棋和记忆的方便,才将一方的"将"改为"帅",和现代中国象棋一样了。明仁宗朱高炽曾写过这样一首咏棋诗:"二国争强各用兵,摆成队伍定输赢。马行曲路当知道,将守深宫戒远征。乘险出车收败兵,隔河飞炮下重城。等闲识得军情事,一着成功见太平。"

2003—19 图书艺术
(中国—匈牙利联合发行)(T)

【图书艺术(中国—匈牙利联合发行)(T)】Art of Books(Jointly Issued by China and Hungary)(T) 有关"中国"名称的知识,详见本书1996—8《古代建筑(中圣联合发行)(T)》。匈牙利为欧洲中部内陆国。面积9.3万平方公里。98%为马扎尔人(匈牙利人)。公元896年,游牧部落马扎尔人移居多瑙河盆地。公元997年,圣斯蒂芬一世统一了乌拉尔河流域内的各部落,1000年建立封建国家,成为匈牙利第一位国王。1526年土耳其入侵,匈牙利封建国家解体。1541年匈牙利一分为三,分别由土耳其苏丹、哈布斯堡王朝和埃尔代伊大公统治。1699年起,全境由哈布斯堡王朝统治。1849年4月建立匈牙利共和国。1867年,奥地利皇帝兼任匈牙利国王,改称奥匈帝国。第一次世界大战后,奥匈帝国解体。1919年3月21日宣布建立匈牙利苏维埃共和国。1919年8月1日,革命政权被颠覆,又恢复君主立宪制,改称匈牙利王国。第二次世界大战后,匈牙利1945年获得解放,并废除君主制,1946年2月1日成立匈牙利共和国。1949年8月20日通过宪法,改称匈牙利人民共和国。1956年10月23日,匈牙利发生武装动乱,匈牙利政府进行改组,成立以纳吉为首的政府。在苏联军队的干涉下,"匈牙利事件"被镇压。1989年10月23日,改名为匈牙利共和国。图书为书籍期刊画册图片等出版物的总称。图书艺术主要是指图书的印刷工艺和装帧艺术,在图书演进的漫长历史过程中,人们用智慧创造出了丰富多彩的图书艺术,使之成为图书文化的一个重要组成部分。早在上古时期,人类为了记事、传递信息和相互沟通,开始利用天然材质作为书写符号和文字的载体。约在公元前3200年,古巴比伦人为了记事和贸易,将楔形文字刻在泥板上,形成了世界上最早的图书雏形。约公元前3000年,古埃及人发明了利用纸草作为书写载体。纸草是一种生长在埃及低洼沼泽地区的一种植物,茎呈三角形。古埃及人将纸草茎的皮剥去后,将其切割成狭窄长条,横竖重叠,再用木槌将草汁压干,这些纸草条便粘在一起,然后用石头擦平表面,就成为良好的书写材质。在拉丁文中,纸草被称为"Pagina",现代英文中的"Paper(纸张)"一词即来源于此。古埃及人将纸草片粘成长条,书写后卷成一卷,就形成了便于阅读和保存的卷轴。公元前1570年~公元前1304年间古埃及人写成的《亡灵之书》,是世界上最古老和最有名的图书。该书主要用于为死者祈祷以便其灵魂顺利达到极乐世界,与古埃及的金字塔和木乃伊密切相关,为后世许多考古学和探险寻宝者研究的对象。经过古希腊、古罗马,纸草书传到欧洲,并逐渐被树皮、羊皮等其他材质所取代。中国的图书艺术经历了一个漫长的历史发展时期。中国最早的书籍起源于三千多年前商代的龟甲兽骨书。当时人们用刀将文字刻在龟甲和兽骨上,用以记事和占卜吉凶。商代晚期,人们开始将文字铸造在青铜器上,这就是青铜书。春秋时期,人们又将文字刻在石头上制成石书。起源于周代的竹木书,应该是一种制作简单使用方便的书籍。人们将文字写在竹片或木片上,用绳按顺序编连成册,称为"简牍"。每册书的前面还有两根空白简,称为"赘简",其背面用于写书名或篇名,这便是书籍封面的雏形。纺织品发明后,因其轻便,容易着墨的特点,人们便用缣帛制作了缣帛书。缣帛书的形态,一般是把一篇截成一段,卷成一束,称为"卷"。现代图书的"卷"即源于此。但缣帛造价昂贵,一般平民用不起,故只有少数贵族使用。公元105年,东汉明帝时期的宦官蔡伦,将桑树皮、麻、破布等加以混合打成浆状,再用一张草席将水沥掉,放在太阳下晒干而制成纸张。蔡伦发明的造纸技术，使价廉物美的纸张迅速应用和推广开来，对图书的印刷产生了深远的影响。到唐代，经济的发展、文化的昌盛及宗教的盛行，促使发明了新型和高效的雕版印刷术。在宋代，由于统治者推行了重文轻武的基本国策，图书刻印事业迅速发展，雕刻版印刷术达到了黄金时期。宋代刻本的图书校订严密，字体隽秀，用墨纯丽，纸质精良，印刷鲜明，被后世称为珍品。公元 1041 年，北宋杭州冶金锻工毕昇发明用胶泥做成活字排版印刷的活字印刷术，在图书艺术发展史上具有划时代的意义。明代，中国社会的自然资本主义开始萌芽，市民意识的文化需求使古典文学和工艺美术图书大量被出版，图文全相本小说在明代十分流行，使图书刻印艺术水平达到了历史高峰。中国古代的图书装帧多姿多彩，主要有篇简、卷轴装、旋风装、经折装、蝴蝶装、包背装和线装等。中国的造纸术经日本、中亚传入中世纪的欧洲后，得到了迅速推广。欧洲早期出版的图书以宗教内容为主，一般都以木刻版印刷，用手工着以明亮色彩，具有较高的艺术价值，从法国 13 世纪出版的《圣经》中则可以领略到当时图书的印刷水准。公元 1452 年~1455 年间，德国缅茵兹市的约翰·谷登堡发明了金属活字印刷术，出版了《四十二行拉丁文圣经》，开创了欧洲活字印刷的先河。公元 1476 年，活字印刷术引入英国后，出版了不少印有精美木刻版插图的文艺图书。中世纪的欧洲共出版过 4 万种不同的图书。16 世纪~17 世纪，欧洲出版的各类科学和文艺图书，印刷者使用雕刻铜版印刷插图使图书更加精美。19 世纪，印刷机的发明，使图书印刷向机械化和自动化发展，各种不同特点的印刷技术相继被发明，图书装帧设计也日趋专业化。20 世纪以来，图书印刷在技术和材料上都有相当大的进步，许多图书在艺术层面上达到了前所未有的精美效果，使读者充分感受到图书艺术的魅力。进入 21 世纪，随着电脑和互联网技术的迅猛发展，图书的内涵和人们的阅读习惯都在发生着变化，图书艺术也必将进入新的变革阶段。

2003 年 9 月 30 日，为了纪念中国文化部与匈牙利外交部共同举办的中国图书艺术发展活动，中华人民共和国国家邮政局和匈牙利国家邮政局联合发行了一套《图书艺术（中国—匈牙利联合发行）(T)》特种邮票，全套 2 枚。吕敬人（中国）、安多尔·安德拉什（匈牙利）设计。胶版。齿孔 12 度（四角各有一个大圆形齿孔）。邮局全张枚数 16（4×4）。小版张 8 枚（4 套邮票），尺寸规格 120 毫米×180 毫米，发行量 54 万版。北京邮票厂印制。

这套邮票的 2 枚图案，主图分别选用了中国古代书籍宋刻本《周礼》和匈牙利古代书籍《匈牙利彩图编年史》的展开版式图像，以中国最早的私人收藏书楼"天一阁"和匈牙利国家赛切尼图书馆的白描线图为背景，在形式上具有浓厚的中国线装书特色，与装帧华丽的匈牙利图书形成对比，风格简约，典雅，具有书卷气。设计者力图表现东西方图书文化差别和文字造型、插图手段、版面构成的不同，从而体现出了两个国家在图书艺术中所共有的信息传达功能和书籍审美追求的图书艺术魅力。

【宋刻本《周礼》】2003—19·(2—1)T

面值 80 分，票幅规格 50 毫米×30 毫米，发行量 960 万枚。图案主图为中国古代书籍宋刻本《周礼》书影。《周礼》又名《周官》或《周官经》，是一部用儒家思想写成的有关奴隶社会官制的典籍。此书为汉代郑玄注，唐代陆德明释文，为孤本。南宋福建建阳书坊所刻，刻印精美，图文并茂。书上的收藏印有"纬萧草堂书记"、"张敦仁读过"、"江都汪氏孝子祠收藏图信"、"汪喜荀印"多方。现收藏于北京大学图书馆。《周礼》全书共有《天官冢宰》、《地官司徒》、《春官宗伯》、《夏官司马》、《秋官司寇》、《冬官司空》6 篇。因《冬官司空》欠佚，汉朝时有人以《考工记》补之。天官冢宰称治官，管理朝廷大政及宫中事项；地官司徒称教官，管理土地方域及王畿内人民的教养；春官宗伯称礼官，管理宗教文化；夏官司马称政官，管理军政、步骑、兵甲、交通及各方诸侯有关事宜；秋官司寇称刑官，管理刑狱、司法政务，兼管礼宾等；冬官司空称事官，管理工程建设兼及沟洫、土地、水利等。作者通过官制和职掌制度，深刻表达了一种富国强兵，组织民户，广征贡赋，充实府库，为治理统一的大国提供设计蓝图的政治思想。建阳刻书，历史悠久，源远流长。萌芽于五代，繁荣于两宋，延续于元朝和清初。南宋时，建阳是全国三大刻书中心（蜀、浙、闽）之一。由于建阳地处闽、浙、赣三省要冲，交通便利，森林资源丰富，造纸业发达；北宋时有游酢、杨时论道东南，南宋时有"建阳七贤"朱熹、蔡元定、黄干等理学大师在此结庐讲学，学院林立，文风鼎盛，这为建阳刻书业的发展提供了良好的自然条件和文化环境。宋代建阳刻书业繁荣的主要标志是刻书机构众多，刻书数量居三大刻书中心之首。官刻、家刻、坊刻三大系统已形成。坊刻是建阳刻书业的主力，有的书坊拥有书工、刻工、印刷和装订工匠，并聘请编、校、撰稿人，集编辑、刻印、销售于一体，相当于

现代的出版社和书店；有的书坊则接受委托刻书，相当于今天的印刷厂。宋代建阳书坊主要集中在麻沙、崇化两地。在北宋方勺及南宋叶梦得、朱熹、陆游等名家的笔下，就已经出现了"沙本"和"麻沙本"的称谓。南宋祝穆的《方舆胜览》则将"建本"图书列为建阳的"土产"，与当时的贡茶、建盏并列，并说："麻沙、崇化两坊刻品，号为图书之府。"宋代建阳刻本内容四部俱备，其中又以经、史、子部和儒家著作以及医书、类书、名家别集为主。宋代刻本书体的特点是效法柳公权体，其间架结构严谨，锋棱峻峭，瘦劲有力。其时，"建本"图书已开始大量制作插图。其主要特征是上图下文，以图辅文，以文释图，图文并茂。在儒家经典中制作版画插图，使文字古奥难解的典籍得以通俗化，是建阳书坊敢于创新的大胆尝试。经部书中的《诗经》、《尚书》、《周礼》、《礼记》、《论语》，子部中的《荀子》、《老子道德经》、《庄子》、《扬子法言》等，大多以"纂图互注"为特色。南宋著名理学家、思想家、教育家朱熹对此曾有这样的评价："书坊印得《六经》，前有纂图子，也略可观。"这枚邮票图案选用的宋刻本《周礼》，原书全名《纂图互注周礼》，12卷，后有图说一卷，有图27页。该书刻印精美，图文并茂，是一部体现中国宋代版画艺术和雕版印刷水平的代表作品。图案选用了其中的两页。邮票图案的背景采用了我国现存最早的藏书楼宁波天一阁，体现了古书刻印、流通与收藏之间的关系。天一阁藏书楼坐落于浙江宁波市月湖之西，建于明嘉靖四十年（公元1561年）至四十五年（公元1566年）。原为明兵部右侍郎范钦的藏书处。阁系木结构六开间二层楼房，为了防火，阁前凿有水池。并据汉郑康成所注《易经》："天一生水，……地六成水"之说，取名天一阁。原有藏书七万余卷。后屡遭盗窃，散失甚巨。新中国成立时，除清代续增的《古今图书集成》外，阁内藏书只剩一万三千多卷，存书大都是明代刻本和抄本。其中明代地方志和科举题名录尤富，是研究明史的珍贵文献。新中国成立后，设置了专门机构，访得流失在外的原藏书三千多卷，又增入当地庋藏家捐赠之书。现藏珍版善本达八万卷。清康熙时，范钦后人在阁前增建假山，环植竹木，清幽精致，与藏书楼浑然一体。1933年重修时，又把宁波孔庙的尊经阁迁来后院，并集中安置宁波自宋至清的碑刻，称明州碑林，成为天一阁的附属部分。画面上，宋刻本《周礼》的两页书影占据了大部分空间，浅淡的土黄色调，古色古香；而映衬的宁波藏书楼天一阁，设计者采用正面平视角度，不仅给画面平添了几分生机，也引领着读者走进了深深的中华民族图书艺术历史之中。

【匈牙利彩图编年史】2003—19·(2—2)T 面值

80分，票幅规格50毫米×30毫米，发行量900万枚。图案主图选用了匈牙利的古籍《匈牙利彩图编年史》书影。《匈牙利彩图编年史》于公元1473年印制出版，是匈牙利出版业的一部代表性作品。该书是描述匈牙利安茹时代宫廷和制度的最重要的历史著作，记录了从潘诺尼匈奴的出现到公元1333年瓦拉几亚运动期间匈牙利人的历史。根据本书前言的内容，作者被学者确定为马克·德·卡尔特。他于公元1358年开始创作此书。书中包括39张图片、4幅风景装饰图案、98个人物和风景彩图及5个彩色字母。这些图案从不同角度表现了匈牙利人的历史，其中包括不同的事件、阿派德和安茹家族的历史与家谱及王族的情况。书中的彩图参考了以前的编年史和宗教绘画中的图案。微缩画采用了中欧皇宫彩图的风格。该书是献给大路易国王的。该书作为一部通俗易懂的精美古籍，用绘画和说明的形式向世人阐述了匈牙利各历史时期发生的重大事件，真实地记录了匈牙利的历史进程，无论从历史还是从艺术角度看，都称得上是匈牙利最有价值的作品。邮票图案的背景采用了匈牙利赛切尼国家图书馆。该馆创立于1802年，它的建立与命名要归功于匈牙利一位著名的爱国贵族费伦茨·塞切尼伯爵。18世纪末，他在国内外广为搜集匈牙利图书，并于1802年全部捐给国家。1803年，这一公共图书馆在佩斯向公众开放。费伦茨·塞切尼的爱国之举唤起了全国性的响应，整个社会都被动员起来，每个人都做出捐赠，使得这个国家图书馆最大可能地拥有图书。1808年，匈牙利国家议会创建了匈牙利国家图书馆，收集匈牙利的历史、考古和自然文物，并与先期由费伦茨·塞切尼建立的图书馆合并，使其具有了更加广泛的基础。近两个世纪以来，它一直是匈牙利人收藏具有文字性、印刷性和客观文物的地方。直至1949年，图书馆才与博物馆分离，再一次以塞切尼国家图书馆的名义成为一个独立的机构。1985年，塞切尼图书馆迁至位于布达城堡宫殿的新址。塞切尼图书馆的功能是收藏如下内容：在匈牙利境内一定时期出版的所有著作，无论它们是以何种语言撰写的；以匈牙利语出版的所有著作；所有匈牙利作家的著作，或与匈牙利人合作、以非匈牙利语在匈牙利境外撰写的著作；国外出版的有匈牙利语版本的所有著作。目前，塞切尼图书馆内有藏品700万件，其中书籍200万册，尤以古代书籍最为丰富,藏有公元1711年前出版的书籍8500册。馆中还藏有1700册可追溯到书籍印刷的第一个世纪的古版书。匈牙利作家的各版本书籍在这里最为齐全。这枚邮票图案选用的匈牙利印刷的第一本书《匈牙利彩图编年史》,就收藏在塞切尼图书馆。画面上,《匈牙利彩图编年史》的两页书影占据了大部分空间,浓浓的暖黄色调,古色古香;而塞切尼国家图书馆大楼,设计者采用侧视角度,不仅给画面增加了几分活力,也将读者自然带进了匈牙利人图书艺术的悠久历史之中。

2003—20 民间传说 ——梁山伯与祝英台(T)

【民间传说——梁山伯与祝英台(T)】Folk Legend: Liang Shanbo and Zhu Yingtai(T) 《梁山伯与祝英台》是著名中国民间五大传说(《白蛇传》、《天仙配》、《梁山伯与祝英台》、《孟姜女哭长城》、《牛郎织女》)之一。自唐代初年起,梁山伯与祝英台的爱情故事便开始流传,家喻户晓且版本众多。这个凄婉动人的故事,向人们展示了一幅向往幸福、对爱情忠贞不渝的绚丽画卷。相传,会稽府祝家庄祝员外之女祝英台,天资聪慧,矢志上进。一天,她凭窗眺望,见路上有书生来往,顿时萌生了去钱塘求学的念头。祝员外自然不会允许一个女孩子出去求学了。于是,祝英台想出一条妙计,她扮成一位卜卦先生,居然骗过了父亲。祝员外见女儿求学心切,无奈只得勉强应允。在一个阳光明媚的春天,祝英台和侍女银心乔扮男装,踏上了求学的行程。途中,偶遇会稽府上梁村的书生梁山伯,他也是去钱塘求学。祝英台与梁山伯两人一见如故,双方称兄道弟,便在草桥亭上撮土为香,义结金兰。在钱塘万松书院,梁山伯与祝英台同窗学习三年,两人同寝同食,无一刻分离,无一事不合作,时常相互"哥哥"、"弟弟"地称呼着,可谓情深如海。梁山伯虽资质聪颖,但书呆子气十足,加上祝英台时时处处防范严密,遇事巧言遮掩,故同窗三载,他竟然不知道祝英台是个女孩子,倒是同班的马文才常常起疑心。三载同窗生活,弹指一挥间,祝员外催女速归家园。临行前,祝英台向师母倾诉衷肠,恳请师母玉成她与梁山伯之间的爱情。梁山伯与祝英台分手,两人依依不舍。在十八里相送途中,祝英台不断用"青青荷叶清水塘,鸳鸯成对又成双"、"你我好比牛郎织女渡鹊桥"、"你看井底两个影,一男一女笑吟吟"、"观音大士媒来做,我与你双双来拜堂"等语言,借物托意,暗示爱情。梁山伯忠厚纯朴,始终不解祝英台的苦良之意。祝英台无奈,便谎称家中九妹的品貌与己酷似,愿替梁山伯做媒。梁山伯便应允下来。祝英台走后,梁山伯从师母处得知祝英台是女孩子的真情,喜出望外,随即启程去祝英台家求婚。不料,祝员外已将祝英台许给了太守之子马文才。梁山伯与祝英台相会,祝英台强颜欢笑,两人互诉不尽的相思之情。两人回忆起草桥结拜、同窗共读的美好时光,以及十八里相送的缠绵情意,到如今有情人却不能成眷属,美满姻缘被强行拆并,真是柔肠寸断恨无限。临别时,两人山盟海誓:"生前不能同衾,死后也要同穴。"梁山伯回家后忧郁成疾,不久便不治身亡。祝英台闻讯,悲恸不已,决心以身殉情。在马文才迎娶祝英台之日,花轿路过梁山伯墓前时,祝英台身着素服,扶碑痛哭。突然间狂风大作,一声炸雷,梁山伯的坟墓裂开,祝英台翩然跃入坟中墓复合拢。风停雨霁,云开日出,彩虹高悬,梁山伯与祝英台化作一对蝴蝶,飞舞于花丛中。这是一对黑花纹、翠绿斑点、尾翼上有两根长长飘带的大蛱蝶,至今人们还称之为"梁山伯祝英台"。梁山伯与祝英台的爱情故事流传千古,表现了古代人民对美好生活的向往,富有爱情的诗意之美,堪称中华民族优秀文化中的一朵奇葩。新中国成立后,不少剧种都进行了初步整理,以越剧影响较大。

2003年10月18日,为了宣扬中华民族悠久灿烂的文化,中华人民共和国国家邮政局发行了一套《民间传说——梁山伯与祝英台(T)》特种邮票,全套5枚。高云设计。影写版。齿孔12度。邮局全张枚数20(4×5)。小版张10枚(2套邮票),尺寸规格216毫米×121毫米,发行量76万版,郝旭东边饰设计。北京邮票厂印制。

这套邮票的5枚图案,设计者在表现手法上采用了民间年画常用的勾线平涂的方式;在人物造型上则吸收了明代木刻插图和越剧的造型语言;在着色上主图人物以灰蓝、纯白两色绘制,背景以土黄相衬,力图将现代色彩的明快与传统的古色古香相融合;在服饰道具上也刻意模糊了历史的界定;在画面构成上又相应地减弱了写实的成分……这一切,不仅使人物形象造型简洁素雅,富有一种特有的古韵浓香的味道,使画面具有清新淡雅的效果,而且生动形象地张扬了一种民间文化、民族情趣和历史精神的内在的传承力量。

【草桥结拜】2003—20·(5—1)T 面值80分,票幅规格30毫米×40毫米,发行量1110万枚。图案描绘了梁山伯与祝英台草桥结拜的情景。这是一个阳光明媚的春天,祝英台在女扮男装去求学的途中,巧遇梁山伯,与其说他们一见如故,不如说他们一见钟情。于是,他们双双跪在草桥之上,拱手结拜为兄弟。画面中的潺潺流水,柳飞鱼跃,既象征着梁山伯与祝英台的勃勃青春活力,鱼水情深,又充满了美妙的诗情画意,具有强烈的艺术感染力。

【三载同窗】2003—20·(5—2)T　面值80分,票幅规格30毫米×40毫米,发行量1110万枚。图案描绘了梁山伯与祝英台三载同窗读书的情景。祝英台暗恋梁山伯,梁山伯却全然不知祝英台是个女孩子。两人相伴读书,沉浸在不分彼此的兄弟般友谊中。画面上,梁山伯与祝英台随意坐在书桌前,祝英台手捧书本,梁

山伯用扇子指点着书本,从面部表情看,他俩既像在共同欣赏一首好诗,又像在相互交流读书心得。设计者捕捉住这个典型的精彩瞬间,生动地表现出了梁山伯与祝英台之间心心相印、志同道合的真挚情感。绿蕉掩窗,并读碧书,何等心境,何等心静!

【十八相送】2003—20·(5—3)T　面值80分,票幅规格30毫米×40毫米,发行量1120万枚。图案描绘了梁山伯送别祝英台的情景。经历了三载同窗后,祝英台返回故乡时,梁山伯十八里相送,两人依依不舍。画面上,梁山伯与祝英台各举一把雨伞,站在一座拱桥上,桥下水中一对白鹅嬉戏游动。从神态看,仿佛祝

英台刚刚指着水中的一对白鹅对梁山伯说:"公鹅在前游,母鹅在后面叫哥哥。"想借物托情,暗示自己实际上是个女孩子,说后自然流露出几分羞色;而憨厚的梁山伯却不解其意,甚至面带愠色,责怪祝英台居然把自己比作什么"呆头鹅"!可惜呀,梁山伯又失去了一次机会,自然这也是封建礼教的罪恶。细雨、翠山、小桥、碧水,是伤情,也是纯情。

有关伞的知识,详见新版《中国集邮百科知识》特54《儿童》。

【楼台伤别】2003—20·(5—4)T　面值80分,票幅规格30毫米×40毫米,发行量1110万枚。图案描绘了梁山伯与祝英台楼台伤别的情景。当梁山伯从师母处得知祝英台原来是个女孩子时,顿时恍然,立刻奔赴祝英台家求婚。可惜,祝英台已经被祝员外许给了太

守之子马文才,祝英台反抗无效。画面上,梁山伯与祝英台站在楼台之上,身着女儿装的祝英台掩面泣泪,梁山伯则低头不语,仿佛两人刚刚山盟海誓:"生前不能同衾,死后也要同穴。"在象征天大压力的屋顶对比下,梁山伯与祝英台显得那么柔弱,那样无助,那样无

奈。背景中的几片黄叶,更加渲染了悲剧气氛。

【化蝶双飞】2003—20·(5—5)T　面值2元,票幅规格30毫米×40毫米,发行量1020万枚。图案描绘了梁山伯与祝英台死后化蝶双飞的动人情景。画面上,彩虹当空,一对色彩斑斓的蝴蝶在花间翩翩飞舞,梁山伯与祝英台相依相偎,脸上洋溢着幸福的微笑。

是情动天地,也是情的升华。这个充满浪漫色彩的瞬间,既讴歌了梁山伯与祝英台纯真美好的理想,也鞭挞了封建势力的残暴。

有关彩虹的知识,详见新版《中国集邮百科知识》J·44《中华人民共和国成立三十周年〈第一组〉》。

有关蝴蝶的知识,详见新版《中国集邮百科知识》特56《蝴蝶》。

2003—21　长江三峡工程·发电(T)

【长江三峡工程·发电(T)】The Three Gorges Project of the Yangtze River—the Generating of Electric Power(T)　有关长江三峡的知识,详见新版《中国集邮百科知识》1994—18《长江三峡(T)》。长江三峡水利枢纽工程简称三峡工程,因位于长江干流三峡河段而得名。1993年,三峡工程开始进行施工准备。1994年12月14日,三峡工程正式开工。1997年11月8日,三峡工程实现大江截流,圆满完成了第一阶段的建设任务。1999年、2000年和2001年,三峡工程连续3年刷新混凝土年浇筑量世界纪录。2002年11月6日,三峡工程又取得了导流明渠截流的圆满成功。2003年,三峡工程实现了三大目标:一、6月12日,三峡工程实现水库初期蓄水135米;二、6月16日,双线五级船闸顺利通航;三、8月之前,实现首批机组(第2、5号)并网发电。

2003年8月20日,为了祝贺长江三峡工程顺利发

电,中华人民共和国国家邮政局发行了一套《长江三峡工程·发电(T)》特种邮票,全套3枚。陈楠设计。胶版。齿孔12度。邮局全张枚数16(4×4)。小全张9枚(3套邮票),尺寸规格190毫米×130毫米,发行量50万版。北京邮票厂印制。

这套邮票的3枚图案,采用了图形、色彩的秩序化的设计方法,画面运用"点、线、面"的构成元素组织构筑,色彩也都具有装饰性,清晰明快,传达出了一种时代气息。画面的整体构图把雄伟壮观的工程融入美丽的自然景观中,体现了长江三峡工程在能源开发的同时,也高度注重可持续发展战略。设计者采用横式构图,又以色彩渐变的排线来表现丰富的层次,使自然与人工在画面上达到了进一步的调和,既展现出了三峡工程的雄伟壮观,也描绘出了三峡山水绚烂绮丽的特殊性格。全套邮票以绿色为基调,将环境保护融入画面之中,揭示出了人与自然的科学关系。

【水库蓄水】2003—21·(3—1)T 面值80分,票幅规格50毫米×30毫米,发行量920万枚。图案展现了三峡水库蓄水的景象。三峡工程大坝的坝址位于西

陵峡中的三斗坪镇。坝址地质条件优越,基岩为完整坚硬的花岗岩(闪云斜长花岗岩)。地形条件也有利于布置枢纽建筑物和施工现场,是一个理想的高坝坝址。拦河大坝为混凝土重力坝,坝顶高程185米,坝长2309.47米;溢流坝段居中,两侧为发电厂房坝段及非溢流坝段。三峡工程正常蓄水位175米,汛期防洪限制水位145米,枯季消落最低水位155米,相应的总库容、防洪库容和兴利库容分别为393亿立方米、211.5亿立方米和165亿立方米。工程建成后,防洪方面可将荆江河段的防洪标准由目前的约十年一遇提高到一百年一遇,遭遇大于一百年一遇特大洪水时,辅以分洪措施可防止发生毁灭性灾害。画面采用透视角度,并在装饰图形的基础上增加了一些写实因素,突出了大坝工程的雄伟壮观,展示出了高峡出平湖的美丽动人的景象。

【船闸通航】2003—21·(3—2)T 面值80分,票幅规格50毫米×30毫米,发行量920万枚。图案展现了三峡工程船闸通航的景象。船闸是在水位集中跌落的情况下(例如建造闸、坝处)用以保证通航的水工建筑物。主要由闸室及上下游闸首组成,闸室两端设置闸门,以与上下游隔开。船只下行时,先将闸室充水,待室内水位与上游水位相平时,开启上游闸门,让船只进入闸室。随即关闭上游闸门,闸室放水,待其降至与下游水位相平时,开启下游闸门,船只出闸。上行时则相反。船闸须设有专门充水、放水系统及操纵闸门的设备。根据水位差大小,船闸可做成多级或单级。三峡工程的通航建筑物设于左岸。永久通航建筑物为双线五级连续梯级船闸及单线一级垂直升船机。通航建筑物年单向通过能力为5000万吨。工程建成后,可改善航道约650公里,万吨级船队可以由武汉直达重庆。画面采用俯视角度,不仅清晰地表现出了三峡工程中五级船闸的结构关系,而且突出了船闸高耸入云的气势。

【电站发电】2003—21·(3—3)T 面值2元,票幅规格50毫米×30毫米,发行量870万枚。图案展现了三峡工程电站发电的动人景象。三峡水电站厂房分置

于溢洪坝段两侧坝后。左侧厂房安装14台机组,右侧厂房安装12台机组,单机容量均为70万千瓦。电站共安装26台机组,总装机容量1820万千瓦,年发电847亿千瓦/时,主要供华中、华东和广东用电。随着三峡电站的建成,可进一步促使中国大电网骨架的形成。三峡电站将成为我国设备最先进、技术最领先、站线最密集的直流输电中心。与三峡电站配套建设的龙泉、荆州、红花套3个直流工程,设计单极输送功率均为150万千瓦,并且采用5英寸大尺寸可控硅阀,其换流能力、输送容量、采用设备技术均达到世界领先水平。画面采用意会的办法,突出一座座由近及远的输电塔工程,显示出其充足的电力供应,给沿线人民带来了万家灯火,辉煌的夜景,令人陶醉。

2003—22M 南水北调工程开工纪念(小型张)(J)

【南水北调工程开工纪念(小型张)(J)】Commemoration of the Start of the South to North Water Transfer Project(Souvenir Sheet)(J) 我国北方干旱少雨,

在这片广袤的土地上，耕地面积占全国60%以上，人口占全国总人口45%以上，但人均水资源却只有全国的1/4。水资源严重不足，已成为制约中国北方地区经济社会生产进一步发展的重要因素。相对而言，我国南方长江流域，降雨量大，水资源丰富，并且数千年来为洪涝灾害所苦。南水北调，正是解决北方地区水资源紧缺的重大战略措施。1952年10月，毛泽东同志视察黄河时，提出了"南方水多，北方水少，如有可能，借点水来也是可以的"宏伟设想。在党中央、国务院的领导和关怀下，50年来，有关部门以及广大科技工作者持续进行了大量的南水北调研究论证工作，在分析了五十多种方案的基础上，形成了南水北调东线、中线和西线调水的基本方案。2000年9月以来，国家发展计划委员会、水利部与国务院有关部门和南水北调工程沿线地方政府，进一步加强了节水、治污、生态环境保护和工程沿线44座城市水资源配置等专项计划，为科学合理地确定南水北调工程的调水规模奠定了重要基础。2002年8月，国务院总理办公会议审议并原则同意《南水北调工程总体规划》。2002年12月底，南水北调东线工程开工。2003年下半年，中线丹江口水库加高工程开工。南水北调工程总体上分为东线、中线和西线三条调水线路与长江、黄河、淮河和海河四大江河的联系，可逐步构成以"四横三纵"为主体的总体布局，充分发挥多水源供水的综合优势，共同提高北方受水区的供水保证程度。东线工程从长江下游扬州江都抽引长江水，利用京杭大运河及其平行的河道逐级提水北送，连通洪泽湖、骆马湖、南四湖、东平湖，出东平湖后分两路输水：一路向北，在位山经隧洞穿过黄河后自流到天津，输水主干线长1156公里；另一路向东，建设胶东输水干线240公里，与引黄济烟工程相连，输水到烟台、威海。东线工程分三期建设，静态投资320亿元，其中包括治污工程投资140亿元，计划于2007年完成。中线工程从加坝扩容后的丹江口水库陶岔渠首引水，按规划线路开挖输水渠道，沿唐白河流域西部过长江流域与淮河流域的分水岭方城垭口，经黄淮海平原西部边缘，在河南郑州以西孤柏嘴处穿过黄河，沿京广铁路西侧北上，可基本自流，向河南、河北、北京、天津供水，受水区范围为15万平方公里。从陶岔渠首至北京团城湖，输水总干线全长1267公里；天津干线从河北徐水向东至天津，全长154公里。中线工程分三期建设，静态投资920亿元，计划2010年完成。西线工程是在长江上游通天河、支流雅砻江和大渡河上筑坝建库，开凿穿过长江与黄河的分水岭巴颜喀拉山的输水隧洞，调长江水入黄河上游，主要解决黄河水资源短缺问题。西线工程分期实施，其中第一期工程计划2010年左右

开工建设。南水北调工程是继三峡工程之后，我国又一个重大的国土建设工程，是当今世界上规模最大的跨流域调水工程，它的根本目标是维系良好的生态环境，促进经济社会可持续发展。

2003年9月26日，为了宣传南水北调工程的意义，中华人民共和国国家邮政局发行了1枚《南水北调工程开工纪念（小型张）(J)》。陈楠设计。影写版。齿孔12.5度。北京邮票厂印制。

【南水北调工程开工纪念】2003—22M·（1—1）（小型张）J 小型张面值8元，小型张规格126毫米×

80毫米，邮票规格30毫米×50毫米，发行量840万枚。小型张邮票图案为一个篆书的"水"字。水是生命诞生与存在的关键。中国南方多水而北方缺水，南水北调可谓伟大的创举，也是无数人的梦想；而汉字"水"的造字法是象形，且正好是南北走向，更有趣的是工程大致分为西线、中线和东线三大部分，恰恰形成一个"水"字的结构。设计者采用篆书"水"字造型，增加了画面的厚重感与文化含量；通过色彩渐变的方法，表现出了水的走向和动感。整枚票面简洁，只在下方配有古典水纹的效果，使"水调于南"的主题更加准确。小型张边饰采用相对准确的工程地图，从侧面强调了南水北调工程的力度与理性。

2003—23 中国2003第十六届亚洲国际邮票展览(J)

【中国2003第十六届亚洲国际邮票展览(J)】The 16th Asia International Stamp Exhibition China 2003 (J) 有关亚洲国际邮票展览的知识，详见本书1996—11M《1996中国—第九届亚洲国际集邮展览（小型张）(J)》。2003年11月20日~24日，"中国2003第十六届亚洲国际邮票展览"在我国四川省绵阳市举行。这是我国继成功举办1996年第九届国际集邮展览和1999年世界集邮展览后，又一次举办的大规模、高水平的国际

展览,也是在新世纪首次举办的国际集邮文化盛会。亚洲集邮联(EIAP)28个成员组织中,有24个国家(地区)参加,总规模278部邮集、1296个展框,另有集邮文献约97部。其中我国邮集116部567框,集邮文献76部;其他国家和地区的邮集163部729框,集邮文献21部。本届邮展分非竞赛类和竞赛类两部分,以竞赛类为主,并引入了开放类、现代集邮和一框展品三种新的展览形式。这次邮展特邀国际集邮联主席许少全先生(新加坡)、亚洲集邮联主席苏拉吉先生(泰国)、国际集邮联理事郑炳贤先生(新加坡)等人编组的曾获世界邮展大金奖的邮集参展。这次亚洲国际邮票展览的展场设在绵阳市会展中心。绵阳是四川省第二大城市,西部新兴的电子城、科技城,还是全国文明卫生城市、全国园林绿化先进城市。中国最大的彩电基地长虹公司就在绵阳,本届亚洲执委会确定四川长虹电子集团公司董事长倪润峰为本届亚洲国际邮展的形象大使。展场馆内使用面积二万多平方米,共有三层。邮展日程安排为:11月20日为"邮展日",上午是邮展开幕典礼,晚上举行大型文艺演出;11月21日为"科技城日",组织绵阳科技城宣传活动;11月22日为"青少年活动日";11月23日为"邮政日",开展邮政业务宣传活动;11月24日为"颁奖日",上午召开亚洲集邮联执委会会议,晚上举行颁奖仪式及闭幕文艺演出。邮展期间,还举办了国际集邮学术研讨会、青少年集邮活动和广场文艺演出等丰富多彩的集邮文化活动。

2003年11月20日,为了祝贺第十六届亚洲国际邮票展览顺利举办,中华人民共和国国家邮政局发行了一套《中国2003第十六届亚洲国际邮票展览(J)》纪念邮票,全套1枚。江聪摄影。王虎鸣设计。影写版。齿孔13度(四角各有一个异形齿孔)。邮局全张枚数20(5×4)。小版张8枚(8套邮票),尺寸规格200毫米×114毫米,发行量56万版;另发行200万版加印中华全国集邮联合会会徽后特供全国集邮协会会员,同时发行邮票印刷叠色样张10万枚,售价10元。北京邮票厂印制。

【中国2003第十六届亚洲国际邮票展览】2003—23·(1—1)J 面值8元,票幅规格36毫米×36毫米,发行量1200万枚。图案主图选用了1990年2月14日出土于四川绵阳市何家山东汉崖墓的"东汉铜马"。它现藏于绵阳市博物馆,为国家一级文物,被收入《中国文物精华图录》,是迄今为止发现的全国最大的汉代青铜马,曾在北京、香港等地及美国、加拿大等国展出。铜马高134厘米,长108厘米,中空,体壁极薄,厚度仅为0.3厘米~0.4厘米。铜马由头、颈、腰、臀、尾、四肢等九个部分组成,以子母口拼接后用铆钉固定。牵马的铜人身高67厘米,戴平顶冠,穿长袍,腰系带,足蹬靴。马昂首扬尾,造型准确,威武生动,由于夸张其体量的高大而与人俑形成了鲜明对比。这组青铜器造型优美匀称,刻画细腻,静中寓动,形神兼备,惟妙惟肖,堪称汉代青铜器中罕见的艺术珍品。邮票图案采用白色为底衬,只选用了青铜马作主图,突出了青铜马的质感和昂扬气势,富有强烈的艺术感染力量。画面左下角绘有"中国2003第十六届亚洲国际邮票展览"展徽。展徽由信鸽、地球、飘带、邮票等形象构成,完整准确地表达了活动的内涵;展翅飞翔的鸽子形象不仅清晰地传达了"和平、发展、友好"的愿望,而且还寓意了西部大开发及绵阳科技城建设与发展的强劲势头;飞舞的4条飘带成组排列,既表现了亚洲集邮联成员组织和集邮者间的友好合作与交流,也寓意举办地"四川"的含义;展徽的造型开放舒展,动态十足,具有鲜明的国际色彩,特别符合国际性展览的特点;下方标有"CHINA 2003"字栏,点明了展徽的主题。

2003—24 世界防治艾滋病日(J)

【世界防治艾滋病日(J)】World AIDS Day(J) 艾滋病是一种由艾滋病毒,即人类免疫缺陷病毒(Human Immunodeficiency Virus,简称HIV)侵入人体后破坏人体免疫功能,使人体发生多种不可治愈的感染和肿瘤,最后导致被感染者死亡的一种严重传染病。1980年圣诞节前夕,美国加州大学洛杉矶分校的一位免疫学教师戈特利布要求学生寻找教学用的病例资料,学生在一家医院中找到了一名免疫功能极低的男性同性恋病人,该病人不久后因医治无效死亡。此后戈特利布又先后找到4个类似的病例,于是他将这一发现报告给总部位于亚特兰大的美国疾病控制中心。1981年6月5日,美国疾病控制中心首次公开报道了上述5个病例,艾滋病从此正式进入人类历史。1985年10月2日,20世纪60年代~70年代红透美国的好莱坞巨星洛克·赫德森成为全球首位死于艾滋病的名人,该事件引起了西方社会的广泛关注,成为当时大小报刊的头条,人们开始感觉到艾滋病就在身边。艾滋病的医学术语全称是"获得性免疫缺陷综合征"(Acquired Immune Deficiency Syndrome),英文简写即AIDS。从艾滋病名称我们可以了解到它的三个特点:1.获得性,即病因是后天获得而非先天具有的;

2. 免疫缺陷，表示在发病机理方面，主要是造成人体免疫系统的损伤而导致免疫系统的防护功能减低、丧失；

3. 综合征，表示在临床症状方面，由于免疫缺陷出现复杂症状群。艾滋病毒存在于人体的血液、精液等体液中，传播途径包括无保护的性行为、血液输采和母婴传播三种。其中全球70%以上的艾滋病毒通过异性间性行为传播。娼妓业的猖獗、异性间的多性伴侣和同性恋往往是造成艾滋病通过性行为传播的直接原因。静脉吸毒者共用注射器也是艾滋病传播的重要方式。因此，艾滋病一出现就不是一种简单的疾病，而是一个复杂的社会问题，并从根本上冲击着世人的伦理道德观念。艾滋病毒本身是无过错的，错的只是人类的放纵。从某种意义上讲，艾滋病使人类从欲望中重新找到了自己。因为艾滋病从一出现就与同性恋、吸毒等危险行为联系在一起，所以人们对任何一种病人的歧视和排斥从来都没有像对艾滋病人那样严重。例如新加坡一家医院曾因接收一位艾滋病患者，而导致全院医护人员罢工的事件；在美国，一位感染艾滋病的同性恋者，因在游行中向警察吐口水而被控谋杀。然而，艾滋病人渴望的是理解与尊重，他们作为受害者绝不应该受到歧视，平等对待艾滋病人已经成为各国社会的一个共识。迄今为止，对于艾滋病还没有可以根本抑制或治疗的方法与药物。根据联合国艾滋病规划署2001年的统计资料，目前全世界艾滋病毒感染人数高达3610万，20年来全球共有约2200万人死于艾滋病。翻开人类的疾病史，几乎每个时代都有令人惶恐不安、触目惊心的"世纪之疫"，如17世纪的黑死病，18世纪~19世纪的霍乱、黄热病和肺结核，20世纪的癌症，但艾滋病所引发的从生理到心理的震荡是空前的。为唤起全球对艾滋病流行的关注，世界卫生组织将每年的12月1日定为世界艾滋病日，以推动世界各国对艾滋病的重视，并帮助不幸感染艾滋病的人们。

2003年12月1日，为了唤起更多人对艾滋病这个沉重话题的关注，中华人民共和国国家邮政局发行了一套《世界防治艾滋病日(J)》纪念邮票，全套1枚。陈绍华设计。影写版。齿孔11.5度×11度。邮局全张枚数20(4×5)。小版张全张枚数8枚(3×3)(中间一枚为过桥票)，发行量为43万版。尺寸规格120毫米×150毫米。北京邮票厂印制。

【世界防治艾滋病日】2003—24·(1—1)J 面值80分，票幅规格30毫米×40毫米，发行量870万枚。图案采用了联合国艾滋病规划署的徽志——交叉红丝带。它是由美国一个称为"视觉艾滋病"(VISUAR AIDS)组织的艺术小组于1991年设计推广的，以示对艾滋病患

者的同情，组织内的成员都是患艾滋病的同性恋者。当时美国社会对艾滋病患者漠不关心，甚至心怀恐惧。然而就是这样一些人的大声疾呼，让整个美国社会无法忽视艾滋病。视觉艾滋病的艺术家们选择了代表生机、象征激情、希望的红色作为丝带的颜色，表达了对战胜艾滋病的信心和对感染者及患者的关爱。在1992年复活节星期一，红丝带传到了欧洲，当时在温布尔登体育场举行的"警惕艾滋病音乐会"上，发放了10万条红丝带，全世界有70个国家的10亿以上的人观看了该音乐会的电视转播。同日，红丝带国际在伦敦成立，并迅速传到世界各个角落。画面上的交叉红丝带，象征着对艾滋病人的理解与关怀，表示着我国对防治艾滋病的决心和信心，也表达了对深受其害的罹难者的关爱。

2003—25 毛泽东同志诞生一百一十周年(J)

【毛泽东同志诞生一百一十周年(J)】The 110th Anniversary of the Birth of Comrade Mao Zedong(J)

有关毛泽东同志的生平知识，详见新版《中国集邮百科知识》J·21《伟大的领袖和导师毛泽东主席逝世一周年》。

2003年12月6日，为了表达全国人民对毛泽东同志的深切怀念之情，中华人民共和国国家邮政局发行了一套《毛泽东同志诞生一百一十周年(J)》纪念邮票，全套4枚。摄影(4—1)佚名、(4—2)侯波、(4—3)吕厚民、(4—4)曹桂江。马刚设计。胶雕套印。徐永才雕刻。齿孔11.5度。邮局全张枚数16(4×4)。小版张8枚(2套邮票)，尺寸规格220毫米×126毫米，发行量60万版，边饰设计郝旭东。河南省邮电印刷厂印制。

这套邮票的4枚图案，分别选择了毛泽东同志不同时期、不同地区的4张个性化照片，再选配了主题、意境与之契合的毛泽东诗词手迹，在凸显毛泽东同志丰功伟绩和个性魅力的同时，展示他大气磅礴的诗词和精湛的书法艺术，既突出表现了毛泽东同志的历史贡献，也充分反映了他精深的艺术修养、广泛的生活情趣和丰富的内心世界。设计者采用素描淡彩艺术技巧，根据照片进行艺术再创作，用飘逸的手法和淡雅的构图，进一步突出了毛泽东同志的生动形象和个性特征。

【毛泽东在西柏坡】2003—25·(4—1)J 面值80

分,票幅规格50毫米×38毫米,发行量900万枚。图案表现了毛泽东同志在西柏坡的形象。这张照片于1948年在河北省平山县西柏坡拍摄。当时,中国人民解放战争已经进入了夺取全国胜利的决定性阶段。以毛泽东同志为首的中共中央和中央军委,科学地分析战争形势,当机立断,抓住战略决战的有利时机,发动了辽沈、淮海、平津三大战役。三大战役历时四个多月,歼敌154万人,使国民党赖以维持其统治的主要军事力量被基本摧毁,为中国革命在全国胜利奠定了坚实的基础。这张照片正是毛泽东同志在指挥三大战役中精神风貌的真实记录。毛泽东同志半靠在简易的木布躺椅上,从他那坚毅的目光、乐观的神情可以看出,毛泽东同志在领导千军万马进行战略决战之时,高瞻远瞩,指挥若定,气定神闲,生动地展现出了他运筹于帷幄之中,决战于千里之外,"胸中自有百万兵",早已胜算在握。其实,在毛泽东同志的内心深处,已经开始酝酿如何将革命进行到底,建立一个新中国的宏伟蓝图。背景采用了毛泽东同志的诗词手书《七律·人民解放军占领南京》:

钟山风雨起苍黄,百万雄师过大江。
虎踞龙盘今胜昔,天翻地覆慨而慷。
宜将剩勇追穷寇,不可沽名学霸王。
天若有情天亦老,人间正道是沧桑。

这首诗作于1949年4月。当时中共中央已经由西柏坡迁到北平(今北京),毛泽东同志暂住在香山双清别墅。他得悉南京解放的消息后,欣然命笔,写成了这首诗。邮票图案选用的毛泽东同志的照片和诗词,二者创作年代虽略有先后,但反映的思想和主题却是完全一致的。

有关西柏坡的知识,详见新版《中国集邮百科知识》普16《革命纪念地图案普通邮票》。

【毛泽东在北戴河】2003—25·(4—2)J 面值80分,票幅规格50毫米×38毫米,发行量900万枚。图案表现了毛泽东同志在北戴河的形象。这张照片拍摄于1954年。1954年年初,中共七届四中全会通过了1953年中央政治局会议确认的过渡时期总路线。这一年,毛泽东同志主持制定了新中国的第一部宪法。他不仅提出了制定宪法的指导思想和许多重要内容,而且反复进行了文字修改。当时,曾有人提议将这部宪法定名为

"毛泽东宪法",但遭到了毛泽东同志的断然拒绝。1954年6月,在第三十次中央人民政府委员会会议上,通过了《中华人民共和国宪法草案》和《关于公布中华人民共和国宪法草案的决议》,在全国范围内征求意见。正是在这样的背景下,毛泽东同志来到了北戴河。一天,北戴河的海滨狂风大作,白浪滔天,毛泽东同志兴致倍增,在一片汪洋中下海畅游了一个多小时。上岸后,他极目远眺,追溯千年往事,抒发雄心壮志,写下了《浪淘沙·北戴河》这首词:

大雨落幽燕,白浪滔天,秦皇岛外打鱼船。一片汪洋都不见,知向谁边? 往事越千年,魏武挥鞭,东临碣石有遗篇。萧瑟秋风今又是,换了人间。

照片上的毛泽东同志身穿大衣,站立在海滨,正在欣赏大海,可以看出,这一年他的心情格外愉快。而这首词又抒发了中国人民的一种自豪感和拼搏精神,表达了新中国人民决心赢得社会主义经济建设胜利的豪情壮志。由此可见,邮票图案的主图照片和背景诗词,意境相同,浑然天成,堪称珠联璧合,耐人寻味。

有关北戴河的知识,详见本书2001—14《北戴河(T)》。

【毛泽东在庐山】2003—25·(4—3)J 面值80分,票幅规格50毫米×38毫米,发行量880万枚。图案表现了毛泽东同志在庐山的形象。这张照片拍摄于1961年。

当时,中国人民在毛泽东同志和党中央的领导下,正在与三年自然灾害进行艰苦卓绝的斗争。1961年8月~9月间,中共中央在江西庐山举行工作会议,讨论工业、粮食、财贸及教育等方面的问题,进一步贯彻落实"调整、巩固、充实、提高"的八字方针。会上,毛泽东同志分析了当时的经济形势,认为问题暴露出来了,现在是退到山谷中,将会走向反面,形势要一天天向上升了。他号召全党上下要与人民群众同甘共苦,团结一致,为克服困难进行不屈不挠的斗争,表现出了一种革命乐观主义精神。会议结束的那天,毛泽东同志书写了唐代诗人李白的四句诗:"登高

壮观天地间,大江茫茫去不还。黄云万里动风色,白波九道流雪山。"并注明:"登庐山,望长江,书此以赠庐山党委诸同志。"邮票图案背景选用毛泽东诗词《七律·登庐山》:

一山飞峙大江边,跃上葱茏四百旋。
冷眼向洋看世界,热风吹雨洒江天。
云横九派浮黄鹤,浪下三吴起白烟。
陶令不知何处去,桃花源里可耕田?

写于1959年。在这首诗的前面,毛泽东同志还加了一个小序:"1959年6月29日登庐山,望鄱阳湖、扬子江,千峦竞秀,万壑争流,红日东升,成诗八句。"就从诗的意境及作者的心情看,无疑两首诗有着相通之处。尤其是两首诗的尾注和序言,直接表达了毛泽东同志两次上山下山时变与不变的内心感受。仔细欣赏这张照片,毛泽东同志坐在庐山的一块青条石上,远看天高云淡,近看绿草如茵,颇有"登高壮观天地间"的气势,再配上"一山飞峙大江边,跃上葱茏四百旋"的诗句,毛泽东同志的风采、魅力和襟怀,将会深深地铭刻在读者的脑海中。

有关庐山的知识,详见新版《中国集邮百科知识》T·67《庐山风景》。

【毛泽东在广州】2003—25·(4—4)J 面值80分,票幅规格50毫米×38毫米,发行量880万枚。图案表现了毛泽东同志在广州的形象。

广州坐落在广东省中部、珠江三角洲北部,西、北、东三江汇合处,京广、广九、广三铁路交点。华南地区最大城市和广东省政治、经济、文化和交通中心。1921年成立市政厅,1925年正式设市。广州又称"羊城"、"穗城"、"仙城",这些别称均来自一个美丽的神话传说:周朝时,海南有5位仙人,乘着5只不同颜色的仙羊,腾云驾雾,来到此地。他们各以谷一穗,留于人间,并祝愿永无饥荒。说毕,仙人们腾空而去,5羊遂化为石像。现在,越秀公园的巨大5羊雕像,就是广州的象征。近百年来,广州又被誉为"花城"、"棉城"。广州地处珠江三角洲北部边缘,夏长冬暖,湿润多雨,终年百花盛开,真是处处花团锦簇,缕缕芳香袭人,因而称为"花城"。尤其是那高大挺拔的木棉树,开花时宛如朝霞般艳丽,故而得名"棉城"。广州是中国对外通商最早的城市,从秦汉起,便与东南亚国家的人民建立了友好的贸易往来关系。到唐、宋年间,广州的对外贸易位居全国之首,因此,广州早就闻名于世。自1957年起,每年两次的中国出口商品交易会在此举行。革命纪念地有三元里平英团遗址、黄花岗七十二烈士墓、毛泽东同志主办的农民运动讲习所旧址、中华全国总工会旧址、中山纪念堂、广州公社旧址、广州起义烈士陵园等。邮票图案主图选用的照片拍摄于1961年。这年第一季度,毛泽东同志在广州住了很长时间。在此期间,他主持起草了《农村人民公社工作条例(草案)》(简称"农业六十条"),主持召开了中央工作会议,批转了大量的文件,写下了许多有分量的批文和文章,如3月11日为印发《关于调查工作》(即《反对本本主义》)一文所写的说明,3月13日起草的关于认真调查、切实解决公社两个平均主义给刘少奇、周恩来等人的信等,对当时在全党大兴调查研究之风和纠正工作中的"左"倾错误,都起到了重要作用。设计者选择毛泽东同志在广州期间写作情景的照片,他坐在办公桌前,手握毛笔,神情专注地疾书着,想要表达的正是这个主题。图案背景采用了毛泽东同志1961年在广州创作的一首词《卜算子·咏梅》:

风雨送春归,飞雪迎春到。已是悬崖百丈冰,犹有花枝俏。 俏也不争春,只把春来报。待到山花烂漫时,她在丛中笑。

1961年12月,毛泽东同志再次来到广州,为即将召开的扩大的中央工作会议(即"七千人大会")做准备。闲暇时,他读了陆游的咏梅词,联想到当时国际国内面临的各种困难和挑战,感慨系之,"反其意而用之",写下了这首词。设计者将同年创作于广州的这首诗词与拍摄于广州的照片组合在一起,生动而形象地揭示了毛泽东同志在那个特殊年代里内心的深刻感受。

有关毛笔的知识,详见新版《中国集邮百科知识》J·11《纪念中国文化革命的主将鲁迅》。

2003—26 东周青铜器(T)

【东周青铜器(T)】Bronze Wares of the Eastern Zhou Dynasty(T) 有关青铜器的知识,详见新版《中国集邮百科知识》特63《殷代铜器》。东周为中国古代的一个朝代名称。从公元前770年周平王东迁洛邑,到公元前256年被秦所灭为止。东周可分为春秋、战国两个历史时期。东周青铜器主要是指春秋战国时期各国贵族在举行祭祀、宴飨或婚丧礼仪时所使用的青铜礼器和乐器,也包括一些生活用具、车器、马饰、兵器及工具等。东周的青铜工艺有很大发展,是继西周青铜器后中国古代青铜器铸作的又一高潮期,出现了分铸法、失蜡法等先进技术。春秋后期,青铜器的器形设计与实用相结合，造型富于多样式，新奇精巧。特别是金属镶嵌工艺、线刻工艺开始盛行，铭文的美化进程更为全面，使青铜器进入了一个从器物、纹饰到铭文全面装饰化的新阶段，装饰图案极为丰富多彩。

2003年12月13日，为了展现中华民族悠久灿烂的古代文化艺术风采，中华人民共和国国家邮政局发行了一套《东周青铜器（T）》特种邮票，全套8枚。故宫博物院、中国历史博物馆、河北省文物研究所、湖北省博物馆、贺州市博物馆、镇江博物馆、浙江省博物馆供稿。王序设计。影雕套印。（8—1）（8—3）李庆发雕刻，（8—2）（8—6）姜伟杰雕刻，（8—5）（8—8）阎炳武雕刻，（8—4）（8—7）郝欧雕刻。齿孔11.5度。邮局全张枚数16（4×4）。小版张8枚（仅第3枚邮票），尺寸规格200毫米×135毫米，发行量55万版，边饰设计郝旭东。北京邮票厂印制。

这套邮票的8枚图案，选取了最具有东周青铜器代表性的盘、尊、鼎、匜、簋、壶、提梁盉等8件器物，造型各异，装饰精美，具体生动地展现出了中国青铜器时代的文化艺术、工艺技巧水平。影雕套印的印刷方式，既突出了青铜器的原始风貌和质感，也强调了它们的精细纹饰和立体感。在纯白的票幅上，设计者涂以渐变的灰黄色调相衬，突出各种器物造型特征，虚实相映，光线柔和，明暗对比鲜明，富有古朴优雅的艺术氛围。

【东周青铜器·龟鱼纹方盘】2003—26·（8—1）J

面值60分，票幅规格50毫米×30毫米，发行量890万枚。图案展现了一件春秋晚期青铜器"龟鱼纹方盘"的风采。此盘又称龟鱼纹蟠螭纹长方盘。清宫旧藏珍品，收藏于北京故宫博物院。高22.5厘米，长73.2厘米，盘体成长方形，宽折檐，檐角圆转，腹直壁，两长边各有二铺首叩环式耳。平底，下承四伏虎形足，虎背上有倒伏变龙与盘底相连。口檐上饰蟠蛇纹，以云纹衬底。内底满布浮雕的龟、鱼、蛙等水生动物，间以龙纹。口檐下外壁饰一周斜角回纹，腹壁饰浪花状的蟠龙纹以及各种浮雕禽兽。盘壁靠近转角处所设的浮雕蹲坐鸟身人像尤为奇特。底缘、铺首、伏龙、四兽之上，又饰有蟠龙纹、鳞纹、线索纹、重环纹、云气纹。龟鱼纹方盘所饰各种形象，神秘离奇，富有神话色彩，是战国青铜盘中罕见的佳品。

【东周青铜器·秦公簋（guǐ）】2003—26·（8—2）J

面值60分，票幅规格50毫米×30毫米，发行量890万枚。图案展现了一件春秋中期青铜器"秦公簋"的风采。簋，古代一种食器，用以盛放煮熟的黍、稷、稻、粱等饭食的器具，也是重要的礼器。1919年出土于甘肃省天水西南乡，现收藏于中国历史博物馆。器物高19.8厘米，口径18.5厘米，足径19.5厘米。圆口内敛，有子口；鼓腹，圈足，双兽耳；上有半球形盖，顶端为圆形捉手，倒置可做圈足。盖与器身均饰细小蟠蛇纹及条纹，匿足饰兽体卷曲纹。器、盖上铸有铭文，盖10行54字，器5行51字，共105字，内容为秦景公自述：秦国在禹开辟的地方建都已十二代，威名大震；表示自己要继承祖先事业，永保四方土地。盖与器另有秦汉间后刻铭文8字，知其在秦汉间曾做容器使用，并为西县官器。铭文字均由印模打制范铸而成，制作方法新颖，开早期活字模之先河。

【东周青铜器·中山王罍铁足鼎】2003—26·（8—3）J

面值80分，票幅规格50毫米×30毫米，发行量950万枚。图案展现了一件战国中期青铜器"中山王罍铁足鼎"的风采。著名的"中山三器"之一。1977年于河北省平山县中山王墓出土，现收藏于河北省文物研究所。鼎高51.5厘米，腹径65.8厘米。炊煮或盛食器，为九九列鼎中的首鼎。铜身铁足，复钵形盖，子口内敛，腹部稍鼓并饰一道凸弦纹，两侧对称竖置一对长方环形附耳；底部平缓，接铸3个粗壮的蹄形铁足；盖顶部等距立3个环钮。盖钮以下至足部以上铸刻铭文77行469字，是迄今发现的刻铭字数最多的战国铜器，其内容记述了此鼎制作于王罍十四年，以及公元前316年燕王哙让君位于相国之子，以致国破身亡之事，中山王罍要其嗣王接受这一教训。还记载燕相邦司马赒在燕国内乱时伐燕的史事，以及开辟疆土，获地数百里，列城数十座等功绩。古文献中无此记载。铭文还可帮助复原中山国国王的部分世系，依次是文公、武公、桓公、成王、王罍、妾蚤，弥补了史料不足。中山国是战国时代少数民族白狄建立的国家，为战国七雄之外的一个诸侯国。这件乞铭鼎的发现，为研究战国特别是中山国历史文化提供了重要资料,具有学术价值。铭文刀法熟练,文字秀丽,轻巧中透着精致,竖笔引长下垂,既表现出了高超工艺技术与锐利工具的严谨结合,又开了魏晋悬针篆书艺术的先河。

【东周青铜器·曾侯乙匜(yí)】2003—26·(8—4)J 面值80分,票幅规格50毫米×30毫米,发行量950万枚。图案展现了一件战国早期青铜器"曾侯乙匜"的

风貌。曾侯乙为我国早期曾国君主。匜是一种古代盥器,贵族盥洗时与盘合用。1978年在湖北省随州擂鼓墩曾侯乙一号墓出土,现收藏于湖北省博物馆。器高13.4厘米,口长19.4厘米,口宽18.8厘米。该器物呈椭圆形,直口,方唇,腹微鼓,平底,假圈足,形如瓢,出现于西周,盛行于东周。此器前有带盖流,后有龙形鋬手。颈腹有镶嵌的云纹和龙凤勾连纹。流盖上的前部作兽面形,后部为两条鸟首龙纹。鋬上铸出龙首、龙尾之状。内底铸有铭文7字。造型流畅,工艺精妙,富有一种中华艺术之精魂。

【东周青铜器·神兽尊】2003—26·(8—5)J 面值80分,票幅规格30毫米×50毫米,发行量950万枚。图案展现了一件战国早期青铜器"神兽尊"的风采。全称为"贺州战国神兽青铜麒麟尊",因其外形像古代传说中的麒麟而得名。1991年7月在广西贺县沙田镇龙中村山岩洞墓出土,现收藏于贺州市博物馆。器高53.7厘米。兽首耳,角直立,张

颌露齿,双目圆睁,鼻梁与鼻孔用卷云纹、涡纹勾出。兽体粗壮,腹空,背部开椭圆形孔,有盖。盖略拱,有链与颈部环钮相连。盖面饰浮雕盘蛇,蛇身饰鳞纹,蛇头昂起形成盖钮。兽颈、腹部饰变形蟠龙纹,并饰以粗疏的雷纹。器后置一条直立曲尾攀附的龙形鋬,龙为独角,圆眼,张吻,饰叶形鳞纹。器皿足短矮,内侧空槽。造型活泼大胆,通体散发着一种灵性与生命力,既体现了器物的实用功效,也凸现了极高的欣赏价值。

【东周青铜器·凤纹尊】2003—26·(8—6)J 面值80分,票幅规格30毫米×50毫米,发行量950万枚。图案展现了一件春秋时期吴国青铜器"凤纹尊"的风貌。

1976年在江苏省丹阳市司徒窖藏出土,现收藏于镇江博物馆。器高34厘米,口径41.4厘米。侈口,垂腹,通体饰纹华丽。口檐下为四组由相同的长尾鸟组成的瓣形饰,鸟长尾上卷为S形,作鸣叫起舞状。颈部以两道炫纹为盂,以乳钉、牺首为界,饰四组两两相背的分尾小鸟。腹部主纹是以一条S形纹饰带为栏首,饰以两对大型凤鸟纹,凤鸟相向,顾首,展翅挺立,目光炯炯有神,喙上举,长冠逶迤,两侧分尾上下卷曲作C形,鸟爪等均用曲线勾出,两鸟中有一龟形纹。此器敦实稳重,线条流畅,收放有致,饰纹华丽丰富,特别是形态各异的鸟纹赋予了器物勃勃生机,堪称东周青铜器中的瑰宝。

【东周青铜器·莲鹤方壶】2003—26·(8—7)J 面值1元,票幅规格30毫米×50毫米,发行量890万枚。图案展现了一件春秋中期青铜器"莲鹤方壶"的风貌。又称"龙耳莲鹤铜壶",一种春秋中期的青铜酒器。1923年在河南省新郑县李家楼出土,现收藏于北京故宫博物院。器高118厘米,口长30.5厘米,重达64公斤,其形体之巨可称为"壶中之王",充分体现了春秋中期的巨

制风格。此器大体呈方形,双耳为镂空的顾首伏龙,颈部与腹部四隅皆饰以兽形扉棱,器身饰相缠绕的蟠龙。盖顶作镂空莲花瓣形,中立一鹤,昂首舒翅,故得名。圈足饰虎形兽,足下承以双兽,兽首有突出的双角。此壶造型优美新颖,艺术构思巧妙,纹饰繁复,蟠龙、花瓣、立鹤、虎兽等极大地丰富了器物的装饰性,不仅升腾着极具艺术感染力的舒扬之美,而且洋溢着一种运动的生命力,是春秋中期的珍贵名器。

【东周青铜器·龙兽提梁盉(he)】2003—26·(8—8)J 面值2元,票幅规格30毫米×50毫米,发行量880万枚。图案展现了一件战国早期青铜器"龙兽提梁盉"的风采。专用

青铜盛酒器。1982年在浙江省绍兴坡塘出土,现收藏于浙江省博物馆。器高29厘米,小口、短颈、扁圆腹、三蹄足。曲颈龙首形短流,周身饰龙纹,左右并饰龙腿。龙角向后弯曲,角上及龙首两侧各出两条昂首龙纹。腹部以4条线纹为栏,中间饰一周菱形几何纹。覆盘式盖面饰菱形几何纹,以一头粗壮的兽形盖钮为中心,盖上饰圆雕走兽16个、昂首噬人的蛇10条。走兽有虎、鹿等。龙形提梁饰菱形几何纹,前后有两段透雕棱背,提梁上有一环。此器风格纤巧,清新,造型独特,做工精细,为出土文物中罕见的珍品。

特4—2003 万众一心 抗击"非典"

【万众一心 抗击"非典"】United as One in Fighting against SARS 2002年冬至2003年春,一场突如其来的疫情在我国部分地区和世界许多国家蔓延,引起这种疾病的病原体是一种变异"冠状病毒",新疾病由中国医学工作者首先命名为传染性非典型肺炎,简称"非典"。这是一种传染性强的呼吸系统疾病,被世界卫生组织定名为"急性呼吸道综合征",英文(Severe Acute Respiratory Syndromes)缩写为"SARS"。2002年11月16日,我国广东省佛山市出现第一例"非典"病人。此后迅速波及全球33个国家和地区。2003年4月16日,世界卫生组织确认冠状病毒的一个变种是引起"非典"的病原体。当时尚缺乏治疗"非典"的特效药或疫苗,进行广泛的隔离对症治疗便成了唯一有效遏制"非典"疫情的手段。2003年4月24日,全国防治非典型肺炎指挥部宣告成立。面对这场突如其来的"非典"疫情,我国人民在党中央的领导下,白衣天使无私奉献,全国各行各业团结一致,和衷共济,众志成城,全力以赴抗击"非典"。

2003年5月19日,为了鼓舞人民群众抗击"非典"的勇气和斗志,中华人民共和国国家邮政局临时增发了一套《万众一心 抗击"非典"》特种邮票,全套1枚。何洁、冯小红设计。边饰原作刘向平、郝旭东设计。影写版。齿孔13.5度×13度。邮局全张枚数12枚。北京邮票厂印制。

这套邮票只有一种版式,即每个全张含12枚邮票,呈"L"形排列,即在全张票左下角置一四方连形,该四方连上方和右方又各置一四方连。全张票空出的右上角位置以素描勾画了医护人员的头像,全张票边饰采用淡灰色珠光油墨印刷,显得比较有光泽。

【万众一心 抗击"非典"】特4—2003·(1—1)
面值80分,票幅规格30毫米×40毫米,发行量1250万枚。图案中由众多红心组成的圆圈,既表示爱心,又表

示团结一致;邮票图案中"急性呼吸道综合征"的英文缩写"SARS"字样,被一个国际惯用标记"禁止"符号所包围,表示坚决抵制"非典"病毒侵害和传播的决心。红与黑的色彩对比,醒目而直接。设计者采用简洁和充满张力的手法,以极富视觉冲击力的符号化语言,鲜明、准确地表达了全国人民众志成城,万众一心,抗击"非典"的决心及必胜的坚强信念,起到了提示、警示、声援及宣传的作用。

特5—2003 中国首次载人航天飞行成功

【中国首次载人航天飞行成功】The Successful Flight of China's First Manned Spacecraft 中国进行载人航天的研究,可以追溯到20世纪70年代初。当时,国家将这个项目命名为"714工程"(即于1971年4月提出),并将飞船命名为"曙光一号"。然而,研究工作开始了一段时间之后,由于存在一定的困难,这个项目便搁置了。到了20世纪80年代,中国的空间技术取得了较大的发展,具备了返回式卫星、气象卫星、资源卫星、通信卫星等各种应用卫星的研制和发射能力。特别是在1975年,中国成功地发射并收回了第一颗返回式卫星,使中国成为世界上第三个掌握了卫星收回技术的国家(前两个国家为美国和苏联),这为中国开展载人航天技术的研究打下了坚实的基础。1992年1月,中国政府批准载人航天工程正式启动,并命名为"921工程"。1999年11月20日,中国第一艘无人实验飞船"神舟"一号在酒泉卫星发射中心起飞,21小时后在内蒙古中部回收场成功着陆。2001年1月10日,中国在酒泉卫星发射中心成功发射了"神舟"二号飞船。2002年3月25日,中国在酒泉卫星发射中心成功发射了"神舟"三号飞船。2002年12月30日,中国在酒泉卫星发射中心成功发射了"神舟"四号飞船。2003年10月15日9时整,中国自行研制的"神舟"五号载人飞船在酒泉卫星发射中心发射升空;9时9分50秒,"神舟"五号飞船准确进入预定轨道。这是中国首次进行载人航天飞行。乘坐"神舟"五号载人飞船执行任务的航天员是38岁的杨利伟。他是我国自己培养的第一代航天员。"神舟"五号载人飞船在太空中围绕地球飞行14圈,经过21小时23分、60万公里的安全飞行后,于16日6时23分,在内蒙古主着

陆场成功着陆返回。我国首次载人航天飞行圆满成功。从远古时代嫦娥奔月的传说，到明代万户的人类首次飞天尝试，中华民族飞天的梦想与沧桑的历史一样悠远。"神舟"五号载人飞船发射成功，使中华民族飞天的梦想成真，表明中国航天技术已经走在世界前列，谱写了中华民族自强不息的壮丽诗篇。"神舟"五号是中国自主研制的载人飞船，它越过了单人飞船、双人飞船阶段，直接采用多舱组成（由轨道舱、返回舱、推进舱和附加段构成），飞船内空间较大，航天员既可以非常舒服地在舱内工作，又可以离开座椅，通过舱门进入轨道舱内，进行各种科学实验活动。飞船总长 8.86 米，总重 7790 公斤，是目前世界上可利用空间最大的载人飞船。"神舟"五号飞船是用"长征"二号 F 型火箭发射的。"长征"二号 F 型火箭作为发射载人飞船的运载器，是以"长征"二号 E 型即"长 2 捆"火箭为基础，按照载人航天工程总体任务和技术指标要求而重新研制的。它是目前国内可靠性、安全性指标最高的运载火箭。"长征"二号 F 型火箭首次采用了包括故障检测系统和逃逸系统在内的 55 项新技术，达到国际先进水平。火箭全长 58.3 米，起飞重量 479.8 吨，是目前中国研制的火箭中最长、最重的。中国首次载人航天飞行的成功，是中国航天史上的重大里程碑，是中国改革开放和社会主义现代化建设的又一伟大成就，是中国高技术发展的重要标志，它展示了中华民族自强不息的精神，也激发了中国人民的民族自尊心和自豪感。

2003 年 10 月 16 日，为了庆祝中国首次载人航天飞行成功，中华人民共和国国家邮政局发行了一套《中国首次载人航天飞行成功》特种邮票，全套 2 枚。王虎鸣、刘向平设计。影写版。齿孔 13 度×13.5 度。邮局全张枚数 10 枚（5 套邮票），2 枚连印。北京邮票厂印制。

这套邮票的 2 枚图案，采用电脑设计和手工绘制相结合的艺术技巧，经过从照片到手工修饰再到电脑润色，使更多的内容在一个画面上有机重叠，串在一起，不仅加强了票面内容的内在呼应，显得比较丰富，而且富有时代感。每枚邮票的画面中都不同程度地使用了数字符号、线条和光影效果以及独特的视角等设计语言，充分显示了载人航天工程的高科技性，增强了高科技题材的画面效果。设计者在画面上强调了国家的象征，强化了中国人第一次飞上太空的壮举，突出了中国首次载人航天飞行成功的深远意义。

【英姿】特 5—2003·（2—1） 面值 80 分，票幅规格 40 毫米×30 毫米，发行量 1020 万枚。图案展现了航天员乘飞船进入太空遨游时的飒爽英姿。中国航天员头戴太空帽，身穿中国自行研制的乳白色航天服，左臂

上清晰地印着五星国旗，仿佛正在乘坐着飞船遨游太空。航天员的表情虽然看不到，但不难想象，他坐在飞船内，肩负着祖国和人民的重托，为实现中华民族千年梦想，正在从容沉着、坚毅果断地进行着探索太空的工作。票面以深蓝色调为主，蓝色的深邃表现了航天科技的神秘感，激发人们对宇宙的向往。背景中蔚蓝色的宇宙、正在太空遨游的"神舟"五号飞船和处于工作状态的电子计算机，使得画面科学味道浓郁，时代气息深厚。设计者将"神舟"五号飞船内的航天员置于近景，将在太空中运行的"神舟"五号飞船置于远景，将同一个时间点的飞船内外景象分别描绘，突出了中国首次载人航天飞行成功的划时代意义。

中国航天员首次太空飞行所穿的航天服，由我国自行研制。因这次太空飞行不出舱活动，故只配备了舱内航天服，即舱内压力救生服。它主要用于飞船座舱发生泄漏，压力突然降低时，航天员及时穿上它，接通舱内与之配套的供氧系统，服装内就会立即充压供氧，确保航天员能够安全返回。中国自行研制的舱内航天服由三部分组成：一是限制层。它由耐高温、耐磨损材料制成，用来保护服装内层结构，并使航天服按预定形态膨胀，保证航天员穿着舒适合体。二是气密层。这部分用涂有特殊材料的织物制成，有良好的气密性，可防止服装加压后气体泄漏。三是散热管道。这部分能将气流送往头部、四肢躯干，经服装排气出口排出，带走人体新陈代谢所产生的热量。航天服结构复杂，看起来有些笨重，但在太空失重情况下，穿起来并不困难，航天员一般用十分钟左右时间即可穿戴完毕，穿着它工作和生活轻松自如。宇航员的头盔、手套和靴子更加特殊。头盔的盔壳由聚碳酸酯制成，不仅能隔音、隔热和防碰撞，还具有减震好、重量轻的特点。为防止航天员呼吸造成水汽凝结以及低温环境下头盔面窗上结雾、结霜，航天服专门设计了特殊的气流或防雾涂层。手套与航天服相配套，充气加压后具有良好的活动功能和保暖性能。

有关飞船和"神舟"名称的知识，详见本书 2000—22《中国"神舟"飞船首飞成功纪念(J)》。

【凯旋】特 5—2003·（2—2） 面值 2 元，票幅规格 40 毫米×30 毫米，发行量 1020 万枚。图案展现了中国第一代航天员从天外胜利凯旋时激动人心的情景。从画面上描绘的形象看，无疑就是中国第一代航天员杨利伟。他跨出"神舟"五号飞船返回舱，昂首挺胸，举手向

祖国和人民庄严地敬礼致意,这是从宇宙带来的对伟大祖国的祝福。背景是航天员高举飘扬的五星国旗的雄姿和巍然屹立的万里长城、飞船在太空运行的轨迹图形,生动地表达了中华民族飞天梦成真后的激动和喜悦心情。票面采用红黄主色调,进一步渲染了中国首次载人航天飞行成功的喜庆气氛,具有较强的艺术感染力。

杨利伟1965年6月生于辽宁省绥中县,汉族,中共党员,大学文化。1983年6月入伍,现为中国人民解放军航天员大队三级航天员,正团职,上校军衔,1992年、1994年两次荣立三等功。1987年,杨利伟毕业于空军第八飞行学院,历任空军航空兵某师飞行员、中队长,曾飞过歼击机、强击机等机型,安全飞行1350小时,被评为一级飞行员。1996年参加航天员选拔,1998年1月正式成为我国首批航天员。经过五年多的训练,他完成了基本理论、航天环境适应性、专业技术等八大类几十个科目的训练任务,以优异成绩通过了航天员专业技术综合考核,光荣地被选拔为我国首次载人航天飞行首飞梯队成员。

有关五星国旗的知识,详见新版《中国集邮百科知识》纪6《中华人民共和国开国一周年纪念》。

2004—1 甲申年(T)

【甲申年(T)】Jiashen Year(Year of the Monkey)(T)　有关干支纪年法和十二生肖的知识,详见新版《中国集邮百科知识》T·46《庚申年》。2004年为中国农历甲申年,申猴,也称猴年,凡是在这一年出生的人都属猴。

2004年1月5日,为了庆祝新春佳节,中华人民共和国国家邮政局发行了一套《甲申年(T)》特种邮票,全套1枚,这是第三轮十二生肖系列邮票的第一套。陈绍华设计。影写版。齿孔13度(四边居中各有一个六角星形齿孔)。邮局全张枚数24(4×6)。版式二6枚,尺寸规格128毫米×180毫米,发行量180万版。版式三4枚,尺寸规格120毫米×130毫米,用于赠送2004年纪特邮票全额交款预订户。北京邮票厂印制。

小版张为6枚邮票,设计者将一个四方连邮票和一个2枚竖2连邮票,上下错开排列。小版张的边饰上,左上部画了一个大大的猴脸,又在猴脸周围画了许多浅淡的单线猴脸和大小圈;右下角印出了我国特有的"干支"纪年的文字介绍:"中国自古以天干地支组合的六十甲子纪年,又以十二种动物对应十二地支作为各个年份的生肖。民俗将每个人出生农历年份的生肖称为他的属相。十二生肖象征着吉祥与幸福。农历甲申年是猴年,民间有猴桃瑞寿、金猴献瑞等吉祥话。"既丰富了生肖专题信息,又宣传了我国的传统文化。小版张的右上角的两行"2004"年份数字中,巧妙地演变出的猴脸和"甲申"2字,充满了情趣。小版张右下角,钤有一方"甲申大吉"4字红色印章,与邮票风格浑然一体,堪称画龙点睛之笔。整个小版张设计新颖,充满了欢乐吉祥的气氛,生肖韵味十分浓厚。

【甲申年(猴)】2004—1·(1—1)T　面值80分,票幅规格36毫米×36毫米,发行量5200万枚。邮票图案创造了一只生肖猴子的形象。设计者运用统一、单纯的几何图形为生肖猴子造型,画了大大小小的圆组成猴头,圆中有圈,圈

中有圆;硕大的头,卷曲的尾,眉开眼笑,绘画元素虽然单一,视觉冲击力却很强烈,图案也很写实。猴子脸上丰富的色彩及色块之间的相互对比,猴脸多变,手舞足蹈,形神兼备,接近于民间艺术品的用色,给读者带来愉快的视觉享受。再加上"那猴头"一脸顽皮的笑模样,他一手挠头,一手捧着一个鲜红鲜红的硕大蟠桃,不仅使节日的喜庆气氛愈加浓郁,也具有"金猴献瑞"的吉祥寓意。从生肖猴的整体形象看,它不仅符合现代人的审美情趣,而且还保留了传统生肖文化的韵味,凸显了平民化、宠物化的设计基调,给人提供了一种美的享受。

2004—2 桃花坞木版年画(T)

【桃花坞木版年画(T)】Taohuawu Woodprint New Year Pictures(T)　有关年画和木刻(木版)的知识,详见本书2003—2《天津杨柳青木版年画(T)》。桃花坞木版年画是我国江南一带的民间木版年画。因在江苏省苏州市桃花坞地方生产而得名。桃花坞位于江苏省苏州市阊门内桃花坞街上。相传,明弘治年间,风流画家唐伯虎曾在此营造过桃花庵,故桃花坞便名扬天下了。桃花坞木版年画始于明代,盛于清雍正、乾隆年间。后因石印业兴起,逐渐衰落。桃花坞木版年画刻绘精美,乡土气息浓郁,年画内容多反映人们美好的愿望,又和当地的民俗、民风紧密相连。年画品种有神像画、戏曲

故事、民间传说、农事画、风物画、吉祥喜庆、仕女儿童画、鸟兽花卉画、时事新闻画及各类装饰图案等，其题材大多是南方民间百姓所熟悉的，可谓"巧画士农工商，妙绘财神菩萨"，并且做到了"尽收天下大事，兼图里巷所闻"。采用木版套印，一版一色。既有单幅，又有连环画形式。主题鲜明突出，构图均匀丰满，线条简练明快，色彩鲜艳夺目，形象生动质朴，富有装饰美，具有独特的民间艺术风格。特别是到清雍正、乾隆年间达鼎盛之时，年画不仅有了一定规模，而且充分借鉴西洋铜版画的表现手法，采用焦点透视、明暗对比、疏密线条的排列，体现了苏州木版年画作品的独特风格，与天津杨柳青年画并称"南桃北柳"。桃花坞木版年画尺寸幅度之大、刻印之精美，达到了很高的艺术水平，被称为世界版画发展史上的一大奇观。有学者称其为"雅俗共赏，中西合璧"的宏大创举。桃花坞木版年画的作者大多为民间匠师，欣赏者也大多是生活在社会底层的劳动群众，作品扎根于民间，充分地反映了人民的情感愿望和审美趣味，其主流总是洋溢着浓郁的生命气息，含有明显的、健康的、清新的生活情趣，如《琵琶有情》、《麒麟送子》、《十美踢球图》和《刘海戏金蟾》便是具有代表性的作品。到清代后期，因桃花坞木版年画的服务对象转向农村，故从题材的选择、线条的处理、造型的安排到色彩的运用，都是围绕农村习俗、家居化的需要进行制作，如《三星图》、《麒麟送子》、《一团和气》等作品，简洁、醒目、和谐，洋溢着浓郁的乡土气息。随着现代印刷工业的引进和人们审美情趣的转移，采用传统手工方式刻印的桃花坞木版年画日渐衰微，在新中国成立前已处于奄奄一息濒临失传的绝境。新中国成立后，在党和政府的关心下，对桃花坞木版年画进行了有效的抢救、挖掘和创新工作，使这门古老的传统艺术获得了新生。特别是党的十一届三中全会后，桃花坞的艺人们复制和创作了大量的年画作品，并屡次在全国性的展览中获奖。2001年9月，苏州桃花坞木版年画社正式划转到苏州工艺美术职业技术学院。学院充分利用工艺美术教学的优势和已有的中外合作办学窗口，不仅对桃花坞木版年画的健康发展做了不断的探索，而且积极向世界宣传桃花坞木版年画的艺术特色。

2004年1月14日，为了宣传中华民族悠久的民间工艺美术成就，中华人民共和国国家邮政局发行了一套《桃花坞木版年画(T)》特种邮票，全套4枚。王虎鸣设计。胶版。齿孔12度。邮局全张枚数20(4×5)。北京邮票厂印制。

这套邮票的4枚图案，设计者从苏州桃花坞木版年画社的珍藏中，精心选取了4幅桃花坞木版年画后期作品，既生动地展现了这门古老的传统艺术的特征，反映了江南地方清丽雅致的人文色彩，也富有"民间气"和"年味儿"。在色彩上，采用白色底衬，以红黄为主色调，创造出了节日的喜庆气氛，对年画的作用进行了形象的诠释。为了更好地反映桃花坞木版年画的精髓，设计者大胆采用了截取局部的构图方法，摒弃了许多不必要的繁琐细节，目的是想使方寸之间的年画重点更加突出，而且保持这一民间古老传统工艺美术的原汁原味。可惜，由于每枚邮票图案只选某一人物局部，破坏了年画画面的完整，读者很难对桃花坞木版年画获得一个完整的印象。

【琵琶有情】2004—2·(4—1)T　面值80分，票幅规格30毫米×40毫米，发行量1200万枚。邮票图案选用了桃花坞木版年画"琵琶有情"的局部精彩画面。这是一幅风俗类独幅画。原画纵470毫米，横330毫米，描绘了一弹词艺人在富户人家演唱"堂会"的情景。

琵琶是苏州评弹表演的主要乐器。评弹是用苏州方言表演的说唱艺术，在江、浙、沪地区已流传三百多年。原画的画面内容是：一位女艺人自弹自唱，情感十分投入；左侧二妇人听得入神，显然为弹词中的人物故事感染，仿佛若有所思；而三个不谙世事的孩童或好奇，或吵闹，或撒娇，人物刻画得惟妙惟肖。画面右上角有"琵琶亦是寻常韵，纤指挥来便有情。王荣兴印"的题款和印。王荣兴是晚清有名的桃花坞年画坊，年画是根据上海小校场的石版画而刻，原作落款"庚子仲秋梦蕉"，说明为1900年的画作。邮票图案截取了原画右半部分弹词女艺人怀抱琵琶演唱的情景，她盛装浓抹，怀抱琵琶，纤手抚弦，不仅把江南女子纤弱秀美、温婉羞怯的情态表现得淋漓尽致，而且创造出了一种此时无声胜有声的艺术境界。邮票图案上一盆亭亭盛开的水仙花，巧妙地点出了春节前后的季节特征。

有关琵琶的知识，详见新版《中国集邮百科知识》T·18《民族乐器——拨弦乐器》。

【麒麟送子】2004—2·(4—2)T　面值80分，票幅规格30毫米×40毫米，发行量1200万枚。图案选用了桃花坞木版年画"麒麟送子"的局部精彩画面。该年画属门画类喜庆题材作品。原画单幅纵270毫米，横340毫米，是一左一右完全对称的双幅画。一般张贴于结婚喜庆人家的两扇大门上，祈求新婚夫妇早生贵子。麒麟是古代传说中的一种动物。早在周代，关于麒麟的传说

就已经出现了。当时,麒麟与凤、龙、龟并称"四灵"。到汉代,麒麟的形象与现在的鹿相似,头上独角,角上长肉球。《毛诗正义》中说:"麟,麇身,马足,牛尾黄色,圆蹄;角端有肉。"与龙、凤一样,麒麟也是综合化了的图腾,多作为吉祥的象征。《礼记·礼运》:"山出器车,河出马图,凤凰麒麟,皆在郊椒。""椒"同"薮",沼泽。又:"麟凤龟龙,谓之四灵。"亦借喻杰出的人。《晋书·顾和传》:"和二岁丧父,总角便有清操,族叔荣雅重之,曰:'此吾家麒麟。'"相传,逢圣人出世,或是天下盛世,这种瑞兽麒麟就会出现,故被视作吉祥的化身。麟儿是幼童聪颖的美称,乘坐麒麟下凡投胎转世的必定是神童无疑。邮票图案选取了右侧的一幅,画面上的麒麟昂首奔跑,一位送子仙人怀抱着婴儿骑坐在麒麟背上,婴儿活泼可爱,不难想象,麒麟的脚步也会是格外轻松欢快,充满了一派喜庆的气氛。

【刘海戏金蟾】2004—2·(4—3)T 面值80分,票幅规格30毫米×40毫米,发行量1200万枚。图案选用了桃花坞木版年画"刘海戏金蟾"的局部精彩画面。该年画属门画类喜庆题材作品,左右对称的双幅画。原作单幅纵200毫米,横300毫米。金蟾即蟾蜍,俗称癞蛤蟆。其外形虽让人不舒服,但在旧时却与财富联系

在一起。相传,在古代,有一只神奇的蟾蜍,它不同一般,是一只长有三条腿的金蟾。据说它是一个妖精,后来遇到危险,被小财神刘海相救,从此改邪归正,到处吐钱给人,故被当作旺财瑞兽。在民间信仰的中国财神中,刘海是一位小财神。刘海在历史上确有其人,原为五代时人,本名刘操,字昭远,也有说叫宗成、玄(或元)英,居燕山一带,先为辽国进士,后出家修道,号海蟾子。16岁中进士做官。后来随吕洞宾、汉钟离学道,遁迹于终南山,终成仙而去。刘海以一位财神的身份被民间所认识,还得从《刘海戏金蟾》说起。在各种民间传说中,刘海都是手舞足蹈、喜笑颜开的顽童形象,其头发蓬松、额前垂发,手舞钱串,一只足大金蟾叼着钱串另一端,做跳跃状,充满了喜庆、吉祥的气氛。金蟾原为龙王之女,她趁龙王不在家时,变作一只金蟾,偷偷跑到岸边游玩,不幸被一条大蟒所困,正好刘海砍柴回来,救了金

蟾。后龙女为报答刘海,又来到岸边,与刘海戏耍,并从口中不断吐出串串金钱。刘海将这串串金钱用细线绳拴在金蟾颈项上,与金蟾在一起游戏。后龙女化为人形,说明缘由,与刘海结为夫妻,自此财源不断,生活幸福。金蟾可以源源不断地吐出金钱,撒向人间,救济了不少穷人。人们感激他,故称他为"活神仙"。邮票图案选取了右侧一幅。画面上,刘海蓬头跣足,童稚可爱,手持成串金钱,逗引足下灵物"金蟾",将一个"戏"字表现得淋漓尽致。

【十美踢球图】2004—2·(4—4)T 面值2元,票幅规格30毫米×40毫米 发行量1150万枚。图案选用了桃花坞木版年画"十美踢球图"的局部精彩画面。《十美踢球图》属风俗类独幅画。原作纵310毫米,横500毫米。在古代,"球"称作"鞠",是一种游戏用具,外以皮缝之,中充实以毛。

蹴踢为戏,称为"蹴鞠",最初为一种宫廷娱乐,后来逐渐传入民间。《十美踢球图》是一幅美女娱乐图,原画中描绘了10名美女和两名嬉童形象,其中3名美女正扬臂举足踢球为乐,而且1美女手举气球,表现了她蹴球技艺的娴熟。两侧有7名美女凝神观赏,另外有两个孩童和一只小狗参与嬉戏。人物刻画传神,形态生动,而且与周围的树木、河流、民居一起,组成了一幅生动的江南风情画。边纸上有"姑苏王荣兴刻"的字样及印章。邮票图案剪取了年画左起第4个女子踢球的形象,目的是要突出表现其踢球的娴熟技巧。可惜,原画上这位美女踢球的动作是身体往前倾,右腿向后抬起,从身后用脚将球踢向空中,脸向后看 而邮票图案却将球从美女身后移至身前下方,显然与正常的踢球动作不符。

2004—2M 桃花坞木版年画(小全张)(T)

【桃花坞木版年画(小全张)(T)】Taohuawu Woodprint New Year Pictures(Miniature Sheet)(T) 2004年1月14日,为了宣传中华民族的民间工艺美术成就,中华人民共和国国家邮政局发行了一套《桃花坞木版年画(T)》特种邮票,同日发行了1枚小全张。王虎鸣设计。胶版。齿孔12度。北京邮票厂印制。

【桃花坞木版年画】2004—2M·(1—1)小全张T 小全张面值440分,售价6元,小全张规格150毫

米×90毫米,邮票票幅规格(30毫米×40毫米)×4,发行量1050万枚。图案由2004—2《桃花坞木版年画(T)》的4枚邮票组成。设计者将4枚邮票图案依次一字排列;边饰右侧采用《刘海戏金蟾》的形象,左侧上方绘有一朵绽放的桃花,既给"桃花坞木版年画"名称增添了一种天然韵味,也使画面洋溢着浓浓的喜庆气氛。

注:版式二8枚(2套邮票),尺寸规格210毫米×120毫米。2004年中国邮政贺年(有奖)明信片于2004年2月6日公布中奖号码,兑奖日期为2004年3月1日至5月1日,版式二为三等奖品,不出售。

2004—3 邓颖超同志诞生一百周年(J)

【邓颖超同志诞生一百周年(J)】Centenary Anniversary of the Birth of Comrade Deng Yingchao(J)
邓颖超(1904.2.4—1992.7.11)原名邓文淑,又名邓咏通、邓湘君,曾化名为逸豪等。1904年2月4日出生于广西南宁,祖籍河南省光山县。幼年丧父,1910年随母迁居天津。1913年~1920年,先后在北京一所免费的平民学校和天津隶属第一女子师范学校读书。1919年,15岁的邓颖超积极发动以女师同学为主、各界妇女参加的"五四"爱国运动。在天津组织天津女界爱国同志会,任执委兼演讲队队长,还和周恩来等同志一起组织了进步团体"觉悟社",是天津学生爱国运动的主要领导人之一。1920年~1925年,在北京、天津任小学教员,曾组织女权运动同盟会直隶支部和女星社,兴办妇女文化教育。1924年初,参加并组织天津社会主义青年团,任特支宣传委员。1925年3月,由中国共产主义青年团团员转为中国共产党党员,任中共天津地委妇女部长。在"五卅"运动中,她发起组织了天津妇女联合会、天津各界救国联合会,并当选为"各界救国联合会"主席团委员;同年8月,调广州任中共广东省区委委员兼妇女部部长。1926年,出席了中国国民党第二次全国代表大会,当选为中国国民党候补中央执行委员。在大革命期间,她同国民党妇女部长何香凝真诚合作,为实现各界妇女的大联合做了大量的艰苦工作,使我党领导下的妇女解放运动得到了蓬勃发展。1927年,蒋介石叛变革命,革命转入低潮。1927年5月,她从广州到上海,当年冬任中共中央妇委书记。1928年5月,赴莫斯科列席中共"六大";10月返回上海,任中共中央直属支部书记,从事党的秘密工作。1932年5月,赴江西中共苏区,曾任中共中央局秘书长、中共中央局秘书、中华苏维埃共和国中央执行委员、中共中央总支书记。1934年10月,带病参加了举世闻名的二万五千里长征。1935年10月到达陕北后,任中央机要科科长、中央白区工作部秘书、中华苏维埃政府西北办事处司法部秘书。抗日战争期间,1937年12月,在武汉先后任八路军武汉办事处妇女组织委员、中共中央长江局妇委委员。1938年1月,出席国际反侵略运动大会中国分会首任理事会,当选为常务理事;3月,任中国战时儿童保育会常务理事;6月,任国民参政会中共方面参政员。1939年,任中共中央南方局委员兼妇委书记。1943年夏回延安,曾在中央党校一部学习。1945年,在党的第七次全国代表大会上当选为候补中央委员,并任中央妇委副书记兼解放区妇联筹备委员会副主任。抗日战争胜利后,1946年1月,作为中共代表团代表到重庆出席政治协商会议,并先后在重庆、南京、上海参加中共代表团工作。1947年,任中共中央后方工作委员会委员;7月,出席了在西柏坡召开的全国土地会议。1948年,任中共中央妇委代理书记。1949年3月,在中国妇女第一次全国代表大会上当选为全国妇联副主席,并任党组副书记;9月,在中国人民政治协商会议第一届全体会议上,当选为政协全国委员会常务委员会委员。新中国成立后,曾任全国妇联副主席、党组副书记、名誉主席,中国人民保卫儿童全国委员会副主席,中国人民对外友好协会名誉会长,第四、五届全国人大常委会副委员长,中共中央纪律检查委员会第一书记,第十一、十二届中共中央政治局委员,第六届全国政协主席。邓颖超为社会主义革命和建设,为加强党的纪律、健全社会主义民主和法制,为维护妇女儿童的权益,呕心沥血,鞠躬尽瘁,倾注了全部精力,谱写了光辉的篇章。她一直关心祖国的统一大业,自20世纪50年代开始就重视和参与对台工作。1979年10月,担任中共对台工作领导小组组长。她坚持贯彻执行邓小平提出的和平统一祖国的方针及"一国两制"的科学构想,积极推动海峡两岸相互交流,深切期望两岸同胞为实现祖国统一和振兴中华做出贡献。"文化大革命"期间,她对林彪、江青反革命集团的反党阴谋进行了坚决的抵制和斗争,表现出了高尚的党性原则。邓颖超长期从事国际友好活动,在对外交往中,她充分表现出已经站立起来的中华民族的高度自尊和自信,实事求是,以诚待人,赢得了国际友好人士的尊敬与信任。1988年,邓颖超退出领导岗位,但她依然关心党和国家的建设事业,衷心拥护党的十一届三中全会以来的路线、方针、政策,殷切期盼伟大祖国日益繁荣昌盛,海峡两岸早日统一。邓颖超在七十多年的革命生涯中,为中国人民的革命和建设事业贡献了毕生精力,她在中国人民群众中享有崇高的威望,深受尊敬和爱戴。邓颖超的名字将和周恩来的名字一起,永远铭记在人民的心中。

2004年2月4日,正值邓颖超同志诞生一百周年纪念日,中华人民共和国国家邮政局发行了一套《邓颖超同志诞生一百周年(T)》纪念邮票,全套2枚。马刚设计邮票图案,夏竞秋设计边饰。胶雕套印。齿孔12度。邮局全张枚数10(5×2),2枚连印。河南省邮电印刷厂印制。

这套邮票的2枚图案,选取了邓颖超同志青少年时期在天津的一张照片和20世纪80年代任全国政协主席时的一张照片,经过艺术再创造,具体、形象、全面地概括了邓颖超同志漫长的人生风雨历程和革命生涯,并做到了以形写神,达到了形神兼备,将一位勇敢、坚强、亲切、慈祥的女性形象,生动地呈现在读者面前,敬仰之情油然而生。设计者以两幅历史照片为蓝本,采用碳笔素描的绘画技巧,在碳笔本身所具有的黑白灰调子中,让作品细节有虚实,线条清淡柔和,画面简洁典雅,产生了一种距离感和空间感,展现出了邓颖超同志的音容笑貌,富有历史性。在底色运用上,设计者采用淡黄色调,使素描创作的人物形象,既端庄洗练,又鲜明突出。

【中国妇女运动的先驱】2004—3·(2—1)J 面值80分,票幅规格30毫米×40毫米,发行量1040万枚。图案表现了邓颖超同志青少年时期的精神风貌。邓颖超同志十五六岁时,曾在天津直隶第一女子师范学校读书。1919年,15岁的邓颖超积极发动天津各界妇女参加"五四"爱国运动,并和周恩来等同志一起组织了进步团体"觉悟社",是天津学生爱国运动的主要领导人之一。邮票图案上的邓颖超,上身着大襟布衫,下身穿裙子,左手拿着一本厚厚的书,目光注视着前方,既充满了风华正茂的蓬勃朝气,又显示出一种成熟和干练。设计者通过人物胸襟上的手帕、所穿的鞋子等细节,真实显示

时代服饰特征,隐约浮现出了邓颖超同志青少年时期的历史生活景象。特别是那刚毅的眼神,严肃的表情和挺立的姿态,不仅流露出革命先驱者的英雄气概和壮志豪情,也彰显出了一个革命者对理想追求的坚定信念和充满自信的性格特征。

有关书的知识,详见本书2003—19《图书艺术(中国—匈牙利联合发行)(T)》。

【老一辈无产阶级革命家】2004—3·(2—2)J 面值80分,票幅规格30毫米×40毫米,发行量1040万枚。图案表现了邓颖超同志20世纪80年代担任全国政协主席时的精神风采。邓颖超同志在担任第六届全国政协主席期间,致力于坚持和完善中国共产党领导的多党合作和政治协商制度,坚定地贯彻党的"长期共存、互

相监督、肝胆相照、荣辱与共"的方针。她明确提出人民政协要在爱国主义、社会主义旗帜下,贯彻大团结、大统一的精神,要更加发扬民主,广开言路;放手工作,充分发挥政协委员的积极性和专长,为他们知情出力、参政议政创造条件。她直接领导了政协委员和各民主党派人士落实政策的工作,并推动了有关民族、宗教、侨务和知识分子等方面政策的落实。她认真总结并在人民政协中积极倡导发扬政治协商、民主监督、合作共事、广交朋友和自我教育的优良传统和作风,为发展爱国统一战线和政协工作新局面,做出了卓越贡献。邮票图案上,晚年时期的邓颖超同志,戴着一副老花眼镜,左手微微抬起,既像在一个会议上正进行发言,又像在和朋友娓娓交谈,神态自然,面容慈祥,是她呕心沥血为党工作的真实写照。在色调笔触等方面,设计者避免了不易接近的冷冰冰的棱角分明的画法,而是强调亲切、真实动人,烘托出了一种暖融融的气氛,彰显出了沉甸甸的历史感,有朦胧的余味和韵味,使得读者面对这幅平和、质朴而慈祥的形象时,会情不自禁地脱口喊一声"邓大姐"、"邓妈妈"。

有关眼镜的知识,详见新版《中国集邮百科知识》J·100《任弼时同志诞生八十周年〈第一组〉》。

2004—4 中国红十字会成立一百周年(J)

【中国红十字会成立一百周年(J)】Centenary Anniversary of the Founding of the Chinese Red Cross(J)

有关红十字标志的来历和红十字会的知识,详见新版《中国集邮百科知识》纪31《中国红十字会成立五十周年纪念》。1904年2月,日俄为争夺在中国的特权,在东北旅顺口爆发了日俄战争。当时,在旅顺的外国侨民,都由本国政府或红十字会出面,接运撤离了战区。宣布中立的清政府也派船去接运中国东北同胞,但遭到了俄国拒绝。出于义愤,为救护中国难民,清朝上海记名海关道沈敦和(仲礼)、上海商约工部尚书吕海寰等,发起成立了"东三省红十字普济善会"。1904年3月10日,这个中国最早的和红十字有关的组织,为得到国际上的承认,吕海寰在上海邀请中立的美、英、法、德代表,协商成立了"万国红十字会上海分会",并在当年得到红十字国际委员会的承认。清政府得知后,立即予以承认,并拨白银10万两做经费。这是中国红十字会的前身。1906年,清政府正式签订了《日内瓦公约》,加入日内瓦万国红十字会。1907年,清政府批准"万国红十字会上海分会"更名为"大清红十字会"。1911年,清政府灭亡,中华民国成立,大清红十字会改名为"中国红十字会"。1912年1月15日,红十字国际委员会正式承认中国红十字会为国际红十字运动的成员。1919年7月8日,中国红十字会正式加入红十字会国际协会。1933年,改名为中华民国红十字会。新中国成立后,1950年8月2日,在北京召开中国红十字会协商改组会议,会议明确规定,中国红十字会为"中央人民政府领导下的人民卫生救护团体",定名为"中国红十字会"。1952年8月,第18届红十字与红新月国际大会承认"中国红十字会"是中国唯一合法的全国性红十字会,这是新中国在国际组织中恢复的第一个合法席位。不幸,在"文化大革命"期间,刚刚起步的中国红十字会遭到极"左"思潮的干扰,国内工作被迫停顿达10年之久。1978年改革开放之初,国务院以63号文批准中国红十字会恢复国内工作。1985年5月,第四届全国代表大会修改了会章,明确规定中国红十字会为全国性卫生救护、社会福利团体。1993年10月31日,第八届全国人大常委会第四次会议通过了《中华人民共和国红十字会法》,从此,中国红十字会走上了依法建会的轨道。1997年7月1日和1999年12月20日,香港红十字会和澳门红十字会先后成为中国红十字会享有高度自治权的分会。回顾中国红十字会的百年历史,作为国际红十字组织的一员,中国红十字会遵循国际红十字运动的基本原则,积极参与国际红十字运动,也得到了国际红十字组织与各国红十字会的大力支持。自1985年起,中国红十字会两次当选为红十字会与红新月会国际联合会执行理事,并于1989年~1993年当选为副主席;2000年,中国红十字会再次当选为红十字会与红新月会国际联合会领导委员会成员。在国内,中国红十字会在备灾救灾、卫生防护、推动无偿献血、宣传《日内瓦公约》、社区服务、红十字青少年活动以及国际交往等方面积极工作。到2003年年底,全国各省市自治区全部建立了红十字会;地市州盟建会70621个;会员750万人,其中青少年会员966万人,志愿工作者29万人。历史已进入21世纪,但战乱、疾病和贫困依然存在,自然灾害还在吞噬着人类的生命和生活空间。随着人类社会的发展和进步,人道、博爱、奉献精神已经成为社会主义精神文明的一个组成部分,中国红十字会所从事的人道事业,也越来越成为社会不可缺少的一项伟大的事业。

2004年3月10日,为了纪念中国红十字会成立一百周年,中华人民共和国国家邮政局发行了一套《中国红十字会成立一百周年(J)》纪念邮票,全套1枚。陈楠设计。影写版。齿孔11.5度×11度。邮局全张枚数20(4×5)。北京邮票厂印制。

【中国红十字会成立一百周年】2004—4·(1—1)J

面值80分,票幅规格30毫米×40毫米,发行量1100万枚。邮票图案以白纸色为底衬,采用一个变化的繁体汉字"華"作为主体画面。经过变形处理的繁体汉字"華",出现了10个"十"字,10个"十"即是百,中国红十字会成立一百周年的概念得到了巧妙展现;"十"字又是红十字会的会徽标志"十"字,也突出了红十字的理念,可谓一举两得。为了使画面主次分明、主题突出,处于中心位置的"十"字被特意放大增加了空间感与层次感。这种比较抽象、以文字为主的极具现代感的设计,不仅突出了中国红十字会成立百年的历史感,而且繁体的"華"字与"十"字的构字原理相同,均是由垂直与平行线条组合,又具有秩序化的美感。在色彩方面,整个画面采用了一种很具亲和力的粉色调,能够使人联想到红十字会博爱、奉献等宗旨。画面左上角绘有由橄榄枝环绕着的红"十"字会徽,鲜明醒目,象征中国红十字会为祖国社会主义建设事业服务,为人民群众服务,为世界和平事业服务的宗旨。

有关橄榄枝象征和平的知识,详见新版《中国集邮百科知识》纪5《保卫世界和平》。

2004—5 成语典故(一)(T)

【成语典故(一)(T)】Stories of Idioms(1st Series)

（T） 成语是熟语的一种。习用的表示一般概念的固定词组或句子。在汉语中，多数成语由4个字组成，如"光辉灿烂"、"良师益友"等；也有少于4个字的成语，如"莫须有"等；也有多于4个字的成语，如"将欲取之，必先与之"等。在成语中，少于4个字的成语或多于4个字的成语，都占绝对少数。成语组织多样，来源不一。有些成语从字面上即可理解其含义，如"万紫千红"、"乘风破浪"等；有些成语要知道来源才能懂得含义，如"青出于蓝胜于蓝"（《荀子·劝学》）、"守株待兔"（《韩非子·五蠹》）等。所谓典故，指的就是产生成语的一些历史故事、寓言传说、古人原句等。这套邮票选用的4则成语典故，均出自先秦历史散文和诸子散文，都是运用有趣的寓言故事进行巧妙生动的譬喻，从而为自己的论证增强说服力，或者对某件事物、某种行为做出辛辣的讽刺。

2004年4月20日，为了表现中华民族丰富的语言，中华人民共和国国家邮政局发行了一套《成语典故（一）（T）》特种邮票，全套4枚。李永清、李国柱设计。影写版。齿孔12.5度×13.5度（两边居中各有一个菱形齿孔）。邮局全张枚数20（5×4）。版式二8枚（2套邮票），尺寸规格130毫米×176毫米，发行量95万版，李国柱边饰设计。北京邮票厂印制。

这套邮票的4枚图案，采用中国画工笔彩绘技法，综合运用多种色彩，视觉效果比较丰富。设计者兼用理想主义和写实手法，以多场景叠合的方式布局画面，保持了故事的完整性和连贯性，显得紧凑而和谐。画面既突出成语典故中最精彩的部分，又注重社会环境，达到了渲染气氛和延展情节的效果。人物占据画面的中心位置，体现出了一种"以人为本"的创作理念。作者采用工笔技法描绘人物，细腻、逼真、生动、鲜活，通过表情，直透人物内心世界。色彩方面，以赭石为主色调，其他颜色作为点缀、辅助，浓而不艳，古朴典雅，与古代民俗风情相得益彰，国画之本色跃然纸上。整套邮票从源远流长的中华文化寻求一种载体，采用现代的创作手法，生动形象地再现了一段历史故事，并赋予其鲜活的现实意义，古为今用，达到了启人、警世的目的。

【邯郸学步】2004—5·（4—1）T 面值80分，票幅规格40毫米×30毫米，发行量1230万枚。图案描绘了成语典故"邯郸学步"中的一个精彩情节。这一成语典故来源于《庄子·秋水》："且子独闻寿陵余子学行于邯郸与(欤)？未得国能，又失其故行矣，直匍匐而归耳。"讲的是春秋战国时期，赵国的都城邯郸地区，人们不仅穿得得体，就连走路的姿态也很美，外地来的人都十分羡慕。燕国寿陵有一位少年，他不辞辛苦，从很远的家乡来到邯郸，想学习邯郸人走路的姿态。当这位少年来到邯郸大街上时，仔细观察这里人们走路的姿势，确实与自己不一样，真的很好看。于是，他下决心一定要学会邯郸人走路的姿态。谁知，无论这位少年怎样学，也学不像，更谈不上美观。结果，这位少年不仅没学会邯郸人走路的姿态，反而把自己原来走路的方法也忘掉了，最后只得爬着回寿陵老家了。后来，人们用"邯郸学步"或"学步邯郸"这个成语，比喻只知道盲目模仿别人，结果反而丧失了自己原有的技能。邮票图案的主画面描绘了燕人行走的姿态；图案右下方设计了一处"画中画"，展现了寿陵少年匍匐而归的姿态，使燕人和少年行走之状互作对比，从多角度反映事物，能够让读者一目了然。

有关邯郸的知识，详见本书2002—22《亭与堡垒（中国—斯洛伐克联合发行）（T）》。

【叶公好龙】2004—5·（4—2）T 面值80分，票幅规格40毫米×30毫米，发行量1120万枚。图案描绘了成语典故"叶公好龙"的精彩情节。这一成语典故出自西汉刘向所著的《新序·杂事五》。原文："叶公子高好龙，钩以写龙，凿以写龙，屋室雕文以写龙。于是天龙闻而下之，窥头于牖，施尾于堂。叶公见之，弃而还走，失其魂魄，五色无主。是叶公非好龙也，好夫似龙非龙者也。"讲的是一个叫子张的人，听说鲁哀公经常表白自己非常喜欢有知识的人，便不远千里到鲁国求见，但几天过去，仍不见有接见他的意思，就编了这个故事讲给鲁哀公的车夫听，并请车夫转述给他的主人。叶公系春秋时期楚国贵族，名子高，封于叶（今河南叶县）。他非常喜欢有关龙的东西，不管是装饰品、梁柱、门窗、碗盘、衣服，上面都绘有龙的图案。一天，叶公喜欢龙的消息被天上的真龙知道了，就来到叶公家里，从窗外把头探进来。叶公一见，吓得逃走了。该成语典故比喻口头上说爱好某事物，实际上并不真爱好。图案采用夸张的手法描绘出了真龙的威严与气势，用写实手法刻画出了叶公恐惧万状的神情，对比鲜明、强烈，富有讽刺效果。

成语典故"叶公好龙"中的叶公，据《通志·氏族略·以邑为氏》记载："叶氏，旧音摄，后世与木叶同音。《风俗通》：'楚沈尹戌生诸梁，食采于叶，因氏焉。'……

宋朝为著姓。"就是叶姓始祖。春秋时期,楚庄王曾孙名戌,在楚平王时封沈县(今安徽临泉县)县尹,称沈尹戌,官至楚左司马。左司马在与吴军作战时身亡,楚昭王为表其功,封时年24岁的沈尹戌子沈诸梁于叶县(今河南省叶县旧城),史称叶公。沈诸梁约生于公元前529年,字子高,人称叶公子高,春秋末期楚国军事家、政治家。叶公兴修水利,造福乡里。沈诸梁主政叶邑后,发展农业,兴修水利,他率叶邑百姓修建的东西二陂,至今还在为当地农业灌溉发挥作用,堪称我国历史上最早的大型水利工程。楚惠王十年(公元前479年),楚国发生了王族白公胜叛乱。叶公从叶地起兵平息叛乱,领兵进入楚都救出楚惠王,惠王复位。叶公得封南阳,并赐爵为公,同时被封为令尹与司马,身兼军政大权。公元前475年,叶公把司马一职让给公孙宽,把令尹一职让给公孙宁,让年轻一代掌管朝政大权,以利于楚国兴旺发展,这便是历史上有名的"叶公让贤"。而他自己则回到叶地,安度晚年。其后人便以邑为姓,称叶公。后人念叶公子高,在叶县东境建叶君祠祭祀。可见,叶公一生功绩卓著,青史流芳,是我国春秋时期一位出类拔萃的历史人物。"叶公好龙"典故产生于"罢黜百家、独尊儒术"的汉代。由于孔子游叶并无收获,且与叶公政见格格不合,其弟子对此耿耿于怀,到孔子成为圣人的西汉,儒学家刘向在其《新序·杂事》中记载了一个"叶公好龙"的故事,并没有对历史事实经过严格考证。出于对古籍和历史的尊重,在汉刘向编辑的《战国策》、《新序》、《说苑》等书中,也编录保留了叶公的部分积极内容。但处于"独尊儒术"的文化氛围中,刘向不惜歪曲孔子游叶邑的历史,在《新序·杂事》中杜撰了一个"叶公好龙"的故事,塑造了一个口是心非的艺术人物形象,为孔子鸣"不平"。

【滥竽充数】2004—5·(4—3)T 面值80分,票幅规格40毫米×30毫米,发行量1110万枚。图案描绘了成语典故"滥竽充数"的精彩情节。

竽是一种古簧管乐器,形似笙而较大,管数亦较多。战国前盛行于民间。《周礼·春官·笙师》:"掌教吹竽、笙。"郑玄注引郑司农云:"竽,三十六簧。"贾公彦道:"竽长四尺三寸。"1972年长沙马王堆一号汉墓中出土的竽有二十二管,分前后两排。这一成语典故来源于《韩非子·内储说上》,原文:"齐宣王使人吹竽,必三百人。南郭处士请为王吹竽。宣王说(悦)之,廪食以数百人。宣王死,湣王立,好一一听之。处士逃。"讲的是齐宣王爱听吹竽,而且常听三百人一齐吹竽给他听。南郭先生根本不会吹竽,每逢吹竽,他却借机混在队伍中,拿着竽装腔作势,并一直混到齐宣王死,不仅没有被人发现,反而得到齐宣王很高的赏赐。谁知,继位的齐湣王虽然也喜欢听吹竽,但却是喜欢叫每个吹竽人单独吹给他听。南郭先生听到这个消息,只好逃之夭夭了。"滥竽"比喻没有真才实学,聊以充数。该成语比喻没有真才实学的人混在行家里充数,或拿不好的东西混在好的里面充数;有时也用来表示自谦。图案以廊柱分割空间,以编钟代表乐器,既突出了主题,又点缀了画面;特别是南郭先生逃离的窘态,生动形象,惟妙惟肖。

有关编钟的知识,详见新版《中国集邮百科知识》T·122《曾侯乙编钟〈小型张〉》。

【鹬蚌相争】2004—5·(4—4)T 面值80分,票幅规格40毫米×30毫米,发行量1060万枚。图案描绘了成语典故"鹬蚌相争"的精彩情节。鹬属鸟纲,鹬科多数种类的通称,有时专指鹬属(Tringa)各种。体型

大小差异很大。羽毛多为沙灰、黄、褐等平淡色调,密缀细碎斑纹。喙细长而直,间亦向上或向下弯曲。足都长,适于涉行浅水、泽地。觅食昆虫、蠕虫或其他水生动物,有的种类也兼吃植物性食物。蚌是一种软体动物,有两个椭圆形介壳,可以开闭。壳表面黑绿色,有环状纹,里面有珍珠层。生活在淡水中,有的种类产珍珠。"鹬蚌相争"又称"鹬蚌相持"。这一成语典故出自《战国策·燕策二》,原文:"赵且伐燕,苏代为燕谓(赵)惠王曰:今者臣来过易水,蚌方出曝,而鹬啄其肉,蚌合而拑其喙。鹬曰:'今日不雨,明日不雨,即有死蚌。'蚌亦谓鹬曰:'今日不出,明日不出,即有死鹬。'两者不肯相舍,渔者得而并禽之。"讲的是战国时期著名纵横家苏秦的弟弟苏代听说赵国将要攻打燕国,他便替燕国当说客,到赵国去劝阻。苏代见到赵惠王时,说自己从燕国来赵国途中,经过易水,见一只蚌露出水面晒太阳时,恰巧飞来一只鹬鸟去啄蚌肉。蚌立刻合拢壳,将鹬鸟的长嘴紧紧地夹住。鹬鸟对蚌说:"今天不下雨,明天不下雨,你就会死。"蚌回答说:"今天不放你,明天不放你,你就会死。"双方互不相让,这时来了一位渔夫,便很容易地把它们都捉住了。该成语比喻双方相持不下,第三者因而得利。同时也告诫人们,不要只顾眼前的恩怨,应该把目光放得远一点。图案的主画面描绘了渔夫得意

洋洋的神态;图案右下方设计了一处"画中画",展现了鹬蚌相争的情景,使鹬蚌争执之景与渔翁得意之状相映成趣,从多角度反映事物,能够让读者恍然猛醒。

2004—6 孔雀(T)

【孔雀(T)】Peafowl(T)　孔雀原属于观赏型特禽,被誉为"百鸟之王",是吉祥、善良、美丽、华贵的象征。孔雀,鸟纲,鸡形目,雉科,又名"越鸟"、"南客"。世界上共有3种孔雀:绿孔雀、蓝孔雀和刚果孔雀。绿孔雀俗称孔雀、越鸟。别名"爪哇孔雀",分布于东南亚、爪哇岛。我国云南西南部亦有绿孔雀分布,因其稀少,已被我国列为一级保护动物。绿孔雀作为世界上野生鸡类中形体最大的鸟,身长大多在75厘米,雄鸟再加上长达1.5米的尾屏,总长可达2.3米以上。雄鸟体羽为翠蓝绿色并杂有黑褐色和金黄色斑纹,下背呈现紫铜色泽;头顶有一簇直立的羽冠,各羽呈柳叶状。尾上覆羽延伸成尾屏,可达1米以上,羽上具有众多的由紫、蓝、黄、红色构成的大型眼状斑纹,开屏时光彩夺目。雌鸟羽色以褐色为主,带绿色辉光,无尾屏。绿孔雀是热带、亚热带地区的林栖雉类,多栖息于海拔2000米以下的河谷地带,以及树林、竹林、灌丛附近的开阔地。绿孔雀生性机敏,鸣声亮,常一雄伴多雌活动。它们白天在地上游走觅食,夜间在高树上栖息。主要食蕈类、浆果、谷物种子、草籽等,也兼食昆虫、蛙类、蜥蜴等。发情时,雄孔雀追随于雌孔雀身边,并将尾屏展开如扇状,不断抖动,互相摩擦而发出"沙、沙、沙"的声音;在金色阳光的照耀下,其尾羽光彩夺目,这就是"孔雀开屏",故有"孔雀美,多在尾"之誉。雌孔雀则用喙啄雄孔雀的头部、面部,以示接受雄孔雀的爱情。2月中旬开始进入繁殖期,多在隐蔽的灌木丛中做窝产卵。每窝产卵4枚~8枚,一般为5枚~6枚,乳白色、棕色或乳黄色,重约120克,大小在60毫米左右。雌鸟孵卵,27天~30天雏鸟诞生;3岁成熟,寿命可达20岁~25岁。蓝孔雀与绿孔雀很相似,但羽毛以蓝色为主,显得更为鲜艳夺目,头顶的冠羽呈乒乓球拍状。蓝孔雀属于半草食性非保护动物,可以饲养食用,分布在中南亚沿海地区,人工饲养的时间最长,在动物园和养殖场数量最多,而且形成了白孔雀这一变异类型。白孔雀全身羽毛均呈银白色。富有魅力的孔雀羽毛,历来是人们喜爱的一种装饰品。清代,以孔雀羽毛与褐马鸡尾羽配制成"花翎",以翎眼多寡区别官阶等级。孔雀的行止动作,宛若舞姿。孔雀舞就是模拟孔雀各种动作的舞蹈,是素有"孔雀之乡"美称的傣乡最为傣族人民喜闻乐见的舞蹈。

2004年4月13日,为了展现我国丰富的生物资源,中华人民共和国国家邮政局发行了一套《孔雀(T)》特种邮票,全套2枚。石愚设计。影写版。齿孔(2—1)13度×12.5度,(2—2)12.5度×13度。邮局全张改数(2—1)8(2×4),(2—2)8(4×2)。北京邮票厂印制。

这套邮票的2枚邮票和1枚小型张图案,采用工笔画技法,在孔雀面部、翎子等细节特征上极其写实,使得画面上的孔雀盛隆妩媚,光华灿然,金羽辉灼,冰清玉洁,犹如仙子起舞一般。设计者精心安排了画面背景,既强调了孔雀生存环境的原生态,也使构图十分完美。

【娉婷】2004—6·(2—1)T　面值80分,票幅规格50毫米×30毫米,发行量1130万枚。图案描绘了一只雄性蓝孔雀的形象。此图原画名为《春酣图》。

画面上,以迎风绽放的玉兰为背景,一只雄性蓝孔雀傲立枝头,昂首前视,仿佛正在观赏美丽的自然风光;雀花互衬,强烈的色彩烘托出融融春意,象征欣逢盛世,前程似锦。

【婀娜】2004—6·(2—2)T　面值80分,票幅规格30毫米×50毫米,发行量980万枚。图案描绘了一只雄性白孔雀的形象。此图原画名为《高洁图》。画面上,以迎春绽放的紫藤为背景,一只雄性白孔雀斜倚石上,翎羽虻展于水中,池底清澈可见。特别是画中白孔雀的白不是纯白而是雪青色,这一色调显得干净,展现了白孔雀冰清玉洁、雍容华贵的高雅仪态。

紫藤(*Wistaria sinensis*)亦称"朱藤"、"藤萝"。豆科。高大木质藤本。奇数羽状复叶,成熟后无毛。春季开花,蝶形花冠,长2.5厘米~4厘米,青紫色(变种花白色),总状花序。荚果长10厘米~15厘米,密生绒毛。产于我国中部。久经栽培,供观赏;花和种子供食用;树木纤维可织物;果实入药,治食物中毒、驱除蛲虫。另种藤萝(*W. villosa*),叶成长后下面仍密生白色长毛。花青紫色。荚果长18厘米~24厘米。主产于我国北部。用途同前种。

2004—6M 孔雀（小型张）(T)

【孔雀（小型张）(T)】Peafowl(Souvenir Sheet)(T)

2004年4月13日，为了展现我国丰富的生物资源，中华人民共和国国家邮政局发行了一套《孔雀(T)》特种邮票，同日发行了1枚小型张。石愚设计。影写版。齿孔13.5度×13度。北京邮票厂印制。

【竞艳】2004—6M·（1—1）（小型张）T 小型张面值6元，小型张规格124毫米×98毫米，邮票规格60毫

米×40毫米，发行量930万枚。小型张图案展现了绿孔雀舒展开屏的瞬间。此图原画名为《竞艳图》。仔细观察雌雄孔雀间的羽装时，不难发现，雄孔雀比雌孔雀更加美丽。这种雌雄间服装的奇异，英国生物学家达尔文称之为雌雄淘汰色。孔雀是一种一雄配多雌的鸟类，这种淘汰色的高级本能表现更显得格外突出。孔雀在配偶期间，雄鸟与雄鸟之间争取雌鸟达成配偶的，不是像鸡那样采取两雄决斗暴力形式，而是采用两雄开屏，姗姗起舞，来进行一次赛美活动。当然赛美活动的结果，不够美的雄鸟是不会得到留种传代的。这种多年多代的演变下去，今天雄孔雀这种特殊美艳的羽装，便不难理解了。雄孔雀这种惊人的艳装，既然是雄鸟之间比美竞赛演进的结果，那么，配偶期间比美竞赛，就成为它们开屏的唯一原因了。所以，公园里饲养的孔雀，在春末夏初繁殖季节里，只要身穿艳装的游客一经接近，它就会认定这是比美刺激的到来，同时就马上开屏，并进行舞蹈比赛。而且艳装游客走向哪一边，它也会马上追到那一边去，一直等到游客远远离开为止。小型张图案以金色为背景，描绘了中国云南特有的绿孔雀美丽、生动的形象：雄孔雀昂首挺立，尽力舒展自己的翎羽，浑身充满着一种刚性之激情和帅气；雌孔雀含情脉脉一身温柔；雌雄两只孔雀互为映衬，以美相竞，给人以生机盎

然、五彩缤纷的感觉；特别是孔雀的翎羽表现出的一种抖动感，生动地表现了对生命的热爱和对幸福生活的向往。

2004—7 楠溪江(T)

【楠溪江(T)】The Nanxi River(T) 楠溪江位于浙江省南部永嘉县境内，是一支介于雁荡山和括苍山之间的河流，也是瓯江下游最大的支流。楠溪江主流长139.8公里，有36湾72滩。河流缓急有度，江水清澈见底，纯净柔和；水底卵石光洁平滑，色彩斑斓。楠溪江流域的山岩，峰笔立，崖如削，洞悬壁，与柔美的楠溪江水景形成强烈对照，极具刚性之美。较为著名的有三面环溪、一峰拔地而起的石桅岩，有姿态各异、参差错立的十二峰以及陶公洞、鹤巢洞、天柱峰、棒槌岩之类的奇峰异石。楠溪江流域山体的断裂构造，使各支流形成山崖险峻、峡谷深切的复杂地形，产生了多姿多彩的瀑布。其中有高达124米的百丈瀑，有连续如梯的三级瀑、七级瀑，有形同莲花的莲花瀑，有声如锣鼓的击鼓瀑和打锣瀑，有藏而不露的含羞瀑，有飞珠溅玉、阳光下彩虹影碧的横虹瀑，还有在二公里内的溪谷中出现的形态各异的九叠飞流。奇峰峭壁，飞瀑碧潭，构成了层次丰富、动静有致的独特景观。当地流传着这样一首民谣："楠溪多山又多岭，峰峰岩岩数不清，洞洞都说神仙府，哪有神仙驻其中？"楠溪江流域文化特色鲜明，文化积淀深厚。早在5000年前的新石器时代，先民就已在此繁衍生息，至今仍保留着新石器时期的文化遗址及宋、明、清的古塔、古桥、古亭、古牌楼等名胜古迹。楠溪江沿岸的古村落、古建筑，选址讲究，规划严谨，风格古朴，与自然环境和谐相融，是中国四大民居之一。其中比较突出的有岩头、枫林、苍坡、芙蓉、花坦等村，均为浙江省历史文化保护区。楠溪江融天然山水、田园风光、人文景观于一体，以"水秀、岩奇、瀑多、村古、滩林"的独有特色而闻名。中国山水诗鼻祖谢灵运在任永嘉郡守期间，遍游永嘉山水，写下了许多流传千古的山水诗，被誉为"山水诗的摇篮"。1988年，楠溪江被国家定为重点风景名胜区，2002年被国家旅游局评为国家"AAAA"级旅游区。景区总面积625平方公里，分为大若岩、石桅岩、水岩、北坑、陡门和四海山等七大景区，计八百多个景点，是我国国家级风景区中唯一以田园风光见长的景区。楠溪江风景名胜区是山水文化与古村落文化的高度结合，耕读文化与宗族文化的相互交融，人类生活与自然环境的无限默契，它犹如一件巨大的艺术瑰宝，至真至美，令中外游客神往。

2004年4月24日，为了展现中华山川的壮美风采，中华人民共和国国家邮政局发行了一套《楠溪江(T)》特种邮票，全套4枚。李德福设计。影写版。齿孔13度×12.5度。邮局全张枚数16(4×4)，横4枚连印。北京邮票厂印制。

这套邮票的4枚图案，选用了楠溪江上四个著名的景点，采用中国山水画的水墨淡彩技法，运用小品写意的形式，着墨于楠溪江的意象，自然融入画家的自我情感和认识，展现出了江南水乡宁静雅致的气韵。设计者以中国山水画散点透视为主，描绘出了看得见和看不见的楠溪江的江、水景观，突出了邮票主题。在构图方面，横构图中横线多，画面中的楠溪江显得平和而宁静，既符合自然真实，又表现了设计者对江南水乡的贴切理解；构图前实后虚，体现了江南水乡的空灵；构图不满，体现了江南水乡的通透，以轻音乐般跃动的设计语言，从整体上表现了楠溪江的幽静之美、深远的意境和耐人寻味的情趣。4枚图案采用连票形式，犹如一幅山水长卷，以楠溪江水为纽带，用一江流水和流动的云雾串连起4个景点，使全套邮票统一而不支离破碎，在讲究整体性的前提下又能展现出各个景点的个性美；每枚邮票之间的过渡处或以青葱的林木为介，或以江水云雾为媒，使得4幅画面水天一色，空气的流动表现出了楠溪江的神秘与诗意；两只小船点缀其中，表现出了人与自然的亲密无间和楠溪江的朴素的生活化特征，较好地把握住了现实与浪漫的分寸。

【楠溪江·孤帆远影】2004—7·(4—1)T　面值60分，票幅规格50毫米×30毫米，发行量940万枚。图案展现了楠溪江石桅岩的景色。

石桅岩位于永嘉县鹤盛乡下岙村的峡谷中，南距温州市区七十多公里，东距雁荡山大龙湫景区25公里。石桅岩通体皆石，岩为火成花岗岩，岩面浅红色。石桅岩相对高度306米，岩顶如并蒂莲蕾，比肩而耸，在阳光照射下熠熠生辉，远远望去，形似船桅，造型独特，姿态雄奇，故得名。石桅岩石壁上点缀着一些凌乱的杂草，岩顶上林木青葱，有成群的野生猴子繁衍生息，当地有歌谣曰："一面青来一面红，头戴柴薪青蓬蓬。脚踏清溪长流水，全国岩峰称冠军。"画面上，石桅岩一峰拔水而起，三面涧水环绕，犹如一只巨轮徐徐行驶在楠溪江上，孤帆远影，创造出了一种动静和谐的意境。

【楠溪江·奇峰耸立】2004—7·(4—2)T　面值80分，票幅规格50毫米×30毫米，发行量940万枚。图案展现了楠溪江"十二峰"的奇特景观。

"十二峰"坐落于永嘉县碧莲镇东部，一群峰峦如柱石一般拔地而起，峰峰相挤，错落有致，环立在一座饭甑形的半圆的山上，气势磅礴，奇峰怪石，各有所似，形象逼真。古人根据其形状分别取名为：天柱峰、童子峰、香炉峰、石笋峰、宝冠峰、石碑峰、展旗峰、莲花峰、横琴峰、卓笔峰、仙掌峰、犀角峰。画面上，设计者将"十二峰"放在中心位置，峰峦高耸，峰顶云雾笼罩，若隐若现，扑朔迷离，真是大自然馈赠给楠溪江的瑰宝；近景的楠溪江水面上，两只小船悠然行驶，生动地表现出了人与自然的密切无间和楠溪江朴素的生活特征。

【楠溪江·山水玲珑】2004—7·(4—3)T　面值80分，票幅规格50毫米×30毫米，发行量940万枚。图案展现了楠溪江"狮子岩"的风景。

狮子岩坐落于永嘉县岩头镇下日川村前潭中，有两座小屿：一屿似狮子，昂首张口，迎流而居；全屿为石，石色黑中透白，石壁嶙峋。另一屿名"狮子球屿"，屿巅苍松葱郁，犹如翠羽华盖，屿脚绿草如茵，杜鹃簇簇，树上松鼠攀枝相逐嬉戏：偶有清风吹拂，树冠摇曳，宛如狮球滚动。遇雨季，上游山洪暴发，狂涛滚滚，浊浪排空，溪中万物销声匿迹，唯有狮子岩中流砥柱，独立中川。画面上，仿佛是站在楠溪江的岸边远望，万顷清流之中，一"狮"一"球"，酷似狮子戏球，静中动，不禁惊叹大自然的艺术创造能力！近景的楠溪江水面上，一叶竹筏载几只鸬鹚，站一人正在劳作，不仅给画面注入了动感，也生动地表现出了人与大自然的亲密和谐，鲜活，生动，寓意深长。

【楠溪江·滩林叠翠】2004—7·(4—4)T　面值2元，票幅规格50毫米×30毫米，发行量940万枚。图案展现了楠溪江"滩林"的自然景象。楠溪江两岸的滩林，它作为沿岸人民生存的保障，与江畔众多的古村落一样历史悠久。楠溪江河床开阔，平坦和缓。沿江两岸各村群众为抗御洪灾风患，用他们勤劳的双手，在楠溪江两

岸洪积沙土上植树造林，世代相袭，从无间断。加上江水一涨一落，不断加厚滩地的沉积土层，林木生长愈加旺盛。经过许多代人的努力，两岸已有三万多亩滩林。滩林的主要树种为马尾松、毛竹、水竹、樟树、枫香、板栗、乌桕等。楠溪江滩林美，美在层次，美在变化，美在和谐。从画面看，设计者仿佛乘坐一叶竹排看楠溪江滩林，描绘出了绵延数十公里的滩林景观：滩林如同绿色屏障，遮隐了两岸的村落、田园、荒丘，形成以清流碧潭为中心的河滩、草地、远山、近水、蓝天、白云等层次丰富的景观，真是层林叠翠，风光旖旎，诗情画意，令人陶醉。

2004—8 丹霞山（T）

【丹霞山（T）】The Danxia Mountain（T） 丹霞山坐落于湘、赣、粤三省交界处的广东省仁化县境内，距仁化县城9公里，距韶关市54公里，与罗浮山、西樵山、鼎湖山并列为广东四大名山。因方圆280平方公里的红色山群"色渥如丹，灿若明霞"，故得名"丹霞山"。早在2000万年前，丹霞山一带是一个巨大的湖泊。后因地壳上升，湖水外泄，切割岩层，形成悬崖峭壁的峰林地带。由于湖底沉积物为钙质、氢氧化铁和石膏等，所以呈丹红色。丹霞山由红色砂砾岩构成，以赤壁丹崖为特色，地质学上以丹霞山为名，将同类地貌命名为"丹霞地貌"。世界上丹霞地貌主要分布在中国、美国西部、中欧和澳大利亚等地，以我国分布最广。据地质学家研究表明：在世界已发现的多处丹霞地貌中，丹霞山是发育最典型、类型最齐全、造型最丰富、景色最优美的丹霞地貌集中分布区。丹霞地貌是指红色砂砾岩经长期风化剥离和流水侵蚀，形成孤立的山峰和陡峭的奇峰怪石，是巨厚红色砂砾岩层中沿垂直节理发育的各种丹霞奇峰的总称。丹霞地貌区通常是奇峰林立，景色瑰丽，旅游资源丰富。狭义的丹霞山，仅限于北部的长老峰、海螺峰和宝珠峰构成的区域；广义的丹霞山，则包括这里由红石组成的方圆280平方公里的丹霞山区，即丹霞山风景名胜区。风景区内有由红色砂砾岩石构成的大小石峰、石碉、石墙、石柱、石桥六百八十多座。整个风景区山石林立，错落有致，远看似染红霞，近看则色彩斑斓；许多悬崖峭壁，如刀削斧劈，直指蓝天，无数奇岩美洞隐藏于山中，景色奇丽，故又有"中国的红石公园"之称。甚至有人这样评价："桂林山水甲天下，不及广东一丹霞。"1988年，丹霞山被定为国家重点风景名胜区。1995年，丹霞山被定为国家级自然保护区。2001年，丹霞山通过国家"AAAA"级旅游区验收。2004年3月18日，联合国教科文组织主持的全球首批世界地质公园评审中，丹霞山跻身首批世界地质公园行列。

2004年5月1日，为了展现中华山川的壮美风采，中华人民共和国国家邮政局发行了一套《丹霞山》特种邮票，全套4枚。郭承辉设计。胶雕套印。（4—1）刘益民雕刻，（4—2）孔维云雕刻，（4—3）马荣雕刻，（4—4）徐永才雕刻。齿孔12度。邮局全张枚数16（4×4）。河南省邮电印刷厂印制。

这套邮票的4枚图案，选取了丹霞山两山两水的典型景点，不仅画面跌宕起伏，富有韵律感，而且细致入微、生动传神地刻画出了丹霞山风貌的特征，科学地展现出了大自然的神奇之美。设计者在严格写实的基础上，先用铅笔和钢笔画出结构完整、光感参差的素描稿，并强调出空间感和立体感；然后通过电脑赋予色调处理，主色调采用红褐色和绿色，两种色彩既有强烈的反差，又和谐统一，使整套邮票做出了铜版画的艺术效果，营造出了一种优美深远、绵延无穷的意境，让读者获得了深深的震撼和感动。

【丹霞山·僧帽峰】2004—8·（4—1）T 面值60分，票幅规格50毫米×30毫米，发行量1065万枚。图案描绘了丹霞山"僧帽峰"的景观。僧帽峰坐落于丹霞山西北部，是丹霞地貌比较集中的一个区域，因峰顶巨石酷似济公僧帽而得名。僧帽峰其势险峻，四面皆为绝壁，为丹霞山的标志。周围石峰、石碉、石墙、石柱林立，宛如一座红宝石公园。丹霞地貌的发育始于第三纪晚期的喜马拉雅造山运动。这次运动使部分红色地层发生倾斜和舒缓褶曲，并使红色盆地抬升，形成外流区。流水向盆地中部低洼处集中，沿岩层垂直节理进行侵蚀，崖面的崩塌后退使山顶面的范围逐渐缩小，形成碉状残峰、石墙或石柱等地貌。据民间传说，僧帽峰山顶藏有土王的财富，从古至今有无数探宝猎奇者纷至沓来，意欲登顶获宝；可惜，因沟深壑险，探宝者不是中途败回，便是坠落深谷，成为千古难解之谜。画面上，僧帽峰犹如沐浴在月色朗照之中，明亮、通透的蓝绿色调对比下的暖色质地，展露出了一种优美容颜，形象逼真，立体感强，能够给人身临其境之感。

【丹霞山·翔龙湖】2004—8·(4—2)T　面值80分，票幅规格50毫米×30毫米，发行量1000万枚。图案描绘了丹霞山"翔龙湖"的景观。翔

龙湖位于丹霞山长老峰南侧，其所在山谷原称龙坑。相传，丹霞山是海中一方仙山，属东海龙太子的一块封地。不料，西方凶神白虎企图霸占丹霞山，便跑来强取豪夺。交战中，龙太子敌不过凶神白虎，不幸被从云端打下，落地为坑。危急时刻，恰逢虎山张天师从此路过，便画符念咒，宝剑起处，凶神白虎落地，被天师压于丹霞山下。张天师在此建坛炼丹，丹成而龙太子得救。丹霞山两侧江边的虎头岩和东侧的白虎冲，以及附近的龙王坪、龙王岩、龙王泉、九龙峰、九龙庙等都与此传说有关。仙居岩道观是为纪念传说中的张天师降白虎、救龙太子而建。沿湖有龙角山、龙须洞、九龙峰、仙居岩、雾隐岩、乘龙岩、祈龙台等景点二十多处，是以山水风光见长的景观。20世纪80年代初，在龙坑建造水库，蓄水后湖面轮廓酷似一条腾飞的青龙，即蓄水现龙形，故得名翔龙湖。画面上，翔龙湖在晴天淡净的阳光照射下，显得格外清新、清凉，不禁让人油然而生一种向往之情。

【丹霞山·茶壶峰】2004—8·(4—3)T　面值80分，票幅规格50毫米×30毫米，发行量1000万枚。图案描绘了丹霞山"茶壶峰"的景观。茶

壶峰因形状酷似茶壶而得名，丹霞地貌在此峰表现得尤其明显。该峰壶盖、壶嘴一应俱全，形状十分逼真，但唯独没有茶壶把手。相传，古时候，有姐妹二人在此居住，她们热情好客，总是争着给远方的宾客斟茶，不慎扯掉了壶把手，香茶溅入锦江，香溢30里。而茶壶峰前后的平顶、燕岩又颇似一张茶几和一只茶杯，与茶壶峰相映成趣。画面上，在正午阳光的普照下，呈褐红色的茶壶峰端立在浓绿的丹霞山区，神态娴静，仿佛随时准备迎接远方的游客，将一股融融暖意自然注入读者的心田。

【丹霞山·锦江】2004—8·(4—4)T　面值2元，票幅规格50毫米×30毫米，发行量1000万枚。图案描

绘了丹霞山"锦江"的景观。锦江发源于江西省崇义县的仙人岭，流入广东省北部后绕着丹霞山再流入浈江。相传，江水的石缝中有许多五颜六色的锦石，故得名锦江。锦江自北而南穿行于丹霞山群缓缓流淌，水涨水落发出很好听的声音，"锦江水滩声"是古代丹霞山的名景之一。锦江景区全长三十多公里，沿岸赤壁临江，朱碧交辉，翠竹掩映，村舍田园，美景处处。由于丹霞山的许多景点都是围绕锦江展开的，故有"丹霞风景锦水叠"的评论。泛舟江上，江水清澈，两岸奇峰倒悬，沿途景点珠连玉串，是一条山水相融的风景长廊，颇有天造地设而成"碧水丹山画里看"的诗情画意境界。画面上，朝阳初升，锦江沐浴在早晨的霞光中，温暖无际，使读者能够享受到一种身临其境的兴奋和激动之感。

2004—9 中国经济技术开发区二十周年(J)

【中国经济技术开发区二十周年(J)】The 20th Anniversary of China Economic and Technological Development Zones(J)　中国经济技术开发区是一种国家级经济技术开发区，即中华人民共和国国务院批准的经济技术开发区，它们是在沿海开放城市和其他开放城市划定设立的小块特殊经济区域，作为中国向世界开放的窗口和发展新型工业的基地。国家级经济开发区是中国政府重点支持发展的经济区域，国家从土地、税收、财政、金融等方面给予了大力的扶持，在体制、权力、法制等方面做出了特别的规定，在重大项目的审批建设方面做出了重点安排。国家级经济技术开发区注重建设符合国际规范的投资硬环境和投资软环境，为投资者提供全方位、高效率的服务。国家级经济技术开发区以引进外资为主，兴办工业项目为主，加工出口为主，致力于发展高新技术产业。1984年初，为进一步扩大对外开放，中国政府决定运用经济特区的成功经验建立沿海城市经济技术开发区。1984年3月26日~4月6日，中央书记处和国务院在北京召开了由沿海有关省、自治区、直辖市及8个沿海城市，4个经济特区负责人参加的"沿海部分城市座谈会"。1984年5月4日，中共中央、国务院批转了《沿海部分城市座谈会纪要》。在文件中，具有历史意义的措施之一就是："这些城市（注：指进一步开

放的沿海 14 个港口城市，它们是：天津、上海、大连、秦皇岛、烟台、青岛、连云港、南通、宁波、温州、福州、广州、湛江和北海市）有些可以划定一个有明确地域界限的区域，兴办经济技术开发区。"并对经济技术开发区的任务、要求、发展方向、优惠政策、支持措施、审批程序、加强监管及注意事项等作了原则规定。1984 年～1988 年，国务院对 14 个沿海城市中的 12 个市先后批准创办了 14 个经济技术开发区；1992 年～1993 年，国务院第二批批准了 18 个经济技术开发区；2000 年～2002 年，国务院第三批批准了 17 个经济技术开发区。此外，国务院还先后批准苏州工业园区、海南洋浦经济技术开发区、上海金桥出口加工区、宁波大榭经济开发区、厦门海沧投资区均实行国家级经济技术开发区的政策。54 个国家级经济技术开发区，已开发面积约为 400 平方公里～500 平方公里，约为中国国土总面积的十万分之四至五，累计吸收的外商直接投资占全国外商实际投资总额的 15% 左右。据不完全统计，约有二百多家世界著名的国际大公司、大财团在经济技术开发区投资兴办了四百多个工业项目，都取得了较大的发展和很好的经济效益。国家级经济技术开发区以发展资金、技术密集型企业和产品出口企业为重点，高新技术产业迅速发展崛起。开发区的产业结构日趋合理和高级化，形成了自己的支柱产业。目前已拥有一大批有实力的电子、信息、计算机、汽车及配件、生物工程、制药及医疗器械、精细化工、精密制造、家用电器、新型建筑材料、新能源、高档日用品、食品深加工等行业，有的已初步形成一定规模的产业链。进入 21 世纪，国家级经济技术开发区提出了建立"新九通一平"的新理念。"九通"为：信息通、市场通、法规通、配套通、物流通、资金通、人才通、技术通、服务通；"一平"是"建立 21 世纪中国经济新平台"。开发区已经和正在创造一个更高水平的、全面与国际接轨的投资硬环境和软环境。

2004 年 5 月 4 日，为了祝贺中国经济技术开发区建立二十周年，中华人民共和国国家邮政局发行了一套《中国经济技术开发区二十周年（J）》纪念邮票，全套 1 枚。邮票设计冯小红，边饰设计王虎鸣。胶版。齿孔 12 度。邮局全张枚数 10（5×2）。防伪方式有防伪纸张、防伪油墨、微缩文字、荧光喷码。北京邮票厂印制。

注：此套邮票又曾作为个性化服务专用邮票使用，附票规格 30 毫米×30 毫米，印量 108.95 万枚。

【中国经济技术开发区二十周年】2004—9·(1—1)J　面值 80 分，票幅规格 30 毫米×30 毫米，发行量 1050 万枚。图案舍实求虚，是一幅具象与抽象有机结合的画面。设计者用一个个"开"字层层叠叠构成一座座

高大建筑，既像楼房又像风帆，象征中国自 1984 年以来建立的 54 个国家级经济技术开发区；将中央文献社授权的邓小平题词"开发区大有希望"置于画面上方，约占去整个画面的 1/3 空间，充分显示了经济技术开发区存在的重大意义和它所发挥的窗口、示范、辐射、带动等作用。从色彩方面看，整个画面为蓝色调，票名及铭记"中国邮政 CHINA"采用黑色，面值"80"分为红色，邓小平的题词"开发区大有希望"和署名采用金墨印刷，层次清晰，交相辉映，主题突出。

"开发区大有希望"是邓小平同志视察天津经济技术开发区时的题词。天津经济技术开发区是一个以兴办外商投资企业为主的特殊经济区域，地址在天津市东南，距市中心 50 公里，紧靠天津新港和塘沽市区，东临渤海，西邻京山铁路，南至新港四号路，北界北塘镇，总面积 33 平方公里。1984 年 12 月 6 日，天津经济技术开发区经国务院批准正式成立。1986 年 8 月 21 日，邓小平在时任天津市长李瑞环同志陪同下，视察了天津经济技术开发区。邓小平看到在开发区这片土地上，昔日的荒凉已经离去，眼前已经是道路纵横，厂房林立，一派欣欣向荣的景象，他指出："你们在港口和市区之间有这么多荒地，这是个很大的优势，我看你们的潜力很大，可以胆子大点儿，步子快点儿。"并欣然题词"开发区大有希望"。1989 年 12 月 6 日，天津经济技术开发区管理委员会在区内建立了一座以拓荒犁为造型，象征着奋进开拓的纪念碑。这座庞大的拓荒犁呈卧式抽象型，在犁铧与犁柄间起杠杆作用的巨臂上，镌刻着邓小平同志的题词手书："开发区大有希望"。白底黄字，遒劲豪逸，十分醒目。在拓荒犁纪念碑的背后，用工整的隶书记载着："天津经济技术开发区于 1984 年 12 月 6 日经国务院批准始建，规划 33 平方公里，是以兴办外商投资企业为主之外向型工业区。自建区以来，全区上下，坚持立国之本，走好强国之路，负中国工业跻身世界强国之重任，开利用外资引进技术之窗口，呕心沥血，艰难缔造，奋战五载图治，创立百年基业，终使昔日盐滩展现代化新区雏形。1986 年 8 月 21 日，邓小平同志莅临视察，挥毫题词'开发区大有希望'。谨立此碑，永志纪念。"

2004—10 侨乡新貌（T）

【侨乡新貌（T）】New Look of Hometowns of Overseas Chinese（T）　所谓"侨"，指寄居、客居之意，如侨

胞、侨居。侨乡，即国内某些出国华侨较多、华侨眷属比较集中的地方。中国是世界著名的文明古国，自古以来就与周边国家和人民保持着密切的联系。华侨大批出国是在1840年鸦片战争以后，那时中国百业凋零，破产的劳动者作为华侨出国，实际上是一种外出谋生的手段。当他们在国外经过艰苦奋斗，经济上有所发展时，往往选择回乡兴办教育和实业，促进家乡建设。新中国成立后，一批批华侨怀着一颗赤子之心，回到家乡，积极参加祖国的社会主义建设。1956年5月12日，中华全国归国华侨联合会正式成立，简称"全国侨联"。全国侨联是在中国共产党领导下，团结、联系归侨、侨眷和华侨的人民团体。1956年10月5日～12日，中华全国归国华侨第一次代表大会在北京举行，陈嘉庚当选为全国侨联第一届委员会主席。全国侨联以中华人民共和国宪法为一切活动的准则，高举爱国主义旗帜，广泛团结归侨、侨眷和华侨，发扬爱国爱乡的光荣传统，为实现祖国的社会主义现代化建设，促进祖国统一和维护世界和平做出积极贡献。广东省、福建省和海南省是侨乡最多的3个省份。

2004年5月15日，为了表现广大归国华侨的爱国热情及祖国对侨民的关怀，并且展示新中国成立以来侨乡的建设成就和侨乡的生活状况，中华人民共和国国家邮政局发行了一套《侨乡新貌（T）》特种邮票，全套4枚。殷会利设计。影写版。齿孔11度×11.5度。邮局全张枚数20(5×4)。防伪方式有防伪纸张、防伪油墨、荧光喷码。北京邮票厂印制。

这套邮票的4枚图案，选取了4个著名侨乡的典型景观，既突出了它们各自的特色，又体现出了隐藏其中的共同点，生动地表现了侨乡的新面貌。特别是设计者采用热带植物这一最好的艺术语言，以装饰化的手法，不仅借热带植物的那种蓬勃向上的生命力充分体现出了侨乡的繁荣昌盛，而且创造出了一种欣欣向荣的景象和氛围，能够给读者一种充满阳光的清新的感觉，从而预示着侨乡事业的蓬勃发展前景。

【侨乡新貌·兴隆华侨农场】2004—10·（4—1）T

面值80分，票幅规格40毫米×30毫米，发行量1150万枚。图案描绘了兴隆华侨农场的景观。兴隆华侨农场位于海南岛东南部万宁市境内的太阳河畔，创建于1951年9月。新中国成立初期，政府为安置归国华侨、侨眷而专门设立的兴隆华侨农场，是一个带有政府职能性质的特殊企业。1951年10月，广东省委派了3名干部带领七百多名受英帝国主义迫害的马来亚华侨，分三批抵达兴隆安置，组织难侨生产自救。建场初期，仓促之间，农场定为家庭式的单干性质。1952年，农场由单干改为集体农庄，农户自愿报名参加。1955年，集体农庄被改制为国营农场。1956年2月1日，兴隆华侨集体农庄正式宣布改为国营兴隆华侨农场。这一天被视为兴隆归国难侨创业史上的新篇章。兴隆华侨农场自创办至今，已先后安置了来自印尼、马来西亚、越南、泰国等21个国家和地区的归国华侨一万多人。经过几代归侨、侨眷不断的艰苦努力，目前农场面积已扩大到16.5万亩，已经成为全国最大的华侨农场，一个初具规模的农、工、商、旅游综合发展的华侨企业。邮票图案采用绿色调，描绘了丰富的热带植物，生动地展现出了兴隆华侨农场优越的地理环境、美丽的热带风光和浓郁的侨乡风情，令人神往。

【侨乡新貌·暨南大学】2004—10·（4—2）T

面值80分，票幅规格40毫米×30毫米，发行量1000万枚。图案描绘了暨南大学的景观。暨南大学是第一所由国家创办的华侨学府。"暨南"2字出自《尚书·禹贡》篇："东渐于海，西被于流沙，朔南暨，声教讫于四海。"意思为面向南洋，将中华文化远远传播到五洲四海。学校的前身是1906年清政府创立于南京的暨南学堂。1927年更名为国立暨南大学。抗日战争时期，迁址福建建阳。1946年迁至上海。1949年9月，合并于复旦大学、上海交通大学等大学。1958年，在广州重建。1994年开始，由国务院侨务办公室和广东省人民政府合作共建。暨南大学素有"华侨最高学府"之称，一直以"忠信笃敬"作为校训。改革开放以来，暨南大学积极贯彻"面向海外，面向港澳台"的办学方针，自1978年至今，共为海外、港澳台地区培养各类人才一万多人，他们来自世界五大洲93个国家、3个法属领地和港澳台3个地区，堪称桃李满天下。2002年，学校通过了"211工程""十五"期间建设项目立项，确定以中国语言文学与海外华人教育、中外关系与华侨华人、产业经济与金融经济、企业管理理论与应用、生物科学技术与生物医学工程、生殖科学与计划生育6个学科为重点建设学科。学校设有16个学院、37个系、60个研究机构和69个实验室、52个本科专业、88个硕士学位授权学科、3个博士学位授权一级学科、28个博士学位授权二级学科。邮票图案采用黄色调,将学校拱形大门置于画面中心,门额上"暨南大学"4个大字点明了画题。画面上点缀了南方较为常见的热带植物,既点明了暨南大学的地理位置,也创造出了一种生机勃勃、欣欣向荣的景象,喻示侨务事业的蓬勃前景。

【侨乡新貌·福清融侨开发区】2004—10·(4—3)T

面值80分,票幅规格40毫米×30毫米,发行量1000万枚。图案描绘了福清融侨开发区的景观。福清融侨开发区始建于1987年。1992年10月21日经国务院批准成为国家级经济技术开发区,是全国唯一一个以"侨"命名的国家级开发区,位于福建闽江口经济活跃带的南部。批准规划面积28平方公里,至2004年已开发面积10平方公里。福清融侨开发区凭借政策开明、区位优势、多侨近台等诸多优势,成为海内外客商竞相投资的热土。至2003年年底,区内累计批准三资企业341家,总投资20.74亿美元,注册资本11.3亿美元,合同外资9.4亿美元,实际利用外资7.36亿美元。累计完成工业总产值1267亿元,上缴税金22.5亿元,出口85.6亿美元,其中部分经济指标位居全国国家级经济技术开发区前列。2003年,全区工业产值235.8亿元;出口19.56亿美元;财税收入5.75亿元。根据商务部公布的2003年国家级开发区经济指标统计,福清融侨开发区出口额、进口额列第6位;工业稳中有升,列第17位。邮票图案采用白色调,在连绵起伏的远山衬托下,描绘出了开发区一个个投资企业的雄伟建筑,具体生动地表现了福清融侨开发区的蓬勃发展,极大地推进了福清市工业化、城市化和现代化的建设步伐。画面上点缀了福清市特有的热带植物三角梅和榕树,巧妙地烘托了气氛,洋溢着一种精彩和荣耀,耐人寻味。

【侨乡新貌·开平侨乡】2004—10·(4—4)T 面值80分,票幅规格40毫米×30毫米,发行量980万枚。图案描绘了开平侨乡的景观。开平市是广东省珠江三角洲沿海开放区崛起的一个明星城市,靠近广州,毗

邻香港,历来是重要商埠和货物集散地,被誉为"华侨之乡"、"建筑之乡"和"文化之乡"。全市总面积1659平方公里,旅居海外的开平籍华侨和港澳同胞75万人。碉楼是开平的标志,一座座碉楼,是开平政治、经济和文化发展的见证,它不仅反映了侨乡人民艰苦奋斗、保家卫国的一段历史,也是活生生的近代建筑博物馆。百年来中西文化的融汇,创造了侨乡独树一帜的建筑风格和民俗风情。在这新老结合的城市里,老的碉楼建筑与现代化的城市景观交相辉映。开平侨乡的景观特色十分鲜明,市区三埠被潭江、苍江分割,在两江交汇处的商业区集中了开平大厦、潭江半岛酒店、世纪之舟、旅游购物街等代表性的景观。尤其是世纪之舟,它采用了一艘扬帆待发的"船"作为建筑的外观,与潭江的碧水相互呼应,造型极为独特。在侨乡,"舟"有着深刻的寓意:舟曾载着人们走出家园,创造新的天地;舟又载着华侨返回家乡,建设自己的家园。早在16世纪中期,就有人乘木帆船远渡重洋,到南洋群岛和南北美洲谋生。最新统计,开平旅居海外的华侨华人四十九万多人,分布在世界68个国家和地区。邮票图案采用红色调,用江水和隔江相望的楼群为背景,将绿树丛林中的红顶小屋作为实景,并点缀了一些常见的热带植物,既体现出了浓浓的"侨"味,又富有深刻的内涵。

2004—11 司马光砸缸(T)

【司马光砸缸(T)】Sima Guang Breaking the Vat (T) 司马光为我国北宋时期著名的政治家和伟大的历史学家,字君实,号迂夫、迂叟。宋仁宗时,王安石、司马光、吕公著、韩维四人同朝为官,往来友好,时称"嘉祐四友"。宋真宗天禧三年(公元1019年)11月,司马光生于北宋陕州夏县涑水乡(今山西省夏县)一个世代官宦之家,世称"涑水先生"。其祖父司马炫,进士出身,做过县令;其父司马池,官至兵部郎中、天章阁待制、三司副使,官为四品,并享有清廉仁厚之盛誉。司马光出生时,其父正担任光山县令,于是便给他取名"光"。司马光之父司马池很有学识,对其子管教甚严,重视家教。司马光不仅自幼聪明好学,对识字读书有着浓厚的兴趣,而且质朴,不事奢侈华丽。一次,司马光之母给他做了一件华丽的衣服,他很害羞,不愿穿在身上。当母亲坚持要他穿时,司马光甚至哭着,闹着,坚持不穿。最后,母亲理解了儿子不喜欢花哨的习性。这个习性,造就了司马光一直坚守清廉的品质。司马光约6岁时,有一天,父亲带回来一袋青核桃,司马光闹着要吃,让姐姐替他剥皮。姐姐费了很大劲儿,怎么也剥不掉核桃的皮。姐姐走开后,女仆将青核桃用开水烫煮后,才顺利剥开。可当姐姐询问是谁剥掉核桃皮时,司马光却称是自己。其父知道这件事的真相后,狠狠地教训了司马光

一顿。自此，司马光再也不敢说谎，终生以诚信作为律己待人的守则。不到7岁，司马光便入尊贤馆读书，由于学馆离家远，便寄宿在学馆。司马光读书很勤奋，废寝忘食，不知饥渴。功夫不负有心人，在考试时，司马光一口气把《论语》前十章正确背诵了出来。后来，司马光对《论语》能倒背如流，让先生和同学们甚是惊叹。从此，尊贤馆里出现了顺着和倒着背诵书这两种方式。司马光学完《论语》、《孟子》之后，便开始攻读《左氏春秋》。据史书记载，司马光非常喜欢读《左氏春秋》，常常"手不释书，至不知饥渴寒暑"。7岁时，司马光便能够熟练地背诵《左传》，并能把二百多年的历史梗概讲述得清清楚楚，这也促使他酷爱历史。勤奋好学的司马光求知欲望越来越强烈，他的房间灯光常常亮到天亮。为了充分利用晚上时间，司马光找来一截圆木，让人帮着做成枕头，疲劳时枕着睡觉，睡沉后圆木便滚动，他立即会惊醒，接着又读书。司马光称这圆木为"警枕"，这个警枕陪伴了他一生。宋仁宗宝元初年，年仅20岁的司马光考中进士甲科。就在司马光功名早成的时候，他却豪迈地提出："贤者居世，会当履义蹈仁，以德自显，区区外名何足传耶。"真实地反映出年轻司马光不图虚名，立志以德建功立业，成圣称贤。司马光历仕北宋仁宗、英宗、神宗、哲宗四朝，官至宰相，被称为"社稷之臣"。在政治上，司马光是一名保守派，曾几度上书反对王安石的新法。王安石主张通过大刀阔斧的经济、军事改革措施，解决当时围绕财政、军事上存在的问题。而司马光则认为在守成时期，应偏重通过伦理纲常的整顿，把人们的思想束缚在原有制度之内，即使改革，也一定要稳妥，因为"重建房子，非得有良匠优材，而今二者皆没有，要拆旧屋建新房的话，恐怕连个遮风挡雨的地方都没有了。"后来，王安石变法中出现的偏差，也从侧面证明司马光在政治上的老练与稳健。司马光一生著述很多，除历时19年编纂而成我国第一部编年体通史《资治通鉴》外，还有《通鉴举要历》80卷、《稽古录》20卷、《本朝百官公卿表》6卷。此外，在文学、经济、哲学乃至医学方面，司马光都进行过钻研和著述。宋元祐元年（公元1086年）秋，司马光逝世，终年67岁。太皇太后与哲宗一起亲自去吊唁，追赠司马光为太师、温国公，谥号"文正"，赐碑"忠清粹德"。后人建涑水书院以祀司马光。

司马光砸缸的故事，《宋史·列传第九十五》中记载："群儿戏于庭，一儿登瓮，足跌没水中，众皆弃去。光持石击瓮，破之，水迸，儿得活，其后京、洛间画以为图。"故事发生于他在学馆求学期间。有一次，课间休息，司马光和小伙伴们在院子里玩耍，他们有的踢毽子、有的捉迷藏。学馆院子里有一口盛满清水的大缸，用以防火和浇花之用。一个正在捉迷藏的小童，见这口缸大，他便想躲藏其中，于是纵身翻上缸沿，不料一不小心，跌入缸中。由于缸大水深，眼看那小童快要没顶了。别的孩子一见出了事，吓得哭边喊，跑到外面向大人求救。在一片混乱的情况下，唯有司马光没哭没喊，也没有离开，他急中生智，跑着从院子里搬来一块大石头，使出全身力气，将石头向水缸砸去；只听"咔嚓"一声，大缸下部被砸破了一个洞，缸里的水哗哗往外流。掉进缸里的小童得救了，他除了受到惊吓和喝了几口水外，没有受到其他伤害。这时，先生也赶到了现场，安顿好落水的小童后，拉着司马光的手，拍拍他的肩，赞扬他遇事沉着冷静，机智勇敢，大器早成，将来必为有用之才。司马光砸缸的故事，不久就传遍了当时的西京洛阳城和东京（今河南开封），成了街谈巷议的特大新闻。这个砸缸的故事，使小司马光成了小英雄，不少人都争先恐后到学馆一睹他的风采，赞誉他"人小志气大"、"机智勇敢"，都说他将来一定是国家的栋梁，是做大官的坯子。一位画家得知这个故事后，专程进行了采访，并绘了《小儿击瓮图》。有书商将此画买下，刻版彩印，在京洛两地市场十分畅销，广为流传。

2004年6月1日，正值"六一"国际儿童节之际，中华人民共和国国家邮政局发行了一套《司马光砸缸（T）》特种邮票，全套3枚。李炜设计。影写版。齿孔12度。邮局全张枚数20（4×5）。版式二6枚（2套邮票），发行量90万版，规格120毫米×184毫米。防伪方式有防伪纸张、防伪油墨、荧光喷码。北京邮票厂印制。

这套邮票的3枚图案，选择了《司马光砸缸》故事中的三个瞬间画面，犹如一组连环画，具体而生动地表现出了少年司马光的沉着、勇敢和智慧。在人物形象刻画方面，设计者采用了中国传统木版年画中儿童的造型手法，而在绘制方法上又避开了传统规整的版画线描，巧妙地融合了国画中虚实空灵的勾勒方法；在用色方面，设计者选用了具有透明效果的水彩，纸张也放弃了绢或宣纸，而是选择了现代设计常用的仿旧效果和有纹肌理的特种纸，这样，整个作品既体现出了一种浓郁的文化味道，又显得轻松随意，自然活泼，而且还从材料上暗自洋溢着一股时代气息。小版张的表现空间比较灵活，为了更好地衬托邮票，设计者把小版张的画面组织成一个整体，采用散点构图的手法，将邮票作为整体的一部分，让读者的视觉从画面的右上角开始，沿着"S"形顺序逐一欣赏。

【落水】2004—11·（3—1）T 面值80分，票幅规格30毫米×40毫米，发行量1200万枚。图案描绘了

《司马光砸缸》故事中一小童不慎落入水缸之中的瞬间情景。画面中,设计者省略了"群儿戏于庭,一儿登瓮"的情景,只表现了"足跌没水中"的一瞬间。在构图上,设计者加大了水缸在画面中的分量感,它与周围的儿童形象形成一大几小的视觉对比,暗示着突发事件的危险性。画面视觉中心是"登瓮"的儿童落入水缸的情景,用水花四溅增加了作品的视觉冲击力。画面中的另外两个儿童,通过他们遇到事情所作出的不同反应,以及微妙的表情变化,观众一眼就能认出谁是司马光。站在画面右上角的司马光,他伸手想要营救落水儿童,为第2枚邮票"砸缸"表现的情节埋下了伏笔。但仔细欣赏画面,落水小童四脚朝天躺在水面上的姿势,不像是嬉戏时"登瓮"而跌落缸里的情景,倒像是从水缸上方被抛落水中,这与故事情节不符;水缸高度比缸外小孩身高矮了很多,司马光只要伸手就可以把落水小童拉上来,何必要去砸缸呢?!

【砸缸】2004—11·(3—2)T　面值80分,票幅规格30毫米×40毫米,发行量1200万枚。图案描绘了《司马光砸缸》故事中砸缸的瞬间情景。"砸缸"是整个故事情节的关键和高潮。设计者从构图中省略了落水儿童的形象,减弱了其他人物在画面中的分量,而司马光则呈现了完整的全身造型,突出表现的是他用石块

砸缸的一瞬间情景,使观众的视觉重心自然锁定在司马光身上。大水缸后侧的儿童,一个个面露惊慌,双手捂着耳朵,仿佛能够清晰听到石击水缸、缸水迸流而出的声音。画面中水缸缸口残留的小水花,说明落水小童已浸入缸底,生命危在旦夕;而水缸破裂处水流奔涌迸出,使观众又看到了生命得到拯救的希望。但仔细欣赏画面,司马光在缸上砸破的溢水口似乎偏高了一些,若将破洞设计在缸体的下部,落水小童的获救当然才会更有把握吧?!

【获救】2004—11·(3—3)T　面值2元,票幅规格30毫米×40毫米,发行量1100万枚。图案描绘了《司马光砸缸》故事中落水小童获救后的情景。设计者安排了司马光将落水小童的鞋归还其母亲的一个场景。画面中,小童母亲和3个儿童组成的构图饱满完整;藏

于母亲身后的落水小童,面露羞愧,翘着一只小光脚丫,从细微之处增加了故事的情趣性和亲切感。特别是慈祥美丽的母亲形象,衣袖和绸带飘舞,给人轻松舒畅的心理感受,与第一、第二枚图案所表现的情节形成对比,紧张的心情归于平静,暗示着故事有惊无险的完美结局,具有一种意味深长的教育意义。

2004—12 中国新加坡合作——苏州工业园区成立十周年(J)

【中国新加坡合作——苏州工业园区成立十周年(J)】China—Singapore Cooperation: 10th Anniversary of the Founding of Suzhou Industrial Park(J)　有关新加坡的知识,详见本书1996—28《城市风光(中国—新加坡联合发行)(T)》。有关苏州的知识,详见新版《中国集邮百科知识》T·56《苏州园林——留园》。苏州工业园区是中国和新加坡两国政府间最大的合作项目,是中新经贸合作的"重中之重"。坐落于苏州古城以东美丽的金鸡湖畔,东临上海,西靠太湖,南接浙江,北枕长江,距上海虹桥机场约80公里。1994年2月11日,中国国务院下达了《开发建设苏州工业园区有关问题的批复》;2月26日,李岚清副总理和新加坡前总理李光耀分别代表中新两国政府在北京签署了合作开发建设苏州工业园区的协议;5月12日,苏州工业园区破土动工。苏州工业园区行政辖区总面积260平方公里,其中中新合作规划面积70平方公里,规划居住人口50万人,计划吸收各类投资1000亿美元。根据国务院的批复,苏州工业园区的发展目标是建设一个高新技术为先导、现代化工业为主体、第三产业和社会公益事业相配套的现代化工业园区。苏州工业园区(含金鸡湖水域)的建设分为三期,计划用十年左右时间开发。苏州工业园区得到了中新两国政府的高度重视和全力推动,特别是在项目审批、海关物流、公积金制度、外事管理等方面被授予了国内独一无二的管理权限,形成了"不特有特、特中有特"的政策优势。与国内一般开发区相比,苏州工业园区有三个显著特点:首先,园区是两国政府间的合作开发项目。为了确保项目顺利进展,中新双方建立了中新两国政府的联合协调理事会、双边工作委员会、具体联络机构等三个层面的领导和工作机构。第二,园区拥有世界一流的城市设计和规划体系。其规划突出强调了

"以人为本"的理念,并按照"先规划后建设、先地下后地上、适当超前滚动开发"的原则,确立了"执法从严"的规划管理体制。第三,结合中国国情,借鉴新加坡经验。经国务院批准,苏州工业园区可以自主的、有选择的借鉴新加坡在城市规划建设、经济发展和公共行政管理的成功经验。1994年~2002年的八年时间,苏州工业园区在建设过程中,注重借鉴国内外先进城市经验,融新加坡国际化理念和苏州文化底蕴于一体,建成区内每平方公里基础设施投资近一亿美元,形成了纵横交错的高级道路、高标准设施和一批大容量源头厂,主要经济指标一直保持年均50%左右的增幅。目前,园区已成为中国发展速度最快、开发水平最高、吸引外资最多的开发区之一。2002年5月,中新联合协调理事会第六次会议在新加坡成功举行,会议提出了今后三年苏州工业园区加快发展的新目标:新投入建设资金超过100亿美元,基本完成70平方公里基础设施的开发,初步形成园区的城市形态;努力实现合同外资超过200亿美元,实际利用外资超过100亿美元,GDP达到500亿元;创造出"优美环境、优质服务、优秀人才"的新的综合优势,初步建成具有国际竞争力的开发区。

2004年3月1日,为了宣传苏州工业园区的开发成就和理念,中华人民共和国国家邮政局发行了一套《中国新加坡合作——苏州工业园区成立十周年(J)》纪念邮票,全套1枚。张磊设计。影写版。齿孔13度×13.5度。邮局全张枚数12(4×3)。北京邮票厂印制。

【中国新加坡合作——苏州工业园区成立十周年】
2004—12·(1—1)J　面值80分,票幅规格40毫米×30毫米,发行量1000万枚。

图案主图为苏州工业园区的雕塑"圆融"。雕塑"圆融"坐落于苏州金鸡湖西岸湖滨大道。2001年6月8日,中国国务院副总理李岚清和新加坡内阁资政李光耀共同为"圆融"雕塑揭幕。该雕塑呈螺旋上升结构,上面刻有"圆融"2字。从侧面角度看,"圆融"是一个大写的"S",可作货币符号"S"(美元)理解,中间的方孔是中国古钱的主要元素,有中外经济交流交融的含义。在建筑结构上,该雕塑是由一个个有厚度的金属块(像砖头)叠加而成的,每个叠加的"块"之间有一点错位,最后造成了整座雕塑的扭动感,寓意美好的目标是通过积累才可以实现的。"圆融"雕塑较好地体现了园区的中外经济技术合作以及中新合作、艰苦创业的意义,已成为苏州城市变迁的一个鲜明标志。

表达了传统与现代、科技与人文互融共生的深刻含义。设计者以照片为基础,在保证其造型姿态风韵的前提下,采用黑白两值化构成的方式重新归纳组合,突出了现代感和工业化,使主题更加鲜明。图案背景衬以金鸡湖畔的建筑群和绿化群,总体上具有苏州工业园区个性特点的、概念化的工业化发展场景,并用绿树将背景分为上下两部分,下面显现的则是倒映。在色彩方面,图案以蓝绿色为主体色调,绿色寓有环保意味,蓝色则象征科技和现代化。

2004—13 皖南古村落
——西递、宏村(T)

【皖南古村落——西递、宏村(T)】Ancient Villages in Southern Anhui:Xidi and Hongcun(T)　皖南古村落位于安徽省黟县境内。黟县坐落于黄山脚下,距黄山风景区仅四十多公里,是个历史悠久、具有深厚文化底蕴的县,建置于秦(公元前221年),距今已有两千多年历史了。黄山古称黟山,黟县就因坐落在山之阳而得名。黟县境内盛产一种称之为"黟县青"的黑石,古村落宅院的门框、石雕大多采用这种被誉为当地"大理石"的黑石。自古以来,黟县被称之为"桃花源里人家"。据考证,黟县的地理地貌与陶渊明的《桃花源记》所描述的景致极为相似。昔日入黟只有经渔亭镇弃舟登岸一条道,数十里一水中流,水随山转,山因水媚,夹岸桃林,落英缤纷,百花吐蕊,百鸟啁啾。路上有一洞嵌于悬崖峭壁,洞前有平台,洞上方有刻着"桃花源"的石额,两侧刻石联:"白云芳草疑无路,流水芳草别有天。"可惜,新中国成立后因修公路洞被炸毁,所幸"桃花源"碑及石刻残联"白云芳草疑无路"仍存,被县有关部门收藏。黟县境内现依然保存有众多的古村落、古牌楼、古祠堂、古塔、古桥等,被誉为我国地面现存古建筑、古文物最多的县,是文物之乡。其中西递、宏村古村落是"中国皖南古村落"的杰出代表。2001年6月25日,西递、宏村古村落被国务院批准为国家级重点文物保护单位;2003年8月15日,被国家旅游局评为"AAAA"级旅游区。联合国教科文组织对西递、宏村给予高度的评价,认为它们"是人类古老文明的见证,是传统特色建筑的典型作品,是人与自然结合的光辉典范"。西递距黄山市政府所在地屯溪54公里,距黟县县城8公里。西递村素有"东方传统文化的缩影"、"中国明清民居博物馆"之称。西递村的主要特色是徽派建筑和徽文化内涵。历史上西递有"船形村"之称,站在对面山坡上远眺,西递村犹如一艘扬帆起航的船。西递村始建于公元1047年,距今已有958年的历史。据《胡氏宗谱》记载，公元904年，梁王朱温企图篡位，胁迫唐昭宗李晔迁都洛阳，行经河南陕州时，皇后何氏生下一子；李晔深知前途凶多吉少，便将男婴托付给陕州地方官、徽州婺源人胡三抚育，并取名胡昌翼。朱温篡位后，昭宗全家被杀，唯有留在皖南山区的胡昌翼幸免于难。170年后，胡昌翼的后人胡士良前往金陵途经西递村时，被这里的山形水势所陶醉，便迁到这里定居，成为该村的祖先，故西递村有"假胡真李"之说。西递村至今仍保存有明代牌楼一座，清代祠堂三幢，清代民居224幢，整体风貌和特征基本完整，道路、水系维持原状，正街、横路街、前后边溪和四十多条巷、弄及其石板路均保持原样。穿村而过的前、后两股溪水自东西流，与自古所说的"春水东流"相反，故得名西递村。宏村位于黟县县城西北角，距屯溪65公里，距黟县县城11公里。始建于公元1131年，距今已有874年的历史，为徽州大姓汪氏子孙聚族而居的地方。宏村具有独特的水乡景貌，尤其是雨后，犹如一幅泼墨的山水画，远山秀黛，烟岚飘渺，隐隐约约，浓淡相宜，与近处的一湖秀水、古居、垂柳、嫩荷相映，更是透着一种动人的灵秀，故有"中国画里的乡村"之誉，联合国教科文组织专家也称赞为"有着与威尼斯相媲美的举世无双的世界水乡奇观"。宏村最奇特的景观是整个村落按"仿生学"的牛形构建而成。当然啦，置身于村中，是难以发现宏村的牛形结构的，只有登上对面的山坡，才能够欣赏到早在15世纪中国一个偏僻村镇创造的一大奇观：村背后的雷岗山为牛头，两棵大树为牛角，村落为牛身，月沼为牛胃，南湖为牛肚，穿村绕行三百多户人家的"家家门巷有清泉"的水圳为牛肠，架在环绕宏村的邕溪河上的4座木桥为牛脚。水圳的水格外清澈，游鱼卵石毕现。过去，宏村有个不成文的规定，即每天早 8 点之前水圳水为饮用水，8点后才可用于浣洗。宏村历史上曾数遭火灾，后人设计为牛形水系村落，水圳的流经各家各户门前的活水，还是砖木结构古民居的消防用水。统观全村，就像一头昂首奋蹄的大水牛。宏村的景观特别多，可以说处处是景，景外是景，移步换景；景内是景，人在景中，景在画中，如诗如梦如幻。

2004年6月25日，为了展现中华民族悠久灿烂的文化，中华人民共和国国家邮政局发行了一套《皖南古村落——西递、宏村(T)》特种邮票，全套4枚。应天齐设计邮票，郝旭东设计边饰。影雕套印。(4—1)呼振源雕刻，(4—2)李庆发雕刻，(4—3)姜伟杰雕刻，(4—4)郝欧雕刻。齿孔11度×11.5度。邮局全张枚数8(4×2)。防伪方式有防伪纸张、防伪油墨、荧光喷码。北京邮票厂印制。

这套邮票的4枚图案，选用了画家4幅水印版画作品，描绘出了皖南古村落——西递、宏村的独特景观，一座座建筑群仿佛是一件件古文物叙述着对民族、对历史的深深眷恋。邮票图案采用影雕套印，精湛的雕刻技艺，不仅再现了徽派版画作品中丰富的肌理和水印技巧，展示了古朴、典雅和沉静的古村落的美景，也充分诉说了对景物内在的深深情思，创造出了恬淡而又肃穆的意境，使得一种文化、一种传统，甚至一种人文精神，能够永远定格于历史的长河，生生不息，源远流长。设计者大胆地割爱去掉了原版画作品中运用的大块黑色，避免了大块黑色淹没邮戳上的日期和地名，有利于集邮爱好者的收藏。

【牌楼】2004—13·(4—1)T 面值80分，票幅规格40毫米×30毫米，发行量1090万枚。图案

描绘了立于皖南古村落西递村"走马楼"旁的胡文光刺史牌楼景观。这座牌楼建于明万历六年（公元1578年），距今已有四百多年历史，是西递村的标志性建筑。牌楼高12.3米，宽9.8米，系三间四柱五楼结构，通体用质地坚腻的"黟县青"石结构，底座四只高达2.5米的石狮倒匍，威猛传神。从建筑学角度看，这种狮头朝下，造成重心下移的倒立狮，是两根正柱的支撑，对于高耸的牌楼，起着一种稳定的功能。牌楼西向额梁刻有"胶州刺史"，东向额梁刻有"荆藩首相"，共8个字。相传，楼主胡文光系西递人，生于1521年，34岁考中进士，先任江西万载县知县，后升任山东胶州刺史；因得到明神宗叔父长沙王的赏识，被调至王府任长史，又因长沙王被恩准不必上朝，有事由胡文光代为禀报，于是四品官的胡文光被授予朝列大夫，进而成为皇帝身边的人，这也是明神宗恩准他在家乡建造牌楼的原因。因长沙王分封的领地是湖南、湖北，胡文光这位大管家便顺理成章地成了"荆藩首相"。牌楼一楼月梁，刻有精美古朴的浮雕，正中额坊刻成"五狮戏绣球"，两侧额坊分别刻有凤凰、麒麟、仙鹤、梅花鹿。梁柱间用石雕斗拱承托，两侧镶嵌有石雕花窗。三楼轴线上刻有"荣恩"2字。两旁衬有花盘浮雕，显示牌楼的建造，是皇帝的恩幸和恩赐。邮票图案采用写真设计手法，景、画如出一辙，让读者一眼就可以确认出"胡文光牌楼"的特质。画面上，古牌楼立于晨曦之中，淡淡的青色调呈现对生命的眷恋；设计者摒弃了牌楼周围的一切其他景物，让古牌楼如一座丰碑静静立于空旷之中，不仅充分表现出了这件文物的弥足珍贵，

而且创造出了一种冷峻、肃穆的意境。

有关牌楼的知识，详见本书1997—20《澳门古迹（T）》。

【古建筑群】2004—13·（4—2）T 面值80分，票幅规格40毫米×30毫米，发行量1000万枚。图案描绘了皖南古村落西递村古建筑群的景象。西递村中至今仍保存完好的明、清建筑近二百幢。该村建房多用黑色大理石，两条清泉穿村而流，99条高墙深巷，各具特色。西递村的古民居群体，布局规整，建筑典雅，鳞次栉比。其中既有徽商富贾胡贯三（传说为江南六大首富之一，生意鼎盛时在武汉、九江、芜湖等沿江城市号称有"三十六典，七条半街"）为迎接时任军机大臣的亲家曹振镛（传说为"丞相代代有，代君三月无"的当朝丞相）而建造的"走马楼"，也有在主要街道重金建造的接官厅"迪吉堂"和建于清咸丰、同治年间的"瑞玉庭"，后者厅堂正中挂着一幅"错"字联："快乐每从辛（辛）苦得，便宜多从吃虧（亏）来。"辛苦的"辛"字多了一横，吃亏的"亏"字又少了一横，表明主人"多付辛苦才能少吃亏"的理念。清康熙年间建造的"履福堂"，充满书香气息，厅堂题为"书诗经世文章，孝悌传为报本"、"读书好营商好数好便好，创业难守成难知难不难"的对联。清康熙三十六年（公元1691年）建造的"大夫第"，为临街亭阁式建筑，原用于"抛绣球择佳婿"和观景，楼额悬有"桃花源里人家"，现已成为举办民俗活动的场所。村中各家各户的富丽宅院，精巧的花园，黑色大理石制作的门框、漏窗，石雕的奇花异卉、飞禽走兽，砖雕的楼台亭阁、人物戏文及精美的木雕，绚丽的彩绘、壁画，都体现了中国古代艺术之精华。而且古民居群体"布局之工，结构之巧，装饰之美，营造之精，文化内涵之深"，又为国内古民居建筑群所罕见，堪为徽派古民居建筑艺术之典范。邮票图案上的"古建筑群"，读者虽然无法确认它们是西递村的哪一幢，但却可以指出各个部分的出处，因为这是画家长期对西递村观察后的精心提炼，每一处都是西递村最靓丽的部分，实际也是对西递村徽派建筑最完美的组合，洋溢着一种浓郁的"西递韵味"。画面上，淡紫色的古村落群，高低俯仰参差而错落，尽显建筑的曲线之美，整体上的起伏跌宕犹如音乐中的节奏和旋律，唱出了保存完好的徽派明、清民居是西递村灵魂的主题。

【南湖】2004—13·（4—3）T 面值80分，票幅规格40毫米×30毫米，发行量1000万枚。图案描绘了皖南古村落宏村南湖的景观。宏村村落经明永乐至万历年间约二百多年，人口繁衍，楼舍毗连，水圳、月沼之水已不够使用。根据先人遗言，村人共同商议，认为村南有双石田数百亩，东西侧有溪流穿过，如再凿池蓄"外阳水"，便可以造福子孙后代。明万历丁未年（公元1607年），由宏村汪氏81世祖奎光公等17人主事，沿着水圳的旧渠道往南将村南的秧田数百亩及93处洞窟沼泉挖掘数丈深，周围四旁砌石立岸，历3年时间建成南湖。南湖是宏村牛形村落历时180年建成的最后一道工程，是宏村的脸面，它体现着"天人合一"的建筑追求。整个南湖呈大弓形，弓弦处铺石板，营楼舍；弓背部建两层湖堤，上层宽数丈，铺石板，镶卵石，下层植杨柳。村人引水圳水入湖，堤下有暗道出水灌田园，再入西溪。南湖历史上有过两次大修。清嘉庆十九年（公元1815年）秋，浙江钱塘名士吴锡麟游南湖后撰文："宏村南湖游迹之盛堪比浙之西湖。"清代诗人胡成俊有寺赞曰："何事就此卜邻居，花月南湖画不及。皖汲未防溪路远，家家门巷有清泉。"古今无数诗人画家游南湖后，都留下不少诗篇和画图。1990年以来，每年都有五十多个大专院校师生来南湖写生实习，一些电视电影制片厂也将这里作为影视福地，使得南湖风光更是名扬四海。画面上，南湖之水倒映着宏村，暖暖的暗红的色调犹如古陶瓷花纹釉里红，衬托着古韵和沉着。设计者未将南湖湖心的堤桥收入图案画面，一是区别于苏州、杭州的园林特点；二是能用大幅面凸显湖畔的南湖书院等村落建筑特征。

【月沼】2004—13·（4—4）T 面值80分，票幅规格40毫米×30毫米，发行量980万枚。图案描绘了皖南古村落宏村月沼的景观。月沼是一个半月形池塘，位于宏村中央，占地数千平方米，又名"月塘"，即所谓宏村牛形村落的"牛胃"。月沼建筑的可考历史，至今已有五六百年。最早，这里是一眼活泉水，明永乐年间，开始掘建月沼。月沼四周均用青石铺地，沼弦部有13根石柱，象征护卫村落的"十三太保"；石柱间竖石栏杆，一字排开，构成石雕栏杆；沼弓部无栏杆，便于村民汲水、浣洗。月沼周围环绕着形态各异、排列有序的民居、庭院，一般为汪氏长老居住;北畔居中为汪氏宗祠"乐叙堂",俗称"众家厅"。塘内碧水如镜,秀美如画。"月沼"是宏村的点睛之笔。画家选取了月沼西北局部景观,摒弃了全方位、大视角全景,以彰显徽派建筑的特色。在邮票图案上,画家在背景上加了月亮,月光下的半月塘体现了月沼的宁静,营造出了一种"天上一轮明月,水中夜月朦胧"的"诗意月沼"氛围;淡蓝的色调映衬着月色中的房屋,表现出了远离喧嚣尘世的一份静寂,堪称神来之笔。

2004—14 民间传说
——柳毅传书(T)

【民间传说——柳毅传书(T)】Folk Lenged:Liu Yi Delivering a Letter(T) 有关民间传说的文学知识,详见本书2001—26《民间传说——许仙与白娘子(T)》。《柳毅传书》故事源于唐代李朝威(大约是中唐时人,生平己不可考)写的《柳毅传》。故事发生在唐高宗时期(公元650年~公元683年)湖南岳阳洞庭湖中的君山。一位来自湘乡的书生柳毅,赴京城长安参加科举考试,不幸落榜。返乡时,柳毅取道洛阳,想与居住在那里的朋友相聚话别。途中,当他经过一处荒凉无人的郊外时,发现一位姑娘正在独自一人孤零零地放牧。这位姑娘容貌美丽但衣装粗简,而且满脸憔悴,翘首南望,神情凄苦哀怨。柳毅觉得蹊跷,经过小心询问,得知这位姑娘原来是洞庭湖龙王的爱女龙女三娘。她遵从父母之命,远嫁到这里,做了泾河龙王的次子之妻。不料,丈夫终日寻欢作乐,对她薄情寡义。龙女无法忍受虐待,虽然不断诉求抗争,但泾河龙王袒护儿子,不仅对龙女不理不睬,而且还百般欺凌,甚至役使她在荒郊放牧,风餐露宿,受尽折磨。面对万里迢迢的家乡洞庭湖不能归,龙女欲诉无门,欲哭无泪。龙女请求柳毅帮她送书信到洞庭家中。柳毅非常同情龙女的不幸遭遇,慨然答应前往洞庭龙宫。柳毅怀揣着龙女的书信,兼程赶路,很快便到达了洞庭湖畔。他按照龙女的嘱咐,找到了橘井,在井旁的一棵社橘树上,用龙女的金钗连叩三下,果然,顿时便从碧波间走出虾兵蟹将。经他们揭水引路,柳毅进入龙宫,将龙女所托书信亲手转交给了洞庭龙王,并述说了龙女的悲惨境况。得知龙女在泾河受辱被欺,龙王老泪纵横。被囚禁在洞庭的龙王小弟钱塘君,性情开朗,刚直勇猛,嫉恶如仇,他得知侄女在泾河备受其辱,顿时大怒,立刻挣开锁链,化为赤龙,直奔泾河,杀死了泾阳君全家,接回了龙女,使骨肉重新团聚。龙女深深爱慕见义勇为的柳毅,钱塘君也希望玉成美事。但柳毅是个正直的书生,他替龙女传书完全是激于义愤;面对

龙宫数不尽的奇珍异宝他不为所动,没有任何贪财恋色的个人企图。因此,当钱塘君在酒宴后逼婚时,柳毅虽也有爱慕龙女之心,但他克制了自己的私情,晓以人间正义,毅然婉言拒绝了。柳毅离开龙宫后,温顺善良的龙女更加敬重他的人品,依然执著坚定地追求自己的幸福,不再依从父母又一次给她安排的婚配。最终,在柳毅的妻子亡故后,龙女化作民妇来到鳏居孤独的柳毅身边,与他结为夫妻,直至他们的孩子出世时才道出真情。柳毅被龙女的深情所感动,从此两心相印,过着恩爱美满的生活。柳毅与龙女浪漫动人的爱情故事,充满了人间社会的清新气息,突出表现了以义为重、以情至深的中华民族传统美德。

2004年7月7日,为了表现中华民族悠久的民间文学风貌,中华人民共和国国家邮政局发行了一套《民间传说——柳毅传书(T)》特种邮票,全套4枚。邮票设计徐永生,边饰设计郝旭东。影写版。齿孔13度。邮局全张枚数8(4×2)。防伪方式有防伪纸张、防伪油墨、荧光喷码。北京邮票厂印制。

注:另特别发行200万本小本票,加印中华全国集邮联合会会徽,特供全国集邮协会会员。

这套邮票的4枚图案,选取了4个具有代表性的情节,采用工笔重彩手法,并借鉴古代壁画的风格,经过精心绘制,刻画出的人物性格个个鲜活,生动形象地表达了民间传说《柳毅传书》的主题。设计者对画面背景没有做过多的处理,既避免了画面太乱,又突出了人物形象。在人物的服装上,以唐朝服饰为基础,并吸取了神话故事夸张变形的特点。在色彩方面,设计者力求在同类色中找变化,用暖色调统一画面,而且采用了一点对比色,使画面显得比较明快。

【龙女托书】2004—14·(4—1)T 面值80分,票幅规格30毫米×40毫米,发行量1100万枚。图案描绘了龙女在泾河北岸托柳毅代传家书的情景。洞庭湖龙女到门当户对的泾河龙王家为媳,受婆家虐待欺辱,甚至被役使于荒郊放牧。湘乡书生柳毅科考落榜回乡时,路遇受难的龙女,龙女求柳毅代传家书。画面上,

柳毅双手紧握龙女的家书,回首望着站在荒郊之上的龙女,面部既流露着深深的同情,又表现出一定会替龙女将书信传达的承诺;龙女低首抚腮,愁容满面,充满着悲伤之情。背景中有柳毅骑坐的马匹,龙女放牧的羊只和荒郊盛开的野花,点明了龙女所处环境的恶劣。

【传书洞庭】2004—14·（4—2）T　面值80分，票幅规格30毫米×40毫米，发行量1080万枚。图案描绘了柳毅将龙女书信送达洞庭龙宫时的情景。洞庭湖位于湖南省北部、长江南岸。面积2820平方公里，湖面海拔54.5米，最深达30.8米。为我国第二大淡水湖。南及西纳湘、资、沅、澧四水，北纳长江松滋、太平、藕池、调弦四口汛期泄入的洪水，在岳阳县城陵矶汇入长江。湖面因季节变化伸缩性很大。昔日号称"八百里洞庭"，流传着许多神话故事。柳毅不畏艰难，千里迢迢赶到洞庭湖，按照龙女的指点，顺利到达龙宫，呈上龙女家书，并讲述了龙女的悲惨处境。画面上，洞庭老龙王拱手相迎，柳毅双手将龙女家书呈上；老龙王身后站着龙王小弟钱塘君及手捧鲜果的龙宫侍女，虽然人物形象各异，但每个人的脸上都表现出复杂而焦虑的心情。

【骨肉团聚】2004—14·（4—3）T　面值80分，票幅规格30毫米×40毫米，发行量1080万枚。图案描绘了龙女获救后与家人团聚的情景。得知龙女在泾河受辱被欺后，龙女叔叔钱塘君直奔泾河，杀死了泾阳君全家，接回了龙女，使骨肉重新团聚。画面上，龙宫侍女的乐声悠扬，龙女与母亲相依相偎，老龙王和钱塘君喜笑颜开，人物形象各异，但都喜形于色，沉浸在骨肉团聚的幸福之中。

【义重情深】2004—14·（4—4）T　面值2元，票幅规格30毫米×40毫米，发行量1020万枚。图案描绘了柳毅与龙女最终喜结良缘的场面。柳毅虽然婉言拒绝了钱塘君的逼婚，离开了龙宫，但龙女依然执着地追求自己的幸福，在柳毅的妻子亡故后，她化作一位民妇，终于嫁给了善良、坚强、勇敢的书生柳毅。画面上，红烛高照，柳毅与龙女紧紧拥抱，既表达了他们喜结良缘、义重情深的幸福心境，也隐隐流露出一种回首往事的沉重心情。

注：画面中出现的"囍"字不够恰当，因此字是宋代王安石所创，唐代尚无此字。

2004—15M 神话
——八仙过海（小型张）(T)

【神话——八仙过海（小型张）(T)】A Fairy Tale: Eight Immortals Crossing the Sea (Souvenir Sheet)(T)　有关神话的文学知识，详见新版《中国集邮百科知识》T·120《中国古代神话》。古谓仙者别于神。据《说苑·修文篇》："神者，天地之本，而为万物之始也。""天曰神，地曰祇。"即神指神祇，包括天神、地祇、人体之祀等，是先天而育，"非可学而得"的真圣。而仙者，包括古称的仙人和真人，应指经过修行炼度而具备优异功行的杰出人物。二者的区别，就质而论，暂可分为由天而人者谓之神，由人而天者谓之仙。在我国民间广泛流传的八仙故事和传说中，八位仙人都是道教神话人物，传说自汉朝起。《太平广记》引《野人闲话》称，西蜀道士张素卿绘制八仙图，为李己、容成等八人。元人杂剧中的八仙，各不相同，有的八仙中无何仙姑、张果老，而有徐仙翁、风僧寿或元壶子等。现今流传的八仙，定型于明代。八仙还有"上八仙"、"中八仙"、"下八仙"之说。"上八仙"有王禅、王傲、孙膑、毛遂、南极子等。"下八仙"有柳下惠等。常说的过海八仙，属"中八仙"，有钟离权、吕洞宾、张果老、何仙姑、铁拐李、蓝采和、曹国舅、韩湘子，他们既是曾经生活在中国古代历史上的人物，也是人民大众广为传诵的神话人物。根据古籍记载和今人考证，八仙的身世来历、功德事迹的情况大致是这样的：钟离权也称汉钟离，字玄房，京兆咸阳人。约起源于五代和宋初，在《宋史》、《宣和书谱》等古籍中，就有了关于神仙钟离权的记载，时称"钟离子"。至元明，关于他的身世来历与仙术道行的传说越来越多，其中明人张岱撰辑的《夜行船》中的说法较为可信，其为五代时后汉的大臣，曾官至左谏议大夫；后汉灭亡后，复仕于晋，从建成将军周处，为偏将，因与氏人作战屡败，遂遁隐于终南山，遇东华真人王玄甫授长生诀及青龙剑法等，得或神仙，后至唐代度化吕洞宾。实际上，钟离权是将汉·钟离昧、晋·钟离权、唐·钟离先生、后汉·钟离等不同时代的人物身世和传闻逐渐综合而成的，经过长期民间传诵后其形象更加丰满鲜活。在民间传说中，钟离权的普遍形象造型为：龙睛虬髯，髯长过脐，束发为簪花，袒腹而坐。吕洞宾名岩，字洞宾，号纯阳子。一般多认为他是唐代人。关于吕洞宾的身世有多种传闻：其一，吕洞宾曾于唐懿宗时中举进士及第，后为避乱世而隐迹江湖；其二，吕洞宾出身望族，系唐代海州刺史吕让之子、礼部侍郎吕谓之孙,因仕途多折,转而学道;其三,吕洞宾本是唐代宗室,本姓李,因武后改周废唐,遂携子居于碧水丹山,改姓吕,又因常在岩石之上,又喜栖山洞之中,故名岩,号洞宾;其四,《宋史·陈抟传》记载,吕洞宾是关西人,通剑术,年百余岁,是一个兼通武术的长寿道人。《全唐诗》中收有吕岩的诗,中国历史博物馆中现存有宋人的巨幅画《钟吕问道图》,可见历史上的吕洞宾应确有其人,只是经后人不断传说附会,派生出许多故事。传说,吕洞宾于唐贞观年由仙鹤化生,金形本质,道骨仙风,左眉一点黑痣,足下有龟纹,身长八尺二,面白黄微麻,蓄三鬈须,头顶华阳巾,貌似张子房,又似史太公。偶然,吕洞宾遇见汉钟离,经对其生死财色十试,其均心无所动,故授予金液大丹等。后又遇火龙真君传日月交拜之法,又得真君天遁剑法。以后游历天下,斩蛟除害,民所景仰。明·《夜航船》中记载了一个由《枕中记》"黄粱梦"情节演化而来的吕岩成仙的故事,说他落魄风尘之时,于途中酒肆之中遇到钟离权,向其诉说平日诸多不愤事。钟离权边听边熬米粥,并使其渐渐酣睡,梦中经历了人之生平兴衰,醒来时粥还没熟,吕洞宾开悟,拜钟离权,求其超度。无论哪种传说,吕洞宾是由钟离权度化成仙则是一致的。古代,"仙姑"一词多指民间女巫一类。唐代以后,"仙姑"和"何仙姑"开始在一些札记志书中经常出现,多在江南地区流传。据《夜航船》和《历代神仙通鉴》记载,何仙姑为唐代人,居零陵(亦说广东增城),在家奉母谨孝。一日,何仙姑随乡邻女子山中采茶,不慎失侣迷途,遇一道者赠一桃,并告其"食此当飞升",她食桃一半便从此不知饥渴,又梦神人教食云母粉,遂能往来山间,轻身飞行,每每朝出入山,至暮持山果飞回奉其母。武后闻其名而遣使诏见,中途遁而不知去向;至景龙年间(公元707年~710年)白日飞升,得道成仙。铁拐李是八仙中资历最老的一位,传说很多,光姓名就有李玄、李元中、李凝阳、李孔目、李洪水等。关于他身世的传说,最早可上溯至神农尝百草时代,均与赤松子同期。《集说诠真》中说,铁拐李是西王母点化的仙人,授以铁拐,前去京师度化汉将钟离权。有一个传说最有意思,说铁拐李是一位多年得道的隐士,形本魁伟,后应太上老君之邀赶赴"华山会",遂留尸壳于居处,临行嘱咐弟子切谨守七日,不可妄动。不料,第六日时,其弟子急欲归家视母疾,心想人死岂能复生,便将李的尸壳火化,待李的魂魄返回时已无形体可依,情急中附之一饿殍之尸复生。因所附之尸巨眼袒腹,相陋足跛,铁拐李想跳出另觅躯壳,后听从太上老君"行不在表"之言而未改变。他以太上老君所赠金箍束发,以铁拐拄跛足,故后世称其为"铁拐李"。按照《东游记》记载,蓝采和为赤脚大仙降生转世。但南唐沈汾却在《续仙传》中说,蓝采和原为一游方行乞道人,衣衫褴褛,系阔腰带,持大拍板,一脚穿靴,一脚赤足;夏着棉而不见汗出,冬卧雪却热气如蒸;往来于市井,戴醉踏歌,振靴而行;出言似狂非狂,机捷谈谐,常有老少后随之,人问必答,每答必引人笑;口中歌辞极多,皆为仙意,常人往往不能测;若遇人以钱施舍,便用长绳穿串拖地而行,途中散失也不回顾,遇贫穷之士即将钱帛尽散。有人在幼年时在此地见过他,到老年时在彼地观他而颜貌如故。后周游天下,踏歌濠梁,醉卧酒楼;忽一日,天际传来云鹤笙箫声,蓝采和便扔下靴衫拍板,轻举入云,乘鹤而去。据古籍记载,蓝采和本为男身,但后来在一些地方戏曲和民间年画中也屡见其女装面貌。韩湘子本名韩湘,历史上实有其人。关于韩湘子的身世来历,有两种说法:其一,据《酉阳杂俎》记载,韩湘子是唐朝大文学家韩愈的侄孙,中进士,官授大理丞。韩愈还有一族侄,素喜仙道,学仙术能造"逡巡花"和"顷刻酒",即瞬间能制成佳酿,撮土眨眼便看花开,韩愈曾作诗《徐州赠族侄》相赠。后人将韩愈的两个族亲附会为一人,称韩湘子,列入八仙班。其二,据明·杨尔在《韩湘子全传》中记载,汉丞相安抚之女貌美,皇帝想将她配给皇侄,安抚坚辞。帝大怒,罢其丞相并发配。安抚之女郁郁而亡后,投生为白鹤,鹤受汉钟离和吕洞宾点化,转投为昌黎县韩会之子,乳名湘子;幼丧双亲,由韩愈抚养,成人后得汉钟离和吕洞宾传授仙术,隐遁终南山;后得正果,名列八仙之位。张果老名张果。《新唐书·方技法》记载,张果老原为唐代术士,隐居中条山中,往来于汾晋之间,称有数百岁。《历代神仙通鉴》记载,张果老为尧时生人,隐居山之阴,就学于玄女,喜穿素袍,学识渊博。《太平广记》记载,张果老常骑一白驴,日行数万里,休息时将驴重叠如纸厚,置巾箱中,要骑之则以水喷之,可还原成驴。唐太宗、唐高宗两代皇帝均诏其入京,皆不应允。武则天时,张果老倒是奉旨出山了,可仍然半途装死,还是不去。唐开元二十一年(公元734年),唐玄宗派使臣坚请,张果老才肯入宫。在皇宫,唐玄宗问张果老仙道修炼之事,他皆不语不传。当问张果老修道之人容貌为何这般衰老时,他却大声说,自己是帝尧丙子年人,为侍中。唐玄宗赐其"通玄先生"号,授"月银青光禄大夫"职,并欲以玉真公主嫁之。张果老坚辞不受,唱曰:"人以可喜,我以可畏。"后请回山,在归山途中羽化于恒山蒲吾县。唐玄宗在张果老成仙处修建了一座栖霞观,供后人祀奉。在民间传说中,张果老的形象是倒骑白驴,背着道情简,云游四方,以唱道情讽劝世人。相传,曹国舅是北宋仁宗之皇后的长弟,名佾,或名景林。据《历代神仙史·宗仙列传》《真说诠真》等记载,曹国舅自幼天资聪颖,不慕荣华,酷喜清虚。曹国舅有一弟弟,依仗权势,不守国法,为人专横,为患桑梓,相传被包公断以国法。曹国舅以之为耻,不肖与之为伍,遂归隐山林,专心修炼。后遇汉钟离和吕洞宾,二人问他修炼什么,曹国舅答曰"修道";又问道在何处,他以手指天;再问天在何处,他以手指心。汉钟离和吕洞宾笑赞其悟,于是授其还真秘术,度他进入仙班。据另一种传说,曹国舅出家问道时,皇帝赐金牌一面。后来渡黄河时,因无船资,他便把金牌给了船夫以抵船资,恰遇吕洞宾,机缘相投,悟道同游,名列八仙。八仙人物形象与典故,是经历了长期的历史和社会演变而逐步定型的。八仙都有不同的来历与身世,经后人不断传诵附会,逐步形成了一个完整的故事群。每位仙人都有独立成章的故事,各位之间又有许多因果,前后相扣,相映成趣。要说八位仙人同时出现在一个故事情节中,就当属最著名的"八仙过海"了。传说,一天,东海海面上微波荡漾,烟波浩瀚;天空白云点点,辽阔安详。忽然,云际间隐隐传来一阵笑语欢歌,只见八位仙人踏着云头,结伴而来。这是八位仙人上天界赴王母蟠桃会后(也有说是去赴蟠桃会),尽兴带醉返归蓬莱仙岛。当八仙驾归大海上空时,吕洞宾突然提议:"我等以往往返于天地之间,不是骑鹿乘鹤,就是腾云驾雾,太平淡了。今日我等不走云路,只凭各家法宝,设法渡海,以展其能也。"众仙纷纷叫好,各自按下云头,来到海边,顷刻间,八仙各显神通开始渡海:张果老第一个取出纸驴,吹几口仙气,顷刻间纸驴变为一头神驴,欢蹦着跳入大海。张果老纵身骑在驴背上,边渡向海中,边向众仙招手。韩湘子将手中渔鼓抛入大海,腾身站在渔鼓上,随波逐浪向前漂去。韩湘子的渔鼓内尽藏数万天兵,擎之可呼妖自入,跨之能入水登天。铁拐李将腰间的葫芦取下抛入大海,他挂拐提身一跃,一脚在葫芦上,似金鸡独立,稳稳乘风破浪向前。吕洞宾取出箫轻轻顺入水中,旋身坐在箫上,向海上漂去。在海浪的拍击下,箫管一沉一浮,竟然奏出了美妙的乐声。何仙姑听到箫声,忙将自己的铁罩投入海中,站在铁罩上轻歌曼舞,追赶吕洞宾而去。经几位仙人这么喧闹,原来平静的海面狂风骤起,巨浪冲天。汉钟离见状,急忙打开芭蕉扇,向海面上空轻轻挥动,风浪渐渐平息。接着,他将芭蕉扇抛上海面,自己坐在扇上,平平稳稳地向仙岛漂去。谁知,当曹国舅从怀中掏出阴阳板,正要投入海中时,却被蓝采和劈手夺去,说要见识见识阴阳板这块神通广大的宝贝。曹国舅想把自己的宝物抢回来,据理解释说:"今日如此渡海,只为各显神通,我的宝物怎好借你使用?!"蓝采和坚持说:"不妨互换一试嘛!

我的竹篮也是上乘之宝物,抛上天空,能尽装世界;未熟的青果,入篮即熟。若坐在篮中,人神莫见,可比你的阴阳板平稳多了。"话音未落,他已将竹篮交与曹国舅手中,自己则踏上阴阳板破浪而去。无奈,曹国舅只得坐进竹篮赶紧追上去。八仙各乘宝物,各显神通,前呼后拥地遨游在大海之上。途中,蓝采和不慎落水,龙孙太子巡海至此,趁机将蓝采和所失的阴阳板摄去。众仙追入海底龙宫讨还,龙孙太子不从。先是舌战,继而厮打,直闹得海水沸沸腾腾。正在难分难解之时,观音大士降临劝和。龙王率子孙致歉,并交还了宝物。八仙收回法宝,谢过观音大士,离开龙宫,径回仙岛而去。"八仙过海"这则神话故事虽然版本颇多,但无论细节如何变化,情节怎样离奇,颂扬八仙神通智慧,惩恶扬善的主题是一致的。

  2004年7月30日,为了宣扬中华民族古老悠久的文化传统,中华人民共和国国家邮政局发行了1枚《神话——八仙过海(小型张)(T)》小型张。张孝友原画。王虎鸣设计。影写版。齿孔12度(左边打有耳形齿孔,右边有两个椭圆形齿孔)。防伪方式有防伪纸张、防伪油墨、异形齿孔、荧光喷码。北京邮票厂印制。

【神话——八仙过海】2004—15M·(1—1)(小型张)T 小型张面值6元,小型张规格156毫米×82毫

米,邮票规格110毫米×60毫米,发行量930万枚。小型张图案采用了画家张孝友创作的一幅《八仙过海》原画。画家吸取了清代著名画家任伯年《群仙祝寿图》的构图特点和笔法,融汇传统艺术模式和近代传说所形成的八仙形象,采用工笔国画形式,深入刻画了各具性格、情态的八位神仙形象,手法细腻,线条流畅,色彩典雅。画面上八仙的位置、动态安排,或站或坐,或正或侧,或说或笑,呈起伏的波浪形,紧紧相连,展现出了正在波涛汹涌的海浪中渡海的景象,构图很有特色。须发飘然,衣带飞动,花束临风,形成动势,既表现出渡海的艰难,又彰显了八仙在狂风恶浪面前各显神通、团结互助,毫不畏惧地去战胜困难,努力到达彼岸的一种团队精神。从人物的面容神情上看,虽置身于狂风巨浪之中,八仙依然谈笑风生,犹如闲庭信步,不仅表现出一种乐观心

态，而且个个对自己的神通本领充满了自豪和自信，给人物形象赋予了一点时代意义。画家将八仙的法物葫芦、扇子、神驴、竹篮、箫管、阴阳板等，刻画得既精细，又突出，与八位仙人形象相辅相成，融为一体，生动而形象地点出了"八仙过海，各显神通"的画题。小型张左侧印有画题"神话 八仙过海"和介绍八仙过海基本故事情节的一段文字："相传，八仙来到东海，停云观望，只见潮头汹涌，巨浪惊人。吕洞宾提议众仙凭道法渡海，各显神通，众仙齐声响应。汉钟离先把芭蕉扇往海里一扔，袒胸露腹仰卧在扇子上，向远处漂去。吕洞宾、张果老、曹国舅、铁拐李、韩湘子、何仙姑、蓝采和也纷纷将自己的宝物抛落水中，乘之渡过东海。传说中的八仙，行为豪放不羁，有许多惩恶扬善、扶危济困的故事，历来深受民间广泛喜爱。"与画面相辅相成，丰富了小型张的内涵。

2004—16 奥运会从雅典到北京（中国—希腊联合发行）(J)

【奥运会从雅典到北京（中国—希腊联合发行）(J)】Olympic Games from Athens to Beijing (Jointly Issued by China and Greece) (J)　有关奥运会的知识，详见新版《中国集邮百科知识》J·103《第二十三届奥林匹克运动会》。有关"中国"名称的知识，详见本书1996—8《古代建筑（中圣联合发行）(T)》。希腊，全称希腊共和国。位于欧洲巴尔干半岛南端，西南濒地中海，东临爱琴海。面积13.25万平方公里（包括附近岛屿约2.5万平方公里）。欧洲文明古国，公元前五世纪为全盛时期。公元前146年，为罗马帝国吞并。1396年，被土耳其占领。1829年，土耳其被起义的希腊人民战败，承认希腊为自治公国。1830年宣布独立，成立希腊王国。1941年，被法西斯德国侵占；1944年10月15日全国解放，恢复独立。1973年6月废君主制，改为希腊共和国。1972年6月5日，中国与希腊建立正式外交关系。雅典是希腊首都，坐落于希腊东南部的亚提加半岛，是希腊政治、经济和文化中心，铁路和航空枢纽，希腊古代文明发源地，多艺术古迹，西南8公里有外港比雷埃夫斯。2001年7月13日，国际奥委会第112次全会在俄罗斯的莫斯科投票表决：中国北京为2008年第29届奥林匹克运动会主办城市。2004年8月29日，在希腊雅典举办的第28届奥运会闭幕式上，中国北京市市长王岐山从国际奥委会主席罗格手中接过了奥运会会旗，这是奥运会从雅典到北京的标志。

2004年8月13日，为了祝贺奥运会从雅典到北京，中华人民共和国国家邮政局发行了一套《奥运会从雅典到北京（中国—希腊联合发行）(J)》纪念邮票，全套2枚。马刚设计。影写版。齿孔13度。邮局全张枚数16（4×4）。版式二：8枚（4套邮票），尺寸规格176毫米×131毫米，发行量95万版。防伪方式有防伪纸张、防伪油墨、荧光喷码。北京邮票厂印制。

这套邮票的2枚图案，主图分别选择中国北京天坛祈年殿和希腊雅典帕提农神庙建筑，准确地体现了中国与希腊两大文明古国的悠久历史与深厚的文化底蕴。设计者将基本元素确定在"圆"上，因为奥运会的标志是五环，天坛祈年殿以及帕提农神庙石柱的"圆"在建筑上都是可圈可点，极具代表性的，并且都有着各自文化的特点，另外"圆"本身也是有动感的形状。2枚邮票主图在用色上强调建筑本身的原色，通过细微处的色彩渐变暗示两座建筑曾经的辉煌与饱经历史的沧桑；主图之外的色调以暖色为主，更好地体现了与历史、与建筑本身的协调。主图之外加了几道弧线，改变了呆板，增加了动感。图案上方绘有奥林匹克五环标志，点出了画题。

有关奥运五环的知识，详见新版《中国集邮百科知识》J·54《第十三届冬季奥林匹克运动会》。

【雅典帕提农神庙】2004—16·(2—1)T　面值80

分，票幅规格33毫米×33毫米，发行量1250万枚。图案展现了希腊雅典帕提农神庙的外观景象。帕提农神庙又称"万神殿"，是供奉雅典娜女神的主神庙。建于公元前5世纪中期，人们公认它是多利亚柱式（三种希腊古典建筑柱式中最简单的一种）发展的顶峰。神庙在雅典政治家伯里克利的支持下，由雕塑家菲迪亚斯监督，建筑师伊克蒂诺斯与卡利克拉特承建。公元前447年动工，公元前438年建筑本体完工，同年由菲迪亚斯用黄金和象牙制作的巨大的雅典娜女神像在庙内落成，外部装饰于公元前432年结束。神庙用白色大理石砌成，外部呈长方形，庙内设前殿、正殿、后殿。庙底部有三层基座，从基层最上一层计算，神庙长69.54米，宽30.89米。基座上由46根圆柱组成的柱廊围绕着带墙的长方形内殿，柱廊的东西面各有8根柱，南北面各有17根柱。圆柱的基座直径1.9米，高10.44米，每根圆柱都由10块～12块上面刻有20道竖直浅槽的大理石相叠而成。圆柱有方形柱顶石、倒圆锥形柱头、额枋，檐口等处有镀金青铜盾牌和各种纹饰，还有珍禽异花装饰雕塑。由92块白色大理石板组成的中楣饰带上，有描述希腊神话内容的连环浮雕。东西端山花中的雕刻是圆雕，东面表现雅典娜的诞生，西面表现她与海神波塞冬争夺雅典统治权的斗争。神庙的主体建筑为两个大厅，东西两端各有一个带6根多利亚圆柱的门廊。东边的门廊通向内殿，殿内原来供奉着巨大的雅典娜女神像，高11.89米，由金片镶着木框架制成，其脸面、手、脚部分用象牙雕刻，眼睛的瞳仁由宝石镶嵌。神像设计灵巧，可以活动或转移隐蔽。帕提农神庙是希腊全盛时期建筑与雕刻的主要代表，有"希腊国宝"之称。公元5世纪中期，神庙被改为基督教堂，雅典娜神像被移去。1458年，土耳其人占领雅典后，将神庙改为清真寺。1687年，威尼斯人与土耳其人作战时，炮火击中了神庙中的一个火药库，炸毁了神庙的中部。1801年～1803年，英国贵族埃尔金勋爵将大部分存留的雕刻运走。许多原属神庙的古物，现散落在不列颠博物馆、卢浮宫和哥本哈根等地。19世纪下半期，曾对神庙进行过部分修复，但已无法恢复原貌，现仅存留一座石柱林立的外壳。邮票图案上，以一个圆形的浅灰色块为底衬，采用侧视角度，准确地展现出了雅典帕提农神庙的外观景象，既富有一种动感，也能够让读者感受到这座建筑的辉煌与饱经历史的沧桑。背景选用了古希腊的运动员形象，具体生动地体现了希腊这个文明古国的悠久历史与深厚的体育文化底蕴。

【北京天坛祈年殿】2004—16·（2—2）T　面值80

分,票幅规格33毫米×33毫米,发行量1250万枚。图案展现了中国北京天坛祈年殿的外观景象。邮票图案上,以一个圆形的浅灰色块为底衬,采用正视角度,准确地展现出了北京天坛祈年殿的外观景象,既富有一种动感,也能够让读者感受到这座建筑的辉煌与饱经历史的沧桑。背景选用了中国历史记载中的武士形象,均选自河南省南阳方城县城汉墓出土的汉画像石,现存南阳汉画馆。其中右侧一位武士选自方城县城关镇东关村汉墓出土的"朱雀神荼、铺首衔环"画像石；左侧一位武士选自方城县城关镇汉墓出土的"武士斗虎"画像石。两名武士威武强悍,姿态各异,栩栩如生,生动再现了中国汉代崇力尚武的时代精神,具体体现了中国这个文明古国的悠久历史与深厚的体育文化底蕴,进一步揭示了中国古代体育与奥运精神的内在联系。

有关北京天坛祈年殿的知识，详见新版《中国集邮百科知识》特15《首都名胜》。

2004—17 邓小平同志诞生一百周年（J）

【邓小平同志诞生一百周年（J）】Centenary of the Birth of Comrade Deng Xiaoping（J）　有关邓小平同志生平的知识，详见本书1998—3《中国社会主义改革开放和现代化建设的总设计师邓小平同志逝世一周年（J）》。

2004年8月22日，正值邓小平同志诞生一百周年之际，中华人民共和国国家邮政局发行了一套《邓小平同志诞生一百周年（J）》纪念邮票，全套2枚。摄影者（2—1）杜修贤、（2—2）邹建东。呼振源设计。影写版。齿孔12度（上下两边居中各打有3个大孔径匾形齿孔）。邮局全张枚数8（2×2+2×2）。防伪方式有防伪纸张、防伪油墨、异形齿孔、荧光喷码。北京邮票厂印制。

这套邮票的2枚图案，主图分别选用了邓小平同志任中共中央总书记和中共中央军委主席的照片，代表了邓小平伟大辉煌的人生交响曲中的2个重要乐章。2枚图案采用照片加电脑制作的方式设计，重在立意，人物形象富有立体感。图案的边框统一采用金色具有一种庄重感。小版张边饰的设计，在红色的调子中描绘了金色的山峦，衬托出人物形象，既表现出了邓小平同志有着像山一样的宽广胸怀，也表达了生活在中国大地上的广大人民对邓小平同志的无限怀念。

【中共中央总书记】2004—17·（2—1）J　面值80

分,票幅规格30毫米×40毫米,发行量1110万枚。图案选取了杜修贤1963年拍摄的一幅邓小平同志照片。1956年9月,在八届一中全会上,邓小平同志当选为中央政治局常委、中央委员会总书记,成为以毛泽东为核心的中国共产党第一代中央领导集体的重要成员。他在担任党中央总书记的10年间,协助中央主席、副主席主持中央的日常工作,为社会主义制度的建立和社会主义建设的开展,为探索适合中国情况的社会主义建设道路,担负着繁重的任务,提出了许多正确主张,进行了卓有成效的工作。邓小平同志担任中共中央总书记期间,曾7次率领中国共产党代表团赴莫斯科同苏联共产党进行谈判,坚决维护了中国共产党独立自主的原则立场。20世纪50年代末到60年代初,中苏关系经过几个阶段的下滑。1958年赫鲁晓夫来中国进行大国恐吓失败后,1960年撤走在中国的全部专家;1963年两党代表团在莫斯科会谈破裂。这枚邮票图案选用的照片,正是1963年7月5日,邓小平同志率中国共产党代表团最后一次前往莫斯科同苏联共产党代表团会谈,刘少奇、周恩来、朱德等到首都机场欢送时的瞬间形象。画面采用红黄色调,在中国母亲河——日出的黄河的背景衬托下,邓小平同志身穿中山装,面带微笑,迈着坚定的脚步向前走去,昂首挺胸,自然平稳,既表现出了中国共产党人特有的从容和自信,也展示出了他作为中国人民的儿子对祖国和人民的责任和忠诚,能够激发起读者的民族自豪感。

有关黄河的知识,详见新版《中国集邮百科知识》特19《治理黄河》。

有关中山装的知识,详见新版《中国集邮百科知识》纪120《孙中山诞生一百周年》。

【中国中央军委主席】2004—17·（2—2）J 面值80分,票幅规格40毫米×30毫米,发行量1110万枚。图案选用了邹建东1981年拍摄的一幅邓小平同志照片。

林彪集团覆灭后,邓小平同志复出;1975年,邓小平同志担任中共中央副主席、国务院副总理、中央军委副主席和中国人民解放军总参谋长,主持党、国家和军队的日常工作。他对"文化大革命"以来造成的严重混乱局面,大刀阔斧地进行全面整顿,在短时间内取得了显著成效。但是,由于整顿的深入势必系统地纠正"文化大革命"的错误,邓小平同志再度被错误地撤销一切职务。粉碎"四人帮"后,1977年7月,邓小平同志恢复了领导职务。他领导全党进行拨乱反正,在十届三中全会上重新确立了实事求是的思想路线,果断地把党和国家的工作重点转移到经济建设上来,做出实行改革开放的重大决策。经过这次全会,邓小平同志成为党的第二代中央领导集体的核心,步入一生中最辉煌的时期。这枚邮票图案选用的照片,正是1981年9月邓小平同志检阅华北演习部队时的风采。画面采用天蓝色调,在中国的象征——万里长城的背景衬托下,邓小平同志身穿草绿色军装,郑重举手行着军礼,充分表达出了中国人民解放军犹如巍巍万里长城,勇敢捍卫祖国安全和保卫社会主义建设事业的神圣使命感和坚定信念。

有关万里长城的知识,详见新版《中国集邮百科知识》T·38《万里长城》。

有关军装采用绿色的知识,详见新版《中国集邮百科知识》纪17《庆祝中国人民解放军建军二十五周年》。

2004—17M 邓小平同志诞生一百周年（小型张）（J）

【邓小平同志诞生一百周年（小型张）（J）】Centenary of the Birth of Comrade Deng Xiaoping（Souvenir Sheet）（J） 2004年8月22日,正值邓小平同志诞生一百周年之际,中华人民共和国国家邮政局发行了一套《邓小平同志诞生一百周年（J）》纪念邮票,全套2枚,同日发行1枚小型张。摄影者杨绍明。呼振源设计。影写版。齿孔13度（四边各有一个五角星形齿孔）。防伪方式有防伪纸张、防伪油墨、缩微暗记、异形齿孔、荧光喷码。北京邮票厂印制。

【改革开放和现代化建设事业的总设计师】2004—17M·（1—1）J 小型张面值6元,小型张规格90毫

米×130毫米,邮票规格50毫米×60毫米,发行量980万枚。小型张主图采用了杨绍明抓拍的邓小平同志纵论改革开放的瞬间神态。邓小平同志是改革开放和现代化建设的总设计师。在1982年的中共十二大上,邓小平同志提出"走自己的道路,建设有中国特色的社会主义"。在改革开放之初,他就提出了小康目标,以后又逐步形成从温饱到小康再到中等发达国家水平的"三步走"现代化发展战略,并在中共十三大上得到确认。中

共十三大根据邓小平同志的思想，系统地论述了社会主义初级阶段的理论，完整地概括了党在社会主义初级阶段的以经济建设为中心、坚持四项基本原则、坚持改革开放的基本路线。他还提出让一部分人、一部分地区先富起来，最终实现共同富裕，社会主义也可以搞市场经济。他倡议和推动兴办经济特区，开放沿海城市，开发开放浦东，逐步形成全面对外开放的格局。他提出科学技术是第一生产力，重视发展教育和科学、文化事业。他积极推进政治体制改革，强调发展社会主义民主，健全社会主义法制。他要求在建设物质文明的同时，必须高度重视精神文明建设。1992年，邓小平同志视察南方时发表重要讲话，从理论上深刻地回答了长期困扰和束缚人们思想的许多重大认识问题，指出要坚持党的基本路线一百年不动摇。邓小平同志领导全党和全国各族人民成功地走出一条建设具有中国特色社会主义的正确道路。在这条道路上，中国经济迅速发展，国力日益增强，人民生活不断改善，社会主义事业显示出强大的生机与活力。没有邓小平，不可能有今天中国人民的新生活，不可能有今天改革开放的新局面和社会主义现代化建设的光明前景。邮票图案上，邓小平同志身穿中山装，坐在沙发上，手握铅笔，面带微笑，侃侃而谈，正在纵论改革开放和现代化建设；他望着远方，目光中充满了热情和憧憬，一幅国家富强和人民幸福的壮美蓝图正在脑海中绘制。小型张采用金色底衬和传统的装饰花边，使得邓小平这位崇尚实干、行动果敢、在关键时刻表现出非凡的胆略和勇气，具有鲜明的革命风格、崇高品德和独特个人魅力、在人民心中享有崇高威望的领导人物，仿佛就坐在老百姓的面前，是那样的可亲可敬，令人深思回味，浮想联翩。

2004—18 绿绒蒿（T）

【绿绒蒿（T）】Meconopsis（T）　绿绒蒿属（*Meconopsts*）为罂粟科，全世界有49种，主要分布在东亚的喜马拉雅山与横断山地区，其中欧洲有1种，我国有38种。我国的绿绒蒿主要分布于西南与西北高山草甸与森林地带。绿绒蒿是著名的高山花卉，有些种还可以入药。绿绒蒿因植株常被有绿色绒毛或硬毛，茎生叶常羽状分裂，颇似菊科的蒿子植物，故得名。绿绒蒿属植物具有汁液，花大，雄蕊多数，果为蒴果，很像罂粟属。该属植物为多年生或一年生草本，汁液呈黄色，不同于罂粟属具有的白色乳汁；叶全部基生或兼有茎生，边缘全缘或羽状分裂。花常具长长的花葶，单生或数朵组成总状花序；花大，多姿多彩，常随风飘舞，五彩缤纷，艳丽动人。花萼2枚，绿色，单落；花瓣一般为4枚～5枚；雄蕊多数，具有长花丝；子房1室，由一至多数心皮组成；蒴果被毛，成熟时自顶端向基部开裂成数瓣，这与孔裂的罂粟属不同；种子多数。绿绒蒿属植物常生长在2700米～5100米的高山地带，是高山上的主要而独特的花卉植物景观，引到低海拔地区栽培十分困难。

2004年9月19日，为了展现中华大地丰富的植物资源，中华人民共和国国家邮政局发行了一套《绿绒蒿（T）》特种邮票，全套4枚。曾孝濂、许彦博设计。影写版。齿孔13度。邮局全张枚数12（3×4）。版式二：8枚（2套邮票），尺寸规格140毫米×200毫米，发行量75万版，边饰设计呼振源。防伪方式有防伪纸张、防伪油墨、荧光喷码。北京邮票厂印制。

这套邮票的4枚图案，设计者采用中国水彩画的技法，以近景特写角度，将4种绿绒蒿属植物描绘得栩栩如生，既表现出了高山植物极强的生命力，也展现出它们用自己色彩斑斓、绚丽多彩的景色装点着自然界，美化着生态环境，洋溢着一种山野的纯真与雅趣。在设色方面，分别用紫、蓝、红、黄、绿5种全色进行表现，色彩配比自然和谐，具体生动地展现出了各具其貌的花朵形状；根部叶片施以深浅不同的绿色，既描绘出了生态原貌，又富有变化美，达到了"绿叶扶花"的理想效果。甚至对每种绿绒蒿叶片边缘、花蕾和卵形蒴果的外皮上生长着的根根极细密的绒毛（毛刺），设计者都进行了有序排列和认真描绘，将一株株活生生的高山植物奉献在读者面前，多姿多彩，触手可及，爱慕之情油然而生。当然啦，若能在票图上标注植物物种惯用的拉丁文学名，会更具科学性。

【长叶绿绒蒿】2004—18·（4—1）T　面值80分，票幅规格30毫米×40毫米，发行量1100万枚。图案描绘出了高山花卉长叶绿绒蒿的形象。长叶绿绒蒿（*Meconopsis Lancifolia*）为一年生草本植物。植株常被锈色硬毛，茎高10厘米～25厘米。基生叶密集成莲座状，叶片为狭倒披针形或匙形。连叶柄长5厘米～25厘

米，先端钝圆，基部渐狭，下延成翅，边缘全缘或波状。花数朵排成总状花序，花绽开时直径2.5厘米～6厘米，花梗长0.5厘米～3厘米；花瓣4枚～8枚，常呈紫红色，近圆形或倒卵圆形，长1.2厘米～3厘米；雄蕊花丝与花瓣同色，花药黄色，后变深褐色；雄蕊柱头呈头状，常3裂～4裂。蒴果常倒卵状，长1.5厘米～3.5厘米，成熟

时上部裂成3瓣~4瓣。花期6月~9月。分布在我国甘肃西南部、四川西北部、云南西部及西藏东南部,生长于海拔3300米~4800米的高山林下及草甸。缅甸东北部也有分布。模式标本采自云南大理县。邮票图案上,一簇长叶绿绒蒿扎根于海拔4000米以上的贫瘠土壤中,用自己粗壮的躯梗将花朵高高擎起,仿佛任凭寒风肆虐,依然竭尽全力舒展绽放,那浓浓紫色的花,那浓浓绿色的叶,彰显出了一种顽强抗争的风骨,令人肃然起敬。

【总状绿绒蒿】2004—18·(4—2)T 面值80分,票幅规格30毫米×40毫米,发行量1050万枚。图案描绘出了高山花卉总状绿绒蒿的形象。总状绿绒蒿(*Meconopsis racemosa*)为一年生草本植物,浑身被黄褐色刺毛,茎高30厘米~50厘米。基生叶密集成莲座状,稍小,叶片为长圆状披针形或倒卵状披针形,连叶柄8

厘米~28厘米,边缘全缘或波状,有时具有无规则的粗糙齿。花数朵在茎中部以上排成总状,开放时直径4厘米~6厘米,花梗长2厘米~5厘米;花瓣5枚~8枚,常呈蓝色,倒卵圆状,长2厘米~3厘米;花丝紫色,花药黄色;雌蕊柱头呈长圆形,4裂~6裂。蒴果长卵状,长0.5厘米~2厘米,成熟时上部4裂~6裂。花期5月~10月。总状绿绒蒿为我国特有种,分布于甘肃南部、青海东南部、四川西部、云南西北部及西藏,生长于海拔3000米~4900米的高山草坡。模式标本采自四川西北部石渠县。邮票图案上,一簇总状绿绒蒿扎根于高山草坡上,用自己坚韧的枝干将花朵高高擎起,仿佛任凭强烈紫外线的终日照射,依然尽情绽放,那浓浓蓝色的花,那浓浓绿色的叶,生机勃勃,洋溢着一种顽强向上的精神,令人深深感动。

【红花绿绒蒿】2004—18·(4—3)T 面值80分,票幅规格30毫米×40毫米,发行量1050万枚。图案描绘出了高山花卉红花绿绒蒿的风姿。红花绿绒蒿(*Meconopsis pnnicea*)为多年生草本植物,植株高30厘米~70厘米,浑身密生黄色或褐色分枝刚毛。叶全部基生,密集成莲座状,叶片为倒披针形或倒卵圆形,连叶柄长10厘米~45厘米;先端锐头,基部下延入叶柄;边缘

全缘,具有数条纵脉。花单生于基生的花葶上,下垂,花葶1枝~5枝,高25厘米~60厘米。花瓣一般4枚,深红色,花药黄色;雌蕊柱头4裂~6裂。蒴果呈椭圆形,长2厘米~2.5厘米,成熟时顶部微裂成4瓣~6瓣。花期6月~9月。我国特有种。分布在甘肃南部、青海东南部、四川西北部及西藏东北部,生长于海拔2800米~4300米的高山草甸。模式标本采自四川省白玉县。邮票图案上,苗壮的红花绿绒蒿扎根于高山草坡上,用自己坚硬的葶干将花朵稳稳地擎起,抵抗着寒风冰雪和强烈的紫外线照射,以浓浓红色的花,浓浓绿色的叶,美化着高山生态环境,展现出了一种无私奉献的精神,具有深深的吸引力。

【全缘绿绒蒿】2004—18·(4—4)T 面值2元,票幅规格30毫米×40毫米,发行量980万枚。图案描绘了全缘绿绒蒿纯真的形象。全缘绿绒蒿(*Meconopsis integifolia*)为一年生或多年生草本植物,茎高70厘米~150厘米,植物各部有锈色或金黄色分枝的长柔毛。基生叶密集成莲座状,叶片为倒披针形,连叶柄长12厘米~30

厘米,宽1.5厘米~5厘米;边缘全缘,一般具有3条或多条纵脉;茎生的叶较小,最上部的呈假轮生状。花常为4朵~8朵,一般生于上部茎生叶腋内,开放时直径达5厘米~15厘米;花梗长10厘米~40厘米;花瓣6枚~8枚,金黄色,近圆形或倒卵圆形,长3厘米~7厘米;花丝金黄色,花药橘红色,后变为黑色;雌蕊柱头为头状,4裂~9裂。蒴果椭圆形,长2厘米~3厘米。花期5月~10月。主要分布在我国甘肃西南部、青海东南部、四川西部、西藏东部、云南西北部与东北部。缅甸东北部有少量分布。该植物生长于海拔2700米~5100米的高山草甸或林缘。模式标本采自甘肃夏河县。邮票图案上,一簇全缘绿绒蒿扎根于高山草甸上,用自己坚挺的葶干将一朵朵盛开的花擎起,抵抗着风霜寒雪,那浓浓黄色的花,浓浓绿色的叶,洋溢着一种山野的纯真和雅趣,生动地展现出了"绿叶扶花"的理想境界。

2004—19 华南虎(T)

【华南虎(T)】South China Tiger(T) 虎只有一种,仅产于亚洲,分布广泛:北自西伯利亚,南到南洋群岛,东起太平洋沿岸,西至里海之滨。虎所栖息的环境、气候千差万别。经过千百年来的地理隔离,使得不同地

方的虎在体型、毛色甚至习性上都有不少差异。动物学家根据这些差异,将虎这个种分为若干亚种,也可称为地方种。华南虎就是虎种中的一个亚种。华南虎又称厦门虎、南虎、中国虎,隶属于食肉目猫科豹属虎种,是我国目前唯一尚存的特有亚种虎。其模式产地是湖北汉口(1905 年)。20 世纪 50 年代,华南虎曾广泛分布于我国南方各省,其中江西、湖南、福建、广东、广西最多,四川、湖北、浙江等省也有不少分布。据资料显示,当时贵州全省约有一千多只华南虎,全国至少也有五千多只华南虎。1959 年,为保证农业生产的发展,我国曾将华南虎作为害兽除之,许多省份甚至鼓励打虎英雄,使得华南虎数量逐年减少。20 世纪 80 年代初,在重庆召开的一次全国性华南虎学术研讨会上,惊悉贵州已经连华南虎的踪迹都很难发现了,于是,与会的各地专家达成一个共识:分散在我国各省的野生华南虎总数不足 50 只了,已经临近灭绝的状态,亟待保护和拯救。至今已过去了 20 年的时间,虽然浙江、江西等省有野外发现华南虎踪迹的报告,但经过科学调查却连虎影也没有见到。特别是由于人类经济生活的影响、栖息环境的改变、食物的匮乏以及华南虎近亲血缘等因素导致了华南虎数量锐减,只是通过自然繁衍来增加其种群数量已是不可能的。20 世纪 90 年代,社会上发起了资助和拯救华南虎的倡议,并得到了有关部门的重视和大力支持,我国各地饲养的华南虎数量逐年增加,目前已有五十多只了,而且还在试验将圈养的华南虎经过驯练放归大自然,以恢复其"野生"的种群。另外,随着近年来克隆技术的不断进展,相信华南虎这一珍稀物种不会绝种。华南虎的栖息环境复杂而多样,但大多数还是喜欢生活在植物茂密的山林间。华南虎没有固定的巢穴,活动范围较大;性格孤僻,平时独来独往,不合群,故有"一山不容二虎"之说。华南虎以野猪、鹿和羊等有蹄类动物为食。华南虎在 2 岁 ~ 3 岁时便进入发情期,雌雄间相互发出求偶信息,吼声特别响亮,尤其在深夜,其吼声确有惊天动地之威。在此期间,若有两只雄虎相遇,必有一番殊死的搏斗。交配期过后,雌雄间便会撕咬,只得分离。雌虎怀孕后一百多天分娩,每胎通常产仔 2 只 ~ 4 只,成活率较低,一般能有 1 只 ~ 2 只存活就不错了。幼虎随雌虎一年左右就可以独立生活了。华南虎的寿命约为十年,动物园内人工饲养的华南虎寿命为 10 年 ~ 20 年。虎是力量的象征,在中国古代已形成了独特的虎审美文化。

2004 年 8 月 23 日,为了纪念第 19 届国际动物学大会在中国北京召开,中华人民共和国国家邮政局发行了一套《华南虎(T)》特种邮票,全套 2 枚。原画作者刘继卣。邮票设计刘继彪,边饰设计郝旭东。胶版。齿孔 12 度。邮局全张枚数 12(3×4)。版式二 8 枚(4 套邮票),尺寸规格 220 毫米×96 毫米,发行量 85 万版,边饰背景采用连焕彩拍摄的闽西梅花山风光及梅花山华南虎园繁殖的第二代华南虎照片。边饰设计王虎鸣。北京邮票厂印制。

这套邮票的 2 枚图案,采用工笔技法,画风精细,笔润流畅,整个画面由一组组精细的笔触描绘而成,使华南虎的皮毛既有力度和密度,又有空间感,充分表现出了华南虎的神韵。画面背景运用淡色调渲染,达到了以"少少许胜多多许"的艺术效果。画面左下角标有"华南虎""*Panthera tigris amoyensis*"中文名称和拉丁文学名,既点明了画题,又将科学性与艺术性融合在了一起。

【华南虎】2004—19 ·（2—1）T 面值 80 分,票幅规格 40 毫米×30 毫米,发行量 1150 万枚。邮票图案采用刘继彪的原画,突出描绘了一只雄性华南虎的头部特写。那亮丽的皮毛,那优雅的纹饰,昂首,目光炯炯

地注视着前方,呈现出一种独步山野的王者风范,若有胆敢入侵其领地者,当会表现得凶猛无比。

【华南虎】2004—19 ·（2—2）T 面值 2 元,票幅规格 40 毫米×30 毫米,发行量 1000 万枚。邮票图案采用刘继彪的原画,描绘了一只雌性华南虎与虎宝宝玩耍嬉戏时的情态。虎妈妈自然侧卧,神态悠闲,一只虎

仔爬在她的背上,一只虎仔蹲伏在她的面前,二者仿佛在兴致勃勃地斗玩儿;虎妈妈不仅不干涉一双儿女的嬉玩,而且宽爱有加,仿佛还在欣赏着虎仔们的童趣,享受着一种温馨、甜美的天伦之乐。

2004—20 人民代表大会成立五十周年(J)

【人民代表大会成立五十周年(J)】The 50th Anniversary of the Founding of the People's Congress(J) 有关人民代表大会制度的知识,详见新版《中国集邮百科知识》纪 29《中华人民共和国第一届全国人民代表大会》。1954 年 9 月 15 日,第一届全国人民代表大会第一

次会议在北京中南海怀仁堂举行,至2004年整整五十年,是我国的人民代表大会制度在党的领导下不断坚持、完善和发展的过程。五十年期间,在中国共产党的领导下,我国的人民代表大会制度经历了一个逐步发展和不断完善的过程,显示出了强大的生命力。特别是改革开放以来,我国的人民代表大会制度进入了一个崭新的发展阶段:建设社会主义民主政治,最重要的是坚持和完善人民代表大会制度,已成了全党、全国人民的共识;人民代表大会制度在发扬社会主义民主、健全社会主义法制方面,在保证人民当家做主、促进改革开放和现代化事业的发展方面,已发挥出日益巨大的作用;同时,人民代表大会的各项具体制度建设也有了很大发展,如选举、会议、立法、监督、任免、视察等制度相应地得到建立、发展和不断完善。中国共产党在人民代表大会制度建设和人大工作方面,积累了许多宝贵经验,其中最基本的经验是:必须确立党在国家民主政治建设中的核心地位,必须始终坚持党对人大工作的领导,这是坚持和完善人民代表大会制度的关键。五十年的历史证明,人民代表大会是中国共产党领导人民当家做主的最好的政权组织形式,是适合中国国情的根本政治制度,是中国人民的必然选择。继续坚持党的领导、人民当家做主和依法治国的有机统一,坚持和完善人民代表大会制度,是发展社会主义民主政治、建设社会主义政治文明的必然要求,也是我们重大的历史使命。

2004年9月15日,正值人民代表大会成立五十周年,中华人民共和国国家邮政局发行了一套《人民代表大会成立五十周年(J)》纪念邮票,全套2枚。摄影者(2—1)刘东鳌(新华社提供)、(2—2)王虎鸣。李昕设计。胶版。齿孔13.5度×13度。邮局全张枚数9(3×3)。版式二6枚(3套邮票),尺寸规格117毫米×186毫米,发行量70万版,边饰设计王虎鸣。防伪方式有防伪纸张、防伪油墨、缩微文字、荧光喷码。辽宁省沈阳邮电印刷厂印制。

这套邮票的2枚图案,采用历史照片作素材,一枚黑白、一枚彩色,以摄影手法,真实具体地表现出了人民代表大会制度的历史意义;设计者用一张完整的人民大会堂的圆顶灯饰作两枚邮票背景,将两枚邮票从色彩到内容给"连"了起来,富有庄严、华丽的气氛,构思新颖,形式别致。2枚邮票通过底图的内容以及色彩的对称和流动,既揭示了时间概念上的流动,即人民代表大会制度已经走过了五十周年,也寓意全国人民紧紧围绕在党中央的周围,太阳冉冉升起,照耀着我们的明天更加辉煌。另外,2枚邮票去掉了边框,则使得它们达到了天衣无缝的组合。

【一届全国人大一次会议在中南海怀仁堂举行】2004—20·(2—1)J 面值80分,票幅规格33毫米×44毫米,发行量990万枚。

图案采用了刘东鳌(新华社提供)1954年拍摄的一张一届全国人大一次会议在中南海怀仁堂举行时的黑白照片,表现了人民代表大会制度成立的历史意义。中南海坐落于北京西城区,与北海统称三海。中海开辟于金、元时,南海挖凿于明初,清代与北海合称西海子,列为禁苑。中海主要建筑是水云榭,为水中凉亭,亭中有"太液秋风"碑,是燕京八景之一。此外有紫光阁、蕉园等。南海主体景物为瀛台,上有翔鸾阁、涵元殿、香扆殿(蓬莱阁)、迎熏亭等建筑,山石花草,楼阁亭台,拥水而居,秀美宜人。还有丰泽园、怀仁堂、海晏堂等建筑。民国初年曾在此设总统府。中华人民共和国成立后,毛泽东、周恩来、刘少奇、朱德等党和国家领导人曾居住于此,中国共产党中央委员会和国务院在此办公。画面采用华丽的黄色调,以人大第一届一次会议会场外景为主图,中南海怀仁堂门额上高挂着中华人民共和国国徽和"中华人民共和国第一届全国人民代表大会第一次会议"横幅标语,人民代表们迈着豪迈的脚步走向会场,真实再现了1954年制定我国第一部宪法的历史时刻,具有深远意义,气氛庄严。

有关一届全国人大一次会议的知识,详见新版《中国集邮百科知识》纪29《中华人民共和国第一届全国人民代表大会》。

有关国徽的知识,详见新版《中国集邮百科知识》特1《国徽》。

【庄严的人民大会堂主席台】2004—20·(2—2)J

面值80分,票幅规格33毫米×44毫米,发行量990万枚。图案采用了王虎鸣拍摄的一幅人民大会堂主席台的彩色照片,表现了全国人民代表大会召开时的庄严气氛。邮票图案采用庄重的红色调,以现代的人民大会堂的内景为主图,主席台正中央高悬着中华人民共和国国徽,台上树立着一杆杆红旗,摆放着一盆盆鲜花,洋溢着一种热烈庄严的气氛。会场上虽然空无一人,人民代表们一定正在严肃认真地讨论着国家大事,此时无人胜有人,给读者提供了广阔的想象空间,突出表现了人民当家做主的场景。

有关人民大会堂的知识,详见新版《中国集邮百科知识》特41《人民大会堂》。

2004—21 鸡血石印(T)

【鸡血石印(T)】Bloodstone Seals(T) 印全称印章。古称"钤"或"坅",用以取信之物。早在春秋战国时,中国就出现了金、银、玉石等刻制的印章。那时的印章专作商品交换时的凭证使用,人们称它为"玺"。秦始皇统一中国后,为加强中央集权制,命丞相李斯等人制定了统一的字体"秦篆",即秦朝小篆。这样,印章的字体也由"大篆"变成为"小篆",印章的名称也有了限制。"玺"字成了皇帝用的独称;官吏用的叫"印";平民百姓用的称为"章"。秦代雕刻的印章,章法险峻,刀法劲健,字体有力,别具一格。到汉代,印章艺术达到了空前灿烂的兴盛时期,印面字体方正平直,浑厚古朴。宋、元时代,由于帝王将相的爱好和倡导,印章的应用范围扩大,逐渐成为一种艺术欣赏品,相继出现了印谱和印学论著。古代的印章材料硬度较高,难以镌刻。到了元朝末年,画家王冕利用韧柔细腻的浙江青田灯光冻石刻制印章,从此文人墨客竞相效仿,刻印艺术才得到迅速发展。明、清以来,印坛名家层出不穷,形成了"皖派"、"浙派"等艺术流派。刻制印章的材料,由原来的金、银、钢、玉而发展为木、石、象牙、有机玻璃和橡皮等。鸡血石是我国著名的"五大名石"(福建寿山石、浙江青田石、浙江昌化鸡血石、广东广绿石、内蒙古巴林石)之一。浙江昌化石,其中有红斑、鲜艳如鸡血者,故得名鸡血石。鸡血石石质脂润,色泽鲜艳,享有"印石之后"的美誉。鸡血石的成分是一种含辰砂的地开石、高岭石、蜡石等黏土矿物组成的天然结合体,矿脉偶见,储量稀少,采掘比较困难。据记载,昌化鸡血石的开采利用始于明朝,后受清朝政府所重视,清朝皇帝的许多御用玺印就取材于鸡血石。鸡血石作为印石材料中之名贵者,在近世依然备受推崇。

2004年9月17日,为了宣扬中华民族悠久的石印文化,中华人民共和国国家邮政局发行了一套《鸡血石印(T)》特种邮票,全套2枚。原照片由北京故宫博物院提供。王虎鸣设计。胶版(压凸印制)。齿孔13度×13.5度。邮局全张枚数8(4×2),横2枚连印。防伪方式有防伪纸张、荧光喷码。北京邮票厂印制。

这套邮票的2枚图案,主要根据北京故宫博物院提供的照片经电脑处理而成。图案正中是鸡血石印的形象,充分展示出了鸡血石的风采,富有立体感,在整体上给人一种瑰丽典雅的感受,生动具体地表现出了鸡血石印的独特气质。邮票右上角是国铭、票名、图名和该宝玺的背景介绍文字,扩大了邮票的知识性;左上角分别是两方宝玺的篆刻印文内容,而印章本身的篆刻恰好是一阴一阳,既使得两枚邮票互为呼应,十分活泼,又使得阅读邮票的读者在欣赏鸡血石宝玺印章的同时,还能够欣赏到印章的精彩印文,并通过阅读文字说明对印章和印文的历史背景获得基本的了解。在印制工艺方面,这套邮票采用压凸工艺,使得两方宝玺更有立体感,尤其是票面的压凸纹路随印章上的雕琢花纹而变化,印制效果十分精美。

【乾隆宝玺】2004—21·(2—1)T 面值80分,票幅规格40毫米×30毫米,发行量1020万枚。

图案展现了清朝乾隆皇帝的一方闲章"乾隆宸翰"玺的风采。"宸翰",意为皇帝翰墨。它通高15.2厘米,印面8.4厘米见方,阳文篆书。昌化鸡血石质,质地通灵剔透,近于牛角冻石,鸡血虽然不多,只是丝丝缕缕散布于顶端,但质地却极温润,别有韵致。此玺根据石材情况,匠心巧思,精心布局,通体随形浅浮雕池塘荷花:如蓬的荷叶密密而布,点点红蕊或含苞或怒放;荷丛中双鹤漫步,悠闲自得;鸳鸯比肩而游,鱼儿水底嬉戏;蜻蜓、青蛙、小蟹、鹭鸶等鸟虫在荷叶间栖息⋯⋯生机盎然,一派南国水乡景色。整个作品设计新颖独特,雕琢精致细腻,形象生动传神,有"巨灵妙手,小幅丹青"之誉,具有相当高的艺术水准,是乾隆宝玺中雕制最精美者之一。印石四周山石间有多处当时人的题记,书法灵动,词句隽永,极富韵致。印石正面有作者题款:"莲塘三十里,四面起清风。鸳鸯飞不去,只在藕花中。己卯夏日过西湖,见莲花烂漫,摹之于石,以博大雅一哂云尔。"由此可见,该印制作于乾隆二十四年(公元1759年),取材于西湖景色。乾隆将其刻制成御玺后,爱不释手,经常钤盖在自己的御笔书画上。邮票图案上,乾隆宝玺居中,瑰丽典雅,雕刻者的题记文字清晰可见,真实展现出了这方鸡血石印的独特气质,立体感强,有触手可及之感。画面右上角印有宝玺的背景介绍文字:"此方宝玺材质为鸡血石,晶莹剔透,近于冻石。通体随形浅浮雕池塘和黄荷花,雕琢精微细腻,形象生动传神,被誉为'巨灵妙手,小幅丹青',是乾隆宝玺中雕刻最精美的一方。"扩充了邮票的知识性。

【嘉庆宝玺】2004—21·(2—2)T 面值2元，票幅规格40毫米×30毫米，发行量1020万枚。

图案展现了清朝嘉庆皇帝的一方闲章"惟几惟康"玺的风采。"惟几惟康"语出《尚书·益稷》："安汝止，惟几惟康，其弼直。"意思是说，人君奉天命以临民，若想要帝位稳固，凡细微之处都须谨慎，考虑周全。清嘉庆帝以"惟几惟康"为治世之道，故刻之于玺，时时警诫自己。它通高14厘米，印面7.1厘米见方，阴文篆刻。昌化鸡血石质，质地温润细腻，血色呈团块状分布于周身。雕刻者依据材质表面不同色彩进行构思，赭色冻地上分布或断或连的鸡血斑纹，似飘流浮云，与气宇轩昂的龙出没月云间的造型融为一体，给人以云蒸霞蔚之感，自然得体，古朴典雅。邮票图案上，嘉庆宝玺居中，印体上雕刻的花纹清晰可见，美轮美奂，充分表现了这方鸡血石印的独特气质，活色生香，能够激发读者触摸欣赏的强烈欲望。画面右上角印有宝玺的背景介绍文字："此方宝玺材质温润细腻，赭色冻地上分布或断或连的鸡血斑纹，似飘流浮云与出没于云间的卷龙造型融为一体，给人以云蒸霞蔚之感。此玺为清嘉庆皇帝的闲章。"扩充了邮票的知识性。

2004—22 漆器与陶器（中国—罗马尼亚联合发行）(T)

【漆器与陶器（中国—罗马尼亚联合发行）(T)】Lacquerware and Pottery (Jointly Issued by China and Romania)(T) 有关漆器的知识，详见新版《中国集邮百科知识》1993—14《中国古代漆器(T)》。有关陶器的知识，详见新版《中国集邮百科知识》T·62《中国陶瓷——磁州窑系》。有关"中国"名称的知识，详见本书1996—8《古代建筑(中圣联合发行)(T)》。罗马尼亚位于东南欧巴尔干半岛东北部。面积25.75万平方公里。首都布加勒斯特。罗马尼亚人的祖先为达契亚人。约公元前1世纪，布雷比斯塔建立了第一个中央集权和独立的达契亚奴隶制国家。后来，本地的达契亚人和罗马人以及入侵的部分日耳曼人、斯拉夫人等混居，并相融合，10世纪末，形成罗马尼亚民族。他们自称罗马尼人，意思为"从罗马来的人"。罗马尼亚的意思为"罗马尼亚人的国家"。公元106年，达契亚国被罗马帝国征服。14世纪先后组成瓦拉几亚、摩尔多瓦和特兰西瓦尼亚3个公国。16世纪，土耳其入侵。3个公国成为奥斯曼帝国的附属国。1862年起称罗马尼亚。1877年5月9日，罗马尼亚宣告独立。1881年，改称罗马尼亚王国。1918年12月1日，特兰西瓦尼亚公国宣布与罗马尼亚王国合并，罗马尼亚形成统一的民族国家。第二次世界大战期间，罗马尼亚成为德国的附庸国。1944年8月23日，苏军进入罗马尼亚后，爱国力量和军队举行反法西斯武装起义，推翻了安东尼斯库政权，但政权落入军阀手中。1945年2月，苏联向罗马尼亚国王米哈伊一世发出最后通牒，要求立即改组政府。国王米哈伊一世接受通牒。3月6日，农民阵线领导人格罗查组成新的罗马尼亚政府。1947年12月30日，罗马尼亚人民共和国宣告成立。1965年，改国名为罗马尼亚社会主义共和国。1989年12月22日，齐奥赛斯库政权被推翻，改国名为罗马尼亚。1949年10月5日，罗马尼亚和我国建立正式外交关系。

2004年9月22日，为了增进中国和罗马尼亚两国人民之间悠久的友谊，中华人民共和国国家邮政局和罗马尼亚邮政部门联合发行了一套《漆器与陶器(中国—罗马尼亚联合发行)(T)》特种邮票，全套2枚。(2—1)照片提供者为荆州博物馆。王虎鸣(中国)、卡塔琳娜·依琳卡(罗马尼亚)设计。影写版。齿孔13度(四边居中各有一个六角星形齿孔)。邮局全张枚数13枚。版式二：8枚(4套邮票)，尺寸规格200毫米×120毫米，发行量80万版，摄影者王虎鸣。防伪方式有防伪纸张、防伪油墨、异开齿孔、荧光喷码。北京邮票厂印制。

这套邮票的2枚图案，选用了中国和罗马尼亚两国同一历史时期顶尖手工艺水准的文物，具有代表性。设计者采用浅米黄作背景，并将文物局部的花纹衬在邮票一角，从画面上丰富了邮票的内涵。

【虎座鸟架鼓】2004—22·(2—1)T 面值80分，票幅规格36毫米×36毫米，发行量1100万枚。

图案采用了荆州博物馆提供的一幅彩绘虎座鸟架鼓照片。荆州又名"江陵"，因其北据荆州，古人按照依山傍水定地名的惯例，故得名"荆州"，为1982年国务院公布的第一批历史文化名城。荆州是灿烂的楚文化的发源地，在我国历史上有着十分深远的影响。虎座鸟架鼓又称虎座鸟架悬鼓。虎座鸟架鼓由金丝楠木雕细刻，天然生漆精涂细绘而成。整件由双虎座、双鸟架和扁鼓三部分组成，配有击鼓双槌。双虎和双鸟为两尾相对、两头向外，虎卧鸟立，鸟立虎背。鸟冠上悬挂扁鼓，扁鼓以木为圈，上蒙兽皮或鳄皮。鼓上有环，分别挂在两鸟冠与鸟尾上。漆器木胎上绘有凤鸟虎图及其它装饰图案，外涂生漆。虎斑凤羽和其他花纹以红、黄、黑三色为主，线条流畅，形象生动，是一种具有浓郁楚文化风格的典型器物，它以其独特优美的结构和斑斓绚丽的色彩，为我们展示了两千多年前的一种精美乐器。1957年，在河南信阳长台关一号墓最早发现虎座鸟架鼓。迄今为止，已在湖北荆州、湖南长沙、河南信阳出土了二十多件虎座鸟架鼓，其造型和纹饰皆大同小异。邮票图案选用的虎座鸟架鼓，系1978年春出土于荆州城东16公里的观音垱镇五山乡天星观一号墓。此墓东临长湖，西距纪南城约30公里，为长方形土坑穴墓。上有封土堆，并有斜坡墓道。墓南北向，墓道向南，有15级台阶，二椁二棺。据竹简记载，墓主为邸阳君番（潘）乘。此墓曾被盗，残存随葬品尚有陶、铜、漆木等制器二千四百多件。虎座鸟架鼓出土于墓东室，通高139.5厘米，鼓径75厘米。其形态为二虎匍匐而卧，四足向前屈伸，两虎背上各立凤鸟一只，引颈昂首，栩栩如生。两凤鸟中间悬鼓，由绸带系于二凤鸟长颈之间。其形稳重大方，构思精巧、典雅传神，从不同角度欣赏，均美轮美奂，实用而艺术。虎座鸟架鼓属国家一级文物，现藏荆州博物馆。

【古古丹尼陶罐】2004—22·（2—2）T 面值80

分，票幅规格36毫米×36毫米，发行量1000万枚。图案采用了罗马尼亚19世纪末出土的一件"古古丹尼"陶罐。据目前发现而言，"古古丹尼"文化无疑是欧洲青铜时期文化最杰出的代表之一，这种古文化主要出现在罗马尼亚、摩尔多瓦和乌克兰等地区。按照专家意见，"古古丹尼"文化大致分为三个阶段："古古丹尼"文化A、"古古丹尼"文化A-B、"古古丹尼"文化B。后来，"古古丹尼"文化与来自东方的文化融合，逐渐形成了印欧文化的源头。19世纪末，"古古丹尼"陶罐最早出现在罗马尼亚摩尔多瓦地区北部的古古丹尼一带，其中最早的器物可以追溯到公元前五千多年前。在"古古丹尼"文化三个阶段中，新石器时代的艺人就开创了用白色、红色、黑色作为装饰色，用切线纹、螺旋线、凹槽线作为基本装饰元素的制陶艺术先河。邮票图案选用的陶罐属于"古古丹尼"文化A，是那个时期最高艺术水平的代表器物，与中国的仰韶文化有着惊人的相似。

2004—23 中华人民共和国国旗国徽（T）

【中华人民共和国国旗国徽（T）】National Flag and Emblem of the People's Republic of China（T） 有关中华人民共和国国旗的知识，详见新版《中国集邮百科知识》纪6《中华人民共和国开国一周年纪念》。有关中华人民共和国国徽的知识，详见新版《中国集邮百科知识》特1《国徽》。

2004年9月30日，为了庆祝中华人民共和国成立55周年，中华人民共和国国家邮政局发行了一套《中华人民共和国国旗国徽（T）》特种邮票，全套2枚。李群、姜世惠摄影。方军设计。影写版。齿孔13度（两边居中各有一个椭圆形齿孔）。邮局全张枚数（2—1）8（2×4），（2—2）8（4×2）。版式二:8枚（4套邮票），尺寸规格206毫米×131毫米，发行量70万版。防伪方式有防伪纸张、防伪油墨、异形齿孔、荧光喷码。北京邮票厂印制。

这套邮票的2枚图案，根据国旗国徽的标准制图，运用电脑工具在整体规范的基础上进行局部调整和修饰，以简洁的形式，强烈的色彩，写实的表现手法等，将国旗国徽的感染力推至极致。特别是设计者逐步把红色和金黄色勾调出来，使国旗国徽的色彩达到了饱满、鲜艳而不刺眼的要求；大小版张边饰的颜色，采用了红黄渐变，把国旗国徽衬托得更加庄严、热烈。

【国旗】2004—23·（2—1）T 面值80分，票幅规

格38毫米×30毫米，发行量990万枚。图案展现了一面平展的中华人民共和国国旗——五星红旗。1949年9月27日，周恩来主持召开中国人民政治协商会议第一届全会，会议审定并通过了《中华人民共和国国旗决议案》，正式确立了五星红旗为中华人民共和国国旗。1954年通过的《中华人民共和国宪法》第104条规定：中华人民共和国国旗是五星红旗。这样，我国国旗的宪法地位得到确立。以后我国宪法虽然经过数次修改，但国旗的宪法地位始终得以确立。1990年6月28日，全国人大常委会通过了《中华人民共和国国旗法》，经国家主席签署颁布后，于1990年10月生效实施。《国旗法》对国旗的升挂和使用的监督管理单位、哪些机构应当挂国旗、什么情况下可以下半旗志哀等，都作了明确的规定。

至此,我国国旗的使用和管理走上了规范化和法制化的道路。邮票图案上,一面鲜艳的五星红旗充满了整个空间,平展展的,浓艳艳的,犹如凌空飘扬,光彩夺目。

【国徽】2004—23·(2—2)T 面值80分,票幅规格30毫米×38毫米,发行量990万枚。图案展现了中华人民共和国国徽的图形。1950年6月20日晚,全国政协国徽审查组在周恩来的主持下,确定了清华大学营建系梁思成设计组提交的国徽设计图案。6月28日,中央人民政府第八次会议通过了政

协一届二次会议提出的《中华人民共和国国徽图案及对设计图案的说明》。9月20日,中央人民政府主席毛泽东发布命令,公布中华人民共和国国徽图案及其说明:"国徽的内容为国旗、天安门、齿轮和麦稻穗,象征中国人民自'五四'运动以来的新民主主义革命斗争和工人阶级领导的以工农联盟为基础的人民民主专政的新中国的诞生。"至此,庄严富丽的中华人民共和国国徽诞生了。和我国的国旗一样,我国国徽的宪法地位在我国历次宪法修改中一直始终得以确立。1991年3月2日,第七届全国人民代表大会常务委员会第十八次会议通过了《中华人民共和国国徽法》,对哪些单位应当悬挂国徽、可以使用和禁用国徽的情形等,都作了详细的规定。邮票图案上,中华人民共和国国徽居于中心位置,仿佛高高悬挂着,既富丽光彩,又庄严神圣。

2004—23 中华人民共和国国旗国徽(不干胶)(T)

【中华人民共和国国旗国徽(不干胶)(T)】National Flag and Emblem of the People's Republic of China (T) 2004年9月30日,为了庆祝中华人民共和国成立55周年,中华人民共和国国家邮政局发行了一套《中

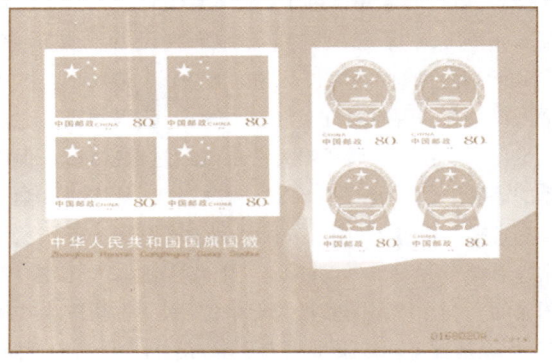

华人民共和国国旗国徽(T)》特种邮票,全套2枚。方军设计。10月28日,为配合2004年北京国际邮票钱币博览会举行,又发行了一套《中华人民共和国国旗国徽(不干胶)(T)》特种邮票,全套2枚。方军设计。影写版。整张枚数8枚(4套邮票),尺寸规格180毫米×这130毫米,发行量50万版。北京邮票厂印刷。

2004—24 祖国边陲风光(T)

【祖国边陲风光(T)】Frontier Scenes of China(T) 陲,即边疆。我们的祖国幅员辽阔。国土最东在东经135°05'的黑龙江和乌苏里江的主航道会合处,最西在东经73°附近的亚洲中部帕米尔高原,东西之间的距离有5200公里。从北纬53°34'的黑龙江江心到北纬3°51'南沙群岛的曾母暗沙,南北之间的距离有5500公里,跨越纬度约50度。陆地面积广达960万平方公里。祖国的陆地疆域长二万多公里,东部面临海洋,海岸线总长度为3.2万公里。在祖国陆疆边陲的风光中,不仅有南方和北方不同的森林景观,而且还有山地、草原、沙漠、湖泊、喀斯特、高原风貌。在祖国海疆边陲的风光中,既有岛屿和群岛,也有海岸礁岩、海岸线等多种类型。锦绣中华边陲,高山纵横,峡谷交错,一条条江河奔腾其间,一个个湖泊点缀其上,一块块平原沃野翠绿如茵。祖国边陲独特的地理风貌和丰富多彩的自然景观,在世界上是没有任何一个国家可以相比拟的,我们为此深感自豪。

2004年10月1日,为了庆祝国庆55周年,中华人民共和国国家邮政局发行了一套《祖国边陲风光(T)》特种邮票,全套12枚。影写版。齿孔13度×12.5度。邮局全张枚数8(2×4)。邮票摄影者(12—1)袁学军、(12—2)线云强、(12—3)侯贺良、(12—4)傅醉岳、(12—5)于志新、(12—6)李东日、(12—7)毕志彰、(12—8)王滇云、(12—9)谭明、(12—10)赵承安、(12—11)孙占礼、(12—12)周克义。边饰摄影者(12—1)桑玉柱、(12—2)线云强、(12—3)侯贺良、(12—4)赵海平、(12—5)于志新、(12—6)陈凤杰 林鸿平、(12—7)蒙紫、(12—8)李春生、(12—9)贾玉江 杜泽泉、(12—10)茹遂初、(12—11)袁学军、(12—12)周克义。郝旭东设计。防伪方式有防伪纸张、荧光喷码。北京邮票厂印制。

这套邮票的12枚图案,采用摄影照片作为艺术语言,选取了中国边陲12处最具代表性、最典型的地貌景观,没有表现人文及建筑景观,没有表现特定的瞬间时空,而是将焦点确定在画面追求的内在本质上,生动体地表现出了几百年甚至千万年都不变的江山本色,使

得祖国这个概念在每个人的心中都是永恒的、不变的。邮票图案采用横幅形式,画面场景比较大,角度很宽广,视野开阔,能够让祖国宽广辽阔的疆土本身给人一种无限博大的感受。在处理色彩关系时,设计者在确定整套邮票的总的基调的前提下,使每枚邮票在色彩上尽量保持单纯,基本上是冷色调,使得12枚邮票犹如串起来的一颗颗珍珠,总的看起来既有变化对比,又很和谐,突出了一种色彩的节奏感和整体意境。

【兴安林海】2004—24·(12—1)T 面值80分,票幅规格50毫米×30毫米,发行量1200万枚。图案采用袁学军的摄影作品,表现出了祖国东北部陆疆边陲大、

小兴安岭莽莽林海的自然景观。兴安岭为内蒙古自治区北部及黑龙江省北部山脉的总称。略呈弧形环抱东北平原,西为大兴安岭,北为伊勒呼里山,东为小兴安岭。富针叶林,为中国重要林区之一。兴安岭,满族人称之为"金阿林",即金山的意思,因盛产黄金而得名。兴安岭山体很美,若从天空鸟瞰,犹如游龙腾跃,蜿蜒起伏,原始森林巨树参天,绵延千里;高大挺拔的兴安落叶松、白色树皮的桦木林、红褐色树皮的樟子松交织分布,构成一片苍苍莽莽的林海,气势十分壮观。邮票图案选用了兴安岭位于黑龙江省部分的冬季林海雪景,白雪覆盖下的树林,不仅表现出了森林的茂密和层次,也体现出了一种冷、透、清的雪后情景,代表了我国一种地理和气候形态。

【鸭绿江流域湖泊】2004—24·(12—2)T 面值80分,票幅规格50毫米×30毫米,发行量1100万枚。图案采用了线云强的摄影作品,表现了祖国东北陆疆边陲

鸭绿江流域湖泊的自然景观。鸭绿江为中朝两国的一条界河。源出吉林省东南中朝边境白头山,西南流到辽宁省丹东市以下入黄海。按照科学的定义,湖泊是湖盆、湖水和水中所含矿物质、溶解质、有机质以及水生物等物质所组成的自然综合体,并参与自然界的物质和能量循环。实际上,湖泊是指陆地上低洼地区储蓄的大量而不与海洋发生直接联系的水体,因此,凡是地面上一些排水不良的洼地都可以储水而发育成湖泊。我国是世界上湖泊众多的国家,但湖泊分布很不均匀,据考察,大约99.98%的面积大于10平方公里的湖泊,分布在东部平原、青藏高原、蒙新地区、东北平原与山地和云贵高原,称为中国的五大湖区。东北平原与山地的湖泊面积有3800平方公里,约占全国湖泊总面积的4.6%。东北的平原地区属现代沉降地区,河流造成了宽广的冲积平原。平原上有大片湖沼湿地分布,同时也发育了大小不一的小型湖泊,当地称之为"泡子"或"盐泡子"。这类湖泊形成的原因大多与近期的地壳沉陷、地势低洼、排水不畅和河流弯曲往返摆动有关,具有面积小、湖盆坡降平缓、现代沉积物深厚、湖水浅和矿化度高等特点。鸭绿江流域湖泊大体属于这一类型。由于地处温带湿润、半湿润气候区,夏季短而温凉多雨,入湖水量颇丰,冬季长而寒冷多雪,湖泊封冻期长,故湖泊的景色在冬季和夏季迥然不同。邮票图案选用了辽宁省境内鸭绿江支流形成的湖泊之夏季景色,湖水碧蓝,岸上绿树郁郁葱葱,既透着一股清凉,又充满了勃勃生机。

【黄海礁岩】2004—24·(12—3)T 面值80分,票幅规格50毫米×30毫米,发行量1100万枚。图案采用了侯贺良的摄影作品,表现出了祖国陆地最东端海疆边

陲黄海礁岩的自然景象。礁岩,即海洋中隐现水面的岩石。我国不仅是世界上的陆地大国,也是海洋大国,海疆辽阔。黄海、渤海、东海、南海围绕着陆地国土由北而南分布,东西之间横跨约32个经度,南北纵贯44个纬度,总面积四百七十多万平方公里。海岸线绵延曲折,其中大陆岸线长一万八千多公里,岛屿岸线长1.4万公里。黄海因近岸海水呈黄褐色而得名。我国三大边缘海之一。北起鸭绿江口,南以长江口北岸到朝鲜济州岛一线同东海分界,西以渤海海峡与渤海相连。面积约40万平方公里,平均深度40米。黄海礁岩是一种山地丘陵海岸。因受到海水的长期侵蚀,出现了突出的海岬和深入的海湾,岬湾相间,岸线曲折。海岸的岩石因存在不同大小和方向的节理裂缝,挤压破碎和硬度也有差别,在海浪的长期作用下便形成了各种奇形怪状的海蚀地貌,最常见的有海蚀岩、海蚀柱、海蚀穴等。邮票图案选用了位于山东半岛成山头黄海礁岩的清晨自然风貌。成山头与韩国隔海相望,号称"天尽头",是我国陆海交界的最东端,自古就是"太阳升起的地方"。浅滩,微波

的海水，橘红色的晨曦尽染形状各异的礁岩，呈现出一派温暖、宁静的景象，让人不禁为之心动。

【舟山群岛】2004—24·（12—4）T　面值80分，票幅规格50毫米×30毫米，发行量1100万枚。图案采用了傅醉岳的摄影作品，表现出祖国东部海疆边陲舟山

群岛的地理地貌。舟山群岛位于长江口东南海面、杭州湾以东海域，由1339座岛屿组成，相当于我国海岛总数量的约20%，总面积1241平方公里，是我国最大的群岛。主要岛屿有舟山岛、岱山岛、朱家尖岛、六横岛、金塘岛等，其中舟山岛面积近500平方公里，是中国第四大岛。舟山群岛是浙江东部丘陵山地向东北延伸的部分。舟山群岛自然条件优越，为多种鱼类提供了良好的生长繁殖场所，形成世界著名的渔场。据记载，五千多年前，舟山群岛就有人类居住。唐代，舟山群岛开始建县，至今已有一千二百多年的历史。受到海平面的升降和长期海浪冲蚀影响，舟山群岛发育着海蚀阶地、洞穴等海蚀地貌，秀岩嶙峋，异礁遍布，美丽的景点数不胜数，著名岛景有"海天佛国"普陀山、"海山雁荡"朱家尖、"海上蓬莱"岱山等。邮票图案上，在灿烂阳光的照耀下，海天一色，群岛若隐若现，风光秀丽，气候宜人，既有"海天佛国"的神秘，又有海上雁荡的雄奇，令人神往。

【台湾海岸线】2004—24·（12—5）T　面值80分，票幅规格50毫米×30毫米，发行量1100万枚。图案采用了于志新的摄影作品，表现出祖国南部海疆边陲

台湾海岸线的自然风貌。台湾岛是祖国最大的岛屿，面积有三万五千多平方公里。台湾岛的海岸线总长达1239.58公里，加上所有离岛，海岸线总长可达五千多公里。邮票图案上，海水碧绿，白色的细浪轻轻地拍打着岸边，海岸上有陡峭的岩壁也有细软的沙滩，呈现出了海岸线上浩瀚大海独特的风貌，耐人寻味。

有关台湾岛的知识，详见新版《中国集邮百科知识》J·19《台湾省人民"二·二八"起义三十周年》。

【西沙岛屿】2004—24·（12—6）T　面值80分，票幅规格50毫米×30毫米，发行量1100万枚。图案选

用了李东日的摄影作品，表现出了祖国南部南海边陲西沙岛屿的地理风貌。在南海腹地，散布着280座以上的岛屿、沙洲、暗礁、暗沙、暗滩，统称为南海诸岛，是我国最南端的国土。它们按照地域分布，分为东沙、西沙、中沙和南沙四个群岛。西沙群岛是由永乐群岛等一大群现代珊瑚礁和隆起珊瑚礁构成的群岛，漂浮在五十多万平方公里的海域上。自古以来，西沙群岛就是我国的领土，北宋称"九乳螺洲"，清称"千里长沙"，西沙群岛由23个岛屿和4个不包含岛屿的环礁组成，面积约8平方公里。西沙群岛是南海航线的必经之路。早在隋代，我国已经派使节经南海到达今天的马来西亚，唐代高僧义净亦由此到达印度。在古代，那些满载着陶瓷、丝绸、香料的商船，也常从此驶过，故西沙又有"海上丝绸之路"的称誉。西沙群岛地势低平，高温多雨，植物生长茂盛，终年常绿，四季常花，犹如漂浮在碧蓝大海中的绿色花朵，又像沙漠中的一片绿洲。群岛中以永兴岛最大，面积1.85平方公里，岛上树木茂密，楼房栉比，是南海诸岛政治、经济中心。邮票图案上，碧蓝的海水仿佛给岛屿镶嵌上了亮晶晶的银环，十分夺目；绿树掩映下的岛屿，透出一种宁静与闲适；若漫步在岛屿海边，会让人产生一种"极目纵览无尽景，悠悠信步水云间"的艺术享受。

【桂南喀斯特地貌】2004—24·（12—7）T　面值80分，票幅规格50毫米×30毫米，发行量1100万枚。图案采用了毕志彰的摄影作品，表现出了祖国南部陆疆边

陲桂南喀斯特地貌景象。桂为广西壮族自治区的简称。喀斯特地貌又称"岩溶地貌"，是水对可溶性岩石进行溶蚀等作用所形成的地表和地下形态的总称。水对可溶性岩石所进行的作用，统称为"喀斯特作用"。它以溶蚀作用为主，还包括流水的冲蚀、潜蚀，以及坍陷等机械侵蚀过程。这种作用及其产生的现象统称为"喀斯特"。喀斯特是南斯拉夫西北部伊斯特拉半岛碳酸盐岩高原的地名，原意为岩石裸露的地方，因近代喀斯特研究在19世纪中期起源于此而得名。在世界各地的可溶性岩石里，均有喀斯特地貌分布。中国喀斯特地貌分布广、

面积大，其中以广西、贵州和云南东部所占的面积最大，是世界上最大的喀斯特分布区之一。广西喀斯特地貌几乎遍及全区，约占全区面积的一半以上，又以南部分布最广、发育最典型。在喀斯特地貌分布区，流水清澈，岩石凸露，奇峰林立，有石芽、石林、峰林、喀斯特丘陵等喀斯特正地形，以及溶沟、落水洞、盲谷、干谷、喀斯特洼地（包括漏斗、喀斯特盆地）等喀斯特负地形，还有溶洞、地下河、地下湖等，以及与地表和地下密切相关的竖井、牙洞、天生桥等喀斯特地貌。喀斯特地貌分布区景色秀丽，桂林山水就是喀斯特地貌的杰作。邮票图案所表现的桂南喀斯特地貌，是由高原地区向平原地区的过渡形式，位于广西靠近中越边境处，山青、水秀、洞奇、石美、风光奇特，代表了我国的一种地貌形态。

【滇南雨林】2004—24·（12—8）T 面值80分，

票幅规格50毫米×30毫米，发行量1100万枚。图案采用了王滇云的摄影作品，表现出了祖国西南部陆疆边陲滇南雨林的自然风貌。滇，云南省的简称。雨林是分布在热带高温潮湿气候的常绿森林植被类型，无论是高大的乔木还是比较矮小的灌木，大多攀附着藤条，一缕缕垂吊着，在微风中飘动。在热带雨林中，很难分清这根树杈、那根树枝究竟是哪棵树上的，它们都争着向上生长，为了更多地得到阳光和水分。雨林中的乔木分为三四层，有巨大板状根、有老茎生花果、有飞舞的巨藤、有树木的绞杀等神奇生态现象。特殊的生态环境和微妙的物种关系，使热带雨林演化出了种类繁多的奇花异卉，有多姿多彩的附生兰花，有能"吃"昆虫的猪笼草，有叶片如舟的王莲，有多彩斑斓的花叶植物，还有叶片随歌而动的跳舞草等。滇南雨林是我国热带雨林的向西延伸，主要集中在我国热带生态系统保持完整的西双版纳地区。在海拔800米以下的地热河谷和陷落盆地内，南方海洋性湿热气流的北上，造就了十分优越的生物气候条件，有四千多种高等植物和占全国1/4的哺乳动物在此繁衍，使这里成了"动植物王国皇冠上的绿宝石"。雨林是全球最大的生物基因库，雨林的保护已经成为当前最紧迫的生态问题之一。邮票图案选择了云南雨林中具有代表性的榕树为画面主体，根根枝枝相互交错，郁郁葱葱的茂密绿叶遮天蔽日，生动地表现出了热带雨林的天然风貌，洋溢着一种勃勃生机。

有关榕树的知识，详见新版《中国集邮百科知识》T·53《桂林山水》。

【珠穆朗玛峰】2004—24·（12—9）T 面值80

分，票幅规格50毫米×30毫米，发行量1100万枚。图案采用了谭明的摄影作品，表现出了祖国西南部陆疆边陲珠穆朗玛峰的自然风貌。在我国国土总面积中，山地、高原的面积占2/3。喜马拉雅山脉是地球上最高的部分，被称为"地球的第三级"。它的主脊平均海拔超过6000米。其中地处中国和尼泊尔边界的珠穆朗玛峰海拔最高，有世界第一峰之称。据科学家研究，珠穆朗玛峰地区过去曾经有过被海水淹没的历史，后来随着地壳抬升才跃为"地球之巅"。一般认为，在最近的二三百年里，青藏高原平均从海拔1000米上升到4700米。实际上，珠穆朗玛峰的地质历史相当年轻！邮票图案表现的是珠穆朗玛峰雪峰的形态，巍巍雪峰屹立于蔚蓝色的茫茫宇宙之中，霞光轻抹，雄伟而神圣，具有一种纯净脱俗的气质。

有关珠穆朗玛峰的知识，详见新版《中国集邮百科知识》特70《中国登山运动》。

【帕米尔高原】2004—24·（12—10）T 面值80

分，票幅规格50毫米×30毫米，发行量1100万枚。图案采用了赵承安的摄影作品，表现出了祖国西北部陆疆边陲帕米尔高原的自然风貌。帕米尔高原地处中亚东南部，在我国境内位于新疆维吾尔自治区的西南部。"帕米尔"是塔吉克语"世界屋脊"之意，海拔在4000米～7700米之间。是天山、昆仑山、喀喇昆仑山和兴都库什山等交会而成的大山结。为中国习称葱岭的一部分。历史上著名的"丝绸之路"经此通往波斯（今伊朗）等地。山岭交错，高峰有公格尔山（海拔7719米）、慕士塔格山（海拔7546米）等。中部地势起伏较缓和，有宽广的谷地。气候寒冷，山峰终年积雪，冰川广布，西北角的菲德钦科冰川长达71.2公里，为世界上最长的高山冰川之一。邮票图案表现的是新疆境内帕米尔高原的山脉、沙丘和湖泊，连绵起伏的山脉，将自己雄壮的身躯倒影于湖泊之中，是那样清晰，那样宁静，探求悠久历史奥秘的欲望不禁油然而生。

【巴丹吉林沙漠】2004—24·(12—11)T　面值80分，票幅规格50毫米×30毫米，发行量1100万枚。图案采用了孙占礼的摄影作品，表现出了祖国西北部陆疆边陲巴丹吉林沙漠的生态面貌。

我国分布着许多沙漠。巴丹吉林沙漠是我国四大沙漠之一，面积为4.7万平方公里。巴丹吉林系蒙古语，源自一座小村庄。沙漠中的流动沙丘占83％，还分布有许多固定和半固定沙丘。巴丹吉林沙漠的沙丘高大密集，高度多为200米~300米，最高可达500米，是世界上最高大沙丘的分布区。沙丘形状有金字塔形，也有许多沙丘连在一起形成的沙丘链，貌似"山"一般，沙峰、沙壑、沙峭、沙壁、沙窝、沙刃随处可见，形状多种多样，景象奇伟壮观。在沙漠腹地，更是高峰林立，峰峦叠嶂，沙脊如削。巴丹吉林沙漠的鸣沙尤其独特，其声音犹如飞机群轰鸣声，沉闷而深远，数公里外清晰可闻，给人一种异常刺激的感觉。沙丘之间有近150个小湖泊，当地人称之为"海子"，呈现出一派壮美的沙海奇观。海子多为咸水，不能饮用，但其周围常常生长有茂密的湿生、盐生植物，以湖泊为中心与周围沙丘呈同心圆状分布，成为牧场和聚落所在。高大的沙丘和晶莹的海子相映成趣，湖光沙色，令人心静神怡。早在3000年~5000年前，就有人类在巴丹吉林沙漠这片土地上活动，但遗憾的是，至今常住人口很少，而且西北部还有一万多平方公里的沙漠至今没有人类的足迹。邮票图案表现的是内蒙古"沙漠与胡杨"这种沙漠特有的生态面貌：有起伏的沙丘和沙漠纹理，具有典型的沙漠地貌特征；设计者加上一片挺立的胡杨林，既丰富了画面，也加亮调整了色调。

胡杨林亦称胡桐。杨柳科。落叶乔木，高达15米。叶形多变异；披针形或线状披针形之叶全缘或疏锯齿；卵形、扁卵形、肾形之叶具缺刻或全缘，无毛，带灰色或浅绿色。胡杨林分布于我国新疆南部、青海柴达木盆地西部、甘肃河西走廊、内蒙古河套地区，多生于水源附近。耐盐碱，生长较快，为西北河流两岸或水位较高地方的重要造林树种。

【呼伦贝尔草原】2004—24·(12—12)T　面值80分，票幅规格50毫米×30毫米，发行量1100万枚。图案采用了周克义的摄影作品，表现了祖国北部陆疆边陲呼伦贝尔草原的自然风貌。内蒙古大草原广袤无垠，总

面积达88万平方公里，占内蒙古总土地面积的2/3以上，占中国草原总面积的1/3，居全国四大草原之冠。呼伦贝尔草原位于内蒙古自治区呼伦贝尔盟，因其境内有呼伦、贝尔两湖而得名。在众多草原中，呼伦贝尔草原以地势平坦、草原辽阔、水丰草茂、牛羊肥壮、富饶和美丽著称。呼伦贝尔草原由大兴安岭西麓山前丘陵和高平原组成，大部分在海拔400米~600米之间，地势由东南向西北倾斜，地面切割微弱。呼伦贝尔草原是我国目前保存最完好的草原，水草丰美，生长着碱草、苜蓿等一百二十多种营养丰富的牧草，有"牧草王国"之称。邮票图案表现了呼伦贝尔草原的辽阔和宽广，正如北齐人留下的《敕勒歌》所赞美的那样："敕勒川，阴山下，天似穹庐，笼盖四野，天苍苍，野茫茫，风吹草低见牛羊。"

2004—24M 祖国边陲风光（小全张）(T)

【祖国边陲风光(小全张)(T)】Frontier Scenes of China(Miniature Sheet)(T)　2004年10月1日，为了庆祝中华人民共和国成立55周年，中华人民共和国国家邮政局发行了一套《祖国边陲风光(T)》特种邮票，全套12枚；同日发行了1枚小全张。边饰设计赵承安，邮票设计郝旭东。影写版。齿孔13度×12.5度。北京邮票厂印制。

【祖国边陲风光】2004—24M·(1—1)(小全张)T　小全张面值960分，售价12元，小全张规格230毫米×146毫米，发行量980万枚。小全张图案以北京天安门为中心画面，城楼上高挂着毛泽东主席画像，宫灯，

红旗、鲜花、精美的华表,既庄严肃穆,又喜庆热烈,充满了节日气氛;蔚蓝色的天空上标有"庆祝中华人民共和国成立55周年"字样,点出了画题。12枚表现祖国边陲风光的邮票图案,按照地理方位围绕中心画面——天安门顺序排列,生动地展现出了祖国辽阔的陆海边陲风光,壮观、美丽,洋溢着一种神圣和自豪。

有关天安门、华表的知识,详见新版《中国集邮百科知识》纪1《庆祝中国人民政治协商会议第一届全体会议》。

有关毛泽东主席画像的知识,详见新版《中国集邮百科知识》纪4《中华人民共和国开国纪念》。

2004—25 城市建筑
(中国—西班牙联合发行)(T)

【城市建筑(中国—西班牙联合发行)(T)】Building in Cities(Jointly Issued by China and Spain)(T) 有关"中国"名称的知识,详见本书1996—8《古代建筑(中圣联合发行)(T)》。西班牙位于欧洲西南部伊比利亚半岛上,北濒比斯开湾,西北、西南临大西洋,东和东南滨地中海。关于西班牙国名的来历,有三种解释:其一,源于古罗马人对它的称呼"Hispania"或源于腓尼基语"Shaphan",据说是"野兔国"的意思。因为古代迦太基人在半岛沿岸建立殖民地时,发现野兔很多,便称这里为"Span",后来逐渐演变出西班牙国名。其二,源于巴斯克语"ezpaña",意思是"边疆"、"海洋",因为古迦太基人在岸边建立过殖民地,这个名词传到罗马人那里,被误认为是专有名词,就作了这个地方的名称,后来又被采用为国名。其三,源于西伯莱—腓尼基语"ES—Paña",意思是"埋藏",引申为"埋藏的财富"、"矿藏"。伊比利亚半岛生产黄金、银、铜等矿,腓尼基人远道来此是为了掠取金银财富,故得名。15世纪~16世纪,西班牙是海上强国,曾占有许多殖民地。16世纪中期以后,西班牙逐渐衰落。1931年,王朝被推翻,建立共和国。1936年,成立由人民阵线领导的联合政府。1936年佛朗哥发动内战,于1939年夺取政权。1947年,西班牙宣布为君主国。据记载,远在17世纪,西班牙就开始种植油橄榄树,至今已有两千多年的历史,年生产橄榄油占世界总产量的第一位,故有"橄榄王国"之称。1973年3月9日,西班牙和我国建立正式外交关系。

2004年10月8日,为了增进中国和西班牙两国人民之间的友谊,中华人民共和国国家邮政局发行了一套《城市建筑(中国—西班牙联合发行)(T)》特种邮票,全套2枚。皮德罗·桑切斯(西班牙)设计。影写版。齿孔13.5度×13度。邮局全张枚数16(4×2+2×4)。版式二10枚(5套邮票),尺寸规格176毫米×140毫米,发行量60万版。防伪方式有防伪纸张、防伪油墨、荧光喷码。北京邮票厂印制。

【金茂大厦】2004—25·(2—1)T  面值80分,票幅规格30毫米×40毫米,发行量1100万枚。图案展现了中国上海的金茂大厦外观影象。金茂大厦坐落于上海黄浦江畔陆家嘴金融贸易区中心。1994年奠基,1998年落成,1999年全面开业。金茂大厦高420.5米,总建筑面积为29万平方米,当时为中国第一、世界第三高楼。美国SOM设计师安钧·史密斯设计。金茂大厦主楼88层,平面构图为双轴对称正方形;立面构图为13个内分塔节,自上而下,四角内收,逐节加快。从与主楼平行的角度看,金茂大厦两边垂直,似巍然屹立的丰碑;从45度对角线上看,金茂大厦上小下大,像巍峨神奇的擎天宝塔。主楼立面富有层次、节奏和韵律,外幕墙采用了通体双层镀膜玻璃、纵横交错的不锈钢装饰件,避免了一般幕墙的单调和光污染,并取得了或金或银的光影效果。被誉为"惊世奇钻"的塔尖,在晨曦中银光闪亮,在夕阳下金光灿灿,在灯光里晶莹剔透,在云雾中气象万千。金茂大厦的通讯、供电、消防、电梯等智能化高科技系统均居世界领先地位。金茂大厦还有一幢6层高的裙楼,其不锈钢和玻璃的现代化建材把拱架、吊桥、螺旋梯、九曲桥等营造成如同"未来太空世界"。阳光透过玻璃穹顶洒落下来,更显示出建筑内部的空间美。裙楼外形似一本打开的书卷,有人比喻金茂大厦像一支神来之笔,蘸黄浦江水为墨,书写了中国改革开放的新篇章。金茂大厦是一座综合性多功能的建筑,其1层~50层为写字楼,已有一百三十多家国内外著名企业入驻,其中金融企业多达数十家,被誉为"站着的金融街"。从53层~87层,是被世界吉尼斯总部认定为"世界上最高的酒店"的金茂君悦大酒店。从56层的酒店咖啡厅向上,有高152米、直径27米的酒店中庭,是所有客房层的共享空间。从88层观光厅的环形玻璃向下俯瞰,28道环廊金光璀璨,流光溢彩,恰似时光隧道,让人叹为观止。大厦的88层是目前国内最高最大的观光厅。观光厅内设有邮政服务处,可称为国内最高的"空中邮局",为众多观光客提供珍贵的纪念邮品。邮票图案上,金茂大厦高高耸立,让人自然想起中国古代的宝塔,但它并非简单的复古仿照,而是吸收了中国塔文化的精粹,融入后现代主义设计理念,运用新型建筑材料和技术,创造性地成功塑造出了这座上海乃至中国的标志性经典建筑。图案以东方明珠广播电视塔、黄浦江和隐隐约约上海旧城建筑为背景,将金茂大厦置于一个广阔的社会空间之中,揭示了它是中国改革开放丰硕成果的象征,更是为迎接21世纪而构思、为发展知识经济而设计、为参与经济全球化而建造的一幢摩天大楼,生机勃勃,洋溢着一种勇气和自豪。

有关东方明珠广播电视塔的知识,详见本书1996—26M《上海浦东(小型张)(T)》。

【古埃尔公园】2004—25·(2—2)T 面值80分,票幅规格30毫米×40毫米,发行量1000万枚。图案表现了西班牙巴塞罗那古埃尔公园的独特建筑。由西班牙著名建筑设计天才安尼奥·高迪(1852—1926)设计。高迪在巴塞罗那设计了古埃尔公园、米拉公寓、巴特略之家、圣家教堂等18座不朽的建筑杰作,其中有17项被西班牙列为国家级文物,有3项被列为世界文化遗产,古埃尔公园便是其中之一。1900年,高迪受到他的挚友和长期赞助人尤琴比·古埃尔的委托,酝酿着将自然健康的理念引入紧张繁忙的工业化城市之中,建造一座犹如花园城市般的居住区,供巴塞罗那上流社会的富人们享用。为了实现这个极为宏伟的计划,他们在巴塞罗那郊区购买了一座光秃秃的山地,计划就在山头上建设古埃尔公园,因为在此可以鸟瞰巴塞罗那城景,眺望地中海。但这个选址离市区太远,地势又太高,故当时有不少人认为选择这个地方建住宅区简直是发疯了。古埃尔公园的建造历时长达14年。结果,由于远离市区,园内规划为私人住宅建筑用地的16块土地,仅售出一块。从经济上看,当时这应该是一个失败的"小区楼盘"。但从建筑艺术角度看,整座公园既像一个白雪公主的童话世界,又似天方夜谭中的魔幻宫殿,不仅神奇怪诞,而且美丽迷人,处处都能带给人们惊喜。高迪在此创造了伟大的奇迹,他为巴塞罗那留下了一处不朽的城市建筑经典。高迪的设计奇特且崇尚自然,他的设计灵感常常来源于动植物的形状。高迪讨厌硬邦邦的直线,多采用柔和的曲线和五彩的颜色来表达自己的设计思想。古埃尔公园内有一座小教堂,其造型极为奇特,圆圆的顶,扭曲的身,蟒蛇一样地螺旋上升,甚至让人觉得高迪的巨手在那里用黏土顽童般地捏塑着墙面;然后,高迪又用自己对色彩的独特感觉与理解,将那些五彩缤纷、闪闪发光的马赛克,一小块一小块地镶嵌在柔性的泥里。站在这座小教堂前,乍看颇似伊斯兰式建筑,但仔细观察欣赏,才让人恍然想到这是东方伊斯兰风格、新哥特主义及现代主义、自然主义等诸多建筑风格已被高迪揉捏后,巧妙而自然地统一在一起了。教堂对面的石阶上,盘卧着一条五彩珐琅镶成的五彩斑斓的石头蜥蜴,翘首迎接着游人,这是巴塞罗那举世闻名的标志之一。公园内设有一座最有特色的屋顶广场。围绕整个呈半圆形广场一周的围栏,高迪将其设计成供人休憩的长石椅。石椅呈波浪形,蜿蜒曲折地围绕着广场。椅背的表面都是用色彩斑斓的碎瓷砖拼成的美丽图案,整体上犹如一条彩色巨蟒盘绕游动;而细看每一段又都是一幅怪异莫名的抽象拼贴画,能够给人无穷的回味。相传,高迪在设计古埃尔公园的长椅时,他曾经让一个裸男坐在椅子上试试看是否舒适,其细心、专业之处令人敬佩。邮票图案采用淡粉色为底衬,展现出了古埃尔公园小教堂的外观景象。这座经典建筑仿佛具有一种神奇的吸引力,激发起游人的强烈兴趣,希望踏入这座别具匠心的公园,坐在石椅之上,和风拂面,满目翠绿,尽情陶醉于大自然慷慨的怀抱里,充分享受神游童话世界的精神愉悦。

2004—26 清明上河图(T)

【清明上河图(T)】The Festival of Pure Brightness on the River(T) 《清明上河图》为中国北宋风俗画作品。作者张择端,字正道,东武(今山东省诸城市)人。宋徽宗时为宫廷画家。少年时读书,到京城汴梁(今河南省开封市)游学,后学习绘画,擅长界画,尤喜画舟车、市桥、廓径,自成一家。《清明上河图》为长卷,绢本,淡设色,纵24.8厘米,横528.7厘米,现藏于北京故宫博物院。绘画史上名为《清明上河图》的画幅很多,但真本毕竟只有一幅。经过众多学者、专家的认真研究,都认为现藏北京故宫博物院的这幅《清明上河图》是北宋张择端的原作。其他的同名画作,均为后来的摹本或伪本。北京故宫博物院收藏的《清明上河图》真本,画卷本幅上

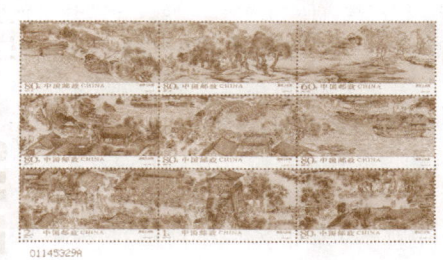

并无画家本人的款印；确认其作者为张择端，是根据画幅后面跋文中的一段题记。北京故宫博物院收藏的《清明上河图》真本，历经八百多年，几易其主，画上藏印约65方之多，而跋文、跋诗录于画卷上也举不胜举。宋徽宗赵佶为第一个收藏此画者，他最先用自己独特的瘦金体亲书题跋《清明上河图》5字，并钤上双龙小印。公元1186年，金人张著最早在《清明上河图》上题跋作者生平："翰林张择端，字正道，东武（今山东诸城）人也，幼读书游学于京师，后司绘事⋯⋯尤嗜于舟车市桥廓径，别成家数也。"金代鉴赏家张公药为画卷上题咏："通衢车马正喧阗，只是宣和第几年，当时翰林呈画本，承平风物正堪传。"题出了该画主题。金人张世积题诗曰："繁华梦断两桥空，惟有悠悠汴水东，谁识当年图画日，万家帘幕翠烟中。"画卷上金人的题咏，证明公元1126年宋钦宗"靖康之难"后，《清明上河图》曾被金人掠去，并流传于民间。公元1352年间，元代好古之士杨准将自己得画经过记录于画卷后："卷前有徽文庙，徽宗标题⋯⋯意是图脱稿，曾几何时，而向之承平态，已索然荒烟野草之不胜惑矣。而是图独落至今逾二百年未甚弊坏，岂有数耶？"当时更有李初题跋更明确认定："静山周氏文府所藏《清明上河图》乃故宋宣、政间明笔也。"元代诸家跋文，可证明《清明上河图》于北宋末年绘画无疑。关于画题"清明"2字的含义，有三种理解：其一，"清明"为中国农历二十四节气之一，按照民间风俗，这个节日期间的主要活动是祭扫先人坟墓。明正德年间的鉴赏家、诗人李阳，曾在《清明上河图》画卷上题诗。他在跋文中认为："'上河'云者，盖其风俗所尚，若今之'上冢'然，故其盛也。"并在一首跋诗中写道："宋家汴都全盛时，万方玉帛梯航随。倾城仕女携儿童，清明上河俗所尚。"由此可见，他认为《清明上河图》描绘的是清明时节的春景。其二，"清明"指汴梁外城东郊的清明坊。其三，从图中所绘的具体景物看，画中描绘的五百多个人物中，手持扇子纳凉的人居然有十多个，还有几个憨态调皮的小孩子光着屁股在街头嬉戏，河岸小贩的桌子上摆着切开的西瓜。显然，地处北国的北宋京都，春寒中的清明时节不可能出现这种情景，画卷描绘的应该是初秋景象，实际上，"汴水秋风"正居京都"汴河八景"之首，故所谓"清明"，则为"太平盛世"、"清明景象"之意。宋人在画中跋："当朝翰林呈画本，承平风物正堪传"的文字，说明此画描绘的正是承平风物。《清明上河图》描绘的是北宋都城汴梁（今河南开封）汴河两岸市容风貌。公元6世纪，隋炀帝为下江南游玩，命沿途百姓开凿出大运河。这条人工河沟通了长江黄河两大水系，为当时从中原通向东南的水运干道。因大运河中间自今萦阳至

开封一段就是原来的汴水，故唐宋人便将这段运河称为汴水、汴河或汴渠。在表现手法上，《清明上河图》采用了传统的手卷形式，全图运用"散点透视法"，即以不断移动视点的方法摄取所需的景象。大到广阔的原野、浩瀚的河流、高耸的城郭，细到舟车上的钉铆、摊上的小商品、招牌上的文字，和谐地组织成统一的整体，繁而不乱，长而不冗，段落分明，结构严谨。画中人物多达五百五十多人，衣着不同，神情气质各异，而且穿插安排着各种活动，其间充满着戏剧性的情节冲突，令观者回味无穷。画中还有各种牲畜六十多匹，木船二十多艘，房屋楼阁三十多栋，车、轿约二十多辆。如此丰富多彩的内容呈现于一画之中，充分表现出画家对社会生活的深刻洞察力、高度的艺术修养和表现能力。全图由汴京郊野风光、繁忙的汴河码头和市区街道景观三个段落组成，生动地展现了北宋东京的社会各阶层人物、建筑、风景、文化、经贸、民俗等，是一幅写实性很强的作品。所绘什物，都具有典型代表性，时代气息浓厚。画面细节的刻画十分真实，如桥梁的结构，马车的样式，人物的衣冠服饰，各行业人员的不同活动等等，描写具体入微，生动丰富。其反映社会和物质文明的广阔性与多样性，有着文字难以替代的文献史料价值，是了解12世纪中国城市生活的极其重要的形象资料。

2004年10月18日，为了宣扬中华民族悠久的艺术成就，中华人民共和国国家邮政局发行了一套《清明上河图(T)》特种邮票，全套9枚。采用北京故宫博物院提供的北宋·张择端原画。王虎鸣设计。胶雕套印。齿孔12度×12.5度。邮局全张枚数9(3×3)，9枚连印。防伪方式有防伪纸张、防伪油墨、荧光喷码。北京邮票厂印制。

这套邮票的9枚图案，每枚都可独立观赏自成一景，9枚连接起来则是一副完整的《清明上河图》全景。每枚图案的序号，是按照作品创作时由右向左的阅读习惯和欣赏习惯排列的，即第一枚图案为第一排右端面值60分的一枚，第二排右端接第一排左端，第三排右端接第二排左端，9枚图案如此排列起来就是一幅完整的《清明上河图》画卷。从内容方面看，《清明上河图》可分为三段：(9—1)(9—2)(9—3)为第一段，描绘了汴京郊野的自然环境和社会生活风俗，为画卷展开了序幕；(9—4)(9—5)(9—6)为第二段，描绘了汴河码头繁忙的景象，再现了汴河作为北宋国家漕运枢纽、商业交通要道的景致；(9—7)(9—8)(9—9)为第三段，描绘了汴京城内建筑、商贸、交通、运输和人文景象，再现了北宋都城的繁华和发达。全张邮票采用放大了的画卷部分内容作底衬，右侧以古线装书脊形式标出画卷名称"清明上

河图",并印有这样一段文字:"《清明上河图》作者张择端,字正道,东武(今山东诸城)人,宋徽宗时为宫廷画家。画卷以精致的工笔描绘了北宋京城汴梁(今开封)城内和近郊汴河两岸的繁荣景象及各色人等的生活情态。该图以长卷形式,采用散点透视的方法,将繁荣的景物纳入统一而又富于变化的画面,画中人物衣着不同,神情各异,其间穿插各种活动,构图疏密有致,注重节奏感和韵律的变化,笔墨章法精妙,具有重要的历史价值和艺术价值。"丰富了邮票图案的信息,能够帮助读者更好地欣赏画卷。

【清明上河图(局部)】2004—26·(9—1)T 面值60分,票幅规格58毫米×31毫米,发行量1020万枚。邮票图案描绘

了北宋汴京城外一片郊区的农村景色。薄雾迷蒙,在稀疏的小树林下,有小河、小桥,岸边停着一只小船;左边树荫下,静静地隐藏着几家低矮的农舍;右边小树林深处,一小队驮着木炭的毛驴从远处徐徐走来,静中有动,读者在不知不觉中被引进了汴京城外郊区的自然和社会生活环境里,仿佛真真切切地感受到了那份百姓的勤劳和环境的宁静。

驴 学名 *Eauusasinus*。哺乳纲,马科。非洲及亚洲尚有野生种。体较马小,耳长,尾根毛少,尾端似牛尾。被毛灰、褐或黑色,灰、褐驴背、肩和四肢中常见暗色条纹;黑驴眼、嘴及腹部每被淡色毛。仅前肢有附蝉。性温驯,富忍耐力,但颇执拗。堪粗食,抗病力较其他马属动物强。寿命比马长。分布亚洲、非洲及南美等地,我国主要分布于华北地区,可作乘、挽、驮及拉磨用。特别是在交通工具不太发达的古代,毛驴是人们骑坐和驮运的重要工具之一。

【清明上河图(局部)】2004—26·(9—2)T 面值80分,票幅规格58毫米×31毫米,发行量1020万枚。邮票图案描绘

了北宋汴京城外郊区一条道路上的景象。一片柳树林,老干新绿,生机盎然。在画面左上角路端远处,出现一队人马,有一乘轿子,顶部有些杨柳枝条之类的装饰;其后跟随着一些随从,有的肩挑担子,末尾有一位骑在马上的官吏,轿中的妇女似是他的眷属。在画面左下角的道路上,有一对士绅模样的夫妇,穿着华丽温暖的衣服,快活地骑着毛驴,悠然地向前行进着;其后跟随着两个仆人,年长者在前头为胖夫人牵驴引路,年轻者肩负着行李走在中间。树丛深处,清晰可见设有一个小茶摊。从画面上看,那两对行人应该是由左上的一片建筑群中出来的,他们或去探亲访友,或去郊游,环境优美清静,人物心情舒闲,生动地展现出了人与自然和谐的景象。

轿子俗称轿。轿子是中国的特产。最早的轿子是一种竹制小车,故"轿"字从"车"。《汉书·严助阵》记载:"发兵行数千里,舆轿逾岭。"颜师古注释:"轿,谓隘道舆车也。"可见,在汉代,轿子是武将行军时乘坐的一种小车。到南北朝,开始出现人抬的轿子,当时称作"板舆",民间叫它"肩舆"或"担子"。唐及五代,轿子盛行,不但大官上朝要坐轿,而且连妇女也可以乘轿子。《旧五代史》记载,元行钦丧妇后,后唐庄宗赐给他一名宫女,就是用轿子抬到他家的。宋、元以后,轿子更为普遍,而且在轿子的规模、质地、颜色和轿夫数量等方面,还分出许多等级。南北朝时,规定除有疾病者外,百官不论尊卑入朝出使都须乘马,不得擅自坐轿。唐沿袭南北朝旧制,非经特许,众官也不得乘轿。宋代虽说没有限制,但不少名官也自觉地不随便坐轿。如司马光为相后,皇帝特许他乘轿上朝,但他坚持不受,一直乘马上朝。王安石罢相后居南京,外出时陆路骑驴,水路坐船,有人劝他雇一专轿,他说:"古之王公,虽至不道,未尝以人代畜。"坚决不坐人抬的轿子。南宋以后,因南方多雨,都城临安(今杭州)等城市街道路滑,才一律改马为轿。另外,因为当时吏治腐败,古风荡尽,士大夫阶层都以乘轿为荣,而且富家子弟争相效仿,轿子从此便风行于整个社会。平民百姓在结婚时坐轿,称为"喜轿"或"花轿"。

【清明上河图(局部)】2004—26·(9—3)T 面值80分,票幅规格58毫米×31毫米,发行量1020万枚。邮票图案描绘

了汴河岸边的繁忙景象。在汴河边上,右下角的两条船已经靠岸,在大树下半隐半现的小船正在卸货,搬运夫背负着货袋往岸上运,货主坐在已堆理整齐的小货袋上

指挥卸货;码头边上的小饭馆,伙计正在挂彩旗开始营业;左上角的两艘船刚刚靠岸。动静结合,画面呈现了汴河上繁忙的运输景象。

有关船的知识,详见本书2001—23《古代帆船(中国—葡萄牙联合发行)(T)》。

【清明上河图(局部)】2004—26·(9—4)T　面值80分,票幅规格58毫米×31毫米,发行量1020万枚。邮票图案描绘

了汴河中繁忙的运输景象。在汴河中,满载着货物的船只一艘接着一艘,右上角的船只已经泊岸,搬运夫已在紧张地卸货;从河面的水流可以看清河水的流向,图案右正面的一艘大船正在逆流而上,桅顶系着纤绳,顺着纤绳向左往远看去,5个纤夫(纤是拉船前进的绳索;纤夫,即用绳索拉船前进的人)正在吃力地拉着纤绳向前迈进,姿态十分感人;图案的左中部,一艘大船几乎完全被大树遮挡,只露出的船尾上,8个船员正在奋力摇动一根大橹,可以判断,被大树遮挡的船头上肯定也有8人在摇橹,他们前后合力,催船逆流前进,似乎要通过前方的小桥;图案左下角停靠在岸边的一只小船中,一个小童端着木桶向河中倒水,可能是在刷洗船身。图案上方的河岸边,有客栈和餐馆,供给来往船夫们的饮食住宿。河上岸上,动静有序,画面呈现出了汴河上繁忙的运输景象。

【清明上河图(局部)】2004—26·(9—5)T　面值80分,票幅规格58毫米×31毫米,发行量1020万枚。邮票图案描绘

了汴河上运输的紧张景象。画面中心是一座横跨汴河规模宏大的大桥,这种形式的木结构桥梁,因桥身犹如雨后彩虹形状,被称之为"虹桥"。桥下有一艘大船正要过桥洞,船夫们手持竹篙紧张地与桥上、船旁的人互相呼应,驾驭控制着船的方向,与急流搏斗,若仔细观察,船上每个人的神情紧张,姿态各异,形神兼备;桥面上则是车水马龙,行人稠密。这枚邮票图案是《清明上河图》全幅画卷的最高潮处,突出呈现了作为北宋国家漕运枢纽的紧张运输气氛。

有关桥的知识,详见新版《中国集邮百科知识》特50《中国古代建筑——桥》。

【清明上河图(局部)】2004—26·(9—6)T　面值80分,票幅规格58毫米×31毫米,发行量1020万枚。邮票图案描绘

了汴河运输码头的热闹景象。图案的右上部,可以看到汴河两岸停泊着的数艘大船,而河流中间有两艘逆流而行的大船,其中较远处的一艘由纤夫拉船正在艰难地向前行进,较近处的一艘前后各6个船夫在齐力摇着大橹,似乎想超过前面的船,两船正顺着汴河拐弯远去;图案的下方与左方部分,已是城市的街道,屋宇一栋紧贴着一栋,商店一家紧倚着一家,可以看到官廨(廨,官吏办事的地方)、寺庙、茶坊、酒楼、肉铺和大车修理、算命地摊等等,甚至能够清晰可见画面右下角的彩楼下一块字牌上"脚店"2字;图案左上角有一辆驴车慢慢走来,而左下角则有人吆喝着一辆牛车正在上路,热闹非凡。

【清明上河图(局部)】2004—26·(9—7)T　面值80分,票幅规格58毫米×31毫米,发行量1020万枚。邮票图案描绘

了汴京城区的部分街景。从右至左观看,一棵古树旁侧,又是一个算命棚子,挂着"神课"、"看命"的牌子,围着三五个人,看来已有生意;一个大宅院门口,一伙搬运夫正在休息,有的靠着大树打盹,有的坐在石板凳上聊天,有的倚着墙角休息,还有的干脆躺在地上睡觉了;大路口有挑着空担子的挑夫、扶着空轿的轿夫,还有车夫把着的三头牛拉的大型运输车,似乎都在招揽生意;一把遮阳伞下,有不少人在饮茶或就餐;生动地展现出了城市生活的一个侧面。

有关伞的知识,详见新版《中国集邮百科知识》特54《儿童》。

【清明上河图(局部)】2004—26·(9—8)T　面值80分,票幅规格58毫米×31毫米,发行量1020万枚。

邮票图案描绘了汴京城区的部分街景。图案右上角又出现了河流,可能是汴河的支流,河流两旁生长着繁茂的柳树,顺着河湾向远方延伸;画面下方,河流上架设有一座土桥,与街道平行相通,桥两侧栏杆边围着不少游人,或手扶栏杆,或上半身趴在栏杆上,似乎都在欣赏河中的游鱼戏水;画面中央赫然耸立着一座高大的城门楼,在商人的押运下,一支骆驼运输队正浩浩荡荡地通过城楼门洞,这是当时城市形象的代表特征,具体呈现出了汴京的商业交通和繁华城市的景象。

【清明上河图(局部)】2004—26·(9—9)T 面值80分,票幅规格58毫米×31毫米,发行量1020万枚。

邮票图案描绘了汴京城区的部分街景。街上的行人摩肩接踵,熙熙攘攘,来来往往,络绎不绝,有正在进行交易的商贾,有看热闹、赏风光、到处游逛的绅士,有骑着高头大马的官吏和前后簇拥着的仆人、随从,有肩挑货担沿街高声叫卖的小贩,有乘坐着轿子的大家闺秀,有身负背篓的行脚僧人,有正在问路的外地行客,有正在听说唱的大人小孩,有在高楼中饮酒作乐的富家子弟,还有在城门行乞的残疾老人……可以说,画中所绘人物,包括男女老幼、士工农商无所不有,各类人物的动态生动自然,富有那个时代浓郁的社会生活气息。仔细观察,在画面中能够看到一些字牌的文字,如右中部有"正店"2字,中下方挂着"王员外家"的竖形字牌,左上方门庭屋檐下则挂着"赵太丞家"4块长方形字牌,字迹都很清晰。

2004—27 中国名亭(一)(T)

【中国名亭(一)(T)】Famous Pavilions of China (1st Series)(T) 亭是一种开敞的小型建筑物,是一种形式最多样,造型最富变化,分布最为广泛,风格最为灵活的古建筑类型。《园冶·亭》:"亭者,停也,所以停憩游行也。"指盖在路旁和花园里供人休息用的建筑物。

古时候,建筑亭子,不是为观赏,主要是为了实际需要。例如,早在三千多年前的商周时代,建筑亭子是为戍边。当时,一座亭子就是设立在边防要地的一座小堡垒,朝廷在此设有亭吏,负责边防事务。到秦汉时期,由于中央集权政府的建立,亭子开始在全国各地出现,成为地方维护治安的基层组织所在地,也是供旅途驻足和传递邮件的休息之地。魏晋南北朝以后,才出现了专供游人休息和专供点缀山水园林的亭子。最初,这类亭子建筑在交通要道的路旁,后来建筑于风景秀丽的山水园林中。设在路旁或大道上的亭子,称为凉亭、长亭。此外,尚有井亭、碑亭等。多用竹、木、石等材料建成。其建筑和艺术具有三个特点:一是灵活多样的平面布局。亭的外形多种多样,以方亭为最普遍。圆亭建造比较复杂,但更显得秀丽。另外,还有六角亭、八角亭、梭子亭、梅花亭、海棠亭、扇面亭、半亭、联亭等。二是亭身空灵秀丽。大多数亭都是无窗无户,全部空灵,人们可以从亭里向外观看,而且一览无遗。三是亭顶飞檐翘角,玲珑华丽,具有《诗经》所描写的"如翼斯飞"之感。亭作为一种风景的点缀,既实用,又艺术,构成了中国历史文化的一部分,是中国大地上独具魅力的风景。湖南长沙湘江西岸岳麓山下的爱晚亭、江西九江长江大桥东侧的琵琶亭、安徽琅琊山麓的醉翁亭、浙江绍兴西南兰渚山下的兰亭,均立于中国名亭之列。

2004年11月6日,为了展现我国古代建筑艺术的风采,中华人民共和国国家邮政局发行了一套《中国名亭(一)(T)》特种邮票,全套4枚。茹峰设计。影写版。齿孔13.5度×13度。邮局全张枚数16(4×4)。版式二:8枚(2套邮票),尺寸规格176毫米×116毫米,发行量75万版,边饰设计郝旭东。防伪方式有防伪纸张、防伪油墨、荧光喷码。北京邮票厂印制。

这套邮票的4枚图案,设计者采用不同视角,描绘了爱晚亭、琵琶亭、兰亭、醉翁亭的自然风貌,而且捕捉住并强化了它们在文学和建筑艺术上的"优雅、古朴、潇洒、诗意"之魂。在画面主体与背景关系的处理上,突出了爱晚亭与峡谷枫叶、琵琶亭与大江苍茫、兰亭与茂林修竹、醉翁亭与环滁皆山的特点,营造出了一种人文与自然和谐的意境。

【爱晚亭】2004—27·(4—1)T 面值80分,票幅规格30毫米×40毫米,发行量1100万枚。图案描绘了中国名亭之一爱晚亭的自然风貌。爱晚亭坐落在湖南省长沙市湘江西岸岳麓山下清风峡中,亭坐西向东,三面环山,四周皆枫林,春时青翠,夏日阴凉,深秋则枫叶红艳,别饶佳趣。始建于清乾隆五十七年(公元1792年),由当时岳麓书院的院长罗典创建。原名"红叶亭",

亦名"爱枫亭",皆因满谷古枫而得名。后据唐诗人杜牧《山行》一诗"远上寒山石径斜,白云生处有人家。停车坐爱枫林晚,霜叶红于二月花"中"停车坐爱枫林晚,霜叶红于二月花"两句的诗意,改名"爱晚亭"。原为木结构,清同治初年(公元1862年~1870年)改为砖砌。抗日战争时期被毁,1952年重建,1987年大修。平面呈正方形,边长6米多,通高12米。亭内金柱圆木丹漆,外檐柱4根,由整条方形花岗石加工而成。亭中彩绘藻井,亭顶重檐四披,攒尖宝顶,四翼角边远伸高翘,覆以绿色琉璃筒瓦,古朴典雅。正面额有朱色鎏金"爱晚亭"匾,系1952年毛泽东应湖南大学校长李达之约而题。亭前石柱刻对联曰:"山径晚红舒,五百夭桃新种得;峡云深翠滴,一双驯鹤待笼来。"亭右有清枫桥,下面小溪名兰涧。亭内立碑,上刻毛泽东手书《沁园春·长沙》诗句:

独立寒秋,湘江北去,橘子洲头。看万山红遍,层林尽染,漫江碧透,百舸争流。鹰击长空,鱼翔浅底,万类霜天竞自由。怅寥廓,问苍茫大地,谁主沉浮?携来百侣曾游,忆往昔峥嵘岁月稠。恰同学少年,风华正茂;书生意气,挥斥方遒。指点江山,激扬文字,粪土当年万户侯。曾记否,到中流击水,浪遏飞舟?

笔走龙蛇,雄浑自如,更使古亭流光溢彩。邮票图案上,设计者采用了略带仰视的透视法,即古人所谓的"高远法",突出和强化了爱晚亭的庄重感;亭前溪涧盘绕,亭后林木茂密,加之通幅赭红色的色调,成功地营造出了杜牧"霜叶红于二月花"诗句的意境,令人陶醉。

【琵琶亭】2004—27·(4—2)T 面值80分,票幅规格30毫米×40毫米,发行量1020万枚。图案描绘了中国名亭之一琵琶亭的景观。琵琶亭坐落于江西省九江市长江大桥东侧,面临长江,背倚琵琶湖。亭名由唐代大诗人白居易的《琵琶行》诗而来。唐元和十年(公元815年),白居易由长安贬任江州(今江西九江市)司马。翌年秋天,当他送客于浔阳江(今九江市北长江一段)头,忽闻有舟中夜弹琵琶者,且铮铮然有京都声。白居易听其诉说身世,触景生情,因作《琵琶行》赠之,亭名

由此而来。琵琶亭始建于唐代,原在九江城西长江之滨,即白居易送客之处。但历代屡经兴衰,多次移址。清乾隆年间(公元1736年~1795年)重建,至咸三年间(公元1851年~1861年)又遭兵毁。1998年3月在今址新建。该亭高20米,双层重檐,悬挂着刘海粟大师题写的"琵琶亭"金字大匾额。亭前有巨大石碑一块,上刻白居易长诗《琵琶行并序》:

元和十年,予左迁九江郡司马。明年秋,送客湓浦口,闻舟中夜弹琵琶者,听其音,铮铮然有京都声。问其人,本长安倡女,尝学琵琶于穆、曹二善才,年长色衰,委身为贾人妇。遂命酒,使快弹数曲;曲罢悯然。自叙少小时欢乐事,今漂沦憔悴,转徙于江湖间。余出官二年,恬然自安,感斯人言,是夕始觉有迁谪意。因为长句,歌以赠之,凡六百一十二言,命曰《琵琶行》。

浔阳江头夜送客,枫叶荻花秋瑟瑟。主人下马客在船,举酒欲饮无管弦。醉不成欢惨将别,别时茫茫江浸月。忽闻水上琵琶声,主人忘归客不发。寻声暗问弹者谁?琵琶声停欲语迟。移船相近邀相见,添酒回灯重开宴。千呼万唤始出来,犹抱琵琶半遮面。转轴拨弦三两声,未成曲调先有情。弦弦掩抑声声思,似诉平生不得意。低眉信手续续弹,说尽心中无限事。轻拢慢捻抹复挑,初为霓裳后六幺。大弦嘈嘈如急雨,小弦切切如私语。嘈嘈切切错杂弹,大珠小珠落玉盘。间关莺语花底滑,幽咽流泉冰下难。冰泉冷涩弦凝绝,凝绝不通声渐歇。别有幽愁暗恨生,此时无声胜有声。银瓶乍破水浆迸,铁骑突出刀枪鸣。曲终收拨当心画,四弦一声如裂帛。东舟西舫悄无言,惟见江心秋月白。沉吟放拨插弦中,整顿衣裳起敛容。自言本是京城女,家在虾蟆陵下住。十三学得琵琶成,名属教坊第一部。曲罢曾教善才伏,妆成每被秋娘妒。五陵年少争缠头,一曲红绡不知数。钿头云篦击节碎,血色罗裙翻酒污。今年欢笑复明年,秋月春风等闲度。弟走从军阿姨死,暮去朝来颜色故。门前冷落鞍马稀,老大嫁作商人妇。商人重利轻别离,前月浮梁买茶去。去来江口守空船,绕船月明江水寒。夜深忽梦少年事,梦啼妆泪红阑干。我闻琵琶已叹息,又闻此语重唧唧。同是天涯沦落人,相逢何必曾相识。我从去年辞帝京,谪居卧病浔阳城。浔阳地僻无音乐,终岁不闻丝竹声。住近湓江地低湿,黄芦苦竹绕宅生。其间旦暮闻何物?杜鹃啼血猿哀鸣。春江花朝秋月夜,往往取酒还独倾。岂无山歌与村笛?呕哑嘲哳难为听。今夜闻君琵琶语,如

听仙乐耳暂明。莫辞更坐弹一曲,为君翻作琵琶行。感我此言良久立,却坐促弦弦转急。凄凄不似向前声,满座重闻皆掩泣。座中泣下谁最多,江州司马青衫湿。

琵琶亭占地面积三千三百多平方米,坐北朝南。整个庭院采取中轴线布局,分主亭、左碑亭、右碑亭三个部分,主建筑琵琶亭坐落在临江7米高的花岗岩石基上,朱柱碧瓦,古朴庄重。大门照壁上有毛泽东墨迹《琵琶行》巨幅贴金大理石碑刻,背面为"白居易琵琶行诗意图"大型瓷砖壁画。台基正面镶嵌有大型"浔阳宴别"瓷壁画。高达3米的白居易汉白玉立像,坐落于庭院正中;庭院两旁建有碑廊,镶嵌着历代诗人题咏琵琶亭的诗赋碑刻56块。庭院内小径蜿蜒,花木扶疏,有池塘、假山,形成院中有园的绝妙佳境。邮票图案上,设计者将琵琶亭周边的景物进行了虚化,并将繁琐的亭子基座用大片流动的云遮挡,用近处的空白(云)和远处的滔滔江水烘托出了琵琶亭的优美造型,配以冷青色的基调处理,以及画中的冷月、孤帆,不仅突出了琵琶亭的风貌,也表现出了白居易"浔阳江头夜送客,别时茫茫江浸月"诗句的意境。

【兰亭】2004—27·(4—3)T 面值80分,票幅规格30毫米×40毫米,发行量1020万枚。图案描绘了中国名亭之一兰亭的风貌。兰亭坐落于浙江省绍兴市西南12.5公里的兰渚山下。《水经·浙江水注》:"湖口有亭,号曰兰亭,亦曰兰上里。太守王羲之、谢安兄弟数往造焉。"东晋著名书法家王羲之曾在此寄居。相传,春秋时越王勾践曾在此植兰,汉时设驿亭,故得名"兰亭"。现存建筑和园林为明嘉靖二十七年(公元1548年)郡守沈启重建,几经反复,于1980年全面修复如初。有一条小溪流经此处,称曲水。临溪有流觞亭,即王羲之与友人吟作诗,完成《兰亭集序》的地方。东晋穆帝永和九年(公元353年)三月三日,王羲之和当时名士谢安等41人于此聚会。聚会中有26人作诗37首。王羲之为之作了《兰亭集序》,全篇324字,记叙了此次聚会的盛况,辞采清亮,字体遒媚劲健。其中"之"字二十个,各具风采,被誉为"天下第一行书"。自此,王羲之被后人尊为"书圣",兰亭也因此成为中国书法史上的一块圣地,历代书法画家的精神家园。兰亭布局以曲水流觞为中心,四周环绕着鹅池、鹅池亭、流觞亭、小兰亭、御碑亭、墨华庭、右军祠等。鹅池四周绿意盎然,池内白

鹅成群,悠然自得。鹅池亭为三角亭,内有一石碑,上刻"鹅池"2字,其中"鹅"字铁划银钩,传为王羲之亲书;"池"字则为其子王献之补写。一碑二字,父子合璧,传为美谈。小兰亭为四角碑亭,内有清康熙帝御笔"兰亭"二大字石碑。御碑亭呈八角形,建于高一层的石台上,亭内御碑高三丈、宽1丈,正面刻有清康熙帝临摹的《兰亭集序》全文:

永和九年,岁在癸丑,暮春之初,会于会稽山阴之兰亭。修禊事也,群贤毕至,少长咸集。此地有崇山峻岭,茂林修竹,又有清流激湍,映带左右,引以为流觞曲水。列坐其次,虽无丝竹管弦之盛,一觞一咏,亦足以畅叙幽情。是日也,天朗气清,惠风和畅,仰观宇宙之大,俯察品类之盛,所以游目骋怀,足以极视听之娱,信可乐也!夫人之相与,俯仰一世,或取诸怀抱,悟言一室之内;或因寄所托,放浪形骸之外。虽取舍万殊,静躁不同,当其欣于所遇,暂得于己,快然自足,不知老之将至,及其所之既倦,情随事迁,感慨系之矣!向之所欣,俯仰之间,以为陈迹,犹不能不以之兴怀。况修短随化,终期于尽。古人云:死生亦大矣,岂不痛哉!每览昔人兴感之由,若合一契,未尝不临文嗟悼,不能喻之于怀。固知一死生为虚诞,齐彭殇为妄作。后之视今,亦犹今之视昔。悲夫!故列叙时人,录其所述,虽世殊事异,所以兴怀,其致一也,后之览者,亦将有感于斯文!

碑的背面刻有清乾隆帝亲笔《兰亭即事》七律诗一首:"向慕山阴镜里行,清游得胜惬平生。风华自昔称佳地,觞咏于今纪盛名。竹重春烟偏澹荡,花迟禊日尚夒(敷)荣。临池留得龙跳法,聚讼千秋不易评。"流觞亭西有王右军祠,祠中正殿有王羲之像。殿前有墨华池,池中建墨华亭,两廊墙上嵌古代碑刻帖石。园中茂林修竹,清流激湍,风景清幽,为江南著名园林之一。邮票图案上,设计者将大片流动的白云映衬在兰亭与远山之间,使兰亭置于缥缈的云雾之中,既用云雾之虚衬托了兰亭之实,使之虚实相间,强化了亭子的视觉感,又映衬了江南园林的空灵与清丽。在配景方面,设计者采用了较多的双勾竹叶来描述"茂林修竹"的意境,而左侧一棵略略倾斜的小树则巧妙地打破了画面的平整感,使之与主体的兰亭相呼应,较好地产生了视觉上的美感。在色调上,设计者采用淡绿为主,达到了一种恬静与平和的基调,洋溢出清新、优雅和洒脱,令人陶醉。

【醉翁亭】2004—27·(4—4)T 面值80分,票幅规格30毫米×40毫米,发行量1020万枚。图案描绘了中国名亭之一醉翁亭的风貌。醉翁亭坐落于安徽省琅

玡山麓。据史料记载,北宋庆历六年(公元1046年),大散文家欧阳修因直言抨击奸佞之臣,遭受诬陷,被贬为滁州太守,闲暇时,他便上山和智仙和尚饮酒纵谈。为方便欧阳修游乐,智仙特在途中山道旁为他建亭于酿泉旁,以为游息之所,欧阳修登亭饮酒赋诗,"饮少辄醉",故名"醉翁亭",自号"醉翁",并撰脍炙人口之《醉翁亭记》以记其事。醉翁亭初建时只有一座亭子,北宋末年,知州唐恪在其旁建同醉亭。明代开始兴盛,相传当时已有"数百柱"房屋,可惜后来多次遭到破坏。清咸丰年间,整个庭院成为一片瓦砾。直到清光绪七年(公元1881年),全椒观察使薛时雨主持重修,醉翁亭方恢复了原样。醉翁亭园林建筑总面积虽不足1000平方米,却有醉翁亭、冯公祠、古梅亭、影香亭、意在亭、怡亭等风格各异的9处建筑景致,人称"醉翁九景"。醉翁亭前有酿泉,泉旁有小溪,终年水声潺潺,清澈见底。亭中有宋代文学家、书法家苏轼手书的《醉翁亭记》碑刻,称为"欧文苏字"。亭后最高处有一高台,曰"玄帝宫"。登台环视,亭前群山涌翠,尽收眼底;亭后林涛汹涌,起伏耳际,犹如置身画幅之中。醉翁亭因欧阳修及其《醉翁亭记》而闻名遐迩,数百年间虽多次遭劫,但终被世人所念,曾有人撰写了这样一副对联:"翁去八百载,醉乡犹在;山行六七里,亭影不孤。"现为安徽省级重点文物保护单位,历经多次整修,更加壮观诱人。画面上,设计者采用重重山色和浓密绿树为背景,生动地表现出醉翁亭"环滁皆山"的地理环境。在亭子造型上,设计者采用了带俯视的透视法,色调以浓重的青绿色为主,并虚化了周边所有的建筑,增加了流动的白云,突出展现出了醉翁亭的形象,能够给读者一种身临其境之感。欣赏着醉翁亭的优美形象,耳际油然响起吟诵欧阳修《醉翁亭记》的清晰之声:

> 环滁皆山也。其西南诸峰,林壑尤美,望之蔚然而深秀者,琅琊也。山行六七里,渐闻水声潺潺,而泻出于两峰之间者,酿泉也。峰回路转,有亭翼然临于泉上者,醉翁亭也。作亭者谁?山之僧智仙也。名之者谁?太守自谓也。太守与客来饮于此,饮少辄醉,而年又最高,故自号曰醉翁也。醉翁之意不在酒,在乎山水之间也。山水之乐,得之心而寓之酒也。
>
> 若夫日出而林霏开,云归而岩穴暝,晦明变化者,山间之朝暮也。野芳发而幽香,佳木秀而繁阴,风霜高洁,水落而石出者,山间之四时也。朝而往,暮而归,四时之景不同,而乐亦无穷也。
>
> 至于负者歌于途,行者休于树,前者呼,后者应,伛偻提携,往来而不绝者,滁人游也。临溪而渔,溪深而鱼肥;酿泉为酒,泉香而酒洌;山肴野蔌,杂然而前陈者,太守宴也。宴酣之乐,非丝非竹,射者中,弈者胜,觥筹交错,起坐而喧哗者,众宾欢也。苍颜白发,颓然乎其间者,太守醉也。
>
> 已而夕阳在山,人影散乱,太守归而宾客从也。树林阴翳,鸣声上下,游人去而禽鸟乐也。然而禽鸟知山林之乐,而不知人之乐;人知从太守游而乐,而不知太守之乐其乐也。醉能同乐,醒能述以文者,太守也。太守谓谁?庐陵欧阳修也。

2004—28 中国古代书法——隶书(T)

【中国古代书法——隶书(T)】The Chinese Ancient Calligraphy:Official Script(T) 有关书法的知识,详见本书2003—3《中国古代书法—篆书(T)》。战国时期,秦始皇统一六国后,在文化方面,推行了"书同文"政策,出现了小篆体文字。随着时代的发展,秦时"刑峻网密,官书烦冗,战攻并作,军书交驰,羽檄纷飞",大量公文的书写抄录,工整平和、书写颇费时间的小篆文字已经很不适应,需要有更便捷的书写形式出现。正是在时代呼唤书法继续变革的形势下,出现了历史上著名的"秦下邽人程邈在狱中发明隶书"之说。唐代书法家张怀瓘在《书断》中这样记载:"传邈善大篆,初为县之狱吏,得罪始皇,系云阳狱中,覃思十年,损益大小篆方圆笔法,成隶书三千字,始皇称善,释其罪而用为御史,以其便于官狱隶人佐书,故名曰'隶'。"实际上,早在战国时期,在民间就有一种似篆非篆、似隶非隶的手写体文字流传。在1975年12月于湖北云梦出土的一千多枚秦代书简上,便可以看到这种"篆隶"文字形态:具体的笔画组成和篆书一致,但其线条和字形已趋解散和自由。可以说,这种书写形式就是隶书的起始。特别是秦末的政治动乱,使得书写者根本无法再慢条斯理地去书写横平竖直的小篆,于是这种书写便捷的民间字体便更为流行。不可否认,对于流行民间的这种书写快捷的字体,当时下层知识分子进行了改造、加工和整理,使之体系化了。实际上,从出土的书法史遗迹看,隶书的发展、成熟经历了二三百年之久,"程邈狱中造书"所造之书还不是标准意义上的隶书。汉初,因实行休养生息政策,政治稳定,经济繁荣,文化则逐渐发达起来。据史料记载,当时萧何曾以"六体"试学童。"六体"即"古文、奇字、篆书、隶书、缪篆、虫书"。可见，当时尚不成熟的隶书不仅已成为社会流行的一种文字形式，而且文字的形式还在流行使用中不断变化。在湖南长沙马王堆出土的西汉早期帛书《战国策》、《老子甲本》、《老子乙本》等，从其字形和运笔看，都已经比秦代的"篆隶"显得更简捷，小篆的体势也被进一步"解构"了。到西汉后期，书法的"隶化"就更加明显了。从甘肃武威出土的一些汉简作品看，其字形已经完全脱离了篆意，呈隶书特有的扁方形，甚至还出现了明显的"波磔"、"雁尾"等，这些都是后来成熟隶书的雏形。东汉时，碑刻之风兴盛，原本自由的民间书写不得不放慢节奏，趋向合规中矩，目的在于适合碑刻的庄重氛围。于是，经过对民间隶书的加工、美化和规范化，隶书的正体风范逐渐开始确立，与此同时，民间"隶书"为适应快捷书写而逐渐草化，最终产生了草书。隶书的基本特征，是变篆书的圆转环抱型线条构架为横平竖直的方折型线条构架，字形从篆书的瘦长变为扁方，上下紧敛，左右开张，每一个字当中都夸张地铺写一笔，构成隶书独特面目的"波磔"，即所谓"蚕头雁尾"，这使书法形象既显得古朴含蓄又意气飞扬，极大地丰富了汉字书法的表现功能和抒情功能，拓展了书法艺术的天地。据大量的隶书碑刻资料展现出的千姿百态、风格多样的隶书世界，东汉时期隶书已经成熟，其中《乙瑛碑》、《张迁碑》、《曹全碑》、《石门颂》是历史上影响最大的"四大名品"，代表四种隶书最主要的风格。

2004年12月5日，为了展现中华民族书法艺术的风采，中华人民共和国国家邮政局发行了一套《中国古代书法——隶书(T)》特种邮票，全套4枚。图稿由文物出版社提供。王虎鸣设计。影雕套印。齿孔11.5度×11度。邮局全张枚数16(4×4)。版式二：8枚(2套邮票)，尺寸规格135毫米×200毫米，发行量80万版。防伪方式有防伪纸张、防伪油墨、荧光喷码。北京邮票厂印制。

这套邮票的4枚图案，主题形象均为石碑或石刻文字拓本的局部，设计成长方形，与邮票票型甚为贴切，上下有些断裂状的缺口，四周用有轻重变化的影写版黑色烘托，立体感很强；隶书文字部分采用雕刻凹版阴文刻制，原黑印刷，并有影写版的浅灰色衬底。由于雕刻凹版的文字是用石碑和石刻的拓本原件作原稿，采用高科技工艺刻制成印版，使得每个隶书碑文的特点及原文每个字的笔迹起伏变化，都是原汁原味地复制在邮票的画面上。画面上可以看到雕刻凹版印制的阴文空心字上还印有影写版的浅灰色衬底，既在色感上让人觉得自然，也显示出了石刻古朴真实的质感。小版张的底纹图案，围绕着隶书文字，采用银灰色影写版印刷，色彩十分典雅。左上方有土红色印的"中国古代书法"字样，文字内还有泛亮的小白点，字旁是雕刻凹版印的拼音文字。"中国古代书法"文字下方还有一个字体较大的繁体"隶"字和拼音文字，都是雕刻凹版印刷；"隶"字右下方还有一个圆形的土红色印章，中间印有金色的繁体"書"字，这个红底金字小印章给整个古朴、典雅的小版张创造了画龙点睛的艺术效果。

【东汉·乙瑛碑】2004—28·(4—1)T 面值80分，票幅规格30毫米×40毫米，发行量1100万枚。

图案选用了东汉时期(公元25年~220年)《乙瑛碑》拓本的局部文字。《乙瑛碑》全称《汉鲁相乙瑛请置孔庙百石卒史碑》，现存山东曲阜孔庙大成殿前东庑汉魏六朝碑刻陈列室内。碑高2.6米，宽1.28米。立于东汉桓帝永兴元年(公元153年)。碑阳刻隶书18行中，满行40字，其中第8行"制曰可"的"制"字抬高一字。碑文记载东汉桓帝元嘉三年(公元153年)，孔子的十九世孙孔麟廉因孔庙有礼器，无人掌领，请置百石卒史一人，以执掌礼器及春秋祭祀之事。鲁相乙瑛言于朝，司徒吴雄、司空赵戒奏于皇帝。经皇帝批示由鲁相择四十岁以上通一艺者任之。碑文即其时的公牍。《乙瑛碑》无书人姓名，但碑阴北宋刻有楷书"后汉钟太尉书。宋嘉祐七年张雄圭按图题记"字样。《乙瑛碑》工整匀适，组织严密，是十分成熟的标准汉代八分隶书，笔法粗细统一，方正凝重，结构十分注意，扁方整齐，法度严谨，秀逸清丽，蚕头雁尾，最能代表汉代书法的特征，世人称之为"汉隶之最"。此碑是汉碑中的"庙堂"书法代表，风格端庄、雍容、典雅，展现出了当时官方正统的审美风尚。清人方朔跋此碑曰："字之方正沉厚亦足以称宗庙之美，百官之富。王箸林太史谓雄古，翁覃溪阁学谓骨肉匀适，情文流畅，汉隶之可师法者，不虚也。"历来被推为学习汉碑的首选作品。《乙瑛碑》释文：

司徒臣雄，司空臣戒，稽首言：鲁前相瑛书言，诏书崇圣道，勉□(艺)。孔子作《春秋》，制《孝经》，□□《五经》，演《易·系辞》，经纬天地，幽赞神明，故特立庙。褒成侯四时来祠，事已即去。庙有礼器，无常人掌领，请置百石卒史一人，典主守庙，春秋飨礼，财出王家钱给犬酒直，须报。谨问大常祠曹掾冯牟，史郭玄。辞曰：故事辟痈礼未行，祠先圣师。侍祠者，孔子子孙，大宰、大祝令各一人，皆备爵。大常丞监祠，河南尹给牛羊豕(鸡)□□各一,大司农给米祠。臣愚以为如瑛言,孔子大圣,则象乾坤。为汉制作,先世所尊。祠用众牲,长吏备爵。今欲加宠子孙,敬恭明祀。传于罔极。可许臣请,鲁相为孔子庙置百石卒史一人,掌领礼器,出王家钱给犬酒直,他如故事。臣雄、臣戒愚戆,诚惶诚恐,顿首顿首,死罪死罪。臣稽首以闻。

制曰:可。

元嘉三年三月廿七日壬寅奏雒阳宫。

元嘉三年三月丙子朔,廿七日壬寅,司徒雄、司空戒,下鲁相承,书从事下当用者,选其年册以上,经通一艺,杂试通利,能奉弘先圣之礼,为宗所归者,如诏书。书到,言:永兴元年六月甲辰朔,十八日辛酉,鲁相平,行长史事卞守长擅,叩头死罪,敢言之司徒司空府,壬寅诏书,为孔子庙置百石卒史一人,掌主礼器,选年册以上,经通一艺,杂试,能奉弘先圣之礼,为宗所归者,平叩头叩头,死罪死罪。谨按,文书,守文学掾鲁孔龢,师孔宪,户曹史孔览等,杂试,龢修《春秋严氏经》,通,高第,事亲至孝,能奉先圣之礼,为宗所归,除龢补名状如牒,平惶恐叩头,死罪死罪,上

司空府。

赞曰:巍巍大圣,赫赫弥章。相乙瑛,字少卿,平原高唐人。令鲍叠,字文公,上党屯留人。政教稽古,若重规矩。乙君察举守宅,除吏孔子十九世孙麟廉,请置百石史一人,鲍君造作百石吏舍,功垂无穷,于是始□。司徒公河南(原武吴雄)字季高。司空公蜀郡成都赵戒字意伯。

后汉钟太尉书。宋嘉祐七年张稚圭按图题记。

【东汉·张迁碑】2004—28·(4—2)T 面值80分,票幅规格30毫米×40毫米,发行量1020万枚。图案选用了东汉时期(公元25年~220年)《张迁碑》拓本的局部文字。《张迁碑》全称《汉故谷城长荡阴令张君表颂》。东汉灵帝中平三年(公元186年)立于无盐(今山东省东平县)境内,后移至泰安岱庙汉柏院。

碑高3.14米,宽1.06米。碑阳刻16行,满行42字;碑阴3列。此碑出土于明初,因出土年代比较晚,字迹亦保留得较好。碑文颂扬谷城宰张迁在任时的惠政,当时张迁已调任河内郡荡阴县令。《张迁碑》历来被推为方笔典范,书法造型古朴奇崛,字体朴厚劲秀,方整中多有变化,气韵高古雄强,如同汉碑中的力士虎贲。碑分阳阴两面,碑阳方整,线条坚折如铁,力能扛鼎;整体造型貌似笨拙,但平而不板,秀润暗蕴。碑阴稍柔,亦绵里裹铁,柔中带刚,尤为雄健酣畅。《张迁碑》释文:

君讳迁,字公方,陈留己吾人也。君之先,出自有周,周宣王中兴,有张仲,以孝友为行,披览《诗·雅》,焕知其祖。高帝龙兴,有张良,善用筹策,在帷幕之内,决胜负千里之外,析珪于留。文景之间,有张释之,建忠弼之谟。帝游上林,问禽狩(通兽)所有。苑令不对,更问啬夫。啬夫事对,于是迁啬夫为令,令退为啬夫。释之议以为不可,苑令有公卿之才,啬夫喋喋小吏,非社稷之重。上从言。孝武时有张骞,广通风俗,开定畿寓,南苞八蛮,西羁六戎,北震五狄,东勤九夷,荒远既殡(通宾),各贡所有。张是(通氏)辅汉,世载其德,奂既且(既且为暨之误)于君,盖其缠连。缵(即继)戎鸿绪,牧守相系(即继),不殒(通陨)高问。孝弟于家,中(通忠)謇于朝,治京氏《易》,聪丽权略,艺于从畋。少为郡吏,隐练职位,常在股肱。数为从事,声无细闻。征拜郎中,除谷城长。蚕月之务,不闭四门。䜩正之祭,休囚归贺。八月筭民,不烦于乡。随就虐落,存恤高年。路无拾遗,犁种宿野。黄巾初起,烧平城市,斯县独全。子贱孔蔑,其道区别。《尚书》五教,君崇其宽;《诗》云恺悌,君隆其恩;东里润色,君垂其仁。邵伯分陕,君懿于棠。晋风瑊玞(佩玮),西门带弦。君之体素,能双其勋。流化八基,迁荡阴令。吏民颉颃,随送如云。周公东征,西人怨思。奂斯赞鲁,考父颂殷。前喆遗芳,有功不书,后无述焉。于是刊石竖表,铭勒万载。三代以来,虽远犹近。《诗》云旧国,其命惟新。於穆我君,既敦既纯。雪白之性,孝友之仁。纪行求本,兰生有芬。克岐有兆,绥御有勋。利器不觌,鱼不出渊。国之良干,垂爱在民。蔽沛棠树,温温恭人。乾道不缪,唯淑是亲。既多受祉,永享南山。干禄无疆,子子孙孙,惟中平三年,岁在摄提,二月震节,纪日上旬。阳气厥析,感思旧君。故吏韦萌等,佥然同声,赁师孙兴,刊石立表,以示后昆。共享天祚,亿载万年。

【东汉·曹全碑】2004—28·(4—3)T 面值80分,票幅规格30毫米×40毫米,发行量1020万枚。图案选用了东汉时期(公元25年~220年)《曹全碑》拓本的局部文字。《曹全碑》全称《汉郃阳令曹全记功碑》。因曹全字景完,又称《曹景完碑》。东汉灵帝中平二年(公元185年)立。明万历初年(公元1573年)出土于陕西郃阳(今陕西合阳)县莘里村许家后院,1957年移至西安碑林第三陈列室。碑高2.72米,宽0.95米。碑阳刻20行,满行45字,末行有"中平二年十月丙辰造"字

样;碑阴刻5列题名,第一列1行,第二列26行,第三列5行,第四列17行,第五列4行。碑文颂扬郃阳县令曹全的德政。曹全字景完,敦煌效谷人,曾任郃阳令,为官颇有政绩,属吏王敞等人为其勒石记功。因此碑长期埋于地下,受损较少,字字完整,字口如新,加之上石时精工细作,提按笔意宛然石上。《曹全碑》结字匀整略扁,用笔以圆笔为主,秀美逸致而有骨力,秀而不媚,艳而不俗,是汉末"八分书"完全成熟的代表作品。清代书家万经评其碑曰:"秀美飞动,不束缚,不驰骤,洵神品也。"《曹全碑》释文:

君讳全,字景完,敦煌效谷人也。其先盖周之胄。武王秉乾之机,翦伐殷商,既定尔勋,福禄攸同,封弟叔振铎于曹国,因氏焉。秦汉之际,曹参夹辅王室,世宗廓土斥境,子孙迁于雍州之郊,分止右扶风,或在安定,或处武都,或居陇西,或家敦煌。枝分叶布,所在为雄。君高祖父敏,举孝廉,武威长史,巴郡胸忍令,张掖居延都尉。曾祖父述,孝廉,谒者,金城长史,夏阳令,蜀郡西部都尉。祖父凤,孝廉,张掖属国都尉丞,右扶风隃麋侯相,金城西部都尉,北地太守。父琫,少贯名州郡,不幸早逝,是以位不副德。君童龀好学,甄极毖纬,无文不综。贤孝之性,根生于心。收养季祖母,供事继母,先意承志,存亡之敬,礼无遗阙。是以乡人为之谚曰:"重亲致欢曹景完。"易世载德,不陨其名。及其从政,清拟夷齐,直慕史鱼,历郡右职,上计掾史,仍辟凉州,常为治中、别驾,纪纲万里,朱紫不谬。出典诸郡,弹枉纠邪,贪暴洗心,同僚服德,远近惮威。建宁二年,举孝廉,除郎中,拜西域戊部司马。时疏勒国王和德,弑父篡位,不供职贡,君兴师征讨,有兖脓之仁,分醪之惠。攻城野战,谋若涌泉,威牟诸贲,和德面缚归死,还师振旅,诸国礼遗,具二百万,悉以薄官。迁右扶风槐里令,遭同产弟忧,弃官,续遇禁冈,潜隐家巷七年。光和六年,复举孝廉。七年三月,除郎中,拜酒泉禄福长,妖贼张角,起兵幽冀,兖豫荆杨,同时并动。而县民郭家等复造逆乱,燔烧城寺,万民骚扰,人裹不安。三郡告急,羽檄仍至。于时圣主咨诹,群僚咸曰:"君哉!"转拜郃阳令,收合余烬,芟夷残迸,绝其本根。遂访故老商量,俊艾王敞、王毕等,恤民之要,存慰高年,抚育鳏寡,以家钱籴米粟,赐癃盲。大女桃斐等,合七首药神明膏,亲至离亭,部吏王宰、程横等,赋与有疾者,咸蒙瘳悛。惠政之流,甚于置邮。百姓襁负,反者如云。辑治廧屋,市肆列陈。风雨时节,岁获丰年。农夫织妇,百工戴恩。县前以河平元年,遭白茅谷水灾害,退于戍亥之间,兴造城郭。是后,旧姓及修身之士,官位不登,君乃闵缙绅之徒不济,开南寺门,承望华岳,乡明而治,庶使学者李儒、栾规、程寅等,各获人爵之报。廓广听事官舍,廷曹廊阁,开降揖让朝觐之阶,费不出民,役不干时。门下掾王敞、录事掾王毕、主簿王历、户曹掾秦尚、功曹史王颛等,嘉慕奚斯、考甫之美,乃共刻石记功。其辞曰:懿明后,德义章。贡王廷,征鬼方。威布烈,安殊荒。还师旅,临槐里。感孔怀,赴丧纪。嗟逆贼,燔城市。特受命,理残圯。芟不臣,宁黔首。缮官寺,开南门。阙嵯峨,望华山。乡明治,惠沾渥。吏乐政,民给足。君高升,极鼎足。中平二年十月丙辰造。

【东汉·石门颂】2004—28·(4—4)T 面值80分,票幅规格30毫米×40毫米,发行量1020万枚。图案选用了东汉时期(公元25年~220年)《石门颂》拓本的局部文字。《石门颂》全称《故司隶校尉楗为杨君颂》,又称《杨孟文颂》,为著名的"东汉三颂"(《石门颂》、《西狭颂》、《郙阁颂》)之首。东汉永平

四年(公元61年),司隶校尉杨涣(字孟文)奏准明帝开凿褒斜谷石门;东汉桓帝建和二年(公元148年),汉中太守王升感其建议请修褒斜道之惠,于褒斜谷摩崖刻此颂以铭其德。因刻在陕西褒城东北褒斜谷石门岩壁上,故得名。碑高3.27米,宽2.54米。刻石22行,每行30或31字不等。1970年因修褒河水库,刻石迁移至汉中市博物馆。此颂字体大小不一,横笔不平,竖笔不直,以篆笔作隶书,起收无迹,自然率意,性情潇洒,又不失豪气,犹如长枪大戟,恣肆纵横,雄健舒畅,有汉隶中"草书"之称。清张祖翼曾评曰:"三百年来习汉碑者不知凡几,竟无人学《石门颂》者,盖其雄厚奔放之气,胆怯者不敢学,力弱者不能学也。"《石门颂》释文:

惟坤灵定位,川泽股躬(肱)。泽有所注,川有所通。余(斜)谷之川,其泽南隆。八方所达,益域为充(冲)。高祖受命,兴于汉中。道由子午,出散人(入)秦。建定帝位,以汉诋(氏)焉。后以子午,途路涩难。更随围谷,复通堂光。凡此四道,垓(阂)隔尤艰。至于永平,其有四年。诏书开余(斜),凿通石门。中遭元二,西夷虐残。桥梁断绝,

子午复循(修)。上则县(悬)峻,屈曲流颠。下则人(入)冥,厩(倾)写(泻)输渊。平阿淖泥,常荫(阴)鲜晏。木石相距(拒),利磨确(摧)磐。临危枪砀,履尾心寒。空舆轻骑,滞碍弗前。恶虫憨狩(兽),蛇蛭毒蟃。未秋截(结)霜,稼苗夭残。终年不登,匮馁之患。卑者楚恶,尊者弗安。愁苦之难,焉可具言。于是明知(智)。故司隶校尉楗为武阳杨君,厥字孟文,深执忠伉,数上奏请。有司议驳,君遂执争。百辽(僚)咸从,帝用是听。废子由斯,得其度经。功饬尔要,敞而晏平。清凉调和,烝烝(蒸)艾宁。至建和二年,仲冬上旬。汉中太守楗为武阳王升,字稚纪,涉历山道,推序本原。嘉君明知,美其仁贤。勒石颂德,以明厥勋。其辞曰:君德明明,炳焕弥光。刺过拾遗,厉清八荒。奉魁承杓,绥亿衙(御)彊(强)。春宣圣恩,秋贬若霜。无偏荡荡,贞雅以方。宁静蒸(蒸)庶,政与乾通。辅主匡君,循礼有常。咸晓地理,知世纪纲。言必忠义,匪石厥章。恢弘大节,谠而益明。揆往卓今,谋和朝情。释艰即安,有勋有荣。禹凿龙门,君其继纵(踪)。上顺斗极,下答坤皇。自南自北,四海攸通。君子安乐,庶土悦雍。商人咸憘(喜),农夫永同。春秋记异,今而纪功。垂流亿载,世世叹诵。序曰:明哉仁知,豫识难易。原度天道,安危所归。勤勤竭诚,荣名休丽。

五官掾南郑赵邵字季南,属褒中晁汉强字产伯,书佐西成(城)王戒字文宝主。王府君闵谷道危难,分置六部道桥。特遣行丞事西成韩朖(朗)字显公,都督掾南郑魏整字伯玉,后遣赵诵字公梁,案察中曹卓行造作石积,万世之基。或解高格(阁),下就平易,行者欣然焉。伯玉即日徒署行丞事守安阳长。

2005—1 乙酉年(T)

【乙酉年(T)】 Yiyou Year(Year of the Cock)(T)

有关干支纪年法和十二生肖的知识,详见新版《中国集邮百科知识》T·46《庚申年》。2005年为中国农历乙酉年,酉鸡,也称鸡年,凡是在这一年出生的人都属鸡。

2005年1月5日,为了庆祝新春佳节,中华人民共和国国家邮政局发行了一套《乙酉年(T)》特种邮票,全套1枚,这是第三轮十二生肖系列邮票的第二套。吕胜中设计。影写版。齿孔13度(四边各有一个六角星形齿孔)。邮局全张枚数24(4×6)。小版张6枚,尺寸规格128毫米×180毫米,发行量200万版;边饰设计郝旭东。版式三4枚,尺寸规格120毫米×130毫米,用于赠送2005年纪特邮票全额预订户。防伪方式有防伪纸张、防伪油墨、异形齿孔、荧光喷码。北京邮票厂印制。

小版张为6枚邮票,设计者将3组2枚上下连接的邮票呈梯形状排列。小版张的边饰上,右上角印有票题"乙酉年"和我国特有的"干支"纪年的文字介绍:"中国自古以天干地支组合的六十甲子纪年,又以十二种动物对应十二地支作为各个年份的生肖。民俗将每个人出生年份的生肖称为他的属相。十二生肖象征着吉祥与幸福。农历乙酉年是鸡年,民间有金鸡报晓、闻鸡起舞等吉祥和励志的用语。"既丰富了生肖专题信息,又宣传了我国的传统文化。小版张左下角以一轮初升的太阳为背景,绘有一只引颈鸣啼的雄鸡,太阳的光芒普照着整个小版张,寓意新的一年犹如朝霞般生机勃勃,欣欣向荣。

【乙酉年(鸡)】 2005—1·(1—1)T 面值80分,票幅规格36毫米×36毫米,发行量5200万枚。

图案主题形象是一只站在一轮红日上引颈高鸣的小公鸡。鸡与"吉"谐音,在民间文化里,鸡是阳性的象征,人们认为太阳的升落与鸡有关,雄鸡一叫,太阳驱散阴霾,鬼魅不敢出现,所以自古以来,老百姓都用鸡来辟邪。古代有"日中有金鸡"、"鸡在日中"之说。《汉诗外传》中说:鸡"头戴冠者,文也;足搏距者,武也;敌在前敢斗者,勇也;见食相呼者,仁也;守夜不失时者,信也。"鸡被誉为有五德的德禽。雄鸡一唱天下白,鸡鸣日出,鸡是光明的使者,吉祥的象征。设计者运用书法剪纸和刺绣几种传统民间艺术语言刻画小公鸡形象:鸡的颈部用了剪纸,鸡的躯干和腿用书法雄健道劲的狂草,水墨大笔挥抹,同时书写出一个"酉"字,动感中带有野性的直率;鸡头鸡尾用民间刺绣精雕细琢,鸡头和鸡身自然形成一个"乙"字,既使这只小雄鸡形神兼备,栩栩如生,美不胜收,又巧妙地用中国汉字的形式显示出了中国独特的干支纪年法。公鸡、太阳代表着阳性和生命,公鸡尾巴用牡丹花构成,牡丹又代表着女性,色彩温暖艳丽,揭示出了生肖鸡所具有的和谐阴阳,化生万物的文化内涵和吉祥含义。设计者采用了中国传统绘画中"计白当黑"的方法,用单纯的白色作底衬,使小公鸡的形象看似随意摆放,实际却非常讲究和突出。在色彩运用方面,主色红、绿、黄调配得当,虽然显得单纯、古朴、原始,但具有较强的视觉冲击力,特别是鸡冠、太阳、鲜花的红色,洋溢着喜庆吉祥,显示出了一种新春快乐、祝福"富贵大鸡(吉)"的热烈气氛。

2005—2 西气东输工程竣工(J)

【**西气东输工程竣工(J)**】Completion of the Project of Transmitting Natural Gas from West to East China (T) 中国是一个以煤炭为主要能源的国家,燃煤造成的能源效率低、交通运输压力大、环境污染等问题十分严峻。据资料统计,120亿立方米天然气相当于900万吨标准煤,如果我们将燃煤改为天然气,每年可以减少27万吨粉尘排放。在一些发达国家,天然气在能源生产和消费结构中已经占到30%以上,而我国还不足3%。因此,迅速发展天然气工业、调整燃料结构、增加清洁能源、改善大气环境已成为我国能源战略的重点目标之一。特别是改革开放以来,我国经济快速发展,对汽油的需求量越来越大。1994年,我国成为原油净进口国;2004年,我国油气进口量超过一亿吨。因此,坚持"油气并举",大力开发和利用天然气,以气补油,改善能源结构,减少大气污染,实现可持续发展,成为新世纪我国能源发展的重大战略抉择。正是在这一时代背景下,2000年我国启动了西气东输项目;2002年全线开工建设;2003年10月1日建成陕西靖边至上海段,并于2004年1月1日实现向上海商业供气;2004年10月1日,西气东输工程全线投产,2005年1月1日实现全线商业运营的整体建设目标。西气东输工程是以新疆塔里木气田为主气源,靖边气田为辅气源,以长江三角洲为目标市场,以干线管道、重要支线和储气库为主体,连接沿线用户,形成横贯西东的天然气供气系统。该工程首站西起新疆轮南,末站东至上海白鹤,途经新疆、甘肃、宁夏、陕西、山西、河南、安徽、江苏、浙江、上海等10个省、自治区、直辖市,线路全长约4000千米,设计年输气量120亿立方米,输送压力10兆帕;沿线共设工艺站场35座,线路截断阀室138座。西气东输工程包括上游气田勘探开发、中游输气管道建设和下游用户对天然气利用,是我国能源发展战略的重要组成部分,是西部大开发的标志性工程,是我国目前距离最长、管径最大、管材等级、设计压力、输气能力和自动化控制程度最高、施工条件最复杂的天然气管道。这项工程的建设,对于把西部资源优势转化成经济优势、改变管道沿线特别是长江三角洲地区的能源结构,促进产业结构调整、改善大气环境质量、提高人民生活水平都具有十分重大而深远的意义。

2005年1月8日,为了祝贺西气东输工程顺利竣工,中华人民共和国国家邮政局发行了一套《西气东输工程竣工(J)》纪念邮票,全套2枚。张平、程建、李群摄影。方军设计。胶版。齿孔12度。邮局全张枚数8(2×4),横2枚连印。防伪方式有防伪纸张、防伪油墨、微缩文字、荧光喷码。河南省邮电印刷厂印制。

这套邮票的2枚图案,设计者采用摄影手法,通过艺术再创造,形象直观地展现出了西气东输的勘探开发、塔里木大气田、靖边大气田、输气管道场站及轰轰烈烈的输气管道建设施工和竣工的工程场景,谱写了一曲辉煌壮丽的西部大开发赞歌。2枚邮票采用连印形式,底色无边框的全景式画面,主图分别向两侧偏移,一条象征输油管线的红线横贯于2枚邮票之中,像一幅宽银幕屏幕,既描绘了西气东输工程左边为起点右边为终点的走向事实,又产生了腾跃八千里、浩浩荡荡贯神州的强大气势。在色彩方面,第1枚以黄褐色为底色,代表我国西部地区;第2枚以海蓝色为底色,代表我国东部地区,背景色彩形成了强烈反差,既表现了西气东输工程起点和终点的自然环境,又衬托出了工程的艰辛和宏伟,从而深化了邮票的主题。

【**气源开发**】2005—2·(2—1)J 面值80分,票幅规格40毫米×30毫米,发行量1000万枚。图案以弥漫的黄沙为背景,主图展现出了西气东输的源头塔里木克拉气田的开发气井钻井井场的壮观场景。

钻井井架是油气田勘探开发的重要设备,也是石油工业代表性的铭记符号。具有"中国石油"标志的井架,顶天立地矗立在茫茫沙漠之上,它既标志着西气东输供气的主力气田已建成投产,也象征着中国石油人不畏恶劣的施工环境建成了世界一流的大气田。在画面上部沙漠的地平线上,设计者标注了西气东输管道的轮南首站"S"("首站"的汉语拼音第一个字母)。轮南首站是塔里木轮南油田的所在地,也是塔里木大中小油气田集输石油与天然气的汇集地和油气外输的始发地。画面中部,设计者采用从高高钻井井架鸟瞰的角度,展现出了一幅航拍的西气东输管道机械化施工的场景:一片茫茫的沙漠上,许多吊管机伸出有力的铁臂,正在将组焊完毕的管道徐徐吊起,在统一指挥下再舒缓地放到管沟内,既气贯长虹,又小心翼翼。实际施工建设的管道,与由轮南首站"S"腾飞而出的鲜红色管道线路几乎平行,一虚一实的结合,表现出了西气东输管道从气源地出发,穿越天山,穿越黄河、淮河与长江,贯通到东部的天然气供气系统的浩荡气势,准确而生动。

【**管道建设**】2005—2·(2—2)J 面值3元,票幅

规格40毫米×30毫米,发行量1000万枚。图案以汹涌的碧浪为背景,主图展现出了西气东输的终点上海白鹤镇末站站场输气工程装置区的繁荣景象。管道是油气输送的重要设备。在西气东输工程中,将靖边以西的管道称作西段,以东的管道称作东段。2003年10月1日由陕西靖边向西气东输管道东段送气。靖边作为长庆大气区的主力气田成为西气东输的第一气源地,它在2003年10月1日向西气东输管道输送的天然气被称作"先锋气",源源不断地奔向上海,2004年1月1日实现了向上海的正式供气。画面上,具有石油工业代表性的铭记符号,在海蓝色的底色中,装置区的管道由近及远,色彩由明亮逐渐趋于淡化,一条条管道向施工作业带延伸。画面右下角,设计者标注了西气东输管道的上海末站"M"("末站"的汉语拼音第一个字母)。整个图案既融入了西气东输工程竣工,天然气通过加压站已顺利地送到指定地点,已安全地用于生产和生活中,造福人类,也表现了天然气使用后华东的天空变得清澈碧蓝,形象地揭示出了西气东输对环境保护的意义。

2005—3 台湾古迹(T)

【台湾古迹(T)】Historical Sites in Taiwan(T)
有关台湾的地理历史知识,详见新版《中国集邮百科知识》J·14《台湾省人民"二二八"起义三十周年》。

2005年1月30日,正值台湾建省120周年之际,为了展现中国古代建筑艺术,中华人民共和国国家邮政局发行了一套《台湾古迹(T)》特种邮票,全套5枚。邮票设计田黎明、南溪,边饰设计郝旭东。资料提供者任国恩、王虎鸣。胶雕套印。齿孔12.5度(左右两边居中各有一个椭圆形齿孔)。邮局全张枚数10(2×5),竖5枚连印。防伪方式有防伪纸张、异形齿孔、荧光喷码。北京邮票厂印制。

这套邮票的5枚图案,选取的"台北府城北门"、"台南孔子庙"、"鹿港龙山寺"、"台南二鲲身炮台"、"澎湖天后宫"5座台湾古建筑,体现了闽台同根同源的深厚关系,表达了祖国统一的美好愿望。设计者采用素描淡彩的绘画手法,通过巧妙布局和合理用光,有意进行了作旧处理,在色彩上营造出了一种古朴的暗褐色氛围,凸显了台湾省海洋性气候区域建筑物的特点。在背景处理方面,设计者力求尽量简化,而将笔墨重点放在建筑物屋顶的曲线、墙面和柱子的直线的刻画上,不仅保证了建筑的真实性和精确度,突出和强化了建筑本身的美感和文化内涵,而且创造出了一种朴实、柔和、悠远的风格,体现了历史的沧桑感和深层的文化内涵。每枚邮票的右下角,统一钤有一枚红色方形阳文"台湾古迹"4字印章,点明了画题。

【台北府城北门】2005—3·(5—1)T 面值80分,

票幅规格40毫米×30毫米,发行量1000万枚。图案刻画了台湾古迹"台北府城北门"的外观景象。台北府城北门正式名称为"承恩门",坐落于台湾省台北市忠孝西路、博爱路、延平南北路交会处,建于清光绪八年(公元1882年)。1875年12月,清政府设台北府,下辖三县。1879年,台北地区大兴土木,开始建造新城。台北开府之初,原有城门五座:东门(景福门)、西门(宝成门)、南门(丽正门)、小南门(重熙门)、北门(承恩门)。北门于1881年筹划,1882年1月动工,1884年11月竣工,堪称当时台湾社会兴盛繁荣的见证。当年建造北门,由福建巡抚岑毓英招募粤籍工匠,耗费白银四十二万多两。城门原建有封闭式外廊,墙体厚实坚固,俗称"瓮城",有横额"严疆锁钥"4字;日本占领台湾时期,外廊被拆除。北门城楼分上下两层,砖砌墙面,外敷灰泥,质地十分坚固。城门基座为当地岩石砌成,木质扇门上裹镶铆钉的厚铁皮,厚重坚实;楼顶铺设红瓦,屋檐线条优美简洁,似燕尾翘起,是传统闽式建筑中常见的歇山式飞檐。为便于巡防,城门内外墙之间开有进出府城的双拱形门洞,并设计有回字形走廊,内层地面挖设了加固城门的千斤顶闸道。双拱形门洞的外拱比内拱小,两拱之间的方洞呈矩形,便于城门开启。圆拱门洞上方有石质横额"承恩门";匾额上下雕荷叶莲瓣,左右刻宝瓶花卉,取"连年平安"之意;落款为"光绪壬午年 良月吉日建"。欣赏图案上这座清代台北府城唯一被完整保留至今的城门建筑遗迹,油然而生一种漫步穿越北门门洞的冲动,想要亲身体验那种历史的繁华。

【台南孔子庙】2005—3·(5—2)T 面值80分,票幅规格40毫米×30毫米,发行量1000万枚。图案刻画了台湾古迹"台南孔子庙"的外观景象。庙是旧时奉祀祖宗、神佛或前代贤哲的地方。孔子庙坐落于台南市南门路。孔子庙也称孔庙、文庙,是中华传统文化及教育体系的重要象征。在中国,哪个地方建有孔子庙,既表明这个地区文化教育兴盛,也说明这个地区中华传统文

化的根基深厚。台南孔子庙始建于1666年（清康熙五年），为郑成功之子郑经及参军陈永华所建。台南孔子庙落成后，成为台湾官办的第一所学校，也是当地士子、学童心目中的最高学府，庙门上悬有一块题写着"全台首学"4个大金字的横额，故有"全台首学"之称。台南孔子庙的建筑规模宏伟，气氛肃穆。主要建筑大成殿位于庙宇中央，奉祀孔子及颜回、曾参等"四配圣"和孟子、朱熹等"十二哲"。大成殿前为棂星门，东为礼门，西为义路。棂星门东有名宦祠、仰贤祠，西有孝子祠、节孝祠，后殿为祭祀孔子五代祖先神位的崇圣祠堂。孔子庙有东庑和西庑两个主要附属部分，东庑为礼器库，西庑为乐器库，祭孔大典所用的礼器和乐器就存放在东庑和西庑中。欣赏着画面上庄严肃穆的台南孔子庙大成殿建筑，仿佛恰逢九月二十八日孔子诞辰日，和台湾同胞一起置身于古柏掩映下，正在举行周礼祭孔大典，用全身心领略中华文明。

有关孔子的生平知识，详见新版《中国集邮百科知识》J·162《孔子诞生二千五百四十周年》。

【鹿港龙山寺】2005—3·（5—3）T 面值80分，票幅规格40毫米×30毫米，发行量1000万枚。图案刻画了台湾古迹"鹿港龙山寺"的外观景象。根据古代典章制度，我国古代三公所居称"府"，九卿所居称

"寺"。秦时，凡宦官任外廷职务的，官舍通称为寺，如大理寺、太常寺等。后来，官府都引申为"官寺"。东汉明帝时，天竺国僧摄摩腾、竺法兰，用白马驮经东来，止于洛阳白马寺。由此，寺便成为僧人藏经、讲佛场所。隋炀帝大业中改称道场，唐又复称寺，至今。寺是外来宗教的宣讲所，供奉的是佛，佛是超然世外的。人们寻求的是精神上的安慰。1653年（清顺治十年），福建温陵龙山寺肇善禅师从泉州龙山寺运送一尊唐代观音铜像到台湾鹿港，并聘请闽、粤等地能工巧匠建成此寺。后经过多次修整和重建。鹿港龙山寺的建筑布局与风格，皆仿温陵龙山寺，故有"承自泉州、分灵而来"之说。龙山寺的格局，形同"目"字，99扇寺门将庙宇分成四进三院。前、中、后三殿红墙悦目，赤瓦生辉；寺中石鼓、石柱、石门、石壁、石栏精雕细琢，浑拙古朴，蕴涵着中国古代石刻艺术、建筑艺术的精髓，故有"台湾紫禁城"、"台湾艺术殿堂"的美称。前殿有五门殿、戏台等，五门殿前的一对龙柱鲜活生动，须眉毕现；戏台中的八角形木制彩绘藻井，由几百根木材以榫卯结构连接而成，状如喇叭，既美观，又有强化音响效果的功能。中殿即正殿、大雄宝殿，供奉观音菩萨及十八罗汉、龙神、凤神，个个栩栩如生。后殿所供为北极大帝。正殿右墙角外摆放有一口大钟，1895年（清咸丰九年）浙江宁波名匠所铸。大钟高2米，直径1.2米，重千斤，是目前台湾寺庙中最大的一口铜钟。清晨敲响铜钟，方圆10公里都能听到洪亮的钟声，"龙山晓钟"便成为著名的"鹿港八景"之一。龙山寺原建筑于嘉庆、同治年间，曾先后被地震和风雨破坏，现存建筑多为1920年~1926年改建。1953年~1965年扩建。欣赏着画面上台湾鹿港龙山寺建筑，仿佛置身于霞光初现的清晨，耳际萦绕着一声声悠然的钟声，有庄严，也有神秘。

【台南二鲲身炮台】2005—3·（5—4）T 面值80

分，票幅规格40毫米×30毫米，发行量1000万枚。图案刻画了台湾古迹"台南二鲲身炮台"的外观景象。台南二鲲身炮台又名"亿载金城"，俗称"安平大炮"，坐落在台湾台南县安平乡境内。鲲，古代传说中的大鱼。安平旧时水域众多，水中沙洲形似大鱼，当地人称之为"鲲身"。"二鲲身"沙洲为安平七个鲲身之一，背连内河，面朝大海，是当时的海防重地。1871年（清同治九年），牡丹社事件爆发，日军大举攻打台湾。事件平息后，清政府派沈葆桢赴台主持军政事务。沈葆桢为了巩固安平海防，选址在"二鲲身"建立炮台，于1875年（清同治十三年）8月竣工，成为安平最大的城堡式炮台。炮台整体呈长方形，曲折多角。入口在东北方，入口城额石匾外书"亿载金城"，内刻"万流砥柱"，皆出自沈葆桢手笔。炮台四周挖有一丈深的堑壕以环护城池，城门以红砖建造成西洋式的门楼，外有吊桥横跨堑壕。炮台下方建有营房、仓库、伙房及弹药库等，中央空地为士兵操练场，由建制1500名士兵的洋枪队驻守，其中炮兵272名。炮台向海一面，装有阿姆斯特朗前膛主炮5尊，其余三面置放20磅及40磅小炮各4尊。1884年中法战争期间，巡弋安平海面的法军舰队为炮台所震慑，不敢贸然进犯。1894年甲午战争爆发，抗日将领刘永福所率领的黑旗军，在此炮击日本军舰，日舰狼狈逃走。在台湾人民反抗侵略的历史上，台南二鲲身炮台有着光荣的地位。欣赏画面上

这座炮台遗址建筑，仿佛感觉到了台湾人民的那种英雄气概和爱国情怀，不禁油然起敬。

【澎湖天后宫】2005—3·(5—5)T 面值1.50元，票幅规格40毫米×30毫米，发行量1000万枚。图案刻画了台湾古迹"澎湖天后宫"的外观景象。天后宫也称娘娘宫、娘妈宫、天妃宫，亦即妈祖宫（简称"妈宫"）。

坐落在台湾澎湖马公市，是文献记载中台湾地区年代最为久远的庙宇。马公旧名"妈宫"，马公市得名即源自这座古老的庙宇。据考证，天后宫始建于明万历二十年（公元1592年）。明万历三十一年（公元1603年），荷兰军队将领韦麻郎率军舰侵入澎湖，在马公岛登陆，占领妈祖宫。当时福建金门守将沈有容率明军驱逐荷兰侵略者。这段历史当时被刻于一方《沈有容谕退红毛番韦麻郎等》碑石之上，1919年重修天后宫时被发现。此碑俗称"沈有容谕退红毛碑"，现嵌入"清风阁"右墙壁之上。后来郑成功东征逐荷、施琅收复台湾，都曾在妈祖宫及其附近驻军。清廷统一台湾后，赠赐"神昭海表"匾一方，遣礼部郎中雅虎前来此宫致祭，重修庙宇。因此，天后宫是台湾省最著名的古庙之一。天后宫顺地势而建，造型如闽南地区常见的古代民居，分前殿、正殿、清风阁三进，依序向后，山墙高低起伏，节节升高。正殿的燕尾式屋脊翘起，凌空欲飞，左右建有护龙（厢房），护龙的马背（墙上歇山）和正殿多重檐式屋顶配搭十分协调。宫内殿门木雕、窗棂石雕、墙壁饰雕精美古拙，其中体现粤省风格的内外透雕工艺更为精湛，戏曲人物、花草鸟兽造型精巧，栩栩如生。天后宫供奉的主神"天上圣母"即闽、台地区居民最虔诚、最普遍供奉的"妈祖"神灵。欣赏画面上澎湖天后宫的建筑，心中油然而生一种神圣之感，仿佛感受到了闽、台地区共同而又悠久的宗教文化气息。

2005—4 杨家埠木版年画(T)

【杨家埠木版年画(T)】Yangjiabu Woodprint New Year Pictures(T) 有关木版和年画的知识，详见本书2003—2《杨柳青木版年画(T)》。杨家埠木版年画也称"潍县年画"、"杨家埠年画"。因起源于山东省潍坊市的潍县杨家埠，故得名。杨家埠木版年画与桃花坞、杨柳青年画齐名。杨家埠木版年画始于明朝末年，繁荣于清代，迄今已有三百多年的历史。从杨家埠年画的发展阶段看，明代已经达到了成熟阶段。当时，杨家埠村就出现了"家家印年画，户户扎风筝"的景象。不幸，明末因战乱，年画生产遭到破坏。清代前期，杨家埠年画又得以恢复和发展，当时又出现了三十多家画店大量生产年画的兴旺发达景象，如万顺、公兴、公义、公泰、永盛等。清代乾隆年间，杨家埠木版年画风行黄河下游地带。此后的一个半世纪，杨家埠年画达到了"画店百家，年画千种，画版数万"的鼎盛时期，有"家家会点胭，户户善丹青"之说，是全国三大画市（杨柳青木版年画、桃花坞木版年画、杨家埠木版年画）之一。清代后期至民国初期，由于战乱，杨家埠年画处于萧条阶段。新中国成立后，由于党和国家对民间艺术的重视，对旧年画不断进行改造，组织专家学者对传统年画进行挖掘、整理、研究、创新，使杨家埠木版年画得以继承和发展。特别是改革开放以来，杨家埠这座只有二百五十多户人家的村庄，几乎"家家印年画，户户绘丹青"，使杨家埠木版年画出现了空前的繁荣，已经走出国门，曾多次在世界各地巡回展出，深受当地观众的喜爱。杨家埠木版年画"巧画士农工商，描绘财神菩萨，尽收天下大事，兼图里巷所闻，不分南北风情，也画古今轶事"，题材极为广泛，归纳起来主要有六大类：（一）风俗类，以过新年、结婚、农忙等为主要内容；（二）大吉大利类，以年年发财、金玉满堂等为主要内容；（三）招福辟邪类，以门神、财神、寿星、灶王等为主要内容；（四）传说典故类，以包公上任、三顾茅庐、八仙过海等为主要内容；（五）娱乐讽刺类，以打拳卖艺、升官图等为主要内容；（六）瑞兽祥禽花卉风景类，以三阳（羊）开泰、开市大吉（鸡）、四季花鸟等为主要内容。另外，杨家埠年画还有些以实用为目的，服务于人们现实生活的内容。无论杨家埠年画的题材多么广泛，但喜庆吉祥是其突出的主题。杨家埠木版年画在数百年来的发展过程中，按照农民的思想要求、风俗信仰、审美观点、生活情趣，逐步形成了自己古朴稚拙、简明鲜艳的艺术风格。清末民初，杨家埠木版年画开始"以变图新"的革新。大顺画店的杨九经代表革新者的要求，支持具有革新精神的画师突破杨家埠年画的陈规，吸收其他绘画的特点，新绘画样，如《四季花鸟》、《八仙条屏》等，画面生动活泼，线条顿挫有致。杨家埠年画的革新者们还吸收了中国画的笔墨情趣，采用单一的墨色，分为几个层次印刷，印成"墨货"，如《山水四条屏》，古朴典雅，一年四季均能销售。在制作工艺上，杨家埠年画重用原色，线条粗犷，风格纯朴，别具特色。画师们首先用柳枝木炭条、香灰作画，名为"朽稿"，在朽稿基础上再完成正稿，描出线稿，反贴在梨木版上供雕刻，分别雕出线版和色版。再经过调色、夹纸、总版、处理跑色等，最后进行手工印刷。年画印出来后，还要再手工补点上各种颜色，进行简单描绘，使年画达到自然生动。杨家埠年画生产分绘画、雕刻、印刷、装裱等几道工序，每一道工序都极为精细准确。

2005年2月1日，为了迎接中华民族传统的春节，宣扬悠久的民间艺术，中华人民共和国国家邮政局发行了一套《杨家埠木版年画(T)》特种邮票，全套4枚。王虎鸣设计。胶版。齿孔13.5度×13度。邮局全张枚数8(2×2+2×2)。版式二：8枚(2套邮票)，尺寸规格120毫米×210毫米，为2005年中国邮政贺年(有奖)明信片四等奖，不出售。防伪方式有防伪纸张、微缩文字、荧光喷码。北京邮票厂印制。

这套邮票的4枚图案，设计者采用了电脑处理原画稿的创作手法，力求保持和突出民间年画的原汁原味，凸显了年画的原有风貌，保持了原画的鲜艳色彩，也兼顾到了邮票的自身特点。在版式上，设计者注重我国传统历史文化的底蕴，使民间年画的独特魅力得到了更充分的发挥。

【门神】2005—4·(4—1)T 面值80分，票幅规格30毫米×40毫米，发行量1200万枚。图案选用了一幅杨家埠木板版年画中《门神》的画面。

"门神"是中国旧俗门上贴的神像，是中国民间最受崇奉的居家保护神之一。门神的来历，可追溯到上古时期。我国古代先民由"巢居、穴居"进化为"屋居"，营造茅棚屋舍，不仅可遮风避雨，还能防止野兽侵袭、存放食物，使人们得以生息安居。随着"大门"、"房门"的相继出现，人们对门户造物主的绝对崇拜和依赖有增无减。殷周时期，遇有坏事、怪事等，都恐惧不堪，视为鬼妖作祟，要有一位驱鬼辟邪的神明来保障生命财产和家庭平安。于是，每年定期祭门(门神)、祭灶(灶神)、祭社(土地神)，"三祭"之风早在周朝已经形成，而"贴门神"习俗一直流行至今不变。通行的"门神"有三种：一是钟馗；二是"神荼郁垒"，画像丑怪凶恶；三是唐代的秦叔宝(秦琼)和尉迟恭(敬德)的画像。在历史上，秦琼和尉迟恭确有其人。秦琼(？—638)字叔宝，为唐初大将。齐州历城(今山东济南)人。隋末从张须陀镇压卢明月、李密等起义军。张须陀败死，不久附李密，任帐内骠骑。李密败后，他为王世充所得。旋投唐，任马军总管，从李世民击败宋金刚、王世充，镇压窦建德、刘黑闼起义军。官至左武卫大将军。尉迟恭(585—658)字敬德，唐初大将。朔州善阳(今山西朔县)人。隋末从刘武周为将，后降唐。曾击败王世充军，并参加镇压窦建德、刘黑闼起义军。唐武德九年(公元626年)玄武门之变，助李世民夺取帝位。历任泾州道行军总管、襄州都督之职。晚年笃信方术，杜门不出。相传，唐太宗李世民生病，寝宫门外抛砖弄瓦，鬼魅呼号，三十六宫、七十二院夜无宁静。太宗惧之，以告群臣。秦琼出班奏曰："臣平生杀人如剖瓜，积尸如聚蚁，何惧魍魉乎？愿同敬德戎装立门以伺。"太宗准其奏，秦琼和尉迟恭二位大将全身披挂站立宫门两侧，结果，宫中夜间果然安静无惊。唐太宗十分赞许，他觉得秦琼和尉迟恭不能眠，太辛苦了，心中过意不去，遂命画师绘就两员大将之形象，戎装，手执玉斧，腰带鞭链弓箭，怒目而睁一如平时，高悬宫门两侧，邪祟以息，称为"门神"。后世沿袭，遂永为"门神"。邮票图案选用了杨洛书绘制的一幅木版年画"大门神秦琼"。2002年，杨洛书被联合国教科文组织授予"民间工艺美术大师"荣誉称号。原画尺寸规格69厘米×46厘米。画面上的秦琼形象身着甲胄，手执钢鞭，威风凛凛，浑身透着一股勇猛的虎将气魄。

【连年有余】2005—4·(4—2)T 面值80分，票幅规格30毫米×40毫米，发行量1200万枚。图案选用了杨家埠木版年画中一幅房门画《连年有余》的画面。

此画也称"美人条"，左右两幅，基本对称，尺寸规格为40厘米×22厘米。源于清代。画面上的美人为渔家姑娘打扮，她身披蓑衣，头戴大草帽，手执"九连环"，肩挑装满牡丹花和莲花的花篮，携领着一手抱鲤鱼的幼童。"九连环"即九个圆环，环环相扣，首尾相连，"九"与"久"同音；牡丹是富贵的代名词；"鱼"与"余"同音。古人视"九连环"为驱凶辟邪之物，而且还蕴含有团圆、齐全、长久不断、连绵不绝之意。民间艺人把"九连环"、牡丹花、莲花和鱼这些美好的东西组合在一起，相辅相成，使画面生机盎然，既寓意年年生活富足，家庭幸福美满，也表达了人们追求家境殷实的美好心愿。

有关鱼象征吉祥有余的知识，详见本书2003—2《杨柳青木版年画(T)》。

【喜报三元】2005—4·(4—3)T 面值80分，票幅规格30毫米×40毫米，发行量1100万枚。图案选用了杨家埠木版年画中一幅房门画《喜报三元》的画面。此画也称"金童子画"，尺寸规格为46厘米×46厘米。源于清代乾隆时期。画面由两个男童、凤凰、石榴、荔枝、

桂圆、核桃组成。在古人传说中,凤凰是一种瑞鸟,"百鸟之王",相信凤凰出现会天下太平。有关"三元"的解释有两种:其一,为荔枝、桂圆、核桃三者果实都是圆形,"圆"与"元"同音;其二,指在古代科举制度的乡试、会试、殿试中,第一名分别称为解元、会元、状元,三者合称"三元"。从邮票主图看,这幅年画宣扬了"三元"的第二种含义,反映了旧时农民希望自己的子女有出息,寄望于在科举考试中获得第一名,实现能够读书做官、光宗耀祖的美好愿望。

【天女散花】2005—4·(4—4)T 面值80分,票幅规格30毫米×40毫米,发行量1100万枚。图案选用了杨家埠木版年画中一幅房门画《天女散花》的画面。此画也称"美人条",尺寸规格45厘米30厘米。源于清代,多贴于闺秀房门。"天女散花"的故事源于佛教,传说天女乃天帝之孙女,她容颜绝世,风度雍雅,能歌善

舞,每逢喜庆佳节,当群仙会于琼台时,她便率众仙女欢歌起舞,共享太平。邮票图案选用的这幅年画,一仙女手持花篮,朵朵鲜花从云端徐徐飘下,表示仙女把鲜花撒向大地,寓意春满人间,风调雨顺,国泰民安。

2005—4M 杨家埠木版年画(小全张)(T)

【杨家埠木版年画(小全张)(T)】Yangjiabu Woodprint New Year Pictures(Miniature Sheet)(T) 2005年2月1日,为了迎接中华民族传统的春节,宣扬悠久的民间艺术,中华人民共和国国家邮政局发行了一套《杨家埠木版年画(T)》特种邮票,全套4枚,同日发行了1枚小全张。王虎鸣设计。胶版。齿孔12度。防伪方式有防伪纸张、微缩文字、荧光喷码。北京邮票厂印刷。

【杨家埠木版年画】2005—4M·(1—1)(小全张)T 小全张面值320分,邮票票幅规格(30毫米×40毫米)×4,发行量950万枚。小全张采用满版实地(无网纹)印刷的红色为底纹,左右各有一个金线描绘的门神像,上端中间标有装饰性很强的"杨家埠木版年画"题

名,红色底纹上还稀疏地散落着微小的金点;小全张的正中位置依次排列着2005—4《杨家埠木版画(T)》的4枚邮票,在底纹的衬托下,既显得耀眼突出,又给人一种雍容华贵,庄重美丽的艺术享受。

注:版式二8枚(2套邮票),尺寸规格120毫米×210毫米。2005年中国邮政贺年(有奖)明信片二2005年2月24日公布中奖号码,兑奖日期为2005年3月10日至5月1日,版式二为四等奖品,不出售。

2005—5 玉兰花(T)

【玉兰花(T)】Magnolias(T) 玉兰属木兰科木兰属植物,被子植物中最原始的类群之一,是现存被子植物中保留原始特征最多的一种,也是一种古老的高等植物。主要分布于亚洲东南部、北美洲东南部与中美洲的温带及亚热带。全世界共有木兰科植物约330种。我国有165种,是木兰科植物资源最丰富的国家,有"木兰王国"之称,栽培历史很久远。春秋时期就有关于木兰的记载,诗人屈原在《离骚》中就写下了"朝饮木兰之坠露兮,夕餐菊之落英"的诗句,以示其高洁的人格。木兰科植物的主要特征是:木本;叶互生;托叶大,包围着叶芽,脱落后在小枝上面留有一个明显的托叶痕 花常两性;花被片常为花瓣状,即没有花萼与花瓣之分,雄蕊多数,雌蕊为多数离生心皮组成,全为虫媒传粉。木兰科植物不仅具有极高的科学研究价值,而且具有较高的园艺价值,如木莲、含笑、白兰花等;也是重要的中药材,如厚朴、辛夷、五味子等;也是重要的芳香油植物,如黄兰、八角、木兰等;也是优质木材,如木莲、海南木莲、大果木莲等。木兰科的不少树种为我国重点保护的珍稀濒危植物。这套邮票图案选用的4种木兰科植物,均系木兰属,既被广泛栽培,也具有较高的观赏价值。木兰属植物为常绿或落叶乔木,树姿优美,叶边缘全缘。花大,艳丽芳香,多在2月~4月开花。刚刚经历了寒冬的人们,看到满树盛开的玉兰花,顿时嗅到了春天的新鲜气息,

故誉其为"春天的花王"。全世界约有木兰属植物90种,我国约有31种。木兰属植物的经济价值比较大,很多乔木材质优良,是我国北纬34°以南地区的重要林业树种,有些种类的花蕾可做辛夷药材,树皮可做厚朴或代厚朴药用;有不少种类的花、叶、嫩枝可提取名贵的香料;多数种类的花大,艳丽多姿,芳香浓郁,为我国的传统花卉。

2005年3月5日,正值初春时节,为了展现中国大地丰富的植物资源,中华人民共和国国家邮政局发行了一套《玉兰花(T)》特种邮票,全套4枚。邮票设计龚文桢,边饰设计郝旭东。影写版。齿孔13度×13.5度。邮局全张枚数8(2×4)。防伪方式有防伪纸张、防伪油墨、荧光喷码。北京邮票厂印制。

这套邮票的4枚图案,设计者采用中国传统工笔画技法,根据写生手稿及参考图片进行创作构思,以写实的画法进行表现,既注重科学性及植物的真实性,又注重其艺术的完美性,主要突出了玉兰花的高雅和冰清玉洁,达到了真实而完美的表达,耐人欣赏。底衬采用深蓝色,使色彩感觉更加浓郁,富有工艺味道。

【玉兰】2005—5·(4—1)T 面值80分,票幅规格40毫米×30毫米,发行量1300万枚。图案描绘了一枝玉兰的风姿。玉兰(*Magnolia denudata*)又名白玉兰、木兰、迎春花等。为我国特有种,产于河南、陕西、安

徽、浙江、江西、湖北、湖南、广东、贵州及四川,生长在海拔500米~1000米的山坡林中。模式产地至今不详。落叶乔木,一般树高8米以上,最高可达25米,胸径达1米。树皮深灰色,粗糙;冬芽被绢毛。叶常倒卵形,长10厘米~18厘米,宽6厘米~11厘米,先端圆,常具短凸尖,基部楔形,背面被长柔毛,侧脉每边8条~10条;叶柄长1厘米~2厘米;托叶痕约为叶柄长的1/4。花先于叶开放,花期2月~3月。在南方温暖地带,土壤肥沃条件下,7月~8月可有第二次开花。花芳香,绽放时直径达15厘米;花被片9枚,白色,基部常显粉红色,长圆状倒卵形,长7厘米~10厘米,宽3厘米~6厘米。玉兰在我国已有两千多年的栽培历史,现已引种至欧美各大都市,成为驰名中外的优良庭园观赏树种。玉兰的花蕾可入药,花可提取香精,种可榨取工业用油。欣赏邮票图案上的这枝玉兰,脑际中油然出现一幅动人的画面:早春时节,一株株玉兰满树白花,形成优雅美观的椭圆形树冠,仿佛在向人间报告春天来临的信息!

【山玉兰】2005—5·(4—2)T 面值80分,票幅规格40毫米×30毫米,发行量1200万枚。图案

描绘了一枝山玉兰绽放的绰约神采。山玉兰(*Magnolia delavayi*)因其花有夜开昼合的习性,故又名优昙花。为我国特有的珍贵庭园观赏树种和造林树种,产于云南、贵州及四川西南部。生长在海拔1500米~2800米的石灰岩山地林中较湿润山坡。模式标本采自云南洱源。常绿大花乔木,树高达15米,胸径达80厘米。树皮深灰色,粗糙并开裂。叶厚革质,卵形,长10厘米~30厘米,宽5厘米~18厘米,先端常钝圆,基部钝圆或浅心形,边缘波状,被长柔毛,侧脉每边11条~16条,网脉明显;叶柄长5厘米~8厘米,托叶痕几乎与叶柄等长。花呈杯状,绽放时直径15厘米~20厘米,花被片外轮3片为淡绿色,内轮6片~7片为乳白色,倒卵状匙形,长8厘米~12厘米,宽2厘米~3厘米。花期4月~8月。欣赏邮票图案上的这枝山玉兰,仿佛驻足于一株株山玉兰树下,仰望着那婆娑的树冠和一朵朵开放的大花朵,深深嗅着洋溢在空气中的一缕缕芳香,令人陶醉!

【荷花玉兰】2005—5·(4—3)T 面值80分,票幅规格40毫米×30毫米,发行量1200万枚。图案描绘了一枝荷花玉兰的美丽形象。荷花玉兰

(*Magnolia grandiflora*)因其花大白色,状如荷花,故得名。又名洋玉兰、广玉兰。原产北美洲东南部,现广泛栽培,我国长江流域以南各城市及兰州、北京等地公园有栽培,而且人工培育已达上百个栽培品种。荷花玉兰为常绿乔木,树高10米~20米,树皮灰褐色,薄鳞片状开裂。叶厚革质,常呈椭圆形,背面被褐色短绒毛,侧脉每边8条~10条;叶柄长1.5厘米~4厘米,无托叶痕。花白色,有芳香,绽放时直径15厘米~20厘米,花被片9枚~12枚,厚肉质,倒卵形,长6厘米~10厘米,宽5厘米~7厘米。花期5月~6月。荷花玉兰木质优良,可供装饰用,其叶、幼枝和花可提取高级芳香油。欣赏邮票图案上的这枝荷花玉兰,仿佛身临荷塘之畔,那一朵朵舒展绽放的状如荷花的大花,洁白温润,香气袭人,真切地感受到了一种出污泥而不染的纯真品格魅力!

【紫玉兰】2005—5·(4—4)T 面值80分,票幅规

格40毫米×30毫米,发行量1200万枚。图案描绘了一枝紫玉兰的精彩风貌。紫玉兰(Magnolia liliflora)因其花被片外面呈紫色,故得名。紫玉兰花蕾晒干后称"辛夷",为中药材,故又名辛夷。为我国特有优良园林树种,产于陕西、福建、云南、湖北及四川,生长在海拔300米～1600米的山坡林缘。模式标本采自华中地区。落叶小乔木,树高达3米。叶椭圆状倒卵形,长8厘米～18厘米,宽3厘米～10厘米,先端急尖或渐尖,基部渐狭沿叶柄下延,幼时疏生短柔毛,侧脉每边8条～10条;叶柄长8厘米～10厘米,托叶痕约为叶柄的1/2。花蕾卵球状,被淡黄色绢毛;花叶同时开放;花被片9枚～12枚,内轮肉质,椭圆状倒卵形,长8厘米～10厘米,宽3厘米～5厘米,内面带白色;花期3月～4月。欣赏邮票图案上的这枝紫玉兰,花多色艳,繁盛似锦,仿佛觉得一股股温暖的春意沁上心头,令人神清气爽!

2005—6 世界地球日(J)

【世界地球日(J)】World Earth Day(J) 有关地球的知识,详见新版《中国集邮百科知识》纪3《世界工联亚洲澳洲工会会议纪念》。人类只有一个地球,地球是我们共有的可爱家园。但是,随着人类社会活动的飞速发展,我们生存的地球面临着严重危机,资源过度开发和消耗,消费和破坏现象严重,人口膨胀,污染物大量排放,导致全球性资源短缺,环境污染和生态恶化。爱护地球,节约资源,保护环境,逐渐成为人类的共识。1969年,美国民主党参议员盖洛德·尼尔森提议,在美国各校园内举办有关环境问题的讲习会,并将次年的4月22日定为"地球日"。1970年4月22日,美国哈佛大学法学院学生丹尼斯·海斯将这一提议变成了具体行动,发起了声势浩大的"地球日"活动,美国各地有1万所中小学、两千所高等院校以及全国各大团体约两千万人参加,当时被誉为第二次世界大战以来美国规模最大的社会活动,它有力地推动了世界范围内地球保护活动的发展。"地球日"在美国的诞生,有力地推动了多个国家有关保护地球法规的建立,得到了世界上大多数国家的响应。1990年4月22日,全世界一百四十多个国家、二亿多人同时在各地举行了形式多样的宣传活动。这次活动得到了联合国的赞同。自此,每年的4月22日就被确定为"世界地球日"。我国人口众多,人均资源少,资源相对匮乏,自然生态环境脆弱,生态环境恶化的趋势还没有遏制住。我国人口占世界的22%,但耕地只占世界的10%;矿产资源总量丰富,但人均矿产资源仅为世界人均的58%;人均水资源仅相当于世界人均水平的25%。党中央、国务院审时度势,把节约资源、保护环境确定为我国的基本国策,提出了"坚持以人为本,树立全面、协调、可持续的发展观,促进经济社会和人的全面发展"。自1990年纪念"世界地球日"20周年开始,每年的4月22日,我国原地质矿产部(现国土资源部)、国家环保局(现国家环保总局)、中国地质学会等多家单位联合社会团体、高等院校、科研单位,组织一系列保护资源、保护环境、保护地球的"世界地球日"纪念活动。每年我国纪念"世界地球日"都确定有一个主题:

1993年:贫穷与环境—摆脱恶性循环;
1994年:一个地球,一个家庭;
1995年:各国人民联合起来,创造更加美好的世界;
1996年:我们的地球、居住地、家园;
1997年:保护地球资源与环境;
1998年:环境、经济与社会、可持续发展;
1999年:防治地质灾害;
2000年:地质环境保护;
2001年:地质遗产保护;
2002年:善待地球;
2003年:善待地球,保护资源;
2004年:善待地球,科学发展。

现在,我国各地正在按照科学发展观的要求,努力构建社会主义和谐社会,实现人与自然的和谐发展。

2005年4月22日,为了宣传爱护地球、节约能源、保护环境的基本国策,贯彻落实科学发展观,中华人民共和国国家邮政局发行了一套《世界地球日(J)》纪念邮票,全套1枚。邮票设计陈绍华,边饰设计郝旭东。影写版。齿孔13.5度(内圆上有4个4角星形齿孔)。邮局全张枚数8(4×2)。防伪方式有防伪纸张、防伪油墨、镂宽图形、荧光喷码。北京邮票厂印制。

【世界地球日】2005—6·(1—1)J 面值80分,票幅规格36毫米×36毫米,发行量1240万枚。图案的主体形象采用了一种常用的手语方式,描绘了一双特别的手。这一手语姿态,既含有敬重、珍惜、希望和期待之意义,也蕴有神圣、祈祷和保佑的愿望,生动地表达了人类应该对大自然的敬意和珍爱。画面上

这一手语姿态,犹如托着一个球体,形象地表达了人类与地球的关联,加之采用圆形齿孔的票面的版式,更加鲜明地表现了主题。在色彩方面,设计者采用了浪漫的对比色,中心圆以白色为底,圆的四周以蓝色填充,一双五彩的手既表现自然生态的多样性,也表现了地球回馈给人类的多彩生活。图案上下方配以"WORLD EARTH DAY"和"世界地球日"的中英文名称,点明了画题。

2005—7 鸡公山(T)

【鸡公山(T)】The Jigong Mountains(T) 鸡公山位于河南省信阳市南的豫鄂两省交界处,雄踞武胜关、平靖关、九里关之间,东连大别山,西与桐柏山相接。方圆约50公里。鸡公山因其山形而得名。远眺,鸡公山犹如一只展翅的雄鸡,头向西北,尾伸东南,似仰颈欲鸣,气势雄伟;近看,又仿佛饱食而卧,神态安详。"鸡头"是报晓峰。报晓峰又称"鸡头石",为鸡公山主峰,峰下靳山山形椭圆,是鸡的腹部;报晓峰南北两侧有灵华山和长岭,恰似雄鸡的两翅;峰的左右有二沟,峭壁幽谷,酷似雄鸡的双爪,故鸡公山亦称"鸡头山"、"鸡翅山"。关于鸡公山名称的来历,有两种传说:其一,相传天宫里有一只司晨神鸡,专管天明报晓。这只神鸡生性耿直,得罪了玉皇大帝,被打入凡间,并被用定身法定住,天长日久,变成了一座鸡公山。其二,传说很久以前,当地蝗虫遍野,民不聊生,王母娘娘的司晨鸡偷下天宫,为民除害。不料,当这只金鸡将害虫啄尽时,晨光已露,天门无情关闭,它只好永留人间,化为鸡公山了。鸡公山地处大别山北坡,在北亚热带向暖温带过渡带上,具有典型的季风气候和山地气候特征。鸡公山以南,山高大灵秀;鸡公山以北,山虽矮也有伟岸气魄。而处于分界点上的鸡公山则兼有这两种风格。鸡公山地区雨量充沛,亚热带和暖温带植物共生,森林茂密,生物资源丰富。不仅针叶树、阔叶树、山花异草繁茂,有各类植物两千多种,其中草药占六百多种,被称为"天然植物园"和"天然中草药园",而且也是各种珍禽异兽繁衍的天然场所,其中国家重点保护动物有大鲵、白冠长尾雉等。1982年,经河南省人民政府批准,鸡公山自然保护区成立,面积达27平方公里;1988年,鸡公山自然保护区晋升为国家级自然保护区,主要保护对象为亚热带森林植被过渡类型及珍稀野生动物。鸡公山莽莽林海中遍布着迷人的自然景观,其中"佛光、云海、雾凇、雨凇、霞光、异国花草、奇峰怪石、瀑布流泉"有八大自然景观之誉。夏季,鸡公山气候宜人,午前如春,午后如秋,夜如初冬,有诗赞曰:"三伏炎蒸人欲死,清凉到此顿疑仙。"早在20世纪初,鸡公山便与河北北戴河、江西庐山、浙江莫干山齐名,为中国四大避暑胜地之一。据说,1898年,一名美国牧师在河南信阳传教时,看中了鸡公山的秀美景色,建筑了一座教堂。因这位牧师的宣传,很多外国商人、传教士和驻华使领馆人员,纷纷到鸡公山建造别墅。据统计,1898年~1936年间,鸡公山上建有三百多幢各式别墅,有尖顶突起的教堂式,有造型古雅的宫殿式,有玲珑剔透的小巧别墅,有高大豪华的欧美建筑,其中以颐庐、将军楼、烟雨楼、会景楼、美国教堂、瑞典大厦等建筑最具特色。这些不同国别、不同风格的建筑,既反映了我国当时所处的半殖民地的地位,也展示了各国的建筑艺术,俨然是"万国建筑博览会"。鸡公山地处中国九大名关之一的武胜关关口,历来为兵家必争之地。千百年来,在中国历史上举足轻重的人物都曾在此上演过一幕幕气吞山河、影响深远的战争场景,并留下了许许多多惊心动魄的传说故事和具有较高价值的历史遗址,如皇帝和蚩尤曾在此血战;春秋战国时期吴国名将孙武、伍子胥等曾率领大军夺取鸡公山四周的关口,挥师南下占领楚国都城郢;王仙芝、黄巢、岳飞、朱元璋、李自成、洪秀全等也曾率千军万马在此纵横驰骋。鸡公山自然保护区是融保护、科研、教学、经营、旅游、环境为一体的综合性多功能的自然保护区。

2005年4月28日,为了展现中华大地壮美山河的自然风貌,中华人民共和国国家邮政局发行了一套《鸡公山(T)》特种邮票,全套4枚。祁恩进设计。胶版。齿孔12.5度(左右两边居中各有一个异形齿孔)。邮局全张枚数8(4×2),横4枚连印。防伪方式有防伪纸张、防伪油墨、异形齿孔、荧光喷码。河南省邮电印刷厂印制。

这套邮票的4枚图案,设计者采用工笔山水技法,以"人"为主,充分调动人的主观感觉,"设计是一座桥梁",巧妙地借助4幅作品的画面,将读者引入了鸡公山现实与梦境、主观与客观的精彩世界,达到了写实与艺术创造的美妙结合,有景,有情,有趣,有味,耐人欣赏。

【鸡公山·报晓雄姿】2005—7·(4—1)T 面值80分,票幅规格40毫米×30毫米,发行量920万枚。图案描绘了鸡公山报晓峰在晨曦中的雄姿。报晓峰海拔765米,登顶峰可览全山风貌。山脚下有这样一首诗:"慢上鸡公山,快登报晓峰;这边风景好,暑夏有秋风。"点出了鸡公山的气候特征。半山腰刻有"天下第一鸡"石刻,云南李金碧所题。登山途中见到的第一处石

刻"报晓峰"三字，为民国二十三年（1934年）河南省主席李培基所题。民国时期，鸡公山属河南与湖北共管，治安混乱，李培基以报晓峰山脚为界，限定河南与湖北界线，并登上"鸡公头"，挥笔题下"报晓峰"三字，自此山峰得名。报晓峰是观日出、看晚霞、云海、佛光的最佳位置，是鸡公山的象征。设计者根据鸡公山山区常年云雾缭绕的特征，用远景的茫茫云海和近处流动的彩云，生动地烘托出了如雄鸡般拔地而起、傲视群雄的报晓峰，创造出了一种"一唱雄鸡天下白"的美妙意境。画面基本上采用以柔托刚的手法，着墨处虽然是在云海、晨曦，而效果却是突出了鸡公山报晓峰的"雄姿"。近景的流云，采用传统的勾云烘染的方法，与一抹朝霞染红山头的远景相对应，即使画面变化丰富、生动，富有韵致和萌动之感，也彰显了青绿山水雍容华贵的特色，一柔一刚，有力地衬托出了鸡公山报晓峰的雄伟壮丽。整个画面富有装饰效果，韵律感强，具有一种优雅动人的艺术魅力。

【鸡公山·云中公园】2005—7·（4—2）T　面值

80分，票幅规格40毫米×30毫米，发行量920万枚。图案描绘了鸡公山众多别墅群优雅、壮观的景致。画面中心那座棕黄色的别墅为"颐庐"，人称"志气楼"，建于1921年。早在百年前平汉铁路通车，美国传教士李立生乘车经过鸡公山，隔窗被山景吸引，遂下车登山探幽，发现山泉清澈，林木葱郁，是一处极佳的避暑胜地，于是在鸡公山盖起了一座教堂。不久，很多洋人前来建筑避暑别墅，一些军阀、官僚、买办、资本家也纷至山上圈地造屋。至1949年，洋楼别墅已缀满山峦，共计三百多座。这些展示了各国建筑艺术风格的洋楼，反映出了我国当时所处的半殖民地的国际地位。1905年，湖广总督张之洞将洋人在鸡公山强建别墅激发民愤一事上奏清廷，至光绪三十三年（公元1907年）才拟定章程加以限制，但中国人依然不但不能涉足洋人原来私建的教会区，而且也不能在避暑官地建房。当时的直系军阀吴佩孚部第十四师师长靳云鹗，不顾洋人的拒绝，在教会区避暑官地南、北衔接之间的陡崖上建造了一座最高大、最豪华的别墅，名曰"颐庐"。因此举大长了国人的志气，故时人称其为"志气楼"。该建筑方正端庄，体现了中国建筑的传统风格。其下三层为花岗岩石斜券廊环绕，第四层是在第三层上浇注钢筋混凝土结构，屋顶立有两个造型别致的覆钟状塔亭，在阳光照射下，金碧辉煌，光彩夺目。站在"颐庐"楼顶，群峰别墅尽收眼底，鸡公山风光一览无遗。设计者之所以选取山里"志气楼"的"颐庐"作为画眼，一是因为它在大片的洋楼别墅群中较为突出，具有代表性；二是因为"颐庐"是由中国人自己设计、自己建造的具有中西合璧风格的建筑。画面近景上点缀了一个双层的亭子，这既具有中国特点，因为大凡中国风景区、公园中皆有亭子供游人赏景、歇息，又仿佛站立在亭子中，顿时将鸡公山"云中公园"的神秘景致尽收眼底；在薄纱一样缭绕的云雾之中，镶嵌着一幢幢如宝石般的别墅，而云雾犹如舞台上的幕布，忽而将它们锁住，忽而又将它们打开，时隐时现，如梦如幻，恍如仙境。

有关亭子的知识，详见本书2004—27《中国名亭（一）T》。

【鸡公山·月湖映翠】2005—7·（4—3）T　面值

80分，票幅规格40毫米×30毫米，发行量920万枚。图案展现了鸡公山幽谷碧潭月湖的独特自然景象。月湖坐落于鸡公山上，因湖面酷似弯月而得名。其前身为一幽静碧绿的深潭，后经人工修筑而成湖。画面中的山石、松树、坡岸、修竹、湖水以及远景云霭中的山峦，设计者小心翼翼地描绘出了它们特定的一种"闲静"神态。静则生灵，静则生幽。欣赏整个画面，犹如一个人怀着一点"胜似闲庭信步"的闲雅心态，细心品赏鸡公山的湖光山色，领略湖中"映翠"的幽秘，洋溢着一种雅趣闲情，令人陶醉。而湖对岸的杉树树林中飞起的一群鸟儿，它们生机勃勃地运动着，既为幽静的画面注入了一种活力，也提醒人类注意自己的行为，不要惊扰了大自然的生活状态。

【鸡公山·青龙飞瀑】2005—7·（4—4）T　面值

80分，票幅规格40毫米×30毫米，发行量920万枚。图案描绘了鸡公山东沟瀑布群的自然景观。东沟溪瀑区为主的风景廊，15个大瀑布错落有致，四季流水不断，蔚为壮观。亲临鸡公山东沟瀑布群，两山合抱，巨石壁立，仰观落魄，俯视心惊，飞泉自高峡喷出，瀑布似玉带飘落，真的仿佛"飞流直下三千尺，疑是银河落九天"！邮票图案上选取的是青龙瀑布，其落差四十多米，瀑宽六米，虽随季节消涨，然终年不竭。设计者将飞流直下的瀑布造型为青龙飞舞,又将下方的树木画成翩翩起舞、欢呼雀跃的姿态,瀑布和松树互为呼应,相映成趣,而涧底升腾起的云气,既渲染了"银河落九天"后的壮观景象,也使画面产生了一种观瀑、听涛的诗情雅趣,引人入胜。

有关瀑布的知识,详见新版《中国集邮百科知识》普21《祖国风光普通邮票》。

2005—8 中华全国总工会成立八十周年(J)

【中华全国总工会成立八十周年(J)】The 80th Anniversary of the Founding of All China Federation of Trade Unions(J) 有关中华全国总工会的知识,详见新版《中国集邮百科知识》J·109《中华全国总工会成立六十周年》。

2005年5月1日,正值国际劳动节之际,中华人民共和国国家邮政局发行了一套《中华全国总工会成立八十周年(J)》纪念邮票,全套1枚。黄华强设计。胶版。齿孔12度。邮局全张枚数10(5×2)。防伪方式有防伪纸张、防伪油墨、微缩文字、荧光喷码。辽宁省沈阳邮电印刷厂印制。

【中华全国总工会成立八十周年】2005—8·(1—1)J 面值80分,票幅规格30毫米×40毫米,发行量1350万枚。图案由阿拉伯数字"80"和齿轮与绶带组成。"80"代表中华全国总工会成立八十周年,正是这套邮票设计发行的主旨。"齿轮"是从我国国徽上借用的,它已经是"工"的象征性符号。在国徽上,"齿轮"的作

用是表示农工联盟中的"工",借用于这枚图案上,表示虽然时代发生了极大的变迁,工人阶级依然是国家的基础之一,中国工会依然是国家政权的重要社会支柱。"红色绶带"也是从我国国徽上借用而来。在国徽上,"红色绶带"张扬出了一种庄重;在这枚邮票图案上,设计者给"红色绶带"增添了活跃元素,使它成为一种纽带的形象,象征中华全国总工会是党联系职工群众的桥梁、纽带,这种纽带将"齿轮"与"80"紧紧相连,突出了中国工会在党的领导下走过的80年历程,中国工会将继续紧密依靠全国广大职工为实现全面小康社会的远大目标而奋斗。设计者将毛泽东同志的手书"中华全国总工会"7个字置于图案上方,不仅突出了画面主题,而且表达了中国共产党最高领导层对工人阶级的最高敬意和对中国工会寄予的最大期望。

2005—9 绘画作品
(中国—列支敦士登联合发行)(T)

【绘画作品(中国—列支敦士登联合发行)(T)】Paintings(Jointly Issued by China and Liechtenstein)(T) 有关"中国"名称的知识,详见本书1996—8《古代建筑(中圣联合发行)(T)》。列支敦士登是一个欧洲阿尔卑斯山中的国家。位于瑞士和奥地利之间。面积160平方公里。据1976年统计,人口2.4万,以日耳曼人为主,通用德语。居民大多信奉天主教。首都瓦杜兹。1719年建立列支敦士登公国。1806年~1814年加入莱茵联盟。1815年~1866年加入德意志联邦。1866年宣告独立,成为君主立宪国。在两次世界大战中都保持中立。1924年同瑞士订立关税同盟,关税、邮电由瑞士管理。国内不设常规军。采用瑞士货币。对外事务和在国外的利益由瑞士代表处理。财政收入主要靠发行邮票、旅游业和工业。工业有小规模的精密机械、仪器制造、纺织、陶瓷、木材加工、畜产品加工等。1960年9月14日,列支敦士登和我国建立正式外交关系。

2005年5月18日,为了增进我国和列支敦士登两国之间的友好关系,中华人民共和国国家邮政局和列支敦士登国家邮政部门联合发行了一套《绘画作品(中国—列支敦士登联合发行)(T)》特种邮票,全套2枚。李庆发设计。影写版。齿孔12.5度(左右两边居中各有一个椭圆形齿孔)。邮局全张枚数8(4×2)。防伪方式有防伪纸张、防伪油墨、异形齿孔、荧光喷码。北京邮票厂印制。

这套邮票的2枚图案,是根据中外两幅绘画作品的照片设计而成。从绘画种类和风格看,(2—1)采用的我国明代画家陈洪绶的"玉堂柱石图"属国画作品;(2—2)采用的列支敦士登画家博斯舍尔特的"壁龛花束图"属西洋油画作品。设计者根据两幅作品都是花卉古典绘画作品的这个共同特点,主要体现了古画的审美意境、悠久的历史文化、洗练的表现手法和饶有情趣的绘制内容。2枚邮票图案的底色、底纹装饰和整体风格都采用了古色古香的古典风格,再经过电脑处理,使2枚邮票的色彩既保持了古画原有的色泽及古朴的感觉,也达到了相互和谐统一。

【玉堂柱石图】2005—9·(2—1)T 面值80分,票幅规格30毫米×40毫米,发行量1290万枚。图案采用了我国明代画家陈洪绶的作品《玉堂柱石图》。原画尺

寸规格27.4厘米×30.2厘米，绢本册页，现藏北京故宫博物院。陈洪绶（1598—1652）字章侯，号老莲，幼名莲子，晚号悔迟。浙江省诸暨市枫桥镇人。擅长画人物，精工花鸟，兼能山水。他的绘画造诣颇高，与当时北方著名人物画家崔子忠齐名，有"南陈北崔"之称。他个性孤傲倔强，生活不拘礼法，人称"狂士"。他的花鸟、山水画构思新颖，设色浓丽，各臻妙境。他的人物画，构图简括，造型夸张，勾线劲挺，富有节奏感和装饰情趣。在色彩运用上，陈洪绶有自己的特点：淡彩、重彩相济并用，浓而不滞，淡而不薄，古雅单纯。尤其善用石青、石绿、朱砂、白粉等矿物质颜料，赋予作品一种装饰性。《玉堂柱石图》为其晚年作品，他顾及到了色之不可伤笔墨，而墨之不可浮在色上的原则，不仅达到了一种高度的敏感和很强的装饰性，而且画中线条勾勒细匀，工整中略带稚拙，具有较浓的木刻味道。原画右上角题款文字："玉堂柱石暨阳陈洪绶写"，标明了画题和画家。邮票图案上，右侧矗立着一块上尖下大、玲珑剔透的太湖石；一枝玉兰紧贴石块下部斜向左上挺拔而出，其枝端不仅有一朵盛开的玉兰花，还有两朵待放的花苞；左侧有一枝复瓣海棠从石块后边探身而出，一只蝴蝶在其怒放的花瓣上专注吸吮花汁儿，动静结合，栩栩如生，使一座小庭院中充满了浓浓的春意。

【壁龛花束图】2005—9·（2—2）T 面值80分，票幅规格30毫米×40毫米，发行量1165万枚。图案采用了列支敦士登画家博斯舍尔特（音译名）的作品《壁龛花束图》。博斯舍尔特（1573—1621）生于列支敦士登的安特维尔普。因宗教信仰原因，他不到20岁流亡荷兰，以创作静物花卉闻名，

是17世纪荷兰以"花与水果的宴席"完全投身于静物画的早期代表画家之一，对荷兰的静物画产生了巨大的影响。1621年在海牙去世。博斯舍尔特的静物画，不仅包含了各个季节盛开的花朵，展示出了最理想的花卉状态，犹如一部植物学的百科画卷，而且同其他早期静物画大师们一样，他的花卉作品还具有一种象征意义，只是藏而不露，需要读者去进行耐心的赏识罢了。从邮票图案看，壁龛四周是原画作品中绘制的墙壁部分，左上角的那只昆虫，即原画中所绘的一只芫菁（也称地胆）；右下角较大的那只昆虫是蝉；花瓶左侧落着一只小苍蝇；壁龛右边缘上方有一只蜘蛛……整个画面动静结合，充满了生机。

2005—10 大连海滨风光（T）

【大连海滨风光（T）】The Plage Scene of Dalian（T）

大连位于辽宁省辽东半岛最南端，东濒黄海，西临渤海，北依鞍山市，南与山东半岛隔海相望，与日本、韩国和俄罗斯远东地区相邻。大连地区人类活动历史悠久。早在19世纪，这里只是一个名叫"青泥洼"的小渔村。"大连"这一地名，原本是满语词汇中"嗒淋"一词的译音，其本意是"海滨"或"河岸"。1898年（清光绪二十四年）为帝俄强租时将"青泥洼"改称为"达里尼"，并沿用满语"海滨"作为该地区名称。日俄战争后为日本侵占，又借用汉语中"大连"2字来标注满语之音"嗒淋"，并流传至今。关于"大连"名称的由来，有三种解释：其一，日本侵占这个城市后，将"达里尼"音译过来便成了汉语中的"大连"2字；其二，大连人中大部分为山东移民，在山东有两种很流行的袋子叫褡裢，褡裢与大连同音；其三，大连近海有很多小岛，俯瞰就像用一条链子串起来一样，当地人称为链岛。1945年抗日战争胜利后收复，为全国最早解放的城市之一，同时设立大连市。新中国成立后，1950年改设旅大市。1953年3月12日～1954年7月31日期间，旅大市为中央直辖市。是东北地区著名的港口和工业城市之一，有造船、机械、化学、纺织、制盐和食品加工等工业。大连港水深港阔，冬不封冻，是我国外贸海港之一，也是我国重要渔业基地。1976年建有大连新港，可泊十万吨级大型油轮。1981年更名为大连市。1984年，我国政府批准大连为沿海开放城市，并赋予省级经济管理权限。大连以大海为背景，演绎出了海的美丽、浪漫与时尚，"绿山揽胜、海韵观日、城雕赏月、星海听涛、金石天工、塔观双海、黑山夕照、冰峪丹枫"为大连八景。

2005年5月21日，为了展现中华山川的壮美风貌，中华人民共和国国家邮政局发行了一套《大连海滨风光（T）》特种邮票，全套4枚。边饰摄影作者刘国良。邮票设计蒋智南，边饰设计郝旭东。影写版。齿孔13度（左右两边各有一个椭圆形齿孔）。邮局全张枚数8（4+4），横4枚连印，中间为过桥票。防伪方式有防伪纸张、防伪油墨、异形齿孔、荧光喷码。北京邮票厂印制。

这套邮票的4枚图案，采用水彩画技法，通过水与彩在纸上产生的莫测变幻，演绎出了大连海滨风光的精彩与神奇，给人一种身临其境之感，具有较强的艺术感

染力。

【大连海滨风光·老虎滩】2005—10·(4—1)T

面值80分,票幅规格50毫米×30毫米,发行量920万枚。图案描绘了大连海滨老虎滩的自然风光。老虎滩坐落在大连南部海滨风景区东端的中部,距大连市中心7.2公里,是一座海滨公园,因延伸于海上的山体形状像老虎卧于海滩以及老虎与美人鱼的传说闻名中外而得名。相传,曾有一只恶虎在这一带为非作歹,欺压百姓。有一个青年名叫"石操",他立志为民除害,与恶虎展开了生死搏斗,一剑劈开了恶虎的脑袋。结果,半个虎脑袋便成了那伸进海中一侧陡峭如削的半座山,而迸进海水里的几颗虎牙则化作了那座激起簇簇浪花的虎牙礁。老虎滩公园始建于1954年,1991年更名为虎滩乐园,2004年6月26日更名为大连老虎滩海洋公园。占地面积118万平方米,景区内有四千六百多米长的曲折海岸线,依山傍海,岸上黑松挺拔苍劲,滩边礁石散落,园内有老虎与美人鱼的石雕,有园林建筑百虎厅。景区内有天然形成的菱角湾、虎滩湾;2001年建成并对外开放的极地海洋动物馆,占地面积二万多平方米,独具特色;亚洲最大的珊瑚馆坐落园中,水下世界令人惊叹不已;还有国内最大的半自然状态的人工鸟笼之一的鸟语林,林内放养着孔雀、丹顶鹤、鹦鹉、画眉等八十多种、二千多只鸟禽。景区内著名的景点虎雕广场,以群虎雕塑为依托,采用国外造园艺术手法,一改广场圆形的概念,呈不规则状,给人一种新颖奇特的感觉。群虎雕塑由我国著名画家、雕塑家韩美林设计,6只下山猛虎形态各异,栩栩如生。

【大连海滨风光·棒棰岛】2005—10·(4—2)T

面值80分,票幅规格50毫米×30毫米,发行量920万枚。图案描绘了大连海滨棒棰岛的美丽风景。棒棰岛景区坐落于大连南部海滨风景区东南部,小岛东西长350米,南北最宽处200米,海拔53米。关于棒棰岛的名称,有一个美丽的传说:相传,玉皇大帝的后花园里有一株金棒棰花。这株花餐道风,饮仙露,五千年开花,五千年结果,五千年成熟。一天,突然一阵风吹来,将棒棰花果实吹落人间,化为一位美丽的姑娘,人称棒棰仙子。玉皇大帝得知后,立即将棒棰仙子召回天庭。棒棰仙子怀着对人间的美好回忆,将自己心爱的头针从空中投向人间,落在大海中变成了一座小岛。远远望去,这座小岛形似一根乡间农家妇女洗衣时捶衣服用的棒棰,故而得名。棒棰岛气候温和,冬无严寒,夏无酷暑,是理想的避暑胜地;南面是开阔的海域,举目望去,只见碧波荡漾,海光山色,相映生辉,远处的三山岛在云雾缭绕中如同仙境。

【大连海滨风光·金石滩】2005—10·(4—3)T

面值80分,票幅规格50毫米×30毫米,发行量920万枚。图案描绘了大连海滨金石滩的天然景色。金石滩原名"满家滩",位于辽东半岛南端、黄海沿岸、大连市区东北部,与大连经济技术开发区、大连保税区、大窑湾国际深水港紧密相邻,距市中心50公里。金石滩三面环海,由东部半岛、西部半岛及两个半岛之间的开阔腹地和海水浴场组成。位于金石滩东部半岛的绿色中心,面积约6.7平方公里,三面环海,海岸线长11.5公里,草地、树木等绿地植被覆盖了整个半岛,山海相映,风光美丽如画。据科学考察,六亿多年前的地壳变动,给金石滩的海岸留下了一种鬼斧神工的自然奇观,这里的礁岩,或似雄狮,或似恐龙,或似大鹏展翅,或似金犬吠天,形态各异,气势磅礴,景象万千,有"天然地质博物馆"之称。金石滩是一个山水相间、风景秀美的国家重点风景名胜区。1992年10月经国务院批准,金石滩成立了以接待海外游客为主的综合性国家旅游度假区。金石滩是北方最大的海滩,黄金海岸绵延4.5公里,宽100米~200米,可同时容纳10万人。邮票图案右下角海面上有一只小船,它那随着海涛起伏荡漾的姿态,有激情也有悠闲。

【大连海滨风光·旅顺口】2005—10·(4—4)T

面值80分,票幅规格50毫米×30毫米,发行量920万枚。图案描绘了大连海滨旅顺口的自然风景。旅顺口古称

"都里镇"、"狮子口",位于大连市西南部、辽东半岛最南端,濒临渤海、黄海,海岸线长,距大连市中心40公里,是扼守渤海的咽喉要道、京津的门户、东北的前哨,战略地位十分重要。旅顺口是久负盛名的旅游胜地,旅游资源丰厚,是国家级重点风景名胜区,也是大连市的一个行政区。旅顺口共分8大景区72景点,兼有自然景观与人文景观。素有"到大连不到旅顺等于没有真正到大连"和"旅顺一游,胜读半部近代史"之说。大量近代战争遗址构成了旅顺口人文景观的主体。如坐落于旧市区北部东鸡冠山的北堡垒,它是日俄战争中俄军陆地防线东部主要堡垒之一。堡垒是五边形,周围是宽6米、深10米的护垒壕。该堡垒1904年12月18日曾被日军占领。近年来还先后开辟了"二龙山堡垒"、"二○三高地"、"电岩炮台"、"苏军烈士墓"、"旅顺日俄战争陈列馆"、"水师营会见所"等新的战争遗址景点。该区传统的旅游景点是"两山一塔",即白玉山、东鸡冠山和白玉山塔。旅顺海岸公园位于旅顺港北岸白玉山景区南部,园中心有一块精选于老铁山中的天然巨石,重达1吨,镌刻着"旅顺口"3字。园中西端有一尊巨大铜雕《醒狮》,象征古老狮子口的新生,也为旅顺口的迷人传说增添了神奇色彩。坐落于波涛滚滚的渤海之中的蛇岛,是旅顺一奇。岛上蛇的数量虽然十分可观,但令人称奇的是蛇的种类却只有一种,即黑眉蝮蛇。近年来建成的旅顺蛇博物馆,是亚洲最大的蛇展馆,系统地向游客介绍了蛇的知识和作用。始建于1917年的旅顺博物馆,是一所综合性历史艺术博物馆,馆内陈列着"大连古代文明",记载着从远古到清朝时期的历史与发展。大连市的塔几乎全都集中在旅顺,如苏军烈士纪念塔、中苏友谊塔、旅顺解放塔、旅顺胜利塔、老铁山灯塔……

2005—11 复旦大学建校一百周年(J)

【复旦大学建校一百周年(J)】The Centenary of Fudan University(J) 复旦大学是一所文理科综合大学。校址在上海市江湾区,占地面积约二百六十多万平方米,校舍建筑面积约一百一十多万平方米。复旦大学最早可追溯到它的前身"震旦学院",1903年由中国近代著名的天主教学者、政治活动家和教育家马相伯(1840—1939)创办。光绪三十一年(公元1905年),因震旦学院的外籍教师(天主教耶稣会教士兼任)攘夺学院的管理权,学院的爱国师生抵制帝国的文化侵略纷纷离开。不久,离校师生推举叶仲裕、于右任、邵力子、王侃叔、农步洲、张轶欧、叶藻庭7人为干事,商议复学办法。马相伯邀集热心教育事业的严复、张謇、熊希龄、曾少卿、萨镇冰、袁希涛、叶景葵、狄葆贤等28人为校董,募集复校基金,脱离教会控制。校名确定为"复旦"2字,是马相伯先生采纳了于右任的建议,从《尚书大传·虞夏传》记载的舜吟唱的《卿云歌》歌词"日月光华,旦复旦兮"名句中撷取出来的,既暗含不忘震旦之旧,自强不息,也寓意恢复中华,寄托了当时中国知识分子自主办学、教育强国的殷切希望。1905年农历五月二十七日,原震旦学院外籍教士,盗用"震旦"名义,在《时报》上刊登广告,声称要在七八月份开始招生。震旦学院退学师生事先获此信息,果断地于同日也在《时报》上刊登了一则《震旦学院全体干事中国教员全体学生公白》:"震旦解散后,除添建之校舍移赠教会作为酬谢外,凡公备一应器具暨书籍标本早经迁出,毫无纠葛。现暂借吴淞提辕,定于七月下旬开学,更名为复旦公学。日时院名,久已消灭,此后倘有就旧基重行建设者,无论袭用旧名与否,与旧时震旦丝毫无关,特此敬白。"自此,"复旦"之名创立,马相伯成为复旦大学的创始人。复旦大学历经了百年的沧桑历程和悠久历史。1917年,复旦公学改名为私立复旦大学,设有文、理、商三科及预科和中学部。1937年抗日战争爆发后,学校迁至四川重庆北碚,并于1941年改为"国立"。1946年,学校又迁回上海江湾原址。至1949年,复旦大学已设立文、理、法、商、农五院二十多个系科。鲁迅、郭沫若、邹韬奋、老舍、竺可桢、马寅初等著名学者曾到校演讲或任教。20世纪80年代以后,通过国家教育部和上海市共同建设 尤其是经过"七五"、"八五"和"九五"的重点建设,复旦大学已逐渐发展成为一所人文科学、社会科学、自然科学、技术科学及管理科学在内的多学科研究型综合大学。学校现有学生近四万五千多人,有人文学院、外文学院、新闻学院、法学院、经济学院等17个全日制学院,含有69个系,73个本科专业,7个教育部文科重点研究基地,9个国家基础科学研究和教学人才培养基地,设有25个博士后科研流动站,有40个学科被国家教育部批准为国家重点学科,居全国第三位。学校有各类实验室一百三十多个,拥有文理医3个图书馆,均居全国高校前列。复旦大学建校以来共培养各类毕业生十八万多名,其中有一大批学术大师和著名学者曾经在国内外享有盛誉,为国家的建设事业做出了卓越贡献。复旦大学的校风是"文明、健康、团结、奋发",学风是"刻苦、严谨、求实、创新"。"博学而笃志,切问而近思"是复旦大学的校训,其出自《论语·子夏》。"博学而笃志"讲做人,要求学生要有广博的知识,做人和做学问都要立志,而且要志向专一,不能朝秦暮楚、见利忘义,要坚忍不拔、奋斗到底;"切问而近思"讲做学问,要求学生不仅要经常问,问得中肯,而且要把问题放在脑子里经常思考。复旦大学校训由1931年出任校长的李登辉(非台湾省的李登辉)先生确定并亲笔写,已成为复旦学生的座右铭。当今的复旦大学,学科门类更为齐全,综合实力更加强大。

2005年5月27日,正值复旦大学建校一百周年之际,中华人民共和国国家邮政局发行了一套《复旦大学建校一百周年(J)》纪念邮票,全套1枚。吴勇设计。胶雕套印(压凸印制)。齿孔12度。邮局全张枚数10(4×3有2枚边饰)。防伪方式有防伪纸张、防伪油墨、荧光喷码。河南省邮电印刷厂印制。

【复旦大学建校一百周年】2005—11·(1—1)J

面值80分,票幅规格40毫米×30毫米,发行量1430万枚。图案以简练的风格凸显了"日月光华,旦复旦兮"的复旦精神,以形象的图形"100"揭示了纪念复旦大学建校一百周年的画题。其中的阿拉伯数字"100"由三个部分组成:"1"似条幅般撰写了"日月光华,旦复旦兮"的校名出处,点题之笔,主题鲜明。第一个"0"用似海浪又似印章的手法承载了复旦校徽图形,"博学而笃志,切问而近思"和"1905年",字迹清晰,校训依存。第二个"0"是复旦大学百年校庆徽标图形,表现了校庆的主题和纪念意义。复旦大学百年校庆标志整体以天圆地方之构架,喻示复旦融天地之气,博大精深;主体沿用复旦大学学校标志中心篆体"复旦"文字,昭示悠悠历史、世代传承,又给复旦人以亲切感;标志将蕴涵在篆体"复旦"中的"100"字样,特别用红色渲染,凸现出百年庆典的特殊含义和喜庆,中心构图又似"旦复旦兮";标志整体基调为蓝色,象征大海,象征复旦地处东海之滨上海,也象征复旦宽广、包容的胸怀和气度。英文"FUDAN UNIVERSITY"校名表明复旦大学国际化的意向,数字"1905—2005"表示一百年的沧桑历程。标志整体稳重、深厚、大气、喜庆。这枚邮票图案的整体设计主题简练明确,色彩采用雅致而华丽的驼色、藏蓝和金色显现出上海的地域特点,设计精湛的印刷工艺又呈现了简中有繁、精致耐看的品质特色,也隐喻了复旦大学严谨治学的教学理念。

2005—12 安徒生童话(T)

【安徒生童话(T)】Andersen's Fairy Tales(T)
童话是儿童文学的重要体裁,是一种具有浓厚幻想色彩的虚构故事,多采用夸张、拟人、象征等表现手法去编织奇异的情节。幻想是童话的基本特征,也是童话反映生活的特殊艺术手段。童话主要描绘虚拟的事物和境界,出现于其中的"人物"是并非真有的假想形象,所讲述的故事,也是不可能发生的。但是童话中的种种幻想,都植根于现实,是生活的一种折光。童话创作一般运用夸张和拟人化手法,并遵循一定的事理逻辑去开展离奇的情节,造成浓烈的幻想氛围以及超越时空制约、亦虚亦实、似幻犹真的境界。此外,童话也常常采用象征手法塑造幻想形象以影射、概括现实生活中的人事关系。从发展过程看,童话创作(特别是古典童话故事)来自于民间流传的口头创作。几乎没有哪个儿童是不喜欢听故事的,因此,哪里有儿童,那里就有童话,而且这些童话故事一般都是姥姥、奶奶、妈妈或阿姨们讲述给孩子们听的。随着社会的不断发展变化,特别是有了资产阶级标榜的"自由"、"民主"后,有人开始把讲给儿童们听的一些民间口头创作记录下来,当然也会做些加工,成为文学创作,这便是现在称为的"童话"或儿童文学。正因为这种渊源关系,许多童话故事都具有民间的许多特点,如故事简单朴素,生动活泼,充满民间的风趣和幽默感。但更重要的是,它们都表现出一定的人民思想感情,而且表现方式还相当巧妙,可以逃避封建统治阶级的注意和迫害。作者把许多想说而不敢说的话,都通过动物、妖精、仙女或草、木、虫、鱼说出来。这就成为后来童话写作的一种很普通的方式。我们不要认为这些东西"怪诞",它们事实上是反映一定的生活现实,有时甚至还是很尖锐呢! 在这些以民间口头创作为基础的古典儿童文学作品中,17世纪法国的沙·贝洛尔的作品艺术性比较强;18世纪德国的格林兄弟的作品则比较朴素,且更接近原来的民间故事,而没有太大的渲染。19世纪,童话作家向前迈了一步,不再只停留于复述已有的民间故事,而开始独立创作童话。在这一点上,丹麦童话作家安徒生的出现具有很重要的意义。汉斯·克里斯蒂安·安徒生(Hans Christian Andersen,1805－1875),1805年4月2日生于丹麦欧登塞小镇一个贫苦鞋匠家庭。早年在慈善学校读过书,当过学徒工。他自幼酷爱文学,为追求艺术,在14岁时只身离家来到首都哥本哈根。经过多年奋斗,其才华在诗剧《阿尔夫索尔》中崭露,因此被皇家艺术剧院送进斯拉格尔塞文法学校和赫尔辛欧学校免费就读。1828年,他进入哥本哈根大学学习。毕业后,安徒生始终无工作,主要靠稿费维持生活。1838年,安徒生获得作家奖金,国家每年拨给他200元非公职津贴。安徒生终生未成家。1875年病逝。1822年,安徒生开始进行文学创作,早期主要写作诗歌和剧本。进入大学后,安徒生的创作日趋成熟。曾发表游记和歌舞喜剧,出版诗集和诗剧。1833 年出版的长篇小说《即兴诗人》,是他成人文学的代表作。1835 年,安徒生出版《讲给孩子们听的故事》,此后数年,每年圣诞节都出版一本这样的童话集,直到 1872 年因患病才逐渐搁笔。安徒生出现的意义,不在于他不再是复述已有的民间故事,而在于,用他自己的话说:"我用我的一切感情和思想来写童话,但是我也没有忘记成年人。当我写一个讲给孩子们听的故事的时候,我永远记住他们的父母也在旁边听,因此我也得给他们写一点东西,让他们想想。"安徒生公开提出自己写童话具有明确的教育目的。他还说:"我现在爱好艺术(即写童话)是因为艺术具有一个崇高的使命。"所谓崇高使命,即写童话不只是为了要教育孩子,还要教育孩子的父母。安徒生的童话不仅继承了民间创作和他前辈童话作家的许多优点,故事生动活泼,语言具有浓厚的民间风味和幽默感,而且又有发展,在童话中注入了浓重的诗情和丰富的想象,使他的作品读起来像诗。据有关资料介绍,1919 年刊载在《新青年》上的《卖火柴的小女孩》,是第一篇介绍到中国来的安徒生童话,由周作人翻译。1949 年,叶君健翻译了 164 篇安徒生童话,他是第一位向中国读者全面介绍安徒生童话的人。据统计,截止到 2004 年,我国共有 29 家出版社推出了 159 个版本的安徒生童话作品,发行量约 700 万册。1995 年,林桦先生历时 3 年,终于第一次从丹麦文完整翻译了安徒生童话。2005 年 1 月,任溶溶先生翻译的《安徒生童话全集》,由浙江少年儿童出版社出版。2005 年,纪念安徒生诞辰 200 周年的"汉斯·克里斯蒂安·安徒生 2005"活动由丹麦政府、安徒生的故乡欧登塞市政府、FYN 郡以及 Bikuben 基金会共同主办,在世界范围内举行。该活动的目标是致力于介绍安徒生的人生经历和著述,既让世界上更多的人对这位文学家有更细致的了解,也激励当代艺术家们创作出更高品质的作品。1956 年,国际儿童图书评议会(IBBY)创设了国际安徒生文学大奖(Hans Christian Andersen Award),又称"汉斯·克里斯蒂安·安徒生奖",由丹麦女王玛格丽特二世赞助,有"小诺贝尔奖"之称。该奖项由 IBBY 提名,再经由儿童文学专家组成国际评委会选出这个奖。每两年一次授予一名作家和一名插图画家(始于 1966 年),获奖者会获得金质奖章和证书,以表彰他们为儿童文学做出的持久贡献。

2005 年 6 月 1 日,正值"六一"国际儿童节之际,为了纪念安徒生诞辰 200 周年,中华人民共和国国家邮政局发行了一套《安徒生童话(T)》特种邮票,全套 5 枚。邮票设计熊亮,边饰设计王虎鸣。影写版。齿孔 13.5 度(左右两边居中各有一个椭圆形齿孔)。邮局全张枚数 10(5×2),横 5 枚连印。防伪方式有防伪纸张、防伪油墨、异形齿孔、荧光喷码。北京邮票厂印制。

这套邮票的 5 枚图案,选用了叶君健翻译的 5 篇安徒生童话《皇帝的新装》、《海的女儿》、《拇指姑娘》、《卖火柴的小女孩》、《丑小鸭》中的 5 个精彩情节,准确把握住了原作深刻的思想和哲理蕴含。设计者采用了素描加水彩画的创作方式,也借鉴了一些丹麦的民族画法,最后运用电脑进行处理,准确而生动地展现出了安徒生童话的艺术境界。每枚图案的左下角标有"安徒生童话"字样,点明了画题。

【皇帝的新装】2005—12·(5—1)T　面值 60 分,票幅规格 33 毫米×44 毫米,发行量 1200 万枚。图案描绘了安徒生童话《皇帝的新装》中的一个情节。《皇帝的新装》是安徒生童话中最早与中国读者见面的作品。其故事梗概为:很早以前,有一位非常喜欢好看衣服的皇帝。他不惜用所有的钱缝制漂亮的衣服,几乎每一天每一点

钟都要换一套新衣服。一天,两个自称是织工的骗子告诉皇帝,他们可以织出人类所能想象到的最美丽的布,这种布不仅色彩和图案美观,而且缝出的衣服具有一种奇怪的特性:任何不称职的或者愚蠢得不可救药的人,都看不见这件衣服。皇帝相信这真是理想的衣服,既可以借此辨别出哪些官员不称职,还能分辨出聪明人和傻子。于是,他付了许多现款给两个骗子,让他们马上开始工作。两个骗子摆出两架织布机,把要来的生丝和金子装进自己的腰包,只在空织布机上假装忙碌着。当皇帝先后派了两个大臣去了解布料织造的进展情况时,尽管两个大臣明明看清楚了织机上连一点布料的影子也没有,但他们为了不被认为是愚蠢的人,便望着空织布机称赞布料美妙极了,并向皇帝进行了汇报。于是,两个骗子又从皇帝手里得到了许多的钱。甚至城里所有的人都在谈论着这美丽的布料,都渴望借此机会测试邻人究竟有多笨或多傻。皇帝亲自去看布料时,他虽然什么也没有看见,但怕人们说他蠢,说他不够资格做皇帝,便连声称赞布料美极了。自然,皇帝的随员们也都随声附和说美极了,并建议皇帝用这种布料做成衣服,穿着这衣服去参加游行大典。皇帝大喜,赐给骗子每人一个爵士头衔和一枚可以挂在扣眼上的勋章,封他们为"御聘织师"。游行大典举行前,皇帝带着一群最高贵的骑

士们亲自来穿新衣服了。两个骗子让皇帝把身上的衣服脱光,然后在一个大镜子前穿上新衣。皇帝在镜子面前转了转身子,扭了扭腰肢,表现得十分满意。就这样,皇帝赤身裸体,在那个富丽的华盖下参加游行了。站在街上和窗子里的人都说:"乖乖!皇上的新衣真是漂亮!"因为谁也不想被看成一个愚蠢的人。"可是他什么衣服都没有穿呀!"一个小孩子突然叫了出来。多么天真的声音呀!最后,所有的老百姓都说皇帝实在没有穿什么衣服。皇帝也有点儿发抖,但他摆出一副更加骄傲的神气,坚持把游行大典举行完毕。这篇童话带有很强的讽刺性,它揭露了以皇帝为首的统治阶级的虚荣、铺张浪费和愚蠢,也赞美了孩子们天真的声音,从中可以看出安徒生对社会的深刻观察。邮票图案夸张了皇帝的造型,肥胖,赤身裸体,颜色上也与周围人物形成强烈反差,突出了他的愚蠢与傲慢;众多围观的人物,透过形态各异的表情和动作,表现出了整个社会复杂矛盾的认知心理;而那个站在皇帝与围观者之间的小孩子,他的身躯小,既没有皇帝粗壮,也没有众人高大,但他敢于伸手指点着皇帝,自然地说出皇帝"什么衣服都没有穿",这句话犹如一道闪电划破了阴霾的人类社会,犹如一声惊雷,震撼着混沌的成人世界,生动、诙谐地揭示出了童话的深刻内涵,发人深省!

【海的女儿】2005—12·(5—2)T 面值80分,票幅规格33毫米×44毫米,发行量1200万枚。图案描绘了安徒生童话《海的女儿》中的一个情节。《海的女儿》讲述了美丽的小人鱼为了追求心中向往的爱情,历经磨难,最终化为海上泡沫的凄美故事。其故事梗概为:海里最深的地方有一座富丽堂皇的宫殿,住在宫殿里的海王有

一位老母亲和6个美丽漂亮的女儿。而在这6个小海公主中,那个顶小的又要算最美丽的了。她的皮肤又光又嫩,像玫瑰的花瓣;她的眼睛是蔚蓝色的,像最深的湖水。不过,跟其他的公主一样,她没有腿;她的下半截身子是一条鱼尾。这位小公主是一个古怪的孩子,不大爱讲话,她只愿意拥有一个美丽的大理石男孩石像,它是用一块洁白的石头雕出来的,是跟一条遭难的船一同沉到海底的;她最愉快的事情是听老祖母讲人间世界的故事。按照老祖母的规定,6个小海公主满了15岁,才会被允许浮到海面上去,观看自己感兴趣的东西。日转星移,当最小的小海公主满15岁时,老祖母在她的头发上戴上一个百合花编的花环,而且这花的每一个花瓣是半颗珍珠;老祖母还叫8个大牡蛎紧紧贴在她的尾巴上,表示出这位小公主的高贵身份。于是她轻盈和明朗得像一个水泡似的冒出了水面。当她把头伸出海面的时候,太阳已经下落了。她发现一艘有三根桅杆的大船停在平静的海面上。空中有音乐,也有歌声。小人鱼一直向船舱的窗口游去。透过像镜子一样发亮的窗玻璃,她看见里面站着许多服装华丽的男人,而其中最美的是那个有一对大黑眼珠的王子:他的年纪无疑只不过16岁;今天是他的生日,正因为这个缘故,今天才显得这样热闹。水手们在甲板上跳着舞。王子走出来时,天空中顿时绽放出光辉灿烂的焰火。不料,深夜时海上出现了大风暴,王子的船被撕裂,向海的深处下沉。小人鱼毫不犹豫地赶上去,把王子的头托出水面,让浪涛带着她和他一起,随便漂流到什么地方去。小人鱼带着王子向一个教堂或者修道院的建筑游去,把他放在有着温暖阳光的海滩上。钟声从那幢雄伟的白色建筑物中响起来了,有许多年轻女子穿过花园走出来,其中一个年轻女子发现了王子。王子渐渐苏醒过来了,并且露出了笑容。王子一点也不知道救他的人是小人鱼。所以没有对她露出笑的表情。小人鱼非常难过,因此当王子被抬进那幢高大的房子里去时,她就悲哀地跳进海里,回到父亲的宫殿里去了。小人鱼本来一直是一个沉静和有思虑的孩子,有好多晚上和早晨,她都浮出水面,向她曾经放下王子的地方游去,可惜没有看到那个王子。最后,在姐姐们的帮助下,小人鱼找到了王子居住的宫殿。几个黄昏和黑夜,她都一直游到那个壮丽的大理石阳台下,瞧着年轻的王子,而王子却以为月光中只有他一个人呢。小公主渐渐开始爱起人类来,渐渐开始盼望能够生活在他们中间了。当小人鱼向老祖母请教有关人类的知识时,老祖母告诉她说:"只有当一个人爱你,把你当作比他父母还要亲的人的时候;只有当他把他全部的思想和爱情都放在你身上的时候;只有当他让牧师把他的右手放在你的手里,答应现在和将来永远对你忠诚的时候,他的灵魂才会转移到你的身上,你才会得到一份人类的快乐。他会给你一个灵魂,同时又使他自己的灵魂保持不灭。但这类事情是永远不会有的!"为了追求自己向往的爱情和获得一个不灭的灵魂,小人鱼去拜访了海的巫婆。小人鱼以自己的声音为酬谢,得到了巫婆提供的一副贵重药品。巫婆告诉小人鱼,服下这副药,她的尾巴就可以分作两半,收缩成为人类所谓的漂亮的腿,但每走一个步子将会觉得好像是在尖刀上行走,好像浑身的血在向外流。巫婆还警告小人鱼,她一旦获得人的形体,就再也不能变成鱼了;假如她得不到那个王子的爱

情,不仅得不到一个不灭的灵魂,而且会在王子跟别人结婚后的头一天早晨,她的心就会碎裂,就会变成水上的泡沫。小人鱼接受了巫婆的条件,舌头被割掉了,变成了一个哑巴,既不能唱歌,也不能说话。就这样,小人鱼庄严地走上王子宫殿的大理石台阶,喝下巫婆给的那副强烈的药剂,顿时觉得有一把快刀劈开了自己纤细的身体,昏倒过去了。当她醒来时,发现王子就站在面前,自己的尾巴已经没有,却获得了一双最美丽的白腿。王子挽着她的手,把她领进宫殿里去。正如巫婆讲的一样,她觉得每一步都像在锥子和利刃上行走。在王子的宫殿里,每当夜里大家都睡了以后,小人鱼就走到台阶上,把自己的那双发烧的脚放进寒冷的海水里,好得到一点清凉。王子一天比一天爱小人鱼,但他从来没有想到要把她娶为王后。王子快要结婚了,他的妻子就是邻国国王的女儿。王子乘船到了邻国,见到了公主,兴奋地说:"当我像一具死尸似的躺在岸上的时候,救活我的就是你!"于是他把这位羞答答的新娘紧紧抱在自己的怀里。小人鱼觉得自己的心在碎裂,因为她知道,王子举行婚礼后的头一个早晨就会带给她毁灭,自己就会变成海上的泡沫。王子结婚的那个晚上,小人鱼的姐姐们用头发从海巫婆那儿换来一把刀子。她们对妹妹说,在太阳没有出来之前,你只要把刀子刺进那个王子的心里,当他的热血流到你的脚上,你的双脚就会又连在一起,成为一条尾巴,你会恢复人鱼的原形,可以重新回到海水里,而且还可以活过三百年的岁月。小人鱼掀开船中央皇家帐篷上紫色的帘子,看见那位美丽的新嫁娘,把头枕在王子的怀里睡着了。刀子在小人鱼的手里发抖,突然,她把刀子远远地向浪花里扔去。刀子沉下去的地方,浪花就发出一道红光,好像有许多血滴溅出了水面。她又再一次把自己迷糊的视线朝王子望了一眼,然后就从船上跳到海里,她觉得自己的身躯在融化成泡沫。太阳从海里升起来了,阳光柔和地、温暖地照在冰冷的泡沫上,因此小人鱼并没有感觉到灭亡。她看到光明的太阳,看到她上面飞着无数透明的、美丽的生物。透过它们——她可以看到船上的白帆和天空的彩云。邮票图案以金碧辉煌的宫殿为背景,描绘了小人鱼想象着自己实现美好爱情和获得一个不灭灵魂时的神态,从构图与颜色的使用,都营造出了一种梦幻般的感觉,活泼而生动地渲染出了小主人公的美好愿望。

【拇指姑娘】2005—12·(5—3)T 面值80分,票幅规格33毫米×44毫米,发行量1200万枚。图案描绘了安徒生童话《拇指姑娘》中的一个情节。《拇指姑娘》是安徒生童话中最受儿童喜爱的作品之一,它描写了一个美丽的拇指大小的小女孩,不幸在熟睡时被丑陋的癞

蛤蟆抢走,历经种种磨难,最终由曾经被她救过的燕子搭救,来到适合她生活的世界,嫁给了心爱的王子,开始了幸福生活。其故事梗概为:从前有一个女人,她非常想有一个丁点小的孩子。一个巫婆收了她三个银币,指点她把一颗大麦粒埋在一个花盆里。大麦粒很快长出一朵郁金香,绿色的雌蕊上坐着一位娇小的姑娘,白嫩,可爱,身长没有拇指的一半,人们都叫她拇指姑娘。拇指姑娘的摇篮是一个光得发亮的漂亮胡桃壳,垫子是蓝色紫罗兰的花瓣,被单是玫瑰的花瓣。一天晚上,拇指姑娘睡觉时,被一个难看的癞蛤蟆抢走,要给他的儿子做媳妇。拇指姑娘清晨醒来,伤心地哭了。她不愿意嫁给癞蛤蟆的儿子,但她被放在叶子宽大的绿色睡莲上,没有办法回到陆地上。在水里游着的一些小鱼不满意癞蛤蟆的行为,它们用牙齿咬断睡莲叶梗,让叶子带着拇指姑娘顺水漂走了。拇指姑娘漂到了外国,一只白蝴蝶落到叶子上,她便解下自己的腰带,把一端系在蝴蝶的身上,把另一端牢牢地系在叶子上,叶子很快在水上漂走了。这时,有一只很大的金龟子突然用爪子抓住她,把她带着飞进树林去了。整个夏天,拇指姑娘只能可怜地住在树林里。寒冷的冬天来了,拇指姑娘冻得发抖。她两天没有吃饭,来到田鼠的门口,请求他们施舍一颗大麦粒。好心肠的老田鼠留拇指姑娘住下,并介绍她与鼹鼠相识。鼹鼠爱上了拇指姑娘,他从自己房子里挖了一条长长的地道,通到田鼠家,请两位小姐到地道里散步。在地道里,拇指姑娘发现了一只死了的燕子。这天晚上,拇指姑娘一刻也睡不着,她用草编了一张宽大的、美丽的毯子,把燕子的全身盖住。当她把头贴在燕子胸膛上时,惊讶地发现燕子的心脏在跳动,他只是被冻得失去了知觉罢了。现在得到了温暖,他活转来了。拇指姑娘把从田鼠房间里寻到的一些软棉花紧紧裹在燕子身上,又把自己常常当作被子的那张薄荷叶覆在燕子的头上。第二天夜里,燕子已经活过来了。拇指姑娘用花瓣盛着水送给燕子喝;燕子告诉她,自己的一只翅膀在一棵多刺的灌木上擦伤,不幸才落到地上。燕子在这儿住了一个冬天,得到了拇指姑娘很好的照顾。当春天燕子要飞走时,想带拇指姑娘一起离去,却被她拒绝了,因为她怕田鼠伤心。又是一个秋天来临了,拇指姑娘要和鼹鼠结婚,只能深深地住在地底下,永远不能再到温暖的太阳光中去了。就在拇指姑娘非常难过,正在和光明

的太阳告别时,那只小燕子飞过来了!小燕子为了报答救命之恩,再一次表达想带拇指姑娘走,好离开丑陋的鼹鼠。拇指姑娘毅然坐在小燕子背上,最后来到了一个温暖的国度,也是小燕子的家。小燕子把拇指姑娘放在一棵最美丽的白色鲜花的宽阔花瓣上。拇指姑娘惊奇地发现,在那朵花的中央坐着一个小小的男子,他是那么白皙和透明,好像他是玻璃做成似的。他就是花中的安琪儿。这位花世界的小小王子见到拇指姑娘,非常高兴地取下头上的王冠,把它戴在她的头上,请求她做自己的妻子,做一切花儿的皇后!拇指姑娘欣然同意,从此开始了幸福的生活!邮票图案以美丽绽放的鲜花为背景,描绘出了拇指姑娘睡在胡桃壳摇篮里的神态,小巧精致,善良可爱!

【卖火柴的小女孩】2005—12·(5—4)T 面值80

分,票幅规格33毫米×44毫米,发行量1200万枚。图案描绘了安徒生童话《卖火柴的小女孩》中的一个情节。《卖火柴的小女孩》讲述了除夕夜一个穷苦的卖火柴的小女孩冻死在墙角的故事,揭示了社会的贫富对立,表现出追求人与人之间平等的人道主义思想。其故事梗概为:新年前夕,夜幕垂下,天下着雪,天气冷得可怕。有一个穷苦的小女孩,光头赤脚走在街上,一双脚已经冻得又红又青。她的旧围裙里兜着许多火柴,手中也拿着一束火柴。可这一整天,小女孩没有卖出一根火柴,没有赚到一个铜板。她又饿又冷,哆嗦着走到两座房子构成的一个墙角坐下来,缩作一团。她不敢回家,不仅怕父亲打,而且家里也很冷。小姑娘的一双小手几乎冻僵了。哧!她终于擦燃了一根火柴。当小女孩望着活像一根根小小蜡烛的火焰时,她觉得自己真像坐在一个有发亮的黄铜炉挡和炉身的铁火炉面前一样,那么温暖,那么美好!就在小女孩刚刚伸出她的脚想暖一下时,火焰忽然熄灭了。小女孩又擦燃了一根火柴,她仿佛看到一房间里的东西:桌上铺着雪白的台布,上面放着精致的盘碗,还有填满了梅子和苹果的、冒着香气的烤鹅,而且这只鹅正在向她走来。这时火柴熄灭了。小女孩又擦燃了一根火柴,这次她是坐在美丽的圣诞树下:树的绿枝上燃着几千只蜡烛,一些跟挂在商店橱窗里一样美丽的彩色图画在向她眨眼。小女孩把她的两只手伸过去,火柴熄灭了。圣诞树的烛光却越升越高,而且变成了一些明亮的星星,其中一颗星星落下来,在天上划出一道长长的红线。天上落下一颗星,地上就有一个灵魂升到上帝那儿去。小女孩想起了唯一待她好的老祖母的话。她在墙上又擦燃了一根火柴。在亮光中老祖母出现了,那么光明,那么温柔,那么和蔼。小女孩害怕老祖母会像那个温暖的火炉,那只美丽的烤鹅,那棵幸福的圣诞树一样消失,她急忙把整束火柴中剩下的那些都擦亮了。这些火柴发出强烈的光芒,照得比白天还要明亮。显得特别美丽和高大的老祖母,把小女孩抱起来,搂在怀里。她们祖孙在光明和快乐中飞走了,越飞越高,飞向既没有寒冷,也没有饥饿,也没有忧愁的地方去了。不过,在一个寒冷的清晨,当新年的太阳升起来时,照着的却是她小小的尸体,她已经在旧年的除夕冻死了。邮票图案以灯光明亮的高楼、燃着蜡烛的圣诞树和星星闪烁的夜空为背景,描绘出了卖火柴小女孩的悲惨情态:她跪坐在一个阴冷的墙角下,手中捏着火柴,透过微弱的一点亮光,憧憬着自己理想的生活,那么虚幻,那么遥不可及,让人心酸!

【丑小鸭】2005—12·(5—5)T 面值80分,票幅

规格33毫米×44毫米,发行量1200万枚。图案描绘了安徒生童话《丑小鸭》中的一个情节。《丑小鸭》是安徒生的代表作,也被认为是安徒生的自传,借"丑小鸭"描绘了自己童年和青年时代苦难经历,对美的追求和向往,以及通过重重苦难后在艺术创作上取得的成就和精神上的安慰。其故事梗概为:一个夏天,在森林里的一个很深的池塘里,有一只母鸭正在辛苦地孵小鸭。鸭蛋一个接着一个裂开,一只只小鸭出世了。可其中有一只最大的蛋,却躺在那儿没有动静。这只蛋曾被一只邻居老母鸭误认为是吐绶鸡的蛋,建议鸭妈妈放弃。善良的鸭妈妈还是坚持孵了很久的时间,这只大蛋终于裂开了,但新生的小鸭又大又丑!为了让自己的孩子见到广大的世界,鸭妈妈把他们送进了一家养鸭场。在养鸭场的头一天,这只最后从蛋壳里爬出来的小鸭,就因为长得丑陋,他处处挨啄,被排挤,被嘲笑,不仅在鸭群中是如此,连在鸡群中也是这样,成了全体鸡鸭的一个嘲笑对象。后来一天比一天更糟,鸭儿们啄他,小鸡们打他,就连喂鸡鸭的那个女佣人也用脚踢他。于是他飞过篱笆逃走了。在一块沼泽里,丑小鸭碰到有人在大规模地打猎。又是因为他丑,连猎犬也没有把他抓走。天黑以后,丑小鸭逃到了一个简陋的农家小屋。屋子里住着一个老太婆

和她的猫儿以及母鸡。在这个家里，猫儿是绅士，母鸡是太太，他们一开口说就："我们和这世界!"而丑小鸭是一只小公鸭，不会下蛋，便不允许他发表自己的意见。他坐在一个墙角里，心情非常不好。这时他想起了新鲜空气和阳光，感觉自己有一种奇怪的渴望，想到水上去游泳。他被看成发疯了! 丑小鸭坚持认为还是走到广大的世界里去好，于是便离开了这一间温暖的屋子，走了。他在水上游，钻进水里去，但因为他太丑陋，所有的动物都瞧不起他。秋天来了，天气很冷。一天晚上，正当美丽的太阳下落的时候，有一群漂亮的巨鸟从灌木林里飞出来，这是一群天鹅。天鹅发出一种奇异的叫声，展着美丽的长翅膀，向温暖的国度飞去，飞得非常高。丑小鸭不禁感到一种说不出的兴奋。他在水上像车轮那样不停地旋转着，同时把自己的颈高高地向他们伸着，发出一种那么奇异、那么响亮的叫声，连自己也害怕起来。丑小鸭并不嫉妒天鹅，他只要别的鸭儿准许他跟他们生活在一起就很满意了。冬天的天气更冷，丑小鸭不得不在水上游来游去，好使水面不至于完全冻结成冰，但最后他终于昏倒了，跟冰块冻结在了一起。大清早，有一个农人把丑小鸭救回了家，他恢复了知觉。孩子们都想跟他玩，不过丑小鸭以为他们想要伤害他，就跳到牛奶盘里，飞到黄油盆里，又飞进面粉桶，最后才爬出来。小孩子们想抓住他，女主人拿着火钳要打他。幸好大门敞开着，丑小鸭便钻到灌木林中新下的雪里去，又遭受了严冬中所有的困苦和灾难。又是一个美丽的春天，丑小鸭躺在沼泽的芦苇里，忽然间，他举起翅膀，翅膀拍起来比以前有力得多，马上把他托起来飞走了。他飞到一座大花园里，又见到了那三只美丽的白天鹅，不禁产生了一种忧郁感。丑小鸭要飞向这些高贵的鸟儿，即使因为自己丑陋而被他们弄死，也总比被鸭子咬，被鸡群啄，被看管养鸡场的那个女佣人踢，和在冬天受苦受冻好得多! 于是，他毅然飞到水里，向美丽的天鹅游去! 天鹅看着丑小鸭，马上竖起羽毛向他游来。"请你们弄死我吧!"可怜的丑小鸭说。他低低地把头垂在水上，只等着一死。但是，他在这清澈的水上看到了自己的倒影：啊，那不再是一只粗笨的、深灰色的、又丑又令人讨厌的鸭子了，他是一只天鹅! 许多大天鹅在他周围游泳，用嘴亲他；花园里的孩子们拍着手说："这新来的一只最美!"丑小鸭感到非常难为情。他感到太幸福了，但一点也不会骄傲，因为一颗好的心是永远不会骄傲的。他想起自己曾经怎样被人迫害和讥笑过；而现在他却被大家称赞为美丽的鸟中最美丽的一只! 是啊，只要你是天鹅蛋，就是生在养鸡场里也没有什么关系! 邮票图案描绘了丑小鸭第一次见到白天鹅时的情景：在美丽的晚霞照耀中，有一群天鹅从灌木丛中飞出来，他们白得发亮，他们的颈又长又软，他们发出一种奇异的叫声，他们展着美丽的长翅膀，飞得非常高，向温暖的国度飞去。丑小鸭不禁感到一种说不出的兴奋。他把自己的颈高高地向白天鹅伸着，发出一种那么奇异、那么响亮的叫声! 画面选景十分巧妙，既表现了丑小鸭内心的渴望及被排斥的悲哀，也预示出了他的未来。

2005—12 安徒生童话（不干胶）（T）

【安徒生童话（不干胶）(T)】Andersen's Fairy Tales(T) 2005年6月1日，正值"六一"国际儿童节之际，为了纪念安徒生诞生200周年，中华人民共和国国家邮政局发行了一套《安徒生童话(T)》特种邮票，全套5枚，同日发行一套不干胶邮票。邮票、版张边饰设计熊亮。影写版。整张规格240毫米×160毫米。整张枚数10枚（2套邮票）。发行量265版。防伪方式有防伪纸张、防伪油墨、荧光喷码。北京邮票厂印制。

2005—13 郑和下西洋600周年（J）

【郑和下西洋600周年(J)】The 600th Anniversary of Zheng He's Voyages to Western Seas(J) 有关郑和的生平知识和下西洋的历史知识，详见新版《中国集邮百科知识》J·113《郑和下西洋五八0周年》。

2005年6月28日，为了纪念郑和下西洋600周年，中华人民共和国国家邮政局发行了一套《郑和下西洋600周年(J)》纪念邮票，全套3枚。崔彦伟设计。胶雕套印。（3—1）李庆发雕刻，（3—2）（3—3）姜伟杰雕刻。齿孔13.5度（两边各有一个椭圆形齿孔）。邮局全张枚数9（3×3），横3枚连印。防伪方式有防伪纸张、防伪油墨、异形齿孔、荧光喷码。北京邮票厂印制。

这套邮票的3枚图案，分别描绘了郑和像、睦邻友好和科学航海 3 幅画面，而热爱祖国这一主题则贯穿于整套邮票之中。在艺术处理和表现手法上，设计者借鉴了中国传统绘画尤其是中国传统木版画的艺术形式，并在此基础上融入了现代设计意识及设计理念；在尊重和参照有关历史文物及图像的基础上，画面的构图、造型和色彩处理，既单纯、简洁、明快，又具有设计感和装饰感。

【郑和像】2005—13·（3—1）J　面值 80 分，票幅规格 30 毫米×50 毫米，发行量 1060 万枚。图案采用了明刻本《三宝太监西洋记通俗演义》中的郑和绣像。郑和头戴内使乌纱帽，手握一卷航海图；其身后的背景参照了明代北京皇宫城图，他仿佛刚刚在宫中接受了下西洋的使命，凝思的神情中传达出了一种祥和与慈善，既符合郑和的原本社会身份，也与他作为一个友好使者的身份很贴切。

有关乌纱帽的知识，详见新版《中国集邮百科知识》J·58《中国古代科学家〈第三组〉》。

有关故宫的知识，详见新版《中国集邮百科知识》J·120《故宫博物院建院六十周年》。

【睦邻友好】2005—13·（3—2）J　面值 80 分，票幅规格 30 毫米×50 毫米，发行量 1060 万枚。图案以折页式的《郑和航海图》为背景，选取了马六甲青云亭、马来西亚三宝垄三宝公庙、马来西亚槟城三宝宫前牌楼，通过这一座座海外为纪念郑和而修筑的庙宇，表现了郑和下西洋与邻邦建立的浓浓友情，揭示了郑和下西洋的深刻意义。

马六甲是马来西亚最老的古城，位于马六甲海峡北岸，马六甲河流贯其中。青云亭是马来西亚最古老的中国庙宇，俗称观音亭。位于马六甲市西南，建于 1685 年，是用马来西亚楠木建造的全部木结构的庙宇。门口的匾上写着"南海飞来"4 个大字。庙堂飞檐画栋，以黑漆涂饰，泛着金红亮彩。堂内供有观音、如来等佛像。还有一座海瑞木雕，形象生动。庙侧有放生池。

三宝垄是印度尼西亚中爪哇首府，位于中爪哇北岸，滨爪哇海。相传，15 世纪中国明代杰出的航海家三宝太监郑和下南洋时，在此登陆，因而得名。三宝公庙坐落于市中心西南约 5 公里处的望安山（狮头山）山麓，背山面海，据说这里是郑和沉船的地方。该庙建筑风格独特，庄严肃穆。庙门正上方镶嵌着"三宝圣祠"的石匾。大门有对联："滇人明史风来世，井水洞山留去思。"庙内庭院宽敞幽静，树木葱茏。庙内有古墓和郑和用过的巨锚和关刀。三宝洞是庙里的一个不到一方丈的圆形岩洞，里面供奉着三宝太监的神像。洞中的香案下有一口方形井，叫"三宝井"，水清见底，甘甜解渴。据说，喝了三宝井的"圣水"，可以消灾纳福。每年阴历六月三十是三宝太监纪念日，各地的华侨、华裔常来这里参加庙会。

槟城亦称"乔治市"，位于马来西亚北部岛屿槟榔屿东北部，是槟榔屿全州的首府，马来西亚唯一的自由港和第二大城市。港口水深，可泊巨轮。城内多名胜，公元 1795 年建造的槟城三宝宫，黄瓦红柱、朱红庙门，典雅凝重，门柱上对联："永籍兰城兴大义，春回桃谷萃群英。"庙中堂供一尊戎装佩剑的郑和雕像。

【科学航海】2005—13·（3—3）J　面值 80 分，票幅规格 30 毫米×50 毫米，发行量 1060 万枚。图案采用了明代水罗盘及郑和下西洋所绘《牵星过洋图》。在唐朝末年，中国海船的水平已经开始领先国际，11 世纪就开始使用罗盘。罗盘也叫指南针，是指示方位的一种仪器。由有方位刻度的圆盘和中间装置一根可以水平转动的磁针构成。静止时，大致指南、北方向。罗盘是郑和能够完成下西洋的重要条件之一。正如巩珍在《西洋番国志》中对下西洋中航海技术概括的那样："往还三年，经济大海，绵邈弥茫，水天连接。四望迥然，绝无纤翳之隐蔽。惟观日月升坠，以辨东西，星斗高低，度量远近。皆折木为盘，书刻干支之字，浮针于水，指向行舟。经月累旬，昼夜不止。海中之山屿形状非一，但见于前，或在左右，视为准则，转向而往。要在更数起止，记算无差，必达其所。"当时中国航海技术发达，依靠观察天文星象以定位，以浮水罗盘指引航程方向，将海岸陆地岛屿山川作为识别航路的标志，并能准确计算"更"数以知航行里数，用牵星术而知道航程所需要的时间，达到了当时世界航海事业的巅峰。《牵星过洋图》附于《郑和航海图》中，共 4 幅。《郑和航海图》是 15 世纪留下的唯一一部包括亚、非两大洲在内的航海图。它是 15 世纪前中国人科学航海的长期经验积累和航海技术的重大成果，是我国最早能独立指导航海的地图,也是世界上现存最早的航海图系。该图几乎包括了郑和下西洋时出访的所有国家和地区,图上不仅标示了海岸线、岛屿、礁石、港口、城镇、江河口、山峰及其他重要陆标,而且还在图上标示了来去航行时采用的不同航海路线、航向和航行时间等。《郑和航海图》将船舶航行的天体定位与定向,罗盘指向与针路,路标识别导航,航路指南与推算等航海技术包容于一图,称得上是明初以前中国海员航海技术的百科全书。邮票图案以《牵星过洋图》为背景,具体刻画了水罗盘的形象,真实表现了当时中国在航海事业上的科学水平。

2005—13M 郑和下西洋600周年(小型张)(J)

【郑和下西洋600周年(小型张)(J)】The 600th Anniversary of Zheng He's Voyages to Western Seas (Souvenir Sheet)(J) 2005年6月28日,为了纪念郑和下西洋600周年,中华人民共和国国家邮政局发行了一套《郑和下西洋600周年(J)》纪念邮票,同日发行了1枚小型张。崔彦伟设计。胶雕套印。呼振源雕刻。齿孔13.5度(左右两边各有一个椭圆形齿孔)。防伪方式有防伪纸张、防伪油墨、异形齿孔、荧光喷码。北京邮票厂印制。

【郑和下西洋600周年】2005—13M·(1—1)(小型张)J 小型张面值6元,小型张规格138毫米×80毫

米,邮票规格70毫米×50毫米,发行量950万枚。小型张图案通过满幅画面中彩带飘扬的船队,表现了郑和下西洋的那种壮观景象。在船只的刻画上,设计者参照了郑和宝船模型及有关明船的历史资料,富有历史感。按照规格和用途,郑和下西洋船队的船舶可分为6种类型:一为宝船。据史料记载,宝船长44丈4尺,宽18丈,载重量近千吨,为船队领导成员和外国使节乘坐,并装载给各国的礼物及各国的贡品,是整个船队的核心,也是当时世界上最大的船只;二是"马船"。船长37丈,宽15丈,主要用于运送员、马匹、物资及作战之用;三是"粮船"。长28丈,宽12丈,主要运载粮食和生活用品;四是"坐船"。长24丈,宽9丈多,主要供船队广大官兵乘坐;五是"战船"。长18丈,宽近7丈,是担任武装护船的专用船;六是"水船"。专门用来积贮、运载淡水。据史料记载,郑和首次下西洋时,船队有六十多艘,连同中小船只共二百多艘。画面上方的日月图,既表现了郑和七下西洋的漫长历程,也增添了画面的设计感和装饰感。整个画面彩带飘扬,波涛涌动,郑和率领的舰队,既像刚刚启程,又像在茫茫大海上破浪前进,浩浩荡荡,气势雄伟,能够给人一种身临其境之感。

有关郑和宝船的知识,详见新版《中国集邮百科知识》J·113《郑和下西洋五八〇周年》。

2005—14 南通博物苑(T)

【南通博物苑(T)】Nantong Museum(T) 有关博物馆的历史知识,详见本书2002—25《博物馆建设(T)》。南通位于江苏省东南部、长江北岸。1949年析南通县城区及近郊设市。南通博物苑坐落于江苏省南通市的濠河之滨,是中国民间自办的第一座博物馆,它比北京故宫博物院还早20年。这座中华第一馆由近代著名的民族实业家和教育家张謇(1853—1926)创建。张謇是清末状元、钦定翰林院修撰,他与恩师翁同龢积极参加了维新变法。维新变法失败后,张謇毅然告假回乡,创办大生纱厂,开垦淮南盐场滩涂,建立大生资本集团,从事实业救国和教育救国的实践。他经过后半生三十多年的奋力拼搏,历尽艰辛,将南通由一个落后封闭的县城建成了我国近代工业基地之一。张謇作为维新派组织强学会的成员,积极拥护强学会章程中首次提出的中国建立博物馆的主张。1903年,张謇受日本博览会组织者的邀请,到日本进行了访问和考察,回国后便写了《上南皮相国请京师建设帝室博览馆议》和《上学部请设博览馆议》,分别向当时的洋务派重臣张之洞和新成立的学部上书,建议在北京创设合图书、博物二馆为一体的博物馆,并逐步推广到全国各省、府、州、县。但这些奏折都如石沉大海。1905年(清光绪三十一年)1月14日,张謇决定在南通濠河畔建设博物馆,最初占地35亩。1906年1月3日,他又把正在兴建中的公共植物园规划为博物苑,占地23300平方米,后扩大为71800平方米,建设了中馆、南馆、北楼和东楼。中馆为三开间中式平房,上部加盖一间二层尖顶小楼。南馆平面凸字形,为一座西式二层楼房。北楼为五开间二层中式楼房。

东楼为一座中式楼房。北楼后墙砌有由张謇楷书砖刻的"博物苑"3个大字,十分醒目。苑内有4个陈列馆,陈列自然、历史、美术、教育四部分文物与标本。苑内广植树木花草,饲养鸟兽,又有假山、荷池、茅亭、水榭,形成一个既有博物馆又兼有动物园、植物园以及传统园林的优美组合。现代博物馆与古典园林相结合,室内陈列与室外活体展示并举,既有民族特色又有科学内涵,这是南通博物苑的一大特色,也是张謇的一个创举,故1912年他将其改称为"博物苑"。苑即为蓄养禽兽并种植林木的地面,多为帝王及贵族游玩和打猎的风景园林。苑内文物、标本来源于各地人士和寺院捐赠、售予。1914年编印的《南通博物院品目》,共收录文物、标本2973号;1933年增至3605号,每号一件至数件不等。自然部分有动、植物活体以及标本、化石和矿物。动物类有国外的标本,如南洋群岛的时乐鸟、印度的鳄鱼、俄罗斯的斑鼠、美洲的袋鼠和蜂鸟、朝鲜的笔贝、新加坡的石蚕等标本。植物类中有羊齿植物化石、各种果木和药用植物。矿物类中有1910年清末官商合办的博览会南洋劝业会结束后捐赠的各省矿石标本。历史部分有金、玉石、陶瓷、拓本、土木、车器、画像、卜筮、军器、刑具、狱具等展品。美术部分有书画、雕刻、漆塑、织绣、缂丝、编物、文具等类,其中露香园的《昼锦堂记》字绣长屏12幅、沈寿绣《耶稣》像为美术精品。教育部分有科举、私塾、学校3类,有科举时代的考卷、夹带、窗课,有学校教学用的教具、模型。1938年3月17日,侵华日军占领南通,苑藏文物与标本大部分遭劫掠、破坏或散失。新中国成立后,人民政府着手修复博物苑。1951年,改名为南通博物馆,原有建筑和园林基本保持原貌;1981年,南通市人民政府决定将附近的张謇故居濠南别业划归博物馆范围;1982年,被定为江苏省文物保护单位;1984年7月1日,恢复南通博物苑原名;1988年1月13日,国务院公布其为全国重点文物保护单位。至1989年底,馆藏品有40115件,其中自然标本6126件,一级文物55件。2005年是南通博物苑的百年苑庆,也是我国博物馆事业的百年庆典。为迎接百年苑庆,由两院院士、清华大学吴良镛教授和何玉如总工设计了新馆,总建筑面积为6330平方米。

2005年7月16日,正值中国人自己创办的第一座公共博物馆"南通博物苑"建馆100周年之际,中华人民共和国国家邮政局发行了一套《南通博物苑(T)》特种邮票,全套2枚。袁加设计。影雕套印。阎炳武雕刻。齿孔12.5度。邮局全张枚数8(2×4),横2枚连印。防伪方式有防伪纸张、防伪油墨、荧光喷码。北京邮票厂印制。

这套邮票的2枚图案,选用南通博物苑的南馆和中馆建筑而没有展示博物苑的藏品,既从历史角度表现了"中国第一家公共博物馆100周年"的史实,也体现了张謇的办馆理想和务实精神,即南通博物苑是为了普及知识、振兴教育,而不是精品意识。设计者采用铅笔素描淡彩的绘画手法,准确地描绘了南通博物苑建筑正面的形态特征,展现出了其中西合璧的建筑风格,使画面具有一种独特的魅力。另外,设计者通过对植物、假山等景物的描绘,又突出了南通博物苑作为园林式博物馆的特点。

【南通博物苑·南馆】2005—14·(2—1)T 面值80分,票幅规格40毫米×30毫米,发行量955万枚。图案展现了南通博物苑南馆的建筑外部景观。南馆是南通博物苑的最早建筑。起初称"动矿物陈列楼", 等到中馆、北楼建成,与它形成一条轴线后,才被称为"南馆"。南馆是早期博物苑中最为重要的一座建筑。在造型上,它是一座英式二层小楼,四面多窗户,便于采光,顶部边缘还砌有城垛装饰,增加了城堡式的庄重感。南馆月台门旁高悬着这样一副对联:"设为庠序学校以教,多识鸟兽草木之名。"这副对联的上联出自《孟子·滕文公》"设为庠序学校以教之",意思是说设立"庠序学校",目的都是为了教育,而教育的目的则在于使人懂得做人的道理;下联出自《论语·阳货》"子曰:小子何莫学夫《诗》?《诗》可以兴,可以观,可以群,可以怨;迩之事父,远之事君;多识于鸟兽草木之名。"意思是说,孔子勉励学生读《诗经》,因其近处有助于侍奉父母,远处能够报效国君,还可以多懂些自然生物的知识。张謇选用这两句做对联,既强调了博物馆辅助学校教育的功能,也揭示了他建立博物苑的目的。设计者在图案前景描绘了几株生长茂盛的绿色植物,不仅渲染了南通博物苑具有的园林特征,而且给这座百年古建筑增添了勃勃生机。

【南通博物苑·中馆】2005—14·(2—2)T 面值80分,票幅规格40毫米×30毫米,发行量955万枚。图案展现了南通博物苑中馆的建筑外部景观。中馆与南馆几乎同时建造而成,它最初的名称为"测候所"。该馆是张謇"为观测地方气候之状况,验南通农业

与气象之关系"而建,就是为市民的生活和农业生产而预测气象。其功能主要是测量风力、雨量等。仪器安装在房顶的观象台上。测候所共三间平房,中间一间为会客室,东房是工作室,西房为职员寝室。测候所东侧单独建有一个寒暑亭,定时测量气温变化。1914年底,南通农校将测候所合并过去后,原来的建筑改称"中馆",准备做陈列金石拓片之用。后因要张挂浙江张之骞赠送的十分壮观的《华严经塔立幅》,张謇将原观象台进行改造,加盖了一座尖顶气楼,并题写了"华严台"的匾额。邮票图案上展现的就是改造后的中馆建筑外观景象。设计者在图案前景中加进了一块露天石头"美人石"。据说,这块石头是张謇的老师张之洞所赠。该石摆在博物苑区的显著位置,既表明了它的历史积淀,记载了它的务实初衷,也是博物苑的重要馆藏。

2005—15 向海自然保护区(T)

【向海自然保护区(T)】Xianghai National Nature Reserve(T) 向海自然保护区位于科尔沁草原东部的吉林省通榆县境内,1981年经吉林省人民政府批准建立,是以保护丹顶鹤等珍稀鸟类和蒙古黄榆等稀有植物为主要目的的内陆湿地水域生态系统类型自然保护区。总面积十万多公顷,南北最长45公里,东西最宽42公里,西与内蒙古科右中旗接壤,北与吉林省洮南市相邻,横跨通榆县5个镇场、12个村、32个自然屯,约有二万多人口在区内从事农、林、牧、副、渔生产活动。在向海自然保护区内,沙丘、草原、沼泽、湖泊相间分布,纵横交错,星罗棋布,多种生物区系与复杂的生态环境互相渗透,构成了典型的湿地多样性景观。区内林地面积2.9万公顷,湖泊水域1.25万公顷,芦苇沼泽2.36万公顷,草原3.04万公顷,形成了沙丘榆林、湖泊水域、蒲草苇荡、羊草草原四大生态景区。向海自然保护区资源十分丰富,我国动物地理区划中的东北区松辽平原亚区和蒙新区东部草原亚区的动植物资源在这里均有分布。植物共有595种,其中,药用植物二百二十多种;脊椎动物共有三百多种,其中鸟类293种、兽类37种、爬行类8种、两栖类5种、鱼类29种。在国家重点保护的335种野生动物中,向海自然保护区就有52种,其中Ⅰ级野生动物10种,即大鸨、东方白鹳、黑鹳、丹顶鹤、白鹳、白头鹤、金雕、白肩雕、白尾海雕、虎头海雕等;Ⅱ级野生动物42种。另外,有我国政府与日本国政府签署的《保护候鸟及其栖息环境协定》中的鸟类173种,占协定总数的76.21%;有《濒危野生动植物种国际贸易公约》中的49类;有国家保护的有益或者有重要经济、科学研究价值

的陆生野生动物235种。向海自然保护区不仅原始状态良好,而且保护成果显著,因此,1986年被国务院批准晋升为国家级自然保护区,1992年被国务院列入《国际重要湿地名录》,1992年被世界野生动物基金会评定为《具有国际意义的A级自然保护区》,1993年被中国人与生物圈委员会批准纳入"生物圈保护区网络"。国际鹤类基金会主席乔治·阿基博考察向海自然保护区时说:"我到过世界上五十多个国家的自然保护区,像向海自然保护区这样完好的自然景观、原始的生态环境、多样的湿地生物,全球已不多了。向海不仅是中国的一块宝地,也是世界的一块宝地。"向海千姿百态的蒙古黄榆,碧波粼粼的湖泊,风吹跌宕的苇塘,茫茫无际的草原,既是鸟类的天堂,又能够给人一种回归自然、返璞归真的感受,是大自然的珍品。

2005年7月30日,为了宣传自然保护的深远意义,中华人民共和国国家邮政局发行了一套《向海自然保护区(T)》特种邮票,全套4枚。黄华强设计。其中(4—3)李连山摄影。影写版。齿孔13度×12.5度。邮局全张枚数8(2×4)。防伪方式有防伪纸张、防伪油墨、荧光喷码。北京邮票厂印制。

这套邮票的4枚图案,从生物与生态系统角度,采用丹顶鹤与蒲草苇荡结合、东方白鹳与沙丘黄榆作伴、翘鼻麻鸭同湖泊水域成组、金雕翱翔于羊草草原的上空这4幅画面,以不同的色调与四季配合,既充分表现了向海自然保护区的4个典型地域特点,又展示了向海水禽的优美形象。画面采用宽幅形式,并将所有文字安排在了主图的上方,使大地显得更为平展、踏实,展现了向海自然保护区一望无际的感觉。另外,整个画面的设计在不破坏原始、自然、和谐之美的基础上,也适当加进了一些抒情和轻松的因素,显得既科学准确,又生动活泼。

【向海自然保护区·珍禽】2005—15·(4—1)T

面值80分,票幅规格50毫米×30毫米,发行量1200万枚。图案描绘了珍禽丹顶鹤在向海自然保护区生活的环境。在苇塘中很小的一个角落里,一对丹顶鹤母子居住在用枯苇草精心构筑的巢里,丹顶鹤妈妈将自己的孩子搂抱在羽翼下,仿佛生怕宝宝受到任何伤害;小丹顶鹤仿佛是刚刚出生不久,他从妈妈怀抱中探出头来,开始张望自己即将生活的环境,有新奇,但更多的是兴奋;丹顶鹤母子相偎相依,神态安详,展现出了珍禽与生态环

境之间十分和谐的关系。背景是绿色的苇荡和白色的沼泽，特别是画面左下角刚长出的翠绿色的苇草和鹅黄的小丹顶鹤相辉映，使读者能够感受到扑面而来的春的气息。

有关丹顶鹤的知识，详见新版《中国集邮百科知识》特48《丹顶鹤》。

【向海自然保护区·榆林】2005—15·(4—2)T

面值80分，票幅规格50毫米×30毫米，发行量1100万枚。图案描绘了向海自然保护区黄榆沙丘的自然景观。

黄榆亦称"春榆"、"山榆"。榆科。落叶乔木，树皮有裂罅，枝条往往有木栓质翅。叶广倒卵形或卵状椭圆形，羽状侧脉，重锯齿。早春开花，花两性，簇生，几无柄。果实周围有翅，广倒卵形，种子接近翅的缺口。产于我国东北、华北和西北，亦见于日本、朝鲜、蒙古、前苏联。木材可供建筑和制家具、车辆、农具等，也可培养蘑菇；叶可做饲料。画面上，天、地、树一片金黄，时值深秋季节，一群白鹳展翅起飞，也许它们是要开始登上到温暖的南方过冬的旅程了。鹳是鹳科各种类的通称。大型涉禽。形似鹤亦似鹭；嘴长而直。翼长大而尾圆短，飞翔轻快。常活动于溪流近旁，夜宿高树。主食鱼、蛙、蛇和甲壳类。在我国分布较广的种类有黑鹳，其体长约一米，上体从头至尾、两翼及胸部均黑色，泛紫绿光泽，下体其余部分纯白。而白鹳较黑鹳体大，头颈和背部均白色。鹳在我国北方繁殖，至长江流域及以南地区过冬。从图案中一只只白鹳引颈低飞的情态看，仿佛流露出了一种对向海自然保护区的恋恋不舍之情。

【向海自然保护区·湖畔】2005—15·(4—3)T

面值80分，票幅规格50毫米×30毫米，发行量1100万枚。图案描绘了向海自然保护区湖泊水域的自然景观。

湖是积水的大泊。湖泊指湖盆积水的部分。体积大小不一，大的如内陆咸海，小的如池塘。按湖盆成因，分为构造湖、火山口湖、冰川湖、堰塞湖、岩溶湖(喀斯特湖)、泻湖、人工湖等。按盐度高低，分为淡水湖和咸水湖。湖泊具有泄蓄水量、供给饮水、灌溉、发展航运、养殖等调节气候等功能，并蕴藏矿物资源。向海有着众多的湖泊及成片的沼泽，属于湖泊、沼泽湿地。画面上，一派棕灰色的初冬寒冷气氛，静静的湖面上游动着一群翘鼻麻鸭。麻鸭是我国产量最多、分布最广的一种家鸭。因母鸭羽毛都呈麻黑色带褐斑，故得名。图案的主色调是棕灰色，仿佛是一幅江南的山水画，初冬的寒冷呼之欲出；从挺立湖边的那只翘鼻麻鸭的神态看，它和游动在湖水中的伙伴们一样，已经感受到了严寒的冬季即将到来，但它们仿佛并不介意，依然自由自在地生活着。

【向海自然保护区·草原】2005—15·(4—4)T

面值80分，票幅规格50毫米×30毫米，发行量1090万枚。图案描绘了向海自然保护区羊草草原的自然景观。

羊草亦称碱草，禾本科，多年生草本。根状茎长，杆单生或成疏丛。叶狭长，扁平或干时内卷。夏季抽穗状花序，通常每节有小穗两枚对生或一枚单生，小穗含5朵～10朵小花，外稃无毛。多生于草地，性耐寒耐碱，且耐干旱。分布于我国东北、河北、山西、陕西、新疆、内蒙古。可做造纸原料，也是主要牧草之一，并为固定沙丘的先锋植物。图案前景为展翅飞翔的几只金雕。金雕(雕)为鸟纲，鹰科。雌鸟体长约一米。雌雄同色。未长成时，头、颈黄棕色。两翼飞翔除最外侧三枚外基部均缀有白色，身体其余部分暗褐色。尾羽灰白，端部黑色。成鸟翼和尾部均无白色，头顶羽毛转为金褐。多栖山地，性猛力强。巢于高山悬崖大树上。见于我国东北。画面上，蓝天白云，旺盛的绿草无垠，矫健的金雕翱翔在羊草草原上，呈现出一派蓬勃夏季的景象。

2005—16 中国人民抗日战争暨世界反法西斯战争胜利六十周年(J)

【中国人民抗日战争暨世界反法西斯战争胜利六十周年(J)】The 60th Anniversary of Victory of the Chinese People's War of Resistance against Japanese Aggression and the World Anti–Fascist War(J)　有关中国人民抗日战争的历史知识，详见新版《中国集邮百科知识》纪16《抗日战争十五周年纪念》。有关"法西斯"一词的知识和世界反法西斯战争的历史知识，详见新版《中国集邮百科知识》J·17《抗日战争和世界反法西斯战争胜利四十周年》。

2005年8月15日,为了纪念中国人民抗日战争和世界反法西斯战争胜利六十周年,中华人民共和国国家邮政局发行了一套《中国人民抗日战争暨世界反法西斯战争胜利六十周年(J)》纪念邮票,全套4枚。武将设计。胶版。齿孔13度×12.5度(左右两边各有一个椭圆形齿孔)。邮局全张枚数8(2×4),4枚呈田字形连印。防伪方式有防伪纸张、防伪油墨、微缩文字、异形齿孔、荧光喷码。北京邮票厂印制。

注:使用(4—1)(4—2)开发作为个性化服务专用邮票。

这套邮票的4枚图案,设计者根据历史照片,在照片的基础上大胆提炼,经过手绘和电脑处理,做成版画的效果,运用了大面积的黑、白、红,省略了细节之处,达到写实与抽象相结合,能够给读者强烈的视觉冲击。小版张底图采用了抗日战争纪念馆收藏的一张太行山的照片。

【全民抗战】2005—16·(4—1)J

面值80分,票幅规格50毫米×30毫米,发行量1060万枚。图案描绘了国共两党军队和人民群众共同参与抗日的场面,表现出了全民族反对日本侵略者,相互支持和配合的团结精神。中国国民党是孙中山创立的政党。1894年,孙中山组织兴中会。1895年,兴中会和以黄兴为首的华兴会、联合光复会组织中国同盟会,由孙中山任总理。同盟会领导了辛亥革命,推翻了中国的君主制度,建立了南京临时政府,旋被北京军阀袁世凯阴谋篡夺,革命遭到失败。1912年同盟会联合四个小党派改组为国民党,基本上成了官僚政客集团。孙中山等人继续坚持革命,1913年发动了反袁运动。失败后,1914年在日本东京另组中华革命党;1919年10月,改组为中国国民党。1924年1月,中国国民党第一次全国代表大会举行,接受了中国共产党提出的反对帝国主义、反对封建主义的政治主张,重新解释了三民主义,确定了联俄、联共、扶助农工三大政策,实现了第一次国共合作。1937年抗日战争爆发。面对民族危亡的严峻形势,中国共产党主张国共停止内战,一致对外,共同挽救中华民族。1937年8月,中共中央在陕北洛川召开政治局扩大会议,通过了《抗日救国十大纲要》,作为领导全国人民争取抗战胜利的根本方针。在中国共产党的倡议和督促下,1937年9月国共两党抗日民族统一战线正式宣告成立,实现了第二次国共合作。抗日战争是以国共两党合作为基础,有社会各界、各族人民、各民主党派、抗日团体、社会各阶层爱国人士和海外侨胞广泛参加的全民族抗战,也是一百多年来中国人民反对外敌入侵第一次取得完全胜利的民族解放战争。整个抗日战争期间,中国军队共进行大规模和较大规模的会战22次,重要战役二百多次,大小战斗近20万次,总计歼灭日军一百五十多万人、伪军118万人。战争结束后,接收投降日军一百二十八万多人,接收投降伪军一百四十六万多人。邮票图案上,中国共产党领导的八路军与人民群众,在象征着党的一颗红五星的照耀下,与中国国民党军队并肩战斗,具体表现了全民抗战的画题。

有关八路军的历史知识,详见新版《中国集邮百科知识》纪41《中国人民解放军建军三十周年》。

【中流砥柱】2005—16·(4—2)J

面值80分,票幅规格50毫米×30毫米,发行量1060万枚。图案表现了八路军在抗日战争中的突出作用。抗日战争爆发后,面对民族存亡的严重形势,中国共产党主张国共停止内战,一致对外,共同挽救中华民族。1935年8月1日,中国共产党发表了《八一宣言》,提出建立抗日民族统一战线的主张,并就此同国民党进行了多次谈判。1937年8月,中共中央在陕北洛川召开政治局扩大会议,通过了《抗日救国十大纲要》,作为领导全国人民争取抗战胜利的根本方针。在中国共产党的倡议和督促下,1937年9月,国共两党抗日民族统一战线正式宣告成立。在全国抗战初期,国民党表现了一定的积极性,先后进行了平津会战、淞沪会战、忻口会战、徐州会战、太原会战、武汉会战等重要战役,并取得了台儿庄战役的胜利,阻止了日军的推进,粉碎了日军三个月灭亡中国的狂妄企图。但是,由于国民党在政治上实行单纯依靠政府和军队的片面抗战路线,在军事上则采取单纯防御的战略方针,所以,尽管国民党军队的许多官兵对日军的进攻进行了英勇的抵抗,但正面战场的战局仍非常不利,先后丢失了华北、华中的大片领土,国民政府亦迁都重庆。而中国共产党代表中华民族的根本利益,提出了一条依靠人民群众进行全面抗战的路线。1937年8月下旬,共产党领导的红军主力改编为国民革命军第八路军,开赴华北抗日前线;10月,南方各省的红军游击队也改编为新四军,开赴华中前线。八路军和新四军深入敌后,开辟敌后战场,主要从战略上配合国民党军队作战。1938 年 9 月,中国共产党召开了第六届六中全会,毛泽东提出了中国共产党在民族战争中的地位问题,批判和克服了王明的右倾机会主义路线,坚持了独立自主的原则,保证了抗日战争的胜利进行。在抗日战争的战略相持阶段,中国共产党坚持"发展进步势力,争取中间势力,孤立顽固势力"的方针,领导解放区军民一面抗击日伪军的"大扫荡",一面打退了国民党的三次反共高潮,巩固和发展了抗日根据地。至 1943 年 12 月,日军在兵力严重不足的情况下,华北方面军停止了向抗日根据地的进攻。1944 年,共产党领导的敌后军民在华北、华中、华南地区,对日伪军普遍发起局部反攻。1945 年,八路军、新四军向日军发动了大规模的春、夏季攻势,扩大了解放区,打通了许多解放区之间的联系。当时,由于国民党军队主力分散在中国的西南、西北大后方地区,日军占领的大部分城镇、交通要道和沿海地区都处在解放区军民的包围之中,因此全面反攻的任务,自然地主要由敌后抗日根据地的人民军队来进行。1945 年 8 月 9 日,毛泽东发表了《对日寇的最后一战》的声明,要求八路军、新四军及其他人民军队,在一切可能的条件下,对一切不愿意投降的侵略者及其走狗实行广泛的进攻。邮票图案以延安宝塔为背景,塑造了一名头戴树叶伪装帽的八路军士兵形象,他英姿挺立,正在吹响进军的军号,生动地表现出了八路军在抗日战争中的突出作用,是中国人民抗日战争的中流砥柱。

有关延安和宝塔的知识,详见新版《中国集邮百科知识》特 65《革命圣地——延安》。

【诺曼底登陆】2005—16·(4—3)J 面值 80 分,

票幅规格 50 毫米×30 毫米,发行量 1060 万枚。图案描绘了第二次世界大战中诺曼底登陆的情景。诺曼底是法国西北部旧省名,北临英吉利海峡。面积 3 万平方公里。沿海及北部多平原,南部有丘陵起伏,海岸线平直多岸沙。气候温和湿润。塞纳河由此入海。突出于英吉利海峡的诺曼底半岛,是第二次世界大战期间同盟军登陆处。第二次世界大战后期,英美军队在法国西北部诺曼底地区对德军进行的登陆战役。1943 年 6 月 26 日起制定具体计划,以"霸王"为作战方案的代号,以"海王"为相关海军行动的代号。初步计划以 3 个师在卡朗坦至卡昂之间 32 公里宽的三个滩头登陆,即后来的"奥马哈"、"金"和"朱诺"滩头。战役从 1944 年 6 月 6 日 6 时 30 分登陆开始,到 7 月 24 日占领圣洛一线,建立登陆场;7 月 25 日开始转入陆上进攻;8 月 25 日占领巴黎。美英方面共投入兵力 45 个师,德国防守该地区的兵力约 15 个师。邮票图案采用海滩为背景,塑造了一位登陆的美军士兵形象,他头戴钢盔,手持步枪,表情坚毅;空中一架架战机,海滩上停泊着一艘轮船,战斗的规模和激烈程度可想而知。画面上侧标有"诺曼底登陆"的英文字样"LANDING IN NORMANDY",既增加了信息量,也扩大了阅读范围。

有关钢盔的知识,详见新版《中国集邮百科知识》纪 17《中国人民解放军建军二十五周年》。

【攻克柏林】2005—16·(4—4)J 面值 80 分,票

幅规格 50 毫米×30 毫米,发行量 1060 万枚。图案描绘了第二次世界大战苏联红军攻克柏林的情景。柏林为德意志共和国首都。面积 883 平方公里。1244 年见于记载。1415 年起先后为勃朗登堡侯国和普鲁士王国京城,1871 年成为德意志帝国首都。第二次世界大战后,根据《关于德国占领区和管理大柏林协定书》等协议,由苏、美、英、法四国分区占领。1948 年 11 月,在苏占领区成立"大柏林临时民主政府",同年 12 月在美、英、法三国占领区组成西柏林市政府,柏林便分成东、西两区。1961 年东德在东西柏林之间筑了柏林墙。东区是德意志民主共和国的首都,西区是德意志联邦共和国的首都。1989 年 11 月 9 日,柏林墙拆除,德意志共和国统一。第二次世界大战中,1941 年 6 月 22 日,德国纠集其附庸国芬兰、匈牙利和罗马尼亚,突然进攻苏联。在以斯大林为首的党和政府领导下,苏联人民开始了反对德国法西斯的卫国战争。经过艰苦奋战,1944 年,苏军发起总反攻,把军事行动转入敌人领土上进行。1945 年 5 月,苏军攻克柏林,进行了激烈的巷战,迫使德国于 5 月 8 日无条件投降。巷战是在街巷进行的一种战斗。特点是短兵相接,对坚固建筑物、主要街道、制高点的激烈争夺,军队行动受到限制,常常形成许多局部的独立战斗。邮票图案上以苏军攻克柏林后进行的巷战场面为背景,塑造了一位苏联士兵的形象,他头戴钢盔,右手持冲锋枪,左手高高挥动着,欢呼攻克柏林的胜利,富有感染力。画面下侧标有"攻克柏林"的英文字样"CONQUERING BERLIN",既增加了信息量,也扩大了阅读范围。

2005—16M 中国人民抗日战争暨世界反法西斯战争胜利六十周年（小型张）（J）

【中国人民抗日战争暨世界反法西斯战争胜利六十周年(小型张)(J)】The 60th Anniversary of Victory of the Chinese People's War of Resistance against Japanese Aggression and the World Anti–Fascist War (Souvenir Sheet)(J)　2005年8月15日，为了纪念中国人民抗日战争和世界反法西斯战争胜利六十周年，中华人民共和国国家邮政局发行了一套《中国人民抗日战争暨世界反法西斯战争胜利六十周年(J)》纪念邮票，全套4枚，同日发行了1枚小型张。武将设计。影写版。齿孔12.5度×13度。防伪方式有防伪纸张、防伪油墨、荧光喷码。北京邮票厂印制。

【和平与正义】2005—16M·(1—1)(小型张)J　小型张面值6元，小型张规格80毫米×120毫米，邮票

规格30毫米×50毫米，发行量890万枚。小型张图案以浅灰色作底衬，用手绘了一只冲破了铁丝网的白色和平鸽，表达了和平与正义冲破了战争的主题，画面虽然抽象，但易于理解。铁丝网是用有刺或无刺铁丝固定在桩上而构成的障碍物。有固定式和移动式两种。用以防敌步兵或保护禁区、仓库和建筑工地等。4枚邮票图案偏重于写实，小型张图案偏重于抽象，设计者采用色彩作桥梁，将小型张上的红色与邮票上的红色协调地统一在一起，巧妙地组成了一套完整的邮票。

有关鸽子象征和平的知识，详见新版《中国集邮百科知识》纪5《保卫世界和平（第一组）》。

2005—17 中国电影诞生一百周年（J）

【中国电影诞生一百周年(J)】The Centenary Anniversary of the Chinese Cinema(J)　有关电影的知识，详见新版《中国集邮百科知识》1995—21《电影诞生一百周年(J)》。有关中国电影的知识，详见新版《中国集邮百科知识》T·154《中国电影》。

2005年8月28日，为了纪念中国电影诞生一百周年，中华人民共和国国家邮政局发行了一套《中国电影诞生一百周年(J)》纪念邮票，全套1枚。资料提供者谭孝曾。吴勇设计。胶版。齿孔13度×12.5度。邮局全张枚数10枚。防伪方式有防伪纸张、防伪油墨、荧光喷码。北京邮票厂印制。

【中国电影诞生一百周年】2005—17·(1—1)J

面值80分，票幅规格30毫米×40毫米，发行量1200万枚。图案采用了谭鑫培在电影《定军山》中扮演老黄忠的一幅剧照。资料提供者谭孝曾。1905年11月，由任庆泰导演、刘仲伦摄影、谭鑫培主演的电影《定军山》问世，成为中国电影的开山之作。任庆泰(字景丰)早年去日本学习照相技术，回国后于1892年在北京琉璃厂土地祠开设丰泰照相馆。当时，丰泰照相馆也放映外商传入的西洋电影，但片源有限，于是便产生了自己拍电影的想法。恰好，北京德国洋行祈罗孚有摄影机和胶片出售，他便购买了法国制造的木壳手摇摄影机一架、胶片14卷，请当时著名的京剧演员谭鑫培演了《定军山》剧中最精彩的"请缨"、"舞刀"、"交锋"等几个片段。拍摄由丰泰照相馆最熟练的摄影师刘仲伦掌机，没有剧本，前后拍摄了三天，共成影片三本，片长五分钟。主演谭鑫培(1847–1917)名金福，湖北江夏(今武昌)人。父名志道，演老旦，有"叫天子"之称，故他艺名"小叫天"。先演武生和武丑，中年后专演老生。长期在北京演唱。在多年艺术实践中，对京剧老生的表演艺术有所革新，以

唱、做、念、打相互结合,并创造了一种悠扬婉转而略带感伤的唱腔,形成自己的艺术风格,世称"谭派"。对后来老生表演艺术影响较大,以《空城计》《定军山》《卖马》等剧著称。《定军山》取材于《三国演义》第七十回和七十一回。定军山位于陕西勉县西南。两峰对峙,山上有平坡。该剧讲的是三国时期蜀魏用兵的故事,基本情节为:三国时期,东汉建安二十四年(公元219年),曹将张郃领兵攻打葭萌关,老将黄忠向诸葛亮讨令抗敌,诸葛亮因他年老不允。黄忠当场舞刀、断弓,结果终于讨得令箭,英勇杀退张郃,并乘胜攻占曹军屯粮之天荡山。老将黄忠愈战愈勇,后又设计智斩曹军大将夏侯渊,最后大获全胜,夺取曹军重镇定军山,遂占汉中。后诸葛亮葬于定军山,因山为坟。据王越在《中国电影的摇篮——北京丰泰照相馆拍摄电影访问追记》中记载,《定军山》的拍摄情况是这样的:"廊子下借着两根大红圆柱,挂上一块白色布幔。屋内成了谭(鑫培)老板临时起居的地方,他的跟班、琴师、敲锣鼓家伙的,都来了。屋外院子里,那架号称'活动箱子'的摄影机,摆在了前院后墙边。由照相技师刘仲伦担任拍照(即摄影),他是丰泰最好的照相技师了。虽然前几天练过几回,但真的上阵,仍显得有些紧张。一通锣鼓过后,布幔后闪出一个带髯口、持大刀的古代武将来,这就是谭鑫培最拿手的《定军山》里的老黄忠。只见他配合着锣鼓点儿,一甩髯口,把刀一横,立成顶梁柱一般。就听旁边有人喊'快摇',刘仲伦便使劲摇了起来。那时的胶片只有200英尺一卷,很快便摇完了,算告一段落。"当时彩色和有声电影还没有出现,《定军山》虽然只是对京剧表演片段的简单记录,实质上只是一部黑白无声的戏曲录像片,但它表现了中国人在把电影这一外来艺术形式搬到中国的时候,在拍摄手法上不可避免地受到西方影响,而取材却与我国传统的民族戏曲和古典文学相结合,这既确立了中国电影的文化品格,也非常符合当时观众的欣赏习惯,片子随后被拿到前门大观楼放映,曾出现万人空巷的盛况。因此,除《定军山》外,没有任何人或事可以作为中国电影诞生的标志。邮票图案中的老黄忠,全副披挂,银须飘胸,手持大刀,立成顶梁柱一般,正如后人有诗赞曰:"苍头临大敌,皓首逞神威。力趁雕弓发,风迎雪刃挥。雄声如虎吼,骏马似龙飞。献首功勋重,开疆展帝畿。"真是老将神威,令人起敬。画面下方标有"1905"和"2005"字样,点明了中国电影已经走过了百年风雨历程。

2005—18 水车与风车（中国—荷兰联合发行）(T)

【水车与风车(中国—荷兰联合发行)(T)】Waterwheel and Windmill(Jointly Issued by China and Netherlands)(T) 有关"中国"名称的知识,详见本书1996—8《古代建筑(中圣联合发行)(T)》。荷兰全称"荷兰王国"。位于欧洲西部。亦译作"尼德兰王国"。全境为低地,约1/4的土地低于海平面,1/3的土地海拔不足一米,是世界上有名的低地国。"尼德"的意思是"低的","兰"的意思是"地方"、"国家",尼德兰即"低地国",恰当地反映出了荷兰的地理特征。荷兰地势低洼,海水泛滥经常威胁沿海人民的生命财产。为了与海洋作斗争,13世纪以来,在七百多年的时间里,荷兰人民坚持筑堤拦海,然后抽干堤内的海水,变沧海为桑田。抽水的主要工具是风车,大大小小的风车遍布沿海和江河地带,因此,荷兰有"堤坝之国"、"风车之国"的美称。关于荷兰名称的来历,有两种解释:其一,荷兰是从日耳曼语"霍特兰"一词演变而来。"霍特"是"森林"之意,"兰"是"土地"、"地区"、"国家"之意,合起来便是"森林之地"、"森林国"的意思,因为古代这里林木参天,绿荫遍地。其二,荷兰还指今荷兰多德雷赫特及其附近的地区,在罗马时代为一个州的名称。16世纪,为反对当时西班牙的统治,荷兰(州)联合周围几个州,组织起尼德兰联合省。由于这个新政治组织中荷兰(州)最重要,处于优势和支配地位,在外国人眼里尼德兰和荷兰是一回事,并用后者代替前者,汉译名称也随此而来。1463年,正式立国。16世纪初,又遭西班牙统治。1566年,掀起尼德兰资产阶级革命。1581年,北部七省独立,宣布脱离西班牙。1588年,成立尼德兰省联合共和国。17世纪,开始成为海上殖民强国。1795年,法军入侵。1806年,在法国统治下成立荷兰王国。1815年,同比利时成立联合王国。1940年,遭德军侵占。1945年,恢复独立。1972年5月18日,荷兰和中华人民共和国建立正式外交关系。

2005年9月22日,为了增进我国和荷兰两国人民之间的友谊,中华人民共和国国家邮政局和荷兰王国邮政部门联合发行了一套《水车与风车(中国—荷兰联合发行)(T)》特种邮票,全套2枚。其中(2—1)摄影者彭炎。马刚设计。影写版。齿孔12度。邮局全张枚数8(4×2)。防伪方式有防伪纸张、防伪油墨、荧光喷码。北京邮票厂印制。

这套邮票的2枚图案,设计者采用了勾线处理,既达到了一种纯朴的风格,展现出了水车和风车所具有的雅拙味道,也再现了建构水车与风车所需材料的自然本质,反映出了它们结构本身的丰富。为了使2枚图案达到和谐统一,首先,设计者运用天空的蓝色,不仅将2枚邮票统一协调起来,也寓意人类共享一个天空;其次,设计者根据自己对荷兰的了解和在西北生活的经历，2 枚邮票图案下方均绘有与生产生活息息相关的羊，通过"羊"这个符号将二者有机地联系在一起；另外，在水车与风车的材质以及其他画面元素的色彩等方面的处理，也使 2 枚邮票达到了和谐统一。

【水车】2005—18·(2—1) T 面值 80 分，票幅规格 40 毫米×30 毫米，发行量 1070 万枚。图案描绘了中国兰州的水车形象。

水车是提水工具的一种。用带有叶片或水斗的链带，借人力、畜力、风力或电力转动，可将河、湖、塘、井或水斗的水从低处提升到高处。常用于灌溉农田或排除积水。我国水车灌溉使用甚早。《宋史·河渠志五》中记载："地高则用水车汲引，灌溉甚便。"兰州水车又名"天车"，也叫"老虎车"，由明代兰州人段续制造而成。段续字绍光，号东川，兰州东关段家台人。明嘉靖二年（公元 1523 年）的进士，曾在今湖南、湖北做过官，晚年辞官回老家，聘请工匠，两次专门到南方考察，仿南方水车制造适合黄河取水的水车。他试制的第一轮水车，被当时兰州广武门外的黄河北岸人称为"祖宗车"。水车的安装解决了河岸高、水位低不能灌溉的矛盾，使沿河农业大受其益，故沿岸农民群起仿效。到清代，兰州黄河两岸以及夹河滩上共架设水车达三百多轮。到 1952 年，仍有 252 轮水车林立黄河两岸，每隔 4 里～5 里便有水车巨大的身躯，故兰州又被誉为"水车之都"。兰州水车的直径依据河面与岸之间的高度而定，有的一二十米，有的二三十米。水车的巨轮用辐条、钢线等加固，轮周围置括水板、长方体木桶。栽 4 根立柱，通过托梁、车轴，装置巨轮，巨轮下部沉入水车巷中，上部高出河岸，水激轮转，木桶依次倒挽河水倾之盛水木槽，流过空中高架木槽，浇灌农田，一轮水车可灌田七八百亩。历经四百五十多年历史，兰州水车日臻完美，形成了自己独特的风格。与南方水车相比较，段续创制的水车有三大特点：其一，兰州不产竹子，段续因地制宜，改用当地产的榆、槐、柳木为原料；其二，黄河河岸很高，势必加大水车的直径，增加水车的重量，为了提高驱动水车旋转的水冲力，段续在水车巷的中部、水车底部倒挽河水处，开掘深坑，镶砌硬石，使水流形成大的落差；其三，在水车上游，向河流中心，压一浅坝，呈扇形水面，将水逼向岸边，以加大水流流量，确保水车转动。随着滔滔黄河水悠悠转动的兰州水车，不仅灌溉了黄河两岸成千上万亩的沃土良田，而且成为了黄河兰州段独特的文化风景，是西北人审度地势，因地制宜的杰作。随着社会经济的发展，黄河水车尽管已被现代化水利工具所基本取代，其实用功能渐次失去，但它给黄河上游人民带来的润泽至今人们仍津津乐道。作为昔日农耕文明的缩影和历史沧桑的见证，兰州水车展示了黄河文化的古朴雄浑、博大精深的魅力，体现了天人合一、利用自然并与自然和谐相处的田园生活画卷，其蕴含的文化内涵的价值日益显现。为了弘扬黄河文化，开发旅游资源，展示黄河儿女的聪明才智，兰州市政府曾历时 7 年修建了集游览、休闲等于一体的综合性旅游景点"水车园"。邮票图案选用的水车原始图案是位于兰州市西固区新城镇东川的水车，始建于清乾隆五年（公元 1704 年）。欣赏画面上的兰州水车，耳际油然响起清道光年间诗人叶礼为黄河两岸水车风景所赋的一首诗："水车旋转自轮回，倒雪翻银九曲隈。始信青莲诗句巧，黄河之水天上来。"

【风车】2005—18·(2—2) T 面值 80 分，票幅规格 40 毫米×30 毫米，发行量 1040 万枚。图案描绘了荷兰风车的形象。

风车是荷兰民族的骄傲与象征，也是荷兰文化的传承与张扬，被誉为荷兰的国家商标。风车又叫"风力机"，是将风能转化为机械能的动力机械。它作为动力源替代人力和畜力，对生产力的发展起过重要作用。风车一般由风能接收装置、控制机械、传动和支撑部件等组成。风能接收装置俗称"风轮"。根据风轮叶片的数目，风车分为少叶式和多叶式两种。少叶式有 2 个～4 个叶片，正面看呈垂直十字形，具有转速高、结构紧凑的优点，缺点是启动较为困难；多叶式一般有 5 个～24 个叶片，风轮呈车轮状，具有启动容易，利用率高的优点。1229 年，荷兰人发明了世界上第一座为人类提供动力的风车，至今已经有七百多年历史。到 16 世纪～17 世纪，风车对荷兰的经济已经具有重大的意义。根据当地的湿润多雨、风向多变的气候特点，荷兰人对风车进行了改革。首先是给风车配上活动的顶篷，其次为了能四面迎风，又把风车的顶篷安装在滚轮上，这种经过改革的风车被称为"荷兰式风车"。荷兰的风车，最大的有好几层楼高，风翼长达 20 米。有的风车，由整块大柞木制成。18 世纪末，荷兰全国的风车约有 12000 架，每台拥有 6000 匹马力。这些风车用于碾谷物、粗盐、烟草和榨油、压毛毡、造纸，以及排除沼泽地的积水等。20 世纪以来，由于蒸汽机、内燃机、涡轮机的发展,风车一度变得暗淡无光。但是,因为风车利用的是自然风力,没有污染和耗尽之虞,风车不仅被荷兰人民一直沿用至今,而且也成为今日吸引着人们的一种新能源(风力发电)。目前,荷兰大约有两千多架各式各样的风车。为了纪念风车对荷兰社会发展做出的重要贡献,荷兰人特意将每年5月的第二个星期六定为"风车日",并建立了风车保护区。欣赏邮票图案上的荷兰风车,耳际清晰响起了在欧洲流传着的这样一句话:"上帝创造了人,荷兰风车创造了陆地。"荷兰风车既是创造荷兰历史的功臣,也是开辟新能源的希望!

2005—19 梵净山自然保护区(T)

【梵净山自然保护区(T)】Fanjing Mountain Nature Reserve(T) 梵净山位于贵州省江口、印江、松桃三县交界处,是武陵山脉的主峰,海拔2494米,东西宽21公里,南北长27公里,总面积567平方公里。梵净山历史久远,有"古佛道场曰梵净山者,则天下众名岳之宗是也"的说法。《汉书》中记载其古名为"三山谷"。后又有"九龙山"、"月镜山"等称谓。明代以后,统称"梵净山"。"梵净山"这个山名来源于"梵天净土"之语,具有浓厚的佛教色彩。又因山形下小上大,俗称"饭甑"。梵净山上多梵宇,自古以来就有弥勒道场之说,因而与文殊道场五台山、普贤道场峨眉山、地藏王道场九华山、观音道场普陀山齐名天下。梵净山古老的山体距今已有10亿~14亿年的历史,是黄河以南最古老的台地。1978年,贵州省人民政府批准建立了梵净山自然保护区。1986年,国务院批准梵净山为国家级自然保护区;同年加入联合国教科文组织国际"人与生物圈"保护区网,主要保护对象为亚热带森林生态系统及黔金丝猴、珙桐等珍稀动植物。梵净山自然保护区是珍贵的生物资源库,它的自然环境及森林系统基本上没有遭受人为破坏,保存了较为原始的状态。梵净山有原始森林约15万亩,主要树种多达406种,药用植物五百多种;动物资源304种,最著名的是灰金丝猴、娃娃鱼、红腹角雉、白腹锦鸡、麝獐、云豹、华南虎、苏门羚、猕猴和野马。梵净山山体庞大,地势高耸,层峦叠嶂,奇峰峻峭,岩谷幽异,有大小金顶、拜佛台、说法台、炼丹台、香炉峰、棉絮岭、藏经岩、九龙池、定心池、太子石诸景,自明万历辟佛教道场以来,便是川、湘、黔人的游览胜地。山上气候多变,云海雾流,晨曦晚霞,令人眼花缭乱。最奇异的是峰顶空际间有时突然出现一道五彩缤纷的光环,有放大了数倍乃至十数倍的人影或物象在当中晃动或跳跃,古人视为吉祥佛光。梵净山遍地皆树,满眼是绿,繁花争艳,

鸟兽和鸣,一幅天然画卷。置身此山中,俨然画中行,恍若仙山游。梵净山麓居住着土家、苗、侗、汉、羌等各族人民,在这里既可以领略到多姿多彩的民族风情,也能够体悟到梵净山区丰富深邃的人文文化。其中最值得称道的是书法艺术。自明清以来,以题写北京"颐和园"匾牌而名噪海外的严寅亮为代表的书法名家辈出,因此也使得梵净山山脚下的一个区区小县印江成了著名的"书法之乡"。

2005年9月18日,为了宣传自然保护区的深远意义,中华人民共和国国家邮政局发行了一套《梵净山自然保护区(T)》特种邮票,全套4枚。邹玉利设计。影写版。齿孔13度×13.5度。邮局全张枚数8(4×2),横4枚连印。防伪方式有防伪纸张、防伪油墨、荧光喷码。北京邮票厂印制。

这套邮票的4枚图案,从地质与自然环境的角度,设计者采用了国画的构图形式,选择了水彩的绘画技法,不仅使光与影的表现显得透明,丰富,而且使图案生动活泼,层次鲜明,极具立体感。特别是仰视和逆光角度的选择,使得自然的梵净山与画家深藏于心中对梵净山的理解融为一体,有形有色,有神有情。

【梵净山自然保护区·金顶】2005—19·(4—1)T

面值80分,票幅规格40毫米×30毫米,发行量880万枚。图案描绘了梵净山自然保护区中金顶的雄奇姿态。金顶在梵净山巅,分为大小金顶。高约八千多米,壁立如削。原系页岩风化而成,明万历年间的碑文则崇为"弥勒、释迦二祖分管世界用金刀劈破红云顶"的胜迹。大金顶上有数十吨重的方形巨石,人称"万卷书崖"。一柱支撑,欲坠不坠,惊心动魄。站在大小金顶,千里风烟,一览而尽。俯瞰脚下,石峰林立,千姿百态,各高数百米,从绝壑中拔地矗立,无所依附,直指苍穹。邮票图案采用仰视角度描绘了大金顶秋天的景致:在海拔两千多米的崇山峻岭上,突兀而起冒出一尊石柱,昂首挺胸,既似玉龙啸天,气势雄伟,又像一位学者在用心阅读天地之沧桑变化,若有所悟;金色阳光满天,云雾缭绕,峰峦若隐若现,色彩丰富,能够将读者引入一种沉思顿悟的美妙境界。

【梵净山自然保护区·蘑菇石】2005—19·(4—2)T 面值80分,票幅规格40毫米×30毫米,发行量880万枚。图案描绘了梵净山自然保护区中蘑菇石的奇妙姿态。因石状如蘑菇,故得名。邮票图案采用逆光角

度,描绘了蘑菇石冬天的风采:在金色阳光照耀下,蘑菇石独立一片冰雪中,它的身上还留存有些许未融化的积雪,尽现律动之感,使读者不禁感慨大自然鬼斧神工之妙。

【梵净山自然保护区·阔叶林】2005—19·(4—3)

T 面值80分,票幅规格40毫米×30毫米,发行量880万枚。图案描绘了梵净山自然保护区中阔叶林的情态。梵净山森林茂密,保存完好,覆盖率高达80%以上,是一个相对平衡的森林生态系统。梵净山具有明显的中亚热带山地季风气候特征,发育有地球同一纬度上少有的保持完好的中亚热带常绿阔叶林。阔叶树在植物分类学上属于双子叶植物的树木。叶常绿或落叶。一般叶面宽阔,有真正的果实,子叶两枚。树干的通直度较差于针叶树,树冠一般较宽广。例如栎、樟、杨、柳之类。邮票图案采用逆光角度,描绘了阔叶林春天的景象:密密麻麻的阔叶林间,可以辨出些许杂树和倒木,绿色浓浓,繁华争艳,春意盎然,生动地展现出了梵净山森林的原生态。

【梵净山自然保护区·黑湾河】2005—19·(4—4)

T 面值80分,票幅规格40毫米×30毫米,发行量880万枚。图案描绘了梵净山自然保护区中黑湾河的神秘色彩。梵净山的水,或涓涓细流,或叮咚垂滴,或白练悬空,或奔腾咆哮,皆异常澄洁。峰回水转,汇成了多条溪流,顺山势的东西走向,向东汇成了锦江、淞江,直奔沅江入洞庭湖;向西汇成印江河,直奔乌江进入长江。邮票图案采用逆光角度,描绘了黑湾河夏天的魅力:两岸绿树郁郁葱葱,一条瀑布如白练悬空泻下,梵净山独有的珙桐点缀其间,夸张地展现出了这一圣地的生机与活力,能够给读者一种身临其境之感。

有关瀑布的知识,详见新版《中国集邮百科知识》普21《祖国风光普通邮票》。

有关珙桐树的知识见本书1998—13《神农架(T)》。

2005—20 中国人民解放军大将(J)

【中国人民解放军大将(J)】PLA Senior Generals(J) 有关中国人民解放军的知识,详见新版《中国集邮百科知识》纪17《中国人民解放军建军二十五周年》。大将是军衔的一种。1955年9月27日,根据中华人民共和国全国人民代表大会常务委员会的决定,国家主席毛泽东授予在中国人民革命战争中立下丰功伟绩的朱德、彭德怀、林彪、刘伯承、贺龙、陈毅、罗荣桓、徐向前、聂荣臻、叶剑英10位元老为中华人民共和国元帅军衔。自此至1965年,中国共有10位元帅、10位大将、57位上将、177位中将和1359位少将。在中华民族求生存、求解放的历史过程中,中国共产党领导的人民革命战争波澜壮阔,经历了曲折的过程,战胜了强悍的对手,最终取得了辉煌的胜利。中国人民解放军的10位大将粟裕、徐海东、黄克诚、陈赓、谭政、萧劲光、张云逸、罗瑞卿、王树声、许光达,都是为人民解放、民族独立和国家富强进行过艰苦斗争的杰出代表。他们虽然出身不同,早年经历各异,有的投笔从戎,有的弃工从军,有的从农村投身军旅……从四面八方汇集于中国共产党领导的革命队伍之中,但他们都秉持坚定的政治信仰,肩负历史使命,始终在征战的第一线冲锋陷阵,经受了血与火的洗礼。从土地革命到抗日战争,从解放战争到抗美援朝战争,战火不仅铸造了他们的铮铮铁骨,也锤炼了他们运筹帷幄、克敌制胜的军事才干,谱写了一曲曲人民战争的壮丽凯歌。在和平建设时期,他们为中国人民解放军的革命化、现代化、正规化建设呕心沥血,做出了突出贡献。在与林彪、江青反革命集团的斗争中,他们坚持真理,威武不屈,始终对共产主义事业赤胆忠心,表现出了高贵的品格。他们的光辉一生、鸿才睿智和为中华民族创建的不朽功业,将永为世人敬仰。

2005年9月27日,正值中华人民共和国全国人民代表大会常务委员会的授衔决定50周年之际,中华人

民共和国国家邮政局发行了一套《中国人民解放军大将(J)》纪念邮票，全套10枚。摄影者(10—1)(10—5)(10—6)(10—8)程默，(10—2)徐文惠，(10—3)黄煦，(10—4)陈知建，(10—7)(10—9)(10—10)石炳立、姜柳湘。马刚设计。胶雕套印。姜伟杰雕刻。齿孔13.5度×13度。邮局全张枚数10枚连印。整版规格205毫米×125毫米。防伪方式有防伪纸张、防伪油墨、荧光喷码。北京邮票厂印制。

这套邮票的10枚图案，十位大将的肖像是根据将军们身着军装的标准照绘制而成。设计者采用素描为创作手法，绘画工具以毛笔取代铅笔，而且有意加了些硬线条和直线条，突出表现了大将军们共同具有的军人气质，即粗犷和缜密。在设计者笔下，十大将军有的英俊，有的潇洒，有的睿智，有的威武，个性特征鲜明，丰满传神，栩栩如生，艺术地再现了大将军们的军人风采，具有一种力度感，达到了形神兼备的境界，能够激发出读者对大将军们的深深敬仰之情。在色彩上，邮票背景采用暖灰色，小版张背景使用庄严的中国红，并饰有金黄色线条，将人物形象衬托得含蓄而热烈，庄严而淡雅。

【粟裕】2005—20·(10—1) T　面值80分，票幅规格30毫米×40毫米，发行量930万枚。图案展现了中国人民解放军大将粟裕的半身形象。

粟裕(1907—1984)1907年8月出生于湖南省会同县枫木树脚村。1926年加入中国共产主义青年团。1927年5月投笔从戎，参加了叶挺为团长的国民革命军；6月转入中国共产党；8月参加了南昌起义。起义军在广东失败后，坚定地跟随朱德、陈毅继续战斗。后历任中国工农红军连长、营长、团长、师长，红4军参谋长，红7军团参谋长。参加了井冈山斗争和中央苏区历次反"围剿"。1934年7月任红军北上抗日先遣队参谋长。1935年1月任挺进师师长、闽浙军区司令员，在国民党统治地区开辟浙南游击根据地，虽与上级党组织失去了联系，仍坚持三年艰苦卓绝的游击战争。抗日战争爆发后，任新四军第2支队副司令员、先遣队司令员，挺进江南敌后，首战韦岗告捷。1939年8月任新四军江南指挥部副指挥，同陈毅一起领导开辟了苏南抗日根据地。1940年7月任新四军苏北指挥部副指挥兼参谋长；10月协助陈毅指挥黄桥战役，开创了华中敌后抗战的新局面。皖南事变后，任新四军第1师师长、苏中军区司令员兼政委、中共苏中区委书记，领导建立了苏中抗日根据地。1944年3月组织指挥车桥战役，开创了华中敌后歼灭战的范例；12月率部南渡长江，任新苏浙军区司令员兼政委，开辟了浙西抗日根据地。1945年在天目山区对国民党顽固派军队进行了3次自卫反击战，率先实现了从游击战向运动战的转变。日本投降后，1945年10月任华中军区副司令员、华中野战军司令员。解放战争中，1946年6月指挥华中野战军主力三万多人，与12万美械装备的国民党军作战，七战七捷，为解放战争初期的作战指挥提供了重要经验；12月起，先后指挥了宿北、鲁南、莱芜、泰蒙、孟良崮等战役。1947年人民解放军转入战略进攻后，同陈毅一起率华东野战军主力挺进鲁西南，实现了华东战区由内线向外线、从战略防御到战略进攻的转折。1948年5月任华东野战军代司令员兼代政委；6月~7月间，指挥进行豫东战役，改变了中原、华东战场的战略态势；9月指挥济南战役，攻克济南。后参与指挥淮海战役。1949年1月任第3野战军副司令员兼第二副政委，参与指挥渡江战役，解放南京、杭州；5月指挥上海战役。新中国成立后，先后任人民解放军副总参谋长、总参谋长。1955年被授予大将军衔和一级八一勋章、一级独立自由勋章、一级解放勋章。1958年调任国防部副部长兼军事科学院副院长。1972年后历任军事科学院第一政委，全国人大常委会副委员长，中顾委常委等职。1984年2月5日在北京逝世。画面上的粟裕大将，身着戎装，胸前佩戴着一级八一勋章、一级独立自由勋章、一级解放勋章，目光坚定地注视着前方，既展现出了一位军人的刚毅性格，也洋溢着一位大将的鸿才睿智，令人油然起敬。

有关八一勋章、独立自由勋章和解放勋章的知识，详见新版《中国集邮百科知识》J·134《朱德同志诞生一百周年》。

【徐海东】2005—20·(10—2) T　面值80分，票幅规格30毫米×40毫米，发行量930万枚。图案展现了中国人民解放军大将徐海东的半身形象。

徐海东(1900—1970)1900年6月出生于湖北省黄陂县徐家窑村(今属大悟县)一个六代窑工家庭，当过11年窑工。1925年加入中国共产党。1926年入国民革命军参加北伐战争，曾在著名的汀泗桥战役中带领一个排冲垮敌军4个炮兵连，获嘉奖晋升为排长。1927年大革命失败后返回家乡，先后任农民自卫军队长、黄陂县委军事部长、区委书记、县赤卫军大队长。1930年开始任中国工农红军营长、团长、师长。在创建鄂豫皖革命根据地的斗争中，骁勇善战，被群众誉为"徐老虎"。1932年秋，红四方面军主力离开鄂豫皖后，重建红25军，任副师长兼第74师师长，参与领导部队坚持大别山区斗争，保存和壮大了部队。1933年9月，部队被国民党军分割在皖西北与鄂东北两地，他率一支小部队与部分勤杂人员会同皖西地方武装组建红28军，任军长，在敌重兵包围和"追剿"中，积极寻机歼敌，巩固和发展了皖西苏区。1934年4月，率红28军与坚持在鄂东北的红25军会合，重编红25军，任军长；11月，红25军奉命撤出鄂豫皖苏区开始长征，他改任副军长，艰苦转战4个月后进入陕南。随后，他创造性地提出"先(拖)疲后打"的作战方针，连续击破敌之"围剿"，创建了鄂豫陕革命根据地。1935年7月，当得知中共中央率红军长征到达川北松潘地区时，积极主动接应，率部西进甘肃，袭击天水，进占秦安，截断西(安)兰(州)公路，有力地策应了中央红军的顺利北上；9月，红25军长征到达陕北与陕甘红军会师，任红15军团军团长，取得了劳山战役和榆林桥战斗的胜利，为迎接党中央和把革命大本营奠基在西北做出了重要贡献。抗日战争爆发后，任八路军第115师第344旅旅长，参加了平型关战斗。1938年6月，因病回延安，曾入马列主义学院学习。1939年9月，随刘少奇赴华中，任新四军江北指挥部副总指挥兼第4支队司令员，取得了皖东反"扫荡"中的重大胜利。1940年1月，因在战争中曾9次负伤，旧病复发，病倒在战场上，尔后只得长期辗转治疗。新中国成立后，历任中央人民政府人民革命军事委员会委员，第一届至第三届国防委员会委员，中共第八届和第九届中央委员。1955年被授予大将军衔和一级八一勋章、一级独立自由勋章和一级解放勋章。"文化大革命"中遭林彪、江青反革命集团迫害，1970年3月25日于郑州逝世。画面上的徐海东大将，身着戎装，胸前佩戴着一级八一勋章、一级独立自由勋章、一级解放勋章，标志着他在中国革命战争中建立的战功；望着他纯朴的微笑，耳边不禁响起了毛泽东同志对他的高度赞扬，徐海东是"对中国革命有大功的人"，是"工人阶级的一面旗帜"，心中顿觉涌起一种爱戴之情。

【黄克诚】2005—20·(10—3)T　面值80分，票幅规格30毫米×40毫米，发行量930万枚。图案展现了中国人民解放军大将黄克诚的半身形象。黄克诚(1902—1986)1902年10月出生于湖南省永兴县下青村。曾就读于湖南省立第三师范。1925年加入中国共产党。参加了北伐战争。1928年参加湘南起义，任永兴红色警卫团党代表兼参谋长，随朱德、陈毅到井冈山，任工农红军第4军12师35团团长，不久重返湘南，改任湘

南农军第2路游击司令。1930年后任红3军团第5军团师政委，军政治部主任，第3军团代理政治部主任。在"左"倾冒险主义领导时期，因反对盲目攻打中心城市和抵制"肃反"扩大化错误，多次被指责为"右倾"，被撤职，但仍坚持原则，刚直敢言。1932年春反对冒险打赣州，在红军腹背受敌的严重情况下，果断指挥部队转移，使部队摆脱了险境。长征中，任红3军团第4师政委，掩护中共中央和军委纵队等部队渡江，并参加了攻占娄山关和遵义城等战役。到达陕北后，任军委卫生部部长、红一方面军政治部组织部部长、红一军团师政委、红军总政治部组织部部长等职。抗日战争爆发后 任八路军第115师344旅政委，为创建晋冀豫抗日根据地做出了贡献。1940年春任八路军第2纵队政委、冀鲁豫军区司令员兼军委会书记；5月，率第2纵队主力南下豫皖边苏区和皖东北地区；7月任八路军第4纵队政委；8月任第5纵队司令员兼政委；10月初驰援新四军黄桥作战，与新四军北上部队会师，共同创建苏北抗日根据地，打通了华北、华中两大战略区的联系。1941年皖南事变后，所部改编为新四军第3师，任师长兼政委，苏北军区司令员兼政委，中共苏北区委书记。1945年组织指挥阜宁和两淮战役，解放了苏北大片地区。抗日战争胜利后，率新四军第3师主力进军东北，先后任西满军区副政委、司令员，中共西满分局副书记、代理书记，创建西满根据地。1946年3月~4月间，在苏联红军撤离东北后，不失时机地歼灭了国民党收编的伪军警，和友邻部队一起攻占四平、长春、齐齐哈尔。1947年8月后，历任东北民主联军副司令员兼后勤司令员、政委，中共晋察热辽分局书记兼晋察热辽军区司令员，东北野战军第2兵团政委，参加了辽沈、平津决战。新中国成立后，任中共湖南省委书记、湖南军区司令员兼政委。1952年11月，任中国人民解放军副参谋长兼总后勤部部长、政委。1954年后，历任中央军委秘书长、国防部副部长、中央书记处书记、人民解放军总参谋长。1959年因在庐山会议上批判"大跃进"错误，与彭德怀等被错定为"反党集团"，被撤销职务，长期受审查。"文化大革命"中又遭迫害。1977年12月出任中央军委顾问。1978年，在中共十一届三中全会上被增补为中央委员，被选为中央纪律检查委员会常务书记。1982年后任中纪委第二书记。晚年双目失明，仍为平反冤假错案，端正党风，正确评价毛泽东的历史地位和作用做了大量工作。1955年被授

予大将军衔和一级八一勋章、一级独立自由勋章和一级解放勋章。1986年12月28日在北京病逝。画面上的黄克诚大将，身着戎装，胸前佩戴着一级八一勋章、一级独立自由勋章、一级解放勋章，大将之风跃然纸上；他戴一副眼镜，嘴唇紧闭，生动地透出了一种坚持原则，刚直敢言的性格。

有关眼镜的知识，详见新版《中国集邮百科知识》J·100《任弼时同志诞生八十周年〈第一组〉》。

【陈赓】2005—20·（10—4）T　面值80分，票幅规格30毫米×40毫米，发行量930万枚。图案展现了中国人民解放军大将陈赓的半身形象。陈赓（1903—1961）1903年2月出生于湖南省湘乡县二都柳树铺。1916年投笔从戎，入湘军当兵。1921年脱离湘军，在长沙半工半读。1922年加入中国社会主义青年团，12月转入中国共产党。

1924年5月考入黄埔军校第一期，毕业后留校任连长、副队长。1926年赴苏联，在红军中学习保卫工作和爆破技术。1927年2月回国，任国民革命军第8军特务营营长；8月参加南昌起义。起义军南下途中调第20军任营长，因在会昌战斗中负重伤，经香港转上海就医。1928年起在周恩来领导下参加中共中央特科工作，曾多次获取重要情报，为保卫中共组织的安全做出了重要贡献。1931年10月到鄂豫皖苏区，任红四方面军第4军12师师长。1932年9月因负伤去上海就医，曾秘密向鲁迅介绍鄂豫皖红军斗争情况。1933年3月因叛徒出卖被捕，曾被押赴南昌见蒋介石，面对国民党反动派的威逼利诱，坚贞不屈，大义凛然；5月底，经中共组织和宋庆龄等营救脱险到中央苏区，任彭杨步兵学校校长。1934年10月随中央红军长征，任军委干部团团长，到达陕北后任红一军团第一师师长。抗日战争爆发后，任八路军第129师386旅旅长，南下邯长公路，取得神头岭、响堂铺等战斗胜利。1938年4月，在长乐村战斗中歼日军二千二百多人，对粉碎日军"九路围攻"起了决定作用。1939年2月在威县香城固设伏歼灭日军第10师精锐一部。1940年先后任太岳军区、太岳纵队司令员。1942年组织指挥沁源围困战，累计歼敌四千多人，被八路军总部誉为群众性游击队战争的模范。抗日战争胜利后，率部参加上党战役，后挥师转战晋南、晋西前线，有力地配合了西北战场的作战。1947年8月，晋冀鲁豫野战军第4、第9纵队和西北民主联军第38军组成陈（赓）谢（富治）集团，任中共前委书记，率部强渡黄河，转入战略进攻；12月参与指挥平汉路破击战。1948年3月起，率部协同华东野战军主力一部先后进行洛阳、宛西、宛东、郑州等战役，随后参加淮海战役，在围歼黄维兵团的作战中，采用抵近进攻战术，直捣双堆集敌核心阵地，为全歼该敌做出重要贡献。1949年2月，任第4兵团司令员兼政委，南渡长江，解放南昌；10月，执行大迂回、大包围的作战方针，与第15兵团发起广东战役。广州解放后，率部穷追逃敌，将白崇禧部全歼于广西境内，又长驱千里，西进云南，指挥滇南战役，歼灭企图逃出国境的国民党军二万七千多人。新中国成立后，任西南军区副司令员、云南省人民政府主席、云南军区司令员。1950年7月，作为中共中央代表，应邀赴越南参与指挥边界战役，取得越南人民抗法西斯战争的转折性胜利。1951年任中国人民志愿军副司令员兼第3兵团司令员、政委，协助彭德怀司令员指挥作战。1952年回国，任人民解放军军事工程学院院长兼政委、副参谋长、国防科学技术委员会副主任、国防部副部长等职。1955年被授予大将军衔和一级八一勋章、一级独立自由勋章、一级解放勋章。1961年3月16日在上海病逝。画面上的陈赓大将，身着戎装，胸前佩戴着一级八一勋章、一级独立自由勋章、一级解放勋章，既是为民族解放事业做出卓著贡献的标志，也透着一种浩然正气；他戴着一副眼镜，从凝思的目光中，表现出了一种沉着、机敏、果断的性格特征。

【谭政】2005—20·（10—5）T　面值80分，票幅规格30毫米×40毫米，发行量930万枚。图案展现了中国人民解放军大将谭政的半身形象。谭政（1906—1988）1906年6月生于湖南省湘乡县楠竹山村。曾就读于县立东山学校。1927年春，放弃小学教师职务，到汉口参加国民革命军，曾在第4方面军总指挥部特务营、

第2方面军指挥部警卫团9连任文书、书记；9月，参加湘赣边界秋收起义和三湾改编，任工农革命军第1师第1团团部书记；10月，加入中国共产党；11月任第1团政治部宣传员、分队长。1928年2月任中共前敌委员会秘书，后任红4军31团秘书、第3纵队队委秘书、4军军秘书长、4军政治部训练部部长。1929年12月参加了著名的古田会议，后任红12军政治部主任兼教导大队党代表，红22军政治部主任，红1军团第1师政治部主任、政委和军团政治部组织部部长。抗日战争爆发后，任中央革命军事委员会总政治部副主任，陕甘宁晋绥联防军

副政委兼政治部主任。1944年4月，受中共中央委托，在中共中央西北局高级干部会议上作《关于军队政治工作问题的报告》，总结红军和八路军、新四军政治工作经验，结合抗日战争时期形势和任务的变化，论述人民军队政治工作的性质、地位和基本方针、原则，并提出改革政治工作组织形式和工作制度的意见。这个报告曾经毛泽东、周恩来等修改和中共中央扩大的书记处会议讨论批准，被列为全党全军各级领导干部的整风文件和固定教材，1983年3月中央军委和总政治部决定将这一报告再次印发全军。抗日战争胜利后，任东北民主联军政治部主任、东北野战军政治部主任、第四野战军政治部主任、副政委兼政治部主任，参与组织领导了辽沈、平津、渡江等重大战役中的政治工作，组织开展以诉苦三查为主要内容的新式整军运动，有力提高了部队战斗力。新中国成立后，任中南军区暨第四野战军副政委、第三政委兼干部管理部部长，中共中央中南局第一副书记、华南分局第三书记、华南军区政委等职。1954年起任人民解放军总政治部第一副主任、主任，国防部副部长，中央书记处书记等职。1955年被授予大将军衔和一级八一勋章、一级独立自由勋章、一级解放勋章。1961年1月以后因受林彪陷害，被陆续撤销领导职务，后调任福建省副省长。1975年8月起出任中央军委顾问。1988年11月6日在北京逝世。画面上的谭政大将，身着戎装，胸前佩戴着一级八一勋章、一级独立自由勋章、一级解放勋章，标志着在中国人民解放战争中做出了卓绝的贡献；他双目凝视，嘴唇紧闭，仿佛正在为提高部队战斗力，为推动人民解放军革命化、现代化、正规化建设思谋良策。

【萧劲光】2005—20·（10—6）T　　面值80分，票幅规格30毫米×40毫米，发行量930万枚。图案展现了中国人民解放军大将萧劲光的半身形象。萧劲光（1903—1989）1903年1月生于湖南省长沙市赵州港一贫苦家庭。1920年加入"俄罗斯研究会"和中国社会主义青年团。1921年赴苏联学习。1922年转入中国共产党。

1924年回国后到安源煤矿从事工人运动。1925年奉派到广东，后到国民革命军第2军第6师任党代表兼政治部主任，率部参加北伐。大革命失败后，再次赴苏联列宁格勒军政学院学习。1930年回国后任闽粤赣特区军委参谋长、闽粤赣军区参谋长兼政治部主任和彭杨军政学校校长。1931年10月任红12军参谋长，后任中央军事政治学校校长；12月任由宁都起义部队编成的红5军团政委。1932年任建黎泰警备司令区司令员兼政委、红11军政委、红7军团政委，参加了中央苏区第四、第五次反"围剿"。1933年11月被"左"倾冒险主义领导者诬陷为"罗明路线在军队中的代表"，受到错误处理，解除监禁后，到红军大学任教员、政治科科长，参加长征。1935年1月遵义会议后，任红3军团参谋长；长征到达陕北后，任中共陕甘省委军事部部长兼红29军军长。1937年初，任中共革命军事委员会参谋长。抗日战争爆发后，任八路军后方总留守处主任、八路军留守兵团司令员兼政委。1942年5月，留守兵团与第120师等部合编为陕甘宁晋绥联防军，任副司令员，协助贺龙司令员领导部队出色完成了保卫陕甘宁边区和晋绥抗日根据地的任务。抗日战争胜利后，任东北民主联军副总司令兼参谋长，南满军区司令员，辽东军区司令员，东北军区副司令员兼参谋长。1946年，与陈云一起组织指挥四保临江战役，歼敌五万多人，巩固扩大了南满根据地。1948年5月任第1前方指挥所（后称第1兵团）司令员，与萧华等指挥部队围困长春，争取敌第60军起义；10月下旬兵不血刃解放长春；11月率第1兵团4个纵队入关，参加平津战役。1949年3月，任第四野战军12兵团司令员兼政委；8月和平解放长沙后，兼任湖南军区司令员；10月在衡宝战役中，围歼国民党军白崇禧部4个精锐师，为进军广西全歼白崇禧部创造了有利条件；12月受命组建中国人民解放军海军，任司令员，后任国防部副部长，兼任第1海军学校校长。"文化大革命"中，遭到林彪等人的陷害，被免去海军党委第一书记职务。1971年粉碎林彪反革命集团后，重新主持海军工作，后又遭江青反革命集团打击迫害；中共十一届六中全会后，得到彻底平反。1979年6月当选为第五届全国人大常委会副委员长，后任中顾委常委。1955年被授予大将军衔和一级八一勋章、一级独立自由勋章、一级解放勋章。1989年3月29日在北京病逝。画面上的萧劲光大将，身着戎装，胸前佩戴着一级八一勋章、一级独立自由勋章、一级解放勋章，英姿勃勃；他的目光凝视着前方，沉思着，仿佛正在展望中国人民解放军海军发展蓝图。

【张云逸】2005—20·（10—7）T　　面值80分，票幅规格30毫米×40毫米，发行量930万枚。图案展现了中国人民解放军大将张云逸的半身形象。张云逸（1892—1974）1892年8月生于广东省文昌县（今属海南省）头苑区造福乡上僚村一个贫苦农民家庭。1909年加入中国同盟会，参加广州黄花岗起义。1912年入广东陆军速成学校。1914年毕业后，被同盟会南方支部派入军阀部队，从事秘密反袁（世凯）斗争，历任粤军排长、连

长、营长。1915年参加护国战争。1923年任广东省揭阳县县长。1924年到粤军许崇智部任旅长。1926年参加北伐战争,任国民革命军第4军25师参谋长;10月加入中国共产党。1927年大革命失败后,与周士第秘密组织、掩护第25师大部分人员参加南昌起义;12月去广州、香港等地从事中共秘密工作。1929年7月,任广西军官教导总队副队长兼警备第4大队大队长、南宁警备司令;12月与邓小平领导百色起义,创建中国工农红军第7军,任军长,建立右江苏区。1930年10月,与邓小平、李明瑞率部离开右江苏区,转战于桂、黔、湘边界地区。1931年1月在广西全州召开的红7军前委会上,与邓小平等决定停止执行攻打中心城市的危险计划,转向湘粤边开展游击战争,适时向中央苏区转移;7月进入中央苏区,任中央革命军事委员会副参谋长兼作战局局长。1933年任粤赣军区司令员,后任红军总司令部和红一方面军司令部副参谋长兼作战部部长。1934年10月参加长征,任中央军事委员会副参谋长兼作战局局长,到陕北后兼任红一方面军副参谋长。抗日战争初期,参与领导新四军的组建、整编等工作。1938年春任新四军参谋长兼第3支队司令员;11月开辟皖东抗日根据地。1939年5月参与组建新四军江北指挥部,任指挥和中共前委书记。1942年皖南事变后,任新四军副军长兼第2师师长,抗日军政大学第8分校校长。1943年1月专任新四军副军长;11月陈毅代军长赴延安后,主持新四军军事工作。1944年7月部署第4师主力西进,基本上收复了豫皖苏边区根据地。解放战争时期,先后任新四军第一副军长兼山东军区第一副司令员、华东军区副司令员兼山东军区司令员、华东军政大学校长等职。1945年秋,组织领导新四军一部的北移工作。1946年11月组织胶东、鲁中军区部队发起平安战役,歼国民党军1.5万人。1947年国民党军对山东解放区实行重点进攻时,指挥军区地方部队积极配合主力作战。1947年8月兼任中共华东后方工作委员会书记,在战争规模不断扩大的形势下,克服困难,为淮海战役和渡江作战提供数亿斤粮食,动员上百万民工支援前线,保障了作战的需要。新中国成立后,任中共广西省委书记、广西省人民政府主席、广西军区司令员兼政委、中南行政委员会副主席。1955年被授予大将军衔和一级八一勋章、一级独立自由勋章、一级解放勋章。1962年任中共中央监察委员会副书记。1974年11月19日在北京病逝。画面上的张云逸大将,身着戎装,胸前佩戴着一级八一勋章、一级独立自由勋章、一级解放勋章,气势非凡;他戴着一副眼镜,神情凝重,展现出了一种敌军围困万千重,我自岿然不动的大将气概。

【罗瑞卿】2005—20·(10—8)T 面值80分,票幅规格30毫米×40毫米,发行量930万枚。图案展现了中国人民解放军大将罗瑞卿的半身形象。

罗瑞卿(1906—1978)1906年生于四川省南充县舞凤乡清泉坝。1926年加入中国共产主义青年团。1928年10月转入中国共产党,在上海从事党的秘密工作。1929年2月,由中共中央军委派赴闽西组建训练地方武装;5月,率游击队配合毛泽东、朱德率领的中国工农红军第4军入闽作战,后任闽西红军第59团参谋长;6月,编入红4军,先后在第2、第4纵队任支队党代表。1930年初任红4军第2纵队政治部主任,后任红4军11师政委、红4军政委,参加了中央苏区反"围剿"战役。1933年1月调任红1军团政治保卫局局长。长征中曾任红军先遣队参谋长、陕甘支队第2纵队政治部主任,到陕北后任红一方面军政治保卫局局长。1936年起任抗日红军大学教育长,抗日军政大学教育长、副校长,为各抗日根据地培养、输送了大批军政干部。1940年5月,任八路军野战军政治部主任,参与领导和指挥了百团大战。抗日战争胜利后,任北平军调处执行部中共方面参谋长,协助叶剑英同国民党代表进行谈判。解放战争中,历任晋察冀中央局副书记,晋察冀军区副政委兼政治部主任、晋察冀野战军政委、华北军区政治部主任兼第2兵团(后为人民解放军第19兵团)政委,参与指挥了正太、石家庄、太原等战役。在清风店战役前,深入部队进行有效的政治动员,使部队完成一昼夜强行军120公里,取得歼灭国民党军第3军主力的胜利。在平津战役中,与杨得志率工兵团攻克新保安,歼国民党军傅作义部主力35军大部,截断其西撤通路。新中国成立后,任公安部部长、政治法律委员会副主任、公安军司令员兼政委。1955年被授予大将军衔和一级八一勋章、一级独立自由勋章、一级解放勋章。1959年4月任国务院副总理;9月起任中共中央军委常委、秘书长,人民解放军总参谋长,国防部副部长。1961年11月兼任国务院国防工业办公室主任,后任国防委员会副主席。1965年遭林彪等人诬陷,被陆续解除党政军职务。"文化大革命"中受林彪、江青反革命集团残酷迫害。1975年8月恢复工作,任中共中央军委顾问。1977 年复任中共中央军委常委、秘书长。1978 年 8 月 3 日逝世。画面上的罗瑞卿大将，身着戎装，胸前佩戴着一级八一勋章、一级独立自由勋章、一级解放勋章，记载着他在中国人民解放战争中做出的伟大贡献；他凝视前方，神情专注，仿佛正在思考新中国国防建设和国防发展的规划。

【王树声】2005—20·(10—9)T

面值 80 分，票幅规格 30 毫米×40 毫米，发行量 930 万枚。图案展现了中国人民解放军大将王树声的半身形象。王树声（1905—1974）1905 年生于湖北省麻城县乘马岗区项家冲。当过私塾教师、小学校长。1926 年加入中国共产党，曾任中共麻城县委委员、县防务委员会委员、县农民协会组织部部长。1927 年 6 月，指挥麻城县农民自卫军进行抗击地主武装的进攻，激战 3 昼夜，毙俘敌三千多人；9 月，领导麻城暴动；11 月，率麻城农民自卫军配合黄麻起义后，编入工农革命军鄂东军，任 2 路分队队长。1928 年任由鄂东军改编的工农革命军第 7 军 2 队党代表，参加木兰山游击斗争，参与开辟柴山保革命根据地。同年 7 月工农革命军第 7 军改为中国工农红军第 11 军 31 师，任第 1 大队党代表。1930 年 5 月，任红 1 军 1 团团长。1931 年 1 月，任红 4 军 10 师 30 团团长，率部主攻豫南重镇新集告捷；3 月，在全歼国民党军第 34 师的双桥镇战斗中，率部担任正面突击；5 月起先后任红 4 军 13 师副师长兼 37 团团长、第 11 师师长；11 月，在黄安战役中，率部与敌展开肉搏战，击溃敌援兵 3 个旅。1932 年 1 月，在商潢战役中，指挥所部迂回包围敌指挥部，对取得战役胜利起了重要作用；6 月，任红 25 军 73 师师长；10 月，红四方面军主力撤离鄂豫皖苏区时，率部担任后卫；11 月，率 34 团、219 团在漫川关恶战，为主力部队突围打开了通路；12 月，指挥先遣团越过大巴山，进入川北，参与创建川陕苏区。1933 年 7 月，任红四方面军副总指挥兼第 31 军军长；11 月起，任川陕苏区反"六路围攻"西线前敌指挥。1935 年 5 月，参加长征；9 月，专任红 31 军军长。1936 年 11 月，红四方面军西渡黄河部队组成西路军，任西路军副总指挥、西路军军政委员会委员，后兼第 9 军军长。1937 年 3 月，西路军失败后，任西路军工作委员会委员，率七百多人的支队转入祁连山打游击，苦战了 3 个月部队损失殆尽，后孤身一人历尽危难辗转到延安。抗日战争爆发后，任晋冀豫军区副司令员、代司令员，太行军区司令员。1945 年 2 月，任河南军区司令员，率部参加对日伪军的反攻作战。抗日战争胜利后，率部南下桐柏山与新四军第 5 师会合，任中原军区副司令员兼第 1 纵队司令员。1946 年 6 月，创建鄂西北游击根据地，任中共鄂西北区委书记、鄂西北军区司令员兼政委。1947 年 7 月，配合刘邓大军进入大别山作战；11 月，任鄂豫军区司令员，为重建鄂豫边解放区做出了贡献。新中国成立后，历任湖北军区副司令员、司令员。中南军区副司令员，国防部副部长。1955 年任人民解放军总军械部部长，致力于改善部队武器装备，加强现代化建设；同年被授予大将军衔和一级八一勋章、一级独立自由勋章、一级解放勋章。1959 年 11 月，任军事科学院副院长。1972 年，任军事科学院第二政委。1974 年 1 月 7 日在北京病逝。画面上的王树声大将，身着戎装，胸前佩戴着一级八一勋章、一级独立自由勋章、一级解放勋章，威武雄壮；他表情凝重，深深地记录了战争岁月历尽的沧桑艰难。

【许光达】2005—20·(10—10)T

面值 80 分，票幅规格 30 毫米×40 毫米，发行量 930 万枚。图案展现了中国人民解放军大将许光达的半身形象。许光达（1908—1969）1908 年生于湖南省长沙县东乡萝卜冲一个贫苦家庭。1925 年加入中国共产主义青年团，9 月转入中国共产党。1926 年进黄埔军校学习。1927 年 7 月任国民革命军第 4 炮兵营见习排长；8 月加入南昌起义南下部队，任第 11 军 25 师 73 团排长、代理连长。1928 年 1 月到安徽寿县国民党军队中做兵运工作。1929 年 9 月，奉派到湘鄂西苏区，先后任红 6 军参谋长和红 2 军团第 17 师政委、师长。1931 年 3 月，红 2 军团改编为红 3 军，任红 3 军第 8 师 22 团团长；7 月，参与开辟鄂西北苏区，后任红 8 师师长；9 月，率部返回洪湖苏区。1932 年初负重伤，后赴苏联就医；6 月，入莫斯科国际列宁学院中国班学习。1936 年一度入东方劳动者共产主义大学举办的汽车训练班学习。抗日战争爆发后回国。1938 年，任抗日军政大学训练部部长，后任教育长、抗大第三分校校长。1941 年，任中央军委参谋部部长兼延安交通司令、防空司令、卫戍司令。1942 年春，任八路军第 120 师独立第 2 旅旅长兼晋绥军区司令员，在五寨、神池、保德、偏关一带开展抗日游击战争。抗战胜利后，任雁门军区副司令员。1946 年，任晋绥野战军第 3 纵队司令员。1947 年 8 月率 3 纵队西渡黄河，改属西北野战军（后为第一野战军）建制，转战陕北。1949 年 2 月，任第

3军军长;6月,任第2兵团司令员,在围歼国民党军胡宗南部主力的扶郿战役中,率部迂回敌后,断敌退路,对保证战役全胜起了重要作用。新中国成立后,受命组建中国人民解放军装甲兵,任装甲兵司令员,后任国防部副部长兼装甲兵学院院长。1955年被授予大将军衔和一级八一勋章、一级独立自由勋章、一级解放勋章。1969年6月3日在北京逝世。画面上的许光达大将,身着戎装,胸前佩戴着一级八一勋章、一级独立自由勋章、一级解放勋章,记录着他在中国人民革命战争中建立的丰功伟绩;他戴着一副眼镜,嘴唇紧闭,性格中透着一种坚定与果敢。

2005—21 新疆维吾尔自治区成立五十周年(J)

【新疆维吾尔自治区成立五十周年(J)】The 50th Anniversary of the Founding of Xinjiang Uygur Autonomous Region(J) 有关新疆维吾尔自治区的知识,详见新版《中国集邮百科知识》J·19《新疆维吾尔自治区成立三十周年》。从新疆国民党军政通电和平起义,到人民解放军进驻南北疆完成布防,新疆实现了和平解放。1955年1月,中共中央新疆分局发出了《关于成立省级自治区的指示》。1955年4月,中共中央复电新疆分局,同意新疆建立省级民族区域自治的名称为"新疆维吾尔自治区"。1955年9月13日,全国人民代表大会常务委员会第21次会议通过决议,批准国务院总理周恩来提交的议案,成立新疆维吾尔自治区,撤销新疆省建制,并以原新疆省的行政区域为新疆维吾尔自治区的行政区域。1955年9月20日,新疆第一届人民代表大会第2次会议在乌鲁木齐隆重召开;9月30日,会议选举产生了新疆维吾尔自治区人民委员会组成人员,正式成立了中华人民共和国新疆维吾尔自治区。赛福鼎·艾则孜(维吾尔族)当选为新疆维吾尔自治区主席。1955年10月1日,乌鲁木齐各族各界群众六万多人在人民广场举行盛大集会,庆祝新疆维吾尔自治区成立。这是我国执行民族区域自治政策的重大胜利,它进一步提高了各族人民对统一的多民族国家的认识和爱国主义觉悟,加强和巩固了新疆各民族的信任和团结,进一步发挥了维吾尔族和其他各民族的积极性,进一步发展新疆各民族的政治、经济和文化事业。新疆维吾尔自治区成立五十周年来,特别是党的十一届三中全会以来,在中国共产党领导下,各族人民团结奋斗、艰苦创业,以极大的热情投身于改革开放和现代化建设的伟大实践,经济建设和各项社会事业都取得了辉煌成就。

2005年10月1日,正值国庆节之际,中华人民共和国国家邮政局发行了一套《新疆维吾尔自治区成立五十周年(J)》纪念邮票,全套3枚。刘秉江设计。胶版。齿孔12度×12.5度(左右两边各有一个椭圆形齿孔)。邮局全张枚数9(3×3),横3枚连印。防伪方式有防伪纸张、防伪油墨、异形齿孔、荧光喷码。辽宁省沈阳邮电印刷厂印制。

这套邮票的3枚图案,设计者选择了具有新疆地区特色的民族舞蹈,生动地展现了新疆各族人民欢庆自治区成立五十周年的欢乐气氛。在色彩上,使用了给人活跃感觉的暖色调,黄、褐等色彩增添了画面干净、轻快的调子,突出了图案整体的效果。设计者对图案中的人物动作进行了重复的表现,着重刻画人物形象在疏密上的变化和动作上的张扬,寓节奏感和韵律感于细节处,在视觉上让有限的人物形象显得有秩序、有变化、不呆板,在有限的空间内表现出了整体的喜庆氛围。

【迎新曲】2005—21·(3—1)J　面值80分,票幅规格40毫米×30毫米,发行量950万枚。图案谱写了新疆各族人民迎接新生活的一曲赞歌。

画面上,身穿节日盛装的维吾尔族和哈萨克族人民,他们击打着手鼓,弹拨着冬不拉,载歌载舞,尽情地表达了对美好生活的憧憬和信心。

有关手鼓的知识,详见新版《中国集邮百科知识》纪49《中国民间歌舞〈第一组〉》。

有关冬不拉的知识,详见新版《中国集邮百科知识》特52《中国民间舞蹈〈第二组〉》。

【欢庆颂】2005—21·(3—2)J　面值80分,票幅规格40毫米×30毫米,发行量950万枚。图案展现出了新疆各族人民欢庆自治区成立五十周年的热烈场面。

画面上,穿着各式各样漂亮民族服装的各族人民,他们舒展双臂,跳动脚步,仿佛在踏着一个节拍,尽情舞动着前进,虽然只有5个人物,但却创造出了一种整体的喜庆氛围,能够给读者深切的身临其境之感。

【丰收歌】2005—21·(3—3)J　面值80分,票幅规格40毫米×30毫米,发行量950万枚。图案表现了新疆各族人民喜庆丰收的景象。画面上,身穿各具特色

民族服装的女子,她们有的提篮,有的双手托着果盘,迈着欢快的舞步,把新疆的特产哈密瓜、无核白葡萄……最为珍贵的礼物,献给伟大的中国共产党,献给共同辛勤创造新疆丰收的各族人民。

有关哈密瓜的知识,详见新版《中国集邮百科知识》J·119《新疆维吾尔自治区成立三十周年》。

2005—22M 中华人民共和国第十届运动会(小型张)(J)

【中华人民共和国第十届运动会(小型张)(J)】The 10th National Games of the People's Republic of China(Souvenir Sheet)(J) 有关第一届～第八届全运会举办的时间和地点的知识,详见本书1997—15《中华人民共和国第八届运动会(J)》。第九届全运会于2001年11月11日～25日在广州举行。经国务院批准,中华人民共和国第十届运动会(简称"十运会")于2005年10月12日～26日在江苏省举行,除主赛场设在南京外,苏州、无锡、镇江、常州、扬州、徐州、连云港、淮安、南通、盐城、泰州和宿迁等省辖市以及部分县(市、区)、大专院校和企业也承担了十运会的部分竞赛任务,这是我国第一次采用申办方式确定承办单位的大型综合性运动会,也是2008年北京奥运会前的一次大演练。十运会参加单位有中国人民解放军、全国各省(自治区、直辖市)、香港特别行政区、澳门特别行政区、新疆建设兵团、各行业体协等代表团共46个。参赛运动员9922名,其中男子运动员5454名,女子运动员4468名。十运会共设游泳(跳水、水球、花样游泳)、射箭、田径、羽毛球、棒球、篮球、拳击、皮划艇(激流回旋)、自行车、马术、击剑、足球、体操(艺术体操、蹦床)、手球、曲棍球、柔道、现代五项、赛艇、帆船(帆板)、射击、垒球、乒乓球、跆拳道、网球、铁人三项、排球(沙滩排球)、举重、摔跤、速度滑冰、短道速度滑冰、花样滑冰、武术(套路、散打)等32个项目,357个小项。

2005年10月12日,为了祝贺"十运会"顺利开幕,中华人民共和国国家邮政局发行了一枚《中华人民共和国第十届运动会(小型张)(J)》纪念小型张。沈嘉宏设计。影写版(采用压凸工艺)。齿孔12.5度×12度。防伪方式有防伪纸张、防伪油墨、荧光喷码。北京邮票厂印制。

【中华人民共和国第十届运动会】2005—22M·(1—1)(小型张)J 小型张面值6元,小型张规格130毫米×90毫米,邮票规格60毫米×50毫米,发行量820万枚。邮票图案采用了"十运会"的会徽图形。"十运会"会徽以龙腾虎跃为主题,图形由阿拉伯数字"10"变化而来,既表示第十届运动会,又含有十全十美之意;同时它又是一个"S"的变形。"S"是体育的英文(SPORT)的首个字母以及江苏省的汉语拼音首个字母,而且字母"S"又象征了飞舞的龙、盘踞的虎及燃烧的体育圣火。整个图形以高度概括的手法,表现了飞舞的龙和盘踞的虎及燃烧的体育圣火,意在以虎踞龙盘和龙争虎斗的艺术形象,体现"十运会"举办地江苏文化的深厚底蕴和地域特征以及竞技体育生龙活虎的鲜明特点。会徽图形色彩采用国旗的红黄两色,象征"十运会"乃全国性的体育盛会。会徽图形的设计既注重传统又立足现代,特别强调活力和动感,以凸显体育健儿奋力拼搏的精神风貌,强化更高、更快、更强的奥林匹克理念。小型张色彩背景主要以深蓝渐变为主色调,鲜明地衬托出红色的"十运会"会徽;设计者采用标志光芒特效的色相推移处理,使色彩具有强烈的跳动感,虽没有运动场景,却有运动的感觉,而且更多了些节日的喜庆气氛,正好侧重强调了"十运会"的宗旨"体育的盛会,人民的节日"。

2005—23 金钱豹和美洲狮(中国—加拿大联合发行)(T)

【金钱豹和美洲狮(中国—加拿大联合发行)(T)】Leopard and Cougar(Jointly Issued by China and Canada)(T) 有关"中国"名称的知识,详见本书1996—8《古代建筑(中圣联合发行)(T)》。加拿大位于北美洲北半部。关于加拿大国名的来历,有三种解释:其一,在原居北美五大湖流域的易洛魁部落使用的印第安语中,"加拿大"一词是"棚屋"的意思。1535年,法国探险家卡蒂埃所写的游记中记载着一个这样的故事：卡蒂埃询问当地易洛魁酋长，那块地方叫什么名字，酋长挥舞双臂，大声答道："加拿大！"卡蒂埃以为指的是整个国土，其实，只是附近一个由棚屋组成的村落。但从此，人们误称整个国土为加拿大。其二，1534年，法国国王弗兰齐斯克一世下令，由航海家让·卡尔切组织一支舰队，到海外探险。卡尔切的舰队航行来到北美洲的一个海湾，他们沿海湾向内陆航行，发现了一条大河。卡尔切把这个海湾定名为圣劳伦斯湾，把这条河称为圣劳伦斯河。他顺着这条河向下游航行，经过一段荒凉的地区后，发现了村庄并受到当地印第安人的欢迎。两个法国人从甲板上取下来一个十字形的木桩，上面写着一行大字："这块土地属于法兰西国王弗兰齐斯克一世。"他们把木桩在地上埋好，并用石头加以固定。印第安人等法国人把木桩埋好，便领着他们到村里。卡尔切问主人，他们这里是什么地方，叫什么名字？印第安人以为这些外国人问的是他们的村庄，便随口答道："加拿大。"在印第安语中，加拿大的意思是"村庄"。于是，加拿大便成为北美一个幅员辽阔的国家的名字。其三，在葡萄牙语中，加拿大一词是"荒凉"之意。1500年前，葡萄牙探险者科尔特雷尔航行到此，但见一片荒凉景象，便说："Canada（加拿大）！"意思是"什么也没有"，故而得名。16世纪，英、法殖民者先后入侵。1763年，英法7年战争后，沦为英国殖民地。18世纪末，爆发争取独立的运动。1867年，成为英自治领。1926年，获得外交上的独立。1931年，进一步确立和英国之间平等地位，成为英联邦成员。加拿大面积995.67万平方公里。首都渥太华。1970年10月13日，加拿大和我国建立正式外交关系。

2005年10月13日，为了纪念加拿大和我国建立正式外交关系35周年，中华人民共和国国家邮政局和加拿大国家邮政部门联合发行了一套《金钱豹和美洲狮（中国—加拿大联合发行）（T）》特种邮票，全套2枚。刘继彪（中国）、基思·马丁（加拿大）设计。（2—1）摄影者孔占礼。影写版。齿孔13度×13.5度。邮局全张枚数8（2×4）。防伪方式有防伪纸张、防伪油墨、荧光喷码。北京邮票厂印制。

【金钱豹】2005—23·（2—1）T　面值80分，票幅规格40毫米×30毫米，发行量1130万枚。图案描绘了一只金钱豹的形象。金钱豹是猫科动物中的大型食肉兽，一般体长1米多，体重50公斤左右，最重的金钱豹可达80公斤。因在全身棕黄色毛上，布满了大大小小的黑斑和古钱币状的黑环，故名金钱豹。金钱豹产于东半球的亚非两洲，分布范围极广。在我国除台湾、海南、山东、辽宁外，曾普遍见于各省区。20世纪50年代，我国约有数万只金钱豹，数量相当多，尤以云南、贵州、福建、江西、湖南、湖北、四川、陕西等省最多。20世纪50年代末，金钱豹除在开展的"打虎除害"运动中被滥猎外，它的栖息环境还遭到了垦荒、伐木等活动的破坏，使得可以作为食物的猎物极度匮乏，导致国内许多地区金钱豹的数量急剧下降。据1998年的濒危动物红皮书记载，在20世纪80年代，中国东北地区的金钱豹（东北亚种）已绝迹；20世纪90年代，甘肃全省再也没有发现金钱豹的踪迹。北京的门头沟区是华北豹亚种的模式产地，但现在不少地方已被辟为牧场和游览观光地，道路的开通和游客的往来，已经严重影响到了金钱豹的生存。据有关资料记载，目前我国可能尚存的野生金钱豹仅有数百只了，如果相关部门不采取有效措施，金钱豹的命运相当堪忧。金钱豹是一种不合群的动物，喜欢独来独往，它们白天常隐匿在树上或岩洞中，黄昏或夜晚才出来游窜。食物有鹿、狍、野羊、兔及野鼠等。金钱豹善于爬树，因此猴和鸟类也是它的猎食对象。金钱豹身体矫健，适应能力极强，无论是在寒冷的西伯利亚，还是在南亚的热带雨林，它都能生存。当食物缺乏时，金钱豹也会潜入村寨偷食家畜、家禽。生活在寒冷地区的金钱豹，多在春末生殖，其孕期100天，每胎2只~4只，寿命十多年。国际上将金钱豹列为Ⅰ级保护动物，我国也将其列为国家Ⅰ级重点保护野生动物。邮票图案依据孔占礼的摄影作品，描绘了金钱豹进餐后卧伏在树干上的姿态，真实地再现了它特有的生活习惯。从这只金钱豹的躯体和四肢看，处于悠闲放松的状态，但它的双耳直竖，双眼注视前方，目光炯炯，又显得十分警觉，随时都在准备应付异常的情况。设计者采用传统与现代相结合的中国工笔画法，错落的笔触表现出了金钱豹的毛粗细长短不一的特点，整个画面变化丰富，质感强烈，准确地表现出了皮毛动物特有的肌理特征。特别是设计者将图案有效地与中国传统的生宣纸的特点相结合，更使画面充满了一种东方艺术韵味。图案左下角标有金钱豹的拉丁文名称"*Panthera pardus*"，给画面增加了科学信息。

【美洲狮】2005—23·（2—2）T　面值80分，票幅规格40毫米×30毫米，发行量1110万枚。图案描绘了一只美洲狮的形象。美洲狮是食肉猫科中较大的一种动物，外形和毛色极像非洲狮的雌性。美洲狮除个体较非洲狮小以外，最明显的区别是它的尾巴比较短。美洲

狮产在西半球的美洲，由加拿大南部，经美国、墨西哥，直到南美的智利、秘鲁等国都有分布，而且产在北部寒冷地区的美洲狮要比产在南方热带地区的大得多。美洲狮的体重一般为25公斤～80公斤，最重的雄性可达110公斤。美洲狮生性孤僻，平时单独活动，能适应不同的复杂环境，在森林、草丛、山地、丘陵、平原或是荒漠中都有它的踪迹。美洲狮体格健壮，牙齿锐利，肌肉发达，四肢有力，动作敏捷。它的跳跃能力特别强，静止起跳，能有4米～5米；若有助跑，则一次可跃10米～13米远。在20米～30米内的猎物，一般都难以逃脱美洲狮的捕杀。产在北美洲的美洲狮多捕食鹿、兔、鼠等动物，而产在南美洲的美洲狮还捕食幼貘或高原上的原驼等。美洲狮虽然凶猛，但一般不主动攻击人。每只美洲狮都有自己较固定的活动领地，它们采用自己体腺排出的味道和尿迹作为标记。生活在南美洲的美洲狮，繁殖期不固定。生活在北美洲的美洲狮，繁殖期在冬季，它们发情时多用吼声相互传递求偶的信息；交配后不久雌雄美洲狮会分开；母狮的孕期约为92天左右，每胎1只～4只；半个月后，幼仔身上的胎毛开始长出有斑点的花纹，2个月～3个月后斑点的花纹开始褪去，半岁后开始向母狮学习猎食技巧，约一岁左右便离开母狮独立生活。美洲狮的寿命约15年左右。国际上将美洲狮列为保护的珍稀动物。邮票图案描绘了一只美洲狮卧伏在洞穴外岩石上悠闲地享受阳光的场景，真实地再现了它特有的生活环境和孤僻性格。画面以一道道连绵起伏的山岭为背景，使得美洲狮浑身黄褐色的毛色与一块块岩石显得自然和谐；它的身躯虽然放松地卧伏在岩石上，但却昂首挺胸，双目直视前方，仿佛发现了什么异常动静，显得十分警觉。图案右下角标有美洲狮的拉丁文名称"Puma concolor"，给画面增加了科学信息。

2005—24 城头山遗址(T)

【城头山遗址(T)】Chengtoushan Site(T) 城头山遗址位于湖南省澧县东溪乡南岳村，距县城10公里，占地面积十五万二千多平方米。1979年，澧县文化馆文物考古专职干部在南岳村发现了古城址，当地村民把这个地方称为"城头山"。1991年冬，由湖南省文物考古研究所主持，对城址进行了第一次实测，并对城墙西南转角进行了解剖，但因第一次的试掘仅限在城墙各部位的地层，便将筑城时间定为距今四千八百年左右的屈家岭文化中期，成为当时已经发掘的中国最早的一座城址。1992年，进行第二次发掘时，发现了大溪文化早期的瓮棺葬及数件陶碗、泥釜随葬品。因发掘中有更新的进展，当年城头山被评为1992年中国十大考古新发现之一。但当时并未意识到在屈家岭文化之前有更早的筑城行为。1993年，对城址进行了大面积的发掘，但因对文化分界的意见不同，只是将这时期的上限推前到屈家岭文化早期，即距今五千二百至五千三百多年。1996年12月～1997年1月，发掘工作获得了重大突破性的进展，即在东城墙解剖时，发现了城头山城墙先后四次筑建的地层叠压关系，从最底层灰坑中出土了粗泥釜、红衣粗弦纹厚陶片，考古专家们认定为第一次筑城时间距今约六千年，即大溪文化一期时期，是中国目前发现的最早的城墙，而且在最早的城墙下还发现了距今六千五百至七千年的汤家岗文化时期的水稻田遗址。这一发现，为证实长江中游，特别是洞庭湖平原为稻作农业的重要起源地提供了无可替代的证物。城头山遗址先后经过11次考古发掘，揭露面积近7000平方米，出土文物有玉器、骨器、石器、陶器共一万六千多件。城头山遗址包括：城垣、城门设施、早期环壕和后期护城河；居住遗址、制陶遗址、祭坛遗址、道路遗址和墓葬遗址、城垣底层的水稻田遗址。1996年，城头山遗址由国务院批准为"全国重点文物保护单位"，1992年和1997年两次被评为全国十大考古重大发现之一。1995年3月25日，国家主席江泽民视察澧县时亲笔题词"城头山古文化遗址"。2001年，被评为"中国20世纪100项考古重大发现之一"。城头山遗址是中国迄今发现年代最早、保存最完整、内涵最丰富的古城址，它为研究中国史前长江流域社会文明的起源、聚落的发展、城邦的形成及筑城技术保存了珍贵的实物资料。

2005年11月6日，为了宣扬中华民族悠久灿烂的古文化，中华人民共和国国家邮政局发行了一套《城头山遗址(T)》特种邮票，全套1枚。摄影者张双北、何介钧。郭承辉设计。影写版。齿孔12.5度（左右两边居中各有一个椭圆形齿孔）。邮局全张枚数10(6×2)，其中间有2枚过桥票。防伪方式有防伪纸张、防伪油墨、异形齿孔、荧光喷码。北京邮票厂印制。

【城头山遗址】2005—24·(1—1)T 面值80分，票幅规格40毫米×30毫米，发行量1180万枚。图案以航拍全景图城头山遗址城垣下的田丘、原生地面倾斜走向的凹槽地形、人工垒筑的田埂、大片有龟裂纹的稻田为背景，具体展现了大溪文化彩陶杯、屈家岭文化石钺、大溪文化折腹碗、屈家岭文化镂空圈足豆四件城头山出

土的文物形象。现存城垣属大溪文化早期、中晚期至屈家岭文化早期、中期，四次修筑而成。城垣呈圆形，周长一千多米，高于城外稻田 5 米～6 米，有东、西、南、北四门，城外有护城河，古城的城垣和整体格局保存完整。东城门农耕土下有一条长 8 米、宽 12 米的屈家岭文化时期的卵石路。南城门发掘出大溪文化早期壕沟，出土了水稻、冬瓜、葫芦等近百种植物籽实，以及牛、鹿、象、猪、鸟类、鱼类等二十多种动物及人的骨骸，还有竹席、芦席、麻布编织物、木桨、船艄、榫卯结构的木构件等遗物。水稻田遗址在城门北侧城墙之下，在此发掘出汤家岗文化时期（距今 6500 年）的世界最早的水稻遗迹。现已揭露三丘，平行排列，田埂之间是平整的厚 30 厘米的纯净的灰色土，为静水沉积。田埂旁边发现有颜色新鲜的田螺。田面平整，显出稻田所特有的龟裂纹，剖面清晰可见水稻根须，田土中含有不少稻叶、稻茎、稻谷。稻田旁有规整的圆形蓄水坑和流水沟等初期的灌溉设施。房屋建筑遗址位于城西偏南，发掘出两座屈家岭文化早期的房屋，其中有大居室、大厨房、排房、方形灶，还有一些陶制食器。墙基、墙体下部、门道、柱洞都保持完好，房屋北面有一条红烧土路，路两旁设有排水沟。制陶作坊遗址位于城中部，发掘出大溪文化早、中期的 8 座陶窑，其中有的专门烧红土块做建筑材料，有的专门烧陶器。另外还有料坑、贮水坑、工棚和数条取土坑道，与陶窑配套。祭坛遗址位于东城墙内，由完整的祭坛和祭祀坑组成，属大溪文化早期。祭坛用黄色纯净土筑建，略呈椭圆形，面积为 250 平方米。祭祀坑呈圆形、方形、长方形，其内或有红烧土，或有草木灰，或有动物骨骼，或有釜、碗、碟等餐具，或有烧灼过的炭化大米。墓葬遗址位于城西北部，系屈家岭文化晚期的瓮棺葬，也有少量土坑墓。墓葬层层叠叠，达 6 层～7 层，分布密集，已清理出六百多座。随葬陶器数量悬殊，有的多达一百多件，有的则只有 1 件～2 件，显然已出现了等级分化。画面上选取的 4 件城头山出土文物，从左至右为：彩陶杯是一种盛酒器，属大溪文化二期墓葬出土随葬品，距今约 5800 年。器形敛口，口沿儿一周饰黑色带纹。杯身略鼓，饰两周黑带纹。三只扁平杯足饰竖条纹，立于一倒置半球形圈足上，圈足底部饰一圈宽黑带纹，通体饰方格纹。杯体造型新颖别致，具有艺术性。石钺是一件礼器，系大溪文化四期器物，距今约 5300 年。圆弧形双面刀，钺身微束，顶部穿有一孔。据《尚书·周礼》记载："王左仗黄钺，右秉白旄以麾。"钺是一种斧形器，最早由石斧演变而来。但邮票图案上选用的这把石钺已非一般的实用器物，而是一种代表权力地位的象征了。折腹碗是一种盛储器，城头山 678 号墓葬出土，属大溪文化二期器物，距今 5800 年。器形敛口，腹部斜收，近圈足部分折出，器物身形端庄，朴实，具有一种沉重感。镂空圈足豆是一种盛储器，系屈家岭文化中、晚期器物，距今 4800 年。灰陶，浅托盘、粗豆柄，柄足通体饰镂空纹。该器物造型夸张，但又不失协调，体现了古人良好的审美观。邮票图案采用了古陶器为主，背景衬以城头山古城遗址和古稻田的创作手法，既表现出了一种历史感和整个遗址的古文化氛围，也从不同侧面反映了城头山遗址的风貌。

2005—25 洛神赋图（T）

【洛神赋图(T)】Goddess of the River Luo(T) 洛神即洛水的女神洛嫔，名宓妃，伏羲之女。相传伏羲居住在洛河南岸一带。他在洛口筑了八卦台，来往于黄河与洛水之间，外出时常把女儿宓妃带在身边。宓妃长得美丽聪慧。不幸，一次宓妃独自驾舟游玩，突然狂风大作，她溺水洛水。伏羲失去爱女，终日哭泣呼喊，其情感动了玉皇大帝，便封宓妃为"洛水之神"执掌洛水。洛水上空经常云雾飘游，那就是洛神在河上巡游。洛水经洛阳出，东流近百里与伊河交汇，往北注入黄河。《洛神赋图》为东晋画家顾恺之（约 345—406）所作。现在传世的共有四件，绢本，设色，尺寸规格纵约 27 厘米，横约 572 厘米，均为宋人摹本。北京故宫博物院收藏两件，中国辽宁省博物馆收藏一件，美国弗利尔美术馆收藏一件。《洛神赋图》取材于三国曹魏时期诗人、曹操之子曹植所写的《洛神赋》。赋是一种文体名。班固《两都赋序》："赋者，古诗之流也。"到汉代形成一种特定的体制，讲究文采、韵节，兼具诗歌与散文的性质。《洛神赋》描写了神人之恋，缠绵凄婉，动人心魄，通篇言辞优美，情辞并茂。《洛神赋》是中国古典文学中反映爱情悲剧的名作之一。关于曹植创作《洛神赋》的原因，有两种说法：其一，相传曹植从京师（洛阳）东归封地途经洛阳的洛水之滨时，与洛水的女神相会并坠入情网，但最后女神还是离他而去，曹植将怀念之情写成了此赋。其二，传说，曹植少时曾与上蔡（今河南汝阳）县令甄逸之女相恋，后甄逸之女嫁给了曹植之兄曹丕为后。甄后死后，曹植获得甄后遗枕，感而生梦，因此写出《感甄赋》，魏明帝曹叡将其改为《洛神赋》传世。曹植的《洛神赋》并序释文：

黄初三年,余朝京师,还济洛川。古人有言,斯水之神,名曰宓妃。感宋玉对楚王神女之事,遂作斯赋。其辞曰:

余从京域,言归东藩。背伊阙,越轘辕,经通谷,陵景山。日既西倾,车殆马烦。尔乃税驾乎蘅皋,秣驷乎芝田,容与乎杨(阳)林,流眄乎洛川。于是精移神骇,忽焉思散。俯则未察,仰以殊观,睹一丽人,于岩之畔。乃援御者而告之曰:"尔有觌于彼者乎?彼何人斯?若斯(此)之艳也!"御者对曰:"臣闻河洛之神,名曰宓妃。然则君王之所见,无乃是乎?其状若何?臣愿闻之。"余告之曰:"其形也,翩若惊鸿,婉若游龙。荣曜秋菊,华茂春松。髣髴兮若轻云之蔽月,飘飖兮若流风之回雪。远而望之,皎若太阳升朝霞;迫而察之,灼若芙蕖出渌波。秾纤得衷,修短合度。肩若削成,腰如约素。延颈秀项,皓质呈露。芳泽无加,铅华弗御。云髻峨峨,修眉联娟。丹唇外朗,皓齿内鲜,明眸善睐,靥辅承权。瓌姿艳逸,仪静体闲。柔情绰态,媚于语言。奇服旷世,骨像应图。披罗衣之璀粲兮,珥瑶碧之华琚。戴金翠之首饰,缀明珠以耀躯。践远游之文履,曳雾绡之轻裾。微幽兰之芳蔼兮,步踟蹰于山隅。于是忽焉纵体,以敖(遨)以嬉。左倚采旄,右荫桂旗。攘皓腕于神浒兮,采湍濑之玄芝。余情悦其淑美兮,心振荡而不怡。无良媒以接欢兮,托微波而通辞。愿诚素之先达兮,解玉佩而(以)要之。嗟佳人之信修,羌习礼而明诗。抗琼珶以和予兮,指潜渊而为期。执眷眷之款实兮,惧斯灵之我欺。感交甫之弃言兮,怅犹豫而狐疑。收和颜而静志兮,申礼防以自持。于是洛灵感焉,徙倚彷徨,神光离合,乍阴乍阳。竦轻躯以鹤立,若将飞而未翔。践椒涂之郁烈,步蘅薄而流芳。超长吟以永慕兮,声哀厉而弥长。尔乃众灵杂遝,命俦啸侣,或戏清流,或翔神渚,或采明珠,或拾翠羽。从南湘之二妃,携汉滨之游女。叹匏瓜之无匹兮,咏牵牛之独处。扬轻桂之猗靡兮,翳修袖以延伫。体迅飞凫,飘忽若神,陵波微步,罗袜生尘。动无常则,若危若安;进止难期,若往若还。转眄流精,光润玉颜。含辞未吐,气若幽兰。华容婀娜,令我忘餐。于是屏翳收风,川后静波。冯夷鸣鼓,女娲清歌。腾文鱼以警乘,鸣玉鸾以偕逝。六龙俨其齐首,载云车之容裔。鲸鲵踊而夹毂,水禽翔而为卫。于是越北沚,过南冈,纡素领,回清阳,动朱唇以徐言,陈交接之大纲。恨人神之道殊兮,怨盛年之莫当。抗罗袂以掩涕兮,泪流襟之浪浪。悼良会之永绝兮,哀一逝而异乡。无微情以效爱兮,献江南之明珰。虽潜处于太阴,长寄心于君王。忽不悟其所舍,怅神宵而蔽光。于是背下陵高,足往神留,遗情想像,顾望怀愁。冀灵体之复形,御轻舟而上溯。浮长川而忘返,思绵绵而增慕。夜耿耿而不寐,沾繁霜而至曙。命仆夫而就驾,吾将归乎东路。揽騑辔以抗策,怅盘桓而不能去。

《洛神赋》虽为虚构的梦幻境地,但画家顾恺之读后,深为感动,遂一挥而成《洛神赋图》,用绘画语言清晰地传达出了曹植在《洛神赋》中想要寄托的思想感情。《洛神赋图》曲折细致而又层次分明地描绘出了曹植与洛神真挚纯洁的爱情故事。展开画卷,只见站在岸边的曹植表情凝滞,痴痴地遥望着远方水波之上的洛神。水波上的洛神,高高的云髻,被风吹起的衣带,富有一种来自天界的飘飘仙神之感。特别是她那种欲去还留,顾盼之间流露出的仰慕之情,真的动人心魄。在画卷中,画家多次安排洛神与曹植不期而遇,日久自然情深;当洛神不得不乘龙车在云端渐渐远去后,无奈留在岸边的曹植,此情难忍,不禁终日思之,最后也只得依依不忍地离去。全图设色艳丽明快,线条准确流畅,充满动感,洋溢着诗情画意之美。在人物安排上,疏密得宜,在不同的时空中交替重叠均十分自然;人物形象刻画得逼真,不仅仕女形象修长,脸型俊秀,而且注重表现人物不同身份、不同心情时的神情,如曹植初见洛神时的喜悦,洛神离去后的惆怅和哀凄,都表现得恰到好处。在山川景物的描绘上,虽然山川树石的画法显得幼稚古朴,还处于单线勾勒、排列均匀、比例欠缺的魏晋山水画早期不成熟阶段,但依然展现出了一种空间美。《洛神赋图》鲜明地表现了顾恺之那个时代中国绘画的一个特征,即不讲透视和比例关系,而是对重要表现对象作拔高扩大处理,比如重要人物画得比次要人物高大,以突出重要人物的神情及衣着。《洛神赋图》无论从内容、艺术结构、人物造型上看,还是从环境描绘和笔墨表现的形式上看,都称得上是中国古典绘画中的瑰宝之一。实际上《洛神赋图》保留了较多的古代壁画的造型与设色方式,铺陈故事的构图方式也和汉代画像石的布局相似。因此,观赏顾恺之的《洛神赋图》,既能够领略他早期代表作的风貌,也可以发现中国画当年的绘制风格。这套邮票采用

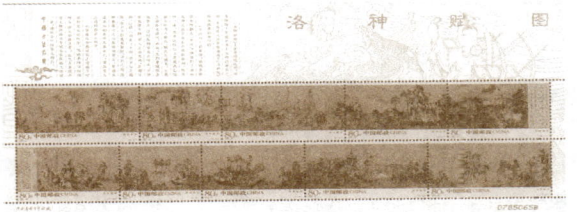

的是现收藏于北京故宫博物院的《洛神赋图》摹本。

2005年9月28日,为了展现中国古典绘画风貌,中华人民共和国国家邮政局发行了一套《洛神赋图(T)》特种邮票,全套10枚。原画作者东晋·顾恺之。北京故宫博物院提供资料。王虎鸣设计。胶雕套印。齿孔12度。邮局全张枚数10枚连印。防伪方式有防伪纸张、防伪油墨、缩微暗记、荧光喷码。河南省邮电印刷厂印制。

这套邮票的10枚图案,画面古朴,人物传神,轮廓清晰,真切自然,给人一种亲切感。整版规格276毫米×110毫米,呈长条版式,全套10枚邮票自右向左排列,将上下撕开连接在一起,即可展现出《洛神赋图》古画全貌。10枚邮票的票幅设计成三种规格,其中,(10—3)(10—5)(10—6)(10—7)4枚为60毫米×30毫米;(10—1)(10—2)(10—8)(10—10)4枚为50毫米×30毫米;(10—4)(10—9)2枚为40毫米×30毫米,避免了齿孔打在画面的人物或其他物体上,保护了古画的完整统一,真是别具匠心。全张左上角边纸上印有主题文字介绍:"《洛神赋图》系东晋顾恺之作,画卷描绘了曹植对凄美洛神的眷恋之情。画卷依次给观者讲述了《洛神赋》所述故事的全过程:从京师归去的曹植,傍晚来到洛水畔歇息,忽然仿佛看到了洛水之神宓妃正在山水边际徘徊。他定眼一看,原来这位仙女竟是他已经故去的恋人甄氏。甄氏与娥皇、女英正在水边嬉戏、游玩,见到曹植就凌波而来。这时风神令风儿停止,河神命波浪平静,两人互诉衷肠,互赠信物,以续人间未了之情。然而仙凡路隔,相见只能是短暂的。话别之后,洛神乘着六龙云车徐徐离去,曹植在渡洛水的舟中思慕不已,离岸登车后还频频回头怅望。此画卷在布局结构上突破了时间和空间的限制,使故事情节相对独立,但又衔接连贯;在艺术表现手法上使得绘画与赋文在风格上保持一致,堪称古代绘画之精品。"另外,这套邮票首次采用了无墨雕刻印刷工艺,将曹植的《洛神赋》全文经缩微后,用雕刻制版方法,分别隐藏于(10—1)(10—2)(10—3)(10—5)(10—6)(10—7)左上角、(10—4)(10—8)(10—10)右上角、(10—9)上半部的背景中,根据光的阴影现象和全反射现象,文字与纸面相对凸起,呈立体状,只有在特定的光线条件下发生阴影现象和光的全反射现象,"隐形"文字方可现身出来,借助高倍放大镜便可阅读,达到了历史名篇与古典画卷图文并茂,交相辉映,令人赞叹不已。

【洛神赋图(局部)】2005—25·(10—1)T　面值80分,票幅规格50毫米×30毫米,发行量890万枚。图案选取了《洛神赋图》的局部,描绘了曹植离开京师,傍晚来到洛水畔歇息的情景。画面上,日已西倾,暮色苍茫,洛水静静地流淌着,岸边垂柳依依;经历了长途跋涉的三匹马,有的低头吃着河岸上的青草,有的引颈张望四周的景色,有的干脆在地上翻滚着舒展自己的筋骨;两位站立的御者,一位在静静地欣赏着马儿吃草,一位正在躲避翻滚着的马匹。这个局部画面既充满着人倦马乏的气氛,又洋溢着一种和谐的生活情趣。图案右端(即画卷首)采用黑专色雕刻凹印技术,印出了清乾隆题跋文字:

赋本无何有,图应色即空。
传神惟梦雨,拟状若惊鸿。
子建文中俊,长康画里雄。
二难今并美,把卷拂灵风。
乾隆辛酉小春御题

"几暇临池""稽古右文之玺"48个字,清晰可辨。

【洛神赋图(局部)】2005—25·(10—2)T　面值

80分,票幅规格50毫米×30毫米,发行量890万枚。图案描绘了曹植偶然发现洛神的情景。画面上,曹植在侍从们的簇拥中,漫步于洛水岸边,精移神骇,忽然望见远处岩之畔有一位美丽女子,仿佛是洛水之神宓妃。他定睛一看,原来这位仙女竟是自己已经故去的恋人甄妃。此时此刻的曹植,生怕惊动神女,不禁下意识地用双手拦住侍从们,从侍从们呆滞的目光和木然的表情,衬托出了曹植如痴如醉的神情,揭示了他内心的专注、惊讶、激动而外表仍矜持的复杂心情!

【洛神赋图(局部)】2005—25·(10—3)T　　面值

80分,票幅规格60毫米×30毫米,发行量890万枚。图案描绘了洛神见到曹植凌波而来的情景。画面上,洛神披罗衣,珥瑶碧,戴金翠,缀明珠,柔情绰态。她与曹植一见钟情,时而飘向云间,忽而又落水面,与仙女们遨游嬉戏,将曹植引入与之相对话的空间中。

【洛神赋图(局部)】2005—25·(10—4)T　　面值

80分,票幅规格40毫米×30毫米,发行量890万枚。图案描绘了仙女为洛神与曹植相见起舞的情景。画面上,垂柳依依,仙女们舒袖起舞,充满着一种惊喜和欢快的气氛。

【洛神赋图(局部)】2005—25·(10—5)T　　面值

80分,票幅规格60毫米×30毫米,发行量890万枚。图案描绘了洛水上风平浪静的自然环境。洛神与曹植相见后,风神令风儿停止。画面上,树叶纹丝儿不动,为有情人的偶然相会提供了一个美妙的场景,曹植看着神女和仙女们的飞舞嬉戏,更加形随神往,以静衬动,给读者留下了广阔的想象空间。

【洛神赋图(局部)】2005—25·(10—6)T　　面值

80分,票幅规格60毫米×30毫米,发行量890万枚。图案描绘了曹植与洛神互诉衷肠的情景。画面上,河神令波浪平静,洛水如镜;两位有情人相向面对,冯夷为之鸣鼓,他们仿佛有说不完的朝朝暮暮的思念,互赠信物,以续人间未了之情,创造出了一种人神合一的艺术境界。

【洛神赋图(局部)】2005—25·(10—7)T　　面值

80分,票幅规格60毫米×30毫米,发行量890万枚。图案描绘了洛神与曹植难舍难分之情。仙凡路隔,相见只能是短暂的。画面上,话别之后,洛神只得登上六龙云车,在众海兽护卫下,就要离去了,她那回首张望的神态,流露出了内心的那种依依不舍之情。

【洛神赋图(局部)】2005—25·(10—8)T　　面值

80分,票幅规格50毫米×30毫米,发行量890万枚。图案描绘了曹植思慕不已的心情。画面上,曹植坐在渡洛水的舟中,望着洛神乘着六龙云车徐徐离去,静坐不语,此时无声胜有声，表现出了他遗情想像，顾望怀愁的心境。

【洛神赋图（局部）】2005—25·（10—9）T 面值

80分，票幅规格40毫米×30毫米，发行量890万枚。图案描绘了曹植登岸后回首再望的情景。画面上，洛神走了，曹植小憩后也要离开洛水了，他情不自禁地从心底发出一声呼唤：何时再相见？这种强烈的渴求，将会使他"夜耿耿而不寐"，思念之情何其深呀！

【洛神赋图（局部）】2005—25·（10—10）T 面值

80分，票幅规格50毫米×30毫米，发行量890万枚。图案描绘了曹植惆怅离洛水的情景。画面上，一匹匹骏马奋蹄飞奔，说明曹植也不得不离开洛水；而坐在车上的曹植，却频频回首张望，默默不语，内心渴求与洛神再相见的愿望十分强烈，这种心理上的矛盾冲突，给画面涂上了一层浓浓的惆怅色彩，让人难以忘怀。图案左端（即画卷尾）采用黑专色雕刻凹印技术，印出了清乾隆跋文：

是卷用笔设色非近代绘法。特李息斋、虞伯生等跋并以为顾长康作，未识何据。内府别藏恺之女史箴图，偶一展阅，其神味浑穆，笔趣亦异是卷。乃悟前人评鉴多涉傅会，然要为宋以前名乎无疑也。卷末吴兴书洛神赋当亦属后人摹本。予临大令十三行既意，复加审定，辄识数语以示正法眼藏者。

乾隆御笔"澂观"、"会心不远"、"德光符"

2005—26 人民军队早期将领（二）（J）

【人民军队早期将领（二）（J）】Early Generals of the People's Army（2nd Series）（J） 有关"人民军队"的知识，详见本书2002—17《人民军队早期将领（一）（J）》。

2005年8月1日，正值中国人民解放军建军节之际，中华人民共和国国家邮政局继2002年8月1日发行的2002—17《人民军队早期将领（一）（J）》之后，又发行了一套《人民军队早期将领（二）（J）》纪念邮票，全套5枚。摄影者佚名。原画作者廉南宁。阎炳武设计。影写版。齿孔12度。邮局全张枚数10枚（2套邮票）。防伪方式有防伪纸张、防伪油墨、荧光喷码。北京邮票厂印制。

这套邮票的5枚图案的内容，经中共中央党史研究室审定，所表现的人物是抗日战争、解放战争时期牺牲的我军将领。画面整体上具有一种石板画的感觉，设计手法虽然比较单纯，但画面效果上却表现出了丰富的信息。为了再现5位人民军队早期将领的英姿，设计者以照片为基础，在确保不失真的前提下，采用电脑做了适当的艺术处理，弥补了照片因年代久远，影像相对模糊的缺陷，力求使人物形象达到了历史的沧桑感；而且，人物画面与每位将领活动过的地区的典型特征抽象地结合在一起，寓意他们是人民的儿子，增加了亲切感。人物的背景采用一块渐变的红色，象征着革命先烈用生命和鲜血染红的旗帜永远飘扬。

【杨靖宇】2005—26·（5—1）J 面值80分，票幅

规格40毫米×30毫米，发行量860万枚。图案展现了人民军队早期将领杨靖宇的头部形象。杨靖宇（1905—1940），原名马尚德，字骥生，河南省确山人。1923年在开封读书，开始接受马克思主义。1926年加入中国共产主义青年团，年底回确山从事农民运动。1927年4月领导确山农民暴动，5月加入中国共产党。大革命失败后，组织确山刘店秋收起义，任当地农民革命军总指挥。1929年春到东北，化名张贯一，任中共抚顺特别支部书记。在抚顺曾两次入狱，在日本警察署备受严刑拷打，始终坚贞不屈。"九一八"事变后经组织营救出狱，历任中共哈尔滨市道外区委书记、市委书记、满洲省委军事

代理书记。1932年11月,被派往南满,将吉林磐石一带的游击队组建成中国工农红军第32军南满游击队,任政委,创建了以磐石县红石砬子为中心的游击根据地。1933年9月,任东北人民革命军第一军独立第一师师长兼政委。1934年,任东北人民革命军第一军军长兼政委。1936年2月,任东北抗日联军第一军军长兼政委;6月,任东北抗日联军第一路军总司令兼政委。杨靖宇率部长期转战东南满大地,与日伪作战数百次,沉重打击了日伪军,扩大了游击根据地,威震东北,配合了全国的抗日战争。中共六届六中全会曾向杨靖宇为代表的东北抗日武装表示慰问,称赞他们为"冰天雪地里与敌周旋七年多的不怕困苦艰难奋战之模范"。1938年秋,日伪军连遭打击后,悬赏缉拿杨靖宇。在极端困难的条件下,杨靖宇率军继续坚持战斗。1940年1月,所部被日伪军重兵包围,他组织部队分散突围,自己只身同敌人周旋五昼夜;2月23日在吉林蒙江县三道崴子壮烈牺牲。当残忍的日军对杨靖宇割头剖腹后,发现他的胃里尽是枯草、树皮和棉絮,竟无一粒粮食,甚为震惊。1946年,东北人民政府将蒙江县改名为靖宇县。1958年,在吉林省通化市建成"靖宇陵园"。画面上的杨靖宇,头戴一顶普通军帽,面部消瘦,棱角分明,显示着一种铁骨铮铮的坚毅性格;他紧锁双眉,两眼凝视着前方,目光中有对日寇侵略者的无限仇恨和对祖国壮丽山河的深深热爱。背景采用南满的原始森林,这是杨靖宇英勇战斗和壮烈牺牲的地方,情景交融,有一种特别的亲切感。

【左权】2005—26·(5—2)J　面值80分,票幅规格40毫米×30毫米,发行量860万枚。图案展现了人民军队早期将领左权的头部形象。左权(1905—1942)1905年生于湖南省醴陵县黄茅岭的一个农民家庭。中

学时代开始接触马克思主义。1924年3月,入孙中山的建国陆海军大元帅府军政部陆军讲武学校,11月转入黄埔军校第一期学习。1925年2月加入中国共产党,曾任黄埔军校教导团排长、连长等职;12月赴苏联,先后在莫斯科中山大学、伏龙芝军事学院学习。1930年回国后到中央苏区,任中国工农红军学校第一分校教育长,后任新十二军军长。1931年12月,奉命和王稼祥、刘伯坚作为中央军委代表,赴宁都联络和指挥宁都起义部队,起义成功后,任新组编的红五军团第十五军政委,后任军长兼政委。1932年6月因"左"倾冒险主义领导者实行宗派主义干部政策,被撤销军长兼政委职务,调任红军

学校教官。1933年初,任中央革命军事委员会作战局参谋;12月任红一军团参谋长,参加了中央苏区反"围剿"作战。1934年10月参加长征,参与指挥所部突破国民党军四道封锁线,强渡大渡河、攻打腊子口等战斗,到陕北后参与指挥直罗镇和东征等战役。1936年5月任红一军团代理军团长,率部参加西征战役;11月与军团政治委员聂荣臻在前线指挥红一军团和红15军团一部进行山城堡战役,歼敌一个多旅,毙伤俘敌一千二百多人,迫使国民党军停止了对陕甘宁苏区的进攻。抗日战争爆发后,他历任八路军副参谋长、八路军前方总指挥部参谋长,后兼八路军第二纵队司令员,协助朱德、彭德怀指挥八路军开赴华北前线,开展敌后游击战争,创建抗日根据地。1938年2月,日军进犯山西临汾地区与八路军总部遭遇时,左权指挥警卫部队迂回侧翼,伏击日军,总部机关和群众安全转移;4月,参与指挥反击日军"九路围攻";11月,主持召开八路军晋东南部队参谋长会议,制定八路军各级司令部暂行工作条例,健全了司令部的工作机构。1939年起,先后三次组织整军,对提高部队战斗力起到了重要作用;同时领导创建并艰苦经营黄崖洞兵工厂,供应补充八路军武器装备,有力地支援敌后抗日根据地。1940年8月,在华北协助彭德怀指挥八路军发起"百团大战",歼灭日伪军近四万人,振奋了全国人民争取抗战胜利的信心;12月,主持召开八路军首次后勤工作会议,作了题为《论我军的后勤建设》的报告。1941年3月,在八路军后勤政治工作会议上,强调指出"政治工作是我军的生命线";11月,指挥八路军总部特务团抗击日军第36师一部的疯狂袭击,经八昼夜激战,以较小的代价歼敌千余人,保卫了八路军黄崖洞兵工厂。为此,中央军委指出"应作为我1941年以来'反扫荡'的模范战斗"。1942年5月,日军对太行地区抗日根据地进行"铁壁合围"大扫荡,25日,在山西省辽县麻田附近左权指挥部队掩护中共中央北方局和八路军总部等机关突围转移时,在十字岭战斗中壮烈殉国。为纪念这位抗日战争时期八路军牺牲的最高将领,晋冀鲁豫边区政府决定将辽县改名为左权县。在河北省邯郸市有"左权墓"和"左权纪念馆"。左权生前军事译著甚多,曾译有《苏联国内战斗的红军》《合同战术》《苏联工农红军新的步兵战斗条令》(与刘伯承合译)等,并在八路军报刊上发表过《论军事思想的原理》《论坚持华北抗战》《埋伏战术》《袭击战术》《战术问题》等论文。周恩来称他是"有理论修养同时有实践经验的军事家";朱德赞誉"他是中国军事界不可多得的人才"。画面上的左权,头戴一顶八路军军帽,昂首挺胸,洋溢着一种英雄气概;他的目光凝视着祖国的山川大地,仿佛正

在思考克敌制胜的战术,充满着军事才能和智慧。背景采用连绵起伏的三晋太行山脉,这里有左权战斗的足迹,也有左权洒下的鲜血,人民的儿子为人民解放事业而牺牲,人民将永远怀念他。

【彭雪枫】2005—26·(5—3)J 面值80分,票幅规格40毫米×30毫米,发行量860万枚。图案展现了人民军队早期将领彭雪枫的头部形象。

彭雪枫(1907—1944)原名彭修道,曾化名彭素、彭雨峰、涂秀根等。1907年生于河南省镇平县七里庄村。1925年,在北京育德中学读书时,参加"五卅"运动,被选为该校学生自治会会长;同年6月加入中国共产主义青年团。1926年转入北京汇文中学,同年9月加入中国共产党。1927年春参加北京南苑农民暴动。1930年初,到上海中共中央军委工作;5月,到湖北阳新,任中国工农红军第五纵队三大队政治委员、红八军一纵队政治委员;6月,任红三军团八军六师政治委员;7月,在攻打长沙战役中率部首先攻入城区,后参加中央苏区历次反"围剿"作战。1931年底任红三军团二师政治委员。1932年8月,在江西乐安,当有叛徒带一个团投敌时,他亲往追赶,挽救了部队。1933年任红三军团四师政治委员。1934年先后任江西军区政治委员、红军大学政治委员和中央革命军事委员会第一局局长,曾获二等红星奖章;同年10月参加长征,任军委第一野战纵队一梯队队长、红三军团五师师长。1935年2月,部队缩编后任第十三团团长,在攻克娄山关、遵义城等战斗中率部担任主攻任务;9月任陕甘支队第二纵队司令员;到陕北后任红一军团四师政治委员,率部参加直罗镇、东征等战役。1936年秋,在太原等地做团结各界爱国人士、联合阎锡山抗日的统一战线工作。抗日战争爆发后,任八路军总部参谋处处长兼驻晋办事处主任。1938年春,任中共河南省委军事部部长,组织训练抗日武装;9月,组建新四军游击队,任司令员兼政委,挺进豫东敌后,开展游击战争,继而东进开辟豫皖苏边区抗日根据地,任中共豫皖苏边区委员会书记。1939年11月所部改称为新四军第六支队,任司令员兼政委。1940年7月,第六支队与八路军南下部队合编为八路军第四纵队,任司令员。1941年皖南事变后,任新四军第四师师长兼政委。1942年兼任淮北军区司令员,与政委邓子恢领导军民同日伪军及国民党顽固派军队进行艰苦斗争,巩固和发展了淮北抗日根据地。1944年8月,执行中共中央关于向河南敌后进军的指示,指挥所部进行西进战役;9月11日,在河南夏邑八里庄指挥作战时牺牲。1945年2月7日,中共中央在延安举行了追悼会,毛泽东、朱德、刘少奇、彭德怀等中央领导和延安各界代表沉痛悼念彭雪枫。江苏洪泽和安徽宿县(今宿州)为彭雪枫修建了陵墓和纪念碑。1984年5月,为纪念彭雪枫,河南省镇平县于县城北修建了"彭雪枫纪念馆"。其主要著作收入《彭雪枫论抗日游击战争》。画面上的彭雪枫,头戴一顶八路军军帽,昂首向前,英姿勃勃,让读者情不自禁地默念起1945年延安追悼会上中共中央的挽词:"为民族,为群众,二十年奋斗出生入死,功垂祖国;打日本,打汉奸,千百万同胞自由平等,泽被长淮。"背景采用辽阔的江淮大地,情景交融,寓意这位人民的儿子为人民甘洒热血写春秋。

【罗炳辉】2005—26·(5—4)J 面值80分,票幅规格40毫米×30毫米,发行量860万枚。图案展现了人民军队早期将领罗炳辉的头部形象。

罗炳辉(1897—1946)曾用名罗南煌。1897年生于云南彝良大河区阿都乡偏坡寨。1915年入滇军,在蔡锷部当兵,参加了讨袁护国战争。1922年,参加北伐战争,任国民革命军第三军营长,因对军中腐败现象不满,被怀疑是共产党员,于1928年冬被遣离部队。1929年春,任江西省安吉县靖卫大队大队长;7月,秘密加入中国共产党;11月率部起义,参加红军,先后任团长、旅长、红三军第二纵队纵队长、第十二军军长、福建军区司令员、红九军团长等职,参加了中央革命根据地的历次反"围剿"作战,因战功卓著屡受表彰。1934年10月参加长征,率部胜利完成了保卫主力翼翼安全和维护主力行动的任务,红九军团因此被中央军委誉为"战略轻骑"。1935年6月红九军团改称为红三十二军,任军长,随左路军行动,后因张国焘坚持分裂行为而被随部南下。1936年6月率部与红二、六军团会合,7月所部划归红二方面军建制,仍任军长;11月,率部参加山城堡战役。抗战爆发后,以八路军副参谋长名义在武汉从事统战工作。1938年底起先后任新四军第一支队副司令员、新四军江北指挥部副指挥兼第五支队司令员等职,率部开辟皖东抗日根据地,开展游击战争。1941年1月皖南事变后,先后任新四军第二师副师长、师长兼淮南军区司令员等职。在指挥敌后游击战争的实践中,研究总结出了适合于在敌强我弱的敌后环境下作战的"梅花战术"。抗战胜利后,任新四军第二纵队司令员兼政委,粉碎了国民党沿津浦路北进的计划。1946年初，因长期艰苦奋战，身患重病，到临沂新四军军部医院治疗；4月任新四军第二副军长兼山东军区司令员；6月在重病未愈的情况下到枣庄部署战备工作，21日返回临沂途中病情突然恶化，在兰陵不幸逝世。山东省临沂烈士陵园建有罗炳辉烈士墓和遗像亭。画面上的罗炳辉，头戴八路军军帽，棉军大衣的毛绒领子严严实实地围住脖子，既威武雄壮，也显得身患重病；他神情坦诚，仿佛正在宣示自己的诺言："人生最快慰的是真正勇敢地牺牲个人的一切利益，最热诚努力地为民族独立、自由解放而斗争，尤其要为劳动大众的解放和利益，以真理、正义、公道为人类的幸福而斗争。"罗炳辉用毕生的精力实现了自己的诺言。背景采用了起伏的沂蒙山区，寓意罗炳辉这位人民的儿子，为人民的解放事业奉献出了自己的一切。

【关向应】2005—26·(5—5)J

面值80分，票幅规格40毫米×30毫米，发行量860万枚。图案展现了人民军队早期将领关向应的头部形象。关向应（1902—1946）原名关致祥，辽宁金县人，满族。1924年4月加入中国共产主义青年团，同年冬赴苏联东方劳动者共产主义大学学习。1925年1月转入中国共产党。1928年7月在共青团五大上被选为团中央书记。1930年初调中央军委和长江局工作。1931年冬被派往湘鄂西苏区，先后任中共湘鄂西中央分局委员、湘鄂西革命军事委员会主席团成员、红三军政委、红二军团副政委、湘鄂川黔省委委员、军委分会委员和省军区副政委。1935年11月开始长征。长征途中，同张国焘的分裂行径进行了坚决斗争，后任第二方面军政委、中革军委委员。抗日战争爆发后，任八路军第一二〇师政委，参与创建晋西北抗日根据地。1938年12月，任冀中区总指挥部政委。1940年11月，任晋西北军区政委、晋绥军区和陕甘宁联防军政委、中共中央晋绥分局书记。1941年秋，因长期艰苦的战斗环境，关向应积劳成疾，到延安休养。1945年，在中共七大上当选为中央委员。1946年7月21日，在延安病逝。延安军民为关向应举行了隆重的葬礼；延安和晋绥边区都举行了追悼会。中共中央对关向应的不朽功勋给予高度评价。毛泽东题写的悼词是："忠心耿耿，为党为国，向应同志不死。"朱德的悼词是："模范的共产党员，终身为革命奋斗，百折不屈，死而后已。"画面上的关向应，头戴八路军军帽，英姿勃勃，他目光凝视着前方，全神贯注着祖国和人民的前途命运，为民族的解放事业终生奋斗，死而后已。背景采用了壮丽的陕北高原，这是关向应战斗过的地方，十分亲切。

2005—27 西藏自治区成立四十周年(J)

【西藏自治区成立四十周年(J)】The 40th Anniversary of the Founding of Tibet Autonomous Region(J)

有关西藏和西藏和平解放的知识，详见新版《中国集邮百科知识》纪13《西藏和平解放》。1965年9月1日～9日，西藏自治区第一届人民代表大会第一次会议在拉萨隆重召开，西藏自治区正式成立。阿沛·阿旺晋美当选为自治区人民委员会主席，一大批翻身农奴担任了自治区各级政权机关的领导职务。西藏自治区的成立标志着西藏建立了人民民主政权，开始全面实行民族区域自治制度。西藏人民从此享有了自主管理本地区事务的权利，与全国人民一道走上了社会主义的发展道路，掀开了西藏历史的新篇章。四十年来，在中国共产党的领导下，西藏实现了社会制度的历史跨越，取得了社会主义建设和改革开放事业的辉煌成就。特别是党的十三届四中全会后，经过"一个转折点、两个里程碑"的生动实践，西藏又进入了一个发展进步的新阶段。

2005年8月26日，为了庆祝西藏自治区成立四十周年，中华人民共和国国家邮政局发行了一套《西藏自治区成立四十周年(J)》纪念邮票，全套1枚。周秀青设计。影写版。齿孔13度（左右两边居中各有一个椭圆形齿孔）。邮局全张枚数8(2×4)。防伪方式有防伪纸张、防伪油墨、异形齿孔、荧光喷码。北京邮票厂印制。

【西藏自治区成立四十周年】2005—27·(1—1)J

面值80分，票幅规格50毫米×38毫米，发行量1080万枚。图案以西藏最具标志性的建筑物布达拉宫为背景，描绘了西藏各族人民欢庆西藏自治区成立四十周年的热烈场面。在宽阔的布达拉宫广场上，身着节日盛装的藏、汉、珞巴、门巴等民族的男女，他们或跳着民族舞蹈，或打鼓，或拉琴，或吹唢呐，或捧青稞酒、哈达及鲜花，载歌载舞，生动地表现了西藏各族人民庆祝西藏自治区成立四十周年的喜悦心情。仔细数数，画面中刻画了九男九女形象。设计者之所以采用"九"这个数字,因为在西藏"九"这个数字是圆满、吉祥、幸福的象征,寓意西藏自治区的成立使各族人民共享经济发展,呈现出社会和谐、民族团结、边防巩固的欣欣向荣景象。

有关布达拉宫的知识,详见新版《中国集邮百科知识》纪13《和平解放西藏》。

2005—28 第29届奥林匹克运动会 ——会徽和吉祥物(J)

【第29届奥林匹克运动会——会徽和吉祥物(J)】 Emblem and Mascots of the Games of the XXIX Olympiad(J) 有关奥林匹克运动会的知识,详见新版《中国集邮百科知识》J·103《第二十三届奥林匹克运动会》。2001年7月13日,国际奥委会第112次全会在俄罗斯的莫斯科投票表决:中国北京为2008年第29届奥林匹克运动会主办城市。

2005年11月12日,为了宣传北京2008年第29届奥林匹克运动会,中华人民共和国国家邮政局发行了一套《第29届奥林匹克运动会——会徽和吉祥物(J)》纪念邮票,全套6枚。王虎鸣设计。第29届奥林匹克运动会组织委员会提供资料。版张边饰摄影马刚、范云操。影写版。齿孔13.5度×13度。邮局全张(6—1)10(5+5),中间为过桥票(6—2)—(6—6)10(5×2),横5枚连印。防伪方式有防伪纸张、防伪油墨、荧光喷码。北京邮票厂印制。

这套邮票是中国作为第29届奥林匹克运动会主办国发行的奥运会系列邮票的首套,将第29届奥林匹克运动会的会徽和吉祥物搬上邮票图案,富有浓厚的中国特色。6枚邮票图案背景采用单纯底色对画面进行衬托,并适当地作了延展和说明,使邮票图案中的会徽和吉祥物具有一种强烈的视觉冲击。图案中的文字,设计者没有采用艺术化的变体,而是选择了庄重、规范的字体,避免了"喧宾夺主",保证了主图鲜明、突出。这套邮票三个版张的边饰设计紧紧围绕"科技奥运、人文奥运、绿色奥运"的理念,各具特色。会徽版张采用蓝底色,与版张上的文字"同一个世界,同一个梦想"紧密相连,因为沟通世界五大洲的海洋是蓝色的,人们也常用蓝色形容自己的梦想;版张的背景图案采用了首届奥运会举办地雅典的典型建筑和米隆的雕塑《掷铁饼者》,丰富了版张的信息,耐人寻味。吉祥物版张采用具有中国特点的、极具热情意味的黄色,既与背景图案中的天坛祈年殿相呼应,又形象化了版张图案中"北京欢迎你"这一口号的意义;版张的背景图案中飘扬的丝带,既象征桥梁和纽带,也寓意沟通和联系,而绽放的礼花则点出了奥运会是世界大家庭盛会的特点。不干胶版张采用灰底色,对奥运五环中的黑色进行了满足设计要求的变化。三个版张三种不同的色调,与奥运五环的色彩顺序相合;三个版张背景图案中出现的计算机运算符号0、1是现代科技的符号象征。

【会徽】 2005—28·(6—1)J 面值80分,票幅规格30毫米×40毫米,发行量2000万枚。图案采用了第29届奥林匹克运动会会徽——"中国印·舞动的北京"。北京2008年奥运会会徽为"中国印·舞动的北京"。该会徽以印章作为主体表现形式,将中国传统的印章和书法等艺术形式与运动特征结合起来,经过艺术手法夸张变形,巧妙地幻化成一个向前奔跑、舞动着迎接胜利的运动人形。人的造型同时形似"京"字,蕴含浓重的中国韵味。会徽的字体采用了汉简(汉代竹简文字)的风格,将汉简中的笔画和韵味有机地融入到"BEIJING2008"字体之中,自然、简洁、流畅,与会徽图形和奥运五环浑然一体。在"中国印·舞动的北京"中,作为主体的中国印、"汉简体"的"BEIJING2008"和奥运五环三部分之间,无论是布局还是比例关系方面,可以说都已经达到了完美。

有关印章的知识见本书2004—21《鸡血石印(T)》。

有关书法的知识,详见本书2003—3《中国古代书法——篆书(T)》。

有关奥运五环的知识,详见新版《中国集邮百科知识》J·54《第十三届冬季奥林匹克运动会》。

【吉祥物福娃贝贝】 2005—28·(6—2)J 面值80分,票幅规格30毫米×40毫米,发行量1500万枚。图案展现了第29届奥林匹克运动会吉祥物福娃贝贝的形象。"吉祥物"一词,源于法国普罗旺斯语"Mascotto",直到19世纪末才被正式以"Mascotte"的拼写收入法文词典,英文"Mascot"由此衍变而来。其含义是指能带来吉祥、好运的人、动物或东西。1968年,在法国格勒诺布尔举行的第10届冬季奥运会,最早开始为冬季奥运会设计吉祥物。该届冬季奥运会的吉祥物是一只身穿法国国旗三种颜色衣服的溜冰熊。它那纤细而坚实的身体顶着一个经过艺术夸张的大脑袋,打扮得像一名"雪士"(Schuss,原意为高速滑雪),象征着运动员坚强的意志品质。1972年,在德国慕尼黑举行的第20届夏季奥运会的吉祥物是一只被称为"瓦尔迪"(Waldi)的装饰性德国纯种小猎狗形象。这种小猎狗在德国巴伐利亚随处可见,它的灵活、忍耐和坚韧的特性象征运动员的性格。北京2008第29届奥运会的吉祥物由5个分别以鱼、熊猫、奥运圣火、藏羚羊、京燕为创意,被亲切地称为"福娃贝贝、晶晶、欢欢、迎迎、妮妮"的中国福娃组成。这组形象可爱、活泼的吉祥物,以"北京欢迎你"的谐音命名,将北京的祝福、中国的祝福带给世界。这枚邮票图案采用的是福娃贝贝的形象,取"北"的谐音命名;贝贝是鱼娃,来自江河湖海,代表繁荣。画面上,这只可爱的鱼娃娃,她张开双臂,满脸兴奋,仿佛准备热情拥抱前来参赛的每一个运动员。

【吉祥物福娃晶晶】2005—28·(6—3)J 面值80分,票幅规格30毫米×40毫米,发行量1500万枚。图案展现了第29届奥林匹克运动会吉祥物福娃晶晶的形象。晶晶以"京"的谐音命名,原型为熊猫,来自森林,代表欢乐。画面上,这只熊猫娃娃,她真诚地望着前方,仿佛正在鼓掌欢迎远方到来的客人。

【吉祥物福娃欢欢】2005—28·(6—4)J 面值80分,票幅规格30毫米×40毫米,发行量1500万枚。图案展现了第29届奥林匹克运动会吉祥物福娃欢欢的形象。欢欢以"欢"的谐音命名,原型为奥运圣火,代表激情。画面上,这只火红奥运圣火娃娃,他熊熊燃烧着,充分张扬着奥运会"更高、更快、更强"的精神。

【吉祥物福娃迎迎】2005—28·(6—5)J 面值80分,票幅规格30毫米×40毫米,发行量1500万枚。图案展现了第29届奥林匹克运动会吉祥物福娃迎迎的形象。迎迎以"迎"的谐音命名,原型是藏羚羊,来自草原大地,代表健康。画面上,这只健壮的藏羚羊娃娃,他大

步奔跑向前,仿佛要去欢迎来自五湖四海的朋友,充满着朝气,洋溢着热情。

【吉祥物福娃妮妮】2005—28·(6—6)J 面值80分,票幅规格30毫米×40毫米,发行量1500万枚。图案展现了第29届奥林匹克运动会吉祥物福娃妮妮的形象。妮妮以"你"的谐音命名,原型是京燕,来自天空,代表幸运。画面上,这只美丽的京燕娃娃,她面带微笑,文质彬彬地站在那里,仿佛正在拱手等候迎接来自四面八方的运动健儿,代表着中国传统的礼节。

2005—28 第29届奥林匹克运动会——会徽和吉祥物(不干胶)(J)

【第29届奥林匹克运动会——会徽和吉祥物(不干胶)(J)】Emblem and Mascots of the Games of the XXIX Olympiad(J) 2005年11月12日,为了宣传北京2008年第29届奥林匹克运动会,中华人民共和国国家邮政局发行了一套《第29届奥林匹克运动会——会徽和吉祥物(J)》纪念邮票,全套6枚,同日发行了一套不干胶小版张邮票。王虎鸣设计。版张边饰摄影马刚、范云操。第29届奥林匹克运动会组织委员会提供资料。影写版。小版张规格180毫米×200毫米,整张枚数12枚(2套邮票),发行量550万版。防伪方式有防伪纸张、防伪油墨、荧光喷码。北京邮票厂印制。

九、普通邮票
Regular Stamps

普29 万里长城（明）

【万里长城（明）】 The Great Wall (Ming Dynasty)

有关万里长城的知识，详见新版《中国集邮百科知识》T·38《万里长城》。明，朝代名。公元1368年，朱元璋（明太祖）称帝，推翻元朝的统治，建都南京，国号明。永乐十九年（公元1421年），明成祖迁都北京。疆域东北初年抵日本海、鄂霍次克海、乌地河流域，后退缩至辽河流域；西界初年在河套西喇木伦河一线，后退缩至今长城；西北初年到新疆哈密，后退缩至嘉峪关。西南包括有西藏、云南，东南到海及海外诸岛。明末陕北农民起义，不久扩大为全国性的农民战争。1644年，李自成攻破北京，明朝被推翻。共历16帝，统治277年。此后清兵入关，建立清王朝。明亡后，其残余力量曾先后在南方建立弘光政权，史称南明。明代修筑的长城超过5000公里，现存的长城大多为明长城遗址。明朝为什么会花费巨大人力物力修筑长城这样一个浩大的军事防御体系呢？原来，经过元末明初多年战争，明在建国初期国库已入不敷出。在严峻的形势下，明朝认识到只有先巩固自己的实力，再伺机对外进攻方为稳妥方针。于是，为防止北元骚扰，明决定修建长城。自公元1368年明建立开始，朱元璋就不断对北方重要边塞进行建筑。经过十几年的努力，明实力极大增强，开始对北元发动进攻。公元1390年~公元1396年，明王朝发动一系列征战，基本荡清了北元残余势力，北方局面稳定。明成祖朱棣对长城军事体系也很重视，并加大了修筑长城的力度。明中期，社会矛盾异常尖锐，走投无路的无产者揭竿而起，北方强敌也借机欲动。在内忧外患的形势下，明政府将稳定边防作为重要的国防措施，加大修筑长城的力度，成为解决国内外矛盾的唯一手段，这便客观上形成明长城规模宏大的既成事实。

1997年4月1日至1999年5月1日，为了适应邮政业务的需要，中华人民共和国邮电部陆续发行了一套《万里长城（明）》普通邮票，全套21枚。其中（1）1枚，于1997年4月1日发行；（2）（3）（4）（5）4枚，于1997年9月1日发行；（6）（7）（8）（9）4枚，于1998年11月1日发行；（10）（11）（12）（13）（14）（15）（16）（17）8枚，于1999年3月1日发行；（18）（19）（20）（21）4枚，于1999年5月1日发行。杨文清、李德福设计。（1）~（18）影写版。（19）~（21）影雕套印。（19）李庆发、姜伟杰雕刻，（20）阎炳武雕刻，（21）呼振源雕刻。齿孔（1）~（18）为13度×12度，（19）~（21）为11.5度。邮局全张枚数（1）~（18）为50(10×5)，（19）~（21）为32(8×4)。北京邮票厂印制。

【古北口】普29·（1）  面值50分，票幅规格25毫米×20毫米。图案选用了万里长城古北口段的景观。口，指出入通过的地方，如关口，港口。特指万里长城的几个重要关口，如古北口、九门口、得胜口等。古北口长城坐落在北京密云县东北部。地势险要，自古为交通枢纽。春秋战国时期，燕国曾在燕山之北开始修筑长城。唐代曾设东军、北口二守提，五代时曾为战场，宋代时为使臣出辽必经之地，金代称留斡岭，贞祐二年（公元1214年）建铁门关，元代为大都至上都的必经之路。明洪武十一年（公元1378年）建古北口城，名营城。城周长四里余，设东、北、南三门，城墙今依稀可见。关口长约22.5公里，两崖壁立，堪称险绝之道。古北口一带长城气势磅礴，雄伟壮观，横跨在潮河之上，下设三道水门，是长城建筑中不多见的胜景。邮票图案采用黄色调，背景明亮，犹如阳光照射下，长城蜿蜒起伏在山峦之上，气势雄伟；挺立于长城之上的一座座敌台，又仿佛是一个个坚守岗位的士兵，英姿勃勃。

有关敌台的知识，详见新版《中国集邮百科知识》T·38《万里长城》。

【黄崖关】普29·（2）  面值30分，票幅规格25毫米×20毫米。图案选用了万里长城的要塞—黄崖关的景观。关，本义为门闩。如：拔关而出；斩关落锁。引申为关闭。陶潜《归去来辞》："门虽设而常关。"万里长城上的关，如黄崖关、雁门关、山海关、居庸关、紫荆关、娘子关、偏关、平型关、嘉峪关等，为要塞，即出入的要道。《吕氏春秋·仲夏》："门闾无闭，关市无索。"高诱注："关，要塞也；市，人聚也。"黄崖关位于天津市蓟县城北

25公里处,属京、津、冀交界处,是扼守长城东部的重要关隘之一。它横坐在河谷上,敌楼墩台、边城掩体、水关烟墩等形成了完备的军事防御体系,封锁了燕山南北的通道。黄崖关又称"黄崖口关",其关城是万里长城线上唯一的八卦关城,有乾、坎、艮、震、巽、离、坤、兑八个卦区。关城东侧崖壁陡立,黄褐色岩石在夕阳下泛出金光,人称"晚照黄崖"。邮票图案以明黄色作底衬,采用正面角度,细致刻画了黄崖关的建筑特征,威武,雄壮!

【八达岭】普29·(3)　面值100分,票幅规格25毫米×20毫米。图案选用了万里长城八达岭的雄伟景观。邮票图案采用红色调,烘托出一段古老的长城,犹如一条巨龙,腾跃在八达岭的崇山险峰之中,景象壮观,气势恢弘;长城上的一座座敌台,仿佛挺立着一个个戎装的战士,既洋溢着勇敢豪气,又透着无限忠诚。

有关八达岭和八达岭段长城的知识,详见新版《中国集邮百科知识》T·38《万里长城》。

【居庸关】普29·(4)　面值150分,票幅规格25毫米×20毫米。图案选用了万里长城的要塞之一居庸关的自然景观。邮票图案采用灰绿色调,远景是巍巍的山峦和起伏腾跃的长城,近景是居庸关关城建筑,既展现了居庸关作为万里长城三大名关(山海关、嘉峪关和居庸关)之一的气势,也描绘出了居庸关段长城的雄奇险峻,令人向往。

有关居庸关的知识,详见新版《中国集邮百科知识》普21《祖国风光普通邮票》。

【紫荆关】普29·(5)　面值200分,票幅规格25毫米×20毫米。图案选用了万里长城的要塞之一紫荆关的景观。紫荆关位于河北省易县城西40公里的紫荆岭上,是内长城的重要关口之一。据《畿辅通志》记载:"挖扼西山之险,为燕京上游路,通宣府大同,山谷崎岖,易于戍守",有"一夫当关,万夫莫前"之险。东汉时名五阮关,建武二十年(公元44年)乌桓为寇,遭马援出五阮关掩击。因其崖壁峭直,状如列屏,又称蒲阴陉,列为太行八陉之第七陉。宋时名金陂关,后因山多紫荆树,盛夏紫荆花开,飘香万里,故改名紫荆关,并流传至今。位于居庸、倒马二关之间,与二关号称内三关。原关有城门九座、水门四座,里外城相连,城门环环相套,以南北二关为交通要道。北门有"紫荆关"、"河山带砺",南门有

"紫塞金城"匾额,皆明万历年间书、刻。关城东西南三侧墙外有墙,北墙下临拒马河,依山面水,形势险要,是长城诸多关口中历史最悠久的几座之一。邮票图案以红色作底衬,采用俯视角度,描绘出了紫荆关的险要和紫荆关段长城的雄伟气势,能够给人一种仿佛登临紫荆关长城之感,忆古思今,感慨之情油然而生!

【九门口】普29·(6)　面值10分,票幅规格25毫米×20毫米。图案选用了万里长城的要塞之一九门口的自然景观。九门口位于辽宁省绥中县与河北抚宁县交界地带,西距山海关15公里,南距姜女庙6公里。九门口

为九江河上的过河桥,在百米宽的河道上,外用三大条石砌起八个梭形桥墩,形成九个水门,城桥上部是高峻城墙。明洪武年间,徐达督军到山海关一带修筑长城,在这里为了做到既有高墙抵敌,又可放洪水通过,便在长城河谷处扩建了九门口。清光绪十八年(公元1892年),桥基与六座水门洞被洪水冲毁,光绪三十年(公元1904年)重修。当年修城者为长城不被洪水冲毁,在桥墩四周及上下游地面上,铺砌了连片的巨型花岗岩条石,铺石面积7000平方米,用条石一万二千多块。水门下用一片片条石铺出的河床,远望如一片巨大的板石,故九门口又称"一片石"。九门口长城全长1704米,南端起于危峰绝壁间,与自山海关方向而来的长城相接。自此,长城沿山脊向北一直延伸到当地的九江河南岸,在宽达百米的九江河上筑起了规模巨大的过河城桥,并继续向北逶迤于群山之间。"城在水上走,水在城中流"便是九门口长城的写照。据文献记载,九门口长城始建于北齐(公元479年~502年),现存长城建于明洪武十四年(公元1381年),后又多次修复。九门口长城拥有一个完整军事防御体系,在历史上素有"京东首口"之称。九门口因其城桥下有九个泄水城门而得名。水势自西向东直入渤海,气势磅礴,是自然景观和人文景观的完美结合,故享有"水上长城"之美誉。2002年11月,九门口被联合国教科文组织验收,作为长城的一部分正式挂牌成为世界文化遗产。邮票图案以果绿色作底衬,采用正面角度,描绘出了九门口要塞的自然景观,既有逶迤山峦的雄伟,又有淙淙流水的诗意,能够给人一种身临其境之感。

【娘子关】普29·(7)　面值300分,票幅规格25毫米×20毫米。图案选用了万里长城的要塞之一娘子关的景观。娘子关原名苇泽关。坐落在山西省平定县东北45公里处,是万里长城著名关隘,出入山西的咽喉。隋开皇时曾置苇泽县,后废。相传,唐太宗之妹平

阳公主统领娘子军驻此设防,故名。现存关城为明嘉靖二十一年(公元1542年)所筑,有关门两座,中为居民区。外城门为砖券门洞,上有平台,似为检阅兵士和瞭望敌情之用;内城门下为砖券,上为门楼,筑构甚坚固。关城门额上钤刻"京畿藩屏"4字,两翼之长城依山势蜿蜒,成为晋冀间天然屏障。关城北侧桃河,水流湍急,南接山岭,逶迤相连。石太铁路线顺山峡蜿蜒铺设,每当行车至此,临窗北眺,不远处关隘峾岇,飞瀑奔泻,散缕似珠,蔚为壮观,俗称水帘洞。明王世贞有诗句赞誉此景:"喷玉高从西极下,擘崖雄自巨灵来。"邮票图案以橄榄绿色作底衬,采用正面角度,突出描绘了娘子关的建筑形象,关隘峾岇,雄奇,壮观!

【偏关】普29·(8)　　面值420分,票幅规格25毫米×20毫米。图案选用了万里长城的要塞之一偏关段的景观。偏关位于山西偏关县。与宁武、雁门合称三关,东衔管涔山、西濒偏关河,因东仰西伏,又称偏头关。五

代迄宋曾置偏关砦,元时改关。现关城为明洪武二十三年(公元1390年)改筑,并置偏关所,太原镇总兵驻此。清改置县,属宁武府,辖边墙四道。头道边在关北60公里处,东接平鲁县崖头墩界,西抵黄河,长150公里。二道边在关北30公里处,北贯草垛山,西抵黄河岸老牛湾,南连河曲县石梯隘口,迤东达老营好汉山。长城至此分为内外,外长城即山西、内蒙古自然分界,内长城为雁北、忻县两行署之分界。三道边在关东北15公里处,东接老营堡,西抵白道坡,长45公里。四道边在关南一公里处,东起长林鹰窝山,西达教场。今存边墙最佳处为黄河岸桦林堡段,约30公里,全部包砖,高耸河岸,甚为壮观。其余大部分夯土犹存,随山据险,好似黄龙透迤于群山峡谷之中。邮票图案以橘黄色作底衬,以绵绵的山峦和起伏的长城为背景,突出展现了偏关边墙的古老风貌,那历历清晰的包砖纹路,仿佛在娓娓诉说着饱经的历史沧桑。

【边靖楼】普29·(9)　　面值500分,票幅规格25毫米×20毫米。图案选用了万里长城的要塞之一边靖楼的雄姿。边靖楼俗称鼓楼。坐落在山西代县境内。创建于明洪武七年(公元1374年),成化七年(公元1471年)

火焚后增台重建。楼基高耸,南北城券洞穿通,基高13米,长43米,宽33米。楼身高26米,宽7间,深5间,四周围廊,三层四滴水,歇山式楼顶,二层设勾栏,三层于勾栏之下加设平座,斗栱规整,梁架精巧,建造雄伟,结构合理,历经数百年的风雨侵蚀和多次地震冲击,至今保存无损。楼上悬挂"声闻四达"、"威镇三关"、"雁门第一楼"三块巨匾。邮票图案以湛蓝的天空为背景,突出描绘出了边靖楼的威武形象,高大、壮观,特别是那高悬城楼上的巨匾,"威镇三关"4字清晰可见,透着一种历史性的自豪!

【虎山长城】普29·(10)　　面值5分,票幅规格25毫米×20毫米。图案选用了万里长城的要塞之一虎山长城的景观。

虎山长城是明代万里长城东端起点,位于辽宁省宽甸满族自治县境内,距丹东市20公里,是鸭绿江风景名胜区的一个重要组成部分。有五百多年历史,为明长城最东端,也是万里长城中最具特色的一段。主峰高146.3米,峰顶巍然矗立着长城的第一个烽火台。历经战火,原有的明长城城墙已基本损坏,只留下一些基石。1992年,当地政府对虎山长城进行了重修。比较有名的景点有"一步跨"、"睡观音"等。邮票图案以湖蓝色作底衬,采用正面角度,描绘了虎山长城的自然景观,顺山势蜿蜒而上的雄伟气势,能够激发人们迈步攀登的冲动,有身临其境之感。

【山海关】普29·(11)　　面值20分,票幅规格25毫米×20毫米。图案选用了万里长城的要塞之一山海关的景观。有关山海关的知识,详见新版《中国集邮百科知识》T·38M《万里长城(小型张)》。邮票图案以紫色作

底衬,以雄伟的山峦和蜿蜒的长城作背景,描绘了山海关关楼的雄伟形象,它犹如一位将士,勇敢,豪迈!

【金山岭】普29·(12)　　面值40分,票幅规格25毫米×20毫米。图案选用了万里长城的要塞之一金山岭长城的景观。有关金山岭长城的知识,详见本书1996—8《古代建筑(中国和圣马力诺联合发行)(T)》。邮票图案

采用浅粉色作底衬,描绘出了金山岭段长城的自然景象,山势险峻,众峰苍茫;长城蜿蜒曲折,气势磅礴;雄踞山峰之巅的城楼,仿佛正在欣赏晨曦中的北京城的美景,奇妙无穷。

【慕田峪】普29·(13)　　面值80分,票幅规格25毫米×20毫米。图案选用了万里长城的要塞之一慕田峪的景观。慕田峪最初叫杏谷,因为很早以前漫山弥谷

都生长着杏树。传说，秦始皇修建这段长城，兵丁民夫面对漫山遍谷的大红杏，便大吃起来，而且还不给钱，结果村民一年没有获得收成。一天，杏谷来了一位文弱书生，对村民念念有词："树下有口填不满，口里有食吃不完。若要来年有吃穿，杏谷变为树下田。"连续6天，书生都坚持到杏谷向村民反复念叨这些话。村民不解书生之意。终于，村里一位年老的木匠恍然明白了书生的用意，他对村民说："大家想想他说的话，'树下有口填不满'，本是个'杏'字；'口里有食'的'食'字写作'十'字，本是个'田'字；'若要来年有吃穿，杏谷变为树下田'，这'树下田'不成字，只能念'木田'。书生这是在告诉我们不要靠杏儿为生了，改为种田，才能有吃穿，杏谷也改叫作'木田谷'吧！"后来村民又把"木"改为"慕"，把"谷"改为"峪"，因"慕"字有"向往"之意。从此，"慕田峪"的名称流传至今。慕田峪长城坐落于北京怀柔区城北20公里处的山峦岭脊之上。这一段长城以军都山为屏障，是明代拱卫京师北门的重要防线，与居庸关、镇边城等关口构成一个完整的防卫体系。明隆庆三年（公元1569年），朝廷调戚继光任蓟州、昌平、保定三镇练兵都督兼蓟镇总兵，加强北方边防。他加厚城墙、增筑空心敌台，巩固了北方的防务。慕田峪长城和敌台即当时在明初长城的基础上扩建而成。墙高5米~7米，顶部马道宽约4米；墙身两侧用条石垒砌，中间以乱石灰土堆填。顶部马道两侧均有砖砌筑的垛墙，垛墙上有射孔；外侧挖有挡马坑，防御功能极为完备。西端沿线的"箭扣"、"牛犄角边"、"鹰飞倒仰"等景观是万里长城的精华所在。慕田峪一带因山势平缓，故敌台林立，最近距离不足50米。空心敌台高、宽一般均在12米左右，分上下两层。下层为室，上层建望亭。蜿蜒曲折的长城犹如一条巨龙，腾跃在草绿色的海洋之中。邮票图案以绿色作底衬，描绘出了慕田峪长城的壮美景象，山峦苍茫，长城蜿蜒游弋，敌台林立，壮观、雄奇！

【平型关】普29·（14） 面值270分，票幅规格25毫米×20毫米。图案选用了万里长城的要塞之一平型关的景观。

平型关位于山西繁峙县东北边境，邻接灵丘县。距县城65公里，西去雁门关115公里，南近河北阜平县界。现存关城，为明正德六年（公元1511年）筑，万历九年（公元1581年）增修。关门坐西向东，门洞用券栱相间的方法筑成，高4米，宽2.7米，墙厚2.7米。古道穿城而过，是繁峙通往灵丘的要道。城门匾额上书"平型岭"3字，关楼已毁。附近长城构造坚固，底部基石用花岗岩砌成，墙体为夯土，平夯以砖砌面，每间隔1.5米砌一砖垛，以资固济，亦便于隐蔽、袭敌。城砖规格39厘米×18厘米×9厘米。关城残高6米，两侧山势险要，长城起伏。东北5公里为平型关战役遗址，关内2.5公里是平型关村。邮票图案以翠绿色作底衬，描绘了平型关的壮观形象，透过画面，身边仿佛听到了抗日战争时期平型关战役的激烈枪炮声，眼前仿佛再现了八路军"平型关大捷"的凯旋场面，历史时刻记忆犹新！

【得胜口】普29·（15） 面值320分，票幅规格25毫米×20毫米。图案选用了万里长城的要塞之一得胜口的景观。

得胜口位于山西省大同市北部和内蒙古自治区边境。万里长城要口之一。京（北京）包（包头）铁路从此经过。邮票图案以紫色作底衬，采用正面近景角度，展现出了得胜口的建筑形象，雄伟、威严！

【雁门关】普29·（16） 面值440分，票幅规格25毫米×20毫米。图案选用了万里长城的要塞之一雁门关的景观。

雁门关又名西陉关。坐落在山西省代县城西北20公里雁门山腰。与宁武关、偏头关合称外三关。《天下郡国利病书》解释："雁门古句注，西陉之地，重峦迭巘，霞举云飞，两山对峙，其形如门，而蜚雁出于其间，故名。"附近峰峦错综，峭壑阴森，中有路，盘旋幽曲穿城而过，异常险要，为历代戍守重地。现关城为明洪武七年（公元1374年）所建，万历年间复筑门楼。今存关门三座，内有战国时赵国北边良将李牧祠旧址，尚有碑石数通。其中有明代《武安君庙碑记》，记载李牧率兵屡胜匈奴事，并叙述明代战乱时雁门关仍为军事重地。古人称为"三关冲要无双地，九塞尊崇第一关"。邮票图案以棕红色作底衬，采用正面近景角度，描绘出了雁门关的雄姿，关口登临长城的石阶两侧石狮蹲守，灯柱耸立，自然显示出一种既威武又险要的气势。

有关石狮子的知识，详见新版《中国集邮百科知识》普6《不同图案普通邮票》。

【镇北台】普29·（17） 面值540分，票幅规格25毫米×20毫米。图案选用了万里长城的要塞之一镇北台的景观。

镇北台位于陕西省榆林县城北约7.5公里处。是明代长城上的一个烽火台。高三层，外砌以石，北额题刻"向明"2字，为明万历时巡抚涂宗浚所书。遇敌来犯时，守城士卒即在台楼上点燃烽火，调集附近驻军前来应战。是西北地区要塞之一。邮票图案以蓝色作底衬，采用正面仰视角度，描绘出了镇北台的形象，耸立于长城之上，雄健、威武；透过画面，当年守城士卒点燃的烽火，仿佛依稀浮现在脑际！

【黄花城】普29·（18） 面值60分，票幅规格25毫米×20毫米。图案选用了万里长城黄花城段的景观。黄花城，即水长城，位于北京怀柔区九渡河镇境内，距怀柔中心35公里，距北京市区65公里。

修筑于明永乐年间（公元1404年）。四周群山环抱，林木茂盛苍翠，九分山水一分田，青山碧水两相应，具有引人入胜的"三绝景"："一绝"，建于明永乐年间（公元1404年）的长城雄伟险峻，气势磅礴地盘旋于山脊之上，环绕在灏明湖畔，景色秀美壮观。此处长城既是守卫京师的北大门，也是护卫明皇陵"十三陵"的重要门户。"二绝"，湖水将三段长城自然断开，形成蛟龙入水，水没古城的奇特景观，有诗云："环становится碧波涟，水没古城垣；城水相呼应，壮美自悠然。""三绝"，明代守城将士三分守边，七分垦种，辛勤栽种了大明板栗。如此大面积的古栗园，古树盘根错节，形态各异；身躯如蛟龙戏珠，树冠似亭亭华盖，令人赞叹。水中长城是因大坝截流，导致水位上升，把处于海拔较低的一段长城淹没在水中，形成长城入水，水没长城的奇特景象。邮票图案以灰色作底衬，采用俯视角度描绘出了黄花城段长城的奇秀特色，山川、碧水、古长城融为一体，特别是古栗苍苍满坡生，喻示了古长城历经风雨仍从容的性格特征。

【花马池】普29·（19） 面值10元，票幅规格31毫米×26毫米。图案选用了万里长城的要塞之一花马池的景观。花马池古城在今宁夏盐池县城，始建于明正统八年（公元1443年）。关于花马池名称的来历，有很多传说：其

一，很早以前盐池城东有一大水池，池水丰盈，芦草丛生。一个盛夏的中午，池中突然出现一匹色彩斑斓的骏马，可当人们去捉它时却又无影无踪。民国《盐池县志》也记载，相传池中发现花马，是年盐产屯丰，因而得名花马池。其二，明时这里雨水丰盛，城墙上长满青苔，在得胜墩一带有群色牧马在吃露水草，马的身影被早晨的阳光折射在城墙上，斑斑斓斓，故得名花马池。其三，据民国《盐池县志》记载，明时"因课盐买马"而得名。又说，花马池为唐代盐州之地，相传盐州是唐朝重

要的养马地方，并在此设置了专管养马的官员和机构，牧马监坊养着数万匹官马，官马的身上都打着"花马"戳记，故得名花马池。明时的盐池战略地位十分重要，有"平固门户，环庆襟喉"之称。明正统二年（公元1437年）在长城外所设马哨营为"花马池营"，成化年间将城堡移筑长城内，弘治七年改置花马池并在花马池建立了军事管理机构"守御千户所"。公元1515年后，明王朝加强了军政合一的卫建置，并大肆兴筑长城。在黄河以东修筑有两道边墙。河东墙也称"二道边"，起自灵武横城至盐池县城，长387公里。嘉靖十年（公元1531年），弃河东墙，新修西起横城东至盐池县的边墙，名曰"深沟高垒"，全长360公里，并设置有19座城堡，一百八十多个墩堠。这道边墙俗称"头道边"，至今仍有不少遗址，是目前宁夏保存最好的一段长城。城墙黄土夯筑，基宽12.6米，残高10米左右，顶宽2米~4米。2000年开始的旧城改造中，利用收集的古城砖修葺长城墙城近400米，古城门2座。花马池东接延绥镇西路定边盐池堡，是陕西入宁夏的东大门。邮票图案以土灰色作底衬，采用平视角度，描绘出了花马池"深沟高垒"的景象，一泓光积雪，千里影追风，古昔以盐易马的贸易场景仿佛依稀可见。

【三关口】普29·（20） 面值20元，票幅规格31毫米×26毫米。图案选用了万里长城的三关口段的景观。宁夏的长城称为边墙，在中国长城中占有重要位置。从战国时期开始，历代修筑的长城在宁夏境内均有分布，而且遗址

相对完好。据调查，宁夏历代修筑的长城遗址有1507公里，可见墙体517.9公里，敌台589座，烽火台237座，关堡25座，故被誉为"长城遗址博物馆"。为加强长城沿线守备力量，在长城内侧修筑了众多关城，也称关口。贺兰山有大小关口37个。三关口位于宁夏银川市西郊西夏王陵西南，距银川市约五十公里，是宁夏与内蒙古的交界处。三关口又称赤木口，位于贺兰山中部。自古就是阿拉善高原进入宁夏平原的重要通道，明王朝特别注重三关口的防务。据《嘉靖宁夏新志》记载，三关口为嘉靖十九年（公元1540年）都御使杨守礼、总兵官任杰修筑，从东向西设关三道。头道关为主关，南北与长城主体城墙相连接，夯土城墙起于北侧山上，过关后向南蜿蜒而去。过头道关向西约2.5公里即为二道关，今仅关口南侧的山头上残存一座夯土墩台。过二道关向西约2.5公里便是三道关，此处山谷狭窄，仅为两壁相夹一道，十分险要。现因修银巴公路时，此关的最后一些遗

址也被废掉了。只有头道关向东南延伸的长城,至今保存较为完整,墙体高约7米,基宽6.5米,顶宽3.5米,墙顶两侧筑有女墙,女墙残高50厘米~70厘米,宽25厘米~30厘米。邮票图案以青绿色作底衬,采用正面平视角度,描绘出了明长城三关口段的遗迹:在起伏山峦的背景下,三关口虽然已经残垣断壁,但依然不失当年的雄奇险峻和蜿蜒壮丽,仍然能够让人想象到当年金戈铁马、烽火狼烟的战争场面。

【嘉峪关】普29·(21) 面值50元,票幅规格31毫米×26毫米。图案选用了万里长城的要塞之一嘉峪关的景观。有关嘉峪关的知识,详见新版《中国集邮百科知识》T·38M《万里长城(小型张)》。俗传当年建关时,匠师

计算用料十分精确,竣工后只剩一砖。这块砖今存西瓮城门楼后檐台之上。邮票图案以灰绿色作底衬,采用正面平视角度,描绘出了嘉峪关的雄伟姿态;在如玉的雪峰衬托下,东西对称的两座城楼昂首挺立,犹如一对哨兵站在自己的岗位上,能够让人清晰感受到"天下雄关"的威严气势。

普30 保护人类共有的家园

【保护人类共有的家园】Protecting the Common Homeland of the Mankind 人类共同的家园是地球。地球为人类提供了赖以生存的自然环境。随着人类生产活动和生活需要的不断发展,自然环境诸要素,如水、空气、土壤等,在受到人类生产、生活活动过程中产生的化学物质、放射性物质、病原体、噪声、废热等污染而达到一定程度时,可危害人体健康,影响生物的正常生命,这种现象称为"环境污染"。保护自然环境,防止其受到破坏和污染,使之更好地适合人类劳动、生活和自然界生物的生存。环境保护工作包括两个方面的内容:一是合理利用资源,防止环境污染;二是在产生环境污染后,做好综合治理。随着科学技术的发展,环境污染问题是可以得到解决的。环境保护科学是一门新兴的综合性学科,涉及公共卫生学、地质学、海洋学、水文学、土壤学、气象学、生态学、遗传学以及环境工程等学科。做好环境保护工作,有利于保护人民健康,发展生产。根据发展经济、保护人民健康与财产安全、保护和改善环境的需要,一些国家、政府部门制订了一系列法律、法令、条例、规定等法规,称为"环境保护法"。

2002年2月1日,为了宣传计划生育、保护环境、珍惜资源等重大国策,呼唤环境保护意识,中华人民共和国国家邮政局发行了一套《保护人类共有的家园》普通邮票,全套8枚。其中(1)(2)2枚,于2002年2月1日发行;(3)(4)(5)(6)4枚,于2002年4月1日发行;(7)(8)2枚,于2004年1月1日发行。张森、杨波设计。影写版。齿孔13度×13.5度(上下两边各有1个异型齿孔)。防伪方式有防伪纸张、防伪油墨、异形齿孔、无色荧光喷码。邮局全张枚数40(10×4)。北京邮票厂印制。

这套邮票的8枚图案,2002年发行的(1)~(6)6枚邮票,以纯净的绿色和装饰感的图案,形成了独特的风格;2004年发行的(7)(8)2枚邮票,设计者看了大量美妙的风景图片,从自然中吸收设计的养分,将前6枚的绿色升华为亮丽的蓝色,将单纯的装饰图形变幻为丰富简洁的自然风光,犹如优美的套色版画,能够让读者想起承载自己重量的地球,明白应该善待它,因为它是所有一切的根源和源泉。

邮票是国家的名片,它应该反映时代特点和风貌。新中国从1950年2月起发行普通邮票,简称普票。除"文化大革命"时期的无编号以及此前的普东、普旅外,共发行普票29套。1950年2月~1956年,连续发行了以天安门为图案的普票共七套,随后又发行了以革命圣地为图案的普票四套。此后又发行了以工农兵形象、建设成就、祖国风光、民居以及长城为图案的普票。这些反映了20世纪我国在特定历史条件下的时代特点和风貌,成为历史的珍贵记录。在新的世纪中,为了反映老百姓关注的题材,要宣传我国的基本国策,如保护环境、保护水资源等,国家邮政局决定封存老普票,发行新普票。新普票与老普票相比有如下不同:一是新普票比老普票的票幅大;二是新普票采用了防伪纤维专用纸、防伪荧光油墨、异形齿孔、荧光喷码、文字缩微技术等更加多样的防伪手段。

【保护森林】普30·(1) 面值10分,票幅规格25毫米×30毫米。图案主图由一个抽象的地球及经纬网和"树木"图形组成,概括地表现了保护森林的主题。森林是一种植物群落。它是集生的乔木与共同作用的植物、动物、微生物和土壤、气候等的总体。森林不仅提供木材和其他

林产品、副产品,还具有保护水土、调节气候、防护农田、卫生保健、有利国防等作用。画面上,中心分色线和抽象的地球构成一个"中"字,右边为明快的绿色,象征地球的生命常青;地球采用绿色作底衬,右边为装饰性"树

木"图形,暗含保护森林的画题;地球左边色彩为渐变色,象征经过人类的努力,地球的环境愈来愈美好。

有关地球和经纬网的知识,详见新版《中国集邮百科知识》纪3《世界工联亚洲澳洲工会会议纪念》。

【防止大气污染】普30·(2)　　面值60分,票幅规格25毫米×30毫米。图案主图由一个抽象的地球及经纬网和"云团"图形组成,概括地表达了防止大气污染的主题。

大气污染指洁净大气被有害气体和悬浮物质微粒污染的现象。核爆炸后散落的放射性物质、化学毒剂和工业、交通运输工具等排出的有害烟气,是污染大气的主要来源。污染物质在近地面层的累积和扩散,取决于环境条件近地面层的风、大气稳定度、湿度等气象条件。大气污染不仅对一地区(甚至地球)的天气和气候发生影响,而且更重要的是对人类生活、动植物生长、工业产品质量和建筑物的使用寿命等都有很大危害。因此,它不但是气象科学研究的课题,也是环境卫生科学和工程技术等部门研究的课题。开展工业"三废"综合利用,是控制和消除大气污染的重要途径;采取一定的卫生防护措施,可以防止或减轻污染。画面上,中心分色线和抽象的地球构成一个"中"字,右边为明快的绿色,象征地球生命常青;地球采用紫红色作底衬,右边为装饰性"云团"图形,暗含防止大气污染的画题;地球左边的色彩为渐变色,象征经过人类的努力,地球的环境愈来愈美好。

【稳定低生育水平】普30·(3)　　面值5分,票幅规格25毫米×30毫米。图案主图由一个抽象的地球及经纬网和"胎儿"图形组成,概括地表达了稳定低生育水平的主题。所谓"生育",就是生孩子。我国人口基数庞大,过快的增长带来的一系列问题已逐步显现出来,开始影响经济发展

和人民生活水平。通过计划生育抑制人口的无序膨胀,以达到提高人口素质改善人口结构的目的是我国早已实施的一项基本国策。晚婚晚育和优生优育,一对夫妇只生一个孩子已使我国的人口出生率和自然增长率逐年下降。画面上,中心分色线和抽象的地球构成一个"中"字,右边为明快的绿色,象征地球生命常青;地球采用橘黄色作底衬,右边为装饰性"胎儿"图形,暗含稳定低生育水平的画题;地球左边的色彩为渐变色,象征经过人类的努力,地球的环境愈来愈美好。

【珍稀矿产资源】普30·(4)　　面值30分,票幅规格25毫米×30毫米。图案主图由一个抽象的地球及经纬网和"矿石"图形组成,概括地表达了珍稀矿产资源的主题。

矿即指矿石,通常指从金属矿床中开采出来的固体物质。一般由有用的金属矿物(即"矿石矿物")和伴生的"脉石矿物"组成。矿石必须具有在当前技术和经济条件下,能从其中提取一种或数种工业价值的金属元素,如从铁矿石中可以提取铁。从非金属矿床中开采出来的有用物质,习惯上也称矿石,如石棉矿石、硫黄矿石等。矿产资源属于不可能再生资源,我国虽是世界上矿产资源最丰富的国家之一,但由于采矿水平相对落后,致使某些矿产资源的采矿水平相对落后,导致某些矿产资源的综合利用率较低,再加上近年来愈演愈烈的滥采乱挖行为屡禁不止,严重地破坏和浪费了宝贵的矿产资源,造成了无法挽回的损失,给人们敲响了警钟。画面上,中心分色线和抽象的地球构成一个"中"字,右边为明快的绿色,象征地球的生命常青;地球采用土棕色作底衬,右边为装饰性"矿石"图形,暗含珍稀矿产资源的画题;地球左边的色彩为渐变色,象征经过人类的努力,地球的环境愈来愈美好。

【珍惜生命之水】普30·(5)　　面值80分,票幅规格25毫米×30毫米。图案主图由一个抽象的地球及经纬网和"水滴"图形组成,概括地表达了珍惜生命之水的主题。水是氢和氧的化合物,化学式H_2O。在自然界中,水以固态、液态和气态三种聚集状态存在。空气中含有水蒸气,

土壤和岩石层中有时也积存着大量的水。水是动植物机体所不可缺少的组成部分。在一大气压下,水的沸点为100℃,冰点为0℃。水的密度在4℃时最大(1克/毫升)。水结冰时,其密度减小,体积增大,故冰总是浮于水面。在一切固态和液态物质中,水的热容量最大,这一特性对于调节气候具有重大意义。水能溶解许多物质,是最重要的溶剂。天然水中含有极少量的重水。但据世界卫生组织报告,在贫困国家内,人类80%～90%的疾病和大约1/3的死因与日益严重的水污染有关。在我国,随着经济建设的迅速发展,有大量的未经处理的工业污水被排入江河湖海,污染环境,毒化农田,使供人饮用的清洁水源逐渐枯竭。在21世纪,缺乏净水已是我们不可回避的严重问题,与水污染作斗争已成为水利工作者的首要任务。画面上,中心分色线和抽象的地

球构成一个"中"字,右边为明快的绿色,象征地球的生命常青;地球采用蓝色作底衬,右边为装饰性"水滴"图形,暗含珍惜生命之水的画题;地球左边的色彩为渐变色,象征经过人类的努力,地球的环境愈来愈美好。

有关水与动植物生命关系的知识,详见新版《中国集邮百科知识》J·77《国际饮水供应和环境卫生十年》。

【保护海洋资源】普30·(6) 面值1.50元,票幅规格25毫米×30毫米。图案主图由一个抽象的地球及经纬网和"海浪"图形组成,概括地表达了保护海洋资源的主题。海洋作为海洋主体的海水水体、生活于其中的海洋生物、邻近海面上空的大气和围绕海洋周缘的海岸及海底等几部

分组成的统一体。通常所称海洋,仅指作为海洋主体的广大连续水体,面积约36200万平方公里,约占地球表面的71%,体积约为137000万立方公里。一般海洋中心部分叫"洋",边缘部分叫"海",但也有处于大陆之间的(如地中海)、伸入大陆内部(如黑海)或被包围于海水之中(如马尾藻海)的海,海只占海洋总面积约11%。全球的洋与海彼此沟通以构成统一的世界海洋。世界海洋分为太平洋、大西洋、印度洋和北冰洋。海洋中有丰富的资源,但由于人类的不断索取已近枯竭,如鲸被人类滥捕乱杀,鱼翅和深海鱼油的生产终结了多种海洋生物的生命,而油轮泄油和向海洋抛弃工业垃圾所造成的海洋污染,则更是对绿色环境构成的最大威胁。画面上,中心分色线和抽象的地球构成一个"中"字,右边为明快的绿色,象征地球的生命常青;地球采用蓝色作底衬,右边为装饰性"海浪"图形,暗含保护海洋资源的画题;地球左边的色彩为渐变色,象征经过人类的努力,地球的环境愈来愈美好。

【防治荒漠化】普30·(7) 面值50分,票幅规格25毫米×30毫米。图案由地球上的荒漠化土地和绿色、蓝色组成,表达了防治荒漠化的主题。1992年联合国环境与发展大会定义说:"荒漠化"指包括气候变异和人类活动在内的种种因素造成的干旱、半干旱和亚湿润干旱地区的土地

退化。"防治荒漠化"包括干旱、半干旱和亚湿润干旱地区为可持续发展而进行的土地综合开发的部分活动。土地荒漠化是全球性的灾害,它已影响了世界五大洲一百多个国家和地区,全球约有1/6的人口生活在这些地区。目前,全球荒漠化的面积已达3600万平方公里,占

地球面积的1/4。全世界受荒漠化而遭受的损失达420亿美元。截至2003年,中国荒漠化土地有267.4万平方公里,占国土总面积的27.9%,涉及18个省区的471个县市。每年因荒漠化造成的直接经济损失高达五百四十多亿元。2001年全国人大通过了《防沙治沙法》,这是继《水土保持法》、《草原法》、《森林法》等之后的又一直接规范防治沙质荒漠化行为的法律条文。随着依法治理和治理力度的加大,未来十年,干旱区、半干旱区和半湿润干旱区的生态环境逐渐走上良性循环轨道,荒漠化得到治理逆转。我国将力争到2010年基本遏制荒漠化的扩展趋势,沙化土地不再扩展;到2030年,沙化土地面积开始逐年减少;到2050年,使在当时经济技术条件下凡能治理的沙化土地基本得到治理,最终在沙区建成比较完善的生态体系。画面上,2/3的面积是涌动着的黄土色沙漠,上方1/3面积为亮丽的蓝色,荒漠与蓝色之间为一条绿色带,既表现了荒漠化的严重威胁,也表达了人类防治荒漠化的决心和意志。

【保护生物多样性】普30·(8) 面值4.50元,票幅规格25毫米×30毫米。图案主图由湖海、高山和飞鸟组成,表达了保护生物多样性的画题。生物

多样性是人类赖以生存和发展的基础,保护生物多样性是当今世界环境保护的热点之一,它有利于全球环境的保护和生物资源的持续利用。所谓生物多样性就是地球上所有的生物体及其所构成的综合体。它包括遗传多样性、物种多样性和生态系统多样性三个层次。生物多样性是地球生命经过几十亿年发展进化的结果,是人类赖以生存和持续发展的物质基础。可以说,保护生物多样性就等于保护了人类生存和社会发展的基石。但是,随着环境污染与破坏,比如森林砍伐、植被破坏、滥捕乱猎、滥采乱伐,目前世界上的生物物种正在以每小时一种的速度消失。而物种一旦消失,就不会再生。消失的物种不仅会使人类失去一种自然资源,还会通过生物链引起连锁反应,影响其他物种的生存。鉴于生物多样性面临的严峻局面,20世纪80年代,有关的国际组织或机构以及许多国家政府都纷纷采取措施,致力于生物多样性的保护与可持续利用工作。1992年,我国成为世界上首先批准《生物多样性公约》的六个国家之一,加强物种保护和自然保护的法规建设,并陆续启动了天然林保护工程等有关生物多样性保护的工程。画面上,辽阔的平原绿油油,波涛汹涌的湖海闪动着朵朵白色浪花,起伏的山峦郁郁葱葱,矫健的飞鸟在天空展翅翱翔,在亮丽蓝色的映衬下,

犹如一幅美丽而又和谐的风景画，表达了保护生态多样性的深刻意义。

普31　中国鸟

【中国鸟】Chinese Birds　鸟为飞禽的总称。鸟类是从爬行动物进化而来的一种能飞的脊椎动物。前肢进化为翼，皮肤衍生羽毛，骨多空隙内充气体，身轻适应飞行。1996年，在中国辽西热河生物群中发现了分叉的羽毛的恐龙化石。经考古科学家确认，这是世界上最早的原始鸟类化石，生存于距今1.4亿年的白垩纪早期，被命名为"中华龙鸟"。这是地球上迄今发现的最早的鸟类祖先。全世界已知的鸟类有九千多种。鸟类种类繁多，主要分为游禽、涉禽、猛禽、攀禽、陆禽、鸣禽等六大类。地球上的鸟类生态多样，一般分为三个总目：（一）平胸总目，包括善走而不能飞的鸟，如鸵鸟；（二）企鹅总目，包括善游和潜水而不能飞的鸟，如企鹅；（三）突胸总目，包括两翼发达能飞的鸟，绝大多数鸟类属此总目。中国地处亚洲东部，跨越热带、亚热带和温带气候，幅员辽阔，山高林茂，江河纵横，湖泊众多，土地肥沃，岛屿环绕，地貌多态，气候适宜，鸟类资源极为丰富。据不完全统计，在中国已知栖息繁衍的鸟类有1244种和944亚种，其中不少为中国特有种类、珍禽种类、益农种类等，占世界鸟类总数的13.5%以上。除一部分为留鸟外，大多数为迁徙候鸟。每年春夏季节飞抵长江以北地区栖息繁殖的鸟为夏候鸟，秋冬季节迁徙黄河、长江以南地区越冬的鸟为冬候鸟。鸟类是地球上美丽而且有灵性的物种，它们不仅形态婀娜多姿，羽毛五彩缤纷，而且鸣叫声非常悦耳动听。特别是许多鸟类迁徙时，它们有无边无际的天空中飞翔，历经数月，飞行长达数万公里，跨越山川、海洋，战胜寒流和猛禽的袭击，挑战生命极限，以顽强的精神一次次战胜艰险获得新生，所表现出的韧性与艰辛令人类钦佩。有科学家观测到，每年秋天，有数以万计的蓑羽鹤从中国境内飞越珠穆朗玛峰，不远万里迁徙印度乃至非洲越冬。鸟类是自然界不可缺少的宝贵资源，是自然生态系统中的重要组成部分。人类在向大自然争取生存和发展的早期，在生产和生活中就与鸟类结下了不解之缘，如人类饲养的家禽，其祖先源于大自然生活的野生鸟类，原鸡即家鸡的祖先。在科技方面，人类模仿鸟类的特殊本领，利用鸟类身体的结构和功能原理，发明了飞机、宇宙飞船，实现了向月球和太空的飞翔。鸟类还是捕捉农作物害虫和预报天气变化的能手。然而，人类残酷的征战和频繁的生产活动，森林大量砍伐，湿地过渡开垦，河流湖泊的污染加剧，导致生态环境的恶化和野生动物栖息地的大面积丧失，许多珍稀野生动物濒临灭绝，使人类屡屡遭受大自然的严厉惩罚和警示。保护鸟类是人类不可推卸的责任和义务。每年4月1日是世界"爱鸟日"。中国乃文明古国，早在原始社会，中华民族就有着崇拜图腾的习俗，鸟文化的历史源远流长。鸟类在中国文化中占有相当的分量，如鸿雁传书、凤凰涅槃、喜鹊登梅、松鹤延年、鹏程万里，人类与鸟类传递着无限的情感和遐想。20世纪80年代以来，我国政府颁布了一系列法令，倡导保护野生鸟类及濒临灭绝的种群，目前中国已有一百多种鸟类被列入世界濒危物种。中国政府将每年4月的第一个星期确定为全国"爱鸟周"。现在全国已建起一千八百多个自然保护区，生物多样性得到了加强。人类既然赋予鸟类为大自然的精灵与天之骄子的美誉，那就和它们和睦相处，让它们自由飞翔吧！

2002年2月1日，为了宣传保护鸟类，维护生态平衡的意义，中华人民共和国国家邮政局发行了一套《中国鸟》普通邮票，全套9枚。其中（1）（2）（3）3枚，于2002年2月1日发行；（4）（5）2枚，于2002年4月1日发行；（6）（7）2枚，于2004年1月1日发行；（8）（9）2枚，于2006年11月15日发行。黄华强设计。影写版。齿孔（1）～（7）为13.5度×13度，（8）（9）为13.5度（左右两边居中各有一个椭圆形齿孔）。邮局全张枚数30（5×6）。防伪方式有防伪纸张、防伪油墨、异形齿孔、微缩文字、无色荧光喷码。北京邮票厂印制。

这套邮票的9枚图案，设计者运用"形象思维"，对9种鸟的形神状貌进行了简洁而工细的描绘：披覆的羽毛，清晰的羽纹，晶莹的鸟眼，尖利的短喙和不同飞鸟不同的生活环境，或春花，或秋草，或枝干，或滩头，达到了栩栩如生的艺术境界。每幅画面上钤有一方篆体椭圆形红色"鸟"字闲章，俨然一幅幅传统的工笔重彩花鸟画，颇富传统韵味。

【黄腹角雉】普31·（1）　面值80分，票幅规格27毫米×38毫米。图案描绘了中国"鸟黄腹角雉"的形象。黄腹角雉（*Tragopan caboti*）隶于鸡形目雉科角雉属。本属世界共有5种角雉，我国均有分布。黄腹角雉是中国的特有种，它的体形与家鸡相似。雌雄成鸟头上的羽冠前黑，后转为深红色；背部大都呈棕

褐色，并布满黄色圆斑；腹部淡黄色。头顶两侧各长一只肉裙，呈翠蓝及朱红色。在繁殖发情时，肉角及肉裙都会舒展膨胀起来，面积较大，色彩斑斓艳丽，这是角

雉的一大特征。雌雉体略小于雄雉,羽毛淡呈棕褐色,腹下有一个三角形的斑。黄腹角雉栖息在我国东部亚热带森林内海拔600米～1600米的常绿阔叶林和阔针叶混交林内。在林间啄食植物的根、茎、叶、花、果实及蕨类,也食昆虫。秋冬季节常结成小群在交让木(一种常绿灌木或小乔木)林间活动,因为此时交让木的果实和叶片是黄腹角雉的主要食物。每年3月～6月为繁殖期,雄雉间有求雌的争斗现象。巢筑于高树之上。巢简陋,以松针、树叶等编织成盘状。每次产卵3枚～6枚,雌雉孵化;约28天,雏雉破壳而出,2天～3天即可随雌雉下树觅食。黄腹角雉善奔走,不喜飞翔。性格软弱,常遭到鼬、野猫和猛禽的侵害。黄腹角雉在我国浙江、江西、广东、广西、福建和湖南等省区有发现。20世纪80年代,估计数量约为四千多只。黄腹角雉在国际上被列为受保护的濒危物种;在我国被定为国家Ⅰ类重点保护野生动物。邮票图案采用淡绿衬底,以夏季盛开的山茶花为背景,表现了黄腹角雉在求偶期特有的亢奋瞬间,喉下肉垂异常膨大,呈艳丽的蓝色和红色,它昂首挺胸,仿佛在炫耀自己金黄色的腹部,充满了自豪和自信。多彩的黄腹角雉与娟秀端庄的山茶花搭配在一起,显得斑斓而华贵。

有关山茶花的知识,详见新版《中国集邮百科知识》T・37《云南山茶花》。

【**白尾地鸦**】普31・(2)　面值1元,票幅规格27毫米×38毫米。图案描绘了中国鸟"白尾地鸦"的形象。白尾地鸦(*Podoces biddulphi*)隶于雀形目鸦科中体形较小的一种鸦,体长不超过300毫米,体重约140克。其体羽虽然只有黑、白和沙黄3种普通颜色,但搭配谐调自然,显得非常端庄素雅。特别是那黑色

的体羽,在阳光照耀下能反射出紫和蓝的金属闪烁的光泽。尾较短,白色。嘴和爪坚硬,黑色。常年栖息在戈壁荒漠中植物稀疏的地区,夏季酷热,冬季严寒,气候干旱,生活环境比较恶劣。食性较杂,随着季节的变化而不同,春夏以金龟子和伪步行虫等鞘翅目昆虫为主;秋冬除食昆虫外,还食蜥蜴等小动物及植物果实等。不善飞行,特别喜欢用其细而有力的双腿在地面上奔走。每年3月开始繁殖。因巢筑于离地面较低的枯树上,故得名"地鸦"。巢为碗盆状,四壁较厚,用羽毛、兽毛、干草和枯叶等营造。每次产卵1枚～3枚。4月份幼鸟即可在地面行跑。白尾地鸦鲜为人知,国外大博物馆中藏有其标本。20世纪50年代末,中国科学院动物研究所标本馆才收集到十多只标本。因其栖息环境所限,繁殖率不高,种群增长缓慢,故数量不会太多。白尾地鸦不仅是中国的特有种,也是新疆南部的特产,仅仅分布在新疆塔里木盆地边缘的阿克苏、喀什、和田地区和巴音郭楞州中的几个县。邮票采用黄色衬底,以生长在新疆南部沙漠地带的土伦柳为背景,表现了分布在仅限三环塔克拉玛干荒漠东罗布泊山麓地带的白尾地鸦的整体形象:深秋季节,一只白尾地鸦行走于枯草之上、秋柳之下,凝神注视,机警探寻,透出一种寂寞荒寒的西北风情。

【**台湾蓝鹊**】普31・(3)　面值2元,票幅规格27毫米×38毫米。图案描绘了中国鸟"台湾蓝鹊"的形象。台湾蓝鹊(*Urocissa caeruiea*)为雀形目鸦科蓝鹊属,本属中我国有4种。全身大都呈鲜艳的天蓝色,眼黄,嘴脚红,尾端羽毛纯白。由于色彩艳丽,体型优美,台湾蓝鹊深受人们喜爱,尤其是经历代画家渲染

后,使它具有了"富贵、吉祥、幸福"的象征意义。中国台湾岛的一种特产鸟,分布于全岛各地的海拔200米～1800米阔叶林或其他树木的茂密之处,冬季则飞向海拔较低的密林中。常成对或六七只结伴活动。因其尾长,飞行时常呈直线;滑翔方式排成一列,逐一飞下山坡。性格凶悍,常掠夺他鸟及卵,甚至与它体型相当的喜鹊也受其侵袭。食性杂,嗜食各种昆虫以及蜥蜴、蛙、小蛇、鱼、小鸟和鼠等小动物,也食农作物、香蕉、木瓜等果实。每年3月～4月间繁殖。巢筑于高树上或竹林间。巢以树枝、草叶为原材料,中央凹陷不深,较粗糙。雌雄鸟合作建巢。每次产卵3枚～8枚。卵的底色为橄榄绿色,上缀以黑褐色斑。孵化期间性格变得更凶猛和喧噪,人若走近,它也会在头顶喧叫,企图袭击。台湾蓝鹊于1862年定名,模式产地为台湾。邮票图案采用蓝色衬底,以早春盛开的玉兰花为背景,生动地展现出了一对雄雌台湾蓝鹊间情感交流的一刻:这对被台湾称为"长尾山娘"的台湾蓝鹊,体形修长,色彩一致;它们相互依偎,窃窃私语,仿佛正在进行着亲密交谈,在早春开放的玉兰花衬托下,翠翼朱喙光彩照人的台湾蓝鹊,显得富丽高雅。

有关玉兰花的知识,详见本书2005—5《玉兰花(T)》。

【**贺兰山红尾鸲**】普31・(4)　面值4.20元,票幅规格27毫米×38毫米,图案描绘了中国鸟"贺兰山红尾鸲"的形象。贺兰山红尾鸲(*Phoenicurus alaschanicus*)为

雀形目鸲科红尾鸲属。本属大部分布在东半球各地,我国约有十种,其中贺兰山红尾鸲为我国特有。一种小型鸟,雌雄个体相差不多,但羽色却相差很大。雄鸟由头顶至背部均为灰蓝色,而其他部位大都为棕色;腹部中央色略淡,尾也是棕色,但中央两根尾羽为黑色。经常栖息于稠密的灌木丛或岩石间,有时也在树林中活动。以昆虫类食物为主,也吃些蠕虫、蜘蛛及草粒等,夏季营巢于树上,巢呈杯状。每次产卵2枚~6枚,经13天~14天孵化,雏鸟破壳而出,再喂养14天~15天后便可跟随母鸟觅食。贺兰山红尾鸲在我国分布于青海、宁夏、甘肃、山西、河北和北京。1876年,该鸟模式标本采自宁夏贺兰山,故得名。邮票图案以淡红色衬底,采用仰视角度,展现出了一对贺兰山红尾鸲凌空飞翔的瞬间情态:它们双翅伸展,双脚缩于腹下,在桃花丛中穿越,悠然自得,无忧无虑地享受着大自然春光明媚的美好景象。

有关鸟飞翔时双脚缩于腹下的知识,详见新版《中国集邮百科知识》纪24《保卫世界和平(第三组)》。

【藏鹀】普31·(5)　　面值5.40元,票幅规格27毫米×38毫米。图案描绘了中国鸟"藏鹀"的形象。藏鹀(*Emberiza koslowi*)隶于雀形目雀科鹀属。体形大小类似麻雀,背部呈鲜红栗色,胸前有黑色横斑,胸下为灰蓝色,尾黑褐色,腿为黄色。栖息于海拔四千米左右的比较寒冷的山柳灌木丛一带。春末夏初开始

繁殖。以草籽、果实等为主食。分布于青藏高原,曾见于西藏昌都地区的北部及青海南部杂多、曲麻莱和河南县等地,数量稀少。该鸟模式标本于1904年在青海南部澜沧江上游的杂楚河首先发现。邮票图案以淡绿色衬底,采用近景的角度,展现出了一只藏鹀静卧枝头缩颈休息的瞬间情态:它仿佛全身放松,正在观赏夏季绿叶扶疏、鲜花盛开的杜鹃花,在平静中展示着生命的顽强。

有关杜鹃花的知识,详见新版《中国集邮百科知识》T·162《杜鹃花》。

【黄腹山雀】普31·(6)　　面值5元,票幅规格27毫米×38毫米。图案描绘了中国鸟"黄腹山雀"的形象。黄腹山雀(*Parus venustulus*),山雀科,列入《国家保护的有益的或者有重要经济、科学研究价值的陆生野生

动物名录》。体小,身长仅10厘米。尾短。下体黄色,翼上有两排白色斑点。嘴甚短。雄鸟头及胸兜呈黑色,颊斑及颈后点斑白色,上体蓝灰,腰银白。雌鸟头部呈灰色较重,喉白,与颊斑之间有灰色的下颊纹,眉略具浅色点。幼鸟似雌鸟但色暗,上体多橄榄色。体型较小且无大山雀及绿背山雀胸腹部的黑色纵纹。虹膜为褐色,嘴近黑色,脚蓝灰色。叫声高调鼻音。分布于我国东南部,常见于华南、东南、华中及华东部的落叶混交林,结群栖于林区,为留鸟。以植物花果及昆虫为食。邮票图案以淡绿色衬底,采用仰视角度,展现出了一只雌黄腹山雀的瞬间情态:它蹲坐在鲜花盛开的枝头,那金黄色的腹羽和白色喉部,特点是那样鲜明突出;它回首鸣叫,仿佛在告诉它的家人或朋友,自己找到了一个美丽而宁静的好环境,希望大家都来一起享受。

【滇䴓(shī)】普31·(7)　　面值6元,票幅规格27毫米×38毫米。图案描绘了中国鸟"滇䴓"的形象。滇䴓(*Sitta yunnanensis*)鸟纲䴓科,列入《国家保护的有益的或者有重要经济、科学研究价值的陆生野生动

物名录》。是一种头颈短、尾巴也短的小鸟。善于攀援,可以头朝下在树干上攀爬。常在树干和岩石中寻找食物,主要是虫类,但也食植物的种子。该鸟还会储存食物以便过冬。喜欢群居,叫声像金属的摩擦声,带有鼻音。在洞中筑巢,外面覆盖草或其他植物。滇䴓为中国西南方特有种,种群数量稀少,分布在四川南部及西南部、贵州西部、云南和西藏东南部的针叶林中,属非迁徙性食虫森林鸟。邮票图案以蓝色衬底,采用平视的角度,展现了一只滇䴓在花枝上攀爬的情态:它头朝下,昂首挺胸,犹如一位杂技演员,步态自如,神态悠闲。滇䴓之所以有头朝下在树干上攀援的本领,奥妙在于它有发达的后趾,爪勾长而且尖锐,能牢牢地勾住树皮不使自己掉下去。画面描绘了滇䴓头朝下在树干上攀爬的形象,生动而精准地突出了它的这一特征。

【绿尾虹雉】普31·(8)　　面值40分,票幅规格27毫米×38毫米。图案描绘了中国鸟"绿尾虹雉"的形象。绿尾虹雉(*Lophophorus lhuysii*)别名火炭鸡、贝母鸡、音鸡子。仅分布于中国甘肃东南部、青海东南部、四川北部和中部、云南西北部和北部等地。绿尾虹雉属鸟类中体型巨大的一种。雄鸟体重可达4.1千克,体长可达

800毫米。雄成鸟前额小羽及鼻孔下缘羽簇均呈黑色,头顶、脸和颊及耳羽等均为金属绿色光泽,向后转为金属赤红色,从头顶向后延伸的羽冠覆盖着后颈上部,呈金属青铜色,向后转为红铜色;后颈、颈侧及背的前部呈金属红铜色,背的中部、肩羽及翅上覆羽转为紫铜色,并闪着金属蓝绿色;两翅弯曲处及小覆羽均闪着色辉深绿色;初级飞羽和覆羽褐黑色;次级飞羽相同,但羽端越往内侧越呈现绿色虹光;背的后部和腰的前部均白,腰的后部似翅上覆羽,但具白色端缘;尾上覆羽亦然,但后端缘逐渐变细,乃至完全消失;尾羽蓝绿色,外侧尾羽沿着羽干杂以白色细斑。下体黑色,除在颏、喉、腹部及腿外,各羽均缘以金属蓝绿色。雌性成鸟的脸、颏及喉等均呈乳白色;上体暗褐,各羽羽干近白及沿着羽干的皮黄色细斑连成纵纹状或扩成横斑状,在两翅的表面则呈不规则的斑杂状;背白;尾上覆羽呈淡褐和暗褐色细斑相杂;尾具辉棕色和暗褐色横斑,两色横斑各有14条~18条或更多。下体前颈和上胸暗褐,杂似近白色纵纹;下胸及胸侧暗褐,具白色矛状纵纹;腹部呈灰和白色斑驳,白色较显;尾下覆羽具棕白色块斑。绿尾虹雉主要栖息于海拔3500米~4200米的亚高山、高山灌丛群落和灌丛、草甸混生地带,尤其喜欢栖息在多陡崖、裸露岩石且生长茂盛灌木的地方。杂食性,主要以植物的根、茎、叶和花为食,兼食昆虫。繁殖期从3月底至6月初。产卵一般3枚~4枚,最多可达11枚。卵呈椭圆形,卵壳黄褐色,缀以深褐色斑点。邮票图案以土黄色作底衬,采用正面平视角度,描绘了一只雄性绿尾虹雉的形象,它高大雄健,昂首挺胸,英姿勃勃;画面上点缀着两枝盛开的鲜花,展示出了绿尾虹雉生活的自然环境,美丽宁静,令人羡慕。

【褐头凤鹛】普31·(9) 面值1.20元,票幅规格27毫米×38毫米。图案描绘了中国鸟"褐头凤鹛"的形象。褐头凤鹛(*Yuhina brunneicep O Gilvie - Grant*)仅分布于中国台湾岛。雌雄同色。羽冠栗褐色,其下方及后枕灰白色;颊和耳羽淡黄白色;颈侧灰白色,有一条黑色弧线由下嘴基部向上延伸至颈侧;上体

橄榄绿色;翼和尾羽暗褐色;下体淡黄白,喉和臆有黑色细纹,两胁有栗褐色纵斑;嘴黑色;脚黄褐色。栖息于海拔1000米~3000米的中、高山阔叶林和针阔叶混交林上层。常成小群约3只~7只在枝叶间活动。休息时,同群个体间有相互理羽和夜间共眠一处的现象。杂食性,多在树冠层的枝叶间啄食花蜜、果实和昆虫。繁殖期自3月下旬至9月下旬。一次产卵4枚~8枚。卵淡绿蓝色,有淡黄褐色带灰末的污点,污点集中在钝端,形成辐射状或环状。雏鸟口腔粉红色,无斑点,嘴缘黄色。褐头凤鹛彼此皆以快速的"吱吱"鸣叫声作为联系信号。鸣叫声洪亮、婉转、圆润而悦耳。邮票图案以橘红色作底衬,采用正面平视角度,描绘了一对雌雄褐头凤鹛的形象,它们相互依偎在枝干上,身体健壮,栗褐色的冠羽透着一股英气;画面左上角饰有一枝盛开的鲜花,标志着大自然已经给这对夫妻提供了生儿育女的好季节、好环境,既充满勃勃生机,又洋溢着浓浓的天然情趣!

图书在版编目（CIP）数据

新版《中国集邮百科知识》续集/耿守忠,杨治梅编著.-北京:华夏出版社,2013.1
ISBN 978-7-5080-7295-1

Ⅰ.①新… Ⅱ.①耿… ②杨… Ⅲ.①集邮－基本知识－中国 Ⅳ.①G894.1

中国版本图书馆CIP数据核字(2012)第262126号

新版《中国集邮百科知识》续集

编　　著	耿守忠　杨治梅
责任编辑	刘　晨
封面设计	海　星
责任印制	刘　洋

出版发行	华夏出版社
经　　销	新华书店
印　　刷	北京人卫印刷厂
装　　订	三河市万龙印装有限公司
版　　次	2013年1月北京第1版　2013年1月北京第1次印刷
开　　本	787×1092　1/16
印　　张	50
字　　数	1000千字
定　　价	298.00元

华夏出版社　网址:www.hxph.com.cn　地址：北京市东直门外香河园北里4号　邮编：100028
若发现本版图书有印装质量问题，请与我社营销中心联系调换。电话：（010）64663331（转）